Trentino-Südtirol

Venetien

Friaul-Julisch Venetien

Lombardei und die Seen

Emilia-Romagna

Marken

Abruzzen und Molise

Toskana

Umbrien

Rom und Latium

Apulien

Kampanien

Kalabrien und Basilikata

Sizilien

Sardinien

Text und Recherche:
- **Sabine Becht:** Piemont und Aostatal, Ligurien, Marken, Abruzzen und Molise, Elba, Rom und Latium, San Marino
- **Eberhard Fohrer:** Südtirol, Venetien, Friaul-Julisch Venetien, Lombardei, Emilia-Romagna, Apulien, Kampanien, Sardinien
- **Annette Krus-Bonazza:** Kalabrien und Basilikata
- **Michael Müller:** Toskana
- **Marcus X. Schmid:** Geschichte, Kunst und Architektur, Umbrien
- **Thomas Schröder:** Sizilien

Lektorat: Sabine Beyer, Steffen Fietze
Redaktion und Layout: Nona-Andreea Kolle, Sven Talaron
Fotos: s. Fotonachweis S. 1092
Covergestaltung: Karl Serwotka
Covermotive: oben: Venedig, Rialto Brücke (Eberhard Fohrer)
unten: Sestri Levante an der Riviera (Thomas Leimeister)
Coverkarten: Carlos Borrell
Karten: Judit Ladik, Gábor Sztrecska, Hana Gundel, Marcus Endreß

Die in diesem Reisebuch enthaltenen Informationen wurden von den Autoren nach bestem Wissen erstellt und von ihnen und dem Verlag mit größtmöglicher Sorgfalt überprüft. Dennoch sind, wie wir im Sinne des Produkthaftungsrechts betonen müssen, inhaltliche Fehler nicht mit letzter Gewissheit auszuschließen. Daher erfolgen die Angaben ohne jegliche Verpflichtung oder Garantie der Autoren bzw. des Verlags. Beide übernehmen keinerlei Verantwortung bzw. Haftung für mögliche Unstimmigkeiten. Wir bitten um Verständnis und sind jederzeit für Anregungen und Verbesserungsvorschläge dankbar.

ISBN 978-3-89953-258-6

© Copyright Michael Müller Verlag GmbH, Erlangen 1992, 1996, 2000, 2003, 2007.
Alle Rechte vorbehalten. Alle Angaben ohne Gewähr. Printed in Germany.

Aktuelle Infos zu unseren Titeln, Hintergrundgeschichten zu unseren Reisezielen sowie brandneue Tipps erhalten Sie in unserem regelmäßig erscheinenden Newsletter, den Sie im Internet unter **www.michael-mueller-verlag.de** kostenlos abonnieren können.

---

5. aktualisierte und erweiterte Auflage 2007

ITALIEN

INHALT

Urlaubsrouten in Italien ... 12
Riviera und Westküste ... 13
Inlandsroute ... 14
Adria und Ostküste ... 15

Anreise ... 18
Mit dem eigenen Fahrzeug ... 18
Mit der Bahn ... 25
Mit dem Flugzeug ... 27
Mit dem Fahrrad ... 29
Weitere Anreisemöglichkeiten ... 31

Unterwegs in Italien ... 32
Mit dem eigenen Fahrzeug ... 32
Bahnfahren in Italien ... 37
Weitere Transportmöglichkeiten ... 39

Geschichte ... 41

Kunst und Architektur ... 75

Wissenswertes von A bis Z ... 94
Ärztliche Versorgung ... 94
Baden ... 95
Diplomatische Vertretungen ... 97
Einkaufen ... 98
Eintrittspreise ... 99
Essen und Trinken ... 99
Feste ... 108
Festspiele ... 109
Geld ... 110
Hunde ... 111
Informationen ... 111
Internet ... 112
Kinder ... 113
Klima/Reisezeit ... 113
Öffnungszeiten ... 114
Papiere ... 115
Post ... 115
Rauchen ... 116
Sport ... 116
Sprache ... 118
Telefonieren ... 119
Übernachten ... 120
Zoll ... 128

Oberitalien ... 129

Trentino-Südtirol (Trentino-Alto Adige) ... 131

Südtirol (Alto Adige) ... 134
Eisacktal (Valle Isarco) ... 135
Brixen (Bressanone) ... 137
Pustertal (Val Pusteria) ... 138
Bruneck (Brunico) ... 138
Grödner Tal (Gherdeina, Val Gardena) ... 140
Vinschgau (Val Venosta) ... 141
Meran (Merano) ... 142
Bozen (Bolzano) ... 146
Kalterer See (Lago di Caldaro) ... 153

Trentino ... 155
Trient (Trento) ... 155
Lago di Molveno ... 161
Lago di Caldonazzo und Lago di Lévico ... 162

Venetien (Veneto) 163

Verona	168	Lagune von Venedig	228
Vicenza	179	Littorale del Cavallino	
Bassano del Grappa	185	(Marina di Venezia)	231
Cortina d'Ampezzo	188	Cáorle	232
Treviso	190	Bibione	234
Padua (Padova)	193	Chioggia	235
Venedig (Venezia)	202	Podelta	236

Friaul-Julisch Venetien (Friuli-Venezia Giulia) 237

Udine	245	Aquileia	256
Palmanova	252	Grado	258
Görz (Gorizia)	253	Riviera Triestina	260
Lignano	255	**Triest (Trieste)**	262

Lombardei und die Seen (Lombardia) 273

Gardasee (Lago di Garda) 276

Riva del Garda	278	Bardolino	290
Gardone Riviera	282	Sirmione	292
Torbole	285	**Mantua (Mantova)**	296
Malcésine	286	**Brescia**	299
Garda	288		

Iseo-See (Lago d'Iseo) 302

Iseo	302	**Bergamo**	305

Comer See (Lago di Como) 311

Bellagio	316	Menaggio	319
Domaso	318	**Como**	321

Lago Maggiore 326

Cannobio	330	Borromäische Inseln	
Verbania	331	(Isole Borromee)	333
Stresa	332		

Lago d'Orta 334

Orta San Giulio	334

Mailand (Milano) 336

Pavia	354	Cremona	358
Certosa di Pavia	356		

Piemont und Aostatal (Piemonte e Valle d'Aosta) 363

Turin (Torino)	368	Alba	387
Monferrato und Langhe	384	Aosta	396
Asti	384	Courmayeur	400

Ligurien (Liguria) 403

Genua (Genova) 406

Riviera di Ponente 417

Noli	418	Albenga	421
Finale Ligure	419	**San Remo**	424

Riviera di Levante			430
Halbinsel von Portofino	430	**Cinque Terre**	436
Camogli	430	Monterosso	438
Rapallo	432	**La Spezia**	441
Sestri Levante	434	Lerici	443
Levanto	435		

Emilia-Romagna ... 445

Piacenza	448	Ravenna	481
Parma	450	Cesenatico	488
Modena	457	Rimini	489
Ferrara	461	**San Marino**	498
Bologna	467		

Mittelitalien ... 501

Marken (Le Marche) ... 503

San Leo	506	Riviera del Conero	527
Pesaro	509	Loreto	531
Fano	513	Macerata	533
Urbino	515	Fermo	536
Val d'Esino	522	Riviera delle Palme	537
Fabriano	523	Ascoli Piceno	538
Ancona	525	Monti Sibillini	541

Abruzzen und Molise (Abruzzo e Molise) ... 543

Atri	550	Gran Sasso d'Italia	562
Pescara	551	Piana del Fucino	564
Vasto/Marina di Vasto	555	Nationalpark der Abruzzen	566
Termoli	556	Scanno und Lago di Scanno	567
L'Aquila	559	Sulmona	568

Toskana (Toscana) ... 571

Florenz (Firenze)	576	Castellina in Chianti	615
Pistoia	600	Radda	618
Lucca	602	San Gimignano	619
Arezzo	608	Volterra	622
Cortona	612	**Siena**	624
Oberes Tibertal (Valtiberina)	613	Montepulciano	633
Chianti-Gebiet	614	Monte Amiata	635
Greve in Chianti	615	Pitigliano	636

Toskanische Küste ... 639

Versilia und Apuanische Riviera	639	Maremma	655
Viareggio	641	Massa Marittima	656
Pisa	642	Grosseto	658
Etruskische Riviera	649	Monte Argentario	660
Livorno	649	Isola del Giglio	661
Piombino	655	Ansedonia	662

Elba (Isola d'Elba) ... 664
Portoferraio ... 668
Porto Azzurro ... 672
Capoliveri ... 674
Lacona ... 675
Marina di Campo ... 676

Umbrien (Umbria) ... 679
Città di Castello ... 681
Gubbio ... 685
Monte Cucco ... 688
Lago Trasimeno ... 689
Perugia ... 695
Assisi ... 699
Spoleto ... 707
Nórcia ... 710
Hochebene um Castelluccio ... 711
Terni ... 713
Narni ... 714
Todi ... 715
Orvieto ... 717

Rom und Latium (Roma e Lazio) ... 721

Rom (Roma) ... 726
Rom/Umgebung ... 775
Tivoli ... 776

Nördliche Küste Latiums (Montalto bis Ladispoli) ... 778
Tarquinia ... 779
Cerveteri ... 781

Der Norden Latiums/Hinterland ... 782
Lago di Bolsena ... 782
Bolsena ... 783
Montefiascone ... 785
Viterbo ... 786
Lago di Vico ... 790
Lago di Bracciano ... 791

Der Süden Latiums/Hinterland ... 793
Ciociaria ... 793
Palestrina ... 793
Subiaco ... 794
Cassino ... 796
Colli Albani ... 797
Frascati ... 797
Lago di Albano ... 798
Lago di Nemi ... 799

Südliche Küste Latiums ... 800
Terracina ... 801
Sperlonga ... 803
Gaeta ... 804
Pontinische Inseln ... 806

Süditalien ... 807

Apulien (Puglia) ... 809

Gargano ... 814
Rodi Garganico ... 816
Peschici ... 817
Vieste ... 818
Monte Sant'Angelo ... 822
Tremiti-Inseln ... 824

Küste von Manfredonia bis Bari ... 825
Manfredonia ... 825
Barletta ... 826
Trani ... 827
Castel del Monte ... 829
Bari ... 830
Le Murge ... 835
Trulli-Region ... 836
Martina Franca ... 838
Ostuni ... 840
Brindisi ... 841

Salento-Halbinsel ... 842
Lecce ... 842
Otranto ... 847
Gallipoli ... 851
Tarent (Taranto) ... 853

Kampanien (Campania) 855

Neapel (Napoli) 860

Golf von Neapel 875
Campi Flegrei
  (Phlegräische Felder) 875
Pozzuoli 875
Vesuv 877
Herculaneum 878
Pompeji 880

Die Inseln im Golf von Neapel 885
Procida 885
Ischia 886
Capri 889

Hinterland von Neapel 893
Caserta 893

Halbinsel von Sorrento 895
Sorrento 895
Amalfi 903
Ravello 905

Amalfi-Küste 898
Positano 900
Salerno 907

Piana di Sele 908
Paestum 908

Cilento 911
Agropoli 911
Castellabate und
  Santa Maria di Castellabate 911
Palinuro 912
Marina di Camerota 913
Certosa di San Lorenzo 914

Kalabrien und Basilikata (Calabria e Basilicata) 915

Basilikata – das Landesinnere 918
Potenza 918
Aliano 923
Pollino Lucano 923
Matera 925

Kalabrien – das Landesinnere 929
Cosenza 929
Pollino Calabro 931
Sila 933
Serre (Serra San Bruno) 934
Aspromonte 935

Tyrrhenische Küste 937
Maratea (Basilikata) 937
Guardia Piemontese (Marina) 942
Paola 942
Amantea 942
Lamezia Terme 943
Pizzo 943
Vibo Valentia (Marina) 944
Briatico, Zambrone und
  Parghelia 945
Tropea 945
Capo Vaticano/Ricadi 948
Nicotera (Marina) 949
Scilla 951
Reggio di Calabria 951

Ionische Küste 954
Catanzaro und der
  Golf von Squillace 957
Tiriolo 958
Crotone 960
Santa Severina 961
Isola di Capo Rizzuto 961
Cirò, (Torre) Melissa
  und Strongoli 962
Rossano 963

Sizilien (Sicilia) ... 967

Ostküste ... 972
- Messina ... 972
- **Taormina** ... 974
- Etna ... 978
- Riviera dei ciclopi – die Zyklopenküste ... 980
- **Catania** ... 980

Südosten ... 984
- **Siracusa** ... 985
- Noto ... 991
- Mòdica ... 992
- Ragusa ... 994

Südküste ... 997
- Agrigento ... 998
- Eraclea Minoa ... 1001

Westküste ... 1002
- Selinunte und Marinella ... 1003
- Castelvetrano ... 1005
- Trapani ... 1005
- Erice ... 1006
- Golf von Castellammare ... 1007
- San Vito lo Capo ... 1007
- Scopello ... 1007
- Castellammare del Golfo ... 1008
- Segesta ... 1009
- **Palermo** ... 1010
- Monreale ... 1024

Nordküste ... 1025
- Cefalù ... 1025
- Tindari ... 1029
- Oliveri ... 1029
- Milazzo ... 1030

Inselinneres ... 1031
- Enna ... 1031
- Piazza Armerina ... 1032
- Villa Romana Casale ... 1034

Eolische (Liparische) Inseln ... 1035
- Lipari ... 1036
- Vulcano ... 1040
- Stromboli ... 1041

Sardinien (Sardegna) ... 1043
- Olbia ... 1049
- Costa Smeralda ... 1051

Nordküste ... 1052
- Palau ... 1052
- Santa Teresa di Gallura ... 1054
- Valledoria ... 1055
- Castelsardo ... 1056
- Sassari ... 1057

Westküste ... 1060
- Alghero ... 1060
- Bosa ... 1064
- Oristano ... 1066
- Costa Verde ... 1069
- Buggeru ... 1070

Cagliari ... 1072

Ostküste ... 1077
- San Teodoro ... 1077
- Orosei ... 1078
- Cala Gonone und Umgebung ... 1078
- Santa Maria Navarrese ... 1080
- Barisardo/Torre di Bari ... 1080
- Costa Rei ... 1081
- Barbagia ... 1082
- Nuoro ... 1082
- Oliena ... 1084
- Orgosolo ... 1085

Etwas Italienisch ... 1086
Register ... 1093

Kartenverzeichnis

Italien (nördlicher Teil) .... vordere Umschlagklappe
Italien (südlicher Teil) .... hintere Umschlagklappe

Abruzzen	546/547	Kampanien	858/859
Agrigento	999	L'Aquila	560/561
Alghero	1061	La Spezia	442/443
Amalfitanische Küste	898/899	Lago Maggiore	329
Ancona	524/525	Latium	724/725
Aosta	398/399	Lecce	844
Aostatal	397	Ligurien	406/407
Apulien	812/813	Lombardei	276/277
Aquileia	258	Lucca	604/605
Arezzo	610/611	Macerata	534/535
Ascoli Piceno	538/539	Mailand	340/341
Assisi	700/701	Mailand – Metroplan	338
Bari	833	Marken	506/507
Bergamo	306/307	Matera/Sassi	926/927
Bologna	468/469	Meran	143
Bosa	1065	Molise	570
Bozen	149	Neapel	864/865
Cagliari	1074/1075	Nuoro	1082/1083
Catania	983	Olbia	1050
Cefalù	1027	Oristano	1066/1067
Città di Castello	683	Orvieto	718/719
Comer See	313	Padua	195
Como	323	Paestum	910
Cremona	360/361	Palermo	1014/1015
Elba	666/667	Parma	452/453
Emilia-Romagna	448/449	Perugia	697
Eolische Inseln	1037	Pesaro	510/511
Ferrara	462/463	Pescara	552/553
Florenz	580/581	Piemont und Aostatal	366/367
Friaul-Julisch Venetien	241	Pisa	644/645
Gardasee	279	Pompeji	882/883
Gargano	815	Ravenna	482
Genua	410/411	Reggio di Calabria	952
Gubbio	686	Rimini	490/491
Herculaneum	879	Rom – Autobahnring	733
Insel Capri	890/891	Rom – Centro storico	748/749
Insel Ischia	886/887	Rom – Forum Romanum	764/765
Iseo-See	303	Rom – Innenstadt	740/741
Kalabrien und Basilikata	919	Rom – Metro	734/735

Rom – Trastevere	754/755	Toskana (Norden)	574/575
Rom – Vatikanstadt	768/769	Toskana (Süden)	616/617
Rom – Via del Corso	744/745	Trentino-Südtirol	135
Rom – Zwischen Termini und Forum Romanum	752/753	Trento	157
San Gimignano	621	Triest	266/267
San Remo	425	Tropea	946/947
Sardinien	1046/1047	Turin	371
Sassari	1058/1059	Udine	246/247
Siena	628/629	Umbrien	684/685
Siracusa	987	Urbino	516/517
Sizilien	970/971	Venedig	208/209
Spoleto	709	Venetien	166/167
Taormina	975	Verona	171
Teramo	548/549	Vicenza	181
Termoli	556/557	Vieste	819
Todi	716	Villa Romana Casale	1033
		Volterra	622/623

Zeichenerklärung für die Karten und Pläne

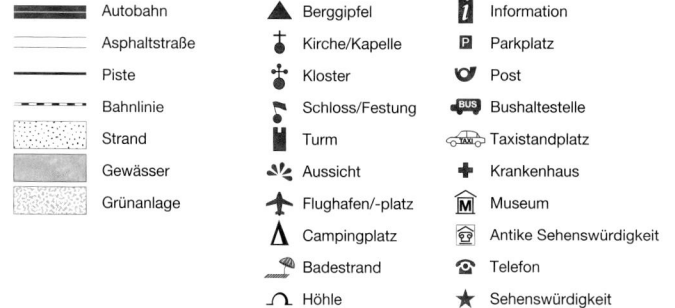

Was haben Sie entdeckt?

Was war Ihre Lieblingstrattoria, in welchem Hotel haben Sie sich wohl gefühlt, welchen Campingplatz würden Sie wieder besuchen? Bitte schreiben Sie uns, wenn Sie Kritik, Verbesserungen, Anregungen oder Empfehlungen haben.

Stichwort „Italien"
c/o Michael Müller Verlag
Gerberei 19
91054 Erlangen
italien@michael-mueller-verlag.de

Idyllische Küstenstädtchen ...

Urlaubsrouten in Italien

Den gesamten Stiefel bereisen: kreuz und quer, von Nord nach Süd, von West nach Ost ... Mit dem Bleifuß auf der Autobahn ist das vielleicht noch ein vergleichsweise einfaches Unterfangen. Doch wenn man unterwegs auch das eine oder andere intensiv sehen und erleben will, wird das Ganze schnell zur aufwendigen Unternehmung. Schließlich besitzt kein Land der Welt noch heute so viele Spuren der Vergangenheit, nirgendwo wurden mehr Kunstwerke gehortet oder gibt es mehr Kirchen.

Man muss also auswählen, um nicht den Überblick zu verlieren. Dieser Führer will mit zahlreichen detaillierten Tipps zum ganzen Land dabei helfen – gleichgültig ob Sie ein bestimmtes Café in Rom suchen, einen frühchristlichen Mosaikboden in Apulien, eine typische Trattoria in Perugia oder das „Abendmahl" von Leonardo da Vinci in Mailand.

Im Folgenden zunächst drei grob gestrickte Routenvorschläge (die natürlich auch kombiniert werden können), um einen „roten Faden" durch Italien zu finden. Die Strecken orientieren sich entlang der beiden Küsten bzw. an der Autobahn im Inland über Florenz und Rom. Spätestens in der Poebene muss man sich entscheiden: Will man zur Riviera bzw. italienischen Westküste, geradeaus weiter in die Toskana und nach Rom – oder Richtung Osten zur Adria. Von Küste zu Küste pendeln funktioniert natürlich, ist aber oft langwierig, da Querverbindungen per Autobahn nicht allzu dicht gesät sind und südlich der Poebene immer auch der Apennin überquert werden muss.

... Buchten ohne Rummel

Riviera und Westküste

Zunächst kann man an einem der Alpenseen Station machen, danach vielleicht *Mailand*, *Turin*, *Parma* oder eine andere der oberitalienischen Kulturstädte in der Poebene besuchen. Im Anschluss muss der steile *Apennin* überquert werden, z. B. auf der tunnelreichen Autobahn nach *Genua* oder – reizvoller – auf einer von mehreren Staatsstraßen. Entlang der malerischen Riviera Levante lohnen Zwischenstopps vor allem um die Halbinsel von *Portofino* und am berühmten Küstenstreifen *Cinque Terre*, in den sich fünf Dörfer einschmiegen.

Bei *Pisa* (Schiefer Turm) besteht die reizvolle Möglichkeit, Richtung Florenz abzubiegen und das Inland der Toskana zu erkunden (→ Inlandsroute, S. 14). Wenn man dagegen an der Badeküste bleibt, endet südlich von *Livorno* die Autobahn, weiter geht es auf der Küstenstraße SS 1, die aber zeitweise auch weiter landeinwärts verläuft. Variante für Inselliebhaber: aufs vorgelagerte *Elba* übersetzen bzw. auf die *Isola del Giglio*, in Latium auf die *Pontinischen Inseln*.

Ab *Civitavecchia* Autobahn bis *Rom*: Vatikan und Peterskirche, Forum Romanum, Kapitol, Kolosseum, Katakomben, Sixtinische Kapelle, Spanische Treppe – um hier wenigstens einen kleinen Teil der Sehenswürdigkeiten der „Ewigen Stadt" zu nennen. Durch den Süden Latiums geht es auf Staatsstraßen, besonders reizvoll ist der *Naturpark Monte Circeo* an der Küste. *Neapel* fasziniert mit seinem südländischen Lebensstil und auch der Golf rundum bietet zahlreiche Anziehungspunkte für mehrere Tage Aufenthalt: der *Vesuv*, die verschütteten Städte *Herkulaneum* und *Pompeji*, die Inseln *Capri*, *Ischia* und *Procida*, die Urlaubsstadt *Sorrento* u. a. Nur wenig südlich kann man auf atemberaubend

Das Herz der katholischen Kirche – Petersdom und Petersplatz

enger Serpentinenstraße die weltberühmte *Costiera Amalfitana* durchfahren, eine der schönsten Küstenlandschaften Italiens, die malerischen Orte *Positano* und *Amalfi* sind hier unbedingt einen Abstecher wert. Es folgen das antike *Paestum* und die landschaftlich vielseitige Küste des *Cilento*. Beliebtester Anlaufpunkt in Kalabrien ist das hübsche Städtchen *Tropea* auf dem „Höcker" vor der Spitze des Stiefels. Von hier sind es nur noch wenige Autobahnkilometer, um den Sprung nach *Sizilien* zu machen.

Inlandsroute

Je nachdem aus welcher Richtung man kommt, wird man zunächst vielleicht *Verona, Mailand* oder *Turin* besuchen wollen. Von *Mailand* führt die berühmte „Autostrada del sole" (A 1) schnurstracks in die alte Universitätsstadt *Bologna*, von dort mit vielen Tunnels über den Apennin nach *Florenz*. Dies ist die meistgenutzte Anfahrt in die Toskana und nach Umbrien. Die Toskana ist überreich an malerischen Landschaften und kulturhistorisch bedeutenden Städten: neben Florenz vor allem *Siena, Arezzo, Lucca,* das *Chianti-Gebiet, Pisa, Cortona* und *San Gimignano*. Deutlich weniger von Touristen besucht wird dagegen das benachbarte Umbrien. *Perugia* und *Assisi,* die Stadt des heiligen Franz, sind hier die größten Anziehungspunkte.

Von Florenz nach Rom entspannende Fahrt durch liebliche Landschaften, grüne Hügel und Weinberge. Tipp für einen Zwischenstopp: *Orvieto* liegt als Stein gewordene Skulptur unmittelbar neben der Autobahn auf einem hohen Tuffsteinblock. Hier Abfahrt zum nahen *Lago di Bolsena* mit glasklarem Wasser und vielen Campingplätzen. *Rom* allein ist natürlich mehr als eine Reise wert. Doch wer die 3000

Unvergessliches Venedig – die Lagunenstadt gilt als schönste Stadt Italiens

Jahre alte Hauptstadt links (bzw. rechts) liegen lassen möchte, sollte unbedingt an der Gabelung etwa 30 km vor dem Zentrum die Autobahnumgehung nutzen und der Beschilderung nach Neapel folgen. Die Ringautobahn *Raccordo* um Rom versinkt regelmäßig im Chaos, zudem ist erstere Strecke kürzer. Von Rom kann man auf der Autobahn A 24 rasch zur Adria gelangen (→ Adria und Ostküste).

Weiter Richtung Süden geht es von Rom auf der A 2 nach *Neapel* (→ Riviera und Westküste). Um den dicht bevölkerten Großraum Neapel mit seinen ständigen Verkehrsstaus zu umgehen, nimmt man an der Autobahngabelung hinter Caserta den Abzweig auf die A 30 Richtung *Salerno*, ab dort ist die A 3 gebührenfrei.

Die weitere Fahrt Richtung Süden bietet um den Gebirgszug *Monte Pollino* (2267 m) großartige Panoramen, trotzdem ermüdet hier die Fahrt. Schlechter Straßenzustand und zahlreiche Baustellen (z. T. sogar Ableitungen von der Autobahn) senken den Fahrschnitt erheblich. Weiter geht es auf der A 3 nach *Kalabrien* bzw. *Sizilien* – oder an der Ionischen Küste (Stiefelsohle) entlang hinüber Richtung *Apulien* (→ Adria und Ostküste).

Adria und Ostküste

Auf dieser Route wird man eines sicher nicht auslassen wollen: *Venedig*. Die Lagunenstadt auf Millionen von Baumpfählen und ehemalige Dogenrepublik ist zweifellos eine der schönsten Städte der Welt. Aber auch die anderen Städte des Veneto wie *Verona*, *Vicenza*, *Padua* oder *Treviso* lohnen mit ihren historischen Stadtzentren einen Stopp. Vor allem *Verona* (vielleicht mit Abstecher zum nahen *Gardasee*) ist ein reizvolles Ziel. Die berühmten Opernfestspiele in der Arena können einen herrlichen Auftakt für eine Italien-Tour bilden. Von Venedig kann man entlang der

Endlose Weite an der Adriaküste

Küste durch das in seiner Weite und Leere eigentümliche *Delta des Po* fahren – oder auf der Autobahn über die sympathische Renaissancestadt *Ferrara* ins turbulente *Bologna*. Von hier führt die bestens ausgebaute A 14 schnurstracks zur Küste bei *Rimini* – die gigantische Badestadt ist ein Kapitel für sich. Kurz vorher lohnt unbedingt der Abstecher nach *Ravenna*: byzantinische Mosaiken von Weltrang, dazu schöne, feinsandige Strände, kilometerlange Pineta und zahlreiche Campingplätze.

Die weiteren Badeorte an der mittleren Adria sind in der Regel nicht überwältigend, allerdings lockt südlich der Hafenstadt *Ancona* der malerische *Monte Conero* mit netten, kleinen Badeorten und viel intakter Natur. Interessante Ziele gibt es hier vor allem im Hinterland, z. B. die Renaissancestadt *Urbino*, das Marienheiligtum *Loreto*, *Ascoli Piceno* mit einem der schönsten Plätze Italiens, die spektakuläre Grotte im *Monte Cucco*, den *Gran Sasso d'Italia* und den wunderschönen *Nationalpark der Abruzzen*. Tief im Süden erreicht man endlich den fantastischen *Gargano*, den Sporn des Stiefels – bezüglich Badeurlaub eine der lohnendsten Ecken im Land. Die Region Apulien besitzt aber noch weitere reizvolle Anlaufpunkte, darunter die Barockstadt *Lecce*, das geheimnisvolle *Castel del Monte* Friedrichs II., die eigentümlichen *Trulli-Dörfer* und das malerische *Gallipoli*. Eine eventuelle Weiterfahrt entlang der Stiefelsohle ist langwierig und bringt nur etwas, wenn man sich Zeit nimmt, ins bergige Hinterland Kalabriens und der Basilikata auszuweichen. Ein Höhepunkt ist hier die Höhlenstadt von *Matera*.

Weltkulturerbe der UNESCO

Was sollte man gesehen haben im Land, wo die Zitronen blühen? Als zuverlässige Richtschnur kann die Liste der kulturellen Hinterlassenschaften dienen, die die UNESCO für würdig befunden hat, ins sogenannte „Weltkulturerbe" aufgenommen zu werden. Im Fall Italien sind das allerdings nicht gerade wenige.

1979 Felszeichnungen im Valcamonica (→ S. 304)

1980 Kirche und Kloster Santa Maria delle Grazie in Mailand mit dem weltberühmten Fresko „Das letzte Abendmahl" von Leonardo da Vinci (→ S. 351)

1980 Historisches Zentrum von Rom einschließlich Petersdom, Vatikanstadt und

1990 San Paolo fuori le Mura (→ S. 772)

1982 Historisches Zentrum von Florenz (→ S. 586)

1987 Venedig und seine Lagune (→ S. 202)

1987 Piazza dei Miracoli (Piazza del Duomo) in Pisa (→ S. 646)

1990 Historisches Zentrum von San Gimignano (→ S. 619)

1993 „I Sassi" in Matera (→ S. 925)

1994 Vicenza und die Palladio-Villen im Veneto (→ S. 179)

1995 Historisches Zentrum von Siena (→ S. 627)

1995 Die Renaissancestadt Ferrara und das Podelta (→ S. 461 und 236)

1996 Castel del Monte (→ S. 829)

1996 Die „Trulli" von Alberobello (→ S. 837)

1996 Die byzantinischen Monumente Ravennas (→ S. 481)

1996 Historisches Zentrum von Pienza (→ S. 634)

1997 Palazzo Reale von Caserta (→ S. 893)

1997 Die Residenzen der savoyischen Könige in und um Turin (→ S. 376 und 381)

1997 Botanischer Garten von Padua (→ S. 199)

1997 Portovenere, Cinque Terre und die Inseln Palmaria, Tino und Tinetto (→ S. 436 und 442)

1997 Dom, Torre Civica und Piazza Grande in Modena (→ S. 459)

1997 Ausgrabungen von Pompeji, Herculaneum und Torre Annunziata (→ S. 878)

1997 Amalfi-Küste (→ S. 898)

1997 Ausgrabungen von Agrigento (→ S. 998)

1997 Villa Romana del Casale in Sizilien (→ S. 1034)

1998 Nationalpark Cilento e Vallo di Diano, Ausgrabungen von Paestum und Velia sowie Certosa di Lorenzo bei Padula (→ S. 911)

1998 Historisches Zentrum von Urbino (→ S. 515)

1998 Ausgrabungen und Basilika von Aquileia (→ S. 256)

1999 Villa Adriana in Tivoli (→ S. 777)

2000 Eolische Inseln (→ S. 1035)

2000 Assisi, Basilica di San Francesco und andere Stätten der Franziskaner (→ S. 699)

2000 Verona (→ S. 168)

2001 Villa d'Este in Tivoli (→ S. 777)

2002 Barockstädte im Val di Noto im Südosten von Sizilien (→ S. 990)

2003 „Heilige Berge" (Sacri Monti) im Piemont und in der Lombardei (→ S. 334 und 395)

2004 Etruskische Totenstädte Cerveteri und Tarquinia (→ S. 781 und 779)

2005 Siracusa (→ S. 985)

2006 Strade Nuove und Palazzi dei Rolli in Genua (→ S. 413)

Anreise

Die Entscheidung fällt bei einem relativ nah gelegenen Ziel wie Italien natürlich meist zugunsten des eigenen Wagens. Staus auf den Alpenstrecken gehören zumindest in der Hauptsaison zur Regel und auch die Parkplatznot in Italien, v. a. in größeren Städten, aber auch in den beliebten Badeorten hat sich in den letzten Jahren eher noch verschärft.

Wer viel von Italien sehen will, den Stiefel kreuz und quer bereisen, und das auch in den abseitigen Bergregionen von Apennin und Alpen, wird ohne eigenes (oder gemietetes) Fahrzeug meist nicht sehr weit kommen, zumindest wenn auch auf Bequemlichkeit ein Minimum an Wert gelegt wird. Wer dagegen eine reine Städtetour plant oder die meiste Zeit an einem Ort bleibt und am Strand liegt, kommt auch ohne eigenes Fahrzeug ganz gut hin. Die *Bahn* lockt mit Billigtarifen, v. a. in den Nachtzügen, und auch die verschiedenen *Airlines* wie Ryanair und Air Berlin machen bei entsprechend früher Buchung durchaus überzeugende Angebote. Wer die lange Fahrt über die Alpen scheut, kommt mit Billigflug und Mietwagen teilweise kaum teurer als bei Anreise mit dem eigenen Wagen. Auch das Bahnfahren ist in Italien nach wie vor ziemlich günstig, das Streckennetz ist – abgesehen von den Alpenregionen – dicht und wird durch ein engmaschiges Bussystem ergänzt.

Mit dem Motorino durch die Gassen der Altstadt

Mit dem eigenen Fahrzeug

Je nach Ausgangspunkt und Reiseziel führt die Route entweder über den Brenner oder über die beiden Hauptstrecken in der Schweiz. Wer aus dem östlichen Österreich kommt, reist am bequemsten über Tarvisio an. Zahlreiche Nebenstrecken und Passstraßen sorgen schon bei der Anreise für bleibende Eindrücke, oftmals lassen sich so auch die lästigen Autobahnstaus umfahren.

Das italienische Straßennetz ist hervorragend ausgebaut, mehrere Autobahnen führen an beiden Küsten entlang nach Süden (die A 1 außerdem quasi in der Stiefelmitte nach Rom) und je nach Zielort ist die Anfahrt bequem an einem Tag zu schaffen – es sei denn, man kommt aus Norddeutschland und will bis hinunter nach Süditalien, dann sollte man mindestens eine Zwischenübernachtung in den Alpen einkalkulieren. Aus Österreich können es, je nach Wohnort, sogar nur ein paar Stunden sein, bis man sich in Bella Italia in der Sonne aalen kann.

Fast alle italienischen Autobahnen (bis auf einige Ausnahmen im Süden des Landes) sind allerdings gebührenpflichtig, vielerorts sind die Altstadtzentren für den Verkehr gesperrt, Parken ist teuer, gewöhnungsbedürftig ist zudem das italienische Großstadtchaos.

AutoZüge

Wer sich die lange Tour durch deutsche Lande und über die Alpen nicht zumuten will, gleichzeitig einen aktiven Beitrag für den Umweltschutz leisten möchte, für den bieten die AutoZüge (früher: Autoreisezüge) eine Alternative. Von Berlin, Hamburg, Hildesheim und Düsseldorf starten sie 1- bis 2-mal wöchentlich immer abends (Ankunft am nächsten Vormittag) nach **Bozen**; von Berlin, Hamburg, Düsseldorf und Frankfurt geht es ebenfalls 1- bis 2-mal wöchentlich nach **Verona**; von Hamburg, Hildesheim, Düsseldorf und Frankfurt 1- bis 2-mal wöchentlich nach **Livorno**; und von München 3-mal wöchentlich nach **Neapel**. Die Züge verkehren zwischen Anfang April und Ende Oktober. Vor allem für Familien mit Kindern sind die AutoZüge ein stressfreier, wenn auch nicht ganz billiger Einstieg, wobei die Kosten je nach Reisedatum sehr unterschiedlich sind – eine vierköpfige Familie muss in der Hochsaison jedoch mit mind. 500 € rechnen, auf der Strecke Hamburg – Livorno sind es rund 750 € (jeweils einfach). *Achtung:* max. Höhe des Fahrzeugs inkl. Dachaufbauten 167 cm, Gepäckmitnahme auf dem Fahrzeug ist nicht erlaubt. Details in der Broschüre „AutoZug Katalog", unter DB AutoZug Servicetelefon 01805/241224 (tägl. 8–22 Uhr, 0,14 €/Min.) oder im Internet unter www.dbautozug.de.

Anreiserouten

Je nachdem aus welcher Ecke man kommt, muss man die Alpen via Schweiz oder Österreich durchqueren. Die Möglichkeiten sind vielfältig, ebenso die landschaftlichen Eindrücke. Auch eine Übernachtung vor der Grenze kann durchaus reizvoll sein, z. B. im mondänen St. Moritz oder am idyllischen Fernsteinsee.

Generell gilt: Wer sparen will, sollte spätestens ab der italienischen Grenze die Autobahn meiden. Das italienische Autobahnnetz ist zwar hervorragend ausgebaut, jedoch fallen erhebliche Mautgebühren an. Auch für den Transit durch die Schweiz und Österreich muss man Autobahngebühren bezahlen. Einige Varianten, auf denen man den kostspieligen Strecken aus dem Weg gehen kann, sind in den folgenden Routenbeschreibungen aufgeführt. Dabei muss man in der Regel jedoch mit deutlich längeren Fahrzeiten rechnen.

Aus Ostdeutschland und Bayern über die Brenner-Autobahn

Die gängigste und bequemste Route ab Süddeutschland führt durch Österreich und über die *Brennerautobahn* mit der 820 m langen und 190 m hohen Europabrücke. Hinter der österreichisch-italienischen Grenze schließt sich dann eine zügige Fahrt auf der A 22 (*Autostrada del Brennero*) durch die lang ausgleitenden Südtiroler Täler an. Begleitet von schroffen Felshängen, Ritterburgen wie aus dem Bilderbuch, sonnendurchfluteten Weingärten und Obstbaumkulturen gelangt man über Bozen und Trento schnell nach Verona, wo die endlose Weite der Poebene beginnt. Bei Verona trifft die Brennerautobahn auf die A 4: In östliche Richtung geht es hier nach Venetien und Friaul-Julisch Venetien mit den Städten Venedig und Triest und den zahlreichen bekannten Badeorten der oberen Adriaküste. In westliche Richtung führt die A 4 über Mailand nach Turin im Piemont und zu den Westalpen, die A 7 von Mailand hinunter nach Genua (Ligurien). Wer weiter nach Süden will, wechselt erst bei Modena von der A 22 auf die A 1 nach Bologna, die als berühmte *Autostrada del Sole* von Milano bis Rom führt.

Bei Bologna muss man sich dann entscheiden: Für alle, die an die Adria und nach Apulien wollen, geht es nun auf der A 14 (*Adriatica*) nach Rimini und mehr oder minder an der Adriaküste entlang bis hinunter nach Bari und Taranto. Wer nach Florenz und in die Toskana, nach Umbrien, Rom und Latium (oder noch weiter südlich nach Neapel, Kampanien, Basilikata und Kalabrien) möchte, bleibt auf der A 1: Ab Bologna wird das Land unvermittelt wieder bergiger. Schroffe Felsen und grüne Bergrücken signalisieren den Beginn des Apennin. Über viele Brücken und durch kaum weniger Tunnels gelangt man nach Florenz.

Autobahngebühren Österreich: Alle österreichischen Autobahnen und Schnellstraßen sind gebührenpflichtig. Die Zehntages-Vignette für PKW kostet 7,60 €, Zweimonatsvignette 21,80 €, Jahres-Vignette 72,60 € (Motorrad 4,30, 10,90, 29 €). *Tipp*: Für einen Aufenthalt, der länger als 10 Tage dauert, nicht die Zweimonatsvignette nehmen, sondern für Hin- und Rückreise je eine Zehntages-Vignette. Vignetten sind bei den Automobilclubs, an grenznahen Raststätten und an der Grenze erhältlich (für die Rückreise auch auf Südtiroler Seite). Separat gezahlt werden muss außerdem die Auffahrt zum **Brenner** mit der eindrucksvollen Europabrücke. Kostenpunkt für PKW, Kleinbusse und Motorräder 8 €, Anhänger bis 3,5 t frei, über 3,5 t zahlt man knapp 30 €!
Fahrzeuge ab 3,5 t müssen für Österreichs Autobahnen statt der Vignette für 5 € eine sogenannte „Go-Box" erwerben, die die Gebühren elektronisch erhebt. Die Verrechnung erfolgt entweder von einem in der Box gespeicherten Guthaben (Pre-Pay) oder der Betrag wird im Nachhinein von einer Debit-, Kredit- oder Tankkarte abgebucht (Post-Pay). Erhältlich ist sie an denselben Verkaufsstellen wie die Vignetten. Weitere Informationen unter www.go-maut.at oder ✆ 0800-40011400.
Autobahngebühren Italien: Brenner – Verona 13,70 €, Brenner – Modena 18,20 €.

Mautfrei über den Brenner

Wer mehr von der Landschaft sehen und gleichzeitig die Mautgebühren sparen will, kann sich für folgende Alternativen entscheiden, die allerdings meist deutlich zeitaufwendiger sind.

• *München → Innsbruck* 1) Von München die **Starnberger Autobahn** nach Garmisch nehmen. Autobahnende 17 km vor Garmisch, auf Landstraße weiter zum Grenzübergang Mittenwald/Scharnitz. Abenteuerlich dann die Fahrt den **Zirlerberg** hinab nach Innsbruck (15 % Gefälle, in umgekehrter Richtung für Gespanne verboten!), alle paar hundert Meter steile Auslaufspuren. Beeindruckender Blick auf das Inntal und die österreichische Olympia-Stadt. Zum Ende des Bergs hin Vorsicht: Wenn man auf dieser Straße bleibt, gelangt man unweigerlich auf die Inntal-Autobahn! Man muss deshalb vorher nach **Zirl** abbiegen und auf der **B 171** nach Innsbruck fahren. Dort nimmt man die **alte Brennerstraße (B 182)** durchs reizvolle Eisacktal hinauf zum Brenner (→ Innsbruck – Brenner).
2) Oder man fährt auf der **Salzburger Autobahn** bis zum Abzweig Holzkirchen, von dort die B 318 weiter Richtung Tegernsee. Über Wildbad Kreuth hinauf zum **Achenpass** (20 % Gefälle) mit der österreichischen Grenze. Auf der B 181 erreicht man dann die Landstraße B 171 (parallel zur Autobahn) nach **Innsbruck**.
• *Ulm → Innsbruck* Auf der A 7 bis Autobahnende, dann Landstraße zum Grenzübergang **Pfronten-Reutte**. Danach über den

Mit dem eigenen Fahrzeug 21

Mautkarte entnehmen: gezahlt wird an der nächsten Station

Fernpass (1209 m) und auf der **B 171** parallel zur Autobahn nach Innsbruck und die **alte Brennerstraße 182** zum Brenner hinauf.

- *Innsbruck → Brenner* Diese Strecke kann man auch fahren, ohne einen Pfennig Maut zu zahlen. Etwa eine Stunde länger als die Autobahn ist die Fahrt über die **alte Brennerstraße 182** (für LKW verboten) neben der Autobahn durch das reizvolle Eisacktal. Dafür in Innsbruck von der Inntal-Autobahn abfahren und blaue Hinweistafeln beachten. Äußerst kurvenreich, schmale Ortsdurchfahrten, gemütliche Rasthäuser und imposante Panoramen – anfangs der herrliche Blick zurück auf Innsbruck und die Olympiaschanze, dann aus der Froschperspektive die mächtige Europabrücke mit ihren gewaltigen Pfeilern. Wichtig: In den Ortschaften unbedingt Fuß vom Gaspedal, die Bewohner leiden unter dem ständigen Durchgangsverkehr.

- *Brenner → Verona* Neben der gebührenpflichtigen Autobahn kann man die gleiche Strecke über die **Staatsstraße (SS 12)** zurücklegen. Das kann allerdings deutlich länger dauern, da von LKW die teils einspurige Strecke benutzen und es in den Ortschaften oft Staus an den Ampeln gibt.

▶ **Abstecher in Italien:** Wer nicht bis Verona durchrauschen will, findet im Folgenden zwei landschaftlich lohnende Möglichkeiten, von der Hauptroute durchs Eisack- und Etschtal seitlich auszuweichen.

- *Cortina d'Ampezzo* Bietet sich an, wenn man Venedig bzw. die Adria als Ziel hat, dabei noch etwas Südtirol „mitnehmen" und den berühmten Skiort Cortina d'Ampezzo kennenlernen möchte. Von der Brennerautobahn zweigt man bei Brixen auf die **SS 49** ins breite Pustertal ab, über das reizvolle Städtchen Bruneck geht es nach Toblach, dort die **SS 51** nach Cortina d'Ampezzo und weiter Richtung Süden an Belluno vorbei nach Venedig (ab Belluno Autobahn).

- *Gardasee* Für Beifahrer ein herrliches Erlebnis, für den Fahrer weniger – zahllose Tunnels und viel Verkehr. Wer sich die Zeit nehmen will – bei **Rovereto Sud/Lago di Garda-Nord** von der Autobahn abfahren und hinüber nach **Torbole** an der Nordspitze des Sees. Dort auf der schönen SS 249 das **Ostufer** entlang über Malcésine und Garda bis zum Südende, bei Peschiera Auffahrt auf die Autobahn A 4 Richtung Brescia. Oder die ebenso schöne, aber noch abenteuerlichere Straße über Riva am Westufer nehmen (ebenfalls nach Brescia).

Mautfreie Alternativen zum Brenner

Der Brenner ist zwar die schnellste, aber nicht unbedingt die reizvollste Anfahrt. Die folgenden Alternativen sind zudem in Österreich bis auf den Felbertauern-Tunnel mautfrei.

• *Über den Reschenpass* Schöne, aber etwas umständliche Strecke über Garmisch-Partenkirchen, aus Schwaben kommend über Kempten und Füssen. Von Garmisch aus umfährt man das Zugspitzmassiv westlich und hält sich in Richtung **Fernpass** (1209 m). Nach dem Pass kurvt die steile Bergstraße hinunter zum **Schloss Fernstein** am hübschen gleichnamigen See, eine dunkelgrüne Wasserfläche inmitten von Nadelwäldern (gute Stelle zum Rasten bzw. Zwischenübernachtung, Hotel und Campingplatz vorhanden). In **Nassereith** links ab nach Innsbruck oder rechts und durch zwei kilometerlange Tunnels ein Hochtal hinauf zur italienischen Grenze am **Reschenpass** (1504 m). Kurz nach der Grenze der lang gestreckte **Reschensee**, danach der **Haider-See**. In einer langen Schleife geht es nun den attraktiven **Vinschgau** hinunter nach **Meran** und weiter auf einer neuen Schnellstraße nach **Bozen**, dort Auffahrt auf die Autobahn A 22 oder weiter auf der Staatsstraße.

• *Durchs Engadin* Eine interessante Variante, falls man von Bayern aus schnell zum Comer See hinüber will. Bis kurz vor Nauders dieselbe Strecke wie unter Reschenpass beschrieben. Dann in die nahe Schweiz abzweigen (beschildert), auf der Landstraße 27 ein langes Tal mit Steilhängen (unteres Engadin) entlang ab **Zernez** (bester Ausgangspunkt für Touren im Schweizer Nationalpark) ins obere Engadin mit dem weltberühmten Skikurort **St. Moritz** am gleichnamigen See (Camping Olympiaschanze 2 km westlich vom Ort). Im Sommer ist hier kaum etwas los. Weiter geht's an drei schönen Seen vorbei, über den eindrucksvollen **Malojapass** (1815 m) und in steilen Haarnadelkurven hinunter in die italienische Schweiz mit kleinen, hübschen Orten aus Bruchstein und verwitterten Stein- und Schindeldächern. Über **Chiavenna** gelangt man rasch zum Nordende des **Comer Sees** (→ S. 311).

• *Felbertauernstraße* Eine der landschaftlich reizvollsten Alpenstrecken führt durch den **Nationalpark Hohe Tauern** – von München fast Luftlinie zur Adria! Es geht ab Inntaldreieck auf der A 93 bis zur letzten Ausfahrt vor der österreichischen Grenze (Kufstein Süd) und weiter auf der Bundesstraße über Kufstein hinüber nach **Kitzbühel**. Auf der Bundesstraße 161, dann auf der B 108 fährt man durch den gut 5 km langen **Felbertauern-Tunnel** (mautpflichtig, PKW/Wohnmobil 10 €, Motorrad 8 €), Raststätten vor und nach dem Tunnel. Ab **Lienz** auf B 100, B 110 und ab Italien auf der SS 52bis nach Tolmezzo und auf der A 23 in Richtung **Udine** (→ S. 245). Oder wieder hinüber zur Brennerroute (B 100 bzw. SS 49) bzw. über Toblach und Cortina d'Ampezzo auf der SS 51 in Richtung Venedig.

• *Großglockner Hochalpenstraße* Die Erlebnisstraße Österreichs schlechthin, dementsprechend viel befahren. Wermutstropfen ist die hohe Mautgebühr – doch wegen der überwältigenden Panoramen ist das Geld gut angelegt. Die grandiose Passstraße führt durch den Nationalpark Hohe Tauern mit dem *Großglockner*, dem höchsten Berg Österreichs (3798 m). Sie ist eine der bekanntesten Bergstraßen der Welt und nach Schloss Schönbrunn mit über 1 Mio. Besuchern pro Jahr die meistbesuchte Sehenswürdigkeit Österreichs. Die Straße ist etwa 35 km lang, der Höhenunterschied beträgt 1700 m, ihre durchschnittliche Steigung 9 %, befahrbar ist sie etwa von Mai bis November (Tagesmaut PKW 26 €, für Motorrad 17 €). Man erreicht die Großglockner Hochalpenstraße wie oben unter „Felbertauernstraße" beschrieben, zweigt aber nicht auf die B 161 nach Kitzbühel ab, sondern bleibt auf der B 312 und fährt auf die B 311 ab, die über Zell am See nach Bruck am Großglockner führt, wo die Hochalpenstraße beginnt. Vom *Fuscher Tal* (805 m) geht es hinauf zu *Fuscher Törl* (2428 m) und *Hochtor* (2505 m) und wieder hinunter nach *Heiligenblut* (1300 m), von dort weiter ins Mölltal, von wo man nach Lienz kommt (→ Felbertauernstraße). Abzweige führen zu den Aussichtspunkten *Edelweißspitze* (2571 m) und *Kaiser-Franz-Josefs-Höhe* (2369 m) mit Blick auf den Großglockner und die gewaltige Pasterze, den größten Gletscher der gesamten Ostalpen.

Aus Österreich

Je nach Wohnort und Reiseziel bieten sich zwei grundsätzliche Routen an: entweder auf der A 2 und der A 23 zur Adria oder die A 1 über Salzburg nehmen.

Schnellster Einstieg für alle, die aus dem Osten der Alpenrepublik kommen und rasch am Meer sein wollen, ist die *Autobahn A 2* von Wien über Graz nach Klagenfurt und Villach, dann weiter auf der *Alpen-Adria-Autobahn A 23* (Grenzübergang Tarvisio) über Tolmezzo und Udine zur Adria.

Falls man den Westen Norditaliens bzw. die oberitalienischen Seen besuchen will, kann man alternativ dazu die Österreich der Länge nach durchquerende *Autobahn A 1* von Wien nach Salzburg nehmen. Von Salzburg kommt man auf der A 8 Richtung München bis zum *Inntaldreieck* und über Innsbruck zum *Brenner* (→ oben).

Alternativ kann man ab Salzburg die *Tauern-Autobahn A 10* Richtung Süden nehmen (zwei 6 km-Tunnels, mautpflichtig, insgesamt 9,50 €). Ab Villach wechselt man auf die Autobahn A 23 Richtung Udine oder fährt über Lienz hinüber zur Brennerroute. Alternative dazu wiederum ist die *Felbertauernstraße* (→ oben).

Die berühmte Europa-Brücke – über 800 m lang und 190 m hoch

Wer mehr von den Alpen sehen will, kann auch die schöne Bergstrecke über den *Semmering*, Bruck an der Mur und Leoben nach *Klagenfurt* wählen, von dort weiter wie oben beschrieben (z. B. auf A 2 und A 23 zur Adria).

Besondere Verkehrsbestimmungen Österreich/Schweiz

In **Österreich** beträgt die Höchstgeschwindigkeit auf Autobahnen generell max. 130 km/h, von 22–5 Uhr nachts auf der Inntalautobahn (A 10) und der Brennerautobahn (A 12) 110 km/h; eine *Warnweste* muss mitgeführt werden; darüber hinaus ist auch tagsüber mit *Abblendlicht* zu fahren (auch innerorts). In der **Schweiz** liegt die Höchstgeschwindigkeit außerorts bei 80 km/h, auf Schnellstraßen bei 100 km/h, auf Autobahnen bei 120 km/h.

Tipp: Seit einigen Jahren tankt man in Österreich deutlich günstiger als in Deutschland und in Italien, einigermaßen günstig sind die Spritpreise auch in der Schweiz.

Aus der Schweiz und Westdeutschland

Für alle, die aus dem Westen der Republik kommen, ist die Rheinautobahn Frankfurt – Basel die ideale Anfahrt. Weiter geht's landschaftlich eindrucksvoll – aber vignettenpflichtig – auf der berühmten St.-Gotthard-Autobahn (A 2 bzw. E 35) durch die Schweiz und hinunter nach Mailand. Es herrscht allerdings erhebliche Staugefahr – Richtung Italien die Juliwochenenden, zurück im August.

Ab *Basel* führt die Autobahn A 2 über Luzern (schöne Strecke am Vierwaldstätter See) und durch den *St.-Gotthard-Tunnel*, mit 16,3 km längster Straßentunnel durch die Alpen – gebührenfrei und bekannte Wetterscheide: Auch wenn es am nördlichen Tunneleingang Bindfäden regnet, am südlichen Ausgang bei Airolo lacht meist die Sonne. Ein besonderes Erlebnis ist auch die Fahrt über den *St.-Gotthard-Pass* auf 2108 m Höhe, hierfür verlässt man bei Göschenen/Andermatt die Autobahn. Südlich des Gotthard geht es weiter auf malerischer Strecke mit bereits prächtiger mediterraner Vegetation auf einem Damm über den Luganer See zum schweizerisch-italienischen Grenzübergang *Chiasso*. Unmittelbar nach der Grenze führt die Strecke an *Como* vorbei. Ein Stopp in der Stadt am gleichnamigen fjordartigen See lohnt wegen der hübschen Altstadt und dem eindrucksvollen Dom (→ S. 324). Nach *Mailand* führt zügig die Autobahn durch die flache Poebene, am Autobahnring um die Millionenstadt immer erheblicher Verkehr, oft Staus!

Autobahngebühren Schweiz: Alle Schweizer Autobahnen (Nationalstraßen) und autobahnähnlichen Straßen sind gebührenpflichtig. Pauschal wird der Preis von 40 CHF (26,50 €) für eine Vignette (Plakette) erhoben. Die Vignette ist nicht übertragbar und jeweils für 14 Monate gültig (1. Dezember bis 31. Januar des übernächsten Jahres). Für Anhänger wird eine zusätzliche Vignette benötigt. Die Plaketten sind an den Grenzen und auf jeder Schweizer Poststelle erhältlich, man kann sie aber bereits vor der Fahrt bei einem Automobilclub erstehen.
Autobahngebühren Italien: Como – Mailand 2,80 €, Como – Genua 10,80 €, Como – Modena 12,20 €.

▶ **Varianten**: Für diese Hauptstrecke gibt es einige, meist weniger belastete Ausweichrouten.

• *Direttissima Ulm → Mailand* Ein Blick auf die Landkarte zeigt, dass die Strecke von **Ulm** über das **Kreuz Memmingen** nach **Bregenz** (A 7/A 96) und weiter auf der N 13 via **Chur** und durch den **San-Bernardino-Tunnel** (6,6 km, gebührenfrei) fast in direkter Luftlinie nach **Mailand** führt. Allerdings muss man durch Bregenz und bis kurz nach der Schweizer Grenze auf der Bundesstraße fahren (Alternative ist der Pfänder-Tunnel, der kostet der wiederum österreichische Maut), was bei Stau oftmals bis zu einer Stunde Zeit kosten kann. Auch hier führt eine reizvolle Variante über den *San-Bernardino-Pass* (2065 m), man verlässt bei Hinterrhein kurz vor dem Tunnel die autobahnähnlich ausgebaute N 13.

• *Stuttgart → Luzern* Autobahn A 81 von **Stuttgart** über Rottweil bis zum Autobahnkreuz Singen, weiter auf der Bundesstraße nach Schaffhausen, dort auf der Autobahn über **Winterthur** nach **Zürich**, auf der Transit-Schnellstraße um das Stadtzentrum herum und nach **Luzern**, wo man auf die oben beschriebene A 2 durch den St.-Gotthard-Tunnel trifft.

• *Über Bern* Wer in den äußersten **Westen Oberitaliens** will, kann über Bern fahren.
1) Ins **Aostatal** kommt man von **Bern** auf der Autobahn A 12 zum Genfer See. Dort die A 9 bis **Martigny** nehmen, weiter die Passstraße über den **Großen St. Bernhard** ins tief eingeschnittene Aostatal am Fuß des Montblanc-Massivs – landschaftlich eine großartige Strecke! Der Große St. Bernhard ist jedoch fast 2500 m hoch, besitzt Steigungen bis 10 % und ist deshalb bis zu fünf Monate im Jahr gesperrt!

In diesem Fall den 5,8-km-Tunnel durch den St. Bernhard nehmen, schweizerisch-italienische Zoll- und Passkontrolle bei der Einfahrt. PKW bzw. Motorrad kostet umgerechnet 18,70 € Maut, Motorrad 11 €, Kleinbus oder Wohnmobil über 30 €. Weitere Details zu dieser Strecke → Aostatal S. 401. Ab **Aosta** auf der A 5 nach Turin.

2) Von Bern in Richtung Lago Maggiore besteht außerdem die Möglichkeit, die **Lötschberg-Autoverladung** zu benutzen. In Kandersteg mit dem Auto auf den Zug, 15 Min. später ist man in Goppenstein (PKW, Wohnmobil bis 3,5 t und Kleinbus bis 9 Sitzplätze kosten 17,25 €, Motorrad ca. 12 €). Anschließend Weiterfahrt über die nicht allzu steile **Simplon-Passstraße**, die mittlerweile sehr gut ausgebaut ist.

Infos rund um den **italienischen Verkehr** → S. 32.

Reizvolle Küstenstrecke am Gargano, dem Sporn des Stiefels

Mit der Bahn

Zugfahren ist eine umweltverträgliche Art des Reisens und lohnt wegen der vergleichsweise günstigen italienischen Tarife. Zudem ist Italien ein ausgesprochenes Bahnland mit hervorragend ausgebautem Netz und häufigen Verbindungen. Doch auch ab Deutschland kann man bei entsprechend früher Buchung günstig nach Italien reisen, v. a. mit den Nachtreisezügen.

Für die Anreise muss man allerdings etwas Geduld mitbringen – von München nach Verona sind es beispielsweise sieben bis acht Stunden, nach Florenz neun, nach Rom elf bis zwölf. Mit Verspätungen sollte man grundsätzlich rechnen, deshalb für eventuelles Umsteigen immer genügend Zeit einkalkulieren, denn es ist nicht gesagt, dass der Anschlusszug wartet. Vor der Abreise außerdem Tageszeitungen und Nachrichtensendungen nach eventuellen Streiks in Italien durchforsten. Alle Jahre wieder legt das italienische Bahnpersonal für einige Tage die Arbeit nieder, oft strategisch geschickt am Beginn oder Ende der Feriensaison, so dass die

Anreise

Bahnfahren in Italien: häufig verkehrende Züge und erfreulich preiswert

internationale Medienaufmerksamkeit und empörte Beschwerden hängen gebliebener Touristen für zusätzlichen Druck auf die Behörden sorgen.

Da das Passagieraufkommen über die Alpen, nicht zuletzt wegen der wachsenden Billigflugangebote, seit einigen Jahren nachlässt, haben die Bahnverwaltungen von Deutschland, Österreich, der Schweiz und Italien eine Reihe günstiger Tarife eingeführt. Unschlagbar ist dabei das Angebot „SparNight" der Deutschen Bahn: Frühbucher erhalten in bestimmten Nachtzügen nach Italien Preise ab 29 € pro Person im Sitzwagen, für 39–49 € im Liegewagen und für 69 € im 2er-Schlafwagen; z. B. mit den Nachtzügen von München nach Venedig, Florenz (via Bologna) und Rom/Neapel sowie von Hamburg, Dortmund und Berlin nach Bozen/Verona, von Hamburg und Dortmund (über Frankfurt/M.) nach Livorno sowie von Dortmund und München/Stuttgart nach Mailand. Allerdings sind die SparNight-Angebote kontingentiert (Informationen und Buchungen über ✆ 01805/141514, www.nachtzugreise.de, die Reisezentren der Deutschen Bahn und Reisebüros mit DB-Lizenz). Wer nicht auf diesen supergünstigen Tarif zurückgreifen kann, muss tiefer in die Tasche greifen: Der Normaltarif von München bis Verona liegt derzeit bei ca. 80 €.

> Wer aus Österreich oder der Schweiz anreist, kann auch hier diverse Sondertarife nutzen: In Österreich bietet die ÖBB (www.oebb.at) mit der **SparSchiene** einen ähnlichen Nachttarif z. B. nach Venedig, Mailand, Florenz, Rom, Livorno und Ancona an wie die deutsche SparNight, in der Schweiz werden im Internet günstige **Click & Rail**-Tarife für Europa angeboten (www.sbb.ch).

Bahnsparen

• *Plan & Spar (DB)* Reduzieren kann man den Preis auf der innerdeutschen Strecke mit den beiden **BahnCard-Varianten 25** bwz. **50** und durch die beiden Frühbuchertarife **Sparpreis 25** und **Sparpreis 50** (jeweils 25 bzw. 50 % Rabatt auf den Nor-

Mit dem Flugzeug   27

malpreis). Die Plan-&-Spar-Tarife sind kontingentiert und gelten nicht für alle Züge! Weitere Infos: **www.bahn.de**.

• *Sondertarife in Italien* Ab einem Mindestpreis von 30 € pro Ticket (2. Klasse) können auch in Italien nach einem ähnlichen System wie dem deutschen „Plan & Spar" Kosten reduziert werden. Informationen auch im Internet unter **www.trenitalia.com**.

• *Interrail* Gibt es mittlerweile in der (recht teuren) Neuauflage, in der auch Erwachsene (ab 26 Jahre) mitfahren können, sogar in der ersten Klasse. Mit dem **InterRail Global-Pass** können Jugendliche (12–25 Jahre) in der 2. Klasse 5-mal in 10 Tagen, 10-mal in 22 Tagen, an 22 aufeinanderfolgenden Tagen oder einen ganzen Monat durch Europa fahren, die Preise hierfür liegen bei 159–399 €, für Erwachsene (2. Klasse) bei 249–599 € (1. Klasse: 329–809 €). Ebenso wurde das alte System des Euro Domino unter dem neuen Namen **InterRail Ein-Land-Pass** wieder aufgenommen: An 3, 4, 6 oder 8 Tagen innerhalb eines Monats kann man in einem Land kreuz und quer Bahn fahren; die Länder sind in Preisgruppen unterteilt, für Italien kostet der Pass für Jugendliche beispielsweise 71–149 €, für Erwachsene 109–229 € (1. Klasse: 147–309 €). Lohnt, wenn man in Italien mehrmals große Strecken zurücklegen möchte und nicht länger als einen Monat bleibt. Weitere Infos unter www.bahn.de.

Flug über das markante Capo Testa im Norden Sardiniens

Mit dem Flugzeug

Die Billigflugangebote nach Italien sind sehr erschwinglich geworden, auch Kurztrips von nur wenigen Tagen sind überaus populär. Wichtig ist jedoch die frühzeitige Buchung. Falls man nicht mit öffentlichen Verkehrsmitteln unterwegs sein will, muss außerdem die Anmietung eines Leihwagens mit einkalkuliert werden.

Das Angebot ist unüberschaubar geworden, von den Billig-Airlines wie z. B. *Ryanair*, *Air Berlin*, *Germanwings* und *TUIfly* haben alle diverse Italienziele im Programm, Abflugs- und Zielflughäfen variieren jedoch stark. Das Angebot beschränkt

Anreise

sich nicht mehr nur auf die Urlaubsgebiete im Süden Italiens, auf den Flugplänen ist mittlerweile auch fast jeder größere Flughafen Ober- und Mittelitaliens zu finden, von den klassischen Städtezielen wie Rom, Mailand und Venedig mal ganz abgesehen. Wichtig ist bei allen Billig-Anbietern die frühzeitige Buchung (meist nur Online), um die besten Tarife zu ergattern, während der Ferien- bzw. Hauptreisezeiten erhöhen sich deren Preise jedoch prinzipiell deutlich. Hinzu kommen einige weitere Faktoren, die auf den ersten Blick nicht ersichtlich werden: Die Abflughäfen (man denke nur an den idyllisch gelegenen *Ryanair*-Flughafen Frankfurt-Hahn mitten im Hunsrück), mehr aber noch die italienischen Ziel-Airports liegen oft weit außerhalb der Städte, was z. B. bei Ryanair als Destination „Milano" ausgewiesen wird, liegt irgendwo bei Bergamo, ähnlich verhält es sich mit Bologna (Forlì) usw. Dennoch kann, bei rechtzeitiger Buchung und umsichtiger Wahl des Zielflughafens (sowie eventueller Anmietung eines Leihfahrzeuges direkt ab Airport), die Anreise mit dem Flugzeug durchaus komfortabel *und* günstig sein.

Wer ganz auf Nummer sicher gehen will, sollte einen Linienflug ins Auge fassen. *Alitalia*, *Lufthansa*, *Austrian Airlines* und *Swiss* bieten – teilweise sogar recht günstige – Flüge zu den meisten internationalen Flughäfen Italiens an, jedoch muss man oftmals entweder schon in Deutschland umsteigen (bei Lufthansa und Alitalia z. B. häufig in München), oder aber die Flüge gehen über Mailand bzw. Rom, wo man auf einen Inlandsflug umsteigen muss.

> **Infos zu Flugzeiten und Preisen**: Viele der günstigen Tarife müssen im Internet gebucht werden, die Preise variieren stark nach Abflug- bzw. Rückflugtermin, dazu kommen noch die nicht unerheblichen Steuern und Gebühren. *Alitalia*: www.alitalia.com, *Lufthansa*: www.lufthansa.com (Flüge teilweise über *Air Dolomiti*: www.airdolomiti.com), *Austrian Airlines*: www.aua.com, *Swiss*: www.swiss.com; *Air Berlin*: www.airberlin.com, *Germanwings*: www.germanwings.com, *LTU*: www.ltu.de, *TUIfly*: www.tuifly.com, *Ryanair*: www.ryanair.com, *Sky Europe*: www.skyeurope.com, *On Air*: www.flyonair.it.

● *In Oberitalien* Dreh- und Angelpunkt ist **Mailand**, das von fast allen Airlines von mehreren Städten direkt angeflogen wird: *Lufthansa*, *Alitalia*, *Swiss* und *Austrian Airlines* sowieso, außerdem aber auch von *Air Berlin*, *TUIfly*, *Germanwings*, *Air Dolomiti* und *Ryanair*.

Weiterer wichtiger Flughafen ist **Venedig** – im Programm u. a. von *Ryanair* (ab Bremen, Düsseldorf, Frankfurt/Hahn); mit *TUIfly* ab Berlin, Düsseldorf, Hamburg, Hannover, Köln/Bonn, Leipzig/Halle, Memmingen, München, Münster-Osnabrück und Stuttgart; außerdem mit *Air Dolomiti* ab München; *Sky Europe* ab Wien, *Swiss* ab Zürich. *Ryanair* fliegt außerdem ab Bremen und Frankfurt/Hahn **Verona** an, ebenso *Air Dolomiti* ab Frankfurt, München und Wien, *Germanwings* ab Köln/Bonn; nach **Bologna** Linienflüge mit *Alitalia*, *Lufthansa* (bzw. *Air Dolomiti*) und *Austrian Airlines*, Billigflüge nur mit *Germanwings* ab Köln/Bonn; **Forlì** wird von *Ryanair* (ab Frankfurt/Hahn) angeflogen, das nahe gelegene **Rimini** wird dagegen von *Air Berlin* ab Hamburg, Berlin, Düsseldorf, Karlsruhe/Baden-Baden und München angesteuert, von *TUIfly* ab Hannover, Köln/Bonn, München und Stuttgart, ebenso von *Air Dolomiti* ab München und von *Sky Europe* ab Wien.

Eine nur untergeordnete Rolle im Flugverkehr der Billiganbieter spielen **Triest** (mit *Air Dolomiti* ab München) und **Genua** (*Ryanair* ab Frankfurt-Hahn), hier besteht nur ein bescheidenes Angebot.

● *In Mittelitalien* Wichtigstes Ziel Mittelitaliens ist natürlich **Rom**, beide Flughäfen (Ciampino und Fiumicino/Leonardo da Vinci) sind gut an die Innenstadt angebunden. Hier landen nicht nur alle Linienflüge aus Deutschland, Österreich und der Schweiz (zumeist in Fiumicino), sondern auch die Charter-/Low-Cost-Carrier: mit *LTU* ab Düsseldorf; *Ryanair* ab Düsseldorf, Frankfurt-

Hahn, Karlsruhe-Baden; *TUIfly* ab Hannover, *Germanwings* ab Köln/Bonn und Stuttgart und *Air Berlin* ab 16 deutschen Städten sowie Zürich und Wien. **Pisa** an der toskanischen Küste wird ebenso recht häufig angeflogen (auch Linie): mit *Ryanair* ab Bremen, Frankfurt-Hahn, Hamburg-Lübeck und Karlsruhe-Baden; mit *TUIfly* ab Hannover, Köln-Bonn und Stuttgart; mit *Air Dolomiti* ab München sowie mit *Sky Europe* von Wien aus. Eine deutlich untergeordnete Rolle spielen **Florenz** (nur mit *Air Dolomiti* ab München), ebenso **Perugia** (*Ryanair* ab Frankfurt-Hahn), **Ancona** (*Air Dolomiti* ab München) und **Pescara** (*Ryanair* ab Frankfurt-Hahn und *On Air* ab München).

• *In Süditalien* **Neapel** als größte Stadt Süditaliens wird – neben den Inseln – am häufigsten angeflogen: mit *Air Berlin* ab Düsseldorf und Berlin; *TUIfly* ab Berlin, Frankfurt, Hamburg, Hannover, Köln-Bonn, Leipzig-Halle, Memmingen, München und Stuttgart; mit *LTU* ab Düsseldorf; mit *Air Dolomiti* ab München; außerdem mit *Swiss* ab Zürich. Häufige Flüge auf das südliche italienische Festland gibt es auch nach **Lamezia Terme** (Kalabrien) an der Stiefelspitze: mit *Air Berlin* ab elf deutschen Städten sowie Wien; mit *TUIfly* ab Düsseldorf, Frankfurt, Köln-Bonn, München und Stuttgart sowie mit *Germanwings* ab Köln-Bonn und Stuttgart. **Bari** wird von *Ryanair* ab Frankfurt-Hahn angeflogen; außerdem mit *TUIfly* ab Köln-Bonn, München und Stuttgart. Im etwas südlicheren **Brindisi** landet *TUIfly* (ab Frankfurt).

Hervorragende Flugverbindungen der Low-Cost-Carrier bestehen zu den Inseln Sardinien und Sizilien. Nach *Sardinien*: **Alghero** mit *Ryanair* ab Bremen, Düsseldorf und Frankfurt-Hahn sowie mit *Germanwings* ab Köln-Bonn; **Cagliari** mit *TUIfly* ab Köln-Bonn, München und Stuttgart; außerdem **Olbia** ebenfalls mit *TUIfly* ab Düsseldorf, Frankfurt, Hamburg, Hannover, Köln-Bonn, München und Stuttgart.

Nach *Sizilien*: **Catania** mit *Air Berlin* ab 14 deutschen Flughäfen und Wien; mit *TUIfly* ab Düsseldorf, Frankfurt, Hamburg, Hannover, Köln-Bonn, München und Stuttgart; außerdem mit *LTU* ab Düsseldorf, Frankfurt und München. Nach **Palermo** mit *Air Berlin* ab Frankfurt, München und Wien; außerdem mit *TUIfly* ab Hannover, Köln-Bonn und Stuttgart. *Ryanair* fliegt außerdem von Bremen nach **Trapani**.

Mietwagen online: Mit einer Vorab-Buchung fährt man oft günstiger als mit einer Anmietung vor Ort. Und auch der juristische Aspekt ist zu bedenken, denn der Gerichtsstand ist immer in dem Land, in dem das Auto gemietet wurde. Einer der derzeit preiswertesten Anbieter ist www.autoeurope.de – auf seiner Website bietet er unter FAQ sogar an, etwaige günstigere Offerten von anderen Firmen nach Möglichkeit zu unterbieten. Andere Adressen sind z. B. www.autovermietung.de, www.sungo.de, www.economycarrentals.com und www.billiger-mietwagen.de. Bei den **Billigfluglinien** kann man zusammen mit der Flugbuchung auch einen vergünstigten **Mietwagen** ordern, Abholung am Ankunftsflughafen.

Mit dem Fahrrad

Eine schöne Sache – wenn man mal über den Brenner ist, geht es bis in die Poebene ständig bergab. Unterwegs kann man an einem oder mehreren der Alpenseen bequem Stopp machen. Auch nach Venedig bzw. zur Adria herrscht durchwegs flaches Terrain vor. Wer zur Riviera bzw. weiter nach Süden vorstoßen will, sollte dagegen reichlich Kondition mitbringen – der steile Apennin muss durchquert werden.

Italien ist das klassische Land des Radsports. Vor allem in der brettflachen Poebene fährt jeder Rad, dieser Sport ist dort ähnlich populär wie hierzulande. Markierte Radwege gibt es allerdings nur stellenweise – so sind z. B. im Podelta um Ferrara und Ravenna mittlerweile mehrere hundert Kilometer für Radfahrer ausgebaut,

Anreise

Mit dem Radl durch die Dolomiten

Tendenz steigend. Die meisten Straßen am Stiefel sind problemlos zu befahren – italienische Autofahrer sind im Allgemeinen rücksichtsvoll (entgegen ihrem Ruf), hupen vor dem Überholen kräftig und machen, wenn möglich, einen großen Bogen um den Radler.

▶ **Fahrradtransport per Bahn oder Bus**: Wer nicht über die Alpen strampeln will, kann sein Fahrrad in vielen *Zügen* mitnehmen, vom Bummelzug bis zum IC. In durchgehenden Zügen mit Fahrradmitnahme nach Italien (ca. 3-mal tägl.) muss zum Preis von 10 € eine *Internationale Fahrradkarte* erworben werden, verbunden ist damit eine Reservierung für einen Radstellplatz. Eine frühzeitige Buchung ist anzuraten. In Italien ist eine Reservierung nicht möglich. Die Deutsche Bahn bietet auf ihrer Internetseite (www.bahn.de) Fahrradinformationen unter „Mobilität und Service", außerdem unter der Radfahrer-Hotline ✆ 01805/151415. In Stoßzeiten sind die Zustände in den Fahrradabteilen nicht selten chaotisch, oft werden die Räder bis an die Waggondecke gestapelt. Empfehlung für die Fahrt: Das Rad möglichst an feste Gegenstände anschließen und keine Helme, Fahrradcomputer etc. daran belassen, Diebstähle kommen immer wieder vor. Ein Fahrrad als *Gepäckstück* aufzugeben und es dann einige Tage später am Zielbahnhof abzuholen ist nur nach Südtirol möglich (ca. 25 €, Verpackung nötig). Problemlos ist der Transport in speziellen *Fahrradtaschen* (110 x 80 x 40 cm), die in Italien in fast allen Zügen (Ausnahme: Hochgeschwindigkeitszug „Pendolino") mitgenommen werden dürfen, allerdings ist auch dafür eine Fahrradkarte nötig.

Alternative zum Zug sind die „Fahrradbusse" des Reiseveranstalters *Natours* (Untere Eschstr. 15, 49179 Ostercappeln, ✆ 05473/92290, ✉ 05473/8219, www.natours.de). Dieser bietet von verschiedenen deutschen Städten Busfahrten mit Radmitnahme, z. B. von Norddeutschland via Florenz und Orvieto zum Bolsena-See (Latium) oder aber von München über Rovereto und Florenz zur toskanischen Küste.

Auch der **Allgemeine Deutsche Fahrrad-Club (ADFC)** hält einschlägige Informationen bereit, darunter eine Datenbank mit sämtlichen Radreise-Angeboten für Italien (Bundesgeschäftsstelle ADFC, Pf. 107747, 28077 Bremen, ✆ 0421/346290, ✉ 0421/3462950, www.adcf.de).

Weitere Anreisemöglichkeiten

▶ **Bus**: Die Deutsche Touring GmbH bietet mit ihren Europabussen Fahrten von vielen deutschen Städten zu Städten in ganz Italien (oftmals aber mit Umsteigen in Mailand oder Bologna) und fährt dabei bis *Apulien* und *Sizilien*. Einige der Ziele: Agrigent, Ancona, Bari, Bologna, Brindisi, Catania, Cosenza, Florenz (mit Umsteigen), Mailand, Neapel (mit Umsteigen), Padua, Pescara, Rimini, Rom (je nach Auslastung mit Umsteigen), Rovereto, Taormina, Turin (mit Umsteigen), Venedig (mit Umsteigen) und Verona. Wenn ein Ziel nur mit Umsteigen zu erreichen ist, verlängert sich die Fahrt deutlich. Einige Preisbeispiele: Frankfurt/M. – Mailand einfach 65 €, hin und zurück 117 €; Hamburg – Bari 126 € (227 €), Köln – Rom 110 € (198 €).

Außerdem bieten zahlreiche Busunternehmer das ganze Jahr über billige *Pauschalreisen* nach Rom (meist 3- bis 5-tägiger Aufenthalt).
Auskünfte/Buchung in allen **DER-Reisebüros** sowie bei **Deutsche Touring GmbH**, Am Römerhof 17, D-60486 Frankfurt/M., ✆ 069/7903501, www.deutsche-touring.com.

▶ **Mitfahrzentralen**: Preisgünstige Lösung für Fahrer und Mitfahrer – Ersterer spart Benzinkosten, Letzterer kommt ein ganzes Stück billiger als mit der Bahn über die Alpen. Insgesamt rund hundert Mitfahrzentralen *(MFZ)* gibt es inzwischen in fast allen bundesdeutschen Großstädten, zu finden im Telefonbuch (zum Großteil unter einer einheitlichen Telefonnummer, nämlich ✆ 19440) oder im Internet unter mitfahrzentralen.de, mitfahrzentralen.org oder citynet-mitfahrzentralen.de. Der Fahrpreis setzt sich aus der Vermittlungsgebühr (inkl. Unfallversicherung) und der Betriebskostenbeteiligung für den Fahrer zusammen. Dazu kommt eine von der Fahrtstrecke unabhängige Versicherungsgebühr (freiwillig), die im Falle des Falles den Weitertransport per Bahn zum Zielort gewährleistet.

*Italiens Städte: Kunst aus Jahrhunderten, flotte „ragazzi"
und Verkehrsgetümmel*

Unterwegs in Italien

Mit dem eigenen Fahrzeug

Ein wenig anders als zu Hause ist es schon noch, das Fahren auf italienischen Straßen, besonders im Stadtverkehr. Doch wenn man sich einmal daran gewöhnt hat, kann das Autofahren in Italien viel Spaß machen. Den Reisenden erwarten außerdem herrliche Berg- und Küstenstrecken.

Grundlegender Unterschied zum streng regelorientierten Verkehr nördlich der Alpen: der individuelle Entscheidungsspielraum des Fahrers ist größer. Durch Vorschriften lässt man sich nicht tyrannisieren, fährt vielmehr nach Gefühl und achtet dabei eher auf die Verkehrspartner als auf Verkehrszeichen. Bezüglich der Beachtung von Verkehrsregeln zeigt sich allerdings ein deutliches Nord-Süd-Gefälle. Fahren Mailänder und Turiner noch recht brav, so gelten in Rom und Neapel schon nicht mehr ganz so strenge Regeln. Generelle Empfehlung: In Großstädten wie *Mailand, Genua, Rom, Neapel, Palermo* oder *Bari* lieber außerhalb parken (Hotel, Camping etc.) und sich in der City mit öffentlichen Verkehrsmitteln oder zu Fuß bewegen. Der unaufhörliche Verkehr, die zermürbende Parkplatzsuche, ständige Staus und nicht zuletzt auch die Diebstahlsgefahr machen das eigene Fahrzeug nicht zum idealen Verkehrsmittel.

Rund um den italienischen Verkehr

Fahrzeugpapiere/Versicherung: Mitzuführen sind selbstverständlich der nationale Führerschein *(patente di guida)* und der Fahrzeugschein *(libretto di circolazione)*, bei Schadensfällen wird außerdem die Grüne Versicherungskarte *(carta verde)* ver-

Unterwegs in Italien 33

langt. Auch ein Auslandsschutzbrief ist empfehlenswert (Hilfsleistungen bei Panne, Unfall oder Diebstahl), alle Automobilclubs und Versicherer bieten ihn an, Jahrespreis zwischen 30 und 50 €. Bei neuen Fahrzeugen ist außerdem eine vorübergehende Vollkaskoversicherung in Erwägung zu ziehen, da die Deckungssummen italienischer Haftpflichtversicherer sehr niedrig sind. Bei Diebstahl springen Voll- und Teilkasko ebenfalls ein.

Tankstellen: Es gibt *benzina senza piombo* (Bleifrei), *super senza piombo* (Super) sowie *gasolio* (Diesel). Die Preise liegen ein wenig höher als in Deutschland und deutlich höher als in Österreich. Tankstellen sind an den Autobahnen 24 Std. durchgehend geöffnet, in Ortschaften meist 7–12.30 und 15–19.30 Uhr. Manche Tankstellen haben einen Ruhetag, meist ist es der Sonntag. An vielen Zapfautomaten können Sie aber im „Self-Service"-Verfahren mit unzerknitterten Euroscheinen tanken. Kreditkarten werden häufig, aber nicht immer akzeptiert.

Italienische Verkehrsschilder: *rallentare* = langsam fahren, z. B. wegen *lavori in corso* (Bauarbeiten) oder wegen *pericolo* (Gefahr, oft vor Steigungen und Kreuzungen); *accendere i fari* = Licht einschalten; *attenzione uscita veicoli* = Vorsicht Ausfahrt; *deviazione* = Umleitung; *divieto di accesso* = Zufahrt verboten; *temporamente limitato al percorso* = Durchfahrt vorübergehend verboten; *strada interrotta* = Straße gesperrt; *inizio zona tutelata* = Beginn der Parkverbotszone; *parcheggio* = Parkplatz; *senso unico* = Einbahnstraße; *strada senza uscita* = Sackgasse; *tutte le direzioni* = alle Richtungen; *zona disco* = Parken mit Parkscheibe; *zona a traffico limitato* = Bereich mit eingeschränktem Verkehr; *zona pedonale* = Fußgängerzone; *zona rimorchio* = Abschleppzone.

Höchstgeschwindigkeit: innerorts 50 km/h; **außerorts**, PKW, Motorräder und Wohnmobile bis 3,5 t 90 km/h, Wohnmobile über 3,5 t 80 km/h, PKW mit Anhänger 70 km/h; **Schnellstraßen** (zwei Spuren in jeder Fahrtrichtung), PKW, Motorräder und Wohnmobile bis 3,5 t 110 km/h, Wohnmobile über 3,5 t 80 km/h, PKW mit Anhänger 70 km/h; **Autobahnen**, PKW/Motorräder 130 km/h, auf dreispurigen Autobahnen auf der linken Spur 150 km/h, Wohnmobile 100 km/h, PKW mit Anhänger 80 km/h. Motorräder unter 150 ccm sind auf der Autobahn verboten!

Pannenhilfe/Notrufe: Notrufsäulen stehen in Abständen von 2 km an den Autobahnen. Der Straßenhilfsdienst des italienischen Automobilclubs **ACI** (www.aci.it) ist in ganz Italien rund um die Uhr unter ✆ 803116 zu erreichen (aus den Mobilfunknetzen mit ✆ 800116800). Die Pannenhilfe ist kostenpflichtig, auch für Mitglieder von Automobilclubs.
Polizeinotruf ✆ 112, **Straßenpolizei** ✆ 113, **Unfallrettung** ✆ 118, **deutschsprachiger Notrufdienst des ADAC** in Mailand: ✆ 02/661591 (rund um die Uhr erreichbar).
Stadtverkehr und Parken: Die historisch gewachsenen Stadtzentren Italiens mit ihren engen und verwinkelten Gassen sind dem hohen Verkehrsaufkommen in keiner Weise gewachsen. Fast überall hat man inzwischen drastische Maßnahmen ergriffen: Ganze Altstadtzentren sind zeitweise oder ständig für den Autoverkehr gesperrt (*zona a traffico limitato*), nur autorisierte Fahrer und Anwohner dürfen dort parken. Ärger und Kosten vermeidet man, indem man sich eine Parklücke außerhalb des „Centro storico" sucht und zu Fuß hineinläuft bzw. einen Bus nimmt. In Fußentfernung zu den Sehenswürdigkeiten gibt es in vielen Städten auch oft **gebührenpflichtige** (und meist bewachte) **Parkplätze** (ca. 1–2 €/Std., bei längerem Aufenthalt wird es billiger). Im Zentrum kann man entweder Gebührenautomaten oder gratis mit Parkscheibe in der **zona disco** parken. Während der Siestazeit ist das Parken an Stellplätzen mit Parkuhren meistens gratis. **Parkverbot** besteht an schwarz-gelb gekennzeichneten Bordsteinen sowie auf gelb markierten Parkflächen; blaue Markierung steht für einen gebührenpflichtigen Parkplatz, weiße Markierung für frei Parken. Urlaubern ist es gestattet, mit dem PKW vor Altstadthotels vorzufahren und auszuladen. Manchmal bekommt man vom Hotel einen **Anwohner-Parkausweis** ausgehändigt. Über eigene Garagen verfügen nur Hotels ab der Drei-Sterne-Kategorie aufwärts.
Unfälle: An der Windschutzscheibe eines in Italien zugelassenen Wagens ist ein Aufkleber mit der Adresse der Versicherungsgesellschaft und der Versicherungsnummer angebracht. Diese unbedingt notieren und Zeugen ermitteln.

Wichtige Verkehrsvorschriften: Abblendlicht ist auch tagsüber auf allen Autobahnen und Landstraßen vorgeschrieben, für Zweiräder gilt generell „Licht an"; **privates**

Abschleppen auf Autobahnen ist verboten; **Straßenbahnen** haben grundsätzlich Vorfahrt; die **Promillegrenze** liegt bei 0,5. Achtung, die Strafen bei Alkohol am Steuer sind sehr hoch, neben Bußgeldern bis 2500 € (!) droht auch der sofortige Einzug des Führerscheins; das Telefonieren während der Fahrt ist nur mit einer **Freisprechanlage** gestattet; im **Kreisverkehr** gilt grundsätzlich rechts vor links; Dachlasten und Ladungen, die über das Wagenende hinausragen, müssen mit einem reflektierenden, 50 x 50 cm großen, rot-weiß gestreiften **Aluminiumschild** (kein Kunststoff!) abgesichert werden (erhältlich im deutschen Fachhandel, in Italien an Tankstellen). Fahrrad- oder Lastenträger mit Heckleuchten und Nummernschild, die im Kfz-Schein eingetragen sind, sind von dieser Regelung ausgenommen.

Für den Fall, dass man z. B. wegen Unfall oder Panne auf einer Autobahn das Auto verlässt, muss im Auto eine reflektierende **Sicherheitsweste** (DIN EN 471) zur Hand sein. Erhältlich ist sie bei uns in Tankstellen, Baumärkten etc.

> ### Gut zu wissen!
> Die italienischen Bußgelder gehören zu den höchsten in Europa. Parkverstöße, Alkohol am Steuer und Geschwindigkeitsüberschreitungen werden deutlich strenger geahndet als in Deutschland. Die Mindestgebühr für einfaches Falschparken beträgt derzeit 35 €, tagsüber ohne Licht fahren 71 €, Geschwindigkeitsüberschreitungen 140 € aufwärts (Übertretungen ab 71 € werden ins Heimatland zurückverfolgt). Mit Radarkontrollen muss überall gerechnet werden. Bei stark überhöhter Geschwindigkeit und Überschreiten der Promillegrenze können auch Fahrverbote ausgesprochen werden. Die drakonischen Strafen haben Wirkung gezeigt, die italienischen Autofahrer sind disziplinierter geworden und die Unfälle deutlich zurückgegangen.

Autobahnen (autostrade)

Bis auf die obligaten Teilstücke, wo ständig verbessert oder verbreitert wird, sind sie meist in sehr gutem Zustand. Im Süden muss man sich allerdings auf schlechten Belag und viele Baustellen einrichten, speziell auf der A 3 zwischen Neapel und Reggio di Calabria. Italienische Autobahnen sind kostenpflichtig, gebührenfreie Ausnahmen sind die Strecke Salerno – Reggio di Calabria in Süditalien, die Autobahnen im Inneren und Westen Siziliens und die meisten Ringautobahnen um Großstädte.

Kontrollstellen *(Alt stazione!)* sind am Beginn jeder Autobahn und an jeder Einfahrt eingerichtet, hier wird ein Ticket ausgegeben (gelben bzw. roten Knopf drücken), beim Verlassen oder Wechseln der Autobahn wird zur Kasse gebeten. Geld bzw. Kreditkarte und Mautkarte griffbereit halten. Achtung: Wer die Karte verloren hat, muss die mögliche Gesamtstrecke zahlen! Auf einigen wenigen Teilstrecken im Land zahlt man nicht nach Länge der zurückgelegten Strecke, sondern einen Pauschalbetrag (z. B. Como – Mailand, Rom – Civitavecchia und Neapel – Salerno). Den Zahlungsverkehr erleichtert die magnetische *Viacard*, erhältlich im Wert von 25 und 50 € bei den Automobilclubs, an Grenzübergängen und großen Raststätten. Für Karteninhaber gibt es an den Zahlstellen Extraspuren, dort werden die Beträge automatisch abgebucht (zunächst Autobahnticket, dann Viacard einführen). Jedoch Vorsicht: immer auf ausreichende Deckung achten bzw. zweite Karte mitführen, denn Aufzahlen in Bargeld ist nicht möglich. Man kann auch die normalen Spuren benutzen und dort vom Personal die Gebühr abbuchen lassen. Wichtig: Auch mit der Viacard muss man bei der Einfahrt auf die Autobahn eine Mautkarte ziehen.

Mit dem eigenen Fahrzeug

Auf vielen Autobahnteilstücken kann mittlerweile auch mit den gängigen Kreditkarten bezahlt werden, man benutzt dafür die eigens ausgewiesenen Spuren. Generell summieren sich die Gebühren bald zu ansehnlichen Beträgen. Wer es nicht eilig hat, sollte ab und an auf die Staatsstraßen (*SS* bzw. *N*) ausweichen, die teilweise vierspurig ausgebaut sind und oft parallel zur Autobahn verlaufen.

Achtung, Zweiradfahrer: Einer unserer Leser weist darauf hin, dass der Asphalt im Bereich von Mautstellen oft extrem rutschig ist – selbst mit richtigem Schuhwerk ist es nicht leicht, ein beladenes Motorrad zu halten.

> **Achtung**: Falls Sie sich an einer Mautstelle falsch eingeordnet haben, stoßen Sie keinesfalls zurück (hohe Bußgelder!), sondern drücken Sie die Hilfstaste („assistenza" o. Ä.). Sie erhalten dann einen Quittungsstreifen, mit dem Sie die Maut bei einer anderen Mautstelle bezahlen bzw. nachträglich überweisen können.

- *Gebühren* PKW und Motorräder zahlen denselben Preis, der Preis für zweiachsige Fahrzeuge mit einer Höhe von mehr als 1,30 m an der Vorderachse liegt teilweise etwas höher. Mit einachsigem Wohnwagen muss man etwa 25 % mehr bezahlen, mit zweiachsigem Wohnwagen 50–60 % mehr (aktuelle Daten bei den Automobilclubs).
Preisbeispiele PKW: Vom Brenner bis Verona 13,70 €, von Como bis Genua 10,80 €, von Mailand nach Venedig 13,20 € und von Milano nach Rom 31,10 €.
- *Raststätten* gibt es in ausreichender Zahl, eine Snackbar (meist mit riesigem Panini-Angebot) ist bei jeder Tankstelle vorhanden. Die Self-Service Restaurants (z. B. **Autogrill**) haben ein abwechslungsreiches Angebot, darunter auch ausreichend Salate. Angeschlossen ist in der Regel ein Supermarkt.

Stadtverkehr

Die historisch gewachsenen Stadtzentren Italiens mit ihren engen und verwinkelten Gassen sind dem hohen Verkehrsaufkommen in keiner Weise gewachsen. Zudem wird die wertvolle Bausubstanz empfindlich geschädigt.

Fast überall hat man inzwischen drastische Maßnahmen ergriffen: Ganze Altstadtzentren sind zeitweise oder ständig für den Autoverkehr gesperrt (*zona a traffico limitato*), nur autorisierte Fahrer und Anwohner dürfen hineinfahren bzw. dort parken. Das gilt für alle Großstädte, aber auch für viele touristisch überlastete Ferienorte. Urlaubern ist es jedoch in der Regel gestattet, mit dem PKW ein Hotel in der Altstadt suchen bzw. beim gebuchten Hotel Gepäck auszuladen.

▸ **Ins Zentrum und wieder hinaus**: In allen großen Städten ist die Stadtmitte mit Schildern Richtung *centro* gekennzeichnet und/oder mit dem Zeichen ⊙. Wer schnell wieder raus und auf die Autobahn will: kein Problem, so viele Autobahnhinweisschilder wie in Italien findet man selten irgendwo. Und keine Panik, wenn man einmal einen Hinweis überfährt – zwei Ecken weiter kommt garantiert der nächste.

▸ **Ampeln**: Abbieger bekommen oft eher Grün als die Hauptampel für Geradeausfahrer. Auf Nebenampeln, Pfeile etc. gut achten, sonst gibt es ein melodisches Hupkonzert. Besonders an den großen Ein- und Ausfallstraßen der Großstädte lauern an Ampeln mit langer Wartefrequenz oft Scheibenwäscher, Krimskramsverkäufer und Bettler. Wenn man einen Scheibenwäscher gewähren lässt, sollte man ihm für seine Dienste auch etwas Kleingeld in die Hand drücken.

▸ **Parken**: In den Zentren der großen Städte ein schwieriges und teures Unterfangen. Unübersehbar kennzeichnen überall Schilder die ausgedehnten Zonen, wo Parken verboten ist. Strafzettel sind schnell ausgestellt und kosten als Minimum 35 € (sie

36 Unterwegs in Italien

Alternative zum eigenen Gefährt: Mietfahrzeuge, hier auf den Eolischen Inseln

werden ab einer Höhe von 71 € EU-weit eingetrieben), an exponierten Stellen werden Falschparker auch an den Haken genommen. Alljährlich zum Beginn der Touristensaison macht die Polizei verstärkt Jagd auf Parksünder. *Achtung*: An gelb markierten Bordsteinen bzw. auf gelb gerahmten Parkflächen dürfen nur öffentliche Verkehrsmittel wie Busse und Taxis parken, blau gerahmte Parkflächen sind immer gebührenpflichtig, frei bzw. mit Parkscheibe parken kann man nur in den weiß gerahmten Flächen.

Ärger und Kosten vermeidet man, indem man sich eine Parklücke außerhalb des *Centro storico* sucht und zu Fuß hineinläuft bzw. einen Bus nimmt. Im Zentrum kann man entweder an Gebührenautomaten (ca. 1 €/Std.) oder gratis mit Parkscheibe in der *zona disco* parken, beides jedoch in der Regel nur bis zu einer Stunde. Bei längerem Aufenthalt sind die gebührenpflichtigen (und meist bewachten) *Parkplätze* bequemer, die fast jede Stadt in Fußentfernung zu den Sehenswürdigkeiten anbietet (ca. 1–2 €/Std., bei längerem Aufenthalt wird es billiger). Unterm Strich: Die Kosten summieren sich schnell.

Wer in einem Hotel in der Altstadt untergekommen ist, erhält dort meist einen *Anwohner-Parkausweis*. Falls nicht, kann es sein, dass man den PKW nach dem Entladen wieder aus dem Zentrum entfernen und außerhalb parken muss. Über eigene Garagen oder andere Parkmöglichkeiten verfügen in der Regel nur Hotels der Kategorie *** aufwärts.

▸ **Fahrzeugdiebstahl**: Nur selten werden ganze Autos oder Motorräder gestohlen, falls doch, benötigt man für die Verlustanzeige an die Versicherung die „carta bollata", ein Formular, das man in Tabacchi-Läden kaufen kann. Die Polizei muss darauf den Verlust des Wagens bestätigen.

Viel öfter werden verlockend präsentierte Inhalte zur Beute von Langfingern. Meist wird in einem solchen Fall die Scheibe eingeschlagen und binnen Sekunden ist das Auto ausgeräumt. Ganz wichtig deshalb: Nichts im Fahrzeug lassen, das Handschuhfach leeren und offen lassen (signalisiert: hier gibt es nichts zu holen). Generell sollte man in Großstädten im Parkhaus bzw. auf einem bewachten Parkplatz parken, wenn am Straßenrand, dann an einer belebten Straße, auf keinen Fall aber in abgelegenen Seitenstraßen zwielichtiger Viertel.

Bahnfahren in Italien

Ferrovie dello Stato (abgekürzt FS) heißen die italienischen Staatsbahnen. Die Züge sind fast durchgängig modern und komfortabel ausgestattet. Verspätungen sind durchaus möglich und sollten einkalkuliert werden. Sie rühren zum Teil daher, dass die Strecken oft nur eingleisig sind und sich besonders in Nord-Süd-Richtung die Züge auf wenigen Linien drängen.

Die Zugdichte ist hoch und die Preise sind niedrig. Faustregel: je länger die Fahrt, desto günstiger der Preis pro Kilometer. Aus den Fahrplänen sollte man sich immer den geeigneten Zug heraussuchen: Die Nahverkehrszüge *Locale* (L) bzw. *Regionale* (R) sind langsam und halten an jeder Station. Etwas flotter bewegen sich *Diretto* (D) und *Interregionale* (IR), die aber ebenfalls häufig halten. Der *Espresso* (E) ist dagegen durchweg schnell. Am schnellsten fahren die komfortablen *Inter/Eurocity-Züge* (IC/EC), allerdings mit teils erheblichen Zuschlägen. Die Stars unter den italienischen Zügen sind schließlich der mit spezieller Neigetechnik konstruierte *CIS* (Pendolino) und der *Eurostar* (ES). Diese Züge besitzen z. T. nur Wagen der 1. Klasse, die Platzreservierung ist dort obligatorisch („prenotazione obligatoria") und in Fahrplänen mit eingerahmtem „R" vermerkt.

Zwei Preisbeispiele (incl. IC-Zuschlag): *Mailand – Rom*: Fahrtzeit 6–6,5 Std., einfache Strecke 45 € (mit dem Eurostar in 4,5 Stunden allerdings nur 51 €); *Rom – Neapel*: Fahrtzeit 2–2,5 Std., einfache Strecke 18,50–19,50 €.

> In der Hauptreisezeit sind die Züge auf allen alpenüberquerenden Linien oft überfüllt. Man sollte sich rechtzeitig eine **Platzkarte** sichern (frühestens drei Monate, spätestens kurz vor Abfahrt möglich), was an großen Bahnhöfen in BRD, CH und A auch für inneritalienische Züge möglich ist. Auf den meisten Strecken gibt es durchgehende **Schlaf- und Liegewagen**.

▸ **Streckennetz der FS**: Vor allem in Norditalien sehr gut ausgebaut, praktisch alle größeren Orte sind mit der Bahn schnell und zuverlässig zu erreichen. Ausnahmen stellen lediglich die Alpen- und Apenninregionen dar, deren wenige Bahnlinien aber gleichzeitig zu den schönsten gehören. In Mittel- und Süditalien liegen die Bahnhöfe oft weit außerhalb der Ortschaften.

Rückgrat des Bahnsystems ist die Strecke Mailand – Bologna – Florenz – Rom. Diese sogenannte *Direttissima*, d. h. eine annähernd geradlinige Ideallinie mit möglichst wenigen zeitraubenden Kurven und Bergüberquerungen, wurde schon zwischen den zwei Weltkriegen für die Strecke Bologna – Florenz fertiggestellt – mit ihren 29 Tunnels (Gesamtlänge 37 km, der längste 19 km!) eine gigantische Ingenieursleistung. Vor allem zwischen Florenz und Rom ist die Schienenführung nahezu schnurgerade ausgelegt, sodass die Züge voll ausgefahren werden können.

> Informationen im Internet unter: **www.ferroviedellostato.it**

● *Reizvolle Strecken* Die berühmte **Tenda-Bahn**, die sich von Turin durch die Seealpen nach Ventimiglia an der Riviera schlängelt; die Küstenlinie **von Neapel nach Reggio di Calabria** – kleine Buchten, bizarre Felsformationen und die Bahnlinie immer dicht am Wasser entlang; die Bergstrecken von **Rom** zur Adria – über

Unterwegs in Italien

Sulmona nach **Pescara** und über Terni nach **Ancona**, beide durchqueren den Apennin; die **Abruzzenstrecke** von Sulmona nach Isernia.

▶ **Privatbahnen:** Außer dem staatlichen Netz gibt es noch eine Handvoll privat geführter Bahnen, die allerdings zusehends Sparmaßnahmen zum Opfer fallen und durch Busse ersetzt werden.

• *Oberitalien* Die reizvolle **Centovallibahn** fährt von Domodossola ins schweizerische Locarno.
Die **Ferrovie Nord Milano/FNM** fährt von Brescia am Ostufer des Lago d'Iseo entlang nach Edolo und von Mailand zum Comer See. Von Bologna fährt die historische Gebirgsbahn **Porrettana** über den Apennin nach Pistoia in der Toskana.

• *Mittelitalien* Die **Ferrovia Centrale Umbra** durchquert mehrmals täglich Umbrien von Nord nach Süd – wichtige Stationen sind Perugia, Todi und Terni.
Ab Rom (Bahnhof Roma-Nord) fährt die **Ferrovia Roma – Viterbo** nach Viterbo, nördlich von Rom.

• *Süditalien* Ein ganzes Netz von Privatbahnen wird noch in der Ferse des Stiefels betrieben (Apulien), Knotenpunkt ist Bari: **Ferrovia del Sud-Est/FSE, Ferrovia Nord Barese** (auf der Strecke Bari – Barletta) und **Ferrovia Apulo-Lucane/FAL**.
Bei Neapel fungiert die moderne **Ferrovia Circumvesuviana** als viel genutztes Transportmittel den Golf entlang und um den Vesuv.
Auf Sizilien umrundet die **Ferrovia Circumetnea** den Ätna.
Ein besonderes Landschaftserlebnis bietet die Schmalspurbahn der **Ferrovie della Calabria** von Cosenza nach Camigliatello Silano.

Tipps für Bahnreisende in Italien

- Am Fahrkartenschalter sagt man: „**Un biglietto (due biglietti) per Milano (Roma, Napoli ...), solo andata (andata/ritorno)**" – „einen Fahrschein (zwei Fahrscheine) nach Mailand (Rom, Neapel ...), einfache Fahrt (hin und zurück)"
- **Wichtig**: Bevor man den Bahnsteig betritt, muss man sein Zugticket an einem der (meist gelben) Automaten **entwerten**, die an den Zugängen aufgestellt sind. Andernfalls gilt man als „Schwarzfahrer" – und das kann einiges kosten!
- **Nachlösen im Zug** ist in Italien nur möglich, wenn der Schalter des Abfahrtsbahnhofes geschlossen ist. Sollte das nicht der Fall sein, zahlt man beim Schaffner mehr als das Doppelte des regulären Fahrpreises!
- **Zuschlagspflichtige IC-Züge** sind auf den aushängenden Fahrplänen mit gestrichelter Linie gekennzeichnet (Zuschlag = supplemento).
- Auf den Fahrplänen immer die Spalte „Servizi diretti e annotazioni" beachten, dort ist vermerkt, ob der betreffende Zug nur **werktags** („si effetua nei giorni lavorativi/feriali") oder nur **feiertags** („si effetua nei festivi") fährt.
- Vor allem in größeren Bahnhöfen können die Warteschlangen an den Kartenverkaufsschaltern sehr lang sein. Für den **Kartenkauf** sollte man also immer reichlich Zeit einplanen, um nicht seinen Zug zu verpassen.
- Wenn der Fahrkartenschalter geschlossen ist, gibt es Zugtickets (Regionalverkehr) oft in der **Bahnhofsbar** oder im **Zeitschriften-** bzw. **Tabacchi-Laden**. Immer häufiger ersetzen allerdings auch **Automaten** die Schalter (Anweisungen auch in Deutsch vorhanden). Hierbei muss man aufpassen, denn manchmal kann nur mit Kreditkarte gezahlt werden oder es wird Restgeld nur bis zu einer bestimmten Höhe zurückgegeben.
- Auf kleineren Bahnhöfen hängen oft zusätzlich die Abfahrts-/Ankunftszeiten der **nächstgrößeren Bahnhöfe** bzw. Städte aus – nicht verwechseln!
- Oft werden noch in letzter Minute die **Gleise gewechselt**. Bis zuletzt auf Durchsagen und Mitwartende achten, außerdem immer noch einmal fragen, bevor man einen Zug besteigt.
- Gut zu wissen: **partenza** = Abfahrt, **arrivo** = Ankunft, **binario** = Gleis, **coincidenza** = Anschluss, **orario** = Fahrplan, **prezzo del biglietto** = Fahrpreis.

Verschiedenes

• *Fahrpläne* Die FS gibt einen Fahrplan für ganz Italien heraus, mit etwas Glück bekommt man ihn in Zeitungsläden an italienischen Bahnhöfen. Ansonsten kann man auch auf die „Verkaufsstelle für ausländische Kursbücher" in St. Gallen zurückgreifen (→ unten).

• *Gepäckaufbewahrung* Schließfächer gibt es aus Sicherheitsgründen nicht mehr, allerdings kann man sein Gepäck in größeren Bahnhöfen zum **Deposito bagagli** bringen: 5 Stunden kosten pro Gepäckstück ca 3–4 Euro, ab der 6. Stunde wird es deutlich günstiger. Meist lange Schlangen, daher Zeit und Geduld mitbringen.

• *Kinder* fahren unter 4 Jahren umsonst, bis 12 Jahre ist die Hälfte des Fahrpreises zu zahlen.

• *Kursbücher, Karten und Literatur* Für Bahnfans unverzichtbar ist das umfassende Angebot der **Verkaufsstelle für ausländische Kursbücher**, Bahnhofplatz 8a/073, CH-9001 St. Gallen, ☎ 071/2226180, 071/2226283, www.timetables.ch.

• *Schlaf- und Liegewagen* In vielen Inlands- und Auslandszügen. Italienische Schlafwagen (carrozza letti) haben in der 1. Klasse 1- oder 2-Bettabteile, in der 2. Klasse 2 oder 3 Betten, Liegewagen (carrozza cuccette) in 1. Klasse 4, in 2. Klasse 6 Liegeplätze. Zuviel an Komfort darf man sich nicht erwarten, sie sind aber etwas preiswerter als in BRD, CH und A (Liegewagenplatz im Vierbettabteil z. B. 27 €, im Sechsbettabteil ca. 20 €). Italienische Abteile haben oft Verschlusshebel, die nur von innen zu betätigen sind (sinnvoll wegen Diebstahlgefahr).

Weitere Transportmöglichkeiten

▸ **Flüge**: Alitalia (www.alitalia.it), Meridiana (www.meridiana.it), Air One (www.flyairone.it), Volare (www.volareweb.com) und andere italienische Fluggesellschaften bieten zahlreiche Flüge zwischen *Mailand, Bologna, Genua, Turin, Verona, Venedig, Neapel, Catania, Palermo, Bari* und weiteren Flughäfen in ganz Italien. Die genauen Angebote (und Sondertarife, z. B. am Wochenende) sind im Internet zu finden, Ermäßigung gibt es für Personen unter 29 Jahren, Senioren, Familien und Reisegruppen.

▸ **Schiffslinien**: im Folgenden eine Auflistung der wichtigsten Verbindungen zu den vorgelagerten Inseln. Preise, Häufigkeit der Abfahrten etc. sind unter den jeweiligen Orten zu finden.
Interessant für Sizilienfahrer sind die häufig verkehrenden Fähren der „Grandi Navi Veloci" (www.gnv.it) von *Genua* (20 Std.) und *Civitavecchia* (13 Std.) nach *Palermo*, mit denen man die ermüdende Fahrt den ganzen Stiefel entlang vermeiden kann.

Capri, Ischia und Procida (Golf von Neapel): Fähren und Tragflügelboote ab Neapel, Pozzuoli, Sorrento, Positano und Amalfi.

Elba: häufige Überfahrten mit Fähren und Tragflügelbooten von Piombino.

Isola del Giglio: Fähren ab Porto San Stefano.

Liparische Inseln: Fähren und Tragflügelboote ab Milazzo und Neapel.

Pontinische Inseln: Fähren und Tragflügelboote ab Terracina, Anzio und Formia.

Sardinien: Verbindungen ab Genua, Piombino, Livorno, Civitavecchia, Neapel, Palermo und Trapani (Sizilien).

Sizilien: häufigste Verbindungen von Villa San Giovanni und Reggio di Calabria über die Meerenge nach Messina, in Villa San Giovanni auch Zugverschiffung. Verbindungen außerdem von Genua, Civitavecchia und Neapel.

Tremiti-Inseln: Fähren von Termoli, Vasto und Ortona, außerdem von Vieste und Manfredonia auf der Gargano-Halbinsel.

Einen Überblick über die Verbindungen gibt: **www.traghettionline.com**.

- **Überlandbusse**: Ein dichtes Netz von Busrouten zahlreicher Gesellschaften ergänzt die Bahnstrecken. Die Benutzung ist in erster Linie sinnvoll für Orte, die keine Schienenverbindung haben bzw. an wenig befahrenen Nebenstrecken liegen. Speziell in den *Alpenregionen, Süditalien* und *Sizilien* wird man häufig auf den Bus umsteigen müssen. Auch kleinste Orte werden angefahren. Oft reist man in solchen Regionen per Bus schneller als mit den selten verkehrenden Bummelzügen. Die Terminals liegen oft in der Nähe des Hauptbahnhofs oder an einem anderen zentralen Platz (Details in den Ortstexten). Fahrscheine rechtzeitig besorgen, die Busse sind oft bis auf den letzten Platz gebucht. An Sonntagen ist der Verkehr stark eingeschränkt.
- **Stadtbusse**: Ein oft etwas chaotisch wirkendes System – Endstationen sind selten an den Bussen angeschrieben, ebenso kann man an den Haltestellen kaum etwas über die Streckenführung, Verkehrszeiten und Häufigkeit der Verbindungen nachlesen. Durchfragen ist angesagt. Kostenpunkt pro Fahrt in den Großstädten meist um 1 €. Wichtig: Die Tickets muss man *vor der Fahrt* an Automaten oder in Kiosken, Tabkläden und Bars kaufen, am besten gleich mehrere auf einmal und natürlich auch im Bus dann abstempeln. In großen Städten gibt es in der Regel Tages- oder Mehrtagespässe für die Benutzung der öffentlichen Verkehrsmittel.
- **Taxi**: Im Prinzip etwas preiswerter als bei uns, allerdings gibt es auf den Grundpreis noch diverse Zuschläge, z. B. für Feiertage, Gepäck, Nachtfahrten, Fahrten von und zum Flughafen etc. (Gebührenliste hängt in den Taxis aus), sodass man doch meist ganz ordentlich zur Kasse gebeten wird. Darauf achten, dass der Taxameter eingeschaltet ist. *Taxistände* sind in den gelben Seiten der Telefonbücher verzeichnet. Bei Ruf eines Funktaxis muss dessen Anfahrt mitbezahlt werden.
- **Mietfahrzeuge**: In allen Städten und Flughäfen, außerdem in vielen großen Touristenorten sind die bekannten internationalen Firmen Avis, Europcar, Hertz etc. vertreten, zusätzlich größere italienische Anbieter wie z. B. Maggiore. Die Wagen sind vergleichsweise teuer, die *Tagestarife* setzen sich meist aus einem Grundbetrag und einer Pauschale pro gefahrenem Kilometer zusammen (oder höherer Tarif ohne Pauschale, der etwa dem Grundbetrag plus Kilometergeld für 100 km entspricht). Wenn man viel unterwegs sein will, fährt man mit dem *Wochentarif* meist günstiger. Bei manchen Firmen gibt es ermäßigte *Wochenendtarife* (Freitagnachmittag bis Montagmorgen). Im Preis inbegriffen ist Haftpflichtversicherung und manchmal Teilkasko mit Selbstbeteiligung (die man gegen Aufpreis wegversichern kann). Generell darf man erst ab 21 Jahren einen Wagen ausleihen, ein Jahr Fahrpraxis ist Bedingung.

> Zur Anmietung eines Fahrzeugs schon vor Reisebeginn → s. S. 29

In zahlreichen Urlaubsorten gibt es die Möglichkeit, *Roller, Fahrräder* und *Mountainbikes* auszuleihen, z. B. in Südtirol, an den Badeseen, in fast allen Touristenorten an der Adria und der tyrrhenischen Küste, auf den größeren Inseln und in vielen Städten, u. a. Bozen, Brixen, Ferrara, Florenz, Mantua, Meran, Ravenna, Rom, Siena, Turin und Verona.

Die berühmteste Adoptivmutter Italiens: die Wölfin mit Romulus und Remus

Geschichte

Zur Geschichte Italiens fällt einem manches ein: natürlich die „alten Römer", Schlachtreihen mit scheppernden Rüstungen, Wagenrennen im Circus Maximus, Sklavenaufstände, Caesarenmord – dazu Päpste, Gegenpäpste und Mätressen, Mussolini, Mafia und geschmierte Politiker. Aber: „Italien" gibt es nicht – jedenfalls nicht vor 1870. Vorher gibt es Sardinien und Venetien, Piemont und Kalabrien – die Regionen Italiens haben ihre ganz eigene Geschichte und der Vatikan erst recht. Während am Schaft des Stiefels Ruhe herrscht, ist der Absatz in Aufruhr und umgekehrt.

Dass das Römische Weltreich irgendwann „unterging", wissen wir. Warum aber fiel die Metropole Rom in den Schlaf eines Provinznests, während Venedig, Mailand, Florenz reiche Stadtrepubliken wurden? Was hatten die deutschen Kaiser in Sizilien verloren? Warum können die Italiener die Österreicher nicht leiden und warum Hitler Mussolini nicht? Wieso erklärt Italien noch kurz vor dem Ende des 2. Weltkriegs Nazideutschland den Krieg? Warum finden Sizilianer die Piemontesen so sympathisch wie die Bayern die „Preußen"? Woher kommt die Mafia – und was hat Berlusconi damit zu tun? Und überhaupt: Was sagt der Papst dazu? Sitzen Sie bequem, schnallen Sie sich an und begeben Sie sich mit uns auf eine kurze, 3000 Jahre lange Zeitreise durch Italiens Geschichte. Viel Spaß und *buon viaggio*!

Wie alles anfing – frühe Kulturen und eingewanderte Völker

Das 20 000 Jahre alte Skelett eines Mannes, das man im apulischen *Altamura* fand, deutet darauf hin, dass Italien schon in der Steinzeit besiedelt war. Auch auf Sardinien hinterließ die Altsteinzeit ihre Spuren, ebenso die Jungsteinzeit. Später mühte sich der Homo sapiens nicht mehr nur mit Stein und Elfenbein ab, sondern beherrschte die Kunst, Metalle zu verarbeiten. In die Bronzezeit datiert man die Anfänge der sardischen *Nuraghe-Kultur* (18. Jh. bis 3 Jh. v. Chr.), die nachfolgende Eisenzeit ist in Italien vor allem als *Villanova-Kultur* (10. bis 5. Jh. v. Chr.) bekannt, benannt nach einem Fundort östlich von Bologna. Ihre reich verzierten Urnen sind heute u. a. im archäologischen Museum von Florenz zu bestaunen. Auf Sizilien wanderten die seefahrenden Völker der *Mykener* (ca. 1400 v. Chr.), *Phönizier* (ca. 1000 v. Chr.) und Griechen (800–600 v. Chr.) ein. Zur Zeit der Villanova-Kultur siedeln auf der Halbinsel viele Stämme: an der Adriaküste *illyrische Völker*, im Landesinneren von Norden eingewanderte *Italiker*, zu denen die *Latiner* (südlich von Rom), die *Umbrer* (Mittelitalien, links des Tiber) und die *Samniten* (oberhalb des Golfs von Neapel) gehören. Prägend für die italienische Geschichte waren jedoch die *Etrusker*, die die Eisenherstellung und -verarbeitung hervorragend beherrschten.

Die Etrusker

Woher die Etrusker kommen, war schon den Römern ein Rätsel, möglicherweise waren sie aus Kleinasien eingewandert, möglicherweise über die Alpen, vielleicht waren sie auch schon immer da. Die heutige Etruskologie tendiert dazu, sie als Mischvolk zwischen alteingesessenen voritalischen und eingewanderten kleinasiatischen Stämmen anzusehen. Die wenigen schriftlichen Zeugnisse lassen darauf schließen, dass die Etrusker nicht indoeuropäisch parlierten. Bekannt ist die etruskische Kultur vor allem durch ihre zahlreichen Grabstätten (Nekropolen), bemalten Vasen und fein gearbeiteten Tonfiguren – die Etrusker stellten Bronze-, Gold- und Silberschmuck her und beherrschten die *Eisenverhüttung*. Die imposantesten etruskische Grabanlagen gibt es in der südlichen Toscana (bei Sovana) und in Orvieto, die größten Sammlungen etruskischer Kunst in den Museen von Volterra und Chiusi.

Ihre ersten Städte gründeten die Etrusker an der toscanischen Küste, u. a. Populonia und Tarquinia. Neben der Ausbeutung der nahen Eisenvorkommen im Monte-Amiata-Gebiet und auf der Insel Elba trieben sie regen Handel über See bis nach Griechenland. Später stießen sie ins Hinterland vor und gründeten Städte, wie Chiusi und Orvieto. Jede dieser Städte hatte ihren eigenen Fürsten, die Nachfolge wurde in matrilinearer Vererbung geregelt. Im *Zwölfstädtebund* fanden die Etrusker eine eher lockere politische Organisationsform, von einem Staat konnte dabei aber keine Rede sein. Das hinderte sie allerdings nicht daran zu expandieren: Richtung Norden bis in die Poebene, Richtung Süden bis Kampanien. Im späten 7. Jahrhundert v. Chr. nahmen die Etrusker Rom ein und stellten dort die letzten drei der sieben Könige, über die man wenig weiß. Die *Römer* übernahmen von ihnen nicht nur den *Haruspex*, den Priester, der aus dem Eingeweiden der Opfertiere die Gunst oder Ungunst der Götter herauslas, sondern auch die Toga als Kleidung und das vergnügliche Schauspiel der Streitwagenrennen im Circus.

Neben den Etruskern waren auch die mit den Römern verbündeten *Latiner* mit der Ausdehnung ihres Herrschaftsgebiets beschäftigt. Diese hatten den Etruskern bereits 509 v. Chr. eine empfindliche Niederlage bereitet und die kampanischen Gebiete vom etruskischen Stammgebiet getrennt, im selben Jahr noch jagt Rom den letzten etruskischen König zum Teufel und deklariert sich als Republik. In der *Seeschlacht von Kyme* 474 v. Chr. gegen die Syrakuser stecken die Etrusker eine weitere Niederlage ein, ihr Untergang ist besiegelt. Im Norden erobern die Kelten Gebiete zurück, im *3. Samnitenkrieg* (298–290 v. Chr.) schlagen die Römer ein etruskisch-keltisch-umbrisches Koalitionsheer, 264 v. Chr. nehmen sie als letzte etruskische Stadt Volsinii (Bolsena) ein. Den besiegten etruskischen Fürsten belassen die Römer vorerst noch einige lokale Privilegien, doch bald haben sich die Etrusker im Schmelztiegel der römischen Zivilisation aufgelöst.

Zwillinge, die sich nicht mögen – der Aufstieg Roms

Die Gründung der Stadt Rom fand wohl schon um 750 v. Chr. durch einen Zusammenschluss der hier ansässigen *Latiner* und *Sabiner* statt. Die Legende spricht von den Zwillingen *Romulus und Remus*, die von einer Wölfin gesäugt wurden. Vielleicht wird die Geschichte um einen Deut realistischer, wenn man weiß, dass das lateinische Wort *lupa* sowohl eine Wölfin wie auch eine Prostituierte meinen kann. Wie auch immer, am 21. April 753 v. Chr. sollen die Brüder beschlossen haben, eine Stadt zu gründen. Dieses Datum gilt fortan bei den Geschichtsschreibern als das Gründungsdatum Roms. Doch die Geschichte der Zwillinge nimmt keinen guten Ausgang – Romulus erschlägt Remus und inthronisiert sich als erster römischer König. Damit beginnt die Reihe der sieben Könige von Rom, die bereits ins Reich der realen Geschichte überführen. 509 v. Chr. wurde der Etrusker *Tarquinius Suberbus*, nachdem er zahlreiche römische Adlige ermordet hatte, gestürzt – er war der letzte der sieben Könige. Darauf wurde die *Republik* ausgerufen: Als Regenten fungierten fortan zwei Konsuln mit beschränkter Amtszeit, die dem Senat Rechenschaft abzulegen hatten.

Die Etrusker sind nun erheblich geschwächt, aber dem aufstrebenden Rom stellen sich andere in den Weg: die umliegenden latinischen Städte, die Samniter im Süden, die vorrückenden Kelten im Norden und die (nordafrikanische) Seemacht Karthago. Es folgt eine Zeit der Kriege, Friedensschlüsse und taktischen Koalitionen, in der Rom seinen Einflussbereich ausweiten kann. Als ernst zu nehmender Gegner bleibt bald nur noch *Karthago*, das das gesamte westliche Mittelmeer inklusive der Inseln Korsika, Sardinien und Sizilien beherrscht.

Der Streit zwischen Rom und Karthago um die Vormacht im westlichen Mittelmeerraum entlädt sich in den drei *Punischen Kriegen* (*Poeni* ist das lateinische Synonym für die *Carthagines*, die Karthager), 264–241 v. Chr., 218–201 v. Chr. und 149–146 v. Chr. Trotz der Niederlagen im 2. Punischen Krieg am Trasimenischen See (217 v. Chr.) und im apulischen Cannae (216 v. Chr.) gehen die Römer schließlich als Sieger aus den Kämpfen hervor. Das karthagische Gebiet wird fortan als römische Provinz *Africa* auf der Landkarte verzeichnet. Nachdem Rom auch noch Griechenland unterworfen hat, hat es die Stellung einer Supermacht im Mittelmeerraum.

Den äußeren militärischen Erfolgen folgte eine Krise im Inneren, die römische Gesellschaft polarisierte sich zusehends: Auf der einen Seite häuften Großgrundbesitzer und Adel nicht zuletzt dank eines schier unendlichen Reservoirs an Sklaven immer mehr Reichtümer an, auf der anderen Seite verarmten die Kleinbauern. Zweckbündnisse wurden geschmiedet, Intrigen ausgeheckt, bis sich die Spannungen schließlich in mehreren Bürgerkriegen entluden. Als vorläufiger Sieger ging aus dem Chaos *Julius Cäsar* hervor. Dieser hatte sich 59 v. Chr. zum Konsul wählen lassen. An seine Amtszeit anschließend ließ er sich als Gouverneur der Provinz *Gallia Cisalpina* (südlich der Alpen) einsetzen und eroberte von hier aus das nichtrömische Gallien bis an den Ärmelkanal. Der *Gallische Krieg* brachte Cäsar nicht nur den Ruf eines gewieften Militärstrategen ein, sondern auch immense

Reichtümer. Sein früherer Bundesgenosse *Pompeius* erkannte die Gefahr, die von dem ambitionierten Feldherrn ausging, gerierte sich nun als Verteidiger der Republik und veranlasste, dass Cäsar das Kommando über Gallien entzogen wurde. Doch dieser, weit davon entfernt, sich von der Macht verdrängen zu lassen, entschloss sich zur Rebellion. *Alea iacta est* (die Würfel sind gefallen) soll er ausgerufen haben, bevor er mit seinen kriegserfahrenen Legionären den Rubikon, den Grenzfluss zwischen Gallien und dem römischen Stammland, überschritt. Pompeius und ein Großteil des Senats verließen Rom fluchtartig, Cäsar ließ sich 48 v. Chr. zum zweiten Mal als Konsul wählen und schwang sich bald zum Diktator über das Mittelmeerimperium auf.

Das Römische Imperium – unaufhaltsame Größe ...

Formal war das Römische Reich noch immer eine Republik, faktisch aber hatte Cäsar diese unterhöhlt und die Alleinherrschaft an sich gerissen. Ob er je die Monarchie einführen wollte, ist bis heute umstritten. Den Beweis konnte er nicht mehr antreten: Im Jahr 44 v. Chr. zückten die verschworenen Senatoren während einer Sitzung die Dolche – 23 Stiche zählte man in der Leiche Cäsars.

Nach Cäsars Ermordung nimmt der Senat die Leitung des Staats erst einmal in eigene Hände. Doch Caesars potenzielle Nachfolger mischen die Karten neu. Ohne die republikanischen Gesetze auszuhebeln gelingt es *Octavian*, einem in der Bevölkerung beliebten Großneffen Cäsars und von diesem adoptiert, die Macht auf sich zu vereinigen. Der Senat verleiht ihm den Ehrentitel *Augustus* („Der Erhabene"), unter dem er heute besser bekannt ist. Augustus verwaltet das Reich umsichtig, die Wirtschaft blüht auf, ebenso die Dichtkunst. Die bekanntesten römischen Dichter der Epoche sind *Horaz*, *Ovid* und *Properz*, der wohlhabende *Gaius Cilnius Maecenas* (auf den der Begriff *Mäzen* zurückgeht) sorgt dafür, dass die Dichter nicht am Hungertuch nagen müssen. Die Hauptstadt Rom wird verschönert, u. a. veranlasst Augustus auf dem nach ihm benannten Augustusforum den Bau des Tempels Mars Ultor, dessen Überreste noch heute zu sehen sind. Die insgesamt friedvolle Epoche unter Augustus ging als *Pax Augusta* in die Geschichtsbücher ein.

Als Augustus 14 n. Chr. im Alter von 76 Jahren starb, zweifelte niemand an seinem Recht, seinen Nachfolger selbst zu bestimmen, obwohl dafür nicht die geringste gesetzliche Grundlage vorhanden war. So begründete Augustus das römische Kaisertum, das mit seinem Stiefsohn *Tiberius* den Anfang nahm. Dieser führte anfangs das stiefväterliche Riesenerbe seriös fort, verfiel aber im Alter mehr und mehr dem Cäsarenwahn und erwarb sich durch exzessive Hinrichtungspraxis einen schlechten Ruf. Sein Nachfolger *Caligula* (über den Albert Camus ein großartiges Drama schrieb und Tinto Brass einen fragwürdigen Film drehte) übertraf ihn jedoch bei weitem. Caligula ließ sich schon zu Lebzeiten als Gott anbeten, verlieh seinem Lieblingspferd die Konsulswürde, verspottete die Senatoren, deren Frauen er in sein Bett befahl, und ließ nach Lust und Laune hinrichten. Schließlich fiel er selbst einer Verschwörung zum Opfer. Nachfolger wurde sein Onkel *Claudius*, der von seiner vierten Ehefrau *Agrippina* vergiftet wurde, die damit ihren Sohn *Nero* auf den Thron hievte.

Nero, dessen Erziehung Agrippina dem freundlichen *Seneca* anvertraute (zu seinen Lebzeiten schon ein bekannter Philosoph), bedankte sich später damit, dass er seine Mutter vergiftete und seinen Erzieher zum Selbstmord zwang. Gemeinhin wird Nero mit dem *Stadtbrand von Rom* (64 n. Chr.) in Verbindung gebracht, obwohl er vermutlich nicht der Brandstifter war. Allerdings wusste er aus der zerstörten Innenstadt Profit zu schlagen, indem er nun Platz für sein megalomanes Bauprojekt der *Domus aurea* (goldenes Haus) hatte, die nach einem weiteren Brand 104 n. Chr. wieder aus dem Stadtbild verschwand. Als Sündenbock für den Brand Roms bot er dem aufgebrachten Volk die wenig beliebten Christen an, die er gleich massenhaft hinrichten ließ.

Nero war der letzte Vertreter der julischclaudischen Dynastie, der die flavische Dynastie folgte, die unter *Vespasian* erst einmal den zerrütteten Staatshaushalt wieder in Ordnung brachte. Unter anderem fallen in Vespasians Regierungszeit die Anfänge der Eroberung Englands bis zur schottischen Grenze sowie die Eroberung Jerusalems, dessen Tempel er bis auf die noch heute erhaltene „Klagemauer" zerstörte. Als Zeichen des Siegs über die Juden steht der Titusbogen auf dem Forum Romanum in der italienischen Hauptstadt.

Den beiden kaiserlichen Familiendynastien folgten die sechs sogenannten Adoptivkaiser (96–192): Der Herrscher

Marc Aurel auf dem Kapitolsplatz

suchte jeweils einen ihm geeignet scheinenden Nachfolger und adoptierte diesen als Sohn. Unter *Trajan* stieß das Römische Reich weiter nach Osten vor: An die wohl wegen der dortigen Goldvorkommen geführten *Dakerkriege* nördlich der Donau (im heutigen Rumänien) erinnert heute in Rom die Trajansäule mit ihrem großartigen Reliefband, das sich 35 m in die Höhe windet; im *Partherkrieg* (114–117) wurden Mesopotamien und Armenien zu römischen Provinzen. Trajans Nachfolger, der reisefreudige und kunstsinnige *Hadrian*, erkannte wohl, dass es klüger war, das Reich zu konsolidieren als es weiter auszudehnen, gab die den Parthern abgetrotzten Gebiete wieder auf und legte den Euphrat als Ostgrenze fest. An Hadrian erinnern heute die Engelsburg in Rom, die er sich als Mausoleum bauen ließ, und vor allem das gigantische Ruinenfeld der Villa Adriana bei Tivoli. (Als Vorbereitung eines Besuchs empfehlen wir die Hadrian-Biographie *Ich zähmte die Wölfin* von Marguerite Yourcenar – ein literarisches Meisterwerk.)

Den Adoptivkaisern folgt das severische Herrscherhaus (193–235) und ihm die sog. Soldatenkaiser (235–305). Mittlerweile war es immer schwieriger geworden, das Riesenreich in seinen Grenzen zu verteidigen, im Norden drohten berittene Germanen, im Osten die Sassaniden. Die zahlreichen Soldatenkaiser, teils vom Heer gewählt, teils als Gegenkaiser deklariert, herrschten meist nur kurz und wurden beim ersten Misserfolg in der Regel von den eigenen Leuten ermordet. Die ständigen Grenzkämpfe beanspruchten das römische Heer permanent, was regelmäßig zu Steuererhöhungen führte. So kamen zu den Bedrohungen an den Rändern des Imperiums innenpolitische Probleme hinzu. Es war nicht mehr zu übersehen: Das römische Reich befand sich in einer äußerst ernsten Krise.

... und unaufhaltsamer Untergang

Einen letzten großen Versuch, den Niedergang aufzuhalten, unternimmt *Diokletian*, der eine umfassende Reichsreform durchführt, deren wichtigster Teil die sog. Tetrarchie ist: Statt eines Kaisers regieren zwei Seniorenkaiser, die jeweils einen „Unterkaiser" adoptieren, der später an ihre Stelle treten soll; jeder der vier Regenten erhält einen eigenen Machtbereich. Das System bewährt sich fast 20 Jahre lang, bis Diokletian und sein Mitkaiser 305 zurücktreten, um ihren Unterkaisern (und deren neuen Unterkaisern) den Platz zu überlassen. Unter diesen bricht erneut das Machtgerangel aus, schließlich setzt sich *Konstantin*, Sohn des vom Unter- zum Seniorenkaiser avancierten *Constantius I.*, durch und begründet eine neue Dynastie.

Konstantin schreibt vor allem mit zwei Handlungen Geschichte. Mit dem *Toleranzedikt von Mailand* 313 garantiert er den Christen Religionsfreiheit, auf dem Sterbebett lässt er sich selber taufen, was ihm in der abendländischen Geschichtsschreibung den Beinamen „der Große" einträgt. Kaum haben die Christen die Religionsfreiheit, haben sie auch schon ihren ersten großen theologischen Streit. Im *Konzil von Nicäa* (318–325) wird die arianische Lehre, die Christus nicht als gottgleich ansieht, als Ketzerei verurteilt. Die zweite folgenschwere Handlung Konstantins: Er verlegt die Hauptstadt des Reichs nach Byzanz, das bald den Namen Konstantinopel (heute Istanbul) annimmt.

Die Bedrohung von außen nimmt nicht ab, im Gegenteil – und nach Konstantin bröckelt die kaiserliche Macht schnell: Gegen die im Osten amtierenden Kaiser stellen sich bald Gegenkaiser im Westen – herrscht ein Kaiser im Westen, findet sich bald ein Gegenkaiser im Osten ... Nach diesem Hin und Her und dem Tod von *Theodosius I.*, der das Christentum als Staatsreligion einführt, kommt es 395 zur endgültigen Teilung des paralysierten Imperiums: in ein Oströmisches Reich, das in Byzanz noch über tausend Jahre fortbestehen soll, und ein Weströmisches Reich, das seinem Untergang entgegensieht.

Bereits nach Diokletians Tod residierte der weströmische Kaiser meist in Mailand, nach 402 wurde Ravenna Sitz des kaiserlichen Hofs, auch wenn einige der letzten Kaiser wieder Rom vorzogen. Die von Nordosten ins Reich drängenden germanischen Stämme sind so oder so nicht mehr aufzuhalten. Im Jahr 455 plündern die Vandalen Rom, 476 setzt der germanische Söldnerführer Odoaker den letzten römischen Kaiser *Romulus Augustulus* ab. Ende.

Ein ganz und gar unhistorisches, aber schönes Nachwort schrieb der Schweizer Dramatiker Friedrich Dürrenmatt: Romulus Augustulus heißt bei ihm „Romulus der Große" – ein sympathischer Kaiser, der sich lieber seinen Hühnern als dem kränkelnden Staat widmet und das Ende seines Reichs mit stoischer Gelassenheit hinnimmt.

Ostgoten, Langobarden, Franken, Byzantiner und Päpste

Der siegreiche *Odoaker* regierte das krisengeschüttelte Westreich von Ravenna aus weiter, bis der byzantinische Kaiser *Zeno* den Ostgoten *Theoderich* (in der Nibelungensage *Dietrich von Bern*), wie Odoaker ein arianischer Christ, gegen ihn losschickt. Der arg bedrängte Odoaker schließt mit Theoderich einen Pakt der Kore-

Ostgoten, Langobarden, Franken, Byzantiner und Päpste

gentenschaft, bevor er vom Partner – angeblich bei einem Festessen – eigenhändig umgebracht wird. In seinem ostgotischen Reich hält Theoderich Italien als Einheit noch ein letztes Mal zusammen. Dann fällt das Land als politisches Gebilde auseinander und findet erst über 1300 Jahre später wieder zu einer Einheit. Theoderich stirbt 526, sein Mausoleum steht in Ravenna (seine Gebeine aber sind verschollen).

In den Jahren 535–553 macht sich der byzantinische Kaiser Justinian I. daran, das ostgotische Reich wieder dem oströmischen einzuverleiben. Er schickt seinen Heerführer *Belisar*, dem es gelingt, Ravenna einzunehmen. Die Ostgoten versuchen unter König *Totila* ihren italienischen Besitz zu verteidigen, werden 552 aber in der *Schlacht bei Tadinae* (Gualdo Tadino, Umbrien) von einem Eliteheer unter der Führung des Eunuchen *Narses* besiegt. Italien ist wieder weitgehend in byzantinischer Hand, aber nicht lange.

Ab dem Jahr 568 erscheinen die *Langobarden* in Italien. Es ist der letzte große Treck der Völkerwanderung. Das germanische Volk der Langobarden, ursprünglich in Skandinavien beheimatet, dann im ungarischen Raum, stößt nach Italien vor. Es ist wirklich ein ganzes Volk, das da unterwegs ist, mit Kriegern voran, mit Familien und dem ganzen Gepäck – 130 000 bis 200 000 Personen, schätzen die Historiker. In Friaul machen sie einen Zwischenhalt und bauen das einst römische Lager Cividade zu ihrer ersten Hauptstadt um – noch heute ist dort das „Tempietto Longobardo" mit seinen schönen Großreliefs zu sehen. Bald erreichen die Langobarden die Poebene. Mailand fällt ihnen ohne großes Blutvergießen in die Hände, Pavia wird nach längerer Belagerung erobert und schließlich zur Hauptstadt erkoren. Die Byzantiner leisten den Langobarden nur mäßig Widerstand, sie sind militärisch an ihrer Ostgrenze und auf dem Balkan beschäftigt. So stoßen die Langobarden weiter nach Süden vor, bis nach Umbrien und Kampanien, wo sie die *Herzogtümer Spoleto und Benevent* gründen. Weite Teile Italiens werden langobardisch, den Byzantinern verbleiben neben dem Exarchat von Ravenna vor allem die Küstenregionen Kalabriens und Apuliens, die Städte Genua, Venedig, Rom und Neapel – die Langobarden verstehen nichts von der Seefahrt. Sie sind Bauern und assimilieren sich mehr und mehr – es findet eine germanisch-romanische Verschmelzung statt. Erst als der Langobardenkönig *Aistulf* 751 Ravenna einnimmt, bekommt der bislang von Byzanz abhängige Papst in Rom das große Sausen und ruft eine europäische Weltmacht zu Hilfe: die *Franken*.

Schon 755 hatte *Pippin der Jüngere*, Vater *Karls des Großen*, Ravenna zurückerobert und schenkte das Gebiet dem Papst. Die als *Pippinsche Schenkung* in die Geschichtsbücher eingegangene Gebietsübertragung war die Keimzelle des späteren Kirchenstaats. Die Päpste revanchierten sich, indem sie die karolingischen Kaiser und Könige krönten, d. h. sie als Herrscher des Frankenreichs kirchlich legitimierten.

In den Jahren 773/774 erobert *Karl der Große* das Langobardenreich, nach der Einnahme von Pavia setzt er sich selbst die eiserne Krone auf und nennt sich nun „König der Franken und Langobarden". Er bestätigt die Pippinsche Schenkung und lässt sich im Jahr 800 von Papst *Leo III.* in einem höchstfeierlichen Akt zum Kaiser krönen.

Für die Franken ist das eroberte italienische Gebiet aber eher von zweitrangiger Bedeutung. Das karolingische Lehnswesen wird eingeführt, Herzogtümer werden an den lokalen Adel vergeben. Doch mit dem Tod Karls des Großen bricht das karolingische Reich auseinander, das den Lombarden abgetrotzte Gebiet entgleitet mehr und mehr der Kontrolle von außen, obendrein drohen aus dem Norden die Ungarn. Erst unter den ostfränkischen Ottonen (Otto I., Otto II., Otto III.) wird das Regime wieder straffer. *Otto I.* schlägt die Ungarn 955 auf dem Lechfeld und lässt sich in Rom zum Kaiser krönen – Nord- und Mittelitalien werden Teil seines deutschrömischen Imperiums. Nachdem er auf die byzantinischen Gebiete in Kalabrien verzichtet, wird er auch von Byzanz als Kaiser anerkannt. Schließlich gelingt es den Ottonen, das Papsttum unter ihre Kontrolle zu bringen.

Im Süden Italiens verläuft die Entwicklung etwas anders. Hier streiten sich abseits des fränkischen Einflussgebiets das langobardisch verbliebene Herzogtum Benevent und die Byzantiner um die Vorherrschaft. Zudem stehen die Normannen vor der Tür, die im 11. Jahrhundert in Kalabrien ankommen, die Straße von Messina überqueren, um dann in Sizilien, das eben eine fast 200-jährige Herrschaft der Sarazenen hinter sich hat, ein Königreich zu begründen.

Der Machtkampf zwischen Kaiser und Papst

Das 11. Jahrhundert ist in Italien weitgehend vom Konflikt zwischen Kaiser und Papst bestimmt, ein Konflikt, der sich schon zur Zeit der Ottonen klar abzeichnet. Einen ersten Höhepunkt erreicht die Auseinandersetzung mit dem sog. *Investiturstreit*. Seit dem frühen Mittelalter war es gängige Praxis, dass sich die weltlichen Herrscher als Besitzer der Kirchen sahen und demzufolge die geistlichen Würdenträger nicht nur einsetzten (Investitur), sondern oft auch bestimmten. Dieses Recht macht ihnen nun das Papsttum streitig, das unter die Kaiser und Könige des Heiligen Römischen Reichs als Laien ansieht, denen die Investitur nicht zustünde. Natürlich geht es dabei um die Stärkung des eigenen Machtbereichs, und Loyalität wird mit Pfründen belohnt.

Als *Heinrich IV.*, seines Zeichens König des Heiligen Römischen Reichs, 1071 den erzbischöflichen Stuhl von Mailand neu besetzen will, droht Papst *Gregor VII.* mit Bann und Exkommunikation. Heinrich lässt sich nicht einschüchtern und erklärt zusammen mit den ihm ergebenen deutschen Bischöfen 1076 den Papst für abgesetzt. Gregor erklärt darauf seinerseits Heinrich für abgesetzt und schlägt den renitenten König mit dem kirchlichen Bann. Die päpstliche Strafe verfehlt ihre Wirkung nicht: Zahlreiche deutsche Fürsten rücken vom als gottlos erklärten Heinrich ab. Dieser sieht sich schließlich gezwungen, den Papst um Aufhebung des Banns zu bitten und tritt zu diesem Zweck im Januar 1077 den berühmten schweren *Gang nach Canossa* (in der Emilia-Romagna) an, wo der Papst sich bei seiner mächtigen Freundin *Mathilde von Tuscien* verschanzt hat. Drei Tage lang harrt der König im Büßergewand und barfuß im Schnee vor den Toren der Burg aus, schließlich annulliert Gregor den Bann, doch der Gesichtsverlust des gedemütigten Heinrich bleibt. Zwar ist nun der Kirchenbann aufgehoben, nicht aber die päpstliche Absetzung Heinrichs. Die abtrünnigen deutschen Fürsten wählen *Rudolf von Schwaben* zum Gegenkönig, Heinrich revanchiert sich, indem er einen Gegenpapst wählen lässt, *Klemens III.* Dann nimmt er 1084 Rom ein, plündert die Stadt und lässt sich von Klemens zum Kaiser krönen. Die Absetzung Gregors allerdings gelingt ihm nicht, dieser hat sich in der Engelsburg, dem Mausoleum Kaiser Hadrians, verschanzt.

Mit dem *Wormser Konkordat* von 1122 wird zwischen den Nachfolgern Heinrichs und Gregors der Investiturstreit vorerst gelöst – zugunsten der kirchlichen Macht.

Während Kaiser und Päpste im Streit lagen, wussten die aufstrebenden Städte Nord- und Mittelitaliens die Schwäche der weltlichen Macht für sich zu nutzen: Sie erstarken gegenüber den geschwächten Kaisern, und nicht selten eignet sich der lokale Adel die kaiserlichen Lehen ganz einfach an. Mitte des 12. Jahrhunderts ver-

Der Machtkampf zwischen Kaiser und Papst 49

sucht Kaiser *Friedrich I.* (wegen seines rötlichen Barts „Barbarossa" genannt) in insgesamt sechs Italienzügen die zentrale Reichsmacht wieder zu festigen, was ihm teilweise auch gelingt. Doch aufzuhalten sind die wirtschaftlich erstarkten Städte nicht mehr, immer öfter kommt es zum Patt, zu Waffenstillständen und Verhandlungen. Bei seinem letzten Italienzug 1186 verheiratet Barbarossa seinen 21-jährigen Spross, *Heinrich VI.*, mit der 32-jährigen *Konstanze von Sizilien* (angeblich keine Schönheit, aber Erbin des sizilianischen Königtums), zwei Jahre später gibt er die Macht an seinen Sohn ab und stellt sich an die Spitze des 3. Kreuzzugs, von dem er nicht mehr zurückkehrt, weil er beim Baden in Anatolien ertrinkt.

Die nord- und mittelitalienischen Städte demonstrieren ihre neue wirtschaftliche Macht mit dem Bau von Geschlechtertürmen, die vor Übergriffen rivalisierender Familien schützen sollen. Über 150 solcher Türme zählte man einst in Florenz, in San Gimignano (Toscana) prägen noch immer 14 von einst 72 Türmen die Skyline des Städtchens. Zusätzlich profitieren die Seestädte Venedig, Pisa und Genua von den Kreuzzügen, mit denen Päpste und Kaiser beschäftigt sind, der Handel mit dem östlichen Mittelmeer und dem Vorderen Orient blüht auf. Doch auch die wirtschaftlich blühenden Städte sind von dem weltlich-kirchlichen Konflikt infiziert – den *kaisertreuen Ghibellinen* stehen die *papsttreuen Guelfen* gegenüber. So sind z. B. Siena, Pistoia, Arezzo, Spoleto und andere ghibellinisch gesinnt, dagegen Brescia, Mantua, Bologna, Orvieto und andere guelfisch. Einige Städte wie Florenz und Parma wechseln im Lauf der Geschichte

Gemäuer vergangener Macht: Geschlechtertürme in San Gimignano

die Fronten. So findet sich der große Dichter *Dante* zwar in der Florentiner Regierung, ist aber bei den im Stadtgebiet ausgebrochenen Auseinandersetzungen dann auf der „falschen" Seite und muss ins Exil gehen. Die ghibellinisch-guelfischen Kriege zwischen den Städten wüten nicht selten auch in ein und derselben Stadt, und sie werden mit aller Grausamkeit geführt.

Der Süden Italiens ist von dieser Entwicklung kaum betroffen. Der mit der sizilianischen Erbin verheiratete *Heinrich VI.* macht die Ansprüche der Hohenstaufer auf Süditalien und Sizilien geltend, was vor allem den Napolitanern nicht passt, doch ihr Widerstand wird gebrochen. Als Heinrich stirbt, ist sein Sohn, *Friedrich II.*, noch keine drei Jahre alt – und schon König von Sizilien. Die Regierungsgeschäfte führt erst seine Mutter Konstanze. Bei ihrem Tod – das Königskind ist jetzt schon vier – übernimmt der von ihr testamentarisch bestimmte Papst *Innozenz III.* die Vormundschaft. Mit 18 Jahren lässt sich Friedrich II. als König von Sizilien bestätigen, 1220 wird er zum Kaiser des Heiligen Römischen Reichs gekrönt. Der äußerst gebildete Friedrich – er spricht Italienisch, Deutsch, Englisch, Französisch, Lateinisch, Griechisch und Arabisch, schreibt Gedichte im sizilianischen Dialekt und ein Buch über die Falkenjagd – verbringt sein Leben mit Vorliebe in Apulien und Sizilien. Abgesehen von seinen Auseinandersetzungen mit den Päpsten (mehrfache Bannung) ist er in Italien vor allem bekannt für die Umwandlung Siziliens in einen modernen Staat mit besoldeten Beamten. Friedrich II. stirbt 1250 und mit ihm das Stauferreich. Seine testamentarisch bestimmten Nachfolger spielen politisch keine Rolle mehr, sie werden vom Papst nicht anerkannt. Stattdessen gibt dieser das sizilianische Königreich als Lehen an *Karl von Anjou*, Bruder des französischen Königs aus dem Haus der Kapetinger. Karl kümmert sich erst einmal um die Vernichtung der letzten noch vorhandenen Staufersprosse und macht sich dann daran, Sizilien auszuplündern. Bei einem Volksaufstand 1282 wird er schließlich von der Insel vertrieben und beschränkt seine Aktivitäten fortan auf das Festland, wo er das Restreich als Königreich Neapel zusammenhält, während auf Sizilien die Herrschaft des spanischen Hauses Aragon folgt.

Aufstieg der Stadtstaaten und Renaissance

Nach den Staufern folgt im Heiligen Römischen Reich Deutscher Nation, wie das deutsch-römische Kaiserreich offiziell heißt, die Zeit des sog. *Interregnums*, bis 1273 mit *Rudolf* die Habsburger den Thron besetzen, um über ein halbes Jahrtausend fast ununterbrochen auf ihm kleben zu bleiben. Im 14. Jahrhundert wird die Reichspolitik vor allem nördlich der Alpen entschieden, davon ungestört entwickeln sich auf der italienischen Halbinsel einige erstarkte Kommunen zu regelrechten Territorialstaaten, die miteinander rivalisieren und deren Macht mit ihrer Wirtschaftskraft wächst.

Genua: Nachdem die Genuesen 1284 in der *Seeschlacht von Meloria* die pisanische Flotte vernichtet und die Insel Korsika in ihre Herrschaft gebracht haben, erwächst ihnen mit Venedig ein mächtiger Konkurrent zur See, der nach mehreren Gefechten 1381 die Oberhand gewinnt und fortan den einträglichen Handel mit dem Osten dominiert. Das geschwächte Genua fällt darauf in die politische Abhängigkeit von Frankreich und Mailand.

Mailand: Die führende Stadt im lombardischen Städtebund dominiert Ende des 14. Jahrhunderts unter dem Geschlecht der *Visconti* praktisch die gesamte Lombardei.

Venedig: Die Lagunenstadt ist nach dem Sieg über Genua die unbestrittene See- und Handelsmacht im Mittelmeer – Kreta, Rhodos, Zypern u. a. sind Stützpunkte des blühenden venezianischen Osthandels. Venedigs Schiffswerft, das Arsenal, ist Dante zufolge der Schlüssel der venezianischen Seemacht und mit 16 000 Arbeitern der größte Arbeitgeber in Europa.

Florenz: Die toscanische Hauptstadt war im Mittelalter durch ihre Tuch- und Wollfabrikation sowie durch den Handel damit reich geworden. Rund 6000 Arbeiter waren einst in diesem Gewerbe beschäftigt, florentinische Händler zogen durch ganz Europa, der florentinische Gulden war ein internationales Zahlungsmittel. Eine Wirtschaftrezession samt nachfolgendem Aufstand der Wollweber, Kriege gegen Pisa, Mailand und den Papst sowie mehrere Pestepidemien machten der Stadt im 14. Jahrhundert schwer zu schaffen. Doch der Sieg über Pisa 1406, der Florenz einen eigenen Hafen bescherte und so vom Wohlwollen Genuas und Venedigs unabhängig machte, trieb den Handel wieder mächtig an. In der Stadt selbst hatte sich bereits im 14. Jahrhundert ein mächtiger Geldadel herausgebildet, deren berühmteste Vertreter die *Medici* waren. Der Aufstieg der berühmten Familie beginnt mit *Giovanni de Medici* (1360–1429), der gegen Ende seines Lebens 90 % des Umsatzes im Bankengeschäft tätigt und als „Bankier des Papstes" in die Geschichte eingeht.

Der Aufstieg von Florenz geht einher mit einem gewaltigen, bald ganz Europa umfassenden kulturgeschichtlichen Umbruch: der *Renaissance*. Der Begriff *Rinascimento* (auch *Rinascità*) geht auf den Kunsthistoriker und Künstler *Giorgio Vasari* (1511–1574) zurück und wurde im 19. Jahrhundert in Frankreich übernommen. Die „Wiedergeburt" antiker Ideale ist dabei nur ein Aspekt. Der neue Zeitgeist stellt den Menschen insgesamt in den Mittelpunkt, was vielleicht am symbolträchtigsten in Da Vincis geometrischer „Proportionsstudie" (Mensch mit ausgebreiteten Armen in Quadrat und Kreis) zum Ausdruck kommt. Die Erfindung des Buchdrucks im 15. Jahrhundert sorgt zusätzlich für die Verbreitung der neuen Ideen. In Italien wird Florenz zur Hauptstadt der Renaissance. Ihre berühmtesten künstlerischen Vertreter – *Leonardo da Vinci*, *Michelangelo* und *Raffael* – arbeiten hier. Im 16. Jahrhundert locken päpstliche Aufträge dann zahlreiche Renaissance-Künstler nach Rom.

Rom nimmt in der Renaissance eine Sonderstellung ein: einerseits durch das Papsttum, das von hier aus seinen Kirchenstaat festigt, andererseits wird Rom überhaupt erst in der Renaissance zu einer modernen Stadt. Im Vergleich zu Florenz, Venedig und Mailand war die ehemalige Weltstadt des Römischen Imperiums im Mittelalter ziemlich heruntergekommen. In Rom wurde weder produziert noch exportiert, die Stadt lebte weitgehend von der päpstlichen Administration und den Pilgerströmen. Zudem hatte das *Große Schisma*, die abendländische Kirchenspaltung, der päpstlichen Macht zu schaffen gemacht – mit den Päpsten in Rom konkurrierten die Gegenpäpste von Avignon. Das änderte sich mit der Renaissance und dem Ausbau des Kirchenstaates. Hatte schon im 14. Jahrhundert der kriegerische Kardinal *Albornoz* weite Teile Umbriens (wo heute noch die mächtigen Burgen in Spoleto und Narni an ihn erinnern) dem Papst gefügig gemacht, gelang es dem 1417 gewählten Papst *Martin V.*, den Kirchenstaat weitgehend zu konsolidieren. Bei seinem Tod waren Bologna, Ancona und Perugia unter päpstlicher Kontrolle, und Rom wuchs zu einer italienischen Großstadt.

Kirchenstaat und Gegenreformation

Der auf die Pippinsche Schenkung von 756 zurückgehende Kirchenstaat wird im 15. Jahrhundert ein ernst zu nehmender politischer Faktor. Unter *Nikolaus V.* wird eine effiziente Armee aufgebaut, auch ist der Papst sehr um höhere Steuereinnahmen bemüht. Das Jahr 1450, zum *Heiligen Jahr* erklärt, bringt große Pilgerströme und zusätzliche Einnahmen (die sog. Heiligen Jahre waren seit ihrer Einführung im Jahr 1300 stets ein guter Kassenfüller des Vatikans, zum letzten Mal im Jahr 2000). Der Kirchenbau in Rom floriert und mit ihm die Kunst. Letzterer ist besonders der feinsinnige *Pius II.* verpflichtet, auf den die Stadtgründung von Pienza (Toscana) als „Città ideale" zurückgeht. *Sixtus IV.*, der von 1471–1484 auf dem Stuhl Petri sitzt, lässt die Sixtinische Kapelle bauen, in der *Michelangelo* später seine weltberühmte „Erschaffung Adams" an die Decke malt und heute hinter verschlossenen Türen die Papstwahl stattfindet. Kurz: Rom hat Geld, und in der Hochrenaissance geben sich hier die Künstler die Klinke in die Hand. Mit dem neuen päpstlichen Prunk kontrastiert jedoch bald der sittliche Verfall. Vetternwirtschaft ist an der Tagesordnung, Pfründe werden großzügig an Verwandte gegeben, Neffen werden zu Kardinälen ernannt und später selber Päpste; die Nachfolger Petri haben nicht selten einen zügellosen Lebenswandel. Als herausragendes Beispiel der damaligen Dekadenz gilt *Alexander VI.*, ein potenter Mann. Aus seiner Beziehung mit einer Adligen entstammen fünf Kinder, darunter *Cesare Borgia*, mit 18 Jahren Kardinal und später ein skrupelloser Krieger des Kirchenstaats, sowie *Lucrezia Borgia*, die „Femme fatale" der Familie; für vier weitere Papst-Kinder werden diverse Mätressen als Mütter verzeichnet.

Dem Künste fördernden, prassenden Papsttum stehen zwei Gefahren ins heilige Haus. Zum einen zieht 1519 mit der Wahl *Karls V.* zum deutschen Kaiser der europäische Konflikt zwischen den Habsburgern und Frankreich herauf, in den auch Italien hineingezogen wird. Zum anderen hat 1517 der Augustinermönch *Martin Luther* 95 Thesen gegen den Ablasshandel an die Schlosskirche zu Wittenberg angeschlagen und damit einen theologischen Sprengsatz mit Langzeitwirkung unter den Papststuhl gelegt.

Savonarola und das Fegefeuer der Eitelkeiten

Einer, der das weltliche Treiben der Päpste ganz und gar nicht gutheißt, ist der Dominikanermönch *Savonarola*, der als Prior dem Kloster San Marco von Florenz vorsteht. Angesichts des Reichtums der Stadt, der Abwendung der Intelligenz von der Religion hin zur Wissenschaft und der fortschreitenden Verweltlichung der Kirche bis hinauf zum Papst hält er donnernde Predigten gegen die Freizügigkeit in der neuen Kunst, gegen Willkür und Dekadenz. Das Volk nimmt seine Reden mit Begeisterung auf, und Savonarola gewinnt in Florenz zunehmend an Macht, zumal er das Sterbedatum von *Papst Innozenz VIII.* (25. 7. 1492) korrekt vorausgesagt hat. Der sozialrevolutionäre Mönch versucht das Rad der Geschichte zurückzudrehen, wieder demokratischere Zustände herzustellen, den Handel wieder christlichen Gesetzen zu unterwerfen und der zügellosen Geschäftemacherei Einhalt zu gebieten.

Doch die guten Absichten führen, wie so oft, in die Barbarei. Man schreibt den Februar 1497, als auf Savonarolas Geheiß Kinderscharen durch Florenz ziehen, um im Namen Christi zu beschlagnahmen, was des Teufels ist: Schmuck, Luxusgegenstände, teure Kleider, gottlose Schriften, pornographische Bilder, Spielkarten und Spiegel werden am Fastnachtsdienstag auf der Piazza della Signoria auf einen Scheiterhaufen geworden und unter dem Jubel der Bevölkerung im „Fegefeuer der Eitelkeiten" verbrannt. Einige besonders reuige Christen lassen es sich nicht nehmen, ihre Luxusobjekte eigenhändig anzuliefern und dem Feuer zu überantworten. Selbst der Maler *Sandro Botticelli* wirft einige seiner Bilder in die Flammen – zum Glück für die Nachwelt verschont er „Die Geburt der Venus".

Papst *Alexander VI.* sieht dem Treiben nicht länger zu. Er verhängt ein Predigtverbot über den radikalen Mönch, das dieser nicht lange einhält. Schließlich wird er exkommuniziert und gefangen genommen. Unter der Folter gesteht Savonarola alle möglichen Verfehlungen und wird anschließend öffentlich gehängt. Seine Leiche wird exakt an derselben Stelle, an der das Fegefeuer der Eitelkeiten loderte, auf einem neuen Scheiterhaufen verbrannt, seine Asche in den Arno geworfen.

Gegen das protestantische Gift aus dem Norden zog der Papst gleich mehrere Schubladen. Unter den sog. Reformpäpsten fand eine katholische Selbsterneuerung, die sog. *Gegenreformation* statt, die im *Konzil von Trient* die wahren Glaubenssätze neu formulierte und sich gegen den Protestantismus abgrenzte. Die Missionstätigkeit wurde forciert, der Baske *Ignatius von Loyola* gründete den Jesuitenorden, der fortan dem Papst zur Ketzerbekämpfung diente und vor allem an Universitäten, Schulen, aber auch an Fürstenhöfen den richtigen Glauben einrichtete. Schließlich wurde 1542 die römische Inquisition (nicht zu verwechseln mit der spanischen Inquisition) gegründet, die in Glaubensfragen richtete, 1559 wurde der *Index librorum prohibitorum* (Liste der verbotenen Bücher) erstellt, der die Lektüre bestimmter Bücher bei Strafe der Exkommunikation verbot. Der Index wurde übrigens erst 1966 abgeschafft – einer der letzten päpstlich verbotenen Autoren war der französische Philosoph und Schriftsteller Jean-Paul Sartre. Die Gegenreformation trug erheblich dazu bei, dass die protestantische Reformbewegung in Italien nicht Fuß fasste, das Land ist bis heute katholisch geblieben, wenn auch oft nur auf dem Papier.

Für Italiens Geschichte wichtiger als die Reformatoren Luther und Calvin ist die europäische Auseinandersetzung zwischen Frankreich und dem spanisch-habsburgischen Reich.

Spielball zwischen Frankreich und Österreich-Ungarn

Die erste Hälfte des 16. Jahrhunderts steht ganz im Zeichen des Kampfs um die Vormachtstellung in Europa: Auf der einen Seite steht das mit dem Papsttum verbündete Frankreich, auf der anderen stehen die Habsburger. Eine Schlüsselrolle dabei spielt das Herzogtum Mailand. Für die Franzosen ist es ein Durchgangskorridor zwischen Frankreich und dem verbündeten Kirchenstaat, der seit der Wahl eines Medici-Papsts (Leo X.) auch die Toscana beherrscht. Für die Habsburger ist es die Verbindung zwischen ihrem Reichsgebiet nördlich der Alpen und Süditalien, das von den verbündeten Spaniern regiert wird. In der *Schlacht von Marignano* 1515 erobern die Franzosen Mailand und bringen dadurch Oberitalien in ihren Einflussbereich.

Als der Habsburger Kaiser *Maximilian I.* 1519 stirbt, bewirbt sich neben dem spanischen König *Karl V.* (ein Enkel Maximilians) auch der erstarkte französische König *Franz I.* um die frei gewordene Kaiserkrone. Den Wahlkampf gewinnt Karl V. mit Hilfe der schwerreichen *Fugger*, die schon die Feldzüge seines Großvaters finanzierten und jetzt ihre Gelder zur Bestechung der Kurfürsten einsetzen. Karl steht nun an der Spitze des römisch-deutschen Reiches, das de facto ein spanisch-habsburgisches Reich ist, in dem nach der Entdeckung und teilweisen Eroberung Amerikas „die Sonne nie untergeht". Doch ist dieses Riesenreich verglichen mit dem starken zentralistischen französischen Nationalstaat sehr locker organisiert.

Der zum Kaiser gekürte *Karl V.* macht sich bald daran, Oberitalien für das Reich zurückzuerobern. Spanische und deutsche Söldner gewinnen 1525 die *Schlacht bei Pavia* und nehmen *Franz I.* gefangen. Der französische König wird nach Spanien verfrachtet, wo er im *Frieden von Madrid* gezwungen wird, die Vorherrschaft Karls über Mailand, Genua und Neapel anzuerkennen. Kaum freigelassen, bricht Franz I. den Vertrag und tritt der vom Papst ins Leben gerufenen *Heiligen Liga von Cognac* bei, deren Ziel es ist, die Macht des Kaisers in Italien zurückzudrängen. Als Antwort fallen deutsche und spanische Söldner in den Morgenstunden des 6. Mai 1527 in Rom ein, ein Ereignis, das als *Sacco di Roma* (Plünderung Roms) in die

Geschichtsbücher eingehen wird. Die 1506 gegründete päpstliche Schweizergarde, die sich ihnen in den Weg stellt, hat keine Chance. 147 von 189 Gardisten werden abgestochen, dem Rest gelingt es, mit dem Papst in die Engelsburg zu fliehen. Die Wut der Landsknechte ist groß, zumal ihr Sold nicht bezahlt ist. Sie plündern die Kirchen, Klöster und Paläste der Stadt gründlich. Menschen werden gefoltert, erstochen, gevierteilt, gehäutet, vergewaltigt. An den Sacco di Roma erinnert noch heute die Schweizergarde, wenn sie jährlich am 6. Mai die neuen Gardisten vereidigt. 1530 lässt *Karl V.* sich zum Kaiser krönen, der gedemütigte Papst muss zu diesem Anlass eigens nach Bologna reisen.

In der Folge verbündet sich *Franz I.* mit dem Osmanischen Reich, das 1529 vor den Toren Wiens steht. Doch für die Geschichte Italiens ist das eher von marginalem Interesse. Die französischen Versuche in den 1550er Jahren, Siena und Neapel der spanischen Herrschaft zu entreißen, schlagen fehl. Mit dem *Frieden von Cateau-Cambrésis* 1559 ist die spanische Oberhoheit in Italien konsolidiert, auf lokaler Ebene überlässt man das Regieren aber weitgehend den mächtigen italienischen Familien bzw. dem lokalen Adel. Karl V. ist fortan vor allem damit beschäftigt, im nördlichen Europa den Religionsfrieden zu wahren.

Eine wichtige Änderung bringt der Friedensschluss im Nordwesten Italiens. Dort wird *Emanuel Philibert*, dessen Großmutter eine Schwester des Kaisers war, über die angestammten Lande (mit Ausnahme von Genf) eingesetzt, er baut *Turin* zur prunkvollen Hauptstadt des *Herzogtums Savoyen* aus. Der solide, absolutistisch regierte Staat wird später, bei der Einigung Italiens, eine große Rolle spielen.

Karls kaiserlicher Nachfolger wird 1556 sein Bruder *Ferdinand*, während sein Sohn *Philipp II.* das Königreich Spanien bekommt. Letzterer ist weitgehend mit Kriegen gegen Frankreich, England und die Türken beschäftigt, die Italiener haben vorerst Ruhe.

17. Jahrhundert – lähmende Stagnation

Das 17. Jahrhundert gilt in Italien allgemein als eine Epoche der Stagnation. Nördlich der Alpen spielt sich der *Dreißigjährige Krieg* (1618–1648) ab, der den Machtzerfall Spaniens beschleunigt und zur Erstarkung Frankreichs führt. Die Italiener bekommen die Auseinandersetzungen vor allem in Form von erhöhten Steuern zu spüren.

Zudem herrscht eine Wirtschaftsflaute. Venedig wird als Hafenstadt von Livorno bedrängt, in Florenz geht der Wollhandel zurück, die sizilianische und neapolitanische Seide verschwinden vom Markt. In Neapel rebelliert das Volk 1647 im *Masaniello-Aufstand* und ruft die Republik aus, aber noch sind die Spanier stark genug, um dem Spuk ein Ende zu machen.

Auch der Kirchenstaat zeigt sich im 17. Jahrhundert geschwächt, was den Papst nicht hindert, am 17. Februar 1600 den Philosophen und Kosmologen *Giordano Bruno* als Ketzer zu verbrennen. Eine Generation später gerät auch der Mathematiker, Physiker und Astronom *Galileo Galilei*, der mit seinem Fernrohr ins Weltall schaut und dort viel Interessantes, aber nicht Gott entdeckt, in die Mühlen der Inquisition. Er redet sich um Kopf und Kragen, widerruft öffentlich und rettet so sein Leben. Eine dramatische Fassung des Geschehens schrieb 1938 der deutsche Dichter Bertolt Brecht, 1992 wurde Galilei schließlich vom Vatikan formal rehabilitiert – eine posthume Entschuldigung, die Giordano Bruno bislang noch nicht widerfuhr.

Nicht zuletzt wütet von 1630 bis 1656 die Pest auf der italienischen Halbinsel, vor allem die Städte der Poebene sind betroffen, Mailand verliert nahezu die Hälfte seiner Bevölkerung. Obendrein gärt es im spanisch-habsburgischen Herrscherhaus auch in genetischer Hinsicht. Ihr letzter Spross, König *Karl II.*, ist infolge der traditionellen Inzucht der Königshäuser so weit degeneriert, dass er regierungsuntauglich ist. Als er 1700 trotz zweier Ehen kinderlos stirbt, melden sowohl der französische Sonnenkönig *Ludwig XIV.* wie auch der österreichische Kaiser *Leopold I.* für ihre Nachkommen Ansprüche auf den spanischen Thron an. Der 62-jährige Ludwig führt seine Ehe mit einer Schwester Karls ins Feld, der 60-jährige Leopold seine Ehe mit einer anderen Schwester Karls (obendrein gleichzeitig Nichte und Cousine des Ehemanns), die beiden Frauen sind zu diesem Zeitpunkt längst verstorben. Die Situation eskaliert im *Spanischen Erbfolgekrieg*.

18. Jahrhundert – die verpasste Aufklärung

Ohne auf die Einzelheiten des spanischen Erbfolgekriegs, der sich von 1701 bis 1714 hinzieht, einzugehen: Bei den abschließenden Friedensverträgen wird, ganz im Sinne Englands, eine Machtbalance auf dem europäischen Kontinent zwischen Spanien, Frankreich und Österreich erreicht. In Italien verliert Spanien seinen Besitz an die Österreicher (Herzogtum Mailand, Neapel) sowie an das Haus Savoyen, das Sizilien bekommt (dieses allerdings 1720 bei den Österreichern gegen Sardinien eintauscht). Fortan ist das aus dem erstarkten Savoyen hervorgegangene Königshaus *Piemont-Sardinien* in der italienischen Politik eine feste Größe.

Auf Regierungsebene ergeben sich im italienischen Mosaik des 18. Jahrhunderts einige Machtwechsel. So geht das Königreich Neapel aus österreichischer Hand an *Karl IV.*, einen spanischen Bourbonen; das Großherzogtum Toscana erhält *Franz von Lothringen*, der spätere Gemahl der österreichischen Kaiserin *Maria Theresia*, nachdem 1737 der letzte Medici gestorben ist. Für das einfache Volk ändert sich damit nicht viel. Italien ist ein Land von Bauern, denen das Land nicht gehört. Die feudalen Strukturen verhindern eine effiziente Bewirtschaftung. Adlige Großgrundbesitzer und Kirche lassen ihr Grundeigentum oft einfach verkommen. Die arbeitenden Bauern sind in der Regel Halbpächter, das heißt, sie müssen die Hälfte des Ertrags dem nicht arbeitenden Großgrundbesitzer abliefern (diese sog. *Mezzadria* wird erst 1950 abgeschafft) – ein System, das jeden Fortschritt verhindert. Zwar gibt es in der Lombardei Reformversuche durch von einer Gruppe junger Aristokraten, den *Pugni* (Fäuste), denen die aufgeklärte österreichische Monarchin *Maria Theresia* wohlwollend gesonnen ist, zumal sie in ihrem Herrschaftsgebiet darauf achtete, die Macht der Kirche zurückzudrängen. Auch in der Toscana setzt Großherzog *Leopold II.*, Sohn von Maria Theresia, Reformen in Gang. Er schafft Folter und Todesstrafe ab und entlastet die Bauern von Steuern (die sie ohnehin nicht zahlen können). Doch eine von Leopold geplante neue Verfassung für die Toscana bleibt in der Schublade stecken. Letztlich scheitern die aufgeklärten Fürsten am Widerstand der Kirche und des lokalen Adels.

In England erfindet *James Watt* 1765 die Dampfmaschine. Die ersten Zeichen der industriellen Revolution werden auch in Frankreich sichtbar, wo die Aufklärung unter *Diderot* und den *Enzyklopädisten* in voller Blüte steht und *Rousseau* den kommenden Revolutionären geistig den Weg ebnet. Auf der nahen Insel Korsika experimentiert *Pasquale Paoli* mit einer modernen Verfassung, während Italien die Aufklärung und ihre Vorzüge zu verschlafen scheint. Einem Franzosen, dessen

Vorfahren von der ligurischen Küste nach Korsika eingewandert waren, bleibt es vorbehalten, das Land jäh aus seiner Lethargie zu reißen – *Napoleon Bonaparte*.

Napoleon – Schlachtenruhm und Vetternwirtschaft

In Paris hat nach der Revolution und der Schreckensherrschaft *Robespierres* das sog. Direktorium 1795 die Regierungsgeschäfte übernommen; dieses beauftragt den 26-jährigen *Napoleon Bonaparte* mit einem Feldzug nach Italien. Der ehrgeizige kleine Korporal hat eben einen royalistischen Aufstand in Paris niedergeschlagen, sonst ist er militärisch ein noch unbeschriebenes Blatt. Mit seinem Feldzug in Oberitalien 1796/97 reitet er sozusagen direkt in die Weltgeschichte. Dabei hat er eine straffe Armee von 40 000 Mann zur Seite und eine Taktik im Kopf, die sich fortan in vielen seiner Schlachten bewährt: Schnelligkeit, Überraschungsangriff, Täuschung, die feindlichen Heere getrennt schlagen, bevor sie sich vereinigen können. Mailand, Parma, Modena, Mantua – die ganze Lombardei ist in einem Blitzkrieg gegen Österreicher und Piemontesen erobert. In Venedig räumt der letzte Doge das Feld, der traditionelle Karneval wird für die nächsten 100 Jahre ausfallen. 1798 wird der Kirchenstaat zur Römischen Republik ausgerufen. Nebenbei hat Napoleon auch noch ein Auge auf die Kunst: Der Louvre in Paris bekommt zahlreiche Gemälde zur Erweiterung seiner Sammlung zugeschickt.

Nach dem militärischen Sieg gilt es, die eroberten Gebiete zu verwalten, und auch da erweist sich Napoleon als geschickt. Das Piemont wird dem französischen Territorium zugeschlagen. Andere Gebiete werden zu Tochterrepubliken von Napoleons Gnaden umgebaut. Der Sieger proklamiert – eine Anlehnung an Cäsar – die Cisalpinische Republik mit der Hauptstadt Mailand und die Ligurische Republik mit der Hauptstadt Genua. Dafür setzt er Statthalter ein, hat selber keine Zeit, muss auf den Ägyptenfeldzug.

In Ägypten erreicht ihn neben dem Gerücht, dass ihm seine Frau ungetreu geworden sei, auch noch das eines bevorstehenden Umsturzes in Paris. Grund genug, seine Armee im Wüstensand stehen zu lassen, nach Paris zu eilen und dort für Ordnung zu sorgen. Mit der Frau arrangiert er sich (vorläufig), dem angeblichen Umsturz der Regierung kommt er am 9. November 1799 (18. Brumaire des Revolutionskalenders) mit einem eigenen Putsch zuvor. Das Direktorium wird verhaftet und durch eine „Konsularverfassung" ersetzt. Als „Erster Konsul" ist der Korse mit dem neu erworbenen italienischen Schlachtenruhm faktisch Alleinherrscher.

Im sog. *2. Koalitionskrieg* 1799–1802 halten Napoleons neu gegründete Tochterrepubliken dem österreichisch-russischen Ansturm nicht stand. So macht sich Napoleon im Jahr 1800 zu einer neuen italienischen Expedition auf. Mit einer 28 000-Mann-Armee überquert er überraschend am Großen St. Bernhard die Alpen, was sein Hofmaler *Jacques-Louis David* in einem berühmt gewordenen Bild festhält: Der Korse sprengt im wehenden roten Umhang auf seinem Ross bergan (von der Armee ist zwecks Erhöhung des Helden nichts zu sehen). Die Österreicher, die von der Existenz dies Alpenpasses offenbar nicht einmal Kenntnis haben, besiegt er in der *Schlacht bei Marengo* und ordnet in der Folge ganz Italien (mit Ausnahme von Sardinien und Sizilien) neu: Die Toscana wird zur „Etrurischen Republik", in Neapel, dessen König sich nach Sizilien absetzt, wird die „Parthenopäische Republik" ausgerufen. Die einstige Cisalpinische Republik wird als „Republik Italien" reinstalliert – mit Napoleon als Erstem Konsul und dem lombardischen Adligen *Francesco Melzi d'Eril* als Statthalter vor Ort. Der mit Ausrufung der

Napoleon – Schlachtenruhm und Vetternwirtschaft 57

Römischen Republik 1798 annektierte Kirchenstaat wird 1801 in einem Konkordat zwischen Napoleon und Papst *Pius VII.* wiederhergestellt. Zum Dank dafür reist Pius 1804 nach Paris, um ihm in einem feierlichen Zeremoniell die Kaiserkrone hinzuhalten, das Aufsetzen der Krone besorgt der selbstbewusste Napoleon selber.

Als erste Amtshandlung erklärt der frischgebackene Kaiser 1805 die Republik Italien zum Königreich Italien – Vizekönig wird *Eugène de Beauharnais*, ein Spross, den Napoleons erste Gattin mit in die Ehe gebracht hat. Dann macht sich Napoleon daran, in den eroberten Gebieten weitere Familienmitglieder standesgemäß unterzubringen. Nachdem von den Russen unterstützte königstreue Napolitaner der Parthenopäischen Republik den Garaus gemacht haben, wird Neapel 1806 von den Franzosen ein zweites Mal eingenommen, König von Neapel wird Napoleons älterer Bruder *Joseph*. Als er 1808 in das eroberte Spanien wechselt, folgt ihm der mit Napoleons jüngster Schwester *Caroline* verheiratete General *Joachim Murat*. Eine andere Schwester des Kaisers, *Elisa*, wird Prinzessin von Piombino und Großherzogin der Toscana, Napoleons Lieblingsschwester *Pauline* bekommt den Titel einer Herzogin von Parma. Als sich in den Tuilerien 1811 dann der lang ersehnte Nachwuchs einstellt, wird *Napoleon II.* gleich bei seiner Geburt zum König von Rom ausgerufen – regiert hat er nie.

Italien ist nun geeinigt – aber unter Fremdherrschaft. Das französische Zivil- und Strafrecht wird eingeführt, Italien kommt in den Genuss der Errungenschaften der Französischen Revolution, Privilegien des Adels werden abgeschafft, das Schulwesen wird neu organisiert. Das Land wird in Departemente, Distrikte und Kommunen unterteilt. Kurzum: Das französische Modell soll auf die Halbinsel übertragen werden, was von einigen aufgeklärten Italienern durchaus begrüßt wird. Andererseits aber bleibt Italien französisches Untertanengebiet und soll dem Expansionsdrang des Kaisers dienstbar sein – die europäischen Feldzüge in Deutschland und Russland wollen finanziert sein, die Kanonen brauchen menschliches Futter. So sind es hauptsächlich hohe Steuerlasten und Zwangsrekrutierung, die immer wieder zu lokalen Revolten gegen die französische Vorherrschaft führen.

Als nach der *Völkerschlacht bei Leipzig* (1813) Napoleons Empire zusammenbricht und der Kaiser 1814 die Abdankungsurkunde unterschreibt, sind die französischen Truppen in Italien zwar noch immer 45 000 Mann stark, doch sie verspüren nicht die geringste Lust, wem auch immer Widerstand zu leisten. Einzig Murat, der König von Neapel, will die Waffen nicht strecken. Er wird 1815 in der *Schlacht bei Tolentino* von den Österreichern besiegt.

Napoleon bekommt bei den Friedensverhandlungen die Insel Elba als Fürstentum zugesprochen, wo er noch knapp 10 Monate lang Mini-Kaiser spielt – man kann dort heute noch seinen Spuren nachgehen. Dann verlässt er Elba und macht sich Richtung Hauptstadt auf, wobei er unterwegs unter den begeisterten Anhängern neue Truppen sammelt. Der in Paris eben eingesetzte König Ludwig XVIII. bekommt Muffensausen und flieht nach Belgien. Noch einmal führt Napoleon ein Heer in die Schlacht, schlägt seinen deutschen Gegner *Blücher* und erlebt dann im Juni 1815 in der *Schlacht bei Waterloo* seine letzte Niederlage. Die Engländer entfernen den Kaiser nach St. Helena in den südlichen Atlantik, wo er 1821 stirbt.

Auf dem *Wiener Kongress* 1815 wird unter Federführung des konservativen Österreichers *Metternich* das europäische Staatensystem neu geordnet – bzw. der alte, vornapoleonische Zustand mehr oder weniger wieder hergestellt, weshalb die Geschichtsschreibung der Epoche den Namen *Restauration* gegeben hat. In der Toscana kehrt

Großherzog *Ferdinand III.* von Lothringen aus dem Wiener Exil zurück, König *Vittorio Emanuele I* beendet sein sardisches Exil, steigt wieder auf seinen Thron von Piemont-Sardinien und bekommt obendrein vom Kongress nicht nur die savoyischen Stammlande zurück, sondern wird auch Herrscher über die einstige genuesische Republik. Der gefangengesetzte Papst *Pius VII.*, der Napoleon nicht nur gekrönt, sondern auch exkommuniziert hat, wird befreit und bekommt seinen Kirchenstaat wieder. Aufgrund des mit Napoleon 1814 geschlossenen Vertrags von Fontainebleau (Regelung der Abdankung Napoleons) geht das Herzogtum Parma an *Marie-Louise*, die zweite Frau Napoleons und österreichische Kaisertochter. In Modena folgt dem österreichischen Ferdinand sein Sohn *Ferdinand IV. von Österreich-Este*, und nachdem Napoleons Schwiegersohn *Murat*, der Ex-König von Neapel, exekutiert ist, kehrt der mit der österreichischen Kaisertochter *Maria Karolina* verheiratete Bourbone Ferdinand aus Palermo zurück: Einst nannte er sich Ferdinand IV. von Neapel und Ferdinand III. von Sizilien, ab sofort heißt er *Ferdinand I.*, König „beider Sizilien" – ein Reich, das Sizilien und Süditalien umfasst. Die für Italien einzige große Neuerung des Wiener Kongresses ist die Vereinigung der Lombardei mit Venetien zum *Königreich Lombardo-Venetien*, als dessen König der österreichische Kaiser in Personalunion waltet. Die italienische Welt ist wieder in Ordnung, vor allem aber für Österreich, doch ist diese Ordnung brüchig.

Das Risorgimento – erster Akt und erstes Scheitern

Als *Risorgimento* (Wiedererstehung) wird in Italien die höchst komplexe Epoche nach dem Wiener Kongress bezeichnet, die schließlich in die nationale Einigung – diesmal ohne Fremdherrschaft – mündet.

Als Resultat des Kongresses sind zwar die alten Potentaten wieder eingesetzt und die österreichische Vorherrschaft über weite Teile Nord- und Mittelitaliens ist zementiert, doch entsteht mit Piemont-Sardinien ein relativ starkes Königreich, und was für das Risorgimento noch ausschlaggebender ist: Teile der Intelligenz und des sich hier und dort herausbildenden Bürgertums sind von den französischen Ideen einer modernen Staatsordnung mit einer gerechteren Verfassung, die ihnen Napoleon gebracht hat, infiziert. Republikanisch-liberales Gedankengut geht um, das sich mit dem Staatsverständnis der Restauration auf die Dauer nicht verträgt.

In den italienischen Regionen hinterlässt die Restauration unterschiedlich Spuren. In Piemont und Modena wird das Rad der Geschichte radikal zurückgedreht, die napoleonische Gesetzgebung wird abgeschafft und die alte Ordnung wieder hergestellt – ebenso im Kirchenstaat, wo die theokratische Herrschaft mitsamt Inquisition wieder eingeführt werden. In Parma dagegen gilt die napoleonische Verfassung weiter, während die Toscana zwar zur alten Verfassung zurückkehrt, aber einige republikanische Neuerungen beibehält; insbesondere wird die Abschaffung der Privilegien der Großgrundbesitzer sowie der Verkauf von Kirchengütern als rechtmäßig bestätigt, und die Jesuiten haben weiterhin Agitationsverbot.

Prekär wird die Situation im neu geschaffenen, von Wien direkt regierten Königreich Lombardo-Venetien. Die militärische Zwangsrekrutierung wird hier penibel überwacht, der Wehrdienst, unter Napoleon vier Jahre, wird von den Österreichern auf acht Jahre verlängert. Die Einführung von Handelszöllen behindert die wirtschaftliche Entwicklung, zudem kommen die Zolleinnahmen ausschließlich Wien zugute. Allmählich dämmert den Lombarden die Erkenntnis, dass sie zu Melkkühen Wiens geworden sind.

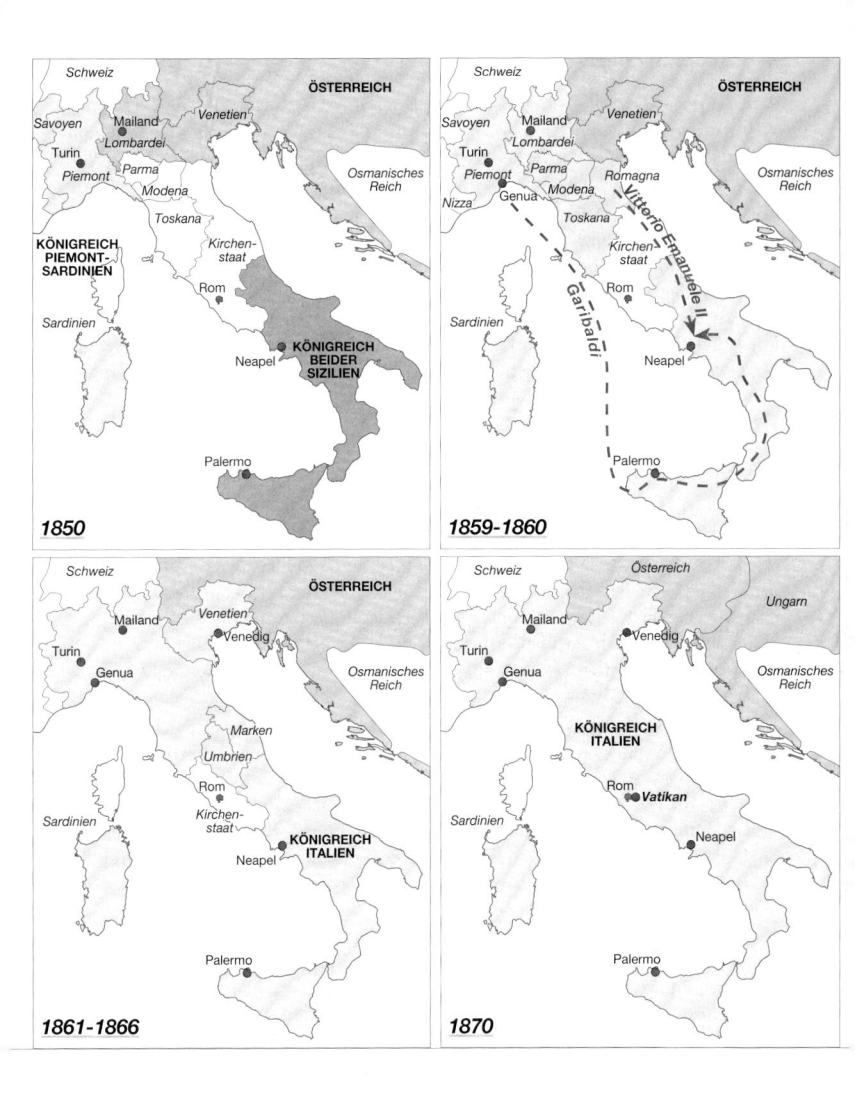

In diesem Umfeld werden in Freimaurerzirkeln und anderen Geheimbünden, zu denen auch die erst in Neapel, dann in Piemont einflussreichen *Carbonari* (Köhler) zählen, diverse Ideen diskutiert, die auf eine neue Verfassung zielen, die mehr oder weniger der Aufklärung verpflichtet sein soll. Sowohl im Königreich der beiden Sizilien wie auch in Piemont kommt es zu Revolten, die jedoch brutal niedergeschlagen werden. In Piemont dankt der beim Volk äußerst unbeliebte *Vittorio Emanuele I* 1821 zugunsten seines ebenso reaktionären Bruders *Carl Felice* ab. Der weilt jedoch zurzeit in Modena und überträgt die Regierungsgeschäfte kurzfristig einem Verwandten, dem 23-jährigen *Carlo Alberto*. Dieser, im liberalen Genf und in Paris erzogen, ist den Ideen der „Carbonari" gegenüber aufgeschlossen und verpasst dem Königreich umgehend eine liberalere Verfassung. Lang hält die Euphorie allerdings nicht an: Carlo Felice schreitet mit den Österreichern in Piemont ein, setzt die eben eingeführte Verfassung gleich wieder außer Kraft und übernimmt die Regierungsgeschäfte selber. Der junge Carlo Alberto verschwindet vorläufig, wie viele Liberale seiner Zeit, im Exil.

Mit der Pariser Julirevolution 1830 bekommen die aufrührerischen Ideen in Italien neue Nahrung. In Modena zettelt der Carbonaro *Ciro Menotti* einen Aufstand an, der weitere Städte der Romagna ansteckt. Doch letztlich macht das Volk nicht mit, und als die Österreicher sich zum Durchgreifen entscheiden, haben sie leichtes Spiel und machen dem Spuk schnell ein Ende. Minotti versucht noch, sich seinen Häschern durch einen Sprung aus dem Fenster zu entziehen, stürzt, wird gefangen genommen und hingerichtet. In Modena erinnert heute ein Standbild an den gescheiterten Revolutionär.

Das Risorgimento – zweiter Akt und zweites Scheitern

Als in Piemont im Frühjahr 1931 *Carlo Felice* ohne Nachkommen stirbt und ihm *Carlo Alberto* als nächster Verwandter auf den Thron folgt, schöpfen die Neuerer wieder Hoffnung. Der König setzt erst einmal eine modernere Verfassung durch, senkt die Zollsteuern und umgibt sich mit neuen Beratern. Doch in der Folge wird sich der aufgeklärte Herrscher als sehr wankelmütig erweisen, die liberalen Bürger sind dem Monarchen genauso suspekt wie der österreichische Absolutismus.

Ebenfalls im Frühjahr 1831 sitzt in seinem Exil in Marseille ein gewisser *Giuseppe Mazzini*, nach dem heute in jeder italienischen Stadt eine Straße benannt ist. 1805 wird er in Genua geboren, 1827 tritt er der Carboneria bei und macht sich als politischer Journalist einen Namen. 1830 wird er denunziert und verhaftet, nach dreimonatigem Aufenthalt im Gefängnis von Savona wählt er das französische Exil. Dort studierte er ausführlich die gescheiterten Versuche, Italien zu modernisieren und zu einigen. Er gründet die Bewegung *Giovine Italia* (Junges Italien), die bald auch in Piemont aktiv wird und deren illegale Zeitung für ein demokratisch-republikanisches Italien eintritt. Mazzinis Überlegung ist einfach: Das große Hindernis sind die Fürstenhäuser und die lokale Aufsplitterung des Landes. Ebenso einfach ist seine Antwort: Republik und Einheit. Darüber hinaus – das hatte der Minotti-Aufstand gezeigt – hält er einen Aufstand ohne die Beteiligung der Massen für aussichtslos, die Massen ihrerseits aber brauchen seiner Ansicht nach eine Führung, sonst würden sie sich nicht bewegen. Leichter gesagt als getan. Sein revolutionäres Konzept versucht er erst in Piemont, wo das beabsichtigte Komplott jedoch frühzeitig entdeckt wird. Der sonst aufgeklärte *Carlo Alberto* handelt plötzlich wie ein absolutistischer Herrscher. Die Aufständischen werden gefoltert oder erschossen, Mazzini wird in Abwesenheit zum Tode verurteilt und entkommt in die Schweiz. Von hier will er einen neuen Aufstand anzetteln und versucht, mit Freiwilligen in Savoyen einzumarschieren. Mit dabei ist der junge *Giuseppe Garibaldi*, der als Seemann der Giovine Italia beigetreten ist und es im Lauf der Geschichte noch zu großer Berühmtheit bringen wird. Der Aufstand scheitert, Mazzini flieht erneut in die Schweiz und von dort weiter nach England, Garibaldi – jetzt ebenfalls zum Tode verurteilt – setzt sich nach Südamerika ab.

Die Revolten der 1830er Jahre führen erst einmal zu einer Erstarkung der regionalen Fürstentümer, die aber angesichts der ersten Zeichen der Industrialisierung, forciert durch das neue Transportmittel Eisenbahn, ihre Politik neu überdenken müssen. Vor allem die Zollschranken erweisen sich mehr und mehr als Hindernis für eine agrarpolitische und industrielle Vorwärtsentwicklung. Einige weitsichtige Ökonomen fordern einen einheitlichen italienischen Wirtschaftsraum. 1847 führen *Carlo Alberto* (Piemont-Sardinien), *Leopold II.* (Toscana) und *Pius IX.* (Kirchenstaat) erste Vorverhandlungen für eine Zollunion, Piemont und die Toscana führen die Pressefreiheit ein. Im neuen Feld der Presselandschaft blüht auch eine Zeitung mit dem Namen *Il Risorgimento*, die Zeitung, die der Epoche ihren Namen geben wird. Einer ihrer Herausgeber, der aus einer angesehenen Piemonteser Familie stammende Graf *Camillo Benso von Cavour*, spielt im Prozess der italienischen Einigung fortan eine der Hauptrollen.

Auch im Süden gärt es. Dort zwingt ein Aufstand von Autonomisten den reaktionären *Ferdinand II.*, König beider Sizilien, dem Staat eine liberalere Verfassung zu geben. Das Beispiel macht Schule. Piemont, die Toscana, Mailand und Venedig sehen sich gezwungen, ebenfalls eine neue Verfassung auszuarbeiten, und schließlich muss auch der Kirchenstaat, der in derlei Angelegenheiten nie der Schnellste war, dem Volk mehr Zugeständnisse machen.

Die von liberalen, nationalen und sozialen Forderungen geprägte Revolution von 1848, die weite Teile Europas erfasst, macht auch vor Italien nicht halt. In Mailand bewirkt der sog. *Fünf-Tage-Aufstand*, dass der österreichische Feldmarschall *Radetzky* mit seinen Truppen vorübergehend das Feld räumt und piemontesische Truppen einmarschieren. Bald darauf erklärt Venedig seine Unabhängigkeit von Österreich und ruft die Republik aus, in Modena und Parma flüchten die Habsburger vor den Aufständischen. Vorerst scheint Piemont von der allgemeinen Erhebung zu profitieren, *Carlo Alberto* träumt bereits von einem Italien unter piemontesischer Vorherrschaft, als die Österreicher zurückschlagen: Im *Waffenstillstand von Salasco* wird Piemont gezwungen, auf die eben eroberte Lombardei zu verzichten. In Rom, wo *Mazzini* kurzfristig Papst *Pius IX.* verjagt und die Republik ausgerufen hat, stellen die vom Papst herbeigerufenen Franzosen die alte Ordnung wieder her. Im Süden setzt *Ferdinand II.* die aufständischen Städte Messina und Palermo einem furchtbaren Bombenhagel aus, der ihm den zweifelhaften Beinamen „Re Bomba" einträgt.

Im März 1849 bricht *Carlo Alberto* den Waffenstillstand von Salasco und marschiert mit 100 000 nicht sonderlich motivierten piemontesischen Soldaten erneut in der Lombardei ein, wird von *Radetzky* in der *Schlacht bei Novara* geschlagen und dankt zugunsten seines Sohnes, *Vittorio Emanuele II*, ab. Resultat: Die österreichische Vorherrschaft über Italien ist gefestigt, die Revolution 1848/49 gescheitert. Den Italienern bleibt davon die bis heute sprichwörtliche Wendung „fare un quarantotto" („ein 48 machen"), was soviel heißt wie: ein heilloses Durcheinander veranstalten ...

Das Risorgimento – letzter Akt: Die italienische Einigung

Nach dem Scheitern der Revolution, das die österreichischen und von Österreich abhängigen Potentaten wieder an die Macht gespült hat, macht man sich im verbliebenen Königreich Piemont erst einmal daran, die Innenpolitik zu reformieren. Dies überlässt der frischgebackene König Vittorio Emanuele II, der seine Zeit lieber mit der Jagd und der Liebe verbringt als mit Regierungsgeschäften, seinen Ministern. Unter ihnen sticht Graf *Camillo Benso von Cavour* besonders hervor, dem die Ministerien für Industrie und Landwirtschaft, Handel, Marine und schließlich auch die Finanzen unterstehen – heute würde man ihn als Superminister bezeichnen. Cavour bringt erst einmal die piemontesische Ökonomie in Schuss, entwickelt das Eisenbahnnetz und mit Hilfe der *Rothschilds* auch ein modernes Bankensystem. Nebenbei ist er in der vom venezianischen Republikaner *Daniele Manin* 1857 gegründeten *Società nazionale Italiana* aktiv, einer Vereinigung, die für ein unter dem König von Piemont-Sardinien geeintes Italien kämpft.

Im Gegensatz zur Strategie des Republikaners *Mazzini*, der auf eine Einigung Italiens aus eigenen Kräften setzte, berücksichtigt der weit gereiste *Cavour* die internationalen Verflechtungen und Interessen. Dank der piemontesischen Teilnahme am *Krimkrieg* 1855 sitzen die Italiener bei den europäischen Friedensgesprächen in Paris mit am Tisch der Großen, wo Cavour die italienische Frage zur Sprache bringt. Seinem diplomatischen Geschick ist es zu verdanken, dass sich *Napoleon III.* für die italienischen Belange einsetzt. Frankreich favorisiert eine Vier-Staaten-Lösung (Norditalien, Mittelitalien, Süditalien inkl. Sizilien, Kirchenstaat), Cavour hat vor allem die Stärkung der piemontesischen Hausmacht im Auge. Doch von den Ereignissen, die schließlich zur italienischen Einigung führen, werden beide überrollt.

Mit dem starken Frankreich im Rücken betreibt Piemont erst einmal militärische Aufrüstung, zusätzlich sammelt der aus dem Exil zurückgekehrte *Garibaldi* Freiwillige in ganz Italien. Die Österreicher, die dem feindlichen Treiben anfangs eher gelassen zusehen, verlieren 1859 die Geduld. In einem Ultimatum fordern sie Piemont dazu auf, innerhalb von drei Tagen abzurüsten. Cavour denkt nicht daran, und so erklärt Österreich Piemont den Krieg, wobei diesmal die piemontesisch-französische Allianz zum Tragen kommt. In den *Schlachten von Magenta* und *Solferino* werden die Österreicher geschlagen, doch weigern sich die Franzosen, ihrem Versprechen „Italien frei bis zur Adria" nachzukommen und die Österreicher aus Venetien herauszuwerfen, was die verbündeten Piemontesen als Verrat empfinden. Im *Friedensvertrag von Zürich* (1859) wird der Verbleib Venetiens bei Österreich bestätigt, die Lombardei wird Frankreich zugesprochen. Schon im folgenden Jahr gibt Frankreich nach einer Volksbefragung die Lombardei an Piemont ab und nimmt dafür von Piemont die Stadt Nizza sowie Savoyen entgegen.

Auch die *Società nazionale Italiana* bleibt nicht untätig. Auf ihre Initiative hin werden in ganz Mittelitalien Plebiszite durchgeführt mit dem Resultat, dass sich die Bevölkerung mehrheitlich für ein „konstitutionelles (italienisches) Reich unter dem Zepter König Vittorio Emanueles II" ausspricht, die piemontesische Sache wird allmählich zur gesamtitalienischen.

Bleiben noch Süditalien, Venetien und der Kirchenstaat. *Garibaldi*, ebenfalls Mitglied der *Società*, beschließt mit einer Schar von 1067 Freiwilligen, ihrer roten Hemden wegen „Camicie rosse" genannt, den *Zug der Tausend*. Garibaldis Ziel ist es, im „Königreich der beiden Sizilien" einen Volksaufstand zu provozieren, der der verhassten Bourbonenherrschaft ein Ende bereiten und Süditalien dem künftigen Reich eingliedern soll. Mit seinen Freischärlern segelt er in Genua los und landet eine Woche später, am 11. Mai 1860, in Marsala im Westen Siziliens. Die Rothemden sind angesichts des bourbonischen Heers eine lächerlich kleine Truppe, doch Garibaldi ist ein gewiefter Militärstratege und genießt die Unterstützung der Bevölkerung. Am 15. Mai werden die Bourbonen in der *Schlacht bei Calatafimi* geschlagen, am 27. Mai marschiert Garibaldi in Palermo ein und setzt dann aufs italienische Festland über. Am 7. September zieht er mit seinen Rothemden unter dem Jubel des Volks in Neapel ein, der letzte Bourbone flüchtet, erst im Februar 1861 wird er seine Kapitulation bekannt geben.

Das Risorgimento – letzter Akt: Die italienische Einigung 63

Der nun sieggewohnte Garibaldi will weiterziehen und kündigt kühn einen Marsch auf Rom an. Das geht nun den Piemontesen *Vittorio Emanuele II* und *Cavour* zu weit. Sie befürchten internationale Verwicklungen, zudem genießt der Kirchenstaat noch immer den Schutz der verbündeten Franzosen. Piemont schickt ein Heer gegen Süden los, um Garibaldi aufzuhalten, wobei sie unterwegs die Marken und Umbrien für die italienische Sache gewinnen. Garibaldi seinerseits hat in Sizilien und Neapel Plebiszite veranlasst, deren Resultate eindeutig für den Anschluss ans Königreich unter Vittorio Emanuele II sprechen. Als es im Städtchen Teano (nördlich von Neapel) schließlich zur Begegnung zwischen dem König und dem Freiheitskämpfer kommt, verneigt sich Garibaldi tief und übergibt Vittorio Emanuele II die eroberten Gebiete. Der Kirchenstaat, auf Rom und das Latium reduziert, bleibt vorläufig verschont. Am 17. März 1861 wird Vittorio Emanuele II vom gesamtitalienischen Parlament in Turin zum König Italiens ausgerufen.

Bleiben Rom und das immer noch österreichische Venetien. Im Zuge der italienischen Einigung hat sich das Verhältnis der Piemontesen zu den verbündeten Franzosen abgekühlt. Venetien fällt den Italienern im *Frieden von Wien* 1866 praktisch als Geschenk in den Schoß, nachdem Piemont im *Deutschen Krieg* die siegreichen Preußen gegen die Österreicher unterstützt hat. Doch in Rom ist Frankreich immer noch Schutzmacht und hat dort seine Garnison stehen. Zweimal noch, 1862 und 1867, versucht Garibaldi, der wesentlich radikaler ist als die königliche Turiner Regierung, den Marsch auf Rom, beide Male muss er vor den französischen Truppen kapitulieren.

Die gewaltige Galleria Vittorio Emanuele II in Mailand

Im September 1870 erleiden die Franzosen im *Deutsch-Französischen Krieg* in der *Schlacht bei Sedan* die entscheidende Niederlage – und die Italiener nutzen das Debakel: Am 20. September marschieren sie in Rom ein. In einem Plebiszit stimmen die Römer für den Anschluss, Rom wird zur neuen Hauptstadt des Königreichs erklärt, der Papst zieht sich in den Vatikan zurück. Eine ihm angebotene Garantieerklärung der päpstlichen Unabhängigkeit weist *Pius IX.*, der übrigens zwei Monate zuvor die päpstliche Unfehlbarkeit deklarierte, zurück. Er zieht es vor, sich als „Gefangener des Vatikan" zu betrachten und Exkommunikationen gegen die Eroberer zu schleudern.

1870, mit der Einnahme Roms, ist die italienische Einigung abgeschlossen, das Königreich unter Vittorio Emanuele II hat beinahe die Grenzen des heutigen Italien. Einzig Südtirol und Triest müssen noch das Inferno des Ersten Weltkriegs abwarten, bis auch sie italienisch werden.

> **Das Internationale Komitee vom Roten Kreuz**
>
> „Es ist ein Kampf Mann gegen Mann, ein entsetzlicher, schrecklicher Kampf. Österreicher und alliierte Soldaten treten sich gegenseitig unter die Füße, machen einander mit Kolbenschlägen nieder, zerschmettern dem Gegner den Schädel, schlitzen einer dem anderen mit Säbel oder Bajonett den Bauch auf. Es gibt keinen Pardon. Es ist ein allgemeines Schlachten, ein Kampf wilder, wütender, blutdürstiger Tiere. Selbst die Verwundeten verteidigen sich bis zum letzten Augenblick. Wer keine Waffen hat, packt den Gegner und zerreißt ihm die Gurgel mit den Zähnen." (Henri Dunant, Eine Erinnerung an Solferino)
>
> Der Genfer Geschäftsmann *Henri Dunant* ist auf der Durchreise, als er zufällig Zeuge der Schlacht von Solferino wird. Auf dem Schlachtfeld bleiben Tausende von Verwundeten und Sterbenden ohne jede Hilfe liegen. Der humanistisch gesinnte Schweizer organisiert eine notdürftige Versorgung vor Ort und richtet ein Notkrankenhaus ein. Später schreibt er das Büchlein „Eine Erinnerung an Solferino", in dem er die Grausamkeiten des Kriegs festhält und gleichzeitig erste Ideen entwickelt, wie die Leiden des Kriegs gelindert werden könnten. Das Buch lässt er auf eigene Kosten drucken und verschickt es an Politiker und Militärs in ganz Europa. Es wird zum Grundstein des *Internationalen Komitees der Hilfsgesellschaften der Verwundetenpflege*, aus dem 1876 das *Internationale Komitee vom Roten Kreuz (IKRK)* hervorgeht, dessen erster Präsident Henri Dunant wird.

Hier der Norden, dort der Süden – im „Stiefel" lebt sich's unterschiedlich

Italien ist jetzt politisch geeinigt, aber reibungslos funktioniert der neue Staat keineswegs. *Massimo d'Azeglio*, Schriftsteller und erster Premierminister unter Vittorio Emanuele II, sah das Problem schon in den 1860er Jahren: „Wir haben Italien gemacht, jetzt müssen wir die Italiener machen." Es gibt den Lombarden, den Toscaner, den Römer, den Napolitaner, den Sarden, den Sizilianer usw. – nur den Italiener gibt es nicht. Nicht nur die ökonomischen Unterschiede – das Nord-Süd-Gefälle ist bereits ausgebildet – sind enorm, auch die kulturellen, manchmal auch die rein sprachlichen: Venezianer und Sizilianer verstehen einander kaum im italienischen Parlament. Anfangs hat Piemont im neuen Staat ein politisches Übergewicht, Piemont hat von Frankreich die zentralistische Staatsorganisation gelernt. In den neu hinzugekommenen Gebieten, vor allem in der Toscana, aber auch in Bologna redet man eher einem Föderalismus das Wort. Im Süden kämpft die zentralistische Administration gegen den noch vorhandenen Einfluss der Bourbonen, aber auch Garibaldis radikale Agitation hat ihre Spuren hinterlassen. Bald haben viele Sizilianer das Gefühl, eher besetzt als befreit zu sein. In diesem Klima gedeihen nicht nur die anarchistischen Ideen eines *Bakunin*, der in Neapel eine erste anarchistische Organisation gründet, auch die organisierte Kriminalität findet einen guten Nährboden. Neben der napolitanischen *Camorra*, die schon älteren Datums ist, macht in Sizilien die *Mafia* von sich reden, die in der ersten Hälfte des 19. Jahrhunderts entstanden war und vor allem die Interessen der Großgrundbesitzer vertritt. Angesichts einer möglichen Agrarreform setzt sie zunehmend Terror und Einschüchterung als politische Mittel ein. Auch die Mafia kann so als Reaktion auf das zentralistisch-piemontesische Staatskonzept verstanden werden.

Der Unterschied zwischen dem armen Mezzogiorno und dem vergleichsweise reichen Norden nimmt mit der Industrialisierung in der zweiten Hälfte des 19. Jahrhunderts noch zu und bleibt fortan eine feste Größe in der italienischen Politik.

Italiens Weg in den Ersten Weltkrieg

Innenpolitisch ist das geeinte Italien nicht nur vom wirtschaftlichen Nord-Süd-Gefälle geprägt, sondern auch von sozialen Spannungen. Waren die ersten Jahrzehnte nach der Einigung noch stark vom Gegensatz zwischen moderaten Vertretern einer konstitutionellen Monarchie in Cavours Nachfolge und radikalen Republikanern in Mazzinis Nachfolge geprägt, so verbreiten sich im Zuge der Industrialisierung, die in Italien allerdings weit hinter England und Frankreich zurückbleibt, auch auf dem Stiefel sozialistische Ideen. 1892 wird in Genua der *Partito dei Lavoratori Italiani* ins Leben gerufen, Vorgänger des *Partito Socialista Italiano (PSI)* (dessen Niedergang ziemlich genau 100 Jahre später der korrupte *Bettino Craxi* einläuten wird).

Außenpolitisch wird ein ziemlich schlingernder Kurs gefahren. 1882 tritt Italien dem *Zweibund*, einem von *Bismarck* ins Leben gerufenen Bündnis zwischen Deutschland und Österreich-Ungarn bei, der Frankreich isolieren soll und jetzt *Dreibund* genannt wird. Das mag angesichts der traditionellen italienisch-österreichischen Feindschaft erstaunen. Doch ist Frankreich längst nicht mehr der beste Freund, zudem erhofft man sich Unterstützung bei den kommenden Kolonialabenteuern in Abessinien und Somaliland.

Die französische Antwort auf Bismarck ist erst ein Bündnis mit Russland (1894), dann kommt es 1904 überraschend zur gegen Deutschland geschmiedeten *Entente cordiale*, einem Bündnis zwischen den konkurrierenden Kolonialmächten Frankreich und England. Italien, das sich mit seiner langen, ungeschützten Küste einen Konflikt mit der Seemacht England nicht leisten kann, unterzeichnet 1902 einen Geheimvertrag mit Frankreich, in dem es sich für den Fall einer deutsch-französischen Auseinandersetzung zur Neutralität verpflichtet. Damit hat sich Italien praktisch aus dem Dreibund verabschiedet. Im Ersten Weltkrieg verhält sich das Land erst neutral und beteiligt sich dann ab 1915 auf der Seite der Entente.

Für die *Grande Guerra*, wie der Erste Weltkrieg in Italien bis heute genannt wird, ist die italienische Armee kaum vorbereitet, sie besitzt nicht einmal eine Artillerie. Ministerpräsident *Giovanni Giolitti*, ein pragmatischer Mann, der die Politik seit der Jahrhundertwende maßgeblich bestimmt, verteidigt mit der Parlamentsmehrheit die Neutralität Italiens. Als er 1914 zurücktritt, vollzieht der von ihm als Nachfolger vorgeschlagene *Antonio Salandra* eine Kehrtwende und plädiert für den Kriegseintritt. Unterstützt wird er dabei in erster Linie vom Schriftsteller *Gabriele d'Annunzio*, der mit flammenden Reden die Massen aufwiegelt („Schlagt Giolitti tot!") sowie von dessen späterem Freund *Benito Mussolini*, der sich 1914 vom radikalen Sozialismus abwendet und die *Fasci d'Azione Rivoluzionaria* gründet, eine Vorläuferin seiner späteren faschistischen Partei. Schließlich

Armut als Nährboden der Mafia in Palermo

befürwortet auch König *Vittorio Emanuele III* (Nachfolger von *Umberto I*, der 1900 einem Attentat zum Opfer fiel) den Krieg auf Seiten der Entente: Am 24. Mai 1915 erklärt der Monarch Österreich den Krieg.

Die Gebirgszonen des Veneto und des benachbarten Friaul werden Schauplatz erbitterter und extrem verlustreicher Kämpfe. In den *12 Isonzo-Schlachten* von Juni 1815 bis Oktober 1917 (benannt nach dem mitten durchs Kriegsgebiet fließenden Isonzo-Fluss) finden auf beiden Seiten Hunderttausende von Soldaten den Tod, ohne dass nennenswerte Geländegewinne gemacht werden. Entscheidend ist schließlich der sich abzeichnende Zusammenbruch der Mittelmächte. Später errichten die Faschisten in der Nähe von Gorizia den gigantischen Militärfriedhof von Redipúglia, wo rund 100 000 italienische Soldaten begraben liegen.

Bei den Friedensverhandlungen von 1919 stehen die Italiener auf Seiten der Sieger, sie gewinnen Südtirol, Triest und Istrien (letzteres verlieren sie nach dem Zweiten Weltkrieg wieder). Einige Italiener sind enttäuscht und sprechen vom „verstümmelten Sieg" – gerne hätten sie sich auch noch die östliche Adriaküste einverleibt.

Einer, der vom Kämpfen noch nicht genug hat, ist *Gabriele d'Annunzio*. Noch während der Friedensverhandlungen besetzt der nationalistische Schriftsteller im September 1919 mit 2500 Freischärlern, den sog. *Arditi*, in einem Handstreich das heute kroatische Rijeka und ruft sich dort zum Alleinherrscher auf. Erst im November 1920 macht der *Grenzvertrag von Rapallo* zwischen Italien und dem Königreich der Serben, Kroaten und Slowenen dem unheimlichen Spuk, der Züge des Faschismus vorwegnimmt, ein Ende.

Mussolinis Aufstieg

Österreich-Ungarn, der Erzfeind des Risorgimento, ist zusammengebrochen, doch Italiens Siegesrausch ist schnell verflogen, zuhause warten Probleme: Bauern und Arbeiter strömen von der Front zurück und finden sich massenweise in der

Arbeitslosigkeit wieder. Das Land ist wirtschaftlich zerrüttet und hoch verschuldet, breite Schichten der Bevölkerung verarmen mehr und mehr – Spannungen, die die politische Radikalisierung fördern: Die Monate nach dem Krieg gehen als *Biennio rosso*, die roten zwei Jahre, in die Geschichtsbücher ein. In den Städten bilden sich Arbeiterräte, Fabriken werden besetzt, Landarbeitergenossenschaften, soziale Zentren und Volkshäuser (*Case del popolo*) schießen aus dem Boden.

Wichtigster Theoretiker der italienischen Rätebewegung ist *Antonio Gramsci*, der zusammen mit *Amadeo Bordiga* und *Palmiro Togliatti* 1921 in Livorno den *Partito Comunista Italiano (PCI)* gründet.

Zur gleichen Zeit beginnt *Benito Mussolini* die nationale Rechte in Kampfbünden (*Squadre fasciste*) zu formieren, die 1921 in die Gründung des *Partito Nazionale Fascista (PNF)* münden. Die faschistischen Trupps begegnen den Linken mit Straßenterror, Gegner werden niedergeknüppelt und gefoltert, zu den beliebten Mitteln gehört das Eintrichtern von Rizinusöl (von Regisseur Fellini in *Amarcord* gezeigt). Die Regierung schaut praktisch tatenlos zu. *Giovanni Giolitti*, seit 1920 wieder Ministerpräsident, hofft, die faschistische Partei in den politischen Prozess integrieren zu können, während der PNF Schlüsselpositionen im Staat zu erobern beginnt. Das Unternehmertum (organisiert in der *Confindustria*) und die Großbauern (organisiert in der *Confagricoltura*) glauben, die Faschisten im Kampf gegen die aufständische Arbeiterschaft benutzen zu können, und unterstützt die Faschisten. Auch am Königshof ist man Mussolini nicht abgeneigt, zumal er versichert, die Monarchie zu respektieren, falls sie sich aus den Kämpfen heraushalte. Ende Oktober 1922 fühlt sich der *Duce* stark genug für die Machtübernahme und setzt einen spektakulären *Marsch auf Rom* in Szene. Mit 26 000 Anhängern trifft er in der Hauptstadt ein. König *Vittorio Emanuele III* gibt klein bei und beauftragt ihn nach kurzen Verhandlungen mit der Bildung einer Regierung.

Mussolinis Politik zielt von Anfang auf die Errichtung eines autoritären Staats ab. Anfangs bindet er noch gemäßigte Nationale und Royalisten in sein Programm ein. Im November 1923 schlägt er im Parlament ein neues Wahlgesetz vor, das eine Liste, die 25 % der Stimmen erreicht, eine Zweidrittelmehrheit im Parlament verschaffen soll. Die Parlamentarier stimmen mehrheitlich zu, was faktisch einem Selbstmord des Parlaments gleichkommt. In den Wahlen 1924 erhält Mussolinis *Listone* (große Liste) 65 % der Stimmen, das Parlament gehorcht fortan dem Duce. Eine letzte parlamentarische Opposition markiert der Sozialist *Giacomo Matteotti*, nach dem heute noch in Italien viele Plätze und Straßen benannt sind. In einer flammenden Rede klagt er die Diktatur Mussolinis an, 14 Tage später wird er von einem faschistischen Trupp verschleppt und ermordet.

Nach der Ausschaltung des Parlaments macht sich Mussolini daran, seinen faschistischen Staat zu zimmern: Die Presse wird gleichgeschaltet, 1926 werden die Parteien aufgelöst, die Kommunisten sind bereits in den Untergrund gegangen. Eine antifaschistische Front zwischen Sozialisten und Kommunisten verhindern letztere selber, in dem sie sich an Stalins Weisung halten und die Sozialisten als „Sozialfaschisten" bekämpfen. Deutschland wird in den 1930er Jahren ähnliche Erfahrungen machen.

Eine gewisse Achtung – vor allem bei Katholiken – verschafft sich Mussolini mit den *Lateranverträgen* von 1929, in denen er dem Papst die Souveränität über die Vatikanstadt zugesteht und das katholische Oberhaupt auf die Gebiete des einstigen Kirchenstaats verzichtet. Damit wird die seit der Auflösung des

Kirchenstaats 1870 ungeklärte Situation zwischen Papst und italienischer Regierung staatsrechtlich gelöst, auch wenn die Verträge im Prinzip weitgehend nur den längst vorhandenen De-facto-Zustand bestätigen.

Innenpolitisch verabschiedet sich Mussolini vom bisherigen liberalen Kurs zugunsten einer vom Staat dirigierten Wirtschaft. Die Weltwirtschaftskrise der 1930er Jahre lässt die Exporte zusammenbrechen, zahlreiche Unternehmen werden vom Bankrott dadurch gerettet, dass der Staat ihre Aktien aufkauft. Der wirtschaftlichen Isolation sucht Italien mit Import-Export-Abkommen gegenzusteuern, entsprechende Verträge werden mit Deutschland, Bulgarien und Rumänien geschlossen.

Außenpolitisch unternimmt die Regierung 1935 ein militärisches Abenteuer: Italien besetzt und annektiert Abessinien (heute Äthiopien) unter dem Vorwand, dort die Wirtschaft aufzubauen. Der Abessinienfeldzug stößt auf weltweite Ablehnung. Auf der Suche nach möglichen Bündnispartnern bleibt einzig das nationalsozialistische Deutschland, die *Achse Berlin–Rom* zeichnet sich ab. Gemeinsam unterstützen Italiener und Deutsche General *Franco* im *Spanischen Bürgerkrieg*: Die Italiener schicken 70 000 Soldaten, die in Spanien zum Sieg der Diktatur beitragen, Deutschland 19 000 (die Legion Kondor), Franco selbst verfügt nur über 25 000 Mann.

Mit dem Spanischen Bürgerkrieg festigt sich das deutsch-italienische Verhältnis, das schließlich 1939, kurz vor dem Ausbruch des Zweiten Weltkriegs, in einem Freundschafts- und Bündnispakt, dem sog. *Stahlpakt*, zementiert wird.

Damit hat Mussolini das Schicksal Italiens in verhängnisvoller Weise mit dem von Deutschland verbunden. Im faschistisch-nationalsozialistischen Duett spielt das wirtschaftlich und vor allem militärisch schwächere Italien von Anfang die zweite Geige. Innenpolitisch kostet das Bündnis mit Deutschland und nicht zuletzt die Übernahme rassistischen Gedankenguts Mussolini die Sympathien weiter Kreise der Katholiken – Antisemitismus war bislang in Italien praktisch kein Thema und die aus Deutschland importierten Ideen den Italienern weitgehend fremd. Doch werden jetzt auch in Italien Listen von Juden erstellt. Im Dezember 1943 wird Mussolini, einem Ersuchen des deutschen Außenministers Ribbentrop nachkommend, die Inhaftierung und Verschleppung aller Juden in Konzentrationslager anordnen.

Italien im Zweiten Weltkrieg

Vorerst steht Italien nun bei Nazi-Deutschland in Bündnispflicht, aber die eigenen Kriegsziele sind unklar. Eine Übereinkunft der Partner legt die Interessensphären grob fest: *Hitler* schaut erst einmal nach Osten, Mussolini interessiert sich für den Mittelmeerraum. Erst am 10. Juni 1940 zeigt Italien mit einer Kriegserklärung an Großbritannien und Frankreich seine Solidarität mit Deutschland, um sich selbst – teils mit deutscher Unterstützung – auf der Jagd nach nationalem Prestige in erfolglose Militäraktionen in Griechenland und Nordafrika zu stürzen. Für die deutsche Militärhilfe bedankt sich Mussolini im deutschen Russlandfeldzug mit der Entsendung von 220 000 Soldaten. Hitler revanchiert sich nach den ungeheuren Verlusten an der Ostfront mit der Bemerkung, die Italiener seien eben keine guten Kämpfer.

Die militärischen Misserfolge, vor allem der Sieg der Engländer und Amerikaner in Nordafrika, der zur italienischen Kapitulation im Mai 1943 in Tunis führt, sowie Rationierung der Lebensmittel wegen der hohen Militärausgaben – das alles fördert die Unzufriedenheit im Land. Den Italienern dämmert allmählich, dass sie

Italien im Zweiten Weltkrieg 69

in diesem Krieg nichts zu gewinnen haben. So wird die Landung der Alliierten am 9. Juli 1943 in Sizilien, bei der amerikanisch-sizilianische Mafiosi logistische Unterstützung leisten, eher als Befreiung denn als Besetzung begriffen. Die Alliierten nehmen Sizilien und Teile Süditaliens mühelos ein. Der Unmut in der Bevölkerung gegen Mussolini wächst, die katholische Opposition rührt sich wieder, und die Kommunisten organisieren aus dem Untergrund einen Streik in Piemont und der Lombardei, an dem sich 300 000 Arbeiter beteiligen. Am 25. Juli 1943 kommt es zu einer Unterredung zwischen Mussolini und König *Vittorio Emanuele III*, der heimlich bereits *Pietro Badoglio*, einen entschiedenen Gegner des „Stahlpakts", als neuen Regierungschef eingesetzt hat. Mussolini ist überrascht und wird beim Verlassen der königlichen Villa gleich verhaftet.

Badoglio bildet eine Regierung ohne die Faschisten (deren Partei wird am 28. Juli aufgelöst). Angesichts der Kriegslage und wohl auch in der Erkenntnis, dass es besser ist, am Schluss zu den Siegern zu gehören, wechselt die neue Regierung die Front. Im September 1943 wird mit den Alliierten ein Waffenstillstand unterzeichnet, im Oktober 1943 erklärt Italien dem einst verbündeten Deutschland den Krieg. Darauf verstärkt die deutsche Wehrmacht ihre Präsenz, nimmt im Norden alle wesentlichen Schlüsselstellungen ein, entwaffnet die italienische Armee und besetzt faktisch ganz Nord- und Mittelitalien.

Kurz zuvor wird Mussolini in einer spektakulären Aktion von deutschen Fallschirmspringern aus seinem schier unzugänglichen Gefängnishotel auf dem Gran Sasso (Abruzzen) befreit, gründet in Salò am Gardasee die *Repubblica Sociale Italiana* (auf die Pier Paolo Pasolini 1975 mit seinem Film *Salò oder die 120 Tage von Sodom* anspielt) und bildet eine Gegenregierung. Fazit: Die vom König eingesetzte Regierung führt nun zwei Kriege im eigenen Land – einen Bürgerkrieg gegen die Faschisten und einen Krieg gegen die deutsche Wehrmacht, die in Italien zur Besatzungsmacht geworden ist.

Etwa zeitgleich mit der Mussolini-Republik von Salò formiert sich im von Deutschland besetzten Teil der Widerstand. Bewaffnete Partisanen (*partigiani*), teils aus dem Untergrund aufgetauchte Kommunisten, teils desertierte italienische Soldaten, die Angst vor der Deportation nach Deutschland haben, machen Front gegen die Deutschen und die italienischen Faschisten und kooperieren eng mit den Alliierten. Die Kämpfe sind erbittert. Entlang der letzten Rückzugslinie der von der SS verstärkten Wehrmacht, der sog. *Gotenlinie*, die sich nördlich des Apennins von der Versilia über den Futa-Pass (nördlich von Florenz) bis Rimini zieht, plündern die Deutschen, solange es die Zeit erlaubt, Massaker an der Zivilbevölkerung gehören zur Tagesordnung (ein toter Deutscher hat in der Regel die Liquidation von zehn italienischen Zivilisten zur Folge) – die Deutschen praktizieren eine Politik der verbrannten Erde. In Sant'Anna di Stazzema, ein kleiner Ort im Hinterland der Versilia, erinnert heute eine eindrucksvolle Gedenkstätte an eine Rache-Aktion, bei der 560 Bewohner, darunter auch Frauen und Kinder, von den Deutschen erschossen wurden. Die „Gotenlinie" fiel erst im April 1945, am 2. Mai kapitulierten die deutschen Streitkräfte. Zur gleichen Zeit (am 27. April 1945) wurde Mussolini, der mit seiner Mätresse in die Schweiz flüchten wollte, von kommunistischen Partisanen gestellt und ohne Gerichtsverfahren tags darauf erschossen.

Im Gegensatz zu Deutschland hat sich Italien dank seiner rund 200 000 Partisanen weitgehend aus eigenen Kräften von der Diktatur befreit.

Neubeginn und Kollaps der Ersten Republik

Nach Kriegsende ist Italien in großen Teilen verwüstet, die Wirtschaft liegt am Boden. Immerhin haben es die Partisanen geschafft, die industrielle Infrastruktur des Nordens vor der Zerstörung durch deutsche Truppen zu bewahren. Beim Wiederaufbau des Landes helfen die Gelder des amerikanischen *Marschall-Plans*, der damit in erster Linie die Ausbreitung des Kommunismus in Europa zu verhindern sucht.

Italiens politischer Neubeginn geschieht als Republik. In einer Volksabstimmung im Juni 1946 entscheiden sich wider alle Prognosen 12,7 Mio. gegenüber 10,7 Mio. gegen die Monarchie. *Umberto II*, seit der Abdankung seines Vaters *Vittorio Emanuele III* im Mai 1946 frischgebackener König, wartet das Resultat gar nicht ab, sondern geht gleich ins Exil, wo er sich weiterhin „König von Italien" nennt. Weil er die Republik nicht anerkennt, werden er und das ganze Haus Savoyen in der Verfassung von 1948 mit einem Einreiseverbot belegt.

Der Abstimmung über die Staatsform folgen die ersten Parlamentswahlen der Republik, aus denen die *Democrazia Cristiana (DC)*, eine 1942 gegründete katholische Volkspartei, mit 35,2 % der Stimmen als stärkste politische Kraft hervorgeht. Mit 20,7 % folgen die Sozialisten (*Partito Socialista Italiano, PSI*), die Kommunisten (*Partito Comunista Italiano, PCI*) gewinnen 19 %. Erster Regierungschef wird *Alcide de Gaspari*, der in seiner Regierungszeit (1946–1953) vor allem eine Politik der Westintegration betreibt und zu den Gründervätern des modernen Europa zählt.

So lange wie *De Gaspari* blieb bis heute kein italienischer Ministerpräsident im Amt. Nach ihm prägen zahlreiche Regierungswechsel Italiens Erste Republik, doch mehr oder weniger spülen die Kabinettstrudel immer wieder dieselben Männer nach oben, und eines bleibt sich immer gleich: Christdemokraten und Sozialisten teilen sich die Macht und verteilen die Posten, die kommunistische Partei bleibt außen vor. Auch die Wirtschaft gewöhnt sich allmählich an die ewiggleichen Regierungsköpfe – ein günstiger Boden für Lobbyismus und schließlich für einen dichten Filz aus wirtschaftlicher und politischer Macht.

In den 1970er Jahren, die als „bleierne Jahre" in die Geschichte eingehen, machen die linksradikalen *Brigate Rosse (BR)* von sich reden, die ähnlich wie die deutsche RAF den bewaffneten Kampf propagieren. Am 16. März 1978 entführen sie den ehemaligen Ministerpräsidenten *Aldo Moro*, der am 9. Mai erschossen aufgefunden wird. Die Kommunistische Partei, die derweil unter ihrem Generalsekretär *Enrico Berlinguer* den *historischen Kompromiss* (Compromesso storico), ein Bündnis mit den Christdemokraten sucht, das Italien aus der Stagnation herausführen soll, verurteilt die Ermordung Moros aufs Schärfste. Der „historische Kompromiss" kommt nicht zustande, die Rechte weiß die Politik der Roten Brigaden propagandistisch zu nutzen, indem sie die Kommunisten in die Nähe der Terroristen rückt.

Gefährlicher als die Roten Brigaden ist die Mafia. Sie hat ihre Tentakel in die politische Administration geschlagen. Das so von Wirtschaftsgrößen und Mafiosi geschmierte Kabinett-Karussell dreht munter weiter, bis Anfang der 1990er Jahre die Justiz Sand ins Getriebe schleudert.

Könige ohne Königreich

König *Umberto II* ist gerade 24 Tage im Amt, als das italienische Volk mehrheitlich beschließt, die Monarchie abzuschaffen und durch die republikanische Staatsform zu ersetzen. Was aber macht ein König ohne Königreich? Er geht ins Exil. Umberto II wählt Portugal als neues Domizil, nennt sich weiterhin König, die italienische Republik erkennt er nicht an. Gründe genug, um in Italien 1948 ein Gesetz zu erlassen, das dem Haus Savoyen die Rückkehr nach Italien verbietet.

35 Jahre später, 1983, stirbt Umberto II in einer Genfer Klinik. *Vittorio Emanuele IV*, der vor allem am Genfersee zuhause ist, hat sich schon 1969 die Krone des Hauses Savoyen selbst aufgesetzt. Der Exil-König macht Ende der 1970er Jahre bei einer Schießerei auf der korsischen Insel Cavallo von sich reden, wo sich Nachtclub-Könige, Playboys, die italienische Mafia und Waffenhändler herumtreiben. Ein unbeteiligter Deutscher wird erschossen, Vittorio Emanuele IV wegen unerlaubten Waffenbesitzes zu sechs Monaten auf Bewährung verurteilt.

Das Rückkehrverbot wird 2002 aufgehoben, die Royals kommen zurück. Einige Italiener sorgen sich um die in der Banca Italiana verwahrten Kronjuwelen – geschätzter Wert 2 Milliarden Euro – aber die bleiben dort verwahrt. Vittorio Emanuele ist anderweitig beschäftigt. Im Juni 2006 wird der mittlerweile 69-jährige Banker in der Nähe des Comer Sees festgenommen – ermittelt wird gegen ihn diesmal wegen Korruption, Glücksspiel und Ausbeutung von Prostituierten.

Nun wird's auch der „Consulta dei Senatori del Regno", die über die Ehre des Hauses Savoyen wacht, zu bunt. Sie setzt Vittorio Emanuele IV ab, begründet dies höflich mit einer nicht standesgemäßen Ehe und erklärt seinen Cousin *Amadeus von Savoyen* zum neuen Oberhaupt des Königshauses. Über ihn ist noch nichts Nachteiliges bekannt.

In Süditalien erschrecken mutige Richter die allmächtige Mafia, indem sie die Finanzkanäle diverser Firmen ausleuchten. In Mailand deckt der Richter-Pool *Mani puliti* (saubere Hände) eine Schmiergeldaffäre nach der anderen auf, und bald gerät das gesamte politische System ins Wanken. Zwar haben sich die Italiener längst daran gewöhnt, dass ihre Politiker geschmiert sind. Aber erst jetzt erfahren sie, in welch gigantischen Ausmaßen dies geschieht. Was das Volk bislang als Kavaliersdelikt zu akzeptieren gewohnt war, entpuppt sich als hochgradige Kriminalität. Ermittelt wird jetzt nicht nur gegen die Generalmanager der Großkonzerne Fiat und Olivetti, sondern fast gegen die gesamte Politikerkaste. 1992 stehen mehr als ein Viertel der italienischen Abgeordneten unter Anklage; der zweimalige Ministerpräsident und Sozialistenchef *Bettino Craxi* flüchtet noch rechtzeitig vor dem Arm des Gesetzes nach Tunesien (wo er im Jahr 2000 stirbt). Gegen den 75-jährigen *Giulio Andreotti*, dreißigmal Minister, siebenmal Regierungschef und in den Augen vieler Italiener ein ehrlicher Christdemokrat, wird wegen mafiöser Bandenbildung und Anstiftung zum Mord ermittelt (der Prozess endete 1999 mit einem Freispruch). Ende 1993 war die Erste Republik moralisch und politisch bankrott.

Zweite Republik – Sua Emittenza und Il Professore

Die Aufdeckung der umfassenden Korruption löst 1993 eine schwere Regierungskrise aus. Die Parteienlandschaft verändert sich danach vollständig, dass man die darauf folgende Zeit als „Zweite Republik" bezeichnet.

Um aus der elenden *Partitocrazia* (Herrschaft der Parteien bzw. der Parteichefs über die Regierung) herauszufinden, wird per Volksentscheid das Wahlgesetz grundlegend geändert: Seit den Wahlen im März 1994 unterstehen drei Viertel aller Abgeordneten der Direktwahl, bei der die einfache Mehrheit genügt.

Die stark angeschlagene Christdemokratische Partei tauft sich in Italienische Volkspartei um (*Partito Popolare Italiano*, PPI, seit 2002 *La Margherita – Democrazia e Libertà*). Bereits 1993 hat sich die Kommunistische Partei in Demokratische Partei der Linken (*Partito Democratico della Sinistra*, PDS) umbenannt (seit 1998 *Democratici di Sinistra*, DS). Auf der vor allem im Süden starken äußersten Rechten geht aus der Italienischen Sozialbewegung (*Movimento Sociale Italiano*, MSI), in der viele unverbesserliche Faschisten Unterschlupf gefunden haben, die Nationale Allianz (*Alleanza Nazionale*, AN) hervor, die ihren faschistischen Geruch loszuwerden sucht.

Neu entsteht im industrialisierten Norden die Bewegung Liga Nord (*Lega Nord*), die nicht länger Entwicklungshilfe für den Mezzogiorno leisten will, zumal die Staatsgelder nicht selten auf die Konten der Mafia fließen. *Umberto Bossi*, Führer der Lega, schimpft auf *Roma ladrona* (das diebische Rom), droht lautstark mit dem Einsatz von Kanonenschiffen gegen afrikanische Flüchtlinge, die illegal an Italiens Gestaden zu landen versuchen, und mit der Gründung eines eigenen Staats namens „Padania" (Land des Po).

Doch nicht nur die alten-neuen Parteien melden sich 1994 zur Wahl, sondern auch Sammelbewegungen ohne Parteistruktur. Eine solche hat drei Monate vor dem Wahltermin der Medienmogul *Silvio Berlusconi*, Italiens reichster Mann und nebenbei Eigentümer des Fußballclubs AC Milano, zusammengezimmert. Seine Bewegung *Vorwärts Italien* (Forza Italia, ein Schlachtruf aus der Fußballsprache) verspricht, die Kommunisten von der Macht fernzuhalten und eine Million Arbeitsplätze zu schaffen – natürlich ohne ins Detail zu gehen. Im Übrigen beschränkt sich Berlusconi darauf, ein stets gebräuntes Gesicht mit optimistischem Lächeln zu präsentieren – nicht in natura, sondern über seine privaten Fernsehsender, mit denen er Italiens Wohnzimmer beherrscht. Filmregisseur *Nanni Moretti* trifft den Nagel auf den Kopf: „Die Italiener werden nur rebellisch, wenn man ihnen zwei Dinge wegnimmt: den Fußball und das Fernsehen. Berlusconi gibt ihnen beides, also wählen sie ihn." Im März 1994 wird der politische Newcomer quasi über Nacht zum Regierungschef.

Zweite Republik – Sua Emittenza und Il Professore 73

Um sich die parlamentarische Mehrheit zu sichern, muss *Berlusconi* ein Bündnis eingehen. Als Partner bietet sich die postfaschistische *Alleanza Nazionale* an, deren Vorsitzender *Gianfranco Fini* bedauert, Mussolini noch vor kurzem als „größten Staatsmann des Jahrhunderts" bezeichnet zu haben. Der Dritte im Bunde wird die separatistische *Lega Nord* von Umberto Bossi. So hat „Sua Emittenza" (von *emittente* – Sender), wie Journalisten den „Telekraten" Berlusconi gelegentlich nennen, die parlamentarische Mehrheit hinter sich. Doch herrscht in der zusammengewürfelten Koalition bald ein Gezänk wie in guten alten Zeiten, und ganz nebenbei sieht man auch einige abgehalfterte Politprofis wieder auftauchen. Doch sind die Richter von *Mani pulite* in der Zwischenzeit nicht untätig gewesen; sie ermitteln wegen einer Schmiergeldaffäre gegen Berlusconis Bruder Paolo, und der zum Regierungschef aufgestiegene Konzernherr fürchtet zu Recht, selbst auf der Anklagebank zu landen. Kurzum: Der Lack ist ab, und das Gesicht der Zweiten Republik sieht dem der Ersten Republik zum Verwechseln ähnlich.

Berlusconi muss bald feststellen, dass man einen Staat nicht wie einen Konzern regieren kann. Das sonnengebräunte Gesicht auf der Mattscheibe lächelt immer seltener, die versprochene Million an Arbeitsplätzen ist so fern wie eh und je, und einigen Wählern dämmert langsam, dass sie einem Fernsehtraum aufgesessen sind. Im Dezember 1994 versagt die Lega Nord die Unterstützung des Haushaltsentwurfs – Berlusconi muss gehen.

Nach einer Interimsregierung unter dem Finanzexperten *Lamberto Dini* wird im Frühjahr 1996 wieder zu den Wahlen gerufen. Diesmal stehen sich zwei große Blocks gegenüber. Die *Forza Italia* und die *Alleanza Nazionale* schließen das Wahlbündnis *Polo della Libertà* (Pol der Freiheit) mit dem Spitzenkandidaten Berlusconi, die *Lega Nord* tritt daneben unabhängig an. Das Mitte-Links-Lager rauft sich unter dem Namen *L'Ulivo* (Olivenbaum) zusammen, ihm gehört als größte Partei der *Partito Democratico della Sinistra* an, aber auch Teile des *Partito Popolare Italiano* sind mit von der Partie. Hoffnungsträger des Olivenbaums ist der Vertrauen erweckende, von politischen Skandalen unbefleckte, parteilose *Romano Prodi*, Ex-Christdemokrat und Wirtschaftsprofessor aus Bologna. Unabhängig vom Olivenbaum kandidiert auf der linken Seite der von *Fausto Bertinotti* angeführte *Partito della Rifondazione Comunista* (Partei der Kommunistischen Neugründung), bestehend aus Kommunisten, die sich der Umwandlung der alten Kommunistischen Partei in die Demokratische Partei der Linken widersetzt haben. Das Resultat der Wahl ist eindeutig, die Linke jubelt: Romano Prodi, „Il Professore", wird Ministerpräsident. Allerdings ist seine Regierung auf die Tolerierung der Kommunisten angewiesen.

Das große Verdienst von Prodis Regierung ist es, die öffentliche Verschuldung mit eiserner Sparpolitik soweit heruntergeschraubt zu haben, dass Italien die *Maastricht-Kriterien* erfüllt und so bei der Gründung der Euro-Zone mit dabei sein kann. Prodi bleibt bis Herbst 1998 am Ruder, dann versagen ihm die Kommunisten die Unterstützung. Er tritt zurück und setzt seine politische Karriere vorerst in Brüssel fort, wo er 1999–2004 als Präsident der EU-Kommission waltet. Die Ulivo-Regierung wird von *Massimo d'Alema*, Ex-Kommunist und Präsident der Demokratischen Linken, weitergeführt. Nach einer Niederlage der Linken bei den Regionalwahlen im Jahr 2000 gibt D'Alema das Präsidentenamt an den parteilosen Sozialisten *Giuliano Amato* weiter, der bis zu den nächsten Parlamentswahlen durchhält.

Zu den Wahlen von 2001 meldet sich „Sua Emittenza" Silvio Berlusconi zurück. In seinem Bündnis *Casa della libertà* (Haus der Freiheit) versammeln sich neben der

Forza Italia und der *Alleanza Nazionale* nun auch wieder die *Lega Nord* und einige kleinere Parteien. Dagegen kandidiert der *Ulivo* mit *Francesco Rutelli*, dem beliebten Bürgermeister Roms und erfolgreichen Managers des Heiligen Jahres 2000. Doch der Olivenbaum trägt diesmal keine Früchte, die Wahlen bringen Berlusconi zurück an die Macht.

Die zweite Regierungszeit Berlusconis ist von Skandalen gekennzeichnet. Der Druck, den der Medienzar, der über drei eigene Fernsehsender verfügt, als Regierungschef auf die staatlichen Sender ausübt, wird als Angriff auf die Meinungsfreiheit gewertet. Die Gesetze, die er durchs Parlament peitscht, dienen dazu, sich selbst vor dem Zugriff der Justiz zu schützen: Die Verjährungsfrist wird verkürzt, Bilanzfälschung und Korruption werden zu Kavaliersdelikten herabgestuft. Ein Immunitätsgesetz, mit dem er die fünf höchsten Repräsentanten des Staats (zu denen selbstverständlich auch er zählt) für die Justiz unerreichbar machen will, wird vom Staatspräsidenten allerdings nicht unterzeichnet. Auch auf dem außenpolitischen Parkett macht Berlusconi von sich reden. Bei seinem ersten Auftritt als Präsident des Rats der EU beschimpft er den SPD-Abgeordneten *Martin Schulz*: „Ich weiß, dass es in Italien einen Produzenten gibt, der einen Film über die Konzentrationslager der Nazis macht. Ich werde Sie für die Rolle eines Kapos vorschlagen. Sie sind dafür wie geschaffen." Die chinesische Regierung erfährt von ihm, dass unter Maos Regierung „Babys nicht gegessen, sondern gekocht wurden, um die Felder zu düngen". Als Berlusconi 2002 innenpolitisch versucht, den Paragraphen 18 (Kündigungsschutz) kurzerhand abzuschaffen, erwacht die Linke aus ihrem Koma. Die Gewerkschaften mobilisieren, und auch die kritische Intelligenz, allen voran der Nobelpreisträger *Dario Fo* und der Filmregisseur *Nanni Moretti*, rufen auf Massenkundgebungen zum Widerstand auf. Die Teilnahme Italiens am Irakkrieg – gegen den erklärten Willen der Mehrheit der Italiener – schürt zusätzlich den Unmut. Regenbogenfarbene Protestfahnen mit der Aufschrift „Pace" (Frieden) werden ins Fenster gehängt, wie es bald auch in Deutschland geschieht. 2005 kommt es bei den Regionalwahlen zur erwarteten Niederlage der Parteien des Mitte-Rechts-Bündnisses – ein fast untrügliches Zeichen für den Umschwung.

Prodis Brüsseler Mandat bei der EU geht rechtzeitig zu Ende, Il Professore kommt nach Italien zurück, wo er bei den Parlamentswahlen im April 2006 zum zweiten Mal gegen Sua Emittenza antritt. Diesmal steht hinter ihm das breite Bündnis *L'Unione*, das neben dem *Ulivo* auch die zentristische *Margherita* und neben kleineren Parteien auch die Kommunistische Partei umfasst. Im Abgeordnetenhaus ist die Mehrheit satt (348 von 630 Sitzen), im Senat aber hauchdünn (158 für Prodis Koalition, 156 für die von Berlusconi).

Eine der ersten Taten der neuen Regierung ist der versprochene Abzug der Truppen aus dem Irak, im Dezember 2006 kehren die letzten italienischen Soldaten nach Hause. Zu einer ersten Krise aber kommt es im Februar 2007. In der Frage der Fortsetzung des italienischen Afghanistan-Einsatzes (1900 Soldaten) verfehlt Prodi beim Senat die notwendige Mehrheit. Zwei linksradikale Senatoren aus den eigenen Reihen wie auch zwei der sieben Senatoren auf Lebenszeit (unter ihnen das politische Fossil *Giulio Andreotti*) verweigern ihm die Gefolgschaft. Der von Prodi eingereichte Rücktritt wird vom Staatspräsidenten nicht angenommen. Es kommt zur Vertrauensabstimmung, die Mitte-Links-Koalition schließt – angesichts eines Berlusconi ante portas – ihre Reihen dicht und gewinnt. Il Professore kann vorerst weiterregieren.

Einer der berühmtesten Plätze Italiens: die Piazza della Signoria in Florenz

Kunst und Architektur

Vom schiefen Turm in Pisa bis zum monströsen Petersplatz in Rom, von Leonardo da Vincis „Mona Lisa" über Michelangelos „Erschaffung Adams" bis zu den illusionistischen Deckenfresken von Tiepolo: Alle großen Stilepochen der abendländischen Architektur und Malerei haben auf dem italienischen Stiefel ihre Zeugnisse hinterlassen – mehr als in jedem anderen Land Europas.

Italiens Malerei und Architektur prägt die Kunst in Europa von der Romanik bis zum Klassizismus des 18. Jahrhunderts über fast 800 Jahre. Wie die Politik wird auch die Kunst in den großen Städten gemacht: Zwar gibt es eine „sienesische Malerei" und einen „napolitanischen Barock", doch die Zentren der Kunst sind im Florenz der Medici, im Rom der reich gewordenen Renaissance-Päpste und in Venedig – hier fließen die Gelder für große Aufträge. Und ebenso wie die Politik entwickelt sich auch die Kunst ungleichzeitig. Während man sich in Florenz schon von der Gotik verabschiedet hat, baut man in Venedig die *Ca d'Oro*, ein Musterbeispiel der Spätgotik. Die neuen Kunstepochen werden nicht beschlossen, sie kündigen sich schon in der vorhergehenden an, und die Übergänge, z. B. von der Gotik zur Renaissance, sind oft fließend. Zudem hinterlassen vor allem in der Architektur fremde Einflüsse ihre Spuren: byzantinische in Venedig, arabische und normannische auf Sizilien.

Antike und frühchristliche Zeit

Aus den Tagen der *Etrusker* haben die Archäologen manches ans Licht geholt – von verzierten Alabasterurnen über bemalte Amphoren bis zu Beispielen realistischer Porträtkunst. Zu sehen sind die Kunstwerke der rätselhaften etruskischen Kultur im Archäologischen Museum von Florenz, aber auch in den Etruskischen Museen von Volterra und Chiusi.

Aus der Zeit der *griechischen Kolonien* auf Sizilien in Süditalien blieben neben Tempelbauten auch Reliefs und Skulpturen erhalten. Die schönsten Funde zeigen die Nationalen Archäologischen Museen von Palermo und Neapel.

Die *Römer* haben in ihrer langen Herrschaft weitaus mehr hinterlassen: Reliefs, Büsten, Statuen sind in jedem größeren archäologischen Museum zu besichtigen. Weltweit bekannt ist das Archäologische Museum von Neapel, das unzählige Fundstücke aus den Städten Herculaneum und Pompeji präsentiert, die beim Ausbruch des Vesuvs 79 n. Chr. von einem Ascheregen zugeschüttet und erst im 18. und 19. Jahrhundert systematisch ausgegraben wurden. Eine Besonderheit des Museums ist das „Gabinetto segreto" mit weltberühmten Erotica, die lange Zeit vor der neugierigen Öffentlichkeit verschämt versteckt wurden. Zur römischen Gemäldekunst zählen schließlich auch die Mosaiken, denen man überall im ehemaligen Reich begegnet. Die schönsten Beispiele in Italien finden sich in der Villa Casale in Sizilien (bei Piazza Armerina) und natürlich unter den Funden aus Pompeji. Schöne Mosaikböden mit Darstellungen sind u. a. auch in der antiken Ruinenstadt von Ostia (bei Rom) zu sehen.

Aus *frühchristlicher Zeit* stammen der noch in der Tradition der Antike stehende Mosaikboden der Basilika von Aquileia (Friulisch-Venetien) aus dem 4. Jahrhundert mit Motiven aus der christlichen Symbolik, die Basiliken von Ravenna mit ihren Mosaiken, die Darstellungen in den christlichen Katakomben in Rom sowie Krypten und Basiliken in zahlreichen Städten Italiens.

> Im Italienischen hört und liest man oft die Bezeichnungen *Duecento, Trecento, Quattrocento, Cinquecento, Seicento, Settecento, Ottocento, Novecento* ... Damit werden die Jahrhunderte im zweiten Jahrtausend n. Chr. bezeichnet, wobei mit *Duecento* das Jahrhundert gemeint ist, das auf das Jahr 1200 folgt, mit *Trecento* das Jahrhundert nach dem Jahr 1300 usw. So ist also das *Duecento* das 13. Jahrhundert, das *Trecento* das 14. Jahrhundert, das *Quattrocento* das 15. Jahrhundert ...

Romanik

In Italien wird die Romanik etwa von der Mitte des 11. Jahrhunderts bis zur Mitte des 13. Jahrhunderts datiert. Der ursprünglich in Frankreich beheimatete Stil breitet sich erst in der Lombardei aus und greift dann auf ganz Italien über, wobei er sich in Venedig mit byzantinischen Einflüssen vermischt, in Sizilien mit sarazenisch-normannischen. Kennzeichnend für die Romanik sind meist dreischiffige Kirchen mit Tonnengewölbe, die noch stark an der Architektur der frühchristlichen Basilika orientiert sind. Im Inneren sind sie dunkel, weil das Langhaus in der Regel fensterlos ist. Die Kapitele der Säulen zeigen oft biblische Darstellungen oder einfach skulptierten Dekor. Auch die Fassade weist meist Skulpturenschmuck auf. Durchweg charakteristisch ist die Verwendung des Rundbogens in der Architektur. Von der früheren Bemalung im Inneren ist oft nichts mehr oder nur ein kümmerlicher Rest zu sehen. In der Romanik wurde noch *al secco* gemalt, d. h. die Farbe wurde auf die trockene Kirchenwand aufgetragen und blätterte mit den Jahrhunderten ab. Die Freskenmalerei (*al fresco*), bei der die Farbe auf den

Imposante Bauwerke auf der Piazza dei Miracoli in Pisa

noch feuchten Putz appliziert wird und sich mit diesem vermischt (was der Haltbarkeit der Gemälde zugute kommt), war zwar bereits in der Antike bekannt, wurde aber erst in der Gotik wieder aufgenommen.

Klassische Beispiele romanischen Kirchenbaus sind *San Michele in Pavia*, wo die lombardischen Kaiser und Könige sich krönen ließen, sowie *Sant'Ambroggio in Mailand*. In *Pisa* sind der *Dom*, das *Baptisterium* und der berühmte *schiefe Turm* als Beispiele romanischer Bauten zu nennen. Ebenfalls der romanischen Epoche entstammt die *Markuskirche von Venedig*, die aber stark byzantinische Einflüsse zeigt (Kreuzkuppelbau) und deren Fassade später im gotischen Stil „modernisiert" wurde. Eine vom normannischen Baustil durchdrungene Romanik findet sich auf Sizilien, wo als Schulbuchbeispiel der *Dom von Cefalù* (Nordküste) steht, der mit seinen Mosaiken obendrein byzantinischen Einfluss verrät.

Die Bildhauerkunst der Romanik dient ausschließlich der Kirchenausstattung: Fassadenschmuck, Reliefs an Hauptportalen, Taufbecken und Kanzeln. Als herausragender Künstler der hochromanischen Epoche ist *Benedetto Antelami* bekannt, dessen berühmteste Arbeiten die „Kreuzabnahme" im Dom von Parma und das Portal des Baptisteriums von Parma sind. Die meisten romanischen Bildhauer sind namentlich jedoch nicht bekannt.

Gotik

Wie die Romanik breitet sich auch die Gotik von Frankreich nach Süden aus, wo sie ab Mitte des 13. Jahrhunderts vor allem in Nord- und in Mittelitalien Fuß fasst. Neben dem charakteristischen Spitzbogen zeichnen sich die gotischen Kirchen insbesondere durch monumentalere Bauten aus, ein Zeichen der wachsenden ökonomischen Macht der Kirche. Allerdings hat die italienische Gotik, mit Ausnahme des *Doms von Mailand*, nie die Flächen auflösende, himmelstürmende Architektur des französischen Kirchenbaus erreicht. Im Gegensatz zur vertikalen, französischen Gotik spielt in Italien die Horizontale weiterhin eine große Rolle, die Decken werden nicht in unheimliche Entfernungen gerückt.

Die Übergänge zwischen Romanik und Gotik sind fließend. Ein schönes Beispiel dafür ist der *Dom von Siena*, der im 12. Jahrhundert als dreischiffige Basilika im romanischen Stil begonnen wurde. Im 14. Jahrhundert – Siena war eine reiche Stadt geworden – beschloss man, den Bau gewaltig zu erweitern, diesmal im gotischen Stil. Aus dieser Zeit stammt die prunkvolle Zuckerbäckerfassade. Doch die hochfliegenden Pläne mussten gestoppt werden, nachdem Pest und Wirtschaftskrise der Stadt zusetzten – der beabsichtigte gotische Monumentalbau blieb unvollendet. Bei der *Franziskus-Basilika von Assisi* fällt der Turm noch in die romanische Epoche, die gewaltige Oberkirche ist pure Gotik. Der *Dom von Florenz* (begonnen 1296) steht bis auf die berühmte Kuppel von Brunnelleschi ganz im Zeichen der Gotik, und schließlich sei als großartiges Beispiel der italienischen Gotik die reich verzierte Fassade des *Doms von Orvieto* erwähnt.

In Venedig kommt die Gotik erst Mitte des 14. Jahrhunderts an und ist wie schon die Romanik stark von der Ornamentik und Farbigkeit des oströmischen Kulturraums geprägt, so dass man von einer speziellen venezianischen Gotik sprechen kann. Die romanische *Markuskirche* wird in neuen Stil verändert, am *Dogenpalast* lösen Spitzbogen die früheren Rundbogen ab, der einst massive Bau wird lockerer. Schönstes Beispiel venezianisch-gotischer Profanarchitektur ist die *Ca d'Oro* am Canal Grande mit ihrer schmucken Fassade.

In der Bildhauerei sind *Nicola Pisano* (ca. 1220 bis ca. 1278) und sein Sohn *Giovanni Pisano* (ca. 1245 bis ca. 1315) die wichtigsten Vertreter der Gotik. Das Hauptwerk des Vaters ist die Kanzel des Baptisteriums von Pisa. Gemeinsame Werke von Vater und Sohn sind die Kanzel des Doms von Siena sowie die Reliefs des Stadtbrunnens von Perugia, der Fontana Maggiore. Von Giovanni Pisano, der nicht nur Bildhauer, sondern auch Architekt war, stammen die Kanzeln des Doms von Pisa und der Kirche Sant'Andrea in Pistoia sowie der Entwurf zur Domfassade von Siena. Während Vater Pisano sich noch stark an der Antike orientiert, ist der stürmischere Sohn mit seinen dramatischen Darstellungen stark von den Vorbildern der französischen Gotik geprägt. In der späten Gotik, an der Schwelle zur Renaissance, taucht *Jacopo della Quercia* (1374–1438) auf, ein einsames Urgestein, das einzuordnen sich die Kunstgeschichte schwer tut. Zu seinen berühmtesten Werken gehört die Fonte Gaia, der schmucke Brunnen auf dem Campo von Siena.

Hatte man es zur Zeit der Romanik in der Malerei meist mit anonymen Künstlern zu tun, so treten in der Gotik Künstler auf, die namentlich bekannt sind und nicht selten eine Linie oder gar eine Schule bilden. Die byzantinischen Einflüsse sind unverkennbar noch dominant: strenge Formen und „unräumliche" Darstellung.

In Siena ist *Duccio di Buoninsegna* (ca. 1255–1319) tätig, dessen Hauptwerk die im Dommuseum von Siena gezeigte „Maestà" ist. Einen Überblick über die „sienesische Schule" gibt die Nationale Pinakothek von Siena: Auf Duccio folgen *Simone Martini* (1284–1344), dessen Reiterbildnis des Heerführers „Guido Riccio" so dekorativ ist, dass es zu den meistverkauften Postkarten der Stadt gehört – zudem ist es eines der frühesten italienischen Bilder der profanen Kunst. Ebenfalls von Duccio beeinflusst sind die Brüder *Pietro Lorenzetti* (ca. 1280–1348) und *Ambrogio Lorenzetti* (ca. 1290–1348). Von letzterem sind neben sakraler Kunst auch großflächige Fresken zu sehen, mit denen er im Beratungssaal den Sieneser Ratsherren die

Folgen einer guten und schlechten Regierung vor Augen führt. Die Brüder Lorenzetti fielen vermutlich beide der Pestepidemie zum Opfer.

In Florenz macht *Cimabue* (1240–1302) von sich reden, der von Dante als bedeutendster Maler seiner Zeit gefeiert wird. In seiner Heimatstadt ist er in den Uffizien mit einer „Maestà" vertreten. Auch das berühmte Kreuz der Santa-Croce-Kirche von Florenz, das 1966, als der Arno über die Ufer trat, schwer beschädigt wurde, stammt von ihm. Mehr von Cimabue sieht man in Assisi, wo er einige Fresken für die Ober- wie auch für die Unterkirche der Franziskus-Basilika malte. Der Legende zufolge traf Cimabue bei einem Spaziergang in der Nähe von Florenz auf einen Jungen, der Schafe hütete und ganz nebenbei eine Ameise (in anderen Versionen eine Fliege, in wieder anderen ein Schaf) so naturgetreu zeichnete, dass der Meister ihn gleich in seine Werkstatt einlud. Der begnadete junge Mann hieß *Giotto di Bondone* (ca. 1267–1337), der später als Wegbereiter der Renaissance in die Kunstgeschichte einging. Mit der dramatischen Bewegtheit seiner Figuren,

Siena, Schmuckstück der mittelitalienischen Gotik

der Überwindung der zweidimensionalen, flachen Darstellungsweise und seiner Wirklichkeitsnähe streift Giotto die letzten Reste eines steifen, noch byzantinisch beeinflussten Formenkanons ab. Giotto war einer der erfolgreichsten Maler seiner Zeit, er bekam Aufträge aus ganz Italien, war Hausmaler einiger reicher Florentiner Familien, kannte Dante wie auch den König von Neapel und brachte es zu Wohlstand und Reichtum. Dass er im Nebenberuf noch andere Geschäfte trieb, z. B. das Vermieten von Webstühlen an Handwerker, vermehrte das Vermögen des Künstlers zusätzlich. Giottos bedeutendstes Werk findet man heute in Padua, wo er die Wände der Cappella degli Scrovegni bis zur Decke komplett mit Fresken ausstaffierte. Wie Cimabue war er auch an der Ausschmückung der Franziskus-Basilika von Assisi beteiligt, wobei die Zuordnung einiger Fresken umstritten ist. Gelegentlich betätigte sich Giotto auch als Architekt – u. a. geht der Campanile des Florentiner Doms auf seinen Entwurf zurück.

Vermutlich wichtiger als Cimabue war für Giotto sein anderer Lehrer, *Pietro Cavallini* (ca. 1240 bis ca. 1325) aus Rom, ein Maler und Mosaikkünstler, der auch am Hof von Neapel zugange war. Um Cavallinis noch stark byzantinisch geprägte Arbeiten zu sehen, pilgert man heute am besten ins Trastevere-Viertel von Rom. Dort finden sich in der Santa-Maria-Kirche von ihm geschaffene Mosaiken in leuchtenden Farben. Unweit davon hat er in der Santa-Cecilia-Kirche das Fresko „Das Jüngste Gericht" hinterlassen.

In Venedig muss man ähnlich wie in Rom die Renaissance abwarten, bis hochkarätige Maler auftauchen. Aus dem ausgehenden Mittelalter ist immerhin *Paolo Veneziano* (ca. 1333 bis ca. 1325) bekannt, der in die venezianisch-byzantinische Malerei unter dem Einfluss Giottos einige spätgotische Stilelemente in seine Bilder aufnimmt. Aus der Werkstatt Paolo Venezianos, die er zusammen mit seinen drei Söhnen unterhielt, stammt die sog. „Pala feriale", zwei große bemalte Holztafeln, die früher – ausgenommen an Feiertagen – die weltberühmte „Pala d'oro", das goldene Altarbild der Markus-Basilika, zudeckten; die Pala feriale ist heute vor Ort ausgestellt.

Renaissance

Die Renaissance ist die zentrale Epoche der italienischen Kunstgeschichte. Die eng mit der Philosophie des Humanismus verknüpfte Erneuerungsbewegung geht von Italien aus und erfasst schließlich ganz Europa. In der italienischen Kunstgeschichte wird die Renaissance in zwei große Epochen aufgeteilt: die Frührenaissance (ca. 1400–1500) mit dem Zentrum Florenz und die Hochrenaissance (ca. 1500–1530), in der sich das Hauptgeschehen ins wieder reich gewordene Rom und nach Venedig verlagert. In ihrer späten Phase geht die Renaissance über in den Manierismus, eine Vorstufe des Barock, wobei die Übergänge wie immer sehr fließend sind.

Der Begriff der Renaissance (Wiedergeburt) geht auf den Künstler und Kulturhistoriker *Giorgio Vasari* (1511–1574) zurück, der mit „Rinascità" und „Rinascimento" die Wiedergeburt der Antike und den Abschied vom Mittelalter feiert. Statt auf Gott vertraut man jetzt lieber auf den eigenen Verstand. Die leitenden Gedanken von Humanismus und Renaissance sind – neben der Wiederbesinnung auf die Antike – die wissenschaftliche Erforschung der Natur und des Menschen. Zu den wichtigsten Entdeckungen der Renaissance-Kunst gehört die exakt konstruierte Perspektive. Sie spielt sowohl in der Architektur wie auch in der Bildhauerei und Malerei eine zentrale Rolle. Wissenschaft, Technik und Kunst gehen in der Renaissance eine historisch einmalige Synthese ein, als deren Personifizierung *Leonardo da Vinci* (1452–1519) gelten darf: Da Vinci war Maler, Bildhauer, Architekt, Musiker, Anatom, Mathematiker, Mechaniker, Ingenieur, Naturphilosoph, Physiker, Erfinder – der Inbegriff eines Universalgenies.

Dante auf der Piazza dei Signori in Verona

Florenz ist nicht zufällig Geburtsort der Renaissance. Hier hat sich der Kapitalismus der beginnenden Neuzeit in besonders ausgeprägter Form entwickelt. Im 15. Jahrhundert setzt ein allgemeiner Rationalisierungsprozess in der Wirtschaft ein, die

Textilarbeiter werden von den Unternehmern in vorindustriellen „Fabriken" beschäftigt, in denen profitabler und planbarer gearbeitet werden kann. In der Kunst setzt ein vergleichbarer Rationalisierungsprozess ein, der große Produktionswerkstätten entstehen lässt und die Herstellung von Kunstwerken und das Kunsthandwerk zu einem wichtigen wirtschaftlichen Faktor macht. Nicht zuletzt kostet Kunst auch Geld, und das haben die Medici im Überfluss. Nachdem in Rom die reichen Päpste den Petersdom planen, folgt die Kunst dem Kapital, das Zentrum der Renaissance verlagert sich.

Der Renaissance in Kunst und Architektur gehen bereits im 14. Jahrhundert die Humanisten der italienischen Literatur voraus. Deren wichtigster Vertreter ist *Dante Alighieri* (1265–1321), der in seiner „Divina Commedia" (Göttliche Komödie) noch einmal die gesamte mittelalterliche Weltanschauung zusammenfasst, aber bereits über diese hinausweist. Dantes Hauptwerk hat nicht nur literatur-, sondern auch sprachgeschichtliche Bedeutung: Es ist das erste große Werk, das in italienischer Sprache verfasst ist, die Dante aus dem Toscanischen ableitete – das heutige Schrift-Italienisch geht also auf das Toscanische zurück, eben wegen Dante. Auch zu den italienischen Humanisten zählen der Dichter *Francesco Petrarca* (1304–1374) und sein Freund *Giovanni Boccaccio* (1313–1375), dessen „Decamerone" in die Weltliteratur eingeht und *Pier Paolo Pasolini* 1970 als Filmvorlage dient. Zu den späteren Dichtern der Renaissance gehören in erster Linie *Ludovico Ariosto* (1474–1533), Autor des „Orlando furioso" (Der rasende Roland), und *Pietro Aretino* (1492–1556), Verfasser berühmter erotischer Sonette, ein großer Spötter und begnadeter Polemiker aus Arezzo.

Frührenaissance: Die Architektur der Frührenaissance greift auf die klaren Formen der römischen Antike zurück. Der maßgebliche Theoretiker, der den Kanon der neuen Architektur schreibt, ist der Humanist, Grammatiker, Mathematiker und Architekt *Leon Battista Alberti* (1404–1472). Er selbst zeichnet für zahlreiche Kirchenbauten verantwortlich, u. a. für die riesige Kirche Sant'Andrea in Mantua und die Fassade der Santa Maria Novella in Florenz. Ob er am Entwurf des Stadtbaus von Pienza beteiligt war, der „Città ideale" von Papst Pius II., deren Reißbrettcharakter noch heute besticht, ist umstritten. Sicher aber darf man in ihm den geistigen Urheber sehen. Ein weiteres großes architektonisches Zeugnis der Frührenaissance ist die von *Filippo Brunelleschi* (1377–1446) entworfene Kuppel des Florentiner Doms.

Auch in der Bildhauerei orientiert sich die Renaissance an der Antike. Die wirklichkeitsgetreue Darstellung des menschlichen Körpers, der bis ins kleinste Detail studiert wird, ist oberstes gestalterisches Prinzip, was manchmal eine heroische Verklärung nicht ausschließt. Zu den frühesten Renaissance-Bildhauern gehören *Lorenzo Ghiberti* (1378–1455), der 1401 gegen seine Konkurrenten Della Quercia und Brunelleschi den berühmten Wettbewerb um die zweite Bronzetür des Baptisteriums von Florenz gewann und dort schließlich auch die dritte und letzte Tür gestaltete. Einer seiner Gehilfen war *Donatello* (1386–1466), der mit seinem bronzenen „David" die Nacktheit wieder in die Kunst einführte und über dessen Werk man sich einen guten Überblick im Bargello von Florenz verschaffen kann. Dort steht neben dem berühmten Bronze-David eine zweite Variante in Marmor. In Donatellos Nachfolge arbeitet *Andrea del Verrocchio* (1436–1488), ein Bildhauer, Maler und Goldschmied, der eine regelrechte Ausbildungswerkstatt unterhält und dessen berühmtester Schüler Leonardo da Vinci sein wird. In der Kirche Orsanmichele von Florenz ist eines der Meisterwerke Del Verrocchios zu sehen, die Statue des ungläubigen Thomas, der seine Hand in die Wunde Christi legt; weitere Werke von ihm finden sich im Bargello (Florenz). Eine Sonderstellung unter den Bildhauern hat *Luca della Robbia* (1400–1482). Seine Spezialität sind glasierte Tonreliefs, meist weiß auf blauem Grund, die noch heute zahlreiche toscanische Altäre schmücken. Die Produktionswerkstatt der Della Robbia war über drei Generationen aktiv und hatte in der Fertigung von Tonreliefs praktisch eine Monopolstellung.

> ### Werkstattausbildung
>
> Auch die besten Maler fallen nicht vom Himmel. Die Ausbildung beginnt in der Regel bei einem mehr oder minder bekannten Meister. Die Rezeptur, das Zubereiten und Mischen der Farben, die Herstellung von Pinseln, das Vorbereiten der Bilder (Grundierung) – all das will gelernt sein, bevor der Schüler an Malstudien, Kopien und Anfertigungen von Details geht. Er soll dazu qualifiziert werden, Teile eines Kunstwerks oder auch ganze Entwürfe selbstständig anzufertigen.
>
> Viele Kunstwerke wurden in den Ateliers in Gemeinschaftsarbeit hergestellt. In Kleinstbetrieben arbeitete der Meister mit zwei, drei oder mehr Gesellen und Schülern. Deshalb ist es heute oft schwierig, die Handschrift des Meisters von der seiner Schüler zu unterscheiden. Ghirlandaio etwa stellte für seine monumentalen Fresken zahlreiche Helfer an. Die großen Bildhauerarbeiten wurden in Werkstätten gefertigt, die eine fast schon fabrikmäßige Ausdehnung hatten. So waren in Ghibertis Bronzegießerei 20 Gehilfen mit der Herstellung der Bronzetüren für das Florentiner Baptisterium beschäftigt.

In der Malerei ist weiterhin das Fresko die beliebteste Technik. Parallel dazu wird aber auch mit der im 15. Jahrhundert aus den Niederlanden eingeführten Ölfarbe gearbeitet, die es erlaubt, Leinwand als Malgrund zu benutzen. Wichtig für eine naturgetreue Wiedergabe ist die Plastizität der Darstellung. Dank der geometrisch exakt konstruierten Zentralperspektive werden die Bilder räumlich. Statt der bisher praktizierten Profilansicht wird nun die Dreiviertelansicht bevorzugt, die den individuellen Zügen der Porträtierten besser Rechnung trägt. Thematisch sind weiterhin religiöse Bilder die Regel, schließlich gehören die Kirchen zu den größten Auftraggebern. Aber die Heiligenfiguren werden jetzt realistischer und auch sinnlicher gestaltet. Die Frührenaissance kennt zahlreiche Maler, vor allem in Florenz, wo laut Zunftverzeichnis allein in der zweiten Hälfte des Quattrocento 41 Malerwerkstätten aktiv sind. Die bedeutendsten Maler der Frührenaissance:

Gentile da Fabriano (ca. 1370–1427): Der aus den Marken stammende Meister steht am Übergang von der gotischen Malerei zur Renaissance. Er ist in Venedig, der Toscana, in Umbrien und Rom beschäftigt und beeinflusst mehrere Schulen. Sein Meisterwerk ist eine „Anbetung der heiligen drei Könige" aus dem Jahr 1423, das bereits mit der Perspektive arbeitet und heute in den Uffizien in Florenz zu sehen ist.

Masaccio (1401–1428): Er ist der wichtigste Maler der Frührenaissance. Seine Figuren lassen sich mit denen Giottos vergleichen: War bei Giotto die Räumlichkeit schon angedeutet, so unterwirft Masaccio seine Kunst der exakten Perspektive, die er vom Architekten Brunelleschi übernimmt. Ein großartiges Beispiel dafür ist das

Dreifaltigkeitsfresko in der Kirche Santa Maria Novella von Florenz. An Stelle der Linie setzt Masaccio oft die Abgrenzung durch den Kontrast der Farben, eine Technik, die viele Nachahmer findet und später zu einer der Grundlagen der gesamteuropäischen Malerei wird. Masaccio stammt aus San Giovanni Valdarno (Toscana) und stirbt mit 27 Jahren unter mysteriösen Umständen in Rom.

Fra Angelico (1387–1455), auch *Beato Angelico* oder *Fra Giovanni da Fiesole* genannt; der Dominikanermönch ist von Masaccios Werk und dessen Zentralperspektive beeinflusst, doch seine Bilder wirken zarter, heller und strahlen eine tiefe Frömmigkeit aus. Am besten ist sein Werk im Ex-Kloster San Marco in Florenz zu studieren, wo er mit seinen Schülern 44 Mönchszellen mit Fresken ausgestattet hat. Was dabei von seiner Hand und was von seinen Schülern stammt, ist heute nicht mehr auszumachen. Dass er der Spiritus rector des Werks ist, steht aber außer Zweifel. Papst Johannes Paul II. (Karol Wojtyla) sprach den frommen Künstler der Frührenaissance 1982 selig.

Paolo Uccello (1397–1475): Wie Masaccio beschäftigt sich auch Uccello, der anfangs in Ghibertis Werkstatt an den Bronzetüren des Florentiner Baptisteriums arbeitete, mit der Perspektive, die er zeitlebens analysiert. Viele seiner Werke sind verloren gegangen, einige wenige sind in den Uffizien seiner Heimatstadt Florenz zu sehen.

Fra Filippo Lippi (ca. 1406–1468): Unter dem Einfluss von Masaccio arbeitet der Karmelitermönch aus Florenz stark perspektivisch. Seine farbigen, lebensfrohen Bilder sind heute in zahlreichen italienischen, deutschen und amerikanischen Museen zu sehen, in Prato und Spoleto hat er die Dome mit Fresken geschmückt. Lebensfroh wie die Bilder war auch deren Schöpfer. Filippo Lippi entsagt dem Mönchstum und brennt mit einer Nonne, die ihm Modell sitzt, durch. Aus der Verbindung geht *Filippino Lippi* hervor, der ebenfalls Maler wird. Filippo Lippis hauptsächliche Geldgeber waren die Medici, die auch sein Grabmal im Dom von Spoleto finanzierten, wo er während seiner Arbeiten starb.

Benozzo Gozzoli (ca. 1420–1497): Der in Florenz geborene farbenfrohe Maler lernt die Kunst in der Werkstatt Fra Angelicos. Zu seinem Hauptwerk gehört der großartige Franziskuszyklus in der Kirche San Francesco in Montefalco (Umbrien).

Piero della Francescas „Herzog von Urbino"

Piero della Francesca (ca. 1416–1492): Der aus Sansepolcro (Toscana) stammende Maler ist auch als Kunsttheoretiker bekannt, der mit Hilfe der Mathematik und Geometrie die Perspektive zu perfektionieren versucht. Sein Hauptwerk ist der Freskenzyklus „Die Legende des Kreuzes" in der Kirche San Francesco von Arezzo;

Kunst und Architektur

weitere seiner Werke sind im Museum seiner Geburtsstadt zu sehen sowie im Örtchen Monterchi (bei Arezzo), dort eine schwangere Madonna im blauen Kleid. Piero war ein sehr angesehener Maler und wirkte auch in vielen anderen Städten Italiens, z. B. in Rimini, Ferrara und Rom. Doch sind die meisten seiner Werke verloren gegangen.

Sandro Botticelli (1445–1510): Eine Zeitlang lernt der Florentiner Maler bei Fra Filippo Lippi und nimmt später zum Dank dessen Sohn Filippino unter seine Fittiche. Botticelli, ein unruhiger Geist, malt sehr empfindsam, manchmal mit einem Hauch ins Phantastische, die Themen sind teils religiös, teils allegorisch. Er ist sowohl bei den Medici als auch beim Papst ein gefragter Künstler, letzterer beauftragt ihn mit drei Wandfresken, die heute noch in der Sixtinischen Kapelle zu sehen sind. Später gerät Botticelli unter den Einfluss des Bußpredigers Savonarola und wirft eigenhändig einige seiner Bilder in dessen „Fegefeuer der Eitelkeiten" (→ Geschichte, Kastentext Savonarola). Sein wohl berühmtestes Werk ist „Die Geburt der Venus", in den Uffizien in Florenz zu besichtigen: Die Göttin der Liebe, ebenso keusch wie sinnlich, scheint auf ihrer Muschelschale zu schweben und wird vom Gott des Windes in die Arme des Frühlings getrieben.

Domenico Ghirlandaio (1449–1494): Auch er ist in Florenz geboren und unterhielt dort eine Werkstatt, in der Michelangelo als 13-Jähriger die Freskokunst lernte und daneben sein erstes Geld verdiente. Ghirlandaios berühmteste Fresken sind in der Hauptkapelle des Chors von Santa Maria Novella in Florenz zu sehen. Einige Mitglieder der

Ausschnitt aus der „Geburt der Venus" von Botticelli

schwerreichen Tornabuoni-Familie, denen er den Auftrag verdankte, verewigte er dort in seinen Gemälden und zeigt sich damit als großer Meister auch in der Porträtkunst.

Luca Signorelli (ca. 1445–1523): Er stammt aus Cortona (bei Arezzo) und geht bei Piero della Francesca in die Schule, bei dem er die Perspektive und das Spiel der Farben lernt. Bekannt ist Signorelli für die Plastizität und die betonte Körperlichkeit seiner gelegentlich nackten Figuren, am besten zu studieren in der Brizio-Kapelle im Dom von Orvieto.

Perugino (ca. 1448–1523): Die Lehrmeister des in Città della Pieve (Umbrien) geborenen Malers sind Piero della Francesca und Andrea del Verrocchio, bei dem sich Perugino zusammen mit Leonardo da Vinci ausbildet. Seinen künstlerischen Durchbruch schafft er in Rom, wo er in der Sixtinischen Kapelle sein berühmtestes Fresko malt, die „Schlüsselübergabe von Christus an Petrus". Den frisch erworbenen Ruhm wandelt Perugino in bare Münze um. Er ist äußerst geschäftstüchtig und unterhält gleichzeitig an mehreren Orten Ateliers, um den Aufträgen nachkommen zu können. Einer seiner Schüler ist *Raffael*, der bei ihm die Kunst der harmonischen Madonnendarstellung mit Landschaft im Hintergrund lernt, ein Motiv, das Perugino immer wieder variiert. Zu den schönsten Fresken des umbrischen Meisters gehört die „Anbetung der Könige" vor dem Hintergrund des Trasimenischen Sees, zu finden in seiner Heimatstadt Città della Pieve.

Ein Nebenzweig der Renaissance-Malerei sprießt in Venedig. Die dortigen Hauptvertreter sind:

Jacopo Bellini (ca. 1400 bis ca. 1470): Der Vater der venezianischen Malerei ist auch Vater zweier Söhne, Gentile und Giovanni, die in seiner vielseitigen Werkstatt zur Schule gehen. Jacopo Bellini lernt bei Gentile da Fabriano, den er vermutlich auch bei seinen Reisen in die Toscana, wo er mit der Renaissance in Berührung kommt, und nach Rom begleitet. Bilder von ihm sind heute in den Museen Venedigs, in den Uffizien und in zahlreichen Museen Europas und Amerikas zu sehen.

Andrea Mantegna (1431–1506): Neben Jacopo Bellini, unter dessen Einfluss er steht und dessen Tochter er heiratet, ist der aus Padua stammende Mantegna der bedeutendste Vertreter der oberitalienischen Frührenaissance. Er orientiert sich stark an den Vorbildern der Antike und arbeitet an mehreren Orten in Oberitalien und der Toscana, obwohl er als Hofmaler in Mantua feste Anstellung hat. In Mantua begibt man sich am besten in den Palazzo Ducale, wo Mantegna die „Camera degli Sposi" mit kürzlich restaurierten Fresken ausstattete. Die Kuppel versah er mit einem Trompe-l'oeil-Gemälde: Aus der kreisrunden Himmelsöffnung schauen freundliche Engelchen auf den Besucher herab, eine später oft kopierte Perspektive, die Mantegna als Erster praktiziert.

Giovanni Bellini (ca. 1430–1516): Gelernt hat er die Kunst bei seinem Vater Jacopo und steht anfangs noch stark unter dem Einfluss seines Schwagers Andrea Mantegna. Er wird zum wichtigsten Vertreter der venezianischen Renaissance. In seiner rund 50-jährigen Tätigkeit malte er fast hundert Mal die Muttergottes. Seine Arbeiten am Dogenpalast gingen im Brand von 1557 verloren. Erhalten blieben zahlreiche Altarbilder, Allegorien und Landschaften, denen allesamt eine außergewöhnliche Ausdruckskraft und eine lebendige Ausstrahlung eigen ist. Einen guten Überblick über sein Schaffen gibt die Galleria dell'Accademia in Venedig.

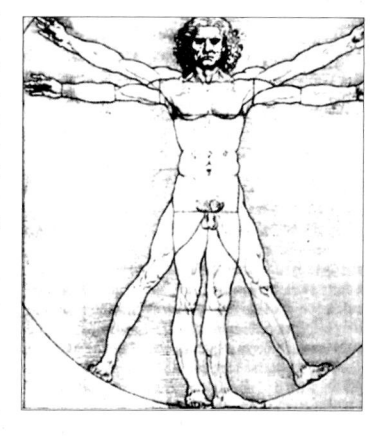

Hochrenaissance und Manierismus: *Leonardo da Vinci, Michelangelo* und *Raffael* – das Dreigestirn am florentinischen Kunsthimmel verkörpert den Höhepunkt der italienischen Renaissance, deren Zentrum sich bald nach Rom verlagert. Dort geht man daran, die größte Kirche der Christenheit zu bauen, den Petersdom, für den die bedeutendsten Baumeister und Maler der Zeit engagiert werden.

86 Kunst und Architektur

In seinem Spätwerk nimmt Michelangelo Abschied von harmonischen Kompositionen, seine Bilder werden spannungsgeladener, oft dramatisch übersteigert. Er findet darin zahlreiche Nachahmer. Für diese Periode, die dem Barock unmittelbar vorangeht, wurde der Begriff des Manierismus (gelegentlich auch als Spätrenaissance bezeichnet) geprägt.

Auch wenn Leonardo, Michelangelo und Raffael zur gleichen Zeit in Florenz arbeiteten, waren sie nicht, was man als dicke Freunde bezeichnen könnte. Konkurrenzdruck, Ehrgeiz und die Verschiedenheit der Charaktere waren wohl zu groß, als dass man einander öffentlich hätte anerkennen können. Michelangelo schimpfte über Raffael, er hätte keine Begabung, seine Kunst sei nur mühsam angelernt. Und wenn es zu einer der seltenen persönlichen Begegnungen zwischen Leonardo und Michelangelo kam, führte diese oft schnell zum Streit.

Leonardo da Vinci (1452–1519): Wie kein anderer verkörpert der in der Nähe von Vinci (Toscana) geborene Leonardo die geistige Erneuerung der Zeit, die Kunst, Wissenschaft und Technik umfasst. Leonardo ist unter anderem Ingenieur, Bildhauer, Maler, Anatom, Astronom, Mathematiker und Musiker. Im Vordergrund steht dabei seine Tätigkeit als Ingenieur. Zahlreiche Städte suchen seine Hilfe in militärischen Fragen. Leonardo konstruiert Waffen, Befestigungen und Belagerungsmaschinen. Im zivilen Bereich tüftelt er an Flugapparaten, Zeitmessgeräten und anderen nützlichen Dingen. Physikalische Untersuchungen über Statik und Dynamik gehen bei ihm einher mit ästhetischen und kunsttheoretischen Studien. Als Maler geht Leonardo bei *Andrea del Verrocchio* in die Schule. Später wird er mit einem großen Schlachtengemälde für den Florentiner Ratssaal beauftragt. Das nie vollendete Gemälde wurde im 16. Jahrhundert zerstört, erhalten sind noch einige Skizzen und Vorstudien im sog. Codex Atlanticus. Überhaupt ist der malerische Nachlass Leonardos vergleichsweise klein. Sein berühmtestes Bild, die „Mona Lisa", hängt im Pariser Louvre. In den Uffizien von Florenz findet man unter anderem „Die Ankündigung", in der Kirche Santa Maria delle Grazie von Mailand das weltberühmte Fresko „Das Letzte Abendmahl". Leonardo erweist sich als Meister des sog. Chiaroscuro (Hell-Dunkel-Malerei) und des Sfumato, der Technik der Abgrenzung von Konturen durch zarte Farbabstufungen und getönte Schatten.

Michelangelo Buonarrotti (1475–1564): Der im Casentino (Toscana) geborene Michelangelo verstand sich selbst in erster Linie als Bildhauer. Dass er es auch als Maler zu Berühmtheit brachte, verdankt er vor allem den Deckenfreskos der Sixtinischen Kapelle, ein Auftrag, den er nur widerwillig annahm. Als Jugendlicher arbeitete Michelangelo in der Malerwerkstatt von Domenico Ghirlandaio, die er jedoch bald wieder verließ, um in die Bildhauerschule einzutreten, die Lorenzo de'Medici in seinem Garten eingerichtet hatte. Doch Einflüsse sind kaum auszumachen, Michelangelo ist ein unabhängiger Künstler, hat letztlich weder Lehrer noch Schüler, am liebsten arbeitet er allein, was seinem querköpfigen Charakter entspricht. Wochenlang treibt er sich in den Marmorbrüchen von Carrara herum, um sich die besten Blöcke auszusuchen, und selbst sechs Tage vor seinem Tod, im Alter von 89 Jahren, meißelt er noch an einer Statue. Sein berühmtestes Werk ist der „David", der heute als Kopie die Piazza della Signoria von Florenz ziert. Das Original der 4,34 m hohen Statue ist seit 1873 in der Galleria dell'Accademia zu sehen.

Jahrelang schon schlug Michelangelo sich mit dem Auftrag eines Grabmonuments für Papst Julius II. herum, als er mit den Deckenfresken der Sixtinischen Kapelle beauftragt wurde, eine Arbeit, die ihn von 1508–1512 in Anspruch nahm – mit der

„Erschaffung Adams", heute einer der Bestseller im Plakat- und Kunstkartenverkauf, verschaffte er sich als Maler ewigen Ruhm. Rund 30 Jahre später wurde er nochmals für die Sixtinische Kapelle angefordert, um eine neue Altarwand zu malen. In fünf Jahren schuf er dort das „Jüngste Gericht" mit fast 400 oft nackten Darstellern, das von Kunsthistorikern als Beginn des Manierismus gesehen wird. Die Geschlechtsteile der Figuren wurden übrigens noch zu Lebzeiten des Meisters überpinselt und erst bei einer Restauration des Gemäldes 1980–1984 wieder freigelegt. Im Alter von 71 Jahren übernahm er bis zu seinem Tod die Bauleitung des Petersdoms, fegte erst einige Pläne seines Vorgängers beiseite und ist deshalb zu einem großen Teil verantwortlich für das heutige Aussehen der Kirche.

„Die Heilige Familie" von Michelangelo

Raffael (1483–1520): Der jüngste des Dreiergespanns wurde in Urbino (Marken) geboren, zog dort aber schon im Alter von 16 Jahren weg, um in Perugia bei *Perugino* in die Lehre zu gehen. Schon bald übertrifft der Schüler den Meister und wechselt 1504 in die Kunstmetropole Florenz. Hier trifft er auf Leonardo und auf Michelangelo, die ihn beide beeindrucken. Vermutlich auf Vermittlung von Bramante, dem Bauleiter des Petersdoms (nach dessen Tod übernimmt Raffael den Job), kommt der junge Künstler 1509 nach Rom, wo er mit der Ausgestaltung der Vatikanischen Stanzen (Privatgemächer des Papstes) beauftragt wird. Seine dabei entstandenen Gemälde gelten als Höhepunkt seines Schaffens, ja der Renaissance schlechthin. Ein wunderbares Beispiel für seine harmonischen, ausgeglichenen Kompositionen ist die „Schule von Athen", in der das Ideal der Antike thematisiert wird und die drei Meister der Hochrenaissance direkt in der Philosophenschule Platz nehmen: Leonardo als Plato, Michelangelo als Heraklit, Raffael selbst als Raffael. In Rom häufen sich die Aufträge für den begnadeten, beliebten, wohl auch geschäftstüchtigen und im Gegensatz zu Michelangelo kontaktfreudigen Künstlers, so dass er bald eine große Schar von Schülern beschäftigt. Raffael stirbt im Alter von nur 37 Jahren, seine Kunst gilt aber für die nächsten Jahrhunderte als Inbegriff der italienischen Malerei schlechthin.

Neben dem berühmten Dreigestirn, das die Epoche bestimmt, arbeiten zahlreiche andere Künstler der Hochrenaissance und des Manierismus meist im Raum von Florenz und Rom. Die wichtigsten:

Fra Bartolomeo (1472–1517): Der Florentiner Maler übernimmt von Leonardo die Hell-Dunkel-Malerei (Chiaroscuro), am besten zu studieren am Porträt des Bußpredigers Savonarola (im Ex-Kloster San Marco, Florenz), unter dessen Einfluss Fra Bartolomeo gerät, der Kunst entsagt und sich ins Kloster zurückzieht. Zum Glück für die Nachwelt griff er später doch wieder zum Pinsel.

Kunst und Architektur

Die Uffizien in Florenz: ein Museum der „Superlative"

Andrea del Sarto (1486–1530): Der Florentiner, ein Schüler Fra Bartolomeos, steht unter dem Einfluss sowohl Leonardos wie auch Michelangelos, findet aber seinen eigenen Stil, der sich vor allem durch das Kolorit auszeichnet. Seinen Beinamen „Andrea senza errori" (Andrea ohne Fehler) verdient er sich mit der Perfektion seiner Zeichnungen. Del Sartos Werke sind v. a. in Florenz zu sehen, in den Uffizien, im Palazzo Pitti, in Orsanmichele und weiteren Kirchen

Sodoma (ca. 1477–1549): Der aus dem piemontesischen Vercelli stammende Maler ist ein unruhiger Geist. Er reist viel durch die Lombardei und durch die Toscana und hinterlässt seine Spuren an manchen Orten. Seine Malerei steht unter dem Einfluss Leonardos. Einige Kritiker werfen ihm Oberflächlichkeit und einen Hang zum Schwülstigen vor, der seiner Knabenliebe geschuldet sei. Seine schönsten Bilder sind im berühmten Freskenzyklus von Monte Oliveto Maggiore (Toscana) enthalten, u. a. die Versuchung der Benediktinermönche durch sieben Kurtisanen.

Domenico Beccafumi (1486–1551): Der sienesische Künstler gehört bereits in die manieristische Zeit. Er ist stark von Sodoma, Fra Bartolomeo und auch von Raffael beeinflusst, dessen Stanzen er bei einem Aufenthalt in Rom studiert. Seine wichtigsten Werke sind heute in Siena zu sehen, u. a. „Die Geburt der Jungfrau" in der Pinakothek.

Giorgio Vasari (1511–1574): Seinen Ruhm verdankt der aus Arezzo stammende Vasari weniger seinen Bildern, die in den Uffizien in Florenz zu sehen sind, als vielmehr der schriftstellerischen Tätigkeit. In seinem dreibändigen Werk „Lebensläufe der hervorragendsten Künstler" beschreibt er die Biographien von 88 italienischen Künstlern von Cimabue bis Michelangelo. Obwohl ihm dabei etliche Fehler unterlaufen, bleibt Vasari bis heute die wichtigste Quelle für die Erforschung der italienischen Malerei. Er prägte nicht nur den Begriff des Rinascimento, sondern auch den des Manierismus („manierismo"), dem er von der Nachwelt selbst zugerechnet wird. Als Architekt leitete er den Bau der Uffizien, die er über einen überirdischen Korridor (Vasari-Korridor) mit dem Palazzo Pitti am anderen Arno-Ufer verband. In seiner Geburtsstadt baute er den Palazzo delle Logge, unter dessen Arkaden heute die Touristen im Caffè Vasari beim Campari sitzen.

Giuseppe Arcimboldo (1527–1593): Der Mailänder ist ein Außenseiter des Manierismus und heute vor allem bekannt für seine bizarr-surrealistischen Vexierporträts aus Obst, Gemüse, Wurzeln, Fischen und anderem („Die vier Jahreszeiten"). Ein schönes Beispiel ist das Stillleben „Gemüse in einer Schüssel", das auf den Kopf gestellt einen Gemüsegärtner zeigt – zu sehen im Museo Civico von Cremona (Lombardei).

Ein weiterer Schwerpunkt der Hoch- und Spätrenaissance liegt im Veneto und in Venedig. Für die Architektur ist vor allem *Andrea Palladio* (1508–1580) von Bedeutung. Erst baut er einige Villen im Umland von Vicenza, einige Paläste und ein Theater in dieser Stadt, wobei er sich vor allem von der Antike, aber auch von Michelangelo und Bramante inspirieren lässt. Später kommt Palladio nach Venedig, wo er mit den Kirchen Santa Maria Maggiore und Il Redentore ausschließlich Sakralbauten realisiert. 1570 veröffentlicht er eine architekturtheoretische Abhandlung, die in der Folgezeit eine als „Palladianismus" bezeichnete klassizistische Strömung in der europäischen Architektur auslöst.

In der venezianischen Malerei bildet sich in der Nachfolge der Bellini-Familie ein eigenständiges Zentrum der Hochrenaissance und des Manierismus heraus:

Giorgione (ca. 1477–1510): Nach einer Lehrzeit bei Giovanni Bellini wird er bald zu einem Meister der harmonischen Verbindung von Licht und Farbe, wobei der Landschaft in seinen Bildern eine wesentliche Rolle zufällt. In seinem kurzen Leben war Giorgione äußerst produktiv, doch sind zahlreiche Zuschreibungen umstritten, so etwa die berühmte schlummernde Venus, die sich seit 1699 in der Gemäldegalerie von Dresden ihrem Schlaf in der Landschaft hingibt und an der zumindest teilweise auch Tizian gearbeitet haben soll. Eindeutig von Giorgione ist „Das Gewit-

Die von Palladio erbaute Villa Barbaro in Masèr

ter", in dem sich eine stillende Schönheit im Freien nicht vom Blitz stören lässt, der im Hintergrund durch dräuende Wolken fährt – zu sehen in der Galleria dell'Accademia in Venedig.

Tizian (ca. 1488–1576): Er ist ein Bewunderer Giorgiones, mit dem zusammen er in Giovanni Bellinis Werkstatt in die Schule geht. Nach dem Tod Bellinis wird er dessen Nachfolger als Staatsmaler der venezianischen Republik. Bald schon macht sich Tizian als Europas bester Porträtmaler einen Namen – Päpste, Kaiser, Könige und sämtliche venezianische Dogen seiner Zeit lassen sich von ihm porträtieren. Um Tizians Werk auch nur halbwegs kennen zu lernen, müsste man heute durch halb Italien und Europa reisen. Zu seinen Hauptwerken gehört die „Himmelfahrt Mariä", das monumentale Altarbild in der Frari-Kirche von Venedig: Maria wird von einem Wirbel von Engeln in den Himmel getragen, während unten die verwirrte Apostelschar zurückbleibt.

Tintoretto (1518–1594): Sein Lehrer war Tizian, von dem er sich aber bald trennte – die beiden konnten sich nicht riechen. Tintoretto, der bereits dem Manierismus zugerechnet wird und fast sein ganzes Leben in Venedig verbringt, ist wie sein Lehrer ein sehr produktiver Maler. Sein Leitspruch ist: „die Zeichnung von Michelangelo, die Farben von Tizian". Vom ersten hat er die Bewegtheit seiner Figuren, vom zweiten das Rot und Gold. Eine virtuose Umsetzung dieses Leitspruchs ist das „Markuswunder", heute in der Galleria dell'Accademia in Venedig zu sehen. Mit der Ausschmückung des Renaissance-Palasts Scuola Grande di San Rocco hat sich Tintoretto in der Lagunenstadt sein eigenes Museum geschaffen.

Paolo Veronese (1528–1588): Der nach seinem Geburtsort Verona benannte Künstler wird 1555 nach Venedig gerufen und gehört mit Tizian und Tintoretto zu den großen Drei der venezianischen Spätrenaissance. In seinen sakralen Bildern zeigt er einen Hang für das Üppige und Festliche in monumentaler Architektur. Die besten Beispiele hierfür sind die „Hochzeit zu Kanaa", heute im Pariser Louvre, und das „Gastmahl im Hause des Levi" in der Galleria dell'Accademia in Venedig. Zu Veroneses weiteren großen Werken zählt der „Raub der Europa" (Venedig, Dogenpalast).

Barock

Der geschichtliche Hintergrund des Barock, der in Italien das 17. und die erste Hälfte des 18. Jahrhunderts umfasst, ist die Gegenreformation. Deren Speerspitze sind die Jesuiten, und so ist es nicht zufällig, dass in der Architektur der Bau der Jesuitenkirche von Rom (*Il Gesù*) den Beginn des Barock markiert. Um sich von der Schlichtheit des Protestantismus abzuheben, setzt man in der Ausgestaltung auf Reichtum und Pracht. Angeblich ist die Erdkugel über dem monumentalen Grabaltar für Ignatius von Loyola der größte Lapislazuli-Block der Welt. Das breite Kirchenschiff mit den angegliederten Kapellennischen wird zum Vorbild für zahlreiche andere Kirchenbauten im barocken Rom. Die Kirchenausstattung will nicht mehr wie in der Renaissance den individuellen Betrachter ansprechen, sie richtet sich an die Masse. Pathos und Theatralik ersetzen die Ratio, und nicht selten wird der Betrachter ob der üppigen Zier, die sich bis in die ferne Kuppel verliert, erschlagen. Der neue Stil gelangt von Italien aus nach Österreich, Süddeutschland („Oberschwäbische Barockstraße") und in die Schweiz (Kloster Einsiedeln u. a.), aber auch nach Spanien und von dort nach Lateinamerika.

Zu den wichtigsten Baumeistern des Römer Barock zählen die Rivalen *Gianlorenzo Bernini* (1598–1680), der den riesigen Petersplatz mit seinen

Barock

Kolonnaden entwirft, und der aus dem schweizerischen Tessin stammende *Francesco Borromini* (1599–1667); je nach dem, welcher der häufig wechselnden Päpste gerade an der Macht ist, wird mal der eine, mal der andere mit Aufträgen bedacht. Beide zusammen verändern das Stadtbild Roms nachhaltig.

In Venedig ist es *Baldassare Longhena* (1598–1682), der mit seinem Meisterwerk, der Kirche Santa Maria della Salute, ein monumentales barockes Zeichen setzt; Longhena beglückt die Stadt aber auch mit zahlreichen Palazzi im neuen Stil.

Auch in Neapel hält der Barock Einzug. Dort ist *Cosimo Fanzago* (1591–1678) der unumschränkte Baumeister, der viele Kirchen und Paläste der Stadt im barocken Stil umgestaltet.

Unter den barocken Malern ragen zwei ganz und gar verschiedene Künstler heraus. *Annibale Carracci* (1560–1609), der mit zwei Brüdern und einem Vetter zusammen in Bologna eine Malerschule unterhält, sucht Anregungen bei Michelangelo, Raffael und Tizian und steht für die idealistische Barockmalerei. Seine Kunst ist in zahlreichen Museen Italiens und Europas zu sehen, sehr viele seiner Werke findet man konzentriert im Palazzo Farnese in Rom, wo er die erste Etage mit Fresken aus der griechischen Mythologie ausgeschmückt hat.

Fontana del Moro, der Maurenbrunnen an der Piazza Navona

Ganz im Gegensatz zu Carracci steht *Caravaggio* (1573–1610). Der im Lombardischen geborene Künstler ist ein jähzorniger, unsteter Charakter, den einige Kritiker in seiner Kunst gespiegelt sehen. Nach einem Totschlag im Affekt muss er aus Rom fliehen, er taucht in Neapel auf, dann auf Malta und in Sizilien. Seine Bilder sind dramatisch bewegt und oft von einem grausamen Realismus geprägt. Die Darstellungen von Jünglingen hingegen sind meist von entrückter Schönheit, was die Kritiker der sexuellen Orientierung des Künstlers zuschreiben. Caravaggio ist ein unerreichter Meister der Hell-Dunkel-Malerei („Chiaroscuro"), seine Gestalten tauchen wie von Bühnenscheinwerfern beleuchtet aus dem Dunkel auf. Sein Werk ist heute über die ganze Welt verstreut; die Galleria Nazionale d'Arte Antica (Palazzo Barberini) in Rom verwahrt „Judith und Holofernes", eine gewalttätige Enthauptungsszene, sowie den verträumten „Narziss", der sich, ins Wasser blickend, in sein eigenes Spiegelbild verliebt.

In der venezianischen Malerei erlebt die Barockkunst einen Höhepunkt mit *Giovanni Battista Tiepolo* (1696–1770). Er beschäftigt sich intensiv mit dem Werk Veroneses und ist ähnlich wie dieser für das Heitere, Prunkvolle und Festliche zu haben. Seine Meisterschaft im Umgang mit der Perspektive zeigt sich vor allem in großartigen illusionistischen Deckenfresken, in denen er seine Figuren in himmlische Räume stürmen lässt. Tiepolo war bald weit über die Grenzen Venedigs hinaus bekannt. 1751/52 hält er sich in Würzburg auf und stattet dort den Kaisersaal der Residenz mit Deckenfresken aus, die bereits dem Rokoko (Spätbarock) zugerechnet werden. In Venedig finden sich mehrere repräsentative Werke Tiepolos in der Galleria dell'Accademia.

Klassizismus – das Demidoff-Tempelchen in Bagni di Lucca

Klassizismus

In Italien, wo man in der Renaissance bereits den Idealen der Klassik gehuldigt hatte, wird der Klassizismus meist *Neoclassicismo* genannt. Er ist eine radikale Antwort auf den dekorativ ausufernden Spätbarock und kommt ab der Mitte des 18. Jahrhunderts zum Zug. Statt üppigen Dekors wird wieder die klare, schnörkellose Strenge der Antike favorisiert. Zu den architektonischen Bauwerken dieser Epoche gehören die Opernhäuser von Mailand und Venedig, die Scala und das Fenice. Beide waren in den 1770er Jahren abgebrannt und wurden im neuen Stil wiederaufgebaut. Das Fenice in Venedig brannte danach noch zweimal (1836, 1996), stieg aber, seinem Namen Ehre machend, immer wieder als (klassizistischer) Phönix aus der Asche.

Auf klassizistische Bauten trifft man in vielen Städten Italiens, in Turin und Triest spielt der Klassizismus bis in die Stadtplanung hinein, doch eine Bedeutung wie der Barock erreicht er in Italien nicht.

Berühmtester Bildhauer der Epoche ist *Antonio Canova* (1757–1822). Zu seinen Hauptwerken gehört eine in der Galleria Borghese in Rom ausgestellte marmorne

Venus in freizügiger Pose, für die Napoleons Lieblingsschwester Paolina Borghese Modell saß. In Canovas Geburtsort Possagno (Venetien) findet man sein von ihm selbst entworfenes monumentales, klassizistisches Grabmal („Tempio di Canova") sowie ein herausragendes Museum, in dem so gut wie alle Modelle seiner Marmorstatuen zu sehen sind.

19. und 20. Jahrhundert

Im 19. Jahrhundert verlagert sich das Kunstgeschehen nach Frankreich. Zwar gibt es auch in Italien weiterhin fähige Architekten und Maler, doch die innovativen Impulse kommen jetzt aus Paris. Eine Ausnahme ist *Giovanni Segantini* (1858–1899), der dem Symbolismus zugerechnet wird. Geboren ist er im damals noch österreichischen Arco am Gardasee, in seinen letzten Jahren lebt er in Graubünden, wo er seine berühmtesten Bilder malt – zu sehen im Segantini-Museum im schweizerischen Jetset-Ort St. Moritz.

Im 20. Jahrhundert macht der Futurismus von sich reden, eine von *Filippo Tommaso Marinetti* (1876–1944) ins Leben gerufene avantgardistische Kunstbewegung, die Literatur, Malerei, Musik, aktionistische Kunst und mehr umfasst und damit als einer der Vorläufer von Dadaismus und Surrealismus gelten kann. Doch tun sich die Futuristen später schwer, sich von der Pariser Avantgarde klar abzugrenzen. Obendrein führen ihre Kriegsverherrlichung und die Nähe zum Mussolini-Faschismus schließlich dazu, dass der Futurismus in der Nachkriegszeit als künstlerische Begleiterscheinung des Faschismus interpretiert wird.

Andere italienische Maler wie *Amadeo Modigliani* (1884–1920), Spezialist für plakative Akte, sind in Paris zugange. Auch *Giorgio de Chirico* (1888–1978), halb Grieche, halb Italiener und Mitbegründer der „Metaphysischen Schule" (von der er sich später wieder verabschiedet), arbeitet zeitweise in Paris. In den 1960er und 1970er Jahren geistert die „Arte Povera" durch die Kunstwelt, die vor allem mit Alltagsmaterialien (Holz, Textil, Glas usw.) Skulpturen schafft – ihr bekanntester Vertreter ist der in Turin arbeitende Mailänder *Mario Merz* (1925–2003). Als einen Vorläufer der „armen Kunst" kann man *Alberto Burri* (1915–1995) bezeichnen; seinen Bildern, Collagen, Assemblagen und Plastiken sind heute zwei Museen in seiner Heimatstadt Città di Castello (Umbrien) gewidmet. Auch postmoderne Strömungen wie Minimal Art und Concept Art haben ihre italienischen Vertreter, stilbildend sind sie kaum.

Unter den Bildhauern des 20. Jahrhunderts sticht *Marino Marini* (1901–1980) mit seinen oft archaisch wirkenden Figuren hervor; sein Reiterstandbild „Engel der Zitadelle" im Garten des Guggenheim-Museums von Venedig ist auch vom Vaporetto aus zu sehen. In Florenz hat Marini in der ehemaligen Kirche San Pancrazio sein eigenes Museum bekommen.

Italiens berühmtester Architekt des 20. Jahrhunderts ist *Giovanni Michelucci* (1891–1991), sein Hauptwerk ist der Bahnhof von Florenz (1932–1934). Ebenfalls von ihm entworfen und in der Toscana zu sehen sind die Kirche Santa Maria in Lardarello (1956–1958) sowie die noch heute hypermodern wirkende Autobahnkirche San Gian Battista (1960–1963) nördlich von Florenz an der A 1 (Abzweig Firenze-Mare). In Colle di Val d'Elsa entwarf er das Gebäude der Bank Monte dei Paschi di Siena (1973–1983). Wer sich mit Michelucci ausführlich auseinandersetzen will: Sein Geburtsort Pistoia (Toscana) hat im Palazzo Comunale ein informatives Dokumentationszentrum über sein Schaffen eingerichtet.

Wissenswertes von A bis Z

Ärztliche Versorgung	94	Kinder	113
Baden	95	Klima/Reisezeit	113
Diplomatische Vertretungen	97	Öffnungszeiten	114
Einkaufen	98	Papiere	115
Eintrittspreise	99	Post	115
Essen und Trinken	99	Rauchen	116
Feste	108	Sport	116
Festspiele	109	Sprache	118
Geld	110	Telefonieren	119
Hunde	111	Übernachten	120
Informationen	111	Zoll	128
Internet	112		

Ärztliche Versorgung

Der offizielle Weg zu ärztlicher Hilfe führt für gesetzlich Versicherte nicht mehr über den Anspruchsschein E 111 für EU-Länder, sondern über die *European Health Insurance Card (EHIC)*, die den Auslandskrankenschein bald komplett ersetzen wird. Bis dahin sollte man die Karte etwa zehn Tage vor Reisebeginn bei der Kasse bestellen. Mit der EHIC kann man im europäischen Ausland direkt zum Arzt gehen, ohne dabei die Kosten vorstrecken zu müssen. Theoretisch zumindest, denn viele niedergelassene Ärzte behandeln nicht im Rahmen des staatlichen Gesundheitssystems, sodass man die Behandlung oftmals bar bezahlen muss. Ihre heimische Krankenkasse erstattet die Kosten jedoch gegen eine ordnungsgemäße Quittung (*ricevuta*) des behandelnden Arztes, die Diagnose sowie Art und Kosten der Behandlung beinhalten sollte, ganz oder anteilig zurück (je nach Kasse und Höhe der Summe verschieden). Falls Ihnen ein Rezept verschrieben wurde, werden auch die Apothekenkosten verrechnet. Wissen sollte man allerdings, dass die ärztlichen Honorare in Urlaubsgebieten oft unverhältnismäßig hoch ausfallen – unter Umständen muss man also größere Beträge vorschießen.

Staatliche Krankenhäuser behandeln bei Vorlage der EHIC kostenfrei. Einige niedergelassene Vertragsärzte, die dem staatlichen Gesundheitssystem angeschlossen sind, tun dies auch – allerdings müssen Sie dafür vorher die EHIC bei einer Niederlassung (Azienda) des staatlichen Gesundheitsamtes Unità Sanitaria Locale (USL) vorlegen und erhalten ein italienisches Gutscheinheft (Modulario per l'assistenza sanitaria) für ärztliche Behandlungen und Arzneien. In einigen größeren Badeorten übernehmen auch die Fremdenverkehrsämter den Umtausch, ansonsten können sie zumindest bei der Suche nach der nächsten USL behilflich sein.

Sinnvoll ist der Abschluss einer zusätzlichen *Auslandskrankenversicherung*, die die meisten privaten Krankenversicherer (auch für Mitglieder gesetzlicher Kassen) und manche Banken und Automobilclubs preiswert anbieten (um 10 € für max. 6 Wochen). Darin enthalten ist auch ein aus medizinischen Gründen notwendig gewordener Rücktransport nach Hause (auch Überführung), den die gesetzlichen Krankenkassen nicht übernehmen.

● *Notruf (pronto soccorso)* Notarzt und Krankenwagen erreicht man kostenlos von allen öffentlichen Apparaten in ganz Italien unter ☏ **118** oder ☏ **112** (auch über Handy). Alternativ kann man unter ☏ **113** die Unfallrettung der Straßenpolizei anrufen

(*polizia*), diese schickt dann die Ambulanz.
• *Guardia Medica Turistica* In größeren Badeorten werden in den Sommermonaten Erste-Hilfe-Stationen betrieben, genannt *Guardia Medica Turistica*. Urlauber mit der EHIC (s. oben) werden hier in leichteren Fällen kostenfrei ärztlich behandelt. Ohne EHIC kostet eine Behandlung ca. 21 €, ein Hausbesuch ca. 31 €, ein Rezept um die 5 €.
• *Apotheken (farmacia)* Können bei kleineren Problemen den Arzt ersetzen. Ungefähre Öffnungszeiten Mo–Sa 8.30/9–12.30/13 und 16–19.30 Uhr, Not- und Wochenenddienste sind an jeder Apotheke angeschlagen.
• *Privatversicherung* Falls Sie privat versichert sind, müssen Sie anfallende Rechnungen selbst bezahlen. Gegen genau ausgefüllte, quittierte Rechnungen erstattet Ihre Kasse nach der Rückkehr die aufgewendeten Beträge – allerdings nur soweit, wie sie der italienische Gesundheitsdienst ebenfalls getragen hätte. Prüfen Sie, ob Ihre Kasse auch etwaige Rücktransportkosten übernimmt.

Allsommerliches Bild an Italiens Stränden

Baden

Im Großen und Ganzen herrscht bezüglich der Sauberkeit des Meerwassers ein deutliches Nord-Süd-Gefälle: je weiter südlich, desto weniger belastet. Zu den saubersten Gebieten gehören die Gewässer um den Gargano, um die Salento-Halbinsel (Apulien), am Ionischen Meer, um die Liparischen Inseln und an der Westküste Sardiniens.

Die Strand- und Wasserqualität italienischer Küsten wird alljährlich strengstens geprüft und bei besonderer Sauberkeit und Umweltfreundlichkeit mit der *Bandiera Blu* („Blaues Band") ausgezeichnet, nachzulesen im Internet unter www.feeitalia. org. Andererseits gibt es natürlich auch eingeschränkt bis gar nicht badetaugliche Küstenabschnitte, z. B. die Industrieregionen Neapel (Kampanien), Taranto (Apulien), Palermo, Siracusa (Sizilien) u. a. Erheblich belastet sind der Bereich der *Po-Mündung*, wo große Mengen an ungeklärten Schadstoffen aus der ganzen Poebene und den großen Binnenstädten eingeleitet werden, außerdem die nahe *Etschmündung* und das Umfeld der Hafenstädte *Genua*, *Savona* und *La Spezia*. Generell wird vom Baden an großen Flussmündungen, im Umkreis von Industriehäfen und in den industriell geprägten Randgebieten größerer Städte abgeraten. Detaillierter informieren hier auch die großen Automobilclubs auf ihren Websites (in der Regel nur für Mitglieder). Von den unappetitlichen Algenteppichen, die Ende der 1980er Jahre an der mittleren Adria auftraten, ist glücklicherweise seitdem nichts mehr zu sehen gewesen, die Wasserqualität in den Badeorten ist heute fast überall gut und das Baden unbedenklich.

> Im Sommer ist vor allem die obere Adria mit ihren flachen Lagunengewässern ein beliebtes Brutgebiet für **Mücken**. Wer diese Region als Ziel hat, sollte sich darauf einstellen. Auf Campingplätzen wird oft mit dem Aussprühen von Chemikalien versucht, die Plage einzudämmen.

• *Meeresstrände* Zahlreich, teilweise feinsandig und oft kilometerlang. Speziell an der Adria fallen sie ganz flach ins Meer ab – ideal für Kinder. Ganz Italien und halb Europa begibt sich im Sommer ans Meer: Vor allem in Nord- und Mittelitalien, aber auch im gesamten Süden sind die Strände oft bis in den letzten Winkel erschlossen und vor allem in den Monaten Juni, Juli und August extrem überfüllt. Gebührenpflichtige Badeanstalten, die sogenannten **stabilimenti (balneari)** oder **bagni**, nehmen mit ihren Sanitäranlagen, Umkleidekabinen und oft zehn bis zwanzig Liegestuhl-/Sonnenschirmreihen hintereinander gut 90 % aller verfügbaren Flächen ein. Zu zahlen sind pro Tag im Schnitt ca. 15–20 € für zwei Liegen und einen Sonnenschirm sowie die Benutzung aller Serviceeinrichtungen (wer erst am Nachmittag kommt, kann oft einen Rabatt aushandeln). Auch Wochen- und Monatsabonnements sind möglich. Bademeister (ital. *bagnino*) überwachen überall den Betrieb und während der Saison werden diese Strände täglich sauber gehalten. Kostenfreie Strandabschnitte heißen **spiaggia libera**, mindestens einer davon ist in jedem Badeort vorhanden, oft jedoch deutlich außerhalb des Zentrums bzw. der zentralen Uferzone.

Ab September nimmt der Rummel spürbar ab – dann hat man manche Strände für sich allein, sieht aber mit Erschrecken, was hier so alles an Strandgut angeschwemmt wird. Nur im tiefen Süden, z. B. am Ionischen Meer, bleiben einige der großen Strände auch im Sommer menschenleer und ohne Einrichtungen.

> **Stichwort Quallen**
> Vor allem am Tyrrhenischen Meer der Westküste Italiens wird immer wieder von Quallen (ital. *medusa*) berichtet. Experten gehen davon aus, dass das Quallenaufkommen im Mittelmeer generell steigen wird, nicht zuletzt durch die Klima- und Meereserwärmung und das dadurch veränderte Ökosystem des Meeres. Die Nesseltiere kommen im seichteren Wasser in Strandnähe vor. Manche sind harmlos, die Nesseln der Feuerquallen lösen jedoch bei Berührung Hautrötungen und brennende Schmerzen aus. Die fast transparenten Quallen mit ihren teilweise meterlangen Tentakeln sind schwer zu sehen, oft bemerkt man sie erst bei der überaus schmerzhaften Berührung. Heftige Hautreaktionen, teilweise auch Schwindel, Übelkeit, Kopfschmerz und Kreislaufprobleme sind die Folge. Bei großflächigem Hautkontakt sollte man einen Arzt aufsuchen, kleinere und leichtere Verbrennungen können selbst behandelt werden: Stelle mit Meerwasser begießen (auf keinen Fall Süßwasser!), dann trocknen lassen, eventuelle Reste der Tentakel mit einer Pinzette entfernen oder mit einer Kreditkarte o. Ä. abkratzen (auf keinen Fall mit der bloßen Hand!), danach die Haut mit Eis kühlen. Oder man reibt die betroffenen Hautstellen mit Essig oder Rasierschaum ein, lässt danach den Schaum trocknen und reibt die Haut mit einem stumpfen Gegenstand ab, um die Nesseln zu lösen.

Unsere persönliche Hitparade bezüglich Badeurlaub am Meer: **Gargano** (Apulien), **Cilento-Küste** (südlich vom Golf von Neapel), **Monte Conero** (Ancona), **Parco Nazionale del Circeo** (Latium), außerdem die zahlreichen Inseln um den Stiefel.

* _Seen_ Die Badeplätze an den **oberitalienischen Seen** sind meist kiesig oder steinig, richtige Sandstrände gibt es nicht, höchstens hier und dort ein paar künstlich aufgeschüttete Stellen. Jedoch erstrecken sich oft weiche Rasenflächen mit schattigen Bäumen direkt an den Ufern. Während der **Gardasee** in den Sommermonaten heftig überlaufen ist, zeigen sich der nahe **Idro-** und **Iseo-See** zur selben Zeit erholsam ruhig. Sehr hübsch, außerdem warm, ist der idyllische kleine **Kalterer See** (Lago di Caldaro) in Südtirol. In ihren nördlichen Abschnitten sind die oberitalienischen Seen generell sauberer – allerdings auch kälter – als in den südlichen Bereichen. Im Südosten des **Gardasees** mussten vor einigen Jahren wegen Fäkalstreptokokken vereinzelt Badeverbote verhängt werden – der Präsident der Tourismusbehörde im Norden des Sees (Provinz Trentino) sprach dagegen etwas vollmundig von „Trinkwasserqualität". In Mittelitalien ist der **Lago di Bolsena** sauberer und weniger touristisch erschlossen als der **Lago di Trasimeno**. Leider fehlen auch an den Seen weitgehend die Kläranlagen.

Bei Riva – Badespaß in großartiger Landschaft

Diplomatische Vertretungen

In Notfällen, z. B. bei Verlust sämtlicher Reisefinanzen, kann man sich an die Auslandsvertretung seines Heimatlandes wenden. Überbrückungshilfe für die sofortige Heimreise wird jedoch nur gewährt, wenn keine Angehörigen, Freunde etc. einspringen können. Im akuten Notfall gibt es in der Regel ein Bahnticket plus etwas Verpflegungsgeld für unterwegs. Selbstverständlich sind alle Auslagen unverzüglich zurückzuzahlen.

Deutsche Botschaft, Via San Martino della Battaglia 4, I-00185 Roma, ✆ 06/492131, ✆ 06/4452672, www.rom.diplo.de.

Generalkonsulat der Bundesrepublik Deutschland (Consolato Generale della Repubblica Federale di Germania), Via Solferino 40, I-20121 Milano. ✆ 02/6231101, ✆ 02/6554213, www.mailand.diplo.de.

Generalkonsulat der Bundesrepublik Deutschland (Consolato Generale della Repubblica Federale di Germania), Via Crispi 68, I-80121 Napoli, ✆ 081/2488511, ✆ 081/7614687, www.neapel.diplo.de.

Honorarkonsulate gibt es in Bari, Bologna, Bozen, Cagliari, Florenz, Genua, Messina, Palermo, Rimini und Venedig.

Österreichische Botschaft, Via Pergolesi 3, I-00198 Roma, ✆ 06/8440141, ✆ 06/8543286, www.aussenministerium.at/rom.

Generalkonsulat der Republik Österreich (Consolato Generale di Austria), Piazza del Liberty 8/4, I-20121 Milano. ✆ 02/783743, ✆ 02/783625, www.aussenministerium.at.

Honorarkonsulate in Bari, Bologna, Florenz, Genua, Neapel, Palermo, Triest, Turin, Venedig und Verona.

Süditalienische Märkte: ein Genuss für Augen und Gaumen

Schweizer Botschaft, Via Barnaba Oriani 61, I-00197 Roma, ✆ 06/809571, 📠 06/8088510, www.eda.admin.ch/roma.
Generalkonsulat (Consolato Generale di Svizzera), Via Palestro 2, I-20121 Milano, ✆ 02/7779161, 📠 02/76014296, www.eda.admin.ch/milano.
Generalkonsulat (Consolato Generale di Svizzera), Piazza Brignole 3/6, I-16122 Genova, ✆ 010/545411, 📠 010/54541240, www.eda.admin.ch/genova.
Konsulate in Bari, Bologna, Cagliari, Catania, Florenz, Neapel, Padua, Triest, Turin und Venedig.
Italienische Botschaften: *Deutschland* – Hiroshimastr. 1, D-10785 Berlin, ✆ 030/254400, 📠 030/25440116, www.ambberlino.esteri.it.
Österreich – Rennweg 27, A-1030 Wien, ✆ 01/7125121, 📠 01/7139719, www.ambvienna.esteri.it.
Schweiz – Elfenstr. 14, CH-3006 Bern, ✆ 031/3500777, 📠 031/3500711, www.ambberna.esteri.it.

Einkaufen

Vor allem für Kulinarisches ist Italien geradezu ein Einkaufsparadies. Auch gibt es hier noch deutlich mehr Einzelhandelsgeschäfte als bei uns, der Tante-Emma-Laden um die Ecke ist noch nicht ausgestorben und beim Stöbern in den engen Altstadtgassen kann man so manche Entdeckung machen.

In den zahlreichen Delikatessenläden läuft einem das Wasser im Munde zusammen, ein Beispiel für viele ist das Feinkostgeschäft „Tamburini" in *Bologna* (→ dort). Schokoladenkonfekt erhält man nirgendwo besseres als in *Perugia*, in *L'Aquila* gibt es „torrone" aus Honig und Nüssen, in *Sulmona* buntes Mandelgebäck namens „confetti", auf den farbenfrohen süditalienischen Märkten stapeln sich eingelegte Früchte und Gemüse, hervorragendes Olivenöl bekommt man in *Ligurien*, Schinken in *Parma* und *San Daniele di Friuli* (Friaul) ... Ansonsten lohnt natürlich überall die Mitnahme eines guten Tropfens aus einer Enoteca (Weinhandlung), Gebäck und auch fantasievolle Nudelsorten bekommt man in der Pasticceria (Konditorei). Kunsthandwerk aller Sparten findet man in *Venedig* (speziell Glasbläserei und Karnevalsmasken), traditionelles Abruzzen-Handwerk z. B. in *L'Aquila*, das exklusivste

an Mode in *Mailand, Rom, Florenz* und (bedingt) *Bologna*, Keramik und Porzellan in *Faenza*, Schuhe in *Rom* und *Vigevano* (bei Mailand) und traditionelle Marionettenfiguren in *Palermo*.
Antiquitätenmärkte finden regelmäßig in den größeren Städten statt, in Rom gibt es ganze Straßenzüge mit Restauratoren und Möbelschreinern, auch in Verona liegen Antiquitätengeschäfte in einer Altstadtgasse zusammen.

> **Tipp für Mode- und Preisbewusste**: Der **Schlussverkauf** (*saldi*) in Juli/August und Februar bringt radikale Preisnachlässe von 50 % und mehr!
> Einkauf direkt bei der **Fabrik** kann ebenfalls viel Geld sparen helfen. Viele renommierte Firmen bieten ihre Produkte auch direkt an. Schilder „Punto vendita diretto" weisen den Weg.

Eintrittspreise

Die Eintrittspreise für archäologische Ausgrabungen, Galerien, Museen und historische Bauwerke liegen in der Regel zwischen 1–13 €, je nach touristischem „Wert" des betreffenden Objekts. In staatlichen Einrichtungen wird EU-Bürgern unter 18 und über 65 Jahren freier Eintritt gewährt, zwischen 18 und 25 Jahren erhält man 50 % Ermäßigung. Jedoch muss man fast immer nachfragen, da diese Regelung selten an den Kassen vermerkt ist. Manchmal gibt es auch eintrittsfreie Tage (z. B. bei den Vatikanischen Museen in Rom, dann herrscht aber immenser Andrang!). In verschiedenen Städten kosten auch Kirchen Eintritt, z. B. in Venedig, Verona, Ravenna und Pisa.

Essen und Trinken

Die Küche Italiens ist so vielfältig wie die Landschaft seiner zwanzig Regionen. Man schlemmt von den Alpen bis zum Meer, bechert heute in der urigen Trattoria eines abgelegenen Fischerdorfs, tafelt morgen auf der historischen Piazza einer Kleinstadt und genießt kurz darauf das Ambiente im Edelristorante einer mondänen Großstadt.

Eine Italienreise ist immer auch eine kulinarische Reise: Tiroler Knödel und knackige Tortellini, üppige Fischsuppe und saftiger Parmaschinken, Risotto mit Meeresfrüchten und geröstete Polenta, *bistecca alla fiorentina* und die leckeren *pasta e fagioli*, dazu fast überall eine Karaffe mit dem preiswerten offenen Wein des Hauses. Die Gerichte sind zahlreich und oft speist man gut – jedoch generell im Binnenland besser als an der Küste, wo im Sommer Spaghetti und Pizza dominieren.
Auf der italienischen Halbinsel hat sich während der römischen Antike die erste Kochkunst auf europäischem Boden entwickelt. In der Renaissance war es Katharina von Medici, die bei ihrer Heirat mit dem späteren König von Frankreich ihre Köche mitnahm und so die Geheimnisse der italienischen Küche exportierte. Die Eleganz und verfeinerten Sitten spürt man auch heute noch. Die Italiener lassen sich zum Speisen viel Zeit, legen Wert auf intensive Beratung und lassen sich das aktuelle Speisenangebot gerne mündlich erzählen. Man geht im großen Familienverband aus und diskutiert ausführlich über die Qualität der Speisen. Das Geld spielt oft nur am Rande eine Rolle – wichtig ist, dass es schmeckt, dafür zahlt man gerne und reichlich.
Nicht verschweigen wollen wir, dass die Speisenqualität vor allem in stark touristisch frequentierten Lokalen oft zu wünschen übrig lässt. Nicht selten werden lieb-

lose Allerweltsgerichte serviert – die ewig-gleichen Nudeln, die sich nur durch ihre fantasievollen Namen unterscheiden, danach ein zähes Stück Fleisch und ein paar Salatblättchen. Man kann dem bedingt aus dem Weg gehen, wenn man nach der Tagesspezialität fragt – oft steht sie nicht auf der Karte und bietet mehr kulinarischen Genuss als die üblichen Touristen-Standardgerichte.

▸ **Speisenabfolge und Preise**: Generell begnügt man sich nicht mit einem Hauptgericht – der Magen wird durch diverse Vorspeisen und am besten noch mit einem Aperitif eingestimmt. Eine Mahlzeit kann sich so über Stunden hinziehen. Zu Recht, denn der volle Reiz der italienischen Küche entfaltet sich tatsächlich erst, wenn man sich an die traditionelle Speisenfolge hält. Zunächst kostet man eines der zahlreichen *antipasti* (Vorspeisen), z. B. geräucherten Schinken mit Melone, zarten Carpaccio (hauchdünne Scheiben rohen Rinderfilets) oder regionale Wurstsorten, beliebt ist auch Bruschetta (geröstete Brotscheiben mit Knoblauch, Tomaten, Basilikum). Dann folgt der *primo piatto* (erster Gang, meist Nudeln oder Reis) oder die *minestra* (Suppe), dann das *secondo* (Hauptgang, Fleisch oder Fisch), zu guter Letzt das Dessert. Das Secondo wird in der Regel ohne *contorni* (Beilagen) serviert. Diese müssen extra bestellt werden.

Wer sich auf ein solch üppiges Menü einlässt, wird bald merken, dass Essen gehen in Italien kein billiger Spaß ist. Unter 25–35 € pro Person wird man bei obiger Menüfolge inkl. Wein nur selten davonkommen. Allein das Secondo wird meist schon mit gut 10 € aufwärts berechnet, wobei Fisch generell erheblich teurer ist als Fleisch. Sparsame können in Touristenorten jedoch häufig ein sogenanntes Festpreismenü *(Menu a prezzo fisso* oder *menu turistico)* wählen. Dieses ist weitaus günstiger als Speisen à la carte, pro Person liegen die Preise bei 15–20 €, ist aber oft von minderer Qualität.

Da der Pizzaofen oft erst abends angeschürt wird, ist man mittags gezwungen, im Ristorante, der Osteria oder Trattoria ein größeres Menü einzunehmen. Dabei wird es Ihnen sicher niemand übel nehmen, wenn Sie den einen oder anderen Gang auslassen, zumindest ein Antipasto *oder* Primo und der Hauptgang mit Beilage sowie ein Caffè *oder* Digestiv sollten aber schon dabei sein. Wem das alles immer noch zu viel des Guten ist, dem bleibt eigentlich nur ein Besuch in der *Rosticceria* und *Tavola Calda* oder er nimmt sich eine Pizza auf die Hand mit, genannt *Pizza al Taglio*. In kleineren Orten ländlicher Gegenden finden sich diese Lokale jedoch nicht flächendeckend.

Gut zu wissen

Die **Preisangaben** in diesem Buch beziehen sich auf ein durchschnittliches Menü und sind als Anhaltspunkte gedacht. *Pane e coperto* (Brot und Gedeck) werden extra berechnet, *servizio* (Bedienung, 15 %) ist in der Regel bereits im Preis enthalten. **Trinkgeld** geben nur zufriedene Gäste, dabei ist Aufrunden unüblich, man lässt beim Gehen ein paar Münzen auf dem Tisch (5–10 %).

Achtung: Laut Gesetz müssen Sie die Rechnung (*ricevuta fiscale*), die Ihnen in jedem Restaurant ausgehändigt werden muss, mitnehmen und bis 50 m nach Verlassen des Lokals aufbewahren. Zwar haben wir noch nie von einer Rechnungskontrolle durch die Polizei gehört, dennoch: sicher ist sicher.

▸ **Die Lokale**: Die Unterschiede zwischen den einzelnen Gattungen verwischen sich zusehends. Gemeinsam ist ihnen, dass sie alle einen gesetzlich vorgeschriebenen Ruhetag in der Woche haben (an der Tür angeschlagen, meist Sonntag oder Montag), der aber in Lokalen, die stark von der Touristensaison abhängig sind, im Sommer nicht eingehalten werden muss. Da sich vor allem im August alles am Meer tummelt, nehmen dann besonders in den großen Städten viele Restaurants ihre Betriebsferien.

Ristorante: das gehobene (auch preislich!) Speiselokal, in das man seine Freunde und Geschäftspartner ausführt. Reiche Auswahl an Antipasti, die oft fein säuberlich in der Nähe des Eingangs aufgereiht sind. Geboten sind allgemeine italienische Küche und regionale Spezialitäten, die je nach geografischer Lage ihr Schwergewicht auf Fleisch oder Fisch haben. Das Ristorante gibt es auch in Kombination mit der Pizzeria (Pizza oft nur abends), in aller Regel ist diese Version des Ristorante die wesentlich preisgünstigere.

Trattoria: ursprünglich die einfache, bodenständigere und auch preiswertere Variante. Oft Familienbetriebe seit Generationen, in denen man weiß, was schmeckt und hauptsächlich die regionale Küche pflegt. Inzwischen hat sich manches geändert – so nennen sich viele Ristoranti Trattoria, sei es, um eine gewisse „Volkstümlichkeit" vorzuspiegeln, sei es, weil man sich wirklich dieser Tradition verpflichtet fühlt und entsprechend arbeitet. Die Bezeichnung Trattoria sagt nichts über die Preise aus, oft isst man dort genauso oder fast genauso teuer wie im Ristorante.

Osteria: traditionell das Gasthaus um die Ecke, wo die Arbeiter und Angestellten in der Mittagspause essen und einen *quartino* (Viertelliter Wein) trinken. Es gibt meist nur eine Handvoll Speisen, die täglich wechseln und stets frisch sind. „Echte" Osterie haben oft nur mittags geöffnet (sonntags geschlossen) und sind immer Familienbetriebe. Gerade in ländlichen und kleinstädtischen Gegenden kann man noch echte Entdeckungen machen. Doch verbirgt sich hinter dem Begriff „Osteria" (oder „Hostaria") manchmal auch ein Luxusrestaurant, in dem einem beim Lesen der Speisekarte schwindlig wird.

Pizzeria: Wer auf Nummer Sicher gehen will, preislich wie kulinarisch, kehrt hier ein. Das Angebot ist wenig exotisch und es ist durchaus üblich, auf die Vorspeise zu verzichten und nur ein Gericht zu bestellen, sei es Pizza oder eine Nudelspeise mit Salat. Meist ungezwungene

Einladend: eine Trattoria auf Sizilien

Atmosphäre, oft von jungen Leuten frequentiert.

Birreria: Entgegen dem Namen nicht eine Kneipe, in der nur getrunken wird, sondern ein Bierlokal, in dem ganze Mahlzeiten serviert werden. Man trifft sich hier zum Essen und Biertrinken.

Enoteca, Vineria oder Vinaio: Weinlokal mit großem Angebot an regionalen und überregionalen Weinen, in der edlen Variante der Enoteca werden zur Degustation eine Auswahl an Snacks und kleineren regionalen Gerichten angeboten.

Tavola Calda/Rosticceria: Den ganzen Tag warm gehaltene Speisen, Schwergewicht auf Salaten, Sandwichs *(panini)* etc. Meist relativ preiswert, Speisen oft zum Mitnehmen.

Self-Services: In den Großstädten inzwischen weit verbreitet. Hier gibt es erfreulicherweise oft eine reichhaltige Salatbar und diverse italienische Gerichte, ansonsten auch Pizza vom Blech, Fassbier etc. Vorzugsweise die Self-Service-Ketten *Brek* und *Ciao* bieten eine recht gute Küche.

Pizza al Taglio: Pizza vom Blech, erfreut sich vor allem bei jüngeren Leuten großer Beliebtheit. Sehr günstiger, schneller Snack.

Bar: An jeder Straßenecke – hier kehrt man tagsüber im Vorübergehen ein, um an der Theke einen *caffè*, ein Gläschen Wein oder einen Grappa zu schlürfen, ein paar Worte zu wechseln und sich von der Arbeit zu erholen. Sitzgelegenheiten sind traditionell rar, man diskutiert im Stehen. Inzwischen haben viele Bars aber Stühle und Tische im Gastraum und im Freien *(al tavolo)*, an denen man meist deutlich mehr zahlt als am Tresen *(al banco)*. Wenn man am Tresen konsumieren will, muss man zuerst das Gewünschte an der Kasse bezahlen und dann den Bon *(scontrino)* dem Barkeeper geben.

Caffè: Die Übergänge zur Bar sind fließend. Entspricht unserem Café, meist mit ausgedehnter Freiluftzone an exponierten Plätzen und Straßen. Wenn man Platz nimmt, sind die Preise nicht gerade billig. Relativ günstig fährt man meist mit einem Glas Wein.

Gemüse frisch vom Markt

Speisen und Grundlagen der italienischen Küche

> Hinweise zu den vielfältigen **kulinarischen Spezialitäten** der einzelnen Regionen finden Sie am Beginn der jeweiligen Kapitel.

Im hoch industrialisierten und dicht besiedelten Norden Italiens spielt die Fleischproduktion eine Hauptrolle. Man isst eher schwer, verwendet üppige Soßen, kocht viel mit Butter oder Schweineschmalz, Nudeln werden mit Eiern hergestellt. Auch die Gemüsepalette ist reichhaltig. Im wirtschaftlich ärmeren Süden wird mit Olivenöl gekocht, es gibt vergleichsweise wenig Viehzucht und karge Zutaten, dafür spielt Fisch eine größere Rolle. Als Beilagen kommen oft Bohnen, Auberginen und vor allem Tomaten auf den Tisch. Die Salate zeigen sich landesweit stereotyp und ohne spezielle Note. Lecker und nahrhaft sind dagegen die *Vorspeisenbüffets*, die in manchen Restaurants zur Selbstbedienung bereit stehen. Von Meeresfrüchten über diverse Wurstsorten bis zu eingelegtem Gemüse ist dabei alles enthalten.

▸ **Frühstück** *(prima colazione)*: Kann man sich in Italien abgewöhnen. Kaum ein Italiener frühstückt kräftig, meist reicht ein Hörnchen *(cornetto)* in der nächsten Bar, dazu ein hastig runtergekippter Cappuccino. Dementsprechend gibt es kaum Cafés mit Frühstücksangebot. Man kann sich aber meist ein Toast oder ein belegtes Panino bestellen. Auch in den Hotels fällt die erste Tagesmahlzeit äußerst bescheiden aus – Ausnahmen sind allerdings Südtirol und die oberitalienischen Seen, wo man sich den nordischen Wünschen angepasst hat.

In den Adriahäfen wird täglich frischer Fisch angeliefert

▶ **Fisch und Meeresgetier** *(pesce e frutti di mare)*: Obwohl wie überall im Mittelmeer (und mittlerweile auch weltweit) die Fischer Probleme mit ihren leer gefischten Gewässern haben, ist Fisch in fast allen Ristoranti an der Küste zu haben, aber auch in den größeren Städten des Binnenlands. In den oberitalienischen Seen und Alpenflüssen schwimmen zudem reichlich Speisefische. Fisch ist generell teuer: Er wird in den Speisekarten nach Gewicht berechnet, 100 g („un'etto") beginnen bei etwa 5 €, um die 10–13 € zahlt man für eine durchschnittliche Portion. Günstiger, ab ca. 7 €, sind die zahlreichen Nudelgerichte, die mit Muscheln garniert sind – *spaghetti alle vongole, spaghetti con arselle* etc. Ein besonderer Leckerbissen sind die *frutti di mare*: Scampi, Muscheln und kleine Fischchen, die z. B. als üppige Garnierung eines Risotto serviert werden. Die traditionelle Fischsuppe *(cacciucco, burrida* oder *brodetto)* hat in jeder Region ihre eigene Zubereitungsart. Verwendet wird alles, was nicht anderweitig verbraucht werden kann – von Tintenfischen über verschiedene Fischarten bis zu Miesmuscheln und sogar Schnecken. Das Ganze kommt zusammen in einen Topf und wird mit Kräutern, Paprikaschoten und Tomaten kräftig gewürzt, häufig werden aber auch nur Öl, Pfeffer und Essig benutzt.

• *Meeresfische* **Mormora** (Streifenbrasse), **orata** (Goldbarsch), **pesce spada** (Schwertfisch), **sarago** (Ringbrasse), **salmone** (Lachs), **sardine** (Sardine), **sogliola** (Seezunge), **spigola** (Seehecht), **triglia** (Rotbarbe).

• *Seefische* **Carpione** (Gardasee-Forelle), **coregone** (Blaufelchen), **pesce persico** (Barsch), **trota** (Bachforelle).

• *Muscheln und Meeresgetier* **Aragosta** (Languste), **arselle** (Herzmuscheln), **astice** (große blaue Langusten mit Scheren), **cozze** (Miesmuscheln), **gamberoni** (große Krabben, ca. 10 cm lang), **scampi** (kleine Krabben), **seppia** (Tintenfisch), **vongole** (Venusmuscheln).

▶ **Fleisch, Wurst und Schinken** *(carne, salsiccia e prosciutto)*: Die Poebene ist Zentrum der italienischen Schweinemast und Rinderzucht. Hier dreht sich alles ums Fleisch, die Küche ist oft gehaltvoll und schwer. Vor allem in der Lombardei und in der Emilia-Romagna kann man die typischen Fleischgerichte kosten. Salami und Mortadella sind bekannte Wurstprodukte, an den Apenninhängen bei Parma wird der berühmte Parmaschinken hergestellt. Auf beinahe jeder Speisekarte Italiens ist *costoletta* (Kotelett), *filetto* (Filet), *scaloppina* oder *saltimbocca* (Kalbsmedaillon) geboten. Im September beginnt die Jagdzeit und entsprechend viele arme Kaninchen *(coniglio)* finden den Weg in die Kochtöpfe.

Bistecca alla fiorentina, Beefsteak auf Florentiner Art – deftige Scheiben Rinderlende von Tieren aus dem grünen Chiana-Tal, das reich an Wiesenkräutern ist, mit Öl und Knoblauch eingerieben und mit Rosmarin gewürzt. Dann ohne Fett und ungesalzen (damit der Saft nicht verloren geht) auf den Holzkohlegrill gelegt.

Bollito misto wird überall in Oberitalien serviert, hauptsächlich im Binnenland – bis zu sechs verschiedene Fleischsorten (Rind, Kalb, Huhn u. a.), die zusammen geschmort und gekocht werden.

Costoletta alla milanese, das berühmte „Wiener Schnitzel", das eigentlich aus Mailand stammt.

Ossobuco Kalbshaxe mit Knochen, in Scheiben geschnitten und in Wein gegart. Vor allem in der Lombardei verbreitet.

Saltimbocca alla romana, römisches Kalbsschnitzel, mit Schinkenscheiben belegt und in Weißwein geschmort.

Spezzatino, Kalbsgulasch, oft mit Erbsen oder anderem Gemüse angereichert.

Zampone, gefüllter Schweinefuß, Spezialität der Emilia-Romagna.

▶ **Teigwaren** *(pasta)*: Werden als Vor- oder Hauptgericht serviert. Es gibt im Land einige hundert verschiedene Nudelarten, die sich durch Rezeptur, Form oder Füllung unterscheiden. Gute Restaurants verzichten auf die industriell gefertigten Teigwaren und stellen sie selber her – die Erzeugnisse der kleinen „Nudelbäckereien" sind qualitativ besser und haben einen höheren Eiergehalt. Weit verbreitet sind die leckeren *pasta e fagioli* (auch: *pasta e fasoi*) – Nudeln und rote Bohnen zu einer dicken Suppe vermengt, schmackhaft und sättigend.

Agnolotti, handgemachte Nudeltaschen, die mit Fleisch gefüllt sind. Entsprechen den ligurischen **ravioli**.

Cannelloni, röhrenförmige Nudeln, mit Fleisch und Soße gefüllt.

Cappellacci und **Cappelletti**, gefüllte Nudeltaschen in Hutform.

Crespelle, Crêpes, meist gefüllt mit Schinken oder Käse.

Gnocchi, Grießklößchen aus Hartweizenmehl.

Lasagne (al forno), geschichtete Nudellagen mit Hackfleisch und Käse.

Linguine, schmale Bandnudeln.

Orecchiette, ohrmuschelförmige Nudeln aus Apulien.

Penne, feste, makkaroniartige Nudeln, die man bequem mit der Gabelspitze aufspießen kann. Besonders lecker *all'arrabiata* (scharf).

Rigatoni, dicke Röhrennudeln.

Strangolapreti, die „Priesterwürger" sind kleine grüne Klößchen aus Spinat, Eiern und Mehl.

Tagliatelle, Bandnudeln.

Tortellini, Bologneser Spezialität, kleine Teigringe mit gehacktem Schweinefleisch, Prosciutto (Schinken) oder Käse gefüllt und in klarer Fleischbrühe serviert.

Trenette, eckige Bandnudeln, die vor allem an der ligurischen Riviera gegessen werden.

▶ **Reis und Mais** *(riso e mais)*: Sie bilden hauptsächlich in der Poebene eine wichtige Grundlage vieler Mahlzeiten. Beides wird in großem Maßstab angebaut, Italien ist der bedeutendste Reisproduzent Europas. Risotto-Gerichte sind vor allem im Veneto häufig, z. B. *risotto al nero di seppie* (Reis mit einer Soße aus der schwarzen Tinte vom Tintenfisch). Ansonsten wird in ganz Oberitalien der geröstete Maisbrei bzw. -kuchen *polenta* zu zahlreichen Mahlzeiten gereicht und hat fast die Stellung unserer Kartoffeln.

▶ **Suppen** *(minestre)*: Am bekanntesten ist der *minestrone*, eine dicke Gemüsesuppe mit Pasta-Einlage und allem, was der Garten zur entsprechenden Jahreszeit hergibt.

Essen und Trinken

▸ **Gemüse, Pilze und Salat** *(verdure, funghi e insalata)*: Vielfältige Auswahl, je nach Region unterschiedlich. In den höheren Lagen der Alpen und des Apennin wachsen leckere Steinpilze *(funghi porcini)*, die als Beilagen zu zahlreichen Gerichten verwendet werden. Das Piemont ist das berühmte Trüffelland, wo der sündhaft teure, weiße Knollenpilz *tartufo bianco* unterirdisch wächst und geraspelt Bestandteil fast jeder Mahlzeit ist. In der Poebene gedeihen zahlreiche Gemüse, darunter Erbsen, Artischocken, Broccoli, wilder Fenchel und dicke Bohnen. Der köstliche, rot-weiß geäderte Salat *radicchio* stammt aus Venetien, in Ligurien wachsen die besten Kräuter und Oliven, im Süden vor allem Auberginen, Peperoncini und Tomaten. Lecker und vielseitig verwendbar als Salat, Pizzabeilage etc. ist *rucola* (Rauke). Leider enttäuschen die in Restaurants servierten Salate oft. Ein „Dressing" kennt man in Italien nicht, der Salat wird üblicherweise nur mit Salz, Öl und Essig serviert – und die Zusammenstellung der „insalata mista" (gemischter Salat) ist landesweit karg und fantasielos.

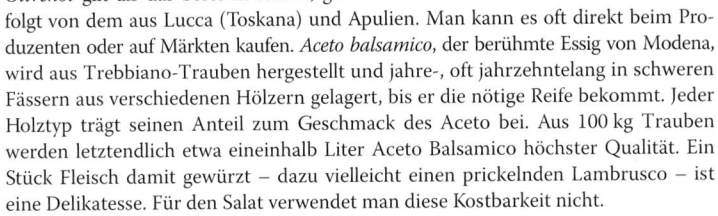

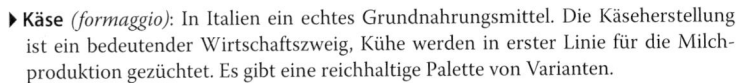

Antipasti-Häppchen gefällig?

▸ **Öl und Essig** *(olio e aceto)*: Das ligurische *Olivenöl* gilt als das beste in Italien, gefolgt von dem aus Lucca (Toskana) und Apulien. Man kann es oft direkt beim Produzenten oder auf Märkten kaufen. *Aceto balsamico*, der berühmte Essig von Modena, wird aus Trebbiano-Trauben hergestellt und jahre-, oft jahrzehntelang in schweren Fässern aus verschiedenen Hölzern gelagert, bis er die nötige Reife bekommt. Jeder Holztyp trägt seinen Anteil zum Geschmack des Aceto bei. Aus 100 kg Trauben werden letztendlich etwa eineinhalb Liter Aceto Balsamico höchster Qualität. Ein Stück Fleisch damit gewürzt – dazu vielleicht einen prickelnden Lambrusco – ist eine Delikatesse. Für den Salat verwendet man diese Kostbarkeit nicht.

▸ **Käse** *(formaggio)*: In Italien ein echtes Grundnahrungsmittel. Die Käseherstellung ist ein bedeutender Wirtschaftszweig, Kühe werden in erster Linie für die Milchproduktion gezüchtet. Es gibt eine reichhaltige Palette von Varianten.

Bel paese, edler Käse, weich und mild im Aroma.

Fontina, bekanntester Käse des Aostatals, sehr delikat und für Fondue-Gerichte bevorzugt.

Gorgonzola, aus der Poebene, scharf und würzig.

Mozzarella, aus Kuh- oder Büffelmilch, weich und leicht säuerlich. Wird oft als Antipasto oder Pizzabelag gegessen, ist aber eher in Süditalien heimisch.

Parmigiano Reggiano, der berühmte echte Parmesankäse, scharf und salzig, vorzugsweise gerieben zum Würzen verwendet. Seine Herstellung ist aufwendig und verlangt viel Erfahrung. Bis er seine höchste Güte erreicht, muss er über ein Jahr lang reifen.

Ricotta, quarkähnlicher Frischkäse, als Brotbelag geeignet.

▸ **Eis** *(gelato)*: Das italienische Eis ist bekanntermaßen das beste der Welt. Seine Herstellung gilt fast als Kunst – *gelato artigianato*, wie man oft liest, heißt nicht künstlich hergestellt, sondern vielmehr kunstfertig. Die angebotenen Sorten gehen meist in die Dutzende. Herrlich erfrischend und aromatisch ist auch *granita*, ein flüssigkörniges Eisgemisch, das in großen Rührgeräten den ganzen Tag über frisch gehalten wird, häufige Geschmacksrichtungen sind *menta* (Minze), *limone* (Zitrone), *aranciata* (Orange) und *caffè*.

Wein

2500 Jahre Weinbau, mehrere hundert Weine und ein riesiges Exportaufkommen in alle Welt. Italien gilt als eine der führenden Weinnationen der Welt. Wer die besten Tropfen aufzählt, kommt nach dem berühmten Chianti aus der Toskana meist schnell auf oberitalienische Weine zu sprechen.

Speziell die Weine aus dem Piemont und Friaul genießen einen ausgezeichneten Ruf und einige der größten und bedeutendsten Anbaugebiete liegen im Norden des Stiefels: bei Cividale del Friuli wird der weiße *Friulano* produziert, um Asti und Alba der rote *Barolo*, *Barbaresco* und *Barbera*, um Verona und Vicenza *Valpolicella*, *Amarone* und *Soave*, nördlich von Treviso der Schaumwein *Prosecco*, um Modena *Lambrusco* u. a.

Auch passionierte Biertrinker sollten in Italien auf Wein umsteigen – zumindest preislich ist er eine Alternative und oft passt der Wein auch besser zu den mediterranen Speisen. Tipp: Wenn Sie im Restaurant keinen speziellen Wunsch haben, fragen Sie immer nach dem offen servierten *vino della casa* (Hauswein) – er stammt meist vom Weinberg des Hausherrn und ist wesentlich preiswerter als Flaschenweine (½ l Weißwein = *un mezzo litro di vino bianco*, oder verkürzt: *un mezzo di bianco*, ¾ l = *tre quarti*). In Bars ist das glasweise Bestellen von Wein üblich *(un bicchiere)* und meist billiger als ein Glas Bier.

Für den Weinkauf gibt es eine gut sortierte *enoteca* (Weinhandlung bzw. Weinstube mit Verkauf) in jeder Stadt. Ansonsten kauft man direkt beim Erzeuger natürlich billiger. Die Adressen der Güter erfährt man oft in den Bars der Orte in den Weinlandschaften.

▸ **Weinauswahl:** Wer einen wirklich guten Tropfen kosten will, sollte immer auf die Ursprungsbezeichnung auf der Flasche achten – Qualitätsweine werden ausgezeichnet mit dem DOC-Prädikat „*denominazione di origine controllata*" (kontrollierte Ursprungsbezeichnung), die allerbesten mit DOCG: „*denominazione di origine controllata e garantita*" (kontrollierte und garantierte Ursprungsbezeichnung). Einige besonders bekannte Weine im Folgenden (weitere im Vorspann der einzelnen Regionen):

Amarone della Valpolicella, der edelste aller Veroneser Weine, alkoholreich (15 % vol), voll und schwer im Geschmack, gleichzeitig aber mit burgunderhafter Milde, leicht bitterer Beigeschmack (amaro = bitter). Nach 20-jähriger Lagerung zeigt er portweinähnliche Züge, aber meist trinkt man ihn jünger.

Bardolino, Rotwein vom Ostufer des Gardasees. Weniger edel als vielmehr populär, weil leicht und süffig.

Barolo, der gehaltvolle Rote aus dem Piemont, schwer und aromatisch.

Barbaresco, ähnlich schwer wie der Barolo und auch ähnlich hochwertig und teuer.

Barbera, ein etwas leichterer Rotwein aus dem Piemont, aber ebenfalls oft Spitzenweine.

Brunello di Montalcino, einer der teuersten Weine der Toscana, ein schwerer Rotwein.

Chianti, der berühmteste italienische Wein. Der „Chianti Classico" stammt aus dem klassischen Anbaugebiet zwischen Florenz und Siena, die anderen Chianti-Weine tragen andere Beinamen.

Enoteca in Saturnia

Frascati, aus den Bergen südlich von Rom, goldgelb, trocken oder lieblich, schmeckt rund und erfrischt.
Friulano, der Hauswein des Friaul, fruchtig und delikat.
Kalterer See, voller, fruchtiger Südtiroler Rotwein mit leichtem Mandelgeschmack.
Lacrimae Christi, gedeiht an den Hängen des Vesuv, produziert wird mittlerweile weiß und rot.
Lambrusco, Spitzenreiter aus der Emilia-Romagna, rot und prickelnd.
Orvieto, angenehm fruchtiger Weißwein, trocken oder lieblich.
Pinot Grigio, trockener Weißer aus dem Grenzgebiet zu Slowenien, fein und delikat, bekanntester Wein des Friaul.
Prosecco, perlender Schaumwein aus Venetien, alkoholarm, leicht und fruchtig, spritzig und prickelnd, in süßen oder trockenen Varianten.
Ravello Rosato, süßer Rosé von der Amalfiküste.
Recioto della Valpolicella, der süße Bruder des Amarone, mit bitterem Unterton, ebenfalls alkoholreich.

Sciacchetrà, der Süßwein aus den Cinque Terre gilt als kostbarster Tropfen Liguriens – eine echte Rarität und fast unbezahlbar. Vorsicht vor Etikettenschwindel.
Soave, populärer Wein aus der Gegend von Verona, mild und leicht.
Valpolicella, ebenfalls aus Verona, schmeckt dunkel und ausgereift am besten. Da weitgehend als Massenwein produziert, Vorsicht vor minderwertigen Produkten.
Verdicchio dei Castelli di Jesi, bekanntester Wein der Marken, trocken und strohgelb mit leicht bitterem Aroma.
Vin santo, süßer Likörwein (*vino liquoroso*) aus luftgetrockneten Trauben (hoher Zuckergehalt), wird praktisch in allen Regionen Italiens produziert, ist in vielen Bars zu haben und oft von minderer Qualität. Ein wesentlich edlerer Tropfen ist die sherryähnliche, trockene (*secco*) Version des *vin santo* – wird lange gelagert und bevorzugt als Aperitif getrunken. Beide haben einen hohen Alkoholgehalt.

Sonstige Getränke

● *Kaffee* Aromatischeren Kaffee als in Italien wird man wohl selten irgendwo in Europa bekommen. Wer **un caffè** bestellt, erhält jedoch keine ordentliche Tasse Kaffee, sondern einen kräftigen Espresso in winziger Tasse, oft nur ein Schlückchen, das es aber in sich hat. Wem dies zu wenig ist, bestellt einen **caffè doppio** oder **caffè lungo**, einen Espresso mit etwas mehr Wasser.

Caffè corretto, Espresso mit einem Schuss Schnaps, Grappa etc.

Cappuccino, Milchkaffee in „normaler Größe", halb Milch, halb Kaffee.

Caffè macchiato, Kaffee mit ein paar Tropfen Milch.

• *Wasser* **Acqua minerale** wird in den brütend heißen Sommermonaten hektoliterweise getrunken, entweder *con gas (frizzante)* – mit Kohlensäure also – oder *senza* – ohne – *gas*. Nicht wenige Restaurants servieren Wasser zum Wein sogar unbestellt.

• *Bier* Immer beliebter, fast jedes Restaurant bietet inzwischen Fassbier, einige bekannte internationale Brauereien haben Niederlassungen in Italien. **Moretti** aus Udine (Friaul-Julisch Venetien) ist eins der bekanntesten inländischen Biere. Größen: Wer eine *birra piccola* bestellt, erhält 0,2 oder 0,3 l, *birra media* bedeutet 0,4 oder 0,5 l, *birra grande* ist ein Pokal oder Stiefel voller Bier.

• *Schaumwein* **Prosecco** aus Venetien, **Asti Spumante** und **Moscato d'Asti** aus dem Piemont und **Franciacorta Brut** aus der Gegend südlich vom Iseo-See (Lombardei).

• *Spirituosen* Jede Bar verfügt über ein Riesenangebot verschiedenster Tropfen – oft knallig bunt eingefärbt, z. B. mit Pfefferminze leuchtend grün.

Grappa, hochprozentiger Schnaps aus gepresstem Trester (Traubenkerne und -haut, keine Stängel), der überall in den „kalten" Regionen im Norden Italiens gebrannt wird.

Amaretto, lombardischer Likör mit Mandelduft und herber Süße, Vanille und viele weitere Aromen runden den Geschmack ab. Kühl trinken, mit Orangensaft oder Kaffee. 25 %.

Cynar, Aperitif aus Artischockensaft und Kräutern, 16,5 %.

Ramazzotti, ein Magenbitter aus über 30 Kräutern, der anfangs extrem süß, dann angenehm bitter schmeckt.

Limoncello, der berühmte Zitronenlikör aus Süditalien hat seinen Siegeszug mittlerweile im ganzen Land angetreten, an der Amalfiküste und in Sorrento ist er in jedem Laden zu haben.

• *Aperitif* Die weltbekannten Aperitifweine **Campari**, **Cinzano** und **Martini** stammen aus Mailand bzw. Turin und wurden im 18./19. Jh. erfunden. Es handelt sich dabei um Weißwein, der mit verschiedenen Aromastoffen angereichert ist.

Feste

So gut wie jeder Ort feiert alljährlich ein oder mehrere Feste, die oft historische oder religiöse Ursprünge haben. Das Fest des jeweiligen Schutzpatrons wird dabei besonders intensiv begangen. Viele Ereignisse lassen sich in ihren Wurzeln bis weit in vorchristliche Zeiten zurückverfolgen.

Höhepunkte in Nord- und Mittelitalien sind die zahlreichen farbenprächtigen Reiterturniere namens *palio*, die berühmtesten finden in Siena (→ Toskana) und Asti (→ Piemont) statt. Eines der ungewöhnlichsten Feste Italiens ist die *processione dei serpari* (Umzug der Schlangenbeschwörer) immer am ersten Donnerstag im Mai in Cocullo (→ Abruzzen). Am 15. August, am Tag von Mariä Himmelfahrt also, wird überall *ferragosto* gefeiert – das größte Familienereignis Italiens und Mittelpunkt der Urlaubssaison, in jedem kleinen Nest gibt es dann Straßenfeste, Musik, Feuerwerk etc. Denken Sie daran, dass an diesem Tag alles geschlossen ist. An wechselnden Terminen im Sommer findet außerdem in jedem Ort das *Festival d'Unità* statt, das populäre Volksfest des ehemaligen kommunistischen PCI (heute PDS = partito democratico della sinistra). Weitere Hinweise zu ausgesuchten Festen unter den jeweiligen Orten.

Tipp: Lassen Sie sich in jedem Fall vor Ort den aktuellen **Veranstaltungskalender** geben, denn während der Sommermonate ist eigentlich immer irgendwo etwas geboten.

Zahlreich sind die Trachtenfeste in ganz Italien: hier auf Sardinien

Festspiele

In der warmen Jahreshälfte finden vor allem in den Städten Ober- und Mittelitaliens verschiedene international renommierte Festivals statt. Karten für diese Ereignisse kann man z. T. schon bei uns in großen Reisebüros vorbestellen (gegen Aufpreis).

Arena di Verona, die berühmten Opernfestspiele von Verona, Ende Juni bis Anfang September. In der gewaltigen römischen Arena mitten in der Stadt kommen mehrmals wöchentlich die großen Klassiker zur Aufführung: Aida, Nabucco, La Traviata, Rigoletto, Tosca u. a. Ein grandioses Opernerlebnis!

Busker's Festival, Ende August, großes Fest der Straßenmusiker in Ferrara.

Estate Ferrara, Mitte Juli bis Mitte September, zahlreiche Veranstaltungen aus allen kulturellen Sparten – Tanz, Theater, klassische Musik, Rock, Jazz u. a.

Festival dei Due Mondi, zwischen Mitte Juni und Mitte Juli in Spoleto (Umbrien). 14 Tage lang ein Riesenangebot an Theater, Musik, Film und Tanz – darunter experimentelle Oper, modernes Ballett.

Festival del Cinema, Filmfestival in Salsomaggiore Terme, jeden April. Low-Budget- und Außenseiterfilme werden vorgestellt und interessante Retrospektiven gezeigt.

L'Estate Fiorentina, alljährliches Kulturprogramm zwischen Ende Juni und Mitte August, Jazz, Rock, Folklore, Klassik, Filmfestivals und Dichterlesungen.

L'Estate Romana, alljährliches großes Sommerprogramm für die öffentlichen Plätze und Straßen in Rom.

Maggio Musicale Fiorentino, klassische Musikkonzerte von April bis Anfang Juli an verschiedenen Örtlichkeiten in Florenz.

Mostra Internazionale del Cinema, die Filmfestspiele von Venedig finden alle zwei Jahre von Ende August bis Anfang September im Palazzo del Cinema am weltberühmten Lido statt (2007: 29.8.–8.9.). Neue Filme internationaler Regisseure werden vorgestellt und preisgekrönt, das entsprechende Publikum findet sich ein – Stars und Glimmer.

Musica Riva, junge Künstler aus aller Welt treffen sich in der zweiten Julihälfte in Riva del Garda.

Musikwochen von Stresa, am Lago Maggiore von Ende August bis Ende September.

Ravenna Festival, Ende Juni bis Ende Juli Opern- und Musikaufführungen (klassisch, Orgel, Jazz und Folklore) an verschiedenen Orten in und außerhalb der Stadt.

Rossini Opera Festival, alljährlich im August, musikalisch anspruchsvolles Festival in Pesaro, wo Rossini 1792 geboren wurde.

Sagra Musicale Malatestiana, Musikfest in Rimini, den ganzen Sommer über musiziert ein Aufgebot internationaler Orchester und Musikgruppen, z. T. im berühmten Tempio Malatestiano.

Stagione Lirica, landesweit bekannte Opernfestspiele in Macerata (Marken), alljährlich Mitte Juli bis Mitte August.

Terme di Caracalla, im Juli/August Opernfestival in den antiken Thermen von Rom.

Umbria Jazz, größtes Jazz-Festival Italiens, jeden Juli in Perugia.

Geld

In Sachen Geld und Devisen hat die Eurozone natürlich vieles vereinfacht. In allen größeren Orten gibt es Geldautomaten (*Bancomat*), wo man mit Bankkarte und Geheimnummer rund um die Uhr problemlos bis mindestens 250 € erhält (Bedienungshinweise meist auch in deutsch). Fast alle Automaten können mit ec-Karte (bzw. maestro-Karte) bedient werden. Falls ein Automat gelegentlich außer Betrieb („fuori servizio") oder leer ist, findet man schnell einen anderen. Eine Abhebung kostet mit der ec-Karte in der Regel 3,30–4,50 €, mit der Kreditkarte 4 % des Betrages, mindestens aber 5 €. Tipp: mit der „Postbank SparCard 3000 plus" sind die ersten vier Abhebungen im Jahr gratis.

Für das Einlösen von *Reiseschecks* müssen Sie – mit Ausweisdokument – am Bankschalter vorstellig werden. Wartezeiten sind hier aber die Regel, eine Gebühr wird ebenfalls meist fällig. Italienische Banken haben im Wesentlichen einheitlich geregelte Öffnungszeiten, nämlich Mo–Fr 8.30–13.30 und 14.45–16.30 Uhr bzw. 15–16 Uhr, regional können die Zeiten leicht schwanken. Wechselstuben gibt es in Italien kaum noch.

> **Wechselkurs Schweiz (Stand Juli 2007):** 1 € = 1,68 CHF, 1 CHF = 0,60 €

Wer nicht allzu viel Bargeld mit sich herumtragen will, kann auch problemlos auf die *Bankkarte* und alle gängigen *Kreditkarten* zurückgreifen, die als Zahlungsmittel weithin akzeptiert werden (z. B. Hotels, Restaurants, Tankstellen, Läden, Fahrzeugvermietungen, Bahn- und Flugtickets). Seit Einführung des Euro ist dabei das bisherige Auslandsentgelt von 1 % entfallen.

> **Im Notfall**
>
> Bei Verlust von Geldkarte, Kreditkarte, Reiseschecks etc. diese sofort telefonisch sperren lassen, nach Deutschland unter der einheitlichen Notrufnummer ✆ 0049/116116, ansonsten kann man die aktuellen Nummern vor der Reise bei der heimischen Bank erfragen. Im Fall eines Totalverlustes an Geld kann man sich über „Western Union Money Transfer" von einer Kontaktperson zu Hause innerhalb weniger Stunden Geld überweisen lassen. Einzahlung u. a. bei allen Filialen der Postbank, die Gebühr für eine Überweisung von 250 € beträgt beispielsweise 23 €. Dieses Verfahren funktioniert auch ohne einen eventuell abhanden gekommenen Ausweis. Auszahlung bei Postfilialen, bestimmten Banken und Reisebüros. Näheres unter www.westernunion.com. Günstiger ist die Überweisung über „Money Gram" (www.moneygram.com), 250 € kosten dort nur 14 €, aber die Annahme- und Ausgabestellen sind deutlich dünner gesät.

Hunde

Die Akzeptanz für Hunde – zumal wenn sie wohlerzogen, gepflegt und freundlich sind – ist zwar höher als vielfach angenommen, doch kann es in ganz Italien im Sommer ziemlich heiß werden und für den Hund somit zur Quälerei. Generell besteht für Hunde im Süden Italiens eine erhöhte Ansteckungsgefahr mit *Leishmaniose*, einer von Sandmücken übertragenen Parasiten-Erkrankung, die in fast allen Mittelmeerländern vorkommt; in den nördlicheren Küstenregionen der italienischen Adria wird in den Lagunen- und Feuchtgebieten außerdem auch vor *Schlangenbissen* gewarnt.

Erlaubt sind Hunde in der Regel auf Campingplätzen und in Gartenrestaurants, allerdings nur in einigen wenigen Hotels und Apartments. An Stränden mit Strandservice sind Hunde verboten, hier muss man an einen „freien" Strand ohne Einrichtungen ausweichen. Ebenso verboten sind Hunde in edlen Restaurants. Maulkorb und Leine sind immer mitzuführen.

Bei der Einreise nach Italien braucht der Hund ein Tollwut-Impfzeugnis, das mind. 30 Tage und max. 12 Monate vor Einreisedatum ausgestellt sein muss, ebenso einen EU-Heimtierausweis und eine Identitätskennung: entweder Mikrochip unter der Haut oder Tätowierung im Ohr.

Ein mächtiges Tier: der Pastore Abruzzese

Informationen

Italien betreibt in Deutschland drei Fremdenverkehrsämter, in Österreich und in der Schweiz je eines. Für Südtirol gibt es eine eigene Informationsstelle in Bozen, das Trentino besitzt mit dem „Punto Trentino" sogar eine Zweigstelle in München. Vor der Reise können Sie dort oder über unten stehende Webadresse Prospekte bestellen.

In Italien besitzt jede Provinz der 20 Regionen ein Verkehrsamt, das für die gesamte Provinz zuständig ist und in allen Städten und touristisch bedeutsamen Orten Informationsstellen betreibt, genannt *AIAT (Agenzia di Informazione e Accoglienza Turistica)* oder *IAT (Informazione e Accoglienza Turistica)*, das Hauptbüro der Provinz wird als *APT (Azienda Provinciale per il Turismo)* geführt – fragen Sie einfach nach dem „Ufficio informazioni", das versteht jeder. Die Büros sind in der Regel gut mit Prospekten, Broschüren und Infos jeglicher Art ausgestattet. Erhältlich sind u. a. Stadtpläne und Umgebungskarten, Hinweise zu Sehenswürdigkeiten, Tipps für Sport und Freizeit, Veranstaltungskalender sowie Unterkunftslisten. Fragen Sie bei Interesse auch nach Wander- und/oder Radwegkarten zur Umgebung. Oft sprechen die Mitarbeiter auch Deutsch.

Auf Nachrichten aus der Heimat muss man in Italien nicht verzichten

> Im praktischen Reiseteil sind alle **Informationsadressen** unter den jeweiligen Orten aufgeführt. Achtung: Die angegebenen Öffnungszeiten können sich saisonal ändern!

- *Italienische Fremdenverkehrsbüros*
Deutschland, Kaiserstr. 65, D-60329 Frankfurt/M. ℡ 069/237434, ℻ 069/232894, enit.ffm@t-online.de; Mo–Fr 10–17 Uhr, Sa/So geschl. Friedrichstr. 187, D-10117 Berlin. ℡ 030/2478398, ℻ 030/2478399, enit-berlin@t-online.de; Mo–Fr 10–17 Uhr, Sa/So geschl. Lenbachplatz 2, D-80333 München. ℡ 089/531317, ℻ 089/534527, enit-muenchen@t-online.de; Mo–Fr 10–17 Uhr, Sa/So geschl.
Österreich, Kärntnerring 4, A-1010 Wien. ℡ 0043/1/5051630̇12, ℻ 0043/1/5050248, delegation.wien@enit.at; Mo–Do 9–17, Fr 9–15.30 Uhr, Sa/So geschl.
Schweiz, Uraniastr. 32, CH-8001 Zürich. ℡ 0041/43/4664040, ℻ 0041/43/4664041, enit@bluewin.ch; Mo–Fr 9–17 Uhr, Sa/So geschl.
- *Südtirol* **Südtirol Tourismus Werbung**, Pfarrplatz 11, I-39100 Bozen. ℡ 0471/993808, ℻ 0471/993899, www.sudtirol.com/bolzano oder www.hallo.com.

> **Internet**: www.enit-italia.de

Internet

Das Webangebot zu Italien ist fast unüberschaubar. Eine kommentierte Auswahl nützlicher Seiten finden Sie auf der Website des Michael Müller Verlags (www.michael-mueller-verlag.de) unter Reisebücher/Südeuropa/Italien/Links. Alle größeren Städte und Badeorte Italiens haben mittlerweile eigene Websites, die Adressen sind in den jeweiligen Kapiteln angegeben bzw. über die einschlägigen Suchmaschinen einfach zu finden. Ihr Informationsgehalt ist recht unterschiedlich und oft sind Italienischkenntnisse nötig, um sie mit Gewinn nutzen zu können.

> Einen guten Überblick über Italien bieten die deutschsprachigen Seiten **www.in-italy.de**, **www.italien.info** und **www.emmeti.it**.

Kinder

Dass die Italiener sehr kinderfreundlich sind, hat sich auch diesseits der Alpen herumgesprochen. Leider steht die Zahl der vorhandenen Spielplätze in einem traurigen Missverhältnis dazu. Ideale Möglichkeiten für Urlaub mit den Kleinen bieten jedoch die kilometerlangen Sandstrände der *Adria*, die ganz seicht ins Meer abfallen. Hier wird geplanscht, Spielkameraden sind schnell gefunden und jeden Tag gibt es eine neue, noch größere Sandburg. Auch an den *oberitalienischen Seen* ist viel Ablenkung geboten – der Vorteil ist dort, dass die Badeplätze oft an Wiesen mit schattigen Bäumen liegen und die sommerlichen Temperaturen nicht so extrem ausfallen wie an den weiter südlich gelegenen Meeresstränden.

An kindgerechten Attraktionen bietet vor allem Oberitalien eine ganze Reihe von Wasser- und Vergnügungsparks. In Genua kann das größte Seewasseraquarium Europas besichtigt werden, bei Bergamo und in Rimini gibt es Italien als Miniaturausgabe, bei Mailand einen Saurierpark, in Angera am Lago Maggiore ist eine umfangreiche Puppenausstellung zu bewundern, im Safari-Zoo am Gardasee laufen afrikanische Wildtiere frei herum, ebenso im Safari-Park von Fasano (Apulien).

- *Wasserparks* **Canevaworld** bei Lazise am Gardasee; **Sassabanek** am Südende des Iseo-Sees; **Aquasplash** in Lignano (Adria); **Acqua Flash** bei *Ravenna* (Adria); **Atlantica** bei *Cesenatico* (Adria); **Aquafan** in Riccione (Adria); **Acquapark Onda Blu** bei *Tortoreto* (Adria); **Aquatica** in Mailand (neben Camping Città di Milano).
- *Vergnügungsparks* **Gardaland** bei Peschiera am Gardasee; **Fantasyworld Minitalia** bei Bergamo; **Parco della preistoria** bei Mailand; **Mirabilandia** bei Cervia (Adria); **Fiabilandia** bei Rimini; **Italia in miniatura** bei Rimini; Themenpark **Oltremare** bei Riccione (Adria); **Parco di Cavriglia** zwischen Cavriglia und Castelnuova dei Sabbioni in den Chianti-Bergen (Toskana).
- *Sonstiges* **Aquarium** in Genua; **Safari-Zoo** im Süden des Gardasees; **Puppenmuseum** in der Burg von Angera (Lago Maggiore); **Safari-Park** bei Fasano in Apulien.

Klima/Reisezeit

Entsprechend der extremen Nord-Süd-Ausdehnung und der landschaftlichen Vielfalt existiert eine erhebliche Spannweite der Temperaturen – während die Küsten und Tiefebenen in der glühenden Sommersonne brüten, kann es schon 1000 m höher erfrischend kühl sein. In den letzten Jahren haben vor allem im Norden Italiens ungewöhnliche Wetterkapriolen von sich reden gemacht: sintflutartige Sommerregen, schwere Unwetter, Überschwemmungen und Hagel belasteten Landwirtschaft und Urlaubsbranche gleichermaßen. Im Gegensatz dazu steht die akute Trockenheit in Süditalien und Sizilien, verursacht durch die in den letzten Jahren stark zurückgegangenen Niederschläge. Der weltweite Klimawandel durch Erwärmung der Erdatmosphäre zeigt erste nachhaltige Wirkungen.

- *Nord- und Mittelitalien* Zu **Ostern** geht's los – zumindest an den oberitalienischen Seen, allen voran am Gardasee. Im **April** und **Mai** grünt und blüht hier alles in fast subtropischer Vielfalt, Surfer finden ideale Windverhältnisse und die Temperaturen sind mild. Zum Baden ist es allerdings noch zu kühl.
Am Meer beginnt die Saison erst einen Monat später, ins Wasser wagen sich Mutige ab Ende **Mai**. Der Mai ist eine wunderbare Zeit für Kultur- und Landschaftsreisende, ebenso die erste **Junihälfte** – es ist warm, aber nicht zu warm. Doch schon im Lauf des Junis kann man spüren, wie es Tag für Tag heißer wird. Im **Juli** liegen die Durchschnittstemperaturen bereits bei 27 Grad, das Meer ist mit 23 Grad ideal badewarm. In den Ebenen wird es jetzt unangenehm heiß, Mückenschwärme belästigen die Camper und Kulturreisende halten sich verdächtig lange in den kühlen Kirchen auf.

114 Wissenswertes von A bis Z

Den **August** im Tiefland und an den Küsten sollte man vermeiden, wenn man keine drückende Hitze und Menschenmassen mag – alle Badeorte sind überfüllt, in den Städten ist es leer, dafür kocht der Asphalt. Allerdings findet man jetzt im Apennin, in den Bergen des Aostatals und in Südtirol ideale Verhältnisse.

Im **September** kehrt wieder Ruhe ein, die Saison geht langsam zu Ende, das Meer hat aber noch gut 21 Grad. Viele Campingplätze und Hotels an der Küste schließen Ende des Monats, für Besichtigungsreisen ein guter Monat, aber auch der **Oktober** ist dafür noch geeignet. Im **November** regnet es gern und häufig, die feuchte und nasskalte Witterung hält den Winter über an.

• *Süditalien/Sizilien* Vor allem Sizilien gehört zu den wärmsten und trockensten Zonen Europas. Ab Mitte **Februar** beginnt schon der Frühling mit einer Fülle an Blüten, von **Mai bis September** herrscht Sommer, dann steigen die Temperaturen bis über 40 Grad, Regenfälle sind selten. Gelegentlich streicht aus dem nahen Afrika der Wüstenwind Scirocco herüber, macht Mensch und Tier fast besinnungslos vor Hitze. Nicht umsonst ist zwischen 13 und 16 Uhr in den Ortschaften kaum ein Mensch zu entdecken, sind die Fensterläden zum Schutz vor der Glut des Mittags verrammelt. Erst ab **Oktober** werden die Niederschläge wieder häufiger, die **Winter** sind an der Küste regenreich und mild, in den Hochlagen fällt sogar Schnee.

	Jan.	Feb.	März	April	Mai	Juni	Juli	Aug.	Sept.	Okt.	Nov.	Dez.
Mailand	2	4	8	12	17	22	23	24	19	14	7	3
	4	8	13	20	22	27	29	29	24	18	11	6
Florenz	2	3	5	8	11	15	17	17	14	10	6	3
	10	12	15	19	23	27	31	30	26	21	15	10
Rom	8	8	12	14	18	22	24	24	22	17	13	10
	12	14	17	20	23	28	31	31	28	23	17	13
Neapel	9	9	12	15	18	22	25	25	21	18	13	12
	12	13	16	20	23	27	30	30	27	22	17	14
Palermo	10	10	11	13	16	20	22	23	21	18	14	12
	15	15	16	18	22	25	28	29	26	23	20	16

Durchschnittstemperaturen (Minimum und Maximum) in Grad Celsius

Öffnungszeiten

Das Grundprinzip bildet nach wie vor die Siesta, auch wenn nicht mehr immer und überall sklavisch daran festgehalten wird. Dafür ist abends oft länger geöffnet, wenn die Hitze nachgelassen hat. Erlaubt sind mittlerweile Ladenöffnungszeiten von Mo–Fr durchgehend bis 22 Uhr (auch an mehreren Sonntagen im Jahr), in Großstädten und touristischen Gebieten kann sogar noch länger geöffnet werden. Achtung jedoch: einen Nachmittag in der Woche sind viele Geschäfte geschlossen (Wochentag je nach Region verschieden), oftmals sind die Läden auch am Montagvormittag geschlossen und öffnen erst um 15 Uhr.

Geschäfte: in der Regel Mo–Fr vorm. ca. 8/8.30–12.30/13 Uhr, nachm. ca. 16/17–19.30/20 Uhr, Sa 9–13 Uhr. Vor allem Souvenirläden und andere Geschäfte mit touristischem Bedarf schließen ihre Pforten erst sehr spät abends, haben oft auch sonntags geöffnet.

Kirchen: Von 7 Uhr früh bis 12 Uhr mittags sind alle offen. Dann wird unbarmherzig geschlossen und frühestens gegen 15, oft erst 16 Uhr wieder aufgemacht, um bis 19 oder 20 Uhr geöffnet zu bleiben. Sonntags während der Messen ist keine Besichtigung möglich.

Museen und Sehenswürdigkeiten: Hier herrschen nicht selten verwirrende Verhältnisse. Meist werden die Zeiten mehrmals jährlich geändert, einige Konstante ist, dass staatliche Museen, Ausgrabungen etc. am Montag fast immer geschlossen haben und ansonsten meist Di–Fr (oder Sa) vormittags 9–14 Uhr und So 9–13 Uhr geöffnet sind, bedeutendere Museen und Sehenswürdigkeiten zum Teil auch durchgehend Di–So 9–19 Uhr. Kleinere Einrichtungen in abgelegenen Gegenden sind oft nur in den Hochsaisonmonaten Juli und August geöffnet und auch dann manchmal nur an den Wochenenden.

Banken und **Post** → im entsprechenden Abschnitt, **Apotheken** → Ärztliche Versorgung.

Papiere

Für den Aufenthalt in Italien genügt der Personalausweis (carta d'identità). Wer auf Nummer Sicher gehen will, nimmt außerdem seinen Reisepass (passaporto) mit, zusätzlich Kopien beider Papiere.

Vorteil eines zweiten Ausweises: während ein Papier bei der Hotel- oder Campingplatzrezeption liegt (offiziell nur für 24 Std. erlaubt), kann man mit dem zweiten jederzeit Schecks einlösen, ein Fahrzeug mieten etc. Bei Diebstahl oder Verlust eines Ausweises kann man zudem mit dem anderen problemlos weiterreisen.

Dolce Vita in der Mittagspause

Kinder unter 16 Jahren benötigen einen *Kinderausweis* (ab 10 Jahren mit Lichtbild) oder müssen im Pass der Eltern eingetragen sein. Kinder und Jugendliche, die ohne Erwachsene reisen, benötigen außer ihrem Ausweis eine schriftliche *Vollmacht* der Erziehungsberechtigten, die in Englisch oder Französisch abgefasst sein muss.

▸ **Diebstahl oder Verlust**: bei der Polizei bekommt man kurzfristig ein Ersatzpapier. Kopien des verloren gegangenen Papiers sind nützlich und helfen der Polizei bei der Identitätsüberprüfung (Nummer des Passes, ausstellende Behörde etc.).

▸ **Einreise mit dem eigenen Fahrzeug**: Neben dem nationalen Führerschein (*Patente di guida*) braucht man auch den Fahrzeugschein (*Libretto di circolazione*), außerdem wird noch immer die Grüne Versicherungskarte (*Carta verde*) empfohlen.

> Beim Transit von Deutschland über Österreich nach Italien gibt es keine Grenzkontrollen mehr, die entsprechenden Einrichtungen stehen leer oder wurden abgebaut. Bei der Anreise über die Schweiz muss man aber nach wie vor einen Ausweis vorzeigen.

Post

Ein Postamt gibt es in fast jedem Ort. Oft ist es dort allerdings sehr voll, denn viele Italiener begleichen am Schalter ihre Telefon-, Wasser- und Stromrechnungen und die Rentner erhalten am Monatsanfang ihre Rente. Deshalb auf Wartezeiten einstellen. Auch die Karte an die Lieben daheim dauert ihre Zeit. Deshalb besser in einem Umschlag abschicken, Briefe laufen schneller. Der Vermerk „Per Luftpost" (*posta aera*) bringt bei Karten und Briefen nach Mitteleuropa nichts, da sie generell mit Luftpost verschickt werden. Trotzdem dauert die Beförderung nach Deutschland etwa sechs bis sieben Tage. Innerhalb von drei Tagen erreicht ein Brief angeblich sein Ziel, wenn man eine Briefmarke für „Posta Prioritaria" benutzt, die etwa 50 % teurer ist als eine Normalmarke. Die Sendung wird dabei mit einer blauen Marke mit der Aufschrift „Posta Prioritaria" und einer Wertmarke versehen.

Öffnungszeiten: regional verschieden, meist Mo–Fr 8.15–14, Sa 8–13 Uhr. In Städten oft auch nachmittags offen, meist 16–20 Uhr.

Briefmarken: „Francobolli" kann man nicht nur bei der Post erstehen, sondern auch in vielen Tabacchi-Läden und Souvenirshops, die Postkarten verkaufen.

Poste restante (Fermo in Posta): Jedes Postamt nimmt postlagernde Sendungen an. Diese können mit Personalausweis und gegen eine kleine Gebühr abgeholt werden. Ein Brief wird normalerweise bis zu zwei Monate aufbewahrt. Als Absender in einem solchen Fall immer den Empfängernamen (Nachnamen unterstreichen!), das Zielpostamt (bei größeren Orten am besten immer das Hauptpostamt) und „Fermo in Posta" bzw. „Poste restante" auf den Umschlag schreiben.

Telegrafische Postanweisung: Über „Western Union Money Transfer" oder „Money Gram" kann man sich von einer Kontaktperson zu Hause innerhalb weniger Stunden Geld überweisen lassen (→ S. 110).

Historischer Briefkasten

Rauchen

Seit Januar 2005 ist in Italien das Unvorstellbare Realität geworden: Rauchen in öffentlichen Räumen ist strikt verboten. Noch unfassbarer: Nach gut zwei Jahren rauchfreier Kneipen lässt sich feststellen, dass die Umstellung hervorragend angenommen wurde – kaum ein Wirt hat sich quergestellt, die Raucher gehen vor die Tür (was bei den mediterranen Temperaturen ja relativ leicht fällt), die Nichtraucher freuen sich.

Zu öffentlichen Räumen zählen: Restaurants, Bars, Züge, Krankenhäuser, Post, Museen, Wartehallen aller Art (also auch Flughäfen und Bahnhöfe), der Arbeitsplatz an sich und Büros mit Publikumsverkehr. Die Zigarette zur falschen Zeit am falschen Ort kann zwischen 27,50 und 275 € Strafe kosten. Wer neben einer Schwangeren oder Kindern raucht, muss sogar mit dem doppelten Bußgeld rechnen. Wird ein Wirt mit rauchenden Gästen erwischt, zahlt er selbst ebenfalls ein Bußgeld, das zwischen 220 und 2200 € liegt.

Sport

Kein Badestrand ohne provisorisches Volleyball- oder Fußballfeld. Die Italiener sind ballvernarrt, überall wird gekickt, und wer sich interessiert zeigt, wird schnell beteiligt. Aber auch sonst gibt es in den touristischen Küstenorten zahlreiche Möglichkeiten, sich sportlich zu betätigen. Vom Bootsverleih über Surfschulen bis Wasserski und Fallschirmsegeln ist meist alles geboten. Tennisplätze findet man häufig auf Campinggeländen und bei größeren Hotels bzw. in Feriendörfern. An den Seen sind hauptsächlich Surfer, Mountainbiker und Kletterer anzutreffen, an einigen Stellen auch Drachenflieger.

• *Drachenflieger* Beim Örtchen **Cólico** an der Nordspitze des Comer Sees stürzen sich die waghalsigen Luftgleiter vom 2600 m hohen Monte Legnone in den Auftrieb thermischen Winde, ebenso am **Monte Cucco** in Umbrien (1560 m) und am *Piano Grande* der **Monti Sibillini** (an der Grenze zwischen Marken und Umbrien).

• *Fahrrad* Abgesehen vom Apennin und den höheren Alpenregionen kann man fast überall hervorragend Rad fahren. Speziell in der Poebene gibt es zahllose Möglichkeiten – um **Ravenna** und **Ferrara** sind mittlerweile 200 km Radwege ausgebaut worden. Landschaftlich reizvoll ist das Gebiet um den **Kalterer See** (Lago di Caldaro). Mountainbiker kommen vor allem um die großen Seen auf ihre Kosten, insbesondere der Norden des **Gardasees** ist berühmt für seine Bikepfade.

Die **Toskana** ist reichlich hüglig, jedoch nicht bergig, und dem Fahrrad sind die Hauptrouten durchaus zu machen.

Flach ist ein Großteil der **Adria-Küste**, allerdings auch sehr überlaufen und mit viel Verkehr.

In Apulien, im tiefsten Süden Italiens, lohnt die flache Ferse des Stiefels, die sogenannte **Salento-Halbinsel** und die Sohle des Stiefels mit langen Stränden am **Ionischen Meer**.

• *Golf* Es gibt Dutzende von Anlagen – alleine vier am **Gardasee**, weitere am **Comer See** und bei **Rimini** an der Adria, auch **Südtirol** besitzt mehrere Plätze.

Genaue Daten sämtlicher italienischer Golfplätze sind im Internet unter www.federgolf.it, der offiziellen Seite des Italienischen Golfverbandes (*Federazione Italiana Golf*) zu finden, dort auf den Button „Dove giocare" klicken, die Auflistung erfolgt nach Regionen.

• *Klettern* Free-Climber finden ihr Dorado in **Arco** am Nordende vom Gardasee, wo alljährlich die Weltmeisterschaften veranstaltet werden. Ebenfalls sehr bekannt sind die Klettergebiete im Hinterland von **Finale Ligure** (Ligurien).

Kletterer bei Cala Gonone (Sardinien)

• *Schlauchboot* Lohnt sehr, speziell an den wilden und felsigen Küsten der **Riviera**, des **Gargano** und des **Monte Conero** bei Ancona. Mitnahme ist ohne Grenzformalitäten möglich. Bei Außenbordern über 3 PS ist eine Haftpflichtversicherung vorgeschrieben. Vor Ort sollte man sich beim Hafenamt nach eventuellen Vorschriften und Einschränkungen erkundigen.

• *Surfen* Windigste Monate der warmen Jahreshälfte sind April und Oktober, gefolgt von Mai und September. Im Hochsommer ist der Wind dagegen eher flügellahm.

Der **Gardasee** gilt als eins der besten Surfziele Europas, der kleine Ort Torbole an der Nordspitze als das Mekka der Brettflitzer. Die Windverhältnisse im Nordteil des Sees, in der „Düse" zwischen Riva und Torbole, sind so zuverlässig, dass man beinahe die Uhr danach stellen kann: von Mitternacht bis Mittag bläst der leichte Nordwind **Vento** die Alpen herunter, ab Mittag bis Sonnenuntergang kommt die stärkere **Ora** aus dem Süden und erreicht häufig 4–6 Beaufort.

Alternative dazu ist der Norden des **Comer Sees** um Domaso. Auch hier wechseln sich starke Süd- und Nordwinde ab, es gibt mehrere deutsch geleitete Surf-Center.

Die Spots in **Mittel- und Süditalien** sind bei uns nur wirklichen Kennern vertraut. An der Westküste blasen von April bis Juni Maestrale und Ponente aus Nordwest bzw. West, im Herbst der Scirocco aus Südost. An der südlichen Ostküste dominieren die südlichen Winde Scirocco und Libeccio, allerdings vorzugsweise in der kalten Jahreshälfte von Oktober bis April. Sehr geeignet für Winde aus allen Richtungen ist der exponierte **Monte Circeo** im Süden Latiums. Weitere beliebte Spots sind, etwas weiter südlich, der **Lido di Fondi** und der Strand von **Vindicio** bei Formia.

Starkwindrevier an der Ostküste ist natürlich der weit vorspringende Sporn des **Gargano**, beste Jahreszeit ist hier der Herbst, geeignete Strände liegen um den touristischen Hauptort **Vieste**.

Am **Ionischen Meer** bieten die langen Strände auflandige Winde, die sich um Catanzaro im **Golf von Squillace** bis zu Herbststürmen steigern können.

• _Wandern_ Neben den unerschöpflichen **Alpenregionen** mit ihren bestens ausgeschilderten Alm- und Höhenwegen ist vor allem das Gebiet der **Cinque Terre** an der Riviera ein hervorragendes Wanderterrain. Cinque Terre, das sind fünf malerische Dörfer, eingebettet in die vegetationsreiche Steilküste östlich von Genua. Gut gekennzeichnete Wanderwege unterschiedlicher Dauer verbinden sie untereinander, z. T. sind sie auch für Kinder geeignet. Die Anfahrt macht man am besten per Zug (→ Ligurien). Auch die **Toskana** bietet mit ihren weitgehend sanften Hügeln zahlreiche Möglichkeiten. Bergwanderer kommen in den Nationalparks der **Sibillinischen Berge** und der **Abruzzen** auf ihre Kosten.

• _Wassersportzentren_ Mit Sportbecken, Riesenrutschen und Wellenbädern sind sie vor allem in Oberitalien häufig, z. B. in **Lido di Jesolo** (Venetien) und **Lignano Sabbiadoro** (Friaul), bei **Lazise** am Gardasee und bei **Iseo** am Südende des Iseo-Sees. Einige weitere gibt es an der Adriaküste zwischen Ravenna und Rimini.

Sprache

Leider sprechen die meisten deutschen Urlauber, die Italien besuchen, kein Italienisch – mit _Grazie, Buongiorno, Pizza_ und _Pasta_ ist oft der Wortschatz erschöpft. Dagegen verstehen und sprechen zahlreiche Italiener, die im Tourismusgeschäft tätig sind, sehr gut Deutsch, vor allem an den großen Alpenseen. Der jahrzehntelange Umgang mit den Besuchern aus dem Norden macht sich hier überall bemerkbar. Anders in den großen Binnenstädten, in der Poebene und in den touristisch kaum erschlossenen Regionen. Mit etwas Glück kommen einem hier ehemalige Gastarbeiter zu Hilfe. Englischkenntnisse findet man in den großen touristischen Zentren, auf dem Land dagegen kaum.

> Wer etwas Italienisch üben will, findet unser **Sprachlexikon** am Ende des Buchs. Auch ein Volkshochschulkurs kann nützlich sein. Ansonsten gibt es viele Sprachschulen und Universitätsinstitute, die „vor Ort" **Italienischkurse** für Ausländer anbieten, z. B. in Perugia (→ S. 695), Urbino (→ S. 251) und Otranto (→ S. 849) – eine interessante Möglichkeit, Ferien und Lernaufenthalt miteinander zu kombinieren.
>
> Wer sich eingehender mit dem Thema „Italienisch lernen in Italien" beschäftigen möchte, kann die gleichnamige Broschüre bei der „Aktion Bildungsinformation" (ABI) in Stuttgart bestellen, ein sehr umfangreiches Info-Booklet rund um den Sprachurlaub (16 € inkl. Versand). Adresse: Lange Straße 51, D-70174 Stuttgart, ✆ 0711/2021630, 📠 0711/22021640, www.abi-ev.de.

Telefonieren

Alle öffentlichen Apparate funktionieren mit *magnetischen Telefonkarten* (carta telefonica) der italienischen Telecom, erhältlich für 2,50 € in Tabak- und Zeitschriftenläden, manchmal auch an Rezeptionen von Hotels und Campingplätzen. Vor dem Gebrauch muss die vorgestanzte Ecke abgebrochen werden. Wenn die Karte leer ist, kann man eine zweite nachschieben, ohne dass das Gespräch unterbrochen wird. Die Gültigkeitsdauer der Karten ist meist auf ein oder zwei Jahre begrenzt. Als interessante Alternative dazu gibt es *internationale Telefonkarten* (scheda telefonica internazionale), die ab 5 € kosten. Damit kann man deutlich länger als mit den Telecom-Karten telefonieren. Man führt sie jedoch nicht ins Telefon ein, sondern wählt eine kostenlose Nummer (numero verde), die auf der Karte vermerkt ist – sowohl fürs Festnetz (rete fissa) wie fürs Handy (cellulare). Nach der elektronischen Freigabe rubbelt man die Geheimnummer frei, die ebenfalls auf der Karte vermerkt ist, und kann erst dann die Teilnehmernummer wählen. Die Karte kann im Prinzip von jedem Telefon und Handy benutzt werden, allerdings ist die „numero verde" oft besetzt oder funktioniert nicht von älteren öffentlichen Apparaten.

> **R-Gespräch nach Deutschland**: Es besteht die Möglichkeit, von jedem privaten Telefon (nicht öffentlich) in Italien die Nummer 0800-172-0049 der Telekom in Frankfurt anzurufen. Von dort können Sie sich mit dem gewünschten Teilnehmer – sein Einverständnis vorausgesetzt – auf dessen Kosten verbinden lassen.

▸ **Mobiltelefon**: Sobald sich das Handy in eines der italienischen Handynetze (*TIM* = Telecom Italia, *Omnitel-Vodafone* und *Wind*) eingebucht hat, kann man fast überall problemlos telefonieren und Anrufe entgegennehmen, Funklöcher gibt es fast keine mehr. Man zahlt dann die jeweiligen Tarife des italienischen Netzbetreibers, zusätzlich werden für jeden Anruf sogenannte Roaming-Gebühren Ihres Mobilfunk-Providers fällig. **Spartipp**: Die Tarife sind in den Netzen unterschiedlich, das Handy bucht sich aber immer automatisch im jeweils stärksten Netz ein. Wenn man sich vor der Reise beim eigenen Betreiber informiert, welches ausländische Netz das Günstigste ist, kann man dieses vorab im Menü des Mobiltelefons einstellen. Man kann sich aber auch vor Ort selbst alle Netze anzeigen lassen und den billigsten Anbieter manuell aussuchen (Menü: Netz, Unterpunkt „Netz-Info" o. „Netz-Wahl", von automatisch auf manuell umstellen). Auslandsgespräche mit Handy sind immer recht teuer, Vorsicht ist aber besonders geboten, wenn Sie in Italien angerufen werden, denn Sie zahlen dann immer die Weiterleitungsgebühren aus Deutschland – selbst wenn der Anrufer in Italien ist, wird das Gespräch über Deutschland umgeleitet. Auch für Anrufe auf Ihre Mailbox zahlen Sie doppelt: den Anruf aus Deutschland und die Umleitung auf die Mailbox in Deutschland (Tipp: Rufumleitung Ihres Handys deaktivieren). Auf Betreiben der EU sollen die Roaminggebühren ab Sommer 2007 deutlich reduziert werden.

Für alle, die viel telefonieren oder längere Zeit in Italien bleiben, lohnt sich eventuell der Kauf einer italienischen SIM-Karte von einer der italienischen Mobiltelefongesellschaften. Sie kostet ca. 50 €, hat allerdings auch ein Gesprächsguthaben in derselben Höhe. Man bekommt damit eine italienische Nummer und muss die Gespräche, die aus dem Ausland kommen, nicht mitfinanzieren. Beim Kauf muss man den Personalausweis vorzeigen und eine Adresse (auch Hotel o. Ä.) in Italien haben.

- Wenn Sie **aus Italien** ins Ausland anrufen: Bundesrepublik Deutschland = 0049, Österreich = 0043, Schweiz = 0041 und jeweils die Null der Ortsvorwahl weglassen.
- Wenn Sie aus dem Ausland **nach Italien** anrufen: aus der BRD = 0039, aus Österreich = 04, aus der Schweiz = 0039. Wichtig: Die **Null der Ortsvorwahl** muss immer mitgewählt werden!
- Wenn Sie in Italien **innerhalb eines Fernsprechbereichs** (Provinz, Großstadt etc.) telefonieren, müssen Sie ebenfalls die Ortskennziffern mitwählen – dies gilt auch für Gespräche innerhalb eines Ortsbereichs!
- Werktags zwischen 22 und 8 Uhr und an Sonntagen von 0 bis 24 Uhr telefoniert man **billiger**.

Übernachten

Es gibt kaum einen italienischen Küstenabschnitt, ob See oder Meer, an dem es nicht zahllose Unterkünfte gibt. Von Campingplätzen über einfache Pensionen, B & Bs und Agriturismo-Betriebe bis zu Hotels der gehobenen Kategorie ist alles vertreten. Doch im Landesinneren dünnt das Unterkunftsnetz reichlich aus. Ausnahme bilden die Urlaubsgebiete in den Alpen: Südtirol und Aostatal, außerdem die stark besuchte Toskana, in der vor allem Ferienhäuser gefragt sind.

Problemmonate für individuell Reisende sind *Juli* und *August*. Vor allem im August, dem traditionellen Reisemonat für italienische Familienferien, sind in den Badeorten – trotz hoher Preise – 90 % der verfügbaren Betten und Stellplätze ausgebucht. Vorbestellung ist dann ratsam, sollte jedoch am besten schon im Winter erfolgen, um Erfolg zu haben. Speziell in *Venedig* bestehen fast das ganze Jahr über Zimmerengpässe, problematisch sind vor allem die unteren Preisklassen.

Lassen Sie sich vom italienischen Fremdenverkehrsamt in Deutschland, Österreich oder der Schweiz (→ S. 111) die alljährlich aktualisierten Unterkunftsverzeichnisse *(Annuario degli Alberghi)* der Region bzw. Stadt schicken, die Sie bereisen wollen. Darin sind alle registrierten Hotels, Pensionen und *locande* (Gasthöfe), oft auch Campingplätze und Ferienwohnungen mit Adresse, genauen Preisangaben, Öffnungszeiten und Hinweisen zur Ausstattung verzeichnet. Die angegebenen Preise können jedoch ab 1. Juni des jeweiligen Jahres erhöht werden. Falls nicht vorrätig, erhalten Sie diese Prospekte auch kostenlos bei den lokalen Informationsämtern. Diese helfen gelegentlich auch bei der Zimmersuche, in Südtirol fast überall,

Bootsverleih am größeren der beiden Montiggler Seen (Südtirol) (EF) ▲▲
Auf dem 2.950 m hohen Sass Pordoi (Venetien) (EF) ▲

▲▲ Der breite Brenta-Fluss in Bassano del Grappa (EF)
▲ Blick auf den Canal Grande in Venedig (EF)

Das Skaligerkastell von Sirmione ▲▲
(Gardasee) (EF)

In Bardolino (Gardasee) (EF) ▲▲
Gondoliere bei der Rialto-Brücke ▲
(Venedig) (EF)

▲▲ Die pittoreske Einsiedelei von Santa Caterina del Sasso (Lago Maggiore) (EF)
▲ Malerische Hausfassaden am Comer See (EF)

Das Hotel Forum in Rom – Zimmer mit direktem Blick auf die Antike

ansonsten eher sporadisch. In unseren Texten im praktischen Reiseteil finden Sie zahlreiche Unterkunftsempfehlungen, für die nächste Auflage freuen wir uns auch auf Ihre persönlichen Erfahrungen und Tipps!

Hotels/Pensionen/Locande

Die Unterschiede können erheblich sein, besonders zwischen den Hotels verschiedener Klassifikationen, sind aber nicht unbedingt auf den ersten Blick sichtbar. Die günstige, aber bestens gepflegte Familienpension kann es oft mit dem schon etwas heruntergekommenen Drei-Sterne-Hotel nebenan aufnehmen, ebenso kann man in einer frisch renovierten Zwei-Sterne-Unterkunft besser unterkommen als im mehrfach übertünchten und lieblos geführten Drei-Sterne-Haus aus den 1970ern. Die meisten Häuser ab zwei Sternen aufwärts bieten bezüglich Ausstattung und Sauberkeit jedoch einen recht guten Standard. Doch auch die regionalen Unterschiede sind erheblich: Findet man in *Bologna* beispielsweise fast ausschließlich saubere, gut instand gehaltene Unterkünfte, sind die Häuser der gleichen Kategorie in mancher Ecke von *Rom* ziemlich heruntergewirtschaftet und vernachlässigt. In *Südtirol* und am *Gardasee* herrschen gepflegte und adrette Häuser vor, in *Venedig* nagt Salzwasser an den feucht-morbiden Palazzi. Die Badeorte, speziell an der flachen Adria, strahlen mit ihren betonierten Hotelfronten nicht gerade vor Schönheit – ein Haus wie das andere. In *Verona* und *Florenz* kann man dagegen in gut renovierten historischen Häusern mitten im „centro storico" wohnen. In *Neapel* findet man zahlreiche Billigunterkünfte, die z. T. vernachlässigt und ungepflegt sind, nur einige Kilometer weiter kann man in *Sorrento* und an der *Amalfiküste* Urlaub vom Feinsten machen.

Auch die Preise weisen regionale Unterschiede auf, sind allerdings fast überall relativ hoch, wenn man sie mit anderen Mittelmeerländern vergleicht. *Venedig* ist mit Abstand die teuerste Stadt Italiens – 25 % teurer als *Rom* und 18 % teurer als

Florenz, die beiden Nachfolger in der nationalen Preisskala. Ebenso verlangt man in *Mailand*, *Bologna* und *Verona*, in *Sorrento*, an der *Amalfiküste*, auf den *Liparischen Inseln* und in *Taormina* (Sizilien) stolze Hotelpreise, während z. B. *Genua* und *Ventimiglia* an der Riviera eher budgetfreundlich sind.

Generell besteht in den Badeorten am Meer in der Hochsaison in praktisch jeder Unterkunft *Pensionspflicht*, d. h. Übernachtung mit Frühstück und mindestens einer Mahlzeit (Halbpension = HP) wird berechnet, außerdem muss man in der Regel mindestens drei Nächte bleiben. Auch Übernachtung mit Frühstückszwang (offiziell verboten) treibt die Preise in unkontrollierbare Höhen – wobei das Frühstück dann oft lächerlich gering ausfällt. Anders in der Nebensaison: Dann sind die Hoteliers froh, ihre Zimmer voll zu bekommen, und man kann noch hier und dort ein Schnäppchen machen.

> Die Preise im praktischen Reiseteil dieses Buches sind Circa-Preise und beziehen sich auf ein **Doppelzimmer (DZ) mit Bad**. Zimmer ohne eigenes Bad sind als solche kenntlich gemacht und verfügen nur über eine Etagendusche. Wenn eine Preisspanne angegeben ist (z. B. DZ ca. 80–120 €), meint die erste Zahl den Zimmerpreis in der **Nebensaison (NS)**, also April, Mai, September und Oktober, die zweite bezieht sich auf die **Hauptsaison (HS)** im Juli/August.

▸ **Pauschalangebote:** Südtirol, Gardasee, Riviera, Adria, Rom, Taormina auf Sizilien sowie die Inseln Ischia und Capri sind Ziele, die von allen großen Reiseveranstaltern angeboten werden. Die Angebote sind meist auf Familien mit Kindern zugeschnitten und preislich oft günstiger, als man sie auf eigene Faust buchen könnte. Besonders auf spezielle Saisonermäßigungen und Sonderangebote sollte man achten.

Außerdem werden spezielle *Städtereisen* angeboten, Venedig, Florenz und Rom sind dabei die Renner. Im Paket sind sie ebenfalls oft günstiger zu haben als bei individueller Buchung – es lohnt unbedingt ein Preisvergleich.

Studienreisen gehen in alle bekannten Kultur- und Tourismusgebiete: u. a. Venetien (Padua, Ravenna, Venedig), Toskana, Umbrien, Rom/Latium, Sorrento und Amalfiküste, Golf von Neapel, Apulien, Sizilien.

Apartments und *Ferienwohnungen* können ebenfalls pauschal gebucht werden (→ unten).

Tipps für Hotel- und Pensionsgäste

Folgende Bestimmungen sind gesetzlich geregelt. Das heißt jedoch noch lange nicht, dass diesbezügliche Klagen zum Erfolg führen. Bei Problemen, insbesondere wenn die aushängenden Preise deutlich überzogen sind, können Sie sich an das Tourismusamt der jeweiligen Provinz (A.P.T. = Azienda di Promozione Turistica) wenden.

- Die **Zimmerpreise** unterliegen der Überwachung durch das Tourismusamt der Provinz und dürfen die Grenzen, die für die betreffende Kategorie festgelegt sind, nicht überschreiten. Sie müssen sowohl an der Rezeption wie auch in den Zimmern deutlich aushängen (meist an der Innenseite der Tür). Achten Sie darauf, dass im Einzelzimmer nicht der Preis für ein Doppelzimmer ausgehängt und die Preisliste offiziell bestätigt ist, z. B. mit Stempel des Provinzamts.

- **Frühstück** ist nicht obligatorisch und wird nur serviert bzw. berechnet, falls der Gast es wünscht. Die meisten Zimmerpreise gelten allerdings mit Frühstück. Wer extra Frühstück bestellt, muss mit einem Mehrpreis von 5–10 € pro

Übernachten

Person rechnen, im anderen Fall verringert sich der Zimmerpreis jedoch nur unerheblich (bzw. gar nicht), wenn man auf das Frühstück verzichtet. Fragen Sie vorher nach, um unliebsame Überraschungen zu vermeiden. Oftmals ist für das kleine Frühstück die Bar ums Eck vorzuziehen.
- Falls man sich ein **Extrabett** in ein Doppelzimmer stellen lässt, kann der Preis bis zu 35 % erhöht werden.
- Leider besitzen viele Hotels keine **Einzelzimmer**. Falls man als Einzelreisender ein Doppelzimmer zugewiesen bekommt, ohne es ausdrücklich verlangt zu haben, darf dafür in der Regel nur der Einzelzimmerpreis oder bis zu 85 % des Doppelzimmerpreises berechnet werden (diese Regelung ist jedoch von Region zu Region unterschiedlich).
- Viele **Stadtzentren** sind für den motorisierten Verkehr zeitweise oder dauernd gesperrt. Als Zimmersuchender darf man jedoch bis zu einem Hotel fahren und das Gepäck ausladen. In der Regel besitzen nur Häuser der Kategorie *** bis ***** eigene Garagen oder Parkmöglichkeit, gelegentlich erhält man vom Hotel auch einen Parkausweis.

▸ **Hotel-Klassifizierung/Preise**: Die italienischen Hotels und Pensionen sind von den Tourismusbehörden der Provinzen in fünf Kategorien unterteilt (1–5 Sterne). Wir haben diese Klassifizierung bei den Hotelbeschreibungen als Orientierungshilfe (auch preislich) jeweils mit angegeben, obwohl sie nicht immer etwas über den Zustand bzw. den Service, Freundlichkeit etc. des Hauses aussagen.

***** = **Hotels der Luxusklasse** mit gepflegtem Mobiliar, Klimaanlage, Telefon, Farb-TV und Eisschrank/Frigobar auf dem Zimmer. Sind rar gesät und meist nur in Großstädten und sehr bekannten Touristenorten anzutreffen, oftmals in stilvollen Stadtpalazzi oder sorgfältig renovierten Landvillen untergebracht, nicht selten auch das traditionsreiche *Grand Hotel* eines nicht minder traditionsreichen Badeortes. Ein sehr gutes, manchmal auch sternegekröntes Restaurant mit weithin bekanntem Spitzenkoch gehört mittlerweile zu diesem Standard dazu. Swimmingpool (auch drinnen), Privatstrand, Tennis, Wellnessbereich etc. meist vorhanden. Preisniveau mehr oder minder unbezahlbar, ab ca. 300 € fürs DZ.

**** = **First-class-Hotels**, ebenfalls für gehobene Ansprüche, Preise ab mindestens 200 € fürs DZ, meist aber gut 250 €.

*** = **Mittelklassehotels**, sauber, mit ordentlicher Ausstattung und eigenem Bad, meist mit Restaurant, am Meer oft mit Swimmingpool. TV im Zimmer obligatorisch. Preise 120–180 € für's DZ.

** = **untere Mittelklasse**, Qualitätsunterschiede sind hier besonders deutlich spürbar, von vernachlässigt bis gut. Oft gibt es Zimmer wahlweise mit oder ohne eigenes Bad, oft mit TV. Je nach Besitzer viel persönliche Atmosphäre oder eher anonym. Zimmer mit Bad ca. 80–90 €, mit Etagendusche ca. 60 €.

* = **einfache Locande und Pensionen** in meist älteren Häusern. Oft im Inland und in größeren Städten, an der Küste sind sie seltener zu finden. An Ausstattung sollte man keine Ansprüche stellen und auch unerfreuliche Überraschungen einkalkulieren. Zimmer mit Bad ca. 55–70 €, mit Etagendusche in der Regel ab 40 € aufwärts.

▸ **Ferienwohnungen/Apartments**: Die preiswerte Alternative zu den oft ziemlich teuren Hotels, ebenfalls von vielen Reiseveranstaltern (meist mit individueller Anfahrt) angeboten – hauptsächlich in der Toskana, außerdem in Südtirol, Venetien, Riviera, Adria, Umbrien, Latium, Apulien und Sizilien. Eine Ferienwohnung hat Vorteile: Man kann mit dem eigenen Herd die hohen Ristorante-Preise umgehen, und wenn man vor Beginn der eigentlichen Hauptreisesaison bucht und zu mehreren ist, kann ein Aufenthalt durchaus preisgünstig sein. Vor allem für Familien mit Kindern ideal – mehr Freiraum als im Hotel, individuelle Zeiteinteilung unabhängig von Essenszeiten, selbst gekochte Mahlzeiten etc. Nicht wenige Ferienhausanlagen besitzen Swimmingpools.

CASA FERIA
Land- und Ferienhäuser

ALGARVE · DODEKANES · KANAREN · KRETA · SARDINIEN · SIZILIEN · TOSCANA · UMBRIEN

Nette Unterkünfte bei netten Leuten

CASA FERIA die Ferienhausvermittlung von Michael Müller

Im Programm sind ausschließlich persönlich ausgewählte Unterkünfte abseits der großen Touristenzentren. Ideale Standorte für Wanderungen, Strandausflüge und Kulturtrips. Einfach www.casa-feria.de anwählen, Unterkunft anschauen, Unterkunft auswählen, Unterkunft buchen.

Casa Feria wünscht *Schöne Ferien*

www.casa-feria.de

Bezüglich Qualität der Ferienhäuser gibt es natürlich diverse Standards, die sich meist im Preis bemerkbar machen. Wer kein eigenes Fahrzeug hat, sollte sich bei der Buchung unbedingt nach der genauen Lage des Objekts bzw. der Entfernung des nächsten Orts erkundigen, denn es ist nicht angenehm, mehrere Kilometer zum Einkaufen laufen zu müssen. Minimalaufenthalt meist eine Woche, im Juli/August teilweise auch zwei Wochen.

- *Anbieter* Spezialisiert auf Ferienwohnungen haben sich z. B. **Inter Chalet** (www.interchalet.com) und **Interhome** (www.interhome.de), fündig werden kann man auch bei **Wolters Reisen** (www.woltersreisen.de) und **DERtour** (www.dertour.de). Weitere Angebote gibt es unter www.ferienwohnungen-online.de und www.fewo-direkt.de. Darüber hinaus kann auch der Blick in den Reiseteil überregionaler Zeitungen sowie in Reisezeitschriften lohnen: Hier findet sich oft eine große Auswahl an Apartments und Ferienhäusern.
- *Buchung* Für die Hochsaison unbedingt rechtzeitig vorbuchen (mindestens ein halbes Jahr vorher), vor Ort wird man im Juli/August große Schwierigkeiten haben, eine freie Wohnung zu finden! In der Vor- und Nachsaison (April/Mai/Juni bzw. September/Oktober) kann man dagegen auch direkt vor Ort fündig werden, entweder durch Maklerbüros in den größeren Orten (Auskunft in den Informationsbüros) oder durch Erkundigungen auf eigene Faust. Meist weiß der Pächter der nächsten Bar Bescheid und kennt die Eigentümer.
- *Preise* Falls man bereits zu Hause buchen will, beginnen die **Wochenpreise** bei günstigen Anbietern in der Nebensaison bei 300–350 € aufwärts für ein 4-Personen-Apartment und können sich im Juli/August auf ca. 800 € steigern, bei Luxusobjekten auf weit über 1000 €. Beim Wälzen der Prospekte nicht die **Nebenkosten** (Poolbenutzung, Endreinigung usw.) übersehen. Lassen Sie sich vor Anmietung alle eventuellen Extrakosten genau auflisten.

▶ **Privatzimmer:** „Bed & Breakfast" gibt es mittlerweile in vielen Orten und Städten, die Informationsbüros verfügen meist über einschlägige Listen und können weitergehende Auskünfte erteilen, vermitteln auch oft Zimmer. Ansonsten kann man sich einfach vor Ort umhören, vielleicht in der nächsten Bar oder dem benachbarten Alimentari-Laden. Gelegentlich sieht man auch Schilder „affitta camere" o. Ä. Die Preise liegen etwa zwischen 50 und 80 € fürs DZ, gelegentlich wird ein Mindestaufenthalt von drei Tagen oder einer Woche verlangt.

Übernachten 125

> Die Organisation **Bed & Breakfast Italia** vermittelt mehrere tausend Privatunterkünfte in ganz Italien (DZ je nach Kategorie 45–115 €, auch Einzel- und Dreier-Zimmer). Zentrales Buchungsbüro: Palazzo Sforza Cesarini, Corso Vittorio Emanuele II 284, I-00186 Roma, ✆ 06/6878618 (Beratung auf Deutsch), 📠 06/6878619, www.bbitalia.it.
> Exklusive Privatunterkünfte zu gehobenen Preisen vermittelt **Caffelletto**, Via Procaccini 7, I-20154 Milano, ✆ 02/3311814, 📠 02/3313009, www.caffelletto.it.

▸ **Jugendherbergen (ostelli per la gioventù) und Hostels:** Herbergen des italienischen Jugendherbergsverbands (Mitglied der International Youth Hostel Federation = IYHF) gibt es in vielen Großstädten und historischen Zentren, z. B. *Ancona, Ascoli Piceno, Bari, Bergamo, Bologna, Cortona, Florenz, Genua, Livorno, Lucca, Mailand, Montagnana, Neapel, Palermo, Parma, Perugia, Ravenna, Rimini, Rom, Rovereto, Salerno, Siena, Triest, Turin, Venedig, Verona, Vicenza,* außerdem am *Gardasee* (Riva di Garda), am *Comer See* (Como, Domaso und Menaggio), bei *Erice* und *Castroreale* (Sizilien) sowie auf den Insel *Lipari* und *Ischia*. An den Meeresküsten sind sie dagegen nur selten anzutreffen, z. B. in *Finale Ligure* an der Riviera und in *Agropoli* an der Cilentoküste südlich von Neapel. Die Übernachtung kostet in der Regel um die 12–16 € (Frühstück extra), abendliche Schließzeit ist 23 oder 24 Uhr, oft sind preiswerte Abendmahlzeiten zu bekommen. Übernachtet wird in Schlafsälen oder Leihbettwäsche (ca. 1–2 €), das Publikum ist international. Reservierung ist für Juli und August sinnvoll – oft sind die Herbergen dann durch Feriengruppen voll belegt –, nimmt aber nicht jedes Haus an.

Ergänzt werden die IYHF-Jugendherbergen durch privat oder kirchlich geführte Hostels, z. B. in *Assisi, Florenz, Levanto, Loreto, Macerata, Manarola (Cinque Terre), Matera, Nicolosi (Sizilien), Padua, Parma, Perugia, Pisa, Rom, Rovereto, Trento, Verona* und *Venedig*. Weitere Details unter den jeweiligen Orten. In den Jugendhostels sollte man ein Auge auf sein Gepäck haben und Wertsachen nach Möglichkeit an der Rezeption oder in Schließfächern deponieren.

> Detaillierte Informationen über alle italienischen IYHF-Jugendherbergen unter **www.ostellionline.com**.

▸ **Agriturismo:** „Urlaub auf dem Bauernhof" ist schon seit Jahren in Italien groß in Mode, überall im Land gibt es diese Angebote. Waren es ursprünglich vor allem die landesweit hohen Hotelpreise, die diese interessante Art der Feriengestaltung in den Fokus gerückt hatten, so sind die Agriturismohöfe nun selbst zum Teil in den hochpreisigen Sektor aufgestiegen. Die ursprüngliche Idee, nämlich „Ferien auf dem Bauernhof" anzubieten und dem Gast einen Einblick ins bäuerliche Leben zu verschaffen (z. T. sogar mit der Möglichkeit, aktiv am Arbeitsalltag teilzunehmen), ist dabei oft in den Hintergrund gerückt bzw. ganz verschwunden. Die Betreiber der teils sehr aufwendig renovierten Bauernhäuser buhlen vielmehr mit einer breiten Palette touristischer Annehmlichkeiten um die Gunst potenzieller Urlaubsgäste: Vom Satelliten-TV über Jacuzzi und antike Möbel bis hin zu Swimmingpool und Tennisplatz wird häufig so ziemlich alles geboten, was einen Aufenthalt angenehm machen kann. Besonders hoch sind die Preise, wenn der Agriturismo in einer „In"-Gegend liegt. Bei günstigen Anbietern kosten Zimmer je nach Saison pro Tag/Kopf ca. 30–35 € mit Frühstück, mit Halbpension (oft gute authentische Landküche)

126 Wissenswertes von A bis Z

ca. 45–65 €, nach oben ist die Preisskala allerdings ziemlich offen. Im Sommer wird meist ein Mindestaufenthalt von einigen Tagen verlangt. Neben Kost und Logis gibt es oft weiterführende Angebote wie Pferdetrekking, Wandern und Mountainbiking.

• *Kontaktadressen/Buchung* Verschiedene Organisationen bieten Ferien auf dem Bauernhof in allen Teilen Italiens. Bei folgenden Adressen kann man einen Katalog bestellen oder – einfacher – das umfangreiche Angebot auf der Website ansehen und buchen. Bei einer Buchung wird normalerweise eine Teilsumme als Anzahlung verlangt.
Agriturist, Corso Vittorio Emanuele 101, I-00186 Roma, ✆ 06/68801643, ✉ 06/68307171, www.agriturist.it.

Turismo Verde, Via Mariano Fortuny 20, I-00196 Roma, ✆ 06/3240111, ✉ 06/3235965, www.turismoverde.it.
Südtiroler Bauernbund – Roter Hahn, Schlachthofstr. 4/d, I-39100 Bozen, ✆ 0471/999325, ✉ 0471/981171, www.roterhahn.it.
Weitere Websites: www.agriturismo-italia.net, www.terranostra.it, www.agriturismo.com.
Auch viele Informationsbüros vor Ort verfügen über einschlägige Angebote und Broschüren (→ jeweilige Orte).

▸ **Rifugi** (Berghütten): Für Wanderer und Kletterer bieten mehrere hundert Berghütten Unterkunft, die dem *Club Alpino Italiano* (CAI) angeschlossen sind. Eine Übernachtung in einem „Rifugio" kostet etwa 10–14 € pro Person. Die Einrichtung ist zwar meist aufs Notwendigste beschränkt (Stockbetten, Matratzenlager), jedoch entschädigt die oft herrliche Lage der Hütten dafür reichlich. Wenn genügend Platz vorhanden ist, haben die Hüttenwirte die Verpflichtung, vorbeikommende Wanderer aufzunehmen. Sinnvoll ist es jedoch, vorher anzurufen oder eine Buchung über CAI vorzunehmen (Hauptsitz: Via Petrella 19, I-20124 Milano, ✆ 02/2057231, ✉ 02/205723201, www.cai.it). Ergänzend gibt es noch privat geführte Hütten, die meist ein Stück teurer sind.

Camping

Einige tausend Campingplätze stehen zur Auswahl. Kaum ein Touristenort, der nicht über mindestens ein Gelände verfügt, um die Badezentren am Meer und an den großen oberitalienischen Seen drängen sich sogar viele Dutzend.

Bezüglich Ausstattung und Größe sind alle Spielarten vertreten – vom umfunktionierten Schrebergarten mit wackliger Bretterbar und Containerduschen bis zur viele Hektar großen Zeltstadt, wo die Mitnahme eines Fahrrads sinnvoll erscheint, um schnell auf die Toilette zu gelangen.

Campingurlaub in Italien kann Spaß machen – wenn man den *August* meidet! Dann ziehen ganze Familienverbände mit Sack und Pack aus den Großstädten ans Meer und fast alle Plätze sind randvoll belegt. Im August wird auf vielen Plätzen mehr als die Hälfte des Jahresumsatzes gemacht, das geht auf Kosten des Geldbeutels und der Qualität: überhöhte Preise, Wartezeiten, verdreckte Duschen, Lärm. Im Juli und August findet auf großen Plätzen außerdem allabendlich auf Familien zugeschnittene, lautstarke „Animation" statt – Theater, Tanz, Musikgruppen, Zauberer etc. Mai, Juni und September sind dagegen ideale Campermonate.

Viele Plätze liegen unmittelbar am Strand, jedoch nicht selten kilometerweit von der nächsten Ortschaft. Ohne fahrbaren Untersatz ist man dann verlassen, denn öffentliche Verkehrsmittel sind an den nur im Sommer bevölkerten Küsten rar.

Die Ausstattung der Plätze ist, wie gesagt, sehr unterschiedlich: Meist gibt es wenigstens eine Bar und einen Laden, ein platzeigenes Ristorante ist dagegen eher Mangelware. Auch Sportmöglichkeiten, z. B. Tennis, Surfbrett- und Bootsverleih, Boccia und Reiten, sind nicht unbedingt die Regel, ein Swimmingpool ist eher

Ein Ferienhaus bringt für Familien viele Vorteile

Luxus. Am Strand kann man dagegen oft Sonnenschirme und Liegen leihen. Kostenlose warme Duschen sind im Norden (Trentino-Südtirol) meist vorhanden und nehmen Richtung Süden deutlich ab bzw. funktionieren mit *gettoni*, die man an der Kasse kaufen muss. Oft besteht die Möglichkeit, Wohnwagen oder einfache Stein- oder Holzbungalows zu mieten (letztere bieten für 2–6 Personen Platz und kosten ab ca. 60–70 € pro Tag). Auf den meisten Plätzen kann man mit dem eigenen Fahrzeug bis zum Stellplatz fahren, ab und an muss man das Fahrzeug jedoch auf einem separaten Parkplatz abstellen.

▸ **Wohnmobile:** Italien eignet sich im Allgemeinen hervorragend für das Reisen mit dem Wohnmobil. Außerhalb der großen Städte, besonders auf den gut ausgebauten Nebenstraßen, bereitet das Fahren wahren Genuss. Freies Übernachten ist, von der Küste abgesehen, kein Problem, denn fast alle Dörfer und Städte bieten zu diesem Zweck entsprechende Parkplätze an. Außerhalb der Ortschaften gibt es oft bei Burgen, Kirchen und anderen Sehenswürdigkeiten gute Stellplätze. Nicht ganz so einfach ist es, ein Plätzchen in der freien Natur zu finden, da das Befahren von Feldwegen meist verboten ist. An den touristischen Küstenstrichen sind die Parkplätze nicht selten mit Höhenschranken gegen Wohnmobile gesichert. Als Alternative bleiben nur Campingplätze. Informationen im Web: www.camperweb.it (unter „Sosta Camper" nach Regionen aufgelistet).

▸ **Wichtige Campingregionen:** Die gesamte Ostküste des *Gardasees* wie auch der Südwesten des Sees sind ein einziger Zeltplatz. Hübsch sind die gras- und baumbestandenen Anlagen am Südufer des *Iseo-See*. Ein besonders bei deutschen Gästen beliebtes Campingzentrum ist das malerische Örtchen *Canobbio* am Lago Maggiore. Am Comer See treffen sich Camper vor allem bei *Domaso* im Nordwesten.

An der oberen und mittleren Adria ballen sich die Plätze z. T. fast flächendeckend – sehr begehrt ist z. B. die Landzunge *Litorale del Cavallino* südöstlich von Venedig, von wo man problemlos Tagesausflüge in die Lagunenstadt machen kann. Geeignet für Camper sind auch *Grado* und die Pineta von *Ravenna* (allerdings liegen die

Plätze teilweise weit außerhalb der Orte), natürlich auch der Großraum *Rimini* und die Küstenstriche weiter südlich.

Die Insel *Elba* ist bei Campern sehr beliebt, in Süditalien ist die Halbinsel des *Gargano* eins der großen Campingziele – keine Bucht ohne Zeltplatz. Ebenso gut bestückt ist das *Capo Vaticano*, südlich von Tropea (Kalabrien).

- *Öffnungszeiten* Die meisten Plätze, vor allem an den Seen, sind ab Anfang April bzw. etwa Ostern geöffnet und schließen Ende September. Am Meer wird z. T. erst im Mai aufgemacht. Auf **Sizilien** sind zahlreiche Plätze ganzjährig geöffnet, am Festland dagegen nur einige wenige. Jedoch Vorsicht – auf die offiziellen Öffnungszeiten ist kein Verlass, wenn keine Nachfrage mehr besteht, wird oft rigoros zugemacht.

- *Preise* Gestalten sich durchaus unterschiedlich. Während die Marktführer in touristisch stark entwickelten Regionen reichlich hohe Gebühren verlangen, kann man im touristischen Abseits immer wieder erfreuliche Überraschungen erleben, z. T. allerdings gedämpft durch mangelhafte Einrichtungen. Im Schnitt zahlen 2 Personen mit Kleinzelt und PKW in touristischen Gebieten pro Übernachtung etwa 32–38 €, in den Städten im Binnenland dagegen oft nur 25–28 €. Etwas verwirrend ist dabei die unterschiedliche Gestaltung der Preise – mal sind Auto und Stellplatz im Personenpreis inbegriffen, mal geht alles extra. Generelle Faustregel: Stark frequentierte Plätze sind teurer als wenig genutzte.

- *Stellplatzreservierung* Auf den meisten Plätzen können Stellplätze, Wohnwagen und Bungalows gegen Anzahlung reserviert werden, z. T. auch online oder per E-Mail. Auch manche Reiseveranstalter haben Zeltplätze in ihren Katalogen.

Buchung über Internet

Viele Unterkünfte in ganz Italien – Hotels, Privatzimmer, Agriturismo, Camping – können mittlerweile online direkt gebucht werden. Bitte beachten Sie dafür die Webadressen der Unterkünfte unter den jeweiligen Orten. Folgende Seiten bieten Online-Buchung für zahlreiche Unterkünfte, allerdings hauptsächlich Drei- bis Vier-Sterne-Hotels: www.emmeti.it, www.in-italy.de, www.initalia.it, www.italyby.com, www.italy-hotels.it, www.italien.info, www.venere.com, www.hallo.com (Südtirol).

Zoll

Innerhalb der EU dürfen Waren zum eigenen Verbrauch unbegrenzt ein- und ausgeführt werden. Es existiert allerdings ein Katalog über Richtmengen von Waren (→ Kasten). Überschreitet man diese, muss man im Fall einer Stichprobenkontrolle glaubhaft machen, dass diese Mengen nicht gewerblich genutzt werden, sondern nur für den persönlichen Verbrauch bestimmt sind. Haben Sie also mehr als 90 l Wein dabei, kommen Sie in Beweisnot ...

Achtung: Bei der Rückreise über die *Schweiz* gelten deutlich niedrigere Quoten. Es dürfen nur 200 Zigaretten, 1 l Spirituosen und 2 l Wein sowie sonstige Waren im Wert von 300 € zollfrei eingeführt werden. Beim Transfer durch die Schweiz kann man aber für seine Weinkisten bei der Einreise Kaution zahlen, die man bei der Ausreise wieder zurückerhält.

Richtmengenkatalog (Warenmenge pro Person ab 17 Jahre): 800 Zigaretten, 400 Zigarillos, 200 Zigarren, 1 kg Rauchtabak, 10 l Spirituosen, 20 l Zwischenerzeugnisse (z. B. Campari, Cinzano etc.), 90 l Wein (davon höchstens 60 l Schaumwein) und 110 l Bier. Weitere Hinweise in der Broschüre „Urlaub", erhältlich bei vielen öffentlichen Stellen, in Reisebüros und beim Zollamt.

Oberitalien

Von den Alpen bis zu den Sandstränden von Riviera und Adria ein unerhört vielfältiges Gebiet mit den verschiedensten Landschaftsformen – während in den Bergen um Cortina d'Ampezzo noch im Juni Schnee liegt, brütet die Poebene schon unter einer schweren Hitzedecke und sind ganze Liegestuhlgenerationen im Anmarsch auf Lido di Jesolo.

Oberitalien ist der Motor des Landes. Hier ballt sich fast die gesamte Industrie, Großstädte wie *Mailand* und *Turin* sind hektisch und wirken auf den ersten Blick abschreckend. Doch gerade die Städte sind es auch, die kulturelle Highlights bieten. Seit Spätmittelalter und Renaissance prägten ganze Fürstengeschlechter und ihre Baumeister die Gesichter der urbanen Zentren – und glücklicherweise blieben die meisten vor den Bomben des Zweiten Weltkriegs verschont. Die Auswahl an Zielen ist enorm: *Verona* mit seiner bildschönen Piazza Bra, *Bologna*, dessen Bogengänge insgesamt 35 km lang sind, die Renaissancestadt *Ferrara*, die byzantinischen Mosaike in *Ravenna*, die Werke Palladios in *Vicenza*, Dom und Baptisterium von

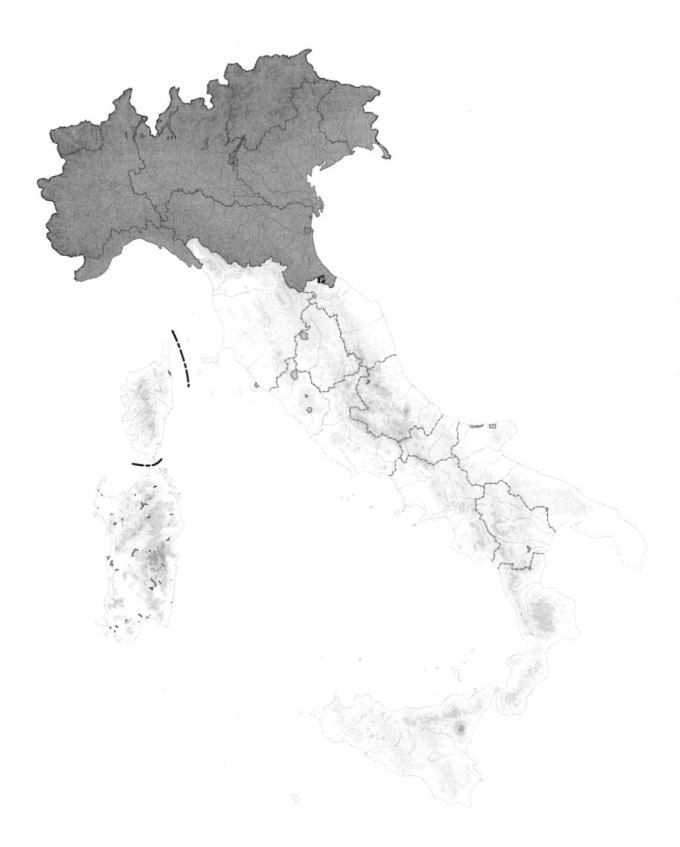

Parma, die Fresken von Mantegna in *Mantua*, die reizvolle „città alta" von *Bergamo* ... und natürlich, als vielleicht schönste Stadt Italiens, *Venedig* mit seinen zahllosen Kanälen und Palästen.

Wer zum Baden kommt, kann bereits in den Alpen damit beginnen: *Gardasee, Lago Maggiore, Comer See, Iseo-See, Lago d'Orta*, der pittoreske *Lago di Molveno*, der warme *Kalterer See* und noch jede Menge kleinerer Gewässerwarten ab April auf Gäste. In wenigen Stunden gelangt man von dort zum Meer, alternativ an die *Adria* oder die *Riviera*. Erstere bietet kilometerlange, flach ins Meer abfallende Sandstrände mit ebenso langen Sonnenschirmbatterien, für Urlaub mit Kindern ideal. *Grado* und *Cáorle*, östlich von Venedig, gehören zu den angenehmsten Zielen, wahre Rummelplätze sind dagegen *Lido di Jesolo, Lignano* im Friaul und natürlich das legendäre *Rimini*.

An der Riviera geht alles etwas enger und heimeliger zu. Die Hänge des Apennin-Gebirges reichen hier bis ans Meer und lassen den Badeorten und Städten nur wenig Platz zur Entfaltung. Ein wunderschönes Zusammenspiel aus Bergen und Meer, das aber durch intensive Industrialisierung und Fremdenverkehr Schaden genommen hat. Eine der reizvollsten Regionen ist sicher der Küstenstrich *Cinque Terre* zwischen Genua und La Spezia. Das steile, unwegsame Terrain hat hier den Bau einer durchgehenden Uferstraße verhindert, mit der Bahn kommt man aber gut herum. Alle Orte sind durch Fußwege verbunden: ein kleines, leider mittlerweile kostenpflichtiges Paradies für Wanderer.

Bleiben noch die Berge: In *Südtirol* kann man das reizvolle, allerdings von Spannungen geprägte Miteinander der österreichischen und italienischen Kultur hautnah erleben. Praktisch jeder Ort bietet Fremdenzimmer, wandern ist angesagt. Das *Aostatal* im äußersten Westen zeigt dagegen überall französische Einflüsse – nicht nur, wenn man von der italienischen Seite her die abenteuerliche Seilbahn auf den *Mont Blanc* nimmt.

Am Südufer des Gardasees: Blick auf Sirmione

TRENTINO-SÜDTIROL TRENTINO-ALTO ADIGE

SCHÖNE ORTE: Bozen (S. 146), Meran (S. 142), Brixen (S. 137), Bruneck (S. 138), Kaltern (S. 154), Rovereto (S. 160), Sterzing (S. 135), Trento (S. 155).

LANDSCHAFTLICHE HÖHEPUNKTE: Dolomiten, Große Dolomitenstraße (S. 152), Kalterer See (S. 153), Lago di Molveno (S. 161), Bletterbachschlucht (S. 153).

KULTURELL INTERESSANT: Trento (S. 155), Kreuzgang des Doms von Brixen (S. 137), Dominikanerkirche in Bozen (S. 149), Kloster Neustift bei Brixen (S. 138), Kloster Marienberg im Vinschgau (S. 141), Churburg in Mals (Vinschgau, S. 141), Landesmuseum für Volkskunde in Dietenheim (Bruneck, S. 139), Museo Storico Italiano della Guerra in Rovereto (S. 160), Museo degli Usi e Costumi della Gente Trentina (Trientiner Volkskunde- und Trachtenmuseum) in San Michele all'Adige (S. 159), Messner Mountain Museum Firmian in Schloss Sigmundskron (S. 151).

BADEN: in Südtirol im Kalterer See (wärmster Alpensee, S. 153) und in den Montiggler Seen (S. 155), im Trentino in den beiden Seen Lago di Caldonazzo (S. 162) und Lago di Lévico (S. 162) sowie im alpinen Lago di Molveno (S. 161).

KURIOS: das kulturelle und sprachliche Potpourri in Südtirol.

EHER ABZURATEN: die Randbezirke von Bozen und Trento, wo sich viel Industrie angesiedelt hat.

Südtiroler Impressionen: saftige Bergwiesen, mächtige Zweitausender, idyllische Dörfchen

Trentino-Südtirol Trentino-Alto Adige

Die Doppelregion im „hohen Norden" Italiens – prächtige Alpenszenerie um das lange Tal der Etsch und die Gebirgsgruppe der Dolomiten. So richtig italienisch ist es hier noch nicht, aber die idealen klimatischen Bedingungen, die einzigartigen Naturlandschaften und das hohe Niveau der Gastronomie haben eine Fremdenverkehrslandschaft erster Güte entstehen lassen.

Saftige Hochalmen und tiefe Schluchten, schäumende Wildbäche und eisige Gletscher, sonnige Weinterrassen und üppige mediterrane Vegetation, Blütenpracht in den Tälern, Seilbahnen in den ewigen Schnee – die Gegensätze an der Südseite der Alpen sind faszinierend und ziehen seit Generationen Erholungssuchende an. Dass dabei manches zum folkloristischen Zierrat verkommen ist, muss man in Kauf nehmen. Entlang der zahlreichen Haupttäler reihen sich stark besuchte Urlaubsorte, wo man Lärm und Massenbetrieb ausgesetzt ist, hohe Preise zahlt, nicht selten auch endlose Autoschlangen die Straßen verstopfen. Doch in den versteckten Seitenarmen und auf den Bergen oben – erschlossen durch zahlreiche Seilbahnen und Sessellifte – kann man sich mit etwas Geschick und Glück schnell in der Einsamkeit wiederfinden und statt Geschäftstüchtigkeit Gastfreundschaft verspüren.

Südtirol und Trentino sind Urlaubsgebiete, in denen Wandern, Skifahren und Bergsteigen groß geschrieben werden. Gut instand gehaltene und markierte Wanderwege gibt es überall und auch für das immer populärer werdende „Mountainbiking" sind die Bedingungen ideal. Wer Baden will, findet südlich von Bozen den bildhübschen *Kalterer See (Lago di Caldaro)*, seines Zeichens wärmster See der Alpen, bei Trento außerdem das Zweiergespann *Lago di Caldonazzo* und *Lago di*

Oberitalien 133

Lévico sowie den hoch gelegenen, aber besonders reizvollen *Lago di Molveno*. Im Herbst zieht dann der berühmte Südtiroler Wein viele Gäste an – „Törggelen" (Weinprobe) ist angesagt.

Abgesehen von der großartigen Alpenlandschaft fallen die Sehenswürdigkeiten eher bescheiden aus. Zwar stehen allein in Südtirol mehr als 350 Burgen, den Kirchen und historischen Bauten fehlt aber insgesamt die schöpferische Vielfalt und Verspieltheit der italienischen Architektur weiter südlich. Sie sind meist im schlichten alpenländischen Stil gehalten und die großen Kunstbewegungen der Romanik, Gotik und Renaissance haben nur wenige Spuren hinterlassen. Der Dom von *Trento* ist eins der bemerkenswerten Gegenbeispiele. Jedoch besitzen zahlreiche Klöster und Burgen herrliche Wandmalereien aus verschiedenen Epochen.

Südtirols Bevölkerung besteht heute aus etwa 68 % deutschstämmigen Tirolern (ca. 280.000), 28 % Italienern (129.000) und 4 % Ladinern (17.000), letzteres eine rätoromanische Bevölkerungsgruppe, die eine dem Lateinischen verwandte Sprache spricht und vor allem im Grödnertal zu Hause ist (→ unten). Die politische Situation ist dementsprechend sensibel. Das seit 1948 autonome „Trentino-Alto Adige" ist eine Reißbrettkonstruktion aus zwei deutlich unterschiedenen Gebieten, die keine kulturelle Identität besitzen. Während das *Trentino* von 1816–1918 zwar unter österreichischer (Fremd-)Herrschaft stand, aber immer ein echtes Stück Italien war, gehörte *Alto Adige* (Südtirol, eigentlich Oberes Etschland), der südliche Teil Tirols, ganze 600 Jahre lang zu Österreich und wurde erst 1919, nach dem verlorenen Weltkrieg – unfreiwillig – an Italien angeschlossen. Trotz italienischer Staatshoheit hat sich aber seitdem die österreichische Kultur unverfälscht erhalten: Die deutschstämmigen Bewohner sprechen noch fast ausschließlich Deutsch, deutsche bzw. österreichische Gerichte bestimmen die Speisekarten und auch die lästigen Zuschläge für „servizio" und „coperto" fehlen in der Regel. Verblüffend immer wieder, wie selbstverständlich und schnell die Sprachen gewechselt werden: Bedienungen sprechen hochdeutsch mit deutschen Gästen, parlieren italienisch mit Urlaubern aus dem Süden und verständigen sich untereinander in ihrem für Außenstehende fast unverständlichen Tiroler Dialekt.

Anfahrt/Verbindungen

• *PKW* Am Brenner beginnt Südtirol, der Großteil aller Urlauber fährt die **A 22** oder parallel dazu die **SS 12** hinunter. Interessante Alternative zu dieser Haupteinfallschneise ist die Fahrt über den **Reschenpass** den langen Vinschgau (Val Venosta) hinunter nach Meran. Aus dem Westen Österreichs reist man am besten über Lienz und Toblach (Dobbiaco) an.

• *Bahn* Die **Brennerlinie** über Innsbruck, Bozen, Trento und Verona ist auch für Züge das wichtigste Einfallstor. Nach **Bozen** und **Trento** gehen Züge mehrmals tägl. ab Innsbruck und München. Ansonsten ist das Bahnnetz bescheiden ausgebaut: Ab Franzensfeste führt eine Linie das **Pustertal** entlang, ab Bozen kann man stündlich nach **Meran** fahren und mit der neuen Vinschgaubahn bis **Mals**, ab Trento verkehren mehrmals tägl. Züge durch das **Valsugana** (Brenta-Fluss) bis Bassano del Grappa und Padua/Venedig.

• *Bus* Alle Orte in Südtirol und im Trentino sind durch Buslinien verbunden, in Südtirol **SAD** (www.sad.it), im Trentino **Trentino Trasporti** (www.ttspa.it). Regionale Fahrpläne sind in den örtlichen Tourist-Infos erhältlich.

Übernachten

Südtirol und das Trentino haben viele Unterkünfte mit durchweg hohem Standard. Gepflegte Gasthäuser und komfortable Berghotels gibt es fast überall, ebenso Privatzimmer und Ferienwohnungen. Besonders reizvoll sind die vielen **Burgen** und historischen Ansitze, die zu Pensionen oder Hotels ausgebaut wurden. Eine Unterkunftsliste für „**Urlaub auf dem Bauernhof**" kann man beim Südtiroler Bauernbund anfordern (www.roterhahn.it.). **Berghütten** sind etwa Juni bis Sept. geöffnet, eine Übernachtung kostet ca. 15–25 € pro Pers. **Campingplätze** gibt es fast überall, wo sich Touristen aufhalten, **Jugendherbergen** in Bozen, Brixen, Meran, Toblach und Trento.

Essen & Trinken

Interessante alpin-mediterrane Mischkultur: **Knödel** (*canederli*) in allen Variationen und vielfältige Pastagerichte, **Schlutzkrapfen** (gefüllte Teigtaschen) und Gemüserisotto, deftige Tiroler **Speckplatte** und zarte Antipasti, **polenta** und Pfannkuchen ...
Der bodenständigen Tiroler Küche hat die italienische Verfeinerung gut getan, die Speisekarte ist abwechslungsreich, neben alpinem Wild und Pilzen gibt es dank der nahen Adria auch häufig Fisch, ein besonderer Leckerbissen ist die **Passerforelle** aus dem gleichnamigen Fluss, an dem Meran liegt. Weitere Spezialitäten sind **Kas- und Topfennocken** (gefüllte Grießknödel), **Tiroler Gröstl** (verschiedene Fleisch- und Wurstarten mit Bratkartoffeln), **Terlaner Weinsuppe** und zum Dessert **Apfelstrudel** und **Schwarzplententorte** (aus Buchweizenmehl mit Nüssen und Preiselbeermarmelade).
Typische Gerichte des Trentino sind **minestra di orzo** (Gerstensuppe) aus Rollgerste, geräucherten Schinkenknochen bzw. Selchfleisch, Olivenöl, Zwiebeln, Kartoffeln, Karotten und verschiedenen Gewürzen, **tonco de pontesel** (verschiedene Fleischsorten und Salami zusammengekocht) und Würstchen mit Polenta. Bekannteste Pasta sind die Spinat-Gnocchi mit dem schönen Namen **strangolapreti** (Priesterwürger).
Die berühmten Südtiroler Weine stammen weitgehend von der Vernatsch-Traube (auch Trollinger genannt), sind traditionell rot, zuckerfrei und trocken, besitzen jedoch fast immer überraschend vollmundigen Geschmack. Mittlerweile sind aber auch die Weißweine groß im Kommen, darunter Sylvaner, Weißburgunder, Cabernet und Chardonnay. Spitzenreiter in der Beliebtheit sind der **Kalterer See** (rot) und der **Gewürztraminer** (weiß), beide aus dem riesigen Anbaugebiet um den Kalterer See an der „Südtiroler Weinstraße". Im Herbst trifft man sich überall zum **Törggelen** – so heißt die Kostprobe des frischen Federweißen mit gebratenen Maronen, frischen Hauswürsten und Speck.
Die Trentiner Weine sind großteils weiß, mit hohem Anteil an Chardonnay, wachsende Bedeutung kommt den Schaumweinen zu. Aus der roten Traube Teroldego wird der DOC-Wein **Teroldego Rotaliano** erzeugt, seit Jahrhunderten berühmt ist der rote **Marzemino**, von dem bereits Mozarts „Don Giovanni" schwärmt.

Südtirol
Alto Adige

Südlich vom Alpenhauptmassiv mischt sich die majestätische Bergwelt mit submediterranen Einflüssen. In den Tälern zieht der Frühling schon im Februar mit seiner Blütenpracht ein und noch der Oktober zeigt sich mild und warm. Im klimatisch begünstigten Meran, durch hohe Bergketten nach Norden geschützt, gedeihen Palmen und Zypressen, Aleppokiefern und Myrte, Edelkastanien und Libanonzedern. Doch zur gleichen Zeit kann es in der Eisriesenwelt vom oberen Schnalstal kräftig schneien.

Topografisch besteht Südtirol aus drei mächtigen Gebirgsmassiven: dem Hauptkamm der Alpen im Norden, den Dolomiten im Osten und dem Ortler im Westen. Dazwischen verlaufen zahlreiche Täler, in denen alle Städte und wichtigen Fremdenverkehrsorte liegen: Die größten sind das *Etschtal*, das sich als Vinschgau vom Reschenpass bis Meran zieht und weiter über Bozen bis tief hinunter ins Trentino, das *Eisacktal* vom Brenner nach Bozen und das *Pustertal* im Osten. Dazu kommen die zahlreichen Nebentäler wie Grödner Tal, Passeier Tal, Gader Tal, Ahrntal u. v. a.

Eisacktal

Valle Isarco

Das gewundene Eisacktal vom Brenner hinunter nach Bozen ist schon seit Jahrhunderten eine der wichtigsten Alpen-Transversalen und wird heute extrem vom Verkehr geplagt. Autobahn, Eisenbahn und Staatsstraße zwängen sich durch das stellenweise sehr enge Tal südlich vom Brenner.

Auf der Autobahn reihen sich zahlreiche Tunnels. Schöner ist die parallel verlaufende SS 12, wobei man allerdings diverse Ortsdurchfahrten mit Ampeln einkalkulieren muss. Stopps lohnen vor allem in *Sterzing* und *Brixen*. Die große Autobahn-Mautstelle bei Sterzing ist in Stoßzeiten ein berüchtigtes Nadelöhr am Weg in den Süden. Nördlich von Brixen zweigt das breite *Pustertal* ab, das sich Richtung Osten bis nach Österreich zieht.

▸ **Sterzing (Vipiteno)**: Der schmucke Hauptort des oberen Eisacktals liegt in einer weiten Talebene. Das kompakte Zentrum erstreckt sich entlang der Hauptstraße mit bildschönen Zunfthäusern – 1443 nach einem Brand vollständig neu aufgebaut und deshalb *Neustadt* genannt – und der nördlich sich anschließenden Fußgängerzone namens *Altstadt*. Der große, freie Stadtplatz wird beherrscht vom *Zwölferturm*, gegenüber steht die schlichte, weiße *Heiliggeist-Spitalkirche*, die vollständig mit Fresken aus dem 15. Jh. ausgemalt ist. Gleich nach dem Zwölferturm gelangt man durch das schmale Kapuzinergässchen rechter Hand zum *Landesbergbaumuseum Jöchelsthurn*, das auf die frühere Bedeutung Sterzings als Zentrum des Silber-

Schmucke Erkerhäuser an der Hauptstraße von Sterzing

und Bleiabbaus verweist – die Tiroler Bergwerke gehörten im 15. und 16. Jh. zu den ertragreichsten in Europa. An der Ostseite der Neustadt fällt das gotische *Rathaus* aus dem 15. Jh. mit seinem exponierten Erker auf. Historische Gemälde und Skulpturen zieren die Innenräume, es sind noch alte Holzdecken erhalten und ein schöner Ratssaal, im Innenhof stehen ein Meilenstein und ein Steinaltar aus römischer Zeit. Südlich des historischen Zentrums findet man das *Deutschhaus* mit dem *Stadtmuseum* und dem *Multscher-Museum*, in dem Teile eines bedeutenden gotischen Flügelaltars des Ulmer Künstlers Andreas Multscher zu sehen sind.

- *Öffnungszeiten/Eintritt* **Heiliggeist-Spitalkirche**, Mo–Fr 8.30–12, 14.30–18 Uhr, Sa nachm. und So geschl.
Landesbergbaumuseum, Ostern bis Okt. Di–Sa 10–12, 14–17 Uhr, So/Mo geschl., Eintritt ca. 2 €.
Rathaus, Mo–Do 8.15–12.15, 17–17.30, Fr 8–12.15 Uhr, Innenhof Mo–Sa 8–18 Uhr, Eintritt frei.
Multschermuseum/Stadtmuseum, Ende März bis Ende Okt. Di–Sa 10–12, 14–17 Uhr, So/Mo geschl., Eintritt ca. 2,50 €.
- *Anfahrt/Verbindungen* **Parkplatz** am Nordende der Altstadt, dort auch **Busstation** für SAD-Busse: Brenner ca. 2- bis 3-mal, Brixen und Bruneck 6- bis 8-mal, Bozen 2-mal tägl.
Bahnhof etwas südöstlich außerhalb vom Zentrum.
- *Information* **Tourismusverein**, Stadtplatz 3, neben der Heiliggeistkirche, Mo–Sa 8.30–12, 14.30–18 Uhr. So geschl. ✆ 0472/765325, ✉ 765441, www.sterzing.com.

- *Übernachten* *** **Lamm**, gepflegtes Hotel in zentraler Lage, großer Garten, Tiefgarage und Parkplatz. Sauna und Whirlpool. Zimmer mit TV und Balkonen zur straßenabgewandten Seite. DZ mit Frühstück ca. 80–110 €, in der Hochsaison HP. Neustadt 16, ✆ 0472/765127, ✉ 766860, www.hotellamm.it.
** **Wipptalerhof**, solide Herberge mit gutem Komfort, Gratisstellplatz in einer Garage. DZ mit Frühstück ca. 60–70 €. Neustadt 4 (beim Zwölferturm Gässchen hinein), ✆ 0472/765428, ✉ 764307, www.wipptalerhof.it.
** **Villa Maria**, gemütliche Pension mit ruhigem Garten am Nordende der Altstadt (neben Kronenkeller). DZ mit Frühstück ca. 52–66 €. Altstadt 33, ✆ 0472/767622, ✉ 767805, villa.maria@dnet.it.
Camping Gilfenklamm (Racines), ca. 1,5 km von Sterzing in Richtung Gasteig, hübsch gelegen im hohen Nadelwald, viele Dauercamper. ✆ 0472/779132, ✉ 768012, www.camping-gilfenklamm.com.

Autocamp Sadobre, bei der LKW-Zollstation südlich von Sterzing, großer Fernfahrerparkplatz, der auch als Übernachtungsplatz für Wohnmobile genutzt wird, mit Restaurant und Sanitäranlagen. Pro Pers. ca. 12 €. ✆ 0472/721793, ℻ 764836.

TIPP! **Hofer Market**, zu günstigen Preisen kulinarische Angebote aus ganz Italien, Schwerpunkt ist das Weinsortiment. Di–Sa 8.30–12.30, 15–19 Uhr. Brennerstr. 21 (im nördlichen Bereich der Umgehungsstraße von Sterzing), www.hofermarket.it.

▸ **Sterzing/Umgebung**: Im früheren Sumpfgebiet Sterzinger Moos südlich der Stadt thronen drei stolze Burgen – besichtigt werden kann *Schloss Reifenstein*, das mit seiner prächtigen Ausstattung zu den besterhaltenen Burgen Südtirols zählt.
Öffnungszeiten/Eintritt Schloss Reifenstein, Führungen Ostern bis Nov. 9.30, 10.30, 14 und 15 Uhr (August auch 16 Uhr), Fr geschl., ca. 3,50 €.

Brixen

Bressanone • ca. 17.500 Einwohner

Stilvolles Städtchen am Zusammenfluss von Eisack und Rienz. Das Zentrum verkehrsberuhigt und heimelig – enge Gassen, kühle Laubengänge und pastellfarbene Häuser mit Erkern und Treppengiebeln.

Die frühere Fürstbischofsstadt hat bedeutende historische Relikte aufzuweisen: Am weiten Domplatz beeindruckt die große Barockkirche *Mariä Himmelfahrt* mit ihren beiden hohen Kuppeltürmen, im feierlichen Innenraum prangen großflächige Fresken von Paul Troger (18. Jh.). Im benachbarten *Kreuzgang* unbedingt die gotischen Fresken (14.–16. Jh.) ansehen, die den vollständigsten Zyklus von Wandmalereien in Südtirol bilden: 15 Arkaden sind gänzlich ausgemalt mit farbenprächtigen christlichen Bildergeschichten. In der nahen *Hofburg*, dem ehemaligen Bischofspalast, ist das weitläufige *Diözesanmuseum* mit dem Domschatz untergebracht (im Winter mit berühmter Krippenausstellung).

Öffnungszeiten/Eintritt Dom und Kreuzgang, tägl. 9–12, 15–18 Uhr; **Diözesanmuseum**, März bis Ende Okt. Di–So 10–17 Uhr, Mo geschl., Nov. bis Mitte Dez. tägl. 10–17 Uhr; Mitte Dez. bis Ende Jan. 14–17 Uhr; Eintritt ca. 5 €, www.dioezesanmuseum.bz.it.

• *Anfahrt/Verbindungen* Stadtkern innerhalb der Mauer ist für Autos gesperrt, großer gebührenpflichtiger **Parkplatz** an der Brennerstraße (nördlich der Altstadt). **Bahnhof** ca. 1 km südwestlich vom Zentrum.

• *Information* **Tourismusverein**, Bahnhofstr. 9, zwischen Bahnhof und Stadtzentrum. Mo–Fr 8.30–12.30, 14.30–18 Uhr, Sa 9–12.30 Uhr. ✆ 0472/836401, ℻ 836067, www.brixen.org. Weitere Infostelle an der Autobahnausfahrt Brixen, kurz nach der Mautstelle. Mo–Fr 8.30–13, 14–18 Uhr, Sa/So geschl.

• *Übernachten* ****** Grüner Baum**, komfortables, aufmerksam geführtes Haus am Ostufer des Eisack, von der Altstadt über die Adlerbrücke zu erreichen. Parkanlage, Liegewiese, Außen- und Innenpool, Sauna, Garage, Fahrradverleih. DZ mit Frühstück ca. 100–150 €. Stuflergasse 11, ✆ 0472/274100, ℻ 274101, www.gruenerbaum.it.

*** Grauer Bär, guter Standard, gepflegte Zimmer, elegantes Restaurant, Parkplatz. DZ mit Frühstück ca. 100 €. Altmarktgasse 27 (nördlich vom Zentrum), ✆ 0472/836472, ℻ 836117, www.grauerbaer.it.

** Mayrhofer, kleine, gemütliche Pension mit schönem Garten und Parkmöglichkeit. DZ mit Frühstück ca. 68–72 €. Trattengasse 17 (etwas nördlich vom Zentrum), ✆ 0472/836327, ℻ 200172, www.mayrhofer.it.

* Mayrhof, gemütlicher Bauernhof, 20 Gehminuten von Brixen. 10 Zimmer mit Balkon und schöner Aussicht auf Brixen, sehr ruhig. DZ mit Frühstück ca. 45–55 €. Elvaserstr. 100, ✆ 0472/834830, ℻ 207672.

Jugendherberge Kassianeum, zentrale Lage um die Ecke vom Domplatz. 33 Ein-, Zwei-, Drei- und Vierbettzimmer mit insgesamt 67 Betten. Übernachtung 19 €, mit eigenem Bad 27 €. Brunogasse 2, ✆ 0472/279999, ℻ 279998, www.jugendherberge.it.

Camping Löwenhof (✆ 0472/836216, ℻ 801337, www.loewenhof.it) und **Camping Vahrner See** (✆ 0472/832169) liegen wenige Kilometer nördlich von Brixen (SS 12).

• *Essen & Trinken* **Finsterwirt**, eins der gemütlichsten Lokale am Ort, seit Jahrhunderten in Familienbesitz, Decke und Wände der Wirtsstube holzgetäfelt, hinten schöner Garten mit schattigen Lauben und kleinem Brunnen. Feine Küche mit Fleisch von hervorragender Qualität und viel Gemüse, danach auch der richtige Platz, um noch einen Schoppen zu trinken. So-Abend und Mo geschl. Domgasse 3, ✆ 0472/835343.

Fink, ebenfalls bereits seit drei Generationen in derselben Familie. Verfeinerte Südtiroler Küche beim ambitionierten Gastronom Hans Fink. Di-Abend und Mi geschl. Kleine Lauben 4, ✆ 0472/834883.

Kutscherhof, neben der Hofburg in der ehemaligen Kutscherremise der Fürstbischöfe. Gemütliches Wirtshaus mit Biergarten vor dem Haus. So geschl. ✆ 0472/802674.

• *Unterhaltung/Nachtleben* **Belize Jazzkeller**, an der schmalen Bäckergasse, zu erreichen von den Großen Lauben. Urgemütlich sitzt man in einer hofartigen Erweiterung vor dem Haus, genießt Bruschette, Panini und Bier. Gelegentlich Livemusik. Mo–Sa 10–24 Uhr, So geschl.

▶ **Brixen/Umgebung**: 3 km nördlich liegt inmitten von Weinbergen das mittelalterliche *Kloster Neustift* mit Anbauten aus späteren Jahrhunderten. Die zinnenbewehrte Michaelskapelle, der gotische Kreuzgang und die riesige Bibliothek im prachtvollen Rokokosaal gehören zu den Attraktionen der Anlage. In der klostereigenen Schenke wird ein hervorragender weißer Sylvaner kredenzt. Eine Bademöglichkeit mit Campingplatz (→ oben) findet man am nahe gelegenen *Vahrner See*.

Für Motorradfahrer wie geschaffen ist die *Brixner Dolomitenstraße*, die sich schmal und kurvig über Sankt Andrä und Afers (Eores) hinauf zum *Würzjoch (Passo delle Erbe)* in über 2000 m Höhe schlängelt.

Öffnungszeiten/Eintritt **Kloster Neustift**, Hauptkirche und Kreuzgang frei zugänglich, Führungen durchs Kloster mit Bibliothek Mo–Sa 10, 11, 14, 15 und 16 Uhr, So geschl., Eintritt ca. 5 €. ✆ 0472/836189, www.kloster-neustift.it.

▶ **Klausen (Chiusa)**: Der kleine Ort mit seinem unverfälschten mittelalterlichen Zentrum liegt an einer Engstelle des Eisacktals. Auf einem steilen Felsen hoch darüber thront das *Kloster Säben* (nicht zugänglich). Man kann in etwa 30 Min. vorbei an der Burg Branzoll (keine Besichtigung) durch Weinberge hinaufsteigen und die vier Klosterkirchen besuchen, darunter die *Heiligkreuzkirche* mit eindrucksvollen Wandmalereien (tägl. 8–17 Uhr).

Pustertal
Val Pusteria

Die SS 49 folgt dem gewundenen, teils dicht bewaldeten Tal nach Osten. Anregendes Zentrum ist das freundliche Städtchen Bruneck.

Bruneck
Brunico • ca. 13.000 Einwohner

Hauptort des Pustertals, sympathisches und lebendiges Städtchen mit jugendlicher und weltoffener Atmosphäre, im eher konservativen Südtirol nicht immer selbstverständlich.

Die zentrale „Stadtgasse" ist eine der schönsten Fußgängerzonen Tirols, flankiert von historischen Erkerhäusern mit alten Gewölben, Fassadenmalereien und vergoldeten Zunftschildern. Im *Neuhauser Haus* (Nr. 29) lebte und arbeitete der berühmte Bildhauer und Maler *Michael Pacher* (1430–98), dessen Werke zahlreiche Kirchen in Südtirol schmücken. Das schäumende Flüsschen Rienz fließt mitten durchs Zentrum und bietet entlang der Promenade ebenfalls reizvolle Impressionen. Vom Oberragner Tor führt ein Weg vorbei an der doppeltürmigen *Rainkirche* hinauf zu *Schloss Bruneck*, dessen Innenräume besichtigt werden können. In der anderen Richtung gelangt man über den Fluss zum modernen *Stadtmuseum für*

Grafik in der Bruder-Willram-Str. 1. Wer Ende Oktober hier ist, sollte keinesfalls den größten Markt Südtirols im Ortsteil *Stegen* versäumen.

- *Öffnungszeiten/Eintritt* **Schloss Bruneck** und **Stadtmuseum für Grafik**, ganzjährig Di–Fr 15–18 Uhr, Sa/So 10–12 Uhr, Mo geschl., Juli bis Sept. Di–So 10–18 Uhr (im August auch Mo geöffnet); Kombiticket ca. 6 €, Einzeleintritt Museum ca. 2,50 €.
- *Anfahrt/Verbindungen* Der **Bahnhof** liegt nordwestlich der Altstadt, die Europastraße führt nach links ins Zentrum. Wer auf der Brennerlinie kommt, muss in Franzensfeste umsteigen. Von dort geht die Bahnlinie über Bruneck nach Toblach (Dobbiaco) und endet in Innichen (San Cándido). SAD-Busse fahren ab **Busbahnhof** an der Europastraße (Nähe Bahnhof), tägliche Verbindungen u. a. nach Cortina d'Ampezzo, Brixen und Bozen.
- *Information* **Tourismusverein**, Mo–Fr 9–12.30, 15–18, Sa 9–12 Uhr, So geschl. Europastraße 26 (wenige Meter vom Bahnhof), ✆ 0474/555722, ✉ 555544, www.bruneck.it.
- *Übernachten* ** **Krone**, historisches Haus aus dem 16. Jh., neu eingerichtete Zimmer, ruhige Lage. Nach hinten Rasenfläche, kleines Hallenbad und Sauna. Mit Parkmöglichkeit. DZ mit Frühstück ca. 55–85 €, im Sommer HP. Oberragen 8 (kurz nach dem Oberragner Tor am Ostende der Stadtgasse), ✆ 0474/411108, ✉ 553425, hotel.krone@dnet.it.
** **Ragen**, ruhige Pension nahe am Fluss. DZ mit Frühstück ca. 55 €. Bruder-Willram-Str. 29, ✆ 0474/410972.
Camping Wildberg, 4 km westlich von Bruneck bei Sankt Lorenzen (✆ 0474/ 474080, ✉ 474626, www.campingwildberg.com),
Camping Schießstand auf der anderen Seite der Stadt (✆ 0474/401326).
- *Essen & Trinken* **Zum Goldenen Löwen**, lang gestreckter Gewölbesaal, Treff für Jung und Alt, hinten großer Pizzaofen, im ersten Stock Grillstube. Auch Straßencafé. So geschl. Stadtgasse 32, ✆ 0474/555834.
Herman's, „In"-Lokal in einem mittelalterlichen Gemäuer, cool und jung, Erlebnisgastronomie mit Showküche und innovativen Gerichten von Südtirol bis asiatischen Wok-Gerichten. Koch Markus hat bereits in ersten Häusern in aller Welt gekocht. Mit angesagter Bar. Oberragen 13, ✆ 0474/410601.
Weißes Lamm, ältester Gasthof der Stadt, im ersten Stock die historische „Künstlerstube". Gereicht werden u. a. Nockerln, Risotto, Gröstl und Knödel, Gulasch und Grillfleisch. So und im Juni geschl. Stuckstr. 5 (vom Ostende der Stadtgasse über die Flussbrücke), ✆ 0474/411350.
Enotheque Bernardi, modernes Weinlokal mit Terrasse und Degustationskeller direkt am Fluss, Nähe Stadtmuseum. Stuckstr. 6/b, ✆ 0474/411176.
- *Unterhaltung* **Weinkeller Mayr**, uriger, alter Weinkeller gegenüber vom Stadtmuseum (→ *Sehenswertes*), zum Wein kann man z. B. Kaminwurzen (geräucherte Salami) und Graukäse genießen. 10–12 und ab 16 Uhr, So geschl. Bruder-Willram-Str. 7.
Pub „Hotel Bruneck", schöner, alter Pub mit gediegener Holztäfelung, Jugend- und Szenetreff. 18–1 Uhr, Fr bis 2 Uhr. Michael-Pacher-Str. 6.
Puka Naka, cooler neuer Club mit internationalen DJ's am Kapuzinerplatz (www.pukanaka.net).

▶ **Bruneck/Umgebung**: Im nahen Örtchen Dietenheim (Teodone), etwa 30 Fußminuten ab Bruneck, kann man im *Landesmuseum für Volkskunde* Dutzende von traditionellen Bauernhöfen, Scheunen und Ställen betrachten, die aus ganz Tirol stammen.
Schloss Ehrenburg bei Kiens (Chiénes) ist eine prächtig ausgestattete Barockresidenz mit Fresken, Bilderschmuck und historischem Mobiliar, deren Bau von den Fürstbischöfen von Brixen initiiert wurde.

- *Öffnungszeiten/Eintritt* **Landesmuseum für Volkskunde**, Di–Sa 9.30–17.30, So 14–18 Uhr, Mo geschl., Eintritt ca. 4 €.
Schloss Ehrenburg, Führungen 1. Juli bis 15. Sept. Mo–Sa 11, 15 und 16 Uhr, Juni Mo–Sa 11 und 15 Uhr, So geschl.; April, Mai und Oktober nur Mi 15 Uhr. Eintritt ca. 4 €. ✆ 0474/565221.

▶ **Von Bruneck nach Cortina d'Ampezzo** *(Region Veneto)*: Anfangs geht es noch das weitgehend flache Pustertal entlang. Kurz nach dem See von *Welsberg (Monguelfo)* lohnt ein Abstecher zum tiefgrünen *Pragser Wildsee* zwischen mächtigen Berghängen.

Nicht selten ist er bis in den Mai noch zugefroren, im Sommer herrscht dagegen oft reger Andrang. Die Umrundung zu Fuß dauert eine knappe Stunde. *Toblach (Dobbiaco)*, ein bekannter Fremdenverkehrsort in einer grünen Ebene, besitzt zahlreiche Unterkünfte, meist im typischen Holzstil der Alpen. Die Weiterfahrt durchs *Höhlensteintal (Val di Landro)* nach Cortina d'Ampezzo führt durch eine steile Schlucht, in der selbst im Sommer noch Schneerinnen liegen. Der *Toblacher See (Lago di Dobbiaco)* und der tiefgrüne *Dürrensee (Lago di Landro)* liegen direkt an der Straße.

- *Übernachten* ***** Monica**, im Zentrum von Toblach. Schönes Haus mit Erkerturm, holzgetäfelter Tiroler Stube und Sonnenterrasse. HP pro Pers. ca. 44–68 €. Gebrüder-Baur-Str. 8, ✆ 0474/972216, ✉ 972557, www.hotel-monica.com.
Camping Olympia bei Niederdorf (Villabassa), wenige Kilometer in Richtung Bruneck, schöner und komfortabler Platz direkt am Fluss, mit Freibad, Sauna, Restaurant, neu gestaltetem Tierpark und Fahrradverleih. ✆ 0474/972147, ✉ 972713, www.camping-olympia.com.

Camping Toblacher See, schattiger Waldplatz am See, ruhige Lage, Kinderbetreuung, gutes Restaurant „Seschupfe". ✆ 0474/972294, ✉ 976647, www.toblachersee.com.
TIPP! **Jugendherberge Toblach**, im renovierten ehemaligen „Grand Hotel Toblach" aus österreichischer Zeit. Geräumige und komfortable Ein-, Zwei- und Dreibettzimmer, auch für Familien geeignet. Billard, Tischfußball, TV, Bar, Waschmaschinen und Fitnessraum. Übernachtung mit Bad 25–30 €, mit Etagendusche 17–20 €, jeweils mit Frühstück. Dolomitenstraße 29, ✆ 0474/976216, ✉ 973754, www.jugendherberge.it.

Grödner Tal

Gherdeina, Val Gardena

Besonders schönes Tal, in dem der Tourismus ganzjährig boomt. Das Grödner Tal ist die Heimat der *Ladiner*, einer rätoromanischen Volksgruppe, die sich bereits zu Beginn unserer Zeitrechnung vor den kampferprobten römischen Legionen in unzugängliche Bergtäler zurückgezogen hatte. Über viele Jahrhunderte hinweg lebten sie fast isoliert von der Außenwelt und bis heute konnte sich ihre Sprache am Leben halten: Das Grödner Tal ist also dreisprachig.

▶ **St. Ulrich (Urtijei, Ortisei)**: viel besuchter Fremdenverkehrsort am Fuß des Langkofel, berühmt für seine Holzschnitzereien (auf Siegel „Gardena Art" achten) und Seilbahnen, Geburtsort und letzte Ruhestätte von Luis Trenker) (1892–1990). Im *Grödner Heimatmuseum* (Kulturzentrum Cesa di Ladins, Antoniusplatz/Rezia Str. 83) gibt es eine umfangreiche Sammlung an traditioneller Holzschnitzerei, daneben archäologische Funde, Gemälde, Mineralien, Flora und Fauna aus dem Grödner Tal, außerdem Erinnerungsstücke an Luis Trenker. Im Untergeschoss des Kongresshauses findet man eine *Musterschau des Grödner Kunsthandwerks*.
Der Hausberg *Raschötz* (2282 m) kann mit dem Sessellift erobert werden, oben gibt's eine gute Jausenstation. Besonders komfortabel: Im Ortskern von St. Ulrich führt eine futuristische Open-Air-Rolltreppe (Beginn gleich hinter Hotel Adler) in etwa 3 Min. zur Talstation der Seilbahn auf die *Seceda* (2518 m) mit zahlreichen Wandermöglichkeiten. Eine weitere Seilbahn fährt hinauf auf die berühmte *Seiser Alm (Alpe di Siusi)*, mit 52 qkm die größte Hochebene Europas. 350 km Wanderwege und eine reiche botanische Vielfalt findet man dort oben zwischen den imposanten Kulissen der mächtigen Bergmassive *Langkofel, Plattkofel* und *Schlern* (2564 m).

- *Öffnungszeiten/Eintritt* **Grödner Heimatmuseum**, Juli/August tägl. 10–12, 15–19 Uhr, sonst Di–Fr 15–18.30 Uhr, Eintritt ca. 3 €.
Musterschau, Mo–Sa 10–12, 15–19 Uhr, Okt.

14–18 Uhr, nach Ostern bis Mai, Nov. und So geschl.
- *Übernachten* ****** Adler**, unübersehbar direkt an der Hauptstraße, seit sieben Gene-

rationen von Familie Sanoner geführt. Geboten werden Komfort, vorzügliche Küche und ein hervorragender Wellnessbereich. Man speist auf einer einladenden Freiluftterrasse oder in der Adler-Stube. In Bau ist die größte Poollandschaft der Dolomiten mit Panoramasaunen, Salzschwebebecken und Salzsteingrotte. HP pro Pers. ca. 98–220 € (Sommer), 120–290 € (Winter). Streda Rezia 7, ✆ 0471/775000, ✉ 775555, www.hotel-adler.com.

*** **Pra Palmer**, ruhige Lage im Grünen nahe beim Grödener Bach, alpenländisch-behagliche Ausstattung, großer Garten, Solarium, Fitnessraum. DZ mit Frühstück ca. 56–100 €. Streda Promeneda 5, ✆ 0471/796710, ✉ 797700, www.prapalmer.com.

** **Planlim**, Garni-Pension mit großem Garten, schönem Blick und Pool, 4 Gehminuten ins Zentrum. Auch Ferienwohnungen. DZ mit Frühstück ca. 50–90 €. Streda Mureda 29, ✆ 0471/797150, ✉ 798351, www.planlim.com.

Camping Seiser Alm, Panoramaplatz am Fuß des Naturparks Schlern bei St. Konstantin, gut 20 km südlich von St. Ulrich. Ganzjährig. ✆ 0471/706459, ✉ 707382, www.camping-seiseralm.com.

TIPP! **Siglu**, die Acrylglaskuppel in Igluform ist der unbestrittene Konzentrationspunkt des Après-Ski, schon nachmittags geht es hoch her. Tägl. 15.30–1 Uhr. Streda Rezia (Fußgängerzone), www.siglu.it.

▶ **Von St. Ulrich weiter:** Das Grödner Tal bildet eine reizvolle Verbindung vom Eisack-Tal quer durchs Herz der Dolomiten hinüber nach Cortina d'Ampezzo. Es geht über die Urlaubsorte *Santa Christina* und *Wolkenstein* zum Sella-Massiv, das das Grödner Tal eindrucksvoll abschließt. Auffahrt zum 2244 m hohen *Seller Joch (Passo di Sella)*, von dort steil hinunter zur „Großen Dolomitenstraße" (→ S. 152). Man kann aber auch über das 2121 m hohe *Grödner Joch (Passo di Gardena)* ins - ebenfalls noch ladinische *Hochabtei-Tal (Alta Badia)* mit dem Sommer- und Winterkurort *Corvara* fahren. Das Tal ist bekannt für seine exzellenten Restaurants, wo man mediterrane Bergküche auf höchstem Niveau genießen kann.

Vinschgau
Val Venosta

Interessante Anreisevariante zum Brenner – über den Reschenpass (Passo di Resia) die Etsch entlang. Das lang gestreckte Tal zieht sich zwischen Ötztaler Alpen und Ortler-Gruppe wunderschön hinunter nach Meran. Aus 1500 m fährt man in sanften Kurven hinunter bis auf 500 m Meereshöhe, ein gut besuchter Fremdenverkehrsort folgt dem anderen. Einzigartig sind die „Waale", ein Netz von Bewässerungskanälen und begleitenden Wegen, das kilometerweit die Hänge überzieht – für Wanderer ein attraktives Betätigungsfeld.

▶ **Lohnende Stopps:** Unmittelbar nach dem Grenzübergang passiert man den gestauten *Reschensee (Lago di Resia)* mit dem halb versunkenen Turm der Grauner Kirche. Als 1949 die Staumauer gebaut wurde, überflutete der neue See das Dorf Graun, nur der Kirchturm blieb stehen.
Oberhalb vom Dorf Burgeis bei *Mals (Malles)* thront kilometerweit sichtbar das *Benediktinerkloster Marienberg*, über Jahrhunderte hinweg kulturelles Zentrum des Vinschgau. Attraktion einer Besichtigung ist die Krypta mit berühmten romanischen Fresken aus dem 12. Jh.
Glurns (Glorenza), etwas abseits der SS 40, ist ein schönes, kleines Städtchen mit vollständig erhaltener Ringmauer und Wehrtürmen.
Schluderns (Sluderno) wird überragt von der großen *Churburg* mit prächtig bemaltem Arkadenhof und einer der größten Waffenkammern Europas.
Im unteren Vinschgau ballt sich der Tourismus. Hinter *Schlanders (Silandro)* und *Latsch (Láces)* mit Camping Latsch, einem der wenigen Campingplätze im Vinschgau (✆ 0473/623217, ✉ 622333, www.camping-latsch.com), passiert man bald den

Eingang zum *Schnalstal (Val di Senales)*, Zugang zum ganzjährig nutzbaren Skigebiet von *Kurzras (Corteraso)* in den Ötztaler Alpen. Am Talbeginn liegt hoch über der SS 38 *Schloss Juval* aus dem 13. Jh. Mitte der Achtziger hat es der Extremkletterer und Abenteurer Reinhold Messner gekauft. Zu besichtigen sind hier u. a. eine reichhaltige Sammlung von Stücken aus Tibet sowie Masken von vier Kontinenten und eine Bergbildgalerie.

Sehenswert ist das ruhige Örtchen *Karthaus (Certosa)*, das aus einem im 18. Jh. aufgelösten Kloster entstanden ist. Vorbei am *Vernagter Stausee (Lago di Vernago)* kommt man bald zum Ende des Tals mit der Wintersportsiedlung *Kurzras (Corteraso)* in 2012 m Höhe, wo man mit der höchsten Seilschwebebahn Europas bis auf über 3200 m hinauffahren kann. Hier oben im ewigen Eis wurde 1991 der berühmte „Ötzi" gefunden – erfroren vor ca. 5000 Jahren, jedoch perfekt konserviert samt Haut und Haaren, angetan mit gefütterter Winterkleidung aus Fell, Gras und Leder. In der Bergstation ist die „Ötz Show Gallery" dem legendären Gletschermann gewidmet. Ötzi selber ist im Archäologischen Museum von Bozen zu besichtigen.

• *Öffnungszeiten/Eintritt* **Marienberg**, Führungen Juli/August Mo–Fr 10,11, 15 und 16 Uhr, Sa 10 und 11 Uhr, Mai, Juni und Okt. Mo–Fr 10.45 und 15 Uhr, Sa 10.45 Uhr. Eintritt ca. 3 €, www.marienberg.it.
Churburg, Ende März bis Ende Okt. Di–So 10–12, 14–16.30 Uhr, Mo geschl., Eintritt (nur mit Führung) ca. 6 €, Kinder (6–14 J.) 3 €, Stud. 5 €, www.churburg.com.

Schloss Juval, Palmsonntag bis 30. Juni und 1. Sept. bis Anfang Nov. Do–Di 10–16 Uhr, Juli/August und Mi geschl.; Führungen auf Deutsch jeweils zur vollen Stunde. Eintritt ca. 7 €, Stud. 4 €, Kinder (6–14 J.) ca. 3 €, Familien 15 €. Achtung: Keine Parkmöglichkeit am Schloss, Shuttle-Bus ab 9.30 Uhr ab Naturns. ✆ 0348/4433871.
Kloster Karthaus, Kreuzgang Juli/August tägl. 10–12, 14–19 Uhr, 1-mal wöch. Führung.

Mit dem Zug durch den Vinschgau

Nach 16-jähriger Schließung wurde 2005 die Vinschgau-Bahn zwischen Mals und Meran neu eröffnet. Die Strecke wurde bereits 1906 angelegt und 1989 wegen mangelnder Rentabilität stillgelegt. Nun transportieren hochmoderne Triebwagen Urlauber und Einheimische auf der 60 km langen Strecke, benötigen dafür nur etwa 1 Std. und sind damit gut 30 Minuten schneller als SAD-Busse.

Meran
Merano • ca. 34.000 Einwohner

Traditionsreicher Kur- und Fremdenverkehrsort an der Passer – Palmen, Aleppokiefern und Zypressen vor schneebedeckten Hängen, am Fluss eine elegante Flanierpromenade, in deren vollbesetzten Freiluftlokalen allabendlich flotte Live-Rhythmen ertönen.

Schon im 19. Jh. entwickelte sich Meran dank seines milden Klimas (nach Norden durch eine Bergwand geschützt, nach Süden hin das offene Tal der Etsch, die hier mit der Passer zusammenfließt) und wegen der heilkräftigen Quellen am nahen Vigiljoch zu einer der bekanntesten Sommerfrischen der österreichisch-ungarischen Doppelmonarchie.

In Meran wird dem interessierten Publikum immer etwas geboten – die Stadt besitzt 18 km Promenaden und 18 ha Parkanlagen, im Sommer finden fast täglich Konzerte statt und südlich vom Fluss liegt ein großer Park mit einem hochmodernen, ganzjährig geöffneten Thermalbad. In der Umgebung gibt es schier unbe-

Meran 143

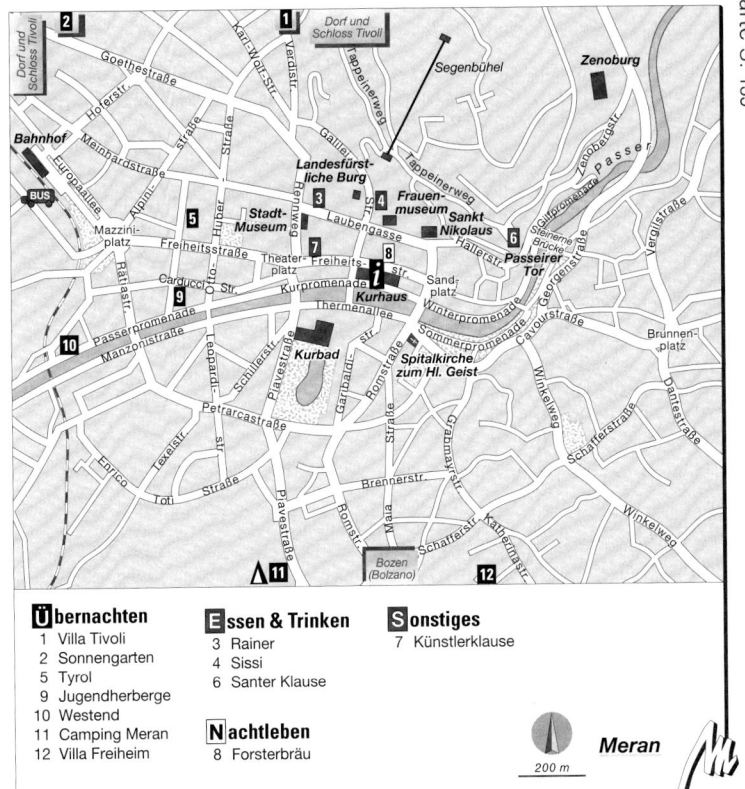

Trentino-Südtirol Karte S. 135

Übernachten
1 Villa Tivoli
2 Sonnengarten
5 Tyrol
9 Jugendherberge
10 Westend
11 Camping Meran
12 Villa Freiheim

Essen & Trinken
3 Rainer
4 Sissi
6 Santer Klause

Sonstiges
7 Künstlerklause

Nachtleben
8 Forsterbräu

Meran
200 m

grenzte Wandermöglichkeiten und im Herbst lockt die berühmte „*Traubenkur*" – täglich 1–2 kg Trauben und man wird (hoffentlich) schlank und rank.

Anfahrt/Verbindungen/Information

● *Anfahrt/Verbindungen* **PKW**, ab Bozen ist Meran auf der neuen vierspurigen Schnellstraße rasch zu erreichen. Aus Richtung Norden kommend ist das Timmelsjoch (2509 m) nur im Sommer geöffnet, der Jaufenpass (2099 m) kann dagegen auch noch im Herbst befahren werden.

Bahn, Meran war bislang Endpunkt der Bahnlinie von Bozen (an der Strecke Innsbruck-Verona), doch seit Mai 2005 verkehrt die neu eröffnete **Vinschgaubahn** bis Mals. Der nostalgische Bahnhof liegt 1 km westlich der Altstadt. Mehrere ECs ab München haben Kurswagen nach Meran, zusätzlich fährt der „Meranerland-Express" Ende März bis Anfang Nov. jeden Samstag ab München.

Bus, Fernbusse fahren ab Bhf. nach Bozen und in alle größeren Orte des Vinschgaus, z. B. Schlanders.

Fahrrad, kostenloser Verleih Ende Mai bis Ende Sept. am Bahnhof. Ausweis und Kaution von 5 €. ✆ 0473/250191.

Taxi, ✆ 0473/212013.

● *Information* **Kurverwaltung** im Kurhaus, Freiheitsstraße 45. ✆ 0473/272000, ✉ 235524, www.meraninfo.it.

Südtirol

Übernachten (siehe Karte S. 143)

Viele Unterkünfte aller Preisklassen, durchweg guter Standard. Die Kurverwaltung hilft bei der Suche, ein Hotelführer mit Abbildungen der Unterkünfte ist gratis erhältlich. Online-Buchung über www.meraninfo.it.

**** Villa Tivoli (1), das exklusive Refugium von Familie Defranceschi liegt etwa 15 Min. vom Zentrum. Jedes der großzügigen Zimmer ist individuell eingerichtet, alle mit Südlage und Balkon. Herrlicher, 12.000 qm großer Terrassengarten, darin die „Felsenlagune", ein zwischen zwei Wasserquellen direkt in die Felsen gebauter Pool mit Fernblick, dazu gibt es ein gutes hauseigenes Restaurant. DZ mit Frühstück ca. 140–200 €. Verdistr. 72 (ca. 20 Fußminuten vom Zentrum), ✆ 0473/446282, ✆ 446849, www.villativoli.it.

*** Westend (10), alte Villa mit Atmosphäre, reiche Vegetation im herrlichen Garten direkt an der Passer, sonnige Zimmer mit modernem Komfort, Parkplatz. DZ mit Frühstück ca. 105–140 €. Direkt an der Passerpromenade, Einfahrt mit dem Auto in die Speckbacherstr. 9. ✆ 0473/447654, ✆ 222726, www.westend.it.

** Villa Freiheim (12), schönes, nostalgisches Haus mit Außenpool und kleiner Liegewiese. DZ mit Frühstück ca. 75–80 €. Parinistr. 1 (südlich der Passer), ✆/✆ 0473/237342, www.freiheim.it.

* Ottmanngut, gepflegte Familienpension mit Parkmöglichkeit und mediterran angehauchtem Garten. DZ mit Frühstück ca. 45–65 €. Verdistr. 18 (nördlich vom Zentrum, durch die Galileistr. zu erreichen, → Sehenswertes). ✆ 0473/449656.

* Tyrol (5), 3 Min. vom Zentrum, einfache Pension mit Garten und Parkmöglichkeit, originelle Wirtin. DZ mit Frühstück ca. 44–65 €. 30.-April-Str. 8, ✆ 0473/449719.

TIPP! * Sonnengarten (2), gemütliche Bleibe im Grünen, 20 Min. westlich vom Zentrum (Busstopp in der Nähe), ruhige Lage, Pool, Kinderspielgeräte. DZ mit Frühstück ca. 44–50 €. März bis Okt. Leitergasse 22, ✆ 0473/220177, ✆ 442052, www.sonnengarten.it.

• *Jugendherberge* **Jugendherberge Meran (9)**, neue 27-Zimmer-Herberge (Ein-, Zwei-, Drei- und Vier-Bettzimmer) in einem ehemaligen Hotel, 2004 eröffnet. TV, Internet, Wasch-, Trocken- und Bügelraum. Übernachtung ca. 19 €, Zuschlag für einmalige Übernachtung 2 €. Carduccistraße 77, ✆ 0473/201475, ✆ 207154, www.jugendherberge.it.

• *Camping* **Meran (11)**, im Stadtgebiet, ca. 10 Fußminuten südlich vom Zentrum. Flacher Wiesenplatz mit kleinem Pool und Einkaufsladen, wenig Schatten. Piavestr. 44, ✆ 0473/231249, ✆ 235524.

Essen & Trinken/Nachtleben (siehe Karte S. 143)

• *Essen & Trinken* **Sissi (4)**, kleines, feines Lokal mit täglich wechselnder Speisekarte. Menü ab 36 € aufwärts. Erste Julihälfte und Mo geschl. Via Galilei 44 (wenige Schritte nördlich der Laubengasse), ✆ 0473/231062.
Rainer (3), alteingesessener Gasthof im Zentrum, hier sitzt man besonders schön im Innenhof unter Bäumen und kann deftig und relativ preiswert speisen. So geschl. Laubengasse 266, ✆ 0473/236149.
Forsterbräu (8), schön eingerichtete Bierhalle, von deren reichhaltigem Büffet man leckere Tiroler Spezialitäten kosten kann, eigene Metzgerei, Garten unter Kastanienbäumen. Di geschl. Freiheitsstraße 90/c (gegenüber dem Kurhaus), ✆ 0473/236535.
Santer Klause (6), alte mit Gartenlaube und anheimelnder Atmosphäre, besonders beliebt ist die Speckplatte, dazu gibt's Wein vom eigenen Weinberg. Do geschl. Am Passeirer Tor 34, ✆ 0473/234086.

• *Nachtleben* Natürlich sitzt man in erster Linie an der **Kurpromenade**, zum Rauschen der Passer gibt's hier romantische Piano- und Gitarrenmusik.
Künstlerklause (7), angesagter Pub mit rustikaler Holzeinrichtung. 19–1 Uhr. So geschl. Rennweg 2/b.

Sehenswertes

Hauptachse der Innenstadt ist die lebendige *Freiheitsstraße* mit ihren zahlreichen Geschäften und Boutiquen. Parallel dazu verläuft die großzügige *Kurpromenade* mit vielen Freiluftcafés und ihrem prächtigen weißen *Jugendstil-Kurhaus*. Richtung Osten kann man hier einen ausgedehnten Spaziergang den Fluss entlang unterneh-

Meran 145

men: Zunächst kommt man nach der Postbrücke auf die überdachte *Winterpromenade*. Die schön begrünte *Wandelhalle* ist mit Südtiroler Motiven geschmückt. Alternative dazu ist die Sommerpromenade auf der anderen Flussseite, wo man unter schattigen Bäumen wandelt. Nach der *Steinernen Brücke* (Ponte Romano) folgt die schattige *Gilfpromenade* mit üppiger subtropischer Vegetation.

> **MeranCard** (www.merancard.com): freier Eintritt in Museen sowie Freifahrten mit Liften, Bussen und Bahn. Für drei Tage 25 €, sieben Tage 46 €, Kinder von 6–14 J. die Hälfte. Erhältlich im Tourist-Info.

Hauptachse der Innenstadt ist die lebendige *Freiheitsstraße* mit ihren zahlreichen Geschäften und Boutiquen. Parallel dazu verläuft die großzügige *Kurpromenade* mit vielen Freiluftcafés und ihrem prächtigen weißen *Jugendstil-Kurhaus*. Richtung Osten kann man hier einen ausgedehnten Spaziergang den Fluss entlang unternehmen: Zunächst kommt man nach der Postbrücke auf die überdachte *Winterpromenade*. Die schön begrünte *Wandelhalle* ist mit Südtiroler Motiven geschmückt. Alternative dazu ist die Sommerpromenade auf der anderen Flussseite, wo man unter schattigen Bäumen wandelt. Nach der *Steinernen Brücke* (Ponte Romano) folgt die schattige *Gilfpromenade* mit üppiger subtropischer Vegetation.

Zurück in die Altstadt, kann man durch das *Passeirer Tor* gehen und weiter die Hallergasse entlang zum Pfarrplatz. Hier trifft man auf die große gotische Pfarrkirche *Sankt Nikolaus*, deren 80 m hoher Turm das Wahrzeichen der Stadt ist. Hinter der Kirche sind Grabtafeln in die Mauer eingelassen. Auch die kleine achteckige *Barbara-Kapelle* lohnt dort einen Blick.

Am Kirchplatz beginnt auch die zentrale, etwas gedrungen und düster wirkende - mit breiten Säulengängen an beiden Seiten. Diese älteste Straße der Stadt datiert bis ins 13. Jh. zurück, schöne alte Läden und Gasthäuser reihen sich zu beiden Seiten. Das originelle *Frauenmuseum „Evelyn Ortner"* in der Nr. 68 (erster Stock) zeigt den Wandel der Frauenmode in den letzten 150 Jahren.

Die abzweigende Galileigasse führt zur bescheidenen *Landesfürstlichen Burg*, einem kleinen Stadtschloss aus dem 15. Jh., von dessen gotischer Ausstattung vor allem das Schlafzimmer Maximilians I. und die Kapelle mit ihren Fresken interessant sind. Außerdem gibt es eine Sammlung historischer Musikinstrumente. Danach kann man mit dem Sessellift auf den *Segenbühel* (Monte Benedetto) hinaufgleiten.

Das *Städtische Museum* mit einer Sammlung aus den verschiedensten Epochen der Stadt- und Landesgeschichte, darunter archäologische Funde, Menhire und die Totenmaske Napoleons (!), findet man im ehemaligen Hotel Roter Adler, Rennweg 42 (Umzug geplant zum Pfarrplatz).

Südlich der Passer liegt an der Schillerstraße, gleich in der Nachbarschaft der „Therme Meran" (→ Kasten S. 146), die ehemaligen Synagoge, die zum Museum ausgebaut wurde.

- *Öffnungszeiten/Eintritt* **Frauenmuseum**, März bis Dez. Mo–Fr 9.30–12.30, 14.30–18.30 Uhr, Sa 9.30–13 Uhr, So geschl., Eintritt ca. 4 €.

Landesfürstliche Burg, Di–Sa 10–17, So 10–13 Uhr (Juli/Aug. So 16–19 Uhr), Mo geschl., Eintritt ca. 2 € (Kombiticket mit Städt. Museum ca. 3 €).

Städtisches Museum, wie Landesfürstliche Burg.

Synagoge, Di, Mi 15–18, Do, Fr 9–12 Uhr, Eintritt frei. ✆ 0473/443554.

▶ **Meran/Umgebung**: Zum berühmten, 4 km langen *Tappeinerweg* steigt man hinter der Pfarrkirche hinauf oder beginnt den Aufstieg bereits an der Gilfpromenade. Am

Hang des Küchelbergs kann man bis zum Dorf Tirol hinaufwandern, aber auch mit dem Sessellift ab Galileistraße auf den Segelbühel fahren (tägl. 9–18 Uhr) und mit dem kostenlosen Bus in den Ort pendeln.

Vom malerisch herausgeputzten Dorf *Tirol (Tirolo)* führt ein 20-minütiger Fußweg zum mittelalterlichen *Schloss Tirol*, von dem das Land seinen Namen hat. Auf großen Wandgemälden ist dort die Geschichte Tirols nachzuvollziehen. Es besitzt frühgotische Fresken und eine eindrucksvolle Kreuzigungsgruppe in der Kapelle sowie eine archäologische Sammlung. Bei einem Erdbeben im Jahr 2001 wurde das Schloss schwer beschädigt, ist aber wieder zur Besichtigung geöffnet.

Im Juni 2001 wurde am sonnigen Hang oberhalb von Meran der Botanische Garten von *Schloss Trauttmansdorff* eröffnet. Auf 12 Hektar wachsen hier über 100.000 Pflanzen in vier kunstvoll angelegten Gartenbereichen, die die „ganze Welt" symbolisieren sollen: Wasser- und Terrassengärten, Sonnengärten, Waldgärten und Südtiroler Landschaften mit Weinbergen. Im Schloss selber ist das originelle „Touriseum" untergebracht, das die Entwicklung des Fremdenverkehrs thematisiert. Busse fahren ab Sandplatz.

Kurz vor Sankt Leonhard im Passeiertal nördlich von Meran steht der Gasthof Sandwirt, wo Andreas Hoferder Nationalheld der Tiroler, 1767 geboren wurde. Er führte die aufständischen Tiroler Anfang des 19. Jh. gegen die Heere Napoleons und die mit ihm verbündeten Bayern. Nach anfänglichen Siegen wurden die Aufständischen jedoch 1809 am Berg Isel vernichtend geschlagen und Hofer im Februar 1810 „zu Mantua" hingerichtet. Das *Museum Passeier* im ehemaligen Stall des Wirtschaftsgebäudes zeigt Erinnerungsstücke an Hofer und den Tiroler Aufstand, im Freilichtbereich stehen außerdem Gebäude aus dem 16.–19. Jh.

• *Öffnungszeiten/Eintritt* **Schloss Tirol**, März bis Nov. Di–So 10–17 Uhr, Mo geschl.; Eintritt ca. 5 €, mehrmals tägl. Führungen. **Schloss Trauttmansdorff**, Mitte März bis Mitte Nov. tägl. 9–18 Uhr (letzter Einlass 17.30 Uhr), Mitte Mai bis Mitte Sept. bis 21 Uhr; Eintritt ca. 9 €, Familienkarte 20 €, ✆ 0473/235730, www.trauttmansdorff.it. **Museum Passeier**, Mitte März bis Allerheiligen Di–So 10–18 Uhr, Mo geschl; Eintritt ca. 5 €, um 16 Uhr 90-minütige Führung mit Aufschlag von 2 €, ✆ 0473/659086, www.museum.passeier.it.

Die „Therme Meran": Entspannung im Stil des 21. Jahrhunderts

Das weltberühmte Meraner Kurbad mitten im Stadtzentrum südlich der Passer wurde unter Stararchitekt Matteo Thun von Grund auf neu gebaut, eröffnet wurde der in Europa einmalige Thermalkomplex im Spätherbst 2005. Umgeben von einer mediterranen Parklandschaft warten in dem kühnen Kubus aus Glas und Stahl 25 Pools, 8 Saunas und Dampfbäder, ein Fitness Center und ein innovatives Spa & Vital Center auf Gäste. Eintritt ca. 9 €.
Therme Meran, Thermenplatz, ✆ 0473/252000, 📠 252022, www.thermemeran.it.

Bozen

Bolzano • ca. 98.000 Einwohner

Die erste größere Stadt südlich vom Brenner liegt in einem weiten Talkessel inmitten hoher, grüner Bergrücken. Mit ihren barocken Bürgerhäusern, Erkern, langen Laubengängen und hübschen Lichthöfen wirkt die Altstadt noch durch und durch österreichisch.

Der erste Anblick von der Autobahn, die sich auf einem Viadukt quer durch die Stadt zieht, erbaut allerdings wenig – qualmende Schlote, dreckige Fassaden und

Bozen 147

lärmender Verkehr prägen die Außenviertel. Seit der Zwangsitalianisierung von 1919 wurde in großem Maßstab Industrie angesiedelt, hauptsächlich Metall verarbeitende Betriebe. Das zog Zehntausende von Arbeit suchenden Süditalienern nach Bozen – mit dem beabsichtigten Effekt, dass die deutschsprachige Bevölkerung in der wichtigsten Stadt Südtirols heute deutlich in der Minderheit ist. In der faschistischen Epoche wurde dann die Neustadt westlich vom Zentrum angelegt, mit ihren langen, schnurgeraden Straßenzügen monumental, unpersönlich und langweilig zugleich. Im relativ kleinen historischen Zentrum kann man dagegen schön bummeln, sitzen und beobachten – nach wie vor prallen die Mentalitäten aufeinander: alte Tiroler Bergbauern und geschniegelte Italiener feilschen am Obstmarkt, fesche Dirndlmadeln sprechen unter sich ihren nahezu unverständlichen Dialekt, bedienen deutsche Touristen – sichtlich gern – in hochdeutsch und Italiener – sichtlich ungern – in deren Muttersprache.

Die Sehenswürdigkeiten Bozens waren bis Ende der neunziger Jahre nicht unbedingt hochkarätig zu nennen. Das hat sich nun radikal geändert, denn der Gletschermann „Ötzi" im Südtiroler Archäologiemuseum ist eine Weltsensation.

Anfahrt/Verbindungen/Information (siehe Karte S. 149)

• *PKW* A 22, Ausfahrt Bozen Nord oder Bozen Süd. Achtung: Bozen ist sehr stauanfällig. Vermeiden Sie Stoßzeiten bei der Fahrt ins Zentrum! Das große **Parkhaus Mitte** liegt südlich vom Bahnhof, **Tiefgaragen** gibt es unter dem Waltherplatz und gegenüber vom Bahnhof.

• *Bahn* Der **Bahnhof** ist ein Bau aus faschistischer Zeit am Rand des Zentrums. Häufige Verbindungen nach Trento und Verona, stündlich nach Meran. Die Bahnhofsallee führt schräg gegenüber zum nahen Waltherplatz.

• *Bus* **SAD-Busse** fahren ab Busbahnhof an der Perathoner Str., seitlich der Bahnhofsallee.

• *Fahrrad* Kostenloser **Verleih (13)** (gegen Kaution) Ecke Waltherplatz/Bahnhofsallee.

• *Information* **Städt. Verkehrsamt (AAST)**, reichhaltiges Infomaterial, u. a. umfangreiche Unterkunftsliste (inkl. Privatzimmer und Agriturismo), Restaurantliste, Wander- und Mountainbike-Broschüre. Mo–Fr 9–18.30 Uhr, Sa 9–12.30 Uhr, So geschl. Waltherplatz 8, ✆ 0471/307000, ✆ 980128, www.bolzano-bozen.it.

Übernachten (siehe Karte S. 149)

Die Bozener Hotellerie hat eine ganze Reihe guter und gepflegter Häuser vorzuweisen. Preiswerter wohnt man in den hoch gelegenen Ortsteilen Kohlern und St. Magdalena.

**** **Greif (12)**, das traditionsreiche Hotel in bester Lage präsentiert sich als erstes „Kunsthotel" Südtirols. Alle Zimmer und Suiten sind mit Werken von zeitgenössischen Künstlern ausgestattet. DZ mit Frühstück ca. 165–245 €. Waltherplatz 7, ✆ 0471/318000, ✆ 318148, www.greif.it.

**** **Stiegl (3)**, Hotel aus der Zeit der Jahrhundertwende mit historischem Flair und modernem Komfort. Großer Garten mit Restaurant und Swimmingpool. Eigener Parkplatz und Tiefgarage. DZ mit Frühstück ca. 95–135 €. Brennerstr. 11 (fünf Minuten vor dem historischen Zentrum), ✆ 0471/976222, ✆ 981141, www.scalahot.com.

*** **Figl (8)**, traditionelles Stadthaus am stimmungsvollsten Platz im Zentrum, vor kurzem durchweg erneuert, moderne Zimmer mit TV. DZ ca. 98–108 €, Frühstück extra. Kornplatz 9, ✆ 0471/978412, ✆ 978413, www.figl.net.

* **Regina A. (14)**, von außen großer, langweiliger Klotz, relativ laut, aber die sachlich eingerichteten Zimmer sind modern und sauber, neue Bäder, ordentliches Frühstücksbuffet. Kostenlos Parken im Hof (bis 7.30 Uhr) oder im benachbarten Parkhaus (ca. 6 €). DZ mit Frühstück ca. 80–100 €. Rittnerstr. 1 (schräg gegenüber vom Bahnhof), ✆ 0471/972195, ✆ 978944, www.hotelreginabz.it.

• *Jugendherberge* **Bozen (16)**, große, moderne Herberge in der Nähe vom Bahnhof (nicht IYHF). Zimmer mit einem bis vier Betten und jeweils eigenem Bad, Internet, Waschraum, Infothek. Geeignet für junge Leute, aber auch Familien. Übernachtung

mit Frühstück ca. 19 €. Rittnerstr. 23, ✆ 0471/ 300865, 📠 300858, www.jugendherberge.it.
• *Camping* **Moosbauer (2)**, an der SS 38 nach Meran, ca. 5 km vom Zentrum (auf Schilder achten). Relativ kleines Rasengelände mit Bäumen, Pool und Ristorante/ Bar. Bus 10a ab Bahnhof. ✆ 0471/918492, 📠 204894, www.moosbauer.com.

Steiner (17), an der SS 12 in Leifers (Laives), 7 km südlich von Bozen. Gepflegter Platz zwischen Obstgärten, schattige Stellplätze unter Ulmen. Moderne Sanitäranlagen, Freibad und beheizte Schwimmhalle (im Sommer geschl.), Restaurant im benachbarten Hotel. April bis Okt. ✆ 0471/950105, 📠 951572, www.campingsteiner.com.

Essen & Trinken/Unterhaltung

Um den *Obstplatz* liegen die beliebtesten Treffpunkte, die meisten Restaurants gibt es in der *Bindergasse*. Bedienung zweisprachig, Essen sehr österreichisch: Knödel, Rindergulasch, Apfelstrudel und Schlutzkrapfen.

Roter Adler (11), auch „Vögele" genannt, das historische Wirtshaus beim Obstmarkt besitzt eine exquisite alte Holztäfelung. Geboten werden raffinierte Gerichte Südtiroler Art, teils mit internationalem Einschlag. Abends sitzt das gut betuchte Jungvolk gern beim Bier oder Wein draußen unter den Arkaden. Geöffnet 8–24 Uhr. Zwei Wochen im Juli, außerdem Sa-Abend und So geschl. Goethestr. 3, ✆ 0471/973938.

Vino Veris (15), neues Weinlokal mit Trattoria in den imposanten mittelalterlichen Kellergewölben des ehemaligen „Heilig-Geist-Spitals". Im Sommer kann man draußen am Platz essen, kleine Karte mit hausgemachten Gerichten, dazu exzellente Weinauswahl. Auch oft Party-Events mit Disco. Tägl. 10–1 Uhr. Dominikanerplatz 3/b (direkt neben der Dominikanerkirche → Sehenswertes), ✆ 0471/300892.

Batzenhäusl (1), seit fast 600 Jahren kann man in der ehemaligen Schänke des Deutschen Ordens für einen „Batzen" seinen Schoppen Wein trinken. Hinter der überrankten Fassade verbirgt sich ein kürzlich modernisierter Innenbereich mit kleinem Garten. Serviert werden leckere Südtiroler Gerichte für nicht zu teures Geld. Nur abends geöffnet, dafür warme Küche bis mindestens 1.30 Uhr nachts. Di geschl. Andreas-Hofer-Str. 30, ✆ 0471/050950.

Weißes Rössl (4), traditionelle Gastwirtschaft mit Atmosphäre und großer Auswahl an Südtiroler Fleischgerichten: Gulasch, Schweinshaxe, Bauernplatte etc. Zu erkennen an der hübsch bemalten Fassade. Juli und So geschl. Bindergasse 6, ✆ 0471/973267.

Fischbänke (5), am ehemaligen Fischmarkt, integriert in das Lokal sind die marmornen Fischverkaufstische vor dem Haus, daneben plätschert ein Brunnen. Beliebt zum Brunch: Käse, Bruschetta, Speck am Brett etc. Sa-Abend und So geschl. Dr. Streiter Gasse 26.

• *Kneipen/Nachtleben* **Hopfen & Co (6)**, Brauerei mit gemütlichem Café/Pub/Restaurant. Treffpunkt junger Leute, die mit ihrem Bier (das im Keller gebraut wird) oder Wein bis auf die Straße stehen, oft Livemusik. Tagsüber treffen sich hier die Marktbesucher zu einem Plausch. Kleine, aber feine Speisekarte. So geschl. Obstplatz/ Ecke Silbergasse 36.

Nadamas (7), bunte Szenekneipe direkt am Obstmarkt, Bruschette, Couscous und griechischer Salat, dazu hoher Geräuschpegel. Bis Mitternacht warme Küche. So geschl. Obstmarkt 43/44.

Weitere beliebte Treffs sind das **Lounge Exil Café (10)** am Kornplatz 2 und der Irish Pub **Pogue Mahone's (9)**, Erbsengasse 10.

Sehenswertes

Stadtführungen: Wegen des großen Interesses an „Ötzi" veranstaltet das Verkehrsamt für ca. 11,50 € pro Pers. 2-mal wöch. eine Führung mit Besichtigung des Archäologischen Museums. Einen Rundgang ohne Ötzi gibt es ca. 4-mal wöch. für ca. 4 € pro Pers. jeden Mittwoch und Samstag. Anmeldung jeweils am Tag vorher bis 18 Uhr.
Museumscard: Für 2,50 € kann man diese Karte erwerben, mit der in den Bozener Museen und im Schloss Runkelstein Ermäßigungen gewährt werden.

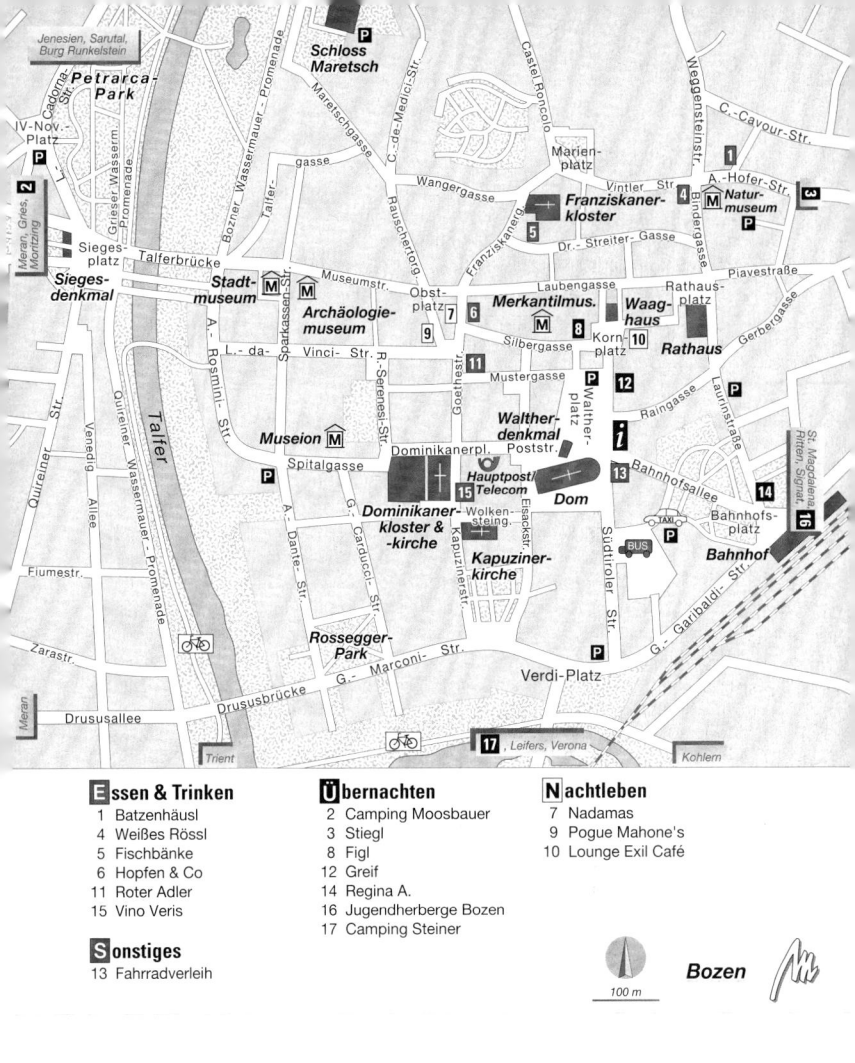

E ssen & Trinken
1. Batzenhäusl
4. Weißes Rössl
5. Fischbänke
6. Hopfen & Co
11. Roter Adler
15. Vino Veris

S onstiges
13. Fahrradverleih

Ü bernachten
2. Camping Moosbauer
3. Stiegl
8. Figl
12. Greif
14. Regina A.
16. Jugendherberge Bozen
17. Camping Steiner

N achtleben
7. Nadamas
9. Pogue Mahone's
10. Lounge Exil Café

Bozen

Zentrum der Stadt ist der angenehm offen gebaute *Waltherplatz* mit prächtigem Blick auf die steilen Hänge ringsum. Dominierend steht in der Platzmitte das Denkmal des berühmten Südtiroler Minnesängers *Walther von der Vogelweide*, der im Vogelweider Hof bei Lajen (Laion) oberhalb von Klausen geboren wurde. Die große *Pfarrkirche*, ein schöner gotischer Baukörper mit mehrfarbigem Dach, wurde nach schweren Weltkriegsbeschädigungen komplett restauriert. Das Innere ist schlicht gehalten – Kreuzrippengewölbe, reliefverzierte Kanzel aus Sandstein, hohe goldene Seitenaltäre, Freskenreste, heller Chorumgang.

Nur wenige Schritte weiter Richtung Westen steht die *Dominikanerkirche* mit angeschlossenem Kloster. Der lange Kirchenraum wird durch einen Lettner in zwei Bereiche geteilt. Die schmale *Johannes-Kapelle* rechts vom hinteren Hauptschiff ist vollständig mit eindrucksvollen bunten Fresken der Giotto-Schule ausgemalt (14. Jh.), die Szenen der biblischen Geschichte darstellen. Ebenso schön geschmückt ist der benachbarte *Kreuzgang* (Eingang Nr. 19/a).

Nördlich vom Waltherplatz liegt der Fußgängerbereich Bozens mit dem lang gestreckten *Obstplatz*, in dessen Buden jeden Vormittag außer sonntags ein malerischer Obst- und Gemüsemarkt stattfindet. Wahrzeichen des Marktes ist der weiße *Neptunbrunnen* an der Ecke zur Laubengasse.

Geradeaus kommt man nach wenigen Metern zur *Franziskanerkirche* mit Kloster. Am eindrucksvollsten ist hier der Kreuzgang, über dem die Zellen der Mönche liegen. Links herum gehend kann man auf naiv anmutenden Ölgemälden in düsteren Farben die Geschichte des Franz von Assisi verfolgen.

„Ötzis" letzte Ruhestätte

Erst 1998 wurde das hochmoderne Südtiroler Archäologiemuseum in der Museum-Str. 43 eröffnet. Bei fast 100 % Luftfeuchtigkeit und -6 Grad Celsius liegt hier der 5300 Jahre alte mumifizierte Leichnam von Ötzi hinter Glas. Diese Bedingungen entsprechen exakt den klimatischen Gegebenheiten des Gletschers in 3000 m Höhe, wo ihn ein Nürnberger Ehepaar im Spätsommer 1991 im ewigen Eis entdeckt hatte (→ S. 142). Der Anblick dieses verkrümmten Menschen, der drei Jahrtausende vor Christus lebte, ist ein einzigartiges Erlebnis. Klein und zerbrechlich liegt er da, wirkt fast beseelt. Zum Zeitpunkt seines Todes war er etwa Mitte Vierzig, ein für die Jungsteinzeit sehr hohes Alter. Er litt an Halswirbelabnutzung, Arterienverkalkung und Arthrose der Hüftgelenke. Ums Leben gekommen ist er wahrscheinlich im Kampf, denn an seinem Kupferbeil konnte man mittels Gen-Analyse das Blut mehrerer Menschen nachweisen und er selber wies mehrere Verletzungen auf. Den Tod brachte ihm ein Pfeil, der dem Flüchtenden von hinten das linke Schulterblatt durchschlug.

Ausgestellt sind auch die umfangreichen Reste seiner Kleidung und Ausrüstung – besonders erstaunlich, wie sorgfältig alle Teile verarbeitet wurden. Ötzi steht im Zusammenhang einer chronologisch aufgebauten Sammlung: Im Erdgeschoss findet man die Steinzeit, im ersten Stock die Kupferzeit (mit Ötzi), darüber Bronze- und Eisenzeit sowie Römerzeit bis zum Frühmittelalter.

Öffnungszeiten/Eintritt Mai bis Sept. Di–So 10–18 Uhr, Do 10–20 Uhr, Mo geschl.; Okt. bis April Di–So 9–17 Uhr, Do 10–19 Uhr, Mo geschl. Eintritt ca. 8 €, Senioren ab 65 J., Schüler und Stud. bis 27 J. ca. 6 €, Kinder bis 6 J. frei. ✆ 0471/320100, www.iceman.it.

Am Obstplatz beginnt auch die schönste Straße der Stadt, die schmale *Laubengasse* mit pastellfarbenen Erkerhäusern und prächtigen Bogengängen, unter denen zahlreiche alteingeführte Geschäfte liegen. Damit eine größtmögliche Zahl an Läden untergebracht werden konnte, sind sie oft handtuchschmal, ziehen sich aber tief in die Häuser. Dazwischen öffnen sich immer wieder schmale Durchgänge, die zu den typischen Lichthöfen führen. Seitlich von der Laubengasse, auf dem verkehrsberuhigten *Kornplatz*, findet man einige gemütliche Restaurants und Cafés.

Im westlichen Ortsteil Gries (Talfer überqueren und die pompöse Freiheitsstraße entlang) kommt man schließlich zur *Grieser Pfarrkirche* mit dem herrlich geschnitzten Altar des berühmten Südtiroler Bildhauer Michael Pacher.

Bozen 151

- *Öffnungszeiten/Eintritt* **Pfarrkirche**, Mo–Fr 10–12, 14–17 Uhr, Sa 10–12 Uhr; 14–16 Uhr, So 13–17 Uhr.
Dominikanerkirche, Mo–Sa 9.30–17 Uhr, So 13–17 Uhr.
Franziskanerkirche, Mo–Sa 8.15–12, 14.30–19 Uhr.
Grieser Pfarrkirche, April bis Dez. Mo–Fr 10.30–12, 14.30–16 Uhr, Sa/So geschl., ca. 1,50 €.
- *Museen* **Südtiroler Archäologiemuseum**, Museum-Str. 43 (→ Kasten, S. 150).
Stadtmuseum, umfangreiche Sammlung zur Kulturgeschichte und Volkskunde Südtirols, darunter historisches Mobiliar, gotische Skulpturen, Fastnachtsmasken, Trachten und Gemälde. Di–Sa 10–18, Mi 10–20 Uhr, Mo geschl., Eintritt ca. 5 € (mit Schloss Runkelstein 10 €). Sparkassenstr. 14.
Merkantilmuseum, 1997 wurde ein prächtiger Renaissancepalast zwischen Silber- und Laubengasse, früher Sitz des städtischen Handelsgerichts, zum Museum umgebaut. Bei einem Rundgang kann man die Räume mit einer reichhaltigen Sammlung von barocken Gemälden und Möbeln besichtigen. Mo–Fr 10–12.30 Uhr, Eintritt ca. 3 €, Silbergasse 6.
Naturkundemuseum, geologische Entstehungsgeschichte Südtirols und seiner Lebensräume, außerdem ein großes Meerwasseraquarium. Di–So 10–18 Uhr, Mo geschl., Eintritt ca. 5 €, Bindergasse 1.

▸ **Bozen/Umgebung:** Drei Seilbahnen tragen ihre Passagiere in wenigen Minuten aus dem Kessel hinauf in die klare Luft der Berge – auf den *Ritten*, nach *Kohlern* und nach *Jenesien*. Das bis zu 1000 m hohe Hochplateau des *Ritten (Renon)* zwischen Eisack- und Sarntal ist seit Jahrhunderten Sommerfrische der Bozener. Per Seilbahn geht's ab Talstation an der Rittnerstr. (ca. 500 m rechts vom Bhf.) in 12 Min. nach *Oberbozen (Soprabolzano)*, von dort zuckelt eine museale Bimmelbahn 7 km bis *Klobenstein (Collalbo)* in 1150 m Höhe. Kurz vor Oberbozen passiert man die sogenannte „Erdpyramiden", bis zu 30 m hohe Erdsäulen, die an der Spitze jeweils einen Deckstein tragen.
Burg Runkelstein thront auf einem steilen Fels am Eingang des Sarntals (gratis Shuttlebus ab Waltherplatz) zu Fuß ca. 30 Min. oder per Rad immer an der Talfer entlang). Im Westhaus ist ein wertvoller Freskenzyklus aus dem 14. Jh. erhalten, der das weltliche Leben an einem mittelalterlichen Hof darstellt. Die schöne Burgschänke lädt zur Rast ein.
Östlich von Bozen ragt die steile Wand des berühmten *Rosengarten (Catinaccio)* auf – sogenannt, weil er bei den richtigen klimatischen Bedingungen zum Sonnenaufgang und -untergang fast unwirklich rot zu glühen anfängt.
Öffnungszeiten/Eintritt **Burg Runkelstein**, Di–So 10–18 Uhr, Mo geschl., Eintritt ca. 8 €, Stud. ca. 5,50 €, nur mit Führung. ✆ 0471/329808 (Italien: 800-210003.

Messner Mountain Museum Firmian in Schloss Sigmundskron

Unübersehbar thront die imposante Ruine südwestlich der Stadt über der Etsch. Reinhold Messner hat hier 2006 nach dreijähriger Sanierung ein großes Bergmuseum eröffnet, die alten Mauern wurden dabei durch eine moderne Konstruktion aus Stahl und Glas ergänzt. Das Museum zeigt auf 1100 qm die Bedeutung der Berge für den Menschen, thematisiert sind die Geschichte des Alpinismus und die Auswirkungen des Tourismus auf Natur und Umwelt. In einer Grotte wird die Sagenwelt der Dolomiten dargestellt, ein wichtiger Schwerpunkt sind auch tibetische Ausstellungsstücke.

Öffnungszeiten/Eintritt März bis Dez Di–So 10–18 Uhr, letzter Einlass 17 Uhr. Mo geschl. Eintritt ca. 8 €, Kinder 6–14 J. 3 €, Stud., Oberschüler und Senioren ab 65 J. 6 €, Familienkarte 18 €. ✆ 0471/631264, www.messner-mountain-museum.it.

Eine Tour, die es in sich hat: die Große Dolomitenstraße

Erlebnis Natur: Große Dolomitenstraße

Herrliche Panoramafahrt von Bozen nach Cortina d'Ampezzo, ca. 110 km. Die Strecke ist allerdings extrem kurvig und weist große Höhenunterschiede auf, dementsprechend anstrengend ist sie zu befahren.

Anfangs zieht sich die SS 241 durch das steilwandige *Eggental (Valle d'Ega)*, später hat man Blick auf den berühmten *Rosengarten*, fährt vorbei am schönen *Karersee*, über den *Karer-Pass* (1745 m) und hinunter ins *Fassa-Tal*. Im viel besuchten Fremdenverkehrsort *Vigo di Fassa* trifft man auf die SS 48. Bei *Canazei* beginnt eine steile Serpentinenstrecke mit herrlichen Panoramen hinauf zum 2239 m hohen *Pordoi-Joch (Passo Pordoi)*. Auf der Passhöhe sollte man die Gelegenheit nutzen und mit der eindrucksvoll konstruierten Seilbahn auf den *Sass Pordoi* hinaufgondeln, die Fahrt auf 2950 m dauert nur wenige Minuten (hin und zurück ca. 11 €, nur hinauf 7,50 €, Fahrten alle 10 Min.). Unterwegs genießt man fantastische Ausblicke auf die steilen Felswände und die Dreitausender im Umkreis.

In zahllosen Serpentinen kreist man nun vom Pass wieder hinunter, dann zügige Fahrt bis zum Abzweig nach Belluno (SS 203). Richtung Cortina geht es hinauf zum *Passo di Falzarego* (2117 m), wo wieder eine Seilbahn auf den interessanten *Lagazuoi* lockt (2752 m). Der Berg wurde im oberen Bereich zum Freilichtmuseum ausgebaut – dort verlief im Ersten Weltkrieg die Frontlinie, die Bauten und Geschützstellungen wurden restauriert. Ein Stollen von etwa 1 km Länge ist sogar begehbar und man kann hier zum Wanderweg 402 absteigen, der einen in ca. 90 Min. wieder zur Talstation bringt. Im Anschluss geht es in langen Kurven hinunter in die Ebene von Cortina d'Ampezzo (→ S. 188).

Wer wieder nach Bozen zurück will, gelangt über Toblach (Dobbiaco) rasch ins Pustertal und schnell zurück zur Brenner-Autobahn bei Brixen.

Kalterer See 153

Trentino-Südtirol
Karte S. 135

Von Bozen nach Süden

Das lang nach Süden ausgleitende Tal weitet sich. An den sonnigen Hängen reifen überall Weinreben und der Talgrund steht voller Apfelbäume – eins der größten Obstanbaugebiete Europas.

Wer die Autobahn oder SS 12 hinunterfährt, kann einen interessanten Abstecher zur versteckt gelegenen *Bletterbachschlucht* östlich von Auer (Ora) machen. Diese Tour lohnt hauptsächlich für Wanderer und Naturliebhaber, die die atemberaubende Schlucht „per pedes" erkunden wollen. Westlich der Autobahn verläuft die berühmte *Südtiroler Weinstraße* über Eppan, Kaltern, Tramin und Kurtatsch nach Salurn. Im Herbst sollte man hier eine der vielen Torkelstuben besuchen, um den neuen „Traminer" zu kosten.

▸ **Bletterbachschlucht**: Der „Grand Canyon Südtirols" liegt östlich von Auer (Ora) zwischen den beiden Dörfern Aldein (Aldino) und Radein (Redagno). Die 12 km lange Schlucht ist eine der größten und eindrucksvollsten der Region. Bis zu 200 m steigen die Felswände z. T. fast senkrecht an.

Schon die Anfahrt ist erlebenswert. Hoch hinauf windet sich aus dem Etschtal die Panoramastraße ins Dörfchen *Aldein (Aldino)*, das in wunderbarer Stille auf einer hügligen Hochebene in 1200 m Höhe liegt. Der Abstieg in die Schlucht beginnt am Parkplatz vor der Lahneralm, die Wanderung bis zum Schluchtende dauert etwa 4 Std., für den Rückweg kann man nach dem großen Wasserfall (Butterloch) links zur Schluchtkante hinaufklettern und oben den Weg nehmen. Am Ende weitet sich die Klamm zu einem Kessel unterhalb der 600 m hohen Schlusswand. Geübte Wanderer können hier noch das 2313 m hohe *Weißhorn (Corno Bianco)* besteigen und den fantastischen Fernblick genießen. Wer's bequemer liebt, kann mit dem PKW bis zum *Grimm Joch* (*Passo di Oclini*) in 1989 m Höhe fahren, dort steigt man nördlich vom Pass rasch zum Gipfel des Weißhorn hinauf oder in Richtung Süden zum 2439 m hohen *Schwarzhorn (Corno Nero)*.

- *Information* Dorf 34, etwas unterhalb vom Hauptplatz. Detaillierte Wanderkarten und -führer sowie Auskünfte über geführte Wanderungen. Mo–Fr 9–12, 15–18 Uhr, Sa 9–12 Uhr. ℡ 0471/886800, ℡ 886666, www.aldein-radein.it.
- *Übernachten/Essen & Trinken* **** Krone**, traditionsreicher Gasthof am abschüssigen Hauptplatz, zwei gemütlich-rustikale Speiseräume und Außenterrasse. Typische Südtiroler Gerichte, hauptsächlich mit Produkten aus eigener Landwirtschaft – Weißweinsuppe, Gänsebrustcarpaccio, Käse- und Speckknödel, saurer Kalbskopf. DZ mit Frühstück ca. 110–150 €. ℡ 0471/886825, ℡ 886696, www.gasthof-krone.it.

Camping Wasserfall, gemütlicher, kleiner Platz im Ortsteil von Auer, direkt am Schwarzbach. Schattige Stellplätze unter Laubbäumen, Pool, Kinderspielgeräte. ℡ 0471/810519, ℡ 810150, c.rosamaria@virgilio.it.

Ploner, hervorragendes Restaurant mit exquisiter Küche und angemessenem Preis-Leistungs-Verhältnis. Di geschl. Dachselweg 1, ℡ 0471/886556.

Kalterer See   Lago di Caldaro

Kleiner Badesee südlich von Bozen, idyllisches Fleckchen inmitten üppiger Weinhänge.

Der Kalterer See gilt – entgegen seinem Namen – als wärmster Alpensee und ist ausgesprochen angenehm zum Baden, wenn auch die Westseite fast gänzlich verschilft ist (Zugang durch Badestege, am Nordende auch zwei Strandbäder mit Liegewiese). Um den See kann man Radtouren machen, auf die umliegenden Hügelketten führen zahlreiche Spazier- und Wanderwege.

154 Südtirol

▶ **Kaltern (Caldaro)**: etwa 4 km vom See, wichtiges Zentrum des Weinbaus, freundliches Städtchen mit massiven Steinhäusern, Erkern und weit vorspringenden Rundziegeldächern, die lange Hauptgasse nett zum Bummeln. Im *Südtiroler Weinmuseum* (Goldgasse 1) wird die Geschichte des Südtiroler Weinbaus von den Römern bis heute dargestellt.

• *Öffnungszeiten/Eintritt* **Südtiroler Weinmuseum**, Di–Sa 9.30–12, 14–18, So 10–12 Uhr, Mo geschl., Eintritt ca. 2,20 €.

• *Anfahrt/Verbindungen* Große **Parkplätze** liegen am südlichen Ortseingang und oberhalb vom Ort.

• *Information* **Tourismusverein** an der Oberkante vom Marktplatz. Informatives Unterkunftsverzeichnis, Stadtplan, Broschüren zu Wandern und Biken (kostenpflichtig), Zimmervermittlung. Mo–Fr 9–12.30, 13.30–18, Sa 9.30–12.30, 14–18, So 10–12 Uhr. ✆ 0471/963169, 📠 963469, www.kaltern.com.

• *Übernachten* *** **Weißes Rössl**, schlossartiges Patrizierhaus mit Erkern und Türmchen, ganz zentral am Marktplatz. Innen behutsam modernisiert, teils gotische Gewölbebögen, Lift, oberes Stockwerk komplett ausgebaut, Zimmer mit Vollholzmöbeln und Teppichböden. Abgeschlossener Parkplatz. DZ mit Frühstück um die 72–85 €. ✆ 0471/963137, 📠 964069.

** **Roter Adler**, gemütliche Herberge neben dem Weißen Rössl, Zimmer mit TV, abgesperrter Parkplatz, freier Eintritt ins Strandbad am See. DZ mit Frühstück ca. 62–71 €. ✆ 0471/963115, 📠 964880, www.roter-adler.com.

*** **Torgglhof**, gepflegte Frühstückspension im oberen Ortsteil, sauber und modern, 25 Zimmer und 2 Apts., kleiner Pool im Garten. DZ mit Frühstück ca. 65–82 €. Saltnerweg 30, ✆ 0471/962316, 📠 965899, www.torgglhof.it.

Ansonsten gibt es zahlreiche **Privatzimmer** und **Ferienwohnungen** ab etwa 35 €, Vermittlung durch Information.

• *Essen & Trinken* **Zum Turm**, gemütliche Sitzgelegenheiten in schlauchförmiger Passage. Spezialität sind die Nudelgerichte in der Pfanne (ab 2 Pers.) und die überbackene Gemüsepfanne. So geschl. Andreas-Hofer-Str. 32 (an der Hauptstraße gegenüber der Kirche), ✆ 0471/963281.

Spuntloch, uriger Gewölbekeller im Ansitz Paterbichl (seit 1731) am Rottenburger Platz, oberhalb vom Zentrum. Serviert werden hauptsächlich Grillgerichte, dienstags gibt es Fisch. Mo–Sa 17–23 Uhr, So geschl. Goldgasse 35, ✆ 0471/961062.

• *Weinkeller* (Buschenschänken) **Torgglkeller**, mitten im Ortszentrum, etwas oberhalb der Hauptstraße, auf der gut besuchten Terrasse kann man reichhaltige Brotzeitplatten zu sich nehmen, ein winziger Kinderspielplatz ist angeschlossen. So geschl. Bichl 2, ✆ 0471/963421.

Drescherkeller, ebenfalls im Ortskern, früheren Herrensitz „Reich'sches Schlössl", seit 1665 in Familienbesitz. Sitzgelegenheiten im Hof, hervorragender Eigenbauwein und kalte Gerichte. 10–20 Uhr, Di geschl. Maria-von-Buolplatz 3, ✆ 0471/963119.

• *Weinverkauf* Im Umkreis des Weinmuseums reihen sich die Verkaufsstellen mehrerer Kellereien, wo man die örtlichen Weine degustieren kann, **Vinothek Battisti**, **Kellerei Kaltern**, **E & N (Erste und Neue) Kellerei Kaltern**.

Tägliche Besichtigung der **Kellerei Kaltern** am nördlichen Ortsausgang (✆ 0471/966067, www.kellereikaltern.com), außerdem jeden Mittwoch um 16.30 Uhr **Weinfachprobe** mit den beiden örtlichen Kellergenossenschaften (Anmeldung im Infobüro, ca. 13 € pro Pers.).

▶ **St. Gretl**: Das touristische Zentrum an der Nordwestspitze des Sees bietet Übernachtungsmöglichkeiten, drei Badestrände (Gretl am See, Lido und Seegarten), ein temperiertes Freibad, Fahrradverleih und Tretboote. Hier beginnt ein (Rad-)Wanderweg nach St. Josef und um den See herum.

• *Übernachten* **Camping Gretl**, am Nordwestende des Sees, gut ausgestatteter Platz mit Swimmingpool, modernen Sanitäranlagen und ausreichendem Baumbestand. Eigener Strand und Liegewiese, Strandbad und Restaurant „Gretl am See" gleich daneben. ✆ 0471/960244, 📠 960011.

Camping St. Josef, am Südwestufer, einfacher Rasenplatz mit mäßigem Baumbestand, Cafeteria, Laden, deutsche Zeitungen, Sanitäranlagen okay. Ein Badesteg führt durch den Schilfgürtel zum See. ✆/📠 0471/960170.

TIPP! ***** Remichhof**, ehemaliger Landsitz zwischen Weinplantagen, grundlegend renoviert. Geräumige Zimmer mit Teppichboden und Vollholzmobiliar, z. T. Balkon, schöne Treppen aus Tonfliesen, unten Frühstücksterrasse, freundlicher Service durch Familie Maran. Freier Eintritt im familieneigenen Strandbad. DZ mit Frühstück ca. 72–82 €. St. Josef am See 27 (etwa eine Fußminute vom See), ☎ 0471/960144, ✆ 960011, www.kaltersee.com/remichhof.
• *Essen & Trinken/Shopping* Diverse Adelsgüter kreieren mittlerweile Spitzenprodukte, die mit dem früheren Ruf des „Kalterersee" nichts mehr gemein haben.
Castel Ringberg, ehemaliges Jagdschloss direkt an der Uferstraße, große Terrasse mit herrlichem Panoramablick. Die traditionsreiche Kellerei wird von der Architektin Elena Walch geführt, das renommierte Restaurant vom ambitionierten Koch Stefan Unterkircher. Mo-Abend und Di geschl. St. Josef am See 1, ☎ 0471/960010, www.castel-ringberg.com (Kellerei: ☎ 0471/860172, www.elenawalch.com).
Gut Manincor, in der Nachbarschaft von Castel Ringberg hat Michael Graf Goëss-Enzenberg in seiner Renaissanceresidenz einen Weinkeller der Sonderklasse gebaut. Mo–Fr 9.30–19, Sa 10–14 Uhr. ☎ 0471/962230, ✆ 960204, www.manincor.it.
Panholzerhof, an der Zufahrt zur Nordwestecke des Sees, historischer Adelssitz mit Kellerei und Buschenschank. Buschenschank Juni bis Okt. 17–23 Uhr, Weinverkauf 9–11 und ab 14 Uhr, So geschl., www.keil.it.

▶ **Montiggler Seen (Laghi di Monticolo):** zwei sensible Kleinode nördlich vom Kalterer See, eingebettet ins satte Grün von Nadel- und Laubwäldern. Am Ufer des größeren Sees liegen ein Freibad und ein Tretbootverleih. Eine Seeumrundung zu Fuß dauert ca. 45 Min. (Wegbeginn zwischen Hotel Sparer und Lido), den anderen See mit Badewiese und hölzerner Plattform kann man in 15 Min. erreichen.

Trentino

Den südlichsten Punkt Südtirols passiert man bei Salurn (Salorno), exakt hier liegt auch die Sprachgrenze und die zweisprachigen Ortsschilder enden abrupt – nördlich von Salurn ist das Deutsche „Muttersprache", südlich das Italienische. Zwar gehörte das Trentino jahrhundertelang zum sogenannten Römischen Reich (deutscher Nation) und danach fast hundert Jahre lang (1816–1918) zu Österreich-Ungarn – trotzdem wurde der ersehnte Anschluss an Italien als „Irredenta" (Erlösung) im 19. Jh. hartnäckig herbeigesehnt und erkämpft.

Im Gegensatz zu Südtirol sind die touristischen Ziele des Trentino bei uns nicht sonderlich populär, eine große Ausnahme bildet natürlich der Nordzipfel des Gardasees (→ Lombardei und die Seen). Auch die Hauptstadt Trento führt – zu Unrecht – in der Urlaubergunst eher ein Mauerblümchendasein. Der Erste Weltkrieg hat bis heute in den Bergen nachhaltige Spuren hinterlassen, denn jahrelang verlief hier die erbittert umkämpfte Front zwischen der k.u.k.-Monarchie Österreich-Ungarn und Italien.

Trient

Trento • ca. 103.000 Einwohner

Die Hauptstadt des Trentino liegt wie Bozen in einem weiten Talkessel und ist architektonisch ebenfalls noch weitgehend österreichisch geprägt. Entsprechend das für italienische Verhältnisse ausgesprochen ruhige Straßenleben, für Autofahrer gut zum Eingewöhnen.

In der Altstadt reihen sich hohe, freskenverzierte Renaissancepaläste mit weit vorspringenden Holzbalkendächern und gedrungenen Laubengängen. Mittelpunkt ist der imposante Domplatz mit der anschließenden Via Belenzani.

Südtirol

Trento ist ein bedeutendes historisches Pflaster: 1545–1563 fand das weltberühmte Konzil von Trient statt, das als Auslöser der katholischen Gegenreformation in die Geschichte eingegangen ist. Die Stadt an der Nahtstelle zwischen den deutschen und italienischen Gebieten schien für die große Aufgabe der Rekatholisierung prädestiniert. Für dieses Ereignis ging man damals daran, die gesamte mittelalterliche Stadt zu einem prächtigen Renaissancekunstwerk umzugestalten.

Anfahrt/Verbindungen/Information

- *PKW* Trento liegt direkt an der Autobahn A 22 vom Brenner nach Verona. Parkplätze gibt es z. b. gegenüber vom Kastell und an der Via Manzoni (dort auch Parkhaus „Autosilo"), Tiefgarage „Europa" beim Bahnhof.
- *Bahn* Station an der **Brennerlinie** München – Verona. Züge gehen außerdem durchs **Valsugana**, entlang des Flusses Brenta, nach Venedig. Bahnhof nördlich vom Zentrum, ca. 10 Min. zu Fuß zum Domplatz.
- *Bus* **Busse** von Trentino Trasporti fahren ab Busbahnhof (benachbart zum Hauptbahnhof), z. B. stündlich nach Riva del Garda am Gardasee.
- *Information* **APT**, Stadtpläne, Unterkunftsverzeichnis, deutschsprachige Broschüre „Trento". Mo–Sa 9–18, So 9–13 Uhr (Nebensaison So geschl.). Via Manci 2 (zwischen Bahnhof und Altstadt, Ecke Via Belenzani), ✆ 0461/983880, ✉ 984508, www.apt.trento.it.
Trentino Tourismus Zentrale, Informationen zur gesamten Region Trentino. Mo–Fr 9–12.30, 14.30–17 Uhr. Via Romagnosi 11, ✆ 0461/839000, ✉ 260245, www.trentino.to.

Übernachten

Trento ist keine Touristenstadt, die Hotels sind hauptsächlich auf Geschäftsreisende ausgerichtet und dementsprechend teuer. Jedoch existiert eine Jugendherberge.

**** Accademia (4), historisches Gemäuer bei der Konzilskirche Santa Maria Maggiore. Das vollständig renovierte Haus besitzt schöne Zimmer im schlichten, modernen Stil mit guten Bädern, TV und Minibar, wahlweise mit Parkett oder Teppichboden, dazu geräumige Suiten. Hinten kleiner, grüner Garten, angeschlossen ein gutes Ristorante. DZ mit Frühstück ca. 120–140 €, Sonderangebote am Wochenende. Vicolo Colico 4/6, ✆ 0461/233600, ✉ 230174, www.accademiahotel.it.

*** Aquila d'Oro (5), ideale Lage wenige Schritte vom Domplatz. Gepflegt und freundlich, moderne Zimmer mit Teppichboden, TV, Telefon und Aircondition. Frühstück im obersten Stockwerk mit tollem Blick. Eigener Parkplatz. DZ mit Frühstück ca. 90–105 €. Sonderangebote am Wochenende. Via Belenzani 76, ✆ 0461/986282, www.aquiladoro.it.

** und * Venezia (6), die beiden Häuser nehmen von links und rechts das Aquila d'Oro in die Zange, einfache Zimmer teils mit Linoleumböden, freundliche Rezeption. Vom Zwei-Sterne-Haus Blick direkt auf den Domplatz. DZ mit Bad ca. 67 €, mit Etagendusche ca. 55 €, jeweils mit Frühstück. Piazza Duomo 45 bzw. Via Belenzani 70, ✆ 0461/234559, ✉ 234114.

- *Jugendherberge* **Ostello Giovane Europa (1)**, zentrale Lage an einer Verkehrsstraße zwischen Bahnhof und Altstadt. Geräumiges, privat geführtes Hostel, etwa 100 Betten in 1- bis 6-Bett-Zimmern, alle mit Du/WC. Übernachtung mit Frühstück pro Pers. zwischen 13 (6-Bett) und 25 € (Einzel). Via Torre Vanga 9, ✆ 0461/263484, ✉ 222517, info@gayaproject.org

Essen & Trinken

Trento bietet eine gut durchwachsene Mischung von schlicht-bodenständigen und schick-gepflegten Trattorie. Örtliche Spezialität sind die *canederli* (Knödel) und die berühmten „Priesterwürger" namens *strangolapreti* (Spinat-Gnocchi).

Il Cappello (3), gute Trentiner Küche in feiner Atmosphäre, exzellente Weinauswahl, etwas höhere Preise. So-Abend und Mo geschl. Piazzetta Bruno Lunelli 5 (Nähe Kirche San Pietro), ✆ 0461/235850.

Alla Grotta (2), günstige Alternative an derselben Piazza, Freiluftpizzeria, reichhaltige Portionen. So geschl. ✆ 0461/987197.

Trient 157

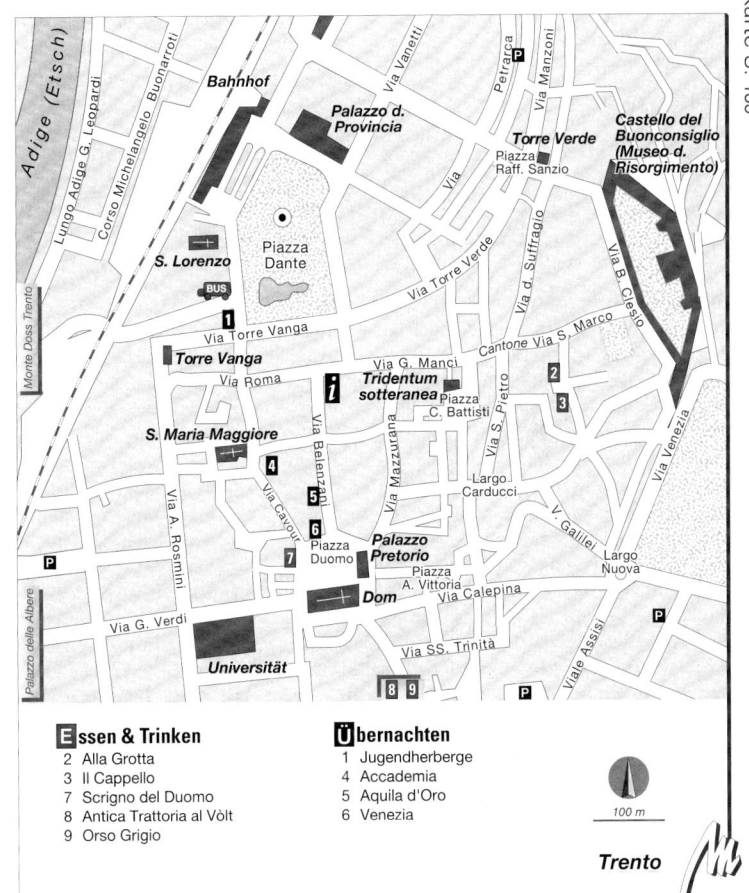

Trentino-Südtirol — Karte S. 135

Essen & Trinken
2 Alla Grotta
3 Il Cappello
7 Scrigno del Duomo
8 Antica Trattoria al Vòlt
9 Orso Grigio

Übernachten
1 Jugendherberge
4 Accademia
5 Aquila d'Oro
6 Venezia

Trento

Scrigno del Duomo (7), neue Osteria in bester Lage direkt am Domplatz. Zwei erfahrenen Gastronomen bieten hier interessante regionale Spezialitäten zu bisher durchaus angemessenen Preisen, dazu gibt es eine riesige Weinauswahl aus aller Welt. Man kann auch schön im Freien sitzen. Piazza del Duomo 29, Tel. 0461/220030.

Orso Grigio (9), rundum behagliches Ristorante mit schöner Freiluftterrasse neben dem Haus, wechselnde Spezialitäten, mittlere Preise. Via degli Orti 19 (südliche Altstadt, Nähe Piazza Fiera), ✆ 0461/984400.

Antica Trattoria al Vòlt (8), ebenfalls südlich vom Zentrum, schon seit über hundert Jahren wird hier im schlichten Rahmen preisgünstige Trentiner Küche serviert. Do-Mittag und So geschl. Via Santa Croce 16, ✆ 0461/983776.

● *Außerhalb* **Maso Cantanghel**, das kleine, gemütliche Lokal neben einer ehemaligen österreichischen Festung ist weithin bekannt für seine Wirtin Lucia, die vorzüglichen Tagesmenüs (6 Gänge), die exzellenten Weine und den ausgezeichneten Service. Sa/So geschl. In Civezzano, Via della Madonnina 33, etwa 7 km östlich von Trento. Reservierung unter ✆ 0461/858714, www.masocantanghel.it.

● *Feste* Alljährlich Ende Mai bis Anfang Juni findet die große Trentiner **VinArt** statt. Hunderte von Kellereien und Weinstuben laden zur Kostprobe ein und die Restaurants bieten besondere Menüs mit landestypischen Spezialitäten. Umrahmt wird das Event von zahlreichen Kulturveranstaltungen. VinArt, Trentino S.p.A., Via Romagnosi 11, ✆ 0461/839000, www.vinart.it.

Sehenswertes

> Mit der **Trento Card** für 24 (9 €) oder 48 Stunden (14 €) erhält man u. a. freien Eintritt in den Museen, kann kostenlos öffentliche Verkehrsmittel und Fahrräder benutzen und erhält 10 % Rabatt auf Parkplätzen, in Restaurants und Geschäften. Auskünfte im Tourist-Info oder unter www.apt.trento.it.

Wer das Zentrum von Norden betritt, wird wahrscheinlich die von Renaissancepalästen mit schönen Fassadenmalereien gesäumte *Via Belenzani* entlang zum Domplatz schlendern. Der weite, offene *Domplatz* bildet ein beeindruckendes Ensemble: in der Mitte der reich verzierte *Neptunbrunnen* mit allerlei üppigen Gestalten und Wassergetier, linker Hand der burgartige *Palazzo Pretorio*, als mächtiger Blickfang an der Südfront der *Dom San Vigilius*, ein kunstvoller grauer Bau, dessen strenger Charakter durch zahlreiche architektonische Details abgemildert wird. Zur Piazza hin dominiert das Querschiff mit prächtiger Rosette, rundum verläuft eine niedrige Galerie. Das düstere Innere besteht aus einem hohen Schiff mit Kreuzrippengewölben, links und rechts steigen zwei Treppen zur Galerie hinauf. In den Querschiffen und im Altarbereich sieht man Reste alter Fresken aus dem 13.–15. Jh., in der großen Cappella Alberti rechter Hand ein Holzkruzifix, vor dem die Beschlüsse des Konzils verlesen wurden. Im Untergrund sind Grundmauern einer *frühchristlichen Basilika* aus dem 6. Jh. erhalten. Seitlich vom Dom steht der zinnenbewehrte *Palazzo Pretorio*, der ehemalige Bischofspalast, in dem sich heute das *Diözesanmuseum* befindet. Hier kann man Gemälde und große Tafelbilder zum Konzil betrachten, im obersten Stockwerk sind Bischofsgewänder und der Domschatz untergebracht.

Durch kleine Altstadtgassen kann man vom Dom zum *Castello di Buonconsiglio* hinüberlaufen. Groß und massig thront die ehemalige Residenz der Fürstbischöfe am Rand der Altstadt, bestehend aus mehreren, stilistisch bunt zusammengewürfelten Palazzi aus verschiedenen Jahrhunderten, die von einer Mauer mit Rundtürmen umschlossen sind. Nach dem Eingang kommt man zunächst zum *Museo Storico* (derzeit geschl.). Höhepunkt im Rahmen des *Museo Castello del Buonconsiglio*, das zahlreiche Kunstwerke aus Mittelalter und Renaissance enthält, ist der großartige Freskenzyklus der „dodici mesi" (zwölf Monate) aus dem 15. Jh. in der runden *Torre d'Aquila* des Castelvecchio (nur mit Führung). Für jeden Monat (der März ist allerdings einer Wandeltrophäe zum Opfer gefallen) sind Szenen aus dem Leben des Volks und des Adels einander gegenübergestellt – die Adligen freuen sich des Lebens, die Bauern schuften für den Wohlstand der Herren. In der *Giunta Albertina* (17. Jh.) und im *Magno Palazzo* (16. Jh.) durchschreitet man zahlreiche Prunksäle mit schweren Holzdecken, üppigem Freskenschmuck und diversen Ausstellungsstücken, in der *Loggia Romanino* sind die Köpfe mehrerer Kaiser und Könige in Steinmedaillons gemeißelt. Interessanter als der Pomp der Fürstbischöfe ist die Todeszelle des Trentiner Journalisten *Cesare Battisti* im südlichen Garten. Er kämpfte mit Wort und Tat gegen die österreichische Besatzung und wurde hier 1916 von den Österreichern wegen Hochverrats erschossen, mit ihm seine Mitstreiter Damiano Chiesa und Fabio Filzi.

Mächtiger Blickfang: Dom und Neptunbrunnen

Unter der Piazza Cesare Battisti wurde ein großer Teil der einstigen römischen Garnisonsstadt Tridentum ausgegraben, genannt *Tridentum sotteranea*. Eindrucksvoll beleuchtet präsentiert sich das unterirdische Viertel mit einem langen Straßenstück aus schweren, rötlichen Pflastersteinen, einem Torturm, Resten von Häusern (teils mit Fußbodenheizung), Kanälen, Mosaikböden und einem tiefen Brunnen.

• *Öffnungszeiten/Eintritt* **Frühchristliche Basilika**, Mo–Sa 10–12, 14.30–17.30 Uhr; **Diözesanmuseum**, Mi–Mo 9.30–12.30, 14–17 Uhr, Eintritt ca. 3 € (incl. frühchristl. Basilika); **Castello del Buonconsiglio**, April bis Sept. Di–So 9–12, 14–17.30 Uhr (Juli/August 10–18 Uhr), Okt. bis März 9–12, 14–17 Uhr, Mo geschl.; Eintritt ca. 5 € (mit Tridentum sotteranea), unter 18 und über 60 J. ermäß.; **Tridentum sotteranea**, Ende Juni bis Ende Sept. Di–So 10–18 Uhr, übrige Monate Di–So 9–12, 14–17 Uhr, Mo geschl. Eintritt ca. 2 € (Kombiticket mit Castello ca. 5 €).

▶ **Trento/Umgebung**: Das Weinbauzentrum *San Michele all'Adige* liegt 15 km nördlich von Trento (eigene Autobahnabfahrt). Im Castello di San Michele, einem früheren Augustinerkloster aus dem 12. Jh., dokumentiert das *Trientiner Volkskunde- und Trachtenmuseum* (Museo degli Usi e Costumi della Gente Trentina) in mehr als vierzig Räumen die landwirtschaftlichen, handwerklichen und kulturellen Traditionen der Region – die bedeutendste Sammlung ihrer Art in Italien.

Südlich von Trento thront kurz vor Rovereto seitlich der Autobahn trutzig das *Castel di Beseno*, die größte mittelalterliche Burg des Trentino. Sie schützte die Stadt Trient nach Süden und sicherte das Seitental des Rio Cavallo.

Wer den Gardasee als Ziel hat, kann von Trento die landschaftlich reizvolle SS 45bis nach Riva nehmen. Man durchquert zunächst in einem 1000-m-Tunnel den *Monte Bondone* und kommt dann an der Abfahrt zum kleinen *Lago di Terlago* mit Badestrand, Camping und Albergo vorbei, von dem wiederum eine gut ausgebaute Straße zu den beiden smaragdgrünen, allerdings gänzlich abgelegenen *Laghi di Lamar* führt (ebenfalls Campingplatz). Etwa 16 km nach Trento passiert man den für die Elektrizitätsgewinnung genutzten *Lago di Santa Massenza* und den bildschönen, unter Naturschutz stehenden *Lago di Toblino*. In letzterem thront pittoresk das *Castello di Toblino* auf einer schmalen, grünen Halbinsel, ein Café mit ruhiger Seeterrasse lädt zur Einkehr ein, im Restaurant speist man unter Arkaden oder im freskenbemalten Innenhof (Di geschl.).

• *Öffnungszeiten/Eintritt* **Museo degli Usi e Costumi della Gente Trentina**, Di–So 9–12.30, 14.30–18 Uhr, Mo geschl., Eintritt ca. 4 €.

Castel di Beseno, März bis Nov. 9–12, 14–17 Uhr, Mo geschl.; Eintritt ca. 3,20 €, Ermäßigung unter 18 und über 60 J.

Riva und der trentinische Teil des Gardasees → S. 278.

▸ **Rovereto**: einladendes Städtchen in Höhe des nördlichen Gardasees, von dort auch gut im Rahmen eines Tagesausflugs zu besichtigen. Das malerisch verwinkelte Altstadtviertel am Berghang lohnt einen ausgedehnten Bummel. Der Fluss Leno zieht sich quer durch die Stadt, hoch darüber thront ein großes Kastell, in dem 1921 das *Museo Storico Italiano della Guerra* eingerichtet wurde, seitdem das größte Militärmuseum im Land. In 30 Sälen sind Waffen, Uniformen, Gemälde, historische Fotos und Dokumente zum Ersten Weltkrieg und zu früheren kriegerischen Ereignissen ausgestellt. Das *Museo Civico* am Borgo Santa Caterina 41 besitzt eine Vielzahl von paläontologischen, mineralogischen, archäologischen, zoologischen, botanischen und kunsthistorischen Exponaten.

• *Öffnungszeiten/Eintritt* **Museo Storico Italiano della Guerra**, Juli bis Sept. Di–So 10–18 Uhr, Sa/So 9.30–18.30 Uhr, Okt. bis Juni Di–So 10–18 Uhr, Mo geschl.; Eintritt ca. 5,50 €. **Museo Civico**, Di–So 9–12, 15–18 Uhr, Mitte Juni bis Mitte Okt. auch Fr u. So 20–22 Uhr, Mo geschl.; Eintritt ca. 4 €.
• *Information* **APT**, Corso Rosmini 6. Gut ausgestattetes Büro. Mo–Fr 8.30–12.15, 14.30–18, Sa 8.30–12 Uhr, So geschl. ✆ 0464/430363, ✎ 435528, www.apt.rovereto.tn.it.
• *Übernachten* ****** Leon d'Oro**, wohnliches Haus nahe der Altstadt, gemütliche Atmosphäre, unten Salon mit Ledersesseln, in den komfortablen Zimmern Teppichboden, bemalte Bauernmöbel, Mini-Bar und TV. Eigener Parkplatz vor dem Haus. DZ mit gutem Frühstücksbüffet ca. 110–150 €. Via G. Tacchi 2, ✆ 0464/437333, ✎ 423777, www.hotelleondoro.it.
** Sant'Ilario, größeres Haus mit Parkplatz, etwa 2 km in die Altstadt. DZ mit Frühstück ca. 83–92 €. Viale Trento 68 (an der Zufahrtsstraße von der Autobahn zum Stadtzentrum), ✆ 0464/411605, ✎ 412922, www.hotelsantilario.com.
• *Essen & Trinken* **Scala della Torre**, seit 1878, traditionelle Gaststätte mit lauschigem Innenhof an einer Treppengasse im historischen Zentrum (von der Piazza Erbe hinauf zur Via della Terra), authentische trentinische („welschtiroler") Küche wie *canederli in brodo, zuppa d'orzetto* und *spezzatino al cinghiale*. So geschl. Via Scala della Torre 7, ✆ 0464/437100.

Il Mart: neuer Star der europäischen Kunstszene

Das hochmoderne *Museo d'Arte Moderna e Contemporanea di Trento e Rovereto* (Il Mart) wurde 2002 in zentraler Lage am Corso Bettini 41 eröffnet. Mittelpunkt des vierstöckigen Baus nach Plänen des Tessiner Stararchitekten Mario Botta ist ein 25 m hoher, mit einer Stahl- und Glaskonstruktion überkuppelter Rundplatz in Form eines Amphitheaters. Es beherbergt auf 6000 qm 9000 Kunstwerke, außerdem gibt es ein großes Archiv und eine wissenschaftliche Bibliothek.

Öffnungszeiten/Eintritt Di–Do u. Sa/So 10–18, Fr 10–21 Uhr, Mo geschl. Eintritt ca. 8 €. ✆ 800/397760 (nur innerhalb Italiens, gebührenfrei), von außerhalb ✆ 00390376/281558, www.mart.tn.it.

Heimatkundeunterricht im Schlosshof des Castel di Beseno

▸ **Rovereto/Umgebung**: Die Spuren des Ersten Weltkriegs sind es vor allem, die hier noch immer sichtbar sind. Jahrelang lagen sich italienische Alpini und österreichische Kaiserjäger in den Bergen einander gegenüber. 3 km oberhalb der Stadt ertönt auf dem Colle di Miravalle zu jedem Sonnenuntergang die gewaltige *campana dei caduti* („Glocke der Gefallenen"), um an die Toten aller Kriege zu erinnern. Die Glocke wurde nach dem Ersten Weltkrieg aus Kanonen eingeschmolzen, ist 22.600 kg schwer und gilt als größte frei hängende und täglich geläutete Glocke der Welt.

2 km weiter südlich steht weithin sichtbar auf einem Hügel das riesige *Ossario del Castel Dante*, ein Beinhaus für 20.000 Gefallene des Ersten Weltkriegs, das größte seiner Art in Italien.

• *Öffnungszeiten/Eintritt* **Friedensglocke**, April bis Sept. 9–19 Uhr, März und Okt. 9–18 Uhr, Nov. bis Febr. 9–16.30 Uhr. Eintritt ca. 1 €.

Ossario del Castel Dante, tägl. 9–11.45, 14–16.45 Uhr.

▸ **Castello di Avio**: Das eindrucksvolle mittelalterliche Schloss erhebt sich mit seinem mächtigen Bergfried, dem *Mastio*, 260 m hoch über dem Etschtal bei Sabbionara, zu erreichen ab Autobahnausfahrt Ala-Avio. In den Innenräumen, vor allem im „Mastio", dem mächtigen Bergfried, und in der „Casa delle Guardie", dem ehemaligen Wärterhaus, sind prachtvolle Fresken aus dem 14. Jh. erhalten.
Öffnungszeiten/Eintritt Febr. bis Sept. Di–So 10–13, 14–18 Uhr (Juli/August Fr/Sa bis 21 Uhr), Okt. bis Dez. 10–13, 14–17 Uhr, Mo geschl.; Eintritt ca. 3,50 €, Kinder (4–12 J.) 2,50 €.

Lago di Molveno

Der vielleicht schönste See des Trentino – ein glasklares, tiefgrünes Gewässer in 865 m Höhe, direkt am Fuß der mächtigen Brenta-Gruppe nordwestlich von Trento. Wegen seiner Höhenlage ist er allerdings nur im Hochsommer zum Baden geeignet, muss außerdem gelegentlich stark abgelassen werden.

Am nördlichen Seeende liegt zum Hang hin steil ansteigend Molveno mit gepflegter alpenländischer Architektur. Nur hier ist der See zugänglich. Eine 10 ha große Wiesen- und Parklandschaft mit Kiesstränden, schattigen Bäumen, Freibad und Sporteinrichtungen bildet das Ufer, ideal zum Sonnen und Baden. Schöner Ausflug per Seggiovia (Sessellift) zur sonnigen *Hochebene von Pradel* (1367 m) und weiter zum *Rifugio Montanara* (1525 m). Die Talstation liegt im oberen Ortsteil (Mai bis Sept., nach Pradel ca. 6 € hin/rück, Montanara 8 €).

• *Information* **APT** im Ortskern, Piazza Marconi 5. Mo–Sa 9.30–12.30, 15–18 Uhr. ✆ 0461/586924, 🖷 586221, www.aptdolomitipaganella.com.
Gleich daneben **Zimmervermittlung** durch Molveno Iniziative Turistiche, ✆ 0461/586086, 🖷 586412, www.dolomitimolveno.com.

• *Übernachten* Geöffnet sind die Hotels Mitte Mai bis Anfang Oktober, im Sommer wird fast überall ein Mindestaufenthalt von drei Tagen verlangt, zudem besteht Pflicht zur HP.
*** Lido, komfortables Haus in zentraler Lage an der Uferstraße. Großer Garten, behagliche Zimmer mit TV, sehr gute Küche. HP pro Pers. ca. 42–90 €. Via Lungolago 6, ✆ 0461/586932, 🖷 586143, www.hotel-lido.it.
*** Lago Park, etwas außerhalb, vollkommen ruhige Lage in der nordöstlichen Seeecke, unmittelbar am Wasser. Älteres Traditionshaus mit schattigem Garten, schöner Caféterrasse und kleinem Pool. In den nostalgischen Gemeinschaftsräumen Parkettböden und Kamin, Zimmer modernisiert, mit TV. HP pro Pers. ca. 44–82 €. Via Bettega 12, ✆ 0461/586030, 🖷 586403, www.dolomitiparkhotel.com.
** Bellariva, neben dem Campingplatz, wenige Meter vom See. Direkter Zugang zum Ufer, großer Garten, Parkplatz, Restaurant/Café. HP pro Pers. ca. 41–77 €. Via Lungolago 23, ✆ 0461/586952, 🖷 586338, www.bellariva.com.
Camping Spiaggia Lago di Molveno, großes Gelände direkt am See, 300 m langer Kiesstrand, Kinderspielplatz, Imbissstube. ✆ 0461/586978, 🖷 586330, www.molveno.it/camping.

Lago di Caldonazzo/Lago di Lévico

Das nördlich der Alpen wenig bekannte Seengebiet liegt einige Kilometer südöstlich von Trento, zwischen den hügligen Ausläufern der Dolomiten. Ein dicht bewaldeter Höhenrücken trennt die beiden Seen, von denen der Lago di Lévico schöner, der Caldonazzo-See aber besser zum Baden geeignet ist.

Zu erreichen von Trento auf der gut ausgebauten SS 47 durchs Valsugana oder auf der eingleisigen Bahnstrecke am Westufer des Lago di Caldonazzo entlang, die über Lévico Terme und Primolano nach Venedig führt (Ferrovia della Valsugana, Verbindungen ca. 7-mal tägl.). Tipp: Weiterfahrt das malerische Valsugana entlang ins schöne Städtchen *Bassano del Grappa* (→ Veneto) und über *Treviso* (→ Veneto) nach Venedig.

▸ **Lago di Caldonazzo**: abgesehen vom unbesiedelten Ostufer landschaftlich nicht umwerfend, passabler Standort ist *Calceranica al Lago* auf einer Landzunge am Südende, dort viel Campingtourismus und die besten Bademöglichkeiten.

▸ **Lago di Lévico**: eingebettet zwischen steile, dicht bewaldete Hänge, die Ufer fast völlig unerschlossen, nur am Südende erstreckt sich der Kurort *Lévico Terme* mit Strandbad, mehreren Campingplätzen und zahlreichen Hotels. In der Umgebung liegen einige Festungen des Ersten Weltkriegs, darunter das *Forte Col de Bene* nordwestlich von Lévico Terme (Broschüren im Informationsbüro).

• *Information* **APT**, Via Vittorio Emanuele 3, gegenüber Palazzo delle Terme. Mo–Sa 9–12.30, 15–18 Uhr, So 9–12 Uhr. Es wird Deutsch gesprochen. ✆ 0461/706101, 🖷 706004, www.valsugana.info.
• *Übernachten* Kurz bevor man die Seen erreicht, passiert man **Pergine Valsugana** mit einer malerischen Bergfestung aus dem 13. Jh. Heute ist dort das Feinschmeckerlokal **Castel Pergine** untergebracht (Mo-Mittag geschl.), geführt vom Ehepaar Verena Neff und Theo Schneider. Im Haus werden auch 21 Zimmer vermietet, HP je nach Ausstattung ca. 50–69 € pro Pers., Kinder sind willkommen. Mai bis Okt. ✆ 0461/531158, 🖷 531329, www.castelpergine.it.
*** Romanda, mitten im Zentrum von Lévico Terme, alteingesessen und aufmerksam geführt von Familie Bosco. DZ mit Frühstück ca. 65–90 €. ✆ 0461/707122, 🖷 701710, www.hotelromanda.it.
Camping Lévico, der einzige Platz direkt am See. ✆/🖷 0461/706491, 🖷 707735, www.campinglevico.com
Camping Due Laghi, großes, recht komfortables Gelände an der Straße nach Tenna, 400 m zum See, Pool. ✆ 0461/706290, 🖷 707381, www.campingclub.it.

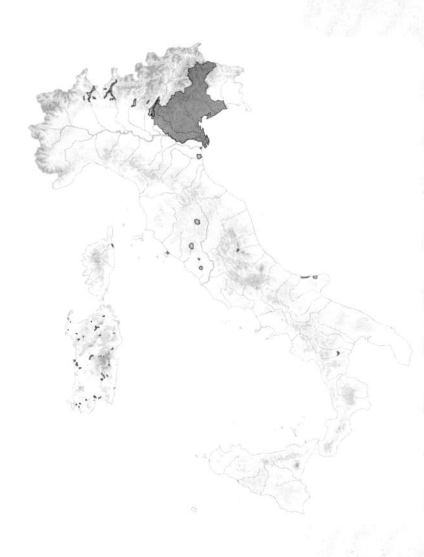

VENETIEN

VENETO

SCHÖNE ORTE: Venedig (S. 202), Verona (S. 168), Vicenza (S. 179), Padua (S. 193), Treviso (S. 190), Bassano del Grappa (S. 185), Ásolo (S. 187), Cáorle (S. 232).

LANDSCHAFTLICHE HÖHEPUNKTE: das Podelta (S. 236), die Lagune von Venedig (S. 228), die Euganäischen Hügel bei Padua (S. 199) und die Dolomiten um Cortina d'Ampezzo (S. 188).

KULTURELL INTERESSANT: Venedig (S. 202), Verona (S. 168), Vicenza (S. 179), Padua (S. 193), Ásolo, Possagno (S. 187), Villa Barbaro bei Masèr (S. 188).

BADEN: Interessant ist Cáorle (S. 232) mit dem großen Lagunengebiet im Hinterland, aber natürlich gibt es weitaus mehr Möglichkeiten.

KURIOS: Ganz Venedig ist auf Holzpfählen ins Wasser der Lagune gebaut – weltweit einzigartig (!); die Kirchen von Verona und Venedig kosten Eintritt; der heilige San Zeno in Verona lächelt und die gut 700 Jahre alte Zunge des Sant'Antonio in Padua ist bis heute nicht verwest.

EHER ABZURATEN: im Po baden, in Venedig ins erstbeste Restaurant oder Hotel gehen, in Lido di Jesolo in Achterreihen im Liegestuhl dösen.

Venedig: Blick vom Campanile über die Dächer der Stadt

Venetien
Veneto

Wenn man auf der Autobahn vom Brenner kommend die Grenze zum Veneto passiert, hat man bisweilen das Gefühl: Hier beginnt Italien erst wirklich. Die langen Südtiroler und Trentiner Täler gleiten aus, steile Felshänge treten zurück, sanfte Hügel mit Zypressen und zinnengekrönten Palazzi lösen die schlanken alpenländischen Kirchtürme und Holzdächer ab. Der Wechsel von der grandiosen Bergwelt zu üppig mediterraner Vegetation und verspielter Architektur fasziniert jedes mal aufs Neue.

Bereits im Mittelalter begann der Aufstieg der Lagunenstadt Venedig zur mächtigen Großmacht, die ihren Einfluss bis weit ins östliche Mittelmeer ausdehnte, seit dem 15. Jh. aber auch zunehmend ihr Hinterland einbezog. Die meisten Städte unterwarfen sich schnell oder wurden erobert, lediglich Triest stellte sich unter die Schutzherrschaft der Habsburger. Die durch den Asienhandel und Beutezüge im Osten unendlich reich gewordene „Serenissima" wurde damals zum künstlerischen Mittelpunkt im Norden Italiens. Die bedeutendsten Architekten, Maler und Bildhauer ihrer Zeit fanden hier Aufträge, wie sie sonst nur Florenz oder Rom boten. Venedig und sein Festlandsbesitz, die „terra ferma", entwickelten sich so zum wahren Freilichtmuseum und noch heute befinden sich, abgesehen von der Toskana, auf dem Gebiet der ehemaligen Dogenrepublik die meisten Kunstwerke innerhalb Italiens. Trotz erheblicher Bausünden der Moderne, trotz Verkehrschaos, starker Zersiedlung, flächendeckender Landwirtschaft und dynamischer Industrialisierung ist es immer wieder ein Vergnügen, die Verspieltheit und Reichhaltigkeit der venezianischen Architektur zu erleben.

Verona ist die erste „wirklich" italienische Stadt südlich der Alpen. Hier Halt zu machen gibt eine gute Einstimmung auf das Kommende, allein schon wegen der unnachahmlichen südlichen Lebensart, die allabendlich auf der großen Piazza Bra quirlt. Doch Verona ist nur Auftakt. Das Veneto schließt sich wie ein großer Kreis um seinen unbestrittenen Mittelpunkt: *Venedig*. Die Lagunenstadt ist natürlich allein eine Reise wert und gehört zweifellos zu den größten Sehenswürdigkeiten Italiens. Allerdings ist Venedig nicht das Veneto, denn allzu verschieden sind die Landstriche zwischen Alpen und Po. Tatsächlich gibt es in wenigen Regionen Italiens solche ins Auge fallenden Gegensätze – auf der Nordseite beispielsweise *Cortina d'Ampezzo*, mondäner Wintersportort hoch in den Dolomiten, im Süden dagegen die eintönige Landschaft des *Podeltas*, wo der Tourismus nur eine unwesentliche Rolle spielt. Von den Städten sollte man außer Venedig und Verona noch *Vicenza, Padua, Bassano del Grappa* und *Ásolo* besuchen. Wen die Adria lockt, der kann nach *Cáorle* fahren, dessen sympathischer historischer Kern direkt neben einem langen Sandstrand liegt. Wesentlich mehr Rummel bietet dagegen die „Badegroßstadt" *Lido di Jesolo*. Einen Kontrast zum Badevergnügen bietet der lärmende Fischerhafen *Chioggia*. Und auch das Ostufer des *Gardasees* gehört zum Veneto (um den See aber nicht zu „zerreißen", finden Sie ihn zusammenhängend im Kapitel „Lombardei und die Seen").

*A*nfahrt/*V*erbindungen

• *PKW* Über den Brenner und die **A 22** hinunter bzw. die parallel laufende Staatsstraße. Einfacher geht's nicht – fast jeder, der aus Süddeutschland nach Italien fährt, kommt an Verona vorbei. Von dort ist es nur ein Katzensprung auf der **A 4** nach Venedig.

• *Bahn* Dasselbe gilt für Bahnfahrer. Die Brennerlinie über Innsbruck, Bozen, Trento und Verona ist neben der Gotthard-Linie das wichtigste Tor für den Süden. Nach Venedig gibt es auch häufige Direktzüge und Kurswagen ab BRD, CH und A, z. B. mehrmals tägl. ab Basel, München und Wien.

*Ü*bernachten

Venedig besitzt über 200 Hotels – eines teurer als das andere! Die Preise in Venedig sind die höchsten am Stiefel. Viel Geld kann man sparen, wenn man sich am Festland einquartiert und nach Venedig hineinpendelt – möglichst mit der Bahn, denn Parken ist fast genauso teuer wie Schlafen. Als Standort bietet sich vor allem das nahe **Padua** an. **Verona** besitzt ebenfalls zahlreiche und nicht ganz billige Unterkünfte. Ebenso herrscht kein Mangel in **Cáorle**,

Bibione und **Lido di Jesolo**, den wichtigsten Badeorten der Region.
Camper kommen an der Küste östlich von Venedig auf ihre Kosten, außerdem um Cáorle und Bibione.
Jugendherbergen gibt es bei Arquà Petrarca, beim Brenta-Kanal, in Bassano del Grappa, Montagnana, Monsélice, Verona, Venedig und Vicenza.

*E*ssen & *T*rinken

Die Veneto-Küche ist von zwei Schwerpunkten geprägt: von der Poebene und dem Meer. Als führende Handelsmacht des Mittelmeers kam Venedig als erste europäische Stadt mit den Gewürzen aus Übersee in Berührung. Aber auch Mais, Reis und rote Bohnen wurden hier erstmals auf den Kontinent eingeführt und bald in großem Maßstab angebaut. Jahrhundertelang beherrschte die Republik Venedig einen Großteil der Poebene, die sich ideal zum Reisanbau eignet. Dementsprechend ist die Liste der venezianischen Reisgerichte endlos, mindestens 60 Rezepte gibt es, allen voran **risi e bisi** – Reis und junge Erbsen, in Fleischbouillon

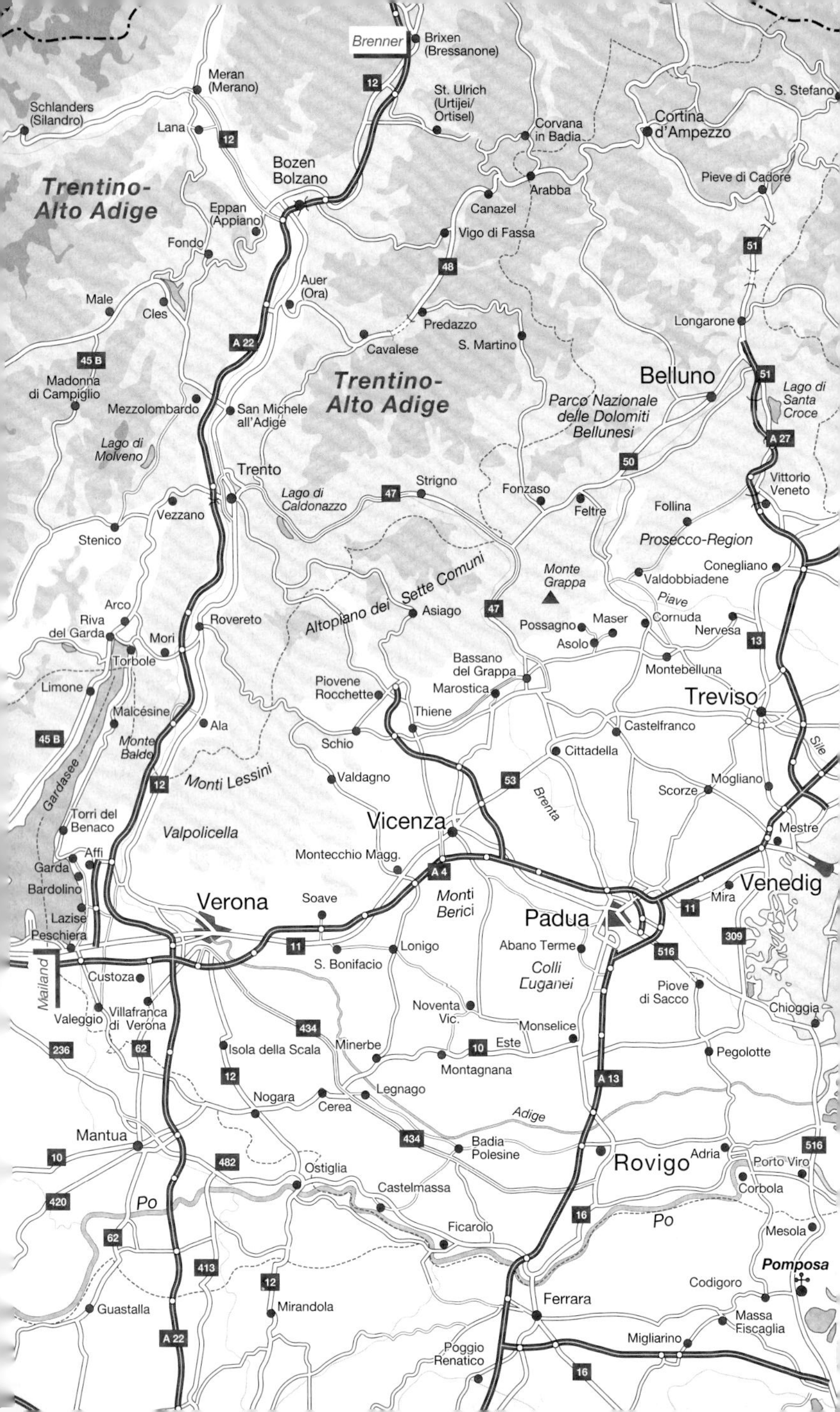

Brenner
Brixen (Bressanone)
Meran (Merano)
Schlanders (Silandro)
Lana
St. Ulrich (Urtijei/ Ortisel)
Corvana in Badia
Cortina d'Ampezzo
S. Stefano
Bozen Bolzano
Trentino-Alto Adige
Eppan (Appiano)
Arabba
Canazei
Pieve di Cadore
Vigo di Fassa
Fondo
Auer (Ora)
Male
Cles
Predazzo
Cavalese
S. Martino
Longarone
Madonna di Campiglio
Trentino-Alto Adige
Belluno
Lago di Santa Croce
Mezzolombardo
San Michele all'Adige
Parco Nazionale delle Dolomiti Bellunesi
Lago di Molveno
Trento
Strigno
Lago di Caldonazzo
Fonzaso
Feltre
Vittorio Veneto
Vezzano
Stenico
Follina
Prosecco-Region
Altopiano dei Sette Comuni
Monte Grappa
Conegliano
Valdobbiadene
Piave
Arco
Riva del Garda
Rovereto
Asiago
Possagno
Maser
Cornuda
Nervesa
Mori
Torbole
Asolo
Bassano del Grappa
Montebelluna
Limone
Piovene Rocchette
Marostica
Treviso
Malcésine
Thiene
Ala
Castelfranco
Monte Baldo
Schio
Cittadella
Sile
Gardasee
Monti Lessini
Valdagno
Brenta
Mogliano
Scorze
Torri del Benaco
Valpolicella
Vicenza
Mestre
Affi
Garda
Montecchio Magg.
Bardolino
Monti Berici
Venedig
Mira
Verona
Soave
Padua
Lazise
Peschiera
S. Bonifacio
Lonigo
Abano Terme
Colli Euganei
Mailand
Custoza
Piove di Sacco
Noventa Vic.
Chioggia
Valeggio
Villafranca di Verona
Monselice
Isola della Scala
Minerbe
Este
Pegolotte
Montagnana
Legnago
Nogara
Cerea
Adige
Mantua
Badia Polesine
Rovigo
Adria
Porto Viro
Ostiglia
Corbola
Castelmassa
Po
Po
Ficarolo
Mesola
Pomposa
Codigoro
Guastalla
Mirandola
Ferrara
Massa Fiscaglia
Migliarino
Poggio Renatico
12
12
48
51
45 B
A 22
51
A 27
50
47
47
13
45 B
53
12
A 4
11
11
309
516
434
10
236
62
12
A 13
434
516
10
482
420
16
62
413
12
A 22
16

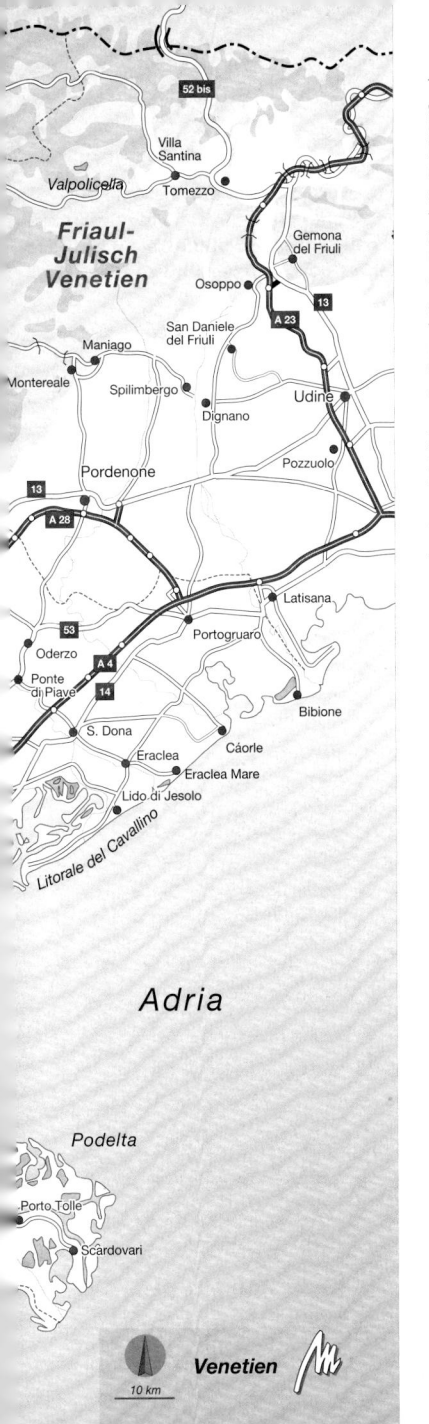

gekocht. **Risotto con scampi** (Hummerkrabben aus der Lagune), **riso e tripe** (mit Kutteln) oder **risotto con le seppie** (Reis mit der schwarzen Tinte vom Tintenfisch) sind einige weitere Variationen. Die zweite Grundlage der venezianischen Küche ist **polenta**, der weiße oder gelbliche Maiskuchen bzw. -brei, der zu vielen Gerichten als Beilage serviert wird, z. B. in gerösteten Scheiben zum berühmten **fegato alla veneziana** (Leber mit Zwiebeln). Auch **pasta e fasoi** (oder **pasta e fagioli**) sollte man kosten – die herzhaftdicke Suppe aus Nudeln und dicken roten Bohnen sättigt und schmeckt.

Zu den typischen Fischen des Veneto zählt der **stoccafisso** oder **baccalà** (Stockfisch/Kabeljau), serviert z. B. als **baccalà mantecato** (pürierter Stockfisch in einer weißen Sahnesoße) oder Baccalà in der Art von Vicenza (mit diversen Gewürzen in Milch gekocht). Ansonsten ist der **brodetto** (auch: **broeto**) bekannt und beliebt, eine üppige Suppe aus Fisch und Me*eresgetier. Das venezianische Perlhuhn **faraona** steht im ganzen östlichen Oberitalien auf der Speisekarte und von den einheimischen Gemüsen ist vor allem der knackigrote, leicht bittere Salat **radicchio trevigiano** aus Treviso ein Begriff.

Die venezianischen Desserts sind weitgehend von der österreichischen Besatzungszeit geprägt (→ Venedig), aus Verona stammt der berühmte **pan d'oro**, ein federleichtes Backwerk mit zartem Vanillegeschmack.

Die Veneto-Weine gehören zu den bekanntesten Italiens, doch nicht alle genießen den besten Ruf. Ein besonders edler Tropfen ist der trockene **Amarone** aus dem Valpolicella-Gebiet. Nach dem Chianti der meistverkaufte Wein Italiens ist der milde weiße **Soave** aus dem Gebiet zwischen Verona und Vicenza. Massenweise produziert wird auch der dunkle fruchtige Rotwein **Valpolicella** von Verona, von dem es leider viel Verschnitt und minderwertige Sorten gibt. Weitgehend von guter Qualität sind die **Prosecco**-Schaumweine aus dem Gebiet nördlich von Treviso zwischen Valdobbiadene und Conegliano. Doch in der Ebene wird bereits massenhaft Billig-Prosecco produziert. Beliebt ist auch der leichte trockene Rote **Bardolino**, der am Ostufer des Gardasees wächst (→ Lombardei und die Seen).

Venetien

Verona
ca. 262.000 Einwohner

Erste größere Stadt südlich der Alpen. Ein Stopp lohnt, denn Veronas Altstadt ist bildschön und besitzt einige bedeutende Bauten, u. a. eine riesige römische Arena, die noch heute für Opernaufführungen unter freiem Himmel genutzt wird. Seit dem Jahr 2000 gehört das Stadtzentrum zum Weltkulturerbe der UNESCO.

Das verkehrsberuhigte Centro storico schmiegt sich in einen tiefen Bogen der Etsch. Mit den malerischen Mittelalter-Gässchen, prächtigen Kirchen und historischen Palazzi ist es zum Spazierengehen wie geschaffen, weite Teile der Innenstadt wurden zu Fußgängerzonen umgewandelt. Zentraler Platz und immer belebter Treffpunkt ist die Piazza Bra mit ihrer altrömischen Arena. Größte Attraktion der Stadt sind die hier allsommerlich stattfindenden Opernaufführungen: Die unvergleichliche Stimmung unter freiem Himmel, hervorragende Akustik und tolle Beleuchtung garantieren ein unvergessliches Kunsterlebnis. Weiterer Konzentrationspunkt ist die altertümliche Piazza delle Erbe mit ihrem sehenswerten Markt und den malerisch verblichenen Palazzi. Gleich nebenan liegt die Piazza dei Signori, das mittelalterliche Verwaltungszentrum, mit der prunkvollen Szenerie alter städtischer Repräsentationsbauten. Nur ein paar Schritte sind es von hier zur Etsch, die mit ihrem breiten Bett das historische Zentrum von drei Seiten begrenzt. Auch den Hügel von San Pietro auf der anderen Seite sollte man unbedingt einmal erklimmen und den herrlichen Blick auf die Stadt genießen.

Anfahrt/Verbindungen

- *PKW* Verona liegt nur wenige Kilometer vom Gardasee und ganz zentral im Schnittpunkt der Autobahnen A 22 vom Brenner (Ausfahrt Verona Nord) und der A 4 Mailand-Venedig (Ausfahrt Verona Süd).

An vielen Stellen der Innenstadt kann man an Parkuhren oder mit Parkscheibe bis zu einer Stunde parken. Kostenlos und ohne Zeitbeschränkung kann man seinen PKW an der Stadtmauer in der **Via Città di Nimes** beim Bahnhof (15 Min. ins Zentrum) und beim weiter westlich gelegenen **Stadion** abstellen. Für die Besichtigung von **San Zeno Maggiore** kann man direkt vor der Kirche gebührenpflichtig parken. **Parkhäuser** gibt es an der Piazza Citadella (Nähe Piazza Bra) und in der benachbarten Via Bentegodi.

Die Altstadt darf nicht befahren werden, ausgenommen ist lediglich die einmalige Zufahrt zu einem Hotel.

- *Bahn* Verona ist Verkehrsknotenpunkt für die viel befahrenen Linien Brenner – Bologna – Florenz und Mailand – Venedig.

Der Bahnhof **Stazione Porta Nuova** liegt an der Piazza XXV Aprile, ca. 20 Fußminuten von der zentralen Piazza Bra (den Corso Porta Nuova entlang). Die Busse 11, 12, 13 (sonntags 91 und 98) fahren zur Piazza Bra.

> Der Flughafen **Aeroporto Valerio Catullo di Villafranca/Verona** liegt 10 km südwestlich von Verona, an der Straße nach Villafranca (Nähe Autobahn). Vom Flughafen fährt man per Bus (alle 20 Min. von 6.10–23 Uhr, ca. 4 €) oder Taxi zur Busstation Porta Nuova beim Hauptbahnhof in Verona. ℡ 045/8095666, www.aeroportoverona.it.

- *Bus* **AMT-Busse** verkehren in der Stadt, Info-Material im Tourist-Büro. Bustickets für ca. 0,95 € an allen Tabacchi-Ständen, bei den Kiosken im Bahnhof gibt es Tagespässe für ca. 3,10 €. In der Innenstadt wird man allerdings meist zu Fuß laufen. Sonntags verkehren andere Busse als werktags.

APTV-Busse fahren ab Bahnhofsvorplatz in die Umgebung, z. B. zum Gardasee und nach Brescia.

Täglicher Markt auf der Piazza delle Erbe

- *Taxi* Rund um die Uhr zu buchen unter ☎ 045/532666. Standplätze am **Hauptbahnhof** (☎ 045/8004528) und an der **Piazza Bra** (☎ 045/8030565).

- *Fahrradverleih* **El Pedal Scaligero**, in den Sommermonaten an der Ecke Piazza Bra/Via Roma (Südwestecke der Piazza). ☎ 333-5367770.

Information

IAT, Via degli Alpini 11, in der Stadtmauer an der Südseite der Piazza Bra, Nähe Rathaus. Di–Sa 9–19, Mo 13–19, So 9–15 Uhr. Man spricht Deutsch. ☎ 045/8068680, ✉ 8003638, www.tourism.verona.it.

Zweigstellen im **Bahnhof** (☎/✉ 045/8000861) und im **Flughafen** (☎/✉ 045/8619163).
Internet Point: „Internet Train", Via Roma 17, zwischen Arena und Castelvecchio. ☎ 045/8013394, www.internetrain.it.

Übernachten (siehe Karte S. 171)

Die Veroneser Hotelpreise sind hoch, vor allem in der Opernsaison. Trotzdem sind an Spieltagen die Unterkünfte in der Stadt oft ausgebucht.

*** **Giulietta e Romeo (20)**, direkt hinter der Arena, historischer Palazzo mit modernem Innenleben, schallgedämpfte Zimmer mit Kirschholzmobiliar, Teppichboden, Klimaanlage, Mini-Bar, TV und Telefon, von einigen Zimmern Blick auf die Arena. Mit Garage. DZ mit Frühstück ca. 105–210 €. Vicolo Tre Marchetti 3, ☎ 045/8003554, ✉ 8010862, www.giuliettaeromeo.com.

** **Aurora (13)**, ideale Lage direkt an der Piazza delle Erbe, einfach und sauber, große Frühstücksterrasse mit Blick auf die malerische Piazza. 22 Zimmer, ebenfalls großteils mit Blick zum Platz. Das Personal ist freundlich und spricht Deutsch. DZ mit üppigem Frühstücksbüffet ca. 85–125 €, mit Etagendusche etwas günstiger. ☎ 045/594717, ✉ 8010860, www.hotelaurora.biz.

** **Locanda Armando (24)**, 20 Zimmer mit TV, Parkmöglichkeit. DZ mit Bad ca. 85–105 €. Via Dietro Pallone 1 (östlich der Arena), ☎ 045/8000207, ✉ 8036015.

* **Cavour (22)**, in einer ruhigen Seitengasse zwischen Arena und Skaliger-Kastell, sympathisches Haus mit ordentlicher Ausstattung, sogar mit Parkplatz. DZ mit Bad um

Venetien

die 90–140 €, Frühstück extra. Vicolo Chiodo 4/b, ℘ 045/590166, ℻ 590508.
* **Ciopeta (23)**, ebenfalls zwischen Arena und Kastell, freundlich geführt, nur acht Zimmer mit Etagendusche. DZ mit Frühstück ca. 45–78 €. Vicolo Teatro Filarmonico 2, ℘ 045/8006843, ℻ 8033722, ciopeta@iol.it

TIPP! * **Locanda Catullo (19)**, preiswerte Pension im dritten Stock eines Altstadthauses, alteingeführter Travellertipp und wegen des vergleichsweise günstigen Preises oft ausgebucht. Spartanisch eingerichtet, beliebte Wirtin vom alten Schlag. DZ mit Bad ca. 40–65 €, mit Etagendusche 32–55 €, kein Frühstück. Via Valerio Catullo 1 (Seitengasse der Fußgängerzone Via Mazzini), ℘ 045/8002786, ℻ 596987. locandacatullo@tiscali.it.

• *Jugendherbergen* **Ostello Verona (IYHF) (4)**, alte Renaissance-Villa mit tollen Fresken und schönem Palmengarten auf der anderen Seite der Etsch am Hang unterhalb vom Kastell San Pietro, sehr sauber, gut in Schuss und freundliche Atmosphäre, Übernachtung inkl. Frühstück ca. 17 €/Pers., Schließzeit 23.30 Uhr (für Opernbesucher länger), Schlafsäle werden um 17 Uhr geöffnet (man kann sich schon früher anmelden und Gepäck abgeben). Abends gutes und preiswertes Essen (auch für Vegetarier). Ab Bhf. Bus 73 über Ponte Nuovo bis Piazza Isolo, dort beschildert (abends 20–23 Uhr und sonntags Bus 90 Richtung San Michele). 100 Betten, ganzjährig geöffnet. Villa Francescatti, Salita Fontana del Ferro 15. ℘ 045/590360, ℻ 8009127, www.ostellionline.org.

Casa della Giovane (5), kirchlich geführte Unterkunft, zentral in der Altstadt, Nähe Dom. Nur für Mädchen und Frauen, ca. 13 €/Pers. im Dreibettzimmer, ca. 15 €/Pers. im DZ. Schließzeit 23 Uhr (ausgenommen Opernbesucher). Via Pigna 7, ℘ 045/596880, ℻ 8005449.

• *Camping* *** **Romeo e Giulietta**, ca. 5 km außerhalb Richtung Gardasee an der SS 11, großer Rasenplatz unter hohen Bäumen, gute Sanitäranlagen, Swimmingpool (im Sommer geöffnet). Ohne eigenes Fahrzeug ungünstig, Schließzeit strikt 23 Uhr (bei Opernaufführungen muss man das Auto auf einem Parkplatz vor der Schranke abstellen). APT-Bus ab Bahnhof Richtung Peschiera (Haltestelle gegenüber vom Platz, Fahrer Bescheid sagen), der letzte Bus fährt aber schon gegen 20 Uhr. Via Bresciana 54, ℘ 045/8510243, camping_verona@tin.it.

TIPP! **Camping Castel San Pietro (1)**, an der Nordseite der Etsch, beschildert, kleiner Platz in idyllischer Lage in den Mauern des Kastells hoch über der Stadt, zwei große Terrassen, von der oberen Blick über das historische Verona. Stellplätze stufig versetzt, alles grün überwuchert, viel Baumschatten, sehr ruhig. Für Wohnmobile nur beschränkte Platzmöglichkeiten. Im Haus drei geräumige Nasszellen, jeweils mit Dusche und Toilette (Warmwasser nur vormittags und abends), alles picobello gepflegt. An der Rezeption arbeitet ein junges französisches Paar. Ab Bahnhof werktags Bus 41, abends und sonntags Bus 95, jeweils bis Via Marsala, zum Platz noch 10 Min. zu Fuß. Ins Zentrum 15 Fußminuten (Treppe zum Ponte Pietra hinunter). ℘/℻ 045/592037, www.campingcastelsanpietro.com.

*E*ssen & *T*rinken/*U*nterhaltung

Verona verfügt über eine beachtliche Gastronomie mit einigen Spitzenlokalen, doch findet man in der Altstadt auch einige preisgünstige Trattorie bzw. Osterie, in denen man häufig die Veroneser Spezialität *pastissada de caval* (Gulasch aus Pferdefleisch) kosten kann.

TIPP! **Osteria al Duca (11)**, gepflegte Osteria der alten Art im angeblichen Haus des Romeo, ausgesprochen gemütlich, Sitzplätze auf zwei Stockwerken. Sehr erfreuliche Küche mit großer Auswahl, serviert wird u. a. die Veroneser Spezialität *pastissada de caval con polenta*. Festpreismenü (ohne Wein) um die 13 €. So geschl. Via Arche Scaligeri 4, ℘ 045/594474.

Il Desco (16), einer der Sterne am Veroneser Gourmet-Himmel. In einem schön restaurierten Benediktinerkloster des 17. Jh. wird leichte und elegante Küche in der Art der „nuova cucina italiana" kredenzt. Menü um die 70–100 €. So/Mo (im Sommer nur So) und zweite Junihälfte geschl. Via Dietro San Sebastiano 7 (zu erreichen ab Via Cappello, Nähe Piazza Indipendenza), ℘ 045/595358.

Re Teodorico (2), elegant und ebenfalls nicht billig, aber die schönste Lage der Stadt, große Terrasse direkt am Castel Pietro auf der nördlichen Flussseite. Menü um die 40–70 €. Mi geschl. ℘ 045/8349990.

Verona 171

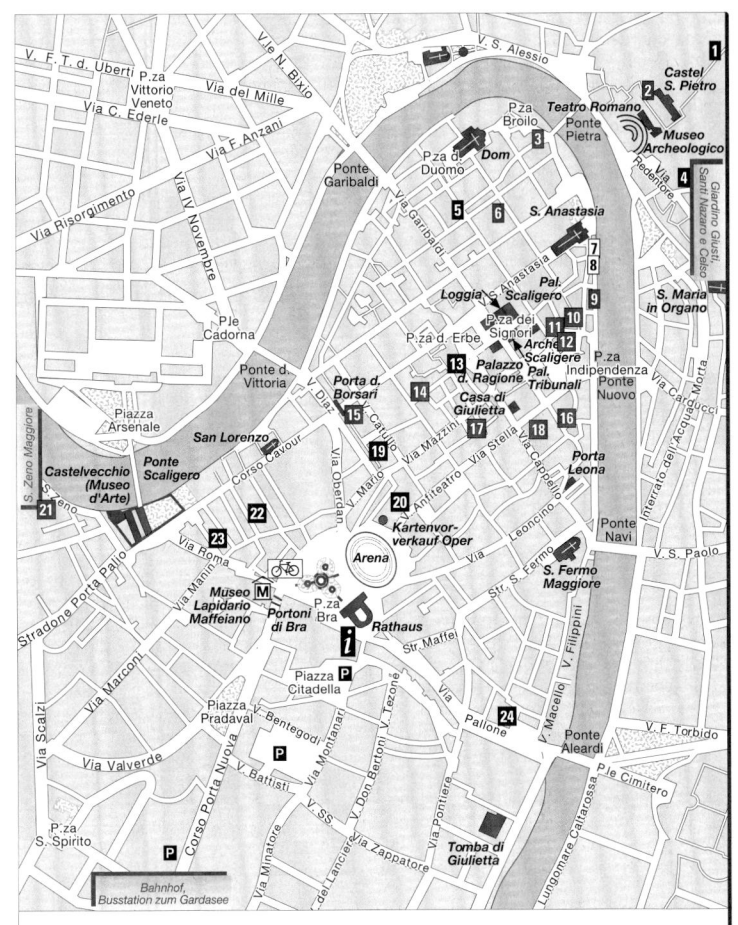

Übernachten
1. Camping Castel San Pietro
4. Ostello Verona (Jugendherberge)
5. Casa della Giovane (Jugendherberge)
13. Aurora
19. Locanda Catullo
20. Giulietta e Romeo
22. Cavour
23. Ciopeta
24. Locanda Armando

Essen & Trinken
2. Re Teodorico
3. La Torretta
6. Osteria al Duomo
10. Vini e Cucina da Luciano
11. Osteria al Duca
12. Alla Colonna
15. Pam Pam
16. Il Desco
17. Bottega del Vino
18. La Taverna di Via Stella
21. Vesuvio

Cafés
9. Osteria Sottoriva
14. Osteria La Vecete

Nachtleben
7. Cappa Café
8. Sottoriva 23

Verona
200 m

Bottega del Vino (17), eins der interessantesten und gemütlichsten Lokale Veronas, wunderschöne alte Weinprobierstube, holzgetäfelt und farbenfroh ausgemalt. Vorne treffen sich die Männer zu einem Glas Wein und lesen in Ruhe ihre Zeitung, während man hinten an einigen wenigen, weiß gedeckten Tischen essen kann – Tortellini, Polenta, Risotto, dazu einen Schluck aus dem mehr als üppigen Weinkeller. Nicht billig, aber sein Geld wert. Di geschl., außer Juli/August. Via Scudo di Francia 3 (nur wenige Schritte seitlich der Fußgängerzone Via Mazzini), ℅ 045/8004535.

La Torretta (3), sympathisches Terrassenlokal auf einer ruhigen Piazza, wenige Meter vom Ponte Pietra, schön zum Sitzen. So geschl. (Mo in Juli/August). Piazza Broilo 1, ℅ 045/8010099.

La Taverna di Via Stella (18), volkstümliche Osteria in zentraler Lage (vom Haus der Julia aus um die Ecke), fröhliche und lebendige Atmosphäre. Man kann zum Wein Kleinigkeiten vom Tresen kosten, aber auch vollständige Menüs wählen, z. B. diverse Polenta-Variationen und *baccalà*. Mo geschl. Via Stella 5, ℅ 045/8008008.

Pam Pam (15), gemütliche Trattoria direkt neben der römischen Porta Borsari, schöne Plätze im hohen Laubengang, drinnen stützt eine Säule die niedrige Holzbalkendecke. Seit dem Pächterwechsel bei der Jugend beliebt, große Auswahl an Pizza, aber auch Bruschette, Risotto und Pastagerichte. ℅ 045/8030363.

Vini e cucina da Luciano (10), einfacher Speiseraum und viele (hauptsächlich junge) Gäste, da wirklich unübertrefflich billig. So und im Juli geschl. Via Trota 3/a (von der Piazzetta Chiavica ein paar Schritte nach rechts), ℅ 045/8004757.

Vesuvio (21), einfache und preisgünstige Pizzeria westlich vom Castelvecchio, direkt an der Etsch, sehr beliebt an heißen Tagen, viele junge Leute. Piazzetta Portichetto/Rigaste San Zeno.

Alla Colonna (12), abends sitzt man hier unter fast ausschließlich italienischen Gästen, die Preise sind günstig. So geschl. Largo Pescheria Vecchia 4, ℅ 045/596718.

TIPP! Ciccarelli, im Ortsteil Madonna di Dossobuono, 8 km südwestlich vom Zentrum (Straße nach Villafranca di Verona und Mantua). Die hoch gelobte Trattoria ist seit vielen Jahren Garant für echte Veroneser Küche zu mittlerweile nicht mehr niedrigen, aber angemessenen Preisen. Menü ca. 30–35 €. Sa geschl. ℅ 045/953986, www.ristoranteciccarelli.it.

● *Cafés/Bars* hauptsächlich an der Piazza Bra und der Piazza delle Erbe.

Antico Caffè Dante, Veronas Traditionscafé, ehrwürdiger Innenraum mit Marmortischchen, dunkelroten Samtpolstern, schwarzem Lack und viel Stuck. Auch draußen viel Platz. Mo geschl. Piazza dei Signori.

Al Ponte, gemütliche Bar mit kleiner, blumengeschmückter Terrasse direkt an der Etsch. Mi geschl. Via Ponte Pietra 26/a, wenige Meter vom Ponte Pietra.

● *Weinstuben* (Osterie/Enoteche) **Bottega del Vino (17)**, herrliche Inneneinrichtung, exzellente Auswahl und zentrale Lage (→ oben).

Osteria al Duomo (6), hübsche Einheimischenkneipe, in der es oft hoch her geht, mittwochs Livemusik, zum Essen Polenta, Tortellini und Gnocchi. Geöffnet 10 Uhr vormittags bis 1 Uhr nachts. Do geschl. Via Duomo 7/a.

Osteria La Vecete (14), alteingesessene, jedoch jüngst modernisierte Osteria in zentraler Lage. So geschl. Via Pellicciai 32.

Osteria Sottoriva (9), urige Osteria unter den Arkaden der Via Sottoriva (Nr. 9/b), vor allem am Samstagvormittag trinkt hier jeder Mann des volkstümlichen Viertels sein Gläschen. So-Abend und Mo geschl.

● *Nachtkneipen* Vor allem in der etwas versteckt gelegenen Via Sottoriva und Umgebung.

Sottoriva 23 (8), unter eben dieser Hausnummer zu finden, populäre Kneipe, studentisches Publikum.

Cappa Café (7), wenige Schritte weiter, der Innenraum zeigt sich mit Polstersitzen orientalisch angehaucht, gelegentlich Jazzmusik live. Piazzetta Bra Molinari.

Sehenswertes

Bereits in römischer Zeit war Verona dank seiner beherrschenden Lage am Fuß der Alpen ein wichtiger Stützpunkt. Im Mittelalter baute das Geschlecht der Skaliger Verona zu seiner Residenzstadt aus, die Venezianer prägten mit aufwendigen Palästen und massiven Verteidigungsanlagen die folgenden Jahrhunderte. Später kamen die Österreicher, die die Stadt zum wichtigsten Stützpunkt ihres Festungsvierecks in Oberitalien (Verona, Mantua, Legnano und Peschiera) machten.

> Für ca. 8 € kann man die **Verona Card** erwerben. Sie gilt einen Tag lang und bietet freien Eintritt in allen Museen und Kirchen sowie kostenfreie Benutzung der Stadtbusse. Eine Karte für drei Tage (nicht übers Wochenende) kostet ca. 12 €.
> Für alle wichtigen **Kirchen** Veronas muss Eintritt bezahlt werden. Etwa 2,50 € kostet jeweils die Besichtigung von Dom (mit Baptisterium und Ausgrabung), Sant'Anastasia, San Zeno, San Fermo und San Lorenzo, für ca. 5 € erhält man ein Sammelticket, das zum Eintritt in alle fünf genannten Kirchen berechtigt. Die Kirchen sind im Sommer geöffnet Mo–Sa 10–18 Uhr (San Zeno ab 8.30 Uhr, Sant'Anastasia ab 9 Uhr), So 13–18 Uhr (Dom 13.30–17 Uhr), im Winter sind die Zeiten etwas kürzer (www.chieseverona.it).
> **Stadtrundfahrten** mit Bus „Romeo" Anfang Juni bis Ende September 3-mal tägl. außer Mo (Dauer ca. 90 Min., ca. 13 € unter 18 J. ca. 5,30 €), Treffpunkt vor dem Palazzo Gran Guardia (Piazza Bra). Weitere Infos im Tourist-Büro oder unter ✆ 045/8401160.

Piazza Bra: am Eingang zur Altstadt, wunderschöner weiter Platz mit großflächigen Straßenlokalen, aufwendigen Palästen aus mehreren Epochen und der prächtigen Arena, dem größten Amphitheater nach dem Kolosseum in Rom. Trotz der völlig unterschiedlichen Bauten, die von der Antike bis zum 19. Jh. reichen, ist es immer wieder ein Erlebnis, die großzügige Konzeption des Platzes zu genießen. Abends ist alles festlich illuminiert, ein kräftiger *Springbrunnen* sprudelt in der zentralen Parkanlage.

Die äußere Mauer der *Arena* war ursprünglich drei Stockwerke hoch, sie wurde durch Erdbeben fast vollständig zerstört, nur an der Nordwestecke steht noch ein kleines Stück mit vier Arkadenbögen. Ausgezeichnet erhalten ist dagegen der zweistöckige Innenring. Das Amphitheater bietet mit seinen zahlreichen Sitzreihen Platz für über 22.000 Zuschauer, im Sommer finden weithin berühmte Opernaufführungen statt (→ unten).

Der Torbogen *Portoni del Bra*, der dunkle klassizistische Palazzo *Gran Guardia*, das archäologische *Museo Maffeiano Lapidario* in der Nr. 28 gleich nach dem Torbogen und Reste der mittelalterlichen Stadtmauer schließen die Piazza nach Süden hin ab. Im Südosten hinter der Parkanlage steht das große ockerfarbene *Rathaus* mit seiner klassizistischen Säulenfassade. Im Norden beginnt neben der Arena die *Via Mazzini*, die wichtigste Fußgängerzeile Veronas, und führt zur Piazza delle Erbe.

• *Öffnungszeiten/Eintritt* **Arena**, Di–So 8.30–19.30 Uhr (Mo ab 13.30 Uhr), in der Opernsaison nur 8–15.30 Uhr. Eintritt ca. 3,20 €, Schül./Stud. ca. 2,10 €.
Museo Maffeiano Lapidario, Di–So 8.30–14 Uhr, Mo 13.30–19.30 Uhr. Eintritt ca. 2,10 €, Schül./Stud. 1 €.

Via Mazzini/Via Cappello/Via Leoni: der größte Fußgängerbereich der Stadt. Die *Via Mazzini* ist sozusagen das Schaufenster Veronas, abends lebendige „Passeggiata", vorbei an der Internationale der Edel-Boutiquen. Nach etwa 400 m trifft man auf die *Via Cappello* – linker Hand die Piazza delle Erbe, rechts auf Nr. 23 die ständig umlagerte Casa Capuletti, besser bekannt als *Casa di Giulietta*. Hier lebte das Mädchen, das Shakespeare in seinem Schauspiel „Romeo und Julia" verewigte. Durch einen von ganzen Touristengenerationen bis zur Unkenntlichkeit verschmierten und mit Bittzetteln garnierten Durchgang gelangt man in den hübschen gotischen Hof mit einer Bronzestatue der Julia, deren rechte Brust von zahllosen Touristenhänden blitzblank gerieben ist. Darüber kann man andachtsvoll den berühmten Balkon der Julia bestaunen, übrigens ein moderner Anbau des frühen 20. Jh. Das Innere des Hauses hat nicht allzu viel zu bieten.

Weiter Richtung Fluss wird die Via Cappello zur Via Leoni – man kommt an der römischen *Porta Leona* vorbei, im Untergrund der Straße sieht man *römische Ausgrabungen*. Am Ostende der Via Leoni steht direkt an der Etsch (Nähe Ponte Navi) *San Fermo Maggiore*, eine eindrucksvolle gotische Kirche mit niedriger Holzdecke in Form eines umgedrehten Schiffskiels und zahlreichen Resten von mittelalterlichen Wandfresken. Im Untergrund liegt eine ältere romanische Kirche, auf die der gotische Bau aufgesetzt wurde.

Öffnungszeiten/Eintritt **Casa di Giulietta**, Di–So 8.30–19.30 Uhr, Mo 13.30–19.30 Uhr, Eintritt ca. 3,10 €, Schül./Stud. 2,10 €.

Piazza delle Erbe: malerischer Mittelpunkt der Altstadt, Obst- und Gemüsestände unter pittoresken Sonnenschirmen, dazwischen einige historische Denkmäler. Ständig umlagerter Mittelpunkt ist der *Capitello*, ein Marmorbaldachin auf vier Säulen, unter dem früher die Ratsherren und der Bürgermeister gewählt wurden – heute vor allem als Ruhepunkt erschöpfter Touristen begehrt, die sich mit dem eiskalten Wasser, das hier hervorsprudelt, Füße und Gaumen kühlen. An der südlichen Schmalseite steht eine hübsche gotische *Marktsäule*, am Nordende eine venezianische *Herrschaftssäule* mit dem Markuslöwen. Interessant ist außerdem der schöne *Marktbrunnen* mit der Madonna Verona, einer grazilen Frauenstatue, die ein Spruchband aus Metall in Händen hält, das die Pracht Veronas preist.

Von den Palästen ringsum beachtenswert sind der *Palazzo Maffei* an der Nordseite mit barocken Statuen auf der Balustrade, die benachbarte *Torre del Gardello* aus dem 14. Jh. (wenn man hier den geschäftigen Corso Porta Borsari Richtung Westen geht, kommt man zum alten römischen Stadttor *Porta Borsari*) und an der Ostseite die *Case Mazzanti* mit ihren verblassten Fassadenfresken. Ein hoher Durchgang, in dessen Wölbung eine einsame Walrippe (!) baumelt, führt zur Piazza dei Signori. Die 83 m hohe *Torre dei Lamberti* überragt die Szene.

Piazza dei Signori (auch: Piazza Dante): das frühere Machtzentrum der Stadt mit den wichtigsten öffentlichen Gebäuden – Rathaus, Skaliger-Residenz, Gerichtsgebäude und Sitz des Stadtrats. Ein äußerst stil- und würdevoller Platz, der von den alten Palazzi vollständig eingeschlossen ist und fast wie ein Innenhof wirkt. Im Zentrum steht mit strenger Denkermiene, Adlerblick und markantem Profil *Dante*, der berühmte Dichter der „Divina Commedia" („Göttliche Komödie"). Dante war einige Jahre Gast der Skaliger, nachdem er als kaisertreuer Ghibelline aus dem guelfischen (päpstlich gesinnten) Florenz fliehen musste.

Rechter Hand steht der *Palazzo della Ragione* mit seiner markanten Streifenfassade, in dessen harmonischem Innenhof eine gotische Freitreppe zum Portal der Amtsräume im ersten Stock führt (nicht zugänglich). Unter dem hohen Laubengang liegt im Erdgeschoss der Zugang zur 83 m hohen *Torre dei Lamberti* – schweißtreibend ist der Aufstieg auf 368 Stufen oder man fährt bequem per Lift, oben bietet sich ein herrlicher Blick über Verona.

Durch einen Bogen mit dem Palazzo verbunden ist das benachbarte Gerichtsgebäude, der *Palazzo dei Tribunali*, mit massivem Backsteinturm. Im Durchgang unter dem Bogen hat man beim Bau einer Tiefgarage die Reste einer römischen

Straße entdeckt und mit Glas überdacht. Auch im Innenhof des Gerichts sind Rundöffnungen im Boden verglast.

An der rückwärtigen Seite der Piazza steht der zinnengekrönte *Palazzo Scaligero*, früher die Residenz der Skaliger, heute Sitz der Präfektur und Polizei. Die daneben anschließende *Loggia del Consiglio* gilt als schönste Säulenhalle ihrer Art, hier versammelte sich im 15. Jh. der Rat der Stadt.

Ein kurioses Schmuckstück ist die kleine versteckte Seitengasse *Via Mazzanti* (links von Caffè Dante). Inmitten abenteuerlicher Hausungetüme steht hier ein Brunnen aus römischen Säulen. Mittels noch teilweise erhaltener Seilkonstruktionen wurden hier von den umliegenden Wohnungen Eimer heruntergelassen.

Öffnungszeiten/Eintritt **Torre dei Lamberti**, Di–So 9.30–19.30 Uhr, Mo 13.30–19.30 Uhr, Lift ca. 2,10 €, zu Fuß 1,50 €. Sammelticket zusammen mit „Arche Scaligeri" → nächster Abschnitt.

Skaliger-Gräber und Casa di Romeo: Gegenüber vom Palazzo Scaligero thronen die reich verzierten gotischen Gräber der Skaliger, des einflussreichsten Herrschergeschlechts der Region. Über hundert Jahre hielten sie die Stadt unter ihrer Knute, nicht viel Gutes wird von den Herren mit ihren bezeichnenden Hundenamen berichtet.

Hinter dem schmiedeeisernen Gitter sieht man die beiden Gräber von *Mastino II* („Dogge") und *Cansignorio* („Leithund"), gotisch himmelstürmend mit zahlreichen Spitzbögen, Baldachinen und Statuen. Über dem Eingang der kleinen romanischen Kirche *Santa Maria Antica* thront der Sarkophag von *Cangrande I* („Großer Hund"), gekrönt von einer eindrucksvollen Reiterstatue, dessen Pferd bis zu den Knöcheln mit einer schweren Kampfdecke verhüllt ist – die Statue ist allerdings nur eine Kopie, das Original steht im Skaliger-Kastell (→ unten).

Eine Ecke weiter, Via Arche Scaligeri 4, findet man das angebliche *Haus des Romeo*, einen düsteren Backstein-Palazzo mit Zinnen und einer hübschen, preiswerten Osteria (→ Essen & Trinken).

Grab der Julia: In der Krypta der ehemaligen Kirche *San Francesco al Corso* (Via del Pontiere) mit schönem Kreuzgang steht der sogenannte „Sarkophag Julias". Romantiker aus aller Welt kratzen sich hier gerne ein Krümelchen ab, um es als Souvenir mitzunehmen. Im benachbarten Museum werden von den Wänden abgelöste Fresken aus dem 14.–16. Jh. aufbewahrt.

Öffnungszeiten/Eintritt Di–So 9–18.30 Uhr, Mo geschl., Eintritt ca. 2,60 €, Schül./Stud. 1,50 €.

Nördliche Altstadt

Das Viertel im Etsch-Bogen ist touristisch kaum entwickelt. Als schönster und ursprünglichster Straßenzug zieht sich die *Via Sottoriva* parallel zum Fluss. Auf der einen Seite ein breiter Laubengang, in dem sich urige Weinkneipen verstecken, gegenüber haben die Antiquitätenhändler Veronas ihre Läden.

Sant'Anastasia: mächtige gotische Backsteinkirche im Bogen der Etsch, von Dominikanern im 13.–15. Jh. erbaut, die Fassade blieb jedoch unvollendet. Das Innere ist düster, mächtig und hoch, Rundsäulen tragen das Kreuzrippengewölbe. An den ersten Pfeilern krümmen sich schmerzverzerrte Bucklige unter der Last der Weihwasserbecken, in den Seitenkapellen reich ausgestattete Altäre mit Fresken und Skulpturen. An der rechten Chorwand großes Fresko „Das Jüngste Gericht", in der *Cappella Giusti* (linkes Querschiff) das berühmte Fresko „Der heilige Georg und die Prinzessin" von Pisanello.

An der linken Seite des Vorplatzes steht die kleine Kapelle *San Pietro Martire* (auch: San Giorgetto), die vollständig mit Fresken ausgemalt ist.
Öffnungszeiten/Eintritt → Kasten, S. 173. Eintritt **San Pietro Martire** ca. 2 €.

Duomo Santa Maria Matricolare: nicht weit von Sant'Anastasia. Der ursprüngliche romanische Bau wurde später gotisch umgebaut, der strahlend weiße Turm erst im 20. Jh. fertiggestellt. Das Fassadenportal besitzt bemerkenswert schöne Reliefs. Im hohen dreischiffigen Innenraum finden sich viele architektonische Details und Wandmalereien, in der ersten Kapelle links „Mariä Himmelfahrt" (1535) von Tizian.
Links vom Dom romanischer Kreuzgang mit römischen Fußbodenmosaiken im Untergrund, die kleine Kirche *Sant'Elena* und das Baptisterium *San Giovanni in Fonte* mit einem schönen achteckigen Taufbecken.
Öffnungszeiten/Eintritt → Kasten, S. 173.

Westlich vom Zentrum

Porta di Borsari: Das pittoreske römische Stadttor aus weißem istrischen Kalk am Corso Porta Borsari war einst das Haupttor der Stadt. Im Mittelalter saß hier ein bischöflicher Steuereintreiber, der einem tief in die Tasche (= *borsa*) griff.

Castelvecchio: Das mittelalterliche Backstein-Kastell der Skaliger wurde 1354 unter dem tyrannischen Cangrande II erbaut. Es war allerdings nicht etwa als Bollwerk gegen Feinde von außen gerichtet, sondern wendete sich gegen die eigene aufbegehrende Stadtbevölkerung, die das despotische Regime der Skaliger nicht mehr ertragen wollte. Der 120 m lange *Ponte Scaligero* sorgte dafür, dass die Skaliger jederzeit die Kontrolle über den wichtigen Etschübergang hatten, aber auch umgehend die Flucht ergreifen konnten. Das Kastell beherbergt das *Museo di Castelvecchio*, eine umfangreiche Kunstsammlung mit Skulpturen, Gemälden und Fresken der Veroneser und Venezianischen Schule, darunter Pisanello, Bellini, Tintoretto, Mantegna und Tiepolo (bemerkenswert z. B. „Madonna mit der Wachtel" von Pisanello), aber auch die eindrucksvolle Originalstatue vom Grab des Cangrande I.
Öffnungszeiten/Eintritt Di–So 8.30–19.30 Uhr, Mo 13.30–19.30 Uhr, Eintritt ca. 3,10 €, Schül./Stud. ca. 2,10 €.

San Zeno Maggiore: Eine der schönsten romanischen Kirchen Oberitaliens, ausgesprochen ästhetisch, elegant und leicht. Die Fassade ist in warmem Gelbton gehalten, die Längsseite rot-weiß gestreift. Links steht der Turm der angeschlossenen Abtei, rechts der hohe, frei stehende Glockenturm. Das Portal wird von prächtigen Steinreliefs umrahmt, die bekannte Szenen aus der biblischen Geschichte und der Schöpfungsgeschichte darstellen. Das berühmte *Bronzeportal* stammt aus dem 12 Jh. und besitzt 48 Relieffelder, die auf den hölzernen Untergrund genagelt sind. Das tiefer liegende Innere ist feierlich und fast leer, massive Pfeiler und Säulen stützen das hohe Kielgewölbe, Licht fällt fast nur durch die Rosette in der Fassade. Überall an den Wänden sind Reste von Fresken erhalten, vor allem im erhöhten Chor über der Krypta. Der *Chor* ist zum Hauptraum durch Statuen von Christus und den Aposteln abgeschlossen, über dem Altar sieht man das Triptychon „Madonna mit Heiligen" von Mantegna. Linker Hand steht die berühmte, verschmitzt schmunzelnde Statue des dunkelhäutigen (?) heiligen Zeno (14. Jh.), genannt „San Zeno che ride" („der lacht").
Seitlich der Kirche liegt ein schöner *Kreuzgang* mit filigranen Doppelsäulen und zahlreichen Grabmälern.
Öffnungszeiten/Eintritt → Kasten, S. 173.

„Arena di Verona": Opernerlebnis unter freiem Himmel

Weltberühmt ist das 1913 zum hundertsten Geburtstag von Giuseppe Verdi gegründete Opernfestival, das seitdem alljährlich in der Arena von Verona stattfindet. Von Ende Juni bis Anfang September kommen hier alle 2–3 Tage die großen Klassiker zur Aufführung: Von Verdi z. B. Aida, Rigoletto, La Traviata und Nabucco, von Puccini Turandot und Tosca, Bizet ist meist mit Carmen vertreten, während Prokofievs Ballett Romeo e Giulietta sozusagen am Originalschauplatz aufgeführt wird.

Die Vorstellungen beginnen um 21 Uhr und dauern bis zu vier Stunden und länger! Ausgeruht kommen, Sitzpolster mitbringen und viel Ausdauer (Polster kann man auch gegen Gebühr ausleihen). Nach jedem Akt ca. 20 Min. Pause. Glasflaschen und Getränke in Dosen darf man nicht mitnehmen, Plastikflaschen sind erlaubt. Getränke werden auch für teures Geld in der Arena angeboten. Falls es regnet, werden Eintrittskarten nur zurückerstattet, wenn mit der Aufführung nicht begonnen werden kann. Sobald ein paar Takte gespielt wurden, gibt es kein Rückgaberecht mehr.

Preise: von ca. 22,50–26,50 € für *gradinata non numerata* (unnummerierte Stufenplätze aus Stein ganz hinten und oben) über 73–104 € für *gradinata numerata* (nummerierte Rangplätze näher am Geschehen) bis zu den teuren Plätzen im „Parkett": *poltrona numerata* (2. Parkett) bzw. *poltronissima numerata* (1. Parkett) für 114–125 bzw. 147–179 € (Freitag/Samstag jeweils die teureren Preise). Zu den genannten Preisen kommt noch die Vorverkaufsgebühr dazu. Ermäßigte Preise in den unteren Kategorien bis 26 und ab 60 Jahren.

- *Informationen* **Ente Arena**, Piazza Bra 28 (direkt am Torbogen Portoni di Bra), ✆ 045/8005151, ✉ 8013287, www.arena.it und www.arena-verona.de.
- *Vorbestellung/Kartenvorverkauf* Theaterkasse in der Via Dietro Anfiteatro 6/B (schmale Gasse hinter der Arena). Mo–Fr 9–12, 15.15–17.45, Sa 9–12 Uhr. Vorbestellung mit Kreditkarten über ✆ 045/8005151, unter Beifügung des entsprechenden Betrags (Scheck oder Postanweisung) und Angabe des Termins, des gewünschten Platzes und der Anzahl der Personen auch schriftlich.
- *Tageskasse* Ebenfalls Via Dietro Anfiteatro 6, Ende Juni bis Ende August an Tagen ohne Vorstellung 10–17.45 Uhr, an Tagen mit Vorstellung 10–21 Uhr. Möglichst vormittags kommen, nummerierte teure Plätze sind dann oft noch vorhanden. Die preiswerten unnummerierten Plätze sind meist von Schwarzhändlern aufgekauft, die die Karten vor dem Büro für ca. 30–40 € anbieten.

178 Venetien

Nördlich der Etsch

Mit wenigen Schritten kommt man vom Dom zum großen Etschbogen an der Nordspitze der Landzunge, wo sich ein herrlicher Blick auf den zypressenbestandenen Hügel an der anderen Flussseite öffnet. Hinüber geht es über den *Ponte Pietra* und zwischen alten Häusern, Bäumen, Treppen und Gärten hinauf zum *Kastell San Pietro* aus dem 19. Jh. (nicht zu besichtigen) – für die Mühe wird man mit einem wunderschönen Blick über ganz Verona belohnt.

An den Hang unterhalb des Kastells schmiegt sich ein *römisches Theater* mit seinen erhaltenen Bühnenaufbauten. Das ehemalige Kloster San Girolamo darüber ist vom Theater mit Lift zu erreichen und beherbergt ein bescheidenes *Archäologisches Museum*.

Etwas südlich vom Hügel steht die gotische Kirche *Santa Maria in Organo*. Die untere Hälfte der unvollendeten Fassade ist ganz mit Marmor verkleidet, im Inneren reiche Renaissance-Ausstattung, Fresken und eine frühmittelalterliche Krypta, berühmt sind die einzigartigen Intarsienarbeiten am Chorgestühl.

200 m weiter liegt versteckt hinter dem Palazzo Giusti der prächtige *Giardino Giusti*, von dem sich schon Goethe beeindruckt zeigte. Der gepflegte Renaissancegarten wird beherrscht von einer schnurgeraden Zypressenallee, auf mehreren Terrassen erstreckt sich ein Labyrinth aus Kieswegen, sorgfältig beschnittenen Buchsbaumhecken, schlanken Säulenzypressen und Marmorskulpturen. Am höchsten Punkt der Anlage thront der „Maskeron", eine mächtige steinerne Maske.

• *Öffnungszeiten/Eintritt* **Römisches Theater und Archäologisches Museum**, Winter Di–So 9–15 Uhr, Sommer 8.30–19.30 Uhr, Mo 13.30–19.30 Uhr, Eintritt ca. 2,60 €, Schül./Stud. ca. 1,50 €.

Santa Maria in Organo, Mo–Sa 8–12, 14.30–18 Uhr (Messe um 10 Uhr).

Giardino Giusti, Winter tägl. 9 Uhr bis Sonnenuntergang, Sommer tägl. 9–20 Uhr, Eintritt ca. 5 €.

Verona/Umgebung

▸ **Valpolicella-Region**: Für Liebhaber guter Tropfen lohnt das bekannte Weinbaugebiet in den Hügeln nordwestlich von Verona einen Abstecher. Produziert werden hauptsächlich „Valpolicella", der kräftige und vollmundige „Amarone" und der schwere, süße „Recioto". In den Tälern von Fumane, Marano und Negrar findet man die besten Lagen, bei vielen Winzern kann man direkt degustieren.

TIPP! Die **Enoteca della Valpolicella** in Fumane ist bekannt für ihre solide traditionelle Küche, die großen Portionen und Menüs mit zahlreichen Gängen, wobei die Preise sehr anständig sind. Man kann auch die Weine zahlreicher Produzenten des Valpolicella verkosten. Im Sommer Sitzplätze im Freien. So-Abend und Mo geschl., außerdem zwei Wochen im August. Via Osan 45, ☎ 045/6839146.

▸ **Soave**: ruhiges, harmonisch wirkendes Städtchen am Weg von Verona nach Vicenza, nahe der Autobahn, Ursprungsort des berühmten Weißweins. Das Zentrum ist vollständig von einer perfekt erhaltenen Mauer mit 24 Türmen umgeben. Darüber thront eine prächtige alte *Skaligerburg*, vom Zinnengang herrlicher Blick auf Stadt und Poebene.

• *Öffnungszeiten/Eintritt* **Castello di Soave**, Winter Di–So 9–12, 14–16 Uhr, Sommer Di–So 9–12, 15–18 Uhr, Mo geschl., Eintritt ca. 4,50 €.

• *Information* **IAT**, ganz zentral an der Piazza Antenna, am Aufgang zur Burg. Di–Fr 10–15, Sa/So 9–17 Uhr. ☎/☏ 045/6190773, www.comunesoave.it.

• *Übernachten/Essen & Trinken* *** Al Gambero**, feines und architektonisch gekonnt gestaltetes Fischlokal, faire Preise, Di-Abend und Mi geschl. Auch ordentliche

Zimmer werden hier vermietet. DZ mit Frühstück ca. 43–70 €. Corso Vittorio Emanuele 5 (wenige Meter vom Südtor der Stadtmauer), ✆/≈ 045/7680010.

Lo Scudo, gehobener Gastronomiebetrieb in einem ehemaligen Kloster, der wunderbare Fischküche kreiert. Einen Versuch wert sind z. B. *trota in carpione* (marinierte Forelle). Menü 32–50 €. So-Abend und Mo geschl. Via San Matteo 46.

Casablanca, zentral an der Via Roma, kleines Café mit guter Auswahl an Tropfen aus dem Veneto und anderen Regionen.

• *Weinverkauf* **Cantina Sociale**, genossenschaftliche Vereinigung seit 1898. Mo–Fr 8.30–12.30, 14.30–18.30, Sa 9–12 Uhr. Via Roma 47, gleich nach dem südlichen Stadttor.

Enoteca del Soave, ganz zentral an der Via Roma 19 (Mi geschl.).

Leonildo Pieropan, der Vorkämpfer für einen „besseren" Soave bürgt seit Jahren für Qualität. Sein Anwesen liegt schräg gegenüber der Säulenloggia, wo man zur Burg hinaufsteigt. Mo–Fr 9–12.30, 14.30–18, Sa 9–12.30 Uhr. Via Camuzzoni 3, ✆ 045/6190171, www.pieropan.it.

Vicenza

ca. 110.00 Einwohner

Auf der Autobahn nur ein Katzensprung von Verona. Viel Industrie ballt sich an der Peripherie. Das sollte aber nicht abschrecken: Das Zentrum ist ausgesprochen hübsch und kompakt und bietet zudem einen erholsamen Kontrast zum Touristenrummel in Verona.

Vicenza ist die Stadt des Renaissance-Architekten *Andrea Palladio* (1508–1580). Im 16. Jh. entwickelte er einen neuen klassizistischen Baustil, der bald die gesamte europäische Architekturentwicklung beeinflusste. Seine zahlreichen Bauten prägen noch heute das Stadtbild, ebenso findet man aber auch prächtige gotisch-venezianische Palazzi, interessante Kirchen und das berühmte Teatro Olimpico, das erste Innenraum-Theater Europas. Schon 1994 wurde Vicenza in die UNESCO-Liste für das Weltkulturerbe aufgenommen.

• *Anfahrt/Verbindungen* **PKW**, Vicenza liegt an der A 4 von Verona nach Venedig. Das *Centro storico* ist für den Verkehr gesperrt, gebührenpflichtig parken kann man z. B. auf Parkplätzen an der Via Cairoli und am Corso San Felice (beide westlich vom Zentrum), am Viale Verdi (Nähe Bahnhof) und am Canove Vecchie und Piazza Matteotti beim Teatro Olimpico (östlicher Zentrumsbereich).

Bahn, der Bahnhof liegt südwestlich vom Zentrum. Man geht von dort den Viale Roma geradeaus bis Piazzale Roma, dann rechts durch die Porta Castello auf die Hauptstraße der Altstadt, den Corso Palladio.

Bus, Station für Busse in die Umgebung linker Hand vom Bahnhof (wenn man rauskommt) am Viale Milano.

Fahrradverleih, tägl. 8–20 Uhr an der Gepäckaufbewahrung vom Bahnhof (ca. 5,50 €/Tag) und in der Jugendherberge (→ Übernachten).

• *Information* **IAT 1** im Eingang zum Teatro Olimpico an der Piazza Matteotti 12. Ganzjährig tägl. 9–13, 14–18 Uhr. ✆ 0444/320854, ≈ 327072.

IAT 2, Piazza dei Signori 8, vis-à-vis der Basilika. Ganzjährig tägl. 10–14, 14.30–18 Uhr. ✆ 0444/544122, ≈ 325001.

Erhältlich sind ausführliche Unterkunftsverzeichnis zur Stadt und Provinz, Stadtpläne (eingezeichnet sind u. a. Hotels und Bauten von Palladio) und deutschsprachige Broschüren zu den Sehenswürdigkeiten.

Internet: www.ascom.vi.it/aptvicenza.

• *Übernachten* **** Due Mori (8)**, alter Palazzo, innen durchgängig renoviert, schlichte, teils geräumige Zimmer mit Fliesenböden und Ventilator, hübscher Frühstücksraum, ruhig. DZ um die 50–85 €, Frühstück ca. 6 € pro Pers. Contrà do Rode 26, ✆ 0444/321886, ≈ 326127, www.hotelduemori.com.

** Vicenza (9), ganz zentral, hübsch altertümlich eingerichtet, schmiedeeiserne Balkone. DZ mit Bad ca. 42–65 €, mit Etagendusche 40–60 €, Frühstück ca. 6 € pro Pers. Stradella dei Nodari 5–7 (schräg gegenüber vom Due Mori Gasse hinein), ✆/≈ 0444/321512.

** Palladio (4), freundlich geführtes Albergo mit kleinem, gemütlichem Salon/Frühstücksraum, ebenfalls sehr ruhige Ecke. DZ mit Bad ca. 50–150 €. Contrà Oratorio dei Servi 25 (auf der anderen Seite der Basilika), ✆ 0444/321072, ≈ 547328, hotelpalladio@libero.lt.

TIPP! **** San Raffaele (15)**, Sehr ruhige Lage an der Auffahrt zur Basilika am Monte

180 Venetien

Bérico, sauber, ordentlich und solide eingerichtet, Garten mit Blick über die Stadt, Terrasse un Parkplatz. DZ mit Frühstück ca. 40–70 €. Viale X Giugno 10, ✆ 0444/545767, ✆ 542259, albergosanraffaele@tin.it.

• *Jugendherberge* **Ostello Olimpico (IYHF) (2)**, Hostel mit 85 Betten am Fluss Baccigilione, nicht weit vom Teatro Olimpico. Übernachtung im Mehrbettzimmer ca. 17,50 €/Pers., im Familienzimmer (mit eigenem Bad) 19 €, modern und sauber, Fahrradverleih, Internetzugang und TV. Viale Antonio Giuriolo 7–9, ✆ 0444/540222, ✆ 547762, www. ostellionline.org.

• *Camping* **Vicenza**, Wiesenplatz unmittelbar bei der Autobahnausfahrt Vicenza Est, etwa 5 km außerhalb, nur mit eigenem Fahrzeug zu empfehlen. Stellplätze z. T. beschattet, Sanitäranlagen geräumig, Waschmaschinen. Angeschlossen ist ein Motel. April bis Sept. ✆ 0444/582311, ✆ 582434, http://web.ascom.vi.it/camping.

Stellplatz für **Wohnmobile** an der Via Bassano, am Busparkplatz beim Fußballstadion (südöstlich vom Stadtzentrum). ✆ 0444/300814.

• *Essen & Trinken* **Vecchia Guardia (12)**, populäres Freiluftlokal mit ordentlicher Küche, Spezialität ist *baccalà alla Vicentina con polenta*. Do geschl. Contrà Pescherie Vecchie (direkt im Zentrum, zwei Ecken von der Basilika), ✆ 0444/321231.

Al Paradiso (11), gleich neben dem „Vecchia Guardia", hier kann man gut Pizza essen. ✆ 0444/322320.

Lizarran (10), neue Osteria mit Blick auf die Basilika, neben Pizza und den typischen Veneto-Spezialitäten bekommt man auch spanisch/maurische Gerichte, z. B. Paella und Couscous. Piazzetta Andrea Palladio.

Righetti (13), direkt am stillen Domplatz. Der ehemalige Self-Service wurde zu einem großen, beliebten Lokal umgebaut, wo u. a. über Holzfeuer gegrillte Fleischgerichte serviert werden. Gemütliche Innenräume und große Terrasse im Freien. Piazza del Duomo 3, ✆ 0444/543135.

TIPP! **Al Pestello (1)**, die kleine, gemütliche Osteria von Fabio Carta bietet echte Vicenzaküche, die Speisekarte ist im lokalen Dialekt gehalten. Im Sommer stehen auch einige Tische draußen auf der ruhigen Seitenstraße. Reservierung empfohlen, So geschl. Contrà Santo Stefano 3 (Nähe Chiesa Santa Corona), ✆ 0444/323721.

• *Cafés* **Gran Caffè Garibaldi (5)**, beliebtes Terrassencafé an der Nordwestecke der Piazza dei Signori.

L'Antica Offelleria della Meneghina (7), historisches Café mit Inneneinrichtung des 19. Jh. Contrà Cavour 18, gleich gegenüber vom Caffè Garibaldi.

• *Nachtleben* **Antica Casa della Malvasia (3)**, historische Osteria, deren Wurzeln bis ins Mittelalter zurückreichen, versteckt in einem Gässchen zwischen Basilika und Corso Andrea Palladio. Viel Stimmung, große Weinauswahl, warme Gerichte und gute *cicheti* (Appetithappen). Bis 2 Uhr nachts geöffnet, So-Abend und Mo geschl. Contrà delle Morette 5, ✆ 0444/543704.

Osteria il Grottino (6), lockerer Jugendtreff im Souterrain der Basilika (Südseite), man sitzt mit seinem Glas auf den Stufen zur Basilika, gute Bier- und Weinauswahl, auch hier gelegentlich Livemusik. Bis 2 Uhr nachts geöffnet, Mo geschl. ✆ 0444/320138.

Il Cursore (14), alteingesessene Osteria südlich der Basilika, hauptsächlich junge Gäste, einige interessante Spezialitäten, auch Plätze im Freien. Di geschl. Contrà Pozzetto 10, ✆ 0444/323504.

Sehenswertes

Die „Stadt Palladios" ist ein architektonischer Genuss, zudem ist das historische Zentrum für den Verkehr völlig gesperrt.

Kombitickets für Vicenzas Sehenswürdigkeiten: Für den Besuch von Teatro Olimpico, Pinakothek (Palazzo Chiericati) sowie Archäologischem und Naturwissenschaftlichem Museum (neben Kirche Santa Corona) muss man die „Card Musei" erwerben (ca. 7 €, Schül./Stud. 4 €). Wenn man noch das Museo del Risorgimento e della Resistenza am Monte Bérico (Villa Guiccioli) ansehen will, kostet die „Card Musei opzionale" ca. 8 € (Schül./Stud. 4,50 €). Weiterhin gibt es die „Card Musei e Palazzi", die für ca. 11 € (Schül./Stud. 8 €) zusätzlich Zutritt zum Palazzo Barbaran da Porto und zu den Gallerie di Palazzo Leoni Montanari gewährt. Erhältlich sind die Kombitickets bei den touristischen Informationsstellen.

Vicenza 181

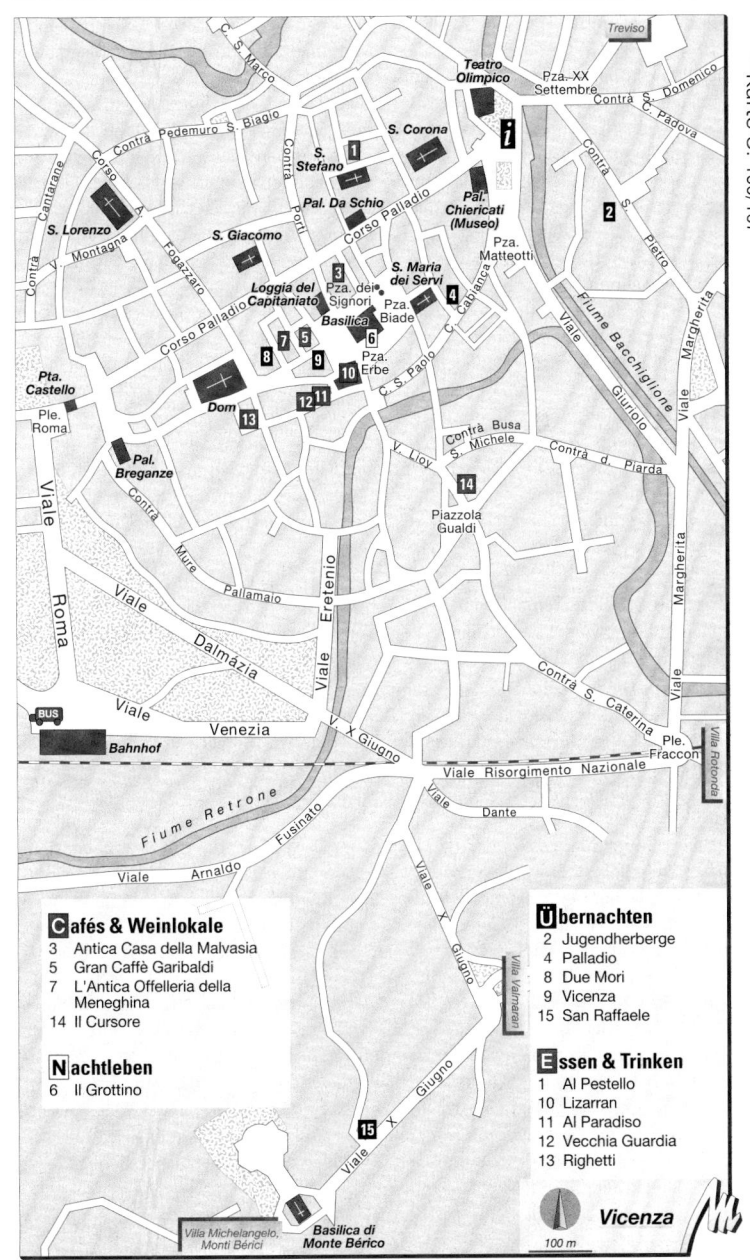

Venetien Karte S. 166/167

Cafés & Weinlokale
3 Antica Casa della Malvasia
5 Gran Caffè Garibaldi
7 L'Antica Offelleria della Meneghina
14 Il Cursore

Nachtleben
6 Il Grottino

Übernachten
2 Jugendherberge
4 Palladio
8 Due Mori
9 Vicenza
15 San Raffaele

Essen & Trinken
1 Al Pestello
10 Lizarran
11 Al Paradiso
12 Vecchia Guardia
13 Righetti

Vicenza
100 m

Piazza dei Signori: Das prachtvolle Zentrum der Stadt zeigt sich weit und offen. Platzbeherrschend ist die *„Basilica"*, ein Monumentalwerk Palladios, flankiert von der 80 m hohen, leicht schief stehenden *Torre di Piazza*. Der unermüdliche Baumeister ummantelte das morsche Backsteingemäuer des zentralen Palazzo della Ragione in jahrzehntelanger Arbeit vollständig mit einer eleganten doppelstöckigen Marmorloggia. Vor allem in der oberen Hälfte des Baus kontrastiert der rosa-weiß gemusterte Marmor wirkungsvoll mit dem mächtigen grünen Wölbungsdach. Die imponierenden Ausmaße der Basilica werden einem bewusst, wenn man an der Nordwestecke in den ersten Stock hinaufsteigt und den fast fußballfeldgroßen Innenraum betrachtet. Seine völlige Leere harmoniert herrlich mit dem hohen, geschwungenen Holzdach in Form eines Schiffskiels.

An der Nordseite der Piazza dominiert die *Loggia del Capitaniato*, der ehemalige Sitz des venezianischen Statthalters in Vicenza, ein weiteres Werk Palladios mit reichem Figurenschmuck, zu erkennen an den hohen Arkadenöffnungen und Rundsäulen. Am Ostende der Piazza ragen zwei Säulen empor, gekrönt mit dem venezianischen Löwen und dem Erlöser, hier schließt sich die *Piazza delle Biade* mit der Kirche *Santa Maria dei Servi* an. An der Südseite der Basilica liegt die *Piazza delle Erbe*, der historische Marktplatz der Stadt, wo man an einigen Ständen um den mittelalterlichen Turm Obst, Gemüse und Blumen kaufen kann. Ein großer allgemeiner Markt findet dienstags und donnerstags im Umkreis von Basilica und Dom statt.

Öffnungszeiten/Eintritt **Basilica**, Di–So 10.30–13, 15–19 Uhr, Mo geschl., ca. 1 €.

Dom: großer Backsteinbau, der bei Bombenangriffen im letzten Krieg schwer beschädigt, aber wieder weitgehend rekonstruiert wurde. Das helle Innere ist schlicht gehalten, auf den Seitenaltären diverse Gemälde alter Meister.

Corso Andrea Palladio: Die lange, schnurgerade Hauptgeschäftsstraße ist Fußgängerzone und durchzieht die gesamte Altstadt. Sie besticht durch ihre noble Konzeption – ein historischer Palazzo folgt dem anderen, weitgehend kann man unter breiten, schattigen Laubengängen spazieren.

Im Westen beginnt die Straße an der Piazza Castello mit dem Stadttor *Torrione di Porta Castello*, letzter Rest einer früheren Skaligerburg. Unvollendet, aber hübsch ist der schmalbrüstige *Palazzo Porto Breganze* an der Südseite der Piazza, ein typischer Palladiobau. Ein paar Schritte weiter, am Corso Palladio 13, steht der ebenfalls von Palladio entworfene *Palazzo Thiene Bonin Longare*. Ein weiterer Renaissancebau ist der *Palazzo Capra* (Nr. 45), gotisch ist dagegen der *Palazzo Thiene* mit seinen schönen Maßwerkfenstern (Nr. 47). Ein filigraner Bau reinster venezianischer Gotik stellt der *Palazzo Braschi* (Nr. 67) dar. Das Rathaus Vicenzas, der große *Palazzo Trissino Baston* (Nr. 98) auf der anderen Straßenseite, stammt dagegen wieder von Palladio. Besonders eindrucksvoll ist schließlich der *Palazzo da Schio* (Nr. 147), ebenfalls von Palladio, mit seinen verspielten Fassadendetails. Im Durchgang und Hof sind antike Architekturfragmente und Inschriften untergebracht.

Im Osten endet der Corso an der großen *Piazza Matteotti*. Der von Palladio entworfene *Palazzo Chiericati* mit seiner langen Loggia und der statuengeschmückten Fassade beherbergt eine Pinakothek mit Gemälden der venezianischen Schule.

Öffnungszeiten/Eintritt **Pinakothek**, Di–So 9–17 Uhr, Juli/August 10–18 Uhr, Eintritt ca. 3 €.

Teatro Olimpico: das älteste Innenraum-Theater Europas, 1580 erbaut. Eingang im begrünten Hof, rechts davor die Tourist-Info. Der prachtvolle Innenraum wurde von Palladio nach dem Vorbild antiker griechischer Theater entworfen: Die hölzer-

Vicenza

Prächtiger Blickfang im Zentrum – Palladios „Basilica"

nen Zuschauerränge ziehen sich halbkreisförmig um die Bühne mit einer hohen, statuengeschmückten Wand, in den Öffnungen sind in raffinierter Technik Straßen angelegt, die sich scheinbar perspektivisch in den Hintergrund ziehen. 1584 wurde eröffnet und noch heute finden Aufführungen und Konzerte statt.

Öffnungszeiten/Eintritt Di–So 9–17, Juli/August 9–19 Uhr, Zutritt nur mit „Card Musei" (7 €).

Contrà Porti: An dieser geschwungenen Seitenstraße, die vom Corso Palladio nach Norden abzweigt, stehen einige besonders prächtige Palazzi. Der *Palazzo Cavalloni-Thiene* (Nr. 6–10), gleich zu Beginn rechts, ist im gotisch-venezianischen Stil erbaut. Der benachbarte Renaissancebau *Palazzo Thiene* (Nr. 12) fällt durch sein reich verziertes Portal und die schönen Fresken im Obergeschoss auf, abends wird die Fassade wirkungsvoll illuminiert. Die gotische *Casa Sperotti-Trissino* (Nr. 14) wird derzeit restauriert und besitzt mehrere filigrane Balkone. Der *Palazzo Barbaran da Porto* auf der linken Seite (Nr. 11) stammt von Palladio und kann auch von innen besichtigt werden. Er beherbergt ein Palladio-Studienzentrum mit wechselnden Ausstellungen, auch ein Palladio-Museum ist im Aufbau. Zugänglich ist auch der harmonische Arkadenhof des *Palazzo Porto Breganze* (Nr. 17). Als schönster gotisch-venezianischer Palast der Stadt gilt der *Palazzo Colleoni-Porto* unter Nr. 19. Der *Palazzo Iseppo da Porto* (Nr. 21) wird wieder Palladio zugeordnet.

Öffnungszeiten/Eintritt **Palazzo Barbaran da Porto**, Di–So 10–18 Uhr, Eintritt ca. 2 €.

Santa Corona: Die gotische Backsteinkirche aus dem 13. Jh. gehört dem Dominikanerorden. Im Inneren gibt es einige wertvolle Gemälde zu sehen, z. B. die anmutige „Taufe Christi" von Bellini (fünfter Altar links) und die „Anbetung der Könige" von Veronese (dritter Altar rechts). Andrea Palladio wurde im Familiengrab seiner Frau beigesetzt (Grabstein am letzten Pfeiler links), im 19. Jh. aber auf den städtischen Friedhof überführt.

Im benachbarten Kreuzgang ist das *Museo Archeologico Naturalistico* untergebracht. Die *Gallerie di Palazzo Leoni Montanari* in der Contrà Santa Corona 25 zeigen hunderte russische Ikonen und venezianische Meister des 18. Jh.
Öffnungszeiten/Eintritt **Museo Archeologico Naturalistico**, Di–So 9–17, Juli/August 10–18 Uhr, Eintritt nur mit „Card Musei" (7 €); **Gallerie di Palazzo Leoni Montanari**, Fr–So 10–18 Uhr, Eintritt ca. 3,50 €.

Basilica di Monte Bérico: Die große Kreuzkuppelbasilika aus dem 17. Jh. thront dekorativ auf einem Hügel südlich vom Zentrum. Von der Aussichtsterrasse genießt man einen wunderbaren Blick über die ganze Stadt und die nördlich anschließende Hügellandschaft der Voralpen. Die Zufahrtsstraße Viale Dieci Giugno wird flankiert von einem etwa 1 km langen Kolonnadengang. Man kann ihn vom *Arco delle Scalette* – von Palladio in Art eines Triumphbogens als repräsentativer Zugang zum Marienheiligtum errichtet – auch auf einem Treppenweg (Via M. d'Azzelio) erreichen. In der mit Goldprunk und Gemälden byzantinisch prächtig ausgestatteten Basilika wird daran erinnert, dass hier 1428 die Muttergottes einer Bäuerin das sofortige Ende der Pest versprach, wenn man ihr hier ein Heiligtum weihe – Anlass für den Bau einer ersten Kirche. Heute ist sie ein viel besuchtes Pilgerziel mit bedeutenden Kunstwerken, darunter eine „Pietà" von Bartolomeo Montagna (in der Kapelle rechts neben der Apsis) und die „Cena di San Gregorio Magno" (Abendmahl Gregors des Großen) von Veronese im Refektorium.
Anfahrt/Verbindungen Ab Zentrum läuft man ca. 30 Min., Busse fahren ab Busstation Nähe Bahnhof, für PKW sind reichlich Parkplätze vorhanden.

Museo del Risorgimento e della Resistenza: eindrucksvolle Ausstellung in der Villa Giuccioli, 10 Fußminuten südlich der Basilica. Vom Kampf gegen die Habsburger bis zum antifaschistischen Widerstand im Zweiten Weltkrieg.
Öffnungszeiten/Eintritt Di–So 9–13, 14.15–17 Uhr, Eintritt ca. 3 €.

▶ **Vicenza/Umgebung**: Palladio hat in Vicenza und Umgebung etwa zwanzig Villen für adlige Familien gebaut. Von der Zufahrtsstraße zur Basilika zweigt eine schmale Straße zur *Villa Valmarana „ai Nani"* ab (ab Basilika zu Fuß ca. 15 Min.). Die Nani (= Zwerge) stehen als groteske Figuren auf der Gartenmauer. Die Legende erzählt, dass die Besitzer ihre zwergwüchsige Tochter mit einer ausschließlich aus Liliputanern bestehenden Dienerschaft umgaben, damit das Kind sich seiner Kleinwüchsigkeit nicht bewusst wurde. Der Palast und das Gästehaus sind mit Fresken von Tiepolo und seinem Sohn ausgeschmückt.

Wenn man von der Villa Valmarana den ungepflasterten Weg zwischen Mauern etwa 200 m weiter den Hügel hinunterläuft (mit dem Wagen die SS 247 nehmen oder Bus 8 ab Bhf.), kommt man zur eleganten *Villa Rotonda*, die neben der „Basilica" zu den berühmtesten Werken Palladios zählt. Der streng symmetrische Zentralbau mit quadratischem Grundriss besitzt ein auffälliges Kuppeldach, das einen kreisrunden Saal überwölbt, der die ganze Höhe des Bauwerks einnimmt. An jeder der vier Außenfronten ist eine große Loggia mit ionischen Säulen und Dreiecksgiebel vorgebaut. Der Innenbereich ist mit Fresken und Skulpturen von Rubini verschwenderisch ausgestattet. Die Kuppelbemalung stammt von Alessandro Maganza, der Bereich unterhalb der Balustrade wurde im 17. Jh. im Stil des illusionistischen Barock ausgestattet.

• *Öffnungszeiten/Eintritt* **Villa Valmarana „ai Nani"**, Mitte März bis Anfang Nov. Di–So 15–18 Uhr, Mi, Do, Sa und So auch 10–12 Uhr, Mo geschl.; Eintritt ca. 6 €.

Villa Rotonda, Mitte März bis Mitte Okt. **Garten** Di–Do 10–12, 15–18 Uhr, **Villa** nur Mi 10–12, 16–18 Uhr; Eintritt Garten ca. 5 €, Villa ca. 10 €.

Der hölzerne Ponte degli Alpini überquert malerisch die Brenta

Anfahrt über Trento und Valsugana

Wer von Norden kommend nach Venedig nicht die übliche Route über Verona nehmen will, kann bei Trento ins *Valsugana* abzweigen, das Tal des Flusses Brenta. Über die beiden Seen Lago di Caldonazzo und Lago di Lévico (→ Trentino-Südtirol) geht es das lang gezogene Tal entlang, reizvolle Panoramen öffnen sich dabei immer wieder.

Bassano del Grappa   ca. 40.00 Einwohner

Malerisches Städtchen am Südfuß der Alpen, berühmt vor allem wegen seiner überdachten Brücke aus Holz, aber auch wegen der zahlreichen Grappasorten, die hier destilliert werden.

Im überschaubaren Zentrum findet man schöne alte Plätze, Renaissancepalazzi und Gassen mit Laubengängen. An der *Piazza Garibaldi*, überragt von der mittelalterlichen *Torre Civica*, die bestiegen werden kann, steht die Kirche *San Francesco* aus dem 14. Jh. Äußerlich eine recht grobe Backsteinstruktur, in der Eingangsloggia sind jedoch einige Fresken erhalten – kürzlich restauriert wurde die *Madonna mit Kind* von Martinelli, rechts daneben eine Verkündigungsszene. Der schlichte, hohe Innenraum mit Holzdecke ist weitgehend kahl, Freskenreste geben allerdings einen Eindruck von früheren Zeiten. Neben der Kirche liegt der große Kreuzgang des ehemaligen Franziskanerklosters, in dem das *Museo Civico* untergebracht ist, u. a. mit reichhaltiger Pinakothek und archäologischen Funden.

Über die hübsche *Piazza Montevecchio* mit dem gleichnamigen Palazzo kommt man zum *Palazzo Sturm* in der Via Ferracina direkt an der Brenta. In dem prächtigen Haus mit seinen opulenten Stuckverzierungen und Deckenfresken ist eine wertvolle Keramiksammlung untergebracht.

Venetien

Wahrzeichen Bassanos und Höhepunkt der Stadtbesichtigung ist zweifellos die überdachte Holzbrücke *Ponte degli Alpini*, traditionell auch „Ponte Vecchio" genannt. Ursprünglich bereits im 13. Jh. erbaut, wurde sie mehrfach neu konstruiert, u. a. auch vom berühmten Palladio (→ Vicenza). Die Fundamente sind als Schiffsbüge konstruiert und durchpflügen stolz die rauschende Brenta. Im Umkreis haben sich zahlreiche Grapperie, Cafés und Shops angesiedelt. Noch vor der Brücke lädt die Destillerie von Jacopo Poli ein, ihr liebevoll aufgemachtes *Museo della Grappa* zu besuchen. Im Brückenkopf links findet sich die Verkaufs- und Probierstube des führenden Grappahersteller *Nardini* (seit 1779), wo sich schon Hemingway gelabt hat. Am jenseitigen Brückenkopf rechts liegt die Bar „Al Ponte Vecchio" mit Holzbalkon über der Brenta. Im Untergeschoss bewahrt das *Museo degli Alpini* Memorabilien der Brücke, erinnert aber auch an die heftigen Schlachten des Ersten Weltkriegs am Monte Grappa.

• *Öffnungszeiten/Eintritt* **Torre Civica**, April bis Okt. Di–So 9.30–12.30, 15–19, übrige Zeit Sa/So 10–13, 14–18 Uhr; Eintritt ca. 2 €.
Museo Civico, Di–Sa 9–18.30, So 15.30–18.30 Uhr, Mo geschl.
Museo della Ceramica, Di–Sa 9–12.30, 15.30–18.30, So 15.30–18.30 Uhr, Mo geschl., April bis Okt. zusätzlich So 10–12.30 Uhr. Sammelticket für beide Museen ca. 4,50 €.
Museo della Grappa, tägl. 9–19.30 Uhr, Eintritt frei.
Museo degli Alpini, Di–So 9–20 Uhr, Mo geschl.
• *Information* Largo Corona d'Italia 35, etwas versteckt in einer Passage beim breiten Viale delle Fosse. Mo–Fr 9–12.30, 14–17, Sa 9–12.30 Uhr. ✆ 0424/524351, ✆ 525301, infobassano@libero.it
• *Übernachten* *** **Brennero**, kürzlich völlig renoviert und ganz ruhig. Kleine, ordentliche Zimmer. Parken kann man auf einem benachbarten Parkplatz, der nachts abgeschlossen wird. DZ mit gutem Frühstück ca. 65–90 €. Via Torino 7 (beim Viale del Fosse, östlich der Altstadt, leicht vom Bahnhof zu erreichen), ✆ 0424/228538, ✆ 227021, www.hotelbrennero.com.
*** **Al Castello**, am Platz vor der Burg, fast am höchsten Punkt der Stadt, das einzige Hotel in der Altstadt. Kleineres Haus mit schönem Blick über die Stadt. Unten Frühstücksraum und beliebtes Café mit samtrosa Stühlen, Zimmer solide möbliert, teils recht kleine Bäder. DZ mit Frühstück ca. 75–95 €. Parkmöglichkeit vorhanden. Piazza Terraglio 20, ✆/✆ 0424/228665.
** **Alla Favorita**, ca. 15 Fußminuten westlich der Altstadt. DZ mit Bad und Frühstück ca. 55–80 €. Mit Parkplatz. Via San Giorgio 49, ✆ 0424/502039, ✆ 503327, www.allafavorita.it.
Ostello della Gioventù Don Cremona (IYHF), Jugendherberge mit 80 Betten in Zwei- und Mehrbett-Zimmern, Übernachtung pro Pers. ca. 13,50 € (ohne Frühstück), im Familienzimmer (mit eigenem Bad) 17,50 €. Auf Wunsch Frühstück, Mittag-/Abendessen. Großer Parkplatz. Via Chini 6 (südlich vom Zentrum), ✆/✆ 0424/219137, www.ostellobassanodelgrappa.it.
• *Essen & Trinken* **Al Ponte**, populäres Fischlokal am Westufer der Brenta, wenige Meter unterhalb der überdachten Brücke, Blick auf Fluss und Brücke, im Sommer viele Plätze im Freien. Di-Mittag und Mo geschl. Via Volpato 60, ✆ 0424/219274.
Da Amedeo, sympathische, kleine „Osteria con cucina", zwei winzige Speiseräume, keine Speisekarte, dafür Empfehlungen vom Padrone. Gute und preiswerte Küche. Mo geschl. Via Vendramini 20 (führt von der Piazza Garibaldi zur Burg).
Al Giardinetto, etwas nördlich außerhalb. Schöner Garten und gute, bodenständige Küche. Di-Abend und Mi geschl. Via Fontanelle 30, ✆ 0424/502277.
TIPP! **Ottone**, schönes, altes Ristorante im Laubengang, seit 1870 in Betrieb. Die weit gefächerte Speisekarte bietet *baccalà alla vicentina, fegato alla veneziana*, aber auch Gulasch. Sehr beliebt, viel Atmosphäre. Via Matteotti 40–50, ✆ 0424/522206.
• *Osterie und Bars* **Terraglio**, an der Piazza vor dem Kastell, hübsch und authentisch im alten Stil aufgemacht, viel Holzmobiliar, auch Sitzplätze im Freien.
Antica Osteria, wenige Schritte unterhalb vom Terraglio. Vor der Tür steht man mit seinem Glas in geselliger Runde, hinten gibt's auch ein paar Tische. Mo geschl. Via Matteotti 7.
Antica Bar, kleine Weinkneipe zwischen Piazza della Libertà und Alpini-Brücke. Fabio hat erstaunlich gute Weine im offenen Ausschank, die Preise pro Glas sind moderat. Mi geschl. Via Menarola 3.

Al Saiso, lockere Birreria/Bruschetteria direkt vor dem Ponte degli Alpini, zu Popmusik lässt man sich die lecker belegten *bruschette* (geröstete Brotscheiben mit Beilagen) schmecken. Vor der Tür gerade mal zwei Tische.

Ca' Brando, beliebter Treffpunkt in toller Lage rechts unterhalb der überdachten Brücke, direkt am Wasser. Nicht nur Wein, sondern auch „birra in botte" wird hier gerne getrunken. Di–Fr nur abends, Sa/So ab mittags, Mo geschl.

Bassano del Grappa/Umgebung

▸ **Monte Grappa**: Der 1776 m hohe Berg nördlich von Bassano bietet eine unvergleichliche Aussicht in alle Richtungen, bei klarem Wetter bis Triest und Venedig. Er gilt als Symbol des italienischen Verteidigungswillens. 1917/18 tobten hier erbitterte und letztendlich siegreiche Abwehrschlachten der Italiener gegen die österreichisch-ungarische Armee. Im monumentalen *Sacrario Militare di Cima Grappa* sind die sterblichen Überreste von 12.600 Italienern aufbewahrt, mehr als 10.000 Österreicher ruhen nordöstlich des Römischen Tores (Portale Roma). Eindrucksvoller Überrest der militärischen Befestigungen ist der 5 km lange Tunnel *Galleria Vittorio Emanuele III*, von dem zahlreiche Seitentunnel zu Bastionen und Artilleriestellungen im Berg führen (in den letzten Jahren wegen Erdrutsch geschl.). In einer ehemaligen Kaserne ist außerdem ein *Museum* eingerichtet. In der großen Gipfelraststätte „Rifugio Bassano" kann man sich stärken.
Öffnungszeiten **Sacrario Militare di Cima Grappa**, tägl. 8.30–12, 13.30–18 Uhr, **Museum**, tägl. 10–12, 13.30–17 Uhr.

▸ **Ásolo**: „Città dei cento orizzonti" – „Stadt der hundert Horizonte" – wird das reizvolle Städtchen in üppig grüner Hügellandschaft genannt, etwa 17 km östlich von Bassano. Hier lebte die Schauspielerin Eleonora Duse, Gefährtin des Dichters Gabriele d'Annunzio (→ Gardasee S. 283 und Settignano bei Florenz, S. 598). Im Dom findet man einige Werke von Jacopo Bassano, Sebastiano Bastiani und Lorenzo Lotto. Schräg gegenüber steht die mit Außenfresken bemalte Loggia del Capitano mit dem *Museo Civico*. Es bewahrt Skulpturen von Canova, Gemälde sowie Erinnerungen an Eleonora Duse auf. Ihr *Haus* findet man in der Via Canova 306 (zu erkennen am Bogen, der über die Straße gebaut ist). Vom Domplatz führt die Via Regina Cornaro zum nahe gelegenen *Castello della Regina* hinauf, in dem einst Caterina Cornaro residierte. Vom Palast ist heute jedoch nur noch die mittelalterliche *Torre dell'Orologio* erhalten. Schließlich kann man von der Piazza Brugnoli am Albergo Al Sole vorbei zu den Ruinen der *Rocca* hinaufsteigen. Tipp: Im Zentrum staut sich der Ausflugsverkehr, besser am Ortseingang in der neuen Tiefgarage parken.
Öffnungszeiten/Eintritt **Museo Civico**, Di–So 10–12.30, 15–19 Uhr, Mo geschl.; **Rocca**, Sa 10–12.30, 14–19, So 10–19 Uhr, Eintritt ca. 2 €.

• *Übernachten* **B & B Casa Solana**, unterhalb von Ásolo, wenn man von Casella d'Ásolo an der SS 248 die Via Forestuzzo nach Ásolo hinauf fährt, in die erste Straße links einbiegen. Renoviertes Landhaus aus dem 19. Jh., schöner, großer Garten, ruhige Lage. Das Zentrum von Ásolo ist einen knappen Kilometer entfernt. DZ ca. 75–80 €.
✆ 0423/55754, ℻ 521843, www.casasolana.it.

• *Essen & Trinken* **Enoteca alle Ore**, sehr schöner Weinausschank unter den Arkaden, wo man auch lecker kleine Kleinigkeiten essen kann. 10–14, 17–2 Uhr, Mo geschl. Via Browning 185.
Al Bacaro, ein paar Schritte weiter die Straße entlang, schummrig-gemütliche Osteria, die schon seit über hundert Jahren existiert. Mi geschl. Via Browning 165.

▸ **Possagno**: Der kleine Ort steht ganz im Zeichen des hier geborenen Bildhauers Antonio Canova (1757–1822), eines Hauptvertreters des italienischen Klassizismus. Sein gewaltiges Grabmal *Tempio di Canova* ist dem Pantheon in Rom nachempfunden, zu besichtigen ist das *Museo Canoviano*, das aus einer umfangreichen

Gipsoteca (mit hochmodernem Erweiterungsbau) und dem Geburtshaus des Künstlers besteht. Erstere ist Aufbewahrungsort so gut wie aller Gipsmodelle, die Canova für die verschiedenen Arbeitsprozesse bei der Herstellung seiner Marmorstatuen benötigte. Die *Casa Canova* wurde so rekonstruiert, wie sie in den letzten Lebensjahren Canovas aussah. Hier haben Gemälde, Tempera-Arbeiten und Fresken des Künstlers ihren Platz gefunden.

• *Öffnungszeiten/Eintritt* **Tempio di Canova**, April bis Okt. Di–Sa 9–12, 15–18 Uhr, Nov. bis März Di–Sa 9–12, 14–17 Uhr, So/Mo geschl. Eintritt frei, Aufstieg zur Spitze ca. 1,50 €.

Museo Canoviano, Mai bis Sept. 9–12, 15–18 Uhr, Okt. bis April Di–So 9–12, 14–17 Uhr, Mo geschl. Eintritt ca. 4 €.

▸ **Masèr:** Die *Villa Barbaro* aus dem 16. Jh. ist eins der Hauptwerke Palladios und gilt – zu Recht – als eine der schönsten Villen Venetiens. Das Innere schmückte Paolo Veronese mit äußerst kunstvoll und symbolträchtig gestalteten Fresken, am eindrucksvollsten im sogenannten „Saal des Olymp". Für die Besichtigung muss man unförmige Filzpantoffel über die Schuhe streifen, um das historische Parkett zu schonen.
Öffnungszeiten/Eintritt März bis Okt. Di, Sa/So 15–18 Uhr, Nov. bis Febr. Sa u. So 14.30–17 Uhr. Eintritt ca. 5 €, Stud. 4,40 €, Kinder (6–14 Jahre) 2,60 €.

▸ **Marostica:** wenige Kilometer westlich von Bassano, malerisches Örtchen am Fuß des *Monte Pausolino*, gänzlich von Mauern aus der Skaligerzeit eingeschlossen, die sich bis zur Hügelspitze hinaufziehen. Den Eingangsbereich bildet das zinnenbewehrte *Castello Inferiore* mit dem Stadttor *Porta Vicentina*, einem mächtigen, efeuumrankten Turm und einem malerischen Innenhof. Heute sind in der Torburg Rathaus und Informationsbüro untergebracht. Hinter dem Stadttor öffnet sich die weite *Piazza Marostica*, landesweit berühmt für das in geraden Jahren am zweiten Sonntag im September stattfindende *Schachspiel* mit Menschen in historischen Kostümen des 15. Jh. als Schachfiguren (Eintrittspreise 10–50 €).

• *Information* **Associazione Pro Marostica**, im Castello Inferiore, liebevoll ausgestattet mit Plakaten und Fotos zum Schachspiel. Hier kann man Tickets für das Schachspiel vorbestellen. 9–12, 15–18 Uhr. ✆ 0424/72127, ✉ 72800, www.marosticascacchi.it.

• *Übernachten/Essen & Trinken* *** **Due Mori**, geschmackvoll restaurierter Palazzo, das einzige Hotel innerhalb der Stadtmauern. 10 Zimmer, DZ ca. 80–110 €, Frühstück extra. Mit Restaurant. Corso Mazzini 73, ✆ 0424/471777, ✉ 73693, www.duemori.it.

B & B Annalisa a Marostica, helle und ruhige Zimmer, einen Katzensprung vom Zentrum entfernt, eigener Parkplatz. DZ mit Frühstück ca. 52–70 €. Via della Repubblica 5, ✆/✉ 0424/470402, www.bbmarostica.it.

Anfahrt über das östliche Südtirol

Von der Brenner-Autobahn abzweigen und durchs *Pustertal* oder auf der *Großen Dolomitenstraße* in den gebirgigen Norden des Veneto vorstoßen. Letztere Strecke benötigt deutlich mehr Zeit und führt über steile Pässe mit vielen Kurven, ist aber eine der schönsten Dolomitenstraßen (→ S. 152).

Cortina d'Ampezzo
ca. 7000 Einwohner

Berühmter Wintersportort, eingebettet zwischen mächtige Dolomitenzinnen. 1956 wurden hier die Olympischen Winterspiele ausgetragen, hohes Preisniveau. Im Sommer reizt die wunderschöne Umgebung mit zahllosen Wandermöglichkeiten, diverse Seilbahnen und Sessellifte erklimmen die Steilhänge rundum.

Als Ort bietet Cortina nicht viel, besitzt aber hübsche alpenländische Architektur mit Holzbalkons und eine lange Fußgängerstraße. Die große *Pfarrkirche* fällt durch

Cortina d'Ampezzo

ihren schlanken, weißen Turm auf, dessen Glockenspiel Big Ben nachempfunden ist. Bis zu 40.000 Gäste tummeln sich in Cortina im Winter, im Hochsommer flüchten viele Italiener vor der Hitze in die kühleren Berge.

- *Information* **APT**, Piazzetta San Francesco 8 (unterhalb der Pfarrkirche), es wird Deutsch gesprochen. Liste von Hotels und Privatunterkünften, Stadtplan, Umgebungskarte mit Wanderwegen, Sportmöglichkeiten. Tägl. 9.30–12.30, 15.30–18.30 Uhr. ✆ 0436/3231, ✉ 3235, www.apt-dolomiti-cortina.it.
- *Übernachten* *** **Menardi**, alteingesessenes Haus mit ausgezeichnetem Ruf, seit mehreren Generationen von Familie Menardi geführt. Einrichtung traditionell-alpenländisch, freundlicher Service, großer Garten und Parkplatz. DZ ca. 90–210 €, Frühstück extra. Via Majon 110 (im nördlichen Ortsbereich, direkt an der Einfallstraße von Toblach), ✆ 0436/ 883400, ✉ 867510, www.hotelmenardi.it

** **Villa Gaia**, pieksaubere Zimmer in der Nähe vom südlichen Ortsausgang (von der Via Roma rechts ab). DZ mit Frühstück ca. 80–160 €. Via delle Guide Alpine 96, ✆ 0436/2974, ✉ 862170, www.hotelvillagaia.it.

Wenige Kilometer unterhalb der Stadt auf dem Campo di Sopra am Fluss Boite liegen drei Campingplätze, beschildert an der SS 51: **** **Cortina** (ganzjährig), ** **Rocchetta** (Juni bis Sept.) und ** **Dolomiti** (Mai bis Sept.), von der Stadt stündlich zu erreichen mit Bus 2 ab Piazza Roma. Ein weiterer Platz ** **Olympia** (ganzjährig) liegt oberhalb von Cortina d'Ampezzo an der Straße nach Dobbiaco (Toblach).

- *Essen & Trinken* **Baita Fraina**, allein stehendes Haus in ruhiger Hügellage südlich von Cortina, zu erreichen auf schmalem Sträßchen ab SS 51 (beschildert). Bei Familie Menardi fühlen sich vor allem Urlauber mit Kindern wohl, denn es gibt eine große Spielwiese, die man von der Sonnenterrasse einsehen kann. Mit Zimmervermietung. Mo und Mai/Juni sowie Okt./Nov. geschl. ✆ 0436/3634.

Lago Ghedina, großes Ausflugslokal in herrlicher Lage am gleichnamigen See, knapp 5 km westlich vom Zentrum. Mit Zimmervermietung. Ganzjährig geöffnet, Di geschl. (in Mai/Juni sowie Okt./Nov. nur Fr, Sa und So geöffnet). ✆ 0436/860876.

- *Sport* Mountainbikes, Hallenbad, Golf, Minigolf, Reiten, Tennis, Eisstadion, Rafting, geführte Wanderungen und Fitness-Center. Spezialbroschüren im Tourist-Büro.
- *Lifte* Eine ganze Reihe, im Sommer tägl. 9–17 Uhr. Die reizvollste Tour startet am Olympiastadion – die Seilbahn „Freccia nel Cielo" geht über Col Druscie und Ra Valles bis auf den 3243 m hohen Gipfel des **Tofana di Mezzo**. Kostet ca. 24 € hin/rück. Bei klarem Wetter kann man bis zum Meer sehen.

Von Cortina d'Ampezzo nach Venedig

Schnellste Verbindung ist die SS 51, die den Fluss Boite entlang über *San Vito di Cadore* schnurstracks nach Süden führt. Im oberen Teil des Tales wird noch Ladinisch gesprochen (→ S. 140). Bei etwas mehr Zeit kann man auch die SS 48 zum Lago di Misurina nehmen, dann weiter auf der „SS 51 bis" das Tal des *Ansiei-Flusses* entlang, der an mehreren Stellen gestaut ist. An letzterer Strecke liegt der große Fremdenverkehrsort *Auronzo di Cadore* am hübschen *Lago di Santa Caterina*.

Monte Rite: Das „Museum in den Wolken"

Südlich von Cortina hat der ehemalige Extrem-Bergsteiger Reinhold Messner in 1281 m Höhe ein mächtiges Fort aus dem Ersten Weltkrieg zum eindrucksvollen Dolomiten-Museum umgebaut. Man erreicht es auf der SS 51, indem man nach dem Lago di Vodo auf die SS 347 abzweigt und über Cibiana di Cadore bis zum Passo di Cibiana fährt. Von dort zu Fuß in 1,5 Std. oder per Shuttlebus in 15 Min. zum Gipfel mit umfassendem Dolomitenrundblick.

Öffnungszeiten Ende Juni bis Anfang Oktober tägl. 10–17 Uhr, Eintritt ca. 5 €, Kinder 3 €, Familien 12 €, www.monterite.it, www.reinhold-messner.de.

- **Lago di Misurina**: Dieser malerische, kleine See liegt in fast 1800 m Höhe, selbst im Juni findet man an den Ufern noch Schneereste. Dahinter erhebt sich die majestätische Kulisse der *Tre Cime di Lavaredo/Drei Zinnen* (2998 m). Von Cortina d'Ampezzo sind es ca. 15 km.
  Übernachten * **Camping Alla Baita Misurine**, kleines, schattenloses Wiesengelände am schmalen Nordende des Sees. Mitte Juni bis Mitte Sept. ✆ 043/539039.
- **Lago di Pieve di Cadore**: lang gestreckter Stausee mit Wiesenufern, hoch darüber *Pieve di Cadore*, der Geburtsort Tizians (1490–1576). Auf der zentralen Piazza Tiziano ist der Meister mit Pinsel und Palette in Bronze verewigt. An der Durchgangsstraße, etwas unterhalb der Piazza, steht die *Casa natale del Tiziano*, das Geburtshaus Tizians, das derzeit umfassend restauriert wird (✆ 0435/32262).
- **Belluno**: hübsche Provinzhauptstadt in den südlichen Ausläufern der Alpen, ca. 70 km von Cortina d'Ampezzo. Das beschauliche, alte Zentrum liegt malerisch auf einer Landzunge über dem Piavetal – schöne Gassen mit Laubengängen, der repräsentative Domplatz und die lang gestreckte Piazza Tre Martiri mit ihren eleganten Cafés machen Vorfreude auf den Süden.

> ### Holz für Venedig
> Buchstäblich lebenswichtig waren die Belluneser Dolomiten in früheren Jahrhunderten für das traditionell waldarme Venetien. Hier, in den Waldgebieten um Belluno, die heute als Naturpark „Parco Nazionale delle Dolomiti Bellunesi" ausgewiesen sind, schlugen Generationen von Holzfällern die starken, harzhaltigen Stämme, auf denen ein Großteil der Lagunenstadt Venedig steht. Mit biegsamen Gerten zu großen Flößen zusammengebunden, wurde das Holz auf dem Piave bis in die Lagune von Venedig verschifft.

Treviso
ca. 87.000 Einwohner

Wohlhabende Stadt mit reizvollem Stadtzentrum innerhalb eines intakten Rings von Mauern und Bastionen – stimmungsvolle Plätze, Häuser mit alten Wandmalereien, rauschende Kanäle und lange Laubengänge. Doch Treviso ist auch bedeutendes Wirtschaftszentrum, die Weltfirma Benetton hat hier ihren Stammsitz.

Treviso liegt am Zusammenfluss der Flüsse Sile und Bottenига. Wasser ist das beherrschende Element, auf das man immer wieder trifft – ein Höhepunkt ist der malerische Fisch- und Gemüsemarkt *Pescheria* auf einer Insel im Fluss Bottenига. Mittelpunkt der Stadt ist die *Piazza dei Signori* mit dem gotischen *Palazzo dei Trecento*, in dessen geräumiger Loggia zwei Cafés untergebracht sind. An der Längsseite der Piazza steht der *Palazzo del Podestà*, eine neugotische Konstruktion des 19. Jh. An seiner Rückseite findet man auf der Piazza San Vito die beiden Kapellen *Santa Lucia* und *San Vito*, in denen verschiedene mittelalterliche Fresken und Gemälde erhalten sind.

Die von Laubengängen gesäumte Hauptgasse namens *Calmaggiore* führt zum Dom. Neben dem Silberwarengeschäft „Argenteria Marza" (Nr. 8) steht die *Fontana delle Tette*, eine Frauengestalt mit üppigen Brüsten, aus denen heute Wasser sprudelt – früher sollen hier neu gewählte Bürgermeister die Einwohner drei Tage lang mit Rot- und Weißwein aus dem Busen bewirteten haben. Der siebenkuppelige Dom *San Pietro* wirkt mit seiner klassizistischen Vorhalle eher monumental als schön, vom mittelalterlichen Ursprung ist bis auf die Löwen am Fuß der Treppen kaum noch etwas zu spüren. Unmittelbar daneben stehen das *Baptisterium* aus dem 12. Jh. und der Glockenturm, alles aus schlichtem Backstein erbaut. Im Innenraum finden sich in der *Cappella Malchiostro* (am Ende des rechten Seitenschiffs) Fresken des frühen 16. Jh. von Pordenone sowie die „Verkündigung", eins der schönsten Altarbilder von Tizian.

Im südwestlichen Teil des Zentrums steht die gewaltige Backsteinkirche *San Nicolò*. Die stämmigen Rundpfeiler im Innenraum tragen Fresken von Tommaso da Modena (14. Jh.), an den Seitenwänden hängen große Ölgemälde. Im benachbarten *Seminario*, einem ehemaligen Dominikanerkloster, das heute als Priesterseminar fungiert, findet man einen schönen Kreuzgang und Kapitelsaal mit weiteren Fresken von Tommaso, die Dominikanermönche an ihren Schreibtischen darstellen. Das *Museo Civico Luigi Bailo* am Borgo Cavour 22 beherbergt eine archäologische Abteilung mit Funden der Region und eine Gemäldegalerie, u. a. mit Werken von Tiepolo und dem „Porträt des Sperone Speroni" von Tizian.

- *Öffnungszeiten/Eintritt* **Seminario**, Sommer Mo–Fr 8–18 Uhr, Winter Mo–Fr 8–12.30, 15–17.30 Uhr, Eintritt frei.
Museo Civico, Di–Fr 9–12.30, 14.30–17 Uhr, Sa/So 9–12, 15–19 Uhr, Eintritt ca. 3 €.
- *Anfahrt/Verbindungen* **PKW**, gebührenpflichtige Parkplätze im Zentrum, z. B. Domplatz und Piazza Vittoria (bei der Kirche San Nicolò). Mit etwas Glück kann man innerhalb der Stadtmauern auch kostenlos parken.
Bahn, jede halbe Stunde Verbindungen nach Venedig und Udine, stündl. nach Padua. Bahnhof liegt südlich vom Sile, man überquert den Fluss und kommt in wenigen Fußminuten ins Stadtzentrum.

Der Airport **San Giuseppe** liegt etwa 2 km westlich vom Zentrum, angeflogen wird er u. a. von Germanwings (Köln-Bonn) und Ryanair (Frankfurt-Hahn). Alle 30 Minuten fährt Bus 6 ins Zentrum, außerdem fahren Busse direkt nach Venedig (knapp 30 Min.). ✆ 0422/315111, www.trevisoairport.it.

- *Information* **IAT**, Piazzetta del Monte di Pietà 8, hinter dem Palazzo del Podestà (→ Sehenswertes). Mo 9–12.30 Uhr, Di–Fr 9–12.30, 14.30–18.30 Uhr, Sa/So 9.30–12.30, 15–18 Uhr. ✆ 0422/547632, ✉ 419092.
- *Übernachten* Unterkünfte gibt es nur eine Hand voll.

**** **Continental**, gediegene Eleganz in historischem Ambiente, in der Halle ruhen weiche Teppiche, gemütliche Polstermöbel und sehenswerte Bar, die Zimmer teils mit Antiquitäten ausgestattet, TV, Klimaanlage,

Minibar. DZ mit Frühstück ca. 156–180 €. Via Roma 16, ✆ 0422/411216, ✉ 55054, www.hcontinental.it.

** **Campeol**, ganz zentral hinter der Piazza dei Signori, gehört zum gegenüberliegenden Ristorante Beccherie (→ Essen & Trinken), wo man auch das Frühstück einnimmt. 14 ordentliche Zimmer, DZ mit Bad ca. 95 €. Piazza Ancilotto 5, ✆/✉ 0422/56601, www.albergocampeol.it.

- *Essen & Trinken* In Treviso gibt es eine ganze Reihe von interessanten und stimmungsvollen Lokalen, um den Fischmarkt auch einige typische Osterie im alten Stil.

Alle Beccherie, seit den dreißiger Jahren geführt von Familie Campeol, feines, gutbürgerliches Lokal mit traditioneller Küche, z. B. *risi e bisi*, *faraone al forno* oder *baccalà con polenta*. So-Abend und Mo geschl. Piazza Ancilotto 10, ✆ 0422/540871.

Alla Colonna, ehemaliges Traditionslokal, in dem sich im 19. Jh. die Literaten und Intellektuellen der Stadt trafen. Vor der Tür windgeschützte Terrasse. Hat Atmosphäre, ebenso wie die dazugehörige Enoteca im Laubengang. So-Abend und Mo geschl. Via Campana 27, ✆ 0422/544804.

TIPP! **Toni del Spin**, Holzboden, schwere Balken, warmes Licht und freundliche Atmosphäre – eine Trattoria aus dem Bilderbuch. Hier schmecken Fleischgerichte wie *coniglio in taglia al rosmarino* (Kaninchen) oder *stinco di maiale con polenta* (Schweinshaxe), natürlich auch der traditionelle *baccalà*. Mo-Mittag und So geschl. Via Inferiore 7, nicht weit vom Tourist-Info. ✆ 0422/543829.

- *Osterie und Enoteche* **Al Dante**, traditionelle Osteria am Zusammenfluss der Flüsse

192 Venetien

Sile und Botteniga, man kann draußen sitzen oder drinnen die oft ausgelassene Stimmung genießen. Gute Auswahl an ortstypischen Speisen – und natürlich Wein. Sa-Mittag und So geschl. Piazza Garibaldi 6, ℡ 0422/591897.

Odeon alla Colonna, Enoteca in einem wunderschönen, breiten Laubengang, gehört zum benachbarten Restaurant gleichen Namens (→ Essen & Trinken). So-Abend und Mo geschl. Vicolo Rinaldi (seitlich der Via Campana an einem Kanal), ℡ 0422/544804.

Muscoli's, urige Kneipe beim Fischmarkt, hier kehren die Marktverkäufer ein, dementsprechend herzhaft ist das Angebot – von Kuttelsuppe bis Meeresgetier. So geschl. Via Pescheria 23, ℡ 0422/583390.

TIPP! Va' Pensiero, nur wenige Schritte vom „Muscoli's", eine „Tipica Osteria con cucina", zwei gemütliche Innenräume und Tische im Schatten eines Laubengangs direkt beim Fischmarkt. Mo geschl. Via Pescheria 41, ℡ 0422/582719.

▸ **Prosecco-Region**: Nördlich von Treviso, zwischen Conegliano und Valdobbiadene, liegen die üppig bewachsenen Hügel, aus denen der perlende Prosecco stammt, den man im Veneto als ein Gläschen „ombra" zu sich nimmt (→ Venedig). Eine Fahrt entlang der Weinstraße zwischen *Conegliano* und *Valdobbiadene* (über San Pietro di Feletto und Farra di Soligo) dauert leicht einen halben Tag oder länger, fast jedes Dorf hat eine „Bottega del Vino", wo man Prosecco degustieren und kaufen kann, bei vielen Winzern ist auch Direkteinkauf möglich. Ein Abstecher lohnt unterwegs zur mittelalterlichen Zisterzienserabtei *Abbazia di Follina*, 6 km nördlich von Soligo.

Die hübsche Altstadt von *Conegliano* schmiegt sich an einen Hügel. Direkt neben der zentralen Piazza Cima steht die freskenbemalte *Scuola dei Battuti*. Unter den Arkaden befindet sich der Eingang zum *Dom* mit dem Altarbild „Thronende Madonna und Kind" vom einheimischen Maler Cima (1493). Im schmalen Hof neben dem Dom führen Stufen zur *Sala dei Battuti*, dem großen Innenraum der Scuola, hinauf, die vollständig mit Fresken des 16. Jh. ausgemalt ist. Von der Piazza Cima führt auch ein Fußweg zur mittelalterlichen Burg mit weitem Blick in alle Richtungen hinauf.

• *Öffnungszeiten/Eintritt* **Abbazia di Follina**, 6.30–11.50, 14.30–19 Uhr, Eintritt frei; **Sala dei Battuti**, So 15–19 Uhr.

• *Übernachten* ✶✶✶ **Canon d'Oro**, vollständig renovierter Palazzo aus dem 15. Jh., zentral in der Altstadt von Conegliano. Park mit schöner Terrasse, Parkplatz, modern ausgestattete und klimatisierte Zimmer. DZ ca. 83–93 €, Frühstück ca. 9 € pro Pers. Sehr gut auch das angeschlossene Restaurant mit leichter italienischer Küche. Via XX Settembre 129, ℡ 0438/34246, ℻ 34249, www.hotelcanondoro.it.

Agriturismo Al Col, von der Zufahrtsstraße nach Follina rechts abbiegen, etwas versteckte Hügellage zwischen Weinbergen. 5 rustikale Zimmer und 2 Apartments. Ländliches Restaurant (Fr-So) mit gutem und preiswertem Essen, für Hausgäste täglich, DZ mit Frühstück ca. 60 €, auch HP. ℡ 0438/970658, ℻ 970116.

• *Essen & Trinken* **Belvedere Al Castello**, Trattoria und Bar im Garten der Burg von Conegliano, wunderschönes Plätzchen mit Blick in die grüne Hügellandschaft. ℡ 0438/22379.

Da Lino, an der Straße von Solighetto nach Follina. Seit Jahrzehnten eine Institution, hier ist alles von Feinsten: An der Decke hängen zahllose Kupfertöpfe, an den Wänden Spiegel und Gemälde aller Art, auf den Tischen Kerzenleuchter und feines venezianisches Glas, draußen ein hübsch umrankter Laubengarten. Menü um die 30–50 €. Mo und im Juli geschl. Via Brandolini 1, ℡ 0438/82150, www.locandadalino.it.

Locanda Da Condo, im Zentrum des Weinbauerndorfs Col San Martino. Enrico Canel bietet in seiner Trattoria typische Regionalgerichte, dazu trinkt man natürlich Prosecco. Mi-Abend und Do geschl. Via Fontana 134, ℡ 0438/898106.

Osteria dei Colli, genau gegenüber der Locanda da Condo. Wohl die urigste Weinstube im Prosecco-Gebiet, voll gestopft mit Nippes, vor der Tür nettes, schattiges Plätzchen, hinten zwei Tische mit Gedeck. Do geschl. Piazza Fontana 133.

Der Markt Paduas ist einer der größten Italiens

Padua

Padova • ca. 230.000 Einwohner

Großes Wirtschafts- und Messezentrum, seit dem 13. Jh. Universitätsstadt, dank der Basilika des heiligen Antonius außerdem eins der wichtigsten Wallfahrtsziele Italiens. Im historischen Zentrum dominieren großzügige Plätze und endlos lange Arkadengänge. Touristen kommen hauptsächlich wegen einiger bedeutender Kunstwerke, allen voran die Giotto-Fresken in der Cappella degli Scrovegni.

In den vierziger Jahren des 19. Jh. war Padua ein wichtiger Versammlungspunkt der liberalen Bürger und Studenten, die die Einigung Italiens anstrebten. Im Februar 1848 lieferte man sich eine Schlacht mit der Polizei der österreichischen Besatzungsmacht, das berühmte Caffè Pedrocchi mit seinen bis heute erhaltenen Einschusslöchern ist ein Zeuge dieser turbulenten Vergangenheit. Dank der ausgeprägten Studentenszene gibt es etliche Kneipen, Ausstellungen und Kinos, die jedoch nur während der Semesterzeit für Abwechslung sorgen.

Tipp: Padua liegt nur eine knappe Zugstunde von Venedig entfernt – als Ausweichquartier für die chronisch überfüllte Lagunenstadt also sehr überlegenswert.

Anfahrt/Verbindungen/Information

• *Anfahrt/Verbindungen* **PKW**, großer, gebührenpflichtiger Parkplatz vor der Kirche Santa Giustina am Prato della Valle im Süden der Stadt, Nähe Basilica di Sant'Antonio.
Bahn, Bahnhof im Norden der Stadt, der Corso del Popolo (später Corso Garibaldi) führt schnurgerade ins Zentrum, ca. 1,5 km. Häufige Verbindungen nach Venedig.

Bus, Stadtbusse fahren ab Bahnhof, SITA- und ATP-Busse in die Umgebung ab Piazzale Boschetti (vom Bhf. geradeaus und vor dem Fluss links). Bus 15 fährt alle 30 Min. von und zum Flughafen „Marco Polo" (Venedig).

• *Information* **IAT**, im **Bahnhof**, Mo–Sa 9.15–17.45, So 9–12 Uhr, ✆ 049/8752077.

194　Venetien

Galleria Pedrocchi (beim gleichnamigen Café), Mo–Sa 9.30–12.30, 15.30–19 Uhr, ✆ 049/8767927.
Schräg gegenüber der **Basilica di Sant'**

Antonio, März bis Okt. tägl. 8.30–13, 14–18.30 Uhr, ✆ 049/8753087.
Internet: www.turismopadova.it.

Übernachten

Vieles ist auf Pilger eingestellt, die meisten Möglichkeiten findet man deshalb im Umkreis der Basilika. An Messetagen ist die Stadt nicht selten weitgehend ausgebucht. Mit der Karte „Padova Weekend" gibt es für Wochenendbesucher Vergünstigungen bis zu 30 %, Auskunft in den Informationsbüros.

*** Al Giardinetto (18), Mittelklassehaus mit kleinem Park vor dem Haus. DZ mit Frühstück um die 100–135 €. Via Prato delle Valle 54 (schräg gegenüber der Kirche Santa Giustina), ✆ 049/656766, ✆ 656972.

** Al Fagiano (15), für die gute Lage bei der Basilika zivile Preise, DZ ca. 75–83 €, Frühstück extra. Via Locatelli 45 (seitlich der Via Beato Luca Belludi), ✆/✆ 049/8753396, www.alfagiano.it.

** Casa del Pellegrino (13), große katholische Herberge direkt neben der Basilika, mehr als 100 saubere, funktionale Zimmer, viele Pilger finden hier Quartier. DZ mit Bad ca. 61–70 €, mit Etagendusche ca. 47–5 €. Frühstück in der großen Bar nebenan kostet extra. Parkplatz im Hof (ca. 6 €/Tag). Via Cesarotti 21, ✆ 049/8239711, ✆ 8239780, www.casadelpellegrino.com.

** Sant'Antonio (1), ordentliches und modern eingerichtetes Albergo in zentrumsnaher und ruhiger Lage, nach hinten Blick auf den Fluss Bacchiglione. DZ mit Bad ca. 78–85 €, Frühstück extra. Via San Fermo 118, ✆ 049/8751393, ✆ 8752508.

* Locanda La Perla (12), einfaches Albergo, etwa 150 m hinter der Basilika, 8 Zimmer, nur Etagendusche. DZ ca. 40–45 €, kein Frühstück. Via Cesarotti 67, ✆ 049/8758939.

• *Privatzimmer* Die Initiative **Koko Nor** vermittelt Zimmer mit Frühstück in Padua und Umgebung, DZ ca. 60–70 €. In der Regel kann man kurzfristig buchen (1–2 Tage vorher), für Aufenthalte im August aber besser 1–2 Monate im Voraus. Adresse: I-35135 Padova, Via Selva 5, ✆/✆ 049/8643394, www.bandb-veneto.it/kokonor.

• *Hostels* **Città di Padova (IYHF) (14)**, gutes Jugend-Hostel im Zentrum, Nähe Prato della Valle. Bus 3, 8, 12 oder 18 ab Bhf. (sonntags Bus 32). 112 Betten in 13 Schlafsälen, Gemeinschafts- und TV-Raum. Pro Pers. etwa 15 € mit Frühstück. Tägl. 8–9.30, 16–23 Uhr, ganzjährig geöffnet. Via Aleardo Aleardi 30, ✆ 049/8752219, ✆ 654210, www.ctgveneto.it/ostello.

• *Camping* Nächster Platz ist ****** Camping Sporting Center** (früher: Camping Termale) am nordöstlichen Ortsrand von Montegrotto Terme, ca. 10 km südlich von Padua (Bahnverbindung, aber vom Bhf. in Montegrotto Terme noch gut 2,5 km zu Fuß, keine Busverbindung). Großer Wiesenplatz mit Pool (gegen Gebühr), Thermalbad und Disco. März bis Anfang Nov. ✆ 049/793400, ✆ 8911551, www.sportingcenter.it.

Essen & Trinken

La Corte dei Leoni (3), moderne, „trendy" Enoteca mit kleinem Innenhof. Gut für ein leckeres Tagesgericht oder eine ausgedehnte Weinverkostung (1200 Etiketten), gelegentlich Live-Jazz im Hof. So-Abend und Mo geschl. Via Pietro d'Abano 1, nur wenige Schritte von der Piazza della Frutta. ✆ 049/8750083.

Osteria Vitanova (4), schräg gegenüber, bescheidene Nachbarschaftstrattoria mit großem Tresen und einer Hand voll Tische, verführerischer Duft dringt auf die Straße, z. B. vom *spezzatino di cavallo*. Preiswert. Via Pietro d'Abano 10. ✆ 049/650784.

Antica Osteria dal Capo (7), sehr gute Küche, zum Wein leckere Appetithappen. So geschl. Via dei Soncin 43, Nähe Dom. ✆ 049/663105.

Da Nane della Giulia (11), etwas abseits, der Weg lohnt aber. Hübsch traditionell eingerichtete Osteria/Trattoria mit guter Küche, Spezialität *pasta e fagioli*, gelegentlich Livemusik. Mo geschl. Via Santa Sofia 1. ✆ 049/660742.

Al Borgo (16), nett eingerichtete und gemütliche Pizzeria bei der Basilika, von der Außenterrasse Blick auf die nahe Kirche. Di geschl. Via Beato Luca Belludi 58/Ecke Piazza del Santo. ✆ 049/8758857.

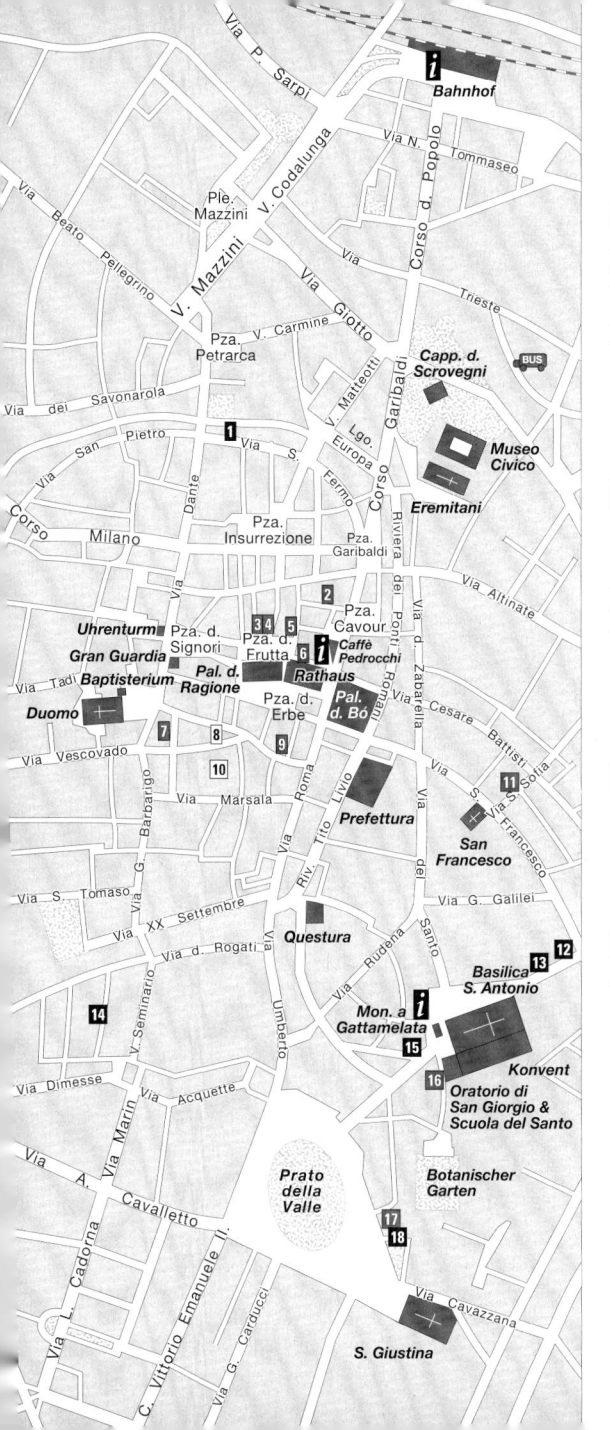

Übernachten
1. Sant'Antonio
12. Locanda La Perla
13. Casa del Pellegrino
14. Ostello Città di Padova (Jugendherberge)
15. Al Fagiano
18. Al Giardinetto

Essen & Trinken
3. La Corte dei Leoni
4. Osteria Vitanova
7. Antica Osteria dal Capo
9. Osteria dei Fabbri
11. Da Nane della Giulia
16. Al Borgo
17. Zairo

Cafés
2. Taberna
5. Paparazzi Fashion Café
6. Caffè Margherita

Nachtleben
8. Antica Osteria L'Anfora
10. The Highlander

Padua

50 m

Zairo (17), großes Freiluftlokal direkt am Prato della Valle, drinnen und draußen viel Platz, gute Küche und viel Auswahl. Mo geschl. ℅ 049/663803.

TIPP! Osteria dei Fabbri (9), im ehemaligen jüdischen Viertel, gemütlich wie ein Wohnzimmer, große kommunikationsfördernde Holztische, venezianische Gerichte und gute Weine. Via dei Fabbri 13. ℅ 049/650336.

• *Cafés* **Caffè Pedrocchi**, elegantes Kaffeehaus schräg gegenüber der Uni, wenige Schritte von der Piazza Cavour. Im 19. Jh. Treffpunkt der Anhänger der Widerstandsbewegung gegen Österreich. Man sitzt auf samtbezogenen Sesseln (weitgehend Originalmobiliar) zwischen Marmor und „griechischen" Säulen, auch eine Außenterrasse gibt es. Man muss übrigens nichts bestellen, so wurde es von den Gründern in der revolutionären Zeit um 1831 festgeschrieben – nicht nur Adlige sollten ihre Zeit im Kaffeehaus verbringen können, sondern auch Bürgerliche. Im „Piano Nobile" wurde kürzlich ein Museum eröffnet (→ Sehenswertes). Di–So 8–23.30 Uhr, Mo geschl. Via 8 Febbraio 15.

Caffè Margherita (6), großes Café im Laubengang an der Piazza della Frutta.

Caffè Al Duomo, weiterer populärer Freilufttreff an der Piazza beim Dom.

Nachtleben/Shopping (siehe Karte S. 195)

• *Osterie und Kneipen* Die Studentenstadt Padua hat daran keinen Mangel, geöffnet ist mindestens bis Mitternacht, an Wochenenden oft länger.

Paparazzi Fashion Café (5), ganz zentral bei der Piazza della Frutta, smartes „In"-Café der modischen Padovaner Jugend. Via Marsilio da Padova 17.

Taberna (2), hübsch zum Sitzen auf der Fußgängergasse, gut zum Frühstück, aber auch tagsüber als Café und abends als gemütlicher Treff, *tramezzini* und leckere Salate. Bis 2 Uhr nachts geöffnet. So geschl. Via Santa Lucia 33.

The Highlander (10), groß aufgemachter Scottish Pub, Via San Martino e Solferino 69.

TIPP! Antica Osteria L'Anfora (8), mit dunklem Holz gemütlich eingerichtet, beliebter Treff mit fröhlichen Gästen, an Wochenenden steht man bis auf die Straße. Preiswert, gute Weine und ebensolche Küche. So und Mo-Mittag geschl. Via dei Soncin 13.

• *Shopping* Mo- bis Fr-Vormittag und Sa ganztägig Markt auf der **Piazza delle Erbe** und der **Piazza della Frutta**.

Am dritten Sonntag im Monat Antiquitäten- und Flohmarkt am **Prato della Valle**, dem größten Platz der Stadt.

Sehenswertes

> **Padova Card**: Das Sammelticket „Padova Card" kostet ca. 14 € und gilt für einen Erwachsenen und ein Kind bis 12 Jahre 48 Std. lang (bei Kauf am Freitag das ganze Wochenende) für Cappella degli Scrovegni, Musei Civici agli Eremitani, Palazzo della Ragione, Piano Nobile des Caffè Pedrocchi, in weiteren Sehenswürdigkeiten ist der Eintritt ermäßigt. Zusätzlich können die städtischen Busse und Fahrräder (erhältlich bei der Informationsstelle an der Basilika) kostenlos benutzt werden.
>
> **City Sightseeing Padova**: Ein bunt bemalter Bus mit offenem Oberdeck fährt von Mai bis September zwischen 9 und 20 Uhr tägl. etwa 1–2 x stündlich durch das Zentrum von Padua. Man kann an zwölf Stationen beliebig zu- und aussteigen, das Ticket ist 24 Std. gültig.

Cappella degli Scrovegni und Umgebung: Die äußerlich unscheinbare Kapelle steht inmitten der *Giardini dell'Arena*, einer schönen schattigen Parkanlage nicht weit vom Bahnhof. Ihr hoher Innenraum ist bis zur Decke vollständig mit fantastischen Fresken von Giotto bedeckt – sie begründeten seinen Ruf als Vorläufer der Renaissance. 1303–1305 bemalte Giotto die Seitenwände auf einem tiefblauen Hin-

Europaweites Pilgerziel: die Basilica di Sant'Antonio

tergrund in zahlreichen Einzelfeldern mit Szenen aus dem Leben von Maria und Jesus, darunter setzte er symbolische Darstellungen der Tugenden und Laster und an die Eingangswand ein großes „Jüngstes Gericht". Am Altar bedeutende Marmorskulpturen von Pisano und der Sarkophag Enrico Scrovegnis, der Kirche und Fresken in Auftrag gab.

Der Eingang zur Kapelle führt durch die *Musei Civici Eremitani* im Kreuzgang der gleichnamigen Kirche. Neben Lapidarium und Archäologischer Abteilung enthält es eine bemerkenswerte Gemäldesammlung venezianischer Meister des 14.–16. Jh., darunter ein hölzernes Kruzifix von Giotto.

Die *Chiesa degli Eremitani* wurde im Zweiten Weltkrieg durch Bombenangriffe völlig zerstört und wieder aufgebaut – doch die herrlichen Fresken von Mantegna sind großteils unwiederbringlich verloren.

• *Öffnungszeiten/Eintritt* **Cappella degli Scrovegni** und **Musei Civici Eremitani**, tägl. 9–22 Uhr, Sammeleintrittskarte ca. 12 € (19–22 Uhr 8 €), Schül./Stud. 5 €, mit Padova Card gratis. Achtung: Für den Besuch der Kapelle ist Reservierung per Internet oder Telefon obligatorisch (mind. 48 Std. vorher), es dürfen nur jeweils 25 Pers. die Luft- und Staubschleuse passieren, Aufenthalt in der Kapelle 15 Min. ✆ 049/2010020, www.capelladegliscrovegni.it.
Musei Civici Eremitani, Di–So 9–19 Uhr, Mo geschl. Eintritt ca. 10 €, Schül./Stud. 5 €.
Chiesa degli Eremitani, Mo–Sa 8.15–18.45 Uhr, So 10–13. 16–19 Uhr, Eintritt frei.

Zentrum: Von Reichtum und Pracht der mittelalterlichen Handelsmetropole zeugt die großartige Komposition der beiden Plätze *Piazza delle Erbe* und *Piazza della Frutta*, letzterer mit täglichem Markt. Zwischen den Plätzen prunkt der gewaltige *Palazzo della Ragione* mit offenen Loggien an beiden Längsseiten. Der riesige Innenraum *Il Salone* im Erdgeschoss ist heute mit Verkaufsläden aller Art belegt, der Saal darüber ist vollständig mit einem astrologischen und religiösen Freskenzyklus ausgemalt und kann besichtigt werden.

Einen Blick wert ist auch die anschließende hübsche *Piazza dei Signori* mit ihrem Uhrenturm. In der Nähe steht der *Dom* mit unvollendeter Fassade und weitgehend schmucklosem Innenraum. Das benachbarte *Baptisterium* ist vollständig mit Fresken aus dem 14. Jh. ausgemalt, die Szenen aus dem Leben Jesu und Johannes des Täufers darstellen.

Weiteres Zentrum für Stadtflanierer ist die gemütliche *Piazza Cavour* mit Cafés und Restaurants, dem benachbarten *Caffè Pedrocchi* (→ Essen & Trinken), in dessen Piano Nobile 2004 das *Museo del Risorgimento e dell'Età Contemporanea* eröffnet wurde und dem nahen *Palazzo del Bò*, dem Hauptgebäude der Universität – schon Galileo Galilei hat hier gelehrt. Die *Aula Magna* mit ihren endlosen Wappenreihen von ehemaligen Studentenschaften ist der älteste medizinische Hörsaal („Teatro Anatomico") der Welt und besitzt extrem enge und steile Sitzreihen.

• *Öffnungszeiten/Eintritt* **Palazzo della Ragione**, Di–So 9–19 Uhr, Mo geschl., Eintritt ca. 8 €, Schül./Stud. 4 € (bei Ausstellungen Änderungen möglich und kein Freieintritt mit der Padova Card).
Baptisterium, tägl. 10–18 Uhr, Eintritt ca. 2,50 €.

Museo del Risorgimento e dell'Età Contemporanea, Di–So 9.30–12.30, 15.30–18.30 Uhr, Mo geschl., Eintritt ca. 4 €, Schül./Stud. 2,50 €.
Palazzo del Bò, Führungen Mo, Mi, Fr 15.15, 16.15, 17.15 Uhr, Di, Do, Sa 9.15, 10.15, 11.15 Uhr. Nur mit Reservierung beim Tourist Info in der Galleria Pedrocchi.

Basilica di Sant'Antonio und Umgebung: höchst eigenwillige byzantinische Konstruktion aus dem 12.–14. Jh. mit acht immensen Kuppeln und schlanken Spitztürmchen. *„Il Santo"* wurde zu Ehren des heiligen Antonius errichtet, der in Portugal geboren wurde und seit Ende des 13. Jh. hier begraben liegt. Die Kirche hat sich seitdem zu einem landesweiten Pilgerziel entwickelt, der Devotionalienhandel blüht. Inmitten von Kirchenkitschständen geht das berühmte Reiterstandbild des *Gattamelata* auf der Piazza fast etwas unter – es stammt von Donatello und gilt als eins der bedeutendsten Werke der italienischen Frührenaissance.

Im linken Seitenschiff liegt die *Cappella di Sant'Antonio*. Hier ruht Antonius in einem großen Sarkophag, behängt mit zahllosen Medaillons und Fotos von Gläubigen, die die Hilfe des Heiligen erflehen. Dramatisch und lebensecht wirken die großen Marmorreliefs an der Rückwand der Kapelle, die Szenen aus seinem Leben darstellen. Benachbart sind die Kapelle der *Schwarzen Madonna* und die freskengeschmückte Kapelle des *Beato Luca Belludi*. Die Schranke des *Hochaltars* ist mit Bronzestatuen von Donatello bestückt. Im rechten Seitenschiff enthält die *Cappella di San Felice Zentralkapelle* in der Rückfront der Basilika – im einen berühmten Freskenzyklus von Altichiero (entstanden 1374–79): „Geschichte des heiligen Jakob von Compostela" und „Kreuzigung". Mit der Natürlichkeit seiner Gestalten ohne jegliche Steifheit der Formen war Altichiero ein entscheidender Vorläufer der Renaissance. Höhepunkt der Pilgerfahrt sind die goldenen Reliquiaren, in denen Antonios nicht verweste Zunge (!), sein Unterkiefer mit fünf Zähnen und andere sterbliche Überreste ausgestellt sind.

In den Kreuzgängen rechts neben der Basilika wird eine *Tonbildschau* über das Lebenswerk des Sant'Antonio gezeigt, außerdem gibt es hier das *Museo Antoniano* mit kirchlichen Schätzen, Ölgemälden und konservierten Fresken aus Kirchen und Klöstern.

Zurück auf der Piazza findet man angebaut an die Basilika das *Oratorio di San Giorgio* und die *Scuola di Sant'Antonio* – ersteres ist vollständig mit Fresken von

Altichiero ausgemalt, während die Scuola im Obergeschoss Fresken hauptsächlich aus dem 16. Jh. besitzt, einige davon sollen von Tizian stammen.

- *Öffnungszeiten/Eintritt* **Tonbildschau**, tägl. 9–12.30, 14.30–18 Uhr, Eintritt frei, Dauer 25 Min.
Museo Antoniano, Di–So 9–13, 14.30–18.30 Uhr, Mo geschl., Eintritt ca. 2,60 €, Schül./Stud. 1,60 €.
Oratorio di San Giorgio und **Scuola di Sant' Antonio**, tägl. 9–12.30, 14.30–19 Uhr (Winter bis 17 Uhr), Eintritt ca. 2 €, Schül./Stud. 1,50 €.

Orto Botanico: gleich in der Nähe der Basilika, einer der ältesten Botanischen Gärten Europas, gegründet 1545 als Heilpflanzengarten der Medizinischen Fakultät. 1997 wurde er in die Liste des Weltkulturerbes der UNESCO aufgenommen.
Öffnungszeiten/Eintritt tägl. 9–13, 15–18 Uhr, Eintritt ca. 4 €, Schül./Stud. 1 €.

Prato della Valle und Santa Giustina: weiter, offener Platz im Süden der Stadt, schöne Grünflächen und Wassergraben, eingefasst von hohen Steinfiguren. Beliebt zum Bummeln, vor allem samstags, wenn hier der große Markt stattfindet. Im Juni gibt es hier auch einen viel besuchten Vergnügungspark.

Am Südende des Platzes steht die riesige Backsteinkirche *Santa Giustina*. Im monumentalen Innenraum stützen gewaltige Pfeiler die drei Schiffe, das große Altarbild „Martyrium der heiligen Justina" stammt von Veronese. Im linken Querschiff steht ein Sarkophag, der angeblich die sterblichen Überreste des Evangelisten Lukas enthält. Geboren wurde der Apostel etwa 65 n. Chr. in der syrischen Stadt Antiochia, mit 84 Jahren starb er im griechischen Theben. Anhand neuer genetischer Untersuchungen konnte jüngst festgestellt werden, dass der Körper tatsächlich mit hoher Wahrscheinlichkeit aus dem antiken Syrien stammt und auch sein Alter den Lebensdaten des Evangelisten entspricht.
Öffnungszeiten **Santa Giustina**, Mo–Sa 7.30–12, 15.30–20 Uhr, So 7.30–12.40, 15.45–20 Uhr.

Padua/Umgebung

▶ **Colli Euganei und Umgebung** (Euganäische Hügel): Über hundert kegelförmige Erhebungen steigen südlich von Padua unvermittelt aus der Poebene an. Ein Abstecher in die schöne, üppig grüne Landschaft vulkanischen Ursprungs mit kleinen Dörfern und venezianischen Herrenhäusern lohnt sehr. Immer wieder genießt man herrliche Ausblicke, zahlreiche schön gelegene Gasthäuser bieten sich für Pausen an, auch Gelegenheit zur Weinverkostung gibt es und in mehreren Agriturismohöfen kann man übernachten. Am Rand der Hügelregion liegen mehrere gediegene Thermalorte, der bekannteste ist *Abano Terme*. Im malerischen Dorf *Arquà Petrarca* starb am 18. Juli 1374 Francesco Petrarca, neben Dante und Boccaccio der wahrscheinlich berühmteste italienische Dichter. Seine Villa „Casa Petrarca" in der Via Vallesselle enthält eine Fotodokumentation zu seinem Leben und Mobiliar des 16. Jh., z. T. auch noch angebliche Originalstücke von Petrarca, dazu zahlreiche Faksimiles seiner Schriften. Am Hauptplatz steht der *Sarkophag* Petrarcas vor der Kirche *Santa Maria*.

- *Öffnungszeiten/Eintritt* **Casa del Petrarca**, Februar bis Sept. Di–So 9–12.30, 15–19 Uhr, Okt. bis Januar 9–12.30, 14.30–17.30 Uhr, Mo geschl. Eintritt ca. 4 €.
- *Übernachten* **Jugendherberge Colli Euganei**, privat geführtes Hostel mit 43 Betten in sechs Schlafsälen (zwei davon Familienzimmer) und großem Garten. Übernachtung mit Frühstück ca. 15 €, HP ca. 22 €. März bis Okt. Via Donna Daria 2, Valle San Giorgio (Baone), wenige Kilometer westlich von Arquà Petrarca, ✆ 0429/604286, ✉ 615567, ideogrammi.ostelli@libero.it
- *Essen & Trinken* Gut essen kann man im schattigen Gartenlokal **La Pergola** an der Hauptgasse. Di geschl. ✆ 0429/718002.

- **Montagnana**: südwestlich der Euganäischen Hügel, ca. 35 km von Padua. Das 10.000-Einwohner-Städtchen besitzt eine der schönsten Stadtbefestigungen Europas, perfekt erhalten ist der gesamte Mauerring samt 24 Türmen, vier Toren und einem breiten grünen Wallgraben. Im *Castello di San Zeno* an der Ostseite der Stadtmauer ist ein *Museo Civico* untergebracht, hauptsächlich mit Funden aus vorgeschichtlicher und römischer Zeit. In der Westbastion *Rocca degli Alberi* kann die Jugendherberge besichtigt werden. Der imposante *Dom* aus dem 15. Jh. steht am großen, freien Hauptplatz und besitzt großflächige Ölgemälde, Fresken und ein schönes, altes Chorgestühl.
  Am ersten Sonntag im September findet im Graben das große mittelalterliche Reiterturnier *Palio dei 10 Comuni* statt, dessen Ursprünge bis 1259 zurückgehen.

  - *Öffnungszeiten/Eintritt* **Museo Civico**, Führungen Mi–Fr 11 Uhr und Sa/So 11, 12, 16 und 17 Uhr, Mo/Di geschl., Eintritt ca. 2,10 €.
  - *Information* **Pro Loco**, Castello di San Zeno, Piazza Trieste. Tägl. 9.30–12.30, 16–19 Uhr. ✆ 0429/81320.
  - *Übernachten* *** **Aldo Moro**, gepflegtes Albergo mitten in der Altstadt, wenige Schritte vom Hauptplatz. Garage und kleiner Garten. DZ ca. 90–115 €, Frühstück extra. ✆ 0429/81351, 🖷 82842, www.hotelaldomoro.com.

  - **TIPP!** **Jugendherberge** im Kastell Rocca degli Alberi, etwa 600 m vom Bhf. Tolle Atmosphäre im alten Turm, davor netter Garten, ruhig. Pro Pers. ca. 12 €, Frühstück extra. Anfang April–Mitte Okt. ✆/🖷 0429/804102, 🖷 805301, www.ostellionline.org.
  - *Essen & Trinken* **Da Stona**, gemütliche Trattoria mit Paduaner Hausmannskost und guter Weinauswahl. Nicht teuer. Mo geschl. Via Carrarese 51, ✆ 0429/81532.
  Hostaria à la Rocca, neben der JH, Trattoria mit „Biergarten", von Mai bis August gelegentlich Open-Air-Musik.

- **Este**: kleines Städtchen am Südfuß der Euganäischen Hügel, Stammsitz der gleichnamigen Dynastie. Lohnt einen Stopp wegen des wunderschönen Parks innerhalb der ehemaligen Burgmauern und wegen des Archäologischen Museums *Museo Nazionale Atestino* am Parkeingang mit reichhaltigen Funden aus vorrömischer und römischer Zeit.
  Öffnungszeiten/Eintritt **Museo Nazionale Atestino**, tägl. 9–20 Uhr, Eintritt ca. 4 €, ca. 2 € für 18- bis 25-Jährige, unter 18 und über 60 J. frei.

- **Brenta-Kanal** (Padua bis Venedig): Wer die Zeit hat, sollte von Padua nach Venedig bzw. umgekehrt nicht die schnurgerade Autobahn nehmen. Die SS 11 verläuft malerisch entlang des Brenta-Kanals, eine „liebliche" Wiesenlandschaft, in der zahlreiche Villen und Palazzi aus den letzten Jahrhunderten stehen. Der venezianische Adel hatte sich die natürlichen Vorzüge dieser Landschaft nicht entgehen lassen, denn man konnte gänzlich im Grünen wohnen, aber doch nur einen Katzensprung von der Stadt. Im 16. Jh. kanalisierte man die Brenta, die vorher immer wieder für Überschwemmungen gesorgt hatte. Seitdem entstanden am Ufer des Flusses Dutzende von Villen. Heute stehen die Prachtbauten z. T. leer, sind teilweise aber noch immer bewohnt. Einige wenige können im Rahmen einer Führung besichtigt werden, z. B. die *Villa Pisani* am östlichen Ortsausgang von *Stra*, erstaunlich groß mit nahezu schlossartigem Charakter in einem weitläufigen Park. Gekrönte Häupter, Eroberer und Diktatoren ließen sich hier immer gerne blicken, Napoleon erwarb den Palast sogar und 1934 fand hier das erste Treffen von Mussolini und Hitler statt.

  - *Öffnungszeiten/Eintritt* **Villa Pisani**, April bis Sept. tägl. 9–18 Uhr, Okt. bis März 9–16 Uhr; Eintritt ca. 6 € (nur Park die Hälfte), zwischen 18 und 25 J. Ermäßigung.
  - ✆ 0497502270.
  - *Anfahrt/Verbindungen* Die **Linienbusse** zwischen Venedig und Padua stoppen an einigen der Villen.

Brenta-Kanal

Schon vor Jahrhunderten ein bevorzugtes Wohngebiet: der Brenta-Kanal

Außerdem fährt von März bis November das Motorschiff **Il Burchiello** 3-mal wöch. auf dem Brenta-Kanal von Venedig nach Padua bzw. umgekehrt (Rückkehr jeweils mit Bus oder Eisenbahn). Dauer der Fahrt: ein ganzer Tag, unterwegs Besichtigung mehrerer Villen. Kostenpunkt ca. 62 € pro Pers., für Kinder und Jugendliche von 6–17 J. ca. 36 € (Preise inkl. Besichtigung, Villa Pisani muss extra gezahlt werden). Buchen kann man in den meisten Reiseagenturen im Umkreis von San Marco.
SITA S.p.A, ✆ 049/8774712, ℻ 8763044, www.ilburchiello.it.

• *Übernachten* ****** Villa Margherita**, an der Durchgangsstraße von Mira, sehr aufmerksam geführt von Familie Dal Corso. Die elegant-liebevolle Einrichtung mit bequemen Polstermöbeln, Fresken, Spiegeln und Stuckdekorationen ist ausgesprochen gemütlich. Die 19 Zimmer sind bis ins Detail durchkomponiert. Im hervorragenden Restaurant des Hauses wird der Fisch nach alter venezianischer Tradition zubereitet (Di-Abend und Mi geschl.). DZ mit Frühstück ca. 145–250 €. Via Nazionale 416, ✆ 041/4266531, ℻ 5608996, www.villamargherita.com.

*** Riviera dei Dogi, ebenfalls in Mira, historisches Haus, etwas abseits der Durchgangsstraße, 43 ordentliche Zimmer mit TV, freundlich geführt. Gutes Restaurant benachbart, Busstopp nach Venedig 5 Fußminuten entfernt. DZ mit Frühstück ca. 70–134 €. Via Don Minzoni 33, ✆ 041/424466, ℻ 424428, www.rivieradeidogi.com.

Jugendherberge Casa del Sole e della Luna – Ostello di Mira (IYHF), ca. 5 km südlich von Mira in der Località Giare, nahe der vom WWF geschützten Lagune „Valle Averto". Moderne Jugendherberge mit 56 Betten, Schlafsäle mit fünf Betten (ca. 14 €/Pers.) und einige DZ (ca. 17 €/Pers.), Frühstück inbegriffen. Bahnanreise: Zug bis Mestre, dann Bus ab Via Fratelli Bandiera Richtung Sottomarina, in Giare aussteigen, die SS Romea 309 überqueren und den Schildern 1 km weit folgen. April bis Sept. ✆ 041/5679203, ℻ 5676457, www.casasoleluna.it.

Jugendherberge Casa del Sole e della Luna – Ostello di Oriago, weiteres IYHF-Hostel in Oriago am Brenta-Kanal, untergebracht in einer historischen Villa mit großem Garten und günstigem Restaurant. Fahrradverleih, Mehrbettzimmer verschiedener Größe und DZ, im Mehrbettzimmer ca. 17,50 € mit Frühstück. Von Venedig Bus 53 ab Piazzale Roma, von Mestre Bus nach Dolo-Riviera, Oriago ist außerdem Zugstation an der Linie von Venedig an die Adria. Juni bis Sept. Riviera Bosco Piccolo 84, ✆ 041/5631213, ℻ 5631214, www.casasoleluna.it.

Camping Serenissima → Venedig/Übernachten, S. 211.

Nur wenige Brücken überqueren den Canal Grande

Venedig

Venezia • ca. 70.000 Einwohner

Die einzigartige Stadt mitten in der Lagune hat nichts von ihrer Anziehungskraft verloren und gehört noch immer zu den schönsten und faszinierendsten Orten der Welt – trotz Touristenhorden, Nepp und horrenden Preisen. Wasser ist das alles beherrschende Element. Reizvollste Zufahrt: per Schiff von der Punta Sabbioni. Man landet fast unmittelbar in der berauschenden Szenerie um den Markusplatz!

Venedig wurde im 5. Jh. n. Chr. von Flüchtlingen gegründet, die vor den anrückenden Germanenheeren des Nordens auf die zahllosen kleinen Inseln der Lagune flüchteten. Sie bebauten nach und nach mehr als hundert Inseln und säumten die Ufer der dazwischen verlaufenden Wasserwege mit schweren Holzpfählen, auf denen ebenfalls prächtige Palazzi und Kirchen entstanden. Ein schier unglaublicher Kraftakt, der nur noch durch den gigantischen Aufschwung übertroffen wurde, den die Stadt im Mittelalter nahm. Jahrhundertelang war Venedig die mächtigste Seerepublik der bekannten Welt. In einer gewaltigen Expansionsbewegung unterwarf die „Serenissima" die gesamte Adria bis tief ins östliche Mittelmeer. Der Venezianer Marco Polo fand sogar den Weg ins ferne China und erschloss damit den Weg zu den fernöstlichen Gewürzen und Genussmitteln, die zuvor von arabischen Zwischenhändlern vertrieben worden waren. Dank des damit erworbenen Handelsmonopols auf Zucker, Salz, Pfeffer und Kaffee überschwemmten wahre Schätze die Republik. Dazu kamen ständige Beutezüge im Osten. Pracht und Reichtum der Stadt müssen ans Märchenhafte gegrenzt haben. Nur die allerbesten Künstler wurden verpflichtet, wenn es um die Ausstattung der Palazzi und Kirchen ging. Auch wenn diese Zeiten lange vorbei sind und Venedig heute zur Museumsstadt degradiert ist, ist es noch immer ein Erlebnis, durch die Stadt zu schlendern. Es gibt über 3000 Gassen auf 118 Inseln, verbunden durch mehr als 400 Brücken und durchzogen von 177 Kanälen. Zahllose Schriftsteller und Künstler haben sich von der unverwechselbaren Atmosphäre dieser großartigen Stadt inspirieren lassen, gefolgt von endlosen Urlauberströmen, die seit dem 19. Jh. Venedig überfallen.

Dem Großteil der Besucher entgehen jedoch die prekären Probleme, vor denen Venedig im 21. Jh. steht. Schon wenn man von der hässlichen Betonstadt *Mestre* über den langen Bahndamm in die Lagune hineinfährt, sieht man die rauchenden Schlote der riesigen petrochemischen Fabrikanlagen von *Porto Marghera*. Die drittgrößte Industriestadt Italiens beherrscht heute die Lagune und ist für das Schicksal Venedigs mitverantwortlich. Jahrelang pumpte die Industrie große Mengen Wasser aus dem schlammigen Untergrund der Stadt. Folge: Die Straßen und Plätze Venedigs sanken jährlich um etwa einen Millimeter! Die Häuser der Stadt begannen sich zu neigen und die Zehntausende von Stämmen, auf denen viele der Prachtbauten und nasskalten Wohnhäuser der Stadt stehen, faulten schneller. Seitdem vor einigen Jahren die Wasserentnahme strikt verboten wurde, ist zumindest die Gefahr des Absinkens der Stadt gestoppt. Jedoch droht neue, womöglich noch größere Gefahr von außen, denn der Adriaspiegel steigt kontinuierlich. Immer wieder drückt der warme, aus Süden wehende Scirocco riesige Wassermassen vom offenen Meer in die Lagune, begünstigt durch die für die Öltanker vertieften Fahrrinnen. Dazu kommt die überhand nehmende Passagierschifffahrt, die ebenfalls immer wieder künstliche Überschwemmungen hervorruft. Bis zu hundert Mal jährlich geben die venezianischen Sirenen Hochwasseralarm. Bei der bislang größten Flutkatastrophe im November 1966 stand der Markusplatz – die tiefste Stelle der Stadt – fast zwei Meter hoch unter Wasser. Ein umstrittenes Milliardenprojekt namens „Mose" (Modello sperimentale elettromeccanico) soll nun frühestens 2011 Abhilfe schaffen – ein gewaltiges System von 79 mobilen Schleusentoren soll bei den drei Zufahrtskanälen Chioggia, Lido und Malomocco am Grund der Lagune liegen, bei Hochwasser aber mit Pressluft aufgerichtet werden, die Zugänge abriegeln und so Sturmfluten zurückhalten.

Zudem leitete die petrochemische Industrie von Marghera über Jahrzehnte hinweg hochgiftige Abfälle in die Lagune. Aus den teils maroden Anlagen ergossen sich jährlich bis zu 50.000 Kubikmeter Abwässer, die u. a. Dioxin, Quecksilber, Schwermetalle und radioaktive Substanzen enthielten, gelangten in die Nahrungskette und nagen noch immer unerbittlich an den historischen Mauern und Fundamenten der Stadt. Die Kanäle sind mittlerweile randvoll mit *sedimenti*, ihre Giftstoffe töten jegliche Fauna und Flora restlos ab, sogar im Canal Grande nicht weit von der Rialto-Brücke hat man bereits hohe Dioxinwerte festgestellt. Die Wohnverhältnisse in den unteren Stockwerken der morbiden Palazzi sind katastrophal: nasskalte Wohnungen im Winter, feuchtheiß im Sommer, oft steht das Wasser zentimeterhoch. Kein Wunder, dass jährlich an die 3000 Venezianer das sinkende Schiff in Richtung Festland verlassen, einen gewissen Ausgleich schafft lediglich der Zuzug wohlhabender Ausländer.

Und auch der Massentourismus macht Venedig schwer zu schaffen, denn mehr als 12 Millionen Besucher bevölkern alljährlich die Stadt mit ihren nur noch knapp über 70.000 Einwohnern.

204 Venetien

Anfahrt/Verbindungen

Venedig ist für jeglichen PKW-Verkehr vollkommen gesperrt. Alle Fahrzeuge müssen für teures Geld auf den großen Parkplätzen am Stadteingang abgestellt werden.

Der Flughafen **Marco Polo** liegt etwa 8 km östlich von Mestre, am Rand der Lagune. ℘ 041/2606111, www.veniceairport.it.
Verbindungen von und zur Stadt:
Wassertaxi (Taxi acqueo), die Fahrten mit den Motorbooten des „Consorzio motoscafi Venezia" kosten ca. 70 €. Zentrale ℘ 041/5222303, 24-Std.-Dienst ℘ 043/2573597, www.motoscafivenezia.it.
Autotaxi, ca. 50 €, ℘ 041/936222;
Alilaguna, rote und blaue Wasserbusse pendeln etwa alle halbe Std. ab Airport (ca. 6–24 Uhr) über Murano und Lido di Venezia nach San Marco Giardinetti (rote Linie fährt weiter nach Zattere Gesuati) und umgekehrt, Dauer ca. 70 Min., ca. 10 €. Außerdem gibt es eine direkte Verbindung von Airport zur Punta Sabbioni (Litorale del Cavallino). ℘ 041/5416555 oder ℘ 041/5235775 (Hauptbüro), www.alilaguna.com;
ATVO-Bus, Expressbus etwa 1-mal stündl. ab Airport (ca. 8–24 Uhr) bis Piazzale Roma und umgekehrt (ca. 5–20 Uhr), 20 Min. Fahrtzeit, ca. 3 €. ℘ 0421/383672 oder ℘ 041/5415180 (Airport), ℘ 041/5205530 (Piazzale Roma), www.atvo.it;
ACTV-Bus 5, alle halbe Stunde ab Airport zum Bahnhof Santa Lucia (werktags ca. 5.30–21.30, sonntags 7–20 Uhr) und umgekehrt (werktags 5.30–20.30, sonntags 6.30–20 Uhr), häufige Stopps, ca. 1,50 €. ℘ 0421/383672.

dieser Zeit. ℘ 041/2727301, www.asmvenezia.it;
Garage San Marco, Piazzale Roma, Parkgebühr 19 € für 12 Std., 26 € für 24 Std. oder einen Teil dieser Zeit. ℘ 041/5232213, www.garagesanmarco.it;
Tronchetto Parking, Isola Nuova del Tronchetto, Parkgebühren ca. 19 € für 24 Std. oder einen Teil dieser Zeit. ℘ 041/5207555, www.veniceparking.it;
Sant'Andrea, Piazzale Roma, bewachter offener Parkplatz für Kurzzeitparker, 2 Std. ca. 4,50 €. ℘ 041/2727302, www.asmvenezia.it.
Verbindungen ins Zentrum: Vom Piazzale Roma zum Markusplatz fährt alle 10 Min. **Vaporetto 1** und hält dabei an fast jeder Station. Schneller geht's mit **Vaporetto 82**, ebenfalls alle 10 Min., der nur an wenigen Stationen am Canal Grande hält. Ein Taxiboot kostet ca. 45 €.

Vor allem für Badeurlauber vom Litorale del Cavallino und aus Lido di Jesolo, Cáorle etc. ist die Anfahrt durch die „Hintertür" sinnvoll, die eigentlich die Vordertür der Seerepublik ist. Man fährt dafür den Litorale del Cavallino entlang bis zum Westende, der **Punta Sabbioni**. Auf den dortigen Parkplätzen zahlt man ca. 7 € pro Tag (bewacht bis ca. 22 Uhr) und kann mindestens stündlich mit dem **Motonave 14** (Liniendampfer) gemütlich ins Herz der City tuckern. Angelegt wird an der Riva degli Schiavoni, ca. 500 m östlich vom Markusplatz. Fahrtdauer ca. 45 Min., letzter Dampfer zurück gegen 23 Uhr.

> **Tipp**: Preiswerter als in Venedig parkt man in **Mestre** und Umgebung, die Eisenbahnfahrt über den Damm dauert keine zehn Minuten.

• *PKW* Täglich wälzen sich PKW-Schlangen und Buskarawanen auf dem Ponte della Libertà über die Lagune nach Venedig. Am Eingang zur Stadt liegen zwei Parkhäuser auf dem **Piazzale Roma**, ein weiteres auf der künstlich aufgeschütteten **Isola Tronchetto** (beschildert). Die Reservierung eines Stellplatzes ist dringend zu empfehlen (auch online möglich).
Autorimessa Comunale, Piazzale Roma, Parkgebühr 19 € für 24 Std. oder einen Teil

• *Bahn* Die moderne **Stazione Santa Lucia** liegt direkt am Canal Grande, der Hauptwasserstraße von Venedig. Häufige Verbindungen nach Mestre, Padua, Verona und andere Städte des Veneto.

Vom Bahnhof zum Markusplatz kommt man mit Vaporetto 1 oder 82 (→ Abschnitt „PKW").

• *Bus* Fernbusbahnhof am **Piazzale Roma**.

Venedig/Reisepraktisches 205

Unterwegs in und um Venedig

Es gibt keinen landgebundenen Verkehr, man geht zu Fuß oder nimmt die *vaporetti* bzw. *motoscafi*, ob man ins Theater will oder in die nächste Kneipe.

• *Zu Fuß* Spazieren gehen ist die schönste Art und Weise, die Stadt kennen zu lernen. Wer allerdings eine bestimmte Adresse sucht, ist ohne guten Stadtplan völlig aufgeschmissen (→ Orientierung). **Schilder mit schwarzer Schrift auf gelbem Grund** weisen u. a. den Weg zum Bahnhof (Ferrovia), nach San Marco und Rialto.

• *Vaporetti/Motoscafi/Motonavi* Die Wasserbusse der **ACTV** (www.actv.it) sind in der Lagunenstadt allgegenwärtig. Achtung, Taschendiebe sind immer unterwegs. **Vaporetti** nennt man die größten Boote, die bis zu 300 Pers. fassen und hauptsächlich über den Canal Grande fahren. **Motoscafi** fassen ca. 200 Pers. und bedienen die übrigen Linien, abseits vom Canal Grande. **Motonavi** sind richtige Fährschiffe, die weiter entfernte Ziele in der Lagune anfahren. Abfahrtsstellen sind den meisten Stadtplänen zu entnehmen, Knotenpunkte sind Piazzale Roma, Bahnhof Santa Lucia, Rialto-Brücke und San Marco.

Eine einfache Fahrt kostet ca. 3,50 € (Gepäck zusätzlich 3,50 €!), ein Rückfahrtticket ca. 6 € (gültig bis Mitternacht), ausgeschlossen sind jedoch Fahrten auf dem Canal Grande sowie Alilaguna, Fusina, LineaBlu und Clodia-Linien. Ein Ticket für den Canal Grande kostet 5 €, ist 90 Min. gültig und darf in dieser Zeit mehrfach benutzt werden (auch hin und zurück). Ein Ticket für das Überqueren des Canal Grande, von San Zaccaria nach San Giorgio und von der Isola Santa Elena zum Lido kostet 1,80 €.

Sehr zu empfehlen sind **Tagespässe** (12 Std. 13 €, 24-Std. ca. 15 €, 36 Std. 20 €, 48 Std. ca 25 € und 72-Std. für 30 €), die in allen Wasserbussen (außer Alilaguna, Fusina, LineaBlu und Clodia) sowie in allen Bussen in Mestre und am Lido gelten, ein Gepäckstück darf dabei mitgenommen werden. Erhältlich sind die Karten an allen Vaporetto-Ticketständen.

Wichtige Linien: **Nr. 1** fährt alle 20 Min. ab Piazzale Roma über Stazione Santa Lucia den Canal Grande entlang nach San Marco und hinüber zum Lido – ideal für den Blick auf die Palazzi am Canal Grande, hält an beinahe jeder Station.

Nr. 82 ist die schnellere Variante durch den Canal Grande (nur wenige Haltestellen), von San Marco über die Insel Giudecca und den Zattere zurück zum Piazzale Roma. Achtung: Auch auf dieser Linie fährt ein Teil der Vaporetti zum Lido.

Nr. 12 fährt von den Fondamente Nuove zu den Inseln Murano, Burano und Torcello hinüber.

Nr. 42 umrundet Venedig im Uhrzeigersinn, **Nr. 41** fährt in entgegengesetzter Richtung. Beide laufen dabei auch die Inseln San Michele und Murano an.

Nr. 52 umrundet Venedig im Uhrzeigersinn, **Nr. 51** fährt in entgegengesetzter Richtung. Ein Teil der Vaporetti fährt zum Lido.

• *Traghetti* Diese spottbilligen (0,50 €) Liniengondeln überqueren an mehreren Stellen den Canal Grande, u. a. zwischen der Pescheria und dem Campo Santa Sofia, zwischen San Samuele und Calle del Traghetto (Ca' Rezzonico) sowie zwischen den Giardinetti Reali (Nähe San Marco) und der Fondamenta Dogana (Santa Maria della Salute). Achtung: Betriebszeiten nur morgens bis mittags.

• *Gondeln* Eine Gondelfahrt kostet tagsüber ca. 65 € für 50 Minuten, abends ca. 80 €. Nicht selten werden noch höhere Preise verlangt bzw. die Zeit wird abgekürzt. Maximal dürfen sechs Personen mitgenommen werden. Den Preis **und** die genaue Fahrtzeit sollte man unbedingt **vor der Fahrt** festmachen.

Venetien
Karte S. 166/167

Information

• *Städtische Informationsbüros* 1) In der **Palazzina del Santo** bei den Giardinetti Reali vor der Piazza San Marco, weißes Gebäude an der Wasserfront. Tägl. 10–18 Uhr.
2) Unter den Arkaden am Ende der **Piazza San Marco** links, Piazzale San Marco 71/f. Mo–Sa 9.30–15.30 Uhr, So geschl.
3) Im Bahnhof **Santa Lucia**, tägl. 8–18.30 Uhr.
4) Am **Lido**, Gran Viale Santa Maria Elisabetta 6/a, Nähe Vaporetto-Station. Juni bis Sept. tägl. 9–12.30, 15.30–18 Uhr.
5) **Piazzale Roma**, Garage ASM (nördl. Einfahrt neben den Mietwagenfirmen, tägl. 9.30–18.30 Uhr.

206 Venetien

6) im Flughafen **Marco Polo**. Mo–Sa 9.30–19.30 Uhr.
Achtung: Die Öffnungszeiten sind je nach Saison unterschiedlich und auch sonst stark änderungsanfällig.
Telefonische Auskunft: ✆ 041/5298711.
• *Internet* (Auswahl)
www.turismovenezia.it,
www.meetingvenice.it, www.doge.it,
www.govenice.com,
www.guestinvenice.com,
www.veniceguide.net, www.venezia.net,
www.veniceonline.it,
www.venicexplorer.net,
www.comune.venezia.it.
• *Internet-Points* **World House**, tägl. 10–23 Uhr, Castello 4502, Calle Rio Terrà della Chiesa (Nähe San Marco), ✆ 041/5284871, www.world-house.org;
The Net House, tägl. 8–2 Uhr, San Marco 2967, Campo Santo Stefano (zwischen San Marco und Dorsoduro), ✆ 041/5286585;

Rolling Venice: Diesen Pass gibt es von 14–29 J. gegen Vorlage des Ausweises und eines Passbildes, Kostenpunkt ca. 3 €. Man bekommt damit u. a. Ermäßigungen für öffentliche Verkehrsmittel, in Museen sowie in diversen Hotels und Restaurants. Erhältlich ist der „Rolling Venice"-Pass bei den Informationsstellen, außerdem bei:
Comune di Venezia, Servizio politiche giovanili, Mo–Fr 9.30–13, Di und Do auch 15–17 Uhr. San Marco 1529, Corte Contarina, westlich der Piazza San Marco, ✆ 041/2747645;
Uffici Informativi Rolling Venice, Juli bis Sept. tägl. 8–20 Uhr. Kiosk vor dem Bahnhof Santa Lucia, ✆ 041/5242852, 🖷 5242904;
Vela, Abteilung der Transportgesellschaft ACTV, Juli bis Sept. tägl. 8–20 Uhr. Kiosk auf dem Piazzale Roma, ✆ 041/2424, www.velaspa.com.

---

*O*rientierung

Venedig ist in sechs Bezirke („sestiere") unterteilt: *Cannaregio, Dorsoduro, Castello, Santa Croce, San Polo* und *San Marco* (→ Stadtplan). Jeder dieser Distrikte hat mehrere tausend Hausnummern, die in der Regel nicht nach Straßen geordnet sind. Das bedeutet, man findet in jedem Viertel (eigentlich „Sechstel") Nummern von 1 bis weit über 5000, die nur insofern gegliedert sind, als benachbarte Nummern auch nahe beieinander liegen. Eine Adresse setzt sich aus Bezirk und Hausnummer zusammen, z. B. Dorsoduro 3942. Nur selten wird der Straßenname hinzugefügt, z. B. Beispiel Dorsoduro 3942, Calle Crosera. Unverzichtbar ist also ein guter Stadtplan.

*Ü*bernachten (siehe *K*arte *S*. 208/209)

In Venedig ist fast das ganze Jahr über Saison, die Zimmer sind übertreuert (gut 20 % über dem italienischen Durchschnitt) und trotzdem oft ausgebucht. Einzige Ausnahme ist der tiefe Winter (abgesehen von der Weihnachtszeit), doch schon zum berühmten Karneval endet die kurze Flaute. Auf jeden Fall ist es empfehlenswert, Zimmer vorzubestellen. Überlegenswert ist auch, aufs Festland auszuweichen, z. B. nach Mestre oder Padua, und von dort mit dem Zug zu pendeln. Die niedrigsten Preise für ein DZ mit Bad liegen in der Nebensaison bei gut 70 € aufwärts, ein DZ mit Etagendusche bekommt man vielleicht für 60 €, in der Hochsaison wird es deutlich teurer. Für junge Leute und Rucksacktouristen gibt es eine Reihe von *Hostels*, das nächste Jugendhostel außerhalb Venedigs steht in Padua (→ dort).

• *Mittelklasse* *** **Do Pozzi (50)**, zentrale, trotzdem sehr ruhige Lage, man kann im kleinen Innenhof sitzen. Die Zimmer sind altvenezianisch ausgestattet, besitzen aber Minibar und TV. DZ mit Frühstück ca. 130–280 €. San Marco 2373, Calle Larga XXII Marzo, Nähe Teatro La Fenice, ✆ 041/5207855, 🖷 5229413, www.hoteldopozzi.it.

„Last Minute": Kurzfristig Hotelzimmer buchen kann man über www.veneziasi.it oder Tel. 0039-041-5222264, in Italien gebührenfrei über Numero Verde 800-843006. Täglich durchgehend geöffnete Vermittlungsstellen im Bahnhof neben dem Informationsbüro, am Parkplatz Tronchetto, am Parkplatz Piazzale Roma (Garage Comunale und Garage San Marco), am Flughafen Marco Polo und an der Ausfahrt Bazzera von der Autobahn Triest – Venedig.

*** **San Gallo (39),** zwölf Zimmer im venezianischen Stil, jeweils TV und Minibar, gemütlicher Aufenthaltsraum und schöne Dachterrasse, von Lesern empfohlen. DZ mit Frühstück ca. 80–200 €. San Marco 1093/A, Campo San Gallo, ℡ 041/ 5227311, ✆ 5225702, www.hotelsangallo.com

*** **La Calcina (58),** bekannt als Ruskin's House, da dieser englische Dichter im 19. Jh. hier wohnte. Prächtige Lage am Giudecca-Kanal, Zimmer mit Parkettfußboden, hinten hinaus günstiger als mit Blick zum Kanal. Auf dem Kanal vor dem Haus liegt eine Caféplattform, wo das Frühstück serviert wird, außerdem gibt es eine Dachterrasse mit herrlichem Blick. DZ mit Frühstück ohne Blick ca. 100–160 €, nach vorne raus ca. 130–200 €. Dorsoduro 780, Fondamenta Zattere ai Gesuati, ℡ 041/5206466, ✆ 5227045, www.lacalcina.com

*** **Locanda Ca' Zose (54),** 2003 renoviertes Gästehaus aus dem 17. Jh., mit Liebe eingerichtete Zimmer im altvenezianischen Stil, jeweils TV und Internetanschluss. DZ mit Frühstück ca. 70–210 €. Dorsoduro 193/b, Calle del Bastion (Nähe Peggy-Guggenheim-Museum), ℡ 041/5226635, ✆ 5226624, www.hotelcazose.com.

*** **Locanda Sturion (20),** Nähe Rialto-Brücke, Blick auf den Canal Grande. Im dritten Stock eines alten Palazzo und bereits seit dem Mittelalter als Herberge in Betrieb, vor einigen Jahren vollständig renoviert. Einige der geräumigen, im Stil des 18. Jh. eingerichteten Zimmer haben Blick auf den Canal, die Wände sind z. T. mit Seidenstoffen bezogen. DZ mit Frühstück je nach Lage und Ausstattung ca. 100–250 €. San Polo 679, Calle del Sturion, ℡ 041/5236243, ✆ 5228378, www.locandasturion.com.

** **Serenissima (34),** nur wenige Schritte vom Markusplatz entfernt. Gepflegtes und aufmerksam geführtes Haus, seit 1960 im Besitz der Familie Dal Borgo. Hübsch eingerichtete Zimmer im venezianischen Stil mit ADSL-Internetzugang, TV und Klimaanlage. Zum Innenhof ruhiger. Unten im Haus eine kleine Bar. DZ mit Frühstück ca. 120–180 €. San Marco 4486, Calle Goldoni, ℡ 041/5200011, ✆ 5223292, www.hotelserenissima.it.

** **La Residenza (37),** östlich von San Marco, schöne Lage an einem ruhigen Platz mit Kirche. Herrlicher Palazzo aus dem 15. Jh., prachtvoller Salon mit Fresken und historischem Mobiliar, die geräumigen Zimmer sind seit einigen Jahren vollständig renoviert und besitzen jeweils Minibar und TV. DZ mit Frühstück ca. 85–160 €. Castello 3608, Campo Bandiera e Moro, ℡ 041/5285315, ✆ 5238859, www.venicelaresidenza.com.

** **Seguso (59),** altmodisches Haus in toller Lage am Giudecca-Kanal, direkt neben Hotel La Calcina (→ oben). Die nostalgisch-antiquierte Einrichtung des Salons würde einem Museum zur Ehre gereichen. Zimmer ebenfalls altertümlich eingerichtet, z. T. mit Blick. DZ mit Bad ca. 80–190 €, mit Etagendusche ca. 70–180 €, Frühstück incl. (allerdings wird meist Halbpension verlangt). Dorsoduro 779, Fondamenta Zattere ai Gesuati, ℡ 041/5286858, ✆ 5222340, www.pensioneseguso.it.

** **Messner (55),** freundlich-familiäres Haus bei der Kirche Santa Maria della Salute, Einrichtung solide, aber nicht besonders stilvoll, hinten schmale Speiseterrasse. DZ mit Frühstück ca. 95–145 €. Dorsoduro 216, Rio Terra dei Catecumeni, ℡ 041/5227443, ✆ 5227266, www.hotelmessner.it.

** **Florida (8),** kürzlich vollständig renoviert, hellhörige, ansonsten korrekte Zimmer mit TV in unmittelbarer Bahnhofsnähe, Internet bei der Rezeption. DZ mit Frühstück ca. 90–170 €. Cannaregio 106, Calle Priuli dei Cavalletti, ℡ 041/715253, ✆ 718088, www.hotelflorida.com.

* **Locanda Fiorita (41),** die rot gestrichene, mit üppigem Grün geschmückte Locanda liegt an einem hübschen, kleinen Platz in der Nähe des Campo Santo Stefano und besitzt gemütliche Räume mit Holzbalkendecken. Im Sommer kann man vor dem Haus frühstücken. DZ mit Frühstück ca. 80–150 €. San Marco 3457, Campiello Novo, ℡ 041/5234754, ✆ 5228043, www.locandafiorita.com.

Venezia

Cannaregio
- Madonna dell'Orto
- Ghetto Nuovo
- Pal. Vendramin-Calergi
- Sta. Maria dei Miracoli
- Ss. Giovanni e Paolo
- Bahnhof S. Lucia
- Ponte d. Scalzi
- Lista di Spagna
- Rio terrà S. Leonardo
- Strada Nuova
- Fondame

Santa Croce
- Ponte di Calatrava
- Fond. d. Turchi
- San Stae
- Ca' Pesaro
- S. Giacomo dell'Orio

San Polo
- Campo S. Polo
- I Frari
- S. Rocco
- Scuola di San Rocco
- Rialto-Brücke
- Ca' d'Oro
- Fond. d. Tedeschi

San Marco
- Campo S. M. Formosa
- S. M. Formosa
- Museo Fortuny
- S. Fantin
- Fenice Theater
- S. Marco
- Piazza San Marco
- Pal. Ducale
- Ponte Paglia
- S. Moisè
- S. Stefano
- Pal. Grassi

Dorsoduro
- Campo S. Margherita
- Ca' Foscari
- Ca' Rezzonico
- San Sebastiano
- San Trovaso
- Squero
- Gesuati
- Ponte d. Accademia
- Gallerie d. Accademia
- Guggenheim Museum
- S. Maria della Salute
- Zattere
- Zatt. di Gesuati

Isola della Giudecca
- Redentore
- Canale della Giudecca

Piazzale Roma
Tronchetto
Mestre
Sant' Erasmo
Canal Grande
Merceria

Übernachten

- 5 Ostello Santa Fosca
- 6 Caprera
- 7 Santa Lucia
- 8 Florida
- 12 Bernardi Semenzato
- 20 Locanda Sturion
- 21 Foresteria Valdese
- 22 Domus Civica
- 27 Casa Peron
- 32 Ca' Foscari
- 33 Ai do Mori
- 34 Serenissima
- 36 San Samuele
- 37 La Residenza
- 39 San Gallo
- 41 Locanda Fiorita
- 50 Do Pozzi
- 51 Galleria
- 54 Locanda Ca' Zose
- 55 Messner
- 58 La Calcina
- 59 Seguso
- 60 Ostello di Venezia

Cafés

- 38 Causin dal 1928
- 43 Il Caffè
- 45 Caffè Quadri
- 47 Caffè Florian
- 49 Harry's Bar
- 56 Nico

Nachtleben

- 3 Al Paradiso Perduto
- 26 Devil's Forest
- 46 Da Codroma
- 48 Vino Vino
- 52 Cantina del Vino già Schiavi

Essen & Trinken

- 1 All'Antica Mola
- 2 I Quattro Rusteghi
- 3 Al Paradiso Perduto
- 4 Gam Gam
- 9 Vini da Gigio
- 10 All'Anfora
- 11 Ca' d'Oro 'Alla Vedova'
- 13 Da Crecola
- 14 La Zucca
- 15 Alle Oche
- 16 Do Mori
- 17 Da Alberto
- 18 Antico Dolo
- 19 Alla Madonna
- 23 Rosticceria Gislon
- 24 Al Mascaron
- 25 Antico Gafaro
- 28 Da Ignazio
- 29 Giardinetto
- 30 Osteria a la Campana
- 31 Al Volto
- 35 Acqua Pazza
- 40 Chat Qui Rit
- 42 Al Bacareto
- 44 Antico Capon
- 53 Ai Cugnai
- 57 Da Gianni
- 61 Altanella

Venedig

200 m

Venetien

- *Preiswert* **Santa Lucia (7)**, vom Bahnhof die Lista di Spagna entlang und links einbiegen. Neueres Haus, ruhig in einer schmalen Seitengasse, trotzdem ganz zentral. Man kann gemütlich vor dem Haus sitzen, Zimmer mit TV. DZ mit Bad ca. 70–110 €, mit Etagendusche 50–85 €, Frühstück incl. Cannaregio 358, Calle de la Misericordia, ☎ 041/715180, ✉ www.hotelslucia.com.

** Caprera (6), ordentliches Haus in einer ruhigen Seitengasse der Lista di Spagna, Zimmer mit funktionaler Einrichtung. DZ mit Bad ca. 90–120 €, Frühstück extra (6 € pro Pers.). Cannaregio 219/220, Calle Gioacchina, ☎ 041/715271, ✉ 715927, www.hotelcaprera.it.

** Bernardi Semenzato (12), vor einigen Jahren renoviert, schlichte Zimmer, der freundliche Besitzer spricht Deutsch. DZ mit Bad ca. 65–120 €, Frühstück extra. Cannaregio 4366, Calle dell'Oca (Nähe Campo S.S. Apostoli), ☎ 041/5227257, ✉ 5222424, www.hotelbernardi.com.

* Casa Peron (27), sauber, einfache Zimmer und gemütliche Dachterrasse. DZ mit Du/WC ca. 60–95 €, nur mit Dusche ca. 50–85 €, Frühstück incl. Santa Croce 84–85, Salizada San Pantalon (Nähe Frari-Kirche), ☎ 041/710021, ✉ 711038, www.casaperon.com.

* Galleria (51), ganz zentrale Lage am Canal Grande direkt neben der Accademia-Brücke, dazu schön im venezianischen Stil möblierte Zimmer und nicht zu teure Preise. DZ mit Bad ca. 120 €, mit Etagendusche ca. 110 €, Frühstück incl. Dorsoduro 878/a, Accademia, ☎ 041/5232489, ✉ 5204172, www.hotelgalleria.it.

* Locanda Ca' Foscari (32), angenehme Familienpension in der Nähe der Frari-Kirche. DZ mit Bad ca. 93 €, mit Etagendusche ca. 72 €, Frühstück incl. Dorsoduro 3887/b, Calle della Frescada, Vaporetto 1 oder 82 bis San Tomà, ☎ 041/710401, ✉ 710817, www.locandacafoscari.com.

* Ai do Mori (33), einfaches Hotel in superzentraler Lage, wenige Meter vom Markusplatz, 11 Zimmer mit TV, vom oberen Stock Blick auf die Kuppeln von San Marco, in einem Annex vier weitere Zimmer, fast alle mit eig. Bad. DZ mit Bad ca. 80–140 €. San Marco 658, Calle Larga, ☎ 041/5204817, ✉ 5205328, www.hotelaidomori.com.

* San Samuele (36), In der zweiten Etage eines uralten Hauses, unten klingeln und vom Innenhof die Stufen hinauf. Ordentliche, nach vorne raus helle Zimmer, gute Lage, junge und engagierte Leitung. DZ mit Bad 50–120 €, mit Etagendusche ca. 40–90 €, Frühstück extra (ca. 5 € pro Pers.). San Marco 3358, Salizzada San Samuele (Nähe Campo Santo Stefano), ☎/✉ 041/5228045, www.albergosansamuele.it.

- *Hostels etc.* **Ostello di Venezia (IYHF) (60)**, auf der Insel Giudecca, schöne Lage mit Blick auf Dogenpalast und Piazzetta. Mit Vaporetto 42 oder 82 vom Hauptbahnhof bis Zitelle, noch 200 m zu Fuß. Straff geführtes Hostel mit 254 Betten in Schlafsälen zu höchstens acht Betten. Pro Pers. ca. 18,50 € mit mickrigem Frühstück, Abendessen ca. 8,50 €. Ganzjährig geöffnet, in der Hochsaison immer voll belegt. Vormerkung 7–9.30 Uhr, Anmeldung 13.30–23 Uhr (Res. über Internet möglich), Schließzeit 24 Uhr. In der zweiten Dez.-Hälfte geschl. 86, Fondamenta Zitelle, ☎ 041/5238211, ✉ 5235689, www.ostellionline.org, vehostel@tin.it.

Domus Civica (22), günstige Lage etwa 5 Gehminuten vom Bahnhof: über den Canal Grande, links neben der Kirche rein, dann rechts halten, über eine Brücke und den mittleren Weg nehmen. Gut ausgestattet und freundliche Aufnahme. Bett im Zweibettzimmer ca. 27 €, auch Einzel- und Dreibettzimmer, mit JH-Ausweis oder Rolling-Venice-Card Ermäßigung, kein Frühstück. Check-In 7.30–11.30 Uhr, Schließzeit 0.30 Uhr. Juni bis Sept. San Polo 3082, Ecke Calle Campazzo/Salizzada San Rocco (Nähe Frari-Kirche), ☎ 041/721103, ✉ 5227139, www.domuscivica.com.

Foresteria Valdese (21), untergebracht im schönen Palazzo Cavagnis, dem Gästehaus der protestantischen Waldenserkirche. DZ für ca. 75 € (mit Bad) und 58 € (Etagendusche) sowie Mehrbettzimmer und Schlafsale für ca. 22 € pro Pers., incl. Frühstück. Anmeldung tägl. 9–13 und 18–20 Uhr, Reservierung nur für Gruppen möglich. Keine nächtliche Schließzeit. Ganzjährig geöffnet. Castello 5170, Calle Lunga Santa Maria Formosa (Nähe Campo Santa Maria Formosa, nächste Vaporettostation ist Rialto), ☎/✉ 041/5286797, www.diaconiavaldese.org/venezia.

Ostello Santa Fosca (5), früheres Kloster, heute Studentenwohnheim und Hostel. Freundliche Aufnahme und günstige Preise, hübscher Garten mit Resten einer mittelalterlichen Kirche. Reservierung frühestens 7 Tage vor Besuch. Bett im DZ ca. 19 € pro Pers., 16 € im Schlafsaal. Cannaregio 2372 (von Bhf. die Lista di Spagna nach

Venedig/Reisepraktisches

links, Nähe Campo Santa Fosca), ✆/✉ 041/715775 und 715733, www.santafosca.com.

• *Camping* Von folgenden Plätzen kommt man mit öffentlichen Verkehrsmitteln rasch in die Lagunenstadt.

Fusina, Wiesenplatz an der Lagune, Restaurant/Pizzeria und Bar mit gelegentlicher Livemusik. Zwar ungünstige Lage nahe den Fabriken von Porto Marghera, jedoch regelmäßige Vaporetto-Verbindung mit Linie 16 zur Fondamenta delle Zattere am Giudeccakanal. Vom Bhf. Santa Lucia mit Zug nach Mestre, dort den Bus 11 nach Fusina nehmen. Mit dem Auto biegt man von der SS 309 nach Ravenna bei Malcontenta ab. Ganzjährig. ✆ 041/5470055, ✉ 5470050, www.camping-fusina.com.

Serenissima, bei Oriago am Brenta-Kanal (→ S. 201), direkt an der SS 11 von Padua nach Venedig. Kleines, lang gestrecktes Gelände zwischen Häusern, freundliches Personal, Vermietung von Bungalows (mit Bad) und Wohnwagen, Waschmaschinen. Etwa alle 30 Min. Bus 53 oder „Venezia" zum Piazzale Roma (in umgekehrter Richtung ebenfalls Bus 53 oder „Dolo" bzw. „Padova"), Fahrzeit 20–30 Min. Ostern bis Anfang Nov. Via Padana 334, ✆ 041/921850, ✉ 920286, www.campingserenissima.com.

Alba d'Oro, wenige Kilometer vom Flugplatz entfernt. Restaurant, Bar mit gelegentlicher Abendunterhaltung, Swimmingpool. Juni bis Sept. Shuttlebus nach Venedig, sonst Bus 15 bis Airport, dort umsteigen in Bus 5 nach Venedig/Piazzale Roma (in umgekehrter Richtung von Piazzale Roma Sektion 7 rot Bus 5 bis Airport, umsteigen in Bus 15 nach Ca' Noghera, aussteigen in der vierten Haltestelle). Via Triestina 214/b, Tessera, ✆ 041/5415102, www.ecvacanze.it.

Weiterhin liegen mehrere große und gut ausgestattete Campingplätze am langen Sandstrand Littorale del Cavallino, der sich in Richtung Lido di Jesolo hinzieht, z. B.

** Miramare, exakt 1 km von der Anlegestelle der Motorschiffe nach Venedig (Ostern bis Anfang Nov. ✆ 041/966150, ✉ 5301150, www.camping-miramare.it), der komfortable ****** Marina di Venezia** (Mitte April bis Sept., ✆ 041/5300955, ✉ 966036, www.marinadivenezia.it), der etwas bescheidenere ***** Ca' Savio** (Mitte April bis Sept., ✆ 041/966017, ✉ 5300707, www.casavio.it) und der hervorragende ****** Union Lido** mit allen erdenklichen Einrichtungen, eigenem Naturpark und 5000 qm Wasserlandschaft – der erste Platz bei Venedig konnte 2005 seinen 50. Geburtstag feiern (✆ 041/968080, ✉ 5370355, www.unionlido.com).

Essen & Trinken (siehe Karte S. 208/209)

Auch in Venedig kann man gut und preislich angemessen speisen, allerdings muss man dafür ein Stückchen laufen. Faustregel: je weiter weg von Rialto und Piazza San Marco, desto preiswerter. Im gesamten Zentrum und um den Bahnhof ist Nepp eher die Regel als die Ausnahme. Praktisch alle Lokale bieten *Touristenmenüs* an, die auf den ersten Blick erschwinglich wirken, doch oft sind die Portionen bescheiden und von mäßiger Qualität, nicht selten schrauben zudem versteckte Extras die Preise in die Höhe. Bevor man Platz nimmt, sollte man immer auf der Speisekarte die Gebühren für „servizio" und „coperto" einsehen sowie die Kosten für Getränke. Direkt am Canal Grande zahlt man die höchsten Preise. Eine preiswerte Alternative zum Restaurantessen stellen die *cicheti* genannten Appetithappen dar, die in allen Bars und *bàcari* – so heißen die typisch venezianischen Weinbars – ausliegen (→ Kasten S. 212).

• *San Marco* **Ostaria a la Campana (30)**, nettes Lokal mit rustikalem Ambiente, man wartet mit einem Gläschen am Tresen, bis ein Platz frei wird, schlichtes Gedeck. Spezialität ist *nero di seppie con polenta* (schwarzer Tintenfisch), Hauswein einfach, aber schmackhaft. Viele Einheimische kehren hier ein, für Venedig erfreulich günstige Preise. So geschl. San Marco 4720, Calle dei Fabbri, ✆ 041/5285170.

Al Bacareto (42), beliebte Osteria mit traditioneller venezianischer Küche, z. B. *risotto* oder *fegato*, preislich etwas gehoben. Sa-Abend und So geschl. San Marco 3447, Calle Crosera San Samuele, ✆ 041/5289336.

Acqua Pazza (35), schön zum Draußensitzen, neapolitanische Pizza und Meeresküche. Mo geschl. San Marco 3808, Campo Sant'Angelo, ✆ 041/2770688.

• *Dorsoduro* **Antico Capon (44)**, hübsch zum Draußensitzen auf einem der nettesten Plätze des Viertels, touristisch entdeckt, aber eher am Rande des Rummels. *Tagliatelle al Capon* mit Pilzen und Wurststückchen, diverse Filets oder den typischen *fegato veneto* (Leber mit Polenta) kosten. Preislich Mittelklasse. Mi geschl. Dorsoduro 3004/b, Campo Santa Margherita, ℡ 041/5285252.

Da Gianni (57), beliebtes Fischlokal und Pizzeria direkt am Giudecca-Kanal, wunderschön, wenn abends die Sonne untergeht. Die unmittelbar daneben liegende Vaporetto-Station verursacht allerdings einigen Trubel. Nicht ganz billig. Mi geschl. Dorsoduro 918, Zattere ai Gesuati, ℡ 041/5237210.

Ai Cugnai (53), kleine, authentische Fischtrattoria, hinter dem Speiseraum kleiner Hof, alles sehr sauber und angenehm, herzliche Gastgeber, sympathische Umgebung. Mo geschl. Dorsoduro 857, Piscina del Forner (zwischen Gallerie dell'Accademia und Peggy-Guggenheim-Museum), ℡ 041/5289238.

• *San Polo* **Alla Madonna (19)**, der „Fischkönig" der Stadt residiert in einer pittoresken Seitengasse, in der sich die überhängenden ersten Etagen beinahe berühren; großes Lokal mit mehreren Räumen, durch die flinke Kellner eilen, oft rappelvoll, leider keine Sitzgelegenheiten im Freien. Versuchen sollte man das *risotto con frutti di mare*. Preise für diese Lage durchaus erfreulich. Mi geschl. San Polo 594, Calle della Madonna (Nähe Rialto), ℡ 041/5223824.

Da Ignazio (28), in einer engen Gasse versteckt sich dieses angenehme und geräumige Mittelklasse-Restaurant, hinten lockt ein begrünter Innenhof, in dem die etwas steifen Kellner fast deplatziert wirken. Ser-

---

Bàcari: Genießen auf venezianisch

In diesen typischen Weinschenken trifft man sich zum „Ciacole", d. h. zum Plaudern, Tratschen etc. Gegessen und getrunken wird an einfachen Holztischen, oft sogar nur im Stehen am Tresen. Im Vorbeigehen schlürft man hier zu jeder Tageszeit eine *ombra* (Schatten) bzw. eine *ombretta*, ein Gläschen prickelnden Prosecco. Dazu kann man eine Vielzahl traditioneller *cicheti* kosten, die in kaum einem Restaurant zu finden sind. Das Angebot wechselt täglich und ist unglaublich reichhaltig: dreieckige, fantasievoll gefüllte *tramezzini* (Sandwiches), Käse- und Wursthappen, verschiedene Gemüse, Fisch- und Fleischbällchen, *seppie* (Tintenfisch) und *folpeti* (kleine Tintenfische), Polenta, Oliven und Schnecken, *baccalà* (Stockfisch) in verschiedenen Zubereitungsarten, *sarde in saor*, viele Muscheltierchen namens *canoce* (Meeresheuschrecken) und manches andere

Do Mori (16), eine der ältesten und typischsten Osterie der Stadt, Treffpunkt der Arbeiter und Angestellten im Umkreis, man isst und trinkt im Stehen, große Auswahl an Weinen und leckeren *cicheti*. So geschl. San Polo 429, Calle dei do Mori, beim Rialtomarkt.

Antico Dolo (18), einfach und typisch gebliebenes Bàcaro ohne modischen Schnickschnack, schlichte Küche des Veneto, z. B. Kuttelsuppe und maritime Antipasti. So geschl. San Polo 778, Ruga Vecchia San Giovanni, ebenfalls nicht weit vom Rialtomarkt.

Al Volto (31), nur wenige Schritte vom Canal Grande, nahe der Rialto-Brücke. Hat sich dank seiner engagierten Führung und wegen der ausgezeichneten Weinauswahl vor allem abends zum populären Treffpunkt entwickelt. Mittags kann man hier auch recht günstig essen. So geschl. San Marco 4081, Calle Cavalli.

Da Alberto (17), populäre Osteria im traditionellen Stil, auf dem Tresen sind diverse Spezialitäten aufgereiht – *bacalà* in verschiedenen Variationen, *sarde in saor*, Gemüsegerichte u. a. So geschl. Cannaregio 5401, Calle Giacinto Gallina, Nähe Campo Santi Giovanni e Paolo.

Al Mascaron (24), gemütliches Bàcaro, in den Abendstunden viel von jungen Leuten besucht und mittlerweile sehr populär, allerdings teuer geworden – zum Essen muss man reservieren (℡ 041/5225995). So geschl. Castello 5225, Calle Lunga Santa Maria Formosa.

viert werden fantasievolle Nudelgerichte, *risotto della casa* und viel Fisch. Sa geschl. San Polo 2749, Calle della Saoneri, ✆ 041/5234852

Giardinetto (29), freundlich geführtes Ristorante mit Garten abseits vom Trubel; hier kann man auch unbesorgt den kleckernden Nachwuchs mitnehmen. Als Vorspeise empfehlen wir *antipasto misto di pesce*. Mo geschl. San Polo 2910/a, Fondamenta Forne, ✆ 041/2760649.

• *Santa Croce* **La Zucca (14)**, winziges, nett eingerichtetes Lokal, neben vegetarischen und venezianischen Gerichten werden auch Experimente gewagt, die einfallsreiche Speisekarte wechselt täglich. Vor der Tür nur eine Handvoll Tische, drinnen einige weitere Plätze mit Blick auf den benachbarten Kanal. So geschl. Santa Croce 1762, Ponte del Megio (Nähe Campo San Giacomo dell'Orio), ✆ 041/5241570.

Da Crecola (13), wenige Schritte vom Campo San Giacomo dell'Orio. Idyllische Lage auf einem kleinen Plätzchen direkt am Kanal, sehr hübsch zum Sitzen, kulinarisch aber eher Standard – in der Lage muss man nicht zaubern. Preise bisher maßvoll. Di geschl. Santa Croce 1459, Campiello del Piovan, ✆ 041/5241496.

Alle Oche (15), wenige Tische entlang der ruhigen, schmalen Gasse, große Auswahl an sehr gut belegten Pizzen, reichhaltige Salate. Wird schnell voll. Mo geschl. Santa Croce 1552, Calle del Tentor, ✆ 041/5241161.

Antico Gafaro (25), gepflegtes Restaurant in einer breiten Gasse, unter der schattigen Pergola werden sehr gute Fischgerichte serviert. Santa Croce 116/a, Salizzada San Pantalon 130, ✆ 041/5242823.

All'Anfora (10), vom Bahnhof aus schnell zu erreichen. Großes, populäres Lokal, oft bis auf den letzten Platz gefüllt, hinten schön begrünter Hof, gute Auswahl an Pizza. Fr geschl. Santa Croce 1223, Lista Vecchia dei Bari, ✆ 041/5240325.

• *Cannaregio* **Al Paradiso Perduto (3)**, lockere, von jungen Leuten geführte Studentenkneipe, gutes Essen, vor allem Fisch, und im vorderen Teil Kneipenbetrieb bis spät in die Nacht (→ Nachtleben), auch draußen vor der Tür. Mi geschl., ebenso erste Augusthälfte. Cannaregio 2540, Fondamenta della Misericordia, ✆ 041/720581.

Gam Gam (4), direkt am Canale di Cannaregio, hier kann man am Rande des ehemaligen jüdischen Ghettos (→ Sehenswertes) koscher speisen, z. B. Falafel oder Couscous. Fr-Abend und Sa geschl. Cannaregio 1122, Sotto Portico di Ghetto Vecchio. ✆ 041/715284.

I Quattro Rusteghi (2), zentral im jüdischen Viertel, schöne Lage auf dem ruhigen Platz mit dem hebräischen Museum. Hier gibt es auch vegetarische Speisen, Preise relativ günstig. Cannaregio, Campo Ghetto Nuovo. ✆ 041/715160.

All'Antica Mola (1), kleine Trattoria mit Innenhof und schönen Plätzen am Kanal. Viele Venezianer kommen hierher, Touristen sind noch nicht in der Übezahl. Risotto und Meeresküche zu nicht zu teuren Preisen, *coda di rospo* versuchen. Cannaregio, Fondamenta degli Ormesini, ✆ 041/717492.

Vini da Gigio (9), freundlich geführte Trattoria, schön am Ufer des Kanals gelegen, ordentliche Küche zu angenehmen Preisen sowie beste Weine aus Veneto und Friaul. Mo geschl. Cannaregio 3628/a, Fondamenta San Felice, ✆ 041/5285140.

Ca' d'Oro „Alla Vedova" (11), urige, typisch venezianische Osteria, schon seit dem 19. Jh. trifft man sich hier zum Palavern und nimmt dazu „un'ombra" oder einen „spritz". Berühmt für seine hervorragenden *polpette* und die zahllosen *cicheti*. Abends kann man die venezianischen Spezialitäten kosten: *spaghetti alla busara, zuppa di trippe, frittura* u. a. So-Mittag und Do geschl. Cannaregio 3912, am Ende der Via Ramo di Ca' d'Oro. ✆ 041/5285324.

• *Giudecca* **Altanella (61)**, traumhaft schöne Terrasse über einem Kanal. Die Trattoria gehört seit vier Generationen derselben Familie. Hemingway war hier, ebenso d'Annunzio. Innen dekorieren alte Fotos aus Venedig den Raum, die Küche legt weniger Wert auf Raffinesse als auf die Qualität der Lebensmittel, die Preise sind nicht übertrieben. Man kann hier einen wunderschönen Abend verbringen – allerdings ist ohne Vorbestellung nichts zu machen, Mo, Di und im August geschl. Giudecca 269, Calle dell'Erbe, ✆ 041/5227780.

• *Self-Services* **Rosticceria Gislon (23)**, große Auswahl und preiswert, auch venezianische Spezialitäten im Angebot. Mo geschl. San Marco 5424/a, Calle della Bissa, Nähe Rialto-Brücke.

Chat Qui Rit (40), passable Auswahl, preislich im Rahmen, warme Küche 11–21.30 Uhr, um die Ecke auch Stehimbiss. Sa

Venetien

geschl. San Marco 1133, Calle Tron/Ecke Frezzeria (westlich der Piazza San Marco).

• *Pizza zum Mitnehmen* **Millevoglie da Tarcisie**, Pizzastücke und wagenradgroße Pizzen, preiswert und lecker, angeschlossen eine gute Eisdiele (→ unten). San Polo 3031, Salizzada San Rocco, bei der Frari-Kirche.

• *Bars/Cafés/Konditoreien* Außer am Markusplatz sitzt man am schönsten in den Freiluftcafés an der Promenade del Zattere im Viertel Dorsoduro (Blick auf die Insel Giudecca). Ein typisch venezianischer Cocktail ist der *Bellini*, eine pikante Mischung aus Pfirsichsaft (1/3) und Prosecco (2/3). Der *Spritz*, ein leichter Weißwein mit einem Schuss Campari, wird als Aperitif getrunken.

Harry's Bar (49), noble Einrichtung, köstliche Cocktails und fürstliche Preise. Hemingway war Stammgast. Mo geschl. San Marco 1323, Calle Vallaresso.

Caffè Florian (47), seit dem 18. Jh. das berühmteste Café Venedigs. Drinnen sitzt man in hübschen, kleinen Räumen auf verblichenen, roten Ledersesseln zwischen historischen Bleispiegeln, draußen spielt ganztägig ein routiniertes Orchester die Evergreens von vorgestern. Die altmodischnoble Atmosphäre hat ihren Preis – ein *cappuccino* kostet gut 8 €. Mo geschl. Piazza San Marco.

Caffè Quadri (45), die noble Konkurrenz von gegenüber; streitet sich mit dem *Florian*, wer als erster in Venedig türkischen Mokka serviert hat, ebenfalls hauseigenes Orchester und dieselbe Preisgestaltung. Mo geschl. Piazza San Marco.

TIPP! Il Caffè (43), bildhübsche Cafékneipe an einer sympathischen Piazza, rot getünchte Außenfront, schöne Holztheke, blank polierte Kaffeemaschine aus Kupfer und viele Spiegel, draußen reichlich Sitzgelegenheiten. 8–24 Uhr, So geschl. Dorsoduro 2963, Campo Santa Margherita.

• *Eis* **Santo Stefano-Paolin**, gilt bei vielen als die beste Gelateria von Venedig, schön zum Draußensitzen. Mo geschl. San Marco 2962/a, Campo Santo Stefano.

Rosa Salva, Campo Santi Giovanni e Paolo, Konditorei neben der Kirche, außer hervorragendem Eis gibt's Gebäck aus eigener Herstellung.

Nico (56), Super-Ausblick von der Plattform auf den viel befahrenen Kanal. Do geschl. Dorsoduro 922, Zattere ai Gesuati, Nähe Vaporetto-Stop.

Millevoglie da Tarcisie, Eisdiele mit leckerer Auswahl, großen Portionen und günstigen Preisen. San Polo 3033, Salizzada San Rocco, bei der Frari-Kirche.

Causin dal 1928 (38), Spezialität ist hier *gianduialli*, Schokoladen-Haselnusseis mit Schlagsahne. Dorsoduro 2996, Campo Santa Margherita.

Nachtleben (siehe Karte S. 208/209)

Nicht viel geboten, ab 24 Uhr schläft Venedig. Ein Spaziergang durch die menschenleeren Gassen lässt einen die Stadt gänzlich anders erleben als in der Hektik des Tages. Lange Schatten, schummrige Silhouetten, irgendwo klappern einsame Schritte – ideal zu verbinden mit einer Vaporetto-Fahrt über dunkle, gluckende Kanäle, in deren Wasser sich im vielleicht der Vollmond spiegelt ...

Al Paradiso Perduto (3), viel besuchte Studentenkneipe, eine der wenigen, wo abends Livemusik geboten wird, auch zum Draußensitzen am Kanal. Mi geschl. Cannaregio 2540, Fondamenta della Misericordia, ☏ 041/720581.

Da Codroma (46), beliebter Treffpunkt der Studenten und Szene, zwischen den alten holzgetäfelten Wänden schmecken belegte Panini und Tramezzini, dazu Bier und Wein. Ab und zu Livemusik. Sa geschl. Dorsoduro 2540, Fondamenta Briati, ☏ 041/5246789.

Devil's Forest (26), populärer British Pub mit entsprechender Einrichtung, diverse Biersorten. So geschl. San Marco 5185, Calle dei Stagneri, Nähe Rialto. ☏ 041/5200623.

Margaret DuChamp, schick und trendy, Szenelokal am Campo Santa Margherita, Dorsoduro 3019. Bis 2 Uhr nachts, Mi geschl. ☏ 041/5286255.

• *Weinlokale* **Vino Vino (48)**, fröhliche Enoteca mit riesiger Auswahl an Tropfen aus dem Veneto und anderen Regionen. Auch essen kann man hier gut und nicht zu teuer. Di geschl. San Marco 2007/a, Calle del Caffetier, Nähe Teatro La Fenice. ☏ 041/2417688.

La Mascareta, hübscher Ableger vom „Al Mascaron" (→ Bàcari) und nur wenige Schritte von diesem entfernt. Entspannter

Treff zum Plaudern und Trinken, dazu gibt es Kleinigkeiten zu Essen. Nur abends, So geschl. Castello 5183, Calle Lunga Santa Maria Formosa, ℅ 041/5230744.

TIPP! Cantina del Vino già Schiavi (52), direkt beim malerischen Ponte San Trovaso. Viel besuchter Weinladen mit Ausschank, an warmen Tagen sitzt man draußen auf dem Mäuerchen am Kanal und genießt das lebhafte Treiben. So geschl. Dorsoduro 992, Fondamenta Nani, ℅ 041/5230034.

Aurora, Caffè und Cocktail-Bar mit angemessenen Preisen, vom DJ-Pult ertönt Lounge Musik. Piazza San Marco 49, hinter dem Campanile. Di–So 18.15-2. Uhr. ℅ 041/5286405, www.aurora.st.

Shopping

Venedig ist ein Paradies für Liebhaber von Trödel und Antiquitäten. Zahlreiche Künstler und Kunsthandwerker leben in der Stadt, die vielen kleinen Läden und Galerien sind ideal zum Stöbern. Seit Jahrhunderten weltberühmt sind das venezianische *Muranoglas*, die *Spitzen* und *Tuche*, *Marmorpapier* und das geschöpfte *Büttenpapier*, mittlerweile auch die mystisch angehauchten *Karnevalsmasken*. Die meisten Läden ballen sich natürlich im Viertel San Marco. In San Polo, Castello oder Dorsoduro zahlt man für die gleiche Qualität oft deutlich niedrigere Preise.

• *Muranoglas* Beim Kauf dieses bekanntesten venezianischen Exportartikels ist Vorsicht geboten, denn alle Qualitätsstufen sind vertreten – von billigen Imitationen bis zur hochwertigen Rarität. Besonders groß ist das Angebot entlang der **Calle Frezzeria** (San Marco), vor allem aber auf der Insel **Murano** (→ Sehenswertes).

Venini, einer der bekanntesten Produzenten, besticht durch interessante Designs. San Marco 314, Piazzetta Leoncini.

Galleria Rossella Junck, einige der besten Glaskünstler hier ausgestellt, Muranoglas vom 16.–21. Jh. San Marco 3463, Calle delle Botteghe.

• *Karnevalsmasken* Die venezianische Maskerade gibt es seit gut 900 Jahren. Früher nutzten vor allem junge Aristokraten die Anonymität der Masken für tabulose Späße aller Art – bis Napoleon das bunte Treiben verbot und alle Masken verbrennen ließ. Maskenmacher findet man heute in allen Stadtteilen, natürlich vor allem im von Touristen verstopften San Marco, fündig wird man dort hauptsächlich in der **Calle Frezzeria**.

La Venexiana, originell gestalteter Laden voll fantasiereich drapierter Masken. San Marco 1135/a, Calle Frezzeria.

Mondonovo, große Vielfalt an fantasievollen Masken. Dorsoduro 3036, Rio Terrà Canal, beim Campo Santa Margherita.

Bottega d'Arte Artigianale, einer der ältesten Maskenhersteller Venedigs. Castello 6360, Barbaria delle Tole.

• *Kunst/Kunsthandwerk* Zahlreiche **Kunstgalerien** liegen in den Gassen um das Peggy-Guggenheim-Museum.

Gianfranco Missaija, wunderschöne venezianische Aquarelle und Grafiken. Castello 4683, Campo San Zaccaria.

• *Lebensmittel/Märkte* Jeden Morgen außer sonntags malerischer **Fisch-, Gemüse- und Obstmarkt** nördlich der Rialto-Brücke in San Polo (→ Sehenswertes/San Polo).

Strada Nova, in der Verlängerung der Lista di Spagna am Bahnhof, viele Verkaufsstände aller Art.

Fondamenta della Misericordia, nördlich parallel zur Strada Nova, einfaches Wohnviertel, in dem man preiswert Lebensmittel und Kleidung kaufen kann.

• *Marmor- und Büttenpapier* Die Kunst des handbedruckten Marmorpapiers wurde von den Venezianern aus dem Orient mitgebracht. Angebot vom Feinsten in der traditionsreichen Buchbinderei **Legatoria Piazzesi,** San Marco 2511, Campiello della Feltrina; außerdem bei **Legatoria Polliero,** San Polo 2995, Campo dei Frari; **Il Pavone,** San Marco 3287, Salizzada San Samuele; **Paolo Olbi,** San Marco 3653, Calle della Mandola.

• *Spitzen und Tuche* **Jesurum,** San Marco 4857, Mercerie del Capitello (zwischen San Marco und Rialto), traditionsreiches Kaufhaus, in dem sich im 19. Jh. der Adel seine Nachthemden und Brautkleider anfertigen ließ.

Kerer, San Marco 4328/a, Calle Canonica (hinter Kirche San Marco), weitere Spitzenadresse für Spitzen, riesige Auswahl, mehrere Schauräume.

Sehenswertes

Venedig ist ein einziges Freilichtmuseum, im Folgenden nur ein Ausschnitt aus dem gewaltigen Angebot.

Ziellos durch die Gässchen laufen ist die schönste Art, die Stadt kennen zu lernen. Langweilig wird das nie, denn immer wieder trifft man auf neue, unbekannte Plätze, läuft an romantischen Kanälen entlang oder entdeckt irgendwo einen prächtigen alten Palazzo.

> **Gut zu wissen: Eintrittspreise und Sammeltickets**
>
> Der **Museums-Pass** für die „Musei Civici Veneziani" kostet ca. 15,50 € (Stud. bis 29 J. 10 €) und gilt für Palazzo Ducale (Dogenpalast), Museo Civico Correr, Biblioteca Nazionale Marciana, Museo Archeologico Nazionale, Ca' Rezzonico, Palazzo Mocenigo, Casa di Carlo Goldoni, Ca' Pesaro, Museo del Vetro-Murano (Murano) und Museo del Merletto (Burano). Die ersten vier Sehenswürdigkeiten können nur mit diesem Sammelticket besucht werden, die anderen auch einzeln mit separater Eintrittsgebühr.
>
> Weiterhin gibt es eine so genannte **Museum Card** für:
> „I Musei di Piazza San Marco" (Palazzo Ducale, Museo Civico Correr, Museo Archeologico Nazionale und Biblioteca Nazionale Marciana), Preis 11 € (für Stud. bis 29 J. 5,50 €);
> „Area del Settecento" (Ca' Rezzonico, Palazzo Mocenigo und Casa di Carlo Goldoni), Preis 8 € (für Stud. bis 29 J. 4,50 €);
> „I Musei delle Isole" (Museo Vetrario auf Murano und Museo del Merletto auf Burano), Preis 6 € (für Stud. bis 29 J. 4 €).
> Erhältlich sind die Sammeltickets in allen genannten Museen.
>
> Die **Venice Card Blu** berechtigt 1, 3 oder 7 Tage lang zur Benutzung der öffentlichen Verkehrsmittel und Toiletten (jedoch nicht alle!), die **Venice Card Orange** zusätzlich zum Eintritt in folgenden städtischen Museen: Palazzo Ducale, Museo Civico Correr, Ca' Rezzonico, Museo Vetrario (Murano), Scuola Merletti (Burano), Ca' Pesaro, Museum Fortuny (derzeit wegen Restaurierung geschl., aber wechselnde Ausstellungen) und Casa di Carlo Goldoni. Es gibt sie nur auf Vorbestellung unter www.venicecard.it oder ☏ 0039-041-2424 (tägl. 8–19.30 Uhr) bei den Vela-Fahrkartenbüros Piazzale Roma, Bahnhof, Tronchetto und Punta Sabbioni (tägl. 8–20 Uhr), außerdem am Flughafen bei Vela (tägl. 9–19 Uhr) und Alilaguna (tägl. 19–24 Uhr). Preise: blu 1 Tag (bis 29 J. 9 €, ab 30 J. 14 €), 3 Tage (bis 29 J. 22 €, ab 30 J. 29 €), 7 Tage (bis 29 J. 49 €, ab 30 J. 51 €), orange 1 Tag (bis 29 J. 18 €, ab 30 J. 28 €), 3 Tage (bis 29 J. 35 €, ab 30 J. 47 €), 7 Tage (bis 29 J. 61 €, ab 30 J. 68 €). Bedenken Sie vorher sorgfältig, ob sich diese teure Karte wirklich lohnt.
>
> Seit 1998 muss in 15 Kirchen Venedigs Eintritt bezahlt werden. Mit dem **Chorus Pass** für ca. 9 € (Stud. bis 29 J. 6 €) erhält man überall Einlass, ein Einzelticket kostet jeweils 2,50 €, d. h. der Pass lohnt sich ab vier Kirchenbesuchen. Wichtig: In Kirchen gilt ein striktes **Kleidungsgebot** – keine nackten Schultern, keine Shorts, keine Miniröcke.

Canal Grande

Die längste und schönste Wasserstraße Venedigs zieht sich in Form eines großen „S" fast 4 km quer durch die Stadt, dicht bebaut mit den vornehmen Palazzi der reichen Kaufmanns- und Adelsfamilien.

Mit dem Vaporetto entlangfahren (am besten per Bummel-Dampfer Nr. 1) macht Spaß. Wer will, kann die Namen der meisten Palazzi der Gratiskarte entnehmen, die es bei der Tourist-Info gibt.

Panoramablick auf Canal Grande und Santa Maria della Salute

Rundfahrt: Wer am Bahnhof mit dem Vaporetto Nr. 1 oder 82 losfährt, kommt zunächst linker Hand an der Kirche *Santa Geremia* vorbei. Gleich danach mündet der breite Canale Cannaregio in den Canal Grande, wenig später steht links der *Palazzo Vendramin Calergi*, einer der schönsten Paläste der frühen Renaissance in Venedig. 1883 starb hier Richard Wagner, heute ist in den luxuriösen Räumlichkeiten das städtische Casino untergebracht. Gegenüber passiert man die byzantinisch verspielte Fassade des *Fondaco dei Turchi* – das frühere Handelshaus der Türken ist heute Sitz des Naturhistorischen Museums.

Kurz darauf stoppt der Vaporetto rechter Hand bei der klassizistisch strengen *Kirche San Stae*. Dann folgt die *Ca' Pesaro*, der bedeutendste Barockpalast der Stadt, mit der „Galleria d'Arte Moderna" und dem „Museo d'Arte Orientale" (→ Santa Croce). Schräg gegenüber, bald nach dem Rio di San Felice, kommt man linker Hand zur gotischen *Ca' d'Oro*, einem der schönsten Paläste Venedigs. Hinter der filigranen Marmorfassade mit leicht orientalischem Einschlag verbirgt sich die „Galleria Franchetti" (→ Cannaregio). Schräg gegenüber folgt die *Pescheria*, der Fischmarkt, und kurz darauf die *Erberia*, der Obst- und Gemüsemarkt.

Genau in der Krümmung des „S" überquert die berühmte *Rialto-Brücke* (→ San Polo) den Canal. Hier ist eine wichtige Vaporetto-Station, von der aus man in knapp zehn Minuten den Markusplatz erreichen kann. Wenige Meter vor der Brücke steht links der *Fondaco dei Tedeschi*, einst das Hauptquartier der deutschen Kaufleute, die um den nahen Campo San Bartolomeo wohnten, heute ist hier die Hauptpost untergebracht.

Weiter den Canal entlang, sieht man gleich links den *Palazzo Dolfin Manin* von Sansovino (heute Banca d'Italia), etwas später, an der Einmündung des Rio di San Luca, den mächtigen Renaissancebau des *Palazzo Grimani*.

Kurz vor der letzten großen Kanalkurve, *Volta* genannt, steht linker Hand ein ganzes Bündel von aneinandergebauten Palästen, die *Palazzi Mocenigo*. Rechter Hand passiert man die berühmte gotische *Ca' Foscari* aus dem 15. Jh., heute Sitz der Universität, und bald darauf die massive *Ca' Rezzonico* mit dem üppig ausgestatteten „Museo del Settecento Veneziano" (→ Dorsoduro). Gegenüber steht der klassizistische *Palazzo Grassi*, seit seiner Restaurierung 1986 einer der großen Kulturtempel Venedigs (→ San Marco).

Unter der Akademiebrücke hindurch und an den berühmten *Gallerie dell'Accademia* (→ Dorsoduro) vorbei, fährt man rechts am unvollendeten *Palazzo Venier dei Leoni* mit der Peggy-Guggenheim-Sammlung (→ Dorsoduro) entlang. Gegenüber steht der *Palazzo Corner della Ca' Grande* aus der Hochrenaissance, gefolgt von einer Reihe von Palästen, in denen sich Hotels niedergelassen haben. Gleich darauf sieht man rechts den bildhübschen *Palazzo Dario* mit runden Marmorverzierungen.

Der schmale *Palazzo Contarini-Fasan* mit seinen radförmigen Verzierungen an den Balkonen steht genau gegenüber der gewaltigen Kirche *Santa Maria della Salute* (→ Dorsoduro). Hier beginnt das offene Meer und es sind nur noch wenige Meter zur Endstation Markusplatz mit einer Vaporettostation vor den *Giardinetti Reali* und einer kurz nach dem Platz, vor der Kirche *San Zaccaria*. Wenn man an letzterer aussteigt und über den *Ponte della Paglia* zum Platz zurückgeht, kommt man am Dogenpalast und der berühmten „Seufzerbrücke" vorbei.

San Marco

Das repräsentative Zentrum der Stadt. Hier zahlt man die höchsten Preise und findet den meisten Trubel.

Der Markusplatz war einst das Eingangstor Venedigs. Alle Schiffe, die die Adria heraufkamen, landeten vor dieser einmalig prunkvollen Kulisse um die Basilika. Auch heute noch ist die Anfahrt über die Lagune der schönste Einstieg, denn die „Skyline" Venedigs kann man vom Meer aus am besten betrachten (→ Anfahrt/Verbindungen).

Piazza San Marco *(Markusplatz)*: Tauben, Touristen, Marmor, Cafés, die Basilika, der Campanile, der Dogenpalast ... Es gibt wenige Plätze in der Welt, die so vom internationalen Tourismus eingenommen sind und trotzdem einen derartig reichen Zauber ausstrahlen. Ein Abend auf der Piazza San Marco gehört zu den großen Italien-Erlebnissen. Wenn es langsam dunkel wird, die Kaffeehausorchester aufspielen, warme Windlichter flackern und perfekt livrierte Ober schaumigen Cappuccino servieren, wird der nostalgische Charme des 19. Jh. lebendig.

Die großzügige architektonische Konzeption lässt sich am besten in den frühen Morgenstunden oder spät abends bewundern, denn den ganzen Tag über herrscht hektisches Treiben. Die beiden Längsseiten werden von den *Prokurazien* bestimmt, den Verwaltungsgebäuden der Serenissima, unter den Arkadengängen bieten elegante Geschäfte wertvolle Tuche, Spitzen und venezianisches Glas. Die historischen Cafés *Florian* und *Quadri* liegen einander genau gegenüber. An der rückwärtigen Front des Platzes liegt die *Ala Napoleonica* (Napoleonischer Flügel), die Napoleon errichten ließ, um die beiden Prokurazien miteinander zu verbinden. Hier und in der südlichen Prokurazie ist das *Museo Civico Correr* mit einer umfassenden Sammlung zur Stadtgeschichte und zum venezianischen Leben untergebracht. Es bietet Skulpturen, Waffen, Drucke, Stoffe, Keramik, Münzen etc., außerdem eine beachtliche Gemäldesammlung mit Werken von Jacopo, Bellini, Carpaccio und Lotto, dazu deutsche und flämische Stücke. Durch das Museo Correr gelangt man ins etwas kunterbunt zusammengestellte *Archäologische Museum*, in dem vor allem viele griechische und römische Skulpturen zu finden sind. Von hier aus wiederum hat man Zugang zum prachtvollen Renaissancepalast der *Biblioteca Marciana* an der Piazzetta San Marco (→ unten), erbaut im 16. Jh. von Sansovino. Der große Prachtsaal ist mit Decken- und Wandgemälden von Veronese, Tizian, Tintoretto und Schiavone bedeckt, ausgestellt sind wertvolle Handschriften und Kalligrafien.

• *Öffnungszeiten/Eintritt* **Museo Civico Correr, Archäologisches Museum** und **Biblioteca Marciana,** April bis Okt. tägl. 9–19 Uhr (letzter Zutritt 18 Uhr), Nov. bis März 9–17 Uhr (letzter Zutritt 16 Uhr). Eintritt nur mit Museums-Pass „Musei Civici Veneziani" oder Museum Card „Musei di Piazza San Marco".

Basilica di San Marco *(Markuskirche)*: Ihre glanzvolle, orientalisch anmutende Zuckerbäckerfassade mit den fünf Kuppeln beherrscht das Platzbild – Sinnbild des Reichtums der ehemaligen Handelsmetropole, die ihre Niederlassungen überall in der Welt hatte.

Die Basilika wurde zwischen 1060 und 1070 im byzantinischen Stil erbaut, jedoch bis ins 16. Jh. ständig verändert und mit Raubstücken ausgeschmückt, die venezianische Söldner von Beutezügen mitbrachten, z. B. das berühmte

Tauben füttern am Markusplatz ist jetzt verboten

Pferdegespann über dem Hauptportal, das 1204 bei der Eroberung Konstantinopels den Besitzer wechselte. Heute ist es von Grünspan befallen, abmontiert und durch (künstlerisch eher mittelmäßige) Kopien ersetzt. Wegen der starken Luftverschmutzung gefährdet sind auch die großen *Mosaiken* aus dem 17. Jh. in den Bogenöffnungen der Außenfront. Man erwägt ihre Abnahme.

Die *Vorhalle* ist gänzlich mit biblischen Mosaiken ausgeschmückt – passender Auftakt zum überwältigenden Inneren der Basilika: Praktisch der gesamte Innen-

Tauben und Touristen

„Tauben füttern" am Markusplatz gehörte bisher zu den Standardfotos aller Venedigurlauber. Doch nun hat die Stadt den Taubenschwärmen den Kampf angesagt, denn die Verschmutzung durch ihren Kot sei eine einzige „Katastrophe": Die fliegenden Händler, die den Touristen Körner verkaufen, sollen an einen anderen Ort der Lagunenstadt umziehen – und wer die Vögel trotzdem füttert, muss mit bis zu 500 € Strafe rechnen.

raum des Kreuzkuppelbaus ist mit byzantinischen *Goldgrund-Mosaiken* aus dem 12. und 13. Jh. bedeckt – ein fantastischer Schatz und die größte zusammenhängende Mosaikfläche der Welt! Trotzdem wirkt der Raum düster, die kleinen Fenster in den Kuppelwölbungen lassen kaum Licht herein. Auch der mittlerweile stark gewellte *Boden* ist ein Meisterwerk der Mosaikkunst mit vielen verblüffenden Mustern und geometrischen Formen aus Marmor, Porphyr und Glas.

Der *Hochaltar* ist durch eine prächtige Chorschranke mit Marmorstatuen vom Hauptraum abgetrennt. Unter dem Baldachin ruhen die Gebeine des Evangelisten Markus, des Namenspatrons der Kirche, die im 9. Jh. nach Venedig überführt wurden. Höhepunkt der Besichtigung ist die blitzende und funkelnde *Pala d'Oro* hinter dem Altar. Die große goldene Tafel ist übersät mit Edelsteinen und Perlen, auf achtzig kunstvollen Emaillebildern sind neben Jesus und Maria Apostel und zahlreiche Heilige dargestellt. Im rechten Seitenschiff befindet sich der Zugang zur *Schatzkammer* (tesoro), in Glasvitrinen sind dort diverse Reliquien und Raubstücke von der Einnahme Konstantinopels ausgestellt.

Auf der rechten Seite der Kirche führt eine schmale Treppe zur *Loggia dei Cavalli* hinauf. Oben stehen die Originale des Pferdegespanns aus Konstantinopel, außerdem kann man auf die Loggia hinaustreten und hat die Mosaiken in Augenhöhe vor sich. Im kleinen *Museo Marciano* sind verschiedene Stücke der Kirchenausstattung ausgestellt.

• *Öffnungszeiten/Eintritt* **Basilica di San Marco**, tägl. 9.45–17 Uhr, Eintritt frei; **Pala d'Oro**, April bis Sept. Mo–Sa 9.45–17 Uhr, So 14–17 Uhr (Okt. bis März 13–16.45 Uhr), Eintritt ca. 1,50 €; **Tesoro**, April bis Sept. Mo–Sa 9.45–17 Uhr, So 14–17 Uhr (Okt. bis März 13–16.45 Uhr); Eintritt ca. 2 €;

Museo di San Marco (Loggia dei Cavalli & Museo Marciano), April bis Sept. tägl. 9.45–17 Uhr; Eintritt ca. 3 €.
Achtung: Dezente Kleidung ist ein Muss, kurze Hosen, Tops etc. werden nicht toleriert. Die Mitnahme von größeren Gepäckstücken ist verboten, Gepäckaufbewahrung im Ateneo San Basso an der Piazzetta dei Leoncini vor der Nordfassade.

Campanile *(Markusturm)*: Er begann seine Existenz im 9. Jh. als Leuchtturm und wurde dann vom 12. bis 16. Jh. zu seiner heutigen Höhe von 99 m hinaufgezogen. Im Sommer 1902 stürzte er beim Einbau eines Liftes in sich zusammen und wurde wieder neu aufgebaut, ebenso wie die kleine Renaissance-Loggetta am Fuß des Turms. Mit einem Fahrstuhl kommt man in die Glockenstube hinauf, phänomenaler Blick über Stadt und Lagune.

Öffnungszeiten/Eintritt Juli bis Sept. tägl. 9.45–20 Uhr, Okt. bis März 9.45–16 Uhr, April bis Juni 9.30–17 Uhr; Eintritt ca. 6 €.

Piazzetta San Marco: Der sich zum Wasser hin öffnende Platzteil war bis zum 12. Jh. noch ein Hafenbecken. An einer Seite ist er flankiert vom großartigen Palazzo Ducale, auf der anderen Seite steht der klassische Renaissancepalast der *Biblioteca Marciana*, die nur durch das Museo Civico Correr betreten werden kann (→ Piazza San Marco). An der Wasserfront liegt einer der wichtigsten Gondelhalteplätze der Stadt. Zwei *Säulen* schließen hier den Platz ab, eine mit dem heiligen Theodor auf der Spitze, dem byzantinischen Schutzpatron der Stadt, der später vom Evangelisten Markus abgelöst wurde. Auf der anderen thront der Markuslöwe. Der Platz dazwischen diente früher als Exekutionsstätte.

Palazzo Ducale: Der gotische *Dogenpalast* (Palast der Stadtoberen) wurde im 14./15. Jh. erbaut und war das administrative Zentrum der Weltmacht Venedig. Seine großartige, massiv und zugleich verspielt wirkende Fassade ist ganz in rosa

Die orientalisch anmutende Fassade des Palazzo Ducale

schimmerndem Veroneser Marmor und istrischem Kalk gehalten. Perfekte Eleganz spricht aus den beiden unterschiedlichen Säulengängen übereinander. In der filigranen Komposition kann man orientalische Züge erkennen.

Man betritt den Palast durch den meeresseitigen Eingang, die *Porta del Frumento*. Die ehemaligen Regierungs- und Amtsräume des Palastes wurden in der jahrhundertelangen Regierungszeit der Dogen von führenden Künstlern ihrer Zeit ausgeschmückt. Vom offenen Arkadengang im ersten Stock gelangt man über die *Scala d'Oro* mit ihrem reich verzierten Tonnengewölbe in das zweite Obergeschoss. Die dortigen Zimmerfluchten sind vollständig mit Wand- und Deckengemälden von Tintoretto, Tizian, Veronese u. a. bedeckt. Besonders schön sind die *Sala del Collegio* und die daran anschließende *Sala del Senato*. Es folgen die Räume der Sicherheitsbehörden, darunter die *Sala del Consiglio dei Dieci* und die *Sala degli Inquisitori*. Im Flur ist noch einer der berüchtigten Denunziations-Briefkästen zu sehen, mittels derer in den finsteren Zeiten der Republik jedermann unerkannt seinen Nachbarn den Untersuchungsbehörden ans Messer liefern konnte. Nicht unpassend dazu folgt eine große Waffensammlung.

Danach steigt man in den ersten Stock hinunter zum prachtvollsten und größten Raum des Palastes, zur *Sala del Maggior Consiglio* (Sitzungssaal des großen Rats). Hier ist der Höhepunkt des Dogenpalastes untergebracht – das „Paradies" von Tintoretto, eines der größten Ölgemälde der Welt! Ein wirklich unglaubliches Menschengewimmel auf 25 m Länge, entstanden 1588–90 unter tatkräftiger Mithilfe seiner Schüler. Im Deckenfries sind 76 Dogenporträts aneinander gereiht, ein Feld ist jedoch schwarz – der betreffende Doge wurde als Verräter entlarvt und 1355 hingerichtet. An der reich vergoldeten Decke sieht man Gemälde von Veronese, Tintoretto u. a. Vom Fenster hat man einen herrlichen Blick auf die Piazzetta mit den beiden Säulen und der Mole davor.

Über den berühmten *Ponte dei Sospiri* (Seufzerbrücke) gelangt man hinüber in die venezianischen Staatsverliese, die *Prigioni*. Sie sind nur durch einen schmalen Kanal vom Palazzo Ducale getrennt. Die Gefangenen, die durch das filigrane Gitterwerk der Brücke einen letzten Blick in die Freiheit werfen konnten, blieben meist lebenslänglich in den engen Zellen. Der Gefängnisneubau stammt aus dem 16. Jh., doch wurden auch die alten Zellen im Dogenpalast weiterhin genutzt: die stickigen *Pozzi* (Brunnen), deren Feuchtigkeit so mancher Insasse nicht überlebte, und die nicht minder berüchtigten *Piombi*, direkt unter dem bleiernen Dach gelegene Kammern, die im Sommer höllisch heiß wurden. Hier saß 1755 auch Casanova fest, konnte aber schließlich über die Dächer des Palazzo Ducale entkommen.

Die *Porta della Carta* an der Piazzetta dient als Ausgang nach der Führung. Dass kein unautorisierter Sterblicher die mächtige Treppe *Scala dei Giganti* im Innenhof entweiht, darüber wachen die beiden Giganten Mars und Neptun samt einer massiven Kette.

● *Öffnungszeiten/Eintritt* April bis Okt. tägl. 9–19 Uhr (Zutritt bis 18 Uhr), Nov. bis März 9–17 Uhr (Zutritt bis 16 Uhr). Eintritt nur mit Museums-Pass „Musei Civici Veneziani" oder Museum Card „Musei di Piazza San Marco".
Itinerari Segreti, nach Voranmeldung kann man 2-mal tägl. an einer englischsprachigen Führung durch die Geheimgemächer teilnehmen, darunter Inquisitionszimmer, Folterraum und Pozzi (ca. 13 €, Anmeldung bei der Kasse oder 48 Std. vorher unter ✆ 041/5209070).

Mercerie: Neben der Basilica San Marco durchquert man den Torbogen der *Torre dell'Orologio* (Uhrturm), auf deren Dach zwei Mohren die Stunde schlagen. Hier beginnen die Mercerie, die Hauptgeschäftsstraße Venedigs. Ein touristischer Trampelpfad, der mit etlichen Windungen hinüber zur Rialto-Brücke führt (→ San Polo).

Teatro La Fenice: Das Ende des 18. Jh. errichtete Haus gehört zu den Renommiertheatern Italiens. Seine glorreichste Zeit erlebte es unter Verdi, damals entstanden hier „Rigoletto" und „La Traviata". Im Oktober 1995 brannte La Fenice fast vollständig aus, übrigens zum dritten Mal innerhalb seiner Geschichte – deswegen der bezeichnende Name „La Fenice" = Phönix (aus der Asche). Noch im selben Jahr wurde mit dem Wiederaufbau begonnen und im Dezember 2003 konnte tatsächlich die neuerliche Eröffnung gefeiert werden. 100 Mio. Euro hat die hervorragend gelungene Rekonstruktion gekostet, die die alte Pracht mit großer Authentizität wiedererstehen ließ.

Palazzo Grassi: Der Palast aus dem 18. Jh. wurde 1984 vom Autokonzern Fiat gekauft und einer kompletten Restaurierung unterzogen. Ein anspruchsvolles Ausstellungsprogramm festigte seither seinen internationalen Ruf als Hort der Kultur, doch am 18. Januar 2005 endete das Engagement der Firma Fiat. Daraufhin erwarb der französische Milliardär François Pinault den historischen Palast für 29 Mio. Euro und ließ die Innenräume vom Stararchitekten Tadao Ando umgestalten. Ein Teil der umfangreichen Kunstsammlung Pinaults soll hier präsentiert werden, hauptsächlich moderne Avantgarde von Warhol bis heute, das Schwergewicht wird aber auf großen Wechselausstellungen liegen. Schon im Freien ist das neue Museum kenntlich an dem bunten „Balloon Dog" von Jeff Koons – ein provokativer Akzent in der venezianischen Museumslandschaft.

Öffnungszeiten Tägl. 10–19 Uhr, weitere Auskünfte in den Informationsbüros oder unter ✆ 041/5231680, www.palazzograssi.it

Sonstiges: Auf dem viel begangenen Weg vom Markusplatz zu den Gallerie dell'Accademia im Viertel Dorsoduro kann man mehrere Kirchen besichtigen, darunter die

barocke *San Moisè*, *San Fantin* beim Teatro La Fenice und *Santo Stefano* am schönen gleichnamigen Platz, in dessen Museum drei Gemälde von Tintoretto hängen.
Öffnungszeiten/Eintritt **Santo Stefano**, Mo–Sa 10–17 Uhr, So 13–17 Uhr, Eintritt ca. 2,50 € oder Chorus Pass.

Dorsoduro

Im Viertel südwestlich von San Marco liegen zwei der wichtigsten Museen Venedigs und eine der letzten Gondelwerften. Besuchenswert ist auch der *Campo di Santa Margherita*, der trotz seiner Größe intim wirkt wie ein Wohnzimmer.

Gallerie dell'Accademia: unmittelbar beim Ponte dell'Accademia. Die wichtigste Gemäldegalerie Venedigs besitzt eine großartige Sammlung von venezianischen Malern des 14.–19. Jh., die in etwa 30 Sälen chronologisch geordnet ist, u. a. Bellini, Mantegna, Tintoretto, Tizian, Veronese und Tiepolo. Zu den zahlreichen Höhepunkten gehören die opulenten Bilderbögen des venezianischen Lebens von *Carpaccio* (15. Jh.), vor allem die „Legende der heiligen Ursula", die sanften Madonnen von *Bellini* (für die angeblich die schönsten Dirnen der Stadt Modell standen), außerdem das „Gastmahl im Haus des Levi" von *Tintoretto*.
Öffnungszeiten/Eintritt Mo 8.15–14 Uhr, Di–So 8.15–19.15 Uhr (Zutritt bis 30 Min. vorher); Eintritt ca. 6,50 €, EU-Bürger zwischen 18 und 25 J. 3,25 €, unter 18 und über 65 J. frei. Sammelticket Accademia, Ca' d'Oro und Museo Orientale 11 €, ermäß. 5,50 €.

Peggy-Guggenheim-Sammlung: im Palazzo Venier dei Leoni direkt am Canal Grande, Nähe Santa Maria della Salute. Peggy Guggenheim (1898–1979), Kunstsammlerin, Wahlvenezianerin und Ehrenbürgerin der Stadt, erwarb den Palazzo 1949 und richtete hier eine exquisite Kollektion der Kunst aus der ersten Hälfte des 20. Jh. ein. Schwerpunkte sind Surrealismus und Kubismus. Peggy Guggenheim liegt in ihrem Garten begraben, Seite an Seite mit ihren „beloved babies", wie sie ihre Hunde nannte. Geplant ist für die nächsten Jahre der Umzug in ein neues Gebäude an der Punta della Dogana, der Landspitze von Dorsoduro.
Öffnungszeiten/Eintritt Mi–Mo 10–18 Uhr, Di geschl.; Eintritt ca. 10 €, über 65 J. 8 €, Studenten und unter 18 J. 5 €.

Santa Maria della Salute: Der perfekt symmetrische Zentralbau steht pittoresk auf der hübschen Landspitze am Ausgang des Canal Grande, schräg gegenüber von San Marco (Traghetto Giardini Reali – Fondamenta Dogana). Seit Generationen grüßt die hoch über die Häuser ragende Kuppel die ankommenden Schiffe. Die barocke Kuppelkirche aus weißestem Marmor gilt als das Meisterwerk des venezianischen Architekten Baldassare Longhena. Erbaut wurde sie zu Ehren Marias, nachdem die Pest 1630 die Einwohnerzahl der Stadt um 50.000 Menschen dezimiert hatte. Der runde Innenraum beeindruckt in seiner klar gestalteten Monumentalität. Am dritten Altar links die „Ausgießung des heiligen Geistes" von Tizian. In der Sakristei eine großartige „Hochzeit von Kanaa" von Tintoretto.
Öffnungszeiten/Eintritt tägl. 9–12, 15–17.30 Uhr, bei Sakristeibesuch Spende erbeten.

Squero von San Trovaso: Am Rio San Trovaso arbeitet eine der letzten Gondelwerften Venedigs. Den Handwerkern über die Schulter schauen kann man allerdings nicht. Man muss sich mit dem Blick vom gegenüberliegenden Kanalufer auf die Holzbaracken und den zum Kanal abfallenden Platz begnügen.

Fondamenta delle Zattere: Die Flanierzone am Südrand des Dorsoduro liegt direkt an einem der Hauptschifffahrtswege der Stadt, Panoramablick übers Wasser

auf die vorgelagerte Insel Giudecca. In der *Chiesa ai Gesuati* Deckengemälde von Tiepolo und eine dramatische „Himmelfahrt" von Tintoretto (links vom Altar).
Öffnungszeiten/Eintritt **Chiesa ai Gesuati**, Mo–Sa 10–17, So 13–17 Uhr; Eintritt ca. 2,50 € oder Chorus Pass.

San Sebastiano: Die Kirche aus dem 16. Jh. steht am gleichnamigen Platz im Westen von Dorsoduro und ist berühmt wegen der zahlreichen Decken-, Wand- und Altargemälde von Paolo Caliari (1528–88), genannt „Veronese", der hier auch begraben liegt (→ Villa Barbaro bei Masèr, S. 188).
Öffnungszeiten/Eintritt Mo–Sa 10–17, So15–17 Uhr; Eintritt ca. 2,50 € oder Chorus Pass.

Scuola Grande dei Carmini: An der Westseite des Campo di Santa Margherita trifft man auf die große gotische, später barock umgebaute *Chiesa dei Carmini*. Gleich gegenüber steht die Scuola Grande dei Carmini, Sitz einer Ende des 17. Jh. rund 75.000 Mitglieder zählenden Bruderschaft. Im Hauptsaal des ersten Stocks sind neun auf Leinwand gemalte Deckengemälde von Giambattista Tiepolo erhalten.
Öffnungszeiten/Eintritt Mo–Sa 9–18 Uhr, So 9–16 Uhr, Eintritt ca. 5 €.

Ca' Rezzonico: Der in zwanzigjähriger Arbeit aufwändig restaurierte Barockpalast am Canal Grande ist Sitz des *Museo del Settecento Veneziano*, dessen reich ausgestattete Räumlichkeiten einen lebendigen Einblick in die Wohn- und Lebenskultur des 18. Jh. geben. Darunter sind auch viele Stücke aus den Villen an der Riviera del Brenta. Einige Säle besitzen Fresken von Giambattista Tiepolo und seinem Sohn Giandomenico. Neu sind im Obergeschoss die *Farmacia Ai Do San Marchi* und die *Pinacoteca Egidio Martini* mit über 300 Werken venetischer Künstler des 17. und 18. Jh.
Öffnungszeiten/Eintritt **Museo del Settecento Veneziano**, April bis Okt. Mi–Mo 10–18 Uhr, übrige Zeit 10–17 Uhr, Di geschl., Eintritt ca. 6,50 € (Schül./Stud. 14–29 J. 4,50 €) oder Museums-Pass bzw. Museum Card „Area del Settecento".

San Polo

Dieses „Sestiere" ist durch den Canal Grande von San Marco getrennt, die Rialto-Brücke stellt die Verbindung her. Hier findet man die Frari-Kirche, aber auch einige der nettesten Plätze der Stadt.

Rialto-Brücke: Der Ponte di Rialto – der Name kommt von „Rivo alto", also hohes Ufer, denn es handelt sich um einen der höchstgelegenen Punkte Venedigs – wurde im 16. Jh. auf über 12.000 Pfählen errichtet und war bis ins 19. Jh. der einzige Übergang über den Canal Grande. Er diente als bedeutender Handelsumschlagplatz, denn an den benachbarten Fondamenti, wo sich heute Restaurants reihen, wurden die Waren angelandet und in die umliegenden Kaufmannsniederlassungen verschafft, darunter der *Fondaco dei Tedeschi*, das Haus der deutschen Kaufleute (→ Canal Grande).
Heute ist die 50 m lange Brücke auf ihrer gesamten Länge beidseitig mit Souvenirläden zugebaut. An ihrer Westseite erstreckt sich entlang der Ruga degli Orefici ein langer Budenmarkt bis hin zur Calle della Beccarie mit vormittäglichem Obst- und Gemüsemarkt (Mo–Sa) und dem benachbarten größten Fischmarkt der Stadt. An der Ostseite der Brücke beginnen die *Mercerie*, die wichtigste Geschäftszeile von Venedig. Sie führt direkt zur Piazza San Marco (→ San Marco).

Campo San Polo: Der zentral gelegene Platz gehört zu den größten der Stadt. Abends verwandelt er sich in einen beliebten Treffpunkt und großen Kinderspielplatz. Im Café am Platz kann man die Szenerie in aller Ruhe genießen.

Basilica dei Frari: Die gotische Basilika am Campo dei Frari ist eine der bedeutendsten Kirchen Venedigs, denn in ihr befinden sich zahlreiche Grabmäler von Dogen und anderen illustren Venezianern. Die bis auf die Portale völlig schmucklos gehaltene, monumentale Backsteinkirche der Franziskaner ist ein Werk der Gotik. Der gewaltige Innenraum wird dominiert vom marmorverkleideten Chor mit seinem prachtvollen Gestühl und den pompösen Grabdenkmälern im Hauptschiff. Über dem Altar prangt in leuchtenden Farben das berühmte, fast 7 m hohe Tiziangemälde „Mariä Himmelfahrt". Ebenfalls von Tizian ist die „Madonna der Familie Pesaro" am zweiten Altar des linken Seitenschiffs. Tizian soll hier sogar begraben liegen, sein vermeintliches Grabmal ist von der Fassade aus gesehen das zweite rechts im Hauptschiff. Mystisch zeigt sich das pyramidenförmige Mausoleum zu Ehren des Bildhauers Antonio Canova (→ Possagno, S. 187) neben dem heutigen Haupteingang im linken Seitenschiff – eine verschleierte Gestalt verschwindet durch eine halb geöffnete Tür ...
Öffnungszeiten/Eintritt April bis Okt. Mo–Sa 9–18 Uhr, So 13–18 Uhr (übrige Zeit eine Stunde kürzer); Eintritt ca. 2,50 € oder Chorus Pass.

Scuola Grande di San Rocco: Das ehemalige Hauptgebäude der größten venezianischen „Bruderschaft" steht unmittelbar hinter der Frari-Kirche am Campo San Rocco. Der Venezianer Tintoretto (1518–1594) hat den Renaissancepalast in mehr als zwanzigjähriger Arbeit mit 56 herrlichen Wand- und Deckengemälden ausgeschmückt und sich so gleichsam sein eigenes Museum geschaffen – die größte Tintoretto-Sammlung der Welt. Im oberen Stockwerk findet man die Bilder des jungen Tintoretto, darunter in der *Sala dell'Albergo* dramatische Passionsszenen und eine imposante „Kreuzigung" sowie an der Decke den „Heiligen Rochus", den Schutzpatron der Bruderschaft. Im Erdgeschoss sind die Werke des gereiften Meisters zu betrachten, u. a. eine grandiose „Verkündigung", die opulente „Flucht nach Ägypten" und der „Bethlehemische Kindermord".
Öffnungszeiten/Eintritt April bis Okt. tägl. 9–17.30, Nov. bis März 10–16 Uhr; Eintritt ca. 5,50 €, von 18 bis 25 J. 4 €, unter 18 J. 1,50 €.

Santa Croce

Mit Bahnhof und Parkplätzen das am wenigsten aufregende Viertel der Stadt. Im 19. Jh. wurden große Teile des „Sestiere" abgerissen, um den Erfordernissen des modernen Verkehrs gerecht zu werden. Seit Jahren ist zwischen Piazzale Roma und Bahnhof die neue Fußgängerbrücke *Ponte di Calatrava* über den Canal Grande in Bau, die Fertigstellung verzögert sich jedoch immer wieder.

Ca' Pesaro: Der bedeutendste Barockpalast der Stadt steht direkt am Canal Grande. In den Untergeschossen kann man die *Galleria d'Arte Moderna* mit Werken aus dem 19. und 20. Jh. besichtigen, u. a. sind Chagall, Klee, Kandinsky und Klimt vertreten, oben besitzt das *Museo d'Arte Orientale* eine reiche Sammlung fernöstlicher Stücke.

- *Öffnungszeiten/Eintritt* **Galleria d'Arte Moderna & Museo d'Arte Orientale,** April bis Okt. Di–So 10–18 Uhr, übrige Zeit 10–17 Uhr; Eintritt ca. 5,50 € (Stud. bis 29 J. 3 €) oder Museums-Pass. Sammelticket für Accademia, Ca' d'Oro und Museo Orientale siehe unter Gallerie dell'Accademia, für Ca' d'Oro und Museo Orientale ca. 6 € (ermäß. 3 €).

San Stae: von der Ca' Pesaro nur durch zwei Kanäle getrennt. Die klassizistische Komposition verrät Palladios Einfluss, die Seitenaltäre ähneln griechischen Tempeln. Es gibt eine Reihe von Deckengemälden, darunter „Das Martyrium des heiligen Bartolomeus" von Tiepolo. Für den Stifter der Stae-Kirche, Alvise Mocenigo II,

wurde eine Grabplatte in den Boden eingelassen: Sensenmänner und Knochen erinnern an die Vergänglichkeit menschlichen Tuns.
Öffnungszeiten/Eintritt Mo–Sa 10–17, So 13–17 Uhr; Eintritt ca. 2,50 € oder Chorus Pass.

Palazzo Mocenigo: Etwas landeinwärts von San Stae steht dieser Palazzo an der Salizzada di San Stae. Er beherbergt das *Centro Studi di Storia del Tessuto e del Costume* mit einer Sammlung von historischen Stoffen und Kostümen, Gemälden, antikem Mobiliar und Leuchtern aus Murano-Glas.
Öffnungszeiten/Eintritt April bis Okt. Di–So 10–17 Uhr, übrige Zeit Di–So 10–16 Uhr; Eintritt ca. 4 € (Stud. bis 29 J. 2,50 €) oder Museums-Pass bzw. Museum Card „I Musei di San Marco".

Cannaregio

Der ruhige Norden der Stadt erstreckt sich vom Bahnhof weit nach Osten und ist ein reines Wohnviertel mit kleinen Plätzen, schmalen Kanälen und versteckten Gassen. Interessant ist besonders das ehemalige jüdische Viertel im Nordwesten.

Lista di Spagna: touristischer Trampelpfad seitlich vom Bahnhof, flankiert von zahlreichen Restaurants und Hotels, in der Verlängerung auch Marktstände.

Ghetto: ein tragisches Relikt. Das erste jüdische „Ghetto" Europas ist vom Bahnhof über die Verlängerung der Lista di Spagna zu erreichen. Benannt ist es nach der Metallgießerei (gettare = gießen), die hier vorher stand. Der Name bürgerte sich später als Bezeichnung für alle Judenviertel ein. Seit 1516 mussten die Juden Venedigs in diesem abgeschlossenen Quartier eingepfercht wohnen. Die Religionsausübung war ihnen im Gegensatz zu vielen anderen Ländern jedoch gestattet, deshalb kamen ständig neue Flüchtlinge an. Wegen Platzmangels wurden die Häuser bis zu acht Stockwerke hoch gebaut, ein Klein-Manhattan in Venedig. Napoleon ließ das Ghetto 1797 öffnen, doch die nachfolgenden Österreicher machten das bald wieder rückgängig. Im Juli 1944 – Italien hatte bereits kapituliert – fielen Nazis und italienische Faschisten gemeinsam ins venezianische Ghetto ein. Eine Gedenktafel und Flachreliefs an der Mauer der *Schola Spagnola* im Ghetto Vecchio erinnern an die Deportationen. Am Campo Ghetto Nuovo, dem großen Platz im Zentrum, steht das *Museo Ebraico*, das auch Führungen in drei der insgesamt fünf erhaltenen Synagogen aus dem 16. Jh. und auf dem jüdischen Friedhof am Lido organisiert.

• *Öffnungszeiten/Eintritt* **Museo Ebraico**, Juni bis Sept. So–Fr 10–19 Uhr, übrige Zeit 10–17.30 Uhr, am Sabbat und an jüdischen Feiertagen geschl., Eintritt ca. 3 €; englischsprachige Führungen stündl., deutschsprachige Führungen nach Vereinbarung, ca. 8 €. ✆ 041/715359.

Ca' d'Oro: Direkt am Canal Grande steht dieser ursprünglich gotische Palast mit leicht orientalischem Einschlag und filigranen, sechsbogigen Maßwerkloggien im ersten und zweiten Stock der Fassade. Leider ist von den Goldverzierungen, die dem Palazzo seinen Namen gaben, nichts mehr erhalten. Im schön gestalteten Inneren kann man die *Galleria Franchetti* besuchen mit Mobiliar, Skulpturen und Gemälden, darunter viele zweitrangige und einige bedeutende Stücke, z. B. das Fresko „Heiliger Sebastian" von Mantegna aus der ehemaligen Hauskapelle, „Venus am Spiegel" von Tizian und ein Werk von Giorgione, das einst an der Außenfront prangte.
Öffnungszeiten/Eintritt Mo 8.15–14, Di–Sa 8.15–19.15 Uhr; Eintritt ca. 3 €, von 18–25 J. 2,50 €, frei unter 18 und über 65 J. Sammelticket für Accademia, Ca' d'Oro und Museo Orientale siehe unter Gallerie dell'Accademia, für Ca' d'Oro und Museo Orientale ca. 6 € (ermäß. 3 €).

Santa Maria dei Miracoli: idyllisches Fleckchen am Zusammenfluss dreier Kanäle und eine der schönsten und ungewöhnlichsten Renaissancekirchen der Stadt. Der Bildhauer und Architekt Lombardo ließ sich 1481–89 allerhand einfallen. Prächtige

Inkrustationen schmücken die Fassade und der Marmor wirkt fast wie Stoff mit Batikornamenten, denn er setzte die großen Blöcke mit jeweils gleicher Maserung nebeneinander und wechselte sie nach jedem Fenster. Ins Tonnengewölbe der Decke sind zahlreiche Porträts eingelassen.
Öffnungszeiten/Eintritt Mo–Sa 10–17, So 13–17 Uhr; Eintritt ca. 2,50 € oder Chorus Pass.

Madonna dell'Orto: In der rechten Chorkapelle dieser gotischen Kirche im Norden des Cannaregio liegt Tintoretto begraben, mehrere seiner Gemälde schmücken den Innenraum. Sein Wohnhaus, die *Casa di Tintoretto*, liegt ganz in der Nähe an der Fondamenta dei Mori (Cannaregio 3399).
Öffnungszeiten/Eintritt Mo–Sa 10–17, So 13–17 Uhr; Eintritt ca. 2,50 € oder Chorus Pass.

Castello

Der östliche Zipfel Venedigs, mit seiner riesigen Werft *(Arsenale)* früher der industrielle Motor der Stadt, ist heute weitgehend ruhig und ohne großartige Sehenswürdigkeiten. Hier gibt es jedoch die einzigen nennenswerten Grünanlagen der Stadt.

Riva degli Schiavoni/Riva dei Sette Martiri: Von San Marco die Uferstraße nach Osten geht es über den *Ponte della Paglia*, wo sich morgens jedes abends die Massen drängen, um die berühmte Seufzerbrücke zu knipsen. An den zahlreichen Haltestellen der Vaporetti entlang gelangt man zur *Chiesa della Pietà* mit Deckengemälden von Tiepolo und weiter zum großen *Museo Storico Navale* (→ Arsenale) und zu den öffentlichen Grünanlagen, den *Giardini Publici*.

Campo Santa Maria Formosa: Der weite Platz ist praktisch seit der Renaissance unverändert geblieben. Zwischen den alten Palazzi und der gleichnamigen Kirche Biertische, Marktstände und spielende Kinder.

Santi Giovanni e Paolo: Die monumentale gotische Backsteinkirche steht auf einer großen, freien Piazza, nur wenig nördlich vom Campo Santa Maria Formosa. Sie ist der größte Sakralbau Venedigs und wurde vom Dominikanerorden errichtet. Beim Eintreten erscheint die Weite des Raums schier unglaublich. Meterdicke Säulen tragen das hohe Schiff, in dessen Seitenwänden – wie in der Frari-Kirche – zahlreiche Grabmäler von berühmten Dogen und Feldherren der Republik Venedig eingelassen sind.

Seitlich neben der Kirche ist die *Scuola di San Marco* mit interessanten perspektivischen Reliefs in der Fassade angebaut, dient heute aber als Eingangsbereich des Krankenhauses von Venedig (keine Besichtigung). Vor der Kirche dominiert das mächtige Reiterdenkmal des Bartolomeo Colleoni aus Bergamo (→ dort), 1488 geschaffen vom Florentiner Andrea del Verrocchio. Einige Cafés runden das Gesamtbild ab.
Öffnungszeiten **Santi Giovanni e Paolo**, Mo–Sa 7.30–12.30, 15.30–19 Uhr, So 15–18 Uhr.

Fondamente Nuove: Hier starten die Boote zu den Laguneninseln San Michele, Murano, Burano und Torcello (→ Lagune von Venedig). Blumenstände am Kai signalisieren die Funktion von San Michele: Die Insel ist der Friedhof Venedigs.

Arsenale: Die riesige Werft der expansiven Seerepublik Venedig war noch bis zum Ersten Weltkrieg in Betrieb. Sie war gleichsam eine Stadt in der Stadt, bot einst bis zu 16.000 Menschen Arbeit und war im 18. Jh. eine der größten und leistungsfähigsten der Welt. Der Zutritt zu dem ummauerten Komplex ist leider nur zur Zeit der Biennale möglich (→ Giardini Garibaldi). Am Haupttor wachen drei antike Löwenskulpturen aus Griechenland.

Das *Museo Storico Navale* am Canale dell'Arsenale zeigt zahlreiche Schiffsmodelle, außerdem Dokumente zur Geschichte der venezianischen und italienischen Marine,

Seekarten, Gemälde, Waffen, nautische Instrumente, Uniformen u. v. m. In der Nähe des Eingangs zum Arsenale kann man im *Padiglione delle Navi* an der Fondamenta della Madonna historische Schiffsbauten betrachten, darunter den „Scalè Reale" von 1850, der für zeremonielle Zwecke genutzt wurde.

Öffnungszeiten/Eintritt **Museo Storico Navale**, Mo–Fr 8.45–13.30, Sa 8.45–13 Uhr, So geschl., Eintritt ca. 1,60 €.

Isola di San Pietro: Auf der ruhigen Insel hinter dem Arsenale steht die klassizistische Kirche San Pietro di Castello, die bis Anfang des 19. Jh. der Dom Venedigs war. Der marmorne Bischofssitz hat eine außergewöhnliche Rückenlehne. Es handelt sich um eine Grabstele mit arabischer Ornamentik und auch einigen Schriftzeichen – Koranverse, die hinter dem Rücken des Erzbischofs von Venedig Allahs Lob priesen. Vor der Kirche ein schönes Wiesenstück für die gemütliche Siesta.

Öffnungszeiten/Eintritt **San Pietro di Castello**, Mo–Sa 10–17, So 13–17 Uhr, Eintritt ca. 2,50 € oder Chorus Pass.

Giardini Garibaldi, Giardini Pubblici, Parco delle Rimembranze: Nach dem Trubel im Zentrum herrscht in den Grünanlagen erholsame Ruhe – abgesehen von der Zeit der Biennale von Venedig, die hier seit 1895 alle zwei Jahre (etwa Mitte Juni bis Anfang November) stattfindet (www.labiennale.org). Mit den Vaporetti 1, 52 und 82 kommt man von den Giardini wieder nach San Marco zurück oder in 20 Min. zu Fuß.

Giudecca und San Giorgio Maggiore

Giudecca: Bis auf die von Palladio anlässlich einer schrecklichen Pestepidemie erbaute *Chiesa Il Redentore* findet man hier keine großen architektonischen Werke. Die Giudecca ist volkstümlich geblieben, ein Viertel, in dem weniger Prominenz als vielmehr in erster Linie Venezianer wohnen. Der Inselcharakter ist auf Giudecca deutlicher spürbar als anderswo in Venedig – und die Preise sind günstiger. Jedes Jahr am dritten Juliwochenende findet eine Wallfahrt zur Kirche statt, die „Festa del Redentore".

Öffnungszeiten/Eintritt **Chiesa Il Redentore**, Mo–Sa 10–17, So 13–17 Uhr, Eintritt ca. 2,50 € oder Chorus Pass.

San Giorgio Maggiore: markante Kirche auf der kleinen Insel gegenüber vom Markusplatz, erbaut von Palladio in seinem typischen Stil. Die Fassade in Form eines antiken Tempels, im Chor zwei Gemälde von Tintoretto, „Der Mannaregen" und „Das Abendmahl". Der Rundblick vom Campanile aus ist vielleicht noch origineller als vom Campanile di San Marco. An die Kirche schließt sich der Komplex eines früheren Benediktinerklosters an. Heute ist hier die *Fondazione Giorgio Cini* untergebracht, die regelmäßig Sonderausstellungen moderner Kunst zeigt. Zu erreichen ist San Giorgio Maggiore mit Vaporetto-Linie 82.

• *Öffnungszeiten/Eintritt* **San Giorgio Maggiore**, tägl. 9.30–12.30, 14–18 Uhr; Eintritt frei, **Campanile** ca. 3 €.

Fondazione Giorgio Cini, Führungen nur an bestimmten Tagen nach Vereinbarung unter ☎ 041/5240119, ca. 12 € (unter 18 und über 65 J. 10 €), www.cini.it.

Lagune von Venedig

Die Lagune ist die größte Italiens und bietet zahlreiche Möglichkeiten für Tagesausflüge. Je weiter man sich vom Rummelplatz Venedig entfernt, desto beschaulicher wird die Szenerie.

Von der Riva degli Schiavoni (hinter San Marco) tuckern die Vaporetti 1, 51, 52 und 82 zum vorgelagerten *Lido di Venezia*, auf die Inseln *San Michele* und *Murano*

Torcello aus der Vogelperspektive

kommt man mit den Nrn. 41 und 42 ab den Fondamente Nuove an der Nordseite der Stadt, nach *Murano, Burano* und *Torcello* mit der Nr. 12. Für einen Besuch der geschäftigen Hafenstadt *Chioggia* am Südrand der Lagune nimmt man ab Lido di Venezia zunächst den Bus Nr. 11, muss allerdings im weiteren Verlauf mehrmals zwischen Fähre und Bus wechseln.

▶ **Lido di Venezia**: Die 12 km lange Insel schiebt einen schützenden Riegel vor die Lagune. Der ebenso lange Sandstrand an der Meerseite gilt seit über hundert Jahren als einer der edelsten Badeplätze Italiens, Wer die Novelle „Der Tod in Venedig" von Thomas Mann oder deren Verfilmung von Luchino Visconti kennt, hat bereits einen perfekten Eindruck von der elegant-dekadenten Atmosphäre am Lido um die Jahrhundertwende. Hotels im Liberty-Stil, Restaurants und Souvenirstände stehen dicht an dicht. Der Eintritt zu den „stabilimenti" kostet jedoch ein kleines Vermögen, frei zugängliche Strandpartien gibt es nur an den äußersten Enden des Lido. Sehenswert ist der malerisch verwilderte *Jüdische Friedhof*, den man erreicht, wenn man von der Vaporetto-Station etwa 500 m nach links geht. Das ruhige, von Kanälen umgebene Örtchen *Malamocco* im Südwesten war einst der Hafen Venedigs. Die Kirche Santa Maria Assunta besitzt einen Nachbau des Campanile von San Marco. Die bequemste Art den Lido zu erkunden bietet ein Fahrrad. Mehrere Verleihstellen gibt es nicht weit vom Vaporetto-Anleger.
Öffnungszeiten/Eintritt **Jüdischer Friedhof**, englischsprachige Führungen nach Vereinbarung im Museo Ebraico (→ Cannaregio), meist Fr 10.30 Uhr und So 14.30 Uhr. ✆ 041/715359.

▶ **Isola San Michele**: Die Friedhofsinsel liegt nicht weit von den Fondamente Nuove entfernt, dicht vor der Nordküste Venedigs. Die eng belegten Grabfelder vermitteln ein anschauliches Bild der venezianischen Sozialstruktur.
Öffnungszeiten tägl. 8.15–16 Uhr, im Sommer bis 18 Uhr. Bitte keine Shorts.

Venetien

▶ **Isola Murano**: Das Inselstädtchen wirkt mit seinen schmalen Kanälen, Brücken und niedrigen Häuschen wie eine Miniaturausgabe von Venedig und ist Standort der berühmten venezianischen Glasindustrie. Bereits seit der Gründung Venedigs im 5. Jh. spielte die Glaserzeugung eine große Rolle. Im Mittelalter verlegte man dann sämtliche Manufakturen aus der brandgefährdeten Stadt nach Murano. Obwohl der politische Niedergang Venedigs die Glasindustrie in eine schwere Krise stürzte, arbeiten noch immer zahlreiche Glasbläsereien (ausgeschildert mit *fornace*, in der Regel bis 16 Uhr).

Im sehenswerten *Museo Vetrario*, untergebracht im Palazzo Giustinian an der gleichnamigen Fondamenta, sind Meisterwerke der Glasbläserei von der Antike bis in die Neuzeit ausgestellt. Die romanische Basilika *Santa Maria e San Donato* fällt durch ihren mächtigen Glockenturm auf, im Inneren schöner Mosaikboden und ein byzantinisches Mosaik in der Apsis. Im Dom *San Pietro Martire*, südlich vom Canal Grande di Murano, gibt es ein wertvolles Bellini-Gemälde „Madonna mit Heiligen" und prächtige Leuchter aus Kristallglas.

Öffnungszeiten/Eintritt **Museo Vetrario**, April bis Okt. Do–Di 10–17 Uhr, übrige Zeit 10–16 Uhr, Mi geschl.; Eintritt ca. 4 € (Stud. bis 29 J. 2,50 €) oder Museum Card „I Musei delle Isole".

▶ **Isola Burano**: ein malerisches Fleckchen mit farbenfroh bemalten Häusern, ruhig und idyllisch – falls nicht zu viele Touristen unterwegs sind. Man lebt vom Fischfang, außerdem von Herstellung und Verkauf von Spitzen, den Klöpplerinnen kann man bei der Arbeit zusehen (die meisten der heute in Venedig verkauften Spitzen sind jedoch maschinell in Fernost hergestellt und importiert). Besuchenswert ist die *Scuola Merletti*, eine hundert Jahre alte Klöppelschule mit angeschlossenem Museum.

Öffnungszeiten/Eintritt **Museo Merletti**, April bis Okt. Mi–Mo 10–17 Uhr, übrige Zeit 10–16 Uhr, Di geschl.; Eintritt ca. 4 € (Stud. bis 29 2,50 €) oder Museum Card „I Musei delle Isole".

▶ **Isola Torcello**: schöne Fahrt durch die Lagune zu den Wiesen und Weingärten der abgelegenen kleinen Insel, die noch vor Venedig einst Fluchtpunkt vor den Hunnen war. Im frühen Mittelalter war Torcello Bischofssitz mit über 10.000 Einwohnern, heute leben hier gerade noch eine Handvoll Menschen. Zwei Kirchen und die Grundmauern eines Baptisteriums aus dem 7 Jh. sind die letzten Zeugen vergangener Größe.

An der Piazza Torcello trifft man auf die romanische Kreuzkuppelbasilika *Santa Fosca* aus dem 11. Jh. Durch einen Laubengang kommt man zur benachbarten Kathedrale *Santa Maria Assunta*, die in ihren Anfängen aus dem 7 Jh. stammt und damit als älteste Kirche der Lagune gilt. Der heutige Bau stammt allerdings im Wesentlichen aus dem 11. Jh. Im Inneren findet man prächtige Mosaiken auf Goldgrund. Das Glanzstück unter ihnen ist das über sechs Bilderstreifen verlaufende „Jüngste Gericht" an der Rückwand. Der frei stehende *Campanile* kann bestiegen werden, an klaren Tagen genießt man einen herrlichen Blick über die Lagune. Im gegenüberliegenden *Museo dell'Estuario* sind archäologische Funde aus der Lagune, Kunstgegenstände, Mosaiken und Schmuck zu sehen.

• *Öffnungszeiten/Eintritt* **Santa Maria Assunta**, April bis Okt. tägl. 10.30–17.30 Uhr, sonst 10–16.30 Uhr; Eintritt ca. 3 €.
Campanile, April bis Okt. tägl. 11–16 Uhr; Eintritt ca. 2 €.
Santa Fosca, dieselben Öffnungszeiten wie Santa Maria Assunta, Eintritt frei.
Museo dell'Estuario, April bis Okt. Di–So 10.30–17 Uhr, sonst 10–16.30 Uhr, Mo geschl., Eintritt ca. 2 €.
Sammelticket kostet ca. 6 €.

Littorale del Cavallino

Marina di Venezia

Der pinienbestandene Festlandstreifen östlich von Venedig mit Zentrum Lido di Jesolo ist mit seinem kilometerlangen Sandstrand Mittelpunkt des gigantischen Badebetriebs um Venedig und Mestre. Über 40 teils sehr komfortable Campingplätze reihen sich aneinander, mit jährlich 6 Mio. Besuchern ist der Littorale eins der meistfrequentierten Campingziele Europas (→ Venedig/Camping).

▶ **Punta Sabbioni:** Landzunge gegenüber Venedig, Vaporetto 14 pendelt mindestens stündlich zum Lido und zur Stadt. Speziell für Badeurlauber aus Jesolo und Umgebung bequeme Venedig-Anfahrt, PKW kann man auf bewachten Parkplätzen abstellen (ca. 7 €/Tag), auch Linienbusse verkehren von den Badeorten. Tipp: der für die Stadtbesichtigung sehr günstige Camping Miramare liegt ca. 1 km von der Anlegestelle der Vaporetti (→ Venedig/Camping).

Lido di Jesolo

Der Traumstrand der fünfziger Jahren ist aktuell wie eh und je. Auf 15 km Länge ziehen sich Hotelfronten und schnurgerade Straßenzüge hinter einem oft bis zum letzten Liegestuhl gefüllten Strand aus feinstem Dolomit-Sand. Vom Fischerdörfchen *Cortellazzo* an der Piavemündung über das üppig grüne *Jesolo Pineta* mit seinem halben Dutzend Campingplätzen und das geschäftig-urbane *Jesolo Centro* bis *Jesolo Faro* mit seinem weithin sichtbaren Leuchtturm an der Mündung des Flusses Sile erstreckt sich die gigantische Urlaubsmaschine. Fast stundenlang kann man hier laufen („Fußgängerzone Jesolos, mit 8 km die längste Europas"), es sieht alles irgendwie gleich aus. Trotzdem erfreut sich diese Mammutbadewanne ungebrochener Beliebtheit. Zur Abwechslung des Badealltags sind Motorschiff-Exkursionen ins nahe Venedig geboten. Nachts tobt das Leben in zwei Dutzend Diskotheken und fast tausend Kneipen.

• *Information* **IAT Nr. 5 Jesolo-Eraclea**, Piazza Brescia 13, zentral an der Via Aquileia, großes Büro mit viel Material, es wird Deutsch gesprochen. Mo–Sa 9–19 Uhr, So geschl. ☎ 0421/370601, ✆ 370608, www.jesolo.it

• *Übernachten* Hotels aller Preisklassen wie Sand am Meer.

*** **Trevi**, gepflegtes Haus in zweiter Reihe am Strand, zu erkennen am auffallenden Wandfresko, das den Trevi-Brunnen in Rom darstellt. Von Familie Saramin sehr aufmerksam und herzlich geführt. Restaurant, Pool, Privatstrand, Solarium, Parkplatz. DZ mit Frühstück ca. 56–85 €. Via Padova 26, Nähe Piazza Marina, ☎ 0421/971762, ✆ 370948, www.hoteltrevivenezia.com. Fast 20 Agenturen vermitteln **Ferienwohnungen**, z. B. **Adriatica**, Piazza Marconi, ☎ 0421/93202, ✆ 93203, www.adriaticaimmobiliare.com.

Die meisten **Campingplätze** liegen im östlichen Ortsteil Jesolo Pineta. Eine Ausnahme bildet der weitläumige *** **Camping International** am westlichen Ortsausgang, kurz vor dem Leuchtturm. Das großzügige Baumgelände besitzt einen 5000 qm großen Poolbereich und ein komplettes Sportzentrum. ☎ 0421/971826, ✆ 972561, www.jesolointernational.it.

• *Essen & Trinken* **Alla Darsena**, großes Restaurant im Ortsteil Jesolo Pineta, kurz vor Cortellazzo. Viele Sitzplätze im Freien, gute Fischgerichte, *fritto misto, zuppa di pesce* u. Ä. Etwas höhere Preise. Mitte Mai bis Mitte Sept. tägl., sonst Mi und Do geschl. ☎ 0421/980081.

La Taverna, mitten im Örtchen Cortellazzo an der Piavemündung. Gianni Bettio bietet - frischen Fisch und leckere Meeresfrüchte. Mo-Abend und Di geschl. ☎ 0421/980113.

Hemingway, vor allem an Wochenenden stark besucht, da hier eine gute bodenständige Küche geboten wird, die noch dazu recht preiswert ist. Via dei Mille 38, ☎ 0421/372465.

• *Nachtleben* Die Hauptstraße Via Andrea Bafile wird abends zur kilometerlangen

Vergnügungszone, ein Ballungszentrum des Trubels ist die zentrale Piazza Mazzini.
Sound Garden Hard Rock Café, Rock Club mit häufiger Livemusik, tägl. 22–4 Uhr. Via Aleardi/Piazza Mazzini, www.soundgardencafe.com.
Terrazzamare, sehr beliebte Freiluftbar kurz nach der Einfahrt zum Camping Internazionale am Fiume Sile, der am Leuchtturm ins Meer mündet. Eintritt frei.
Zwei angesagte Diskotheken sind **La Dolce Vita**, Via Mameli 115, und **Matilda**, Via Bafile 362.

• *Sport & Spiel* Spaßbaden im riesigen Wasserpark **Aqualandia** (Via Buonarroti 15), ausgehen im **Luna Park Jesolandia** (Via Equilio), Abenteuer an Bord des Piratenschiffs **Jolly Roger**, Tennis, Fußball, Basketball und Rollerskater im **Play Village** (Via Roma Destra), außerdem Minigolf, Bocciaspielhalle, Fitnesscenter, Hallenbad und die **Pista Azzurra** (Via Roma Destra), eine der weltweit größten Gokart-Bahnen.

Küste östlich von Venedig

Eine brettflache Landschaft, die an Holland erinnert. Wasserläufe, grüne Wiesen, endlose Felder, sogar die typischen Zugbrücken über die „Grachten" sind hier und dort vertreten. Für ausgedehnte Radtouren bietet sich die Umgebung aller Badeorte an.

Cáorle   ca. 12.000 Einwohner

Ein schmuckes Ferienstädtchen – bunt getünchte Häuser, breite Bummelstraßen, nette Fischerpinten. Der Kanal aus dem Hinterland endet in einem engen Fischerhafen, ein Wald von Masten und Takelage mitten in der Stadt.

Wie Venedig war auch Cáorle eine auf Pfählen errichtete Lagunenstadt. Erst Anfang des 20. Jh. wurden die Kanäle zugeschüttet und sind seitdem Fußgängergassen. Zeugnis der früheren Bedeutung Cáorles ist die romanische *Kathedrale* mit ihrem frei stehenden, runden Glockenturm. Zum Meer hin erstreckt sich ein Promenierdamm, der den Ortskern gegen Wind und Wellen schützt. Die aufgeschütteten Felsbrocken wurden von jungen Künstlern zu fantasievollen Skulpturen umgeformt.

Beiderseits vom Ort liegen kilometerlange Sandstrände, die auch im Hochsommer nicht überlaufen sind und nur z. T. mit kostenpflichtigen Badeanstalten belegt sind: Im Osten reicht die gut 100 m breite *Spiaggia di Levante* bis zur Einfahrt in die Lagune (Fiume Niccsolo), im Westen zieht sich die *Spiaggia di Ponente* bis zur Livenza-Mündung, die mit der Autofähre überquert werden kann (Alternative: Brücke im Hinterland).

Die weit verzweigte Lagunenlandschaft um Cáorle steht unter Naturschutz. Die verschilften Wasserwege, die „Valli", kann man mit Ausflugsbooten durchkreuzen – bis zur angeblichen „Hütte Hemingways", der der Lagune in seinem Roman „Über den Fluss und in die Wälder" ein Denkmal gesetzt hat.

• *Information* IAT, Calle delle Liburniche 16, etwas versteckt in einer kleinen Gasse im Zentrum (zwischen Ende des Fischerkanals und Hauptgasse). In der Hauptsaison durchgehend 8–20 Uhr geöffnet. Auskünfte in Deutsch. ✆ 0421/81085, 📠 218623, www.caorleturismo.it, www.caorlemare.it.

• *Übernachten* Fast alle Hotels reihen sich in den Neubauvierteln hinter den beiden Stränden. Im Sommer herrscht weitgehend Pensionspflicht.

*** Sara, ganz zentrumsnah, insofern etwas Verkehr in der Nähe, gleichzeitig nur wenige Meter von der Spiaggia di Levante, von Familie Gusso nett und familiär geführt. DZ mit Frühstück ca. 80–100 €. Piazza Veneto 6, ✆ 0421/81123, 📠 210378, www.sarahotel.it.

Im Fischerhafen von Cáorle

*** **Marco Polo**, am Beginn der Spiaggia di Ponente, nur wenige Meter vom Zentrum, modern und gemütlich, Blick auf den Strand. DZ mit Frühstück ca. 76–100 €. Via L. dal Moro, ✆ 0421/81205 (Winter 0421/81950) 📧 210200, www.hotelmarcopolocaorle.it.

*** **International Beach Hotel**, an der Westseite von Cáorle, aufmerksam geführtes Haus mit ausgezeichneter Küche (auch bayer./österr. Abteilung), Pool und kostenlosem Radverleih. DZ mit Frühstück ca. 80–115 €. Viale Santa Margherita 57, ✆ 0421/81112, 📧 211005, www.internationalbeachhotel.it.

Am Oststrand liegen drei Campingplätze, der Strand ist dort nicht mit kostenpflichtigen Liegestuhlreihen voll gestellt:

* **Sole**, kleiner Platz in der schattigen Pineta, direkt am Meer. ✆ 0421/81908, 📧 208703.

** **Laguna Village**, 2 Fußminuten vom Meer entfernt, dichte Pineta und Pappeln, Kinderspielgeräte. ✆ 0421/210165, 📧 217085, www.campinglagunavillage.com.

** **Falconera**, am Ende des Oststrands, an der Einfahrt zur großen Lagune. Stellplätze unter schattigen Pappeln, gute Sanitäranlagen (Warmwasser gratis), mehrere Pizzerien gleich vor dem Eingang. ✆ 0421/84282, 📧 210018.

** **Santa Margherita**, der einzige Zeltplatz am Weststrand, nahe der Livenza-Mündung, lang gezogenes, schattiges Gelände, zum Meer hin Dünen. ✆ 0421/81276, 📧 83434.

● *Essen & Trinken* **Duilio**, beliebtes Fischrestaurant etwas landeinwärts vom Zentrum. Hübsch zum Sitzen, ausgezeichnete Essensqualität und große Weinkarte. Etwas höhere Preise. Juni bis Sept. tägl. geöffnet, sonst Mo geschl. Strada Nuova 19 (im Hotel Diplomatic), ✆ 0421/210361.

All'Anguila, aufmerksam geführt, Sitzplätze im Hof und im maritim ausgestatteten Innenraum. Gute Meeresküche: Muscheln, Krabben, Krebse usw. Calle Falconera, wenige Schritte von der Piazza Pio X.

De Mauri, urige Fischtrattoria an der stimmungsvollen Piazza Mauri, wenige Meter vom Dom. Draußen einfache Holzbänke, drinnen Ölschinken an den Wänden und Weinkaraffen an der Decke.

Al Bucaniere, großes, im Stil der traditionellen Fischerhütten (casoni) aufgemachtes Fischlokal, authentisch und originell. Via dei Casoni 24 (wenige Schritte hinter Camping Falconera an der Einfahrt zur Lagune), ✆ 0421/210802.

● *Shopping* überdachter **Fischmarkt** beim Fischerhafen am Ende des Kanals (Kreisverkehr).

● *Ausflüge* Täglich fahren Motorschiffe durch die Schilfkanäle hinter dem Porto di Falconera. Zudem gibt es Bootsfahrten ins nahe **Venedig**, zu den Inseln der **venezianischen Lagune** sowie **Nachtfahrten** vor Cáorle. Alle Boote starten im Fischerhafen.

234 Venetien

▶ **Cáorle/Umgebung**: Das ruhige Städtchen *Portogruaro* liegt etwa 30 km landeinwärts. Der stimmungsvolle Altstadtkern gruppiert sich um die zwei arkadengesäumten Hauptstraßen Via del Seminario und Corso Martiri della Libertà mit zahlreichen Palazzi aus Mittelalter und Renaissance. An der Piazza della Repubblica steht der gotische *Palazzo Municipale* mit Schwalbenschwanz-Zinnen und Außentreppe, daneben der mächtige *Dom* mit beachtlich schiefem Glockenturm. Wenige Schritte hinter dem Dom findet man ein malerisches Fleckchen am Flüsschen Lémene, der in mehreren Armen die Stadt durchzieht – eine Loggia mit winziger Fischerkapelle (errichtet von Fischern aus Cáorle) und zwei alte Mühlen unter prächtigen Trauerweiden. Das liebevoll gestaltete *Museo Archeologico Nazionale Concordiese* in der Via del Seminario 22 zeigt Funde aus dem ehemaligen römischen Militärstützpunkt *Concordia Sagittaria*, 2,5 km südlich von Portogruaro.
Öffnungszeiten/Eintritt **Museo Archeologico Nazionale Concordiese**, tägl. 9–20 Uhr, Eintritt ca. 2 €, unter 18 und über 65 J. frei.

Bibione

Zehntausende von *bambini* bauen Sandburgen und planschen im seichten Uferwasser. Bibione ist ein beliebter Familienbadeort, besitzt zwar keinerlei historischen Kern, dafür einen lang gestreckten Pinienwald und einen kilometerlangen, breiten, weichen und weißen Sandstrand, hinter dem auf mehreren Kilometern ein Fußgänger- und Fahrradweg verläuft, der „Lungomare". Es gibt einen großen Zoo mit etwa 1500 Tieren, den Erlebnispark „Gulliverlandia", das Piratenschiff Jolly Roger, einen Luna Park mit Riesenrad, den Wasserpark „AquaSplash", einen Miniclub in jedem Strandabschnitt, außerdem ein hochmodernes Thermalbad.
Hinter Bibione erstreckt sich ein System von großen Lagunenseen. Hübsch ist ein Radausflug zum Leuchtturm an der Mündung des Tagliamento, dem Grenzfluss zur Region Friaul-Julisch Venetien.

● *Information* **APT**, Via Maja 37/39, ✆ 0431/442111, www.bibione.com.
● *Übernachten* Am Kreisverkehr an der Ortseinfahrt liegt **ABA**, die Agentur des Hotelierverbands von Bibione, wo Zimmer vermittelt werden. ✆ 0431/430101, ✉ 439939, www.abaviaggi.it.
Am folgenden Corso del Sole reiht sich eine Vermittlungsagentur an die andere.
*** San Marco, ruhige Lage im westlichen Ortsteil Pineda, hübscher Garten mit schattigen Bäumen und Pool, nur wenige Meter zum Strand, kostenlose Gästefahrräder. HP pro Pers. ca. 55–70 €. Via delle Ortensie 2, ✆ 0431/43301, ✉ 438381, www.sanmarco.org
* Garni Lele, zentrale Lage, Zimmer mit Balkonen, Frühstücksterrasse im ersten Stock. DZ mit Frühstück ca. 50–75 €. Via Croce del Sud 28, ✆ 0431/43261, hotel.lele@libero.it.
Vier große Campingplätze buhlen um die Gunst der Besucher, alle liegen direkt am Strand: ****** Internazionale** (✆ 0431/442611, ✉ 43620, www.vti.it), ***** Il Tridente** (✆ 0431/439600, www.iltridente.com) und **** Lido** (✆ 0431/438480, ✉ 439193, www.campinglido.com), außerdem ****** Capalonga**, ein bestens ausgestattetes und gut beschattetes Gelände in toller Lage am Westende der Halbinsel von Bibione, direkt zwischen Strand und Lagune (✆ 0431/438351, ✉ 438370, www.capalonga.com).
● *Essen & Trinken* **Al Ponte**, am Ortseingang von Bibione, bei der Schwenkbrücke, in der Nähe der Abfahrt nach Lignano. Große, grüne Oase beim Tagliamento, ideal für Familien, eigener Landungssteg, Spielplatz. Via Pineda 1, ✆ 0431/430322.
Ai Casoni, herrliche Lage in Porto Baseleghe am Westende der Halbinsel von Bibione, direkt an der Lagune. Im Ambiente alter Fischerhütten („casoni") werden venetische Fischspezialitäten serviert, dazu kann man den Sonnenuntergang erleben. April bis Okt. (April, Mai und Okt. Mo geschl.). ✆ 0431/438556.

- *Sonstiges* **Bibione Thermae**, großes, topmodernes Bad, das natriumkarbonat- und fluoridhaltige Mineralwasser entspringt in 400 m Tiefe bei einer Temperatur von 52 Grad. Eintritt ins Schwimmbad 9,50 € (sonntags 10,50 €), Sauna und türkisches Bad dasselbe. ✆ 0431/441111, 🖷 441199, www.bibioneterme.it.

Küste südlich von Venedig

Südlich von Chioggia münden die Flüsse Brenta und Etsch in die Adria. Am kilometerlangen Sandstrand südlich davon hat der Pauschaltourismus seine viel besuchten Nischen.

Chioggia
ca. 54.000 Einwohner

Geschäftige Stadt am Südrand der Lagune. Einer der größten Fischerhäfen der Adria, laut und nicht sonderlich sauber, jedoch authentisch.

Die Altstadt auf einer Insel ist durch drei Brücken mit dem Festland verbunden. Beherrschend ist die breite Hauptstraße *Corso del Popolo*, im nördlichen Teil Fußgängerzone, mit langen Laubengängen und diversen Kirchen. Wie die Gräten eines Fischs zweigen davon die schmalen, grauen Seitengässchen mit niedrigen Häuschen ab. Der *Canale della Vena* verläuft parallel zum Corso und wird von mehreren hübschen Brücken überquert. Von Dienstag- bis Samstagvormittag findet hier ein großer Fisch-, Obst- und Gemüsemarkt statt.

Die Neustadt *Sottomarina* erstreckt sich am langen Sandstrand, wo sich das gewohnte Bild bietet – Badeanstalten, Pizzerien und Bars in den Sand gesetzt, dahinter Hotelfronten ohne Ende.

Anfahrt/Verbindungen/Information

- *Anfahrt/Verbindungen* **Bahn**, Stichbahn ab Rovigo, vom Bahnhof ca. 1 km über die Brücke Ponte Lungo in die Altstadt, nach Sottomarina mit dem Stadtbus weiterfahren.
Schiff, Chioggia ist von Venedig etwas umständlich zu erreichen. Zunächst mit dem Vaporetto zum Lido, dort Bus 11 bis Alberoni an der Südspitze und übersetzen auf den Litorale di Pellestrina. Weiter per Bus bis Pellestrina und in 25 Min. mit dem Dampfer nach Chioggia. Gesamtdauer etwa 90 Min., Abfahrt/Ankunft in Chioggia am Nordende des Corso del Popolo.
- *Information* in Sottomarina,. Tägl. 9–12, 15–18 Uhr, Juli/August durchgehend 8–19.45 Uhr. Lungomare Adriatico 101 (gegenüber Hotel Miramare), ✆ 041/401068, 🖷 5540855, www.chioggiatourism.it.
- *Übernachten* ****** Grande Italia**, perfekte Lage am Nordende des Corso del Popolo, direkt am Anleger der Motorschiffe nach Venedig. Das Relikt der guten alten Zeit wurde vor einigen Jahren völlig renoviert. DZ mit Frühstück und Blick zur Piazzetta oder Lagune ca. 125–170 €, mit Blick zur benachbarten Gasse ca. 95–140 €. Piazzetta Vigo 1, ✆ 041/400515, 🖷 400185, www.hotelgrandeitalia.com.
* Clodia, sobald man von Sottomarina kommend die Altstadtinsel erreicht, rechts abbiegen, nach wenigen Metern trifft man auf das Hotel. Zwar liegt es unmittelbar am lauten Hafen, bietet aber gerade deswegen eine interessante und authentische Umgebung. Nur Zimmer mit Etagendusche, DZ mit Frühstück ca. 56–70 €. Calle Forno Filippini 876, ✆ 041/400813, hotelclodia@libero.it
Am Lungomare Adriatico gibt es zahlreiche Campingplätze, die fast alle direkt am Strand liegen, z. B. ****** Isamar** bei Sant' Anna, ein großer, komfortabler Platz mit Olympia-Schwimmbecken, ✆ 041/498100, 🖷 490440, www.villaggioisamar.com.
- *Essen & Trinken* **Al Bersagliere**, seit über vierzig Jahren wird hier in elegantem Rahmen die typische Chioggia-Küche serviert. Di geschl. Via Cesare Battisti 293, ✆ 041/401044.
Locanda Val d'Ostreghe, traditionelle Trattoria mit hübschem, grün bedachtem Innenhof. Gute Fischküche. Mi geschl. Calle Sant'Andrea 763, ✆ 041/400527.

Podelta

Das weite Mündungsgebiet des größten italienischen Flusses bildet eine stille und eigentümliche Landschaft: schmale Straßen immer dicht an Wasserläufen und auf Deichen, riesige Reisfelder, üppige Wiesen und Schilf, bewaldete Flussinseln, einsame Bauernhäuser.

Das Delta des Po gehört zu den größten Feuchtgebieten Italiens, fast 400 Arten von Wasservögeln haben in dem gewaltigen Biotop ihre Nistplätze. Seit Ende der Achtziger steht ein Großteil der endlosen Schilflandschaft als *Parco Nazionale del Delta del Po* unter Naturschutz. Für einen Badeaufenthalt ist das Podelta nur bedingt geeignet, auch wenn es zwei kilometerlange Strandzonen gibt: die *Spiaggia di Boccasette* im nördlichen Delta und die *Spiaggia di Barricata* auf der Isola della Donzella. Zwar haben moderne Kläranlagen entlang des Po die Wasserqualität des dreckigsten Flusses Italiens in den letzten Jahrzehnten stark verbessert – jedoch leitet Mailand seine Abwässer nach wie vor weitgehend ungeklärt in den Po ein. Trotzdem wurde bei *Porto Barricata* am Flussarm Po delle Tolle ein komfortabler Campingplatz errichtet, der sich als Standort für eingehende Deltatouren zu Fuß oder mit dem Rad anbietet. Zudem gibt es diverse Agriturismi und zwei Jugendherbergen.

Besichtigt werden kann das *Museo Regionale della Bonifica* im historischen Pumpwerk von Ca' Vendramin, kurz vor dem Hauptort Porto Tolle, schon von weitem zu erkennen an seinem 60 m hohen Schornstein. Es zeigt riesige Pumpen, die früher bei der Trockenlegung des Deltas zum Einsatz kamen, und die Heizturbinen, die mit dem hier erzeugten Wasserdampf angetrieben wurden.

Öffnungszeiten Museo Regionale della Bonifica, April bis Sept. tägl. 9.30–12.30, 14.30–17.30 Uhr. ✆ 0426/81896.

- *Information* **Pro Loco**, in Porto Tolle an der Durchgangsstraße (nördliche Straßenseite), Largo Europa 2. Di–Fr 9.30–12.30 Uhr, Sa 9–13, 15–18 Uhr, So 9–13 Uhr. ✆ 0426/81150, ✉ 380584, www.prolocoportotolle.org.
- *Übernachten* ***** Ponte Molo**, am Ortseingang von Porto Tolle, gut geführtes Haus mit beliebtem Restaurant, das auch gerne für Feiern, Hochzeiten etc. genutzt wird (Mo geschl.). DZ ca. 42–85 €, Frühstück extra. ✆ 0426/81238.
La Ca' del Delta, Agriturismohof östlich von Ca' Venièr im Grünen, großer Hof mit Stellplätzen für Womos, auch einige Plätze für Zelte. Gutes Restaurant (Wochenende geöffnet, sonst mit Reservierung), serviert wird z. B. als besonderer Leckerbissen des Deltas *anatra* (Ente). Via Mazzini 1, ✆ 0426/380679, ✉ 382804, www.agriturismocadelta.it.
Rifugio Po di Maistra, Jugendherberge im ehemaligen Pfarrhaus von Boccasette, neben der Kirche. 60 Stockbetten in Mehrbettzimmern und einigen DZ, Garten mit Grillplatz. Für Gruppen werden Bus-, Boots- und Fahrradtouren organisiert. ✆ 0426/385330, ✉ 385951, www.rifugiopodimaistra.com.
Rifugio Parco Delta del Po, Jugendherberge in der Località Gorino Sullam 43 am Po di Gnocca im südlichen Deltabereich, 54 Betten in 9 Zimmern, Fahrrad- und Kanuverleih. ✆ 0425/34289 o. 21530, ✉ 26270, http://prenotazione.deltapocard.it/ostello
**** Camping Barricata Beach, großzügig konzipierte Anlage bei Porto Barricata am Ausfluss des Po delle Tolle. Brettflaches Wiesengelände mit jungen Bäumchen. Mit Restaurant, Bar, Pool für Erwachsene und Kinder, Spielplatz, Waschmaschine, Fahrradverleih. Zahlreiche Bungalows mit Reihenhauscharakter. ✆/✉ 0426/389270, www.barricatabeach.com.
Stellplätze für Wohnmobile liegen bei Pila und Boccasette.
- *Unternehmungen* **Bootsfahrten** durch den Naturpark bietet der wettergegerbte Marino Cacciatori, Via G. Matteotti 304, Porto Tolle, ✆/✉ 0426/380314, www.marinocacciatori.it.
Fahrräder und **Kanus** verleiht in Porto Tolle Vittorio Cacciatori, auch geführte Touren. Via Bologna 1, ✆ 0426/82501.

Der Südteil des Deltas gehört zur Region Emilia-Romagna (→ ab S. 480).

Friaul-Julisch Venetien

Friuli-Venezia Giulia

Schöne Orte: Triest (S. 262), Udine (S. 245), Grado (S. 258), Cividale del Friuli (S. 250), Venzone (S. 244) und Spilimbergo (S. 249).

Landschaftliche Höhepunkte: Lago di Cavazzo (S. 244), Lagune von Grado (S. 258), Laghi di Fusine bei Tarvisio (S. 242), Triestiner Riviera (S. 260).

Kulturell interessant: Mosaikboden und Ausgrabungen von Aquileia (S. 256), das wieder aufgebaute Venzone (S. 244), die Fresken des Pellegrino di San Daniele in San Daniele del Friuli (S. 249), Castello di Duino (S. 260), Schloss Miramare (S. 261), die Domkirchen von Gemona (S. 243) und Spilimbergo (S. 249), die Sprachinseln Timau und Sàuris (S. 240/241).

Baden: lange Sandstrände bei Grado (S. 258) und Lignano (S. 255), Felsbuchten und kleinere Strände an der Triestiner Riviera (S. 260).

Kurios: Festungsstadt Palmanova (S. 240) und die geteilte Stadt Gorizia (Görz) (S. 253).

Eher abzuraten: Tarvisio und die Landwirtschaftsregion um Udine.

Am Plöckenpass

Friaul-Julisch Venetien
Friuli-Venezia Giulia

Nicht so richtig Italien, nicht Slowenien, nicht Österreich – die Grenzregion am oberen Ende der Adria ist ein eigenständiges Gebiet mit eigener Sprache und einer schwierigen Geschichte, kulturell hin- und hergerissen zwischen dem Stiefel, dem Balkan und der österreichisch-ungarischen k.u.k.-Monarchie. Mit der Alpen-Adria-Autobahn über Tarvisio bietet sich heute vor allem für Österreicher der schnellste Weg zum Mittelmeer.

Das ausgedehnte, üppig grüne Lagunengebiet der Küste setzt einen prächtigen Kontrast zu den nahen Alpen, die bei klarem Wetter nicht selten vom Meer aus sichtbar sind. In den Badeorten *Grado* und *Lignano* ballen sich jeden Sommer Hunderttausende. Im Hinterland ist es deutlich ruhiger. Dort lohnt vor allem eine Fahrt über die Weinstraßen des *Collio* und der *Colli Orientali del Friuli*, die im sanft-hügligen Alpenvorland durch einige der besten Anbaugebiete Italiens führen. Ebenfalls eine Tour wert ist die schon deutlich slowenisch geprägte Hügellandschaft des *Triestiner Karst*. Von den Städten lohnen in erster Linie *Udine* und *Triest* einen Besuch, bedeutendstes kulturelles Highlight ist aber *Aquileia* mit dem größten frühchristlichen Mosaikboden Europas.

Friaul war immer umstrittenes Grenzland, im 19. Jh. Schauplatz der *Irredenta*, die für die Angliederung der italienischsprachigen Gebiete Österreichs kämpften, im Ersten Weltkrieg schlugen sich Österreicher und Italiener in den zwölf Isonzo-Schlachten die Köpfe ein, Triest wurde im Zweiten Weltkrieg von den jugoslawi-

Friaul-Julisch Venetien

schen Partisanenarmeen eingenommen, 1947 Freistaat und erst 1954 wieder italienisch. Vor allem aber war Friaul über hundert Jahre lang österreichisch, das hat Spuren hinterlassen. Gerade in der im 19. Jh. so bedeutenden Hafenstadt Triest erkennen Wiener so manches wieder: die monumentale klassizistische Architektur, die Kaffeehäuser, das Wiener Schnitzel und den Strudel.

Anfahrt/Verbindungen

- *PKW* Ab Wien (A 2) und Salzburg (Tauernautobahn) ist die Adria auf der **Alpen-Adria-Autobahn A 23** schnell und problemlos zu erreichen, Fahrtzeit von der Grenze bis zum Meer ca. 90 Min. Die Autobahn trifft bei Palmanova südlich von Udine auf die **A 4**. Diese führt nach Osten bis kurz vor Triest, Richtung Westen nach Mestre (Venedig) und Padua. Alternative: die **Felbertauernstraße** mit dem gleichnamigen Tunnel und weiter über den **Plöckenpass**. Vom Brenner kommend über **Cortina d'Ampezzo** (Pustertal oder – anstrengender – Grödner Tal).
- *Bahn* Von Norden beste Verbindungen ab **Wien** – nach Udine ca. 5-mal tägl., von dort sehr häufig Weiterfahrt nach Triest bzw. in Richtung Venedig. Eine Küstenlinie gibt es nur nördlich von Triest, die bekannten Badeorte haben keine Bahnverbindung. Aus der BRD kommend über Salzburg und Villach oder die **Brenner-Linie** über Trento und Verona nehmen und über Mestre (Venedig) ins Friaul.

Karte S. 241

Übernachten

In den Badeorten **Grado** und **Lignano** ballen sich zahllose Hotels und Pensionen, dazu gibt es von Lignano bis Triest ein gutes Dutzend Campingplätze. Im Binnenland findet man zahlreiche Agriturismo- und Bed & Breakfast-Adressen, vor allem in den Weinbaugebieten. Campingplätze gibt es in Karnien, bei Gemona und am Lago di Cavazzo. Die drei **Jugendherbergen** des Friaul liegen in Aquileia, beim Schloss Miramare in der Nähe von Triest und in Campo Sacro bei Villa Opicina (→ Triest).

Essen & Trinken

Venezianische, slowenische, österreichische und ungarische Einflüsse durchmischen sich. **Jota**, die schwere Suppe aus Bohnen, Kohl und Speck, stammt aus Slowenien, es gibt **Cevapcici** und **Gulasch**, **Knödel**, **Strudel** und **Wiener Schnitzel**, am Meer aber natürlich auch reichlich Fisch, z. B. **sarde** bzw. **sardelle in saor**, das sind in Zwiebeln und Essigsud eingelegte Sardinen/Sardellen. Eine typische Spezialität des Inlands ist die Gersten-/Bohnensuppe **minestra di orzo e fagioli**. Aus den Karnischen Alpen stammen die **cjarsòns**, Teigtaschen mit deftig-süßer Wurstfüllung. **Frico** ist ein Käsegericht aus der Pfanne, oft wird dafür der typische Montasiokäse verwendet. Der luftgetrocknete **prosciutto San Daniele** wird in der gleichnamigen Stadt nordwestlich von Udine produziert. Nach dem Parmaschinken gilt er als die Nr. 2 der norditalienischen Schinkenproduktion. Häufig als Dessert serviert wird **gubana**, ein grappagetränkter Nusskuchen mit Rosinen. Ein typisches Utensil der Friaul-Gastronomie ist der Grillofen **Fogher** oder **fogolar**, der mitten in der Küche steht und gleichzeitig wärmt.

Seit den 1970er Jahren hat sich im Friaul ein wahres „Weinwunder" ereignet. Silvio Jermann, Livio Felluga, Josko Gravner, Mario Schiopetto u. a. machten aus dem rückständigen Friaul eins der innovativsten Anbaugebiete Italiens. In den Colli Orientali und im Collio, dem Hügelland an der slowenischen Grenze, werden seitdem Weine produziert, die von Kennern zu den besten Italiens gezählt werden, darunter die Weißen **Friulano**, **Malvasia**, **Ramandolo**, **Ribolla Gialla** und **Picolit** sowie die Roten **Tazzelenghe**, **Refosco**, **Schioppettino** und der rare **Pignolo**. Im Kontrast zu diesen edlen Tropfen steht der herbe rote **Terrano** aus dem Triestiner Karst.

Der Norden des Friaul

Carnia (Karnien) wird der Westen der friulanischen Alpen genannt, das *Tarvisiano* bildet den Nordosten des Friaul. In dieser dünn besiedelten Region liegen die größten zusammenhängenden Waldgebiete Italiens. Von Kärnten aus gibt es zwei Möglichkeiten der Anreise: über den Plöckenpass das Tal des Bût entlang oder über Tarvisio durch das Valcanale. Beide Routen treffen sich im breiten Tal des Tagliamento.

Vom Plöckenpass nach Tolmezzo
Passo di Monte Croce Carnico

Von Kärnten geht es nach dem hübschen Ort *Kötschach-Mauthen* 12 km in steilen Kehren und durch einen langen Tunnel hinauf zur Grenze am *Plöckenpass* (1360 m). Geschützt durch Steinschlaggalerien zieht sich die SS 52bis mit steilen Haarnadelkurven vom Pass hinunter nach *Timau* (Tischlbong), seit dem 13. Jh. eine deutsche Sprachinsel, die einen eigenen, für uns allerdings kaum verständlichen Dialekt herausgebildet hat. Am nördlichen Ortseingang biegt rechts eine Zufahrt zum *Tempio Ossario* ab, der die sterblichen Überreste von 1764 Soldaten des Ersten Weltkriegs beherbergt – in dieser Region verlief zwei Jahre lang die Front. An der Durchgangsstraße liegt das sehenswerte *Museo Storico della Grande Guerra*, das Relikte, Fotos und Dokumente der Schlachten des Ersten Weltkriegs zeigt.

Über *Paluzza* und den kleinen Kurort *Arta Terme* geht es auf der „SS 52bis" das Flusstal des Bût entlang bis Tolmezzo. Das Örtchen *Zuglio* war der wichtigste römische Standort im Tal. Die Ausgrabungen des Forums liegen am Ortseingang rechts, ein Museum zeigt Funde.

- *Öffnungszeiten* **Tempio Ossario**, Juni bis Sept. tägl. 9–12, 14–17, März bis Mai, Oktober und erste Novemberwoche Sa/So 9–12, 14–17 Uhr.
Museo Storico della Grande Guerra, Juni und Okt. Sa/So 9–12, 14–18, Juli bis Sept. Di–So 9–12, 14.30–18.30, Mo geschl., August tägl. 9–12, 15–19 Uhr, Spende. ✆ 0433/779168.
Museo Archeologico Julium Carnicum (Zuglio), Juli bis Sept. Mi–So 9–12, 15–18 Uhr.
- *Übernachten/Essen & Trinken* (von Nord nach Süd) **Laghetti**, Trattoria an der SS 52bis nördlich von Timau, großes, freies Gelände mit Stellplätzen an einem kleinen Teich, gut geeignet für Wohnmobile.
** Pace Alpina, in Ravascletto (bei Paluzza von der SS 52bis abzweigen), direkt an der Taldurchgangsstraße. Ordentliche Unterkunft in einem umgebauten Bauerngehöft, angeschlossen ist ein terrassierter **Campingplatz** mit sehr sauberen Sanitäranlagen. DZ mit Frühstück ca. 40–60 €. ✆ 0433/66018, ✉ 66303, pacealpina@tin.it
Alle Trote, am Westufer des Flusses Bût, zu erreichen über Sùtrio oder Noiàris di Sùtrio. Die angeschlossene Forellenzucht sorgt für Forellen in diversen Variationen. Moderne, aber heimelige Wirtsstube, draußen kann man im Laubengang sitzen. ✆ 0433/778329.
Edelweiss, am Ortseingang von Arta Terme. Nettes Terrassenrestaurant unter Weinranken, bodenständige karnische Küche, z. B. *cjarsòns*, aber auch Pizza. ✆ 0433/92002.

Tolmezzo

Das karnische Zentrum am Zusammenfluss von Tagliamento und Bût besitzt einen hübschen Altstadtkern um die Piazza XX Settembre mit dem Dom *San Martino*. Die Via Roma mit ihren niedrigen Laubengängen ist zum Bummeln geeignet, danach bietet sich ein Besuch des *Museo Carnico delle Arti Popolari* an der Piazza Garibaldi im nördlichen Altstadtbereich an. Auf drei Stockwerken wurde hier eine umfangreiche Ausstellung karnischen Brauchtums eingerichtet: Mobiliar, Gemälde, Keramik, landwirtschaftliche Geräte, Handwerk u. v. m.

Öffnungszeiten **Museo Carnico delle Arti Popolari**, Di–So 9–13, 15–18 Uhr, Mo geschl. Eintritt ca. 3,60 €, unter 14 2,60 €.

• *Essen & Trinken* **Al Borgat**, altes Gemäuer an der Piazza Mazzini, am Südende der Via Roma, schummrig-gemütliche Gaststube mit musealem Touch, davor eine pflanzenüberwucherte Pergola, hinten ein hübscher, grasbewachsener Hof. Diverse Risotti, dazu friulanische Weine. Di geschl.

Sàuris

Die eigenwillig anmutende Sommerfrische mit zahllosen Wandermöglichkeiten liegt versteckt in den Bergen über dem oberen Tagliamento-Tal. Die Häuser bestehen weitgehend aus Holz und bieten prächtige Beispiele für die alpenländische Architektur. Kulinarisch ist Sàuris vor allem für seinen Schinken bekannt, seit 1999 gibt es aber auch ein eigenes Bier, das „Zahre Beer".

Zwei steile Straßen führen hinauf in die abgelegene Idylle. In 1000 m Höhe angekommen, öffnet sich der Blick unvermittelt auf einen wunderbar türkis schimmernden Stausee mit mächtiger Staumauer. Ein ganzes Stück höher liegt die Ortschaft *Sàuris di Sotto* (1212 m), noch höher *Sàuris di Sopra* (1400 m), außerdem gibt es noch das abgelegene *Lateis* (1225 m). Die ersten Menschen, die in der unberührten Wildnis siedelten, kamen Mitte des 13. Jh. aus Grenztälern zwischen Kärnten und Tirol. Bis heute hat sich das Saurische („de zahrar sproche") als eigene Sprache erhalten.

● *Information* am Ortseingang von Sàuris di Sotto rechts, neben Restaurant „Kurhaus". Mo–Sa 9–12, 16–19, So 9.30–13 Uhr. ✆ 0433/86076, ℻ 866900, www.sauris.com.

● *Übernachten* *** **Il Borgo di San Lorenzo**, am Ortseingang von Sàuris di Sopra, kleiner Komplex von Holzhäusern mit Ferienwohnungen, beliebt bei Familien, gut eingerichtet mit Küche, TV etc. Wochenpreis für 4 Pers. ab ca. 510 €. ✆ 0433/86221, ℻ 86242, www.carnia.org/alberghi/ilborgo.

** **Pame Cinto**, allein stehendes Haus in ruhiger Lage zwischen Sàuris di Sotto und Sàuris di Sopra. DZ mit Frühstück ca. 50–70 €. ✆ 333-7974922.

** **Riglarhaus**, im ruhigen Ort Lateis, vom See auf kurviger Straße zu erreichen. Größeres Haus, freundlich geführt, moderner Standard. Auch zum Essen ein Tipp. DZ ca. 55–75 €. ✆ 0433/86013, ℻ 86049.

TIPP! *** **Garni Plùeme**, ganz neues Haus, vollständig aus Holz und tadellos gepflegt, originell-behagliche Zimmer verschiedener Zuschnitte. Der junge Luca Schneider führt sein Reich mit Hingabe und Fröhlichkeit. DZ mit Frühstück ca. 60–75 €. Sàuris di Sotto 26/a, ✆ 0433/866347, www.sauris.com.

● *Essen & Trinken* **Alla Pace**, schönes Steinhaus von 1804, mitten in Sàuris di Sotto, im alteingeführten Restaurant werden die interessanten Gerichte weitgehend mit lokalen Produkten zubereitet, Preise durchaus im Rahmen. Mi geschl. ✆ 0433/86010

Riglarhaus, Paola Schneider bietet traditionelle karnische Küche, Spezialität des Hauses ist *dunkatle* (Schweinefleisch mit Polenta). Sehr großes Weinsortiment, zum Abschluss werden eine Vielzahl friulanischer Schnäpse angeboten.

● *Shopping* **Wolf**, am oberen Ortsrand von Sàuris di Sotto, nicht zu verfehlen. Seit 1862 wird hier der berühmte *prosciutto di Sàuris* hergestellt.

Über Tarvisio das Valcanale entlang

Tarvisio, die erste größere Stadt südlich der Grenze, vermittelt dank ihrer Lage im Dreiländereck eher den Charakter eines großen Shoppingcenters: In der Umgebung sind die beiden idyllischen *Laghi di Fusine* nahe der slowenischen Grenze einen Abstecher wert. In der Osteria „Belvedere" kann man schön am Lago Inferiore sitzen und Boote leihen. Ein Weg führt in ca. 30 Min. rund herum.

Von Tarvisio aus ziehen sich Autobahn und SS 13 in reizvoller Streckenführung das Tal des Flusses Fella entlang, *Valcanale* genannt. Das beschauliche Marienwallfahrtsörtchen *Santuario del Monte Lussari* liegt auf 1789 m Höhe und besteht nur aus einer Marienkirche und einer Hand voll Häuser. Pilger aus Österreich, Italien und Slowenien kommen gleichermaßen herauf, doch auch viele Touristen schätzen die himmlische Ruhe. Von Camporosso fährt man mit der Seilbahn hinauf (15 Min.).

Der kleine Ort *Malborghetto-Valbruna* besteht im Kern aus einigen malerischen alten Palazzi und der Kirche. Im Palazzo Veneziano ist das *Museo Etnografico* untergebracht, in dem u. a. die Rekonstruktion eines Bergwerksschachts der nahe gelegenen *Miniera di Raibl* (heute: Cave del Predil) zu betrachten ist.

In *Resiutta* gegenüber von *Moggio Udinese* hat sich an der SS 13 ein großer Bikertreff etabliert, wo ein gutes halbes Dutzend Rosticcerie auf motorisierte Kundschaft wartet.

● *Anfahrt/Verbindungen* **Seilbahn Monte Lussari**, Mitte Juni bis Mitte Sept. Mo–Sa 9–17.15, So 8.30–18.15 Uhr, außerdem an den Wochenenden in der ersten Juni- und der zweiten Septemberhälfte. Dez. bis März wieder täglich geöffnet. Hin/zurück ca. 11 € ✆ 0428/653915.

● *Öffnungszeiten* **Laghi di Fusine**, Zufahrt an Wochenenden von Mitte Juli bis Anfang Sept. kostenpflichtig, Auto 3 €, Motorrad

1,30 €, Wohnmobil 5,20 €.
Santuario del Monte Lussari, tägl. durchgehend geöffnet. ℡ 0428/63006, www.santuariodelmontelussari.it.
Museo Etnografico, Di–So 10.30–12.30, 15–18 Uhr, Mo geschl., Eintritt ca. 5 €.
• *Übernachten* **Edelweiss**, Holzhaus mit Restaurant direkt am Ufer des nördlichen Sees. Frau Laura Pio spricht hervorragend Deutsch und vermietet drei Zimmer, zwei davon mit Balkon. DZ mit Frühstück ca. 70 €. Laghi di Fusine, ℡ 0428/61050.
TIPP! **Casa Oberrichter**, ganz zentral in Malborghetto, der Holzkünstler Silvano Nicolavcich und seine Frau Marina Gioitti haben den 600 Jahren alten, seit 70 Jahren leer stehenden und völlig heruntergekommenen Palazzo höchst originell wieder hergerichtet, alle Möbel in der hauseigenen Schreinerei gezimmert und die Wandmalereien gestaltet. Es gibt fünf individuelle Zimmer, einen großen Salon, eine Sauna und das hauseigene Restaurant, in dem Sohn Alessio kocht (Mi geschl.). In der angeschlossenen Werkstatt restauriert Marina Gioitti Mobiliar, stellt aber auch Figuren, Masken und Spielzeug her. DZ ca. 80 €. ℡ 0428/41888, 60177.
• *Essen & Trinken* **Antica Trattoria da Giusi** (bis 2005: Antica Trattoria Schönberg), die historische Gaststätte in Malborghetto wurde umbenannt und ist in die Via Bamberga 19 umgezogen. Hier wird die „cucina storica" des Valcanale mit seinen stark österreichisch geprägten Gerichten zelebriert, die Menüs sind nach bekannten Generälen benannt. Mo/Di geschl. ℡ 0428/60014, www.dagiusi.it

Friaul-Julisch Venetien Karte S. 241

Erdbeben: Die Geißel des Friaul

Am Abend des 6. Mai 1976 bebte im nördlichen Friaul die Erde – zwar dauerte das Beben mit einer Stärke von 6,5 auf der Richter-Skala nur eine einzige Minute, doch die Schäden waren schrecklich. Das Epizentrum lag um die Städte Gemona und Venzone. Insgesamt wurden in 17 Gemeinden etwa 20.000 Wohnungen zerstört und mehr als 50.000 weitere schwer beschädigt, fast tausend Menschen starben.

Gemona del Friuli

Das Zentrum des Hauptorts im unteren Tagliamento-Tal liegt hoch über der Flussebene. Beim verheerenden Erdbeben von 1976 wurde es fast vollständig zerstört. In einer einzigartigen Gemeinschaftsleistung hat man das meiste wieder aufgebaut, darunter den berühmten *Dom Santa Maria Assunta* aus dem 14. Jh. mit seiner prachtvollen Fassade: Rechts steht eine 7 m hohe Christophorus-Statue mit Christuskind, über dem Portal sieht man eine gotische Galerie mit der Muttergottes und den Heiligen Drei Königen, darüber eine filigrane Rosette. Vis-à-vis erhebt sich der mächtige Campanile, der beim Erdbeben völlig eingestürzt war und mit altem und neuem Material Stein für Stein wieder aufgebaut wurde. Der mächtige dreischiffige Innenraum der Kirche hat seit dem Erdbeben eine leichte Schräglage, die in Erinnerung an das Beben beibehalten wurde.

• *Information* **IAT**, Piazza del Municipio 5, zentrale Lage, schräg gegenüber vom Palazzo Comunale. Riesenauswahl an Prospekten zur ganzen Provinz Udine. Mo–Fr 9.30–12.30, 15.30–19, Sa 9.30–12, 16–19, So 16–19 Uhr. ℡ 0432/981441, www.gemona.fvg.it.
• *Übernachten* *** **Willy**, großes, aufmerksam geführtes Hotel mit guter, bodenständiger Küche, Zimmer großzügig eingerichtet, prächtiger Garten und Spielplatz. DZ mit Frühstück ca. 75–85 €. Via Bariglaria 164 (im Tal unten nördlich vom Bahnhof, an der Straße parallel zu den Gleisen), ℡ 0432/981733, 980108, www.hotelwilly.com.
** **Camping Ai Pioppi**, schlauchförmiger Wiesenplatz, 1 km vom Zentrum entfernt (beschildert), keine Dauercamper. Am Eingang gemütliche Bar, wo sich abends die Männerwelt trifft. Mitte März bis Mitte Nov. ℡ 0432/981276, 980358, www.aipioppi.it.

▶ **Venzone:** Das malerische 3000-Einwohner-Städtchen nördlich von Gemona ist vollständig von einer imposanten mittelalterlichen Doppelmauer mit 14 Türmen und begrüntem Festungsgraben umgeben. Der weiße Kalkstein, aus dem das ganze Städtchen besteht, bietet einen eindrucksvollen Anblick. Das Erdbeben von 1976 zerstörte die Altstadt völlig, kaum ein Haus blieb stehen. Innerhalb von zehn Jahren wurde Venzone jedoch wieder detailgetreu aufgebaut, teilweise unter Verwendung des früheren Mauerwerks. 1995 konnte auch der große, 1338 geweihte gotische Dom *Sant'Andrea Apostolo* wieder zur Benutzung freigegeben werden. Die Ruine der zweiten Hauptkirche *San Giovanni Battista* blieb hingegen als Mahnmal stehen.

An der zentralen Piazza Municipio steht der gotische *Palazzo Comunale* mit einer nach zwei Seiten offenen Loggia. Hier kann man eine Fotodokumentation zur Zerstörung und den Aufbauarbeiten betrachten. Die größte Sehenswürdigkeit findet sich aber in der Krypta der Rundkapelle *Sant'Michele* neben dem Dom. Dort sind fünf mumifizierte Leichname ausgestellt, deren Zersetzungsprozess durch parasitären Pilzbefall verhindert wurde.

Öffnungszeiten Le Mummie di Venzone, Sommer 9–19, Winter 9–17 Uhr, Eintritt ca. 1,50 €.

• *Übernachten/Essen & Trinken* *** **Carnia**, großes Haus mit bekannt guter Küche regionaler Prägung (Mo geschl.), beliebt bei Bikern. DZ mit Frühstück ca. 65–75 €. Via Canal del Fero 28 (direkt an der SS 13 nördlich von Venzone), ✆ 0432/978013, ℻ 978187, www.hotelcarnia.it.

Locanda al Municipio, das schlichte Gasthaus mit Innenhof bietet hervorragende lokale Küche, z. B. *frico di patate* und hausgemachte Pasta, dazu eine Reihe von Weinen aus dem Collio (Mo geschl.). Einige Gästezimmer werden vermietet. Via Glizoio di Mels 4 (bei der Piazza Municipio), ✆ 0432/985801.

Caffè Vecchio, Schmuckstück an der zentralen Piazza Municipio, vorne die Bar mit integrierter Lottoannahmestelle, sehr gutem Kaffee und und prima Eis, hinten im Gewölbe der Speiseraum, dort gibt's z. B. leckere Nudelgerichte. Di geschl. Via Mistruzzi 2, ✆ 0432/985011.

▶ **Lago di Cavazzo:** Der idyllische, von dichtem Grün umgebene See liegt nordwestlich von Gemona auf der anderen Seite des Tagliamento. Er ist der größte See im Friaul, 2,2 km lang und bis zu 36 m tief. Am Südende findet der Bade- und Erholungsbetrieb statt, dort gibt es einen Bootsverleih, mehrere Lokale, und einen Kiesstrand. An windreichen Tagen treffen sich hier bereits frühmorgens die Windsurfprofis. Zwei Campingplätze liegen am südlichen Westufer.

• *Übernachten/Essen & Trinken* **Al Lagho**, Hotel mit Restaurant auf der Landzunge am südlichen Seeende, geräumige Terrasse, Spezialität ist Meeresfisch. ✆ 0432/979233, ℻ 979388.

Alla Terrazza, Ristorante/Albergo direkt am Abzweig von der östlichen Uferstraße nach Bordano. Auf der idyllischen Terrasse speist man wunderbar, wenn auch vom Verkehr beeinträchtigt. Die Zimmer im Obergeschoss sind dagegen klein und schlicht, besitzen TV und Nasszelle. DZ mit kleinem Frühstück ca. 48 €. ✆/℻ 0432/979139.

La Darsena al Bunker 2, am südlichen Ostufer, leger-gemütliches Pizzalokal, in der Bar vorne trifft sich abends die Jugend. ✆ 0432/979092.

Camping Lago Tre Comuni, sonniger Wiesenplatz mit wenigen Bäumen. Moderne, saubere Sanitäranlagen, große Bar, Laden, freundliches Personal. ✆ 0432/979525, ℻ 486421, www.campinglagodeitrecomuni.com.

Camping Val del Lago, kleinerer Platz mit reichlich Baumschatten, ebenfalls sanitär sehr gut, wenn auch etwas wenig Duschmöglichkeiten. ✆ 0432/979164, ℻ 979455.

▶ **Bordano:** In dem kleinen Dorf zwischen Lago di Cavazzo und Venzone dreht sich alles um Schmetterlinge. In der *Casa delle Farfalle* leben Tausende der exotischen Farbflügler in einer tropischen Pflanzenwelt, die man auf einem Rundgang durch drei Hallen bewundern kann. Auf 2000 qm können hier sämtliche Lebensphasen von über 400 Schmetterlingsarten aus aller Welt beobachtet werden. Im Eingangs-

Malerischer Mittelpunkt von Udine: die prächtige Piazza Libertà

bereich ist die Touristinformation untergebracht, draußen lädt ein überdachter Bereich zum Picknick ein. Zahlreiche Künstler haben das Schmetterlingshaus zum Anlass genommen, die Fassaden im Ort mit fantasievollen Motiven zu bemalen.

- *Öffnungszeiten/Eintritt* **Casa delle Farfalle**, März und Okt. tägl. 9.30–12.30, 14–16 Uhr, April bis Sept. tägl. 9.30–12, 14–17.30 Uhr, Eintritt ca. 6,50 €, 4,50 € für Kinder von 4–12 J. und Senioren über 65 J. ✆ 0432/988049, www.casaperlefarfalle.it.

Udine
ca. 102.000 Einwohner

Angenehme Stadt mit wenig Hektik und vielen Fahrradfahrern, guter Stopover auf dem Weg zur oberen Adria. Dank ihrer Vergangenheit als Sitz der Statthalter Venedigs findet man bedeutende Bauten der Gotik und Renaissance, im Inneren oft geschmückt mit den typischen Rokokogemälden und -fresken des Venezianers Tiepolo (1696–1770).

Heute ist Udine eine sichtlich wohlhabende Stadt, in der Alt und Neu eine gelungene Mischung eingehen. Wenn es am Abend kühler wird, trifft man sich an der weiten offenen Piazza Matteotti (tagsüber Markt) oder bummelt über die Piazza Libertà mit den altehrwürdigen Repräsentationsbauten. Besonders hübsch: Ein Kanal – Rest des ehemaligen Mauergrabens der Stadtbefestigung – durchkreuzt das Zentrum. Hier zu sitzen und an schwülen Sommerabenden ein Gläschen Wein, *tajut* genannt, zu schlürfen ist eine der Lieblingsbeschäftigungen der Udineser.

- *Anfahrt/Verbindungen* **PKW**, Udine liegt an der Autobahn A 23 von Österreich nach Triest bzw. Venedig. Großer Parkplatz an der Piazza Primo Maggio (hinter dem Castello). **Bahn**, häufige Verbindungen nach Venedig und Triest, der Bahnhof liegt südlich vom Zentrum, die Via Roma führt geradeaus in die Altstadt. **Bus**, Busstation rechts vom Bahnhof (wenn man rauskommt), Viale Europa Unità.
- *Information* **AIAT**, Piazza Primo Maggio 7, großer freier Platz hinter dem Castello. Gute Stadtpläne. Mo–Sa 9–13, 15–17 Uhr,

246   Friaul-Julisch Venetien

So geschl. ✆ 0432/295972, ✉ 504743, www.udine-turismo.it.

• *Übernachten* **** **Astoria Italia (9)**, bestes Haus am Platz, klassizistischer Palast im Zentrum, seit 1850 als Hotel geführt. Mit Garage. DZ mit Frühstück ca. 110–200 €. Piazza XX Settembre 24, ✆ 0432/505091, ✉ 509070, www.hotelastoria.udine.it.

*** **San Giorgio (13)**, gute Mittelklasse, vorne laut, Zimmer aber großteils nach hinten (dort Bahngeräusche), jeweils TV, Minibar und Klimaanlage. Mit Restaurant und Parkplatz. DZ ca. 73–100 €, Frühstück extra. Piazzale Cella 4 (vom Bhf. den Viale Europa Unità nach Westen), ✆ 0432/505577, ✉ 506110, www.hotelsangiorgio udine.it.

** **Quo Vadis (12)**, am selben Platz wie San Giorgio, moderne Einrichtung, Zimmer mit TV, DZ ca. 65–75 €, Frühstück extra. Piazzale Cella 28, ✆ 0432/21091, ✉ 21092, www.hotelquovadis.it.

* **Al Tram (10)**, einfache Zimmer mit Etagendusche für ca. 35–40 €. Via Brenari 32/Piazza Garibaldi, ✆/✉ 0432/502516.

• *Essen & Trinken* In den zahlreichen Osterie von Udine kann man gut essen oder auch nur einen „tajut" (Glas Wein) zu sich nehmen. Die bekannten Friauler Spezialitäten werden hier häufig serviert.

TIPP! **Al Vecchio Stallo (8)**, ein „Beisl" (österreichisch: „Wirtshaus") wie aus dem Bilderbuch, historische Fotos, Fußballwimpel und die Galerie von Weinflaschen schaffen Atmosphäre in der früheren Poststation. Hinten ein schöner, kleiner Hof. Auch preislich im angenehmen Rahmen. Mi geschl. Via Viola 7, ✆ 0432/21296.

Alla Ghiacciaia (6), Osteria mit Speisenangebot. man sitzt auf einer übergrünten, schmalen Terrasse am kanalisierten Flüsschen Roggia oder speist im rustikalen Innenraum. Gute Küche, z. B. *risotto ai fiori di zucca* (Risotto mit Zucchiniblüten). Mo geschl. Via Zanon 13, Nähe Piazza Matteoti, ✆ 0432/655188.

Alla Colonna (2), geschmackvoll ausgestattete Osteria mit zwei gemütlichen Innenräumen und schönem Hof, gute traditionelle Küche. Mo-Mittag und So geschl. Via Gemona 98 (nördlich vom Zentrum), ✆ 04327510177.

Ai Barnabiti (11), traditionelle Osteria, in der man gern zum Weintrinken einkehrt. So geschl. Piazza Garibaldi, ✆ 338-3936214.

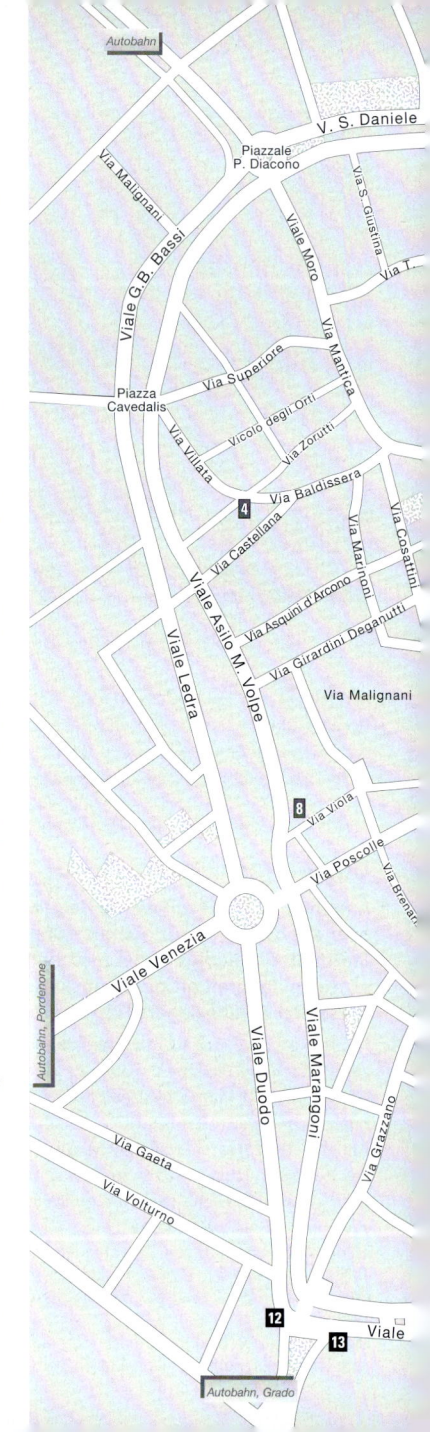

Übernachten

9 Astoria Italia
10 Al Tram
12 Quo Vadis
13 San Giorgio

Essen & Trinken

1 Alla Vedova
2 Alla Colonna
3 Café Caucigh
4 Café Odos
5 Al Cappello
6 Alla Ghiacciaia
7 Speziaria pei Sani
8 Al Vecchio Stallo
11 Ai Barnabiti

Einkaufen

7 Speziaria pei Sani

Udine

100 m

TIPP! Alla Vedova (1), beliebte Trattoria mit hundertjähriger Tradition etwas außerhalb, an der SS 13 nördlich der Stadt. Familienbetrieb mit eigenen Weinbergen und Olivenölproduktion. Sehr leckeres Essen zu angemessenen Preisen. Im Sommer kann man im Garten sitzen. Verkauf von Wein und Olivenöl. So-Abend und Mo geschl. Via Tavagnacco 9, ✆ 0432/470291.

• *Bars & Cafés* **Al Cappello (5)**, hübsches Plätzchen in einer Fußgängerzone, an der Decke hängen zahlreiche Hüte (Name!), vom Gebirgsjägerkäppi bis zum Sommerstrohhut. Auch Sitzplätze im Freien. So-Nachm. und Mo geschl. Via Paolo Sarpi 5.

Contarena, elegantes Jugendstilcafé unter den mächtigen Arkaden des Palazzo d'Aronco. Piazza della Libertà.

Ottelio, populäres Café neben der Kirche an der Piazza Matteotti, im Innenraum wurde eine historische Mauer freigelegt.

Caucigs (3), historisches Café mit zwei Gasträumen, in der kalten Jahreszeit jeden Freitag Live Jazz. Mo geschl. Via Gemona 36, nördlich vom Zentrum.

Odos (4), neues Literaturcafé, engagiert und voller Elan geführt, Getränke aus aller Welt. Via Generale Baldissera/Ecke Via Villalta, ✆ 0432/204307.

• *Shopping* **Speziaria pei Sani (7)**, hervorragende Adresse, um exquisite Weine zu kosten, dazu werden *prosciutto*, *salumi und formaggi* gereicht. Mo-Mittag und So geschl. Via Poscolle 13, ✆ 0432/505061, www.speziariapeisani.com.

Sehenswertes

Die Venezianer haben im 15. und 16. Jh. das Stadtbild geprägt. Mittelpunkt Udines ist die elegante *Piazza Libertà* am Fuß des Burghügels. Der großzügige *Palazzo Comunale* ähnelt mit seiner weiß-rosa gestreiften Marmorfassade dem Dogenpalast von Venedig, im Untergeschoss die *Loggia del Lionello*, eine luftige Arkadenhalle mit spiegelndem Marmorboden. Gegenüber stehen die lang gestreckte *Loggia di San Giovanni* und der *Uhrenturm*. Zwei Mohren schlagen die Glocke – exakt wie beim venezianischen Vorbild am Markusplatz. Auf der erhöhten Platzmitte sind zwei überlebensgroße Statuen platziert, Herkules und Cacus, flankiert von Justitia und einem Brunnen, auf dem der geflügelte Löwe Venedigs thront. Nördlich an die Piazza schließt sich die Shoppingzeile *Via Mercatovecchio* mit schönen Laubengängen an. Linker Hand der Loggia di San Giovanni geht es erst durch den *Arco Bollani*, dann einen gotischen Arkadengang entlang hinauf zum *Castello* aus dem 16. Jh., das 1976 bei einem Erdbeben schwer beschädigt wurde. Im Inneren eine Gemäldegalerie mit Werken venezianischer und friulanischer Künstler sowie ein Archäologisches Museum. Vom Burghügel schöner Blick über die Stadt.

Nur wenige Schritte westlich der Piazza Libertà kommt man zur *Piazza Matteotti*, dem historischen Marktplatz Udines, mit der Kirche *San Giacomo*. Dank Kopfsteinpflaster, Marktbuden und langen Laubengängen ein Platz mit viel Atmosphäre.

Ebenfalls nicht weit von der Piazza Libertà steht der *Dom*, leicht zu erkennen an seinem oktogonalen Ziegelturm. Ursprünglich gotisch, wurde er im 18. Jh. vollkommen umgebaut, in der ersten, zweiten und vierten Kapelle rechts hängen Gemälde von Tiepolo. Im Campanile zeigt das *Museo del Duomo* eine kleine Kapelle mit Fresken des Vitale da Bologna. Das Deckenfresko „Mariä Himmelfahrt" im nahen *Oratorio della Purità* stammt von Tiepolo (Auskunft beim Sakristan des Doms).

Die großartigsten Fresken von Giambattista Tiepolo findet man aber im Treppenhaus und in der Galerie des *Palazzo Arcivescovile* – Szenen aus dem Alten Testament, gemalt 1726–30.

• *Öffnungszeiten/Eintritt* **Civici Musei di Storia e Arte del Castello**, Di–Sa 9.30–12.30 Uhr, 15–18 Uhr, So-Nachmittag und Mo geschl.; Eintritt ca. 2 €, Schül./Stud. ermäß., So-Vormittag Eintritt frei.

Museo del Duomo, Di–Sa 9–12, 16–18 Uhr. So 16–18 Uhr, Mo geschl.; Eintritt frei.

Diözesanmuseum und Galerie, Mi–So 10–12, 15.30–18.30 Uhr, Mo/Di geschl.; Eintritt ca. 4 €.

San Daniele del Friuli

Die berühmte Schinkenstadt des Friaul liegt etwa 27 km nordwestlich von Udine. Hier dreht sich alles um „prosciutto".

In den Gassenzügen um die zentrale Piazza mit dem Dom bietet jedes Lokal Schinken bis zum Abwinken, statt Pizzerien gibt es hier „prosciutterie". Die großen Fabrikhallen für die Schinkenproduktion liegen an der Ausfallstraße nach Süden. Mindestens zwölf Monate muss jede Keule dort reifen, bis sie das begehrte San-Daniele-Siegel erhält. Daneben hat San Daniele aber auch eine wirkliche Top-Sehenswürdigkeit zu bieten, denn in der Kirche *Sant'Antonio Abate* in der Via Garibaldi ist ein einzigartiger Freskenzyklus erhalten, der zu den bedeutendsten im Friaul gehört. Im nahezu leeren Innenraum („Sixtinische Kapelle des Friaul") kommen die farbenprächtigen Fresken der Apsis hervorragend zur Geltung, an denen Pellegrino da San Daniele von 1497 bis 1522 arbeitete.

> Die **Aria di Festa**, das größte Schinkenfest der Welt, findet alljährlich am letzten Juniwochenende statt (Fr–Mo). Tausende von Besuchern sitzen an langen Tischen und verkosten die hauchdünn aufgeschnittenen Scheiben, dazu werden natürlich friulanische Weine kredenzt (Consorzio del Prosciutto di San Daniele, Via Andreuzzi 8, ℅ 0432/957515, www.prosciuttosandaniele.it).

• *Information* **Ufficio Turistico**, Via Roma 3, in der Loggia neben dem Dom. ℅/℻ 0432/940765, www.infosandaniele.com.

• *Übernachten* *** **Alla Torre**, gepflegtes Haus ganz zentral beim Hauptplatz. DZ mit Frühstück ca. 100 €. Via del Lago 1, ℅/℻ 0432/954562, www.hotelallatorre.com.

*** **Friuli**, kleiner Stadtpalazzo mit Laubengang, zentrumsnah. Etwas günstiger als das Torre. Via Garibaldi 35, ℅ 0432/957162.

• *Essen & Trinken* **Enoteca La Trappola**, beliebtes Weinlokal, seit 1929 in einem schmalen Gässchen beim Dom versteckt, altehrwürdiges, von einer Säule gestütztes Gewölbe. Gute Weine und leckere Tagesgerichte, die man auch an einigen Plätzen im Freien kosten kann. Via Cairoli 2, ℅ 0432/942090.

L'Osteria di Tancredi, frisch renoviertes Weinlokal in einem alten Palazzo, hervorragende Weinauswahl, dazu San-Daniele-Schinken und friulanische Spezialitäten. Mi geschl. Via Monte Sabotino 10 (Seitengasse der Via Garibaldi), ℅ 0432/941594.

Antica Osteria Al Ponte, beliebte Trattoria mit schön überdachtem Garten. Fleisch vom Grill, *orzo e fagioli*, hausgemachte Nudeln. Mo und Di geschl. Via Tagliamento 13 (unterhalb vom Stadthügel), ℅ 0432/954909.

Dok dall'Ava, großes Schinkenzentrum, wo man speisen und natürlich den *prosciutto* auch kaufen kann. Di geschl. Via Gemona 29 (an der Durchgangsstraße unterhalb vom Hügelzentrum), ℅ 0432/940280, www.dallava.com.

Spilimbergo

Die kleine Stadt auf einer Terrasse oberhalb des Tagliamento-Tals besitzt ein kompaktes und hübsches Zentrum. Der kieselgepflasterte Corso Roma zieht sich als Fußgängerzone quer durch die Altstadt, flankiert von Arkadengängen und farbenfrohen Hausfassaden.

Die Fußgängerzone führt nach Osten durch die *Torre Orientale* zum rasenbestandenen Domplatz mit dem mächtigen gotischen Dom *Santa Maria Maggiore* aus dem 13. Jh., der zu den eindrucksvollsten im Friaul gehört. Er besteht aus drei asymmetrischen Schiffen. Die *Porta Moresca* an der Platzseite ist ein besonders schön gestaltetes Reliefportal, die Westfassade besitzt sieben eigentümliche Rosetten. Die schmalen Fenster lassen nur wenig Licht ins düstere, von freskenverzierten Säulen getragene Innere. Die Apsis ist vollständig mit Fresken aus der Schule des Vitale da Bologna (14./15. Jh.) ausgemalt. Bemerkenswert ist außerdem die Orgel aus dem 15. Jh., deren Bildwerke von Pordenone stammen.

Über eine Brücke kommt man in den Innenhof des *Kastells*. Es besteht aus mehreren aneinandergebauten Palazzi, von denen vor allem der *Palazzo Dipinto* („Bemalter Palast") mit seinen farbenfrohen Fassadenfresken aus dem 15. Jh. auffällt.

- *Information* **Ufficio Promozione Turistica**, im Kastell, links neben dem Palazzo Dipinto. Mo–Sa 9–12.30, 15–18.30 Uhr. ✆/✆ 0427/2274, www.prospilimbergo.org.

- *Übernachten* **Osteria/Trattoria Da Afro**, Osteria mit acht geschmackvoll eingerichteten Gästezimmern (→ Essen & Trinken). DZ mit Frühstück ca. 110 €. Via Umberto I 14, ✆/✆ 0427/2264, www.spilimbergo.com/afro.

* **Consul**, ordentliche Unterkunft in einem alten Stadthaus, Zimmer mit Kochgelegenheit ca. 45–50 €. Unten eine Trattoria, in der zu günstigen Preisen Hausmannskost serviert wird (So geschl.). Piazza Borgolucido 28, ✆ 0427/2322.

Vecchia Stazione, etwas außerhalb vom Zentrum, günstige Zimmer über einem Restaurant/Bar (Di geschl.) beim stillgelegten Bahnhof. DZ ca. 40–45 €. Via della Stazione 3, ✆/✆ 0427/2212.

- *Essen & Trinken* **Osteria/Trattoria Da Afro**, wenige Schritte westlich außerhalb des historischen Zentrums. Gepflegte Osteria im alten Stil, dunkle Holztäfelung, lange Bar und Speiseraum, auch Plätze im Freien. Leckere friulanische Küche, dazu große Weinauswahl. So geschl. Via Umberto I 14.

Osteria Bachero, eine Institution seit 1897, authentisch geblieben. Deftige Küche, z. B. *baccalà e trippe con polenta* oder *spezzatino di manzo e patate*, dazu süffiger Hauswein. Mo-Abend und So geschl. Via Pilacorte 5 (Seitengasse des Corso Roma), ✆ 0427/2317, www.osteriabachero.com.

Enoteca La Torre, an der gemütlichen Piazza beim Osttor (Torre Orientale). Beliebter Abendtreff für ein Glas, draußen steht man um große Weinfässer und sitzt auf Bierbänken, im gemütlichen Innenraum ertönt Jazzmusik. Fr/Sa bis 3 Uhr morgens geöffnet. ✆ 0427/2998.

Vor der Enoteca La Torre in Spilimbergo

Cividale del Friuli

20 km östlich von Udine liegt der stimmungsvolle Hauptort des DOC-Weinbaugebiets „Colli Orientali del Friuli" am steilen Flusstal des Natisone.

Julius Cäsar gründete hier 50 v. Chr. ein römisches Lager, das später namengebend für die gesamte Region wurde: „Forum Iulii" wurde zu Friaul. Später bauten die Langobarden Cividale zu ihrer Hauptstadt aus.

Zu den bedeutendsten Baudenkmälern zählt der Dom mit dem *Museo Cristiano* (Zugang vom rechten Kirchenschiff), dessen wichtigste Sehenswürdigkeiten das oktogonale Taufbecken des Calixtus (8. Jh.) und ein großartig skulptierter Altarblock aus dem frühen Mittelalter sind. Ein hervorragendes *Archäologisches Museum* ist im *Palazzo dei Provveditori Veneti* am Domplatz untergebracht. In malerischer Lage über dem Natisone-Fluss findet man außerdem den überaus sehenswerten *Tempietto Longobardo* aus dem 9. Jh. Ein ganz besonderer Anziehungspunkt ist jedoch der *Ponte del Diavolo*, der nur wenige Meter vom Dom den Natisone überspannt, pittoresk fallen die Steilfelsen zum grünen Flusstal ab.

- *Öffnungszeiten/Eintritt* **Museo Cristiano**, tägl. 9.30–12, 15–19 Uhr, Eintritt frei.
Archäologisches Museum, Sommer Mo 9–14 Uhr, Di–So 9–19 Uhr, Winter 8.30–14 Uhr; Eintritt ca. 2,10 €, frei unter 18 und über 60 J.
Tempietto Longobardo, April–September 9–13 und 15–18.30 Uhr, Oktober–März 10–13 und 15.30–17.30 Uhr; Eintritt ca. 2,10 €.
- *Information* Corso Paolino d'Aquileia 10, Hauptstraße der Altstadt. Mo–Fr 9–13, 15–18 Uhr. ✆ 0432/731461, 🖷 731398, www.cividale.com.
- *Übernachten* *** **Locanda al Castello**, Hotelschloss in ruhiger Hügellage, die 16 komfortablen Zimmer gehören zu einem großen Restaurant mit schöner Terrasse (Mi geschl.), Parkplatz. DZ mit Frühstück ca. 110 €. Via del Castello 20 (Località Fortino), ✆ 0432/733242, 🖷 700901, www.alcastello.net.
** **Pomo d'Oro**, sympathisches Albergo in der Altstadt, gleich hinter dem Hauptplatz Piazza Diacono. Sauber, ruhig und gepflegt, ansprechendes Inneres (Mi geschl.). In den Zimmern wurde z. T. das mittelalterliche Mauerwerk freigelegt. DZ mit Frühstück ca. 75 €. Piazza San Giovanni 20, ✆ 0432/731489, 🖷 701257, www.alpomodoro.com.
- *Essen & Trinken* **Antica Osteria alla Speranza**, im niedrigen Gewölbe mit Holztäfelung speist man gemütlich, dahinter liegt eine schattige Laube. Grillgerichte gehören zu den Spezialitäten. Di geschl. Piazza Foro Giulio Cesare 15, ✆ 0432/731131.
Taverna Longobarda, altes Stadthaus in einer ruhigen Seitengasse, große, schattige Terrasse. Als Primi die hausgemachten *gnocchi di zucca* (Kürbisklößchen) oder *gnocchi di patate* (Kartoffelklößchen) versuchen, danach die zahlreichen Fleisch- und Wildgerichte. Di-Abend und Mi geschl. Via Monastero Maggiore 5, ✆ 0432/731655.
Osteria Ai Tre Re, einladendes Lokal in etwas versteckter Lage, Tische im Hof unter Schilfdächern, vielfältige friulanische Küche, stets frisch zubereitet, aber auch z. B. *pollo al curry*. Di geschl. Via Stretta San Valentino 29, ✆ 0432/700416.
L'Elefante, liebevoll eingerichtete Weinschenke am hinteren Ende der Piazza Diacono, Holztische vor der Tür. Mi geschl. ✆ 0432/700966.
- *Shopping* In den **Pasticcerie** wird frische „gubana" angeboten, ein leckerer Kuchen mit einer Füllung aus Nüssen, Pinienkernen und Grappa, der seinen Ursprung in den Valli Natisone nördlich von Cividale hat.
Consorzio Tutela Vini DOC, der Schutzverband „Colli Orientali del Friuli" hat seine Niederlassung neben dem Turm des Doms. Mo–Fr 8.30–12.30, 14–17.30 Uhr, Sa/So geschl. Via G.B. Candotti 3, ✆ 0432/730129, www.colliorientali.com.

Cormòns

Kleines, unspektakuläres Marktstädtchen und Weinbauzentrum des Collio in üppig grüner Umgebung. Hier findet man einige besonders gute Adressen, um die regionale Küche zu kosten und einen Tropfen zu trinken.

- *Übernachten* *** **Felcaro**, gemütliche Villa aus der Jahrhundertwende mit moderner Dependance, Pool, Tennis, Sauna, Gymnastikraum, Fahrradverleih. Gutes Restaurant, im Sommer sitzt man schön im Freien (Mo geschl.). DZ mit Frühstück ca. 60–100 €. Via San Giovanni 45 (nördlich vom Zentrum), ✆ 0481/60214, 🖷 630255, www.hotelfelcaro.it.
La Subida, 12 stilvoll-rustikale Apartments für ca. 65–90 €, weiterhin Pool, Tennisplatz, Fahrräder, Reitpferde und Kinderspielplatz. Zum Anwesen gehören eine gehobene Trattoria und eine gemütliche Osteria. Località Monte 22, großes Areal etwas nordöstlich außerhalb (beschildert), zu erreichen über die SS 409, ✆ 0481/60531, 🖷 61616, www.lasubida.it.

B & B Tana dei Ghiri, schönes Privatquartier mit herrlichem Blick über Cormòns, Familie Gandrus spricht Deutsch und vermietet fünf hübsche Zimmer. DZ ab ca. 70 €. Località Monte 40, ☎/✆ 0481/61951, 335-6038612, tanadeighiri@email.it.

TIPP! B & B La Casa di Alice, Anna Brandolin und ihr Partner Massimo vermieten in ihrem komfortabel renovierten Bauernhof drei geräumige Zimmer, Anna kocht fantastisch und spricht Deutsch, Massimo Englisch. Außergewöhnliches Ambiente, wunderbares Frühstück und sehr freundliche Aufnahme. DZ ca. 75–95 €. Via Ara Pacis 22 (ein paar Minuten südlich vom Zentrum), ☎ 335-377994, ✆ 61743, www.wel.it/alice.

Agriturismo Casa Mafalda, restauriertes Landhaus inmitten der Weinberge, liegt etwas nordöstlich außerhalb. Familie Losetti vermietet vier komfortable, saubere Zimmer jeweils mit TV/Bad. DZ mit Frühstück ca. 65 €, zusätzliches Bett 19 €, ganzjährig. Natürlich gibt's auch leckeren Wein zum probieren (und kaufen). Località Pradis Nr. 23, 0481/630601, casa.mafalda@virgilio.it.

• *Essen & Trinken* **Al Giardinetto**, die weit über die Grenzen des Friaul bekannte Trattoria von Giorgio und Paolo Zoppolatti genießt exzellenten Ruf und bietet kreative Speisen österreichischer und friulanischer Art. Gehobene Preise, aber kein „Schickimicki". Plätze sind limitiert, Reservierung nötig. Mo und Di geschl. Drei Gästezimmer für ca. 75–95 €. Via G. Matteotti 54 (im Zentrum, kurz unterhalb vom Dom), ☎ 0481/60257, 630704, algiardinetto@tin.it.

Antica Osteria all'Unione, traditionelle friulanische Küche zu korrekten Preisen, dazu Weine von kleinen unbekannten Winzern, wo man keinen „Bekanntheitsaufschlag" zahlen muss. Mo geschl. Via P. Zorutti 14, ☎ 0481/60922.

Enoteca di Cormòns, die sympathische Enoteca bietet Weine von zwei Dutzend Produzenten. Man kann gemütlich in den Innenräumen oder im schönen Innenhof sitzen. Hier erhält man auch den berühmten „Vino della Pace", der aus fast 600 Rebsorten aus aller Welt gekeltert wird. Mi–So 10–13, 17–21 Uhr, Di geschl. Piazza XXIV Maggio 22 (ganz zentral im Palazzo Locatelli am großen Hauptplatz), ☎ 0481/630371, enotecadic@virgilio.it.

Il Cantiniere, schöne, alte Gastwirtschaft mit gemütlichem Garten, zum Wein gibt es lokale Wurst- und Käsesorten, aber auch Schinken aus San Daniele. Di geschl. Südlich von Cormòns an der SS 305 Udine – Monfalcone, ☎ 0481/67461.

• *Nachtleben* **Jazz & Wine le bar**, populäre Bar, in der sich alles um Jazz und Wein dreht. Via Matteotti 78.

Palmanova

Die Kleinstadt liegt auf halbem Weg zwischen Udine und der Küste um Grado, am Schnittpunkt der Autobahnen nach Venedig, Triest und Udine. Zwar gänzlich überwuchert, aber noch vollständig erhalten ist die Stadtbefestigung mit ihren drei Ringen aus jeweils neun gewaltigen Bastionen, die von den Venezianern im 16. Jh. als Grenzfestung gegen die Habsburger und die Türken in perfekter Sternform angelegt wurde – eine Symmetrie ohne jeden Makel.

Die hochtrabenden Pläne, die die Venezianer mit dem stolzen Bollwerk hatten, wurden allerdings nie Wirklichkeit. Anstatt wichtigster Brückenkopf der Serenissima auf dem Festland und eine der stärksten Festungen Europas zu werden, fristete das Städtchen als unattraktive Garnisonsstadt sein Dasein.

Durch eins der schmalen Tore fährt man hinein und landet auf der riesigen und fast völlig leeren sechsseitigen Piazza Grande mit dem strahlend weißen *Dom*. Sechs Hauptstraßen gehen von hier strahlenförmig aus, die Nebenstraßen wiederholen das Sechseck. Das *Museo Civico* am Borgo Udine 4 zeigt Relikte der Stadtgeschichte, im Osttor ist ein *Militärmuseum* untergebracht. Links neben dem Tor kann man auf den dicht mit Gras, Büschen und Bäumen bewachsenen Wall hinaufsteigen.

• *Öffnungszeiten/Eintritt* **Civico Museo Storico**, Mo, Di u. Do–Sa 9.30–12.30, 16–18 Uhr, So 9.30–12.30, Mi geschl., Eintritt ca. 2 €.

Museo Storico Militare, Mo–Sa 9–12, 16–18 Uhr, So 9–12 Uhr, Eintritt ca. 2 €.

TIPP! Der Agriturismo **Mulino delle Tolle** liegt in Sevegliano an der Straße nach Aquileia. Hier wird noch alles von der Familie erledigt: Feldbau, Weinerzeugung, Viehmast, Schlachtung und Zubereitung. Vermietet werden gepflegte Zimmer, das Restaurant ist Mi–So geöffnet, das hauseigene Weingut liegt etwas außerhalb. Die Tochter des Hauses spricht Deutsch. DZ ca. 70 €, EZ ca. 50 €. Geschl. im Jan. während der Weinlese (1. Sept.–15. Okt.). ✆ 0432/924723, www.mulinodelletolle.it.

▸ **Aiello del Friuli:** Südwestlich von Palmanova liegt das Dorf der Sonnenuhren. Über 50 davon sind über den ganze Ort verteilt, alle künstlerisch und handwerklich herausragend, keine ähnelt der anderen.

Aquileia und Grado siehe S. 256

Görz

Gorizia • ca. 43.000 Einwohner

Die Provinzhauptstadt am Isonzo ist eine geteilte Stadt: Der gesichtslose Ostteil nennt sich Nova Gorica und gehört zu Slowenien, während im historischen Görz mit seiner mittelalterlichen Burg die italienische Flagge weht.

Seit dem Mittelalter regierten die aus Tirol stammenden Grafen von Görz über die Stadt. Mit ihrem Aussterben fiel sie Ende des 15. Jh. an die Habsburger. Deren Herrschaft dauerte über 400 Jahre und hat das Stadtbild nachhaltig geprägt: Die zwiebeltürmige Barockkirche *Sant'Ignazio* und die behäbigen Paläste geben Gorizia einen österreichischen Anstrich. Der ansprechend gestaltete, barocke Dom *Santi Ilario e Taziano* beherbergt das Grab des letzten Grafen von Görz. Über dem Stadtzentrum thront die mittelalterliche Grafenburg, die von den Habsburgern erweitert wurde. Beim Aufstieg durch die Oberstadt *Borgo Castello* kommt man an den Musei Provinciali vorbei – aufgeteilt in das *Museo della moda e delle arti applicate* (traditionelle Mode, Stoffherstellung und örtliche Seidenproduktion), das *Museo di Storia e Arte* (Archäologie und Geschichte) und das *Museo della Grande Guerra* (Isonzo-Schlachten des Ersten Weltkriegs). Die Burg selbst gehört zu den besterhaltenen der Region, eine Konstruktion wie aus dem Schulbuch.

Gorizia ist Zentrum des hügligen *Collio*, wo die besten Weißweine des Friaul wachsen. Kosten kann man sie in den zahlreichen Weingütern an der *Weinstraße* nördlich der Stadt – entlang der slowenischen Grenze führt sie über San Floriano nach Cormòns (→ S. 251). Gorizia ist aber auch Ausgangspunkt für die Besichtigung der Isonzo-Schlachtfelder, die vor allem südlich der Stadt und im slowenischen Karst liegen.

• *Öffnungszeiten/Eintritt* **Duomo Santi Ilario e Taziano**, werktags 8.30–13, 16–19, So 7–13, 16–19 Uhr.
Musei Provinciali, Sommer Di–So 10–19 Uhr, Mo geschl., Winter 10–13, 14–19 Uhr, Mo geschl.; Eintritt 3 €.
Castello, April bis Sept. 9.30–13, 15–19.30 Uhr, Mo geschl., Okt. bis März 9.30–18 Uhr, Mo geschl.; Eintritt 3 €.

• *Information* **AIAT**, Palazzo della Regione, Via Roma 5. ✆ 0481/386222/4/5, 🖂 386277, www.gorizia-turismo.it.

• *Übernachten* ***** Alla Transalpina**, kürzlich modernisiertes Haus direkt an der slowenischen Grenze, gut eingerichtete Zimmer mit TV, Garten, Parkplatz, großes Restaurant. DZ mit Frühstück ca. 70 €. Via Giuseppe Caprin 30, ✆ 0481/530291, 🖂 535475, www.hotel-transalpina.com.

* Sandro, zentrale Lage, anständige Zimmer in einem mit Weinlaub und Puttenstuck hübsch verzierten Haus. DZ mit Bad ca. 55 €. Via Santa Chiara 18 (Nebenstraße zum Corso Verdi), ✆ 0481/533223.

TIPP! B & B Palazzo Lantieri, der Palast entstand 1350 als befestigter Stadtbau mit Namen „Palais Schönhaus", seit 1505 bis heute ist er in Besitz der Familie Levetzow-

Lantieri. Im Lauf der Jahrhunderte wurde er immer weiter ausgebaut, ist heute über 100 m lang und besitzt einen herrlichen Park. Die freundlichen Gräfinnen Clementina und Carolina Lantieri vermieten ein Dreibettzimmer, ein DZ und ein Einzel. Morgens wird ein leckeres Frühstück mit Obst aus dem Garten serviert. DZ mit Frühstück ca. 130 €. Piazza Sant'Antonio 6. ✆ 0481/533284, ✉ 531453, palazzolantieri@ activeweb.it.

- *Essen & Trinken* **Rosenbar**, die aufmerksam geführte Trattoria liegt beim großen Parco della Rimembranza. Im Gastgarten vor dem Haus kann man schön im Freien sitzen. Hervorragende Fischküche, lecker z. B. die mit Radicchio gefüllten Calamari. Mo geschl. Via Duca d'Aosta 96, ✆ 0481/522700.

Al Chiostro, schattige Tische im Laubengang der Piazza Sant'Antonio, gegenüber vom Palazzo Strassoldo, gemütlich und ruhig. Mo-Abend und Di geschl. ✆ 0481/536430.

Alla Luna, alteingesessene und relativ preiswerte Trattoria, urig-rustikal eingerichtet. Elena bietet gute traditionelle Küche nach österreichischer Art, natürlich auch Gulasch und zum Nachtisch Strudel. So-Abend und Mo geschl. Via Oberdan 13, ✆ 0481/530374.

▸ **Gradisca d'Isonzo**: Das Städtchen am Isonzo liegt etwa 10 km südwestlich von Gorizia. Hier sind die Spuren der k.u.k.-Monarchie noch augenfälliger, denn erst 1921 wurde Gradisca italienisch. Von der venezianischen Herrschaft im 15 Jh. sind weite Teile der *Stadtmauer* erhalten, am nördlichen Rundturm prangt noch der Löwe.

- *Übernachten* ** **Al Trieste**, sauberes und freundliches Domizil am südlichen Ende der riesigen Piazza d'Italia. DZ mit Bad ca. 65 €. Viale Trieste 2, ✆ 0481/99100.

* **Al Pellegrino**, DZ mit Bad 40 €, ohne 35 €, bescheidene Zimmer. In neapolitanischen Händen, lebendiger Pizzagarten. Piazza Marconi 5 (unweit vom Nordende der Stadtmauer), ✆ 0481/99918.

- *Essen & Trinken* **Antica Trattoria alla Viole**, eine der ältesten Trattorien der Gegend, gemütliche Innenräume und schattige Plätze im Freien. Geführt von Marco Felluca, einem sehr bekannten Winzer im Friaul. Di geschl. Via Gioricia 44 (einige Kilometer außerhalb in Farra d'Isonzo, am Weg nach Gorizia), ✆ 0481/961326.

TIPP! Mulin Vecio, stimmungsvolle Osteria mit Garten in einer ehemaligen Mühle. Schinken, Würste und eingelegtes Gemüse gehören zu den Spezialitäten. Mi und Do geschl. Via Gorizia 2 (jenseits der Grünanlage, die vor der nördlichen Stadtmauer liegt), ✆ 0481/99783.

- *Weinstuben* **La Serenissima**, gute Adresse, um die Weine des Collio zu testen, auch Verkauf. Mo geschl. Via Cesare Battisti (Altstadt), ✆ 0481/99528.

▸ **Monte San Michele**: Von den zwölf Isonzo-Schlachten wurde die Hälfte auf diesem Hügel ausgetragen, der etwa 4 km östlich von Gradisca liegt. Zahlreiche Gedenkstätten gibt es im Gelände, von „Cima 3" aus sieht man weit über die Isonzo-Ebene, auf der anderen Seite bis zum Meer. Im Museum ausführliche Dokumentation mit Fotos und Karten.

Öffnungszeiten/Eintritt **Museum**, Mitte Mai bis Sept. 9–11.45 und 15–17.45 Uhr, Okt. bis Mitte Mai 9–11.45 Uhr, Mo geschl., frei.

▸ **Militärfriedhof von Redipúglia**: 7 km südlich von Gradisca liegt an der Nationalstraße nach Triest Italiens größter Militärfriedhof – ein Beispiel größenwahnsinniger faschistischer Architektur. Eine Treppe von 22 Stufen, jede 2 m hoch und 12 m breit, birgt die Überreste von 40.000 identifizierten Gefallenen der Isonzo-Schlachten. Zuoberst eine Votivkapelle, beidseits von ihr ein Sammelgrab für jeweils weitere 30.000 nicht identifizierte Soldaten. Am Fuß der Treppe ruht unter einem 75 Tonnen schweren Steinblock der *Herzog von Aosta*, Kommandant der 3. Armee, die in den Isonzo-Schlachten eine Hauptrolle spielte. Gegenüber der Gedenkstätte, auf der anderen Straßenseite, wurde ein *Museum* eingerichtet.

Küste von Lignano bis Triest

Zwischen den Mündungen des Flusses Tagliamento im Westen und dem Isonzo im Osten erstreckt sich ein riesiges, flaches Lagunengebiet mit Flussläufen, kilometerlangen Stränden, zahllosen Inseln und breiten Sandbänken.

Lignano

Moderne Badestadt auf einer weit nach Osten vorstoßenden Landzunge, bestehend aus den drei Ortsteilen *Riviera*, *Pineta* und *Sabbiadoro* – letztere ganz an der Zungenspitze und das städtisch-touristische Zentrum Lignanos. Davor ein riesiges Strandareal, gut 8 km lang, mit Uferstraße und dichter Pineta. Im Sommer tobt das Nachtleben, aber auch für Familien mit Kindern ist viel geboten: der Wasser-Vergnügungspark Aquasplash, ein Zoo und ein Lunapark sowie der Themenpark Gulliverlandia, der die Illusion vermittelt, sich inmitten reichhaltiger Meeresfauna zu befinden.

• *Anfahrt/Verbindungen* **PKW**, gut ausgebaute Schnellstraße ab Latisana, von der A 4 Venedig-Triest Ausfahrt Latisana. **Bahn**, nächste Bahnstation ist **Latisana** (Lignano-Bibione) an der Strecke Venedig-Triest, von dort fahren häufig Busse (Busabfahrt nicht weit vom Bahnhof).

• *Information* **AIAT**, Via Latisana 42, großes Büro im Ortsteil Sabbiadoro, viele Prospekte, Zimmervermittlung. Tägl. 8.30–12.30, 15–19 Uhr. ☎ 0431/71821, 🖷 70449, 899278. www.aiatlignano.it.
Zweigstelle am Ortseingang, Via dei Pini 53, ☎ 0431/422169, 🖷 422616.
Internet: www.lignano.it, www.lignano.com, www.lignano.org.

• *Übernachten* Wer in einem der über 150 Hotels nächtigen will (mehrere Tage Aufenthalt werden in der Regel erwartet), wendet sich am besten an das Booking Center „Lignano Vacanze", Via Latisana 44 (neben Info-Büro), ☎ 0431/723133, 🖷 722800, www.lignanovacanze.it.

*** Capanna d'Oro, ansprechend gestaltetes Haus an der Uferstraße mit großem Garten, von den Zimmern z. T. Blick aufs Meer, hübsche Frühstücksterrasse. DZ mit Frühstück ca. 100–130 €. Lungomare Trieste 124, Sabbiadoro, ☎ 0431/71240, 🖷 73816, www.hotelcapannadoro.com.

*** Ambassador, völlig renoviert, geräumige Zimmer mit Sat-TV, hübscher Pool mit kleinem Kinderbecken, Garten mit Spielecke für Kinder. DZ mit Frühstück ca. 70–105 €. Viale Centrale 44, Ortsteil Pineta, ☎ 0431/422410, 🖷 427949, www.ambassadorhotel.it.

** La Perla, ruhige, trotzdem zentrale Lage, moderne Zimmer mit Sat-TV, privater Parkplatz, Restaurant, DZ mit Frühstück ca. 52–80 €, inbegriffen sind reservierte Liegestühle am Strand (200 m entfernt). Via Padana 10, Sabbiadoro, ☎ 0431/71539, 🖷 71445, www.hotelperlalignano.com.

* Ornella, eins der günstigsten Häuser am Ort, zentrale Lage, 26 Zimmer, einige Parkplätze vorhanden. DZ mit Frühstück ca. 52–76 €. Via Adriatica 11, Sabbiadoro, ☎ 0431/71262, 🖷 720133, hotel.ornella@virgilio.it

**** Camping Sabbiadoro, großer Platz in zentraler Lage zwischen Pineta und Sabbiadoro, viele österreichische Jugendliche kommen hier unter, reichlich Schatten durch hoch gewachsene Pineta und Laubbäume, großer Pool, 250 m zum Strand. April bis Mitte Sept. ☎ 0431/71455, 🖷 721355, www.campingsabbiadoro.it.

**** Pino Mare, bei Lignano Riviera, direkt an der beschaulichen Mündung des Tagliamento. Guter Baumbestand und eigener Wasserpark, davor breiter Strand, der hier ein riesiges Dreieck bildet. April bis Mitte Sept. ☎ 0431/428512, 🖷 427480, www.campingpinomare.it.

• *Essen & Trinken* **Bidin**, aufmerksam und freundlich geführt, gilt wegen seiner hervorragenden Meeresküche als eins der besten Restaurants der Badestadt. Eine Enoteca ist angeschlossen. Gehobene Preise. Mi-Mittag geschl. Viale Europa 1, ☎ 0431/71988.
Alla Vecchia Finanza, direkt beim Camping Pino Mare an der Tagliamento-Mündung, rustikales Restaurant abseits vom Trubel, ausschließlich Fisch wird hier serviert. ☎ 040/424440.

256 Friaul-Julisch Venetien

Da Willy, einige Kilometer landeinwärts vom Ortsteil Pineta (beschildert), am Ufer des Tagliamento. Gemütliches Ambiente in einem schilfgedeckten Haus im Grünen, Fisch und Fleisch vom Holzkohlengrill. Via Casabianca 9, ✆ 0431/428743.

Messico, mexikanische Küche und Pizza mit Meerblick, dazu mexikanische Biere und Tequila, Terrasse zum Meer hin. Lungomare Trieste 110 (an der Uferstraße in Sabbiadoro), ✆ 0431/73517.

Farmacia dei Sani, in der „Apotheke für die Gesunden" kann man die Weine der Region kosten, dazu Antipasti und leckere Pasta essen. Di geschl. Via Latisana 44/a, neben der Informationsstelle.

● *Nachtleben* **La Nicchia del Mediterraneo**, beliebte Weinbar in der Fußgängerzone, große Auswahl und hausgemachte Sangria. Via Tolmezzo 45.

Café Gossip, schöne Location in der Terrazza Mare, dem auffallenden Wahrzeichen von Lignano im östlichen Strandbereich, wo man sich auf der Terrasse den Meerwind um die Nase wehen lassen kann. Im Sommer häufig Live Jazz, am Wochenende legt ein DJ auf.

Tenda Bar, *der* Treff in Pineta, meist rappelvoll, DJs legen auf, oft auch Live-Musik. Piazza Marcello d'Olivo 7, an der zentralen Piazza von Pineta.

Drago, Jugenddisco unter einer Straßenbrücke zwischen Camping Sabbiadoro und Zentrum. Eintritt mit Getränk ca. 5–7 €. Im Hochsommer tägl. Viale Centrale 1, ✆ 0431/71661, www.dragoclub.com.

Bunker, in Lignano Pineta, im Hochsommer Shuttlebus ab Sabbiadoro. Geöffnet Mai und erste Septemberhälfte Do–So, Juni bis August tägl. Corso degli Alisei 11, ✆ 0431/420642, www.discobunker.it.

▶ **Marano Lagunare:** sympathisches Örtchen mit großem Fischereihafen in reizvoller Lagunenlandschaft. Durch eine kleine Fußgängerzone gelangt man auf die zentrale Piazza Vittorio Emanuele, die heimelig wie ein Wohnzimmer wirkt. Hier steht das Wahrzeichen Maranos, der Uhrturm, genannt *Torre millenaria*. Direkt am westlichen Ortsrand wurde 1992 das Naturschutzgebiet „Valle Canal Novo" eingerichtet – netter Spaziergang durch romantische Lagunenlandschaft, über Holzbrücken durch mannshohen Schilf und vorbei an schnatternden Entenfamilien.

● *Öffnungszeiten/Eintritt* **Valle Canal Novo**, Februar bis Mitte Juni Di–So 9–17 Uhr, Sa 9–18 Uhr, So 9–19 Uhr, Mo geschl.; Mitte Juni bis Mitte Sept. Di 9–13.30 Uhr, Mi–So 9–13.30, 16–20 Uhr, Mo geschl., Mitte Sept. bis Januar Di–So 9–17 Uhr, Mo geschl.; Eintritt ca. 3 €, Stud. 2 €.

Aquileia

ca. 3500 Einwohner

Das heute unbedeutende Städtchen am stillen Flusslauf besitzt eine monumentale romanische Basilika mit einem einzigartigen Mosaikboden, ist außerdem die wichtigste römische Ausgrabung im Nordosten Italiens. Seit 1998 gehört Aquileia zum Weltkulturerbe der UNESCO.

Das antike Aquileia war wirtschaftliches Zentrum der oberen Adria und zeitweise eine der größten Handelsstädte des römischen Imperiums. Über 100.000 Einwohner lebten hier und trieben über ihren Meereshafen, das heutige Grado, Handel mit dem östlichen Mittelmeer und dem germanischen Norden. An der Küste wurden die ankommenden Waren auf kleine Schiffe verladen, die sie den Fluss Natissa hinauf bis in die Stadt transportierten. Auch in frühchristlicher Zeit konnte Aquileia seine Bedeutung behalten und spielte eine Vorreiterrolle in der Ausbreitung des Christentums, bis die Hunnen Attilas im 5. Jh. die Stadt dem Erdboden gleichmachten. Im 11. Jh. gelangte Aquileia unter dem Patriarchen Poppone zu neuer Blüte, die Basilika entstand.

● *Anfahrt/Verbindungen* **PKW**, Aquileia liegt direkt an der Zufahrtsstraße von Cervignano nach Grado.

Bahn, nächster Bahnhof ist **Cervignano** an der Strecke von Venedig bzw. Udine nach Triest, Busse pendeln nach Aquileia.

● *Information* Am Platz vor der Basilika. 9–12.40, 14–17 Uhr, Do geschl. ✆ 0431/919491.

Größter Mosaikboden aus frühchristlicher Zeit

● *Übernachten (siehe Karte S. 258)*
*** **Patriarchi (2)**, direkt an der Durchgangsstraße, bei der Einfahrt zur Basilika. 22 gut ausgestattete Zimmer. Mit Parkplatz. DZ mit Frühstück 80–85 €. ✆ 0431/919595, ✉ 919596, www.hotelpatriarchi.it.
* **Aquila Nera (4)**, ordentliches Albergo an der zentralen Piazza, ruhig, gute Küche. DZ ca. 70–75 €. Piazza Garibaldi 5, ✆ 0431/91045.
Ostello Domus Augusta (IYHF) (3), Jugendherberge in einer früheren Schule, die Rückfront grenzt direkt an den Flusslauf.
Geräumig und gut ausgestattet, 92 Betten in DZ (18 € pro Pers.) und Mehrbettzimmer (16,50 € pro Pers.), Frühstück incl. TV-Raum, Waschmaschine, Fahrradverleih. Via Roma 25, ✆ 0431/91024, ✉ 917105, www.ostelloaquileia.it.
** **Camping Aquileia (1)**, Wiese mit viel Baumschatten, Restaurant, Pool und Kinderbecken. Mitte Mai bis Mitte Sept. Am nördlichen Ortsrand die Straße nach Osten nehmen (beschildert), ✆ 0431/91042, 919583, www.campingaquileia.it.

Sehenswertes

Der weite und lichte *Innenraum* der romanischen Basilika aus dem 11. Jh. wird durch zwei Säulenreihen in drei Schiffe unterteilt. Die Holzdecke in Form eines Schiffskiels stammt aus dem 16. Jh., der Altarraum liegt etwas erhöht und ist mit verblassten byzantinischen Fresken aus dem 11. Jh. ausgemalt. Der wellige *Mosaikboden* zieht sich über die ganze Länge des Kirchenschiffs und stammt aus dem 4. Jh. Er gilt als das *bedeutendste und größte frühchristliche Mosaik Europas* und wurde erst Anfang des 20. Jh. entdeckt – beim Umbau im Mittelalter hatte man einfach einen zweiten Boden über das Meisterwerk gezogen. Dargestellt sind hauptsächlich Meeresszenen, u. a. Engel und Apostel, die auf Fischfang gehen (bekannte christliche Symbolik), die Episoden um Jonas, der von einem Ungeheuer verschlungen (Tod Christi) und wieder ausgespien wird (Auferstehung), der Kampf von Hahn (Christus) und Schildkröte (Mächte der Finsternis), außerdem Fische und Meerestiere aller Art.

Die *Cripta degli Affreschi* unter dem Altar ist mit hübsch bunten, naiv anmutenden Fresken des 12. Jh. ausgemalt. In vergitterten Wandschränken sind reich geschmückte Reliquien aus Knochenresten ausgestellt.

Besonders sehenswert ist die lang gestreckte *Cripta degli Scavi*, links vom Kirchenschiff (Zugang gleich hinter der Fassade). Auf einem gläsernen Steg schreitet man über die weitläufigen Mosaikböden früherer Basiliken und Häuser mit filigranen Mustern von Blumen, Tieren und Ornamenten. Vor allem im hintersten Abschnitt gibt es wunderschöne Darstellungen von bunten Vögeln, Hummern, Widdern, Hahn und Schildkröte etc.

Öffnungszeiten/Eintritt Mai bis Okt. tägl. 9–19 Uhr, Nov. bis April 8.30–12.30, 14.30–17.30 Uhr. Eintritt in die Kirche frei, Sammeleintritt für beide Krypten ca. 3 €, deutschsprachige Hinweisblätter.

Römische Stadt: sehr stark zerstört. Was die Hunnen stehen gelassen hatten, nutzten die Venezianer später als Steinbruch. Erhalten sind das eingezäunte *Forum* direkt an der Durchgangsstraße, Reste von Häusern, eine Grabstätte *(sepolcreto)* und der Flusshafen. Schön ist der etwa 1 km lange Spaziergang auf der Zypressenallee *Via Sacra* den halb zugewachsenen Fluss entlang Richtung Norden. Beginn des Wegs hinter der Basilika, man kommt an den Hafenanlagen des *Porto Fluviale Romano* vorbei und endet an der Straße zum Campingplatz Aquileia. Dort in der Nähe kann man noch das *Museo Paleocristiano* besuchen, das hauptsächlich frühchristliche Inschriften und Mosaiken besitzt.

Von der Basilika aus auf der anderen Seite der Durchgangsstraße liegt das *Archäologische Museum* (Eingang Via Roma) mit zahlreichen Funden aus römischer Zeit.

Öffnungszeiten/Eintritt **Museo Paleocristiano**, tägl. 8.30–14 Uhr, Eintritt frei; **Museo Archeologico**, tägl. 9–14 Uhr, ca. 4 €.

Grado

ca. 10.000 Einwohner

Das einstige Fischerdorf weit draußen in der Lagune ist über einen kilometerlangen Autodamm zu erreichen. Es ist zu einer modernen Badestadt gewachsen, deren sympathisch verwinkelter Kern aber ausgezeichnet erhalten und durch einen begehbaren Damm zum Meer hin geschützt ist. Zwei lange Sandstrände liegen zu beiden Seiten benachbart.

Bereits zur k.u.k.-Zeit genoss Grado einen guten Ruf als Thermalkurort, der Adel und das vermögende Bürgertum aus der Habsburger Monarchie kamen zuhauf zur Sommerfrische. Auch heute gibt es einen großen Thermalbereich und der mit Mineralien angereicherte Sand wird für Kuranwendungen genutzt. Die lange *Spiaggia Principale* östlich vom alten Ortskern ist gänzlich mit kostenpflichtigen

Grado

Badeanstalten belegt, an der Inselspitze westlich vom Zentrum liegt dagegen der frei zugängliche Strand *Costa Azzura*. Generell fallen die Strände sehr flach ins Wasser ab, man kann weit hinauslaufen – ideal für Kinder.

• *Anfahrt/Verbindungen* Kostenfreier **Parkplatz** auf der Isola della Schiusa, gleich nach der Brücke links („Riva Garibaldi").

• *Information* **AIAT**, im Viale Dante Alighieri 72, Fußgängerzone hinter dem Strand, parallel zum Lungomare. Mo–Fr 9–18, Sa/So 9–18.30 Uhr. ✆ 0431/877111, ✉ 83509, www.gradoturismo.it, www.gradoit.it.

• *Übernachten* ***** Villa Reale**, prächtige herrschaftliche Villa, in dritter Generation aufmerksam und freundlich geführt von Maria Vianello. In den behaglichen Zimmern Parkettböden, schöner Garten, ruhig, Garage. Ein Haus voll „Grandezza" und Atmosphäre. DZ ca. 100–175 €, Frühstück extra. Via Colombo 11/Ecke Viale Dante (in der Fußgängerzone), ✆ 0431/80015, ✉ 80520, www.hotelvillareale.com.

*** Marea, direkt am aufgeschütteten Damm vor der Altstadt, sehr ruhig, vorne raus Panoramablick aufs Meer, von zwei Deutsch sprechenden Schwestern freundlich geführt. Mit Parkgarage. DZ mit Frühstück ca. 75–90 €. Via dei Provveditori 6, ✆/✉ 0431/81206, www.hotelmarea.it.

** Sirenetta, in unmittelbarer Nähe zum frei zugänglichen Weststrand, allerdings durch eine Straße vom Strand getrennt. DZ ca. 76–86 €, Frühstück extra. Via Milano 1, ✆ 0431/80404, ✉ 80807.

* Al Sole Meuble, schräg gegenüber vom Thermalwasser-Park, wenige Schritte zur großen Strandzone. 9 Zimmer, Parkplatz, kleiner Garten. DZ mit Frühstück ca. 47–60 €. Viale del Sole 31, ✆ 0431/80370, ✉ 877221, solemare@xnet.it.

Mehrere Zeltplätze liegen östlich vom Ort direkt am Strand. **** Al Bosco** mit dichtem Baumbestand ist der nächste (ca. 3 km), sympathische Bar/Trattoria, hübsches Waldgelände, Mai bis Sept. ✆ 0431/80485, ✉ 81008, www.campingalbosco.it.

Etwa 4 km weiter befinden sich die schön gelegenen und komfortabel ausgestatteten Vier-Sterne-Plätze **Punta Spin** (April bis Sept., ✆ 0431/80732, ✉ 83530, www.puntaspin.com), **Europa** (April bis Sept., ✆ 0431/80877, ✉ 82290, www.campingeuropa.it) und **Tenuta Primero** (Mai bis Mitte Sept., ✆ 0431/896900, ✉ 896901, www.tenuta-primero.com).

• *Essen & Trinken* **Alla Fortuna „Da Nico"**, wenige Schritte vom Hafen. Nico Mazzolini bereitet frischen Fisch und Meeresfrüchte nach traditionellen Rezepten zu. Nicht billig. Do geschl. Via Marina 10, ✆ 0431/80470.

Alla Vittoria, beliebtes Freiluftlokal bei der Ausgrabung der Basilica del Campo. Piazza Biagio Marin, ✆ 0431/80744.

In Piasèta, unprätentiöse Spaghetteria an einem kleinen Platz am Beginn der Altstadt, für Grado-Verhältnisse günstig, auch Fisch und Pizza. Campo Porta Nuova.

Al Quattro Pioppi, einfaches Landlokal mit *carne e pesca alla griglia* zu erfreulich günstigen Preisen. Fr–So mittags und abends, sonst nur abends. Einige Kilometer außerhalb, die Ausfallstraße nach Osten nehmen und nach dem Canale Asonzato rechts abzweigen (beschildert), ✆ 0481/711584.

• *Sport* **Parco Termale Acquatico**, großer Thermalwasser-Park unmittelbar hinter der Strandpromenade. 85 m langes Meerwasserbassin mit Rutschen und künstlichen Wasserfällen, außerdem Hydromassage, Gegenstromkanal, Whirlpool, begrünte Liegeflächen und Spielgelegenheiten für Kinder. Tageskarte kostet für Erw. ca. 10 €, Kinder 5 €. ✆ 0431/899350.

Sehenswertes: Der malerische kleine *Hafen* ist durch einen langen Kanal mit der Lagune verbunden – hier kann man den zahlreichen Fischern zusehen, die ihre Netze sortieren. Ein interessantes Schauspiel bietet sich werktags jeweils ab 8 und 15 Uhr im *Mercato Ittico* an der Ostseite des langen Hafenkanals, wenn der frische Fang unter den örtlichen Händlern und Gastronomen versteigert wird.

Das historische Zentrum mit seinen geduckten grauen Häusern und engen gepflasterten Gassen ist für den motorisierten Verkehr gesperrt. An einem freien Platz steht die Pfarrkirche *Sant'Eufemia*, ein großer Backsteinbau aus dem 6. Jh., deren gesamter Innenraum von einem herrlichen Mosaikboden eingenommen wird. Gleich daneben gewaltige römische Sarkophage und ein großes *Baptisterium* mit sechseckigem Taufbecken und ebenfalls Mosaikboden. Wenige Schritte entfernt steht die Kirche *Santa Maria delle Grazie*, in der eine Marienstatue verehrt wird. Ihr ursprünglicher Boden, ebenfalls Mosaik, liegt ein ganzes Stück tiefer als der heutige. Die *Markthalle* findet man an der Piazza Duca d'Aosta, mit wenigen Schritten kommt man von dort zum Damm, der als bevorzugte Flanier- und Sonnenpromenade fungiert. Unmittelbar östlich der Altstadt hat man auf der Piazza Marin die frühchristliche *Basilica del Campo* ausgegraben.

Gediegene Kuratmosphäre herrscht in den modernen Straßenzügen östlich der Altstadt. Am Fischerhafen beginnt der *Viale Europa Unità*, die quirlige Flanier- und Einkaufsstraße mit zahlreichen Cafés, Ristoranti und Boutiquen. Er trifft auf den *Viale Dante*, die lange Fußgängerzone, die sich parallel zum Lungomare und Strand nach Osten zieht. Hier durchquert man bald nach dem Informationsbüro den großen *Parco delle Rose* und trifft auf das Hallenbad, die modernen Seethermen und den großen Thermalwasser-Park *Parco Termale Acquatico* (→ Sport).

> **„Perdón de Barbana": Vergebung von Barbana**
>
> Barbana ist eine der größten Inseln im Ostteil der Lagune. Von Grado aus sieht man den Turm der Wallfahrtskirche *Santa Maria di Barbana* hervorragen. 1237 bewahrte die heilige Jungfrau die Region um Grado von einer Pestepidemie. Seitdem veranstalten die Bewohner von Grado am ersten Julisonntag eine eindrucksvolle Schiffsprozession nach Barbana.

▸ **Riserva Naturale Regionale della Foce dell'Isonzo**: Das Mündungsgebiet des Isonzo steht unter Naturschutz. Die *Area Naturale Caneo* am Westufer kann auf Asphalt erreicht werden (beschildert ab Straße zwischen Grado und Monfalcone). Am Ende der Straße steht am Rande eines Schilfgebiets am Isonzoufer das neue „Centro Visite Caneo". Ein Holzsteg führt durch das Schilf zu einem Aussichtspunkt am Flussufer.

Auf der *Isola della Cona* an der Ostseite des Isonzo gibt es ebenfalls ein Besucherzentrum, zu erreichen auf einer Erdpiste. Eine Bar hat geöffnet und eine Ausstellung zeigt die verschiedenen Entenarten. Zu den Casoni (Schilfhütten) an der Flussmündung wandert man ca. 3 Std. hin und zurück.

Öffnungszeiten/Eintritt **Isola della Cona**, Fr-Mi 9–17 Uhr, Do geschl., Eintritt ca. 2 €. ✆ 0432/998133, www.foceisonzo.it, www.isoladellacona.it.

• *Übernachten/Essen & Trinken* **Centro Visite Caneo**, Westseite des Isonzo, 10 Zimmer mit edlen Holzfußböden, Klimaanlage, Heizung und Kühlschrank, Blick übers Schilf zum Isonzo. Das Restaurant bietet Fisch nach Art der Region (Fr–So mittags und abends, Di–Do nur mittags, Mo geschl.). DZ mit Frühstück ca. 60 €. ✆ 0431/884422, ✉ 88480, www.areanaturalecaneo.it.

Riviera Triestina

Östlich der Industriestadt Monfalcone bilden weiße Kalkfelsen und eingelagerte Strände die Küste bis Triest. Von der in den Fels gesprengten Durchgangsstraße hat man immer wieder schöne Panoramablicke.

▸ **Duino**: An den schmucken Hafen mit Kiesstrand schließt sich die Steilküste an. Hier steht exponiert auf einem Felssporn das *Castello di Duino* – es gehört den Thurn und Taxis und kann besichtigt werden, was sich wegen der gediegenen Einrichtung und des schönen Meerpanoramas sehr lohnt. Rilke ließ sich hier zu den

Mangels Sandstrand wird sich auf den Felsen gesonnt

„Duineser Elegien" inspirieren, einem Meisterwerk deutscher Lyrik. Der *Rilke-Pfad* führt etwa 2,5 km an der Steilküste entlang nach Sistiana, er beginnt bei der östlichen Einfahrt von der SS 14 nach „Duino Centro" und endet in Sistiana neben dem Informationsbüro.

Öffnungszeiten/Eintritt **Castello di Duino**, März bis Sept. Mi–Mo 9.30–17.30 Uhr, Okt. Mi–Mo 9.30–16.30 Uhr, jeweils Di geschl., Nov.–Febr. nur Sa/So 9.30–16 Uhr. Eintritt ca. 7 €, Stud. und über 65-Jährige 4,50 €, 7–16 J. 3 €. ✆ 040/208120, www.castellodiduino.it.

- *Übernachten/Essen & Trinken* **** Villa Gruber**, am Hafen, altes Landhaus mit Garten. DZ ca. 80–90 €, Frühstück extra. ✆ 040/208115, 📠 2071119, www.alladamabianca.com.
* Alla Dama Bianca, am Hafen, sieben schlichte, saubere Zimmer, fast alle mit Balkon, dazu Restaurant mit guter Küche (Mi geschl.), Speiseterrasse direkt über dem Meer. Kleines, hoteleigenes Strandbad. DZ ca. 80–90 €, Frühstück extra. ✆ 040/208137, 📠 208258, www.alladamabianca.com.
Al Cavalluccio, am Hafen. Guter Ruf und gute Küche, nicht ganz billig, dafür speist man in traumhafter Lage. Di geschl. ✆ 040/208133.

▸ **Sistiana**: Der zweite Ort der Triestiner Riviera liegt über einer von Karstfelsen umgebenen Bucht. Unten gibt es einen großen Jachthafen mit einem kleinen Kiesstrand, ein größerer Kiesstrand liegt ein Stück weiter östlich. Der gut geführte Campingplatz „Marepineta" (****) blickt oberhalb der Steilküste auf Hafen und Strand hinunter (Mai bis Mitte Sept., ✆ 040/299264, 📠 299265, www.marepineta.com). Preiswerter ist der kleine, bescheidene Camping „Alle Rose" (*) weiter landeinwärts (✆ 040/299457).

▸ **Schloss Miramare**: Das weiße Habsburgerschloss mit seinem wunderschönen Park steht bei *Grignano* auf einem Felsvorsprung direkt am Meer. Der österreichische Erzherzog Maximilian, Bruder von Kaiser Franz Joseph, fand Gefallen an der Triestiner Riviera und wünschte sich hier eine Residenz. 1859 ließ er sich mit seiner knapp 20-jährigen Gemahlin nieder und überwachte die Bauarbeiten persönlich.

262　Friaul-Julisch Venetien

Doch packte ihn der Ehrgeiz, er nahm die Kaiserkrone von Mexiko an (und verzichtete dafür auf die österreichische Thronfolge), stach 1864 von Miramare aus in See und wurde 1867 in Mexiko von Aufständischen erschossen.

Das Schloss wurde erst 1870 fertig gestellt und steht heute zur Besichtigung frei – die großen Räume mit ihrem prächtigen historischen Mobiliar sind den Besuch unbedingt wert. Reizvoll ist auch ein Spaziergang durch den wunderschön angelegten Park. Die Bepflanzung mit z. T. seltenen Bäumen wurde von Maximilian persönlich veranlasst. Das *Castelletto* beherbergt heute eine Ausstellung zur Meeresfauna und -flora. Vor der Küste hat der WWF einen Meerespark eingerichtet (✆ 040/224147, www.riservamarinamiramare.it).

Öffnungszeiten/Eintritt **Schloss**, ganzjährig tägl. 9–19 Uhr, Eintritt ca. 4 €, von 18–25 Jahre 2 €, unter 18 und über 65 J. frei.
Schlosspark, April bis Sept. tägl. 8–19 Uhr, Rest des Jahres bis 17 bzw. 18 Uhr, Eintritt frei. ✆ 040/224143.
Castelletto, April bis Sept. tägl. 9-12.30, 14.30–18.30 Uhr, Okt. bis März 9–12.30, 14–17 Uhr (Mo u. Do geschl.); Eintritt ca. 3 €, mit Führung 5 €, von 6–17 J. 2 bzw. 3 €.

Anfahrt/Verbindungen Man erreicht Schloss Miramare direkt von der SS 14 (Abfahrt beschildert) oder mit einem kleinen Spaziergang vom Hafen von Grignano aus.

Von Triest fährt Bus Nr. 36 ab Bhf., im Sommer gibt es außerdem Bootsverbindungen ab Triest.

Übernachten * **Mignon**, direkt im Hafen von Grignano, schöner Meerblick. DZ mit Frühstück ca. 70–90 €. Via Junker 12, ✆/📠 040/224611.
TIPP! Jugendherberge **Ostello Tergeste (IYHF)**, großartige Lage in einer Villa direkt am Meer. Übernachtung mit Frühstück ca. 14 €/Pers. Viale Miramare 331, an der Zufahrt zum Schloss, ✆/📠 040/224102, www.ostellotergeste.it.

▸ **Von Grignano bis Triest**: Hinter dem Schlossfelsen von Miramare zieht sich entlang der Straße eine kilometerlange Promenade bis nach *Bárcola*, das bereits zu Triest gehört. Man stellt den mitgebrachten Liegestuhl aufs Pflaster und springt über die Mauer ins Meer. Der 68 m hohe Leuchtturm *Faro della Vittoria* (einer der höchsten der Welt) steht oberhalb vom Ort und kann bis zur ersten Plattform bestiegen werden.

Öffnungszeiten/Eintritt **Faro della Vittoria**, April bis Sept. Do–Di 9–11, 16–18 Uhr, Mi geschl., sonst nur So 10–15 Uhr; Eintritt frei. ✆ 040/410461.

Triest
Trieste • ca. 230.000 Einwohner

Hauptstadt der dünn besiedelten Region Friaul-Julisch Venetien, einstmals wichtigster Mittelmeerhafen der Doppelmonarchie Österreich-Ungarn. Eingeschlossen von karstigen Kalkhängen liegt die Stadt in einer halbkreisförmigen Bucht nur wenige Kilometer vor der slowenischen Grenze. Die eigenartige Mischung aus riesigen Hafendocks, prächtigen Palästen der k.u.k.-Monarchie und Kaffeehausromantik prägt ihr Ambiente. Allgegenwärtig sind die Winde, vor allem die Bora, die immer wieder mit bis zu 100 km/h von den umliegenden Hängen herunterfegt.

Die exponierte geografische Lage und die damit verbundene, wechselvolle Geschichte haben das Gesicht der Stadt geprägt, ungarische, slawische und vor allem österreichische Einflüsse sind spürbar: in der Architektur, im alltäglichen Leben, nicht zuletzt aber auch in der Küche. Das Zentrum ist in strengen klassizistischen Linien gestaltet, zahlreiche monumentale Bauten spiegeln die Bedeutung Triests in den letzten Jahrhunderten, als die Stadt unter den Habsburgern bedeutender Freihafen war. Nach dem Ersten Weltkrieg und dem Auseinanderfallen des k.u.k.-

Am Canal Grande im Zentrum von Triest

Imperiums wurde die Stadt Italien zugeschlagen und zu einem Zentrum des Schiffbaus. Als Zeichen des Reichtums und der „Grandezza" entstanden überall prächtige Palazzi, u. a. die Börse, die Theater und das auch heute noch anerkannt gute Opernhaus. Nach der deutschen Besetzung im Zweiten Weltkrieg wurde Triest zum Zankapfel zwischen Italien und Jugoslawien, wirtschaftliche Not und soziale Krisen drohten den Glanz der einstigen Handels- und Wirtschaftsmetropole zu zerstören. Erst 1954 wurde Triest wieder italienisch, wobei das Hinterland jugoslawisch bzw. slowenisch blieb – ein schwieriges Erbe, denn der „Eiserne Vorhang" verhinderte jeglichen wirtschaftlichen Austausch. Seit der Demokratisierung der Balkanstaaten hofft man nun wieder, an die frühere Bedeutung anknüpfen zu können. Schon jetzt ist Triest wegen diverser Vergünstigungen und Steuernachlässe die italienische Metropole des Versicherungswesens.

*A*nfahrt/*V*erbindungen/*I*nformation

• *Anfahrt/Verbindungen* **PKW**, an der Uferfront gibt es viele gebührenpflichtige Stellplätze, das **Parkhaus** „Silos" liegt neben dem Bahnhof, weitere Parkplätze im östlichen Hafenbereich.

Bahn, der Hbf. **Stazione Centrale** liegt an der Piazza della Libertà etwas nördlich von Hafen und Altstadt. Häufige Verbindungen gibt es u. a. nach Gorizia und Udine, außerdem nach Venedig, Mailand, Villach und Salzburg.

Bus, Busstation schräg gegenüber vom Bahnhof.

Flug: Der **Aeroporto Friuli Venezia Giulia** in Ronchi dei Legionari liegt etwas außerhalb von Monfalcone (→ S. 260), etwa 30 km von Triest. Er wird von Ryan Air ab Frankfurt-Hahn angeflogen. APT-Bus 10 pendelt tagsüber von und zum Bahnhof von Monfalcone, Bus 1 u. 51 fährt von und nach Gorizia, Bus 51 von und nach Udine und Triest/Busbahnhof. ✆ 0481/773224, www.aeroporto.fvg.it.

Friaul-Julisch Venetien

Information **AIAT**, im Palazzo del Municipio an der Piazza dell'Unità d'Italia. Tägl. 9.30–19 Uhr. ✆ 040/3478312, 📠 3478320, aptour@libero.it.

Hauptstelle in der Fußgängerzone. Mo–Fr 9–19 Uhr. Via San Nicolò 20 (3. Stock), ✆ 040/6796111, 📠 6796299, www.triesteturismo.com.

> **T for you**: Mit dieser Karte gibt es freien Eintritt in den städtischen Museen und in der Grotta Gigante (→ S. 272), eine kostenlose Stadtrundfahrt mit „Trieste by bus" sowie Rabatte in verschiedenen Hotels, Restaurants, Cafés, Museen etc. Die Karte ist für 8 € (24 Std.) bzw. 10 € (48 Std.) im Informationsbüro an der Piazza dell'Unità d'Italia, im Schloss Miramare und bei den teilnehmenden Adressen erhältlich.

Übernachten (siehe Karte S. 266/267)

Etliche Mittelklassehotels liegen in Bahnhofsnähe, einfache *locande* verstreut im Zentrum.

*** Alla Posta (11), großes, elegantes und wohnliches Albergo in einem alten Palazzo, gemütlicher Aufenthaltsraum mit Kamin, 47 gut ausgestattete Zimmer, jeweils mit Klimaanlage und geräumigem Bad. DZ mit Frühstück ca. 130–155 € (mit „T for you" um die 100 €). Piazza Oberdan 1, ✆ 040/365208, 📠 633720, www.albergopostatrieste.it.

** Alabarda (14), geräumige, helle Räume mit Sat-TV in einem restaurierten Gebäude, freundlicher Service, familiär geführt. 18 Zimmer, z. T. nur mit Etagendusche. DZ mit Bad ca. 60–75 €, mit Etagendusche ca. 45–58 €, jeweils mit Frühstück. Via Valdirivo 22, in der Nähe des Canal Grande, ✆ 040/630269, 📠 639284, www.hotelalabarda.it.

** James Joyce (12), charakteristischer Palazzo mitten in der Altstadt, kürzlich modern renoviert. Neun helle und saubere Zimmer mit Holzbalkendecke, Bad und TV. DZ mit Frühstück ca. 80–110 €. Via dei Cavazzeni 7, ✆ 040/311023, 📠 302618, www.hoteljamesjoyce.com.

* Nuovo Albergo Centro (15), 2004 renoviert, moderner Standard, 24 Zimmer mit Sat-TV. DZ mit Bad ca. 70 €, mit Etagendusche ca. 55 €, Frühstück incl. Via Roma 13, Nähe Kanal, ✆ 040/3478790, 📠 3475258, www.hotelcentrotrieste.it.

* Centrale (19), ordentliches Albergo in verkehrsberuhigter Straße am Kopfende des Canal Grande, neben der klassizistische Kirche Sant'Antonio Taumaturgo, 15 Zimmer, DZ mit Bad ca. 73 €, mit Etagendusche 60 €, Frühstück incl. Via Ponchielli 1, ✆ 040/639482, 📠 370677, hotelcentralets@libero.it

* Locanda Marina (8), mit 28 Zimmern das größte Ein-Stern-Albergo, sehr einfach, altes Mobiliar, aber nette, ehrliche Leute. DZ mit Bad ca. 60–65 €, mit Etagendusche ca. 45–50 €, kein Frühstück. Via Galatti 14 (Nähe Bahnhof), ✆ 040/369298, 📠 775259.

• *Privatzimmer* **Rittmeyer (6)**, ca. 5 Min. vom Bhf. Elf Zimmer mit drei Gemeinschaftsbädern für ca. 43 €, ein Zimmer mit Nasszelle für ca. 55 €, kein Frühstück. Via Rittmeyer 2, ✆ 040/76223311, www.pensionerittmeyer.com.

B & B Marta (13), ebenfalls zentrale Lage zwischen Bahnhof und Canal Grande, gemütliche Wohnung im zweiten Stock, alle Zimmer mit TV. DZ mit Bad/WC ca. 63 €, mit Etagendusche 50 €, Frühstück ca. 4 € pro Pers. Via Valdirivo 11, ✆/📠 040/660242, www.hotelmarta.it.

• *Jugendherberge* **Ostello Tergeste** (IYHF), 8 km außerhalb beim Schloss Miramare (→ Schloss Miramare).

Ostello Scout „Alpe Adria", in Campo Sacro nördlich von Prosecco, große Jugendherberge in einem ehemaligen Flüchtlingslager, das die Amerikaner hier nach dem Zweiten Weltkrieg errichtet hatten. Etwa 70 Stockbetten in Schlafsälen, auch Zeltmöglichkeit. Zu erreichen ab Triest in 20 Min. mit Bus 44 ab Piazza Oberdan oder Bhf. Das Ostello liegt in Fußentfernung zur Grotta Gigante und zur Wallfahrtskirche auf dem Monte Grisa. Übernachtung ca. 11 €, Frühstück 4 € pro Pers. ✆ 040/225562, http://ostello.amiscout.it.

• *Camping* ***** Pian del Grisa**, bei Villa Opicina, einem Vorort hoch über Triest, etwa 7 km vom Meer (→ S. 272). Moderner Platz in waldreicher Umgebung, Swimmingpool, Tennis, Kinderspielplatz, gutes Restaurant. Zu erreichen ab Piazza Oberdan mit der „Tranvia/Tram 2" (siehe unter Villa Opicina) und noch 2 km zu Fuß oder mit Bus 4 und 1,2 km zu Fuß. Mitte Mai bis

Mitte Sept. ✆ 040/213142, 🖷 2155112, www.piandelgrisa.it.
** **Obelisco**, unterhalb von Villa Opicina, an der Strecke der kabelgezogenen Straßenbahn „Tranvia" ab Piazza Oberdan. Uriger Platz in einem Waldstück an steilem Hang, terrassenförmige Stellplätze, ziemlich eng, für Wohnmobile ungeeignet, ruhig, aber nicht sonderlich gepflegt. Ganzjährig geöffnet. ✆ 040/211655, 🖷 212744.

Essen & Trinken (siehe Karte S. 266/267)

In der Triestiner Küche mischen sich venezianische, friulanische, ungarische, slawische, jüdische, griechische und österreichische Einflüsse. Neben den üblichen italienischen Gerichten stehen auch Knödel und Klöße, *porzina* (Kaiserfleisch) und Prager Schinken, Schweinefleisch und Wiener Schnitzel, Gulasch und die dicke Bohnensuppe *jota* auf den Speisekarten. Wer wenig Geld ausgeben, aber trotzdem gut und reichlich essen möchte, sollte eins der sogenannten „Buffets" aufsuchen, wo hauptsächlich Schweinefleisch in allen erdenklichen Varianten angeboten wird. Auf jeden Fall sollte man einmal einen frisch vom Fass gezapften *Terrano* versuchen, den erdigen, dunkelroten Wein aus dem Karst.

Vulcania (10), große, populäre Pizzeria an der Uferfront. Abends eins der fröhlichsten Plätzchen der Stadt, große Freiluftterrasse, „vera pizza napoletana", nicht teuer. Riva Nazario Sauro 4/Ecke Via Felice Venezian (gegenüber der Stazione Marittima), ✆ 040/304053.

Da Pepi (1), das bekannteste einer ganzen Reihe von „Buffets", mittlerweile 110 Jahre alt. Man kann den ganzen Tag warmes Essen bekommen, vorzugsweise deftige Fleischgerichte vom Schwein mit Sauerkraut, es geht laut und ungezwungen zu. Nur Innenplätze. So geschl. Via della Cassa di Risparmio 3, ✆ 040/366858.

Al Barattolo (17), Ristorante/Pizzeria in schöner Lage direkt am Canal Grande und deswegen sehr beliebt. An warmen Tagen bleibt kein Plätzchen an den Außentischen frei, Straßenmusiker geben dazu ihre Konzerte. Via Rossini 2/d, ✆ 040/631480.

Da Giovanni (18), rustikal eingerichtetes Buffet, wo die Schinken dekorativ von der Decke hängen und eine riesige Mortadella auf der Theke liegt. Diverse Vorspeisen und deftige Fleischgerichte, aber auch Fisch und Meeresküche. Man kann schön an Tischen auf der Fußgängerzone sitzen. So geschl. Via San Lazzaro 14 (Nähe Canal Grande), ✆ 040/639396.

• *Altstadtviertel Cavana* **Ai Fiori (16)**, gepflegtes Ristorante, dessen Fischküche einen ausgezeichneten Ruf genießt. Menü um die 35–50 €. So/Mo geschl. Piazza Hortis 7, ✆ 040/300633.

Città di Pisino (7), schöne Einrichtung, gute Fischgerichte lokaler Tradition, z. B. *sardoni in savor*, freundlich und originell geführt von Alessandro Cattaruzza. Sa/So geschl. Via Alberto Boccardi 7, ✆ 040/303706.

Da Siora Rosa (23), seit Jahrzehnten kulinarischer Eckpfeiler des Viertels, schlichtes Buffet mit Trattoria, nette Plätze auf der verkehrsbefreiten Straße vor dem Haus. Auf der täglich neu geschriebenen Speisekarte sind zahlreiche bodenständige Gerichte verzeichnet, dazu trinkt man Terranowein und Tropfen aus dem Collio. Wird abends schnell voll, frühzeitig kommen. Sa/So geschl. ✆ 040/301460.

• *Außerhalb vom Zentrum* **Antipastoteca di Mare (24)**, versteckt an der Rückseite des Hügels von San Giusto liegt das kleine Fischlokal bei der Piazza Sansovino (vom Kastell steigt man rasch hinunter). Wie der Name sagt, gibt es keine Hauptgerichte, sondern ausschließlich Meeres-Antipasti, so kann man hier die wunderbarsten Kombinationen von Fisch, Muscheln und Meeresfrüchten kosten, dazu Salat, Polenta, Kartoffeln und Hauswein. Nur abends, Mo geschl. Via della Fornace 14, ✆ 040/309606.

Antica Trattoria Suban, 1865 als Landgasthaus gegründet und seit langem Garant für die hervorragende Zubereitung typischer Triestiner und slowenischer Spezialitäten. Aus der k.u.k.-Küche wurde der *palacinche* (Palatschinken) in die Gegenwart gerettet. Menü um die 40–50 €. Reservieren und mit dem Taxi hinfahren. Mo-Mittag und Di sowie in der ersten Augusthälfte geschl. Via Comici 2 (im Vorort San Giovanni), ✆ 040/54368.

TIPP! Scabar, von Ami Scabar und ihrer Familie liebevoll geführtes Lokal, ein Ort der „Haute cuisine", wunderbarer Fisch, kreativ zubereitet, dazu die besten Weine der Umgebung. Menü ca. 50 €. August und Mo geschl. Erta Sant'Anna 63 (südlich vom Zentrum, Nähe Krankenhaus), ✆ 040/810368.

Essen & Trinken

- 1 Da Pepi
- 3 Caffè degli Specchi
- 5 Zampolli
- 7 Città di Pisino
- 10 Vulcania
- 16 Ai Fiori
- 17 Al Barattolo
- 18 Da Giovanni
- 20 Gran Malabar
- 21 Gelateria Al Pinguino
- 22 Pasticceria/Caffè Pirona
- 23 Da Siora Rosa
- 24 Antipastoteca di Mare

Übernachten

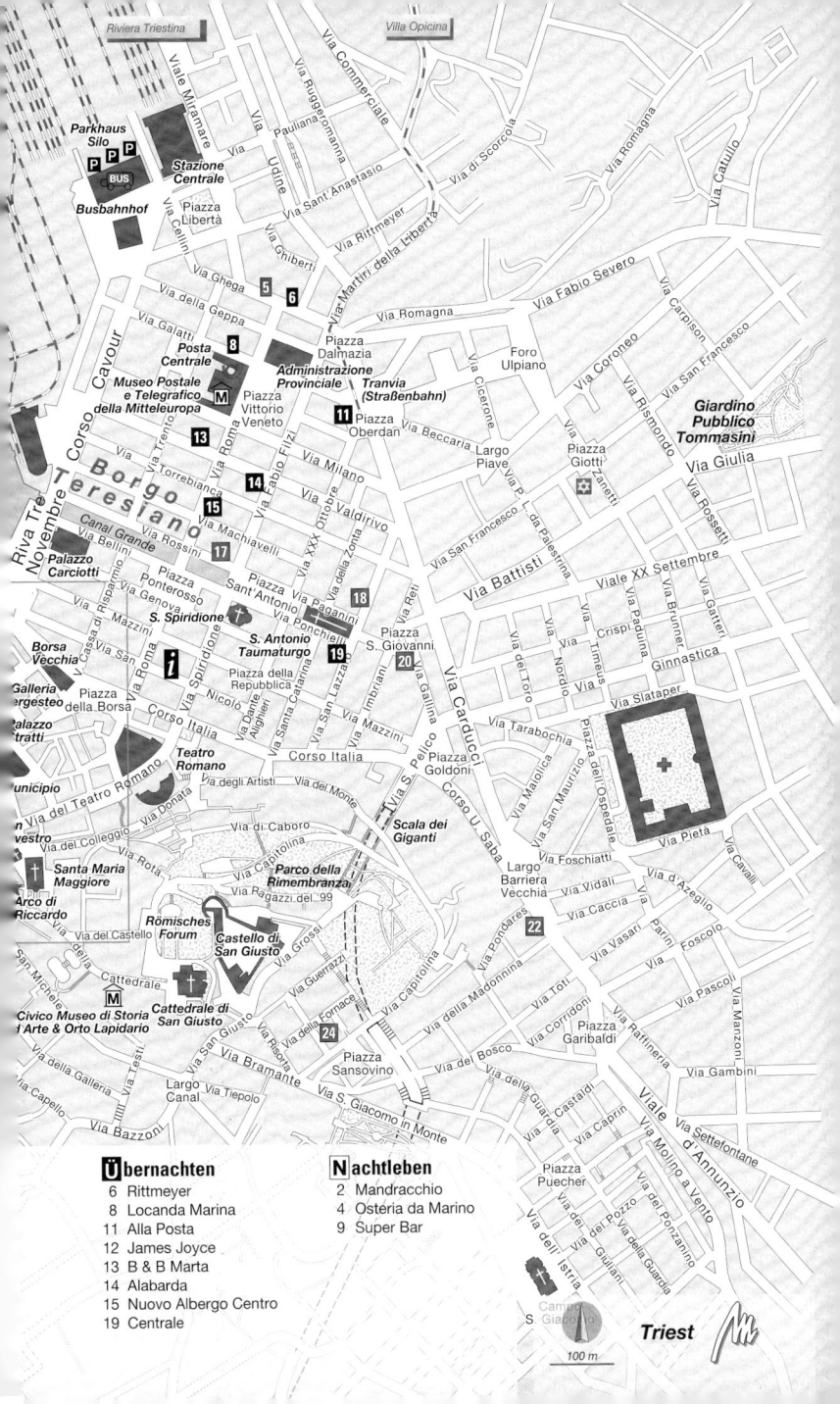

- 6 Rittmeyer
- 8 Locanda Marina
- 11 Alla Posta
- 12 James Joyce
- 13 B & B Marta
- 14 Alabarda
- 15 Nuovo Albergo Centro
- 19 Centrale

Nachtleben

- 2 Mandracchio
- 4 Ostéria da Marino
- 9 Super Bar

Triest

100 m

- *Cafés* **Caffè degli Specchi (3)**, 1839 an der zentralen Piazza dell'Unità d'Italia eröffnet. Nach mehreren Renovierungen erinnert nicht mehr viel an das frühere Literatencafé, in dem auch Rilke und James Joyce verkehrten. Der Name bedeutet „Café der Spiegel" – und so sieht's denn innen auch aus. Do geschl.
Antico Caffè San Marco, berühmtes Jugendstil-Café direkt neben der Synagoge (→ Sehenswertes). Spiegel, Holztäfelung und kaffeebraune Marmortischchen, Klimaanlage, das ideale Zeitungscafé schlechthin. Mi geschl. Via Cesare Battisti 18 a (Seitenstraße der Via Carducci).
Pasticceria/Caffè Pirona (22), seit 1900 berühmt für seine Kaffeesorten und die typischen Triestiner Leckereien *presnitz*, *putizza* und *pinza*. James Joyce war gerne hier. Mo geschl. Largo Barriera Vecchia 12, Verlängerung der Via Carducci.

- *Enoteche* **Gran Malabar (20)**, legendärer Weinausschank, seit den achtziger Jahren setzt Walter Cusmich bevorzugt auf Weine kleiner und junger Winzer. Tägl. frühmorgens bis 20.30 Uhr. Piazza San Giovanni 6, ✆ 040/636226.

- *Eis/Konditoreien* **Gelateria Al Pinguino (21)**, man sitzt direkt am Kai unter riesengroßen Sonnenschirmen. Molo di Pescheria.
Zampolli (5), das beste Eis, wie viele meinen. Via Ghega Carlo 10; Nähe Bhf.

Nachtleben/Shopping/Veranstaltungen (siehe Karte S. 266/267)

- *Nachtleben* Im Sommer geht es im Stadtzentrum hoch her. Von Mitte Juni bis Mitte Juli gibt es auf der Piazza dell'Unità d'Italia häufig Livekonzerte.
Super Bar (9), gemütliche Bar, allabendlicher Szenetreff, immer voll. Largo Riccardo Pitteri, direkt hinter der Piazza dell'Unità d'Italia.
Osteria da Marino (4), schöne, alte Osteria in einem schmalen Gässchen im alten jüdischen Viertel Nähe Piazza della Borsa. Wein, Bier und leckerer Schinken werden wochentags ab mittags, Sa/So ab 18.30 Uhr serviert. Abends und nachts ein besonders populärer Anlaufpunkt und bis 4 Uhr offen. Via del Ponte 5/a.
Mandracchio (2), kleines, „heißes" Lokal mit Blick auf die Piazza dell'Unità d'Italia, mittwochs Studentenparty. Passo di Piazza 1.
Viale 39, angesagte Discobar in der Nähe des Rossetti-Theaters, östlich vom Stadtzentrum. Während der Woche Themenabende von Salsa über Merengue bis zu karibischer Musik, an Wochenenden populärer Pop, mittwochs Studentenparty. Viale XX Settembre 39/a.

- *Shopping* **Markthalle**, Mo 8–14 Uhr, Di–Sa 8–19 Uhr. Via Carducci 36 d.
Wochenmarkt, Di–Sa auf der Piazza della Libertà, hauptsächlich Kleidung und Haushaltswaren.
Obst- und Gemüsemarkt, Di–Sa auf der Piazza Ponterosso am Canal Grande, auf derselben Piazza jedes Wochenende großer **Klamotten- und Jeansmarkt**.
Trödel- und Antiquitätenläden sind zahlreich in Triest (hauptsächlich im Altstadtviertel Cavana), in der Via del Bastione laden **Antiquariate** zum Stöbern ein.
Ein **Mercatino dell'Antiquariato** findet jeden dritten Sonntag in den Straßen der Altstadt statt.

- *Veranstaltungen* Alljährlich im Januar bringt das große **Trieste Film Festival** (www.triestefilmfestival.it) hauptsächlich Werke aus Mittel- und Osteuropa in ihrer Originalsprache zur Vorführung (Untertitel in Englisch und Italienisch).
Am ersten Sonntag im Mai ist die Riviera Triestina Schauplatz des großen **Maratona d'Europa** (www.bavisela.it).

Sehenswertes

Trieste by Bus: zweistündige Stadtrundfahrt per Bus, dabei 15 Min. Aufenthalt auf dem Stadthügel San Giusto. Abfahrt am Bahnhof, jeweils Sa um 14 Uhr. Tickets am selben Tag ab 12.30 Uhr im „Club Eurostar" im Bahnhof. Preis für Erw. 5,20 €, Kind bis 10 J. gratis. ✆ 040/44144.

Bekannteste Sehenswürdigkeit ist sicher der malerische *Canal Grande* mit seinen monumentalen Fassaden, Brücken und Booten. Einige Straßenzüge in seiner Umgebung wurden vor kurzem in Fußgängerzonen umgewandelt. Am Kopfende des Kanals steht die klassizistische *Kirche Sant'Antonio Taumaturgo*, daneben die serbisch-orthodoxe *Kirche San Spiridone* aus dem 19. Jh. im neobyzantinischen Stil, am meerseitigen Ende des Kanals der riesige *Palazzo Carciotti*. Auf der anschließenden Piazza Ponterosso herrscht an Wochenenden intensives Markttreiben.

Die weitläufige *Piazza dell'Unità d'Italia* schräg gegenüber der Stazione Marittima ist einer der größten Plätze Italiens und gilt sogar als größter Platz Europas am Meer. Sie ist der repräsentative Mittelpunkt der Stadt, wunderbar weit und offen angelegt, abends wirkungsvoll illuminiert. Prachtvolle Palazzi umrahmen die Piazza: links vorne der *Palazzo del Governo* mit kunstvollen Fassadenmosaiken, daneben der *Palazzo Stratti* mit dem Caffè degli Specchi (Spiegelcafé), rechts vorne der *Palazzo Lloyd Triestino* (heute Sitz der Regionalregierung), danach das Hotel *Duchi d'Aosta* und der barocke *Palazzo Pitteri*. An der Landseite steht der *Palazzo del Municipio* mit prachtvoller Fassadendekoration, davor ein hoher Brunnen, dessen Statuen die vier Kontinente darstellen, sowie eine Säule mit der Statue des Habsburger Kaisers Karl VI., der Triest im 18. Jh. zum Freihafen ernannte.

Links hinter der Piazza liegen um die Via delle Beccherie die engen Gassen des einstigen jüdischen Viertels, in denen sich heute einige beliebte Cafés und Kneipen verstecken. Zum Hügel San Giusto ist das Viertel abgegrenzt durch die Via del Teatro Romano, benannt nach dem *römischen Theater* am Fuß des Hügels. Daneben steigt man zum Hügel San Giusto hinauf.

Cavana: Rechter Hand der Piazza dell'Unità d'Italia beginnen die schmalen, abends reichlich düsteren Gassen des kleinen Altstadtviertels. Von der weiträumigen und großzügigen Planung des klassizistischen Zentrums ist hier nichts zu bemerken. Enge, verwinkelte Gassen und hohe, manchmal halb verfallene Häuser prägen das Bild. Wenn die heftigen Borawinde die Hänge herunterstürmen, kommt es immer wieder zu schweren Schäden.

An der Piazzetta Barbacan, am Fuß des Stadthügels, steht der *Arco di Riccardo*, ein Tor der antiken Stadtmauer, errichtet 33 v. Chr. Ein wenig bergab kommt man zur Barockkirche *Santa Maria Maggiore* und zum romanischen Kirchlein *San Silvestro* aus dem 11. Jh., das die protestantische Glaubensgemeinschaft der Waldenser beherbergt.

Hügel von San Giusto: Ein etwas krauses Durcheinander von römischen, mittelalterlichen und venezianischen Überresten prägt das Bild. Die äußerlich schlichte *Cattedrale di San Giusto* aus dem 15. Jh. ist aus zwei Kirchen zusammengebaut, die hier eng nebeneinander standen. Die romanische Fassade ist einfach gehalten, einziger Schmuck ist eine große Rosette. Das Innere besteht aus fünf Schiffen, in einigen der Apsiden sind Mosaike und Fresken erhalten, so in der Hauptapsis die „Krönung Mariens". Im Gewölbe unter der *Cappella dei Borboni* (im rechten Seitenschiff) sind neun Mitglieder der sogenannten „Karlisten" beigesetzt, eine Seitenlinie des bourbonischen Königshauses, die ihre absolutistische Auffassung gegen die Liberalen und Republikaner in mehreren Bürgerkriegen durchzusetzen versuchte.

Neben dem Dom liegen die Ruinen eines *römischen Forums*, dahinter steht ein venezianisches *Castello* aus dem 15. Jh., von dessen Mauern man einen umwerfenden Blick auf Triest und den Golf hat. In den z. T. original ausgestatteten Räumen wird eine Waffensammlung präsentiert.

Im *Museo di Storia e Arte* an der Via Cattedrale 15, etwas unterhalb der Kathedrale, sind antike und prähistorischer Funde ausgestellt, daneben der *Orto Lapidario*, eine Inschriften- und Skulpturensammlung unter freiem Himmel (Zugang nur über das Museum). Hier findet man auch das Grab des deutschen Archäologen Winckelmann, der 1768 in Triest ermordet wurde.

- *Öffnungszeiten* **Kathedrale**, Mo–Sa 8–12, 14.30–18.30 Uhr, So 8–13, 15.30–20 Uhr. **Castello**, April bis Sept. tägl. 9–19 Uhr, Okt. bis März 9–17 Uhr; Eintritt ca. 1 € (Waffensammlung Di–So 9–13 Uhr, Eintritt ca. 2 €). **Museo di Storia ed Arte** & **Orto Lapidario**, Di und Do–So 9–13 Uhr, Mi 9–19 Uhr, Mo geschl., Eintritt ca. 2 €.

Museen

Galleria d'Arte Moderna & Museo Revoltella: Die beiden aneinandergebauten Palazzi (Eingang in der Via Armando Diaz 27 neben Piazza Venezia) bilden zweifellos den Höhepunkt unter den Museen Triests. Ersterer wurde innen völlig entkernt und mit viel Beton avantgardistisch-verwinkelt und reichlich verwirrend zur sehenswerten Galerie moderner Maler und Bildhauer des 19. und 20. Jh. umgebaut.

Der benachbarte Palazzo Revoltella gehörte dem Baron *Pasqualle Revoltella* (1795–1869), der mit dem Bau des Kanals von Suez zu Vermögen gekommen war. Heute ist hier auf mehreren Stockwerken eine wunderbar erhaltene Inneneinrichtung des 19. Jh. zu besichtigen: Parkettböden mit Einlegearbeiten und vergoldete Kassettendecken, wertvolle Polstermöbel, Spiegel und Kronleuchter, aufwändige Skulpturengruppen aus Marmor und Gemälde Triestiner Maler.

Öffnungszeiten/Eintritt Mo und Mi–Sa 9–13.30, 16–19, So 10–19 Uhr, Di geschl., Mitte Juli bis Ende August Do–Sa bis Mitternacht geöffnet; Eintritt ca. 5 € (bei Ausstellungen 7 €).

Museo d'Arte Orientale: in der Altstadt, Via San Sebastiano 1. Zahlreiche Stücke aus dem asiatischen Raum, hauptsächlich aus China und Japan, darunter Schmuck, Porzellan, Waffen und Musikinstrumente.

Öffnungszeiten/Eintritt Di und Do–So 9–13, Mi 9–19 Uhr, Eintritt ca. 3 €.

Acquario Marino: Das Aquarium am Lungomare wirkt mit seiner schummrig-nasskalten Atmosphäre ein wenig trist. Ein paar arme Pinguine stehen etwas verloren herum, im ersten Stock kann man einige Schlangenterrarien und Unterwasserfotografien betrachten.

Öffnungszeiten/Eintritt März bis Okt. Di–So 9–19 Uhr, Nov. bis Februar 8.30–13.30 Uhr, Mo geschl., Eintritt ca. 3 €.

Museo Sveviano & Museo Joyciano: im zweiten Stock des Palazzo Attilio Hortis an der Piazza Hortis 4, wo auch die große Biblioteca Civica ihren Sitz hat. Historische Druckausgaben, Manuskripte und Briefe des Triestiner Schriftstellers Italo Svevo sowie Dokumente zum elfjährigen Aufenthalt von James Joyce in Triest.

Öffnungszeiten/Eintritt **Museo Sveviano**, Mo–Sa 10–13, So 10–12 Uhr, **Museo Joyce**, Mo–Fr 10–12 Uhr; beide Eintritt frei.

Civico Museo di Storia Naturale: Naturkundesammlung im dritten Stock desselben Gebäudes an der Piazza Hortis 4. Ausstellungsstücke aus Botanik, Zoologie, Mineralogie, Geologie und Paläontologie, darunter Funde zur Menschheitsentwicklung (Uomo di Mompaderno) und das berühmte Dinosaurierskelett von „Antonio", das 1996 bei Duino entdeckt wurde.

Öffnungszeiten/Eintritt Di–So 8.30–13.30, Mo geschl. Eintritt ca. 3 €.

Civico Museo del Mare: Am Südende des Hafens macht die Uferstraße eine scharfe Kurve. An der landeinwärts abzweigenden Via Campo Marzio findet man dieses

Museum, in dem Schiffbau und Fischerei der Region dargestellt sind.
Öffnungszeiten/Eintritt Di–So 8.30–13.30 Uhr, Mo geschl., Eintritt ca. 3 € (bei Ausstellungen 4,50 €), bis 14 und über 60 J. 2 €.

Museo Ferroviario: In der 1960 stillgelegten Stazione di Campo Marzio der früheren „Wocheinerbahn" nach Österreich haben alte Dampfloks, Triebwagen und Pferdewagen der Triester Straßenbahnen ihre letzte Ruhe gefunden. Dokumente zur Eisenbahngeschichte Triests und eine umfangreiche Modelleisenbahn, die den früheren Bahnknotenpunkt Opicina im Jahre 1910 abbildet, runden die Ausstellung ab.
Öffnungszeiten/Eintritt Di–So 9–13 Uhr, Mo geschl., Eintritt ca. 2 €.

Außerhalb vom Zentrum

Synagoge: Der monumentale, 1912 errichtete Bau steht an der Via Gaetano Donizetti, einer Seitenstraße der Via Cesare Battisti, westlich der Via Carducci.
Öffnungszeiten Besichtigung mit Führung Mo 15.30–18, Mi 9–12 und Do 15.30–18 Uhr, Eingang an der Piazza Giotti.

La Lanterna: Der ehemalige Leuchtturm auf der Mole Fratelli Bandiera am Westende des Hafens darf bis zur ersten Plattform bestiegen werden.
Öffnungszeiten/Eintritt April bis Sept. Mi–So 10.30–13, 17.30–19 Uhr, Mo/Di geschl., Okt. bis März nur So 10.30–12.30 Uhr. ✆ 040/301394.

Auf der Piazza dell'Unità d'Italia

Konzentrationslager Risiera di San Sabba: Die deutschen Besatzer erklärten Triest und Hinterland 1943 zu einem großdeutschen Gau und errichteten das einzige Vernichtungslager auf italienischem Boden (Sammellager zum Weitertransport nach Deutschland und Polen gab es mehrere) in einer früheren Reisfabrik südlich vom Triester Stadtzentrum. Seit 1943 wurden dort – unter Regie der deutschen SS – zwischen drei- und fünftausend Menschen ermordet. In den sechziger Jahren wurde die halb zerstörte Risiera zur Gedenkstätte umgebaut, eine Ausstellung erinnert an die Gräuel der Massenvernichtung.

- *Öffnungszeiten/Eintritt* tägl. 9–19 Uhr (25. Dez und 1. Jan. geschl.), Eintritt frei.
- *Anfahrt/Verbindungen* Die Risiera di San Sabba liegt in der Via Ratto della Piliera 43, südöstlich vom Stadtzentrum. Man nimmt die Ausfallstraße am Ostende des Hafens in Richtung Muggia, fährt aber nicht auf die Autobahn ab (genaue Lage auf dem Stadtplan „Entdecken Sie Triest", erhältlich beim Infobüro). Zu erreichen mit Bus 8 bis „Stadio Comunale".

Muggia

Venezianisches Küstenstädtchen mit Werftindustrie am Beginn der Halbinsel von Istrien, fast schon in Slowenien. An der zentralen Piazza Marconi steht der gotische *Dom* mit elegant geschwungener Schaufassade, am Wasser unten liegt ein dicht mit Fischerbooten belegtes Hafenbecken. Etwa 30 Fußminuten oberhalb vom Ort steht die romanische Wallfahrtskirche „Santa Maria Assunta" mit einigen mittelalterlichen Fresken.

• *Anfahrt/Verbindungen* Mit dem **PKW** nimmt man die Ausfallstraße am Ostende des Hafens, fährt dann auf die Autobahn ab und durchquert das riesige, teils verlassene Industrieviertel von Triest. Langsam fahren und die Abfahrt nach Muggia nicht verpassen.

Weniger stressig ist die Fahrt mit **Bus 20**, der tagsüber alle 30 Min. fährt. Schönste Alternative: per **Fähre** übersetzen.

TIPP! **Ittiturismo La Terrazza**, das Restaurant der Fischereigenossenschaft von Muggia liegt direkt am Hafen über der Fischhalle. Von der Terrasse im ersten Stock genießt man den schönen Meerblick. Der täglich frisch angelieferte Fisch ist preislich im Rahmen. Mo geschl. ✆ 040/275331.

Elegant geformt: der Dom von Muggia

Triestiner Karst   Carso Triestino

Eine Tagestour über das dicht bewachsene Karstplateau lohnt landschaftlich wegen der eindrucksvollen Erosionslandschaften und kulinarisch, um in den Osmizze (Buschenschenken) einzukehren, die ihren Wein aus Eigenanbau anbieten.

▸ **Villa Opicina**: Villenvorort hoch über der Stadt, hinauf mit der kabelgezogenen Straßenbahn namens *Tranvia* ab Piazza Oberdan, sehr reizvolle Fahrt (7–20 Uhr alle 20 Min., ca. 1 € einfach). Noch vor dem Ortseingang steht ein 1830 von den Österreichern errichteter *Obelisk* mit schönem Panoramablick auf Triest. Richtung Nordwesten beginnt hier die „Napoleonica", ein etwa 5 km langer Wanderweg entlang des Küstengebirges, der mit herrlichen Ausblicken bis ins Örtchen Prosecco führt. Auf halber Strecke passiert man das *Santuario a Maria Madre e Regina*, eine monumentale Wallfahrtskirche auf dem Monte Grisa (334 m).

▸ **Grotta Gigante**: Die mit fast 300 m Länge und 107 m Höhe zu den größten Einraum-Grotten der Welt zählende Tropfsteinhöhle liegt bei *Borgo Grotta Gigante*, etwa 3 km nordwestlich von Villa Opicina und 15 km nördlich von Triest. Zwischen Gewölbe und Höhlengrund sind die zwei längsten Messpendel der Welt befestigt.

• *Öffnungszeiten/Eintritt* April bis Sept. Di–Sa 10–18 Uhr, März u. Okt. 10–16 Uhr, übrige Monate 10–12, 14–16 Uhr, jeweils Mo geschl.; Eintritt ca. 7,50 €. Besichtigung nur mit Führung. ✆ 040/327312, www.grotta gigante.it.

• *Anfahrt/Verbindungen* Mit der „Tranvia" nach **Villa Opicina** und von der Busstation, die dem Bahnhof gegenüberliegt, weiter mit Bus 42 (2-mal pro Std.). Auch Taxis stehen bereit.

LOMBARDEI

LOMBARDIA

SCHÖNE ORTE: Malcésine (S. 286) und Sirmione am Gardasee (S. 292), Iseo am Iseosee (S. 302), Bellagio (S. 316), Menaggio (S. 319) und Como am Comer See (S. 321), Cannobio (S. 330) und Stresa am Lago Maggiore (S. 332), Orta San Giulio am Ortasee (S. 334), Mantua (S. 296), Bergamo (S. 305), Cremona (S. 358), Pavia (S. 354), Vigevano (S. 353), außerdem bedingt Mailand (S. 336).

LANDSCHAFTLICHE HÖHEPUNKTE: alle Seen samt Umgebung.

KULTURELL INTERESSANT: Mailand (S. 336), Bergamo (S. 305), Brescia (S. 299), Cremona (S. 358), Pavia (S. 354), Vigevano (S. 353), Certosa di Pavia (S. 356).

BADEN: an allen Seen.

KURIOS: die Insel Monte Isola im Iseosee, hier herrscht absolutes Autoverbot (!); Vigevano mit einem der größten Plätze und Kastelle Italiens; der Campingplatz von Monza direkt neben der Autorennbahn; das düstere Vittoriale degli Italiani von Gabriele d'Annunzio am Gardasee; die Viertel Ticinese und Navigli in Mailand („Klein-Amsterdam"); die fantastischen Wandgemälde der Sala di Psiche und Sala dei Giganti im Palazzo del Te von Mantua.

EHER ABZURATEN: Pavia im Hochsommer und die meisten Außenbezirke von Mailand.

Die Seen bilden das touristische Kapital der Lombardei

Lombardei und die Seen Lombardia

Zusammen mit der Emilia-Romagna das dynamische Herz Norditaliens. Von den wunderschönen oberitalienischen Bergseen bis in die stickige Poebene mit dem „Motor" Mailand reicht diese Region – Kunst, Wirtschaft und Tourismus sind gleichermaßen vertreten.

Anziehungspunkt eins: die großartigen Seen *Lago di Garda*, *Lago d'Iseo*, *Lago di Como*, *Lago Maggiore* und *Lago d'Orta* in den südlichen Ausläufern der Alpen. Ein Gedicht im Frühjahr, überlaufen im Sommer, einsam im Winter. Kenner haben sich längst ihren Lieblingssee erkoren, aber vielleicht sollte man auch einmal die anderen kennen lernen? Kleiner technischer Hinweis: Die Ufer des Gardasees und des Lago Maggiore gehören teilweise zu den Regionen Piemont und Veneto, der Ortasee liegt sogar ganz in der Region Piemont. Um die Seenliebhaber nicht unnötig blättern zu lassen, haben wir die Seen in der Hauptregion Lombardei zusammengefasst.

Anziehungspunkt zwei: *Mailand*, das Zentrum der Poebene, eine Riesenstadt von fast 2 Mio. Einwohnern. Hier pulst die Wirtschaft Italiens und boomt die Modebranche, trotzdem bleibt Raum für touristische Entdeckungen: Der grandiose Dom, das „Abendmahl" von Leonardo da Vinci, die imposante Galleria Vittorio Emanuele II …

Anziehungspunkt drei: die Kulturstädte *Pavia*, *Cremona*, *Bergamo* und *Mantua*. Jede hat etwas Besonderes zu bieten, und jede ist in ihrer Art eigen. Das schöne Bergamo ist noch weitgehend von den Alpen geprägt, Cremona berühmt für seine Geigen, Pavia besitzt die großartige Abtei *Certosa di Pavia*, Mantua wunderbare Fresken von Mantegna.

Ein Tipp: Im Hochsommer ist es einfach zu heiß, um den Aufenthalt in der Poebene genießen zu können. Ideal ist auch hier das Frühjahr.

Anfahrt/Verbindungen

• *PKW* Wer aus der östlichen Hälfte Deutschlands kommt, wird meist die **Brenner-Autobahn** benutzen bzw. die parallel laufenden Staatsstraßen. Der Gardasee ist von Süddeutschland leicht an einem Tag zu erreichen. Aus der Schweiz bzw. aus dem Westen Deutschlands kommend, fährt man über Basel (bzw. Zürich) und Luzern (schöne Strecke am Vierwaldstätter See) auf der Autobahn N 2 durch den **St.-Gotthard-Tunnel**, weiter auf malerischer Strecke am Luganer See (Brücke) nach Como am Comer See. Weitere Anreisemöglichkeiten: von Innsbruck über Landeck und **St. Moritz** (Schweiz) zur Nordspitze des Comer Sees; aus der Westschweiz über den **Simplon** zum Lago Maggiore (SS 33).

• *Bahn* Auch hier gibt es zwei Hauptrouten:
1) **Brenner-Linie** (durch Österreich): München-Kufstein-Innsbruck-Brenner-Bozen-Trento-Verona-Bologna-Rom. Etwa 5-mal tägl., in Rovereto aussteigen, wenn man zum Gardasee will.
2) **Gotthard-Linie** (durch die Schweiz): Basel-Luzern-Arth/Goldau-Göschenen (Gotthard-Tunnel)-Airolo-Chiasso-Como-Mailand. Die berühmte Alpenstrecke durchsticht mit einem 15-km-Tunnel das Gotthardmassiv (3000 m), weiter geht's in den italienischen Teil der Schweiz, über den Nobelkurort Lugano am Luganersee zum Grenzort Chiasso und über Como nach Mailand. Ab Basel SBB hervorragende Verbindungen nach **Mailand**.
Reizvolle Variante: in Bellinzona nach Locarno umsteigen, von dort die hübsche Nebenstrecke durch die Tessiner Alpentäler nach **Domodossola** im Piemont nehmen (Privatbahn FART/SSIF). In Domodossola Anschluss an das Bahnnetz der FS.

Übernachten

Die oberitalienischen Seen gehören zu den am besten ausgestatteten Urlaubsgebieten Italiens. Vom pompösen Grand-Hotel bis zur simplen Pension ist alles reichlich vorhanden. Auch Mailand bietet zahlreiche Unterkünfte aller Kategorien, jedoch zu durchweg hohen Preisen.

Camper finden zahllose **Zeltplätze** am gesamten Gardasee, am Iseosee, um Cannobio am Lago Maggiore, im Nordwesten des Comer Sees, außerdem vier Plätze um Mailand, einen in Cremona und einen in Vigevano.

Jugendherbergen in Mailand, Bergamo und Riva del Garda, außerdem drei Herbergen am Comer See: Como, Domaso und Menaggio.

Essen & Trinken

Die lombardische Küche hat Affinitäten zur französischen und (weniger) zur österreichischen Küche, obwohl die österreichisch-ungarische k.u.k.-Monarchie lange die Lombardei beherrschte. Es wird viel mit Butter gekocht und weniger mit Öl.

Das bekannte **costoletta alla milanese** entspricht zwar in etwa dem Wiener Schnitzel: allerdings wurde das Rezept nicht aus Österreich importiert, sondern gerade umgekehrt – der Feldmarschall Radetzky war es angeblich, der das Gericht in Mailand entdeckte und nach Hause mitbrachte. **Ossobuco** ist ein weiteres bekanntes Gericht der Lombardei – Kalbshaxen mit Knochen, meist in Suppe oder Wein gekocht und mit Reis serviert. Überhaupt ist wie im Veneto und im Piemont Reis ein Kennzeichen der lombardischen Küche – die riesigen Reisfelder am Po sorgen für Nachschub. **Risotto alla milanese** ist mit Safran gewürzt bzw. gefärbt, **minestrone alla milanese**, eine Gemüsesuppe Mailänder Art, wird ebenfalls mit Reiseinlage gereicht. Wie in der Emilia-Romagna und im Piemont sind die **bolliti misti** häufig – verschiedene Fleischarten, zusammen gekocht und geschmort.

Zum Frühstück wird man kaum umhin können, **panettone** zu versuchen – dieses leichte Hefegebäck mit Rosinen und Zitronat wird von den Mailänder Firmen Motta und Alemagna produziert und in ganz Italien vertrieben.

Die lombardischen Weine haben bisher keinen sonderlich hohen Bekanntheitsgrad. Eine rühmliche Ausnahme bilden lediglich die exzellenten Tropfen aus der

276 Lombardei und die Seen

Franciacorta südlich vom Iseosee, von denen besonders der Spumante hervorragende Qualität besitzt. Weitere Anbaugebiete sind **Oltrepò Pavese** (südlich von Pavia), der Süden und Osten vom **Gardasee** und das **Valtellina-Tal** (östlich vom Comer See).

Nicht wegzudenken aus Mailand ist dagegen der **Campari** – 1867 eröffnete Gaspare Campari sein Café in der Galleria Vittorio Emanuele am Domplatz. 20 Jahre später erfand sein Sohn den heute weltberühmten roten Aperitif. Das Café existiert heute noch (→ Mailand).

Gardasee Lago di Garda

Malerischer, lang gestreckter Alpensee mit mediterranem Klima, Eldorado aller Windsurfer und mit Abstand meistbesuchter See Oberitaliens. Man spricht Deutsch – wer will, kann hier seinen Urlaub verbringen, ohne ein einziges Wort Italienisch zu sprechen.

Die Kulisse ist einmalig: auf der einen Seite die steil ansteigenden, grauen Felsen, auf dem tiefblauen Wasser die bunten Surfsegel. Dazu die grandiose Vegetation – dunkelgrüne Zypressen, silbrige Oliven, rosig blühender Oleander, saftig gelbe Zitronen ... Am reizvollsten das von schroffen Felsrücken völlig eingerahmte Nordende, gegen Süden hin werden die Hügel sanfter, die Vegetation zunehmend mediterran und üppig.

Der obere Gardasee ist des deutschen Surfers Paradies. Grund dafür sind die fast idealen Windverhältnisse. Sie sind so zuverlässig, dass man beinahe die Uhr danach stellen kann: von Mitternacht bis Mittag bläst ein leichter Nordwind die Alpen herunter, mittags ab ca. 13 Uhr kommt die stärkere *Ora* aus dem Süden, die 4–5 Beaufort erreicht. Im flacheren Süden wird dagegen hauptsächlich Familienurlaub gemacht, zahlreiche Strandbäder, Pensionen und Campingplätze sind auf die Bedürfnisse ihrer kleinen und großen Gäste eingestellt.

Für Autofahrer ungemein lohnend, allerdings wegen des hohen Verkehrsaufkommens nicht immer angenehm zu fahren: die berühmten Uferstraßen am Gardasee! Großartig vor allem die Weststraße *Gardesana Occidentale* – teilweise ist sie direkt durch die Uferfelsen gesprengt und führt mit zahllosen Galerien und unbeleuchteten Tunnels hart am See entlang.

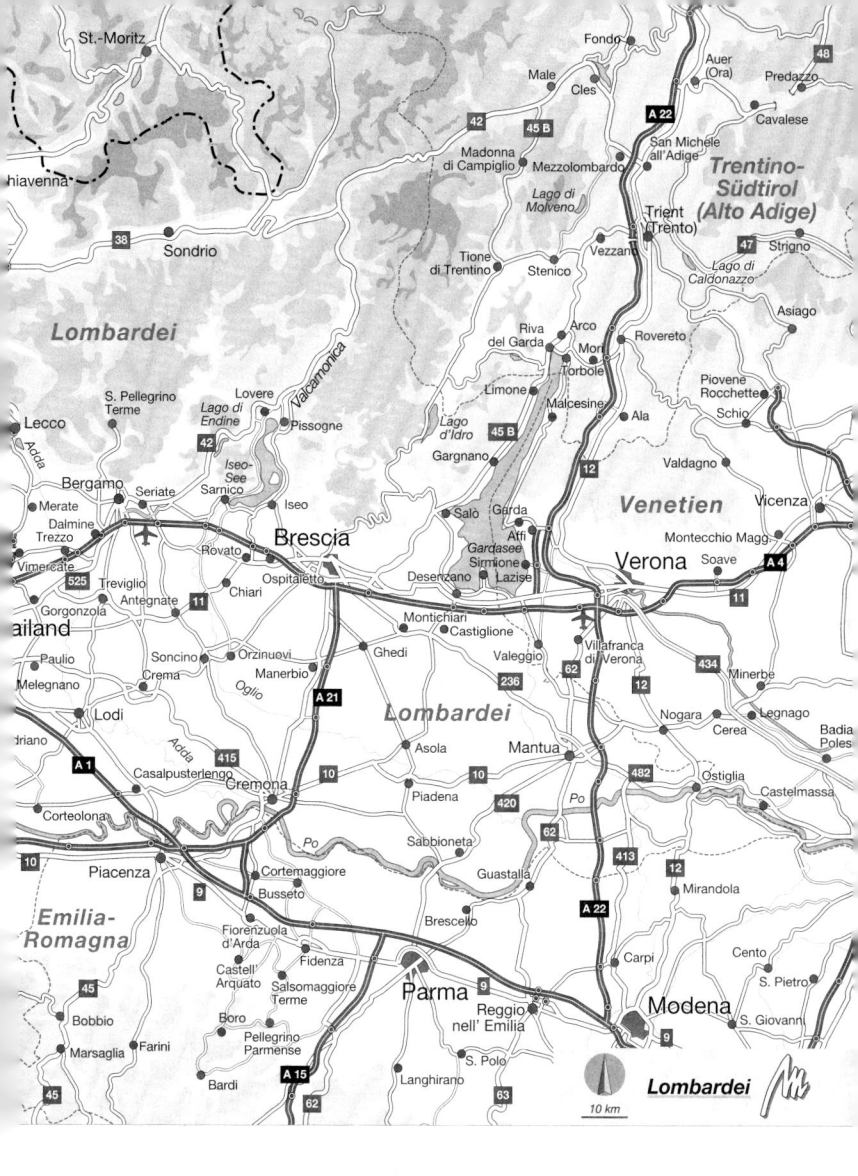

Kein Wunder also, die ganze Seeregion ist hochgradig vom Tourismus eingenommen ist, viele Unterkünfte sind lange im Voraus ausgebucht. Wer in der Hochsaison auf gut Glück anreist, sollte sich auf längeres Suchen einstellen, auch die zahlreichen Campingplätze sind dann großenteils voll.

- *Anfahrt/Verbindungen* **PKW**, Ausfahrten von der Brenner-Autobahn sind **Lago di Garda Nord** (südlich von Rovereto, 15 Min. bis zum See) und **Affi-Lago di Garda Sud** (9 km nördlich von Verona).
Bahn, es gibt nur zwei Bahnstationen am Südende des Sees: **Desenzano** und **Peschiera**, beide an der Bahnlinie Venedig-Verona-Mailand. Von **Verona** ist man in einer knappen halben Stunde dort und kann mit Bussen oder per Schiff in alle Seeorte weiterfahren. Wer in den Norden will: Von **Rovereto** an der Bahnlinie Brenner-Verona kommt man per Bus schnell ins nahe Riva del Garda.
Schiff, die Fähren und Tragflügelboote der **Navigazione sul Lago di Garda** (www.navigazionelaghi.it) pendeln zwischen allen Orten am See, Abfahrten 1- bis 2-mal stündl., **Fahrradtransport** ist auf allen Fähren möglich, einige wenige Male am Tag auch Autotransport. Regelmäßiger **Autotransport** zwischen Torri del Benaco (Ostufer) und Maderno (Westufer), Abfahrten alle 1–2 Std.

Westufer (Nord nach Süd)

Gegenüber dem flacheren Ostufer hält sich der Trubel noch in Grenzen – *Riva del Garda* ist wichtigster Anlaufpunkt, *Limone* ein viel besuchter Ausflugsort und *Gardone Riviera* besitzt mit dem Vittoriale degli Italiani die vielleicht interessanteste Sehenswürdigkeit am See.

Riva del Garda ca. 14.000 Einwohner

„Hauptstadt" der nördlichen Seehälfte, geschäftiges Zentrum mit recht großer Altstadt, gehörte bis 1919 zu Tirol. Touristisch für jeden etwas – Schwimmen und Surfen am langen, gepflegten Kiesstrand, dazu Radeln, Klettern und Wandern und das Flair einer hübschen und lebhaften Kleinstadt.

Die malerische *Piazza 3 Novembre* am See ist eingefasst von Laubengängen, der 34 m hohe Stadtturm *Torre Apponale* aus dem 14. Jh. ist das Wahrzeichen der Stadt, der Aufstieg im hölzernen Treppenhaus ist von Ostern bis Oktober möglich. Ein paar Ecken weiter steht die mittelalterliche *Rocca*, ganz von einem Wassergraben umgeben. Im Inneren gibt es ein *Museo Civico* mit wechselnden Ausstellungen, einer naturkundlichen Sammlung, einer Pinakothek, archäologischen und frühgeschichtlichen Stücken zur Alpenregion sowie einer Sammlung von Dokumenten, Fotografien und Funden zur geschichtlichen Entwicklung des Gardasees. Als *Mastio* wird der höchste der vier Türme der Rocca bezeichnet, auch er kann bestiegen werden.

Interessanteste Kirche ist die achteckige *Inviolata* an der Umgehungsstraße (Richtung nördlicher Ortsausgang). Konstruiert von einem unbekannten portugiesischen Architekten, birgt sie im barock überladenen Innenraum fantasievolle Stuckdekorationen, prächtige Fresken, Altäre und Gemälde. Eindrucksvoll thront über der Stadt der steile *Monte Rocchetta* mit der venezianischen *Bastione*, ein Rundturm in 200 m Höhe (Sessellift ab Via Monte Oro oder 30 Min. zu Fuß).

Öffnungszeiten/Eintritt **Torre Apponale**, ab Ostern bis Mitte Juli & Sept./Okt. Di–So 10–18 Uhr (Mo geschl.), Mitte Juli bis Ende August tägl. 10–18 Uhr, Eintritt ca. 1 €; **Museo Civico**, März bis Mitte Juni u. Okt. Di–So 10–18 Uhr (Mo geschl.), Mitte Juni bis Ende Sept. tägl. 10–18 Uhr. Eintritt frei.

Nachbarstädtchen Torbole → S. 285

Riva del Garda 279

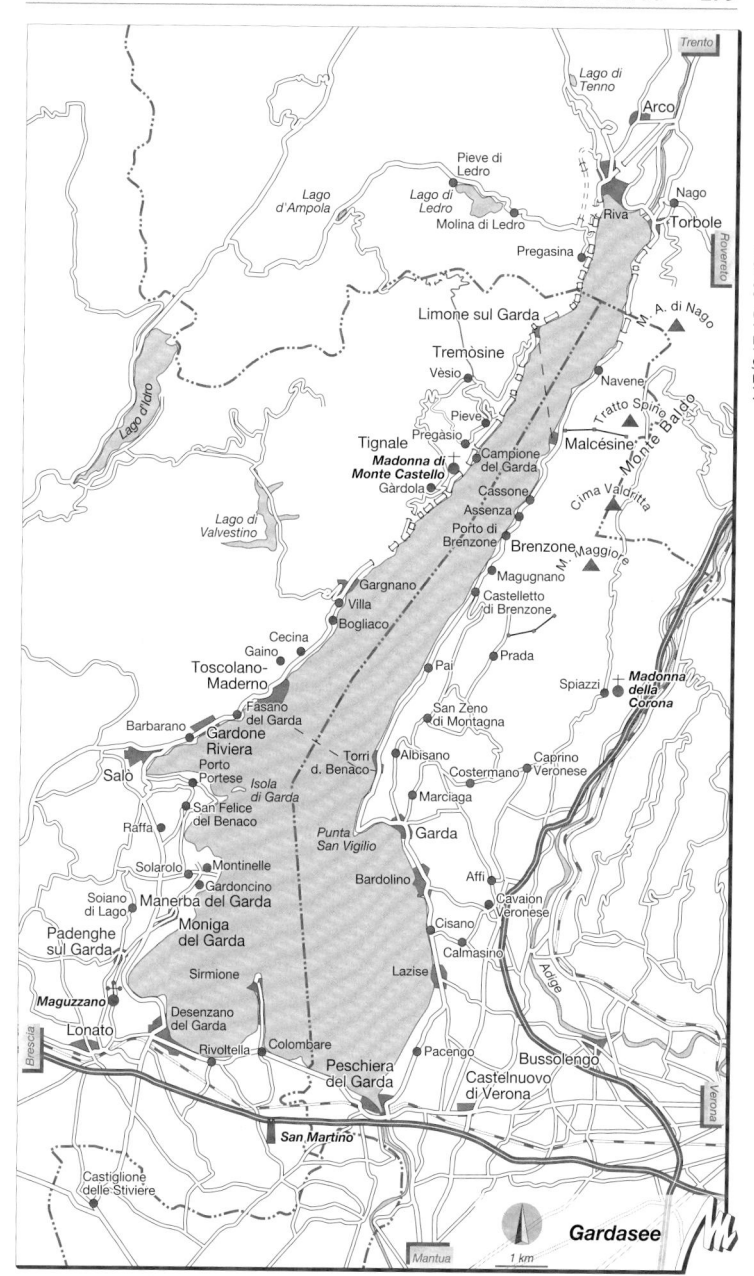

Lombardei und die Seen — Karte S. 276/277

Lombardei und die Seen

Anfahrt/Verbindungen/Information

- *Anfahrt/Verbindungen* **PKW**, großer gebührenpflichtiger Parkplatz östlich der Rocca, bei der Busstation am Viale Fabio Filzi.
Bahn, nächste Bahnstation ist Rovereto (→ Trentino) an der Brenner-Linie, von dort häufige Busse.
Bus, Busstation am Viale F. Filzi östlich der Rocca.
Fähren, mindestens 1-mal stündl. gehen Fähren in die Orte im Süden, 1- bis 2-mal tägl. außerdem eine Autofähre nach Desenzano am Südende des Sees und zurück.
- *Information* **APT** östlich der Rocca im großen Komplex an der Spiaggia degli Olivi. Das bestausgestattete Büro am See. Mo-Sa 9–12, 14.30–18 Uhr, So 9–12, 15.30–18.30 Uhr. ✆ 0464/554444, ✉ 520308, www.gardatrentinonline.it.

Übernachten

Viele Unterkünfte im Zentrum und Umkreis, trotzdem im Sommer meist ausgebucht, das Infobüro hilft. Weiter außerhalb kann man z. T. schön ruhig unterkommen, Surfer wohnen gerne direkt am Strand.

*** **Cervo**, freundlich geführtes Haus mitten in der Altstadt, ordentlich ausgestattet, Lift, Zimmer mit Teppichboden und TV, Sonnenterrasse mit Seeblick. DZ mit Frühstück ca. 96–112 €. Via Armando Diaz 15a, ✆ 0464/552277, ✉ 554367, www.hotelcervoriva.it.
*** **Bellariva**, im Grünen gelegenes Haus am Badestrand östlich vom Ort, ideal für Surfer (Surfcenter benachbart), ruhige Lage. Zimmer mit TV und Frigo-Bar. DZ mit Frühstück ca. 100–130 €. Viale Rovereto 58, ✆ 0464/553620, ✉ 556633, www.hotelbellariva.it.
** **Villa Maria**, kleine Pension im Neubauviertel nördlich der Altstadt, etwa 7 Fußminuten ins Zentrum. DZ mit Frühstück ca. 52–65 €. Viale dei Tigli 19, ✆ 0464/552288, ✉ 561170, www.garnimaria.com.
* **La Montanara**, in der Altstadt, neun Zimmer, einfach und sauber, unten gemütliche Trattoria. DZ mit Frühstück um die 48 €, mit Etagendusche etwas günstiger. Via Montanara 18–20, ✆ 0464/554857, ✉ 561552, montanarait@yahoo.it.
* **Rita**, unterhalb vom Monte Brione, knapp 2 km vom See an einer wenig befahrenen Straße. Einfache Pension mit familiärer Atmosphäre, relativ ruhig und sonnig, Frühstücksterrasse, Parkplatz und Pool. DZ mit Frühstück ca. 60–70 €. Via Brione 19, ✆ 0464/551798, www.garnirita.com.

- *Jugendherberge* **Ostello Benacus (IYHF)**, Übernachtung mit Frühstück im Mehrbettzimmer ca. 14 €. April bis Okt., Rezeption offen 8–10 und 18–24 Uhr. Piazza Cavour 10 (neben der Kirche Santa Maria Assunta im Hinterhaus), ✆ 0464/554911, ✉ 559966, www.ostelloriva.com.
- *Camping* Vier Zeltplätze gibt es, aber nur zwei direkt am See.
Bavaria, stadtnächster Platz, ca. 3 km östlich vom Zentrum am Viale Rovereto, kleines Gelände unter hohen Bäumen, sanitär einfach, guter Kiesstrand direkt davor, Surfcenter. ✆ 0464/552524, ✉ 559126, www.bavarianet.it.
Al Lago, ein Stück weiter in Richtung Torbole, etwas größeres Gelände. ✆ 0464/553186, ✉ 559772, www.campingallago.com.
Monte Brione, bestausgestatteter Platz bei Riva, landeinwärts der Straße, 350 m zum Strand, großer Swimmingpool. ✆ 0464/520885, ✉ 520890, www.campingbrione.com.
Garda, kleines Gelände mit 19 Stellplätzen neben Camping Monte Brione, preiswert. ✆/✉ 0464/552038, www.villasperanza-rivadelgarda.it.
Ein kostenpflichtiger **Standplatz für Wohnmobile** mit Trinkwasser und Entsorgungsmöglichkeit liegt gegenüber den beiden letztgenannten Zeltplätzen, Aufenthalt max. 48 Std.

Essen & Trinken/Nachtleben

Besonders schön sitzt man an der Promenade vor den Hotels Sole und Bellavista sowie in den Freiluftlokalen an der Piazza 3 Novembre.
La Montanara, kleine, freundliche Trattoria, in der man sehr gutes Essen zu niedrigen Preisen bekommt. Mi geschl. Via Montanara 18, ✆ 0464/554857.
Alpino, an einer kleinen, versteckten Piazza, zu erreichen über die Via Florida. Einfaches, preiswertes Lokal, das auch von Einheimischen besucht wird, ruhige Außenterrasse.

Via del Corvo 6, ✆ 0464/552245.
Bella Napoli, beliebte Pizzeria in der Altstadt, junge Leute und Surfer kommen gerne hierher, abends herrscht oft Hochbetrieb. Mi geschl. Via Armando Diaz 29, ✆ 0464/552139.
Spaghetti Haus, außerhalb der Altstadt, sehr beliebter Treff, jede Menge Plätze drinnen und im weitläufigen Garten mit Pool. Bis zu 40 verschiedene Nudelrezepte, aber auch Fleisch vom Grill und Salatbüffet. Kinderspielplatz. Di geschl. Via Masetto 6, ✆ 0464/551886.
TIPP! Osteria La Servite, im Örtchen San Giorgo, ein wenig nördlich außerhalb. Wunderbare Lage neben Weinfeldern, umgeben von Rebstöcken, dahinter ragt die pittoreske Burg von Arco empor. Alessandro kocht hervorragend, täglich wird *costata taglio Fiorentino* (Florentiner Rumpsteak) serviert, ansonsten kann man lokale Spezialitäten, Wurstwaren und Käse kosten, Teigwaren und Brot sind hausgemacht. Kein Coperto. 16–23.30 Uhr. Mo geschl. (Okt. bis März nur Do–So geöffnet). ✆ 0464/557411, www.leservite.com.

• *Nachtleben* **Pub all'Oca**, gemütlich ausstaffierte Kneipe mit typischen Pubstil, Ledersofas laden zum Sitzen ein. 18–2 Uhr, Mo geschl. Via Santa Maria 9, gegenüber der Pfarrkirche.

Tetley's Pub Houses, beliebter Bikertreff, gemütliche Pubatmosphäre, diverse Biersorten. Mi geschl. Viale Rovereto 11/b, Uferstraße Richtung Torbole.

Erlebnis Natur: Wasserfall Cascata Varone

Wenige Kilometer nördlich von Riva hat man die Gelegenheit, ein überwältigendes Naturschauspiel zu beobachten: Mit unglaublicher Wucht stürzt sich ein fast 100 m hoher Wasserfall durch einen turmhohen Spalt im Fels, ausgehöhlt in einer 20.000 Jahre dauernden Erosion. Verantwortlich dafür ist der darüber liegende Tennosee, dessen abfließendes Wasser einfach im Berg verschwindet. In zwei Stollen, die in den Fels gegraben sind, kann man ganz nah an den Sturzbach herankommen. Binnen kurzem ist man von der Gischt nass bis auf die Haut bei Temperaturen wie in einem Kühlschrank – besonders an heißen Sommertagen eine echte Wohltat.
Öffnungszeiten/Eintritt Nov.–Febr. nur sonntags 10–17 Uhr; März und Okt. tägl. 9–17 Uhr; April und Sept. tägl. 9–18 Uhr; Mai–August tägl. 9–19 Uhr. Eintritt ca. 5 €, Kinder bis 5 J. gratis.

▶ **Riva/Umgebung**: Der *Lago di Ledro (Ledro-See)* ist ein kleiner, malerischer Alpensee inmitten dichter Bergwälder, fast 600 m höher als der Gardasee. 1929 sorgte der stille, tiefblaue See für eine archäologische Sensation. Als man ihn damals für die Wasserversorgung von Riva anzapfte, sank der Wasserspiegel und die Reste einer fast 4000 Jahre alten Pfahlbausiedlung kamen zum Vorschein. Das schön gestaltete *Museo delle Palafitte* in Molina di Ledro zeigt heute einen Großteil der Funde samt dem Nachbau einer Pfahlhütte. Am See gibt es mehrere Campingplätze.
Öffnungszeiten/Eintritt **Museo delle Palafitte**, März bis Juni und Sept. bis Nov. Di–So 9–13, 14–17 Uhr (Mo geschl.), Juli/August tägl. 10–18 Uhr, Dez., Jan. und Febr. geschl. Eintritt ca. 2,50 €, von 12–18 und über 60 J. ca. 1,50 €, Familienkarte ca. 5 €. ✆ 0464/508182, www.palafitteledro.it.

▶ **Limone**: Das Örtchen zwängt sich malerisch unterhalb der Steilfelsen ans Ufer des Gardasees – dank seiner herrlichen Lage, wegen der üppigen Blumenpracht und der großen Zitronengewächshäuser ist es Ziel zahlloser Reisegruppen, die ständig mit Bus und Schiff angekarrt werden und die kleine Altstadt überschwemmen.

• *Anfahrt/Verbindungen* Ein kostenpflichtiger Parkplatz liegt wenige Meter oberhalb der Durchgangsstraße (bei der Tourist-Info einbiegen und links), ein weiterer sehr großer Platz bei der Zufahrt nach Limone am neuen Hafen unten.

282 Lombardei und die Seen

• *Information* **IAT**, direkt an der Gardesana Occidentale. Wie überall am See auch hier reichlich Prospektmaterial in Deutsch. Mo–Sa 9–12.30, 15.30–19 Uhr, So geschl. ✆ 0365/918987, ℻ 954720, www.visitlimonesulgarda.com.
Weiteres Infobüro am **Parkplatz** am neuen Hafen. ✆ 0365/954265.

• *Übernachten* Die meisten Hotels arbeiten mit Reiseagenturen zusammen.
** **Al Rio Se**, familiär geführtes Albergo mit kleinem Pool und gutem Restaurant, hervorzuheben die schöne Panoramaterrasse. Durch einen Weingarten steigt man hinunter zum Seeufer mit schmalem Kiesstrand. Parkplatz. DZ mit Frühstück ca. 64–97 €. Via Nova 12 (etwa 800 m nördlich vom Zentrum), ✆/℻ 0365/954182, www.hotelalriose.com.
** **Alla Noce**, am oberen Ende der Hauptstraße, unterhalb der Pfarrkirche. Schöne Panoramaterrasse unter Nussbäumen, innen etwas älter und leicht abgewohnt, ruhig, eigener Parkplatz. DZ mit Bad und Frühstück ca. 60–74 €. Via Monsignor Comboni 33, ✆ 0365/954022, ℻ 954780, www.allanoce.it.
Südlich vom Zentrum liegt **Camping Garda** mit Pool (www.hghotels.com) sowie **Camping Nanzel** (www.campingnanzel.it).

Von Limone nach Gardone Riviera

Die Uferstraße verläuft durch zahlreichen Tunnels. Im kleinen Dorf *Campione del Garda*, bis 1980 Standort einer ehemaligen Baumwollspinnerei, herrscht bisher wenig Rummel. Es gibt einen Kiesstrand und einen Stellplatz für Wohnmobile (2006 wegen Bauarbeiten gesperrt).

Nördlich von Campione führt eine steile, teilweise sehr enge Straße hinauf ins Bergdörfchen *Pieve di Tremosine*. Das Terrassencafé „Miralago" ist fast 400 m über dem Gardasee direkt in die senkrecht abfallende Felswand gebaut – spektakulärer kann ein Ausblick kaum sein.

▸ **Gargnano**: kleines, ruhiges Städtchen mit nettem Hafenbecken, sehenswert ist die Kirche *San Francesco* mit hübschem Kreuzgang, dessen Kapitelle steinerne Orangen und Zitronen zieren. Der *Palazzo Feltrinelli* etwas nördlich vom Hafen war 1943–45 Sitz der faschistischen „Republik von Salò" unter Hitlers Marionette Mussolini (→ Salò). Seinen Wohnsitz hatte der Duce in der noch weiter nördlich liegenden *Villa Feltrinelli*, die zum Luxushotel ausgebaut wurde.

• *Übernachten* *** **Du Lac**, Ortsteil Villa, Via Colletta 21. Kleine, leuchtend ockerrot gestrichene Stadtvilla direkt am See, 12 Zimmer mit Balkon. Sehr hübsch der Wintergarten mit darüber liegender Terrasse, Zimmer mit historischem Mobiliar eingerichtet. DZ mit Frühstück ca. 88–120 €. Leider kein direkter Zugang zum See. ✆ 0365/71107, ℻ 71055, www.hotel-dulac.it.
** **Riviera**, direkt an der Seepromenade über der Pizzeria da Giorgio (→ Essen & Trinken). Komplett renoviert, stilvolle Einrichtung, freundlich geführt, Frühstücksterrasse zum See. DZ mit Frühstück und Seeblick ca. 80–90 €. Via Roma 7, ✆ 0365/72292, ℻ 791561, www.garniriviera.it
* **Gargnano**, seit 1901 direkt am Hafenbecken, schlichtes Albergo mit nostalgischem Charme in stimmungsvoller Lage, sehr schöner Blick. DZ ca. 60–70 €. ✆ 0365/71312.
Camping Rucc, kleiner Grasplatz oberhalb vom Parco Fontanella, 2 Minuten zum See. ✆/℻ 0365/71805.

• *Essen & Trinken* **Riviera da Giorgio**, zentral gelegene Pizzeria seitlich vom Hafenbecken, Sitzplätze stimmungsvoll auf einer Plattform über dem See. ✆ 0365/72759.

▸ **Toscolano-Maderno**: Doppelort nördlich und südlich vom Toscolano-Fluss, regelmäßige Autofähre nach *Torri del Benaco* am Ostufer.

Gardone Riviera

ca. 3000 Einwohner

Bekannt für seine prachtvolle Vegetation – stolze Zypressen, wertvolle Nadelhölzer und üppige Bananenstauden ziehen sich die steilen Hänge hinauf. Am See unten das altehrwürdige Grand Hotel mit seiner 300 m langen Seeterrasse. Der einstige

Limone, Blick von der Gardesana auf den malerischen Ort

Nobelurlaubsort der Belle Epoque ist heute ein populäres Ausflugsziel – das berühmte „Vittoriale" und der Botanische Garten locken jährlich Hunderttausende an.

▶ **Il Vittoriale degli Italiani**: Die Behausung des exzentrischen und faschistisch gesinnten Poeten, Kriegs- und Weiberhelden *Gabriele d'Annunzio* ist wohl die originellste Sight-Seeing-Attraktion am See. Das *Haus* wirkt wie eine Mischung aus Kuriositätenkabinett, Antiquariat und Trödelmarkt. Die engen Gänge und düsteren Räume werden durch bunte Bleiglasfenster nur schummrig erleuchtet und sind voll gestopft mit orientalisch anmutenden Polsterlagern, zahllosen Büchern jeglichen Alters, christlichen Heiligen- und indischen Buddhafiguren. In der benachbarten Casa Schifamondo ist noch eine *d'Annunzio-Ausstellung* mit Notizen, politischen und literarischen Entwürfen, Karikaturen, Fotos und Büsten zu bewundern sowie ein ziemlich zusammengewürfeltes und vergleichsweise uninteressantes *Kriegsmuseum* (separate Eintrittsgebühr). Der *Doppeldecker*, mit dem d'Annunzio während des Ersten Weltkriegs in einer gewagten Aktion von Padua bis Wien mitflog, um dort Flugblätter abzuwerfen, hängt in der Kuppel eines Mini-Pantheons. In der ausgedehnten Gartenanlage findet man das *Mausoleum* des Dichters und den eindrucksvoll in den Berghang zementierten Schiffsbug der *Puglia*, mit der der wackere Poet noch kurz nach Beendigung des Kriegs einen Zipfel italienischen Lands zurückerobern wollte, der Jugoslawien zugesprochen worden war.

• *Öffnungszeiten/Eintritt* **Vittoriale** (Gartenanlage), April bis Sept. tägl. 8.30–20 Uhr, Okt. bis März tägl. 9–17 Uhr. Eintritt ca. 7 € (Schüler- u. Stud.-Gruppen, Senioren über 60 und Kinder von 7–12 J. ca. 4 €). **Vittoriale** und **Villa Cargnacco** (Wohnhaus), April bis Sept. Di–So 9.30–19 Uhr, Okt. bis März Di–So 9–13, 14–17 Uhr, Mo geschl. Eintritt ca. 11 € (Schüler- u. Stud.-Gruppen, Senioren über 60 und Kinder von 7–12 J. ca. 8 €), mit **Museo della Guerra** (Kriegsmuseum) ca. 16 € (ermäß. 11 €). Kriegsmuseum von April bis Sept. Do–Di 9.30–19 Uhr, Mi geschl. ✆ 0365/296511, ✉ 296512, www.vittoriale.it.

284 Lombardei und die Seen

▸ **Botanischer Garten**: Der *Giardino Hruska* liegt wenige Minuten unterhalb des Vittoriale. Anfang des 20. Jh. vom deutschen Zahnarzt Arthur Hruska entworfen, wachsen hier tausende tropischer, subtropischer und alpenländischer Pflanzen zwischen künstlichen Bächen und wilden Kalkfelsen.
Öffnungszeiten/Eintritt   März bis Okt. tägl. 9–19 Uhr, Eintritt ca. 8 €. ✆ 336-410877, www.hellergarden.com.

Südlich von Gardone Riviera treten die Berge vom Ufer zurück, der flache Südteil des Gardasees beginnt. Bis auf Salò gibt es hier keine größere Stadt und auch die Durchgangsstraße verläuft nicht direkt am See.

▸ **Salò**: Größerer Ort in einer weiten geschützten Bucht – kein Touristenziel, dafür die authentische Atmosphäre eines quirligen Städtchens, in dem Italiener noch die Hauptrolle spielen. Die lange, schmale Fußgängerzone schlängelt sich parallel zur breiten Uferpromenade vom Uhrturm zur zentralen Piazza Vittoria am See. Der Dom *Santa Maria Annunziata* besitzt einige wertvolle Gemälde, darunter an der linken Seitenwand einen „Heiligen Antonius von Padua" (16. Jh.).

• *Übernachten*   *** **Benaco**, elegantes Haus an der Promenade, Zimmer mit TV und Seeblick, das hauseigene Restaurant bietet gute Küche. Gäste erhalten kostenlos Fahrräder. DZ mit Frühstück ca. 95–115 €. Lungolago Zanardelli 44, ✆ 0365/20308, ✉ 21049, www.hotelbenacosalo.it.
** **Lepanto**, hübsche Lage am Ostende der Promenade, in Domnähe. Unten im Haus Restaurant – wenn man sich dadurch nicht stören lässt, eine gute Wahl. DZ mit Bad ca. 60–77 €, mit Etagendusche günstiger, Frühstück extra. Lungolago Zanardelli 67, ✆ 0365/20428, ✉ 20548, hotel.lepanto@libero.it
Mehrere Campingplätze liegen an der Südseite der Bucht, zu empfehlen sind **Al Weekend** und **Eden** (www.camping-eden.it).

• *Essen & Trinken*   **La Campagnola**, ein Stück zurück von der Durchgangsstraße, im Hinterhaus mit überdachtem Hof, etwas beengte Platzverhältnisse. Die „Osteria con cucina" bietet hervorragende Seeküche und Pasta aus eigener Produktion, dazu eine der besten Weinkarten weit und breit. Mo und Di-Mittag geschl. Via Brunati 11, ✆ 0365/22153.
Osteria dell'Orologio, ganz zentral in der Fußgängerzone, schöne Osteria im traditionellen Stil, unten großer Tresen und eine Handvoll Tische, im ersten Stock Restaurant mit guter regionaler Küche. Nur abends, Mi geschl. Via Butturini 26/a, ✆ 0365/290158.

Marionette Hitlers: Die Republik von Salò

Juli 1943. Nach dem Sieg in Nordafrika erobern die Alliierten Sizilien und bereiten die Landung auf dem italienischen Festland vor. „Schluss mit dem Krieg", diese Meinung breitet sich immer mehr aus. Die faschistische Partei wird aufgelöst, Mussolini zum Rücktritt gezwungen und auf Befehl Königs Vittorio Emanuele III. in einem Berghotel auf dem Gran Sasso in den Abruzzen inhaftiert (→ Region Abruzzen). Am 12. September 1943 befreien ihn von dort in einer spektakulären Aktion deutsche Luftlandetruppen in Lastenseglern. Bereits wenige Tage später muss der ehemalige Duce auf Betreiben Hitlers die faschistische „Repubblica Sociale Italiana" gründen. Als Standort der Marionettenregierung werden Salò und das nahe Gargnano am Gardasee gewählt. Im April 1945 nähern sich die alliierten Streitkräfte den Alpen. Mussolini flieht zum Comer See, um von dort in die neutrale Schweiz zu gelangen. Doch kurz vor der Grenze wird er von italienischen Partisanen erkannt und zwei Tage später zusammen mit seiner Geliebten Claretta Petacci etwas oberhalb vom See erschossen (→ Comer See, S. 320).

▶ **Von Salò nach Desenzano**: grüne Wiesen- und Weinlandschaft, sanft hüglig und ohne große Ortschaften, jedoch ziemlich zersiedelt. Es gibt keine durchgehende Uferstraße, sondern schmale Stichstraßen führen zu Kiesstränden mit vielen Dutzend Campingplätzen.

> Desenzano siehe S. 294.

▶ **Lago d'Idro** (Idro-See): beschauliche Alternative zum Rummelplatz Gardasee. Obwohl keine Autostunde entfernt, tut sich hier eine andere, ruhige und erholsame Welt auf. Der lang gestreckte See liegt etwa 390 m über dem Meeresspiegel, eingebettet in bergige Hänge inmitten üppig grüner Wald- und Wiesenvegetation. Wegen der Höhenlage ist das Wasser etwas frisch. Bis auf einige gut besuchte Campingplätze findet man nur wenige touristische Einrichtungen.

Ostufer (Nord nach Süd)

Hier spielt sich der eigentliche Massentourismus ab. Vom steilwandigen Norden um *Torbole* und *Malcésine* bis zum flachen Süden um *Bardolino* gibt es kaum noch unerschlossene Ecken. Campingplätze ziehen sich zu Dutzenden das gesamte Ufer entlang.

Torbole
ca. 900 Einwohner

4 km östlich von Riva del Garda und von diesem durch einen Straßentunnel getrennt. Nur eine Handvoll Häuser unterhalb steiler Felsen, umgeben von einer stetig wachsenden Zahl von Hotels. Als Ort an sich unspektakulär, aber landschaftlich hübsch und das absolute Surferzentrum am See – ein ganzer langer Strandabschnitt ist für das windige Vergnügen reserviert.

Landeinwärts der viel befahrenen Durchgangsstraße das winzige „Altstadtviertel" mit der kleinen Piazza Vittorio Veneto (Casa Alberti mit Gedenktafel an Goethe) und einer einzigen bescheidenen Fußgängergasse. Um das Hafenbecken haben sich vis-à-vis der ehemaligen österreichischen Zollstation nette Ristoranti und Cafés etabliert.

• *Information* **APT**, gut ausgestattetes Büro am südlichen Ortsausgang. Mo–Sa 9–12, 14.30–18 Uhr, So 10–12, 15.30–18.30 Uhr. Via Lungolago Verona 19, ✆ 0464/505177, ✉ 505643. Internet siehe unter Riva (→ S. 280).

• *Übernachten* *** **Villa Stella**, gepflegtes Haus mit Garten und Pool, weit zurück von der Durchgangsstraße, ruhige Lage. Zimmer pikobello, Bike-/Surf-Depot, Gymnastikraum, Lift. DZ mit reichhaltigem Frühstücksbuffet ca. 70–90 €. Die freundliche Frau des Hausherrn stammt aus Holland. Via Strada Grande 42, ✆ 0464/505354, ✉ 505053, www.villastella.it.

*** **Casa Romani**, familiäres Albergo mit Zimmern und Apartments, Chefin spricht fließend Deutsch, netter Garten. DZ mit Frühstück ca. 56–70 €. Via Pescicoltura 35 (schräg hinter dem Informationsbüro), ✆ 0464/505113, www.casaromani.it.

*** **Santa Lucia**, gut versteckt am oberen Ortsende, am Beginn des Fußwegs nach Nago, herrlich ruhig. Das beliebte Haus liegt in einem üppigen Garten mit kleinem Pool, einfache Zimmer, z. T. mit Balkon. DZ mit Frühstücksbuffet ca. 76 €. Via Santa Lucia 12, ✆ 0464/505140, ✉ 505509, www.torbole.com/santalucia.

** **Casa Nataly**, in der Altstadt, freundliche und saubere Pension, ruhig, Zimmer mit Balkon und teils Seeblick, Surf- und Bikegarage. DZ mit Frühstück ca. 54–62 €. Piazza Alpini 10, ✆ 0464/505341, ✉ 506223, www.gardaqui.net/casanataly.

Die Campingplätze am Ort sind zu 90 % mit Surfern belegt, z. B. **Camping Europa** direkt am Surferstrand, außerdem **Al Porto** und **Al Cor**, beide ebenfalls nah am See.

Lombardei und die Seen
Karte S. 276/277

286 Lombardei und die Seen

Ab mittags Wind: Surferhochburg Torbole

- *Essen & Trinken* **La Terrazza**, vom Hafen aus wenige Schritte in Richtung Strand, verglaste Veranda und interessante Speisekarte, auf der u. a. Wels, Barsch, Stör und Hecht angeboten werden. Juli bis Sept. tägl. sonst Di geschl. Via Pasubio 15, ✆ 0464/506083.
- *Nachtleben* **Wind's Bar**, zentral an der Durchgangsstraße, an Augustabenden stehen die Menschen in großen Trauben auf der Straße. Hinten ein paar Stufen hinunter zu einer kleinen Tanzfläche mit Videoschirmen und Bar.

Moby Dick, schräg hinter der Wind's Bar, unter der efeuberankten Fassade mit üppiger Galionsfigur sitzt man gemütlich und trinkt Weißbier.

Cutty Sark, „the surfor's rest", großer, mit viel Holz und Nautikutensilien ausgestatteter Pub, beliebtester Surfertreff am Ort. 20– 2 Uhr. Di geschl. Via Pontalti 2 (bei Piazza Vittorio Veneto).

- *Sport* Die schmale „Düse" am Nordende des Sees gilt als eins der besten Surfreviere der Welt. Hier spürt man nachdrücklich jede Brise, kann Tempo machen und sich im Speedrausch aalen, aber auch unerfahrene Neulinge kommen auf ihre Kosten. Frühmorgens geht's meist gemächlich mit dem **Vento** los – der Alpenwind aus den Bergen im Norden ist oft nur ein mildes Lüftchen und gut für Anfänger geeignet. Er flaut gegen Mittag ab und die **Ora** setzt unvermittelt und heftig aus Süden ein, meist gegen 13 Uhr – dieser Wind ist es, weswegen die Surfcracks kommen.

Die großen Surfcenter liegen im **Parco Pavese** hinter dem Surfstrand, unmittelbar bei Torbole.

Riva siehe S. 278.

Malcésine
ca. 3500 Einwohner

Einer der malerischsten Orte am See. Vielleicht empfand das auch Johann Wolfgang von Goethe so, als er sich hier niederließ, um das Kastell abzumalen und dabei fast als vermeintlicher österreichischer Spion verhaftet worden wäre.

Alt-Malcésine zieht sich den Hang eines Hügels hinauf, der zum See hin steil abfällt. Auf der Spitze thront ein weitläufiges *Skaliger-Kastell*, in dem das sehr informative *Museo del Baldo e de Garda* die Flora und Fauna des Monte-Baldo-Gebietes

Malcésine

zeigt und dazu mit Fotos und Schautafeln Entstehung, Geologie und Geomorphologie des Gardasees erklärt. Darunter erstreckt sich ein Gewirr von engen, teils holprigen und sehr steilen Pflasterwegen, kleinen Plätzen und überwölbten Durchgängen. Besonders hübsch ist das Hafenbecken.

Über Malcésine erhebt sich der *Monte Baldo*, mit über 2000 m das höchste Bergmassiv am Gardasee. Die Fahrt mit der Seilbahn auf 1760 m Höhe ist teuer, aber ein Muss, ab der Mittelstation rotiert die Kabine einmal um sich selbst.

• *Öffnungszeiten/Eintritt* **Skaliger-Kastell**, April bis Nov. tägl. 9–19.30 Uhr, übrige Zeit nur Sa/So und Feiertage. Eintritt ca. 5 €, Kinder ermäß.
Seilbahn, tägl. 8–18.45 Uhr (Anfang April bis Mitte Sept.), 8–17.45 Uhr (Mitte Sept. bis Mitte Okt.), 8–16.45 Uhr (Mitte Okt. bis Anfang Nov.). Abfahrten alle halbe Stunde. Hin/Rückfahrt ca. 15 € (einfach 10 €), nur bis Mittelstation ca. 7,50 € (einfach 4,50 €). Ermäßigung für Familien ab 4 Pers. ✆/℡ 045/7400206, www.funiviedelbaldo.it.

• *Anfahrt/Verbindungen* Das enge Zentrum ist für den motorisierten Verkehr gesperrt, eine Reihe gebührenpflichtiger **Parkplätze** liegt oberhalb der Durchgangsstraße, kostenlos parken kann man neben der **Pfarrkirche**.

• *Information* **IAT**, Via Capitanato 6–8, wenige Schritte vom Hafen. Stadtpläne mit Hotels und Campingplätzen, Wanderkarten, Veranstaltungskalender u. v. m. Mo–Sa 9–19, So 9–13 Uhr. ✆/℡ 045/7400555 o. 7400837, www.malcesinepiu.it, iatmalcesine@provincia.vr.it.
Associazione Albergatori Malcésine, Unterkunftsvermittlung beim Busstopp an der Gardesana. Di–So 14.30–19.30 Uhr, Mo geschl. ✆/℡ 045/7400373, info.gpmalcesine@libero.it.

• *Übernachten* *** **Panorama**, hoch über Malcésine mit herrlichem Blick auf den See, geführt von deutscher Wirtin mit italienischem Mann. Geräumige Zimmer, Pool, Tennis, Ristorante, Parkplatz. DZ ca. 70–170 €. Val di Monte 9, ✆ 045/7400171, ℡ 7400608, www.panoramamalcesine.com.
*** **Capri**, das moderne Hotel von Familie Bergonzini steht unterhalb der Strada Panoramica, herrlich unverbauter Seeblick, Dachterrasse, Pool, Parkplatz. Zimmer mit Balkon und TV, gute Küche, hat auch Angebote für Vegetarier bereit hält. DZ mit Frühstück ca. 60–110 €. Loc. Madonnina, ✆ 045/7400385, ℡ 7400825, www.hotelcapri.com.
** **Catullo**, wenige Schritte vor der Seilbahnstation zum Monte Baldo, großer Olivengarten mit Pool, ruhig, familiär geführt. DZ mit Frühstück 70–95 €. Via Prori 11,

✆ 045/7400352, ℡ 6583030, www.catullo.com.
** **Casa Bianca**, Garni-Haus mit großem Garten und Parkplatz, geführt von einer deutsch-italienischen Familie. DZ mit Frühstück ca. 60–75 €. Strada Panoramica 37, ✆/℡ 045/7400601, www.casa-bianca.com.
* **Villa Nadia**, ruhiges, familiär geführtes Haus mit Garten und Garage, Zimmer z. T. mit Balkon oder Terrasse, einige Apartments. DZ mit Frühstück ca. 60–70 €. Via Navene Vecchia 54, ✆ 045/7400088, ℡ 6583693, www.villanadia.it.
Zahlreiche Campingplätze im Umkreis von Malcésine, direkt beim Zentrum liegt **Priori** (✆ 045/7400503, ℡ 6583098, www.appartement-prioriantonio.it), weiter nördlich **Tonini**, **Campagnola** und **Claudia**, Richtung Süden **Panorama** und **Bellavista**.

• *Essen & Trinken* **La Pace**, an der kleinen Piazza Magenta (Porto Vecchio) direkt am See, beschauliche Atmosphäre, Seeblick und gute Fischgerichte, in der Hochsaison wird man allerdings sehr schnell abgefertigt. Di geschl. ✆ 045/7400057.
Taverna Agli Scaligeri, ganz neu im Zentrum, ausgezeichnete Küche zu angemessenen Preisen. Via Caselunghe 14, ✆ 045/7401382.
Osteria alla Rosa, zwischen Gardesana und historischem Zentrum, einfach, aber gut – zu empfehlen sind die hausgemachten Pastagerichte, vor allem die Seefischravioli. Bei schönem Wetter sitzt man im Freien unter Weinreben. Piazza Boccara 5, ✆ 045/6570783.

• *Nachtleben* **Bottega del Vino**, populärer Abendtreff. Hier kann man Gardasee-Weine, Grappa und Liköre kaufen – oder sie gleich an Ort und Stelle trinken, dazu werden kalte Platten, hausgemachte Nudeln und Pizzen gereicht. Corso Garibaldi 19.
Vidoc Enoteca, gemütlich-elegantes Plätzchen abseits vom Trubel, ausgewählte Weine und gute regionale Küche. Gelegentlich Jazz und Folkmusik live. Via Dosso 1, ✆ 045/6570000, www.vidoc.it.
Rockcafé, kleiner, populärer Pub unter einem düsteren Torbogen. Vicolo Porticchetti 16.
Corsaro, beliebte Disco nördlich unterhalb der Burg (bis 3 Uhr), Via Paina 17.

Lombardei und die Seen

▶ **Von Malcésine nach Torri del Benaco:** weitgehend flache Küste, hinter der aber schnell der steile *Monte Baldo* aufsteigt. Unmittelbar südlich von Malcésine schönes Bild kleiner vorgelagerter Inseln, danach verläuft die Straße fast durchgehend dicht am Wasser – begleitet von einer ununterbrochenen Folge kleiner Campingplätze, Pensionen und Hotels.

▶ **Torri del Benaco:** Die flache Altstadt wird von einer langen Hauptgasse durchzogen, südlich davon das hübsche Hafenbecken und eine stolze *Skaligerburg*, in der ein sehenswertes Museum untergebracht ist (prähistorische Felszeichnungen, Seefischerei, Olivenverarbeitung), außerdem an der Südmauer eins der letzten funktionsfähigen Zitronengewächshäuser am See. Lange, schmale Kiesstrände liegen südlich und nördlich vom Ort unterhalb der Durchgangsstraße.

• *Öffnungszeiten/Eintritt* **Museum**, April/Mai und Okt. Di–So 9.30–12.30, 14.30–18 Uhr, Juni–Sept. Di–So 9.30–13, 16.30–19.30 Uhr, Mo geschl. Eintritt ca. 3 €, ermäß. 2 €. ✆ 045/6296111.

• *Anfahrt/Verbindungen* Regelmäßige Autofähren gehen nach **Maderno** am Westufer.

• *Übernachten* ** **Baia dei Pini**, nördlicher Ortsrand, geschmackvoll eingerichtetes Haus mit separatem Nebengebäude direkt am Strand, Restaurantterrasse zum See, schattiger Garten mit Zypressen. DZ mit Frühstück ca. 120–160 €, mit Blick zum Garten günstiger. ✆ 045/7225215, 🖷 7225595, www.baiadeipini.com.

* **Belvedere**, netter Familienbetrieb mit großem Garten und schönem Blick, etwas oberhalb der Gardesana an der Straße nach Albisano. 21 Zimmer, Garage. DZ mit Frühstück ca. 65–90 €. ✆/🖷 045/7225088, www.belvederetorri.com.

* **Onda**, an der Straße nach Albisano, fünf Minuten vom Ortszentrum. Freundlich und sauber, 26 Zimmer, alle mit Balkon oder Terrasse, außerdem 3 große Apartments für Familien. Frühstücksbuffet auf einer Terrasse im Freien. Parkplatz und Tiefgarage. DZ mit Frühstück ca. 58–66 €. ✆/🖷 045/7225895, www.garnionda.com.

Die beiden einfachen Campingplätze **Oliveti** und **San Remo** liegen in Terrassen am südlichen Ortsausgang über der Gardesana.

TIPP! Osteria da Ago e Rita, etwas nördlich außerhalb, direkt an der Gardesana. Traditionelle Küche zu günstigen Preisen, z. B. *pinzimonio* (Dippschale mit Saisongemüse), danach leckere Pasta, zum Schluss Parmaschinken mit frisch gebackenen Brötchen. Nur abends, Mi geschl.

▶ **Punta San Vigilio:** markante Landzunge zwischen Torri del Benaco und Garda, von der Durchgangsstraße über eine Stichstraße zu erreichen. In der exklusiven *Locanda San Vigilio* aus dem 16. Jh. mit einem der besten Restaurants am Gardasee (Di geschl.) übernachteten schon Otto Hahn, Winston Churchill und Prinz Charles.

In der Nähe findet man die *Baia delle Sirene*, einen der beliebtesten Badeplätze der Region mit Rasen unter alten Olivenbäumen (Duschen, Umkleidekabinen, Tischtennis u. a., Eintritt ca. 10 €).

Südlich der Punta San Vigilio treten die Berge zurück und der Lago di Garda weitet sich zum breiten Südteil mit grünen Wiesen, Weinbergen, Olivenbäumen und sanften Hügeln. Gewaltig wie ein Meer wirkt er hier.

Garda
ca. 3300 Einwohner

Viel besuchter Ferienort in idealer Lage, nach Süden und Norden geschützt durch steile Bergrücken mit üppiger mediterraner Vegetation und Zypressen.

An der prächtigen, langen Promenade reihen sich zahlreiche Cafés, Restaurants und Gelaterie, gleich dahinter erstreckt sich der stimmungsvoll verwinkelte Altstadtkern mit überwölbten Wegen und zwei Tortürmen, zwischen denen die Hauptgasse verläuft. Ein Badestrand schließt sich unmittelbar südlich an die Promenade an.

Gruppenbild mit Mailänder Dom (EF)

▲▲ Mondänes Portofino (SB)
▲ Der Bigo am Hafen von Genua (ST)

Malerisches Portovenere (SB)
Fischer am Strand von Noli (KV)

▲▲ Die Burg von San Marino (SB)
▲▲ Der Dom von San Leo (bei San Marino) (EF)
▲ Das Denkmal Savanarolas in Ferrara (EF)

Garda

Ruhige Ecke in der Altstadt von Garda

- *Anfahrt/Verbindungen* Großer, gebührenpflichtiger **Parkplatz** an der Durchgangsstraße, von dort 2 Min. in die Altstadt.
- *Information* **IAT**, Lungolago Regina Adelaide 13, zentrale Lage an der Uferpromenade, neben dem Rathaus. Mo–Sa 9–13, 15–19, So 9–13 Uhr. ✆ 045/6270384, ℻ 7256720, www.tourism.verona.it, iatgarda@provincia.vr.it.

Associazione Albergatori di Garda, Zimmervermittlung. Via Don Gnocchi 25. Mo, Mi & Fr–So 10–20 Uhr, Di & Do 15–20 Uhr. ✆ 045/7255824, ℻ 6270156.

- *Übernachten* *** **Roma**, familiär geführtes Hotel an der Uferpromenade, ordentliche Zimmer, z. T. Seeblick. DZ mit Frühstück ca. 62–100 €. Lungolago Regina Adelaide 26, ✆ 045/7255025, ℻ 6270266, www.hotelromagarda.it.

** **San Marco**, am Südende der Promenade, kurz vor dem Badestrand. Schmuckes Haus mit grünen Fensterläden, innen sehr behaglich, Frühstücks-/Aufenthaltsraum ähnelt einer Gemäldegalerie, davor Restaurant-Terrasse. DZ mit Frühstück ca. 70–86 €. Largo Pisanello, ✆ 045/7255008, ℻ 7256749, www.hotelsanmarcogarda.it.

** **Alla Torre**, schlichtes, sauberes Hotel im Stadtzentrum, direkt neben dem südlichen Torturm. In der Bar unten im Haus gelegentlich Livemusik. DZ mit Frühstücksbuffet ca. 60–83 €. ✆ 045/7256589, ℻ 7255731, www.garda-tourist.com.

Zwischen Garda und dem südlich benachbarten Bardolino liegen mehrere große und gut ausgestattete Campingplätze direkt am Strand (→ Bardolino).

- *Essen & Trinken* **Da Graspo**, zwei kleine, dunkle Räume, ein paar Stühle vor der Tür, eine offene Küche, in der es dampft und brodelt. Es gibt keine Speisekarte – „Das Menü bin ich", sagt Wirt Luca in Anlehnung an das bekannte Zitat des Sonnenkönigs. Dass Qualität und Ambiente stimmen, zeigen der rege Zuspruch und die gute Laune, die hier herrschen. Di geschl. Piazzale Calderini 12 (bei der Hauptkreuzung der Gardesana), ✆ 045/7256046.

La Sirena del Lago, originelles Ristorante mit Bar direkt am Seeufer vor Camping La Rocca, 1963 aus kleinsten Anfängen als Strandbar entstanden. Kitschig-gemütlich, freundlich geführt, gute Seeküche. Im Rahmen eines kleines Uferspaziergangs gut zu erreichen. ✆ 045/6210015, www.barsirena.it.

First Meeting, unprätentiöse Pizzeria an der Straße nach Costermano. Große Terrasse, gute Auswahl an riesigen Pizzen, aber auch z. B. Forelle mit Kartoffeln und *arrosticini abruzzesi* (Fleischspieße nach Art der Abruzzen). Spielgeräte für Kinder. Via Don Gnocchi 33, ✆ 045/7255723.

La Val, im Valle dei Molini (kurz vor Costermano links), das abgelegene „Mühlental" besitzt nur eine Schotterpiste, auf der man gut 2 km fahren muss, bevor man den

freundlichen Gasthof erreicht. Die Preise sind günstiger als in Garda. Abends ab 18.30 Uhr, Di geschl.
TIPP! Hostaria La Cross, mehrere Leserempfehlungen für die gemütliche Osteria von Andrea und Fausto. Jeden Tag wird aus der Karte ein anderes Menü zusammengestellt, Preis ca. 20 € (ohne Getränke). Lecker z. B. die hausgemachten Tortellini mit Ricotta und Trüffel. Di geschl. Via della Pace 4 (neben einem Kreisverkehr in Richtung Costermano), ℡ 045/7255795.
• *Shopping* Jeden Fr 6–15 Uhr großer **Markt** an der Uferfront.

Bardolino

ca. 5500 Einwohner

Beliebter Ferienort mit freundlicher Altstadt, in den breiten, weitgehend rechtwinkligen Gassen kann man gemütlich bummeln. Am See lange Promenade zwischen zwei weit vorspringenden Halbinseln – schön zum Spazierengehen, man kann am Wasser entlang sogar bis Garda laufen. Badestrände gibt es zu beiden Seiten des Orts, teils gebührenpflichtig. Im Nachbarort Cisano präsentiert das *Museo dell'Olio* anhand vieler Exponate die Geschichte der Olivenölgewinnung.

Bardolino ist bekannt für den gleichnamigen Rotwein, ein einfacher, süffiger Tropfen, der in den Plantagen um den Ort wächst.

• *Öffnungszeiten/Eintritt* **Museo dell'Olio**, Mo–Sa 9–12.30, 14.30–19, So 9–12.30 Uhr, Eintritt frei.

• *Anfahrt/Verbindungen* Großer **Parkplatz** an der Durchgangsstraße, landeinwärts der Kirche San Severo.

• *Information* **IAT**, direkt an der Gardesana, Piazzale Aldo Moro 5. Mo–Sa 9–13, 15–19, So 10–13 Uhr. ℡ 045/7210078, ℻ 7210872, www.comune.bardolino.vr.it, iat.bardolino@provincia.vr.it.

Associazione Albergatori Bardolino (Unterkunftsvermittlung), gleich neben der Informationsstelle. Mo u. Mi–Sa 9–20 Uhr, Di 12–12.30, 14.30–20 Uhr, So 10–13, 14–20 Uhr. ℡ 045/6210654, ℻ 6228014, www.ababardolino.it.

• *Übernachten* *** **Quattro Stagioni**, mitten in der Altstadt, doch sehr ruhig, herrlicher Garten mit üppiger mediterraner Vegetation und hübschem Pool, großer, schattiger Parkplatz. Einrichtung z. T. mit Antiquitäten, gemütlich. DZ mit Frühstück ca. 90–128 €. Borgo Garibaldi 25, ℡ 045/7210036, ℻ 7211017, www.hotel4stagioni.com.

** **Fiorita**, freundliches und ruhiges Haus in einer engen Seitengasse, 100 m von der Anlegestelle. Mit Garage. DZ mit Frühstück ca. 65–95 €. Via Solferino 49, ℡ 045/7210197, www.hotelfiorita.it.

* **Valbella**, nettes Haus mit Garten in den Hügeln 2 km vom Zentrum. Wunderschöner Seeblick, Parkplatz. DZ mit Frühstück ca. 50–65 €. Via San Colombano 38, ℡ 045/6212483.

Vor allem nördlich von Bardolino liegen einige große und gut ausgestattete Campingplätze mit langen Badezonen:

Comunale San Nicolò, der stadtnächste Platz, schmaler Strand mit Badesteg, nur z. T. schattige Stellplätze. ℡/℻ 045/7210051, ℻ 7210488, comune.camping.sannicolo@comune.bardolino.vr.it.

Continental, schattiger Platz mit Pappeln und Olivenbäumen, davor schöne Strandzone mit Grasböschung. ℡ 045/7210192, ℻ 7211756, www.campingarda.it.

Serenella, großes Gelände, gut beschattet durch Laubbäume, großer Pool mit Kinderbecken, Kinderspielplatz, 250 m langer Strand. Keine Motorräder! ℡ 045/7211333, ℻ 7211552, www.campingserenella.it.

La Rocca, riesiger Platz südlich unterhalb der Rocca von Garda, durch die Gardesana in zwei Teile getrennt. Großer Pool und Kinderbecken, 300 m Strand. ℡ 045/7211111, ℻ 7211300, www.campinglarocca.com.

• *Essen & Trinken* **Al Giardino delle Esperidi**, kleine, feine Enoteca mit Plätzen im Hinterhof unter einer Pergola. Einfallsreiche Küche. Mi-Mittag und Di geschl. Via Mameli 1, ℡ 045/6210477.

Al Commercio, Via Solferino 1, man isst im hübschen Innenraum oder im Garten hinter dem Haus, reichhaltiges Angebot, z. B. Schnecken in Kräutersoße und Polenta mit Pilzen. Di geschl. ℡ 045/7211183.

La Strambata, gut eingeführtes und dementsprechend touristisches Grillrestaurant mit Pizzeria. Hausspezialität ist die *pizza a metro*, aber auch sonst große Auswahl: Risotto, Spaghetti, Forelle, Spiedino misto, Speck vom Schneidebrett. Flinker Service. Via Fosse 27, ℡ 045/7210110.

Ca'del Vini (Vini Veronesi e Nazionali), nett aufgemachtes Lokal in einer kleinen Sackgasse des Corso Umberto. Kompetente und freundliche Beratung, zu den Weinen werden *bruschette*, aber auch Hauptgänge gereicht. Via Palestro 12, ℡ 045/6210006.

TIPP! Da Angelo, im Nachbarort Cisano führt ein schmales Gässchen von der Gardesana etwa 100 m hinauf zu dieser ruhigen und unscheinbaren Trattoria. Hier isst man zu unschlagbar günstigen Preisen (Primo 4,50 €, Secondo ab 6,50 €). Meist wird eine Hand voll Fleischgerichte angeboten, dazu eine Auswahl an Saisongemüse sowie Pasta und Minestrone. Fisch und Pizza gibt es nicht. Mi geschl.

• *Nachtleben* Hollywood, populäre Disco etwas landeinwärts vom Zentrum. Geöffnet Do–So. Via Montavoletta 11, ℡ 045/7210580, www.hollywood.it.

• *Shopping* Jeden Do riesiger **Markt** an der Promenade.

▶ **Lazise**: sehenswerter, kleiner Ort innerhalb einer prächtig erhaltenen Stadtmauer mit Wehrtürmen und drei Toren, benachbart eine große *Skaligerburg*. Viel Platz auf der breiten Promenade, dort auch der intime kleine Hafen, wo nebeneinander eine alte venezianische Zollstation *(Dogana Veneta)* und die romanische Kirche *San Nicolo* stehen. Langer Strand (mit Eintritt) südlich vom Ort, 2 km weiter liegt *Canevaworld*, der größte Wasserpark im Gardaseegebiet.

• *Information* **IAT** am Hafen rechts, neben Hotel Alla Grotta. Mo–Sa 9–13, 15–19, So 9–13 Uhr. ℡ 045/7400555 o. 7580114, ℻ 7581040, www.tourism.verona.it, iatlazise@provincia.vr.it.

• *Übernachten* ** **Sirena**, großes Haus am Nordende der Promenade, Pool im Garten, Parkplatz, Ristorante, Seeblick. DZ mit Frühstück ca. 70–115 €. Via Roma 4/6, ℡ 045/7580094, ℻ 6470597, www.gardalake.it/hotel sirena.

** **Santa Marta**, ca. 1 km südlich vom Ortszentrum, Einfahrt von der Gardesana aus, Garage. Das üppig grüne Anwesen liegt zwischen Weinreben und Obstbäumen, solide eingerichtete Zimmer, nette Frühstücksterrasse, schnell ist man am Strand. DZ mit Frühstück ca. 66–106 €. Via Sentieri 13, ℡ 045/7580026, ℻ 7580639.

La Tinassara, das historische Residence-Haus liegt in den Hügeln, etwas oberhalb von Lazise. Die geräumigen Zimmer sind mit Holz rustikal eingerichtet, Blick auf den Garten oder auf den See. Im Garten kleiner Pool. DZ mit Frühstück ca. 68–95 €. Via Vallesana 18, ℡ 045/6470088, ℻ 6470098, www.latinassara.com.

Im Umkreis liegen außerdem zahlreiche Campingplätze:

Municipale, der einzige Platz nördlich vom Zentrum, durch die Promenade vom See getrennt. ℡ 045/7580020, ℻ 7580549.

Du Parc, unmittelbar südlich vom Ortskern, direkt am 300 m langen Strand. ℡ 045/7580127, ℻ 6470150, www.campingduparc.it. Weiter südlich findet man die besonders großen und gut ausgestatteten Plätze **Spiaggia d'Oro** (www.campingspiaggiadoro.com), **La Quercia** (www.laquercia.it) und **Ideal** (www.camping-ideal.it), auf denen keine Motorräder erlaubt sind.

Piani di Clodia, erst vor wenigen Jahren angelegter Vier-Sterne-Platz, modern und großzügig, tolle Poollandschaft. ℡ 045/7590456, ℻ 7590939, www.pianidiclodia.it.

• *Essen & Trinken* **Il Porticciolo**, Fischrestaurant mit schattiger Terrasse an der nördlichen Promenade. Di geschl. Lungolago Marconi 22, ℡ 045/7580254.

Al Castello, Pizzeria in einer schönen Loggia neben dem südlichen Stadttor, Sitzplätze in einem großen Garten, oft bis auf den letzten Platz belegt, trotzdem meist guter Service und leckere Pizzen. ℡ 045/6471022.

Südufer (Ost nach West)

Flache Wiesen- und Waldlandschaft und drei Ortschaften mit der Tendenz zur Zersiedlung. Wegen der nahen Städten Verona und Brescia sind die Strände im Sommer überfüllt.

▶ **Peschiera del Garda**: geschäftige Stadt mit großen Werften. Die Altstadt – in einer venezianischen, später von den Österreichern ausgebauten Festung mit baumbewachsenen Bastionen und Mauern in Form eines fünfzackigen Sterns – liegt unmittelbar in der Mündung des Mincio-Flusses und ist völlig von Wasser umgeben.

Hier hielt sich im 19 Jh. der letzte österreichische Widerstand gegen die Freiheitskämpfer in Oberitalien. Ein langer Kiesstrand liegt westlich vom Ortskern, dort mehrere Campingplätze.

> **Gardaland – Lass Dich überraschen ...**
> Der abwechslungsreiche, Disneyland nachempfundene Vergnügungspark nördlich von Peschiera ist der Anziehungspunkt am südlichen Gardasee – Achterbahnen, Karussells und Wildwasserfahrten zwischen Tal der Könige, Grand Canyon, Merlins Burg, Flying Island und Korsarenschiff. Geöffnet 1. April bis 30. Sept. tägl. 10–18 Uhr, Ende Juni bis Mitte Sept. 9–24 Uhr (mit nächtlichen Lasershows), Okt. und Nov. nur an Wochenenden 10–18 Uhr. Eintritt ca. 25,50 € (Erw.) bzw. 21,50 € (Kinder über 1 m Größe bis zu 10 J.). Abendeintritt (ab 20 Uhr) 17 €, Kinder 14,50 €. Schwerbehinderte (100 %) und Kinder bis 1 m Größe frei. ✆ 045/6449777, www.gardaland.it

Sirmione
ca. 5000 Einwohner

Einer der meistbesuchten Orte am See, die kleine, liebevoll herausgeputzte Altstadt liegt äußerst malerisch am Ende einer steil ins Wasser ragenden Halbinsel. Ein echtes Städtchen für Fußgänger, denn nur wenige autorisierte Fahrer fahren ihre Benzinkutschen durch die engen Kopfsteinpflastergässchen bugsieren.

Der Zufahrtsdamm wirkt allerdings zunächst wenig erhebend, kilometerlang reiht sich ziemlich kunterbunt Hotel an Hotel. Den Eingang zur Altstadt bildet dann ein imposantes, allerdings völlig leeres *Skaliger-Kastell*, das ganz von Wasser umgeben ist. Hinter dem kompakten „centro storico" erstrecken sich baumreiche Gärten bis zur Spitze der Landzunge. Ganz am Ende liegen die *Grotten des Catull*, die weitläufigen Ruinen einer römischen Palastanlage aus der Kaiserzeit mit aufwändigen Thermalanlagen und hohen Gewölben (im Hochsommer Anfahrt mit Elektrobahn möglich). Gute Bademöglichkeiten findet man an mehreren kleinen und großen Stränden um die Stadt (→ Baden).

Öffnungszeiten/Eintritt **Burg**, Di–So 8.30–19 Uhr, Mo bis 13 Uhr, im Winter 8.30–16.30 Uhr. Eintritt ca. 6 €; **Grotten des Catull**, März bis Mitte Okt. Di–So 8.30–19 Uhr, Mo geschl., übrige Monate bis 16.30 Uhr. Eintritt ca. 6 €.

Anfahrt/Verbindungen/Information

- *Anfahrt/Verbindungen* Am Zufahrtsdamm, ca. 500 m vor der Altstadt, liegen mehrere große **Parkplätze** mit hohen Preisen. Direkt vor der Altstadt weitere Parkbuchten mit Parkuhren, es wird intensiv kontrolliert.
- *Information* **IAT**, Viale Marconi 2, am Zufahrtsdamm, wenige hundert Meter vor der Skaligerburg. ✆ 030/916114, ℻ 916222, www.bresciaholiday.com, iat.sirmione@tiscali.it. **Auskunftsbüro der Hoteliersvereinigung** (Associazione Albergatori) nur im Sommer am Beginn vom Damm rechts, Località Colombare. ✆ 030/919322, www.sirmionehotel.com.

Übernachten

Die gehobenen Hotels verstecken sich an der Spitze der Halbinsel im Grünen, am Zufahrtsdamm liegen auch einfachere Quartiere. Besonders stimmungsvoll wohnt man direkt in der Altstadt (An- und Abfahrt für Hotelgäste nur mit Passierschein vom Tourist-Info).

Sirmione

*** **Corte Regina**, unmittelbar im Zentrum, umfassend renoviert, ordentliche Einrichtung, freundliches Personal, kleiner Parkplatz. DZ mit Frühstück ca. 65–95 €. Via Antiche Mura 11, ✆ 030/916147, ✉ 9196470, www.corteregina.it.

*** **Degli Oleandri**, in der Gasse hinter der Burg, hübsche Herberge mit geschmackvoll-antiker Einrichtung, Speisesaal mit gewölbter Decke, kleine Dachterrasse. DZ mit Frühstück ca. 65–100 €. Via Dante 31, ✆ 030/9905780, ✉ 916139, www.hoteldeglioleandri.it.

** **Grifone**, direkt am See, wenige Schritte vom „Oleandri". Freundliche Herberge aus Bruchsteinmauern, von Familie Marcolini geführt seit 1967, innen vollständig renoviert, gefliese Zimmer mit modernem Mobiliar, herrlicher Blick auf See und Kastell. DZ ca. 42–60 €, Frühstück extra. Via Bocchio 4, ✆ 030/916014, ✉ 916548.

• *Feriendörfer* **The Garda Village**, westlich von Colombare am Fuß der Halbinsel, neben Camping San Francesco. Großzügig konzipierte Feriensiedlung direkt am See. Reihenbungalows (jeweils TV mit deutschem Programm) und geräumige Mobile Homes inmitten satter Wiesenflächen. Vor der Anlage Kiesstrand, außerdem schöne Poolanlage. Kinderspielplatz, Sportmöglichkeiten, großzügiges Restaurant mit Seeblick, allabendliche Performance im Amphitheater. Im Hochsommer durch Reiseveranstalter belegt, in der NS aber auch Platz für Individualbucher. Standardbungalow ca. 51–131 €, Komfortbungalow 65–155 €, Mobil Home 45–106 €. ✆ 030/9904552, ✉ 9904560, www.gardavillage.it.

• *Camping* **San Francesco**, großer, aufmerksam geführter Platz westlich vom Zufahrtsdamm nach Sirmione. Dichte Pappeln ziehen sich bis zum Wasser hinunter, dort schattiges Baden möglich. Große Poolanlage, Sporteinrichtungen, sehr gute Sanitäranlagen (Einzelwaschkabinen), gemütliches Restaurant mit Enoteca ✆ 030/9110245, ✉ 9119464, www.campingsanfrancesco.com.

Sirmione, in Colombare, Lido Galeazzi (bei Tourist-Info in Colombare östlich abzweigen). Gut ausgestatteter Platz mit Bungalows, Pools, Strand und Surfschule. Via Sirmioncino 9, ✆ 030/9904665, ✉ 919045, www.camping-sirmione.com.

Ein pittoreskes Skaligerkastell bildet den Zugang zur Altstadt von Sirmione

Essen & Trinken

In zahllosen Restaurants, Eisdielen und Bars kann man sich verwöhnen lassen, zahlt aber oft reichlich für eher mittelmäßige Qualität.

Osteria del Vecchio Fossato, in der engen Gasse gegenüber vom hohen Glockenturm. Hübsche Osteria, stilecht aufgemacht, nur Innenplätze. Via Antiche Mura 16, ✆ 030/919331.

La Nuova Botte, schräg gegenüber vom Vecchio Fossato. Hier stimmt alles – riesige Pizzen, gut angemachte Nudeln und wunderbare Fleisch- und Fischgerichte, dazu eine wirklich aufmerksame Bedienung. Leider nur wenige Außenplätze. Di geschl. Via Antiche Mura 21, ✆ 030/916273.

Al Torcol, Osteria in sehr hübscher Lage mitten im Ort, man sitzt an einigen Tischen auf terrassenförmigen Stufen vor dem Haus oder gegenüber im idyllischen, kleinen Garten unter Weinranken. ✆ 030/9904605.

TIPP! Al Porticciolo, am Zufahrtsdamm, beim kleinen Sporthafen Porto Galeazzi, beliebtes Ristorante hinter schützender Verglasung, davor verläuft der Uferweg. Oft bis auf den letzten Platz besetzt, Leserlob. ✆ 030/9196161.

Lombardei und die Seen

Baden

Spiaggia Parrocchiale, direkt im Ort die Via Antiche Mura an der Kirche Santa Maria Maggiore vorbei bis zum Ende, dort mächtiger Wachturm und breite Kiesfläche mit kleinem Strand (Bar La Torre mit herrlichem Seeblick). Hier beginnt auch ein Panoramaweg am Ufer entlang Richtung Norden.
Lido delle Bionde, breiter Strand mit steilen Uferfelsen, langem Badesteg und Restaurant/Bar östlich unterhalb der Kirche San Pietro di Mavino am Ende der Via Gennari (Tret- und Ruderbootverleih). Manchmal riecht man das überschüssige Thermalwasser, das von hier in den See zurückströmt.
Lido Brema: westlich vom Fuß der Halbinsel, eine besonders entspannende Ecke. Eingelagert zwischen weiten Rasenflächen und Schilfzonen liegt der kleine, ruhige Kiesstrand mit der netten Bar „Il Fiore".

▶ **Desenzano**: Größte Stadt am See, sehr lebendig, Tourismus spielt noch nicht die Hauptrolle. Die lange Durchgangsstraße läuft unmittelbar am See entlang, dort liegen der große, neue Hafen und das intime *alte Hafenbecken*, um das sich Cafés gruppieren. Wenige Schritte landeinwärts findet man den Dom *Santa Maria Maddalena* mit zahlreichen hochkarätigen Gemälden („Abendmahl" von Tiepolo in der zweiten Kapelle links) und die geräumige *Fußgängerzone* mit tiefen Laubengängen. Sehr sehenswert sind westlich vom Dom die weitläufigen Ausgrabungen einer *römischen Villa* mit einem großen Mosaikfußboden.

- *Öffnungszeiten/Eintritt* **Römische Villa**, März bis Okt. 8.30–18.30 Uhr, Nov. bis Februar 8.30–16.30 Uhr (nur Antiquarium). Eintritt ca. 4 €.
- *Anfahrt/Verbindungen* **PKW**, ein gebührenpflichtiger Parkplatz liegt neben der Busstation an der Uferstraße, zwei weitere an der Via Antonio Gramsci westlich vom Hafen, Nähe römische Villa.
Bahn, Desenzano liegt an der Bahnlinie Venedig-Verona-Mailand (ab Verona ca. 30 Min.). Bahnhof liegt etwas südlich vom Zentrum, der Viale Cavour und seine Fortsetzung führen genau geradeaus zum Alten Hafen.
- *Information* **IAT** im Palazzo Todeschini am Alten Hafen. Mo/Di & Do–Sa 9–18 Uhr, Mi 9–15 Uhr, So geschl. ✆ 030/9141510, ✉ 9144209, www.bresciaholiday.com, iat.desenzano@tiscali.it.
- *Übernachten* ***** Mayer e Splendid**, altehrwürdiges Haus am Hauptplatz beim Hafen, schon länger nicht modernisiert, aber gerade deshalb mit Charme. Breite Treppenaufgänge und ordentliche Zimmer mit TV, teils Balkon mit schönem Blick auf Platz und See. DZ mit Frühstück ca. 70–75 €. ✆ 030/9142253, ✉ 9142324.
- *Essen & Trinken* **Corte Pozzi**, Via Stretta Castello 12, originelle Lage in einem Innenhof, umgeben von dreistöckigen Fassaden. Schwergewicht auf Gegrilltem, z. B. Spieß nach Art von Brescia und Florentiner Steak, dazu eine große Auswahl an Weinen. Sonntags ist für private Grillpartys reserviert, Mi geschl. ✆ 030/9141980.
La Cantina dè Corte Pozzi, Via Castello 15. Gepflegte Weinkneipe, wo die Schinken von der Decke baumeln und auf der Theke verführerische Leckereien aufgereiht sind. ✆ 030/9141980.
Roadway Pub, Via Castello 37, amerikanisch inspiriert, Ristorantino und Pizzeria, auf der netten, kleinen Terrasse kann man sich zu Rockmusik Hamburger, Pizza, *grigliata mista* und *piatti vegetariani* schmecken lassen.

> Wenige Kilometer östlich vom Gardasee liegt das Ausflugsziel **Verona** mit dem Balkon der Julia und der riesigen römischen Arena (→ Venetien, S. 168).

Südlich vom Gardasee

Die ruhige, hüglige Landschaft mit Wiesen und Weinfeldern lässt heute nicht mehr ahnen, dass hier vor über hundert Jahren erbitterte Kämpfe stattfanden – die italienischen Befreiungskriege gegen die Österreicher. Doch auf Spuren der Schlachten trifft man noch überall, vor allem im kleinen Ort Solferino, der zum Symbol geworden ist.

Südlich vom Gardasee

▶ **Solferino**: „Hier wurde die Idee des Roten Kreuzes geboren", steht auf den Ortsschildern zu lesen. Im Juni 1859 tobte die blutige Schlacht von Solferino, in der die piemontesischen (italienischen) und französischen Truppen die Österreicher entscheidend schlugen. Nach dem Kampf lagen 40.000 Tote und Schwerverwundete ohne hinreichende Versorgung auf dem Schlachtfeld. Dieses schreckliche Erlebnis rüttelte den Schweizer Kaufmann Henri Dunant so auf, dass er fortan hartnäckig und voller Engagement die Gründung einer internationalen Hilfsorganisation verfolgte. Im Ortskern steht ein *Museo Storico Risorgimentale* mit den Relikten des Krieges von 1859. Daneben führt eine Zypressenallee hinauf zur *Chiesa Ossario* (Beinhaus), bis zur Decke gestapelt ruhen darin die Gebeine der Gefallenen aller Nationen. Auf dem Burghügel ein *Memoriale croce rosso internazionale*, an dem auf Marmortafeln sämtliche Mitgliedsländer des Roten Kreuzes eingraviert sind.
Öffnungszeiten/Eintritt **Museo Storico Risorgimentale**, März bis Sept. Di–So 9–12.30, 14.30–19 Uhr, Mo geschl., übrige Zeit des Jahres nach Vereinbarung (✆ 338-7501396); Eintritt ca. 3 €, Kinder 1,50 €; **Rocca**, Di–So 9–12, 14–18 Uhr, Mo geschl. Eintritt ca. 1,60 €, Kind 0,80 €.

▶ **San Martino della Battaglia**: Etwas außerhalb thront auf einer Anhöhe das *Monumento della Battaglia*, ein 74 m hoher, trutziger Turm, der in eindrucksvollen Wandgemälden die Geschichte der italienischen Einigungsbewegung darstellt. Hinter dem Turm steht das Kriegsmuseum *Museo della Battaglia* und an der Zufahrtstraße kann man zum *Ossario* (Gebeinhaus) hinübergehen.
Öffnungszeiten/Eintritt **Monumento e Museo della Battaglia**, März bis Sept. tägl. 9–12.30, 14.30–19 Uhr, Okt. bis Febr. Di–So 9–12.30, 14–17.30 Uhr (Mo geschl.), Eintritt ca. 3,20 €, Kind 1,60 €.

▶ **Valeggio sul Mincio**: etwa 8 km südlich von Peschiera del Garda. Kleine, im Zentrum recht hübsche Stadt, überragt von einer großen Skaligerburg. Hauptsehenswürdigkeit ist der 50 ha große *Parco Giardino Sigurtà*. In 40-jähriger Arbeit hat der Conte Carlo Sigurtà mit dem Wasser des Mincio ein trockenes Hügelgebiet in eine fruchtbare mediterrane Landschaft mit prächtiger Wald- und Wiesenflora und kleinen Teichen verwandelt. Besichtigung nur zu Fuß, per Fahrrad, Golfmobil, Elektrodreirad („Biga") oder mit der neu eingerichteten Bimmelbahn, die das Gelände in einer guten halben Stunde durchquert. Betreten der Grünflächen sowie Picknick auf ausgeschilderten Plätzen ist erlaubt.
Öffnungszeiten/Eintritt **Parco Giardino Sigurtà**, März bis Nov. tägl. 9–19 Uhr, Eintritt ca. 8,50 € pro Pers., Kind (5–14 J.) 6 €, über 65 J. 7 €, Trenino ca. 2,50 € (bis 5 J. gratis). ✆ 045/6371033, 🖷 6370959, www.sigurta.it

▶ **Borghetto di Valeggio sul Mincio**: Das kleine Örtchen am Mincio besitzt ein malerisches altes Mühlenviertel mitten im Fluss sowie ein eindrucksvolles Monument des ausgehenden 14. Jh. – der 600 m lange *Ponte Visconti* zieht sich als gewaltiges Backsteinbauwerk über den Mincio, die Straße nach Solferino führt darüber. Was heute als Brücke fungiert, war allerdings ursprünglich ein gigantischer Staudamm. Der Visconti-Herrscher Giangaleazzo hatte nämlich die perfide Idee, das Wasser des Mincio zu stauen und so den schützenden See um die weiter südlich gelegene Gonzagastadt Mantua trocken zu legen.

• *Essen & Trinken* **Enoteca Divin Osteria**, exponierte Lage im Mühlenbezirk, gute Tropfen mit Bruschetta. Do geschl.
Lepre, schönes, altes Restaurant mitten in der Fußgängerzone von Valeggio, wenige Schritte vom Hauptplatz. Do-Mittag und Mi geschl. Via Marsala 5, ✆ 045/7950011.
TIPP! **Antica Locanda del Mincio**, traditionsreiches Ristorante an der Westseite des Flusses, schöner historischer Innenraum, draußen sitzt man lauschig unter Linden. Zu den Spezialitäten zählen Mincio-Aal und andere Flussfische, außerdem die mit Kürbisbrei gefüllten Tortellini, eine Spezialität der Region. Mi-Abend und Do geschl. ✆ 045/7950059.

Mantua

Mantova • ca. 60.000 Einwohner

Nur knapp 40 km südlich vom Gardasee liegt die ehemalige Residenzstadt der Gonzaga-Herzöge auf einer Halbinsel im Flussknie des Mincio.

Das historische Zentrum besteht aus vier aufeinander folgenden Plätzen, eingefasst von schönen, alten Bürgerhäusern mit Laubengängen. Die verschwenderisch geschmückten Palazzi waren seinerzeit bedeutende Zentren der Renaissance und noch heute sind hier einige der schönsten Meisterwerke dieser Epoche zu betrachten: die herrlichen Fresken von Andrea Mantegna (1431–1506) im Palazzo Ducale und die fantastisch-allegorische Ausstattung des Palazzo del Te.

Anfahrt/Verbindungen/Information

• *Anfahrt/Verbindungen* **PKW**, Mantua liegt an der A 22 von Verona nach Modena, Ausfahrt Mantova Nord. Parkplätze gibt es östlich (Lungolago dei Gonzaga) und nördlich vom Zentrum (Viale Mincio). **Bahn**, Bahnhof am Fluss (Lago Superiore) westlich vom Zentrum. In die Altstadt die Via Solferino schräg nach links nehmen, ca. 10 Min.
• *Information* **APT**, Piazza Mantegna 6, rechts um die Ecke der Kirche Sant'Andrea. Es wird perfekt Deutsch gesprochen. Tägl. 9–19 Uhr. ℅ 0376/328253, ✆ 363292, www.aptmantova.it.

Übernachten

*** **ABC**, ordentliches Albergo mit mäßigem Komfort, Zimmer nach hinten nehmen, vorne laut, kleiner Innenhof zum Sitzen. DZ mit Frühstück ca. 50–120 €, Parkmöglichkeit gratis. Piazza Don Leoni 25 (beim Bhf.), ℅/✆ 0376/322329, www.hotelabcmantova.it.
B & B Corte Posta, nördlich der Stadt, in Mantova Nord von der Autobahn abfahren. Gepflegtes Haus mit schönen Zimmern und großem Garten, für Gäste kostenloser Fahrradverleih. DZ mit Frühstück ca. 80 €. Strada da Ostigliese 1, ℅/✆ 0376/370422, www.corteposta.it.
B & B Locanda dell'Opera Ghiotta, freundlich geführte Pension in San Giorgio di Mantova, stilvoll eingerichtet, Zimmer mit TV, gutes Frühstück, da Mitglied der Slow-Food-Bewegung. DZ mit Frühstück ca. 80 €. Via Bachelet 12 (200 m von der Autobahnausfahrt Mantova Nord), ℅ 0376/371414, www.operaghiotta.com.
* **Marago'**, das einzige Albergo dieser günstigen Preisklasse liegt weit außerhalb in Virgiliana, südöstlich von Mantua. DZ ca. 50–60 €, mit Ristorante (Mi geschl.), Preis-Leistungsverhältnis okay. ℅/✆ 0376/370313, www.ristorantemarago.it.
• *Camping* **Corte Chiara**, kleiner Agricamping nördlich von Mantua, zu erreichen von der SS 62 nach Verona. März bis Okt. Strada Tezze 1, Località Sant'Antonio di Porto Mantovano, ℅/✆ 0376/390804, cortechiara@libero.it.

Essen & Trinken

Mantua und Umgebung gelten als ein kulinarisches Highlight der Poebene und sind vor allem an Wochenenden Ziel zahlreicher Ausflügler vom nahen Gardasee. Die Stadt ist ein Zentrum der Schweinezucht in der Poebene, bietet aber wegen des nahen Flusses auch reiche Fischvorkommen und dank der vielen Reisfelder das berühmte *risotto alla mantovana*.

Stimmungsvoll isst man in den Lokalen unter dem Säulengang des Palazzo della Ragione an der Piazza delle Erbe, den besten Ruf genießt das klassische **Grifone Bianco** (Di/Mi geschl.), doch das Preis-Leistungsverhältnis zeigt sich von der zentralen Lage stark beeinflusst.
Antica Osteria Broletto, im überwölbten Durchgang zwischen Piazza delle Erbe und Piazza Broletto, populär und gemütlich, vom Mittagsimbiss bis zum Menü ist hier alles zu haben, z. B. *salame Mantovana con*

polenta, luccio in salsa verde, stracotto Mantovano und *tortelli di zucca.* Di geschl. ✆ 0376/225420.

Antica Hostaria Leoncino Rosso, nett eingerichtete Trattoria unter einem Torbogen zwischen Piazza delle Erbe und Piazza Broletto, im Sommer auch draußen einige Tische. So-Abend geschl. Via Giustiziati 33, ✆ 0376/323277.

TIPP! Quattro Tette da Angelo, versteckt in einem Durchgang an der Via Cavour, urig und preiswert. Tägl. wechselnd nur 1–2 Gerichte, die mit Kreide auf einer kleinen Schiefertafel vermerkt werden, beliebt beim jungen Publikum. Mo–Sa 12.30–14.30, Di, Do & Fr 20–21.30 Uhr. Vicolo Nazione 4, ✆ 0376/329478.

Sehenswertes

An der kleinen Piazza Mantegna steht die gewaltige Kirche *Sant'Andrea,* ein gigantischer Renaissancebau mit gotischem Campanile, Riesenkuppel und turmhohem Eingangsportal, dessen Rundung sich in der Tonnenwölbung des monumentalen Innenraums fortsetzt. In der ersten Seitenkapelle links liegt das Grab Mantegnas.

Die Piazza Sordello ist mit Palazzo Ducale, Dom und zinnenbewehrten Stadtpalästen das repräsentative Zentrum der Stadt. Der *Dom* zeigt sich als eine Mixtur verschiedener Epochen – klassizistische Fassade, gotische Elemente, romanischer Glockenturm. Das Innere ist in streng klassischen Formen gehalten, korinthische Säulen trennen die fünf Schiffe voneinander ab.

Das *archäologische Nationalmuseum* an der Piazza Castello (großer Hof, der zum Palazzo Ducale gehört) zeigt Funde von der Prähistorie bis zum Mittelalter.

Palazzo Ducale: Die gewaltige Ausdehnung dieses Palastes, der mit seinen 500 (!) Räumen der größte Italiens ist und nahezu stadtähnliche Ausmaße hat, lässt sich von außen kaum erahnen. Die zahlreichen Gebäudeflügel der Gonzaga-Residenz wurden im Lauf mehrerer Jahrhunderte aneinander angeschlossen und ergeben architektonisch ein ziemlich kunterbuntes Bild. Sie gruppieren sich um mehrere Innenhöfe bzw. Gartenanlagen und stehen mit dem mittelalterlichen Castello di San Giorgio in Verbindung. Nur ein Bruchteil der Räume kann besucht werden, trotzdem lohnt eine Besichtigung, um einen Eindruck von der Prachtentfaltung der Renaissance- und Barockfürsten zu bekommen. Unbestrittener Höhepunkt ist die „Camera degli Sposi" mit den Fresken Mantegnas. Gerade mal 3 Min. darf man sich hier aufhalten, denn die Bilder könnten durch die Feuchtigkeit des menschlichen Atems beschädigt werden. Zwei große Gemälde mit Themen aus dem Leben der Gonzaga beherrschen die Wände des Raums, ihre Wirklichkeitsnähe und detailgetreue Darstellung sind faszinierend. An der Decke erblickt man eine gemalte kreisrunde Öffnung, von deren Rand freundlich lächelnde Mädchen und Puttenengel auf den Betrachter herunterschauen.

Palazzo del Te: Zweite große Sehenswürdigkeit ist dieser Palast, der im 16. Jh. weit außerhalb der damaligen Stadt erbaut wurde (ca. 20 Min. zu Fuß ab Palazzo Ducale). Ursprünglich sollte er nur eine Villa werden, in der sich Federico II di Gonzaga zu vergnügen gedachte. Der Architekt und Innenausstatter Giulio Romano aber schoss weit über dieses Ziel hinaus. Er entwarf einen eleganten, für seine Zeit hochmodernen Palast, dessen lang gestreckte Flügel sich heute inmitten eines großen Parks ausbreiten. Im Inneren schuf Romano eine Vielzahl fantastisch-allegorischer Fresken, die zu den Glanzstücken des italienischen Manierismus gehören. Die *Sala di Psiche* ist eine einzige Farborgie und opulenter Tummelplatz nackter Jünglinge, holder Maiden und listiger Satyrn. In der benachbarten *Camera dei Veduti* sind in runden Medaillons Szenen aus Jagd und Kampf festgehalten, die *Camera degli Stucchi* besitzt sehr schöne Stuckreliefs auf schwarzem Grund, in der *Sala dei Cavalli* sind die Lieblingspferde Federicos verewigt. Am spektakulärsten ist aber die nach oben wie eine Kuppel zusammenlaufende „Sala dei Giganti", die von einem einzigen großen Gemälde eingenommen wird, der „Rebellion der Giganten" (nach Ovid): Die Giganten, riesige bärbeißige Knurrhähne mit finsteren Gesichtern, werden unter einem Inferno zusammenstürzender Bauten begraben, ausgelöst durch den Blitze schleudernden Zeus. Von einem Rundbau hoch oben blicken die olympischen Götter fasziniert auf das himmlische Strafgericht herunter.

Üppige Wandfresken in der Sala di Psiche

- *Öffnungszeiten/Eintritt* **Museo Archeologico Nazionale**, Di–Sa 8.30–18.30, So 8.30–13.30 Uhr, Mo geschl., Eintritt frei.
Palazzo Ducale, Di–So 8.45–19.15 Uhr (letzter Eintritt 18.30 Uhr), Mo geschl.; Eintritt ca. 6,50 €, von 18–25 J. 3,25 €, unter 18 und über 65 J. frei.
Palazzo del Te, Di–So 9–18 Uhr, Mo 13–18 Uhr; Eintritt ca. 8 €, über 60 J. 5,50 €, 12–18 u. Stud. 2,50 €, bis 11 J. frei.

Mantova Fashion District: Bei der Autobahnausfahrt Mantova Sud liegt einer der größten Outlet-Komplexe Italiens. Auf über 100.000 qm finden sich hier mehr als 50 Shops mit reduzierter Ware (www.fashiondistrict.com).

Mantua/Umgebung

▶ **Curtatone**: 8 km westlich am Mincio, kleiner Ort mit bedeutender Wallfahrtskirche *Santa Maria della Grazie*. Als 1390 die Pest in Mantua ausbrach, schwor einer der Gonzagaherzöge, eine große Kirche errichten zu lassen, falls die Seuche glimpflich abliefe. Das Innere beherbergt die wundertätige Statue der *Madonna delle Grazie*: Von „Geheilten" wurden Dutzende Krücken zurückgelassen, in den Seitennischen außerdem zahlreiche Standbilder aus Holz, Wachs und anderen Materialien – sie stellen angeblich zum Tode Verurteilte dar, die die Madonna errettet hat.

Fiera di Grazie: Fest der Straßenmaler

Mehrtägiges Straßenfest vom 13. August abends bis 16. August abends auf dem großen Platz vor der Kirche. Höhepunkt ist der Wettbewerb der „Madonnari" (Pflastermaler), die in Italien noch häufig aus ausschließlich religiösen Gründen tätig sind. Aus ganz Europa treffen sich hunderte von Straßenkünstlern und malen 24 Std. lang (!) – vom 15. morgens bis 16. morgens – ununterbrochen ein selbst gewähltes Thema auf den Asphalt vor der Kirche. Die Kunstwerke werden anschließend prämiert.

▶ **Sabbioneta**: 33 km südwestlich von Mantua. Herzog Vespasiano Gonzaga begann im 16. Jh., das kleine, schläfrige Städtchen zur „idealen Renaissancestadt" auszubauen, um seine Verwandten im nahen Mantua zu übertrumpfen. Nach seinem Tod stoppte man alle geplanten Projekte, die prunkvolle Residenz wurde wieder zur bescheidenen Landwirtschaftssiedlung, die sie noch heute ist.
An der Südseite der Piazza d'Armi führt die Säulenhalle *Galleria degli Antichi* zum ehemaligen Lustschloss *Palazzo del Giardino*, in dem das Informationsbüro seinen Sitz hat. Das Erdgeschoss des fast 100 m langen Säulengangs besteht vollständig aus schlichten roten Ziegeln, doch der erste Stock ist mit Wandgemälden aufwendig geschmückt – einst war hier die umfangreiche Antikensammlung Vespasianos untergebracht. Das „Pro Loco" organisiert Stadtführungen mit Innenbesichtigung der wichtigsten Gebäude.
Information **Pro Loco** an der Piazza Castello, Di–Sa 9.30–12.30, 14.30–18 Uhr, So 9.30–12.30, 14.30–19 Uhr. Mo geschl. ✆/✆ 0375/52039, www.sabbioneta.org.

Vom Gardasee nach Westen

Roter Faden ist die Autobahn A 4, die immer am Rand der letzten Alpenhügel entlangführt.

Brescia

Die geschäftige Stadt westlich vom Gardasee gehört nicht zu den großen Touristenzielen im Norden Italiens. Die Peripherie ist von Industrie geprägt und mit der Firma Beretta ist Brescia seit 500 Jahren die größte und älteste Waffenschmiede Italiens.

Doch die Altstadt ist zweifellos einen Bummel wert: Zwar erlebt man hier eine ziemlich ungewöhnliche Mischung von römischen Tempeln, mittelalterlichen Gässchen, breiten Laubengängen, klassizistischen Prunkbauten und kalter Faschismus-Architektur, irgendwie hat das Ganze aber Stil. Und nicht zuletzt sind es die hochkarätigen Museen, die einen Tagesausflug lohnen.

> *Beretta* produziert im Val Tròmpia, nördlich von Brescia, pro Tag etwa 1500 Handfeuerwaffen, exportiert wird in hundert Länder. Amnesty International hat 2006 eine Million Porträts von Menschen gesammelt, die für eine wirksame Kontrolle des internationalen Waffenhandels „Gesicht zeigen" (www.controlarms.org).

• *Anfahrt/Verbindungen* **PKW**, Brescia liegt an der A 4 auf halbem Weg zwischen Gardasee und Iseo-See. In den vielen Straßen des Zentrums innerhalb der Ringstraße kann man an Parkuhren parken. Große Tiefgarage unter der zentralen Piazza Vittorio (6–1.30 Uhr), außerdem gut beschilderter „Autosilo Uno" an der Via Vittorio Emanuele II (Mo–Sa 7–24 Uhr). **Bahn**, Brescia liegt an der viel befahrenen FS-Bahnlinie von Verona nach Mailand, am See kann man in Desenzano und Peschiera zusteigen.

Bus, vom SIA-Terminal (Via Solferino 6/a) gegenüber vom Bhf. fahren SIA-Busse zum Gardasee, nach Verona und Mantua.

• *Information* **Städt. Tourismusbüro**, Juni bis Sept. Mo–Sa 9–18.30, So 9–13 Uhr, Okt. bis Mai Mo–Fr 9.30–12.30, 14–17, Sa 9–13 Uhr. Es wird Deutsch gesprochen. Piazza della Loggia 6, ✆ 030/2400357, ✉ 3773773, www.comune.brescia.it.

• *Übernachten* **** **Igea**, komfortables Haus neben der Busstation, schallisoliert, Parkplatz, Garage. DZ ca. 130–220 €, Frühstück extra. Viale Stazione 15, ✆ 030/44221, ✉ 44224, www.jollyhotels.it

** **Stazione**, DZ mit Bad ca. 60 €, mit Etagendusche ca. 50 €, Frühstück extra. Vicolo Stazione 15/17, ✆ 030/3773995, ✉ 3774614.

• *Essen & Trinken* **La Sosta**, hervorragendes Essen zu stolzen Preisen in einem eleganten Palazzo aus dem 17. Jh., im Sommer auch im Freien. So-Abend, Mo und im August geschl. Via San Martino della Battaglia 20/Ecke Via Moretto, ✆ 030/295603.

Vasco da Gama, originell eingerichtetes Restaurant mit vielen Antiquitäten oberhalb der Piazza della Loggia, auch Plätze im Freien. Di-Mittag geschl. Via dei Musei 4.

TIPP! **Osteria al Bianchi**, wenige Schritte nördlich der Piazza della Loggia. Typische Osteria im alten Stil, zum Wein kann man z. B. deftige Bratengerichte kosten. Di-Abend und Mi geschl. Via Gasparo da Salò 32, ✆ 030/292328.

Sehenswertes

Die breiten Fußgängergassen von Brescia laden zu einem ausgedehnten Streifzug ein: der *Corso Mameli*, der am Westende von einem imposanten Mittelalterturm mit schönem Brunnen abgeschlossen wird, der *Corso Palestro* und der sich anschließende breite *Corso Zanardelli* mit seinen malerischen Arkadengängen. Ein großer Markt findet Mo–Fr auf der Piazza Rovetta nördlich der Piazza della Loggia statt, ebenso auf der Piazza Mercato.

Die mittelalterliche *Piazza della Vittoria* wurde Anfang der dreißiger Jahre mit einem brutalen Kahlschlag zum faschistischen „Musterplatz" umgebaut. An der Nordseite die gestreifte Fassade der Post, an der Längsseite ein kantiger Uhrenturm und Arkaden mit Geschäften.

Nördlich der Piazza della Vittoria liegt die *Piazza della Loggia*, ein typisch venezianischer Platz aus der Zeit, als Brescia zur Republik von Venedig gehörte (15.–17. Jh.). Beherrschend ist die große *Loggia*, an der unverkennbar Palladio mitgewirkt hat. Gegenüber steht der *Uhrenturm*, nach dem Vorbild am venezianischen Markusplatz mit den „Macc del le ure" (Verrückte der Stunden), die seit 1581 die Stunden auf der Glocke schlagen. Beim Durchgang unter dem Turm befindet sich ein Mahnmal für die Opfer eines Anschlags der Roten Brigaden, bei dem im Mai 1974 mehrere Menschen getötet wurden.

Der *Duomo Nuovo* (Neuer Dom) aus dem 18. Jh. thront mit seiner hohen Kuppel und der riesenhaften klassizistischen Fassade östlich der Piazza della Loggia. Unmittelbar rechts davon steht, wie eingesunken im Pflaster, auf dem früheren Bodenniveau des Platzes der *Duomo Vecchio* (Alter Dom) aus dem 12. Jh., wegen seiner ungewöhnlichen Rundform *Rotonda* genannt. Links vom Dom erhebt sich der romanische *Broletto*, ein kommunaler Palazzo mit hohem Turm und schönem Innenhof.

An der Via dei Musei östlich der Piazza della Loggia liegen die imposant wirkenden Reste der römischen Stadt *Brixia*. Die Fassade des Tempio Capitolino, des größten erhalten gebliebenen Tempels im nördlichen Italien, wurde mit Ziegelwerk teilweise rekonstruiert.

Öffnungszeiten **Duomo Vecchio**, April bis Okt. Di–So 9–12, 15–19 Uhr, Nov. bis März Di–So 10–12, 15–18 Uhr, Mo geschl.; **Tempio Capitolino**, Di–So 10–13, 14–17 Uhr, Mo geschl., Eintritt frei.

Brescia 301

Monastero di Santa Giulia: Nur wenige Meter östlich vom Tempio Capitolino steht der Stolz Brescias, ein großer mittelalterlicher Klosterkomplex mit mehreren Kreuzgängen und drei freskenverzierten Kirchen aus verschiedenen Epochen: die langobardische Basilika *San Salvatore*, die romanische Kirche *Santa Maria in Solario* und die Renaissancekirche *Santa Giulia*. Diese Gebäude bilden einen wirkungsvollen Rahmen für das derzeit wohl bedeutendste historische Museum Norditaliens, das hier 1999 als *Stadtmuseum Santa Giulia* eröffnet wurde. Über 11.000 Stücke aus allen Epochen der Geschichte veranschaulichen die Geschichte Brescias und der gesamten Region von den prähistorischen Anfängen bis ins 18. Jh. Zu den Prunkstücken gehören das edelsteinbesetzte Kreuz des Langobardenkönigs Desiderius vom Ende des 8. Jh. n. Chr. und die „Lipsanoteca" aus dem 4. Jh. n. Chr., ein wunderschönes, mit Reliefschnitzereien versehenes Reliquiar aus Elfenbein.

Öffnungszeiten/Eintritt Juni bis Sept. 10–18 Uhr, Okt. bis Mai Di–So 9.30–17.30 Uhr, Mo geschl. Eintritt ca. 8 €, Jugendliche von 14–18 und Senioren über 65 J. 4 €.

Castello: Von der Piazzetta Tito Speri, etwas östlich der Piazza della Loggia, führt die schmale Contrada Sant'Urbana auf den Cidneo-Hügel mit dem Kastell (ein weiterer Zugang ist die Via Piamarta neben dem Museo di Santa Giulia). In römischer Zeit stand hier oben ein Tempel, im Mittelalter begannen die Visconti den Hügel zu befestigen. Später bauten die Venezianer die Burg mehrfach um und erweiterten sie. Heute beherbergt die große Anlage ein *Waffenmuseum*, das zu den bedeutendsten in Europa zählt, ein *Museo del Risorgimento* und eine Sternwarte.

• *Öffnungszeiten/Eintritt* **Castello**, tägl. 8–20 Uhr, Eintritt frei.
Museo Civico delle Armi Antiche „Luigi Marzoli" (Waffenmuseum), Juni bis Sept. Di–So 10–13, 14–18 Uhr, Okt. bis Mai 9.30–13, 14.30–17 Uhr, Mo geschl.; Eintritt ca. 3 €, Jugendliche von 14–18 J. und Senioren über 65 J. 1 €.
Museo del Risorgimento, Juni bis Sept. Di–So 10–17 Uhr, Okt. bis Mai 9.30–13, 14.30–17 Uhr, Mo geschl.; Eintritt ca. 3 €, Jugendliche von 14–18 J. und Senioren über 65 J. 1 €.

Brescia und die Mille Miglia

Brescia ist die Wiege des italienischen Motorsports, seit 1899 gab es hier bereits Rennen und 1927 wurde erstmals die Mille Miglia gestartet. Eine große Schleife führte 1600 km (bzw. 1000 Meilen) über die wichtigen Straßen des Landes bis Rom und zurück. 30 Jahre später war Schluss mit der Raserei, denn die schon ziemlich leistungsfähigen Renner waren einfach zu schnell geworden. Erst 1982 wurde das Rennen als Zuverlässigkeitsfahrt für Oldtimer reanimiert und hat sich bis heute zur mit Abstand bedeutendsten Veranstaltung für klassische Automobile entwickelt. Ferrari, Bugatti und SLR reihen sich aneinander, wenn Mitte Mai in Brescia der Startschuss für die „Mille Miglia Storica" fällt.

Im *Museo della Mille Miglia* in Sant'Eufemia, Viale della Rimembranza 3 (östlicher Stadtrand), kann man die Rennsportatmosphäre vergangener Tage erleben. In großen Diaramen um 20 erlesene Oldtimer herum entfaltet sich dabei die Geschichte automobiler Mobilität im 20. Jh.

Öffnungszeiten **Museo della Mille Miglia**, Mai bis Sept. 9.30–18.30, Okt. bis März 9–18 Uhr, jeden 3. Freitag im Monat bis 21.30 bzw. 22 Uhr, Mo geschl. Eintritt ca. 10 €, ermäß. 8 €. ✆ 030-3365631, www.museomillemiglia.it, www.millemiglia.it.

Iseo-See

Lago d'Iseo

Der kleinste der vier großen oberitalienischen Alpenseen ist auch der am wenigsten bekannte.

Im Norden rahmen weitgehend steile Felsufer die schmale Wasserfläche ein, der breite Süden mit seiner mediterran anmutenden Vegetation ist das eigentliche Touristenzentrum. Um das freundliche Städtchen Iseo liegen zahlreiche Hotels und Campingplätze, letztere so gut wie immer direkt am See und meist mit guten Bademöglichkeiten. Größter Leckerbissen für Individualisten ist der *Monte Isola*, eine steil aufragende und vollständig bewaldete Insel dicht vor dem Ostufer.

• *Anfahrt/Verbindungen* **PKW**, am besten auf der Autobahn A 4 von Verona oder Mailand nach Iseo am Südende vom See. Die SS 42 ab Bolzano führt das Val Camonica hinunter und trifft in Lóvere ans Nordende des Sees, ist aber äußerst langwierig.
Bahn, ab Brescia privat betriebene Nebenlinie FMN am Ostufer entlang und das Val Camonica hinauf bis Édolo. Verbindungen etwa stündl.
Schiff, die Fähren der **Navigazione sul Lago d'Iseo** laufen etwa stündl. die meisten Orte am See an, außerdem die Insel Monte Isola (→ unten).

Iseo

ca. 8000 Einwohner

Rundum gemütliches Urlaubsstädtchen, bei weitem das beste Standquartier am See. Beliebt bei Deutschen und Niederländern, an Wochenenden auch Ausflugsziel für die Bewohner der nahen Städte Bergamo und Brescia. Nicht immer geht es hier leise zu.

Hinter der Uferpromenade mit frisch gepflanzten Palmen, an der sich tagsüber Angler und Spaziergänger treffen, erstreckt sich ein kleines Altstadtviertel mit engen Gassen und der zentralen Piazza Garibaldi, auf der ein moosbewachsener Steinklotz mit der Statue des Risorgimento-Helden steht. Im Café unter den Arkaden kann man in Ruhe die neuesten deutschen Zeitungen lesen, abends lässt man in den Bars und Gelaterie am Seeufer den Tag ausklingen. Freitag Vormittag findet hier der Wochenmarkt statt.

Zwischen Iseo und dem Nachbarort Clusane erstreckt sich am Seeufer das Naturschutzgebiet *Torbiere del Sebino*, ein etwa 2 qkm großes Torfmoor mit Fischbecken, vielen seltenen Pflanzen, Schilf und Wasservögeln. Das Feuchtraumbiotop bietet interessante Spaziergänge auf schilfgesäumten Wegen.

• *Information* **IAT**, Lungolago Marconi 2, am See. Hotelverzeichnis, exzellente Seekarte mit Fußwegen und diverses Prospektmaterial. Es wird Deutsch gesprochen. Mo–Sa 9–12.30, 15.30–18.30, So 9–12.30 Uhr. ✆ 030/980209, ✉ 981361, www.bresciaholiday.com.
• *Übernachten* ** **Milano**, gepflegtes Haus direkt am See, breite Gänge und komfortable Zimmer mit Teppichböden, TV und geschmackvoll-rustikaler Mobiliar, niederländisch-italienische Leitung. Zimmer nach hinten sind wegen der dortigen Nachtbars recht laut, deshalb Zimmer zum See verlangen. DZ mit Frühstück ca. 74–90 €. Lungolago Marconi 4, ✆ 030/980449, ✉ 9821903, www.hotelmilano.info
** **Arianna**, an der lauten Durchgangsstraße gelegen, ca. 600 m vom See, dafür relativ günstig. DZ ca. 50–70 €, Frühstück extra. Via Roma 78, ✆ 030/9922082, ✉ 9821804, ariannahoteliseo@tin.it.
Camping Del Sole, ca. 1 km westlich von Iseo, einer der besten Plätze am See, flaches Wiesengelände mit Bäumen, Stellplätze teils direkt am See, Bungalows, Tennis, Pool, ✆ 030/980288, ✉ 9821721, www.campingdelsole.it.
Caravan Camping Sassabanek, westlich benachbart zu Del Sole, Wiesenfläche mit Bäumen, benachbart großes Sportzentrum mit mehreren Tennisplätzen und drei großen Pools (für Camper gratis). ✆ 030/

Iseo-See

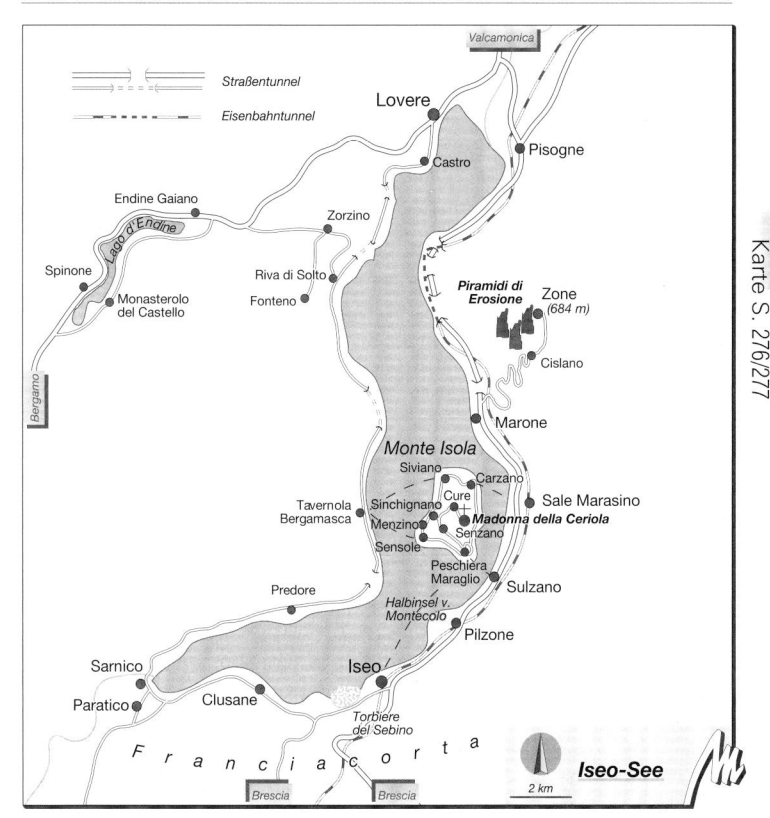

980300, 9821360, www.sassabanek.it.
Weitere Plätze in Richtung Clusane sind **Le Bettulle**, **Clusane** und **Girasole**, östlich von Iseo liegen u. a. die Plätze **Iseo**, **Quai**, **Punta d'Oro** und **Covelo** zwischen See und Bahnlinie.

• *Essen & Trinken* **Ai Platani**, geräumiges Freiluftlokal an der Uferpromenade, herrlicher Seeblick, große Portionen und ebensolche Pizzen. Mi geschl. 030/9821550.

Il Volto, etwas zurück vom See an der Hauptstraße landeinwärts. Schöne Osteria mit rustikalem Ambiente, wunderbarer Küche (ein Michelinstern) und exquisiter Weinauswahl. Mi und Do-Mittag geschl. Via Mirolte 33, 030/981462.

Osteria del Doge, schräg gegenüber vom Il Volto ein Gässchen hinein, im schönen Kellergewölbe und im Stockwerk darüber werden zum Festpreis von ca. 25 € (ohne Getränke) bevorzugt neapolitanische Spezialitäten serviert, denn Chef Antonio Massaro stammt aus der Stadt am Vesuv. Mo/Di geschl. Vicolo della Pergola 7, 030/9821452.

Ca' de Cindri di Pezzotti Riccardi, Empfehlung unserer Leser für diese schlichte, kleine Osteria. Sehr netter Wirt, nicht so touristisch und leckeres Essen, z. B. die hausgemachten Nudeln. Via Duomo 46.

• *Weinlokale* Südlich des Iseo-Sees erstreckt sich das Weinbaugebiet Franciacorta, Enotheche sind deshalb in Iseo nicht rar.

Enoteca Teatro Eden, in einem ehemaligen Kino unter den Arkaden der Piazza Garibaldi, vorne klassisches Café, hinten gemütliche Enoteca, wo man sich in Ruhe in die Weine der Franciacorta „einarbeiten" kann.

Lombardei und die Seen

- *Sport* **Sassabanek**, großes Sportzentrum westlich vom Ort, mehrere Schwimmbecken, Tennis, Liegewiese, Badestrand, Sauna, Wasserski-, Segel- und Windsurfschule, Tretboote u. a. Eintritt je nach Saison 7,50–12 €.
Lido Belvedere, Freibad westlich vom Ort, 150 m Strand, Liegewiese, Pool mit Rutsche und Kinderspielplatz. Mai bis September, Eintritt je nach Saison ca. 7,50–10 €.

Eine Fahrt von Iseo nach Norden lohnt wegen der Impressionen – immer wieder der Klotz des Monte Isola im Blickfeld, im Norden rücken die Felswände beider Ufer immer enger zusammen. Leider herrscht meist viel Durchgangsverkehr. Das Ostufer entlang kann man bis Pisogne auch mit den schmucken Züglein fahren, die hier regelmäßig verkehren.

▸ **Monte Isola**: Das Juwel am Iseo-See, eine dicht bewaldete, steil aufragende Insel mit mehreren einfachen Fischerdörfern – die größte in einem italienischen See. Schon die Überfahrt macht viel Spaß, zwischen Sulzano und Peschiera Maraglio pendeln hauptsächlich Inselbewohner. Eine Straße umrundet das ganze Massiv, jeder Insulaner besitzt ein Mofa oder einen Roller, Autos sind auf Monte Isola verboten! Abgesehen von dem sporadischen Geknatter herrscht jedoch himmlische Ruhe.

Da weitgehend Steilküsten vorherrschen, gibt es kaum richtige Badestrände, jedoch immer wieder Stellen, wo man ins Wasser steigen kann. Die Wandermöglichkeiten sind zahlreich. Die Inselumrundung dauert ca. 2–3 Std. (8 km) und von allen Orten führen Wege hinauf zur Wallfahrtskirche *Santuario di Madonna della Ceriola*, die in 800 m Höhe auf der Spitze der Insel thront.

- *Anfahrt/Verbindungen* Die kürzeste Verbindung besteht ab **Sulzano** am Ostufer nach **Peschiera Maraglio**, eine Fähre pendelt auf der nur 800 m langen Strecke alle 15 Min.
Etwa stündlich gibt es außerdem Verbindungen von **Sale Marasino** nach **Carzano**, außerdem am Westufer etwa stündlich von **Tavernola** nach **Sensole** und **Siviano**.
Im Übrigen laufen fast alle sonstigen Seefähren die Insel an – mehrmals täglich fahren z. B. Schiffe direkt ab **Iseo**, **Sarnico** und anderen Küstenorten.
- *Unterwegs auf Monte Isola* In der Saison verkehrt von frühmorgens bis Mitternacht mindestens stündl. (oft häufiger) der Inselbus **Pulmino**. Im Sommer dürfen keine **Fahrräder** vom Festland auf die Insel gebracht werden, es gibt aber mehrere **Verleihstationen**.
- *Übernachten* * **La Foresta**, in Peschiera Maraglio (von der Anlegestelle ca. 200 m nach links). Familiäres Haus mit schattigem Garten direkt am Wasser, 10 Zimmer, große Balkons mit Seeblick, wunderbar ruhig, mit Ristorante (Mi geschl.). DZ mit Frühstück ca. 73 €. Via Peschiera Maraglio 174, ℘ 030/9886210, ✆ 9886455.
Je ein weiteres Hotel gibt es in Carzano und Sensole, in Siviano zwei, in Sensole außerdem noch Apartments.
Camping Monte Isola, ansprechender Platz am Seeufer in Carzano, Nordostecke der Insel. Auf in den Hang gebauten Terrassen stehen Wohnwagen. Für Zelte gibt es ein extra Rasenstück oberhalb des Platzes. Vermietung von Bungalows, Restaurant. April bis Okt. ℘ 030/9825221.
- *Essen & Trinken* Fisch aus dem See wird in allen Insellokalen angeboten.
Del Pesce, an der Seepromenade, von den Schwestern Archetti geführte Trattoria in einem aus dem 15. Jh. stammenden Palazzo mit schönem Portico. Via Peschiera Maraglio 138, ℘ 030/9886137.
La Spiaggetta, am Südufer, kurz nach dem Albergo La Foresta. Wunderschön überwachsene Terrasse am See. Di geschl. Via Sensole 26, ℘ 030/9886141.

▸ **Lago d'Endine**: idyllisch anmutender, lang gestreckter Badesee nordöstlich vom Iseo-See. Es gibt kaum Hotels und gerade mal einen einzigen Campingplatz namens „La Tartufaia" (℘ 035/819259). Nettester Ort ist das ruhige *Monasterolo del Castello* am südlichen Ostufer, dort liegt auch eine einladende Badewiese.

▸ **Valcamonica**: Im breiten Tal, das sich vom Iseo-See nach Norden fortsetzt, finden sich in mehreren Nationalparks und Museen über 100.000 prähistorische Felszeichnungen von den keltischen Camunen der Jungsteinzeit bis zur Besetzung durch die Römer. Diese einzigartigen Zeugnisse der frühen Bevölkerung des Tals werden seit 1979 von der UNESCO als Erbe der Menschheit geschützt. Die Sgraffiti befinden sich hauptsächlich im *Parco Nazionale delle Incisioni rupestri* (Nationalpark der Felszeichnungen) um Capo di Ponte sowie in der *Riserva Naturale delle Incisioni Rupestri di Ceto-Cimbergo e Paspardo* um Nadro, Ceto, Cimbergo und Paspardo. Die dazugehörigen Museen liegen in den Orten *Capo di Ponte, Nadro, Cimbergo, Paspardo, Ceto* und *Cemmo*. Alle Nationalparks und Museen sind an der SS 42 ausgeschildert.

Ein großes Freilichtmuseum namens „Archeopark" gibt es im Thermalort *Boario Terme* am südlichen Talbeginn. Hier hat man versucht, die vorgeschichtlichen Verhältnisse im Valcamonica zu rekonstruieren.

Öffnungszeiten/Eintritt **Archeopark**, Di–So 9–17.30 Uhr, Eintritt ca. 8 €, www.archeopark.net.

Pittoreske Kulisse in Pisogne am Iseo-See

Bergamo

ca. 125.000 Einwohner

Historisches Zentrum in den hügligen Ausläufern der Südalpen. Bergamo besteht aus zwei völlig getrennten Bereichen: die Altstadt („città alta") ist perfekt erhalten und thront auf einem hohen Plateau über der „città bassa", der geschäftigen Neustadt in der Ebene. Besonders reizvoll – man kann mit einer Standseilbahn hinauffahren.

Das *centro storico* ist für den Autoverkehr weitgehend gesperrt und erholsam ruhig geblieben. Mailand liegt jedoch nur einen Katzensprung entfernt und an Wochenenden wimmelt es von Städtern, die dem heißen Asphaltdschungel entfliehen, um hier die etwas kühlere Bergluft zu genießen. Auf Touristen ist man eingerichtet, die Ristoranti übertrumpfen sich gegenseitig mit (Alpen-)Folklore, die alten Pflastergassen sind mit schönen Cafés und Boutiquen gesäumt.

Anfahrt/Verbindungen

● *Flugzeug* Bergamos Flughafen **Orio al Serio**, in Flugplänen häufig geführt als Milano/Orio al Serio, wird mehrmals täglich aus Deutschland von verschiedenen Low-Cost-Carriers angeflogen: **TUIfly** bedient Bergamo von Hannover, **Ryanair** kommt aus Frankfurt-Hahn und Hamburg (Lübeck), **Air Berlin** aus Berlin und Düsseldorf. Vom Flughafen fahren häufige Busse nach Mailand, außerdem fährt 2- bis 3-mal stündl. ein Shuttlebus der Gesellschaft ATB zum Hauptbahnhof in der Stadt (ca.1,55 €, Tickets im Automaten) und weiter zum Funicolare in die Oberstadt oder bis zum Lago Colle Aperto am Ende der Città Alta, Fahrtzeit ca. 15 Min. Vom Bahnhof gehen zahlreiche

306 Lombardei und die Seen

Busse und Bahnlinien an die Seen. Tipp für Bergamo: Es gibt ein Tagesticket (Biglietto Giornaliero) für ca. 4 €, gilt für die Strecke vom Flughafen in die City sowie auf allen Linien der Stadt incl. der Standseilbahnen.
✆ 035/326111, ✉ 326339, www.sacbo.it.

- *PKW* In der Unterstadt Parkhaus in der **Via Paleocapa**, gebührenpflichtig parken kann man auch auf der **Piazza della Libertà**. Auf halbem Weg in die Oberstadt liegt am Viale Vittorio Emanuele die Talstation der **Standseilbahn** (dort im Umkreis nur wenige Stellplätze). Man kann auch den langen, gebogenen Viale Vittorio Emanuele direkt in die Città Alta hinauffahren, gebührenpflichtig parken an der **Piazza Mercato di Fieno**.
- *Bahn* Vom Bahnhof führt der Viale Giovanni XXIII geradeaus ins Zentrum der Neustadt. Wer direkt in die Altstadt will, nimmt Bus 1, der unterwegs an der Talstation der Standseilbahn stoppt (→ Sehenswertes).

Information

IAT, Città Bassa, Piazzale Marconi (Bahnhof). Mo–Fr 9–12.30, 14–17.30 Uhr. ✆ 035/210204, ✉ 230184, www.apt.bergamo.it.
IAT, Città Alta, in der hohen Torre di Gombito, Via Gombito 13, Hauptgasse der Altstadt, kurz vor der Piazza Vecchia. Dieselben Öffnungszeiten wie in der Unterstadt, aber auch am Wochenende offen. ✆ 035/242226, ✉ 242994.

Übernachten

Die stilvolleren Möglichkeiten findet man in der Oberstadt, mehrere Ein-Sterne-Hotels liegen verstreut in der Unterstadt, oft belegt mit Arbeitern aus dem Süden Italiens.

** Agnello d'Oro (7), schmales historisches Haus aus dem 17. Jh. an der Hauptgasse der Oberstadt, unten Ristorante, plüschig eingerichtet, Zimmer mit TV. DZ um die 92 €, Frühstück extra. Via Gombito 22, ✆ 035/249883, ✉ 235612.

** Sole (5), ebenfalls in der Città Alta, originelles Haus, ausstaffiert wie ein Museum, unten Ristorante (→ Essen & Trinken), dahinter das verwinkelte Innenleben mit ordentlichen Zimmern und guten Bädern. DZ ca. 75 €, Frühstück extra. Via Colleoni 1/Ecke Piazza Vecchia, ✆ 035/218238, ✉ 240011.

* San Giorgio (11), ordentliches Albergo in der Unterstadt, an der Verlängerung der Via

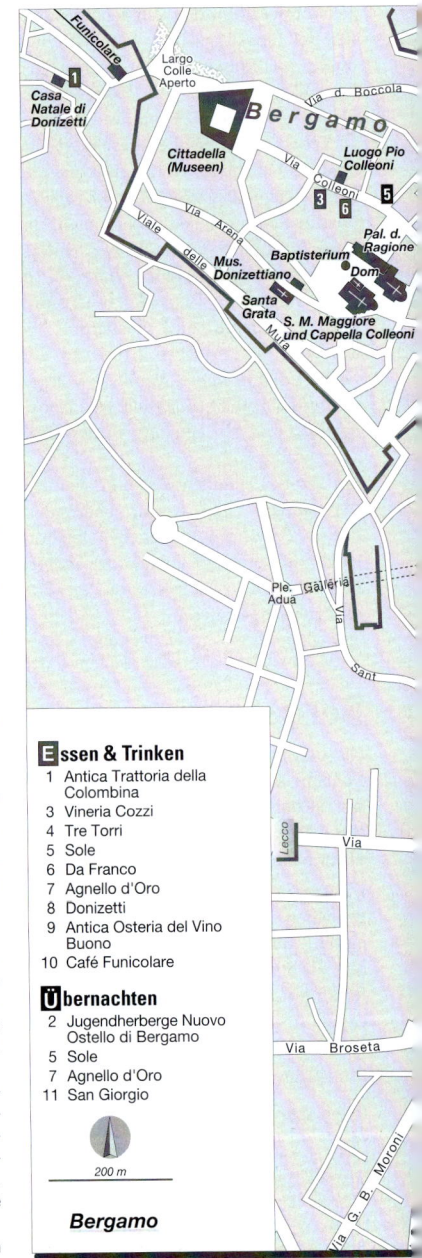

Essen & Trinken
1. Antica Trattoria della Colombina
3. Vineria Cozzi
4. Tre Torri
5. Sole
6. Da Franco
7. Agnello d'Oro
8. Donizetti
9. Antica Osteria del Vino Buono
10. Café Funicolare

Übernachten
2. Jugendherberge Nuovo Ostello di Bergamo
5. Sole
7. Agnello d'Oro
11. San Giorgio

Bergamo

Bergamo 307

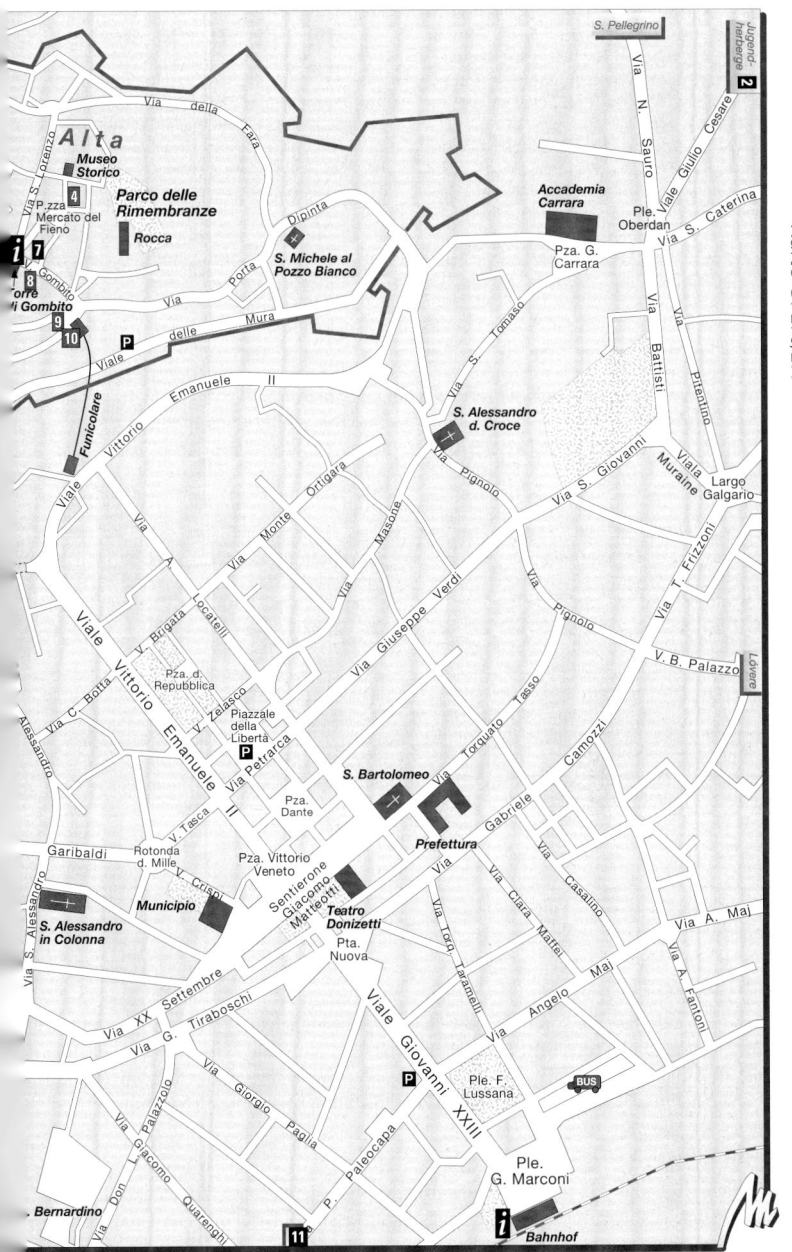

Lombardei und die Seen
Karte S. 276/27

Paleocopa, allerdings in der Nähe der Bahnstrecke, deshalb nicht ganz leise. Zimmer mit TV. DZ mit Bad ca. 70 €, mit Etagendusche 53 €, kein Frühstück. Via San Giorgio 10, ✆ 035/212043, 🖷 310072, www.sangiorgio albergo.it.

• *Jugendherberge* **Nuovo Ostello di Bergamo (IYHF) (2)**, etwas außerhalb, sehr schöne Lage mit Blick auf die Altstadt, Garten, 84 Betten, alle Zimmer mit Bad. Ab Flughafen Bus 1 C bis Porta Nuova, weiter mit Bus 6 in Richtung Stadion (aussteigen an der vorletzten Haltestelle). Verbindung von und zur historischen Oberstadt mit Bus 3. Übernachtung im Schlafsaal etwa 16,50 € pro Pers., es gibt auch DZ und Dreibettzimmer für ca. 20 € pro Pers., Preis jeweils mit Frühstück. Via Galileo Ferrarsi 1, ✆/🖷 035/361724, www.ostellodibergamo.it.

Essen & Trinken (siehe Karte S. 306/307)

Die Restaurants in der Oberstadt reihen sich an der langen Hauptgasse, sind durchwegs einladend und hübsch eingerichtet, viele haben nach hinten einen Garten. Eine Bergamasker Spezialität sind die leckeren *casoncelli (casonsei) alla bergamasca*, eine Art gefüllter Ravioli, und Risotto mit Steinpilzen *(funghi porcini)*. Die berühmte Leckerei *polenta e öseii*, eine Kalorienbombe aus gelbem Teig, gekrönt von Schokoladenvögeln, ziert die Auslagen zahlreicher Konditoreien.

• *Città Alta* **Antica Osteria del Vino Buono (9)**, gleich am Platz bei der Funicolare-Station. In mehreren kleinen Speiseräumen wird gute lokale Küche serviert, z. B. die leckeren *casoncelli alla bergamasca* und Polenta mit kräftigen Fleischgerichten. Günstiges Mittagsmenü. Mo geschl. Piazza Mercato della Scarpa, ✆ 035/247993.

Sole (5), an der Hauptgasse/Ecke Piazza Vecchia, zwischen unzähligen Bildern, eingelegten Pilzen, alten Uhren und antiken mechanischen Geräten Marke Uralt speist man gepflegt, hinten große Terrasse unter schattigem Dach. Do geschl. Via Colleoni 1, ✆ 035/218238.

Da Franco (6), nettes Ristorante/Pizzeria auf einer kleinen Piazza an der Hauptgasse, viele Spezialitäten der Region werden serviert, sehr lecker die hausgemachten *casoncelli alla bergamasca*. Mo geschl. Via Colleoni 8, ✆ 035/238565.

Tre Torri (4), einfaches und preislich angemessenes Lokal im kleinsten von drei Türmen an einer etwas erhöht gelegenen Piazza. Sehr ruhig, da abseits vom touristischen Laufsteg, kleine Terrasse zum Draußensitzen, relativ günstige Preise. Piazza Mercato del Fieno, ✆ 035/244366.

Antica Trattoria della Colombina (1), alteingesessene Trattoria etwas außerhalb der Stadtmauer, schöne Terrasse mit Panoramablick. Typische bergamaskische Küche. Mo geschl. Via Borgo Canale 12, ✆ 035/261402.

• *Cafés & Bars* **Vineria Cozzi (3)**, Via Colleoni 22 (Oberstadt), Schmuckstück mit prächtiger altertümlicher Einrichtung, man trinkt sein Gläschen an der Theke, oft geht es hoch her. Mi geschl.

Donizetti (8), Via Gombito 17/a, Enoteca mit schönen Plätzen im Laubengang, riesige Weinauswahl, dazu leckere Snacks. Fr geschl.

Café Funicolare (10), in der Funicolare-Station (Oberstadt), wunderbarer Blick über die ganze Stadt. Di geschl.

Sehenswertes

Um in die Altstadt zu kommen, gibt es mehrere Möglichkeiten: mit Wagen oder Bus 1 direkt hinauf, mit dem Funicolare ab Station am Viale Vittorio Emanuele II (alle 10 Min., ca. 1 € einfach, letzte Fahrt hinunter ca. 19.30 Uhr) – oder den Treppenweg nehmen, der unmittelbar hinter der Talstation beginnt (ca. 15 Min.).

Città Alta

Hügliges Auf und Ab, alles mit dunkelrotem Stein gepflastert, die venezianische Stadtmauer aus dem 16. Jh. ist noch vollständig erhalten. Der Funicolare endet am früheren Marktplatz, *Mercato delle Scarpe*. Vom Café in der Station nicht den Superblick auf die Unterstadt versäumen. Beim Bummel die lange Hauptgasse entlang fallen die vielen gepflegten, oft altertümlich eingerichteten Läden, Cafés und Pasticcerie auf.

Piazza Vecchia: das harmonische Zentrum der Altstadt, dominierend ist der quergestellte gotische *Palazzo della Ragione*, das frühere Rathaus, mit einer breiten Säulenhalle im Erdgeschoss, die man durchquert, um auf den Domplatz zu gelangen. Quer durch die Halle zieht sich eine Art *Sonnenuhr* mit Tierkreiszeichen und ellipsenförmigen Bögen. Die Zeit konnte man mit Hilfe eines Apparats ablesen, der unter den Arkaden aufgehängt war. Seitlich steht die exakt 52,76 m hohe *Torre Civica*, die per Lift besichtigt werden kann.

Öffnungszeiten **Torre Civica**, April bis Okt. Mo–Fr 9.30–19, Sa/So 9.30–21.30 Uhr; übrige Zeit nur Sa/So 9.30–21.30 Uhr; Eintritt ca. 3 €.

Piazzetta del Duomo: prächtiger, kleiner Platz mit zwei Kirchen, Baptisterium und der Grabkapelle der Colleoni.

Filigranes Kunstwerk: die Cappella Colleoni

Linker Hand der klassizistische *Dom*, im Inneren großzügig und hell, reichlich Goldverzierungen, zahlreiche Gemälde, in der Apsis ein Werk von Tiepolo. Die romanische Kirche *Santa Maria Maggiore* geradeaus ist ungleich monumentaler als der Dom. Die Fassade fehlt, man betritt den imposanten Innenraum von der Seite durch einen reich geschmückten Torbau. Teppiche schmücken die Wände, die Gewölbe sind über und über mit Stuckengeln, Gold und Gemälden verziert, an der Decke ein monumentales Fresko „Krönung der Jungfrau", links und rechts vom Altarraum zwei vergoldete Fürstenlogen. Besonders beachtenswert sind die geschnitzten Chorschranken, deren herrliche Intarsien eine Bilderfolge mit Themen aus der Bibel zeigen (u. a. „Sintflut" und „Arche Noah"), geschaffen vom gebürtigen Venezianer Lorenzo Lotto (ca. 1480–1557), und die ältesten Wandmalereien der Kirche aus dem 14. Jh.: „Szenen aus dem Leben des heiligen Eligio" und „Das Letzte Abendmahl" gleich beim Eingang sowie genau gegenüber „Der Stammbaum der heiligen Bonaventura". Im hinteren Bereich der Kirche wurde für den beliebten Bergamasker Opernkomponisten Gaetano Donizetti (1797–1848) ein Grabmal errichtet.

Angebaut an die Kirche ist die Renaissancefassade der *Cappella Colleoni*, eine fantastische Filigranarbeit aus weißem und rosa Marmor mit zahllosen Details und Dekorationsformen, nicht unähnlich der berühmten Certosa di Pavia (→ S. 356), die vom selben Künstler – Giovanni Antonio Amadeo – bearbeitet wurde. In Auftrag gegeben hat die Grabkapelle im 15. Jh. Bartolomeo Colleoni, ein einheimischer Söldnerführer, der in Diensten Venedigs stand (Denkmal in Venedig auf der Piazza Santi Giovanni e Paole). Er und seine Tochter Medea (gestorben mit 15 Jahren) ruhen im Innenraum, Blickfang ist die vergoldete Reiterstatue des Recken, in der Kuppel Fresken von Giambattista Tiepolo.

Das *Baptisterium* rechter Hand stammt aus dem 14. Jh., besteht aber nur noch in Teilen aus dem originalen Mauerwerk. Ursprünglich stand es innerhalb der Kirche Santa Maria Maggiore, als aber die Taufen in den Dom verlegt wurden, baute man die funktionslos gewordene Taufkapelle 1660 ab und erst 200 Jahre später draußen wieder auf. Das Innere kann nicht besichtigt werden.

Ein paar Ecken weiter, in der Via Arena 9, steht der Palazzo della Misericordia, das frühere Wohnhaus von Gaetano Donizetti, das heute als *Museo Donizettiano* eingerichtet ist. Das Geburtshaus des Komponisten, der aus ärmlichen Verhältnissen stammte und zum geachteten Bürger aufstieg, ist die *Casa Natale di Gaetano Donizetti* in der Via Borgo Canale 14, oberhalb der Città Alta.

• *Öffnungszeiten* tägl. 7.30–12, 15–18.30 Uhr; **Santa Maria Maggiore**, April bis Okt. Mo–Sa 9–12.30, 14.30–18 Uhr, So 9–13, 15–18 Uhr, übrige Zeit Mo–Fr 9–12.30, 14.30–17 Uhr, Sa 9–12.30, 14.30–18 Uhr, So 9–13, 15–18 Uhr; **Cappella Colleoni**, März bis Okt. Di–So 9–12.30, 14–18.30 Uhr, übrige Monate nur bis 16.30 Uhr, Mo geschl.; **Museo Donizettiano**, Juni bis Sept. Di–So 9.30–13, 14–17.30 Uhr, übrige Zeit Mo–Fr 9.30–13 Uhr, Sa/So 9.30–13, 14–17.30 Uhr, Mo geschl.; **Casa Natale di Gaetano Donizetti**, beim letzten Besuch wegen Restaurierung geschl. ✆ 035/244483.

Museo Storico und Rocca: Zurück auf der Piazza Vecchia kann man die Hauptgasse ein Stück nach Osten gehen und gelangt über die lang gestreckte Piazza Mercato del Fieno zum früheren Kloster San Francesco, in dem nun das *Stadtmuseum* eingerichtet ist. Rechter Hand davon kann man durch den Parco delle Rimembranze zur *Rocca* hinaufklettern und den Blick genießen.
Öffnungszeiten **Museo Storico della Città**, Di–So 9–16 Uhr, Mo geschl.; Eintritt frei.

Von der Piazza Vecchia zur Citadella: Wenn man von der Piazza Vecchia die Hauptgasse Via Colleoni weiterläuft, kommt man am *Luogo Pio Colleoni* vorbei (Nr. 9–11), wo der Söldnerführer zeitweise wohnte und später eine Herberge für bedürftige Frauen einrichtete, die besichtigt werden kann. In einem kleinen Museum sind außerdem Erinnerungsstücke und Waffen Colleonis untergebracht. Am Ende der Altstadt trifft man auf die Reste der *Cittadella*, von der noch ein Turm steht. Im Inneren ein kleines *Naturgeschichtliches Museum* und ein *Archäologisches Museum*.

• *Öffnungszeiten/Eintritt* **Luogo Pio Colleoni**, nach Vereinbarung, ✆ 035/210061, Eintritt frei. **Archäologisches Museum**, April bis Sept. Di–Fr 9–12.30, 14–18 Uhr; Sa/So 9–19 Uhr, übrige Zeit Di–So 9–12.30, 14–18 Uhr, Mo geschl., Eintritt frei. **Naturgesch. Museum**, April bis Sept. Di–Fr 9–12.30, 14.30–18 Uhr, Sa/So 9–19 Uhr, übrige Zeit 9–12.30, 14.30–17.30 Uhr, Mo geschl., Eintritt frei.

Città Bassa

Zentraler Platz und Schauplatz der abendlichen Passeggiata ist die weite *Piazza Matteotti* mit Arkadengängen. Am Ostende steht die Kirche *San Bartolomeo* mit einer herrlichen „Madonna mit Kind" von Lorenzo Lotto. Für Interessierte lohnt ein Besuch der *Accademia Carrara* an der gleichnamigen Piazza Carrara, knapp unterhalb der Altstadt. Der prächtige Palast besitzt eine große Gemäldesammlung venezianischer, florentinischer und lombardischer Meister, darunter Bellini, Botticelli, Raffael, Carpaccio, Lotto, Pisanello, Tizian, Tintoretto und Tiepolo, aber auch Dürer, Breughel, Holbein, Rubens, El Greco und Velasquez.
Öffnungszeiten/Eintritt **Accademia Carrara**, April bis Sept. Mi–Mo 10–13, 15–18.45 Uhr, Di geschl.; Eintritt ca. 3 €, unter 18 und über 60 J. frei.

Minitalia – Italien im Taschenformat

Wer nicht die Zeit hat, ganz Italien zu bereisen: bei der Autobahnausfahrt *Capriate* liegt in einem großen Vergnügungspark der Stiefel im Kleinformat, in kurzer Zeit kann man ihn zur Gänze durchwandern. Von Bozen bis Bari, dazu Sardinien und Sizilien – alle Landschaften und berühmten Bauwerke sind detailgetreu dargestellt, sodass man einen lebendigen Eindruck von der kulturellen Vielseitigkeit des Landes bekommt. Daneben gibt es im Vergnügungspark „Fantasyworld" zahlreiche Attraktionen für kleine Gäste: Minibahn, elektrische Autos, Wasserboote, Schaukeln etc.

Öffnungszeiten/Eintritt März und zweite Septemberhälfte 9.30–18 Uhr, April bis Juli und erste Septemberhälfte tägl. 9.30–19.30 Uhr, August 9.30–23 Uhr; Eintritt ca. 15 €, Kinder ab 1 m bis 1,40 m Größe und Senioren über 65 J. ca. 12 €, www.fantasyworld.it.

Comer See
Lago di Como

Schon in der Antike „besungen" wie kein zweiter Alpensee, sprichwörtlich ist sein mildes Klima mit der üppigen Vegetation. Seit Jahrhunderten Refugium der Reichen und Dichter, Kardinäle und gekrönte Häupter ließen sich Schlösser an seinen Gestaden erbauen, die exklusiven Grand Hotels reihen sich schon fast im Dutzend, prachtvolle Villen mit opulenten Gartenanlagen verstecken sich überall an den steilen Hängen.

Noch immer besticht die natürliche Schönheit des 55 km langen, fjordartig eingeschnittenen Alpensees, der mit 410 m einer der tiefsten in Europa ist und einen sehr ungewöhnlichen „Grundriss" besitzt: Etwa in der Mitte spaltet er sich wie ein umgekehrtes Y unversehens in zwei gleich lange Ausläufer, an deren Enden die beiden größten Städte Lecco und Como liegen. Der Tourismus hat eine lange Tradition, in den Informationsbüros wird man auf Deutsch beraten, Service und Standard der Unterkünfte sind hoch, die Preise ebenfalls gehoben. Waren es seit dem 19. Jh. vorwiegend Briten, die den Orten an der Seemitte und im Süden ihren Stempel aufdrückten, sind es mittlerweile vorwiegend Italiener, die hier Urlaub machen. Die Nähe zu Mailand macht sich vor allem im Hochsommer bemerkbar, wenn der nostalgische Belle-Epoque-Charme mancher Küstenstädtchen – vor allem in der Südhälfte vom See – von den Massen überrannt wird und die Uferstraßen völlig vom Durchgangsverkehr verstopft sind. Doch der Comer See ist beileibe nicht nur Feriengebiet. Vor allem um Como und Lecco im Süden des Sees ballt sich auch Industrie. Weltberühmt seit langem sind vor allem die hiesigen Seidenmanufakturen, die einen Großteil der gesamten Weltproduktion herstellen.

Im touristisch weniger „hoch gerüsteten" Norden um *Domaso* treffen sich die deutschen Camper und Surfer, während die Seemitte auch am Comer See die goldene Mitte ist: In *Menaggio* am Westufer kann man sogar im August noch frei atmen und die Atmosphäre eines freundlichen, gut ausgestatteten Touristenorts verspüren. *Bellagio*, in traumhafter Lage an der Spitze der Halbinsel zwischen den beiden Seearmen, ist einen Tagesausflug wert – so viel (liebenswerten) Kitsch der guten, alten Zeit erlebt man nicht mehr häufig. Und auch das idyllische Örtchen *Varenna* am Ostufer sollte man sich nicht entgehen lassen. Wer mehr sehen will, kann dank der gut organisierten Seeschifffahrt per Fähre oder Tragflügelboot bequem und schnell so gut wie alle Küstenorte besuchen.

• *Anfahrt/Verbindungen* **PKW**, von der Schweiz kommend, am schnellsten über St. Moritz und Chiavenna. Von Mailand Autobahnzubringer nach Como und Lecco. Die autobahnähnlich ausgebaute SS 36 läuft das gesamte Ostufer entlang (→ Ostufer).
Bahn, von der Schweiz die viel befahrene **Gotthard-Linie** nach Como: Basel-Luzern-Bellinzona-Lugano-Chiasso-Como. Von **Mailand** nach Como entweder die staatliche FS nehmen oder mit der privaten Ferrovia Nord **Mailand** fahren. Am Ostufer entlang führt eine Strecke von **Chiavenna** nahe der ital./schweiz. Grenze nach **Lecco**, von dort häufige Verbindungen nach **Mailand**.
Schiff, zwischen allen wichtigen Orten am See verkehren die Fähren und Tragflügelboote der **Navigazione Lago di Como** (www.navigazionelaghi.it), Abfahrten mind. 1-mal stündl. Zwischen Varenna, Bellagio, Cadenabbia und Menaggio im Zentrum des Sees pendeln ebenfalls fast stündl. **Autofähren** – gute und obendrein reizvolle Möglichkeit, den See zu überqueren. Preis der einfachen Überfahrt für PKW je nach Länge ca. 6–12 €.

Ostufer (Nord nach Süd)

Touristisch wird es eher mäßig frequentiert – eine Ausnahme bildet lediglich das Dörfchen Varenna, dessen malerisches Ortsbild zu den schönsten am See gehört.

Quer durch die bewaldeten Hänge verläuft mit zahlreichen Tunnels die autobahnähnlich ausgebaute SS 36 Richtung Mailand, die nur drei Abfahrten besitzt: Nord, Mitte und Süd. Die alte Uferstraße ist entschieden interessanter.

▸ **Cólico**: Nah an der Mündung des Flusses Adda, nördliche Endstation der Seeschifffahrt. Hat bezüglich Ortsbild nicht allzu viel zu bieten, jedoch zeigt sich nach der Alpendurchquerung erstmals das mächtige Seepanorama in voller Schönheit. Im nördlichen Ortsbereich öffentlicher Badestrand, hier warten täglich viele Surfer auf den regelmäßig wehenden Südwind Beva. Ein weiterer Strand mit Strandbad und Campingplatz liegt südlich der Anlegestelle.

Nördlich von Cólico erstreckt sich zwischen den Mündungen der Flüsse Adda und Mera der *Pian di Spagna*, eins der letzten Sumpfgebiete Italiens.

• *Übernachten* *** **Conca Azzurra**, schöne, alte Villa im Weiler Olgiasca auf der Halbinsel von Piona, abgelegen und ruhig, herrlicher Blick. DZ mit Frühstück 70–83 €. ℡ 0341/931984, ℻ 931994.
La Breva, deutschsprachige Eigentümergemeinschaft, die gepflegte Ferienhäuser und Wohnungen im Umkreis von Cólico und Piona vermietet. Hotline in Deutschland ℡ 08178/3764 (tägl. bis 21 Uhr), Schweiz ℡ 081/2505044, www.labreva.com.
Camping Lido, großer Platz südlich vom Ort direkt am See, gute Bademöglichkeiten. ℡ 0341/941393, www.lidocolico.it.

▸ **Piona**: Die weit in den See vorspringende, dicht bewaldete Halbinsel von Piona bildet wenige Kilometer südlich von Cólico (vom Zentrum in 30 Fußminuten zu erreichen) fast einen kleinen, abgeschlossenen See, den *Laghetto di Piona*. Hier gibt es einen etwa 800 m langen Badestrand mit Rasenflächen, sehr zu empfehlen für Familien mit Kindern. Am Ufer gegenüber der Halbinsel liegen mehrere große und schön begrünte Campingplätze: Piona, Green Village und Baia di Piona.
An der Durchgangsstraße weist ein unscheinbares Schild zur *Abbazia di Piona*, ein großes Zisterzienserkloster aus dem 13. Jh. Das einst weltabgeschiedene Kloster ist heute ein populäres Ausflugsziel, die Mönche verkaufen Kräuterliköre, verschiedene Tees und Honig.
Öffnungszeiten tägl. 9–12, 14–18.30 Uhr.

Comer See 313

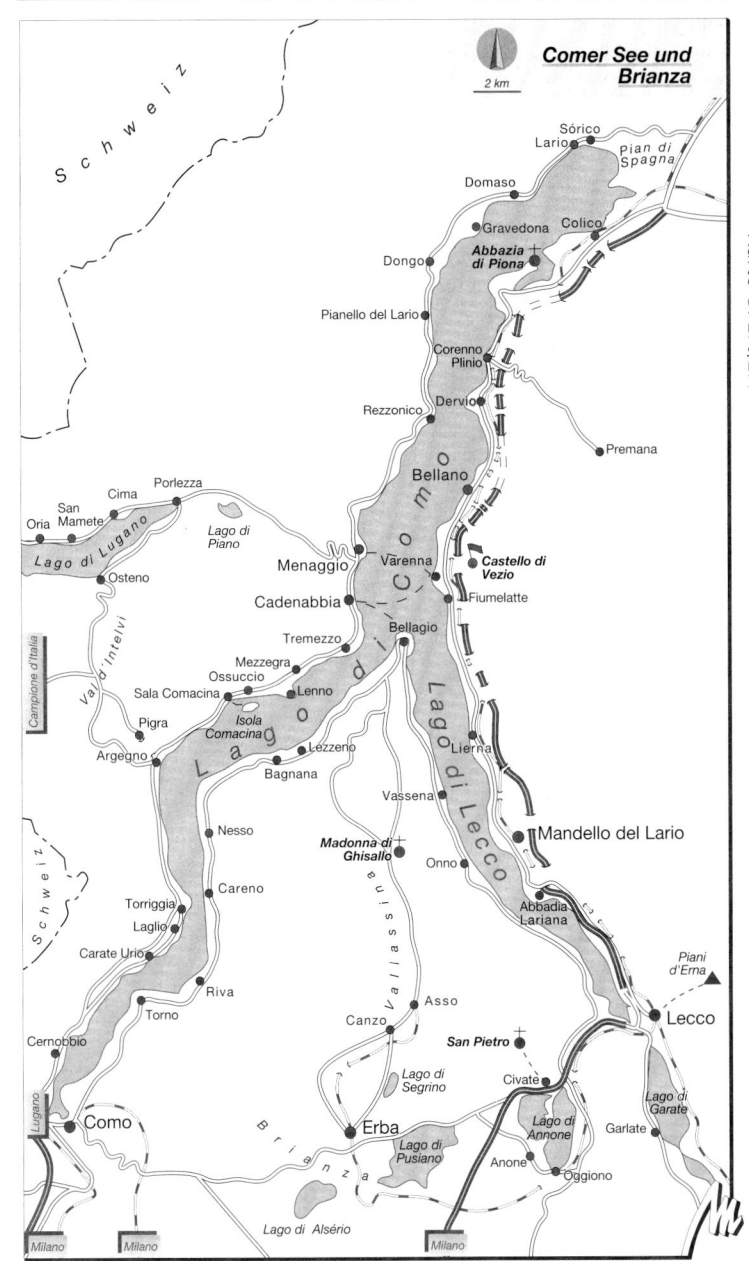

Comer See und Brianza

Lombardei und die Seen
Karte S. 276/277

- **Bellano:** Freundliches Kleinstädtchen, das nicht vom Tourismus lebt. Hinter der Uferpromenade mit Kastanienbäumen münden handtuchschmale Gässchen in die winklige Altstadt, die sich steil den Berg hinaufzieht. Ab Kirche Santi Nazari e Celso ist der Weg zum *L'Orrido* beschildert, einem eindrucksvollen Wasserfall, der in einem dicken Strahl gleich hinter dem Ortskern aus dem Fels bricht. In einem tief eingeschnittenen Flussbett strömt das Wasser in Richtung See und wird mittels Rohrleitung in ein Turbinenwerk geleitet.

  - *Öffnungszeiten/Eintritt* **L'Orrido**, April bis Sept. tägl. 10–12, 14–17 Uhr, Eintritt ca. 2,50 €.
  - *Übernachten* ***** Meridiana**, exponiert stehende Villa am Nordende des Orts, direkt an der Durchgangsstraße, schöne Zimmer, Garten direkt am See, Garage. DZ um die 100–110 €. ✆ 0341/821126, ✉ 821261, www.meridianotel.it.
  * Cavallo Bianco, durchschnittliches Stadthotel zentral am See, vorne raus schöner Blick, aber laut wegen der Straße, ordentliches Ristorante. DZ mit Bad ca. 60 €, mit Etagendusche ca. 40 €, Frühstück extra. Via Vittorio Veneto 29, ✆ 0341/810307, ✉ 820170.

- **Varenna:** Kleiner, verschlafener Urlaubsort mit Flair – alte Villen zwischen üppigen Zypressen, autofreie Kieselgässchen, ein idyllischer Fischerhafen, fröhlich bunt gestrichene Häuser, großartiger Seeblick. Ein Refugium für Ruhe Suchende, lediglich im August verliert sich die Beschaulichkeit im Rummel der Tagesausflügler. Vom Hauptplatz an der Durchgangsstraße zieht sich eine Handvoll verwinkelter Gassen hinunter zum halbrunden Hafenbecken mit zwei traumhaft gelegenen Cafés. Wenige Schritte südlich der Piazza kommt man zur *Villa Cipressi* (heute als Hotel genutzt) und gleich darauf zur Eingangsloggia der *Villa Monastero*, eines früheren Zisterzienserklosters und späteren Adelsresidenz, mit großartigem Blick auf die Uferberge weiter südlich. Die Gärten beider Häuser können besichtigt werden, auf jeden Fall lohnt der Besuch des Gartens der Villa Monastero, der sich mit seiner üppigen Vegetation weit nach Süden zieht.

  - *Öffnungszeiten/Eintritt* **Villa Monastero**, im Sommer tägl. 9–19 Uhr, Eintritt ca. 2 €, zusammen mit **Villa Cipressi** ca. 3,50 €.
  - *Anfahrt/Verbindungen* Varenna ist ein wichtiger Anlaufpunkt für Autofahrer – Fähren mit PKW-Transport pendeln hinüber nach **Menaggio** am Westufer, außerdem nach **Bellagio** an der Spitze der Halbinsel zwischen den beiden Seearmen. Der Fährhafen liegt nördlich vom Fischerhafen und ist mit diesem durch einen befestigten Uferweg verbunden.
  - *Information* Am Hauptplatz an der Durchgangsstraße (Piazza San Giorgio) neben der Kirche. Di–Sa 10–12.30, 15.30–18.30, So 10–12.30 Uhr. ✆ 0341/830367, ✉ 831203, www.varennaitaly.com.
  - *Übernachten* ***** Milano**, am See zwischen Fähranleger und Ortszentrum, beschildert ab Hauptplatz. Von Signora Amelia freundlich und aufmerksam geführt. Saubere Zimmer, alle mit Seeblick, z. T. Terrasse oder Balkon, moderne Bäder. Sehr gutes Frühstück auf einer Terrasse mit herrlichem Seeblick. DZ mit Frühstück ca. 125–140 €. Via XX Settembre 29, ✆/✉ 0341/830298, www.varenna.net.
  - *Essen & Trinken* **Vecchia Varenna**, am Uferweg vom Fischerhafen zum Fährhafen. Originelle Lage im Laubengang, davor Terrasse mit Seeblick, traditionelle Seeküche. Etwas höhere Preise, Menü um die 35 €. Mo geschl. Contrada Scoscesa 10, ✆ 0341/830793.
  Cavallino, schöne Kiesterrasse mit wildem Wein am Fähranleger, Barsch, Forelle und Blaufelchen aus dem See, dazu hausgemachte Pasta, z. B. *gnocchetti di patate*. Mittlere Preise. ✆ 0341/815219.
  Die beiden sonnigen Cafés **Porto** und **Molo** liegen am winzigen Fischerhafen – schöner kann man kaum sitzen.

- **Fiumelatte:** Ein milchweißer Wildbach mündet südlich von Varenna in den See, man überquert ihn auf einer Brücke. Seine Farbe rührt vom Kalkgestein her, das er aus den Tiefen des Bergs mit sich bringt.

- **Lierna:** Wunderschön sitzt man auf der überwachsenen Säulenterrasse des Restaurants „La Breva" gleich neben der Fähranlegestelle (✆ 0341/741490).

Castello di Vezio: Logenplatz über dem Comer See

Hoch über Varenna liegt das Örtchen Vezio, zu erreichen per PKW auf kurviger Straße oder zu Fuß (Einstieg bei Hotel Montecodeno an der Uferstraße nördlich von Varenna, Dauer etwa 40 Min.). Vor dem Ortseingang muss man sich einen Parkplatz suchen, läuft dann durch den Ort und kommt bald zum Eingang des Castello di Vezio. Erhalten ist nur ein Mauerviereck und ein Turm, den man erklimmen kann. Dass die Burg an einem strategischen Platz allererster Güte erbaut ist, erkennt man von der oberen Plattform aus: Bei klarem Wetter genießt man einen schier überwältigenden Blick über alle drei Arme des Comer Sees.

Öffnungszeiten/Eintritt März bis Okt. tägl. 10 Uhr bis Sonnenuntergang, Nov. u. Febr. Sa/So 10–17, Dez. So 10–17 Uhr, Jan geschl.; Eintritt ca. 4 €, Erw. über 60 J. 3 €, Kinder 6–12 J. 2 €.

▶ **Mandello del Lario**: große, labyrinthisch anmutende Altstadt mit Laubengängen und schlichten Steinhäusern. Mandello ist Stammsitz der *Moto-Guzzi-Werke*, die hier seit Anfang der zwanziger Jahre ihre legendären Motorräder produzieren. Im Werksmuseum (Via Parodi 57) kommen Liebhaber der zweirädrigen Flitzer voll auf ihre Kosten.

Öffnungszeiten/Eintritt **Moto-Guzzi-Museum**, Mo–Fr Führung jeweils um 15 Uhr, Eintritt frei, Auskünfte unter ✆ 0341/709304.

• *Übernachten/Essen & Trinken* **Camping Continental**, uriger und preiswerter Platz mit zwei Moto Guzzi in der Rezeption. Viele Häuschen, die an eine Schrebergartensiedlung erinnern. Nur wenige Stellflächen für Durchreisende, sanitär bescheiden. Tipp ist das große, volkstümliche Restaurant, wo sich abends alles trifft. ✆ 0341/731323.

Grigna, schräg gegenüber vom Bhf., günstige, gute und abwechslungsreich belegte Pizza zum Mitnehmen. Via Statale, ✆ 0341/731105.

Il Ricciolo, gutes Fischlokal im nördlich benachbarten Örtchen Ólcio, schöne Kiesterrasse am See. Mo-Abend und So geschl. ✆ 0341/732546.

▶ **Lecco**: lärmende Industrielandschaft zwischen Lago Lecco und dem südlich sich anschließenden, kleinen Lago di Garlate. Rasende Autofahrer und dröhnende Schwerlaster signalisieren die Nähe des Großraums Mailand, immer wieder kommt es zu Staus. Das Zentrum Leccos zeigt sich dagegen beeindruckend mondän, strahlt Gediegenheit und Wohlstand aus. Am See verläuft eine lange Promenade mit Bäumen. Die Gassen dahinter sind weitgehend Fußgängerzone mit eleganten Geschäften und Cafés. Der klassizistische Dom *San Nicolò* mit seinem freistehenden Rundturm wirkt riesenhaft, da zur Hälfte leer.

Der Dichter Alessandro Manzoni (1785–1873) wuchs in Lecco auf und hat seinen in Italien berühmten Roman „I Promessi Sposi" („Die Verlobten") hier und in den Orten der Umgebung angesiedelt. Die *Villa Manzoni* in der Via Don Guanella, in der er wohnte, beherbergt heute das *Museo Manzoni* mit Erstausgaben, Manuskripten, historischem Mobiliar und Erinnerungsstücken sowie die *Galleria Comunale d'Arte* mit Gemälden und Drucken einheimischer bzw. in Lecco ansässiger Künstler vom 16. bis zum 20. Jh.

• *Öffnungszeiten/Eintritt* **Villa Manzoni**, Di–So 9.30–17.30 Uhr, Mo geschl., ca. 4 €.
• *Anfahrt/Verbindungen* **Bahn**, der Bahnhof liegt ein Stück landeinwärts vom See, häufige Verbindungen nach Mailand, Bergamo und das östliche Seeufer entlang bis Chiavenna, kurz vor der Schweizer Grenze. Stadtbusse starten vor dem Bhf.,

316 Lombardei und die Seen

die Fußgängerzone Via Cavour führt ins Zentrum.
- *Information* **Ufficio Informazioni**, Via Nazario Sauro 6, in einer Gasse hinter der Uferfront. 9–12.30, 14.30–18 Uhr. ✆ 0341/295720, ℻ 295730, www.aptlecco.it.
- *Übernachten* ***** Alberi**, gepflegtes Haus mit Seeblick, allerdings an der verkehrsreichen Uferstraße gelegen. DZ mit Frühstück ca. 96 €. Via Lungo Lario Isonzo 4, ✆ 0341/350992, ℻ 350895, www.hotelalberi.lecco.it.
- *Essen & Trinken* **Al Porticciolo**, bekanntes Fischlokal, in dem man neben Seefisch auch hervorragendes Meeresgetier kosten kann. Nicht billig, Menü um die 40 €. Nur abends, Mo/Di geschl. Via Valsecchi 5, ✆ 0341/498103.

TIPP! Antica Osteria „Casa di Lucia", historische und rundum gemütliche Trattoria mit hervorragendem Weinkeller und vielen leckeren, kleinen Gerichten: Polenta, Pasta, Käse, natürlich auch Fisch. Der Lokalname spielt auf Lucia an, die Heldin des Romans „I Promessi Sposi", denn man nimmt an, dass es dieses Haus war, das Manzoni als ihr Wohnhaus beschrieben hat. Sa-Mittag und So geschl. Via Lucia 27 (im Ortsteil Acquate, etwa 2 km vom Zentrum), ✆ 0341/494594.

- *Cafés* **Colonne Commercio**, viel besuchte Kneipe, abends **der** Treff, Tische draußen auf der Piazza, drinnen Kronleuchter, alte Holztische und Spiegel. Piazza XX Settembre 8.

Südufer (Lecco bis Como)

Das Dreieck zwischen den beiden Seearmen ist bis auf Bellagio vom Urlaubsverkehr noch nicht gänzlich in Beschlag genommen – vor allem die wenig erschlossene Ostseite zwischen Bellagio und Lecco. Wichtig: Auf den Küstenstraßen besonders vorsichtig fahren, denn sie sind abenteuerlich schmal.

Bellagio
(ca. 3500 Einwohner)

Ein Hauch von Belle Epoque schwebt über dem ehemaligen Fischerdörfchen im geografischen Zentrum des Comer Sees. Große Hotels mit klangvollen Namen nutzen bereits seit dem 19. Jh. die wundervolle Lage an der Spitze zwischen den beiden Seearmen, um Prominenz anzuziehen.

Heute eine heile Welt des Tourismus alter Schule – an der Promenade breite Laubengänge und Traditionscafés, in denen man sich in Ruhe die Times, Le Monde und das Wall Street Journal zu Gemüte führen kann, dahinter enge Treppengässchen, in denen sich Boutiquen, Souvenirshops und Restaurants reihen. Insgesamt ein Örtchen mit Stil und sehr beliebtes Ziel für Ausflugsbusse, deren Insassen in Scharen durch das winklige Dorf schwärmen. Vor allem US-Amerikaner zählen zu den häufigen Gästen – laut Statistik kommt jeder zweite Gast aus Übersee.

An der Piazza im oberen Ortsbereich steht die romanische Basilika *San Giacomo* aus grobem Bruchstein. Oberhalb davon erstreckt sich die *Villa Serbelloni*, deren kunstvolle Gartenanlagen zweimal täglich (außer Mo) im Rahmen einer Führung besichtigt werden können – herrlicher Blick auf die beiden Arme des Sees. Die *Villa Melzi* liegt südlich vom Ort, an der Straße nach Como, und ist von einer großzügigen Gartenanlage mit zahlreichen Skulpturen umgeben.

Öffnungszeiten/Eintritt **Villa Serbelloni**, Führungen April bis Nov. Di–So 11 und 16 Uhr, Mo geschl.; Eintritt ca. 5,30 €, Kinder (7–13 J.) die Hälfte, Tickets in der Torre San Giacomo (über Tourist Info). **Villa Melzi**, März bis Anfang Nov. tägl. 9–18.30 Uhr, ca. 5,30 €.

Anfahrt/Verbindungen/Information

- *Anfahrt/Verbindungen* **PKW**, der Ortskern ist für Durchgangsverkehr gesperrt. Wer jedoch ein Hotel ansteuert, kann mit dem PKW die handtuchschmale Hauptstraße benutzen, die im Bogen zur Promenade hinunterführt, dort weiter südlich

Blick auf Bellagio

Parkplätze. Parkmöglichkeit auch auf dem Kirchplatz im oberen Ortsbereich.
Schiff, häufige Autofähren pendeln hinüber nach Varenna, Cadenabbia und Menaggio.
• *Information* An der Piazza della Chiesa, gegenüber der Kirche. Guter Ortsprospekt „Bellagio Dove" sowie viel Prospektmaterial über den gesamten Comer See. Mo u. Mi–Sa 9–12, 15–18 Uhr, Di u. So 10.30–12.30, 15.30–17.30 Uhr. ✆ 031/950204, ✉ 951551, www.bellagiolakecomo.com.

Übernachten

Am schönsten (und teuersten) sind die Hotels an der Promenade mit prächtigem Seeblick.

*** Florence, am Nordende der Promenade, architektonisch eins der interessantesten Hotels, seit über 100 Jahren in Besitz der Familie Ketzlar. Die Rezeption in einem Gewölbe mit dorischen Granitsäulen, schweren Holzbalken und Kamin. Auch in den Zimmern Holzbalkendecke, teils mit historischem Mobiliar, die schicke Cocktailbar im vorgelagerten Rundbau ebenfalls mit viel Holz ausgestattet, Restaurant/Frühstücksterrasse am See. DZ mit Frühstück je nach Ausstattung und Blick ca. 140–195 €. ✆ 031/950342, ✉ 951722, www.bellagio.co.nz.

*** Du Lac, neben Florence, ebenfalls historisches Haus, gepflegte Einrichtung, Restaurant im 1. Stock, großer, sonniger Dachgarten mit herrlichem Seeblick, hübsch eingerichtete Zimmer mit TV. DZ mit Frühstück je nach Saison und Blick ca. 110–190 €. ✆ 031/950320, ✉ 951624, www.bellagiohoteldulac.com.

* Suisse, wer weniger Geld ausgeben, aber trotzdem an der schönen Promenade wohnen will, ist hier richtig. Älteres Haus, zehn Zimmer, Ausstattung einfach. DZ mit Frühstück ca. 95 €. Ohne Vorreservierung im Sommer wenig Chancen. ✆ 031/950335, ✉ 951755, www.bellagio.co.nz.

* Giardinetto, im oberen Ortsbereich, beim Tourist-Info eine kleine Gasse hinein, tolle und ganz ruhige Lage mit herrlichem Seeblick, Zimmer durchgängig renoviert, teils sehr geräumig, auch die Bäder. Freundlich geführt von Familie Ticozzi. DZ ca. 60 €, kein Frühstück. Via Roncati 12, ✆ 031/950168, tczgne@tiscali.it.

• *Außerhalb vom Zentrum* **** Silvio**, in Loppia, südwestlich von Bellagio. Schlichtes, sauberes Albergo mit herrlichem Seeblick, ruhige Lage, seit vier Generationen im Besitz einer ehemaligen Fischerfamilie, freundliche Aufnahme. Silvio geht auch

318 Lombardei und die Seen

heute noch gelegentlich fischen, zum Haus gehört ein gutes Fischrestaurant mit großer, offener Terrasse. DZ mit Frühstück ca. 70–100 €. Via Carcano 12 (schräg oberhalb der Villa Melzi), ☎ 031/950322, ℻ 950912, www.bellagiosilvio.com.

• *Camping* **Agricampeggio Elisabeth Clarke**, in Visgnola, in Hügellage einige Kilometer südlich von Bellagio. Kleiner Agriturismo-Hof mit Zeltmöglichkeit, geführt von Elisabeth Clarke. April bis Okt. ☎ 031/951325.

Essen & Trinken

Barchetta, von der Uferpromenade neben Hotel du Lac hinauf, blumengeschmückter Dachgarten, gute Küche mit interessanten Rezepten z. B. *trota al cartoccio* (Forelle im Backofen) für 2 Pers. Oft bis auf den letzten Platz belegt, frühzeitig kommen. Salita Mella 13, ☎ 031/951389.

La Pergola, im Fischerdörfchen Pescallo, 500-jähriges Haus mit kleiner, idyllischer Terrasse direkt am See, spezialisiert auf Fisch. An Wochenenden besser reservieren. Man kann im Haus auch Zimmer mieten (DZ mit Frühstück ca. 74–90 €). ☎ 031/950263.

Bella Vista, in Visgnola, Pizzeria mit guten Pizzen und preiswertem Wein, gemütliche Atmosphäre, teilweise schöner Blick auf den See. Via Nuova 2, ☎ 031/951416.

Westufer (Nord nach Süd)

Der Norden bis Menaggio ist die weniger hochgestochene Ecke des Sees – keine Grand Hotels, dafür reichlich Campingplätze und Privatzimmervermietung, bekannt und beliebt als **das** Surfrevier am Comer See. Die *Tremezzina*, die Seemitte um Menaggio und Tremezzo, bietet das mildeste Klima und die üppigste Vegetation, die mit Palmen, blühenden Azaleen und Rhododendren teils subtropisch anmutet. Dementsprechend war dieser Seeabschnitt schon im 19. Jh. viel besuchtes Reiseziel begüterter Mitteleuropäer und Briten.

Domaso

Um das alte Dorf im äußersten Norden des Sees treten die Berge weit vom See zurück, dementsprechend ist die Ecke bei Windsurfern beliebt, der Südwind Breva und der böig-heftige Föhnwind Tivano aus Norden bieten hier durchaus eine Alternative zum Gardasee. Der schöne Strand ist im Sommer meist restlos überfüllt.

• *Übernachten* * **Madonnina**, Albergo mit Pizzeria am gleichnamigen Campingplatz, etwas nördlich vom Ortskern, zwischen Straße und See. DZ mit Bad ca. 45 €. ☎ 0344/96294.
Ansonsten viel Zimmervermietung, meist mit Küche, Strandzutritt etc., z. B. recht schön am **Camping Gardenia** direkt am See (→ unten) oder in der **Residence Windsurf** (☎/℻ 0344/96122) und in der **Residence Geranio** (☎ 0344/95031, ℻ 96313).
Ostello Domaso, bunt ausstaffierte Jugendherberge direkt am See, es wird Pizza serviert, Tischtennis, gelegentlich Veranstaltungen. Zimmer mit großer Gemeinschaftsterrasse, 30 Betten, Übernachtung ca. 12 €. März bis Okt. Via Carse Sparse 4, ☎ 0344/96094, ℻ 97575.

12 Campingplätze am See bieten Platz, sind aber z. T. recht klein und beengt, im Sommer zudem gnadenlos überfüllt. Größter und schönster Platz ist **Gardenia** mit gut sortiertem Laden und Zimmervermietung in einem Haus direkt am Strand. ☎ 0344/96262, ℻ 83381, www.domaso.biz.

• *Essen & Trinken* **Pescatori**, am nördlichen Ortsausgang, preislich gehobenes Fischlokal, schöne Lage am See, gute Weine. ☎ 0344/96088.
Da Mario, im Zentrum an der Uferstraße, gemütlich im Laubengang, lockere Atmosphäre, familiär geführt, leckerer Fisch. ☎ 0344/96309.
Ruffino, alteingesessene Trattoria im Ortskern, man isst im Innenhof, Treffpunkt der Fischer. Mo geschl. Via Venini 2, ☎ 0344/95184.

Da Angela, urige Trattoria direkt am Strand, neben Surf-Center „Surfin' Progress" (→ Sport). Griechischer Salat, Steak und Polenta sowie der beliebte Surfteller (Grillteller auf Salat).
• *Sport* **Windsurfcenter Domaso** am Strand vor Camping Paradiso, geführt von Isabel und Ralf Hartmann aus der Schweiz. ✆ 0344/97490, 📠 97519, www.breva.ch.
Surfin' Progress, am Strand neben Camping Quiete e Letizia. ✆/📠 0344/96208, www.chiccasport.com.

Menaggio

ca. 3200 Einwohner

Einer der nettesten Orte am See – nicht aufgemotzt, die beiden Grand Hotels bleiben dezent am Rande, auch im August erfreulich ruhig.

Am Wasser unten viel Platz, sehr gepflegte Promenade mit schattigen Bäumen, Rasen und Blumenbeeten, anschließend das edle Grand Hotel Victoria, davor ein schmaler Kiesstrand, etwas nördlich Minigolf und der *Lido Giardino*, ein gut eingerichtetes Strandbad mit großem Pool. Landeinwärts kommt man durch einige Altstadtgassen zur Hauptkirche von Menaggio, links davon auf Kieselsteinpflaster hinauf zum *Castello* auf der Hügelspitze.

• *Information* **IAT**, zentral an der Piazza Garibaldi, wenige Schritte hinter der Promenade. Sehr freundlich und hilfsbereit, engagierte Auskünfte in deutsch. Infos über Wanderwege, Ausflugsmöglichkeiten per Auto und Schiff. Mo–Sa 9–12, 15–18 Uhr, So geschl. ✆/📠 0344/32924, www.menaggio.com.

• *Übernachten* ** **Corona**, neben der Tourist-Info, ganz zentral am Wasser. Geräumige Zimmer, die meisten mit Balkon und Seeblick, gute Betten. Freundlich geführt, es wird auch Deutsch gesprochen. DZ mit Frühstück ca. 70–92 €. ✆ 0344/32006, 📠 30564, www.hotelgarnicorona.com.
* **Il Vapore**, einfache Pension neben Corona, Seeblick, zeitweise etwas laut, unten Restaurant, Speiseterrasse vor dem Haus. Wirtin spricht Deutsch. DZ mit Bad ca. 55–60 €, Frühstück extra. ✆ 0344/32229, 📠 34850, www.italiaabc.it/a/ilvapore.
* **Vecchia Menaggio**, etwas versteckt in einer Gasse der Altstadt, beim Turismo hinein und links. Zimmer über einer Pizzeria, einfach und sauber, DZ mit Frühstück ca. 50–55 €. Via 4 Novembre 38, ✆ 0344/32082, 📠 30141.
Jugendherberge La Primula (IYHF), modernes ockerfarbenes Haus am südlichen Ortsausgang, direkt am See. Volle Mahlzeiten, Fahrradverleih, Waschmaschine. Übernachtung mit Frühstück ca. 14 € pro Pers. Mitte März bis Mitte Nov. ✆ 0344/32356, 📠 31677, www.menaggiohostel.com.
Camping Lido, umfunktioniertes Fußballfeld im nördlichen Ortsbereich, kein Quäntchen Schatten. Heiße Duschen im Umkleideraum für Fußballer, am Eingang eine Bar. Der Swimmingpool des nahe gelegenen Strandbads kann benutzt werden. ✆ 0344/31150.

• *Essen & Trinken* **Il Ristorante**, gepflegtes Ristorante mit Terrasse im Hotel Corona, leckere Gerichte gehobener Preisklasse, Ober in schwarzer Livree. Wenn nicht zu voll, guter und freundlicher Service. Di geschl. ✆ 0344/32133.
Il Vapore, in der Pension neben dem Hotel Corona (→ oben), einfach, typische Gerichte in familiärer Atmosphäre, man kann auch problemlos nur einen Primo Piatto (z. B. nur Spaghetti) bestellen. Mi geschl.
Lario, schräg gegenüber vom Hotel Bellavista, leider nur Innenraum ohne Seeblick, dafür etwas günstigere Preise und freundliche Bedienung. Mo geschl. ✆ 0344/32368.
Le Sorelle (Da Gino), etwas zurück vom See, in einer gemütlichen Seitengasse neben einem Torbogen, schön zum Sitzen, nicht teuer. So geschl. Via Camozzi 16, ✆ 0344/32390.

▸ **Von Menaggio zum Luganer See**: Direkt im Zentrum windet sich eine Straße hoch den Hang hinauf, in einer knappen halben Stunde kommt man hinüber zum nahen Luganer See (→ unten).

▸ **Riviera Tremezzina** *(Cadenabbia bis Lenno)*: Hier im klimatisch wärmsten Teil des Sees reihen sich zahlreiche prächtige Villen inmitten von Gärten und Parkanlagen mit üppigster Vegetation. In *Cadenabbia* vertrieb sich Alt-Bundeskanzler Adenauer jahrelang seine Urlaubszeit mit Boccia spielen. Er wohnte in der wunderschön gelegenen *Villa La Collina*, heute im Besitz der Konrad-Adenauer-Stiftung, die für Seminare und Fortbildungsveranstaltungen genutzt wird, aber auch Zimmer vermietet (DZ mit Frühstück ca. 140 €, ✆ 0344/44111, ✉ 41058).

Etwas nördlich von *Tremezzo* liegt die berühmte *Villa Carlotta*. Eine großzügige Freitreppe führt von der Uferstraße hinauf zu dem klassizistischen Herrschaftshaus aus dem 18. Jh., das lange im Besitz der preußischen Prinzessin Charlotte war. In den Innenräumen finden sich monumentale Ölgemälde, historische Uhren, Marmorskulpturen und -reliefs (u. a. von Canova und Thorvaldsen) sowie Wandteppiche. Einen ausgedehnten Spaziergang ist der weitläufige botanische Park der Villa wert, in dem u. a. Palmen, Mammutbäume, riesige Gummibäume, Bambus, Zedern, Azaleen, Seerosen und Orangen gedeihen.

Wenn man südlich von Tremezzo eine schmale Straße nach *Giulino di Mezzegra* hinauffährt (beschildert), kommt man nach ca. 200 m zur Stelle, wo Benito Mussolini und seine Geliebte Claretta Petacci am 28. April 1945 von Partisanen erschossen wurden – zwei Tage zuvor war er in Dongo gefasst worden, als er in einem deutschen Lastwagen in die Schweiz fliehen wollte. Ein Kreuz direkt an der Straße markiert die Stelle.

Lenno ist ein kleiner ruhiger Ort in schöner Lage am Fuß der bewaldeten Halbinsel Punta Balbianello. Dort steht die *Villa del Balbianello* aus dem 18. Jh., eine ehemalige Kardinalsvilla mit herrlichem Terrassengarten. Im Inneren kann man chinesische, afrikanische und präkolumbianische Kunstwerke besichtigen, außerdem hat der letzte Besitzer Stücke von seinen Nordpol- und Everest-Expeditionen ausgestellt. Auf diesem schönen Fleckchen Erde drehte George Lucas im Frühherbst 2000 Szenen aus dem Kultfilm „Star Wars", nämlich die romantische Hochzeit von Anakin und Amidala. Taxiboote fahren an Besuchstagen etwa alle 30 Min. ab Lenno und Sala Comacina (✆ 0334/57093, www.taxiboat.net) hinüber, Di, Sa und So kann man auch zu Fuß laufen, ab Kirchplatz in Lenno sind es etwa 800 m, der Weg ist ausgeschildert.

● *Öffnungszeiten/Eintritt* **Villa Carlotta**, April bis Sept. tägl. 9–18 Uhr, März und Okt. tägl. 9–11.30, 14–16.30 Uhr; Eintritt ca. 7 €, Stud. und Senioren über 65 Jahre die Hälfte.
Villa del Balbianello, Di, Do und Fr 10–12.30 und 15.30–18.30 Uhr, Sa/So 10–18 Uhr, Mo und Mi geschl.; Eintritt ca. 5 €, Kinder (4–12 J.) ca. 2,50 €.

● *Übernachten/Essen & Trinken* *** **Villa Edy**, südlich von Tremezzo, gemütliche Anlage etwas oberhalb der Durchgangsstraße, Blick auf die hohen Berge am Ostufer. Schlicht-elegantes Haus mit schattiger Terrasse und 12 Zimmern (jeweils TV und modernes Bad), sehr ruhig. Davor hübsch geschwungener Pool, umgeben von Liegewiese und Fächerpalmen. In einem Nebengebäude beim Pool 4 Apartments. DZ ca. 75–85 €, Apt. ca. 105–130 €, Frühstück ca. 10 € pro Pers. Angeschlossen ans Hotel ist der **Camping degli Ulivi**. ✆ 0344/40161, ✉ 40015, www.villaedy.com.

*** **Rusall**, hoch über Tremezzo, am Rand des kleinen Weilers Rogaro, sehr ruhig mit großartigem Seeblick, DZ ca. 90 €, im Ristorante vorzügliches Essen mit großen Portionen. ✆ 0344/40408, ✉ 40447, www.rusallhotel.com.

TIPP! *** **San Giorgio**, in Lenno, Via Regina 81, erbaut nach dem Ersten Weltkrieg und seitdem in mittlerweile vierter Familiengeneration als Hotel geführt. Garten direkt am Wasser, nostalgische Einrichtung und viel Ruhe. DZ mit Frühstück ca. 120–145 €. ✆ 0344/40415, ✉ 41595.

▶ **Isola Comacina**: Die einzige Insel im Comer See liegt dicht vor der Westküste. Man erreicht sie mit Motorbooten, die ständig von Sala Comacina hinüberpendeln. Eine Handvoll Kirchen und Reste alter Festungsmauern verstecken sich im dichten

Grün, ein Rundgang dauert ca. 30 Min. In den Zeiten der Völkerwanderung war die Insel immer wieder Rückzugsort vor Eroberern, doch 1169 machte die Stadtrepublik Como auf der mit Mailand verbündeten Insel alles dem Erdboden gleich.

▶ **Argegno**: kleines Örtchen an der Mündung des Flusses Telo. An der Flussmündung Strandbad mit schön gelegener Pizzeria, daneben ein Bootshafen. Besonders gut isst man auf der Kiesterrasse des „Crotto dei Platani", etwas südlich vom Ort direkt unterhalb der Straße (Mi-Mittag und Di geschl., ✆ 031/814038). Seilbahn nach *Pigra* mit Panoramablick über den See. Hier auch Auffahrt ins Intelvi-Tal und Weiterfahrt zum Luganer See (→ unten).

▶ **Cernobbio**: geschäftiges Örtchen, das mit Como fast zusammengewachsen ist. Weltbekanntes Refugium der Schönen und Reichen ist das *Grand Hotel Villa d'Este*, eins der großen Luxushotels Italiens (DZ in der Saison über 600 €!). Im nahen Ort *Laglio* besitzt Hollywoodstar George Clooney eine Villa am See, die Filmaufnahmen für „Ocean's Twelve" fanden z. T. hier statt.

• *Essen & Trinken* Auf engen, kurvenreichen Sträßchen hinauf nach Rovenna. Auf halber Strecke das intime Terrassenlokal **Il Gatto Nero** mit gepflegtem Interieur, vorzüglicher Küche und herrlichem Blick. Di-Mittag und Mo geschl. Reservierung nötig unter ✆ 031/512042.
Im Gassengewirr von Rovenna liegt die einfache Trattoria **Belvedere**, wo man an Steintischen unter Weinranken sitzt und ebenfalls den Blick genießt.

Como
ca. 100.000 Einwohner

Weitläufige und elegante Stadt, die Skyline dominiert von der grünen Domkupppel. In den Randbezirken einiges an Industrie, vor allem Seiden- und Kunstseidenfabrikation. Im historischen Zentrum herrscht Eleganz vor, viele Möglichkeiten zum gepflegten Shopping.

Am See eine lange, baumbestandene Promenade und die weite Piazza Cavour mit Rasenflächen, wo die Schiffe anlegen. Dahinter erstreckt sich die überschaubare Altstadt mit ihren weitgehend rechtwinklig zueinander angelegten Pflastergassen, heute zum Großteil Fußgängerzonen. Reste der mittelalterlichen Stadtmauer sind entlang der Piazza del Popolo und dem Viale Lecco erhalten. Die Torre di Porta Vittori, der einzige erhaltene Torturm der Stadtmauer, steht an der Landseite der Altstadt. Como besitzt auch zwei Strandbäder – bei der Villa Olmo am Westufer und genau vis-à-vis am Ostufer.

*A*nfahrt/*V*erbindungen/*I*nformation

• *PKW* Autobahn ab **Mailand**. Die Innenstadt ist für den Verkehr gesperrt, Zufahrt nur für Autorisierte und Hotelgäste. Gebührenpflichtig parken kann man entlang des langen Viale Lecco. Ein großes **Parkhaus** steht in einer Seitengasse des Viale C. Battisti (beschildert), Nähe landseitiges Stadttor.

• *Bahn* Como ist Station an der internationalen **Gotthard-Linie** von Basel nach Mailand, eine der wichtigsten Strecken im alpenüberquerenden Verkehr. Nahverkehrszüge gehen hinüber nach **Lecco**. Der FS-Bahnhof liegt westlich vom Zentrum am Piazzale Gottardo, in die Altstadt geht's geradeaus die Via Gallio entlang.
Auf der anderen Seite der Altstadt, an der Piazza Matteotti, wenige Meter vom See, liegt der Bahnhof der privaten **Ferrovie Nord Milano (FNM)** mit etwa halbstündlichen Verbindungen von und nach **Mailand Nord** (M2: Cadorna), Fahrtdauer ca. 45 Min.

• *Bus* Busse in die wichtigsten Ortschaften starten am See ab **Piazza Matteotti**, z. B. nach Menaggio und Bellagio. Verbindungen gibt es auch nach Mailand, zum Flughafen Malpensa und zum Flughafen Orio al Serio (Bergamo).

322 Lombardei und die Seen

- *Fähren* Tägliche Abfahrten in alle Seeorte an der zentralen **Piazza Cavour**.
- *Information* IAT zentral am großen Platz an der Seefront, Piazza Cavour 16. Mo–Sa 9–13, 14.30–18 Uhr, So geschl. ✆ 031/3300111, 📠 261152, www.lakecomo.com. Zweigstelle im **FS-Bahnhof**, Piazzale San Gottardo. ✆ 031/267214.

Übernachten

Como ist ein teures Pflaster, für gehobene Ansprüche gibt es allein acht Vier-Sterne-Hotels.

*** **Firenze (4)**, modernes Hotel in einem historischen Gebäude, ruhige Lage an einem reinen Fußgängerbereich. Freundlich geführt, schick und ansprechend in klaren Linien gestaltet, Zimmer mit Holzböden, z. T. Klimaanlage, sehr gute Bäder, leider kein Parkplatz. DZ mit Frühstück ca. 110–130 €. Piazza Volta 16, ✆ 031/300333, 📠 300101, www.albergofirenze.it.

*** **Marco's (2)**, in der Nähe der Drahtseilbahnstation nach Brunate, nah am See. Sehr schöner Blick, innen geht es allerdings etwas eng zu. Unten im Haus Restaurant. DZ mit Frühstück ca. 85–110 €. Via Lungo Lario Trieste 62, ✆ 031/303628, 📠 302342, www.hotelmarcos.it.

* **Sociale (7)**, direkt neben dem Dom, eine Handvoll Zimmer über dem urigsten Restaurant der Stadt. DZ mit Bad ca. 50 €, mit Etagendusche 40 €, Frühstück extra. Via Maestri Comacini 8, ✆ 031/264042, albergo sociale@virgilio.it.

TIPP! **In Riva al Lago (3)**, zentrale Lage etwa 100 m vom See. Ein ganzes Haus mit Zimmern und Apartments verschiedener Größe, beliebt bei Rucksacktouristen und auch für Familien geeignet. Tageweise, wöch. oder monatl. Vermietung, DZ mit Bad ca. 63 €, mit Etagendusche ca. 47 €. Piazza Matteoti 4 (beim Bhf. der Ferrovie Nord Milano), ✆ 031/302333, www.inrivaallago.com.

- *Jugendherberge* **Ostello dell'Olmo (IYHF) (1)**, beliebte Herberge im Park der Villa Olmo am Westufer, ca. 1,5 km vom FS-Bhf., Bus 1 oder 6. Anmeldung ab 16 Uhr, im Sommer oft voll. Etwa 14,50 € pro Pers. mit Frühstück. Fahrradverleih, Waschmaschine. März bis Nov. Via Bellinzona 2, ✆/📠 031/573800.

- *Camping* **International Como (11)**, für Motorisierte günstiger Übernachtungsplatz, da direkt an der Auf-/Abfahrt Como Sud der Autobahn Chiasso-Mailand, ca. 3 km vom Zentrum. Dicht beschattete Stellplätze unter Bäumen, Kinderspielplatz, kleiner Pool, Bar/Pizzeria. Ostern bis Mitte Okt. ✆ 031/521435.

Essen & Trinken/Nachtleben/Shopping

Auch beim Essen muss man oft tief in die Tasche greifen, vor allem die besseren Ristoranti sind teuer. Mittags bieten die meisten Lokale etwas preiswertere Menüs.

Al Giardino (10), außerhalb der Innenstadt. Man speist in einer historischen Villa, im Sommer kann man auch im Garten sitzen. Spezialität ist Fisch aus dem Comer See, *cavedona* genannt. Mo geschl. Via Monte Grappa 52, ✆ 031/265016.

Osteria L'Angolo del Silenzio (8), an einer viel befahrenen Straße nordöstlich der alten Stadtmauer, trotzdem ein „Winkel der Stille", da man in den Gasträumen davon nichts mitbekommt. Gute und typische lombardische Küche, Fisch und Fleisch gleichermaßen. Di-Mittag und Mo geschl. Viale Lecco 25, ✆ 031/3372157

Le Colonne (6), beliebte Pizzeria an einem ruhigen Platz, zwar schön zum Sitzen, aber oft völlig überfüllt und zu wenig Kellner. Di geschl. Piazza Mazzini 12, ✆ 031/266166.

Messicana (5), gemütliche Alternative am selben Platz, winziger Innenraum, wo man hautnah mit dem Pizzabäcker flirten kann, daneben kleiner Innenhof, ebenfalls oft sehr voll. Große, leckere Pizzen und einige mexikanische Gerichte. Mo geschl. Piazza Mazzini 6, ✆ 031/262463.

Enoteca 84, südlich außerhalb der Altstadt. Schmackhafte „Cucina casalinga" in einer einfachen Mittagstischkneipe für die Arbeiter und Angestellten der Umgebung. Nur mittags (außer Fr/Sa), So und im August geschl. Via Milano 84.

TIPP! **Teatro Sociale (7)**, im Laubengang neben der Domapsis, das gemütlichste und urigste Restaurant der Stadt, „Wohnzimmer"

Como

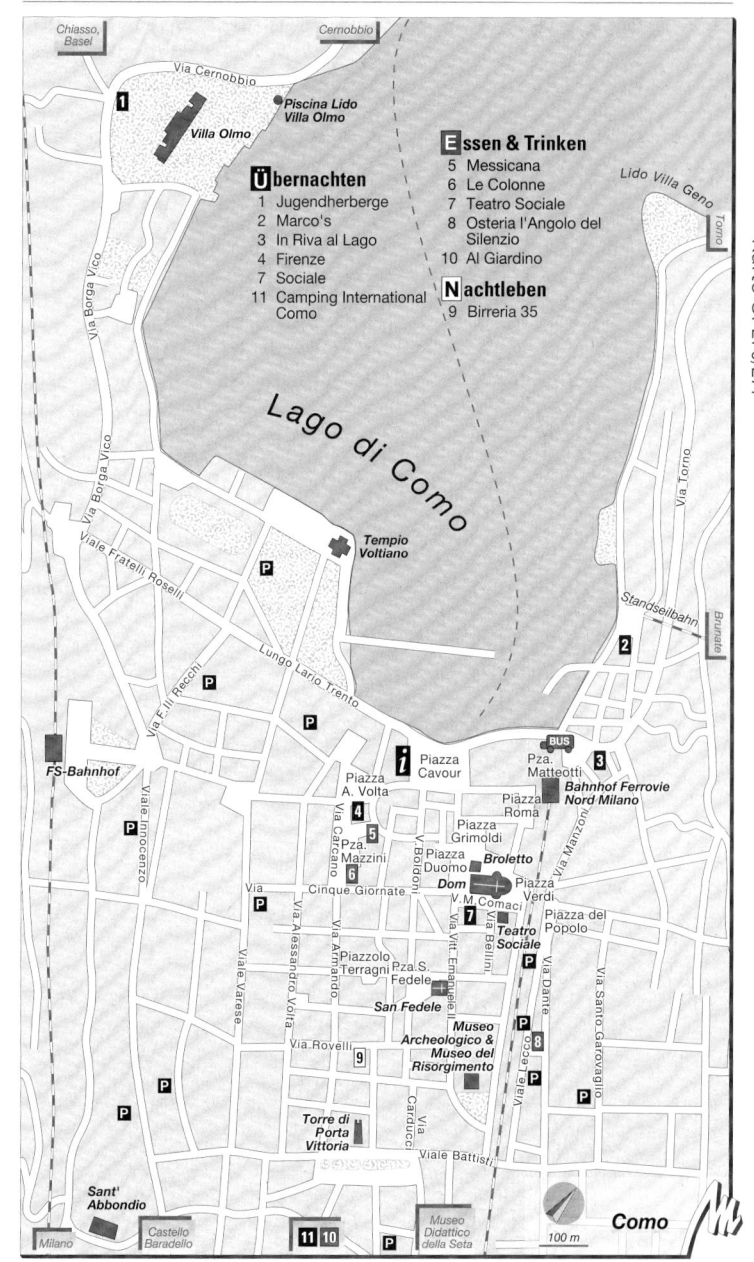

Übernachten
1. Jugendherberge
2. Marco's
3. In Riva al Lago
4. Firenze
7. Sociale
11. Camping International Como

Essen & Trinken
5. Messicana
6. Le Colonne
7. Teatro Sociale
8. Osteria l'Angolo del Silenzio
10. Al Giardino

Nachtleben
9. Birreria 35

der Künstler aus dem benachbarten Stadttheater. Drei Räume, hübsch aufgemacht mit Fotos und Plakaten, lockere, fröhliche Atmosphäre, lokale Küche. Auch Zimmervermietung (→ Übernachten). Via Maestri Comacini 8, ℡ 031/264042.

• *Nachtleben* Man trifft sich an der Piazza Matteotti direkt am See, z. B. im großen Irish Pub **O'Sulivans** neben dem Bahnhof der Privatbahn nach Mailand oder im **Golosita** gegenüber, dort gibt's im Sommer gelegentlich Livemusik im Freien.

Birreria 35 (9), gemütliche Kneipe mit viel Holz, Jazzmusik und Musikinstrumenten an den Wänden. Via Giuseppe Rovelli 35.

Sehenswertes: Der Dom *Santa Maggiore* steht äußerst dekorativ an einem weiten Platz in Seenähe. Direkt angebaut ist der *Broletto*, das ehemalige Rathaus mit Stadtturm aus dem 13. Jh., mit einer schönen romanischen Loggia im Zebramuster. In seiner gelungenen Mischung aus Gotik- und Renaissanceelementen gehört der Dom zu den bedeutendsten Kirchen Oberitaliens. Die aufwändig verzierte Fassade aus weißem Marmor besitzt senkrechte Skulpturenleisten und Türmchen, reich geschmückte Portale und hohe Fenster. Wohl geborgen hinter Glas sieht man zu beiden Seiten des Haupttors die Statuen von Plinius dem Älteren und Plinius dem Jüngeren, beide in Como geboren. Im Innern grenzen mächtige Wandteppiche die Seitenschiffe vom Hauptschiff ab, sparsam bestuhlt kommt die Weite des Baus zum Tragen. Auffallend sind die vielen bunten Glasfenster, die spitze Kuppel von Filippo Juvarra (→ Turin) wirkt fast himmelhoch. An den Seitenaltären Reliefs der Gebrüder Rodari und mehrere Gemälde, zu den bedeutendsten zählen die „Anbetung der Heiligen Drei Könige" und „Der heilige Hieronymus" von Luini sowie die „Flucht nach Ägypten" und die „Vermählung der heiligen Jungfrau" von Gaudenzio Ferrari.

Die Via Luini führt von der großen Piazza Cavour am Wasser zur beschaulichen *Piazza San Fedele* mit der gleichnamigen Kirche. Die kleine Basilika im lombardischen Stil besitzt in der Fassade eine Rosette, die Seitenemporen und die Decke stammen teils aus der Renaissance, während die romanische Apsis gut erhalten ist.

Die große Basilika *Sant'Abbondio* steht westlich außerhalb der Stadtmauern in einem reichlich unattraktiven Umfeld, gilt aber als eins der bedeutendsten Werke der lombardischen Romanik. Das fünfschiffige Innere mit Säulen und Pfeilern ist schlicht gehalten, lediglich in der Apsis sind herrliche Fresken aus dem 14. Jh. erhalten, über denen sich ein prächtiger Sternenhimmel wölbt.

Schließlich bietet sich ein Spaziergang zur prachtvollen *Villa dell'Olmo* aus dem 18. Jh. am westlichen Seeufer an. Der klassizistische Palast wird heute für Kongresse und Ausstellungen genutzt. Zum See hin erstreckt sich ein italienischer Garten mit Skulpturen.

• *Öffnungszeiten* **Dom**, 7–12, 15–19 Uhr; **Villa dell'Olmo**, Garten (April bis Okt. Mo–Sa 9–12, 15–18 Uhr), Palast nur während Ausstellungen zugänglich.

• *Museen* **Tempio Voltiano**, architektonisch auffallender „Tempel" direkt am See, gewidmet dem aus Como stammenden Physiker Alessandro Volta. Hunderte von Erinnerungsstücken an den Wegbereiter der elektrischen Batterie, fein säuberlich dokumentiert in einer deutschsprachigen Broschüre, die man am Eingang erhält. Di–So 10–12, 15–18 Uhr (Winter 14–16 Uhr), Mo geschl., Eintritt ca. 2,60 €.

Museo Didattico della Seta (Seidenmuseum), 1990 in einer alten Seidenspinnerei eröffnet, alle Arbeitsgänge der Seidenherstellung werden an Hand von Originalgeräten ausführlich dargestellt. Di–Fr 9–12, 15–18 Uhr, Sa nach Vereinbarung unter ℡ 031/303180; Eintritt ca. 8 €. Via Valleggio 3.

Museo Archeologico und **Museo del Risorgimento**, beide an der Piazza Medaglie d'Oro. Di–Sa 9.30–12.30, 14–17, So 10–13 Uhr, Mo geschl., ca. 3 €.

Der Broletto, das frühere Rathaus von Como

▶ **Como/Umgebung**: *Brunate* ist ein kleiner Hügelort hoch über Como, schön zum Spazierengehen und Wandern. Zu erreichen per Standseilbahn ab Ostende des Lungo Lario Trieste (fährt etwa alle 15 Min., Dauer ca. 7 Min., hin/zurück ca. 4 €, letzter Zug ca. 22.30 Uhr, im Sommer bis Mitternacht).

Campione d'Italia: Größtes Kasino Europas

Die italienische Enklave Campione d'Italia liegt am Schweizer Ufer des Luganer Sees. Das nur wenige Quadratkilometer große Gebiet gehörte fast 1000 Jahre lang dem Kloster von Sant'Ambrogio in Mailand, erst Napoleon gab es im Zuge der Säkularisation der Lombardei zurück. Einziger Anziehungspunkt ist das Spielkasino *Casinò Municipale*. 2005 wurde ein zwölfstöckiger (!) Neubau mit integriertem Hotel eröffnet, seitdem ist es das größte Kasino des Kontinents. Zu den Slot-Machines erhält man mit legerer Kleidung Zutritt (tägl. 13.45–3 Uhr), für die Roulette-Säle sind Jackett und Krawatte Pflicht (tägl. 15.30–2.30 Uhr). Eintritt ca. 11 €, Ausweis ist vorzulegen.

Anfahrt/Verbindungen Auf der Autobahn ist man von Como aus in einer halben Stunde dort. Jedoch Vorsicht: Wer keine Vignette am Auto hat, muss an der Schweizer Grenze auch für dieses kurze Autobahnstück den vollen Betrag lösen (ca. 25 €). In diesem Fall also besser die Staatsstraße nehmen.

Information Tourist-Info Azienda Turistica Campione d'Italia (APT), Via Volta 3, ✆ (004191-)6495051, ✎ 6499178, www.campioneitalia.com, aptcampione@ticino.com; Casinò Municipale, ✆ (004191-)6401111, ✎ 6401112, www.casinocampione.it.

Lago Maggiore

Der westlichste der drei großen italienischen Alpenseen ist nach dem Gardasee der zweitgrößte, 66 km lang und bis zu 12 km breit. Der nördlichste Zipfel – etwa ein Sechstel vom gesamten See – gehört zum Schweizer Tessin.

In seiner touristischen Struktur ähnelt der Lago Maggiore dem Comer See. Im Nordwesten treffen sich die (deutschsprachigen) Camper, in der Seemitte prangt herrliche Vegetation mit Palmen und üppigen botanischen Gärten. Generell reizvoller als die lombardische Osthälfte des Sees ist das Westufer, das bereits zur Region Piemont gehört. Zu den schönsten Orten zählt dort das relativ weit im Norden gelegene *Cannobio*, während *Stresa* seit dem 19. Jh. Sinnbild für die gehobenen Urlaubsfreuden der angelsächsischen „upper class" wurde. Sogar gekrönte Häupter wie Queen Victoria reisten zur Sommerfrische an – nicht zuletzt angezogen durch den Ruf der einzigartigen *Borromäischen Inseln*, die vollendet stilvoll in der Seemitte vor Baveno und Stresa ruhen.

• *Anfahrt/Verbindungen* **PKW**, von Norden kommend ist die Schweizer Autobahn N 2 durch den Gotthard-Tunnel die ideale Anfahrt, Abfahrt zur Nordspitze in Bellinzona. Von der Westschweiz über Brig und durch den Simplontunnel, von Domodossola ist es nicht mehr weit.
Bahn, das Westufer ist von der Schweiz auf der **Lötschberg/Simplon-Strecke** über Brig und Domodossola zu erreichen, unterwegs wird der Simplon-Tunnel durchfahren, einer der längsten der Welt. Die Bahnstrecke trifft bei **Baveno** an den See und führt das südwestliche Ufer entlang.
Den Osten kann man, von Norden kommend, auf der **Gotthard-Bahn** anfahren, wobei meist in Bellinzona umgestiegen werden muss. Die Bahnlinie führt das gesamte Ostufer entlang.
Von Mailand kann man mit der privaten **Ferrovia Nord Milano (FNM)** über Varese nach Laveno Mombello am mittleren Ostufer fahren.
Schiff, alle wichtigen Orte werden von den Personenfähren und Tragflügelbooten der **Navigazione sul Lago Maggiore** angelaufen (www.navigazionelaghi.it). In der Seemitte zwischen **Laveno** (Ostufer) und **Intra** (Westufer) verkehren 2- bis 3-mal stündl. Autofähren (PKW je nach Länge 5–10 €), Dauer der reizvollen Überfahrt ca. 20 Min.

Ostufer (Nord nach Süd)

Das nördliche Stück gehört noch zur Schweiz, danach folgt kaum Bemerkenswertes. Die Orte haben wenig spezielles Flair und bis auf die Burg von Angera im Süden gibt es keinerlei Sehenswürdigkeiten.

▶ **Maccagno**: freundliches Örtchen an einem Landvorsprung unter turmhohen Felsen, geräumige Badezone am See, hohe Bäume spenden Schatten. Zwei gute Campingplätze und viele Ferienwohnungen.

• *Übernachten* * **Paradiso**, gemütliche Pension mit Liegewiese und kleinem Pool im Garten. DZ mit Bad ca. 50–60 €. Via Verdi 5 (an der Zufahrt zum Camping Lido), ℡/📧 0332/560128, www.pensioneparadiso.it.
Azur Parkcamping, sehr beliebter Platz am Seeufer unter hohen Laubbäumen, deutsche Leitung. ℡ 0332/560203, 📧 561263, www.azur-camping.de.
Camping Lido, auch dieser gepflegte Platz im nördlichen Ortsbereich liegt direkt am See, holländische Leitung. ℡/📧 0332/560250, www.boschettoholiday.de/lido.

▶ **Luino**: größerer Ort mit lebendigem Zentrum. Etwas versteckt gegenüber der Anlegestelle zieht sich landeinwärts der Durchgangsstraße das Altstadtviertel einen

Hügel hinauf. Am Mittwoch findet von 8 bis 16 Uhr ein riesiger *Wochenmarkt* statt, der in seinen Ursprüngen bis 1541 zurückgeht.

- *Information* Via Piero Chiara 1, Nähe Schiffsanlegestelle. ℡ 0332/530019.
- *Übernachten* **Camping Boschetto**, zwischen Luino und dem südlich benachbarten Germignaga. Schönes Wiesengelände mit Kastanien und Pinien. ℡ 0332/534740, ✆ 500791, www.boschettoholiday.de.

▸ **Laveno**: unspektakuläres Städtchen, überragt vom bewaldeten Sasso del Ferro, im 19. Jh. bekannt für seine Keramikfabriken. Schöne Seepromenade, eine Handvoll Ristoranti und Hotels, ein Strand, wenig Rummel. Herrlich ist der Ausflug mit den offenen Stehgondeln der Funivia bis kurz unterhalb der Spitze des 1062 m hohen *Monte Sasso del Ferro*, (hin/zurück ca. 8,50 €), weiter zum Gipfel geht's in 30 Min. zu Fuß.

Die traumhafte *Villa di Porta Bozzolo* aus dem 16. Jh. findet sich in *Casalzuigno*, etwa 10 km östlich von Laveno. Umgeben ist sie von einer üppig grünen Parkanlage, die sich mit großzügigen Freitreppen, Terrassen und Brunnen einen bewaldeten Hügel hinaufzieht.

- *Öffnungszeiten/Eintritt* **Villa di Porta Bozzolo**, Okt. bis Dez. 10–13, 14–17 Uhr, Feb. bis Sept. 10–13, 14–18 Uhr, Mo und Januar geschl.; Eintritt ca. 4,50 €, Kinder bis 10 J. 2,50 €. ℡ 0332/624136, www.fondoambiente.it.
- *Anfahrt/Verbindungen* Die **FS-Station** liegt ein Stück landeinwärts, Züge nach Mailand, Novara, Bellinzona und Locarno (Schweiz). Die private **Ferrovie Nord Milano (FNM)** bietet über Varese häufige Verbindungen von und nach Milano (Stazione Milano Nord) und hat ihren Bahnhof gleich am Hafen, wo Autofähren und Tragflügelboote ins gegenüberliegende **Verbania-Intra** abfahren.
- *Übernachten* *** **Il Porticciolo**, südlich der Anlegestelle direkt am See, das beste Hotel/Ristorante am Ort, mit schöner Speiseterrasse und ausgezeichneter Küche (Mittag und Di geschl.). Gepflegte Zimmer mit Teppichböden und TV, Seeblick, Parkplatz. DZ mit Frühstück ca. 100–130 €. Via Fortino 40, ℡ 0332/667257, ✆ 666753, www.ilporticciolo.com.
- **TIPP!** ** **Poggio Sant'Elsa**, auf dem Monte Sasso del Ferro oberhalb von Laveno. Hotel mit Restaurant, großer Terrasse und herrlichem Panoramablick. DZ ca. 50–60 €. ℡ 0332/610303, www.funiviedellagomaggiore.it.

Von Laveno nach Angera

▸ **Cerro**: 3 km südlich von Laveno, verwinkelter Ort mit engen, steilen Gassen und einem Sandstrand (!), der an Sommerwochenenden aus allen Nähten platzt. Im *Museo della Terraglia* eine Keramiksammlung des 19./20. Jh.

Öffnungszeiten/Eintritt **Museo della Terraglia**, Di–Do 14.30–17.30 (Juli/August 15.30–18.30), Fr–So auch 10–12 Uhr, Mo geschl.; Eintritt ca. 1,50 €.

▸ **Santa Caterina del Sasso**: Kurz nach dem Örtchen Reno erreicht man eins der beliebtesten Ausflugsziele am Lago Maggiore. Eine in ihren Ursprüngen bis ins Mittelalter zurückreichende Kirche mit ehemaligen Klostergebäuden schmiegt sich wenige Meter über dem Wasserspiegel an die steile Felswand des Ufers. Vom Parkplatz oberhalb steigt man über Stufen hinunter zu dem versteckten Komplex, dessen Entstehung ins Jahr 1170 zurückgeht. Damals war ein reicher Kaufmann namens Albertus Besozzi auf dem See in einen heftigen Sturm geraten und schwor der heiligen Caterina von Alexandrien (3. Jh.), er wolle im Fall seiner Errettung fortan als Eremit zu ihren Ehren in einer Uferhöhle leben. Dies tat er auch tatsächlich, entsagte seinem gesamten Besitz und wurde von der Bevölkerung bald als Heiliger verehrt. Damit war der Grundstein für das Heiligtum gelegt, das seit dem 14. Jh. von Mönchen bewohnt wurde.

Durch die Räume des ehemaligen Klosters, in dessen *Kapitelsaal* noch schöne Freskenreste erhalten sind, erreicht man zunächst einen Hof, danach geht man durch den *Conventino*, einen parallel zur Uferlinie erbauten Bogengang, an dessen Wänden ein verblasster, aus zehn Bildern bestehender Totentanz-Zyklus des 17. Jh. erhalten ist. Durch einen Säulengang mit Heiligendarstellungen des 16. Jh. betritt man die Kirche. Zur Landseite hin liegen drei Kapellen nebeneinander, in der *Cappella San Nicolà*, der ersten neben dem Altar, sind noch frühe Fresken des 14. Jh. erhalten, darunter an der Wand eine erst 1991 unter späteren Malereien entdeckte Kreuzigung sowie im Gewölbe Christus in der Mandorla. Am Südende der Kirche liegt auf tieferem Niveau die *Kapelle des heiligen Albertus*, wo der mumifizierte Leichnam des Einsiedlers aufgebahrt ist. Dahinter liegt noch tiefer die *Gedächtniskapelle*, die wohl bereits 1195 entstand und der älteste Teil der gesamten Anlage ist.

▸ **Ispra**: weitläufiger Ort mit vielen Villen und Parkanlagen, großem Badestrand und Jachthafen, Standort des europäischen Atomforschungszentrums „Euratom".

▸ **Ranco**: idyllisches Nest am See, Tipp für einen ruhigen und erholsamen Urlaub. Zwei Komforthotels und verstreute Ferienhäuser, verschiedene Bademöglichkeiten.

• *Übernachten/Essen & Trinken* *** **Conca Azzurra**, Hotel direkt am Wasser mit eigenem Strand, große Terrasse mit herrlichem Seeblick, sehr ruhig. DZ mit Frühstück ca. 80–140 €. ℡ 0331/976526, ℻ 976721, www.concazzurra.it.
**** **Il Sole di Ranco**, Luxusrestaurant im gleichnamigen Hotel, ein Michelinstern ist der Lohn für die kreative Küche, hervorragende Fischgerichte, Spezialität die Lasagne mit Scampi, Terrasse mit Seeblick. Menü ca. 60 € aufwärts. Mo-Mittag und Di geschl. Piazza Venezia 5, ℡ 0331/976507, ℻ 976620, www.relaischateaux.com/soleranco.

▸ **Angera**: ruhige Kleinstadt in der grünen Uferlandschaft des südlichen Lago Maggiore, der hier wie ein breiter Fluss wirkt. Über Angera thront die gut erhaltene Burg *Rocca di Angera* mit weithin sichtbarem Wehrturm, großem Innenhof und hohen, gewölbten Sälen, deren Wände alte Fresken schmücken. Im Inneren ist heute das hübsche *Museo della Bambola & Museo della Moda Infantile* untergebracht, das historische Puppen, Spielzeug und Kinderkleider aus verschiedenen Epochen und Kulturen zeigt. Von der Brüstung vor der Burg genießt man einen herrlichen Rundblick über den Süden des Sees.

• *Öffnungszeiten/Eintritt* **Rocca di Angera**, Ende März bis Sept. 9.30–12.30, 14–18 Uhr, Okt. 9.30–12.30, 14–17 Uhr; Eintritt ca. 7 €.
• *Übernachten* ** **Lido**, eigener Strandabschnitt und Terrassenrestaurant an der Straße nach Ranco. DZ ca. 100 €, Frühstück extra. ℡ 0331/930232, ℻ 930656, www.hotellido.it.
Camping Città di Angera, südlich vom Ort am See, ca. 100 m langer Strand. ℡ 0331/930736, ℻ 960367.

Westufer (Nord nach Süd)

Der Westen zeigt sich in seiner Vielfältigkeit interessanter und lohnender als der Osten. Während sich im Norden um das schöne Städtchen Cannobio zahlreiche Campingplätze ballen, bietet die Seemitte um Stresa dank ihres milden Klimas Belle-Epoque-Atmosphäre mit prunkvollen Palasthotels, Palmenpromenaden und zahlreichen berühmten Gästen aus Adel und Politik.

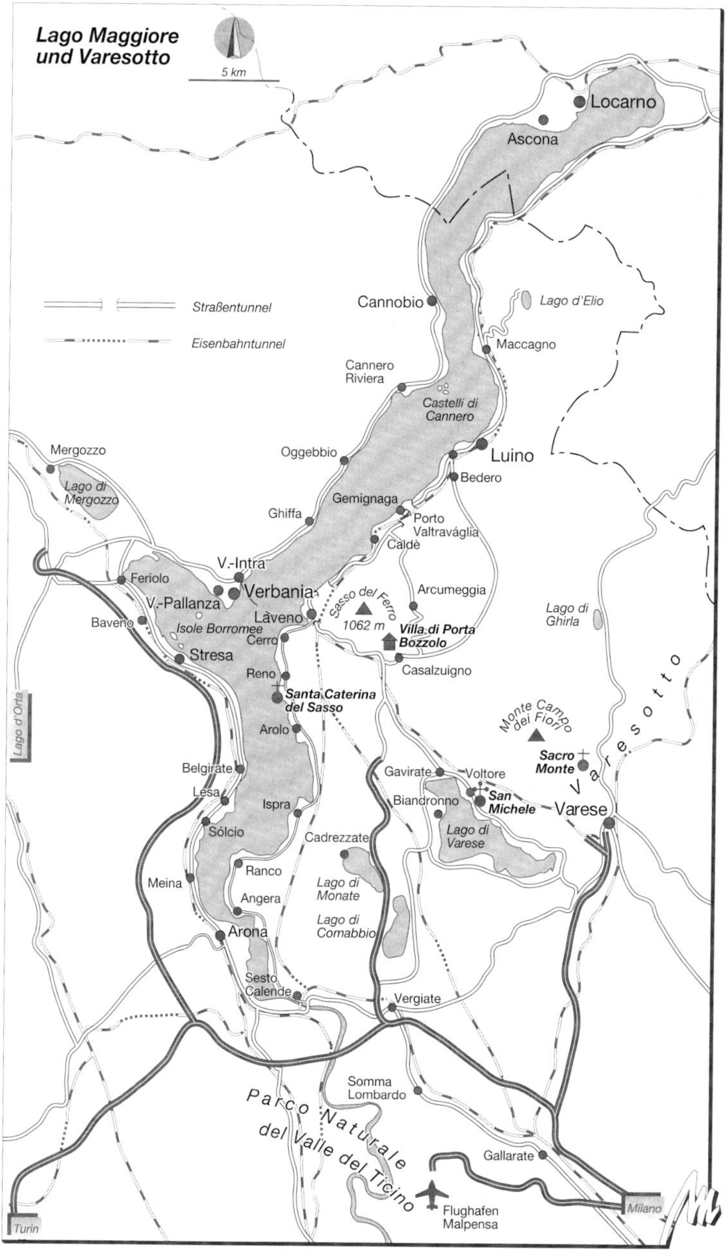
Lago Maggiore
und Varesotto
5 km
Straßentunnel
Eisenbahntunnel
Locarno
Ascona
Cannobio
Lago d'Elio
Maccagno
Cannero
Riviera
Castelli di
Cannero
Luino
Bedero
Mergozzo
Lago di
Mergozzo
Oggebbio
Gemignaga
Ghiffa
Porto
Valtraváglia
Caldè
V.-Intra
Feriolo
Verbania
V.-Pallanza
Sasso del Ferro
1062 m
Arcumeggia
Baveno
Isole Borromee
Laveno
Cerro
Villa di Porta
Bozzolo
Lago di
Ghirla
Stresa
Casalzuigno
Reno
Santa Caterina
del Sasso
Lago d'Orta
Monte Campo
dei Fiori
Arolo
Varesotto
Sacro
Monte
Belgirate
Gavirate
Voltore
Lesa
Biandronno
San
Michele
Varese
Ispra
Sólcio
Cadrezzate
Lago di
Varese
Ranco
Meina
Lago di
Monate
Angera
Lago di
Comabbio
Arona
Sesto
Calende
Vergiate
Somma
Lombardo
Parco Naturale
del Valle del Ticino
Gallarate
Milano
Flughafen
Malpensa
Turin

Cannobio

ca. 6000 Einwohner

Das Camperzentrum am See, gut acht Plätze liegen in der Flussebene nördlich vom Ort, dort erstreckt sich auch ein langer Kiesstrand.

Im Ort reihen sich an der Seepromenade pastellfarbene Hausfronten mit schmiedeisernen Balkonen und wunderschön unverbautem Blick. Die Uferstraße wird abends zur Fußgängerzone, an der gemütliche Restaurant-Terrassen zum Essen einladen. Gleich dahinter der krasse Gegensatz: Hier krümmen sich dunkle und enge Treppenwege mit überwölbten Durchgängen.

Wenige Meter von der Anlegestelle entfernt steht die Kirche *Il Santuario della Santissima Pietà*, das bedeutendste Heiligtum der westlichen Seehälfte. Erbaut wurde der mit Stuck, Gold und Fresken überreich ausgestattete Kuppelbau nach einem wundersamen Ereignis vom 8. Januar 1522. Damals flossen Blut und Tränen aus der Pietà, einem kleinen ikonenartigen Bildnis, das Jesus zusammen mit Maria und Johannes zeigt (linker Hand vom Altar). Das Blut wird in einem gläsernen Reliquienschrein unter dem Hauptaltar aufbewahrt.

- *Information* **IAT**, Viale Vittorio Veneto 4 (Durchgangsstraße). Mo–Sa 9–12, 16.30–19 Uhr, So 9–12 Uhr. ✆/✉ 0323/71212.
- *Übernachten* ****** Cannobio**, Traditionshaus direkt am Wasser, nach Umbau nun zu Recht in der gehobenen Kategorie, toller Blick, hauseigenes Ristorante in schöner Lage am See, Garage (15 €). DZ mit Frühstück ca. 170 €. ✆ 0323/71390, ✉ 71879, www.hotelcannobio.com.
*** Pironi, 500 Jahre altes Bürgerhaus (zeitweise Kloster) im Ortskern, gekonnt restauriert, Balkendecken, schönes Mobiliar, Speiseraum mit Wand- und Deckengemälden, jedes Zimmer ist unterschiedlich eingerichtet. DZ mit Frühstücksbuffet ca. 110–145 €. ✆ 0323/70624, ✉ 72184, www.charmerelax.it.
** Elvezia, freundliches Albergo im Ort, Zimmer mit teils geräumigen Balkonen, unten ein gepflegter Speisesaal, hinten ein großer Garten. DZ mit Frühstücksbuffet ca. 75–90 €. ✆/✉ 0323/70142, www.hotelelvezia.it.
** Alexandra, etwas nördlich vom Ort an der Durchgangsstraße, dementsprechend laut, saubere Zimmer mit Balkon, Restaurantterrasse, umgänglicher Wirt, Privatstrand mit Dusche, Grill und Kochstelle. DZ mit Frühstück ca. 60–80 €. ✆ 0323/70278, ✉ 70589.
Die Zeltplätze **Campagna**, **Internazionale**, **Pedro** und **Riviera** liegen einer neben dem anderen, ca. 3 km nördl. vom Ort, an einem langen Strand und sind fest in deutscher Hand. Viel Schatten durch verschiedene Laub- und Nadelbäume.
- *Essen & Trinken* **Lo Scalo**, schönes Freiluftlokal an der Uferfront, Nähe Anlegestelle. Interessante und vielseitige Küche, wird abends schnell voll. Di-Mittag und Mo geschl. Piazza Vittorio Emanuele III, ✆ 0323/71480.
La Streccia, einige Meter von der Uferpromenade, zurückgesetzt in einer kleinen Gasse, Urig, rustikal und gute Küche, man kann aber nicht draußen sitzen. ✆ 0323/70575.
Antica Stallera, altes Gutshaus mit stimmungsvollem Innengarten, flackernde Windlichter auf den Tischen, Speisen zwischen Palmen und unter Weintrauben. ✆ 0323/71595.
Giardino, oben an der Durchgangsstraße, hauptsächlich junge Leute von den Campingplätzen essen hier, prima Pizzen, Kommunikation ist angesagt. ✆ 0323/71482.
Camelia, Pizzeria bei den Campingplätzen, preiswert und immer voll. ✆ 0323/71486.

▸ **Carmine**: nur eine Handvoll Häuser am See, etwa 3 km südlich von Cannobio. Hier kann man testen, ob das berühmte Ristorante „Del Lago" seinen Michelin-Stern zu Recht trägt (✆/✉ 0323/70595, www.enotecalago.com).
  Übernachten **Camping Nosetto**, verstecktes Terrassengelände unterhalb der Straße, viele Bäume, davor ein schmaler Strand. ✆ 0323/71392.

▸ **Cannero Riviera**: hübscher Ort mit Stil, duckt sich unterhalb der Seestraße ans Ufer, lange, enge Treppenwege und schöne Promenade, Strand am Südende vom

Ort. Gehobene Hotellerie mit Tradition. Nördlich vom Ort, direkt vor dem Ufer, liegen pittoresk die kleinen, ummauerten Inseln *Castelli di Cannero*.

- *Übernachten* *** **Cannero**, seit 1902 dient dieses komfortabel eingerichtete Hotel seinen Gästen als behagliches Domizil. Parkplatz, Restaurant mit Terrasse und Seeblick, Swimmingpool, Solarium. DZ mit Frühstück ca. 120–140 €. ✆ 0323/788046, 788048, www.hotelcannero.com.

Camping Lido bietet viel Schatten, davor liegt ein Kiesstrand. ✆ 0323/787148, www.campinglidocannero.com.

- *Essen & Trinken* **Ca' Bianca**, herrlich am Wasser gelegenes Restaurant, optimaler Blick auf die Burginseln. ✆ 0323/788038.

Verbania
ca. 30.000 Einwohner

Größte Stadt am See, besteht aus den beiden Ortsteilen Intra und Pallanza, die durch eine Landzunge getrennt sind. Nicht unbedingt ein Urlaubsort, eher etwas zum Durchbummeln im Rahmen eines Tagesausflugs.

Im nördlichen Ortsteil *Intra* ist die Anlegestelle der Autofähren, die alle 20 Min. ans gegenüberliegende Ufer nach Laveno pendeln. Hinter der langen Uferstraße zieht sich ein labyrinthisches Altstadtviertel einen leichten Hügel zum Dom mit freistehendem Glockenturm hinauf.

Besuchenswert sind die *Giardini di Villa Taranto* auf der Landzunge Punta della Castagnola zwischen Intra und Pallanza. Der 16 Hektar große Park mit einer Unmenge prächtiger exotischer Pflanzen und Bäume sowie verspielten Wasserbecken, Brunnen und Terrassen, wurde 1931 von einem Schotten gegründet, der den Ehrgeiz hatte, hier einen der besten Botanischen Gärten der Welt anzulegen.

Westlich der Landspitze liegt der hübschere Ortsteil *Pallanza*. Von der Promenade hat man einen schönen Blick hinüber nach Stresa und auf die nahen Isole Borromee, auf die von hier auch Boote hinüberfahren. Das *Museo del Paesaggio* im Palazzo Dugnani (Ecke Via Cavour/Via Ruga) zeigt Skulpturmodelle aus Gips des in Verbania geborenen Bildhauers Trubetzkoj.

- *Öffnungszeiten/Eintritt* **Giardini di Villa Taranto**, Ende März bis Ende Okt. tägl. 8.30 Uhr bis Sonnenuntergang, ca. 8 €.
Museo del Paesaggio, Di–So 10–12, 15.30–18.30 Uhr, Mo geschl., ca. 2,50 €.
- *Übernachten* **Centro Pastorale San Francesco**, große „Casa per Ferie" der Diözese von Novara. Geräumige und saubere Zimmer mit Etagendusche, Auto kann man kostenlos vor dem Haus parken, Supermarkt um die Ecke, Sportmöglichkeiten, 2 Min. vom Seeufer. DZ ca. 35–40 €. Via alle Fabricche 8, ✆ 0323/519568, 408542, www.centropastoralesanfrancesco.com.
Ostello Verbania (IYHF), Jugendherberge in einer schönen, alten Villa, 85 Betten, Übernachtung mit Frühstück ca. 14,50 € pro Pers., DZ ca. 34 €. März bis Okt. Via alle Rose 7, ✆ 0323/501648, 507877, www.ostellionline.org.

TIPP! Agriturismo Il Monterosso, über hundert allerengste Haarnadelkurven geht es hinauf zum über hundert Jahre alten Turmhaus über Intra. Nur funktionale Zimmer, aber auch allerüppigste piemontesische Menüs, im Sommer deshalb oft sehr voll. DZ mit Superfrühstück 70 €. Via al Monterosso 30, ✆ 0323/556510, 519706, www.paginegialle.it/ristorovb.

- *Essen & Trinken* **Osteria del Castello**, hübsch altertümliche Osteria an der gleichnamigen Piazza im Stadtkern von Intra. Gute Weinauswahl und deftige Imbisse zu günstigen Preisen. So geschl. ✆ 0323/516579.
Caffè delle Rose, urgemütliches Bistro an der Fußgängergasse von Pallanza, die an der großen Seepiazza beginnt. Via Ruga 36.

▸ **Mündung des Toce**: Südlich von Verbania bildet der Fluss Toce eine flache Niederung mit reichem Baumbestand und viel Grün. Hier ist neben Cannobio ein weiteres Campingzentrum mit mehreren großflächigen Zeltplätze entstanden, u. a.

332 Lombardei und die Seen

Isolino, Continental, Conca d'Oro und Europa. Trotzdem sind sie in den Sommermonaten oft bis auf den letzten Platz belegt.

Besuchenswert ist das hübsche Örtchen *Feriolo* mit seiner Uferpromenade, wo zwischen Gelaterie und den im Sommer völlig überlasteten Restaurants die Einwohner abends in ihren blühenden Vorgärten sitzen.

▸ **Lago di Mergozzo**: kleiner, ruhiger Badesee, etwa 1 km landeinwärts. In schöner Lage am Ufer Camping „La Quiete" (✆ 0323/496013, www.campinglaquiete.it), das Örtchen *Mergozzo* lockt mit hübschen, bunten Fassaden um den geschwungenen Hafen und einem viel besuchten Strandbad.

▸ **Baveno**: ruhiger und eleganter Urlaubsort, wie das südlich benachbarte Stresa bereits im 19. Jh. vom Adel entdeckt. Von der palmengesäumten Uferstraße hat man einen schönen Blick auf die Isole Borromee. Im alten Ortskern oberhalb der Uferstraße die Pfarrkirche *Santissimi Gervasio e Protasio* mit hohem Campanile und ein achteckiges Baptisterium aus der Renaissance.

• *Übernachten* **Camping Lido**, im nördlichen Ortsbereich an einem Kiesstrand, schöner Blick hinüber nach Pallanza und auf die Inseln. ✆ 0323/924775.
Camping Tranquilla, großer, schöner Platz am Hang oberhalb von Baveno. Zwar etwa 2 km vom See, trotzdem sehr beliebt. Gute Ausstattung, Pool und Kinderspielgeräte. ✆ 0323/923452, www.tranquilla.com.

Stresa
ca. 6000 Einwohner

Mittelpunkt des Lago-Maggiore-Tourismus. Gewaltige Hotelpaläste des 19. Jh. säumen das Ufer, in perfekt ausgestatteten Tea-Rooms nimmt man seine Drinks, Kristallleuchter sind ein Muss. Besonders schön ist der Blick auf die vorgelagerten Borromäischen Inseln.

Dank seines milden Klimas hat sich Stresa seit dem 19. Jh. kometengleich zum Anziehungspunkt der Upper Class entwickelt. Doch abseits der pompösen Promenade ist Stresa bescheiden und einfach geblieben. In der Altstadt ist von Grand Hotels und Belle Epoque nichts mehr zu bemerken, hier wirkt alles schlicht und bodenständig.

• *Anfahrt/Verbindungen* Großer gebührenpflichtiger **Parkplatz** an der Uferstraße um den Fähranleger.
Bahnhof ein Stück landeinwärts (um von dort ins Zentrum zu kommen, nach rechts gehen und die dritte oder vierte links nehmen).
• *Information* **Ufficio Turistico**, Piazza Marconi 16, direkt an der Fährlanglegestelle. Mo-Fr 10–12.30, 15–18.30, Sa 10–12.30 Uhr. ✆ 0323/30150, ℻ 32561, www.distrettolaghi.it.
• *Übernachten* Es lohnt sich, die glitzernden Prunkpaläste im nördlichen Ortsbereich zu bewundern, Hotel des Iles Borromées, Regina Palace, La Palma u. a.
** **Mon Toc**, schön über der Stadt gelegene Villa mit Garten, DZ mit Frühstück ca. 80 €. Via Duchessa di Genova 67, ✆ 0323/30282, ℻ 933860, www.hotelmontoc.com.
* **Elena**, kleines Stadthotel an der Piazza Cadorna am Ende der Fußgängerzone Via Mazzini. Alle Zimmer mit Balkon (Blick auf die Piazza) und TV. DZ mit Frühstück ca 75–90 €. ✆ 0323/31043, ℻ 33339, www. hotelelena.com.
* **La Locanda**, netter Familienbetrieb in einer schmalen Seitengasse in der Nähe des nördlichen Ortsausgangs. Ordentliche Zimmer mit TV. DZ mit Frühstück ca. 50–70 €. Via G. Leopardi 19, ✆/℻ 0323/31176, www.stresa.net/hotel/lalocanda.
• *Essen & Trinken* **Piemontese**, gepflegtes Ristorante an der Fußgängerzone in der Altstadt, hinten Garten. Fleisch und Seefisch wird gleichermaßen serviert. Angeschlossen ein Salon de Thé. Menü 35–50 €. Mo geschl. Via Mazzini 25, ✆ 0323/30235.
Osteria degli Amici, am Ende der Fußgängerzone, überdachter Hof abseits vom Rummel, auch Pizza. Mi geschl. ✆ 0323/30453.
TIPP! **Birreria La Botte**, rustikale Trattoria mit umfangreicher Speisekarte, u. a. *Gulasch con polenta*, Fisch aus dem See und *baccalà*. Coperto wird nicht berechnet, günstige Preise. Via Mazzini 8 (Beginn der Fußgängerzone), ✆ 0323/30462.

Schönheit im See: die Schlossinsel Isola Bella

Borromäische Inseln

Isole Borromee

Die drei Inseln dominieren die Seemitte und gehören zu den beliebtesten Ausflugszielen. Von Stresa pendeln Motorboote ständig hinüber.

Isola Bella, die „schöne Insel", ist von Stresa aus die nächste und meistbesuchte. Die Insel präsentiert sich als Gesamtkunstwerk: Im 17. Jh. errichtete die Borromeo-Familie auf der damals kahlen Insel einen Palast mit prachtvollen Gartenanlagen. Die zahlreichen Säle und Wandelhallen sind aufwändig eingerichtet und bergen barocken Prunk vom Feinsten, im Untergeschoss gibt es sogar einige künstliche Grotten. Die üppigen Gärten sind mit Statuen und Brunnen in zehn Terrassen übereinander angelegt. An der Spitze ein reich verzierter Steinbau mit Grotten, Muscheln und bizarr-kitschigen Plastiken.

Die *Isola dei Pescatori* besitzt keinen Palast, sondern ein „idyllisches Fischerdorf", das allerdings die Grenze zum Kitsch schon überschritten hat. Tagtäglich strömen Touristenmassen zwischen bunten Souvenirshops, Snackbars, Cafés und Restaurants durch die engen Gassen. Noch vor fünfzig Jahren gab es hier so gut wie keine Besucher, die idyllische Terrasse des Hotels Verbano war Stammplatz des Meisterdirigenten Arturo Toscanini und auch Hemingway fühlte sich hier wohl.

Die *Isola Madre* liegt weit draußen im See und ist die größte und ruhigste der drei. Auch hier ein eleganter *Palazzo Borromeo*, der zahlreiche Porträts der Borromeo-Familie, eine Keramikausstellung und eine große Marionettensammlung besitzt. Er ist umgeben von einem prächtigen Garten, in dem weiße Pfauen, Papageien und Fasane leben.

● *Verbindungen* zur **Isola Bella** und zur **Isola dei Pescatori** ca. 2,50 € einfach, zur **Isola Madre** 3,50 €, Zwischenstopp auf einer Insel jederzeit möglich, dann jeweils 1 € mehr, häufige Verbindungen gibt es auch von Baveno und Pallanza, außerdem von Lavello am Ostufer. Auch die regulären Linienschiffe legen auf den Inseln an.

- *Öffnungszeiten/Eintritt* Mitte März bis Ende Okt. tägl. 9–17.30 Uhr; Eintritt ca. 9 €, Kinder (6–15 J.) 4,50 € (Sammelticket für Isola Bella und Isola Madre ca. 15 €, Kinder 7 €). ✆ 0323/932483, www.borromeoturismo.it

Arona

Größte Stadt im Süden des Sees. Von der großzügigen Piazza del Popolo mit der *Casa del Podestà* (ehemaliger Statthalterpalast) und der Renaissancekirche *Madonna di Piazza* hat man einen schönen Blick auf die imposante Burg von Angera am nahen Ostufer. Hier beginnt auch die lange, schmale Fußgängerzone durch die Altstadt.

Fährt man nach Ghevio hinauf, sieht man sich auf einmal hoch über dem See der über 30 m hohen Kupferstatue *San Carlone* gegenüber. Ende des 17. Jh. hat man auf diese Weise den Kardinal Carlo Borromeo verewigt, der sich um die Gegenreformation verdient gemacht hatte. Die Statue ist hohl, man kann im Innern bis zum Kopf hinaufklettern und aus den Augen auf den See blicken.

Öffnungszeiten/Eintritt **San Carlone**, April bis Okt. tägl. 9–12.30, 14–18.30 Uhr, Okt. nur bis 17 Uhr, Nov. bis März nur Sa/So 9–12.30, 14–17 Uhr; Eintritt ca. 3,50 €.

Lago d'Orta

Ein hübscher See, westlich vom Lago Maggiore hinter Hügelketten versteckt. Die Ufer sind dicht bewaldet und es gibt nur wenige Ortschaften. Eine durchgehende Küstenstraße verläuft am Ostufer.

Schönster und einzig reizvoller Ort ist *Orta San Giulio* auf einer weit in den See ragenden Halbinsel am Ostufer – ein kleines Juwel, das allein die Anfahrt lohnt.

- *Anfahrt/Verbindungen* **PKW**, vom Lago Maggiore entweder über Verbania in der Seemitte oder über Arona im Süden zu erreichen. **Bahn**, der Orta-See liegt an der Strecke von Brig über Domodossola nach Novara, Stationen u. a. in Omegna und Orta San Giulio. **Schiff**, die Fähren der **Navigazione Lago d'Orta** pendeln tägl. mehrmals von Omegna nach Orta und fahren auch hinüber zur Isola San Giulio.

Orta San Giulio ca. 1500 Einwohner

An der Spitze einer gestreckten, grünen Halbinsel ein Meer von grauen Schindeldächern, unmittelbar davor eine runde Insel mit schlossartigen Gemäuern.

Über Treppen steigt man hinunter in das Bilderbuchstädtchen, Spaziergang durch enge, dunkle Gassen mit Kieselsteinpflaster und hohen, barocken Gemäuern, die oft erstaunliche Innenhöfe und Säulengänge verbergen. Plötzlich steht man auf der weiten, offenen Piazza Mario Motta mit dichten Baumreihen am See, umgeben von malerischen, alten Patrizierhäusern mit Blick auf die geheimnisvolle Insel gegenüber. Oberhalb der Piazza thront am Ende einer steilen Pflastergasse die Pfarrkirche *Santa Maria Assunta*. Das Innere prangt mit barockem Zierrat und ist ausgemalt mit kitschigen Heiligenfiguren. Rechter Hand der Kirche schöner Spaziergang auf den *Sacro Monte*, ca. 30 Min. ab Piazza Motta. Seit dem 16. Jh. wurden hier um ein Kapuzinerkloster zwanzig Kapellen errichtet, die dem Franz von Assisi geweiht sind. Einige hundert lebensgroße Terrakotta-Statuen und großflächige Farbfresken stellen Szenen aus dem Leben des Heiligen dar.

- *Anfahrt/Verbindungen* **PKW** muss oberhalb von Orta auf einem Parkplatz abgestellt werden, in wenigen Minuten gelangt man zu Fuß in den Ortskern. Der **Bahnhof** liegt weit außerhalb.
- *Information* **Pro Loco**, Via Panoramica 24,

Orta San Giulio

am Parkplatz schräg gegenüber der Villa Crespi. ✆ 0322/905614.
- *Übernachten* *** **Orta**, Traditionshaus an der Südseite der Piazza Motta, Einrichtung schon etwas älter, aber insgesamt gut ausgestattet. Aufenthaltsraum mit Kamin, verglastes Restaurant zum See, Zimmer mit TV, teils Balkon, im ersten Stock große Terrassen, je nach Hausseite schöner Blick auf den Platz oder auf den See mit Isola San Giulio. DZ mit Frühstück ca. 84–112 €. ✆ 0322/90253, 📠 905646, www.hotelorta.it.
** **Piccolo Hotel Olina**, in der schmalen Altstadtgasse, die zur Piazza Motta führt. Ristorante mit Zimmervermietung (→ Essen & Trinken), saubere und modern ausgestattete Zimmer. DZ mit Frühstück ca. 65–80 €. Via Olina 40, ✆ 0322/905656, 📠 905532, www.orta.net/d.negri.
Camping Orta, etwa 1,5 km außerhalb, Wiesengrundstück in Terrassen am Beginn der Halbinsel, ein Teil mit kleinem Badestrand direkt am See, der andere auf der Landseite der SS 229 (Fußgängertunnel). Ganzjährig geöffnet. ✆/📠 0322/90267, www.campingorta.it.
Camping Miami, mehrere Kilometer südlich auf einer Terrasse am See, durch die Straße vom Wasser getrennt, kleiner Sandstrand, Ristorante und Bar. ✆ 0322/998489.
- *Essen & Trinken* **Taverna Antico Agnello**, mit Glyzinen völlig zugewachsenes Haus an einer schmalen Piazza an der Hauptgasse, gute traditionelle Küche und leckere Fischgerichte. Di geschl. Via Olina 18, ✆ 0322/90259.
Ristoro Olina, gut geführtes Ristorante an der zentralen Altstadtgasse, die zur Piazza Motta führt (→ Übernachten). ✆ 0322/905656.
La Campana, einfache Pizzeria an der Gasse südlich vom Hauptplatz. Via Giacomo Giovanetti 41, ✆ 0322/90211.
- *Shopping* Jeden Mi **Markt** auf der Piazza Motta.

▶ **Isola San Giulio**: Die kleine, ovale Insel ist fast vollständig bebaut, durch schmale Gassen kann man einmal rundum schlendern, begleitet von viersprachigen Sinnsprüchen, die sich hauptsächlich um Stille und „Erkenne dich selbst" drehen. Die Inselsilhouette wird beherrscht vom mächtigen ehemaligen Bischofspalast (heute Priesterseminar) und der *Basilica San Giulio*, deren Gründung auf einen wundertätigen Griechen namens Julius zurückgeht, der die Insel im 4. Jh. von Drachen und Schlangen befreit haben soll. Die romanische Basilika ist üppig barock ausgestattet, einige ältere Freskenreste sind erhalten, eindrucksvoll thront vor der Altarschranke die prächtige romanische Kanzel aus schwarzem Marmor, die mit großen Reliefs verziert ist – kämpfende Fabeltiere, Adler und Heiligenfiguren. In der Krypta ruht Julius mit Goldmaske in einem gläsernen Schneewittchensarg.

Verbindungen In der Saison fahren ständig Motorboote von der Piazza Mari Motta zur Insel, ca. 3 € hin/rück.

Hier starten die Boote zur Isola San Giulio

Auf dem Domdach: Blick über die Dächer von Mailand

Mailand

Milano • ca. 1.300.000 Einwohner

Mailand ist die zweitgrößte, aber die wohlhabendste und kosmopolitischste Stadt Italiens und in vieler Hinsicht die heimliche Hauptstadt. Die riesige Industrie- und Geschäftsmetropole ist außerdem Banken-, Mode und Medienzentrum des Landes. Hier werden Trends gesetzt und mit Effizienz vermarktet. Eleganz ist angesagt in den breiten Fußgängerzonen um den Domplatz, besonders zur Zeit der „fiere", der großen Modemessen im März und Oktober.

Mailand zeigt sich dem Besucher allerdings zunächst in erster Linie als unpersönliche Großstadt – nicht abreißender Stop-and-go-Verkehr, Lärm und mitteleuropäische Nüchternheit prägen weite Teile der Stadt. An der Peripherie ist seit den fünfziger Jahren des 20. Jh. ein weiter Ring von gesichtslosen Betonvorstädten entstanden, um den gewaltigen Strom von Zuwanderern aus dem Süden Italiens aufzunehmen. Im Bahnhofsviertel dominieren moderne Stahlbetonbauten, Hochhäuser und riesige, kahle Plätze. Imposant und sehenswert ist dagegen die Innenstadt, obwohl auch hier die moderne Stahl- und Betonbauweise um sich greift. Die zentralen Boulevards sind voller Leben, grandios wirken auf der weiten *Piazza del Duomo* der gewaltige Dom und die benachbarte Galleria Vittorio Emanuele II. Das elegante Modeviertel mit den Läden weltberühmter Designer liegt um die *Via Montenapoleone*, etwa zwischen Piazza della Scala und dem Stadtpark. Ganz in der Nähe findet man das ehemalige Künstlerviertel *Brera* mit der gleichnamigen Kunstgalerie, heute ein Zentrum des Nachtlebens. Und auch entlang der malerischen alten *Navigli* (Kanäle) um die Porta Ticinese ist ein großes Vergnügungsviertel entstanden. Tür an Tür liegen dort zahlreiche Restaurants, Kneipen, Osterie und Musikbars, die allabendlich tausende von Mailändern anziehen, und auch die jugendliche Alternativszene findet hier ihre Nischen.

Mailand/Reisepraktisches

Lombardei und die Seen — Karte S. 276/277

Anfahrt/Verbindungen

- *PKW* Park & Ride, an den großen Einfahrtsstraßen weisen Anzeigetafeln auf die nächstgelegenen Parkplätze bei U-Bahnstationen und die Zahl der noch freien Stellplätze hin. Sie sind von 7–20 Uhr geöffnet, acht Stunden Parkzeit kosten etwa 4 €, was verglichen mit den großen privaten Parkplätzen im Zentrum sehr günstig ist. Fahren Sie nach Möglichkeit nicht in die Innenstadt, es herrscht dichter Verkehr und viele Straßen sind verstopft. Ansonsten ist es sinnvoll, sich in einem Hotel mit Garage einzumieten oder vom Campingplatz per Bus und Metro in die Stadt zu pendeln.
- *Bahn* Der Hauptbahnhof **Stazione Centrale** beeindruckt in seiner Monumentalität. Das typische Beispiel protziger Faschistenarchitektur wurde 1931 fertig gestellt. Die U-Bahn 3 (M3 Richtung San Donato) fährt zum Domplatz.

Tourist-Info in der oberen Halle links, wenn man aus den Zügen kommt (→ Information).

Gepäckaufbewahrung ebenfalls in der oberen Halle rechts, ca. 3,80 € pro Gepäckstück für die ersten fünf Std., danach 0,60 € pro Std. ✆ 02/63712212.

Ticketbüro für **Flughafenbusse** in der östlichen Außenfront, Piazza Luigi di Savoia. Weitere Verkaufsstellen in der Bahnhofshalle.

Im Untergeschoss **Albergo Diurno** mit Duschen, Umkleidekabinen u. a. (7–19 Uhr, Mi geschl.).

Weitere Bahnhöfe: **Stazione Porta Garibaldi** (M2: Garibaldi FS), Züge zum Lago Maggiore und nach Varese.

Stazione Milano Nord, die private „Ferrovie Nord Milano" (FNM) hat einen eigenen Bahnhof südlich vom Parco Sempione (M2: Cadorna). Züge fahren halbstündlich zum Flughafen Malpensa und mindestens stündl. nach Como am Comer See.

Stazione Porto Genova, im Viertel Navigli, südlich vom Zentrum (M2: Porta Genova FS). Stündliche Züge in Richtung Vigevano und Alessandria.

Stazione Lambrate, östlich vom Zentrum (M2: Lambrate FS). Züge nach Pavia (einige auch ab Stazione Centrale).

- *Flug* Der Großflughafen **Malpensa** liegt 45 km nordwestlich der Stadt bei Gallarate, nicht weit vom Südende des Lago Maggiore. ✆ 02/774851, www.sea-aeroportomilano.it. Busse der Gesellschaften „Malpensa Shuttle" (etwa 4.30–0.15 Uhr) und „Malpensa Bus Express" (ca. 5.10–22.30 Uhr) pendeln alle 20 Min. zur **Piazza Luigi di Savoia** neben dem Hauptbahnhof bzw. umgekehrt. Transferdauer ca. 50 Min., Fahrpreis ca. 5 € (Malpensa Shuttle) bzw. 5,50 € (Malpensa Bus Express). Züge (Malpensa Express) pendeln 2-mal stündl. zwischen **Stazione Milano Nord** (M2: Cadorna) und Malpensa. Transferdauer ca. 40 Min, Fahrpreis ca. 9 €. Häufige Busverbindungen gibt es auch zu den Oberitalienischen Seen.

Der Airport **Linate** liegt nur etwa 6 km östlich vom Zentrum (✆ 02/74852200, www.sea-aeroportomilano.it). Busse von „Starfly" fahren von 5.40 bis 21.30 Uhr alle 20 Min. zur Piazza Luigi di Savoia neben dem Hauptbahnhof bzw. umgekehrt. Transferdauer ca. 25 Min., ca. 2,50 €.

Außerdem fahren „ATM-Busse" von 6 Uhr bis Mitternacht alle 10 Min. zur Piazza San Babila (ca. 1 €). Tickets für beide Busse gibt es im Büro am Busstopp, Piazza Luigi di Savoia.

Information

IAT, Hauptstelle direkt am **Domplatz**, im Januar 2007 umgezogen an die Piazza Duomo 19/a, neben der Farmacia Carlo Erba. Reichlich Prospektmaterial und Stadtpläne, viele Infos in den englischsprachigen Broschüren „Hello Milano", „Milano where, when, how" und „Milano mese". Für die Unterkunftssuche das „Annuario degli Alberghi Milano e Provincia" geben lassen. Keine Hotelvermittlung! Mo–Sa 8.45–13, 14–18 Uhr, So 9–13, 14–17 Uhr (im Winter etwas kürzer). ✆ 02/77404343, ✉ 77404333, www.milanoinfotourist.com. Zweigstelle in der **Stazione Centrale**, etwas versteckt in einem mit farbigen Neonröhren beleuchteten Durchgang, beschildert mit „APT". Dieses Büro hilft bei der Quartiersuche, wenn nicht zu viel Andrang herrscht. Mo–Sa 9–18, So 9–17 Uhr (im Winter etwas kürzer). ✆ 02/72524360.

Internetzugang: „Virgin Megastore", Piazza del Duomo 8 (10–24 Uhr); „Mondadori Multicenter", Via Marghera 28 (Mo 13–24, Di–So 10–24 Uhr).

Internet: www.vivimilano.it, www.hellomilano.it, www.comune.milano.it, www.milano24ore.de, www.ciaomilano.it.

338 Lombardei und die Seen

Unterwegs in Mailand

- *U-Bahn, Busse & Trams* Die U-Bahn **Metropolitana Milano** (MM) besteht aus den drei Linien **M1**, **M2**, **M3** und ist ein ideales Verkehrsmittel, um die großen Entfernungen in der Stadt schnell zu überbrücken. Fahrtzeiten von etwa 6.15 Uhr bis kurz nach Mitternacht. Außerdem gibt es **Busse** und ein gutes **Tramsystem**. Die Altstadt liegt innerhalb zweier konzentrischer Straßenzüge, Tram 29 und 30 machen auf der äußeren Ringstraße eine Rundfahrt ums Zentrum, auf der Inneren verkehren die Busse 90 und 91. Einzelticket kostet ca. 1 € (Carnet für 10 Fahrten ca. 9,20 €), erhältlich in Zeitungs-/Tabacchi-Läden und Automaten (gültig 75 Min. lang für eine einzige Metrofahrt und beliebig viele Fahrten mit Bus und Tram). In den ATM-Büros der Metrostationen Duomo, Loreto, Romolo und Stazione Centrale gibt es preiswerte **Tageskarten** (ca. 3 €) und **Zweitageskarten** (ca. 5,50 €) zu kaufen, die in allen öffentlichen Verkehrsmitteln gelten.
- *Taxi* Funktaxi über ✆ 02/4040, 5353, 6767 oder 8585.
- *Fahrrad* **AWS**, Radverleih, allerdings ca. 20 € pro Tag. Via Ponte Seveso 33, ✆ 02/67072145.

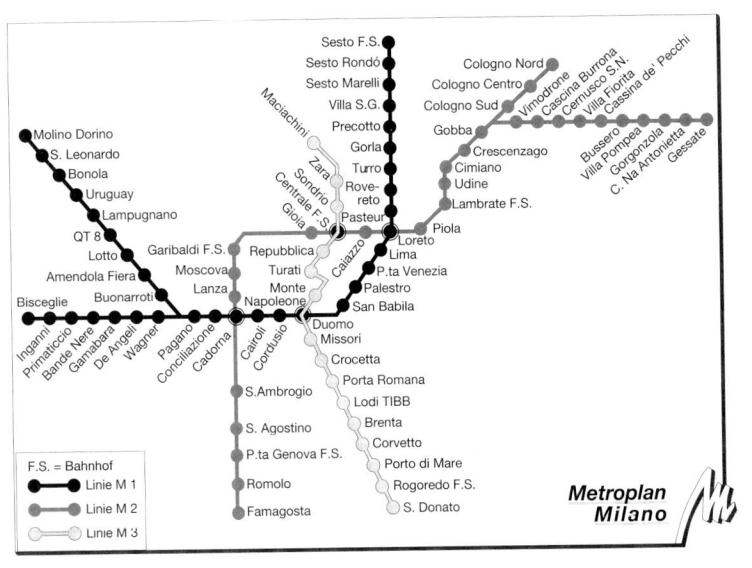

Metroplan Milano

Übernachten (siehe Karte S. 340/341)

Mailand ist eins der teuersten Pflaster Italiens, DZ mit Bad kosten in * Pensionen ab gut 70 €, für *** zahlt man mit Frühstück mindestens 140 €, meist deutlich mehr. Zu den zahlreichen Messezeiten ist die Stadt oft völlig ausgebucht. Man sollte immer versuchen, telefonisch zu reservieren, in den * und ** Pensionen ist das allerdings oft nicht möglich. *** Hotels besitzen entweder eine Garage (Stellplatz ca. 15–30 €) oder haben zum selben Preis Stellplätze in nahen Parkhäusern gemietet. Von Fr–So gibt es in vielen Hotels günstige Wochenendtarife namens „Weekend Milano". Zahlreiche Hotels und Pensionen aller Preisklassen findet man im Viertel um den Hauptbahnhof. Ein halbes Dutzend stereotyp moderner und sauberer *** Hotels liegen nebeneinander in der Via Napo Torriani schräg gegenüber vom Hauptbahnhof. Fast immer Platz gibt es in der großen Jugendherberge und am Campingplatz Città di Milano.

Mailand/Reisepraktisches

> **Reservierung**: am besten direkt beim Hotel anrufen, in vielen Häusern wird Englisch oder Deutsch gesprochen. Reservierung für Unterkünfte ab *** mit Kreditkarte über „Centro Prenotazioni Hotel Italia", Numero Verde 800-015772 oder 02/29531605, ✆ 29531586, www.cphi.it; alle Hotels und Pensionen von Mailand können über www.milan-booking.com gebucht werden, Alternative ist www.artemotore.com. Tipp: Falls nicht zu viel Andrang herrscht, hilft die Informationsstelle im Hauptbahnhof bei der Unterkunftssuche (die Hauptstelle am Domplatz nicht).

*** **Manzoni (26)**, beliebtes 50-Zimmer-Haus im Modeviertel. Solide möbliert und geräumig, mit Garage (ca. 12–25 €, je nach Länge des PKW). DZ mit Frühstück ca. 160–180 €. Via Santo Spirito 20 (M3: Montenapoleone), ✆ 02/76005700, ✆ 784212, www.adihotels.com.

*** **Ariston (49)**, ein vollständig nach Umweltkriterien eingerichtetes Haus, natürliche Materialien ohne Giftstoffe, Luftreiniger in jedem Zimmer, schlicht-elegantes Ambiente. Fahrradverleih und Internetzugang. DZ mit Ökofrühstück ca. 180–230 €. Largo Carrobbio 2, am Südende der Via Torino (M1/M3: Duomo), ✆ 02/72000556, ✆ 72000914.

*** **King (34)**, das Hotel der altehrwürdigen Sorte in einem prächtigen, alten Palazzo wurde vor kurzem aufwändig und stilvoll renoviert. Mit Garage. DZ mit Frühstück ca. 80–315 €. Corso Magenta 19, Nähe Castello Sforzesco (M1/M2: Cadorna), ✆ 02/874432, ✆ 89010798, www.hotelkingmilano.com.

*** **Vecchia Milano (41)**, renoviertes Altstadthaus in einer engen Gasse südlich vom Corso Magenta. Modernisierte Zimmer mit TV, Garage 50 m entfernt. DZ ca. 100–130 €. Via Borromei 4 (M1: Cordusio), ✆ 02/875042, ✆ 86454292, hotelvecchiamilano@tiscalinet.it.

*** **Antica Locanda Leonardo (29)**, Corso Magenta 78 (M1: Conciliazione). Nur wenige Meter von Leonardo da Vincis Abendmahl (→ Sehenswertes). Ruhige Lage im rückwärtigen Gebäude, schöne Zimmer mit Parkettböden und modernen Bädern (wahlweise Dusche oder Wanne), alle unterschiedlich eingerichtet. Kleiner Frühstücksraum, hinten hübsche Terrasse mit schattiger Glyzinie. Seit fast 35 Jahren geführt vom kommunikativen Signore Mario mit seiner japanischen Frau. Tram 24 hält vor der Tür und fährt in wenigen Minuten zum Domplatz. Auto kann man auf der Straße abstellen (sichere Gegend) oder in einer nahen Garage. DZ mit Frühstück ca. 150–215 €. ✆ 02/463317, ✆ 48019012, www.leoloc.com

** **Aspromonte (4)**, gepflegtes Haus an einer netten, kleinen Piazza mit Bäumen, 19 Zimmer mit TV, hinten kleiner Frühstücksgarten. DZ ca. 75–150 €, Frühstück extra. Piazza Aspromonte 12, östlich vom Corso Buenos Aires, Fußentfernung zum Hauptbahnhof (M1/M2: Loreto), ✆ 02/ 2361119, ✆ 2367621.

** **San Francisco (5)**, schönes, altes Haus an einer Alleestraße, eines der wenigen Hotels in Mailand mit großem, schattigem Garten, prima zum Frühstücken. Zimmer und Bäder einfach. DZ mit Frühstück ca. 75–130 €. Viale Lombardia 55, östlich des Piazzale Loreto (M1/M2: Loreto), ✆ 02/2361009, ✆ 26680377, www.hotel-sanfrancisco.it.

** **Casa Mia (17)**, moderne Zimmer mit TV, DZ mit Bad ca. 70–140 €. Viale Vittorio Veneto 30, bei der Piazza Repubblica, vom Bhf. 15 Min. geradeaus (M1: Porta Venezia/ M3: Repubblica), ✆ 02/6575249, ✆ 6552228, www.casamiahotel.it.

• *Preiswert* * **Speronari (42)**, solides und freundlich geführtes Hotel zwei Fußminuten vom Dom, vis-à-vis der Kirche San Satiro, relativ ruhig, saubere Zimmer. DZ mit Bad ca. 95–110 €, mit Etagendusche ca. 75–85 €. Via Speronari 4 (M1/M3: Duomo), ✆ 02/86461125, ✆ 72003178, hotelsperonari@inwind.it.

* **Brasil (25)**, schöne, saubere Unterkunft im 4. Stock eines Jugendstilgebäudes, gut geführt, freundliche Atmosphäre. 12 Zimmer, DZ mit Bad ca. 70–100 €, mit Etagendusche ca. 55–70 €. Via Gustavo Modena 20, östlich von Stadtpark und Porta Venezia (M1: Palestro), ✆/✆ 02/7492482.

* **Valley (2)**, aufmerksam geführt, saubere DZ mit TV und Bad ca. 65–80 €. Via Soperga 19, Verlängerung der Via Lepetit, in unmittelbarer Nähe vom Hauptbahnhof (M3: Centrale), ✆ 02/6692777, ✆ 66987252.

* **Due Giardini (9)**, einfache Zimmer, aber mit eigenem Bad. Nach hinten schöner Garten. DZ mit Bad ca. 65–90 €. Via Settala 46, ebenfalls Nähe Hauptbahnhof (M3: Centrale), ✆ 02/29521093, ✆ 29516933.

* **Aurora (15)**, modernisiert und gut in Schuss, trotz der lauten Straße erträglich, vorne raus schallisolierte Zimmer, hinten

Lombardei und die Seen — Karte S. 276/277

Essen & Trinken

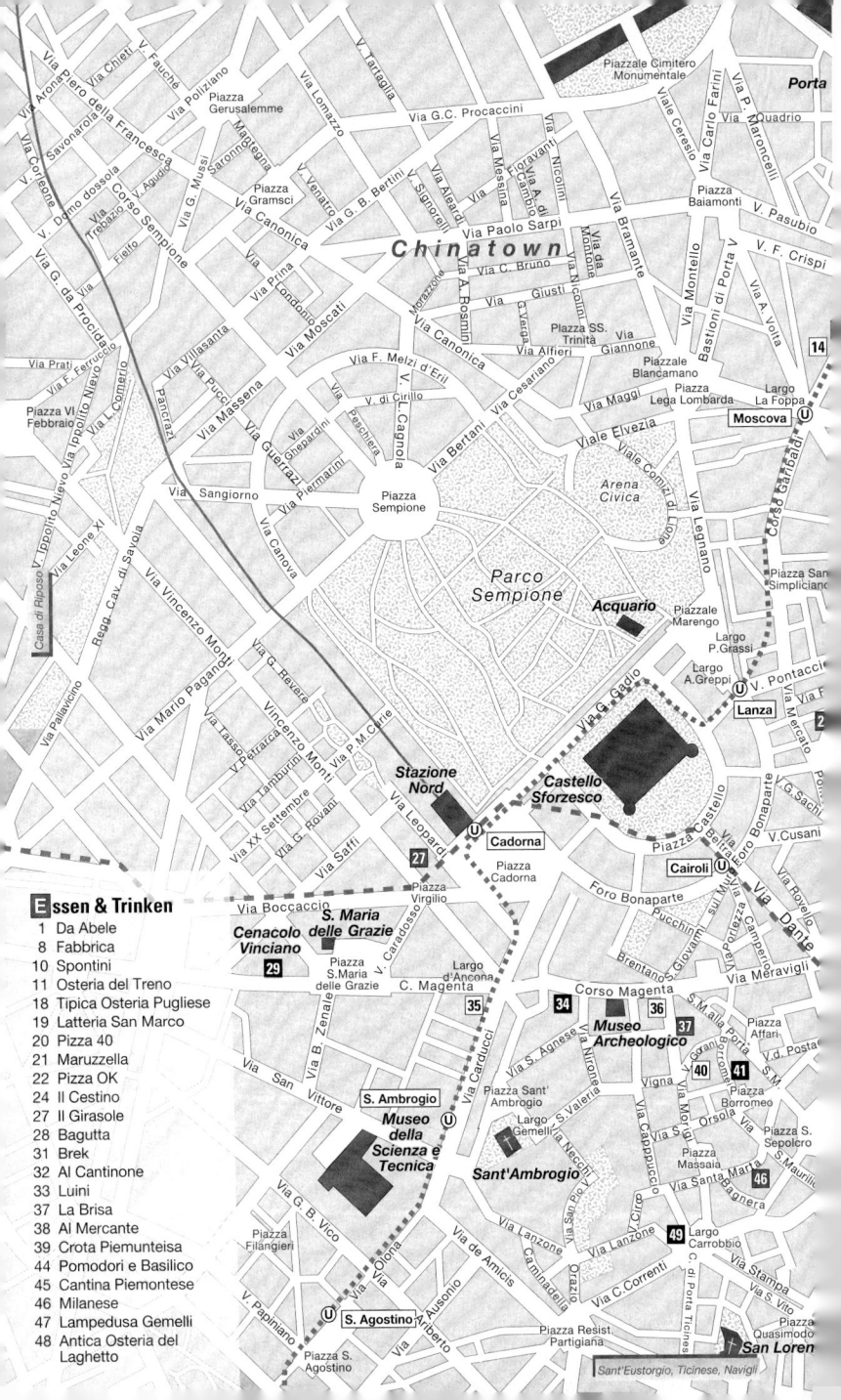

1. Da Abele
8. Fabbrica
10. Spontini
11. Osteria del Treno
18. Tipica Osteria Pugliese
19. Latteria San Marco
20. Pizza 40
21. Maruzzella
22. Pizza OK
24. Il Cestino
27. Il Girasole
28. Bagutta
31. Brek
32. Al Cantinone
33. Luini
37. La Brisa
38. Al Mercante
39. Crota Piemunteisa
44. Pomodori e Basilico
45. Cantina Piemontese
46. Milanese
47. Lampedusa Gemelli
48. Antica Osteria del Laghetto

Milano

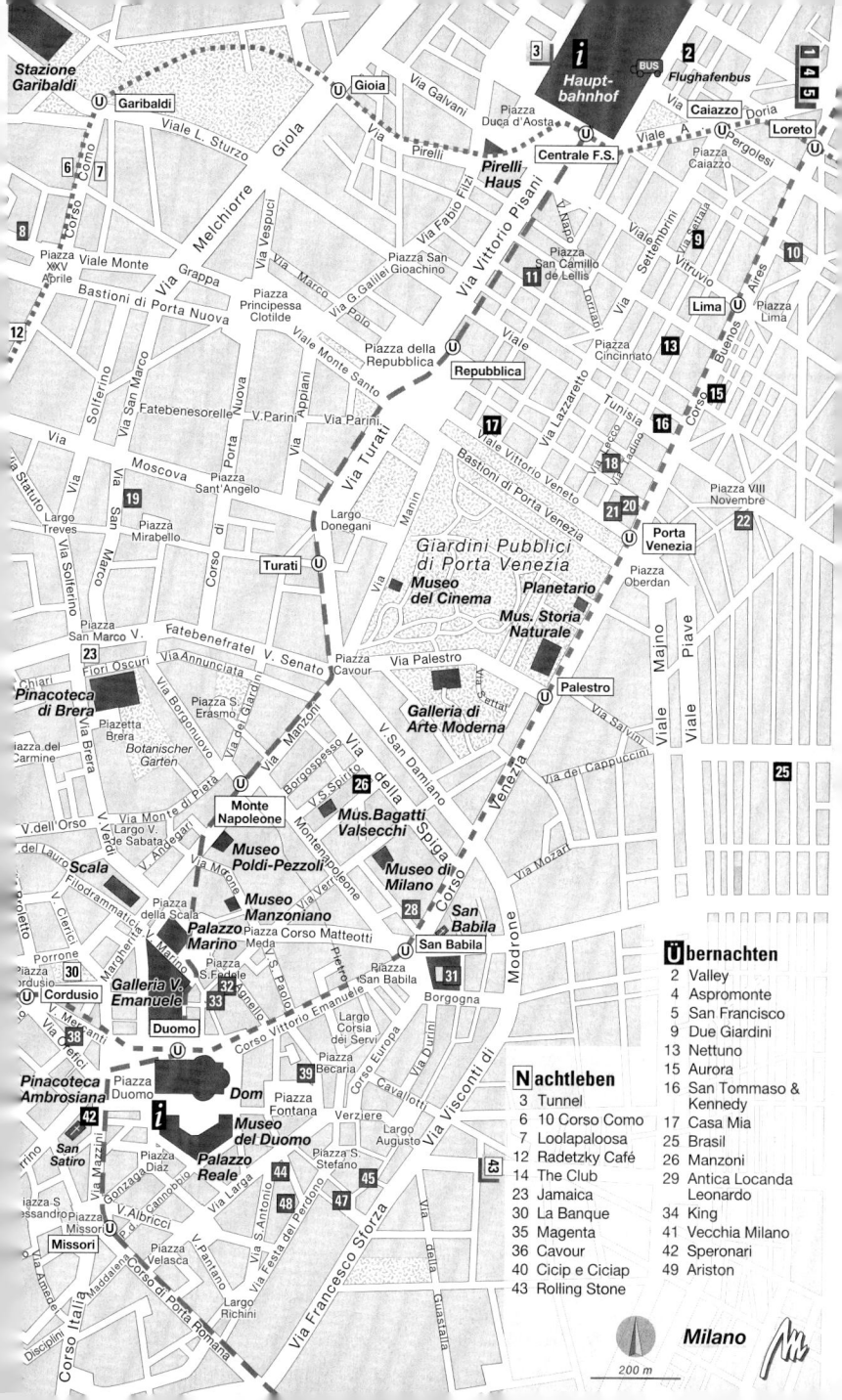

Übernachten

- 2 Valley
- 5 Aspromonte
- 5 San Francisco
- 9 Due Giardini
- 13 Nettuno
- 15 Aurora
- 16 San Tommaso & Kennedy
- 17 Casa Mia
- 25 Brasil
- 29 Manzoni
- 29 Antica Locanda Leonardo
- 34 King
- 41 Vecchia Milano
- 42 Speronari
- 49 Ariston

Nachtleben

- 3 Tunnel
- 6 10 Corso Como
- 7 Loolapaloosa
- 12 Radetzky Café
- 14 The Club
- 23 Jamaica
- 30 La Banque
- 35 Magenta
- 36 Cavour
- 40 Cicip e Ciciap
- 43 Rolling Stone

200 m

raus Blick auf ruhigen Hof, Zimmer mit TV. DZ ca. 70–110 €. Corso Buenos Aires 18 (M1: Porta Venezia), ✆ 02/2047960, ✉ 2049285, www.hotelaurorasrl.com

* **San Tomaso (16)**, guter Standard, freundlich geführt, sauber. DZ mit Bad ca. 65–90 €. Viale Tunisia 6, laute Verkehrsstraße seitlich des Corso Buenos Aires (M1: Porta Venezia), ✆/✉ 02/29514747, hotelsantomaso@tin.it.
* **Kennedy (16)**, im selben Haus wie San Tomaso, auch etwa derselbe Preis. ✆ 02/29400934, ✉ 29401253.
* **Nettuno (13)**, DZ mit Bad ca. 60–80 €, mit Etagendusche ca. 48–65 €. Via Tadino 27, zwischen Bhf. und Corso Buenos Aires (M1: Lima), ✆ 02/29404481, ✉ 29523819.
* **Jugendherberge Ostello Pierro Rotta (IYHF)**, ziemlich weit außerhalb, M1 Richtung Molino Dorino bis Station QT8 (Quartiere T8) und noch 500 m zu Fuß. Moderne JH mit 350 Betten, guten Einrichtungen und Garten, allerdings an einer lauten Durchgangsstraße. Geöffnet morgens 7–9 Uhr, nachm. ab 16 Uhr (Check-In nur nachm.), Schließzeit 0.30 Uhr. Keine Reservierung, wegen der Größe ist für Individualreisende aber fast immer Platz. Pro Pers. ca. 18,50 € mit Frühstück. Via Martino Bassi 2, ✆ 02/39267095, ✉ 33000191, www.ostellionline.org.
* **Camping Città di Milano**, großer Platz an der westlichen Peripherie Mailands, direkt neben dem Wassersportzentrum „Acquatica". Flacher Wiesenplatz mit annähernd ausreichendem Schatten, Sanitäranlagen großzügig, Bar vorhanden. Im Westen Mailands beschildert – wenn man auf der Autobahn kommt, von der Westtangente Abfahrt San Siro nehmen. Verbindungen in die Stadt: Bus 72 (Busstopp ca. 200 m vom Platz) bis Piazza de Angeli, dort Metroanschluss, mit M1 ins Zentrum, z. B. bis zum Dom. Von der Stadt zum Camping: M1 Richtung Inganni bis Piazza de Angeli, dort Bus 72 Richtung Bisceglie bis Via Trivulzio (oder Taxi). Ganzjährig geöffnet. Via Gaetano Airaghi 61, ✆ 02/48200134, ✉ 48202999, www.campingmilano.it.

Essen & Trinken (siehe Karte S. 340/341)

Zu den Milaneser Spezialitäten zählt natürlich das weltberühmte *costoletta alla milanese*, aber auch Risotto in verschiedensten Abwandlungen, besonders gerne mit Safran, außerdem *ossobuco* (Kalbshaxen). Am allerschönsten isst man in Mailand im Viertel *Ticinese* und in *Navigli* im Südwesten, wo im Umkreis der beiden langen Kanäle zahlreiche stimmungsvolle Osterie und Ristoranti aufgemacht haben und jährlich neue eröffnet werden. Typisch für Mailand sind ansonsten die zahlreichen volkstümlichen Pizzerien, wo man an langen Tischen hautnah zwischen Familien und Freundesgruppen sitzt. Achtung: an Wochenenden sind zahlreiche Lokale überfüllt, rechtzeitig kommen! Siehe auch unter Nachtleben, Stichwort „Aperitivo"!

* **Zentrum Antica Trattoria dei Magnani „Al Cantinone" (32)**, altes Mailänder Lokal mit langer Theke und mehreren Speiseräumen. Dank der zentralen Lage touristisch nicht unbekannt. Sa-Mittag und So geschl. Via Agnello (Seitengasse der Fußgängerzone Corso Vittorio Emanuele), ✆ 02/86464980.
Al Mercante (38), stimmungsvolle Sitzplätze auf der mittelalterlichen Piazza Mercanti, wenige Schritte vom Domplatz. Entsprechend der Lage eher höhere Preise. So geschl. ✆ 02/8052198.
La Brisa (37), südlich vom Corso Magenta, in der Nähe der Börse, hervorragende Mailänder Küche zu mittleren Preisen, auch Plätze im Freien. So-Mittag und Sa geschl. Via Brisa 15, ✆ 02/86450521.
Milanese (46), nicht weit vom La Brisa, geräumige, typische Mailänder Trattoria in einer kleinen, engen Gasse, angenehme Atmosphäre, familiär geführt, mittlere Preise. Di geschl. Via Santa Marta 11, ✆ 02/86451991.
Pomodori e Basilico (44), die echte neapolitanische Pizza, dazu Spezialitäten aus verschiedenen Regionen Italiens. Moderate Preise, kein Ruhetag. Via Larga/Ecke Via Bergamini (südlich vom Dom), ✆ 02/58304489.
Antica Osteria del Laghetto (48), in der Straße hinter dem „Pomodori". Trotz der zentralen Lage ganz ruhige Ecke. Gemütliches Lokal mit hausgemachten Nudeln und großer Auswahl an Fisch. Mi geschl. Via Festa del Perdomo 4, ✆ 02/58307404.
Lampedusa Gemelli (47), wenige Schritte weiter, im Sommer kann man hier unbelästigt vom Straßenverkehr vor dem Haus sitzen. Vicolo Langhetto, ✆ 02/6023300.

Mailand/Reisepraktisches 343

Cantina Piemontese (45), bei der Uni südöstlich vom Domplatz. Mit Graffiti bunt bemaltes Haus, junges Publikum und ebensolche Atmosphäre, lombardische Küche. Sa-Mittag und So geschl. Via Laghetto 11, ✆ 02/8395992.

TIPP! **Girasole (27)**, Via Vincenzo Monti 32, Nähe Piazza Virgilio, hervorragende Küche mit biologischen Zutaten in schönem Ambiente, bei guter Lage und zu vernünftigen Preisen. ✆ 02/89697459, www.ilristorantedelgirasole.it

• *Brera-Viertel* (Via Brera, Corso Como, Corso Garibaldi) **Bagutta (28)**, ein Bodenmosaik weist auf der Via Montenapoleone den Weg in diese Trattoria, der ihr Ruf als **das** Künstlerlokal Mailands voraneilt. Die verschiedenen Räumlichkeiten sind mit Karikaturen und Zeichnungen bekannter und unbekannter Maler geschmückt, auf der Speisekarte stehen Gerichte lombardischer und toskanischer Küche zu gehobenen Preisen, Menü um die 40 € aufwärts. Im Sommer kann man im Innenhof speisen. So geschl. Via Bagutta 14, ✆ 02/76000902.

Il Cestino (24), beliebtes Lokal im Brera-Viertel, hübsch zum Draußensitzen, verkehrsberuhigte Straße, etwas höhere Preise. Mi geschl. Via Madoninna 27, ✆ 02/86460146.

Latteria San Marco (19), der ehemalige Milchladen ist fast unverändert erhalten, gerade mal 25 Plätze gibt es, die meist auch schnell besetzt sind. Sa/So geschl. Via San Marco 24, ✆ 02/6597653.

Fabbrica (8), nette Pizzastube mit kleinen Marmortischen, an Wochenenden bilden sich oft lange Schlangen. Filiale auch an den Navigli (→ unten). Viale Pasubio 2 (M2: Moscova), ✆ 02/6552771.

• *Bahnhofsviertel* **L'Osteria del Treno (11)**, eine eher langweilige Straße, doch die Kantine der Eisenbahner hat sich zum beliebten Treffpunkt entwickelt. Mittags speist man hier günstig, abends zu etwas höheren Preisen regionale und überregionale Spezialitäten. Im Sommer kann man auch im Freien sitzen. Via San Gregorio 46, ✆ 02/6700479.

• *Corso Buenos Aires* **Da Abele (1)**, traditionelle Trattoria mit freundlicher Atmosphäre und vielen jungen Gäste, viel gerühmte Spezialität ist Risotto, das es in dutzenden von Varianten gibt, dazu reiche Weinauswahl. Nur abends. Mo geschl. Via Temperanza 5 (M1: Pasteur), ✆ 02/2613855.

La Tipica Osteria Pugliese (18), schöner, stuckverzierter Raum mit schlanken Säulen, von oben bis unten mit großformatigen Fotos zufriedener Gäste geschmückt. In mehreren Speiseräumen kann man ein umfangreiches Büffet und apulische Küche genießen, z. B. *orecchiette* (Pasta) und *nodini*, eine Spezialität aus Mozzarella-Käse. So geschl. Via Alessandro Tadino 5, ✆ 02/29522574.

Pizza 40 (20), süditalienisch anmutende Pizzastube, man sitzt auf Hockern an langen Tischen und isst in lockerer Atmosphäre Lasagne und Pizza. Di-Abend und Mi geschl. Via Panfilo Castaldi 40 (Nähe Porta Venezia), ✆ 02/29400061.

Maruzzella (21), großes, fröhliches Lokal mit umfangreicher Speisekarte, auch Pizza. Mi geschl. Piazza Guglielmo Oberdan 3 (direkt bei der Porta Venezia), ✆ 02/29525729.

Pizza OK (22), diese einfache Trattoria serviert die angeblich größten Pizzen der Stadt in fast hundert Geschmacksrichtungen. So-Mittag und Mo geschl. Via Lambro 15/Ecke Piazza Otto Novembre 1917, ✆ 02/29401272.

• *Naviglio Grande* (Ticinese) **Premiata Pizzeria**, große, immer gut besuchte Pizzeria, drinnen schönes, altes Mobiliar und Marmortische, davor eine offene, im Winter abgedeckte Terrasse. Große Auswahl an Pizza und Focaccia. Mi geschl. Via Alzaia Naviglio Grande 2. ✆ 02/89400648.

El Brellin, sehr beliebtes, stilvoll eingerichtetes Ristorante in einem prächtig restaurierten historischen Gutshaus. Im Sommer auch Sitzplätze an einem schmalen, überdachten Seitenkanal, in früheren Zeiten Waschplatz der Frauen des Viertels. Gehobene Preise. Vicolo Privato Lavandai, ✆ 02/58101351.

Officina 12, sehr angesagte Pizzeria ganz in rot, vorne eine kleine lauschige Terrasse, dahinter ein erstaunlich großer verwinkelter Innenbereich mit Hinterhaus und überdachtem Hof. Höhere Preise, trotzdem gut gefüllt. Alzaia Naviglio Grande 12, ✆ 02/89422261.

L'Osteria, gemütlich-lockere Kneipenatmosphäre, kleine Imbisse, auch international, z. B. Couscous, Roastbeef und „misto Iberico", dazu eine große Weinkarte. Alzaia Naviglio Grande 46 (kurz vor der Eisenbrücke über den Kanal), ✆ 02/8373426.

Osteria dei Formaggi, hier gibt's alles auf Käsebasis, z. B. *Fonduta valdostana* (Aosta-Tal), dazu Grappe aus allen Regionen Italiens. Uralte Radios füllen den ganzen Raum, im Sommer stehen auch Tische auf einer schwimmenden Plattform. So geschl.

Lombardei und die Seen · Karte S. 276/277

Via Alzaia Naviglio Grande 54 (kurz nach der Eisenbrücke), ✆ 02/89409415.

Le Anema e Cozze, groß und neu an der Ecke zur Via Casale, „Sea & Pizza" heißt hier das Schlagwort, klinisch weiß gehalten, die Küche mit gut einsehbarer Glastür – Erlebnisgastronomie, die ankommt. ✆ 02/8375459.

Fabbrica, Pizzaabfütterung über zwei Stockwerke in einer früheren Fabrikhalle, laut und fröhlich geht es hier immer zu. Via Alzaia Naviglio Grande 70, ✆ 02/8358297.

Conconi, ein paar Schritte weiter, mit viel Holzinterieur ansprechend aufgemachte Trattoria. Auf der Speisekarte z. B. *cinghiale*, *lepre* und Risotto. Via Alzaia Naviglio Grande 82, ✆ 02/89406587.

Pizzeria Tradizionale con Cucina di Pesce, hauptsächlich junges Publikum trifft sich im gemütlichen Speiseraum, im Angebot Pizza und Focaccia, aber auch Fischgerichte. Di geschl. Ripa di Porta Ticinese 7, ✆ 02/8395133.

Al Pont de Ferr, wie der Name sagt, kurz vor einer Eisenbrücke über den Kanal. Hübsche Osteria mit hohen Räumen, nostalgisch-gemütlich eingerichtet. Sehr persönliches Ambiente und ebensolche Küche, ausgezeichnete Weinauswahl, alles zu zivilen Preisen. Bis spätabends kann man hier essen, z. B. *pasta e fagioli*, *faraona* (Perlhuhn) oder *stracotto d'asino* (Eselsschmorbraten). So geschl. Ripa di Porta Ticinese 55, ✆ 02/89406277.

• *Naviglio Pavese* (Ticinese) **Delle Mole**, großes Freiluftlokal am Beginn des Naviglio Pavese, Ecke Viale Gorizia/Via Ascanio Sforza. Im Sommer sehr beliebt bei den Mailändern, die hier allabendlich im Familienverband Pizza essen. Daneben ein umgebautes Hausboot, wo man nach dem Essen gern auf einen Drink bleibt. ✆ 02/8323810.

Osteria Grand Hotel, etwas versteckt weitab vom Rummel, noch südlich vom Viale Liguria, doch der Weg lohnt sich. Ein origineller Name für diese Osteria, in der man im stilvoll-gemütlichen Rahmen variantenreiche Gerichte und hervorragende Weine kosten kann. Im Sommer sitzt man sehr schön auf einer Terrasse neben dem Haus. Nur abends, Mo geschl. Via Ascanio Sforza 75, ✆ 02/89511586.

• *Self-Services & Snacks* **Brek (31)**, gute Self-Service-Kette mit drei Filialen in Mailand: Via Lepetit 20 (Stazione Centrale), Piazzetta Umberto Giordano 1 (bei Piazza San Babila) und Via dell'Annunciata 2 (Nähe Piazza Cavour). So geschl.

McDonalds, tolle Lage mitten in der Galleria Vittorio Emanuele.

Luini (33), in und vor diesem winzigen Laden, 1949 gegründet, treffen sich die Mailänder nach dem Einkaufsbummel oder Kinobesuch. Spezialität sind *panzerotti*, eine Art Mini-Calzone. Kürzlich wurde renoviert, was den Charme leider etwas schmälert. Mo geschl. Via Radegonda 16, neben dem Kaufhaus La Rinascente.

Spontini (10), populäre Pizzastube, nur eine Sorte Pizza vom laufenden Band, oft großer Andrang mit Wartezeiten, da preislich sehr günstig. Hinten sitzt man an langen Holztischen. Di-Mittag und Mo geschl. Via Spontini 60 (Kreuzung mit Corso Buenos Aires).

Crota Piemunteisa (39), wenige Schritte von der Fußgängerzone Corso Vittorio Emanuele, Imbissstube mit herzhaften Panini und „wurstel con crauti". Piazza Cesare Beccaria 12.

Rosticceria Peck, hier werden zahlreiche Leckereien produziert, von Pasta über Risotto bis zu Pizza, beliebt vor allem für den mittäglichen Imbiss (nur im Stehen), Speisen auch zum Mitnehmen. So geschl. Via Cesare Cantù.

Ghireria Greca Kalliopi, eine griechische Gyros-Kneipe inmitten der Osterie am Naviglio Grande (Ticinese), beliebt bei der Jugend. Ripa di Porta Ticinese 13.

• *Traditionelle Cafés* Ganz stilvoll sitzt man zu hohen und höchsten Preisen in den Freiluftcafés der eleganten Galleria Vittorio Emanuele. Abends trifft man sich dann an den Kanälen im Stadtteil Ticinese (→ Nachtleben).

Zucca in Galleria, am Eingang vom Domplatz, hier im früheren „Camparino" wurde der Campari erfunden. Im ersten Stock Jugendstilsalon mit Blick auf die Galleria.

Antica Cremeria San Carlo al Corso, schöne Sitzgelegenheiten an einem kleinen Platz vor der gleichnamigen Kirche, direkt an der Fußgängerzone Corso Vittorio Emanuele.

Cova, 1841 eröffnet, der österreichisch-ungarische Charme des 19. Jh. wurde hier bis heute konserviert, teuer und elegant. So geschl. Via Montenapoleone 8.

Biffi, nicht weit von Leonardo da Vincis Abendmahl (→ Sehenswertes), traditionelles Café mit Kronleuchtern und exzellenten Kuchen und Torten. Corso Magenta 87.

Armani, im neuen Armani Megastore, der Platz für Modeliebhaber. Via Manzoni 31.

• *Eis* **Viel**, das bekannteste Eis der Stadt, hübsch bunt aufgemacht, Eis und Fruchtsäfte. Corso Buenos Aires 15, Viale Abruzzi 23 und Via Paolo da Cannobio 9 (südlich vom Dom).

Gelateria ecologica, ökologisches Eis, garantiert ohne chemische Zusatzstoffe – serviert von klinisch weiß gekleidetem Personal. Etwas teurer, nur zum Mitnehmen. Mi geschl. Corso di Porta Ticinese 40.

La Bottega del Gelato, Riesenauswahl und tolle Geschmacksrichtungen mit Schwergewicht auf exotischen Früchten. Via Pergolesi 3.

Rinomata, am Beginn des Naviglio Pavese, kunstvoll türmen sich die Eiswaffeln in Glasvitrinen, das Eis wird aus traditionellen Deckelbehältern der fünfziger Jahre geschöpft.

Nachtleben (siehe Karte S. 340/341)

Zahllose Nachtkneipen, Osterie und Clubs findet man an den Kanälen (Navigli) im Viertel Ticinese, vor allem am Naviglio Pavese (M2: Porta Genova). Fast überall kann man auch essen: Zum „aperitivo" bzw. „happy hour" (ca. 18–21 Uhr) gibt's günstiges Essen vom Buffet – man zahlt ein Getränk (ca. 5–10 €) und kann soviel essen, wie man will. Eintritt in Clubs ca. 15–25 €, Drink ca. 6–10 €. Tipp: Für (Erasmus)-Studenten ist fast täglich in einem der Clubs Eintritt frei. Veranstaltungskalender täglich in der Zeitung *Corriere della Sera* und donnerstags im Magazin „Tutto Milano" der Zeitung *La Repubblica*.

• *Kneipen & Pubs* (im Zentrum und Brera-Viertel) **Magenta (35)**, schöne Jugendstil-Bar mit nostalgischem Flair, sehr angesagt, Sitzplätze auch im Freien. Mittags- und Abendbuffet mit viel Leckerem. Wenn es drinnen zu voll wird, isst man eben draußen vor der Tür. Ganztägig bis 3 Uhr nachts. Mo geschl. Via Carducci 13/Corso Magenta (M1/ M2: Cadorna).

Cavour (36), Tradition seit dem 19. Jh., heute eine angesagte Cocktailbar, hinten sitzt man gemütlich, junges Publikum. Corso Magenta/Ecke Via Brisa.

Cicip e Ciciap (40), seit vielen Jahren eine Kneipe nur für Frauen, mit Kulturprogramm, aber auch essen kann man hier. Mo/Di geschl. Via Gorani 9.

Jamaica (23), früherer Künstlertreff im Modeviertel, kleiner Innenraum und winzige Tische, daneben ein im Sommer offener Wintergarten. Mittags genießen die smarten Angestellten der Umgebung leckere Salate und Tortellini, nachts geht's bei großer Getränkeauswahl schon mal hoch her. So geschl. Via Brera 32.

Radetzky Café (12), edles In-Café mit Marmortischchen, schon morgens zum Frühstück geöffnet. So geschl. Corso Garibaldi 105.

The Club (14), Party auf mehreren Etagen, jeden Abend Livemusik und mehrmals wöch. Disco. Eintritt ca. 3–6 €. Mo geschl. Corso Garibaldi 97 (M2: Moscova), www.theclubmilano.com.

10 Corso Como (6), unter eben dieser Adresse zu finden, immer gut besucht – Café,

Die berühmteste Fußgängerzone der Stadt liegt auf dem Dach des Doms

346 Lombardei und die Seen

Aperitif-Bar, Restaurant und Diskobar in einem, auch zum Draußensitzen.

• *Kneipen & Pubs* (an den Navigli) **Osteria del Pallone**, bei der Brücke über den Naviglio Grande (Ticinese), zentrale Ecke im Navigli-Viertel, ein paar Tische draußen, drinnen Holztäfelung und Fußballpokale, junges Publikum. Mo geschl. Viale Gorizia.

Antica Osteria della Briosca, Nachtkneipe mit Essen, bis 2 Uhr warme Küche. Mo geschl. Via Ascanio Sforza 13.

El Tropico Latino, großer, populärer Mexikaner – Cafeteria, Kneipe und Speiselokal in einem. Mo geschl. Via Ascanio Sforza 33.

Movida, weitere angesagte Kneipe am Naviglio Pavese. Mo geschl. Via Ascanio Sforza 39.

I Dolci di Poldina, schönes Café/Birreria. Via Ascanio Sforza 43.

• *Livemusik* **Tunnel (3)**, interessantes Lokal in einer ehemaligen Lagerhalle der Bahn, westlich hinter dem Hauptbahnhof. Täglich Livemusik, von Rock bis Grunge ist alles vertreten. Tessera kostet ca. 8 €. Da etwas ab vom Schuss, besser vorher anrufen, ob geöffnet. Via Sammartini 30, ✆ 02/66711370. So/Mo geschl.

Grilloparlante, in einem Hinterhof im Navigli-Viertel, tägl. Livemusik, vis-à-vis ein dazugehöriges Restaurant. Di geschl. Via Alzaia Naviglio Grande 36 (Naviglio Grande).

Blues Canal, großer Irish Pub mit Restaurant, tägl. Livemusik – Folk, Reggae, Jazz, Coverrock. Mo geschl. Via Casale 7 (Naviglio Grande).

Il Capolinea, Restaurant mit Livemusik, die „Endstation" der Tram 15 ist seit den Sechzigern eine Institution, in der national und international bekannte Gruppen spielen. Mo geschl. Via Lodovico Il Moro 119 (Naviglio Grande).

Le Scimmie, einer der populärsten Jazztreffs von Mailand, täglich ab 22.30 Uhr Livemusik – Jazz, Folk und Rhythm'n'Blues, aber auch Ethno. Auf dem Boot davor bunt ausstaffiertes Nachtcafé, nebenan kann man gut speisen. Di geschl. Via Ascanio Sforza 49 (Naviglio Pavese).

• *Discos* **La Banque (30)**, zentrale Lage in einer ehemaligen Bank, im Erdgeschoss Restaurant, im Keller große Disco. Auch etwas älteres Publikum. Mo geschl. Via B. Porrone 6 (M1: Cordusio).

Propaganda, im Viertel Navigli, eine der größten und populärsten Discos der Stadt, bis zu 2000 Menschen finden Platz. Tanz auf drei Etagen, gelegentlich Livegruppen. Di/Mi geschl. Via Castelbarco 11.

Maggazzini Generali, Großdisco und multifunktionales Zentrum in einer früheren Lagerhalle östlich der Navigli. Diverse kulturelle Aktivitäten – Mode, Avantgardekunst, Livemusik. Mi freier Eintritt, Mo/Di geschl. Via Pietrasanta 14.

Rolling Stone (43), alteingesessen und ebenfalls riesig, alle Musikrichtungen, Sonntags oft Livemusik, vorwiegend Rock. Mo geschl. Corso XXII Marzo 32, vom Dom Richtung Osten (Bus 62).

TIPP! **Loolapaloosa (7)**, fröhlicher, oft extrem voller Treff, Mädels tanzen auf den Tischen, aber auch die Barkeeper. Eintritt ca. 13 €. So geschl. Corso Como 15.

• *Im Freien* In der kleinen Sackgasse **Via Vetere**, die vom Corso di Porta Ticinese abzweigt, treffen sich allabendlich hunderte von Jugendlichen vor der Bar **Coquetel** (So geschl.) am Rand vom Parco delle Basiliche. Gerne sitzt man abends auch an den malerisch beleuchteten Tempelsäulen vor **San Lorenzo Maggiore** (→ Sehenswertes), nur wenige Schritte weiter nördlich.

Shopping

• *Märkte* **Mercato Papiano**, am Viale Papiano im Viertel Ticinese findet jeden Di und Sa vorm. einer der größten der zahlreichen Märkte Mailands statt, hauptsächlich Lebensmittel und Textilien (M2: Sant'Agostino).

Fiera di Senigallia, altehrwürdiger Flohmarkt im Viale d'Annunzio am alten Kanalhafen Darsena im Navigli-Viertel. Jeden Sa 8.30–17 Uhr.

Mercatone del Naviglio Grande, pittoresker Antiquitätenmarkt am Naviglio Grande, sehr sehenswert, außer Juli jeden letzten So im Monat.

Mercato d'Antiquariato di Brera, Antiquitätenmarkt um die Via Foiri Chiari im Brera-Viertel, jeder dritte So im Monat.

• *Mode* Das Teuerste, was die Designer weltweit zu bieten haben, findet man im „Goldenen Dreieck" der Straßen **Via Montenapoleone**, **Via della Spiga** und **Via San Andrea** (→ Sehenswertes), außerdem am mondänen **Corso Vittorio Emanuele**. Preiswerter kann man in der **Via Torino** und am 2 km langen **Corso Buenos Aires** kaufen.

Mailand/Domplatz und Umgebung 347

Tipp: Einige Modehäuser verkaufen Designer-Textilien der letzten Saison in den sogenannten „Stocks" um einiges billiger, u. a. **Il Salvagente**, Via Fratelli Bronzetti 16 (Corso Porta Vittoria), **Gastone Stockhouse**, Via Vanzetti 20 (Città Studi), **Floretta Coen**, Viale Beatrice d'Este 15 (Ticinese) und **Vestistock**, Via Ramazzini 11 (Corso Buenos Aires) und Viale Romagna 19 (Città Studi). Achtung: Von Ende Juli bis Ende August sind die Stocks oft geschlossen.

• *Sonstiges* **Buscemi**, Corso Magenta 31, und **Virgin Megastore**, Piazza Duomo 8, Riesenauswahl an CDs und Schallplatten.

Mondadori Multicenter, Via Marghera 28 (M 2 Richtung Bisceglie: Wagner). Drei Etagen: unten Software, Games und Handys, in der Mitte Bücher, oben Café und Internet. Mo 13–24, Di–So 10–24 Uhr.

Hoepli, Via Hoepli 5, größte Buchhandlung der Stadt, vier Stockwerke, unter Schweizer Leitung. Auch gut: **Rizzoli** in der Galleria Vittorio Emanuele, Nähe Ausgang zur Piazza della Scala.

La Rinascente, elegantes Riesenkaufhaus in der Via San Raffaele, direkt an der Piazza del Duomo. Auf acht Stockwerken Designerstücke, Wohnaccessoires und Textilien von Feinsten, ganz oben super Blick über die Stadt.

Profumeria Vecchia Milano, modernes Angebot einer über hundert Jahre alten Drogerie. Via San Giovanni sul Muro 8 (Seitenstraße des Corso Magenta).

Art Bazar, Kopien von Exponaten aus den wichtigsten Museen der Welt. Via Fiori Chiari 12 (Brera-Viertel).

Ercolessi, exquisite Schreibgeräte aller führenden Marken in zahllosen Ausführungen. Corso Magenta 25.

Sehenswertes

Die Altstadt liegt innerhalb zweier konzentrischer Straßenzüge, Mittelpunkt zu jeder Tages- und Nachtzeit ist natürlich der Domplatz, sehenswert und voller buntem Leben sind aber auch die Fußgängerzonen und Hauptgeschäftsstraßen: Via Dante, Corso Vittorio Emanuele II, Via Torino, Corso Magenta u. a.

> **Giro della Città**, dreistündige Busrundfahrt mit deutschsprachigen Informationen über Kopfhörer, incl. Besichtigung des „Abendmahls" von Leonardo da Vinci. Abfahrt Di–So jeweils 9.30 Uhr beim Informationsbüro am Domplatz, dort gibt es auch Tickets, ca. 47 €/Pers.
>
> **Tram Turistico**, 2- bis 3-mal tägl. Rundfahrten mit historischen Straßenbahnwagen, ca. 75 Min., ca. 20 €/Pers. Abfahrt ab Piazza Castello, Zu- und Aussteigen ist an allen Stationen möglich, Karte gilt den ganzen Tag. Tickets bei der Tourist-Info am Domplatz.

Domplatz und Umgebung

Der weite riesige Platz wird dominiert von der himmelstürmenden Gotik des Doms und der triumphbogenähnlichen Öffnung der Galleria Vittorio Emanuele II. Gegenüber vom Dom steht das imposante Bronzedenkmal Vittorio Emanueles.

Dom: ein Werk der Superlative – größter gotischer Bau Italiens und viertgrößte Kirche der Welt (nach dem Petersdom, seiner Kopie an der Elfenbeinküste und der Kathedrale von Sevilla). Seitdem ein Visconti-Fürst im Jahre 1386 den Baubeginn verfügte, hat man über 500 Jahre an der Fertigstellung gearbeitet. Der gesamte Baukörper bietet mit seinen Tausenden von Spitzen, Verzierungen und Skulpturen einen faszinierenden Anblick. Fast 160 m ist er lang, der Turm mit der 4 m großen, vergoldeten *Madonnina* misst exakt 108,50 m, 3400 Statuen wurden geschaffen.

Die völlig aus Marmor gefertigte *Fassade* bietet eine großartige Mischung aus Gotik und Barockelementen, die prächtigen Skulpturen lohnen das nähere

Hinsehen, z. B. die gequälten Menschlein auf den Sockeln. Auch die fünf Bronzetore sind prall gefüllt mit lebensfrohen und realistischen Reliefs christlicher und stadtgeschichtlicher Thematik.

Im gewaltigen fünfschiffigen Innenraum herrscht zwischen turmhohen Säulen ein geheimnisvolles, grünlich-diffuses Licht. Faszinierend gleich nach dem Haupteingang der lange *Meridian* im Boden – durch ein winziges Loch fällt das Sonnenlicht darauf und man sieht den Strahl fast in Sekundenschnelle wandern. Die langen, schmalen *Kirchenfenster* sind die schönsten Italiens und gehören zu den größten der Welt. Teilweise sind riesige Einzelbildnisse dargestellt, z. T. sind auf den Flächen zahlreiche Einzelszenen zusammengefasst. Schaurig-faszinierend wirkt im rechten Querschiff die Statue des *heiligen Bartolomäus*, geschaffen 1562 von Marco d'Agrate, der seine vom Körper abgeschälte Haut wie eine Toga um sich geschlungen hat, so dass Muskeln, Adern und Knochen sichtbar sind.

Hoch in der Apsis hängt ein *Kreuz*, das die wertvollste Reliquie des Doms umschließt, einen Nagel vom Kreuz Christi. Alljährlich am zweiten Sonntag im September lässt sich der Erzbischof mit einem von Leonardo da Vinci konstruierten Aufzug hinauffahren und holt den Nagel herunter, um ihn zwei Tage lang öffentlich auszustellen. Unter dem Chor der *Scurolo di San Carlo* mit dem Sarkophag des heiligen Borromäus, im 16. Jh. Erzbischof von Mailand. Benachbart der *Domschatz* mit Silber- und Elfenbeinarbeiten. An der Innenfassade gibt es einen Zugang zu den Ausgrabungen unter der Piazza mit Resten der Vorgängerkirche *Santa Tecla* und des Baptisteriums *San Giovanni alle Fonti* (4. Jh.), in dem der Kirchenvater Augustinus getauft wurde.

Die zweifellos originellste „Fußgängerzone" der Stadt ist das *Dach* des Doms (Treppe/Aufzug an der linken Außenseite des Doms). Oben findet man sich hautnah im filigranen Dschungel von gotischen Spitzen, Verzierungen und Ornamenten und hat einen herrlichen Blick über die Stadt.

Öffnungszeiten/Eintritt **Domschatz**, 9–12, 14.30–18 Uhr, Eintritt ca. 1,10 €. **Ausgrabungen**, 9.30–17.15 Uhr, Mo geschl., Eintritt ca. 1,60 € (Tickets in einem nahe stehenden Kiosk). **Dach**, tägl. 9–17.45 Uhr, Treppe ca. 3,50 €, Fahrstuhl ca. 5 €, Sammelticket Fahrstuhl und Museo del Duomo ca. 7 €.

Palazzo Reale: Der klassizistische Bau an der Südseite der Piazza del Duomo beherbergt das *Museo del Duomo*. In 21 Sälen sind zahlreiche Skulpturen und Plastiken aus verschiedenen Jahrhunderten ausgestellt, die großteils zum Schmuck des Doms gedacht waren. Interessant dokumentiert wird die lange Baugeschichte des Doms.

Öffnungszeiten/Eintritt **Dommuseum**, tägl. 10–13, 15–18 Uhr, ca. 6 €.

Corso Vittorio Emanuele II: Die mondänste Fußgängerzone der Stadt beginnt hinter dem Dom und führt breit und bequem zur *Piazza San Babila*. Die hohen modernen Laubengänge sind ein Eldorado für Modefreaks, ein schicker Laden drängt sich an den anderen.

Galleria Vittorio Emanuele II: Am Domplatz liegt der Haupteingang zur größten, mit einer Glas- und Eisenkonstruktion überdachten Passage Europas – der „Salon" Mailands. Die elegante kreuzförmige Halle mit riesiger Zentralkuppel und Ein-/ Ausgang in jeder Himmelsrichtung wurde in der zweiten Hälfte des 19. Jh. als Prunkstück des modernen Mailand erbaut und beherbergt elegante Geschäfte, Buchhandlungen und teure Cafés.

Piazza della Scala und Umgebung: Der Nordausgang der Galleria führt zum *Teatro alla Scala*, dem berühmtesten Opernhaus der Welt. Nach der gewaltigen

Galleria wirkt das 1778 eröffnete und kürzlich vollständig restaurierte Haus ziemlich unscheinbar, ist aber bekannt für seine exzellente Akustik. Das hausinterne *Museo Teatrale alla Scala* besitzt eine umfangreiche Sammlung von Erinnerungsstücken, Gemälden, Dokumenten, Fotografien und Instrumenten zur Geschichte der Oper und des Opernhauses.

Auf der gegenüberliegenden Platzseite steht der *Palazzo Marino*, heute Sitz der Stadtregierung und eins der bedeutendsten Bauwerke der Spätrenaissance in Mailand. Zu besichtigen ist er nur 1-mal wöch. mit Führung.

Zwei Museen liegen ganz in der Nähe. Das *Museo Manzoniano* in der Via Morone 1 dokumentiert Leben und Schaffen des bedeutenden Mailänder Schriftstellers Alessandro Manzoni (→ Comer See/Lecco) aus dem 19. Jh., der in diesem Haus lebte. Und das ausgezeichnete *Museo Poldi Pezzoli*, Via Manzoni 12, beherbergt in 25 Räumen eine umfassende Kunstsammlung vom 15.–19. Jh. – Tapisserie, Glas, Möbel und Schmuck, aber vor allem wertvolle Gemälde, u. a. von Mantegna, Botticelli, Bellini und Piero della Francesca, darunter auch das berühmte „Porträt einer jungen Frau" von Pollaiolo.

Lieblingsbeschäftigung vieler Touristen: Tauben füttern vor dem Dom

Öffnungszeiten/Eintritt **Museo Teatrale alla Scala**, tägl. 9–12.30, 13.30–17 Uhr, Eintritt ca. 5 €; **Museo Manzoniano**, Di–Fr 9.30–12, 14–16 Uhr, Eintritt frei. **Museo Poldi Pezzoli**, Di–So 10–18 Uhr, Mo geschl., Eintritt ca. 6 €.

San Satiro: Meisterwerk von Bramante am Beginn der Via Torino, südwestlich vom Domplatz. Typischer Renaissancebau, Mittelschiff und Querhaus mit Tonnengewölben, der Chor mit illusionistischen Mitteln geschickt verlängert.
Öffnungszeiten/Eintritt 9–11.30, 15.30–18.30 Uhr, Eintritt frei.

Biblioteca e Pinacoteca Ambrosiana: Die berühmte Bibliothek mit angeschlossener Pinakothek liegt an der Piazza Pio XI 2, westlich vom Domplatz. 1607 von Kardinal Federico Borromeo als Bibliothek eröffnet, bestückte sie der Kunst liebende Kirchenmann wenig später mit Bildern aus seiner Privatsammlung. Die *Pinakothek* zeigt in 24 Sälen Werke von Caravaggio, Tizian und Botticelli, das Gemälde „Portrait eines Musikers" von Leonardo da Vinci, den Entwurfskarton Raffaels für seine berühmte „Schule von Athen" (heute in den Vatikanischen Museen/Rom) sowie Skulpturen von Canova und Thorvaldsen. Die *Bibliothek* besitzt 600.000 Bände, zahllose Handschriften, Briefe und historische Dokumente.
Öffnungszeiten/Eintritt Di–So 10–17.30 Uhr, Mo geschl., ca. 7,50 €, bis 18 und ab 65 J. ermäß.

Modeviertel und Umgebung

Das teuerste und exklusivste Modeviertel Europas ist das „Goldene Dreieck" zwischen *Via Montenapoleone, Via della Spiga* und *Via Sant'Andrea* (alles Fußgängerzone). In den Palazzi aus dem 18./19. Jh. haben sich die berühmtesten Designer des 20. Jh. niedergelassen – Versace, Armani, Valentino, Ungaro, Krizia, Gaultier, Saint Laurent, Kenzo ... Besuchenswert ist vor allem der kühl-futuristisch wirkende *Armani Megastore* in der Via Manzoni 31.

Das *Museo Bagatti Valsecchi* ist in einem Palazzo mit zwei eleganten mosaikgeschmückten Innenhöfen untergebracht (zwei Eingänge: Via Santo Spirito 10 und Via Gesù 5). Die Gebrüder Bagatti Valsecchi haben hier im 19. Jh. eine reichhaltige Sammlung von Renaissancestücken zusammengetragen – ein „Museum im Museum", denn auch der Palast selber ist sehenswert. Im *Museo di Milano* in der Via Sant'Andrea 6 ist die Geschichte der Stadt dokumentiert.

Öffnungszeiten/Eintritt **Museo Bagatti Valsecchi**, Di–So 13–17 Uhr, Mo geschl., Eintritt ca. 6 €. **Museo di Milano**, Di–So 14–17.30 Uhr, Mo geschl., Eintritt frei.

Brera: Das ehemalige Künstlerviertel um die Via Brera ist heute ein elegantes Wohnviertel mit ruhigen Seitengassen, vielen Galerien, kleinen Läden und Lokalen. In einem prachtvollen Palazzo in der Via Brera ist die *Pinacoteca di Brera* untergebracht, eine der bedeutendsten Gemäldesammlungen Italiens. Vor allem Werke der lombardischen, venezianischen und mittelitalienischen Schule hängen hier, u. a. von Raffael, Tizian, Tintoretto, Mantegna, Bellini und della Francesca. Berühmte Europäer wie El Greco, Rubens, Rembrandt und Van Dyck ergänzen die Sammlung, eine kleine moderne Abteilung schafft Abwechslung. Zwei besondere Attraktionen: „Sposalizio della Vergine" (Hochzeit der Jungfrau) von Raffael und „Cena in Emmaus" (Abendmahl in Emmaus) von Caravaggio.

Öffnungszeiten/Eintritt **Pinacoteca di Brera**, Sommer Di–So 8.30–19.15 Uhr, Mo geschl., Eintritt ca. 5 €, EU-Bürger unter 18 und über 65 J. frei.

Giardini Pubblici: Südlich vom großen Stadtpark, einer von ganz wenigen Grünflächen in der großstädtischen Steinwüste, findet man in der Villa Reale die *Galleria d'Arte Moderna*, Via Palestro 16, mit lombardischen Werken des 19. Jh., ergänzt durch Cézanne, Renoir, Gauguin und andere Berühmtheiten. An der Ostseite der Giardini Pubblici steht das *Museo Civico di Storia Naturale*, Corso Venezia 55, mit einer umfassenden zoologischen und vorgeschichtlichen Sammlung, darunter Jahrmillionen alte Dinosaurierskelette. Nur wenige Schritte entfernt, am Corso Venezia 57, findet man das große *Planetarium* von Mailand, gestiftet vom Buchhändler Ulrico Hoepli.

An der Westseite des Parks, in der Via Manin 2, beherbergt das *Museo del Cinema* zahlreiche Exponate zur Geschichte des Films.

Öffnungszeiten/Eintritt **Galleria d'Arte Moderna**, Di–So 9–18.30 Uhr, Mo geschl., Eintritt frei.
Museo Civico di Storia Naturale, Di–So 9–18 Uhr, Eintritt ca. 3 €.
Planetario Ulrico Hoepli, Shows Di und Do 21 Uhr sowie Sa/So 15 und 16.30 Uhr, Juli/August und erste Sept.-Hälfte geschl.
Museo del Cinema, nur Fr–So 15–18 Uhr, Eintritt ca. 3 €.

Castello Sforzesco und Umgebung

Die gewaltige Backsteinfestung wurde Mitte des 15. Jh. erbaut und ab 1911 in fast 20-jähriger Arbeit restauriert. Durch den eigenwillig geformten Turm gelangt man in den immens großen und schön begrünten *Haupthof*. Dahinter liegen zwei wei-

Mailand/Castello Sforzesco und Umgebung 351

tere Höfe, in deren Flügel die weitläufigen *Musei Civici Castello Sforzesco* untergebracht sind. U. a. sind hier Skulpturen von der Antike bis zur Neuzeit ausgestellt – Höhepunkt ist die unvollendete „Pietà Rondanini", das letzte Werk Michelangelos. Weiterhin zu sehen sind Waffen, Möbel und Musikinstrumente, im ersten Stock eine Pinakothek mit Werken von Bellini, Mantegna und Tintoretto, ansonsten sind zu besichtigen eine vorgeschichtliche und ägyptische Ausstellung, außerdem eine wertvolle Briefmarkensammlung und Münzen.

Hinter dem Kastell liegt der weitläufige *Parco Sempione*. Das *Acquario Civico* zeigt in einem schönen Art-Nouveau-Gebäude an der Via Gadio 2 mehrere Dutzend Becken mit 75 Fisch- und Amphibienarten.

Öffnungszeiten/Eintritt **Musei Civici Castello Sforzesco**, Di–So 9.30–17.30 Uhr, Mo geschl., Eintritt ca. 3 €; **Acquario Civico**, Di–So 9.30–17.30 Uhr, Mo geschl., Eintritt frei.

Museo Archeologico: griechische, etruskische und römische Funde in einem ehemaligen Nonnenkloster am Corso Magenta 15.

Öffnungszeiten/Eintritt Di–So 9.30–17.30 Uhr, Mo geschl., Eintritt ca. 2 €.

Santa Maria delle Grazie: sehenswerte Kirche am Corso Magenta, einen knappen Kilometer vom Kastell (vom Dom zu erreichen mit Tram 24 ab Via Mazzini oder Piazza Cordusio). Der ursprünglich gotische Bau wurde ab 1492 nach Entwürfen von Bramante verändert – der hohe überkuppelte Chor lässt viel Licht in den hellen Innenraum. Angeschlossen ist ein schöner Kreuzgang.

Im benachbarten Refektorium *(Cenacolo Vinciano)* kann man die Top-Sehenswürdigkeit von Mailand erleben: das weltberühmte **Abendmahl-Fresko** von Leonardo da Vinci, entstanden 1495–98. Es hält den Moment fest, als Jesus seinen Jüngern verkündet: „Einer von euch wird mich verraten" und gilt als besonders tiefgründige Interpretation dieser Schlüsselstelle. Das Fresko war jedoch von Anfang an gefährdet, denn Leonardo hatte mit einem Gemisch aus Tempera- und Ölfarben auf die trockene Wand gemalt anstatt in den feuchten Putz, wie es in der echten Freskotechnik üblich war. Schon wenige Jahre nach seiner Entstehung blätterte deshalb bereits die Farbe durch Nässe ab, es bildeten sich Schimmelflecken und die Leuchtkraft schwand. Seitdem erlebte das Abendmahl eine 500 Jahre lange Leidensgeschichte. 1978 begann man mit einer umfassenden Restaurierung, die 21 Jahre lang dauern sollte. Das Ergebnis spaltete zwar die Fachwelt (während die einen die überaus sorgfältige Restaurierung lobten und die Sicherung des Werks für lange Zeit sahen, sprachen andere von einer endgültigen Zerstörung des Gemäldes), doch seit Mai 1999 ist es nun wieder in voller Schönheit zu sehen.

Jesus als Papa?
Der Bestseller „The Da Vinci Code" („Sakrileg") hat kürzlich das Fresko weltweit in den Fokus der Aufmerksamkeit gerückt – Autor Dan Brown behauptet darin, die weiblich anmutende Person links neben Jesus (vom Betrachter aus gesehen) wäre Maria Magdalena, mit der Jesus Kinder gehabt haben soll, deren Nachkommen bis heute leben. Diese mehr als abenteuerliche Spekulation wird allerdings von keinem ernst zu nehmenden Fachmann geteilt.

• *Öffnungszeiten/Eintritt* **Cenacolo Vinciano**, Di–So 8.15–19 Uhr; Eintritt ca. 6,50 €, zuzügl. 1,50 € für Reservierung, zwischen 18 und 25 J. die Hälfte, unter 18 und über 65 J. frei. Wegen etwaiger Schäden durch die Feuchtigkeit des menschlichen Atems werden nur 25 Pers. gleichzeitig für jeweils 15 Min. eingelassen und man darf das Bild nur aus

großer Entfernung betrachten. Telefonische Reservierung ist obligatorisch unter ✆ 02/89421146 (nur Mo–Fr 9–18, Sa 9–14 Uhr). Man lässt sich eine verbindliche Besichtigungszeit geben und muss 10 Min. vorher erscheinen, sonst verfällt der Termin. Achtung: Man sollte so früh wie möglich reservieren, Wartezeiten von einigen Wochen sind keine Seltenheit!
www.cenacolovinciano.org

Sant'Ambrogio: wunderschöne mittelalterliche Basilika, die das Vorbild zahlreicher ähnlicher lombardischer Kirchenbauten war. Gegründet als Märtyrerkirche der für ihren Glauben hingerichteten römischen Soldaten Gervasius und Protasius, die beide in der Krypta begraben liegen. Außerdem über Jahrhunderte Krönungskirche zahlreicher Kaiser des römisch-deutschen Reiches, die sich hier zu Königen der Lombardei weihen ließen. Durch ein arkadengesäumtes *Atrium* gelangt man in den mächtigen dreischiffigen Innenraum mit Vierungskuppel und großem Chor. Im Hauptschiff links vorne die prächtige romanische Kanzel, über dem Hochaltar mit wertvollem Reliefvorsatz aus Gold und Silber ein säulengestützter Baldachin, in der Apsis frühmittelalterliche Mosaike. Rechts vom Altar kommt man zur Kapelle des *San Vittore in Ciel d'Oro*, berühmt für ihre herrlichen frühchristlichen Mosaike. Ans linke Seitenschiff ist der *Portico della Canonica* angeschlossen, ein unvollendeter Kreuzgang von Bramante, dort ist auch das *Kirchenmuseum* untergebracht.
Öffnungszeiten/Eintritt Sant'Ambrogio, Mo–Sa 7–12, 15–19, So 7–13, 15.30–20 Uhr. Kirchenmuseum, Mo u. Mi–Fr 10–12, 15–17, Sa/So 15–17 Uhr, Di geschl., ca. 1,60 €.

Museo Nazionale della Scienza e della Tecnica (Via San Vittore 21): riesiges Technikmuseum mit zahlreichen Abteilungen verschiedenster Art – von den Erfindungen Leonardo da Vincis bis zu modernen E-Loks und Luftschiffen.
Öffnungszeiten/Eintritt Di–Fr 9.30–16.50, Sa/So 9.30–18.20 Uhr, Mo geschl., Eintritt ca. 7 €, J. unter 18 und über 60 J. 5 €, für Eltern mit Kindern Sa/So ermäßigter Eintritt.

Weitere Viertel

Bahnhofsviertel: Der *Bahnhof* ist eine imposante Konstruktion der 1920er und 30er Jahre mit deutlichen Anleihen bei der klassischen Antike. Ansonsten dominieren nur wuchtige Hochhausklötze, der größte ist der mit 127 m das windschnittig geformte *Pirelli-Haus*, einer der höchsten Wolkenkratzer in Europa und Sitz der lombardischen Regionalregierung. Interessantester Straßenzug ist der breite *Corso Buenos Aires*, ein geschäftiger, rund um die Uhr vom Verkehrsinfarkt bedrohter Großstadtboulevard mit Läden aller Art, in dessen Seitenstraßen man Restaurants und Pizzcrien findet. Das Südende markiert die große *Porta Venezia*, wo der Stadtpark beginnt. Am Nordende liegt der *Piazzale Loreto*, dort wurde 1945 der Leichnam des am Comer See von Partisanen erschossenen „Duce" zusammen mit seiner Geliebten Claretta Petacci mit dem Kopf nach unten an einer Tankstelle aufgehängt (→ S. 320).

Chinatown: Die Via Paolo Sarpi liegt nördlich vom Parco Sempione. In ihrer Umgebung leben mittlerweile mehr als fünfzehntausend Chinesen, Mailand ist damit nach London und Paris die europäische Stadt mit dem höchsten chinesischen Bevölkerungsanteil. Wer einkaufen will, findet hier deutlich niedrigere Preise als im teuren Zentrum.

Cimitero Monumentale: Nur wenig nördlich von Chinatown liegt der städtische Friedhof. Er wurde im 19. Jh. außerhalb der Stadtmauern angelegt und ist ein wahrhaftes Gesamtkunstwerk mit architektonisch imponierenden Grabbauten, darunter z. B. das Grab des Schriftstellers Alessandro Manzoni.
Öffnungszeiten Di–So 9–17 Uhr, Mo geschl.

Ticinese/Navigli: Stadtteil im Südwesten (M2: Porta Genova). Hier findet man noch am ehesten Spuren des „alten" Mailand und sogar ein wenig „Amsterdam-Feeling", denn auf den beiden langen Kanäle *Naviglio Grande* und *Naviglio Pavese* ankern Hausboote, hier und dort führen kleine Brücken über die „Grachten". In diesem noch weitgehend volkstümlichen Stadtteil hat sich das Vergnügungsviertel Mailands etabliert – viele Kneipen, stilvolle Osterie und Musiklokale, Secondhand-Shops, Kunsthandwerker etc.

Hauptachse des Viertels ist der Corso di Porta Ticinese. An der Piazza XXIV Maggio steht der *Arco di Porta Ticinese*, ein Triumphbogen, der zu Ehren Napoleons errichtet wurde. Ein Stück die Straße hinauf trifft man auf die mittelalterliche Kirche *Sant'Eustorgio*, deren Cappella Portinari reich mit Fresken geschmückt ist und das Marmorgrab des Märtyrers Petrus (Petrus aus Verona) aus dem 13. Jh. birgt – nicht zu verwechseln mit dem Apostel Petrus, der unter dem Petersdom begraben liegt. Noch ein Stück in Richtung Stadtmitte findet man das Stadttor *Porta Ticinese* und kurz darauf die wunderschöne Anlage von *San Lorenzo Maggiore*, einem Zentralkuppelbau mit Ecktürmen. Malerisch beleuchtet sind allabendlich die römischen Tempelsäulen an der Straße unmittelbar davor – beliebter Treff junger Milanesen, bevor man sich ins Nachtleben stürzt. Eine Straßenbahn kurvt mitten durch das Gelände. Die *Cappella di San Aquillino* besitzt wertvolle Mosaiken, hinter dem Altar führt eine Treppe hinunter zu den Ruinen eines römischen Amphitheaters.

Öffnungszeiten/Eintritt **Cappella di San Aquillino**, tägl. 9–18 Uhr, Eintritt ca. 1,10 €.

Mailand/Umgebung

Vigevano

35 km südwestlich von Mailand. Ein Großteil aller italienischen Schuhe wird hier hergestellt. Vigevano besitzt aber auch einen der eindrucksvollsten Plätze im ganzen Land und eine Burganlage, deren Ausmaße einen tatsächlich zum Staunen bringen.

Die *Piazza Ducale* ist ein gewaltiges längliches Rechteck, vollständig mit Granitkieseln gepflastert und an drei Seiten eingefasst von bemalten Arkaden, deren 84 Säulenkapitelle alle voneinander verschieden sind. Die vierte Platzseite bildet der *Dom* aus dem 16. Jh. mit einer höchst dekorativ geschwungenen Barockfassade. Entworfen wurde der Platz Ende des 15. Jh. vom berühmten Bramante, Baumeister des Petersdoms in Rom. Auftraggeber war Sforzaherzog Ludovico il Moro, der für sein Jagdschloss einen Vorplatz brauchte. Dessen zinnenbewehrter Turm, die *Torre del Bramante*, überragt pittoresk die Szenerie. Hier liegt auch einer der drei Eingänge zum Kastell, über Stufen steigt man hinauf, durchquert den Turm und steht im riesenhaften Hof des *Castello Sforzesco*. Linker Hand sieht man den großen dreiflügeligen Hauptpalast der Anlage, *Maschio* genannt, mit schönen gotischen Doppelfenstern. Die mächtige *Strada Coperta*, ein 164 m langer und 7 m breiter, doppelstöckiger Gang führt von dort hinunter in die Stadt. Die lang gestreckten *Scuderie* um den Schlosshof wurden als gigantische Pferdeställe genutzt, bis zu tausend (!) Pferden konnten hier untergebracht werden. Heute ist hier das Schuhmuseum *Museo della Calzatura e della Tecnica Calzaturiera* untergebracht, in dem neben einheimischem Schuhwerk vergangener Epochen auch Schuhe aus der ganzen Welt ausgestellt sind. Zu den Attraktionen gehören Schuhe von Mussolini und Papst Pius XI. sowie die Nachbildung des Schuhwerks von Karl dem Großen.

354　Lombardei und die Seen

- *Anfahrt/Verbindungen* Häufige Züge ab **Milano Stazione Porta Genova** (M2: Porta Genova) im Navigli-Viertel, hin/rück ca. 4,70 €.
- *Öffnungszeiten/Eintritt* **Castello**, Mo–Sa 8–18 und So 8–19 Uhr (im Sommer auch länger), Eingang an der Rocca Vecchia, am unteren Ende der Strada Coperta. Führungen kann man unter ℡ 0381/693098 oder escursioni@vigevano.org buchen. **Torre del Bramante**, April bis Sept. Di–Fr 11–12, 15–16 Uhr, Sa/So 10–12.30, 14.30–18 Uhr, Eintritt ca. 1,50 €. **Museo della Calzatura e della Tecnica Calzaturiera**, Di–Fr 10–12.30, 15–18, Sa/So 10.30–12.30, 14.30–18.30 Uhr, Mo geschl., Eintritt ca. 3 €. ℡ 0381/693952.

Pavia
ca. 80.000 Einwohner

Ruhige Stadt am malerischen Ticino, 30 km südlich von Mailand. Nur wenige Neubauten stören das „centro storico", an Mittelalteratmosphäre blieb vieles erhalten: alte Gassen mit Backsteinbauten, eine Handvoll hoher „Geschlechtertürme", lange Arkadengänge und holpriges Pflaster, darüber die imposante Kuppel des Doms. Bereits seit 1361 bringt die große Universität Leben in den Alltag – sie ist nach Bologna die zweitälteste Italiens.

Zentrum der Stadt ist die lang gestreckte *Piazza Vittoria*, eingerahmt von teils sorgfältig restaurierten Palazzi mit langen Laubengängen. Im Untergrund liegt der *Nuovo Mercato*, eine bunt gefächerte Ladenzeile mit Supermarkt. An der Südkante steht der *Broletto*, das alte Rathaus der Stadt. Dahinter ragt die stolze Kuppel des *Doms*, ein Renaissancebau in Form eines griechischen Kreuzes. Bis Ende der Achtziger besaß er einen 50 m hohen Glockenturm mit eineinhalb Meter dicken Mauern – im März 1989 brach er aus rätselhaften Gründen innerhalb weniger Sekunden zusammen (Wiederaufbau geplant).

Wenige Schritte seitlich der Piazza Victoria kreuzen sich die beiden Hauptstraßen *Corso Cavour/Corso Mazzini* und *Strada Nuova*. Letztere führt zum Ticino hinunter – ein Spaziergang lohnt wegen des schönen Blicks auf den Fluss und die überdachte Brücke *Ponte Coperto*. Im 12. und 13. Jh. war Pavia freie Stadtrepublik, aus dieser Blütezeit stammen einige bemerkenswerte romanische Kirchen. Vor allem *San Michele* in Flussnähe ist interessant – hier wurde Friedrich Barbarossa zum Kaiser gekrönt. Großartig ist die Fassade mit Reliefs im weichen Sandstein, die jedoch leider bis zur Unkenntlichkeit verwittert sind.

Im nördlichen Bereich der Strada Nuova liegt der ausgedehnte ockerfarbene Komplex der *Università degli Studi di Pavia*. Um mehrere Innenhöfe gruppieren sich doppelstöckige Säulengänge, geschmückt mit den Statuen ehemaliger Professoren und Rektoren. Man kann ein wenig umherschweifen, die Atmosphäre schnuppern und den Studenten zusehen.

Seit dem 14. Jh. übernahm das Geschlecht der Visconti in Pavia die Macht und ließ ein großes Kastell errichten. Es liegt am Nordende der Strada Nuova, besitzt einen schönen, von Loggien umgebenen Innenhof und die *Musei Civici* mit Gemälden und Skulpturensammlung. Nicht weit entfernt findet man die romanische Kirche *San Pietro in Ciel d'Oro*, deren wertvolles Marmorreliquiar die Gebeine des heiligen Augustinus beherbergt.

Öffnungszeiten/Eintritt **Nuovo Mercato**, Di–Sa 8–12.30, 15.30–19.30, Mo 8–12.30 Uhr, Mo-Nachmittag und So geschl;. **Musei Civici**, Di–So 10–18, Dez., Jan., Juli u. August Di–So 9–13.30 Uhr, Mo geschl.; Eintritt ca. 6 € (Einzelmuseum 4 €).

Warnung: Im Sommer leidet Pavia unter mörderischer Hitze und – wegen der nahen Flussniederungen – unter heftiger **Mückenplage**.

Pavia

Historischer Waschplatz am Südufer des Ticino

Anfahrt/Verbindungen/Information

- *Anfahrt/Verbindungen* **PKW**, Autobahnausfahrt Casteggio-Casatisma. Von Milano/Ticinese die SS 35 nehmen, in der zweiten Hälfte geht es am Kanal Naviglio di Pavia entlang, dabei kommt man nah an der berühmten Certosa di Pavia vorbei (→ unten). Die Altstadt von Pavia ist für den Verkehr gesperrt, mehrere Parkplätze liegen rundum.

Bahn, Pavia liegt an der Bahnlinie Mailand-Genua und ist von Mailand in einer halben Stunde zu erreichen. Bahnhof westlich der Altstadt, ca. 1 km ins Zentrum.

- *Information* **IAT**, viel Prospektmaterial. Mo–Sa 8.30–12.30, 14–18 Uhr, So 9–12 Uhr. Via Fabio Filzi 2, Nähe Bahnhof. ✆ 0382/22156, ✉ 32221, www.comune.pv.it.

Übernachten/Essen/Unterhaltung

- *Übernachten* ***** Excelsior**, gegenüber vom Bahnhof, äußerlich nicht schön, innen aber gepflegt und zu empfehlen, gemütlicher Frühstücksraum. DZ mit Frühstück ca. 90 €. Piazzale Stazione 25, ✆ 0382/28596, ✉ 26030, www.excelsiorpavia.com.

** Aurora, vom Bahnhof wenige Schritte die Straße geradeaus, moderne Zimmer mit guten Betten und TV, teils Klimaanlage, teils Ventilator, freundliche Vermieter. DZ mit Frühstück ca. 88 €. Viale Vittorio Emanuele 25, ✆ 0382/23664, ✉ 21248, www.albergoaurora.com.

* Stazione, an den Bahngleisen südwestlich vom Bahnhof, entsprechende Geräuschkulisse. DZ mit eigenem Bad ca. 60 €, mit Etagendusche ca. 52 €. Via Bernardino de Rossi 8, ✆ 0382/35477.

Camping Ticino, Wiesenplatz westlich vom Zentrum, direkt am nördlichen Flussufer. Bus 4 ab Bhf. Ende März bis Ende Okt. Via Mascherpa 10, ✆ 0382/527094.

- *Essen & Trinken* **Marechiaro**, unschlagbar schöne Lage an der historischen Piazza Vittoria, gute Küche und korrekter Service, auch Pizza. Mo geschl. ✆ 0382/23739.

Madonna da Peo, kleine, gepflegte Osteria in einem schmalen Gässchen südlich vom Dom. So geschl. Via dei Liguri 28, ✆ 0382/302833.

Capri, preiswerte Studentenpizzeria, hinten lockt ein „Fenster" mit der Illusion eines Capristrandes. Di geschl. Corso Cavour 32, ✆ 0382/20067.

Antica Osteria del Previ, volkstümliche Trattoria am Südufer des Ticino. Serviert werden regionale Fische und typische Paveser Küche, z. B. *zuppa alla pavese* (Fleischbrühe mit Ei und Käse). Mi geschl. Via Milazzo 65. ℘ 038/226203.

Belvedere, noch einige hundert Meter weiter, Terrassenlokal mit Blick auf den Fluss. Di geschl. Via Milazzo 191, ℘ 0382/26903.

• *Unterhaltung* Als Unistadt besitzt Pavia einige populäre Treffs, während der Semesterferien ist allerdings vieles geschlossen.

Il Broletto, stilvoll eingerichteter Irish Pub im alten Rathaus an der Piazza Vittoria, sieben Sorten Bier vom Fass.

Araldo, direkt neben der Universität, viel besuchter Studententreff mit hübschem Vorgarten. Corso Carlo Alberto.

Spazio Musica, wie der Name sagt, häufig Livemusik. Via Faruffini 5.

Ansonsten gäbe es theoretisch an heißen Sommerabenden kaum etwas Schöneres, als auf den zu Restaurants/Bars umgebauten **Hausbooten** am Fluss Ticino zu sitzen – doch die Mücken machen einen Aufenthalt dort fast unmöglich.

Mulino della Frega, 8 km nördlich, in Lardirago. Bei weitem die schönste Disco im Umkreis – eine umgebaute alte Mühle, im Sommer mit Open-Air-Bereich, Pianobar und Swimmingpool. ℘ 0382/94100.

Von Pavia führt die SS 35 in einer halben Stunde direkt ins Navigli-Viertel von Mailand mit zahllosen Restaurants und Osterie (→ S. 342), Tipp für einen anregenden Abend in der Weltstadt.

Certosa di Pavia

Berühmter Klosterkomplex des Kartäuserordens, 10 km nördlich von Pavia. 1396 ließ ihn Gian Galeazzo Visconti, Herzog von Mailand, als Grabstätte für sich und seine Familie erbauen, danach übernahmen die Sforza die weitere Ausgestaltung.

Über 300 Jahre hinweg wurde immer wieder angebaut und vergrößert. Die Marmorfassade der Kirche entstand im 15./16. Jh. und gilt als eins der prächtigsten Kunstwerke der oberitalienischen Frührenaissance. Kurz nach dem Zweiten Weltkrieg verließen die Kartäuser die Certosa, heute ist sie im Besitz des Zisterzienserordens. Die Mönche veranstalten Führungen.

Besichtigung: Die *Fassade* ist ein Werk verschiedener Künstler: die Brüder Mantegazza und Giovanni Antonio Amadeo gestalteten die faszinierende untere Hälfte, Lombardo fügte später den etwas einfacheren Überbau an, der Abschluss der Fassade fehlt. Sie mutet fast orientalisch an, verspielt fügen sich zahllose Reliefs und Halbreliefs ineinander. Im Sockel reihen sich Medaillons mit den Porträts römischer Herrscher, darüber liegen Basreliefs mit Porträts und Skulpturen von Heiligen und Aposteln. Im Portal beeindrucken die großartigen Reliefs, die Szenen aus der Geschichte der Certosa und aus dem Leben Marias darstellen. Der hohe gotische *Innenraum* wirkt ausgesprochen harmonisch, die Seitenkapellen enthalten wertvolle Gemälde, z. B. in der zweiten links ein Polyptychon, dessen Mitte ein farbenprächtiger „Segnender Gottesvater" von Perugino einnimmt, der sich mit den Engelsköpfen im Hintergrund wie ein himmlischer Jongleur zeigt. Am Gitter, das *Querschiff* vom Hauptraum abtrennt, wartet man auf die nächste Führung (sobald sich eine größere Gruppe versammelt hat), Dauer ca. 45 Min.

Linker Hand im Transept (Querhaus) liegt das *Grabmal* des Ludovico il Moro aus der Familie der Sforza und der Beatrice d'Este mit zwei lebensgroßen Skulpturen. In der *Alten Sakristei* wertvolle Wandschränke und ein Triptychon aus Elfenbein, im *Presbyterium* ein Großaltar aus Marmor, prächtiges Chorgestühl und barocke Wandfresken. Am rechten Ende des Querschiffs das Grabmal Gian Galeazzo

Märchenhafter Bau: die Certosa di Pavia

Viscontis und seiner Frau. Jetzt gelangt man in den malerischen *Kleinen Kreuzgang*. An der dem Garten zugewandten Seite dienen viele Hunderte von Terrakotta-Köpfen als Verzierungen. Äußerst dekorativ ist der Brunnen mit etwa 1 m hohen Figuren in der Nähe des Eingangs zum Refektorium, hier auch eindrucksvoller Blick zurück auf die arkadengesäumte Kirche mit ihrem Turm. Das *Refektorium* ist in zwei Hälften geteilt – vorne speisen die Mönche, hinten die Anwärter. An der Wand hängt ein Abendmahlgemälde. Der *Große Kreuzgang* ist von eindrucksvoller Weite und umgeben von den Zellen der Mönche. Jeder hat ein kleines Gebäude mit zwei Zimmern und einem separaten Hof für sich, die Schornsteine, die sich gleichförmig in den Himmel recken, ergeben ein ausgesprochen ästhetisches Bild. Nach Besichtigung einer Zelle mit Garten endet die Führung im klostereigenen *Verkaufsladen*, wo man u. a. selbst gebraute Schnäpse, Rum, Liköre, Schokolade und Badezusätze erwerben kann.

Den gehaltvollen Likör, den früher die Mönche produzierten, stellt heute ein Privatunternehmen her. Kosten kann man den 40%igen „Amaro del Povero" in der urigen Bar vor der Certosa. Sein Markenzeichen „Gra-Car" ist die Abkürzung des lateinischen Gratiarum Carthusie (= Certosa delle Grazie).

- *Öffnungszeiten* April bis Sept. Di–So 9– 11.30, 14.30–16.30 Uhr (April u. Sept. bis 17.30 Uhr, sonstige Monate bis 16.30 Uhr), Mo geschl.; Führungen werden von den Mönchen durchgeführt, Spende erwünscht.
- *Anfahrt/Verbindungen* **PKW**, SS 35 und noch 1 km eine schöne Allee entlang. Parken kostet ca. 2,50 €, kann für Wohnmobile auch zum Übernachten genutzt werden.

Bahn/Bus, die Certosa hat eine Bahnstation an der Strecke von Mailand (Bahnhof an der Rückseite des Komplexes, man muss links herum um die Mauer bis zum Haupteingang gehen, ca. 15 Min.). Busse fahren etwa stündl. ab Busstation beim Bahnhof von Pavia – aussteigen am Anfang der langen Allee und noch 15 Min. zu Fuß.

Cremona

ca. 75.000 Einwohner

Geschäftige Stadt direkt am Po, eingebettet in weite, grüne Uferauen. Hier hängt der Himmel voller Geigen – Cremona ist seit dem 16. Jh. die wichtigste Violinenbauerstadt Italiens, Stradivari ihr berühmtester Sohn. Ein einschlägiges Museum zeigt wertvolle Modelle und historische Arbeitswerkzeuge, es gibt eine internationale Geigenbauerschule und über neunzig Werkstätten.

Aber auch für Nichtmusiker hat Cremona Interessantes zu bieten – der grandiose Dom ist einer der beeindruckendsten am Stiefel, sein Glockenturm gilt als höchster im Land und ist weithin sichtbar. Die Piazza davor fungiert abends als wunderschönes „Wohnzimmer", auf der man „Italien pur" erleben kann – noch dazu fast ohne Touristen.

*A*nfahrt/*V*erbindungen/*I*nformation

- *Anfahrt/Verbindungen* **PKW**, Cremona liegt an der A 21 von Brescia nach Piacenza. Etwas suchen muss man schon, bis man einen Parkplatz findet, wenig ausgeschilderte Möglichkeiten.
Bahn, Bahnhof im Norden der Stadt, immer geradeaus die Via Palestro entlang geht's ins Zentrum, ca. 15 Min. (auch Busverbindung).

- *Information* Piazza del Comune 5 (Domplatz), unter den Arkaden des Palazzo del Comune. Reichhaltiges Material, u. a. Stadtplan mit deutschsprachigen Hinweisen und eingezeichneten Hotels. Mo–Sa 9–12.30, 15–18 Uhr, So 9.45–12.15 Uhr (Nebensaison So geschl.). ✆ 0372/23233, ✉ 534080, www.provincia.cremona.it.

*Ü*bernachten/*E*ssen & *T*rinken (siehe *K*arte S. 360/361)

- *Übernachten* ****** Impero (8)**, zentrale Lage an einer für den motorisierten Verkehr gesperrten Piazza hinter dem Rathaus, äußerlich ein strenger und schnörkelloser Bau, innen komfortabel und elegant. Zimmer mit TV und Stilmöbeln, prächtiger Blick auf die Piazza und z. T. auf die nahe Kathedrale. DZ mit Frühstück ca. 110–130 €. Piazza della Pace 21, ✆ 0372/413013, ✉ 457295, www.hotelimpero.cr.it.

*** Astoria (7), in einem schmalen Seitengässchen in zentraler Lage. Angenehmes, älteres Albergo, gut in Schuss und relativ ruhig, freundlich geführt. In den Zimmern TV und Ventilator. DZ mit Frühstück ca. 70 €. Vicolo Bordigallo 19, ✆ 0372/461616, ✉ 461810, www.dinet.it/astoria.

*** Duomo (9), als Albergo und Ristorante gleichermaßen gefragt, wenige Schritte von der Piazza del Comune. Unten und in den Gängen spiegelnder Granit, Zimmer modern und sachlich, jeweils Klimaanlage, Kühlschrank und TV. DZ mit Frühstück ca. 70 €. Via Gonfalonieri 13, ✆ 0372/35242, ✉ 458392.

*** La Locanda (4), populäre Trattoria mit einigen Zimmern im Obergeschoss, jeweils TV und putzige Bäder. DZ mit Frühstück ca. 70 €. Via Pallavicino 4, ✆ 0372/457835, ✉ 457834.

* Giardino di Giada (3), ordentliches Albergo wenige Fußminuten östlich der Altstadt, gleich bei der verkehrsreichen Piazza della Libertà. Saubere DZ für ca. 35–40 €, nur Etagendusche. Via Brescia 7/9, ✆/✉ 0372/434615.

Camping Parco del Po, schöner und preiswerter Platz in den Uferwiesen des Po (gut ausgeschildert), für Zelte separater Platzteil. Sanitäranlagen könnten etwas besser sein. ✆ 0372/21268, ✉ 27137, www.campingcremona.it.

- *Essen & Trinken* Man kann gut essen in Cremona, nur leider selten im Freien. *Gnocchi alla cremonese* (Klößchen mit Sesam- und Mohnkörnern) gehören zu den Spezialitäten und *mostarda di Cremona*, in süßem Senfsirup eingelegte Früchte, serviert zu gekochtem Rindfleisch.

La Sosta (12), nur wenige Schritte vom Domplatz, geschmackvoll eingerichtetes Lokal mit Cremoneser Spezialitäten und leckeren, selbst gemachten Nudeln, z. B. die Gnocchi nach Cremoneser Art oder

ravioli di patate mit Pestosoße, dazu exzellenter roter Hauswein. Etwas teurer, aber das ist es wert. So-Abend und Mo geschl. Via Sicardo 9, ✆ 0372/456656.
Duomo (9), (→ Übernachten), eins der wenigen Lokale, wo man im Zentrum im Freien essen kann, Tische auf der Gasse mit Blick auf den Dom, gute Küche und ebensolcher Service. Via Gonfalonieri 13, ✆ 0372/35242.
La Locanda (4) (→ Übernachten), hübsch aufgemachtes Lokal mit romantischem Touch, feine Küche, nette Inhaber. Di und im August geschl. Via Pallavicino 4, ✆ 0372/457835.
Cerri (2), preisgünstige, trotzdem gute Trattoria an einer ruhigen Piazza, von Einheimischen empfohlen. Di und Mi geschl. Piazza Giovanni XXIII 3, ✆ 0372/22796.
TIPP! Hosteria il 700 (1), wunderschöne Räume mit Wand- und Deckenfresken, Gerichte nach Cremoneser Tradition, viele Risotti, angemessene Preise. Mo-Abend und Di geschl. Piazza Gallina 1, ✆ 0372/36175.

Nachtleben/Shopping (siehe Karte S. 360/361)

- *Nachtleben* Auf der zentralen **Piazza Pace** liegen mehrere beliebte Cafés und Kneipen.
Lex (10), hinter dem Baptisterium beim Dom (→ Sehenswertes), hier kann man hinter Gittern sitzen, während Justitia hinter dem Tresen mit verbundenen Augen über das Gesetz (lex) wacht. Doch im Sommer spielt sich alles vor der Tür ab.
Antica Osteria del Fico (5), Weinkneipe im alten Stil, beliebt bei der Jugend, überdachter Hof mit Feigenbaum. Via Guido Grandi 12.

- *Shopping* großer **Lebensmittel- und Kleidermarkt** jeden Mi und Sa um die Piazza Marconi.
Es gibt mehr als 90 Geigenbauwerkstätten in der Stadt, die Preise reichen von ca. 500–8000 € (www.cremonaliuteria.it).
Consorzio Liutai Antonio Stradivari Cremona (6), permanente Verkaufsausstellung des Konsortiums der Cremoneser Geigen- und Bogenbauer. ✆ 0372/463503, 📠 464490, www.cremonaviolins.com.
TIPP! Una finestra sul Duomo (11), in optimaler Lage am Domplatz (gegenüber vom Baptisterium) hat das deutschstämmige Ehepaar Gaspar Borchardt und Sibylle Fehr-Borchardt seine Geigenwerkstatt. Sachkundige Beratung in Deutsch ist garantiert. 9–12, 15–19 Uhr. ✆/📠 0372/31969, borchardtcremona@tin.it.

Sehenswertes

Das historische Zentrum mit seinen engen Pflastergässchen ist klein und kompakt – ganz im Gegensatz zum monumentalen Dom. Die Piazza vor dem Dom präsentiert sich als wunderschönes Stück Mittelalter: der gotische *Palazzo del Comune*, unter dessen Arkaden die Korbstühle eines beliebten Cafés stehen, das schlichte *Baptisterium* und der alles überstrahlende Dom, der abends in warmes Licht getaucht ist. Kinder spielen auf der Piazza, man plauscht und nippt an seinem Campari ...

Die prachtvolle Domfassade mit dem riesigen Backstein-Campanile bietet einen erhabenen Anblick – der Turm, „Torrazzo" genannt, wirkt fast wie ein

Dom, „Torrazzo" und Baptisterium

360 Lombardei und die Seen

islamisches Minarett. Stolze 111 m (!) ist er hoch, 500 Stufen führen zum Rondell unter der Spitze hinauf, die astronomische Uhr an der Front stammt aus der Renaissance. Aufstieg ist möglich, im ersten Stock ist eine historische *Geigenwerkstatt* eingerichtet.

Die Fassade zeigt sich als glückliche Synthese aus Romanik und Renaissance – vom Boden bis zur großen Fensterrose ist sie romanisch, der skulpturengeschmückte Giebel wurde dagegen erst im 16. Jh. aufgesetzt, die drei Rundtürme wirken wie das Tüpfelchen auf dem i. Unten verläuft ein schattiger Säulengang, das Portal wird von zwei Löwen flankiert, darüber aufwendiger Überbau mit schöner Figurengruppe und einem Reliefband, das ländliche Arbeiten im Ring der Jahreszeiten darstellt. Das Innere wirkt düster und feierlich. Riesenhafte goldgerahmte Fresken schmücken das Mittelschiff, über dem Haupteingang eine gewaltige Kreuzigungsszene in den Kostümen des 15./16. Jh., darunter Grablegung und Auferstehung. Zwei prächtige Renaissancekanzeln mit filigranen Reliefs stehen vor dem Altarraum, zahlreiche Seitenaltäre.

• *Öffnungszeiten/Eintritt* **Dom**, Mo–Sa 10.30–12, 15.30–18 Uhr, So 10.30–13, 15.30–17.30 Uhr, Eintritt frei.
Torrazzo, Juni bis Sept. Di–So 10–13, 14.30–17.30 Uhr, Mo geschl., übrige Zeit 10–13 Uhr oder nach Voranmeldung bei der Sagrestia del Duomo, ✆ 0372/27386; Eintritt ca. 4 € (Sammelticket Torrazzo, Mosaiken, Baptisterium 5 €).

Baptisterium und Römische Mosaiken: Im Inneren des achteckigen Baptisteriums vor dem Dom ist eine Sammlung romanischer Plastiken zu betrachten, an der benachbarten Piazza Sant'Antonio M. Zaccaria werden römische Mosaiken verwahrt.
Öffnungszeiten/Eintritt Di–So 10–13, 15–18 Uhr, Mo geschl., Eintritt für Baptisterium und römische Mosaiken zusammen ca. 2 €. ✆ 0372/27386.

Palazzo del Comune: Im Obergeschoss des Rathauses ist die *Civica Collezione di Violini* zu besichtigen. Fünf einzigartige Violinen hängen dort in Schaukästen, darunter die „Cremonese ex Joachim", eine echte *Stradivari* von 1715.
Öffnungszeiten/Eintritt Di–Sa 9–18, So 10–18 Uhr, Mo geschl., Eintritt ca. 6 €.

Museo Civico „Ala Ponzone": An der Via Ugolani Dati steht der mächtige *Palazzo Affaitati* mit großartigem Treppenhaus, erbaut im 16. Jh. für eine Bankiersfamilie.

Übernachten
3 Giardino di Giada
4 La Locanda
7 Astoria
8 Impero
9 Duomo

Essen & Trinken
1 Hosteria il 700
2 Cerri
4 La Locanda
9 Duomo
12 La Sosta

Nachtleben
5 Antica Osteria del Fico
10 Lex

Sonstiges
6 Consorzio Liutai Antonio Stradivari Cremona
11 Una finestra sul Duomo

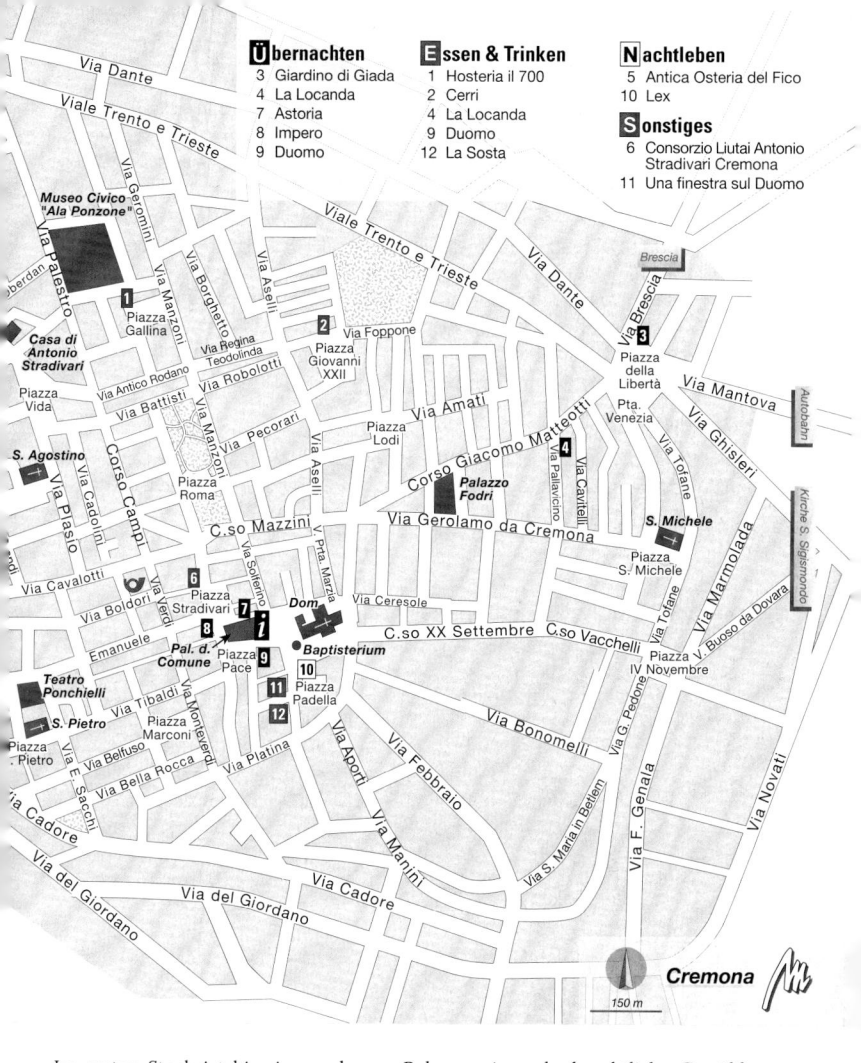

Im ersten Stock ist hier im modernen Rahmen eine sehr beachtliche Gemäldesammlung untergebracht, hauptsächlich von Renaissancekünstlern. Die größten der vielen farbenprächtigen Bildwerke erreichen eine Dimension von 9 x 5 m, dazu gibt es hübsche Holzbilder (bottege). Nach der Pinakothek erreicht man das *Museo Stradivariano* mit zahlreichen Schaukästen voller historischer Violinen, dazu Modelle, Zeichnungen, Entwürfe und Handwerkszeug der Geigenbaumeister. Doch welche Enttäuschung – kaum eine Stradivari ist zu sehen.

Öffnungszeiten/Eintritt Di–Sa 9–18, So 10–18 Uhr, Mo geschl., ca. 7 €.

Ein Sammelticket für Civica Collezione di Violini und Museo Civico „Ala Ponzone" kostet 10 €.

Consorzio Liutai Antonio Stradivari Cremona: An der Piazza Stradivari mit seinem schönen Stradivari-Denkmal hat unter der Nr. 1 das Konsortium der Cremoneser Geigen- und Bogenbauer seinen Sitz. Im Rahmen einer ständigen Ausstellung kann man hier die Geigen der zum Konsortium gehörigen Geigenbauer ansehen, spielen und kaufen (✆ 0372/463503, ✉ 464490, www.cremonaviolins.com).

Palazzo Fodri: Der Palast aus der Übergangszeit vom Spätmittelalter in die Renaissance (15. Jh.) am Corso Giacomo Matteotti 17 vereinigt in sich lombardische Architektur mit den Einflüssen der toskanischen Renaissance. Im Rahmen einer ständigen Ausstellung kann man hier die Instrumente der Gewinner des alle drei Jahre stattfindenden Wettbewerbs „Ente Triennale degli Strumenti ad Arco" betrachten.

Öffnungszeiten/Eintritt Mo–Fr 9–12, 15–17 Uhr, Sa/So geschl., Eintritt frei. ✆ 0372/21454, www.entetriennale.com.

Museo della Civiltà Contadina di Valpadana: urige, bunt zusammengewürfelte Sammlung bäuerlicher Kultur in einem ehemaligen landwirtschaftlichen Gut an der Staatsstraße nach Mailand, Via Castelleone 51 (Bus 3 ab Bhf.).

Öffnungszeiten/Eintritt Di–Sa 9–13 Uhr, Mo geschl.; Eintritt frei.

Antonio Stradivari: Genie der Geigenbauer

1644 in Cremona geboren und 1737 gestorben, wurde er schon zu Lebzeiten berühmt und wohlhabend. Seine Geigen gingen an europäische Fürstenhöfe, an die Medici, an Kardinäle und Päpste. Über 600 „Stradivaris" sind noch erhalten, wie viele er gebaut hat, ist unbekannt. Noch heute konstruiert man in Cremona die Geigen weitgehend nach seiner Vorgabe: Für den Boden verwendet man geflammten Ahorn, der mehrere Jahre luftgetrocknet sein muss. Die Decke besteht aus Holz von Dolomiten-Fichten, die besonders langsam und gleichmäßig wachsen. Geigenhals und Steg sind ebenfalls aus Ahorn, das Griffbrett und die Wirbel aus Ebenholz. Die Böden werden schön geflammt, der Korpus goldgelb grundiert und mit leuchtend rotem Lack überzogen. Vor allem in der Zusammensetzung des Lacks lag wohl das Geheimnis des berühmten Stradivari-Klangs – doch leider hat er dieses Geheimnis mit ins Grab genommen.

Piemont und
Aostatal
Piemonte e Valle d'Aosta

Schöne Orte: Turin (S. 368), Asti (S. 384), Alba (S. 387), Aosta (S. 396), Cuneo (S. 392), Saluzzo (S. 390).

Landschaftliche Höhepunkte: Monferrato und Langhe (S. 384); das gesamte Aostatal mit Nebentälern – speziell der Gran Paradiso Nationalpark und die spektakuläre Seilbahnroute am Mont-Blanc-Massiv (S. 401).

Kulturell interessant: Turin (S. 368), Asti (S. 384), Alba (S. 387), Aosta (S. 396), die Burgen im Aostatal (S. 395), Sacra di San Michele (S. 382), Saluzzo (S. 390) und der Sacro Monte von Varallo (S. 395).

Baden: im kleinen Lago di Viverone (S. 393) nahe der Autobahn von Turin nach Aosta; die Seen Lago Maggiore und Lago d'Orta finden Sie im Kapitel „Lombardei und die Seen" (s. S. 273).

Kurios: das „Grabtuch von Turin" und die Mole Antonelliana (beides in Turin, S. 368).

Eher abzuraten: die Außenbezirke von Turin.

Weinberge soweit das Auge reicht, gekrönt von beschaulichen Dörfern

Piemont und Aostatal
Piemonte e Valle d'Aosta

Die weitgehend flache bis hüglige Landschaft um Turin und die nördlich anschließende Alpenregion Valle d'Aosta bilden den nordwestlichsten Teil Italiens. Architektur, Küche und Sprache sind deutlich von den Nachbarn Frankreich und Schweiz beeinflusst. Das Valle d'Aosta ist offiziell zweisprachig (italienisch und französisch), während im nördöstlichen Seitental Val di Gressoney sogar eine kleine deutschsprachige Minderheit lebt.

Das Piemont liegt am Fuß der Alpen und wird durch die westlichen Ausläufer der Poebene und das Hügelland der Umgebung geprägt. *Turin*, die ehemalige Hauptstadt des piemontesischen „Königreichs Sardinien", hat ihren monumentalen Charakter bis heute bewahrt. Großartige alte Cafés mit dem Charme vergangener Jahrhunderte, zahlreiche prachtvolle Palazzi und ganze 18 km elegante Arkadengänge spiegeln den Glanz der alten Savoyer-Residenz wider. Südlich von Turin bilden die sympathischen Städte *Asti* und *Alba* das Zentrum der großen stimmungsvollen Weinbaulandschaften *Monferrato* und *Langhe*. Einige der größten Weine Italiens stammen aus dieser anmutigen, oft dunstverhangenen Hügelregion mit ihren zahlreichen mittelalterlichen Dörfern und Burgen, darunter die weltbekannten Tropfen Barolo, Barbera und Barbaresco. Alba ist außerdem den Liebhabern der kostbaren Trüffelpilze „tartufi" ein Begriff – zur Erntezeit im Oktober ist die Stadt restlos ausgebucht. Überhaupt kann man in den ausgezeichneten Landrestaurants von Monferrato und Langhe die reichhaltige Speisetradition des Piemont bestens erleben, die zweifellos zu den besten Regionalküchen des Landes gehört – die Organisation „Slowfood" hat ihren Ursprung im Piemont, und das nicht ohne Grund. Das „typische" Italien ist Piemont allerdings nicht unbedingt, die Architektur wirkt oft etwas streng und nüchtern, die Menschen sind zurückhaltender und ruhiger als man es aus anderen Regionen Italiens gewohnt ist und auch der Tourismus spielt nur in einzelnen Gebieten eine Rolle.

Nur ein bis zwei Stunden braucht man mit dem Auto von Turin ins nördlich sich anschließende Valle d'Aosta – ein breites Alpental mit zahlreichen Seitentälern am Fuß des mächtigen Mont-Blanc-Massivs, des Monte Rosa und des Großen San Bernardo. Im Winter ist das Aostatal ein bevorzugtes Skigebiet, aber auch in der warmen Jahreszeit dank der wunderbaren Wandermöglichkeiten in herrlich grüner Berglandschaft viel besucht. Der große *Gran Paradiso Nationalpark* ist eines der schönsten Gebiete, einen weiteren Höhepunkt bildet die die Seilbahnfahrt von *La Palud* hinauf auf den Mont Blanc bis auf fast 4000 m Höhe. Während die Hauptort *Aosta* ein hübsches Städtchen mit beachtlicher historischer Vergangenheit ist, sind *Courmayeur* und *Breuil-Cervinia* weitgehend vom – überwiegend recht noblen – Skitourismus geprägt. Malerisch thronen zahlreiche Burgen über dem Aostatal, die im Mittelalter fast alle vom örtlichen Adelsgeschlecht der Challant errichtet wurden, um das strategisch wichtige Transitgebiet zu schützen.

Wanderfreunde finden im Piemont übrigens eine ganz besondere Herausforderung: Auf der *Grande Traversata delle Alpi*, besser bekannt als Fernwanderweg **G.T.A.**, kann man in 68 Tagesetappen den gesamten italienischen Abschnitt des Westalpenbogens durchqueren. Startpunkt ist der Griespass (Nufenenpass) am nördlichsten Zipfel des Piemont, das Ziel heißt Ventimiglia an der ligurischen Riviera, schon an der Grenze zu Frankreich.

Anfahrt/Verbindungen

• *PKW* Von Norden kommend erreicht man das **Piemont** am besten aus der Schweiz über die berühmte **St.-Gotthard-Autobahn** (N 2 bzw. E 35) oder die **San-Bernardino-Autobahn** (A 13 über Chur) und am Luganer See und Como vorbei nach Mailand. Von Mailand nach Turin verläuft die A 4. Alternativ bietet sich die viel befahrene Strecke am Westufer des Lago Maggiore an, ab Verbania dann auf der A 26 ins südlichere Piemont. Sehr reizvoll ist die Strecke von der französischen Schweiz über den **Großen St. Bernhard** mit 6 km langem Tunnel nach Aosta.

Das **Aostatal** ist von Turin bequem auf der A 5 zu erreichen. Von Frankreich führt ein 12 km langer Tunnel durch den Mont Blanc.

• *Bahn* Von der Schweiz am besten auf der **Gotthard-Linie**, eine der wichtigsten Alpenstrecken mit dem 15 km langen St.-Gotthard-Tunnel (Basel-Luzern-Bellinzona-Lugano-Como-Mailand). Von Mailand stündlich Verbindungen nach Turin. Reizvolle Variante: in Bellinzona nach Locarno umsteigen und von dort die private **Centovalli-Bahn** auf atemberaubender Strecke nach **Domodossola** im Piemont nehmen (www.centovalli.ch). In Domodossola Anschluss an das Bahnnetz der FS.

Oder aus der Westschweiz über Thun-Spiez-Frutigen direkt nach Turin: durch den **Lötschbergtunnel** (15 km), weiter ins Wallis über Brig und durch den **Simplontunnel** (20 km), über Domodossola und Arona rüber nach Turin.

Übernachten

In **Turin** findet man selbstverständlich zahllose Pensionen und Hotels aller Preisklassen sowie eine Jugendherberge und einen Zeltplatz. **Monferrato** und **Langhe** besitzen eine große Anzahl feiner Landhotels, die oft in Kastellen und historischen Villen untergebracht sind. Man isst und trinkt hier sehr gut, der Weintourismus hat eine lange Tradition.

Piemont und Aostatal

Im **Aostatal** existiert eine ausgeprägte touristische Infrastruktur mit Sommer- und Wintertourismus. Manche Hotels und Pensionen arbeiten nur auf Basis von Halb- oder Vollpension, viele Pauschalurlauber kommen hier unter. In allen Tälern liegen **Campingplätze**, die meisten im Haupttal zwischen Aosta und Courmayeur. Einige sind ganzjährig geöffnet, in der Regel aber nur von Juni bis September.

Essen & Trinken

Die Küche des Piemont und des Aostatals ist entsprechend der Landesnatur alpenländisch herzhaft, wurde aber durch französische Einflüsse und die lange aristokratische Tradition der Turiner Savoyen-Herrscher immer wieder verfeinert. Besonders die piemontesische Kochkunst zählt heute zu den großen kulinarischen Highlights Italiens.

Getreide wird in großen Mengen angebaut – die **grissini** genannten langen und schmalen Brotstangen werden zu jeder Mahlzeit gereicht (besonders gut sind sie handgezogen) und sind heute in ganz Italien verbreitet. Im Osten des Piemont liegen aber auch die größten Reisfelder Italiens, **risotto** und andere Reisgerichte gehören zu den Standardangeboten vieler Restaurants. Zu den bevorzugten Pasta-Varianten zählen die mit Fleisch gefüllten Nudeltäschchen **agnolotti** und die Bandnudeln namens **tajarin**, die piemontesische Variante der Tagliatelle.

Von den piemontesischen Fleischgerichten sollte man einmal **finanziera** versuchen, ein Ragout aus verschiedenen Fleischstücken, hauptsächlich Innereien. Genannt wird das Gericht so, weil es angeblich früher die Finanzbeamten besonders gerne aßen. Ein weiterer piemontesischer Leckerbissen ist **brasato al Barolo**, Schmorbraten in Barolo-Wein. **Bollito misto** ist in ganz Oberitalien verbreitet und besteht aus verschiedenen gekochten Fleischsorten wie Rind, Huhn und Kalb, die zusammen mit Gemüse geschmort und zubereitet werden; **carne cruda** ist tatsächlich roh, eine Art Tartar vom Kalb, angemacht mit Olivenöl, Knoblauch, Zitrone und Pfeffer. Oft wird Wild serviert, **petto d'anatra all'aceto balsamico**, Entenbrust in Balsamessig, sollte man ebenfalls einmal kosten. **Bagna caôda** schließlich ist ein Allerlei aus rohen und gekochten Gemüsen, getunkt in eine schwere Sardellen-Knoblauch-Buttersoße, sie wird vor allem in der kalten Jahreszeit zubereitet.

Die teuerste Spezialität des Piemont sind die begehrten **tartufi** (Trüffel). Diese Pilze wachsen unterirdisch im Wurzelgeflecht von Bäumen. Speziell abgerichtete Hunde können diese Stellen aufspüren. Es gibt schwarze und weiße Trüffel, letztere sind besonders begehrt und stammen meist aus dem Gebiet der Langhe südlich der Stadt Alba. Alba hat den Status einer Trüffelhauptstadt, zur Erntezeit im Herbst kommen Kenner von weither. Trüffel werden meist geschnitten oder gerieben als Geschmacksanreger für viele Gerichte verwendet. Die Preise sind leider in der Regel astronomisch.

Ansonsten spielt im Piemont Käse, besonders Schmelzkäse, eine Hauptrolle – **fontina** oder **fondue alla valdostana** steht oft auf der Speisekarte, gelegentlich mit Trüffel angereichert. Ebenso häufig sind Gerichte mit **funghi porcini** (Steinpilze) und die mit Kartoffelpüree gefüllten und mit Käse überbackenen **gnocchi (alla fontina)**. **Polenta** gibt es ebenfalls überall, zum Mitnehmen werden oft gefüllte **crespelles** (Crêpes) angeboten.

Das Piemont ist eine der führenden Weinbauregionen Italiens. Die besten Weine stammen aus den Anbaugebieten südlich von Turin um Asti und Alba – man hat die Wahl zwischen den begehrten, schweren Rotweinen **Barolo** und **Barbaresco**, dem etwas leichteren **Barbera**, dem fruchtig-frischen **Dolcetto** und dem trockenen **Nebbiolo**. Dazu kommt der bekannte Schaumwein **Asti Spumante** und der edle, süßere **Moscato d'Asti**.

Turin ist neben Milano auch Zentrum der italienischen Aperitif-Produktion, u. a. haben der berühmte Wermutwein **Cinzano** und der nicht minder bekannte **Martini** hier ihren Ursprung.

Turin

Torino • ca. 900.000 Einwohner

Eine elegante Stadt und große Industriemetropole Italiens, herrliche Lage in den Ausläufern der Poebene, fast unmittelbar am Fuß der Alpen. Das Zentrum präsentiert sich im prächtigen Barock der Savoyer, die die Stadt ab dem 17. Jh. großzügig ausbauen ließen. Dem Glanz dieser Zeit begegnet man in der Innenstadt auch heute noch an jeder Straßenecke.

Turin war im 16. Jh. Hauptstadt des Herzogtums Savoyen, seit Anfang des 18. Jh. Hauptstadt des „Königreichs Sardinien" (Piemont-Sardinien unter savoyischer Herrschaft) und von 1861–65 die erste Hauptstadt Italiens. Diese Vergangenheit lässt sich bis heute nicht verleugnen – das ausgesprochen elegante Zentrum ist französisch angehaucht und noch weitgehend barock geprägt. Winklige Altstadtgassen fehlen fast ganz, stattdessen bestimmen kilometerlange, schnurgerade und rechtwinklig zueinander verlaufende Straßenzüge mit breiten Laubengängen und pompösen Palazzi das Bild. Zusätzlich verschönert und auf Hochglanz poliert wurde die Stadt noch mal für die XX. Olympischen Winterspiele im Februar 2006.

Wer mit dem Zug an der *Stazione Porta Nuova* ankommt, steht schon fast im Herzen der Stadt – hier beginnt die lange Via Roma, die Prachtstraße Turins mit ihren eleganten Geschäften und Straßencafés. Sie führt schnurgerade zur zentralen Piazza Castello mit dem Königsschloss und der nahen Kathedrale, in der das legendäre Grabtuch von Turin verwahrt liegt. Ansonsten lohnen vor allem die Museen, die kuriose Mole Antonelliana (der „Eiffelturm Turins") und der erfrischende Parco Valentino am Poufer einen Besuch.

Nicht ganz so schick präsentiert sich Turin in der südlichen Vorstadt Mirafiori, hier reihen sich die Hochhausblocks aneinander, ganz dem schlechten, alten Industrie-Image entsprechend. Den besten Blick auf die Stadt und bei gutem Wetter bis hinüber zum gesamten Westalpenbogen hat man übrigens von der Aussichtsplattform der Mole Antonelliana: ein Panorama, das man sich auf keinen Fall entgehen lassen sollte.

Freie Fahrt mit allen öffentlichen Verkehrsmitteln im erweiterten Stadtgebiet hat man mit der **Torino-Card**. Dazu kommt noch eine Reihe anderer Leistungen: freier Eintritt zu allen Museen in Turin und Umgebung, kostenlose Nutzung des Panoramalifts in der Mole Antonelliana, eine Bootstour auf dem Po, die Fahrt mit der Zahnradbahn zur Basilica Superga, eine Stadtrundfahrt mit dem *TurismoBus Torino* und 20 % Ermäßigung zu Stadtführungen, Theater- und Konzertkarten. Preis: 18 € für 2 Tage Gültigkeit, 20 € für 3 Tage, 30 € für 5 Tage, 35 € für 7 Tage. Kinder unter 12 J. sind kostenlos dabei. Erhältlich bei den Info-Büros von Turismo Torino.

Hier schlägt das Herz der Stadt: Piazza Castello

Anfahrt/Verbindungen/Information

- *Anfahrt/Verbindungen* **PKW**, größter Parkplatz ist die lang gestreckte **Piazza Vittorio Veneto** am Po (1 €/Std.).
Bahn, der Hauptbahnhof **Stazione Porta Nuova** liegt zentrumsnah (zur Piazza Castello geht man die Via Roma geradeaus). Gepäckaufbewahrung 6–24 Uhr, pro Gepäckstück 3 € (12 Std.); Information der städtischen Verkehrsbetriebe GTT (Mo–Sa 7.15–19, So 10–14.30 Uhr); Tourist-Info Mo–Sa 9.30–19, So bis 15 Uhr.
Auch die kleinere **Stazione Porta Susa** liegt in Zentrumsnähe, hier halten auch die Züge in nördlicher und nordöstliche Richtung. Beide Bahnhöfe sind durch Tram 1 und Bus 65 verbunden.
Der südliche Bahnhof der Stadt heißt **Lingotto**, hier halten Regional- und Interregionalzüge Richtung Asti, Savona und Mailand.

Fernbusse starten am Corso Castelfidardo, Ecke Corso Vittorio Emanuele II, Nähe Bahnhof Porta Susa.
Flug, der Flughafen **Caselle** liegt 16 km nordwestlich vom Zentrum, ℡ 011/5676361. SADEM-Busse pendeln halbstündlich ab Stazione Porta Nuova (Fahrtdauer ca. 40 Min., 5 € einfach). Tickets am Automaten bzw. in den Zeitschriftenläden am Bahnhof.
- *Information* **Turismo Torino**, bestens organisiertes Informationsbüro der Stadt, Hauptsitz im Atrium an der Piazza Solferino, Info-Pavillons auch im Bahnhof Porta Nuova (Gleis 17, Mo–Sa 9.30–19 Uhr, So bis 15 Uhr) und am Flughafen Caselle. Geöffnet tägl. 9.30–19 Uhr, am Flughafen tägl. 8.30–22.30 Uhr. ℡ 011/535181.
www.turismotorino.org.

Unterwegs in der Stadt

Gutes System von **Bussen** und **Trams**, im Bahnhofs-Büro ist ein umfangreicher Linienplan erhältlich. Tickets im Informationsbüro der GTT im Bahnhof Porta Nuova (Mo–Sa 7.15–19, So 10–14.30 Uhr) und in Tabacchi-Läden. Das einfache Ticket kostet 0,90 € und ist 90 Min. gültig, Tagesticket 3 €, 15er-Streifenkarte 12,50 €. Weitere Auskünfte unter ℡ 800-019152 (kostenlos) und ℡ 011/57641, www.gtt.to.it.
Noch im **Bau ist eine U-Bahn-Linie**, die von Lingotto im Süden der Stadt über Stazione Porta Nuova und Stazione Porta Susa nach Rivoli im Westen führt. Aufgerissene Straßen und riesige Baustellen sind unübersehbar, Teilabschnitte schon fertig gestellt.

Auf dem Po verkehren die Boote der **Navigazione sul Po**. Die Rundfahrten auf dem ruhigen, von üppigem Grün umrahmten Strom bieten eine angenehme Abwechslung. Abfahrt an den Kais von Murazzi (unterhalb des Ponte Vittorio Emanuele I), verschiedene Routen, Preis 2–5 €/Pers.
Taxi unter ☏ 011/5730, 011/5737, 011/3399.

Mit dem **TurismoBus Torino** ganzjährig Stadtrundfahrten, Sa/So 10–18 Uhr zu jeder vollen Stunde, Juli–Sept. auch wochentags. Abfahrt vor dem Teatro Alfieri an der Piazza Solferino, Dauer ca. 1 Std., 5 €, Kinder unter 12 J. 3 €, Tickets im Bus.

Übernachten

Große Auswahl, aber das Preisniveau ist hoch. Zahlreiche Hotels um den Hauptbahnhof, die preiswerten vor allem im Viertel östlich vom Bahnhof.

*** Victoria (29)**, kleines Hotel im Herzen Turins, unser TIPP! Trotz zentraler Lage bleibt die große Stadt weit draußen – der Salon im EG wie ein gemütliches Wohnzimmer im Country-Stil, ebenso gemütlich die Zimmer (einige im alten Teil des Hotels), unterschieden wird zwischen den etwas einfacheren Standard- und den komfortablen De-luxe-Zimmern, alle individuell eingerichtet und mit Bad, TV und z. T. Balkon. Sehr freundlicher und hilfsbereiter Service. EZ 107–130 €, DZ 154–173 €, Frühstück inkl. Via Nino Costa 4, ☏ 011/5611909, ✆ 5611806, www.hotelvictoria-torino.com.

TIPP! ****** Boston (43)**, besonders stilvoll. Im „Art Hotel" Boston vereinen sich gelungenes Design und zeitgenössische Kunst. Großzügige Räumlichkeiten mit Bar im EG, in den Zimmern Parkettboden, Ledersessel und immer wieder auch das eine oder andere Kunstobjekt, luxuriöse Bäder. Ruhige Lage am Rand des Nobelviertels La Crocetta, nicht ganz zentral. EZ 118–134 €, DZ 150–188 € (am Wochenende fast ein Drittel günstiger), reichhaltiges Frühstück inkl. Via Massena 70, ☏ 011/500359, ✆ 599358, www.hotelbostontorino.it.

*** Genio (38)**, gleich rechts vom Bahnhof Porta Nuova (wenn man rauskommt). Gepflegte Herberge in einem historischen Palazzo, schön restauriert, elegant und komfortabel, Zimmer mit Klimaanlage, TV und Minibar. Garage in der Nähe wird gegen Gebühr vermittelt. EZ 100 € (am Wochenende 70 €), DZ 138 € (90 €), Frühstück inkl. Corso Vittorio Emanuele II 47, ☏ 011/6505771, ✆ 6508264.

*** Dogana Vecchia (6)**, zentrale Lage beim Palazzo di Città, parallel zur Fußgängerzone Via Garibaldi. Großes historisches Haus, hier sollen schon Mozart und Verdi genächtigt haben. Schöne, alte Halle, die Zimmer dagegen nüchtern und funktional eingerichtet, EZ 88 €, DZ 105 €, Dreier 120 €, Vierer 130 €, Frühstück inkl. Via Corte d'Appello 4, ☏ 011/4366752, ✆ 4367194, www.hoteldoganavecchia.it.

** Bologna (35), Eingang unter den Arkaden schräg gegenüber vom Bahnhof Porta Nuova, ordentliches Albergo, ansprechende und saubere Zimmer mit Bad und TV. EZ 52 €, DZ 72 €, mit Frühstück. Corso Vittorio Emanuele II 60, ☏ 011/5620290, ✆ 5620193.

** Montevecchio (42), an der ruhigeren Westseite vom Bahnhof Porta Nuova, in der Nähe dennoch einige Restaurants. Ordentliche Zimmer mit Bad und TV, recht schlicht. EZ 63 €, DZ 82 €, mit Frühstück. Via Montevecchio 13, ☏ 011/5620023, ✆ 5623047, www.hotelmontevecchio.com.

• *Preiswert* *** Mobledor (20)**, mitten im Zentrum (keine 5 Min. von Piazza Vittorio Veneto und Piazza Castello), nur 8 einfache Zimmer mit Dusche und Waschbecken (WC auf dem Gang). Im 2. Stock eines Stadtpalazzo in der Via Po. EZ 31 €, DZ 47 €, Dreier 59 €. Via Accademia Albertina 1, ☏ 011/888445 oder 011/8125805.

* Alba di Macrì (26), ähnlich zentral wie das Mobledor und ebenso günstig, die Pension liegt im 1. Stock eines älteren Gebäudes bei der Piazza Carlo Emanuele II. Saubere Zimmer mit TV, teilweise mit eigenem Bad. EZ ohne Bad 32 € (mit Bad 42 €), DZ mit Bad 58 €. Via Maria Vittoria 34, ☏ 011/8120208, ✆ 8127981, www.albergoalba.it.

* San Carlo (22), im vierten Stock, ganz zentrale Lage, Zimmer mit Bad und TV. EZ 55 €, DZ 75 €, Dreier 85 €. Piazza San Carlo 197, ☏ 011/5627846, ✆ 538653, www.albergosancarlo.it.

* Azalea (8), relativ ruhig im Kneipenviertel Quadrilatero Romano gelegen, im 3. Stock eines historischen Gebäudes. Fast alle Zimmer mit Bad. EZ 28–35 €, DZ 45–60 €. Via Mercanti 16, ☏/✆ 011/538115, albergo.azalea@virgilio.it.

Übernachten

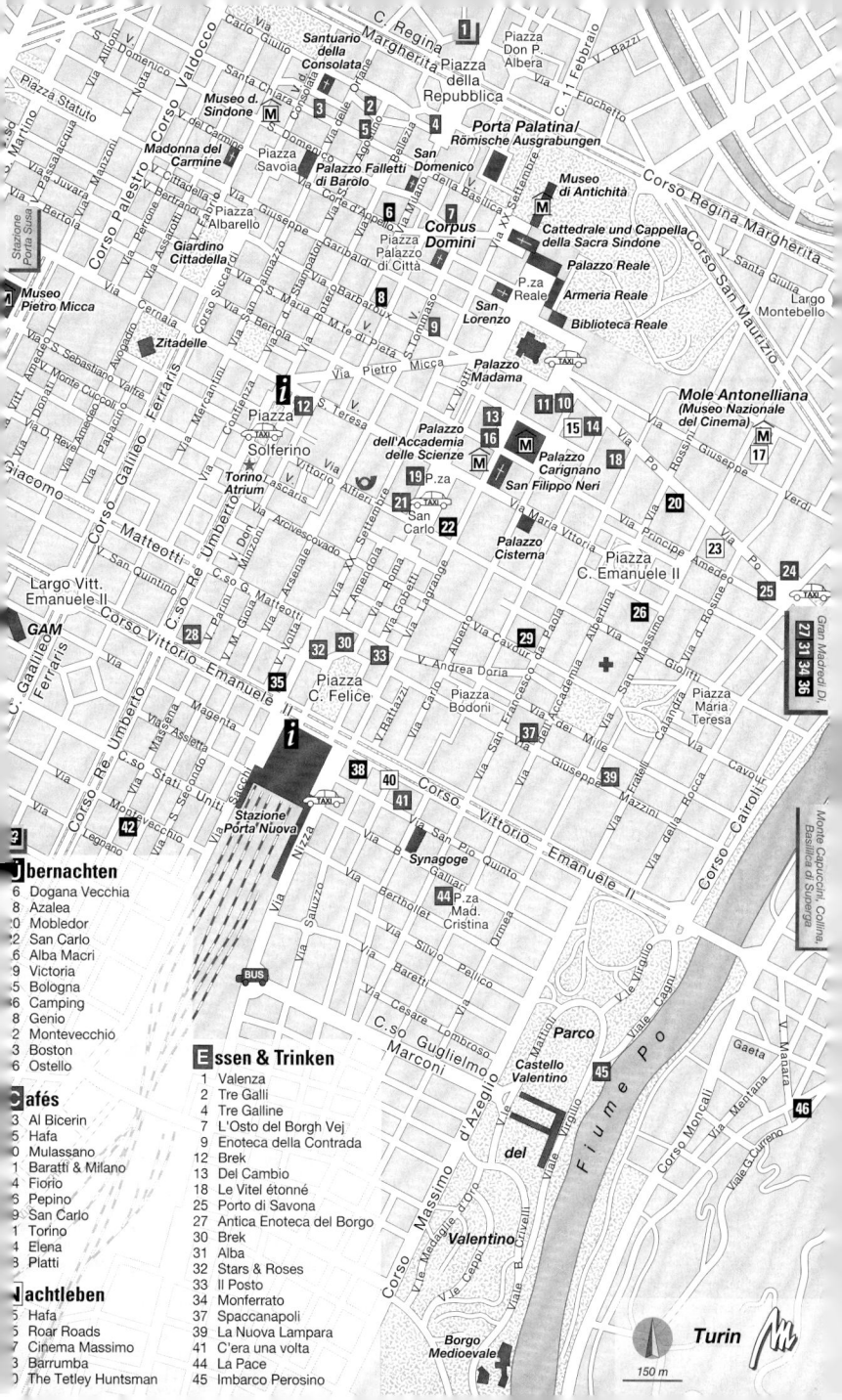

- 6 Dogana Vecchia
- 8 Azalea
- 10 Mobledor
- 12 San Carlo
- 16 Alba Macri
- 19 Victoria
- 25 Bologna
- 26 Camping
- 28 Genio
- 32 Montevecchio
- 36 Boston
- 46 Ostello

Cafés

- 3 Al Bicerin
- 5 Hafa
- 10 Mulassano
- 11 Baratti & Milano
- 14 Fiorio
- 15 Pepino
- 17 San Carlo
- 21 Torino
- 24 Elena
- 26 Platti

Nachtleben

- 5 Hafa
- 15 Roar Roads
- 23 Cinema Massimo
- 27 Barrumba
- 30 The Tetley Huntsman

Essen & Trinken

- 1 Valenza
- 2 Tre Galli
- 4 Tre Galline
- 7 L'Osto del Borgh Vej
- 9 Enoteca della Contrada
- 12 Brek
- 13 Del Cambio
- 18 Le Vitel étonné
- 25 Porto di Savona
- 27 Antica Enoteca del Borgo
- 30 Brek
- 31 Alba
- 32 Stars & Roses
- 33 Il Posto
- 34 Monferrato
- 39 Spaccanapoli
- 39 La Nuova Lampara
- 41 C'era una volta
- 44 La Pace
- 45 Imbarco Perosino

Turin

Piemont und Aostatal

- *Jugendherberge* **Ostello Torino (46)**, modernes, gut geführtes Haus in den Hügeln am rechten Poufer, ca. 2 km vom Bahnhof Porta Nuova. Bus 52 bis Piazza Crimea (sonntags Bus 64) und noch ein Stück zu Fuß. 76 Betten, Fahrradverleih, Abendessen. Übernachtung mit Frühstück 12 € pro Pers., im DZ 17 € pro Pers. Anmeldung ab 15.30 Uhr, Schließzeit 23.30 Uhr (So 23 Uhr). Via Alby 1, ✆ 011/6602939, ✆ 6604445, www.ostellionline.org.

- *Camping* **Villa Rey (36)**, am rechten Ufer des Po, ruhiges Wiesengelände hoch über der Stadt, beschildert, ziemlich steile Anfahrt. Sanitäranlagen okay, gutes Ristorante am Platz. Pro Pers. 6 €, Stellplatz 5–9 €, Auto 3 €. Zu erreichen mit Bus 56 ab Piazza Castello oder Via Po, letzter Bus zwischen 23 und 24 Uhr (Fahrer fragen, wann man aussteigen muss und dann noch ca. 500 m bergauf laufen). März bis Oktober geöffnet, auf Anfrage auch im Winter. Strada Val San Martino Superiore 27, ✆/✆ 011/8190117.

Essen & Trinken (siehe Karte S. 371)

In Turin können Sie ganz ausgezeichnet essen – allerdings um einiges teurer als in den ländlichen Gegenden des Piemont. Während sich gehobene und gediegene Restaurants auf alle Stadtviertel verteilen, findet man vor allem im Quadrilatero Romano, dem fast autofreien Gassenviertel zwischen Fußgängerzone Via Garibaldi und Corso Regina Margherita, die etwas legereren und günstigeren Lokale sowie zahlreiche Bars/Enoteche. Reservieren sollte man für Abende am Wochenende, aber auch sonst ist es durchaus üblich, den Besuch im Restaurant telefonisch anzumelden (mittags nicht unbedingt), Ausnahme sind die Lokale im unteren Preissegment.

- *Zentrum* **Del Cambio (13)**, aus dem Jahr 1757, nebenan das alte Teatro Carignano. Graf Cavour hat hier seinerzeit gerne gegessen, heute treffen sich im Del Cambio hoch dotierte Fiat-Manager zum Business-Lunch. Bekannt exquisite piemontesische Küche, Menü um 60–70 €. Dem noblen Ambiente entsprechende Garderobe ist empfehlenswert. So geschl. Piazza Carignano 2, ✆ 011/543760, ✆ 535282.

L'Osto del Borgh Vej (7), am kleinen Platz Largo Bottero, wenige Schritte westlich vom Dom. Gemütliche, kleine Osteria mit historischen Fotografien an den Wänden. Feine Küche und nette Stimmung, Degustationsmenü 25–35 €. Reservierung ist angebracht. Via Torquato Tasso 7, ✆ 011/4364843. So geschl.

Tre Galline (4), Traditionslokal aus dem 18. Jh., eines der ältesten der Stadt, in der Nähe vom Markt an der Porta Palazzo (→ Shopping). Im Saal mit Parkettboden werden Piemonteser Speisen wie *finanziera*, *bollito misto* und *bagna caôda* serviert. Degustationsmenü 35 €. Mo-Mittag und So geschl. Via Bellezia 37, ✆ 011/4366553. Zum Lokal gehört auch die nahe gelegene Vineria Tre Galli (→ Weinstuben).

Monferrato (34), Via Monferato 6, von der Piazza Vittorio Veneto muss man den Po überqueren, dann gleich links. Sehr gute piemontesische Küche zu etwas höheren, aber angemessenen Preisen (Menü 30–40 €). Versuchen sollte man hier z. B. *finanziera* oder *petto d'anatra all'aceto balsamico* (Entenbrust in Balsamessig). Sa-Mittag und So geschl., ✆ 011/8190661.

Il Posto (33), bei jüngeren Turinern sehr beliebtes Ristorante in der Parallelstraße der Via Roma im Zentrum. Bekannt vor allem für guten Mittagstisch, u. a. große Salate (7,50 €), gegrilltes Huhn (8,50 €) und Pizza/Foccaccia (je 4,50 €). Il Posto erfreut sich aber auch zu Aperitif und Cocktail großer Beliebtheit. Puristische, moderne Einrichtung, ausgesprochen in. Via Lagrange 34, ✆ 011/5660709.

Le Vitel étonné (18), „Die staunende Kuh" ist ein gemütliches, kleines Ristorante mit angeschlossener Vineria im Untergeschoss, wo man sich die – überwiegend piemontesischen – Weine aus einem großen Angebot aussuchen kann (auch zum Mitnehmen). Köstliches Vitello tonnato für 9 €, gutes Preis-Leistungs-Verhältnis. Freundliche und sympathische Leitung, ab und zu abends Lesungen und ähnliche Veranstaltungen. Mi geschl. Via San Francesco da Paolo 4 (bei der Via Po), ✆ 011/8124621, www.leviteletonne.com.

Porto di Savona (25), erfreuliche Überraschung direkt an der Piazza Vittorio Veneto (Nr. 2). In diesem schönen, alten Gewölbelokal gibt es zu günstigen Preisen eine große Auswahl an Einzelgerichten, vor allem mittags. Einige Tische auch draußen an der Piazza (oberes Ende). Viel von Studenten der nahen Uni frequentiert. Di-Mittag und Mo geschl., ✆ 011/8173500.

Alba (31), nur wenige Schritte von der langen Piazza Vittorio in einer Seitenstraße. Vor allem bei jüngeren Touristen beliebt und für die Gegend unschlagbar günstig: Touristenmenü 11 €, mittags sogar nur 7 €! Do-Abend geschl. Via Bava 2.

• *Bahnhofsviertel* **C'era una volta (41)**, liegt zwar an einer der Hauptverkehrsstraßen Turins, doch im ersten Stock des alten Palazzo sitzt man gut geschützt. Typisch piemontesische Gerichte im gemütlichen Rahmen. Mittlere Preise. Nur abends geöffnet, August und So geschl. Corso Vittorio Emanuele II 41, ✆ 011/655498.

La Pace (44), Alternative fürs kleinere Budget, allerdings nicht in der besten Gegend der Stadt gelegen. Ziemlich günstig, große Auswahl, nette Atmosphäre, sehr beliebt und daher meist recht voll. Mittags und abends geöffnet, Mo-Mittag und So geschl. Via Galliari 22,

Imbarco Perosino (45), im Parco Valentino, wunderschön und sehr romantisch sitzt man in diesem Restaurant auf der Terrasse direkt am Fluss (auch Speisesaal). Nicht allzu teure piemontesische Küche, das Menü kommt auf ca. 20–25 €. Mo geschl. Viale Virgilio 53, ✆ 011/657362.

• *Außerhalb vom Zentrum* **Trattoria Valenza (1)**, recht abseits, aber sehr typische, einfache und traditionelle Trattoria zwischen Piazza della Repubblica und dem Fluss Dora Riparia (ein gutes Stück nördlich vom Zentrum nahe Cottolengo). Auf der Speisekarte regionale Spezialitäten: Carne cruda, Bagna caôda, Vitello tonnato, Angolotti etc., dazu eine gute Auswahl an piemontesischen Weinen. Lohnt den Abstecher unbedingt, Menü um 25 €. So geschl., ✆ 011/5213914.

• *Pizzerie im Zentrum* **Stars & Roses (32)**, sehr zentral am kleinen Platz zwischen Piazza Carlo Felice und Via XX Settembre gelegen, gleich beim Bahnhof. Kleine Terrasse auf der Piazza, innen mehrere kleine Räume, alle einem eigenen Thema gewidmet: der „Love-Room" z. B. ganz in Rosa, daneben gibt es noch das „White House" und die „Hall of Fame". Schick, eher junges Publikum, Pizza ab ca. 6 €, die Capricciosa kostet 8 €. Nur abends geöffnet. Piazza Paleocapa 2, ✆ 011/5162052.

Spaccanapoli (37), beliebte und eher einfache Pizzeria mit kommunikativer Atmosphäre, gute neapolitanische Pizza zu günstigen Preisen. So-Mittag geschl. Via Mazzini 19. ✆ 011/8126694.

Das berühmte Caffè Platti am Corso Vittorio Emanuele II

La Nuova Lampara (39), ebenso beliebte Pizzeria in Zentrumsnähe, im Sommer mit Tischen auf der ruhigen Gasse, oft viel Stimmung. Via Andrea Doria 23, ✆ 011/8127403.

• *Self-Service* **Brek**, gibt es in Turin gleich zweimal – am Bahnhof (30) und an der Piazza Solferino (12). Jeden Mittag voll, viele Turiner verbringen hier ihre Mittagspause. Helle und freundliche Einrichtung, gutes Preis-Leistungs-Verhältnis: Pasta um 4 €, Salat vom Buffett 4–5 €. Täglich durchgehend bis ca. 22 Uhr geöffnet. Piazza Carlo Felice 22 (Arkaden) mit nettem und schattigem Innenhof und Piazza Solferino 1.

• *Cafés* Turin hat eine große Kaffeehaustradition. Unter den Arkaden der Plätze San Carlo, Piazza Castello und Piazza Vittorio Veneto ballen sich die edelsten Cafés der Stadt, stolze Preise sind eher die Regel als die Ausnahme. *Tipp*: „Marocchino" heißt die Turiner Variante des Cappuccino.

Torino (21), das große alte Café Turins, draußen bequeme Polsterstühle, drinnen Kronleuchter, vergoldete Spiegelwände, Marmor und Fresken. Di geschl. Piazza San Carlo 204 (Westseite).

San Carlo (19), das erste Café, das Gaslicht verwendete, auch hier Stuck- und Goldverzierungen im Überfluss, ein riesiger Mura-

374 Piemont und Aostatal

noleuchter, rote Samtstühle. Mo geschl. Piazza San Carlo 156.
Mulassano (10), unter den Arkaden der Piazza Castello (Nr. 15), winziig kleines, aber prächtiges, altes Café mit medaillonverziertem Tresen, wertvoller Holztäfelung und Spiegeln der guten, alten Zeit. Berühmt sind hier die *Tramezzini*.
Baratti & Milano (11), ebenfalls Piazza Castello, riesig, Kronleuchter, Marmortische und Spiegel, bekannt für seine leckeren Kuchen und Süßigkeiten. Mo geschl.
Platti (28), schönes Jugendstilcafé an der Straße vor dem Bahnhof Porta Nuova, große Auswahl an Feingebäck. Corso Vittorio Emanuele II 72.
Elena (24), Nähe Uni, beliebtes Studentencafé im Laubengang der Piazza Vittorio Veneto 5, nostalgische Einrichtung, auch Sitzplätze im Freien, abends populärer Treffpunkt, besonders zum Aperitivo. Mi geschl.
Al Bicerin (3), dieses winzig kleine Café wurde bereits 1763 gegründet. Hier trinkt man einen *bicerin*, eine piemontesische Spezialität, bestehend aus süßer Schokolade, Kaffee und Sahne. Nur 8 Tische, oft voll. Mi geschl. Piazza Consolata 5.
Hafa (5), Nähe Piazza della Repubblica. Schönes marokkanisches Café mit warmer Küche, z. B. Couscous und Grillgerichte, außerdem kann man auf weichen Bodenkissen sitzen und Minztee schlürfen. Sehr beliebt. Via Sant'Agostino 23/c.

• *Weinstuben (Enoteche)* **Enoteca della Contrada (9)**, kleine Weinstube ganz zentral, wenige Meter von der Fußgängerzone Via Garibaldi. So geschl. Via San Tommaso 7/e.
Tre Galli (2), Nähe Piazza della Repubblica, beliebt bei jungen Leuten, lockere Atmosphäre, mehr als 500 Weine werden angeboten. Im Sommer kann man auch im Freien sitzen. So geschl. Via Sant'Agostino 25.
Antica Enoteca del Borgo (27), auf der östlichen Poseite, Nähe Kirche Gran Madre di Dio. Es gibt leckere Appetithappen, ebenfalls gerne von jungen Leuten frequentiert. Via Monferrato 4, So geschl.

• *Eis* Zahllose Gelaterie in der Stadt, besonders gehäuft an der Via Roma.
Fiorio (14), die beliebteste Eiscafé der Stadt, Innenraum der alten Schule mit rotem Samt, aber viel lieber trifft man sich draußen, wenn die Tageshitze nachlässt. Gibt es schon seit 1780, Ministerpräsident Cavour hat hier einst gerne verkehrt, ebenso auch Nietzsche. Via Po 8/c.
Pepino (16), historische Gelateria, Spezialität ist seit 1884 (!) ein weißes Eis mit dünner Schokoladenschicht, *pinguino* genannt. Außerdem wird eine opulente Kalorienbombe namens *pezzoduro* in vier Geschmacksvarianten produziert. Im Sommer kann man auch draußen sitzen. Piazza Carignano 8,

Nachtleben/Shopping (siehe Karte S. 371)

• *Nachtleben* Im Sommer ist v. a. das Flussufer Brennpunkt nächtlicher Aktivitäten. An den Kais von **I Murazzi** (unterhalb des Ponte Vittorio Emanuele I) geht jeden Abend die Post ab. Dutzende von Lokalen – Discos, Clubs, Cafés, Pubs etc. – sind hier nebeneinander in die Uferbefestigungen gebaut, tausende von Turinern treffen sich hier.
Auch ein Stück flussab, im **Parco del Valentino**, lässt es sich hübsch in den Lokalen direkt am Fluss sitzen. Hier kann man essen und trinken (→ Essen & Trinken), aber auch Musik hören und sogar tanzen.
Ein ebenso beliebter Treffpunkt sind die unzähligen Kneipen und Straßencafés im **Quadrilatero Romano** (nördlich der Via Garibaldi). In den Wintermonaten verlagert sich die Szene hauptsächlich zu den **Docks Dora**, einer ehemaligen Fabrikanlage in der Via Valprato 68 mit einem ebenfalls umfangreichen Angebot an Kneipen, Clubs, Kinos etc. und einem überwiegend links-alternativen Publikum. Auf aktuelle Veranstaltungen weist *Torinosette*, die Freitagsausgabe der Zeitung *La Stampa*, hin. Im Internet informiert man sich am besten unter www.extratorino.it (nur auf Italienisch).

• *Theater* **Teatro Regio**, das moderne Opernhaus Turins an der Piazza Castello, Die Biglietteria ist Di–Fr 10.30–18 Uhr und Sa 10.30–16 Uhr geöffnet. Piazza Castello 215, ✆ 011/8815241, ✆ 8815601, www.teatroregio.torino.it.
Das schönste Theater der Stadt ist das **Teatro Carignano** aus dem späten 18. Jh.: tolles Ambiente mit Stuckdecken, rotem Samt und drei Rängen mit Logen, auf dem Programm überwiegend Klassiker. Piazza Carignano 6, ✆ 011/5176246, www.teatrostabiletorino.it.

• *Konzerte/Kabarett* **Hiroshima Mon Amour**, eine Institution in Turin: Livemusik,

Theater, Kabarett etc. Leider etwas außerhalb in der Nähe des Bahnhofs Lingotto im Süden der Stadt. So/Mo geschl. Via Bossoli 83, ☎ 011/3176636, Programm im Internet unter www.hiroshimamonamour.org.

- *Kino* **Cinema Massimo (17)**, Programmkino neben dem Museo Nazionale del Cinema (Mole Antonelliana). Zu den Sonderausstellungen im Museum werden hier die passenden Filme gezeigt, außerdem originalsprachige Filme, Themenabende etc. Via Verdi 18, ☎ 011/8125606, ✆ 8134160, www.museonazionaledelcinema.org.

- *Pubs* **The Tetley Huntsman (40)**, großer English Pub beim Bahnhof Porta Nuova, Corso Vittorio Emanuele II/Ecke Via Goito. **Roar Roads (15)**, weiterer beliebter English Pub mit guter Bierauswahl. So geschl. Via Carlo Alberto 3.

- *Bars* **Barrumba (23)**, zentral gelegener „Indie Guitar Rock Club", Livemusik und Disco im Wechsel. Eintritt je nach Band ab ca. 6 €. Do–So ab 22.30 Uhr geöffnet. Via San Massimo 1, Nähe Piazza Vittorio Veneto, ☎ 011/883322, www.barrumba.com.

- *Shopping* Mo- bis Fr-Vormittag und Sa ganztägig findet an der Porta Palazzo/Piazza della Repubblica ein riesiger **Obst-, Gemüse- und Textilmarkt** statt – der größte offene Markt Europas!

Samstags gibt es hier auch den populären Flohmarkt **Balòn** (in der Via Borgo Dora und umliegenden Straßen, nordwestlich von der Piazza della Repubblica), jeden zweiten Sonntag im Monat den **Gran Balòn**, einen besonders reichhaltig bestückten Floh- und Antiquitätenmarkt (ebenfalls Via Borgo Dora und angrenzende Straßen).

Turin ist außerdem eine ideale Einkaufsstadt für **Mode**, zahlreiche preiswerte Boutiquen und ein großes Kaufhaus mit Einzelläden findet man in der Via Lagrange, in der Via Roma liegen die exklusiven Geschäfte. Zahlreiche Antiquitätenhändler findet man in der **Via Maria Vittoria**.

An *Pralinen*, *Schokolade*, *Kuchen* und anderem Süßem bietet die Stadt ebenfalls eine riesige Auswahl, bekannteste Adresse für Pralinen und Schokolade ist **Peyrano** auf dem Corso Moncalieri 47 (rechtes Poufer, etwa auf Höhe des Ponte Umberto I und der Piazza Vittorio Veneto) mit Filiale am Corso Vittorio Emanuele II 76. Für seine Gianduiotti berühmt ist die **Confetteria Avvignano** Piazza Carlo Felice 50 (Bahnhof Porta Nuova), ebenso aber **Giordano** schräg gegenüber von Avvignano, ebenfalls hervorragende Gianduiotti, Piazza Carlo Felice 69.

Sehenswertes

Piazza Castello und Umgebung

An der 40.000 qm großen, autofreien und komplett von Arkaden umgebenen Piazza Castello schlägt das Herz der Stadt: Vor allem in den südlichen Arkaden sind zahlreiche Geschäfte und einige der traditionsreichsten Cafés Turins zu finden (→ Cafés). Die *Prefettura* und die Regionalregierung haben hier ihren Sitz, die wichtigsten Einkaufsstraßen der Stadt (Via Garibaldi, Via Roma und Via Po) zweigen von hier ab und natürlich sind hier auch einige der wichtigsten historischen Bauwerke Turins zu finden – allen voran der mächtige *Palazzo Madama* mitten auf

> ### Die magische Stadt
> Für Esoteriker und Mystiker hat Turin einen ganz besonderen Zauber. Angeblich liegt die Stadt gleich auf zwei magischen Dreiecken: zusammen mit Prag und Lyon auf einem weißen und mit London und San Francisco auf einem schwarzen Dreieck, Turin ist der Schnittpunkt. Das sogenannte „Weiße Herz" der Stadt soll hier an der Piazza Castello liegen, das „Schwarze Herz" mitsamt dem Höllentor an der Piazza Statuto. In Gut und Böse soll Turin von den beiden Dioskuren Kastor und Pollux am Eingang zum Palazzo Reale geteilt werden.

der Piazza, der *Palazzo Reale* (durch die Piazzetta Reale etwas zurückversetzt am Nordende, mit einem schmiedeeisernen Gitter vom großen Platz getrennt) und links dahinter der *Duomo* mit der *Cappella della Sindone*, in der das berühmte Turiner Grabtuch aufbewahrt wird.

Palazzo Madama: Mitten auf der großen, freien Piazza steht dieser monumentale Palast, ein eigenartiger Baukörper mit mächtigen Türmen, auf dessen Rückseite die Reste eines römischen Stadttors und einer mittelalterlichen Burganlage integriert wurden. Die eindrucksvolle Barockfassade stammt vom berühmten Stadtarchitekten Filippo Juvara. Im Inneren führt ein grandioses Treppenhaus hinauf zum *Museo Civico d'Arte Antica* mit zahlreichen Gemälden sowie vielfältigen Kunstobjekten aus Spätantike, Mittelalter und Renaissance. Nach langjähriger Restaurierung sind Palast und Museum seit 2005 wieder geöffnet.

Öffnungszeiten/Eintritt **Palazzo Madama/Museo Civico d'Arte Antica**, Di–Fr und So 9–19, Sa 9–20 Uhr, Mo geschl.; Treppenhaus Eintritt frei, Museum 7,50 €, erm. 6 € (unter 18 und über 65 J.), www.palazzomadamatorino.it.

Palazzo Reale: Der architektonisch wenig originelle Bau stammt aus dem 16. Jh., bis ins 19. Jh. befand sich hier die Residenz der savoyischen Herrscher. Die Prunksäle sind beladen mit den typischen Attributen des 17./18. Jh. – Wandfresken, wertvolle chinesische Porzellanvasen, Gold und Glitzer. Kostenlos sind der *Innenhof*, in dem dank der wunderbaren Akustik oft Konzerte stattfinden, und der gepflegte *Park* hinter dem Schloss.

Öffnungszeiten/Eintritt **Palazzo Reale**, Di–So 8.30–19.30 Uhr, Mo geschl., nur mit (italienischsprachiger) Führung, die etwa alle 30 Min. stattfindet; Eintritt 6,50 €, erm. 3,25 €, unter 18 und über 65 J. frei. **Park**, tägl. 9–18 Uhr, Eintritt frei.

Armeria Reale: Unter den Arkaden an der Nordseite versteckt sich der Eingang zur Armeria Reale, einer riesigen Waffensammlung von den alten Rittersleuten bis zu modernen Handfeuerwaffen.

Öffnungszeiten/Eintritt **Armeria**, Di–Fr 9–14, Sa/So 13–19 Uhr, Mo geschl.; Eintritt 4 €, erm. 2 €, unter 18 und über 65 J. frei.

San Lorenzo: Nur wenige Schritte vom Königspalast ist die Kirche nahtlos in die anschließenden Hausfronten eingepasst (bzw. eigentlich dahinter verschwunden, die vorgebaute Fassade gehört zu einem anderen Haus). Das unscheinbare Äußere täuscht aber gewaltig, denn der annähernd runde Innenraum ist eine opulente Marmor-, Stuck- und Goldorgie, gekrönt von einer grandiosen Kuppel mit diffizilen, eleganten Verstrebungen.

Öffnungszeiten Mo–Fr 7.30–12.30 und 16–19.30 Uhr, Sa 7.30–12 und 15–19.30 Uhr, So 9–13 und 15–19 Uhr.

Dom San Giovanni Battista: durch einen Durchgang neben dem Palazzo Reale zu erreichen, die einzige Renaissancekirche der Stadt, äußerlich allerdings ein weitgehend uninteressanter Kuppelbau und auch im Inneren wenig bemerkenswert – wenn nicht die *Sacra Sindone* wäre (Betonung auf dem „i", von griech. sindón = Linnen), das berühmteste Leinentuch der Welt: In dem sagenumwobenen „Grabtuch von Turin" wurde angeblich der Leichnam Jesu Christi nach seiner Kreuzigung eingehüllt! Untergebracht war die wertvolle Reliquie früher in einem silbernen Schrein in der *Cappella della Sacra Sindone* hinter dem Altar, 1668 erbaut von Guarino Guarini. 1997 zerstörte ein Großbrand die Kapelle fast völlig, das Tuch konnte jedoch gerettet werden.

Nichts ist bewiesen, alles ist möglich

Das Grabtuch von Turin gibt der Wissenschaft bis heute nicht zu lösende Rätsel auf. Zwar endete eine Untersuchung des Tuchs im April 1988 mittels der Radiokarbondatierung nach der C14-Methode zunächst ernüchternd: durch mehrere Experten wurde unabhängig voneinander festgestellt, dass es aus der Zeit zwischen 1260 und 1390 stammt ... nach Christus! Doch schon wenig später äußerten andere Wissenschaftler fundierte Zweifel: Die untersuchten Stellen seien irrtümlicherweise eine Stoffprobe, die erst im Mittelalter bei Ausbesserungsarbeiten in des Gewebe eingefügt worden sei, was die Datierung auf das 13./14. Jh. erkläre. Ikonografische und geschichtliche Untersuchungen kommen zu dem Schluss, dass das Tuch aus der Zeit Jesu stammt. 1973 wurden zudem bei biologischen Untersuchungen im Tuch ein gutes Dutzend von Pollenarten entdeckt, die nur im Nahen Osten vorkommen. Allerdings wurden die Ergebnisse dieser Untersuchungen schon in den 1980er Jahren als fehlerhaft bezeichnet. Frappierend ist weiterhin Folgendes: Die Verletzungen, die der vom Tuch bedeckte Mann besaß, sind absolut deckungsgleich mit den in der Bibel überlieferten Wunden Jesu. Es konnten dabei keine anatomischen Unregelmäßigkeit entdeckt werden, d. h. es verhält sich alles so, wie es sich bei einem Gekreuzigten zugetragen haben muss – es handelt sich demnach wohl um keine Fälschung mit der Absicht, gezielten Reliquienbetrug zu begehen. Das größte Problem ist aber, wie der mysteriöse menschliche Abdruck ins Tuch kam. Bis heute ist es nicht gelungen, ihn nachzumachen, weder durch Malen, noch durch chemische Prozesse, noch durch Verdampfung.

Zusammengefasst: Das Tuch stammt laut der (umstrittenen) Pollenbefunde wohl aus dem Nahen Osten. Sein Alter ist ungeklärt. Es zeigt das Abbild eines Gekreuzigten, der dieselben Wundmale trägt, wie sie von Jesus überliefert sind. Ob es tatsächlich der Abdruck eines Menschen ist oder ob die Spuren künstlich ins Tuch manipuliert wurden, ist nicht geklärt. Mehr kann man derzeit nicht mit Sicherheit aussagen – der Krimi geht weiter.

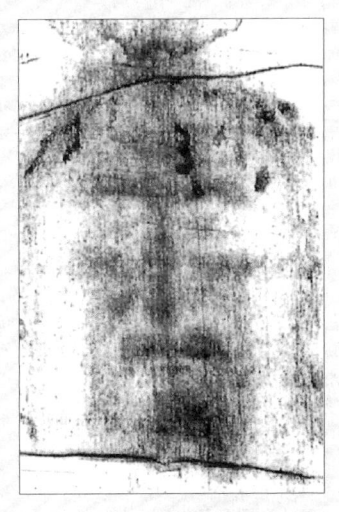

Glaubenssache: das Antlitz Christi auf dem berühmten Grabtuch

Vor dem Altar kann man eine exakte *(Negativ-)*Kopie des wertvollen Lakens betrachten. Deutlich erkennt man im weißen Stoff die bräunlich verfärbten Körperumrisse eines bärtigen Mannes mit gekreuzten Händen und Füßen. Negativabdruck deshalb, weil dort, wo exponierte Körperstellen wie Nase und Bart das Tuch berührten, es sich stärker verfärbte als z. B. in den tiefer liegenden Augenhöhlen.

Das eigentliche Tuch besitzt also einen tatsächlichen Abdruck des Körpers, der wie ein Foto-Negativ wirkt (weiße Augenhöhlen, dunkle Nase), Licht und Schatten sind umgekehrt wiedergegeben. Wenn man das Tuch allerdings fotografiert, erscheint der Gekreuzigte im Negativ logischerweise positiv – und erst dann zeigt sich das Gesicht in seiner vollen Ausdruckskraft.

Öffnungszeiten **Dom**, Mo–Sa 7–12 und 15–19 Uhr, So 8–12 und 15–19 Uhr. Die Cappella della Sacra Sindone ist zurzeit nicht zugänglich.

Römische Ausgrabungen: etwas unscheinbar mitten im Stadtzentrum – gleich links neben dem Dom die Ruinen eines *Theaters*, auf der nahen Piazza Cesare Augusto die Reste einer *gepflasterten Straße* und die mächtige vierbogige *Porta Palatina*, die mit ihren beiden 16-eckigen Wehrtürmen früher ein Teil der Stadtmauer war.

Via Garibaldi: Die gut 1 km lange Fußgängerzone zieht sich von der Piazza Castello Richtung Westen bis zur Piazza Statuto – eine beliebte Flanierzone mit zahlreichen Bekleidungsgeschäften (viele Ketten) und einigen Straßenlokalen.

Von der Piazza Castello zum Po

Die arkadengesäumte *Via Po* führt zur lang gestreckten Piazza Vittorio Veneto am Po. Neben der Via Roma abends eine der zentralen Flanierstraßen, zahlreiche Cafés und Gelaterie reihen sich aneinander, viel junges Publikum, die Universität liegt ebenfalls hier.

Mole Antonelliana: Das pagodenähnliche Wahrzeichen der Stadt, der „Eiffelturm Turins", steht in der Via Montebello, einer Querstraße der Via Po. Das 167,5 m hohe „Ding" sollte ursprünglich eine Synagoge werden, dann baute sie der exzentrische Architekt Antonelli immer höher, setzte eine Art griechischen Tempel obenauf, der wiederum von einem gläsernem Turm und einem Leuchtwerk an der Spitze gekrönt wurde. Große Attraktion ist die Fahrt im gläsernen Aufzug, der innerhalb des hohlen Baukörpers bis zur Terrasse in 85 m Höhe hinaufschwebt – geeignet nur für Schwindelfreie. Oben bietet sich dann ein wirklich herrlicher Panoramablick auf Turin und die Alpen. Seit Sommer 2000 ist die Mole Antonelliana zum Tempel der Filmkunst avanciert. Auf fünf Etagen zeigt das *Museo Nazionale del Cinema* mit multimedialem Gepräge eine der weltweit reichsten Sammlungen rund um den Film, von den Anfängen bis heute. Ein Tipp für Filmfreunde ist sicherlich auch der Bookshop im Untergeschoss der Mole mit riesiger Auswahl an Filmbüchern und -plakaten, gleich daneben befindet sich die einladende Bar des Museums (auch Mittagstisch und Aperitivo).

Öffnungszeiten/Eintritt **Aufzug**, Di–Fr 10–20 Uhr, Sa 10–23 Uhr, So 10–20 Uhr, Mo geschl.; Eintritt 3,62 €, ermäßigt 2,58 €. **Museum**, Di–Fr 9–20 Uhr, Sa 9–23 Uhr, So 9–20 Uhr, Mo geschl.; Eintritt 5,20 €, erm. 4,20 €. **Kombiticket** für Aufzug und Museum 6,80 €, erm. 5,20 €.

Via Roma und Umgebung

Die Prachtstraße Turins führt von der Piazza Castello schnurgerade zum Bahnhof. Abends wird sie zur gleißenden Neonzeile mit eleganten Schaufensterauslagen der großen Designer und üppigen Eisdielen. Unterwegs überquert man die prächtige *Piazza San Carlo*, eine völlig symmetrische Barockanlage mit Reiterstandbild von Emanuele Filiberto und den beiden Kirchen Santa Christina und San Carlo. In den beiden langen Säulengängen liegen einige der schönsten Cafés Turins.

Palazzo dell'Accademia delle Scienze: Der mächtige Palast steht nur zwei Ecken von der Piazza San Carlo entfernt und beherbergt zwei bedeutende Museen.

Das *Museo Egizio* (Ägyptisches Museum) ist nach dem Museum von Kairo die größte altägyptische Sammlung der Welt. Ausgestellt sind in den beiden unteren Stockwerken u. a. zahlreiche Königsstatuen, Sarkophage und Mumien, außerdem Kopien vom berühmten „Buch des Todes". Höhepunkt ist die reichhaltige Grabkammer des Architekten Kha und seiner Frau aus dem 14. Jh. v. Chr. Leider ist die gedrängte Platzierung in den heißen und stickigen Räumen ihrer Bedeutung völlig unangemessen. Dennoch sehr sehenswert!

Die bedeutende Pinakothek *Galleria Sabauda* im zweiten und dritten Stock des Palazzo besitzt neben zahlreichen Gemälden italienischer Künstler (u. a. Tintoretto, Tiepolo, Fra Angelico) auch eine Abteilung mit flämischer und holländischer Malerei, z. B. Breughel, Memling, van Dyck und van Eyck.

Öffnungszeiten/Eintritt **Museo Egizio**, Di–So 8.30–19.30 Uhr (Einlass nur bis 18.30 Uhr), Mo geschl., Eintritt 6,50 €, erm. 3 €, unter 18 und über 65 J. frei, www.museoegizio.it. **Galleria Sabauda**, Di 8.30–14 Uhr, Mi/Do 14–19.30 Uhr, Fr–So 8.30–14 Uhr (Einlass jeweils bis 1 Std. vor Torschluss), Mo geschl.; Eintritt 4 €, erm. 2 €, unter 18 und über 65 J. frei.

Palazzo Carignano: Ein großartiger, innen etwas muffiger Barockpalast an der

Massiges Wahrzeichen: die Mole Antonelliana

Piazza Carlo Alberto, beachtlich besonders die interessant geschwungene Rückfront an der Via Lagrange. Der Palast ist ein nationales Monument: Er war Sitz des Parlaments des Königreichs Sardinien und am 14. März 1861 wurde hier feierlich das Vereinigte Königreich Italien ausgerufen. Von 1861–65 war der Palazzo Sitz des italienischen Parlaments, bis Florenz und später Rom zur Hauptstadt gemacht wurden.

Heute sind in den 30 Sälen des *Museo Nazionale del Risorgimento* Erinnerungen an die Zeit des Risorgimento aufbewahrt, auch die Zeit danach bis zum Zweiten Weltkrieg (Faschismus, deutsche Besetzung, Widerstand) ist vertreten. Zwar illustrieren überdurchschnittlich viele blutrünstige Schlachtgemälde den chronologischen Aufbau der Sammlung, trotzdem ein lohnender Rundgang für alle, die sich für die neuere Geschichte Italiens interessieren – zu sehen sind u. a. eine Rekonstruktion von Cavours Arbeitszimmer und das Sterbezimmer von König Carlo Alberto. Höhepunkt ist der Parlamentssaal des Königreichs Sardiniens, der weitgehend authentisch erhalten blieb.

Öffnungszeiten/Eintritt **Museo Nazionale del Risorgimento**, wegen Restaurierung geschlossen, über den voraussichtlichen Zeitpunkt der Wiedereröffnung informiert das Touristenbüro.

Um den Bahnhof Porta Nuova

Die *Stazione di Porta Nuova*, ein monumentaler Bau des ausgehenden 19. Jh., besitzt eine imposante, filigran verzierte Fassade im neugotischen Stil über einer breiten Säulenhalle. In der Via San Pio V, nur etwa 100 m östlich vom Bahnhof, steht die beeindruckend große *Synagoge* von Turin, in der sich gekonnt die architektonischen Elemente von Kirche, Moschee und Burg vereinen.

GAM – Galleria Civica d'Arte Moderna (Via Magenta 31 westlich vom Bahnhof): Die größte Sammlung ihrer Art in Italien besitzt über 5000 Gemälde vom 18. bis zum 20. Jh. sowie zahlreiche Skulpturen. Neben italienischen Stücken ist aber auch die internationale Avantgarde des 20. Jh. vertreten: von Chagall, Klee und Ernst bis hin zu Andy Warhol.
Öffnungszeiten/Eintritt Di–So 9–19 Uhr, Do bis 23 Uhr, So bis 20 Uhr (Einlass jeweils bis 1 Std. vorher), Mo geschl.; Eintritt für ständige Ausstellungen 5,50 €, erm. 3–4,50 €; für wechselnde Ausstellungen 8 €, erm. 5,50 €. Café und Bookshop im EG. www.gamtorino.it.

Museo Civico Pietro Micca e dell'Assedio di Torino del 1706 (Via Guicciardini 7, Nähe Bahnhof Porta Susa): Das Museum erinnert mit Karten, Dokumentationen, Modellen und Relikten anschaulich an die Belagerung Turins durch französische Truppen im Jahr 1706 während des Spanischen Erbfolgekriegs. Die Belagerer gruben damals in 10–20 m Tiefe geheime Gänge unter die Stadt, die Verteidiger versuchten, sie ausfindig zu machen und zu sprengen. Ein gewisser Pietro Micca brachte im August 1706 eine wichtige Verbindungstreppe zwischen zwei Tunnels zum Einsturz, verhinderte so das Eindringen der Franzosen und kam dabei selbst ums Leben. Vom Museum aus können mehrere hundert Tunnelmeter begangen werden.
Öffnungszeiten/Eintritt Di–So 9–19 Uhr, Mo geschl.; Eintritt 3 €. Führungen nur am Wochenende und nur in italienischer Sprache.

Parco del Valentino und Poufer

Ein großer, wunderbar grüner Park direkt am Po. Man kann Bootstouren unternehmen, Fahrräder und Fahrraddroschken leihen, in den Gartentavernen am kühlen Wasser sitzen, an kleinen Bars Snacks zu sich nehmen, den Paddlern und Skateboardkünstlern zuschauen und abends Livemusik genießen. Das große *Castello del Valentino* ist nach dem Vorbild französischer Schlösser erbaut (keine Besichtigung).

Borgo e Castello Medioevale: Eine Ritterburg aus dem Bilderbuch mit einer richtigen kleinen, mittelalterlichen Ortschaft – erbaut für die Weltausstellung von 1884 und alles perfekt rekonstruiert nach tatsächlichen Vorbildern im Aostatal. In den gotischen Backsteinhäusern mit Zinnen, Wandfresken und Säulengängen sind Kunsthandwerksläden und Souvenirshops untergebracht, ein teures Ristorante im mittelalterlichen Stil sorgt für das kulinarische Vergnügen. Über eine Zugbrücke und durch einen freskengeschmückten Hof (originalgetreue Nachbildung vom Innenhof des Castello di Fenis im Aostatal) kommt man in eine Reihe von Innenräumen, darunter die Küche und die kargen Schlafkammern der Soldaten.
Öffnungszeiten/Eintritt **Borgo**, tägl. 9–19 Uhr (im Sommer 20 Uhr), Eintritt frei. **Castello**, Di–So 9–19 Uhr, Mo geschl.; Eintritt 3 €, über 65 und von 18–25 J. 1,50 €, unter 18 J. frei. Nur mit Führung (ca. 30 Min.).

Außerhalb vom Zentrum

Museo dell'Automobile: etwa zwei 2 km südlich vom Parco Valentino am Corso Unità d'Italia 40 (am Ufer des Po). Das einzige Automobilmuseum im Land, große

Dokumentation von den Anfängen Ende des 19. Jh. bis ins Zeitalter der Massenproduktion, Schwerpunkt natürlich Fiat, außerdem eine Ausstellung italienischer Boliden im zweiten Stock. Tram Nr. 1 ab Bahnhof Porta Nuova bis Lingotto, dann noch ca. 5 Minuten zu Fuß zum Flussufer, wo sich das schon etwas ältere Museumsgebäude befindet.

Öffnungszeiten/Eintritt Di–So 10–18.30, Do bis 22 Uhr, Mo geschl.; Eintritt 5,50 €, erm. 4 €.

Il Lingotto: Nur einige Straßenzüge entfernt vom Automobilmuseum steht an der Via Nizza diese ehemalige riesige Autofertigungshalle von Fiat (500 m lang, fünf Stockwerke hoch, mit Teststrecke auf dem Dach!). 1979 geschlossen, wurde der Koloss seit Mitte der 1980er Jahre zu einem gigantischen Kongress- und Messezentrum samt riesigem Einkaufszentrum (*I Portici del Lingotto* mit über 90 Shops) umgebaut. Alle zwei Jahre findet hier die internationale Automobilmesse statt, ebenso im Zwei-Jahres-Turnus die önogastronomische Messe „Salone del Gusto", aber auch viele weitere Events wie Ausstellungen, Konzerte, Tagungen und Sportereignisse. Der hochmoderne Bau steckt voller technischer und architektonischer Raffinessen, die einen Besuch lohnen. Als Architekt zeichnet Renzo Piano verantwortlich, der u. a. den Hafen von Genua und den Potsdamer Platz in Berlin umgestaltet hat. Lingotto hat eine eigene Bahnstation.

Auf dem Dach des Lingotto-Komplexes werden schließlich in *Lo Scrigno*, der *Pinakothek von Gianni und Marella Agnelli*, Werke aus dem Privatbesitz der Fiat-Familie ausgestellt, u. a. Canova, Renoir, Matisse, Picasso, Modigliani und vor allem Canaletto, der mit sechs Venedig-Ansichten vertreten ist und von Agnelli besonders verehrt wurde. Zur Pinacoteca gehört auch ein Bookshop, die beiden Stockwerke darunter bieten über 1000 qm Fläche für wechselnde Ausstellungen.

Öffnungszeiten/Eintritt Di–So 9–19 Uhr, Mo geschl.; Eintritt 4 €, erm. 2,50 €. Mit dem Aufzug von den Portici del Lingotto bei der *8 Gallery* hinauf in den Bookshop; von dort führt ein weiterer Aufzug hinauf zu den Ausstellungsräumen.

Turin/Umgebung

▶ **Basilica di Superga**: Weithin sichtbar thront das Meisterwerk Juvarras auf einem bewaldeten Hügel am rechten Ufer des Po, 10 km östlich und 660 m über der Stadt. Erbaut wurde die prachtvolle, barock-klassizistische Kuppelkirche anlässlich eines Gelübdes des Savoyen-Königs Vittorio Amadeo während der französischen Belagerung von 1706. In der Krypta ruhen die savoyisch-italienischen Herrscher, ebenso wie die komplette Fußballmannschaft vom AC Torino, genannt „Il Torino" (lokaler Konkurrent von Juventus Turin), deren Flugzeug im Mai 1949 am Superga-Hügel zerschellte. Bei klarem Wetter bietet sich ein schöner Blick über die Stadt, die Kuppel kann bestiegen werden.

- *Anfahrt* Tram Nr. 15 ab Via XX Settembre bis Endstation Sassi, die Talstation der nostalgischen Zahnradbahn liegt schräg gegenüber. In 20 Min. geht es die etwa 3 km lange Strecke hinauf (stündl., hin/rück 3,10 €, am Wochenende 4,20 €).
- *Öffnungszeiten/Eintritt* Tägl. 9–12 und 15–18 Uhr, im Winter bis 17 Uhr, Kuppel Mo–Fr zu den Kirchenöffnungszeiten, Sa 9.30–19.30, So 13–19.30 Uhr, im Winter nur Sa/So, Eintritt 3 €; Krypta Mo–Fr 9.30–13.30 und 14.30–18.30 Uhr, Sa/So 9.30–19.30 Uhr, im Winter nur am Wochenende, Eintritt 3 €, Kombiticket mit Kuppel 5 €.

▶ **La Palazzina di Caccia di Stupinigi** (Jagdschloss von Stupinigi): 10 km südlich vom Zentrum, ein weiteres Meisterwerk von Juvarra. Aus einem ursprünglich nur als Jagdpavillon geplanten Bau entstand nach und nach eine große, prunkvolle Residenz mit halbkreisförmigen Flügeln. Die Innenräume sind im Stil des ausgehenden 18. Jh. eingerichtet, ein *Museo d'Arte e di Ammobiliamento* (Kunst- und Möbelmuseum) kann besichtigt werden. Auch ein herrlicher Park gehört zum Schloss.

- *Anfahrt* Tram 4 ab Bahnhof Porta Nuova oder Tram 1 ab Piazza Castello bis Piazzale Caio Mario, weiter mit Bus Nr. 41.
- *Öffnungszeiten/Eintritt* Bis voraussichtlich Dezember 2008 wegen Restaurierung geschlossen, Öffnungszeiten und Preise dann bei der Tourist-Info.

▶ **Castello di Rivoli**: Das Schloss in dem verschlafenen, 12 km westlich gelegenen Vorort beherbergt ein herausragendes Museum für zeitgenössische Kunst (*Museo d'Arte Contemporanea*). Die Werke bilden einen anregenden Kontrast zu den teilweise erhaltenen Stuck- und Deckenmalereien, u. a. vertreten sind Michelangelo Pistoletto, Rebecca Horn, Mario Merz, Maurizio Cattelan, Gilbert & George und Jeff Koons. Angeschlossen an das Museum sind ein Konferenzzentrum, eine Bibliothek und ein Café.

- *Anfahrt* Bus Nr. 36 ab Piazza Statuto (beim Bahnhof Porta Susa, bis dort Tram 1), bis Endstation in Rivoli, Shuttle-Busse hinauf zum Castello oder Fußweg.
- *Öffnungszeiten/Eintritt* Di–Do 10–17, Fr–So 10–22 Uhr, Mo geschl., Eintritt 6,20 €, ermäßigt 5,20 €.

▶ **Reggia di Veneria Reale**: Die größte Palastanlage in der Umgebung Turins liegt etwa 10 km nördlich der Stadt und wurde ab 1658 nach französischem Vorbild errichtet . 1693 wurde das Jagd- und Lustschloss von französischen Truppen in Brand gesteckt und dabei fast völlig zerstört. Den Wiederaufbau übernahmen Michelangelo Garove und Filippo Juvarra. Prunksaal des Schlosses ist heute die beeindruckende *Galleria di Diana* mit ihren einmaligen Stuckarbeiten. Mit immensem finanziellem Aufwand wird hier derzeit restauriert, geplant ist die fast vollständige Rekonstruktion der gesamten Anlage. Im September 2007 soll das Schloss wieder für die Öffentlichkeit zugänglich sein. Aktuelle Informationen zu Öffnungszeiten und Preisen bei den Info-Büros von Turismo Torino.

Verbindungen/Anfahrt Ab Turin Zentrum mit dem Bus Nr. 72 nach Venaria, das Castello befindet sich gleich beim Zentrum. Mit dem Regionalzug Richtung Lanzo Torinese, Halt in Venaria.

▶ **Sacra di San Michele**: Einer der bedeutendsten Sakralbauten im Piemont und nach dem Mont-Saint-Michel in der Normandie das wichtigste Michaels-Heiligtum Europas. Unübersehbar thront die fast tausend Jahre alte Abtei wie ein steinerner Wärter auf dem hoch aufragenden Monte Pirchiriano, in 962 m Höhe am Eingang des Valle di Susa, westlich von Turin. Eng an den Fels geschmiegt, schwingt sich der lange, symbolträchtige *Scalone dei Morti* zur Kirche empor – „Treppe der Toten" genannt, weil seitlich des Wegs zahlreiche Äbte des Klosters begraben liegen. Hier erkennt man auch, dass der spitze Felsgipfel für den Kirchenraum zu klein ist – die Apsis schwebt, auf einen mächtigen Pfeiler gestützt, fast über dem Abgrund. Der helle Kirchenraum ist romanisch, die Apsiden sind gotisch, Fresken aus dem 15./16. Jh. sind erhalten. Vom Mittelschiff kann man in die Krypta hinuntersteigen, die aus drei alten Kapellen besteht. Von der Terrasse genießt man einen wunderbaren Blick in das Susatal und auf die Alpengipfel.

- *Öffnungszeiten/Eintritt* Di–Sa 9.30–12.30 und 15–18 Uhr, im Winter nur bis 17 Uhr, Mo geschl.; Eintritt 3,50 €, erm. 2,50 €..
- *Anfahrt/Verbindungen* Zug bis Station **Condove-Chiusa San Michele**. Schöner als die Straße, die von hinten in Serpentinen hinaufführt, ist der direkte Fußweg ab Chiusa San Michele – Start neben der Kirche, dort Wegweiser, ca. 1 Std. steiler Aufstieg. Kurz vor der Abtei gibt es eine Bar.

Valle Susa

Durch das breite Tal der Dora Riparia verläuft die Autobahn A 32 von Turin zum 13 km langen Frejus-Tunnel (*Traforo del Frejus*), der bei Bardonécchia im Berg verschwindet und beim französischen Modane wieder rauskommt. Auf dem Weg dorthin gelangt man ca. 50 km westlich von Turin nach *Susa* (ca. 6700 Einwohner), ein schlichtes, wettergegerbtes Grenzstädtchen, zwar malerisch am Bergfluss Dora Riparia gelegen, aber kaum eine touristische Attraktion. Sehenswert sind jedoch die baulichen Überreste aus römischer Zeit und der Dom *San Giusto*.

Auf der SS 24 in Richtung Bardonécchia/Frejus-Tunnel ist gleich nach Susa über Serpentinen eine Talstufe zu überwinden, nach insgesamt 14 km erreicht man das Örtchen *Exilles* mit seiner mächtigen mittelalterlichen Festung aus dem 12. Jh., die noch bis 1946 genutzt wurde. Das Bollwerk in einer Talenge markierte über mehrere Jahrhunderte die Grenze zwischen den Savoyern und den Dauphiné. Letztere konnten es mit kurzer Unterbrechung bis ins Jahr 1708 halten. Dann wechselte *Forte Exilles* gewissermaßen die Fronten und diente den Savoyern als piemontesische Grenzfestung gegen Frankreich. Im Jahr 2000 wurde Exilles als Freilichtmuseum wiedereröffnet.

Steil hinauf: Sacra di San Michele

Öffnungszeiten/Eintritt **Forte Exilles**, 15. April bis 30. Sept. Di–So 10–18.30 Uhr, sonst 10–14 Uhr (Mo geschl.). Eintritt 5 €, unter 18 und über 65 J. 3,50 €, 5–10 J. 1,50 €, unter 5 J. frei. ✆ 0122/58270.

Im oberen Susatal (*Alta Valle di Susa*) gelangt man weiter westlich in das große Skisportgebiet von *Bardonécchia* mit 22 Skiliften und 110 Pistenkilometern. Über 30 Hotels, zahlreiche Restaurants, Skischulen und -verleiher sowie zwei Campingplätze bieten eine hervorragende wintertouristische Infrastruktur (weitere Infos bei der I.A.T. in Bardonécchia, ✆ 0122/99032, www.bardonecchiaski.com).

Ein fast noch besseres Angebot findet sich im weniger bekannten *Sauze d'Oulx* (oberhalb von Oulx). Von dort hat man einen Einstieg in die *Vialattea*, ein riesiges Skigebiet mit rund 400 Pistenkilometern, zu dem auch die olympischen Orte Claviere, Cesana, San Sicario, Montgenevre (Frankreich) und *Sestriere* gehören (Infos zur Vialattea: Via del Colle 13, Fraz. Borgata, 10058 Sestriere, ✆ 0122/799411, 799444, www.vialattea.it). Auch in Sauze d'Oulx gibt es zahlreiche Hotels aller Kategorien, nähere Informationen in den APTs von Oulx (Piazza Garambois 5, ✆ 0122/831596) oder Sauze d'Oulx (✆ 0122/858009, www.vialattea.it).

Monferrato und Langhe

Südlich von Turin bilden diese ineinander übergehenden Hügellandschaften eines der größten Weinbaugebiete Italiens, in dem einige der besten Tropfen des Landes produziert werden.

Die Silhouette der zahllosen sanften Weinberge, über denen oft Dunst und Nebel liegen, erinnert etwas an die Toskana. Kleine historische Städtchen, einsame Bauernhöfe, stolze Kastelle, alte Adelsvillen, kurvige Sträßchen – erholsamer Kontrast zur Großstadt Turin und der wohl harmonischste Landstrich im Piemont. Die Küche ist dank der Vielzahl lokaler Produkte ausgezeichnet und vielseitig: Trüffel, Käse, Würste und natürlich – immer und überall – Wein. Genießer haben die Wahl zwischen dem vollen und kräftigen *Barolo*, dem samtigen *Barbaresco*, dem fruchtig-herben *Barbera*, dem frischen *Dolcetto* und dem trockenen und tanninreichen *Nebbiolo*. Wen es mehr zu Weißwein zieht, sollte einmal den fruchtig-leichten *Arneis* probieren. Als Aperitif oder Dessertwein empfehlen sich der fruchtig-süße *Moscato d'Asti* oder der *Asti Spumante*. Die Weinkellereien gehen in die hunderte, ausführliche Informationen bieten die vielen deutschsprachigen Broschüren, die von den Fremdenverkehrsämtern ausgegeben werden.

Asti
ca. 75.000 Einwohner

Die sympathische Hauptstadt des Monferrato – Heimat guter Weine, des prickelnden Asti Spumante und des tiefroten Barbera d'Asti. Das Stadtbild bietet einiges fürs Auge, man kann hervorragend essen und die Atmosphäre einer touristisch nur wenig frequentierten Stadt genießen.

Von der großen *Piazza Alfieri* mit ihren langen Laubengängen – benannt nach dem einheimischen Dichter Vittorio Alfieri (1749–1803), den die Freiheitsbewegung des 19. Jh. zu ihrem Idol machte – kommt man auf den langen und überwiegend autofreien *Corso Alfieri*, der das ganze Zentrum durchzieht. Seitlich davon öffnen sich die Gässchen und Plätze der malerisch-verwinkelten Altstadt. Südlich vom Corso steht in einer hübschen Ecke die romanisch-gotische Kirche *San Secondo* (13./14. Jh.). Sie ist dem Schutzheiligen von Asti geweiht, der hier den Märtyrertod gestorben sein soll. In einer der Kapellen werden die Banner des Palio aufbewahrt, interessant außerdem die alte Krypta mit einem Wald von Säulen. Nördlich der Hauptstraße kann man durch schmale Pflastergassen zur gewaltigen *Cattedrale Santa Maria Assunta* abbiegen. Äußerlich beeindrucken an der gotischen Backsteinkirche vor allem das prachtvolle Portal, die abgesetzte weiße Musterung und die herrliche Fassade mit drei Rosetten. Das Innere ist mit opulenten Rokoko-Fresken ausgeschmückt.

- *Öffnungszeiten/Eintritt* **San Secondo**, tägl. 8–12.30 und 15.30–19 Uhr. **Cattedrale S. Maria Assunta**, tägl. 8–12 und 15–19 Uhr.
- *Anfahrt/Verbindungen* **PKW**, von Turin auf der A 21 schnell zu erreichen. Große gebührenpflichtige Parkplätze im Zentrum sind Piazza Alfieri und Campo del Palio. **Bahn**, mindestens stündl. Verbindung mit Turin, außerdem mehrmals von und nach Mailand und Alba – jeweils mit Umsteigen. Bahnhof südlich vom Zentrum, geradeaus über den Campo del Palio zur zentralen Piazza Alfieri.
- *Information* **Asti Turismo** im Palazzo della Provincia an der Südseite der zentralen Piazza Alfieri, Nr. 29. Es wird Deutsch gesprochen. Mo–Sa 9–13 und 14.30–18.30 Uhr, So 9–13 Uhr. ✆ 0141/530357.
- *Übernachten* *** **Aleramo**, bestes Haus am Platz, zentrale Lage gleich bei der Piaz-

Palio d'Asti

Höhepunkt des sonst eher gemächlichen Stadtlebens ist zweifelsohne der Palio d'Asti am dritten Sonntag im September mit großem Umzug in historischen Kostümen und anschließendem Pferderennen auf der Piazza Alfieri, das hier bereits seit dem späten 13. Jh. zu Ehren des Stadtheiligen San Secondo stattfindet. Schon ab der ersten Maiwoche eines jeden Jahres bereiten sich die *Astigiani* auf den Wettkampf vor. Dann nämlich – zum Fest des Stadtpatrons – wird mit großem Pomp das später beim Rennen verliehene Siegerbanner enthüllt. Dessen Gestaltung ist an strenge Auflagen gebunden und wird traditionell in die Hände eines renommierten italienischen Künstlers gelegt. In den verschiedenen Stadtvierteln (*rioni*) laufen die Vorbereitungen ab Spätsommer auf Hochtouren: Pferd und Jockey trainieren hart und vor dem großen Rennen wird das Pferd sogar vom Pfarrer des Viertels in der Kirche (!) gesegnet. Die Fahnenschwinger von Asti sollen die besten des Landes sein, sie treten schon ein paar Tage vor dem alles entscheidenden dritten Sonntag im September zum Wettstreit an, ebenso die Schildknappen. Die Rennen beginnen am Palio-Sonntag um 16 Uhr. 21 Teilnehmer aus den verschiedenen Stadtvierteln und Vororten treten zunächst zu drei Vorläufen an, dann kommt es zum alles entscheidenden Schlusslauf – 1200 m, das sind drei Runden um die Piazza, ohne Sattel, aber mit allerlei Tricks und Tritten. Der Sieger kann sich dann ein Jahr lang außer mit Ruhm und Ehre auch mit dem kunstvollen Banner schmücken, der Zweite erhält wie vor über 700 Jahren schon einen Beutel mit Silbermünzen, der Dritte einen lebenden Hahn, das Symboltier der Stadt, und der Letzte, so will es die Tradition, einen Salat mit *einer* Sardelle.

za Campo del Palio. Neu renoviert, viele Geschäftsreisende. Mit Garage (11 €/Tag). 42 Zimmer, alle mit Bad, TV, Klimaanlage. EZ 75 €, DZ 125 €, Dreier 145 €, Frühstück inkl. Via E. Filiberto 13, ✆ 0141/595661, ✉ 30039, www.hotel.aleramo.it.

*** **Rainero**, gegenüber dem Aleramo, nicht ganz so neu und dafür etwas günstiger. 54 Zimmer, EZ 50–60 €, DZ 90 €, Dreier 120 €, Frühstück 8 € pro Pers., Garage 8 € pro Tag. Via Cavour 85, ✆ 0141/353866, ✉ 594985.

*** **Reale**, historisches Haus mit Geschichte, seit 1793 als Hotel geführt. Am 13. März 1867 hat Garibaldi vom Balkon gesprochen. Gediegene Eingangshalle mit antiker Ausstattung, jedoch alles nicht mehr ganz neu, mit Garage. EZ 65 €, DZ 130 €, mit Frühstück. Piazza Alfieri 6, ✆ 0141/530240, ✉ 34357.

** **Cavour**, vis-à-vis vom Bahnhof, das günstigste Hotel im Zentrum, deshalb vor allem an Wochenenden schnell ausgebucht. Zimmer mit Bad, EZ 44 €, DZ 64 €. Piazza Marconi 18, ✆/✉ 0141/530222, www.hotelcavour-asti.de.

Camping Umberto Cagni im nordöstlichen Stadtgebiet, Loc. Valmanera 152, ca. 2 km vom Zentrum. Pro Pers. 4 €, Zelt/Wohnwagen 5 €, Wohnmobil 6 €, Auto 3 €, April bis Sept. geöffnet. ✆ 0141/271238, ✉ 599896.

• *Essen & Trinken* Es gibt zahlreiche gute Restaurants in Asti, im Folgenden nur ein Ausschnitt aus dem großen Angebot.

Il Convivio Vini e Cucina, eines der besten und angenehmsten Lokale in Asti und Provinz, teilweise mittelalterliches Gebäude in einem autofreien Gässchen der Altstadt. Gut sortierte Weinkarte mit großer Auswahl an Barbera. Menü ca. 30–35 €. Via G. Giuliani 4/6, ✆ 0141/594188. Zweite Augusthälfte und So geschl.

Barolo & Co, auch hier ein schönes Ambiente im historischen Gewölbe, in einer ruhigen Seitengasse des Corso Alfieri gelegen. Es gibt weder Speise- noch Weinkarte, lassen Sie sich von Beppe Sassone beraten. Ausgezeichnete Küche und gute lokale Weine, kleines Menü abends 28 €, Grande Menü 33 €, Mittagsmenü 19 €. Mo geschl. Via Cesare Battisti 14, ✆ 0141/592059.

386 Piemont und Aostatal

Francese, gegenüber der Kirche San Secondo eine Gasse hinein. Großes Ristorante/Pizzeria mit gutem Weinkeller und gemütlicher Außenterrasse aus Holz, schöner Platz zum Sitzen. Mi geschl. Via dei Cappellai 15, ✆ 0141/592321.

• *Osterie/Enoteche/Vinerie* **Il Diavolo Rosso**, in der ehemaligen Kirche San Michele in der Nähe der Piazza Roma, wo in sakralem Ambiente u. a. Konzerte, Ausstellungen und Theateraufführungen stattfinden. Die Kirche beherbergt eine dem Barbera „geweihte" Vineria und ist ein idealer Ort, um nette Menschen kennen zu lernen. Größtenteils freier Eintritt, kein Konsumzwang. Do–So ab 19 Uhr sowie zu Veranstaltungen geöffnet, Piazza San Martino 4, ✆ 0141/30221, www.diavolorosso.it.

Al beato bevitore, kleine, gemütliche Weinbar bei der Piazza Statuto, 9–24 Uhr geöffnet, Mo geschl. Via Bonzanigo 14.

• *Shopping* Unter den Lauben der Piazza Alfieri und am Corso Alfieri läuft einem das Wasser im Mund zusammen: besonders die lokalen Weine, der Spumante und das leckere Gebäck *polentina delle tre mandorle* verführen zum Kauf – Letzteres z. B. in der Traditionskonditorei **Giordanino** am Corso Alfieri 254. Den süßen *torrone d'Asti* (weißer Nougat mit piemontesischen Haselnüssen) findet man besonders gut bei **Barbero**, Via Brofferio 84.

Samstags riesiger Wochenmarkt auf den benachbarten Plätzen **Piazza Alfieri, Campo del Palio** und **Piazza Libertà**.

Mittwoch und Samstag Gemüsemarkt auf dem großen **Campo del Palio**.

▸ **Asti/Umgebung**: In den Weinbergen der Umgebung gibt es zahlreiche Kellereien, die Degustationen anbieten, Informationen erteilt *Asti Turismo* in Asti.

Auf halbem Weg nach Alba fällt das mächtige Castello von *Costigliole d'Asti* sofort ins Auge. Hier befindet sich heute das *Italian Culinary Institute for Foreigners* (ICIF), eine renommierte Kochschule für Berufsköche, die aus aller Welt hier zum Kurs anreisen (Infos unter www.icif.com). Im Keller des Rathauses von Costigliole ist Weinverkostung möglich (Cantina Comunale, Di–Fr 10–12, Sa/So 10–12 und 16–19 Uhr).

Noch ein Stück weiter südlich von Asti gelangt man nach *Canelli* (ca. 11.000 Einwohner), der Hauptstadt des Spumante und lebhaftes Zentrum des südlichen Monferrato am Fluss Belbo. Im Jahr 1865 hat Carlo Gancia hier den ersten Spumante Italiens kreiert, die Sektkellerei Fratelli Gancia gibt es noch heute.

Castelnuovo Don Bosco im nördlichen Astigiano ist ein weltbekannter Wallfahrtsort. Hier wurde 1815 Don Giovanni Boscogeboren, Gründer der Salesianer Institute. Im Ortsteil *Colle Don Bosco*, 4 km vom historischen Zentrum, findet man die große Wallfahrtskirche, zwei Museen und das Geburtshaus des 1934 heilig gesprochenen Ordensgründers.

• *Übernachten* *** **Fons Salutis**, in Agliano Terme (ca. 7 km östlich von Costigliole). Hotel und Ristorante inmitten von Weinbergen, benannt nach der gleichnamigen, im Hotelpark entspringenden Sulfatquelle, die Kureinrichtungen befinden sich nebenan. Modern eingerichtet, 2003 renoviert. Nach einem Sprung in den Swimmingpool kann man schön im Freien speisen. EZ 45–55 €, DZ 70 €, Dreier 80 €, Frühstück 8 € pro Pers. Via alle Fonti 125 ✆ 0141/954018, ✆ 954554.

La Mussia, Agriturismo in Castelnuovo Calcea (zwischen Costigliole und Nizza Monferrato geht es ab, beschildert), inmitten der Weinberge. Vor kurzem renoviert, mit Schwimmbad und Tennisplatz, gekocht wird mit Produkten aus eigenem Anbau. 10 Zimmer, EZ 42 €, DZ 65 €, Halbpension 49 € pro Pers., Apartment 450–550 € pro Woche. ✆ 0141/957201, ✆ 957402.

La Casa in Collina, Agriturismo etwa 3 km außerhalb von Canelli, mitten in den Weinbergen. Nobles Anwesen, frisch restauriert, nur 6 elegante Zimmer in schönem Ambiente, EZ 70 €, DZ 110 €, Frühstück inkl. Regione S. Antonio 30, ✆ 0141/822827, ✆ 823543, www.casaincollina.com. Anfahrt: von Norden kommend, gleich am Ortseingang von Canelli rechts ab und den Hügel hinauf (beschildert), der Agriturismo liegt im Ortsteil Sant'Antonio.

Camping Le Fonti, ca. 2 km außerhalb von Agliano Terme, bei den Kureinrichtungen. Swimmingpool, Fahrradverleih, Tennis- und

Volleyballplatz. Pro Pers. 5 €, Zelt 5–7 €, Wohnwagen/-mobil 7 €, Auto 3,50 €. Anfang April bis Ende Sept. geöffnet. Via alle Fonti 54, ℡ 954820, www.campinglefonti.it.

• *Essen & Trinken* **San Marco**, in Canelli, eines der besten Restaurants der Gegend, stilvolles Ambiente, freundlicher Service, ausgezeichnete Küche (und ebensolche Weinkarte), mit einem Michelin-Stern gekrönt. Das *Piccolo Menu* gibt es Mo–Fr für 23 €, à la carte zahlt man ca. 12 € pro Gang. Für abends dringend reservieren. Di-Abend und Mi geschl. Via Alba 136 (Straße westlich stadtauswärts), ℡ 0141/823544, www.sanmarcoristorante.it.

• *Wein/Spumante* **Contratto**, Degustation 11 € (Weißwein/Sekte) bzw. 18 € (Rotweine), dabei kann auch der Keller besichtigt werden. Für einen handgerüttelten Contratto Riserva Brut muss man ab 15 € ausgeben. Daneben sind hier auch Barbera d'Asti, Barolo, Barbaresco, Moscato d'Asti, Asti und andere Weine zu haben. Mo–Fr 8–12 und 14–18 Uhr. Via G. B. Giuliani 56 (im Zentrum), ℡ 0141/823349, ✆ 824650, www.contratto.it.

Alba

ca. 30.000 Einwohner

Im schönen, grünen Hügelland der Langhe liegt eine kleine, mittelalterliche Stadt, die für zwei Dinge berühmt ist: ihre roten Weine und die weißen Trüffel „tartufi".

Alljährlich zur Erntezeit im Herbst bricht in Alba das Trüffelfieber aus – an allen Ecken stehen die kartoffelförmigen Edelpilze für sündhaft teures Geld zum Verkauf (100 g für 70–100 €!). Und zur selben Zeit sind auch die Trauben in den Weinbergen um die Stadt reif, „Cantine" und „Enoteche" mit Besichtigung, Kostproben und Verkauf findet man in den zahlreichen Weindörfern der Umgebung. Aber auch für Nicht-Gourmets lohnt ein Besuch, denn der Kern Albas mit engen Pflastergassen und einigen Geschlechtertürmen, dominiert vom großen Backsteindom, ist noch bestens erhalten und lädt zur Erkundung ein. Besonders reizvoll ist ein Besuch Albas am Samstag – dann findet in der Altstadt der große *Wochenmarkt* statt, der in seinen Ursprüngen bis 1171 zurückgeht.

Wer Anfang Oktober in der Gegend unterwegs ist, sollte sich den *Palio degli Asini*, den Esels-Palio von Alba, nicht entgehen lassen. Am ersten Sonntag im Oktober tritt man hier nämlich zur spöttischen Antwort auf den Palio von Asti an, bei dem Alba, nachdem es zweimal hintereinander gewonnen hatte, nicht mehr mitmachen durfte. Großes, lustiges Spektakel mit opulentem Mittelalterfest, Höhepunkt ist das Eselsrennen durch die Altstadtgassen am Nachmittag.

• *Anfahrt/Verbindungen* **PKW**, ab Turin Autobahn A 6 und über Bra nach Alba. Reizvoller ist die direkte Fahrt durchs Hügelland des Monferrato auf der SS 29.
Bahn, Zugverbindungen ab Turin gibt es über **Asti** oder über **Carmagnola-Bra**, jeweils mit Umsteigen. An jedem Sonntag im Oktober fährt vormittags ein „Trüffel"-Sonderzug direkt nach Alba.

• *Information* **I.A.T.** im modernen Palazzo Mostre e Congressi am westlichen Ortseingang, Piazza Medford 3. Große Auswahl an Material über ganz Piemont, viele deutschsprachige Prospekte über Weinanbau und Degustation. Mo–Fr 9–12.30 und 14.30–18.30 Uhr, Sa 9–12.30 Uhr, So (außer Herbst) geschl. ℡ 0173/35833, ✆ 363878, www.comune.alba.cn.it.

• *Übernachten* ***** Savona**, gepflegtes und gut geführtes Haus direkt an der Piazza Savona. Parkplatz im Innenhof, empfohlenes Restaurant (Di geschl.). EZ 64 €, DZ 96 €, mit Frühstück. Via Roma 1, ℡ 0173/440440, ✆ 364312, www.hotelsavona.com.

** Leon d'Oro, an der Piazza Marconi im Norden der Innenstadt gelegen. Sympathisches Haus, einfache, geräumige Zimmer, Mobiliar schon etwas abgenutzt. DZ mit Bad 58 € (mit Bad auf dem Gang 40 €), EZ 40 € (26 €), kein Frühstück, Bar ums Eck. Piazza Marconi 2, ℡/✆ 0173/441901 oder ℡ 0173/440536.

Villa La Meridiana, Agriturismo in der Località Altavilla hoch über der Stadt (ca. 1 km nördlich des Zentrums). Historische Villa im Grünen, schöner Blick über Alba und die

Hügel der Langhe, Swimmingpool, Fitnessraum, Fahrradverleih, Parkplatz. Vier Zimmer und vier Miniapartments, DZ mit Frühstück 85 €. Loc. Altavilla 9, ✆/🖷 0173/440112, cascinareine@libero.it.

● *Essen & Trinken* **Osteria Lalibera**, unser **TIPP!** Modernes Lokal mit freundlichem, hellem Ambiente in der Parallelstraße der Via Vittorio Emanuele II. Ausgezeichnete hausgemachte *Tajarin* (z. B. *al ragu* für 8 €), die Tagliata vom Rindsfilet ist zart und auf den Punkt gebraten (14 €). Umfangreiche Weinkarte. Für abends besser reservieren, So geschl. Via Pertinace 24a, ✆ 0173/293155.

Osteria dell'Arco, gepflegte Trattoria mit sehr ansprechender Atmosphäre, fühlt sich der Slow-Food-Bewegung verpflichtet, interessante Speisekarte mit saisonal wechselnden Gerichten, sehr gut auch hier die hausgemachten Bandnudeln namens *Tajarin*. Menü 25–35 €. So (außer Herbst) und Mo-Mittag geschl. Piazza Savona, etwas versteckt im Hinterhof der Nr. 5/a, ✆ 0173/363947.

Cafés gibt's vor allem an der Piazza Savona (z. B. die **Bar Corallo**, das **Caffè Savona** und insbesondere das abends beliebte **Caffè Umberto I**), aber auch an der Via Vittorio Emanuele, der Fußgängerzone zum Dom. Hinter dem Dom befindet sich das ebenfalls sehr einladende **Caffè Rossetti** an der gleichnamigen Piazza. Einen hervorragenden Stehkaffee am Tresen gibt es bei **Vergnano 1882** in der Via Cavour 11.

Eines der schönsten historischen Cafés in Alba ist das **Antico Caffè Calissano**, mit Stuckdecken, Piazza Risorgimento, neben dem Dom. Di geschl.

● *Feste* Ende April bis Anfang Mai findet in Alba die **Weinmesse Vinum** statt: großes Rahmenprogramm, Infos bei der IAT.

Am ersten Sonntag im Oktober markiert der **Palio degli Asini** (s. oben) den Beginn der zweiwöchigen Trüffelmesse **Fiera Internazionale del Tartufo**. Besonders reizvoll ist dabei der große Trüffelmarkt **Mercato del Tartufo**. Er findet bis zum Jahresende jeden Samstag im Hof der Biblioteca Civica (Via Vittorio Emanuele 19) in einem Zelt statt und ist ein wirklich sehenswertes Spektakel, bei dem die lokalen Trüffelexperten stolz ihre wohlriechenden Objekte präsentieren.

▶ **Alba/Umgebung:** Im Castello von *Grinzane Cavour* ist die älteste und größte Önothek des Piemont untergebracht, zusammen mit einem hervorragenden Restaurant (Di geschl.). Außer der genussvollen Weinprobe kann man in der Burg die ehemaligen Gemächer des Ministerpräsidenten Camillo Benso di Cavour besichtigen, der im 19. Jh. maßgeblich die Einigung Italiens vorantrieb – hier war er einst Bürgermeister. Noch ein Stück weiter südlich liegt *Barolo*, Herkunftsort des berühmten Rotweins, wo im Palazzo Falletti eine weitere angesehene Önothek auf den Besuch von Weinliebhabern wartet.

Das eigentliche Zentrum des „Königs des Weine" ist heute allerdings der Nachbarort *La Morra*, nordwestlich von Barolo auf einem Hügel thronend: In dem kleinen beschaulichen Dorf reihen sich die berühmten Weingüter quasi aneinander. Über 30 % der gesamten Barolo-Produktion findet hier in La Morra ihren Ursprung.

Die ehemalige mittelalterliche Festungsstadt *Cherasco* liegt westlich von La Morra malerisch auf einer Bergterrasse, die mächtigen Mauueranlagen sind heute Spazierpromenaden. Cherasco ist landesweit bekannt für den Handel mit Schnecken, die hier als kulinarische Spezialität auf vielen Speisekarten stehen, z. B. als „lumache al barbera" (Schnecken in Rotwein).

Weinliebhaber kommen aber auch bei einem Ausflug nordöstlich von Alba auf ihre Kosten: Die beiden benachbarten Orten *Barbaresco* und *Neive* bieten nicht nur eine malerische Lage und beschauliches Dorfleben, sondern auch kulinarische Genüsse auf höchstem Niveau. In einer ehemaligen Barockkirche in Barbaresco befindet sich heute die Enoteca Regionale del Barbaresco.

● *Öffnungszeiten/Eintritt* **Castello Grinzane Cavour**, tägl. geöffnet, auch an Feiertagen, Di Ruhetag (außer im Okt.), im Januar geschl. Zwischen 10–12 und 14.30–18.30 Uhr etwa stündlich Führungen, Eintritt 3,50 €, Dauer ca. 40 Min. **Palazzo Falletti**, Fr-Mi 10–12.30 und 15–18.30 Uhr geöffnet, Do und im Januar geschl. Führungen ca. alle 30

Alba/Umgebung

Wuchtig: Castello Grinzane Cavour

Piemont und Aostatal — Karte S. 366/367

Min., auch in Englisch und Deutsch (Letztere sollte man telefonisch anmelden). Eintritt 3,50 €, ✆ 0173/560520 oder 0173/56277.

• *Übernachten* ***** Barolo**, gepflegtes Haus mit Pool, Garten und Parkplatz. Von der Restaurantterrasse Blick auf das Schloss und die Weinberge. EZ 60 €, DZ 85 €, mit Frühstück. In Barolo, Via Lomondo 2, ✆ 0173/56354, Fax 560026, www.hotelbarolo.it.

B & B La Giolitta, in Barolo, unser **TIPP!** Ruhige Lage im Zentrum (bei der Post). Nur drei nett eingerichtete Zimmer, EZ 45–50 €, DZ 60–65 €, Extra-Bett 15 €, Frühstück inkl. Via Cesare Battisti 13, ✆/Fax 0173/560504, www.lagiolitta.it.

*** Vecchio Tre Stelle, sympathischer Familienbetrieb im gleichnamigen Weiler 3 km südlich von Barbaresco. Sehr gute Küche, umfangreiche Weinkarte (Reservierung ratsam, Di Ruhetag), DZ mit Frühstück 70 €. Loc. Tre Stelle, Via Rio Sordo 13, ✆ 0173/638192, Fax 638282, www.vecchiotrestelle.it.

** La Contea, in Neive, an der idyllischen Piazza Cocito. Sehr einladendes Haus, 26 Zimmer, stilvoll mit dunklem, altem Mobiliar eingerichtet. DZ mit Halbpension (sehr empfehlenswert, s. auch Essen & Trinken) 180 €, EZ 90 €, Kinderermäßigung. Mitte Januar bis Anfang März geschl. Piazza Cocito 8, ✆ 0173/67126, Fax 67367, www.la-contea.it.

• *Essen & Trinken* **Belvedere**, viel gepriesenes Restaurant im Ortszentrum von La Morra, zählt zu den besten der Region. Risotto und Schmorbraten, beides in Barolo, gehören hier zu den Favoriten. Weiter Blick in die Hügellandschaft. Preise für das Gebotene maßvoll, Menü ab ca. 35 € aufwärts. So-Abend und Mo geschl. Piazza Castello 5, ✆ 0173/50190.

Ristorante Rabayà, in Barbaresco, urgemütliches Ristorante mit schöner Terrasse, im Weinkeller kann man sich den edlen Tropfen selbst aussuchen. Kleines Degustationsmenü 28 €, das große 40 €. Etwa 400 m vom Ortskern entfernt, 200 m Richtung Alba, dann halbrechts (beschildert). Do Ruhetag. Via Rabayà 9, ✆ 0173/635223.

Ristorante Antinè, in Barbaresco, neben dem Weingut Gaja. Junge und kreative Küche in stilvollem Ambiente, auch traditionelle Gerichte; umfangreiche Weinkarte, nicht eben günstig. Mi Ruhetag, ✆ 0173/635294.

La Contea, in Neive, Tipp für Feinschmecker! Claudia und Tonino Verro begeistern ihre Gäste mit traditioneller und verfeinerter Langhe-Küche auf allerhöchstem Niveau. Den passenden Rahmen dazu bietet der alte Palazzo aus dem 15. Jh., in dem die festlich gedeckten Tafeln in mehreren Sälen untergebracht sind, im Sommer mit

Terrasse. Spitzenweine der Langhe, Degustationsmenü 48 €, Kindermenü 13 €. So-Abend und Mo geschl., ebenso von Mitte Januar bis Ende Februar. Reservierung empfohlen. Piazza Cocito 8, ✆ 0173/67126.

• *Wein* **Enoteca Regionale Piemontese Cavour**, im EG des Castello Grinzane Cavour, riesige Auswahl, nicht nur zahlreiche Weine des Piemont, sondern auch Grappa, Torrone und andere *prodotti tipici* der Region. Tägl. 9.30–12.30 und 14.30–18.30 Uhr geöffnet. Verkostung 2–4 €, www.castellogrinzane.it.

Enoteca Regionale del Barolo, im Gewölbekeller des Palazzo Falletti (Castello Comunale) in Barolo. Schwerpunkt Barolo, nur einige wenige Dolcetti und Barbera im Sortiment. Degustation je nach Wein 2–5 €. Tägl. 10–12.30 und 15–18.30 Uhr, Do geschl. Piazza Falletti, ✆ 0173/56277.

Enoteca Regionale del Barbaresco, in der Kirche San Donato im Zentrum von Barbaresco, Degustation 1,50 €/Glas. Geöffnet tägl. 9.30–13 und 14.30–18 Uhr (Mi und im Januar geschl.). Via Torino 8a, ✆ 0173/635251, ✉ 635942, www.enotecadelbarbaresco.it.

Cantina dei Produttori di Barbaresco, in Barbaresco, Verkaufsstelle der Winzergenossenschaft, gegenüber dem Sarazenenturm gelegen. Verkostung in nüchternem Ambiente, dafür kostenlos, die Flasche Barbaresco kostet hier ab ca. 13 €. Mo–Fr 8–12 und 14–18 Uhr, Sa/So 10–12 und 15–18 Uhr (im August geschl.). Via Torino 52, ✆ 0173/635139, ✉ 635130, www.produttoridelbarbaresco.com.

Von Turin zur Riviera

Gängigste Route ist die A 6 nach Savona, interessante Alternative aber die SS 20 über Cúneo nach Ventimiglia, dabei wird ein Stück Frankreich durchquert.

Auf der SS 20 geht es anfangs durch die flache Poebene, südlich von Cúneo dann in vielen Kurven hinauf in die Seealpen, französische Grenze am *Colle di Tenda* mit langem Straßentunnel (3182 m), danach folgt die Straße dem gewundenen Flusslauf des Roya. Eine malerische Strecke zwischen hohen Hängen, an denen immer wieder kleine Dörfer kleben.

Tende staffelt sich mit vielen kleinen Gässchen und Treppen den steilen Hang hinauf, überragt von einer Burgruine. Ein weiterer hübscher Ort ist *Breil-sur-Roya*.

Die parallel zur Straße laufende Bahnlinie gilt als eine der schönsten Strecken der Alpen! Verbindungen etwa 5-mal tägl., ca. 4–5 Std. Fahrtzeit, z. T. Umsteigen in Fossano oder Cúneo. Streckenführung: Turin-Fossano-Cúneo-Limone Piemonte-Tende-Breil-Ventimiglia (ab Breil Zweiglinie nach Nizza an der Cote d'Azur).

> **Achtung**: Der Tenda-Tunnel soll ab Ende 2007 ausgebaut und um eine Röhre erweitert werden. Infos zum aktuellen Stand bei den Touristenbüros der Umgebung.

Saluzzo
ca. 16.000 Einwohner

Die Saluzzer Markgrafen bauten vom Spätmittelalter bis zur Renaissance das Städtchen am westlichen Voralpenrand zur prunkvollen Residenz aus. In der malerischen Oberstadt mit Castello und hohem Stadtturm sind zahlreiche historische Palazzi und Kirchen erhalten. Bekannt ist Saluzzo auch für seine Kunsttischlereien und Restaurierungswerkstätten.

Durch die *Antica Porta Santa Maria*, schräg gegenüber der Kathedrale, betritt man vom Corso Italia aus die ruhige, vom Durchgangsverkehr gänzlich abgeschirmte Altstadt. Die winzige *Piazzetta dei Mondagli* bildet den Beginn der steilen, mit Kieseln gepflasterten *Salita al Castello* zur Burg hinauf. Hier reihen sich mehrere Palazzi aneinander, im oberen Teil rechts passiert man den *Palazzo Comunale*, dahinter steht die 48 m hohe *Torre Civica*, die auch bestiegen werden kann. Nach dem

Blick auf Saluzzo

Palazzo Comunale folgt der *Palazzo delle Arti Liberali* mit verblassten Resten von Wandmalereien. Das bullige, „La Castiglia" genannte Castello am höchsten Punkt wird heute als Gefängnis genutzt und kann nicht besichtigt werden. Wenn man beim Palazzo Comunale von der Salita al Castello abbiegt, gelangt man zur sehenswerten gotischen Kirche *San Giovanni* mit benachbartem Kreuzgang und zur *Casa Cavassa*, einem großzügigen Renaissancepalast, in dessen Innenräumen noch Fresken und schön bemalte Holzdecken erhalten sind.

- *Öffnungszeiten/Eintritt* **Torre Civica**, Di–So 9.30–12.30 und 14.30–18.30 Uhr, Mo geschl., im Winter nur Sa/So; Eintritt 1,30 €. **Casa Cavassa**, April bis Sept. Do–So 10–13 und 14–18 Uhr, im Winter nur bis 17 Uhr, Di/Mi Einlass nur um 11 und 15 Uhr für je 45 Min., Mo geschl.; Eintritt 4 €, erm. 2 €.
- *Information* **I.A.T.**, in der Altstadt, untergebracht im Geburtshaus des Dichters Silvio Pellico. 1. April bis 30. Sept. tägl. außer Mo 9–12.30 und 15–18.30 Uhr, So bis 19 Uhr; im Winter tägl. 9–12.30 und 14–17.30 Uhr, So bis 18 Uhr. Piazzetta dei Mondagli 5, ✆ 0175/46710, ℻ 46718, www.comune.saluzzo.cn.it.
- *Übernachten* ***** Griselda**, modernes Hotel in nicht besonders attraktiver Gegend am Fluss, aber überaus komfortabel und zu Fuß nur wenige Minuten ins Zentrum. Freundlicher Service, Parkplatz. EZ 65–85 €, DZ 98–110 €, Frühstück inkl. Ab Zentrum beschildert. Corso XXVII Aprile 13, ✆ 0175/47484, ℻ 47489, www.hotelgriselda.it.

*** Perpoin, zentral bei der Piazza Risorgimento an der Hauptstraße der Unterstadt, dennoch ruhige Lage im Hinterhof, relativ modern eingerichtet und mit Parkplatz. EZ 70 €, DZ 110 €, Frühstück inkl. Via Spielberg 19, ✆ 0175/42552, ℻ 42800.

** Persico, günstigstes Hotel in Saluzzo, ebenfalls zentrale Lage nahe dem Dom. EZ 40 €, DZ 58 €. Vicolo Mercati 10, ✆ 0175/41213, ℻ 248075.

- *Übernachten/Außerhalb* ***** Castello Rosso**, in Costigliole Saluzzo (10 km südlich). In einem Schloss aus dem 15./16. Jh., 25 Zimmer bieten feudal-antikisiertes Ambiente, die Dependance dagegen modern. Garten, Pool, Restaurant, Wellness-Bereich. EZ 120 €, DZ 155 €. Via Ammiraglio Reynaudi 5, ✆ 0175/230030, ℻ 239315, www.castellorosso.com. Anfahrt: Kaum zu verfehlen, da am höchsten Punkt von Costigliole gelegen, im Borgo Medioevale (beschildert).

B & B Il Giardino dei Semplici, am südlichen Ortsausgang von Manta (wenige Kilometer südlich von Saluzzo). Im Grünen gelegen, günstig, private Atmosphäre und sehr kinderfreundlich, nur drei Gästezimmer, gemeinsame Küche, zwei Badezimmer, EZ 25 €, DZ 50 €, Frühstück inkl. Via San Rocco 13, ✆ 0175/85744. Anfahrt: Von der SS 589 an der letzten Ampel vor dem südl. Ortsausgang Mantas rechts ab in die Via Dante, die dann in die Via Garibaldi übergeht, mit dem Straßenverlauf nach links, dann das grüne Tor auf der rechten Seite.

• *Essen/Trinken* **L'Ostu dij Baloss**, edles Lokal in einem Renaissance-Palazzo, im Speisesaal Deckenmalereien, traditionell piemontesische Küche und große Weinauswahl, kleines Degustations-Menü 26 €, Kinder-Menü 10 €. So geschl. Via Gualtieri 38, ✆ 0175/248618.

La Gargotta del Pellico, elegantes Traditionslokal an der Piazzetta dei Mondagli 5 (neben dem Touristenbüro) in der Altstadt. Gehobenes Preisniveau, Degustations-Menü 35 €. Nur abends geöffnet (So auch mittags), Di geschl. ✆ 0175/46833.

Taverna di Porti Scür, gepflegte, kleine Trattoria unter den düsteren Laubengängen der Via Porti Scür (Via Volta). In dem „Club Enogastronomico" muss man pro forma Mitglied werden, dies aber kostenlos. Recht kleines Lokal, nettes Ambiente, sehr günstig. Kein Ruhetag. Via Volta 14, ✆ 0175/249565.

Cúneo

ca. 55.000 Einwohner

Die große, geschäftige Stadt liegt auf einem keilförmigen Plateau (cúneo = Keil) zwischen den Flüssen Gesso und Stura. Wegen seiner strategischen Bedeutung wurde sie immer wieder von den Franzosen belagert und besetzt. Das Zentrum zeigt sich reizvoll, mit langen Arkadengängen aus verschiedenen Jahrhunderten entlang der Hauptstraße und einigen mittelalterlichen Gassenzügen. Mittelpunkt ist die repräsentative *Piazza Galimberti*, einer der größten Plätze des Piemont. Mit den Arkadengängen der sie umgebenden Palazzi ähnelt sie ein wenig der Piazza San Carlo in Turin. Sie trennt die klassizistische Neustadt um den Corso Nizza von der mittelalterlichen und barock geprägten Altstadt um die Via Roma. Die *Via Mondovì* ist ein charakteristischer Straßenzug im mittelalterlichen Teil der Stadt. Hier findet man nahtlos eingefügt in die Hauszeilen die *Synagoge* (wird zurzeit restauriert). Das *Museo Civico* im früheren Kloster San Francesco in der Via Santa Maria 10 besitzt ein sehenswertes Sammelsurium historischer und volkskundlicher Stücke aus verschiedenen Epochen.

• *Öffnungszeiten/Eintritt* **Museo Civico**, Di und Sa 8.30–13 und 14.30–17.30 Uhr, Mi, Do und Fr 8.30–13 und 14.30–17 Uhr, So 10–12.30 und 14.30–18 Uhr, Mo geschl., Eintritt 2,60 €, erm. 1,55 €.

• *Anfahrt/Verbindungen* Mehrmals tägl. Züge von und nach **Turin**. Vom Bhf. ca. 1,5 km ins Zentrum, Busse mit Aufschrift „Piazza Torino" oder „Via Spineta" fahren in die Altstadt.

• *Information* **I.A.T.**, im EG des Palazzo Comunale, Via Roma 28. Reichhaltiges Info-Material. Mo–Sa 9.30–12.30 und 15–18.30 Uhr, So nur bei Veranstaltungen. ✆/✉ 0171/693258, www.cuneoholiday.com.

• *Übernachten* ****** Lovera Palace**, bestes Hotel am Ort, Adelspalast des 18. Jh., in dem sich schon Könige und Päpste einquartiert haben. Historische Ausstattung, gepflegte Eleganz, individuell eingerichtete Zimmer. Fitnesscenter, Sauna, sehr edles Ristorante (Do geschl.), Garage. EZ 95–128 €, DZ 120–145 €, Frühstück inkl. Via Roma 37, ✆ 0171/690420, ✉ 603435, www.lovera-palace.com.

*** Cuneo, einer ruhigen Seitenstraße bei der Piazza Galimberti. Renoviert, komfortabel und modern eingerichtet, eher kleine Zimmer, EZ 50 €, DZ 70 €, Frühstück 5 € pro Pers. Via Vittorio Amedeo II 2, ✆ 0171/681960, www.cuneo-hotel.com.

*** Royal Superga, wenige Schritte von der zentralen Piazza Galimberti, vis-à-vis von Wochenmarkt und Markthalle. Teils mit historischem Mobiliar, freundlicher Service. Privatparkplatz im Hof, Garage 5 €/Tag. EZ 52–57 €, DZ 68 €, Dreier 78 €, Vierer 88 €, Frühstück inkl. Via Pascal 3, ✆ 0171/693223, ✉ 699101, www.hotelroyalsuperga.com.

** Ligure, geräumiges Haus mitten in der

Ivrea

Altstadt, ruhige Lage, seit 1939 in Familienbesitz. Mit gutem Restaurant (So-Abend geschl.) und Parkplatz. EZ 45 €, DZ 64 €, Frühstück extra. Via Savigliano 11, ✆ 0171/681942, ✎ 634545, www.ligurehotel.it.
Camping Bisalta, in Castagnaretta, Via San Maurizio 33 (von Cúneo den Corso Francia stadtauswärts nehmen). Wiesengelände mit kleinem Pool, Stellplatz 5 €, pro Person 5 €. ✆/✎ 0171/491334.

• *Essen & Trinken* **Torrismondi**, gegenüber dem Ospedale in der Neustadt (nahe Bahnhof), nicht sehr idyllisch gelegen, aber erstklassige Küche. Nette Atmosphäre, kompetenter Service, Antipasti um 5 €, Secondi um 10 €, eine Flasche Barbera gibt es ab 12 €, Menü ca. 25–30 €, die bestens investiert sind. Mo–Sa mittags geöffnet, Do–Sa auch abends, So geschl. Via M. Coppino 33, ✆ 0171/630861.

Osteria della Chiocciola, moderne Enoteca mit Imbissmöglichkeit mitten in der Altstadt, im ersten Stock heller Speisesaal, kreative Küche zu mittleren bis leicht gehobenen Preisen, Menü um 30 €. So geschl. Via Fossano 1
Cavallo Nero, gutbürgerliches Lokal bei der Markthalle, große Auswahl. Mit Hotel. Mo geschl. Piazza Seminario 8.
Günstige Mittagsmenüs gibt es im **Caffè Roma** in der Via Roma 54 (nahe Piazza Galimberti): Salate, Panini etc., man sitzt beschaulich unter den Arkaden. So geschl. ✆ 0171/602067.

• *Shopping* Der große **Wochenmarkt** von Cúneo findet Di und Fr an der Piazza Seminario statt, dort befindet sich auch die Markthalle mit verführerischen Angeboten aller Art.

Von Turin nach Aosta

Die A 5 schwingt sich im weiten Bogen das Haupttal der Region Valle d'Aosta hinauf, schöner Abstecher aus der flachen Poebene in die Alpen. Die Straße verläuft parallel zum Fluss *Dora Baltea*, der im Herbst 2000 zusammen mit dem Po und zahlreichen Nebenflüssen über die Ufer trat und das Aostatal zur Katastrophenregion machte. Über fast jedem Dorf thront eine Burg, die bekanntesten sind die von Verres, Isogne und Fenis.

▶ **Lago di Viverone**: Der hübsche See liegt etwas abseits der Hauptroute, nahe der A 26 nach Milano. Ländlich ruhig inmitten sanfter, grüner Hügel, von ausländischen Touristen gänzlich unentdeckt. Tipp für Weinfreunde: das Castello di Roppolo oberhalb am Hang.

• *Übernachten* Zwei Campingplätze, **La Rocca** am Südwestufer und **Plein Solei** am Nordende sowie einige kleinere Hotels.
• *Wein* **Enoteca Regionale della Serra – Castello di Roppolo**, in der Cantina des Castello finden Sie eine große Auswahl piemontesischer Weine, Schwerpunkt Biellese und Canavese, Aostatal und generell der Norden der Region. Do 15–19 Uhr, Fr–So 9.30–12 und 15–19 Uhr geöffnet. Via al Castello 2, ✆ 0161/98501, ✎ 987510. Anfahrt: Von der SP 228 kurz hinter Viverone Richtung Santhià geht es links bergauf (beschildert).

Ivrea
ca. 24.000 Einwohner

Ein Stück nordwestlich vom Lago Viverone, die beschauliche Kleinstadt mit dem mächtigen Castello am höchsten Punkt der Altstadt ist in ganz Italien für seinen Karneval berühmt: Alljährlich am Faschingsdienstag wird hier zur großen Apfelsinenschlacht geblasen, ein riesiges Spektakel in der ganzen Stadt. Bekannt ist Ivrea aber auch als Standort von *Olivetti*, einst Schreibmaschinen- und heute Hardware-Hersteller, einer der größten Arbeitgeber der Gegend.

• *Information* **A.T.L.**, Corso Vercelli 1, ✆ 0125/618131, ✎ 618140. Mo–Sa 9–13 und 14.30–18 Uhr.
• *Verbindungen* Mit der **Bahn** etwa stündlich nach Turin und nach Aosta, nach Biella nur mit Umsteigen. Häufig **Busse** nach Turin.

• *Übernachten/Essen & Trinken* ** **Aquila Nera**, eher einfaches Albergo und beliebtes Ristorante, Zimmer mit Bad, EZ 45 €, DZ 65 € (mit Frühstück). Im Ristorante auch Pizza, Mi geschl. An der südlichen Ausfallstraße (kurz nach der Brücke auf der rechten Seite). Corso Nigra 56, ✆ 0125/641416, 🖷 45519, www.aquilanera.it.

Trattoria Monferrato, im Centro storico, ein Stück oberhalb der Piazza di Città (von der Via Palestro die Via Cattedrale hinauf). Einfaches Ambiente, günstige und bodenständige Küche. Via Gariglietti 1, ✆ 0125/641012, 🖷 40566. Es werden auch einige Zimmer vermietet (ca. 500 m entfernt, nahe dem Ospedale): EZ 45 €, DZ 55 €. Infos in der Trattoria.

• *Außerhalb* *** **Castello di Pavone**, in Pavone Canavese. Der kleine Nachbarort ca. 4 km südlich von Ivrea wird von einem Bilderbuchkastell überragt, das auch von der Autobahn aus eindrucksvoll zu sehen ist. Stimmungsvolles (und leider reichlich teures) Restaurant mit Tischen im Schlosshof, Menü ca. 50 € aufwärts (im August und Mo geschl., Di–Fr nur abends geöffnet) Es werden auch einige prachtvolle Zimmer vermietet, allerdings auch diese zu sehr hohen Preisen: EZ 124 €, DZ 158 € (mit Frühstück). ✆ 0125/672111, 🖷 672114, www.castellodipavone.com.

Biella

ca. 47.000 Einwohner

Die geschäftige Stadt am Fuß der Voralpen ist ein wichtiges Zentrum der Woll- und Textilindustrie. Mit einer Standseilbahn kann man von der belebten Neustadt in die mittelalterliche Oberstadt *Piazzo* hinauffahren, die mit ihren engen Gässchen und Panoramablicken unbedingt einen Abstecher lohnt. Bekleidung aller Art zu stark herabgesetzten Preisen kann man bei „Cerruti" direkt ab Fabrik kaufen, Via Cernaia 40, am Fluss Cervo (geöffnet Mo 15–19 Uhr, Di–Fr 9.30–13 und 15–19 Uhr, Sa 9.30–19 Uhr, So geschl.).

• *Information* **A.T.L.**, zentral in der Neustadt an der großen Piazza Vittorio Veneto 3 (Via Alfonso Lamarmora), ganzjährig Mo–Fr 8.30–13 und 14.30–18 Uhr, Sa 8.30–12.30 und 14.30–17.30 Uhr, ✆ 015/351128, 🖷 34612, www.atl.biella.it.

• *Übernachten (in Biella)* Gute Auswahl an Hotels in der gehobenen Klasse, für das kleinere Budget leider kaum Angebote. Die großen Hotels bieten teilweise einen günstigeren Wochenendtarif.

**** **Agora Palace**, modernes und komfortables Haus in der Neustadt (gegenüber der Tourist-Info), EZ 96 €, DZ 110 €, Dreier 130 €, Frühstück inkl. Via Lamarmora 13/a, ✆ 015/8407324, 🖷 8407423, www.agorapalace.it.

*** **Bugella**, einladendes Haus am Stadtrand (südlich vom Bahnhof, beschildert). Zu Fuß gut 15 Minuten ins Zentrum. Nett eingerichtete Zimmer, z. T. unterm Dach. EZ 60 €, DZ 80 €, inkl. Frühstück. Mit Hotelrestaurant (So geschl.). Via Cottolengo 65, ✆ 015/406607, 🖷 405543, www.hotelbugella.it.

• *Essen & Trinken* **Caffè/Ristoro Stazione Cucco**, an der oberen Station der Seilbahn in Piazzo, wirklich nettes Lokal, gute Stimmung, mit Bar und Buchhandlung im 1. Stock (bis spätabends geöffnet). Täglich wechselnde Karte mit nicht allzu großer Auswahl, flinker, freundlicher Service, moderates Preisniveau. Nur abends 17–1 Uhr geöffnet, Di und Mi geschl. Im Sommer auch ein paar Tische draußen. Piazza Cucco 10/b, ✆ 015/26342.

Biella/Umgebung

▸ **Oropa**: Das große Wallfahrtszentrum liegt nördlich von Biella – eines der bedeutendsten Marienheiligtümer im Land. Die aufwendige Barockanlage mit zahlreichen Gebäuden gruppiert sich um die *Basilica d'Oropa* mit der Statue der schwarzen Madonna, weiter oben liegt die Kuppelkirche *Regina Montium*, die erst 1960 fertig gestellt wurde. Übernachtungsmöglichkeit gibt es in hunderten von Pilgerzimmern. Reizvoll: per Seilbahn auf den *Monte Mucrone* hinaufgondeln und zum nahen *Lago di Mucrone* wandern.

Öffnungszeiten Tägl. 8–20 Uhr, im Winter bis 19 Uhr, Eintritt frei.

▸ **Valsesia**: Das waldreiche Valsesia zieht sich im weiten Bogen bis zum Fuß des *Monte Rosa* (4637 m) an der Schweizer Grenze. Seit dem 13. Jh. siedelten sich hier deutschsprachige Walser an, die aus dem Schweizer Wallis kamen und religiöse

Freiheit suchten. Der Hauptort *Varallo* am Taleingang ist in Italien weithin berühmt wegen seines *Sacro Monte* oberhalb der Stadt. Dieses Bergheiligtum entstand seit Ende des 16. Jh. als sichtbarer Ausdruck der Gegenreformation in einer Region, in der das „Ketzertum" stark vertreten war. Es besteht aus der großen *Basilica Santa Maria Assunta* und 44 Kapellen, in denen mehr als 800 Statuen vor Hintergrundfresken den Lebens- und Leidensweg Christi darstellen. Von Varallo führt auch eine *Seilbahn* hinauf zum Sacro Monte und zur Basilica.
Öffnungszeiten **Basilica Santa Maria Assunta**, tägl. 7.30–12 und 14–18.30 Uhr, Eintritt frei.

Burgen im Aostatal

▶ **Castello di Bard**: Die riesige Festung gleich am Eingang des Aostatals ist nicht zu übersehen. Schwere Bastionen und Kasematten sorgten für den Schutz des Tals, bis Napoleon die Burg 1800 zerstörte. Dreißig Jahre später wurde sie wieder aufgebaut.
Öffnungszeiten/Eintritt März–Nov. Di–So 10–18 Uhr, Mo geschl. Eintritt 8 €, erm. 5 €, Kinder bis 12 J. 3 €. ✆ 0125/833811.

▶ **Castello di Verres**: Die befestigte Burg der führenden Familie der Challant thront über dem gleichnamigen Ort auf einem wuchtigen Felsen. Sie verteidigte das Tal an diesem strategisch wichtigen Punkt, wo das lange *Val d'Ayas* abzweigt (→ Die Seitentäler). Es handelt sich dabei um eine reine Militäranlage mit Quartieren für Söldner.
Öffnungszeiten/Eintritt 9–19 Uhr, Do geschl., Eintritt 3 €, erm. 2 €. ✆ 0125/929067.

▶ **Castello d'Issogne**: Von Verres aus auf der anderen Flussseite, mitten im gleichnamigen Dorf gelegen. Hier ist vor allem das Innenleben lohnend – ein malerischer Hof mit 500 Jahre alten Fresken und einem wunderschönen schmiedeeisernen Brunnen in Form eines Granatapfelbaums, in den Gemächern wertvolles Mobiliar aus der Spätgotik.
Öffnungszeiten/Eintritt März bis Sept. tägl. 9–18.30 Uhr, sonst 10–16.30 Uhr, Eintritt 5 €, erm. 3,50 €. ✆ 0125/929373.

Trutzig: das Castello di Verres

▶ **Castello di Fenis:** kurz vor Aosta (Ausfahrt Nus). Äußerlich perfekt erhaltenes Kastell in wunderschöner Lage mit weitem Blick das Tal hinunter. Der doppelte Mauerring mit stolzen Türmen wurde ebenfalls von den Challant erbaut und diente trotz seines wehrhaften Aussehens vornehmlich Wohnzwecken. Eindrucksvoll ist der Innenhof mit prächtigen Fresken, einer geschwungenen Treppe und rundum laufenden Galerien (perfekt nachgebaut im Borgo Medioevale von Turin). *Öffnungszeiten/Eintritt* März bis Sept. tägl. 9–18.30 Uhr, sonst 10–16.30 Uhr, Eintritt 5 €, erm. 3,50 €. ✆ 0165/764263.

Aosta
ca. 34.000 Einwohner

Hauptstadt der Region, ein freundliches Alpenstädtchen zwischen Gipfeln, die auch im Sommer schneebedeckt sind – die frische klare Bergluft und die angenehmen Temperaturen bieten einen erholsamen Kontrast zur stickigen Poebene, zudem guter Ausgangspunkt für Ausflüge in die Seitentäler.

Es gibt einiges zu sehen – Aosta war schon in römischer Zeit ein wichtiger Militärstützpunkt. Relikte findet man überall: der streng quadratische Grundriss des alten Lagers, Überreste der Tore, ein großes Theater und Teile der antiken Stadtmauern sind bis heute erhalten – Aosta wird auch das „Rom der Alpen" genannt. Außerdem stehen noch diverse Bauten aus dem Mittelalter. Eine lange Fußgängerzone durchquert das ganze Zentrum, überall bieten Touristenläden die typischen Produkte der Region an – Liköre mit eingelegten Früchten, Grappa, Marmelade und Steinpilze.

Anfahrt/Verbindungen/Information

● *Anfahrt/Verbindungen* **PKW**, die Autobahn A 5 von Turin endet in Aosta, sehr schöne Fahrt das Tal hinauf. Von Frankreich kommend über Courmayeur auf die SS 26, von der Schweiz auf der SS 27.
Bahn, Bahnhof an der Piazza Manzetti südlich vom Zentrum, parallel zur Stadtmauer. Ins Zentrum sind es ca. 600 m geradeaus. **Busse** fahren vor dem Bahnhof ab.
● *Information* **UIT** am Hauptplatz, Piazza E. Chanoux 2. Jede Menge Info-Material, es wird Deutsch gesprochen. Mo–Sa 9–13 Uhr und 15–20 Uhr, So 9–13 Uhr. ✆ 0165/236627, ✉ 34657, www.regione.vda.it/turismo.

Übernachten/Essen & Trinken (siehe Karte S. 398/399)

● *Übernachten* ****** Hotel Europa/Holiday Inn (4)**, das empfehlenswerteste, aber auch teuerste Hotel in Aosta, mitten im Zentrum, nur wenige Schritte zur zentralen Piazza Chanoux. Moderner, fünfstöckiger Bau, gepflegte Zimmer, EZ 50–80 €, DZ 100–160 €, Frühstück inkl. Piazza Narbonne 8, ✆ 0165/236363, ✉ 40566, www.ethotels.com.
*** Roma (5), zentrale Lage Nähe Porta Pretoria. Gut geführtes Stadthotel, schon etwas älter. EZ 40 €, DZ 65 €, Frühstück 6 € pro Pers. Via Torino 7, ✆ 0165/41000, ✉ 32404.
** Bus (8), moderner Hochbau mit Parkplatz in zentraler Lage, von den oberen Stockwerken schöner Blick in die Berglandschaft. EZ 55 €, DZ 75 €. Via Malherbes 18, ✆ 0165/236958, ✉ 236962.
* La Belle Epoque (9), schlichte, aber freundliche Herberge in einer handtuchschmalen Seitengasse der Hauptstraße (Nähe Restaurant Moderno). DZ 50 €, mit Etagendusche etwas günstiger. Via d'Avise 18, ✆ 0165/262276.
● *Camping* Drei Plätze liegen etwas außerhalb in Sarre (ca. 3 km westlich von Aosta): **Camping Monte Bianco** (Fraz. Saint-Maurice 3, ✆ 0165/257523), **Pineta Sarre** (Fraz. Arensod 6, ✆ 0165/257058) und **Touring** (neben Pineta, ✆ 0165/257061, www.camping touring.com). Auf die Beschilderung achten, alle Plätze liegen zwischen der viel befahrenen SS 26 und dem Fluss Dora Baltea. Nur Mai/Juni bis September geöffnet!
● *Essen & Trinken* **Vecchio Ristoro (1)**, elegantes Lokal in einer alten Mühle nahe der Kathedrale. Kreative Küche, die mit einem Michelin-Stern ausgezeichnet wurde, kleines Menü ab ca. 35 €. So und Mo mittags

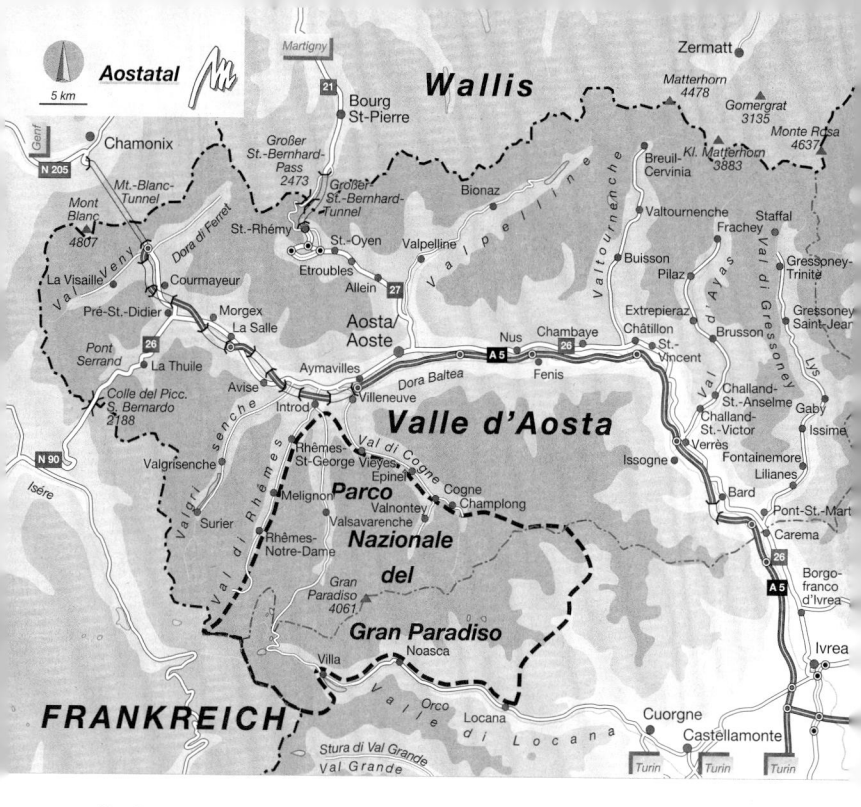

geschl., Reservierung erbeten. Via Tourneuve 4, ℅ 0165/33238.

Vecchia Aosta (2), in der Porta Praetoria. Schickes Ambiente und gehobenes Preisniveau, recht günstig dagegen die Menüs: kleines Menu turistico 18–25 €. Im Sommer auch Terrasse an der Porta Praetoria. Mi geschl. Piazza Porta Praetoria 4, ℅ 0165/361186.

Osteria dell'Oca (10), sympathisches Lokal mit Garten, viele valdostanische Spezialitäten, auch Pizza, unteres bis mittleres Preisniveau. Mo geschl. Via E. Aubert 15 (von der Fußgängerzone in den Innenhof Piazzetta Cavallo Bianco hinein). ℅ 0165/231419.

Brasserie du Commerce (6), vor allem mittags beliebt, viele junge Leute und Angestellte aus der Umgebung kommen für einen schnellen Lunch. So geschl. Via de Tillier 10, ℅ 0165/35613.

Taberna Le Pélerin Gourmand (7), schönes Kellerlokal mit interessanten Gerichten, die sich an der Tradition des Aostatals orientieren, das kleine Menü kostet ab 15 €. Einige Sitzplätze auch im Freien. Sa-Mittag und So geschl. Via de Tillier 13, ℅ 0165/231850.

● *Wein* **Ad Forum (3)**, das besonders schöne Weinlokal bei der Cattedrale beherbergt gleichzeitig die *Enoteca Regionale Valdostana*, zu den ausgewählten Weinen wird auch beste Küche geboten, die allerdings nicht gerade günstig. Mit nettem Garten. Nur abends geöffnet, Mo geschl. Piazza della Cattedrale, ℅ 0165/40011.

Sehenswertes: Am Osteingang der Altstadt steht der verkehrsumbrauste *Augustusbogen* aus dem 1. Jh. v. Chr. Geradeaus geht es die Via Sant'Anselmo entlang ins Zentrum, nach ca. 200 m kann man rechts zur *Chiesa Sant'Orso* abzweigen – kleine stille Piazza mit einem hohen Turm, Kollegiatskirche und filigran verziertem Priorenpalast. Die Kirche besitzt eine schlichte Fassade, im Inneren prächtige Kreuzrippengewölbe, Reste alter Fresken und ein reich verziertes Chorgestühl. Besonders schön ist der *Kreuzgang* rechts daneben. Ganz in der Nähe wurden die Grundmauern der frühchristlichen Basilika *San Lorenzo* ausgegraben.

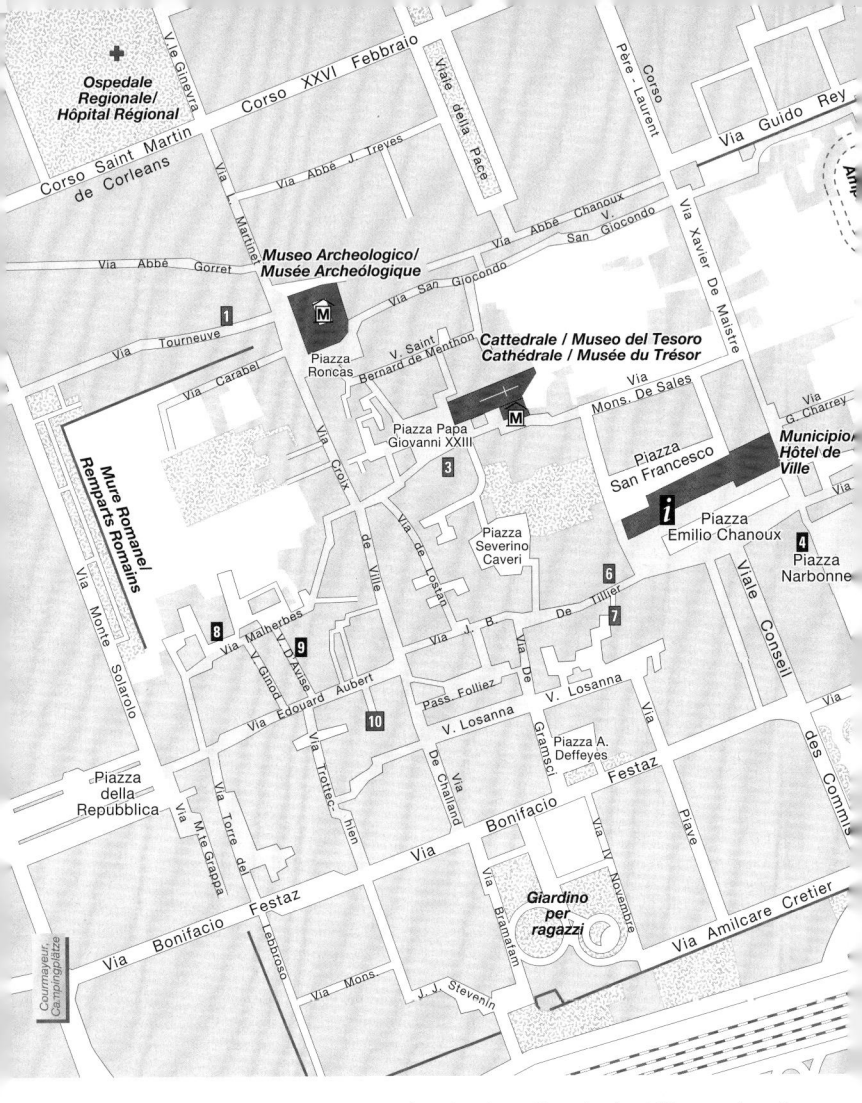

Zurück zur Hauptgasse und weiter bis zur *Porta Pretoria*, einem mächtigen doppelten Torbogen – das Osttor der früheren römischen Garnison. Rechts geht es hier zu den Ruinen des *Römischen Theaters* aus dem 1. Jh. v. Chr. und dem dahinter liegenden *Amphitheater*, geradeaus weiter zur großzügigen *Piazza Chanoux*, wo sich das Freiluftcafé zum verdienten Relaxen anbietet.

Die nahe *Kathedrale* wirkt auf den ersten Blick schlicht, hat aber doch einiges zu bieten, z. B. die hübsche Fassade mit Skulpturengruppe (Abendmahl) und bunten Fresken. Im Mittelgang Blick auf ein altes Baptisterium im Untergrund, vor dem

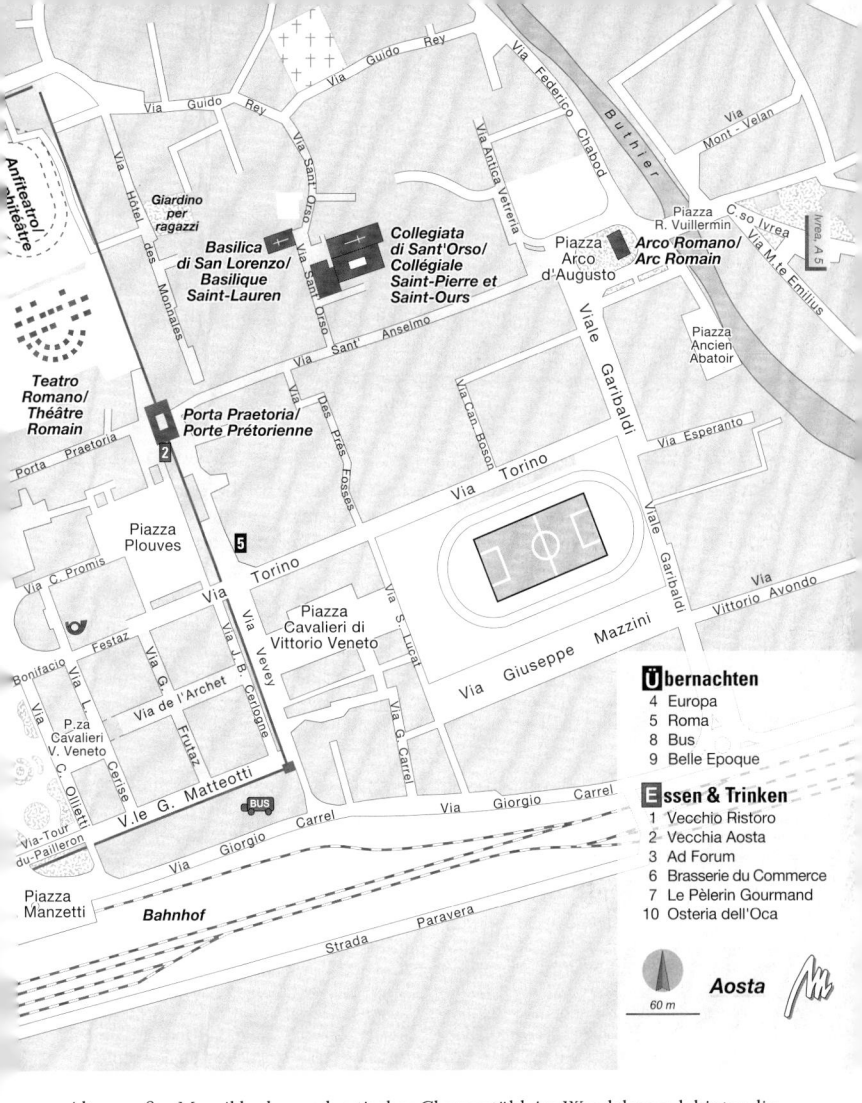

Altar großer Mosaikboden und gotisches Chorgestühl, im Wandelgang dahinter die *Schatzkammer* des Doms. Links neben der Kathedrale der *Criptoportico*, ein langer, bedeckter Arkadengang des Forum Romanum.

An der nahen Piazza Roncas steht das *Archäologische Museum* mit römischen Relikten aus Stadt und Umgebung. Auch die *Stadtmauer* der römischen Stadt ist noch weitgehend erhalten und vor allem im Süden um den Bahnhof gut zu sehen (Via Cretier, Via Matteotti).

● *Öffnungszeiten/Eintritt* **San Lorenzo**, tägl. 9–19 Uhr, Eintritt frei.
Römisches Theater, April bis Sept. tägl. 9–18.30 Uhr, sonst 9–17 Uhr, Eintritt frei.

Cattedrale (Dom), tägl. 6.30–12 und 15–19 Uhr.
Schatzkammer (Dom), April bis Sept. Di–So 9–11.30 und 15–17.30 Uhr, Mo geschl., Eintritt 2,10 €.

400 Piemont und Aostatal

Criptoportico (Dom), zuletzt wegen Restaurierung geschl., eine teilweise Besichtigung im Rahmen einer Domführung (ca. 8 €) ist jedoch möglich.
Archäologisches Museum, tägl. 9–19 Uhr, Eintritt frei. ✆ 0165/275902.

▶ **Von Aosta nach Courmayeur:** In den Orten an der Straße sieht man immer wieder Schlösser, z. B. die eindrucksvolle Burg von *Sarre*, ein späteres Jagdschloss von König Vittorio Emanuele II ausstaffiert mit reichlich Jagdpomp und das gegenüberliegende Kastell von *Aymavilles*. In *Saint-Pierre* steht sogar ein wahres Dornröschenschloss mit Zinnen und Erkern, im Inneren ein naturgeschichtliches Museum. Zum Übernachten bieten sich die zahlreichen Campingplätze an, vor allem um *Sarre* am Fluss (s. oben unter „Camping").
Öffnungszeiten/Eintritt Castello di Sarre, im Sommer tägl. 9–18.30 Uhr, Einlass jede halbe Stunde, Eintritt 5 €, ✆ 0165/257539; **Castello di Saint-Pierre**, März bis Sept. tägl. 10–12 und 13.30–17.30 Uhr, im Winter bis 16.30 Uhr, Eintritt 3 €, erm. 2 €, ✆ 0165/903485.

Courmayeur

ca. 2800 Einwohner

Einer der bekanntesten Wintersportorte Italiens, herrliche Lage in einem Kessel zwischen hohen Hängen. Nur wenige Kilometer weiter das mächtige Mont-Blanc-Massiv, wo man mit der höchsten Seilbahn Europas bis auf fast 4000 m hinauffahren kann.

Vom Ortsbild her ist nicht viel geboten – wie in den meisten Skidörfern dieser Art dominiert die typische Alpenarchitektur, zahlreiche Hotels liegen verstreut um den kleinen Kern, eine Fußgängerzone bietet etwas Zerstreuung. Im Sommer einiges an Wandertourismus, außerdem lockt die spektakuläre Seilbahn. Hohes Preisniveau.

• *Anfahrt/Verbindungen* **PKW**, großer Parkplatz unterhalb vom Ortskern am Piazzale Monte Bianco.
Bahn, Endstation der Bahnlinie von Turin ist **Pré Saint Didier**, etwa 4 km südlich von Courmayeur, von dort gibt es regelmäßige Busverbindungen.
Busse, starten am Piazzale Monte Bianco, etwa stündlich nach La Palud (Talstation der Seilbahn), 8-mal tägl. nach Chamonix, außerdem häufig nach Aosta und Turin.
Fahrrad, Mountainbikes kann man mieten bei **Ulisse** an der Talstation vom Sessellift, ✆ 0165/842255.
• *Information* **AIAT** im modernen Betongebäude am großen Piazzale Monte Bianco unterhalb vom Ortskern, wo auch die Busse halten. Reichhaltiges Material, Fahrpläne und Hilfe bei der Unterkunftssuche. Mo–Fr 9–12.30 und 15–18.30 Uhr. ✆ 0165/842060, ✉ 842072.
• *Übernachten* Da im Sommer diverse Unterkünfte geschlossen haben, sind die verfügbaren Zimmer meist schon Monate im Voraus ausgebucht.
*** **Centrale**, zentrumsnah, gepflegt und großzügig, eigener Parkplatz und Garage, jedoch nur in der Nebensaison eine Chance, ohne Pensionspflicht unterzukommen. EZ ab 60 €, DZ ab 80 €, Frühstück 9 € pro Pers. Via Mario Puchoz 7 (bei der Via Roma), ✆ 0165/846644, ✉ 846403, www.hotelcentrale.it.
** **Lo Scottiatolo**, zentrale Lage, gut ausgestattet, Parkplatz. EZ 48–68 €, DZ 48–103 €, mit Frühstück. Viale Monte Bianco 50, ✆ 0165/846721, ✉ 843785.
Mehrere **Campingplätze** liegen weit außerhalb – um Morgex an der Straße nach Aosta die Plätze **Du Parc** und **Arc-en-Ciel** (beide ganzjährig). Landschaftlich reizvoller sind die Plätze in den beiden Tälern Val Veny und Val Ferret, die sich von La Palud ausgehend am Fuß des Mont Blanc entlangziehen – z. B. **Cai-Uget Monte Bianco**, **Aiguille Noire** und **La Sorgente** im Val Veny sowie **Tronchey** im Val Ferret (alle Mitte Juni bis Mitte September).
• *Essen & Trinken* Preisgünstig essen ist in Courmayeur nicht ganz einfach, aber an der zentralen Via Roma (Fußgängerzone) findet man einige Crêperien und Pizzerien, sehr nett ist die **Bar Roma** in der Via Roma 103. Vielfach besteht in den Hotels Verpflichtung zur Halbpension, so dass sich die Suche nach einem Restaurant in Courmayeur von selbst erledigt.

▶ **La Palud:** 5 km oberhalb von Courmayeur, die letzte Siedlung vor der ganzjährig schneebedeckten Wand des Mont Blanc. Hier öffnet sich der 12 km lange *Autotun-*

Die Seitentäler des Aostatals

nel nach Chamonix, der im März 1999 Schauplatz eines schrecklichen Brandunglücks mit 40 Toten war und erst im Herbst 2001 wieder eröffnet wurde – unter großem Protest vieler Anwohner, die gegen den ständig wachsenden Lastwagenverkehr protestieren. Und hier beginnt auch die abenteuerliche Seilbahn (nur Juni bis Okt.) zum Dach Europas. Es geht in mehreren Etappen hinauf – von *La Palud* (1306 m) zuerst zum *Pavillon du Mont Fréty* (2130 m), dann zum *Rifugio Torino* (3375 m) und auf die *Punta Hellbronner* (3462 m, Grenze). Wer nicht nach Frankreich rüber will, kann hier wieder den Rückweg antreten (Hin-/Rückfahrt ca. 25 €). Weiter geht's zum *Aiguille du Midi* (3842 m), dem höchsten Punkt der Strecke. Wer hinunter nach Frankreich (genauer gesagt nach Chamonix) will, muss Snowboard oder Skier mitnehmen. Derzeit nämlich kann man mit der Seilbahn leider nicht hinunter. Es heißt, es gebe technische Probleme auf der Strecke, wann diese gelöst sein werden (bzw. ob überhaupt), ist ungewiss.

Von der Talstation startet die erste **Seilbahn** in der Nebensaison um 8.30 Uhr, in der Hauptsaison um 7.30 Uhr; zurück von Punta Hellbronner 16.30 Uhr bzw. 17.30 Uhr. Kein günstiger Spaß: von La Palud nach Aiguille du Midi und zurück 48,50 € pro Pers., Kinder bis 4 J. frei, 5- bis 11-Jährige die Hälfte, 12- bis 15-Jährige 25 % weniger. Es gibt auch Familientickets, zwei Erwachsene und zwei Kinder bis Punta Hellbronner hin und zurück 96 €, über den Gletscher müssen allerdings weitere Tickets gelöst werden: pro Pers. 17,50 € (ähnliche Ermäßigungen wie oben). Weitere Infos unter ✆ 0165/89925, ✉ 89439, www.montebianco.com.

Bei **schlechtem Wetter**, was durchaus öfter vorkommen kann, sind Teile der Strecke gesperrt! Infos hängen an der Talstation in La Palud aus. Warme Sachen mitnehmen, auch im Hochsommer sinkt das Thermometer oft unter null Grad.

▶ **Die Seitentäler**: *Val di Gressoney*, *Val d'Ayas* und *Valtournenche* wurden mit zahlreichen Skiliften und Pisten vor allem für den Skitourismus ausgebaut, aber auch die Wandermöglichkeiten sind ideal.

Das *Valle del Gran San Bernardo* ist ein jahrtausendealter Transitweg über die Alpen. Sehr schöne, teils einsame Strecke auf moderner Hochstraße durch herrliche Gebirgslandschaften, bei Cerisey Abzweigung auf die kurvige alte Passstraße mit starken Steigungen (fünf Monate im Jahr gesperrt). Die Landesgrenze erreicht man auf einem Pass in 2473 m Höhe, hier ein klarer See und auf der Schweizer Seite das berühmte *Hospiz San Bernardo*, in dem Mönche früher Bernhardiner züchteten, heute ein kleines Museum zur Geschichte des Passes und der Hundezucht. Wer's eilig hat, bleibt auf der gut ausgebauten Hauptstraße und überquert im 5,8 km langen Tunnel *Traforo di San Bernardo* die Grenze.

Im schönen *Val di Cogne* hat man den besten Zugang zum großartigen *Nationalpark Gran Paradiso*, der sich mit einer Fläche von 720 qkm von den Alpengipfeln bis in die nördlichen Ausläufer der Poebene erstreckt. Das ehemalige königliche Jagdrevier wurde 1922 zum Nationalpark umgewandelt, um den zahlreichen Gämsen und Steinböcken Schutz zu bieten, nachdem der schießwütige Vittorio Emanuele II den Bestand deutlich geschmälert hatte. Das anfangs enge Tal mit Tannenwäldern weitet sich zur Ebene um *Cogne* (häufige Busse ab Aosta), dort Bergwerksmuseum und bester Ausgangspunkt für Wanderungen, z. B. nach *Valnontey*, von wo man zum schönen botanischen Garten *Giardino Alpino Paradisia* in 1700 m Höhe wandern kann.

Informationsbüro in Cogne (Piazza Chanoux 34, ✆ 0165/74040, ✉ 74056, www.cogne.org), mehrere idyllische Wald- und Wiesencampings um Valnontey (Juni bis Sept. geöffnet), in Cogne mehrere gehobene Hotels.

Öffnungszeiten/Eintritt **Hospiz San Bernardo**, Juni bis Sept. tägl. 9–18 Uhr, Eintritt ca. 5 sfr. **Giardino Alpino Paradisia**, Mitte Juni bis Mitte Sept. tägl. 9–12.30, 14.30–18 Uhr, ca. 2 €.

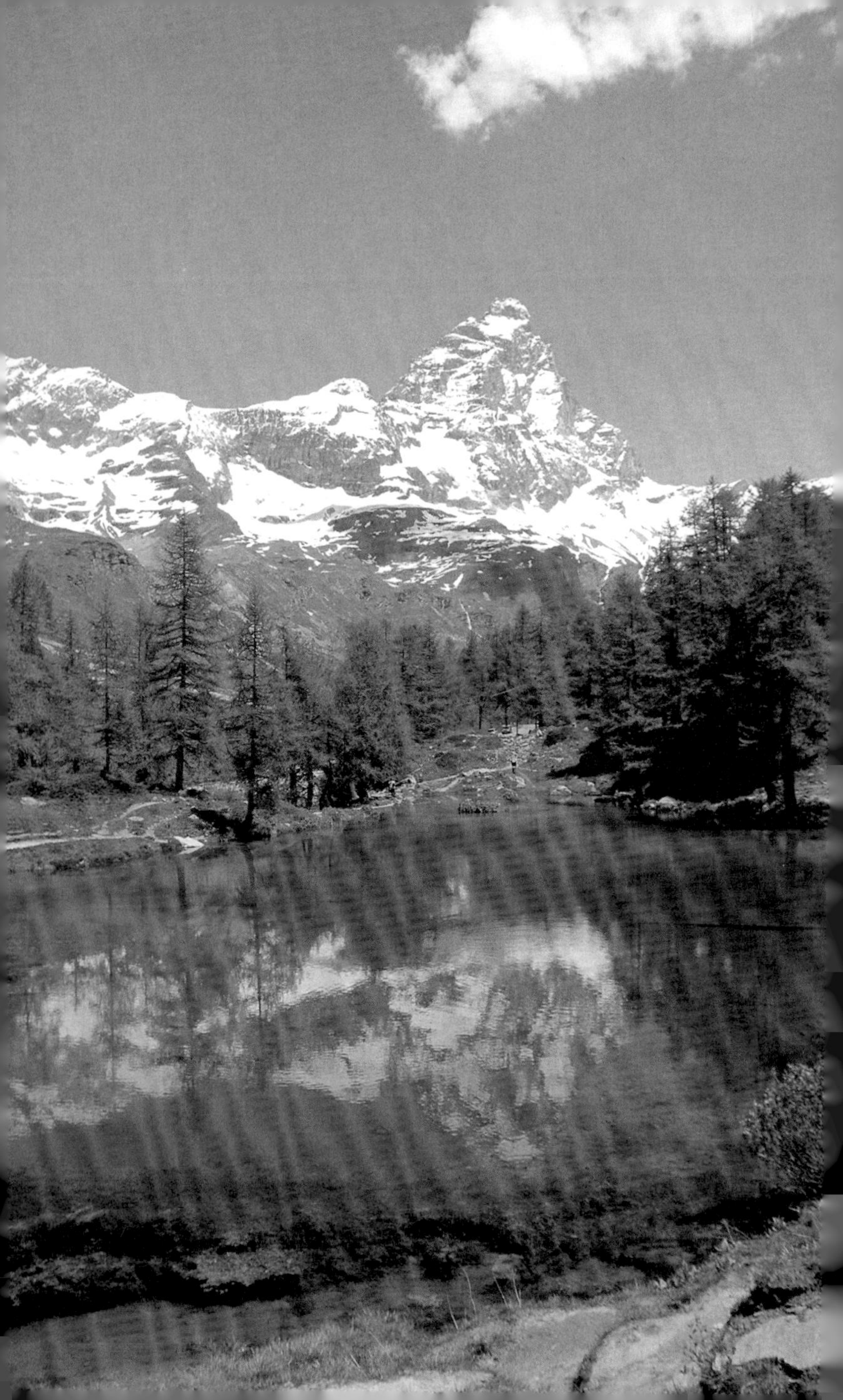

LIGURIEN

LIGURIA

SCHÖNE ORTE: Noli (S. 418), Finale Ligure (S. 419), Laigueglia (S. 423), Camogli (S. 430), Portofino (S. 434), Santa Margherita Ligure (S. 433), Sestri Levante (S. 434), Vernazza/Corniglia/Manarola/Riomaggiore in der Cinque Terre (S. 436), Portovenere (S. 442), Lerici (S. 443), Tellaro (S. 444).

LANDSCHAFTLICHE HÖHEPUNKTE: Cinque Terre (S. 436), Halbinsel von Portofino (S. 430), Naturpark von Montemarcello bei Lerici (S. 444).

KULTURELL INTERESSANT: Genua (S. 406), Albenga (S. 421), Luni (S. 444).

BADEN: lange Sand- und Sand-/Kiesstrände in fast allen Orten der Riviera, im Sommer jedoch oftmals mit gebührenpflichtigen Badeanstalten. Klippenbaden in den Cinque Terre.

KURIOS: Altstadt von San Remo (die „Kasbah" der Riviera), Portofino (immer noch Jetset und Superjachten), kostenpflichtige Wanderwege in den Cinque Terre.

EHER ABZURATEN: Savona.

Malerisch: San Pietro in Portovenere

Ligurien
Liguria

Der Küstenstreifen von der französischen Grenze bis zur Toskana ist nach Norden völlig durch den steilen und dicht bewaldeten Apennin abgeschirmt. Hier tut sich tatsächlich eine andere Welt auf – nichts mehr von der glatten Effizienz der norditalienischen Binnenstädte, dafür verwinkelte Altstadtviertel mit düsteren Gassen, Fischerdörfer, die mit ihren Treppen extreme Steilhänge hinaufklettern, leuchtend bunte Hausfassaden im Meeresdunst, lange Sandstrände und wilde Klippenküsten. Die Riviera – ein Zauberwort seit fast 200 Jahren.

Dank der geschützten Lage konnte sich in Ligurien eine üppige mediterrane und subtropische Vegetation entwickeln, die schon im 19. Jh. den Grundstein für den blühenden Tourismus legte. Damals hatte nur der Adel die nötigen Mittel, die Schönheit der Region westlich und östlich von Genua zu genießen, heute ist die Riviera bis auf wenige Ausnahmen ein Massenziel geworden. Namen wie *San Remo*, *Alassio*, *Rapallo* oder *Portofino* sind längst ein Begriff, in Italien wie im Ausland. Gleichzeitig expandierte aber die Industrie in dieser wichtigen Landschaft zwischen Südwesteuropa und Italien, Genua wurde zu einem der größten Handelshäfen Europas. Der Zwiespalt ist überall zu spüren – heftig zersiedelte Küstenlandschaften wechseln mit malerischen Örtchen, die noch bis vor kurzem kaum erreichbar waren. Das Gebiet der *Cinque Terre* beispielsweise ist einer der letzten Zipfel am italienischen Meer, die mit dem PKW nur mühsam angefahren werden können. Sie wurden dadurch zum weit verbreiteten „Tipp" für Naturliebhaber und Erholungssuchende, die Rummel scheuen, den man hier heute in der Hochsaison aber wie kaum anderswo in Ligurien antrifft. Schon längst sind nicht mehr alle Or-

Ligurien 405

te der Riviera uneingeschränkt zu empfehlen. Wer bis zum letzten Fleckchen durchorganisiertes und gebührenpflichtiges Strandleben nicht mag, wird nur bedingt auf seine Kosten kommen. Malerisch, d. h. nicht von Beton, Verkehr und Urlaubermassen erdrückt, sind nur noch wenige Ziele, hauptsächlich östlich von Genua an der *Riviera di Levante – Camogli* ist neben den Cinque Terre einer der reizvollsten Anlaufpunkte. Wo man aber auch hinfährt, die typisch ligurische Atmosphäre – herzlich und mediterran lässig – ist noch überall zu spüren. Die Küche ist ausgezeichnet und vollständig vom Meer geprägt, das touristische Angebot riesig. Wer Ruhe sucht, muss allerdings in der Regel ins dicht begrünte Hinterland ausweichen. Dort sieht man nicht ganz so viele Urlauber, kann Tropfsteinhöhlen besuchen oder die kleinen, wenig verbauten Bergdörfer.

*A*nfahrt/*V*erbindungen

• *PKW* Roter Faden für die meisten Ligurienreisende sind zunächst die Autobahnen durch die Poebene und anschließend die A 7 durch den Apennin nach **Genua**. Dort entscheidet sich dann der weitere Verlauf der Reise – westlich an die **Riviera di Ponente** oder östlich zur **Riviera di Levante**.
Überlegenswerte Alternative, vor allem mit Ziel Riviera di Levante, ist die Anfahrt über Parma, von dort Autobahn A 15 nach **La Spezia** oder – viel reizvoller – die SS 62 über den hohen Kamm des Apennin.
Aus Richtung Turin bzw. Westschweiz kommend, nimmt man die A 6 nach **Savona** oder – interessanter – die kurvige SS 20 nach **Ventimiglia**, die über Tenda und Breil durch Frankreich führt.
Die durchgehende **Küstenautobahn** A 10 bzw. A 12 verläuft mit vielen Tunnels und Brücken entweder hoch über der Küste oder ein gutes Stück landeinwärts und hilft beim schnellen Erreichen der Ziele. Die SS 1 (Via Aurelia) schlängelt sich unmittelbar an der Küste entlang, was hautnahes Erleben, jedoch auch viel Stress bei Ortsdurchfahrten und auf verstopften Straßen bedeutet – nur für Geduldige. Die **Cinque Terre** sind mit dem PKW nur schlecht zu erreichen, am besten funktioniert die Anfahrt von La Spezia nach Riomaggiore (→ Cinque Terre).
• *Bahn* **Genua** ist Dreh- und Angelpunkt des Bahnnetzes an der Riviera, Verbindungen von verschiedenen deutschen Städten aus führen entweder über Basel bzw. Zürich oder über den Brenner nach **Mailand**, von Mailand nach Genua etwa stündliche Verbindungen (Dauer je nach Zug ca. 1,5–2 Std.). In Genua gibt es zwei große Bahnhöfe (→ Genua).
Alternative: alle 1–2 Std. geht ein Zug von Parma nach **La Spezia**, Dauer ca. 2,5 Std. (Parma liegt an der Direttissima von Mailand nach Bologna).
Sehr lohnender Tipp für Bahnfans ist die Anfahrt von Turin mit der berühmten schmalspurigen **Tenda-Bahn**, die sich mehrmals tägl. über die Seealpen nach Ventimiglia schlängelt (→ Piemont/Turin).

Ligurien
Karte S. 406/407

*Ü*bernachten

Die Riviera di Ponente und die Riviera di Levante sind bestückt mit zahllosen **Hotels und Pensionen**, im Sommer herrscht jedoch fast überall Pensionspflicht. In den Cinque Terre gibt es nur eine bescheidene Auswahl an Hotels sowie einige Privatzimmer.
Auch **Campingplätze** sind dicht gesät, wenn auch nicht überall gleichmäßig. Direkt in den Cinque Terre liegen keine Zeltplätze, aber im Nachbarort Levanto, der von den Cinque Terre in wenigen Minuten mit dem Zug zu erreichen ist.
Jugendherbergen in Genua, Finale Ligure, Levanto und Manarola.

*E*ssen & *T*rinken

Die ligurische Küche hat sich trotz expandierendem Tourismus ihre Eigenart bewahren können. Auf den grünen Hängen gedeihen Oliven, Kräuter, Pilze und Wein – das Olivenöl ist von hervorragender Qualität, kann oft direkt vom Bauer gekauft werden und spielt bei allen Gerichten eine wichtige Rolle, ebenso die vielen Kräuter der Küste wie Majoran, Rosmarin, Salbei und vor allem Basilikum.

406　Ligurien

Die Pasta-Variationen sind vielfältig. Angeblich wurden die **ravioli** in Genua erfunden, weitaus häufiger bekommt man aber die eckigen Bandnudeln namens **trenette**. Ihre Krönung ist fast immer die kalt gerührte, leuchtend grüne Basilikumsoße **pesto** mit Knoblauch, Pinienkernen und Olivenöl, außerdem zwei Sorten Käse – Parmesan und Pecorino aus Sardinien. Alternative dazu sind **trofie**, die mit Kartoffelbrei gefüllten Gnocchi. Sehr geschätzt wird der berühmte **minestrone alla Genovese**, eine sehr üppige und dicke Gemüsesuppe, ebenfalls mit Pesto garniert. An einen Hackbraten oder eine Roulade erinnert die **cima ripiena alla Genovese** – Kalbsbrust, gefüllt mit Kalbfleisch, Erbsen, Pinienkernen, hart gekochten Eiern und Parmesan, gedünstet mit Knoblauch und Zwiebeln.

Natürlich gibt es alle Arten Fisch und Meeresgetier, die meist gegrillt serviert werden. Wie in Venedig gehört **Stockfisch** zu den Spezialitäten, **burrida** heißt der ligurische Fischeintopf.

Torta pasqualina ist eine aus vielen Schichten bestehende Gemüsetorte. **Focaccia**, ein flacher Hefeteig, mit Kartoffeln, Tomaten und Zwiebeln belegt oder einfach mit Salz und Olivenöl (*all'olio*) bestrichen, dient als Brotersatz. Er wird in Öl gebacken und kalt in Stücken gegessen. Eine weitere ligurische Spezialität ist die **farinata**, eine Art Pizza aus Kichererbsen, Weizenmehl, Olivenöl und Wasser. Die oft fast wagenradgroßen Fladen werden im Holzofen knusprig gebraten. Die ligurische Pizza heißt **sardenaira**. Die Weine Liguriens sind bisher kaum über die Landesgrenzen hinaus bekannt, es gibt zahlreiche kleine Anbaugebiete, die bekanntesten Rebsorten sind der **Rossese di Dolceacqua** aus dem gleichnamigen Ort ganz im Westen der Region und der **Vermentino** aud der Gegend um Imperia, Finale Ligure und Luni an der Grenze zur Toskana, außerdem der weiße **Cinque Terre-Wein**. Eine exklusive Rarität ist der **Sciacchetrà**, der süße Dessertwein der Cinque Terre. Er ist sehr teuer und oft sogar unverkäuflich, dann bleibt er in der Familie.

Genua
Genova • ca. 610.000 Einwohner

Eine Stadt der Gegensätze – aus der Sicht des Anreisenden scheint Genua von endlosen Vororten umgeben. Aber wenn man das Dickicht der Peripherie durchdrungen hat, findet man sich im Zentrum der Kolumbusstadt in einem eindrucksvollen Freilichtmuseum mit unzähligen Palazzi und Baudenkmälern wieder.

Im Zentrum zeigt sich die ehemals mächtige Stadtrepublik, „La Superba" (die Stolze) genannt, voller Kontraste. Die elegante City um Piazza de Ferrari und Via XX. Settembre beeindruckt durch monumentale Architektur, historische Palazzi und mondäne Geschäfte, tagsüber pulsiert hier das urbane Leben. Im schroffen Gegensatz dazu zeigt sich das weitläufige alte Hafenviertel heruntergekommen und neapolitanisch anmutend: schmal-verwinkelte Kopfsteinpflaster-Gässchen zwischen verblühten Prachtfassaden, fliegende Händler, Nobeljuweliere, Schuh- und Jeansboutiquen dicht an dicht, in den dunklen Seitenwegen blühen Prostitution und

Drogenhandel, an jeder Ecke ein liebevolles Heiligenbild ... Eindrücke, die man schon nach einem kurzen Bummel auf der handtuchschmalen „Hauptstraße" aufspürt, die parallel zum Hafenbecken verläuft. Für die Fünfhundert-Jahr-Feier der Entdeckung Amerikas durch den Genuesen Christoph Kolumbus wurde das alte Hafengebiet Anfang der 1990er Jahre aufwendig saniert und ist seitdem ein touristischer Anlaufpunkt, den man mittlerweile nur noch am Abend meiden sollte. Höhepunkt am weitläufigen Hafen ist das größte Meerwasseraquarium Europas, hinzu kam im Jahr 2006 die Ernennung der *Strade Nuove* (Via Balbi und Via Garibaldi) zum UNESCO-Weltkulturerbe. Hier, zwischen dem volkstümlichen Hafenviertel und den schicken Wohnvierteln an den Hängen, zeigt sich Genua repräsentativ mit hochkarätigen Museen in noblen Stadtpalazzi.

Anfahrt/Verbindungen

- *PKW* Mit dem eigenen Fahrzeug nicht zu empfehlen – die Altstadt selbst ist autofrei, die Parkplätze an ihren Rändern sind beschränkt und teuer. Parken am besten auf dem Großparkplatz am **Porto antico** (1. Std. 2 €, jede folgende 1,60 €, über Nacht 1 €/Std.) oder an der Piazza della Vittoria im Südosten der Stadt beim Bahnhof Brignole (auch Tiefgarage).
- *Bahn* Es gibt zwei Bahnhöfe in Genua. Der Hauptbahnhof **Stazione Piazza Principe** liegt im Westen des Zentrums am oberen Ende des alten Hafenviertels, die **Stazione Brignole** im Osten. Die Bahnhöfe sind zwar miteinander verbunden, doch fahren nicht alle Züge auch von beiden ab; wichtiger ist die Stazione Piazza Principe – hier hält quasi jeder Zug: etwa stündlich nach Mailand (nur einige wenige Züge auch ab Stazione Brignole), Turin (meist auch ab Brignole), Savona und weiter nach San Remo (nur einige Verbindungen auch ab Brignole) und stündlich nach La Spezia (alle auch ab Brignole). Zwischen den Bahnhöfen verkehren auch Verbindungszüge, sodass man für alle Richtungen zusteigen kann.
- *Schiff* Von der **Stazione Marittima** häufige Fährverbindungen nach Sardinien, Korsika und Sizilien, Abfahrt meist auf der Mole Ponte Cristoforo Colombo.

Ligurien

- *Flug* **Flughafen** *Aeroporto Cristoforo Colombo* im Westteil der Stadt, direkt am Wasser gelegen. Flughafenbus (Nr. 100, *Volabus*) ins Zentrum zum Bahnhof Piazza Principe, zwischen 6 und 23 Uhr jede Stunde.

Information

APT-Büro, Via Roma 11 (3. Etage), Nähe Piazza Corvetto, Mo–Fr 9–13 und 14–17 Uhr, ℡ 010/576791, ℡ 581408, www.apt.genova.it, Verwaltung und Hauptsitz des Fremdenverkehrsamts. Allgemeine Touristeninformation und Infomaterial auch in folgenden Einrichtungen: **IAT-Büro am Porto antico**, nahe Eingang zum Acquario, tägl. 9–18.30 Uhr, ℡ 010/248711, einen weiteren Info-Pavillon findet man vor der „Città dei Bambini" am Porto antico.

Infokiosk Genovalnforma, Piazza Matteotti, am Seiteneingang des Palazzo Ducale, tägl. 9–19 Uhr (im Sommer bis 20 Uhr).

Infoschalter Flughafen, Mo–Sa 9.30–13 Uhr und 13.30–17 Uhr, So 10–13.30 Uhr und 14.30–17 Uhr. ℡ 010/6015247.

Unterwegs in der Stadt

- *Stadtbusse* Das Stadtnetz der **AMT** ist modern und übersichtlich; Linienbusse mit digitalen Anzeigen (Nr./Richtung), Haltestellen mit Linienplänen und Frequenzangaben, Einzelfahrkarte (90 Min. gültig) 1,20 €, 24-Stunden-Ticket 3,50 €, erhältlich an Zeitungskiosken und in Tabacchi-Läden. *Convalidare!* – Beim Einsteigen stempeln, sonst gilt man als Schwarzfahrer.
- *Metro* Seit einigen Jahren hat Genua eine Metrolinie, die auf der Strecke von Brin über Dinegro (beides Vororte) zur Stazione Principe, Darsena und San Giorgio (beide am Porto antico), Sarzano/S. Agostino (südlicher Rand der Altstadt) und Piazza de Ferrari unterwegs ist: werktags zwischen 6.30 und 21.15 Uhr ca. alle 6–9 Minuten, sonntags zwischen 7 und 21.15 Uhr ca. alle 10–15 Minuten, einfache Fahrt 1,20 €, 24-Stunden-Ticket 3,50 €, an Kiosken und Tabacchi-Läden.
- *Standseilbahnen/Aufzüge* Zwischen der Unter- und Oberstadt verkehren von 6.40–24 Uhr *Funicolari* (Seilbahnen) und *Ascensori* (Aufzüge), Einzelticket 0,70 €, 4 Fahrten 2,50 €. Tickets am Automaten.
- *Stadtrundfahrt* Die Sightseeing-Tour im klimatisierten *Girocittà-Bus* der AMT kostet 13 € (Kinder bis 12 J. 5 €, unter 6 J. frei). Der Bus startet jeden Morgen um 9.30 Uhr an der Bahnhofspiazza Brignole, Dauer ca. 2 Std., mehrsprachige Info-Berieselung während der Fahrt. Infos unter ℡ 010/5959779.
- *Hafenrundfahrten* Mit *Cooperativa Battellieri* und *Alimar*, ab Ponte Spinola/Acquario. Im Sommer finden außerdem mehrmals wöchentlich Ausflugsfahrten statt: bis zu 3-mal tägl. Portofino (17 €). Weitere Infos unter ℡ 010/265712 oder 256775, www.liguriaviamare.it.

> **Stadtverkehr-Tipp!** Am besten fährt man mit einer **Tageskarte** (3,50 €; 24 Stunden gültig) für alle AMT-Stadtbusse, Funicolari und Ascensori und für die Nahverkehrszüge bis Voltri und Nervi.
>
> Preisvorteile bringt auch die **Card Musei + Bus** (→ S. 412).

Übernachten (siehe Karte S. 410/411)

TIPP! Locanda di Palazzo Cicala (12), im Herzen der Stadt an der Dompiazza, ohne Sterne zwar, aber auf höchstem Niveau. Vollständig restaurierter historischer Palazzo, 11 große Zimmer und 6 Apartments auf drei Ebenen, geschmackvolle Mischung aus Alt und Supermodern, jedes Zimmer mit PC und Internetanschluss, deutsche Leitung. EZ 160 €, DZ 210 €, Dreier 250 €. Piazza San Lorenzo 16, 16123 Genova, ℡ 010/2518824, ℡ 2467414, www.palazzocicala.it.

*** Agnello d'Oro (2), Nähe Bahnhof Principe, in einem alten Palazzo des 16. Jh. Ein wenig nostalgischer Charme, Zimmer dagegen weitgehend modern. Von den oberen Stockwerken Blick auf die Altstadt. EZ 75 €, DZ ca. 90 €, Frühstück inkl. Vico Monachette 6, ℡ 010/2462084, ℡ 2462327, www.hotelagnellodoro.it.

** Cristoforo Colombo (19), zentrale Lage am Altstadttor Porta Soprana. Nett eingerichtetes Hotel in einem schmalen Altstadtpalazzo, nicht mehr ganz neu, aber ge-

Ligurien Karte S. 406/407

Am Porto antico von Genua

pflegt, sehr freundliche und hilfsbereite Besitzerfamilie. Im 7. Stock Raucherzimmer mit großer Fensterfront und Dachterrasse – schöner Blick über die Altstadt. EZ 80–90 €, DZ 95–110 €, Dreier 120–140 €, jeweils inkl. kleinem Frühstück Via Porta Soprana 27, ✆/✉ 010/2513643, www.hotelcolombo.it.

** Cairoli (4), gepflegte Familienpension im dritten Stock eines alten Bürgerhauses, gefrühstückt wird auf der Dachterrasse, EZ 55–90 €, DZ 75–100 €. ✆ 010/2461454, ✉ 2467512, Via Cairoli 14, www.hotelcairoligenova.com.

• *Jugendherberge* **Ostello della gioventù (1)**, Low-Budget-TIPP! Die städtische Herberge in der westlichen Oberstadt erfreut sich großer Beliebtheit. Am besten per Bus Nr. 35 oder 40 vom Bahnhof Principe zu erreichen (Nr. 40 ab Bahnhof Brignole). Großer Neubau mit herrlichem Blick über die Stadt und den Hafen; Familien- und Mehrbettzimmer, Übernachtung mit Frühstück im Mehrbettzimmer 16 €, EZ 23,50 €, DZ 44 €, Familienzimmer (3–4 Betten) 18 € pro Pers. Abendessen 9,50 €, Fitnesscenter im Haus, von Weihnachten bis 31.1. geschlossen. Einlass ab 15.30 Uhr. Passo Giovanni Costanzi 10, 16135 Genova, ✆/✉ 010/2422457, www.ostellionline.org, hostelge@iol.it.

• *Camping* Mehrere Campingplätze liegen im Umkreis der Stadt, freundlich geführt wird der Platz **Villa Doria**, westlich von Genua im Vorort Pegli (Nähe Autobahnausfahrt). 8 €/Pers., Stellplatz 9–12 €. Nur im Januar geschlossen. ✆ 010/6969600.

Essen & Trinken/Nachtleben (siehe Karte S. 410/411)

Cantina del Colombo (17), unser TIPP! Sehr einladendes Lokal an der Porta Soprana, bei den Genuesern sehr beliebt, ob zum Business-Lunch (günstiger Mittagstisch: die *Trenette al Pesto* wie auch der köstliche Schweinebraten mit Pflaumensugo und Salat gab es für je 7,50 €), als auch abends (dann unbedingt reservieren). Angenehme Atmosphäre, gute Küche, umfangreiche Weinkarte mit Schwerpunkt Ligurien und Piemont. Sa- und Mo-Mittag geschl., So ganz geschl. Via di Porta Soprana 55/r, ✆ 010/2475959.

Pansön dal 1790 (15), alteingesessenes Lokal an einer hübschen Altstadtpiazza, gute Fischküche, allerdings etwas höhere Preise, Menü ab 30 € aufwärts. So Ruhetag, Piazza delle Erbe 5/r, ✆ 010/2468903.

Le Cantine di Squarciafico (11), beliebtes Lokal in einem säulengestützten Kellerge-

Ligurien

wölbe beim Dom (ehemalige Wasserzisterne), geführt von jungen Leuten, große Weinauswahl und fantasievolle Gerichte. Mittlere Preise, Piazza Invrea 3, ℡ 010/2470823.

Da Genio (22), nette Atmosphäre, gute lokale Küche, Menü ca. 25–30 €. So und im August geschl., Salita San Leonardo 61, Nähe Piazza Dante (Seitengasse der Via Fieschi), ℡ 010/588463

Ostaia del Castello (21), kleines, unscheinbares Lokal bei der Basilica Santa Maria di Castello. Mittags gibt es in der überaus gemütlichen Osteria ein typisch ligurisches Menü für nur 10 € (Primo, Secondo, Wein und Wasser), für ein Menü am Abend muss man ca. 25 € rechnen. Freundlicher Service, sehr beliebt. Für abends ist eine Reservierung unbedingt notwendig. Sa-Mittag und So geschl., Salita Santa Maria di Castello 32 r, ℡ 010/2468980.

Trattoria (16), diese kleine namenlose Garküchen-Trattoria versprüht den Charme vergangener Zeiten, ein einfaches Lokal und eine echte Nachbarschafts-Trattoria mit schlichter Einrichtung, Papiertischdecken und hemdsärmeliger Atmosphäre. Deftige, gehaltvolle Hausmannskost zu günstigen Preisen. Eine Rechnung gibt es nicht, am Ende überschlägt der Wirt: das Menü kostet ca. 18–22 € pro Pers. – was für das Gebotene auch in Ordnung ist. Nur abends geöffnet, man sollte früh kommen (oder später nach 21–21.30 Uhr), da oft voll. Piazza delle Erbe, neben der Bar Berto.

Antica Trattoria „Sa Pesta" (13), in einer schmalen Gasse der Altstadt, parallel zur Via San Lorenzo. Eins der ältesten Farinata-Lokale der Stadt, herzhafte lokale Küche, stadtbekannt ist die *pasta al pesto*, ebenso die *farinata*. Günstig. Mittags geöffnet, abends nur nach Reservierung, So geschlossen. Via Giustiniani 16 r, ℡ 010/2468336.

● *In der Oberstadt* **La Barcaccia (3)**, nettes Ristorante in luftiger Höhe am Belvedere di Castelletto. Maritimes Ambiente, ligurische Küche mit Akzent auf Fisch, hervorragende Pastagerichte. Es werden einige Weine auch glasweise angeboten. Menü ca. 25 € (abends), nicht zu teuer. Im Sommer auch einige Tische auf der kleinen Holzterrasse vor dem Lokal. Spianata Castelletto (Fahrstuhl an der Piazza del Portello, oben angekommen nimmt man die mittlere Straße, das Barcaccia befindet sich nach wenigen Metern auf der linken Seite), mittags und abends geöffnet, So Ruhetag. ℡ 010/2465165.

Essen & Trinken
- 3 La Barcaccia
- 5 Antica Cantina i tre Merli
- 11 Le Cantine di Squarciafico
- 13 Antica Trattoria 'Sa Pesta'
- 15 Pansön dal 1790
- 16 Trattoria
- 17 Cantina del Colombo
- 21 Ostaia del Castello
- 22 Da Genio

Nachtleben
- 9 Louisiana Jazz Club
- 10 Storico
- 18 Bar Berto
- 20 Cantine Embriaci

Übernachten

1. Ostello (Jugendherberge)
2. Agnelli d'Oro
4. Cairoli
12. Locanda di Palazzo Cicala
19. Cristoforo Colombo

Cafés

6. Fratelli Klainguti
7. Café Mangini
8. Caffé Romanengo
14. Caffé degli Specchi

Genua

1,5 km

412 Ligurien

- *Cafés* **Café Mangini (7),** traditionsreiches Café an der belebten Piazza Corvetto; heiße Schokolade, feines Gebäck und mehr, bis ca. 20 Uhr geöffnet. Piazza Corvetto 3/r (Ecke Via Roma).
Antica Pasticceria Fratelli Klainguti (6), die älteste Konditorei Genuas, mitten im Centro storico, sehr beliebt, gemütliches Ambiente mit viel Patina, Eis und Kuchen vom Feinsten. Es wird auch ein günstiger Mittagstisch angeboten. Piazza Soziglia 98.
Caffè Romanengo (8), Traditionscafé bei der Loggia dei Mercanti, auch hier wird Mittagstisch angeboten. Via degli Orefici 31/r. Gehört zur Pasticceria in der Via Soziglia 74 → "Einkaufen/Kulinarisches".
Caffè degli Specchi (14), Jugendstilcafé, hier trifft sich ein gemischtes Genueser Publikum zum Aperitif – dazu köstliche Häppchen. Bis ca. 21 Uhr geöffnet, am Wochenende bis ca. 24 Uhr. Salita Pollaiuoli 43, nur wenige Schritte von der Piazza Matteotti (Palazzo Ducale).
- *Weinstuben* **Antica Cantina i tre Merli (5),** die „drei Amseln", eine stilvolle alte Weinstube mit Ableger in New York; große Auswahl an jungen und alten Weinen aus ganz Italien, dazu Käse- und Wurstspezialitäten auf dem Brett, aber auch vollständige Menüs – allerdings relativ teuer. Mittags und abends geöffnet, Sa-Mittag und So geschl. Vico del Coro della Maddalena 26, Quergasse zur historischen Via Garibaldi, nur wenige Schritte unterhalb davon. ℡ 010/2474095.
- *Nachtleben* Einer der schönsten und stimmungsvollsten Plätze im Centro storico ist die *Piazza delle Erbe* mit ihren Bars und Restaurants. Hier trifft sich allabendlich die Genueser Jugend, bereits bei den ersten frühlingshaften Temperaturen sind die Tische an der leicht abschüssigen Piazza bis auf den letzten Platz besetzt. Weitere Bars finden sich in der Altstadt verteilt, z. T. flaniert man auch am Porto antico (auch hier Bars/Cafés).
Storico (10), zurzeit sehr angesagte Lounge und Cocktailbar, riesige Palmen, coole Musik, schickes Publikum. Zum Aperitivo bedient man sich am äußerst üppigen Buffet, später dann Bar und Kneipe, exotische Drinks. Piazza de Ferrari 34–36/r, ℡ 010/2474548.
Bar Berto (18), junges Publikum, lässige Atmosphäre, laute, harte Musik, lange geöffnet. Piazza delle Erbe 6.
Cantine Embriaci (20), beliebte Studentenkneipe im Castello-Viertel, 19–2 Uhr geöffnet, Salita Torre Embriaci 2, Mo Ruhetag.
Louisiana Jazz Club (9), häufig Live-Jazz, in der Altstadt quasi hinter dem Dom gelegen. Via T. Reggio 34/r.

Sehenswertes

Ein unvergleichliches, labyrinthisches Gassengewirr, unzählige prächtige Palazzi, die oft mit hochkarätigen Museen ausgestattet sind, der in den 1990er Jahren von Stararchitekt *Renzo Piano* neu gestaltete Porto antico mit seinen sehenswerten Meeresmuseen und prächtigen Kirchen, die so manche Kunstschätze beherbergen – zu sehen gibt es in Genuas Altstadt genug.

> ### Card Musei
> Mit der Museumskarte können insgesamt 24 städtische Museen besichtigt werden, darunter viele der im Kapitel „Sehenswertes in Genua" aufgeführten Häuser (das Aquarium allerdings nicht), darüber hinaus wird in weiteren Museen eine Ermäßigung gewährt. Die Karte ist 48 Stunden gültig und kostet 16 €, mit freier Stadtbusbenutzung 20 €; die Jahreskarte kostet 35 € (für Studenten 20 €), lohnt aber nur, wenn man wirklich nahezu alles in Genua besichtigen will. Verkauf in den angeschlossenen Museen (z. B. Palazzo Rosso, Bianco, Del Principe, Spinola, Reale etc.), dem Buchladen im Palazzo Ducale und am Infokiosk „GenovaInforma" an der Piazza Matteotti.

Im Hafenviertel der Altstadt

Die Gegend um den *Carrugio Lungo*, das Rückgrat des mittelalterlichen Stadtkerns, ist eine etwas verwahrloste Gegend, tagsüber quirlig und belebt, abends wie ausgestorben und anrüchig. Die über 2 km lange, schmale Fußgängergasse zieht sich mit verschiedenen Namen quer durch die Altstadt: *Via di Prè*, *Via del Campo*, *Via di Fossatello* und *Via Santa Luca*. Zwischen den hohen, grauen Häuserfassaden drängt sich ein Laden neben dem anderen, dazu zahlreiche Straßenstände und fast Flohmarktatmosphäre, dann Boutiquen, Schuhgeschäfte, Schmuckläden in endloser Reihe. Auf Höhe des Porto antico verzweigt sich das enge Gassengewirr zwischen Via Garibalbi, Via XXV Aprile und Via San Lorenzo. Am Hafen erstreckt sich die Sottoripa, unter deren dunklen Arkadengängen sich zahllose Verkaufsstände, Bars und Garküchen befinden. Im *Palazzo Spinola* an der Piazza di Pellicceria ist eine bemerkenswerte Gemäldesammlung beheimatet. Teils eingebettet in Fresken (u. a. von Lorenzo de Ferrari) und Stuckdekor und flankiert von historischem Mobiliar, sind genuesische und flämische Meisterwerke zu sehen. Ein Highlight stellt zweifellos der prächtige Spiegelsaal im zweiten Stock dar. In nüchterner Umgebung hängen im dritten Stock schließlich u. a. *Antonello da Messinas* „Ecce homo" und das Portrait Giovanni Carlo Dorias (zu Pferde) von *Peter Paul Rubens*.

Öffnungszeiten/Eintritt Di–Sa 8.30–19.30 Uhr, So 13.30–19.30 Uhr, Mo geschl.; Eintritt 4 €, erm. 2 €, unter 18 J. frei. Mit der Card Musei (→ S. 412), Kombiticket mit Palazzo Reale 6,50 €, erm. 3,25 €. Piazza Pellicceria 1, ☎ 010/2705300, www.palazzospinola.it.

Dom San Lorenzo und Piazza San Matteo

Dom San Lorenzo: Die romanische Säulenbasilika mit ihrem typischen schwarz-weißen Streifenmuster wurde nach einem schweren Brand zu Beginn des 13. Jh. im gotischen Stil vollkommen neu konzipiert und bis zum 16. Jh. mehrfach umgebaut. Der über 100 m lange, dreischiffige Kirchenraum wird von romanischen Rundsäulen gegliedert. In der wuchtigen Hauptapsis befindet sich ein reich verziertes Chorgestühl (16. Jh.). Gut erhaltene Fresken, v. a. aus dem 16. und 17. Jh., wölben sich in den Apsiden der Seitenschiffe, das kunstvolle Fresko über dem Hauptportal stammt aus dem Jahr 1312. Im linken Seitenschiff dann die kunstvoll geschmückte *Cappella San Giovanni Battista* mit Heiligenfiguren (15. Jh., Frührenaissance) und dem Goldschrein (13. Jh.), in dem angeblich die Asche Johannes des Täufers verwahrt wird. In der Krypta ist das *Museo del Tesoro* untergebracht. Hier befindet sich der Domschatz von San Lorenzo, bestehend aus kostbaren liturgischen Gerätschaften und Reliquiaren, darunter der *Sacro Catino*, eine sechseckige, grüne Glasschale, die lange als der Heilige Gral galt, wohl aber aus dem 9. Jh. stammt.

• *Öffnungszeiten/Eintritt* **Kathedrale San Lorenzo**, tägl. 8–12 und 15–19 Uhr. **Museo del Tesoro**, Mo–Sa 9–12 und 15–18 Uhr, Eintritt 5,50 €, erm. 4,50 € oder mit der Card Musei (→ S. 412). Eine Besichtigung des Turms ist nur im Rahmen einer Führung und bei gutem Wetter möglich; 5 €/Pers. bei mindestens 3 Teilnehmern.

Piazza San Matteo: Versteckt im Gassengewirr der Altstadt liegt dieser bildhübsche Platz mit einer kleinen romanischen Kirche und den typischen, schwarz-weiß gestreiften Marmorpalazzi der Doria, die in Genua lange Zeit das Sagen hatten. In der Krypta der Kirche ist Andrea Doria begraben. Angeschlossen ist ein gotischer Kreuzgang.

Via Garibaldi und Via Balbi

Die ehemaligen Prachtstraßen Genuas verlaufen oberhalb der Altstadt. Die Via Garibaldi ist eine Fußgängerzone und eine ununterbrochene Folge von Palästen aus dem 16.–18. Jh., darunter der *Palazzo Bianco* und gegenüber der *Palazzo Rosso*, beide mit bemerkenswerten Gemäldegalerien. Die Sammlung im Palazzo Bianco besitzt einige Renaissancegemälde (u. a. Fillipino Lippi), vor allem aber Werke flämischer und italienischer Meister des 16. und 17. Jh., darunter so große Namen wie Caravaggio und Giulio Cesare Procaccini. Die Venezianische Schule des 16. Jh. ist durch keinen Geringeren als Paolo Veronese vertreten. Die bekanntesten unter den zahlreichen flämischen Meistern des 17. Jh. sind zweifellos Peter Paul Rubens und Anton van Dyck. Die *Galleria di Palazzo Rosso* ist thematisch der Nachbar-Galerie ähnlich, überbietet diese jedoch an Umfang und Vielfalt der Sammlung. In den Obergeschossen sind Meisterwerke von der Renaissance bis zum 18. Jh. zu sehen, darunter auch hier einige ganz große Namen wie Albrecht Dürer, Paolo Veronese und Anton van Dyck. Die Sammlung enthält außerdem zahlreiche Werke Genueser Meister des Barock. Das zweite Obergeschoss wurde im 17. und 18. Jh. mit einem grandiosen Freskenzyklus dekoriert.

Unweit der Via Garibaldi führt die *Via Balbi* von der Piazza Nunziata zur Stazione Principe. Sie wurde im Rahmen der Baumaßnahmen für die Kulturhauptstadt „Genova 04" verkehrsberuhigt und fußgängerfreundlich umgestaltet, wirkt trotz allem aber deutlich heruntergekommener als die prachtvolle Konkurrenzstraße. Hier findet sich der größte historische Stadtpalast Genuas (17. Jh.), der *Palazzo Reale*, der heute nicht nur die Behörde für Denkmalpflege beherbergt, sondern auch das *Museo di Palazzo Reale*. Die stattliche Gemäldesammlung mit ihren über 100 Werken befindet sich in den mit prunkvollen Fresken, Stuckdekorationen und originalen Möbeln ausgestatteten Sälen des zweiten Obergeschosses; im Rahmen einer etwa einstündigen Führung (nach Voranmeldung auch in Englisch) bekommt man vor allem Meisterwerke des 17. und 18. Jh. zu sehen.

• *Öffnungszeiten/Eintritt* **Palazzo Bianco** und **Palazzo Rosso**, Di–Fr 9–19 Uhr, Sa und So 10–19 Uhr, Mo geschl.; Eintritt 7 € (gilt auch für Palazzo Tursi), erm. 5 €. Freier Eintritt mit der Card Musei (→ S. 412). Via Garibaldi 11, ✆ 010/2476351, www.museopalazzobianco.it.

Palazzo Reale, Di, Mi 9–13.30 Uhr, Do–So 9–18.30 Uhr, Mo geschl.; Eintritt inkl. Führung 4 €, erm. 2 € (18–25 J.), unter 18 und über 65 J. frei; freier Eintritt mit der Card Musei (→ S. 412). ✆ 010/2710236, hier kann man auch eine englischsprachige Führung reservieren.

Um die Piazza de Ferrari

Dreh- und Angelpunkt des modernen Zentrums ist die gigantische Piazza de Ferrari mit dem riesenhaften, rot schimmernden Börsenpalast, dem Palazzo Ducale, dem Opernhaus und der Kunstakademie. Im *Palazzo Ducale*, dem ehemaligen Dogenpalast der Republik Genua, fand im Juli 2001 die Konferenz der führenden Industrienationen statt (G-8-Gipfel), während außerhalb der Bannmeile schwere Straßenschlachten zwischen Globalisierungsgegnern und Polizei tobten. Das Untergeschoss ist frei zugänglich, ganz oben findet man ein Restaurant (Bar/Café auch im EG). An der Piazza de Ferrari beginnt die *Via XX Settembre*, ein monumentaler, beiderseits mit Arkaden gesäumter Flanierboulevard, dessen prachtvolle Palazzi zahlreiche Kaufhäuser, elegante Geschäfte, Kinos und Cafés beherbergen. Aber auch die große, lebendige Markthalle namens *Mercato Orientale* findet man hier gegenüber der Einmündung der Via Domenico Fiasella. Eine weitere moderne Geschäftsstraße ist die nach Norden verlaufende *Via Roma*, parallel dazu liegt die glasüberdachte *Galleria Mazzini*, eine traditionsreiche Einkaufspassage.

Wenige Schritte von der Piazza signalisiert die *Porta Soprana*, ein wuchtiges mittelalterliches Stadttor mit zwei halbrunden Wehrtürmen, den Beginn der Altstadt. Kolumbus' Vater war hier einst Torwächter. Die nahe *Casa di Cristoforo Colombo* an der Via Dante wurde auf den Grundmauern des Baus errichtet, in dem der be-

Traditionsreich: das Caffè Romanengo

rühmte Amerikaentdecker seine Kindheit verbracht haben soll. Im Innern sind ein paar Dokumente zum Leben des Entdeckers zu besichtigen.

Öffnungszeiten/Eintritt **Casa di Cristoforo Colombo**, tägl. 10–18 Uhr, Eintritt 4 €. Auf einen der beiden Türme der **Porta Soprana** kann man hinaufsteigen, nur Sa/So 10–18 Uhr, 4 €, Kinder 2 €.

Im Castello-Viertel (Quartiere Santa Maria di Castello)

Das Stadtviertel südlich des Doms San Lorenzo markiert das älteste Siedlungsgebiet Genuas. Hier findet sich der attraktivste Teil der Altstadt, reich an Patina, aber lebhaft und sympathisch. Die belebte Hauptachse ist die parallel zur Via San Lorenzo verlaufende *Via di Canneto il lungo* mit traditionsreichen kleinen Geschäften und bodenständigen Focacciarien. In ihrem oberen Teil endet die Gasse nahe bei der *Piazza delle Erbe*. Um sie herum findet ein beträchtlicher Teil des Genueser Nachtlebens statt. Die Sehenswürdigkeiten in diesem Teil der Altstadt stehen ein wenig im Schatten des benachbarten Doms und des Porto antico. Dennoch sind vor allem die im Gassengewirr versteckte, schmucke Kirche *Chiesa San Donato* mit dem sehenswerten Flügelaltar des flämischen Künstlers Joos van Cleve (1515) und (für kunsthistorisch Interessierte) das *Museo di Sant'Agostino*, das städtische Skulpturenmuseum, einen Besuch wert.

Öffnungszeiten **San Donato**, tägl. 9–12 und 15–19 Uhr; Eintritt frei. **Museo di Sant' Agostino**, tägl. außer Mo 9–19, Sa/So 10–19 Uhr; Eintritt 4 €, erm. 2,80 € oder mit der Card Musei (→ S. 412); Piazza Sarzano 35, ✆ 010/2511263, www.museosantagostino.it.

Alter Hafen (Porto antico)

Der Porto antico bzw. Porto vecchio wurde zu Beginn der 1990er Jahre von dem italienischen Stararchitekten Renzo Piano neu gestaltet und präsentiert sich im Bereich der Piazza delle Feste als turbulente Kultur- und Vergnügungsmeile. Die Attraktionen und Publikumsmagneten sind vor allem das neue Schifffahrtsmuseum, das große Meerwasseraquarium und der Panoramaaufzug Bigo. Die weitläufige *Piazza Caricamento* stellt in gewisser Weise den Vorhof zum Porto antico dar. Quer über den Hafenplatz führt das wohl seltsamste Bauwerk der Stadt: die Hochstraße – architektonisch und ästhetisch ein Sündenfall, verkehrstechnisch ein Segen. So hässlich sich die Trasse auch über den Platz erhebt und auch den Blick auf den exponierten und altehrwürdigen *Palazzo San Giorgio* verunziert, so fußgängerfreundlich gestaltet sich die Hafenpiazza in ihrem Schatten.

Galata Museo del Mare: Das nagelneue, glänzend ausgestattete und nach eigenen Angaben größte Schifffahrtsmuseum des Mittelmeerraumes kann zu den kulturellen Höhepunkten eines jeden Genuabesuches werden. In einem architektonisch gelungenen Gebäude am nördlichen Ende des alten Hafen wird mittels Modellen, Gemälden, historischen Atlanten und Navigationsgerätschaften, Nachbauten in Originalgröße und Multimediaunterstützung ein Bogen von der Zeit der Genueser Galeeren bis zur modernen Dampfschifffahrt geschlagen (Infotafeln auf Italienisch und Englisch).

• *Öffnungszeiten/Eintritt* März bis Okt. tägl. 10–19.30 Uhr (letzter Einlass 18 Uhr), Nov. bis Febr. Di–Fr 10–18 Uhr (letzter Einlass 17 Uhr), Sa/So wie im Sommer, Mo geschl. Erw. 10 €, erm. 8 €, Kinder 4–12 J. 5 €, Kombikarte mit Aquarium möglich (Erw. 22 €, Kinder 12 €), der Eintritt ist auch in der Card Musei (→ S. 412) enthalten. Calata de Mari 1, ℅ 010/2345655, www.galatamuseodelmare.it.

Acquario: Auf dem Ponte Spinola am alten Hafen steht seit 1992 eines der größten und modernsten Meeresaquarien Europas. Vier eindrucksvoll beleuchtete Großbecken beherbergen die Stars des Aquariums. Im ersten tummeln sich die Seehunde, das zweite teilen sich Haie, Mondfische, Sägefische und andere Arten, die nicht Gefahr laufen einander aufzufressen. Das dritte Becken gehört den lebhaften Delfinen allein und durch das vierte schweben majestätisch die schweren Meeresschildkröten. Einen weiteren Höhepunkt bilden die quirligen Pinguine in ihrer etwas klein geratenen Antarktis. Optisch eindrucksvoll sind die meterhohen Säulenaquarien, in denen Tiefseequallen schweben oder Clownfische ihre Kreise ziehen. Daneben gibt es zahlreiche kleinere Aquarien und Terrarien mit kleinen Krokodilen, der Unterwasserwelt der Cinque Terre oder der Mangrovenwälder und sogar einen Streichelzoo.

• *Öffnungszeiten/Eintritt* März bis Juni und Sept./Okt. tägl. 9–19.30 Uhr, Do bis 22 Uhr, Sa/So bis 20.30 Uhr, Juli/Aug. tägl. 9–23 Uhr, Nov. bis Febr. tägl. 9–19.30 Uhr, Sa/So bis 20.30 Uhr, Einlass jeweils bis 90 Min. vor Schließung. Eintritt 14 €, Kinder (4–12 J.) 8,50 €; 2 € Ermäßigung mit der Card Musei, Kombikarte mit Schifffahrtsmuseum 22 €, Kinder 12 €. Der Eintritt in den Kolibriwald kostet 2 € extra (Kinder 1 €), gebührenpflichtige Parkplätze vor dem Museum, darin auch Café und Souvenirladen. Porto antico, Ponte Spinola, ℅ 010/2345678, www.acquariodigenova.it.

Il Bigo: Wie die Arme eines Kraken reckt sich südlich vom Aquarium das weithin sichtbare Gerüst dieser stählernen Kran-Konstruktion nach allen Seiten. Hoch oben kann man von einer zylindrischen Panoramakapsel aus den Blick über die Stadt genießen.
Öffnungszeiten/Eintritt tägl. 10–18 Uhr (Mo ab 14 Uhr), Juli/Aug. bis 23 Uhr, Nov. und Febr. nur Sa/So 10–17 Uhr, Dez./Jan. geschl. Ticket 3 €, erm. 2 €, www.acquario.ge.it/bigo.

Museo dell'Antartide: Das Antarktismuseum im ehemaligen Lagerhaus Millo an der Calata Cattaneo führt in die Welt des Südpols, wo seit den achtziger Jahren eine italienische Forschungsstation arbeitet.
Öffnungszeiten/Eintritt Juni bis Sept. tägl. (außer Mo) 10.30–18.30 Uhr, Okt. bis Mai Di–Fr 9.45–17.30 Uhr, Sa/So 10–18 Uhr, Mo geschl. Eintritt 5,30 €, erm. 4,30 €, ℅ 010/2543690, www.mna.it.

Riviera di Ponente

Der Küstenstreifen von Genua bis zur französischen Grenze. Die üppig begrünten Berge drängen bis ans Meer, in den Ebenen und Nischen haben sich hektische Hafenstädte und wuchernde Ferienorte breit gemacht – letztere fast immer mit langen Sandstränden der feinsten Sorte. Subtropische Vegetation, Palmen, Blumen, Zitronen- und Orangenbäume bringen Flair an die Küste, leider oft getrübt durch endlose Autoschlangen auf den Durchgangsstraßen.

Wie die benachbarte Côte d'Azur war die italienische Riviera dank ihres milden Klimas schon im 19. Jh. bevorzugtes Reiseziel der High Society. Vor allem russische und englische Adelige fanden hier einen Fluchtpunkt vor den kalten Wintern in der Heimat – und seit den zwanziger Jahren auch vor der russischen Revolution. Die meisten Orte sind seit langem zu 100 % auf Fremdenverkehr eingestellt, trotzdem gibt es neben prunkvollen Haus- und Hotelfassaden aus dem 19. Jh. überall auch noch die typisch ligurischen Altstadtviertel mit engen überwölbten Gassen und viel authentischer Atmosphäre. Im Sommer ist alles ausgebucht, die überfüllten Strände sind meist bis auf den letzten Fleck mit Badeanstalten belegt.

• *Anfahrt/Verbindungen* **PKW**, die SS 1 folgt dem Verlauf der antiken Via Aurelia. Reizvolle Küstenfahrt, unterbrochen durch weniger reizvolle Stadtdurchfahrten, oft Stau. Wer es eilig hat, zu einem bestimmten Ziel zu kommen, sollte unbedingt die Autobahn A 10 wählen. **Bahn**, in den letzten Jahren hat man in mühsamer Arbeit an vielen Orten die Bahn von der Küstenlinie ein Stück landeinwärts versetzt. Die Badegäste freuen sich über die neu gewonnene Ruhe, Bahnfahrer haben das Meer jedoch nur noch abschnittsweise vor Augen, zahlreiche Tunnels.

Von Genua bis Finale Ligure

▸ **Arenzano**: Der erste Badeort westlich von Genua, doch macht sich hier die Großstadt noch deutlich bemerkbar. Eine hübsche, aber unspektakuläre Altstadt und zahlreiche Stabilimenti am Strand prägen das Bild. 1991 sank 1,5 km vor der Küste von Arenzano der zypriotische Tanker „Haven", 15.000 Tonnen Öl flossen ins Meer.

▸ **Cogoleto**: Badeort mit recht reizlosem Strand, angeblich wurde hier Christoph Kolumbus geboren (ein Geburtshaus gibt es jedoch auch in Genua). Seine Büste steht an der zentralen Piazza und sein Konterfei prangt am Rathaus.

▸ **Varazze**: Eine große Badestadt, die weit in die Umgebung wuchert. Die Uferstraße säumen alte Paläste, davor langer schmaler Sandstrand und großer Jachthafen. Der historische Ortskern hat Atmosphäre, im Mittelalter waren in Varazze große Segelschiffwerften beheimatet. Zahlreiche Hotels.

▸ **Celle Ligure**: Ein überraschend hübscher Badeort mit farbenfrohen Fassaden, kleinem historischem Kern und langem Strand. Eigentlich besteht Celle aus zwei Teilen: dem alten Celle selbst und dem modernen Ortsteil Piani mit diversen Hotels und regem Strandleben. Der Camping „Columbus" liegt 1 km westlich direkt an der Via Aurelia.

▸ **Albisola**: Die weitläufige Gemeinde besteht aus den Ortsteilen Albisola Marina, Albisola Capo und Albisola Superiore. Früher war der Ort bekannt für seine Keramikproduktion. Die Uferpromenade *Passeggiata degli Artisti* (Künstlerpromenade) ist durchgehend mit bunten Keramikfliesen verziert, am nördlichen Stadtrand von Albisola Marina liegt die prunkvolle *Villa Faraggiana* inmitten eines gepflegten Parks. Die Innenräume mit Originalmobiliar und vielen Majolikaarbeiten können besichtigt werden.

- *Öffnungszeiten/Eintritt* **Villa Faraggiana,** März bis Okt. Di–So 15–19 Uhr, Mo geschl., Mitte Juni bis Ende August Di–So 15.30–18.30 und 20.30–23 Uhr, Führungen um 15.30, 16.30 und 17.30 Uhr. Eintritt 4,20 €, ermäßigt 3,10 €. 019/480622. Im Winter nur nach Voranmeldung.

- *Übernachten* ** **Splendor**, nettes, kleines Albergo in Marina. EZ 65 €, DZ 90 €. Via Repetto 108, 019/481796, 480435. **Camping Anita,** Terrassenanlage am östlichen Stadtrand, direkt am Felsufer, von der SS 1 aus beschildert. Corso Ferrari 206, 019/486444, 4003686.

▸ **Savona**: Im Zweiten Weltkrieg wurde die 60.000-Einwohner-Stadt völlig zerstört. Heute präsentiert sich eine überwiegend unansehnliche Industrie- und Hafenzone. Lange, schurgerade Straßenzüge umgeben das kleine, einigermaßen beschauliche Altstadtviertel am Hafen, hier auch einige nette Restaurants und Cafés. Etwas oberhalb vom Hafen steht auch die Festung *Priamar*, die gerade vollständig restauriert wird. Sie beherbergt das Kunstmuseen „Sandro Pertini" und das archäologische Museum der Stadt.

- *Öffnungszeiten/Eintritt* **Museo Archeologico,** im Sommer (1.6.–15.9.) Di–So 10–12 und 17–19 Uhr, Mo geschl., im Winter Di–Fr 9.30–12.30 und 15–17 Uhr, Sa 10–12 und 15–17 Uhr, So 15–17 Uhr, Mo geschl., Eintritt 2 €, erm. 1 €; **Kunstmuseum „Sandro Pertini",** nur Sa/So 10–12 Uhr, Eintritt 2 €, erm. 1 €.

- *Übernachten* **** **Mare Hotel,** ein echter Lichtblick in Savona, außerhalb vom Zentrum an der Straße Richtung Vado Ligure gelegen. Mit empfehlenswertem Restaurant (eher teuer), Pool, Strand und Strandbar (hier auch Mittagstisch). EZ 75 €, DZ 110 €, Frühstück 6 €, Garage 6 €. Via Nizza 89r, 019/264065, 263277, www.marehotel.it. *** **Riviera Suisse,** zentral in der Innenstadt gelegenes Hotel in einem Palazzo des 19. Jh., Eckhaus an der Piazza del Popolo. Alles schon etwas älter, DZ mit Frühstück 70–85 €. Via Paleocapa 24, 019/850853, 853435. ** **Savona,** kleine Herberge mit relativ günstigen Preisen, nicht mehr taufrisch. EZ 33 €, DZ 53 €. Piazza del Popolo 53/r, 019/821820. Am westlichen Stadtausgang liegen mehrere triste Campingplätze.

- *Essen & Trinken* Am alten Hafen (Vecchia Darsena) reihen sich mehrere Cafés und Restaurants fast aneinander, sehr beliebt z. B. die **Osteria Cù de Beù** (Calata Sbarbaro 34, 019/821091) oder das **Santa Lucia Café** nur wenige Schritte entfernt (019/8401341). In der Via Pia 15 (zentrale Altstadtgasse) gibt es in der volkstümlichen Trattoria **Vino e Farinata** selbiges in bester Qualität und nicht teuer, auch Fisch- und Fleischgerichte. So und Mo geschl.

Noli

ca. 3000 Einwohner

Das ruhige, kleine Städtchen liegt am Fuß hoher, grüner Berge. In der sanft geschwungenen Bucht davor erstreckt sich ein langer Sandstrand, der noch nicht völlig mit Badeanstalten zugebaut ist. Das historische Zentrum hinter der viel befahrenen Durchgangsstraße ist bestens erhalten, die engen Gassen öffnen sich zu hübschen, kleinen Plätzen, man findet zahlreiche Reste von Stadtmauern, alten Toren und mächtigen Backsteintürmen aus der Zeit, als Noli selbstständige Seerepublik war. Hoch über Noli thront die zerborstene Ruine des *Castello Ursino*, von dem sich eine Festungsmauer mit Wehrgang und Rundtürmen bis in den Ort hinunterzieht. Im westlichen Ortsbereich steht die frühromanische Kirche *San Paragorio* mit Fragmenten alter Fresken, einer Hallenkrypta und einem Baptisterium aus dem 5. Jh.

- *Öffnungszeiten/Eintritt* **San Paragorio,** Di, Do, Sa und So 10–12 Uhr, Fr und Sa 17–19 Uhr; Eintritt 2 €, erm. 1 €.

- *Information* **IAT,** Corso Italia 8, südwestliches Ende der Durchgangsstraße. 019/749903, 7499300.

- *Übernachten* **Residenza Palazzo Vescovile**, hoch über dem Ort am Hang, nördlicher Ortsausgang (wo die Hauptstraße in einen Tunnel führt). Aufzug hinauf zum Palazzo, dem ehemaligen Sitz des Bischofs von Noli. Insgesamt 11 edel ausgestattete Zimmer im historischen Gemäuer, mit gehobenem Restaurant, Frühstück auf der Terrasse. DZ mit Frühstück 160 €. Via al Vescovado 13, ✆/✉ 019/7499059, www.vescovado.net.

*** **Miramare**, ansprechendes Hotel in einem Palazzo aus dem 16. Jh. im Zentrum, nette Zimmer, mit Restaurant. EZ 70 €, DZ 100 €, Frühstück inkl., mit Halbpension 79 € pro Pers. Corso Italia 2, ✆ 019/748926, ✉ 748927, www.hotelmiramarenoli.it.

* **Romeo**, kleine Pension in der Altstadt. DZ mit Bad und Frühstück 73 €. Via C. Colombo 83, ✆ 019/748973.

* **Il Glicine**, betagtes Altstadthotel in ruhiger Lage an der kleinen Piazza Garibaldi, die Fassade völlig überrankt mit blühendem Strauchwerk, gemütliches Restaurant. DZ mit Etagendusche 70 €, Dreier 95 €, Vierer 120 €, Frühstück inkl., Halbpension 55 € pro Pers. Piazza Garibaldi 7, ✆ 019/748168 oder 349/7257103 (Handy).

Nächster **Campingplatz** im nahen Varigotti.

- *Essen & Trinken* **Da Sandro**, neapolitanische Pizzeria unter den Kolonnaden der Portici della Repubblica, etwas zurück von der Durchgangsstraße. Auch Tische am Platz, kleine Preise. Di Ruhetag.

Fischer in Noli

▸ **Varigotti**: von der Durchgangsstraße unscheinbar, doch im Kern ein malerisches Fischerdorf, wenn auch für die Gäste sehr sorgfältig hergerichtet. Winziger Camping Valentino im westlichen Strandbereich (Juni bis Sept. geöffnet, pro Pers. 6 €, Stellplatz 11 €, Via Aurelia 77, ✆ 019/698004, ✉ 698698).

Finale Ligure

ca. 12.000 Einwohner

Seit den 1960er Jahren ist Finale Ligure ein bevorzugter Anlaufpunkt deutscher Urlauber an der Riviera. Deutsches Bier und deutschen Kaffee gibt's an allen Ecken – gut gemischt mit ligurischem Flair in den hübschen Altstadtgassen hinter der gepflegten Strandpromenade.

Finale Ligure ist ein reizvoller Standort für einen Badeaufenthalt, auch wenn man das im Verkehrsgetümmel entlang der viel befahrenen Durchgangsstraße zunächst nicht bemerkt. Doch die Gassen des alten Zentrums sind gemütlich zum Bummeln, direkt davor erstreckt sich ein langer Sandstrand, begleitet von einer breiten Palmenpromenade – abends das Zentrum des Lebens mit turbulenter „Passeggiata" und romantischen Bars.

Finale Ligure besteht aus drei verschiedenen Ortsteilen – *Finale Marina* ist der Hauptort hinter dem Strand, hier spielt sich der Großteil des touristischen Lebens ab. Östlich davon, durch den beschaulichen Fluss Sciusa getrennt, liegt das kleine, ruhige *Finalpia*. Ein ganz besonderes Schmuckstück ist schließlich der mittelalterliche Ort *Finalborgo* wenige Kilometer landeinwärts.

Ligurien

Anfahrt/Verbindungen/Information

- *Anfahrt/Verbindungen* **Bahn**, es gibt mehrere Bahnhöfe, Schnellzüge halten nur in **Finale Marina**, Piazza Vittorio Veneto. Zum Strand geht es geradeaus, in die Altstadt vom Bahnhofsvorplatz nach links die Via Mazzini (Durchgangsstraße) entlang, nach ca. 500 m rechts.
Bus, S.A.R.- und A.C.T.S.-Busse fahren ab Busbahnhof beim Bahnhof an der Piazza Vittorio Veneto.

- *Information* **IAT**, an der Uferpromenade nahe des Triumphbogens, viel Prospektmaterial (auch auf Deutsch), Fahrpläne, Infos zu Sportangebot und Exkursionen etc. Im Sommer Mo–Sa 9–12.30 und 15–18.30 Uhr geöffnet, So 9–12 Uhr, im Winter eingeschränkt. Via San Pietro 14, 019/681019, 681804.

Übernachten

**** Punta Est, am östlichen Ortsausgang oberhalb auf einem Felsen gelegen, sehr nobel und mit schönem Garten, herrliche Ausblicke, Treppen hinunter zum Strand. EZ 130–170 €, DZ 200–240 €, Frühstück inkl. Via Aurelia 1, 019/600611, www.puntaest.com.

** Medusa, in einer schmalen Quergasse zum Lungomare. Gepflegtes Hotel mit Restaurant, Sonnenterrasse und eigenem Strandabschnitt. Beliebt bei Mountainbikern, Wanderern und Kletterern, Tipps dazu im Hotel. EZ 95 €, DZ 134–174 €, jeweils inkl. Halbpension. Lungomare di Via Concezione/Vico Bricchieri 7, 019/692545, 695679, www.medusahotel.it.

** Deutsche Familienpension, so heißt das stattliche Haus am Hang bei der Fortezza – zu Recht, denn bei Pippo finden viele deutsche Gäste ihre Urlaubsbleibe, herrlicher Blick, Sonnenterrasse, sehr gut geführt. Treppen hinunter zur Uferpromenade. DZ 86 €, Frühstück inkl., EZ nur in der Nebensaison (ca. 40–45 €). Via Generale Caviglia 19, 019/690615, 6898825, www.deutschefamilien.it

- *Jugendherberge* **Ostello Castello Wuillermin**, das bildschöne, alte Kastell hoch über der Stadt würde Dornröschen zur Ehre gereichen, es ist sorgfältig restauriert und gut ausgestattet, davor erstreckt sich eine hübsche Gartenterrasse mit Zitronenbäumen und Blick aufs Meer. Wegbeschreibung: vom Bahnhof links die Durchgangsstraße Via Torino ca. 800 m entlang, bei der Esso-Tankstelle links die Gasse hinein, bei der Kurve geradeaus weiter die Treppen rauf. Übernachtung mit Frühstück 14,50 €, im Familienzimmer 18 €, Abendessen 9,50 €. Anmeldung ab 17 Uhr, Schließzeit 23.30 Uhr. Mitte März bis Mitte Okt. geöffnet. Via Generale Caviglia 46, 019/690515, www.ostellionline.org, finaleligurehostel@libero.it.

- *Camping* Alle drei Zeltplätze liegen östlich vom Zentrum ein Stück landeinwärts.
Del Mulino, strand- und zentrumsnächster Platz (zum Strand 300 m, ins Zentrum 1 km), mehrere Wiesenterrassen auf einem steilen Hügel, für Gespanne ist die Anfahrt zu steil. Mit Bar, Pizzeria, Laden, Treppen hinunter ins Zentrum. Pro Pers. 6,50 €, Stellplatz 10–15 €. Anfang April bis Ende Sept. geöffnet. Via Castelli, 019/601669, www.campingmulino.it.
Tahiti, ca. 200 m weiter als Mulino, niedrigere Hügellage, hinter einem Wohngebiet (ca. 600 m ins Zentrum). Ähnliche Preise, eher einfach, aber nett, mit Bar, Ristorante, kleinem Laden. Via Varese, 019/600600.
Eurocamping Calvisio, bester Platz, flaches Wiesengelände unter Bäumen, allerdings ca. 1,5 km den Fluss hinauf, dafür mit Pool und Bar. Großer Stellplatz inkl. 4 Pers. 40–45 €, mit 3 Pers. 33 €, 2 Pers. mit Zelt 24 €, Auto extra 7 €. Anfang Mai bis Ende Sept. geöffnet. Via Calvisio 37, 019/601240, 600491, www.eurocampingcalvisio.it.

Essen & Trinken

Cervaco Giobatta, hier sitzt man einfach und hübsch unter dem Portico, leckere Hausmannskost, offener Wein, Bier vom Fass, Menü 25–30 €. Mo geschl. Via Roma 41.

La Tavernetta, nett aufgemachte Trattoria, einige Tische draußen auf der Gasse, gute ligurische Land- und Meeresküche, preislich im Rahmen (Menü um 25 €). Via C. Colombo 37, 019/692010.

Bei Gisela, dem Namen nach erwartet man eher Bierseligkeit, doch das Restaurant überrascht mit schickem Ambiente ganz in Weiß und eher gehobenem Preisniveau. Via C. Colombo 2, ✆ 019/695275.
Pizzeria Le Petit, an der Uferpromenade nahe Piazza Vittorio Emanuele, sehr beliebt, mit Zelt auf der Flaniermeile, Mi geschlossen. Via S. Pietro 3, ✆ 019/694317.

Ai Torchi, beliebtes und edles Spezialitätenrestaurant in einer ehemaligen Olivenölfabrik in der Altstadt von Finalborgo, vorwiegend Landküche, ziemlich teuer. Di geschl. Via Annunziata 3, Reservierung unter ✆ 019/690531.
Invexendu, ebenfalls in Finalborgo, volkstümliche Trattoria an der Piazza Tribunale, mit schönem Wintergarten, nicht teuer. ✆ 019/690475.

Von Finale Ligure bis San Remo

Die nächsten Badeorte *Pietra Ligure*, *Loano* und *Borghetto Santo Spirito* sind wenig reizvoll. Eine Ausnahme bildet lediglich der malerische alte Doppelort *Borgio Verezzi*. Zwischen Borghetto Santo Spirito und Albenga lohnen außerdem Abstecher ins Hinterland. Im Dolomitmassiv oberhalb von Loano, ca. 10 km vom Meer, liegen *Le Grotte di Toirano*, ein riesiger Komplex von Tropfsteinhöhlen, in dem Skelette von Höhlenbären und Spuren von Steinzeitmenschen gefunden wurden. Sehr eindrucksvolle Besichtigung, Busse ab Loano. *Zuccarello* gilt als mittelalterliches Vorzeigedorf der Region, die lange Hauptgasse ist beidseitig von Laubengängen gesäumt, essen kann man gut in der gemütlichen „Osteria du Burgu". Wenn man vor Zuccarello links fährt, kommt man nach ca. 4 km nach *Colletta di Castelbianco*. Das bis in die 1980er Jahre fast völlig verlassene Örtchen gilt heute als das modernste Bergdorf Liguriens, in dem sich hauptsächlich Besserverdienende niedergelassen haben. Ferienwohnungen kann man über www.colletta.it buchen.

In der Schwemmlandebene um Albenga drängt sich ein Meer von Treibhäusern, in denen Blumen und Gemüse (vorzugsweise Artischocken) reifen. Die hochgradige wirtschaftliche Nutzung hat hier eine völlige Zersiedelung nach sich gezogen.

Öffnungszeiten/Eintritt **Le Grotte di Toirano**, tägl. 9.30–12.30 und 14–17 Uhr, Eintritt 11 €, Kinder 5–14 J. 5 €, unter 5 J. frei. Mit Führung. ✆ 0182/98062, www.toiranogrotte.it.

Albenga
ca. 23.000 Einwohner

Weit weniger mondän als viele andere Rivierastädte, trotzdem – oder gerade deswegen – ist Albenga typisch ligurisch. Die Stadt war schon in römischer Zeit eine bedeutende Siedlung. Das mittelalterliche Zentrum besitzt einige interessante Baudenkmäler und lebendige Einkaufsgassen, die nichts von den Boutiquenzeilen der Badestädte an sich haben. Zum Meer hin vorgelagert ist dagegen ein etwas gesichtsloser Stadtteil mit Strand und Lungomare.

Die historischen Bauten ballen sich um den romanisch-gotischen Dom *San Michele* und präsentieren sich als eindrucksvolles Gesamtensemble mit über zehn historischen Geschlechtertürmen. Hinter der Kirche liegt 3 m unter dem heutigen Bodenniveau ein *Baptisterium* aus dem 5. Jh., das eines der bedeutendsten frühchristlichen Relikte in Ligurien darstellt (Zutritt durch das Museo Ingauno). Benachbart zur Kathedrale steht das alte Rathaus mit der Torre Comunale, unter dessen Arkaden das archäologische *Museo Ingauno* untergebracht ist. Auf der Piazza San Michele gegenüber der Domfassade zeigt das sehr sehenswerte *Museo Navale Romano* die Überreste eines gesunkenen römischen Frachtschiffs und seiner Amphorenladung.

Öffnungszeiten/Eintritt **Civico Museo Ingauno**, Di–So 9.30–12.30 und 15.30–19.30 Uhr, Mo geschl., Eintritt 3 €, erm. 2 €; **Museo Navale Romano**, Di–So 9.30–12.30 und 15.30–19.30 Uhr, Mo geschl., Eintritt 3 €, erm. 2 €.

Im Centro storico von Albenga

- *Information* IAT, im Pavillon an der Piazza del Popolo. Auch Fahrradverleih (5 €/Tag), Mo–Sa 9–12.30 und 15–18.30 Uhr, So 9–12 Uhr, im Winter So und Mo geschl. ☏ 0182/558444, ℻ 558740.
- *Übernachten* Einige Möglichkeiten am Lungomare Cristoforo Colombo, direkt am Strand.

*** **Solemare**, an der Uferpromenade, gepflegte Unterkunft, EZ 85 €, DZ 115 €, Frühstück inkl. Lungomare C. Colombo 15, ☏ 0182/51817, ℻ 545212.

* **Villa Rosa**, sehr beliebte und recht günstige Unterkunft am Lungomare (Nr. 1), man sollte früh buchen. DZ 100 € inkl. Vollpension. ☏ 0182/50529, ℻ 544029.

In der Umgebung zahlreiche, meist einfache Campingplätze, z. B. ** **Camping Delfino**, fast am Strand, Mattendächer spenden Schatten. Nach dem Ortsausgang Richtung Alassio links ab, beschildert. Pro Pers. 7 €, Stellplatz 13 €. Via Aurelia 23, ☏ 0182/51998, ℻ 555085.

- *Essen & Trinken* **Osteria dei Leoni**, gediegenes Restaurant mit Innenhof, aufmerksamer Service, gehobenes Preisniveau. Fast am Ende der Hauptgasse durch die Altstadt gelegen. Vico Avarenna 1, ☏ 0182/51937.

Da Puppo, sehr beliebtes und sehr günstiges Farinata- und Pizzalokal in der Altstadt. Mittags und abends geöffnet, So geschl. Via Torlaro 20, ☏ 0182/51853.

Pizzeria Il Falcone, ebenfalls sehr beliebte Adresse in der Innenstadt, rustikal im Gewölbe eines alten Stadthauses, freundlicher Service, günstig. Via Roma 53, ☏ 0182/540844.

Alassio
ca. 10.500 Einwohner

Einer der renommiertesten Urlaubsorte der gesamten Riviera, edle Hotelpaläste in der Neustadt, die Altstadt klein, aber hübsch. Man lebt fast ausschließlich vom Tourismus, kein Winkel in der langen Bucht bleibt dabei ungenutzt. Auch Alassio ist Stammquartier vieler deutscher Gäste. Geboten ist alles, was Urlauberherzen begehren: Es gibt eine endlose Bummelgasse, einen meist ziemlich vollen und verbauten Sandstrand und eine Uferpromenade, die alle Rekorde des gastronomischen Angebots sprengt. Im Sommer kann man nach dem Strandvergnügen das ausgeprägte Nachtleben mit dutzenden Bars und Diskotheken genießen.

An der Via Dante Alighieri, nicht weit vom Bahnhof, kann man *Il Muretto* bestaunen – eine Mauer, bei der auf bunten Keramikkacheln die Autogramme der High Society eingebrannt sind, die Alassio einen Besuch abgestattet haben, darunter z. B. Thor Heyerdahl, Louis Armstrong, Zarah Leander und Adriano Celentano.

- *Information* **A.P.T.**, schräg gegenüber vom Bahnhof, viel Material, im Sommer Mo–Sa 9–12.30 und 14.30–18.30 Uhr, So 9–12 Uhr, im Winter So geschl. Via Mazzini 68, Ecke Piazza della Libertà. ☏ 0182/647027, ℻ 647874.
- *Übernachten* Weit über hundert Hotels zählt man in Alassio, die meisten in der 3-Sterne-Kategorie.

Imperia

*** **Eden**, gutes Haus direkt am Strand, mit Restaurant. DZ mit Frühstück 110 €. Passeggiata Cadorna 20, ☎ 0182/640281, 🖷 643037, www.edendalassio.it.

** **Ambra**, familiäres Albergo, gepflegter Gesamteindruck, ruhige Lage am nördlichen Stadtrand. EZ 77,50 €, DZ 126 €, inkl. Halbpension. Via Garibaldi 123, ☎ 0182/640626, 🖷 643351, www.hotelambra.it.

Camping Monti e Mare, Spitzenadresse ca. 4 km außerhalb Richtung Albenga. Terrassenförmig über dem Meer, riesig groß, zahlreiche versteckte Winkel, kostenlose Basketball-, Volleyball- und Tennisplätze, kleiner privater Kiesstrand. Ristorante und Pizzeria. Pro Pers. 7 €, Zelt 8–18 €, Wohnwagen/-mobil 15 €, Auto 8 €. 1.5.–30.9. geöffnet. ☎ 0182/643036, 🖷 645601, www.campingmontiemare.it.

• *Essen & Trinken* **Osteria dei Matetti**, freundliches, volkstümliches Lokal, karierte Tischdecken, alte Fotos an den Wänden. An der Durchgangsstraße, Viale Hanbury 132, ☎ 0182/646680.

▶ **Laigueglia**: Ein schmaler Küstenort mit freundlichem Ortskern und gutem Strand, kleiner und überschaubarer als Alassio, aber ebenfalls gut besucht – es gibt etwa 50 Hotels. Trotzdem spielt der Fischfang hier noch immer eine Rolle. Die Fischer ziehen ihre Boote unmittelbar vor dem Ortskern aufs Trockene. Eine malerische Gasse mit vielen kleinen Plätzen schlängelt sich durch die enge und belebte Altstadt.

• *Information* **IAT** im alten Bahnhof an der Durchgangsstraße (gleich am Ortseingang von Alassio kommend). 15.6.–15.9. Mo–Sa 9–12.30 und 15–18.30 Uhr geöffnet, So 9–12 Uhr, außerhalb der Saison So/Mo geschl. Via Roma 2, ☎ 0182/690059, 🖷 691798.

• *Übernachten* *** **Windsor**, prächtiger Strandpalazzo in herrlicher Lage, stilvolle Bar und gemütliches Ristorante, die Zimmer etwas schlichter. EZ mit Halbpension 80 €, DZ 154 €, DZ mit Frühstück 110 €. 3 Tage Mindestaufenthalt. Piazza XXV Aprile 7, ☎ 0182/690000, 🖷 690022, www.thewindsorhotel.it.

* **Giannina**, Strandhotel mit Restaurant im westlichen Teil der Strandpromenade. Nicht sehr ansehnlicher Neubau, aber sympathisch und gut geführt, viele Gäste nehmen Halb- bzw. Vollpension. EZ 40 €, DZ 70 €, Halbpension 52 € pro Pers., VP 55 €. Corso Badaro 4, ☎ 0182/690023, 🖷 691859.

Camping Capo Mele, schattiger Platz am westlichen Ortsrand, etwas oberhalb am Hang gelegen. ☎/🖷 0182/499997.

• *Essen & Trinken* Der tägliche Fang kommt in den Restaurants frisch auf den Tisch. **Il Pescatore**, beim kleinen Fischerstrand, netter Familienbetrieb mit gemütlicher Terrasse, der Hausherr ist selbst Fischer. So geschl., Piazza Garibaldi 7, ☎ 0182/690124.

▶ **Von Laigueglia bis Imperia:** Nach dem *Capo Mele* folgt *Marina di Andora* mit großem Yachthafen, danach der einsame *Lido Capo Mimosa*. *Cervo* besitzt einen besonders hübschen mittelalterlichen Ortskern am Steilhang. Gleich darauf passiert man die weitläumige Badesiedlung *Diano Marina* mit sehr schönem Strand und ausgeprägtem Tourismus. Der Camping „Angolo di Sogno" am westlichen Ortsrand ist ganzjährig geöffnet (☎ 0183/497424, www.angolodisogno.com).

▶ **Imperia**: Die lang gezogene Provinzhauptstadt besteht aus zwei Teilen: im Osten das weitgehend moderne *Oneglia* mit großem Wirtschaftshafen, im Westen *Porto Maurizio*, dessen Altstadt einen Hügel hinaufdrängt und einen kurzen Stopp wert ist. Am Eingang zum alten Viertel der monumentale klassizistische *Dom*, steile Treppenwege mit überwölbten Durchgängen führen auf die Hügelkuppe. Ein schöner Aussichtspunkt ist der Vorplatz der barocken Kirche *San Pietro*, ebenso der benachbarte lange Arkadengang des Klosters *Santa Chiara*.

In Oneglia lohnt das *Museo dell'Olivo* in der Via Garessio 13 (Bahnhofsnähe) den Besuch: eine umfassende Ausstellung über die Geschichte des Olivenöls und seine Gewinnung in einer Jugendstilvilla.

Öffnungszeiten/Eintritt **Museo dell'Olivo**, Mo–Sa 9–12.30 und 15–18.30 Uhr, So geschl., Eintritt frei.

> Zwischen Imperia und San Remo liegt das Zentrum des Blumenanbaus an der Riviera di Ponente, deshalb auch *„Riviera dei Fiori"* genannt. In zahlreichen Gewächshäusern reift die bunte Pracht, die zum berühmten Blumenmarkt in Bussana bei San Remo gebracht wird.

San Remo
ca. 50.000 Einwohner

Eine Stadt voller Leben, viel besucht und quirlig, obwohl sich die Attraktionen in Grenzen halten. San Remo lebt noch immer von seinem mondänen Ruf als vormalig beliebtester Rivieraort der „Upper Class". Von der High Society ist heute zwar nicht mehr viel zu spüren, doch das alljährliche Musikfestival spielt in Italien nach wie vor eine große Rolle und auch das Spielcasino tut das Seine, um dem Ruf San Remos gerecht zu werden.

Hauptschlagader der Stadt ist der *Corso Matteotti* mit zahlreichen Nobelboutiquen, Kinos und Discos. Der Dom *San Siro* ist in einfachen, klaren Formen gehalten, mit spätromanischer Fassade und kunstvoll gearbeiteter Fensterrose. Belebte Einkaufsstraße ist die *Via Palazzo* – dort über die Piazza Alberto Nota Einstieg in die unbedingt sehenswerte Altstadt *Città Vecchia*, nach dem Erscheinungsbild ihrer verschlungenen Ziegeldächer „La Pigna" (Pinienzapfen) genannt: auf der Hügelkuppe ein fast labyrinthisch anmutendes Durcheinander von steilen, sich immer wieder verzweigenden Treppengassen, oft unter Häusern hindurch und düster überwölbt, das stark an arabische Souks erinnert. Unterhalb von La Pigna liegt der kleine *Porto Vecchio*. Tagsüber bieten hier Fischhändler ihre Ware an, abends kann man in diversen Restaurants gut essen.

Das prunkvolle weiße *Casinò Municipale* schräg gegenüber vom ehemaligen Bahnhof hilft schließlich, die Reisekasse zu erleichtern (Großes Spiel im OG mit Kleiderordnung, im EG einarmige Banditen etc.). Gegenüber der Tourist-Info steht die eindrucksvolle russische Kirche *San Basilio*, in den 1920er Jahren von Adligen errichtet, die vor der Oktoberrevolution geflüchtet waren (nur vormittags offen). Hier beginnt Richtung Westen auch der *Corso Imperatrice*, die berühmte Palmenpromenade von San Remo. Der Strand davor ist vollständig von Strandbädern belegt.

Öffnungszeiten/Eintritt **San Siro**, Mo–Sa 7–11.45 und 15–18 Uhr, sonntags jeweils eine Std. länger. **Casinò**, tägl. 14.30–2 Uhr, Fr–So Eintritt 7,50 €, sonst frei. Kleiderordnung, Sakko kann gegen Kaution geliehen werden. Zu den Slot Machines freier Eintritt und kein Garderobenzwang, schon ab 10 Uhr geöffnet. **San Basilio** wird zurzeit restauriert.

Anfahrt/Verbindungen/Information

• *Anfahrt/Verbindungen* **PKW**, Großparkplatz auf dem Gelände des alten Bahnhofs (Nähe Spielcasino). Am Lungomare delle Nazioni (westlich vom Zentrum) kann man kostenlos parken, im Zentrum dagegen überall gebührenpflichtig, z. B. an der Piazza Mercarto, Tiefgarage an der Piazza Colombo. **Bahn**, der Bahnhof liegt unterirdisch, Zugang vom Corso Cavallotti (beim Rondo Garibaldi). Sehr gute Zugverbindungen entlang der Küste. **Bus**, Busbahnhof an der zentralen Piazza Colombo, etwa stündl. an der Küste entlang nach Imperia, Diano Marina, Bordighera und Ventimiglia.

• *Information* **A.P.T.**, im verschnörkelten *Palazzo Riviera* am Corso Imperatrice schräg unterhalb der russischen Kirche. Prospektmaterial zur ganzen Provinz. Mo–Sa 8–19, So 9–13 Uhr. Largo Nuvoloni 1, ✆ 0184/59059, ✆ 507649.

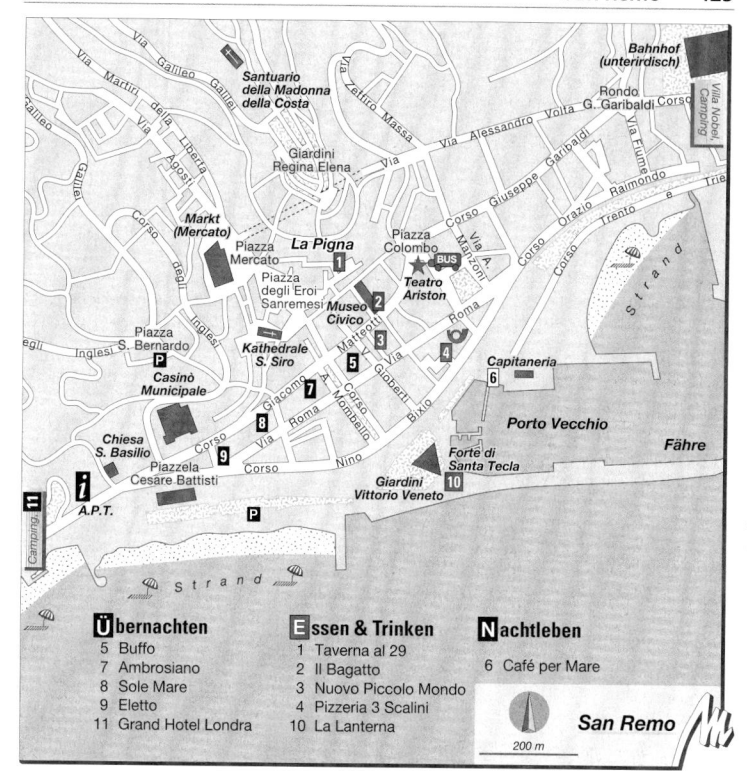

San Remo

Übernachten
- 5 Buffo
- 7 Ambrosiano
- 8 Sole Mare
- 9 Eletto
- 11 Grand Hotel Londra

Essen & Trinken
- 1 Taverna al 29
- 2 Il Bagatto
- 3 Nuovo Piccolo Mondo
- 4 Pizzeria 3 Scalini
- 10 La Lanterna

Nachtleben
- 6 Café per Mare

Ligurien — Karte S. 406/407

Übernachten

Die Hotelpreise liegen über dem Niveau der anderen Blumenriviera-Orte. Preiswerte Pensionen befinden sich vor allem an der Via Roma, die Luxusherbergen am Corso Imperatrice.

**** Grand Hotel Londra (11), Nobelherberge von 1860, prachtvolle Fassade, innen schon etwas verblasste aristokratische Atmosphäre – für Nostalgiker. Mit schönem Pool im palmenbestandenen Garten. EZ 175 €, DZ 245 €, Frühstück 15 € pro Pers.

*** Eletto (9), hübscher Palazzo aus dem 19. Jh., teils Stilmöbel, hinten kleiner Garten, Parkplatz. EZ 75 €, DZ 95 €, Frühstück inkl. Via Matteotti 44, ✆ 0184/531548, 📠 531506, www.elettohotel.it.

** Sole Mare (8), kleine Pension in zentraler Lage, alle Zimmer mit Bad und TV. EZ 61 €, DZ 100 €, Dreier 135 €, Vierer 168 €, Frühstück inkl. Mit Restaurant. Via Carli 23/4. Stock, ✆ 0184/577105, 📠 532778, www.solemarehotel.com.

** Ambrosiano (7), alter Stadtpalazzo an einer lauten Straße, sieben Zimmer im 4. Stock, zentrale Lage. EZ 85 €, DZ 110 €, Frühstück 5 € pro Pers. Via Roma 36, ✆ 0184/577189, 📠 542715, www.hotelambrosiano.it.

* Buffo (5), zentral gelegenes, kleines Hotel im 2. Stock (Lift), von freundlichem Paar familiär geführt. Zimmer sauber und gepflegt, jeweils mit Bad und TV. 5 Minuten zum Strand. EZ 40 €, DZ 60 €. Corso Matteotti 178, ✆ 0184/509650, 📠 509656.

● *Camping* **Villaggio dei Fiori**, am westlichen Stadtrand, direkt am Strand, schattig, mit Pool, Bar und Ristorante. Stellplatz 31–51 € (inkl. Pers.), Bungalows für 3 Pers. ca. 100 €/Tag, für 5 Pers. 125–150 €. Ganzjährig

geöffnet. Via Tiro a Volo, ✆ 0184/660635, ✆ 662377, www.villaggiodeifiori.it.
Blue Beach, Bungalowanlage am östlichen Ortsrand, ebenfalls direkt am Strand und mit Pool. Bungalow für 2 Pers. ab 78 €, für 4 Pers. ab 148 €. Ganzjährig geöffnet. Via al Mare 183, ✆ 0184/513200, ✆ 515030, www.bluebeach.it.

Essen & Trinken/Nachtleben (siehe Karte S. 425)

Im Hafenviertel stehen reichlich Restaurants zur Auswahl, ebenso um die Piazza Eroi Sanremesi, einige einfachere Lokale findet man im kleinen Altstadtviertel La Pigna.

Nuovo Piccolo Mondo (3), unser **TIPP!** In einer Seitengasse des Corso Matteotti liegt diese kleine, gemütliche Trattoria, im Sommer auch einige Tische draußen. Gute regionale Küche, alles frisch, leckere Desserts, gute Weine. Mittlere Preise. So geschl., Mo nur mittags geöffnet. Via Piave 7, ✆ 0184/509012.

Il Bagatto (2), Feinschmeckerlokal mit gediegenem Schick, sehr freundlicher Service, kleines Menü 25 €, Fischmenü 45 €. Via Matteotti 145, ✆ 0184/531925. So geschl.

Taverna al 29 (1), kleines Lokal am Eingang zur Altstadt La Pigna, leckere lokale Spezialitäten, Menü um 35 €. Mo geschl. Piazza Cassini/Via Morardo 8, ✆ 0184/570034.

Pizzeria 3 Scalini (4), an der lauschigen, kleinen Piazza hinter dem alten Hafen, Tische auch draußen, Holzofenpizza. Piazza Sardi 2, ✆ 0184/502301, Do geschl.

La Lanterna (10), Traditionsrestaurant am alten Hafen, Winston Churchill war hier schon zu Gast. Molo di Ponente, ✆ 0184/506855, Mo geschl.

• *Nachtleben* Viele Clubs und Bars im Stadtgebiet, im Sommer oft Livemusik im Freien.

Café per Mare (6), am alten Hafen, Lounge und Cocktailbar, man kann hier auch essen, sehr modern und schick, Terrasse über dem Hafen. Via Nazario Sauro 42/44.

Disco Ninfa Egeria, Corso Matteotti 178, beliebte Disco im Zentrum.

George La Nuit, beliebte Pianobar, Corso Nino Bixio 53.

▸ **San Remo/Umgebung**: Der berühmte Blumenmarkt von San Remo – der größte seiner Art in Italien – wurde schon vor Jahren in den benachbarten Küstenort *Bussana* verlegt. Das Bergstädtchen *Bussana Vecchia* wurde vor hundert Jahren durch ein Erdbeben zerstört und ist jetzt ein beliebter Wohnort für Künstler, Architekten etc., die die malerischen Ruinen wieder bewohnbar gemacht haben (Bus 14/4 ab Piazza Colombo bis Friedhof von Bussana, von dort noch 30 Min. zu Fuß. Letzter Bus zurück am frühen Abend).

Einen Abstecher wert ist auch das mittelalterliche Vorzeigestädtchen *Taggia* mit seiner imposanten alten Brücke. Ein ausgeschilderter Rundgang führt zu den wichtigsten Baudenkmälern. Höhepunkt ist das Kloster *San Domenico* aus dem späten 15. Jh. mit zahlreichen Kunstwerken in der Kirche, kleinem Museum und blumengeschmücktem Kreuzgang (zu erreichen in 20 Fußminuten ab Piazza Garibaldi).

Landeinwärts von Taggia verläuft die SS 548 durch das Argentina-Tal mit kleinen mittelalterlichen Ortschaften wie *Badalucco*, dessen Fassaden mit farbigen Wandmalereien bedeckt sind, und *Molini di Triora*, wo man an der Piazza Roma den urigen Lebensmittelladen „Bottega di Angelamaria" findet.

• *Öffnungszeiten/Eintritt* **Blumenmarkt**, täglich frühmorgens außer Sonntag. **San Domenico**, Mo–Sa 9–12 und 15.30–17 Uhr, Do und So geschl., Eintritt 3 €.

• *Übernachten/Essen & Trinken* Gut essen kann man in Taggia bei **Castelin**, Via Roma 9 (Di geschl.), und im **Canon d'Oro** in Badalucco (Mo geschl.).

** **Santo Spirito**, alter, sympathischer Gasthof in Molini di Triora, uriges und einfaches Landambiente. EZ 48 €, DZ 68 €, Frühstück inkl., mit Halbpension EZ 55 €, DZ 94 €. Piazza Roma 23, ✆ 0184/94092.

▸ **Bordighera**: Badekurort aus der Zeit der Jahrhundertwende mit ca. 10.000 Einwohnern, prächtige Jugendstilvillen posieren mit exotischen Gärten landeinwärts am

Das berühmte Casino von San Remo

Hang. Im Umkreis der Stadt üppige Palmenhaine, deren Samen einst der heilige Ampelius aus Ägypten mitgebracht haben soll. Die etwas gesichtslose Neustadt bestimmen schnurgerade Boulevards, der *Corso Italia* wird mit seinen vielen Restaurants und Cafés abends zur lebendigen Fußgängerzone. Großer Pluspunkt: Die einladende, autofreie Uferpromenade ist kilometerlang und flankiert den ebenso langen Kies-/Sandstrand, der erstaunlich viele frei zugängliche Stellen aufweist. Der Lungomare endet im Osten am hügligen *Capo Sant'Ampelio*. Am landseitigen Hang des Kaps, oberhalb vom Jachthafen, befindet sich das hübsche „Centro storico" mit freundlichen Plätzen und engen Gassen, weit weg vom heutigen Mittelpunkt Bordigheras.

Immer Ende April findet in Bordighera *Il Salone internazionale del umorismo* statt, ein großes Komikfestival mit zahlreichen Veranstaltungen, Filmen und Ausstellungen.

• *Anfahrt/Verbindungen* Die Bahnlinie verläuft unmittelbar parallel zum Lungomare – wer mit dem Zug anreist, muss nur eine der Passagen unter den Gleisen durchqueren und steht am Strand.

• *Information* IAT-Büro, im Zentrum an der Hauptstraße. Im Sommer tägl. 9–12.30 und 15–18.30 Uhr geöffnet. Via Vittorio Emanuele 172, ✆ 0184/262322, ✉ 264455.

• *Übernachten* Große Auswahl, viele Hotels haben jedoch im Sommer Pensionspflicht und verlangen mehrtägigen Aufenthalt.
*** **Villa Elisa**, komfortables Ambiente hoch über der Stadt, schöner Garten, Pool, Parkplatz, geführt von deutsch-italienischem Ehepaar. Zur Straße hin nicht ganz leise. EZ 98–108 €, DZ 156–176 €, mit Frühstück. Via Romana 70, ✆ 0184/261313, ✉ 261942, www.villaelisa.com.
** **Residence Villa Virginia**, kleine, gepflegte Jugendstilvilla, Apartments mit kleiner Einbauküche und Balkon, relativ günstig: für 2–3 Pers. 520 €, für 3–4 Pers. 600 € pro Woche. Via Romana 55, 18012 ✆/✉ 0184/260447, www.villavirginia.net.
* **Kristina**, im Zentrum gelegen und relativ ruhig, 10 einfache Zimmer mit Bad, DZ 55 €. Via Regina Margherita 24, ✆ 0184/261309 ✉ 261300.

• *Essen & Trinken* **Mimmo**, nur wenige Tische an der Hauptstraße, trotzdem Gourmettipp, kreative Meeresküche, Menü um

50 €. Via Vittorio Emanuele 302, Mi geschl. Reservierung unter ✆ 0184/261840.
Antica Trattoria Garibaldi, in einem Gässchen im Centro storico, unweit der Piazza del Popolo. Sympathischer Familienbetrieb, netter Innenhof, hier kann man gut und günstig essen. Mo geschl. Via della Loggia 5, ✆ 0184/262415.
Pizzeria Laguna Blu, einfache und preiswerte kleine Pizzeria an der belebten Via Vittorio Emanuele (Nr. 116), Mo Ruhetag. ✆ 0184/261260.

▸ **Ventimiglia**: Die hektische Grenzstadt (ca. 26.000 Einwohner) nahe der französischen Grenze – zweisprachige bzw. französische Ladenschilder sind die Regel – hat vom touristischen Standpunkt her nicht allzu viel zu bieten. Seit der Einführung des Euro ist ein Großteil der wirtschaftlichen Basis weg gebrochen, denn niemand lässt mehr seine Restlira in der Stadt.
Der Fluss Roia trennt XXmiglia (so auf den meisten Straßenschildern der Riviera: „venti" = XX) in zwei deutlich unterschiedene Bereiche. In der Neustadt östlich vom Fluss sind die Betonfassaden und z. T. schmuddeligen Gassen wenig erhebend. Jeden Freitag findet jedoch am Flussufer ein riesiger *Wochenmarkt* statt, einer der größten Italiens. In der *Archäologischen Zone* am nordöstlichen Neustadtrand wurden die Ruinen der römischen Stadt Albintimilium ausgegraben, darunter ein großes Theater (nicht zugänglich, jedoch guter Überblick vom Corso Genova). Einen ungewöhnlichen Anblick bietet dagegen die Altstadt am Hügel westlich vom Roia. Teile der mittelalterlichen Stadtmauer ziehen sich die Hänge hinunter, schmale Treppengassen zweigen von der düsteren Hauptstraße Via Garibaldi ab, an der die romanische Kathedrale *Santa Maria Assunta* steht. Fundstücke aus Albintimilium sind im *Archäologischen Museum* des Forte Annunziata an der Küstenstraße untergebracht.

• *Öffnungszeiten/Eintritt* **Archäologisches Museum**, Mo–Sa 9–12.30 und 15–17 Uhr, So 10–12.30 Uhr, Eintritt 3 €.

• *Anfahrt/Verbindungen* **PKW**, bei Ventimiglia liegt die westlichste Auf-/Abfahrt zur Riviera-Autobahn. Von Norden kommt die SS 20 aus Turin, durchquert einen Zipfel Frankreichs und verläuft am Roia entlang nach Ventimiglia. Dies ist die Hauptverbindungsstrecke vom Piemont (bzw. Schweiz) in den Westen der Riviera.
Bahn, FS-Bahnhof an der Piazza Battisti in der oberen Neustadt, geradeaus trifft man auf die quer verlaufende Haupt- und Durchgangsstraße Via Cavour. Mehrmals tägl. fährt die berühmte schmalspurige **Tenda-Bahn** über Tende und Breil nach Cúneo (→ Piemont), sie gilt als eine der schönsten Bahnlinien der Alpen. Mit Umsteigen kann man bis Turin fahren, ebenso umgekehrt – eventuell interessant als Anreise zur Riviera.
Bus, RT-Busse (Riviera Trasporti) am Anfang des Corso Francia, direkt an der Roiabrücke, z. B. zu den Hanbury-Gärten und Balzi Rossi (→ Ventimiglia/Umgebung).

• *Information* **IAT**, an der Durchgangsstraße, neben der kleinen Kirche Sant'Agostino. Im Sommer Mo–Sa 9.30–12.30 und 15.30–19 Uhr, So geschl. Via Cavour 61, ✆ 0184/351183, ✆ 351183.

• *Übernachten* ***** La Riserva**, herrliche Lage auf der Spitze des Castel-d'Appio-Hügels weit oberhalb der Altstadt (ab Forte Annunziata beschildert). Hotelrestaurant, Garten, Pool und toller Blick von der Terrasse. EZ 110 €, DZ 140–155 €, Dreier 160 €, Frühstück 8 € pro Pers. Geöffnet 1.4.–30.9. ✆ 0184/229533, ✆ 229712, www.lariserva.it.

*** Sole Mare, gepflegter Neubau mit Terrasse und Parkplatz, an der Ausfahrt des Altstadttunnels, über die Straße zum Meer. Freundliche Einrichtung und ein ebensolcher Service, EZ 85 €, DZ 115 €, Dreier 135 €, Vierer 145 €, Frühstück inkl. Via Marconi 22, ✆ 0184/351854, ✆ 230688, www.hotelsolemare.it.

*** Sea Gull, gleich daneben, am Strand vor der Altstadt, ordentliches Albergo mit Parkplatz und Grün ums Haus, eigener Strandabschnitt. EZ 90 €, DZ 150 €, Frühstück inkl. Passeggiata Marconi 24, ✆ 0184/351726, ✆ 231217, www.seagullhotel.it.

Camping Roma, Stadtcamping unterhalb der Altstadt, Bahngleise gleich nebenan. Mit Bar, Terrassenrestaurant und Bungalowvermietung. Pro Pers. 10 €, Zelt 8 €, Wohnwagen/-mobil 9 €, Auto 5 €. Geöffnet

1.3.–31.12., Via Freccero 9, ☎ 0184/239007, 🖷 239035.
Por la Mar, in Latte an der SS 1 zur französischen Grenze, schattiges Hanggelände, etwa 300 m vom Meer, pro Pers. 8 €, Zelt 7 €, Wohnwagen/-mobil ca. 9 €, Auto 3 €. Ganzjährig geöffnet. Corso Nizza 107, ☎ 0184/229626, 🖷 226060.

• *Essen & Trinken* **Usteria d'a Porta Marina**, schöne Altstadttrattoria mit Plätzen am Fluss, nicht ganz billig, es gibt auch ein Touristenmenü für 20 €. Di geschl. Via Trossarelli 22 (an der Altstadtseite der Fußgängerbrücke), ☎ 0184/351650.

▸ **Ventimiglia/Umgebung:** Wenige Kilometer westlich liegen bei La Mortola die berühmten *Giardini Botanici Hanbury*, 1867 von Sir Thomas Hanbury gegründet. Tausende von exotischen Pflanzen aus Afrika und Asien machte der Brite hier heimisch, sodass der Park heute zu den bedeutendsten botanischen Gärten Italiens zählt.

2 km weiter, direkt an der Grenze, ragt die Felswand *Balzi Rossi* auf. In elf Wohnhöhlen hat man zahlreiche steinzeitliche Relikte gefunden hat, die ältesten sind über 200.000 Jahre alt. Das meiste davon ist in einem kleinen, anschaulich eingerichteten Museum ausgestellt.

10 km landeinwärts liegt schließlich das schöne mittelalterliche Städtchen *Dolceacqua* am Fluss Nervia, der von einer über 30 m breiten Bogenbrücke überspannt wird. Über dem Ort thront ein mächtiges Kastell der Doria.

• *Öffnungszeiten/Eintritt* **Giardini Hanbury**, 15.6.–25.9. tägl. 9.30–18 Uhr, 26.9.–31.3. tägl. (außer Mi) 9.30–16 Uhr, 1.4.–14.6. tägl. (außer Mi) 9.30–17 Uhr; Eintritt 7,50 €, erm. 6 €, Familienticket 20 €.
Balzi Rossi, Di–So 8.30–19 Uhr, Mo geschl.; Eintritt 2 €, erm. 1 €.
Castello Doria, zuletzt wegen Restaurierung geschl., Infos im Touristenbüro in Dolceacqua.

• *Übernachten/Essen & Trinken* **Azienda Agrituristica Terre Bianche**, in Arcagna oberhalb von Dolceacqua. Der zu einem großen Weingut gehörige Landgasthof bietet eine ausgezeichnete Küche mit hervorragender Weinauswahl und geschmackvoll eingerichtete Zimmer. DZ mit Frühstück 110 €. ☎ 0184/31426, 🖷 31230, www.terrebianche.com.

Ecovillaggio Torri Superiore

Im einsamen, bergigen Hinterland von Ventimiglia liegt das bescheidene Dörfchen Torrimit seinen alten, turmartigen Bauernhäusern. Darüber thront Torri Superiore, ein eigenartiger, burgähnlicher Komplex aus dem 14. Jh. mit ineinander verschachtelten, bis zu fünf Stockwerken hohen Häusern und über 150 Räumen. Anfang der 1980er Jahre begann eine Handvoll ambitionierter Ökologen die seit langem verlassenen Ruinen zu sanieren. 1989 gründeten sie einen Kulturverein zum Erhalt des Ortes, mittlerweile leben hier 16 Personen. Im Gästehaus von Torri Superiore kann man in schlichten Zimmern (1–4 Betten, mit oder ohne Bad) auch übernachten, im zugehörigen Restaurant kommen biologische Produkte aus der Umgebung auf den Tisch. Familiäre und informelle Atmosphäre mit internationalem Flair, man ist unter Gleichgesinnten. EZ 44 €, DZ 77–99 €, Vierer 132 €, jeweils inkl. Frühstück und Abendessen.

• *Kontakt* Associazione Culturale „Torri Superiore", Via Torri Superiore 5, I-18039 Ventimiglia (IM), ☎ 0184/215504, 🖷 215914, www.torri-superiore.org.

• *Anfahrt* Von Ventimiglia auf der S 20 zunächst Richtung Colle di Tenda/Cuneo, dann Richtung Bevera und von dort noch mal ca. 6 km nach Torri. 5-mal tägl. **Busse** von und nach Ventimiglia.

Riviera di Levante

Östlich von Genua öffnet sich das schönste Stück der italienischen Riviera, eine bizarre, teils dicht bewaldete Felsküstenlandschaft mit üppiger subtropischer Vegetation und zahlreichen tief eingeschnittenen Buchten, in denen malerische Dörfer und Städtchen liegen. Dazwischen findet sich aber auch streckenweise die Tendenz zur Zersiedlung.

Lohnendste Ziele sind die *Halbinsel von Portofino* und die bergige Region der *Cinque Terre*. Orte wie Portofino und Santa Margherita haben eine lange Urlaubstradition, Stammpublikum und erhöhte Preise. Speziell Portofino gilt als einer der exklusivsten italienischen Badeorte und ist ein beliebtes Refugium für Millionäre. Tipps für einen Aufenthalt sind *Camogli* am Fuß der Halbinsel von Portofino und *Sestri Levante* ein Stück weiter östlich – und natürlich die *Cinque Terre*. Den so spektakulären wie berühmten Küstestreifen entdeckt man am besten mit dem Zug – oder zu Fuß.

• *Anfahrt/Verbindungen* **PKW**, die SS 1 ist die lohnende Alternative zur Autobahn, die fast ständig in Tunnels verläuft. Ab Sestri Levante wird es schwierig, hier führt keine durchgehende Küstenstraße mehr entlang, zu den malerischen Dörfern gelangt man nur noch über mühsame Stichstraßen, während sich die Durchgangsstraße hoch oben über die Berge quält.

Bahn, von Genua ab Stazione Porta Principe oder Stazione Brignole Zug nach La Spezia nehmen, abwechslungsreiche Fahrt die Küste entlang, etliche Tunnels und herrliche Ausblicke.

Halbinsel von Portofino

Eines der malerischsten Fleckchen der gesamten Riviera. Subtropische Pflanzen, Palmen und Blumen gedeihen auf der Halbinsel in verschwenderischer Vielfalt.

Die Urlaubsorte *Portofino* und *Santa Margherita Ligure* an der Ostküste gehören zu den mondänsten in Italien. Einen ganz eigenen Charme versprühen die farbenprächtigen, hoch aufragenden Häuserfassaden des sympathischen Hafenortes *Camogli* im Westen. Dazwischen erstreckt sich die bergige Halbinsel mit ihrer zerklüfteten Küstenlinie. Weitgehend unbesiedelt bietet sich hier eine herrliche Wandergegend, das beliebteste Ziel ist die abgelegene, idyllische Abtei *San Fruttuoso*, die sich aber auch bequemer auch per Ausflugsboot erreichen lässt.

Camogli
ca. 6000 Einwohner

Bildschöne Fischerstadt in einer weiten Bucht am Beginn der Halbinsel von Portofino. Bunte, sechs- bis siebenstöckige Fassaden ziehen sich den grauen Kiesstrand entlang, ein herrlicher Anblick. Sie sind so hoch gebaut, heißt es, damit die Ehefrauen die heimkehrenden Seeleute und Fischer so früh wie möglich erkennen konnten – daher auch der Ortsname (casa moglie = Haus der Ehefrauen).

Trotz der gern gesehenen Tagesbesuchermassen und dem sorgsam gehegten Stadtbild hat Camogli seine Atmosphäre und natürliche Lebendigkeit bei weitem nicht verloren. Auf einem Felsvorsprung über dem Strand thront die Kirche *Santa Maria Assunta*, auf der anderen Seite liegt, bewacht vom Castello, der idyllische kleine Fi-

Camogli

Das Aushängeschild der Halbinsel von Portofino: das mondäne Portofino

scherhafen, von dem dunkle Treppengassen zur Hauptstraße Via della Repubblica hinaufklettern. Der Rest des Ortes zieht sich steil die Hänge hinauf, umgeben vom Grün der Oliven und Pinienwäldchen.

- *Anfahrt/Verbindungen* **PKW**, in der Hochsaison kann es schwer werden einen Parkplatz aufzutreiben, mehrere finden sich an der südöstlichen Ortszufahrt.
Bahn, Bahnhof liegt 5 Fußminuten vom Strand in der Via XX Settembre.
- *Information* **Pro Loco Camogli**, Via XX Settembre 33 (Nähe Bahnhof), ✆/℡ 0185/771066, ℻ 777111.
- *Übernachten* ******Cenobio dei Dogi**, schickes Nobelhotel über dem südöstlichen Rand des Strandes, Pool mit Blick aufs Meer, schöner Garten, DZ in der HS zwischen 203 und 311 €, Via N. Cuneo 34, ✆ 0185/7241, ℻ 772796, www.cenobio.it.
*** **Casmona**, direkt an der Uferpromenade, typisches Camogli-Hochhaus, Terrassen unter Pinien, fantastischer Meerblick, ruhig. DZ je Saison ca. 145–165 €, Salita Pineto 13, ✆ 0185/770015, ℻ 775030, www.casmona.com.
** **La Camogliese**, gepflegte Pension am Beginn des langen Kiesstrands, freundlich geführt, z. T. Meerblick. DZ mit Frühstück ca. 67–85 €. Via Garibaldi 55, ✆ 0185/771402, ℻ 774024, www.lacamogliese.it.

- *Essen & Trinken* **Ristorante Porto Prego**, hoch dekoriertes und entsprechend kostenintensives Fischrestaurant direkt am Hafenbecken, Di Ruhetag. Piazza Colombo 32, ✆ 0185/770242.
Hostaria del Pesce, volkstümliches, kleines Lokal, im Ortskern oberhalb des alten Hafens, beliebt, auf der Karte viel Fisch, ehrliche Preise, Do Ruhetag. Via Schiaffino 5, ✆ 0185/775068.
Osteria delle 7 Pance, sympathisches Restaurant mit überdachter Terrasse, etwas versteckt oberhalb des Hafens, relativ günstig, Salita San Fortunato 9, ✆ 0185/777961.
TIPP! **Ristorante Nonna Nina**, urgemütliches, kleines Restaurant im Ortskern von San Rocco, südlich von Camogli, weithin bekannt und beliebt. Ausgezeichnete Land- und Meeresküche, einige Tische im Garten, leicht gehobenes Preisniveau, mittags und abends geöffnet, Mi geschlossen. Via Molfino 126, ✆ 0185/773835 (unbedingt reservieren).
- *Feste* Riesenattraktion ist am 2. So im Mai die **Sagra del Pesce**, das traditionelle Fischessen aus riesigen Bratpfannen.
Stella Maris, große Bootsprozession zur Punta Chiappa am 1. So im August.

Ligurien

▸ **Camogli/Umgebung**: Vom Fischerhafen fahren in der Saison regelmäßig Ausflugsboote (ca. 6,50 € hin/rück) zur *Punta Chiappa*, einer felsigen Landzunge bei einem hübschen, winzigen Weiler, und weiter zur Benediktinerabtei *San Fruttuoso* (ca. 9 € hin/rück), einem der malerischsten Winkel an dieser Küste. Von dort kann man per Boot nach *Portofino* weiterfahren und nach 1 Std. Aufenthalt wieder nach Camogli zurückkehren (ca. 13 € hin/rück). San Fruttuoso liegt in einer tief eingeschnittenen Felsbucht mit immergrünen Steilhängen, zwei winzigen Kiesstränden und glasklarem Wasser. Es gibt nicht eben billige Ristoranti direkt am Strand und im Sommer sogar Übernachtungsmöglichkeiten. Ansehen kann man die prächtige *Abtei* (10.–13. Jh.), samt hübscher *Kirche* (11. Jh.), einem *Kreuzgang* und den *Gräbern* der genuesischen Doria, die im 13. Jh. das Kloster in Besitz nahmen.

Tipp: Reizvoll ist auch der Fußweg von Camogli zur Punta Chiappa (etwa 1,5 Std., einfach).

- *Öffnungszeiten/Eintritt* **Abbazia di San Fruttuoso**, Mai bis Sept. tägl. 10–18 Uhr, März, April und Okt. tägl. (außer Mo) 10–16 Uhr, in den Wintermonaten nur an Feiertagen sowie den Tagen davor 10–16 Uhr; Eintritt 4 €, Kinder (4–12 J.) 2,50 €.

- *Übernachten* *** Da Giovanni**, kleines Albergo im ehemaligen Nebengebäude des Klosters, nur Juni bis Sept. Sieben Zimmer, nur Etagendusche. DZ ca. 100 €. Reservierung nötig, ✆/☏ 0185/770047.

Rapallo
ca. 30.000 Einwohner

Seebad am Ostfuß der großen Halbinsel von Portofino. Ein Name, der Assoziationen weckt – berühmter Prominententreff der Belle Epoque und Schauplatz des Rapallo-Vertrags von 1922, in dem die Sowjetunion und Deutschland nach dem Weltkrieg erstmals wieder diplomatische Beziehungen aufnahmen. Die heutige Realität ist dann eher enttäuschend: Ein lärmender Hexenkessel mit kleiner Altstadt und schöner Palmenpromenade, von der man einen herrlichen Blick auf die Bucht hat, die Bänke fast immer voll besetzt mit Signori und Signore ab 60 aufwärts – Rapallo ist das bevorzugte Rentnerparadies Italiens.

10 km landeinwärts liegt in etwa 600 m Höhe das *Santuario di Montallegro*, eine reich ausgestattete Wallfahrtskirche aus dem 16. Jh. Man erreicht sie vom nördlichen Stadtrand aus mit der Funivia (Kabinenseilbahn, etwa alle 30 Min., 5 € einfach, 8 € hin/rück) und kann das herrliche Berg- und Küstenpanorama genießen.

- *Öffnungszeiten/Eintritt* **Santuario di Montallegro**, April–Okt. tägl. 7.30–12.30, 14–19 Uhr, Nov.–März 8–12.30, 14–17 Uhr; Eintritt frei.
- *Information* **IAT Rapallo**, Lungomare Vittorio Veneto 7, an der Hafenpromenade unweit der Piazza Pastene. Tägl. 9.30–12.30, 16.30–19.30 Uhr, im Winterhalbjahr tägl. 9.30–12.30 Uhr, 14.30–17.30 Uhr, So geschl. ✆ 0185/230346, ☏ 63051, www.apttigullio.liguria.it.
- *Übernachten* ***** Riviera**, älterer Stadtpalazzo, vollständig modernisiert und klimatisiert, elegante Einrichtung. DZ mit Frühstück ca. 95–160 €. Nov. geschl. Lungomare, Piazza IV Novembre 2, ✆ 0185/50248, ☏ 65668, www.hotel-riviera.it.

* Bandoni, freundlich geführte Pension nahe der Uferpromenade im 2. Stock eines alten Palazzos, relativ günstig, DZ ohne Bad ca. 42–55 €, mit Bad 50–70 €, Frühstück 5 €/Pers. Via Marsala 24, ✆ 0185/50423, ☏ 57206.

Camping Miraflores, bei der Autobahnauffahrt Rapallo, laut, aber passabler Platz mit Standplätzen auf Terrassen. ✆ 0185/263000, www.campingmiraflores.it.

Camping Rapallo, Nähe Miraflores, einfacher, aber wesentlich ruhiger, auf Schilder achten. Flacher Rasenplatz, wenig Schatten, die freundliche Besitzerin spricht Deutsch. ✆ 0185/262018, www.campingrapallo.it.

- *Essen & Trinken* **La Nave**, nicht sehr teuer, Pizza nur abends, nette Terrasse. Mi geschl. Via Pomaro 15.

Vesuvio, Ristorante und Pizzeria, bodenständig und relativ günstig, auch mittags Pizza, Touristenmenü ca. 22 €, Di geschl. Lungomare Vittorio Veneto 29.

Bei Urbino: typische Hügellandschaft der Marken (SB) ▲▲
Blick auf Urbino (SB) ▲

▲▲ Auf der Rocca di Calascio (ST)   ▲▲ Sonnntagsspaziergang in Civitella Alfedena (SB)

Die herbe Hügellandschaft der Crete Senesi (südliche Toskana) (MM) ▲▲
San Galgano: roter Rundbau zu Ehren eines Heiligen (MM)

▲▲ Die Basilica di San Francesco in Assisi (GW)
▲ Saturnia: warme Wasserfälle mit Heilwirkung (MM)

Sympathisches Städtchen: Rapallo

Santa Margherita Ligure

ca. 10.000 Einwohner

3 km südlich von Rapallo, sehr hübsches und freundliches Städtchen inmitten prachtvoller Vegetation mit einem Hauch von Exklusivität. Entlang der gewundenen Uferfront finden sich viele schöne Palazzi, Palmen und Pinien sowie ein kleiner, aber unspektakulärer Stadtstrand. Herrlich ist der Blick auf die Rivieraküste Richtung La Spezia. Über dem Ort liegt inmitten einer herrlichen Parkanlage die *Villa Durazzo* mit historischem Mobiliar und Gemäldegalerie. Abends trifft man sich rund um die weitläufige Piazza *Martiri della Libertà* und in der kleinen, nahen Altstadt.

- *Öffnungszeiten/Eintritt* **Villa Durazzo**, tägl. außer Mo 9.30–13 Uhr und 14.30–19 Uhr, im Winter 9.30–16.30 Uhr, Eintritt 5,50 €, erm. 3 €. Garten tägl. 9–19 Uhr, im Winter 9–17 Uhr, Eintritt frei.
- *Anfahrt/Verbindungen* **PKW**, Portofino/Park and Ride – gute Parkmöglichkeiten an der Uferstraße und alle 15 Min. weiter mit Tigullio-Bussen ins benachbarte Portofino (Fahrscheine in Tabacchi-Läden oder an Ticketautomaten an einigen Haltestellen). **Bahn**, sehr gute Verbindungen nach Genua und La Spezia. Bahnhof nördlich vom Zentrum, 10 Min. ins Zentrum.
- *Information* **IAT**, tägl. 9.30–12.30, 15–19.30 Uhr (So-Nachmittag erst ab 16.30 Uhr), im Winter tägl. 9.30–12.30, 14.30–17.30 Uhr, So geschl. Via Aprile XXV 2/b, Nähe Piazza Veneto, ✆ 0185/287485, ℻ 283034, www.apt tigullio.liguria.it.
- *Übernachten* ** **Fasce**, kleines Hotel etwa 10 Min. vom Wasser, etwas versteckt in einer Seitengasse des Corso Matteotti. Modern eingerichtet, schöne Dachterrasse und Parkplatz. DZ mit Frühstück ca. 100 €. Via Luigi Bozzo 3, ✆ 0185/286435, ℻ 283580, www.hotelfasce.it.

** **Villa Anita,** kleine, hübsche Pension in einer alten Villa ein Stück oberhalb des Hafens, familiäre Atmosphäre; Restaurant für Gäste; DZ 55–90 €. Via Tigullio 10, ✆ 0185/286543, ℻ 283005, www.hotelvillaanita.com.

- *Essen & Trinken* **Da Alfredo**, sehr sympathisches Ristorante unter den Arkaden, freundlicher Service, gute Küche, auch

Pizza, angemessene Preise. Piazza Martiri Libertà 37.
A Lampara, etwas zurückgesetzt vom Sporthafen südlich des Castellos, gute Fischküche, etwas gehobenes Preisniveau, für das Gebotene nicht teuer, freundlich. Do Ruhetag. Via Maragliano 33.

Portofino
ca. 500 Einwohner

Das exklusivste Pflaster der Riviera, ein Bilderbuchdorf, dessen hohe Bilderbuchfassaden sich um einen Bilderbuchhafen schmiegen. Illustre Persönlichkeiten residieren in den Prachtvillen der Umgebung. Zu tun gibt's nicht viel: die Atmosphäre in sich aufnehmen, die Superyachten bestaunen und zur leuchtend gelben Kirche *San Giorgio* hinaufsteigen (rechts vom Hafen), um das obligate Portofino-Foto zu schießen. Wer Lust hat, kann bis zum Castello weiterlaufen und von dort in 15 Min. zum Leuchtturm an der *Punta Portofino*, der Südostspitze des Kaps.

> Vor Portofino bilden sich oft lange Staus, der Ort ist hoffnungslos überlastet und hat nicht genügend Parkkapazität – deshalb besser mit „Park and Ride" ab Santa Margherita Ligure in die Stadt fahren oder mit dem Boot anreisen (mehrmals tägl. Santa Margherita–Portofino, 7 € hin/rück, erm. 4,50 €).

Von Rapallo bis Chiavari zieht sich die SS 1 durch die Berge, bis sie sich in die große Ebene um Chiavari hinunterzieht.

Sestri Levante
ca. 18.500 Einwohner

Einer der angenehmsten Orte an diesem Küstenstreifen. Die verwinkelte Altstadt setzt sich auf die Halbinsel namens „Isola" fort, flankiert von zwei hübschen Stränden.

Die lange Hauptstraße *XXV Aprile* ist von schönen, alten Häusern gesäumt und für den Verkehr gesperrt. Fast parallel dazu erstreckt sich die lange *Baia delle Favole* – im Sommer randvoll mit Badekabinen, Liegestühlen und trocken gelegten Booten, begleitet von einer Palmenpromenade mit einigen prächtigen, alten Palazzi. Erfreulicher Kontrast dazu ist die bildhübsche *Baia di Silenzio*, eine ca. 200 m lange, halbrunde Sandbucht, wo man zwischen Fischerbooten ins Wasser steigt und den Blick auf die steile Küstenlinie genießt.

- *Anfahrt/Verbindungen* **PKW**, gebührenpflichtige und freie Parkplätze an der Uferstraße der Baia delle Favole.
Bahn, Bahnhof liegt nordwestlich der Altstadt, den Viale Roma entlang, dann Viale Mazzini links bis Piazza Sant'Antonio, dort in den Corso Colombo einbiegen und immer geradeaus.
- *Information* **IAT**, tägl. 9.30–12.30, 15–19.30 Uhr (So-Nachmittag erst ab 16.30 Uhr), im Winter tägl. 9.30–12.30, 14.30–17.30 Uhr, So geschl. Piazza Sant'Antonio 10. ✆ 0185/457011, ✉ 459575, www.apttigullio.liguria.it.
- *Übernachten* ***** Due Mari**, ganz zentral am Fuß der Halbinsel, üppige Ausstattung und Blick auf beide Seiten der Halbinsel (daher der Name). DZ mit Frühstück 95–115 €. Vico del Coro 18, ✆ 0185/42695, ✉ 42698, www.duemarihotel.it.
*** Mira, Uferpalazzo an der Baia delle Favole, stillvolles Ambiente, Restaurant und schöner Blick. DZ ca. 100–140 €. ✆ 0185/41576, ✉ 450435, www.hotelmira.com.
* Villa Jolanda, schön gelegene Pension mit sonniger Dachterrasse am Fuß der Halbinsel, ruhig. DZ mit Bad ca. 55–70 €, mit Etagendusche 45–60 €, Frühstück extra. Via Pozzetto 15, ✆/✉ 0185/41354, www.villaiolanda.com.
* San Pietro, mitten in der Altstadt bei der Piazza Cavour, Nähe Baia di Silenzio. Freundliches, kleines Albergo, schlicht, aber zentral. DZ ca. 60–70 €. Via Palestro 13, ✆ 0185/41279, hotelsanpietro59@libero.it.

Mehrere Campingplätze im Umkreis, die aber alle nur bedingt zu empfehlen sind – schlechte Lage, oft laut, viele Dauercamper etc.
• *Essen & Trinken* **Mattana**, helles, rustikales Lokal, von jungen Leuten geführt, gute Preise, prompter Service. Mo geschl. Via XXV Aprile 34.

Portobello, am oberen Ende der Baia del Silenzio, alteingesessen und stimmungsvoll. Einige Plätze draußen am Wasser. Mi geschl. Via Portobello 16.
El Pescador, auf dem Weg zum Hafen, mittags und abends geöffnet, schönes Ambiente, gehobenes Preisniveau, Di geschl.

Von Sestri Levante zu den Cinque Terre

Waldreiche Steilküste, in deren Nischen sich einige Badestädtchen mit Sandstränden verbergen – kleiner Vorgeschmack auf die Cinque Terre.

Die Orte allerdings haben meist wenig Flair, es dominieren Neubauten und nicht alle sind leicht zu erreichen. Von Riva Trigoso über Moneglia bis Deiva Marina muss man durch zwei kilometerlange, enge Tunnel fahren, weiter östlich fehlt eine durchgehende Küstenverbindung. Alternative ist die hoch über die Berge schlingernde Via Aurelia, von der lange, kurvige Zufahrten zu den Küstenorten abzweigen. Landschaftlich unbedingt reizvoll: riesige Ginsterbüsche, dichte Laub- und Nadelwälder, Akazien, Steineichen, Bergzypressen, Kastanien. Nur eilig darf man's nicht haben.

▸ **Moneglia**: Der breite Strand ist durch eine vorgelagerte Mole geschützt, gleich dahinter die freundliche Altstadt mit ihren schmalen Ladengassen. Sehenswert ist die Kirche *San Giorgio* (14. Jh.), in deren angeschlossenem, ehemaligem Kloster heute eine noble, sehr stilvolle Herberge untergebracht ist (Abbadia San Giorgio, ✆ 0185/49291, www.abbadiasangiorgio.com). Natürlich gibt es daneben noch zahlreiche bodenständige Unterkünfte (von * bis ***), sowie, etwas außerhalb und nur durch den Tunnel zu erreichen, den Zeltplatz „Smeraldo" (Richtung Riva Trigoso).

▸ **Deiva Marina**: Das alte Zentrum liegt ein Stück landeinwärts, am Meer die obligaten Wohnblocks und ca. 300 m Strand. Etwa 3 km talaufwärts inmitten prachtvoller artenreicher Vegetation befinden sich ein paar Campingplätze – lohnend, falls man Wandern mit Badeurlaub verknüpfen will.

▸ **Bonassola**: reizvolle Lage in einem dicht bewachsenen Taleinschnitt, der sich zum Meer hin öffnet und eine Badebucht bildet. Die einzige Zufahrt ist ein steiles, viel zu schmales Gässchen mit Haarnadelkurven – vorsichtig fahren.

Levanto
ca. 5600 Einwohner

Das lebendige Städtchen (Betonung: *Lévanto*) mit seinem breiten Sandstrand ist eine Art Außenposten der Cinque Terre und bildet damit das ideale Standquartier für Ausflüge zu dem berühmten Küstenstreifen. Nach Monterosso fährt man mit der Bahn gerade 5 Min. (per PKW dauert die Tour deutlich länger). Spektakulärer aber ist der Einstieg in die Cinque Terre über den herrliche Küstenwanderweg nach Monterosso (Dauer ca. 2,5 Std.).

• *Information* **IAT**, Piazza Mazzini 3, ✆/✆ 0187/808125, www.aptcinqueterre.sp.it.
• *Übernachten* ***** Nazionale**, zentral gelegen und seit über hundert Jahren als Hotel geführt, mittlerweile vollständig modernisiert. Dachterrasse und Gartenrestaurant, Parkplatz. Zimmer klimatisiert. DZ mit Frühstück 110–148 €, Suite 194–210 €. Via Jacopo da Levanto 20, ✆ 0187/808102, ✆ 800901, www.nazionale.it.
*** Primavera, im Zentrum und strandnah. Freundliche, farbenfrohe Zimmer, DZ ca. 100 €. Via Cairoli 5, ✆ 0187/808023, ✆ 801588, www.primaverahotel.com.

B & B Mare Mesco, ein Stück außerhalb und 100 m über dem Meer gelegene, traumhafte Unterkunft, nur fünf Zimmer, also früh buchen, DZ 60 €. Via Vecchia Mesco 10, ✆ 0187/808154, www.maremesco.it.

Jugendherberge Ospitalia del Mare, neu eröffnet in einem ehemaligen Kloster, zentrale Lage, 200 m vom Strand. Moderne Sanitäreinrichtungen, Internetzugang. Übernachtung mit Frühstück ca. 18 € pro Pers. Auch DZ für 44–58 €, ganzjährig geöffnet. Via San Nicolò 1, ✆ 0187/802562, 🖷 803696, www.ospitaliadelmare.it.

Camping Acqua Dolce, hübscher Platz ganz nah am Zentrum (beschildert), nur ein Stück hinter der Piazza del Popolo. PKW werden in der Regel auf separatem Parkplatz abgestellt. ✆ 0187/808465, www.campingacquadolce.it.

Weiter entfernt vom Zentrum liegen der baumreiche Camping **Cinque Terre** am nördlichen Stadtrand (✆ 0187/801252), ca. 2–3 km landeinwärts an der Straße nach Monterosso **Camping San Michele** (✆ 0187/800449) und der von Lesern empfohlene und ebenfalls schön begrünte Platz **Pin di Piche** (✆ 0187/800597).

• *Essen & Trinken* **La Loggia**, lauschiges Plätzchen vor der gut erhaltenen Loggia del Comune, sehr sympathisch, gute Küche leicht gehobene Preise. Auch Zimmer, Piazza del Popolo 5, ✆/🖷 0187/808107, Mi geschl.

Taverna Garibaldi, gediegene Pizzeria, auch Farinata und Focaccia, Preise okay, im Winter Di Ruhetag. Via Garibaldi 57 (oberhalb der Piazza Cavour).

La Vineria, Weinstube an der Piazza Staglieno, Sitzplätze auch im Freien, von jungen Leuten geführt, lange geöffnet.

Cinque Terre

Ein 12 km langer, felsiger Küstenstreifen mit den fünf Orten Monterosso, Vernazza, Corniglia, Manarola und Riomaggiore – der landschaftliche Höhepunkt der Riviera! In tiefen Einschnitten kleben die abenteuerlich übereinander gestaffelten Dörfer unter üppigen Weinterrassen und wilden Steilhängen. Zwischen bunten Hausfassaden, dunklen Treppenwegen und Fischerbooten herrscht eine raue Atmosphäre, im Kontrast dazu wuchert die herrlich mediterrane Vegetation mit meterhohen Agaven, Pinien und Ölbäumen.

Ein armes Land, das noch in den 1950er Jahren weitgehend auf sich gestellt war – man lebte von Fischfang, Wein- und Olivenanbau. Dementsprechend wirken sowohl Orte wie Umgebung noch heute wie Relikte aus vergangenen Zeiten – die gesamte Region ist Landschaftsschutzgebiet, in dem nichts gebaut und verändert werden darf. „Geheimtipp" sind die Cinque Terre aber schon lange nicht mehr, eher ein Tipp für Urlauber, die es „ursprünglich" lieben – auch wenn vieles heute bereits Kulisse ist. Der große Tourismus, wie er an den meisten ligurischen Stränden zu finden ist, kann in den kleinen Dörfern nur schwer Fuß fassen – bis auf Monterosso gibt es nur wenige Hotels und keinen einzigen Campingplatz. Auch die Bademöglichkeiten sind bescheiden, nur zwei Orte verfügen über längere Strände, ansonsten ist Klippenbaden angesagt. Hauptsächlich Tagesausflügler, diese aber in Massen, sind unterwegs, darunter ein hoher Prozentsatz Wanderer. Eine besondere ökologische Rarität im autoverliebten Italien: die Cinque Terre erreicht man leichter mit der Eisenbahn als mit dem Auto! Bis heute gibt es keine durchgehende Küstenstraße, die Durchgangsstraße kurvt im Hinterland hoch über die Berge und erst seit Anfang der 1970er Jahre besitzt das südlichste Dorf Riomaggiore überhaupt einen Anschluss an die Straße. Alle Dörfer sind für Autos gesperrt, man stellt sie am Ortseingang ab (gebührenpflichtig, meist ziemlich teuer!). Unbedingt vermeiden sollte man die PKW-Anfahrt an Sonntagen, die Zufahrtsstraßen sind dann kilometerweit zugeparkt und alle regulären Parkplätze belegt. Tipp: Standquartier in Levanto (→ oben) oder Monterosso nehmen und per Zug weiter. Zweifellos die

Cinque Terre 437

Uraltes Kulturland: die Terrassenfelder der Cinque Terre

Ligurien
Karte S. 406/407

schönste Art der Fortbewegung: den gut markierten Küstenpfad entlang von Ort zu Ort wandern – dauert jeweils 1–2 Std. (Gesamtdauer ca. 5–6 Std.) und bietet wunderschöne Ausblicke auf die Terrassenplantagen und die bizarr zerrissene Küste, allerdings auch reichlich Begleitung durch Amerikaner, Australier, Japaner ... Man kann die Tour in jedem Ort unterbrechen und in den Zug steigen.

Seit 2001 wird für die Benutzung der pflegeintensiven Wanderwege Eintrittsgeld erhoben, 3 € für jeden Abschnitt von Ort zu Ort. Eine Tageskarte für den Küstenwanderweg incl. Bahntickets kostet ca. 5,20 €, Dreitageskarte 12,40 €, Wochenkarte 19,50 € (jeweils inkl. Bahnticket).

- *Anfahrt/Verbindungen* **PKW**, der leichtere Einstieg von La Spezia aus, von dort nach Riomaggiore führt eine Panoramastraße mit herrlichen Blicken zurück auf den Golfo di Poeti (→ unten). Von Levanto im Westen ist die Anfahrt eine sehr mühselige Angelegenheit.
Bahn, ein „Treno locale" verkehrt mindestens stündl. zwischen Genua und La Spezia, Fahrtzeit etwa 2 Std., hält in allen Orten, Fahrtzeit zwischen den Cinque-Terre-Orten jeweils nur 5–10 Min.
Schiff, das *Consorzio Marittimo „5 Terre Golfo dei Poeti"* und andere Reedereien verbinden mehrmals tägl. alle Orte der Cinque Terre und das nahe Portovenere (s. u.) miteinander, allerdings nur von März bis Okt. und nur bei sicherer See.

- *Übernachten* Der Großteil der Hotels liegt in Monterosso, einige wenige in Vernazza, Manarola und Riomaggiore. In allen Orten werden aber Privatzimmer und Apartments angeboten, besonders groß ist das Angebot in Corniglia (dort gibt es kein Hotel) – in Bars fragen funktioniert meistens. Im Sommer ist allerdings vieles restlos ausgebucht. Kein Campingplatz in die Cinque Terre, die nächsten Zeltplätze liegen in und bei **Levanto**, nördlich von Monterosso.

Umfassende Informationen zu den Cinque Terre bietet die Website **www.cinqueterre.it**.

Monterosso

ca. 1600 Einwohner

Der größte und touristischste Ort der Cinque Terre hat nicht den Reiz der anderen vier, die in steilen Flusstälern zum Wasser hinunterklettern. Monterosso liegt flach am Meer, es gibt ein langweiliges Neubauviertel, aber auch einen breiten Sandstrand und zahlreiche Hotels.

Vor dem schönen, alten Kern mit einem Gewirr von Gassen und Treppen liegt ein kleiner Kiesstrand. Ein Tunnel bohrt sich durch den Hügel San Cristoforo, auf dem der *Convento dei Cappuccini* aus dem 17. Jh. steht, hinüber zur agavengesäumten Uferpromenade vor der Neustadt Fegina. Hier erstreckt sich der einzige Sandstrand der Cinque Terre, der im Sommer sehr beliebt ist.

Täglich fahren Boote ins nahe Vernazza, mit der Bahn ist man in wenigen Minuten dort und in den weiteren Nachbarorten. Oder man läuft zu Fuß, nach Vernazza sind es knapp 2 Std. (Ausgangspunkt: Hotel Porto Roca).

- *Anfahrt/Verbindungen* Monterosso ist im Sommer für PKW gesperrt. Gebührenpflichtige Parkplätze liegen teilweise weit außerhalb (Shuttlebus).
- *Information* **Pro Loco** und **Infobüro des Nationalparks**, im Bahnhofsgebäude, in der Hochsaison tägl. 9.30–18.30, NS Mo–Sa 9.30–13.30 und 15.30–18.30 Uhr, So durchgehend. ✆ 0187/817506.
- *Übernachten* Etwa 20 Hotels im Ort, im Sommer oft voll belegt.
*** Villa Adriana, nah am Meer, großes, freundliches Albergo im Ortsteil Fegina, eigener Strandabschnitt und Parkplatz. DZ mit Frühstück 144 €, EZ die Hälfte. Via IV Novembre 23, ✆ 0187/818109, ✉ 818128, www.villaadriana.info.
** Moretto, kleiner, gepflegter Hotelbetrieb mit Restaurant mitten in der Altstadt, neben der Kirche. DZ mit Frühstück 125 €, EZ 75–105 €. Piazza Colombo 1, ✆ 0187/817483, ✉ 817296.
* Agavi, stattlicher Palazzo an der lauten Uferpromenade, Nähe Bahnhof, einfache Zimmer, schöner Meerblick, relativ teuer: DZ 100 €, Frühstück extra. Via Fegina 30, ✆ 0187/817171, ✉ 818264.
- *Essen & Trinken* **La Lampara**, beliebtes Restaurant in schöner Lage mitten in der Altstadt, immer voll, guter Fisch und leckeres Risotto. Menü ca. 30 € aufwärts. Piazza Don Minzoni 6, ✆ 0187/817014. Mi geschl.
Belvedere, vor der Altstadt am kleinen Strand, große Fischauswahl, gehobene Preise. Piazza Garibaldi 38, ✆ 0187/817033.
La Taverna, populäre Trattoria in Fegina, gleich nach der Bahnunterführung links. Große Portionen und angemessene Preise. Via Molinello 39, ✆ 0187/817402. Mi geschl., im Sommer tägl. geöffnet.

▶ **Vernazza**: Hübscher geht's kaum noch – eine kleine Piazza am Wasser, Cafés und Sonnenschirme, flankiert von bunten Häusern, benachbart die schlichte Pfarrkirche aus grauem Stein, die direkt ans Wasser gebaut ist. Davor die Mole und ein kleiner Strand, wo Kinder plantschen und natürlich Fischer ihre Netze flicken – und das Ganze überragt von den Ruinen eines Kastells. Zu dem alten, verwitterten Rundturm sollte man mal hinaufsteigen und das herrliche Panorama genießen.

Der Bahnhof liegt am oberen Ende der Hauptstraße, die zum Wasser hinunterführt. Der Fußweg nach Corniglia ist vielleicht der schönste der Cinque Terre und beginnt seitlich der Hauptgasse in der Via M. Carattino, anfangs steiler Anstieg (1,5 Std.).

- *Übernachten* **** Sorriso**, freundliche Herberge hinter dem Bahnhof wenige Meter die Straße hinauf, kann wegen der Züge etwas laut werden. DZ 80–100 €, Frühstück inkl., im Sommer Pensionspflicht. Via Gavino 4, ✆ 0187/812224.
** Gianni, an der Hafenpiazza, Gianni Franzi bietet kleine, gemütliche Balkonzimmer direkt unterhalb der Hafenfestung. Auskunft im gleichnamigen Restaurant am Hafen. DZ 65–80 €, Frühstück extra. Piazza Marconi 1, ✆/✉ 0187/812228.

Eines der idyllischen Cinque-Terre-Dörfer: Manarola

* **Locanda Barbara**, über der Taverna del Capitano am Hafen, 9 Zimmer, teils mit Meerblick. DZ mit Bad 60–80 €, kein Frühstück. Piazza Marconi 30, ✆/℻ 0187/812398.
• *Essen & Trinken* Einige nette, kleine Trattorie findet man an der Hauptgasse, während die teuren Großlokale am pittoresken Hafen liegen, u. a. das populäre **Gianni Franzi** (Mi geschl.) und die **Taverna del Capitano**.
Il Baretto, Osteria an der Hauptgasse im Ortskern, Familienbetrieb, Menü um 30 €. Via Roma 31, ✆ 0187/812381. Mo geschl.

▶ **Corniglia**: Hier ist alles anders – Corniglia liegt hoch über dem Meer und ist vom Bahnhof unten am Meer nur über eine schweißtreibende Treppe zu erreichen. Oben angelangt findet man zwischen den üppigsten Weinterrassen den ursprünglichsten Ort der Cinque Terre, weitgehend isoliert vom Badebetrieb an der Küste. Stille, graue Gassen öffnen sich zu hübschen, kleinen Plätzen, wo man in himmlischer Ruhe seinen Espresso schlürfen kann. Von vielen Punkten im Ort hat man herrliche Ausblicke auf die tief unten liegende Küste und das Meer.
Corniglia ist ein Ort, wo sich vor allem Wanderer und Ruhe Suchende treffen. Wer baden will, bleibt meist gleich unten am Bahnhof, neben dem sich der längste Strand der Cinque Terre erstreckt. Dort beginnt auch der Weg nach Manarola. Man geht östlich vom Bahnhof die Treppe hinunter, unter den Gleisen hindurch und links vorbei an den baulichen Überresten eines Strandbades mit Bungalows, dann folgt ein markierter Anstieg (ca. 50 Min.). Der Weg nach Vernazza beginnt oben im Ort (ca. 1,5 Std.).

• *Übernachten* Im Ort werden einige Privatzimmer vermietet, beim ziellosen Umherstreifen findet man auch Hinweisschilder, ansonsten durchfragen.
Cantina de Mananan, es wird auch Deutsch gesprochen. Via Fieschi 117 (→ Essen & Trinken), ✆ 0187/821166.
La Posada, schönes Gartenrestaurant mit Apartments, für 2 Pers. ca. 70 €. Via Fieschi 212 (→ Essen & Trinken), ✆/℻ 0187/821174, www.cinqueterre-laposada.com.
Barrani Fabio, Agriturismobetrieb mit Zimmern und Verpflegung, DZ mit Frühstück 70–80 €, Halbpension 70 € pro Pers. Via Fie-

schi 14, ✆/📠 0187/812063.
Monti Angela, Via Fieschi 148. ✆/📠 0187/817279.
Cecio, Restaurant mit Zimmervermietung. Via Serra 58, ✆ 0187/812043.

• *Essen & Trinken* **A Cantina de Mananan**, im Palazzo Fieschi an der engen Hauptgasse, traditionelles Bruchsteingewölbe mit einer Handvoll Tische, schöne Atmosphäre. Gekocht wird bei Agostino nach ligurischer Tradition und so weit wie möglich mit eigenen Produkten, man stellt eigenen Rot-/Weißwein, Grappa und Dolce her. Via Fieschi 117. Im Sommer tägl. (Mo–Fr nur abends), sonst Di geschl.
La Posada, im Gartenrestaurant von Antonella genießt man gleichermaßen den wunderbaren Blick wie die gute ligurische Küche. Via Fieschi 212.

▸ **Manarola**: der vielleicht intimste Ort der Cinque Terre. Äußerst pittoresk drängen sich turmhohe Häuser die Steilhänge eines Einschnitts hinunter. Vom Bahnhof im oberen Ortsteil geht man durch einen Tunnel, überquert die Bahnlinie und trifft auf die Hauptstraße, die bergab zum Wasser führt und in einer betonierten Plattform endet, wo sich die Fischerboote zwischen Ristoranti stapeln. Unterhalb davon eine tief verzweigte Bucht, in der Boote ankern und auf den Klippen gebadet wird. Rechter Hand vom Hafen führt ein Weg um die Felsnase herum zu einer betonierten Badeplattform mit Blick auf den langen Strand von Corniglia. Wer nach dem Bad nach Corniglia weiterlaufen will, kann hier einen engen Serpentinenweg hinaufklettern und trifft auf den Fußweg nach Corniglia, der in Manarola an der Hauptstraße kurz vor dem Hafen beginnt (beschildert, ca. 50 Min.).

• *Übernachten* *** **Marina Piccola**, hübsche Lage direkt am kleinen Hafen, nur sechs gepflegte Zimmer. EZ 87 €, DZ 115 €, Frühstück inkl. Via Birolli 120, ✆ 0187/920103, 📠 920966, www.hotelmarinapiccola.com.
*** **Ca d'Andrean**, am oberen Ende der Hauptgasse, helle, gemütliche Zimmer mit auf die Bucht gerichteten Sonnenbalkonen. EZ 69 €, DZ 92 €, Dreier 120 €, Frühstück 6 € pro Pers. Via Discovolo 101, ✆ 0187/920040, 📠 920452, www.cadandrean.it.
La Torretta, an der Piazza della Chiesa, oberer Ortsteil. 1998 in einem Gebäude des 17. Jh. eröffnet, geschmackvolle Zimmer und Apartments mit Balkon/Terrasse und herrlichem Blick. EZ 100 €, DZ 170 €, Vierer 200 €, Frühstück inkl. Das Apartment für 2 Pers. kommt auf 130 €. Vico Volto 20, ✆ 0187/920327, 📠 760024, www.torrettas.com.

Ostello Cinque Terre, private Jugendherberge im oberen Ortsteil, neben der Kirche. Neubau mit schöner Dachterrasse, 48 Betten in 4- und 6-Bett-Zimmern. Übernachtung 22 € pro Pers., DZ 65 €, Familienzimmer für 4–6 Pers. 96–138 €, Frühstück 4,50 € pro Pers. Einlass ab 17 Uhr. Im Sommer unbedingt reservieren. Via B. Riccobaldi 21, ✆ 0187/920215, 📠 920218, www.hostel5terre.com.

• *Essen & Trinken* Am besten isst man Meeresfrüchte im allerdings ziemlich teuren **Marina Piccola** am Hafen und in der Trattoria **Il Porticciolo** an der Hauptgasse.
Trattoria Dal Billy, kleine, familiäre Trattoria etwas versteckt im oberen Ortsteil, Panoramaterrasse, Hausmannskost, angemessene Preise, Menü um 20–25 €. Do geschl. Reservierung empfohlen unter ✆ 0187/920628. Via Rollandi 122.

Erlebnis Natur: Via dell'Amore

Der berühmte, breit ausgebaute „Weg der Liebe" führt hinüber in den Nachbarort Riomaggiore – ihn können sogar Wandermuffel wagen, man ist gerade 20 Min. zu Fuß unterwegs. Der gut beschilderte Weg beginnt am Bahnhof von Manarola, man überquert zunächst über einem Tunneleingang die Gleise und es geht halbhoch über dem Meer entlang, unterwegs trifft man immer wieder auf betonierte Sitzbänke. Herrliche Ausblicke hat man über meterhohe Agaven die Steilküste hinunter, unten flache Felsplatten, auf denen es sich zahlreiche Badende bequem gemacht haben. Seit 2001 wird für die Benutzung des „Liebespfades" Wegzoll erhoben.

La Spezia 441

▶ **Riomaggiore:** Umgeben von weitläufigen Weinterrassen drängen sich die Häuser dicht nebeneinander ein steiles Tal entlang. Ein breiter Hauptweg führt von der Durchgangsstraße hinunter zum kleinen Hafen, wo bisher keinerlei Zugeständnisse an Touristen gemacht wurden – hier ist nur Platz für Boote. Das gesamte öffentliche Leben spielt sich auf der Hauptstraße ab, der Markt findet am Montag statt. Baden kann man in einer Kies-/Sandbucht links vom Ort bzw. unterhalb des Fußwegs nach Manarola. Der Bahnhof liegt unten am Hafen und ist durch einen langen Fußgängertunnel zu erreichen. Hier beginnt die legendäre Via dell'Amore (Brücke über die Bahngleise, beschildert).

• *Anfahrt/Verbindungen* Am oberen Ende der Hauptgasse steht ein riesiges **Parkhaus** mit mehreren hundert Stellplätzen (2 €/Std.). Die früher kilometerweit durch Tagesbesucher zugeparkte Durchgangsstraße wird dadurch spürbar entlastet.

• *Übernachten* *** **Il Saraceno**, außerhalb an der Straße nach La Spezia, Ortsteil Volastra. Sehr ruhig gelegenes Haus mit nur sieben Zimmern zwischen Olivenbäumen und Weinbergen, Garten und Garage. EZ 70 €, DZ 90 €, Dreier 120 €, Frühstück inkl. ✆ 0187/760081, ✆ 760791, www.thesaraceno.com.

Locanda Ca' dei Duxi, in einem 300 Jahre alten Haus im Ortszentrum. Sechs klimatisierte Zimmer mit TV, geschmackvoll eingerichtet, z. T. Balkon. DZ mit Frühstück 120 €. Via Pecunia 19, ✆/✆ 0187/920036, www.duxi.it.

Weiterhin gibt es einige Privatzimmer (Schilder „affitta camere" beachten oder in Bars fragen). Folgende Adressen liegen alle an der Hauptgasse.

Edi Vesigna, Ferienwohnungen, Via Colombo 111, ✆/✆ 0187/920325, edi-vesigna@iol.it.
Fazioli, Zimmer und Apartments, Via Colombo 94, ✆ 0187/920904, ✆ 920587.
Mar-Mar, am unteren Ende der Hauptgasse, DZ 60–80 €. Via Colombo 25, ✆ 0187/920932, ✆ 920773, www.5terre.marmar.com.

• *Essen & Trinken* **Ripa del Sole**, oberer Ortsteil, gutes Fischrestaurant, Terrasse mit Meerblick, mittlere Preise. Via de' Gasperi 170, ✆ 0187/920213. Mo geschl.
Trattoria La Lanterna, nettes, kleines Lokal an der Hafenbucht, hier isst man gemütlich auf einer einladenden Terrasse, preislich im Rahmen. Via Don Minzoni 8, ✆ 0187/920589.

La Spezia

ca. 91.000 Einwohner

Eindrucksvolle Lage am Ende des fjordartigen Golfo della Spezia, lange Promenade mit Palmen, bedeutender Wirtschafts- und Passagierhafen, außerdem wichtiger Stützpunkt der italienischen Marine. Für eine Besichtigung genügt ein Tagesausflug von einem der Badeorte in der Umgebung. Pendelfähren verkehren von und nach Portovenere und Lerici, von den Cinque Terre kann man bequem mit dem Zug fahren.

Während La Spezia bis vor wenigen Jahren als touristisch uninteressant galt, genießt die Stadt seit kurzem den Ruf einer Kulturstadt. Rund um das Viertel *Prione*, dem ältesten Stadtteil von La Spezia, sind mehrere sehenswerte Museen untergebracht, allen voran das in einem ehemaligen Kloster in der Via del Prione 234 befindliche *Museo Civico „Amedeo Lia"* mit einer immens großen Kunstsammlung – zahllose Gemälde vom 13.–18. Jh., dazu mehr als tausend weitere Objekte wie Skulpturen, Schmuck, Porzellan etc. Die vom privaten Kunstliebhaber Amedeo Lia der Stadt übereignete Sammlung gilt als eine der wichtigsten ihrer Art in Italien. Im genuesischen *Castello San Giorgio* in exponierter Hügellage (etwa 15 Fußminuten vom Bahnhof) befindet sich das archäologische *Museo del Castello San Giorgio* mit einer großen Sammlung frühgeschichtlicher und antiker Funde der Region, darunter eindrucksvolle Stelenstatuen aus der Eiszeit. Einen Besuch wert ist schließlich auch das *Centro Arte Moderna e Contemporanea (CAMeC)*, das Raum bietet für moderne und zeitgenössische Kunst.

Einen Besuch wert ist auch der tägliche *Vormittagsmarkt* an der Piazza Cavour.

Öffnungszeiten/Eintritt **Museo Amedeo Lia**, Via Prione 234, Di–So 10–18 Uhr, Mo geschl., Eintritt 6 €, erm. 4 €; **Museo del Castello San Giorgio**, Mi–Mo 9.30–12.30 und 17–20 Uhr (im Winter nachmittags 15–18 Uhr), Di geschl., Eintritt ca. 5 €, erm. 4 €; **Centro Arte Moderna e Contemporanea**, Piazza C. Battisti 1, Di–Sa 10–13 und 15–19 Uhr, So 11–19 Uhr, Mo geschl., Eintritt 6 €, erm. 4 €. Das Kombiticket für alle Museen kostet 12 €, Infos zu allen genannten und weiteren Museen unter www.castagna.it/musei.

> Von La Spezia führt eine Panoramastraße an der Innenseite des Golfs nach Portovenere, herrliche Blicke zurück auf La Spezia und den Golf – genannt *Golfo dei Poeti*, weil Anfang des 19. Jh. die Dichter Shelley und Lord Byron hier verweilten.

Portovenere ca. 4000 Einwohner

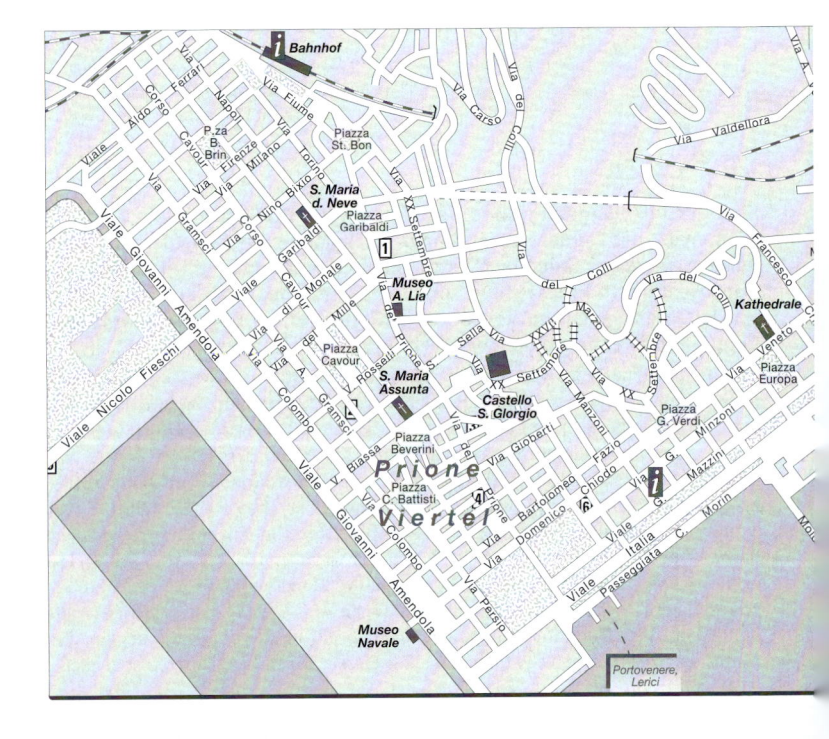

An der äußersten Spitze der Halbinsel, die den Golf von La Spezia bildet. Schon der erste ist Anblick großartig – hohe, bunte Hausfassaden flankieren den breiten Hafenkai, darüber thronen die Mauern eines alten Genuesen-Kastells, vorgelagert die dicht begrünte Isola Palmaria. Durch das Zentrum führt der *Caruggio*, die schmale, lange Hauptgasse. Am Ortsausgang auf der äußersten Felsspitze von Portovenere thront das alte Kirchlein *San Pietro*, von dem man einen herrlichen Blick die Steilküste entlang Richtung Cinque Terre hat. Bootsausflüge kann man auf die grüne *Isola Palmaria* machen, dort finden sich Badebuchten und ein beschilderter Rundweg (ca. 3 Std.).

- *Information* **IAT** an der zentralen Piazza Bastreri 7, geöffnet tägl. außer Mi 10–12 und 16–20 Uhr (im Winter nachmittags 15–18 Uhr). ✆ 0187/790691, ✉ 790215, www.portovenere.it.
- *Übernachten* ***** Paradiso**, komfortables Albergo am Ortseingang, gut ausgestattete Zimmer mit Meerblick. DZ mit Frühstück 130–170 €. Via Garibaldi 34, ✆ 0187/790612, ✉ 792582, www.hotelportovenere.it.

** Genio, in der Altstadt direkt neben dem Stadttor, sympathischer Familienbetrieb mit nur sieben kleinen Zimmern (früh buchen!). DZ ca. 95–120 € inkl. Frühstück. Mitte Jan. bis Mitte Febr. geschl. Piazza Bastreri 8, ✆ 0187/790611, www.hotelgenioportovenere.com.

- *Essen & Trinken* **Antico Osteria del Caruggio**, rustikale, kleine Osteria im Ortskern, man sitzt auf einfachen Holzbänken, preisgünstig. Di geschl. Via Cappellini 66.

La Pizzaccia, hier werden Pizza, Focaccia und Farinata zum Mitnehmen gebacken. Via Cappellini 94.

Lerici

ca. 12.000 Einwohner

Hübscher Ferienort in einer großen Bucht am Ausgang des Golfo di Poeti. Spektakulär das Panorama von der Zufahrtsstraße – inmitten steiler Hänge mit üppigster Vegetation thront ein Kastell über dem Bootshafen, weiter vorne schiebt sich die Halbinsel von Portovenere ins Meer.

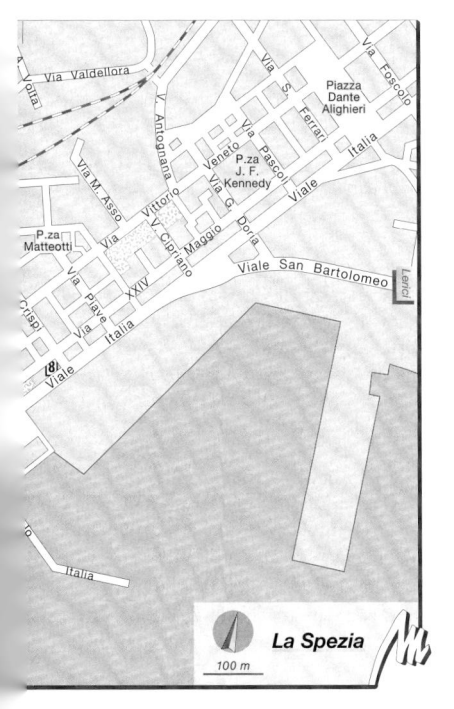

Hinter der langen, geschwungenen Promenade der alte Ortskern mit einem Gewirr von steilen Treppengassen, an den Hängen dahinter schicke Villen in üppigem Grün. Von der Hafenpiazza führt die Via Zanelli steil hinauf zum *Kastell*. Es wurde von den Pisanern im 13. Jh. erbaut und später von den Genuesen erweitert, ein *Museo Geopaleontologico* kann besichtigt werden.

Westlich von Lerici liegt der Zwillingsort *San Terenzo* mit kleinem Sandstrand und einigen preiswerten Unterkünften.

- *Öffnungszeiten/Eintritt* **Kastell & Museum**, Di–Sa 10.30–13, 14.30–18 Uhr (im Winter nur bis 17.30 Uhr, Mo geschl., Mo geschl.; Eintritt 5 €, erm. 3,50 €, www.castellodilerici.it.
- *Anfahrt/Verbindungen* **PKW**, der Ort ist für den Verkehr gesperrt, große, kostenpflichtige Parkplätze am Ortseingang, dann Shuttlebus in den Ort.

Bahn/Bus, Zug bis **Sarzana** und noch 7 km per Bus oder ATC-Bus direkt ab **La Spezia**, Piazza Chiodo.

444 Ligurien

- *Information* **IAT**, zuletzt provisorisch in einem Container am Ortseingang, Via Biaggini 6. ✆ 0187/967346.
- *Übernachten* Die Hotels sind im Sommer lange im Voraus ausgebucht, auch der Camping ist meist voll.

*** Doria Park, ruhige Lage an der oberen Durchgangsstraße, komfortable Ausstattung, DZ mit herrlichem Buchtblick und Frühstück um die 100–175 €. Via Doria 2, ✆ 0187/967124, 🖷 966459, www.doriaparkhotel.com.

** Del Golfo, zentral gelegenes Hotel ohne Spezielles, nach vorne etwas laut. DZ mit Frühstück ca. 50–99 €. Via Gerini 37, ✆ 0187/967400, 🖷 965733, www.hotelgolfo.com.

In San Terenzo die etwas günstigeren Hotels, z. B. *** Trieste**, Via Mantegazza 13, ✆ 0187/970610.

- *Essen & Trinken* **Il Frantoio**, in einer alten Ölmühle im Ortskern, hervorragende Fischküche, gehobene Preise. Reservierung empfohlen. Via Cavour 21, ✆ 0187/964174. Mo geschl.

Golfo dei Poeti, beliebtes Fischlokal direkt auf dem breiten Hafenkai beim Fischmarkt.

La Piccola Oasi, nette, kleine Trattoria mit überdachtem Innenhof. Di geschl. Via Cavour 58.

- *Ausflüge* tägliche Bootsfahrten zu den Orten der Cinque Terre und nach Portovenere sowie Rundfahrten im Golfo dei Poeti.

▸ **Tellaro**: Von Lerici führt eine kurvige Straße in dieses 5 km entfernte, bildhübsche Örtchen. Unterwegs passiert man *Fiascherino*, wo Treppenwege zu einer besonders schönen Badebucht hinunterführen. Tellaro balanciert auf einer zerklüfteten Landzunge hinunter ans Meer – ein winziger Hafen, über dem die Häuser und Treppenwege zur Piazza hinaufsteigen, einige Geschäfte und die typischen Bars. Alles ist saniert und pikobello gepflegt und seit langem fest in der Hand von Ferienhausbesitzern. Ein Örtchen voller Ruhe und Beschaulichkeit – wenn man die Sommerwochenenden meidet.

- *Übernachten* **** Miramare**, ruhig gelegener Neubau am Ortseingang, großes, populäres Ristorante. DZ ca. 86 €, inkl. Frühstück. Via Fiascherino 22, ✆ 0187/967589, 🖷 966534, www.pensionemiramare.it.

Camping Gianna, kurz vor Tellaro direkt oberhalb der Straße, schöner Platz unter Terrassen mit viel Baumbestand, Swimmingpool. Etwa 10 Min. läuft man bis nach Tellaro und zum dortigen Felsenstrand. Via Fiascherino 2, ✆ 0187/966411, www.campeggiogianna.com.

Weitere Adressen im Internet unter www.tellaro.net.

- *Essen & Trinken* **N ta'Grita**, direkt an der Dorfpiazza von Tellaro, gemütlicher Speiseraum und Plätze im Innenhof. Beliebt bei Einheimischen, gute regionale Fischküche. Menü ca. 30 €. Di geschl.

Täglich frische Farinata in der **Backstube** am Hauptplatz.

▸ **Parco Montemarcello**: Südöstlich von Lerici überrascht die intakte Landschaft – herrliche Fahrt durch prächtiges Waldgebiet, die Kiefern stehen bis in die bizarren Felsbuchten hinunter, keinerlei Bebauung. Des Rätsels Lösung: Das Küstengebirge ist Naturschutzgebiet. Mehrere gekennzeichnete Wanderwege durchziehen das Gebiet, z. B. gibt es einen Weg von Tellaro nach Ameglia (ca. 1,5 Std.). Karten und Auskünfte sind in den Info-Büros von Lerici und Montemarcello erhältlich.

Die Hauptstraße führt zunächst nach *Montemarcello*. Kurz bevor es nach *Bocca di Magra* hinuntergeht, öffnet sich ein herrlicher Blick auf die Mündung des Flusses Magra. Über das mittelalterliche Hügeldorf *Ameglia*, das sich malerisch um eine Festung schmiegt, kann man zu den berühmten Steinbrüchen von Carrara und an die toskanische Küste weiterfahren (→ Toskana).

- *Übernachten* mehrere **Campingplätze** am westlichen Magraufer.

▸ **Luni**: versunkene Römerstadt in der Magraebene, größte antike Ausgrabung Liguriens. Ein Museum zeigt die wichtigsten Fundstücke.

Öffnungszeiten/Eintritt Di–So 9–19 Uhr, Mo geschl., Eintritt ca. 2 €.

Emilia-Romagna

Schöne Orte: Bologna (S. 467), Cesenatico (S. 488), Ravenna (S. 481), Comacchio (S. 480), Ferrara (S. 461), Parma (S. 450), Rimini (S. 489), Piacenza (S. 448), die selbstständige Republik San Marino (S. 498).

Landschaftliche Höhepunkte: die Hänge des Apennin – z. B. auf der Fahrt nach Canossa, die Pineta von Ravenna, die Valli di Comacchio (S. 480), der Monte Titano in San Marino (S. 498).

Kulturell interessant: Bologna (S. 467), Ravenna (S. 481), Ferrara (S. 461), Modena (S. 457), Parma (S. 450), Rimini (S. 489), San Marino (S. 498).

Kurios: Rimini – längste und belebteste Uferstraße Italiens (S. 489); San Marino – ältester Zwergstaat der Welt (S. 498); Cesenatico – höchster Wolkenkratzer der Adria (S. 488); Brescello – Heimat von Don Camillo und Peppone (S. 455); Predappio – Geburtsort Mussolinis (S. 479).

Baden: Schön sind die Sandstrände von Marina di Ravenna (S. 486) und Cesenatico (S. 488), rappelvoll die von Rimini (S. 482) und Riccione (S. 496). Badeorte mit viel Grün: Milano Marittima (S. 487) und Sette Lidi di Comacchio (S. 481).

Eher abzuraten: im Hochsommer durch die Poebene zu fahren.

Mittelalterliche Basreliefs am Dom von Modena

Emilia-Romagna

Wie ein breiter Riegel schiebt sich die riesige Poebene zwischen das südliche Voralpenland und die Toskana. Zusammen mit den südlich ansteigenden Hügeln des Apennin bildet sie die Doppelregion Emilia-Romagna. Eine fruchtbare, bis zum letzten Winkel erschlossene Landschaft, in der Landwirtschaft und Industrie die Hauptrollen spielen, aber auch einige der bedeutendsten Kulturstädte Italiens liegen.

Im Sommer brennt die sengende Sonne unbarmherzig in die stille Ebene, kein Hauch ist zu spüren. Endlos ist die Fahrt durch die üppigen Wiesen und Weiden. Kilometerlang ziehen sich ewig gleiche Baumalleen, bis zum Horizont reichen die Felder mit ihrer intensiven Bebauung von Mais, Korn und Gemüse. Dazwischen liegen immer wieder kleine Bauerndörfer und landwirtschaftliche Nutzbauten, letztere oft in althergebrachter Backsteinarchitektur. Schnurgerade Kanäle sorgen für die Bewässerung, Pappeln für den Windschutz, schwarz-weiße Kühe bringen etwas flandrische Marschlandstimmung in die flimmernde Hitze. Der gewundene Po bildet die Nordgrenze – eine trübe, lehmig-braune Brühe, die gemächlich zur Adria treibt, flankiert von silbrigen Pappelwäldchen und Myriaden von Mückenschwärmen. Man freut sich, wenn man endlich über enge Sträßchen in die kühlen, teils dicht bewaldeten, teils bizarr erodierten Höhen des Apennin flüchten kann: Südlich von Piacenza, Parma, Modena und Bologna wird das Land unvermittelt hügliger, z. T. fast dramatisch. Schroffe Klippen und grüne Bergrücken signalisieren den Beginn des langen Mittelgebirges mit durchschnittlichen Höhen um 1000 m.

Emilia-Romagna kulinarisch: die Region besitzt genug Grundstoffe, um eine der besten Küchen im Land zu kreieren, denn sie ist die Kornkammer Italiens und Mit-

Emilia-Romagna

telpunkt der Schweine- und Rinderzucht, an den Südhängen gedeihen hervorragende Weine, Parmaschinken und Parmesan sind weltberühmt ...

Baden in der Emilia-Romagna: An der brettflachen Adriaküste erstrecken sich kilometerlange weiße Sandstrände mit einigen der renommiertesten Badeorte Italiens – Herzstück ist natürlich das legendäre und international besuchte *Rimini*.

Der Hauptgrund für einen Besuch liegt aber in den grandiosen Kunst- und Architekturschätzen der Städte: die Renaissancestadt *Ferrara*, *Modena* mit seinem berühmten Dom, Baptisterium und Dom in *Parma*, die einzigartigen byzantinischen Kirchen von *Ravenna*, die Hauptstadt *Bologna* mit ihren kilometerlangen Arkadengängen, hoch in den Bergen die Zwergrepublik *San Marino*. Und wer will, kann auf Verdis Spuren wandeln oder sogar nach *Canossa* gehen ...

Anfahrt/Verbindungen

• *PKW* Von Verona bzw. vom Brenner kommend, bleibt man immer auf der **A 22**. Beim Verkehrsknotenpunkt Modena trifft man auf die **A 1**, die von Mailand kommend als berühmte „Strada del sole" die ganze Emilia-Romagna der Länge nach durchquert und ab Bologna über Florenz nach Rom führt. Fast alle wichtigen Städte der Emilia-Romagna liegen hier aufgereiht wie an einer Perlenkette.

Ab Bologna geht die wichtige Autobahnachse **A 14** an die Adria und dort immer an der Küste entlang bis Taranto im tiefen Süden.

• *Bahn* Aus dem Norden kommen die viel befahrenen Linien von **Verona**, **Mailand** und **Venedig** und treffen sich alle im Knotenpunkt **Bologna**. Von Bologna geht eine wichtige Linie nach **Rimini** und von dort nach Süden immer dicht am Meer entlang.

Übernachten

An der Adriaküste gibt es zahllose Hotels und Pensionen, aber auch die Kulturstädte im Inland sind gut ausgerüstet. **Bologna** ist wegen seiner vielen Messen eher auf Geschäftsreisende ausgerichtet und teuer.

Campingplätze liegen bei den Städten Parma, Bologna, Modena und Ferrara, in San Marino, außerdem in Mengen an der Adriaküste.

Jugendherbergen in Bologna, Reggio nell'Emilia, Parma und Ravenna.

Essen & Trinken

Die Emilia-Romagna ist die Feinschmeckerprovinz Italiens, Bologna ihr kulinarischer Mittelpunkt. Schweinefleisch, Sahne und Käse bestimmen die Speisenpalette.

Getreide wird in großem Maßstab angebaut, ebenso ist die Region führend in der Schweinezucht. Ersteres ist verantwortlich für die breite Palette von Pastasorten – die leckeren gefüllten **tortellini**, **lasagne**, **tagliatelle**, **tortelloni**, **cappelletti**, **cappellacci** und andere Nudelsorten haben hier ihren Ursprung. Letzteres bedingt eine exzellente Wurst- und Fleischproduktion – die berühmte **mortadella** stammt aus Bologna bzw. ihrer Umgebung und die **spaghetti bolognese** sind jedem ein Begriff, der gern Spaghetti mit Fleischsoße (**al ragu**) isst.

Der fast schon legendäre **prosciutto di Parma** (Parmaschinken) hat seinen Siegeszug in alle Welt angetreten. Seine Herstellung, angefangen von der Schweinezucht und -mast (u. a. mit Molke vom Parmesankäse), ist ein äußerst komplizierter Prozess, seit Jahrhunderten überliefert und ständig verfeinert.

Mindestens genauso bekannt ist natürlich der harte und scharf-würzige Reibekäse **parmigiano-reggiano** (Parmesankäse), der zum Würzen vorzugsweise über Pasta gestreut wird. Auch seine Herstellung in einigen wenigen Orten der Emilia-Romagna wird streng kontrolliert.

Zampone ist eine ureigene Spezialität von Modena – eine Schweinshaxe, deren Knochen herausgelöst und durch Gehacktes ersetzt wird. Ebenfalls aus Modena stammt der **aceto balsamico**, ein aromatischer Kräuteressig, mit dem man weniger Salat, als vielmehr Fleisch herrlich pikant würzt.

Auch **bollito misto** sollte man einmal kosten – mehrere Fleischsorten, die gesotten und mit grüner Kapernsoße serviert werden.

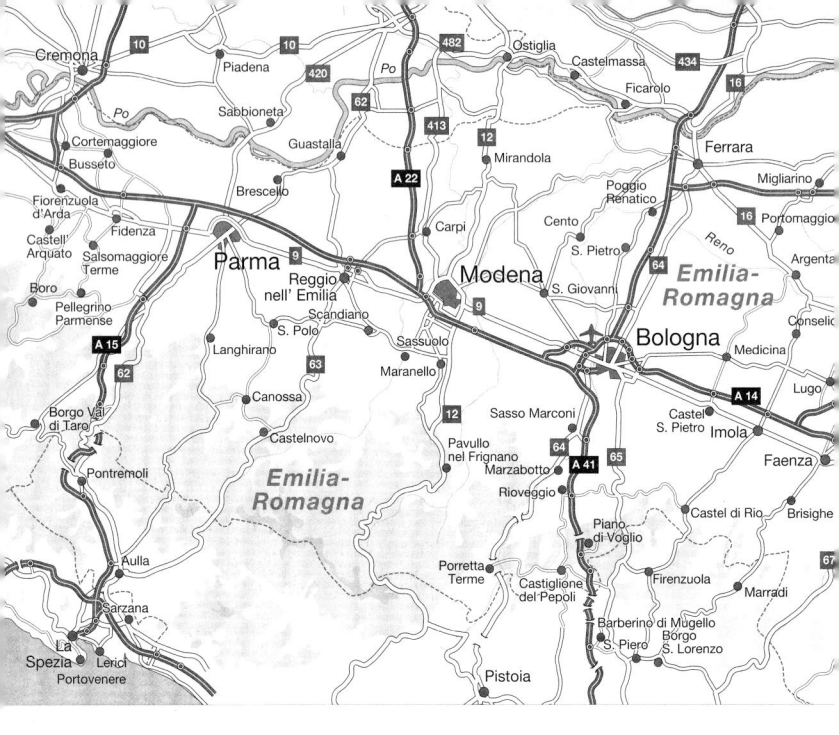

Fische, vor allem **anguille** (Aale), werden in den riesigen Lagunen von Comacchio zwischen Ferrara und Ravenna gezüchtet. Die reichhaltige Fischsuppe **brodetto** ähnelt der von Venedig.

Bezüglich ihrer Weine hat die Emilia-Romagna keinen exzellenten Ruf. Von den Tropfen der Poebene und den südlich anschließenden Apenninhängen ist aber der **Lambrusco** unbedingt einen Versuch wert – mit dem gepanschten Gesöff, das bei uns unter diesem Namen oft in Supermärkten verkauft wird, hat dieser spritzige, stark kohlensäurehaltige Rote nichts gemein. Besonders gut ist er in Modena. Der rote **Sangiovese** gedeiht an den Apenninhängen landeinwärts von Cesenatico und Rimini.

Von Westen nach Osten

Wie an einer Perlenkette aufgereiht liegen von Piacenza bis Rimini alle wichtigen Städte der Region an der *Via Emilia* (SS 9), der ehemaligen römischen Heerstraße durch die Poebene. Die Autobahn A 1 bzw. A 14 verläuft parallel dazu.

Piacenza   ca. 108.000 Einwohner

Sympathische Stadt am Po. Das Zentrum verkehrsberuhigt, wunderschön ist der harmonische Hauptplatz, in der benachbarten langen Fußgängerstraße liegen einige nette Cafés.

Dominierendes Zentrum der Altstadt ist nicht der Domplatz, sondern die gepflasterte *Piazza dei Cavalli*, flankiert vom ästhetischen *Palazzo il Gotico*, dem früheren Rathaus. In der unteren Hälfte ein breiter, marmorverkleideter Arkadengang, darüber die Backsteinfassade mit Zinnen und filigran verzierten Fensterbögen. Vor dem Palast zwei großartige *Reiterskulpturen* aus Bronze, die Herzog Alessandro Farnese und

Piacenza 449

seinen Sohn darstellen. Die Kirche *San Francesco* an der Schmalseite der Piazza besitzt ein gotisches Portal, im großen Innenraum spitze gotische Gewölbe und hübsche schmale Glasfenster. Gleich neben der Kirche beginnt die lebendige Fußgängerzone *Via XX Settembre*, die mit zahlreichen Läden bestückt ist und zum *Dom* hinüberführt – ein prächtiger romanischer Bau, dessen Zwerggalerien an der Fassade sich auch an den Seitenfronten entlang ziehen. Im Inneren tragen stämmige Rundsäulen das Hauptschiff und setzen sich im Querschiff fort, in der achteckigen Kuppel Fresken aus dem 17. Jh., die wunderschönen Reliefs der Kanzel in Sichthöhe.

Nur einen Straßenzug südlich steht die bemerkenswerte Kirche *Sant'Antonio*, ein sehr ungewöhnlich geformter Bau ganz aus Backstein. Unmittelbar hinter der Fassade liegt das lange Querschiff, an dessen nördlichem Ende eine türmchengeschmückte Vorhalle angebaut ist, „Paradies" genannt.

Südlich von Sant'Antonio liegt in der Via San Siro 13 die *Galleria d'Arte Moderna „Ricci Oddi"* mit Werken des 18./19. Jh. bis zur Gegenwart.

Im großen Palazzo Farnese am Corso Cavour lohnt noch das *Museo Civico* einen Besuch. Ausgestellt sind Funde aus der Bronzezeit bis zur römischen Epoche, dazu Mittelalterliches, Attraktion ist die etruskische Schafsleber aus Bronze, in der die Namen von Gottheiten eingeritzt sind.

• *Öffnungszeiten/Eintritt* **Galleria d'Arte Moderna**, Di–So 10–12, 15–18 Uhr, Mo geschl., Eintritt ca. 4 €.
Museo Civico, Di–Do 9–13, Fr/Sa 9–13, 15–18, So 9.30–13, 15–18 Uhr. Eintritt ca. 5 €.

• *Anfahrt/Verbindungen* **PKW**, ausgeschilderte Parkplätze sind rar, mit etwas Suchen findet man aber freie Stellplätze in Zentrumsnähe. In der „zona disco" kann man mit Parkscheibe 1–2 Std. stehen.
Bahn, der Bahnhof liegt wenige Fußminuten nordöstlich vom Zentrum. Vom Bahnhofsvorplatz rechts am Park entlang und weiter, bis man auf die Via Roma trifft, geradeaus noch wenige Schritte zum Dom.

• *Information* **IAT** in der Seitenfront des gotischen Rathauses, Piazza Cavalli 7. Di–Sa 9–13, 15–18, So (nur April bis Sept.) 9–12 Uhr, Mo geschl. ✆ 0523/329324, ✉ 306727, www.provincia.piacenza.it/turismo.

• *Übernachten* *** **Astor**, renoviertes Albergo in bequemer Fußentfernung zum Zentrum. DZ mit gutem Frühstücksbuffet ca. 95 €. Via Tibini 29/31 (vom Bahnhof links am Park vorbeilaufen und die Via Alberoni überqueren), ✆ 0523/329296, ✉ 313564.
Ostello Don Zermani, Modernes Hostel, das hauptsächlich von Arbeitern aus Süditalien genutzt wird, die in Piacenza saisonal arbeiten. 60 Betten in EZ, DZ und Mehrbettzimmern. Auch für Familien geeignet. Im EZ und DZ mit Frühstück ca. 19 € pro Pers., sonst 16 €. Via Zoni 38 (südwestlich außerhalb vom Zentrum), ✆ 0523/712319, ✉ 713119, www.ostellodipiacenza.it.

• *Essen & Trinken* **Antica Osteria del Teatro**, Edeladresse in einem Palazzo in der Nähe vom Hauptplatz, exzellente und fantasievolle Küche (z. B. Aal im Teigmantel, Gänsebrust mit frischen Feigen), gehobene

Preise. So/Mo und im August geschl. Via Verdi 16, ℅ 0523/323777.
Agnello, alteingeführte Trattoria neben dem Rathaus mit gutem traditionellem Essen – *asino* (Esel), *cavallo* (Pferd) und *manzo* (Rind) mit Polenta. Mo geschl. Via Calzolai 2, ℅ 0523/320874.

Antica Trattoria Santo Stefano, ruhige Gasse in der Nähe vom Dom, urige und gemütliche Trattoria, geführt vom Ehepaar Bosi und seinen vier Söhnen. Man sitzt hautnah zur Küche im Innenraum oder hinten im Hof. Leckere Gerichte, die täglich wechseln. Relativ preiswert. Via Santo Stefano 22, ℅ 0523/327802.

▸ **Piacenza/Umgebung**: 15 km südlich von Piacenza liegt *Grazzano Visconti*, ein auf mittelalterlich getrimmtes Schaudorf mit freskenbemalten Backsteinhäusern, efeubewachsenen Säulenfronten und malerisch gekleideten Menschen. Die Ausgrabungen der römischen Thermalsiedlung *Velleia* aus dem 1./2. Jh. n. Chr. können von Grazzano Visconti über Vigolzone, Ponte dell'Olio und Bettola erreicht werden, ca. 45 km.

Von Piacenza zieht sich die SS 45 das lange, stille *Trebbia-Tal* entlang. Nach einem Besuch von Grazzano Visconti kann man schnell bis zum Hauptort *Bobbio* weiterfahren (ca. 45 km ab Piacenza). Die Kleinstadt besitzt eine frühmittelalterliche Abtei, gegründet vom heiligen Columban aus Irland, der hier auch begraben liegt. Kirche, Krypta und Klostermuseum können besichtigt werden. Malerisch ist der berühmte Ponte Vecchio mit elf Bögen über die Trebbia.

• *Öffnungszeiten/Eintritt* **Velleia**, tägl. 9 Uhr bis Sonnenuntergang, Mi und Fr nur bis 15 Uhr; Eintritt frei.

• *Übernachten/Essen & Trinken* *** **Piacentino**, gut ausgestattet, Restaurant, Parkplatz. DZ ca. 65–85 €. In Bobbio, Piazza San Francesco 19/a, ℅ 0523/936563, ℅ 936266, www.hotelpiacentino.com.

Enoteca San Nicola, in einem ehemaligen Nonnenkloster, hervorragender Weinkeller, dazu kleine Happen oder gute Nudel- und Fleischgerichte. Mo/Di geschl. Contrada dell'Ospedale, ℅ 0523/932355.

Parma

ca. 180.000 Einwohner

Messe-, Industrie- und Universitätsstadt in den Ausläufern der Poebene, südlich begrenzt durch die Hänge des Apennin. Geschäftiges Leben und buntes Treiben prägen das Bild. Parma wirkt kein bisschen provinziell, im Gegenteil, fast großstädtische Eleganz und ein gewisses kosmopolitisches Flair sind zu spüren.

Parma besitzt eine der ältesten Universitäten Europas mit der größten medizinischen Fakultät des Landes. Viele Ausländer sind hier eingeschrieben und dank der vielen Studenten gibt es eine abwechslungsreiche Kultur- und Kneipenszene. Unbedingt sehenswert ist das prachtvolle Baptisterium beim Dom, das als bedeutendstes romanisches Bauwerk Italiens gilt.

Parma war stets ein wichtiges kulturelles Zentrum: Giuseppe Verdi und Arturo Toscanini wurden hier geboren, der Geigenvirtuose Paganini lebte und starb in der Stadt, der Maler Correggio und Regisseur Bertolucci wirkten hier. Anfang des 19. Jh. regierte Herzogin Marie-Louise, Tochter des österreichischen Kaisers und Gattin Napoleons, die Stadt. Diese Epoche ging als kulturelle Blütezeit in die Annalen ein. Und natürlich ist Parma auch kulinarische Metropole – nur hier, an den waldreichen Hängen des Apennin, wehen die Fallwinde so ideal, dass die berühmten Parmaschinken in den Lagerhallen von Langhirano, Bagni und Lesignano zur Delikatesse reifen können.

Parma 451

Anfahrt/Verbindungen/Information

• *Anfahrt/Verbindungen* **PKW**, die Innenstadt ist großräumig für Kraftfahrzeuge gesperrt, die nicht in Parma zugelassen sind. Parken am besten westlich vom Fluss oder südlich der Altstadt. Kostenpflichtige Parkplätze u. a. beim Bahnhof (Viale Antonio Fratti) und beim Palazzo della Pilotta (Piazzale della Pace).
Bahn, häufige Verbindungen nach Bologna und Mailand. Bahnhof nördlich der Altstadt, die Via Verdi führt parallel zum Fluss geradeaus ins Zentrum (ca. 1 km) oder Bus 1 ab Bahnhofsvorplatz.
Bus, Station für Busse am Viale Toschi, nördlich des Ponte Verdi.
• *Information* **IAT**, Via Melloni 1/b, Nähe Dom, umfangreiches Prospektmaterial, Stadtplan, Öffnungszeiten und Hotelverzeichnis. Mo–Sa 9–12.30 Uhr, 15–18.45 Uhr, So geschl. ✆ 0521/218889, ℻ 234735, www.turismo.comune.parma.it.

Übernachten (siehe Karte S. 452/453)

Das Preisniveau der besseren Häuser liegt relativ hoch. Einige wenige preiswerte Pensionen findet man in Bahnhofsnähe (Zona Stazione) und in der historischen Altstadt (Zona Centro).

*** Torino (6), günstige Lage nur wenige Schritte vom Domplatz. Schmuckes, familiär geführtes Haus, Zimmer unterschiedlicher Größe mit blank polierten Messingbetten, sauberen Bädern und TV. Hinten kleine Terrasse, Garage. DZ mit Frühstück ca. 110–190 €. ✆ 0521/281046, ℻ 230725, Via A. Mazza 7, www.hotel-torino.it.
*** Button (10), größeres, solides Haus in ruhiger Seitengasse bei der zentralen Piazza Garibaldi. Relativ modern und freundlich eingerichtet, mit Parkmöglichkeit. In den Zimmern TV. DZ ca. 75–110 €. Borgo della Salina 7, ✆ 0521/208039, ℻ 238783.
* Lazzaro (7), ganz in der Nähe vom Dom, einige wenige Zimmer über dem gleichnamigen, recht guten Restaurant. DZ mit Bad ca. 60 €. Via XX Marzo 14, ✆ 0521/208944, ℻ 385600.

* Leon d'Oro (1), an einer viel befahrenen Straße beim Bahnhof (wenn man rauskommt, links), einfaches, aber ordentliches Albergo, vorne raus laut. DZ mit Etagendusche ca. 55 €. Viale Antonio Fratti 4, ✆ 0521/773182, ℻ 707878.
Casa della Giovane (11), gute Herberge in zentraler Lage, von Nonnen geführt, nur Mädchen und Frauen, abendliche Schließzeit ca. 23 Uhr, ca. 12–15 € pro Pers. incl. Frühstück. Via del Conservatorio 11, ✆ 0521/283229, ℻ 285923, www.casadellagiovane.it.
• *Camping* **Camping Citadella (14)**, Grasplatz mit schattigen Bäumen im großen Farnese-Kastell im Süden der Stadt. Bus 9 ab Bhf. oder Piazza Garibaldi. April bis Okt. Parco Citadella 5, ✆ 0521/581546.

Essen & Trinken/Unterhaltung (siehe Karte S. 452/453)

Den berühmten (und auch in Parma sündhaft teuren) Parmaschinken isst man als Vorspeise mit Melone oder anstatt Fleisch. Eine besondere Spezialität ist Pferdefleisch, gegessen entweder als *pesto al cavallo* (Tartar) oder gekocht als *bollito di cavallo*.

La Greppia (2), Edeladresse in der Nähe des Palazzo della Pilotta, durch eine Glaswand kann man dem Koch bei der Arbeit zusehen. Sehr lecker die hausgemachten Nudeln mit Trüffeln, Spinat, Radicchio und Kräutern. Menü ca. 40 € aufwärts. Ein Michelinstern. Mo/Di geschl. Strada Garibaldi 39/a, ✆ 0521/233686.
Angiol d'Or (5), gepflegtes Restaurant direkt am Domplatz, im Sommer auch Plätze im Freien. Menü ca. 35 €. So geschl. ✆ 0521/282632.

Gallo d'Oro (9), in einer ruhigen Gasse nur wenige Schritte von der Piazza Garibaldi, ideal zum Draußensitzen, leckere Gerichte wie *fagottini a salsa gustosa* (Rouladen) oder *bollito misto*. So geschl. Borgo della Salina 3, ✆ 0521/208846.
Dei Corrieri (8), große und viel besuchte Trattoria im alten Stil, leckere traditionelle Gerichte, z. B. die *tortelli di zucca* (Nudelaschen mit Kürbisfüllung). So geschl. Via del Conservatorio 1, ✆ 0521/234426.

Emilia-Romagna Karte S. 448/449

452 Emilia-Romagna

Al Corsaro (4), populäres und gut geführtes Ristorante/Pizzeria in der Fußgängerzone, nett maritim aufgemacht. Einige Tische im Freien. Reichhaltige Auswahl, auch viel Fisch, lecker gekocht, dazu große Karaffen mit offenem Wein. Fr geschl. Via Cavour 37, ✆ 0521/235402.

TIPP! **Antica Cereria (3)**, südlich vom Parco Ducale liegt diese hübsche, von jungen Leuten geführte Osteria, in der man interessante Gerichte parmesischer Tradition findet, schöne Sitzplätze auf der ruhigen Straße. Nur abends (außer Sa/So), Mo geschl. Via Borgo Tanzi 5, westlich vom Fluss, ✆ 0521/207387.

• *Unterhaltung* **Al Cavallino Bianco (12)**, gemütliche Studentenkneipe mit alten Holztischen und -täfelung, täglich wechselnde Speisen. Mal den Malvasia versuchen, einen trockenen Weißwein der Region. Strada Nuova 4, im östlichen Altstadtbereich, parallel zur Strada della Repubblica. Mo geschl.

Frank (13), gemütliche Atmosphäre, Tische im Freien, überwiegend junge Leute und Studenten. Auf der Speisekarte knapp 120 verschiedene Antipasti, alle hausgemacht, dazu 50 verschiedene Biersorten, auch kaltes Bier vom Fass. Mo geschl. Piazzale San Lorenzo 19/a, Nähe Via Farini.

Sehenswertes

Zentrum der Stadt ist die elegante *Piazza Garibaldi* mit dem mächtigen Palazzo del Governatore, im Sommer sitzt man bis nach Mitternacht in den großen Freiluftcafés. Gleich um die Ecke beginnt die Fußgängerzone *Via Cavour*.

Madonna della Steccata: Die große Renaissancekirche in Form eines griechischen Kreuzes steht nur einen Block nördlich der Piazza Garibaldi. Der Innenraum ist mit eindrucksvollen Fresken ausgemalt, z. T. von Parmigianino, nach Correggio (→ Dom) der zweite bedeutende Maler der Stadt. In der *Krypta* die Gräber der Farnese-Herzöge, die fast zwei Jahrhunderte Parma beherrschten. *Öffnungszeiten* **Madonna della Steccata**, tägl. 9–12, 15–18 Uhr.

Dom und Baptisterium: Die *Piazza del Duomo* liegt etwas versteckt am Rand und besticht durch die Harmonie der mittelalterlichen Gesamtkomposition.

Essen & Trinken
2 La Greppia
3 Antica Cereria
4 Al Corsaro
5 Angiol d'Or
8 Dei Corrieri
9 Gallo d'Oro
12 Al Cavallino Bianco
13 Frank

Übernachten
1 Leon d'Oro
6 Torino
7 Lazzaro
10 Button
11 Casa della Giovane
14 Camping

Parma 453

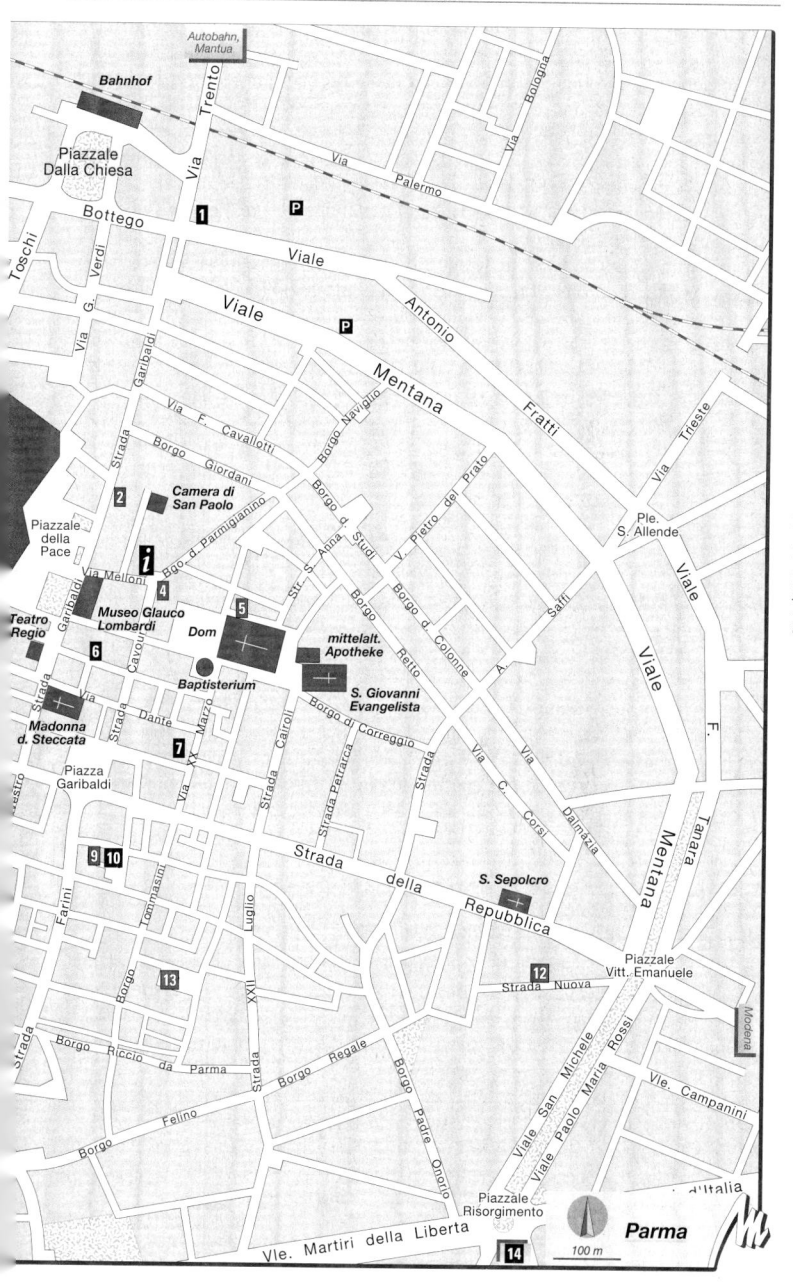

Emilia-Romagna
Karte S. 448/449

Der große romanische *Dom* mit hoher Kuppel und noch höherem Turm besitzt im rückwärtigen Bereich einen verzwickten Grundriss, denn in späteren Jahrhunderten wurden diverse Anbauten getätigt. Das majestätische Innere war ursprünglich vollständig ausgemalt und ist auch heute noch reich mit Fresken ausgestattet – Attraktion ist in der Kuppel *Mariä Himmelfahrt* von Correggio. Weitere Fresken verschiedenen Alters gibt es im Altarbereich, an der inneren Fassadenwand (wirkungsvoll hineingesetzt das Glasfenster), an den oberen Wänden des Hauptschiffs und in den Seitenkapellen. Im rechten Querschiff ein bedeutendes Relief, die „Kreuzabnahme" von Antelami.

Das großartige *Baptisterium* mit seinen vier übereinanderliegenden Außengalerien stammt aus dem 12./13. Jh., die Marmorfassade erstrahlt in frischem Rosa. Sehr sehenswert ist der Innenraum. Kuppel und Apsiden sind völlig mit Fresken des 13. Jh. ausgemalt, die in der Kuppel wirken deutlich byzantinisch, zu erreichen auf einer Wendeltreppe. Auch der plastische Schmuck ist beachtenswert, vor allem die frisch restaurierten allegorischen Monatsstatuen.

Hinter dem Dom steht die Renaissancekirche *San Giovanni Evangelista* mit weiteren Fresken von Correggio, eindrucksvoll ist vor allem die „Vision des Johannes" in der Kuppel. Daneben liegt die *Antica Spezieria*, eine mittelalterliche *Apotheke* mit drei hintereinanderliegenden Räumen.

Öffnungszeiten/Eintritt **Dom**, tägl. 9–12.30, 15–19 Uhr; **Baptisterium**, tägl. 9–12.30, 15–18.30 Uhr, Eintritt ca. 4 €; **San Giovanni Evangelista**, tägl. 8–12, 15–20 Uhr; **Antica Spezieria di San Giovanni**, Mo–Sa 9–12, 15–18 Uhr, So 10–13, 15–18 Uhr, Eintritt ca. 2,10 €, bis 18 und über 60 J. frei.

Palazzo della Pilotta: Der riesige Palast sollte die Macht der einflussreichen Farnese-Familie unterstreichen. Er wurde Ende des 16. Jh. begonnen, jedoch nie fertig gestellt und 1944 durch Bomben schwer zerstört. Der *Piazzale della Pace* vor dem Palast ist heute als einladende Grünzone mit einem großen, eingefassten Teich gestaltet und dient als beliebter Treffpunkt und Flanierzone der Jugend. Im Inneren findet man die *Biblioteca Palatina*, ein *Archäologisches Museum* und vor allem die bedeutende *Galleria Nazionale* mit zahlreichen Werken der einheimischen Meister Correggio und Parmigianino, außerdem Piombino, Bronzino, Tiepolo, Murillo, El Greco und Holbein. Um in die Galerie zu gelangen, durchquert man das ganz aus Holz erbaute *Teatro Farnese* von 1618 – es ist dem Teatro Olimpico von Palladio in Vicenca nachempfunden, wurde im Weltkrieg zerstört und wieder aufgebaut.

Öffnungszeiten/Eintritt **Archäologisches Museum**, Di–Sa 9–13, So 15–18 Uhr, Mo geschl., Eintritt ca. 2 €; **Galleria Nazionale**, Di–So 8.30–13.45 Uhr, Mo geschl., Eintritt ca. 6 € (mit Teatro Farnese). **Teatro Farnese**, Di–So 8.30–14, Mo geschl., Eintritt ca. 2 €.

Weitere Sehenswürdigkeiten im Zentrum: Das 1829 eröffnete Opernhaus *Teatro Regio* unmittelbar südlich des Piazzale della Pace gehört zu den renommiertesten Opernhäusern Italiens. Verdi feierte hier große Erfolge, wurde vom kritischen Publikum aber auch mehrfach abgelehnt. Der prächtige Innenraum prangt in Gold und besitzt herrliche Deckenmalereien.

Gegenüber vom Palazzo della Pilotta zeigt das *Museo Glauco Lombardi* Stücke aus der Regierungszeit (1816–47) der habsburgischen Herzogin Marie-Louise.

Die nahe gelegene *Camera di San Paolo* in der Via Melloni, ehemalige Wohnung einer Äbtissin in einem früheren Benediktinerkloster, wurde von Correggio mit Fresken ausgemalt.

Öffnungszeiten/Eintritt **Teatro Regio**, Mo–Sa 10.30–12, Eintritt ca. 2 €; **Museo Glauco Lombardi**, Di–Sa 10–15, So 9–13 Uhr, Eintritt ca. 4 €; **Camera di San Paolo**, tägl. 8.30–13.45 Uhr, Eintritt ca. 2 €.

Westlich vom Fluss: Über den Ponte Verdi kommt man in den weitläufigen *Parco Ducale* mit dem *Palazzo Ducale*. Besonders an Sonntagen blüht dort das Leben, viele Kinder tummeln sich und am Stadtteich werden die dicken Karpfen gefüttert. Südlich vom Park, in der Via Rodolfo Tanzi, steht die *Casa natale e Museo di Arturo Toscanini*, das Geburtshaus des berühmten Dirigenten Toscanini, mit einer Fülle von Exponaten zu seinem Leben und Werk.
Öffnungszeiten/Eintritt Palazzo Ducale, Mo–Sa 9.30–12, So geschl., Eintritt ca. 3 €; Casa natale e Museo di Arturo Toscanini, Di–So 9–13, 14–18 Uhr, Mo geschl., Eintritt ca. 2 €.

Parma/Umgebung

Museo Ettore Guatelli: ein Leben als Sammler

Ein höchst ungewöhnliches Museum kann man in *Ozzano Taro* besuchen, 20 km südwestlich von Parma. Mehr als 60.000 Alltagsgegenstände des bäuerlichen Lebens füllen das Haus von Ettore Guatelli, einem 1910 hier geborenen Autodidakten, der es bis zum Professor brachte und buchstäblich alles sammelte, was ihm in die Finger fiel – eine faszinierende und wunderbar platzierte Sammlung, in der der Surrealismus des Alltags deutlich wird.
Öffnungszeiten/Eintritt Mo–Fr 9–12, 15–18 Uhr, Sa 16–19 (Okt. bis Mai 15–18 Uhr), So 9–12, 16–19 Uhr (Okt. bis Mai 15–18 Uhr), Mo geschl., Eintritt ca. 5 €, über 65 J. 3 € (www.museoguatelli.it).

▶ **Salsomaggiore Terme**: Im sanften Hügelland westlich von Parma liegt die „große Salzstadt", eins der bedeutendsten Thermalbäder Italiens. Wo man jahrhundertelang Salz gewonnen hatte, erkannte man im 18. Jh., dass die jod- und bromhaltigen Quellwasser Heilwirkung hatten. Mittels tiefer Brunnen wird seitdem das wertvolle Nass aus dem Boden gefördert, und in diversen Thermen findet der Badebetrieb statt. Über hundert Hotels beherbergen hauptsächlich Arthritis- und Rheumakranke.

▶ **Castello di Torrechiara**: Von Parma in Richtung Langhirano fahren, der Weg führt durch Bergdörfer, in denen Parmaschinken, Salume und Parmigiano hergestellt werden. Das massiv ummauerte Kastell aus dem 15. Jh. gehört zu den eindrucksvollsten der Region.
Öffnungszeiten/Eintritt April bis Sept. Di–So 8.30–18.45 Uhr, übrige Zeit Di–So 8–15.15 Uhr, Sa/So 9–16.15 Uhr, Mo geschl.; Eintritt ca. 3 €.

▶ **Brescello**: Unmittelbar am Po liegt dieses geradezu auffallend unauffällige Landwirtschaftsdorf. Der schläfrige Hauptplatz mit der unscheinbaren Kirche brütet in der Sonne. *Don Camillo* tritt aus dem Portal, *Peppone*, der kommunistische Bürgermeister, kommt aus dem Rathaus … ein geradezu klassischer Gegensatz, der in den Romanen von Giovannino Guareschi auflebt. Der Po war in den fünfziger Jahren die Nahtstelle zwischen zwei katholisch und kommunistisch geprägten Landstrichen (nördlich und südlich vom Fluss) und damit geradezu prädestiniert für die legendäre Verfilmung der liebenswerten Geschichten von „Don Camillo und Peppone". Ein paar Ecken vom Hauptplatz liegt das beschilderte *Museo Don Camillo e Peppone* mit einer wahren Bilderbuchkneipe.
Öffnungszeiten Museo Don Camillo e Peppone, Mo–Sa 10–12, 14.30–18, Sa/So 9.30–12, 14–19 Uhr, Spende erbeten.

Auf den Spuren Giuseppe Verdis

Nordwestlich von Parma findet man mehrere Erinnerungsstätten an den genialen Komponisten von „Aida", „Rigoletto", „La Traviata" und „Nabucco". 1813 wurde Verdi im Dörfchen **Roncole**, 4 km östlich von Busseto, geboren. Die **Casa Natale**, ein schlichtes Bauerngehöft an der Durchgangsstraße, in der Verdis Vater eine bescheidene Schankwirtschaft betrieb, kann besucht werden. In der Kirche gegenüber hat Verdi bereits als Zehnjähriger die Orgel gespielt und später als angestellter Organist.

Eindrucksvoller als das Geburtshaus ist die **Villa Verdi**, etwa 5 km nördlich von Busseto (der Beschilderung folgen). 1849 ließ der bereits damals gefeierte Komponist diesen großen Landsitz mit herrlichem Park anlegen. Eine Nachfahrin Verdis führt heute durch das Anwesen.

Ausklingen lassen kann man die Verdi-Tour mit einem Besuch *Bussetos*. Hier ging der Maestro zur Schule und es gibt kaum einen Laden, der nicht mit seinem Konterfei verziert ist. Auf dem Platz vor der *Rocca* ist der große Sohn der Stadt mit einem gewaltigen Denkmal verewigt. Im Kastell findet man das im 19. Jh. gegründete *Teatro Verdi* und das Informationsbüro, auf der anderen Platzseite steht die Backsteinkirche *Collegiata di San Bartolomeo*. Entlang der schnurgeraden Hauptgasse reihen sich prächtige alte Palazzi. Den *Palazzo Orlandi* in der Via Roma 56 hatte der junge Maestro 1845 gekauft, er lebte hier mit der Sängerin Giuseppina Strepponi zusammen (seine spätere zweite Frau), mit der er in Mailand große Erfolge feierte, und schrieb u. a. den „Rigoletto". Die *Casa Barezzi* in der Via Roma 119 ist das Haus eines wichtigen Mäzen Verdis, dessen Tochter Margherita seine erste Frau war. Etwas außerhalb liegt die *Villa Pallavicino*. Sie besteht aus fünf gleichartigen, mit Fresken ausgestatteten Baukörpern, die durch Porticos miteinander verbunden sind. In einem ist das *Museo Civico* untergebracht, neben Dokumenten zur Stadtgeschichte und zu Verdis Leben steht hier auch das Spinett, auf dem Verdi seinen ersten Musikunterricht erhielt.

• *Öffnungszeiten/Eintritt* **Casa Natale**, März bis Okt. Di–So 9.30–12.30, 14.30–18.30 Uhr, Nov. bis Febr. Sa/So 9.30–12, 14–16 Uhr, Eintritt ca. 4 €.
Villa Verdi, Di–So 9–11.40, 15–18.40 Uhr (Winter bis 17.30 Uhr), Eintritt ca. 6 €.
Teatro Verdi, März bis Okt. Di–So 9.30–13, 15–18.30, übrige Zeit 9.30–12.30, 14.30–16.30 Uhr, Eintritt ca. 4 €, nur mit Führung.
Palazzo Orlandi, Di–So 9.30–12.30, 14.30–17.30 Uhr, Eintritt ca. 3 €.
Casa Barezzi, im Sommer Di–So 10–12.30, 15–18.30 Uhr (August geschl.), Winter Sa/So 10–12 Uhr (Dez. Di–So), Eintritt ca. 3 €.
Villa Pallavicino, Febr. bis Sept. Sa/So 9.30–12.30, 15–19 Uhr, übrige Tage außer Mo nur mit Anmeldung unter ✆ 0524/92487, Eintritt ca. 2,50 €. Sammelticket für Geburtshaus, Verdi-Theater und Casa Barezzi 8 €.

• *Übernachten/Essen & Trinken* *** **I due Foscari**, sehr schönes, mit antikem Mobiliar und Erinnerungsstücken an Verdi und seine Zeit ausgestattetes Hotel, geführt vom Sohn des berühmten Tenors Carlo Bergonzi. DZ mit Frühstück ca. 75–100 €, Piazza Carlo Rossi 15, ✆ 0524/930031, ✆ 91625, www.iduefoscari.it.
Ugo, Via Mozart 3, kleines, aber feines Ristorante mit hervorragender Küche zu angemessenen Preisen. Di-Abend und Mo geschl. Reservierung obligatorisch unter ✆ 052492307.

Von Parma nach La Spezia (Ligurien)

Schöne Fahrt über den wilden Kamm des Apennin hinunter nach La Spezia, Ausgangspunkt einer Ligurienfahrt oder für die Fahrt entlang der toskanischen Küste.

Bei etwas Zeit unbedingt die SS 62 nehmen, es geht kurvig durch dicht bewaldete Hänge mit artenreicher Vegetation. Vor *Berceto* der einzige Campingplatz der Strecke.

* *Übernachten* I Pianelli, großer Campingplatz im Grün der Berge, ganzjährig geöffnet, viele Wandermöglichkeiten, Fußballplatz. Angeschlossen sind drei Hostels – am Campingplatz selber, in Cassio und Tugo, Kostenpunkt mit Frühstück ca. 15 € pro Pers. ✆ 0525/629014, 📠 629421, www.ipianelli.com.

La Spezia und Umgebung → S. 441.

▶ **Canossa**: Brennpunkt des mittelalterlichen Investiturstreits zwischen König und Papst. Der Dauerbrenner zahlloser Schulaufgaben und historischer Examensarbeiten liegt südlich von Reggio in den steilen Ausläufern des Apennin. Bis heute – und wahrscheinlich noch in Jahrhunderten – müssen zahllose Generationen von entnervten Schülern büffeln, was es mit dem „Gang nach Canossa" auf sich hatte ... Jeder „geht" irgendwann einmal „nach Canossa", d. h. kriecht aus taktischen Überlegungen zu Kreuz vor einem Gegner, der im Moment die besseren Trümpfe in der Hand hat. Wer jedoch das reale Canossa besuchen will, tut besser daran, zu *fahren*: handtuchschmale Serpentinensträßchen winden sich von der Poebene steil hinauf durch frische grüne Wälder und Wiesen, vorbei an kahlen Erosionshängen und mit herrlichen Rückblicken in die Ebene – bis plötzlich hinter einer Kurve der markante Felsklotz mit der bescheidenen Ruine auftaucht. Viel ist nicht mehr erhalten von der Burg der Gräfin Mathilde, die hier einst weite Landstriche besaß. Das Gefühl, an einem Platz zu stehen, wo „Geschichte gemacht wurde", ersetzt aber leicht das Fehlen spektakulärer Sehenswürdigkeiten. Man erkennt die Grundrisse einiger Räume, in erster Linie die Apsis der *Burgkapelle* mit zwei Säulenstümpfen – wahrscheinlich löste Gregor VII. an dieser Stelle Heinrich IV. vom Kirchenbann. Gegenüber der Ruine steht das kleine *Museum* mit Keramikfunden, Steinen, Säulenkapitellen und anderen Relikten aus verschiedenen Epochen.

* *Anfahrt/Verbindungen* Von Reggio über **Quattro Castella** oder **San Polo**, ab diesen Orten ist Canossa beschildert. Keine Busse.

* *Öffnungszeiten/Eintritt* **Burg und Museum**, Juni bis Sept. Di–So 9–12.30, 15–19 Uhr, übrige Zeit 9–12.30, 14.30–17 Uhr, Eintritt frei.

Modena
ca. 175.000 Einwohner

Der Dom ist eins der großartigsten Werke der mittelalterlichen Baukunst Oberitaliens. Das auf den Straßenzügen einer römischen Garnisonsstadt erbaute historische Zentrum ist verkehrsberuhigt, lange Gassen mit Laubengängen durchziehen die Innenstadt.

Modenas Aufstieg begann mit dem Geschlecht der Este, die wegen eines Konfliktes mit dem Kirchenstaat ihr Machtzentrum vom nahen Ferrara hierher verlagern mussten. Bis ins 18. Jh. prägten sie die Stadt und errichteten stolze Bauten, darunter den mächtigen Palazzo Ducale. Heute ist Modena Verkehrsknotenpunkt – hier trifft die Autobahn vom Brenner auf die Strecke von Mailand nach Bologna – und eine der wichtigsten Industriestädte der Poebene. Zahlreiche Autofirmen lassen hier produzieren, darunter Ferrari und Maserati. Die Beschäftigungslage ist ausgezeichnet und Modena gehört zu den Städten mit dem höchsten Pro-Kopf-Einkommen Italiens.

Dass die Küche Modenas zu den besten der Poebene, ja ganz Italiens gehören, bezeugten viele Feinschmecker, darunter auch Startenor Luciano Pavarotti, der hier

458 Emilia-Romagna

geboren wurde. Zu den typischen Fleischgerichten „all'aceto balsamico" sollte man nicht versäumen, den wunderbar schaumig-prickelnden „Lambrusco di Modena" zu kosten.

Anfahrt/Verbindungen/Information

• *Anfahrt/Verbindungen* **PKW**, Modena ist wichtiger Verkehrsknotenpunkt und liegt am Schnittpunkt zweier Autobahnen, der A 1 von Mailand und der A 22 von Verona. In den ruhigen Seitengassen außerhalb der Altstadt findet man Parkplätze.
Bahn, Modena liegt an der Strecke von Mailand nach Bologna, Bahnhof ca. 1,5 km nördlich vom Zentrum, ATCM-Bus 7 fährt in die Stadtmitte.
Fahrrad, an verschiedenen Stellen kann man Fahrräder leihen, z. B. im Bahnhof und beim Parco Novi Sad.
• *Information* **IAT**, Via Scuderi 12, vom Domplatz aus Richtung Osten erste Seitengasse rechts. Riesenmenge an Material. Mo 15–18, Di–Sa 9.30–12.30, 15–18, So 9.30–12.30 Uhr. ✆ 059/206660, ✆ 206659, www.comune.modena.it/infoturismo.

Essen & Trinken

• *Übernachten* *** **Centrale**, gekonnt restauriertes Haus mit modernem Innenleben, schlichte, klare Linien und viel Platz in 36 Zimmern, gepflegt und sauber, alle Zimmer mit Teppichböden, TV und Klimaanlage. DZ mit Frühstück ca. 75–130 €, Frühstück ca. 8 € pro Pers., Garagenplatz ca. 10 €. Via Francesco Rismondo 57, ✆ 059/218808, ✆ 238201, www.hotelcentrale.com.
** **Cervetta**, südlich vom Dom, modernes, ganz zentral gelegenes Hotel mit Garage. DZ mit Frühstück ca. 80 €. Via Cervetta 5, ✆/✆ 059/238447, hotelcervetta5@virgilio.it.
** **San Geminiano**, südöstlich außerhalb vom Zentrum, mit Parkplatz. DZ mit Frühstück ca. 75 €. Viale Moreali 41, ✆ 059/210303.
* **Sole**, etwas versteckte, aber zentrale Lage, klein und sauber. DZ mit Etagendusche ca. 45–55 €. Via Malatesta 45, ✆ 059/214145.
• *Jugendherberge* **Ostello San Filippo Neri (IYHF)**, zentrale Lage zwischen Bahnhof und Centro storico. 80 Betten, Übernachtung ca. 15,50 €, im Familienzimmer 17 €. Ganzjährig. Via Santa Orsola 48/52, ✆/✆ 059/234598, www.ostellionline.org.
• *Camping* **International Modena**, direkt an der Autobahnausfahrt Modena Nord, ziemlich laut. Ein Platzteil mit Bäumen, dazu eine schattenlose Wiese. Sanitäranlagen einfach, aber heiße Duschen. Bar am Gelände, Restaurant benachbart. April bis Sept. ✆/✆ 059/332252.
• *Essen/Trinken* **Lambrusco**, der berühmte Weinessig *aceto balsamico* und **zampone** (gefüllter Schweinsfuß) sind nur einige der Spezialitäten, mit denen Modena versucht, Bologna den Ruf als kulinarische Hauptstadt der Emilia-Romagna streitig zu machen.
Caffè Concerto, direkt an der Piazza Grande, großes „In"-Cafè mit American Bar und Restaurant in den hohen Gewölben des Palazzo Comunale, Blick auf den Dom. Menü vom Land und vom Meer, große Weingalerie, nicht billig. ✆ 059/222232.
Zelmira, geschmackvoll eingerichtetes Lokal mit Außenterrasse an einem der wenigen Plätze der Altstadt. Etwas teurer und feiner, Schwergewicht auf Fleischgerichten. Do-/Fr-Mittag und Mi geschl. Piazza San Giacomo, ✆ 059/222351.
Santa Chiara, gemütliche Altstadtosteria mit Backsteinwänden, im Sommer stehen auch einige Tische draußen. *Pasta e fagioli* und *tortellini* gehören zu den Spezialitäten. Es wird etwas Deutsch gesprochen. So geschl. Via Ruggera 3/5, ✆ 059/225302.
Ruggera, weitere kleine Osteria in derselben Gasse, auch hier wenige Tische im Freien. Die Chefin Anna Guaragno stammt aus dem Süden Italiens, so werden hier auch einige mediterrane Gerichte serviert. Di geschl. Via Ruggera 18, ✆ 059/211129.
Papillon, anheimelnder Innenraum mit Holzdecke, vor dem Haus überdachte Terrasse, große Auswahl, auch Pizza. Piazza Giacomo Matteotti 40, nördlich der Hauptstraße Via Emilia, ✆ 059/222610.
TIPP! **Ermes**, traditionelle Osteria in einem schön restaurierten Haus, authentische Küche der Region, vor allem leckere Pasta. Günstige Preise. Nur mittags, So geschl. Via Ganaceto/Ecke Via Castelmaraldo, nördlich der Via Emilia, kein Telefon.

Modena

- *Preiswert* **Ghirlandina Grill**, Mensa in der Nähe vom Dom, günstige Mahlzeiten. Nur mittags, Sa/So geschl. Via Vescovo Leodoino 9.
- *Außerhalb* **Osteria di Rubbiara**, im kleinen Weiler Rubbiara, 10 km östlich von Modena. Eine Institution, 1862 gegründet und seitdem von der Familie Pedroni geführt. Italo und Giuseppe Pedroni bieten in ihrer kleinen Trattoria wunderbare Pastagerichte zu fairen Preisen, sind außerdem renommierte Balsamico-Hersteller. So, Mo, Mi, Do nur mittags geöffnet, Di geschl. Reservierung empfohlen, ✆ 059/549019.

Sehenswertes

Quer durch die Innenstadt verläuft als roter Faden die *Via Emilia*, teilweise flankiert von hohen Laubengängen. An der großzügigen *Piazza Grande* trifft sich am frühen Abend die halbe Männerwelt von Modena vor der Seitenfront des Doms. Südlich der Piazza kann man durch die ruhigen Gassen der Altstadt bummeln.

Dom: Nicht nur Pisa hat seinen schiefen Turm, auch der Glockenturm des Doms, die hohe, schlanke „Ghirlandina", sinkt allmählich seitwärts, ebenso die von einem Schutzgitter umgebene Apsis. Der prachtvolle romanische Bau besitzt eine vielgestaltige weiße Marmorfassade, deren schmückende Blendarkaden sich auch noch an den Längsseiten fortsetzen, an der Platzseite außerdem zwei schöne Portale. Das reich verzierte *Hauptportal* der Kirche wird flankiert von zwei großartigen *Basreliefs*, die zu den frühesten ihrer Art gehören (zwei weitere über den Nebenportalen). Die Themen reichen von der Erschaffung von Adam und Eva und der Vertreibung aus dem Paradies bis Kain und Abel und Arche Noah. Das Innere ist düster und feierlich, hat aber seine gotische Struktur hervorragend bewahren können. Eine elegante Galerie mit Dreifachfenstern zieht sich oben entlang, unter dem erhöhten Chor liegt eine große Krypta. Viele Details sind zu betrachten – der *Lettner* (Chorbrüstung) ruht auf Säulen, die von Löwen gestützt werden. Seine prachtvollen Basreliefs zeigen das Abendmahl und die Leidensgeschichte Jesu. Ganz herrlich die gebückten Männlein, die seitlich davor mürrisch die schwere Last der Bischofskanzel tragen. Über dem Lettner hängt ein äußerst realistisches *Kruzifix* aus dem 14. Jh., im Altarbereich oben findet man *Chorgestühl* mit wundervollen Intarsien. Die Krypta ist ein ganzer Wald von Säulen, äußerst realistisch die *Krippenszene* mit lebensgroßen Figuren. Der Junge verzieht beim Essen sein Gesicht, daher der schöne Name Madonna della Pappa, die „Griesbrei-Maria".

Öffnungszeiten/Eintritt **Dom**, tägl. 7–12.30, 15.30–19.30 Uhr, Juli/August nur bis 12 und 19 Uhr. Der **Turm** kann jeden Sonntag bestiegen werden (10–13, 15–19 Uhr, August geschl., ca. 2 €).

Palazzo Comunale: Die mit Fresken, Ölgemälden, Wandteppichen und historischem Mobiliar ausgestatteten Repräsentationsräume im Piano Nobile des *Palazzo Comunale* können besichtigt werden. Man erreicht den ersten Stock durch einen schönen Treppenaufgang unter den Arkaden. Ausgestellt ist hinter Glas auch der legendäre Holzeimer *Secchia rapida*, den die Modeneser den Bolognesern nach einer Schlacht geraubt hatten.

Öffnungszeiten/Eintritt Mo–Fr 8–19, Sa 8–13 Uhr, So geschl. ✆ 059/206660.

Markt: Nur wenige Schritte südlich der Piazza Grande steht an der Via Albinelli die schöne *Jugendstilmarkthalle* der Stadt, ein wahrer Augenschmaus. Fest montierte Verkaufskioske stehen gleich nebenan auf der schmalen Piazza XX Settembre.

Palazzo dei Musei: Der mächtige Palast steht am westlichen Beginn der Via Emilia und beherbergt die städtischen Museen, deren Grundstock bereits von den Fürsten der Este-Dynastie gelegt wurde.

Das *Museo Lapidario Estense* im Erdgeschoss zeigt eine umfangreiche Sammlung von Grabsteinen, Stelen und Sarkophagen aus römischer Zeit bis ins späte Mittelalter, die alle Wände und den Innenhof in Beschlag nehmen. Die *Biblioteca Estense* besitzt wertvolle Handschriften, darunter die von Crivelli überreich illustrierte Bibel des Borso d'Este. Die *Galleria Estense*, die große Gemäldesammlung der Este, hatte ihren Standort ursprünglich im *Palazzo Ducale*, die Werke stammen hauptsächlich von venezianischen und emilianischen Meistern. Das *Museo Civico Archeologico Etnologico* und das *Museo Civico d'Arte* zeigen Stücke von der Steinzeit bis zum Mittelalter, darunter auch vieles aus anderen Kontinenten. Angebaut ist die mit eindrucksvollen Skulpturen und großflächigen Deckenfresken überreich ausgestattete Kirche *Sant'Agostino*.

- *Öffnungszeiten/Eintritt* **Museo Lapidario Estense**, tägl. 8–19.30 Uhr, Eintritt frei. **Biblioteca Estense**, Mo–Do 8.30–19.15, Fr 8.30–15.45, Sa 8.30–13.45 Uhr, So geschl., Eintritt ca. 2,60 €. **Galleria Estense**, Di–So 8.30–19.30 Uhr, Mo geschl., ca. 4 € (unter 18 und über 60 J. frei). **Museo Civico Archeologico Etnologico** & **Museo Civico d'Arte**, Di–Sa 9–12, 15–18, So 10–13, 15–19 Uhr, Eintritt ca. 4 €. Sammelticket für Musei Civici, Galleria Estense und Musei del Duomo ca. 6 €.

Ferraristi aufgepasst! Das Gelände um das **Geburtshaus** des Firmengründers Enzo Ferrari (1898–1988) in der Via Paolo Ferrari 85 (Nähe Bhf.) wird derzeit zu einem hochmodernen Museumskomplex ausgebaut, geplant ist ein Bau von 6000 qm. Näheres unter www.fondazionecasanataleenzoferrari.it und bei der Tourist-Info.

▸ **Modena/Umgebung**: Südlich von Modena finden Auto-Fans in *Maranello* die Ferrari-Werke. Sie sind offiziell nicht zu besichtigen, doch die *Galleria Ferrari* zeigt eine Ausstellung der schönsten „Ferraris" und Formel-1-Rennwagen aus der Geschichte des Konzerns. Viele Jahre lang läutete nach jedem Sieg Ferraris Don Erio Belloi, der Küster des örtlichen Doms, enthusiastisch die Kirchenglocken. Nach seinem Tod 1997 hat Nachfolger Don Alberto Bernadoni diese Tradition beibehalten.
Öffnungszeiten/Eintritt **Galleria Ferrari**, tägl. 9.30–18 Uhr, Eintritt ca. 12 €, Kinder 6–10 J. 8 €, ✆ 0536/943204, www.galleria.ferrari.com.

▸ **Carpi**: Die Kleinstadt nördlich von Modena, direkt neben der Autobahn, wurde im 16. Jh. vom Renaissancefürsten Alberto III aus der Familie Pio zu einem prunkvollen Adelssitz gemacht. Unter seiner Regierung wurde der unglaublich große Hauptplatz Piazza dei Martiri angelegt, der an einer Seite von einem langen Arkadengang flankiert wird. Gegenüber steht der mächtige *Palazzo dei Pio*. In einem seiner Seitenhöfe erinnert das *Museo Monumento al Deportato Politico e Razziale* mit großen Wandgemälden, Zeichnungen und Briefen daran, dass im Zweiten Weltkrieg von Carpi etwa 15.000 Italiener in verschiedene KZs von Hitlerdeutschland und Polen verschleppt wurden.
Die Ruinen des damaligen Sammellagers kann man im wenige Kilometer nördlich liegenden Dorf *Fossoli* besichtigen, beschildert ist es mit „Ex-Campo di concentramento", eine engagierte Stiftung kümmert sich um die Erhaltung (www.fondazione fossoli.org).

- *Öffnungszeiten/Eintritt* **Museo Monumento al Deportato**, Do, Sa/So 10–12.30, 16–20 Uhr, Eintritt frei. ✆ 059/688272. **Ex-Campo di concentramento**, nur So 10–12.30, 15–19 Uhr, Eintritt frei. ✆ 059/688272.

Jeder fährt Fahrrad in Ferrara

Ferrara

ca. 140.000 Einwohner

Ruhige und sympathische Stadt in der brettflachen Ebene des Po – viele Radfahrer, weder Lärm noch Abgase in der für Autos gesperrten Innenstadt, vergleichsweise wenige Touristen und zahlreiche historische Bauten. 1391 wurde die Universität gegründet, sie ist damit die zweitälteste der Welt und hat heute etwa 12.000 Studenten.

Die mächtige Familie der Este baute Ferrara zu einem der wichtigsten Renaissance-Zentren Italiens aus, zeitweise war es gleichbedeutend mit Florenz, Mailand und Venedig. Mit dem Weggang der Este Ende des 16. Jh. nach Modena kam jedoch der rasche Niedergang, Ferrara blieb über Jahrhunderte „öde und menschenleer", wie viele Reisende, darunter auch Goethe, feststellten. Auf Spuren des ehemaligen Reichtums trifft man heute auf Schritt und Tritt. Mitten in der Stadt dominiert das riesige Kastell der Este, wenige Schritte entfernt erhebt sich der monumentale Dom, eine 9 km lange, fast vollständig erhaltene Mauer umgibt das Zentrum. Schon seit dem 13. Jh. begannen die Este das Stadtbild zu prägen und Ende des 15. Jh. vergrößerte Ercole I d'Este Ferrara fast ums Doppelte. Mit langen, schnurgeraden Straßen und großzügigen Palazzi ließ er nördlich vom Zentrum einen geschlossenen Renaissancekomplex errichten, der für seine Zeit revolutionär war. Im reizvollen Gegensatz dazu stehen heute die eng gekrümmten Pflastergassen des mittelalterlichen Viertels im Südosten des *centro storico*. Vor einigen Jahren wurde Ferrara in die Liste des Weltkulturerbes der UNESCO aufgenommen.

Bis zu 100.000 Fahrräder sind täglich in Ferrara unterwegs – damit wird fast die Fahrraddichte von Amsterdam erreicht.

Emilia-Romagna

Anfahrt/Verbindungen/Information

- *Anfahrt/Verbindungen* **PKW**, das historische Zentrum ist für Autos gesperrt. Gratis parken kann man südlich vom Zentrum auf der Bastion Baluardo di San Lorenzo (vor dem Hotel San Paolo), gebührenpflichtig im Umkreis des benachbarten südlichen Stadttores Porta Paola.
  Bahn, Ferrara hat häufige Verbindungen nach Venedig, Bologna und Ravenna. Der Bahnhof liegt etwas westlich außerhalb vom Zentrum, den breiten Viale Cavour entlang kommt man in 15 Min. direkt zum Castello Estense mitten in der Stadt (Bus 2, 9 oder 11).
  Bus, Station an der Via Rampari San Paolo, Nähe Piazza del Travaglio. Viele Busse fahren auch ab Bhf.
  Fahrrad, Es gibt derzeit vier Stellen, wo Fahrräder verliehen werden: Via della Luna 10 (beim Kastell), Piazzale Stazione (beim Bahnhof), Piazzale Kennedy (Platz vor dem südlichen Stadttor) und Porta Paola (südliches Stadttor).
- *Information* **IAT** im Kastell, Mo–Sa 9–13, 14–18 Uhr. Viel Material (auch zum Podelta) und kompetente Auskünfte. ℡ 0532/299303 ℻ 212266, www.ferrarainfo.com.

Übernachten

*** **De Prati (1)**, in einem ruhigen Gässchen, wenige Meter nördlich vom Kastell. Ein Hotel mit Kunst: In der Lobby und im Frühstücksraum werden wechselnde Ausstellungen präsentiert, auch in den sorgsam ausgestatteten Zimmer hängen Kunstwerke. DZ mit Frühstück 75–110 €. Via Padiglioni 5, ℡ 0532/241905, ℻ 241966, www.hoteldeprati.com.

** **San Paolo (12)**, modern eingerichtetes Albergo am Südrand des Centro storico, vis-à-vis der Stadtmauer. Zimmer mit Teppichboden und TV, gute Bäder, sehr sauber. Parkmöglichkeiten in der Umgebung. DZ ca. 65–90 €, kein Frühstück. Via Baluardi 13, ℡/℻ 0532/762040, ℻ 768333, www.hotelsanpaolo.it.

** **Santo Stefano (7)**, schlichte Zimmer mit Steinfußboden, sauber und ruhig. DZ mit Bad ca. 50–70 €, mit Etagendusche 40–55 €, kein Frühstück. Via Boccanale Santo Stefano 21, ℡ 0532/206924, ℻ 210261.

* **Casa degli Artisti (9)**, in der Altstadt südlich vom Dom, DZ mit Bad ca. 60 €, mit Etagendusche ca. 43 €, kein Frühstück. Via Vittoria 66, ℡ 0532/761038.

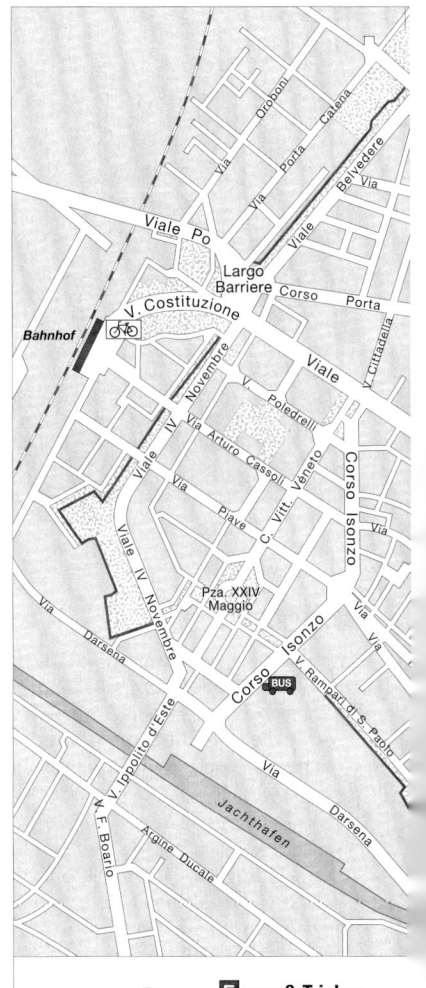

Ferrara
200 m

Übernachten
1 De Prati
3 Locanda Borgonuovo
7 Santo Stefano
9 Casa degli Artisti
10 La Lupa
12 San Paolo

Essen & Trinken
2 Hosteria Savonarola
6 L'Oca Giuliva
8 Centrale
11 Antica Osteria delle Volte
13 Il Cucco
14 Antica Trattoria Volano

Nachtleben
4 Due Gobbi
5 Al Brindisi

Ferrara 463

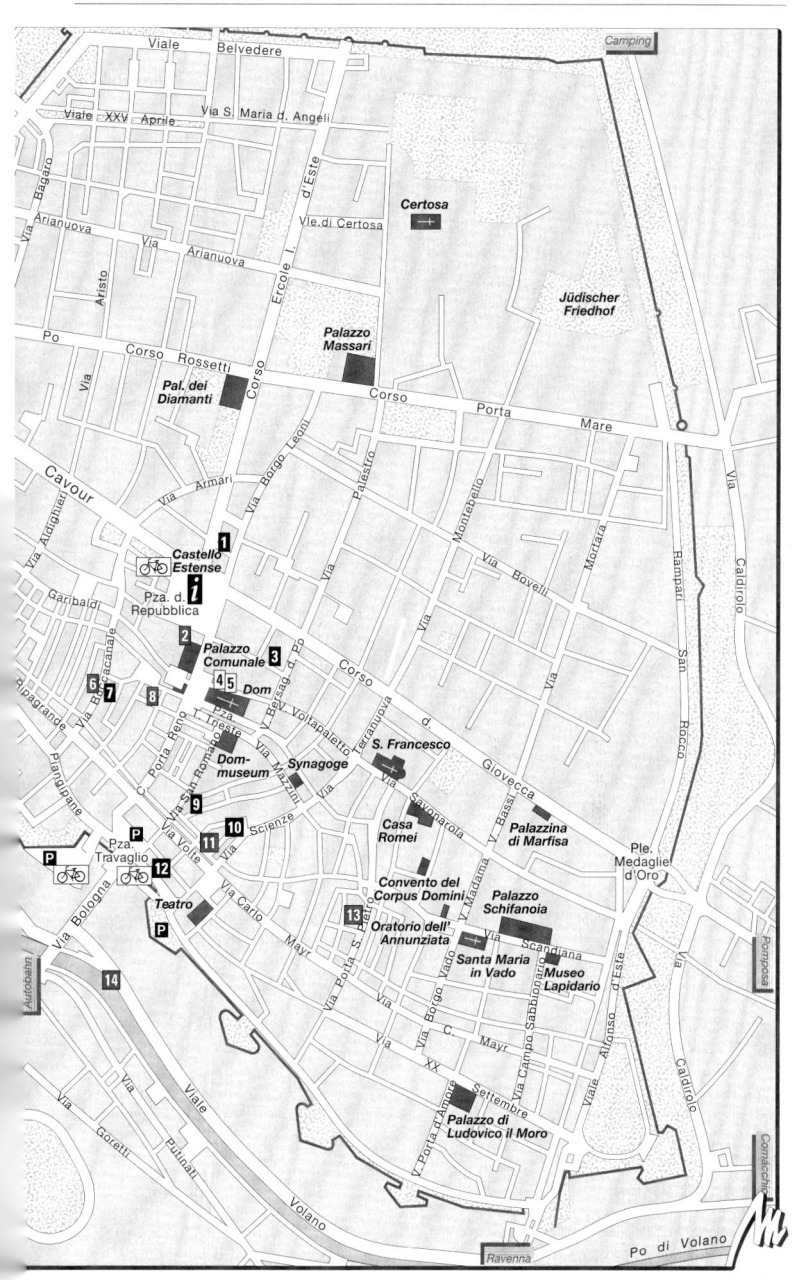

Emilia-Romagna Karte S. 448/449

* **La Lupa (10)**, kleines, gemütliches Albergo in der verwinkelten Altstadt. Neun Zimmer mit Etagendusche, DZ ca. 40–45 €, kein Frühstück. Vicolo della Lupa 8, ✆/📠 0532/760070.

TIPP! Locanda Borgonuovo (3), zentrale Lage, gegenüber vom Kastell eine Gasse hinein. Signora Adele Orlandini führt das stilvollste Bed & Breakfast der Stadt. Vier Zimmer mit ausgesuchtem Mobiliar, netter Innenhof. Es wird Englisch gesprochen. DZ mit Frühstück ca. 70–105 €. Via Cairoli 29, ✆ 0532/211100, 📠 246328, www.borgonuovo.com.

• **Jugendherberge** Das **Ostello Estense** ist derzeit geschl.

• **Camping Estense**, Wiesengelände mit großen Bäumen, moderne Sanitäranlagen, kein Laden, Kaffeeautomat. Vom Bhf. Bus 3 (relativ selten) oder ca. 1,5 km zu Fuß nach Norden des Stadtmauer. Ganzjährig geöffnet. Nördlich außerhalb der Stadtmauer, an der Via Gramicia ✆/📠 0532/752396, campeggio.estense@libero.it.

Essen & Trinken (siehe Karte S. 462/463)

Centrale (8), Familienbetrieb in ruhiger Gasse, immer auf der Speisekarte stehen die Tortelloni mit Schinken, Sahne und Trüffeln und die für Ferrara typischen *cappellacci di zucca*. Mi-Abend und So geschl. Via Boccaleone 8 (zweigt von der Via Ripagrande ab), ✆ 0532/206735.

Il Cucco (13), mitten im Gassengewirr der Altstadt, sympathische Trattoria mit gemütlich rustikalem Gastraum, dahinter ein schattig begrünter Hof, junge Wirte. Leckere Nudelgerichte, natürlich auch *cappellacci di zucca*. Mi geschl. Via Voltacasotto 3, ✆ 0532/760026.

Antica Trattoria Volano (14), das alte Wirtshaus am Flussarm südlich der Altstadt ist innen vollständig modernisiert, auch hier wird typische Ferrara-Küche serviert. Fr geschl. Viale Volano 20, ✆ 0532/761421.

Antica Osteria delle Volte (11), gemütliche Osteria mit dunklen Holztischen und Flaschengalerien an den Wänden. Gute Fleischgerichte, z. B. *misto di carni ai ferri* für ca.12 €. Di geschl. Via del Volte 37a (in der Altstadt, zu erreichen von der Piazza Verdi an der Via Carlo Mayr). ✆ 0532/762033.

Hosteria Savonarola (2), einladende Enoteca mit warmer Küche, ganz zentral im Laubengang vis-à-vis vom Savonarola-Denkmal. Do geschl. ✆ 0532/208681.

TIPP! L'Oca Giuliva (6), „Cucina e Cantina" – gepflegtes Weinlokal mit guter Slow-Food-Küche. Ferrareser Gerichte, häufig wechselnde Speisekarte, auch viel mit Fisch. Schöne Sitzplätze im Laubengang. Etwas teurer. Di-Mittag und Mo geschl. Via Boccanale Santo Stefano 38 (gegenüber Hotel Santo Stefano), ✆ 0532/207628.

• **Kneipen/Weinlokale Al Brindisi (5)**, unmittelbar neben dem Dom, nach eigenen Angaben die älteste Osteria Italiens, bereits 1435 ging man hier einen heben, u. a. war der polnische Astronom Kopernikus zu Gast. Zur Auswahl von 600 Weinen nimmt man in den winzigen Räumen Sandwichs zu sich, aber auch Nudel-, Bohnen- und Wurstspezialitäten. Mittlerweile auch Plätze auf der Straße vor dem Haus. Mo geschl. Via degli Adelardi 11.

Due Gobbi (4), angesagte Szenekneipe neben dem Al Brindisi, ab 22 Uhr wird es brechend voll und man steht auf der Straße, Bier und Wein fließen in Strömen.

Feste

Am letzten Maisonntag findet der **Palio di San Giorgio** statt, ein Pferderennen der acht Stadtviertel (Contrade), gefolgt von verschiedenen populären Veranstaltungen und einem großen Reiterspiel. Von Mitte Juli bis Mitte September läuft **Estate Ferrara** mit zahlreichen Veranstaltungen aus allen kulturellen Sparten – Tanz, Theater, klassische Musik, Rock, Jazz u. a. **TIPP!** Ende August lockt das **Busker's Festival** Straßenmusiker aus der ganzen Welt nach Ferrara.

Sehenswertes

Beherrschend im Stadtbild ist die *Piazza Cattedrale* mit dem Dom, dem gegenüberliegenden Palazzo Comunale und dem Uhrenturm. An der Längsseite des Doms liegt die *Piazze Trento e Trieste*, beliebter Treffpunkt der radelnden Männer von Ferrara.

Kathedrale: mächtig wie ein Ozeanschiff und eine interessante Synthese aus romanischen und gotischen Elementen, errichtet mit Unterbrechungen im 12.–14. Jh. Schöne dreiteilige Fassade, prachtvolles Portal mit reich verziertem Überbau. An der rechten Seitenfront der Kirche ist eine *Ladenzeile* mit Säulengang angebaut – lebendiges Zeugnis einer Symbiose von Kirche und Stadt. Durch eine Vorhalle gelangt man in den monumentalen Innenraum, der im Stil des 18./19. Jh. ausgestattet ist – klassizistisch überladen, aber doch sehr feierlich mit üppiger Goldbemalung und niedrig hängenden Kristallleuchtern. Angenehm warmes Licht fällt durch die farbigen Glasfenster und Oberlichter. In der Apsis riesiges Fresko „Das Jüngste Gericht" (Beleuchtung ca. 0,75 €) von Filippo Lippi, rechts im Querschiff Altar mit lebensgroßen Bronzestatuen.

Das *Dommuseum* ist in der Kirche San Romano südlich vom Dom untergebracht (→ Mittelalterliches Viertel).

Öffnungszeiten Mo–Fr 7.30–12, 15–18.30, Sa/So 7.30–12.30, 15.30–19.30 Uhr. Während der Messen keine Besichtigung.

Castello Estense: Die trutzige Burg der Este mit vier mächtigen Ecktürmen steht mitten in der Stadt. Von einem breiten Wassergraben umgeben, bildet sie eine eindrucksvolle Dekoration. Vom ehemaligen Prunk dieses enorm reichen Fürstenhofes kann man sich heute kaum noch eine Vorstellung machen – das Innere ist fast leer, erhalten sind noch einige Fresken, z. B. im *salone dei giochi*. Interessant ist auch ein anschauliches Tonmodell der Stadt. In den unterirdischen Gefängnissen wartete u. a. Parisina, die Gattin Niccolos III d'Este, auf ihre Hinrichtung, nachdem sie ihren Gatten mit ihrem jungen Stiefsohn Ugo betrogen hatte.

Vor dem Kastell steht an exponierter Stelle das Denkmal *Savonarolas*. Der leidenschaftliche Reformator, der in Florenz gegen die Verschwendungssucht der Medici kämpfte (→ S. 590), wurde 1452 in Ferrara geboren.

Öffnungszeiten/Eintritt Di–So 9.30–17 Uhr, Mo geschl.; Eintritt ca. 6 €, über 65 J. ermäß., unter 10 J. frei.

Renaissance-Palazzi: An den schnurgeraden Straßen reihen sich viele Dutzend Palazzi, die Außenfassaden sind oft schmucklos und nüchtern, dahinter liegen aber große Gärten und auch das Innenleben lohnt zuweilen – einige sind zur Besichtigung geöffnet. Die meisten findet man an den breiten Straßen im Nordteil des Zentrums: Corso Porto Ercole d'Este und Corso della Giovecca, außerdem am Rand des mittelalterlichen Stadtviertels, z. B. Via XX Settembre und Via Scandiana. Der breite Corso della Giovecca beginnt beim Castello und ist eine der Hauptstraßen der Stadt, an der Nr. 170 die *Palazzina di Marfisa d'Este* mit Fresken von Filippi. Nur zwei Ecken entfernt an der Via Savonarola 30 die *Casa Romei*, ein ehemaliges Kaufmannshaus der Renaissance mit Skulpturen und Fresken.

Der große *Palazzo di Schifanoia* an der Via Scandiana 23 beherbergt das *Museo Civico di Arte Antica* und besitzt in seinem „Salone dei Mesi" die großartigsten, leider weitgehend sehr schlecht erhaltenen Fresken der Stadt: Szenen aus dem Leben des Borso d'Este, das höfische Leben des 15. Jh. und Monatsallegorien.

Das *Museo Lapidario* in der ehemaligen Chiesa di Santa Libera in der nahen Via Camposabbionario kann nur zusammen mit dem Palazzo di Schifanoia besucht werden und besitzt eine große Sammlung von römischen Marmorsteinen aus der Provinz Ferrara, hauptsächlich Grabsteine und Sarkophage.

Der *Palazzo Ludovico Il Moro* an der Via XX Settembre 124 ist berühmt für seinen Arkadenhof und beherbergt das *Archäologische Museum* mit Funden der nahen griechisch-etruskischen Stadt Spina.

Der *Palazzo dei Diamanti* steht am gepflasterten Corso Ercole d'Este, der vom Castello nach Norden führt – sogenannt, weil die gewaltigen Fassadensteine wie Diamanten behauen sind. Die typische Rustika-Fassade glänzt in Weiß und leichten Rosatönen, was den strengen, ebenmäßigen Stil etwas mildert. Im Erdgeschoss wechselnde Ausstellungen moderner Kunst, im ersten Stock die *Pinacoteca Nazionale* mit Werken der Ferrareser Schule des 14.–16. Jh.

- *Öffnungszeiten/Eintritt* **Palazzina di Marfisa d'Este**, Di–So 9–13, 15–18 Uhr, Mo geschl., Eintritt ca. 2 €, frei unter 18 J.
Casa Romei, Di–Sa 8.30–19.30, So 8.30–14 Uhr, Mo geschl., Eintritt ca. 2 €, von 18–25 J. die Hälfte, unter 18 und über 65 J. frei.
Palazzo di Schifanoia, Di–So 9–18 Uhr, Mo geschl., Eintritt ca. 4,50 €, über 65 J. 2 €, unter 18 J. frei.
Il Lapidario, Di–So 9–18, Mo geschl., Eintritt ca. 5 € (zusammen mit Palazzo Schifanoia), über 65 J. 3 €, frei unter 18 J.
Palazzo Ludovico Il Moro & Museo Archeologico, Di–So 9–14 Uhr, Mo geschl., Eintritt ca. 4,20 €, von 18–25 J. die Hälfte, unter 18 und über 65 J. frei.
Pinacoteca Nazionale, Di–Sa 9–14 (Do 9–19 Uhr), So 9–13, Mo geschl., Eintritt ca. 4 €, von 18–25 J. die Hälfte, unter 18 und über 65 J. frei.

Mittelalterliches Viertel: Südöstlich des Doms blieb der ursprünglich verwinkelte Grundriss bis heute erhalten. Hauptgasse und Fußgängerzone ist die lebendige *Via San Romano* mit der gleichnamigen Kirche, in der das *Dommuseum* untergebracht ist. Holpriges Pflaster, alte Laubengänge und dunkle Torbögen findet man vor allem in der malerischen *Via delle Volte* im südlichen Teil der Altstadt, die im Mittelalter die Straße der Kaufleute war. Um die *Via Mazzini* lag jahrhundertelang das jüdische Viertel. Bis zum Zweiten Weltkrieg lebte in Ferrara eine der größten jüdischen Gemeinden Italiens, die von den Nazis und ihren Helfern fast völlig ausgerottet wurde. In der Nr. 95 blieb die einzige *Synagoge* der Stadt erhalten, gleichzeitig ist das Haus Sitz der israelitischen Kultusgemeinde mit einem *Museo Ebraico*. An der Fassade hängt eine Gedenktafel für die sechshundert in Auschwitz ermordeten Juden der Stadt. Etwa 500 m weiter östlich steht der *Convento del Corpus Domini* aus dem 15. Jh., zu erreichen über die Via Praisolo. In der Klosterkirche liegt Lucrezia Borgia begraben sowie einige Mitglieder des Hauses Este.

- *Öffnungszeiten/Eintritt* **Museo della Cattedrale**, Di–So 9–13, 15–18 Uhr, Mo geschl.; Eintritt ca. 5 €, unter 18 J. frei.
Museo Ebraico, Führungen So–Do 10, 11 und 12 Uhr; Eintritt ca. 4 €, Stud. ca. 3 €, Anmeldung unter ✆ 0532/210288.
Convento del Corpus Domini, Mo–Fr 9.30–11.30, 15.30–17.30 Uhr, Sa/So geschl., Eintritt frei.

Certosa und Jüdischer Friedhof: Im Norden der Stadt, jenseits des Corso Porta Mare, steht die *Certosa*, ein ehemaliges Kartäuserkloster aus dem 15. Jh. mit monumentalem Portikus, dessen Gelände heute als städtischer Friedhof genutzt wird. Die *Chiesa di San Cristofero* ist noch sehr gut erhalten und besitzt Tafelbilder aus dem 16. Jh. Benachbart liegt der jüdische *Friedhof*, eine Gedenkstätte erinnert an die Ermordung der Ferrareser Juden.

Öffnungszeiten **Jüdischer Friedhof**, Führungen mehrmals wöch. 10, 11 und 12 Uhr, August geschl., Auskunft unter ✆ 0532/210288.

Stadtmauer: Die weitgehend intakte Stadtmauer aus dem 16. Jh. mit ihren mächtigen Bastionen an der Südfront kann großteils begangen bzw. mit dem Rad befahren werden. Gute Ausgangspunkte für Touren sind die *Porta Paola* an der Piazza Travaglio im Süden und das nördliche Stadttor *Porta degli Angeli*.

Campus-Atmosphäre im Univiertel um die Via Zamboni

Bologna
ca. 450.000 Einwohner

Hauptstadt der Emilia-Romagna, europäische Kulturstadt 2000, bedeutende Messe- und Modestadt, außerdem einer der wichtigsten Verkehrsknotenpunkte Oberitaliens. Wirtschaftlich das dominierende Zentrum der Poregion, obwohl am äußersten Südrand der Ebene gelegen – unmittelbar südlich der Stadt beginnen die Hänge des Apennin.

La Dotta (die Gelehrte), *la Rossa* (die Rote), *la Grassa* (die Fette) – die Spitznamen der Stadt sagen bereits einiges: in Bologna wurde 1088 die erste Universität Europas gegründet, von 1945–1999 wurde die Stadt ununterbrochen von einer kommunistischen Stadtregierung geführt und sie ist zudem der kulinarische Mittelpunkt der Feinschmeckerprovinz Emilia-Romagna – so viele ausgezeichnete Trattorie findet man kaum anderswo auf einem Fleck versammelt.

Die gesamte weitläufige Altstadt bildet ein beeindruckend monumentales Ensemble von hohen, schattigen Bogengängen und ist ganz in Rot- und Ockertönen gehalten. Insgesamt 35 km Gehsteig sind überdacht. Bologna gilt in Italien als Vorbild moderner Stadtplanung, kaum eine Bausünde stört das Gesamtbild. Leider konnte die Verkehrsplanung mit den Erfordernissen des Denkmalschutzes nicht Schritt halten – Bologna wird vom PKW-Verkehr förmlich überschwemmt und auch in der Innenstadt sind verkehrsberuhigte Zonen eher die Ausnahme.

Für junge Leute bilden die Straßen um die Uni das lebendigste und interessanteste Viertel: zahlreiche Kneipen, Osterie und Ristoranti versprechen Abwechslung und ein für italienische Verhältnisse relativ ausgeprägtes Nachtleben – allerdings nur während des Semesters.

Übernachten

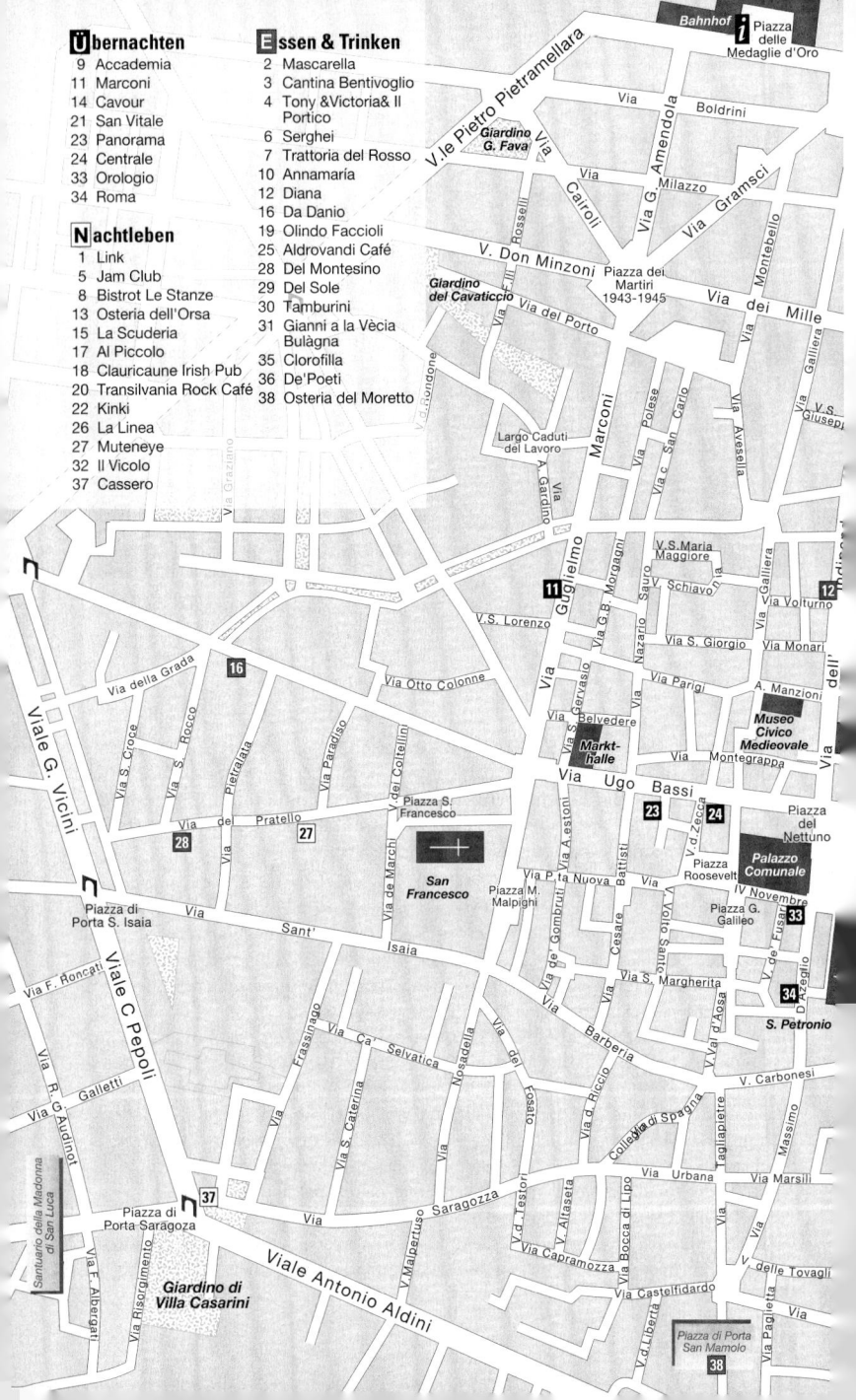

- 9 Accademia
- 11 Marconi
- 14 Cavour
- 21 San Vitale
- 23 Panorama
- 24 Centrale
- 33 Orologio
- 34 Roma

Nachtleben

- 1 Link
- 5 Jam Club
- 8 Bistrot Le Stanze
- 13 Osteria dell'Orsa
- 15 La Scuderia
- 17 Al Piccolo
- 18 Clauricaune Irish Pub
- 20 Transilvania Rock Café
- 22 Kinki
- 26 La Linea
- 27 Muteneye
- 32 Il Vicolo
- 37 Cassero

Essen & Trinken

- 2 Mascarella
- 3 Cantina Bentivoglio
- 4 Tony &Victoria& Il Portico
- 6 Serghei
- 7 Trattoria del Rosso
- 10 Annamaria
- 12 Diana
- 16 Da Danio
- 19 Olindo Faccioli
- 25 Aldrovandi Café
- 28 Del Montesino
- 29 Del Sole
- 30 Tamburini
- 31 Gianni a la Vècia Bulàgna
- 35 Clorofilla
- 36 De'Poeti
- 38 Osteria del Moretto

Bologna

100 m

Emilia-Romagna

Anfahrt/Verbindungen

- *PKW* Rund um die Innenstadt zieht sich an Stelle der früheren Stadtmauer eine stark befahrene **Ringstraße**. Innerhalb davon gestaltet sich das Parken schwierig. Westlich der Porta Saragossa (an der Ringstraße) liegen jedoch die ruhigen Alleestraßen **Via Rodolfo Audinot**, **Via Francesco Roncali**. Hier findet man meist noch ein Plätzchen, ins Zentrum läuft man 15 Min. Gebührenpflichtige Parkplätze (oft überfüllt) an **Piazza XX Settembre** und **Piazza Roosevelt**.
- *Bahn* Bologna ist neben Verona der wichtigste Eisenbahnknotenpunkt Oberitaliens, häufige Verbindungen nach Mailand, Rom, Verona, Venedig u. a. Der **Bahnhof** liegt an der Piazza Medaglie d'Oro im Norden der Stadt. Vom Ausgang links halten und an der großen Kreuzung rechts, die 1,5 km lange Via dell'Indipendenza schnurgerade zur zentralen Piazza Maggiore. Wem das zu weit ist – die Busse Nr. 25, 30 und viele weitere Linien fahren ab Bahnhofsvorplatz ins Zentrum um die Piazza Maggiore. Tickets gibt es an Automaten vor dem Bhf. oder beim ATC-Schalter im Westflügel des Bahnhofs (neben Tourist-Info).
- *Flug* Der **Flugplatz Guglielmo Marconi** liegt wenige Kilometer nordwestlich vom Zentrum. Aerobus pendelt etwa 2-mal stündl. von und zum Bahnhof (ca. 4,50 €). ℡ 051/6479615, www.bologna-airport.it. Der Flughafen von **Forlì**, etwa 80 km südöstlich von Bologna, wird von Billig-Airlines wie Ryanair angeflogen. Bustransfer nach Bologna kostet ca. 10 €.
- *Fernbusse* Station bei der Piazza XX Settembre, wenige Schritte vom Bahnhof.
- *Stadtbusse* Ein Einzelticket für die **ATC-Linienbusse** kostet ca. 1 €, Biglietto Cumulativo (City Pass) mit 8 Fahrten ca. 6,50 €, Monatskarte ca. 32 €. Fahrscheine sind erhältlich in den ATC-Büros an der Piazza Maggiore, an der Piazza Settembre (Fernbusbahnhof), im Bahnhof an der Piazza delle Medaglie d'Oro, außerdem in Tabak- und Zeitschriftenläden.

> Am 1./2. August 1980 sprengten Rechtsextremisten den halben Bahnhof in die Luft, eines der furchtbarsten terroristischen Verbrechen in der neueren Geschichte Italiens. An der Stelle der Explosion im Wartesaal wurde eine Gedenkstätte für die 85 Toten errichtet.

Information

IAT, Hauptstelle im Palazzo del Podestà, Piazza Maggiore 1, genau gegenüber vom Dom. Umfangreiches Material. Mo–Sa 9–20 Uhr, So 9–14 Uhr. Zweigstellen im Westflügel des **Hauptbahnhofs** (Mo–Sa 8.30–19.30 Uhr, So geschl.) und am **Flugplatz** „Guglielmo Marconi" (Mo–Sa 8–20 Uhr, So 9–15 Uhr). ℡ 051/246541, ✉ 4211367, www.comune.bologna.it/bolognaturismo.
Internetzugang „Iperbole" im Palazzo Comunale, Piazza Maggiore 6 (rechts vom Dom, wenn man auf die Fassade blickt).

Übernachten (siehe Karte S. 468/469)

Bolognas Hotellerie ist ganz auf Geschäftsreisende abgestimmt. Unter 60 € fürs DZ gibt es kaum etwas, nach oben ist die Preisskala dagegen fast offen. Speziell während der gut zwei Dutzend Messen kann sich die Unterkunftssuche schwierig gestalten – und in diesen Tagen verdoppeln sich die Zimmerpreise fast. Die besseren Häuser haben durchweg Parkmöglichkeit. Einzige Billigunterkunft ist die außerhalb liegende Jugendherberge, außerdem gibt es einen stadtnahen Campingplatz.

> Zimmer aller Kategorien in Bologna und Umgebung vermittelt kostenlos das **Centro Servizi per Turisti (CST)** im Palazzo del Podestà gegenüber vom Dom, im selben Raum wie die Informationsstelle IAT. Mo–Sa 10–14, 15–19, So 10–14 Uhr. ℡ 051/6487607 (gratis innerhalb Italiens: 800-856065), www.cst.bo.it.

Bologna 471

*** **Orologio (33)**, wenige Meter vom Dom, edel ausgestattetes, schmalbrüstiges Haus in zentraler Lage, z. T. Blick auf den Domplatz, Garage. DZ mit Frühstück ca. 150–300 €. Via IV Novembre 10, ✆ 051/7457411, ℻ 7457422, www.bolognarthotels.it.

*** **Roma (34)**, gediegenes Mittelklassehaus in zentraler Lage hinter dem Dom, Einrichtung plüschig-gemütlich, Zimmer mit antikem Mobiliar, Teppichboden und Blümchentapeten. Mit Garage. DZ mit Frühstück ca. 130–160 €. Via Massimo d'Azeglio 9, ✆ 051/226322, ℻ 239909, www.hotelroma.biz.

*** **Cavour (14)**, nettes Hotel in zentraler Lage, von Lesern gelobt, leider keine Parkmöglichkeit. DZ mit Frühstück ca. 70–150 €. Via Goito 4, (seitlich der Via dell'Indipendenza), ✆ 051/228111, ℻ 222978.

** **Centrale (24)**, gut geführte Pension im dritten Stock eines großen Palazzo, sauber und stilvoll, könnte vorne raus jedoch laut sein, unbewachte Parkmöglichkeit. DZ mit Bad ca. 80–100 €, mit Etagendusche ca. 60–80 €. Via della Zecca 2 (Seitengasse der Via Ugo Bassi), ✆ 051/225114, ℻ 235162, www.albergocentralebologna.it.

** **Accademia (9)**, großer, alter Palazzo im interessanten Univiertel, einfaches, aber sympathisches Haus mit geräumigen Gängen, Zimmern und Bädern, Frühstück im „Rittersaal", Parken im Hof ca. 6 €. Im Umkreis diverse preiswerte Lokale. DZ mit Bad/Frühstück ca. 80–130 €, mit Etagendusche 65–100 €. Via delle Belle Arti 6, ✆ 051/232318, ℻ 263590, www.hotelaccademia.it.

* **San Vitale (21)**, im Universitätsviertel, Nähe Porta San Vitale. Einfaches, sauberes Albergo mit funktional eingerichteten Zimmern, alle unterschiedlich in Form und Größe, hinten überraschenderweise ein Garten. DZ ca. 70–92, mit Etagendusche 50–70 €. Via San Vitale 94, ✆ 051/225966, ℻ 239396.

* **Marconi (11)**, große Pension in einem der oberen Stockwerke an einer breiten Verkehrsstraße westlich vom Zentrum, Zimmer nach hinten ruhiger. DZ mit Bad um die 70–80 €, mit Etagendusche 50–62 €. Via Marconi 22, ✆ 051/262832, ℻ 235041.

* **Panorama (23)**, ungewöhnlicher Name für ein Innenstadthotel, aber korrekt – vom vierten Stock Blick über die Dächer in den Apennin. Freundlich geführt, nur Zimmer mit Etagendusche. DZ ca. 60–75 €. Via Livraghi 1, ✆ 051/221802, ℻ 266360, www.hotelpanoramabologna.it.

● *Jugendherberge* **Ostello di San Sisto & Ostello Due Torri-San Sisto 2** (IYHF), zwei Hostels in der Via Viadagola 5 bzw. 14, ca. 6 km außerhalb Richtung Norden in San Sisto. Das erstere (ältere) hat 33 Betten, das neue funktionale „Due Torri-San Sisto 2" 85 Betten. Zu erreichen mit Bus 93 ab Via Irnerio, Seitengasse der Via dell'Indipendenza, nicht weit vom Bahnhof (Fahrer nach Ostello fragen oder links aus dem Bus schauen, bis man das IYHF-Symbol sieht, aussteigen, noch ca. 500 m zu Fuß). Nach 20.30 Uhr bitte Bus 21b ab Via dell'Indipendenza (Haltestelle Nähe Bahnhof), sonntags Bus 301. Pro Pers. mit Frühstück ca. 15,50 €. Ganzjährig. ✆/℻ 051/501810, hostelbologna@hotmail.com.

● *Camping* **Centro Turistico Città di Bologna**, großes Wiesengelände mit Swimmingpool, Bungalows und Mobile Homes im Nordosten von Bologna, mit PKW Ausfahrt 8 „Fiera" der Tangenziale nehmen (Camping beschildert). Ganzjährig geöffnet. ✆ 051/325016, ℻ 325318, www.hotelcamping.com.

Piccolo Paradiso, schöner und völlig ruhiger Platz etwa 20 km südlich von Bologna bei Sasso Marconi an der Autobahn A 1 (beschildert ab Ausfahrt Sasso Marconi). Hoch oben am Hang liegt das schattige Gelände mit waldähnlichem Charakter. Ganzjährig geöffnet. ✆/℻ 051/842680, ℻ 6756581, piccoloparadiso@aruba.it.

Emilia-Romagna Karte S. 448/449

Essen & Trinken (siehe Karte S. 468/469)

Bologna wird seinem Ruf als kulinarische Metropole völlig gerecht. In zahlreichen Schaufenstern, auf den Märkten und in Feinkostläden gibt's unglaublich viel zu bewundern und zu kosten. Zahllose exzellente Trattorie lassen die Wahl schwer fallen. Vor allem die Bologneser Pastasorten in diversen Variationen sind berühmt – die Tortellini (mit Kalbfleisch, Parmesan oder Ricotta gefüllt, besonders lecker *in brodo* – in klarer Brühe) sind eine Bologneser Erfindung, außerdem werden Tagliatelle und *spaghetti alla bolognese* (mit Fleisch und Tomatensoße) überall serviert. Auch die Lasagne stammt aus Bologna (hier meist mit Spinat).

● *Etwas teurer* **Diana (12)**, ein Klassiker im Herzen der Stadt, riesige Spiegel und Kerzenleuchter, eine überdimensionale Mortadella hängt von der Decke, im Sommer kann man auch draußen sitzen. Die Bologneser Gerichte werden hier streng nach der Tradition zubereitet und sogar in den Kochtöpfen und -pfannen serviert, damit kein Aroma verloren geht. Am besten lässt man sich beraten. Menü um die 35 € aufwärts. Mo geschl. Via dell'Indipendenza 24/Ecke Via Volturno, ✆ 051/231302.

De'Poeti (36), Restaurant/Weinbar südlich der Piazza Maggiore, einer der traditionsreichsten Weinkeller der Stadt, seit dem 17. Jh. in Betrieb, viel Stimmung im uralten Gewölbe, Livemusik, gehobene Preise. Mo geschl. Via dei Poeti 1/b, ✆ 051/236166, www.osteriadepoeti.com.

Mascarella (2), im Univiertel, hübsch aufgemachte Osteria mit Bollerofen. Neben Bologneser auch sardische Küche, z. B. *culurgiones* (sardische Ravioli) und *spaghetti alla bottarga di muggine* (Spaghetti mit Rogen der Meeräsche). So und im August geschl. Via Mascarella 22/a, ✆ 051/224372.

• *Mittlere Preise bis günstig* **Gianni a la Vècia Bulāgna (31)**, uriges Lokal, versteckt in einer schmalen Seitenpassage mitten im Marktviertel. Man sitzt in drei kleinen Speiseräumen, wo man den Köchen hautnah beim Werkeln zusehen kann. Hausgemachte Pasta, danach vielleicht *bollito misto* oder *stinco del vitello*. Menü um die 25–30 €. So-Abend und Mo geschl. Via Clavature 18. ✆ 051/229434.

Serghei (6), alteingesessene Trattoria mit typisch Bologneser Küche, natürlich *tortellini in brodo* und *tagliatelle al ragu*, außerdem *pasta e fagioli*, *coniglio arrosto* (Kaninchenbraten) und die Spezialität *zucchini ripiene* (gefüllte Zucchini). Menü um die 25–30 €. Sa-Abend und So geschl. Reservierung notwendig. Via Piella 12, seitlich der Via dell'Indipendenza, ✆ 051/233533.

Gleich um die Ecke von Serghei findet man eine besonders hübsche Ecke zum Essen in der Via Augusto Righi, die von der Via dell'Indipendenza abzweigt. Sie bildet eine Art längliche Piazza mit mehreren gemütlichen Straßenlokalen: **Tony (4)** (Mo/Di geschl.), **Victoria** (Do geschl.) und **Il Portico** (kein Ruhetag).

Trattoria del Rosso (7), altes Café aus dem 19. Jh., umgewandelt zu einer Trattoria, viel Platz in drei Sälen, im Sommer auch im Freien, typische Bologneser Küche zu korrekten Preisen. Festpreismenü ab ca. 12 €. August geschl. Via Augusto Righi 15, ✆ 051/236730.

Clorofilla (35), keine Schönheit, aber seit fast zwanzig Jahren Garant für vegetarische Küche im fleischlastigen Bologna. Nicht teuer. So und August geschl. Strada Maggiore 64/c, ✆ 051/2355343.

Da Danio (16), einfache Trattoria mit Riesenauswahl an hausgemachten Nudeln, allein fünf Tortellini-Variationen. Reichliche Portionen, günstige Preise, Festpreismenü um die 12 €. So geschl. Via San Felice 50/a, ✆ 051/555202.

Del Montesino (28), holzgetäfelte Trattoria/Osteria mit Wandplakaten und Korblampen, beliebt bei jungen Leuten. Wirt Mario Ribano hat lange in Sardinien gelebt und die kulinarischen Traditionen der Insel nach Bologna gebracht. Mo geschl. Via Pratello 74/b, ✆ 051/523426.

Annamaria (10), liebevoll eingerichtete Trattoria, die Wände geschmückt mit Widmungen und Fotos zufriedener Gäste. Hervorzuheben sind hier die hervorragenden Pastagerichte, z. B. *tortellini in brodo*, *tagliatelle al ragù* und *lasagne*, die 100 m weiter die Straße hinauf eigens für Annamaria angefertigt werden. Di-Mittag und Mo geschl. Via delle Belle Arti 17, ✆ 051/266894.

Aldrovandi Café (25), modernes und angesagtes Ristorante mit Weinbar und Cafélounge, die Küche ist offen einsehbar, prima Pizza, vielleicht die beste im Umkreis des Univiertels. Via San Vitale 33/c, Ecke Piazza Aldrovandi, ✆ 051/2750069.

TIPP! Cantina Bentivoglio (3), großes, gemütliches Weinlokal in Keller und Erdgeschoss eines Palazzo im Univiertel, vorwiegend von jungem Publikum besucht. Neben Imbissplatten und *bruschette* gibt es auch einige warme Gerichte, zu den Spezialitäten zählen *pasta e fagioli* und Gemüse aus dem Ofen. Von September bis Mai wird Live-Jazz gespielt (kein Eintritt), auch für's Nachtleben ein Tipp. Mo geschl. Via Mascarella 4/b, ✆ 051/265416, www.cantinabentivoglio.it.

• *Self-Services* **Tamburini (30)**, im Marktviertel östlich der Piazza Maggiore. Berühmter Feinkostladen mit Self-Service, nur mittags 12–14.30 Uhr, So geschl. Via Drapperie 1.

Bass'8, Via Ugo Bassi 8, im Souterrain an dieser belebten Geschäftsstraße. Sa geschl.

Centro, Via Indipendenza 45, So geschl.

• *Osterie* **Olindo Faccioli (19)**, seit 1924 existiert bereits diese bildhübsche Osteria in ganz zentraler Lage, seitlich der Via dell'Indipendenza. Im wandhohen Regal stehen mehrere hundert Weine zur Auswahl, dazu warme und kalte Speisen. So

Bologna 473

geschl. Via Altabella 15/b, ✆ 051/223171.
Antica Drogheria Calzolari, Enoteca mit Riesenauswahl und Ausschank, bis 21 Uhr. So geschl. Via Petroni 9, ✆ 051/222858.
Enoteca Italiana, weitere populäre Enoteca mit Ausschank, bis 20.30 Uhr. So geschl. Via Marsala 2/b, ✆ 051/235989.
Del Moretto (38), authentische Osteria mit Atmosphäre, beliebter Treffpunkt für Jung und Alt etwas südlich außerhalb vom Zentrum, Nähe Piazza di Porta San Mamolo. Nur abends. Günstige Preise. So geschl.

Via San Mamolo 5, ✆ 051/580284, www.osteriamoretto.it.
TIPP! Del Sole (29), urig-verräucherte Kneipe mitten im Marktgeschehen, erste urkundliche Erwähnung im Jahre 1486 und damit die älteste noch existierende Osteria der Stadt. Vor allem mittags beliebt für ein Glas Wein oder auch zwei. Kein Essen, aber man kann sich etwas mitbringen, solange man Wein bestellt. Mittags etwa 10–14 Uhr, abends 19–21 Uhr. So geschl. Vicolo Ranocchi 1/d.

Nachtleben/Unterhaltung (siehe Karte S. 468/469)

Abends lebhafte Passeggiata auf der *Via dell'Indipendenza*, die im oberen Bereich für Autos gesperrt ist. Wichtigste Treffpunkte für junge Leute sind die *Piazza Maggiore*, die benachbarte *Piazza del Nettuno*, die *Via del Pratello* (westlich vom Zentrum) und – vor allem – das *Univiertel* um Via Zamboni und Via delle Belle Arti. Die Clubs und Kneipen in der Stadt sind zahlreich, auf Aushänge und Menschentrauben vor Gebäuden achten. Allerdings sind von Mitte Juli bis Ende August Semesterferien und viele Clubs schließen. Stattdessen gibt es Open-Air-Veranstaltungen wie „Made in Bo" (→ unten).

• *Universitätsviertel* **Transilvania Horror Rock Café (20)**, schier unglaubliche Dracula-Kneipe mit Vampiren und Totenschädeln überall. Via Zamboni16/c gleich am Beginn der Straße neben dem Vier-Sterne-Hotel San Donato.
Cluricaune Irish Pub (18), nur wenige Schritte weiter, ebenfalls große, fetzige Szenekneipe auf zwei Ebenen, laute Musik, fantasievolle Ausstattung. Via Zamboni 18/b.
Al Piccolo (17), eins der beliebtesten Tagescafés der Studenten, abends werden schrille Videos an die Wände geworfen. Piazza Verdi.
La Scuderia (15), erst vor kurzem eröffnet, groß und hypermodern, geöffnet von morgens früh bis 2 Uhr nachts, auch Livemusik. Piazza Verdi.
Cantina Bentivoglio (3), große Osteria mit Live Jazz, zentraler Anlaufpunkt im Nachtleben Bolognas. Mo geschl. Via Mascarella 4/b (→ Essen & Trinken).
Osteria dell'Orsa (13), rustikal und gemütlich, oben nur eine Handvoll Tische, im Untergeschoss ein weiterer größerer Raum mit langen Holzbänken und Bier vom Fass. Häufig Livemusik, vor allem Jazz. Mo geschl. Via Mentana 1/f.
Bistrot le Stanze (8), höchst ungewöhnliche Kneipe, untergebracht in der früheren Kapelle des Palazzo Bentivoglio. Wände und Tonnengewölbe sind mit Fresken des 17. Jh. bedeckt, zum Wein hört man hier gerne klassische Musik. So geschl. Via Borgo San Pietro 1/a.
• *Sonstige* **Caffè La Linea (26)**, lockerer Treff für junge Leute, im ersten Stock gelegentlich Livemusik. Piazza Re Enzo, zentral im Durchgang des Palazzo de Re Enzo (→ Sehenswertes), Zugang von der Via Rizzoli aus.
Muteneye (27), populäre Bier- und Weinkneipe, eine von vielen an dieser Straße. Via del Pratello 44.
Cassero (37), direkt in der Porta Saragozza südwestlich vom Zentrum. Bologna gilt als Gay-Zentrum Oberitaliens und dies ist einer ihrer beliebtesten Treffs, mit Tanzfläche und schöner Dachterrasse. ✆ 051/6446902, www.cassero.it.
• *Livemusik* **Link (1)**, großes Kommunikationszentrum („Project") mit Tanzfläche und häufiger Livemusik, Treffpunkt der Alternativszene. Eintritt frei, außer wenn Bands spielen (etwa 2-mal wöch.). Tägl. ab 22 Uhr bis in die frühen Morgen. Via Fantoni 21 (nördlich außerhalb vom Zentrum), ✆ 051/6332312, www.link.bo.it/home.asp.
• *Diskotheken* Eintritt ca. 10–20 € incl. einem Drink.
Kinki (22), der frühere Exklusiv-Club für Gays ist nun eine beliebte Disco für jedermann, viel Techno. Via Zamboni 1, ✆ 051/268935, www.kinkidisco.com.
Il Vicolo (32), populäre Disco-Bar, wenige Meter südlich der Torri Pendenti, immer

gut besucht. Eintritt ca. 8–10 €, gelegentlich internationale Abende (frei für ausländische Studenten). Via Sampieri 3.

Jam Club (5), Standard-Disco mit vielen Spiegeln. Via Mascarella 2/a, im Univiertel (Tür ohne Nummer, kurz vor Cantina Bentivoglio).

> **Made in Bo** nennen sich die Großevents an den Wochenenden von Anfang Juli bis Mitte August in der Arena Parco Nord (Via Stalingrado): Open-Air-Discos, teilweise auch mit Livegruppen, Eintritt meist frei, zu erreichen mit Bus 25 Richtung Via del Gomito (Zona Fiera). ✆ 051/241554, www.madeinbo.it.

Shopping

Bologna hat sich den Ruf einer der führenden *Modemetropolen* Italiens erobert und ist nach Mailand Oberitaliens zweites Zentrum in Sachen Kleidung und Schuhe. Zahllose Boutiquen reihen sich an den Straßen Via dell'Indipendenza, Via Ugo Bassi und Via Rizzoli.

Marktgetümmel herrscht nur ein paar Schritte von der Piazza Maggiore, im Viertel um die Straßen Via Pescherie Vecchie, Via Drapperie, Via Caprarie und Via Clavature.

Mercato delle Erbe, große Markthalle zwischen Via Ugo Bassi und Via Belvedere Mo–Sa 7–13.15, 16.30–19 Uhr, Do und Sa-Nachmittag geschl.

Wochenmarkt auf der Piazza VIII Agosto, neben Parco della Montagnola.

Tamburini, Via Drapperie 1, im Marktviertel, fantastisches Angebot an Nudeln, Käse, Wurst, Schinken etc.

Atti Paolo & Figli, Via Caprarie 7, traditionsreiche Pasticceria, Gebäck, Brot und Nudeln in allen Variationen.

Majani, Via Carbonesi 5, landesweit die beste Schokolade, heißt es.

La Piazzola, großer Floh- und Klamottenmarkt auf der Piazza VIII Agosto. Fr und Sa 7–14 Uhr.

Sehenswertes

Von der zentralen Piazza Maggiore gehen kreuzförmig die wichtigsten Geschäftsstraßen aus – nach Norden die *Via dell'Indipendenza*, nach Westen die *Via Ugo Bassi*, nach Osten die *Via Rizzoli* und nach Süden der einzige größere Fußgängerbereich um die *Via Massimo d'Azeglio*.

> Mit der **Carta Bologna dei Musei** (Bologna dei Musei Card), erhältlich für einen (ca. 6 €) oder drei Tage (ca. 8 €), wird in folgenden Museen freier Eintritt gewährt: Museo Morandi, Collezioni Comunali d'Arte, Museo Civico Archeologico, Museo Civico Medievale, Galleria d'Arte Moderna, Museo del Risorgimento und Museo del Patrimonio Industriale. Die Karte kann man im Palazzo del Podestà erwerben oder in den erwähnten Museen.
>
> **Ermäßigter Eintritt** wird in vielen Museen gewährt für Jugendliche zwischen 15 und 18 J. und Schüler/Studenten mit ISIC-Ausweis, **freier Eintritt** für Kinder bis 14 J.
>
> **Scopri Bologna** („Entdecke Bologna"): geführte Touren von 2 Std., jeweils Mi, Sa und So, Preis ca. 13 €, Treffpunkt 10.15 Uhr am Informationsbüro. Auskünfte und Buchung bei „Gaia", Piazza Roosvelt 4, ✆ 051/2960005, www.guidebologna.com.

Piazza Maggiore: Der taubenumflatterte Mittelpunkt der Stadt wird abends festlich illuminiert zu einem der schönsten Plätze Italiens. Monumental und platzbeherrschend steht an der Südseite die gotische *Basilica di San Petronio*, fünftgrößte Kirche der Welt. Ursprünglich sollte sie größer als der Petersdom werden (!), doch die Geldmittel und der zur Verfügung stehende Platz wurden dann für das benachbarte ehemalige Universitätsgebäude Archiginnasio verwendet (→ unten). Karl V. wurde hier 1530 von Papst Clemens VII. zum Kaiser gekrönt. Praktisch zu jeder Tageszeit sind die breiten Stufen am Kirchenvorplatz Ruheplatz und Treffpunkt für jedermann. Die rotweiße Marmorfassade ist nur im unteren Bereich fertig gestellt, die drei Portale sind umrahmt von hübschdetaillierten Skulpturtafeln, in den Lünetten große Statuengruppen von Jacopo della Quercia (15. Jh.). Klein und verloren steht man im monumentalen Innenraum (132 m lang!) mit seinen riesigen, rot getönten Pfeilern und den aufwendig gestalteten Seitenkapellen. Die Fenster lassen viel Licht und Wärme herein, eine Seltenheit bei den meist düsteren italienischen Kirchen. Ein metallener Meridian zieht sich im Boden von der linken Seitenfront quer durchs Schiff zur Fassade – wenn die Sonne hoch genug steht, fällt ein Strahl durch ein winziges Loch im Dach und wandert die schmale Leiste entlang, Punkt 12 Uhr mittags zeigt er dabei Monat und Tag an.

Vis-à-vis von San Petronio steht der *Palazzo del Podestà* mit hohem Arkadengang, in dem der Engang zum Informationsbüro liegt. Die westliche Platzfront nimmt der große *Palazzo Comunale* ein, über dessen Portal die gewaltige Bronzestatue Gregors XIII.

Der Neptun mit dem Dreizack: das Wahrzeichen von Bologna

thront. Vom Innenhof kann man hinaufsteigen zur städtischen Kunstsammlung *Collezioni Comunali d'Arte* mit Werken der Bologneser Schule sowie zum *Museo Morandi* mit hunderten von Werken und einem Nachbau des Studios des einheimischen Malers Giovanni Morandi, der zu den bedeutendsten Künstlern des 20. Jh. in Italien zählt.

Östlich vom Dom liegt das *Museo Civico Archeologico* mit einer weit gefächerten Sammlung prähistorischer, ägyptischer, etruskischer und römischer Stücke.

• *Öffnungszeiten/Eintritt* **Basilica di San Petronio**, Sommer tägl. 7.30–12, 16–18.30, Sa 15.30–18.30, So 8–12.30, 15.30–18.30 Uhr, Eintritt frei.
Collezioni Comunali d'Arte, Di–Fr 9–15, Sa/So 10–18.30 Uhr, Mo geschl., Eintritt ca. 4 €, ermäß. 2 €.

Museo Morandi, Di–Fr 9–15, Sa/So 10–18.30 Uhr, Mo geschl.; Eintritt ca. 4 €, ermäß. ca. 2 €.
Museo Civico Archeologico, Di–Fr 9–15, Sa/So 10–18.30 Uhr, Mo geschl.; Eintritt ca. 4 €, ermäß. 2 €.

Piazza del Nettuno: Der unmittelbar an die Piazza Maggiore sich anschließende Platz wird dominiert vom berühmten *Neptunbrunnen*, dessen Spitze die herrliche Bronzestatue des Wassergotts von Giambologna bildet (16. Jh.). Sein Dreizack wurde von Maserati zum Firmenzeichen erkoren. Im zinnengekrönten *Palazzo di Re Enzo* saß Enzio, der Sohn des Stauferkaisers Friedrich II. über zwanzig Jahre lang bis zu seinem Tod gefangen. Eine Besucherterrasse ist öffentlich zugänglich. An der Verlängerung des Palazzo Comunale sieht man ein eindrucksvolles *Denkmal* für die getöteten Widerstandskämpfer gegen die Faschisten mit hunderten von Kleinporträts der Gefallenen, dazu eine Gedenktafel für die Toten des rechtsextremistischen Terroranschlags am Bahnhof von Bologna im August 1980.

Archiginnasio: Der große Palazzo an der Piazza Galvani, schräg links hinter dem Dom, wurde 1563 erbaut und war der erste feste Sitz der Universität von Bologna. Er beherbergt heute die städtische Bibliothek, außerdem das wunderschöne Teatro Anatomico, einen anatomischen Hörsaal und Sezierraum aus dem 17. Jh. Man betritt zunächst den *Innenhof*, der mit zahllosen Skulpturen, Wappen und Schautafeln von berühmten und minder berühmten Hochschullehrern geschmückt ist. Über einen bunt ausgemalten Treppenaufgang kommt man hinauf in den ersten Stock mit dem *Teatro Anatomico*. Es besteht vollkommen aus Holz, oberhalb der Sitzreihen stehen die Statuen bedeutender Ärzte des Altertums und wichtiger Mediziner der Universität Bolognas. An der Decke schwebt Apollo im Kreis der zwölf Sternbilder. An der Stirnseite des Raums ein Baldachin über dem Katheder des Anatomieprofessors, getragen von zwei lebensgroßen Holzstatuen ohne Haut, sodass das Zusammenspiel der Muskeln sichtbar wird.

Öffnungszeiten/Eintritt **Teatro Anatomico**, Mo–Fr 9–18.45, Sa 9–13.45 Uhr, Eintritt frei.

Markt: Die Marktgassen östlich der Piazza sind der Bauch Bolognas. In der schmalen *Via Pescherie Vecchie* und in der quer dazu verlaufenden *Via Drapperie* sitzen die Obst- und Gemüsehändler, außerdem gibt's hier die urige „Osteria del Sole" (→ Essen & Trinken) und den legendären Delikatessenladen „Tamburini" (→ Shopping).

Piazza Porta Ravegnana: Der Platz der Geschlechtertürme ist von der Piazza Maggiore über die Via Rizzoli zu erreichen. Verkehrsumtost stehen hier zwei der letzten hohen Adelstürme aus dem Mittelalter, die sich inzwischen bedenklich einander zu neigen, die *Torri pendenti*. Eine alte Legende erzählt von einem Wettbewerb zweier Familien, wer den höheren Turm bauen könne – eine andere behauptet, die Türme seien deshalb so schief, weil sich zwei Mitglieder der verfeindeten Familien so innig liebten. In Wirklichkeit handelte es sich aber wahrscheinlich um Ausguckposten für die Stadtverteidigung. Der erste Turm sank im weichen Untergrund seitwärts, sodass ein zweiter gebaut werden musste. Auf den größeren, die 97 m hohe *Torre degli Asinelli*, kann man über 498 enge Holzstufen hinaufklettern, seine Neigung beträgt über 1,20 m.

Öffnungszeiten/Eintritt **Torre degli Asinelli**, Sommer tägl. 9–18, Winter 9–17 Uhr, Eintritt ca. 3 €.

Universitätsviertel: Bei den Türmen zweigt die *Via Zamboni* mit ihren langen Laubengängen ab. Auf engem Raum ballen sich hier und in den umliegenden Gassenzügen die Universitätseinrichtungen in Palästen des 17. und 18. Jh. Das Viertel hat sich zum „Szenetreff" Bolognas entwickelt, Studenten und Jugendliche bestimmen weitgehend das Straßenbild, es herrscht Campus-Atmosphäre und erfreulicherweise kaum Autoverkehr, stattdessen zieht abends oft süßlicher Cannabisrauch durch die altehrwürdigen Laubengänge. Ristoranti und Bars sind ganz auf studentische Geldbeutel abgestimmt, die Säulen präsentieren sich bunt bemalt und sind mit Plakaten, Graffiti und Sprüchen aller Art bedeckt.

Die Kirche *San Giacomo Maggiore* besitzt eine gotische Fassade und einen Renaissance-Innenraum. Sehenswert sind vor allem die Cappella Bentivoglio und das Oratorio di Santa Cecilia mit zahlreichen wertvollen Fresken aus dem 15. und 16. Jh.

Zentraler Platz und Treffpunkt ist die *Piazza Verdi* – man steht in Grüppchen, plaudert miteinander vor der Mensa oder in der immer vollen Piccolo Bar. Kurz darauf kommt man rechter Hand am *Palazzo Poggi* vorbei, der seit fast 200 Jahren als Hauptgebäude der Universität dient.

Wenige Meter weiter trifft man am Beginn der Via delle Belle Arti auf die *Pinacoteca Nazionale* mit einer großen Sammlung Bologneser Maler des 14.–19. Jh., ergänzt durch Tintoretto, Giotto und Raffael.

Öffnungszeiten/Eintritt Pinacoteca Nazionale, Di–So 9–19, Mo geschl.; Eintritt ca. 4 €, ermäß ca. 2 €.

Piazza Santo Stefano: ruhige Piazza, kieselsteingepflastert und leicht abfallend zu einem mittelalterlichen Klosterkomplex mit drei kleinen Kirchen, die dicht aneinandergebaut sind, eine vierte im rückwärtigen Teil des Baus. Die Ursprünge dieses eigenartigen Bauwerks sind uralt, zahllose Generationen von den Römern über das Frühchristentum und die Langobarden bis zu den Benediktinern des frühen Mittelalters haben hier gebaut. *San Sepulcro*, die interessanteste Kirche, liegt linker Hand, ein reiner Backsteinbau mit vieleckigem Grundriss in annähernder Rundform und hoher Kuppel. Im Zentrum eine Nachbildung des *Heiligen Grabs* in Jerusalem aus dem 11. Jh., das die Knochen des Bischofs Petronius von Bologna enthält. Hinter der Heiliggrab-Kirche der gepflasterte *Pilatus-Hof* mit einem langobardischen Marmor-Taufbecken aus dem 8. Jh. und schönen Säulengängen an beiden Längsseiten. Rechter Hand öffnet sich ein wunderschöner, zarter *Kreuzgang* mit zwei unterschiedlichen Stockwerken, in der Mitte die alte Klosterzisterne. In der *Apotheke* an der Rückfront verkaufen die Benediktinermönche diverse Wässerchen, Säfte, Seifen, Marmelade etc.

Öffnungszeiten/Eintritt Tägl. 9–12, 15.30–18.30 Uhr.

Via dell'Indipendenza: Die breite und schnurgerade Prachtstraße ist im oberen Bereich Fußgängerzone, flankiert von hohen Säulengängen, unter denen sich eine einzige Abfolge von Edel-Boutiquen, Gelaterie, Hotels und Schnellimbissen drängt. Wenige Meter unterhalb der Piazza Maggiore steht der monumentale Renaissancedom *Metropolitana* (auch: Cattedrale di San Pietro) mit einem riesenhaften Tonnengewölbe, in den Seitenaltären schwere Ölgemälde, rechts das Grab von Papst Benedikt XIV.

In der seitlich abzweigenden Via Manzoni 4 liegt das *Museo Civico Medioevale e del Rinascimento* mit einer großen Sammlung mittelalterlicher Skulpturen, Sarkophage und Waffen.

Am nördlichen Straßenende in der Nähe vom Bahnhof gelangt man zum *Parco della Montagnola* oberhalb des Straßenniveaus. Über eine Treppe kommt man hinauf, im Schatten von Bäumen kann man auf der Wiese relaxen.

Öffnungszeiten/Eintritt Museo Civico Medievale, Di–Fr 9–15, Sa/So 10–18.30 Uhr, Eintritt ca. 4 €, ermäß. 2 €.

Weitere Kirchen: Die Dominikanerkirche *San Domenico* steht südlich vom Zentrum und enthält zahlreiche Kunstwerke, darunter die reich ausgestattete Cappella di San Domenico mit dem Schrein des Ordensgründers.

San Francesco, westlich vom Zentrum, ist ein großer gotischer Baukörper mit schweren Stützbögen an den Außenseiten. Angeschlossen sind zwei Kreuzgänge,

im Inneren beeindruckt vor allem der Altar. Einzigartig in Italien sind die freiliegenden Gelehrtengräber (Unirektoren etc.) vor der Kirche.
Santa Maria dei Servi steht östlich vom Zentrum und ist ebenfalls gotisch, in einer Kapelle des Chorumgangs hinter dem Altar hat die berühmte „Thronende Madonna" von Cimabue ihren Platz.

Galleria Comunale d'Arte Moderna: im Palazzo della Cultura auf dem Messegelände, Piazza Costituzione 3. Eine der bedeutendsten Sammlungen moderner Kunst in Italien. Künstlerische Experimente und temporäre Ausstellungen gehören zum Konzept. Zu erreichen mit Bus 10, 35 und 38.
Öffnungszeiten/Eintritt Di–So 11–18, Mo geschl.; Eintritt ca. 4 €.

Santuario della Madonna di San Luca: Die Wallfahrtskirche thront weithin sichtbar auf einem 190 m hohen Hügel südlich der Stadt, nahe der Autobahn. Ein fast 4 km langer Arkadengang mit 666 Bögen führt von der Porta Saragozza hinauf, anstrengender Anstieg (auch Busverbindung). Oben angelangt herrlicher Blick – allerdings weniger auf die Stadt, sondern ins Hinterland.
Öffnungszeiten tägl. 7–12.30, 15–18.30 Uhr (im Winter bis 17 Uhr).

Bologna/Umgebung

> **Tipp für Bahnliebhaber**: Seit 1860 fährt die FS-Bergbahn „Porrettana" von Bologna über den Apennin nach Pistoia in der Toskana. Die reizvolle Fahrt geht über Pontecchio Marconi, Marzabotto und den Kurort Porretta Terme.

Direkt an der SS 64 nach Sasso Marconi steht bei Pontecchio Marconi das monumentale Mausoleum für den Bologneser Physiker *Guglielmo Marconi* (1874–1937), Erfinder der drahtlosen Telegrafie. In der oberhalb stehenden *Villa Grifone* lebte Marconi seit seinem ersten Lebensjahr, hier machte er auch 1895 seine ersten erfolgreichen Experimente.

Im Dorf *Marzabotto* ermordeten im Herbst 1944 Soldaten der 16. SS-Panzerdivision 771 Zivilisten, darunter viele Frauen und Kinder. Einige der mutmaßlichen Kriegsverbrecher lebten jahrzehntelang unbehelligt in Deutschland, erst Recherchen des Fernsehmagazins „Kontraste" führten 2002 zu Ermittlungen. Im Januar 2007 wurden zehn Angeklagte in Abwesenheit zu lebenslanger Haft und hohen Geldstrafen verurteilt (allerdings hat das Urteil nur symbolische Bedeutung, denn die Täter werden voraussichtlich nicht ausgeliefert). Unter der Kirche kann man das *sacrario ai caduti* besuchen, eine große Gedenkstätte mit Beinhaus. Die Schreine der Opfer sind mit Altersangaben versehen, Tafeln erinnern an Konzentrationslager und weitere Kriegsverbrechen der deutschen Wehrmacht und Luftwaffe, z. B. in Kalavryta (Peloponnes) und Guernica (Nordspanien).

Am südlichen Ortsausgang, an der Straße nach Porretta, hat man in den 60er Jahren eine der nördlichsten Etruskerstädte Italiens gefunden (neben Spina, Adria und Mantua). Das umfangreiche *Museo Nazionale Etrusco P. Aria* zeigt Stücke von der Prähistorie bis zur Römerzeit, besonders hübsch sind die filigranen Bronzefiguren.
Öffnungszeiten/Eintritt **Sacrario ai Caduti**, Di–So 9–12.15, 15–17.15 Uhr, Mo geschl.; **Museo Nazionale Etrusco P. Aria**, Di, Mi & Do 9–13, Fr, Sa & So 9–13, 15–18.30 Uhr, Mo geschl., ca. 2 €.

▶ **Imola**: Kleinstadt an der Via Emilia. Am Rand des Zentrums steht die gut erhaltene Rocca di Sforzesca mit breitem Graben, bulligen Türmen und gedecktem Zinnengang (im Inneren Waffen- und Keramiksammlung, Besichtigung nur Sa/So). Südlich vom Fluss liegt die berühmte Autorennbahn *Autodromo Enzo e Dino Ferrari*, wo regelmäßig Formel-1-Meisterschaften stattfinden. 1994 fuhr hier der weltberühmte Brasilianer Ayrton Senna in den Tod, 1999 feierte Ferrari hier seinen ersten Sieg seit über fünfzig Jahren. Wenn keine Rennen stattfinden, kann man jederzeit bei etwaigen Trainingsrunden zusehen.

▸ **Dozza**: schönes mittelalterliches Hügelstädtchen 8 km westlich von Imola. Seit 1960 findet hier alle zwei Jahre im September ein großer Wettbewerb der Wandmaler statt und zahlreiche Hausfassaden im Zentrum sind mit großflächigen Gemälden bepinselt. Die *Rocca* (Burg) aus dem 15. Jh. kann besichtigt werden, dort ist auch die hervorragend bestückte „Enoteca Regionale Romagnola" mit einem Weinmuseum untergebracht, wo man die besten Tropfen der Emilia-Romagna kosten kann. Essen und Übernachten lässt es sich gepflegt im Canè, Via XX Settembre 27 (✆ 0542/678120, ✉ 678522, www.ristorantecanet.net).

▸ **Faenza**: Seit vielen Jahrhunderten ist die Stadt berühmt für ihre glasierten Keramikprodukte, die man nach dem Namen der Stadt „Fayencen„ nennt. Man findet etliche einschlägige Geschäfte, auch eine renommierte Keramikschule gibt es. Sogar die Straßen- und Hausschilder sind heute aus Keramik. Zu sehen gibt es außer dem kleinen, aber eindrucksvollen Zentrum um die Piazza del Popolo vor allem eins: das berühmte *Museo Internazionale delle Ceramiche* am Viale Baccarini mit einer reichhaltigen Sammlung von Keramik und Majolika aus aller Welt – von den alten Ägyptern über vorkolumbianische Stücke Südamerikas und China-Porzellan bis zu Einzelwerken berühmter Künstler des 20. Jh., u. a. Chagall und Picasso.

• *Öffnungszeiten/Eintritt* **Museo Internazionale delle Ceramiche**, April bis Okt. Di–Sa 9–19, So 9.30–18.30 Uhr, übrige Monate Di–Fr 9–13.30, Sa/So 9.30–17.30 Uhr; Eintritt ca. 6 €.

• *Information* **IAT**, Piazza del Popolo 1, unter dem Uhrturm. 9.30–12.30, 15.30–18.30 Uhr. ✆/✉ 0546/25231.

• *Shopping* Eine Liste der fast sechzig **Keramikwerkstätten** in Faenza ist im Tourist-Info erhältlich.
Estate Ceramica Pianeta Faïence, alljährlich Ende Juni bis Ende Okt. große Verkaufsausstellung der Handwerker und Künstler im Palazzo delle Esposizioni am Corso Mazzini 92 (tägl. geöffnet).

Mondial Torneanti, internationaler Keramikerwettbewerb alljährlich im Juli auf der Piazza Nenni, dabei geht es u. a. um die Fertigung größtmöglicher Vasen und Schalen mit einer vorgegebenen Menge an Ton.
Weitere Informationen bei **Ente Ceramica Faenza**, Corso Mazzini 92, ✆/✉ 0546/21145, www.enteceramica.it.

• *Essen & Trinken* **Marianaza**, Via Torricelli 21, typische Osterie im traditionellen Stil in der zentralen Fußgängerzone. Mi geschl. ✆ 0546/681461.
Osteria del Mercato, Piazza Martiri della Libertà 163, urige Osteria mit weit gefächerter lokaler Speisekarte, aber auch Pizza. So geschl. ✆ 0546/680797.

▸ **Predappio**: Wenn man im lebhaften *Forlì* südwärts abbiegt, kommt man nach etwa 16 km Fahrt durch schöne, grüne Weinlandschaft des ansteigenden Apennin in die Kleinstadt Predappio. Ein zweifelhafter „Ruhm" eignet diesem Städtchen – denn 1883 wurde hier Benito Mussolini geboren und seit 1957 liegt er hier auch begraben. Auf dem *Cimitero di San Cassiano in Pennino* am südlichen Ortsende wurde eine monströse Gruft eingerichtet: der überlebensgroße Kopf des „Duce", Skulpturen der Familienmitglieder und eine Reihe gewaltiger Sarkophage warten täglich auf den Besuch von Faschisten und Schaulustigen. Erfreulich immerhin, dass der gesamte Friedhof mit seinen eindrucksvollen Grabmälern sehr sehenswert ist, ebenso die schöne, schlichte romanische *Basilica di San Cassiano* aus hellem Stein mit ihrer Krypta. Im Ortszentrum ist außerdem das *Geburtshaus* beschildert (geschl.).

Adriaküste (Podelta bis Ravenna)

Schöne Fahrt zwischen Küstenpineta, Kanälen und großen Lagunenseen. Bei Comacchio ballen sich sieben Badeorte, nördlich davon wird es ruhiger. Seit Ende der Achtziger steht ein Großteil der endlosen Feuchtgebiete im Podelta als *Parco Nazionale del Delta del Po* unter Naturschutz (www.parks.it). Hauptort des Gebiets ist *Comacchio*.

▸ **Abbazia di Pomposa**: mittelalterliche Abtei in der Einsamkeit der Küstenebene südlich vom Podelta, direkt an der Strada Romea. Wahrscheinlich wurde sie von Benediktinern bereits im 7. Jh. gegründet und zu einem landwirtschaftlichen Großbetrieb entwickelt. Weithin sichtbar ist der markante, 48 m hohe *Turm* aus dem 11. Jh. mit Blendarkaden, nach oben sich verbreiternden Fenstern und bunten Majolika-Scheiben. Bildschön zeigt sich auch die Fassade der *Klosterkirche*, eine grazile Arkadenhalle mit Reliefbändern, Terrakotta- und Majolikaverzierungen. Das hohe dreischiffige Innere ist vollständig mit bunten Fresken der Bologneser Schule des 14. Jh. ausgemalt – in drei Reihen übereinander Szenen der biblischen Geschichte. Der Boden besteht fast vollständig aus Mosaiken. Anschließend an die Apsis der Kirche liegt der *Kapitelsaal*, ebenfalls mit Fresken ausgeschmückt, die einem Schüler Giottos zugeschrieben werden. Im ersten Stock daneben das kleine *Museo Pomposiano* mit Relikten aus der Geschichte der Abtei. Weitere großflächige Fresken findet man im *Refektorium*. Gegenüber der Kirchenfassade steht der *Palazzo della Ragione* mit elegantem Arkadengang, hier wurde einst der Besitz des Klosters verwaltet und Recht gesprochen.
Öffnungszeiten/Eintritt Tägl. 8.30–19 Uhr, Eintritt ca. 4 €, 18–25 J. 2 €.

▸ **Bosco della Mesola**: Ein bescheidener Rest des riesigen Waldes, der einst das ganze Delta bedeckte, liegt beim Ort *Bosco Mesola*. Er ist eingezäunt, wird von der Forstverwaltung bewacht und steht unter strengem Naturschutz. Wildtiere – darunter der „cervo delle dune" (Dünenhirsch) und seltene Wasservögel – haben hier ein letztes Refugium.
Öffnungszeiten/Eintritt **Bosco della Mesola**, März bis Okt. Di, Fr, Sa/So 9 Uhr bis eine Std. vor Sonnenuntergang, Eintritt frei. Besuch ausschließlich zu Fuß oder per Fahrrad (Verleih am Eingang, ca. 3 €/Std., ✆ 0533/794730).

Comacchio

Bilderbuchstädtchen am Rand der Valli di Comacchio, des größten Lagunensees Italiens. Der ehemalige Küstenort liegt heute mehrere Kilometer landeinwärts und hat sein schönes altes Ortsbild erhalten können.

Wie Venedig und Chioggia ist Comacchio auf Inseln erbaut. Malerische Kanäle durchziehen das Zentrum, gesäumt von niedrigen, pastellfarbenen Häuschen und blitzblank geputzten Gehsteigen. Einige imposante Bauten und hübsche Backsteinbrücken setzen dekorative Akzente. Gleich am Zugang von der Durchgangsstraße zum Centro storico erreicht man die elegante Treppenkonstruktion *Trepponti* am Zusammenfluss dreier Kanäle. Wenig später trifft man auf den Hauptkanal Canale Maggiore. Linker Hand soll hier im *Museo delle Nave Romana* ein römisches Schiffswrack ausgestellt werden, das in den achtziger Jahren im Lagunensee gefunden wurde (derzeit noch in Restauration). Im benachbarten *Palazzo Bellini* am Hauptkanal kann man Fundstücke aus dem Wrack besichtigen. Rechts führt der Hauptkanal ins Zentrum mit dem Uhrturm, der zentralen Piazza XX Settembre und dem Dom. Wenn man nun vom Hauptplatz den Corso Mazzini nach Osten nimmt, kann man den in seiner Gleichförmigkeit faszinierenden Säulengang *Loggiato dei Cappuccini* mit 143 Bögen auf Marmorsäulen entlanglaufen und erreicht am Straßenende die Wallfahrtskirche *Santuario di Santa Maria in Aula Regina* mit einer verehrten Marienstatue.

• *Öffnungszeiten/Eintritt* **Museo delle Nave Romana**, Di–Sa 9.30–13, 15–18.30 Uhr, So 10–13, 15–19 Uhr, Mo geschl., Eintritt ca. 4 €, bis 18 und über 65 J. die Hälfte.
• *Anreise/Verbindungen* ab Ravenna oder von Norden kommend auf der „Strada Romea", ab Ferrara autobahnähnlich ausgebaute Schnellstraße (gebührenfrei).
• *Information* IAT, Corso G. Mazzini 4, gleich beim Hauptplatz, tägl. 9.30–12.30, 15.30–18.30 Uhr. ✆ 0533/314154, ✉ 319278, www.comacchio.it.
• *Übernachten* *** **La Comacina**, ganz zentral am Hauptkanal im Ort. Aufmerksam geführtes Haus mit geschmackvoll eingerichteten Zimmern und einladender Trattoria, auch schöne Plätze am Kanal. DZ ca. 85–90 €, Suite 95–110 €. Via E. Fogli 21, ✆ 0533/311547, www.lacomacina.it.
Al Cantinon, fünf moderne Zimmer mit Klimaanlage und TV. DZ ca. 65 €, Frühstück extra (→ Essen & Trinken). Via L. A. Muratori (Nähe Trepponti), ✆/✉ 0533/314252, www.alcantinon.com.
B & B Al Ponticello, zentrale Lage, vier gut ausgestattete Privatzimmer mit reichhaltigem Frühstücksbuffet. DZ ca. 70 €. Via Cavour 39, ✆/✉ 0533/314080, www.alponticello.it.

• *Essen & Trinken* Kulinarische Spezialitäten sind die Aale, die im Lagunensee gezüchtet werden, und der eigentümlich säuerlich mundende *Vino del Bosco Eliceo*, auf den Sanddünen der Umgebung wächst. Kurz nach Trepponti liegen rechter Hand in der Via Muratori die beiden einladenden Trattorie **Al Cantinon** und **Le Gresine** nebeneinander an einem Kanal (→ Übernachten). In ersterer werden die traditionellen Fischgerichte von Comacchio serviert, beim Nachbarn die ländliche Küche des Hinterlands und Pizza. ✆ 0533/314252.
La Barcaccia, am Hauptplatz beim Dom, gut geführtes Fischrestaurant mit großer Auswahl, hauptsächlich Aalgerichte. Mo geschl. ✆ 0533/311081.
• *Shopping* **La Bottega di Comacchio**, wenige Meter ortseinwärts von Trepponti, schön aufgemacht und Riesenauswahl an regionalen Produkten – eingedoster und marinierter Aal, Reis, Salami, Käse und natürlich der typische Vino del Bosco Eliceo. 10–13, 15–19 Uhr, So durchgehend geöffnet.
• *Bootsfahrten* In der Saison mehrmals täglich Fahrten mit den „Batanas" genannten Kähnen durch die Kanäle von **Comacchio**, Dauer ca. 40 Min., Abfahrt und Information unterhalb Trepponti.

▸ **Sette Lidi di Comacchio**: Sieben großflächige Badeorte liegen wie Perlen an der Kette auf 20 km Länge vor Comacchio, z. T. gehen sie ineinander über. Der ganz große Rummel wie in Rimini herrscht hier nicht, viele Urlauber kommen in Ferienhäusern unter, die mit ihren Piniengärten die Straßen flankieren.

• *Übernachten* **Camping Tahiti**, bei Lido delle Nazioni, von einem großen deutschen Automobilclub als herausragend bezeichnet, schön bepflanztes Gelände, Animation für Kinder, organisierte Ausflüge. Mitte Mai bis Ende Sept. ✆ 0533/379500, ✉ 379700, www.campingtahiti.com.
Camping Mare e Pineta, Lido degli Estensi, großer Platz unter hohen Pinien und Laubbäumen. ✆ 0533/330194, ✉ 330052, www.campingmarepineta.com.
Camping Spina, Lido di Spina, schönes Gelände im Pinienwald. ✆ 0533/330179, ✉ 333566, www.campingspina.it.

Ravenna

ca. 135.000 Einwohner

Die ehemalige Residenzstadt der byzantinischen Kaiser liegt in der großen, flachen Küstenebene etwas landeinwärts der Adriaküste. Im fein herausgeputzten Kern findet man Fußgängergassen, alte Palazzi und ruhige Plätze – insgesamt eine angenehme und wenig hektische Stadt, in der man sich mit Muße der Kultur widmen kann.

Viel besuchte Attraktionen sind die in der Stadt verstreuten Kirchen mit fantastischen Mosaiken aus byzantinischer Zeit – Höhepunkte sind die großartige Basilica San Vitale mit dem kleinen, aber feinen Mausoleum der Galla Placidia gleich dahin-

482 Emilia-Romagna

Übernachten
1 Ravenna
2 Al Giaciglio
5 Sant'Andrea
6 Centrale Byron
7 Jugendherberge

Essen & Trinken
3 La Gardèla
2 Al Giaciglio
4 Bizantino
8 Ca' de' vén

Ravenna

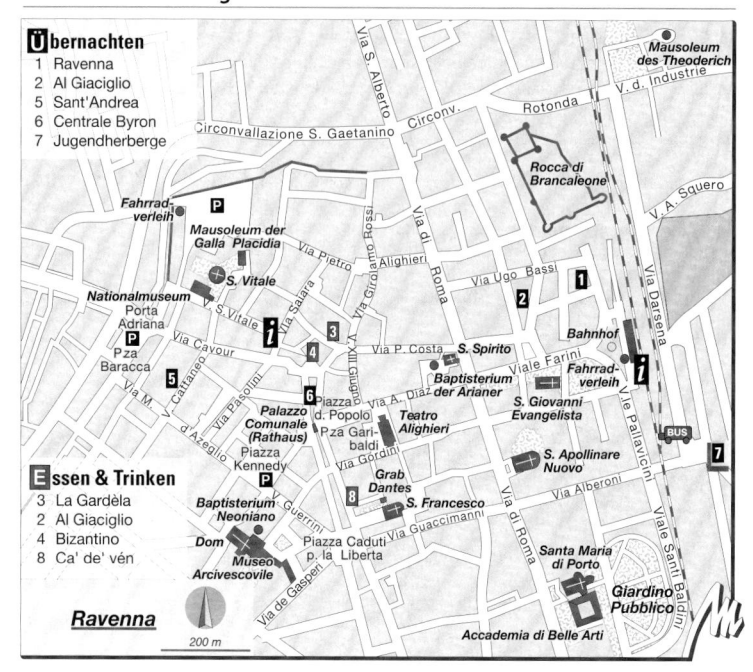

ter, die Basilica Sant'Apollinare Nuovo (Nähe Bahnhof) und einige Kilometer außerhalb die große Kirche Sant'Apollinare in Classe.

Anfahrt/Verbindungen/Information

• *Anfahrt/Verbindungen* **PKW**, von Bologna kommend die Autobahn A 14, dann den beschilderten Zubringer nach Ravenna nehmen. Gebührenpflichtige Parkplätze beim Nationalmuseum/Basilica San Vitale und auf der zentralen Piazza Kennedy. Gratis parken: auf der relativ zentrumsnahen Piazza Mura di Porta Serrata im nördlichen Stadtgebiet.
Bahn, Bahnhof an der Piazza Farini östlich der Altstadt, der Viale Farini führt geradeaus ins Zentrum zur Piazza del Popolo.

Bus, ATR-Busse zur Küste starten am Bahnhof.
Fahrrad, Verleih bei „Coop San Vitale" links vom Bahnhof (Mo–Sa 7–20 Uhr, mit Gepäckaufbewahrung, ✆ 0544/37031), pro Tag ca. 9 €.
• *Information* **IAT**, Via Salara 8–12, in einer Seitengasse der Fußgängerzone Via Cavour. Mo–Sa 8.30–18 Uhr, So 9.30–12, 15–18 Uhr. ✆ 0544/35404, ✉ 482670, www.turismo.ravenna.it.
Zweigstelle vor dem Bahnhof, neben dem Fahrradverleih.

Übernachten/Essen & Trinken

• *Übernachten* ***** Sant'Andrea (5)**, neu eröffnet in der Nähe der Basilica San Vitale. Ein Palazzo aus dem 17. Jh., sehr geschmackvoll renoviert. Es gibt gut eingerichtete Zimmer in zwei Größen (die kleinen sind sehr klein). Im Garten hinter dem Haus kann man schön sitzen und auch frühstücken, Parkmöglichkeit in der Nähe. DZ ca. 120–160 €. Via Carlo Cattaneo 33, ✆/✉ 0544/215564, ✉ 33275, www.santandrea-hotel.com.
*** Centrale Byron (6), nur 20 m von der zentralen Piazza del Popolo. Durch eine

blanke Messingtür kommt man in die schlauchförmige Lobby aus weißem Marmor, unten nüchterner Frühstücksraum, die über 50 Zimmer verschieden groß und mit modernem Holzmobiliar und Teppichboden solide eingerichtet, in der Regel TV. DZ mit Frühstück ca. 80–110 €. Via IV Novembre 14, ✆ 0544/212225, ℻ 34114, www.hotelbyron.com.

* **Ravenna (1)**, schräg gegenüber vom Bhf. Einfaches Stadthotel mit Parkplatz. DZ mit Bad ca. 52 €, mit Etagendusche 45 €. Viale Maroncelli 12, ✆ 0544/212204, ℻ 212077.

* **Al Giaciglio (2)**, ruhige Ecke nah beim Bahnhof, altes Stadthaus, innen besser, als man von außen erwartet, hohe Zimmer, sauber, mit Teppichboden, begrünter Hinterhof, Ristorante. DZ mit Bad ca. 70 €, mit Etagendusche ca. 55 €. Via Rocca Brancaleone 42, ✆ 0544/39403, www.albergoalgiaciglio.com.

Ostello Dante (IYHF) (7), große Jugendherberge in einem Außenviertel, ca. 14 € incl. Frühstück. Bus 1 ab Bahnhof, Rezeption ab 17 Uhr offen, Schließzeit 23.30 Uhr. Via Aurelio Nicolodi 12, ✆/℻ 0544/421164, www.ostellionline.org.

Am Meer bei **Marina di Ravenna** liegen mehrere große Campingplätze (→ unten).

• *Essen & Trinken* **La Gardèla (3)**, gutbürgerliches Ristorante mit gutem Ruf, die traditionelle Küche ist vor allem auf Grillrichte spezialisiert. Do geschl. Via Ponte Marino 3, Nähe Markthalle, ✆ 0544/21714.

Bizantino (4), modernes Selbstbedienungslokal in der Markthalle. Nur Mo- bis Fr-Mittag. Piazza Andrea Costa.

TIPP! **Ca' de' vén (8)**, Enoteca mit Küche – mit Abstand das reizvollste Lokal in der Stadt, holzgetäfeltes Gewölbe, dahinter grüner Hof, immer gut besucht. Es werden Weine der Region serviert, dazu leckere Salate. Nudelgerichte und Snacks, z. B. *crescione* (gefüllte Teigtaschen) und *piadina*, eine Art Fladenbrot. Mo geschl. Via Corrado Ricci 24, ✆ 0544/30163.

Sehenswertes

Ravenna besitzt ein kompaktes und angenehm ruhiges Centro storico, in dem das Bummeln Spaß macht.

Die malerische *Piazza del Popolo* bildet das Zentrum der Altstadt. Am oberen Ende steht das zinnengekrönte Rathaus, davor zwei hohe Säulen mit Stadtheiligen, seitlich schließt sich die elegante Loggia des *Palazzo Veneziano* an. Mehrere Cafés und ein etwas deplatziert wirkender Schnellimbiss bieten Sitzgelegenheiten.

Benachbart liegt die *Piazza Garibaldi* mit dem obligaten Standbild des Risorgimento-Helden und dem *Teatro Alighieri* in kräftigem Habsburger Gelb. Hier zweigt eine kleine Gasse ab, die zum *Grabmal Dantes* führt – der berühmte Dichter der „Göttlichen Komödie" starb nach seiner Vertreibung aus Florenz 1321 in Ravenna. Ein kleines Kuppelhäuschen aus dem 18. Jh. beherbergt heute die Urne des Dichters. Hinter dem Denkmal steht die schlichte Backsteinkirche *San Francesco*, in der die Beerdigungszeremonie für Dante stattfand. Im Kreuzgang der Kirche (Eingang links neben dem Grabmal) liegt ein *Dante-Museum* mit Handschriften, Bildern und Skulpturen.

Nördlich der Piazza del Popolo steht an der Piazza Andrea Costa die viel besuchte *Markthalle*. Richtung Westen beginnt hier die verkehrsberuhigte *Via Cavour*, die schönste Flanierstraße im Zentrum. Am Straßenende liegt ein freier Platz mit der *Porta Adriana*, einem ehemaligen Stadttor. Kurz vorher zweigt eine Gasse zur berühmten Basilica San Vitale ab (→ unten).

Öffnungszeiten/Eintritt **Grabmal Dantes**, im Sommer 7–19, sonst 9–12, 14–17 Uhr, Eintritt frei; **Dante-Museum**, Di–So 9.30–12, 15.30–18 Uhr, Mo geschl., Eintritt ca. 1,60 €.

Das byzantinische Ravenna

Ravenna war Anfang des 6. Jh. italienischer Brückenkopf des oströmischen Reiches von Konstantinopel. Unter Kaiser Justinian residierte der Ostgotenkönig Theoderich (Dietrich von Bern) hier Anfang des 5. Jh. als Statthalter. Den byzantinischen

Prunk der Residenzstadt kann man noch heute anhand der vielen prächtigen Mosaike nachvollziehen. Leider stehen die verschiedenen erhaltenen Gebäude und Kirchen weit auseinander – um alle zu sehen, muss man gut zu Fuß sein.

> Der Zugang zu den Sehenswürdigkeiten ist mittels **Sammeleintrittskarten** (biglietto cumulativo) organisiert: **Sammelticket 1** für Basilica San Vitale, Mausoleum der Galla Placidia, Museo Arcivescovile, Baptisterium Neonianum und Basilica Sant'Apollinare Nuovo (ca. 7,50 €); **Sammelticket 2** für Museo Nazionale, Grabmal des Theoderich und Basilica di Sant'Apollinare in Classe (ca. 6,50 €); **Sammelticket 3** für Museo Nazionale und Grabmal des Theoderich (ca. 5 €).

Museo Nazionale: In den Kreuzgängen eines früheren Benediktinerklosters – hier tritt man ein, um zur direkt angebauten Basilica San Vitale durchzugehen. Im Untergeschoss hauptsächlich römische Skulpturen und Inschriftentafeln, oben Stücke aus Spätantike, Mittelalter und Renaissance – Bronzen, Ikonen u. a.
Öffnungszeiten/Eintritt Di–So 8.30–19.30 Uhr, Mo geschl., Eintritt ca. 4 € oder mit Sammelticket, unter 18 und über 65 J. frei.

Basilica San Vitale: Die byzantinische Basilika wurde 525 während der Herrschaft Theoderichs begonnen und unter Justinian 548 beendet. Der Einfluss des Ostens ist in vieler Hinsicht spürbar, denn es gibt kein Längsschiff, sondern die Kirche ist ein achtseitiger Rundbau mit einer Zentralkuppel. Nach dem Eintritt bleibt man unwillkürlich überrascht stehen – das Innere ist architektonisch äußerst reizvoll, zudem mit Marmor und Mosaiken aufwendig ausgeschmückt, fast wie ein orientalischer Palast. Das warme, dämmrige Licht, das durch die gelblich getönten Scheiben fällt, verstärkt den nahezu mystischen Gesamteindruck.
Der originelle achteckige Kirchenraum wird an allen acht Seiten von hohen Bögen begrenzt, die ihrerseits wiederum von Arkaden unterteilt sind. In einem der Bögen liegt das Presbyterium mit den weltberühmten Mosaiken des Kaiserpaars *Justinian* und *Theodora* an den beiden Seiten. In der Apsis thront Jesus auf einer türkisfarbenen Weltkugel. Rechter Hand, von einem Engel begleitet, der Gründungsbischof der Basilika mit einem Kirchenmodell, links der Namenspatron San Vitale. Hergestellt wurden die Mosaiken etwa 520–550 n. Chr., ihre unglaubliche Leuchtkraft und der Abwechslungsreichtum der Farben lässt das Alter von nahezu 1500 Jahren nicht vermuten.
Öffnungszeiten/Eintritt Tägl. 9.30 17 Uhr, Eintritt nur mit Sammelticket 1.

Mausoleum der Galla Placidia: Der äußerlich völlig unscheinbare, kleine Backsteinbau steht auf der Rasenfläche hinter San Vitale. Das Innere ist über und über mit Mosaiken bedeckt, alles auf tiefblau leuchtendem Grund! Gebäude und Mosaiken sind hundert Jahre älter als San Vitale und damit die ältesten von Ravenna. In der Kuppel prangt ein goldenes Kreuz inmitten zahlloser Sternchen, seitlich darunter sind die Apostel dargestellt, an den Enden der Seitenschiffe Hirsche, über dem Eingang der Gute Hirte inmitten von Schafen. Das Ganze eingerahmt von herrlichen Ornamenten und bunten Mustern, die Fensteröffnungen sind mit lichtdurchlässigem Alabaster versetzt.
Öffnungszeiten/Eintritt Tägl. 9.30–17 Uhr, Eintritt nur mit Sammelticket 1.

Dom: durchschnittlicher Barockbau mit schönem Campanile aus dem 10. Jh., beachtenswert ist das große *Lesepult* des Erzbischofs Agnello mit seinen frühchristlichen Reliefs im Mittelschiff vorne rechts (6. Jh.). An der Rückseite ist der Erz-

Großartige Mosaiken in der Basilica San Vitale

bischöfliche Palast angebaut, im ersten Stock das beachtliche *Museo Arcivescovile* mit Mosaikfragmenten, einem berühmten Bischofsthron aus Elfenbein (6. Jh.) und einer mit Mosaiken wunderschön ausgestalteten Hauskapelle.
Öffnungszeiten/Eintritt **Museo Arcivescovile**, tägl. 9.30–17 Uhr, Eintritt nur mit Sammelticket 1.

Baptisterium Neoniano: Taufkapelle aus dem 5. Jh., achteckiger Ziegelbau neben dem Dom. Die Innenwände mit Arkaden, Marmorsäulen und Stuck aus verschiedenen Epochen, in der Kuppel zeigt ein großes Mosaik die Taufe Jesu im Jordan. In der Mitte des Raumes ein großes Taufbecken, in dem die Täuflinge von Kopf bis Fuß eintauchen mussten. Der ursprüngliche Boden liegt 3 m tiefer, er ist in den sumpfigen Untergrund abgesunken.
Öffnungszeiten/Eintritt Tägl. 10–17 Uhr, Eintritt nur mit Sammelticket 1.

Basilica Sant'Apollinare Nuovo: Die Palastkirche Theoderichs aus dem 6. Jh. steht in der Nähe des Bahnhofs an der Via di Roma. Vor der Fassade kleine Säulenvorhalle, ansonsten abgesehen vom attraktiven runden Glockenturm äußerlich wenig Besonderes. Das Innere ist absolut leer, so kommen die großartigen Mosaike noch besser zur Geltung: beide Wände des lang gestreckten Mittelschiffs sind mit großen, weiß gewandeten Menschengestalten bedeckt. Rechts ziehen die Märtyrer vom Palast des Theoderich zum Thron Jesu, links Märtyrerinnen vom Hafen Classe zu Maria mit dem Kind, angeführt von den Heiligen Drei Königen. Darüber Apostelfiguren und Szenen aus dem Leben Christi. Der prunkvolle Palast des Theoderich wurde von einem späteren Bischof retuschiert: wo jetzt Schleier in den beiden Loggien wehen, standen früher arianische Würdenträger, Spuren sind noch zu erkennen. (Theoderich war Arianer, d. h. für ihn war Jesus nicht gottgleich, sondern nur wesensähnlich.)
Öffnungszeiten/Eintritt Tägl. 10–17 Uhr, Eintritt nur mit Sammelticket 1.

486 Emilia-Romagna

Grabmal des Theoderich: etwas außerhalb vom Zentrum, vom Bahnhof aus rechts, auf der anderen Seite der Gleise. Der monumentale zweigeschossige Bau wurde wahrscheinlich noch von Theoderich persönlich in Auftrag gegeben und wirkt gegenüber der byzantinischen Mosaikenpracht auf den ersten Blick „barbarisch" einfach. Der untere Raum ist kreuzförmig, über eine Außentreppe gelangt man in das Obergeschoss, dort in der Mitte steht ein großer Behälter aus Porphyr, in dem vielleicht Theoderich aufgebahrt lag (seine Gebeine sind verschollen). Das Kuppeldach misst 11 m im Durchmesser und besteht aus einem einzigen Steinblock.
Öffnungszeiten/Eintritt tägl. 8.30–16.30 Uhr, Eintritt ca. 2 € (zwischen 18 und 25 J. die Hälfte) oder mit Sammelticket 2 oder 3.

Ravenna/Umgebung

In der Ebene von Ravenna durchziehen viele Entwässerungskanäle das ehemalige Sumpfgebiet. Im weiten Umkreis dominieren Industrieanlagen – vor allem Erdgas wird hier gewonnen. Ausgedehnte Pinienwälder und ein endloser, im Sommer trotzdem meist rappelvoller Sandstrand schließen die Ebene um Ravenna zum Meer hin ab, eine ganze Reihe von Badeorten bietet Unterkunft. Von der Küste zieht sich ein breiter schiffbarer Kanal bis zum großen Wirtschaftshafen *Darsena* am Stadtrand von Ravenna – zwischen Porto Corsini und Marina di Ravenna kann man jedoch mit ständig verkehrenden Autofähren übersetzen.

▸ **Basilica Sant'Apollinare in Classe**: Die größte und am besten erhaltene Kirche Ravennas steht weithin sichtbar 5 km südlich der Stadt, nahe der Schnellstraße nach Marina di Ravenna – in der Antike lag hier die stark befestigte Hafenstadt Classe. Auf dem Weg von der Stadt kommt man am *Parco Archeologico di Classe* vorbei. Die weiträumige Backsteinkirche mit schönen Marmorsäulen und hohem Holzbalkengewölbe ist bis auf zehn große *Sarkophage* fast leer. Alles beherrschender Blickpunkt sind die herrlichen Mosaike in der Apsis. *Sant'Apollinare*, der erste Bischof der Stadt Classe, steht inmitten einer paradiesisch grünen Szene mit Schafen, darüber prangt ein güldener Himmel, in dessen Zentrum ein edelsteinbesetztes Kreuz mit dem Antlitz Jesu im Schnittpunkt die „Verklärung Christi auf dem Berg Tabor" darstellt.

• *Öffnungszeiten/Eintritt* Basilica Sant' Apollinare, Di–So 8.30–19.30 Uhr, Eintritt ca. 2 € (zwischen 18 und 25 J. die Hälfte) oder mit Sammelticket 2.
Parco Archeologico, Sommer Mo–Sa 9–19 Uhr, Winter Mo–Sa 9–16 Uhr, So 9–14 Uhr.
• *Anfahrt/Verbindungen* ATM-Bus 4 ab Bahnhof, auch Bahnstation in der Nähe (Linie nach Rimini).

TIPP! Casa delle Aie, ein Bauerngehöft an der SS 16 südlich der Basilica (beschildert). Gemütlich isst man hier an langen Tischen solide Hausmannskost. Frühzeitig kommen, wird schnell voll. Nur abends (Sa/So auch abends), im Winter Mi geschl. ✆ 0544/ 927631.

▸ **Marina di Ravenna**: Hauptort am Strand von Ravenna, vom nördlich benachbarten Porto Corsini durch den breiten Ravenna-Kanal getrennt (häufige Überfahrten mit kleiner Autofähre). An der Kanaleinfahrt ragt eine Mole kilometerweit ins Meer. Richtung Süden dichte Pineta mit diversen Hotels und Campingplätzen, davor schöner weißer Sandstrand mit Zugängen von der Durchgangsstraße.

• *Anfahrt/Verbindungen* Busse pendeln ab Bahnhof in Ravenna.
• *Information* Viale delle Nazioni 159, Mai bis 4. Sept. ✆ 0544/530117.

• *Übernachten* In den zahlreichen Hotels und Pensionen läuft im Hochsommer ohne Halbpension meist nichts.
Zwei schattige Campingplätze liegen südlich vom Ort, **Rivaverde** (✆ 0544/530491) ist

der nächste, danach folgt **Internazionale Piomboni** (℡ 0544/530230). Abends oft Animation, Tanz etc. Drei weitere Plätze gibt es im benachbarten Ort **Punta Marina**.

● *Essen & Trinken* **Lucciola**, schöne Lage direkt am Strand, Nähe Camping Riverde. ℡ 0544/530186.

▸ **Lido di Dante**: der kleinste Badeort an der Küste von Ravenna, schöner Strand und die herrliche *Pineta di Classe*, wo Reste der alten Schirmpinienwälder erhalten sind, die vor Einsetzen des Touristenbooms weite Teile der Adriaküste bedeckten. Dank der zwei Zeltplätze vor allem für Camper interessant, insbesondere auch für FKK-Liebhaber.

● *Übernachten* **Camping Classe**, 7 Hektar großes Wiesengelände mit Pool und angrenzendem Pinienwald. Etwa ein Fünftel ist für FKK reserviert. Zum Textilstrand sind es ca. 5 Min., etwa 30 Min. geht man bis zum 2 bis 3 km langen FKK-Bereich am Strand. ℡ 0544/492005, www.campingclasse.it.

Adriaküste (Ravenna bis Rimini)

Hier ballt sich der Tourismus. Höhepunkt ist natürlich das legendäre Rimini, das sich mit Vororten fast 20 km die Küste entlang zieht. Von Cesenatico bis Gabbice Mare ist die Adria praktisch zugebaut, Cervia und Milano Marittima liegen nördlich davon etwas am Rande. Insgesamt warten in der Provinz Rimini 40 km Sandstrand.

Cervia

Der große Bade- und Thermalkurort blickt auf eine lange Vergangenheit zurück und hat sich im Zentrum ein hübsches Ensemble aus dem 17. Jh. bewahrt, die Piazza Garibaldi und die Piazza Pisacane mit Arkadengängen, Dom, Rathaus und engen Gassen, das nach außen durch die alten Wohnhäuser ehemaliger Salinenarbeiter abgeschirmt ist. Der lange Strand mit Dutzenden von Hotels liegt einen knappen Kilometer vom historischen Zentrum entfernt.

Wegen des großen Lagunensees *Saline di Cervia* (heute Naturschutzgebiet) war Cervia jahrhundertelang ein bedeutender Ausfuhrhafen für Salz, durch den *Canale delle Saline* fuhren die Schiffe zum Meer. Die noch aus etruskischen Zeiten stammende *Salina Camillone* kann im Sommer besichtigt werden, außerdem gibt es ein Besucherzentrum, von dem aus man die Salinen auf verschiedenen Wegen erforschen kann. Im Zentrum stehen bei der zentralen Piazza Andrea Costa am Kanal noch die ehemaligen *Magazzini del Sale* mit der zu ihrem Schutz erbauten *Torre di San Michele*. Das dort eingerichtete *Museo del Sale di Cervia* kann nach Voranmeldung besichtigt werden. Jeden Donnerstag findet ein großer Markt statt.

Nördlich benachbart liegt *Milano Marittima*, eine elegante „Gartenstadt" mit zahlreichen Ferienhäusern und Hotels inmitten dichter Pineta. Unmittelbar dahinter erstreckt sich die große, urwüchsige *Pineta di Cervia* mit zahlreichen Fuß- und Radwegen, einem Golfplatz und dem Schmetterlingshaus *Casa delle Farfalle*. Auch die *Terme von Cervia* liegt dort mitten im Grünen (www.terme.org).

● *Öffnungszeiten/Eintritt* **Salina Camillone**, Juni bis Mitte Sept. mit Führung Do u. So 17.30 Uhr.
Centro Visite Salina di Cervia, April bis Juni Di–So 9.30–12.30, 14.30 Uhr bis Sonnenuntergang, Juli bis Sept. tägl. 14.30 Uhr bis Sonnenuntergang, übrige Zeit nur Sa/So 9.30–12.30, 14.30 Uhr bis Sonnenuntergang. Exkursionen mit Reservierung. Eintritt ca. 1,50 €. ℡ 0544/973040.
Museo del Sale di Cervia, ℡ 0544/977592.
Casa delle Farfalle, März bis Okt. Di–So 9.30, 14.30–17 Uhr (April, Mai, Sept. 18 Uhr, Juni, Juli, August 19 Uhr).

- *Information* **IAT**, Info-Büro zwischen historischem Zentrum und Strand. 9.30–12.30, 15.30–18.30 Uhr. Viale dei Mille 65, ✆ 0544/974400, ✉ 977194, www.rivieradicervia.it.
- *Übernachten* Sehr großes Angebot an Hotels und Ferienhäusern, besonders schön wohnt man in Milano Marittima.
*** Monique, nettes kleineres Haus, hervorzuheben der hübsche Garten, in dem man morgens frühstückt und abends Unterhaltungabende stattfinden. Gutes Restaurant, Zimmer klein (Sat-TV; Klimaanlage), Gästefahrräder, Parkplatz. DZ mit Frühstück ca. 60–80 €. Viale Belfiore 23, Seitengasse der Via Volturno, Nähe Infobüro. ✆ 0544/971224, ✉ 71683, www.hotelmonique.com.

B & B Noé, in Milano Marittima, einige Zimmer in einer Villa nah am Canale delle Saline. DZ mit Frühstück ca. 50–80 €. Via Isonzo 17, ✆ 333-5347035, www.bbnoe.it. Weiter nördlich liegen einige Campingplätze, z. B. **Romagna** (✆ 0544/949326) und **Adriatico** (✆ 0544/71537, www.campingadriatico.net).
- *Essen & Trinken* **E' Cantinon**, gemütliche Osteria mit schönem, altem Innenraum in einer schmalen Gasse, wenige Meter vom Rathaus. Gerichte in der Tradition der Romagna, häufig wechselnde Speisekarte. Mo geschl. Via XX Settembre 28, ✆ 0544/977078.

Cesenatico
ca. 20.000 Einwohner

Beliebtes Seebad mit einem pittoresken Kanal, der sich quer durch die Stadt zieht. Traditioneller Anlaufpunkt deutscher Urlauber, zahllose Hotels und kilometerlange, weiße Sandstrände. Parallel zum Strand verläuft eine lange Uferpromenade, unübersehbar ragt dort das bizarre „Wahrzeichen" Cesenaticos in den Himmel: das mit Abstand höchste Hochhaus der Adria. Direkt davor ist der Strand frei zugänglich.

Der malerische Kanal namens *Porto Canale* ist Standplatz der großen Fischerflotte, Leonardo da Vinci konstruierte ihn Anfang des 16. Jh. Abwechslung ist hier immer geboten – es gibt zahlreiche hübsche Restaurants und Kneipen, tagsüber finden Straßenmärkte statt, abends Livemusik. Eine originelle kleine Fähre pendelt in Strandnähe zwischen beiden Ufern (im Sommer bis nach Mitternacht). Originell ist auch das einzige „schwimmende Museum" Italiens – in einem stillgelegten Kanalabschnitt liegen verschiedene historische Schiffstypen der mittleren und oberen Adria vor Anker. Das dazugehörige *Museo della Marineria* am Kanal (Via Armellini 18) dokumentiert mit historischen Fotos, zweisprachiger audiovisueller Untermalung und liebevoll präsentierten Exponaten die Vergangenheit Cesenaticos als Hafen und bedeutende Fischereiwerft, im angeschlossenen *Antiquarium* werden archäologische Stücke aus der römischen Vergangenheit gezeigt. Im Umkreis erstreckt sich die hübsche Altstadt mit niedrigen, pastellfarbenen Häusern. An der *Piazza delle Conserve* sind historische Kühlmulden für Fische erhalten, die vom 16.–19. Jh. trichterförmig in die Sanddünen gegraben und ausgemauert wurden.

An beiden Seiten des Kanalausgang kann man schön bis zur Spitze der Mole bummeln, vorbei an malerischen Trabucchi (Fischereihäusern) mit großen Fischnetzen.

Öffnungszeiten Museo della Marineria/Antiquarium, Mitte Juni bis Mitte Sept. tägl. 17–23 Uhr, übrige Zeit Di–Fr 15–19, Sa/So 10–12, 15–19 Uhr, Mo geschl. Eintritt ca. 3 €. ✆ 0547/79264.

- *Anfahrt/Verbindungen* **Bahn**, der Bahnhof liegt am Rand des Centro storico, ca. 1 km landeinwärts vom Meer.
- *Information* **IAT**, etwas landeinwärts vom Hochhaus, Viale Roma 112/Ecke Viale dei Mille. Tägl. 8.30–19 Uhr. ✆ 0547/673287, ✉ 673288, www.cesenaticoturismo.com. Von Mai bis Sept. gibt es auch eine Zweigstelle vor dem Bhf.
- *Übernachten* Fast 400 Hotels und Pensionen bieten Zimmer, dazu gibt es zahllose Ferienwohnungen (Vermittlung über diverse Agenturen).
Camping Cesenatico, großes, gepflegtes Gelände mit Pool nördlich vom Ort, davor schöner, langer Sandstrand. Ganzjährig. ✆ 0547/81344, ✉ 672452, www.campingcesenatico.it.

Camping Zadina, gleich benachbart, großer, eher einfacher Platz mit viel Schatten, ein Meerwasserkanal durchzieht das Gelände. Mai bis Sept. ✆ 0547/82310, ✉ 672802, www.campingzadina.it.

● *Essen & Trinken* Am Kanal reihen sich zahlreiche schön aufgemachte Lokale mit leckerer Meeresküche.

An der Südseite des Kanals:

Osteria l'Angolo Divino, feines und geschmackvoll konzipiertes Fischrestaurant, preislich gehoben. Piazza Ciceruacchio 1, ✆ 0547/673066.

La Buca, Stefano Bartolini ist ebenfalls weithin bekannt für seine exzellente Fischküche, auch hier liegen die Preise recht hoch. Zum Haus gehört auch die benachbarte, sehr beliebte **Osteria**, wo man etwas günstiger isst. Mo geschl. Corso Garibaldi 41, ✆ 0547/82474.

San Marco, wenige Meter vom Kanal neben der kleinen Pescheria (Fischmarkthalle), alteingeführtes Fischlokal, angenehm lockere Atmosphäre, viel mit Meeresfrüchten und Muscheln, gut z. B. das *risotto alla pescatora*, eigener Hauswein in Flaschen. Mi geschl. Piazza Fiorentini, ✆ 0547/80075.

Pippo, beim Museumsschiff, da etwas abseits, weniger Touristen, trotzdem immer gute Stimmung. Via Giordano Bruno 7, ✆ 0547/80378.

Gambero Rosso, schickes und teures Ristorante in traumhafter Lage am Ausgang des Kanals direkt am Strand. Meeresmenü ab 40 €, aber auch Pizza ab ca. 8 €. Im Winter Mo geschl. Via Molo Di Levante 21, ✆ 0547/81260.

An der Nordseite des Kanals:

Cantina del Porto, mit seiner niedrigen Holzdecke ausgesprochen gemütlich. Via Moretti 29, ✆ 0547/82047.

La Lampara, ein fröhliches Völkchen trifft sich hier täglich am Hafenbecken Porto Canale di Leonardo. Via Moretti 45, ✆ 0547/80219.

● *Nachtleben* **Pub Osteria Maraffa**, Nordseite des Kanals, am frühen Abend wird hier gegessen (für mehrere Personen gleich in der Pfanne serviert), ab 22.30 Uhr dann Nachtbar, wo sich auch die einheimische Jugend trifft. Mo geschl. Via Moretti 11, ✆ 338-4112215.

Rimini

ca. 130.000 Einwohner

Badegroßstadt mit Schuhschachtel-Architektur, größter Urlaubsort der Adria. An der 10 km langen Marina drängen sich Hotels, gläserne Ristoranti, glitzernde Diskotheken, Cafés und Kneipen, Ramschboutiquen, schäbige Spielhallen, Pizzabuden ... Knapp 2 km landeinwärts dann der unerwartete Kontrast – die stilvolle Altstadt um die großzügige Piazza Cavour.

Allabendlich im Hochsommer wird an der Marina die längste *Passeggiata* der Welt inszeniert. Gut zwei bis drei Stunden läuft man im Menschenstrom den völlig überfüllten Gehsteig rauf und wieder runter, zwängt sich dann endlich irgendwo in eins der Straßencafés, deren Stühle nicht zur Straße, sondern sämtlich zum Laufsteg der Eitelkeiten ausgerichtet sind. Falls man nicht rauf und runter läuft – was selten ist –, kann man seine Gaudi mit den vierrädrigen *ciclocarrozzelle* haben, danach ab in die Disco oder Eisschlecken oder frustriert ins Bett, weil man in dieser toll gewordenen Urlaubsmaschine einfach nicht zurechtkommt. Rimini darf nicht sterben – diese Glitzerwelt aus Modepüppchen, italienischen Großstadt-Freaks, parfümierten Gigolos, aufgedrehten, jungen Touristen, vielen braven Familien und zahllosen Rentnern aus ganz Europa ist sehens- und erlebenswert. Sogar Fellini verfiel der Magie Riminis und verbrachte bis zu seinem Tod jeden Sommer in seiner Geburtsstadt. Das Geheimnis Riminis: für jeden etwas! Mein Rat: unbedingt im August kommen!

*A*nfahrt/*V*erbindungen

● *PKW* Autobahn A 14, **Rimini Nord** oder **Rimini Sud**, dann immer den Schildern „Al Mare" hinterher. An der Marina steht man im Sommer ständig im Stau, Parken kann man in den Seitengassen.

Emilia-Romagna

Im historischen Zentrum einige gebührenpflichtige Parkplätze, z. B. am Viale Roma, Nähe Bahnhof (alle eingezeichnet im Stadtplan von Rimini, erhältlich bei den Info-Büros).

- *Bahn* Häufige Verbindungen in die Nachbarorte an der Küste, Fernzüge nach Bologna, Rom und entlang der Adria. Von Mai bis Sept. tägl. **Autoreisezüge** ab München.
Bahnhof am Piazzale Cesare Battisti, auf halbem Weg zwischen Altstadt und Strand. Ins Zentrum kommt man geradeaus die Via Dante entlang, ca. 5 Min. zum Tempio Malatestiano, 10 Min. zur Piazza Cavour. Vom Bahnhof zum Strand rechts gehen bis zum Tunnel unter der Bahnlinie und dort die Via Principe Amedeo ca. 1 km geradeaus – oder Bus 10 oder 11 nehmen (→ Unterwegs in der Stadt).

- *Bus* Fernbusstation an der **Via Clementini/Via Roma**, Nähe Bahnhof. Busse ins Hinterland und nach San Marino starten direkt vor dem Bahnhof.

- *Flug* Der **Flughafen Federico Fellini** liegt südlich vom Zentrum in Rimini-Miramare, Charterflieger aus ganz Europa landen hier. Linienbus 9 pendelt von und zum Bhf.
 ☎ 0541/715711, www.riminiairport.com.

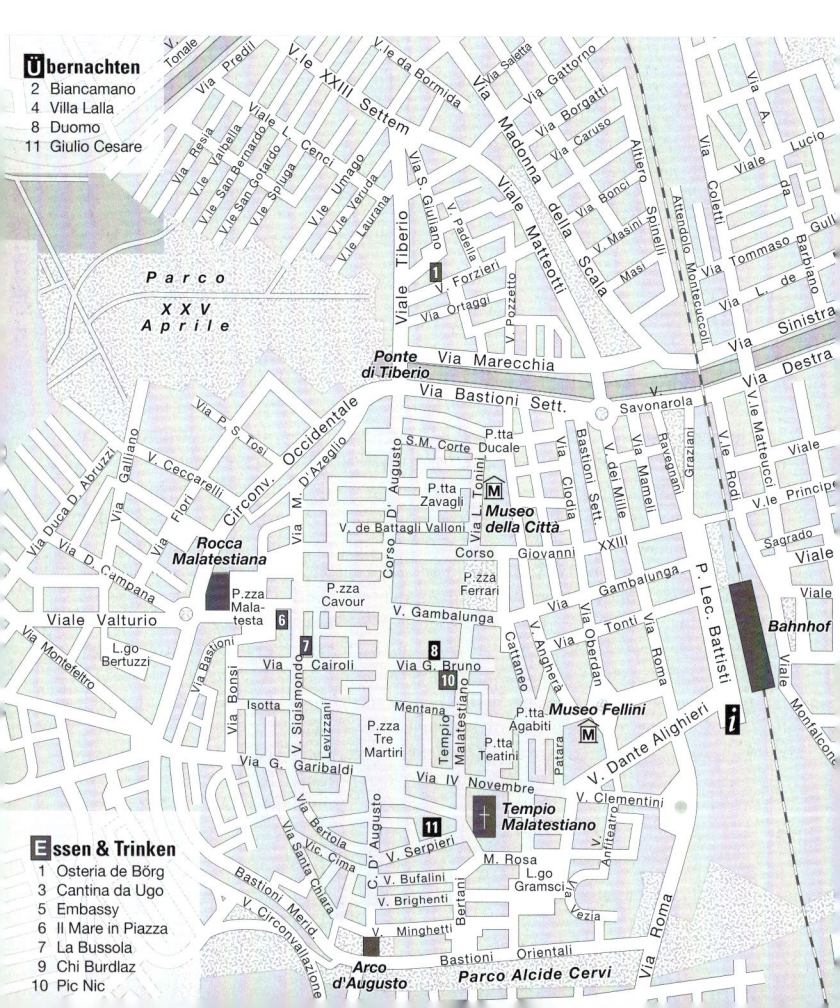

Übernachten
- 2 Biancamano
- 4 Villa Lalla
- 8 Duomo
- 11 Giulio Cesare

Essen & Trinken
- 1 Osteria de Börg
- 3 Cantina da Ugo
- 5 Embassy
- 6 Il Mare in Piazza
- 7 La Bussola
- 9 Chi Burdlaz
- 10 Pic Nic

Rimini 491

Information

● *Marina* **IAT**, großes Büro am zentralen Piazzale Federico Fellini (Nähe Kanalmündung). April bis Sept. Mo–Sa 8.30–19, So 9.30–12.30, 16–19 Uhr, Okt. bis März Mo–Sa 9.30–12.30, 15.30–18.30 Uhr. ✆ 0541/56902, ✉ 56598, www.turismo.provincia.rimini.it, www.riminiturismo.it, www.riviera.rimini.it.
● *Zentrum* **IAT**, Piazzale Cesare Battisti 11, gegenüber vom Bahnhof, neben Verkehrspolizei. April bis Sept. Mo–Sa 8.30–19, So 9.30–12.30 Uhr, Okt. bis März Mo–Sa 9.30–12.30, 15.30–18.30 Uhr. ✆ 0541/51331, ✉ 27927.

Unterwegs in der Stadt

Ein effektives Bussystem sorgt für den Transport durch die riesige Badestadt und ins historische Zentrum. Tickets gibt's in allen Zeitungs- und Tabakläden, am Bahnhofsvorplatz und in einem Schalter an der Piazza Tre Martiri. Neben Einzelfahrscheinen sind auch Tageskarten (ca. 3 €) und Achttageskarten (ca. 12 €) erhältlich. Die Haltestellen sind durchnummeriert und auf dem Gratis-Stadtplan eingezeichnet.

Start der orangefarbenen Busse **4**, **4a**, **10** und **11** an der zentralen Piazza Tre Martiri im Zentrum, nächste größere Station ist der Bahnhofsvorplatz. Buslinien 10 und 11 fahren runter zum Meer und pendeln die schnurgerade Küstenstraße entlang bis **Miramare**, Bus 11 fährt sogar bis ins benachbarte **Riccione**, ebenso Bus 124, allerdings auf der weiter landeinwärts verlaufenden Via Flaminia. Bus 4 und 4a fahren Richtung Norden die Küstenstraße entlang bis **Torre Pedrera**.

Übernachten

Rimini besitzt mehr als 1500 Hotels. An der Strandpromenade reihen sich viele hunderte gesichtslose Betonkästen, in der Regel platzsparend gebaut, hellhörig und langweilig, Zimmer meist mit Mini-Balkon, „zweckmäßig" eingerichtet und auf Pauschalgäste eingestellt, im Hochsommer durchweg Pensionspflicht. Die besten und ruhigsten Häuser liegen im zentralen Bereich der Marina, Nähe Kanal. Preislich günstiger sind die Häuser in den etwas zurückliegenden Straßen ohne Meerblick. In schönerer Atmosphäre wohnt man in den wenigen Hotels der Altstadt. Preislich gibt's starke saisonale Schwankungen, denn vor Mai und nach Oktober sind kaum Urlauber im Ort. Im Sommer Zimmervermittlung in Anspruch nehmen.

● *Zentrum* ****** Duomo (8)**, vollständig umgebaut und nun als topmodernes Designhotel geführt. Zimmer in hellgrün, lila oder rot, TV mit Flachbildschirm, großzügige Bäder mit geschwungenen Wänden. DZ mit Frühstück ca. 130–180 €. Via Giordano Bruno 28, ✆ 0541/24215, ✉ 27842, www.duomohotel.com.

** Giulio Cesare (11), in einem ruhigen Seitengässchen der Piazza Tre Martiri, einfaches Haus, altmodisch-gepflegt mit Holztäfelung und Polstermöbeln in der Lobby. DZ ca. 50–70 €. Via Battarra 9, ✆ 0541/ 51303.

● *Marina* ***** Biancamano (2)**, wenige Meter vom Grand Hotel mit Blick auf selbiges, gemütliches Haus mit Pool und Parkplatz. VP pro Pers. ca. 51–92 €. Marina Centro, Via Cappellini 1, ✆ 0541/55491, ✉ 55252, www.maximilianshotels.it/biancamano.

*** Villa Lalla (4), etwas zurück vom Meer. Komplett renoviert, moderne Zimmer mit TV, Restaurant (Juni bis Sept.). DZ mit Frühstück ca. 52–92 €. Marina Centro, Viale Vittorio Veneto 22, ✆ 0541/55155, ✉ 23570, www.villalalla.com.

*** John, modernes Haus in zweiter Reihe, ordentlich ausgestattete Zimmer mit Balkons, ganz oben schöner Blick über die Dächer aufs Meer. Disco Carnaby Club liegt um die Ecke. DZ ca. 60–100 €. Parken vor dem Hotel möglich. Marebello, Via delle Colonie 5/Ecke Via Mantova (Busstopp 25), ✆ 0541/370668.

* Villa Neri, wenige Schritte vom Meer, ordentliche Zimmer mit eigenem Bad. DZ ca. 40–60 €. Miramare, Via R. Serra 31 (Busstopp 20), ✆ 0541/381127, villaneri@libero.it.

● *Jugendherbergen* **Ostello Jammin' Rimini (IYHF)**, Viale Derna 22, zentrale Lage in Marina. Eine frühere Pension wurde umgebaut, auf vier Stockwerken 55 Betten in 15-Bett-Räumen und 2/4-Bett-Zimmern, teils mit eig. Bad, teils Etagendusche. Pro Pers. je nach Saison 11–19 €, im Familienzimmer 13–21 €. ✆ 0541/390800, ✉ 390800, www.hostellammin.com

Sunflower Beach Backpacker Hostel Rimini, Via Siracusa 25, Ortsteil Marebello. Modernes Hostel mit Schlafsälen, Einzel- und Doppelzimmern, alle mit eigenem Bad. Bar mit „Chill-Out-Area", Internet-Point, Leseecke, Sat-Fernsehsaal mit Video/DVD, Billard, Tischfussball, Gemeinschaftsküche u. m. Kostenloser Strandzugang in 300 m Entfernung. Preise auf Anfrage. ✆ 0541/373432, ✉ 373432, www.sunflowerhostel.com

● *Camping* **Maximum**, großer Platz an der Küstenstraße in Miramare, im südlichen Stadtbereich von Rimini, etwa 7 km vom Zentrum (aus allen Richtungen sehr gut beschildert). Das baumbestandene und schattige Gelände besteht aus zwei getrennten Platzbereichen, die beide im Sommer extrem überfüllt sind. An der Rezeption internationale Crew mit Sprachkenntnissen. Busse 10/11 pendeln in die Stadt (11 auch nach Riccione), Haltestelle 33 genau gegenüber dem Eingang. Bar/Ristorante. Der Platz wird die ganze Nacht über bewacht. Mitte Mai bis Sept. ✆/✉ 0541/372602, www.campingmaximum.com.

Italia, schattiger Wiesenplatz in Viserba, 4 km nördlich vom zentralen Bereich der Marina. Bus 4 und 4a pendeln ins Stadtzentrum (Bahnhof bzw. Piazza Tre Martiri), Haltestelle 14 vor dem Eingang. Große Bar mit Pizzeria, besonderer Pluspunkt ist der „free beach". Mitte Mai bis Sept. ✆ 0541/732882, ✉ 732322, www.campingitaliarimini.it.

Essen & Trinken (siehe Karte S. 490/491)

Im Strandbereich wenig Niveau, oft Massenabfertigung, manchmal Nepp. Nach dem Essen spielt sich hier die große Straßenshow ab. In der Altstadt isst man mit mehr Flair.

● *Altstadt* **Il Mare in Piazza (6)**, neu an der Oberkante der Piazza Cavour und hübsch zum Sitzen, man sagt Meeresküche, Risotto etc. Via Poletti 8, ✆ 0541/780423.

La Bussola (7), in einer ruhigen Seitengasse gegenüber der Kirche Sant'Agostino, um die Ecke von der Piazza Cavour. Sympathisches, von einer jungen Crew geführtes Lokal, reichlich Pizza und sogar Gerichte für Vegetarier. Via Sigismondo 39, ✆ 0541/ 785546.

TIPP! **Pic Nic (10)**, hübsch und gemütlich aufgemachtes Ristorante mit viel originellem Dekor, hinten auch ein Garten. Großes Buffet und umfangreiche Speisekarte. Mo geschl. Via Tempio Malatestiano 30, ✆ 0541/21916.

● *Borgo San Giuliano* Wenn man vom Zentrum aus auf dem Ponte di Tiberio (→ Sehenswertes) den Fluss Marecchia überquert, kommt man in dieses ehemalige Fischerviertel mit einer Reihe interessanter Lokale.

Osteria de Börg (1), gemütlicher Innenraum, einige Tische auch im Freien. Fantasievolle Küche, die sich an der Tradition orientiert, hervorragend die Nudeln aus eigener Produktion, Fleisch vom offenen Grill. Werktags nur abends, an Festtagen auch mittags. Mo geschl. Via Forzieri 12, ✆ 0541/56074.

• *Marina* **Osteria del mare**, eins der beliebtesten Fischlokale, seit 1946 direkt am Strand. Marebello, Via Regina Margherita 77, ✆ 0541/375851.

Chi Burdlaz (9), „Osteria e cucina" am zentralen Laufsteg der Massen, opulent aufgemacht, viel Licht und Dekor. Viale Amerigo Vespucci 63, ✆ 0541/709900.

Cantina da Ugo (3), ganz zentral bei der Piazza Federico Fellini, anständige Küche, lockere Bedienung, ein wenig verkehrsgeschädigt. Marina Centro, Via Beccadelli 7/9, ✆ 0541/21783.

• *Cafés/Bars* **Gelateria Nuovo Fiore**, riesiges Eiscafé mit viel Chrom und Sorten wie Sand am Meer von Rimini. Zweigstelle auch im nahen Riccione (→ dort). Viale Amerigo Vespucci 7, Nähe Piazza Federico Fellini.

Nachtleben *(siehe Karte S. 490/491)*

Das Nachtleben Riminis ist das heißeste Europas – noch vor Mallorca und Ibiza, allerdings konsequent auf den Hochsommer beschränkt, vorher und nachher läuft vieles nur auf Sparflamme. Vor allem in *Marina Centro* geht es rund. Der parallel hinter der breiten Uferstraße verlaufende *Viale Amerigo Vespucci* und die südliche Fortsetzung *Viale Regina Elena* fungieren als nächtlicher Laufsteg, die Kneipen, Pubs und Diskotheken gehen allein hier in die Hunderte. Das Zentrum des Trubels erstreckt sich vom Parco Federico Fellini etwa 2 km Richtung Süden, aber auch weiter südlich gibt es immer wieder Ballungszonen bis zum Campingplatz. Die ganz großen Topdiscos liegen in den Bergen des Hinterlands.

Wer kein eigenes Verkehrsmittel hat und nicht laufen will, kann bis etwa 1 Uhr morgens bequem mit dem Bussen 10 und 11 hin- und herpendeln, die Stationen sind nach Nummern benannt. Mitte Juli bis Ende August machen die Busse der *Blue Line* ab ca. 22 Uhr bis in die frühen Morgenstunden etwa alle 30 Min. eine Rundtour zu zahlreichen Clubs, Pubs und Diskotheken von Torre Pedrera bis Riccione.

• *Discos* Eintritt je nach Marktlage, meist um die 15–30 € (incl. ein Getränk), in der Nebensaison gelegentlich frei. Außerhalb Juli/August machen viele Discos nur am Wochenende auf. Auf den Straßen werden Flyer verteilt, mit denen man Ermäßigung bekommt.

Paradiso, in den Pinienhügeln über der Stadt, bereits seit den Sechzigern eine der beliebtesten Discos, Platz für bis zu 2000 Besucher, auch Open Air. An-/Abfahrt mit Blue Bus oder Taxi, ein hauseigener Bus steht ebenfalls zur Verfügung. Eintritt ca. 18–26 €. Via Covignano 260, ✆ 0541/751132, www.paradisoclub.it.

Auf der Piazza Cavour im Centro storico

Embassy (5), edel aufgemacht, mit Garten und oft Livemusik, ganz zentrale Lage, Platz für 1000 Pers. Eintritt ca. 15–20 €. Viale Vespucci 33 (Busstop 11), ✆ 0541/23934.

Carnaby Club, einer der „In"-Treffs an der Marina, drei Tanzflächen übereinander, es geht rund, fröhliche Atmosphäre. Eintritt ca. 12–16 €. Rivazzurra, Viale Brindisi 30 (Busstop 26). ✆ 0541/373204.

Blow Up, kleinere, aber recht beliebte Disco, Szenetreff. Eintritt ca. 12–16 €. Bellariva, Viale Regina Elena 209 (Busstop 21). ✆ 0541/386060.

• *Treffs* **Rockisland**, tolle Lage an der Spitze der Kanalmole, große Bar mit DJs und Live-Bands, kein Eintritt, aber Getränkepflicht. Piazzale Boscovich, Molo di Levante, ✆ 0541/50178.

Rock House Club, großer Pub mit Rock live. Marebello, Via Nervi 10. ✆ 340-8945549, www.rockhouseclub.it.

Sport & Vergnügen

Jede Menge Möglichkeiten, detaillierte Hinweise und viele weitere Adressen in den entsprechenden Broschüren vom Informationsbüro.

• *Baden* Der kilometerlange Strand ist eine einzige gigantische Sonnenschirmparade, mehr als 140 durchnummerierte Badeanstalten bieten identisches Service an. Gebühren pro Tag: Liegestuhl (lettino), Sonnenschirm (ombrellone), Strandkabine (cabina) und warme Dusche in den hinteren Reihen 9–14 €/Tag, vorne 14–16 €, bei Wochenmiete Rabatt. Frei zugängliche Strandpartien in der Nähe des Hafens und in Miramare bei der Mündung des Rio Marano. An kühlen Tagen wird der Strand zur riesigen Spazierzone.

• *Fahrrad* Die **Fahrraddroschken** (riscio oder ciclocarrozzelle), die überall vermietet werden, kosten pro Stunde ca. 7 € (Zweisitzer) bzw. 12 € (Viersitzer). Außerdem zahlreiche **Mountainbike-Verleiher** vor Ort.

• *Italia in Miniatura* in Viserba, einem nördlichen Vorort von Rimini. Vergnügungspark in Form des italienischen Stiefels, in dem originalgetreu verkleinert die Modelle von 200 berühmten Monumenten des Landes stehen. Dazu kann man Bötchen, Einschienenbahn und Gokart fahren. Eintritt je nach Saison ca. 9–16 €, Kinder 6–12 €. April bis Okt., tägl. 9 Uhr bis Sonnenuntergang, Juli/August bis 24 Uhr. ✆ 0541/732004, www.italiainminiatura.com.

• *Fiabilandia* in Rivazzurra an der SS 16. Fabelland, in dem der Grand Canyon, das Schloss des Zauberers Merlin, ein Märchensee und Ähnliches mehr zu bewundern sind. Eintritt ca. 17 €, Kinder und Senioren über 65 J. 12 €. April bis Okt., tägl. 10–18 Uhr, Juli/August bis 24 Uhr. ✆ 0541/372064, www.fiabilandia.it.

> Mit einer gelösten Eintrittskarte in **Italia in Miniatura** und **Fiabilandia** (Rimini) sowie **Aquafan** und **Delphinarium** (Riccione) erhält man Rabatt bei den anderen dreien.

Sehenswertes

Rimini wurde in Mittelalter und Renaissance vom Fürstengeschlecht der Malatesta beherrscht. Größte Sehenswürdigkeit ist der Tempio Malatestiano, eine gotische Kirche, die während der Renaissance völlig umgestaltet wurde.

Mittelpunkt der Altstadt ist die weite, offene *Piazza Tre Martiri*, von der die Straßen kreuzförmig in vier Richtungen gehen. Richtung Osten kommt man zum Tempio Malatestiano und zum Bahnhof, nach Süden geht's zum römischen Triumphbogen Arco d'Augusto und im Norden führt die Einkaufsstraße Corso d'Augusto zur historischen Piazza Cavour.

Tempio Malatestiano: Massiger Baukörper aus fast weißem Kalkstein, die Front ist dem Augustusbogen am Südostrand der Altstadt nachgebildet, rundum laufen gro-

Der Arco d'Augusto am Ende der Via Flaminia

ße Rundbögen, die heute zugemauert sind. Die ursprüngliche Franziskanerkirche wurde im 15. Jh. vom Despoten *Sigismondo Malatesta* zu einem Ruhmestempel für sich und seine Familie umfunktioniert. Der immens große, einschiffige Innenraum vermittelt etwas von dem Machtanspruch dieses skrupellosen Gewaltmenschen, der Rimini groß gemacht hatte, aber wegen seiner zahlreichen Gräueltaten von Papst Pius II. exkommuniziert wurde. Die aufwendigen Seitenkapellen sind z. T. Grabmale, so die zweite Kapelle rechts das Grab der *Isotta degli Atti*, der Mätresse und späteren dritten Ehefrau Sigismondos. Die verschlungen Initialen der beiden (S und I = $) sind überall in der Kirche zu finden, ebenso wie der Elefant, das Wappentier der Malatesta. Ein Holzkreuz von *Giotto* in der gleichen Seitenkapelle gehört zu den größten Kunstwerken der Kirche, ebenso ein Fresko von *Piero della Francesca* in der ersten Kapelle rechts.
Öffnungszeiten/Eintritt Tägl. 7.30–12.30, 15.30–18 Uhr.

Piazza Cavour und Umgebung: Sehr harmonische Piazza, vor allem abends, wenn im dezenten Flutlicht die Bewohner von Rimini zum Plausch angeradelt kommen. Die nördliche Längsseite wird von drei wehrhaften Palazzi gebildet, darunter der *Palazzo dell'Arengo* in der Mitte. Vom malerischen *Brunnen* mit seinem tannenzapfenförmigen Aufsatz trinkt man seit Jahrhunderten, während Papst Paul V. auf seinem Denkmalsockel sitzt. Vis-à-vis der Palazzi der alte *Fischmarkt* mit langen Reihen von Verkaufstischen aus Marmor.

Wenige Schritte hinter dem Teatro Comunale an der oberen Platzseite kommt man zur *Rocca Malatestiana*, erbaut im 15. Jh. unter Sigismondo. Das früher hier untergebrachte *Museo Dinz Rialto*, eine reiche völkerkundliche Ausstellung außereuropäischer Kulturen, zieht derzeit um.

Das *Museo della Città* befindet sich nördlich der Piazza Cavour in einem ehemaligen Jesuitenkollegium, Via Tonini 1. In 40 Sälen reichhaltige Sammlung von der

römischen Antike bis ins 19. Jh.: Skulpturen, Keramik, Mosaike, Gobelins und zahlreiche Gemälde.
Öffnungszeiten/Eintritt **Museo della Città**, Mitte Juni bis Mitte Sept. Di–Sa 9–13.30, 16.30–19.30, So 16.30–19.30 Uhr, Mo geschl., übrige Zeit Di–Sa 8.30–12.30, 17–19, So 16–19 Uhr, Eintritt ca. 4 €.

Ponte di Tiberio: Die fünfbogige Brücke über den Fluss Marecchia wurde 14–21 n. Chr. als Beginn der Via Emilia durch die Poebene nach Mailand erbaut. Sie verbindet die Altstadt mit dem volkstümlichen Viertel *Borgo San Giuliano*, wo man noch einige gute alte Trattorie findet (→ Essen). Landeinwärts der Brücke wurde der Fluss gestaut und stattdessen der große *Parco XXV Aprile* angelegt – ein perfektes Grünareal direkt neben der Stadt.

Arco d'Augusto: Der älteste aller römischen Triumphbögen, 27. v. Chr. zu Ehren von Kaiser Augustus als Endpunkt der Via Flaminia von Rom errichtet, steht etwas einsam und verlassen am südöstlichen Ausgang der Altstadt.

Friedhof: im Ortsteil Rivabella, Piazzale Bartolani. Gleich nach dem Eingang erkennt man das Grab *Federico Fellinis* an seinen beiden großen, schiffsbugartig geformten Flügeln, die in der Mitte einen schmalen Spalt lassen. Mit ihm ruhen hier seine Lebensgefährtin und sein Sohn, der 1945 im Alter von elf Wochen starb.

Südlich von Rimini

Die Reihe der Badeorte setzt sich noch bis Gabbice Mare fort, dort beendet ein Küstengebirge die touristische Expansion in der Ebene.

▶ **Riccione:** Endlos ausufernder Hotel-, Ristorante- und Strandkomplex, fast mit Rimini zusammengewachsen, aber doch anders. Riccione besitzt viel Grün, eine breite, mondän aufgemachte Fußgängerzone, exklusive Läden und Chic. Im Gegensatz zum volkstümlichen Rimini, wo sich wirklich jeder und alles tummelt, kann man in Riccione auch heute noch den Stil eines gehobenen Seebades verspüren. Für Ablenkung ist reichlich gesorgt: am Viale Torino 16 gibt es ein *Thermalbad* und am Lungomare ein *Delphinarium*, weiterhin im Hinterland den riesigen Wasservergnügungspark *Aquafan*, den größten Europas, und gleich nebenan seit 2004 den ultramodernen Themenpark *Oltremare* (www.oltremare.org), wo man eine Reise ins Innere der Erde und in die Weltmeere erleben kann, auch ein IMAX Kino gehört dazu.

• *Information* im **Palazzo del Turismo**, Piazzale Ceccarini 10. Tägl. 8–20 Uhr. ✆ 0541/693302, ✆ 605752, www.riviera.rimini.it.

• *Übernachten* Zahllose Möglichkeiten in allen Preisklassen.

*** **Ambassador**, modernes und gepflegtes Haus südlich vom Zentrum, Zimmer mit TV, 150 m zum Strand, Swimmingpool, Parkplatz. Halbpension pro Pers. ca. 44–72 €. ✆ 0541/600861, ✆ 600751, Via N. Bixio 18, www.ambassadorhotel.net.

** **Colombo**, am Ende der Fußgängerzone kurz vor der Bahnlinie. Einfache, aber gemütliche Pension mit Ristorante und kostenfreier Garage, dazu Fahrradverleih und eigener Strandbereich. DZ mit Frühstück ca. 60–95 €. Viale Ceccarini 108, ✆ 0541/692730, ✆ 693868, www.hotelcolombo.com.

Am südlichen Ortsausgang bieten drei Zeltplätze große Wiesenflächen unter schattigen Bäumen: **Camping Riccione** mit Pool (www.campingriccione.it) und die beiden einfachen Plätze **Adria** (www.campingadria.com) und **Fontanelle** (www.campingfontanelle.net).

• *Bars/Cafés* **Green Bar** und **Blue Caffè**, die Marktführer in der Fußgängerzone, elegant, weit und offen.

Makkaroni, schick und zentral, beliebter Szenetreff nach Discoschluss. Viale Dante 48, ✆ 0541/603848, www.makkaroni.it.

Caffè del Porto, angesagter Treff für einen „Aperitivo" an der Durchgangsstraße Richtung Rimini. Viale d'Annunzio 4, ✆ 0541/644152.

Santarcangelo di Romagna

Hakuna Matata, tagsüber Badezone, abends ebenfalls ein bevorzugter Spot für einen Aperitiv, später Disco. Das Café Hakuna Matata bietet Bar- und Ristorantebetrieb nah am Meer. Viale Gabriele d'Annunzio, ✆ 0541/641203.

TIPP! **Nuovo Fiore**, am Beginn der Fußgängerzone, größte Gelateria der Adria, Sortenvielfalt über Dutzende von Metern.

• *Nachtleben* Wie in Rimini riesiges Angebot an Discos, die größten im Hinterland. Mit dem Blue Bus kann man auch von und nach Rimini pendeln.

Pascià Disco Club, 2004 nach längerer Schließung wieder eröffnet und seitdem ein Star der Szene. Mit Restaurant, Freilufttanzfläche und Pool. Via Sardegna 30, ✆ 0541/604207.

Walky Cup by Aquafan, im Hinterland von Riccione, größte Disco am Ort, fasst bis zu 4000 Besucher, mit zahlreichen Tanzflächen (auch Open-Air) und mehreren Swimmingpools. Via Pistoia, ✆ 0541/603050.

Cocoricò, im Hinterland vom Nachbarort Misano Adriatico. Gilt als der flippigste Club am Ort und ist landesweit berühmt, vier Tanzflächen, bis zu 3000 Leute passen rein, nur am Wochenende offen. Misano Monte, Via Chieti 44, ✆ 0541/605183, www.cocorico.it.

Byblos, ebenfalls seit langem sehr angesagt, Platz für 2000 Gäste, Pool und drei Tanzflächen, darunter ein Außentanzbereich. Misano Monte, Via Pozzo Castello 24, ✆ 0541/690252, www.byblosclub.com.

Gabbice Mare → Region Marken.

Rimini/Hinterland

Die „Entroterra" Riminis bietet einiges, nicht nur das überlaufene San Marino. Fast jeden Ort krönen die Burgen der einflussreichen Malatesta-Familie aus Verucchio, die im 14. und 15. Jh. Rimini beherrschten. Durchs *Valmarecchia* (Marecchia-Tal) kommt man rasch ins grüne Hügelland.

▶ **Santarcangelo di Romagna**: malerisches Städtchen kaum 10 km von der Küste, auf einem Hügel über dem Zentrum thront eine Malatesta-Burg. Bekannt für sein großes Theaterfestival im Juni – zehn Tage mit Freiluftveranstaltungen auf den Plätzen der Altstadt.

Hochinteressant ist in der Nähe vom Hauptplatz Piazza Ganganelli, am Ende der Via Denzi/Ecke Via Cesare Battisti, die *Stamperia Marchi*. Eine schwere Steinpresse aus dem 17. Jh., bewegt durch ein großes Tretrad, presst grobes Leinen glatt, danach werden die Tuche wie vor 300 Jahren mit Stempeln per Hand bedruckt. Faszinierend sind ferner die weitläufigen *Tuffgrotten* unter der hübschen Altstadt, die den Hang des Burgbergs wie einen Schweizer Käse durchlöchern. Mehr als hundert Höhlen sind es, die in drei Etagen übereinanderliegen. Früher wohnte man darin, heute lagern die Einwohner hier ihren Wein. Ein Stück weit kann man sie besichtigen, Eingang an der Piazza delle Monache am Aufgang zur Burg. Anschließend steigt man auf der „scalinata delle monache" zum *Burghügel* hinauf, wo man im mittelalterlichen Viertel mit idyllisch-schmalen Gassen und niedrigen, blumengeschmückten Backsteinhäusern schön bummeln kann. Nördlich der Durchgangsstraße SS 9, etwas außerhalb vom Zentrum, gibt es in der Via Montevecchio 41 ein ethnografisches Museum zur Romagna, das *Museo degli Usi e Costumi della Gente di Romagna*.

• *Öffnungszeiten/Eintritt* **Stamperia Marchi**, 9–12.20, 16–19.30 Uhr (Winter 15.30–19 Uhr), Do-Nachmittag und So geschl., Eintritt ca. 1 €.

Grotte Tufacee, Anmeldung beim Informationsbüro, Eintritt mit Führung ca. 3 € (mit Stadtführung 4 €).

Rocca Malatestiana, im Sommer jeden ersten Sa im Monat 13.30–17.30 Uhr, Eintritt ca. 3 €. ✆ 081/5751828.

Museo degli Usi e Costumi della Gente di Romagna, Juni bis Mitte Sept. Di–Sa 9–12, Di, Do, Sa und So 16–19 Uhr, übrige Zeit Di–Sa 9–12, Di, Do, Sa und So 15–18 Uhr; Eintritt ca. 2,60 €.
- *Information* **Pro Loco**, Via Cesare Battisti 5, tägl. 9.30–12.30, 16–19.30 Uhr (Winter 15–18.30 Uhr). ℡ 0541/624270, 356300.

TIPP! La Sangiovesa, große, populäre Osteria auf der malerischen Piazza Balacchi in der Altstadt (Nähe Aufstieg zur Burg). Die Räumlichkeiten wurden vom bekannten Künstler Tonino Guerra gestaltet. Herzhafte Imbisse mit *piadine* (Fladenbrot), auch gute Nudelgerichte und volle Mahlzeiten. Nur abends, Mo geschl. ℡ 0541/620710.

▸ **Saludécio**: mittelalterliches, von einer Stadtmauer umgebenes Hügeldorf im Grenzgebiet zwischen Romagna und Marken, ca. 16 km südwestlich von Cattolica. Jedes Jahr Anfang August findet hier neun Tage lang das reizvolle *Ottocento Festival* statt: Konzerte, Tanz, Verkaufsstände aller Art, Gaukler, Straßenmusikanten ... Kostenloser Bustransfer ab Cattolica.

▸ **Grotte di Onferno**: Bei *Gemmano*, ca. 25 km von Rimini, liegt diese mächtige Tropfsteinhöhle im Karst, entstanden durch die Auswaschungen eines unterirdischen Flüsschens.
- *Öffnungszeiten/Eintritt* Besichtigung mit Führung Mitte Juni bis Anfang Sept. tägl. 11, 15.30 und 17 Uhr, Juli/August zusätzlich nachts um 22.30 Uhr, April, Mai, erste Junihälfte und zweite Septemberhälfte Sa/So 15–18 Uhr, Okt. bis März So 15–18 Uhr. Rundgang dauert ca. 1 Std. ℡ 0541/984694, www.grottedionferno.it.

San Marino
ca. 25.000 Einwohner

Der mit 62 qkm drittkleinste Staat Europas (nach dem Vatikan und Monaco) ist angeblich die älteste Republik der Welt (!) und liegt in 675 m Höhe auf dem bewaldeten Höhenzug des Monte Titano, 23 km westlich von Rimini.

Die perfekt restaurierten mittelalterlichen Burganlagen aus grauem Stein bilden eine markante Silhouette über der Altstadt. Fast das ganze Jahr über quetschen sich tagtäglich zahllose Ausflügler von der nahen Küste durch die engen Gassen mit ihren massiven Häusern aus grauem Bruchstein. Dank der niedrigen Mehrwertsteuer in San Marino verkaufen zahllose „Dutyfreeshops" Whisky, Liköre und Weine, dazu Schmuck, Elektrogeräte, Uhren und Spielsachen etwas billiger als jenseits der Grenze – jedoch Vorsicht, man sollte die Preise in Italien kennen, denn es wird dabei auch kräftig geschummelt.

Die Legende erzählt, dass San Marino im 4. Jh. von einem Steinmetz namens *Marinus* gegründet wurde, der hier vor den Christenverfolgungen des Diokletian Schutz suchte. Im Windschatten der Küste blieb das kleine Gemeinwesen lange unbeachtet, bis es sich um 1250 eine Verfassung gab, die bis heute in Kraft ist! Napoleon zeigte sich 1797 amüsiert, aber auch beeindruckt von dem stolzen Bergstaat und soll gesagt haben „Man muss San Marino als Beispiel der Freiheit aufrechterhalten". Im Zweiten Weltkrieg blieb San Marino neutral und nahm insgesamt 100.000 Flüchtlinge auf. Heute hat der winzige Staat 25.000 Einwohner und besteht aus der Hauptstadt auf dem Berg und acht umliegenden Dörfern. San Marino hat diplomatische Vertretungen in 35 Ländern und ist Mitglied in Europarat und UNO. Es gibt ein Parlament und an der Spitze der Regierung stehen zwei „Capitani Reggenti", die gegenseitiges Vetorecht haben. Bis zur explosionsartigen Entwicklung des Tourismus war die Herstellung von Briefmarken die Haupteinnahmequelle San Marinos. Sie werden von Sammlern in aller Welt geschätzt, seit Anfang der siebzi-

San Marino

San Marino: die älteste Republik der Welt

ger Jahre sind auch Münzen dazugekommen. Das Pro-Kopf-Einkommen San Marinos zählt heute zu den höchsten auf dem Stiefel.

Telefonvorwahl aus Italien: 0549 + Teilnehmernummer; aus allen anderen Ländern: Ländervorwahl + 378 + 0549 + Teilnehmernummer

• *Anfahrt/Verbindungen* Ab Rimini fahren stündlich **Fratelli Benedettini**- und **Bonelli-Busse** von der Piazza Tripoli an der Uferstraße und vom Bahnhofsvorplatz, Dauer ca. 45 Min. einfach, ca. 7 € hin und zurück.

• *Parken* Südlich unterhalb vom Zentrum sind an der Straße zahlreiche kostenpflichtige Parkflächen gekennzeichnet (pro Stunde ca. 1,40 €, pro Tag 8 €). Die Plätze 6 und 7 liegen am nächsten bei der Altstadt, über Treppen steigt man in 10 Min. hinauf, von weiter entfernten Parkplätzen gibt es einen Shuttle-Service.

Man kann auch schon kurz vorher in der Unterstadt **Borgo Maggiore** stoppen, von dort fährt alle paar Minuten eine Seilbahn (Funivia) auf den Burgfels, je nach Jahreszeit 8–18.30/19.30/20 oder 21 Uhr (ca. 1,60 € einfach, hin/rück ca. 3 €), Parken kostet dort pro Tag ca. 6 €.

• *Information* **Ufficio di Stato per il Turismo** im Palazzo del Turismo, neben der Seilbahnstation, Contrada Omagnano 20. Aus-

führliches Prospektmaterial, darunter ein sehr guter Stadt- und Republikplan. Gegen eine kleine Gebühr kann man hier seinen Pass stempeln lassen. ✆ 0549/882998, ✆ 882575, www.omniway.sm oder www.visitsanmarino.com.

• *Übernachten* *** **Quercia Antica**, nettes Haus unterhalb der Altstadt, Nähe Parkplätze. Solide Einrichtung, nicht supermodern. Auch das Essen wird gelobt. DZ mit Frühstück ca. 85–100 €. Via della Cellabella 7, ✆ 0549/991257, ✆ 990044. www.querciantica.com.

*** **Hostaria da Lino**, in Borgo Maggiore, ca. 100 m von der Talstation der Seilbahn. Zimmer mit TV und Frigobar, unten beliebtes Restaurant/Osteria. DZ ca. 70–90 €. Piazza Grande 47, ✆ 0549/902300, ✆ 906630, www.hostariadalino.com.

** **La Rocca**, herrlicher Panoramablick, Parkplätze 6 und 7 in der Nähe. DZ mit Frühstück ca. 60–80 € Euro. Via Salita alla Rocca 37, ✆ 0549/991166, ✆ 992430.

Emilia-Romagna

Bellavista, bei der Bergstation der Seilbahn, von den Zimmern weiter Blick. DZ ca. 40–60 €. ✆/℡ 0549/991212.

Für **Privatzimmer** gibt es eine Liste im Tourist-Info, DZ mit eigenem Bad ca. 30–45 €.

Camping Centro Vacanze San Marino, schönes Terrassengelände mit herrlichem Blick, Swimmingpool, ruhig. Ganzjährig geöffnet. Strada di San Michele 50 (von Rimini kommend an der SS 72 beschildert), ✆ 0549/903964, ℡ 907120, www.centrovacanzasanmarino.com.

• _Essen & Trinken_ **Hostaria da Lino**, großes Weinlokal in Borgo Maggiore unten, Nähe Talstation der Seilbahn. Hübsch rustikal eingerichtet, auch im Freien kann man sitzen. Piazza Grande 47, ✆ 0549/902300.

Sehenswertes: Das _Museo di Stato_ im Palazzo Pergami Belluzzi an der Piazzetta del Titano zeigt archäologische und historische Stücke zur Geschichte der Republik. Sehr sehenswert ist der elegante neugotische _Palazzo Pubblico_ an der zentralen Piazza della Libertà, mit deren farbenprächtigen Wächtern, der „Guardia di Rocca", sich viele Urlauber fotografieren lassen (Wachwechsel Mitte Mai bis Ende Sept. jeweils zur halben Stunde von 8.30 bis 18.30 Uhr). Im behaglichen Sitzungssaal _Sala del Consiglio Grande_ zeigt ein enormes Wandgemälde den heiligen Marino, wie er zu seinem Volk herabschwebt, und an den Wänden des Thronsaals bzw. Saal der Audienzen sind sämtliche „Capitani Reggenti" San Marinos verzeichnet.

In der _Basilica del Santo_ aus dem 19. Jh. wird rechts vom Altar der Schädel des Heiligen in einer goldenen Schatulle aufbewahrt. In den Felsnischen hinter dem Altar des benachbarten Kirchleins _San Pietro_ sollen die Gründungsväter San Marino und San Leo genächtigt haben.

Die _Rocca Guaita_ am höchsten Punkt der Stadt ist unmittelbar an den senkrecht abfallenden Fels gebaut. Man kann die Zinnengänge entlanglaufen und den weiten Blick in den Apennin genießen, die Türme erklimmen und einen Kerker besichtigen. Über den schönen „Hexenpass" kommt man zur _Rocca Cesta_ am höchsten Punkt des Monte Titano hinüber, im Inneren ist ein großes _Waffenmuseum_ mit einer Unmenge Stich-, Hieb- und Feuerwaffen von 1450 bis Ende des 19. Jh. untergebracht.

Je nach Interesse kann man noch eins oder mehrere der zahlreichen privaten Museen besichtigen: Wachsfigurenkabinett _Museo delle Cere_, _Museo della Curiosità_, Waffenmuseum, Foltermuseum, Reptilarium/Aquarium und die Ferrari-Schau _Collezione Maranello Rosso_ (10 € Eintritt) sowie im Unterdorf Borgo Maggiore das große _Museo Auto d'Epoca Oldcars_ mit Oldtimern ab 1900.

• _Öffnungszeiten/Eintritt_ **Museo di Stato, Palazzo Pubblico, Rocca Guita & Rocca Cesta**, jeweils Mitte März bis Mitte Sept. tägl. 8–20 Uhr, übrige Zeit 8.50–17 Uhr; Eintritt einzeln ca. 3 €, Sammelticket für Museo di Stato & Palazzo Pubblico bzw. für Rocca Guita und Rocca Cesta je ca. 4,50 €. **Basilica del Santo**, tägl. 8–12.30, 15–17 Uhr.

Die weltberühmten San-Marino-Briefmarken und Münzen gibt es bei der **Azienda Autonoma di Stato Filatelica e Numismatica** an der zentralen Piazza Garibaldi. Dort können Sie auch schriftlich Abonnements für Neuerscheinungen erwerben (Casella Postale 1, 47031 Repubblica di San Marino). ✆ 0549/882365, ℡ 882363, www.aasfn.sm.

In kurviger Berg- und Talfahrt kann man von San Marino ins nahe San Leo weiterfahren, das bereits in der Region Marken liegt (→ S. 506). Für die etwa 23 km muss man allerdings eine gute Stunde Fahrt rechnen.

Mittelitalien

Bis auf die Küstenzonen weitgehend hüglig bis bergig. Der steile Apennin bestimmt das Bild und steigt im Massiv des Gran Sasso d'Italia (Abruzzen) bis über 2900 m Höhe an. Während an den Küsten teilweise extremer Baderummel herrscht, ist das Inland in weiten Teilen fast touristenfrei. Ausnahme natürlich: die weltberühmten Kunstzentren der Toskana.

Florenz ist heute eine der führenden Kunstmetropolen Italiens. So viele Kunstwerke, wie hier auf engem Raum versammelt sind, findet man (bis auf Rom und Venedig) in keiner anderen Region des Landes. Im ausgehenden 15. Jh. wurde unter dem Herrschergeschlecht der Medici die Renaissance geprägt, zahlreiche bedeutende Künstler schufen hier ihre wichtigsten Werke, davon zehrt die Stadt noch heute. Aber auch viele andere toskanische Städte besitzen weltberühmte Kunstwerke und

Bauten: der Dom von *Siena*, die Fresken von Piero della Francesca in *Arezzo*, die Geschlechtertürme von *San Gimignano*, um nur einige zu nennen. Das Ganze schließlich eingebettet in idyllische Hügellandschaften – kein Wunder, dass die Toskana das Touristenziel Nr. 1 in Italien ist.

Das kleine Umbrien ist grüner und bergiger als die große Nachbarregion und hat sich noch die Aura eines Reisegebiets für Individualisten bewahrt. Abseits der Zentren *Perugia* und *Assisi* wird der Urlauberstrom spärlicher, doch immer mehr Besucher machen sich auf, diese unberührte Region zu entdecken.

In den Marken und Abruzzen gibt es einige wirklich hübsche Stellen an der Adriaküste, allen voran der grüne *Monte Conero* südlich von Ancona. Im Hinterland ist die Renaissance- und Universitätsstadt *Urbino* einen Abstecher wert, Naturfreunde finden in den *Abruzzen* den zweitgrößten Nationalpark Italiens.

Das weitflächige *Latium*, die Region um die Hauptstadt Rom, besitzt die wichtigsten etruskischen Ausgrabungen Italiens und – was für viele vielleicht wichtiger ist – eine Handvoll hübscher Seen, die sich für ein paar Tage Badeurlaub fern von der Küste anbieten. Der *Lago di Bolsena* ist der größte und vielleicht auch reizvollste – der Tourismus hält sich hier noch in erträglichen Grenzen. Über *Rom* schließlich muss man nicht viele Worte verlieren – außer, dass die Weltstadt noch erstaunlich viele ruhige und ursprüngliche Ecken hat, wo auch Großstadtmuffel auf ihre Kosten kommen.

In der ewigen Stadt

Zu guter Letzt finden auch eingefleischte Inselurlauber reichlich Auswahl: *Elba* ist mehr als bekannt und gilt als eine der reizvollsten Inseln im Mittelmeer. Eher für Individualisten geeignet – allerdings nur im Frühjahr – sind die kleine *Isola di Giglio* vor der südlichen Toskanaküste und die *Pontinischen Inseln* südlich von Rom.

MARKEN

LE MARCHE

SCHÖNE ORTE: San Leo (S. 506), Urbino (S. 515), Fano (S. 513), Gradara (S. 512), Sirolo (Monte Conero, S. 528), Ascoli Piceno (S. 538).

LANDSCHAFTLICHE HÖHEPUNKTE: Monte Conero bei Ancona (S. 527), Gola del Furlo bei Urbino (S. 521), Grotta Grande del Vento (Grotte di Frasassi, S. 523), Parco Nazionale dei Monti Sibillini (S. 541).

KULTURELL INTERESSANT: Urbino, die „città ideale" der Renaissance (S. 515); Wallfahrts-Basilika von Loreto (S. 531); San Leo im Hinterland von San Marino (S. 506); Kastell von Gradara (S. 512); die „Papierstadt" Fabriano (S. 523); Festspiele von Pesaro (S. 509) und Macerata (S. 533).

BADEN: lange Sandstrände, die im Juli/August aus allen Nähten platzen, starker Tourismus fast überall. Am beliebtesten ist der Strand von San Benedetto del Tronto (S. 537). Badeplätze für Individualisten am Monte Conero südlich von Ancona (S. 527).

KURIOS: die „Santa Casa" in der Basilika von Loreto (S. 531).

EHER ABZURATEN: Ancona und die meisten Badeorte südlich vom Monte Conero.

Typische Hügellandschaft der Marken – gesehen bei Urbino

Marken
Le Marche

Das Hügelland zwischen Apennin und Adria steht kunsthistorisch im Schatten seiner berühmten westlichen Nachbarn Umbrien und Toskana. Trotzdem gibt es einige bildhübsche Städtchen, allen voran Urbino, der Inbegriff einer Renaissancestadt.

Von der Küste ist weniger Positives zu berichten: Adriatourismus in Vollendung, kilometerlange Sandstrände mit Sonnenschirmbatterien, endlose Betonpromenaden und gesichtslos-moderne Hotelkästen. Ein wirklicher Lichtblick ist jedoch der wunderschöne *Monte Conero*, wenige Kilometer südlich von Ancona – bis zum Gargano in Apulien findet man ein solch beeindruckendes Steilkap an der weitgehend flachen Adria nicht mehr. Wenige Orte am Meer besitzen bedeutende Monumente oder wichtige geschichtliche Wurzeln, „Le Marche" (hergeleitet vom deutschen Wort Marken) waren immer Grenzgebiet – in der Antike besiedelt vom Bergvolk der Picener, im Mittelalter endete hier das Heilige Römische Reich. Fano, Pesaro, Senigallia und Ancona gehörten im Mittelalter zwar zum mächtigen Städtebund der *Pentapolis*, aber Ancona wurde im Zweiten Weltkrieg schwer zerstört und auch die anderen Hafenstädte leben heute eher vom massenhaften Badetourismus als von ihren gelegentlich vernachlässigten Bauwerken. Interessanter sind die Ziele im Hinterland der Küste – vor allem *Urbino* und *Ascoli Piceno* bieten genug „Stoff" für einige Tage Aufenthalt. Wer noch höher hinaus will, kann durch die bis über 2500 m ansteigenden *Sibillinischen Berge* in die Nachbarregion Umbrien weiterreisen.

Anfahrt/Verbindungen

- *PKW* Einzige durchgehende Schnellverbindung ist die **Küstenautobahn A 14**. Nach Ascoli Piceno führt ein schneller Autobahnzubringer (und auf der N 4 weiter nach Rom), ein weiterer in die Nähe von Urbino. Wenige Staatsstraßen und viele kur-

vige Provinzsträßchen ergänzen das dünne Netz.
* *Bahn* Die **FS-Küstenlinie** von Bologna über Ancona nach Bari ist die zentrale Achse. Außer einer weiteren Linie von **Ancona nach Rom** gibt es nur noch eine Stichbahn von San Benedetto del Tronto hinauf nach **Ascoli Piceno** sowie eine kaum befahrene Stichstrecke von Fabriano nach Pergola.

Übernachten

An der **Küste** massenhaft Hotels und Campingplätze, im **Landesinneren** dagegen dünn gesät. Sowohl in Urbino als auch in Ascoli Piceno kann es in der Saison schon mal eng werden. Zu empfehlen ist der schöne Campingplatz bei Urbino. **Jugendherbergen** in Ancona, Loreto, Jesi, Macerata und Ascoli Piceno.

Essen & Trinken

Kulinarisch werden die Marken von der nördlich anschließenden Region Emilia-Romagna deutlich überflügelt, aber auch beeinflusst. Die Küche ist traditionell einfach, die Speisengrundstoffe werden ohne viel Beiwerk, Gewürze etc. gereicht. Häufigste Nudeln sind die Bandnudeln **tagliatelle**, die in der Regel handgemacht sind.
An der Küste sollte man unbedingt mal den **brodetto** kosten, die Fischsuppe der Marken, die aus mehreren Fischsorten zubereitet wird, darunter z. B. Meerbarbe, Seezunge und Knurrhahn. Zubereitung und Zutaten variieren von Ortschaft zu Ortschaft, am bekanntesten und beliebtesten ist der brodetto (oder einfach brodo) von Ancona.
Im bergigen Inland gibt es Wild und **porchetta** (Schweinerollbraten), auch **trippa** (Innereien) wird häufig serviert, **tartufo** (schwarzer Trüffel) dient als Beilage. Die gerösteten Brotscheiben namens **crostini** isst man mit Fleisch oder Pilzen, berühmt sind außerdem die panierten, mit Hackfleisch oder Trüffelmischungen gefüllten **Oliven** von Ascoli Piceno.
Bekanntester von immerhin einem guten Dutzend DOC-Weine der Marken ist der **Verdicchio dei Castelli di Jesi** aus dem Hinterland von Ancona. Der trockene, strohgelbe Weiße mit leicht bitterem Aroma wird zu den besten italienischen Weißweinen gezählt. Bei den Rotweinen ist der **Rosso Conero** aus dem Anbaugebiet südlich von Ancona hervorzuheben, ebenso der Rosso Piceno, der ganz aus dem Süden der Region an der Grenze zu den Abruzzen kommt, beide aus Montepulciano-Reben, die zu einem bestimmten Anteil mit Sangiovese verschnitten werden.

Das Montefeltro

Der nordwestliche Zipfel der Marken ist ein dünn besiedelter und abgeschiedener Landstrich, geprägt von nicht enden wollenden Hügelketten mit vielen Wiesen, Äckern, etwas Wald und immer wieder auch schroff aus der Landschaft aufsteigenden Felsformationen.

Die auffälligsten Erhebungen des Montefeltro sind die Felsen von San Marino und von San Leo; ganz im Westen und schon halb auf toskanischem Gebiet ragen die beiden wuchtigen Felsen der Berge *Sasso Simone e Simoncello* (Regionalpark) weit aus dem Wald heraus. Höchster Berg des Montefeltro ist mit 1415 m der Monte Carpegna, an dessen nordöstlichen Hängen im Winter Ski gefahren wird. Bodenerosionen haben vielerorts eine bizarre Mondlandschaft hinterlassen.

Die Gegend nordwestlich von Urbino ist die Heimat des Fürstengeschlechts der Montefeltro, das sich erst in Carpegna, dem Hauptort, und dann in San Leo niedergelassen und dieser Landschaft ihren Namen gegeben hat. Besiedelt wurde das Gebiet vermutlich von den Umbrern. Ab dem 3. Jh. v. Chr. entstanden zahlreiche römische Siedlungen, im 4. Jh. wurde die Gegend von Eremiten wie dem heiligen Leo christianisiert. Im Mittelalter verschanzte man sich hier so gut wie möglich vor den einfallenden deutschen „Barbaren". Seine Glanzzeit erlebte das Montefeltro im

Marken

15. Jh., was durch zahlreiche bedeutende Bauwerke – meist im Auftrag von Federico da Montefeltro entstanden – eindrucksvoll unter Beweis gestellt wird.

Touristische Highlights des Montefeltro sind das romantische **San Leo** und die elegante Renaissancestadt **Urbino**.

San Leo ca. 2700 Einwohner

Das wunderschöne, winzige Dörfchen schmiegt sich mit unverputzten Bruchsteinhäusern, gepflasterten Gassen und Plätzen an einen Hügel. Darüber thront ein eindrucksvolles Kastell auf einem bewaldeten Felsklotz, der nach vorne jäh und unvermutet abbricht.

San Leo wurde von einem Eremitenkollegen des San Marino (→ Emilia-Romagna, S. 498) gegründet. Beide kamen zusammen von Dalmatien herüber und suchten sich jeweils einen geeigneten Fels zum Meditieren, daraus entstanden die beiden Orte. Heute kann man sich hier bestens vom Trubel im nahen San Marino erholen. Doch unbekannt ist San Leo nicht mehr, inzwischen spürt man förmlich den touristischen Aufbruch – Kunsthandwerker haben sich niedergelassen, das zentral gelegene Hotel ist renoviert, in den Cafés an der luftig-harmonischen Piazza Dante sitzen die Tagesausflügler von der Küste.

- *Anfahrt/Verbindungen* Am besten von **San Marino** zu erreichen, es sind etwa 23 kurvige Kilometer. Mehrmals täglich fahren Busse vom Bahnhofsvorplatz in **Rimini** (ca. 1,5 Std. Fahrt, mit Umsteigen in Pietracuta).
- *Information* **Pro Loco** im Palazzo Mediceo am Hauptplatz, Piazza Dante 14. Sehr viel Material über die gesamte Umgebung. Im Sommer tägl. 9–19.30 Uhr. ✆ 0541/916306, www.comune.san-leo.ps.it
- *Übernachten/Essen & Trinken* ** **Castello**, Piazza Dante Alighieri 11, ganz zentral, alter Bruchsteinpalazzo, der durchgängig renoviert ist. Gesamteindruck hell, freundlich und sehr sauber, Blick auf die Piazza. EZ 55 €, DZ 75 €, Frühstück gibt es an der Bar. Restaurant Do geschl. (außer Hochsommer). ✆ 0541/916214, ✆ 926926.

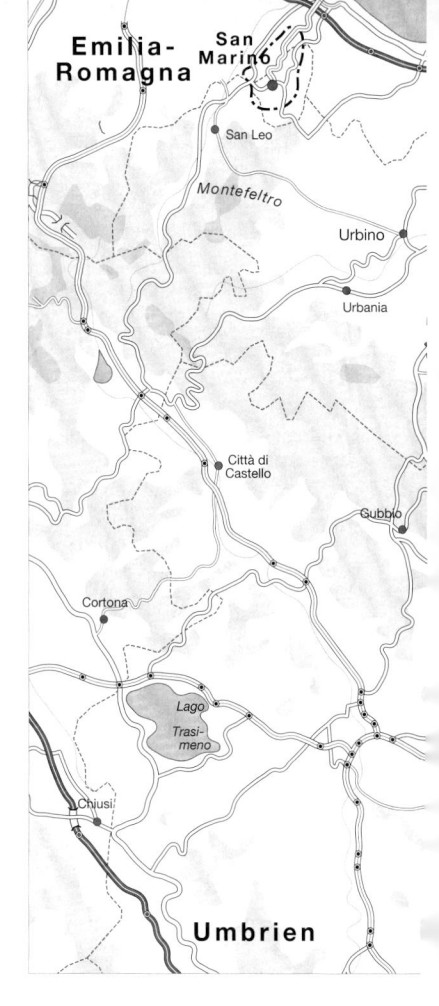

** **La Rocca**, Via Leopardi 16, ehemaliger Bauernhof, an der Auffahrt zur Burg beschildert, hübsch rustikal ausgestattet, sieben Zimmer mit Du/WC, EZ 52 €, DZ 70 €. Großes Restaurant mit schöner Speiseterrasse, sehr gute Küche in freundlicher Umgebung, für das Gebotene nicht zu teuer. ✆ 0541/916241, ✆ 926914.

La Lama, Agriturismo südlich vom Ort, an der Straße nach Urbino nach ca. 1 km rechts ab, herrlicher Blick auf die Rocca, ruhig und schön gelegen, ländliche Küche. DZ mit Frühstück 120 €. ✆/✆ 0541/926928.

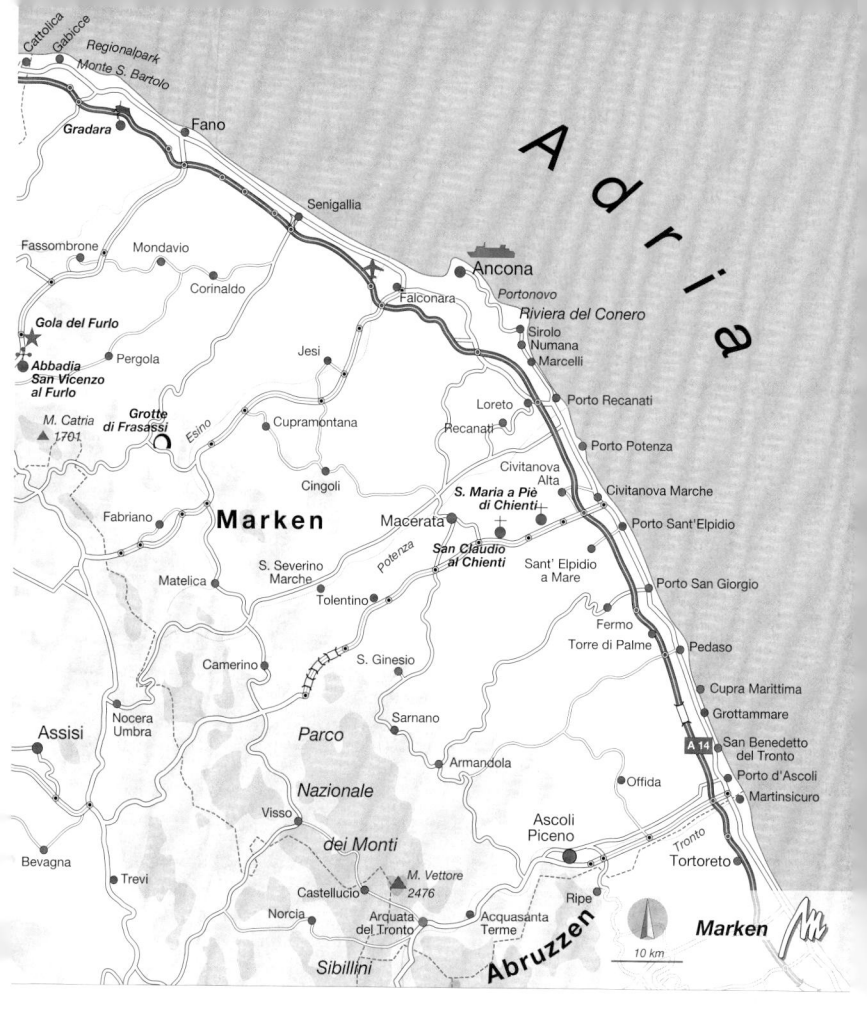

Sehenswertes

Dom: exponierte Lage an einem Abhang, vom Vorplatz weiter Blick in die waldreiche Umgebung. Das schmucklose, fast fensterlose Gemäuer aus lehmbraunem Sandstein stammt aus dem 12. Jh. und ist noch fast unverfälscht romanisch. Das Innere ist gänzlich unverputzt, unebener Boden und krumme Säulen, Bögen und Gewölbe. Der Hauptaltar befindet sich erhöht auf einer Empore, durch ein Geländer abgetrennt vom Kirchenschiff, eine halb zerstörte Treppe führt hinauf. In der gedrungenen Krypta ist der der Sarkophagdeckel des San Leo zu sehen, der Heilige selbst ist bereits im Mittelalter abhanden gekommen.

Pieve Preromanica: Die frühromanische Kirche wurde im 9.–11. Jh. an der Stelle erbaut, wo bereits der heilige Leo eine Kapelle errichtet hatte, ihre Apsis ragt fast in die Piazza hinein. Ein hohes, gänzlich leeres und schmuckloses Hauptschiff mit

Holzdecke, praktisch nur ein einziges Fenster an der Rückfront, die beiden Seitenschiffe sind mit Rundbögen abgetrennt. Der Altar ist mit einem Ziborium (eine Art Baldachin) aus dem 9. Jh. überdacht.

Stanza di San Francesco: An der Piazza gegenüber vom Albergo weist eine Gedenktafel darauf hin, dass Franz von Assisi am 8. März 1213 in diesem Palazzo vom Conte Orlando Catani di Chiusi den Berg *La Verna* in der nördlichen Toskana zum Geschenk bekam. Er richtete daraufhin dort eine Einsiedelei ein, die heute ein berühmtes Kloster ist (→ Toskana).

Palazzo Mediceo: Der Palast an der Unterkante der Piazza beherbergt das Informationsbüro und ein *Museo d'Arte Sacra* mit Gemälden, sakralen Gegenständen und einer kleinen archäologischen Abteilung.

Rocca di San Leo: Bereits seit römischen Zeit stand hier ein Kastell (Fortezza). Im 15. Jh. wurde es unter den Grafen von Montefeltro zur praktisch uneinnehmbaren Festung ausgebaut. Zur Dorfseite hin wurden die Mauern mehrfach verstärkt und zwei massive Rundtürme errichtet, auf der anderen Seite bot der senkrecht abfallende Fels natürlichen Schutz. Seit dem 18. Jh. diente San Leo dem Vatikan als Kerker, berühmtester Gefangener war *Graf Cagliostro*, ein sagenumwobener Okkultist, Alchemist und Zauberkünstler, der der Hexerei verdächtigt wurde und hier 1795 nach grausamer, vier Jahre und vier Monate währender Haft im Kerker starb. Seine Zelle kann man noch heute ansehen – anstatt einer Tür besaß sie nur eine Luke in der Decke. Das labyrinthische Innere der Burg ist weitgehend restauriert, viele Räume sind mit historischem Mobiliar ausgestattet, eine kleine Waffensammlung ist zu besichtigen, gelegentlich finden Ausstellungen statt.

Öffnungszeiten/Eintritt **Fortezza** und Museo Civico della Fortezza, im Sommer tägl. 9–19.15 Uhr, im Winter 9–12.45 Uhr und 14.30–18.45 Uhr, Eintritt 8 €, ermäßigt 5 €. **Museo d'Arte Sacra**, tägl. 9–18.30 Uhr, Eintritt 3 €.

Adriaküste (Gabbice Mare bis Senigallia)

▸ **Gabbice Mare**: Das viel besuchtes Badestädtchen mit rund 5000 Einwohnern liegt an der Nahtstelle zwischen dem überlaufenen Küstenstreifen Cattolica-Riccione-Rimini (→ Emilia-Romagna) und einem fast unbesiedelten Küstengebirge Richtung Süden. Ein schöner Spaziergang führt hinauf ins ruhige *Gabbice Monte* mit Terrassenlokalen und herrlichem Meeresblick.

Nicht versäumen sollte man die eindrucksvolle *Strada panoramica* nach Pesaro. Es geht quer über das üppig grüne Vorgebirge des **Regionalparks Monte San Bartolo**, unterwegs passiert man Zufahrten zu versteckten Badebuchten und einige idyllisch gelegene Lokale sowie zwei Campingplätze.

• *Information* Viale della Vittoria 42, ✆ 0541/954424, ✆ 953500.

• *Übernachten* Gut hundert Hotels warten in Gabbice Mare auf Kundschaft.

Unser TIPP!: *** **Hotel Marinella**, nahe der Piazza Matteotti im Zentrum, direkt am Strand. Ausgesprochen netter Service (Signore Walter spricht Deutsch) und hübscher kleiner Garten, Tiefgarage, Fahrradverleih. Zimmer mit Bad, TV und Balkon. DZ mit Frühstück 100 €, EZ 70 €. Via Vittorio Veneto 127, ✆ 0541/954571, ✆ 950426, www.gabiccemarevacanze.com.

Camping Paradiso liegt südlich von Gabicce bei Casteldimezzo, an der Panoramastraße, steiles Sträßchen (und Fußweg) zum Strand hinunter. Bar, Market und Ristorante vorhanden. Pro Person 8 €, Stellplatz 8 €, Bungalow 60–85 €. ✆/✆ 0721/208579, www.campingparadiso.it.

• *Essen & Trinken* **Osteria della Miseria**, Via dei Mandorli, schönes Terrassenlokal an der Strada Panoramica, Menü um 20–25 €, nur abends geöffnet, Mi geschlossen, ✆ 0541/958308.

- *Nachtleben* Die weithin berühmte, mit römischen Säulen antik dekorierte Riesendisco **Baia Imperiale** mit großem Open-Air-Bereich und mehreren Pools liegt an der Via Panoramica, auf halber Strecke nach Gabicce Monte. ☎ 0541/950312.

Pesaro

ca. 90.000 Einwohner

Größere, aber durchaus angenehme Stadt. Der 4 km lange Strand mit breiter Uferstraße ist gesäumt von Hotelkästen, der Stadtkern hübsch zum Bummeln, jedoch weitgehend ohne besondere Sehenswürdigkeiten.

Pesaro ist weit weniger überlaufen als Rimini, noch dazu ist das berühmte Urbino nicht weit, insofern ist hier eine gute Kombination von Badeaufenthalt und Sightseeing möglich: Bummel an der Strandpromenade, anschließend in die Altstadt, die vor kurzem großteils zur Fußgängerzone umgewandelt wurde.

- *Anfahrt/Verbindungen* Station an der FS-Adriastrecke von Bologna nach Brindisi. **Bahnhof**, liegt 1,5 km vom Meer und südwestlich der Altstadt, die lange Via Branca (später Corso G. Rossini und Viale della Repubblica) führt schnurstracks zum Strand hinunter. Von und nach Rom umsteigen in Falconara Marittima nördlich von Ancona. **Busse** starten am Piazzale Matteotti und am Bahnhofsvorplatz, ca. stündlich nach Urbino und auf der Panoramastraße nach Gabicce, mindestens stündlich auch nach Fano.
- *Information* **I.A.T**, an der zentralen Piazza della Libertà (Uferstraße), Mo–Sa 9–13 Uhr und 15–19 Uhr. ☎ 0721/69341, ℻ 30462, www.comune.pesaro.ps.it
- *Übernachten* an der Strandstraße Viale Trieste zahlreiche, weitgehend stereotype ***-Hotels, im Sommer meist mit Pensionspflicht.

*** **Des Bains (2)**, Viale Trieste 221, Eckhaus, ganz zentral an der Uferstraße und nahe dem Piazzale della Libertà, schönes historisches Haus aus der guten, alten Zeit des Seebads Pesaro. 68 Zimmer, geschmackvoll eingerichtet. EZ 56–72 €, DZ 94–128 €, Frühstück inkl. ☎ 0721/34957, ℻ 35062.

*** **Rotonda Bruscoli (1)**, Via Caio Duilio 96, am äußersten Nordende des Stadtstrands, bei der Hafenmole, direkt am Strand. Sonnenterrasse, gutes Restaurant. EZ ab 40 €, DZ 55 €, Halbpension 53 € pro Person. ☎/℻ 0721/400080.

*** **Villa Serena (6)**, Strada San Nicola 6/3, ca. 4 km südlich auf einem Hügel im Landesinnere. Herrliches Landhaus aus dem 17. Jh., diente bis 1950 als Sitz eines Conte, ausgestattet mit wertvollem historischem Mobiliar. Um das Anwesen ein 30.000 qm großer Park mit Pool, nur 9 Zimmer, individuell eingerichtet, ruhig. EZ 120 €, DZ 170 €, Frühstück 11 €. Restaurant (nur für Hausgäste). ☎ 0721/55211, ℻ 55927, www.villaserena.it

Camping Marinella, größerer Platz südlich von Pesaro, auf halber Strecke nach Fano direkt am Meer gelegen. Mit Bar, Restaurant, Market, auch Bungalows (100–120 € für 4 Personen). Pro Person 8 €, Stellplatz ca. 10 €. Adriatica km 224, Loc. Fosso-Sejore, ☎/℻ 0721/55795, www.camoingmarinella.it. Busse ab Piazzale Matteotti.

Camping Panorama, bei Fiorenzuola di Focara, 7 km nördlich, mit PKW zu erreichen über die „Strada panoramica" nach Gabicce Mare (oder ab Piazzale Matteotti Bus Richtung Gabicce Mare nehmen), sehr schöne Lage unter Bäumen, 100 m über dem Meer, Fußweg zum Strand, Pool, Bar/Ristorante, Verleih von Mountainbikes, Kinderspielgeräte. Pro Person 8 €, Stellplatz 15 €. ☎ 0721/208145, ℻ 68676, www.campingpanorama.it

- *Essen & Trinken* **Lo Scudiero (4)**, Via Baldassini 2, gehobene Esskultur in einem Renaissancepalazzo, hier wird u. a. nach Rezepten des Opernkomponisten und Feinschmeckers Rossini gekocht. Menü ab 40 € aufwärts. ☎ 0721/64107, So und im Juli geschlossen.

Felici & Contenti (5), „Cucina, Pizza e Allegria" ist das heitere Motto des beliebten Ristorante an einem winzigen Platz nahe der Via Branca. Mit Terrasse, immer voll, auch Pizza. Secondi um 12–14 €. Von der Via Branca in die Via Cattaneo abbiegen. Sa mittags und Mo geschlossen. Piazzetta Esedra 34, ☎ 0721/32060.

Antica Osteria La Guercia (3), Via Baviera 33, direkt an der Piazza del Popolo. Historische Osteria mit Wandgemälden und Mosaiken aus römischer Zeit. Auf der lauschigen Terrasse speist man an einfachen Holztischen, Blick auf alte Steineichen (Name). Günstige Preise. So geschlossen. ☎ 0721/33463.

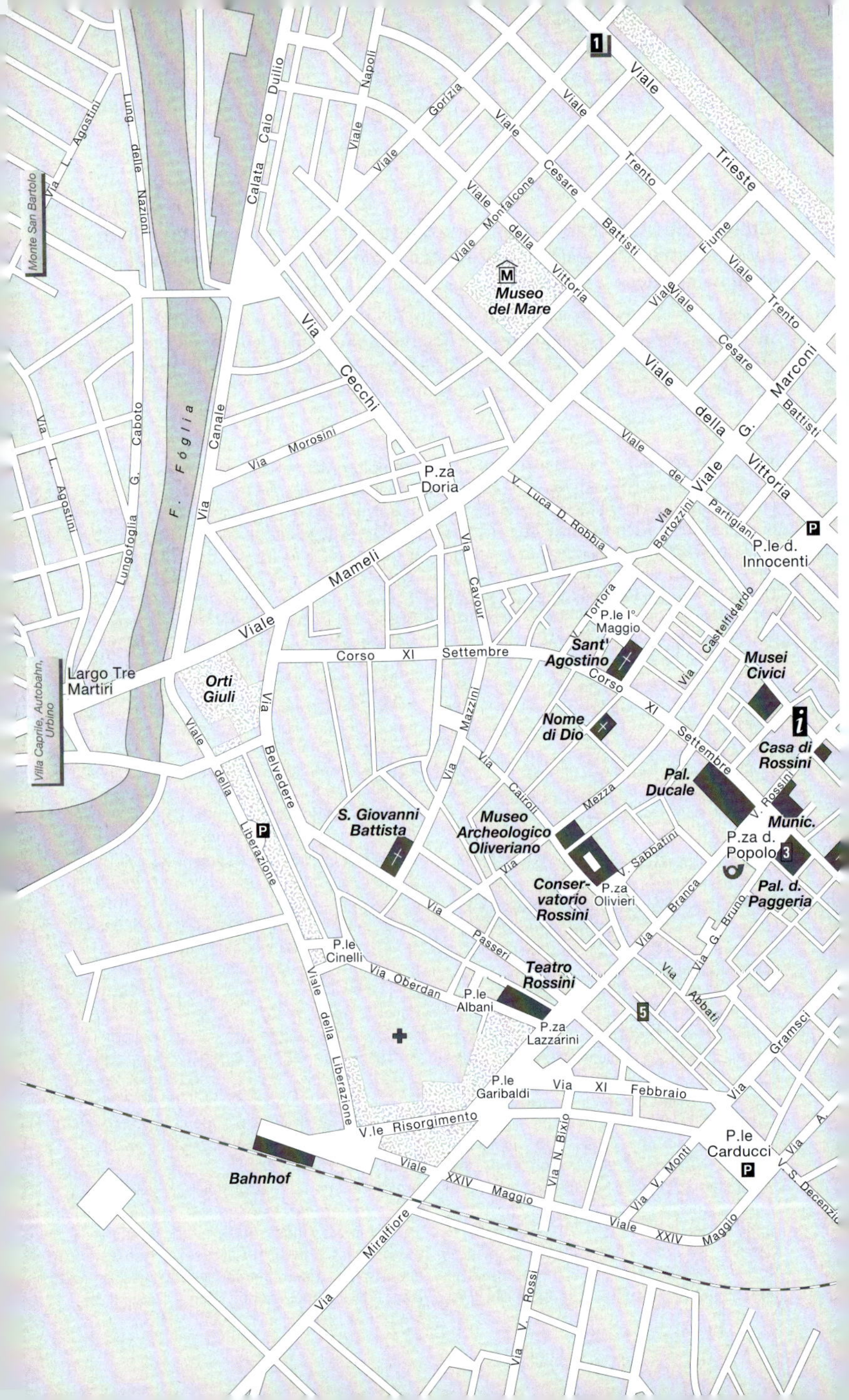

1
Viale Trieste
Viale Trento
Viale Cesare Battisti
Viale Gorizia
Viale Napoli
Calata Caio Duilio
Lung. delle Nazioni
Via L. Agostini
Monte San Bartolo
Viale Montalcone
Viale della Vittoria
Museo del Mare
Viale Fiume
Viale Trento
Viale Cesare Battisti
Viale Marconi
Viale della G. Vittoria
Via Cecchi
Via Canale
F. Fóglia
Via L. Agostini
Lungofoglia G. Caboto
Via Morosini
P.za Doria
V. Luca D. Robbia
Viale dei Partigiani
Via Bertozzini
P
P.le d. Innocenti
Viale Mameli
Via Cavour
V. Tortora
P.le I° Maggio
Via Castelfidardo
Largo Tre Martiri
Villa Caprile, Autobahn, Urbino
Corso XI Settembre
Sant' Agostino
Musei Civici
Orti Giuli
Via Belvedere
Via Mazzini
Nome di Dio
Corso XI Settembre
i
Casa di Rossini
Viale della Liberazione
Via Cairoli
Via Mezza
Pal. Ducale
V. Rossini
Munic.
S. Giovanni Battista
Museo Archeologico Oliveriano
V. Sabbatini
P.za d. Popolo
3
P
Conser-vatorio Rossini
P.za Olivieri
Via Branca
Pal. d. Paggeria
Via G. Bruno
Via Passeri
P.le Cinelli
Via Oberdan
Teatro Rossini
Via Abbati
P.le Albani
5
P.za Lazzarini
Viale della Liberazione
Via Gramsci
P.le Garibaldi
Via XI Febbraio
V.le Risorgimento
Via N. Bixio
P.le Carducci
P
Bahnhof
Viale XXIV Maggio
Via V. Monti
V. S. Decenzio
Viale XXIV Maggio
Via Miralfiore
Via V. Rossi

Übernachten
1. Rotonda Bruscoli
2. Des Bains
6. Villa Serena

Essen & Trinken
3. Antica Osteria la Guercia
4. Lo Scudiero
5. Felici & Contenti

Pesaro

512 Marken

> Alljährlich im August veranstaltet Pesaro zu Ehren seines berühmten Sohnes das **Rossini Opera Festival (ROF)**. Die Aufführungen finden u. a. im Teatro Rossini statt, eines der schönsten Opernhäuser Italiens. Opernliebhaber kommen zu diesem Ereignis aus aller Welt, Karten deshalb rechtzeitig vorbestellen: Rossini Opera Festival, Via Rossini 24, I-61100 Pesaro, ✆ 0721/38001, ✉ 3800220, rof@rossinioperafestival.it, www.rossinioperafestival.it.

Sehenswertes: Mittelpunkt der Innenstadt ist die zentrale *Piazza del Popolo* mit dem Rathaus, der protzigen Fassade der Post und dem mächtigen *Palazzo Ducale* aus dem 16. Jh. Im großen Innenhof hinter der Post täglich *Markt* (außer So), in der Seitenfront (Via Branca) blieb von der ehemaligen Kirche *San Domenico* nur das Terrakotta-Portal erhalten. Eine kunsthistorische Sensation war die Entdeckung eines 700 qm großen Mosaikbodens aus dem 2. Jh. n. Chr. unter dem nahe gelegenen *Dom*, ein herausragendes Denkmal aus der Übergangszeit vom römischen Polytheismus zum Frühchristentum. Ein zweiter Mosaikboden von 800 qm liegt über dem älteren Boden und stammt aus dem 6. Jh. (durch Glasfenster im Boden zu betrachten). Von den städtischen Museen sind vor allem die *Musei Civici* in der Via Toschi Mosca 29 (seitlich der Via Rossini) einen Besuch wert. Sie beinhalten eine Gemäldegalerie (bedeutendstes Werk das Polyptichon „Krönung der Jungfrau" von Bellini) und eine interessante Sammlung von bemalten Keramiken („Majolica") – Pesaro konkurrierte in dieser Kunst im 16. Jh. mit Faenza (→ Emila-Romagna). An der Via Rossini 34 steht die schlichte *Casa Natale di Rossini*, das Geburtshaus des 1792 hier geborenen Opernkomponisten, ausgestattet mit zahlreichen Erinnerungsstücken. Archäologische Funde von der Frühgeschichte über die Etrusker bis zu den Römern findet man im *Museo Oliveriano*, Via Mazza 97. Über dem Museum liegt die *Biblioteca Oliveriano* mit prächtigem Lesesaal und der ersten gedruckten Amerikakarte der Welt, hergestellt nach Angaben des Atlantiküberquerers Amerigo Vespucci.

• *Öffnungszeiten/Eintritt* **Musei Civici**, Juli/August Di–So 9.30–12.30, 17–23 Uhr, übrige Zeit Di–So 9.30–12.30, Do–So 16–19 Uhr, Mo geschlossen. Eintritt 4 €.
Casa Natale di Rossini, gleiche Öffnungszeiten wie Musei Civici, Eintritt 4 €.
Museo Oliveriano, Juli/August Mo–Sa 16–19 Uhr, ansonsten nur nach telefonischer Anmeldung vormittags 9–12 Uhr. Eintritt frei. ✆ 0721/33344.

▶ **Gradara:** Etwas nördlich von Pesaro thront unmittelbar neben der Autobahn die Befestigungsanlage von *Gradara*. Die zinnenbewehrte Stadtmauer samt aller Wachtürme ist komplett erhalten, am höchsten Punkt steht eine trutzige Burg. Im Prinzip ein echtes Bilderbuchstädtchen, deswegen erheblicher Touristenrummel mit allen Begleiterscheinungen. Die Festung selbst ist mäßig interessant. Der Legende nach soll hier Francesca von Rimini mit ihrem Schwager ihren Mann Giovanni Malatesta betrogen haben. Beide wurden dafür von Francescas Gatten hingerichtet und wanderten in die Hölle – jedenfalls bei Dante, der dies im 5. Gesang seines „Infernos" (in der *Göttlichen Komödie*) beschreibt. In den Innenräumen gibt es zahllose historische Betten – wohl in Bezug auf die delikate Legende –, außerdem eine anschauliche Waffenkammer der Wachmannschaft. Wer will, kann anschließend auf der Stadtmauer entlanglaufen und den Blick genießen.

Öffnungszeiten/Eintritt **Gradara**, Mo 8.30–13 Uhr, Di–So bis 18.30 Uhr, Eintritt 5 €, ermäßigt 2,50 €, Stadtmauer 1 € (tägl. 9–19 Uhr).

Montegridolfo: ein ganzes Dorf als Hotel

Das kleine Festungsdorf im Grenzgebiet zwischen Romagna und Marken entstand im 13. Jh. um den Palazzo der Gridolfi-Familie. Anfang der 1990er war es so gut wie verlassen und verfiel zusehends. Eine Kapitalgesellschaft begann jedoch die gesamte Anlage zu restaurieren und zum stilvollen Hotel umzubauen. Nach fünfjähriger Arbeit konnte das Hotel Palazzo Viviani (****) eröffnet werden, seitdem kann man hier in acht mit Antiquitäten geschmackvoll möblierten Suiten, 7 DZ und 5 Apartments unterkommen (EZ 120–130 €, DZ 140–160 €, Suite 250–420 €). Adresse: Palazzo Viviani, Via Roma 38, I-47837 Montegridolfo, ✆ 0541/855350, ✉ 855340, www.montegridolfo.com.

Fano

ca. 57.000 Einwohner

Eines der schönsten Städtchen an der Küste der Marken, mit großem Fischereihafen und sauberen Sand-/Kiesstränden. Das Centro storico ist noch weitgehend von der mittelalterlichen Stadtmauer umgeben, innen hübsch mit geometrisch angelegten Straßenzügen, z. T. Fußgängerzonen. In der Antike endete hier die römische Via Flaminia.

An der Landseite kommt man durch den großen römischen Torbogen *Arco di Augusto* in die Altstadt. An der zentralen Piazza XX Settembre stehen der *Palazzo della Ragione* mit dem Teatro della Fortuna aus dem 19. Jh. sowie der Renaissance-Palast *Corte Malatestiana* mit einem archäologischen Museo Civico und einer kleinen Pinakothek. Über die Via Froncini und die Via San Francesco kommt man zum aufwendigen *Grabmal* der Malatesta in der *Chiesa San Francesco* und kann anschließend vom Augustusbogen aus einen Spaziergang entlang der Stadtmauer zur *Rocca Malatestiana* unternehmen, von wo es nicht mehr weit zum Fischerhafen ist. Nördlich vom Hafen erstreckt sich die *Spiaggia Lido* mit diversen Hotels, südlich schließt sich der 1 km lange Kiesstrand *Spiaggia Sassonia* an, ebenfalls mit zahlreichen Unterkünften. Eines der bekanntesten kulturellen Ereignisse ist sicherlich das Festival *Fano Jazz by the Sea*, das alljährlich Ende Juni bis Anfang Juli stattfindet. Den oft kostenlosen Konzerten kann man u. a. im Corte Malatestiana lauschen (Infos: ✆ 0721/820275).

- *Öffnungszeiten/Eintritt* **Corte Malatestiana**, im Sommer Di–So 9.30–12.30 Uhr und 16–19 Uhr, im Winter eingeschränkt. Eintritt 3 €, ermäßigt 1,80 €.
- *Information* **I.A.T.** am Viale Battisti 10 (zwischen Bahnhof und Strand). Im Sommer Mo–Sa 9–13 Uhr und 15–19 Uhr, ansonsten 9–13 Uhr und Di sowie Do 15–18 Uhr, ✆ 0721/887314, www.turismofano.com. Ein **städtisches Infobüro** befindet sich außerdem an der Piazza XX Settembre im Centro storico.
- *Verbindungen/Anfahrt* **PKW** an der Piazza vor dem Arco di Augusto oder an der Ringstraße um die Stadtmauer abstellen und zu Fuß ins enge Zentrum.
Bahn, Fano ist Station an der Adriastrecke Bologna-Ancona, **Bahnhof** an der südöstlichen Ecke der Stadtmauer.
- *Übernachten* Über 60 Hotels und 9 Campingplätze in Fano und Umgebung.
*** Amelia, gleich bei der Spiaggia Lido gelegen, 24 Zimmer mit Bad, EZ 59 €, DZ 89 €, Frühstück extra. Im August Vollpension obligatorisch (EZ 78 €, DZ 136 €). Viale Cairoli 80, ✆ 0721/824040, ✉ 826804, www.hotelamelia.it..
** Sassonia, am gleichnamigen Strand, in der 2-Sterne-Kategorie durchaus empfehlenswertes Haus mit 27 Zimmern (mit Bad), typisches älteres Strandhotel, relativ günstig: EZ 40 €, DZ 50 €, in der Hochsaison mit Vollpension (EZ 49 €, DZ 94 €), Strandservice und Fahrradverleih inbegriffen. ✆/✉ 0721/828229.
*** Orfeo, relativ zentral und etwas zurückversetzt vom Corso Matteotti bei der Rocca Malatestiana gelegen. Nur 18 Zimmer (alle

mit Bad), etwas altmodisch, freundlich, mit Ristorante/Pizzeria. EZ 40 €, DZ 55 €, Frühstück inkl. Corso Matteotti 5, ℅ 0721/803522, ℅ 804488.
Mehrere Campingplätze am südlichen Ortsrand, z. B. **Fano** (Foce del Metauro 1, ℅ 0721/802652, www.campingfano.it). Pro Person 7,50 €, Stellplatz 10,50–13,50 €, auch Bungalows für ca. 60–95 €; oder **Madonna Ponte** (Via delle Brescce 25, ℅ 0721/804520), pro Person 10 €, Stellplatz 13–22 €, Bungalows 70–90 €. Weitere 7 Campingplätze in Torrette und Marotta, den beiden südlichen Vororten von Fano.

• *Essen & Trinken* Fischlokale und Pizzerien an der Hafenmole und an der Strandstraße.
Casa Nolfi, Via Gasparoli 59, eins der besten Restaurants im Stadtzentrum, bekannt für guten Fisch und Meeresfrüchte, freundlich geführt, Degustationsmenüs für 33–54 €. So abend und Mo geschlossen, ℅ 0721/827066.
Al Pesce Azzurro, Viale Adriatico 48, am Südstrand, Nähe Hafen. Weithin bekanntes und preiswertes Selbstbedienungsrestaurant der örtlichen Fischereigenossenschaft, hat was von einem Bierzelt, schlichtes Ambiente. Menü ab 9,50 €. Mo geschlossen.

Symposium Quattro Stagioni: Gaumenschmaus im grünen Hinterland

Ins kleine Dörfchen Cartoceto, etwa 20 km von Fano landeinwärts, hat sich der vielleicht beste Koch der Marken zurückgezogen. Lucio Pompili kreiert im schönen Garten seines eleganten Restaurants täglich wechselnde, aber immer hervorragende Gerichte mit selbst gezogenen Kräutern, Trüffeln und wildem Spargel, z. B. süß-saures Perlhuhnfleisch und hausgemachte Tagliatelle. Degustationsmenüs kosten 70–130 €. Mo/Di geschlossen, Reservierung obligatorisch unter ℅ 0721/898320, ℅ 898493, www.symposium4stagioni.com.

Anfahrt Von Fano auf der Via Flaminia Richtung Fossombrone, nach ca. 13 km rechts ab nach Cartoceto, der Weg zum Restaurant ist bei Cartoceto beschildert. Ein lohnenswerter Abstecher auf der Strecke ist das Kloster *Eremo di Monte Giove* aus dem 17. Jh., knapp 6 km von Fano (von der Flaminia rechts ab) entfernt.

Senigallia

ca. 41.000 Einwohner

Spiaggia di Velluto („Samtstrand") heißt der helle Sandstrand von Senigallia, dem beliebtesten und sicherlich auch attraktivsten Badeort des Küstenabschnitts nördlich von Ancona.

Tourismus hat in Senigallia Tradition: Bereits Mitte des 19. Jh. brachte man es hier auf eine beachtliche Zahl an Badegästen, mittlerweile ist Senigallia einer der wichtigsten Fremdenverkehrsorte der Region. Am herrlichen Strand mit der auf Pfählen gebauten *Rotonda a Mare* weht durchaus noch ein Hauch vergangener Noblesse.

Senigallia war die erste römische Kolonie an der Küste. Mitte bis Ende des 15. Jh. verhalfen die Malatesta und die della Rovere der zwischenzeitlich daniederliegenden Stadt zu neuem Aufschwung, man baute die Festung (1480) und Stadtmauern (z. T. noch erhalten), Palazzi und den Kanalhafen, durch den sich hier ein wichtiges Handelszentrum entwickelte, das seine Glanzzeit im 17. und 18. Jh. erlebte.

• *Information* **A.P.T.** am Piazzale Morandi 2 (zwischen Bahnhof und Strand), geöffnet im Sommer tägl. 9–13 und 16–19 Uhr, ℅ 071/7922725.

• *Verbindungen* Bahnhof im Zentrum (zwischen Altstadt und Strand): etwa stündlich **Züge** nach Ancona und via Fano und Pesaro nach Rimini.

Busse ca. halbstündlich nach Ancona, große Haltestelle vor dem Bahnhof, hier stoppen alle Busse in die Umgebung und auch die Stadtbusse.

• *Übernachten* Etwa 80 Hotels (1–4 Sterne), außerdem 17 Campingplätze, von denen die meisten am Lungomare Leonardo da Vinci liegen.

**** **Hotel Duchi della Rovere**, zentrale Lage, elegantes Ambiente, Pool, Garage und Bar, Restaurant. EZ 98 €, DZ 136 €, jeweils inkl. Frühstück. Viale Corridoni 3, ✆ 071/60785, ✉ 7927784.

*** **Hotel Continental**, Strandhotel am Lungomare. Zimmer mit Fliesenboden, z. T. mit Balkon. EZ ab 57 €, DZ ab 88 €, mit Frühstück. Lungomare D. Alighieri 126, ✆ 071/60047, ✉ 7926518.

• *Camping* Alle mehr oder minder am Meer gelegen.

Spiaggia di Velluto, viel Schatten und relativ gehobene Ausstattung, ✆ 071/64873.

Mare Verde, der kleinste Platz der Gegend, relativ einfache Einrichtungen. Lungomare Leonardo da Vinci 95, ✆ 071/7929544.

Liana (Lungomare L. da Vinci 54, ✆ 071/65206) und **Holiday** (Lungomare L. da Vinci, ✆ 071/64740).

• *Essen/Trinken* **Uliassi**, an Strand und Kanalhafen gelegen, Fisch in allen möglichen Variationen, gehobenes Preisniveau, außerhalb der Saison Mo geschlossen. Banchina di Levante 6, ✆ 071/65463.

Cucinamariano, Osteria bei der Rocca Roveresca, nettes Ambiente. Preiswert, Menü um 20 €. Mo geschlossen. Via Manni 25, ✆ 071/7926659.

La Madonnina del Pescatore, nobles Fischrestaurant im südöstlichen Vorort Marzocca am Meer (ca. 6 km von Senigallia). Extravagante Küche, die natürlich ihren Preis hat: Degustationsmenü ca. 70 €. Mo geschlossen. Lungomare Italia 11, ✆ 071/698267.

Urbino

ca. 15.000 Einwohner

Der Inbegriff einer Renaissance-Stadt. Urbino liegt mit seinem unverwechselbaren Profil einmalig schön auf einer steilen Hügelkuppe und hat sich dank seiner Abgeschiedenheit zwischen Apennin und Adria seine einzigartige Geschlossenheit bis heute bewahren können.

Alles ist aus rötlichem bis ockerfarbenem Ziegel erbaut – Häuser, Wege, Treppen und Rampen wirken wie aus einem Guss, und über allem thront das riesenhafte Schloss, einer der größten Renaissancepaläste Italiens. Dass der museale Charakter nicht zu sehr überhand nimmt, dafür sorgt die Universität. Gut 20.000 Studenten bevölkern die Gassen und Plätze, vor allem die zentrale Piazza della Repubblica ist immer belebt.

Initiator der Stadtgestaltung war *Federico da Montefeltro* (1422–1482), ein kriegerischer Herzog und Söldnerführer („Condottiere"), der sich das nötige Kleingeld für seine Kunstliebhaberei und enormen Bauvorhaben verdiente, indem er seine kampferprobten Soldaten an den Meistbietenden vermietete. Er war ein vielseitig gebildeter Mann, der Baumeister, Architekten und Künstler aus ganz Italien nach Urbino holte, um hier die „*città ideale*" der Renaissance zu verwirklichen. In vieler Hinsicht scheint ihm das geglückt zu sein – Urbino lag nach dem 15. Jh. unbeachtet im Windschatten der großen Geschichte und konnte sein Stadtbild unversehrt in die Gegenwart herüberretten. Zwei der bedeutendsten Künstler der Renaissance sind in Urbino geboren und haben hier längere Zeit gelebt und gearbeitet, bevor sie in die großen Zentren Florenz und Rom aufbrachen: *Raffael* (1483–1520), neben Michelangelo und Leonardo da Vinci der größte Maler seiner Zeit, und *Bramante* (1444–1514), der Baumeister des Petersdoms.

Anfahrt/Verbindungen/Information

• *PKW* A 14, Ausfahrt Pesaro-Urbino und 30 km die SS 423 hinauf. Im Zentrum von Urbino dürfen nur Einheimische Auto fahren, am **Borgo Mercatale** vor dem Stadttor befindet sich ein großer Parkplatz (ca. 1 €/Std.), Parkhaus im Souterrain darunter.

• *Bus* **Busse** nach Urbino fahren von Pesaro (Piazzale Matteotti) etwa stündlich (sonn-

516 Marken

tags 4-mal), gute Verbindungen auch ab Fano. Busstation in Urbino am großen Borgo Mercatale, direkt unterhalb vom Herzogspalast. Mit dem Aufzug geht es hinauf in die Stadt (→ Sehenswertes).

• *Information* **I.A.T.**, Piazza Duca Federico 35, gegenüber vom Herzogspalast. Stadtplan, Unterkunftsverzeichnis, Prospektmaterial. Mo–Sa 9–13 Uhr und 15–18 (im Sommer länger), So 9–13 Uhr. ✆ 0722/2613, ℻ 2441, www.comune.urbino.ps.it

Übernachten (s. Karte S. 518/519)

Es gibt nur wenige Hotels in zentrumsnaher Lage, besser vorher anrufen.

*** Boncote (8), Via delle Mura 28. stilvoll ausgestattete Villa an der östlichen Stadtmauer, Frühstücksgarten, Zimmer mit TV und Blick ins Grüne. EZ ca. 70 €, DZ um 130 €, Frühstück extra (8 €). ✆ 0722/2463, ℻ 4782, www.viphotels.it

*** Raffaello (2), im oberen Teil der Altstadt (unterhalb der Fortezza Albornoz). Modernes Interieur in historischem Gebäude, viel Marmor. Zimmer z. T. mit Balkon. EZ 52–88 €, DZ 90–115 €, Dreier ca. 140 €, Frühstück inkl. Vicolino S. Margherita 40, ✆ 0722/4896, ℻ 328540, www.albergoraffaello.com

*** Italia (4), frisch renoviert, zentral gelegen bei der Piazza della Repubblica. Komfortable Zimmer, netter Service, EZ 55–67 €, DZ 85–115 €, Frühstück 7,50 € pro Person. Corso Garibaldi 32, ✆ 0722/2701, ℻ 322664, www.albergo-italia-urbino.it

** San Giovanni (3), Via Barocci 13, ordentliche Unterkunft in einem historischen Haus der Altstadt, sehr zentral, mit Restaurant. EZ 36 €, DZ 55 €, Dreier 66 €. Kein Frühstück, aber Bar nebenan. ✆ 0722/2827, ℻ 329622.

* Fosca (1), Via Raffaelo 67, kleine Pension im obersten Stock eines altes Stadthauses, hautnah im Zentrum, nur wenige Meter von der Casa Raffaelo, fünf renovierte Zimmer, sauber und einfach, nur Etagendusche. EZ 21 €, DZ 35 €. ✆ 0722/2542 oder 0722/329622.

• *Camping* **Pineta**, am Hang des Monte delle Cesane, ca. 3 km östlich oberhalb von Urbino (Richtung Fossombrone, beschildert). Naturbelassenes Gelände in einem lichten Pinienwald, Stellplätze für Caravans im unteren Platzbereich, eine urige Holzhütte fungiert als Bar, Blick auf Urbino, stündlich Stadtbus ins Zentrum. Erholsamer Kontrast zur überfüllten Küste. Pro Person 7 €, Stellplatz 15 €. April bis September. ✆ 0722/4710, ℻ 4734.

Essen & Trinken (s. Karte S. 518/519)

Dank der vielen Studenten gibt es hier auch ein passables Angebot an kleinen, gemütlichen Trattorie.

Vecchia Urbino (7), Via dei Vasari 3/5, von der Piazza della Repubblica die Via Battisti hinunter und dann rechts. Aufmerksam geführter Familienbetrieb in einem restaurierten Kornspeicher, geschmackvoll eingerichtet, weiter Blick in die Hügel. Viel mit Trüffeln, fantasievolle Nudel- und Fleischgerichte, reichlich Anerkennung in diversen Gourmetführern. Menü ab 40 € aufwärts. ✆ 0722/4447. Di geschlossen.

L'Angolo Divino (5), Via Sant' Andrea 14, schönes Lokal in einem historischen Palazzo, traditionelle Spezialitäten der Region, z. B. *spaghetti alla chitarra*. Menü ab ca. 25 €, ✆ 0722/327559. Mi geschlossen.

Antica Hostaria La Balestra (6), Via Valerio 16, nette, kleine Osteria in nicht gerade auf Hochglanz polierter Gasse nahe dem Dom. Schlichte Ausstattung in Natursteingemäuer, karierte Tischdecken, gemütlich. Gute und relativ günstige Küche, Pizza gibt es auch mittags, am Wochenende allerdings nicht. Montags geschlossen, ✆ 0722/2942.

Ristorante-Pizzeria Al Cantuccio (9), Via Budassi 64, kleines Lokal im Souterrain, oft bis auf den letzten Platz besetzt. Eher junges Publikum, bei Touristen beliebt. Flotter Service, recht einfache, aber gute Küche, hervorragende (und große) Pizza. Auf den Hauswein ist Verlass, mittleres Preisniveau. Di geschlossen. ✆ 0722/2521.

• *Nachtleben* Z. B. im **Bosom Pub** in der Via Budassi 24: laut, Rock, Bier. Bar und Gewölbe, junges Publikum. Von der Piazza della Repubblica Richtung Dom/Palazzo Ducale, dann links ab in die Via Nazario Sauro, dann rechts ab. Kaum zu verfehlen.

Urbinos eleganter Palazzo Ducale: die „Rückseite"

Sehenswertes

Die ganze Altstadt ist noch von einer gut erhaltenen Stadtmauer umgeben. Vor der Mauer, am *Borgo Mercatale*, dem früheren Rindermarkt, drängen sich heute die Autos der Tagestouristen. Hier hat man den schönsten Blick auf den riesigen Herzogspalast (Palazzo Ducale) mit seinem überdimensionalen Treppenhaus. Mehrere Möglichkeiten gibt es, in die Altstadt zu gelangen: Direkt am Platz steht eine große runde *Bastion*. In ihrem Inneren verläuft eine spiralförmige *Rampe* zum Corso Garibaldi, auf der man früher mit Pferden hinaufreiten konnte, außerdem gibt es einen modernen *Aufzug* (kleine Gebühr). Neben der Bastion steigt die Treppe *Scalette Teatro* im Zickzack zum Arkadengang am Corso Garibaldi hinauf.
Oder man betritt die Stadt ganz konventionell durch die *Porta Valbona*: Vom Stadttor zieht sich die Via Mazzini steil zur zentralen *Piazza della Repubblica* hinauf, die im Sattel zwischen den beiden Hügelhängen liegt, auf denen die Stadt erbaut ist. Linker Hand klettert von dort die extrem steile Via Raffaello in einer fast 45-Grad-Steigung zum Piazzale Roma am oberen Rand der Stadtmauer hinauf. Rechts geht's mit wenigen Schritten zur *Piazza Duca Federico* mit Dom und Herzogspalast, der Obelisk davor stammt wahrscheinlich von einem Isis-Tempel in Rom.

Palazzo Ducale

Trotz seiner Monumentalität ist er nahtlos in die Hausfronten eingepasst, kein isolierter Baukörper, sondern ein „großes Haus" inmitten vieler anderer. 1465 gab Herzog Federico da Montefeltro den Auftrag, die Bauzeit betrug siebzig Jahre.

Rein äußerlich kann von Schönheit nicht unbedingt die Rede sein. Der Anblick von vorne ist zwar höchst eindrucksvoll, vom Stadtinneren her zeigt sich dagegen ein kahler, fast schmuckloser Block neben der Kathedrale. Architektonisch einzigartig

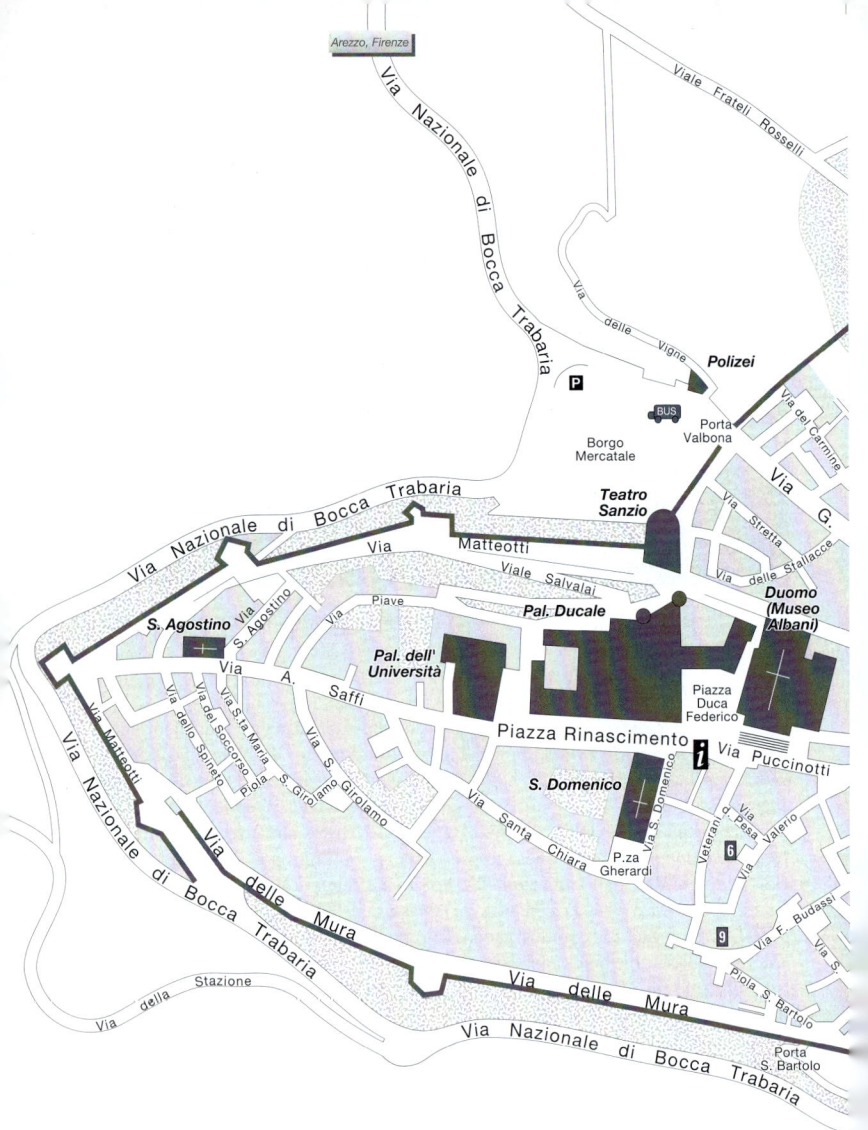

Essen & Trinken
5 L'Angolo Divino
6 La Balestra
7 Vecchia Urbino
9 Al Cantuccio

Übernachten
1 Pension Fosca
2 Raffaello
3 San Giovanni
4 Italia
8 Bonconte

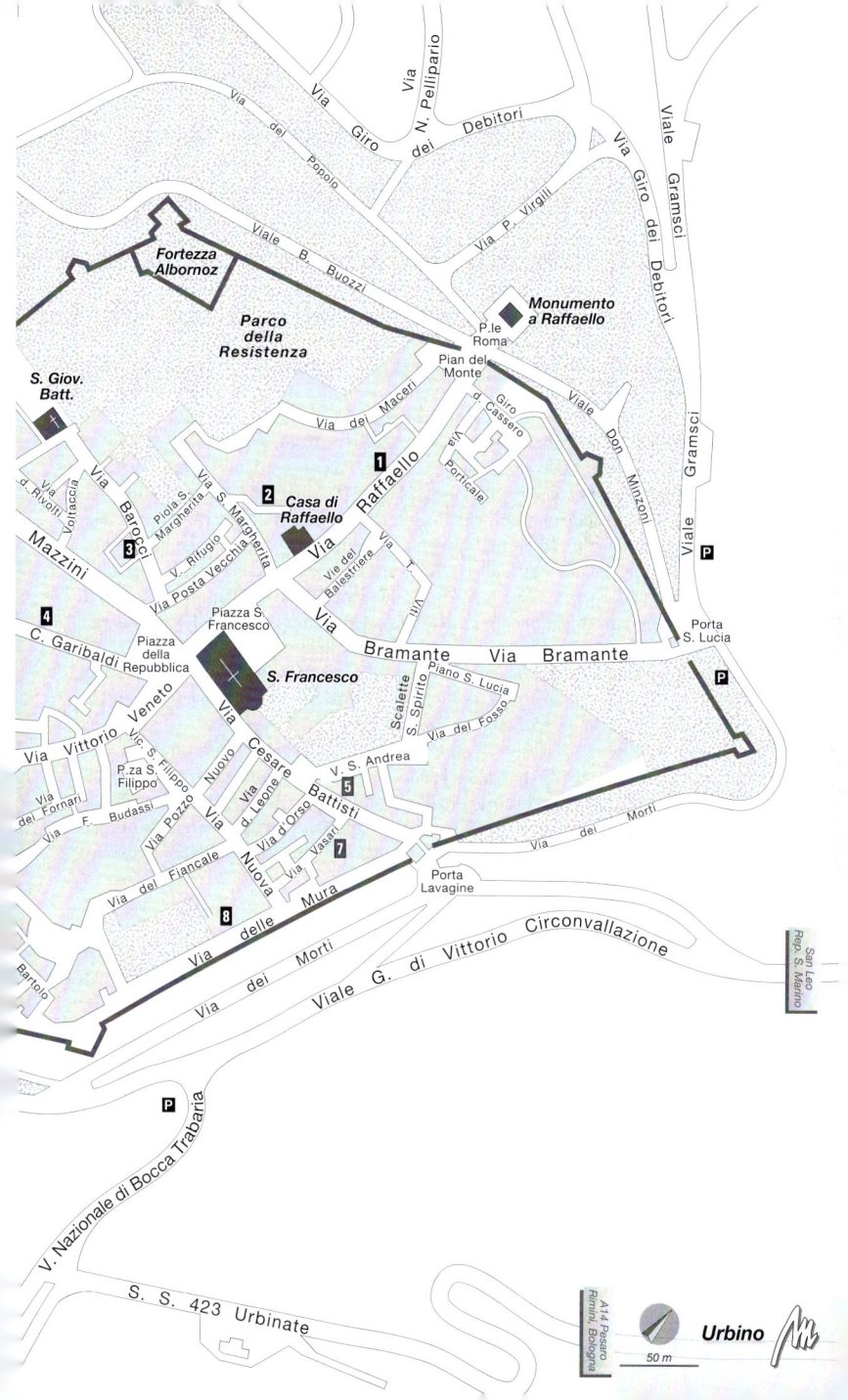

Urbino

ist aber zweifellos die dreistöckige Loggia *Facciata dei Torricini* mit den beiden flankierenden Rundtürmen, die man in ihrer ganzen Höhe nur mit Weitwinkel fotografieren kann – in ganz Italien gibt es keine zweite ähnliche Konstruktion.
Öffnungszeiten/Eintritt Di–So 8.30–19.15 Uhr, Mo bis 14 Uhr, Einlass bis 90 Min. vor Schließung. Eintritt 4 €, ermäßigt 2 €.

Rundgang: Das Innere des Palazzo ist zu besichtigen, der Eingang liegt an der Piazza Duca Federico. Der Innenhof *Cortile d'Onore* wirkt zunächst wenig spektakulär, war aber Vorbild für viele weitere. An der dem Eingang gegenüberliegenden Hofseite ist ein kleines *Archäologisches Museum* untergebracht.

Durch ein ebenso hohes wie breites *Treppenhaus* kommt man in den ersten Stock mit den herzoglichen Gemächern und den Gästezimmern. In den prachtvollen Sälen mit Schmuckfriesen, Deckenfresken und reich verzierten Türeinfassungen ist heute die *Galleria Nazionale delle Marche* untergebracht, ein würdiger Platz für diese beachtliche Gemäldesammlung. Man sollte sich dafür viel Zeit nehmen, es lohnt sehr – vor allem die fantastischen Werke von Piero della Francesca. Seine „*Geißelung*" ist ein Meisterwerk der Perspektive. Die abgezirkelte Darstellung der drei Männer im Vordergrund und der Loggia mit der Züchtigungsszene im Hintergrund ist im höchsten Grad perfekt und gilt als Schlüsselbild der Renaissance. Weitere bedeutende Gemälde der Galleria Nazionale sind Piero della Francescas „*Madonna di Senigallia*" und „*La Muta*" („Die Stumme") von Raffael. Und noch ein Bild ist erwähnenswert, die berühmte „*città ideale*", früher ebenfalls della Francesca zugeschrieben, aber wahrscheinlich von einem Architekten namens Luciano Laurana gemalt. Die leblose, streng symmetrische Straßenszene mit dem markanten Rundbau in der Mitte stellt so etwas wie eine architektonische Utopie und den Urtyp der architektonischen Ästhetik der Renaissance dar.

Ein baulicher Höhepunkt ist das *Studiolo* (Studierzimmer) des Herzogs. Es ist vollständig mit Holzeinlegearbeiten ausgekleidet, die zu den großartigsten Italiens gezählt werden. Offene Schranktüren, Sitzbänke, Bücherregale, Landschaften, alles in kunstvoller Intarsientechnik – die Illusion ist verblüffend. In der oberen Raumhälfte sind 28 „uomini illustri" (bedeutende Männer) in Öl gemalt, Vorbilder Federicos von Salomon bis Petrarca – nur noch 14 sind jedoch Originale, der Rest hängt im Louvre. Vor dem Raum ein Aussichtsbalkon, der zu der großen dreistöckigen Loggia gehört, die die Außenfassade des Palastes bildet (leider nicht zugänglich). In einem der beiden runden Fassadentürme führt eine Wendeltreppe zu zwei Kapellen hinunter, der *Cappella del Perdone* mit Engelsköpfen aus Marmor und dem antikisierenden *Tempietto delle Muse*.

Während des gesamten Rundgangs durch die Galerie sollte man ab und an aus dem Fenster schauen – der Blick über die Schindeldächer von Urbino vermittelt fast noch deutlicher als in den Straßen die Geschlossenheit des Stadtbilds.

Weitere Sehenswürdigkeiten

Oratorio di San Giovanni Battista: links der Via Mazzini am Ende der Treppengasse Via Barocci. Die kleine Kapelle ist vollständig mit Fresken von Jacopo und Laurenzo Salimbeni ausgemalt (um 1416). An der Frontwand die „Kreuzigung Christi", an der rechten Längsseite „Leben und Wirken Johannes des Täufers", an der linken Wand der „Tod des Täufers". Im Anschluss kann man das benachbarte *Oratorio di San Giuseppe* mit seinen Stuckarbeiten besichtigen.

Öffnungszeiten/Eintritt **Oratorio di San Giovanni Battista** und **Oratorio di San Giuseppe**, Mo–Sa 10–12.30 Uhr und 15–17.30 Uhr, So 10–12.30 Uhr, Eintritt jeweils 2 €.

Casa Raffaello: Raffaels Geburtshaus in der Via Raffaello 57 lohnt für Kunstinteressierte nur bedingt. Von Raffael (eigentlich Raffaello Santi) gibt es hier außer einem frühen Fresko „Madonna mit Kind" nichts zu sehen, dafür umso mehr von seinem Vater und anderen Zeitgenossen (meist Reproduktionen). Das Haus selbst ist hübsch eingerichtet und gibt einen Eindruck von der Wohnkultur im 15. Jh. Im ersten Stock das angebliche Geburtszimmer Raffaels. Bereits mit 21 Jahren verließ er die Heimatstadt, um nach Perugia, Florenz und schließlich nach Rom zu gehen, wo seine großartige Karriere im Auftrag von Papst Julius II. ihren Lauf nahm.
Öffnungszeiten/Eintritt Tägl. 9–13 Uhr und 15–19 Uhr, im Winter 9–14 Uhr, So immer 10–13 Uhr, Eintritt 2,50 €.

Piazzale Roma und Fortezza Albornoz: Am oberen Ende der Via Raffaello kommt man durch die Stadtmauer auf einen freien Platz im Grünen mit einem Denkmal Raffaels (19. Jh.). Ein paar Schritte nach links stößt man auf die Bastion, die den Päpsten zur Überwachung Urbinos diente, davor der *Parco della Resistenza*, ein ruhiges Wiesengelände mit wild wachsenden Birn- und Apfelbäumen und wunderschönem Blick auf die Stadt, Zeit für eine Siesta (Getränke in der Bar).
Öffnungszeiten/Eintritt **Park** tägl. 9–19 Uhr, Eintritt frei.

Dom: Die Renaissancebasilika musste nach einem Erdbeben im 18. Jh. komplett wiederaufgebaut werden und besitzt heute eine klassizistische Fassade. Sie ist durch einem Gebäudeflügel direkt mit dem benachbarten Herzogspalast verbunden. Im überkuppelten Innenraum einige prächtige Altargemälde, darunter das „Abendmahl" von Barocci, ebenso im angeschlossenen **Museo Albani** (*Kirchenmuseum*).
Öffnungszeiten/Eintritt **Dom** tägl. 7.30–13 Uhr und 14–19 Uhr, **Museum** tägl. 10–13 Uhr und 14–18 Uhr, Eintritt 3 €.

Corso Estivo per Stranieri
Die Universität von Urbino veranstaltet alljährlich von Ende Juli bis Ende August Sprachkurse für Ausländer. Gebühr 365 € (für 4 Wochen), zuzügl. 125 € für die Einschreibung (2-Wochen-Kurs 165 € plus 115 €), günstige Unterkünfte im Studentenwohnheim, Hotel oder Appartement können vermittelt werden. Anmeldung beim Sekretariat, Via Saffi 2, I-61029 Urbino, Auskünfte unter ✆ 0722/305360 (deutschsprachig), 📠 305287, www.uniurb.it/CorStran

---

Südlich von Urbino

Gola del Furlo

Das landschaftliche Highlight der Gegend – der Fluss Candigliano hat sich zwischen steil aufragenden Felsen hindurchgegraben und eine höchst eindrucksvolle Schlucht hinterlassen.

Die Strecke durch die Gola del Furlo (lat. *forulus* = Felsloch) ist 3 km lang und führt auf der alten Römerstraße **Via Flaminia** (220 v. Chr. von Konsul Gaius Flaminius gebaut) durch einen echt antiken Tunnel, der allerdings erst 76 n. Chr. unter Kaiser Vespasian entstand. Damals war die Straße eine der militärischen Hauptadern zu den Gebieten im Nordosten des Imperium Romanum, sie verband Rom mit dem Adriahafen Fano. Heute laden zahlreiche Parkbuchten im Verlauf der nur wenig befahrenen Straße zum Fotostopp ein. Nach 3 km öffnet sich die Schlucht recht abrupt, auf der linken Seite der Straße befindet sich ein kleiner Park am Ufer, der zu Picknick und Sonnenbad geradezu auffordert.

Abteikirche San Vincenzo al Furlo: Die schlichte romanische Kirche aus dem 9./10. Jh. ist das einzige bauliche Überbleibsel der im 6. Jh. gegründeten gleichnamigen Abtei (links der Straße, ganztägig geöffnet).

• *Anfahrt* Wenn Sie durch die Gola del Furlo fahren wollen, sollten Sie die entsprechende Ausfahrt der N 3 hinter Fossombrone nicht verpassen. Andernfalls geraten Sie in den langen Straßentunnel und kommen erst ein Stück hinter der Schlucht heraus.

• *Übernachten/Essen* **** Birra al Pozzo**, einziges Albergo nahe der Gola del Furlo in San Vincenzo. Zweckmäßige Zimmer mit Bad und TV, DZ ca. 45 €, EZ ca. 30 €. Mit Ristorante: gute Küche zu kleinen Preisen, mit Terrasse (Mi geschlossen). Via Pianacce 12, ✆ 0721/700084 oder 0721/700042.

Val d'Esino

Interessanter Abstecher landeinwärts – nördlich von Ancona folgt die SS 76 dem anfangs breiten Tal des Esino, das sich vor der Papierstadt Fabriano zur eindrucksvollen Gola di Rossa verengt.

In der seitlich abzweigenden Frasassi-Schlucht liegt eins der bekanntesten Höhlenmassive Italiens – fast genauso berühmt ist der leichte und spritzige *Vino Verdicchio*, der nordwestlich von Jesi angebaut und zu den besten und bekanntesten italienischen Weißweinen gezählt wird.

▸ **Jesi**: Das wirtschaftliche Zentrum der Gegend (ca. 39.000 Einwohner) bietet innerhalb seiner gut erhaltenen und mächtigen Stadtmauern ein hübsches Centro storico, das zum ziellosen Bummeln einlädt. Von vielen Renaissancebauten geprägt, erstreckt sich die Altstadt lang auf einem Hügel nördlich des Esino. Ausgehend von der Piazza Federico II. und über die Piazza della Repubblica mit dem bedeutenden *Teatro Pergolesi* (1796) gelangt man auf der Längsachse *Corso Matteotti*, der wichtigsten Einkaufsstraße der Stadt, zum *Arco Clementino* am südwestlichen Ende des Centro storico. Nicht nur in wirtschaftlicher, auch in kultureller Hinsicht ist Jesi eines der Zentren in der Provinz Ancona. Seit 1967 finden in der Stadt die Opernfestspiele *Stagione Lirica* statt, die zu Ehren von Giovanni Battista Pergolesi, einem der berühmtesten Söhne der Stadt, ins Leben gerufen wurde. Pergolesi, bedeutender Opernkomponist des 18. Jh., wurde 1710 in Jesi geboren und starb im Alter von nur 26 Jahren bei Neapel. Er gilt als Wegbereiter der *Opera buffa*.

• *Information* **I.A.T.** an der Piazza della Repubblica. Freundliche Mitarbeiter. Mo–Fr 9–13 Uhr und 17–19.30 Uhr geöffnet, Sa 9–13 Uhr. ✆ 0731/59788.

• *Verbindungen* Fast stündl. **Züge** nach Ancona und Fabriano, 5x tägl. auch nach Rom. Der Bahnhof liegt ca. 600 m vom Zentrum.

Busse fahren an der Porta Valle (an der Stadtmauer) ab, mindestens stündliche Verbindungen nach Ancona (mit SACSA/Crognaletti), Tickets in umliegenden Tabaccherie oder Kiosken (Edicole).

• *Veranstaltungen* **Stagione Lirica**, alljährlich Ende September bis dritte Novemberwoche finden die Opernfestspiele von Jesi im traditionsreichen Teatro Pergolesi statt.

Tickets im Theater, die Biglietteria ist tägl. 9–12.30 und 17–19.30 Uhr geöffnet, ✆ 0731/538355.

• *Übernachten* ***** Mariani**, zentralstes Hotel der Stadt, nahe der Piazza della Repubblica. 33 Zimmer mit Bad und Aircon. EZ 60 €, DZ 80 €, Frühstück inkl., Via dell'Orfanotroficо 10, ✆ 0731/207286, ✉ 200011.

Ostello Villa Borgognoni, sehr schöne Villa mit Garten in der Via Crivelli 1 (relativ zentrumsnah, beschildert, auch mit dem Stadtbus zu erreichen). Übernachtung 16,50 € pro Person, Frühstück und Bettwäsche sind im Preis inbegriffen. ✆ 0731/214088, ✉ 223702, www.ostellojesi.org

• *Essen/Trinken/Enoteche* **Osteria Forno Ercoli**, von der Piazza Federico II. ein Stück hinunter (Richtung Porta Valle), eher eine Enoteca, in der auch kleine Köstlichkeiten der Region angeboten werden, z. B. Wurst, Käse und kleinere Gemüsegerichte, dazu ein Glas Verdicchio. Mo geschlossen. Piazza Nova 8, ℡ 0731/56960.

Enoteca Pubblica della Regione Marche, im Palazzo Balleani nahe der Piazza Federico II. untergebracht (Via Federico Conti 5). In dieser von der Region und der Gemeinde Jesi eingerichteten Enoteca kann man nicht nur die hervorragenden Weine Jesis (und der ganzen Region) probieren und kaufen, sondern auch kulinarische Spezialitäten wie Käse, Wurst und Schinken. Tägl. 10–12.30 Uhr und 17–21 Uhr, geöffnet, Mi geschlossen. ℡ 0731/213386.

▶ **Grotte di Frasassi:** Der größte Höhlenkomplex der Marken liegt etwa 15 km nordöstlich von Fabriano. In unmittelbarer Nähe des kleinen Thermalorts *San Vittore Terme* führt eine Straße durch die 3 km lange Frasassi-Schlucht. Zwischen senkrecht aufragenden Felswänden liegt der Eingang zur *Grotta Grande del Vento*, die zu den attraktivsten Schauhöhlen Italiens gehört. Das gesamte unterirdische System hat eine Ausdehnung von 13 km, davon sind etwa 1,5 km in Rahmen einer Führung begehbar. Wer das klotzige Eingangsportal hinter sich gelassen hat, betritt eine riesige Halle von 180 m Länge, 120 m Breite und fast 200 m Höhe, in die der gesamte Mailänder Dom hineinpassen würde: eine Märchenlandschaft aus Stalagmiten und Stalaktiten, die an die Kunstwerke von Zuckerbäckern erinnern, nur ungleich gigantischer. Tipp: nach Möglichkeit Sonn- und Feiertage und den gesamten August vermeiden, dann gerät man in einen unerträglichen Ameisenhaufen von Besuchern.

• *Anfahrt/Verbindungen* Shuttle-Busse zur Höhle fahren ab der 1,5 km entfernten Zugstation **Genga Stazione** (Linie Rom – Ancona).

• *Öffnungszeiten/Eintritt* **Führungen** von 70 Min. Dauer Februar bis Juli und September bis Anfang Januar mehrmals tägl. (9.30, 11, 12.30, 15, 16.30, 18 Uhr), im August alle 10 Min. von 8–18.30 Uhr, Mitte Juli bis Ende August auch 21–22.30 Uhr geöffnet. 10.–31. Jan. geschl. Eintritt 12 €, Kinder (6—14 J.) und Erw. über 65 J. 11 €, www.frasassi.com

▶ **San Vittore Terme:** In der Schlucht entspringt eine Quelle, deren schwefelhaltiges Wasser Kurgästen zugute kommt. Es gibt ein modernes Thermal-Schwimmbad, ein Kurhotel und eine romanische Kirche aus dem 11. Jh. Auf einer Tafel sind 18 Höhlen der Umgebung mit den jeweiligen Wegmarkierungen und Aufstiegszeiten eingezeichnet, ein Informationspavillon gibt Auskünfte für Speläologen.

Fabriano

ca. 30.000 Einwohner

Die „Papierstadt" der Marken liegt in einer weiten Talebene, im Westen begrenzt vom Monte-Cucco-Massiv (→ Region Umbrien), im Osten vom Monte San Vicino und seinen Ausläufern.

In Fabriano wurde im Mittelalter das Handwerk der europäischen Papierherstellung entwickelt, das Wissen dazu brachten Einwohner während der Kreuzzüge aus Asien mit. Durch neue Herstellungsmethoden und die Erfindung des Wasserzeichens wurde damals die Qualität des Papiers entscheidend verbessert. Von den vielen florierenden Betrieben besteht heute nur noch die Firma *Miliani* – unübersehbar, wenn man von Osten kommend in die Stadt hineinfährt. Interessant ist der Besuch des Papiermuseums *Museo della Carta e della Filigrana* im ehemaligen Kloster San Domenico, Largo Fratelli Spacco. Es präsentiert eine Auswahl von Originalobjekten (Holzbottiche, Papierpressen, Metallsiebe etc.), sowie eine Ausstellung über die Geschichte der Wasserzeichen. Wenn man Glück hat, kann man den geschickten Händen eines Meisters beim Vorgang des Papierschöpfens zuschauen.

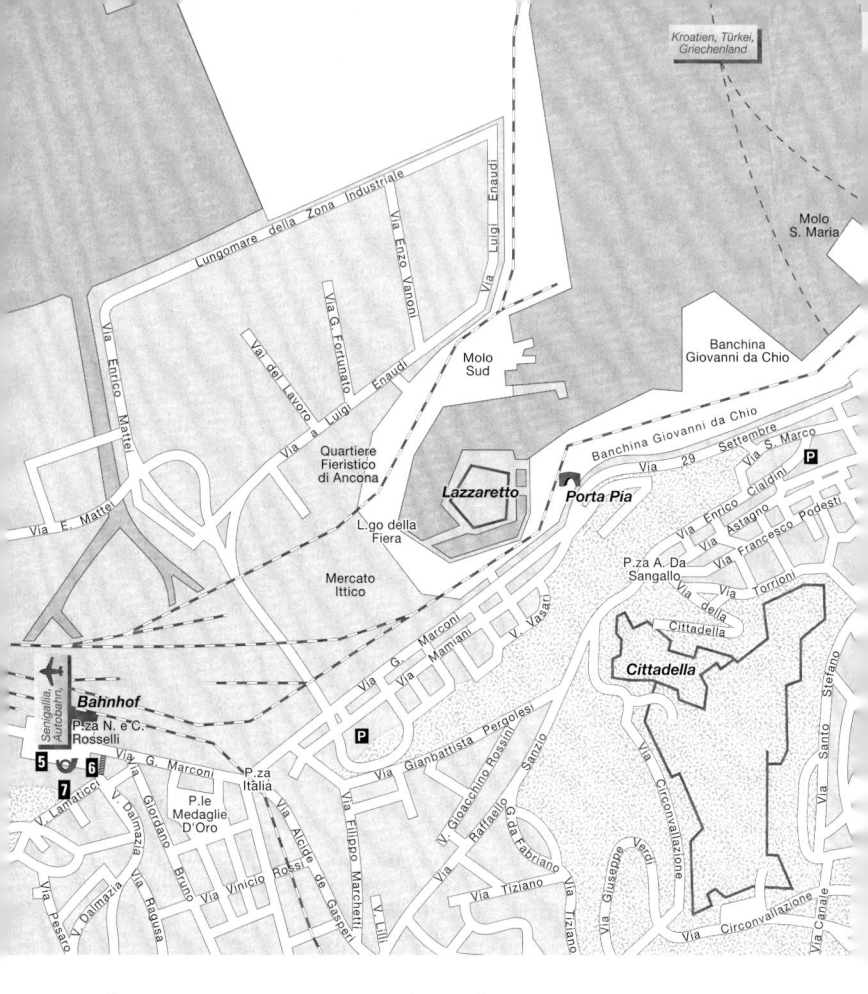

- *Öffnungszeiten/Eintritt* Di–Sa 10–18 Uhr, So 10–12 Uhr und 16–19 Uhr, Mo geschlossen, Eintritt 5 €, Kinder unter 6 Jahren frei.
- *Information* **I.A.T.**, im Papiermuseum, Mo–Fr 10–18 Uhr geöffnet. ☎ 0732/625067.
- *Verbindungen* Bahnhof knapp 1 km außerhalb der Altstadt an der Straße Richtung Sassoferrato. Fabriano liegt an der **Zugstrecke** Ancona – Rom, ca. 10x tägl. Verbindungen, 10x tägl. über San Severino Marche, Tolentino und Macerata nach Civitanova Marche.

Die **Busse** starten an der Piazza Matteotti am Rand der Altstadt. 1x tägl. über Jesi nach Ancona, 4x tägl. Busse zu den Frasassi-Höhlen und nach San Vittore Terme.

- *Übernachten* **** **Hotel Janus**, moderner Bau mit modern schmalen Fenstern, zentral, ruhig. Mit Restaurant und eigenem Parkplatz EZ 93 €, DZ um 145 €, Frühstück inkl. Piazzale Matteotti 45, ☎ 0732/4191, ✉ 5714.

*** **Aristos**, Via Cavour 103, kleines Haus im Zentrum, renoviert. EZ 62 €, DZ 88 €, inkl. Frühstück. ☎/✉ 0732/22308.

- *Essen/Trinken* **Trattoria Marchegiana**, Restaurant mit kleiner Terrasse an der Piazza Cairoli 1 (Centro storico), elegant-rustikales Ambiente im Gewölbe, freundlicher Service. Hervorragende traditionelle marchigianische Küche zu angemessenen Preisen, abends wird auch der Pizza-Ofen angeschürt. Mo geschlossen, ☎ 0732/250088.

Ancona

ca. 100.000 Einwohner

Typische Hafenstadt, im Weltkrieg schwer zerbombt, dazu kommen diverse Erdbeben, das letzte 1972. Trotzdem ist das alte Zentrum mit seinen engen Gassen einen Bummel wert. Häufige Fährverbindungen nach Griechenland und hinüber nach Kroatien.

Eins der ungewöhnlichsten Bauwerke Mittelitaliens ist die *Mole Vanvitelliana*, ein exponierter Fünfecksbau zwischen Bahnhof und Fährhafen. „Il Pentagono Adriatico" wurde im 17. Jh. als Quarantänestation für die aus aller Welt ankommenden Seefahrer erbaut und dient heute als Veranstaltungsort für Kongresse und Kultur. Vom Hafen kommt man nach wenigen Schritten immer geradeaus den leichten Hügel hinauf zur Piazza Repubblica. Hier beginnt linker Hand (nördlich) die etwas verwitterte, aber durchaus sehenswerte Altstadt. Am oberen Ende der malerisch

Marken

lang gestreckten *Piazza del Plebiscito*, einst Mittelpunkt des historischen Ancona, steht die Kirche *San Domenico* mit wertvollen Gemälden, darunter eine „Kreuzigung" von Tizian. Die Via Pizzecolli führt allmählich ansteigend nordwärts, im Palazzo Bosdari (Nr. 17) aus dem 16. Jh. befindet sich die *Pinacoteca Comunale Francesco Podesti*, ebenfalls mit einigen Tizian-Gemälden. Weiter oben an der Via Ferretti dann das *Museo Nazionale Archeologico delle Marche* mit einer umfangreichen Sammlung von Funden aus dem Neolithikum bis in die römische Zeit. In engen Serpentinen führt die Straße weiter auf die Spitze des *Colle Guasco* (auch mit dem PKW möglich, Parkplätze am Dom), oder man steigt ab Piazza del Senato die Treppen des *Scalone Nappi* hinauf. Von hier oben bietet sich ein herrlicher Überblick über die Stadt und auf den exponiert stehenden romanischen Dom *San Ciriaco* in der Form eines griechischen Kreuzes: unter Glas im Boden die Grundmauern einer frühchristlichen Kirche und eines Tempels, in der Krypta (linkes Seitenschiff) die sterblichen Überreste des Ciriacus und zweier weiterer Heiliger.

- *Öffnungszeiten/Eintritt* **San Domenico**, tägl. 7.15–12.30, 16–19 Uhr. **Pinacoteca Comunale Francesco Podesti**, Mo 9–13 Uhr, Di–Fr 9–19, Sa 9–18 Uhr, So 15–19 Uhr, an Feiertagen geschlossen, Eintritt 4,20 €, ermäßigt 3,20 €. **Museo Nazionale Archeologico delle Marche**, tägl. (außer Di) 8.30–19.30 Uhr (im Winter: Mo geschlossen), an Feiertagen geschlossen, Eintritt 4 €, ermäßigt 2 €. **San Ciriaco**, tägl. 8–12 Uhr und 15–18 Uhr (im Sommer bis 19 Uhr).

Anfahrt/Verbindungen/Information

- *Anfahrt/Verbindungen* **PKW**, A 14, Ausfahrt Ancona Nord, der Passagierhafen liegt gut ausgeschildert unterhalb der Altstadt, im Umkreis einige **Parkplätze und -häuser**. Die Altstadtgassen sind sehr eng und zum Teil auch gesperrt.
Flug, der internationale Flughafen Raffaello Sanzio liegt 10 km außerhalb bei Falconara. Linienflüge mit Lufthansa von und nach München.
Bahn, Bahnhof an der Piazza Rosselli, ca. 1,5 km nordwestlich des Zentrums. Ca. halbstündlich an der Küste entlang nach Pesaro und Rimini, 10x tägl. Jesi – Fabriano – Rom, 8x in südliche Richtung nach Pescara (Abruzzen). Stadtbus 1 oder 1/4 ins Zentrum.
Bus, die meisten Überlandbusse starten an der zentralen Piazza Cavour, ca. stündliche Verbindungen nach Sirolo/Numana (Riviera del Conero, → unten), Loreto, Recanati, Senigallia usw.
- *Information* **APT** im östlichen Stadtbereich, Via Thaon de Revel 4, Mo–Fr 9–13 Uhr und 15–18 Uhr, Sa/So 9–13 Uhr, ✆ 071/358991, ✉ 3589929; im Sommer außerdem Infobüro am Fährhafen, tägl. 8–20 Uhr; www.comune.ancona.it

Übernachten/Essen & Trinken (siehe Karte S. 524/525)

- *Übernachten* ****** Grand Hotel Passetto (8)**, sehr nobel, am östlichen Stadtrand. Mit kleinem Pool und Parkgarage, Restaurant. DZ 175 €, EZ um 115 €, inkl. Frühstücksbuffet. Via Thaon de Revel 1, ✆ 071/31307, ✉ 32856, www.hotelpassetto.it
*** Roma e Pace (2), etwas altertümliches Hotel mitten im Zentrum. DZ 95 €, EZ 59 €, Dreier 115 €, Vierer 130 €, Frühstück inkl. Via Leopardi 1, ✆ 071/202007, ✉ 2074736, www.hotelromaepace.it.
*** City (4), ähnlich zentral wie Roma e Pace, modernes Hotel mit kleiner Terrasse. EZ 55–60 €, DZ 90–96 €, Dreier 105 €, Frühstück inkl. Via Matteotti 112, ✆ 071/2070949, ✉ 2070372, www.hotelcityancona.it.
*** Hotel della Rosa (6), relativ günstiges Hotel gegenüber vom Bahnhof, recht ansprechend. EZ 55 €, DZ 78–88 €, am Wochenende wird es etwas günstiger. Frühstück inkl. Piazza Rosselli 3, ✆/✉ 071/41388, info@hotelldellarosa.it.
** Gino (5), ebenfalls gegenüber vom Bahnhof, für einfache Ansprüche. EZ 35 €, DZ 50 €, ohne Frühstück. Via Flaminia 4, ✆/✉ 071/42179.
- *Jugendherberge* **Ostello della Gioventù (7)**, nur wenige Schritte vom Bahnhof entfernt in der Via Lamaticci 7. Schlichte Herberge mit 56 Betten, Übernachtung 16 € pro Person. ✆ 071/42257.
- *Camping* → Portonovo, S. 527.

Einladender Strand am Monte Conero

- *Essen/Trinken* **La Cantineta (1)**, traditionelle Trattoria im Herzen Anconas, einfach und günstig, gute Küche, Spezialität des Hauses ist Stockfisch (Stoccafisso all' anconetana), dazu gibt es Hauswein. So geschlossen. Via Gramsci 1 c, ✆ 071/201107.

Osteria Teatro Strabacco (3), gepflegte Weinstube mit gutem Speiseangebot, auch Tische im Freien. Mo geschlossen. Via Oberdan 2, ✆ 071/56748.

Riviera del Conero

Unmittelbar südlich von Ancona erreicht man die schönste Ecke der Adriaküste vor dem Gargano (→ Apulien). Der dicht bewaldete Monte Conero steigt 600 m an und stürzt steil ins Meer, unten liegen weiße Klippen und einsame Buchten, die nur mit dem Boot zu erreichen sind. Das ganze Kap steht unter Naturschutz und ist zum Wandern ideal, z. B. hinauf zur Kirche Badia di San Pietro am Gipfel.

Von Ancona zum Monte Conero kann man eine prächtige Panoramastraße dicht an der Küste entlang nehmen. Die wenigen Häuser von Portonovo liegen am Nordfuß des Massivs, am Südende wunderschön auf einer Bergkuppe das Örtchen Sirolo, Numana am Fuß darunter, an der weiten Uferebene Richtung Porto Recanati erstreckt sich außerdem noch der Badeort Marcelli mit prächtigem Sandstrand. Die Idylle ist allerdings nicht unentdeckt geblieben, im Sommer wird es sehr voll. Viele Informationen unter www.conero.it.

Anfahrt/Verbindungen Mit **PKW** Ausfahrt aus Ancona über Piazza Cavour, Via Piave, Via Isonzo und Via del Conero (beschildert). **Busse** in alle Orte der Riviera del Conero fahren ab Piazza Cavour in Ancona.

▶ **Portonovo**: Eine wirklich traumhafte Bucht mit blendend weißem Kiesstrand, dichten grünen Wäldchen und einem kleinem Schilfsee. Wunderbar der Blick auf die

Küstenberge Richtung Norden, vor denen sich ein langer einsamer Strand erstreckt. Im Sommer ist Portonovo hoffnungslos überfüllt, doch ein Hauch von Exklusivität umgibt das Idyll: Ein *Küstenfort* aus napoleonischer Zeit fungiert als gepflegtes Luxushotel und es gibt drei weitere Hotels der Oberklasse sowie mehrere Restaurants am Strand, zusätzlich aber auch zwei Campingplätze und – da eine recht windige Ecke – eine Surfschule. In wunderschöner Lage befindet sich am südöstlichen Rand der Bucht das kleine romanische Kirchlein *Santa Maria di Portonovo* (11. Jh.) aus hellem Stein vom Monte Conero.

Eine schöne Wanderung führt über die Bergspitze des Monte Conero nach Sirolo. Beginn rechts vom Hotel Internazionale, Dauer ca. 3–3,5 Std., Wanderkarten gibt es vor Ort und im Nationalparkzentrum in Sirolo (→ unten).

- *Öffnungszeiten* Santa Maria di Portonovo, in den Sommermonaten Di–So 16.30–19 Uhr.
- *Anfahrt* Serpentinenstraße hinunter, gebührenpflichtiger Parkplatz am Wasser, der allerdings meist voll ist (ca. 8 €/Tag). Im Sommer fährt ein Shuttle-Bus von der Abzweigung hinunter nach Portonovo (hin und zurück 0,60 €).
- *Übernachten* Nur drei Hotels, alle obere Preisklasse.
**** **Fortino Napoleonico**, exklusive Herberge in der Festung direkt am Strand, die Salons und das hervorragende Restaurant in den ehemaligen Waffenkammern sind im klassischen Empire-Stil eingerichtet, es gibt große Kamine und einen Flügel, man kann auch schön im Innenhof sitzen, der Wehrgang ist zur lauschigen Promenade mit Meerblick umfunktioniert, in den Zimmern wertvolle alte Stilmöbel, Garten mit Liegestühlen, Tennis, Parkplatz. EZ 160 €, DZ 240 €, mit Frühstück. ℡ 071/801450, 801454, www.hotelfortino.it
**** **Excelsior Hotel La Fonte**, am Kreisel gleich an der Einfahrt nach Portonovo, sehr komfortabel und mit schickem Pool. EZ 110 €, DZ 135 €, inkl. Frühstück. In der Hochsaison muss man mind. 7 Nächte bei obligatorischer HP (100–110 € p. P., im EZ 130 €) bleiben. ℡ 071/801470, 801474, www.excelsiorlafonte.it.
*** **Hotel Internazionale**, am Hang (beim Kreisel) gelegener Natursteinbau. Mit schickem Ristorante und netten Zimmern mit viel Rot. EZ 119 €, DZ 145 €, Frühstück inkl. ℡ 071/801001, 2139029, www.hotel.internazionale.com.
Camping Adriatico (℡ 071/801170) und **Camping la Torre** (℡ 071/801257) liegen beide in den Wäldchen in Strandnähe, sehr schattig, beide nur 1.6.–15.9. geöffnet.
- *Essen/Trinken* **Il Laghetto**, Holzhaus am Strand, mit Terrasse und großer Fensterfront zum Meer. Fisch und Meeresfrüchte, Menü ca. 30–35 €, außerhalb der Hochsaison Mo geschlossen. Via Poggio, ℡ 071/801183.
Giacchetti, etwas schicker als Laghetto, ebenfalls mit Terrasse und riesiger Fensterfront. Menü ca. 35 €. Mo geschlossen, von Juni bis Ende August täglich geöffnet. ℡ 071/801384.
Umgebung **Osteria del Poggio**, in Poggio (Abzweigung an der Straße nach Sirolo). Einladende Osteria, unser TIPP! Kleine, wechselnde Karte, stets frische Gerichte, Tagesmenü 20–25 €, gute Weinauswahl. Nur abends geöffnet, Mo geschlossen. ℡ 071/2139018.

▶ **Sirolo**: ausgesprochen idyllisches und adrettes Örtchen mit gut 3000 Einwohnern, niedrige weiße Häuschen kauern auf einer Kuppe hoch über dem Meer, von der weiten Piazza Belvedere eröffnet sich ein wunderbarer Blick auf Küste und Meer, beherrschend thront hier die große Kirche aus Bruch- und Backstein. Im Ortskern flaniert man durch enge Pflastergassen mit Blumenschmuck, die Kirche *San Francesco di Sirolo* beherbergt einen „lebensechten" Jesus. Weit unterhalb des Ortes die hübsche Sandbucht *Spiaggia Urbani* (Serpentinenstraße bis Parkplatz, dort Stufen zum Strand), etwas weiter entfernt liegen die Strände *Sassi Neri* und *San Michele*.

- *Information* **I.A.T.**, an der Piazza Vittorio Veneto, nur Juni bis September tägl. 9–13 Uhr und 16–23 Uhr geöffnet. ℡ 071/9330611.
- *Übernachten* *** **Monteconero**, ehemaliges Kamaldulenserkloster, wunderbare Lage 6 km nördlich auf dem Gipfel des Monte Conero, mittelalterliches Gemäuer mit modernen Anbauten, kürzlich renoviert. Pano-

Riviera del Conero

ramarestaurant, Pool, Garten, Tennis. EZ 86 €, DZ 122 €, mit Frühstück, in der Hochsaison nur mit obligatorischer Halbpension: EZ 113 €, DZ 174 €. ✆ 071/9330592, 🖷 9330365, www.hotelmontecorero.it.

*** **Locanda Rocco**, eine der besten Unterkünfte in Sirolo. Schöner Natursteinbau aus dem 14. Jh. mitten im Zentrum, ruhig und stilvoll, mit erstklassigem Restaurant (auch Terrasse). Elegantes Ambiente, nur 7 Zimmer, DZ mit Frühstück 145 €, Dreier 218 €, keine EZ. Via Torrione 1 (am Arco Gotico), ✆/🖷 071/9330558, www.locandarocco.it.

*** **Hotel Sirolo**, noch recht neues Hotel in ähnlich ruhiger und zentraler Lage, mit kleinem Pool und Sauna, Massage sowie türkischem Bad. Helle Zimmer, z. T. mit tollem Weitblick. EZ 84 €, DZ 140 €, inkl. Frühstücks. Via Grilli 26 (an der Kirche S. Nicoló rechts ab), ✆ 071/9330665, 🖷 9330373, www.hotelsirolo.it.

*** **Hotel Stella/** ** **Hotel Parco**, beide an der Via Giulietti, der Einfallstraße ins Zentrum. Dennoch nach hinten hinaus relativ ruhig, Zimmer mit Bad und TV, im Stella DZ ca. 95 €, im Parco ca. 90 €. Hotel Stella: Via Giullietti 9, ✆/🖷 071/9330704, Hotel Parco: Via Giulietti 58, ✆/🖷 071/9330733.

Camping Internazionale, herrliche Lage auf grünen Baumterrassen unterhalb vom Ort, freundliches Personal, sehr steile Abfahrt, unterhalb vom Platz gibt es eine eigene Badebucht. Pro Person 8 €, Stellplatz 14–16 €. Via San Michele 10, ✆ 071/9330884, 🖷 9331471, www.campinginternazionale.com

Camping Green Garden, ein Stück weiter vom Wasser entfernt, relativ groß. Pro Person 10,50 €, Stellplatz 19,50–22,50 €, App. ab 78 € (2 Personen). Via Peschiera 3, ✆ 071/9331317, www.greengardencamping.it

• *Essen/Trinken* **Hostaria Il Grottino**, Via dell'Ospedale 9, hübsches Lokal in einem Kellergewölbe am hinteren Ende der Piazza Belvedere, auch Sitzplätze im Freien. Degustationsmenü schon ab 18 €. Im Sommer tägl. geöffnet, sonst Di geschl. ✆ 071/9331218.

Sara, beliebtes Lokal an der Piazza Vittorio Veneto, bereits zum Mittagessen bis auf den letzten Platz besetzt. Bodenständiges, ursprüngliches Ambiente, Mi geschlossen. ✆ 071/9330716.

La Taverna, neben der Osteria Sara, etwas teurer. Freundlicher Service, kleine Terrasse auf der Piazza, innen gemütlich. Nicht allzu große Auswahl, gutes Preis-Leistungs-Verhältnis. In der Nebensaison Mo geschlossen. Piazza V. Veneto 10, ✆ 071/9331382.

Della Rosa, Corso Italia 39, an der leicht abfallenden Hauptgasse, mit schönem Garten Panoramablick. Menüs 16 €, 25 € oder 30 €. Mo geschlossen, ✆ 071/9330689.

Parco Naturale del Conero

Der etwa 6000 ha große Regionalpark wurde 1987 gegründet und ist das älteste Naturschutzgebiet der Region. Beabsichtigt war eine Integration von Kultur- und Naturraum, und so finden sich hier ordentlich angelegte Felder samt Gehöften und ganze Dörfer mit unverkennbar touristischer Ausrichtung ebenso wie dichter Wald und zum Meer hin völlig unzugängliche felsige Abschnitte mit seltener Flora, wo einige seltene Vögel ungestörte Nistplätze finden. Gut ausgebaute und markierte Wanderwege erlauben den Besuchern einen leichten Zugang zum Regionalpark. Eine gut brauchbare Wanderkarte (3 €) gibt es im Besucherzentrum des Parks in Sirolo.

Das **Centro Visite Parco Monte Conero** ist in Sirolo ab der Hauptstraße Richtung Monte Conero beschildert (rechts ab), vom 15.6. bis 15.9. tägl. 9–13 und 16–19 Uhr geöffnet, ansonsten nur 9–13 Uhr (sonntags und im Jan./Feb. geschlossen). Das Centro bietet geführte Wanderungen und MTB-Touren im Park an. Via Peschiera 30/A, ✆ 071/9331879, www.parcoconero.it.

▸ **Numana**: größeres Touristenzentrum mit Jachthafen südlich unterhalb von Sirolo, am Beginn der langen Ebene, die sich weit über Porto Recanati nach Süden erstreckt. Die Altstadt malerisch auf einem schmalen Felsgrat, davor langer, gepflegter Sand-/Kiesstrand mit den Neubauten von *Marcelli*, toller Blick auf das Kap von

530 Marken

Der Traumstrand Due Sorelle

Sirolo. Die reizvolle *Spiaggia delle Due Sorelle* ist nur per Ausflugsboot zu erreichen (im Sommer etwa stündl., 13 €).

- *Information* **I.A.T.** an der Piazza Santuario, im Sommer tägl. 9–13 Uhr und 16–19 Uhr. ✆ 071/9330612.
- *Übernachten* *** **Hotel Eden Gigli**, im oberen Ortsteil, erstes Haus in Numana, unser TIPP! Mit Privatstrand, Pool und großem Sport- und Wellnessangebot, nur wenige Schritte hinunter zur eigenen Bucht. EZ 113–130 €, DZ 196–230 €, obligatorische Halbpension (im Juli/August) und Strandservice inkl., in der Nebensaison auch mit Frühstück (EZ ab 75 €, DZ ab 110 €). Via Moretti 11, ✆ 071/9330652, ✉ 9330930, www.giglihotels.com.

*** **Villa Sirena**, am Porto Turistico, typisches Strandhotel (zum eigenen Strandabschnitt nur über die Straße), das DZ mit Frühstück 140 €, mit Halbpension 160 €, außerhalb der Hochsaison kostet das DZ nur 90 € (mit Frühstück). Via del Golfo 24, ✆/✉ 071/9330850.

- *Essen/Trinken* **Ristorante La Torre**, eindeutig der beste Blick von der Terrasse auf den Hafen, den man in Numana kriegen kann. Degustationsmenü 40 €, Antipasti 18 €, Primi ab 9 €, Secondi ab 15 €. Man sollte reservieren. Via La Torre 1, ✆ 071/9330747.

▸ **Marcelli**: moderner Badeort am langen Sandstrand, unzählige Strandbäder, Pizzerie, Snackbars usw. Am Abend wird die Hauptstraße Via Litoranea für den Verkehr gesperrt und zur Flaniermeile. Unzählige Geschäfte für Bademoden, Sportkleidung, Beach-Accessoires usw., es herrscht Rummelplatzatmosphäre.

- *Information* **I.A.T.**, bei der Piazza Miramare im Zentrum, Via Litoranea. 15.5.–15.9. tägl. 9.30–12.30 und 16–19 Uhr geöffnet. ✆ 071/7390179.
- *Übernachten* *** **Hotel Marcelli**, eines der besten Hotels im Ort. Sehr gepflegt, mit Pool am Strand, DZ mit obligatorischer Halbpension in der Hochsaison ca. 200 €, ansonsten kostet das DZ ca. 130 €. Via Litoranea 65, ✆ 071/7390125, ✉ 7391322.
- *Essen/Trinken* Als bestes Restaurant der Gegend gilt **Il Saraghino** in der Via Litoranea 209 (Uferstraße Richtung Porto Recanati). Kreative Fischküche, nicht gerade günstig, mit Terrasse am Meer. Mittags und abends geöffnet, Mo geschlossen, für abends sollte man reservieren. ✆ 071/7391596.

▸ **Porto Recanati**: ein flaches, lang gestrecktes Bade- und Fischerstädtchen mit schachbrettartigen Gassen. Zwar dominiert die übliche monotone Betonarchitektur, dazwischen aber auch noch einige traditionelle Häuschen und nahe der Hauptpiazza eine ganze Promenade mit alten Fischerhäusern. Mitten in der Stadt thront das Backsteinkastell *Castello Svevo* (16. Jh.). Nördlich ans Zentrum schließt ein modernes touristisches Ballungsgebiet mit langem Sand-/Kiesstrand, mehreren Campingplätzen und Hotels an, dahinter die Silhouette von Loreto. Südlich vom Ort endloser Sandstrand, Erdpiste und Bahnlinie gleich dahinter.

- *Information* Piazza Brancondi, im Sommer tägl. 9.30–12.30 Uhr und 16.30–23 Uhr, ✆/℡ 071/9799084.
- *Übernachten* Zahlreiche Campingplätze um Porto Recanati, z. B. **Camping Pineta**, südlich vom Ort direkt am Strand, mittelgroß unter niedrigen Pinien und Stoffbahnen. Pro Person 7,80 €, Stellplatz 12 €. Via della Repubblica 3, ✆ 071/9799237.

Loreto
ca. 11.000 Einwohner

Kleines Städtchen südlich von Ancona. Unübersehbar thront die mächtige Kuppelbasilika Santuario della Santa Casa auf einem Hügel neben der Autobahn. Sie ist eins der großen Wallfahrtsziele Italiens und Zentrum des europäischen Marienkults.

Soll sie doch nichts Geringeres als das originale „Haus der Maria" aus Nazareth beherbergen, in dem diese geboren wurde, in dem die Verkündigung geschah und wo schließlich Jesus aufwuchs. Partnerstädte sind – ganz standesgemäß – Altötting und Tschenstochau. Die Gründungslegende ist reichlich kurios: Das Haus der Maria soll nämlich nach der Eroberung Palästinas durch die Mohammedaner im Jahr 1294 „von Engeln" nach Rijeka (Kroatien) getragen worden sein, von wo es auf mancherlei Umwegen nach Italien gelangte und schließlich in Loreto landete. Diese fantastische Story konnte selbst der Vatikan nicht glauben und sprach deshalb von Kreuzfahrern, die die angebliche Marienbehausung aus dem Heiligen Land mitgebracht hätten. Eine Deutung, der sich mittlerweile auch die Kongregation vom Heiligen Haus angeschlossen hat – Originalton: *„....liegt die Vermutung nahe, dass die volkstümliche Deutung, das Heilige Haus sei durch Engelhand überführt worden, vom Familiennamen Angeli herrührt"*. Nichtsdestotrotz gilt die Madonna von Loreto heute als die Schutzpatronin der Luftfahrt.

Im 15. Jh. begann man mit dem Bau einer mächtigen Renaissance-Basilika um die „Santa Casa". Zum Schutz vor Piratenangriffen wurde sie wie eine Festung ausgebaut und hat vielleicht deshalb bis heute eine weitere Odyssee des unternehmungslustigen Häuschens verhindert. Gut zwei Millionen Pilger und Neugierige besuchen alljährlich den heiligen Ort. Kunst- und Pilgerführer in allen Sprachen werden angeboten, das Devotionaliengeschäft blüht, ganz Loreto lebt vom Marienkult.

Die Altstadt von Loreto zieht sich einen lang gestreckten Hügelkamm entlang. Alle Straßen führen zur Basilika, die sich, von starken Mauern eingefasst, auf einem Vorsprung erhebt. Der von Geschäften gesäumte *Corso Boccalini* mündet direkt auf der weiten Piazza della Madonna, die auf die gewaltigen Raummaße der Basilika vorbereitet.

Piazza della Madonna: in seiner ganzen Anlage eine perfekte Schöpfung der Renaissance. In der Mitte wird der *Brunnen der Madonna* von Drachenmonstern und auf Delfinen reitenden Tritonen umringt, links anschließend an die Basilika der *Apostolische Palast* mit schattigen Arkadengängen, im ersten Stock Museum und Pinakothek der Kirche. Dort sind in mehreren Sälen flämische Tapisserien, Möbelstücke, Keramik, Gemälde und Sakralgegenstände untergebracht, im Mittelpunkt stehen die Sammlung von Majolikagefäßen und die Gemälde von Lorenzo Lotto (1480–1556), der hier in Loreto die letzten Jahre seines Lebens verbrachte.

Öffnungszeiten/Eintritt Di–So 9–13 Uhr und 16–19 Uhr, Mo geschl. Eine Spende wird erwartet.

Santuario della Santa Casa (Heiligtum des Heiligen Hauses)

Vor dem Eintritt sind die *Bronzetüren* vom Ende des 16. Jh. einen Blick wert, ihre Reliefgemälde sind von ganzen Pilgergenerationen geküsst worden. Der fast 100

Loreto: elegante Piazza della Madonna mit Basilika

Meter lange Innenraum besitzt drei Längsschiffe mit zahlreichen Seitenkapellen und reicher Ausschmückung. Wie ein gigantischer Sarkophag ruht die quaderförmige Santa Casa unter der hohen Zentralkuppel. Rundum reihen sich 13 prächtige Apsiden, die von verschiedenen Nationen gestiftet wurden und mit Fresken aus den verschiedensten Epochen ausgemalt sind. Am auffälligsten ist die sog. *Amerikanische Kapelle* aus den 1970er Jahren am linken hinteren Ende des Längsschiffes, in der sich Astronauten, Flugzeuge und Politiker tummeln, gestiftet von der venezolanischen Luftfahrtgesellschaft. Zweifellos künstlerisch wertvoller sind im rechten Seitenschiff die *Kapelle des heiligen Markus* mit schwebenden Engeln von Melozzo da Forli (15. Jh.) und die *Kapelle des heiligen Johannes* mit den großartigen Apostel-Fresken von Luca Signorelli (15. Jh.). Die *deutsche Kapelle* (neben der amerikanischen) besitzt gotisierende Fresken aus der Zeit Kaiser Wilhelms II.

Santa Casa: einfacher Backsteinbau, vom berühmten Bramante aus Urbino mit einer aufwendigen Marmorverkleidung versehen, die im 16. Jh. mit Skulpturen und Reliefs geradezu überladen wurde. Im Inneren Reste von Wandmalereien, ehrfürchtig flüstern und beten die Gläubigen im Angesicht der *Madonna* aus schwarzem Zedernholz, die jedoch nur die Kopie einer Plastik aus dem 13. Jh. ist (das Original wurde 1921 bei einem Brand zerstört). Während die Pilger an der Statue vorbeigehen, küssen und berühren sie den Marmor.

Sala del Pomarancio: In diesen Saal gelangt man vom linken Querschiff. Sein hohes Gewölbe ist mit perspektivisch verzerrten Gemälden ausgestattet, die interessante Raumwirkungen hervorrufen. In riesigen Wandvitrinen sind zahllose Geschenke an die Madonna aufbewahrt.

• *Öffnungszeiten* Tägl. 6.15–20 Uhr, im Winter bis 19 Uhr, die Santa Casa ist mittags von 12.30–14.30 Uhr geschlossen.

• *Anfahrt/Verbindungen* Autobahn A 14, Ausfahrt Loreto/Porto Recanati, noch 3 km. Gebührenpflichtige Parkplätze an der Via

Marconi und dem Viale Castelfidardo, seitlich unterhalb der Basilika.
Bahnhof liegt ca. 1 km außerhalb, Busverbindung ins Zentrum.

- *Information* **I.A.T.**, Via Solari 3 (Südseite der Stadtmauer). Mo–Sa 9–13 Uhr und 16–19.30 Uhr, So 9–13 Uhr, im Winter eingeschränkt. ✆ 071/970276.
- *Übernachten* Die preiswerten Unterkünfte werden meist von kirchlichen Organisationen geleitet und sind fest in der Hand von Pilgern, in jedem Zimmer hängt ein Kruzifix.

*** Hotel Pellegrino e Pace, Piazza della Madonna 10, empfehlenswertes Haus. DZ mit Bad 80 €, EZ 75 €, Dreier 108 €. Im Restaurant gibt es ein Mittagsmenü für nur 13 €! ✆ 071/977106, ℻ 978252.

** Hotel Giardinetto/** Hotel Loreto, beide am Corso Boccalini, der Hauptachse im Zentrum von Loreto, beide guter Standard, DZ mit Bad je ca. 65 €, EZ um 45 €, Frühstück um 5 €. *Hotel Giardinetto*: Corso Boccalini 10, ✆ 071/977135, ℻ 970067, www.hotelgiardinetto.it; *Hotel Loreto*: Corso Boccalini 60, ✆ 071/7500106, ℻ 7500108.

Ostello per la Gioventù, die große Jugendherberge von Loreto liegt südlich der Stadtmauern in der Via Aldo Moro, ab Zentrum beschildert. Übernachtung im Mehrbettzimmer 15 €, EZ 22 €, DZ 34 €, Dreier 48 €, Frühstück 2,50 €, Abendessen 9 €. Via Aldo Moro 46, ✆/℻ 071/7501026.

- *Essen & Trinken* Die meisten Restaurants sind auf Pilger ausgerichtet, sehr günstige Mittagsmenüs gibt in den Restaurants der Hotels Pellegrino e Pace und Loreto (s. o.). An der Straße zwischen Loreto und Loreto Stazione auf der rechten Seite (gegenüber der Agip-Tankstelle) gibt es außerdem noch das beliebte **Ristorante La Lanterna**: apulische Küche, Holzofenpizza, mittleres Preisniveau, Di geschlossen. Via Manzoni 2, ✆ 071/976796.

Macerata

ca. 41.000 Einwohner

Provinzhauptstadt in eindrucksvoller Hügellage zwischen den Flüssen Potenza und Chienti, etwa 30 km landeinwärts. Touristen trifft man hier kaum, obwohl Macerata den toskanischen und umbrischen Hügelstädten kaum nachsteht.

Eine spätmittelalterliche Mauer umgibt den historischen Renaissance- und Barockkern um die zentrale *Piazza della Libertà*. Über den Corso della Repubblica erreicht man die Piazza Vittorio Veneto, wo das *Museo Civico* eine Gemäldegalerie mit Werken der Renaissance bis zur Neuzeit beherbergt. Ausschließlich der Moderne ist hingegen die sehenswerte Sammlung im nahe gelegenen *Palazzo Ricci* gewidmet, beide Museen können gratis besucht werden.

- *Öffnungszeiten/Eintritt* **Museo Civico**, Di–Sa 9–13 Uhr und 16–19 Uhr, Mo geschlossen, Eintritt frei. **Palazzo Ricci**, Sa/So 10–13 Uhr und 16–20 Uhr, im Juli/August tägl., Eintritt frei.
- *Information* **I.A.T.**, zentral an der Piazza della Libertà, Mo–Sa 9–13 Uhr und 15–18 Uhr. ✆ 0733/234807.
- *Verbindungen* **Zug**, Bahnhof ca. 600 m vom Zentrum, gute Verbindungen nach Fabriano und zur Küste nach Civitanova Marche (dort Umsteigen Richtung Ancona und Pescara).

Bus, große Busstation unterhalb der Altstadt (Aufzug), hervorragende Verbindungen zu vielen Orten der Region.

- *Übernachten* ****** Hotel Claudiani (2)**, das beste Haus der Stadt, mitten im Zentrum, 40 komfortable Zimmer, EZ 95 €, DZ 132 €, Frühstück inkl. Bar und hoteleigene Garage. Via Ulissi 8, ✆ 0733/261400, ℻ 261380, www.hotelclaudiani.it

** Lauri (3), Via Tommaso Lauri 6, von der Piazza della Libertà über den Corso Matteotti zu erreichen. Zentrale Lage, hübsch eingerichtete Zimmer mit TV. EZ 45 €, DZ 75 €, Dreier 90 €, Vierer 110 €. ✆/℻ 0733/232376, www.hotellauri.it

** Arena (5), Vicolo Sferisterio 16, schlicht-modernes Haus mit Garage bei dem Sferisterio (Piazza Mazzini). EZ 35–45 €, DZ 55–75 €, Dreier 60–85 €, mit Frühstück. ✆ 0733/230931, ℻ 236059.

Jugendherberge Asilo Ricci (4), Via dell'Asilo 36, Nähe Arena Sferisferio. Nette Herberge in einem großen mittelalterlichen Palazzo. Platz für bis zu hundert Gäste. 14,50 € pro Pers., EZ 22,50 €, DZ 40 €. Im Erd-

Übernachten
2 Claudiani
3 Lauri
4 Asilo Ricci
5 Arena

Essen & Trinken
1 Da Secondo
6 Osteria dei Fiori

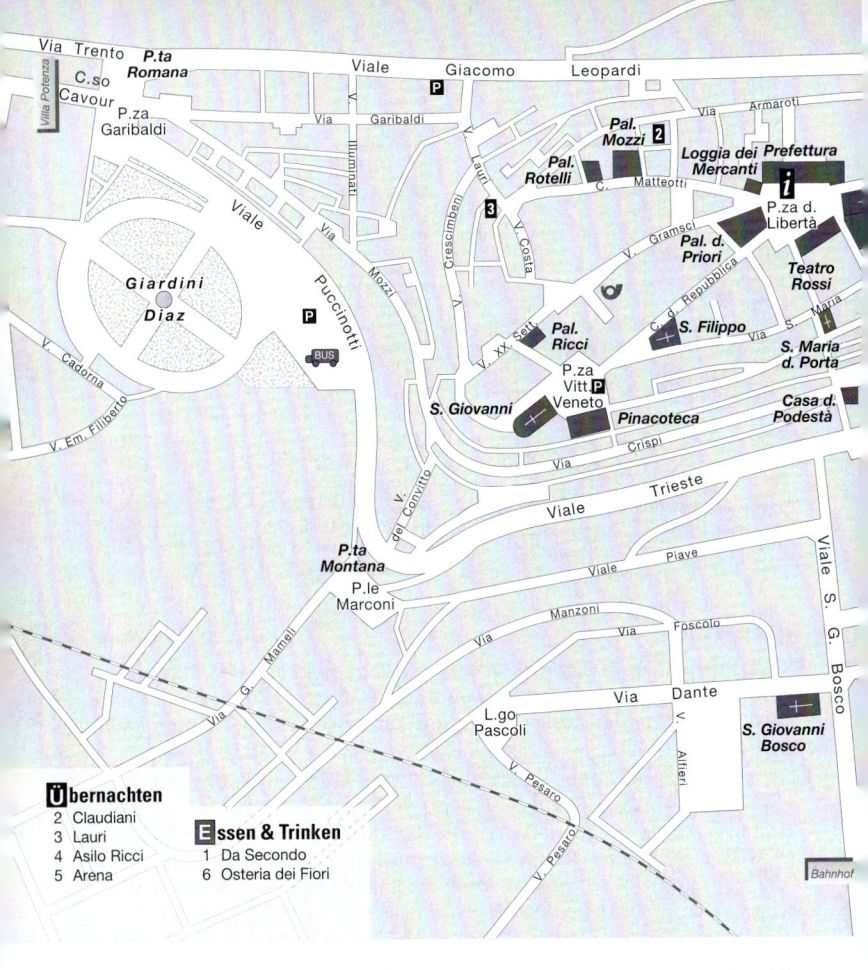

geschoss großer Self-Service. ✆/📠 0733/232515.

● *Essen & Trinken* **Da Secondo (1)**, Via Pescheria Vecchia 26, gilt als eins der besten Restaurants der Stadt, Menü ab 35 € aufwärts. Mo geschl., ✆ 0733/260912.

Osteria dei Fiori (6), Via Lauro Rossi 61. Kleines Lokal mit leckeren traditionellen Gerichten, auch einige Tische draußen. So geschl., ✆ 0733/260142.

Stagione Lirica

Von Mitte Juli bis Mitte August finden in Macerata alljährlich landesweit bekannte Opernfestspiele statt. Schauplatz ist die Freiluftarena *Sferisterio* unterhalb der Piazza Mazzini, ein prächtiger klassizistischer Bau vom Anfang des 19. Jh., südöstlich vom Zentrum in die Stadtmauer integriert. Wer Verona versäumt hat, findet hier eine gute Alternative. Kartenvorbestellung unter ✆ 261570 oder boxoffice@sferisterio.it; Programm im Internet unter www.sferisterio.it

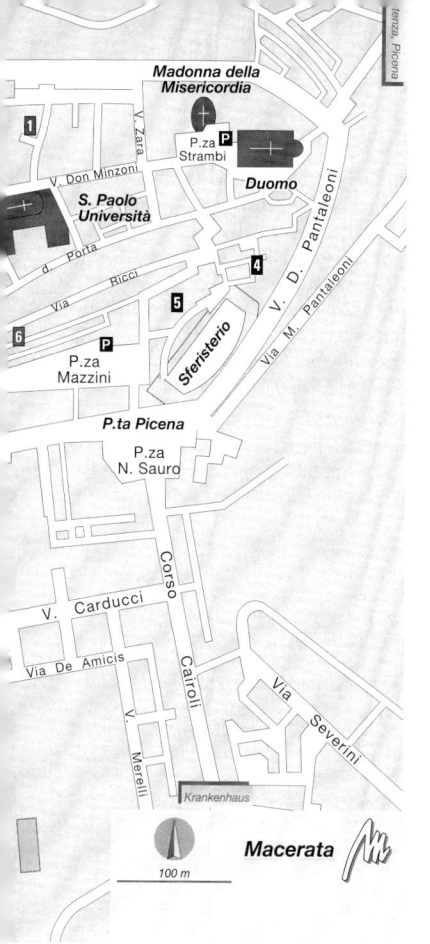

Zwischen Macerata und Tolentino

Wenn man die SS 77 im Chienti-Tal nach Westen fährt, gibt es gleich mehrere Sehenswürdigkeiten dicht beieinander: Das wehrhafte *Castello della Rancia* mit Viereckturm und Schwalbenschwanzzinnen, das gut erhaltene Zisterzienserkloster *Abbadia di Fiastra* mit dreischiffiger Kirche und Kreuzgang in einem unbesiedelten Naturschutzgebiet (www.abbadiafiastra.net) sowie die weitläufige Ausgrabung der römischen Siedlung *Urbs Salvia* mit gut erhaltenem Amphitheater am gegenüber liegenden Hügel.

• *Öffnungszeiten/Eintritt* **Castello della Rancia**, Di–So 10–13 Uhr und 15–18 Uhr, Eintritt 3 €. **Abbadia di Fiastra**, tägl. 10–13 Uhr und 15–19 Uhr, im Winter eingeschränkt, Eintritt 4 €. **Urbs Salvia**, im Sommer tägl. 10–13 Uhr und 15–19 Uhr geöffnet, ansonsten nur Sa/So, Eintritt frei.

• *Übernachten* *** **Hotel La Foresteria**, neues Albergo in den alten Gemäuern des Klosters in einem Seitentrakt, ruhige Lage, mit Ristorante und Bar. Nur 24 komfortable Zimmer, EZ 50 €, DZ 68 €, Dreier 75 €, Frühstück inkl. Contrada Abbadia di Fiastra 11, ✆ 0733/201125, ✉ 201482.

• *Essen/Trinken* **Nabissa Rosa**, beliebtes Ristorante und Bar beim Kloster, Mo–Mi nur mittags, Fr–So auch abends, Do geschlossen. ✆ 0733/203552.

Tolentino: Das Industriestädtchen (ca. 18.000 Einwohner) westlich von Macerata ist Geburtsort des wundertätigen San Nicola (1245–1305). Ihm zu Ehren wurde die *Basilica di San Nicola* erbaut und seit dem 14. Jh. immer wieder erweitert und verändert. Der barocke Innenraum besitzt eine schöne Kassettendecke, doch größter Besuchermagnet ist die kleine Seitenkapelle rechts vorne, der *Cappellone di San Nicola* mit dem Grab des Heiligen. Hier ist ein farbenprächtiger gotischer Freskenzyklus aus dem 14. Jh. erhalten, geschaffen von einem unbekannten Künstler, genannt „Maestro di Tolentino". Dargestellt sind Szenen aus dem Leben des heiligen Nikolaus sowie aus dem Neuen Testament. Weitere Fresken im benachbarten Kreuzgang.

Sehenswert ist auch das *Museo Internazionale della Caricatura* im Palazzo Sangallo am Hauptplatz mit tausenden von Karikaturen aus aller Welt, zusammengetragen anlässlich der seit 1961 in Tolentino regelmäßig stattfindenden „Biennale Internazionale dell'Umorismo nell'Arte".

Öffnungszeiten/Eintritt **Basilica di San Nicola**, tägl. 7–12 Uhr und 15–19.30 Uhr. **Museo Internazionale della Caricatura**, Di–So 10–13 Uhr und 15–18 Uhr, Eintritt 3 €.

Adriaküste (Porto Recanati bis San Benedetto del Tronto)

Diverse Badeorte mit dem typischen Adria-Ambiente: weitgehend flach, moderne Betonklötze an geometrisch angelegten Straßen, davor endlose Sandstrände – mit Badeanstalten dicht belegt – und ebenso lange Uferpromenaden, z. T. durch Palmen angenehm verschönt und für den Verkehr gesperrt. Die zahllosen Hotels sind oft recht gesichtslos, an den Ortsrändern viel Camping. Beste Wahl ist vielleicht San Benedetto del Tronto. Im Hinterland erhebt sich die sanfte, üppig grüne Hügellandschaft des *Fermano* um das historische Städtchen Fermo. Bei klarem Wetter reicht der Blick auf die hoch aufragenden *Sibillinischen Berge (Monti Sibillini)* im Grenzland zu Umbrien, die als Nationalpark deklariert sind (→ S. 541).

▸ **Porto San Giorgio**: großzügig angelegt, mit Palmen und Pinien entlang der Straßen, die Atmosphäre wirkt hier ein wenig wie in einer Gartenstadt mit gepflegten Häusern und Villen des 19. Jh. Entlang des endlosen Strands erstreckt sich eine etwas unaufgeräumte Promenade mit zahlreichen Badeanstalten, erfreulicherweise für den Verkehr gesperrt, nur Fahrräder.

• *Übernachten* ****** Garden**, Via Battisti 6, wenige Meter vom Meer, von außen nicht besonders hübsch, jedoch frisch renoviert und mit schönem Garten, von den oberen Stockwerken weiter Blick über Stadt und Meer, Parkplatz. EZ 70 €, DZ 100 €, Frühstück 7 €. ✆ 0734/679414, ℻ 676457, www.hotelgardensas.it
*** Piceno, Via Nazario Sauro 32, schon älteres, sauberes, etwas hellhöriges Haus. DZ 75 €, Frühstück inkl. ✆/℻ 0734/678001.

• *Essen & Trinken* **Damiani & Rossi**, auf einer Bergkuppe über dem Meer gelegen. Hervorragende Küche, Degustationsmenü 33 € (Kindermenü 12 €). Nur abends geöffnet, So auch mittags, Mo/Di geschlossen. Unbedingt reservieren! Via della Misericordia 9, ✆ 0734/674401. *Anfahrt:* Vom Zentrum der Beschilderung zum Hotel Bellavista folgen, dort angekommen geht es links bergauf (beschildert). Gut 1,5 km außerhalb.

• *Unterhaltung* **Figaro Café**, an der Uferpromenade, sehr schickes Ristorante (teuer), mit cooler Lounge ganz in Weiß, direkt am Strand, auch Café, abends Music-Bar. Mo geschlossen. Lungomare Gramsci, ✆ 0734/677708, www.figarocafe.it

Fermo
ca. 35.000 Einwohner

Herrliche Lage auf einer exponierten Hügelspitze, entlang der engen ansteigenden Gassen Backsteinarchitektur wie aus einem Guss.

Die leicht abfallende *Piazza del Popolo* mit Arkadengängen bildet das malerische Zentrum, am Platzende steht der *Palazzo dei Priori* mit einer Statue von Papst Sixtus V., der aus dem nahen Grottammare stammt. Der große *Dom* thront in einem Park hoch oben auf der Hügelspitze, daneben eine Aussichtsterrasse mit spektakulärem Blick über die idyllische Gartenlandschaft bis zum Meer. Einzigartig in den Marken sind die *Cisterne Romane* direkt unter dem historischen Zentrum. Die dreißig weitläufigen Backsteinzisternen wurden im 1. Jh. n. Chr. unter Kaiser Augustus angelegt, um der römischen Kriegsflotte Wasservorräte zu verschaffen, wenn sie in einem der nahen Adriahäfen vor Anker ging (Zutritt an der Via degli Aceti, nahe der Piazza del Popolo).

• *Öffnungszeiten/Eintritt* **Cisterne Romane**, Di–So 9.30–13.30 Uhr und 15.30–19 Uhr, im Juli/August bis 23.30 Uhr. Führungen bietet die I.A.T. Eintritt 3 €.

• *Anfahrt/Verbindungen* Das historische Zentrum ist für den Verkehr gesperrt, gebührenpflichtige Parkplätze an der Zufahrtsstraße und oben am Dom. Ca. halbstündlich **Busse** von und nach Porto San Giorgio.

Freundlich begrüßt der Papst die Gäste

• *Information* **I.A.T.**, Piazza del Popolo 5, umfangreiches Material über die gesamten Marken. Mo–Fr 9–13 Uhr und 15–19 Uhr, Sa 9–13 Uhr, im Winter eingeschränkt. ✆ 0734/228738.

• *Übernachten* *** **Astoria**, Viale Vittorio Veneto 8, an der Zufahrt zur Altstadt, großes, nüchternes Albergo mit traumhaftem Blick, Parkplatz. DZ mit Frühstück 90 €, EZ 50 €. ✆ 0734/228601, ✉ 228602, www.hotelastoriafermo.it

Riviera delle Palme

Der Küstenstrich um die Badeorte Cupra Marittima, Grottammare und San Benedetto del Tronto wird „Riviera delle Palme" genannt und tatsächlich sind hier auf vielen Kilometern Länge mehr als zwanzig verschiedene Palmenarten anzutreffen, darunter in San Benedetto die laut Guinnessbuch der Rekorde „größte Palme der Welt" mit einem Durchmesser von 4,74 m.

▸ **Grottammare**: Badestadt mit breiter, palmenbestandener Uferpromenade, der mittelalterliche Ortsteil *Monte Castello* liegt auf einer Anhöhe dahinter.

Landeinwärts liegt das hübsche Städtchen *Offida*, bekannt für seine Spitzenklöppelei sowie die eindrucksvoll auf einem Felskamm stehende Kirche *Santa Maria della Rocca* mit großer Unterkirche (Krypta) und Fresken des 14. Jh.

• *Übernachten* **Camping Don Diego**, großer Platz am Lungomare, ✆ 0735/583266, ✉ 583166, www.campingdondiego.it

• *Essen & Trinken* **Osteria dell'Arancio**, beliebtes Ristorante mit Enoteca, reizvolle Lage an der malerischen Piazza Peretti in der Oberstadt (Monte Castello), nicht ganz billig, nur abends. Mi geschl., ✆ 0735/631059.

▸ **San Benedetto del Tronto**: größter und bekanntester Badeort der Marken mit rund 43.000 Einwohnern, besitzt einen wichtigen Fischereihafen und eine berühmte, kilometerlange Promenade mit Palmen und Pinien samt ebenso langem Sandstrand, dahinter einige ausgedehnte Parkanlagen und Villen der Jahrhundertwende. Im Zentrum ist das Flair der Uferstraße allerdings nicht anzutreffen. Sehenswert ist

538 Marken

das *Meeresmuseum Augusto Capriotti* in der Nähe vom Fischmarkt (Mercato Ittico).

- *Information* **I.A.T.**, Via delle Tamerici 5, Mo–Sa 9–13 Uhr und 16–19 Uhr, ✆ 0735/592237.

- *Übernachten* *** **Progresso**, Viale Trieste 40, an der Uferstraße, historische Villa aus dem 19. Jh., das älteste Hotel am Platz. Geschmackvoll ausgestattet, großer Speiseraum, Strandservice, Garage. EZ 55 €, DZ 85 €, mit Frühstück, im August oblig. Halbpension: EZ 87 €, DZ 150 €. ✆ 0735/83815, 83980, www.hotelprogresso.it

Camping Seaside, der einzige Platz am Ort, klein, schlicht und relativ ruhig, nur ca. 100 m vom Meer. Pro Person ca. 7 €, Stellplatz 10–13 €. Via dei Mille 127, ✆ 0735/659505, 655325.

- *Essen & Trinken* **Trattoria del Molo Sud**, hervorragende und günstige Fischgerichte in eher einfachem Ambiente, mit Terrasse (gleich am Hafen), hier sollte man die typische Fischsuppe *brodetto* probieren. Mo geschlossen. Viale delle Tamerici 15, ✆ 0735/587325.

Osteria Pane e Vino, in einer versteckten Seitengasse der Piazza Matteotti, hervorragende Küche, allein die Antipasti-Auswahl (9,50 €) einfach köstlich. Primo und Secondo je ca. 5–8 €, nettes Ambiente. Di und So mittag geschlossen. Via Labertino 28, ✆ 0735/591050.

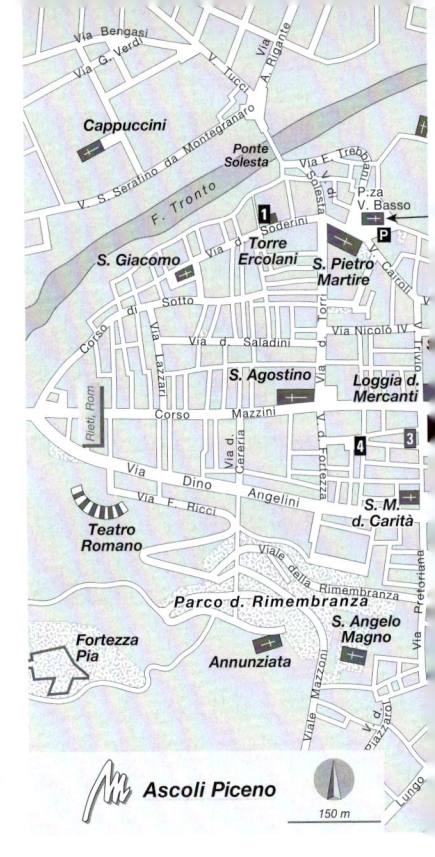

Ascoli Piceno

ca. 50.000 Einwohner

Neben Urbino das zweite historische Ziel der Marken. Jedoch keine von Fürstenhand geplante Stadt, sondern ein modernes Wirtschaftszentrum mit viel Arbeitsalltag. Deshalb: Schnell die tristen Hochhausviertel durchqueren und rein ins Centro storico mit einem der allerschönsten Plätze Italiens.

Die Altstadt liegt malerisch auf einem Plateau zwischen zwei Flüssen, der weiße Travertinstein ist von den Abgasen fast schwarz geworden, baufällige Palazzi und Geschlechtertürme drängen sich aneinander. Die Gassen sind noch immer weitgehend geradlinig wie in der ehemaligen römischen Garnisonsstadt, teils gibt es aber auch schiefe Mittelaltergässchen, die urplötzlich an Brücken über dem üppig grünen Tal des Tronto enden. Besonders empfehlenswert ist ein Spaziergang durch das älteste Viertel der Stadt, z. B. durch die malerisch-enge *Via di Solesta* zum *Ponte di Solesta*, einer hohen, einbogigen Brücke aus der Römerzeit.

In der Antike war Ascoli Piceno wichtigstes Zentrum der Picener, eines Bergvolks der südlichen Marken, das lange erfolgreich den Römern widerstehen konnte. Diese eroberten die Stadt 89 v. Chr., zerstörten sie und errichteten ihr Castrum auf den Trümmern. Im 13. und 14. Jh. konnte sich Ascoli Piceno als freie *Comune* ohne Fremdherrscher behaupten, die stolzen Geschlechtertürme sind Überreste aus die-

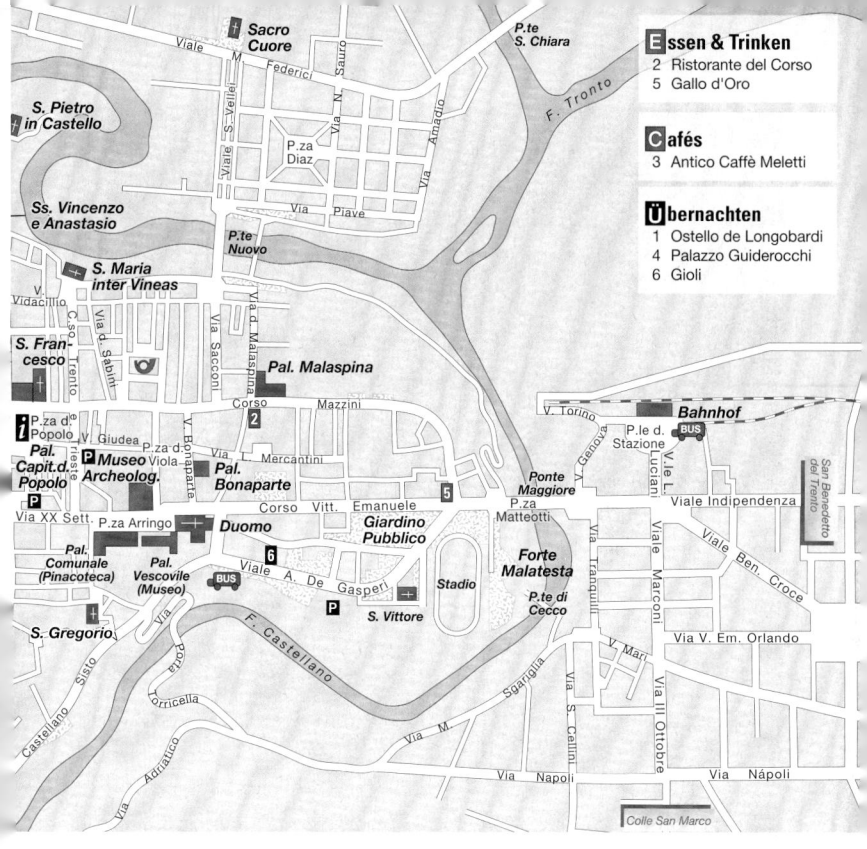

Essen & Trinken
2 Ristorante del Corso
5 Gallo d'Oro

Cafés
3 Antico Caffè Meletti

Übernachten
1 Ostello de Longobardi
4 Palazzo Guiderocchi
6 Gioli

---

ser Zeit, ebenso wie die *Quintana*, das größte Fest der Stadt. Ebenfalls seit dem Mittelalter ist Ascoli Piceno ein bedeutendes Zentrum der Textil- und Lederverarbeitung, wie man an vielen Geschäftsauslagen ablesen kann.

> **Quintana**: alljährlich am ersten Sonntag im August. Großes Turnierspiel, das streng nach Regeln von 1378 ausgerichtet wird. Die Stadtviertel treten im Lanzenstechen gegeneinander an, Umzug durch die Stadt in farbenprächtigen Kostümen. Kein Touristenspektakel, sondern lebendige Tradition, die an die Epoche der Stadtfreiheit im 14. Jh. erinnert.

• *Verbindungen* **Bahn**, ab San Benedetto del Tronto ca. 10x tägl. Stichbahn der FS hinauf nach Ascoli, ca. 1 Std. Fahrt. Vom Bahnhof ins Zentrum über den Ponte Maggiore einen knappen Kilometer zu Fuß (oder Bus 2, 3).

Busse, stündlich ab San Benedetto del Tronto (Bahnhofsvorplatz). In Ascoli starten die Busse nach Pescara, Ancona, Perugia und Rom ab Viale Alcide de'Gasperi hinter dem Dom.

• *Information* **I.A.T.**, im Palazzo dei Capitani del Popolo an der Piazza del Popolo. Stadtplan und umfangreiches Prospektmaterial zu den Marken. Mo–Fr 8.30–13 Uhr und 15–18.30 Uhr, Sa 9–13 Uhr, nur im Sommer auch So 9–13 Uhr. ✆ 0736/253045.

• *Übernachten* Nur wenig Auswahl, auf Touristen ist man kaum eingestellt.

**** **Hotel Palazzo Guiderocchi (4)**, nur wenige Schritte von der Piazza del Popolo in einem traditionsreichen Stadtpalast, erst

Antico Caffé Meletti – eine Institution in Ascoli Piceno

kürzlich eröffnet, die Zimmer mit Stilmöbeln eingerichtet, empfehlenswertes Restaurant. DZ mit Frühstück 89–159 €. Via C. Battisti 3, ✆ 0736/244011, ✉ 243441, www.palazzoguiderocchi.com.

**** **Gioli (6)**, Via Alcide di Gasperi 14, größeres modernes Haus mit Parkplatz und Garten, nur wenige Gehminuten vom Zentrum. EZ 65 €, DZ 100 €, Frühstück inkl. ✆ 0736/255550, ✉ 252145.

Ostello de Longobardi (1), Jugendherberge in der Via dei Soderini 26, interessant untergebracht im Palazzetto Longobardo, dem höchsten Mittelalterturm am Nordrand der Altstadt, zu finden bei der Brücke über den Tronto. Nur 8-Bett-Zimmer, Übernachtung 14 € pro Person. ✆ 0736/261862, ✉ 259191.

• *Essen & Trinken* Zu den Spezialitäten Ascolis gehören *olive all'ascolana* (frittierte und panierte Oliven, gefüllt mit verschiedenen Sorten Hackfleisch, Trüffel, Parmesan und Eiern) und *fritto misto all'ascolana* (verschiedene Fleisch- und Gemüsesorten, frittiert und paniert).

TIPP! **Gallo d'Oro (5)**, beliebtes Restaurant am Corso Vittorio Emanuele 54, ausgewogenes Preis-Leistungs-Verhältnis, viele Spezialitäten der Region, an manchen Tagen auch Fisch, gute Weine. Mo geschlossen, ✆ 0736/253520.

Ristorante del Corso (2), gehobenes Restaurant, nur wenige Minuten von der Piazza del Popolo, mittags oft Geschäftsleute. Bekannt für hervorragende Fischküche. So abends und Mo geschlossen. Corso Mazzini 277, ✆ 0736/256760.

• *Cafés* **Antico Caffé Meletti (3)**, legendäres Jugendstilcafé in einem Arkadenpalazzo rechts neben dem Palazzo dei Capitani, nach langjähriger Restaurierung wieder geöffnet, drinnen sitzt man an eleganten Tischchen aus Carraramarmor. Ideal, um beim Apertivo das Treiben auf der Piazza del Popolo zu beobachten. Tägl. bis ca. Mitternacht geöffnet.

Sehenswertes

Dom und Umgebung: Der Dom *Sant'Emidio* mit seiner Renaissancefassade befindet sich an der quasi autofreien Piazza Arringo. Das Hauptschiff wird von mächtigen Säulen getragen, darüber thront mit Kreuzrippengewölben und Fresken die voll ausgemalte Decke – goldene Sterne auf blauem Grund. Im Bereich des Hauptaltars Mosaiken älteren und neueren Datums, im rechten Seitenschiff die *Cappella del Sacramento* mit großem Flügelaltar von Crivelli (15. Jh.). In der Krypta ein Wald von Säulen, Spitzbögen und Wölbungen. Benachbart, mitten auf der belebtesten

Verkehrsstraße der Stadt, das *Baptisterium* aus dem 12. Jh., außen Blendarkaden, innen schmucklos, oft finden Ausstellungen statt.

Vor dem Dom linker Hand stößt man auf den *Palazzo Comunale* mit einer sehenswerten *Pinacoteca Civica*, die u. a. Werke von Tiepolo, Tizian, van Dyck und Crivelli besitzt. Gegenüber im Palazzo Panichi ist das *Museo Archeologico* mit Relikten aus picenischer und römischer Zeit untergebracht, u. a. schöne Mosaiken.

Die *Chiesa di Santa Maria della Carità* steht ein Stück weiter westlich, am Anfang der Via del Trivio, und zeigt sich als üppiger Renaissancetempel mit viel Gold, Skulpturen und Wandgemälden, über dem Eingang Schlachtengetümmel von Buratti.

Öffnungszeiten/Eintritt **Dom**, tägl. 8–12 Uhr und 16.30–19 Uhr. **Pinacoteca Civica**, Di–So 9–13 Uhr und 14.30–18.30 Uhr, Eintritt 5 € (über 60 und zwischen 14 und 18 J. 3 €). **Museo Archeologico**, Di–Sa 8.30–19.30 Uhr, So/Mo geschl., 2 € (über 65 und unter 18 J. 1 €).

Piazza del Popolo: in der verkehrsberuhigten Altstadt, nur wenige Schritte vom Dom. Eine Oase der Entspannung, wirklich bildschöne und urgemütliche Piazza mit hellem, glatt gewetztem Pflaster, rundum führen niedrige Arkadengänge. Der Platz ist die gute Stube der Stadt, alltäglicher Treffpunkt und Kommunikationsbörse, mehrere Cafés, darunter das berühmte Jugendstilcafé Meletti. An der Längsseite befindet sich der monumentale *Palazzo dei Capitani del Popolo*, im 13. Jh. das Rathaus der damals freien Comune Ascoli Piceno. Über dem mächtigen Portal thront die Statue Papst Pauls III. (16. Jh.), die Stufen sind heute ein beliebtes Plätzchen zum Sitzen, Zeitunglesen etc., im Inneren hat das Informationsbüro seinen Sitz.

An der Unterkante der Piazza dann die gotische Kirche *San Francesco* mit der kleinen, aber wunderschönen *Loggia dei Mercanti*, unter deren Arkaden gerne die alten Männer der Stadt den Schatten genießen. An der Rückseite nicht den hübschen Kreuzgang *Chiostro Maggiore* verpassen, in dessen Hof vormittags ein kleiner Obst- und Gemüsemarkt stattfindet.

Monti Sibillini

Die von Nord nach Süd ausgerichtete Bergkette der Monti Sibillini gehört zu den schönsten Abschnitten des gesamten Apennin. Höchster Gipfel ist mit 2476 m der Monte Vettore. Zahlreiche panoramareiche Wanderwege aller Schwierigkeitsgrade führen durch die einsame Bergwelt.

1993 wurde der *Parco Nazionale dei Monti Sibillini* eingerichtet, ein Teil davon gehört zur Nachbarregion Umbrien. Mit 70.000 Hektar ist das extrem dünn besiedelte Gebiet eines der größten Naturschutzgebiete in Italien und besitzt eine reiche Vielfalt an Flora und Fauna. Als Ausgangspunkt für Touren bietet sich vor allem das Bergdorf Montemonaco an. Weitere Unterkünfte findet man im Valle dell'Ambro, westlich von Montefortino. In den Sommermonaten bieten außerdem mehrere „Rifugi" (Berghütten) Quartier.

Von Montemonaco aus kann man z. B. die *Grotta delle Sibilla* am Monte Sibilla (2175 m) besuchen oder auf knapp sechs Kilometer langer Straße zum Weiler *Foce* fahren, wo ein anspruchsvoller Wanderweg zum fast 2000 m hoch gelegenen *Lago di Pilato* unterhalb des Monte Vettore hinaufführt, in dem der Legende nach Pontius Pilatus begraben liegt. Beliebtestes Wanderziel ab Montefortino ist die tiefe „Höllenschlucht" *Gola dell'Infernaccio*. Der Monte Sibilla galt im Mittelalter als Eingang zur Hölle. Das weiter nördlich gelegene *Valle dell'Ambro* kann auf einer Autostraße durchquert werden, die an der Wallfahrtskirche *Santuario Madonna*

Wogende Felder zu Füßen der Monti Sibillini

dell'Ambro endet – errichtet zu Ehren der Madonna, die hier der taubstummen Schäferin Sabrina erschien und sie heilte.

- *Anfahrt/Verbindungen* Von der Küste über **Fermo**, **Montalto d'Marche** oder **Ascoli Piceno** und **Arquata del Tronto**.
- *Information* **Case del Parco**, es gibt diverse Infobüros des Nationalparks, u. a. in Visso, Montemonaco, Foce und Amandola. Jeweils nur Juli und August regelmäßig geöffnet (tägl. 9.30–12.30 Uhr und 15.30–18.30 Uhr). Umfassende Informationen, Wandertouren etc. Infos auch unter ☎ 0737/968026, www.montisibillini.it oder www.sibillini.net
- *Übernachten* ** **Hotel Monti Azzurri**, an der Hauptstraße in Montemonaco, 2004 renoviertes Hotel, mit Bar und Restaurant. Ansprechende Zimmer, EZ 35 €, DZ 50 €, Dreier 65 €, Frühstück inkl. Touristenmenü nur 13 €. Via Roma 18, ☎/✉ 0736/856127.

*** **Il Guerrin Meschino**, großer Gasthof in Rocca, etwas südlich von Montemonaco (Straße Richtung Foce). Gemütliches Ristorante mit herzhafter Küche, ordentliche Zimmer mit Bad und TV. EZ 31 €, DZ 55 €, Frühstück inkl. ☎ 0736/856218, www.guerrinmeschino.com

* **Taverna della Montagna**, in Foce. Oft von Wandergruppen belegt, daher ist im Sommer eine Reservierung ratsam. Mit Terrasse, Bar und günstigem Restaurant (Forelle nur 5,50 €). EZ 30 €, DZ 45 €, Dreier 55 €, Vierer 65 €, alle Zimmer mit Bad. Frühstück an der Bar (extra). Mehr Rifugio als Hotel. ☎/✉ 0736/856327.

Locanda Sullavalle, familiär geführtes Apartmenthaus im Valle dell'Ambro, Località Tre Ponti. 65 €/Tag (max. 4 Personen), für 6 Personen 95 €, Frühstück 5 € pro Person. Verleih von Mountainbikes. ☎ 0736/859160, ✉ 848585, www.locandasullavalle.com

Ambro, recht schlichtes Albergo mit Restaurant in der Località Ambro, Valle dell'Ambro. EZ 32 €, DZ 55 €, Frühstück 5 €. ☎ 0736/859170.

Da Peppiné, kleines Restaurant mit Zimmervermietung, ebenfalls in Ambro, ebenfalls recht schlicht. DZ 55 €. ☎ 0736/859171.

Rifugio Sibilla, Berghütte am Monte Sibilla, DZ und Schlafsäle für Gruppen, rustikales Restaurant. Bei vorheriger Anmeldung kann man an geführten Touren teilnehmen (siehe Website). Juli bis September. ☎ 0736/856422, www.rifugiosibilla1540.com

Camping Montespino, bei Ceretana, südlich von Montefortino, Bar und Mini-Market vorhanden. Nur Juni bis September. ☎ 0736/859238, ✉ 859224, www.campingmontespino.it

ABRUZZEN UND MOLISE

ABRUZZO E MOLISE

SCHÖNE ORTE: Civitella del Tronto (S. 546), Atri (S. 550), Vasto (S. 555), Termoli (S. 556), L'Aquila (S. 559), Civitella Alfedena (S. 567), Scanno (S. 567), Sulmona (S. 568).

LANDSCHAFTLICHE HÖHEPUNKTE: Gran-Sasso-Massiv und der Campo Imperatore (S. 563), Nationalpark der Abruzzen (S. 566).

KULTURELL INTERESSANT: Dom von Atri (S. 550); Kirchen von Lanciano (S. 555); Abtei San Giovanni in Venere bei Fossacesia Marina (S. 554); Museo Nazionale d'Abruzzo in L'Aquila (S. 562); Römerstädte Alba Fucens (S. 565) und Saepinum (S. 570).

BADEN: Fast jeder Küstenort besitzt lange Sandstrände, am lohnendsten die reizvollen Städtchen Vasto (S. 555) und Termoli (S. 556), kurz vor der apulischen Grenze.

KURIOS: die Ebene Piana del Fucino westlich von Sulmona (S. 564); das Mussolini-Gefängnis auf dem Campo Imperatore bei L'Aquila (S. 563).

EHER ABZURATEN: Pescara.

Malerisch: die Kulisse von Pacentro bei Sulmona am Rand der Majella

Abruzzen und Molise

Abruzzo e Molise

Zwischen den hügeligen Marken, dem lang gestreckten Flachland Apuliens und der Campania um Neapel sind die Nachbarregionen das bergige Bindeglied zum Süden Italiens. Touristisch sind sie noch weitgehend unentdeckt, dabei bieten gerade die Abruzzen wirklich spektakuläre Landschaften. Die steilen Hänge der Region dienten früher fast ausschließlich als Weideland für Schafe.

Das Inland ist dünn besiedelt und besitzt einige der großartigsten Bergszenerien Italiens. Der *Gran Sasso d'Italia* ist mit 2912 m das höchste Massiv des gesamten Apennin, weiter südlich liegt der große *Parco Nazionale d'Abruzzo* mit viel unberührter Natur, ein ideales Terrain für Wanderer. Die flache Adriaküste zeigt sich dagegen über weite Strecken etwas eintönig. Die beiden hübschesten Orte sind *Vasto* ganz im Süden der Abruzzen und *Termoli* an der Moliseküste, während das wirtschaftliche Zentrum *Pescara* zwar kilometerlange Strände, aber auch hektischen Großstadttrummel bietet. Zwischen den rund 130 Kilometern Adriaküste der Abruzzen und dem Hochgebirge erstreckt sich ein wahres Hügelmeer, in dem sich zahlreiche gut erhaltene alte Städtchen verstecken, oftmals mit hübschen alten Gassen und schöner Kirche, und immer vom großen Rummel verschont.

Abruzzen und Molise

Anfahrt/Verbindungen

- *PKW* Die Autobahn **A 14** sorgt für schnelle Nord-Südverbindung am Meer entlang. Von Rom führt die **A 24** durch den Gran-Sasso-Tunnel nordöstlich von L'Aquila nach Teramo und dann auf Schnellstraße zur Adria, die **A 25** zweigt bei Avezzano nach Pescara ab. Von Neapel kommt man am besten auf die **SS 17** über Isernia in die Abruzzen.
- *Bahn/Bus* Häufige Verbindungen auf der Küstenlinie der FS von Ancona über Pescara nach Bari, außerdem vielbefahrene Strecke von **Rom** über Sulmona nach Pescara. Knotenpunkt beider Linien und größter Küstenbahnhof ist **Pescara**. **L'Aquila** in den Bergen ist gut von Umbrien oder über die Bahnstrecke ab Sulmona zu erreichen. Eine gute Alternative sind die **ARPA-Busse**, oft schneller als die Bahn.

Übernachten

An der flachen **Küste** besitzt fast jeder Ort mehrere Campingplätze, außerdem zahlreiche Hotels, die im Sommer meist Pensionspflicht haben. Im **Inland** Campingplätze und Hotels hauptsächlich im Nationalpark der Abruzzen, in den Städten vorwiegend einfache bis Mittelklasse-Hotels.

Essen & Trinken

Die Abruzzen-Küche ist ihrer Herkunft nach eine schlichte Hirten- und Fischerküche. In den Bergen wird viel Lamm- und Ziegenfleisch verwendet, außerdem Kaninchen und Forelle (letztere sehr gut mit Knoblauch). Die kräftigen Gemüsesuppen werden mit Hülsenfrüchten und wilden Kräutern zubereitet. Nudelspezialität sind die **maccheroni** bzw. **spaghetti alla chitarra** – „Gitarrennudeln" deswegen, weil bei der Herstellung über einen Holzrahmen Metallsaiten gespannt sind, durch die der Teig gedrückt wird.

Die Weine der Abruzzen sind einfache Landweine mit gutem Ruf. Einer der besten Rotweine ist der kräftige **Montepulciano d'Abruzzo**, der es als *Montepulciano d'Abruzzo Colline Teramane* als einziger zum DOCG-Status gebracht hat. Von den weißen wird besonders der **Trebbiano d'Abruzzo** geschätzt.

Adriaküste (Nord nach Süd)

Anfangs etwas eintönige Strecke mit Küstenstraße und Bahnlinie dicht am Meer entlang, lange Sandstrände, die außerhalb der Ortschaften oft frei zugänglich sind. Nur wenig Historisches, dafür zahlreiche stereotype Hotels und viel Camping. Reizvoller wird es weiter südlich um *Fossacesia Marina*, *Vasto* und *Termoli*.

▶ **Alba Adriatica**: sehr beliebter Badeort mit endlosem feinen und breiten Sandstrand (die *„spiaggia d'argento"*), an dem die Strandbäder dicht an dicht aufeinander folgen – frei zugänglichen Strand findet man nur nördlich und südlich der Hauptpromenade. An die 50 Hotels und Residenzen reihen sich entlang des Lungomare und in den Straßen in zweiter Reihe, dazu Restaurants, Bars, Spielhöllen, Hüpfburgen, Souvenirshops usw. – ein ganz typisches, aber sehr gepflegtes Adriabad. Ein kleines Pinienwäldchen hinter dem Strand lädt zum Spaziergang unter schattigen Bäumen ein. Wer es sportlicher mag, kann am Strand entlang bis hinauf nach Martinsicuro radeln. Umfangreiches (Wasser-)Sportangebot am Strand.

▶ **Giulianova**: besitzt eine große, malerisch-vergammelte Altstadt, etwas zurück und oberhalb der Strandzone. Vor der großen Piazza della Libertà liegt eine Aussichtsterrasse, im Umkreis hübsche, kleine Häuschen, Kopfsteinpflaster, bunte Fassaden. Am langen Strand unten breite Promenade, nördlich vom Zentrum fünf Campingplätze in teils schöner, freier Lage.

546 Abruzzen und Molise

- **Roseto degli Abruzzi**: Badeort ähnlicher Art, allerdings ohne sehenswertes Zentrum, ebenfalls gut fünf Campingplätze. Nur wenig südlich mündet der vom Gran Sasso kommende Fluss Vomano ins Meer. Etwa 15 Kilometer das Tal hinauf kommt man zu zwei interessanten Kirchen: *Santa Maria di Propezzano*, ein ehemaliges Kloster mit Kreuzgang und Fresken, und *San Clemente al Vomano*, bei dessen Bau viele Steine aus den antiken Ruinen der Umgebung verwendet wurden.
- **Pineto**: Nochmal einige Kilometer weiter südlich, alles eine Nummer kleiner als in Roseto (und Giulianova), mit Pinienwäldchen und eindrucksvoller *Torre*, außerdem einigen reizvollen Abschnitten an der Uferpromenade. Trotz der fast 40 Hotels ein recht ruhiger und gemütlicher Badeort, sicherlich einer der empfehlenswertesten an diesem Teil der Küste.

Civitella del Tronto   ca. 5000 Einw.

Die über 500 Jahre alte Festung, die die Landschaft überragt, sieht man schon von weitem. Ein mächtiges Bollwerk auf einem felsigen Berg, an dessen Hang sich der einladende Ort erstreckt.

Allgemeiner Treffpunkt ist die Piazza Filippi Pepe mit phantastischem Panoramablick bis hin zum mächtigen Gebirgsstock des Gran Sasso im Süden. Durch malerische Gassen geht es steil hinauf zur **Fortezza Spagnola** mit Museum – ein unzugänglicher Verteidigungsbau mit einer Gesamtfläche von rund 25.000 Quadratmetern. Die Festung entstand im 13. Jh. und war im Laufe der Zeit immer wieder heiß umkämpft, zuletzt wehrten sich hier im Jahr 1861 die Bourbonen heftig gegen die Piemonteser und deren Feldzug für ein geeintes Italien. Von besonderer strategischer Bedeutung war die Festung wegen ihrer unmittelbaren Nähe

Ascoli Piceno
San Benedetto del Tronto
Martinsicuro
Alba Adriatica
Tortoreto
Tortoreto Lido
Giulianova
Civitella del Tronto
Ripe
Campli
Teramo
A 14
Roseto degli Abruzzi
Notaresco
Pineto
Montorio al Vomano
Atri
Tossicia
Silvi
Silvi Marina
Città Sant'Angelo
Montesilvano Marina
Isola del Gran Sasso d'Italia
Castiglione Messer Raimondo
Castelli
Spoltore
Pescara
Penne
Lago di Penne
Loreto Aprutino
Francavilla al Mare
Lido Riccio
Chieti
St. Stefano di Sessanio
Castel del Monte
Ortona
Calascio
Pescara
Barisciano
A 25
San Vito Chietino
Torre de' Passeri
Manoppello
Capestrano
Stiffe
Fossacesia Marina
Lanciano
Torino di Sangro Marir
Navelli
Tocco da Casauria
Bolognano
Lido di Casalbo
Guardiagrele
Salle
Salle Vecchia
Popoli
Caramanico Terme
Pennapiedimonte
Sangro
Casoli
Monte Amaro 2795 m
Vasto
Pratola Peligna
Fara San Martino
Civitella Messer Raimondo
Passo S. Leonardo
Sulmona
San Salvo
Sinello
Carrito
Cocullo
Lama dei Peligni
Pacentro
Grotta del Cavallone
Pescina
Bomba
Gissi
Campo di Giove
Taranta Peligna
San Benedetto dei Marsi
Anversa degli Abruzzi
Ortona dei Marsi
Palena
Lago di Bomba
Iuvanum
Lago di Scanno
Collelongo
Pescocostanzo
Passo del Diavolo
Scanno
Rivisondoli
Villavallelonga
Monte Marsicano 2795 m
Roccaraso
Schiavi d'Abruzzo
Pescasseroli
Opi
Villetta Barrea
Lago di Barrea
Templo Italico
Castel di Sangro
Trivento
Sora
Civitella Alfedena
Alfedena
Molise
Isola del Liri
Petrella
Atina
Isernia
9 km
Abruzzen

Essen & Trinken
2 Enoteca Centrale
3 Ristorante Antico Cantinone

Übernachten
1 Hotel Gran Sasso

zur Grenze zwischen dem Kirchenstaat und dem bourbonischen Königreich beider Sizilien, die kaum einen Kilometer nördlich von hier durch den Fluss *Salinello* verlief. Am Westende der Anlage erreicht man die Vista Panoramica am höchsten Punkt mit phantastischem Ausblick.

- *Öffnungszeiten/Eintritt* **Fortezza Spagnola**, Im Mai 10–19 Uhr, Juni–September 10–20 Uhr, Oktober–März 10–13 Uhr und 14.30–17 Uhr, im April bis 18 Uhr, täglich geöffnet. Eintritt 4 €, Kinder 5–10 Jahre 1 €.

- *Anfahrt/Verbindungen* Im breiten Val Vibrata von Giulianova nach Teramo, dann auf der N 81 nach Norden. 7x tägl. **Busse** von und nach Teramo.

- *Übernachten* **** **Hotel Zunica**, erstes

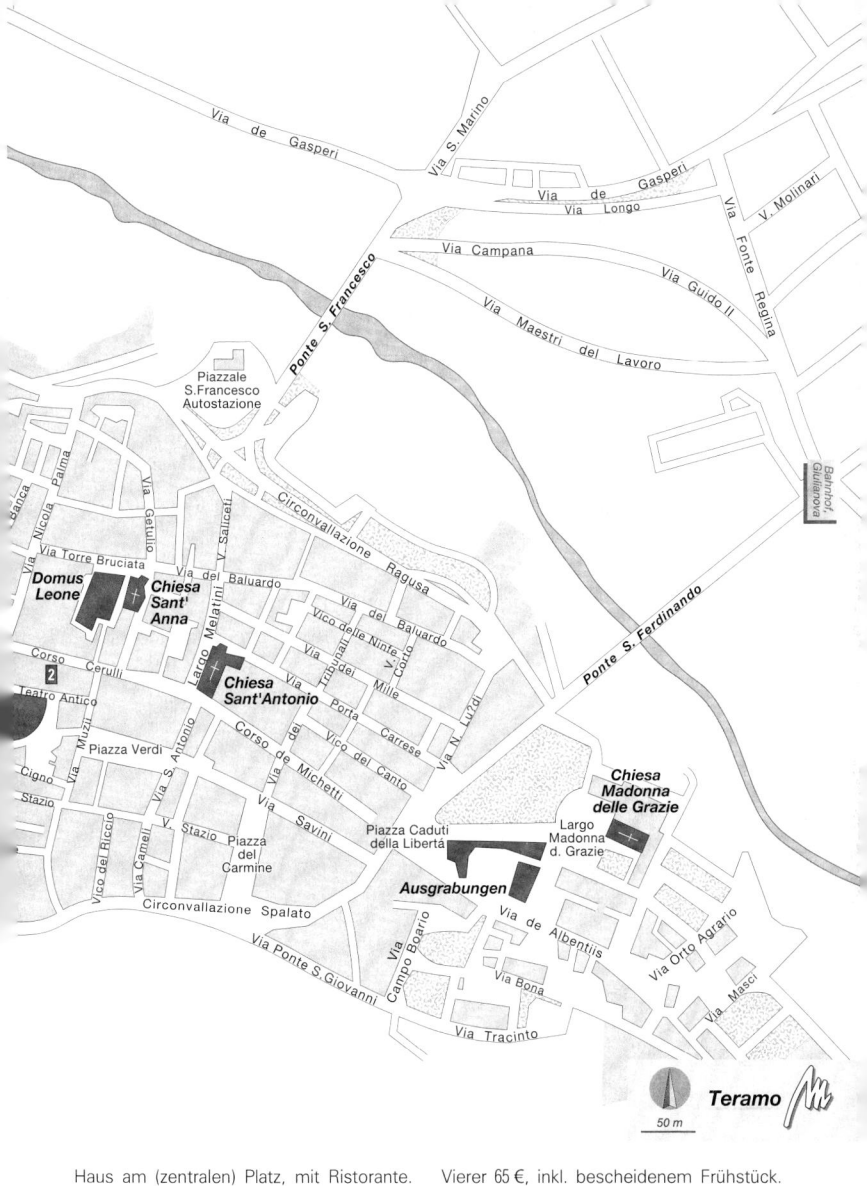

Haus am (zentralen) Platz, mit Ristorante. Komfortable Zimmer, relativ günstig: EZ 45 €, DZ 80 €, inkl. Frühstück, Halbpension 55 € pro Person (ab 3 Tagen Aufenthalt). Piazza Filippi Pepe 14, ✆/✉ 0861/91319, www.hotelzunica.it.

** Hotel Fortezza, eher einfaches Albergo in der zentralen Gasse Corso Mazzini, schlichte Zimmer, teilweise toller Blick, Bar im EG, auch Ristorante. EZ 38 €, DZ 46 €, Dreier 58 €, Vierer 65 €, inkl. bescheidenem Frühstück. Corso Mazzini 26–32, ✆ 0861/91321, ✉ 918221.

• *Essen/Trinken* Das **Ristorante Zunica** im gleichnamigen Hotel bietet gehobene Küche in feinem Ambiente. Menü 20–35 €.

Ristorante Fortezza, im Hotel Fortezza: Sehr günstig, Menü mit Hauswein ca. 12–15 € pro Person, eine Pizza Capricciosa gibt es schon für 4,50 €.

Teramo
ca. 50.000 Einwohner

Unspektakuläre Provinzhauptstadt am Zusammenfluss von Tordino und Vezzola, die schon von den Picenern und Römern besiedelt war. Touristisch spielt Teramo kaum eine Rolle.

Unter den Römern war das antike *Interamnia Praetutiorum* ein bedeutendes Zentrum, Reste des **Teatro Romano** aus dem 1. Jh. v. Chr. nahe der Cattedrale sind noch zu besichtigen, ebenso einige Überreste des *Amphitheaters* mit einst mächtigen Ausmaßen. Der heutige Eindruck entspricht dagegen einem verschlafenen Provinzstädtchen mit vielen gesichtslosen und wenig reizvollen Neubauten, idyllische alte Gassen findet man nur vereinzelt in der Gegend südöstlich der Cattedrale. Durch das Zentrum führt der überwiegend autofreie Corso San Giorgio, die wichtigste Einkaufsstraße der Stadt. Sehenswert ist die **Cattedrale** (12. Jh.) an der autofreien Piazza Martiri della Libertà, mit dem silbernen *Antependium* des Altars von Nicola da Guardiagrele: 35 filigrane Tafeln mit Bibeldarstellung aus dem frühen 15. Jh.

Information/Verbindungen

• *Information* Zwei Touristenbüros: **I.A.T.** in der Via Oberdan 16, im Sommer (15.5.–15.9.) Mo–Sa 9–13 Uhr und 16–19 Uhr geöffnet, So 9–13 Uhr, im Winter Mo–Fr 9–13 Uhr und 15–18 Uhr, Sa 9–13 Uhr. ✆ 0861/244222. Das **Info-Büro der Provinz Teramo** befindet sich in der Via Carducci (neben Palazzo Delfino), im Sommer Mo–Sa 8–19 Uhr durchgehend geöffnet, im Winter Mo–Sa 8–14 Uhr, Di und Do auch 15–18 Uhr. ✆ 0861/255057.

• *Verbindungen* **Busse** fahren an der großen Piazza Garibaldi ab, etwa stündl. nach L'Aquila und weiter nach Rom, halbstündlich nach Giulianova, 7x Civitella del Tronto, 4x Pescara direkt.

Züge, Verbindungen nach Giulianova, Pescara, Sulmona, Chieti, Termoli (Molise). Der kleine Sackbahnhof liegt ein Stück außerhalb vom Zentrum an der Straße nach Giulianova.

Übernachten/Essen & Trinken (siehe Karte S. 548/549)

• *Übernachten* ***** Hotel Gran Sasso (1)**, eigentlich eher **-Niveau, ruhige Lage im Zentrum, Parkmöglichkeit. EZ ca. 50 €, DZ 70 €, kl. Frühstück inkl. Via Vinciguerra 12, ✆ 0861/245747, ✉ 245897.

• *Essen & Trinken* **Ristorante Antico Cantinone (3)**, in der Nähe vom Dom in einer Seitengasse. Kühles Gewölbe mit viel Hellblau, leider keine Terrasse. Nettes Ambiente, wechselnde Tageskarte, nicht teuer. Mi geschl. (im Juli/Aug. So geschl.). Via Ciotti 5, ✆ 0861/248863.

Enoteca Centrale (2), hinter dem Dom, nur wenige Gerichte, ungewöhnliche und empfehlenswerte Antipasti-Platte für 9 €. Gute Weine, auch glasweise (3 €), aufmerksamer Service, kleine Terrasse auf dem autofreien Corso Cerulli 24. ✆ 0861/243633.

Atri
ca. 11.500 Einwohner

Renaissancestädtchen in den küstennahen Bergen nördlich von Pescara, entspannend ruhige Atmosphäre vor dem Hintergrund des Gran Sasso.

Eine lange Hauptstraße führt durch das Zentrum mit seinem weitem, gepflastertem Domplatz, seitlich davon zweigen schmale Gassen zwischen Backsteinhäusern ab, am Ende des Corso ein wunderschöner Aussichtspunkt. Der *Dom* besteht ganz aus goldgelbem Stein, die strenge, schmucklose Fassade besitzt außer der Rosette kaum künstlerische Details. Vor dem Dom sind unter Glas römische Grundmauern zu sehen, auch im Inneren kann man unter Glas den Mosaikboden einer römischen Therme erkennen. Der Innenraum ist schlicht gehalten, in der Apsis ist jedoch ein bedeutender Freskenzyklus aus dem 15. Jh. von Andrea Delitio erhalten: In teils sehr realistischer Darstellung sind Themen wie die „Hochzeit zu Kanaa" und „Christi Geburt" dargestellt, eindrucksvoll ist vor allem der grausige „Kindermord von Bethlehem". Angeschlossen an die Kirche sind ein Kreuzgang mit großer Zisterne und das *Museo Capitolare* mit Kirchenschatz und römischen Fundstücken.

• *Anfahrt/Verbindungen* von der A 14 Ausfahrt **Atri-Pineto**, ca. 10 km Serpentinenfahrt in die Berge. Busse gehen von und nach Pineto, Pescara und Teramo.

• *Übernachten* *** **Du Parc**, Viale Umberto I 6, gehobener Standard im Parco Comunale, schöner Blick, Pool und Garage, empfehlenswertes Ristorante. EZ 52 €, DZ 87 €, Frühstück inkl. ✆ 085/870260, ✉ 8798326, www.hotelduparc.it

* **San Francesco**, Corso Adriano 38, 100 m oberhalb vom Domplatz neben der Franziskanerkirche. Renoviertes Stadthaus und Teil eines früheren Klosters, sehr zentrale Lage, sauber und solide eingerichtet. EZ 32 €, DZ 47 €, Dreier 65 €. ✆ 085/87287.

• *Essen & Trinken* **Locanda Duca d'Atri**, gemütliches Restaurant im Gewölbe, regionaltypische Küche. Di Ruhetag. Von der Piazza Duomo aus beschildert, ✆ 085/8797586.

Bar del Teatro, hier sitzen Sie in der ersten Reihe, Logenplatz an der wunderschönen ruhigen Piazza Duomo, dem Wohnzimmer der Stadt. Halb Atri schlendert hier zur Pas-

Atris Wohnzimmer: die Piazza Duomo

segiata, und auf der Terrasse lässt es sich mit Aperitivo und Nüsschen stundenlang aushalten.

Pescara

ca. 118.000 Einwohner

Größte Stadt der Abruzzen, kilometerlange, geometrisch angelegte Straßenzüge und Betonfronten. Historische Substanz findet man kaum, die Stadt wurde im Zweiten Weltkrieg schwer zerbombt.

Dafür gibt es einen 16 Kilometer langen Sandstrand, der mitten in der Stadt zu beiden Seiten des Flusses beginnt – Richtung Norden Uferstraße mit Palmen, später Pineta, davor die obligaten Sonnenschirm- und Liegestuhlparaden, in südöstliche Richtung geht Pescara nahtlos in den Vorort Francavilla al Mare über. Berühmtester Sohn der Stadt ist der exzentrische Dichter Gabriele d'Annunzio (1863–1938), dessen Villa am Gardasee einen Abstecher wert ist (→ Lombardei, S. 283). In Pescara kann sein Geburtshaus besichtigt werden, die *Casa d'Annunzio* am Corso Manthonè 116, nah beim Fluss. Alljährlich Mitte Juli findet im Teatro d'Annunzio das „Pescara Jazz Festival" statt (öffentlicher Park östlich vom Zentrum).

Öffnungszeiten/Eintritt **Casa d'Annunzio**, tägl. 9–13.30 Uhr (So bis 12.30 Uhr), Eintritt 2 €, ermäßigt 1 €.

Übernachten
1. Hotel Bellariva
2. Hotel Esplanade
3. Hotel Planet
4. Hotel Alba

Essen & Trinken
5. La Lumaca
6. La Cantina di Jozz
7. Taverna 58
8. Locanda Manthonè, Osteria dei Miracoli

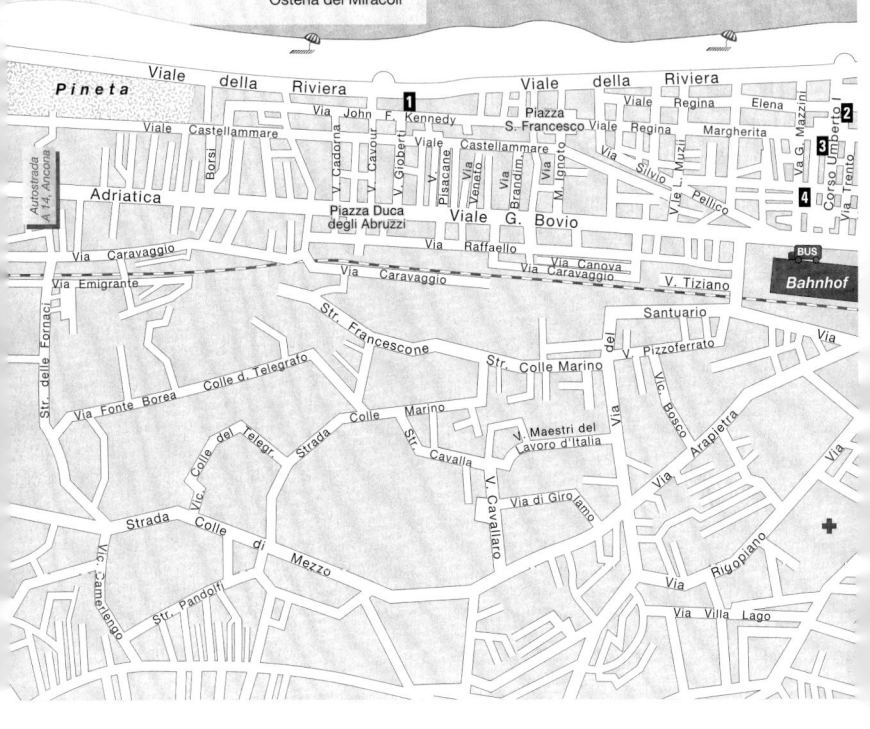

Anfahrt/Verbindungen/Information

• *Anfahrt/Verbindungen* **PKW**, Abfahrt von der A 14 bei Pescara Nord oder Pescara Chieti. **Bahn**, Pescara ist ein wichtiger Verkehrsknotenpunkt, gute Verbindungen nach Norden und Süden, außerdem nach Rom (ca. 4 Std. Fahrt). Die Stazione Centrale liegt mitten im Geschäftszentrum

Busse, die Küste entlang und ins Hinterland fahren ab Piazza della Repubblica vor dem Bahnhof, geradeaus kommt man zu Fuß schnell zur Tourist-Info und zum Meer (Riviera Nord).

Flughafen, der Aeroporto von Pescara liegt einige Kilometer landeinwärts, hier landen zahlreiche Billigairlines, ansonsten initalienischer Flugverkehr. Mit dem Stadtbus Nr. 38 in ca. 20–25 Minuten ab Bahnhof, mit dem Taxi ca. 15 €. Autoverleiher am Flughafen.

• *Information* **I.A.T.**, Eckhaus des Corso Vittorio Emanuele II. zur Bahnhofspiazza, umfangreiches Prospektmaterial, Mo–Fr 8–21 Uhr, Sa 8–14 Uhr geöffnet. ✆ 085/4219981.

Übernachten/Essen & Trinken

• *Übernachten* Zahlreiche Hotels findet man an der Riviera Nord, wegen der vielen italienischen Badeurlauber herrscht im Sommer jedoch fast überall Pensionspflicht.

******Hotel Esplanade (2)**, erstes Haus am Platz, fast am Meer und ziemlich zentral. 150 komfortable Zimmer, EZ 100 €, DZ 140 €, Frühstück inkl. Piazza 1. Maggio 46, ✆ 085/292141, ℻ 4217540, www.esplanade.net

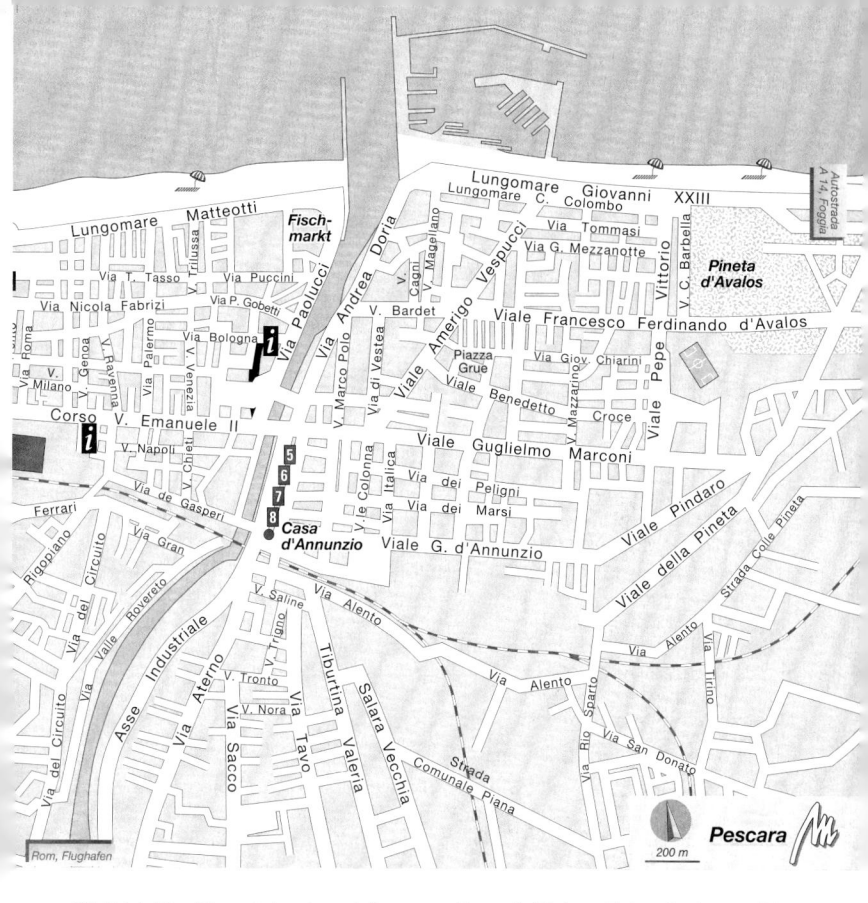

*** **Hotel Alba (4)**, zentrale, aber relativ ruhige Lage im Zentrum, nur 300 m zum Meer. Angenehmes Hotel, nette Zimmer, EZ 54 €, DZ 82 €, Dreier 105 €, Vierer 130 €, Frühstück inkl. Garage 8 €/Tag. Via M. Forti 14, ✆ 085/389145, ℻ 292163, www.hotelalba.pescara.it.

*** **Hotel Bellariva (1)**, an der nördlichen Uferpromenade, nur über die Straße zum Strand, EZ 55 €, DZ 75 €, Frühstück inkl. Halbpension 65–70 € pro Person und Tag. Viale Riviera 213, ✆ 085/4712641, ℻ 73628.

* **Hotel Planet (3)**, für einfache Ansprüche, mitten im Zentrum, EZ um 20 €, DZ um 40–45 € (mit Dusche). Via Piave 142, ✆ 085/4211657.

● *Essen & Trinken* Einige der besten Adressen für typische Abruzzen-Küche sind im einstigen alten Zentrum der Stadt in Flussnähe: **La Cantina di Jozz (6)** in der Via delle Caserme 61 (So abend und Mo geschlossen) und fast nebenan in der Via delle Caserme 51 **La Lumaca (5)**, etwas günstiger und nur abends geöffnet (Di geschlossen).

Am parallel verlaufenden Corso Manthonè 58 befinden sich die etwas teurere **Locanda Manthonè (8)** und die **Osteria dei Miracoli**: recht günstig, nur abends geöffnet, Di geschlossen. Einige Schritte weiter stößt man schließlich noch auf die **Taverna 58 (7)**, Corso Manthonè 46, So geschlossen.

Chieti

ca. 55.000 Einwohner

Auf 330 Metern Höhe thront die Hauptstadt der gleichnamigen Provinz auf einem Hügel, gerade mal 14 Kilometer landeinwärts von Pescara. Der Abstecher lohnt vor allem wegen des hervorragenden *Museo Nazionale Archeologico degli Abruzzi* in der großen Grünanlage der Villa Comunale. Neben zahlreichen römischen Relikten – die meisten aus Alba Fucens (→ S. 565) – gibt es mehrere Abteilungen zur Frühgeschichte, dort u. a. die höchst beeindruckende Statue des „Kriegers von Capestrano", überlebensgroß mit vollem Waffenschmuck, und reiche Grabbeigaben verschiedener Nekropolen. Auch ansonsten gibt sich die Stadt – wenn man die triste Peripherie erstmal hinter sich gelassen hat – im Zentrum erstaunlich beschaulich. Highlight hier ist die *Cattedrale San Giustino* aus dem 14. Jh. mit barock ausgestattetem Innenraum und einer alten Krypta aus dem 11. Jh.

Wer mit der Bahn anreist: Züge ab Pescara stoppen in *Chieti Scalo*, von dort gibt es regelmäßige Busverbindung ins Zentrum.

Öffnungszeiten/Eintritt **Museo Nazionale Archeologico d'Abruzzo**, Di–So 9–20 Uhr, Eintritt 4 €, ermäßigt 2 €. **Cattedrale San Giustino**, tägl. 7.30–12 Uhr und 16–19 Uhr.

Von Chieti weiter ins Landesinnere

Auf der Strecke der N 5 zwischen Chieti und Sulmona (→ S. 568) lohnen gleich mehrere Abstecher, z. B. zum Bergdorf **Manoppello**, wo im *Santuario del Volto Santo* das berühmte „Schweißtuch der Veronica" aufbewahrt wird. Etwas weiter ist der Weg zum bekanntesten abruzzesischen Kurbad **Caramanico Terme** in traumhafter Lage an der Nordwestflanke des wuchtigen Majella-Massivs; einen Stopp wert ist unbedingt auch die wunderschöne romanische Abtei **San Clemente a Casauria** aus dem späten 12. Jh. bei Torre de' Passeri (nahe der N 5 bzw. Autobahn, beschildert).

Öffnungszeiten **Santuario del Volto Santo**, tägl. 6–13 Uhr und 15–19 Uhr. **San Clemente a Casauria**, ganztägig geöffnet.

▸ **Ortona**: moderne Hafenstadt (ca. 22.000 Einwohner) auf einem Plateau mit vorgelagertem *Castello Aragnoese* und weitgehend rekonstruierter Kathedrale, der wenig ansehnliche Hafen ist über eine Fahrstraße und Treppen zu erreichen. Im Zweiten Weltkrieg war Ortona Schauplatz einer mehrwöchigen Schlacht zwischen Briten und Deutschen. In der befinden sich Umgebung mehrere Soldatenfriedhöfe, z. B. südlich der Stadt, nahe der Mündung des Flusses Moro. Im Sommer tägliche Fähren auf die Tremiti-Inseln (nur von Ende Juni bis Anfang September).

● *Übernachten* Empfehlenswerte Unterkunft im Zentrum ist das ***** Hotel Ideale**, frisch renoviert, EZ 56 €, DZ 80 €, Frühstück inkl. Mit Garage, freundlicher Service. An der Zufahrtsstraße zur Innenstadt gelegen, daher möglichst ein Zimmer nach hinten nehmen. Corso Garibaldi 65, ✆ 085/9063735, ✉ 9066153, www.hotel-ideale.it.

● *Essen/Trinken* **Ristorante Miramare**, im Palazzo Farnese am Anfang der Passegiata Orientale untergebracht, unser **TIPP!** Hervorragende Fischküche, nettes Ambiente und bester Service, nicht teuer. Mo geschlossen, Palazzo Farnese 6, ✆ 085/ 9066556.

▸ **Fossacesia Marina**: sympathischer Badeort mit langem, frei zugänglichem Kiesstrand, dahinter eine luftige Promenade und viele Ferienwohnungen. Etwas landeinwärts oberhalb der Bahnstation steht die romanische Kirche und Abtei *San Giovanni in Venere* (tägl. 8–20 Uhr durchgehend geöffnet) an der Stelle eines früheren Venus-Tempels – ein friedlicher Ort mit schönem Blick auf die Küste. In der ruhigen Umgebung mehrere Campingplätze, ein nahezu menschenleerer Strand befindet sich um die Flussmündung des Sangro weiter südlich. Großer Soldatenfriedhof (→ Ortona) bei *Torino di Sangro Marina*.

▶ **Lanciano**: etwa 15 Kilometer landeinwärts, 35.000-Einwohner-Städtchen mit sehenswertem Centro storico, im Mittelalter bekannt für seine Woll- und Textilmessen. Am Ende des lebhaften Corso Trento e Trieste steht der Dom *Santa Maria del Ponte*, eindrucksvoll erbaut über einem Talgrund auf vier Bögen eines römischen Viadukts. Wenige Schritte entfernt dann die berühmte „Wunderkirche" *Santuario Miracolo Eucaristico*: Als im 8. Jh. ein Mönch an der Fleischwerdung Christi im Abendmahl zweifelte, wurde die Hostie tatsächlich in Fleisch, der Wein in Blut verwandelt – die dunkelbraun-klumpige Reliquie ist im Rückbau des Altars untergebracht, täglich defilieren lange Reihen von Gläubigen daran vorbei.
Öffnungszeiten Santuario Miracolo Eucaristico, 6.30–12.30 Uhr und 16–20 Uhr.

Vasto/Marina di Vasto ca. 33.000 Einwohner

Angenehmer Anlaufpunkt – die malerische Altstadt liegt auf einem Plateau hoch über der Küste, darunter eine lange Promenade mit gutem Strand, zahlreichen Hotels und mehreren Campingplätzen. Vom Hafen gehen Fähren zu den Tremiti-Inseln.

Die runde, palmenbestandene *Piazza Rossetti* bildet das Zentrum der schön herausgeputzten Altstadt, benachbart steht das wehrhafte *Castello Calderesco*. Der weiträumige Renaissancepalast *d'Avalos* am meerseitigen Hügelrand beherbergt das *Museo Civico* mit archäologischer Abteilung, Pinakothek und Kostümsammlung. Einige hübsche Plätze, handtuchschmale Gassen und sehenswerte Kirchen vollenden die gelungene Komposition. Am Strand unterhalb der Altstadt (Marina di Vasto) gibt es mehrere Badeanstalten, aber auch frei zugängliche Stellen. Die Straße dahinter ist erfreulich ruhig, da nicht vom Durchgangsverkehr betroffen.
Öffnungszeiten/Eintritt Palazzo d'Avalos, im Juli/August tägl. 10.30–12.30 Uhr und 18–24 Uhr, ansonsten Di–So 9.30–12.30 Uhr und 16.30–20 Uhr, Mo geschl. Eintritt 1,10 €.

Anfahrt/Verbindungen/Information

• *Anfahrt/Verbindungen* **Zug**: Der Bahnhof von Vasto befindet sich südlich von Marina di Vasto, ab hier jeweils etwa stündlich nach Termoli (Molise) und nach Pescara.
Überlandbusse fahren etwas außerhalb des Zentrums von Vasto am Busterminal beim Friedhof ab (Via dei Conti Ricci), dorthin gelangt man vom Zentrum mit dem Stadtbus Nr. 4. 5x tägl. nach Rom, 4x nach Pescara, 8x nach Chieti, 6x nach Lanciano.
Stadtbusse fahren an der Piazza Verdi im Zentrum ab (Corso Garibaldi), Nr. 1 und Nr. 4 pendeln mind. stündlich zwischen Vasto und Marina di Vasto.
• *Information* **I.A.T.** im alten Zentrum gegenüber des Palazzo d'Avalos. Im Sommer Mo–Sa 9–13 Uhr und 16–19 Uhr, So nur 9–13 Uhr, im Winter Mo–Fr 9–13 Uhr. Piazza del Popolo 18, ✆ 0873/367312. In Marina di Vasto befindet sich ein Info-Büro an der Piazza Rodi/Viale Dalmazia; Öffnungszeiten wie oben, im Sommer abends länger, im Winter geschlossen.

Übernachten

• *Übernachten* Große Auswahl in Marina di Vasto, rund 30 Hotels und einige Campingplätze (z. B. Camping Europa).
*** **Baiocco**, typisches Badehotel in der Parallelstraße zum Lungomare, 32 nicht mehr ganz neue Zimmer, EZ 55 €, DZ 70 €, Frühstück inkl., in der Hauptsaison oblig. Vollpension 60–70 € pro Person. Viale Dalmazia 137, ✆ 0873/801976, ✆ 802376, www.hotelbaiocco.com
* **La Bitta**, am nördlichen Strandabschnitt (Lungomare Cordella), für das kleinere Budget, etwas schlichter, günstig. Nur 20 Zimmer, EZ 30–40 €, DZ 50–60 €, Frühstück inkl. Lungomare Cordella 18, ✆ 0873/801979.
• *Essen/Trinken* Spezialität von Vasto ist *Brodetto*, die Fischsuppe.
Ristorante Castello Aragona, herausragendes Restaurant etwas südlich vom Zentrum

in zinnengekröntem Nobelpalazzo. Im Garten und auf der Panoramaterrasse (wunderschöner Blick) speist gediegenes Publikum bei tollem Ambiente, Menü um 40 €. Mo geschlossen, Reservierung erwünscht. Via San Michele 105, ℅ 0873/69885. Anfahrt: In Vasto Zentrum dem Corso Garibaldi in südliche Richtung folgen, beschildert.

All'Hostaria del Pavone, nur wenige Schritte von der Cattedrale in einer schmalen Gasse im Centro storico. Nette Atmosphäre im Gewölbe, gute abruzzesische Fischküche zu angemessenen Preisen (Menü 25–30 €). Di geschlossen. Via Barbarotta 15–17 (2. Parallelstraße hinter der Cattedrale), ℅ 0873/60227.

Ristorante Le Cisterne, am oberen Ende der panoramareichen Loggia Ambling, von der Terrasse herrlicher Blick, abends gibt es auch leckere Pizza aus dem Holzofen ab 6 €. Vico Moschetto 10/12, ℅ 0873/362926.

Pizzeria Ippocampo, in Marina di Vasto an der Durchgangsstraße. Sehr gute und saftige Riesenpizza, üppig belegt, zum Festpreis von 17 € für 2 Personen. Mit Terrasse. Nur abends geöffnet. Viale Dalmazia 52, ℅ 0873/802402.

Zwischen Vasto und Termoli flache Küstenlandschaft mit mehreren Campingplätzen.

Termoli ca. 30.000 Einwohner

Ein Stück Süditalien mit einer wunderschönen, kleinen Altstadt über dem Meer und überaus ansehnlichem Stadtstrand. In der Neustadt dagegen dominieren moderne Zweckbauten und Verkehrschaos.

Vom Hauptbahnhof über den *Corso Umberto I.* geht es zunächst zur palmenbestandenen *Piazza Vittorio Veneto*, dem Zentrum der Neustadt. Über den langen *Corso Nazionale* (hier einige Cafés) erreicht man das Eingangstor zur deutlich ruhigeren Altstadt, dem pittoresken **Borgo Vecchio** auf einer Landzunge, die erhöht zwischen Hafen und Strand ins Meer ragt. Hier, im alten Termoli, scheint die Zeit stehen geblieben zu sein: Stille und Beschaulichkeit, Blumenkübel vor den Häusern, in deren Schatten Katzen dösen, in den kleinen Gassen sind Wäscheleinen gespannt und hinter geschlossenen Fensterläden hört man resolute Hausfrauen mit den Töpfen klappern. Zur Siesta ist das alte Viertel wie ausgestorben.

Die beiden wichtigen Altstadt-Sehenswürdigkeiten sind das unter *Friedrich II.* entstandene **Castello** (*Rocca Federiciana*), in dem heute die italienische Marine ihren Sitz hat (daher nicht zu besichtigen), und die romanische **Cattedrale** aus dem

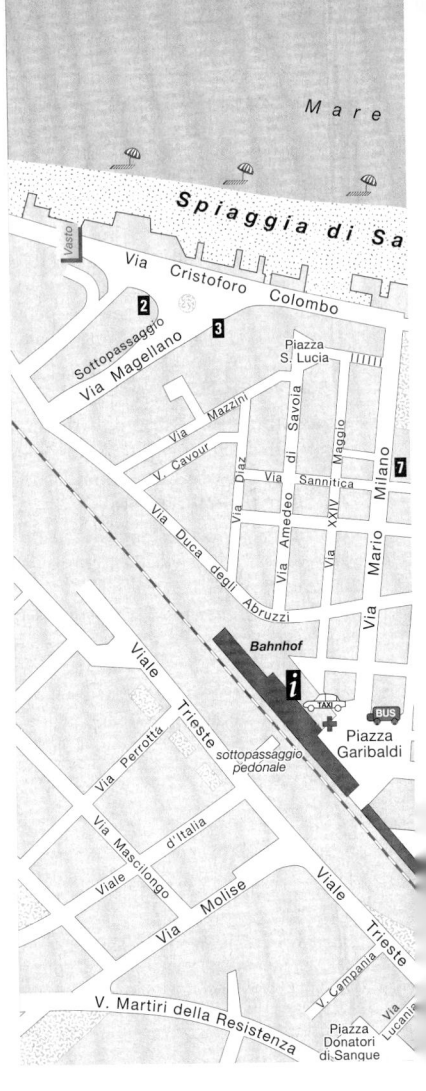

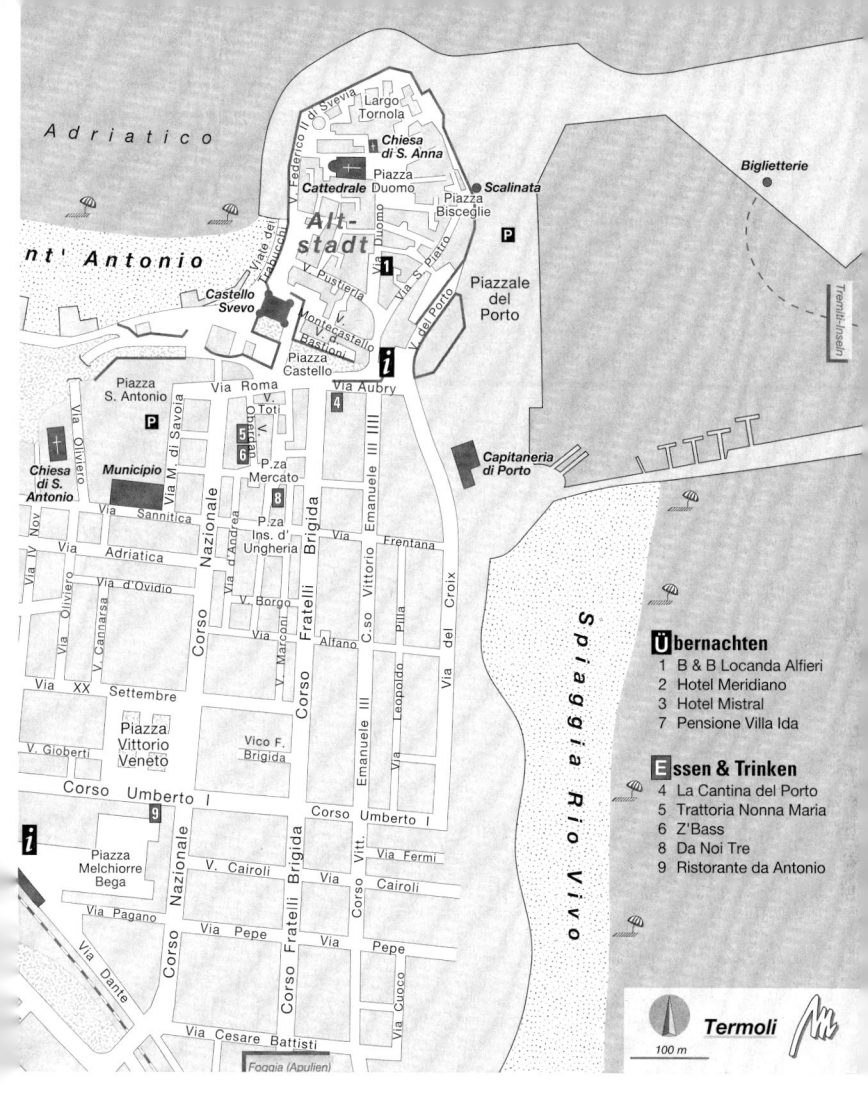

13. Jh. Ein herrlicher Blick bietet sich vom *Belvedere* neben dem Castello: über die Stadtmauer auf den malerischen Trabocco und zum Strand. Vom erhöht gelegenen Borgo Vecchio führt eine moderne Beton-Wendeltreppe hinunter zum Hafen (von der Piazza Bisceglie), wo die Ausflugsboote zu den Tremiti-Inseln starten.

*A*nfahrt/*V*erbindungen/*I*nformation

• *Anfahrt/Verbindungen* **FS-Bahnhof** in der Neustadt (Piazza Garibaldi), gute Verbindungen nach Campobasso, Vasto, Pescara, Foggia, Bari und Lecce, 2x tägl. nach Neapel und Rom.

Busbahnhof etwas außerhalb (Stadtbus Nr. 2 ab Bahnhof), ca. stündlich Campobasso, 8x tägl. Vasto, 5x Pescara, 7x Rom, 4x Foggi.

Termoli – Blick auf die Altstadt auf der Landzunge

Fähren und Schnellboote vom Hafen zu den Tremiti-Inseln, nur von Ende Mai bis Ende Sept. Überfahrt 50 Minuten bis 1,5 Stunden, in der Hochsaison bis zu 3x tägl. 8,50–15 € pro Person.

• *Information* **I.A.T.**, Piazza Melchiore Bega 1, Nähe Bahnhof, Eingang an der Rückseite, sparsam beschildert. Mo–Fr 8–14 Uhr geöffnet. ✆ 0875/703913.
Info-Pavillon am Bahnhof, nur im Sommer geöffnet.

Übernachten/Essen & Trinken (siehe Karte S. 556/557)

• *Übernachten* ****** Hotel Mistral (3)**, großer Kasten in der Neustadt am Lungomare Nord, relativ zentral, nur über die Straße zum Strand. Komfortables 120-Betten-Hotel mit Ristorante, EZ ab 55 €, DZ ab 110 €, inkl. Frühstück, Halbpension 18 € pro Pers. Lungomare C. Colombo 50, ✆ 0875/705246, ✆ 705220, www.hotelmistral.net

*** Hotel Meridiano (2), gleich daneben, Strandhotel mit freundlichem Service, EZ 77 €, DZ 93 €, Frühstück inkl. Lungomare C. Colombo 52 A, ✆ 0875/705946, ✆ 702696, www.hotelmeridiano.com

B & B Locanda Alfieri (1), eine der schönsten Unterkünfte Termolis in der Altstadt, nur 8 Zimmer in historischem Gemäuer, sorgsam restauriert und nett hergerichtet, EZ 50 €, DZ 75–90 €, Frühstück inkl. Via Duomo 39, ✆ 0875/708112, www.locandalfieri.com

**Pensione Villa Ida (7), relativ günstige Pension ein Stück oberhalb des Stadtstrandes, zwischen Bahnhof und Meer. Modern und schlicht eingerichtet, EZ 40–42 €, DZ 58–62 €, Frühstück inkl. Im August oblig. Vollpension 63 € pro Pers. Via M. Milano 27, ✆ 0875/706666, ✆ 708132, www.pensionevillaida.it

• *Essen/Trinken* **Trattoria Nonna Maria (5)**, in der autofreien Via Oberdan, ein kleines, gemütliches Lokal mit gelungenem Ambiente. Hervorragende Küche, die auch der *Gambero Rosso* lobt, etwas gehobene Preise, freundlicher Service. Mo geschlossen. Via Oberdan 14, ✆ 0875/81585.

Z'Bass (6), gleich neben der Nonna Maria, nennt sich Trattoria tipica, ebenfalls gehobenes Preisniveau. Mo geschlossen. Via Oberdan 8, ✆ 0875/706703.

Da Noi Tre (8), beliebtes Ristorante im autofreien Bereich um die schöne Piazza Mercato. Via C. Ruffini 47, ✆ 0875/703639.

Ristorante da Antonio (9), beim Bahnhof in der Neustadt, gegenüber der Piazza Vittorio Veneto. Auf Fisch spezialisiert und nicht allzu teuer, sehr typisches Lokal. Corso Umberto I. 59, ℅ 0875/705158.

La Cantina del Porto (4), Enoteca und Ristorante gegenüber vom Eingang zur Altstadt oberhalb des Hafens, gediegenes Ambiente im Gewölbe. Hervorragende Weine, nicht ganz billig, über Jahre von *Veronelli* empfohlen. So abends und Mo geschlossen. Via Aubry 5, ℅ 0875/706166.

Trattoria Nicolino, in der Via Roma 11–13, ℅ 0875/706804, ist eine ausgezeichnete Adresse für Fischgerichte. Lesertipp von Gabriele Niebling.

> **Trabocchi** heißen die bizarren Pfahlbauten der apulischen Meeresfischer, die fast schon ein Symbol des italienischen Südostens sind. Meist sind sie unmittelbar an felsige Klippenküsten gebaut, wo sich gerne Fischschwärme tummeln. Ihre Fangbäume, Leinen und Netze baumeln wie dünne Spinnenbeine über dem Meer, die Bedienung erfordert einige Erfahrung.

▸ **Termoli/Ugebung**: Südwestlich von Termoli liegen die Gemeinden *Portocannone*, *San Martino in Pensilis* und *Ururi*. Sie wurden im 15. Jh. von Albanern gegründet, die vor den auf den Balkan drängenden Türken auf die andere Seite der Adria geflüchtet waren. Bis heute konnte sich in diesen Dörfern ein albanisch-italienischer Dialekt erhalten, der Italienern unverständlich ist.

Inland (von Norden nach Süden)

Die mächtigen Berge der Abruzzen sind vom Trubel an der Küste meilenweit entfernt. Besucht werden hauptsächlich die Städte L'Aquila und Sulmona, das mächtige Gran-Sasso-Massiv und vor allem der große, sehenswerte Nationalpark.

Der zehn Kilometer lange Tunnel durch den Gran Sasso hat die Zufahrt von der Adria sehr erleichtert, und auch mit der Bahn kann man von Pescara und Rom bequeme Tagestrips unternehmen. Herrliche Panoramen machen den Abstecher in die wilde Bergwelt der Abruzzen sehr lohnenswert.

L'Aquila

ca. 67.000 Einwohner

Die Hauptstadt der Abruzzen, überragt und zur Küste hin abgeschirmt vom mächtigen Gran-Sasso-Massiv. Lebhaftes Geschäftszentrum in exponierter Lage auf einem Plateau auf rund 700 Metern Höhe, zahlreiche Sehenswürdigkeiten und sympathischer Kleinstadtflair.

Mal keine antiken Wurzeln, sondern gegründet unter Stauferkaiser Friedrich II.: Gemäß einer Legende schlossen sich damals die Bewohner von 99 umliegenden Burgen und Dörfern in der „Adlerstadt" (nach dem Wappentier der Staufer) zusammen, um dem Druck ihrer Feudalherren zu entgehen – noch heute ertönen allabendlich 99 Glockenschläge vom Stadtturm. Eine gewisse teutonische Nüchternheit ist auch heute noch zu spüren, streng geometrische Straßenzüge bilden die Hauptachsen des Zentrums, aufgelockert jedoch durch enge Seitengassen und Treppengässchen den Hügel hinunter. Jahrhundertelang lebte man vom Handel mit Tuchen und Safran. Heute findet man traditionelles Abruzzen-Handwerk, vor allem Kupfer, Keramik und Spitzen, dazu überall „*torrone*", eine Art Mandelkonfekt mit Honig und Nüssen.

Abruzzen und Molise

Anfahrt/Verbindungen/Information

- *Anfahrt/Verbindungen* **PKW**, von der Adriaküste auf der A 24 zu erreichen, 10 km langer Tunnel durch den Gran Sasso.
Bahn, L'Aquila liegt an einer Seitenstrecke der vielbefahrenen Bahnlinie von Rom nach Pescara, umsteigen in Sulmona. Nur Regionalzüge: 13x tägl. Sulmona, 11x Rieti/Terni (Latium). Der Bahnhof liegt westlich außerhalb vom Zentrum. Stadtbus Nr. 8 und 11 in die City.
Busbahnhof, moderner, großer Terminal unterhalb der Altstadt, Laufband im Tunnel zur Piazza Duomo im Zentrum. Busse nach Sulmona, Teramo, Avezzano, Rom, usw.
- *Information* **A.P.T.R.**, Piazza Santa Maria di Paganica 5, Mo–Sa 9–13 Uhr und 16–19 Uhr, ✆ 0862/410808.
I.A.T.-Büro in der Via XX Settembre 8, gleiche Öffnungszeiten, ✆ 0862/22306. Stadtpläne und Wanderkarten für den Gran Sasso.

Übernachten /Essen & Trinken

- *Übernachten* ****** Gran Hotel e del Parco (4)**, beim Stadtpark am unteren Ende des Corso Federico II, stilvoll-komfortables Haus der alten Schule, Parkmöglichkeit. EZ 76 €, DZ 120 €, Frühstück inkl. Corso Federico II 74, ✆ 0862/413248, ✉ 65938, www.grandhotel.it.
*** Duomo (3), Via Dragonetti 10, ganz zentral (an der Piazza del Duomo) und ganz besonders hübsch, altes, renoviertes Stadthaus mit Flair. EZ 60 €, DZ 90 €, Dreier 110 €, Frühstück inkl. ✆ 0862/410769, ✉ 413058, www.hotel-duomo.it
Nächster Campingplatz in der **Località Fonte Cerreto** (→ Gran Sasso, S. 563).
- *Essen & Trinken* **Trattoria del Giaguaro (1)**, Piazza Santa Maria di Paganica 4, gemütliche, kleine Trattoria, bodenständig, gute Küche zu günstigen Preisen. Mo-Abend und Di geschl., ✆ 0862/28249.
L'Antico Borgo (2), Piazza San Vito 1, nett aufgemachtes Lokal bei der Fontana delle 99 Canelle, auch zum Draußensitzen. Degustations-Menü 25 €. Reservierung ratsam (auch mittags), ✆ 0862/22005.

Sehenswertes

Stadtzentrum: Die große, leicht abfallende *Piazza del Duomo* mit städtischen Repräsentationsbauten und zwei Brunnen bildet den Mittelpunkt. Seit dem 14. Jh. findet hier der große Stadtmarkt

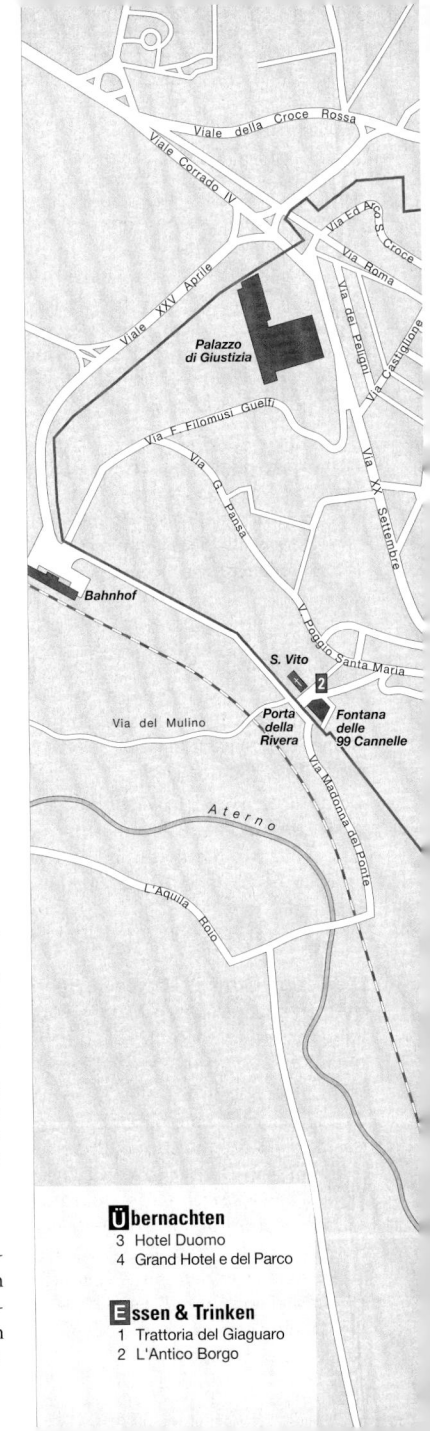

Übernachten
3 Hotel Duomo
4 Grand Hotel e del Parco

Essen & Trinken
1 Trattoria del Giaguaro
2 L'Antico Borgo

L'Aquila

Viale della Croce Rossa · Viale della Croce Rossa · Viale Ovidio

Stadio Comunale

Piazza S. Basilio

Viale San Giovanni Bosco · Viale Duca degli Abruzzi · Viale Gran Sasso

S. Silvestro

Piazza S. Amico

Fontana Luminosa

Castello / Museo Nazionale

Via Pretatti · Via Roma · Via XXIII · Via Tre Spighe · Viale delle Medaglie d'Oro

S. Pietro

Via Rustici · Via Garibaldi

Via del Guelfi

S. Domenico

Piazza S. M. Paganica

Via Castello

Porta Castello

Pza. Angioina · Università · Via Antonelli · Via A. Batile · Via Paganica · S. Maria Paganica

Via Camponesco · C.so Umberto · Corso Vittorio Emanuele

S. Margherita

Teatro Comunale

Via Vittorio Veneto

S. Bernardino

Piazza Palazzo · Biblioteca · Via San Bernardino · Via Panfilo Tedeschi

Via Sallustio · Via Fortebraccio

Via Cesura · Via Roio · Via Sassa · Via Tre Maria · C.so Vitt. Emanuele · Via delle Grazie

Scalinata Bernardino

Porta Leone

Via Perschetti · Via Nicolai · Via del Cardinale

Duomo · Piazza del Duomo

Piazza Bernardino · Via Maiella

Piazza G. Matteotti

Via Rocca di Corno · Via San Marciano · Via Buone Novelle

S.M. del Suffragio

Via Fardella II · Via Crispomonti · Via Costa Masciarelli

Largo Corsica · V. San Fr. di Paola · S. Agostino · Corso Federico II · Santa Giusta · S. Giusta

Via Strinella

Via S. Andrea · Via XX Settembre · S. Agostino · Via San Michele · Via Celestino

Tunnel zum Zentrum (Fußgänger)

Piazzale Pasquale Paoli · Via Giardini

Villa Comunale · Via Luigi Rendina

Via Gen. Francesco Rossi · Via Tr. Crispi · Via Michele Iacobucci

P · BUS

Via Giacomo Caldora

Ospedale S. Maria di Collemaggio

Via P. Colagrande · Via Filippo Corridoni · Viale di Collemaggio

Via G. Belusari

Piazzale di Collemaggio

Porta Napoli · Viale Francesco Crispi · Viale D'Annunzio · Viale XXIV Maggio · Via Piava

S. Maria di Collemaggio

Sulmona

200 m

statt (Mo–Sa). Der *Dom* wurde wiederholt durch Erdbeben zerstört, klassizistische Fassade, Innenraum barock.

Der *Corso Federico II* und der anschließende *Corso Vittorio Emanuele* ziehen sich als Hauptgeschäftsstraße quer durch das Zentrum, allabendlicher Treffpunkt für die äußerst lebendige Passeggiata, auf dem Corso Vittorio Emanuele lange Arkadengänge.

200 m östlich vom Corso steht auf einer Anhöhe die *Basilica di San Bernardino*. Erbaut während der Renaissance, elegante dreigeschossige Fassade, das Innere in barocker Pracht, große Kuppel und vergoldete Decke. Besonders reich geschmückt sind die Seitenkapellen, darunter das Grab des Franziskaner-Predigers San Bernardino aus Siena.

Öffnungszeiten Basilica di San Bernardino, tägl. 7–12 Uhr und 15.30–19 Uhr (Winter bis 18 Uhr).

Castello: Am Ende des Corso Vittorio Emanuele liegt der schattige *Parco del Castello* mit schönem Blick auf den Gran Sasso. Hier steht das gewaltige Kastell, das die Spanier im 16. Jh. errichteten, um die Stadt zu kontrollieren. Um die Bastionen zieht sich ein tiefer Burggraben, im Inneren befindet sich das bedeutendste Museum der Region, das *Museo Nazionale d'Abruzzo*: im Erdgeschoss die archäologische Abteilung, darüber eine reiche Sammlung von Kunstgegenständen, die aus erdbebengeschädigten Kirchen zusammengetragen wurden, u. a. bemalte Holztüren, Altarbilder, Gold- und Silberarbeiten, Gemälde und Keramiken. Viel bestaunt wird das 1,5 Mio. Jahre alte Skelett eines Mammuts, der „elephas meridionalis".

Öffnungszeiten/Eintritt Museo Nazionale d'Abruzzo, Di–So 9–20 Uhr, Mo geschlossen, Eintritt 4 €.

Außerhalb des Zentrums: Nicht weit vom Bahnhof trifft man bei der Porta Rivera auf die berühmte *Fontana delle 99 Cannelle*. Frisches Quellwasser sprudelt hier seit 1272 aus 93 maskenartig verzerrten Steinköpfen (und sechs unverzierten Öffnungen), die die Dörfer symbolisieren, aus denen L'Aquila entstanden ist.

Östlich vom Stadtpark kommt man über den Viale di Collemaggio hinauf zur großen Kirche *Santa Maria di Collemaggio*. Aufwendige Fassadenverkleidung aus rosa und weißem Stein, über den drei Rundportalen drei prächtige Rosetten und mehrere waagerechte Friese. Das Innere ist weitgehend kahl, in der rechten Chorkapelle liegt das Grabmal des Papstes Celestinus V. – ein einfacher Eremit, der im 13. Jh. von den Kardinälen quasi gegen seinen Willen zum Papst gewählt und wenig später gezwungen wurde, wieder abzudanken und im Kerker starb. Auf ihn ist das heilige Portal der Kirche zurückzuführen, das alljährlich am Abend des 28. August geöffnet wird. Wer hindurchschreitet, erhält Absolution von seinen Sünden – Anlass für ein großes, ausgelassenes Stadtfest namens „La Perdonanza", das mehrere Tage dauert.

Öffnungszeiten Santa Maria di Collemaggio, tägl. 8.30–13 Uhr und 15–18 Uhr, So bis 20 Uhr.

Gran Sasso d'Italia

Fast 3000 Meter hoch, das höchste Massiv des Apennin, üppig grüne Berglandschaft mit wilden Gipfeln, ideal zum Wandern und Erholen in frischer Luft, natürlich deutlich kühler als an der Küste.

Von L'Aquila erreicht man die Talstation der Seilbahn auf der Straße nach Teramo (dann der Beschilderung nach Assergi/Fonte Cerreto folgen), es gibt auch eine Busverbindung (Nr. 76, Umsteigen in Paganica). Wenn man auf der A 24 von der Adriaküste kommt, kann man unmittelbar nach dem 10-km-Tunnel durch den Gran

Einsam und wild: der Gran Sasso d'Italia

Sasso zur *Località Fonte Cerreto* in 1120 Metern Höhe abzweigen. Eine eindrucksvoll konstruierte Seilbahn führt von dort auf die Hochebene *Campo dell'Imperatore* hinauf (tägl. 8–17 Uhr, alle 30 Min., Mitte März bis Ende Juni geschlossen, 9 € hin/rück, Kinder die Hälfte), die Auffahrt ist aber auch über eine 27 km lange, *panoramareiche Serpentinenstraße* möglich.

▶ **Campo Imperatore**: wellige Hochebene in 2100 m Höhe, fast 30 km lang – von der Seilbahnstation genießt man einen wunderbaren Blick bis zum Horizont. Hier oben stehen ein astronomisches Observatorium und ein älteres Albergo, das in die Geschichte eingegangen ist: Als die Alliierten 1943 Sizilien erobert hatten und die Landung am italienischen Festland vorbereiteten, machte sich in Italien Kriegsmüdigkeit breit. Die faschistische Partei wurde aufgelöst, Mussolini zum Rücktritt gezwungen und auf Befehl König Vittorio Emanuele III in diesem Hotel fernab der Zivilisation inhaftiert – damals führte noch keinerlei Straße in die einsame Bergwildnis. Doch am 12. September 1943 befreite ein deutsches Kommandounternehmen den „Duce" mit Hilfe von Lastenseglern und einer winzigen Fieseler-Storch-Maschine in einer spektakulären Aktion buchstäblich vor den Augen seiner Bewacher. Was ihm allerdings nicht mehr viel nützte – zwei Jahre später wurde er von Partisanen am Comer See erschossen (→ Lombardei).

Von der Seilbahnstation kann man einen Fußweg zum *Rifugio Duca degli Abruzzi* in 2400 m Höhe nehmen, wo von Juli bis September Übernachtung möglich ist (vorher anrufen). Weitere Wanderwege sind aus den in L'Aquila erhältlichen Wanderkarten zu entnehmen.

• *Übernachten* Eine Handvoll ***-Hotels liegt an der Talstation der Seilbahn, außerdem der kleine sympathische **Camping Fonte Cerreto**, gemütlicher Wald- und Wiesenplatz, beliebt bei Wanderern und Leuten, die die Ruhe der Berge schätzen, pro Person 6,60 €, Stellplatz 4,70–7,80 €, ✆/✉ 0862/606163.

Auf der Hochebene: *** **Campo Imperatore**, das Albergo, in dem Mussolini einst

„logierte", rostrotes Gebäude wenige Meter von der oberen Seilbahnstation. Gepflegt, mit Parkettböden, traumhaft ruhig, Bar und Restaurant (Menü ab 15 €). An der Rezeption werden Postkarten mit Fotografien des „historischen" Ereignisses verkauft, ebenso recht geschmacklose „Duce"-Souvenirs. DZ 110 €, ✆ 0862/400000, @ 400004.

Ostello Campo Imperatore, vom CAI (Club Alpino Italiano) geführtes Rifugio in der alten Seibahnstation, 50 Plätze, mit Ristorante/Self-Service. Übernachtung im einfachen Mehrbettzimmer 15 €. Ganzjährig. ✆ 0862/400011.

Rifugio Duca degli Abruzzi, in 2400 m Höhe, Mitte Juni bis Mitte September geöffnet. Kleinere, auch warme Gerichte, Übernachtung im Matratzenlager möglich (16 € pro Person, mit Frühstück 21 €). ✆ 347/6232101.

Piana del Fucino

Riesige Ebene um Avezzano, westlich von Sulmona. Einst dehnte sich hier der größte See Mittelitaliens aus. Zweifellos wäre er heute ein Touristenmagnet ähnlich wie der Lago Trasimeno oder Lago Bolsena – doch seit über hundert Jahren ist er von der Bildfläche verschwunden.

Schon in der Antike versuchte man immer wieder, die störende Wassermasse auszutrocknen, um neue Anbauzonen zu gewinnen. So ließ Kaiser Claudius um 50 n. Chr. einen sechs Kilometer langen Tunnel zum nahen Fluss Liri bohren, um einen künstlichen Abfluss zu schaffen – eins der kühnsten Bauprojekte der Antike. Doch das Unternehmen misslang, der Tunnel brach zusammen und blockierte den Wasserablauf. Auch dem Stauferkaiser Friedrich II. gelang es 1240 nicht, den Tunnel zu öffnen. Erst 1875 konnte ein internationales Ingenieurteam den See trocken legen. Seitdem erstreckt sich hier eine Ackerbaufläche mit schnurgeraden Wegen, an deren Ostende die Satellitenschüsseln des größten Telekommunikationszentrums Italiens in den Himmel ragen.

▶ **Avezzano**: „Hauptstadt" der Ebene, wenig interessant, aber Standort mehrerer Hotels. Südlich außerhalb liegt seitlich der Straße nach Ortuccio am Fuß des Berghangs der historische Abfluss aus römischer Zeit, beschildert mit *Cunicoli di Claudio*. Es handelt sich um sieben Schächte, je 3 m hoch und 2 m breit, die schräg in den Boden führen. Leider ist das Gelände eingezäunt.

- *Anfahrt/Verbindungen* Bahnstation an der Strecke Rom-Sulmona, ca. 10x tägl. in beide Richtungen.
- *Übernachten* **Hotel Principe**, etwas in die Jahre gekommenes Stadthotel, EZ 42 €, DZ 58 €, Dreier 68 €, mit Frühstück. An einer Seitenstraße der Via Corradini, unweit der zentralen Piazza Risorgimento. Via Oslavia 16, 67051 Avezzano, ✆ 0863/413746.
Hotel Italia, ebenfalls in die Jahre gekommen und direkt am Bahnhof. EZ 50 €, DZ 65 €, EZ 50 €. Ganzjährig geöffnet. Piazzale Stazione 13, 67051 Avezzano, ✆ 0863/413456, @ 415138.
- *Essen/Trinken* **L'Osteria di Corrado**, Enoteca und Ristorante, unser TIPP! Es gibt nur ein relativ günstiges Tagesmenü, man sitzt im hinteren Teil der Enoteca in gemütlicher Atmosphäre. Di 18.30–20.30 Uhr und Mi-Sa 18–24 Uhr geöffnet (So/Mo geschlossen), die Enoteca ist auch tagsüber geöffnet. Via Garibaldi 126 (führt vom Bahnhof zur Via Corradini, ✆ 0863/412841.

▶ **Celano**: Das Dorf am Nordhang der Ebene bietet mit seiner stolzen Burg und den grau verwitterten Bruchsteinhäusern einen malerischen Anblick. Das *Castello Piccolomini* wurde 1915 durch ein Erdbeben fast völlig zerstört, ist aber hervorragend restauriert worden und bietet einen herrlichen Blick auf die Ebene. Im Inneren ist heute das interessante *Museo d'Arte Sacra della Marsica* untergebracht, in dem nicht nur sakrale Kunst der Region zu bewundern ist, sondern auch die Geschichte des Sees, das große Erdbeben vom Januar 1915 und der Wiederaufbau der Burg dokumentiert sind. Dazu gibt es eine historische Abteilung mit Wandmalereien, Ge-

Alba Fucens

Noch immer finden Archäologen in Alba Fucens Beschäftigung

mälden und Skulpturen, u. a. sind die filigran verzierten Türen von San Pietro in Albe (s. unten) ausgestellt.

Öffnungszeiten/Eintritt **Museo d'Arte Sacra della Marsica**, Di–So 9–20 Uhr, Mo geschlossen, Eintritt 2 €.

• *Übernachten/Essen & Trinken* ***** Le Gole**, Via Sardellino Sud, burgartiger Komplex am Ortseingang, erbaut aus traditionellem Material, stilvolles Ambiente, 39 Zimmer um einen Innenhof mit Kreuzgang. Zum Hotel gehört das benachbarte Ristorante **Da Guerrinuccio**, das in grüner Umgebung gute, traditionelle Küche bietet, auch schöne Sitzplätze im Freien (Mo geschl.). Großer, schattiger Garten mit Bachlauf. EZ 70 €, DZ 100 €, Frühstück inkl. ℡ 0863/711009, ℡ 711101, www.hotellegole.it

▶ **Alba Fucens**: Die teilweise ausgegrabene römische Garnisonsstadt liegt malerisch im satten Grün am Rand des bescheidenen Dorfs *Albe*, etwa 8 km nördlich von Avezzano, weitab von allen Touristenpfaden. In aller Ruhe kann man die rechtwinkligen Straßenzüge mit Hausruinen und Säulenfundamenten durchlaufen, im Boden erkennt man den Verlauf alter Heizungskanäle. Auf der benachbarten Hügelkuppe findet man die kleine, romanische Kirche *San Pietro in Albe* (12. Jh.), daneben die Ruinen eines ehemaligen Klosterkomplexes, der demnächst restauriert werden soll.

Öffnungszeiten Tägl. durchgehend geöffnet und frei zugänglich, Info-Büro am Rand des Ausgrabungsgeländes (hier gibt es auch einen Lageplan für 1,30 €). www.albafucens.info

---

Prozessione dei Serpari: Umzug der Schlangenbeschwörer

Eines der ungewöhnlichsten Feste Italiens findet alljährlich am ersten Donnerstag im Mai im kleinen Dorf Cocullo zwischen Avezzano und Sulmona statt. Eine Statue des Schutzpatrons San Domenico wird mit Schlangen behängt und in einer Prozession durch den Ort getragen. Viele Menschen legen sich dabei ebenfalls Schlangen und Nattern um den Hals, denn diese gelten als Glücksbringer. Die Wurzeln des faszinierenden Festes reichen weit in vorchristliche Zeit zurück.

Übernachtungsmöglichkeiten gibt es in Sulmona (→ S. 568) und Scanno (→ S. 567), ARPA-Busse fahren ab Sulmona und Scanno.

Nationalpark der Abruzzen

Im oberen Teil des Sangro-Tals, südwestlich von Sulmona, liegt der zweitgrößte Naturpark Italiens. Über 400 Quadratkilometer wilde Bergketten, blühende Wiesen und dichte Wälder, in denen die letzten Braunbären der Abruzzen, außerdem Wölfe, Luchse, Gämsen, Wildkatzen, Adler, Falken und seltene Singvögel ihr streng geschütztes Refugium haben.

Der Nationalpark ist kaum besiedelt und ideal zum Wandern und Erholen. Allerdings sind in Ferienzeiten (Ostern, Hochsommer) die wenigen kleinen Orte mit Tagestouristen und Gelegenheitswanderern überfüllt, die Unterkünfte meist lange im Voraus ausgebucht.

▶ **Pescasseroli:** Das Zentrum des Parks liegt am Fluss Sangro, Pescasseroli ist ein kleines, alpenländisch anmutendes Dorf „hinter den sieben Bergen", allerdings sehr touristisch: jede Menge Hotels und Souvenirshops, Pferde (Reiten für Kinder, Kutschen für die Senioren) etc. Das Klima zeigt sich rau – die Winter sind lang und hart, schon im September hängt der beißende Rauch von brennendem Holz in der Luft, jedes Haus hat seinen Brennvorrat gestapelt.

Der große Hauptplatz ist Zentrum des Lebens, benachbart liegt die kleine historische Altstadt mit der mittelalterlichen Pfarrkirche und der barocken *Chiesa Madonna del Carmelo*. Ansonsten kann man das „Centro di Visita" (Besucherzentrum) des Nationalparks mit kleinem *Museo Naturalistico* und dem *Zoologischen Garten* besuchen. Etwas außerhalb von Pescasseroli kann man mit dem Lift zur Spitze des *Monte Vitelle* auf 1846 Metern Höhe gondeln, hier befindet sich eines der Skigebiete der Abruzzen.

• *Öffnungszeiten/Eintritt* **Museo Naturalistico** und **Zoologischer Garten**, tägl. 9.30–19 Uhr, Eintritt 6 €, Kinder 4 €.

• *Anfahrt/Verbindungen* Häufige ARPA-Busse nach Pescasseroli fahren ab **Avezzano** (Bahnlinie Rom – Pescara) und **Castel di Sangro** (Bahnlinie Neapel – Pescara). Im Sommer auch tägl. ein Bus ab Piazza della Repubblica in **Rom**.

• *Information* **I.A.T.**, in einer Seitenstraße der zentralen Piazza S. Antonio, im Sommer Mo-Sa 9–13 Uhr und 16–19 Uhr geöffnet, So nur 9–13 Uhr; im Winter Mo-Fr 9–13 Uhr und 15–18 Uhr. Via Piave, ✆ 0863/910461 oder 0863/910097.

Info-Zentrum des Nationalparks, schräg gegenüber der Pension Al Castello an der zentralen Piazza. Ganzjährig tägl. 10–13 Uhr und 15–19 Uhr, im Winter nur bis 17 Uhr geöffnet. ✆ 0863/9113242. Hier wird eine *Wanderkarte* für den Nationalpark verkauft (6 €). www.pescasseroli.net

• *Übernachten* ***** **Mon Repos**, an der Durchgangsstraße, Jugendstilvilla mit allem Komfort, 17 Zimmer mit antikem Mobiliar, im Salon schwere Polstermöbel und Kamin, Restaurant, Parkplatz. EZ 88–124 €, DZ 176–248 €, Frühstück inkl. Via Santa Lucia 2, ✆ 0863/912858, ✉ 912830, www.villamonrepos.it

*** **Valle dell'Oro**, an der Straße zum Lift, solide Mittelklasse mit angenehmen Zimmern (z. T. frisch renoviert), besonders nett sind die unterm Dach, wenn auch etwas kleiner. EZ ab 30 €, DZ 50–70 €, Frühstück inkl., EZ mit Halbpension 40 €, DZ ca. 80 €. Viale Colli dell'Oro, ✆ 0863/910750, ✉ 911594.

** **Al Castello**, freundliche Locanda zentral am Hauptplatz, schräg gegenüber vom Info-Zentrum des Nationalparks, freundlich und familiär, DZ mit Bad 42 €, Halbpension 42 € pro Person. ✆ 0863/910757.

Um Pescasseroli mehrere Campingplätze, z. B. **La Panoramica**, kurz vor der Talstation des Lifts, pro Person 6 €, Stellplatz 6 €, Bungalow für 2 Personen 50–90 €, ganzjährig (✆ 0863/910750); und **Camping L'Aquila Reale** an der Straße Richtung Opi, ähnliche Preise (✆ 0863/910641, www.aquilareale.net).

• *Essen & Trinken* **Ristorante Alle Vecchie Arcate**, beliebtes Lokal im Gewölbekeller, gemütliche Trattoria, Familienbetrieb, in dem gute abruzzische Küche geboten wird, angemessene Preise, Menü um 25 €. Im Centro storico, kaum zu übersehen. Mo geschlossen. Via della Chiesa 41, ✆ 0863/910781.

Schafherde im Nationalpark

Da Giuseppe, *Tipp* fürs kleinere Budget, rustikale Einrichtung, im Sommer auch einige Plätze in der Gasse. Freundlicher Service, gute und bodenständige Küche der Abruzzen, das Fleisch vom Grill ist zu empfehlen. Do geschlossen. In kleiner Gasse nahe der zentralen Piazza. IX Traversa Sangro 6, ✆ 0863/912205.

Lago di Barrea: künstlich angelegter See inmitten von üppigem Grün, Postkartenidylle vom Feinsten, friedliche Atmosphäre. Um den See gruppieren sich drei ruhige Orte: das eher langweilige *Villetta Barrea*, *Barrea* – spektakulär am Ostende des Sees auf senkrecht abfallenden Felsen oberhalb der Staumauer – und *Civitella Alfedena*, ein pittoreskes Dorf mit Wolf- und Luchsgehege, das auf einer Brücke über den See zu erreichen ist.

- *Übernachten* ***** Albergo „ai 4 camosci"**, sympathisches Haus im oberen Zentrum von Civitella Alfedena, 22 schlichte Zimmer, EZ 29 €, DZ 58 €, Dreier 71 €, Vierer 83 €, Frühstück inkl. Ganzjährig geöffnet. Via Nazionale 25, ✆ 0864/890262, www.ai4camosci.it.

*** Valdirose, hoch über dem See, wunderbarer Blick, mit Restaurant und Pool. DZ 50 €, in der Hochsaison mit oblig. Halbpension 150 €. Via Sotto i Cerri, ✆ 0864/890100, ✆ 890300, www.hotelvaldirose.it.

Camping Wolf, bei Civitella Alfedena, terrassierter Platz oberhalb vom See, pro Person ca. 5 €. Loc. Sotto i Cerri, ✆ 0864/890222.
Camping Le Quite, zwischen Civitella Alfedena und Villetta Barrea, einfach und nicht sehr schattig, pro Person 5 €, Stellplatz 5,50 €. Via De Contra, ✆/✆ 0864/89141.

- *Essen/Trinken* **Lupo Cerviero**, in Civitella Alfedena am oberen Ende des Centro storico, in kühlem Gewölbe. Deftige und schmackhafte Abruzzenküche, guter roter Hauswein, netter Service, nicht teuer. Mi geschlossen. Via Nazionale 58, ✆ 0864/890171.

Scanno und Lago di Scanno

Von Villetta Barrea führt eine panoramareiche Straße über die Berge nach Norden in Richtung Sulmona. Zunächst geht es in Serpentinen hoch hinauf, danach in das „Vorzeige"-Dorf *Scanno* das sich pittoresk an einen Berghang schmiegt. Früher lebte man hier von der Schafswollproduktion, heute von den Urlaubern, denn in Italien genießt Scanno den Ruf eines besonders ursprünglichen Bergdorfs – zu Recht, denn sein malerischer mittelalterlicher Kern gehört zweifellos zu den schönsten in den Abruzzen. Weniger attraktiv sind allerdings die modernen Hotelkomplexe, die sich im Umkreis angesiedelt haben. Im Hochsommer und Winter kann man per Sessellift zum *Monte Rotondo* (1877 m) hinaufgondeln und die herrliche Aussicht genießen.

Wenige Kilometer unterhalb liegt inmitten grüner Hänge der idyllische Badesee *Lago di Scanno*, der allerdings nur im Hochsommer die nötige Badetemperatur aufweist und dann naturgemäß stark besucht wird. Weiter fährt man durch die eindrucksvolle *Gola del Sagittario* nach Sulmona hinunter.

- *Information* **I.A.T.**, Piazza Santa Maria della Valle 12, Mo–Sa 9–13 Uhr und 16–19 Uhr, So 9–13 Uhr. ✆ 0864/74371.
- *Verbindungen* **Busse**, Haltestelle oberhalb vom Zentrum an der Durchgangsstraße, 8x tägl. Sulmona, 4x Rom.
- *Übernachten* Scanno besitzt fast zwanzig Hotels.

*** Del Lago, Viale del Lago 202, prächtige Lage am See, Restaurant, Seeterrasse. Schon etwas älter. DZ mit oblig. Halbpension 120 €. ✆ 0864/747529, ✆ 74532.

** Albergo Centrale, fast an der zentralen Piazza in Scanno, schon etwas älter, aber gut gepflegt, alle Zimmer mit Bad, EZ 39 €, DZ 70 €, inkl. Frühstück. Mit Ristorante. Viale del Lago 1, ✆ 0864/747529, ✆ 74532, www.albergocentrale.com.

Camping I Lupi, Wiesencamping am Westufer des Sees, freundliche Leitung. Pro Person 5 €, Stellplatz 7–9 €. ✆ 0864/740100, www.campingilupi.it

- *Essen & Trinken* **Osteria di Costanza e Roberto**, schickes und einladendes Restaurant, günstig: Antipasti 5 €, Primi 6–7 €, Secondi um 10 €. Bei der zentralen Piazza Santa Maria della Valle gelegen, außerhalb der Hochsaison Mo/Di geschlossen. Via Roma 15, ✆ 0864/74345.

Ristorante La Fonte, neben der alten Fontana Sarracco. Gemütliches Lokal im Herzen von Scanno, gute abruzzesische Küche, Menü 25–28 €. Mi geschlossen. Via Fontana Sarracco 3, ✆ 0864/747390.

La Volpe e l'Uva, gemütliche Enoteca an der zentral gelegenen Piazza San Rocco, zu hunderten von Weinen kann man leckere Kleinigkeiten ordern. Leider nur Fr–So geöffnet.

Sulmona

ca. 24.000 Einwohner

Hübsche Provinzstadt, eingebettet zwischen hohe Berghänge, Geburtsort des römischen Dichters Ovid. Das mittelalterliche Zentrum ist klein und kompakt. Ideal zum Bummeln ist der lange, zentrale Corso Ovidio mit zahlreichen Konfektläden – Sulmona ist berühmt für seine Süßigkeiten namens „confetti".

Am Corso stehen die Barockkirche *Santa Maria Annunziata* und der gleichnamige Renaissancepalast mit dem *Museo Civico* (archäologische Funde aus vorrömischen Zeiten bis zum Mittelalter) und einer benachbarten römischen Villa, die bei Restaurierungsarbeiten am Palazzo ans Licht gelangten. Die benachbarte Piazza XX Settembre ist der zentrale Treffpunkt der Stadt, geschmückt von der Statue des Ovid. In den engen Seitengassen findet man niedrige Palazzi und diverse Kirchen. An der großen Piazza Garibaldi findet der tägliche Vormittagsmarkt statt, die *Fontana del Vecchio* wurde früher durch den großen mittelalterlichen *Aquädukt* gespeist, der den Platz begrenzt. Schließlich kann man das *Museo e Fabrica Confetti Pelino* besichtigen, Via Introdacqua 55, seit über hundert Jahren Garant für feinste Confetti (beschildert).

- *Öffnungszeiten/Eintritt* **Museo Civico**, zuletzt wegen Restaurierung geschlossen, Näheres im Info-Büro der Comune.

Domus Romana, Di–Sa 10–13 Uhr, Eintritt frei.

Museo dell'arte e della Tecnologia Confetteria, Mo–Sa 8–12.30 Uhr und 15–18 Uhr, So geschl., Eintritt frei.

• *Anfahrt/Verbindungen* Sulmona liegt an der Bahnlinie Rom – Pescara, Bahnhof 1,5 km außerhalb vom Zentrum, von dort fahren Busse in die Stadt zum Corso Ovidio.

• *Information* Info-Büro der Comune im Palazzo Annunziata am Corso Ovidio, im Sommer tägl. 9–13 Uhr und 16–20 Uhr, ✆ 0864/210216.

I.A.T.-Büro, Corso Ovidio 208, im Sommer Mo–Sa 9–13 Uhr und 16–19 Uhr, So 9–13 Uhr, im Winter Mo–Fr 9–13 Uhr und 15–18 Uhr, Sa 9–13 Uhr, ✆ 0864/53276.

• *Übernachten* *** **Stella**, Via Panfilo Mazara 18, Seitengasse des Corso Ovidio, gegenüber einer Kirche, frisch renoviert, im EG Ristorante und Enoteca, EZ 40 €, DZ 60 €, Frühstück inkl. ✆/✆ 0864/52653.

** **Italia**, Piazza Tommasi 3, inmitten der engen Altstadtgassen bei der Piazza XX Settembre, 250 Jahre altes Haus, seit 1897 Hotel. Fassade mit wildem Wein überwachsen, Travellerherberge mit einfachen Zimmern, freundlicher Besitzer. DZ mit Bad ca. 47–55 €. ✆ 0864/52308.

• *Essen & Trinken* **Ristorante Gino**, unser **TIPP!** Freundlicher Familienbetrieb, sehr gute Küche, mittleres bis leicht gehobenes Preisniveau, gute Weine, freundliche Stimmung. Leider nur mittags geöffnet. So geschlossen, Piazza Plebiscito 12, ✆ 0864/52289.

Mafalda, Via Solimo 20, seitlich des Corso Ovidio, modernes Restaurant in historischem Palazzo, schön restaurierter Innenraum, daneben Innenhof. So geschl.

Ein paar Schritte weiter an der Piazza Solimo das hübsch gelegene **Cesidio**. Mo geschl.

Ovid in Denkerpose

• *Shopping* **Confetti**, das sind Mandeln mit Zuckerglasur und Kakao bestäubt, farbenfoh bemalt und in Form von Blumensträußen angeboten, z. B. bei **Di Carlo**, Corso Ovidio 265.

▸ **Sulmona/Umgebung**: Eine wunderschöne Bergtour ist die Fahrt durch das *Majellagebirge (Montagna della Majella)* hinauf nach *Pacentro* mit seinem turmbewehrten Kastell und weiter über den Passo San Leonardo (1282 m) nach *Caramánico Terme* (→ S. 554), von dort Richtung Pescara auch zur Autobahn. Weithin bekannter Essenstipp in Pacentro ist die „Taverna dei Caldora" mit ihrer schönen Panoramaterrasse an der Piazza Umberto I (So abends und Di geschl.).

Archäologische und historische Funde im Molise

Isernia: Von Sulmona die SS 17 nach Süden nehmen. Kurz hinter der Grenze zur Region Molise kommt man in diese geschäftige Provinzstadt. 1979 machte man hier beim Bau der Superstrada von Neapel nach Vasto eine sensationelle Entdeckung: eine mehr als 700.000 Jahre alte Siedlung aus dem Paläolithikum, die zu den ältesten je entdeckten Zeichen menschlicher Zivilisation in Europa gehört. „Homo

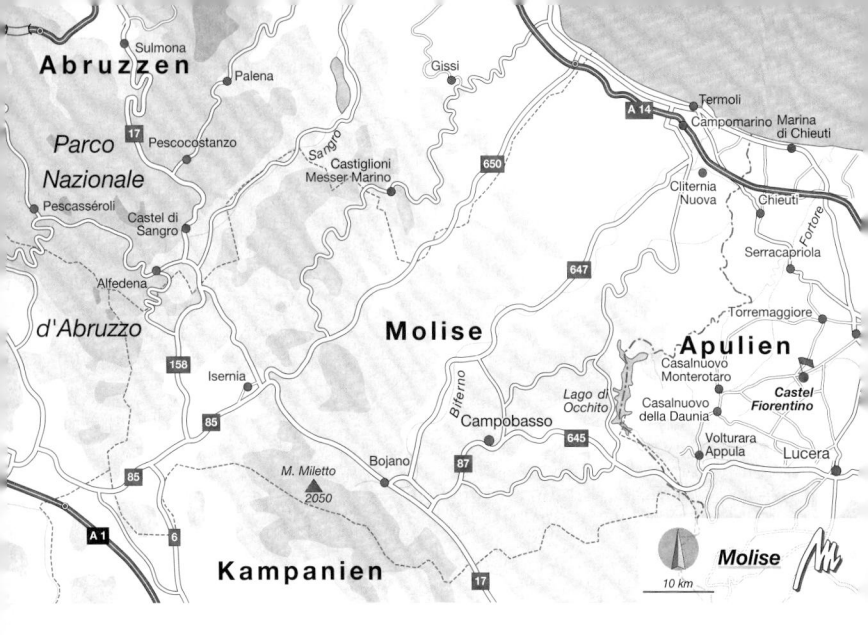

Aeserniensis" nannte man den hier wohnhaften Urahn der Menschheit, von dem selber allerdings bisher noch keine Überreste gefunden wurden. Die Funde sind im kleinen, modernen *Museo Nazionale Santa Maria delle Monache* neben einem ehemaligen Benediktinerkloster am Corso Marcelli 48 zu betrachten, darunter Steinwerkzeuge, Habseligkeiten, Waffen und Tierknochen, außerdem archäologische Stücke aus anderen Epochen. Ein neues Paläontologisches Museum soll in den nächsten Jahren an der Fundstelle „La Pineta" eröffnet werden (✆ 0865/413526).

Öffnungszeiten/Eintritt **Museo Nazionale Santa Maria delle Monache**, Di–So 8.30–19 Uhr, Eintritt 2 €.

Information **APT**, Via Farinacci 9, Nähe Bahnhof. ✆ 0865/3992, ✉ 50771.

▶ **Isernia/Umgebung**: Knapp 30 km nordwestlich liegt die *Abbazia di San Vicenzo al Volturno*, eine ehemalige Benediktinerabtei aus dem 9. Jh., die heute von amerikanischen Nonnen geführt wird. Einzigartig ist die Krypta, denn sie ist mit einem ganzen Zyklus von teilweise gut erhaltenen, byzantinischen Fresken aus dem 9. Jh. bedeckt.

Öffnungszeiten/Eintritt **Abbazia di San Vicenzo**, tägl. 9–12 Uhr und 15–17 Uhr, Eintritt frei.

▶ **Saepinum**: Die SS 17 in derselben Richtung weiter nach Süden passiert die einsamen *Monti del Matese* im Grenzgebiet zu Kampanien. Weitab von den gängigen Touristenpfaden liegt hier nahe der Straße bei Altilia die altrömische Provinzstadt *Saepinum*. Errichtet wurde sie seit 293 v. Chr. auf den Trümmern einer Siedlung der Samniten, eines frühitalischen Volkes, das die Römer in einer Reihe von blutigen Kriegen unterwarfen. Ihre isolierte Lage hatte ein wichtige Folge: Die Siedlung wurde über Jahrhunderte völlig „übersehen" und ist deswegen bemerkenswert gut erhalten – das typische Bild einer großen römischen Provinzstadt. Erhalten sind Teile der langen Stadtmauer mit vier Toren und zahlreichen Bastionen, außerdem original gepflasterte Straßenzüge, das Forum, eine Basilika, Theater, Thermen und zahlreiche Wohnhäuser.

Öffnungszeiten/Eintritt **Saepinum**, ständig geöffnet, Eintritt frei.

TOSKANA

TOSCANA

SCHÖNE ORTE: Florenz (S. 576), Siena (S. 624), Pisa (S. 642), San Gimignano (S. 619), Arezzo (S. 608), Lucca (S. 602), Pistoia (S. 600), Prato (S. 599), Massa Marittima (S. 656), Pitigliano (S. 636), Volterra (S. 622), Cortona (S. 612), Montepulciano (S. 633).

LANDSCHAFTLICHE HÖHEPUNKTE: das Chianti-Gebiet (S. 614) zwischen Florenz und Siena; die Erosionslandschaften der Crete Senesi südlich von Siena (S. 633); der Parco Naturale della Maremma (S. 659) und der Monte Argentario an der Küste (S. 660); die Berge des Pratomagno nördlich von Arezzo (S. 608); der Monte Amiata im Süden (S. 635).

KULTURELL INTERESSANT: Florenz – Dom, Uffizien, Klöster und Kirchen, Medici-Kapellen, Bargello (Museum) u. v. m. (S. 576); Siena – Piazza del Campo, Dom (S. 624); San Gimignano – Geschlechtertürme (S. 619); Arezzo – Fresken von Piero della Francesca (S. 608).

KURIOS: der Schiefe Turm von Pisa (S. 642); Prato, die Lumpenstadt (S. 599); die Schwefelquellen von Saturnia (S. 637); die „Balze" (Erdabbrüche) von Volterra (S. 624); der Parco di Pinocchio in Collodi (S. 601).

BADEN: am schönsten auf der Insel Elba (S. 664). An der Festlandsküste gibt es zahlreiche Strände, die im Sommer überfüllt sind – schön z. B. bei Populonia (S. 654) und San Vincenzo (S. 653).

EHER ABZURATEN: Weite Teile der Küste, Florenz im August.

Ein Muss für jeden Kunstliebhaber: Florenz

Toskana Toscana

Die bekannteste Region des Stiefels – für viele der Inbegriff italienischer Landschaft und Kultur. Namen wie Florenz, Siena, Pisa und San Gimignano haben einen geradezu magischen Klang und locken alljährlich riesige Besucherscharen aus ganz Europa. Wer sich für Kunst und Geschichte interessiert, findet ein Eldorado – nicht selten aber auch brechend volle Innenstädte, Blechlawinen und maßlos überzogene Preise.

Abseits der Städte lockt ein endlos-grünes Hügelland wie aus dem Bilderbuch – schlanke Zypressen, blumenübersäte Wiesen, kurvenreiche Straßen und herrliche Panoramen. Während überlaufene Metropolen wie Florenz und Siena schnell die Nerven strapazieren, kann man in Dutzenden von kleinen Renaissance- und Mittelalterstädtchen noch Beschaulichkeit finden, vor allem im kaum bekannten Süden der Toskana. Auch zum Wandern und Fahrrad Fahren sind die sanften Hügel bestens geeignet.

Doch Toskana bedeutet keineswegs nur Idylle – es gibt auch die stark industrialisierte Toskana mit verschmutzen Flüssen und zersiedelten Landschaften (im Arnotal und westlich von Florenz Richtung Küste), die kargen, erosionsgefährdeten Gebiete im Süden (um Volterra und südlich von Siena), die stillgelegten Minen der Colli Metallifere um Massa Marittima und die einsamen Bergregionen des Pratomagno und des Monte Amiata. Die toskanische Küste fällt gegenüber dem Inland deutlich ab: An den langen Sandstränden reiht sich ein Badeort an den anderen – Rummel à la Rimini, Stop-and-go-Verkehr, kostenpflichtige Badeanstalten und endlose Sonnenschirmparaden. Dann schon eher nach *Elba* übersetzen, auf die drittgrößte Insel Italiens, wo das Baden noch Spaß macht und üppige Vegetation vorherrscht. In der Nebensaison kann man sich auch auf der kleinen *Isola del Giglio* prächtig erholen.

Toskana

Im Mittelalter und in der beginnenden Neuzeit entstanden in der Toskana zahlreiche unabhängige Stadtrepubliken, die sich gegenseitig zu übertreffen suchten. Die bedeutendsten Künstler der Zeit entwarfen und schmückten ihre öffentlichen Bauten und Kirchen – Michelangelo, Donatello, Botticelli, Brunelleschi, Ghiberti und Piero della Francesca (um nur wenige zu nennen) haben hier einige ihre bedeutendsten Werke geschaffen. In Florenz entstand unter dem Mäzenatentum der Medici der neue Kunststil der *Renaissance*, der viele Städte tief greifend veränderte.

Anfahrt/Verbindungen

- *PKW* **Florenz** liegt im Norden der Toskana an der Autobahn A 1 von Bologna und Rom und ist zentraler Verkehrsknotenpunkt. Wer von Norden anreist, durchquert zwischen Bologna und Florenz den **Apennin**. Die Autobahn ist hier sehr bergig und kurvig, mit vielen Tunnels – nur ausgeruht fahren. Auf der Autobahn A 11 kommt man von Florenz schnell nach **Viareggio**, **Pisa** und zur Küste. Zwischen Florenz und **Siena** verläuft der autobahnähnliche Racordo (gebührenfrei), von Florenz nach **Arezzo** geht die A 1 durchs Tal des Arno (Valdarno).

Zwischen Bologna und Florenz entsteht derzeit eine **Parallelautobahn**, um die verkehrsgeplagte A 1 zu entlasten. Die neue Abzweigung zwischen Sasso Marconi und Barberino di Mugello wird 60 km lang sein.

Die Staatsstraßen sind oft sehr schmal und kurvig, führen aber häufig durch wunderschöne Hügellandschaften, z. B. die SS 222 von Florenz durchs **Chianti-Gebiet** nach Siena und die SS 2 von Siena zum **Lago di Bolsena** (Latium).

- *Bahn* **Florenz** ist Bahnknotenpunkt an der wichtigsten italienischen Bahnstrecke, der Direttissima, die von Mailand über Bologna und Florenz nach Rom führt. Zwischen Bologna und Florenz wird der **Apennin** durchquert – landschaftlich schön, allerdings viele Tunnels. Weite Teile der Toskana sind nicht ans Bahnnetz angeschlossen, vor allem die hügligen Gebiete um Volterra, das Chianti-Tal und der Pratomagno. Gute Verbindungen gibt es auf der **Küstenlinie** La Spezia-Livorno-Rom und von Florenz nach **Arezzo**, **Pisa**, **Lucca** und **Livorno**. Nach Siena und Volterra gehen nur Nebenlinien, San Gimignano besitzt keinen Bahnanschluss.

Übernachten

Dank des ständig wachsenden Tourismus ist die Gastronomie auf hohem (preislichem) Niveau. Die Küste und die bekannten Kulturstädte sind mit **Hotels** gut ausgestattet, auch **Campingplätze** und **Jugendherbergen** gibt es in den meisten Touristenstädten des Inlands, z. B. Florenz, Lucca, Pisa, Arezzo, Cortona, Siena, San Gimignano, Volterra, Massa Marittima und Livorno. Schwierig ist die Situation in **Florenz**. Die Geburtsstadt der Renaissance ist – abgesehen vom Winter – praktisch immer überlaufen; ein geeignetes Hotelzimmer zu finden ist reine Glückssache. Die weniger bekannten, aber nicht minder hübschen Orte (vor allem im Süden) verfügen oft nur über eine Handvoll Unterkünfte, die aber selten ausgebucht sind.

Privatzimmer in der gesamten Toskana können gebucht werden über: **Associazione A.G.A.P.**, Via dei Neri 9, 055/284100, www.agap.it.

Essen & Trinken

Die toskanische Küche ist ihrem Ursprung nach einfache „Hausmannskost" und kommt mit wenig Soßen oder Gewürzen aus. Der Eigengeschmack der Grundstoffe ist entscheidend, höchstens ein paar Tropfen Olivenöl dienen zur Verfeinerung. Man findet diese Art des Kochens am ehesten in einfachen Osterie und Trattorie, nicht in den Dreisterne-Restaurants von Florenz oder Siena. Generell hat der überdurchschnittliche Tourismus jedoch viele Eigenarten verwässert und die Preise oft in astronomische Höhen getrieben.

Das toskanische Rindfleisch gilt als das

Fosdinovo
Castelnuovo
Carrara
Colonnata
Luni
Massa
Marina di Carrara
Marina di Massa
Cinquale
Forte dei Marmi
Seravezza
Pietrasanta
Camaiore
Marina di Pietrasanta
Lido di Camaiore
Viareggio
Torre del Lago Puccini
Parco Naturale Migliarino-S. Rossore-Massaciuccoli
Macchia di Migliarino
Migliarino
A L P I A P U A N E
V E R S I L I A
G A R F A G N A N A
Poggio
Vagli Sopra
Pieve Fosciana
Castelnuovo di Garfagnana
Bot. Garten
Culaccio
Grotta d. Vento
Fornovolasco
Pontestazzemese
Nocchi
Barga
Coreglia Antelminelli
Gallicano
Calavorno
F. Serchio
Bagni di Lucca
Chifenti
Borgo a Mozzano
Modena
Bologna
San Marcello Pistoiese
Sammommè
Pistoia
Serravalle Pistoiese
Montecatini Alto
Montecatini Terme
Pescia
Collodi
T. Pescia
Monte Albano
Poggio a Caiano
Vinci
Nave
Massaciuccoli
Lucca
Pontetetto
Vecchiano
San Giuliano Terme
Monte Pisano
Mte. Serra 917
Buti
Pisa
Cascina
F. Arno
Marina di Pisa
Pontedera
Ponsacco
Fucecchio
Sta. Croce sull'Arno
Empoli
Montelupo Fiorentino
San Miniato
Fontanella
Certaldo
Peccioli
Casciana Terme
Terricciola
Livorno
Antignano
Torre d. Boccale
Villa del Romito
Via Aurelia
San Gimignano
Vicarello
Volterra
Mte. Voltraio 458
Rosignano Marittimo
Castiglioncello
Rosignano Solvay
Cecina
Marina di Cecina
Pomarance
Bibbona
Marina di Bibbona
San Dalmazio
Bolgheri
M A R E M M A P I S A N A
C O L L I N E M E T A L L I F E R E
Marina di Castagneto
Castagneto Carducci
Terme d. Bagnolo
Lago Boracifero
Galleraie
Chiusdino
Rocca di S. Silvestro
San Vincenzo
Massa Marittima
Campiglia Marittima
Golfo di Baratti
Populonia
Tombe Etrusche
Salivoli
Riotorto
Marina di
A 12
A 11

Toskana – Der Norden
(Anschlusskarte 2: siehe Seite 616/617)

vorzüglichste in Italien und stammt im besten Fall von Rindern aus dem saftig-grünen Chiana-Tal. **Bistecca** (Beefsteak) oder **costata** (Rippenstück) **alla Fiorentina** ist eine der bekanntesten Florentiner Spezialitäten: gut abgehangenes Fleisch mit wenig Fett, auf dem Holzkohlengrill rosa gebraten. **Arista alla Fiorentina** ist gebratener Schweinerücken und wird mit Knoblauch, Rosmarin und Nelken gewürzt. Eine weitere typische Spezialität aus Florenz sind **trippa alla Fiorentina**, zu deutsch „Kutteln", in Bouillon mit Kräutern geschmort und mit geriebenem Parmesan serviert. Arezzo ist bekannt für die saftigen **Schinken** aus dem Casentino-Tal, das Arnotal für seine Hühner – **pollo alla Fiorentina** sind gut gewürzte und goldgelb frittierte Hühnerfleischstückchen.
Die Fischsuppe **cacciucco** stammt ursprünglich aus Livorno, beherrscht aber inzwischen die gesamte toskanische Küste. Man verwendet dafür ein Vielerlei aus Fischresten, Krabben, Tintenfischen, Schalentieren u. Ä., die in einem fein abgeschmeckten Sud schwimmen. In Pisa gibt es **le cèe**, junge, noch blinde Aale aus dem Arno, ausgebacken in Öl, Salbei und Knoblauch.

Als Primi kommen traditionell eher **minestre** (Suppen) oder **risotti** auf den Tisch, weniger Nudelgerichte. Aber natürlich findet man auch in der Toskana inzwischen alle erdenklichen Pastavariationen. Die **ribollita** („wieder aufgewärmt") genannte Suppe verwendet vielerlei verschiedene Gemüse und Fleisch, ursprünglich verarbeitete man in ihr die Reste vom Sonntagsessen. Bezüglich Gemüse spielen besonders **fagioli** (weiße Bohnen) eine große Rolle. Sie werden in Kombination mit zahlreichen Speisen verwendet – als Antipasti, in Suppen, mit Reis, mit Nudeln, mit Bistecca, Thunfisch u. a. m.
Olivenöl aus Lucca gilt neben dem aus Ligurien als das beste in Italien. **Panforte**, einen festen Kuchen aus kandierten Früchten und Mandeln, kann man zum Nachtisch kosten.
Auch der berühmteste aller italienischen Weine stammt aus der Toskana: der **Chianti**. „Chianti classico" darf sich allerdings nur der Wein nennen, der aus gesetzlich festgelegten Anbaugebieten zwischen Florenz und Siena stammt, der schwarze Hahn am Flaschenhals (Gallo Nero) ist sein Erkennungszeichen.

Florenz

Firenze • ca. 390.000 Einwohner

Eine der großen Kunststädte Italiens. Die Altstadt drängt sich dicht an das Ufer des trüben Arno. Ende des 15. Jh. wurde hier unter der Herrschaft der Medici die Renaissance geprägt, aber Florenz ist auch ein bedeutendes Zentrum mittelalterlicher Architektur. Auf Bauwerke beider Epochen stößt man überall: Von außen eher schlicht, sind sie innen umso prunkvoller ausgestattet.

Rom, Venedig und Florenz sind die wichtigsten Städte, um einen Einblick in italienische Vergangenheit und Kunst zu gewinnen. Ein wenig verblasst Florenz neben den beiden anderen – und es gibt auch lieblichere Orte in der Toskana. Florenz ist nüchtern – seine Paläste wirken streng und ähneln oft eher Festungen als Prunkbauten. Dem Besucher wird jedoch einiges geboten: Kammermusik in altehrwürdigen Palästen, Jazzkonzerte auf historischen Plätzen und am Fluss unter den Gewölben des Uffizien-Palastes warten Porträtmaler auf Kundschaft. Neben Mailand gilt Florenz als Modehauptstadt Italiens – was Rang und Namen hat unter den Designern, ist vertreten. Ein Eldorado für Schmuckkäufer ist der Ponte Vecchio, die älteste Brücke von Florenz. Viele kleine Juweliergeschäfte dicht an dicht bilden auf der Brücke eine Ladengasse. Weiter außerhalb lockt die grüne Hügellandschaft mit jahrhundertealten Sommervillen. Wer Sinn für Geschichte und Kunst mitbringt, Hitze, Staub und Autos gewöhnt ist, wird in Florenz immer wieder Interessantes kennen lernen: Fast ein Jahrhundert lang war die Stadt das „geistige Zentrum" des Abendlandes. Es entstanden Humanismus und Renaissance – und der Kapitalis-

Florenz/Reisepraktisches 577

mus, der hier seine ersten Blüten trieb. Die Bankiers der Medici überspannten den Kontinent mit einem Netz von Bankfilialen und Handelsniederlassungen, Hand in Hand mit der päpstlichen Weltmacht. Gleichzeitig ließen sie die Stadt zur bedeutendsten Kunststadt der damaligen Welt ausbauen.

Heute leben über 600.000 Menschen im Großraum Florenz, die Bevölkerung in der Innenstadt nimmt aber – bedingt durch überhöhte Immobilienpreise und Mieten, Smog und Straßenlärm – ständig ab. Der Tourismus boomt, derzeit kommen jedes Jahr mehr als drei Millionen Besucher. Diese Entwicklung hat die Preise in schwindelerregende Höhen getrieben – mit parallel dazu deutlich nachlassendem Bemühen um die Qualität der Dienstleistungen. Die Museumspreise wurden in den letzten Jahren verdoppelt, die Ristoranti haben auf Massenabfertigung umgestellt, der Normal-Florentiner kann die Mieten in der Innenstadt nicht mehr zahlen und überlässt internationalen Ladenketten das Feld – „big business" und der touristische Massenbetrieb haben viel von dem zerstört, was frühere Generationen in der Geburtsstadt der Renaissance bezaubert hat. Erfreulich ist immerhin, dass inzwischen fast das gesamte historische Zentrum für den Autoverkehr gesperrt wurde.

Anfahrt/Verbindungen

- *Flug* Der Flughafen **Amerigo Vespucci** liegt im Vorort Perètola, einige Kilometer nordwestlich vom Zentrum. SITA u. ATAF-Busse fahren zwischen 6.30 und 20 Uhr alle 30 Min. von und zum Hauptbahnhof. ✆ 055/3061700702, www.aeroporto.firenze.it.
- *Zug* Der Hauptbahnhof **Stazione Santa Maria Novella** liegt zentrumsnah. Hier stoppen alle nationalen und internationalen Fernreisezüge, z. B. Basel-Mailand-Rom und München-Bologna-Rom. Außerdem gute Verbindungen nach Venedig und Genua, Arezzo und Perugia, Nahverbindungen über Empoli nach Pisa und Siena.
Gepäckaufbewahrung am Bahnsteig 16, tägl. 6–24 Uhr, pro Gepäckstück ca. 4 €;
Zimmervermittlung bei ITA am Ostausgang der Haupthalle (→ Übernachten).

Nachts von 1.30 bis 4.15 Uhr ist der Bahnhof geschlossen.

- *Bus* Alle Terminals für Stadt- und Überlandbusse liegen links und rechts vom Bahnhof.
LAZZI (ww.lazzi.it), Piazza Adua 4–6r, Busse nach La Spezia, Livorno, Lucca, Pisa, Pistoia und Viareggio.
SITA (www.sita-on-line.it), Via Santa Caterina da Siena 15r, Assisi, Bologna, Camaldoli, Casentino, Chianciano Terme, Colle Val d'Elsa, Greve, La Verna, Massa Marittima, Montevarchi, Perugia, Piombino, Poggibonsi, Siena, Volterra.
COPIT (www.copitspa.it) & **CAP** (www.cap autolinee.it), Largo Fratelli Alinari 9, Pistoia, Prato.

Karte S. 574/575 und 616/617 **Toskana**

Unterwegs in Florenz

Am besten zu Fuß, die meisten Sehenswürdigkeiten liegen nicht allzu weit auseinander. Vom Bahnhof zum Dom sind es nur knapp 10 Min. Die Orientierung wird etwas erschwert durch die unterschiedlichen Hausnummern: Rote (Geschäfte und Restaurants) und schwarze (Privathäuser und Hotels) Nummern laufen kreuz und quer. Rote Nummern sind im Folgenden durch „r" gekennzeichnet.

- *Stadtbusse* Die orangen **ATAF-Busse** lohnen nur für längere Strecken, großer Terminal am Ostausgang vom Bahnhof. Standardticket (gilt 60 Min.) kostet ca. 1 €, 3-Std.-Ticket 2 €, 24-Std.-Pass ca. 4,50 €, 2-Tagesticket ca. 7,60 €, 3-Tagesticket 9,60 €, Wochenticket 16 €. Tickets immer vor der Fahrt besorgen – im ATAF-Kiosk vor dem Bhf.-Osteingang, in Tabacchi-Läden und an Automaten. Tages-/Wochenkarten sind nur im ATAF-Kiosk am Bhf. erhältlich. Tickets bei Fahrtbeginn entwerten. In den Infobüros sind gute Netzpläne erhältlich.

- *Fahrrad* Verleih u. a. bei **Alinari**, Via Guelfa 85r, ✆ 055/280500.

- *Taxi* **Standplatz** vor dem Bahnhof. ✆ 055/4390, 4798.
- *Eigenes Auto* Die erweiterte Innenstadt ist **Zona di Traffico Limitato**, d. h. für die Anwohner reserviert. Anfahrt zum Hotel zwecks Ablieferung von Gepäck ist möglich, offiziell allerdings nur mit einem Buchungsbeleg in der Tasche.
- **Parken**: Es empfiehlt sich, den Wagen auf einem bewachten Parkplatz außerhalb der Altstadt abzustellen. Die größten Parkplätze sind **Piazzale della Libertà** (Autobahnabfahrt Prato-Calenzano) und **Porta Romana** (Autobahnausfahrt Firenze Signa). Parkgebühren ca. 15 € für 24 Std., in die Innenstadt ca. 15 Min. zu Fuß. **Parkhäuser** gibt es mehrere in der Innenstadt, z. B. eine riesige Tiefgarage beim Bahnhof, hier sind die Tarife allerdings sehr hoch. Gute Parkinfos, allerdings nur auf Italienisch, unter www.firenzeparcheggi.it.
Wichtig: Jeder Straßenzug wird einmal pro Woche zu nächtlicher Stunde gereinigt. Beachten Sie das Schild „**pulizia strada**" mit der Angabe des Wochentags. Wer dennoch parkt, findet seinen Wagen irgendwo bei der Stadtpolizei wieder (Abschleppgebühren: ca. 100 €), vielleicht aber auch in einer (bereits gereinigten) Nebenstraße.

Information

APT, 1) Piazza Stazione 4, gegenüber dem Südausgang (Hauptausgang), hinter der Kirche Santa Maria Novella. Ganzjährig Mo–Sa 8.30–19, So 8.30–14 Uhr. ✆ 055/212245, ✉ 2381226.
2) Via Cavour 1r (Nähe Galleria dell'Accademia), Mo–Sa 8.15–19.15, So 8.30–13.45 Uhr. ✆ 055/290832, ✉ 2760383.
3) Borgo Santa Croce 29r, ganzjährig Mo–Sa 9–19, So 9–14 Uhr. ✆ 055/2340444, ✉ 2264524.
4) Flughafen, tägl. 7.30–23.30 Uhr. ✆ 055/315874.
Internet: www.firenzeturismo.it.
Internetzugang: „Internet Train", zahlreiche Filialen, z. B. Via dell'Oriulo 25r und Via Guelfa 24a; „Cyber Office", Via San Gallo 4r; „Café Area 51", Via U. della Fagiola 30 (Firenze Sud), multimediales Café, sehr trendy.

Übernachten (siehe Karte S. 580/581)

Florenz hat sehr hohe Hotelpreise, doch liegen sie immerhin noch unter denen von Venedig und Rom. Trotz des riesigen Angebots von einigen hundert Hotels aller Kategorien ist es besonders in der unteren und mittleren Preisklasse nicht immer einfach, eine Unterkunft zu finden. Sinnvoll ist es deshalb (zumindest in der warmen Jahreszeit), wenigstens einen Monat im Voraus zu buchen. Im Winter gibt es oft erhebliche Preisnachlässe. Die APT–Büros haben vollständige Listen von Hotels und Privatzimmern, letztere werden allerdings meist nur für Aufenthalte von mindestens einer Woche vermietet.
In der Altstadt findet man gelegentlich Unterkünfte in aufwendigen Kaufmannshäusern mit riesigen Zimmern, Stuckarbeiten und antiken Möbeln. Ruhige Hotels, meist solche der gehobenen Preisklasse, liegen in den Villenvororten auf den Hügeln rund um Florenz, den „Colli fiorentini". Preiswerte Pensionen konzentrieren sich hauptsächlich im Bahnhofsviertel: um die Piazza Santa Maria Novella und in den Straßen Via Fiume, Via Faenza, Via Nazionale sowie Via Guelfa.

*** **Pendini (20)**, an der Piazza Repubblica in den oberen Stockwerken eines Monumentalbaus (Ende 19. Jh.). Ein Teil der gepflegten Zimmer mit Blick auf die Piazza, spiegelnder Parkettboden, jedes Zimmer mit einer kleinen Hausbar, halbbarockes Mobiliar. Die anderen Zimmer etwas trist zum dunklen Innenhof. DZ ca. 120–160 €. Via Strozzi 2, ✆ 055/211170, ✉ 281807, www.florenceitaly.net.
*** **Porta Rossa (28)**, eine der ältesten Herbergen der Stadt (14. Jh.). Die vielen Umbauten während der vergangenen Jahrhunderte haben ein interessantes Stilgemisch bis zur Jahrhundertwende geschaffen. In den meist geräumigen Zimmern kann man sich wohl fühlen. Relativ ruhig, zentral in einer engen Gasse gelegen. DZ ca. 140–170 €. Via Porta Rossa 19 (Seitengasse der Via de'Tornabuoni), ✆ 055/287551, ✉ 282179, www.hotelportarossa.it.
*** **Annalena (45)**, südlich vom Arno, ca. 5 Min. vom Pittipalast, verwinkeltes Haus mit niedrigen Holzdecken. Die Zimmer meist

Florenz/Reisepraktisches

Reservierung/Zimmervermittlung

Alle lizenzierten Hotels sind im Internet unter **www.firenze.turismo.toscana.it** und im **Guida all'ospitalità** des APT zu finden. Eine zunehmende Anzahl verfügt über Website und E-Mail und kann direkt gebucht werden.
Vermittlungsbüros: **Florence Promhotel**, Viale A. Volta 72, ✆ 055/570481 (in Italien gebührenfreie Nummer 167-866022), ✆ 555587189, www.promhotels.it. **Top Quark/Family Hotel**, Via Trieste 5, ✆ 055/4620080, ✆ 482288, www.emmeti.it/topquark. Oft wird eine Anzahlung per Postanweisung oder Scheck erwartet oder die Nummer Ihrer Kreditkarte wird zur Abrechnung Ihrer Buchung benutzt.
Per Auto: Zimmervermittlung an der letzten Raststätte vor Florenz (aus Richtung Bologna kommend), **Area di Servizio AGIP Perètola**, außerdem an der Autobahnraststätte **Chianti Est**.
In Florenz: Reservierungsbüro **Consorzio ITA** im Hauptbahnhof, tägl. ca. 9–21 Uhr, meist lange Warteschlangen, Vermittlung gegen Gebühr von ca. 3–8 € (je nach Kategorie), ✆ 055/282893. Private Vermittler, die auch anwesend sind, offerieren Alternativen.

---

mit Blick auf den Giardino di Boboli oder in den alten Klostergarten, der noch vor einigen Jahren für Pensionsgäste zugänglich war (jetzt Gärtnerei). DZ ca. 120–166 €. Via Romana 34, ✆ 055/222402, ✆ 222403, www.hotelannalena.it.

** Azzi – Locanda degli Artisti (3), zwölf im alten Stil eingerichtete Zimmer, im Aufenthaltsraum Kamin, Blick auf den Garten, nette Atmosphäre, beliebt bei Künstlern. DZ ca. 80–130 €. Via Faenza 56 (Nähe Bahnhof), ✆ 055/213806, ✆ 213613, www.hotelazzi.it.

** Monica (1), ebenfalls Nähe Bahnhof. Renoviert, klein, freundlicher Inhaber, Parkplatz. Sogar eine Terrasse zum draußen Sitzen gibt es im 1. Stock. DZ ca. 110–140 €. Via Faenza 66, ✆ 055/283804, ✆ 281706, www.hotelmonicafirenze.it.

** Casci (6), in Domnähe. Gut geführtes Haus aus dem 15. Jh., die Besitzerin ist Schweizerin. Die meisten Zimmer nicht zu lauten Straße hinaus. DZ mit Frühstück ca. 100–140 €. Via Cavour 13, ✆ 055/211686, ✆ 2396461, www.hotelcasci.com.

** Alessandra (31), zentrale Lage, große, weiß gekalkte Zimmer in den oberen Etagen. Schwere, geschmackvolle Holzmöbel. DZ ca. 110–145 €. Borgo Santi Apostoli 17 (Quergasse zur Via de'Tornabuoni), ✆ 055/283438, ✆ 210619, www.hotelalessandra.com.

* Giselda (5), gleich an der Westseite des Bahnhofs, acht Zimmer, sauber. DZ ca. 90–115 €. Via Luigi Alamanni 5, ✆ 055/287421, ✆ 214456.

* Sorelle Bandini (42), direkt an der belebten Piazza Santo Spirito, mitten im Oltrarno-Viertel südlich des Arno. Historische Atmosphäre im obersten Stockwerk eines altehrwürdigen Palazzo aus dem 15. Jh. Fantastische Loggia mit kuscheligen Korbstühlen und Blick auf die Piazza tief unten und weit über die Dächer. Vom Speiseraum und einigen Zimmern Blick auf die Innenstadt. Nachteil: der relativ hohe Preis. DZ ca. 120 €. Piazza Santo Spirito 9 ✆ 055/215308, ✆ 282761.

● *Preiswert* Im Stadtviertel östlich neben dem Bahnhof in den Straßen **Via Fiume**, **Via Faenza**, **Via Nazionale** und **Via Guelfa** sind in manchen Häusern bis zu fünf Pensionen untergebracht, allerdings oft von Dauermietern belegt. Ebenso gibt es um die **Piazza Santa Maria Novella**, gegenüber vom Bhf., einige einfache Unterkünfte.

* Giacobazzi (10), kleine, ruhige Pension, einige Zimmer mit Blick auf den Dom. DZ ca. 70–87 €. Piazza Santa Maria Novella 24. ✆ 055/294449, ✆ 2302263.

* Ottaviani (15), einfache, saubere Pension wenige Schritte von der Piazza Santa Maria Novella, am Beginn der Via de'Fossi. DZ ca. 60–70 €. Piazza degli Ottaviani 1, ✆ 055/2396223, ✆ 293355.

* Scoti (26), zentrale Lage mitten in der Shoppingzeile, geschmackvoll eingerichtet, im Aufenthaltsraum ein großes Wandgemälde des 18. Jh. Zimmer geräumig, aber ohne eigenes Bad. DZ mit Etagendusche ca. 60–75 €. Besitzer sprechen Englisch. Via de'Tornabuoni 7, ✆/✆ 055/292128, www.hotelscoti.com.

* Dali (16), schöne Lage in einer kleinen Gasse hinter dem Dom. Freundlich geführt, nett eingerichtete Zimmer mit Kühlschrank, nach innen sehr ruhig. Im Hof Parkmöglichkeit.

Toskana — Karte S. 574/575 und 616/617

Cafés/Bars/Nachtleben

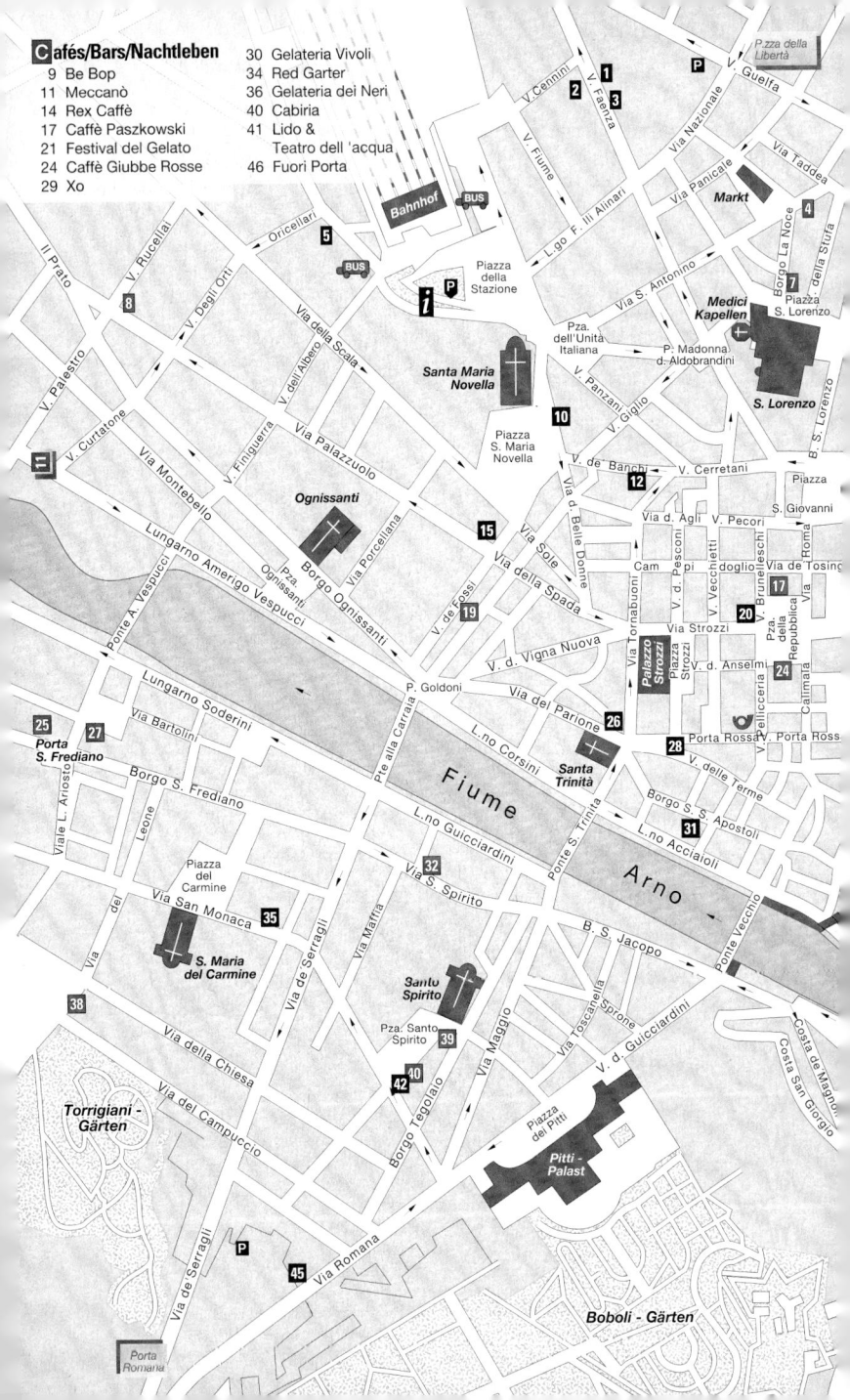

- 9 Be Bop
- 11 Meccanò
- 14 Rex Caffè
- 17 Caffè Paszkowski
- 21 Festival del Gelato
- 24 Caffè Giubbe Rosse
- 29 Xo
- 30 Gelateria Vivoli
- 34 Red Garter
- 36 Gelateria dei Neri
- 40 Cabiria
- 41 Lido & Teatro dell'acqua
- 46 Fuori Porta

Übernachten

1. Hotel Monica
2. JH Archi Rossi
3. Azzi
5. Hotel Giselda
6. Casci
10. Giacobazzi
12. Soggiorno Abaco
15. Hotel Ottaviani
16. Dali
20. Hotel Pendini
22. Albergo Firenze
26. Scoti
28. Hotel Porta Rossa
31. Hotel Alessandra
35. Ostello Santa Monaca
42. Pensione Le Sorelle Bandini
45. Hotel Annalena

Essen & Trinken

4. Trattoria/Fiaschetteria Mario
7. Trattoria Da Sergio
8. Ristorante La Carabaccia
13. Ruth's
18. Le Mossacce
19. Tre Merli
23. Cibréo
25. Trattoria Sabatino
27. Di Cambi
32. Angiolino
33. Boccadama
37. Da Benvenuto
38. Al Tranvai
39. Borgo Antico
43. Pizzeria I Tarocchi
44. Osteria Antica Mescita San Niccolo

200 m

Florenz

DZ ca. 80 €, mit Etagendusche ca. 65 €. Via dell'Oriuolo 17, ℡/☎ 055/2340706, www.hotel dali.com.

* Firenze (22), zentral Nähe Via del Corso, kleine, renovierte Zimmer, freundlich geführt. DZ ca. 70–90 €. Piazza Donati 4, ℡ 055/214203, ☎ 212370.

* Abaco (12), Hotel im alten Stil mit dunklem Holz und hohen Räumen, gemütlich, etwas teurer. DZ ca. 70–95 €. Via dei Banchi 1, ℡ 055/2381919, ☎ 282289, www.abaco-hotel.it.

• *Jugendherbergen* **Ostello Archi Rossi (2)**, private Herberge mit 80 Betten nah beim Bahnhof, Übernachtung ab ca. 18 €, Frühstück extra. Keine Reservierung möglich. Via Faenza 94r, ℡ 055/290804, ☎ 2302601, www.hostelarchirossi.com.

Ostello Villa Camerata (IYHF), ca. 4 km außerhalb Richtung Fiesole, in einer Villa aus dem 17. Jh. inmitten eines Parks. Zu erreichen vom Bahnhof oder Domplatz mit Bus 17 B, Fahrzeit ca. 25 Min., aussteigen im Viale Augusto Righi, von dort ca. 1 km eine schmale Straße bergauf. Massenbetrieb mit ca. 400 Betten, 10–20 Betten pro Saal. Übernachtung incl. Frühstück ca. 18 €, auch warmes Abendessen. Anmeldung ab 14 Uhr (aber besser schon 1 Std. früher da sein), Schließzeit 24 Uhr. Nachteil: Da die Herberge so weit außerhalb liegt, gibt es für die Gäste kein „Florenz bei Nacht". Zum Hostel gehört auch ein Zeltplatz (→ Camping). Viale Augusto Righi 2–4, ℡ 055/601451 (keine Reservierung), ☎ 610300.

Ostello Santa Monaca (35), Privatherberge in einem ehemaligen Kloster südlich vom Arno, etwa auf der Höhe des Ponte Alle Carraia. Nur ca. 10 Fußminuten vom Zentrum, oft überfüllt. Tagsüber 9.30–14 Uhr geschl., man kann aber schon vormittags seinen Namen auf einer Liste am Eingang notieren. Übernachtung ca. 16 €, Frühstück extra, Waschmaschine. Nur schriftliche Reservierung möglich. Via Monaca 6, ℡ 055/268338, ☎ 2396704, www.ostello.it.

• *Camping* In unmittelbarer Umgebung der Stadt liegen nur zwei Plätze, die von Juli bis Sept. ausgebucht sind. Nur wer vormittags ankommt, hat eine reelle Chance.

Michelangelo, der städtische Campingplatz von Florenz ist überfüllt mit Jugendlichen aus aller Welt. Hübsche Lage am Hang unterhalb des Piazzale Michelangelo, beim Zähneputzen sieht man im Spiegel die Kuppel des Doms. Nur wenig Schatten durch dünne Olivenbäume, nachts dringt viel Verkehrslärm aus der Stadt hinauf. Ganzjährig. Viale Michelangelo 80 (Bus 13 ab Bahnhof, etwa 20 Min. vom Zentrum), ℡ 6811977, ☎ 689348.

Villa Camerata, netter Platz für ca. 200 Personen, gehört zur gleichnamigen Jugendherberge, Bus 17 B. Ganzjährig. Viale Augusto Righi 2, ℡ 055/601451, ☎ 610300.

Panoramico, auf einer Hügelkuppe oberhalb des Städtchens Fiesole (Bus 7 bis Fiesole, dort umsteigen). Angenehm und empfehlenswert, wegen der Höhenlage (ca. 500 m) weht immer eine leichte Brise und es gibt auch weniger Stechmücken. Viel Schatten durch hohe Zypressen. Restaurant, Supermarkt, auch Bungalows zu vermieten. Ganzjährig. Via Peramonda 1, ℡ 055/599069, ☎ 59186, www.florencecamping.com.

Autosole, bei Calenzano neben der Autobahn Richung Bologna, Ausfahrt Prato-Calenzano. Liegt im Industriegürtel zwischen Florenz und Prato, viele Dauercamper. Nur für Anreisende zu empfehlen, die kaum mehr Aussicht haben, einen freien Platz in Florenz zu ergattern. Ganzjährig. ℡ 055/882391, ☎ 8825576.

Norcenni Girasole Club, bei Figline Valdarno, ca. 25 km südlich der Stadt. Ein ehemaliges Weingut, umgewandelt in einen terrassierten Platz mit Baumschatten und vielen Einrichtungen, u. a. zwei Swimmingpools, zwei Restaurants, schalldichte Disco, Fahrradverleih und Reitstall. Es werden organisierte Ausflüge angeboten, gute Bus- und Zugverbindungen nach Florenz (Schnellzug ca. 25 Min., Transfer von und zum Bahnhof Figline). Auch Vermietung von Apartments. März bis Oktober. ℡ 055/915141, ☎ 9151402, www.ecvacanze.it.

Essen & Trinken (siehe Karte S. 580/581)

Die Restaurants im Altstadtkern sind größtenteils überteuert und zu 95 % auf Touristen eingestellt. Preisgünstig ist gelegentlich das *menu a prezzo fisso* (ca. 15 €), viel Genuss kann man dabei aber nicht erwarten. Meiden Sie auch die Pizzastuben im Altstadtkern. Besonders an Sonntagen ist es schwierig, ein passendes Lokal zu finden, denn die meisten Familientrattorie haben an diesem Tag geschlossen.

Florenz/Reisepraktisches

•*Zentrum* (und nähere Umgebung): **Da Mario (4)**, einfaches, typisches Florentiner Lokal beim Mercato di San Lorenzo, preiswert, hauptsächlich italienische Studenten und Marktbesucher essen hier. Oft muss man warten, so groß ist der Andrang. Nur mittags. So geschl. Via Rosina 2r/Ecke Piazza del Mercato, ℡ 055/218550.

Da Sergio (7), ebenfalls beim Mercato di San Lorenzo, seit 50 Jahren beliebte Trattoria von Sergio Gozzi und Sohn. Man sitzt in zwei hohen Renaissancegewölben auf Bänken entlang der Wände und kann z. B. das ausgezeichnete Filet mit Kapernsoße kosten, dazu den kräftigen roten Hauswein. Viel Stammpublikum, preislich im Rahmen. Nur mittags. So und im August geschl. Piazza San Lorenzo 8r, ℡ 055/281941.

Da Benvenuto (37), in einer kleinen Gasse, die hinter den Uffizien von der Via dei Benci abzweigt. Familienbetrieb, enge Tischreihen mit Bänken im kleinen Speisesaal neben der Küche, Nebenraum etwas gepflegter. Gute Auswahl an Tagesgerichten, preiswerte und sehr gut zubereitete Mahlzeiten für ca. 15 €. So geschl. Via della Mosca 16r, ℡ 055/214833.

Trattoria Cibréo (23), das Florentiner Feinschmeckerlokal mit der bodenständigen Note hat im Nebenhaus die gleichnamige Trattoria eröffnet. Gute Küche, Menü um die 36 €. So/Mo geschl. Via A. del Verrocchio 8r (neben dem Mercato S. Ambrogio), ℡ 055/2345853.

La Carabaccia (8), hier treffen sich Feinschmecker mit mäßig gefülltem Portemonnaie. Nur kleine Auswahl an Hauptgerichten, z. B. *cinghiale ai porri* (Wildschwein mit Lauchgemüse) oder *bocconcini di vitello al curry* – man wird selten enttäuscht. Menü ca. 35 €, Wein aus eigener Fattoria. So und Mo-Mittag geschl. Via Palazzuolo 190r (etwa auf Höhe des Ponte Vespucci). ℡ 055/214782.

Le Mossacce (18), Trattoria alten Schlags, in der man sich um Touristen nicht schert, hier verkehren fast ausschließlich Einheimische, nahezu alles Stammgäste. Einfache, schmackhafte Küche, Menü ab 28 €. Italienischkenntnisse vorteilhaft. Sa/So geschl. Via del Proconsole 55r, ℡ 055/294361.

Tre Merli (19), der Inhaber besitzt eine Fattoria in San Gimignano und setzt hier seine Ideen der ländlichen Küche um. Secondi ca. 14 €. Via dei Fossi 12r. ℡ 055/287062.

Ruth's (13), nahe der jüdischen Synagoge, gut gewürzte arabisch-vegetarische Küche, koschere Gerichte und Fisch, dazu köstliche Suppen. Fr-Abend und Sa-Mittag geschl. Via Farina 2, ℡ 055/2480888.

Boccadama (33), Enoteca mit 400 Weinen, hausgemachter Pasta und leckeren Kleinigkeiten, angenehme Atmosphäre. Sa geschl. Piazza Santa Croce 25, ℡ 055/243640.

•*Oltrarno* Südlich vom Arno liegen die meisten preiswerten Trattorie, viele von Studenten besucht.

Sabatino (25), preisgünstige Trattoria mit einladendem Speisesaal. Guter und freundlicher Service. So geschl. Via Borgo S. Frediano 39r (südlich vom Arno, verläuft parallel zum Fluss, etwa auf der Höhe des Ponte alla Carraia). ℡ 055/225955.

Di Cambi (27), empfehlenswerte Familientrattoria abseits der Touristenströme, täglich wechselnde Gerichte. Via Sant'Onofrio 1r (am Eck des kleines Platzes beim Ponte Vespucci, ℡ 055/217134.

Angiolino (32), eine der charakteristischsten Trattorie von Florenz, wo man dem Koch noch auf die Finger schauen kann. Im länglichen Saal mit Bullerofen geht es entsprechend volksnah zu. Menü ca. 26 €. Mo geschl. Via Santo Spirito 36r. ℡ 055/2398976.

Il Borgo Antico (39), im Sommer sitzt man hier besonders schön auf der lebendigen Piazza. Menü ab 18 €, Pizza ab 6 €. So geschl. Piazza Santo Spirito 6r, ℡ 055/210437.

Al Tranvai (38), legendäre Nachbarschaftstrattoria mit langer Geschichte, mittags meist brechend voll, traditionelle Speisen und gute Salate zu annehmbaren Preisen. Sa/So geschl. Piazza Torquato Tasso 14r, ℡ 055/225197.

I Tarocchi (43), preiswerte und gute Pizzeria, Pasta und Pizza ab 6 €. Dementsprechend meist überfüllt. Wartezeiten bis zu 45 Min. keine Seltenheit. Wer in Ruhe essen will, kommt lieber erst um 22 Uhr, bis 1 Uhr ist geöffnet. Bedienung immer in Stress, aber dabei erstaunlich gelassen. Mo geschl. Via de'Renai 14r (am Weg zum Camping Michelangelo), ℡ 055/2343912.

Antica Mescita San Niccolo (44), alte Weinschenke mit einfachen Holzbänken, ungedeckten Tischen und leckeren traditionellen Gerichten zu Einheitspreisen: Primi ca. 6 €, Hauptgerichte 7 €. Gute Auswahl an Weinen, der halbe Liter Rotwein ab ca. 5 €. So geschl. Via San Nioccolò 60r, ℡ 055/2342836.

Enoteca Fuori Porta (46), ehemalige Studentenkneipe hinter dem Stadttor San Miniato (Vietel San Noccolò) hat sich in den letzten Jahren sehr gemausert. Im Sommer sitzt man draußen, im Winter etwas gedrängt an Holztischen. Mittags gibt es Primi (ab 7 €), ansonsten eine Riesenauswahl an *crostini*, *panini* und *focacce*. Man kann aber auch nur ein Glas Wein trinken, auch wenn die Auswahl aus über 600 Tropfen sicher schwer fällt. So geschl. Via del Monte alle Croci 10r, ℡ 055/2342483, www.fuoriporta.it.

● *Cafés*. Wer nostalgische Café-Kultur liebt, sollte die Kaffeehäuser an der Piazza della Repubblica besuchen: Im matten Art-Deco-Glanz des **Paszkowski (17)** lauscht man dezenter Unterhaltungsmusik am Flügel, das **Gilli** an derselben Platzseite wurde 1733 gegründet und zählt zu den ältesten der Stadt. Gegenüber hat sich das ebenso elegante **Giubbe Rosse (24)** eingerichtet, das mit einem beachtlichen Angebot an Tageszeitungen aufwartet.

● *Eis* **Vivoli (30)**, der traditionsreichste Eispalast der Stadt in einer unscheinbaren Gasse hinter dem Teatro Verdi. Via dell' Isola delle Stinche 7r, Piazza Santa Croce.
Festival del Gelato (21), würde einer Disco Ehre machen, es glitzert und blinkt, Musik rieselt. Via del Corso 75r, Nähe Piazza Repubblica.
Dei Neri (36), der dritte im Bunde kreiert ebenfalls hervorragendes Eis. Via dei Neri 22r.

Nachtleben (siehe Karte S. 580/581)

Freunde nicht nur klassischer Musik besorgen sich den Veranstaltungskalender der Azienda di Promozione Turismo (APT), werfen einen Blick in die Zeitung *Firenze Spettacolo* oder besorgen sich die Broschüre *Firenze Estate* beim Touristenbüro. Besonders während der Sommermonate wird im Rahmen der *L'Estate Fiorentina* fast täglich etwas geboten.

Beliebter Treffpunkt mit mehreren Bars ist die *Piazza Santo Spirito* südlich vom Arno, im Zentrum natürlich der *Domplatz* und die *Piazza della Signoria*, wo sich täglich Straßenkünstler und Musiker ein Stelldichein geben.

● *Kneipen & Musiklokale* gibt es zahlreich, insbesondere im Universitätsviertel zwischen Dom und Piazza Santissima Annunziata (vor allem am Borgo Pinti und in der Via dei Servi). Um Steuern zu sparen, sind viele „Clubs" nur für Mitglieder zugänglich, d. h. man bekommt für den Abend eine Besucherkarte ausgestellt (manchmal umsonst). Bei anderen ist der erste Abend kostenlos, wer ein zweites Mal kommt, zahlt Clubbeitrag („tessera"), meist etwa 5 € pro Monat.

Lidò & Teatro dell'acqua (41), zwei Open-Air-Lokale am Flussufer, nur Mitte Juni bis Mitte September. Disco, Reggae, Salsa ... Die Tessera (ca. 9 €) gilt für beide Lokale. Lungarno Pecori Giraldi 1.

Red Garter (34), rockige Musikkneipe seit 1962, viele amerikanische Gaststudenten. Do, Fr, Sa oft Livemusik, es wird gerne wild getanzt. Eintritt ca. 7 €, erstes Getränk frei. Via dei Benci 33r, Nähe Piazza Santa Croce.

Be Bop (9), viele Studenten, regelmäßig Livemusik. Via dei Servi 28.

XO (29), Rock-Café mit fast täglicher Livemusik. Ab Mitternacht brechend voll. Mindestverzehr ca. 6 €. Via Giuseppe Verdi 59r.

Rex Caffè (14), absolut hippe Gestaltung mit Spiegeln, Glasfragmenten und Mosaiken. Via Fiesolane 25r.

Cabiria (40), lebendiger Treff an der Piazza Santo Spirito im Oltrarno-Viertel, vor allem südamerikanische Klänge, im Sommer treten auch Gruppen auf.

● *Diskotheken* Eintrittspreise meist um die 15–25 €, erster Drink umsonst.

Meccanò (11), am Anfang des Parco delle Cascine. Berühmteste Disco von Florenz, Tanzfläche unter freiem Himmel. Im ersten Stock das **Planet Rock Café**. Viale degli Olmi 1.

Space Electronic, verrückte Einrichtung, junges Publikum, megalaut. Via Palazzuolo 37.

Auditorium Flog, sehr beliebt bei eher alternativ eingestellten Studenten, auch Konzertbühne für lokale Bands. Bus 8 und 14 ab Hbf. Eintritt ca. 5 € (Disco) bis max. 10 € (Konzert). Via M. Mercati 24b.

Tenax, ca. 10 km außerhalb in Perètola, etwa auf halbem Weg nach Prato (Bus 29/30). Legendäres Theater, Livekonzerte und Disco. Eintritt ca. 12 €, Studenten kommen während der Woche umsonst rein. Via Pratese 47.

YAB, Disco-Pub in der Via Sassetti 5r, zum Zeitpunkt der Recherche hochgradig „in".

Florenz/Reisepraktisches 585

Shopping

Die *Via de'Tornabuoni* ist eine der exklusivsten Einkaufszeilen Italiens, alle namhaften nationalen und internationalen Modeschöpfer sind hier vertreten. Szeneläden finden sich vor allem an der *Via Nazionale* und Querstraßen in Richtung San Lorenzo. In den Straßen um den *Mercato di San Lorenzo* fliegende Händler, große Auswahl an Spielsachen (Plastik), Bekleidung und Secondhand-Kleidung. Am *Ponte Vecchio* wird in winzigen, dicht an dicht liegenden Läden teurer Schmuck verkauft.

• *Märkte* **Mercato Nuovo** (Strohmarkt), täglich innerhalb einer wuchtigen Loggia mit hohen Säulenbögen in der Via Calimala, neben der Piazza della Repubblica. Viele Lederartikel, Strohhüte und Taschen für den Touristen.
Mercato di San Lorenzo (Nähe Medici-Kapellen), größte Markthalle der Stadt, beste Einkaufsmöglichkeit für Selbstversorger. Unten Fisch, Fleisch, Geflügel und Käse, oben Gemüse und Obst. Mo–Sa 7.30–13 Uhr.
Mercato Cascine, großer Wochenmarkt, jeden Di 8–13 Uhr am Arnoufer zwischen Ponte della Vittoria und Fußgängerbrücke zum Stadtviertel Isolotto. Auf 2 km Länge reihen sich entlang des Cascine-Parks die Stände. Das Angebot entsprechend groß – Lebensmittel, Geschirr, Töpfe, Küchenzubehör, Kleidung, Geschenke, Taschen, Schmuck. Bei einem gewissen Maß an Verhandlungsgeschick auch günstige Preise.
Mercato di Sant'Ambrogio, kleiner, preiswerter und urtümlicher Markt auf der Piazza Ghiberti (zwischen Piazza Santa Croce und Piazza Beccaria). So geschl.
Mercato Santo Spirito, Kunsthandwerksmarkt, jeden zweiten Sonntag im Monat ab 9 Uhr auf der Piazza Santo Spirito. Zum großen Teil kommen die Meister selbst und fertigen ihre Bilder, Schmuckstücke, Eisengießereien oder Verzierungen vor den Augen des Publikums an. Außerdem Antiquitäten und Möbel.

Mercato del Piccolo Antiquariato, Mo–Sa jeden Vormittag kleiner Flohmarkt an der Piazza dei Ciompi.

• *Lohnende Einzeladressen* (kleine Auswahl): **Standa**, einer der zentralsten Supermärkte, vom Dom die Via dell'Oriuolo entlang bis zur Via Pietrapiana (gegenüber der neuen Post).
Officina di Santa Maria Novella, allein der üppig ausgeschmückte Verkaufsraum der alten Klosterapotheke vom Anfang des 17. Jh. ist einen Besuch wert, berühmt sind die würzigen Kräuterliköre. Via della Scala 16r.
Bacci, eins der ältesten Stoffgeschäfte der Stadt. Via dell'Ariento 32r (Nähe Mercato di San Lorenzo).
Lisio, riesige Auswahl an Brokat- und Seidenstoffen, als Motive z. B. Botticelli-Bilder. Via Fortini 143 (andere Arnoseite, Richtung Viale Europa).
Salvatore Ferragamo, im Palazzo Feroni residiert einen der bedeutendsten Schuhhersteller der Stadt. Im Obergeschoss Schuhmuseum (nur nach Voranmeldung, Mo, Mi und Fr 9–13, 14–16 Uhr, August geschl., Eintritt frei). Via de'Tornabuoni 16.
Luti & Son, Lederwaren von hervorragender Qualität. Via Parione 28–32r.
Clara Lori, günstige Angebote aus Beständen berühmter Modedesigner. Viale E. de Nicola 15 (kurz vor dem Autobahnzubringer nach Firenze Sud).

Feste und Veranstaltungen

Kaufen Sie sich das Heftchen *Firenze Spettacolo* mit einem vollständigen Veranstaltungskalender und den Zeiten der abendlichen Sommerkonzerte, die im Palazzo Pitti und im römischen Theater von Fiesole stattfinden (beide klassisch).

Scoppio del Carro, während am Ostersonntag im Dom die Messe gefeiert wird, fährt der von zwei Ochsen gezogene „carro" vor – ein Holzkasten, einem chinesischen Heiligtum ähnlich, bestückt mit Bildern und jeder Menge Feuerwerkskörpern. Während man das „Gloria" in der Kirche anstimmt, schlägt aus dem Portal mittels

eines Seils ein Feuerschweif und entzündet das Feuerwerk auf dem Karren.
Calcio Storico Fiorentino, das traditionelle Florentiner „Fußballspiel" am 24. Juni, dem Tag des Schutzheiligen San Giovanni, auf der Piazza della Signoria. Es spielen jeweils Mannschaften der vier alten Stadtteile gegeneinander. Der Festtag beginnt mit einem

langen Zug von 530 Teilnehmern in historischen Kostümen, der beim Dominikanerkloster Santa Maria Novella seinen Anfang nimmt. Gespielt wird mit zwei Mannschaften von je 27 Spielern, Punkte werden nicht nur durch erfolgreiche Torschüsse erzielt, sondern auch, wenn die gegnerische Mannschaft am Tor vorbeischießt.

Maggio Musicale Fiorentino, klassische Musikkonzerte von April bis Anfang Juli an verschiedenen Örtlichkeiten. Ticketvorbestellung bei Biglietteria Teatro Comunale, Via Solferino 15, I-50123 Firenze, ℡ 055/213535, ℻ 2779410, www.maggio fiorentino.com.

L'Estate Fiorentina: Alljährlich von Juni und bis September verwandelt sich Florenz in eine riesige Schaubühne. Dann bilden Straßen und Plätze, versteckte Kreuzgänge und verwinkelte Parks altehrwürdiger Villen die eindrucksvolle Kulisse für kulturelle Ereignisse von internationalem Rang. Die Palette reicht von Jazz-, Rock-, Folklore- und klassischen Konzerten über Filmfestivals und Dichterlesungen bis hin zu bunten Stadtteilfesten. Das Meiste ist gratis! Infos in „Firenze Spettacolo" und unter www.comune.fi.it.

Sehenswertes

Die Altstadt konzentriert sich im Wesentlichen um zwei Zentren – den Domplatz und die Piazza della Signoria mit dem alten Rathaus. Die nahe Piazza della Repubblica lohnt zum gepflegten Kaffee Trinken. Danach vielleicht über den Ponte Vecchio auf die Südseite des Arno, wo man vom Piazzale Michelangelo einen prachtvollen Blick auf die Stadt genießt.

Florenz wurde im ausgehenden Mittelalter geplant und systematisch angelegt. Von den Stadtoberen wurde festgelegt, welche Fassade und welche Bausteine die Neubauten haben sollten. Die Berufsstände, wie Schuster, Tuchhändler, Metzger, wurden in jeweils unterschiedlichen Straßenzügen angesiedelt. Diese Bauordnung wurde erst durch die Medici und andere reiche Bankiersfamilien aufgehoben, die ihre Renaissancepaläste in der Stadt hochzogen.

- Der Besuch einiger interessanter Bauten und Ausstellungen kann sich leicht auf bis zu 40 € addieren (z. B. Galleria dell'Accademia, Uffizien, Medici-Kapellen, Palazzo Vecchio, Domkuppel), jedoch ist der Eintritt in staatlichen Museen für Jugendliche unter 18 und Senioren über 65 J. kostenlos. Bei Erwerb des **Carnets** (ca. 6 €) erhält man außerdem bis zu 50 % Ermäßigung in städtischen Museen.
- In den **staatlichen Museen** ist es in der Saison inzwischen fast unmöglich geworden, ohne stundenlange Wartezeiten eine Eintrittskarte zu ergattern. Man kann jedoch nach telefonischer Anfrage unter ℡ 055/294883 (Mo–Fr 8.30–18.30, Sa 8.30–12.30 Uhr) eine Buchungsnummer erwerben (ca. 3 €), mit der man bei einer der Kartenvorverkaufsstellen (Biglietteria di prenotazioni) links neben dem Eingang zu den Uffizien, im Vestibül des Palazzo Pitti oder in der Galleria dell'Accademia eine Eintrittskarte erhält und ohne Wartezeiten Einlass erhält. Dies ist z. B. möglich – und dringend empfohlen – für die Uffizien, außerdem für die Medici-Kapellen, Museo del Bargello, Galleria dell'Accademia und Palazzo di Pitti. Möglich ist auch eine Reservierung über www.weekendafirenze.com.

Dom Santa Maria del Fiore und Umgebung

Der riesenhafte Dom ist das Wahrzeichen von Florenz und eine der größten Kirchen der christlichen Welt. Fantastisch die verschwenderische Fassade, innen ist er dagegen nüchtern gehalten, eine Mischung aus religiösem und staatlichem Bau: Bis zum 14. Jh. diente der als Versammlungsort des Stadtparlaments.

Der Bau wurde 1269 von Arnolfo di Gambio begonnen, vom berühmten Giotto und nach dessen Tod von Talenti fortgeführt. Brunelleschi vollendete das Werk, indem er die imposante Kuppel aufsetzte. Der Baustil lässt sich nicht mehr in die Gotik einordnen, er ist ein Vorläufer der Renaissance.

Die erst im 19. Jh. endgültig gestellte *Fassade* bietet einen einzigartigen Anblick mit ihrer außergewöhnlichen Gestaltung aus rotem, weißem und grünem Marmor. Die Statuen in den Nischen stellen Persönlichkeiten der Dombaugeschichte dar, über den Portalen thronen die Apostel. Auf den kunstvollen vorderen Portalen finden sich ebenfalls biblische Motive. Der *Innenraum* wirkt dagegen etwas kahl, da er nicht allein der Lobpreisung Gottes, sondern eher als Versammlungsort diente. Wandmalereien von Uccello und Castagno zeigen den englischen Söldnerführer John Hawkwood, der im Dienste von Florenz Nachbarstädte eroberte und auch einen Weberaufstand blutig niederschlug. Die dunklen Glasmalereien der Kuppel stammen von Uccello und Ghiberti. In der *Krypta* liegt Brunelleschi begraben.

Die *Kuppel* war die erste frei schwebende in diesem Ausmaß, mit der oben aufgesetzten Laterne erreicht der gesamte Kuppelbau eine Höhe von 107 m. Der Bau wurde schon 1366 vom Stadtrat beschlossen, aber kein Baumeister wagte sich an das monumentale Werk. Erst nach einer Ausschreibung im Jahre 1418 legte Brunelleschi seine Baupläne auf den Tisch und konnte 1436 mit den Bauarbeiten beginnen. Innen sind die Gewölbe mit Fresken bemalt, die das Jüngste Gericht darstellen. Im letzten Krieg diente das Labyrinth von Gängen und Treppchen zwischen der inneren und äußeren Kuppelschale einigen hundert Flüchtlingen als Versteck vor den Nazis. Man kann bis zur Laterne mit *Aussichtsplattform* hinaufsteigen.

Wahrzeichen der Stadt – der Dom

Öffnungszeiten/Eintritt **Dom**, Mo–Sa 10–17, So 13.30–16.45 Uhr. **Kuppel**, Mo–Fr 8.30–19, Sa 9.30–17.40 Uhr (1. Sa im Monat nur bis 16 Uhr), So geschl. Eintritt ca. 6 €.

588 Toskana

Campanile: Der freistehende Glockenturm wurde von Giotto entworfen. Ursprünglich sollte er 122 m hoch werden, aber nachdem Giotto starb, begnügte sich die Bauleitung mit 84 m. Mit seiner Verkleidung aus farbigem Marmor diente er als Vorbild für die Domfassade. Einzigartig sind die dekorativen Flachreliefs, die das christlich-humanistische Weltbild veranschaulichen: Der von der Erbsünde belastete Mensch schlägt sich durchs Leben – geleitet von den guten Tugenden übt er sein Handwerk aus und beschäftigt sich mit Kunst und Wissenschaft, mit Hilfe der Sakramente kommt er nach dem Tod in den Himmel. Überschattet wird das menschliche Leben durch das Schicksal (rhombenförmige Reliefs weiter oben), das von den Propheten (erhöhte Statuen) angekündigt wird. Die sechseckigen Reliefs der unteren Reihe stammen von Andrea Pisano, die Statuen im dritten Geschoss von Donatello und Nanni di Banco. Da die Abgase dem Material stark zugesetzt haben, sind inzwischen alle Reliefs durch Kopien ersetzt, die Originale befinden sich im Dommuseum.

Öffnungszeiten/Eintritt tägl. 8.30–19.30, Eintritt ca. 6 €.

Battistero San Giovanni (Baptisterium): Die Taufkirche vis-à-vis der Domfassade entstand in der zweiten Hälfte des 11. Jh., also noch vor dem Dom. Bis ins 19. Jh. wurde hier jeder Stadtbürger getauft, denn für Ungetaufte war das Betreten einer Kirche verboten. Das regelmäßige, achtseitige Baptisterium wird von Kunsthistorikern als Vorläufer der Renaissance bewertet. Damals war es zeitgemäß, antike Säulen in die mittelalterliche Bauform zu integrieren. Die Außenwände wurden mit 5 cm dicken Marmorfliesen verkleidet. Die Anordnung von weißem Marmor aus Carrara und grünem aus Prato lockert die Fassade optisch auf (Inkrustation). Weltberühmt sind die drei *Eingangstore* aus Bronze. Sie zeigen sehr deutlich den Wandel des Kunstgeschmacks: Das erste Tor wurde 1330 begonnen, das berühmte Paradiestor 1452 fertig gestellt. Die Tore werden allerdings seit vielen Jahren restauriert, die einzelnen Felder sind großteils Kopien.

Die prachtvollen Mosaiken des *Innenraums* fertigten venezianische Steinschneider. Fantastisch bis teuflisch wirkt das Deckenmosaik oberhalb der Chornische: Es zeigt einen Menschen fressenden Satan, der das Jüngste Gericht symbolisiert. Darüber thront Jesus auf einem schillernden Regenbogen. Der Marmorfußboden zeigt Tierkreiszeichen und orientalische Motive.

• *Öffnungszeiten/Eintritt* Mo–Sa 12–19, So 8.30–14 Uhr, Eintritt ca. 3 €.

Südtor (Richtung Piazza della Signoria): Das älteste der drei Tore wurde von Andrea Pisano geschaffen, es zeigt Szenen aus dem Leben Johannes des Täufers. In den unteren acht Feldern symbolisieren Frauengestalten die christlichen Tugenden.

Nordtor: Von Bauauftrag bis Fertigstellung dauerte es 20 Jahre, bis Lorenzo Ghiberti das Werk abliefern konnte. Auch hier 28 Felder, oben mit dem Leben Christi, unten die Evangelisten.

„Paradiestor": Michelangelo prägte diesen Namen für das dem Dom zugewandte Tor, das Meisterwerk Ghibertis. Über 25 Jahre benötigte der Meister zum Formen und Gießen der wuchtigen Torflügel mit ihren Tausenden von Figuren. Dargestellt sind zehn Szenen aus dem Alten Testament, besonders beeindruckt die Opferung des Isaak. Während bei den anderen Toren die Motive nur als einzelne hervortreten, wirken diese Reliefs sehr bildhaft komponiert. Die Szenen sind eingebettet in weite Naturlandschaften und mächtige Bauwerke: Adam und Eva inmitten üppiger Vegetation, Renaissance-Bauwerke als Hintergrund für den Betrug Jakobs an seinem Bruder Esau. Auch ein Selbstbildnis Ghibertis befindet sich am Tor: auf der rechten Leiste des linken Torflügels der dritte Kopf von unten. Das heutige Paradiestor ist allerdings weitgehend Kopie.

Museo dell'Opera di Santa Maria del Fiore (Dombaumuseum): etwas unscheinbar hinter dem Dom, romanische Überreste, Ornamente und Reliefs von Kirche,

Campanile und Baptisterium. Das bemerkenswerteste Kunstwerk stammt von Michelangelo: Die „Pietà" blieb unvollendet und war für sein eigenes Grab gedacht. Interessant auch Donatellos „Sängertribüne", ein lustiges Marmorrelief, auf dem halbnackte Kinder balgen. Ein Teil der restaurierten Paradiestür (→ Baptisterium) hat ebenfalls seinen Weg ins Dommuseum gefunden.
Öffnungszeiten/Eintritt Mo–Sa 9.30–19.30, So 9–13.40 Uhr, Eintritt ca. 6 €.

Medici-Grabkapellen

Das aufwendige Familiengrab der Medici steht an der Piazza Madonna, etwas westlich vom Dom. Es lohnt einen Besuch besonders wegen der Werke Michelangelos in der neuen Sakristei.

Zunächst betritt man eine angenehm kühle und schlichte *Krypta*. In den Boden sind die Grabplatten der weniger bekannten Familienmitglieder eingelassen. Darüber liegt die prunkvolle *Fürstenkapelle*, völlig aus Marmor. Die Wappen der einzelnen Städte des „Staates" Florenz sind Einlegearbeiten aus Halbedelsteinen. In ihrer Farbenpracht und absoluten Exaktheit wirken sie wie Malwerke. Die riesigen Sarkophage waren für die Familie Cosimos bestimmt.

In der *Neuen Sakristei* drängt sich ständig eine dichte Menschentraube. Drei Jahre arbeitete Michelangelo hier, doch das Werk blieb unvollendet. Die Grabmäler der zwei Medici-Größen sind von beeindruckender Schönheit, fast Sinnlichkeit. Michelangelo setzte lebendig wirkende, stark idealisierte Abbilder der Toten darauf. Links das Grabmal *Lorenzos*, der Herzog in nachdenklicher Haltung. Darunter, zu seinen Füßen, die „Morgenröte", daneben der „Abend", ein kraftvoller Männerkörper. Gegenüber das Grab für *Giuliano*. Er ist als Feldherr dargestellt und zu seinen Füßen liegen Mann und Frau – „Tag und Nacht". Der bärtige „Tag" wurde im Gesicht nicht fertig ausgeführt und zeugt von männlicher Anspannung und Entschlossenheit. Die „verführerische Nacht" soll ein Gefühl der Entspanntheit und Ruhe vermitteln.
Öffnungszeiten/Eintritt tägl. 8.15–17 Uhr, geschl. am 2. und 4. So im Monat. Eintritt ca. 6 €.

Basilica di San Lorenzo: Die Familienkirche der Medici steht gleich benachbart zu den Medici-Kapellen, äußerlich ein nüchterner Backsteinbau, dem die Fassade fehlt, innen reichlich düster. In der *Alten Sakristei* (links neben dem Altarraum) prächtige Stuck-, Bronze- und Terrakotta-Arbeiten von Donatello. Links der Kirche schöner Kreuzgang und die eigenwillig gestaltete *Biblioteca Laurenziana* mit großer Freitreppe, die zum Lesesaal hinaufführt.
Öffnungszeiten/Eintritt **Bibliothek**, Di–So 9.30–13.30 Uhr, Mo geschl., Eintritt ca. 5 €.

Via dei Calzaiuoli, Orsanmichele und Piazza della Repubblica

Diese belebte Shoppingzeile stellt die Verbindung zwischen Domplatz und Piazza della Signoria her. Straßenmusiker, Akrobaten und Gaukler finden ein reiches Betätigungsfeld.

Wenige Schritte nördlich der Piazza della Signoria steht die Kirche *Orsanmichele*, die ganz und gar nicht wie ein Sakralbau wirkt. Kein Wunder, denn sie war als Kornspeicher gedacht und erst während der Bauarbeiten (Mitte des 14. Jh.) überlegten sich die Bauträger, eine Kirche daraus zu machen. Talenti mauerte die Arkaden zu und entwarf stattdessen wunderschön zarte Portale. In den vierzehn äußeren Mauernischen stehen Marmorskulpturen von Schutzheiligen der Zünfte, im düsteren Inneren das berühmte Marmortabernakel von Orcagna, eine einzigartige Arbeit mit einer Fülle von Flachreliefs, Engelchen und Statuetten.

Etwa 100 m westlich der Kirche liegt die *Piazza della Repubblica*, ein großer klassizistischer Platz mit den bekanntesten Kaffeehäusern der Stadt.

Piazza della Signoria und Umgebung

Der dominierende Platz in Florenz – elegante Cafés vor einer Kulisse historischer Bauten, dem strengen Palazzo Vecchio (Rathaus) und der Loggia. Im Florentiner Stadtgewühl ist er eine Oase der Ruhe, da er für den Autoverkehr gesperrt ist. Stattdessen verkehren alte Pferdedroschken.

Wem die Cafés zu kostspielig sind, der setzt sich auf die Stufen der Loggia. Hier spielen oft bis weit nach Mitternacht Straßenmusiker – wobei die Akustik wegen des hohen Gewölbebaus ausgezeichnet ist. Der große *Brunnen* vor dem Palazzo Vecchio wurde von Ammanati entworfen und rief bei der damaligen Bevölkerung den Ausspruch hervor: „Oh, Ammanati, welch schönen Marmor hast du verschwendet!" Nicht weit vom Brunnen ist eine *Schrifttafel* in den Boden eingelassen. Hier wurde 1498 der populäre Reformator Savonarola verbrannt. In einer Zeit revolutionärer Unzufriedenheit der unteren Stände gegen Macht und Willkür des Großbürgertums suchte er nach Rückbesinnung auf die demokratischen und christlichen Ideale der Stadtrepublik. Papst und Medici jedoch behielten schließlich die Oberhand und erstickten die Unruheherde.

Palazzo Vecchio

Das ehemalige Rathaus der Zunftdemokratie Florenz. Hier lebten, jeweils für 60 Tage gewählt, die zwölf Stadtoberen. Sie mussten während ihrer gesamten Amtszeit in einem Raum zusammenleben und durften den Palast nur für Amtsgeschäfte verlassen.

Der große rechteckige Bau mit gotischen Fenstern, mittelalterlicher Brüstung und hohem Turm wurde zwischen 1298 und 1314 erbaut. Nach der Zeit der zunftdemokratischen „Wohngemeinschaften" war er Sitz Cosimos I. und weiterer Medici. Vor dem Palast stehen einige bedeutende Bildwerke: „*Hercules und Cacus*" von Bandinelli sowie eine Kopie des *„David"* von Michelangelo (Original in der Galleria dell'Accademia).

Das Innere ist aufwendig und prunkvoll gestaltet. Man betritt als erstes einen *Innenhof* mit Säulengang, geschmückt mit Fresken und Stuckarbeiten. Angrenzend der einzige Raum, der aus der Erbauerzeit noch erhalten blieb: der *Waffensaal* (geschlossen). Im ersten Stock der *Saal der Fünfhundert*, in der Zeit Savonarolas war er der Versammlungsort der Bürger, die den Volksrat bildeten. An der Decke und den Wänden kunstvolle Fresken von Vasari – blutige Schlachtenbilder, die Geschichte der Medici und der Stadt Florenz. Es folgt das *Studiolo*, das Studierzimmer Francescos I., ein kleiner, kunstvoll mit Gemälden, Fresken und Intarsien gestalteter Raum. Im zweiten Stock sind zahlreiche weitere Räume zu besichtigen, u. a. der *Saal der Elemente* von Vasari, der prunkvolle *Audienzsaal* und der *Liliensaal*, dessen Längswände mit goldenen Lilien auf blauem Grund verziert sind. Im nicht zu besichtigenden Turm des Palastes befindet sich die Zelle, in der Savonarola gefangen gehalten wurde. *Museo di Ragazzi* heißt eine Abteilung im Palazzo Vecchio, die Kindern mit Führungen den Renaissancezeit auf spannende Weise näher bringen soll.

Öffnungszeiten/Eintritt **Palazzo Vecchio**, Do und Feiertage 9–14, sonst 9–19 Uhr, Eintritt ca. 6 €. **Museo di Ragazzi**, Reservierung unter ✆ 055/2768224, www.museoragazzi.it.

Loggia dei Lanzi: Die Bogenhalle schräg gegenüber vom Palazzo Vecchio stammt aus der Zeit des Übergangs der Spätgotik zur Renaissance (Ende des 14. Jh.). Sie war für die Wahl der Prioren/Stadtoberen und offizielle Empfänge gedacht, im 16. Jh. auch als Unterkunft für die Leibwache Cosimos I. Heute befinden sich unter dem Kreuzgang v. a. Skulpturen aus der römischen Antike und der Florentiner Spätrenaissance – von Giambologna „Raub der Sabinerinnen", „Herkules und der Zentaur Nessus" und „Menelaos hält den Körper des Patroklos". Das bekannteste Werk ist der „Perseus" von Benvenuto Cellini, eine Bronzearbeit aus dem Jahre 1554 – Perseus hält mit seiner Linken triumphierend den abgeschlagenen Kopf der Medusa.

Uffizien
Palazzo degli Uffizi

Ein Museum der „Superlative". Hier wird eine solche Masse an Kunstwerken gehortet, dass mit einer genauen Beschreibung mehrere Bücher gefüllt werden könnten.

Der von Vasari im 16. Jh. entworfene U-förmige Palastbau liegt gleich benachbart zur Piazza della Signoria. Hier waren die wichtigsten Ämter des Stadtstaates untergebracht. Noch im selben Jahrhundert gründete Francesco I de'Medici im dritten Stock der Uffizien eine Galerie. Seine Nachfahren machten es sich zur Herzenssache, die Sammlung zu vergrößern, und mit dem Tod des letzten Medici ging sie als Geschenk vollständig an die Stadt Florenz über. Schwerpunkt der Sammlung sind Florentiner und Werke der Toskanischen Schule aus dem 13.–16. Jh., aber auch Werke anderer italienischer Meister sowie aus deutscher und holländischer Hand. Die 45 Säle sind chronologisch geordnet, aber nicht immer alle geöffnet – vor allem seit dem Bombenattentat von 1993, bei dem 90 Kunstwerke beschädigt wurden, sind noch immer einige Räume verschlossen.

Neben Malerei sammelten die Medici auch mit Leidenschaft antike und „moderne" Skulpturen. Die heute in den Uffizien noch vorhandenen Stücke sind hauptsächlich in den drei eleganten Korridoren ausgestellt, an denen die Galeriesäle liegen. Die Decken zieren die ursprünglichen Fresken aus dem 16. Jh., sogenannte *„Grotesken"*, ein farbenfrohes, dichtes Netz aus Pflanzen- und Tiermotiven mit mythologischen, allegorischen und symbolischen Darstellungen.

- *Öffnungszeiten/Eintritt* Di–So 8.15–18.50 Uhr, Mo geschl., Eintritt ca. 7 €.
- *Säle (Auswahl)* **Saal 2** (Sala del Duecento und Giotto-Saal): An zentraler Stelle ist die „Thronende Muttergottes" (Madonna von Ognisanti) von Giotto untergebracht. In diesem Gemälde sind die Anfänge der perspektivischen Darstellung verwirklicht. An den Nebenwänden Madonnendarstellungen aus dem 13. Jh.

Saal 3 (Saal des sienesischen Trecento): Die sienesische Kunst des beginnenden 14. Jh. ist charakterisiert durch ihre Lebendigkeit. Simone Martinis „Verkündigung" lässt den strengen Bildaufbau vermissen, der die früheren Jahrhunderte geprägt hat..

Saal 4 (Saal des florentinischen Trecento): Die florentinische Kunst der ersten Hälfte des 14. Jh. stand unter direktem Einfluss Giottos. Die perspektivische Technik des großen Künstlers ist im Altarbild der hl. Cäcilie gut erkennbar. Von Giottino stammt die Pietà „Beweinung Christi".

Saal 7 (Saal der Frührenaissance): In der Mitte des 15. Jh. konnten die humanistischen Ideen auch die Malerei erobern. Es wurden nicht mehr nur christliche Themen verarbeitet und die Erforschung einer naturgetreuen und „wissenschaftlichen" Darstellungstechnik rückte in den Vordergrund. Zu sehen sind u. a. Werke von Masaccio, der auch als Vater der Renaissancekunst bezeichnet wird.

Saal 8 (Saal Filippo Lippis): Vermutlich wegen seiner Schwäche für weibliche Reize malte Fra Filippo die schönsten Mariendarstellungen. Die zarte Sinnlichkeit seiner Madonnen weisen auf ein anbrechendes „heidnisch-frohes" Zeitalter hin.

Saal 10–14 (Botticelli-Saal): Hier findet man

die wichtigsten Werke Botticellis. Mit seiner sanft-erotischen Malweise prägte er das 15. Jh. und malte mit Vorliebe gut aussehende Frauen mit schmalen Gesichtern. Weltberühmt sind seine „Allegorie des Frühlings" und die „Geburt der Venus". Diese Venus lebte wirklich, hieß Simonetta Vespucci, war stadtbekannt und viel begehrt, starb aber schon in jungen Jahren an Tuberkulose. Neben den Werken Botticellis ist auch eine Reihe von Gemälden seines Schülers Filippino Lippi (Sohn von Filippo Lippi) ausgestellt.

Saal 18 (Tribuna): Der reich geschmückte, achteckige Raum mit Symbolen der vier Elemente war für die Meisterwerke aus der Sammlung der Medici gedacht und wurde dafür eigens von Buontalenti ausgeschmückt. In der Mitte des Raumes die berühmte „Mediceische Venus", die Napoleon nach Paris entführte. An den Wänden Arbeiten von Bronzino, Vasari u. a.

Saal 19 (Saal Peruginos und Signorellis): Neben den Werken der beiden genannten Künstler sind hier Arbeiten verschiedener Meister aus der Emilia-Romagna und Mittelitalien untergebracht.

Saal 20 (Saal Dürers und der Deutschen): Werke von Dürer, Cranach und anderen deutschen und flämischen Meistern des 15. und 16. Jh.

Saal 21 (Saal Giovanni Bellinis und Giorgiones): Bellini und Giorgione waren zwei große venezianische Maler der Renaissance. Die „Allegorie" ist ein wohlbekanntes Werk von Bellini, seine Heiligengestalten inmitten einer magisch wirkenden Landschaft haben recht Menschliches an sich.

Saal 22 (Saal der niederländischen und deutschen Meister): Werke der deutschen und holländischen Meister des 15. und 16 Jh.

Saal 25 (Saal Michelangelos und der Florentiner): In diesem Saal ist das einzige Tafelbild zu sehen, das nachweislich von Michelangelo stammt. Der berühmte „Tondo" Doni ist in Aufbau und Bewegung seiner Figuren ein revolutionäres Werk.

Saal 26 (Saal Raffaels und Andrea del Sartos): Neben Raffaels berühmter „Madonna mit Zeisig" sind ein Selbstbildnis sowie Porträts von Julius II. und Leo X. (mit seinen Kardinälen) zu sehen.

Saal 28 (Tizian-Saal): der Saal der venezianischen Renaissance mit ihrem großen Porträtisten Tizian, von dem z. B. die berühmte „Venus von Urbino" stammt. Ferner sind zahlreiche Porträts von Dogen und reichen Leuten unter seiner Hand entstanden.

Saal 29 (Parmigianino-Saal): Ein wichtiges Werk des berühmten Manieristen ist die „Madonna mit dem langen Hals", eins seiner Alterswerke. Dieses Gemälde vereinigt alles in sich, was diesen Maler ausgezeichnet hat: die Längung der Glieder, die Kostbarkeit der Farben und Details sowie die Perfektion seiner Komposition.

Saal 35 (Saal Tintorettos, Baroccis und El Grecos): Iacopo Robusti war der Sohn eines Färbers, daher sein Deckname Tintoretto (Färberlein). Tizian hatte ihn gerade für drei Tage als Lehrling beschäftigt, als er ihn schon wieder entließ, da er in ihm einen großen Konkurrenten erkannte. Federico Barocci aus Urbino verwendete bereits Elemente, die das Barockzeitalter ankündigten. El Grecos einziges Bild in den Uffizien, „Der Evangelist Johannes und der heilige Franziskus", fällt mit seiner deutlich verfeinerten Maltechnik sofort auf.

Saal 41 (Rubens-Saal): Hier werden nach ihrer Restaurierung wieder die beiden großen Leinwände mit Szenen aus dem Leben Heinrichs IV. zu sehen sein.

Saal 43 (Caravaggio-Saal): Wie bei der Bearbeitung seiner mythologischen Themen („Bacchus", „Medusa") zeichnet sich Caravaggio auch in der Darstellung biblischer Szenen durch genaue Beobachtung sowie erstaunliche Licht- und Schatteneffekte aus („Die Opferung Isaaks").

Saal 44 (Rembrandt-Saal): Werke nordeuropäischer Maler des 17. Jh. Von Rembrandt Selbstbildnisse aus seiner Jugend sowie Alterswerke.

Museo Nazionale del Bargello: Das Florentiner Museum für Bildhauerei befindet sich in der Via del Proconsole 4, wenige Straßenzüge von der Piazza della Signoria. Von außen ein schlichter, festungsartiger Bau aus dem 15. Jh., war es ursprünglich Sitz des obersten Gerichtshofs, später Staatsgefängnis mit Folterkammern und Schafott. Im Inneren schaffen riesige Säle und Bogengänge fast Kirchenatmosphäre. Man betritt den Bargello durch einen schönen Innenhof, umgeben von einem Portikus. Hier stehen Statuen aus der Hochrenaissance, darüber eine hohe Loggia. In den Sälen Skulpturen aus der Toskanischen Schule des 14. Jh. und vor allem die großen Werke von *Michelangelo*: „Bacchus", „Tondo Pitti", „Brutus" u. a. Im

Der Ponte Vecchio: in den Brückenläden wird Goldschmuck feilgeboten

ersten Stock ein weiterer Genius der Renaissance: *Donatello*, der Naturalist („Heiliger Georg", „David", „Johannes der Täufer"). Außerdem Glasarbeiten, Elfenbeinschnitzereien, Hieb- und Stichwaffen, Terrakotten und weitere Werke Florentiner Künstler.
Öffnungszeiten/Eintritt tägl. 8.15–13.50 Uhr, geschl. am 2. u. 4. Mo sowie am 1., 3. u. 5. So jedes Monats, ca. 5 €.

Ponte Vecchio: Der Ponte Vecchio ist die einzige noch erhaltene mittelalterliche Arno-Brücke in Florenz. Die übrigen wurden kurz vor Ende des Zweiten Weltkriegs von der deutschen Wehrmacht gesprengt, um die alliierten Truppen am Vormarsch zu hindern. Im Mittelalter hatten auf dem Ponte Vecchio die Florentiner Metzger ihre Verkaufsstände. Grundstücke waren damals so teuer, dass diese Art von Ladenstraßen mit ihren kleinen Buden entstanden. Erst im 16. Jh. zogen die Goldschmiede ein, die noch heute hier zu finden sind.

Klöster und Kirchen

Neben der Gemeinde, die den Dom finanzierte, waren die Ordensgemeinschaften die fleißigsten Kirchenbauer. Es entstanden wuchtige Kirchenschiffe, deren gotischer Stil von der strengen Einfachheit der Zisterzienser Klosterarchitekten beeinflusst war.

Santa Croce: Kirche und Ruhmeshalle zugleich. Hier liegen berühmte Florentiner Bürger begraben – *Michelangelo, Macchiavelli, Galilei* und viele andere. Die von den Franziskanern erbaute riesige Klosterkirche (116 m lang) ist die an Kunstschätzen reichste Kirche in Florenz. Baubeginn war 1295 und es dauerte bis 1385, bis sie vollendet war. Vasari „modernisierte" Mitte des 16. Jh. das Langschiff und übermalte einen Großteil der gotischen Fresken.

Gleich nach dem Eingang rechts ist das *Grabmal Michelangelos* kaum zu übersehen, Vasari baute die Grabstätte. Auf dem Sarkophag werden die Künste der Malerei, Bildhauerei und Architektur symbolisiert. Eine Nische weiter ein Denkmal für den berühmtesten Dichter Italiens, den in Florenz geborenen und in Ravenna gestorbenen

Dichter *Dante Alighieri* (→ Ravenna). Als nächstes kommt man zum Grabmal *Macchiavellis* mit dem lateinischen Spruch: „Für einen so großen Namen ist kein Lob groß genug". Donatellos *„Verkündigung"* – beim fünften Altar rechts – ist ein fein bearbeitetes, vergoldetes Sandsteinrelief. Der von Gottvater gesandte Engel verkündet in Demut die wundersame Empfängnis. Maria wird von Donatello als unschuldiges Bauernmädchen dargestellt. Gleich daneben liegt der Opernkomponist *Rossini*. An der linken Wand des Längsschiffs, gegenüber dem Michelangelo-Grab, ruht *Galileo Galilei* (→ Pisa). Am Ende des rechten Querschiffs enthält die *Baroncelli-Kapelle* das Grabmal der Familie Baroncelli. Die Fresken stammen von Taddeo Gaddi, einem Schüler Giottos. Er malte weniger realistisch als sein Meister Giotto, der die „unbefleckte Empfängnis" anzweifelte.

Auf beiden Seiten des Hauptchors liegen je fünf Seitenkapellen im sachlichen Baustil der Zisterzienser Mönche. Im Leckerbissen sind sie wegen der z. T. restaurierten Fresken von Giotto, Gaddi u. a.

- *Öffnungszeiten/Eintritt* Tägl. 9.30–17.30 Uhr, Eintritt ca. 4 €.

Bardi-Kapelle (erste rechts): Zu Ehren der Bardi-Familie malte Giotto hier Episoden aus dem Leben des hl. Franz von Assisi. Oben im Gewölbe die drei franziskanischen Tugenden: Armut, Gehorsam, Keuschheit.

Peruzzi-Kapelle (zweite rechts): die zu ihrer Zeit reichste Bankiersfamilie Peruzzi (später pleite gegangen wie die Bardi) gab Giotto den Auftrag zur Wandbemalung (1328). 1740 übertüncht, wurden die Bilder erst Ende der fünfziger Jahre wieder freigelegt. Die menschlichen Körperformen sind ausgeprägt plastisch dargestellt.

Bardi-di-Vernio-Kapelle (fünfte links): die Kapelle der Papstbankiersfamilie Bardi. Über dem Grab zeigt ein Fresko von Maso di Banco (ca. 1340) das Jüngste Gericht. Der Stifter Bettino di Bardi ist darauf abgebildet: Gerade wieder auferstanden, kniet er auf seinem Sarkophag und blickt flehend zum Himmel.

Pazzi-Kapelle (separater Eingang rechts der Kirche): Mit einem kirchlichen Bau hat dieser von Brunelleschi aufwendig konzipierte Familientempel wenig gemeinsam. Die Pazzi wurden allerdings 40 Jahre nach Fertigstellung am Palazzo Vecchio gehängt – ihre Verschwörung gegen die Medici war ein Fehlschlag.

Santa Maria Novella: Der gotische Bau aus dem 13./14. Jh. gehört zum ersten Dominikanerkloster von Florenz und steht gegenüber vom Bahnhof an einer weiten Piazza. Die Fassade ist aus Marmor, der obere Teil im Renaissancestil gehalten. Das Innere wirkt etwas kahl, ist aber reich an sakralen Kunstschätzen. Das bemerkenswerteste unter ihnen ist zweifellos das *Trinitätsfresko* von Masaccio über dem dritten Altar der linken Seitenwand. Es war eins der ersten Werke mit „Zentralperspektive", d. h. die Figuren wurden im Bildraum so platziert, dass für den Betrachter ein dreidimensionaler Eindruck entsteht. Die untere Bildhälfte zeigt ein menschliches Skelett, das die Vergänglichkeit der Welt symbolisiert. Auf den Stufen darüber das Stifterehepaar Lenzi, zwischen Tod und dem göttlichen, oberen Teil des Gemäldes. Die Hauptkapelle des Chors ist vollständig mit Fresken von Ghirlandaio ausgeschmückt, die Malereien in der ersten Seitenkapelle rechts stammen von Filippino Lippi.

Öffnungszeiten/Eintritt 9–17 Uhr, Fr geschl., So 9.30–14 Uhr.

San Marco: Das überaus harmonische Dominikanerkloster steht ein gutes Stück vom Zentrum im Nordosten der Stadt und ist vor allem für die Werke Fra Angelicos (1387–1455) bekannt. Nirgendwo finden sich so viele seiner Fresken und Bilder wie hier. Erbaut wurde es mit dem Kapital der Medici und Savonarola war hier Prior, bevor er politisch von sich reden machte. Die Kirche selbst ist weniger aufregend, umso mehr das Museum, das den Kreuzgang des heiligen Antonius mit den angrenzenden Räumlichkeiten sowie die darüberliegenden 44 Mönchszellen und eine Bibliothek umfasst.

Den *Kreuzgang* schmückt ein fast 10 m breites Kreuzigungsfresko von Fra Angelico, das *Große Refektorium* dahinter dominiert das Fresko „Wundertätiges Mahl des heiligen Dominikus" von Sogliani, das sich an die klassische Darstellung des letzten Abendmahls Christi anlehnt – statt der Apostel sitzen aber Dominikaner zu Tisch, im Zentrum als älterer Mann der Ordensstifter selbst. Das *Kleine Refektorium* zeigt das „Letzte Abendmahl" von Ghirlandaio. Von den übrigen Sälen, die alle mit Gemälden geschmückt sind, ist die *Sala degli Ospizi* (Pilgerherberge) das Kernstück. Hier sind u. a. einige Werke von Frau Angelico zu sehen, darunter zwei monumentale Tafelgemälde: „Thronende Maria mit Kind" und „Das Jüngste Gericht". Die *Mönchszellen* im Obergeschoss sind mit jeweils einem Fresko ausgestattet. Einige stammen von Fra Angelico selbst, andere hat er nur konzipiert und die Ausführung seinen Schülern überlassen.

Neptun als schwammiger Weißling auf der Piazza della Signoria

Eine Besonderheit bildet die Zelle Savonarolas (Nr. 12) mit dem berühmten Porträt des Reformators von Fra Bartolomeo, der zu seinen glühendsten Anhängern gehörte.
Öffnungszeiten/Eintritt Mo–Fr 8.15–13.50, Sa 8.15–18.50, So 8.15–19 Uhr, geschl. am 2. u. 4. Mo sowie am 1., 3. u. 5. So jedes Monats. Eintritt ca. 5 €.

Oltrarno

Das Viertel südlich vom Arno ist einfacher und volkstümlicher als das historische Zentrum. Zentrum ist die Piazza Santo Spirito mit der gleichnamigen Kirche.

Santo Spirito: ein schönes Beispiel für die Frührenaissance, der äußerlich schlichte Bau veranschaulicht die neue Raumauffassung. Die 38 Kapellen im harmonischen Innenraum bergen heute aber nur noch einen kleinen Teil der ehemaligen Kunstschätze. Das Altarbild „Madonna und Kind mit dem Johannesknaben" stammt von Filippino Lippi, ein 1,34 m hohes hölzernes Kruzifix aus dem Jahr 1493 nach jüngsten Erkenntnissen von Michelangelo.
Öffnungszeiten/Eintritt im Sommer Di–So 9–14 Uhr, im Winter 10.30–13.30 Uhr, Mo geschl.

Santa Maria delle Carmine: Barockkirche aus dem 18. Jh. mit renovierten Fresken des Meisters Masaccio aus den Jahren 1423–1428. Wie das sein kann? Die Kirche brannte ab, nur durch ein Wunder blieb die rechte Seitenkapelle vom Feuer verschont. Wegen seines frühen Todes konnte Masaccio nur den oberen Teil des Freskenzyklus „Szenen aus dem Leben Petri" vollenden, der Rest wurde von Filippino Lippi fertig gestellt. Das berühmte Meisterwerk „Vertreibung aus dem Paradies" (linker Pfeiler oben) zeigt deutlich den realistischen Stil, der den Beginn der Renaissancemalerei kennzeichnet.
Öffnungszeiten/Eintritt 10–17 Uhr, So 13–17 Uhr, Di geschl., Eintritt ca. 4 €.

Palazzo Pitti: Der mächtige Stadtpalast steht an der Verlängerung des Ponte Vecchio und sollte ursprünglich der größte Bau der Stadt werden, da der reiche Kaufmann Pitti mit dem Glanz der Medici konkurrieren wollte. Doch die Pitti gingen pleite und die Medici erwarben den Palast, dessen mittlerer Renaissanceteil von Brunelleschi entworfen worden war. Heute sind hier insgesamt sieben Museen untergebracht.

Galleria Patina: wahllos durcheinander über 500 von den Medici gesammelte Werke aus allen Kunstepochen, u. a. Raffael, Rubens, Tintoretto, Tizian, van Dyck und Velazquez. Einen guten Einblick in den verschwenderisch-aufwendigen Lebensstil der Herrscherfamilie bekommt man hier. Di–So 8.15–18.50 Uhr, Mo geschl., Eintritt ca. 7 €.

Galleria dell'Arte Moderna (Galerie der modernen Kunst): in der Hauptsache Bilder des Klassizismus (19. Jh.), aber auch im Macchiaiolo-Stil (der Name kommt von ital. *macchia* = Klecks) – diesen Künstlern waren jegliche akademische Malregeln ein Gräuel. Tägl. 8.15–13.50 Uhr, geschl. am 2. u. 4. So sowie am 1., 3. u. 5. Mo jedes Monats, Eintritt ca. 5 €.

Museo degli Argenti (Silbermuseum): riesige Sammlung von Juwelen, Porzellan, Stoffen und Edelsteinen. Die Säle sind mit Panoramafresken prunkvoll, für manchen Geschmack etwas kitschig bemalt. Tägl. 8.15–18.30 Uhr, April, Mai u. Sept. bis 19.30 Uhr, Juni, Juli u. August bis 16.30 Uhr, März u. Okt. am 1. u. 4. Mo jedes Monats geschl., Eintritt ca. 7 € (gilt auch für Boboli-Gärten).

Darüber hinaus beherbergt der Palast eine **Galleria del Costume** mit Mode des 17. und 18. Jh., ein **Porzellan-** und ein **Kutschenmuseum.**

Außerdem kann man noch die **Appartamenti Monumentali** anschauen, die „Königlichen Gemächer". Hier wohnten die Medici, später auch die italienischen Könige. 8.15–18.50 Uhr, Mo geschl.

Boboli-Gärten *(Giardini di Boboli)*: Die architektonisch kunstvoll gestaltete Gartenanlage erstreckt sich hinter dem Palazzo Pitti. Das weitflächige Gelände wird durch meterhohe Hecken unterteilt, in denen Nischen für Büsten und kleine Skulpturen ausgespart sind. Gleich am Eingang steht hinter dem linken Palastflügel der verwilderte *Bacchino-Brunnen*, das dicke Männchen auf der Schildkröte war der Hofzwerg Cosimos I. Ein Stück entfernt die *Grotta di Buontalenti*, eine künstliche Tropfsteinhöhle. Hier standen früher die „Sklaven" von Michelangelo, heute durch eine billige Tuffnachbildung ersetzt (Original in der Galleria dell'Accademia). Von den oberen Gartenanlagen herrlicher Blick auf die Dächer von Florenz.
Öffnungszeiten/Eintritt tägl. 8.15–18.30 Uhr, April, Mai u. Sept. bis 19.30 Uhr, März u. Okt. am 1. u. 4. Mo jedes Monats geschl., Eintritt ca. 7 € (gilt auch für Museo degli Argenti).

Forte di Belvedere: Teil der alten Stadtfestung auf einer Hügelkuppe oberhalb des Pitti-Palastes (hinter den Boboli-Gärten). Im Gebäude finden wechselnde Ausstellungen statt, oben schöne Aussichtspunkte mit Blick auf die Stadt. Ein wenig unterhalb ein nettes Terrassencafé. Hinter dem Forte führt die Via Belvedere an der alten Befestigungsmauer entlang ins Tal zurück. Unten angekommen, führt rechts eine Steintreppe hinauf zum Piazzale Michelangelo.

Piazzale Michelangelo: Der berühmte Aussichtspunkt von Florenz liegt am grün bewaldeten Berghang. Den riesigen asphaltierten Platz, gesäumt von einer niedrigen Balustrade, schmückt eine weitere Kopie des „David" von Michelangelo.

San Miniato al Monte: Das von Florentiner Liebespärchen gern besuchte Kirchlein steht mitten im Grün auf einer Hügelkuppe oberhalb des Piazzale Michelangelo.
Die äußerst klare Linienführung der Frontfassade entspricht der typischen Florentiner Romanik des 11. Jh., durch verschiedenfarbige Marmorverkleidung werden hübsche geometrische Muster erzeugt. Im Inneren beeindrucken feine Marmorintarsien am Boden und Freskenmalereien an der Wand. Prunkstück ist die Kanzel,

eine Filigranarbeit in Marmor. Geweiht ist die Kirche dem Märtyrer San Miniatus, der nach seiner Hinrichtung mit dem Kopf unter dem Arm den Arno überquert hatte und hier starb – so jedenfalls erzählt es die Legende.
Öffnungszeiten/Eintritt im Sommer Mo–Sa 8.30–19 Uhr, im Winter Mo–Sa 8–12.30, 14.30–19.30 Uhr.

Weitere Museen

Florenz kann sich damit sehen lassen, über 40 sind es. Auch der kunstbeflissenste Besucher wird kaum alle besichtigen können. Hier eine kleine Auswahl.

Galleria dell'Accademia (Via Ricasoli 60): Die von Cosimo I. 1562 gegründete Kunstakademie beherbergt Gemälde und Skulpturen vom 13.–18 Jh., u. a. von Botticelli, Fra Bartolomeo, Filippino Lippi und Perugino. Doch alles wird von einem einzigen Werk in den Schatten gestellt – dem viel kopierten Original von Michelangelos „David". 1501 entstand dieses 4,10 m hohe Meisterwerk, ein Symbol der Demokratie und als Zeichen des (vorübergehenden) Sieges über die Tyrannei der Medici. Vor Anschlägen ist der David durch 2 m hohes Panzerglas und eine Lichtschranke geschützt – ein offenbar Geisteskranker hatte den Fuß der Skulptur mit einem Hammer beschädigt. Weitere Skulpturen Michelangelos stehen in den Gängen rechts und links, z. B. „Matthäus" und die bekannten „Sklaven" aus den Boboli-Gärten.
Öffnungszeiten/Eintritt Di–Sa 8.15–18.50, So 9–14 Uhr, Mo geschl., Eintritt ca. 6,50 €.

San Miniato al Monte

Museo Archeologico (Via della Colonna 38): Bedeutende Sammlung ägyptischer und etruskischer Kunst – Mumien und altägyptische Sarkophage neben etruskischen Urnen und Bronzefiguren.
Öffnungszeiten/Eintritt Mo 14–19 Uhr, Di u. Do 8.30–19 Uhr, Mi, Fr u. So 8.30–14 Uhr, Eintritt ca. 4 €.

Museo di Storia della Scienza (Piazza dei Giudici 1, parallel zu den Uffizien): Eine wirkliche Fundgrube für technisch Interessierte. Erstaunlich, mit welcher Präzision bereits im 16. Jh. mechanische Messgeräte gebaut wurden. Im ersten Stock finden sich Instrumente zur Bestimmung der Mondstellung. Im Saal 5 das Fernrohr, mit dem Galilei die Jupitermonde entdeckte.
Öffnungszeiten/Eintritt Mo u. Mi–Sa 9.30–17, Di 9.30–13 Uhr, So geschl., Eintritt ca. 6,50 €.

Casa Buonarroti (Via Ghibellina 70): Michelangelo hatte das Haus Anfang des 16. Jh. für seinen Neffen erworben, gewohnt hat er darin jedoch nie. Im 19. Jh. wurde es zu einem Museum umgewandelt, in dem unzählige Nachfahren und Bewunderer des großen Künstlers Zeichnungen, Porträts und andere Werke zusammen getragen haben. Von Michelangelo selber gibt es nur zwei Stücke: das Flachrelief „Madonna an der Treppe" und ein hölzernes Kruzifix.
Öffnungszeiten/Eintritt Mi–Mo 9.30–14, Di geschl., Eintritt ca. 6,50 €.

Florenz/Umgebung

▸ **Settignano**: ruhiges Hügelstädtchen nordöstlich von Florenz, Schauplatz der Liebesbeziehung des umstrittenen Dichters Gabriele d'Annunzio und der Schauspielerin Eleonora Duse (→ Asolo). Unterhalb des Städtchens liegt die *Villa Gamberaia* mit ihrem einzigartigen Park, der als einer der schönsten in Europa gilt und einen herrlichen Blick auf Florenz bietet.
Öffnungszeiten/Eintritt **Park der Villa Gamberaia,** im Sommer tägl. 9–19, sonst bis 18 Uhr. Eintritt ca. 10 €.

▸ **Fiesole** (ca. 15.000 Einwohner): Der häufig besuchte Villenvorort, ehemals eine etruskisch-römische Siedlung, liegt ca. 8 km nordöstlich auf einem Hügel oberhalb von Florenz. Wegen seiner zauberhaften Lage und des angenehm kühlen Klimas war er schon immer ein idealer Ort für eine zeitweilige oder permanente Flucht aus dem Getümmel der Großstadt, zahlreiche Sommerhäuser wohlbetuchter Florentiner verstecken sich hier im Grünen. Eine malerische, von Zypressen gesäumte Straße führt in vielen Serpentinen hinauf und bietet atemberaubende Ausblicke auf das Häusermeer unter sich.
Am Hauptplatz, wo in römischer Zeit das Forum lag, steht der Dom *San Romolo* vom Anfang des 11. Jh. Er wurde während der Renaissance mehrmals verändert, wirkt schlicht und ist aus Naturstein gebaut, mit einem schlanken Glockenturm obenauf. Im Inneren (Cappella Salutati) sind u. a. Skulpturen von Mino da Fiesole zu sehen. Im anschließenden *Museo Bandini* interessante Terrakotten aus der Robbia-Schule (15./16. Jh.) und Gemälde toskanischer Künstler vom 13.–16. Jh. (derzeit wegen Restaurierung geschl.) Hinter der Domapsis liegt das ausgedehnte etruskisch-römische *Ausgrabungsgelände* (Zona archeologica) mit Resten etruskischer Stadtmauern und Thermen, imposantem Theater, Archäologischem Museum sowie dem Antiquarium Constantini.
Auf einem Hügel oberhalb von Fiesole thront das Kloster *San Francesco*, das man schnaufend über eine steile Straße erreicht: Klosterkirche, Museum der franziskanischen Missionare, spartanische Mönchszellen und ein wunderschöner Blick auf Florenz samt Umland.

- *Öffnungszeiten/Eintritt* **Ausgrabungsgelände,** April bis Sept. 9.30–19, sonst 9.30–17 Uhr. Eintritt ca. 6,50 € (Schüler und Senioren über 65 J. die Hälfte).
San Francesco, 9–12, 15–19 Uhr, Eintritt frei.
- *Anfahrt/Verbindungen* Bus 7 fährt im Viertelstunde ab Florenz/Hbf. zum Hauptplatz von Fiesole, Piazza Mino da Fiesole.
- *Information* **APT,** Via Portigliani 3/5. Mo–Sa 8.30–13.30 Uhr, im Sommer auch nachmittags. ℡ 055/598720, ℻ 598822, www.comune.fiesole.fi.it.
- *Übernachten* *** **Bencistà,** auf halber Höhe des Fiesole-Hügels, riesiges, altes Landhaus mit über 30 Zimmern. DZ ca. 150 €. Via Benedetto da Maiano, ℡ 055/59163, www.bencista.com.
* **Villa Sorriso,** große, modern eingerichtete Zimmer über einem Restaurant, gutes Frühstück. DZ mit Bad ca. 60 €, mit Etagendusche ca. 47 €. Via Gramsci 21. ℡ 055/59027, ℻ 598724, www.albergovillasorriso.com.
* **Villa Baccano,** einige Kilometer außerhalb, an der Auffahrt zum Zeltplatz. Großes Haus mit vielen geräumigen Zimmern, ältere Einrichtung. DZ mit Bad ca. 65 €, mit Etagendusche ca. 50 €. ℡ 055/59341, www.villabaccano.it.
Camping Panoramico (→ Florenz).
- *Essen & Trinken* **Graziella,** im Sommer sitzt man im Freien unter eine grünen Laube und lässt sich die unglichen Gerichte toskanischer und sardischer Provenienz munden. Di geschl. Via delle Cave, Maiano, ℡ 055/599963.
La Casa del Prosciutto, auf halbem Weg zwischen Fiesole und Olmo. Ehemalige Bauernkneipe mit hervorragender Küche, an Wochenenden deshalb oft brechend voll. Di/Mi geschl. Via Bosconi 58, ℡ 055/548830.

*Castello dell'Imperatore in Prato:
die Kaiserburg aus dem 13. Jh. dominiert das Zentrum*

Von Florenz nach Pisa

Die A 11 und die parallel laufende Bahnlinie führen durch teils stark industrialisierte Zonen Richtung Meer. Unterwegs einige lohnende Städte, die ihr historisches Gesicht in die Neuzeit hinüberretten konnten.

▶ **Prato** (ca. 169.000 Einwohner): Mittelalter pur inmitten eines wild gewachsenen Industriezentrums. Der aufblühenden Tuchindustrie wurde es damals in Florenz zu eng und zu teuer, die Medici hatten die Steuerschraube stark angezogen. Heute ist Prato einer der weltgrößten Altkleider-Verwerter, ganze Güterzüge voller Textilien kommen zur Weiterverarbeitung hierher, aber auch hochwertige Designermode wird hergestellt. Im Fabrikverkauf kann man viele Schnäppchen machen, im Infobüro gibt es ein Faltblatt mit einschlägigen Adressen.

Im Inneren der intakten alten Stadtbefestigung finden sich bemerkenswerte Bauwerke. Am augenfälligsten ist das *Castello dell'Imperatore*, eine nordisch-wuchtige Fluchtburg der Staufer aus dem Jahre 1237. Im Chor des *Doms* ein umfangreicher Freskenzyklus von Filippo Lippi, links die Lebensgeschichte des Märtyrers Stephanus, rechts der Lebensweg Johannes des Täufers. Das *Museo del Tessuto* in der Via Santa Chiara 24 dokumentiert in einer umgebauten Textilfabrik die Technik der Stoffverarbeitung in aller Welt. Das supermoderne *Centro per L'Arte Contemporanea Luigi Pecci* am Rand der Neustadt (Viale della Repubblica, nahe der Autobahnausfahrt Prato-Est) zeigt moderne Kunst aus den Bereichen Malerei, Plastik und Design.

- *Öffnungszeiten/Eintritt* **Castello dell' Imperatore**, April bis Sept. tägl. außer Di 9–13, 16–19 Uhr, Okt. bis März 9–13 Uhr, Di geschl. Eintritt ca. 2 €.
Museo del Tessuto, Mo–Fr 10–18 Uhr, Sa 10–14 Uhr, So 16–19 Uhr, Di geschl. Eintritt ca. 4 €.
Centro per L'Arte Contemporanea Luigi Pecci, Mi–Mo 10–18.30 Uhr, Di geschl., Eintritt ca. 4 €, www.centropecci.it.
- *Information* **APT**, Piazza Santa Maria delle Carceri 15. Mo–Fr 9–13.30, 14–18.30 Uhr, Sa 9–13.30, 14–18 Uhr. ✆ 0574/24112, www.prato.turismo.toscana.it.
- *Übernachten* *** **Flora**, sauberes und gepflegtes Haus mit Garage und vegetarischem Restaurant. DZ ca. 140 €. Via Cairoli

31, ☎ 0574/33521, www.prathotels.it.
Ostello Villa Fiorelli, Jugendherberge in einer neu renovierten Villa etwas außerhalb, Bus 13 ab Bhf. Übernachtung im Mehrbettzimmer ca. 15 €. Via di Galceti 64, ☎ 0574/690786.

Pistoia
ca. 90.000 Einwohner

Die während des Mittelalters reich gewordene Handwerksstadt hat einiges vorzuweisen. Einflüsse der Florentiner und Pisaner Gotik entdeckt man an vielen Bauwerken. Historisches Zentrum ist die Piazza del Duomo. Das nahe gelegene, kleine Marktviertel um die Piazza della Sala ist so abwechslungsreich wie in kaum einer anderen toskanischen Stadt.

Schon bei der Anreise wirkt die Stadt offen, kaum zugebaut. Im breiten Tal sieht man viel Landwirtschaft, Baumschulen und die riesigen Glashäuser der Blumenzüchter – hier an den Ausläufern des Apennin bleibt auch während der heißen Sommermonate ein wenig Bodenfeuchte erhalten. Im 16. Jh. war Pistoia ein bedeutendes Zentrum der Waffenproduktion. Die Pistole, hier erfunden und hergestellt, kam so zu ihrem Namen.

• *Anfahrt/Verbindungen* **PKW**, Pistoia liegt an der Autobahn A 11 (Florenz-Prato-Pistoia-Lucca-Pisa). Abwechslungsreich die Anreise von Norditalien durch den Apennin – von Modena über die SS 12 oder auf der SS 64 von Bologna.
Bahn, 2-mal stündl. Züge von und nach Florenz, eine interessante Anreisevariante ist die „Porrettana" von Bologna direkt nach Pistoia – eine Gebirgsbahn mit vielen Tunnels und Serpentinen.
Bus, mit LAZZI nach Florenz (30 Min.), Lucca, Monte Ceutino und Viareggio. Mit COPIT nach Vinci. Station vis-à-vis vom Bhf.
• *Information* An der Piazza Duomo im Bischofspalast (Palazzo dei Vescovi). März bis Okt. Mo–Sa 9–18, So 1–13, 14–18 Uhr, übrige Zeit Mo–Sa 9–17, So 10–16 Uhr. ☎ 0573/21622, ✆ 34327, www.pistoiaturismo.com.
• *Übernachten* ***** Il Convento**, ca. 5 km außerhalb, an der Straße über Montale nach Prato, bei der Fina-Tankstelle den Berg hinauf. Altes, weiß gestrichenes Franziskanerkloster am Berghang, ruhig und abgeschirmt. Aus den kleinen Fenstern schöner Blick auf die Ebene, großes Schwimmbad im Park. DZ ca. 120 €. Via San Quirico 33, ☎ 0573/452651, ✆ 453578, www.ilconventohotel.com.
** Firenze, ein italienisch-amerikanisches Paar hat die frühere uralte Pension übernommen und noch einen Stern dazuverdient. DZ mit Bad ca. 80 €, mit Etagendusche 70 €. Via Montanara e Curtatone 42, ☎/✆ 0573/23141, www.hotel-firenze.it.
Camping Barco Reale, 15 km südlich Richtung Vinci, bei S. Baronto im Montalbano-Gebiet. Hübsch terrassiertes Gelände mit Baumwuchs, Pool, Restaurant, deutschsprachige Rezeption. ☎ 0573/88332, ✆ 856003, www.barcoreale.it.
• *Essen & Trinken* **Da Ale (La Sala)**, urgemütliches Lokal, leckeres Essen, gute Pizzen. Mi geschl. Via Sant'Anastasio 4, ☎ 0573/24108.
Trattoria dell'Abbondanza, kleine, versteckt liegende Trattoria, die auch gerne von Einheimischen besucht wird. Mi und Do jeweils mittags geschl. Via dell' Abbondanza 14.

Sehenswertes: Der Dom *San Zeno* an der weitläufigen Piazza del Duomo ist im pisanischen Stil erbaut und besitzt eine filigrane Kostbarkeit, den Silberaltar in der *Cappella di San Jacopo*. Mehrere Generationen von Goldschmieden haben daran gearbeitet, auch Brunelleschi, der Architekt der Florentiner Domkuppel.
Der mächtige *Palazzo del Comune* (1339–1385) beherbergt das *Museo Civico* mit Gemälden aus dem 15.–16. Jh. sowie Keramik und Münzen. Das *Giovanni Michelucci Research Center* im zweiten Stock besitzt Zeichnungen, Projekte und Modelle des gleichnamigen einheimischen Architekten, von dem u. a. der Bahnhof von Florenz stammt.
In der ansonsten recht schmucklosen Kirche *Sant'Andrea* steht die Kanzel von Giovanni Pisano, ein bildhauerisches Meisterwerk mit plastisch dargestellten Sze-

Castiglione della Pescaia: sympathischer Badeort an der Küste der Maremma (MM)

Traumlage: Elbas Hauptstadt Portoferraio (SB)

▲▲ Capoliveri, einladende Badebucht am Golfo di Stella (Insel Elba) (MM)
▲ In der Ewigen Stadt: Tiberbrücke und Petersdom (SR)

Das römische Dorf: Trastevere (SB) ▲▲
Marc Aurel auf dem Kapitolsplatz (SB) ▲

Die Fontana dei Fiumi auf der ▲▲
Piazza Navona (SB)
Lebendige Geschichte (SB) ▲

▲▲ Großstadtidylle: in der Villa Borghese (SB) ▲▲ Carabinieri bei der Arbeit (SB)

nen des Neuen Testaments. Giovanni und sein Vater Nicola waren viel beschäftigte Kirchenbaumeister – Nicola entwarf 1260 die erste freistehende Kanzel in der berühmten Taufkapelle von Pisa.

In vielen Farben leuchten die „sieben christlichen Barmherzigkeiten" von der Fassade des alten Krankenhauses *Ospedale del Ceppo*. Die wie ein Band aneinandergereihten Tonreliefs sind die bemerkenswertesten Werke aus der Florentiner Großwerkstatt der Brüder della Robbia (1514).

Zeichnungen und Entwürfe des 1901 in Pistoia geborenen Bildhauers Marino Marini sind im *Museo Marino Marini* (Corso Sivano Fedi 72) ausgestellt.

Der *Giardino Zoologico*, ein beispielhaft angelegter Privatzoo, findet sich 4 km westlich von Pistoia.

* *Öffnungszeiten/Eintritt* **Cappella di San Jacopo**, 7–12, 16–19 Uhr, ca. 1,50 €. **Museo Civico** und **Giovanni Michelucci Research Center**, Di–Sa 10–19, So 9–12.30 Uhr, Mo geschl. Eintritt ca. 3 €, Sa-Nachmittag frei. Wer nur das Research Center besucht, zahlt keinen Eintritt.

Museo Marino Marini, April bis Sept. Mo–Sa 10–18 Uhr, sonst bis 17 Uhr. Eintritt ca. 3 €.
Giardino Zoologico, April bis Sept. tägl. 9–19 Uhr, übrige Zeit 9–17 Uhr, Eintritt ca. 9,50 €, www.zoodipistoia.it.

▶ **Vinci**: 20 km südlich von Pistoia, Geburtsort des Renaissance-Genies Leonardo da Vinci. Mitten im Dorf Vinci wurde im Castello das *Museo Leonardiano da Vinci* eingerichtet – anhand von Skizzen Leonardos hat man hier zahlreiche Apparate nachgebaut: Kriegsmaschinen, ein Flugapparat, das „erste Auto der Welt" und andere Geräte zur Fortbewegung, eine Taucherausrüstung u. v. a. Das moderne *Museo Ideale Leonardo da Vinci* sorgt seit 1993 für Konkurrenz, ist aber trotz technischer Raffinessen nicht so publikumswirksam. Das Geburtshaus des Genies liegt 4 km südöstlich im Weiler *Anchiano*.

Öffnungszeiten/Eintritt **Museo Leonardiano da Vinci**, März bis Okt. 9.30–19, Nov. bis Febr. 9.30–18 Uhr, Eintritt ca. 3,50 €. **Museo Ideale Leonardo da Vinci**, tägl. 10–13, 15–19 Uhr, Eintritt ca. 3,50 €. **Geburtshaus**, Öffnungszeiten wie Museo Ideale.

▶ **Collodi**: Auf halbem Weg zwischen Montecatini Terme und Lucca liegt in einem engen Seitental eine der schönsten Gartenanlagen der Toskana sowie das Spielzeugdorf Pinocchios, der *Parco di Pinocchio*. Zwischen 1881–1883 schrieb Carlo Collodi die Pinocchio-Geschichten aus dem Milieu der kleinen Handwerker und bald wurde der freche Lausbub weltberühmt. In den 1950-er Jahren beschloss dann das literarisch zu Ruhm gekommene Städtchen den Bau einer Parkanlage, in der Motive aus den Geschichten Pinocchios dargestellt werden sollten. So trifft man hier auf Freunde und Feinde Pinocchios: Gepetto, im Bauch des „großen Walfisches", mit Getränk und Konservenbüchse am Tisch sitzend, oder den Kater und die Füchsin im „Gasthaus zum roten Krebs". Pinocchio, zum Eselchen verzaubert, und andere Episoden der Erzählungen sind als kindergroße Bronzestatuen dargestellt und auch „Pinocchios Dorf" und das „Große Puppentheater" fehlen nicht.

Der Park der *Villa Garzoni* zieht sich steil den Hang hinauf, auf der Kuppe darüber steht das Schloss. In der Mitte führt die durch Wasserspiele unterbrochene Treppe hinauf, gesäumt von imitierten Tropfsteingrotten und bröckelnden Tonfiguren. Fast wie ein Puzzle wirkt der Teil direkt unterhalb des Schlosses – Brücken und Treppen in einem dichten Bambushain.

Öffnungszeiten/Eintritt **Parco di Pinocchio**, tägl. 8 Uhr bis Sonnenuntergang, Eintritt ca. 7 €, Kinder (3–14 J.) ca. 4 €. **Giardino Garzoni**, März bis Okt. 9 Uhr bis Sonnenuntergang, übrige Zeit nur samstags. Eintritt ca. 7 €, Kinder (3–14 J.) 5 €.

Lucca

ca. 86.000 Einwohner

„Der kleine Vatikan in der Toskana", so wird Lucca gerne genannt. 99 Kirchen und Kapellen stehen in dieser von einer gut erhaltenen Verteidigungsmauer umgebenen mittelalterlichen Schatztruhe, wenn auch ein großer Teil der klerikalen Bauten schon lange als Boutique oder Metzgerladen zweckentfremdet ist.

180 v. Chr. gründeten die Römer hier im Schwemmland des Serchio eine Kolonie. Das schachbrettartige Straßenmuster ist bis heute erhalten geblieben. Seine Blütezeit hatte Lucca im 12. und 13. Jh. Damals florierte der Handel mit den hier verarbeiteten blumenbemusterten, schweren Seidenbrokatstoffen. Heute spielen Industrie und Tourismus in der Handels- und Verwaltungsstadt eine untergeordnete Rolle, die Tradition dominiert.

Anfahrt/Verbindungen/Information

• *Anfahrt/Verbindungen* **PKW**, Lucca liegt an der A 11 von Pisa über Pistoia nach Florenz. **Bahn**, Station an der Strecke Florenz – Viareggio, außerdem geht eine Strecke ins nahe Pisa und eine Nebenbahn Richtung Norden durch die Garfagnana nach Aulla an der Strecke La Spezia – Parma. Bahnhof liegt südlich der Stadtmauer.
Bus, LAZZI-Busse ab Piazzale Verdi (an der westlichen Stadtmauer) u. a. nach Pisa, Viareggio, Carrara und Braga.
Cicli Barbetti, Fahrradverleih in der Via Anfiteatro 23, ✆ 0583/954444.
• *Information* **Centro Accoglienza Turistica**, im Sommer tägl. 9–19, übrige Zeit 9.30–16.30 Uhr. Piazzale G. Verdi, ✆ 0583/48648, ✆ 441042, www.consorzioitinera.com.

Übernachten (siehe Karte S. 604/605)

Trotz zahlreicher Hotels kann es, besonders in der unteren und mittleren Preiskategorie, oft schwierig sein, ein Zimmer zu bekommen – auch in der Nebensaison. Es gibt keinen Campingplatz, aber eine Jugendherberge.

*** **Rex (13)**, direkt am Bahnhofsvorplatz, 5 Min. vom Dom. Hotel in einem luftigen Bürgerhaus mit geräumigen Gängen und Zimmern. 1990 eröffnet und noch immer gut in Schuss. DZ ca. 110 €. Piazza Ricasoli 19, ✆ 0583/955443, ✆ 954348, www.hotelrexlucca.com.

*** **La Luna (6)**, zentral und ruhig neben der Fußgängerzone Fillungo, viel Platz im Raum, oft mit Schreibtisch und extra Lampe. Viele Zimmer in einer gegenüberliegenden Dependance. Beschränkte Parkmöglichkeit vorm Haus. DZ mit Bad ca. 100 €. Corte Compagni 12, ✆ 0583/493634, ✆ 490021, www.hotellaluna.com.

** **Diana (12)**, zentral neben dem Dom. Freundliche Familienpension, in den Zimmern weiße Schleiflackmöbel und TV, renovierte Bäder. DZ ca. 65–70 €, die Zimmer in der edel eingerichteten Dependance 85–110 €. Via del Molinetto 11, ✆ 0583/492202, ✆ 47795, www.albergodiana.com.

** **Stipino (14)**, etwas außerhalb der Altstadt, freundlicher Service, gepflegte Zimmer, eigener Parkplatz. DZ mit Bad ca. 70 €, mit Etagendusche ca. 60 €. Via Romana 6, ✆ 0583/495077, ✆ 490309, www.hotelstipino.com.

• *Privatzimmer* **La Torre (10)**, gleich neben dem Marktplatz. DZ mit Frühstück ca. 50–65 €. Via del Carmine 11, ✆ 0583/957044.

San Frediano (5), liebevoll eingerichtete Zimmer mitten im Zentrum, Etagendusche, nette Vermieterin, mageres Frühstück. DZ ca. 55–70 €. Via degli Angeli 19, ✆ 0583/469630, ✆ 991772, www.sanfrediano.com.

Einfache günstige Zimmer auch über der preiswerten Trattoria **Buatino** (→ Essen & Trinken).

• *Jugendherberge* **Ostello San Frediano (IYHF) (3)**, in einem riesigen Palastgebäude mit Garten zum Stadtwall. Abends preiswerte Menüs. Übernachtung ca. 18 € pro Pers. Via della Cavallerizza 12, ✆ 0583/469957, ✆ 461007, www.ostellolucca.it.

• *Camping* Der nächstgelegene Zeltplatz befindet sich in **Torre del Lago Puccini**, etwa 10 km entfernt an der Küste.

Über den Dächern von Lucca

Essen & Trinken/Cafés/Unterhaltung/Shopping/Feste (siehe Karte S. 604/605)

• *Essen & Trinken* **Buca di Sant'Antonio (11)**, das gehobene Restaurant in Lucca, eine ehemalige Poststation. Die rustikalen Deckenbalken biegen sich vom Kupfergeschirr, Menü ca. 35 €. So-Abend und Mo geschl. Via della Cervia 3, ✆ 0583/55881.

Da Leo (8), sehr beliebt bei Einheimischen wie Touristen, oft geht es hoch her. Abwechslungsreiche und preiswerte regionale Küche. Auch Plätze im Freien. Via Tegrimi 1, ✆ 0583/492236, www.trattoriadaleo.it.

Da Giulio in Pelleria (2), bereits seit einigen Jahren der „Renner". Auf zwei Ebenen können 100 Gäste verköstigt werden, trotzdem sind oft schon am frühen Abend alle Tische besetzt. Auch hier wird die traditionelle Luccheser Küche gepflegt, Menü ab ca. 25 €, für das Gebotene preiswert. So geschl. Via delle Conce 47, ✆ 0583/55948.

Da Guido (4), sympathische Trattoria mit Hausmannskost zu Niedrigpreisen. TV läuft ständig. So geschl. Via Cesare Battisti 28, ✆ 0583/476219.

TIPP! **Locanda Buatino (1)**, typisch toskanische Gerichte, die Speisekarten werden jeden Tag neu geschrieben und enthalten keine Preise – doch keine Sorge: das Restaurant ist günstig und dementsprechend beliebt. Viele Studenten essen hier, oft fröhliche Stimmung. Auch Zimmervermietung (→ Übernachten). So geschl. Via Borgo Giannotti 508 (zu Fuß 5 Min. außerhalb der Stadtmauer), ✆ 0583/343207.

• *Cafés/Unterhaltung* **Antico Caffè Di Simo (9)**, Terrassencafé aus der Zeit der Jahrhundertwende, hier trafen sich die Komponisten und Literaten (Giacomo Puccini, Giovanni Pascoli u. a.). Mehrere Räume, an den Wänden zeitgenössische Malereien und Lithographien. Mo geschl. Via Fillungo 58.

Mirò (7), angenehme Nachtkneipe abseits vom touristischen Geschehen. Dienstags und donnerstags oft Konzerte, vorwiegend lateinamerikanische Folklore und Jazz. Mo geschl. Via del Fosso 215.

Moplen, Alternativkneipe im Stadtviertel Gonfalone. Via del Gonfalone 16/18.

• *Shopping* Das beste **Olivenöl** der Toskana stammt bekanntermaßen aus der Provinz Lucca, doch gibt es auch hier deutliche Qualitätsunterschiede – deshalb möglichst vor dem Kauf verkosten.

Weitere Spezialität und Wahrzeichen Luccas sind die **buccellati**, Hefeteigringe mit Anisgeschmack, in bester Qualität zu erwerben in der **Pasticceria Taddeucci** an der Piazza San Michele.

• *Feste* **Fest der heiligen Zita** am 24.–27. April mit großem Blumenmarkt (→ Sehenswertes/Kirche San Frediano).

Übernachten

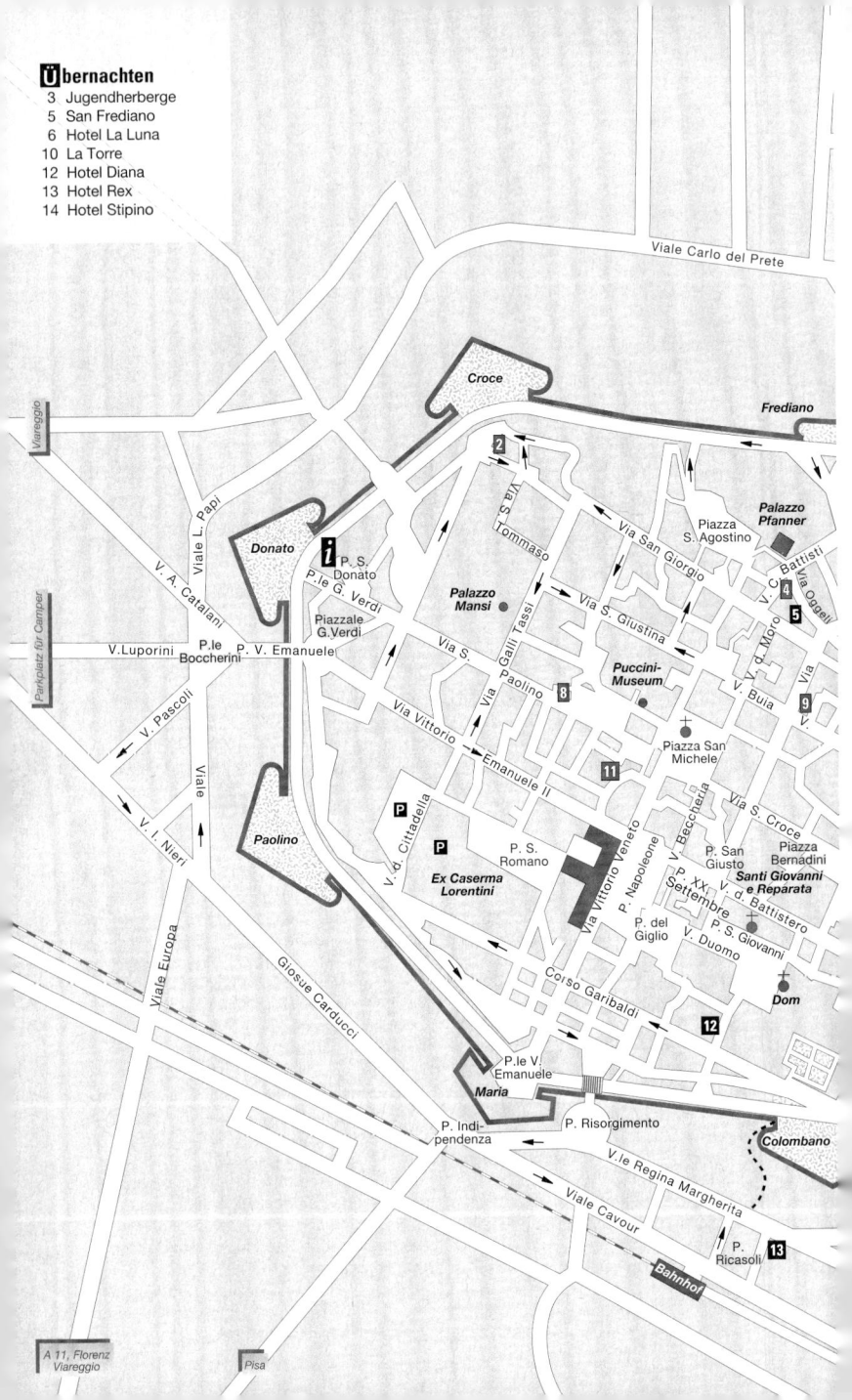

- 3 Jugendherberge
- 5 San Frediano
- 6 Hotel La Luna
- 10 La Torre
- 12 Hotel Diana
- 13 Hotel Rex
- 14 Hotel Stipino

Essen & Trinken

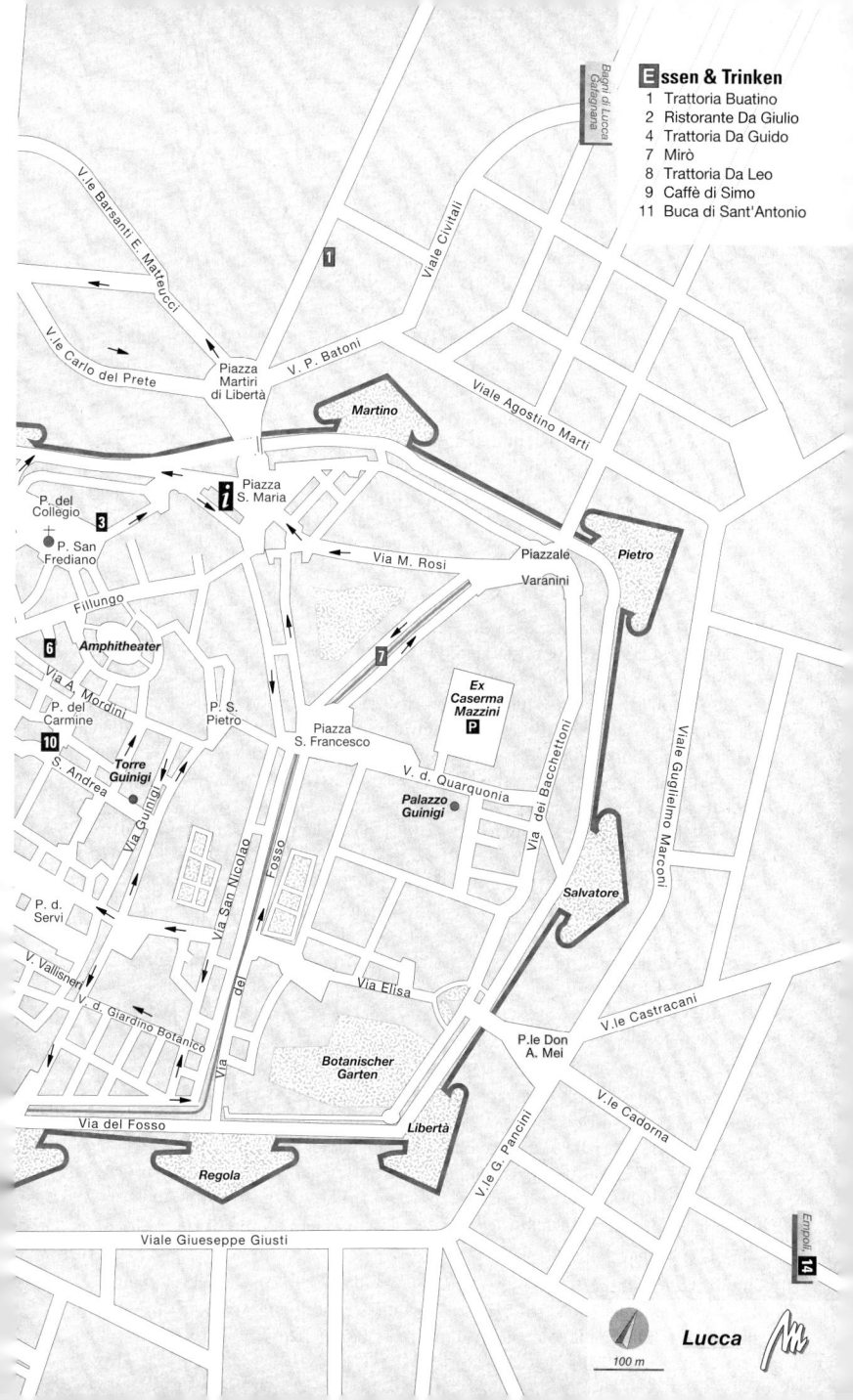

1. Trattoria Buatino
2. Ristorante Da Giulio
4. Trattoria Da Guido
7. Mirò
8. Trattoria Da Leo
9. Caffè di Simo
11. Buca di Sant'Antonio

Lucca

100 m

Festa di Santa Croce, großes Fest im September mit Umzügen in Kostümen des 17./18. Jh. Höhepunkt der Feierlichkeiten ist der Abend des 13. September. Alle Fenster werden mit Öllampen dekoriert und spätabends erstrahlt die Stadtmauer im Glanz eines prächtigen Feuerwerks (bei der Bastion San Paolino).

Sehenswertes

Die Stadt als Ganzes, bestens zu überblicken bei einem Rundgang auf dem 4 km langen Stadtwall. Mittelpunkt des Lebens ist die Piazza San Michele, schönster Straßenzug die Via Fillungo mit zahlreichen Geschäften.

Stadtmauer: ein mächtiger Verteidigungswall aus Lehm, eingefasst durch eine 12 m hohe Ziegelsteinmauer. In seinem heutigen Umfang entstand der Wall Mitte des 15. Jh. Erst im 19. Jh. erhielt das Festungswerk sein heutiges, parkähnliches Aussehen. Die Mauer machte Lucca früher oft zur Arche Noah, denn sie bewahrte die Stadt vor Überschwemmungen. Bei Hochwasser wurden alle Tore geschlossen und kleinere undichte Stellen mit Matratzen abgedichtet.

Torre Guinigi: Der 44 m hohe Backsteinturm mit jahrhundertealten Steineichen auf der Spitze ist das Wahrzeichen von Lucca. Nach 230 Stufen ist man oben und kann den herrlichen Blick auf die Stadt genießen.
Öffnungszeiten/Eintritt März bis April 9–19.30, Mai bis Sept. 9–24, Okt.–Febr. 9–17.30 Uhr, Eintritt ca. 4 €.

Dom San Martino: Sein heutiges Aussehen bekam er zwischen dem 12. und 15. Jh. Die Fassade ist eine Mischung aus zierlichen Säulengalerien (oben) und einer mächtigen Vorhalle, dem einzigen romanischen Teil des Bauwerks. Im linken Kirchenschiff ein Tempelchen wie aus Jerusalem herbeigebracht: ein achteckiger Marmorbau, genannt *Volto Santo*. Die Legende besagt, dass das hölzerne Kreuz vom heiligen Nikodemus im Morgenland geschnitzt wurde. Am 13. September wird es in einer Prozession durch die Stadt getragen. In der Sakristei steht der Sarkophag der *Ilaria del Carretto*, ein Meisterwerk des sienesischen Bildhauers Jacopo della Quercia. Wie schlafend liegt sie da, ihr Lieblingshund hält Totenwache und wärmt ihre Füße.
Öffnungszeiten/Eintritt April bis Okt. Mo–Sa 9.30–17, So 11.40–16.45 Uhr, Nov. bis März Mo–Fr 9.30–16.45 Uhr, Sa 9.30–18.45, So 11.40–16.45 Uhr. Eintritt ca. 2 €.

Santi Giovanni e Reparata: In dieser Kirche schräg gegenüber vom Dom wurde der komplette Boden abgetragen und durch eine Zwischendecke ersetzt. Das darunter liegende Ausgrabungsgelände aus römischer und frühchristlicher Zeit kann besichtigt werden.
Öffnungszeiten/Eintritt April bis Okt. tägl. 10–18 Uhr, Nov. bis März Mo–Sa 10–14, So 10–17 Uhr. Eintritt ca. 2,50 €.

San Michele in Foro: filigran geschmückter Bau an der Piazza San Michele, dem Lebensnerv der Altstadt. Im Gegensatz zum bischöflichen Dom entstand diese Kirche im 13./14. Jh. im Auftrag der Bürgerschaft. Die schöne Fassade ist mit viel Fantasie durchgestaltet. Die Marmoreinlegearbeiten haben arabische Muster – Hunde bei der Jagd, Bären und Federvieh. Die Säulen tragenden Marmorköpfe wurden im 19. Jh. durch Politikerhäupter der Neuzeit ersetzt, darunter Garibaldi und der erste italienische Ministerpräsident Cavour.
Öffnungszeiten/Eintritt tägl. 7.40–12, 15–18 Uhr.

San Frediano: streng romanischer Bau mit schillerndem Fassadenmosaik am Giebel. Der heilige Fredianus, ein irischer Priester, der Bischof von Lucca wurde, gründete die Kirche im 6. Jh. Sie wurde die Kirche der reichen Kaufleute, einige ließen

sich in den aufwendig ausgestatteten Nebenkapellen eine letzte Ruhestatt errichten. In einer Seitenkapelle rechts ein wunderschöner romanischer *Taufbrunnen*, an dem mehrere Künstler arbeiteten (12. Jh.). Hinter dem Brunnen die *Kapelle der heiligen Zita*, mumifiziert liegt sie aufgebahrt in einem Glasschrein. Sie war Hausangestellte und verteilte heimlich Brot aus der Speisekammer an Bedürftige. Als kein Brot mehr da war, verwandelte sich Rosen in Brot, deswegen der große jährliche Blumenmarkt im April (→ Feste).
Öffnungszeiten/Eintritt tägl. 8.30–12, 15–17 Uhr, So 10.30–17 Uhr.

Piazza Anfiteatro Romano: interessanter Platz, dessen Häuser auf den Resten eines römischen Amphitheaters stehen. Das quadratische Stadtbild Luccas geht in diesem Teil der Altstadt in hübsche, immer enger gekrümmte Gässchen über – bis man durch einen Torbogen den ovalen freien Platz erreicht.

Palazzo Mansi (Pinacoteca Nazionale): In den prunkvollen Sälen des Palastes aus dem 17. Jh. im Westen der Stadt (Via Galli Tassi 43) wurde eine stattliche Gemäldesammlung eingerichtet. Werke Tintorettos sind hier zu finden, aber auch Utensilien von Napoleon. Beeindruckend das Schlafgemach der Lucila Mansi, der Gemahlin eines wohlhabenden Patriziers. Die berüchtigte Dame soll ihre Seele dem Teufel verkauft haben, um ihre Jugend zu erhalten und auch noch im Alter ihr Männer verschleißendes Unwesen treiben zu können. Nach vollbrachter Liebesmüh machte sie dann ihre Liebhaber kalt – heißt es.
Öffnungszeiten/Eintritt Di–Sa 8.30–19, So 8.30–13 Uhr, Mo geschl. Eintritt ca. 4 €.

Botanischer Garten: Eine grüne Oase innerhalb der Stadtmauern. Ursprünglich verlief hier ein zweiter Verteidigungsring, als Überrest ist ein Hügel aus weißem Stein geblieben.
Öffnungszeiten/Eintritt April bis Okt. Mo–Sa 9.30–12.30, So 9.30–17 Uhr, übrige Zeit Di–Sa 9–12.30 Uhr. Eintritt ca. 3 €.

Lucca/Umgebung

Die Ebene von Lucca ist voll von herrschaftlichen Residenzen, die in der Zeit zwischen dem 15. und 19. Jh. von Adels- und Unternehmerfamilien erbaut wurden. In San Pancrazio, ca. 7 km nördlich von Lucca, liegen drei repräsentative Villen nah beieinander, deren herrliche Parkanlagen von etwa Mitte März bis Anfang November besichtigt werden können: *Villa Grabau*, *Villa Reale* und *Villa Oliva*. Man nimmt dazu die SS 12 und fährt in Richtung Abetone, dabei auf die Beschilderung zu den Gärten achten.

Die SS 12 führt weiter in Richtung Norden das schöne Tal des Serchio hinauf, bei Borgo a Mozzano überspannt der mittelalterliche *Ponte del Diavolo* (Teufelsbrücke) den Fluss in kühnen Bögen.

Wenige Kilometer nördlich liegt *Bagni di Lucca* im Flusstal des Lima. Einst ein Kurort von Weltrang, ist es heute ein stilles Dorf, an dessen glorreiche Zeit Parkanlagen, alte Villen und zahllose Gedenktafeln mit Namen der illustren Gäste erinnern.

• *Öffnungszeiten/Eintritt* **Villa Grabau**, Ostern bis Okt. tägl. außer Mo und Di-Vormittag 10–13, 15–19 Uhr, Eintritt ca. 5 € für Park, mit Führung durch die Villa ca. 6,50 €. **Villa Reale**, März bis Nov. tägl. außer Mo, in der Regel zur vollen Stunde geführte Gartenbesichtigung, Eintritt ca. 6 €. **Villa Oliva**, Mitte März bis Anfang Nov. tägl. 9.30–12.30, 14–18 Uhr. Eintritt ca. 5 €.

Pisa siehe Toskanische Küste, S. 642.

608 Toskana

Von Florenz nach Arezzo

Das Tal des Arno, das Valdarno, ist eine breite, hügelige Talebene, begrenzt von der hohen Bergkette des Pratomagno und den Chianti-Bergen (800 m). Parallel zum Fluss führt die viel befahrene Autostrada A 1 nach Rom, aber auch die reizvollere SS 69 nach Arezzo.

Wer einen Eindruck von den bis über 1500 m ansteigenden Bergen des Pratomagno bekommen will, kann über *Loro Ciuffenna* nach *Rocca Ricciarda* fahren. Die Straße klettert entlang des Wildbachs Ciuffenna den Berg hinauf – in den Staubecken unterwegs gute Bademöglichkeiten – und endet nach ca. 8 km vor dem auf Felsen erbauten Bergdorf Rocca Ricciarda, einer kleinen Idylle in Grau. Gleich am Eingang liegt die Trattoria „Rocca" (055/9704100), von hier hat man einen schönen Blick auf das Gipfelkreuz des Croce di Pratomagno. Zum Felsen, der dem Dorf den Namen gab, führt im Dorf eine Treppe hinauf, die bei einer Aussichtsplattform endet.

• *Übernachten/Essen & Trinken* **Il Cipresso**, am Ortseingang von Loro Ciufenna. Gutes Ristorante mit individuell gestalteten Zimmern. DZ ca. 52 €. Via de Gaspari 28, 055/9171127, 9172067, www.ilcipresso.it.
Cooperativa Agricola Valdarnese, im Weiler Paterna (6,5 km in Richtung Arezzo, dann Schotterstraße rechts ab). Die freundliche Kooperative vermietet drei Apartments mit insgesamt 10 Betten, ein 2er-Apartment kostet ca. 60 €. Angeschlossen sind ein kleiner Campingplatz mit 4 Stellplätzen und ein großer Verkaufsladen mit hauseigenen biologischen Produkten, auch essen kann man hier. 055/977052, www.paterna.it.
La Torre, in Loro Ciufenna, gemütliche Trattoria im ersten Stock. Di geschl. Via Dante Alighieri 20 (nach dem Torbogen rechts), 055/9172032.

Osteria Canto del Maggio, von Loro Ciuffena ca. 2 km in Richtung Terranuova Ciuffenna, vor La Penna rechts zum alten Ortsteil abbiegen. Hervorragende toskanische Küche zu vernünftigen Preisen in einem Gebäude aus dem 16. Jh. Geöffnet April bis Okt. Mo/Di geschl. 055/9705147.
Nächster Camping ist **Fonte Allo Squarto** auf baumloser Höhe unterhalb des **Monte Lori** (1365 m), schöner Fernblick, 055/900376.
• *Wandern* Kurz hinter Trappola, einige Kilometer nördlich von Loro Ciuffena, endet die Straße im Wald. Von hier kann man in 1 Std. zum **Rifugio Seraio** (Pfad Nr. 24) wandern und in 2 Std. auf einer Panoramastraße zu den **Tre Fonti**. Ein weiß-rot gekennzeichneter Wanderweg führt von Rocca Ricciarda in ca. 3 Std. zum Gipfelkreuz des **Croce di Pratomagno**.

Arezzo
ca. 91.000 Einwohner

An der Peripherie moderne Zweckbauten und Wohnsilos – die Stadt ist weit in die hügelige Landschaft hineingewachsen, der kompakte mittelalterliche Kern jedoch trotz schwerer Bombardierung im Zweiten Weltkrieg zum größten Teil noch gut erhalten. Auf dem höchsten Punkt thront das alte Kastell, von dem nur noch die Mauern stehen.

Arezzo ist Heimat des Dichters Petrarca und des Architekten Vasari, ansonsten aber vor allem bekannt geworden durch eins der wichtigsten, wenn nicht sogar das bedeutendste Werk der Malerei des 15. Jh.: der umfangreiche Freskenzyklus von *Piero della Francesca* in der Kirche San Francesco, der die Geschichte des Kreuzes Christi darstellt. Lange Zeit verkannt, sieht man in ihm heute den „klassischsten" Meister seiner Zeit. In einzigartiger Weise hat er die mathematischen und perspektivischen Kenntnisse seiner Zeit verarbeitet. In Italien kennt man jedoch eher die Goldschmiedearbeiten der Stadt, die man in vielen Auslagen betrachten kann – Arezzo ist internationale Goldmetropole und gilt als reichste Stadt der Toskana.

Arezzo 609

• *Anfahrt/Verbindungen* **Bahn**, Arezzo liegt an der Hauptstrecke von Florenz nach Rom. **Busse** fahren von und nach Florenz, Città di Castello, Gubbio, Siena und Urbino, Busterminal neben Bahnhof.

• *Information* **APT**, Piazza della Repubblica 28 (Bahnhofsvorplatz). Tägl. 9–19 Uhr. ✆ 0575/377678, ✆ 20839, www.apt.arezzo.it.

• *Übernachten* ****** Cavaliere Palace (4)**, Nähe Bahnhof. 27 komfortable Zimmer, ruhige Lage. DZ ca. 135 €. Via Madonna del Prato 83, ✆ 0575/26836, ✆ 21925, www.cavalierehotels.com.

** Cecco, moderner Bau in der Fußgängerzone, sehr sauber. Etwa derselbe Preis wie im Astoria. DZ mit Bad ca. 65 €, ohne ca. 50 €. Corso Italia 215, ✆ 0575/20986, ✆ 356730, www.hotelcecco.com.

Agriturismo Pioggio Primo, behutsam saniertes Landhaus, ein Apartment für 2–3 (70 €) und zwei Apartments für 4–7 Pers. (90 €), mit Pool, freundlich geführt von Familie Marini. Via Setteponti 126, Località Poggio, Castiglion Fibocchi (ca. 12 km von Arezzo), ✆/☎ 0575/47061, www.poggioprimo.com.

Jugendherberge Villa Severi (1), herrliche Lage mit großer Terrasse, ca. 3 km ab Bhf., aber nur 15 Min. zu Fuß in die Altstadt. Übernachtung ca. 17 € inkl. Frühstück. Juni bis Sept. Via Redi 13, ✆/☎ 0575/299047, www.peterpan.it.

TIPP! Camping La Chiocciola, Località Capannole, in der Nähe von Bucine, 25 km auf der SS 69 in Richtung Florenz. Große, gepflegte Anlage in schöner grüner Umgebung, drei Swimmingpools. Mitte März bis Okt. ✆ 055/9955084, ✆ 995776.

• *Essen & Trinken* **Buca di San Francesco (3)**, durch ein unscheinbares, schmiedeeisernes Türchen steigt man in den Keller hinunter. Lokale Spezialitäten in mittelalterlicher Umgebung. Üppiges Menü ab ca. 35 €. Mo-Abend und Di geschl. Piazza San Francesco 1, ✆ 0575/23271, www.bucadisanfrancesco.it.

Le Tastevin (4), ausgezeichnete toskanische Küche, vernünftige Preise, Tische auch auf der schmalen Straße. Mo geschl. Via de'Cenci 9, ✆ 0575/295381.

Antica Osteria L'Agania (2), ungezwungene Atmosphäre und guter Service, beliebt. Mo geschl. Via Mazzini 10, ✆ 0575/295381.

Da Guido (6), geschmackvoller kleiner Speiseraum, sympathischer Familienbetrieb, viele Stammgäste. So geschl. Via Madonna del Prato 85, ✆ 0575/23760, www.anticatrattoriadaguido.it.

Sehenswertes

Die abschüssige *Piazza Grande*, umgeben von einer Vielzahl historischer Bauten, ist das Zentrum der Stadt. Die Kirche Pieve di Santa Maria wendet ihr die schöne Rückfront mit drei Loggien zu, an der Oberseite steht die lang gestreckte Loggia von Vasari aus dem 16. Jh., an der Stirnseite der fast barock wirkende Palast der Laienbruderschaft. Jeden ersten Samstag im Monat findet auf der Piazza die „Fiera Antiquaria" statt, der größte Antiquitätenmarkt der Toskana. Direkt oberhalb liegt der ruhige Stadtpark, von dem man einen herrlichen Blick über die Altstadt hat.

Pieve di Santa Maria: Die romanische Kirche zeigt eine überwältigende Fassade mit unzähligen Säulen. Der hohe Campanile wird wegen seiner zahlreichen Doppelbogen-Öffnungen „Glockenturm der hundert Löcher" genannt. Im Inneren ein großartiges mehrteiliges Altarbild von Pietro Lorenzetti aus dem Jahre 1320. In der Krypta ein Reliquienschrank mit Märtyrerknochen und ein Glassarg mit dem Skelett eines Kamaldulenser-Mönchs.

Öffnungszeiten Mai bis Sept. tägl. 8–13, 15–19 Uhr, Okt. bis April 8–12, 15–18 Uhr.

San Francesco: Die Kirche am gleichnamigen Platz ist von außen ein schlichter Bau aus grobem Stein, der unvollendet blieb. Im Chor befindet sich jedoch das weltbekannte Fresko „*Storia della Croce*" (Geschichte des Kreuzes). Piero della Francesca schuf dieses Werk zwischen 1452 und 1466. Die Bildfolgen erzählen auf ca. 300 qm nach einer Legende die Geschichte des Holzes, aus dem später das Kreuz Christi gezimmert wurde: Adam ist gestorben, sein Sohn pflanzt in den

Mund seines Vaters einen Zweig vom Baum der Erkenntnis. Der ausgewachsene Baum wird von Salomon gefällt, um damit eine Brücke zu bauen. Als die Königin von Saba auf einer Reise nach Jerusalem die Brücke überquert, bemerkt sie die schicksalhafte Bedeutung des Holzes, Salomon lässt es daraufhin in einen Sumpf werfen.

Öffnungszeiten/Eintritt April bis Okt. Mo–Fr 9–19, Sa 9–18, So 13–18 Uhr, Nov. bis März Mo–Fr 9–18 Uhr, an den anderen Tagen wird eine halbe Stunde früher geschl. Eintritt ca. 6 €.

Dom San Donato: großer gotischer Bau mit rekonstruierter Fassade und einem Campanile aus dem letzten Jahrhundert, auch die riesige Seitenkapelle wurde im 19. Jh. angebaut. Schön sind die farbenprächtigen Glasfenster (15./16. Jh.). Im Dom liegen die sterblichen Überreste von Papst Gregor X., Erfinder der noch heute gültigen Papstwahlordnung (Konklave) – die Kardinäle werden in einen Raum gesperrt und nicht eher herausgelassen, als bis sie sich über die Person eines neuen Papstes einig sind.

Öffnungszeiten Tägl. 7–12.30, 15–18.30 Uhr.

Museo Statale d'Arte Medioevale e Moderna (Via San Lorentino 8): große Sammlung von Gemälden, Skulpturen und Majolika einheimischer Künstler. Im Saal 2 ein eigenartiges Gemälde aus dem 14. Jh. von Niccolò di Pietro Gerini, das das Leiden Christi versinnbildlicht: Fragmente schweben im Raum – Hände in Unschuld, ein Messer, ein Ohr. Im Saal 5 Großfresken von Luca Signorelli, im Gang Vasaris berühmtes „Gastmahl von Esther und Ahasver".

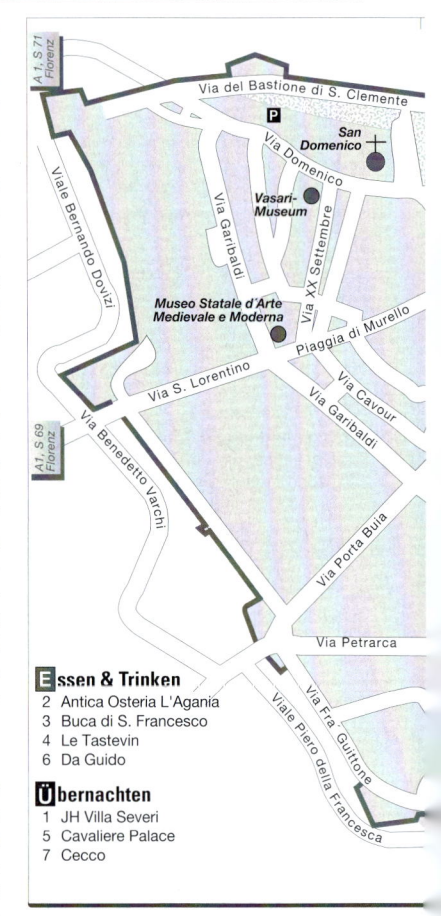

Öffnungszeiten/Eintritt Di–So 8.30–19.30, Mo geschl., Eintritt ca. 4 €.

Casa di Vasari: Der berühmte Architekt und Maler Giorgio Vasari lebte von 1540–48 in Arezzo und malte sein Haus in der Via XX Settembre 55 eigenhändig mit Fresken aus.

Öffnungszeiten/Eintritt Mo u. Mi–Sa 9–19.30, So 8.30–13 Uhr, Di geschl., Eintritt 2 €, EU-Bürger unter 18 und über 65 J. gratis.

Casa di Petrarca: Das Geburtshaus des Poeten Petrarca, 1944 zerbombt und später wieder aufgebaut, steht in der Via dell'Orto 28, knapp unterhalb vom Dom. Die Petrarca-Akademie hat hier eine umfangreiche Bibliothek untergebracht. Petrarca kam 1304 zur Welt, gestorben ist er 1374 im Dorf *Arquà Petrarca* südlich von Padua (→ Veneto).

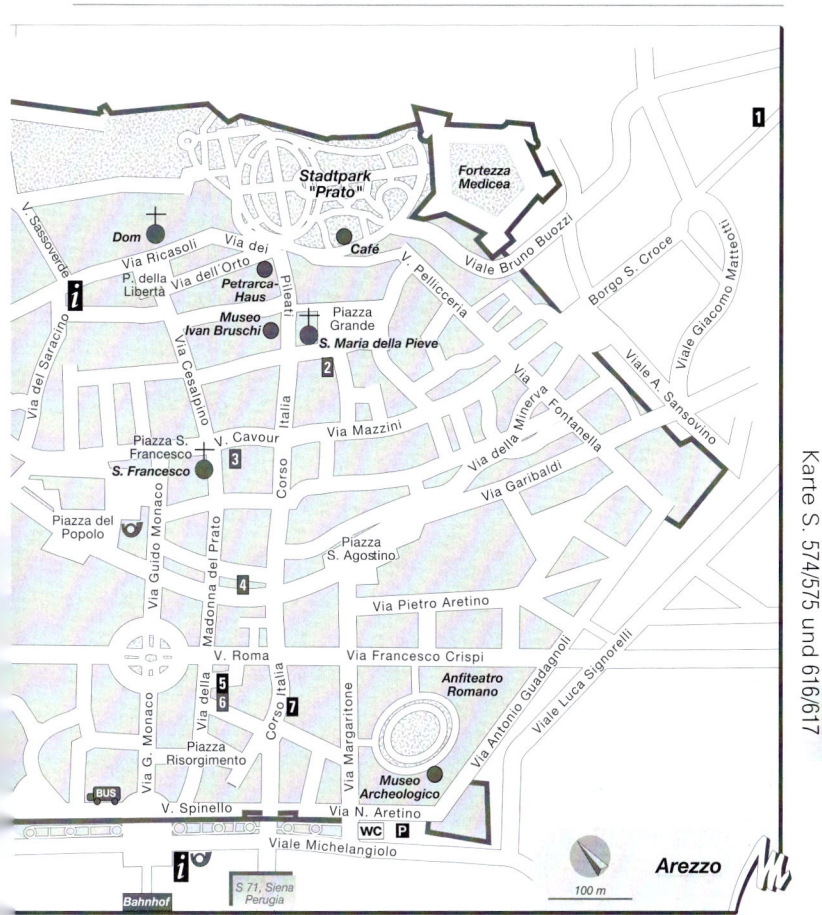

Öffnungszeiten/Eintritt nach Voranmeldung unter ✆ 0575/24700, Eintritt frei.

Museo Archeologico: im *Anfiteatro Romano* in Bahnhofsnähe, stattliche Sammlung von etruskischen und römischen Funden aus der Umgebung Arezzos.

Öffnungszeiten/Eintritt Tägl. 8.30–19.30 Uhr, Eintritt ca. 5 €.

> **Giostra del Saracino**: historisches Ritterturnier am dritten Sonntag im Juni und am ersten Sonntag im September. Lanzenbewehrte Reiter in mittelalterlichen Kostümen versuchen, den Schild einer Holzpuppe zu treffen. Da die Puppe drehbar aufgehängt ist und drei Bleikugeln hält, die den Reiter aus dem Sattel werfen können, ist dieses Spektakel sehr spannend.

Cortona

ca. 23.000 Einwohner

Lohnender Stopp südlich von Arezzo, schon fast am Trasimenischen See. Unverfälschtes Mittelalterstädtchen in herrlicher Lage an einen Berg geschmiegt, hoch darüber die Burg mit ihren alten Mauern.

Viel Atmosphäre in den engen Gassen und auf den schönen Plätzen, allen voran die *Piazza della Repubblica* mit dem malerischen Palazzo Comunale und die benachbarte *Piazza Signorelli*, benannt nach dem Maler Luca Signorelli, der hier 1420 geboren wurde. Im Sommer herrscht dank der Kurse verschiedener in- und ausländischer Institute jugendlich-studentisches Flair.

Das *Museo Diocesano* in der Chiesa del Gesù gegenüber vom Dom besitzt eine hochkarätige Sammlung von Gemälden, darunter Luca Signorelli, Beato Angelico und Pietro Lorenzetti. Weiterhin gibt es im dritten Stock des imposanten Palazzo Casali an der Piazza Signorelli ein umfassendes *Museo dell'Accademia Etrusca*, denn Cortona war einst Mitglied des mächtigen etruskischen Zwölfstädtebunds. Einzigartig ist der etruskische Goldschmuck und ein 75 kg schwerer Bronzeleuchter aus dem 5. Jh. v. Chr. Schöner Spaziergang zur *Fortezza* Medicea hinauf, die auf einem grünen und baumreichen Hügel steht.

- *Öffnungszeiten/Eintritt* Museo Diocesano, April bis Okt. tägl. 10–19 Uhr, übrige Zeit Di–So 10–17 Uhr, Mo geschl., Eintritt ca. 5 €.
Museo dell'Accademia Etrusca, April bis Okt. tägl. 10–19 Uhr, übrige Zeit Di–So 10–17 Uhr, Mo geschl., ca. 4,20 €.

Fortezza Medicea, April, Mai, Juni und Sept. 10–18 Uhr, Juli/August bis 19 Uhr. Eintritt ca. 3 €.

- *Anfahrt/Verbindungen* Von Arezzo mit Bummelzug nach Camucia-Cortona (30 Min.), dann alle 30 Min. mit dem Bus hinauf (5 Min.).

- *Information* APT, Via Nazionale 42. ✆ 0575/630352, ✉ 630656, www.cortonaweb.net.

- *Übernachten* **** San Michele, 40 komfortable Zimmer in einem alten Stadtpalast. DZ mit Frühstück ca. 110–150 €. Via Guelfa 15, ✆ 0575/604348, ✉ 630147, www.hotelsanmichele.net.

*** San Luca, moderner, ansprechender Bau, Zimmer mit Blick auf die weite Talebene. DZ mit Frühstück ca. 100 €. Piazza Garibaldi 2 (an der südlichen Stadtmauer, bei der Hauptzufahrt). ✆ 0575/630460, ✉ 630105, www.sanlucacortona.com

* Athens, im oberen Teil der Altstadt. DZ mit Bad ca. 42 €, allerdings oft von amerikanischen Studenten belegt. Via Sant'Antonio 12, ✆ 0575/603508, ✉ 604457.

Istituto Santa Margherita, DZ mit Bad ca. 40 €, Mehrbettzimmer ca. 15 € pro Pers., Frühstück ca. 4 €. Jugendherbergsatmosphäre. Viale Cesare Battisti 15, ✆ 0575/630336, ✉ 630549.

Jugendherberge Ostello San Marco (IYHF), in einem ehemaligen Kloster an der südlichen Stadtmauer. Sauber und hübsch renoviert, außerdem sind die auf mehrere Räume verteilten 80 Betten selten belegt, Anmeldung ab 17 Uhr, ca. 13 € pro Pers. inkl. Frühstück, Abendessen auf Anmel-

Die Piazza Repubblica in Cortona

dung. Via Maffei 57, ☏ 0575/601392, ✉ 315987, www.cortonahostel.com.
Agriturismo Villa Assunta, schöne, ruhige Lage in den Bergen. Altes Landhaus mit Nebengebäuden, parkähnlichem Garten und kleinem Swimmingpool. DZ ca. 60 €, auch Apartments. Im Hauptgebäude Gemeinschaftsküche. In Bagnolo, ca. 12 km von Cortona, ☏ 0575/690061, ✉ 924029.

• *Essen & Trinken* **Osteria del Teatro**, sehr gemütlich, ausgezeichnete toskanische Küche zu akzeptablen Preisen. Mi geschl. Via Maffei 5, ☏ 0575/630556.
Tacconi, vermutlich Cortonas billigste Trattoria. Ein Fernseher im Eck und fünf Tische, von denen aus man direkt in die Küche schauen kann. Nur mittags, Mo geschl. ☏ 0575/603588.
Fufluns, beliebte Pizzeria Nähe Piazza Repubblica. Nur abends, Di geschl. Via Ghibellina 3, ☏ 0575/604140.

Oberes Tibertal
Valtiberina

Abgesehen von der Talregion eine dünn besiedelte Landschaft. In dieses schlecht zugängliche Bergland zwischen Tiber und Arno zogen sich schon im Mittelalter religiöse Querdenker zurück und gründeten Einsiedeleien. Aber auch Piero della Francesca und Michelangelo sind hier geboren.

Heute ist das Tal um eine Attraktion reicher: Nördlich von Anghiari ist ein enormer Stausee entstanden, ein mächtiger Wall aus verdichtetem Lehm hält die Wassermassen – Lehm hat gegenüber Spannbeton-Konstruktionen den Vorteil, sich bei Erdbeben zu verformen, ohne zu bersten.

▸ **Anghiari**: mittelalterliche Kleinstadt in eindrucksvoller Lage am felsigen Talhang, schöner Ausblick auf das weite Becken des oberen Tibertals. Neben der terrassenförmig angelegten Piazza eine mächtige Galerie, wo ehemals der Markt stattfand. Die Hauptstraße führt wie eine Sprungschanze geradlinig den Berg hinunter ins Tal.

• *Übernachten* ★★★ **La Meridiana**, modern eingerichtete Zimmer, teils geräumig, teils klein, auf jeden Fall gepflegt. DZ mit Frühstück ca 68 €. Piazza IV Novembre 8, ☏ 0575/788102, ✉ 787987, www.hotellameridiana.it.

• *Essen & Trinken* **Da Alighiero**, hervorragende Küche, liebevoll zusammengestellt. Wirt stammt aus der Stadt, Wirtin aus Deutschland. So kommt man neben den regionalen Gerichten auch zu Ochsenschwanz und Entenbrust. Teigwaren alle hausgemacht. Di geschl. Via Garibaldi 8 (Seitengasse zum Hauptplatz), ☏ 0575/788040.
Locanda al Castello di Sorci, etwa 3 km außerhalb in Richtung Monterchi. Der Landgasthof ist seit Jahren wegen seiner riesigen Portionen zu geringen Preisen weit und breit bekannt. Im Sommer und an Wochenenden herrscht Massenbetrieb. Mo geschl. ☏ 0575/789066, www.castellodisorci.it.

▸ **Caprese Michelangelo**: ein kleiner Weiler, einsam auf einer Hügelkuppe gelegen. Hier wurde der große Michelangelo am 6. März 1475 geboren. In der Burgruine von Caprese befindet sich das Geburtshaus. Ausgestellt sind Kopien und Fotos seiner wichtigsten Werke, eine Fotodokumentation illustriert den Werdegang des Meisters.

• *Öffnungszeiten/Eintritt* **Casa Natale Buonarroti**, April/Mai Mo–Sa 10.30–17.30, Juni/Juli Mo–Sa 9.30–18.30 Uhr, So eine Stunde länger; Aug. tägl. 9.30–19.30 Uhr, Sept. Mo–Sa 9.30–18.30, Okt. Mo–Sa 10.30–16.30 Uhr, Nov. bis März Mo–Sa 11–17 Uhr, So jeweils eine Std. länger; Eintritt ca. 3 €.

• *Übernachten* ★★ **Buca di Michelangelo**, mitten im Ortskern, alteingesessen und gut geführt. DZ mit Frühstück ca. 60 €, gutes Restaurant. Via Roma 51, ☏ 0575/793921, ✉ 793941.
Camping Michelango, einfacher Platz in schöner Lage, ca. 1,5 km außerhalb Richtung Anghiari. April bis Okt. ☏ 0575/793886, ✉ 791183.

La Verna: Der heilige Franz von Assisi bekam diesen waldreichen Berg 1213 von Graf Orlando Cattani di Chiusi zum Geschenk und baute sich dort eine Einsiedelei (→ San Leo/Region Marken). Heute steht hier ein viel besuchtes Kloster mit mehreren Kirchen und Kreuzgängen. In der *Chiesa delle Stigmate* ist am Boden die Stelle abgedeckt, wo der heilige Franziskus die Wundmale empfing. Außerdem zu sehen die *Grotte*, die der Heilige als Zelle benutzte, und die *Antonius-Kapelle*, wo 1230 der berühmte Heilige aus Padua (→ Veneto) einige Monate zu Gast war. Es gibt ein großes Ausflugslokal und im Wald kann man schöne Spaziergänge zu ausgeschilderten Quellen unternehmen.

- *Übernachten* * **Letizia**, schmuckes Steinhaus mit großer Terrasse und Restaurant. DZ ca. 50 €. In Chiusi della Verna (beim Abzweig zum Camping), ℡/ℹ 0575/599020, hotelletizia@technet.it.

Camping La Verna, bei Chiusi della Verna (ausgeschildert), im Laubwald, klein und modern, mit Pool. April bis Sept. ℡ 0575/532121, ℹ 532041, www.campinglaverna.it.

▶ **Camaldoli**: inmitten herrlicher, dicht bewaldeter Berglandschaft liegt hier ein Kloster der Kamaldulenser-Mönche, im Jahre 1012 als Einsiedelei vom heiligen Romuald gegründet. Fast 50 Mönche leben heute im Kloster und in der Einsiedelei *Eremo di Camaldoli*, 6 km weiter oben. Sehenswert ist vor allem die Apotheke, in der verkauft wird, was die Kamaldulenser heute produzieren: Kosmetika, Tee, Marmelade, Likör u. a. Busse kommen etwa 2- bis 4-mal täglich von Bibbiena (nördlich von Arezzo). *Öffnungszeiten/Eintritt* **Kloster** Mo–Sa 9–13, 14.30–19 Uhr, **Eremo** Mo–Sa 9–12, 15–18 Uhr.

▶ **Poppi**: Zu besichtigen ist hier das reich ausgestattete *Kastell* der Grafen Guidi, die einst den gesamten Casentino beherrschten. Der etwas außerhalb gelegene *Privatzoo* ist ungepflegt, die Haltung der Tiere nicht artgerecht.

- *Öffnungszeiten/Eintritt* **Kastell**, tägl. 10–18, im Juli bis 19 Uhr, Eintritt ca. 5 €.
- *Übernachten/Essen & Trinken* *** **Casentino**, gegenüber vom Castello, in den ehemaligen Wirtschaftsgebäuden. Unterschiedlich große Zimmer mit Holzdecke und alten Bauernmöbeln. DZ mit Bad ca. 65 €. Gutes, relativ preiswertes Restaurant im alten Pferdestall des Schlosses, im Sommer wird im Hof gegessen. ℡ 0575/529090, ℹ 529067, albcasen@ats.it.

Von Florenz nach Siena

Chianti-Gebiet

Südlich von Florenz findet man die Toskana aus dem Bilderbuch – malerische Dörfer, weiches Landschaftsbild, nach ein paar Hügelkuppen der Horizont. Dazwischen Ölbäume, grün-schwarze Zypressenreihen, etwas Ackerbau, oft auch Wald. Und vor allem: Wein, wohin man blickt. Hier im Zentrum der Toskana, zwischen Florenz und Siena, liegt das Anbaugebiet des Chianti Classico. Die Sträßchen zwischen den Weinhängen sind oft sehr schmal und kurvig, man benötigt reichlich Zeit.

Schon seit etruskischer Zeit wird Wein angebaut und seit etwa 600 Jahren der Chianti, ein Verschnitt aus vier verschiedenen Rebsorten. Der Chianti Classico kommt aus dem Kernland zwischen Florenz und Siena, sein Erkennungszeichen, den schwarzen Hahn, erhielt er 1925. Die Region des „einfachen" Chianti erstreckt sich von Pistoia im Norden bis Arezzo im Südosten der Toskana. Viele der Fattorie (Weingüter) können besucht werden, es gibt Probierstuben und gegen Bezahlung manchmal sogar eine ordentliche Brotzeit. Auch zahlreiche Ausländer haben renovierte Bauernhäuser und Weingüter erworben und sich als Winzer einen Namen gemacht.

Chianti-Gebiet 615

> **Neuerdings asphaltiert: „Off the beaten track"**
> Eine landschaftlich reizvolle Alternative zur Hauptroute Florenz – Greve in Chianti ist die Höhenroute von San Casciano über Mercatale nach Panzano. Auf etwa halbem Weg zwischen Mercatale und Panzano sollte man dabei den kurzen Abstecher zum Nonnenkloster Badia a Passignano nicht auslassen. Der festungsartige Bau ist zwar meist verschlossen (Führungen So-Nachmittag 16, 16.45 und 17.30 Uhr), aber das bekannte Weingut Antinori unterhält beim Kloster eine Verkaufsstelle, im La Scuderia, genau gegenüber, isst man gut im einladenden Garten (Do geschl., ✆ 055/8071623), noch schöner im Landgasthof La Cantinetta di Rignana mit Aussichtsterrasse, knapp 1 km oberhalb vom Kloster (Di geschl., ✆ 055/852601).

Greve in Chianti
ca. 11.200 Einwohner

Weinzentrum mit städtischem Charakter. Große Auswahl an Chianti-Weinen in diversen Weinstuben, z. B. in der *Enoteca del Chianti Classico „Gallo Nero"* am oberen Ende der Piazza Matteotti (Mi geschl.). Im hintersten Raum stehen die ältesten und kostbarsten Jahrgänge. In der *Enoteca Le Cantine* an der Piazza delle Cantine 2 kann man täglich über 100 verschiedene Weine probieren. Samstags findet auf der Piazza Matteotti ein sehr attraktiver Markt statt.

• *Übernachten* ***** Giovanni da Verrazzano**, schöne Lage genau „über" dem Marktplatz, DZ mit Frühstück ca. 105 €, sehr gute Küche. Piazza Matteotti 28, ✆ 055/853189, ✉ 853648, www.verrazzano.it.

** Da Omero, ca. 7 km nordwestlich von Greve (Richtung Castelgreve), DZ ca. 78 €, Frühstück ca. 7 €, auch dort isst man gut. ✆ 055/850715, ✉ 850495.

B & B Casale Le Masse, ein paar Minuten vom Zentrum entfernt (Straße Richtung Friedhof/San Michele). Die freundliche Besitzerin vermietet 4 Zimmer, wobei sich jeweils 2 ein Bad teilen. Garten und Pool. DZ ca. 70 €. ✆ 055/8547401, www.casalemasse.it.

Agriturismo Pian del Gallo, kleines Anwesen knapp 1 km östlich außerhalb. Mit Liebe und Geschmack hergerichtet, Pool, zwei hübsche Apartments für 2/4/6 Pers. (60/80/120 €). DZ mit Frühstück ca. 55 €. Via Stecchi, ✆ 055/853365, ✉ 8546849.

TIPP! Agriturismo Le Muricce, ca. 2 km von Greve entfernt (zunächst in Richtung Panzano, dann am Abzweig nach Lamole links abbiegen und noch etwa 1,2 km weiter). Die beiden netten Besitzer vermieten einige Zimmer und ein kleines Apartment. Außerdem wird für die Gäste gekocht, das Abendessen kostet ca. 25 €. DZ ca. 78–85 €, bei längerem Aufenthalt Rabatt. ✆ 055/8544522, ✉ 39031195, www.muricce.it.

• *Essen & Trinken* **La Torre delle Civette**, oberhalb des Parkplatzes, neben dem Palazzo Torre. Einfache Pizzeria, von Einheimischen und Touristen besucht, gute Pizzen aus dem Holzofen, nicht teuer. Di geschl. ✆ 055/853480.

Ristoro di Lamole, 10 km südlich von Greve, schöne Terrasse im malerischen, aber einsamen Weiler, gute Küche, aber mittlerweile relativ teuer. Mi geschl. ✆ 055/8547050.

Castellina in Chianti
ca. 2700 Einwohner

Der Ort, lange Zeit im umstrittenen Grenzgebiet von Florenz und Siena gelegen, hatte häufig wechselnde Besatzer zu ertragen. Gut erhalten ist die alte Burganlage, die in den Sommermonaten für Besucher zugänglich ist. Auf einem Hügel vor dem Ort liegt das etruskische Schachtgrab *Monte Calvario* mit vier Eingängen zu den Grabkammern in den vier Himmelsrichtungen. Castellina liegt etwa in der Mitte des Chianti-Gebiets, sodass man gut Ausflüge in alle Richtungen unternehmen kann.

Livorno
Antignano
Torre d. Boccale
Villa del Romito
Via Aurelia
Castiglioncello
Rosignano Solvay
Rosignano Marittimo
Casciana Terme
Peccioli
Terricciola
Certaldo
San Gimignano
Vicarello
Volterra
Mte. Voltraio 458
Cecina
Marina di Cecina
Pomarance
Bibbona
San Dalmazio
Marina di Bibbona
Bolgheri
Marina di Castagneto
Castagneto Carducci
COLLINE METALLIFERE
Terme d. Bagnolo
Lago Boracifero
Galleraie
Chiusdino
MAREMMA PISANA
Rocca di S. Silvestro
San Vincenzo
Massa Marittima
Campíglia Marittima
Golfo di Baratti
Populonia
Tombe Etrusche
Riotorto
Salívoli
Marina di Salívoli
Piombino
Follonica
Golfo di Follonica
Isola d'Elba (Portoferraio)
I. Palmaiola
I. Cerboli
Isola d'Elba (Rio Marina)
Braccagni
Vetulonia
Buriano
Punta Ala
Macchiascandona
F. Bruna
Le Rocchette
Castiglione della Pescaia
Marina di Grosseto
Principina a Mare
F. Ombrone
Monti
Marina di Alberese
Abb. di S. Rabano
Parco Naturale della Maremma
Isola del Giglio
Giglio Castello
Giglio Campese
Giglio Porto
Isola di Giannutri
A 12
1
68
206
322
329
398
439
439 d.
441
73

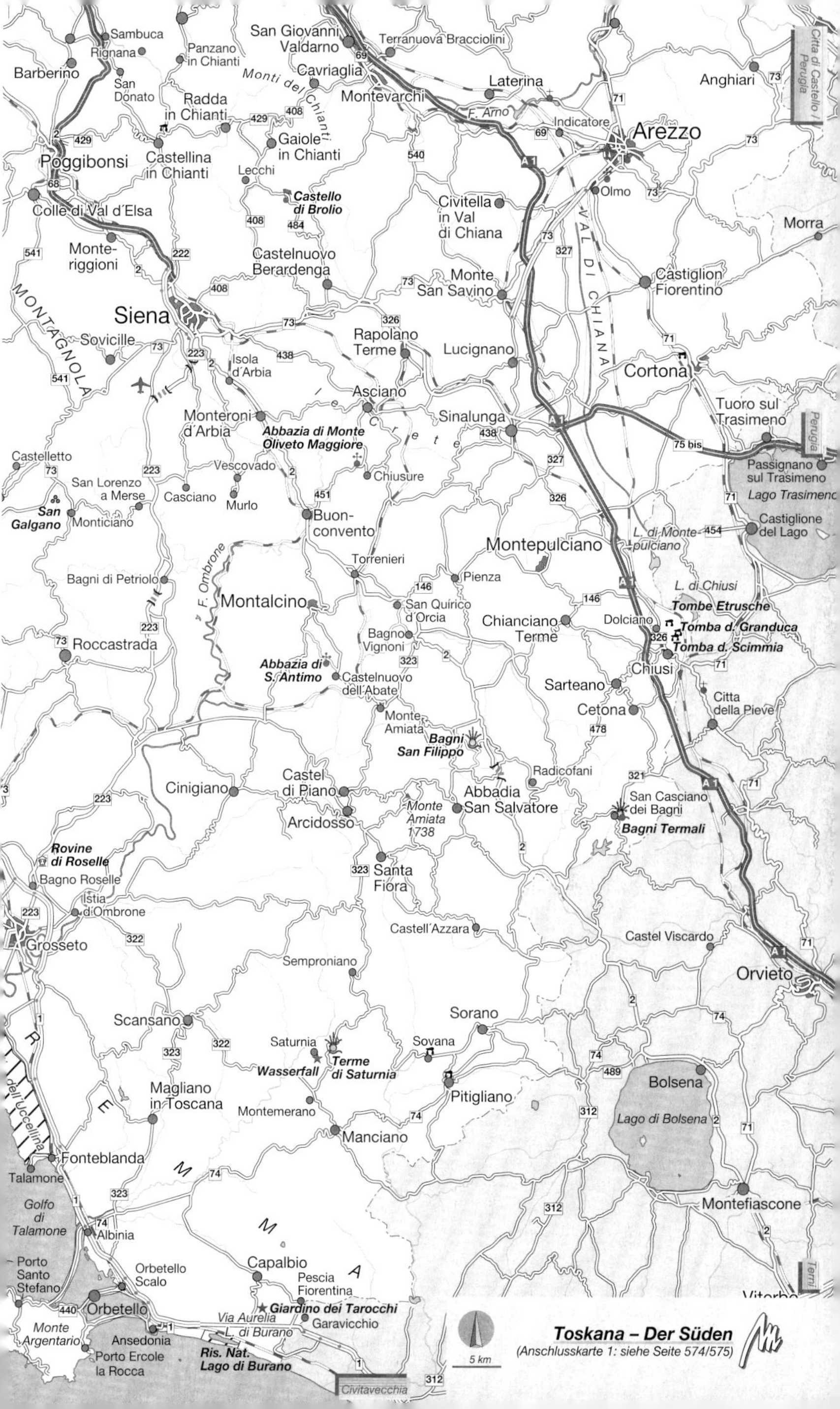

Toskana – Der Süden
(Anschlusskarte 1: siehe Seite 574/575)

- *Übernachten* *** **Salivolpi**, bestens renovierter Bauernhof, geschmackvoll eingerichtet, ruhig gelegen, Garten mit kleinem Swimmingpool, Tochter spricht etwas Deutsch. DZ mit Bad ca. 95 €. Via Salivolpi (1 km in Richtung San Donato), ✆ 0577/740484, ✆ 740998, www.hotelsalivolpi.com.
*** **Belvedere di San Leonino**, ca. 7 km außerhalb Richtung Siena (rechts abbiegen). Großzügig renoviertes Bauernhaus aus dem 15. Jh., herrliche Umgebung, Pool vorhanden. DZ ca. 130 €. ✆ 0577/740887, ✆ 740924, www.hotelsanleonino.com.
* **San Martino**, Zufahrt schräg gegenüber vom Albergo Salivolpi, Gemeinschaftsküche, Pool. DZ ca. 60 €. ✆ 0577/740902.
B & B Cristina, freundliche Zimmer mit Bad, die netten Damen machen für ihre Gäste auch Lunchpakete. DZ ca. 73 €. Via Fiorentina 34 (an der Straße Richtung San Donato), ✆ 0577/741166, ✆ 742936, www.villacristina.it.
Camping Luxor, in der Locanda Trasqua, die „Weinstraße" von Castellina in Chianti über Lilliano Richtung Castellina Scalo fahren. Einige Kilometer vor Scalo, nach der Fattoria Casetta, zwischen zwei kleinen Brücken links abbiegen (ausgeschildert). Wer von Siena oder Florenz kommt: Autobahnausfahrt Monteriggioni. Der Platz (mit Swimmingpool), abgelegen auf einer dicht bewaldeten Hügelkuppe, gehört zum Areal der Chianti-Faktorei „Fattoria di Trasqua" und eignet sich ausgezeichnet als Ausgangspunkt für Ausflüge nach Volterra, San Gimignano und Siena (18 km). Relativ preiswert, allerdings nur Anfang Juni bis Mitte Sept. geöffnet. ✆ 0577/743047.

- *Essen & Trinken* **Antica Trattoria La Torre**, gleich oben neben der Burg, gehobenes Mittelklasserestaurant, die Küche hat einige Spezialitäten zu bieten, speziell Risotto und diverse Pastagerichte. Menü ca. 30 €. Fr geschl. ✆ 0577/740236.
Il Fondaccio, in der Fußgängerzone, schön zum Draußensitzen. Nur Pizza und Antipasti-Buffet, aber gute Stimmung und ebensolches Essen, immer voll, deshalb Zeit mitbringen, reservieren zwecklos. Via Ferruccio 27.
Pestello, ca. 6 km außerhalb, rechts der Straße nach Poggibonsi. Besonders an Wochenenden ist trotz der gehobenen Preise kaum ein Platz zu bekommen. Stilvolle mittelalterliche Räumlichkeiten, sehr gute Vorspeisen und Grillgerichte vom offenen Kamin. Mi geschl. ✆ 0577/740215.

Radda

ca. 1600 Einwohner

Radda ist mit seinem hübschen Ortsbild vielleicht der einnehmendste Ort der Chianti-Gegend. Bei längerem Aufenthalt kann man auch schöne Ausflüge ins Umland machen.

Umgeben von Mauern findet sich im Zentrum ein kleiner Marktplatz mit Rathaus und einer rustikalen Loggia, gegenüber ein hübscher, grottenartiger Brunnen. Gleich daneben steht die bäuerliche Kirche.

- *Übernachten* Viel Hochpreisiges, aber auch Vermietung von Privatzimmern.
* **Il Girarrosto**, etwas älteres Hotel im Ortskern, einfache Zimmer für ca. 35 €, warme Speisen auf Vorbestellung. Via Roma 41, ✆ 0577/738010.
Pistolesi, schräg gegenüber vom Hotel, Privatzimmer mit Bad und TV für ca. 55 €. ✆ 0577/738556, www.lodginchianti.it.
Bottega di Giovannino, direkt im Zentrum. Stattliche Herberge mit 15 Zimmern, DZ mit Frühstück ca. 62 €. Via Roma, ✆/✆ 0577/738056.

- *Essen & Trinken* **Vignale**, im gleichnamigen Hotel, hervorragende Küche und gepflegte Atmosphäre. Die Menüpreise entsprechen allerdings nicht jedem Reisebudget. Do geschl. ✆ 0577/738701.
Le Vigne, knapp außerhalb, Abzweigung (Schotterstraße) von der Straße nach Montevarchi. Mäßige Preise, angenehme Atmosphäre. Sehr bekannt, deswegen besser reservieren. Di geschl. ✆ 0577/738640.
Da Michele, Pizzeria im Zentrum unterhalb der Bar, stark frequentiert, riesige Pizzen mit dünnem Teig, gut geeignet für Reisende mit Kindern. Mo geschl. ✆ 0577/738491.

▸ **Radda/Umgebung**: *Volpaia* auf einem Bergrücken oberhalb von Radda ist ein Juwel, das pure Mittelalter. Hinter den Gemäuern aus dem 12. Jh. verbergen sich allein sieben Weinkeller des Weinguts „Castello di Volpaia". An der Piazza laden Bar und Enoteca zum Verweilen ein, in der Umgebung gibt es zahlreiche Wandermöglichkeiten und Übernachtungsangebote in gepflegten Landgütern.

Zum ehemaligen Bergkloster *Badia a Coltibuono* schlängelt sich ein kleines Sträßchen etwas außerhalb von Radda (erst 2 km in Richtung Greve) den Berg hinauf (es gibt auch einen Wanderweg). Oben weht meist eine leichte Brise und der tiefgrüne, alte Zedernwald bewirkt zusätzliche Frische. Die romanische Benediktinerabtei (Aug. geschl.) ist heute im Besitz eines Mailänder Zeitungsverlegers und Weinliebhabers, der hier eines der bekanntesten Weingüter der Toskana aufgebaut hat. Der produzierte Chianti kann in der Osteria unterhalb der Klosteranlage probiert werden. Neben dem Kloster ein Ausflugslokal von nur mäßiger Qualität, gekünstelt und überteuert.

▸ **Parco di Cavriglia**: Freilandzoo im waldreichen Gebiet zwischen Cavriglia und Castelnuova dei Sabbioni in den Chianti-Bergen, am westlichen Talhang des Arno. Auf halbfreier Wildbahn tummeln sich allerlei exotische und weniger exotische Tiere, z. B. Braunbären (im Gehege), Lamas und Esel, aber auch Mengen von Meerschweinchen. Man kann auf zahlreichen Wegen schön spazieren, es gibt mehrere Picknickstellen und vor dem Eingang liegt ein nettes Self-Service-Restaurant (nur sonntags, auch Pizza, ✆ 055/967077), ebenfalls mit einladendem Picknickgelände.

• *Öffnungszeiten/Eintritt* geöffnet tägl. April bis Okt., Eintritt kostet es nur sonntags, Fußgänger ca. 1 €, Auto ca. 3 €. ✆ 055/967422, www.parcocavriglia.com.

• *Übernachten* im **Hotel** des Parks gibt es 30 Zimmer mit Bad, DZ mit Frühstück ca. 60 €. ✆ 055/967418, ✉ 967546.

Camping Piano Orlando, grenzt direkt an den Naturpark, schönes, schattiges Gelände mit Bungalows und nettem Pool. April bis Sept. ✆ 055/967422, ✉ 967546, www.campingchianti.com.

San Gimignano

ca. 7000 Einwohner

Die besterhaltene mittelalterliche Stadt der Toskana, von der UNESCO 1990 zum Weltkulturerbe erklärt, zeigt sich baulich nahezu unverändert. Schon von weitem beherrschen die schlanken, hoch aufragenden Türme (bis 54 m) das Stadtbild. Die reichen Handelsgeschlechter wetteiferten miteinander durch die Höhe ihrer Geschlechtertürme.

Turmbauten waren auch in den anderen toskanischen Städten des Mittelalters dominierend. Dass sie hier erhalten blieben, ist der Vorherrschaft von Florenz zu verdanken, denn dadurch blieben der Stadt die bürgerkriegsähnlichen Zustände erspart, die vielen anderen Stadtbildern so abträglich waren. Die Türme – Wohnsitz der in der Stadt ansässigen Adelsfamilien – boten weniger Schutz vor äußeren Feinden, sondern sicherten oftmals das Leben ganzer Großfamilien bei den nicht minder blutigen Fehden rivalisierender Familien in den Städten selbst.

• *Anfahrt/Verbindungen* **PKW**, von Florenz den kostenfreien Racordo Richtung Siena nehmen, bei Poggibonsi abfahren und über steile Hügel hinauf nach San Gimignano. Praktisch alle Parkplätze in Zentrumsnähe sind tagsüber gebührenpflichtig, frei parken kann man nur weit außerhalb.
Bahn, von Florenz mit dem Zug nach Empoli an der Strecke nach Pisa, dort umsteigen und auf kleiner Nebenlinie Richtung Siena bis Poggibonsi. Weiter mit Bus, ca. 20 Min.
Bus, häufige Direktbusse ab Florenz u. Siena.

• *Information* Piazza del Duomo 1. Tägl. 9.30–13, 15–19 Uhr. ✆ 0577/940008, ✉ 940903, www.sangimignano.com.
Vermittlung von Privatzimmern und Apartments durch **Associazione Strutture Extralberghiere**, Piazza della Cisterna 6, ✆/✉ 0577/943190, maurizio@temainf.it.

• *Übernachten* Eine Handvoll teurer Hotels, einige Restaurants vermieten Zimmer, außerdem ein Campingplatz.
*** L'Antico Pozzo (1), restauriertes Stadthaus aus dem 15. Jh., jedes Zimmer anders, alle sehr einladend. DZ mit Frühstück

ca. 110–130 €. Via San Matteo 87, ✆ 0577/942014, ℻ 942117, www.anticopozzo.com.

*** **La Cisterna (2)**, am gleichnamigen Platz, sehr schöne Lage. Die meisten Zimmer gehen nach „hinten", oft mit Balkon – Blick über die Dächer ins toskanische Umland. Im Haus auch empfehlenswertes Restaurant. DZ ab ca. 90 €. ✆ 0577/940328, ℻ 942080, www.hotelcisterna.it.

*** **Da Graziano (5)**, 10 Fußminuten von der Altstadt, 6 neu eingerichtete Zimmer über dem gleichnamigen Restaurant. DZ ca. 70–85 €. Via Matteotti 39/a, ✆ 0577/940101, ℻ 940655, www.sangimignano.com/dagraziano.

Privatzimmer für ca. 70 € (mit Etagendusche) vermieten die Restaurants **Il Pino**, **La Stella** an der Via San Matteo und **Le Vecchie Mura**; Via Piandornella. **Camere La Fornace di Racciano**, Località Racciano, auf einem Hügel gegenüber San Gimignano, schöner Blick auf die Stadt. 5 Zimmer mit Bad, TV und Kühlschrank, ca. 90 €, reichhaltiges Frühstücksbuffet. Straße in südliche Richtung nach Volterra nehmen, nach 2,5 km rechts den Berg hinauf. ✆ 0577/942156, ℻ 907689.

Camping Il Boschetto di Piemma, ca. 2,5 km außerhalb in Richtung Santa Lucia, schattig, teils steile Hanglage, Pool. April bis Mitte Okt. ✆ 0577/940352, www.boschettodipiemma.it.

• *Essen & Trinken* Weinspezialität von San Gimignano ist der „Vernaccia", ein trockener Weißwein, dessen Geschmack dem von Stachelbeeren und Äpfeln ähnelt.

Le Vecchie Mura (3), in einem liebevoll restaurierten Gewölbebau, schöne Terrasse mit Fernblick. Nur abends, Di geschl. Via Piandornella 15, ✆ 0577/940270.

Chiribiri (4), kleine Trattoria, gut und preisgünstig. Mi geschl. Piazza della Madonna 1, ✆ 0577/941948.

Da Graziano (5), 10 Fußminuten von der Altstadt, im gleichnamigen Hotel (→ Übernachten), gute Küche und besonders leckere Pizzen. Freundlicher Service. Mo geschl. Via Matteotti 39a.

Il Rifugio, Località Racciano, auf einem Hügel 3 km außerhalb, Abzweig von der Straße nach Volterra. Man sitzt auf der blumengeschmückten Terrasse und wird mit guten Speisen verwöhnt. Di geschl. ✆ 0577/940771.

Sehenswertes: Die *Piazza della Cisterna* bildet zusammen mit dem benachbarten Domplatz das Zentrum der Stadt. Mit ihrer dreieckigen Grundform, dem gewölbten Profil und den riesigen Hausfassaden stellt sie ein Stück Mittelalter reinster Form dar. In der Mitte die alte Zisterne aus dem Jahre 1273.

An der *Piazza del Duomo* bieten sich vielfältige Perspektiven – bogenförmige Loggia, Treppen, die Pfarrkirche und der hoch aufragende Turmkoloss. Tagsüber ist hier auch Gemüsemarkt. Der *Palazzo del Popolo* steht mit seinem 54 m hohen Turm links oben. Ein architektonischer Leckerbissen ist der *Innenhof* mit überdachtem Treppenaufgang, Rundbögen und ausgebleichten Wandfresken. Fast alle Motive symbolisieren die Justiz – hier wurde im Mittelalter öffentlich Recht gesprochen. Das *Museo Civico* im ersten Obergeschoss besitzt nüchtern kahle Säle mit Wandfresken. Im ersten, dem so genannten Saal Dantes, die bemerkenswerte Maestà von Lippo Memmi, im Nebenzimmer, dem „geheimen Sitzungssaal", wertvolles Gestühl. In den oberen Stockwerken besonders beeindruckend die beiden Rundbilder von Filippino Lippi, die „Verkündigung" und der „Engel". Auf jeden Fall sollte man die *Torre Grossa* besteigen und den fantastischen Blick über die Stadt genießen.

Der äußerlich schmucklose romanische *Dom* ist innen über und über mit Wandfresken bemalt. Im *linken Seitenschiff* Szenen des alten Testaments in sehr realistischer Darstellungsweise. Die Bildreihe beginnt mit der Erschaffung der Welt: „Adam und Eva". Etwas aus dem Rahmen fällt der „Durchzug durchs Rote Meer", das Heer des Pharaos trudelt ertrinkend auf der Bildfläche. Oben an der *Rückwand* das „Jüngste Gericht" von Taddeo di Bartolo. Die Details kann man nur auf den Postkarten der Kioske erkennen: „Die Unmäßigen", „Die Unzucht", viel Mord und Totschlag, gierige Teufel. Die öffentlichen Hinrichtungen und Torturen der damaligen

Übernachten

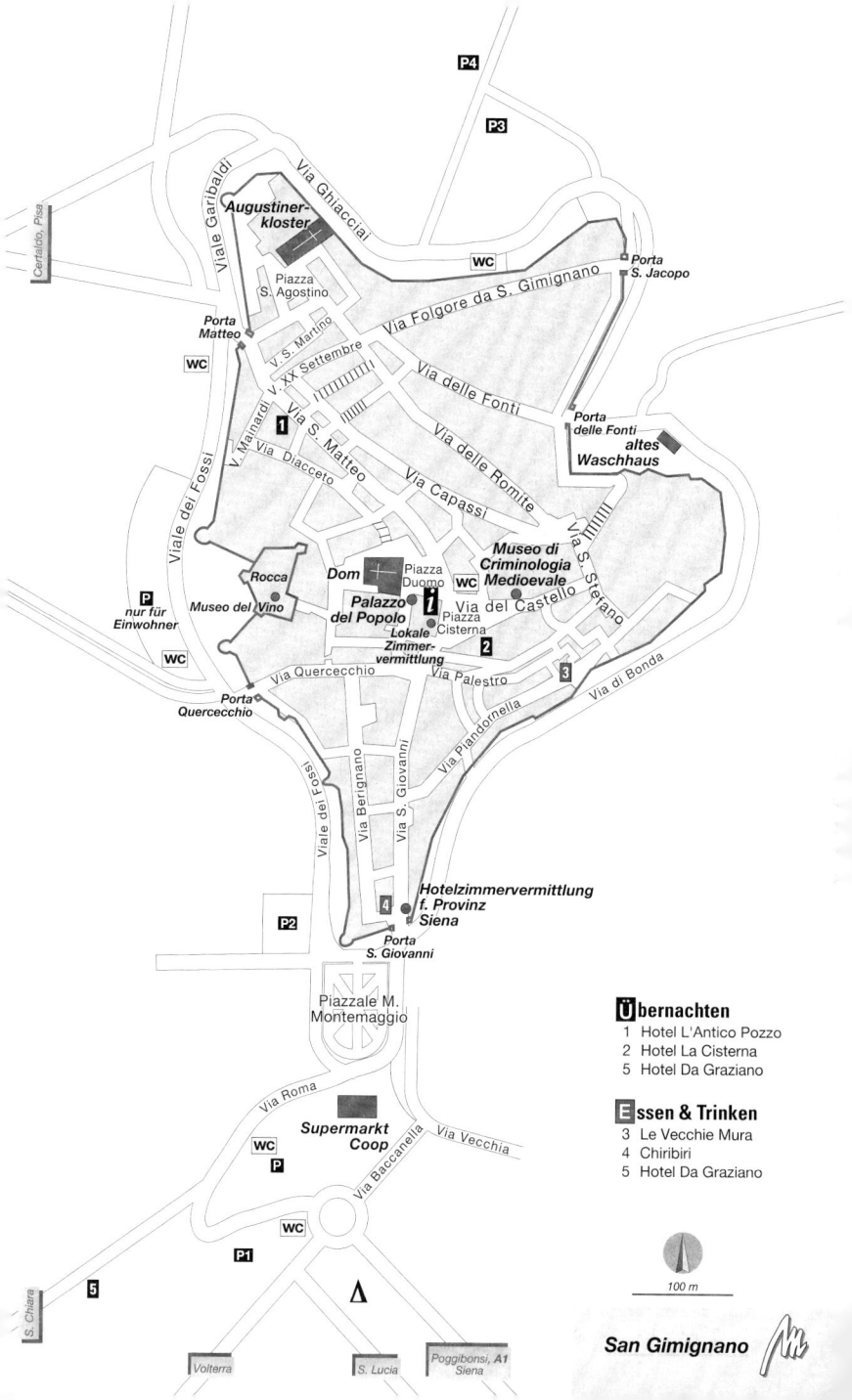

1. Hotel L'Antico Pozzo
2. Hotel La Cisterna
5. Hotel Da Graziano

Essen & Trinken

3. Le Vecchie Mura
4. Chiribiri
5. Hotel Da Graziano

San Gimignano

Zeit bildeten die Vorlagen. Im *rechten Seitenschiff* Szenen aus dem Neuen Testament von Barna di Siena. Am Ende des Seitenschiffs die *Cappella di Santa Fina*. Im Renaissancestil angebaut, bricht sie völlig mit dem Rest der Kirche – die Gesichtszüge spiegeln Persönlichkeit und individuelle Mimik und sind gemalt vom großen Meister Ghirlandaio.

Das *Museo di Criminologia Medioevale* in der Via del Castello zeigt eine Schrecken erregende Sammlung von mittelalterlichen Folterinstrumenten. Der Bogen zur Gegenwart wird durch zeitgenössische amerikanische Hinrichtungsmethoden wie Elektrischer Stuhl und Gaskammer gezogen – für Kinder nicht geeignet.

Das *Augustinerkloster* im Norden der Stadt bietet im Chor der Kirche einen großartigen Bilderzyklus von Benozzo Gozzoli und seinen Schülern.

• *Öffnungszeiten/Eintritt* Es gibt zwei Kombitickets (7,50 u. 5,50 €), die zu den meisten Sehenswürdigkeiten (außer Foltermuseum) Eintritt gewähren.
Museo Civico und Torre Grossa, März bis Okt. tägl. 9.30–19.30 Uhr, Nov. bis Febr. 10–17.30 Uhr. Eintritt ca. 5 €.
Dom, März Mo–Sa 9.30–16.40, So 12.30–16.40 Uhr, April bis Okt. Mo–Fr 9–19.10, Sa 9.30–17, So 12.30–17 Uhr. Eintritt ca. 3,50 €.
Museo di Criminologia Medioevale, Juli bis Sept. tägl. 10–24 Uhr, übrige Zeit 10–19 Uhr. Eintritt ca. 8 €.
Augustinerkloster, tägl. 7–12, 15–18 Uhr, Eintritt frei.

Volterra

ca. 13.000 Einwohner

Herbe Mittelalterstadt auf einem einsamen Plateau in karger, waldloser Hügellandschaft. Soweit man schauen kann, leuchten die Farben der Getreidefelder: im Frühling sattes Grün, den Sommer über schimmerndes Gelb und im Herbst die warmen Rottöne der umgepflügten Erde.

Volterra ist einer der wenigen Orte in Europa, wo noch Alabaster abgebaut wird. Das weiche marmorähnliche Gestein wurde schon von den Etruskern zu Urnen, Vasen u. a. verarbeitet, heute verkaufen zahllose Läden die verschiedensten Gegenstände aus Alabaster. Berühmt sind die *Balze* im Norden der Stadt – wegen der starken Erosion ist dort ein Teil der Hügelkante abgebrochen.

• *Anfahrt/Verbindungen* **PKW**, von San Gimignano, Cecina und Pisa gut zu erreichen. **Bahn**, Stichbahn von der Küstenstadt Cecina bis Bhf. **Volterra-Saline**, 9 km westlich der Stadt, von dort regelmäßige Busverbindungen ins Zentrum (Züge ab Pisa und Livorno). Ansonsten **Busse** von und nach Pisa, Massa Marittima, San Gimignano, Siena und Florenz. Anreise von Florenz über **Colle Val d'Elsa** (umsteigen).

• *Information* **Ufficio Turistico**, im Sommer tägl. 10–13, 14–19 Uhr, im Winter Mo–Sa 10–

Volterra 623

13, 14–17 Uhr, So 10–13 Uhr. Piazza dei Priori 19–20, ✆/≋ 0588/87257, www.volteratur.it.
Pro Loco, April bis Okt. 9–13, 14–19 Uhr, sonst 9–12, 15–18 Uhr. Via G. Turazza 2 (um die Ecke vom Palazzo dei Priori), ✆/≋ 0588/86150, www.provolterra.it.

● *Übernachten* *** **Villa Nencini (1)**, rustikal aus unverputzten Steinquadern, außerhalb der Stadtmauer, sehr ruhig. Von den Zimmern weiter Blick ins Umland (ausgenommen die Zimmer ohne Dusche im Souterrain), Swimmingpool im Garten. Zu Fuß ins Zentrum ca. 10 Min. DZ mit Bad ca. 70–85 €, mit Etagendusche ca. 42–52 €. Borgo Santo Stefano 55, ✆ 0588/86386, ≋ 80601, www.villanencini.it.

Seminario Sant'Andrea (2), ehemaliger Priesterkonvent in einem Kloster im Nordosten der Stadt, einfache, aber geräumige Zimmer. DZ mit Bad ca. 40 €, mit Etagendusche ca. 30 €. Oft von kirchlichen Gruppen ausgebucht, trotzdem nachfragen. Viale Vittorio Veneto 2 ✆ 0588/86028, ≋ 90791.

Villa Palagione, ambitioniertes Projekt mehrerer Italiener und Deutscher, ehemaliger Sitz einer Adelsfamilie, stimmungsvoll restaurierte Zimmer, zahlreiche Gesellschaftsräume und Aktivitäten. Auch Individualreisende sind willkommen. DZ ca. 55–85, Frühstück ca. 9 €. Erst Richtung San Gimignano fahren, nach ca. 2 km zweigt links die Straße nach Pisa/Pontedera ab, nach 800 m rechts beschilderter Schotterweg. ✆ 0588/39014, www.villa-palagione.com.

Camping Le Balze, an der Straße nach Pisa, ca. 1 km nördlich bei den Steinbrüchen. Relativ kleiner Platz, wenig Schatten, aber gute Sicht, Pool, Bungalows zu vermieten, sanitär nur mäßig. April bis Sept. Via di Mandringa 15, ✆ 0588/87880.

● *Essen & Trinken* **L'Ombra della Sera (4)**, sehr gutes Wildschweinragout in leichter Olivenölsoße mit Gewürzen. Liebevoll angemachter Salat mit Fenchel (je nach Jahreszeit). Mo geschl. Via Gramsci 70, ✆ 0588/86663.

Da Badò (5), etwa 200 m außerhalb der Stadtmauern in Richtung Siena. Alteingesessene Trattoria mit vielen Wildgerichten

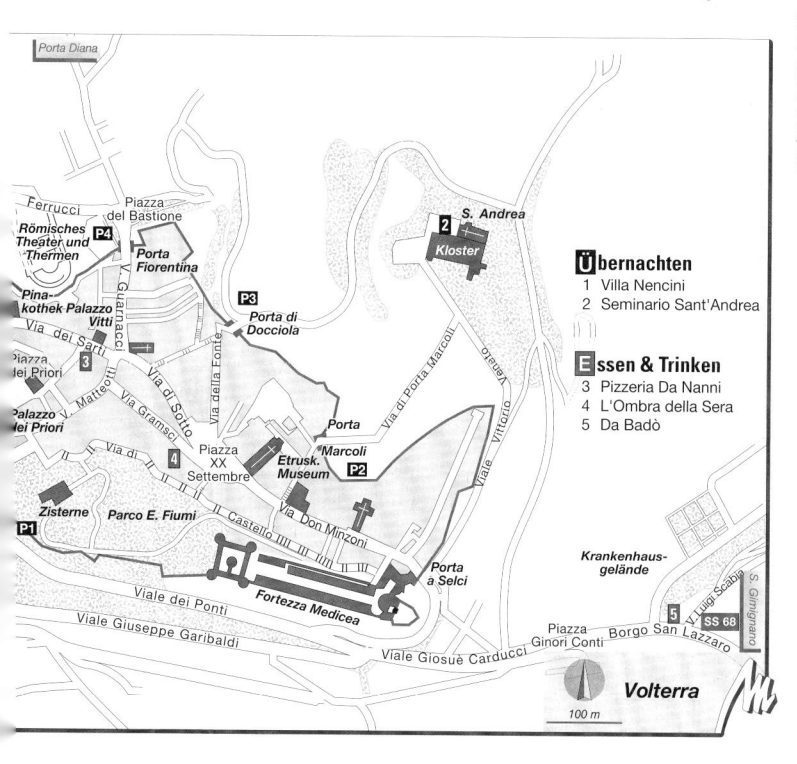

und eigenem Wein. Mi geschl. Borgo San Lazzero 9, ✆ 0588/86477.
Da Nanni (3), kleine heiße Pizzeria, man sitzt neben dem Backofen an zwei langen Tischreihen. An Öl wird nicht gespart. Mo geschl. Via delle Prigioni 40.

TIPP! Africa, im Ortszentrum von Saline di Volterra, 9 km südwestlich. Die beiden Schwestern Eva und Lorella bieten gute preiswerte Küche und riesige Spaghettiportionen. Borgo Lisci 8, ✆ 0588/44193.

Sehenswertes: Zentrum des Ortes ist die *Piazza dei Priori*. Ein düsterer, mittelalterlicher Platz, gesäumt von hohen Palazzi. Größter Bau ist der *Palazzo dei Priori* vom Anfang des 13. Jh., übrigens das älteste Rathaus der Toskana. Der Bau diente später einigen anderen Palastbauten als Vorbild, u. a. dem Palazzo Vecchio in Florenz. Nicht weit entfernt steht der *Dom* aus dem 12. Jh., der in den nachfolgenden Jahrhunderten im Stil Pisas umgebaut wurde. Sehenswert ist vor allem die Kanzel von Mino da Fiesole, aber auch die „Kreuzabnahme" im rechten Querschiff. Gegenüber vom Dom steht das *Baptisterium* mit berühmtem Taufbecken von Sansovino.
Das *Museo Etrusco Guarnacci*, Via Don Minzoni 15, ist das bedeutendste etruskische Museum der Toskana mit zahlreichen Fundstücken, darunter zahlreiche Ascheurnen, gefertigt aus Marmor oder Alabaster. Oft sind darauf Beerdigungsszenen dargestellt: Der Sterbende auf einem Pferd, begleitet von Freunden und Familie.
Im herrlich restaurierten Palazzo Minucci Solaini in der Via Sarti 1 ist die *Pinakothek* untergebracht. Besonders in den oberen Ausstellungsräumen beeindrucken die Werke von Pietro de Witte – lebensgroße Figuren mit einem mimischen Ausdruck, der denkwürdig bleibt: Wahnsinn, Verzweiflung, Trauer, Besonnenheit. Berühmtestes Werk ist die „Kreuzabnahme" von Rosso Fiorentino.
Die etruskische *Porta all'Arco* wurde von den Römern umgebaut und bildete einen Teil der Stadtmauer aus dem 4. Jh. v. Chr. Die Bürger Volterras bewahrten es vor der Sprengung durch deutsche Truppen, indem sie den ganzen Torbogen mit Steinen ausfüllten. Benachbart erstreckt sich die grüne Oase des *Parco Archeologico Enrico Fiumi*, unter schattigen Bäumen kann man hier den herrlichen Blick auf Volterra und ins Umland genießen. Zu den antiken Überreste Volterras gehört auch ein römisches *Theater* im Norden der Stadt, auf das man von der Stadtmauer einen herrlichen Blick hat.

● *Öffnungszeiten/Eintritt* **Museo Etrusco Guarnacci** und **Pinakothek**, Mitte März bis Okt. 9–19 Uhr, Nov. bis Mitte März 8.30–13.45 Uhr. Sammelticket ca. 8 €, Familienkarte ca. 18 € (max. 4 Pers.). **Röm. Theater**, Mitte März bis Ende Okt. 10.30–17.30 Uhr, im Winter nur Sa/So, Eintritt ca. 2 €.

▸ **Le Balze**: ockerbraune Steilabbrüche direkt hinter dem Campingplatz – durch Regen wird immer mehr Erdreich weggespült, ein Teil der etruskischen Stadtmauer und eine mittelalterliche Kapelle stürzten bereits hinunter. Auf einem Hügel, nur noch etwa 20 m vom Abgrund entfernt, stehen die Mauern einer einst prächtigen *Kamaldulenser-Abtei*. Das ehemals prächtige Kloster wurde 1130 errichtet und nach einem Erdbeben 1864 von den Mönchen fluchtartig verlassen.

Siena
ca. 60.000 Einwohner

Nach Florenz das zweite große Toskanaziel – durch und durch mittelalterlich, rotbraune Backsteinbauten, ein prachtvoller Dom und enge, schummrige Straßenschluchten, die gekrümmt den Hügelprofilen folgen. Das Autofahren innerhalb der Mauern ist verboten – eine Stadt zum Flanieren.

Siena war eine der mächtigsten mittelalterlichen Stadtrepubliken und die große Konkurrentin von Florenz. Die ganze Stadtanlage, ihre Bauten und Kunstwerke weisen auf diese große Zeit zurück – Siena ist ein einziges Ausstellungsstück der italienischen Gotik, die aber mit der himmelwärts strebenden nordischen Gotik nichts gemeinsam hat. Seit der Blütezeit im 14. Jh. und insbesondere nach der Eroberung durch Florenz (1555) entstanden keine herausragenden Bauwerke mehr. Für kunsthistorisch Interessierte ein unschätzbarer Vorteil, denn so blieb der mittelalterliche Baustil unversehrt erhalten. Auch heute wuchert Siena noch nicht in das grüne Hügelland der Umgebung. Die Silhouette ist geprägt durch die vollständig erhaltene Stadtmauer und die etwa 102 m (!) hohen *Torre del Mangia* an der berühmten muschelförmigen Piazza del Campo. Fast sämtliche Paläste und Gebäude sind aus Backstein erbaut – im Gegensatz dazu steht der mit Marmor verkleidete Dom, das Prunkstück von Siena.

Anfahrt/Verbindungen/Information

• *Anfahrt/Verbindungen* **PKW**, kostenlose Autobahnverbindung (Racordo) mit Florenz. Die Altstadt von Siena ist für den öffentlichen Verkehr gesperrt (frei für Touristen mit Hotelreservierung). Mehrere gebührenpflichtige Parkplätze sind um die Stadt verteilt, allerdings oft belegt (am Stadtrand kündigen Schilder an, welche Plätze noch Kapazitäten haben). Der am günstigsten gelegene ist der neue Parkplatz **Santa Caterina-Fontebranda**, da man von dort aus per Rolltreppe direkt zum Dom hinauffahren kann (Ausfahrt Siena Ovest). Außerdem gibt es noch einige weiter entfernte Großparkplätze, allerdings kostenlos und unbewacht (Shuttle-Bus „Pollicino" ins Zentrum), z. B. **Due Ponti** im Osten der Stadt, Viale Pietro Tosellini.

Bahn, Siena liegt an einer Nebenstrecke von Florenz über Empoli und Poggibonsi. Aus Richtung Rom kommend, in Chiusi umsteigen. Bahnhof 2 km außerhalb vom Zentrum, Busse fahren zur Piazza Gramsci. **Bus**, Abfahrt/Ankunft an der Piazza Gramsci, stündlich nach Florenz, zudem häufige Verbindungen in die meisten Orte der Toskana, mindestens 1-mal tägl. nach Rom. Nach San Gimignano in Poggibonsi umsteigen.
• *Information* **APT**, im Sommer Mo–Sa 8.30–19.30, So 9–15 Uhr. Piazza del Campo 56, ✆ 0577/280551, ✉ 270676, www.terresiena.it.
Zimmervermittlung bei **Siena Hotel Promotion**, im Sommer Mo–Sa 9–20, Winter 9–19 Uhr, So geschl. Piazza San Domenico, ✆ 0577/288084, ✉ 280290, www.hotelsiena.com.

Übernachten (siehe Karte S. 628/629)

Viele Hotels liegen innerhalb der Mauern und sind trotz der zentralen Lage relativ ruhig, da die Altstadt autofrei ist. Mit Hotelreservierung, erhältlich bei „Siena Hotel Promotion", darf man sein Gepäck bis zur Unterkunft fahren.

*** Palazzo Ravizza (21), First-Class-Haus, ca. 10 Min. vom Dom. Alte Stadtvilla aus dem 17. Jh., seit 1924 Hotel, vom Terrassengarten hinter dem Haus schöner Blick. 30 Zimmer und Suiten verschiedener Kategorien. DZ (Standard und Superior) mit Frühstück ca. 150–270 €. Via Pian dei Mantellini 34, ✆ 0577/280462, ✉ 221597, www.palazzoravizza.it.
*** Chiusarelli (5), stilvoller klassizistischer Bau, zentral gelegen, einige Parkplätze im Garten. 50 Zimmer, sehr ruhig die Zimmer zum parkähnlichen Stadion von Siena. DZ mit Frühstück ca. 120 €. Viale Curtatone 15, ✆ 0577/280562, ✉ 271177, www.chiusarelli.it.
** Lea (11), alte, gepflegte Villa am Stadtrand (außerhalb der Mauer). Ruhige Lage, kleiner Garten, Zimmer zur Vorderfront mit schönem Blick auf Altstadt und Dom. DZ mit Bad ca. 70–90 €. Viale XXIV Maggio 10, ✆ 0577/283207, hotellea@libero.it.
** Cannon d'Oro (4), altes, verwinkeltes Haus, Gänge und Räume kahlweiß ohne jeglichen Schmuck. DZ mit Bad ca. 70–100 €. Via Montanini 28, ✆ 0577/44321, ✉ 280868, www.cannondoro.com.
** Piccolo Hotel Etruria (9), sympathisch, wenn auch etwas eng. DZ mit Bad ca. 80 €. Das preiswerte Restaurant wird gerne von Rucksackreisenden besucht. Via delle Donzelle 3 (quer zur Via Banchi di Sotto beim Campo), ✆ 0577/288088, ✉ 288461, www.hoteletruria.com.
* Bernini (6), familiäre Pension, von Lesern

empfohlen, schöne Terrasse mit Panorama, auch einige Zimmer mit fantastischem Blick auf den Dom. DZ mit Bad ca. 70–85 €, mit Etagendusche ca. 60–65 €. Frühzeitige Reservierung unbedingt nötig, da oft belegt. Via della Sapienza 15, ✆/≋ 0577/289047.

*** Tre Donzelle (8)**, großzügiges Altstadthaus, sauber, DZ mit Bad ca. 62 €, mit Etagendusche ca. 48 €. Via delle Donzelle 5, ✆ 0577/280358, ≋ 223933.

* Locanda Garibaldi (15), kleines, enges Haus neben der Piazza del Campo, die einst beliebte Billigabsteige wurde völlig renoviert, DZ mit Waschgelegenheit jetzt ca. 75 €. Zum Haus gehört ein kleines, preiswertes Restaurant (→ Essen & Trinken). Via Giovanni Dupré 18, ✆ 0577/284204.

• *Jugendherberge* **Guidoriccio**, im Ortsteil Stellino, außerhalb vom Zentrum, ca. 3 km vom Bahnhof (Bus 10 ab Bhf., Bus 15 ab Piazza Gramsci). 100 Betten, leider an einer Hauptverkehrsstraße, zusätzliche Geräusche durch TV und Spielautomaten im Aufenthaltsraum. Übernachtung mit Frühstück ca. 15 €. Via Fiorentina 89, ✆ 0577/52212, ≋ 56172, www.ostellionline.org.

• *Camping* **Siena Colleverde**, nordöstlich vom Bahnhof, Bus 8 ab Piazza del Sale (letzter Bus gegen 22.50 Uhr). Wie der Name schon vermuten lässt, auf einem grünen Hügel mit Bäumen. Wenn der Platz überfüllt ist, muss man auch mit weniger begrünten Flächen vorlieb nehmen. In der Kantine preisgünstiges Menü, im Hochsommer Swimmingpoolbenutzung gegen Gebühr. April bis Okt. Strada di Scacciapensieri 47, ✆ 0577/280044, ≋ 333298.

Luxor, ca. 18 km nördlich (Chianti) bei Monteriggioni (→ Castellina in Chianti).

TIPP! La Montagnola, in Sovicille, ca. 12 km südwestlich von Siena. Etwa 8 km die SS 73 Richtung San Galgano, dann rechts abbiegen. Großer, einladender Platz im schattigen Wald, absolute Ruhe. April bis Okt. ✆ 0577/314473, ≋ 349286.

Essen & Trinken/Unterhaltung (siehe Karte S. 628/629)

Gutes Essen in vielen Trattorien, preislich allerdings wenig erfreulich, vorwiegend Touristen als Publikum. Zum Nachtisch den *panforte* probieren, einen schweren Kuchen mit Mandeln und kandierten Früchten, den es auch in vielen Kaffeehäusern gibt. Als Hauptgericht servieren einige Restaurants *bollito di manzo*, gekochtes Rindfleisch mit grüner Soße.

Castelvecchio (18), vielfach ausgezeichnet, trotzdem erschwingliche Preise, die moderne Möblierung steht im angenehmen Kontrast zu den rustikalen Räumlichkeiten. Via Castelvecchio 65, ✆ 0577/49586.

Mugolone (12), Via dei Pellegrini 8, alteingeführtes Speiselokal mit traditioneller Küche und flotter Bedienung. So-Abend und Do geschl. ✆ 0577/283039.

Antica Trattoria Papel (17), rechts hinter dem Rathaus, an der Piazza del Mercato, schön zum draußen Sitzen, ordentliche Küche und mittlere Preise. Mo geschl. ✆ 0577/280894.

La Taverna del Capitano (16), das Lokal liegt zwar an der „Rennstrecke" zwischen Dom und Campo, trotzdem gibt es gute und preiswerte Gerichte und dazu freundlichen Service. Zeit muss man allerdings mitbringen. Di geschl. Via del Capitano 6/8, ✆ 0577/288094.

Osteria Nonna Gina (19), kleine, sympathische Osteria mit guter Hausmannskost, leider lange Wartezeiten. Pian dei Mantellini 2, ✆ 0577/287247.

Locanda Garibaldi (15), eins der preiswertesten Lokale der Stadt, klein und gemütlich, dementsprechend voll. Sa geschl. Via Giovanni Dupré 18 (→ Übernachten).

TIPP! Osteria Enoteca Sotto Le Fonti (13), etwas abseits im Viertel der heiligen Caterina gelegen, vielleicht auch deshalb gutes Preis-Leistungsverhältnis. Sehr geschmackvoll eingerichtet, viele einheimische Gäste, gute Antipasti und hausgemachte Nudelgerichte. Das deutsch-italienische Betreiberpaar versteht etwas von herzlichem Service. Via Esterna Fontebranda 114 (gegenüber vom Parkplatz Santa Caterina-Fontebranda), ✆ 0577/226446.

• *Self-Services* **Ciao**, an der Piazza del Campo, geschmackvoll eingerichtet, gut für einen Teller Pasta.

Mensa Universitaria, Gäste zahlen ca. 7 € (Stud.-Ausweis nicht nötig), Mittagessen 12–14 Uhr, abends von 18.45–21 Uhr, meist großer Andrang. August geschl. Via Sant'Agata 1 **(20)** und Via S. Bandini 47 **(10)**.

• *Unterhaltung* **Caffè Novo (7)**, unterhalb des Klosters San Domenico, renovierte Kellerbar, weit verzweigte Räumlichkeiten, hell und gemütlich. Vor dem Lokal kann

Vorbereitung zum Palio – eine dicke Schicht Tuff schützt Hufe und Reiter

man die besten Fotos vom Dom machen. So geschl. Via Camporegio.

SOB'S (14) („Sun of a bitch"), hinter dem Rathaus an der Piazza del Mercato, untergebracht in der ehemaligen Heimstatt des Henkers (!). Acht Internet-Computer (ab 20 Uhr kostenlos für Gäste), diverse Biere vom Fass.

L'Officina (1), viele verschiedene Biersorten, oft Live-Bands. Ab 18 Uhr, So geschl. Piazza del Sale 3a (nördlich von Il Campo).

Caffè 115 (3), gemütlich, viel Holz, Spiegel, fast wie ein English Pub, es gibt auch Maßkrüge. Via dei Rossi 115.

Enoteca Italica (2), großzügig angelegte Weinprobierstube in den mächtigen Gewölben der Fortezza Medicea. Man kann den Wein glas- oder flaschenweise probieren, aber auch zum Mitnehmen kaufen. Über 600 verschiedene Qualitätsweine zur Auswahl. Di–Sa 12–1, Mo bis 20 Uhr, So geschl.

Sehenswertes

Mittelpunkt des öffentlichen Lebens und zweifellos einer der schönsten Plätze Italiens ist die *Piazza del Campo*, genannt „Il Campo" („das Feld"). Muschelförmig schmiegt sie sich in die Senke der drei Hügel, auf denen Siena erbaut ist. Rundum erhebt sich eine einzigartige Kulisse von mittelalterlichen Palästen, die heute Restaurants und Cafés beherbergen. Vor allem in den kühlen Abendstunden herrscht hier oft eine berauschende Atmosphäre – spontane Aktionen, Gaudi, Straßenmusik. Der Brunnen am höchsten Punkt des Platzes heißt *Fonte Gaia* – fröhliche Quelle – und trägt seinen Namen, weil man sich Anfang des 15. Jh. so sehr freute, dass das Wasser nach einem 25 km langen Weg über einen Aquädukt hier hervorsprudelte. Die Reliefs sind Kopien (Originale im Ospedale di Santa Maria della Scala).

> Für die Sehenswürdigkeiten und Museen Sienas kann man **Sammeltickets** (Biglietto cumulativo) erwerben, Torre und Museum Civico ca. 10 €, Musei Comunali ca. 10 € (2 Tage gültig), S.I.A. Estate (verschiedene Museen) ca. 16 € (7 Tage gültig).
>
> **Reservierung** von Eintrittskarten unter ✆ 0577/41169 oder moira.cencioni@comune.siena.it, Abholung am Palazzo Comunale.

Map of Siena

Streets and Roads:
- SS 2 Florenz
- V. V. Emanuele II
- Viale G. Amendola
- Via Ricasoli
- Via Biagio di Montluc
- V. Vitt. Tassi
- V. C. Pisacane
- Strada di Pescaia
- Viale A. Diaz
- V. N. Sauro
- Viale Cesare Battisti
- Viale V. Veneto
- V. Rin. Franci
- V. C. Maccari
- Viale Trento Trieste
- Viale F. Corridoni
- Viale XXIV Maggio
- Via Bruno Bonci
- V. d. Mille
- V. Curtatone
- V. Paradiso
- V. d. Sapienza
- V. S. Caterina
- Via di Camollia
- Via d. Pignatello
- Via Campansi
- Via Malta
- Piazza C. Saracini
- Porta Camollia
- Viale D. G. Minzoni
- Via Nino Bixio
- Viale Sardegna
- Viale G. Mazzini
- Via S. Martini
- Via G. Garibaldi
- Piazza d. Sale
- Barriera S. Lorenzo
- Porta Ovile
- Via d. Stufa Secca
- Via d. Pian d. Ovile
- Via Vallerozzi
- Via d. Montanini
- Via Maioitti
- Piazza Gramsci
- Viale F. Federico Tozzi
- Stadio Comunale
- Viale d. Stadio
- Piazza G. Matteotti
- Piazza Salimbeni
- P. d. Abbadia
- Via d. Rossi
- Via d. Giglio
- Via d. Ort
- Via d. Comune
- P. Prov. Salvani
- Via d. Baroncetti
- Oratorio di San Bernardino
- Piazza Tolomei
- Via Banchi Sopra
- Via Banchi di Sotto
- Via Sall. Bandini
- Logge del Papa
- Via d. Porrione
- Piazza d. Mercato
- Via d. Giustizia
- Via d. P.
- Il Campo
- Palazzo Pubblico
- Synagoge
- Dom
- Piazza d. Selva
- Ospedale di S.M. della Scala
- Piazza d. Postierla
- Pinakothek
- Via d. Stalloreggi
- V. d. Pendola
- Via T. Pendola
- V. d. Cerchia
- Orto Botanico
- Via Per Andrea Mattioli
- Via Fontanella
- il Campo
- Porta Laterina
- Porta S. Marco
- Via P. Mascagni
- Via E. Bastianini
- Via d. Laterino
- Via d. Nuovo Asilo
- Via d. Giuggiolo
- Via S. Marco
- Via delle Sperandie
- Via Massetana
- Stada d. Grotte
- Strada d. Grotte
- SS 2 Siena-Ovest
- Cimitero Laterino
- Via Esterna D. Fontebranda
- S. Catarina Fontebranda
- Porta Fontebranda
- Rolltreppe
- S. Domenico
- Haus d. hl. Katharina
- Fonte Branda
- Piazza d. Indipendenza
- Porta Tufi
- S. Tufi
- La Lizza
- WC
- BUS

Numbered points of interest: 1, 2 (Fortezza Medici), 3, 4, 5, 6, 7, 8, 9, 10, 11, 12, 13, 14, 15, 16, 17, 18, 19, 20, 21

Other labels:
- Jugendherberge, Bahnhof
- Rom, Florenz
- Piazza G. Amendola

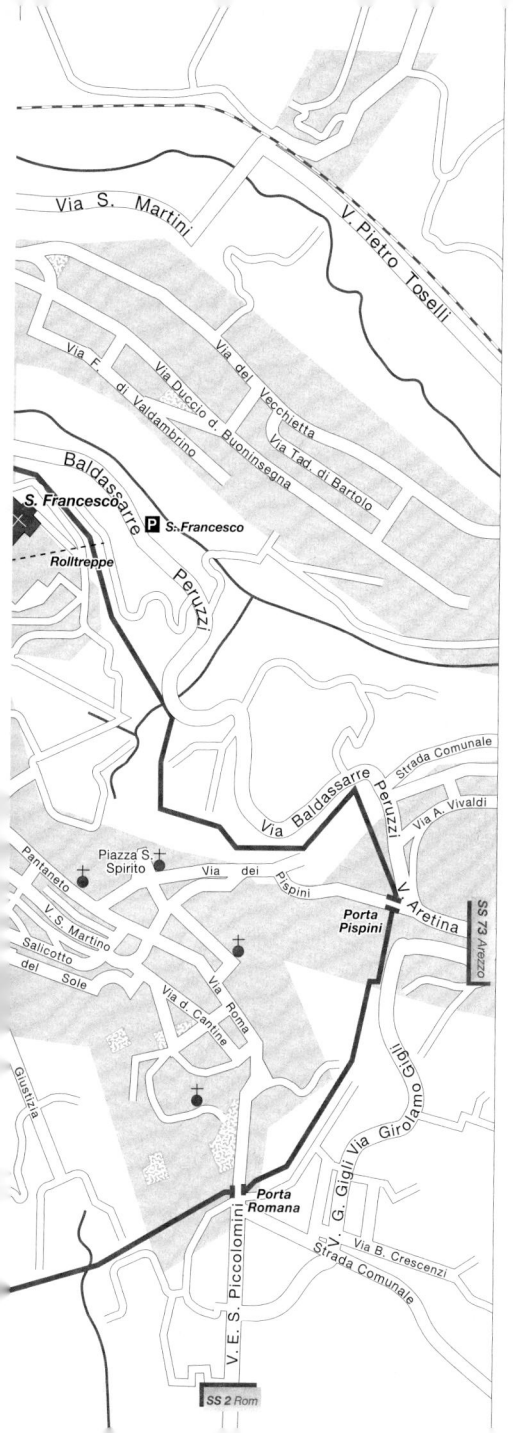

Übernachten

- 4 Cannon d'Oro
- 5 Chiusarelli
- 6 Bernini
- 8 Tre Donzelle
- 9 Piccolo Hotel Etruria
- 11 Lea
- 15 Locanda Garibaldi
- 21 Palazzo Ravizza

Essen & Trinken

- 10 Mensa
- 12 Mugolone
- 13 Osteria Enotheca Sotto le Fonti
- 15 Locanda Garibaldi
- 16 La Taverna del Capitano
- 17 Antica Trattoria Papei
- 18 Castelvecchio
- 19 Osteria Nonna Gina
- 20 Mensa

Nachtleben

- 1 L'Officina
- 2 Enoteca Italica
- 3 Caffè 115
- 7 Caffè Novo
- 14 SOB's

Siena

Toskana

Palazzo Pubblico: Das Rathaus mit seinem mächtigen Turm an der Unterkante der Piazza del Campo ist gotisch und wurde Ende des 13. Jh. begonnen. Mit seinen schlichten Verzierungen, den Zinnen und sienesischen Bögen über den Fenstern diente es vielen später erbauten Palästen als Vorbild. Seine Krönung ist der schlanke, ca. 102 m hohe Glockenturm *Torre del Mangia*, benannt nach dem Glöckner Mangiaguadagne, einer legendären Gestalt. Besteigen möglich – schwindelerregende Aussicht und über dem Kopf eine tonnenschwere Bronzeglocke.

Alle Säle des *Museo Civico* im Palazzo Pubblico zu beschreiben würde einen ganzen Band füllen. Aus dem reichen Angebot einige Anregungen: in der *Sala di Balia* bzw. *Sala dei Priori* (Saal 10) Fresken aus dem frühen 15. Jh., die einen plastischen Einblick in Moral und Gesellschaft der Renaissance vermitteln, darunter Episoden aus dem Leben Papst Alexanders III., eines erbitterten Gegners des Kaisers und Verbündeten der lombardischen Städte. Die *Cappella* (Saal 14) ist vollständig mit Wandmalereien von Taddeo di Bartolo ausgeschmückt, im Vorraum sind heidnische Gottheiten und die politische Prominenz des antiken Rom dargestellt. Die *Sala del Mappamondo* (Saal des Erdballs, Saal 16) besitzt prachtvolle Fresken von Simone Martini, die „Maesta" und „Guidoriccio da Fogliano belagert Schloss Montemassi". Die *Sala della Pace* (Saal des Friedens, Saal 17) war der öffentliche Sitzungsraum der „Regierung der Neun" aus der Blütezeit Sienas (1292–1355). Allegorien Lorenzettis stellen die „gute" und die „schlechte" Regierung dar. In den Farben der Stadt (schwarz/weiß) gekleidet, thront erstere inmitten der Tugenden (meist dargestellt durch Frauengestalten) – Friede, Stärke, Gerechtigkeit, Großmut. Auf der gegenüberliegenden Wand regieren Gier und Tyrannei, Grausamkeit und Betrug.

• *Öffnungszeiten/Eintritt* **Torre del Mangia**, im Sommer 10–19 Uhr, im Winter 10–16 Uhr. Es werden jeweils 30 Pers. eingelassen, oft muss man bis zu einer Std. anstehen. Am besten Ticket im Voraus kaufen, nicht selten ist der Turm gegen Mittag schon bis abends ausverkauft. Eintritt ca. 6 €, mit Reservierung 5 €.
Museo Civico, im Sommer 10–19 Uhr, im Winter bis 18.30 Uhr, Eintritt ca. 7 €, mit Reservierung 6 €.

Dom: Sienas ganzer Stolz – und wegen seiner aufwändigen, zebragestreiften Zuckerbäckerfassade nicht zu Unrecht. Zuerst wird man regelrecht vom hellem Marmor geblendet – bis man die vielen feinen Details richtig erkennen kann. Vor allem der obere Teil ist mit Ornamenten, Statuen, Mosaiken und Schnitzereien überladen. Als Siena am 4. Sept. 1260 Florenz vernichtend schlagen konnte, war das ein ungeheurer Triumph, Sinnbild dafür wurde der Bau des Doms. Hätte man ihn wie geplant vollendet, wäre er heute wahrscheinlich der größte Kirchenbau der Welt: Der jetzige Dom sollte nämlich nur das Querschiff werden, ein riesiges Längsschiff hätte folgen sollen, der Plan wurde aber Mitte des 14. Jh. aufgegeben. Das *Innere* ist unterteilt von Säulen in gestreiftem Dekor, vom Deckengewölbe leuchten aufgemalte Sterne. Auffallend schön ist die mit Flachreliefs (Motive aus dem Leben Jesu) geschmückte Marmorkanzel von Nicola Pisano. Die Fresken in der Apsis stammen von Beccafumi, der Altar von Peruzzi, die Chorstühle mit einzigartigen Intarsien von da Verona. Der einzigartige Boden des Doms ist ein 52-teiliges Kunstwerk aus dem 14.–16. Jh., allerdings zum Schutz vor Schäden oft abgedeckt (offen zu bestimmten Terminen zwischen Ende August und Anfang Oktober). Bei den älteren Teilen erzeugen mit Teer gefüllte Fugen das Bild, die neueren sind Einlegearbeiten aus verschiedenfarbigem Marmor. Erzählt werden Episoden der Menschheitsgeschichte von den Ägyptern bis zum Neuen Testament.

Die *Libreria Piccolomini* (Dombibliothek) liegt im linken Seitenschiff und ist ein Werk der Renaissance. Pinturicchio gestaltete sie mit Szenen aus dem Leben von Papst Pius II.

Der neue Dom, der unvollendet blieb, birgt den Eingang zum *Museo dell' Opera Metropolitana* (Dommuseum) mit Gold- und Schmiedearbeiten, Skulpturen von Pisano und historischen Messgewändern.

Das *Baptisterium* liegt unterhalb der Apsis des Doms. Drei Portale führen ins Innere mit Kreuzgewölbe, das in drei Schiffe unterteilt ist. Die Fresken (bei Seitenaltären, Apsis und Gewölbe) stammen von Il Vecchietto und seinen Schülern (16. Jh.). Größtes Prunkstück ist das Taufbecken, geschmückt mit Reliefs aus vergoldeter Bronze (von Ghiberti, della Quercia, Donatello u. a.), die Szenen aus dem Leben Johannes des Täufers zeigen.

Öffnungszeiten/Eintritt Im Sommer 10.30–19.30 Uhr, im Winter 10.30–18.30 Uhr (sonn- und feiertags ab 13.30 Uhr), Eintritt ca. 3 €, wenn die Fußbodentafeln freigelegt sind, ca. 6 €, Eintritt Libreria Piccolomini 3 €, Dommuseum 6 €, Baptisterium 3 €.

Der Dom Santa Maria steht an der höchsten Stelle der Stadt

Ospedale di Santa Maria della Scala: Der mächtige Palast gegenüber dem Hauptportal des Doms ist eins der ältesten kirchlichen Hospize Europas. Die Verkündigungskirche gleich im Eingangsbereich ist ohne Eintrittskarte zu besichtigen. Prunkstück ist die *Sala dei Pelegrini* (Pilgersaal), ausgemalt im 15. Jh. mit weltlichen Motiven, u. a. Szenen aus dem Alltag des Krankenhauses. Die *Cappella del Sacro Chiodo* ist komplett mit Fresken von Lorenzo Vecchietta ausgestattet. Im Keller stehen die von der Feuchtigkeit stark beschädigten Originalreliefs der Fonte Gaia auf dem Campo.

Öffnungszeiten/Eintritt Sommer 10–18.30, Winter 10.30–16.30 Uhr, Eintritt ca. 6 €.

Pinacoteca Nazionale: im Palazzo Buonsignori aus dem 14. Jh., Via San Pietro 29. Über 700 Werke der toskanischen und sienesischen Malerei des 12.–15. Jh., u. a. Werke von da Siena, den Brüdern Lorenzetti und Simone Martini.

Öffnungszeiten/Eintritt Di–Sa 8.15–19.15, So/Mo 8.30–13.15 Uhr, Eintritt ca. 4 €.

San Domenico: gotischer Kirchenbau aus dem 13. Jh. (Erweiterung im 15. Jh.). Schöne Freskenmalereien von Sodoma und Vanni zeigen Bilder aus dem Leben der heiligen Katharina. In einer Seitenkapelle rechts werden das Haupt und ein in Silber gefasster Finger der Heiligen aufbewahrt.

Der alte Brunnen *Fonte Branda* steht genau unterhalb von San Domenico an der Via Fontebranda. Das große Bassin unter uralten Gewölben ist gefüllt mit glasklarem Wasser, in dem dicke Karpfen schwimmen.

Santuario della Casa di Santa Caterina: kleiner Gebäudekomplex mit Pilgerunterkünften und Kloster in der Nähe der Fonte Branda. Katharina wurde hier als 25. (!) Kind eines Färbers geboren und machte Geschichte, als sie mit eindringlichen Briefen den Papst in Avignon erfolgreich beschwor, wieder nach Rom zurückzukehren. 1939 wurde sie heilig gesprochen und gilt heute als eine der bedeutendsten italienischen Nationalheiligen.
Öffnungszeiten/Eintritt 9–12.30, 15–18 Uhr, Eintritt frei.

Fortezza Medicea: Die Medici-Festung westlich der Altstadt ist wegen ihrer Lage einen Spaziergang wert. Sie ist noch immer das Symbol der Niederlage von 1555 gegenüber Florenz und wurde 1560 von Cosimo I. in Auftrag gegeben und an der Stelle erbaut, an der die Florentiner nach dem Sieg ihr Hauptquartier aufschlugen. Im Inneren lohnende Enoteca (→ Essen & Trinken).

> **Der Palio von Siena**
>
> Das berühmte Reitturnier aus dem 17. Jh. findet jedes Jahr am 2. Juli und 16. August auf dem Campo statt. In mehreren Durchläufen kämpfen neun der insgesamt siebzehn „Contrade" (Stadtteile) um das begehrte Seidenbanner (Palio). Die Teilnehmer tragen alte Kostüme aus dem 15. Jh. und jedes Stadtviertel hat sein eigenes Symbol. Das Gemeine dabei: Die Reiter behindern den Gegner durch Peitschenhiebe aufs feindliche Pferd. Der World Wide Fund of Nature (WWF) und Brigitte Bardot wollten den Reiterkampf wegen Tierquälerei abgeschafft wissen, doch beide scheiterten vor Gericht. Obgleich das Wettrennen auf den ungesattelten Pferden nur wenige Minuten dauert, ist das Ganze von genau festgelegten Zeremonien umrahmt, die schon vier Tage vorher beginnen. Zwischen 17 und 19 Uhr abends findet das Rennen statt, vorher der festliche Umzug „Corteo Storico". Wochen nach dem Fest gibt es in den Gassen der Altstadt einen riesigen Festschmaus unter freiem Himmel, der bis tief in die Nacht dauert – das glückliche Siegerpferd ist auch mit von der Partie. Literaturtipp: „Der Palio der toten Reiter" vom bekannten Krimigespann Fruttero & Lucentini aus Turin.

Siena/Umgebung

- **Castello di Monteriggioni:** zur Verteidigung Sienas im Jahr 1213 errichtetes Kastell, 14 km von Siena in Richtung Florenz. Die Rundmauer (570 m) mit ihren 14 Wehrtürmen ist noch komplett erhalten, ein mittelalterliches Schmuckstück, das man nicht versäumen sollte.
- **Colle di Val d'Elsa:** Die zweigeteilte Oberstadt erstreckt sich auf einem Bergrücken über dem Elsa-Tal. Im Castello dominiert das Mittelalter mit dem Dom, im Borgo die Renaissance mit ihren Prachtpalästen. Obwohl die Superstrada von Florenz nach Siena nicht weit entfernt ist, finden nur wenige Touristen den Weg hierher. Seit Jahrhunderten ist die Stadt Zentrum der Kristall- und Glasherstellung in der Toskana, ein *Museo del Cristallo* wurde 2001 eröffnet und im September wird das große Kristallfest „Cristallo tra le mure" veranstaltet.
    Öffnungszeiten **Museo del Cristallo**, erste Woche vor Ostern bis Okt. 10–12, 16–19.30 Uhr, im Winter 10–12, 15–19 Uhr, Mo geschl. Eintritt ca. 3 €. Via dei Fossi 8.

- *Information* **Pro Loco**, Borgo, Via del Campana 43, ✆ 0577/922791, www.terrediarnolfo.it.
- *Essen & Trinken* **Molino il Moro**, gleich neben der Piazza Arnolfo in der Via Ruota. Die mittelalterliche Mühle – das Wasser

fließt noch durch das Gebäude – wurde originalgetreu restauriert. Das schön Ambiente entschädigt für Defizite beim Service, die Küche ist gut. Mo geschl. ✆ 0577/920862.
TIPP! B & B Le Tre Perle, in der Unterstadt. Die quirlige Wirtin, die 20 Jahre in Australien gelebt hat, empfängt ihre Gäste sehr freundlich und vermietet drei schöne Zimmer. DZ ca. 60 €, Dreier 70 €. Via Pieve in Piano 23 (hinter Piazza Agostino), ✆ 0577/921489, www.letreperle.com.

▶ **San Galgano:** Etwas abseits der Straße von Siena nach Massa Marittima steht diese pittoreske Klosterruine wie im Traum versunken auf einer grünen Wiese. Als eine der ersten Kirchen Italiens im gotischen Baustil wurde sie im 12. Jh. von französischen Mönchen des Zisterzienserordens erbaut. Danach wurde mit ihr jahrhundertelang Schindluder getrieben – ein gewissenloser Abt verscherte sogar das Bleidach, was den Verfall des Gewölbes bedeutete. Nach und nach trugen die umliegenden Bauern Steine vom Mauerwerk ab, um sich damit ihre Häuser zu bauen. Erst in jüngerer Zeit wurden die Außenmauern der Ruine wieder vollständig aufgerichtet. Fürs Kirchendach und Fensterglas hat es bisher nicht gereicht – trotzdem (oder gerade deshalb) ein wunderschöner weltferner Ort.
Öffnungszeiten rund um die Uhr geöffnet, Eintritt frei, abends mit Bodenstrahlern eindrucksvoll illuminiert.

Südlich von Siena

Weitgehend karge, fast herbe Hügellandschaft ohne die gewohnte toskanische „Lieblichkeit". Die *Crete Senesi* ist eine erodierte Region mit wenigen Zypressen und viel Fels, im Süden grenzt der über 1700 m hohe *Monte Amiata* die Toskana von Latium ab. Es gibt hier schöne Orte, die aber eher zu den unbekannteren zählen.

▶ **Convento Monte Olivetro Maggiore:** 10 km südlich von Asciano steht eins der wichtigsten Benediktinerklöster im Land, ein wuchtiger Backsteinbau inmitten einer grünen Zypressenoase. Höhepunkt einer Besichtigung ist der Kreuzgang mit einem herrlichen Freskenzyklus von Sodoma und Signorelli zum Leben des heiligen Benedikt.
Öffnungszeiten 9.15–12, 15.15–18, im Winter nur bis 17 Uhr. Angemessene Kleidung erwünscht.

Montepulciano
ca. 14.000 Einwohner

Der Ort an einem Steilhang am Rande des Chiana-Tales ist bis heute über die Grenzen der alten Stadtmauern nicht hinausgewuchert – ein Stück Mittelalter, durchsetzt mit Adelspalästen aus der Renaissance.

Kurz nach dem unteren Toreingang fällt der *Palazzo Bucelli* (Nr. 73) ins Auge, dessen Gebäudesockel fast ausschließlich aus Bruchstücken etruskischer Grabmäler und römischen Schriftplatten gemauert ist. Ganz oben auf der Hügelkuppe liegt die Piazza Grande mit dem *Palazzo Comunale*, dem monumentalen *Dom* und einer fantastischen Fernsicht aufs Umland. Das nahe *Museo Civico* an der Via Ricci zeigt etruskische und römische Funde, eine Pinakothek mit Altar- und Madonnengemälden des 13.–16. Jh., Landschaftsansichten, Stillleben und Porträts des 17./18. Jh. sowie Terrakotta-Arbeiten von Andrea della Robbia. Ein Stück außerhalb der Mauern steht die honigfarbene Kirche *San Biagio*, ein durch und durch ästhetischer Kuppelbau, der prächtig mit der Landschaft harmoniert. Der Innenraum ist allerdings wenig bemerkenswert.

Weltbekannt ist Montepulciano für seinen DOCG-Wein „Vino Nobile di Montepulciano", den einst nur Adelshäuser keltern durften. Probierstuben im Palast der Familie *Contucci* an der Piazza Grande (tägl. 8.30–12.30, 14.30–18.30 Uhr, ✆ 0578/

757006, www.contucci.it) und bei *Redi* im Palazzo Ricci, Via di Collazzi 5 (10.30–13, 15–19 Uhr), beide mit sehenswerten Weinkellern.

- *Öffnungszeiten* **Dom**, 9.30–13, 15–19 Uhr. **Museo Civico**, Di–So 10–13, 15–18 Uhr, im Sommer durchgehend 10–19 Uhr. Mo geschl., Eintritt ca. 4 €.
San Biagio, tägl. 10–12, 15–19 Uhr.
- *Anfahrt/Verbindungen* **PKW**, Autobahn A 1, Ausfahrt Montepulciano.
Bahn, Nebenlinie von Arezzo, Bahnhof aber weit außerhalb, besser auf der Bahnstrecke von Florenz nach Rom in **Chiusi** aussteigen, von dort fahren häufig Busse.
- *Information* **Pro Loco**, viel Info-Material. Mo–Sa 9.30–12.30, 15–20 Uhr, So 9.30–12.30 Uhr. Piazza Don Minzoni. ✆ 0578/717341, www.prolocomontepulciano.it.

Associazione La Strada del Vino Nobile di Montepulciano, gegenüber vom Dom. Weintour mit Degustation bei verschiedenen Weingütern, ca. 25 € pro Pers. Mo–Sa 10–13, 15–19 Uhr. Piazza Grande, ✆ 0578/717484, www.stradavinonobile.it.

- *Übernachten/Essen & Trinken* *** **Marzocco**, einige hübsch renovierte Zimmer, z. T. mit Balkon und Aussicht. DZ mit Frühstück ca. 95 €. Piazza Savonarola 18, ✆ 0578/757262, ✉ 757530.
Cittino, vermutlich das preiswerteste Lokal der Stadt, gute lokale Hausmannskost. Hier auch DZ mit Etagendusche für ca. 35 €. Mi geschl. Vicolo della Via Nuova 2, ✆ 0578/757335.

> **Cantiere Internazionale d'Arte**: Der deutsche Komponist Hans Werner Henze initiierte 1976 mit tatkräftiger Unterstützung der Bevölkerung in Montepulciano ein Festival der modernen Klassik, das bis heute in der zweiten Julihälfte durchgeführt wird. Während der beiden Wochen wimmelt die Stadt nur so von Leben. Kartenvorverkauf bei „Associazione La Strada del Vino Nobile di Montepulciano" (→ Information) oder unter www.cantiere.toscana.nu.
>
> **Bravio delle Botti**: Wettstreit der Stadtteile am letzten Sonntag im Juli. Von der Piazza Savonarola müssen 80 kg schwere Weinfässer zur Piazza Grande hinauf gerollt werden. Beginn 10 Uhr morgens, sehr frühzeitig da sein, Eintritt ca. 5 €.

▶ **Chiusi**: kleiner Ort ca. 22 km südöstlich von Montepulciano, nah an der A 1. Unter der Stadt liegt ein ausgedehntes Stollenlabyrinth der Etrusker, in dem sich der Legende nach irgendwo das legendäre Grab des Etruskerfürsten Porsenna befinden soll. 120 m davon sind für die Öffentlichkeit zugänglich. Im *etruskischen Museum* in der Via Porsenna 17 bekommt man einen hervorragenden Einblick in die hohe Lebenskultur der Etrusker. Ausgestellt sind Toilettenartikel (Kämme), Waffen und viele, reich mit Reliefs verzierte Sarkophage aus Alabaster. Im Anschluss kann man *etruskische Gräber* auf halbem Weg zum *Lago di Chiusi*, besichtigen. Der trübe, badeuntaugliche See liegt 6 km nördlich, man kann Ruderboote mieten.

- *Öffnungszeiten/Eintritt* **Porsenna-Labyrinth**, Juni bis Mitte Okt. tägl. 9.30–12.45, 15.30–18.30 Uhr, übrige Zeit Mo–Sa 9.30–12.45, So 9.30–12.45, 15–18 Uhr. Führungen etwa alle 30 Min. Eintritt nur mit Sammelticket Dommuseum und Porsenna-Labyrinth, ca. 4 €.
Etruskisches Museum, tägl. 9–14, Juli/August bis 20 Uhr, Sonntagnachmittag geschl. Eintritt ca. 4 € (incl. Etruskergräber).

▶ **Pienza** (ca. 2300 Einwohner): Papst Pius II. ließ Mitte des 15. Jh. sein Geburtsdorf, das damals noch Corsignano hieß, zur „città ideale" umgestalten – das nach ihm benannte Pienza sollte die vollkommene Renaissancestadt und zukünftiger Papstsitz werden. Doch Pius II. starb kurz nach Fertigstellung des Stadtkerns und die späteren Päpste interessierten sich nicht mehr für das kleine Städtchen. Bis heute ist deshalb die Renaissancegestaltung unverfälscht erhalten geblieben. Von der Stadtmauer eröffnet sich ein wunderschöner Ausblick bis hinüber zum über 1700 m hohen Monte Amiata. Im Sommer herrscht erheblicher Rummel, vor allem Wochenenden sollte man meiden.

Monte Amiata **635**

• *Information* gegenüber der Kathedrale. Tägl. 10–13, 15–17 Uhr. Corso Rossellino 59, ✆ 0578/748359, www.ufficioturisticodipienza.it.
• *Übernachten* *** **Il Chiostro**, 1993 eröffnete Nobelherberge in einem ehemaligen Kloster, geräumige Zimmer, freundlicher Service. DZ mit Frühstück ca. 120–160 €. Corso Rossellino 26, ✆ 0578/748400, 748440, www.relaisilchiostrodipienza.com.
*** **Corsignano**, moderner Bau außerhalb der Altstadt. DZ mit Frühstück um die 85–110 €. Via della Madonnina 11, ✆ 0578/748501, 748166, www.corsignano.it.
Da Falco, Ristorante mit Zimmervermietung, DZ mit Bad um die 62 €. Piazza Dante Alighieri 3, ✆/ 0578/748551.
Podere Il Casale, auf einem Hügel zwischen Pienza und Monticchiello, interessantes Agriturismo-Projekt von Schweizern, seit 1999 mit kleinem Zeltplatz (Stellplatz 5,50 €, pro Pers. 8,50 €). Gegessen wird abends gemeinsam an einer großen Tafel auf der Terrasse des Anwesens. ✆/ 0578/755109, www.podereilcasale.org.
• *Essen & Trinken* **La Cucina di Fiorella**, Feinschmeckerlokal auf zwei Ebenen, Spezialität: Risotto mit Brennnesselspinat. Gehobenes Preisniveau. Mi geschl. Via Condotti 11, ✆ 0578/749095.
Osteria Sette di Vino, nett zum draußen Sitzen, geführt vom Sohn Fiorellas. Raffinierte Snacks, darunter leckeres Gemüse, Rukolasalat, Crostini, Käse, Fladenbrot etc. Mi geschl. Piazza di Spagna 1, ✆ 0578/749092.

Gasse in Chiusi

▶ **Monticchiello**: malerischer Ort mit Stadtmauer und einer alten Burg, kein Neubaugebiet stört das Gesamtbild. In der Chiesa die Santi Leonardo e Cristoforo bemerkenswerte Fresken. In der letzten Juli- und den ersten beiden Augustwochen wird das so genannte *Teatro povero* (Armes Theater) aufgeführt, dabei werden aktuelle Themen aus der lokalen Politik und der Bauernkultur aufgegriffen (Kartenreservierung ab Mitte Juli Mo–Fr 10–13, 16–19 Uhr, ✆ 0578/755118, www.teatro povero.it). Gut essen kann man in der „Trattoria di Moranda", Via di Mezzo 17 (Mo geschl., ✆ 0578/755050).

▶ **Bagno Vignoni**: kleiner Thermalkurort 4 km von San Quirico. Seinen Mittelpunkt bildet ein großes antikes Schwimmbecken, das Baden im 40 Grad heißen Wasser ist allerdings verboten. Benutzen kann man aber das moderne Thermalbad im gepflegten Albergo Posta Marcucci (9–18 Uhr, Eintritt bis 17 Uhr, ca. 11 € Eintritt, Kinder 6 €). Kostenlose heiße Fußbäder kann man im Rinnsal unterhalb des Parkplatzes nehmen. Unterhalb des Hangs im Tal gibt es auch ein kleines Becken zum Schwimmen (in Richtung SS 2 raus aus dem Ort und die Piste am Tal entlang benutzen).

Monte Amiata

„La Montagna", der Gebirgszug um den 1734 m hohen Monte Amiata, liegt weit abseits der gängigen Routen. Dichte Kastanienwälder und Wasserläufe bedecken seine Hänge, die Orte sind ruhig geblieben.

Nach der Schneeschmelze im Frühjahr kann man herrlich wandern – der *Anello della Montagna*, ein rot-weiß-rot markierter Rundwanderweg, zieht sich um den ganzen Berg und bewegt sich fast stetig zwischen 900 und 1300 Höhenmetern. Er ist gut in Etappen zu schaffen und führt an zahlreichen Hütten und Rastplätzen vorbei. Alle Ortschaften rings um den Berg sind an den Weg angeschlossen, sodass man das Auto überall stehen lassen kann. Andererseits kann man mit dem Wagen bis 200 m an den Gipfel herankommen, fantastisch ist die Aussicht auf die südliche Toskana bis zum Meer.

▸ **Abbadia San Salvatore**: alte Bergarbeiterstadt, größter und höchstgelegener Ort am Berg. Die Ausbeutung der reichen Erzvorkommen des Gebirges (hauptsächlich Quecksilber) und die damit verbundenen miserablen Arbeitsbedingungen ließen im 19. Jh. eine starke proletarische Bewegung entstehen. In den siebziger Jahren wurden die Minen geschlossen, seitdem ist die Einwohnerzahl um fast ein Viertel gesunken. Noch heute wählt die Stadtbevölkerung zu 80 % links. Am Stadtrand lohnt ein Besuch der ehemaligen Klosterkirche *Abbadia San Salvatore*, vor kurzem wurde auf dem weiten Minengelände am oberen Ortsrand ein *Museo Minerario* eröffnet.

• *Öffnungszeiten/Eintritt* **Abbadia San Salvatore**, tägl. 9–13, 15–19 Uhr, Eintritt ca. 3 €.
• *Information* **APT**, Via Adua 25, ✆ 0577/775811, www.amiataturismo.it.
• *Übernachten/Essen & Trinken* *** **Parco Erosa**, sehr ruhige Lage am südöstlichen Ortsende. Das Haus präsentiert sich fast im Tiroler Stil, auch innen viel Holzverkleidung. Mit Pool. DZ mit Frühstück ca. 65 €, im Juli/August nur mit HP (40–62 € pro Pers.). Via Remedi 108, ✆ 0577/776326, ℻ 779735, www.parcoerosa.it.
* **Cesaretti**, Ortsausgang Richtung Siena, DZ mit Bad und Frühstück um die 45 €, gute Küche (Mo geschl.). Via Trento 37, ✆ 0577/778198, ℻ 775589.
Il Gatto e La Volpe, einfache Trattoria neben dem Fußballstadion. Di geschl. Via della Pace 44, ✆ 0577/778751.

▸ **Casteldelpiano**: kleiner Ort auf einer Hochebene an der Westseite des Bergmassivs. Im Norden öffnet er sich zum *Fondo del Lupo*, einem sanften Abhang, der nahtlos in Wein- und Olivenhänge übergeht.

• *Übernachten* *** **Silene**, 6,5 km nordöstlich in der Loc. Pescina. Hübsche Zimmer zu mäßigen Preisen, sehr gutes Restaurant, Produktion von Olivenöl. DZ mit Frühstück ca. 53–65 €. Via Capo Vetra 8, ✆ 0564/950805, ℻ 950553, www.ilsilene.it.
* **Amiata**, schlichte Zimmer, DZ ca. 33 €. Im Erdgeschoss eine Enoteca, in der Bar kann man frühstücken. Via Dante Alighieri 10/c, ✆ 0564/955407.
Camping Residence Amiata, ehemaliger Bauernhof, jetzt Touristenzentrum mit Apartments (im Sommer nur wochenweise Vermietung), schattigen Stellplätzen und preiswerter Pizzeria. Ganzjährig. Via Roma 15 (ca. 2 km außerhalb Richtung Santa Fiora), ✆/℻ 0564/956260, ℻ 955107, www.amiata.org.

▸ **Bagni San Filippo**: 8 km nördlich von Abbadia San Salvatore, nur ein paar Häuser und ein altertümliches Kurhotel mit Thermalbad, das auch Nichthotelgästen offen steht (Eintritt ca. 10 €). Attraktion ist der idyllisch gelegene Wasserfall *Fosso Bianco*. Er rieselt eine hohe Felswand aus weißen Sinterablagerungen herunter, unten kann man im je nach Jahreszeit badewannen- bis lauwarmen Wasser baden.

Pitigliano

ca. 4500 Einwohner

Mitten im engen Tal ragt ein steiler Tuffsteinfelsen in die Höhe, obenauf liegt die Stadt. Man meint, sie nur mit riesigen Leitern erklimmen zu können. Aus der Ferne wirken die mittelalterlichen Häuser wie ein Wildwuchs des Felsens.

Die engen und düsteren Gassen lassen keinen Autoverkehr zu, Pitigliano hat sich noch nicht herausgeputzt und dafür viel von seinem ursprünglichen Charme behalten. Die in den Felsen gehauenen Keller unterhalb der Stadt (früher etruskische Gräber) werden heute noch zur Weinlagerung, als Ställe und Werkstätten benutzt.

In Pitigliano war einst eine bedeutende jüdische Gemeinde beheimatet. Es gab jüdische Bibliotheken, Schulen und eine Synagoge, die in den letzten Jahren wieder hergerichtet wurde. Stilles Zeugnis der jüdischen Vergangenheit ist der verwaiste *Friedhof*, der außerhalb der Stadt auf einem wunderschönen Hügel liegt (Richtung Manciano links oberhalb der großen Brücke im Tal).

- *Öffnungszeiten/Eintritt* **Synagoge**, im Sommer Di–Fr u. So 10–12.30, 16–19 Uhr, im Winter 10–12.30, 15–17.30 Uhr, Mo, Sa und an jüdischen Feiertagen geschl. Eintritt ca. 2,50 €.
- *Anfahrt/Verbindungen* **PKW**, guter Stopover auf dem Weg vom Bolsena-See (→ Latium) zur Küste, ebenso wie das nahe Saturnia.
Bus, von und nach Grosseto, Orbetello, Sovana, Rom und Viterbo. Abfahrt der Busse gegenüber der Bar Golosone in der Via Santa Chiara (nahe der Fina-Tankstelle).
- *Information* **Ufficio turistico**, Di–Do 10.20–13, 15–19 Uhr. Piazza Garibaldi, ✆ 0564/617111, collidimaremma@tin.it.
- *Übernachten* ** **Guastini**, gleich am ersten Platz, wenn man in den Ort hineinkommt. Die kleinen, billigeren Zimmer mit tollem Blick auf das Tal, die größeren, teureren ohne spektakuläre Aussicht, aber mit Klimaanlage. DZ mit Bad je nach Saison und Größe ca. 52–90 €, Frühstück extra. Piazza Petruccioli 4, ✆ 0564/616065, 616652.
- ** **Valle Orientina**, schöne, ruhige Lage in einem bewaldeten Tal, ca. 5 km außerhalb. Tennisplatz, Mountainbikes und kleines Thermalbad. Geräumige DZ mit Bad und Frühstück ca. 70–120 €. ✆ 0564/616611, 617728, www.valleorientina.it.
- *Essen & Trinken* **Il Tufo Allegro**, Seitengässchen der Via Zuccarelli. Kleines Lokal im Tufffelsen, zahlreiche Auszeichnungen weisen auf die Qualität der Küche hin. Gehobenes Preisniveau. Reservierung nötig. Di geschl. Vicolo della Costituzione 2, ✆ 0564/616192.
La Chiave del Paradiso, in einem Seitengässchen der Dompiazza. Sehr einfache, ursprüngliche Trattoria, rustikale Küche, günstige Preise. Mo geschl. Via Vignoli 36, ✆ 0564/616823.
- *Shopping* Die typischen Weine Pitiglianos kann man z. B. in der **Cantina Cooperativa** kaufen, knapp 1 km außerhalb an der Straße nach Orvieto rechts ab. Mo–Fr 8–13, 14–18 (Fr nur bis 17 Uhr), Sa 8–13 Uhr, So geschl.

Wasserfall von Saturnia

Spricht man von Saturnia, meint man zuallererst die nahen Schwefelquellen und den traumhaften Wasserfall. Wegen der konstanten Wassertemperatur von 37 Grad Celsius dauert die Saison das ganze Jahr, besonders am Wochenende strömen die Römer in Scharen hierher, im Hochsommer ist es brechend voll.

Von Manciano kommend, sieht man bereits links unten im Tal neben einer halbeingefallenen Mühle den Wasserfall. An einer Rechtskurve, ca. 1,5 km vor dem Städtchen, weist dann ein gelbes Hinweisschild zu den *Cascate del Mulino*, die man über die gleichnamige Bar erreicht. Dort stürzt das Wasser mit immenser Wucht die Felswand herunter, sammelt sich in Strudeln in einer runden Naturbadewanne und fällt aus einer halboffenen Grotte wieder in die Tiefe, wo sich in stufenförmigen, natürlichen Sinterbecken die Badenden aalen – zu jeder Tages- und Nachtzeit. Vor allem in Vollmondnächten erfreut sich das gemeinsame Bade-Happening großer Beliebtheit. Neben der kräftigen Wassermassage haben die Thermen auch eine Vielzahl von Heilwirkungen (Rheuma, Bronchitis, Arthrosen etc.). Manche Besucher kratzen die lehmigen, schwefelhaltigen Ablagerungen von den Felswänden und reiben sich Gesicht und Oberkörper damit ein. Achtung: Das Gelände ist völlig schattenlos und im Sommer dementsprechend heiß, Toiletten und Duschen gibt es nicht!

Toskana

Badevergnügen besonderer Art: Von den Cascate del Mulino stürzt das 37° C warme Wasser in die natürlichen Sinterbecken

Ein organisiertes Thermalbad gibt es im luxuriösen Kurhotel *Terme di Saturnia* auf halbem Weg zum Wasserfall links in einer gepflegten Parkanlage (tägl. 9.30–19.30 Uhr, Eintritt ca. 16 €).

• *Anfahrt/Verbindungen* Busse ab **Manciano** und **Saturnia** kommen an der Zufahrt zu den Thermen vorbei, wenn man dem Fahrer Bescheid gibt, hält er an.

• *Übernachten* ***** Villa Clodia**, in Saturnia, renovierte Villa, pieksauber, geschmackvoll eingerichtet, ruhige Lage, sehr schönes Gartenareal mit Swimmingpool. Alle Zimmer mit TV, Fahrradverleih an die Gäste. DZ mit Frühstück ca. 90 €. Via Italia 32, ✆ 0564/601212. ✆ 601305, villaclodia@laltramaremma.it.

** Saturnia, saubere, einfache Zimmer mit TV neben der Trattoria Saturnia. DZ mit Dusche ca. 50–80 €. Via Mazzini 4, ✆/✆ 0564/601007, albsaturnia@laltramaremma.it.

Agriturismo Il Cavallino, Loc. Fibbianello, 4 km von den Thermen. Renoviertes Landhaus mit 6 DZ für 50–60 € (incl. Frühstück) und einigen neuen Apartments (ca. 100–120 €). ✆ 0564/984108, ilcavallino@laltramaremma.it.

Agriturismo L'Antica Sosta, 2 km östlich von Manciano (ca. 12 km südlich von Saturnia). DZ mit Frühstück ca. 60–65 €. Kleines Anwesen mit Mini-Apartments und 4 DZ, sehr nette Wirtsleute, Vermietung im August nur wochenweise. Kein Restaurant. ✆ 0564/629706, ✆ 629626, www.anticasosta.com.

La Quercia, Stellplatz für Wohnmobile am Ortsrand von Saturnia, von der oben erwähnten Rechtskurve die Straße in Richtung Badestelle fahren, nach ca. 100 m rechts ab. Pro Tag ca. 11 €, incl. Shuttle zu den Thermen.

TIPP! La Piggia, bei Montemerano. Landhaus mit 5 sehr schönen, gepflegten Zimmern mit Bad, teils Direktzugang zum Garten. Sehr freundliche Vermieter. DZ mit Frühstück ca. 67 €. Via E. Fermi 21 (von der Hauptstraße beschildert), ✆ 0564/602909.

• *Essen & Trinken* **Bacco e Cerere**, in Saturnia, im ersten Stock über der gleichnamigen Enoteca. Kleines Restaurant mit nur 30 Plätzen, freundlicher Service, gehobenes Preisniveau. Di geschl. Via Mazzini 4, ✆ 0564/601235.

Da Mario, im gleichen Haus wie Hotel Saturnia, ordentliche Küche zu durchschnittlichen Preisen. ✆ 0564/601309.

Il Rifugio, in Manciano, angenehme Atmosphäre und gute Küche, z. B. Wildschwein- und Steinpilzgerichte. Do geschl. Via Trieste 9, ✆ 0564/620029.

Da Paolino, zwei angenehme Räume, vom oberen wunderbarer Blick in die Landschaft. Preise leicht angehoben, die Küche hervorragend – Tipp als Primo sind die *gnudi*, Teigklößchen mit Spinat und Mozzarella-Tomaten-Soße. Mo geschl. Via Marsala 41, ✆ 0564/629388.

Toskanische Küste

Die Küste um Forte dei Marmi, Viareggio und Pisa war zwar mal schön, ist aber inzwischen zur Feriengroßstadt verkommen. Die weitaus interessantere Ecke ist die *Maremma-Küste* südlich von Livorno.

Versilia und Apuanische Riviera

Der nördlichste Küstenstreifen der Toskana – die Versilia ist das kleine Gebiet um Viareggio und Lido di Camaiore, nördlich angrenzend liegt die Apuanische Riviera. Beide Landstriche sind klimatisch privilegiert, denn kalte Nordwinde werden durch das fast 2000 m hohe Apuanische Gebirge abgeschirmt, in dem die größten Marmorvorkommen Italiens lagern.

Der Tourismus begann deshalb schon früh. Bereits Anfang des 19. Jh. wurde hier das Bad im Meer als Therapie empfohlen – und das erste Spielcasino eingerichtet. Adel und Geldbürger kamen zuhauf und es entstanden jene altehrwürdigen Luxushotels und Villen, die heute noch den Badeorten ihr exklusives Ambiente geben. Die schachbrettartig angelegten Badeorte gehen meist nahtlos ineinander über – eine Art Rimini mit historischem Flair. Zwischen Promenade und Meer reihen sich gebührenpflichtige Badeanstalten wie Perlen an der Kette, frei zugängliche Plätze gibt es nur vereinzelt. Entlang der Küste verläuft eine vierspurige „Autopromenade" – im Sommer ein absolutes Chaos, im Winter wie ausgestorben.

In den *Apuanischen Alpen* kann man prächtig wandern – heller Dolomitfels, weiße Abraumhalden der Marmorbrüche und schattige Kastanienwälder bestimmen das Bild. Die Wege sind gut markiert und fünf Hütten des Alpenvereins (meist ganzjährig geöffnet) bieten Logis. Im Tourist-Büro von Carrara gibt es die gut gegliederte Wanderbroschüre „Versilia Alpi Apuane".

▶ **Carrara**: Die „Stadt am Milchbach" wurde sie früher genannt. Wegen der zahlreichen Marmorsägereien, die das Wasser des Gebirgsbaches als Kühlmittel und zum Spülen benutzten, floss ein meist milchig-weißer Gipsbach mitten durch Carrara. Behördliche Auflagen sorgen heute – ganz unromantisch – für sauberes Wasser. Im Ortsbild mischt sich ein wenig Mittelalter mit pompösem Klassizismus, letzteren hat Carrara den Verwandten Napoleons zu verdanken, die hier im frühen 19. Jh. das Sagen hatten. Die harte Arbeit in den Marmorbrüchen hat ihre Spuren im politischen Leben hinterlassen, denn die anarchistische Bewegung besitzt in Carrara eine lange Tradition. Diverse Denkmäler erinnern an Revolutionäre und noch heute wird am 1. Mai ein Attentäter gefeiert, der 1844 König Umberto I erschoss.

In der örtlichen *Bildhauerschule* (Istituto Professionale di Stato per l'Industria e l'Artigianato del Marmo, Via Pietro Tacca 36) dauert eine Ausbildung drei Jahre, vier verschiedene Fachrichtungen können gewählt werden: Steinmetz, Modellier, Bildhauer und Ornamentist. Ausländer können sich auch für die kürzeren, sechs Monate dauernden Kurse einschreiben. Ein *Marmormuseum*, das die Geschichte des Marmorabbaus dokumentiert, befindet sich einige Kilometer außerhalb im Viale XX Settembre, beim Stadion.

• *Öffnungszeiten/Eintritt* **Marmormuseum**, Juli/August Mo–Sa 10–20 Uhr, Mai, Juni, Sept. bis 18 Uhr, sonst bis 17 Uhr, So geschl., Eintritt ca. 4,50 €.

• *Anfahrt/Verbindungen* Nächster Bahnhof in **Carrara Avenza** (zwischen Marina di Carrara und Carrara), Busverbindung alle 10 Min.

640 Toscana

- *Information* **Pro Loco** im Rathaus an der Piazza Due Giugno, ✆ 0585/7690, www.apt massacarrara.it.
- *Übernachten* ** **Da Roberto**, am Rand der Altstadt neben dem ehemaligen Milchbach, leider auch an der Straße. DZ mit Bad ca. 50 €, mit Etagendusche ca. 40 €. Via Apuana 5, ✆ 0585/70634.

Ausweichmöglichkeiten im Nachbarort **Carrara Avenza** (Bahnhof): * **Da Maurin**, Via Fiorino 2, ✆ 0585/859385, und * **Da Sergio**, Via Provinciale 180, ✆ 0585/858938, ✉ 857695. Zahlreiche weitere Pensionen im Badeort **Marina Carrara**.

* **Radar**, 2 km vor Carrara zweigt links die Straße nach Santa Lucia ab, die sich 5 km den Berg hoch schraubt. Moderner Bau auf einer Bergnase, fantastischer Blick auf die Küstenebene, gutes Restaurant. DZ ca. 62 €. ✆ 0585/842840, ✉ 848756.

Jugendherberge Ostello Apuano, am Rand von Marina di Carrara, fast schon in Marina di Massa. An einem unbebauten Stück Küste, direkt am felsigen Strand. Busse fast stündlich ab Bahnhof Marina di Massa oder von Carrara-Avenza mit Bus Richtung Hafen (Fahrer Bescheid sagen), von hier ca. 400 m zu Fuß. Voranmeldung nötig. Übernachtung mit Frühstück ca. 13 €. Viale delle Pinete 89 (Partaccia), ✆ 0585/780034, ✉ 774266, www.ostellionline.org.

Ostello Turimar, knapp 2 km westlich vom Zentrum von Marina di Massa, Privatherberge auf dem riesigen Gelände eines ehemaligen Kindererholungsheims. 645 (!) Betten garantieren stetigen Trubel, es gibt einen riesigen Pool, zum Strand sind es 50 m, abends dröhnt eine Disco. Viele Jugendgruppen kommen hier unter. Übernachtung im Mehrbettzimmer ca. 16–20 €, Frühstück ca. 3 €. Via Bondano a Mare 64, ✆ 0585/243282, ✉ 869925, www.ostelloturimar.com.

Mehrere **Campingplätze** liegen an beiden Ortsausgängen von Marina di Carrara direkt an der Küste.

Biennale Internazionale di Scultura (www.biennalecarrara.it): Jedes zweite Jahr im August, das nächste Mal 2008, verwandelt sich die Piazza Alberica in ein riesiges offenes Atelier. 20–30 Bildhauer aus aller Welt modellieren um die Wette, hautnah lassen sich die einzelnen Arbeitsgänge verfolgen.

▸ **Die Marmorbrüche**: im Umfeld von 5–10 km von Carrara, meist als nummerierte Cave ausgeschildert. Michelangelo war oft hier, um sich einen Block auszusuchen. Im Zug der industriellen Revolution wurde 1876 eine Bahnlinie gebaut, auf den stillgelegten Trassen schleichen heute die schweren LKW mit 30-Tonnen-Blöcken den Berg hinunter.

Einen Besuch wert ist das kleine *Freilichtmuseum* von Walter Danesi (von Carrara der Beschilderung „Colonnata" folgen, dann nach Miseglia, ab dort beschildert). Beliebtes Ausflugsziel ist *Colonnata*, ein kleines Bergarbeiterdorf in 532 m Höhe. Im obersten Teil des Dorfes steht zwischen der Dorfkirche und halb verfallenen Gemäuern das Denkmal für die *Cavatori*, die Arbeiter in den Steinbrüchen.

Öffnungszeiten/Eintritt **Freilichtmuseum**, Ostern bis Nov. 9–19 Uhr. ✆ 0585/70981. Gegenüber beginnen etwa stündl. Führungen in einem **Marmorbruch** (15.30–18 Uhr, Sa/So ab 11 Uhr), Eintritt ca. 6 €. ✆ 339-7657470.

▸ **Pietrasanta**: Während Carrara hauptsächlich auf die Gewinnung und den Export von Rohmarmor spezialisiert ist, entstand hier ein vielfältiges, künstlerisch-industrielles Zentrum zur Veredelung des zarten Steins. Rund um die Altstadt sowie an den Ausfallstraßen haben sich viele Ateliers und Marmorfabriken etabliert. Hier werden Engelchen, Madonnen, Tierfiguren u. v. m. hergestellt, Aufträge kommen aus der ganzen Welt. In Pietrasanta trifft man auf viele amerikanische, deutsche und englische Handwerker. Sie alle haben es geschafft, eine Praktikantenstelle in einem der kleinen Ateliers zu ergattern.

Mittelpunkt ist die Piazza Duomo mit einigen Straßencafés und der hübschen Fassade des dreischiffigen Doms *San Martino* aus dem 13. Jh. Den Berghang zieht sich die alte Befestigungsmauer der *Rocca di Sala* hinauf. Das *Museo dei Bozzetti* im Kreuzgang des Kloster Sant'Agostino an der Piazza del Duomo zeigt Skulpturenmodelle und Bildhauerstudien.

- *Öffnungszeiten/Eintritt* **Museo dei Bozzetti**, Mitte Juli bis Mitte Sept. 18.30–20 und 21–24 Uhr, übrige Zeit eingeschränkte Öffnungszeiten. ✆ 0584/795500, www.museodeibozzetti.it.
- *Information* Piazza dello Statuto. 9.30–12.30 Uhr, Do geschl. ✆ 0584/283284.
- *Übernachten* ** **Stipino**, 5 Min. nördlich vom Zentrum. Geräumige Zimmer mit TV, vorm Haus viel Verkehr, jedoch schallisolierte Fenster. DZ ca. 60–85 €. Via Provinciale 50, ✆ 0584/71448, ✆ 72421.
** **Da Piero**, fünf Fußminuten vom Ort. Ruhige Lage, sieben renovierte Zimmer. DZ mit Frühstück ca. 60 €. Im Erdgeschoss ein preiswertes Restaurant, wo man auch schön im Garten sitzen kann. Via Traversagna 25, ✆ 0584/790031.
- *Essen & Trinken* **Da Sci**, gute, preiswerte Hausmannskost. So geschl. Vicolo Porta a Lucca 3, ✆ 0584/'790983.

▸ **Marina di Pietrasanta**: Nicht so mondän wie das benachbarte Forte dei Marmi, dafür aber mit ausgeprägt vielfältigem Kulturangebot. In *La Versiliana*, der 100 Hektar großen grünen Oase am Ortsausgang Richtung Forte dei Marmi, finden während der ganzen Saison Theater-, Operetten- und Ballettaufführungen statt. In der neben der Parkvilla liegenden *Fabbrica dei Pinoli* (ehemalige Pinienkern-Mühle) Ausstellungen zu Bildhauerei, Malerei und Fotografie. Viel besucht ist auch das „Literatencafé" mit prominenten Persönlichkeiten aus Kultur und Politik am östlichen Ortsausgang, Località Motrone.

- *Information* **APT**, Piazza America 2 (an der „Strandautobahn", dem Viale Roma), ✆ 0584/20331, ✆ 24555.
- *Übernachten* *** **Gemma del Mare**, im hinteren Ortsteil, ruhig mit großem Kieferngarten, sehr gepflegt, viele deutsche Gäste. DZ ca. 80–100 €, Halbpension ca. 62 € pro Pers. Via Leonardo da Vinci 156, ✆ 0584/745403, ✆ 745458, www.gemmadelmare.com.

Viareggio

ca. 60.000 Einwohner

Aus dem einst trostlosen Fischernest im malariaverseuchten Sumpfland entstand im 19. Jh. ein mondäner Badeort. Die Sümpfe wurden entwässert, ein größerer Hafen wurde gebaut. Klassizistische Prunkfassaden und Nobelhotels der Jahrhundertwende prägen noch heute die Strandpromenade, die wie die perfekte Kulisse einer Filmstadt wirkt.

Landesweit berühmt ist der *Karneval* von Viareggio, der erstmalig 1873 stattfand und nach dem venezianischen der bekannteste in ganz Italien ist – ein riesiger Umzug mit hydraulisch gesteuerten Pappfiguren, politische Satire monumental. Die Wagen und Figuren des Karnevals können während der Sommermonate in der Città del Carnevale nahe der Via Santa Maria Goretti besichtigt werden.

Zu den freien Badestränden entlang der schattigen *Pineta di Levante* südlich von Viareggio verkehren während der Saison halbstündlich Busse ab Piazza d'Azeglio.

- *Anfahrt/Verbindungen* **Bahn**, Viareggio liegt an der Hauptlinie von Genua nach Rom, von einem ihrer Nebenlinie nach Lucca und Florenz. Bahnhof im Zentrum, 500 m sind es geradeaus zum Meer.
- *Information* **APT**, kostenloser Internetpoint, Mo–Sa 9–14, 15–19.30 Uhr, So 9–13 Uhr. Viale Carducci 10, ✆ 0584/962233, ✆ 47336, www.versilia.turismo.toscana.it. Ein weiteres Infobüro im Bhf.
- *Übernachten* Viareggio besitzt die meisten 1-Stern-Hotels der Versilia, etwa 70. Oft in ehemaligen Privatvillen eingerichtet, bieten sie etwas nostalgischen Glanz inkl. Familienatmosphäre. Zu finden hauptsächlich um die Pineta di Ponente, den Stadtpark von Viareggio, und in den Seitenstraßen. Im Sommer jedoch meist Pensionspflicht. Neun Campingplätze liegen in der **Pineta di Levante**, südlich vom Ort.

▶ **Lago di Massaciúccoli:** Der seichte See (max. 4 m tief) ist von einem dichten Schilfgürtel umzogen. Baden ist wegen der Wasserqualität und der sumpfigen Ufer nicht empfehlenswert, im Sommer kann man aber Seerundfahrten mit Ausflugsbooten machen. In *Torre del Lago Puccini* zwischen See und Badestrand am Meer ist die hübsche zweigeschossige Villa des Opernkomponisten Giacomo Puccini (1858–1924) zu besichtigen. Heute ist hier ein Museum mit den liebsten Instrumenten des Komponisten untergebracht: Nach dem Klavier waren es seine Jagdflinten, mit denen er den Vögeln nachstellte. In einem kapellenartigen Raum mit üppiger Jugendstil-Ornamentik liegt er neben Gemahlin Elvira und Sohn Tonio begraben.

- *Öffnungszeiten/Eintritt* **Villa Puccini,** 10–12.30 und 15–18.30 Uhr (im Winter bis 17.30 Uhr), Eintritt alle 40 Min., nur mit Führung, Mo geschl., Eintritt ca. 7 €.
- *Übernachten* * **Butterfly,** ruhige Lage am See, gutes Restaurant. DZ ca. 45 €. ✆ 0584/341024.
Camping del Lago, am Seeufer, neben den alten Betriebsgebäuden einer ehemaligen Torfstecherei. Ganzjährig. ✆ 0584/359702.

> Im Sommer wird Torre del Lago zu einem der größten Gay-Treffpunkte Italiens. Hauptschauplätze sind der Strand und der Viale Europa, wo seit geraumer Zeit eine komplette Vergnügungsstruktur für Schwule entsteht (www.friendlyversilia.it).

▶ **Küste zwischen Viareggio und Pisa:** Die so genannte *Macchia di Migliarino*, ein urwüchsiges Marschland mit Pinienhainen, Macchia und Sumpfgebieten, ist als Naturpark „Migliarino-San Rossore" ausgewiesen. Nur an wenigen Wochentagen dürfen hier bestimmte Wege auf eigene Faust begangen oder per Fahrrad befahren werden, der größte Teil des Parks ist nur mit Führer zugänglich. In *San Rossore* steht der Sommerpalast des italienischen Staatspräsidenten (nicht zu besichtigen).
Öffnungszeiten/Eintritt **Migliarino-San Rossore,** Führungen zu Fuß kosten ca. 5,50 €, mit Fahrrad 9,50 €, möglich ist auch eine Fahrt mit einem kleinen Zug. Telefonische Voranmeldung unter ✆ 050/530101 (per Pferdekutsche unter ✆ 050/523019).

> Lucca → S. 602.

Pisa

ca. 105.000 Einwohner

Die Stadt ist nicht so fein herausgeputzt wie etwa Florenz oder Siena. In der Altstadt bröckeln die Hausfassaden, an denen seit Generationen nichts mehr verändert wurde. Die Touristenfluten, die per Bus meist nur für einen Nachmittag kommen, nimmt man kaum wahr. Leben bringen vor allem die 40.000 Studenten in die Stadt – Pisa besitzt seit dem 14. Jh. eine bedeutende Universität.

Die *Piazza dei Miracoli*, die grüne „Wunderwiese", liegt am Rand der Altstadt. Dort stehen sie, die weltberühmten Sehenswürdigkeiten von Pisa: der Schiefe Turm, der Dom und das Baptisterium, umgeben von der alten Festungsmauer – prachtvolle Überreste aus dem Mittelalter, als Pisa eine der mächtigsten Städte Italiens war. Der „Schiefe Turm" ist nach mehr als zehnjähriger Restaurierung seit Ende 2001 wieder für den Publikumsverkehr geöffnet.

Pisa

Anfahrt/Verbindungen/Information

• *Anfahrt/Verbindungen* **PKW**, Pisa liegt an der Autobahn A 12 von Genua nach Livorno, von Florenz kommt man über Empoli schnell hierher. An der Via Pietrasantina, etwa 1 km von der Wunderwiese, befindet sich ein großer gebührenfreier Parkplatz mit Shuttlebusverbindung (2 €), allerdings besteht bei allen unbewachten Plätzen Einbruchsgefahr. Neben der Wunderwiese ein kostenpflichtiger Parkplatz an der Via Cammeo (ca. 1,50 € pro Std.).
Bahn, Station an der Hauptlinie von Genua nach Rom, außerdem häufige Verbindungen nach Lucca und Florenz (etwa alle 30 Min.). Hauptbahnhof ca. 1 km südlich vom alten Zentrum, zur Wunderwiese sind es ca. 2 km, Bus 3 fährt alle paar Minuten. Weiterer Bahnhof San Rossore in der Nähe der Wunderwiese (→ Camping).
Bus, CPT-Busse speziell für die nähere Region von Pisa, Lazzi-Busse nach Florenz, Lucca, Arezzo, Montecatini, La Spezia u. a. Abfahrt und Ankunft Piazza Sant'Antonio bzw. Piazza Vittorio Emanuele II, beide Nähe Bahnhof.
Flug, der Flughafen **Aeroporto Galileo Galilei** liegt etwa 2 km südlich von Pisa. Neben Bergamo und Brescia (→ Lombardei) ist er ein bevorzugter Anlaufpunkt der neuen Billig-Airlines geworden. Bus 3 fährt alle 15 Min. zum Bahnhof in die Stadt und umgekehrt. Der Airport besitzt sogar eine Bahnstation, zum Hbf. gibt es etwa stündlich Verbindungen, von dort hat man häufige Verbindungen nach Florenz, außerdem pendeln SITA-Busse zum Busbahnhof in Florenz (ca. 10 €).
• *Information* **APT**, beim Schiefen Turm auf der Piazza del Duomo. Sommer Mo–Sa 9–19, So 9–16 Uhr, Winter Mo–Sa 9–16, So 10.30–16 Uhr. ✆ 050/560464, www.pisa.turismo.toscana.it.
Weitere Büros an der Piazza Vittorio Emanuele beim Bahnhof (Mo–Fr 9–19, Sa 9–13.30 Uhr, ✆ 050/42291) und am Flughafen (tägl. 10.30–15.30 Uhr, ✆ 050/503700).

Übernachten (siehe Karte S. 644/645)

*** Royal Victoria (10), direkt am Arno-Ufer in der Altstadt. Ehemals beste Adresse von Pisa, heute eher Mittelklasse, seit über 160 Jahren in Familienbesitz. Viel Platz in den Gängen und Zimmern, allein die Badezimmer sind teilweise so geräumig wie ein Hotelzimmer. Schwere, massive Holzmöbel, kalkweiße, ungeschmückte Wände – viktorianisch kühl. Gästefahrräder für 5 € am Tag. DZ mit Bad ca. 138 €, mit Etagendusche ca. 80 €, jeweils incl. Frühstück. Lungarno Pacinotti 12, ✆ 050/940111, ✆ 940180, www.royalvictoria.it.

*** Capitol (13), 10 Min. zu Fuß von der Altstadt, ruhige Lage, gepflegte und geräumige Zimmer, einige Parkplätze. DZ ca. 85–115 €. Via E. Fermi 3, ✆ 050/49597, ✆ 27168, www.pisaonline.it/hotelcapitol.

*** Art Hotel Il Giardino (4), gleich neben der Wunderwiese, deshalb relativ ruhig. Kürzlich aufwändig renoviert, wegen der zentralen Lage immer schnell ausgebucht. Mit Restaurant/Self-Service, Frühstück vor dem Haus. DZ mit Bad und Frühstück ca. 90–100 €. Piazza Manin 1, ✆ 050/562101, ✆ 8310392, www.pisaonline.it/giardino.

*** Ariston (3), lärmfreie Lage gleich hinter dem Schiefen Turm. Gefrühstückt wird auf einer kleinen Terrasse zur Straße. DZ mit Bad ca. 80–105 €, Frühstück extra. Via Cardinale Maffi 42, ✆ 050/561834, ✆ 561891, www.hotelariston.pisa.it.

** Moderno (17), neu renoviertes Hotel nah am Bahnhof. Für das Gebotene preiswert. DZ ca. 66–75 €, ohne Bad ca. 50–53 €, Frühstück extra. Via Corridoni 103, ✆ 050/25021, ✆ 49208, www.pisaonline.it/hotelmoderno.

** Roseto (16), einen Katzensprung vom Bahnhof, Zimmer zu den Gärten hinter dem Haus sind ruhig. Freundliche Wirtin. DZ mit Bad ca. 60–85 €, Parkgarage 13 €. Via P. Mascagni 24, ✆ 050/42596, ✆ 42087, www.hotelroseto.it.

• *Jugendherberge* **Ostello della Gioventù Il Convento (1)**, großes Hostel in einem ehemaligen Kloster vor den Toren der Stadt. Check-in ab 18 Uhr, Übernachtung ca. 15 € pro Pers., Bus 3 ab Bahnhof oder Wunderwiese. Via Pietrasantina 15 (Loc. Madonna dell'Acqua), ✆/✆ 050/890622.

• *Camping* **La Torre Pendente**, ca. 1 km vom Schiefen Turm am Stadtrand, Bus 3 ab Hauptbahnhof (letzter Bus 23.30 Uhr). Wiesenplatz mit Baumschatten und Pool. Wer mit der Bahn anreist, kann in San Rossore an der Strecke Pisa – Lucca bzw. Viareggio

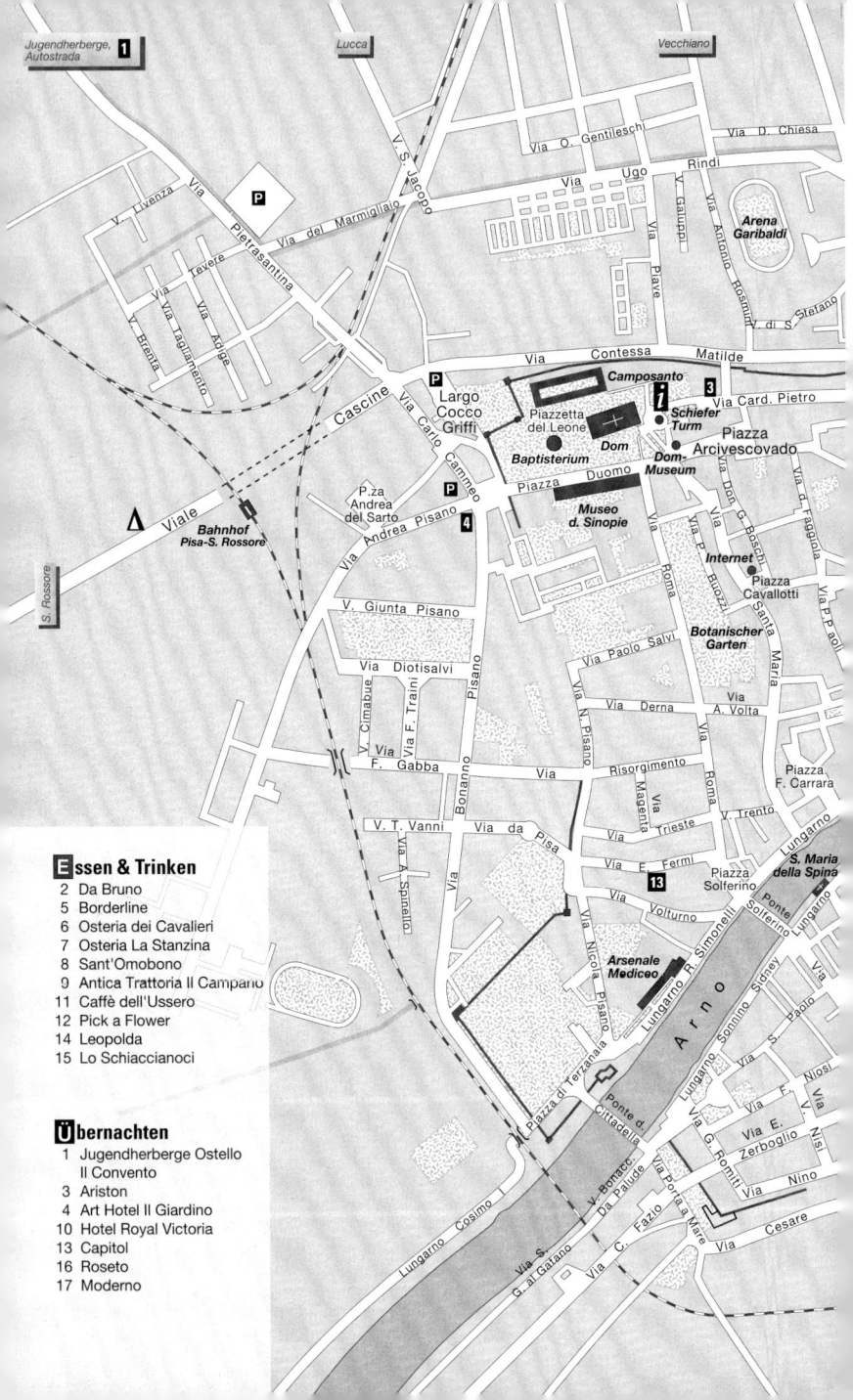

Essen & Trinken

2 Da Bruno
5 Borderline
6 Osteria dei Cavalieri
7 Osteria La Stanzina
8 Sant'Omobono
9 Antica Trattoria Il Campano
11 Caffè dell'Ussero
12 Pick a Flower
14 Leopolda
15 Lo Schiaccianoci

Übernachten

1 Jugendherberge Ostello Il Convento
3 Ariston
4 Art Hotel Il Giardino
10 Hotel Royal Victoria
13 Capitol
16 Roseto
17 Moderno

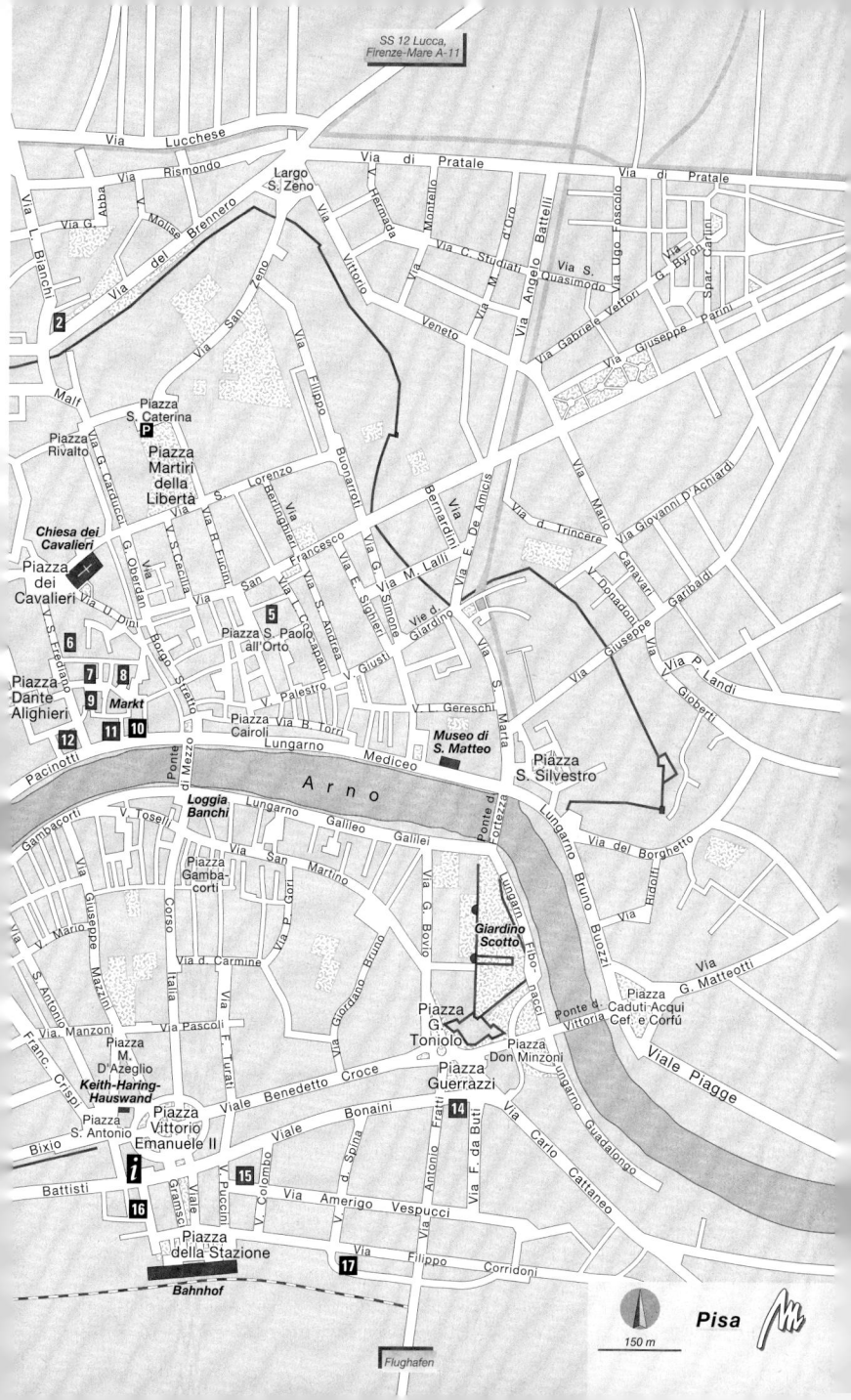

Pisa

aussteigen, der Platz liegt gleich in der Nähe, Schnellzüge halten jedoch nicht. Mai bis Sept. Viale delle Cascine 86, ✆ 050/561704, 🖷 561734.
Weitere Plätze in **Marina di Pisa**, **Tirrenia** und **Calambrone**.

Essen & Trinken (siehe Karte S. 644/645)

Die lokale Küche legt eine große Vorliebe für Spaghetti in fantastischen Variationen an den Tag. Eine ganz besondere Spezialität, die man jedoch nur auf Vorbestellung bekommt, sind aber *cèe alla pisana* – frisch geschlüpfte (!) Aale, in Öl, Salbei und Knoblauch ausgebacken und anschließend mit Parmesan gepudert.

Osteria dei Cavalieri (6), beliebte Osteria mit leckeren Fischgerichte zu normalen Preisen, günstige Mittagsgerichte. Sa-Mittag und So geschl. Via San Frediano 16, ✆ 050/580858.

Da Bruno (2), großes Speiselokal in der Nähe der Wunderwiese, eins der wenigen mit *cèe* auf der Karte (Vorbestellung), ansonsten Menü ca. 25 € aufwärts. Mo-Abend und Di geschl. Via Luigi Bianchi 12, ✆ 050/560818.

Lo Schiaccianoci (15), klein und unscheinbar. Traditionelle Küche, gute Meeresgerichte, z. B. Risotto mit Tintenfisch, auch gute hausgemachte Tagliatelle. Menü ca. 25 € aufwärts. In der Innenstadt. Via Vespucci 104 (Nähe Bahnhof), ✆ 050/210024.

Sant'Omobono (8), eine Trattoria, wie man sie sich in einem Marktviertel vorstellt, traditionelle Küche. So geschl. Piazza Sant'Omobono 6/7, ✆ 050/540847.

La Stanzina (7), ebenfalls Nähe Markt, der Speisesaal eine gemütliche Wohnhöhle. Mittags nur ein Tagesgericht, abends diverse Fleisch- und Fischgerichte sizilianischer Zubereitung. Spezialität ist aber auch das Curry-Gulasch. Di geschl. Via Cavalca 30, ✆ 050/577203.

Antica Trattoria Il Campano (9), zweigeschossig, gemütliches Ambiente, viele Einheimische. Von Fisch bis Wild, umfangreiche Weinauswahl. Mi geschl. Via Cavalca 19, ✆ 050/580585.

Leopolda (14), etwas außerhalb, dafür absolut nicht touristisch. Ein ehemaliger Bahnhof aus dem 19. Jh., heute Teil eines Kulturzentrums. Die nette Besitzerin ist eine passionierte Köchin, die toskanische Küche zu angenehmen Preisen anbietet. Piazza Guerrazzi 11, ✆ 050/48587.

● *Cafés/Bars* **Caffè dell'Ussero (11)** (Zum Husaren), traditionelles Kaffeehaus am Arnoufer, gegründet 1794. Süße Spezialität: *torta coi bischeri*, mit Schokoladenpulver, Rosinen und Pinienkernen. Lugarno Pacinotti 27.

Pick a Flower (12), freundliche Neonkneipe in kühlem Palazzo-Gewölbe, auch zum draußen Sitzen. Gute Snacks wie Salate und Antipasti. Via Serafini 14.

Borderline Club (5), *der* Club in Pisa, oft Livemusik. Tessera von 8 € muss gekauft werden. 21–1 Uhr, So geschl.

Sehenswertes

Piazza dei Miracoli

Die großzügig angelegte „Wunderwiese" ist ein einzigartiges Ensemble von Bauten der pisanischen Romanik und war Vorbild für viele weitere dieser Art. In der Hauptsaison verwandelt sie sich in ein einziges Getümmel auf grünem Rasen. An der Straße reiht sich ein Souvenirladen an den anderen.

Torre Pendente (Schiefer Turm): Der freistehende Glockenturm des Doms gilt – mal ganz abgesehen von seiner Neigung – als einer der schönsten Türme Italiens und ist stark von der islamischen Baukunst beeinflusst, die dank der weitreichenden Wirtschaftsverbindungen Pisas im Mittelalter hierher fand. 1173 begann man mit dem Bau, der auf Grund des sandigen Schwemmlandbodens jedoch schon wenig später seine absonderliche Neigung zeigte. Daraufhin stoppte man das Vorhaben und wagte sich erst hundert Jahre später an die Fertigstellung. Galileo Galilei nutzte im 16. Jh. die Schräglage und machte vom Schiefen Turm seine Experimente über den freien Fall. Im 20. Jh. betrug die Neigung schließlich 4,54 m – und jährlich wurden es etwa 0,7 mm mehr! Wissenschaftler berechneten daraufhin einen maximal möglichen Überhang von 4,74 m – wonach der Turm in ca. 200 Jahren umstürzen würde. In den dreißiger Jahren spritzte man Beton ins Erdreich, um die Fundamente zu stabilisieren, jedoch ohne Erfolg. 1991 wurde endlich ernst gemacht und der Turm gesperrt. In einer ebenso spektakulären wie aufwendigen Restaurierung – unter der Nordseite der Fundamente wurde Erdreich abgetragen, gleichzeitig Wasser abgesaugt und flüssiger Stickstoff zur Stabilisierung beigegeben, der Turm währenddessen mit riesigen Stahlkabeln („Hosenträger") gestützt – gelang es in über zehn Jahren, seinen Neigungswinkel um fast 44 cm zu verringern. Damit ist der Turm wieder in einen Zustand versetzt, wie er vor etwa dreihundert Jahren war. Seit Ende 2001 ist die „Torre Pendente" nun wieder für Besucher geöffnet. Allerdings dürfen nur noch maximal 30 Personen in Begleitung zweier Führer für die Dauer von 40 Min. den Turm bis zu seiner Spitze in rund 60 m Höhe besteigen.

Öffnungszeiten/Eintritt April bis Sept. 8.30–20.30 Uhr, Mitte Juni bis Anfang Sept. bis 23 Uhr, übrige Zeit 9–17/18/19 Uhr. Eintrittskarten kosten ca. 15 €, unbedingt anzuraten ist eine Reservierung über www.opapisa.it, zuzügl. Vorverkaufsgebühr von 2 €. Die Verkaufsstelle vor Ort befindet sich im Dommuseum, dort kann man sich für eine bestimmte Zeit vormerken lassen – kann allerdings sehr lange dauern, bis ein Termin frei ist.

Immer im Mittelpunkt des Interesses: der Schiefe Turm

Außer dem Schiefen Turm sind an der Piazza dei Miracoli zu besichtigen: Dom, Battistero, Camposanto, Museo dell'Opera und Museo delle Sinopie. Für alle fünf Monumente gibt es ein **Sammelticket** für ca. 12 €, der Eintritt für Dom und drei Monumente nach Wahl kostet 8 €, für Dom und zwei Monumente 6 €, für Dom und ein Monument ca. 5 €, Eintritt nur im Dom ca. 2 €. Detaillierte Infos unter www.opapisa.it.

Dom: Die Vorderseite wurde in der ersten Hälfte des 12. Jh. gebaut, man dachte dabei wohl an einen römischen Tempel. Im unteren Teil wirkt das Ganze dagegen eher orientalisch. Wo Lang- und Querschiff sich kreuzen, ist das *Tor des San Ranieri* das einzige, das von den ehemals vier Toren übrig geblieben ist. Es ist stark byzantinisch beeinflusst. Dargestellt sind die Geburt Christi, die Flucht nach Ägypten und die Kreuzigung Christi.

Die *Kanzel* von Giovanni Pisano am Ende des Mittelschiffs ist das großartigste Kunstwerk des Doms. Mit seiner realistischen Darstellungsweise gilt Giovanni als Wegbereiter der Renaissance – er ist der Sohn von Nicola Pisano (s. u.), dessen

Gegenstück im benachbarten Baptisterium steht. Der obere Teil der Kanzel besteht aus neun Reliefteilen mit Themen aus dem Neuen Testament. Die Säulen ruhen auf einschüchternden christlichen Symbolen – ein Löwe, Sinnbild der göttlichen Kraft der Kirche, frisst heidnische Esel.

Öffnungszeiten/Preise April bis Sept. 10–20 Uhr., März und Okt., 10–19 Uhr, Nov. bis Febr. 10–13, 14–17 Uhr, sonntags Eintritt jeweils erst ab 13 Uhr, Eintritt ca. 2 €.

Baptisterium: Die größte Taufkapelle der christlichen Welt vereint in sich romanische, gotische (Außenfassade), byzantinische (innere Säulen) und sizilianische Bauweise. Das kühle Innere wird beherrscht vom achteckigen Taufbecken. Daneben steht die *Kanzel* von Nicolà Pisano (1201–1278), einem der größten Bildhauer seiner Zeit. Sein Stil scheint bereits nach neuen künstlerischen Wegen zu suchen und sich in seiner naturalistischen Lebendigkeit von der verklärenden Idealisierung der Gotik zu lösen – Beispiele hierfür sein „Herkules" oder die drei Säulen tragenden Löwen unter der Kanzel.

Öffnungszeiten/Eintritt April bis Sept. 8–20 Uhr, Frühjahr/Herbst/Winter 9–17/18/19 Uhr, Eintritt ca. 5 €.

Camposanto: Der Bau des lang gestreckten, marmorummauerten Monumentalfriedhofs wurde von Giovanni di Simone 1278 begonnen. Viele berühmte Pisaner fanden in der eigens hierher gebrachten Jerusalemer Erde ihre Grabstätte. 1944 wurde er in Brand geschossen und das herabfließende Blei der Dächer richtete immensen Schaden an. Vor allem die Fresken, die den Camposanto so berühmt gemacht hatten, wurden zum großen Teil zerstört. Eine einzigartige Restaurierungsarbeit wurde in die Wege geleitet und so kann der Besucher heute den Monumentalfriedhof wieder in seiner ursprünglichen Gestalt bewundern. Zu den berühmtesten Werken zählt die „Jungfrau des Lächelns" von Giovanni Pisano, eine familiäre Mutter-Kind-Darstellung, fast losgelöst von jeder idealisierenden Religiosität. Aufrührerisch dagegen das Kolossalgemälde „Triumph des Todes", die Collage eines von Seuchen und Korruption geplagten Volkes im 14. Jh., während die höfische Gesellschaft daneben die Jagd genießt. Rundum findet man römische Sarkophage, einen Saal mit Rötelzeichnungen und einen weiteren Saal mit einer Schwarzweiß-Dokumentation der Fresken. Öffnungszeiten und Eintritt wie Baptisterium.

Museo dell'Opera del Duomo: In dem ehemaligen Kloster an der Piazza Miracoli sind zahlreiche Kunstwerke und Schätze des Doms ausgestellt. Interessant ist im Raum 3 das Hippogryph (Flügelpferd) aus Bronze mit arabischer Gravur, ein seltenes Werk aus der kurzen arabischen Kunstperiode der Fatimiden (10./11. Jh.). Im Raum 5 steht das Gipsmodell der Kanzel von Giovanni Pisano im Dom, im Raum 6 sind einige Werke von Nicola und Giovanni Pisano (13. Jh.) gesammelt. Giovannis Originalskulpturen aus dem Baptisterium sind stilvoll platziert, die verwitterten Statuen in halbkreisförmigen Reihen aufgestellt. Im Raum 7 zwei weitere Werke von Giovanni Pisano, die „Madonna Heinrichs VII." und „Madonna del Colloquio". Im Raum 8 Werke des Bildhauers Tino Camaino, der das Mausoleum für Heinrich VII. im Dom gestaltete. Die Räume 11 und 12 beherbergen kostbare Schätze der Kathedrale. Im vorderen Raum strahlt Giovanni Pisanos „Madonna mit Kind" aus Elfenbein, zweifellos das faszinierendste Objekt in dieser Sammlung. Im Obergeschoss u. a. eine Sammlung mittelalterlicher Schriften, darunter auch einige aufwendig illustrierte liturgische Bücher aus dem 14. und 15. Jh. Raum 21 ist Carlo Lasinio gewidmet. In der ersten Hälfte des 19. Jh. entdeckte er den Friedhof Camposanto und leistete Entscheidendes für dessen erfolgreiche Restaurierung. Öffnungszeiten und Eintritt wie Baptisterium.

Museo delle Sinopie: Gegenüber vom Baptisterium findet man die Rötelzeichnungen zu den Fresken des Camposanto. Öffnungszeiten und Eintritt wie Baptisterium.

Altstadt

Keith-Haring-Hauswand: Der bekannte Pop-Art-Künstler hat 1989 an der Piazza Sant'Antonio eine ganze Hauswand großflächig mit seinen bunten Comicmännchen bemalt. Wer vom Bhf. Richtung Innenstadt läuft, muss sich am großen Kreisverkehr Vittorio Emanuele II an der zweiten Querstraße links halten (gleich neben der Eurobus-Haltestelle, leicht zu übersehen).

Santa Maria della Spina: am Arno-Ufer, über und über mit Tabernakeln, Engelchen und Heiligen dekorierter Bau aus der Schule Giovanni Pisanos. Früher lag die Kirche tiefer, doch drohte das Wasser sie zu zerstören. So wurde sie verlegt und Stein für Stein an ihrem heutigen Platz wiederaufgebaut.

Piazza dei Cavalieri: Dieser Platz – ausnahmsweise ohne Straßencafé – war früher das Zentrum Pisas und ist in seinem Stil durch und durch von der Renaissance geprägt. Hier steht der völlig bemalte *Palazzo dei Cavalieri*, in dem sich früher die Militärschule der Ritter befand – heute Sitz der Scuola Normale Superiore, einer bekannten Elite-Universität. Neben dem Palast die Kirche *Santo Stefano dei Cavalieri*, die nach Plänen von Vasari entstand.

Museo Nazionale di San Matteo: Im ehemaligen Kloster San Matteo am Arno-Ufer ist die gesamte toskanische Kirchenkunst vertreten, wenn auch mit z. T. zweitklassigen Werken. Ein kleiner Saal versammelt fünf Werke von Benozzo Gozzoli, Beato Angelico ist mit einer „Madonna mit Kind" vertreten, außerdem finden sich Werke von Simone Martini und Taddeo di Bartolo.
Öffnungszeiten/Eintritt Di–Sa 8.30–19, So 8.30–13 Uhr, Mo geschl., Eintritt ca. 5 €.

Parkanlagen: Der *Giardino Scotto* liegt im Südosten der Stadt. 1440 bauten hier die neuen Herren von Pisa, die Florentiner, eine Zitadelle. Geblieben ist die alte Bastion. Noch üppiger zeigt sich mit meterhohen Palmen und anderen exotischen Gewächsen der *Giardino Botanico*, unweit vom Schiefen Turm. 1543 von Cosimo I. in Auftrag gegeben, gilt er als ältester botanischer Garten der Welt.
Öffnungszeiten/Eintritt **Botanischer Garten**, Mo–Sa 8.30–13.30 Uhr, Eintritt frei.

Etruskische Riviera

Der schöne Küstenabschnitt von Marina di Pisa bis Piombino ist im Sommer erheblich überlaufen, in der Mehrzahl sind Italiener unterwegs, Deutsche sieht man seltener. Die Strände bestehen zum größten Teil aus Sand, dazwischen liegen immer wieder Steilküsten mit Kieselstränden. Angenehm ist der breite Pinienstreifen, der sich hinter den Stränden entlangzieht. Ihren Namen hat die Küste von den zahlreichen Funden aus der Etruskerzeit.

Livorno ca. 165.000 Einwohner

Zweitgrößte Stadt der Toskana, kilometerlange Raffinerieanlagen säumen die Küste und zeugen von der Bedeutung des Hafens. Er ist nicht nur Umschlagplatz für Öl und Handelsgüter, auch ein beträchtlicher Teil der Fährverbindungen zu den Inseln Sardinien, Korsika und Elba sowie nach Afrika führt über Livorno.

Erst im 16. Jh. wurde das bis dahin unscheinbare Städtchen Livorno unter den Medici systematisch zum Hafen und Flottenstützpunkt ausgebaut. Die geplante *città ideale* mit fünfeckigem Mauerring, Kanälen und befestigten Bastionen ist noch im Stadtbild zu erkennen, jedoch wurde Livorno im Zweiten Weltkrieg fast zur Hälfte zerstört. Heute hat sich die Stadt von diesen Kriegsschäden erholt und zu einem Geschäfts- und Einkaufszentrum mit moderner Atmosphäre gewandelt. Man kann stundenlang an den Auslagen der Geschäfte vorbeischlendern und zwischendurch in einer der unzähligen Bars eine Kleinigkeit trinken. Auch die Hafenatmosphäre und das Fehlen von Touristenströmen kann angenehm auffallen. Erlebenswert ist der *Mercato Centrale* (Via del Cardinale/Via Buontalenti), eine riesige, ockerfarbene Markthalle im klassizistischen Stil.

- *Anfahrt/Verbindungen* **PKW**, man stellt sein Auto am besten entlang der Kanäle auf der Scala Azeglio nördlich des Aquariums oder im Parcheggio al Porto (6 €/Tag) ab. **Bahn**, der Hauptbahnhof liegt ca. 1,5 km östlich der Altstadt.
- *Information* **APT**, Piazza Cavour 6 (2. Etage), ℡ 0586/204611, ℻ 896173, www.costadeglietruschi.it.
Im Sommer auch im Fährhafen und in einem kleinen Pavillon an der Piazza del Municipio.
- *Übernachten* Diverse Hotels um den Bahnhof, besser wohnt man aber im Zentrum.
** Giardino, gute Mittelklasseunterkunft nah am Wasser. Obwohl an einer Hauptverkehrsstraße gelegen, sind die Zimmer relativ ruhig, eigener Parkplatz im Innenhof, zu Fuß in 10 Min. in die Innenstadt und zum Hafen. DZ mit Bad ca. 70–80 €. Piazza Mazzini 85, ℡/℻ 0586/806330.
Ostello Villa Morazzana, Jugendherberge etwa 5 km vom Zentrum, zwischen Livorno und Monterotondo (Bus 3 ab Piazza Grande nach Monterotondo). Großzügige Villa in toller Hanglage. Übernachtung ca. 18 €, auch DZ ca. 75 €, jeweils incl. Frühstück. Via Curiel 110, ℡ 0586/500076, ℻ 502426, www.villamorazzana.it.
Camping Miramare, südlich von Livorno, kurz nach Antignano an der Via Aurelia (SS 1). Lang gestreckter Platz zwischen Straße, Eisenbahnlinie und Meer, gut eingerichtet mit warmen Duschen, Waschmaschinen und Imbissmöglichkeit, aber durch die Straßenlage sehr laut. Eigener Strand, felsig, mit aufgeschütteter Mole. In der Hauptsaison schnell ausgebucht, viele Dauercamper. Zug bis Antignano oder Bus ab Piazza Municipio und noch 1 km zu Fuß. Ganzjährig. ℡ 0586/580402, ℻ 587462, www.campingmiramare.it.
- *Essen & Trinken* **La Volpe e l'Uva**, gute livornesische Küche zu fairen Preisen. Nach hinten Terrasse zum Kanal. Viale Caprera 11, ℡ 0586/885033.
Cantina Nardi, empfehlenswerte Weinkellerei mit leckerer hausgemachter Kost, nicht ganz billig. So geschl. Via Leonardo Cambini 8, ℡ 0586/808006.
TIPP! Il Sottomarino, volksnahes und preiswertes Lokal, keine Speisekarte, der Wirt berät. Die Grappa zum Schluss kommt gleich in der Flasche auf den Tisch. Mo/Di geschl. Via Terrazzini 48 (Nähe Piazza della Repubblica). ℡ 0586/887025.
- *Shopping* Bei schönem Wetter findet vor dem Mercato Centrale (→ oben) ein wild in alle Seitengassen wuchernder **Flohmarkt** statt.
Mercato Americano (auch „bric-a-brac"), Piazza XX Settembre, der kunterbunte Trödelmarkt ist aus einem Schwarzmarkt mit Utensilien amerikanischer Soldaten entstanden. Di–Sa 9–19 Uhr, Mo nur nachmittags.

Küste südlich von Livorno

Vom Zentrum geht es entlang der unattraktiven Hafenanlagen bis nach *Antignano*, einem verblichenen Seebad der Jahrhundertwende. Anschließend Bilderbuchküste – Kies und Fels wechseln sich ab, dazwischen immer wieder kleine Sandbuchten, oft schwer zugänglich, die grün bewaldeten Hügel reichen meist bis ans Meer. Leider verläuft hier die stark befahrene „Via Aurelia" (SS 1) in unmittelbarer Nähe zur Küste – zahlreiche Parkstreifen, fliegende Händler, Bars, Restaurants und immer wieder gut abgeschottete Feriensiedlungen.

▸ **Montenero**: einige Kilometer landeinwärts von Antignano, in den Colline Livornese. Oberhalb vom Ort liegt eine bedeutende Klosteranlage, das *Santuario di*

Montenero aus dem 18. Jh. Die Wallfahrtskirche in 193 m Höhe bietet eine barocke Vielfalt, die man der eher unscheinbaren Kirche von außen nicht zugetraut hätte. Weiter Blick auf die Küste, an klaren Tagen sogar bis nach Korsika. Mit einem kleinen Bähnchen (Funicolare) kann man vom Dorfplatz aus hinauffahren.

• *Übernachten* **Camping Collina 1**, an der Straße von Montenero über Castellaccio nach Quercianella, hübsche Lage abseits in einem Pinienhain, schattig, Pizzeria, ca. 3 km zum Strand. Ganzjährig. ✆ 0586/579573, www.collina1.it.

• *Essen & Trinken* **Pappa e Ciccia** („Friss und werde fett"), nettes Restaurant am zentralen Dorfplatz, neben Spezialitäten der Region auch „normale" italienische Gerichte, gut und preiswert, Do geschl. Via delle Carrozze 22.

> **Auf der Via Aurelia nach Süden**
>
> Da bei Livorno die Autobahn endet, bildet die Via Aurelia genannte SS 1 bis hinunter nach Civitavecchia (Latium) das Rückgrat des Verkehrs an der südlichen Toskanaküste. Sie ist in weiten Teilen autobahnähnlich ausgebaut (jedoch kostenlos), deshalb kommt man in der Regel rasch voran. Nur an einigen wenigen Stellen gibt es noch Passagen mit nur einer Fahrspur in jeder Richtung.

▸ **Castiglioncello**: Seebad mit Jugendstilhotels und einem alten Küstenwachturm, im Hochsommer stehen Sonnenschirme und Liegestühle am schmalen Strand dicht an dicht. Die Küste ist hier in erster Linie felsig, aber immer wieder gibt es hübsche, kleine Buchten mit rötlich leuchtendem Sand. Im Zentrum der Ortschaft steht das *Castello Pasquini*, das von einem romantischen Park umgeben ist.
Im Süden schließt sich fast übergangslos der reizlose Ort *Rosignano Solvay* mit einer großen Chemieanlage an. Hier beginnt eine flache Schwemmlandzone, die sich bis San Vicenzo zieht.

▸ **Rosignano Marittimo**: hübsche Altstadt, die pittoresk am Berg klebt. Ein kleines *Museo Civico* im Schloss präsentiert eine Sammlung hellenistischer, etruskischer und römischer Funde. Nettes Ristorante, in dem fast ausschließlich Einheimische verkehren, ist „L'Incontro", 6 km außerhalb (an der SS 206 Richtung Norden, Abzweig zur Stazione Santa Luce, kurz nach dem Bhf.).
Öffnungszeiten/Eintritt **Museo Civico**, tägl. 9–13 Uhr, Eintritt ca. 2,60 €.

▸ **Vada**: kleine Hafenanlage und winziges Straßendorf an der alten SS 1, das durch Hotels, Apartmenthäuser und Ferienwohnungen um ein Vielfaches gewachsen ist. Die Landschaft flach, Schilfgürtel umsäumen die Küste, der dichte Wald reicht teilweise bis zum Strand.
Zwischen Vada und Marina di Cecina liegt ein gutes Dutzend Campingplätze, fast alle am Meer und von der Hauptverkehrsstraße und der stark befahrenen Bahnlinie ein gutes Stück entfernt.

• *Übernachten* **Camping Tripesce**, unter Schweizer Leitung, Leserempfehlung für diesen Platz, in der Hauptsaison oft sehr voll. April bis Okt. Via Cavalleggeri 88, ✆ 0586/788017, ✉ 789159, www.campingtripesce.com.

Camping Campo dei Fiori, ganz in der Nähe des Vorgenannten, mit knapp 1000 Stellplätzen einer der größten der Gegend. Mit Swimmingpool. ✆ 0586/770096, www.campingcampodeifiori.it.

▸ **Marina di Cecina**: Ab hier wird die Küste wieder grüner, weite Pinienwälder säumen die Schwemmlandküste, wo man auch im Hochsommer noch ein ruhiges Plätzchen am Strand findet. Der Ort selbst ist ein typisches Fremdenverkehrszentrum, der

Toscana

Strand mit Liegestühlen und Sonnenschirmen dicht gefüllt. An der kleinen Flussmündung ein Jachthafen und etwa 24 Hotelbauten, die Mündung ist so stark versandet, dass man fast hindurchwaten kann.

Das etwas landeinwärts gelegene *Cecina* entstand an der Stelle einer römischen Pferdewechselstation an der Via Aurelia. Dank der Landwirtschaft und später der Lebensmittelindustrie wuchs es rasch im Schachbrettmuster der Straßenzüge heran. Im Hinterland trifft man häufig auf kleine Hinweisschilder zu Weinbauern, die Wein, Honig und anderes verkaufen, auch Agriturismo-Unterkünfte gibt es dort oft.

- *Übernachten* Im Viale della Vittoria reihen sich direkt am Strand mehrere Herbergen nebeneinander: *** **Mediterraneo**, ✆ 0586/620035, www.chiscihotels.it, *** **Aurora**, ✆ 0586/621340, und das einfache und sympathische ** **Azzurra**, ✆ 0586/620595. **Agriturismo Le Serre**, in der gleichnamigen Località, Biobauernhof mit schönen Apartments (ca. 65 €/Tag) und einem Badeteich. ✆ 0586/699100.
Campingplätze findet man vor allem südlich von Marina di Cecina, meist klinisch sauber angelegte Feriendomizile in Strandnähe, z. B. die komfortable Plätze **Le Gorette** (✆ 0586/622460, ℡ 620045, www.gorette.it) und **Bocca di Cecina** (✆ 0586/620509, ℡ 621326, www.ccft.it).

▸ **Casale Marittimo**: idyllisches Hügelstädtchen, nur wenige Kilometer vom Baderummel. Im Umkreis mehrere Fattorie, die das Degustieren wert sind.

- *Übernachten/Essen & Trinken* **Le Volte**, ordentliche DZ mit Bad für ca. 70 €, davon zwei in separaten Häuschen. Nette Trattoria mit luftiger Terrasse. Via Roma 61, ✆/℡ 0586/652018, www.locandalevolte.com. **TIPP! L'Erba Voglio**, Via Roma 6, DZ mit Bad 60 €, deutsch-italienisch geführt, idyllische Lage mit herrlichem Blick, hervorragendes Restaurant mit regionaler Küche (nur abends, Mo geschl.), im Sommer kann es aber schon mal etwas hektisch werden. ✆ 0586/652384, www.erba-voglio.com.

▸ **Marina di Bibbona**: belebter Badeort mit einer alten Festung aus dem 17. Jh., der lange Hauptbadestrand ist ca. 15 m breit.

- *Übernachten* *** **Flora**, in der Hauptstraße, die parallel zum Meer verläuft, 20 Zimmer. DZ ab ca. 80 €, während der Hauptsaison Pensionspflicht. Via del Mare 12, ✆/℡ 0586/600015. ** **Paradiso Verde**, Familienbetrieb mit 15 teilweise renovierten Zimmern. DZ ca. 74–100 €, incl. Privatstrandbenutzung. Piazza del Forte, ✆ 0586/600022, www.hotelparadisoverde.it. Mehrere Campingplätze, z. B. **Il Ginepro** (✆ 0586/600550, www.ilginepro.it).

▸ **Bolgheri**: Etwas südlich von Bibbona zweigt von der SS 1 eine schnurgerade Zypressenallee landeinwärts nach Bolgheri ab – sicher die schönste der Toskana. Der Ort bietet einen reizvoll abgeschlossenen Kern, der um die Burg des grausamen pisanischen Herrschers Gherardesca entstand. Der Dichter und Nobelpreisträger Giosuè Carducci (1835–1907) verbrachte hier einen Teil seiner Jugend und stimmte später Hymnen auf die Zypressen an.

▸ **Marina di Castagneto**: ähnlich wie Marina di Bibbona, doch weniger verbaut. Vorgelagert sind 14 km Sandstrand, wovon der überwiegende Teil „Spiaggia libera", also ohne Anmietung von Sonnenschirmen etc. frei zugänglich ist. Der Freizeitpark „Cavallino Matto" ist zwar eine Nummer kleiner als Disneyland, aber immerhin der größte der Toskana. Es gibt u. a. eine Achterbahn, Colorado Boat (Kanufahrt mit mehreren Gefällestrecken), Nautic Jet (Schanzenspringen in einem Boot), Karusselle, Riesenrutschbahn etc.

Öffnungszeiten/Eintritt **Cavallino Matto**, Mitte Mai bis Mitte Sept. tägl. 10–19/20 Uhr. Eintritt ca. 16 € (bis 10 J. 14 €). ✆ 0565/745720, ℡ 746770, www.cavallinomatto.it.

- *Übernachten* mehrere Apartmentanlagen und zwei große Campingplätze namens **Belmare** (✆ 0565/744092, www.campingbelmare.it) und **Continental** (✆ 0565/744014, www.campingcontinental.it).

Campiglia Marittima

▸ **Castagnetto Carducci:** Inmitten immergrüner Macchia liegt der Ort malerisch auf einem Hügel, von der Piazza Belvedere genießt man einen fantastischen Blick über das Land. Giosuè Carducci zu Ehren, der auch hier wohnte, wurde Castagnetto Marittima nach Verleihung des Nobelpreises (1906) in Castagnetto Carducci umbenannt. Ein kleines Museum und ein Centro Carducciano sind in seinem ehemaligen Wohnhaus untergebracht. Seit Sarah Ferguson (eine ehemalige Windsor-Gattin) mit dem hiesigen Conte Gado della Gherardesca liiert ist, hat der Ort spürbar an Beliebtheit gewonnen.

• *Übernachten* *** **La Torre**, unterhalb der Turmruine, schön gelegenes Landgasthaus mit elf einfachen Zimmern. DZ mit Frühstück ca. 80 €. ✆ 0565/775268.

Camping Le Pianacce, Straße nach Bolgheri, dann ausgeschildert. Schönster Camping weit und breit, ruhiges, bewaldetes Gelände, 6 km zum Meer. April bis Sept. ✆ 0565/763667, www.campinglepianacce.it.

• *Essen & Trinken* **Il Vecchio Frantoio**, gemütlich, gute regionale Küche, auch Pizza, freundlicher Service. Do geschl. Via Gramsci 8, ✆ 0565/763731.

Il Cappellaccio, man sitzt im Kellergewölbe oder draußen an langen Tischen, die Pizza klappt über den Tellerrand. Oft herrscht ein Mordstrubel. Via Vittorio Emanuele 7, ✆ 0565/766005.

▸ **San Vincenzo:** Das Dorf gruppiert sich um einen mittelalterlichen Turm und liegt am Südende der bei Rosignano beginnenden Schwemmlandzone. Hier reichen die Hügel schon fast bis zur Küste. Ein 3 km langer Sandstrand bietet gute Bademöglichkeiten.

• *Übernachten* Insgesamt gibt es in San Vincenzo um die 20 Hotels, aber auch zahlreiche Ferienwohnungen.

Camping Park Albatros, riesiges Gelände 5 km südlich vom Ort, wenige Minuten zum Strand. ✆ 0565/701018, ✉ 703589, www.parkalbatros.it.

• *Essen & Trinken* **Il Cantinone**, gute Fischgerichte zu erschwinglichen Preisen, dazu effizienter Service. Via Vittorio Emanuele II 132 (am nördlichen Ende der Fußgängerzone), ✆ 0565/701567.

Rosso di Sera, Enoteca unter deutscher Leitung mit Kelleratmosphäre. Di geschl. Via del Castelluccio 105.

Zanzibar, Giovanna Bellagoti hat hier eine Hafenbar mit einer Prise Fernweh geschaffen, gute Musik und originelle Einrichtung. Piazza Porto.

▸ **Campiglia Marittima:** kleine Agrar- und Industriestadt mittelalterlicher Prägung. Die Innenstadt ist am Morgen für den Autoverkehr gesperrt – auf die Parkplätze an den Ortseingängen ausweichen. Einen spektakulären Blick auf den Golf von Follonica hat man von der Piazza della Vittoria vor dem Tor zur Altstadt. Sehenswert ist der *Palazzo Pretorio* aus dem 15.–16. Jh., dessen Fassade mit den Wappenschildern der Stadtvorsteher geschmückt ist und in dem eine Enoteca untergebracht ist.

Stadtfest in Campiglia Marittima

Unterhalb des Orts steht inmitten des Friedhofs die romanische Marmorkirche *San Giovanni* aus dem 12. Jh.

TIPP! B & B Tos' camere, Via Guerrazzi 11, Zimmer mit Frühstück auf einer tollen Panoramaterrasse mit schönstem Meerblick, von Renato sehr freundlich geführt. DZ ca. 60–70 €. ✆ 347-9715326, www.toscamere.it.

▸ **Populonia**: Populonia gliedert sich in die Oberstadt *Populonia Alta* und eine Ansiedlung direkt am *Golfo di Baratti*, einer traumhaften Badebucht mit Sandstrand. Ausgedehnte Wiesen bieten viel Platz zum Sonnen und Ballspielen, an Sommerwochenenden ist es jedoch meist gnadenlos voll.

1908 wurden unter Metallschlacken die bedeutenden etruskischen Nekropolen von *Pupluna* entdeckt. Pupluna ist die einzige bisher bekannte etruskische Stadt direkt am Meer und war eine regelrechte Industriestadt mit Bronze- und Kupferhütten. Die Etrusker holten die Eisenerze von der Insel Elba, um sie hier zu schmelzen. Ihre Reste können im Sommer in einem umzäunten Areal am Ortseingang besichtigt werden, insbesondere verschiedene Nekropolen mit Grabkammern und Hochöfen aus dem 8.–1. Jh. v. Chr.

Die Oberstadt liegt auf einem 180 m hohen Hügel und besteht nur aus einer Hauptstraße mit zwei Häuserzeilen und der dominierenden *Rocca* mit ihrem wuchtigen Turm, auf den sehr enge und äußerst steile Holztreppen hinaufführen – herrlich weiter Blick über den Golfo di Baratti bis nach Elba. An der Hauptstraße 21 ein kleines *etruskisches Museum* mit Funden aus den Nekropolen.

• *Öffnungszeiten/Eintritt* **Pupluna**, März bis Sept. 9 Uhr bis Sonnenuntergang, Okt. bis Febr. Di–Fr 9–14, Sa/So 9–17 Uhr. Eintritt für vorderen Bereich des Parks ca. 6,30 €, für dem gesamten Park ca. 12 €, Familienkarte 27 €. Mit dem Ticket 50 % Rabatt im Archäologiepark von San Silvestro und im Museo di Citadella in Piombino.

Rocca, im Sommer Do–Di 9–19 Uhr, Mi geschl., Eintritt ca. 1,50 €.

Etruskisches Museum, in der Saison tagsüber geöffnet, Eintritt ca. 2 €.

• *Übernachten* * **Alba**, gemütliches Hotel an der Zufahrtsstraße zum Golfo di Baratti rechts ab. Schöner Garten, sympathischer Service, großartige Lage nah am Meer. Im Sommer oft ausgebucht. HP ca. 50 € pro Pers. ✆ 0565/29521.

Ansonsten ein paar **Privatunterkünfte**, zu denen man sich durchfragen muss, z. B. im Restaurant Canessa (nur Juni bis Sept.).

Camping Sant'Albinia, Via della Principessa, in Richtung San Vincenzo, viel Schatten durch hohe Pinien, saubere Sanitäranlagen, gutes Restaurant. Nächster Strand (relativ steinig) ca. 1 km entfernt. ✆ 0565/29389, 221310.

• *Essen & Trinken* **Canessa**, Fischrestaurant an der Bucht, letztes Haus hinter dem Hafen. Herrlicher Blick durch die rundum verglaste Front und luftige Terrasse. ✆ 0565/29530.

La Pergola, gemütliches, kleines Restaurant neben dem Bootshafen, Familienbetrieb, Spezialitäten aus dem Meer, mittlerweile recht teuer geworden.

Mittelalterliche Geisterstadt San Silvestro

▶ **Archäologiepark Rocca San Silvestro**: begehbare, kühle Bergwerksstollen, z. T. aus etruskischer Zeit, ein kleines Museum und auf der Hügelspitze eine verlassene Bergarbeiterstadt aus dem 10./11. Jh.

Öffnungszeiten/Eintritt Juni bis Mitte Okt. Di–So 9–20 Uhr, Mo geschl., Kombiticket für Museum, Rocca San Silvestro und Bergwerk (mit Führung) ca. 12 € (Ermäßigung im Archäologiepark von Populonia). Das Ticket berechtigt eine Woche lang zum Wandern im Park.

Piombino
ca. 38.000 Einwohner

Hauptfährhafen zur Insel Elba, außerdem gibt es tägliche Verbindungen nach Sardinien. Seit langem ein bedeutendes Zentrum der Schwerindustrie – im Hafenviertel qualmen die Schlote der Hochöfen, schon in der Antike verarbeitete man hier das Eisenerz Elbas.

Die hübsche Altstadt liegt auf einem Plateau, das steil zum Meer abfällt. An der *Piazza Giovanni Borio* bietet sich eine wundervolle Aussicht über das Meer – nicht nur auf stinkende Hüttenwerke und stampfende Fähren. Die Kirche *Sant'Antimo* wurde so oft umgestaltet, dass vom Originalbau nur noch der Spitzbogen an der Fassade erhalten ist. Ihr Innenraum ist in zwei ungleiche Schiffe unterteilt. Der *Palazzo Comunale* an der Piazza Verdi wurde im 13. Jh. von den Pisanern errichtet und ebenfalls mehrmals restauriert und umgestaltet.

Südlich von Piombino erstreckt sich der 40 km lange *Golfo di Follonica*, dessen feiner Sand aber nicht zum Baden einlädt, denn Industrieanlagen prägen das Bild.

- *Anfahrt/Verbindungen* Fast stündlich gehen Autofähren und Tragflügelboote nach **Portoferraio**, dem Hauptort von Elba.
- *Information* **APT** am Hafen (℡ 0565/226627) und im Turm des Palazzo Comunale (℡ 0565/225639).
- *Übernachten* ** **Il Piave**, gegenüber vom Bahnhof, daher eher etwas für ruhelose Geister, die Zimmer schlicht mit Dusche, DZ ca. 45–55 €. Piazza Niccolini 18, ℡ 0565/226050.

** **Roma**, kleines Stadthaus in einer relativ ruhigen Seitenstraße, nur wenige Minuten vom Zentrum entfernt. DZ mit Bad ca. 57 €, mit Etagendusche ca. 48 €. Via San Francesco 43, ℡ 0565/34341, ✉ 34348.

Camping Sant'Albinia ist der stadtnächste Campingplatz (→ Populonia), weitere liegen an der Straße nach Follonica, z. B. der gepflegte Pappasole, ℡ 0565/20420, www.pappasole.li.it.

Maremma

Der Küstenstrich südlich von Piombino ist traditionell eine der ärmsten Regionen der Toskana. Landwirtschaft, Bergbau und seit einigen Jahrzehnten der Tourismus stellen die wichtigsten Wirtschaftszweige dieses Landstrichs dar. Entlang des gesamten Küstenstreifens wechseln lange Sandstrände mit felsigen Vorsprüngen und Sanddünen.

Die Maremma war Teil des etruskischen Stammlandes. Die Etrusker machten sich die reichen Erzvorkommen der Gegend zunutze und bauten Städte mit Mauern und Festungen. Die Römer besannen sich auf die fruchtbaren Böden, die sie durch Entwässerungssysteme urbar machten, die Maremma wurde zur Kornkammer der Toskana. Mit dem Niedergang Roms verwilderte auch die Maremma, das kunstvoll angelegte Entwässerungssystem verfiel, das Land versumpfte und die Malaria wütete. In den späteren feudalistischen Großbetrieben wurde auf den sauren und ertragsschwachen Böden extensive Weidewirtschaft betrieben. Leibeigenschaft und die Verarmung der Landbevölkerung waren der ideale Nährboden für Räuberbanden nach Robin-Hood-Manier, die in der zweiten Hälfte des 19. Jh. die Gegend verunsicherten (→ Capalbio). Mittlerweile bringt die hoch subventionierte

Landwirtschaft etwas Wohlstand selbst ins entlegenste Dorf und der Tourismus boomt nicht nur an der Küste, sondern auch im Hinterland, denn die Italiener selbst haben Gefallen an dieser Region gefunden.

▸ **Follonica**: Industriestadt und Badeort zugleich. Bereits im 19. Jh. wurde unter der Herrschaft der Großherzöge der Toskana eine Eisenhütte angelegt und noch heute befindet sich in Follonica die Verwaltung der im Hinterland gelegenen Gruben der *Colline Metallifere*, die aber inzwischen praktisch stillgelegt wurden. Von Norden kommend, erblickt man die moderne Kulisse des stark auf Fremdenverkehr zugeschnittenen Orts. Je weiter man sich dem alten Stadtzentrum nähert, desto mehr ist der Charakter dieses alten, lebendigen Geschäfts- und Handelszentrums zu spüren.

- *Information* **APT**, Via Roma 51. ✆ 0566/263332, ℻ 57576, www.prolocofollonica.it.
- *Übernachten* jede Menge Möglichkeiten in jeder Preislage.

*** **Piccolo Mondo**, am Strand auf Pfählen gebaut, wenn schon Follonica, dann hier mit garantiertem Meerblick. Mit Restaurant. DZ ca. 75–115 €. Piazza Guerrazzi 2, ✆ 0566/40361, ℻ 44547, www.piccolomondohotel.it.

*** **Parrini**, ebenfalls am Strand. DZ ca. 80–115 €, im Sommer Pensionspflicht. Viale Italia 103, ✆ 0566/40293, ℻ 44017.

B & B Casa Margherita, 10 Min südlich vom Zentrum, 5 Min. vom Strand. DZ ca. 75 € (im Sommer HP ca. 60 € pro Pers.). Via Palermo 49, ✆ 0566/52611.

Camping Pineta di Golfo, kleiner, schattiger Platz am nördlichen Ortsausgang, ✆ 0566/53369, ℻ 844381.

Camping Tahiti, weitaus größer und komfortabler, an der Ausfallstraße zur SS 1. ✆ 0566/260255, ℻ 261963, www.camping.it/toscana/tahiti.

> ### Colline Metallifere: Erzgewinnung seit der Antike
>
> Die Bergkette zwischen Massa Marittima und Siena – ein wellenförmiges Gebilde aus rostig-roter Erde vulkanischen Ursprungs – lieferte bereits den Etruskern und Römern wertvolle Erze zur Eisen-, Silber- und Kupfergewinnung, aber auch Kohle zum Betreiben der Schmelzöfen. Später wurden die Gruben von den Pisanern weiter betrieben und waren eine der wichtigsten wirtschaftlichen Grundlagen ihrer Machtstellung. Inzwischen sind die Erzflöze erschöpft, die letzte Grube wurde in den neunziger Jahren des 20. Jh. geschlossen.

Massa Marittima
ca. 9200 Einwohner

Die schöne, alte Bergbaustadt wacht auf einem fast 400 m hohen Berg über die flache Maremma. Von „Marittima" ist heute nichts mehr zu spüren, denn das Meer liegt fast 20 km entfernt.

Unter der Herrschaft der Pisaner wurde Massa Marittima im 12.–13. Jh. zum Zentrum des Erzbergbaus in der Toskana. Damals war es ein blühendes Gemeinwesen mit eigener Gesetzgebung und aus der großen Vergangenheit ist viel erhalten, was den Abstecher lohnt.

- *Information* gut ausgestattet, freundliches, teils deutschsprachiges Personal. Via Todini 3, ✆ 0566/902756, ℻ 940095, www.altamaremmaturismo.it.

- *Übernachten* ** **Il Girifalco**, Familienbetrieb mit Terrasse und eigenem Parkplatz. Die Zimmer wirken wie das ganze Hotel kühl, sind aber geschmackvoll möbliert und besitzen alle Du/WC, 5 Min. zu Fuß in die Altstadt. DZ ca. 55–75 €. Via Massetana Nord 25, ✆ 0566/902177, ℻ 902339, www.ilgirifalco.com.

Ostello Santa Anna Massa Marittima, auf einem Berg im Norden der Stadt. Jugendherberge in einem ehemaligen Nonnenkloster, schöne, helle Räume mit 4–8 Betten. Übernachtung ca. 15 €, Frühstück 1,50 €. Ganzjährig. Via Gramsci 3, ✆/℻ 0566/901115, http://digilander.iol.it/leclarisse.

Punta Ala

TIPP! Podere Ripabella, Veronica und Christian, beide aus der Schweiz, haben mit ihrem biologischen Agriturismo ein Paradies geschaffen. Sorgfältig wurden die alten Gebäude eines Guts umgebaut, wobei offensichtlich ein begnadeter Innenarchitekt die Hand im Spiel hatte. Die Produkte (Wein, Olivenöl, Marmelade) sind alle biologisch zertifiziert. HP ca. 67–75 € pro Pers. Loc. Sopra Pian di Mucini, 6 km außerhalb an der Straße nach Siena, bei der Straßengabelung Volterra-Siena noch 1 km. ☏ 0566/915557, ℻ 915558, www.riparbella.com.

• *Essen & Trinken* **Il Gatto e la Volpe**, in der Altstadt verstecktes Restaurant mittlerer Preisklasse mit lauschigem, kleinem Hof. Mo und Di-Mittag geschl. Vicolo Ciambellano 12, ☏ 0566/903575.
Osteria da Tronca, urige Wirtschaft mit guter Küche. Mi geschl. Vicolo Porte 5, ☏ 0566/901991.

Sehenswertes: Das „Juwel der mittelalterlichen Toskana" zeigt eine auffällige Zweiteilung: Die Unterstadt *Città Vecchia* ist romanisch, die Oberstadt *Città Nuova* gotisch geprägt. Die *Piazza Garibaldi* ist das malerische Zentrum der Città Vecchia. Der Platz ist das vollendete Beispiel der Harmonie des Asymmetrischen. Von den Stufen, die zum Dom hinaufführen, hat man den besten Überblick. Eingerahmt ist der schräg abfallende Platz vom romanischen *Palazzo Pretorio* und dem *Palazzo Comunale* mit zweistöckigen Arkadengängen. Der *Duomo San Cerbone* am unteren Ende der Piazza wurde vermutlich auf Resten einer frühromanischen Kirche des 11. Jh. im romanisch-gotischen Baustil der Pisaner errichtet. Im Inneren zahlreiche Fresken und Freskenreste, ein romanisches Flachrelief und im rechten Seitenschiff ein monolithisches Travertin-Taufbecken. Links vom Hochaltar führt die Treppe hinunter in eine Kapelle mit elf Apostelstatuen aus dem 14. Jh.

In der Città Nuova oberhalb der Altstadt kann man die *Torre del Candeliere* besteigen, es bietet sich ein weiter Blick auf den Golf von Follonica. Ein paar Schritte weiter stößt man in einer Seitengasse auf den *Antico Frantoio*, eine Ölmühle aus dem 18. Jh., die seit einigen Jahren zu besichtigen ist.

Der Eingang zum *Museo della Miniera* liegt in der Via Corridoni. In einer ehemaligen Mine wurde ein 700 m langer Stollen zum Bergwerksmuseum umfunktioniert. In diesem auch im Sommer sehr kühlen Schacht sieht man u. a. altertümliche Werkzeuge und Maschinen, die die Geschichte des Bergbaus dokumentieren.

Öffnungszeiten/Eintritt **Torre del Candeliere**, Di–So 10–13, 15–18 Uhr, Eintritt ca. 2,50 €. **Antico Frantoio**, April bis Okt. Di–So 10.30–13 Uhr, Eintritt 1,50 €. **Museo della Miniera**, nur mit Führung (Termine 10, 11, 12, 12.30, 15, 16, 17, 17.30 Uhr), Mo geschl., Eintritt ca. 5 €.

▶ **Vetulonia**: Zwischen Folonica und Grosseto liegt das malerische Dorf auf einem Hügel. Aufgrund seiner Bodenschätze war es im 6. Jh. v. Chr. eine bedeutende etruskische Stadt. Ein kleines *Museum* am Ortseingang zeigt Funde aus etruskischer und römischer Zeit und die Ausgrabung einer etruskischen *Nekropole* liegt 3 km nördlich des Dorfs. Gut und bodenständig essen kann man im winzigen Lokal „La Vecchia Cantina", gegenüber vom Museum (☏ 0564/948007).

Öffnungszeiten/Eintritt **Museum**, März bis Mai 10–13, 15–18 Uhr, Juni bis Sept. 10–13 Uhr, 16–21, Okt. bis Febr. 10–13, 14–17 Uhr, Eintritt ca. 4,50 €. **Nekropole**, je nach Jahreszeit tägl. 9–18/19/20.30 Uhr, Eintritt bisher frei.

▶ **Punta Ala**: Die landschaftlich reizvolle Halbinsel wurde 1955 einer italienischen Großgrundbesitzerfamilie abgekauft und zu einem luxuriösen Badezentrum umgewandelt. Es entstanden hauptsächlich Apartments und Villen, Hotels gibt es nur wenige, diese gehören aber zur Spitzenklasse. Die Hafenpromenade ist nur mit Plastikkarte erreichbar und vermittelt den Eindruck gediegener Clubatmosphäre.

Übernachten Zwei große und schöne Campingplätze liegen im Pinienwald direkt am Strand, **Camping Puntala** (☏ 0564/922294, ℻ 920379, www.campingpuntala.it) und **Camping Baia Verde** (☏ 0564/922298, ℻ 923044, www.baiaverde.com).

▶ **Castiglione della Pescaia:** schönster Badeort der Maremma, im Sommer italienischer Familientrubel an der Strandpromenade, in der Nebensaison in deutscher Hand. Der Hafen liegt zu Füßen der *Rocca Aragonese*, hinter deren mächtigen Mauern eine pisanische Burg aufragt. Die Altstadt hat noch den Charakter eines Fischerdorfs.

Beiderseits der Bruna-Mündung erstreckt sich ein langer Sandstrand mit mehreren freien Zugängen zum Meer. Der Strand *Le Roccette* nördlich von Castiglione ist teilweise frei, Richtung Süden führt die Strada delle Collacchie kerzengerade durch die *Pineta del Tombolo*, von der nur wenige passierbare Feldwege zum hellen Sandstrand führen.

• *Übernachten* *** **Piccolo Hotel**, kleines, gepflegtes Haus mit 24 Zimmern. DZ mit Frühstück ca. 100–115 €. Via Montecristo 7 (südliche Flussseite), ✆ 0564/937081, 📧 932566.
*** **Mirella**, ruhige, familiäre Atmosphäre, DZ ca. 70 €, im Sommer Pensionspflicht. Via Sardegna (südliche Flussseite), ✆ 0564/933068, 📧 933022, www.albergomirella.it.
* **La Portaccia**, bescheidene Zimmer, gute Pizzeria. DZ mit Etagendusche ca. 50 €. Via San Benedetto Po 5/7, ✆ 0564/933825.
* **Bologna**, Billighotel am Hafen, DZ ca. 52–65 €, die billigeren nur mit Etagendusche. Piazza Garibaldi 8, ✆ 0564/933746.
Etwa 16 **Campingplätze** bieten Platz für fast 8000 Personen – im Norden besser ausgestattet und teurer, günstiger in der Pineta del Tombolo. Weitläufig und komfortabel ist **Camping Sans Souci** am nördlichen Ortsausgang. ✆ 0564/933765, 📧 933759, www.maremmasanssouci.it.

▶ **Marina di Grosseto:** Das modernste Badezentrum der Maremma liegt in der Mitte der Bucht, die im Norden von Hügeln und im Süden von der Mündung des Ombrone begrenzt wird. Die schematisch angeordneten Häuserzeilen vermitteln keinerlei Atmosphäre und werden in der kalten Jahreszeit zur Geisterstadt. Hinter dem Piniengürtel am Ortsausgang Richtung Castiglione findet man einen breiten, feinkörnigen Strand.

• *Übernachten* **Camping Rosmarina**, am nördlichen Ortsende in der Pineta del Tombolo, relativ neue Anlage mit sauberen sanitären Anlagen, gute und preiswerte Pizzeria. Gelegentlich Tiefflüglärm vom Militärflugplatz hinter Grosseto. Mitte Mai bis Mitte Sept. ✆ 0564/36319, 📧 34758, www.campingrosmarina.it.
Camping Le Marze, riesiges Gelände im Pinienhain zwischen Marina di Grosseto und Castiglione, wunderbar einsame Lage, nur einen Katzensprung zum Strand. Mai bis Mitte Okt. ✆ 0564/35501, 📧 35534, www.ecvacanze.it.

Grosseto
ca. 72.000 Einwohner

Geschäftige Großstadt und wichtiger Verkehrsknotenpunkt. Wer sich durch die Vororte, Einbahnstraßen und Staus geplagt hat, trifft auf eine kleine, gepflegte Altstadt, in der das Fahrrad ein wichtiges Fortbewegungsmittel ist.

Noch im 18. Jh. war Grosseto nicht mehr als ein Dorf, dessen malariaverseuchtes Umland ein Wirtschafts- und Bevölkerungswachstum unmöglich machte. Erst im 20. Jh. konnten Entsumpfungspläne und Entseuchung erfolgreich beendet werden. Heute ist die Stadt das wirtschaftliche Zentrum der Maremma und Hauptstadt der gleichnamigen Provinz.

Das historische Zentrum umschließt eine Mauer in Form eines Sechsecks, was Grosseto den Beinamen „Piccola Lucca" einbrachte. 1835 wurde die Befestigungsanlage zu Promenaden und Gärten umgestaltet. Der Dom *San Lorenzo* an der Piazza Dante wurde um 1300 erbaut und später mehrmals umgestaltet. Die Front ist reich dekoriert und fällt wegen ihrer rot-weiß gestreiften Fassade aus Marmor auf. Das *Museo Archeologico e d'Arte della Maremma* an der Piazza Baccarini besitzt eine frühgeschichtliche Abteilung mit Funden aus prähistorischer, etruskischer und römischer Zeit, im zweiten Stock Diözesanmuseum mit Silberschmiedearbeiten und Gemälden.

- *Öffnungszeiten/Eintritt* **Museo Archeologico e d'Arte della Maremma**, Di–Sa 9–19.30 (Mai bis August bis 20 Uhr), So 9.30–13, 16.30–19 Uhr (im Winter nur vormittags), Mo geschl. Eintritt frei.
- *Anfahrt/Verbindungen* **Bahn**, Grosseto ist Station an der Küstenlinie nach Rom, außerdem geht eine Nebenlinie nach Siena.
- *Information* Via Monterosa 206, im Norden der Stadt. ℡ 0564/462611, ℻ 454606, www.lamaremma.info.
- *Übernachten* *** **Leon d'Oro**, ein Haus mit Tradition. DZ ca. 108 €, mit Etagendusche ca. 65 €. Via San Martino 46, ℡ 0564/22128, ℻ 22578.
* **Appennino**, zwischen Bhf. und Altstadt, DZ mit Bad ca. 55 €, mit Etagendusche ca. 47 €. Via Mameli 1, ℡ 0564/23009, ℻ 416134.
- *Essen & Trinken* **La Maremma**, alteingesessenes Familienrestaurant. So-Abend und Mo geschl. Via Fulceri de Calboli 5, ℡ 0564/22128.
Il Mago di Oz, zwischen Grosseto und Marina di Grosseto. Familienfreundlich (viel Platz zum draußen Sitzen und Spielplatz) und bekannt für hervorragende Pizzen, Marke Wagenrad. ℡ 0504/400115.

▸ **Ruinen von Roselle** *(Roselle Scavi)*: Der Ort auf einem etwa 300 m hohen Hügel war eine der bedeutendsten etruskischen Städte der Region. Durch die Malaria wurde er später vollkommen entvölkert. Die Ausgrabung liegt wenige Kilometer nördlich des heutigen Roselle („Parco Archeologico"). Gefunden wurden die Überreste einer römischen Stadt mit Forum, Straßen, Basiliken und einem kleinen Amphitheater. Die unter der Römerstadt verborgene Etruskersiedlung mit Wohnhäusern und Werkstätten wurde inzwischen ebenfalls ans Tageslicht befördert. Eins der beeindruckendsten Zeugnisse ist die über 3 km lange zyklopische Stadtmauer der Etrusker.
Öffnungszeiten/Eintritt Mai bis Sept. 9–20.30, übrige Zeit kürzer. Eintritt ca. 4 €.

Erlebnis Natur: Parco Naturale della Maremma

Einer der wenigen unberührten Küstenstriche Italiens. Trotz der Trockenlegung der Sümpfe und der agrarischen Erschließung der Maremma blieb dieses wunderschöne und sehenswerte Naturschutzgebiet erhalten. In den Wäldern und Wiesen der Monti dell'Uccellina weiden heute frei lebende Maremma-Rinder, Pferde, Wildschweine und Rehe, es gibt Flamingos und sogar Wildkatzen. Das Örtchen *Alberese* liegt ruhig und verträumt am Rand dieses Paradieses, vorgelagert ist *Marina di Alberese* am 15 km langen Strand, der wegen allerlei angeschwemmtem Unrat nicht zum Baden geeignet ist.
Im „Centro Visite di Alberese", kurz vor dem Dorfeingang von Alberese, erhält man Informationen über Wanderungen und Eintrittskarten für die interessantesten Rundgänge (ca. 3–6 €). Einige Touren kann man nur mit Führer unternehmen (℡ 0564/407098, ℻ 407278, www.parcomaremma.it).
Übernachten kann man im Albergo Rispescia, Via della Costituzione 6, Rispescia (DZ mit Frühstück ca. 55–70 €, ℡ 0564/405309, ℻ 405735), und in diversen Agriturismohöfen.

▸ **Talamone**: einsam gelegenes Fischerdorf und Badeort mit einer trutzigen Burg an den südlichen Ausläufern der *Monti dell'Uccellina*. Im Sommer ist die 5000-Seelen-Gemeinde von Touristenschwärmen heiß umkämpft, wie auch schon in grauer Vorzeit – damals waren es allerdings Römer, Etrusker, Umbrier, Gallier und Venetier. Auf dem Hügel am Ortsende lag das etruskische *Tlamu*. Der legendäre ehemalige FC-Bayern-Trainer Giovanni Trappatoni („Ich habe fertig") hat hier ein Häuschen, seine abendliche Joggingstrecke führt unten am Hafen entlang.

- *Öffnungszeiten/Eintritt* **Acquario della Laguna**, Di–So 9.30–12.30, 16–19 Uhr, Mo geschl., Eintritt ca. 2,60 €.
- *Übernachten* *** **Capo d'Uomo**, am Vorgebirge oberhalb der Stadt, modernes Hotel mit Flair, kleine Zimmer mit Terrassen und spektakulärem Blick auf Burg und Meer. DZ ca. 103 €. Via Cala di Forno 7, ✆ 0564/887077, ℻ 887298, www.hotelcapoduomo.com.

Camping Talamone, vor dem Ort, mit Bungalows, die in den Hang so gut wie eben möglich integriert wurden. Swimmingpool und nette Bar. ✆ 0564/887026, ℻ 887170, www.talamonecampingvillage.com.

Weitere **Campingplätze** findet man im schmalen Pinienwald zwischen Via Aurelia und Küste, z. B. **Il Gabbiano** mit schönen, schattigen Stellplätzen. ✆/℻ 0564/870202.

Monte Argentario

Das markante felsige Vorgebirge mit steilen, macchiabewachsenen Hängen war einst wie die Isola del Giglio eine Insel. Durch angeschwemmte Sandablagerungen bildeten sich drei schmale Verbindungen zum Festland, dazwischen breitet sich die Lagune von Orbetello aus.

An jeder der drei Landzungen gibt es ein Städtchen, auf der nördlichen Landzunge *Giannella* liegen zahlreiche Campingplätze dicht nebeneinander im Pinienwald. Die 26 km lange *strada panoramica* rund um die Halbinsel ist nicht durchgehend geteert und deshalb nur für Fahrzeuge mit genügend Bodenfreiheit zu empfehlen (verkürzte Route auf Asphalt: ab Porto Santo Stefano etwa 10 km nach Süden, dann auf einer Straße wieder zurück).

▸ **Porto Santo Stefano**: größter Ort des Argentario mit einem gut ausgebauten Hafen. Im lang gezogenen Hafenbecken liegen Motorboote und schnittige Jachten, hier legen auch die Fähren zur Insel Giglio ab. Porto Santo Stefano ist ein Nobeldorf für italienische Jet-Setter geworden, seit sich hier vor rund 30 Jahren die Schwester des Fiatchefs Agnelli ihre Sommerresidenz bauen ließ. Vorsicht: Im Sommer ist die einzige Zufahrtsstraße oft extrem staubelastet.

- *Anfahrt/Verbindungen* Tägliche Fähren zur **Isola del Giglio** (→ dort).
- *Information* **APT** in einem neuen Pavillon am Ostende des Hafens. Vermittlung von Zimmern auf dem Monte Argentario und der Isola del Giglio. ✆ 0564/814208, ℻ 814052, infoargentario@lamaremma.it.
- *Übernachten* *** **Belvedere**, einladendes Haus in Hanglage, umgeben von Olivenbäumen und Palmen. Terrasse mit Tischen, kleiner Park, ein kurzer Spaziergang führt zum Strand hinunter. April bis Mitte Okt. DZ ca. 100 €. SS 440, kurz vor der Ortseinfahrt, ✆ 0564/812634, ℻ 810258.
* **Week End**, nette Pension mitten in der Altstadt, familiäre und sehr wohnliche Atmosphäre, der freundliche Besitzer spricht ausgezeichnet Deutsch. Küche nach Hausfrauenart, ganzjährig geöffnet. DZ mit Bad und Frühstück ca. 75 €. Via Martiri d'Ungheria 3, ✆/℻ 0564/812580, www.pensioneweekend.it.

Diverse **Campingplätze** auf der Landzunge Giannella.
- *Essen & Trinken* **La Sorgente**, idyllisch gelegene Waldschänke in 280 m Höhe, man bestellt am Tresen und isst an Holztischen im Freien. Gleich nebenan der Klosterkonvent Convento dei Padri Passionisti. Von der SS 440 zwischen Porto Santo Stefano und Orbetello zum beschilderten Konvent abbiegen. Mi geschl. Tägl. durchgehend geöffnet, warme Küche aber erst ab 20 Uhr abends. ✆ 0564/818770.

▸ **Orbetello**: kleines, freundliches Städtchen in interessanter Lage auf der mittleren Landzunge, in der Antike wegen seines Fischreichtums und der Salzgewinnung interessant. Mitte des 16. Jh. von den Spaniern zum Flottenstützpunkt ausgebaut, aus dieser Zeit stammt auch die *Stadtmauer* mit ihren drei Torbauten, durch die man heute noch in den Ort gelangt. Der *Dom* mit seiner gotischen Fassade ist 1376 auf den Grundmauern einer älteren Kirche errichtet worden. In der Fußgängerzone findet im Sommer ein großer Trödelmarkt statt.

Die *Riserva naturale ed Oasi della Laguna di Orbetello*, ein Naturpark des WWF, in dem Flamingos und Reiher leben, bietet von September bis April Führungen an (jeden Do, Sa und So 10 und 14 Uhr, Eintritt ca. 5 €).

- *Übernachten* * **Verdeluna**, freundlich geführt. DZ mit Bad ca. 60–92 €. ✆ 0564/867451, ℡ 862378, Via Banti 1 (Nähe Piazza Garibaldi), www.paginegialle.it/albergo verdeluna.

- *Essen & Trinken* **La Taverna**, in der Fußgängerzone im Zentrum, gute Pizza. Via Roma, ✆ 0564/867969.

TIPP! Cooperativa I Pescatori, wer frischen Fisch mag, wird für 7 € pro Familie Mitglied der Genossenschaft der Fischer Orbetellos, die in der Lagune fischen. Riesige Portionen zu nicht zu unterbietenden Preisen in unkonventioneller Einrichtung. Via Leopardi 9, östlich der Altstadt, durch den Torbogen und scharf links einbiegen, ✆ 0564/860611.

▸ **Porto Ercole**: der dritte wichtige Ort auf dem Argentario ist beidseitig eingefasst von spanischen Festungsanlagen, die heute von betuchten Eigentümern und Mietern in Beschlag genommen sind. Vom Hafen, von etlichen Nobeljachten dümpeln, kann man über viele steile Treppen zur südlichen Festung hinaufklettern. Von dieser führt ein schmaler Weg an den kleinen Gärten der Dorfbewohner entlang zum *Leuchtturm* – teilweise anstrengend, aber die tolle Aussicht am Leuchtturm versöhnt.

- *Übernachten* *** **Marina**, kleines, gepflegtes Albergo an der Hafenpromenade, von der Terrasse herrlicher Meerblick. DZ mit Frühstück ca. 103 €. Lungomare Andrea Doria 30, ✆ 0564/833055, ℡ 836057.

Villa Azzurra, kleine Zimmervermietung im Zentrum. DZ mit Bad ca. 42–60 €. Via Caravaggio 93, ✆ 0564/833037.

Isola del Giglio

ca. 2000 Einwohner

Zweitgrößte Insel des toskanischen Archipels, sehr bergig, teils üppige Vegetation und blühende Macchia. Man lebt von Fischerei, etwas Weinbau und vor allem vom Fremdenverkehr. Im August überschwemmen Römer das kleine Eiland, viele haben ihre Jachten dort liegen. In der Nebensaison dagegen sehr zu empfehlen und auch zum Wandern schön – zahlreiche Feldwege und Eselspfade durchziehen das weitgehend menschenleere Inland.

Vom idyllischen Hafen *Giglio Porto* sind es nur 2 km bis hinauf nach *Giglio Castello*, doch überwindet die Straße dabei 400 Höhenmeter. Der von einem engen Gassenlabyrinth durchzogene Ort bietet einen herrlichen Blick aufs Meer, die Festungsanlagen stammen von den Pisanern. Steil geht es im Anschluss hinunter zum Touristenort *Campese*, der an einer schönen Bucht mit lang gezogenem Sandstrand liegt, überragt von einem Rundturm der Medici aus dem 18. Jh.

- *Anfahrt/Verbindungen* Bis zu 8 x tägl. gehen Fähren (ca. 1 Std.) und Tragflügelboote der zwei Reedereien **Maregiglio** (✆ 0564/812920, www.maregiglio.it) und **Toremar** (✆ 0564/809349, www.toremar.com) ab **Porto Santo Stefano**, hin/rück ca. 12,50 €. Auto besser nicht mitnehmen, die gerade mal 10 km lange Straße ohne den hohen Überfahrtspreis nicht (hin/rück je nach Länge ca. 57–78 €) und die Busverbindungen sind gut. Wer den Pkw trotzdem mitnehmen will, sollte unbedingt frühzeitig reservieren. **Inselbusse** pendeln im Stundentakt nach Castello und Campese und erwarten jedes ankommende Schiff.

- *Übernachten* Ohne Vorbuchung hat man in der Hochsaison keine Chance.

*** **Castello Monticello**, schönes und komfortables Haus, 1,5 km oberhalb von Giglio Porto. DZ mit Frühstück ca. 80–120 €. Via Provinciale, ✆ 0564/809252, ℡ 809473.

** **La Pergola**, kleine Pension im Hafen von Giglio Porto, DZ mit Frühstück ca. 75 €. ✆ 0564/809051.

In Castello nur Privatzimmer oberhalb der Piazza Gloriosa (beschildert), z. B. **Angelo Landini**, DZ mit Bad ca. 60 €, ✆ 0564/806074, ℡ 809447.

** **Giardino delle Palme**, in Campese, kleines Haus im Palmgarten gegenüber dem

Medici-Turm. DZ mit Frühstück ca. 60–80 €. Via del Torre, ℡ 0564/804037.
Camping Baia del Sole, der einzige Zeltplatz der Insel, kurz vor Campese. Kleiner, terrassenförmig angelegter Platz, einige Stellplätze herrlich über dem Meer, Holzbungalows. Achtung: absolutes Hundeverbot. ℡ 0564/804036, ℡ 804101.

• *Essen & Trinken* **Arcobalena**, urgemütliches Ristorante im Gassenlabyrinth der Festung von Giglio Castello. Geöffnet mittags und abends, in der Hochsaison abends unbedingt reservieren. Via Cavour 48, ℡ 0564/806106.

Ansedonia

Der südlichste Badeort der toskanischen Maremma-Küste ist eher eine Ansammlung eleganter Villen, die sich gut versteckt hinter Gartenmauern auf einem Vorgebirgshang der felsigen Halbinsel verteilen.

Etwa 200 m oberhalb liegen in einem uralten Olivenhain die beeindruckenden Überreste der etruskisch-römischen Siedlung *Cosa*. Im nahe gelegenen *Museo Nazionale di Cosa* wurden die Funde gesammelt.

Unten am Strand findet man den antiken Hafen und die *Tagliata Etrusca*, ein technisches Meisterwerk römischer Ingenieure: ein in den Fels geschlagener Kanal, der den Hin- und Rückfluss des Wassers aus dem Hafenbecken sichern sollte, um es vor dem Versanden zu schützen. Über einen kleinen Steg des parallel zum Meer verlaufenden Kanals kommt man zum Eingang einer engen und tiefen Felsschlucht, in die kaum Licht fällt. Der *Sparco della Regina* ist eine teils natürliche, teils von Menschenhand erweiterte Felsspalte von 260 m Länge.

Öffnungszeiten/Eintritt **Cosa** und **Museo Nazionale di Cosa**, Di–So 9 Uhr bis Sonnenuntergang, Mo geschl., Museum 2 € Eintritt, Gelände bisher frei. ℡ 0564/881421.

▸ **Lago di Burano** *(Rifugio Faunistico di Lago di Burano)*: Naturschutzgebiet unter der Obhut des WWF. Der Lago ist ein mit dem Meer verbundenes Sumpfgebiet, eins der letzten der Maremma, das vor allem Wasservögeln Lebensraum bietet. (Es ist bisher nur von Sept. bis April begehbar, jeweils So 10–14 Uhr, Eintritt ca. 2 €, Führungen nach telefonischer Anmeldung unter ℡ 0564/898829.) Das Centro Visite liegt ein paar hundert Meter südlich der Stazione di Capalbio.

Giardino dei Tarocchi: Märchengarten im Nirgendwo

Auf einem kleinen, einsamen Hügel, etwa 10 km von Capalbio, hat die französische Künstlerin Niki de Saint Phalle in den neunziger Jahren bunt bemalte und überlebensgroße Tarot-Skulpturen in die Maremma-Landschaft gestellt – eine traumhaft schöne, sehr persönliche Märchenwelt der Künstlerin, die auch für Kinder ein tolles Erlebnis ist.

Besichtigung April bis Mitte Okt. tägl. 14.30–19.30 Uhr, Eintritt ca. 10,50 €, Kinder (7–16 J.) ca. 6 €. Von Nov. bis März ist jeweils am ersten Samstag in Monat 9–13 Uhr geöffnet (falls dieser Tag ein Feiertag ist, ist der Park am darauf folgenden Samstag geöffnet). Nach dem Willen von Niki de Saint Phalle ist an diesen Tagen der Eintritt frei. ℡ 0564/895122, www.nikidesaintphalle.com.

Anfahrt: von der Via Aurelia Ausfahrt Chiarone Scalo, dann Richtung Pescia Fiorentina. Knapp hinter der Abzweigung nach Carige links hoch. Man sieht die Kunstwerke im Sonnenlicht glitzern.

Capalbio

▶ **Strand von Capalbio/Chiarone Scalo:** Vom Lago di Burano bis weit nach Latium hinein erstreckt sich dieser wunderschöne Sandstrand mit glasklarem Wasser. Im Süden sieht man die Türme des großen Kraftwerks von Montalto, aber das stört hier nicht wirklich. Es gibt mehrere (teure) Strandrestaurants und den schönen Camingplatz von Capalbio.

• *Übernachten* *** **La Palma**, beim Bahnhof von Chiarone Scalo, östlich vom Lago di Burano. Ruhige Lage, zum Strand knapp 500 m. Gut eingerichtete Zimmer mit TV, Minibar und Klimaanlage, Garten mit Liegestühlen und kleiner Pool. DZ mit Frühstück ca. 110–140 €. ✆/✉ 0564/890341, www.albergolapalma.com.

TIPP! **Campeggio di Capalbio**, reizvoller Platz bei Chiarone Scalo, direkt am kilometerlangen Sandstrand, tolle Stellplätze z. T. in den macchiabewachsenen Hügeldünen! Bar, Ristorante/Pizzeria am Strand, Minimarkt. Fahrzeuge müssen am Eingang abgestellt werden. Beschildert ab Via Aurelia. ✆ 0564/890101, ✉ 890437, www.ilcampeggio dicapalbio.it.

▶ **Capalbio:** kleines, friedliches Dorf auf einer Hügelkette unweit vom Meer. Wohlerhalten und gepflegt präsentiert sich das alte Dorf – viele Römer haben dieses Kleinod entdeckt und die alten Häuser liebevoll renoviert. In den engen

In Capalbio: Bummel entlang der Stadtmauer

kleinen Gässchen und Treppchen, die immer wieder überraschende Ausblicke auf die Küste und das grüne, hüglige Hinterland bieten, atmet man noch das Flair dieses ehemaligen Räubernests. Die Bewohner gewährten hier dem Räuber *Domenico Tiburzi* Unterschlupf – ein italienischer Robin Hood, der den Armen gab, was er den Reichen genommen hatte. Erst nach 25-jähriger Hetzjagd setzten die Carabinieri am 23. Oktober 1896 seinem Leben bei einer Schießerei ein Ende.

• *Übernachten* ** **La Mimosa**, kleine, aber saubere Zimmer, gute Küche im hauseigenen Restaurant (Tipp: Wildschweinbraten!). DZ ca. 47–72 €. Via Torino (ca. 4 km unterhalb von Capalbio), ✆/✉ 0564/890220.

• *Essen & Trinken* **La Porta**, Hier bekommt man wie in ganz Capalbio das berühmte Wildschwein, an der Wand hängen Jagdtrophäen, ein offener Holzkamin steht direkt in der Gaststube, auf dem das gegrillte Wildschwein zubereitet wird. Ansonsten gibt es hier auch die traditionelle maremmanische Küche mit der *acqua cotta*, einer Zwiebelsuppe mit Brot, Staudensellerie und Ei, dezent-scharf gewürzt. Außer Juli/August Di geschl. Via Vittorio Emanuele 1. ✆ 0564/896311.

Osteria Enoteca Le Mura, im unteren Teil des Ortskerns, mit Ausgang zur Stadtmauer. kleines Restaurant mit eigenwilligem Stil in der ehemaligen Backstube von Capalbio, höhere Preise. ✆ 0564/896692.

Il Tortello, auf dem Dorfplatz von Pescia Fiorentina, 7 km östlich von Capalbio. Der Tipp für die maremmanische Raviolispezialität Tortelli, gefüllt mit Spinat und Ricotta-Käse, serviert mit einer Wildschwein- oder Pilzsoße, außerdem gibt es herzhafte Fleischgerichte. Mi-Mittag geschl. ✆ 0564/895133.

Einer der vielen Strände an der Nordküste bei Portoferraio

Elba

Isola d'Elba • ca. 29.000 Einwohner

Während die toskanische Küste hauptsächlich von Italienern besucht wird, tummelt sich auf Elba ein internationales Ferienvolk. Bis zu 1000 m hohe, kahle Granitgipfel besitzt das bergige Eiland, in den Küstenregionen gedeiht z. T. üppige Vegetation, darunter alte Kastanienwälder mit dichtem Unterholz. Außerdem: felsige Küsten mit vielen kleinen Buchten, teils kiesig, teils mit Sandstränden – und kristallklares Wasser!

Die Insel lebt zwar hauptsächlich vom Tourismus, aber Unterkunft gibt's durchwegs in kleinen, ein- bis zweigeschossigen Hotels, die weit verstreut an den Berghängen der Badebuchten stehen, meist überragt von Pinien und mit großen Grünflächen dazwischen. Viele einsame Buchten sind nur zu Fuß oder mit dem eigenen Boot zu entdecken. Am wenigsten erschlossen sind der Westen, die Küste nordöstlich von Portoferraio bis zum Capo Vita und der Südzipfel im Osten.

Elba ist die drittgrößte italienische Insel, ca. 30 km lang und 18 km breit, mit einer Küstenlänge von ca. 150 km. Die Bevölkerung ist eine Mischung verschiedener Einwanderungsströme vom Festland und von Korsika, die Gegensätze sind allerdings längst verwischt. In der Antike lagen auf Elba die wichtigsten Eisenvorkommen des Mittelmeeres. Etrusker, Griechen und Römer hielten sich an den wertvollen Bodenschätzen schadlos und in den vorchristlichen Jahrhunderten war die Insel ein einziger rauchender Schmelzofen. Berühmtester Inselbewohner aller Zeiten war sicherlich *Napoleon Bonaparte*. Nach dem katastrophalen Russlandfeldzug von 1812 wurde er in Frankreich als Kaiser abgesetzt und bekam als „angemessene Entschädigung" die Herrschaftsgewalt über Elba zugestanden. Gerade zehn Monate hielt sich der kleine Korse hier auf, bevor er wieder loszog, Europa in Angst und Schrecken zu versetzen – doch von diesen 300 Tagen zehrt die Insel heute noch.

Elba

Wer mit dem eigenen Wagen anreist, sollte in der Hauptreisezeit – also Juli/August, zu Ostern, Pfingsten und an den sogenannten Brückentagen („ponti") – auf jeden Fall für Hin- und Rückreise **vorbuchen**. Die Stellplätze können schon Wochen (!) vorher vergeben sein. Generell ist anzuraten, den Ankunftstag möglichst nicht auf einen Samstag zu legen.

Anfahrt/Verbindungen

- *Schiff* Hauptfährhafen am Festland ist das ca. 10 km entfernte **Piombino**. Von dort geht fast stündlich eine Autofähre nach **Portoferraio**, dem Hauptort von Elba, Fahrtzeit ca. 1 Std. Schneller, aber weniger reizvoll, ist die Überfahrt mit dem Tragflügelboot (Aliscafo), ca. 30 Min.
Zwei Reedereien bedienen die Strecke: **Moby Lines**, I-57025 Piombino, Piazzale Premuda, ✆ 0565/276077 (Vertretung in Deutschland: Moby Lines Europe GmbH, Wilhelmstr. 36–38, D-65183 Wiesbaden, ✆ 0611/14020, ℻ 1402244, www.mobylines.de) und **Toremar**, I-57025 Piombino, Nuova Stazione Marittima, ✆ 0565/226590 oder ✆ 31100, ℻ 35294, www.toremar.it.
Überfahrtspreise: Pers. ca. 6–8 € (Tragflügelboot ca. 10 €), Autos ab 22 € (an Wochenenden der Hauptsaison 32–37,50 €, Wohnmobil/Wohnwagen 10,50 € pro Meter, Motorrad ca. 11,30–12,30 €, Fahrrad ca. 5 €, Hafentaxe jeweils inklusive.
Weitere Verbindungen: Fährverbindung von Piombino nach Rio Marina und Porto Azzurro sowie von Piombino nach Cavo (Aliscafo).
- *Flug* Bei **Marina di Campo** kleiner Flugplatz. Verschiedene kleine Chartergesellschaften aus dem Ausland landen hier. So bietet beispielsweise InterSky (Bahnhofstr. 10, A-6900 Bregenz, ✆ 0043/5574/4880046, ℻ 48808, www.intersky.biz) Flüge ab München, Zürich und Friedrichshafen. Ab Bern fliegt **Sky Work Airlines** nach Elba (buchbar über Aaretal Reisen, Südstr. 8, CH-3110 Münsingen, ✆ 0041/31/7202500, ℻ 7202509, www.aaretal-reisen.ch). Außerdem gibt es Inlandsflüge, z. B. von Mailand, Bergamo oder Brescia.

Übernachten

- *Übernachten* **Hotels** sind zahlreich und meist nicht sehr billig, Mittel- und Oberklasse überwiegen. Oft besteht Pensionspflicht. Starke Preisunterschiede gibt es zwischen Neben- und Hauptsaison. Die zahlreich angebotenen **Apartments** (meist zwei DZ mit Küche und Bad) sind eine gute Alternative, der Mindestaufenthalt beträgt allerdings in der Regel eine Woche. Viele Unterkünfte werden pauschal von Reiseveranstaltern belegt, sodass im Hochsommer kaum noch Betten frei sind. Vor allem im August sollte man keinesfalls ohne Reservierung anreisen. In den übrigen Monaten kann man sich zunächst in der Tourist-Info von Portoferraio informieren (**A.P.T.**, Calata Italia 43, 57037 Portoferraio, ✆ 0565/914671, ℻ 14672, www.aptelba.de) oder an die Vereinigung der Hotelbesitzer Elbas wenden (**Associazione Albergatori Elbani**, Reisebüro Ilva, Calata Italia 20, 57037 Portoferraio, ✆ 0565/914754, ℻ 917865, www.albergatorielbani.it, im Sommer Mo–Fr 9–19.30 Uhr, sonst kürzer).
Auf Elba gibt es rund 30 **Campingplätze**, die meisten sind klein und liegen direkt am Meer. Die Preise bewegen sich (in der Hochsaison) bei den generell gut ausgestatteten Anlagen für zwei Personen, Zelt und Auto um die 35–40 €. Die bevorzugten Campingregionen sind wegen ihrer langen Sandstrände die Buchten von Lacona und Marina di Campo. Die meisten Plätze haben nur zwischen April/Mai und Sept./Okt. geöffnet.

Sport

- *Sport* **Segeln**, es gibt auf Elba drei deutschsprachige Segelschulen: das *Segelzentrum Elba* in **Bagnaia** (www.segelzentrum-elba.de), die *DHH-Yachtschule* in **Le Grotte** (www.dhh.de) und den *Segel Club Elba* in **Magazzini** (www.segel-club-elba.de).

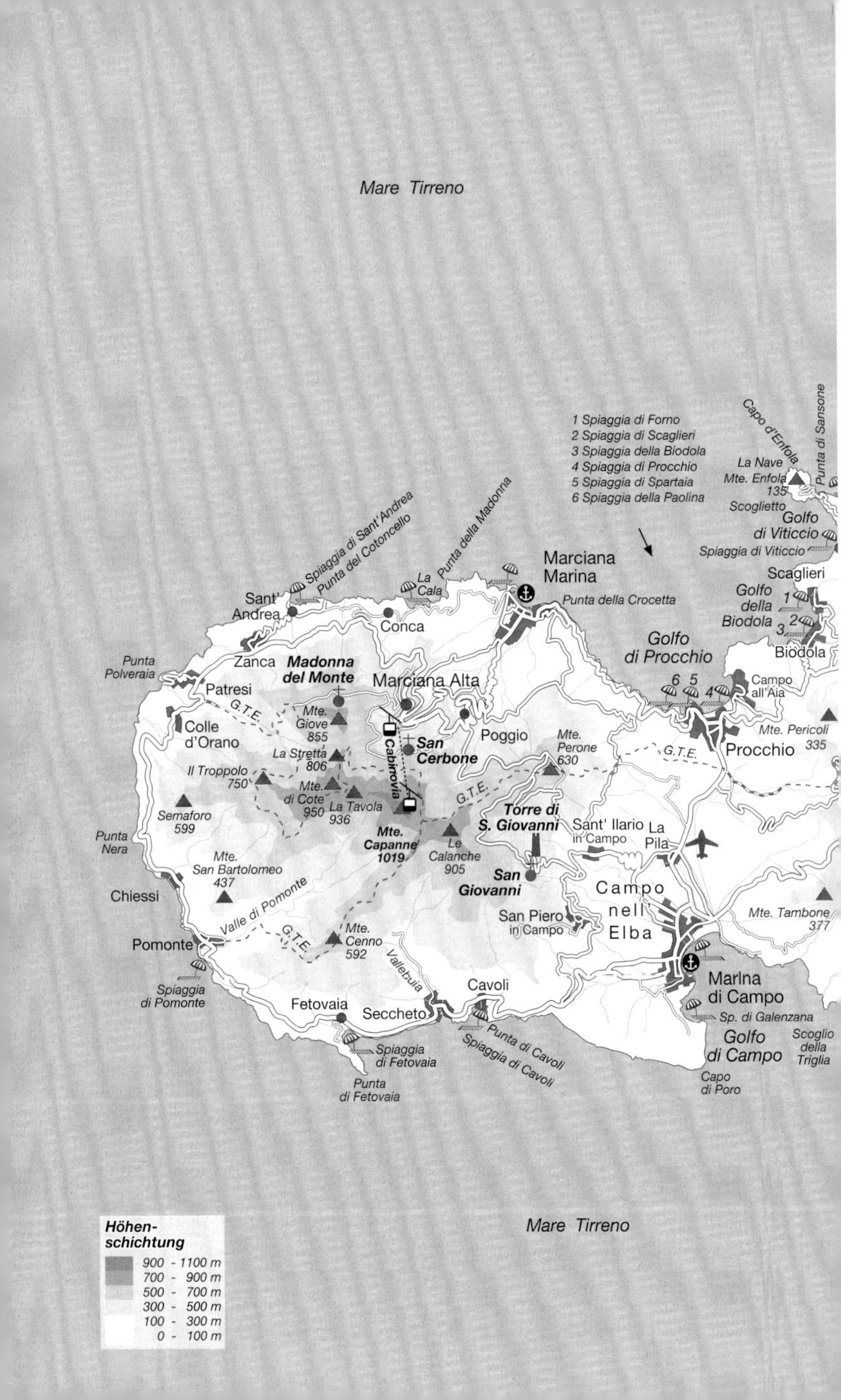

Mare Tirreno
1 Spiaggia di Forno
2 Spiaggia di Scaglieri
3 Spiaggia della Biodola
4 Spiaggia di Procchio
5 Spiaggia di Spartaia
6 Spiaggia della Paolina
Capo d'Enfola
Punta di Sansone
La Nave
Mte. Enfola
135
Scoglietto
Golfo di Viticcio
Spiaggia di Viticcio
Scaglieri
Golfo della Biodola
Biodola
Marciana Marina
Punta della Crocetta
Punta della Madonna
Spiaggia di Sant'Andrea
Punta del Cotoncello
La Cala
Sant' Andrea
Conca
Golfo di Procchio
Campo all'Aia
Punta Polveraia
Zanca
Madonna del Monte
Marciana Alta
Patresi
G.T.E.
Mte. Giove
855
Colle d'Orano
Cabinovia
San Cerbone
Poggio
Mte. Perone
630
Mte. Pericoli
335
Procchio
La Stretta
806
Il Troppolo
750
Mte. di Cote
950
La Tavola
936
Semaforo
599
Mte. Capanne
1019
Le Calanche
905
Torre di S. Giovanni
Sant' Ilario in Campo
La Pila
Punta Nera
Mte. San Bartolomeo
437
San Giovanni
Chiessi
Valle di Pomonte
Campo nell Elba
San Piero in Campo
Mte. Tambone
377
Pomonte
Mte. Cenno
592
Vallebuia
Spiaggia di Pomonte
Cavoli
Marina di Campo
Fetovaia
Seccheto
Sp. di Galenzana
Spiaggia di Fetovaia
Punta di Cavoli
Spiaggia di Cavoli
Golfo di Campo
Scoglio della Triglia
Capo di Poro
Punta di Fetovaia
Mare Tirreno
Höhen-schichtung
900 - 1100 m
700 - 900 m
500 - 700 m
300 - 500 m
100 - 300 m
0 - 100 m

Piombino
Capo Vita
Isola dei Topi
Capo Castello
Cavo
G.T.E.
Spiaggia Le Fornacelle
Piombino
Mte. Grosso 346
1 Spiaggia di Bagnaia
2 Spiaggia dell'Ottone
3 Spiaggia Magazzini
4 Spiaggia Schiopparello
5 Spiaggia San Giovanni
Capo Pero
Cala Seregola
Torre del Giove
Cala Nisportino
Mte. Serra 422
Nisportino
Spiaggia di Nisporto
Spiaggia I Topetti
Spiaggia di Sansone
Spiaggia La Sorgente
Spiaggia Acquaviva
Punta Acquaviva
Capo Bianco
Punta di Nisporto
Mte. Strega 427
Santa Caterina
Spiaggia di C. Bianco
Sp. La Padulella
Sp. Le Viste
Nisporto
Rio nell'Elba
Viticcio
Porto-Ferraio
Mte. Capannello 496
Rio Marina
Bagnaia
Rada di Portoferraio
Castello del Volterraio
Mte. Fico 268
Punta delle Grotte
Il Porticciolo
Terme di San Giovanni
Villa Romana
Magazzini
Capo Ortano
Cima del Monte 516
Spiaggia d'Ortano
San Martino
Mte. Arco 278
Isolotto d'Ortano
Mte. Castello 390
Villa Napoleone
Madonna di Monserrato
G.T.E.
Mte. Mar di Capanna 292
Mte. Petriciaio 347
Punta delle Cannelle
Mte. San Martino 365
Forte di Longone
Spiaggia Reale
Capo Bianco
Spiaggia di Barbarossa
Lacona
Porto Azzurro
Baia di Mola
Capo Pini
Sp. di Norsi
Sp. Margidore
Spiaggia di Naregno
Sp. del Lido
Forte Focardo
Sp. di Zuccale
Sp. della Contessa
Capoliveri
Spiaggia di Straccoligno
Golfo Stella
Golfo della Lacona
Sp. di Barabarca
Spiaggia della Madonna delle Grazie
Capo della Stella
Capo di Fonza
Isola Corbella
Punta Morcone
Morcone
Mte. Calamita 413
Capo Calvo
Spiaggia di Morcone
Pareti
Spiaggia dell'Innamorata
Isole Gemini
Costa dei Gabbiani
Punta della Calamita
Punta dei Ripalti
Elba
1000 m
Pianosa

Tauchen, eine deutschsprachige, qualifizierte Tauchschule, die zur Erlangung der Brevets führt, ist *Spiro Sub* in **Marina di Campo** (www.spirosub.isoladelba.it).

Wandern, die Insel ist von zahlreichen reizvollen Wanderwegen durchzogen, deren Niveau vom Spaziergang bis zur anspruchsvollen Bergwanderung reicht. Die herrlichsten Möglichkeiten finden sich vor allem rund um den Monte Capanne. Zustand und Markierung sind in der Regel gut. Attraktiv ist auch die Elba-Durchquerung auf der G.T.E (Grande Traversata Elbana), die von Pomonte im Westen bis in den äußersten Nordosten nach Cavo reicht.

Windsurfen, den o. g. Segelschulen sind auch Windsurfschulen angeschlossen, es sind aber noch wesentlich mehr davon an den großen Stränden zu finden.

Portoferraio
ca. 11.500 Einwohner

Die quirlige Inselhauptstadt liegt auf einer Landzunge im Nordwesten der großen Bucht von Portoferraio. Die sehenswerte Altstadt, das Centro storico, erstreckt sich hinter der Porta a Mare am alten Hafen Darsena den Hang hinauf. Auf der Nordseite der Landzunge laden saubere Kiesstrände zum Baden ein.

In der Stadt lebt mehr als ein Drittel der Gesamtbevölkerung der Insel. Portoferraio ist etwa stündlich mit der Hafenstadt Piombino an der etruskischen Küste verbunden, im Sommer herrscht reger Fährverkehr, aber auch Kreuzfahrtschiffe und Yachten legen hier an. Letztere ankern im romantischen, hufeisenförmigen alten Hafen *Darsena*, der durch einen von den Medici erbauten Torbogen, die *Porta a Mare*, mit der Altstadt verbunden ist. Die Grenze zwischen der modernen, wenig ansprechenden Neustadt und der idyllischen Altstadt mit ihren winkeligen Gassen bildet das ebenfalls von den Medici errichtete *Forte Falcone*, die Falkenfestung, mit deren Bau im Jahr 1548 begonnen wurde.

Zahlreiche schicke Geschäfte befinden sich an der lang gezogenen Hafenpromenade und in der Altstadt rund um die *Piazza Cavour*. Hier und am Yachthafen *Darsena* spielt sich auch das Nachtleben von Portoferraio ab. Und das heißt wie in ganz Italien: flanieren bis spät in die Nacht hinein. Die Straßen werden zu diesem Zweck abends für den Verkehr gesperrt, fliegende Händler bauen ihre Stände auf, Straßencafés und Bars sind bis auf den letzten Platz besetzt.

• *Anfahrt/Verbindungen* **Fähren**, Toremar an der Calata Italia (Hafenstraße), Moby Lines am Viale Elba (Busbahnhof). Im Sommer für die Rückfahrt unbedingt frühzeitig reservieren (weitere Infos siehe oben unter Schiffsverbindungen).

Bus, ATL-Busse fahren mehrmals täglich in alle größeren Orte. Busbüro am Viale Elba (beim Hochhaus), Fahrpläne sind hier erhältlich. Verbindungen in alle größeren Orte mehrmals tägl., Tickets im ATL-Büro bzw. in den jeweiligen Orten (meist Tabacchi-Bar). Achtung: Nach 20.15 Uhr fahren von Portoferraio nahezu keine Busse mehr ab. Im Hochsommer fährt die Lineablu 2 zu Stränden im Nordwesten.

Mietfahrzeuge, Mopeds, Vespas und Fahrräder b. bei **TWN** im Viale Elba 32, ✆ 0565/914666 (Filialen in Marina di Campo und Lacona), Liste von weiteren Vermietern bei der Tourist-Info; Autos bei fast allen Reisebüros, z. B. **Tesi Viaggi**, Calata Italia 8, ✆ 0565/930222.

• *Information* **APT**, Calata Italia 26, beim Moby-Lines-Anleger. Bus-/Stadtplan, Unterkunftslisten. Im Sommer Mo–So 8–18.50 Uhr (So 12.30–15.30 Uhr geschl.), in der Nebensaison eingeschränkte Öffnungszeiten. ✆ 0565/914671, ✆ 914672, www.aptelba.it.

• *Übernachten* *** **Acquamarina**, Loc. Padulella, ca. 1 km außerhalb vom Zentrum, ruhige Lage hinter dem Ghiaie-Strand. Privates Ambiente, modern und geschmackvoll eingerichtete Zimmer, mit Balkon und schönem Blick auf die grüne Bucht. Ein Fußweg führt hinunter zum Paduella-Strand. EZ 100–108 €, DZ ca. 170–186 €, jeweils mit Frühstück. ✆ 0565/914057, ✆ 915672, www.hotelacquamarina.it.

** **Ape Elbana**, das älteste Hotel Elbas, mitten im Zentrum an der Piazza della Repubblica. 24 renovierte Zimmer, meist ge-

Portoferraio – einst von den Medici befestigt

räumig und teils mit nettem Blick auf die Piazza. Auch beliebtes und empfehlenswertes Restaurant mit überwachsener Terrasse. EZ 40–70 €, DZ ab 75 € (je inkl. Frühstück), im August nur mit obligatorischer HP (DZ 126 €). Via Cosimo de Medici 2, ✆/✉ 0565/914245, www.ape-elbana.it, apelbana@elba2000.it.

* Albergo Le Ghiaie, direkt am gleichnamigen Stadtstrand, überdachte Terrasse, nebenan die *Bagni Elba* (Sonnenschirm- und Liegestuhlverleih). Recht schlicht, nette Atmosphäre, eher jüngeres Publikum, ca. 500 m vom Zentrum. Nur wenige Zimmer, alle mit Bad und Terrasse, oft ausgebucht. EZ 40 €, DZ 82 €, Preise inkl. Frühstück. ✆/✉ 0565/915178. Loc. Le Ghiaie, in Portoferraio beschildert.

Camping → Capo d'Enfola.

● *Essen & Trinken* **Osteria Libertaria**, kleines Lokal am Darsena-Hafen, jung und am-bitioniert, hervorragende Küche, guter Hauswein. Menü mit Hauswein 25–28 €, mittags und abends geöffnet. Calata Matteotti 12, ✆ 0565/914978.

Da Lido, eines der besten Restaurants im Centro storico, schöne kleine Terrasse, stilvoller Innenraum. Schwerpunkt Fisch, hervorragende Weinauswahl. Gehobene Preisklasse, mittags und abends geöffnet, Mo geschl., Salita Falcone 2, ✆ 0565/914650.

Trattoria La Barca, gediegenes Restaurant in der ruhigen Via Guerrazzi (60–62) gelegen, von den Bewohnern der Stadt vor allem für Fisch und Meeresfrüchte geschätzt, gute Weinauswahl. Nur abends geöffnet, außerhalb der Saison Mi Ruhetag, ✆ 0565/918036.

L'Ombelico del Mondo, der „Nabel der Welt" liegt am Anfang der Via Carducci bei der Piazza Citi. Winzige Pizzeria und Bar, leckere *Schiaccine*, gute Musik, nur abends geöffnet.

Sehenswertes: In der Fortezza della Lingua mit dem wuchtigen Martello-Turm am östlichen Hafenende ist ein ansprechendes *Archäologisches Museum* eingerichtet.
Öffnungszeiten/Eintritt **Archäologisches Museum**, Ostern bis 30. Sept. geöffnet, Di–So 10–13 Uhr u. 15.30–19 Uhr, in der Hochsaison Mitte Juni bis Mitte Sept. tägl. 9.30–14 und 18–24 Uhr. Eintritt 3 €, ✆ 0565/944024.

Vom Zentrum kann man auf den Sattel zwischen Fort Stella und Fort Falcone hinaufgehen und die *Villa dei Mulini* besichtigen, Napoleons Stadtwohnung in bester Lage der Oberstadt. Der kleine Palazzo ist als Museum eingerichtet. Im Garten wird gerne Bonapartes Lieblingsplatz gezeigt, eine Steinbank an einem kleinen Mäuerchen, wo der Fels über 100 m steil abfällt. Hier soll er oft stundenlang gesessen und gebrütet haben – der Blick geht weit übers Meer bis nach Korsika, wo er geboren wurde.

Die *Villa di San Martino*, die zweite Residenz Napoleons, liegt etwa 6 km südwestlich (Busverbindung). Nachdem Napoleon den Platz auf dem Felshügel erworben hatte, ließ er sich dort einen repräsentativen Landsitz aufbauen. Vom damaligen Luxus ist heute jedoch nicht mehr allzu viel zu spüren. Beim Mobiliar handelt es sich größtenteils um Imitationen, da fast der ganze Besitz von den Erben verkauft wurde. Die einzige Überraschung ist das Speisezimmer, der etwas kitschige *ägyptische Saal*. Weit prachtvoller als die Villa von San Martino ist das ihr vorgelagerte Gebäude, die *Galerie Demidoff*. Anatoli Demidoff war ein glühender Verehrer des Kaisers. Der bedeutende Kunstsammler erwarb die Villa San Martino und ließ hier die 1859 fertig gestellte Galerie im klassizistischen Stil errichten. Zu den ständigen Ausstellungsstücken der Galerie zählen heute alte Stiche aus der Zeit des Kaisers. Prachtstück der kleinen Ausstellung ist zweifelsohne die von *Antonio Canova* (1757–1822) aus weißem Marmor gearbeitete „Galatea", für die Napoleons Lieblingsschwester Paolina persönlich Modell saß.

• *Öffnungszeiten/Eintritt* **Villa dei Mulini**, März bis Mitte Okt. tägl. 9–19, So 9–13 Uhr, übrige Zeit kürzer. Eintritt 5 €. **Villa di San Martino** und **Galerie**, Di–Sa 9–19, So 9–13 Uhr, 5 €. Eine kombinierte Eintrittskarte für Villa dei Mulini und Villa San Martino kostet ca. 9 € (Besuch muss am gleichen Tag erfolgen), ℡ 0565/915846.

Am Weg von Portoferraio zur Villa San Martino weist ein gelbes Hinweisschild zum *Museo di Italo Bolano/Giardino dell'Arte*. In diesem Freilichtmuseum sind u. a. bunte Keramiken des bekannten zeitgenössischen Künstlers *Italo Bolano* zu sehen. Oft ist der Künstler selbst anwesend oder man lässt sich von seinem Kollegen *Aldo Guasti* herumführen.

Museo di Italo Bolano/Giardino dell'Arte, Juni bis Sept. Mo–Sa 10–13 und 16–19.30 Uhr, So geschl., Eintritt frei.

Bucht von Portoferraio

▸ **Capo d'Enfola**: kleine, lang gezogene Halbinsel westlich von Portoferraio, an der Landenge am Ende der Straße sauberer Kiesstrand. Die alte Thunfischfabrik soll restauriert und irgendwann als „Museo del Mare" wiedereröffnet werden. Der *Monte Enfola* am Kap kann auf markiertem Rundweg umwandert werden (ca. 2,5 Std.). Mehrere Campingplätze.

• *Übernachten* **Camping Acquaviva**, ca. 5 km ab Portoferraio, gemütlich-familiärer Platz in der gleichnamigen, schmalen Bucht, die von Felsen umrahmt ist, Kinderspielgeräte, Fahrradverleih, Pizzeria. 12,50 €/Pers., Stellplatz 11,50–13,50 € ℡/℻ 0565/915592, www.campingacquaviva.it.
Camping La Sorgente, ca. 6 km ab Portoferraio, gepflegter Platz mit zwei Badebuchten, kein Ristorante, gleiche Preise wie Acquaviva. ℡ 0565/917139, www.campinglasorgente.it.

Camping Enfola, am Ende der Straße, 8 km von Portoferraio. Schöner, schattiger Platz terrassenförmig am Hang, davor kleine Kiesbucht. Etwas teurer als Acquaviva. Tauchzentrum nebenan. ℡ 0565/939001, ℻ 918613, www.campingenfola.it.
• *Essen & Trinken* **Emanuel**, freundliches Strandrestaurant am Ende der Straße, bekannt für seine ausgezeichnete Küche, gehobenes Preisniveau. Abends Cocktailbar, ℡ 0565/939003.

▸ **San Giovanni Terme**: Thermalbadeanstalt, in der Lagunenschlamm zu Heilzwecken in Form von Bädern und zu Inhalationen verwendet wird. Die Besonderheit des

Schlamms ist seine natürliche Anreicherung mit Eisen und Schwefel, da hier über 40 Jahre hinweg die Schlacken der Eisenerz-Hochöfen abgelagert wurden.

- *Essen & Trinken* **Pizzeria 2001**, im alten Ortskern, ausgezeichnete Pizzen und dazu preiswert, auch mittags geöffnet, der Pizzaofen wird aber nur abends befeuert, (im Winter Di Ruhetag), Via Damiani 24, ✆ 0565/915903.
La Rada, Panoramalage am kleinen Hafen von San Giovanni, herrlicher Blick auf die Bucht und hinüber nach Portoferraio, gute einheimische Küche. Tägl. mittags und abends geöffnet, ✆ 0565/915662.

▸ **Le Grotte**: Auf der Anhöhe vor der kleinen Ortschaft wurden Reste einer römischen Landvilla aus der Zeit des Kaisers Augustus ausgegraben, fantastischer Rundblick.
Öffnungszeiten/Eintritt April bis Sept. tägl. 8–20Uhr, Eintritt frei.

▸ **Magazzini**: beschauliche, kleine Bucht mit 200 m langem Kiesstrand, stark mit angeschwemmten Wasserpflanzen durchsetzt, nur wenige Häuser. An der Mole das Albergo Mare, Bar und relativ teures Restaurant. Davor die Terrasse, von der man bei Sonnenuntergang die Rückkehr der Segelboote, die zur Yachtschule des deutsch geführten „Segelclubs Elba" gehören, genießen kann. In unmittelbarer Nähe des gleichnamigen Hotels steht die Kirche *Santo Stefano*, mit reicher Ornamentik erinnert sie an die Epoche der pisanischen Herrschaft vom 11.–14. Jh.

- *Übernachten/Essen & Trinken* *** Santo Stefano**, kleines Hotel mit gemütlichem Restaurant in einer ehemaligen Klosteranlage, ca. 1 km landeinwärts. Von der Terrasse herrlicher Blick auf die Bucht, gutes Essen, Tischreservierung zu empfehlen. DZ mit externem Bad ca. 102–112 €, mit Bad 138–152 €, jeweils mit in der Hochsaison obligatorischer HP. ✆ 0565/933161, ℡ 933452, www.elbahotelelba.de.
Camping Rosselba le Palme, auf halbem Weg zwischen Magazzini und Bagnaia, inmitten eines ehemaligen botanischen Gartens mit riesigen Palmen und exotischen Pflanzen. Großer, sehr schöner Swimmingpool mit Kinderbecken, Tennisplätzen, Bungalow-Hütten. 10 Min. zum Strand Ottone. 13,70 €/Pers., Stellplatz 13,40–18,50 €, ✆ 0565/933101, ℡ 933041, www.rosselbalepalme.it.
La Carretta, preiswerte und gute Pizzeria, nur abends geöffnet, kurz vor Magazzini rechts an der Straße, ✆ 0565/933041.

▸ **Bagnaia**: gemütliches ehemaliges Fischerdorf, sehr hübsch in einer kleinen Bucht gelegen. Durch zwei große Feriensiedlungen hat sich der Charakter des Orts allerdings stark verändert: Bagnaia ist inzwischen zum familienfreundlichen und lebhaften Badeort mit autofreier Promenade geworden. Am nördlichen Strandende liegt das deutsch geleitete „Segel-Zentrum Elba" (www.segelzentrum-elba.de).
Eine Schotterpiste führt von Bagnaia ins 5 km entfernte *Nisporto*, dort der schattige *Camping Sole e Mare* an einer hübschen Bucht mit Sand-/Kiesstrand (✆ 0565/934907, ℡ 961180, www.soleemare.it). Über eine weitere 5-km-Piste ist von dort *Nisportino* zu erreichen – einsamer Strand, keine Bars, mittlerweile auch kein Campingplatz mehr.

- *Übernachten/Essen & Trinken* ***** La Feluca**, etwas oberhalb von Bagnaia in Hanglage, gepflegt und komfortabel, schöner Garten mit Pool, jedoch nicht unnötig touristisch aufgepeppt. 10 Min. zu Fuß vom Strand. DZ ca. 100–120 €, in der Hochsaison mit obligatorischer HP 170 €. ✆ 0565/961084, ℡ 961085, www.hotellafeluca.it.
Il Faro, Bar und Ristorante am Strand, hier verbringt man mit Blick auf den Sonnenuntergang gerne den Abend, gute Fischküche, abends etwas erhöhtes Preisniveau, für das Gebotene angemessen, günstigerer Mittagstisch, ✆ 0565/961049.

Ostküste

▸ **Rio Marina**: kleiner Hafenort, touristisch weniger bedeutsam. In der Umgebung wurde früher Eisenerz abgebaut und im Hafen auf Frachter verladen. Im *Palazzo del Burò*, dem ehemaligen Sitz der Bergbaudirektion ist das *Museo Minerali dell'*

Elba e Arte Mineraria untergebracht, eine Mischung aus Mineralienmuseum mit sämtlichen auf Elba gefundenen Mineralienarten (über 170 an der Zahl), Museum für Bergbaugeschichte und Ausstellung für zeitgenössische Kunst. An der Hafenmole führt eine Treppe zu einem kleinen, weißen Kiesstrand hinab. Weitere wenig besuchte Strände unterhalb der Steilküste nördlich von Rio Marina.

- *Öffnungszeiten/Eintritt* **Museum**, März–Juni und Sept./Okt. tägl. 9.30–12.30 und 15.30–18.30 Uhr, Juli/Aug. 9.30–12.30, 16.30–19.30 und 21-23 Uhr, Eintritt 2,50 €.
- *Information* **Pro Loco**, am unteren Ende des winzigen Parks im Zentrum Richtung Hafen, im Sommer tägl. 9.30–13 und 17–19.30 Uhr (Mi nachmittag geschl.). Lungomare G. Marconi 2, ✆ 0565/962004.
- *Übernachten* **Camping Canapai**, 5 km südlich von Rio Marina in der Località Ortano, 10 Fußminuten vom Meer. 11.40 €/Person, Stellplatz 9,30–14,50 €. ✆ 0565/939165, www.campingcanapai.it.
- *Essen & Trinken* **La Canocchia**, Via Palestro 3, zwei kleine Speiseräume im Souterrain, gemütlich, bekannt für gegrillten Fisch, gehobenes Preisniveau. Mo geschl., ✆ 0565/962432.

▶ **Cavo**: einer der ältesten Badeorte auf Elba, mit prächtigen Villen aus der Jahrhundertwende, mehrheitlich aber bescheidenen Privathäusern. Kleiner Hafen und Sandstrand, der mit Kieseln durchsetzt ist. Zu empfehlen ist die Mokambo-Bar. Der Ausflug in den Nordostzipfel der Insel lässt sich mit einer hübschen Wanderung zum *Capo Castello* und weiter zum *Capo Vita* verbinden.

- *Übernachten* *** **Pierolli**, am Hafen, nicht mehr ganz neues Haus, DZ mit HP 160–180 €, Lungomare Kennedy 1, ✆ 0565/931188, ✉ 931044, www.hotelpierolli.it.
  ** **Ginevra**, etwas älteres Hotel im hinteren Teil des Orts, ruhig gelegen. DZ mit HP 155 €. Via De Gasperi 63, ✆ 0565/949845, ✉ 931084, www.albergoginevra.it.
  Camping Paguro's, am Ortseingang links abbiegen, ca. 800 m vom Strand, 12 €/Pers., Zeltplatz 12–13 €. ✆ 0565/949966.

▶ **Rio nell'Elba**: eins der charakteristischen Bergdörfchen, die sich ihre Ursprünglichkeit bewahrt haben. Ausflug lohnt wegen des mittelalterlichen Kerns, der schönen Piazza, der erhabenen Lage und wegen des reizvollen Gegensatzes, den Rio zu den Badeorten darstellt. Von allen Gemeinden der Insel hat dieser Ort die stärkste Abwanderung erfahren: Waren es Ende des 18. Jh. noch 5000 Einwohner, so sind es heute keine 1000 mehr, die meisten alte Leute. Einen Besuch wert ist das kleine, aber gut und informativ aufgebaute *Mineralienmuseum Alfeo Ricci*.
Eine Straße führt in Serpentinen zu den Ruinen des *Castello Volterraio* (394 m) hinauf und stößt bei Ottone auf die Hauptstraße nach Portoferraio.

Öffnungszeiten/Eintritt **Mineralienmuseum Alfeo Ricci**, April bis Sept. tägl. 10.30–13.30 Uhr, Di/Do auch 16–18 Uhr, Eintritt ca. 2,50 €.

Porto Azzurro

ca. 3200 Einwohner

Einer der schönsten Häfen der Insel. Hier legen die Fährschiffe aus Piombino an, außer schweren Motoryachten sieht man auch einige Fischkutter.

Entlang des Hafens die breite Avenida mit der Piazza, Straßencafés und Restaurants. Dahinter das Centro storico mit seinen zwei- bis dreigeschossigen Häusern aus dem 17./18. Jh. Oft wurden die Häuser bereits in Eigentumswohnungen aufgeteilt, was zu kuriosen Fassaden führte – der erste Stock erstrahlt in frischer Farbe, während das restliche Gebäude Spuren des Verfalls zeigt. Die Quadratmeterpreise kommen inzwischen einer deutschen Großstadtlage nahe. Höchste Erhebung ist eine von den Spaniern 1603 erbaute Festung, in der sich heute das drittgrößte Gefängnis Italiens befindet. Bis zum inneren Mauerring ist die Burg zu besichtigen, außer Mauern ist aber nicht viel zu sehen.

Porto Azzurro 673

Blick auf den Hafen von Porto Azzuro

• *Information* **Mantica Viaggi**, privates Reisebüro in der Via dei Martiri (zweite Parallelstraße hinter der Hafenpromenade), Unterkunftsvermittlung und Fährtickets. ✆ 0565/95351, ✉ 95443, www.manticaviaggi.it.

• *Übernachten* *** **Belmare**, am südöstlichen Ende der Hafenpromenade, gepflegte Zimmer. EZ 60 €, DZ 110 €, jeweils mit Frühstück. Banchina IV Novembre 21, ✆ 0565/95012, ✉ 921077, www.elba-hotelbelmare.it.

*** **Due Torri**, der **Tipp** für Porto Azzurro! Ruhige, aber zentrale Lage, gepflegte Mittelklasse, angenehme Einrichtung. EZ 65 €, DZ 92 € inklusive Frühstück, Apartments um 100 €. Via XXV Aprile (Nebenstraße des Viale Italia, beschildert), ✆ 0565/95132 oder 95076, ✉ 957797.

** **Villa Italia**, direkt an der Hauptstraße, eine der preiswertesten Adressen, oft ausgebucht. EZ 55 €, DZ 85 €, jeweils mit Frühstück. Viale Italia 41, ✆/✉ 0565/95119, www.villaitaliahotel.it.

Drei Campingplätze in der Nachbarbucht **Barbarossa**, etwa 1 km von Porto Azzurro. Fast hübscher ist aber **Camping Reale** (www.isolaelbacampingreale.it) in der gleichnamigen Bucht, noch etwas weiter östlich. Kleiner, schattiger Platz am Meer, Strand mit kleinen Kieselsteinen, Felsen zu beiden Seiten der Bucht. ✆ 0565/95678, ✉ 920127.

• *Essen & Trinken/Unterhaltung* **Paride – Il Delfino Verde**, in den Hafen hineingebauter Pfahlbau, tolles Panorama. Bekannt ist das Lokal wegen seiner Fischsuppe *cacciucco*, allerdings gehobenes Preisniveau. Nur abends. ✆ 0565/95197

La Travernetta, an der Uferpromenade. Terrasse zur Straße hin. Ambitionierte, feine Küche zu moderaten Preisen, hervorragendes Risotto mit Languste, die Portionen sind allerdings nicht allzu groß. Mittags und abends geöffnet, Via Vitaliani 42/44, ✆ 0565/95110.

Osteria dei Quattro Gatti, an der ruhigen Piazza del Mercato im Centro storico. Ausgefallene Küche. Gemütliche, überdachte Holzveranda, nur abends geöffnet, Reservierung unter ✆ 0565/95240 empfohlen, Mo Ruhetag.

▸ **Porto Azzurro/Umgebung**: Gute Bademöglichkeiten findet man in der *Barbarossa-* und *Reale-Bucht*, 1 bzw. 3 km nordöstlich von Porto Azzurro. Geht man vom Camping Reale (→ oben) den Strand entlang, kommt man (wenn man die Verbotsschilder ignoriert) zu der ehemaligen Mine „Miniera Terra Nera". Tolle Farbenpalette: schwarzer, glitzernder Sand auf roter Erde, dazu die Grünschattierungen der Pinien und des Schilfs. In der nächsten Bucht liegt der ovale Süßwassersee *Laghetto di Terra Nera*.

1,5 km außerhalb, in Richtung Rio nell'Elba, Abzweigung nach links zur *Cappella Madonna di Monserrato*. Sie wurde im 17. Jh. von den Spaniern erbaut und ist heute Wallfahrtsort. Ein eindrucksvoller Platz, unbeschreiblich schön gelegen.

Öffnungszeiten Mitte Juni bis Ende Sept. tägl. ca. 15.30–19 Uhr.

Capoliveri
ca. 3000 Einwohner

Malerisches Bergdorf 170 m über dem Meer. Die Einwohner haben seit jeher vom Abbau des Eisenerzes gelebt. Über Generationen wurde an die jeweiligen Elternhäuser angebaut. So entstanden die winklig ineinander verschachtelten Häuser und Treppengässchen (*vicoli* genannt), wie sie gerade für Capoliveri charakteristisch sind. Der Wandel setzte, wie in anderen Inseldörfern auch, vor etwa 25 Jahren ein, als das Minensterben begann und das Bergarbeiterdorf sich zum Urlaubszentrum entwickelte. Heute ist der Ort fest in touristischer Hand, viele Deutsche und Römer haben sich ein Haus zugelegt.

• *Information* **Reisebüro Ideamare**, Via Mellini 9, Fährtickets, Unterkunftsvermittlung. ✆ 0565/935117, www.ideamareelba.com. **Reisebüro Pianeta Elba**, gleiches Angebot wie Ideamare, Via Roma 93, ✆ 0565/935482, ✉ 935421, www.pianetaelba.it.

• *Übernachten* Hotels und Pensionen in den Sandbuchten von Naregno, Lido, Innamorata, Lacona, Morcone und Pareti.
Campingplätze in Lido di Capoliveri – **Europa**, terrassenförmig angelegt, **Lido** und **Calanchiole** mit Miniapartments.
Einziges Hotel in Capoliveri: *** Albergo Golfo Azzurro**, nur fünf sympathisch altmodische Zimmer, EZ 55 €, DZ mit Bad 75 €, Bad auf dem Flur 70 € (kein Frühstück). Via Appiani 5, ✆/✉ 0565/968167, www.golfoazzurro.it.
Weiter südlich in der Morcone-Bucht **Camping Croce del Sud**, deutsche Leitung, viel Grün. Alle Plätze direkt am Meer, schöne Sandstrände, 11 €/Pers., Stellplatz 11–13 €. ✆/✉ 0565/968640, www.elbalink.it/camping/crocedelsud.

• *Essen & Trinken* **Osteria dei Quattro Rioni**, im Herzen von Capoliveri. Genau an dieser Stelle befand sich die im Mittelalter erbaute „Fortezza". Heute spannt sich zwischen den Überresten der Festungsmauern die Terrasse des Restaurants. Obere Preisklasse, mittags und abends geöffnet. Via della Fortezza 1, ✆ 0565/935022.
Osteria delle Grazie, sehr gemütlich zum Sitzen unter Pergolen in der schmalen Gasse, leckere Pasta, sympathischer Service. Nur abends geöffnet. Via delle Grazie 2 (von der Piazza Mateotti die Treppen hinunter), ✆ 0565/968044.
Forno Vecchio, klitzekleiner Familienbetrieb, freundliche Bedienung, saftige Pizzen, preiswert. Vicolo Galliano (Seitengässchen links der Hauptstraße), ✆ 328/0726599 (mobil).

• *Nachtleben* **Sugar Reef**, 1 km außerhalb an der Straße nach Morcone, einer der wenigen Nachtunterhalter der Insel. Breites Programm, während der Saison täglich Live-Bands.

▸ **Monte Calamita**: Der Eisenberg (413 m) hat schon manchen Yachtbesitzer in Ver(w)irrung gebracht. Die magnetische Ausstrahlung des Bergs ist so stark, dass die Kompassnadeln verrückt spielen, wenn sie die Halbinsel passieren. Wirtschaftlich ausgebeutet wird der Berg seit 1819. Bis in die Gegenwart völlig umgegraben, wurde er danach wieder aufgeforstet.

Von Capoliveri führt eine breite, gut befahrbare Schotterpiste an der Steilküste entlang. Nach etwa 5 km erreicht man das stillgelegte *Erzbergwerk* mit rot leuchtender, aufgerissener Erde. Etwa 200 m nach der Mine führt rechts eine schmale Straße zu einem Badestrand hinunter. Eine Schranke macht das Passieren mit dem Auto unmöglich, Wagen stehen lassen und zu Fuß 2 km hinunter. Eine Rundfahrt um den Monte Calamita ist wegen einer Schranke etwas südlich der Straccoligno-Bucht nicht möglich.

Cotoncello – einer der schönsten Strände der Insel

Südküste

Lacona

Große Sandbucht mit Pinienwäldchen an beiden Flanken. Im Sommer findet man eine richtige Zelt- und Caravansiedlung vor, denn sechs Campingplätze erstrecken sich zu beiden Seiten der Bucht.

In der Saison herrscht Hochbetrieb, trotzdem haben sich bisher nur wenige Hotels etabliert. Direkt am Strand mehrere Restaurants und das Strandbad Bagno Lacona mit Verleih von Surfbrettern, Motor-, Tret- und Segelbooten.

• *Übernachten* ** **Giardino**, 200 m vom Strand, sympathisches, kinderfreundliches Haus mit 32 Zimmern, großer, verwilderter Garten. DZ mit obligatorischer HP 146 €, Kinder bis zu 50 % Rabatt. ✆ 0565/964059, ✉ 964363.

** **Mini-Hotel**, unser *Tipp*, 20 kleine Apartments für 2–4 Pers. (76–120 €), jeweils mit Terrasse und Balkon. Nette deutsch-italienische Leitung. Ruhig am Berghang gelegen, tolle Aussicht, dafür ca. 1,5 km vom Strand entfernt. ✆ 0565/964041, ✉ 964278, www.minihotelelba.it.

Camping Stella Mare, in bester Lage auf der dicht bewaldeten Landzunge am östlichen Buchtende. Viel Schatten durch Pinien und Eukalyptusbäume, ordentliche sanitäre Einrichtungen, Bar, Restaurant, Laden, 13,50 €/Pers., Stellplatz 13,50–17,35 €. ✆/✉ 0565/964007, www.stellamare.it.

Direkt am Strand die beiden Zeltplätze **Tallinucci** (✆ 0565/964069, ✉ 964333, www.campingtallinucci.it) und **Valle Santa Maria** (✆ 0565/964188, ✉ 964355, www.vsmaria.it),

Camping Lacona Pineta liegt in einem Pinienhain (✆ 0565/964322, ✉ 964087, www.campinglaconapineta.com).

Camping Laconella, terrassenförmiger Platz auf der kleinen Landzunge *Punta della Contessa*. Schatten unter den Eukalyptusbäumen und noch jungen Pinien. Großer Vorteil: Vom Platz führen ein direkter Zugang über Treppen zur Spiaggia Grande und ein kurzer Weg zu der herrlichen Laconella-Bucht. Etwas günstiger als die anderen Plätze. Kleiner Laden, Café-Bar mit schöner Terrasse. 15.3.–31.10. geöffnet. Straße Richtung Marina di Campo, dann links ab, beschildert. ✆ 0565/964228, ✉ 964080, www.campinglaconella.it.

Marina di Campo

Rund 1,5 km lang erstreckt sich der breite und feine Sandstrand vom eigentlichen Ort in östliche Richtung bis zur schwer zugänglichen *Costa di Segagnana*. Entlang dem *Viale degli Etruschi*, der parallel zum Strand verläuft, haben sich viele Hotels angesiedelt, im Osten schließt dann die „Straße der Campingplätze" an. Das moderne Zentrum von Marina di Campo wirkt hektisch; viel Verkehr und neuere Zweckbauten vermitteln nicht gerade Idylle. Das Bild ändert sich jedoch schlagartig, wenn man die großen Hauptverkehrsstraßen des Orts verlässt und sich durch die Fußgängerzone in Richtung alter Hafen begibt: schmale Gassen, sorgsam restaurierte Häuser und malerische, kleine Plätze. Der alte Ortskern von Marina di Campo um den Fischer- und Yachthafen strahlt noch immer viel Charme aus.

• *Information* **APT**, am großen Parkplatz. Freundlich, viel Material, Hilfe bei der Zimmersuche. April bis Ende Sept. tägl. 8–20 Uhr, Mo geschl. Piazza dei Granatieri 5, ✆/℡ 0565/977969, www.aptelba.it.

• *Übernachten* *** **Meridiana**, sehr gut geführtes Hotel, eins der wenigen in dieser Preisklasse. EZ 120 €, DZ 176 €, jeweils mit Frühstück. Viale degli Etruschi 465, ✆ 0565/976308, ℡ 613113,, www.hotelmeridiana.info.

*** **Punto Verde**, 100 m vom Strand, zentrumsnah, gepflegtes und modernes Hotel, DZ (mit Bad und teilweise Balkon) 134 €, EZ 102 €, je inkl. Frühstück. Viale degli Etruschi 23, ✆ 0565/977482, ℡ 977486, www.hotelpuntoverde.it.

** **Elba**, nettes, kleines Hotel an der Hauptstraße. DZ mit obligatorischer HP 116–146 €, EZ 73–88 €. Via Mascagni 51, ✆ 0565/976224, ℡ 977280, www.hotel-elba.it.

Drei Campingplätze am östlichen Ende der Bucht, Entfernung nach Marina di Campo ca. 3 km: **Ville degli Ulivi** (✆ 0565/976048, www.villedegliulivi.it), **La Foce** (✆ 0565/976456, www.campinglafoce.com), **Del Mare** (✆ 0565/976237, www.campingdelmare.it). Preise pro Pers. jeweils ca. 12–13 €, Stellplatz ca. 13–18 €. Es werden auch kleine Bungalows vermietet.

• *Essen & Trinken* **Il Cantuccio**, mehrere gemütliche Räume in „rustikal-maritimem" Ambiente und schöne Terrasse an der Via Firenze im kleinen Centro storico. Sehr gute Fischküche zu angemessenen Preisen (mittleres Preisniveau), flotter Service, ganzjährig mittags und abends geöffnet, für abends sollte man reservieren. Largo Garibaldi 6, ✆ 0565/976775, ℡ 979847.

• *Wassersport* sehr umfangreiches Angebot. Der Tauchclub **Spiro Sub** bietet Ausflüge in die Unterwasserwelt, u. a. zur muschelbewachsenen Madonnenstatue, die in 12 m Tiefe in der Nähe von Marina di Campo vor dem „Scoglio della triglia" liegt. ✆/℡ 0565/976102, www.spirosub.isoladelba.it.

▸ **Cavoli**: feiner Sandstrand in einer sehr schönen Bucht, die von glatten Felsen umschlossen ist. Wie so oft, ist er teilweise für Hotelgäste reserviert – gelb gestreifte Sonnenschirme zur rechten, grüne zur linken Seite. Im Sommer hoffnungslos überlaufen und nahezu unmöglich, einen Parkplatz am Strand (1,50 €/Std.) zu finden.
Übernachten ** **La Conchiglia**, direkt am Strand, 30 Zimmer mit Bad, TV und Balkon, DZ mit obligatorischer HP 152 €, EZ 82 €. ✆ 0565/987010, ℡ 987257.

▸ **Seccheto**: weniger überlaufen und insgesamt besser ausgestattet als Cavoli, immerhin sind hier noch die Konturen eines Dorfs auszumachen. Baden am Sand- oder Felsstrand.
Übernachten *** **La Stella**, gepflegtes Mittelklassehotel am Ortsausgang Richtung Fetovaia, nette Bar, Zimmer mit Bad, TV, Klimaanlage. DZ mit obligatorischer HP 182 €. ✆ 0565/987013, ℡ 987215, www.hotelstella.it.

▸ **Fetovaia**: Traumstrand an der Westküste – breiter Sandstrand, unverbaut und zur Westseite hin durch eine Landzunge geschützt. In Küstennähe und im bewaldeten Hinterland Hotels und einige Pensionen.
Übernachten ** **Da Alma**, bei der Ortseinfahrt (von Seccheto kommend), familiär geführtes Hotel über der Bucht. DZ mit obligatorischer HP 164 €, EZ 107 €. ✆ 0565/988040, ℡ 988074, www.hotelalma.com.

▶ **Sant'Andrea**: An der Nordwestspitze der Insel, der Ort liegt am Hang inmitten einer verschwenderischen Vegetation, eine wunderschöne, aber auch ziemlich teure Ecke Elbas. Mehrere sehr gute Hotels laden zum Entspannen ein, die kleine Cotoncello-Bucht etwas östlich zählt zu den schönsten der Insel.

Übernachten *** **Cernia – Isola Botanica**, gepflegtes Hotel mit herrlichem botanischem Garten, Pool und Restaurant, DZ mit obligatorischer HP 188–220 €. An der Straße zur Bucht hinunter. ℡ 0565/908210, ℻ 908253, www.hotelcernia.it.

Nordküste

(Von Portoferraio nach Westen)

▶ **Biodola**: Die große Bucht mit breitem Sandstrand wird von zwei Luxushotels dominiert. Ein kurzer Fußweg nach Osten führt zur winzigen Bucht von *Scaglieri*, die deutlich ruhiger, aber auch deutlich kleiner ist.

• *Übernachten* *** **Danila**, geschmackvolles Hotel in ruhiger Lage, rückwärtig in einem schönem Garten gelegen. DZ mit HP 184 €, EZ ca. 160 €. ℡ 0565/969915, ℻ 969865, www.hoteldanila.it.

Camping Scaglieri, besonders schöne Anlage, terrassenförmig über der Bucht, deutschsprachige Leitung. Pro Pers. 13 €, Stellplatz 12–19 €. ℡ 0565/969940, ℻ 969834, www.campingscaglieri.it.

• *Essen & Trinken* **Da Luciano**, in der Scaglieri-Bucht, nettes Restaurant und Bar

Weißer Strand an der Nordküste

mit schattiger Terrasse direkt am Meer. Mittags und abends geöffnet, abends Pizza aus dem Holzofen. Mi geschl.

▶ **Procchio**: Ein Touristenort ohne Vergangenheit. Im grünen Tal liegen einige Pensionen und Hotels verstreut. „Zentrum" des Dorfs ist die Durchgangsstraße mit Cafébars und Andenkenläden zu beiden Seiten. Schöne Kulisse im Hintergrund: die auslaufenden Berghänge des Monte Capanne. Eine Attraktion ist der herrliche, ca. 1 km lange und bis zu 20 m breite Strand. Am linken Ende der Bucht gute Schnorchelmöglichkeiten.

• *Übernachten* Hauptsächlich Hotels der gehobenen Kategorie, nur wenige Pensionen, kein Campingplatz.

*** **Monna Lisa**, am Ortsausgang Richtung Marciana Marina links ab, beschildert. Relativ ruhige Lage in einer Seitenstraße, gepflegtes, etwas altmodisches Mittelklassehaus, im Salon lächelt die Namensgeberin (natürlich als Kopie und mit einem „n"). DZ mit obligatorischer HP 150–170 €, EZ 90–100 €. ℡ 0565/907519, ℻ 907279, www.hotelmonnalisa.it.

• *Essen & Trinken* Strandbars und -restaurants versorgen die Badegäste tagsüber mit Snacks, abends bieten sie neben der herrlichen Terrasse am Meer oft auch das volle Menü-Programm, z. B. das **Ristorante** **Il Delfino**. Weitere Restaurants (z. T. auch gehoben) auf der Promenade zum Strand.

▶ **Marciana Marina**: lebhafter Hafenort mit schönem, geschlossenem Ortsbild. Eine lange Uferpromenade mit vielen Bars, Restaurants und kleinen Läden zieht sich ca. 1 km bis zum Hafen am anderen Ende der Bucht. Er wird vom alten Festungsturm *Torre pisana* überragt. Daneben der Strand *La Fenicia* aus großen, glatten Kieselsteinen. Der Ort ist ein gutes „Basislager" für Wandertouren auf dem Monte Capanne.

• *Übernachten* *** **Marinella**, zentrale Lage am wenig attraktiven Dorfstrand. Großer Swimmingpool und Tennisplatz. DZ mit obligatorischer HP 180 €. Viale Margherita 38, ✆ 0565/99018, 📠 996895, www.elbahotel marinella.it.

** **Imperia**, angenehmes, kleines Mittelklassehotel in zentraler Lage. EZ 65 €, DZ 100 €, Frühstück inkl. Viale Principe Amedeo 12 (Seitenstraße der Uferpromenade), ✆ 0565/99082, 📠 998742, www.hotelimperia.it.

• *Essen & Trinken* **La Scaletta**, unser **TIPP!** Hervorragende Pizzeria und Ristorante, sehr günstig (keine Pizza über 7 €), flotter und freundlicher Service, immer bis auf den letzten Platz besetzt, nette Atmosphäre, sicher das beliebteste Restaurant in Marciana Marina. Nur abends ab 19 Uhr geöffnet, Via della Fossa 6 (Seitengasse der Piazza Vittorio Emanuele), ✆ 0565/997071.

First Love, viel gelobt, gute Pizzen, vielfältiges Antipasto (Self-Service) und guter Service. Via G. Pussol.

Ristorante/Pizzeria La Fiaccola, in der „Fressmeile" um die Piazza della Vittoria gelegen. Gute Küche zu angemessenen Preisen, guter Hauswein, nette Terrasse, mittags und abends geöffnet, abends auch Pizza. In der Nebensaison Do geschl. Piazza della Vittoria 6, ✆ 0565/99094.

Publius, teures Feinschmeckerlokal im nahe gelegenen Bergdörfchen *Poggio*. Über der Glut im Kamin braten Pilze, Geflügel, Wildschwein und Fisch. Ein Besuch lohnt auch der Abgeschiedenheit und schönen Aussicht wegen. Menü ca. 30 € aufwärts. In der Nebensaison Mo geschl. ✆ 0565/99208.

Pizzeria Monte Perone, in *Poggio*, am Abzweig zum Monte Perone, herrlicher Blick und prima Pizza, außerdem viel Fisch und Meeresfrüchte. Mittags und abends geöffnet, ✆ 0565/909014.

▶ **Monte Capanne**: Der mit 1019 m höchste Berg Elbas ist mit der „Cabinovia", einer knallgelben Korbgondel, von *Marciana alta* aus zu erreichen. Die 15-minütige Fahrt kostet 15 € (hin/rück, oneway „nur" 10 €), oben berauschender Blick über die Insel. Der markierte Aufstieg zu Fuß auf Wanderweg Nr. 2 dauert etwa 2 Std. und beginnt im Bergdorf *Poggio* beim Hotel Monte Capanne. Nach gut 45 Min. erreicht man den Wanderweg Nr. 1, der aus Marciana heraufkommt. Danach folgt man weiter der Markierung, geht ein gutes Stück auf dem Kamm des Vorbergs und nach insgesamt 1,5 Std. halbrechts ab (beschildert), um das letzte steile Stück hinauf zum Gipfel zu erklimmen.

Erlebnis Natur: Isola Capraia

Das kleine, wilde Felseiland mit seinen schroff ins Meer abfallenden Steilküsten liegt zwischen Korsika und Elba und ist 1- bis 2-mal täglich mit Toremar ab Livorno zu erreichen (Überfahrt ca. 2,5 Std.). In den 1980er Jahren wurde die ehemalige Gefängnisinsel zum geschützten Naturpark erklärt. Es gibt nur einige Häuser am Hafen und ein kaum 2 km entferntes Dorf, kaum 300 Menschen leben während der Saison auf Capraia, im Winter sind es nicht mal 100. Die wenigen Unterkünfte sind im Hochsommer komplett ausgebucht. Das Inselinnere ist einsam, ideal für Naturliebhaber und Wanderer und bietet eine Vielzahl an endemischen Pflanzen. Strände gibt es kaum.

UMBRIEN

UMBRIA

SCHÖNE ORTE: Perugia (S. 695), Assisi (S. 699), Spoleto (S. 707), Todi (S. 715), Gubbio (S. 685), Orvieto (S. 717), Narni (S. 714).

LANDSCHAFTLICHE HÖHEPUNKTE: Monte Cucco und Umgebung (S. 688), Hochebene von Castelluccio (S. 711), der Wasserfall Cascata delle Marmore bei Terni (S. 713).

KULTURELL INTERESSANT: die Dome von Assisi (S. 702) und Orvieto (S. 719) mit Fresken; der Dom und die Fassade der Kirche San Pietro in Spoleto (S. 708).

KURIOS: das Museum der Mumien in Ferentillo (Valnerina, S. 712).

BADEN: Lago Trasimeno (S. 689).

Von Nord nach Süd zieht der Tiber mitten durch Umbrien

Umbrien Umbria

Umbrien ist das „grüne Herz" Italiens. Dunkelgrün sind die heiligen Wälder über Spoleto und die bewaldeten Abhänge des Valnerina, hellgrün sind die Hügel um Perugia, die Olivenhaine und Weinberge.

Mitten durch Umbrien fließt als Hauptader der Tiber, nicht mehr ganz so klar wie in seinem Oberlauf in der Toscana und noch nicht so trüb wie in der Metropole Rom. Im Nordwesten zeigt das grüne Herz einen blauen Fleck: Es ist der Trasimenische See, der den Umbriern das Meer ersetzt.

An Kunstschätzen ist Umbrien nicht so reich wie die Nachbarprovinz Toskana, wartet dafür aber mit bildhübschen mittelalterlichen Kleinstädten auf, meist auf Hügeln gelegen, in den es viel zu entdecken gibt.

Die Besucherzahlen halten sich noch in Grenzen, die Preise sind korrekt, und die Einheimischen verlieren noch leichter ein freundliches Lächeln.

Anfahrt/Verbindungen

• *PKW* Die **Autostrada del Sole** (A 1) von Florenz nach Rom streift Umbrien am Westrand – besonders günstig ist die Abfahrt zum Lago Trasimeno und weiter ins nahe Perugia. Orvieto liegt direkt an der Autobahn. Den Norden kann man am besten über Arezzo erreichen. Von der Adria her langwierigere Zufahrt, am besten die **SS 76** ab Ancona–Fabriano. im Apennin gibt es oft nur schmale und kurvige Bergstraßen.

• *Bahn* Die **FS-Hauptlinie** von Florenz nach Rom, die sogenannte „Direttissima", führt am Lago di Trasimeno vorbei, Schnellzüge halten in Chiusi (fast am Trasimenischen See) und Orvieto. Gute Verbindungen nach Perugia gibt es von Florenz über Arezzo, von Rom über Terni. Die einzige Strecke von der Adria geht ab Ancona nach Foligno. Von Norden nach Süden durchquert die private **Ferrovia Centrale Umbra** Umbrien mehrmals täglich.

*Ü*bernachten

Hotels gibt es reichlich nur in den viel besuchten Touristenzentren, ansonsten sind oft nur eine Handvoll Herbergen am Ort. **Campingplätze** vor allem am Lago di Trasimeno und in der Nähe der größeren Touristenorte, **Jugendherbergen** in Perugia, Assisi und Norcia.

*E*ssen & *T*rinken

Die umbrische Küche ist einfach und zeigt Parallelen zur toskanischen. **Gegrilltes Fleisch** aller Art gehört zu den Standardgerichten, in den Bergen werden geräucherter Schinken und Salami produziert.
In der Gegend von Città della Pieve wird **Safran** angebaut und findet gelegentlich in die Küche Eingang. Norcia ist landesweit berühmt für seine **Würste** wie für seine **Linsen**, Gubbio und Città di Castello für ihre **Trüffeln**. Die Baci di Perugia sind weltbekannt und finden sich in jeder italienischen Bar.
Orvieto classico, ein guter, strohgelber Weißwein, reift an den Hängen des Flusses Paglia und wird im Untergrund Orvietos in Tuffsteinkellern gelagert.

Città di Castello
ca. 39.000 Einwohner

Das mittelalterliche Städtchen, heute das Handels- und Industriezentrum des oberen Tibertals, ist zwar kein touristisches Highlight, dafür pulsiert auf den Straßen und in den Bars noch unverfälschte Italianità.

Wie im nahen toscanischen Sansepolcro war auch in Città di Castello die Textilherstellung noch bis in die jüngste Zeit ein wichtiger Wirtschaftsfaktor. Die regionale Tradition wird heute in der *Webmanufaktur Tela Umbra* fortgesetzt, die in ihren Räumen ein schmuckes Museum eingerichtet hat.

Einen Kontrapunkt zu diesem der soliden Tradition verbundenen Museum bildet die *Sammlung Alberto Burri*. Der Künstler mit internationalem Renommee hat seiner Heimatstadt zahlreiche Werke vermacht – zu sehen im Palazzo Albizzini und in den Trockenräumen einer ehemaligen Tabakfabrik.

*I*nformation/*V*erbindungen

• *Information* Ufficio Turistico, Piazza Matteotti. Kompetentes Personal. Geöffnet Mo–Sa 8.30–13.30 und 15.30–18.30 Uhr, So 9.30–12.30 Uhr. ☎ 075/8554922, ℻ 8552100, info@iat.citta-di-castello.pg.it.

• *Verbindungen* Busverbindung nach Arezzo, Gubbio, Perugia. Busbahnhof an der Piazza Garibaldi.

*Ü*bernachten (*K*arte *S*. 683)

*** **Hotel Le Mura (4)**, geschmackvoller Neubau mit zwei Konferenzsälen und deutschkundigem Manager. Die große Mosaikwand im Innern ist übrigens das Werk einer Gruppe von Mongoloiden. DZ 56–80 €. Via Borgo Farinario 24, 06012 Città di Castello, ☎ 075/8521070, ℻ 8521350, direzione@hotelmura.it.

** **Hotel Umbria (2)**, modernisierter Altbau in einer Seitenstraße der Via S. Antonio. Kleine Zimmer, aber alle mit Dusche/WC. Kleiner, hoteleigener Parkplatz gleich ums Eck. DZ 50–55 €. Via dei Galanti, 06012 Città di Castello, ☎ 075/8554925, ℻ 8520911.

*** **Camping La Montesca**, ca. 4 km westlich von Città di Castello, an der kurvenreichen und steilen Straße nach Monte S. Maria (schlecht ausgeschildert). An einem Berghang gelegen, mit freiem Blick auf die Stadt. Schöner, terrassenförmig angelegter Platz

Umbrien

mit Schwimmbecken, Feuerstelle, Bar, Laden und gepflegten sanitären Einrichtungen. Busverbindungen in die Stadt – der letzte fährt allerdings bereits um 19.30 Uhr zum Campingplatz zurück. Ca. 45 Stellplätze. Geöffnet Mai–September. Loc. Montesca, 06012 Città di Castello, ✆ 075/8558566, ✆ 8520786.

Essen & Trinken

Ristorante Il Postale (1), stilvolles Ambiente mit Niedervoltbeleuchtung. Großer, ovaler Service-Tisch mitten im Raum, der an ein Loft erinnert. Im Anbau überdachte Veranda zur Eisenbahnlinie (nur 8 Züge pro Tag, die Chance, beim Tafeln gestört zu werden. ist also gering). An Auszeichnungen mangelt es der Küche nicht, das italienische Gourmet-Magazin „Gambero Rosso" widmete dem Postale eine größere Reportage. Der Gaumenkitzel hat allerdings seinen Preis: 45 € für das altotiberinische Menü, 60 € für das kreative „Menu Sensazione". Eine ausgediente Zapfsäule vor dem Haus informiert über weitere Alternativen. Samstagmittags und Mo geschlossen. Via R. de Cesare 8.

Trattoria degli Amici Miei (3), täglich frisch präparierte Spezialitäten zum Einheitspreis von 16 € (Wein und Wasser extra). Aus Prinzip Mineralwasser nur ohne Kohlensäure und kein Espresso. Davon abgesehen ein sehr sympathisches Kellerlokal. Mi geschlossen. Via del Monte 2.

Sehenswertes

Sammlung Alberto Burri: Eine Kunstausstellung ganz anderer Art ist im *Palazzo Albizzini* (Via Albizzini) zu sehen. Dort hat der berühmte Künstler *Alberto Burri* (1915–1995), geboren in Città del Castello, eine größere Kollektion seiner Werke der Öffentlichkeit zugänglich gemacht. Charakteristische Merkmale für Burris Plastiken sind die auf Weiß, Schwarz und Rot basierende Farbenpalette und die ungewöhnliche Wahl der Materialien: Säcke, Lumpen, einzelne Kleidungsstücke, angekohlte Hölzer, Metalle, Plastikfolien. Ausstellungen Burris fanden auf der ganzen Welt Beachtung, darunter auch auf der Documenta II in Kassel und 1980 zusammen mit Joseph Beuys im Haus der Kunst in München.

1990 schenkte Burri seiner Heimatstadt weitere 128 Werke, vor allem großformatige Bilder und Plastiken – Grund genug, um eine *ehemalige Tabakfabrik* zum Kunstmuseum umzufunktionieren.

Das Gebäude liegt an der alten Straße nach Perugia und ist leicht zu übersehen; knapp nach der Esso-Tankstelle bestätigt links auf der Wiese eine rostrote abstrakte Burri-Skulptur, dass man angekommen ist.

Öffnungszeiten/Eintritt (für beide Ausstellungsorte): Di–Sa 9–12.30 und 14.30–18 Uhr, So 10.30–12.30 und 15–18 Uhr. Eintritt (für beide Ausstellungsorte zusammen) 7 €.

Webmanufaktur Tela Umbra: Die Textilmanufaktur an der Via S. Antonio hat eine stolze, bald hundertjährige Tradition. In den 1920er Jahren beschäftigte Tela Umbra bis zu sechzig Weberinnen, nach dem Zweiten Weltkrieg schrumpfte die Zahl rapide. Heute arbeiten im *Laboratorio* in der ersten Etage noch sieben Frauen an den Handwebstühlen. Die Werkstatt kann während der Arbeitszeiten besichtigt werden.

In der zweiten Etage hat Tela Umbra ein kleines Museum eingerichtet: Spinnräder, Webstühle, Klöppelarbeiten. In sieben Schaukästen mit Stoffmustern wird die ganze Palette der hier produzierten Stoffe gezeigt, ein Saal mit Gobelins aus den 1980er- und 90er Jahren. Fotos an den Wänden erinnern an die bewegte Geschichte der Werkstatt.

Öffnungszeiten/Eintritt April–September Mo–Sa 10.30–12 und 15–17.30 Uhr, So 10.30–13 und 15.30–18 Uhr; Oktober–März Mo–Sa 10.30–12 und 15.30–17.30 Uhr, So 10.30–13 und 15–17.30 Uhr. Eintritt 3,50 €.

Übernachten
2 Hotel Umbria
4 Hotel Le Mura

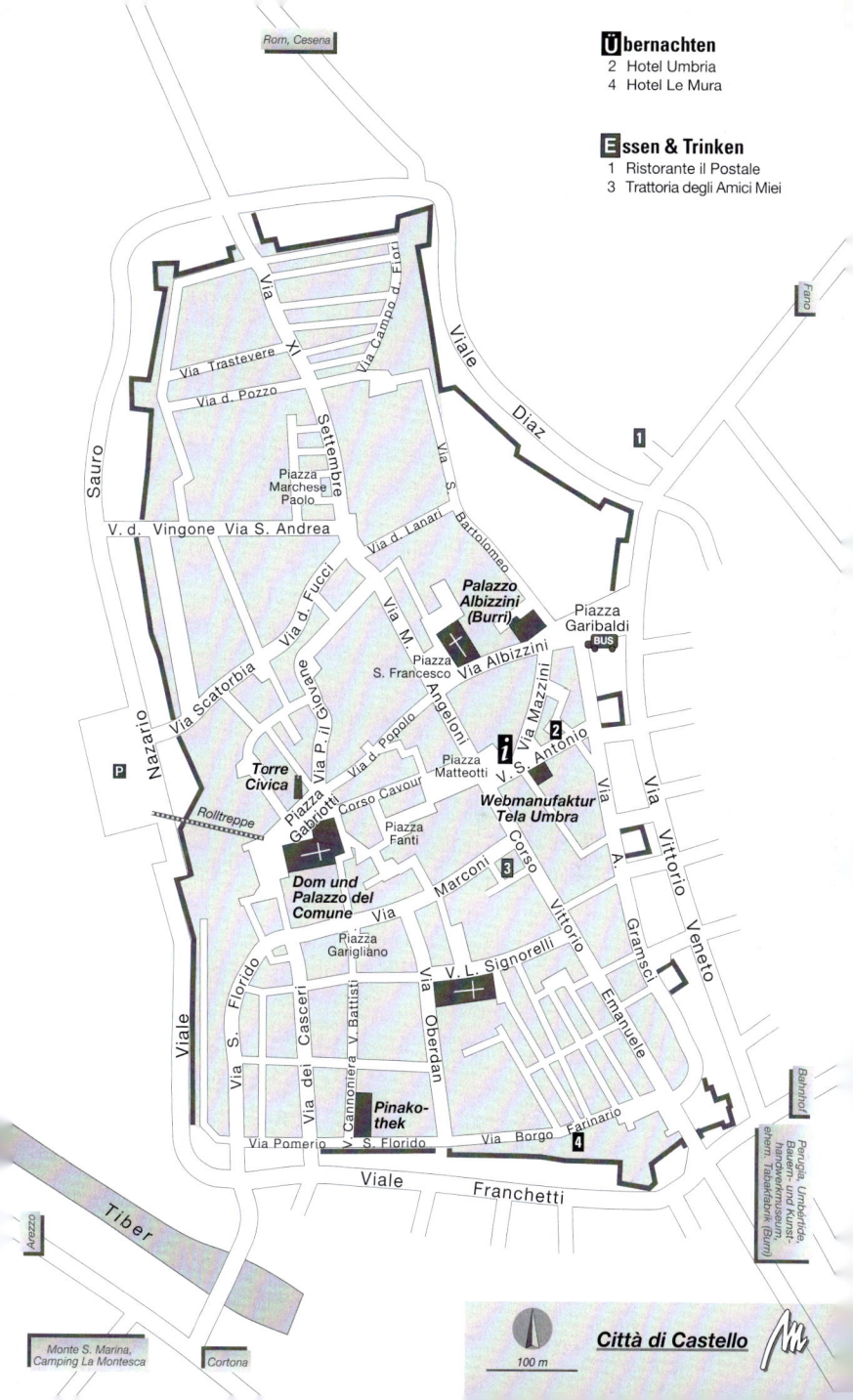

Essen & Trinken
1 Ristorante il Postale
3 Trattoria degli Amici Miei

Città di Castello

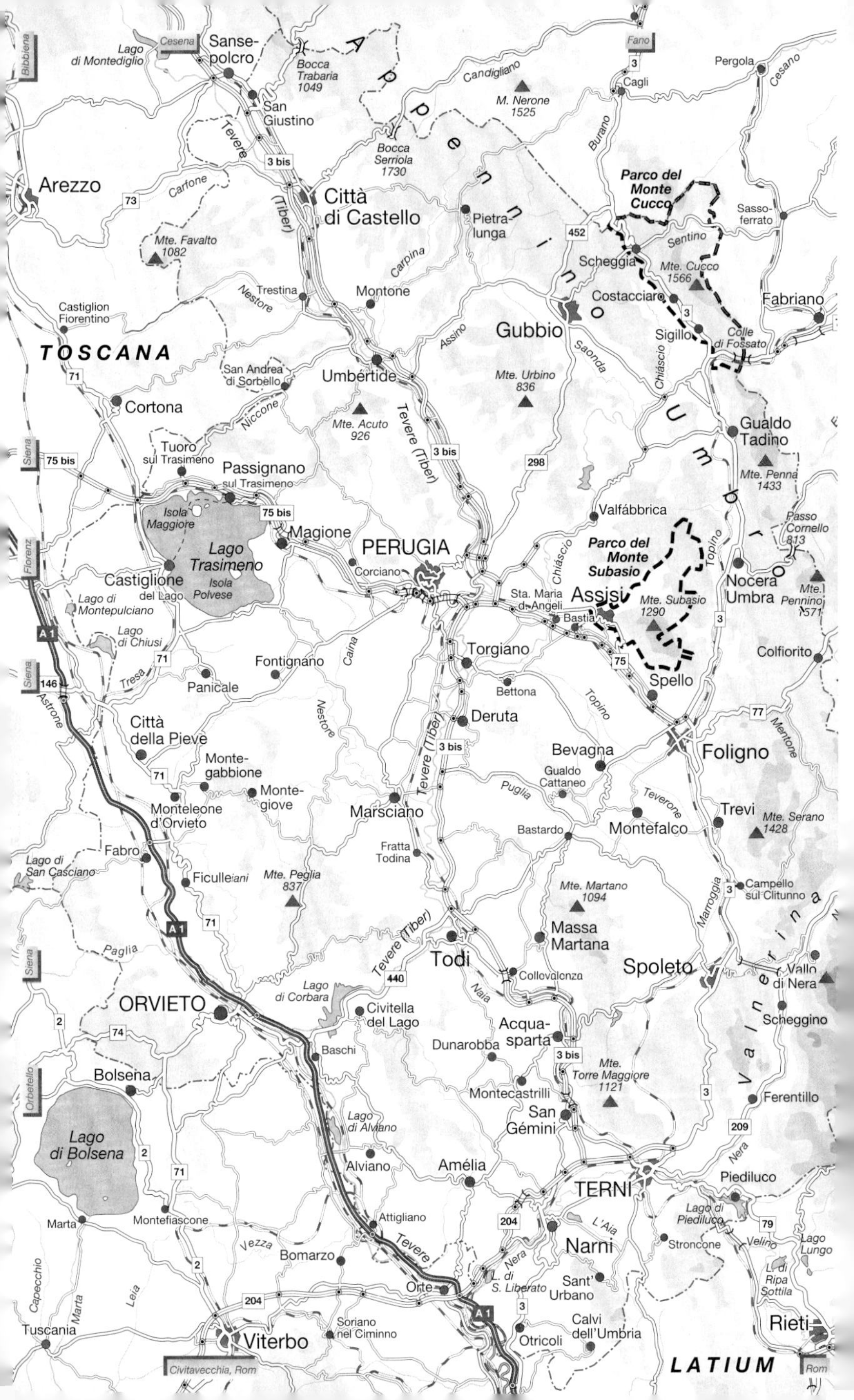

Bibbiena
Lago di Montedeglio
Cesena
Sansepolcro
Bocca Trabaria 1049
Appennino Umbro
Fano
Pergola
Cesano
Candigliano
M. Nerone 1525
Cagli
San Giustino
Tevere
Bocca Serriola 1730
3 bis
Burano
Arezzo
Carfone
73
Città di Castello
(Tiber)
Parco del Monte Cucco
Sassoferrato
Pietralunga
452
Sentino
Mte. Favalto 1082
Scheggia
Mte. Cucco 1566
Carpina
Trestina
Nestore
Montone
Costacciaro
Fabriano
Castiglion Fiorentino
Assino
Gubbio
3
Sigillo
Colle di Fossato
TOSCANA
Saonda
Chiáscio
San Andrea di Sorbello
71
Umbértide
Mte. Urbino 836
Cortona
Niccone
Mte. Acuto 926
Tevere (Tiber)
Gualdo Tadino
Siena
75 bis
Tuoro sul Trasimeno
3 bis
Mte. Penna 1433
Passignano sul Trasimeno
298
Isola Maggiore
75 bis
Valfábbrica
Passo Cornello 813
Lago Trasimeno
Magione
PERUGIA
Parco del Monte Subasio
Topino
Florenz
Castiglione del Lago
Isola Polvese
Corciano
Nocera Umbra
Mte. Pennino 1571
Lago di Montepulciano
Sta. Maria d. Angeli
Assisi
Mte. Subasio 1290
Bastia
A1
Lago di Chiusi
3
Torgiano
Colfiorito
71
Fontignano
Caina
75
Siena
146
Tresa
Panicale
Spello
Astrone
Bettona
Nestore
Topino
Città della Pieve
Deruta
77
Mentone
Tevere (Tiber)
3 bis
Bevagna
Foligno
Montegabbione
Gualdo Cattaneo
71
Montegiove
Puglia
Teverone
Monteleone d'Orvieto
Marsciano
Trevi
Mte. Serano 1428
Bastardo
Montefalco
Fabro
Fratta Todina
Lago di San Casciano
Ficulle
Mte. Peglia 837
Mte. Martano 1094
Campello sul Clitunno
3
Marroggia
A1
71
Tevere (Tiber)
Massa Martana
Valnerina
Paglia
Siena
Todi
Spoleto
Vallo di Nera
440
Collevalenza
Lago di Corbara
ORVIETO
Civitella del Lago
Naia
2
Acquasparta
Scheggino
74
Baschi
Dunarobba
3 bis
Mte. Torre Maggiore 1121
Bolsena
Orbetello
Montecastrilli
3
Ferentillo
Lago di Alviano
San Gémini
Lago di Bolsena
2
209
Nera
71
Alviano
Amélia
TERNI
Piediluco
Lago di Piediluco
Marta
Montefiascone
Attigliano
204
L'Aia
79
Vezza
Narni
Stroncone
Velino
Lago Lungo
Capecchio
2
Bomarzo
Tevere
Nera
L. di S. Liberato
Sant' Urbano
L. di Ripa Sottila
Marta
Leia
204
Orte
A1
3
Tuscania
Soriano nel Cimino
Calvi dell'Umbria
Rieti
Viterbo
Otricoli
Civitavecchia, Rom
LATIUM
Rom

Gubbio 685

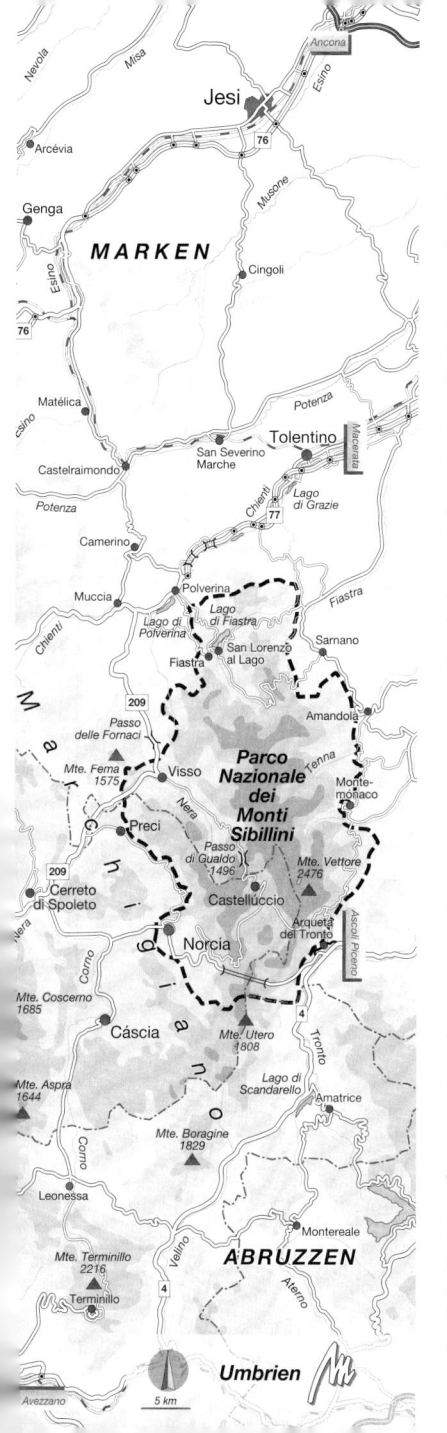

Gubbio   ca. 32.600 Einwohner

Langgestreckt am Abhang des Monte Ingino, zeigt die alte umbrische Stadt eine seltene architektonische Geschlossenheit: mittelalterliche Bauten und dunkle Kopfsteinpflastergassen, keinerlei Verunstaltungen durch moderne Bauten. Oben auf dem Monte thront, abends effektvoll angestrahlt, die Basilika San Ubaldo.

Neuzeitliche Gebäude – Wohnblocks, Tankstellen, eine Zementfabrik – mussten sich außerhalb der historischen Mauern ansiedeln. So bleibt Gubbio ein verschlafenes Städtchen, sobald die Touristen es verlassen haben. In den Sommermonaten kommen sie zwar zuhauf und durchstreifen die Gassen, doch meist nur für einige Stunden.

*I*nformation/*D*iverses

● *Information* **A.P.T.-Büro**, Piazza Oderisi 5. Geöffnet Mo–Fr 8.30–13.45 und 15–18 Uhr, Sa 9–13 Uhr, So 9.30–12.30 und 15–18 Uhr. ℡ 075/9220693, ℻ 9273409, info@iat.gubbio.pg.it.

● *Verbindungen* Täglich **Busse** nach Perugia, Città di Castello (umsteigen in Umbértide), Assisi und über Fossato (Bahnlinie Rom–Ancona) nach Gualdo Tadino. Werktags früh am Morgen auch nach Florenz und Rom. Fahrkarten und Auskunft: Via della Repubblica 15. Abfahrt: Piazza 40 Martiri (an der Loggia dei Tiratori).

● *Märkte* **Trüffelmesse**, Ende Oktober/Anfang November. Die kostbaren weißen Trüffeln (tartufi bianchi) stehen im Mittelpunkt dieser gastronomischen Messe auf der Piazza 40 Martiri.

● *Feste* **Wettlauf der Ceri**, am 15. Mai. Gubbios spektakulärstes Stadtfest (→ Kasten).

*Ü*bernachten (*Karte S. 686*)

● *Übernachten* **** **Hotel Relais Ducale (2)**, das Luxushotel zieht sich von der Piazza della Signoria (Piazza Grande) bis zum Palazzo Ducale hoch, letzterer ist durch den sogenannten „Geheimtunnel der Grafen" direkt vom Hotel aus zugänglich. Von der obersten Etage Zugang zu einem schmucken

Umbrien

Gubbio

Übernachten
2 Hotel Relais Ducale
4 Hotel Oderisi

Essen & Trinken
1 Locanda del Duca
3 Taverna del Lupo

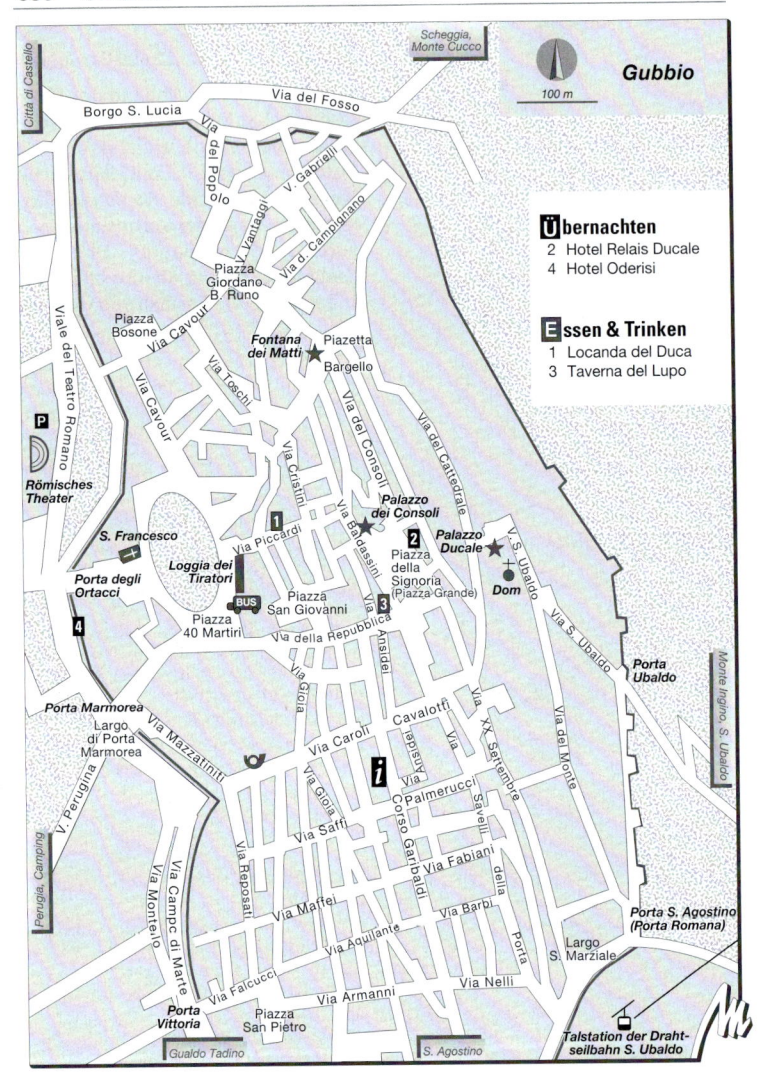

Dachgarten mit Blick über die Dächer Gubbios – man befindet sich auf der Höhe der Zinnen des Palazzo dei Consoli. Rezeption im Caffè Ducale an der Piazza della Signoria 5 (Piazza Grande). DZ 150–223 €. Via Galeotti 19/Via Ducale 2, 06024 Gubbio, ☏ 075/9220157, ✉ 9220159, info@relaisducale.com.

** **Hotel Oderisi (4)**, an der Stadtmauer bei der Piazza 40 Martiri gelegen. Angenehmer Familienbetrieb. Zimmer zur Straße etwas laut. DZ mit Bad 558-72 €. Via Mazzatinti 2, 06024 Gubbio, ☏ 075/9220662, ✉ 9220663.

● *Camping* **** **Camping Villa Ortoguidone**, nur wenige Kilometer vom Zentrum entfernt, an der Straße nach Perugia. Kaum Schatten, dafür mit Swimmingpool. 14 Stellplätze. Geöffnet April – September. Loc. Ortoguidone, 06024 Gubbio, ☏ 075/9272037, ✉ 9276620.

Essen & Trinken

Taverna del Lupo (3), benannt nach dem legendären Wolf, den der heilige Franz in Gubbio gezähmt haben soll. Ein gehobenes Restaurant mit typisch eugubinischer (so das Adjektiv zu Gubbio) Küche: Polenta mit Bohnen und Knoblauchwurst, dicke Linsen- und Gemüsesuppen, gemischte Fleischspieße. Die Lasagne alla taverna ist mit frischen Pilzen und Schinken gefüllt. Mo geschlossen. Via Ansidei 21.

Locanda del Duca (1), eine junge Crew hat 1999 ein ehemaliges Hotelrestaurant übernommen. Getrüffelte Küche, ambitionierte Pläne, leicht überfordertes Personal. Mi geschlossen. Via Piccardi 1.

Der Wettlauf der Ceri

Jedes Jahr am 15. Mai, dem Todestag ihres Schutzpatrons Sant'Ubaldo, feiert die ganze Stadt die *Festa dei Ceri*. Ein „Cero" (Kerze) ist eine vier Zentner schwere Holzkonstruktion, die auf einer Bahre befestigt wird. Drei Ceri sind im Spiel, jeder von der Statue eines Heiligen gekrönt: Ubaldo ziert den Cero der Maurer-Zunft, Giorgio den der Handwerker und Kaufleute, der Abt Antonio schließlich den der Bauern.

Jährlich am ersten Sonntag im Mai ziehen die Statuenträger *(Ceraioli)* bei Sonnenaufgang die zwei Kilometer zur Basilika S. Ubaldo auf den Monte Ingino hinauf, um die dort verwahrten Ceri in die Stadt zu holen.

Am 15. Mai dann werden die Ceri von jeweils mehreren Trägern geschultert und feierlich durch Gubbio getragen. Den spektakulären Höhepunkt der Festivitäten bildet jedoch der Wettlauf am späten Nachmittag. Trotz ihres Gewichts werden die Ceri mit ihren Heiligen im rasanten Staffellauf – durch das Spalier der jubelnden Menschenmengen und surrender Kameras – die steilen Gassen hinauf auf den Berg zurückgebracht, wobei zwei kurze Rastpausen eingelegt werden. In 8½ Minuten schaffen die Ceraioli mit ihrer beträchtlichen Last eine Strecke, für die der betuliche Spaziergänger eine knappe Stunde braucht. Dann ruhen die Ceri wieder für ein Jahr in der Basilika S. Ubaldo.

Sehenswertes

Palazzo dei Consoli: Der wuchtige Bau aus der ersten Hälfte des 14. Jh. mit seinen hohen Stützpfeilern, Zinnen und eleganter Freitreppe zum Eingangsportal ist das Wahrzeichen Gubbios. Der Palazzo ist Teil eines größeren Komplexes von Palästen, in deren Mitte sich die **Piazza della Signoria** *(Piazza Grande)* erstreckt. Angesichts der starken Hanglage der Stadt ist allein schon die weitläufige Piazza ein architektonisches Meisterwerk. Im Innern des Palazzo herrscht Schlichtheit – schmucklose, geräumige Säle.

Im Erdgeschoss ist das **Archäologische Museum** untergebracht, das kaum Erwähnung verdiente, würden hier nicht die sog. *Eugubinischen Tafeln* (2. Jh. v. Chr.) aufbewahrt. Die sieben, teils beidseitig beschriebenen Bronzetafeln wurden im 15. Jh. von einem Bauern in den unterirdischen Kammern des römischen Theaters gefunden und gelten als das wichtigste Zeugnis der umbrischen Kultur schlechthin. Die Tafeln I–IV sind in einem vom Etruskischen abstammenden Alphabet verfasst (von rechts nach links zu lesen), Tafel V zeigt dieselbe Schrift und zusätzlich einen Abschnitt in lateinischem Alphabet, auf den Tafeln VI–VII ist nur noch das lateinische Alphabet vertreten. Inhaltlich handeln die Texte von Vorschriften für Rituale, Opfer und Gebete; und in welchen Schriftzeichen auch immer: die Sprache ist Umbrisch.

Loggia dei Tiratori: Die langgestreckte Loggia gegenüber dem Franziskanerkloster hat nichts mit einem Schützenhaus zu tun, wie der Name suggerieren könnte. Sie datiert aus dem Jahr 1603 und diente einst Gubbios Wollweberzunft als Trockenboden. Hier wurden die nach dem Einfärben feuchten Stoffe gespannt und zum Trocknen ausgebreitet.

Monte Cucco

Dichte Buchenwälder, karstige Weiden, tiefe Felsschluchten und ein hinreißender Panoramablick auf sanfte, gerundete Berge und weite Täler – das Bergmassiv des Monte Cucco, an der Ostflanke des Apennins, bietet einen erhebenden Anblick. Die Gegend ist ein Eldorado für Drachenflieger, Alpinisten, Wanderer und nicht zuletzt auch für die Speläologen – das Berg-Innere birgt eine der weitläufigsten Höhlen Europas.

Stützpunkte für sportliche Aktivitäten rund um den Monte Cucco sind das mittelalterliche Dörfchen *Costacciaro* und das vom Bergtourismus belebte *Sigillo*. Auch *Scheggia* ist als Basis geeignet.

Wanderungen: Dreißig gut markierte Wanderrouten gibt es rund um den Monte Cucco. Eine genaue Karte (1:16.000) mit ausführlicher (italienischer) Beschreibung des Gebiets ist im *Centro Escursionistico Naturalistico Speleologico* in Costacciaro, im kleinen Dorfbuchladen in Costacciaro, bei der Informationsstelle in Gubbio erhältlich. Gelegentlich allerdings scheint die Karte Mangelware zu sein. Am sichersten ist es, man kümmert sich bereits in Gubbio darum.

• *Information* **Centro Escursionistico Naturalistico Speleologico (CENS)**, Via Galeazzi 5, 06021 Costacciaro (im unteren Dorfteil). Für Wanderer, Kletterer und Höhlengänger die zentrale Informationsstelle im Gebiet. Wenn man Glück hat: kompetentes, freundliches Personal. ✆ 075/9170400 oder ✆ 075/9170601.

• *Verbindungen* **Zug**: Sehr umständlich. Von Perugia nach Foligno, dort umsteigen in Richtung Ancona, bis Fossato di Vico. Von da aus mit dem Bus weiter nach Sigillo bzw. Costacciaro.
Bus: Verbindungen von Perugia (Piazza Partigiani) oder Gubbio nach Costacciaro bzw. nach Sigillo.

• *Übernachten* ***** Hotel Dominus**, in Sigillo, am Ortsausgang Richtung Costacciaro. Die beste Adresse im Monte-Cucco-Gebiet. Große Zimmer mit Komfort – von der Zahnbürste bis zur Minibar. Gediegenes Restaurant. DZ 60–70 €. Via Matteotti 55, 06028 Sigillo, ✆ 075/9179074, ✆ 9178203, info@dominushotel.it.

• *Im Val di Ranco (1566 m)* **** Albergo Monte Cucco da Tobia**, freundlicher Familienbetrieb. Die Wirtsleute sprechen auch Deutsch. Im Restaurant (Mo geschlossen) wird Cucina casalinga serviert; die Nudelgerichte sind selbstgemacht und schmecken lecker. DZ 47 €, ohne 37 €. Loc. Val di Ranco, 06028 Sigillo, ✆ 075/9177194.

• *Camping* **** Camping Rio Verde**, 3 km außerhalb von Costacciaro. Liegt mit seinen 50 Stellplätzen ganz versteckt in einer bewaldeten Flussebene, alter Fichten- und Pinienbestand. Es können auch Zimmer gemietet werden (DZ ca. 30 €). Geöffnet Ostern–September. Loc. Fornace, 06021 Costacciaro, ✆ 075/9170138, ✆ 9170181.

• *Essen & Trinken* **TIPP!** Ristorante **Dal Lepre**, auf dem Pian del Monte (knapp vor dem „Decololo Sud" ausgeschildert. Stefano und Francesca servieren bodenständige Küche, die Pasta ist hausgemacht. Die Aussicht auf die Ebene von Sigillo ist einmalig. ✆ 338-1863355 (Handy)

Rundwanderweg am Monte Cucco

Folgende Rundwanderung an der Nordseite des Monte Cucco ist nur ein Beispiel der zahlreichen markierten Wandermöglichkeiten. Dauer: ca. 4 Std.; Ausgangspunkt: Casa Il Sasso.

Wegbeschreibung: Der Beginn der Wanderung (Wanderweg Nr. 5) führt vom *Casa Il Sasso* rechts am ersten Haus vorbei – anfangs eben am Fluss entlang, es folgt ein leicht ansteigender Pfad durch die Felsenschlucht *Valle delle Prigioni*. Ca. 30 m muss man in gebückter Haltung einen engen Felsentunnel passieren und geht dann weiter durch den Wald. An der Stelle, wo rechts der Wanderweg Nr. 22 einmündet, kommt man an einem Brunnen und einem Wasserreservoir vorbei. Dann steigt der Pfad stetig an – durch einen Wald und später über Wiesen, bis man auf eine breite Schotterstraße trifft. Die letzte Etappe führt auf Weg Nr. 4 – zum Teil steil abwärts – am *Eremo di Monte Cucco* vorbei, zurück zum Ausgangspunkt.

• *Anfahrt zum Casa Il Sasso* **Variante 1**, von Scheggia aus: Richtung Sassoferrato, nach ca. 11 km die Asphaltstraße rechts ab in Richtung Pascelupo. Kurz hinter Pascelupo das Auto stehen lassen und einen Schotterweg hinunter zu zwei leer stehenden Häusern (= Casa Il Sasso) am Rio Freddo gehen. **Variante 2**, von Sigillo aus: auf die Panoramastraße, die in Richtung Val di Ranco führt. Kurz unterhalb des Sendeturms rechts abbiegen in eine Schotterstraße Richtung Bastia (kein Hinweisschild). Durch die Ortschaften Bastia, Rucce und Perticano. Kurz unterhalb von Pascelupo das Auto stehen lassen – dann wie Variante 1.

Weiter Blick über den Lago Trasimeno

Lago Trasimeno

Kaum mehr als 20 km westlich von Perugia erstreckt sich inmitten von grünen Hügeln der Lago Trasimeno, Umbriens „Meer". Im 128 Quadratkilometer großen See liegen drei Inseln: die Isola Polvese, die Isola Maggiore und die Isola Minore. Die ersten beiden werden regelmäßig von kleinen Dampfern angefahren, die dritte ist in Privatbesitz und nicht zugänglich.

Leider ist der Trasimenische See relativ seicht; mit nur sechs bis sieben Metern Tiefe ist er zum Baden und Angeln nur bedingt geeignet, da sich besonders im Sommer das Wasser zu sehr erwärmt („umkippt") – tote Fische am Strand sind keine Seltenheit.

Baden: In den Sommermonaten steigt die Wassertemperatur bis auf 25° C, Badegelegenheiten findet man vor allem an der Ost- und der Nordseite des Sees sowie in Castiglione. Aber Vorsicht: Der Sage zufolge soll eine Seejungfrau sich in den Prinzen Trasimenus verliebt und ihn zu sich in die Tiefe gezogen haben!

- *Information* Das ganze Jahr über in Castiglione del Lago, Passignano und Città della Pieve (Details siehe dort). Während der Sommermonate auch in San Feliciano.
- *Verbindungen* **Bahn**: Castiglione di Lago (Westufer) liegt an der Strecke Florenz–Rom. Nach Tuoro und Passignano (Nordufer): in Teróntola (Strecke Florenz–Rom) in den Zug nach Perugia umsteigen.

Bus: Relativ häufige Verbindung zwischen Passignano und Castiglione; seltener verkehren Busse am Süd- und Ostufer.
- *Festivals* **Trasimeno Blues**, jährlich Ende Juli bis Anfang August. Zehn Tage lang Openair-Konzerte rund um den Trasimenischen See. Jazzgruppen mit internationaler Besetzung.

Castiglione del Lago

ca. 15.000 Einwohner

Das auf einer Halbinsel an der Westseite des Sees gelegene Castiglione ist ein ganz und gar malerischer Ort. Um den mittelalterlichen Kern, geprägt vom Palast der Herzöge della Corgna, zieht sich eine hohe Befestigungsmauer. Der Besuch des Palazzo mit seinen Renaissance-Fresken ist allein schon wegen des Rundgangs auf der Zitadellenmauer zu empfehlen: Von der Festung bietet sich eine traumhafte Aussicht auf den Lago.

Durch das Zentrum der Altstadt zieht sich die schmale *Via Vittorio Emanuele*, Treffpunkt und Marktplatz zugleich.

Eine einladende Promenade führt unterhalb der Zitadelle um die Halbinsel, mancher Einheimische angelt sich hier den Hauptgang zum Mittagessen. Badegelegenheiten finden sich sowohl nördlich wie südlich der Halbinsel.

- *Information* **A.P.T.-Büro**, Piazza Mazzini 10. Geöffnet April–September: Mo–Fr 8.30–13 und 15.30–19 Uhr, Sa 9–13 und 15.30–19 Uhr, So 9–13 und 16–19 Uhr; in den übrigen Monaten reduzierte Öffnungszeiten. ✆ 075/9652484, 📠 9652763, info@iat.castiglione-del-lago.pg.it.
- *Verbindungen* **Bahn**: täglich mehrere Züge nach Chiusi, Florenz und Rom. Der Bahnhof befindet sich 2½ km außerhalb des Orts.

Bus: täglich mehrere Verbindungen nach Perugia.
- *Fahrradverleih* **Marinelli Ferrettini**, Via B. Buozzi 26 (Richtung Bahnhof). Fahrräder, Mountainbikes und Mofas. Auch Reparaturen. ✆ 075/953126.
- *Übernachten* *** **Hotel La Torre**, mitten im historischen Kern gelegen. Modern, sehr sauber und für den Komfort (alle Zimmer mit TV, einige sogar mit Eisschrank)

„Netzwerk-Spezialist"

preiswert. Reichliches Frühstück mit Produkten aus der eigenen Bäckerei. Allerdings sind die 8 Zimmer schnell ausgebucht. DZ 45–75 €. Via Vittorio Emanuele 50, 06061 Castiglione del Lago, 075/951666, latorre@trasinet.com.

** **Hotel Fazzuoli**, kleines, modernes Hotel unterhalb des alten Ortes. Zimmer mit Radio, Bad und kleinem Balkon. DZ mit Bad 41–60 €. Piazza Marconi 11, 06061 Castiglione del Lago, 075/951119, 951112.

● *Camping* ** **Camping Listro**, knapp 1 km außerhalb, direkt am Seeufer, mit großen Bäumen und einer Wiese zum Strand. Blauweiß gestreifter Sichtschutz zum Dorf hin. Kleiner Lebensmittelladen, Bar. 100 Stellplätze. Geöffnet April–September. Via Lungolago, Lido Arezzo, 06061 Castiglione del Lago, 075/951193.

● *Essen & Trinken* **Ristorante/Pizzeria La Cantina**, relativ preiswert. Große Auswahl, auch an lokalen Fischgerichten wie Schleien, Karpfen etc., große Portionen. Menus für 21 €. Mo geschlossen. Via Vittorio Emanuele 93.

Baden: Der Sandstrand beginnt gleich nördlich des Orts *(Lido Arezzo)*. Das Wasser ist extrem seicht, 20 m vom Ufer kann man noch immer stehen. Nach dem Camping Listro folgt ein kleines, dünnes Wäldchen mit einer Steinpromenade. Hier sitzen die Angler. Südlich des alten Stadtkerns setzt sich der Strand mehrere hundert Meter fort *(Lido Comunale)*. Nur am Wochenende, wenn die ganze Familie in der Sonne schmort, ist er überlaufen.

Sehenswertes

Palazzo della Corgna: Im äußerlich etwas heruntergekommenen Renaissance-Palast am Ende des Corso Vittorio Emanuele, teilweise von der Stadtverwaltung in Beschlag genommen, teilweise als Kunstgalerie genutzt, sind in mehreren Sälen noch die originalen Fresken aus dem 16. Jh. erhalten. Besonders beeindruckend sind die restaurierten Gemälde von *Niccolò Circignani, Il Pomarancio* genannt. Die gesamte *Sala dell'Investitura* ist von ihm dekoriert: Geschichten aus dem Leben der Familie della Corgna, denen Papst Julius III. im 16. Jh. die Herrschaft über Castiglione übertrug, Schlachten um Castiglione, Fechtszenen und mythologische Gestalten. Ebenfalls komplett mit Fresken ausgeschmückt, aber nicht restauriert ist die *Sala di Cesare*, in der der manieristische Stil dominiert: Cäsars Vita bis zu seiner Erdolchung, Cleopatra taucht in einer Lünette auf. In der *Sala d'Annibale* schließlich wird auf einem großflächigen Deckengemälde die Schlacht am Trasimenischen See nachgespielt – Inszenierung 16. Jh.

Ein langer Tunnel in der Mauer führt zur mittelalterlichen **Rocca del Leone** (Löwenburg). Der Rundgang auf der Festungsmauer – rund um den als Open-Air-Kino verwendeten Innenhof – ist einfach großartig: eine Vogelperspektive auf den Lago, wie sie die Herzöge della Corgna genossen haben.

Öffnungszeiten/Eintritt April: 9.30–13.00 und 15.30–19.00 Uhr; Mai/Juni: 10.00–13.30 und 16.00–19.30 Uhr; Juli/August: 10.00–13.30 und 16.30–20.00 Uhr; September/Oktober: 10.00–13.30 und 15.30–19.00 Uhr; November–März: Sa/So 9.30–16.30 Uhr. Eintritt 3 €.

San Feliciano

Am verträumten Fischerhafen reicht das Wasser zum Teil bis zur Straße. Es lässt sich leicht ermessen, welche Ausmaße der Trasimenische See einst hatte und wie er zusehends verlandete und verschilfte. Südlich des Orts ist auf den „Feldern" das Schilf in großen Bündeln zum Trocknen aufgestellt. Eine lokale Werkstatt hat sich darauf spezialisiert, Matten zu flechten.

Vielleicht aus der Sorge heraus, dass die Tage des Fischereigewerbes am Lago gezählt sein könnten, wurde in der Via Lungolago (Uferpromenade) ein *Fischereimuseum* eingerichtet. Aber noch flicken die Fischer ihre Netze am Strand, nicht im Museum.

- *Information* **Pro Loco**, im Zentrum an der Durchgangsstraße. Nur im Sommer geöffnet: Mo–Sa 10–13 und 14.30–19.30 Uhr, So 10–12.30 Uhr, ✆/℻ 075/8476027.
- *Übernachten* * **Hotel Da Settimio**, bei der Schiffsanlegestelle. Das Haus ist vor allem wegen seines Restaurants beliebt (s. u.). DZ mit Dusche/WC 62 €. Via Lungolago 1, 06060 San Feliciano, ✆ 075/8476000, ℻ 8476275.
- * **Camping Porto Cervo**, am südlichen Ortsrand – genügend Schatten, klein und gepflegt, am See gelegen! Morgens besorgen die Frösche den Weckdienst. 35 Stellplätze. Geöffnet April–September. ✆ 075/8479303.
- *Essen & Trinken* **Ristorante Da Settimio**, im gleichnamigen Albergo. Im geräumigen Speisesaal zeigt sich die Leidenschaft des Wirts – die Wände hängen voll mit ausgestopftem Federvieh vom See. Viele Fischgerichte frisch aus dem See (z. B. Coregone, Aal). Beliebt sind die frittierten Fische, auch die Fischsuppe ist nicht zu verachten. Do geschlossen. Via Lungolago 1.

Isola Polvese

Die größte Insel im Lago weist eine Fläche von knapp 70 Hektar auf, sie ist weniger bewaldet als die Isola Maggiore, hat aber durchaus ihre Reize. Im Sommer bietet sich nach einem Spaziergang, vorbei an den Überresten menschlicher Siedlungen, ein erfrischendes Bad an der Spaggia an.

Die Insel-Chronik vermerkt im Jahr 1342 um die 500 Einwohner; aufgrund der Malaria im 17. Jh. schrumpfte die Zahl beträchtlich, und 1772 waren gerade noch 80 Einwohner registriert. Heute ist die Isola Polvese unbewohnt. Vom Landungssteg führt der Weg an einer Burgruine mit dem Kirchlein San Giuliano vorbei. Etwas weiter oben steht eine Ruine des 20. Jh., ein verlassener Bauernhof – Zeuge eines Landwirtschaftsprojekts, das sich als unrentabel erwies. Ebenfalls Relikte aus hoffnungsvolleren Zeiten sind eine zinnenbewehrte Villa, die aus den Olivenhainen hervorragt, sowie die Mauerreste des Klosters San Secondo im hinteren Teil der Insel.

Verbindungen 10x täglich ab San Feliciano, Retourticket 4,60 €.

Passignano sul Trasimeno

Der einstige Fischerort an der Hauptverkehrsstraße, die seit Jahrhunderten Umbrien mit der Toscana verbindet, war im Mittelalter ein Zankapfel zwischen Arezzo und Perugia, das sich letztlich die Herrschaft über das Gebiet des Lago Trasimeno erkämpfte – für die Bewohner Passignanos eine leidvolle Geschichte von Plünderungen, Bränden und Schlachten.

Fast gespenstisch wachen die ramponierten Türme der Oberstadt über das pulsierende Leben am Seeufer. Steile Treppen führen ins alte Passignano hinauf. Einzig in ein paar Ecken im unteren Teil der Altstadt, bei der Piazza Garibaldi, zeigt sich Passignano von seiner vitalen Seite.

- *Information* **Pro Loco**, Piazza Trento e Trieste 6 (hinter dem rosafarbenen Rathaus). Leider sehr reduzierte Öffnungszeiten: Do/Fr 16–18.30 Uhr, Sa 10–12.30 und 16–18 Uhr, So 10–12.30 Uhr.
- *Verbindungen* **Bahn**: gute Verbindungen nach Perugia und Assisi–S. Maria degli Angeli (Eisenbahnstrecke Terentóla–Foligno). **Bus**: in beide Richtungen am See entlang. Häufiger wird die Nordstrecke (nach Castiglione del Lago) gefahren.
- *Fest* Meist am letzten Julisonntag findet der traditionelle **Palio delle Barche** statt. Der „Wettlauf der Boote" wird von den vier traditionellen Stadtteilen ausgetragen und macht seinem Namen alle Ehre: Die mittlere der drei Etappen führt quer durch die Altstadt, die Ruderboote werden geschultert und im flotten Lauf durch die Straßen getragen.
- *Übernachten* *** **Hotel Trasimeno**, Seestraße. Relativ neuer Bau, von der Hauptstraße etwas zurückversetzt und daher ruhig. Mit hoteleigenem Parkplatz. Freundli-

cher Besitzer, der sich rund um den Lago Trasimeno hervorragend auskennt. DZ 55–75 €. Via Roma 16/A, 06065 Passignano sul Trasimeno, ✆ 075/829355, ℻ 829267, info@hoteltrasimeno.com.

• *Essen & Trinken* **Trattoria del Pescatore**, Hübsche Plätze unter dem dichten Blätterdach, das die Gasse überspannt. Fischspezialitäten vom Lago Di geschlossen. Via San Bernardino 5.

Isola Maggiore

Der Ausflug lohnt wirklich, auch wenn das beinahe schon legendäre Schloss Isabella nicht mehr zu besichtigen sein sollte. Die einzige noch bewohnte Insel im Lago Trasimeno ist von Tuoro nach 10-minütiger Überfahrt erreicht. Üppiges Grün empfängt den Besucher, weiter oben erstrecken sich Olivenhaine.

An der Anlegestelle liegt das einzige Dorf, eine Reihe einfacher Steinhäuser. Jedes hat seinen eigenen kleinen Kanal bis vor die Haustür – Autos gibt es keine. Vor den Häusern sitzen die Männer und flicken Fischreusen. Die Frauen sitzen bei Klöppelarbeiten, die im kleinen Pavillon am Landungssteg verkauft werden. Ihr Spitzenprodukt ist der *Pizzo d'Irlanda*, gefertigt in einer um die Jahrhundertwende von einer irischen Meisterin eingeführten Klöppeltechnik.

Ein schattiger Fußweg führt vom Süden des Dorfes zur **Klosterkirche San Francesco** aus dem 14. Jh., die naturliebenden Mönche haben vor dem Eingang Palmen und andere heute von Efeu umrankte Bäume gepflanzt. Hier, an der Nordseite, ist die Insel besonders üppig grün. 1890 wurde das Kloster mitsamt Kirche in das **Schloss Isabella** des Marchese *Giacinto Guglielmi* integriert. Seit 1999 ist das fürstliche Anwesen offiziell nicht mehr zugänglich.

Öffnungszeiten/Eintritt 10.30–13 und 15–18 Uhr. Das Kircheninnere (Fresken) ist eintrittspflichtig. Zusammen mit dem winzigen Museo Merletto (Spitzenklöppeleien) bei der Informationsstelle 2,60 € oder im Sammelticket „Museo Aperto" (Città della Pieve, Panicale, Castiglione del Lago, Isola Maggiore) für 6,20 €.

• *Verbindungen* 10x pro Tag ab Tuoro für 4,30 €; noch häufiger ab Passignano für 5,70 €, weniger häufig ab Castiglione für 6,20 € (Preise jeweils hin und zurück)..

• *Übernachten/Essen* *** **Albergo/Ristorante da Sauro**, am Ende der Dorfstraße. Einziges Hotel auf der Insel, daneben gleich ein Badestrand. Ein überaus freundlicher Familienbetrieb in traumhafter Lage und obendrein preiswert. Im Erdgeschoss geräumiger Speisesaal DZ 60–60 €, auch 4-Bett-Zimmer im Angebot. Halbpension 45–50 €/Person. 12 Zimmer. Restaurant Mi geschlossen.
Reservierung dringend empfohlen, an Wochenenden oft von Perugianern ausgebucht. Via Guglielmi 1, 06060 Tuoro s. T. – Isola Maggiore, ✆ 075/826168, ℻ 825130.

Baden: Um die Insel zieht sich ein breiter Schilfgürtel. Baden kann man an einigen Stellen, wo Felsen dem oft alles überwuchernden Schilf keine Chance bieten. Die besten Plätze findet man hinter dem Albergo da Sauro.

Città della Pieve
ca. 7400 Einwohner

Landeinwärts, etwa 25 km vom Lago Trasimeno entfernt auf einer Anhöhe über dem Val di Chiana, liegt der alte Bischofssitz der trasimenischen Region. Die gesamte Altstadt besteht aus unverputzten, roten Ziegelsteinbauten – ein ungewohntes und überaus eindrucksvolles Bild.

In Città della Pieve wurde 1445 *Pietro Vannucci* geboren, der unter dem Namen *Perugino* Kunstgeschichte machte. Er war der große Meister der umbrischen Schule und Lehrer Raffaels, des Klassikers der Hochrenaissance.

Werke von Perugino sind nicht nur im *Dom*, sondern auch in der *Kirche Santa Maria dei Servi*, im *Oratorium Santa Maria dei Bianchi* sowie in der *Kirche San Pietro* zu sehen. Die Besichtigung der Gemälde lässt sich ideal mit einem kleinen Stadtrundgang verbinden – aber aufgepasst: Von 12.30–15.30 Uhr hält der Meister Siesta; sämtliche Kirchen sind dann geschlossen.

- *Information* Via Vittorio Veneto 4. Geöffnet Mai–Oktober: 9.30–13 und 16–19.30 Uhr; November–April: 10–12.30 und 15.30–18 Uhr. ✆ 0578/299375.
- *Verbindungen* **Bus** zum ca. 10 km entfernten Bahnhof von Chiusi-Scalo (Strecke Florenz–Rom).
- *Übernachten* ***** Hotel Vannucci**, nach einem kompletten Umbau hat die einstige Villa Mirafiori 2005 unter neuer Regie wiedereröffnet. Sämtliche Zimmer sind neu eingerichtet, alle mit Airconditioning, Minibar, Safe und Internet-Anschluss. Via Icilio Vanni 1, 06062 Città della Pieve, ✆ 0578/298063, 297054, www.hotel-vannucci.com.
- *Essen & Trinken* **Ristorante Da Bruno**, alteingesessene Adresse für gute umbrische Küche in gepflegtem Interieur. Mo geschlossen. ✆ 0578-298108.

Sehenswertes

Kathedrale: Der lokale Tourismus-Prospekt beschreibt den Sachverhalt freundlich: „Von der Romanik bis zum Neoklassizismus sind hier alle wichtigen Baustile vorhanden." Prunkstück der Kathedrale ist die über dem Hauptaltar thronende *Madonna mit Heiligen* von Perugino Auf einer Terrasse stehen Petrus und Paulus, flankiert von zwei Standartenträgern, Gervasius und Protasius, den Schutzheiligen der Stadt, denen die Kathedrale gewidmet ist. Über dem heiligen Quartett und über der angedeuteten umbrischen Landschaft schwebt auf einer zarten Wolke Maria mit Kind. An der Terrassenmauer ist das Gemälde datiert: 1504.

Ein weiteres Perugino-Gemälde findet man in der ersten Seitenkapelle links: die *Taufe Christi*; an der Wand daneben schaut unter der roten Mütze ein skeptischer Perugino den Besucher an. Das berühmte Selbstporträt ist hier lediglich Kopie, das Original ist Teil eines Freskos im Collegio del Cambio, Perugia.

Oratorium der Santa Maria dei Bianchi: Das kleine Oratorium beherbergt ein Meisterwerk von Perugino: *Die Anbetung der Könige*. Auf einem Schemel sitzt unter einer klassizistischen Holzüberdachung Maria, zu der das Volk, Hirten und Ritter, zusammenströmen. Die in sehr zarten Farben gehaltene Szene spielt vor dem Hintergrund der umbrischen Landschaft mit dem Trasimenischen See.

Öffnungszeiten/Eintritt Mai: Fr–So 9.30–13 und 15.30–19 Uhr; Juni–September: tägl. 9.30–13 und 15.30–19 Uhr; Okt.–April: Fr–So 10–12.30 und 15.30–18 Uhr. Sammelticket „Museo diffuso" für 4 €: Oratorium, Palazzo della Corgna, Kirche San Pietro, Kirche Santa Maria dei Servi.

Perugia

ca. 157.000 Einwohner

Die Hauptstadt Umbriens präsentiert sich als moderne Großstadt in uraltem Kleid. Dicht gedrängt stehen die Häuser des historischen Zentrums auf einer 500 Meter hohen Hügelgruppe: viel treppauf, treppab, tiefe Straßenschluchten, düstere Gassen. Ganz oben lockt die ausladende, sonnige Piazza IV Novembre mit dem Fonte Maggiore als Schmuckstück; sie geht über in die Flanierzone des Corso Vannucci mit seinen noblen Läden und Straßencafés. Am anderen Ende des Corso, an der Piazza Italia, öffnet sich ein weiter Blick ins Tibertal.

Perugia ist lebendig, jugendlich und hat dank der vielen ausländischen Studenten auch internationales Flair. Die Stadt ist Sitz der *Università per Stranieri*, in der Studienanfänger aus aller Herren Ländern Italienisch lernen und ein Sprachexamen ablegen können. Während der Sommerferien belegen zusätzlich mehrere tausend Gäste Kurse in Italienisch, aber auch in anderen Disziplinen wie Kunstgeschichte oder Etruskologie.

Information/Verbindungen/Diverses

• *Information* **A.P.T.-Büro**, Piazza IV Novembre 3. Ausführliches Informationsmaterial über Perugia und Umgebung. Öffnungszeiten: Mo–Sa 8.30–13.30 und 15.30–18.30 Uhr, So 9–13 Uhr. ☏ 075/5736458.

• *Verbindungen* **Bahn**: Züge nach Spoleto, Terni und Rom. Mit Umsteigen in Teróntola nach Orvieto und – z. T. ebenfalls mit Umsteigen in Teróntola – nach Arezzo und Florenz. Der Hauptbahnhof Fontivegge liegt an der Piazza V. Veneto, ca. 1 km außerhalb der Stadtmauer im Süden; von da aus gelangt man problemlos mit Stadtbussen ins Zentrum.

Bus: Für Fahrten nach Assisi (ca. 8x täglich) und nach Gubbio (ca. 10x täglich).

Eine elektronische Fahrplanauskunft befindet sich am oberen Ausgang der Rolltreppe unter den Arkaden des Palazzo della Provincia, eine weitere am Busterminal an der Piazza dei Partigiani.

• *Parken* Direkt außerhalb der Stadtmauer wurden an verschiedenen Stellen Parkplätze angelegt, teils unbewacht und gebührenfrei, mehrheitlich bewacht gegen Gebühren. Einige Plätze sind rund um die Uhr bewacht, andere nur von 6–22 Uhr. Empfehlenswert sind die Parkhäuser bzw. Parkplätze an der **Piazza Partigiani** im Süden (24-Std.-Bewachung) und am **Piazzale Europa**, da man von ihnen aus mit der Rolltreppe bequem ins Zentrum gelangt.

• *Feste/Veranstaltungen* **Umbria Jazz**, im Juli. Das bekannteste Jazzfestival Italiens. Eröffnungskonzert in Terni, alle anderen Abende in Perugia auf verschiedenen Bühnen und Plätzen, z. T. freier Eintritt.

Übernachten (siehe Karte S. 697)

*** **Hotel Fortuna (5)**, zentrale Lage. Vom dunklen Gässchen ins Entree und mit dem Lift hoch ins helle Zimmer, teils mit Balkon und Blick ins Grüne. Einzelne Terrässchen im verwinkelten Bau – kaum zu glauben, welch freundliche Seite sich hinter Perugias düsterstem Winkel auftut. DZ 60–133 €. Via Bonazzi 19, 06123 Perugia, ☏ 075/5722845, ✆ 5735040, fortuna@umbriahotels.com.

** **Hotel Rosalba (8)**, ebenfalls außerhalb der Stadtmauer und noch näher an der Rolltreppe zur Piazza Italia als das Iris. DZ mit Dusche/WC 65-70 €. Das rostrot-orange Haus ist ein ausgesprochen freundlicher Familienbetrieb. Via del Circo 7, 06121 Perugia, ☏/✆ 075/5720626.

** **Hotel Eden (6)**, unterhalb der Piazza Italia, in der 3. Etage. Angenehm eingerichtete Zimmer verschiedener Größe, alle mit Dusche/WC, die meisten mit TV. Freundlicher Empfang. DZ 60 €. Via Cesare Caporali 9, 06100 Perugia, ☏ 075/5728102, ✆ 5720342.

* **Hotel Etruria (4)**, saubere, preiswerte und obendrein geräumige Zimmer mit ebenso

geräumigem Bad in zentraler Lage. DZ mit Dusche/WC 54 €, ohne 44 €. Via della Luna 21, 06121 Perugia, ℡ 075/5723730.
• *Jugendherberge* **Spagnoli**, in einem öffentlichen Park außerhalb der Stadt, 700 m vom Bahnhof Fontivegge entfernt. Via Cortonese 4, Loc. Pian di Massiano. ℡ 075/5011366, ℻ 5026805, www.umbriahostels.org.
• *Camping* Zwei Plätze liegen ca. 8 km außerhalb, oberhalb von Fontana (westlich der Stadt, Richtung Lago Trasimeno). Beide in sehr schöner Lage, von viel Grün umgeben, an den Hängen des „Dreifaltigkeitshügels" (Colle della Trinità). Busverbindung: Nr. 36 ab Piazza Italia. Bus fährt nur bis Olmo; von dort noch ca. 2–3 km zu Fuß.
*** **Camping Paradis d'Eté**, von der Hauptstraße ca. 3,5 km bergauf. 50 Stellplätze. Ganzjährig geöffnet. Via del Mercato 29A – Str. Fontana, 06074 Loc. Colle della Trinità, ℡ 075/, ℻ 5176056.
** **Camping Il Rocolo**, ca. 300 m oberhalb der Hauptstraße. 100 Stellplätze. Geöffnet April–Mitte Oktober. Str. Fontana 1/N, 06074 Loc. Colle della Trinità, ℡/℻ 075/5178550.

Essen & Trinken

Ristorante Il Falchetto (2), hinter der Kathedrale. Eines der empfehlenswerten Lokale der Stadt. Reiche Auswahl an vorzüglichen Spezialitäten – u. a. leckere Vorspeisen, z. B. Fischsalat mit kleinen Kraken, Muscheln etc. Das Menü ca. 25 €. Mo geschlossen. Via Bartolo 20.

TIPP! **Ristorante Dal Mi'Cocco (1)**, groß, relativ neu, mit rustikalem Touch. Hier werden ausschließlich traditionelle, zum Teil wieder entdeckte Peruginer Gerichte serviert. Das Tagesmenü besteht aus 4 reichlichen Gängen, die kaum zu bewältigen sind. Dazu wird warmes, selbst gebackenes Brot gereicht oder „la Schiacciata", eine spezielle Zwiebelpizza auf trasimenische Art, sowie ein guter roter Tischwein. Wenn das Essen etwas weniger lauwarm serviert würde, wäre unsere Begeisterung noch größer. Menü mit Getränken (Wein, Vinsanto und Café) ca. 13 €. Junges, studentisches Publikum. Reservierung empfohlen. Mo geschlossen. Corso Garibaldi 12, ℡ 075/5732511.

Ristorante/Pizzeria Il Cantinone (3), vor dem Dom links hinunter. Gemütliche Atmosphäre im Kellergewölbe. Aufmerksamer, unaufdringlicher Service. Durchschnittliche Preise. Die Portionen sind nicht groß, Heißhungrigen sei deshalb ein Antipasto empfohlen. Im Sommer Außenbetischung in angenehm ruhiger Nebenstraße. Di geschlossen. Via Ritorta 6.

Osteria del Ghiottone (7), nur wenige Tische. Mit Haut und Haar der umbrischen Küche verpflichtet. Di geschlossen. Via Cesare Caporali 12.

Sehenswertes

Natürlich die Stadt als Ganzes mit ihren mittelalterlichen Toren, Palästen, Kirchen und Bogengängen – jeder Spaziergang im romantischen, mittelalterlichen Gewirr der Gassen und Treppen verheißt neue Entdeckungen.

Große Kunstwerke wurden, mit Ausnahme der *Fontana Maggiore* und der Malereien von *Perugino*, in Perugia wenige geschaffen. Die Stadt war die meiste Zeit damit beschäftigt, die umliegenden Gemeinden und Burgherren unter dem Joch zu halten und sich gegen übermächtige Feinde zu verteidigen.

Dom San Lorenzo: ein gutes Beispiel für die typische halbfertige Bauart, die man in Perugia häufig antrifft – von 1345 bis 1490 (!) wurde am Kirchenbau gewerkelt. Die Fassade sollte ursprünglich vollständig mit Marmor verkleidet werden. Außer einem kümmerlichen Anfang wurde nichts daraus. Ein Schmuckstück hingegen ist die kleine Steinkanzel rechts vom Eingang. Sie wurde eigens für den heiligen Bernardin von Siena gebaut, der 1425 von hier aus die Bürger der Stadt segnete. Das Ereignis ist auf einem Glasfenster in der ersten Seitenkapelle rechts festgehalten. In einer weiteren Seitenkapelle, ebenfalls rechts, hat *Luca Signorelli* eine Madonna mit zwei Heiligen hinterlassen, einer – nur dürftig bekleidet, ausgemergelt und langhaarig – ist der Eremit Onofrius.

Perugia

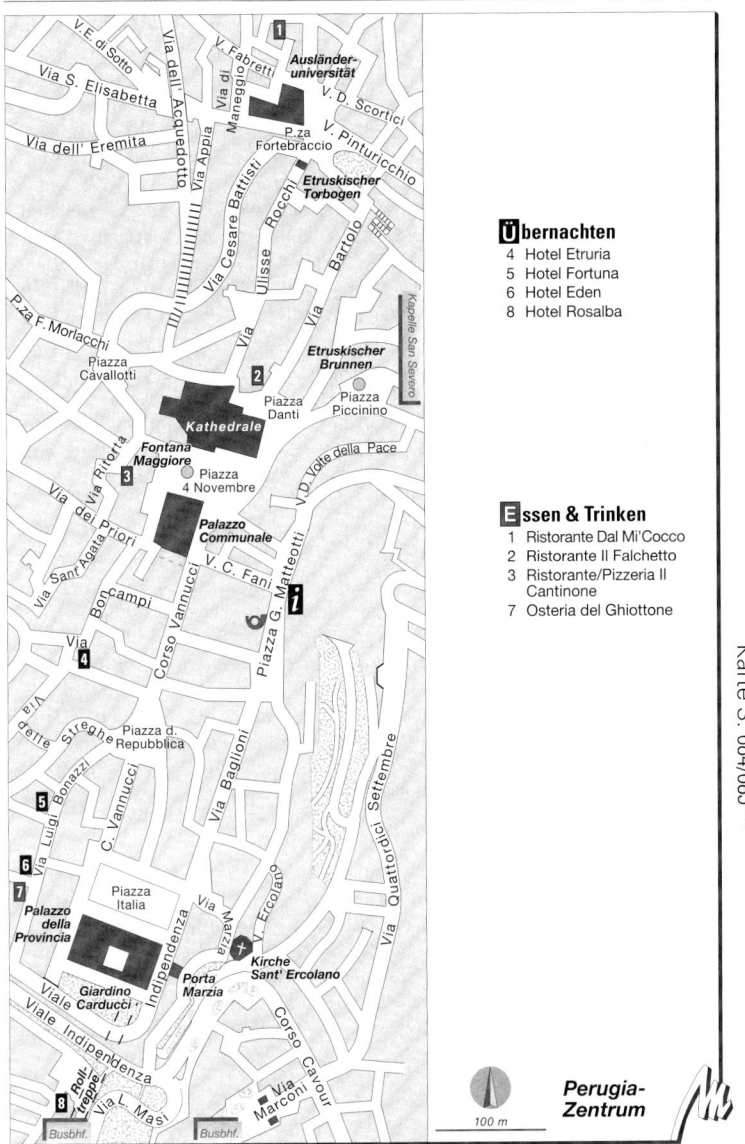

Umbrien Karte S. 684/685

Ü bernachten
4 Hotel Etruria
5 Hotel Fortuna
6 Hotel Eden
8 Hotel Rosalba

E ssen & Trinken
1 Ristorante Dal Mi'Cocco
2 Ristorante Il Falchetto
3 Ristorante/Pizzeria Il Cantinone
7 Osteria del Ghiottone

Perugia-Zentrum

Fontana Maggiore: Der prächtige, dreistöckige Marmorbrunnen vor der Kathedrale, der sich vom dunkelgrauen Stadtbild abhebt, wurde 1275 vom Architekten *Fra Bevignate* für den einstigen Marktplatz entworfen, die Reliefs stammen von *Niccolò Pisano* und seinem Sohn Giovanni, den berühmtesten Bildhauern seiner Zeit.

Das untere Becken ist ein von Säulen gegliedertes 25-Eck, wobei jede Seite durch eine weitere Säule halbiert wurde, sodass insgesamt 50 Felder für 50 fein gearbeitete Flachreliefs entstanden, die das Auge zur Entdeckungsreise anregen: Darstellungen aus der Bibel, aus der Literatur (Äsop), Zyklus der zwölf Monate, Allegorien auf Wissenschaft und Künste u. a. Das mittlere Becken basiert auf einem von Statuetten gegliederten 24-Eck, wobei jede zweite Ecke gleichsam nach innen geklappt ist. Der unterschiedliche Aufbau der beiden polygonalen Becken (25-Eck und 24-Eck) verhindert, dass die Statuetten des mittleren Teils exakt über den Säulen des unteren Teils zu stehen kommen und erzeugt damit eine gewisse Dynamik. Die Statuetten stellen schicksalsentscheidende Persönlichkeiten der Stadt dar, Gestalten aus dem Alten Testament sowie die Nymphen des Trasimenischen Sees. In der obersten Etage wird die Fontana Maggiore von drei in Bronze gegossenen Wasserträgerinnen gekrönt.

Umbrische Nationalgalerie *(Galleria Nazionale dell'Umbria)*: im 3. Stock des Palazzo Comunale. Hier ist die umfangreichste Sammlung umbrischer Kunst untergebracht. Während im 15. Jh. in Florenz die Renaissance erblühte, befand sich in Umbrien die Malerei noch im mystischen Mittelalter. Die größten Meister dieser Zeit waren *Piero della Francesca, Benozzo Gozzoli* und *Pietro Vannucci*, heute unter dem Namen *Perugino* bekannt, der Vorgänger und Lehrer von Raffael.
Öffnungszeiten/Eintritt 8.30–19.30 Uhr, in der Hochsaison Samstagabend bis 23 Uhr. Am 1. Mo im Monat geschlossen. Eintritt 6,50 €.

Kapelle San Severo: in der Nähe des Etruskischen Brunnens (s. u.) und von dort aus ausgeschildert. Die Kapelle gehört zu einem ehemaligen Camaldulenserkloster und behütet Umbriens einziges Fresko von *Raffael*, die Trinität Gottes (Gottvater ist nicht mehr erhalten), von fünf Heiligen umgeben. Als dritter von rechts wird Romualdo porträtiert, Begründer des Camaldulenserordens und Auftraggeber des Freskos. Erst nach dem Tod des Meisters – er starb mit 37 Jahren – fügte 1521 sein damals bereits 76-jähriger Lehrer *Perugino* unten eine Reihe von weiteren sechs Heiligen hinzu.
Öffnungszeiten/Eintritt April–Oktober 10–13.30 und 14.30–18.30 Uhr; November–März 10.30–13.30 und 14.30–16.30 Uhr (Sa/So bis 17.30 Uhr). Eintritt 1,80 € oder Sammelticket (Etruskischer Brunnen/Kapelle S. Severo/Museum der Mauern und Tore) 2,50 €.

Etruskischer Brunnen: In der Nähe des Doms, auf der malerischen *Piazza Piccinino*, steht der vermutlich älteste Brunnen Perugias. Er ist etruskischen Ursprungs (4.–3. Jh. v. Chr.), 36 m tief und wird von kräftigen Wasseradern gespeist. Der Eingang zur unterirdischen Besichtigung befindet sich an der Piazza Danti 18. Aus halber Höhe kann man hier die Einfassung des Brunnens (16. Jh.) betrachten. In antiker Zeit wurde das Wasserschöpfen durch an ein Seil geknüpfte Eimer durchgeführt. Der Brunnen zeigt deshalb an der Innenseite der Tuffsteinquader starke Schleifspuren.
Öffnungszeiten/Eintritt Wie Kapelle S. Severo (s. o.). Eintritt 1,80 € oder Sammelticket (Etruskischer Brunnen/Kapelle S. Severo/Museum der Mauern und Tore) 2,50 €. Maximal 8 Besucher dürfen sich gleichzeitig auf der nassen, unterirdischen Treppe aufhalten.

Museum der Mauern und Tore von Perugia *(Museo delle Mura e delle Torre di Perugia)*: Das in der Porta Sant'Angelo untergebrachte Museum zeigt auf drei Etagen Modelle der verschiedenen historischen Stadtummauerungen (etruskisch, mittelalterlich, Renaissance) sowie Modelle einiger Stadttore, aus Toren und Mauern gerettetes Originaldekor sowie zahlreiche Fotos. Wesentlich interessanter als die Aus-

stellung ist das Panorama, das man oben von den Zinnen genießt – eine bessere Aussicht auf die Stadt und das hügelige Umland findet man nirgends in Perugia.
Öffnungszeiten/Eintritt April–Oktober 10.30–13 und 15.30–18.30 Uhr; November–März: 10.30–16.30 Uhr. Eintritt 1,80 € oder Sammelticket (Etruskischer Brunnen/Kapelle S. Severo/Museum der Mauern und Tore) 2,50 €.

Assisi
ca. 26.200 Einwohner

Hellrot liegt die Stadt des heiligen Franz an den Hängen des Monte Subasio. Den besten Blick hat man von unten, bei der Anfahrt von Santa Maria degli Angeli aus. Über der Stadt thront stolz die mittelalterliche Rocca Maggiore und vor ihr, auf riesigen Stützpfeilern, der Franziskanerkonvent mit der doppelten Basilika.

Vor fast 800 Jahren gründete Franz von Assisi den später nach ihm benannten Franziskanerorden. Dem Heiligen verdankt die Stadt ihre heutige Größe und einige Kirchen aus dem roten Subasiostein, die zu seinen Ehren gebaut wurden. Den mystisch-religiösen Hauch wird man in Assisi nicht so leicht los, der heilige Franziskus empfängt in seiner Gruft den katholischen Tourismus busladungsweise.

Doch gibt es in Assisi noch einiges mehr zu sehen – nicht zuletzt die mittelalterliche Altstadt selbst, die dem, der sich nicht scheut, die engen Seitengassen und Treppen bergauf, bergab zu gehen, immer wieder überraschende Ansichten und Ausblicke bietet.

Information/Verbindungen/Diverses

- *Information* **A.P.T.-Büro**, Piazza del Comune. Öffnungszeiten: Mo–Fr 8–14 und 15–18 Uhr, Sa 9–13 und 15–18 Uhr, So 9–13 Uhr. ✆ 075/812534, ℻ 813727, info@iat.assisi.pg.it.
- *Verbindungen* **Bahn**: Der Bahnhof liegt ca. 4 km weiter unten im Tal, in S. Maria degli Angeli, gute Bahnverbindung nach Perugia. Busse zum Bahnhof im 30-Minuten-Takt (Bushaltestellen Piazza Matteotti, Largo Properzio und Piazza Unità d'Italia).
- **Bus**: Gute Verbindungen nach Perugia, Gubbio, Città di Castello. Abfahrt am Largo Properzio oder an der Piazza Unità d'Italia.
- *Parkplätze* Mehrere Parkplätze unterhalb der Stadt, zum Teil auch gebührenfrei, von den untersten fährt ein Pendelbus ins Zentrum. Gebührenpflichtig und zentrumsnah sind die Parkplätze unterhalb des Largo Properzio (Rolltreppe) und an der Piazza Matteotti.

Übernachten (siehe Karte S. 700/701)

- *** **Hotel Umbra (3)**, unterhalb der Piazza del Comune. 25 Zimmer, zum Teil mit kleinem Balkon und Blick auf die Stadt. DZ 96–125 €. Via degli Archi 6, 06081 Assisi, ✆ 075/812240, ℻ 813653, humbra@mail.caribusiness.it.
- ** **Hotel Posta e Panoramic (1)**, restauriertes Gebäude in zentraler Lage. Nach hinten Panorama-Zimmer mit Ausblick auf die Ebene, zwei Häuser weiter das relativ preiswerte Hotelrestaurant. DZ 57–62 €. Via S. Paolo 17, 06081 Assisi, ✆ 075/816202, ℻ 812558, postph@libero.it.
- * **Hotel Anfiteatro Romano (4)**, etwas abseits vom Rummel, aber sehr hübsche und ruhige Lage in den Ruinen des römischen Amphitheaters – unsere Low-Budget-Empfehlung. DZ mit Dusche 47 €, ohne 37 €. Via Anfiteatro Romano 4, 06081 Assisi, ✆ 075/813025, ℻ 815110.
- **Jugendherberge Fontemaggio**, gleich neben dem Campingplatz Fontemaggio und in selber Regie, von der Stadtmauer aus zu Fuß in ca. 10 Minuten über einen schön bewachsenen Weg erreichbar. Übernachtung ca. 20 €, kein IYHF-Ausweis nötig. Via S. Rufino Campagna 8, Loc. Fontemaggio, 06081 Assisi, ✆ 075/813636, ℻ 813749.
- ** **Camping Fontemaggio**, Adresse wie Jugendherberge (s. o.), von der Stadtmauer

Assisi

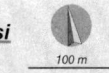

Basilica di San Francesco

Pinakothek

P.za Unità d'Italia
P.za S. Pietro
P.tta Garibaldi

Via Fr. Elia
Via San Francesco
Via Metastasio
Via Fontebella
Via A. Fortini
Via S. Paolo
Viale G. Marconi
Borgo San Pietro
Via Degli Ancajani
Via Cristofani
Via S. Apollinare
Viale Vittorio

Für Hotelreservierung

Perugia, Camping Internazionale
S. maria degli Angeli

100 m

Übernachten
1. Hotel Posta e Panoramic
3. Hotel Umbra
4. Hotel Anfiteatro Romano

Essen & Trinken
2. Buca di S. Francesco
5. Osteria Pozzo della Mensa
6. Pizzeria dal Carro

Rocca Maggiore

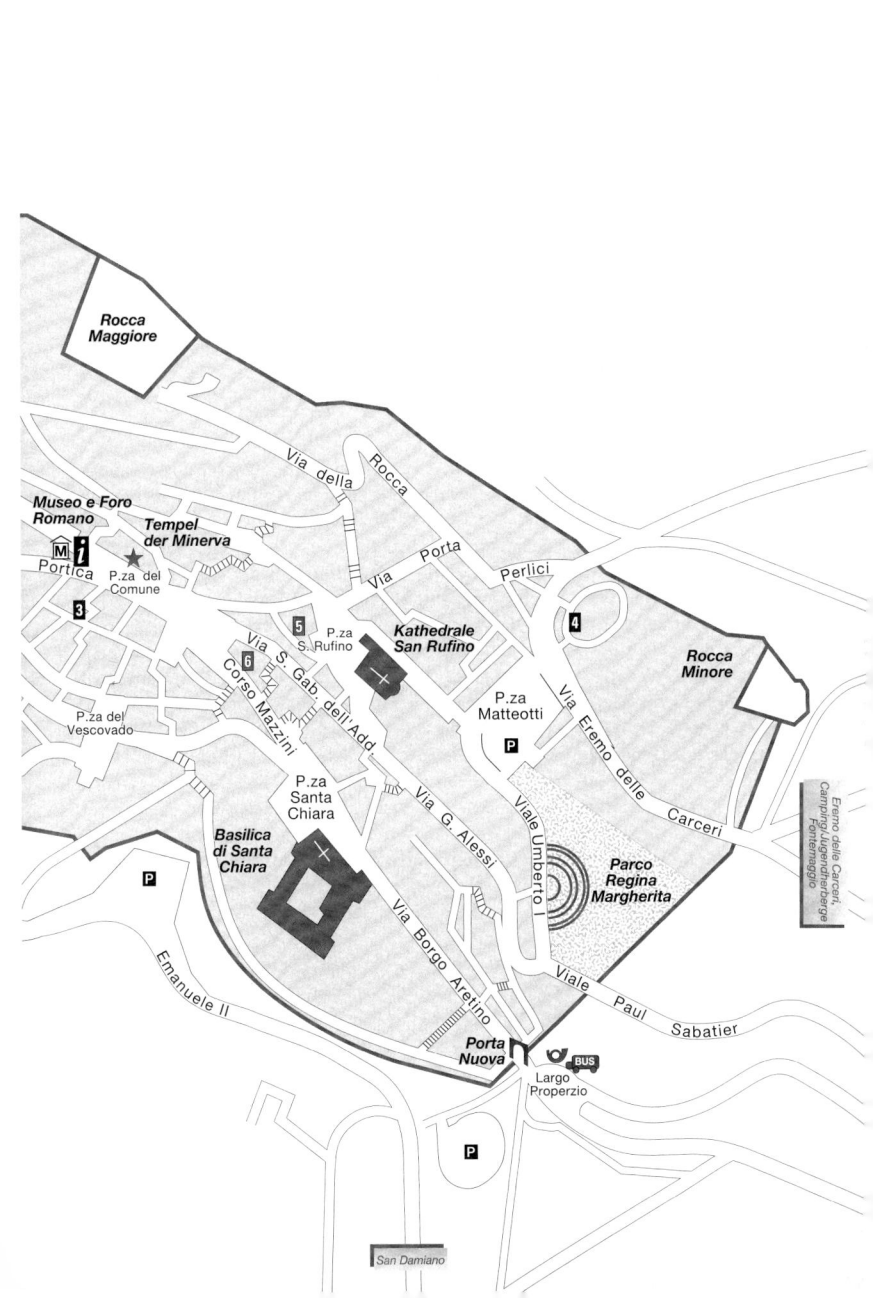

Museo e Foro Romano

Tempel der Minerva

Portica

P.za del Comune

3

5 P.za S. Rufino

Kathedrale San Rufino

4

Rocca Minore

P.za del Vescovado

Via S. Gab. dell'Add

Corso Mazzini

6

P.za Matteotti

P.za Santa Chiara

Basilica di Santa Chiara

Via G. Alessi

Via Borgo Aretino

Viale Umberto I

Parco Regina Margherita

Via della Rocca

Via Porta Perlici

Via Eremo delle Carceri

Eremo delle Carceri, Camping/Jugendherberge Fontemaggio

Emanuele II

Porta Nuova

Largo Properzio

BUS

Viale Paul Sabatier

San Damiano

aus zu Fuß in ca. 10 Minuten über einen schön bewachsenen Weg erreichbar. Schöne Hanglage mit Blick ins Tal, größtenteils schattig, terrassenförmig angelegt. Die sanitären Anlagen wurden 2002 komplett renoviert.. Ca. 250 Stellplätze. Ganzjährig geöffnet. Via S. Rufino Campagna 8, Loc. Fontemaggio, 06081 Assisi, ✆ 075/813636, ✆ 813749.

Essen & Trinken (siehe Karte S. 700/701)

Buca di San Francesco (2), Nähe Piazzetta Garibaldi, im Souterrain eines alten Palastes (12. Jh.). Eines der besten Lokale Assisis und für das Gebotene preiswert. Spezialitäten sind Agnello alla brace, Filetto al Rubesco di Torgiano, Asce francescano ... Bei einem mittleren Menü kommt man auf ca. 35 €. Mo geschlossen. Via Brizi 1.

Osteria Pozzo della Mensa (5), im Gemäuer versteckt, abends weisen Öllichter den Weg zum Lokal. Mittags empfehlenswerte Tagesgerichte. Jugendlich-dynamische Bewirtung in angenehmer Atmosphäre. Mi geschlossen. Via del Pozzo della Mensa 11b.

Pizzeria dal Carro (6), zwischen Piazza del Comune und S. Chiara. Preisgünstig und zentral. Wenn man sich einmal mit dem hellen Saal angefreundet hat, in dem jeder und jede jeden und jede sieht, lässt sich's ungeniert speisen. Geeignet auch für größere Gruppen (Biertische). Fröhliche Bewirtung. Mi geschlossen. Vicolo dei Nepis 2.

Sehenswertes

Basilica di San Francesco: Die Franziskus-Basilika besteht aus zwei übereinander gebauten Kirchen. Obwohl dieser Aufwand dem Prinzip der Armut, das Franz predigte, widersprach, bestand *Fra Elia*, einer der frühen Gefolgsleute des Heiligen und angeblich Architekt der Basilika, auf der Errichtung des Doppelbaus. Die Grundsteinlegung fand 1228 statt, ein Tag nach der Heiligsprechung des Franz von Assisi. Die **Oberkirche** war für Andachten geplant, ist reinste Gotik und birgt in ihrem Inneren Fresken der berühmten Maler *Cimabue* und *Giotto*. Eine Reihe von 28 Fresken, die das Leben des heiligen Franziskus schildern, wird Giotto zugeschrieben, doch wirken sie im Vergleich zu seinen anderen Werken etwas zu surrealistisch. Neueren Forschungen zufolge kommt auch Giottos Lehrer *Pietro Cavallini* als Urheber in Betracht. Die Predigt des heiligen Franz zu den Vögeln in der Nähe des Eingangs hingegen ist mit Sicherheit Giottos Werk. Über dem berühmten Freskenzyklus sind in der Fensterzone – jeweils zwei Darstellungen übereinander – an der rechten Wand Szenen aus dem Alten Testament, an der linken Wand Szenen aus dem Neuen Testament zu sehen. Beide Zyklen beginnen jeweils beim Querschiff, wobei zuerst die obere Reihe der ganzen Länge nach, erst dann die untere zu lesen ist, sofern man die Chronologie beachten will. Außerdem findet man in der Oberkirche zwei schöne Arbeiten von *Pietro Lorenzetti* („Madonna mit Kind", „Jesus verlässt das Kreuz").

Die **Unterkirche**, romanisch und wesentlicher dunkler als die Oberkirche, ist vollständig mit Fresken ausgeschmückt. Auch hier werden einige Fresken *Cimabue*, andere *Giotto* zugeschrieben. Bemerkenswert ist die *Kapelle des Antonius von Padua*. Die Episoden aus dem Leben des Heiligen entstanden erst im 17. Jh. und zeigen den „Fortschritt" in der Malerei: mehr Bewegung, plastische Darstellung.

Von der Mitte des Längsschiffs führen zwei Treppen hinunter zur *Krypta*. Gebetsgemurmel empfängt den Besucher beim Eintritt, sodass es ihm, je nach Veranlagung, mystisch oder mulmig zumute wird. Hier wurde 1230 der heilige Franziskus beigesetzt. Die heutige schlichte Ausgestaltung der Krypta, in der neben dem Stadtheiligen in bescheidenen Grabnischen auch vier seiner Weggefährten ihre letzte Ruhe fanden, stammt aus den Jahren 1926–30.

Basilica di Santa Chiara: Neben Franziskus führt die zweite Stadtheilige von Assisi fast ein Schattendasein. Die ihr geweihte Basilika hat keine so großen Kunstwerke vorzuweisen wie der Franziskanerkonvent – eine stille, andachtsvolle Atmosphäre herrscht hier vor.

In einer Nebenkapelle hängt eine der meistverehrten Franziskus-Reliquien: das Christuskreuz, das mit Franz gesprochen und ihm den Auftrag übermittelt haben soll, die Kirche wieder auf den richtigen Weg zu führen (→ Assisi/Umgebung, San Damiano).

Kathedrale San Rufino: Der Dom zu Ehren des ersten Bischofs von Assisi, der im 3. Jh. als Märtyrer starb, stammt aus dem 12. Jh. Seine romanische Fassade verdient sowohl wegen der Skulpturen über dem Hauptportal als auch wegen ihrer Rosetten Beachtung. Im Inneren dominiert Barock, da der gesamte Komplex im 16. Jh. umgestaltet wurde und im 17. Jh. eine teilweise neue Ausstattung bekam.

Das Gewölbe der *Krypta* wurde in den 1990er Jahren saniert. Im Geviert über dem Sarkophag, in dem der heilige Rufinus begraben lag, sind noch Reste von Fresken auszumachen. Vom Ende der Krypta führt ein Kanal zu einer *römischen Zisterne* aus dem 1. Jh. n. Chr. Bei der Restaurierung der vom Erdbeben 1997 lädierten Kirche hat man teilweise den Boden mit Glasplatten versetzt, um die römischen Reste sichtbar zu machen. Das viereckige antike Wasserreservoir befindet sich links des Eingangs. Im Kirchenkomplex wurde ein kleines *Museum* eingerichtet: drei Säle mit Kapitellen einer früheren Basilika aus dem 11. Jh. und Fresken der Giotto-Schule.

Öffnungszeiten/Eintritt Krypta und Museum: Mitte März–Mitte November: 10–13 und 15–18 Uhr; Mitte November–Mitte März: 10–13 und 15–17 Uhr (Sonntagvormittag geschlossen. Eintritt inkl. Kreuzgang 3 €.

Tempel der Minerva: inmitten der mittelalterlichen Bauten an der *Piazza del Comune*. Neben dem Bürgerturm aus dem frühen 14. Jh. wirkt der kleine antike Tempel leicht deplatziert. Der schmucke Heidentempel mit seinen sechs korinthischen Säulen wurde vermutlich bereits im 16. Jh. christianisiert – zur *Santa Maria Sopra Minerva*, der kleinen Barockkirche, wie sie sich dem Besucher Besucher heute präsentiert.

Assisi/Umgebung

Eremo delle Carceri *(Einsiedelei):* Ein Kleinod in idyllischer Lage – 3,5 km von Assisi in einem Bergeinschnitt, inmitten von viel Grün und Eichenwäldern. Ursprünglich war die verschachtelt gebaute Eremitage für 12 Padres angelegt, heute leben nur noch drei das ganze Jahr über hier. Im Garten steht der „Vogelbaum" – eine uralte, morsch gewordene Steineiche, die an die Predigt des Heiligen zu den Vögeln erinnert. Und tatsächlich hat sich in der Eremitage eine Kolonie weißer Tauben angesiedelt.

Der Wald ums Eremo bietet schöne Wandermöglichkeiten; hier liegen viele Grotten versteckt, einst Behausungen von Einsiedlern.

Öffnungszeiten Ostern–Oktober: 6.30–19.15 Uhr; November–Ostern: 6.30–17.30 Uhr.

San Damiano: Die etwas unterhalb von Assisi gelegene Kirche spielt in den Biographien der Heiligen von Assisi – Franz und Klara – eine große Rolle und ist deshalb Ziel zahlreicher Pilger. Christus soll hier Franziskus vom Kreuz aus aufgefordert haben, die Kirche wieder auf den rechten Weg zurückzuführen. San Damiano war aber vor allem das Zentrum der heiligen Klara und ihrer Anhängerinnen.

Ein kurzer Rundgang führt zur *Capella del Crocifisso*, wo eine Kopie des legendären Kreuzes zu sehen ist (das Original hängt in der Basilika Santa Chiara), zum *Oratorium Santa Chiara* und zu einem kleinen Kreuzgang. Wer an Kunstgeschichte interessiert ist, kommt im Kellergewölbe auf seine Kosten. Die spätmittelalterlichen Fresken dort sind restauriert.

Umbrien

Basilica Santa Maria degli Angeli: Ein monumentales Bauwerk, halb Renaissance, halb Barock, erhebt sich wuchtig im Talgrund. Es dominiert den nach ihm benannten Ort Santa Maria degli Angeli (übrigens Partnerstadt von Los Angeles). 1569 wurde der Bau begonnen und erst 100 Jahre später fertig gestellt. Was man heute besichtigt, stammt zum größten Teil aus der Zeit des Wiederaufbaus, nachdem ein Erdbeben 1832 große Schäden anrichtete. Im Inneren des mächtigen Hallenbaus steht das bunt bemalte Kapellchen *Porziuncola* (= kleine Portion). Das Heiligtum wurde der Legende nach im 4. Jh. von vier heim-gekehrten Jerusalem-Pilgern erbaut. Später war es ein beliebter Aufenthaltsort des heiligen Franz.

Zwischen Assisi und Spoleto

Spello
ca. 8500 Einwohner

Das Städtchen, aus demselben hellen Stein des Monte Subasio gebaut wie Assisi, ist alten umbrischen Ursprungs. Die Römer unterhielten in Spello eine kleine Kolonie *(Hispellum)*, deren Stadtmauer fast vollständig erhalten ist.

Im Mittelalter war Spello wie die meisten Orte Umbriens in die päpstlich-kaiserlichen Auseinandersetzungen verwickelt. Das 15. und auch fast das ganze 16. Jh. hindurch war es das peruginische Geschlecht der *Baglioni*, das die Geschicke der Stadt bestimmte. Aus dieser Zeit stammt auch die einzige nennenswerte kunsthistorische Sehenswürdigkeit Spellos, die von *Pinturicchio* ausgestaltete *Baglioni-Kapelle* in der Kirche *Santa Maria Maggiore*.

- *Information* **Pro Spello**, Piazza Giacomo Matteotti 3. Geöffnet 9.30–12.30 und 15.30–17.30 Uhr. ✆/☏ 0742/301009, prospello@libero.it.
- *Übernachten* *** **Albergo del Teatro**, im oberen Ortsteil. 1997 eröffnete, gepflegte Herberge mit nur 11 Zimmern. DZ 90-110 €. Via Giulia 24, 06038 Spello, ✆ 0742/301140, ☏ 301612, hoteldeltatro@mclink.it.
*** **Hotel Il Cacciatore**, im oberen Ortsteil. Einladende, helle Zimmer. DZ mit Dusche/WC 70–90 €. Via Giulia 42, 06038 Spello, ✆ 0742/651141, ilcacciatore@mclink.it.
- *Essen & Trinken* **Ristorante La Bastiglia**, im gleichnamigen Hotel beim Klarissinnenkloster Vallegloria. Nach Meinung der Einheimischen, der sich auch Leser anschließen, Spellos beste Küche. Junges kreatives Team. Großes Angebot an umbrischen Spezialitäten, aber auch ein 4-gängiges Fischmenü sowie ein 4-gängiges vegetarisches Menu. Im Sommer Außenbetischung – in jeden Tisch ist eine Keramikplatte eingelassen, z. T. mit Darstellungen historischer Gebäude von Spello. Reservierung angebracht. Mi geschlossen. Via dei Molini 17, ✆ 0742/651277.
Ristorante/Pizzeria Il Trombone, im oberen Ortsteil. Alternative zu den vorgenannten für den etwas schmaleren Geldbeutel. Einladende Aussichtsterasse. Di geschlossen. Via Fontanello.

Sehenswertes

Altstadt: Vorschlag für den Stadtbesuch: Fahrzeug unten stehen lassen, das Centro storico durch die römische Porta Consolare betreten und die Hauptgasse (Via Sant' Angelo, Via Cavour) zur Piazza Matteotti hochgehen. Auf dem Weg begegnet man rechts der **Kirche Santa Maria Maggiore** mit einem dekorativen holzgeschnitzten Portal. Die Kirche beherbergt die berühmte Baglioni-Kapelle von Pinturicchio, einem Zeitgenossen und zeitweiligen Mitarbeiter Peruginos. Um sich – von einer Glaswand auf Abstand gehalten – das Verkündigungsgemälde anzusehen, muss man allerdings erst für die Beleuchtung zahlen. Ein weiteres Pinturicchio-Gemälde – die „Madonna mit Heiligen" – befindet sich in der **Franziskanerkirche Sant'Andrea**: Der Knabe mit dem roten Umhang, der sich zum Schreiben auf dem Sockel des Madonnenthrons niedergelassen hat, ist Johannes der Täufer. Ins Gewand des heiligen Lorenz sind zwei Bilder eingelassen, unten sein Martyrium, oben die Auferstehung Christi.

Foligno
ca. 54.500 Einwohner

Neben Nocera Umbra ist Foligno das zweite große Opfer der Erdbebenkatastrophe von 1997. Inzwischen sind die meisten Häuser von ihrem Stützkorsett befreit.

Das moderne Foligno hat die mittelalterliche Ummauerung längst gesprengt – nach allen Seiten breitet sich die blühende Kleinstadt in die Ebene aus.

In Foligno ist richtig, wer nach den großen Touristenorten und den schmucken Mittelalterstädtchen Umbriens einfach mal wieder in den stinknormalen italienischen Alltag eintauchen will: Shopping ohne Souvenir-Schnickschnack, Abgasgestank, lärmende Schülergruppen ... Sehenswertes gibt es wenig. Vielleicht macht man an der zentralen Piazza della Repubblica einen Halt, lässt den Blick über die eigenartige Fassade der *Kathedrale San Feliciano* wandern oder stört sich am *Palazzo Comunale* aus dem 15. Jh., den die Architekten nicht in Ruhe ließen, bis er im 19. Jh. seine klassizistische Gestalt bekam.

- *Information* **A.P.T.-Büro**, bei der Porta Romana (Südeingang zum Centro storico). Geöffnet Mo–Sa 8.00–13.30 und 16.00–19.00 Uhr, So 9.00–12.30 Uhr. Freundliches und kompetentes Personal. ✆ 0742/354459.
- *Verbindungen* **Bahn**: Foligno liegt an der Strecke Rom–Ascona, problemlos ist auch die Verbindung nach Perugia.
- *Übernachten* *** **Hotel Italia**, hinter dem Palazzo Comunale. Zentral gelegen und doch ruhig. Komplett renovierte Komfortzimmer unterschiedlicher Größe. Restaurant angeschlossen. DZ 80–90 €. Piazza Matteotti 12, 06034 Foligno, ✆ 0742/350412, ✉ 352258, hotel.italia@libero.it.

Trevi
ca. 7000 Einwohner

Auf einem steilen Hügel inmitten des weitläufigen Olivenanbaus thront Trevi, von der Straße zwischen Foligno und Spoleto. Wer von mittelalterlicher Romantik noch nicht genug hat, legt hier einen Stopp ein. Aber auch, wer nach all den mittelalterlichen Eindrücken das Bedürfnis nach Moderne verspürt: Das Trevi Flash Art Museum ist einzigartig.

Das ambitionierte Privatmuseum kontrastiert hart mit der alten Stadt, die im Gegensatz zum etwa gleich großen Spello noch wenig auf den Tourismus eingestellt ist. Das wird sich aber wohl bald ändern. Die Gründung eines städtischen Museumskomplexes im ehemaligen Franziskanerkloster sowie ein großer Parkplatz am Eingang zur Stadt sind erste Anzeichen dafür, dass die verantwortlichen Behörden die Zukunft Trevis nicht nur in der Olive sehen.

- *Information* **Pro Loco**, Piazza Matteotti 5. Geöffnet 9–13 und 15–19 Uhr. ✆/✉ 0742/781150, protrevi@protrevi.com, www.protrevi.com.
- *Übernachten/Essen & Trinken* *** **Trevi Hotel**, Trevis einzige Stadtherberge, gediegen. DZ 70-115 €. Via Fantosati 2, 06039 Trevi, ✆ 0742/780922, ✉ 780772, trevihotel@tiscalinet.it.

Sehenswertes

Trevi Flash Art Museum (O*f* C*o*N*t*E*m*P*o*R*a*R*y* A*r*T): Das 1993 gegründete Museum sollte nicht versäumen, wer sich für italienische Gegenwartskunst interessiert. „Flash Art" gehörte zu den zentralen Begriffen der 14. Biennale von Venedig, und so stand diese Kunstrichtung Pate bei der Eröffnung des Museums. Dokumentatio-

Trevi – Olivenbäume bis an die Stadtmauer

nen über Flash Art findet man an der Rezeption. Das Ausstellungsprogramm in den strahlend weißen Räumen weist auf eine professionelle Leitung der Institution hin.
Öffnungszeiten Di-So 15-19 Uhr. Eintritt gratis bzw. nach eigenem Gutdünken.

Museen von San Francesco: Im ehemaligen Franziskanerkloster hat die Stadt gleich drei Museen untergebracht, die *städtische Kunstsammlung,* ein *Heimatmuseum* (unbedeutend) sowie ein *Olivenöl-Museum* (eröffnet 1999).
Die **Pinakothek** *(Raccolta d'Arte di San Francesco)* versammelt die gesamte Kirchenkunst von Trevi und Umgebung. Die schönsten Werke kommen aus der heute geschlossenen Kirche Santa Croce: ein monumentales Kreuzigungs-Fresko aus dem 14. Jh., eingerahmt von Madonna mit Kind und einer Verkündigungsdarstellung, sowie ein golden leuchtendes Triptychon mit der Darstellung der Vita Christi (15. Jh.). Bestandteil des Museums ist auch die Klosterkirche – sehenswert sind die Freskenreste sowie eine wunderschöne Orgel mit bemaltem Holz, Baujahr 1509.
Das **Museum der Olivenölkultur** *(Museo della Civiltà dell'ulivo)* ist wohl eine Konzession an Trevis Landwirtschaft. Neben einer Ölpresse, einer Ölmühle, einer riesigen Amphore und landwirtschaftlichem Gerät ist wenig zu sehen. Wer zuvor das ambitionierte Lungarotti-Museum in Torgiano (→ dort) gesehen hat, wird eher enttäuscht sein.
Öffnungszeiten/Eintritt April/Mai und September: Di–So 10.30–13.00 und 14.30–18.00 Uhr; Juni/Juli: Di–So 10.30–13.00 und 15.30–19.00 Uhr; August: täglich 10.30–13.00 und 15.00–19.30; Oktober–März: Fr–So 10.30–13.00 und 14.30–17.00 Uhr Uhr. Eintritt 3 €.

Tempel von Clitunno: etwa 5 km südlich von Trevi, an der Straße nach Spoleto. Über das antike Tempelchen mit Säulenvorhalle und skulptiertem Tympanon weiß man recht wenig. Möglicherweise stammt die Kultstätte aus dem 4. Jh. n. Chr., vielleicht ist sie aber auch ein paar hundert Jahre jünger. Von späterem christlichen Einfluss zeugen die ziemlich heruntergekommenen Fresken über dem Steinaltar.
Öffnungszeiten April–Oktober: 9–20 Uhr; November–März: 9–14 Uhr. Mo geschlossen. Eintritt frei.

Spoleto

ca. 18.700 Einwohner

Pures Mittelalter zeigt sich hier gepaart mit der Moderne – düstere Winkel im Centro storico, Kunstgalerien und, wo sich ein Platz auftut, gelegentlich Skulpturen. Das Festival dei Due Mondi, Umbriens renommiertestes Kunstereignis, hat Spoletos Stadtbild leise, aber nachhaltig verändert.

Die mittelalterliche Stadt am Rande des breiten Valle Spoletina breitet sich auf einem Hügelrücken aus, obenauf die Burg aus dem 14. Jh., die später oft als Gefängnis diente. Darunter gruppieren sich, aus düsterem schwarzgrauen Stein, die Kirchen und Häuser der Altstadt. Zahlreiche steinerne Bogen überspannen die engen Treppengässchen und stützen das uralte Gemäuer.

Information/Verbindungen

- *Information* **A.P.T.-Büro**, Piazza della Libertà 7. Hier werden auch die künstlerisch wertvollen Festivalposter verkauft. Geöffnet 10–13 und 16–19 Uhr; ✆ 0743/220311, 🖷 46241, turispo@mail.caribusiness.it.

- *Verbindungen* **Bahn**: Spoleto liegt an der häufig befahrenen Strecke Rom–Ancona, auch Züge nach Perugia (ca. 10x tägl.). Ein halbes Dutzend Züge nach Orvieto (umsteigen in Orte).
Busse nach Assisi und Perugia.

Übernachten/Essen & Trinken (siehe Karte S. 709)

- *Übernachten* ***** Hotel Charleston (3)**, ebenfalls sehr zentrale Lage. Kleine, gepflegte Zimmer mit Mini-Bar und TV. Die Sauna kostet extra und wird auch von hotelfremden Gästen benutzt. Parkmöglichkeit am kleinen Platz davor. DZ 52–135 €. Piazza Collicola 10, 06049 Spoleto, ✆ 0743/220052, 🖷 221244, info@hotelcharleston.it.

** Hotel Aurora (5), gegenüber dem Touristbüro. Modern eingerichtet, im Flur Dauerausstellung mit Festivalplakaten. Kleiner eigener Parkplatz direkt vor dem Eingang. DZ mit Bad 55–90 €. Via Apollinare 3, 06049 Spoleto, ✆ 0743/220315, 🖷 221885, info@hoteluroraspoleto.it.

** Hotel Il Panciolle (2), kleines, 1992 eröffnetes Hotel in ruhiger Altstadtlage. Alle Zimmer renoviert. Vor dem Haus ein kleiner, von Linden beschatteter Platz mit Brunnen. Unser Tipp für die 2-Sterne-Kategorie. DZ mit Bad 30-65 €. Via Duomo 4, 06049 Spoleto, ✆/🖷 0743/45677.

** Camping Monteluco, gleich hinter der Kirche S. Pietro. Tolle Lage, terrassenförmig am Hang, viel Schatten. Neben dem Platz eine Pizzeria. Nur 35 Stellplätze! Geöffnet April–September. Loc. S. Pietro, 06049 Spoleto, ✆/🖷 0743/220358, primaver@caribusiness.it.

- *Essen & Trinken* **Trattoria La Barcaccia (4)**, hinter der Piazza del Mercato. Preislich etwas über dem Durchschnitt, dafür in wunderbar ruhiger Lage. Geräumiger Speisesaal, dekoriert mit Festival-Plakaten, und eine hübsche, überdachte Terrasse. Spoletinische Spezialitäten à la carte. Di geschlossen. Piazza Fratelli Bandiera.

Trattoria Pecchiarda (1), riesiger, vegetativ überdachter Innenhof, in dem sich preiswert speisen lässt. Ausgezeichnete Antipasti della casa. Für das Secondo ist das Angebot nicht besonders groß, das Restaurant ist trotzdem sehr populär. Unser Tipp für die heißen Sommernächte. Do geschlossen. Vicolo S. Giovanni 1.

Sehenswertes

Altstadt: Etwas oberhalb der zentralen Piazza della Libertà, in der Via Arco di Druso, überspannt der vom Verkehr geschwärzte, aus mächtigen Travertinquadern gefügte **Drususbogen** die Straße. Er misst heute nicht einmal mehr die Hälfte seiner ursprünglichen Höhe, so weit ist er in den Boden eingesunken. Er wurde im

Jahre 23 zum Gedenken an die beiden römischen Konsuln *Drusus* und *Germanicus* errichtet. Unweit des Triumphbogens liegt – mit einem auffallend schönen Brunnen aus dem 18. Jh. – die **Piazza del Mercato**, das pulsierende Herz des Centro storico. Am Ende des Platzes gelangt man über die Via del Municipio zum **Rathaus**, dessen Fassade gleich mit drei Uhren die Zeit zu bestimmen versucht.

Dom *(Santa Maria Assunta):* Der romanische Kirchenbau wurde im 12. Jh. begonnen. Für die Vorhalle und den Turm wurden zahlreiche römische Steinquader verwendet. Dann waren die Geldmittel ausgegangen, erst wesentlich später wurde der obere Teil im gotischen Stil angebaut.Das Innere „modernisierte" man 1640 in üppigem Barock. Die Fresken der Apsis, Szenen aus dem Leben Mariens, stammen vom berühmten Florentiner *Filippo Lippi* und seinen Schülern, sie sind Lippis letztes Werk, der Meister verstarb 1469, noch vor der Beendigung der Arbeiten. Sein Grabmahl findet sich im rechten Querschiff, die Gebeine allerdings sollen während der zahlreichen Umzüge verloren gegangen sein. Auch *Pinturicchio* hat im Spoletiner Dom ein Kunstwerk hinterlassen, sein Fresko „Maria mit Kind, Johannes der Täufer und Leonhard" ziert die erste Seitenkapelle rechts. An sie schließt sich eine weitere Kapelle an, komplett mit Fresken ausgeschmückt und mit separatem Ausgang zum Portikus.

Kirche San Pietro: ein einzigartiges Juwel wegen seines phantasiereichen Reliefdekors aus dem 13. Jh. an der Fassade. Man findet die romanische Kirche, die vermutlich Spoletos frühere Kathedrale war, am Fuß des Berges San Giuliano, am Ortsende Richtung Terni. Einige Details der berühmten Fassade: oben links das Jüngste Gericht – Petrus schlägt dem Teufel, der die Seelenwaage zu seinen Gunsten zu manipulieren versucht, den Himmelsschlüssel auf den Kopf. Unten links macht sich ein Löwe daran, einen Soldaten zu verspeisen. In der Mitte rechts stellt sich ein schlauer Fuchs tot und lockt so zwei Raben an. Auf der rechten Hälfte sind einige Szenen aus dem Neuen Testament dargestellt.

Rocca Albornoziana: Die mittelalterliche Burganlage auf dem höchsten Punkt der Stadt wurde im 14. Jh. als wichtige Bastion der päpstlichen Macht errichtet, hier residierten die Statthalter des mächtig gewordenen Kirchenstaats.

Die Rocca ist nur mit Führung zu besichtigen; man lässt sich im Kleinbus hochfahren und genießt oben erst einmal die herrliche Aussicht auf den mittelalterlichen *Ponte delle Torri* und den dicht bewaldeten Abhang des *Monteluco* dahinter.

Die Burg, die sich von außen so trutzig-militärisch präsentiert, entpuppt sich in ihrem Inneren eher als Palast. Der gesamte erste Innenhof ist auf zwei Geschossen von Arkaden eingesäumt. Päpstliche Wappen verzieren den Renaissance-Ziehbrunnen. In den oberen Arkaden sind zwischen den Fresken die Familienwappen der Gouverneure eingemeißelt. Von hier gelangt man zu einer großen Halle, heute Lucrezia-Borgia-Saal genannt. Freskenreste verraten, dass der Raum einst wesentlich weniger kahl war, vermutlich war er ähnlich ausgeschmückt wie der kleine Saal daneben. Dieser zeigt unter dem puttenverzierten Gewölbe einen großartigen Freskenschmuck: Szenen aus dem abenteuerlichen höfischen Leben. Komplett zugeblechte Ritter prügeln aufeinander ein, derweil friedlichere Zeitgenossen den Jungbrunnen austesten.

• *Öffnungszeiten/Eintritt* Mitte März–Mitte Juni und Mitte September–Oktober: Mo–Fr 10–12 und 15–19 Uhr, Sa/So 10–19 Uhr; Mitte Juni–Mitte September: täglich 10–20 Uhr; November–Mitte März: Mo–Fr 14.30–17 Uhr, Sa/So 10–17 Uhr. (letzter Kleinbus jeweils eine Stunde vor Schließung). Eintritt 6,50 € (Fahrt im Kleinbus inkl.).

Spoleto

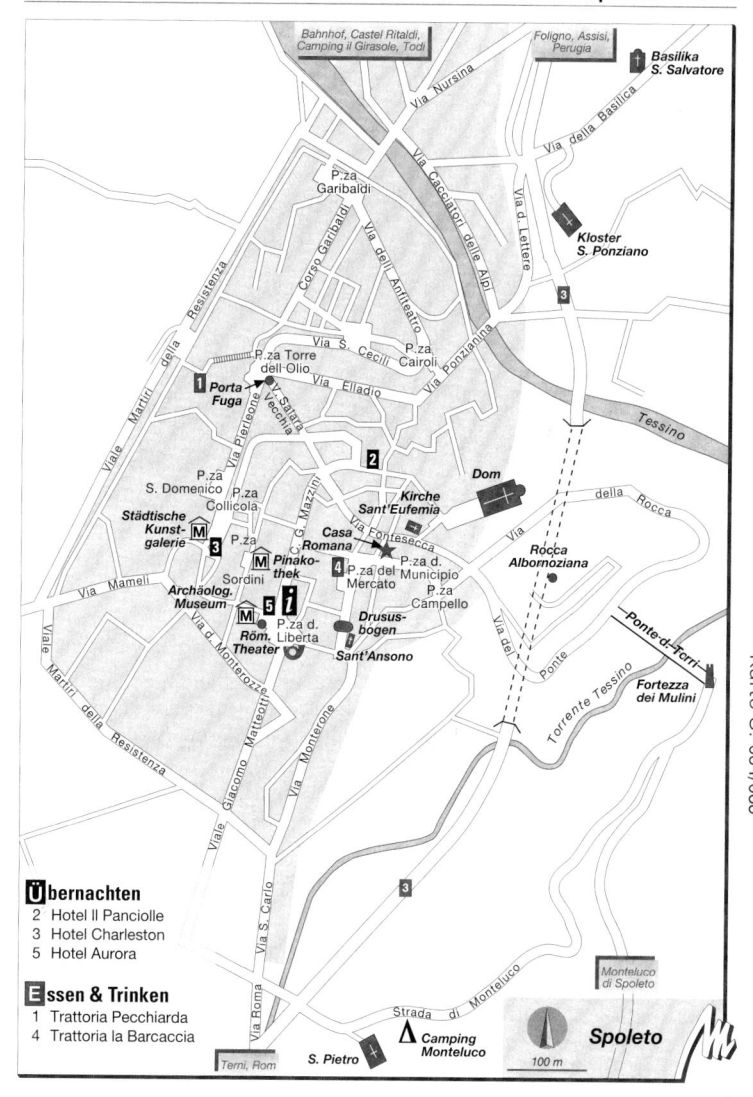

Übernachten
2 Hotel Il Panciolle
3 Hotel Charleston
5 Hotel Aurora

Essen & Trinken
1 Trattoria Pecchiarda
4 Trattoria la Barcaccia

Ponte delle Torri: Der mächtige Aquädukt, der östlich der Altstadt das üppig-grüne Tessino-Tal überspannt, wurde von Goethe als „das dritte Werk der Alten" gepriesen. Der Bau der 230 m langen und 80 m hohen Brücke wurde im Jahre 1250 begonnen und erst ein Jahrhundert später fertig gestellt. Zu ihrem Namen kam die „Brücke der Türme" aufgrund der mittleren drei Pfeiler, die nicht massiv gemauert, sondern mit Räumen für die Stadtwache ausgestattet wurden.

Hier wurde der Begründer des abendländischen Mönchtums, der heilige Benedikt, geboren

Nórcia

ca. 5000 Einwohner

In einer weiten Hochebene im Schutz der Sibillinischen Berge und eingefasst von einer rundum intakten mittelalterlichen Mauer liegt Nórcia. Italiener denken bei dem Namen zuerst an Würste und Linsen, für die die Stadt berühmt ist.

In der Bergwelt von Nórcia kursieren noch viele mündlich überlieferte Hexengeschichten, die der Bevölkerung so vertraut sind wie die Vita des heiligen Benedikt. Dieser wurde im Jahr 480 in Nórcia geboren, verbrachte hier seine ersten zwölf Lebensjahre und ging später als Begründer des abendländischen Mönchstums in die Geschichte ein.

- *Information* **Casa del Parco**, Via Solferino (am Castellina links vorbei). Informationen zur Stadt und nützliche Adresse für Wanderer. ✆/✉ 0743/817090, cpnorcia@yahoo.it.
- *Verbindungen* **Busse** nach Cáscia, Castelluccio, Terni, Rom, Porugia, Spolcto, Foligno, S. Maria degli Angeli (Assisi).
- *Übernachten* ***** Hotel Europa**, außerhalb der Stadtmauer. Wenig attraktive Lage und oft von Reisebussen ausgebucht. Ein großes Plus hingegen ist der Swimmingpool. DZ 31–100 €. Viale Europa 7, Nórcia, ✆ 0743/816322, ✉ 817430, heuropa@caribusiness.it.

  * Grotta Azzurra (Dipendenza), die „Bianconi Ospitalità" hält hier 10 Zimmer für Minderbemittelte bereit, 3 davon mit Blick auf die Piazza Vittorio Veneto, wo man dem abendlichen Flanieren zusehen kann. DZ mit Bad 35–75 €. Corso Sertorio 22. ✆ 0743/816513, ✉ 817342, www.bianconi.com.
- *Essen & Trinken* **Trattoria dal Francese**, zwischen Palazzo Comunale und Basilica di S. Benedetto hinauf. Feinschmeckerlokal mit Ausgesuchte Trüffelgerichte, ein komplett getrüffeltes Menü kostet ca. 40 €. Tipp für den dünneren Geldbeutel: Würstchen mit Linsen. Via Riguardati 16.

Taverna Il Focolare dal Boscaiolo, nahe der Piazza Veneto. Focolare nennt man den häuslichen Herd, und so ist es: einfache Hausmannskost. Mo geschlossen. Via Bandiera 9.

Sehenswertes

Piazza San Benedetto: Der kreisrunde Platz mit dem Standbild des Stadtheiligen ist das Zentrum Nórcias. Auf der einen Seite steht **La Castellina**, ein schmuckes, quadratisches Kastellchen mit vorspringenden Ecktürmen, dessen Eingang von zwei freundlich blickenden Löwen bewacht wird. Es stammt aus dem 16. Jh. und findet als lokalhistorisches Museum Verwendung..

Gleich daneben steht Nórcias touristische Attraktion Nummer eins, die **Basilica di San Benedetto**, an sie anschließend der **Palazzo Vescovile**.

Basilica di San Benedetto: Die Kirche stammt aus dem 14. Jh., wurde aber seither mehrere Male umgebaut. Sehenswert ist vor allem die gotische Fassade. Links und rechts über dem Portal in zwei Nischen der heilige Benedikt sowie seine ebenfalls heilig gesprochene Zwillingsschwester *Scholastica*; über dem Portal eine fein gearbeitete Rosette, umrahmt von den Symbolen der vier Evangelisten.

Im Innern lohnt die **Unterkirche** einen Besuch. An dieser Stelle, so wird vermutet, wurden 480 die heiligen Zwillinge geboren, und ihnen zu Ehren errichtete man hier im 6. Jh. – auf römischen Fundamenten aus dem 1. Jh. n. Chr. – eine kleine Kapelle. Im 14. Jh. führte der Bau der Oberkirche zur teilweisen Zerstörung der kleinen Anlage.

Hochebene um Castelluccio

Über eine steile Bergstraße erreicht man dieses wunderschöne, 30 Quadratkilometer große Wiesenplateau, umrahmt von den Sibillinen mit ihren 72 Berggipfeln. Mit über 2500 Metern Höhe ist das Gebirge nach dem Gran Sasso-Maiella das höchste des Apennins.

Der riesige weiße Fleck auf der Landkarte unterteilt sich in den sogenannten *Piano Grande* (= Große Ebene, 8 km auf 4 km), den *Piano Piccolo* (= Kleine Ebene) und den *Piano Perduto* (= Verlorene Ebene, weil sie von Nórcia in einem Scharmützel an das märkische Visso verloren wurde) – sie alle bildeten in der letzten Eiszeit einen einzigen See, der später austrocknete.

Im Südosten erstreckt sich quer durch die Hochebene der sumpfige **Fosso di Mergari** – eine Erdspalte von 2,5 km Länge, 30 m Breite und 10 m Tiefe. Hier sammeln sich im Frühjahr die Wassermengen und verschwinden in einem trichterförmigen Abflussloch *(Inghiottitóio)*, etwa auf halber Strecke zwischen Castelluccio und Forca Canapine von der Straße aus sehr gut sichtbar.

● *Information/Übernachten* * **Hotel Sibilla**, am Dorfplatz von Castelluccio und einziges Hotel im Ort. Mit Restaurant und Bar. DZ mit Bad 44–55 €. Via Pianogrande 2, Loc. Castelluccio, 06046 Nórcia, ✆/✉ 0743/821113.

Campingmöglichkeit auf dem Piano Grande, bei der Verpflegungsstation. Eingezäuntes Wiesengelände für Zelte und Wohnmobile, daneben Container-WC, Bar, mehr nicht.

Sportliches

Wanderungen und Bergtouren: Wer Lust auf lange Wanderungen hat, findet in der Umgebung von Castelluccio Möglichkeiten zur Genüge. Über die ganze Bergkette verteilt gibt es *Rifugi*, allerdings in unterschiedlich gutem Zustand. Möglichkeiten für Touren von drei bis vier Tagen.

Mountainbike: Das Mountainbike hat auch den Nationalpark der Sibillinen erobert. Gutes Kartenmaterial (→ „Wanderungen und Bergtouren") ist unabdingbar.
Mountainbike-Vermietung **Associazione Pian Grande**, beim Verpflegungspunkt auf dem Piano Grande. ✆ 0743/817279.

Drachenfliegen: Castelluccio ist ein beliebtes Ziel für Gleitschirm- und Drachenflieger. Mehrere Startplätze bieten sich an, Höhenunterschiede bis 1000 m!
Information **Prodelta** in Castelluccio. Die Organisation führt auch Kurse in Paragliding und Drachenfliegen sowie Flüge im Zweisitzer durch. Via delle Frate 3, ✆ 0743/821156, prodelta@rdn.it.

Das Tal der Nera

Halb verlassene Ortschaften und steile, bewaldete Abhänge über dem rauschenden Fluss: Das wilde Nera-Tal ist eine landschaftlich bezaubernde Gegend, in die sich ausländische Besucher nur selten verirren.

Doch gibt es leise Anzeichen einer Änderung sind in den Dörfern des Valnerina. Wo jahrelang der Wind durch offene Fensterrahmen blies, sind heute wieder richtige Fenster zu sehen. Stadtmenschen aus Rom und Terni haben das Tal entdeckt.

San Pietro in Valle: Im Mittelalter eines der reichsten Klöster der Umgebung – heute, mit Ausnahme der Kirche, eine Nobelherberge mit Charme.

Die Legende schreibt die Klostergründung dem Langobardenfürsten Faroaldo II. zu, der im 8. Jh. Spoleto regierte. Im Traum soll ihm Petrus erschienen sein und einen Kirchenbau befohlen haben. Faroaldo II. gehorchte und ging sogar noch weiter: Er dankte als Herrscher von Spoleto ab, um den Rest seines Lebens als Mönch in dem von ihm gestifteten Kloster zu verbringen. Die machtpolitische Wirklichkeit hinter der beschönigenden Darstellung: Der Sohn Faroaldos II. putschte sich an die Macht und steckte seinen Vater kurzerhand ins Kloster. Den Sarkophag des Klostergründers findet man rechts vor dem Hauptaltar.

Sehenswert sind vor allem die restaurierten Fresken aus dem ausgehenden 12. Jh.: Szenen aus dem Alten Testament an der linken Kirchenwand (besonders beeindruckend die Erschaffung der Eva), Szenen aus dem Neuen Testament an der rechten. Die Fresken an der Rückwand kamen erst im 16. Jh. hinzu: „Madonna von Loreto" und „Madonna mit dem heiligen Sebastian" (letzterer lebensgefährlich von drei Pfeilen getroffen, ein vierter erweist sich als Streifschuss am Oberschenkel).
Öffnungszeiten 10–12.30 und 14–18 Uhr.

Ferentillo: Die zwei mittelalterlichen Burgruinen, die beiderseits der Nera den Ort bewachen, gehörten einst zum Verteidigungsdispositiv des Klosters San Pietro in Valle (s. o.). Die Natur half zusätzlich bei der Abwehr allfälliger Eindringlinge.

Eine eher makabre Sensation in Ferentillo ist der **Friedhof der Mumien**. Dank der „besonderen chemischen Zusammensetzung der porösen Erde von Ferentillo" wurden die vor über 200 Jahren in der Krypta der Kirche San Stefano beerdigten Toten perfekt mumifiziert. Bei einigen Mumien sind noch die Haare auszumachen, bei anderen stecken noch die Augäpfel in ihren Höhlen. Eine der ausgestellten Gestalten zeigt sich samt ihrer bäuerlichen Kleidung, eine andere, besonders große Mumie wird als Schweizergardist vorgestellt, und dann gibt's auch noch zwei leibhaftige Chinesen – angeblich auf der Pilgerreise nach Rom in Ferentillo gestorben.
Öffnungszeiten/Eintritt März und Oktober: 9.30–12.30 und 14.30–18.30 Uhr; April–September: 9.00–12.30 und 14.30–19.30 Uhr; November–Februar: 10.00–12.30 und 14.30–17.00 Uhr. Eintritt 2,80 €.

Terni

ca. 109.000 Einwohner

Terni ist nach Perugia zwar die zweitgrößte Stadt Umbriens, doch berühmte Sehenswürdigkeiten findet man hier nicht. Ganz gleich, von welcher Seite man sich Terni nähert: Industrieanlagen und Wohnsilos bestimmen das Bild schon bei der Einfahrt.

Bereits im 19. Jh. wurde die Stadt planmäßig industrialisiert. Eisen- und Stahlproduktion sollten in Umbrien Arbeitsplätze schaffen. Im 20. Jh. wuchs Terni zu einer der größten Rüstungsschmieden Italiens heran und war deshalb im 2. Weltkrieg eines der vorrangigsten Ziele der alliierten Bombardements. Von August 1943 bis Juni 1944 wurden über 100 Angriffe geflogen – mit dem Resultat, dass nicht nur militärische und zivile Produktionsanlagen zerstört wurden, sondern auch die historische Bausubstanz der Stadt.

- *Information* **A.P.T.-Büro**, Viale Cesare Battisti 7 (vom Bahnhof Richtung Zentrum bis zur Piazza Tacito, dann rechts). Geöffnet Mo–Fr 9–13 Uhr, Di und Do zusätzlich 15–18 Uhr. ✆ 0744/423047, ✉ 427259.
- *Verbindungen* Hervorragende **Bahnverbindungen** nach Rom, Florenz, Orvieto (umsteigen in Orte), Spoleto und Foligno. **Busse** nach Todi und Amélia.
- *Übernachten* In Terni ist man eher auf Spesenritter als auf Touristen eingestellt. Eine befriedigende Bleibe ist nur schwer zu finden.
*** Hotel de Paris, vom Bahnhof Richtung Innenstadt. Auch das angeschlossene Nobelrestaurant gibt sich französisch: „La Lumière". DZ ca. 48–97 €. Viale della Stazione 52, 05100 Terni, ✆/✉ 0744/58047, info@hoteldeparis.it.
Camping, → Terni/Umgebung, „Cascate delle Marmore" und „Lago di Piediluco".
- *Essen & Trinken* **Pizzeria Il Chiodo Fisso**, an der Nera. Populäres Lokal mit hervorragenden Pizze aus dem Holzofen, auch Primi Piatti. Den Straßenlärm muss man allerdings in Kauf nehmen. Viale L. Campofregoso 54. Mo geschlossen.

Sehenswertes

Pinakothek: Die städtische Kunstsammlung hat zwei Abteilungen – klassische Kirchenkunst und moderne Kunst. Die erste ist ziemlich klein, und einzig der Saal der Grandi Maestri lohnt hier den Besuch. Von *Benozzo Gozzoli* stammt ein Bild mit dem etwas umständlichen Titel „Die mystische Hochzeit der heiligen Katharina von Alessandria und der Heiligen Bartholomeus, Franziskus und Lucia" – ein Werk mit viel Gold, in dem das Jesuskind Katharina den Ring über den Finger streift, darüber halten die Engel Gabriel und Raffael eine Art Bühnenvorhang (man achte auf den feinen Faltenwurf), die Taube zwischen den Engeln symbolisiert den Heiligen Geist, und über der ganzen Szenerie thront Gottvater.

In der modernen Abteilung der Pinakothek dominieren zwei einheimische Künstler, die weit über Terni hinaus bekannt wurden: *Aurelio De Felice* (1915–1996) und *Orneore Metelli* (1872–1938).

Öffnungszeiten/Eintritt Di–So 10–13 und 16–19 Uhr. Eintritt 4,40 €.

Terni/Umgebung

Cascate delle Marmore: Die Kaskaden, in einer grünen, kühlen Oase gelegen, bieten ein einmaliges Schauspiel: In drei Stufen stürzt das Wasser 165 m tief ins Tal hinab. Im Jahre 271 v. Chr. wurde das eigenwillige Projekt von Menschenhand geschaffen, der Cavo-Curiano-Kanal leitete das Wasser des Velino hierher, um Überschwemmungen zu verhindern.

Vom obersten Aussichtspunkt bietet sich ein schöner Blick auf die *Cascate* und den kleinen See darunter, alles eingebettet in grün wuchernde Vegetation. Unterhalb des Hauptbeckens liegen noch mehrere kleine Wannen, von denen das glasklare, kalte Wasser in die tiefer gelegenen Bassins strömt. Ein kurzer Wanderweg führt den steilen Abhang entlang zum Fuß des Wasserfalls. Überall tropft es von den Felsen, schmale Bäche rauschen ins Tal. Werden die Schleusen geöffnet, verwandeln sich die Rinnsale in tosende, wirbelnde, gischtaufspritzende Wassermassen. Auf halbem Weg ein Tunnel im Fels: Nebelschwaden und angenehm kühle Luft wehen heraus. Der Tunnel endet an einem Balkon direkt unterhalb des Wasserfalls. Wenn die Wassermassen sich voller Kraft ins Tal ergießen, steht man hier inmitten der aufspritzenden Gischt – und wird klitschnass – ein erfrischendes Erlebnis!

- *Schleusen-Öffnungszeiten* Die Öffnung der Schleusen wird jeweils 15 Min., 10 Min. und 5 Min. vorher von einer nicht zu überhörenden Sirene angekündigt. Spätestens dann sollten Sie sich vom Wasserspiegel entfernen!!! Die Öffnungszeiten über das Jahr hinweg folgen einem sehr ausgeklügelten Stundenplan:
Mitte März–April: Mo–Fr 12–13 und 16–17 Uhr, Sa/So 10–13 und 16–21 Uhr.
Mai: Mo–Fr 12–13 und 16–17 Uhr, Sa 10–13 und 16–22 Uhr, So 10–13 und 15–22 Uhr.
Juni: Mo–Fr 16–17 und 21–22 Uhr, Sa 11–13 und 15–22 Uhr, So 10–13 und 15–22 Uhr.
Juli/August: Mo–Fr 12–13, 17–18 und 21–22 Uhr, Sa 11–13 und 15–22 Uhr, So 10–13 und 15–22 Uhr.
September: Mo–Fr 12–13, 16–17 und 21–22 Uhr, Sa 11–13 und 16–21 Uhr, So 10–13 und 15–21 Uhr.
Oktober: Sa 11–13 und 16–20 Uhr, So 10–13 und 15–20 Uhr.
November–Mitte März: So 15–16 Uhr. Eintritt 4 €.

- *Anfahrt/Verbindungen* Es gibt zwei Zugänge zu den Wasserfällen, einen oberen und einen unteren.
Oberer Zugang: Von Terni führt die Straße in Richtung Rieti erst in ein Tal hinein und dann in Serpentinen den Berg hinauf. Nach wenigen Kilometern erreicht man den kleinen Ort *Marmore*, in dessen unmittelbarer Nähe das Schauspiel gegeben wird. **Busse** von Terni.
Unterer Zugang: Von Terni aus auf der Straße Nr. 209 ins Valnerina. Nach wenigen Kilometern sieht man rechts die Wasserfälle. Großer Eintrittspavillon direkt an der Straße.

- *Camping* ** Camping Cascata delle Marmore, in Marmore, am Ortsausgang Richtung Rieti. Sehr ruhig mitten im Wald. Dahinter ein Grillplatz, der besonders am Wochenende beliebtes Ausflugsziel der Städter aus Terni ist. Ca. 75 Stellplätze. Geöffnet April–Mitte Oktober. Loc. I Campacci, Fraz. Marmore, 05100 Terni, ✆ 0744/389792.

Narni

ca. 20.000 Einwohner

Auf einem Bergrücken über der Nera drängen sich die Kirchen, Palazzi und Häuser der mittelalterlichen Stadt. Zahlreiche Verstrebungen und teils bewohnte Brückenbögen zwischen den Häusern halten die steinerne Architektur zusammen. Am Fluss unten stehen als Zeugnis römischer Brückenarchitektur die imposanten Überreste des Ponte d'Augusto aus dem Jahr 27 v. Chr.

Die einst 128 m lange Brücke aus hellem Travertin hielt den Fluten der Nera über tausend Jahre stand. Eine Hochwasserkatastrophe im Jahr 1053 besiegelte dann ihr Schicksal. Seither zogen die trutzigen Pfeiler und der noch erhaltene Brückenbogen Kupferstecher, Maler und Fotografen in ihren Bann. Heute überspannt auf hohen Pfeilern eine neue Betonbrücke die Nera.

- *Information* **Pro Narni** im Palazzo Comunale, Piazza dei Priori 3, ✆/℻ 0744/715362.
- *Verbindungen* **Bahn**: Gute Verbindung nach Terni, gelegentlich halten auch die Züge der Strecke Rom–Ancona. Der Bahnhof liegt in Narni Scalo; ab hier **Busse** zum Centro storico (Piazza Garibaldi).

- *Märkte* **Trödelmarkt** (Mercato del rigattiere), auf der Piazza dei Priori, jeweils am 3. Wochenende des Monats, 9–20 Uhr. **Wochenmarkt**: Samstag auf dem großen Parkplatz unterhalb der Stadt.
- *Übernachten* *** **Hotel dei Priori**, oberhalb des Palazzo Comunale, Eingang Risto-

Todi

rante La Loggia. Ein überaus freundlicher Wirt sorgt für angenehmen Aufenthalt. Narnis beste Adresse, unauffällig in der Altstadt gelegen. DZ 60-80 €. Vicolo del Comune 4, 05035 Narni, ✆ 0744/726843, ℻ 726844.

• *Essen & Trinken* **Ristorante La Loggia**, im Hotel dei Priori (s. o.), mit schmuckem, kleinem Hinterhof. Ob Fasan, Wildschwein oder Lamm: preiswert und gut. Mo geschlossen.

Sehenswertes

Dom San Giovenale: Narni hat keinen Platz für große frei stehende Kirchenbauten, und so fällt der Dom mit seinem gedrungenen Turm dem Besucher kaum auf. Die Kirche ist vier-schiffig, wobei das vierte Schiff – durch Arkaden abgetrennt – erst später hinzugefügt wurde.

Rechts findet man die von den Narnesen verehrte *Capella San Cassio*. Die Steinplatte über dem Eingang mit den Flachreliefs zweier Lämmer (die fast wie Pferde aussehen) stammt aus dem 6. Jh., links in einer Nische thront der heilige Juvenal, der im 4. Jh. Narni christianisierte – die 1991 restaurierte Holzstatue des Stadt- und Kirchenpatrons datiert aus dem 15. Jh. Über zwei Stufen gelangt man hinunter zu einer kleinen Grotte mit dem heute leeren Sarkophag Juvenals. Hier wurden im Jahr 880 seine Gebeine versteckt. Sie wurden vom Markgrafen der Toscana zurückgegeben, der sie zwei Jahre zuvor geraubt hatte. Nach dem frevelhaften Diebstahl wollte man erst einmal auf Nummer sicher gehen. Die versteckte Grotte wurde erst 1642 entdeckt; seither ruhen die Gebeine Juvenals in der Krypta, direkt unter dem Hauptaltar.

Piazza dei Priori: Oberhalb des Doms mündet die Via Garibaldi in eine langgestreckte Piazza, an deren Ende ein unauffälliger, kleiner bronzener Brunnen aus dem Jahr 1303 steht.

Die Ostseite des Platzes dominiert der *Palazzo dei Priori* mit großer Loggia und einer hübschen, kleinen Steinkanzel. Hier verkündete der städtische Ausrufer im Mittelalter der Bevölkerung die neuesten Nachrichten und Verfügungen.

Todi

ca. 17.000 Einwohner

Die Piazza del Popolo von Todi wird mit Recht zu den schönsten mittelalterlichen Plätzen Italiens gezählt – die Kulisse ist filmreif. Regisseur Joseph L. Mankiewicz hatte dies erkannt, als er 1963 Elizabeth Taylor als Kleopatra die breite Freitreppe des Platzes hinabschreiten ließ.

Die Geschichte hat in der uralten umbrischen Stadt, die von ihrem pyramidenförmigen Hügel ins Tibertal hinabschaut, Spuren aus vielen Epochen hinterlassen. Wer durch die *Porta Romana* (mittelalterlich) die Via Matteotti hinaufgeht, stößt auf die *Porta Catena* (römisch), dann auf die *Porta Marzia* (etruskisch) und hat somit – wenn auch gegen die Chronologie – einen kompakten geschichtlichen Parcours hinter sich gebracht.

• *Information* **Ufficio Turistico**, Piazza Umberto I 6 (beim Kloster S. Fortunato). Kompetentes Personal und viel Material über Todi und Umgebung. Geöffnet: Mo–Sa 9.30–13.00 und 15.30–19 Uhr, So 9.30–13.00 Uhr. ✆ 075/8943395, ℻ 8942406, info@iat.todo.pg.it.

• *Verbindungen* Die **Bahn** (Linie Perugia–Terni) fährt auf den Hügel, hält aber an dessen Fuß. Von den beiden Stationen wählt man besser *Ponte Rio*, da von hier aus oft Busse in die Innenstadt (Piazza Jacopone) fahren.

Etwas näher ins Zentrum fahren **Busse** von Perugia und Orvieto aus. Haltestelle ist der Parkplatz beim Tempio di S. Maria della Consolazione.

• *Übernachten* *** **Hotel Villa Luisa (3)**, vor der Porta Romana. Größerer Bau mit Parkanlage, oft von Gruppen ausgebucht. „Hotel sauber und gut, Essen ausgezeichnet", urteilt kurz und bündig eine Leserin. DZ 75–130 €. Viale Angelo Cortesi 147, 06059 Todi, ✆ 075/8948571, ℻ 8948472, villaluisa@villaluisa.it.

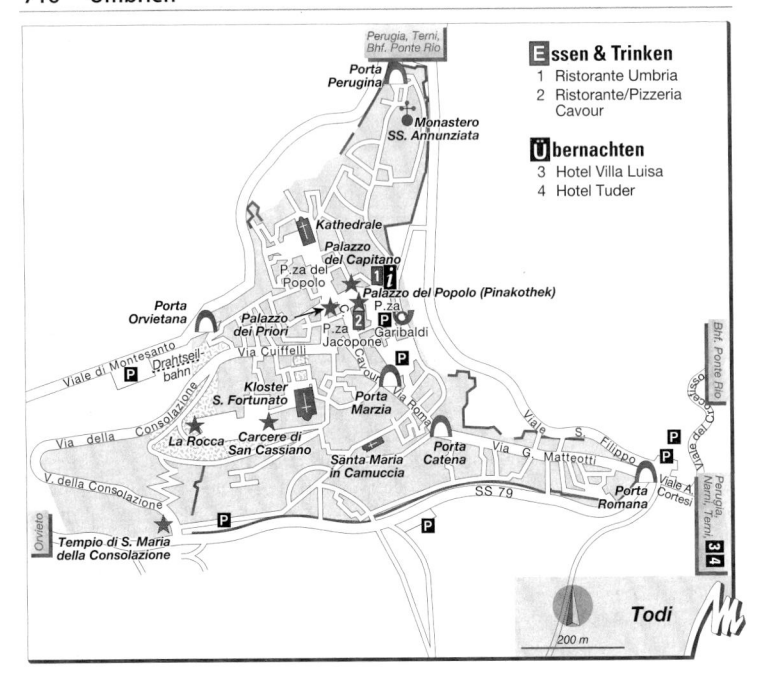

Umbrien

Essen & Trinken
1 Ristorante Umbria
2 Ristorante/Pizzeria Cavour

Übernachten
3 Hotel Villa Luisa
4 Hotel Tuder

*** **Hotel Tuder (4)**, vor der Porta Romana, in der Nähe des vorgenannten. Obere Mittelklasse. DZ 75–97 €. Via Maestà dei Lombardi 13, 06059 Todi, ℅ 075/8942184, ✉ 8943952, hoteltuder@libero.it.

• *Essen & Trinken* **Ristorante Umbria (1)**, beliebt und populär. Regionale Küche. Großartige, teilweise vegetativ überdachte Speiseterrasse mit Ausblick auf die Ebene. Preise leicht über dem Durchschnitt. Di geschlossen. Via S. Bonaventura.

Ristorante/Pizzeria Cavour (2), Bei Einheimischen und Touristen gleichermaßen beliebtes Restaurant. Sowohl Pizze als auch à la carte zu vernünftigen Preisen. Nicht nur das Bier wird hier vom Fass gezapft, sondern – eine Seltenheit – auch der leicht perlende, frische Prosecco! Mittags preiswertes Menu turistico. Corso Cavour 23.

Sehenswertes

Piazza del Popolo: Am schönsten ist das Erlebnis, wenn man den längeren Aufstieg von der *Porta Romana* her wählt. Einfach immer der Hauptgasse entlang. Erst heißt sie *Via Matteotti*, dann *Via Romana*, dann *Corso Cavour*. Oben tut sich unvermittelt die spektakuläre Piazza auf: am Kopfende die **Kathedrale** mit einer breiten Treppe, ihr gegenüber der **Palazzo dei Priori** (größtenteils 13./14. Jh.), heute Verwaltungsgebäude, und ums Eck der **Palazzo del Popolo** mit der eingangs erwähnten filmreifen Freitreppe zur Piazza. Er stammt ebenso wie der angebaute **Palazzo del Capitano** aus dem 13. Jh. Vor allem das Gesamtbild dieser drei Paläste ist es, das der wunderschönen Piazza den Stempel aufdrückt: Keiner der drei stellt den anderen in den Schatten (und man bekommt sie sogar zusammen vors Objektiv).

Kathedrale: Ihr Gründungsdatum ist ungewiss. Vermutlich stammt sie aus dem 11. Jh., einige Quellen deuten aber auch auf einen früheren Bau aus dem 9. Jh. hin.

Im Jahr 1190 wurden große Teile durch einen Brand zerstört, der Wiederaufbau erfolgte im lombardischen Stil. Erneute Änderungen, vor allem an der Fassade, fallen ins 16. Jh.

Zu den Schmuckstücken im Innern gehört zweifellos das fein gearbeitete *Chorgestühl* (1530) mit seinen Intarsien – teils Trompe-l'œil-Technik – ein schier unbegrenzter Bilderreichtum. Leider ist das Gestühl nicht aus der Nähe zu betrachten; wer keinen Operngucker mit sich führt, muss sich an die Postkarten halten. Bevor der Besucher die Kathedrale verlässt, wird er noch aufgerufen, seinen Lebenswandel zu überdenken: Im *Jüngsten Gericht*, einem Fresko aus dem 16. Jh. an der Rückwand der Kirche, entschwinden die Geretteten nach oben – unten ächzen die Verdammten.

Kloster San Fortunato: Eine großzügig breit angelegte Treppe führt zum Kloster hinauf, das sich an Todis höchster Stelle erhebt. An der Fassade besticht einzig das reich verzierte gotische Portal, der obere Teil kam wesentlich später dazu und wirkt noch heute provisorisch. Im Innern überrascht die Helligkeit. Das Spiel mit dem Lichteinfall – die gotischen Architekten entwickelten darin eine Meisterschaft – wird hier exemplarisch vorgeführt.

In der Krypta ruht der um 1230 in Todi geborene Jacobus de Benedictis, *Jacopone da Todi* genannt. Jacopone war ein begüterter und sinnenfroher Rechtsanwalt, bevor er seinen Besitz an die Armen verteilte und Franziskaner wurde. Berühmt geworden ist Jacopone da Todi vor allem als Verfasser von Satiren und geistlicher Poesie.

Tempio di Santa Maria della Consolazione: ein großes Bauwerk um ein kleines Madonnenfresko. Die Legende will, dass im Jahr 1508 ein auf einem Auge erblindeter Bauarbeiter im Schutt einer verfallenen Kirche das kleine Fresko entdeckte. Er zückte sein Taschentuch und säuberte es von Staub und Spinnweben. Dass er mit demselben Taschentuch danach den Schweiß von seiner Stirn wischte, war sein Glück. Fortan sah er die Welt wieder mit zwei Augen. Das Wunder sprach sich schnell herum, Pilger strömten herbei, um das Fresko zu sehen, und ein Jahr später hatten sich genug Spenden angehäuft, um mit dem Bau einer Kirche zu beginnen. Die byzantinisch inspirierte Kirche ist zweifellos eines der faszinierendsten Bauwerke der italienischen Renaissance. Der außerhalb der Stadtmauer im Freien stehende „Tempel" zeigt vier kurze Apsiden, drei polygonal, die vierte halbrund, und über dem Mittelbau eine wuchtige Kuppel. Hundert Jahre lang (1509–1607) wurde an der gedrungenen Kirche gearbeitet. Ob der berühmte Renaissance-Architekt *Bramante* am Bau beteiligt war oder zumindest die Pläne vorgab, ist in Fachkreisen umstritten.

Orvieto

ca. 20.800 Einwohner

Auf der Autostrada del Sole sieht man schon von weitem die plastisch aus der Landschaft ragende Stadt auf dem hohen Tuffsteinblock. Im Frühsommer und im Herbst, wenn das Paglia-Tal noch von dickem Nebel bedeckt ist, scheint oben in Orvieto oft die Sonne. Mit ihren Türmen, Kirchen und dem Dom präsentiert sich die Stadt dann wie ein mächtiges Schiff, das lautlos auf schäumenden Wogen dahingleitet – ein zauberhafter Anblick!

Die mittelalterliche Altstadt mit ihren gewundenen, schmalen Gassen ist gut erhalten. Hinter Mauern und geschlossenen Portalen verbergen sich oft schöne Gärten und Innenhöfe. Von den Weinbergen rechts und links des Paglia-Flusses stammt der vorzügliche *Orvieto classico*, ein strohgelber Weißwein, der in den Tuffkellern unter der Stadt reift.

Diese seit der Etruskerzeit gegrabenen Vorratsgrotten bereiten den Orvietanern immer wieder Sorgen: In Schlechtwetterperioden verwandeln sich die Stollen in unterirdische Wasserläufe, die bereits gefährliche Erdrutsche am Sockel des Tuffklotzes und oben an den Plateaurändern ausgelöst haben.

Information/Verbindungen/Diverses

- *Information* **A.P.T.-Büro**, Piazza del Duomo 24. Professionell geführt. Geöffnet Mo–Fr 8.30–15.30 und 16–19 Uhr, Sa 10–19 Uhr, So 10–18 Uhr. ✆ 0763/341772, ✆ 344433, info@iat.orvieto.tr.it.
- *Verbindungen* **Bahn**: direkte Anschlüsse nach Rom, Bologna, Mailand, Florenz, indirekte nach Perugia und Assisi (umsteigen in Teróntola), nach Terni und Spoleto (umsteigen in Orte),.

Der Bahnhof liegt unten im Tal, in der Neustadt Orvieto Scalo. Er ist durch eine moderne **Drahtseilbahn** mit der Altstadt auf dem Tuffblock verbunden. Ab- bzw. Auffahrt alle 15 Minuten, Fahrtdauer 116 Sekunden, Preis 0,80 € (0,90 € mit anschließen-

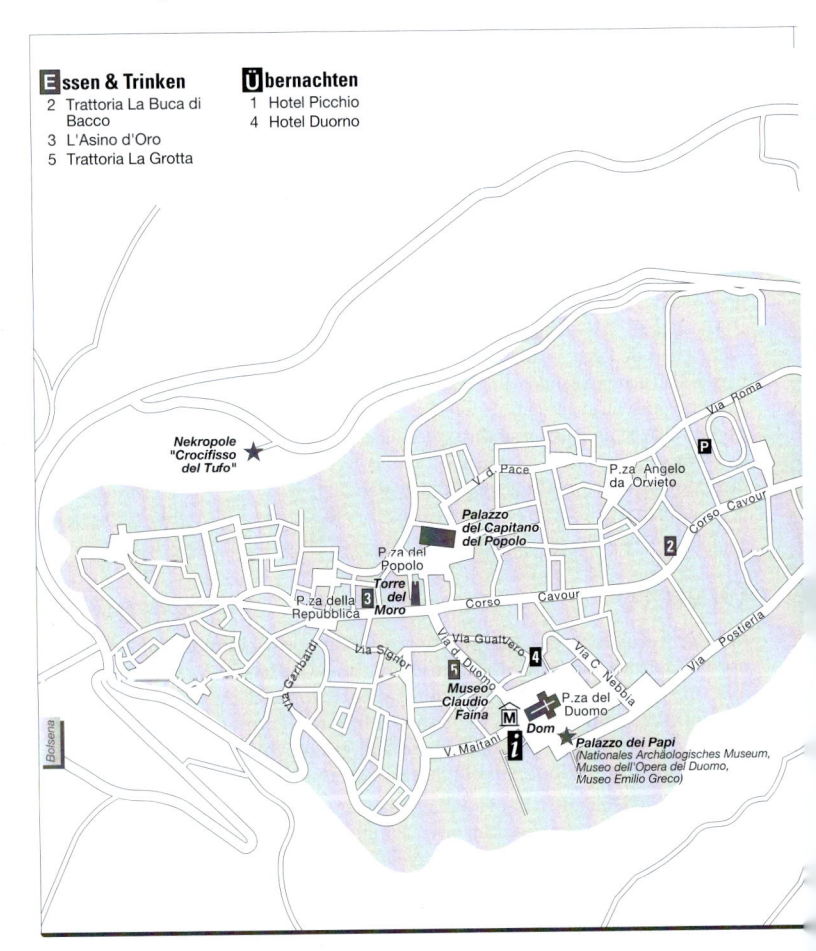

Essen & Trinken
2 Trattoria La Buca di Bacco
3 L'Asino d'Oro
5 Trattoria La Grotta

Übernachten
1 Hotel Picchio
4 Hotel Duorno

dem Busticket bis zum Dom). Letzte Talfahrt: 20.30 Uhr!
Busse: Nach Bolsena 2x tägl., um 13.10 und 18 Uhr, seltsamerweise fährt jedoch nach 16 Uhr von Bolsena kein Bus mehr zurück. Nach Todi 1x tägl. um 13.30 Uhr.

Parken Es gibt einige kleinere gebührenpflichtige Parkplätze in Orvieto. Doch ist es sinnvoller – vor allem in der Saison – den Großparkplatz (gratis) am Bahnhof zu benutzen und mit der Drahtseilbahn hochzufahren.

Übernachten

*** **Hotel Duomo (4)**, zentrale Lage und doch ruhig. Hat nach einer Totalrenovierung 2001 zu Recht einen Stern dazugewonnen. Alle Zimmer geschmackvoll eingerichtet. Professioneller und freundlicher Empfang im großen Foyer. Unsere Empfehlung für die 3-Sterne-Klasse. DZ mit Dusche 85–105 €. Vicolo di Maurizio 7, 05018 Orvieto, ☎ 0763/341887, ℡ 394973, hotelduomo@tiscalinet.it.

** **Hotel Picchio (1)**, in Orvieto Scalo. Sehr preiswertes, familiär geführtes Hotel, abseits vom Straßenlärm und 5 Fußminuten von der Drahtseilbahn entfernt. Eigene Garage. Unser Tipp. DZ mit Dusche 40–55 €. Via G. Salvatori 17, 05018 Orvieto, ☎ /℡ 0763/301144, dan_test@libero.it.

Essen & Trinken

TIPP! **L'Asino d'Oro (3)**, Orvietos Slowfood-Restaurant. Hervorragende Pasta. Ob Kalb oder Lamm, stets mit frischem Gemüse der Saison serviert. Zum Konzept gehört auch, dass der Gast sich das Wasser aus der Acqua-Karte aussucht, sowie ein großartiges Kaffee-Angebot. Beim Torre del Moro ums Eck. Mo geschlossen. ☎ 0763/344406.

Trattoria La Buca di Bacco (2), ausgezeichnete Küche in gepflegtem Ambiente. Gemütliches Gärtchen nach hinten. Degustationsmenü mit Bocconcini di Bacco als Hauptgang (Bocconcini = Leckerbissen) ca. 30 €, Menu Turistico ca. 15 €. Vom Restaurant aus führt eine Treppe tief hinunter in den Tuffkeller, wo die gelagerten Weine degustiert werden können. Di geschlossen. Corso Cavour 299-301.

Trattoria La Grotta (5), „Preise angemessen, angeboten werden Spezialitäten des Hauses, Wildschwein, Trüffel (zur Saison) und gute Weine zu erschwinglichen Preisen. Die Schau ist der Chef, der fast mit jedem ein Schwätzchen hält." (Lesertipp). Di geschlossen. Via Luca Signorelli 5.

Sehenswertes

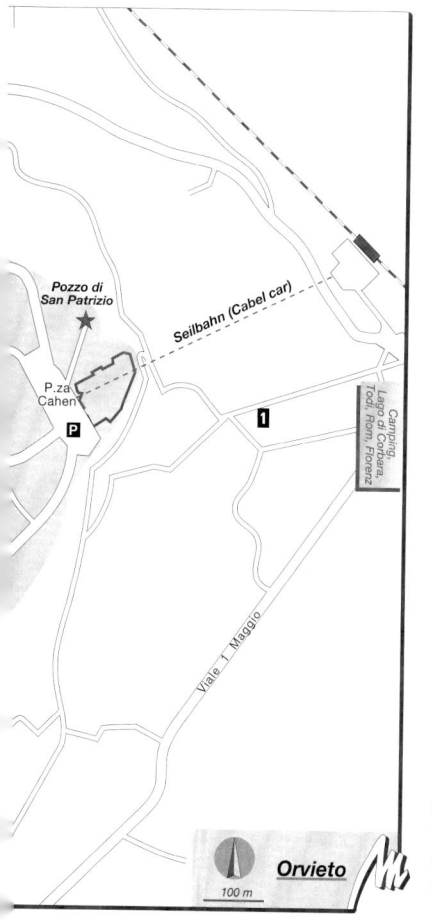

Dom: Der Dom von Orvieto mit seinen aus schwarzem Basalt und grau-gelbem Kalkstein gestreiften Außenmauern und der reich verzierten Front in Form eines dreiteiligen Altarbildes gilt zu Recht als einer der schönsten in ganz Italien. *La nuvola d'oro* – die Wolke aus Gold – heißt dieses Prunkstück somit auch im Volksmund. Der über drei Jahrhunderte dauernde Bau soll 33 Architekten, 90 Mosaikkünstler, 152 Bildhauer und 68 Maler beschäftigt haben.

In den Flachreliefs an der Fassade verliert sich der Blick des eiligen Besuchers schnell. Man muss sich Zeit nehmen für diese plastische Bilderbibel von der Schöpfungsgeschichte (Eva wird förmlich aus der Rippe Adams hervorgezaubert) bis zum Jüngsten Gericht, wo die ewig Verdammten mit Schlangen und Drachen zu kämpfen haben.

Die große Überraschung im Inneren ist die **Brizio-Kapelle** (rechts vorn). Der Freskenzyklus von *Luca Signorelli* über das Ende der Welt ist ein Meisterwerk. „Die Taten des Antichrist" an der linken Wand zeigen den Verderbten als Prediger, dem der Teufel die Worte einflüstert; wer sich verführen lässt, wird umgebracht. An der Wand gegenüber wird die „Auferstehung des Fleisches" ist in aller Fleischlichkeit dargestellt, aus einer monoton grauen Fläche steigen die zu neuem Leben erweckten Leiber hervor. Im „Inferno der Verdammten" an der Stirnwand saust ein beflügelter Teufel mit einer Sünderin durch die Lüfte, eine andere Verdammte wird mit einem Fuß auf dem Kopf zu Boden gedrückt, während ihr die Zehen ausgerissen werden.

• *Öffnungszeiten/Eintritt* (Brizio-Kapelle): Januar/Februar und November/Dezember: Mo–Sa 10–12.45 und 14.30–17.15 Uhr, So 14.30–17.45 Uhr; März und Oktober: Mo–Sa 10–12.45 und 14.30–18.15 Uhr, So 14.30–17.45 Uhr; April–September: Mo–Sa 10–12.45 und 14.30–19.15 Uhr, So 14.30–17.45 Uhr (Juli–September bis 18.45 Uhr). Maximal 25 Personen dürfen sich in der Kapelle aufhalten und zwar möglichst nicht länger als 15 Min. Eintritt 3 €. Die Tickets bekommt man – schließlich werden in Kirchen keine Geschäfte getätigt – bei der Informationsstelle gegenüber dem Dom.

Brunnen des heiligen Patrick *(Pozzo di San Patrizio)*: eine genial durchdachte Brunnenkonstruktion! Papst Clemens VII., der während der Plünderung Roms 1527 in Orvieto Zuflucht suchte, ließ einen Quellbrunnen graben, um im Falle einer Belagerung der Stadt die Festung Albornoz mit ausreichend Trinkwasser versorgen zu können. Als Architekt und Baumeister beauftragte er Antonio Sangallo. Der Papst segnete 1534, noch vor der Fertigstellung, das Zeitliche, der Brunnen wurde in seiner eigentlichen Funktion nie genutzt. Fast 62 m tief und 13,4 m im Durchmesser ist der Patricksbrunnen. Von den beiden Eingängen führen zwei übereinander liegende Spiralen mit jeweils 248 abgeflachten Stufen hinab zur Quelle. Die Treppengänge sind so angelegt, dass sie sich nicht berühren. Nur durch einen kleinen Steg am Grund des Brunnenschachts, knapp über dem Wasserspiegel, sind sie miteinander verbunden – die zum Wasserholen vorgesehenen Esel sollten einander beim Ab- und Aufstieg nicht in die Quere kommen.

Öffnungszeiten/Eintritt April–September: 10–18.45 Uhr; Oktober–März: 10–17.45 Uhr. Eintritt 4,50 €.

Nekropole Crocifisso del Tufo: die am besten erhaltene etruskische Totenstadt ganz Umbriens. Sie wurde 1830 bei Straßenbauarbeiten entdeckt. Die in mehreren Reihen gradlinig ausgerichteten, rechteckigen Kammergräber sind aus Tuffsteinblöcken gehauen. Über den meisten Eingängen ist noch der eingemeißelte Name des Bestatteten zu lesen – in der von rechts nach links laufenden etruskischen Schrift.

• *Öffnungszeiten/Eintritt* April–September: 8.30–19 Uhr; Oktober–März: 8.30–17.30 Uhr. Eintritt 2 €. (Sammelticket Nekropole Crocifisso del Tufo + Nationales Archäologisches Museum 3 €.)

• *Anfahrt* Die Nekropole liegt auf halber Höhe an der Straße zwischen der Stadt und dem Bahnhof. Gut beschilderter Weg – mit Auto oder Bus leicht zu erreichen (Buslinie Nr. 1 ab Dom).

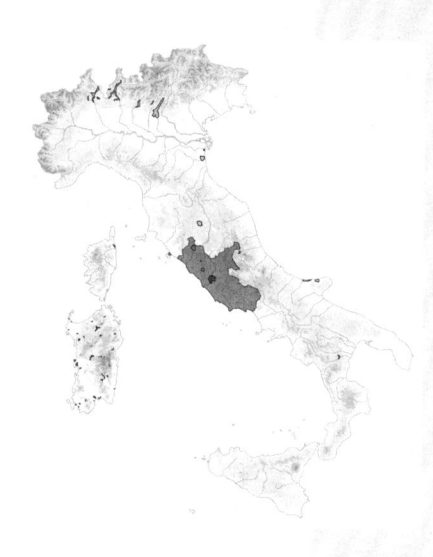

ROM UND LATIUM

ROMA E LAZIO

SCHÖNE ORTE: Rom (S. 726), Viterbo (S. 786), Sutri (S. 791), Gaeta (S. 804), Bolsena (S. 783), Sperlonga (S. 803) und Ponza (S. 806).

LANDSCHAFTLICHE HÖHEPUNKTE: Lago di Bolsena (S. 782); Lago di Vico (S. 790); Colli Albani (S. 797); Parco Nazionale del Circeo (S. 801); Küstenstreifen von Terracina nach Gaeta (S. 800); Pontinische Inseln (S. 806).

KULTURELL INTERESSANT: Rom (S. 723); die etruskischen Ausgrabungen von Tarquinia (S. 779) und Cerveteri (S. 781); die Parkanlagen in Tivoli (S. 776); Klöster von Montecassino (S. 796), Subiaco (S. 794), Casamari (S. 795) und Fossanova (S. 803).

BADEN: Lago di Bolsena (S. 782), Lago di Bracciano (S. 791) und Parco Nazionale del Circeo (S. 801).

KURIOS: Parco dei Mostri in Bomarzo (S. 789); Cestius-Pyramide (S. 774), Monte Testaccio (S. 773) und Santa Maria della Concezione in Rom (S. 773).

EHER ABZURATEN: Badeaufenthalt an der Küste im Hochsommer; die Städte Civitavecchia, Frosinone und Latina.

Rom: bedeutende Zeugnisse der Antike dicht an dicht

Rom und Latium   Roma e Lazio

Rom wird von ausländischen Besuchern förmlich überschwemmt, Latium ist dagegen touristisch weitgehend unbekannt. Sein Reiz liegt in der Vielfalt der Landschaften: Von der weitgehend flachen Küste kann man durch sanft ansteigende Hügel innerhalb weniger Kilometer ins Gebirge fahren, das in weiten Teilen vulkanisch geprägt ist. Ins weiche Tuffgestein sind tiefe Schluchten gegraben, in denen die geheimnisvollen Etrusker ihre riesigen Totenstädte gruben und an deren Rändern heute stille, kleine Orte liegen.

Während der hüglige Norden eine überraschend üppige Vegetation, prachtvolle Kastanienwälder und sogar einige kreisrunde Seen in ehemaligen Kratern besitzt, ist der Süden karger, verfügt aber über die weitaus schönere Küste. In den meernahen Gebieten lagen früher ausgedehnte Malariasümpfe, die z. T. erst im 20. Jh. ausgetrocknet werden konnten. Obwohl seit etlichen Jahren die Industrialisierung vorangetrieben wird, hat sie Latium kaum geprägt. Lediglich an der überlaufenen Küste trifft man auf die hässlichen Zeugnisse unserer Zeit und damit verbundene Verschmutzungen. Im hügeligen Hinterland und im Gebirge ist davon nichts mehr zu spüren. Manche Dörfer und Provinzstädte scheinen seit dem Mittelalter in eine Art Dornröschenschlaf verfallen zu sein. An vielen Stellen wird die einstige Machtstellung von Kirche und Adelsfamilien deutlich. Dicht gedrängt winden sich Gassen mit schmalen Häuschen um eine Kirche oder einen mächtigen Palast.

Auf jeden Fall einen Abstecher wert sind die Gebirgsketten – die wichtigsten sind die Monti Volsini, Monti Cimini, Monti Sabini, Monti della Tolfa und die Colli Albani. Zum großen Teil sind sie vulkanischen Ursprungs, in ihren größten Kratern liegen die reizvollen Seen *Bolsena*, *Vico*, *Bracciano*, *Albano* und *Nemi*. Vor allem

Rom und Latium

ersterer hat sich zu einem beliebten Bade- und Erholungsgebiet entwickelt.
Latium hat eine interessante Geschichte, die noch heute durch zahlreiche Kirchen, Ruinen und archäologische Funde den Reiz dieser Landschaft mitbestimmt. Beinahe jeder Ort – sei er noch so klein – kann irgendein Zeugnis seiner Geschichte vorweisen, das aus prähistorischer, etruskischer, römischer oder mittelalterlicher Zeit stammt. Vor allem im Norden kommen an immer mehr Stellen Zeugnisse des von den Römern vernichteten Volks der Etrusker zum Vorschein. Am eindrucksvollsten sind die großen Totenstädte, die meist in Schluchten aus dem Tuff gehauen wurden – die bekanntesten bei *Cerveteri* und *Tarquinia*.

Anfahrt/Verbindungen

• *PKW* Hauptachse des Anreiseverkehrs ist die **Autobahn A 1** von Florenz nach Rom. Um zum Lago di Bolsena und Viterbo zu gelangen, muss man bei Orvieto abfahren – oder ab Siena die längere, aber sehr reizvolle SS 2 nehmen.
Die toskanische Autobahnlücke setzt sich südlich von Livorno bis Civitavecchia fort, doch verläuft entlang der gesamten Nordküste Latiums die teilweise autobahnähnlich ausgebaute **Via Aurelia**. Von Civitavecchia nach Rom führt die **A 12**. Die parallel laufende Via Aurelia ist hier aber trotzdem stark von LKW befahren, denn viele wollen die Autobahngebühr sparen.
• *Bahn* Rom ist Dreh- und Angelpunkt. Wichtigste Durchgangslinie und Achse des staatlichen Bahnnetzes ist die „Direttissima" von **Mailand** über **Florenz** nach **Rom**, in Richtung Süden fortgesetzt nach **Neapel**. Häufig befahren ist auch die Küstenlinie von Rom nach **Pisa**, außerdem die Linie von Rom hinüber zur Adriaküste nach **Pescara**. Innerhalb Latiums kommt man mit dem Zug zwar fast überall hin, jedoch sind die Verbindungen auf vielen Nebenstrecken schlecht und die Bahnstationen von kleineren Städten liegen oft ein großes Stück außerhalb. Zusätzlich zu den staatlichen FS-Linien betreibt die private **Ferrovia Roma-Nord** ab Stazione Flaminio in Rom eine Bahnlinie über Civita Castellana nach Viterbo.
• *Busse* Günstiger als Regionalzüge sind im Allgemeinen die Busverbindungen. Die blauen Busse von **Linee Laziali** (früher: Cotral) starten von Rom (→ dort) in die meisten größeren Provinzstädte.

Übernachten

Die Weltstadt **Rom** besitzt hunderte Hotels aller Kategorien. Unsere Mittelklasse-Empfehlungen liegen überwiegend im historischen Zentrum, einige auch etwas außerhalb davon. Einfache Hotels und Pensionen findet man vor allem in der **Bahnhofsgegend**, schöner wohnt man aber in der Innenstadt, z. B. um den Marktplatz **Campo de'Fiori**. Außerdem gibt es ein gutes Dutzend Campingplätze um Rom und einen (kleinen) Stellplatz für Wohnmobile mitten in der Stadt.
Am **Meer** wird man im Sommer freie Zimmer nur unter großen Schwierigkeiten finden – halb Rom macht dort Urlaub! Im **Inland** von Latium findet man nur wenige Unterkünfte, Ausnahme sind die Handvoll Seen, an dessen Ufern zahlreiche Hotels liegen, die aber im Sommer meist belegt sind. An der gesamten Küste und an den Seen gibt es viele **Campingplätze**, die im Sommer jedoch vor allem am Meer hoffnungslos überfüllt sind.

Essen & Trinken

In **Rom** ist man am schönsten und „echtesten", wenn man die kleinen, unscheinbaren Osterie aufsucht, die nicht um die Gunst der Touristen buhlen. Die traditionelle Küche basiert auf kräftigen Fleischgerichten wie **porchetta** (Spanferkel) und Innereien.
In der Region **Latium** speist man gegenüber vielen anderen Regionen Italiens noch relativ günstig. Das typische Nudelgericht ist **fettuccine alla ciociara** (Bandnudeln mit einer kräftigen Soße). Unter den Fleischgerichten sind besonders die Spieße und die Würste hervorzuheben, die alle mit viel Knoblauch zubereitet sind. Man sollte auch nicht versäumen, als Nachspeise den hiesigen Käse zu probieren, z. B. **provolone**,

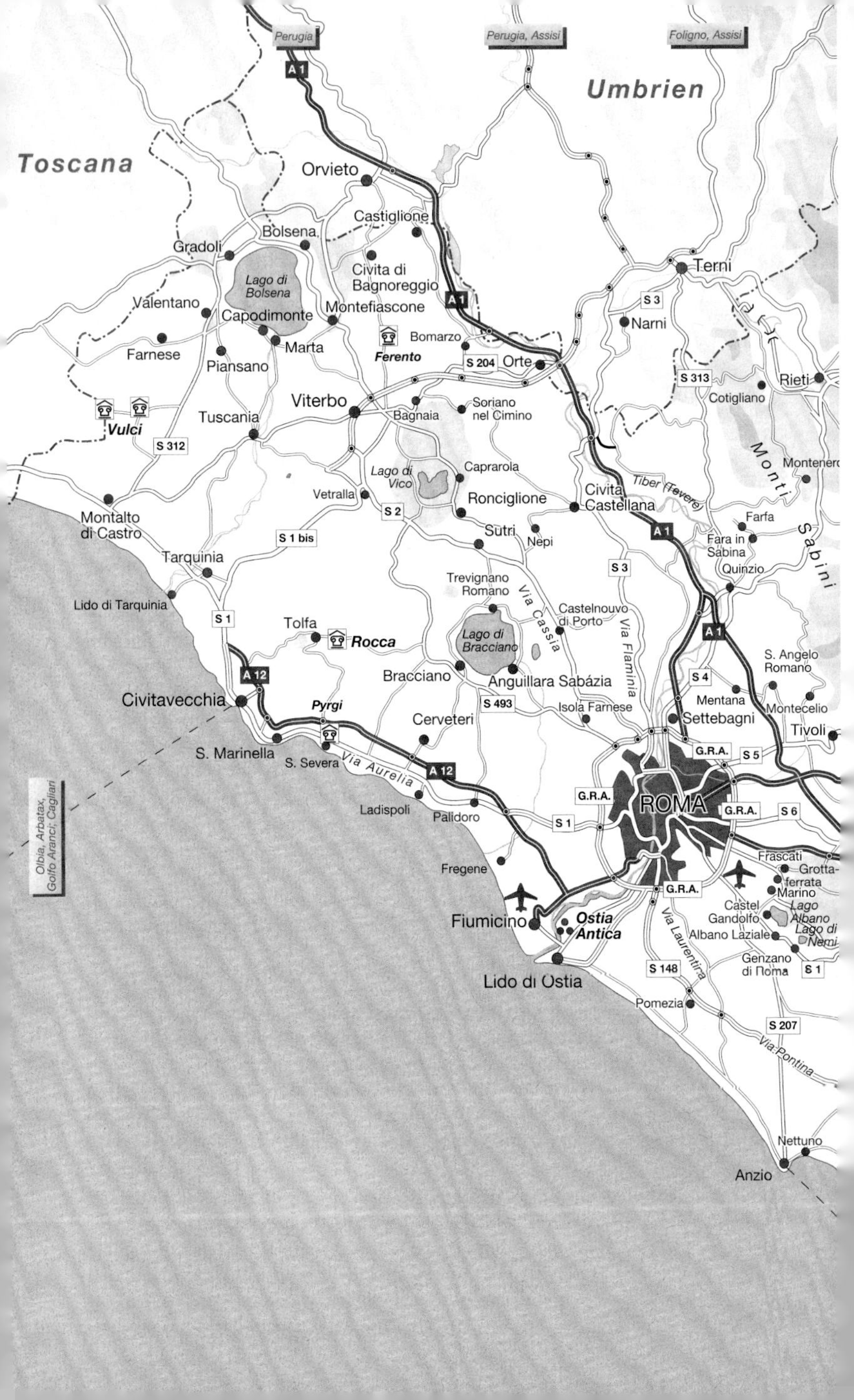

Perugia
Perugia, Assisi
Foligno, Assisi
Umbrien
Toscana
Orvieto
Castiglione
Bolsena
Gradoli
Lago di Bolsena
Civita di Bagnoreggio
Terni
Valentano
Capodimonte
Montefiascone
Narni
Farnese
Marta
Piansano
Bomarzo
Ferento
Orte
Rieti
Cotigliano
Viterbo
Soriano nel Cimino
Bagnaia
Tuscania
Vulci
Lago di Vico
Caprarola
Monti Sabini
Montenero
Vetralla
Ronciglione
Civita Castellana
Tiber (Tevere)
Montalto di Castro
Sutri
Nepi
Farfa
Fara in Sabina
Tarquinia
Quinzio
Trevignano Romano
Via Cassia
Lido di Tarquinia
Castelnouvo di Porto
Via Flaminia
Tolfa
Rocca
Lago di Bracciano
S. Angelo Romano
Bracciano
Anguillara Sabázia
Civitavecchia
Pyrgi
Mentana
Isola Farnese
Montecelio
Cerveteri
Settebagni
Tivoli
S. Marinella
S. Severa
Via Aurelia
Ladispoli
Palidoro
ROMA
Frascati
Grottaferrata
Marino
Fregene
Castel Gandolfo
Lago Albano
Albano Laziale
Lago di Nemi
Fiumicino
Ostia Antica
Via Laurentina
Genzano di Roma
Lido di Ostia
Pomezia
Via Pontina
Nettuno
Anzio
Olbia, Arbatax, Golfo Aranci; Cagliari
A 1
A 12
S 1
S 1 bis
S 2
S 3
S 4
S 5
S 6
S 148
S 204
S 207
S 312
S 313
S 493
G.R.A.

Ascoli Piceno
Pescara
Abruzzen
Chieti
Leonessa
Terminillo
S 4
L'Aquila
S 578
Flamignano
Lago di Salto
Orvinio
Villa di Orazio
Licenza
Vicovaro
A 25
S 5
Avezzano
A 24
Cervara di Roma
S 411
Subiaco
Monti Simbruini
S. Scolastica
Monte Livata
Olevano Romano
Palestrina
Fiuggi
Paliano
Valmontone
A 1
Anagni
S 155
Alatri
Veroli
Sora
S 509
Abtei Casamari
Ferentino
Artena
Colleferro
Molise
Arpino
Frosinone
Atina
Velletri
S 82
S 509
Carpinelo
Supino
S 6
Cori
Monte Lepini
Abbazia di Montecassino
Cassino
Ceprano
Ceccano
Cisterna di Latina
A 1
Sermoneta
S 156
Priverno
Latina
Abbazia di Fossanova
Monti Ausoni
Ausonia
Garigliano
Via Appia
S 82
Fondi
S 630
Lido di Latina
Lago di Fondi
Caserta
Parco Naz. del Circeo
Itri
Sabaudia
Terracina
Formia
S 213
Sperlonga
Caserta
Gaeta
S. Felice Circeo
10 km
Latium
I. di Ponza
I. Ventotene
I. di Ponza
I. di Ponza

ricotta und **marzolina**. Spezialität der Gegend um Sperlonga ist der aus Büffelmilch hergestellte **mozzarella**. Zubereitet mit Öl, Tomaten und Basilikum schmeckt er besonders gut zu einem kräftigen Weißwein aus den Albaner Bergen.

Die Weine Latiums gehören nicht zu den „großen" Weinen Italiens – der einzige, der über die Regionalgrenzen bekannt wurde, ist der berühmte **Est! Est!! Est!!!** aus Montefiascone – jedoch kein Spitzenwein, sondern höchstens solide Mittelklasse. Weiterhin gut sind die Weine der **Castelli Romani** aus den Albaner Bergen südlich von Rom, von denen der strohgelbe **Frascati** der bekannteste ist.

Rom

Roma • ca. 2,5 Mio. Einwohner

Seit Jahrhunderten zieht die Ewige Stadt Reisende aus aller Welt in ihren Bann. Heute sind es jährlich etwa fünf Millionen Besucher, die eine Annäherung an diese faszinierende Stadt suchen, die man mit noch so vielen Worten wohl nie erschöpfend beschreiben kann.

Die Liste prominenter Rom-Reisender liest sich lang und viele von ihnen haben der Nachwelt oft umfangreiche Zeugnisse ihrer Eindrücke hinterlassen. Goethe fand hier eine „Sehnsucht von dreißig Jahren" gestillt und der Schweizer Historiker Jacob Burckhardt befürchtete gar, „außerhalb Roms nie wieder recht glücklich" werden zu können. Auf den Punkt gebracht hat es der Kunsthistoriker und Archäologe Johann Joachim Winckelmann: „Außer Rom ist fast nichts Schönes in der Welt."

Den Reiz dieser Stadt machen sicher nicht nur die vielen Zeugnisse ihrer langen Geschichte aus, die man als Sehenswürdigkeiten aus Antike, Renaissance und Barock quasi an jeder Straßenecke findet. Rom strahlt heute vielmehr einen lebendigen und sehr lässigen Charme aus, zu dem die monumentalen Hinterlassenschaften vergangener Zeiten das passende Ambiente liefern, das ohne viel Aufhebens Eingang in den römischen Alltag gefunden hat.

Einen Blick auf die „Standards" des touristischen Sightseeing – z. B. Kolosseum, Forum, Kapitol, Pantheon, Vatikan, Spanische Treppe und Trevi-Brunnen – wirft sicher jeder Rom-Reisende, auch wenn der Besuch noch so kurz ist. Genügen wird dieser erste Blick den wenigsten. Denn die Stadt fordert ihre Besucher geradezu auf, immer wieder zurückkommen und dabei immer neue Facetten zu entdecken – und das sicher auch abseits der „großen" Sehenswürdigkeiten.

Die Spanische Treppe

Stadtgeschichte im Überblick

Lässt man die Mythologie außer Acht, entstanden wahrscheinlich schon im 10. Jh. v. Chr. erste Ansiedlungen auf dem Palatin und bald darauf auch auf dem Esquilin und Quirinal. Ab ca. 600 v. Chr. wurde die Stadt für fast ein Jahrhundert von etruskischen Königen regiert. In dieser Zeit wurde mit dem Bau der *Cloaca Maxima* das sumpfige Gebiet um den Tiber trockengelegt, das *Forum* gebaut und die Stadt von einer ersten Mauer umgeben.

> ### Das Jahr 753 – das mythologische Datum der Stadtgründung
> Der Legende nach war es eine Wölfin, die bei der Stadtgründung Roms eine entscheidende Rolle spielte: Kriegsgott Mars hatte die Königstochter Rhea Silva geschwängert, die bald darauf Zwillinge zur Welt brachte. Deren Vater setzte die Neugeborenen auf dem Tiber aus, wo sie ins Meer hinaustreiben sollten. Der Korb mit den Zwillingen verfing sich jedoch im Schilf, eine Wölfin fand die beiden und säugte die Kinder, bis sie vom Hirten Faustulus aufgenommen wurden, der ihnen die Namen *Romulus* und *Remus* gab. Am 21. April des Jahres 753 v. Chr. entschlossen sich die mittlerweile herangewachsenen Brüder, eine Stadt zu gründen, deren zukünftiger Herrscher durch ein göttliches Zeichen bestimmt werden sollte. Als Romulus die Gunst der Götter auf seiner Seite sah und die Herrschaft auf dem Palatin für sich in Anspruch nahm, kam es zum Streit, bei dem er seinen Bruder Remus erschlug.

Rom zur Zeit der Republik: Nachdem der letzte Etruskerkönig vom römischen Volk aus der Stadt gejagt worden war, entstand 507 v. Chr. die römische Republik mit zwei patrizischen (adligen) *Konsuln* an der Spitze. Höchster Priester war der *Pontifex Maximus*, der über alle Bereiche des religiösen Lebens wachte. Mit dem *Zwölftafelgesetz* von 450 v. Chr., das auf dem Forum ausgehängt wurde, entstand eine erste verbindliche Gesetzgebung für alle Römer. Das Emblem des Zwölftafelgesetzes ist noch heute überall in Rom zu sehen: *S.P.Q.R. – Senatus Populusque Romanus* („Der Senat und das Volk Roms").

Der verheerende Einfall der Gallier um ca. 380 v. Chr. veranlasste Rom zum Bau einer neuen Stadtmauer, die nun alle sieben Hügel der Stadt einbezog: Palatin, Kapitol, Aventin, Quirinal, Viminal, Esquilin und Celius. Außenpolitisch errang Rom auf dem Weg zur Weltmacht seine größten Erfolge vom 3. bis 1. Jh. v. Chr.: Nach dem Sieg über die Etrusker, Latiner und Samniten wurde bald ganz Mittelitalien beherrscht, es folgten Unteritalien und die ersten griechischen Städte. Dabei gestand Rom den Besiegten eine gewisse Autonomie zu, einige Städte erhielten sogar das volle römische Bürgerrecht.

Im Streit um die Vorherrschaft auf Sizilien kam es zu den drei *Punischen Kriegen* gegen Karthago, aus denen Rom 146 v. Chr. siegreich hervorging. Eroberungsfeldzüge nach Griechenland und Kleinasien dehnten den Herrschaftsbereich der Römer dann auch nach Osten hin aus.

In den Jahren 136–132 v. Chr. kam es zu ersten Sklavenaufständen, die 73–71 v. Chr. unter der Führung von Spartacus erneut aufflammten und von Crassus blutig niedergeschlagen wurden. Zur Seite stand ihm Pompejus, der sich 60 v. Chr. mit Crassus und Julius Caesar zum ersten Triumvirat (Dreibund) zusammenschloss.

728 Rom und Latium

Nach Crassus' Tod wurde das Triumvirat aufgelöst und Pompejus zum alleinigen Konsul über Rom erklärt. Diesen Machtverlust wollte Caesar nicht hinnehmen und sammelte seine Truppen zum Kampf gegen Pompejus, aus dem er 48 v. Chr. in der Schlacht bei Pharsalus siegreich hervorging. Im April 45 v. Chr. ließ sich Caesar zum Alleinherrscher des Römischen Reiches ausrufen. Die Herrschaft dauert jedoch nur ein knappes Jahr: Am 15. März 44 v. Chr. wurde er von Mitgliedern des Senats ermordet.

Rom in der Kaiserzeit: Erneut kam es zu Unruhen und Bürgerkrieg, bis der junge Octavian, der Neffe und Adoptivsohn Caesars, nach 17 Jahren Krieg den Frieden in Rom sicherte (Pax Romana) und als *Princeps* (erster Bürger) die alleinige Macht übernahm. Zwar verlieh Octavian, dem bald der Ehrentitel *Augustus* („der Erhabene") zuteil wurde, dem Senat zunächst neues Ansehen, gleichzeitig jedoch baute er seine eigene Stellung konsequent aus und legte so den Grundstein für eine Monarchie. In seiner 45-jährigen Regierungszeit sorgte Augustus nicht nur für stabile innenpolitische Verhältnisse, sondern sicherte auch die äußeren Grenzen des riesigen Reiches. In der mittlerweile zur Millionenstadt gewachsenen Metropole setzte eine rege Bautätigkeit ein; repräsentative öffentliche Gebäude und Tempel wurden nun erstmals in Marmor gebaut. Unter Augustus erfuhr Rom eine kulturelle Blüte, die sich z. B. in der Literatur in den Werken Vergils, Ovids und Horaz' niederschlug. Die Römer wurden großzügig mit Lebensmitteln versorgt und durch ein umfangreiches Unterhaltungsangebot bei Laune gehalten: „Brot und Spiele" hieß die Strategie, die spätere Kaiser übernahmen.

Als Augustus 14 n. Chr. starb, wurde er vom Senat zum Gott erhoben. Seinen Stiefsohn *Tiberius* hatte er noch zu Lebzeiten zum Nachfolger erklärt. Die darauf folgenden Herrscher des Julisch-Claudischen Kaiserhauses, unter ihnen auch *Caligula* (37–41) und *Nero* (54–68), zeichneten sich mehr durch exzessives Machtgebaren als durch besonnene Politik aus.

Geordneter waren die Zustände im Kaiserreich unter den Flaviern: *Vespasian* (69–79) trug zur innenpolitischen Stabilisierung bei, unter *Trajan* (98–117) erreichte das Reich seine größte territoriale Ausdehnung und *Hadrian* (117–138) sicherte die ausgedehnten Grenzen (u. a. durch den Ausbau des Limes). Während seiner Herrschaft zählte Rom über eine Million Einwohner in einer inzwischen viel zu klein gewordenen Stadt – die meisten von ihnen lebten in engen sechsstöckigen *Insulae* (Mietshäusern) ohne sanitäre Einrichtungen. Die Oberschicht lebte dagegen in ihren weitläufigen Villen in purem Luxus. Trotz dieser Gegensätze erlebte Rom damals eine große politische Stabilität. Zu einem Krieg (gegen die Parther im Osten) kam es erst wieder unter *Marc Aurel* (161–180). Im Jahr 212 verlieh *Caracalla* (211–217) allen freien Bewohnern des Reiches das volle Bürgerrecht.

Der Niedergang des Weltreichs: Zu einer ernsthaften Schwächung des Römischen Reiches kam es zur Zeit der *Soldatenkaiser* (235–284): Von Norden bedrohten die Germanen die Grenzen des Weltreiches, von Osten die Perser. Innerhalb des römischen Imperiums kam es zu schweren Wirtschaftskrisen, Hungersnöten, Aufständen und Seuchen, die die Bevölkerung der Hauptstadt dezimierten. Eine weitere Gefahr war das *Christentum*, das zunehmend mehr Anhänger fand. Ab ca. 250 reagierte der Staat mit groß angelegten Christenverfolgungen, die letzte – besonders grausame – fand unter *Diokletian* (284–305) im Jahr 303 statt. Diokletian war es auch, der die Herrschaft über das Reich erstmals aufteilte und drei Mitregenten ernannte. *Konstantin*, einer seiner Nachfolger, schlug seinen Mitregenten Maxentius

Reste eines Weltreiches: das Forum Romanum

312 bei der Schlacht an der Milvischen Brücke und kehrte zur Alleinherrschaft (323–337) zurück. Ein Jahr später erkannte Konstantin mit dem *Toleranzedikt von Mailand* das Christentum an und verlegte 330 die neue, christliche Hauptstadt an den Bosporus nach Byzanz, das er in Konstantinopolis umbenannte. Rom blieb zwar weiter *Caput Mundi* (Hauptstadt der Welt), wurde aber zusehends entvölkert – hauptsächlich Christen siedelten in die neue Hauptstadt im Osten über. 391 erklärte Konstantins Nachfolger *Theodosius* (379–395) das Christentum zur Staatsreligion. Die endgültige Teilung in ein weströmisches und ein oströmisches Reich wurde im Jahr 395 vollzogen.

Die einstige Hauptstadt der Weltmacht Rom war in der Folgezeit schutzlos den einfallenden Westgoten (410) und bald darauf den Hunnen (455) ausgeliefert. Der endgültige Niedergang war mit der Absetzung von Romulus Augustulus, dem letzten weströmischen Kaiser, im Jahr 476 besiegelt.

Rom im Mittelalter: Nach dem Einfall der Langobarden im Jahr 568 wurde die Stadt erneut schwer gebeutelt. Ende des 6. Jh. hatte sich die Zahl der Einwohner auf ca. 50.000 reduziert, bald darauf grassierte die Pest. Unter Papst Gregor I. (590–604) wurde das Christentum erstmals durch Missionare in ganz Europa verbreitet und bald darauf kamen zahlreiche Pilger in die Stadt, die ihr zu einem bescheidenen Wohlstand verhalfen. Antike Tempel und andere Bauten wurden in christliche Kirchen umgewandelt. Als Gregor starb, hatte er ein gut organisiertes Papsttum hinterlassen, das aus den Einnahmen durch die Pilger über ein beachtliches Vermögen verfügte und auch eigene Truppen finanzieren konnte.

Eine entscheidende Änderung brachte die *Pippinische Schenkung*: Als Rom 753 erneut von den Langobarden belagert wurde, bat Papst Stephan II. den Frankenkönig Pippin um Hilfe. Er salbte den König zum „Schutzherrn der Römer" und erhielt von ihm im Gegenzug Unterstützung beim Kampf gegen die Langobarden und die Zusicherung eines eigenen kirchlichen Territoriums, das weite Teile Mittelitaliens umfasste – die Basis für den späteren *Kirchenstaat*. Als Papst Leo III. an Weihnachten des Jahres 800 Karl dem Großen die Kaiserkrone aufsetzte, war die Verbindung zwischen geistlicher und weltlicher Macht zunächst gefestigt. Die folgenden Jahrhunderte waren dann allerdings von permanenten Konflikten zwischen Papst- und Kaisertum geprägt.

Während des sogenannten Großen abendländischen Schismas (1378–1417) standen sich zwei, zeitweise sogar drei Päpste gegenüber, die sich mit ihren jeweiligen Anhängerschaften unversöhnlich gegenüberstanden und gegen ihre Feinde Bannsprüche verhängten.

Rom in der Renaissance: Nach Beendigung des Schismas durch das *Konstanzer Konzil* wählte man 1417 erstmals wieder einen Römer zum Papst: Oddo (Ottone) Colonna, der sich Martin V. nannte. Unter ihm und seinen beiden Nachfolgern erfuhr Rom endlich den ersehnten Aufschwung, die Renaissance kam in die Stadt und mit ihr eine Aufbruchstimmung, die sich u. a. in der Errichtung zahlreicher prächtiger Bauwerke niederschlug. Unterbrochen wurde der stetige Aufstieg Roms (die Bevölkerung war bald wieder auf 100.000 Bewohner angewachsen) nur durch den *Sacco di Roma*, die Plünderung der Stadt in den Jahren 1527/1528 durch die Truppen Karls V. Unbeirrt ging im weiteren Verlauf des 16. Jh. der Ausbau der weltlichen Macht der Kirche weiter, zur Finanzierung bediente man sich der immensen Ablasszahlungen und Steuergelder.

Gegenreformation und Barock: Der neu gegründete *Jesuitenorden* stand gänzlich im Dienste der Gegenreformation, seine Mitglieder waren in ganz Europa tätig. Zu den Opfern der Bewegung zählten zahlreiche Kirchenkritiker, die von der Inquisition als Ketzer verurteilt wurden. Der bekannteste unter ihnen war Giordano Bruno, der 1600 auf dem Campo de' Fiori auf dem Scheiterhaufen starb.

Unter Papst Sixtus V. (1585–1590) wurde eine neue Gestaltung der Stadt in Auftrag gegeben, bei der die Hauptkirchen Roms durch große Straßenzüge miteinander verbunden wurden. Eine Weiterführung der prestigeträchtigen Neugestaltung Roms fand mit den prachtvollen Bauwerken des Barock im 17. Jh. statt. Als Baumeister federführend waren *Francesco Borromini* (1599–1667) und vor allem der herausragende *Gianlorenzo Bernini* (1598–1680), die das Stadtbild Roms entscheidend prägten. Wichtigster Förderer Berninis war Papst Urban VIII.

Im 18. Jh. wurde zwar noch kräftig weitergebaut (z. B. die Spanische Treppe und der Trevi-Brunnen), doch erfuhr der über Jahrhunderte mächtige Kirchenstaat eine erste bedeutende Schwächung: 1798 wurde die Stadt von *Napoleons* Truppen besetzt und der Papst entmachtet. Erst mit der Wiederherstellung der alten Verhältnisse durch den Wiener Kongress von 1814/15 erhielt er seine Position zurück.

Rom während des Risorgimento: Die Autonomie des Kirchenstaates geriet allmählich stark unter den Druck des Risorgimento, der nationalen Einheitsbewegung Italiens. Zwar konnte sich der Kirchenstaat zunächst noch mit Hilfe französischer Truppen gegen die von *Giuseppe Garibaldi* (1807–1882) geführten Revolutionäre zur Wehr setzen; als die französischen Helfer jedoch ausblieben, marschierten die Revolutionäre am 20. April 1870 ungehindert in Rom ein. 1871 riefen sie das geeinte *Königreich Italien* unter der Regentschaft von König Vittorio Emanuele II aus. Dem Papst blieb nur der Vatikan als Rückzugsgebiet. Rom wurde zur Hauptstadt des jungen Königreichs und erlebte bald einen neuen Bauboom: Neben repräsentativen Straßenzügen wie der Via Veneto, der Via del Tritone oder der Via Nazionale entstanden staatliche Gebäude wie der Justizpalast (neben der Engelsburg) und natürlich das Nationalmonument Vittorio Emanuele II. (1885–1911) an der Piazza Venezia.

Roma Fascista: Ein maroder Staat mit rechten und linken Extremisten, Terrorakten und anarchischen Zuständen waren der Nährboden für die Machtübernahme Benito Mussolinis (1883–1945). Mit seinem „Marsch auf Rom" übernahm er 1922 die Regierungsgeschäfte. Durch die *Lateranverträge* von 1929 sicherte er der Kirche neue Autonomie zu – wenn auch auf das winzige Gebiet des Vatikans beschränkt. Den Höhepunkt seiner Macht erreichte das faschistische Regime Mussolinis Mitte der 1930er Jahre. In Rom ließ er große Straßenzüge wie die Via dei Fori Imperiali und die Via della Conciliazione bauen; aber auch das Stadion Foro Italico. Darüber hinaus plante er den Bau des Weltausstellungsgeländes E.U.R. (Esposizione Universale Romana) im Süden der Stadt. Im Juni 1940 trat Italien an der Seite Deutschlands in den *Zweiten Weltkrieg* ein. 1943 marschierten die Alliierten in Rom ein und nahmen den „Duce" gefangen. Die Deutschen befreiten ihn zwar wieder, doch zwei Jahre später wurden Mussolini und seine Geliebte am Comer See von Partisanen ermordet. Während des Zweiten Weltkriegs wurden unter der deutschen Besatzung ab September 1943 über 2000 römische Juden deportiert und in den Konzentrationslagern getötet. 1944 wurde die Stadt von den Alliierten kampflos eingenommen.

Rom ab 1945: Nachdem der italienische König Vittorio Emanuele III 1946 abgesetzt worden war, wurde am 2. Juni die *Republik* mit der Hauptstadt Rom ausgerufen. Seitdem zählt man die mittlerweile 60. (!) Nachkriegsregierung und politisch hat sich Rom in jüngerer Vergangenheit nicht immer mit Ruhm bekleckert. Anfang der 1990er Jahre kam ans Licht, was die italienischen Regierungen seit Ende des Zweiten Weltkrieges angerichtet hatten: Verbindungen zur Mafia und Bestechungsskandale in vielfacher Millionenhöhe, die Politiker aller Parteien betrafen. Verhaftungen im römischen Parlament waren bis Anfang der 1990er Jahre fast schon an der Tagesordnung.

Anfahrt/Verbindungen

• *PKW* Von Norden kommend beim **Autobahndreieck Roma Nord** rechts nach Rom abzweigen (geradeaus geht es auf die Umgehungsautobahn nach Neapel). Etwa 25 km sind es jetzt noch zum Autobahnring **Grande Raccordo Anulare (G.R.A.)**, der Rom kreisförmig umgibt. Von dort führen zahlreiche Einfallstraßen nach Rom hinein, im Norden z. B. die **Via Flaminia (Ausfahrt Nr. 6)** und die **Via Salaria (Nr. 8)**. Die **Via Aurelia (Nr. 1)** führt vom Westen zum Vatikan, von Osten gelangt man auf einem Autobahnzubringer über **Roma Tangenziale Est (Nr. 14)** bis in die Nähe vom Hbf. Letzte Abfahrt ist auch aus Richtung Süden gut geeignet.
Wichtig: Auto fahren in Rom ist kein Spaß, Staus sind obligatorisch und die Straßen völlig überlastet. **Das gesamte historische Zentrum ist zudem tagsüber für den Straßenverkehr gesperrt!**
Parkplätze sind äußerst rar und i. d. R. gebührenpflichtig. Parken in der **blauen Zone** (durch blaue Striche gekennzeichnet) kostet tagsüber von 8 bis 20 Uhr (z. T. auch bis 23 Uhr) ca. 1 €/Std. Eine der wenigen Tiefgaragen liegt unter der **Villa Borghese** (*Park Sì*, Einfahrt an der Porta Pinciana/Via Veneto; 24 Std. geöffnet, 1,30 €/Std., 16 €/Tag, ✆ 06/3225934). Im Parkhaus *Terminal Park* in der **Via Marsala** neben dem Bahnhof Termini wird das Auto mit elektronisch gesteuerter Hebebühne zu einer nicht zugänglichen Plattform befördert (tägl. 6–1 Uhr, 1. Stunde 3 €, ab der 2. Stunde 2 €/Std., 1. Tag 26 €, ab dem 2. Tag 12 €, ✆ 06/4441067).
An den **Metro-Endstationen** gibt es außerdem günstige Park-and-Ride-Parkplätze.
• *Bahn* **Stazione Termini** (Hauptbahnhof), moderner Riesenbahnhof mit zahllosen Einrichtungen. Häufige Züge nach Neapel, Florenz, Venedig und Mailand, immer endlose Schlangen vor den Fahrkartenschaltern. **Fahrplanauskunft** in der Eingangshalle (7–23.45 Uhr). **Gepäckaufbewahrung** bei Bahnsteig 24, geöffnet 7–24 Uhr, die ersten 5

Stunden 3,80 € pro Gepäckstück, dann 0,60 € pro Stunde, meist lange Warteschlangen bei der Abgabe, Schließfächer gibt es aus Sicherheitsgründen keine mehr.
Touristeninformation in der großen Halle (tägl. 8–21 Uhr geöffnet).
Stazione Tiburtina, Piazzale della Stazione Tiburtina (Metro B), nordöstlich vom Hbf. Hier hält der Nachtzug aus München (fährt nicht mehr bis Termini), außerdem die Durchgangszüge von Nord- nach Süditalien, um nicht extra in den Termini reinfahren zu müssen. Gute Bus- und U-Bahn-Verbindungen zum Termini.
Roma Ostiense, Porta San Paolo (Metro B), südlich vom Zentrum. Züge nach Ostia und zum Flughafen Leonardo da Vinci bei Fiumicino (→ Flug).
Ferrovia Roma-Nord, Piazzale Flaminio (Metro A), nördlich vom Zentrum, neben Villa Borghese. Private Bahnlinie in den Norden Latiums, u. a. Viterbo.

• *Busse* Busse der Gesellschaft **Linee Laziali (COTRAL)** fahren ganz Latium an – Busbahnhöfe liegen bei der **Station Lepanto** der Metro A (Busse nach Norden, z. B. Viterbo, Cerveteri, Tarquinia, Lago di Bracciano), bei der **Station Rebibbia** der Metro B (Busse nach Osten, z. B. Tivoli, Subiaco und Cassino) und bei der **Station Anagnina** der Linie A (Busse nach Westen und Süden – Frascati und Castelli Romani).

• *Flug* Der große Flughafen **Leonardo da Vinci** liegt bei der Küstenstadt **Fiumicino**, ca. 30 km westlich vom Zentrum. Es gibt eine bequeme Zugverbindung in die Stadt, beschildert mit „Treno" oder „Stazione FS/Railway Station". Züge fahren von 6–23 Uhr etwa 1- bis 2-mal pro Std. direkt zum Hauptbahnhof **Stazione Termini** (9,50 €), Ticket am Automaten. Im Hbf. bekommt man Fahrkarten zum Flughafen in Automaten sowie bei Tabacchi- und Zeitschriftenläden, Abfahrt 1- bis 2-mal stündl. an Gleis 26. Der Regionalzug **FM 1** ab Flughafen geht von morgens bis Mitternacht etwa alle 30 Min. zur Station **Roma Ostiense** (5 €), dort kann man direkt in die Metro B umsteigen (Station Piramide), die einen schnell ins Zentrum bringt.
Nachts kann man den **Bus** nehmen, der stündlich zwischen Flughafen und Stazione Tiburtina pendelt, von dort Verbindung zum Termini mit Nachtbus 42 N bzw. umgekehrt (ca. 5 €, Tickets im Bus). Taxi kostet ca. 40 €.
Viele Billig-Airlines und manche inneritalienischen Flüge starten und landen am Flughafen **Ciampino**, Linee Laziali-Busse pendeln von 6–23 Uhr etwa alle 30 Minuten zur Endstation Anagnina der Metro A.

*I*nformation

APT, Hauptstelle (Centro Visitatori) in der Via Parigi 5, Seitengasse beim Bahnhofsvorplatz. Ausführliches deutschsprachiges Infomaterial. Mo–Sa 9–19 Uhr, So geschl. ✆ 06/488919.
Zweigstellen APT: **Stazione Termini**, tägl. 8–21 Uhr. ✆ 06/48906300.
Flughafen Fiumicino, Arrivi Internazionali, Terminal B, tägl. 8–19 Uhr, ✆ 06/65956074.
Informationspavillons (tägl. 9.30–19.30 Uhr): Piazza dei Cinquecento (Stazione Termini), Piazza San Giovanni in Laterano (San Giovanni), Via dell'Olmata (Santa Maria Maggiore), Piazza Tempio della Pace (Kolosseum), Piazza delle Cinque Lune (Via del Corso/Piazza Navona), Piazza Pia (Engelsburg), Via Nazionale (Palazzo delle Esposizioni) und Piazza Sonnino (Trastevere).
Infoline (auch deutsch) tägl. 9–19 Uhr unter ✆ 06/36004399; www.romaturismo.it.

Enjoy Rome: Via Marghera 8a, nahe Hauptbahnhof (rechter Hand, wenn man herauskommt). Alternative zu den offiziellen Infostellen, Zimmervermittlung (auch Privatzimmer), geführte Fuß- und Radtouren. Mo–Fr 8.30–14, 15.30–18, Sa 8.30–14 Uhr. ✆ 06/4451843, ✉ 4450734, www.enjoyrome.com.

*U*nterwegs in *R*om

• *Metro* Es gibt nur **zwei U-Bahnlinien** („Metropolitana"), beide kreuzen sich in der zentralen Haltestelle im Untergeschoss des Hauptbahnhofs Termini. Weitere Linien sind seit langem in Vorbereitung, aber da der römische Untergrund voller archäologischer Kostbarkeiten steckt und über der Erde ständig wechselnde Stadtregierungen die Finanzierung eher blockieren als fördern, gehen die Arbeiten nur langsam voran. Eine 75-Minuten-Fahrt mit Umsteigen kostet 1 € (→ Kasten, S. 736). Betriebszeiten 5.30–23.30 Uhr.

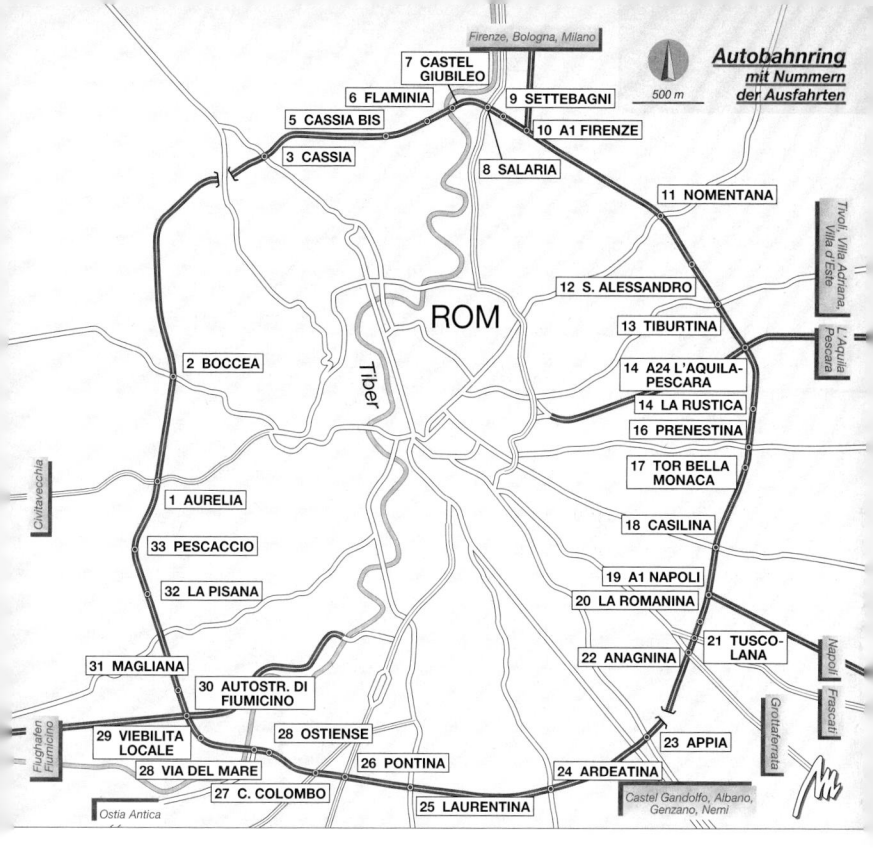

Linie A: Battistini (westliche Peripherie) – Cipro (Vatikanische Museen) – Ottaviano (Nähe Peterskirche) – Flaminio (Piazza del Popolo) – Spagna (Spanische Treppe) – Piazza Barberini – Stazione Termini – Vittorio E. – San Giovanni (Lateran) – Ponte Lungo – Porta Furba – Cinecittà – Anagnina (Terminal für Überlandbusse).

Linie B: Rebibbia (nordöstliche Vorstadt) – Tiburtina (Umsteigebahnhof Durchgangszüge, Regionalzüge, Busse) – Stazione Termini – Via Cavour – Colosseo – Circo Massimo – Piramide (Umsteigebahnhof Ostiense) – Garbatella – San Paolo (gleichnamige Basilica) – Magliana – EUR Palasport – EUR Fermi – Laurentina (Stadtteil E.U.R.).

● *Busse/Trams* (ATAC): Allein 250 Buslinien gibt es in der Ewigen Stadt, ergänzt durch einige wenige Straßenbahnen. Das Einzelticket kostet 1 € (→ Kasten S. 736), Verkehrszeiten 5.30–24 Uhr. Die zentrale Bushaltestelle befindet sich an der Piazza dei Cinquecento (Bahnhofsvorplatz).

Buslinien (Auswahl): **27**, vom Bhf. zum Kolosseum; **44**, ab Piazza Venezia nach Trastevere; **64** oder **40 Express**, ab Bhf. quer durch die Innenstadt zum Vatikan; **170**, vom Bhf. nach Trastevere und Testaccio; **218**, von San Giovanni in Laterano zur Via Appia Antica; **714**, von Bhf. zur Kirche San Giovanni in Laterano; **910**, vom Bhf. zur Villa Borghese.

Preiswerte Stadtrundfahrten durch das *Centro storico* bieten werktags die Elektrobuslinien **116** (ab Porta Pinciana/Villa Borghese), **117** (ab Lateran) und **119** (ab Piazza del Popolo) – auch hier kostet der normale Fahrschein 1 €.

Tramlinien (Auswahl): **3**, von Trastevere über Circus Maximus und Kolosseum zum Lateran und im weiten Bogen zum Piazzale Thorwaldsen in der Villa Borghese; **8**, von Trastevere zum Largo Argentina.

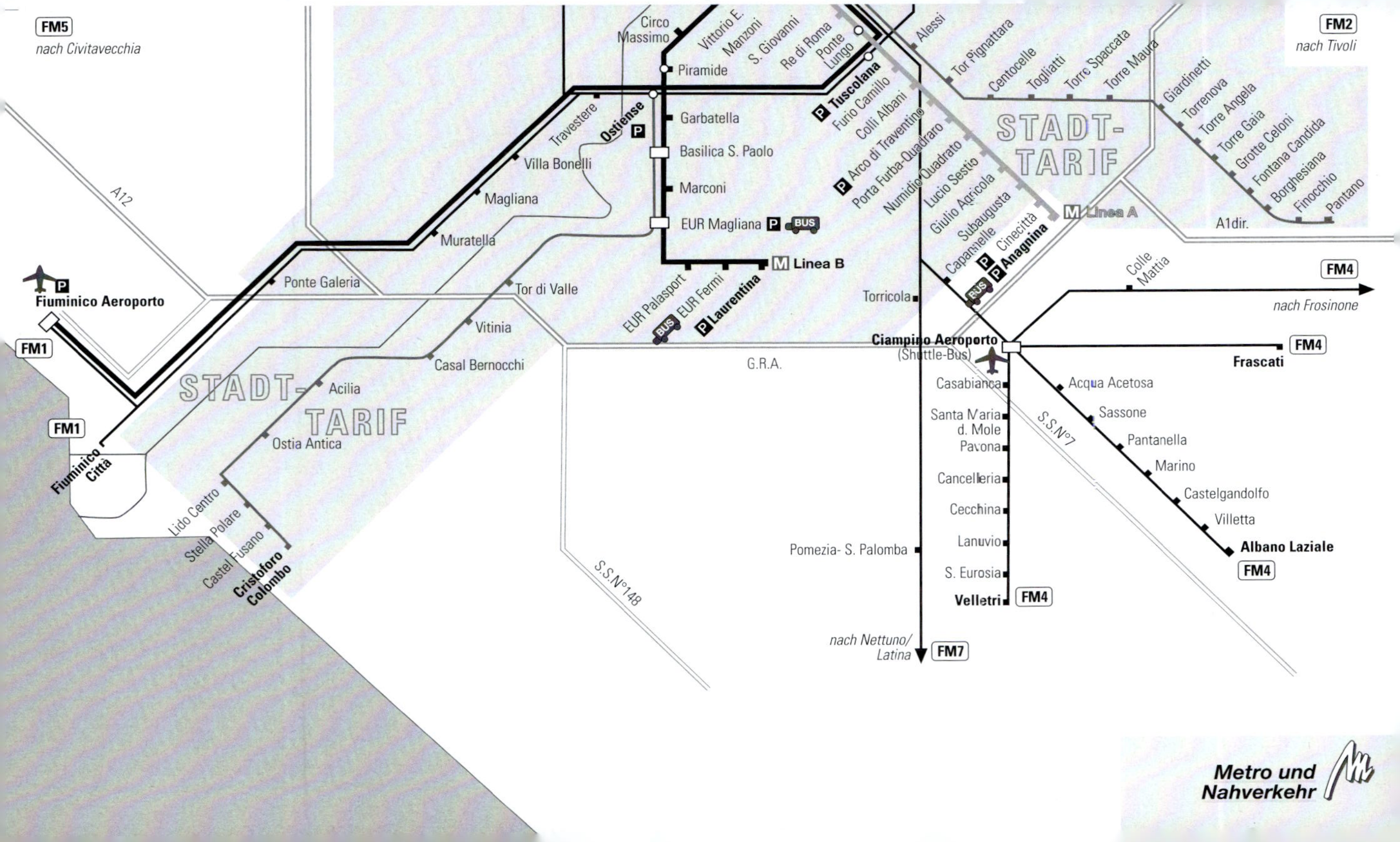

FM5
nach Civitavecchia
FM2
nach Tivoli
A12
Fiuminico Aeroporto
FM1
FM1
Fiuminico Città
Ponte Galeria
Muratella
Magliana
Villa Bonelli
Travestere
Ostiense
Circo Massimo
Vittorio E.
Manzoni
S. Giovanni
Re di Roma
Ponte Lungo
Piramide
Garbatella
Basilica S. Paolo
Marconi
EUR Magliana
BUS
M Linea B
EUR Palasport
EUR Fermi
Laurentina
Tuscolana
Furio Camillo
Colli Albani
Arco di Traventino
Porta Furba-Quadraro
Numidio Quadrato
Lucio Sestio
Giulio Agricola
Subaugusta
Cinecittà
Capannelle
Anagnina
M Linea A
Alessi
Tor Pignattara
Centocelle
Togliatti
Torre Spaccata
Torre Maura
Giardinetti
Torrenova
Torre Angela
Torre Gaia
Grotte Celoni
Fontana Candida
Borghesiana
Finocchio
Pantano
A1dir.
STADT-TARIF
STADT-TARIF
Tor di Valle
Vitinia
Casal Bernocchi
Acilia
Ostia Antica
Lido Centro
Stella Polare
Castel Fusano
Cristoforo Colombo
G.R.A.
Torricola
Ciampino Aeroporto
(Shuttle-Bus)
Colle Mattia
FM4
nach Frosinone
FM4
Frascati
Casabianca
Santa Maria d. Mole
Pavona
Cancelleria
Cecchina
Lanuvio
S. Eurosia
Velletri
FM4
Acqua Acetosa
Sassone
Pantanella
Marino
Castelgandolfo
Villetta
Albano Laziale
FM4
S.S.N°7
S.S.N°148
Pomezia- S. Palomba
nach Nettuno/ Latina
FM7
Metro und Nahverkehr

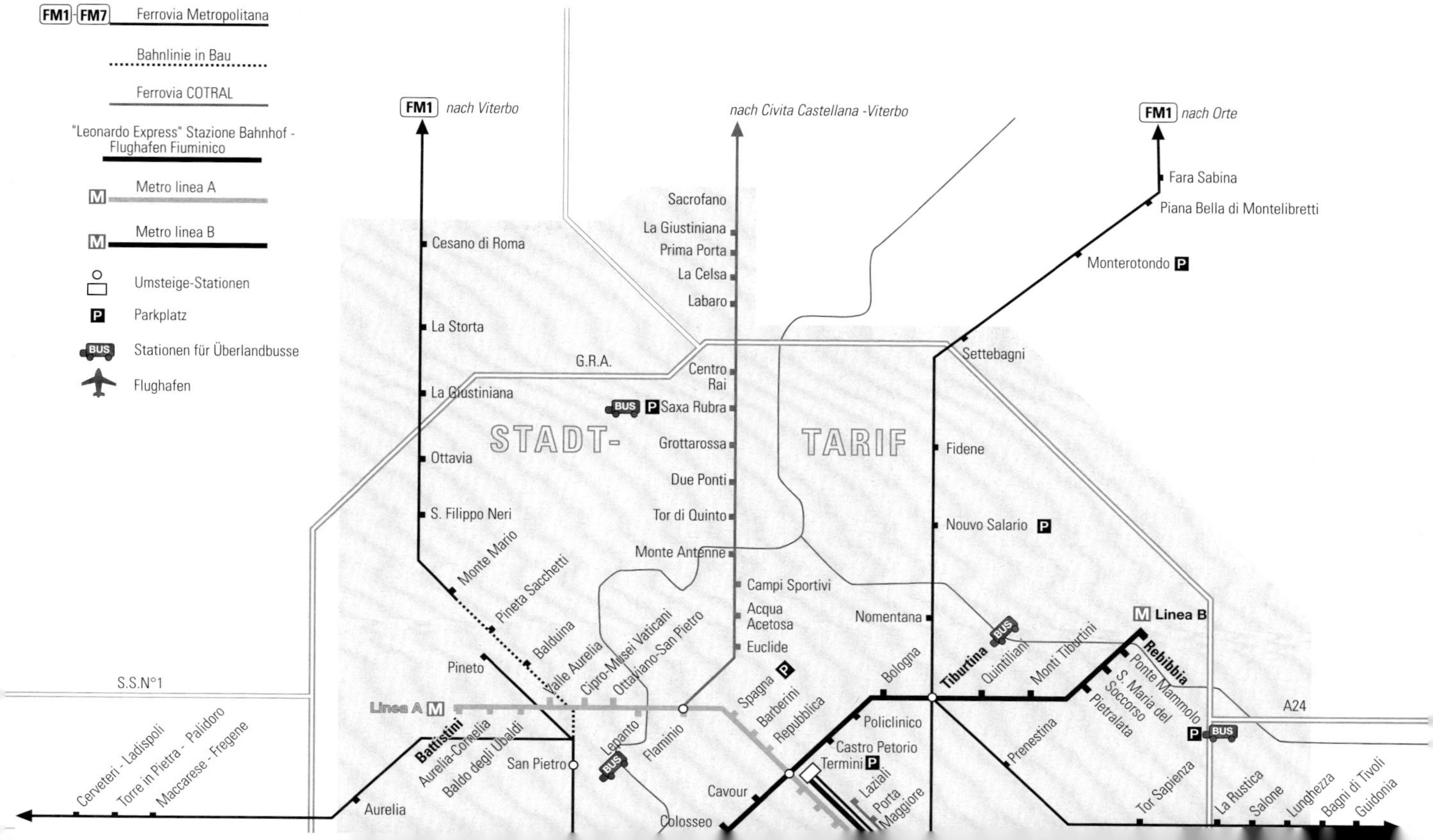
FM1 - FM7 Ferrovia Metropolitana
Bahnlinie in Bau
Ferrovia COTRAL
"Leonardo Express" Stazione Bahnhof - Flughafen Fiuminico
Metro linea A
Metro linea B
Umsteige-Stationen
Parkplatz
Stationen für Überlandbusse
Flughafen
FM1 nach Viterbo
nach Civita Castellana -Viterbo
FM1 nach Orte
STADT- TARIF
Cesano di Roma
La Storta
La Giustiniana
Ottavia
S. Filippo Neri
Monte Mario
Pineta Sacchetti
Balduina
Pineto
Valle Aurelia
Cipro-Musei Vaticani
Ottaviano-San Pietro
Lepanto
Flaminio
San Pietro
Battistini
Aurelia-Cornelia
Baldo degli Ubaldi
Linea A
Aurelia
Cerveteri - Ladispoli
Torre in Pietra - Palidoro
Maccarese - Fregene
S.S.N°1
G.R.A.
Sacrofano
La Giustiniana
Prima Porta
La Celsa
Labaro
Centro Rai
Saxa Rubra
Grottarossa
Due Ponti
Tor di Quinto
Monte Antenne
Campi Sportivi
Acqua Acetosa
Euclide
Spagna
Barberini
Repubblica
Cavour
Colosseo
Policlinico
Castro Petorio
Termini
Laziali
Porta Maggiore
Bologna
Nomentana
Fara Sabina
Piana Bella di Montelibretti
Monterotondo
Settebagni
Fidene
Nouvo Salario
Tiburtina
Quintiliani
Monti Tiburtini
Linea B
Rebibbia
Ponte Mammolo
S. Maria del Soccorso
Pietralata
Prenestina
A24
Tor Sapienza
La Rustica
Salone
Lunghezza
Bagni di Tivoli
Guidonia

Rom und Latium

Nachtbusse (gekennzeichnet mit einem „N") fahren ab Mitternacht etwa jede halbe Stunde, jedoch oft auf anderen Routen als tagsüber, zudem sehr eingeschränktes Netz, die entsprechenden Haltestellen sind mit einer Eule gekennzeichnet. Bus **55 N** befährt die Route der Metro A, **40 N** die der Metro B, 78 N fährt von Termini über Largo Torre Argentina (Altstadt) zur Piazza del Popolo und retour, 29 N vom Vatikan (Piazza Risorgimento) über das Kolosseum zur Station Piramide (Piazzale Ostiense) und retour.

Für **U-Bahn**, **Busse** und **Trams** werden die gleichen Tickets benutzt. Sie sind an Automaten (nur Einzeltickets) in U-Bahn-Stationen, in kleinen Schalterhäuschen an Bushaltestellen sowie in Tabakläden und Kiosken erhältlich und gelten 75 Min. lang (mit Umsteigen). Beim Betreten des Metrobahnsteigs bzw. des Busses muss das Ticket entwertet werden.
Außer den **Einzeltickets** (BIT) für 1 € gibt es auch **Tageskarten** (BIG) für 4 € (gültig bis 24 Uhr) sowie **Wochenkarten** (CIS) für 16 €, außerdem ein Touristenticket (BTI): 3 Tage Gültigkeit im gesamten Stadtgebiet und auf der Strecke nach Ostia und nach Viterbo, 16 €. Gültig sind die Karten auf dem gesamten Bus-, Metro und Straßenbahnnetz. Tageskarten müssen abgestempelt werden, sonst sind sie ungültig. Für Wochenkarten ist der Ausweis nötig. Schwarzfahren kostet 51 €, die Kontrolleure lassen nicht mit sich reden.
Bei den Informationsstellen sind kostenlose Pläne der öffentlichen Verkehrsmittel erhältlich, für ca. 5 € kann man außerdem an Zeitungsständen einen umfangreichen und detaillierten Netzplan kaufen.

• *Taxi* Achten Sie darauf, dass Sie eins der regulären gelben oder weißen Taxis **mit Taxameter** erwischen (Fahrzeuge ohne Taxameter fahren ohne Lizenz und verlangen Fantasiepreise). Grundgebühr 2,33 € und 0,11 € pro Takt (alle 28 Sekunden oder 141 m) bzw. 0,78 € pro km (außerhalb des Stadtgebietes 1,29 €/km). Es gibt Nacht-, Gepäck-, Feiertags-, Flughafenaufschlag und diverse Zuschläge mehr. Achtung: Wer ein Taxi telefonisch bestellt, muss auch die Anfahrt des Wagens zum Abholpunkt zahlen! **Funktaxi** unter ☏ 06/3570, ☏ 06/4994 oder ☏ 06/8822. **Taxistände** z. B. am Bahnhof Termini, an Piazza della Repubblica, Piazza Barberini, Piazza Venezia, Largo Argentina, Largo Goldoni (Via del Corso), Piazza di Spagna, Piazza del Popolo und Petersplatz.

• *Fahrrad* Ideal, um den weitläufigen Stadtpark Villa Borghese zu erkunden oder eine Fahrt auf der Via Appia Antica stadtauswärts zu unternehmen. Für den Innenstadtverkehr allerdings nur bedingt empfehlenswert, es sei denn, man will sich ausschließlich im quasi autofreien historischen Zentrum bewegen. Am 1. Mai ist die gesamte Stadt für den motorisierten Verkehr gesperrt! *Unser Tipp:* **Collalti**, Via del Pellegrino 82 (beim Campo de' Fiori), ☏ 06/68801084 (Mo geschl.), 4 €/Std., 10 €/Tag.

• *Stadtrundfahrten* Bis zu 5-mal tägl. zweistündige Touren mit **Bus 110**, Start ist an der Piazza dei Cinquecento (vor dem Hauptbahnhof). Die Fahrt (inkl. Infobroschüre) kostet 13 €, Tickets gibt es am Bussteig C. Information unter ☏ 06/46952256.

Mit einem PS über die Piazza di Spagna

Rom/Reisepraktisches 737

Übernachten

Römische Hotels sind teuer. In ***-Häusern muss man in der Regel mindestens 150–170 € pro Nacht für ein DZ hinblättern, ca. 70 € für ein DZ mit Etagendusche ist das absolut günstigste in der untersten Kategorie (*). Im Winter wohnt man etwas preiswerter. Einfache Hotels findet man zu Dutzenden in der Bahnhofsgegend, schöner (und teurer) wohnt man in der Altstadt, z. B. um den Marktplatz Campo de' Fiori. Man sollte unbedingt vorher buchen, viele der schöneren Altstadthotels sind häufig ausgebucht.

> Die Legendenpunkte **1–23** finden sich auf der Karte *Via del Corso* (S. 744/745); **24–60** auf der Karte *Centro storico* (S. 748/749); **61–69** auf der Karte *Zwischen Termini und Forum Romanum* (S. 752/753); **70–82** auf der Karte *Trastevere* (S. 754/755) und **83–89** auf der Karte *Vatikan* (S. 768/769).

● *Hotels* ***** **L Hassler Villa Medici (11)**, spektakulärste Aussicht (auf Spanische Treppe und Peterskirche) und prominente Gäste, Dachterrasse und idyllischer Innenhof, Luxus in Vollendung. Dafür kostet das DZ auch ab 570 € pro Nacht, Suiten mit Aussicht sind um einiges teurer. Piazza Trinità dei Monti 6 (oberhalb der Spanischen Treppe), 00187 Roma, ✆ 06/699340, ✆ 6789991; www.hotelhasslerroma.com.

***** **L De Russie (1)**, Luxusherberge nur wenige Meter von der Piazza del Popolo entfernt. Zum Hotel gehören ein herrlicher Garten und eine Terrasse. Ruhige Lage, sehr entspannend. EZ mit allem erdenklichem Komfort 500–550 €, DZ ab 720 €, Frühstück 30 € pro Person. Via del Babuino 9, 00187 Roma, ✆ 06/328881, ✆ 32888888, www.roccofortehotels.com, reservations@hotelderussie.it.

**** **Albergo del Sole al Pantheon (34)**, gegenüber dem Pantheon, 1467 eröffnet und damit das älteste Hotel der Stadt. EZ 230 €, DZ 350 € (inkl. Frühstücksbuffet). Piazza della Rotonda 63, 00186 Roma, ✆ 06/6780441, ✆ 69940689; www.hotelsolealpantheon.com.

**** **Forum (64)**, in Bestlage direkt neben dem Forum des Augustus, ursprünglich ein Kloster aus dem Mittelalter, das 1962 zur Luxusherberge umfunktioniert wurde. Einmaliger Blick von der Dachterrasse auf das antike Rom. 76 Zimmer mit Bad, TV und Klimaanlage. EZ 165–240 €, DZ 235–340 €, Frühstück (Buffet) inklusive. Via Tor de' Conti 25, 00184 Roma, ✆ 06/6792446, ✆ 6786479; www.hotelforum.com.

**** **Atlante Star (86)**, ungewöhnliche Aussicht von der Dachterrasse auf die nahe Peterskirche samt Vatikanpalast. Komfortables Haus mit hervorragendem Service, alle Zimmer mit Bad, TV, Klimaanlage, EZ ab 200 €, DZ ab 250 €, Frühstück incl. (wird auf der Dachterrasse serviert). Zwischen Engelsburg und Piazza Risorgimento. Via G. Vitelleschi 34, 00193 Roma, ✆ 06/6873233, ✆ 6872300; www.atlantehotels.com.

*** **Portoghesi (25)**, in der schmalen Via dei Portoghesi 1 (wenige Meter nördlich der Piazza Navona). Äußerst malerische Ecke, ruhige Lage, einladendes Hotel in einem kleinen Palazzo neben der gleichnamigen Kirche. Herrliche Dachterrasse, gute Ausstattung, alle Zimmer mit Bad, TV und Klimaanlage. EZ 130–150 €, DZ 170–190 € (inkl. Frühstücksbuffet). 00186 Roma, ✆ 06/6864231, ✆ 6876976; www.hotelportoghesiroma.com.

*** **Teatro di Pompeo (52)**, winziges Hotel (nur 13 Zimmer), nur wenige Schritte vom Campo de' Fiori entfernt, sehr ruhig. Das Haus befindet sich auf einem Abschnitt der Zuschauertribüne des antiken Pompejustheaters (55 v. Chr.), wo Julius Caesar angeblich ermordet wurde; im Hotel sind noch Reste des antiken Gemäuers erhalten. Alle Zimmer mit Bad und TV, EZ 150 €, DZ 190 € (je inkl. Frühstücksbuffet). Largo del Pallaro 8, 00186 Roma, ✆ 06/6872812, ✆ 68805531; www.tiscali.it/hotel_teatrodipompeo.

*** **Locarno (4)**, wenige Schritte von der Piazza del Popolo, ruhige Lage, geschmackvolles Haus, z. T. noch im Art-déco-Stil der zwanziger Jahre, angenehme Atmosphäre, Dachterrasse, Fahrradverleih. 48 Zimmer, alle mit Bad, TV und Klimaanlage, EZ um 120 €, DZ um 190 €, Frühstück jeweils inkl., Garage vorhanden. Via della Penna 22, 00186 Roma, ✆ 06/3610841, ✆ 3215249; www.hotellocarno.com.

*** **Villa Borghese (5)**, in diesem Palazzo wurde der Schriftsteller Alberto Moravia geboren. Zur Galleria Borghese sind es keine 100 m, die Via Veneto ist ebenfalls in wenigen Minuten zu erreichen, bis ins historische Zentrum ist es etwas weiter. Netter Service, kleine Terrasse nach hinten hinaus, 29 renovierte Zimmer mit Bad und Klimaanlage, manche auch mit Balkon. EZ 117 €, DZ 160–195 €, je inkl. Frühstück. Via Pinciana 31, 00198 Roma, ✆ 06/85300919, 📠 8414100; www.hotelvillaborghese.it, villaborghese@tiscali.it.

*** **Albergo Abruzzi (33)**, Traditionsherberge gegenüber dem Pantheon, die Zimmer sind mit TV und Klimaanlage ausgestattet. EZ ab 115 €, DZ 135–195 €, kein Frühstück. Piazza della Rotonda 69, 00186 Roma, ✆ 06/6792021, 📠 69788076, www.hotelabruzzi.it.

*** **Trevi (20)**, gepflegtes, kleines Hotel in einem alten Palazzo, nur wenige Schritte vom Trevi-Brunnen. Mit Dachterrasse, recht komfortablen Zimmern mit Bad, TV und Klimaanlage, EZ 160 €, DZ um 220 €, Frühstück inkl., Garage ca. 20 € am Tag. Vicolo del Babuccio 20/21, 00187 Roma, ✆ 06/6789563, 📠 69941407.

*** **Sant'Anna (88)**, nur wenige Schritte von der Peterskirche entfernt in einer ruhigen Straße, aber dennoch zentral. Angenehme Atmosphäre, komfortable Ausstattung, Zimmer z. T. mit Wandbemalung, Bad, TV, Klimaanlage und Kühlschrank, EZ 160 €, DZ 220 €, Frühstück incl. Borgo Pio 133, 00193 Roma, ✆ 06/68801602, 📠 68308717, www.hotelsantanna.com.

** **Campo de' Fiori (54)**, an einem der malerischsten Plätze im historischen Zentrum gelegen und vergleichsweise günstig, mit Dachterrasse. DZ 150 € (ohne Bad 100 €), EZ mit Bad 110 €, jeweils incl. Frühstück. Via del Biscione 6, 00186 Roma, ✆ 06/68806865, 📠 6876003, www.hotelcampodefiori.com.

** **Albergo del Sole al Biscione (51)**, ebenfalls in unmittelbarer Nähe des Campo de' Fiori, sehr ansprechendes, beliebtes Haus mit angemessenem Preis-Leistungs-Verhältnis. Familiäre Atmosphäre, mit Dachgarten und kleinem Innenhof, nette Zimmer. DZ mit Bad 110–125 € (mit Dachterrasse 150 €), ohne Bad 95 €. EZ 110 bzw. 65 €, Garage 23 € pro Tag. Via del Biscione 76, 00186 Roma, ✆ 06/68806873, 📠 6893787, www.solealbiscione.it.

** **Margutta (7)**, günstiges, recht schlichtes Hotel in einer ruhigen Seitenstraße der Via del Corso (bei der Piazza del Popolo). EZ 115 €, DZ 125–145 €, alle Zimmer mit Bad, Frühstück inklusive. Via Laurina 34, 00187 Roma, ✆ 06/3223674, 📠 3200395.

** **Cisterna (80)**, recht schlichtes, kleines Hotel im malerischen Trastevere. 20 Zimmer, alle mit Bad, TV und Klimaanlage, EZ 98 €, DZ 130 €, Frühstück inbegriffen. Via della Cisterna 8, 00153 Roma, ✆ 06/5817212, 📠 5810091.

** **Papa Germano (62)**, familiär-freundliche Atmosphäre, das Hotel ist besonders bei Rucksackreisenden aus aller Welt beliebt. 17 einfache, saubere Zimmer (z. T. mit TV und Kühlschrank), überwiegend renoviert. Im EG Internet-Point und kleine Bibliothek. EZ ohne Bad 60 €, DZ ohne Bad ca. 80 €, mit Bad 90–110 €, Relativ ruhige Lage zwischen Piazza Indipendenza und Finanzministerium beim Bahnhof. Via Calatafimi 14 a, 00185 Roma, ✆ 06/486919, 📠 47825202, www.hotelpapagermano.com.

* **Mimosa (43)**, ideale Lage bei der Piazza Minerva (Pantheon), nur elf Zimmer: EZ mit Bad 93 €, ohne Bad 77 €, DZ 108 bzw. 93 €. Frühstück 9,50 € pro Pers. Via di Santa Chiara 61, 00186 Roma, ✆ 06/68801753, 📠 6833557; www.hotelmimosa.net, hotelmimosa@tin.it.

* **Navona (42)**, über 100 Jahre alte Traditionsherberge nahe der gleichnamigen Piazza, im ersten Stock eines Palazzo. Zimmer teilweise renoviert. DZ mit Bad und Frühstück 120 €. Via di Sediari 8, 00186 Roma, ✆ 06/6864203, 📠 68803802; www.hotelnavona.com.

* **Boccaccio (15)**, eine der günstigsten Unterkünfte in relativ zentraler Lage, das Hotel befindet sich im 1. Stock eines Eckhauses an der Via Rasella (bei der Piazza Barberini). DZ mit Bad 93 €, EZ ohne Bad 43 €. Via del Boccaccio 25, 00187 Roma, ✆/📠 06/4885962.

● *Hotels außerhalb vom Zentrum*
***** **L Cavalieri Hilton**, am Monte Mario. Mit einzigartigem Blick über die Stadt, herrlichem Garten, Pool und Fitnesszentrum. Weit über die Grenzen Roms hinaus berühmt ist das angeschlossene Restaurant *La Pergola* unter der Leitung von Heinz Beck. Luxusklasse: EZ 610–800 €, DZ 665–855 €, Frühstück 30 € pro Person. Mit Garage, der Hotelbus verkehrt etwa stündlich zur Piazza Barberini und retour. Via Cadlolo 101, 00136 Roma, ✆ 06/35091, 📠 35092241; www.cavalieri-hilton.it.

*** **Marc'Aurelio**, vergleichsweise ruhig und mit guter Ausstattung (Tennisplatz, Garten, Klimaanlage), EZ 105 €, DZ 140 €, Frühstück incl. Bewachter Parkplatz, zur Innenstadt geht es bequem mit dem Bus. Via Gregorio XI 140, 00166 Roma, ✆ 06/6637630, 📠 6625269. Erreichbar ab der Autobahn über Via Aurelia, dann links halten, die Via Gregorio XI geht links von der breiten Via di Boccea ab.

Rom/Reisepraktisches

- *Bed & Breakfast* **Casa Howard (13)**, äußerst gepflegte Herberge, persönliche Atmosphäre und individuelles, stilvolles Ambiente. Nur fünf Zimmer, alle mit eigenem Bad (z. T. allerdings auf dem Flur), TV, Klimaanlage. EZ 130–160 € pro Nacht, DZ 160–190 €, Frühstück 10 € pro Person. Postanschrift: Via Due Macelli 97, 00187 Roma, ✆ 06/69924555, ✉ 6794644, www.casahoward.com.
Bed & Breakfast Italia (38), die größte Agentur in Italien, Büro am Corso Vittorio Emanuele II 282 (Palazzo Sforza Cesarini, beschildert). Angeboten werden drei Kategorien von Unterkünften, EZ 33–58 €, DZ 54–100 €, Dreier 77–134 €, Frühstück jeweils incl., + 5 % Vermittlungsgebühr. Corso Vittorio Emanuele II 282, 00186 Roma, ✆ 06/6878618 (auch deutschsprachig), ✉ 6878619, www.bbitalia.it, info@bbitalia.it.
- *Jugendherberge* Es gibt in ganz Rom nur eine Jugendherberge und die liegt außerhalb des Zentrums beim Foro Italico bzw. Stadio Olimpico (im Norden der Stadt): **Ostello per la Gioventù**, nichts für Anspruchsvolle, die Übernachtung kostet ca. 17 € pro Pers. (incl. Frühstück), mit HP 25,50 €. Man sollte unbedingt vorher anrufen, die 334 Betten in einfachsten Mehrbettzimmern sind oft belegt. Generell empfiehlt es sich allerdings, bereits von zu Hause zu buchen. In der Jugendherberge kann man max. drei Nächte bleiben, ein Jugendherbergsausweis wird verlangt (und auch an der Rezeption verkauft). Viale delle Olimpiadi 61, 00194 Roma, ✆ 06/3236267, ✉ 3242613, www.ostellionline.org. Anfahrt: Metro Linea A bis Ottaviano, dann ab Piazza Risorgimento weiter mit dem Bus Nr. 32 oder ab Largo Torre Argentina (Innenstadt) mit dem Bus Nr. 628.
- *Übernachten im Kloster* Die Preise für ein DZ mit Bad liegen bei ca. 65–85 €, ohne Bad bei ca. 55–65 €, Frühstück meist inbegriffen. Schließzeit der Häuser ist etwa 23 Uhr, in manchen Klöstern wird allerdings auf Anfrage ein Schlüssel herausgegeben. Generell sollte man auch diese Unterkünfte so früh wie möglich buchen. Informationen erhält man beim: **Deutschsprachigen Pilgerzentrum**, Via della Conciliazione 51 (beim Petersplatz), 00193 Roma, ✆ 06/6897197, ✉ 6869490, www.pilgerzentrum.de. Geöffnet Mo–Fr 8.30–17.30 (Di bis 18.30 Uhr), Sa 8.30–12.30 Uhr. Im Internet hält das Pilgerzentrum eine Liste der Klöster und Einrichtungen bereit, in denen auch Touristen übernachten können.
- *Camping* Drei Campingplätze liegen innerhalb des Autobahnrings G.R.A., sodass man mit Stadtbussen das Zentrum relativ gut erreichen kann. Für zwei Personen, Stellplatz (Zelt) und Auto muss man mit 30 € pro Nacht rechnen. Eine Auswahl:
Roma Camping, günstiger, weitläufiger Platz an der stark befahrenen Via Aurelia, daher sind viele der 600 Stellplätze ziemlich laut, viel Schatten, Bad und WC okay. Großer Supermarkt gegenüber. Ganzjährig geöffnet, Via Aurelia 831 (bei km 8200), ✆ 06/6623018. Vom Autobahnring Ausfahrt Nr. 1 auf die Via Aurelia, der Beschilderung folgen. Mit öffentlichen Verkehrsmitteln: vom Largo Argentina (Corso Vitt. Emanuele II) Bus Nr. 46 zum Largo Boccea, hier umsteigen in die 246, an der Via Aurelia gegenüber vom Supermarkt Panorama aussteigen.
Camping Flaminio, nicht allzu weit vom Zentrum, Stellplätze teilweise auf Terrassen eine Anhöhe hinauf, mit kleinem Pool, mittelmäßige Sanitäranlagen. Es werden auch einige Bungalows angeboten: für 2 Pers. ab 58 €, für 3 Pers. ab 91 €, 4er ab 107 €. März–Dez. geöffnet, Via Flaminia Nuova 821 (km 8200), ✆ 06/3332604, www.viallageflaminio.com. Vom Autobahnring Ausfahrt 6 (Via Flaminio), gute Beschilderung. Mit öffentlichen Verkehrsmitteln: ab Termini mit Bus 910 bis Piazza Mancini, dann Bus 200.
Seven Hills Camping, ausgesprochen schöner, ruhiger Platz außerhalb des Autobahnrings und sehr weit vom Zentrum. Gute Schattenplätze auf Terrassen zwischen Hügeln, zur Ausstattung des Platzes gehören Pool, Tennis- und Squashcourt und Restaurant. Auch hier Bungalows: für 2 Pers. ab 55 €, für 3 Pers. 85 €, 4 Pers. zahlen ab 115 €. Nachteil: Die Anfahrt mit öffentlichen Verkehrsmitteln ist recht mühsam. Ganzjährig geöffnet, Via Cassia 1216 (bei km 8), ✆ 06/30310826; www.camping.it/lazio/seven_hills, sevenhills@camping.it. Autobahnring Ausfahrt 3, dann auf der Via Cassia in nordwestliche Richtung (La Giustiniana), beschildert. Mit öffentlichen Verkehrsmitteln: Metro Linea A bis Ottaviano, dann Bus Nr. 907 bis Giustiniana, dann ca. 1 km die Via Italo Piccagli entlanglaufen.
- *Stellplatz für Wohnmobile* **Parcheggio IAT**, Piazza G. da Verrazzano 9, asphaltierter Platz mit 50 Stellplätzen, Nähe Bahnhof Ostiense, 10 Fußminuten von der Metrostation Garbatella (Metro B). Ausfahrt 26 oder 28 vom Autobahnring. Da oft belegt, vorher anrufen. ✆ 06/5781358.
Weitere Stellplätze im Bereich Rom unter www.camperweb.it/roma.

Rom und Latium
Karte S. 724/725

Rom-Innenstadt

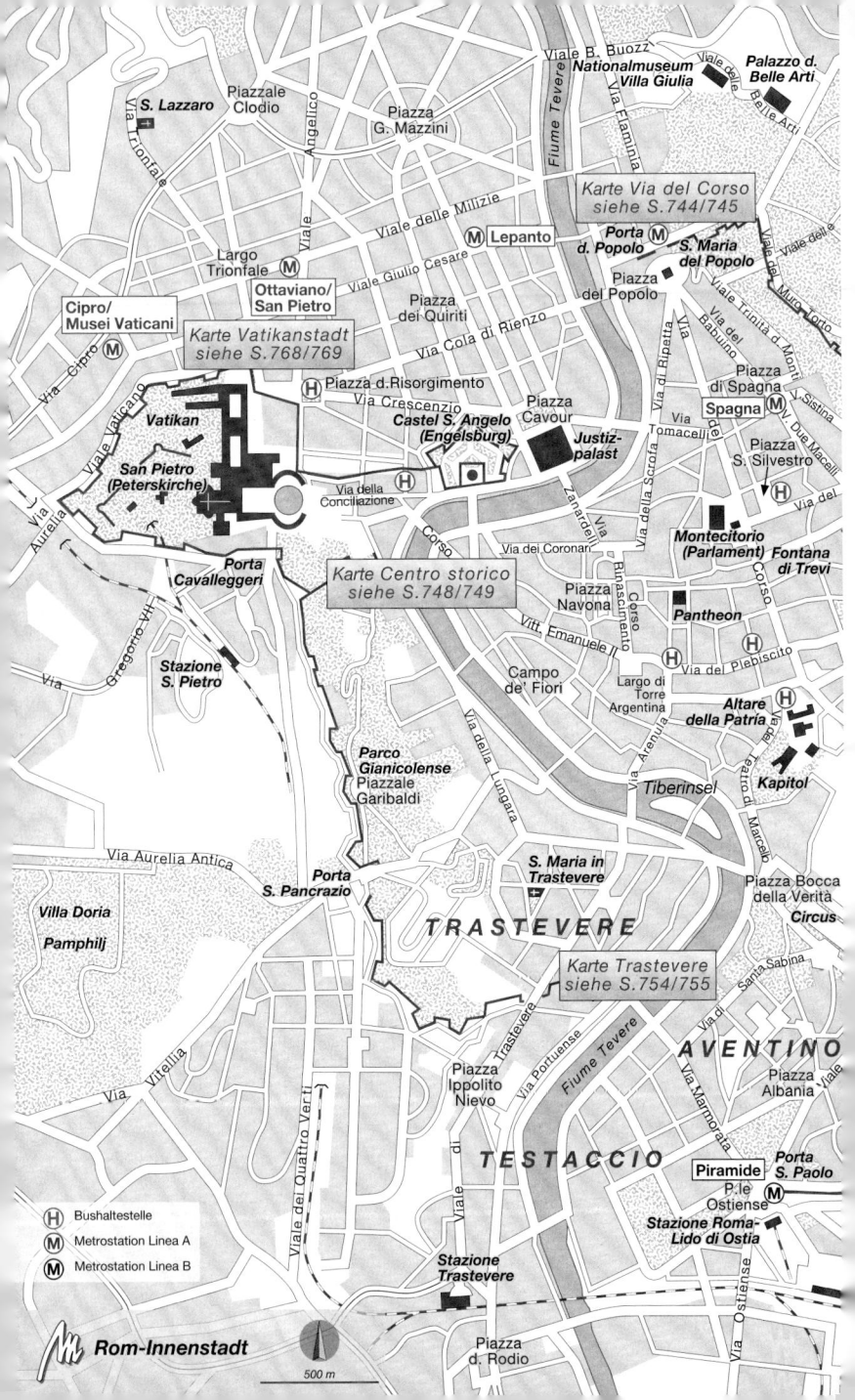

Karte Vatikanstadt siehe S.768/769
Karte Via del Corso siehe S.744/745
Karte Centro storico siehe S.748/749
Karte Trastevere siehe S.754/755

- S. Lazzaro
- Piazzale Clodio
- Piazza G. Mazzini
- Viale B. Buozzi
- Nationalmuseum Villa Giulia
- Palazzo d. Belle Arti
- Via Trionfale
- Viale Angelico
- Fiume Tevere
- Viale della Milizie
- Largo Trionfale
- Lepanto
- Porta d. Popolo
- S. Maria del Popolo
- Ottaviano/San Pietro
- Viale Giulio Cesare
- Piazza dei Quiriti
- Piazza del Popolo
- Via di Ripetta
- Via del Babuino
- Piazza di Spagna
- Spagna
- Cipro/Musei Vaticani
- Via Cipro
- Via Cola di Rienzo
- Piazza d. Risorgimento
- Via Crescenzio
- Piazza Cavour
- Via Tomacelli
- Piazza S. Silvestro
- Vatikan
- Castel S. Angelo (Engelsburg)
- Justizpalast
- Via della Scrofa
- San Pietro (Peterskirche)
- Via della Conciliazione
- Via dei Coronari
- Montecitorio (Parlament)
- Fontana di Trevi
- Via Aurelia
- Porta Cavalleggeri
- Corso
- Piazza Navona
- Pantheon
- Via Gregorio VII
- Stazione S. Pietro
- Vitt. Emanuele II
- Campo de' Fiori
- Largo di Torre Argentina
- Via del Plebiscito
- Altare della Patria
- Via Arenula
- Kapitol
- Parco Gianicolense Piazzale Garibaldi
- Via della Lungara
- Tiberinsel
- Via Aurelia Antica
- Porta S. Pancrazio
- S. Maria in Trastevere
- TRASTEVERE
- Piazza Bocca della Verità
- Circus
- Villa Doria Pamphilj
- Via Vitellia
- Santa Sabina
- AVENTINO
- Piazza Albania
- Fiume Tevere
- Via Portuense
- Piazza Ippolito Nievo
- Via Marmorata
- TESTACCIO
- Piramide
- Porta S. Paolo
- P.le Ostiense
- Viale dei Quattro Venti
- Viale di Trastevere
- Stazione Roma-Lido di Ostia
- Stazione Trastevere
- Via Ostiense
- Piazza d. Rodio

Legende:
- (H) Bushaltestelle
- (M) Metrostation Linea A
- (M) Metrostation Linea B

500 m

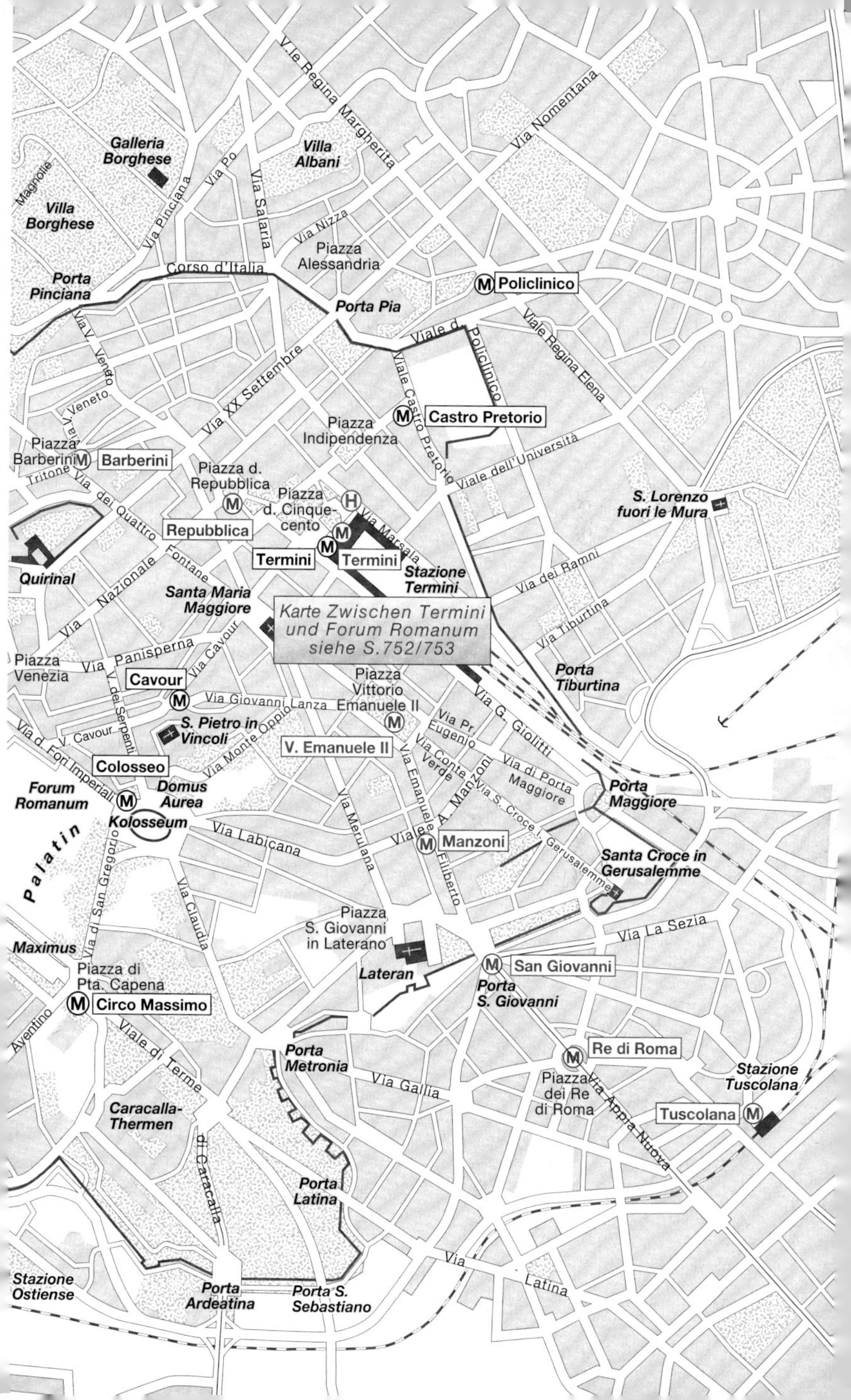
V.le Regina Margherita
Via Nomentana
Galleria Borghese
Villa Albani
Magnolie
Villa Borghese
Via Pinciana
Via Po
Via Salaria
Via Nizza
Piazza Alessandria
Corso d'Italia
Porta Pinciana
Policlinico
Porta Pia
Viale d. Policlinico
Viale Regina Elena
Via V. Veneto
Via XX Settembre
Viale Castro Pretorio
Castro Pretorio
Piazza Indipendenza
Via V. Veneto
Piazza Barberini
Barberini
Tritone
Viale dell' Università
Piazza d. Repubblica
Via dei Quattro Fontane
Piazza d. Cinquecento
Repubblica
Via Marsala
S. Lorenzo fuori le Mura
Termini
Termini
Stazione Termini
Quirinal
Via Nazionale
Via dei Ramni
Santa Maria Maggiore
Karte Zwischen Termini und Forum Romanum siehe S.752/753
Via Tiburtina
Via Cavour
Via Panisperna
Piazza Venezia
V. dei Serpenti
Cavour
Porta Tiburtina
Piazza Vittorio Emanuele II
Via Giovanni Lanza
Via G. Giolitti
V. Cavour
S. Pietro in Vincoli
Via Pr. Eugenio
Via d. Fori Imperiali
Via Monte Oppio
V. Emanuele II
Via Conte Verde
Colosseo
Via di Porta Maggiore
Forum Romanum
Domus Aurea
Via Merulana
Via Emanuele Filiberto
Viale A. Manzoni
Via S. Croce i. Gerusalemme
Porta Maggiore
Kolosseum
Via Labicana
Manzoni
Palatin
Via di San Gregorio
Santa Croce in Gerusalemme
Via Claudia
Piazza S. Giovanni in Laterano
Via La Sezia
Maximus
San Giovanni
Piazza di Pta. Capena
Lateran
Porta S. Giovanni
Circo Massimo
Aventino
Viale di Terme
Porta Metronia
Re di Roma
Piazza dei Re di Roma
Via Gallia
Via Appia Nuova
Stazione Tuscolana
Caracalla-Thermen
Tuscolana
di Caracalla
Porta Latina
Via Latina
Stazione Ostiense
Porta Ardeatina
Porta S. Sebastiano

Rom und Latium

Essen & Trinken

Unzählige Restaurants in der Innenstadt, darunter auch viel Nepp. Faustregel: Je unscheinbarer ein Lokal und je mehr italienische Gäste, desto eher die Möglichkeit, gute römische Küche zu erschwinglichen Preisen zu bekommen. Die kleinen, einfachen Trattorie existieren noch, auch wenn sie weniger werden. Wer noch weniger zahlen möchte, muss auf Pizza ausweichen, die fast überall serviert wird, oder eine „Tavola calda" bzw. „Rosticceria" aufsuchen, dort gibt es einfachen Mittagstisch für vergleichsweise wenig Geld. Die günstigsten lokale findet man im Univiertel San Lorenzo nordöstlich vom Bahnhof. Unverschämt teuer bei oft schlechter Qualität speist man dagegen in den Touristenlokalen bei den bekannten Sightseeing-Punkten, z. B. Vatikan, Piazza Navona, Pantheon etc.

Die römische Küche ist ursprünglich keinesfalls elegant, raffiniert oder gar „weltstädtisch". Sie ist vielmehr einfach und bäuerlich geprägt, eine echte *cucina povera* (Küche der Armen). Innereien wie Kutteln, Hirn, Leber etc. spielen eine Hauptrolle, *trippa alla Romana* (Kutteln mit Tomaten, Minze und dem geriebenen Schafskäse Pecorino) gehört zu den Standard-Spezialitäten, ebenso wie *fritto misto Romana* (gegrillte Innereien mit diversen Zutaten) und *coda alla vaccinara* (Ochsenschwanz). Typisch römisch sind auch das *porchetta* (Spanferkel mit Kräutern gefüllt und geröstet), das in vielen Restaurants portionsweise serviert wird, und *abbacchio* (Milchlamm, das noch nie Gras gefressen hat). Pasta gibt es in zahlreichen Versionen, z. B. *spaghetti all'amatriciana* (mit einer würzig-scharfen Soße aus Speck, Peperoncini, Tomaten und Knoblauch) oder *alla carbonara* (Soße aus Eiern, Speck, geriebenem Käse und Olivenöl). Auch die Kartoffelklößchen namens *gnocchi* sind unbedingt einen Versuch wert. Gemüse spielt ebenfalls eine wichtige Rolle, vor allem *carciofi*, die römischen Artischocken.

> Die Legendenpunkte **1–23** finden sich auf der Karte *Via del Corso* (S. 744/745); **24–60** auf der Karte *Centro storico* (S. 748/749); **61–69** auf der Karte *Zwischen Termini und Forum Romanum* (S. 752/753); **70–82** auf der Karte *Trastevere* (S. 754/755) und **83–89** auf der Karte *Vatikan* (S. 768/769).

• *Restaurants/Trattorien* In der Innenstadt:
Fortunato al Pantheon (30), dieses Ristorante gehört zu den Klassikern Roms. Früher trafen sich hier fast nur Politiker. Schöne Holzmöbel und ein untadeliger Service. Die Speisekarte ist seit vielen Jahren dieselbe, was zwar etwas langweilig sein kann, doch dafür hat das bei den Köchen zur Perfektion der Gerichte geführt. Bringen Sie etwas Zeit mit, im Fortunato hat man es nicht eilig. Menü um 45–50 €. Via del Pantheon 55, ✆ 06/6792788. So geschl.

La Rosetta (31), die vielleicht kreativste und perfektionierteste Fischküche Roms. Teures Restaurant, die Preise sind durch die Frische und Qualität der Produkte aber gerechtfertigt. Wer es sich leisten kann und gerne guten Fisch isst, sollte die 80–100 € für ein Menü anlegen (mit Langusten und Hummer wird's natürlich teurer). Via della Rosetta 8/9, ✆ 6861002. So geschl.

Agata e Romeo (63), Agata beherrscht die Küche und Romeo den Service. Für ein Menü zahlt man etwa 70 €. Intime Atmosphäre, gehobenes Ambiente. Via Carlo Alberto 45 (Verbindungsstraße zwischen Maria Maggiore und Piazza Vitt. Emanuele II), ✆ 06/4466115. Mittags und abends geöffnet, Sa/So geschl.

Sora Lella (60), die Trattoria auf der Tiberinsel bietet neben einem einladend eleganten Ambiente (ein Schild am Eingang weist die Gäste auf angemessene Garderobe hin) auch eine hochklassige römische Küche und hervorragenden Service. Gehobenes Preisniveau, ein Menü kostet etwa 50–55 €. Via di Ponte Quattro Capri 16, ✆ 06/6861601. Mittags und abends geöffnet, So geschl. Bar und Gelateria nebenan.

Santa Lucia (29), sehr schickes und sehr angesagtes Restaurant, entsprechend teuer, Hauptgerichte kaum unter 20 €. Schöne Terrasse am idyllischen Largo Febo 12 (keine 5 Minuten von der Piazza Navona), abends auch Bar, ✆ 06/68802427, Di geschl.

Rom/Reisepraktisches 743

Dal Bolognese (3), auf einem der schönsten Plätze Roms bekommen Sie hier noch hausgemachte Nudelgerichte und gute Saison- und Fischgerichte. Gehobenes Preisniveau, das Menü kommt auf ca. 40–45 €. Piazza del Popolo 1/2, ✆ 06/3611426. Mo Ruhetag.

Il Bacaro (27), für einen gemütlichen Abend in schönem Ambiente sind Sie hier genau richtig. Den guten Service und die überzeugende Qualität der Küche schätzen viele Römer. Das Menü kostet gut angelegte 30 €. Via degli Spagnoli 27, ✆ 06/6864110. So geschl. Da das Restaurant nur 20 Plätze hat, ist eine Reservierung dringend zu empfehlen.

Ditirambo (49), zwischen Corso Vittorio Emanuele II und Campo dei Fiori, bietet rustikalen Schick und eine ausgezeichnete kreative Küche. Die täglich wechselnde Speisekarte ist überschaubar, die Weinkarte exzellent. Menü ca. 35 €. Piazza della Cancelleria 74, Mo-Mittag geschl., ✆ 06/6871626

Ristorante Pierluigi (46), gehobene römische Küche und durchweg empfehlenswerte Fischgerichte. Drinnen wie draußen nett zu sitzen. Reservierung empfehlenswert. Menü ca. 30–35 € (bei Fischgerichten etwas mehr). Piazza de' Ricci 144, ✆ 06/6861302. Mittags und abends geöffnet, Mo-Mittag geschl.

Trattoria Gino (17), achten Sie (vom Parlamentsplatz kommend) auf der rechten Seite der kleinen Gasse Vicolo Rosini auf das Schild „Bottiglieria". Dahinter verbirgt sich in zwei Räumen das alteingesessene Lokal der Familie del Grosso, das vor allem in der Mittagszeit immer bis auf den letzten Platz besetzt ist. Hauptsächlich Römer genießen hier die hervorragende Küche, Touristen sieht man kaum. Die Trattoria bietet eine große Auswahl an gut zubereiteten Gerichten, das Menü kostet ca. 20–25 €. Vicolo Rosini 4 (die kleine Gasse zweigt von der Piazza del Parlamento ab), ✆ 06/6873434. Mittags und abends geöffnet, So Ruhetag.

La Buca di Ripetta (8), die Tische sind hier so eng aneinander gerückt, dass sie sich fast berühren und die Kellner nur mit Akrobatik und etlichen Verrenkungen ihre Gäste erreichen. Davon abgesehen ist das angenehme Lokal mit seiner guten Küche bei akzeptablen Preisen empfehlenswert. Gute Weinkarte, Menü ca. 25 €. Via di Ripetta 36, ✆ 06/3219391. So-Abend und Mo Ruhetag.

Trattoria Edy (6), eine der wenigen Trattorien im Centro storico, die traditionelle Gerichte zu noch akzeptablen Preisen bieten und die auch die Römer gerne aufsuchen. Einfache und perfekt zubereitete römische Küche. Menü ca. 25–30 €. Vicolo del Babuino 4, ✆ 06/36001738. Mittags und abends geöffnet, So geschl.

Gino e Pietro (41), in der einfachen, guten Trattoria wird traditionelle römische Küche geboten. Menü ca. 18 €. Via del Governo Vecchio 106, ✆ 06/6861576. Do Ruhetag.

Trattoria La Campana (24), besonders gutes Vorspeisenbuffet. Vicoletto della Campana (in einer Seitenstraße der Via della Scrofa, nahe Ponte Umberto I), ✆ 06/6867820, Mo geschl.

Le Cave di Sant'Ignazio (22), das Restaurant am gleichnamigen Platz bietet gute Küche, relativ günstig, auf der Karte auch eine kleine Auswahl an Pizzen, nette, kleine Terrasse auf der Piazza Sant'Ignazio. Mittags und abends geöffnet, ✆ 06/6797821.

Colline Emiliana (14), diese im Viertel sehr beliebte Trattoria bietet traditionelle römische Küche und klassische *Cucina bolognese*. Etwa 25–30 € für ein Menü. Via degli Avignonesi 22 (verläuft parallel zur Via del Tritone), ✆ 06/4817538. Mittags und abends geöffnet, Fr Ruhetag.

Al Moro (18), einfaches Ambiente mit Stil, allerdings etwas laut und beengt. Menü ca. 45 €. Vicolo delle Bollette 13 (nur wenige Schritte vom Trevi-Brunnen entfernt zweigt diese kleine Gasse von der Via d. Muratte ab), ✆ 06/6783495. Mittags und abends geöffnet, So geschl.

Hostaria Romanesca (50), direkt am Campo de' Fiori. Trotzdem typisch römische Küche, und obwohl diese Hostaria bei Touristen sehr beliebt ist, sind die Preise noch nicht überzogen und die Qualität stimmt. Für abends sollte man reservieren. Menü um die 25 €. Piazza Campo de' Fiori 40, ✆ 06/6864024. Mo Ruhetag.

Filetti di Baccalà (55), auf dem kleinen Platz erkennt man das Lokal allein schon an der Menschenmenge davor und darin. Wie der Name schon sagt, dreht sich hier alles um den *baccalà*, den Stockfisch. Bei der Bestellung muss man angeben, wie viele Stücke man vom Fisch haben möchte (serviert wird ohne Teller nur auf einer Serviette). Herrlich römisch! Man sollte allerdings etwas Geduld mitbringen und auch mal eine Weile anstehen. Man zahlt für das Essen ca. 13 €. Largo dei Liberari 88 (Ecke Via dei Giubbonare). Nur abends ab 17.30 Uhr geöffnet, So geschl.

744 Rom und Latium

Vecchia Locanda (48), Marco Oreggia, Teilhaber des Restaurants, gehört zu den besten Sommeliers Italiens. Neben hervorragenden Weinen wird hier traditionelle römische Küche auf hohem Niveau geboten Menü ca. 35 €. Vicolo Sinibaldi 2 (über Corso Vittorio Emanuele und Via Torre Argentina zu erreichen), Fackeln flankieren den Eingang in dem romantischen Gässchen. ✆ 06/68802831. So Ruhetag.

Il Pompiere (58), wie fast überall im ehemaligen Ghetto pflegt man hier eine ganz besondere, sehr traditionsreiche und speziell römisch-jüdische Küche. Das Lokal verfügt über 120 Plätze (im ersten Stock). Mittags werden mindestens drei verschiedene Primi und drei Secondi angeboten. Als schneller, vergleichsweise günstiger Mittagstisch ist das Lokal meist überfüllt. Abends wird es ruhiger, der Preis für ein Menü liegt um die 30 €. Via S. Maria dei Calderari 38 (zweigt gegenüber der Piazza B. Cairoli von der Via Arenuela ab). So Ruhetag.

Giggetto (59), direkt neben dem Tempel am Marcellustheater; im Sommer sitzt man draußen auf der Straße neben antiken Säulen. Das labyrinthartige Innere des Lokals ist riesig. Gepflegt wird die klassische römisch-jüdische Küche auf hohem Niveau. Angemessenes Preis-Leistungs-Verhältnis, Menü ca. 30 €. Via del Portico d'Ottavia 22, ✆ 06/6861105. Mo geschl.

Sora Margherita (57), diese urtümliche Trattoria ist eine Institution und fungiert als kulturelle Einrichtung, um mit diesem Trick die eigentlich erforderliche, teure Konzessionspflicht zu umgehen. Deshalb müssen Sie am Eingang auch eine Mitgliedskarte (*tessera*, kostenlos) für die „Associazione Culturale Sora Margherita" lösen. Im Lokal selbst fühlt man sich dann wie in alte Zeiten zurückversetzt, das moderne, hektische Rom bleibt weit draußen. Nur acht Tische im kleinen Gastraum, schlichte Einrichtung, die sich seit Jahrzehnten nicht verändert hat. Serviert werden jeden Tag wechselnde traditionelle Gerichte, darunter immer frische Pasta (6–7 €) und eine kleine Auswahl an Hauptgerichten (max. 10 €). Typischer Hauswein, sehr freundlicher Service, familiäre Atmosphäre, unser TIPP! Nur Mo–Fr jeweils mittags geöffnet. Piazza delle Cinque Scole 30 (erkennbar nur am roten Vorhang), ✆ 06/6874216.

Charly's Sauciere (67), wohltuendes Ambiente und traditionelle italienisch-französische Küche, gute Weinkarte. Menü um die

Ü bernachten
1 De Russie
4 Locarno
5 Villa Borghese
7 Margutta
11 Hassler Villa Medici
13 Casa Howard
15 Boccaccio
20 Trevi

E ssen & Trinken
3 Dal Bolognese
6 Trattoria Edy
8 La Buca di Ripetta
9 Fior-Fiore
14 Colline Emiliana
17 Trattoria Gino
18 Al Moro
22 Le Cave di Sant'Ignazio
23 L'Archetto

C afés
2 Caffè Rosati
10 Babington's
12 Antico Caffè Greco
19 Giolitti (Gelateria)
21 La Caffètiera

E noteche
16 Enoteca al Parlamento

Um die Via del Corso

150 m

Ponte Milvio
Via G. Romagnosi
P.le Flaminio
Via L. di Savoia
S. M. del Popolo
V. M. Cristina
Piazza del Popolo
Via F. di Savoia
Viale Valadier
Piazzale Napoleone I
Pincio
Viale d. Obelisco
V.le Villa Medici
Viale del Muro Torto
V.le d. Magnolie
Galoppatoio
Tempietto di Diana
Viale S. Paolo d. Brasile
Viale Goethe
V.le Mus. Borghese
1
2
3
4
5
S. Maria di Montesanto
S. Maria d. Miracoli
Via della Penna
V. d. Oca
Via A. Brunetti
6
7
8
Casa di Goethe
Via di Ripetta
Via Margutta
Via del Babuino
Gesù e Maria
V. S. Giacomo
S. Giacomo
Campo Marzio
Via del Greci
Via d. Frezza
Viale Trinità dei Monti
Villa Medici (Accademia di Francia)
Viale del Muro Torto
Via di Porta Pinciana
Via Lazio
Via Lombardia
Via Aurora
Via Emilia
Lungotevere in Augusta
Fiume Tevere
Ara Pacis Augustae
Via Ara Pacis
Mausoleo di Augusto
S. Rocco
Corso
Via Vittoria
Via Bocca di Leone
Via Mario de' Fiori
V. Belsiana
9
Spagna
Trinitá dei Monti
Piazza di Spagna
10
11
Keats-Shelley Memorial
12
Via Ludovisi
S. Isidoro
P.zza Augusto Imperatore
Ss. Ambrogio e Carlo al Corso
S. Girolamo d. Illirici
Via Condotti
Via Sistina
Via Gregoriana
Via F. Crispi
Via V. d. Artisti
Via Liguria
Via V. Veneto
Ponte Cavour
Via Tomacelli
Largo Goldoni
Via Borgognona
Piazza Mignanelli
Lungotev. Marzio
Via di Ripetta
Pal. Borghese
Via d. Borghese
Pal. Ruspoli
Via Frattina
Via della Vite
Via Propaganda
Via Due Macelli
Via Sistina
S. Lorenzo in Lucina
V. d. Clementino
Div. Amore
Vic. del
P.zza Nicosia
Posta Centrale
Via della Mercede
V. Capo le Case
13
S. Andrea delle Fratte
Barberini
Piazza Barberini
Via del Tritone
14
15
V. del Traforo
V. in Lucina
Via del Corso
P.zza Silvestro
V. d. Prefetti
16
17
Piazza del Parlamento
Scrofa
Via della Stelletta
Via di Campo Marzio
Pal. di Montecitorio Camera dei Deputati
V. S. Claudio
Via del Tritone
Via d. Panetteria
Galleria Alberto Sordi
18
Piazza Colonna
Fontana di Trevi
Giardino del Quirinale
V. d. Maddalena
19
Piazza di Montecitorio
Marc-Aurel-Säule
Via d. Muratte
Teatro Quirino
20
V. Pozzo Cornacchie
S. Maria Maddalena
21
P.zza di Pietra
V. Minghetti
Via d. Dataria
Via del Quirinale
Dogana Vecchia
P.zza d. Rotonda
P.zza S. Ignazio
22
Via d'Umiltà
23
Palazzo Sciarra
P.zza del Quirinale
Via Piacenza
Via del Seminario
Corso del Rinascimento
Collegio Romano
S. Marcello al Corso
P.zza d. Pilotta
Via XXIV Maggio
Pantheon
S. Maria Sopra Minerva
P.zza Coll. Romano
Ss. Apostoli
Via Nazionale
Via Monterone
Via Torre Argentina
Via dei Cestari
Via del Gesù
Pal. Doria Pamphilj
Via C. Battisti
Via IV Novembre
Piazza Navona, Petersdom
Pal. Altieri
Via d. Plebiscito
Piazza Venezia
Largo Magnanapoli
Corso Vittorio Emanuele II
S. Andrea della Valle
Pal. Venezia
Pal. Valentini
V. Panisperna
Chiesa del Gesù
Via d. Astalli
P.zza S. Marco
V. S. Marco
Via dei Fori Imperiali
Via Alessandrina
Altare della Patria/Vittoriano
S. M. in Aracoeli
Kolosseum

35 €. Via San Giovanni in Laterano 270, ✆ 06/70495666. Mittags und abends geöffnet, So Ruhetag.

Hostaria Isidoro (68), große Auswahl an vorzüglichen Primi und durchweg empfehlenswerte Hauptgerichte. Da es vor allem abends meist sehr voll ist, sollten Sie möglichst reservieren. Für ein Menü zahlt man um die 20–25 €. Etwas düsteres Inneres, netter Service, hauptsächlich von Römern besucht, abends gibt es auch Pizza. Via San Giovanni in Laterano 59–63, ✆ 06/7008266. Mittags und abends geöffnet, Sa-Mittag geschl.

In Trastevere: **Augusto (72)**, eines der empfehlenswertesten Restaurants in Trastevere. Besitzer Augusto, Sohn und Töchter arbeiten im Service und die Mutter kocht einfache Spezialitäten, dazu gibt's schlichten weißen Hauswein. Das Lokal verfügt über einen großen Kundenstamm – der Lohn von 40 Jahren guter Arbeit. Entsprechend voll kann es werden und besonders die Plätze draußen auf der malerischen Piazza de Renzi sind begehrt. Auch wegen des etwas chaotischen Service kann es zu langen Wartezeiten kommen. Menü ca. 20–23 €. Piazza de Renzi 15, ✆ 06/5803798. Sa-Abend und So geschl.

Gino in Trastevere (75), in Claudio Angelonis einladender Trattoria wird ausgezeichnete Fischküche geboten, aber auch Pizza (ab ca. 5 €). Ein normales Fischmenü kostet um die 30 €. Immer voll, deshalb sollte man besser reservieren. Via della Lungaretta 85, ✆ 06/5803403. Nur abends geöffnet, Mi geschl.

Da Lucia (73), die von den Römern geliebte Trattoria liegt in einer der dunkelsten Ecken von Trastevere. Gute römische Küche, bei der besonders die Suppen und der feine Baccalà zu empfehlen sind. Relativ günstig, ein Menü kommt auf ca. 20 €. Vicolo del Mattonato 2, ✆ 06/5803601. Mittags und abends geöffnet, Mo geschl.

Alberto Ciarla (82), Alberto Ciarla ist der Gentleman unter den Gastronomen Roms, mit seinem Lokal in Trastevere hat er schon große Erfolge gefeiert. Gute Fischküche und hervorragende Weinkarte. Elegantes Restaurant im oberen Preissegment, Menü ca. 70 €. Piazza San Cosimato 40, ✆ 06/5818668. Nur abends ab 20.30 Uhr geöffnet, So geschl.

Paris (78), in dem von Dario Cappellanti und seiner Frau Lole familiär geführten Restaurant wird die gehobene römisch-jüdische Küche gepflegt, Spezialität des Hauses sind frittiertes Gemüse und Stockfisch. Das Preis-Leistungs-Verhältnis ist gut, Qualität und Frische der Produkte sind bemerkenswert. Gute offene Weine. Menü ca. 40 €, Reservierung empfohlen! Piazza San Calisto 7, ✆ 06/5815378. So-Abend und Mo geschl.

La Gensola (77), sehr gute sizilianische Fischküche, dazu eine große Auswahl an vegetarischen Vorspeisen und Nudelgerichten. Zum Fisch trinkt man am besten den offenen Weißwein aus den Castelli. Diese interessante Alternative zur römischen Küche kostet pro Menü ca. 25 €, Mittagstisch etwas günstiger. Piazza della Gensola 15, ✆ 06/5816321. Sa-Mittag und So geschl.

Um den Vatikan: An der Verbindungsmauer vom Palast zur Engelsburg befindet sich das **Ristorante Tre Pupazzi (89)**. Ganz so typisch römisch wie versprochen ist die Küche zwar nicht, doch ist das Angebot durchaus akzeptabel, außerdem gibt es hier gute Pizza. Menü ca. 20–25 €. Borgo Pio 183, ✆ 06/6868371. So geschl.

Taverna Angelica (87), dieses kleine, intime Restaurant ist eine hübsche Alternative zu anderen Lokalen des Viertels. In sehr elegantem Ambiente wird gute Fischküche geboten, die dann auch mal etwas teurer ausfällt: Menü um 35–40 €. Piazza Amerigo Capponi 6 (Nähe Piazza del Risorgimento), ✆ 06/6874514. Tägl. nur abends ab 19.30 Uhr geöffnet.

La Griglietta (83), alteingesessene Hostaria, etwas weg vom Rummel in der Via Germanico gelegen. Gemütlicher Innenraum, Spezialitäten vom Grill, viel Fisch, auch Pizza. Mittleres Preisniveau, bei den Bewohnern des Viertels sehr beliebt. Via Germanico 170c, ✆ 06/3211312. Mittags und abends geöffnet, So geschl.

Il Matriciano (84), von Lesern empfohlen, gleich hinter der Markthalle. Leicht gehobenes Preisniveau. Via dei Gracchi 55, ✆ 06/3213040. Mittags und abends geöffnet, Di geschl.

• *Pizzerien In der Innenstadt:* **Acchiappafantasmi (45)**, sehr gute Pizza und andere Leckereien, Menü ca. 20 €. Via dei Cappellari 66, ✆ 06/6873462. Nur abends geöffnet, Di geschl.

Trattoria/Pizzeria Luzzi (69), sympathisches, bodenständiges Lokal, immer voll, viele Römer verbringen hier ihre Mittagspause. Netter Besitzer, sehr günstig. Im Sommer kann man draußen sitzen. Pizza nur abends. Menü mit Hauswein ca. 15–18 €. Via S. Giovanni in Laterano 88, ✆ 06/7096332. Mittags und abends geöffnet, Pizza nur abends, Mi geschl.

Rom/Reisepraktisches 747

Pizza Forum (66), hier bekommen Sie eine dünne Pizza mit hohem Rand und leckerem Belag, dazu gibt's Bier oder offenen Wein. Man zahlt etwa 12 €. Keine 5 Minuten vom Kolosseum entfernt. Via San Giovanni in Laterano 34/38, ✆ 06/7002515. Mo geschl, sonst auch mittags Pizza.

Il Baffetto (39), fast jeden Abend das gleiche Bild: Eine große Menschenmenge auf der Via del Governo Vecchio wartet geduldig auf einen Platz in der Pizzeria Baffetto. Dabei ist der Raum gar nicht so klein und über eine schmale Stiege geht es in den ersten Stock mit weiteren Tischchen. Im Sommer gibt's auch noch draußen Platz. Die Nachfrage ist berechtigt, denn die Pizza ist großartig und noch dazu preiswert. Wenn Sie nicht lange auf einen Platz warten wollen, sollten Sie früh (19.30 Uhr) oder sehr spät (nach 22 Uhr) kommen. Via del Governo Vecchio 114, ✆ 06/68612617. Nur abends geöffnet (18.30–1 Uhr).

Fior-Fiore (9), selten findet man sonst eine so gute, knusprige und lecker belegte Pizza in Rom, z. B. mit Tomaten und Mozzarella, mit Kartoffeln, Gemüse, Schinken und Käse. Via della Croce 17/18. 8–15 Uhr und 16.30–20 Uhr geöffnet, So Ruhetag.

Spaghetteria/Pizzeria L'Archetto (23), nur wenige Schritte vom Teatro Quirino und ca. 5 Minuten vom Trevi-Brunnen entfernt. Günstiges, gemütliches Lokal, gute Pasta, nur abends Pizza, Menü ca. 20–25 €. Via dell' Archetto 26, ✆ 06/6789064. Mittags und abends geöffnet (auch noch nach dem Theater).

In Trastevere: **Panattoni (81)**, die bei jüngeren Römern sehr beliebte Pizzeria in Trastevere ist fast immer bis auf den letzten Platz besetzt, man muss sich hier aber durchaus lohnt. Sympathische Preise (ca. 10 €). Viale Trastevere 53. Nur abends geöffnet, Mi Ruhetag.

Da Gildo (70), die Pizzeria gehört zu den traditionellen Lokalen von Trastevere und ist seit 35 Jahren in Familienbesitz. Pizza gibt es in allen Variationen, aber auch gute Nudelgerichte sowie verschiedene Salate. Gutes Bier und einige interessante Flaschenweine. Via della Scala 31. Mi geschl. (im Sommer immer offen).

San Calisto (79), knusprige Pizzen, riesig groß, dünn und einfach herrlich, besonders gut sind die mit Rucola belegten. Dazu trinkt man Bier vom Fass oder den süffigen weißen Hauswein. Etwa 10–12 € fürs Essen. In Trastevere, Piazza San Calisto 9 a (neben „Paris"), ✆ 06/5818256. Nur abends geöffnet, Mo Ruhetag.

Dar Poeta (71), ausgezeichnete Pizzeria im Herzen von Trastevere; gute Pizzen (z. B. Campagnola, Salmone), Bruschette in vielen Variationen, Calzoni usw. Etwa 12 € fürs Essen bei üppig bemessenen Portionen. Vicolo del Bologna 45, ✆ 06/5880516. Nur abends geöffnet, Mo Ruhetag.

● *Pizza al taglio/Rosticcerie* **M & M Volpetti (26)**, sehr gute Tavola calda; man isst vorbereitete Gerichte, die aufgewärmt werden. Die Preise variieren, eine Liste hängt aus. Via della Scrofa 31. 8.30–20.30 Uhr geöffnet.

Cafè Brek (53), im Erdgeschoss Bar mit Panini und Gebäck, im ersten Stock Selfservice-Restaurant – genau das Richtige für einen kleinen Snack am Mittag. Ziemlich günstig, viele Römer verbringen hier ihre Mittagspause. Largo Argentina, neben dem Teatro Argentina. Ganztägig bis 22.30 Uhr geöffnet.

● *Enotheken   In der Innenstadt:* **Enoteca Cavour 313 (65)**, die seit 1978 geöffnete Enoteca ist eigentlich eher eine Winebar (einer Osteria vergleichbar), was schon an den Öffnungszeiten erkennbar ist: mittags 12.30–14.30, am Abend 19.30–1.30 Uhr. Angeboten werden viele kalte Gerichte (Schinken, Salami, Käse, Räucherfisch, Salate und Desserts), einige warme Suppen und ca. 500 Flaschenweine, von denen einige wenige auch im Ausschank sind. Für ein Mittag- oder Abendessen in diesem sympathischen Ambiente bezahlen Sie ca. 15–20 €. So Ruhetag. Via Cavour 313, ✆ 06/6785496.

Cul de Sac (44), die erste Enoteca, die vom Verkauf offener Weine und Öle aus Fässern abkam, Flaschenweine ins Sortiment aufnahm und auch glasweise verkaufte. Dazu wurden Kleinigkeiten zu essen angeboten. Aus dieser Idee sind die heutigen Winebars entstanden. Cul de Sac ist seiner Tradition treu geblieben und bietet noch immer verschiedene kleine kalte und warme Gerichte an. Umfangreiche, vielseitige Weinkarte. Preis für ein Essen ca. 20 €. Piazza Pasquino 73 (schräg gegenüber dem Palazzo Braschi), ✆ 06/68801094. Tägl. 12.00–16.30 Uhr und 19–0.30 Uhr geöffnet, Mon-Mittag geschl.

Trimani – Il Winebar (61), die elegante Winebar gehört zur Enoteca Trimani (gleich um die Ecke, dort nur Verkauf). Jeden Tag sind ca. 20 verschiedene Weine im Ausschank, das Glas ab 3 €. Zum Essen werden Crostini, Quiche, Salate, Räucherfisch und diverse Käsesorten, aber auch Suppen, Austern,

E ssen & Trinken

- 24 Trattoria La Campana
- 26 M & M Volpetti (Pizzerie/Rosticcerie)
- 27 Il Bacaro
- 29 Santa Lucia
- 30 Fortunato al Pantheon
- 31 La Rosetta
- 39 Il Baffetto (Pizzerie/Rosticcerie)
- 41 Gino e Pietro
- 45 Acchiappafantasmi
- 46 Pierluigi
- 48 Vecchia Locanda
- 49 Ditirambo
- 50 Hostaria Romanesca
- 53 Brek
- 55 Filetti di Baccalà
- 57 Sora Margherita
- 58 Il Pompiere
- 59 Giggetto
- 60 Sora Lella

Ü bernachten

- 25 Portoghesi
- 33 Albergo Abruzzi
- 34 Albergo del Sole al Pantheon
- 38 Bed & Breakfast Italia (Agenturbüro)
- 42 Navona
- 43 Mimosa
- 51 Albergo del Sole al Biscione
- 52 Teatro di Pompeo
- 54 Campo de' Fiori

C afés/Bars/Gelaterie/Pubs

- 28 Gelateria della Palma
- 32 Tazza d'Oro
- 35 Caffè della Pace
- 36 Tre Scalini (Gelaterie)
- 37 Bar Il Fico
- 40 Eustachio

E noteche/Winebars

- 44 Cul de Sac
- 47 Enoteca Corsi
- 56 Winebar L'Angolo Divino

Centro storico

Map of central Rome showing the following landmarks and locations:

Churches and religious buildings:
- S. Antonio d. Portoghesi
- S. Agostino
- S. Apollinare
- S. Maria Maddalena
- S. Luigi d. Francesi
- S. Ivo alla Sapienza
- S. Maria Sopra Minerva
- S. Ignazio
- S. Andrea della Valle
- Chiesa del Gesù
- S. Marco
- Sinagoga
- Pantheon

Palaces and institutions:
- Pal. Altemps
- Pal. di Montecitorio
- Pal. Chigi
- Pal. Madama
- Pal. Braschi
- Pal. Massimo
- Pal. Pio Righetti
- Pal. Caetani
- Pal. Mattei
- Pal. Cenci Bolognetti
- Min. di Grazia e Giustizia
- Galleria Alberto Sordi
- Teatro Valle
- Teatro Argentina

Piazzas:
- Piazza del Popolo
- P.zza S. Silvestro
- Piazza del Parlamento
- Piazza d. Montecitorio
- Piazza Colonna
- P.zza di Pietra
- P.zza S. Ignazio
- P.zza Coll. Romano
- P.zza Cinque Lune
- Piazza Navona
- Piazza B. Cairoli
- Piazza Paganica
- P.zza d. Gesù
- Piazza S. Marco
- Piazza Venezia
- Piazza Margana
- Piazza d'Aracoeli
- Piazza Capizucchi
- Lago Torre Argentina
- Largo Arenula

Streets (Vie/Corso):
- Via del Tritone
- Via del Corso
- Via d. Muratte
- V. Minghetti
- Via della Scrofa
- V. di Campo Marzio
- V. Uffici d. Vicario
- V. delle Coppelle
- V. Giustiniani
- Via d. Pastini
- Via del Seminario
- V. D. Vecchia
- V. Piè di Marmo
- V. di Gatta
- V. d. Gesù
- Via d. Plebiscito
- V. S. Marco
- V. d'Aracoeli
- V. d. Botteghe Oscure
- M. Caetani
- V. d. Funari
- C.so Vitt. Emanuele II
- Via del Chiavari
- Via dei Giubbonari
- V. d. Specchi
- V. Portico
- Via Catalana
- Lungotevere dei Cenci
- Ponte Fabricio
- V. di Cestari
- Arco d. Ciambella

Numbered locations on map: 24, 25, 26, 27, 28, 30, 31, 32, 33, 34, 40, 42, 43, 47, 48, 53, 55, 57, 58, 59

Neighborhood labels: S. Eustachio, Pigna, S. Angelo

Scale: 100 m

Filets und feine Desserts angeboten. Der Service ist überaus freundlich und zuvorkommend. Mo–Sa 11.30–0.30 Uhr geöffnet, So geschl. Via Cernaia 37b (gegenüber vom Finanzministerium, nördlich des Hauptbahnhofs), ℡ 06/4469630, www.trimani.com.

Enoteca Buccone, in den Regalen dieser alteingesessenen Enoteca finden Sie die besten Weine aus allen Regionen Italiens sowie internationale Tropfen (z. B. aus Griechenland, Chile und den USA). Angeboten werden auch verschiedene Delikatessen, Öle und Essigsorten. Weine und Sekt können Sie gleich am Tresen probieren. Via di Ripetta 19, Mo–Fr 9–20.30 Uhr geöffnet, Sa 9–13.30 Uhr, So geschl.

Enoteca al Parlamento (16), die Enoteca von Gianfranco Achilli liegt mitten im Herzen Roms. Die Auswahl reicht von in- und ausländischen Spitzenweinen über Sekt bis zu Champagner und diversen Bränden. Zusätzlich gibt es hier auch feine Öle, eingelegte Früchte und Süßwaren, zahlreiche Essigsorten und andere Spezialitäten, nicht zu vergessen die köstlichen Kanapees in der Vitrine. Mo–Sa 9–14 Uhr und 16–20.30 Uhr geöffnet, So geschl. Via dei Prefetti 15, ℡ 06/6873446, www.enotecaalparlamento.it.

Winebar L'Angolo Divino (56), die Enoteca besteht seit 50 Jahren. Die Flaschenpreise beginnen für einfache Weine bei ca. 4 €, bessere Weine kosten bis zu 35 €. Große Auswahl an Olivenöl aus den Regionen Latium und Toskana. Via d'Balestrani 12. Nur abends geöffnet, So geschl.

Enoteca Corsi (47), Via del Gesù 88, immer sehr voll und laut. Diese Osteria mit den wenigen, stets frischen, traditionellen Gerichten hat für viele Geschäftsleute der Umgebung die Funktion einer Kantine; bestes Preis-Leistungs-Verhältnis; sehr empfehlenswert! Menü um ca. 15 €. Nur mittags geöffnet, So geschl. ℡ 06/6790821.

Um den Vatikan: **Enoteca Constantini (85)**, Piazza Cavour (gleich bei der Engelsburg). Ausgezeichnete Weine – kein Wunder, denn dem Inhaber gehört auch das bekannte Weingut „Villa Simone di Constantini". Sehr stilvolles Ambiente, allerdings nicht ganz billig. Piazza Cavour (Eckhaus zur Via Tacito), schräg gegenüber des mächtigen Justizpalastes.

Cafés/Gelaterien

> Die Legendenpunkte **1–23** finden sich auf der Karte *Via del Corso* (S. 744/745); **24–60** auf der Karte *Centro storico* (S. 748/749); **61–69** auf der Karte *Zwischen Termini und Forum Romanum* (S. 752/753); **70–82** auf der Karte *Trastevere* (S. 754/755) und **83–89** auf der Karte *Vatikan* (S. 768/769).

• *Cafés* In der Innenstadt: **Eustachio (40)**, bis Mitternacht ein beliebter Treffpunkt. Die Spezialität dieser Bar ist der *Gran Caffè Sant'Eustachio*: In einer großen Cappuccinotasse wird eine cremige Geheimmischung serviert. Es gibt auch frische Torten und gutes Eis. Piazza Sant'Eustachio 82.

La Caffèttiera (21), der Duft des Kaffees erfüllt den ganzen Platz. Zum Frühstück gibt es u. a. *plum cake* oder Brot, Butter und Marmelade (für römische Verhältnisse ungewöhnlich); gegen Mittag werden auch einige Snacks angeboten. Piazza di Pietra 65.

Tazza d'Oro (32), hier bekommen Sie alles, was die Kaffeebohne hergibt, z. B. arabischen Kaffee oder verschiedenste andere Mischungen (auch koffeinfrei). Es werden auch hochwertige Teesorten, Marmeladen und Schokoladen angeboten. An der Theke können Sie den vorzüglichen *Tazza d'oro* genießen oder sich im Sommer mit einer *Granita di café con panna* (halb gefrorener Kaffee mit Sahne) aufmuntern. Via degli Orfani 84, gleich beim Pantheon.

Caffè della Pace (35), in der gleichnamigen Via, sehr stimmungsvoll und nett zum Draußensitzen, abends Bar, hier lässt es sich Stunden aushalten. Teuer.

Noch idyllischer ist die **Bar Il Fico (37)** auf der malerischen Piazza del Fico. Tagsüber Café, in dem man nicht zu Schach und Backgammon trifft, abends angesagte Bar.

Babington's (10), der 1894 von der Britin Anna Maria Babington eröffnete Tea Room direkt an der Spanischen Treppe zeichnet sich auch nach über einem Jahrhundert durch vornehmes britisches Ambiente aus und wirkt dabei etwas altmodisch. Die Preise sind entsprechend hoch. Englisches und amerikanisches Frühstück, teurer Mittagstisch. Piazza di Spagna 23, ℡ 06/6786027. Geöffnet 9–20.15 Uhr, Di Ruhetag.

Caffè Rosati (2), schicke Terrasse, meist voll besetzt, das Publikum setzt sich hauptsächlich aus reichen amerikanischen Touristen und römischer Upperclass zusammen. Schöne Lage. Eckhaus in der Via Ripetta an der Piazza del Popolo, der Cappuccino ist hier für 4 € zu haben.

In Trastevere: **Marzio (76)**, die auf dem wunderschönen Platz in Trastevere gelegene Bar ist wegen des Ausblicks zwar teuer (besonders draußen am Tisch), doch einer der besten Plätze, um sich beim Aperitif auf ein gutes Abendessen einzustimmen. Piazza S. Maria in Trastevere 14 a.

Ziemlich angesagt ist derzeit auch das **Caffè Ombre Rosse (74)** an der Piazza Egidio 12 (gegenüber vom Museum): täglich 7.30–2 Uhr geöffnet, nettes Straßencafé, ideal auch für einen Aperitif.

Antico Caffè Greco (12)

Das älteste und traditionsreichste Café der Stadt wurde erstmals in den Memoiren Casanovas 1742 erwähnt und erhielt seinen heutigen Namen, als es 1760 von dem leutseligen Griechen Georgios übernommen wurde. Er machte guten Kaffee, plauderte gern und die Gäste kamen zahlreich. Das Caffè Greco wurde bald zum Treffpunkt berühmter Zeitgenossen wie Schopenhauer, Liszt, Wagner, Balzac und Lord Byron. Auch Goethe war hier sein Gast und schrieb an einem der runden Marmortische an seiner „Iphigenie". Heute sind in dem sehr teuren Café allerdings fast nur noch Touristen anzutreffen. Dennoch: Allein die Atmosphäre lohnt einen Besuch des traditionsreichen Hauses in der Via Condotti 86.

● *Gelaterie* In der Innenstadt: **Giolitti (19)**, die wohl beste Eisdiele Roms. Im Sommer werden in diesem Familienbetrieb mit 40 Angestellten pro Tag neun Doppelzentner Eis (es gibt bis zu 60 Sorten!) hergestellt, wofür 9000 Eigelb (!) benötigt werden. In einem Nebenraum kann man in vornehmer Rokoko-Atmosphäre auch sitzen (sonst unüblich). Via degli Uffici del Vicario 40 (nicht weit vom Parlament). Mo Ruhetag, sonst bis 2 Uhr nachts geöffnet.
Gelateria della Palma (28), die große, moderne Eisdiele ist für ihre gigantische Auswahl an ausgefallenen Eissorten (auch Süßigkeiten) bekannt. Hier ist auch noch spätabends etwas los, manchmal finden Musikveranstaltungen statt. Mit Bar. Via della Maddalena 20, nur wenige Schritte vom Pantheon entfernt.

Tre Scalini (36), probieren Sie hier unbedingt ein Tartufo-Eis (besser zum Mitnehmen, sonst wird es extrem teuer). Es gibt in Rom nichts, was mit dieser süßen Kalorienbombe aus Schokoladenstückchen und kandierten Kirschen in einem Klumpen Schokoladeneis vergleichbar ist. Piazza Navona, Mi geschl.

Nachtleben

In der Innenstadt trifft man sich abends in den Cafés, Bars und Kneipen um die großen Plätze wie Piazza Navona und Campo de' Fiori. Zum „richtigen" Nachtleben zieht es das jüngere Publikum vor allem ins Viertel Testaccio (südlich vom Aventin), wo sich in der Via di Monte Testaccio eine Disko/Bar an die andere reiht. Diskotheken in der Innenstadt sind rar gesät und tendenziell sehr teuer. Veranstaltungs- und Konzerttermine stehen in der Donnerstagsbeilage (Trovaroma) der Tageszeitung *La Repubblica*. Um die Stadt in den Sommermonaten attraktiver zu machen, werden seit Jahren zu dieser Zeit aufwendige **Festivals** auf öffentlichen Plätzen veranstaltet. Hinweise darauf sind auf Plakaten oder ebenfalls im Veranstaltungsmagazin *Trovaroma* zu finden.

● *Oper/Klassikkonzerte* **Teatro dell'Opera**, Via Firenze 72, Piazza Beniamino Gigli 1 (Nähe Via Nazionale), von außen leicht zu übersehen. Vorverkauf tägl. (außer Mo) 9–17 Uhr, So nur bis 13.30 Uhr. Karten ab 17 €, ✆ 06/4817003, www.opera.roma.it. Im Rahmen des Sommerkulturprogramms finden oft Freilichtaufführungen statt, z. B. in den Ruinen der Caracalla-Thermen.

Auditorium Parco della Musica, vom italienischen Stararchitekten Renzo Piano entworfener Gebäudekomplex im Norden der Stadt (beim Stadio Flaminio), drei futuristische Konzerthallen, deren panzerartige Außenhaut Assoziationen zu einer unbeliebten Insektenart weckt – die Römer nennen das Gebilde die „drei Kakerlaken". Das Auditorium bietet heute den Rahmen für Konzerte,

Übernachten
62 Papa Germano
64 Hotel Forum

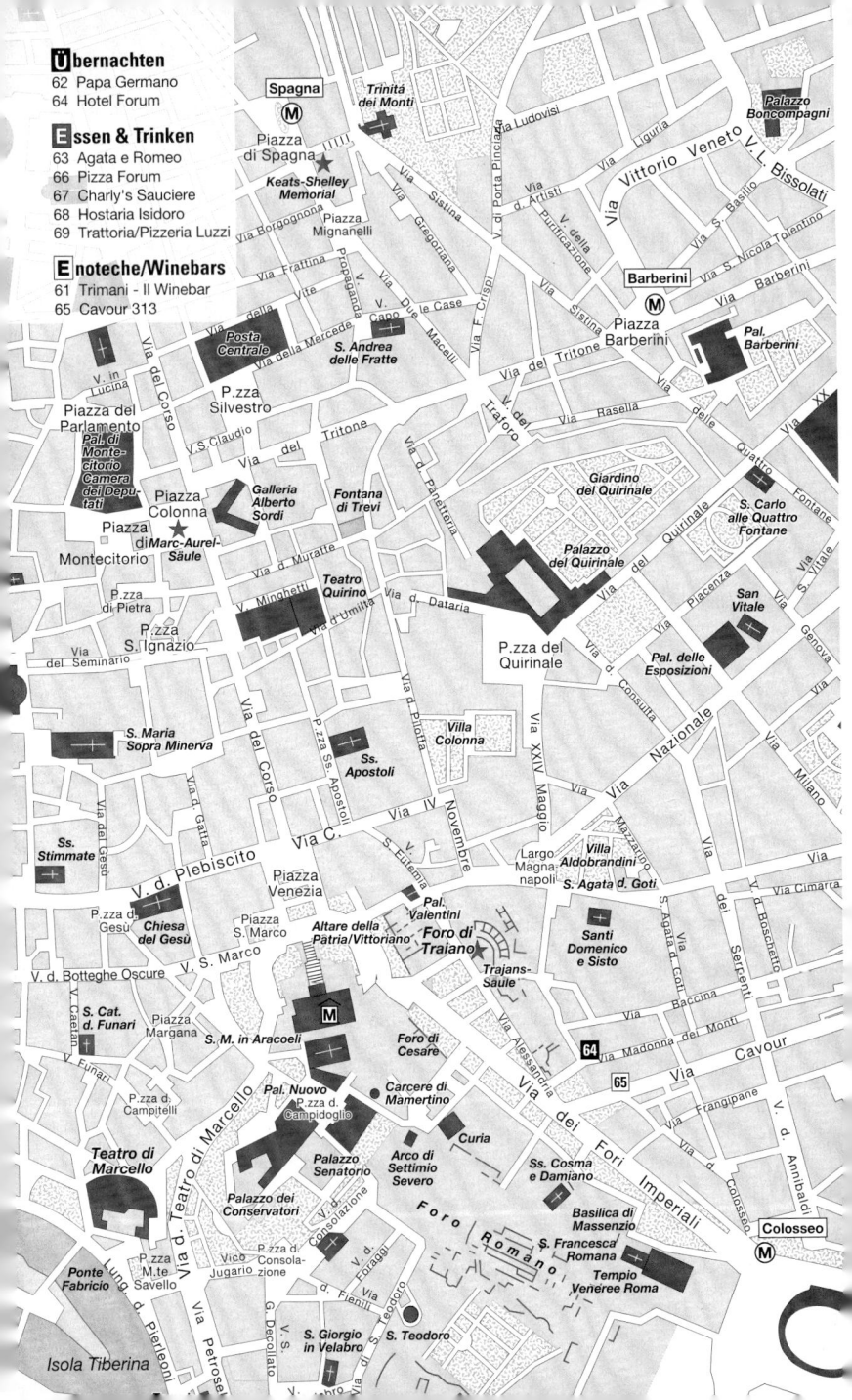

Essen & Trinken
63 Agata e Romeo
66 Pizza Forum
67 Charly's Sauciere
68 Hostaria Isidoro
69 Trattoria/Pizzeria Luzzi

Enoteche/Winebars
61 Trimani - Il Winebar
65 Cavour 313

Zwischen Termini und Forum Romanum

754 Rom und Latium

Ausstellungen, Kinofestivals und sonstige Aufführungen und Veranstaltungen, außerdem gibt es im Komplex auch Café und Restaurant, dazu das Ausgrabungsgelände einer römischen Villa und in der Mitte ein Amphitheater. Viale Pietro de Coubertin 30, zu erreichen mit der Metro A bis Station Flaminio und dann Tram 2. Tickets täglich 11–18 Uhr bei der Verkaufsstelle des Auditoriums, telefonische Ticketbestellung unter ✆ 199109783 oder unter www.auditoriumroma.com.

• *Theater* Das **Teatro Argentina** existiert bereits seit 1731, heute inszeniert man hier meist italienische Klassiker und Komödien. Die Bühnenbilder des Theaters sind berühmt. Largo Argentina 52, ✆ 06/68804601, www.teatrodiroma.net. Vorverkauf Mo–Fr 10–14 und 15–18 Uhr, Sa 10–14 Uhr. Karten 14–26 €, Restkarten 8 €.

Teatro Sistina, Via Sistina 129 (Nähe Piazza Barberini), ✆ 06/4826841, www.ilsistina.com, Kartenvorverkauf Di–Fr 10–13 und 15.30–19 Uhr. Hauptsächlich ist das Theater für seine Musical-Inszenierungen bekannt, es finden auch Shows und Chansonabende statt. Karten ab ca. 20 €.

Sala Umberto, Via della Mercede 50, ✆ 06/6794753, www.salaumberto.com. Hier gastieren oft ausländische Ensembles.

Teatro delle Marionette degli Accettella, hübsches Marionettentheater an der Piazza Gondar 22, ✆ 06/8601733.

Il Puff ist nicht das, was Sie jetzt womöglich glauben, sondern eine der besten Kleinkunst- und Kabarettbühnen Roms. Das Programm und die Anfangszeiten entnimmt man der *Trovaroma*, der Donnerstagsbeilage der Zeitung *La Repubblica*, oder aber der überaus besuchenswerten Website www.ilpuff.it. Via Giggi Zanazzo 4 (an der Piazza Sonnino in Trastevere), ✆ 06/5810721.

• *Kino* **Pasquino**, Filme im OmU, meist englische oder amerikanische. Piazza S. Egidio 10 (in Trastevere), ✆ 06/5815208.

Majestic, Via SS. Apostoli 20 (von der Via del Corso ab), manchmal englischsprachige Filme, genau wie im **Nuovo Sacher**, Largo Ascianghi 1 (bei der Porta Portese).

Deutsche Filme laufen manchmal im **Goethe-Institut**, Via Savoia 15.

• *Bars/Kneipen in der Innenstadt* **La Vineria**, sehr „in", hier trifft man sich abends zum Wein, nicht allzu teuer, allerdings ist dank allergrößter Beliebtheit nur schwer ein Tisch an der Piazza zu bekommen. Bis 2 Uhr nachts geöffnet. Campo de' Fiori 15.

Übernachten
80 Cisterna

Essen & Trinken
70 Da Gildo (Pizzeria)
71 Dar Poeta
72 Augusto
73 Da Lucia
75 Gino in Trastevere
77 La Gensola
78 Paris
79 San Calisto (Pizzeria)
81 Panattoni (Pizzeria)
82 Alberto Ciarla

Cafés
74 Caffè Ombre Rosse
76 Marzio

The Drunken Ship, Campo de' Fiori, Eckhaus am Vicolo del Gallo, vor allem junge Amerikaner, auch römische Studenten. Tägl. 10–2 Uhr geöffnet. Campo de' Fiori 20-21.

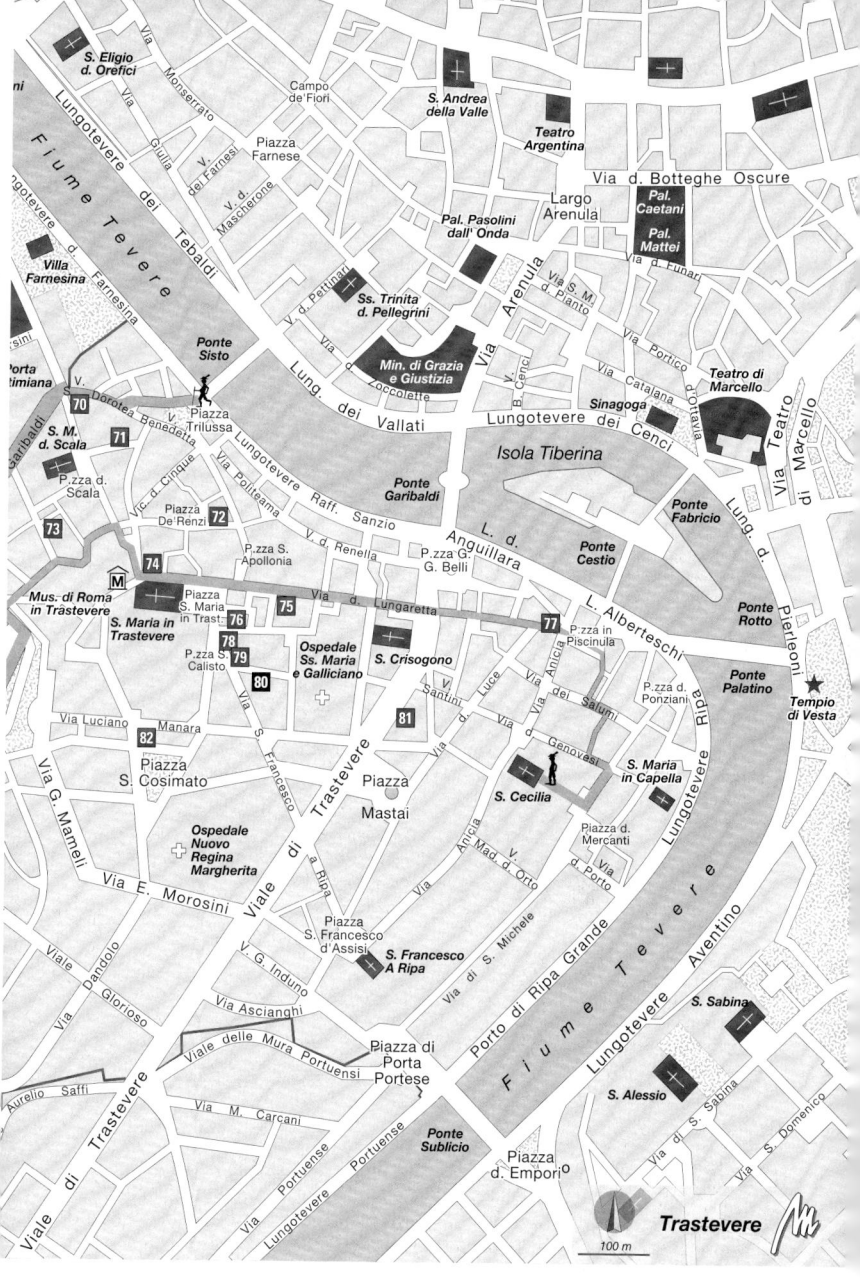

Jazz Cafè, Via Zanardelli 11/12 (Straße von der Piazza Navona zum Ponte Umberto I), American Bar & Ristorante. Schicke Cocktailbar, beliebt v. a. bei Römern zwischen 20 und 30 Jahren. Oft Livemusik, im oberen Stock Restaurant. Tägl. 12–15.30 Uhr und 22.30–3 Uhr, Mo geschl., ✆ 06/6869900.

Cafè/Bar della Pace, Via della Pace 5, eine der bekanntesten und beliebtesten Bars der Innenstadt, viele bestens gestylte Römerinnen und Römer. Wer von der stilvollen Einrichtung des Cafés etwas mitkriegen will, sollte tagsüber kommen. Tägl. 10–2 Uhr, ℅ 06/6861216.

Bar del Fico, an der malerischen, kleinen Piazza del Fico 26/28, schöne Cocktailbar ganz in der Nähe der Bar della Pace. Angenehme Atmosphäre, tägl. 8–2 Uhr, ℅ 06/6865205.

Jonathan's Angels, Via della Fossa 16 (eine kleine Gasse in der Nähe der Piazza Navona). Hauptsächlich wegen der kuriosen Einrichtung einen Besuch wert: Selbstporträts des Besitzers zieren die Kneipe von oben bis unten. Gelegentlich Livemusik, der Gegend entsprechend hohes Preisniveau. Di–So 16–2 Uhr, im Mai geschl., ℅ 06/6893426.

Trinity College, Via del Collegio Romano 6 (Via del Corso, hinter dem Palazzo Doria), sehr großer Pub nach irischer Art auf zwei Etagen, sehr beliebt, viele Studenten und Touristen, berühmt sind die zahlreichen Varianten des Irish Coffee. Happy Hour 16–20 Uhr, geöffnet 12–3 Uhr, im Mai geschl., ℅ 06/6786472.

• *Bars/Kneipen in Trastevere* **Trastevere Cafè**, Via Cardinal Merry del Val 13 (winziges Gässchen, das vom Viale Trastevere abzweigt), Pub mit Livemusik (Fr und Sa bei Livemusik Verzehrzwang). So/Mo geschl., sonst 22.30–3.30 Uhr. Eintritt ca. 10 €. ℅ 06/4073528,

Besonders in der **Via della Scala** oder ihren Seitengassen reihen sich Kneipen und Bars aneinander, z. B. das **Caffè della Scala** (Piazza della Scala 4), fast noch beliebter ist hier in der Gegend das nahe Café **Ombre Rosse** an der Piazza Egidio 12. Hier auch Aperitivo mit Häppchen.

Big Mama, Vicolo S. Fancesco a Ripa 18 (ein Gässchen links vom Viale Trastevere), die Kellerkneipe ist ein Muss für jeden Jazzkenner, es gibt kaum eine Jazz-Größe, die hier noch nicht aufgetreten ist. Bier vom Fass und kleine Gerichte. Geöffnet 21–1.30 Uhr (es lohnt nicht, vor 22 Uhr herzukommen), Mo geschl., ℅ 06/5812551.

• *Diskos in der Innenstadt* **Gilda**, Via Mario de' Fiori 97 (Nähe Spanische Treppe). In dieser feinsten und teuersten Disko mit bequemen Sofas und hohen Decken trifft sich hauptsächlich Roms Schickeria und Prominenz. Entsprechend sorgfältig wird das Publikum aus den am Eingang Wartenden ausgewählt. Zum Gilda gehört eine der meistbesuchten Pianobars in Rom. Geöffnet Di–So 22.30–4 Uhr, von Mitte Juni bis Mitte Sept. geschl., da zieht die Disko als „Gilda on the Beach" nach Fregene an den Strand.

• *Diskos in Testaccio* **Alibi**, Via di Monte Testaccio 40/44, hauptsächlich Disko, schrillster Treffpunkt der römischen Schwulenszene, bei Heteros aber genauso beliebt. Mo/Di geschl., sonst 23–4.30 Uhr geöffnet (im Sommer auch mal länger), Eintritt ca. 15 €, Do und So freier Eintritt.

AKAB, Via di Monte Testaccio 69, früher Fabrik, heute Konzertsaal, in den letzten Jahren sind hier schon hochkarätige Musiker aufgetreten. Einige der besten DJs von Rom spielen hauptsächlich schwarze Musik. Mo–Sa 22–4 Uhr, Eintritt ca. 15 €.

Caffè Latino, Via di Monte Testaccio 96. Fast jeden Abend Livemusik, danach oder ansonsten Disko (Musik variiert je nach Abend), die sehr populär ist. Mo geschl., sonst 22.30–2.30 Uhr, Eintritt 8 €, am Wochenende ca. 10 €, ℅ 06/57288556.

Radio Londra, Via di Monte Testaccio 65b, jüngeres Publikum, die Tessera kostet 5 €. Viele Waver.

Eto, zurzeit sehr angesagt, entsprechend sortiert der Tursteher aus. Musikrichtung gemischt, Tendenz zu House. Via Galvani 46.

Zoobar, in der Via di Monte Testaccio 22 (beim Parkplatz), erkennbar an der Schlange davor.

Shopping

Rom ist ein Dorado für Einkäufe aller Art. In erster Linie finden Modefreaks ein reiches Betätigungsfeld, aber auch Antiquitäten sind stark vertreten. Spartipp: Im August werden beim Ausverkauf *(Saldi)* die Waren um bis zu 50 % herabgesetzt. Die vielen Märkte bringen Farbe und Leben in die engen Gassen.

• *Antiquitäten* Die **Via dei Cappellari**, westlich vom Campo de'Fiori, ist die Straße der Tischler. Jedes zweite Haus bietet hier restaurierte Antiquitäten und nach alten Vorbildern neu gefertigte Möbel an. Wichtigster Arbeitsplatz ist die Straße. Weitere Zentren sind **Via del Babuino**, **Via del Pellegrino** und **Via dei Coronari**.

• *Bücher* **Herder**, Piazza Montecitorio 117, vis-à-vis vom Parlament. Die deutsche

Buchhandlung in Rom: Belletristik, Sachbücher, Reiseführer zu Rom und Italien. Geöffnet Mo–Sa 9.30–13.30 Uhr und 15–19.30 Uhr, So geschl. ✆ 06/6795304, www.herder.it.

• *Kaufhäuser* **Coin**, an der Porta S. Giovanni (Lateran). Modische Bekleidung/Accessoires für Damen und Herren. In der Bar im obersten Stock gibt es zur Happy Hour Cocktails und Snacks (Mo–Fr 18–20 Uhr).

La Rinascente, Via del Corso (gegenüber der Piazza Colonna mit der Marc-Aurel-Säule). Großes Kaufhaus für Bekleidung.

• *Mode* Das Modeviertel der kaum bezahlbaren Spitzen-Couturiers befindet sich in dem Dreieck **Via del Corso, Via del Tritone** und **Via del Babuino** mit der **Via Condotti** als teuerster und vornehmster Einkaufsstraße. Hier sind von Armani bis Versace alle Götter des Modeolymps vertreten.

Bezahlbare Mode finden Sie in anderen Gegenden, z. B. im letzten Abschnitt der **Via del Corso** vor der Piazza del Popolo. Hier reihen sich Läden für junge Mode aneinander, darunter auch Ketten wie Benetton, Stefanel, Sisley, Diesel und Energie. Exklusivere Geschäfte befinden sich in den Gassen, die von der Via del Corso in Richtung Pantheon und weiter in Richtung Piazza Navona abgehen.

Erschwingliche **Designer-Mode**, hauptsächlich für Damen, ist außerdem in mehreren Geschäften der **Via del Governo Vecchio** zu finden (z. B. Luna e L'altra, Hausnummer 105). In dieser Straße gibt es auch einige ausgefallene Secondhand-Läden.

• *Märkte* **Campo de'Fiori**, schönster Altstadtmarkt, jeden Werktag 8–13 Uhr Obst, Gemüse und Haushaltswaren.

Markthalle, Piazza dell'Unità, an der Via Cola di Rienzo (Nähe Engelsburg).

Mercato di Testaccio, Piazza Testaccio im gleichnamigen Stadtviertel südlich des Aventin-Hügels. Einfacher, ursprünglicher Markt (kaum Touristen) mit sehr großer Auswahl an Früchten, Gemüsen, Käse, Salami und Fisch.

Der größte und bekannteste Flohmarkt der Stadt findet jeden Sonntag vormittag an der **Porta Portese** in Trastevere statt. Große Auswahl an Klamotten, meist preiswert, hauptsächlich Kopien von Markenfabrikaten, Handeln ist gut möglich (Bus 170 ab Stazione Termini).

Sehenswertes

Bekanntermaßen ist ganz Rom ein einziges Freilichtmuseum. Doch die weltberühmten Sehenswürdigkeiten wie Forum Romanum, Vatikan und Peterskirche sind nicht alles. Es ist vielmehr das unverfälschte Alltags- und Straßenleben, was diese Weltstadt so anziehend macht.

Zwar umtost der heftige Verkehr die römische Innenstadt, aber in den engen Gassen des Centro storico kann man auch am Beginn des 21. Jh. in aller Ruhe schlendern. Ruhige Winkel gibt es viele und hier trifft man noch immer auf die „Bar an der nächsten Ecke", wo die Bewohner der Straße schnell auf einen *caffè* vorbeischauen und die letzten Neuigkeiten austauschen. Mit am ergiebigsten in dieser Hinsicht ist die Gegend um den Campo de'Fiori.

Die großen Sehenswürdigkeiten der Antike (Kolosseum und Forum Romanum) liegen dicht beieinander, sodass ein Besuch hier gut an einem Nachmittag zu bewältigen ist. Ebenfalls liegen die Highlights der Innenstadt – Trevi-Brunnen, Spanische Treppe, Piazza Navona, Pantheon und Campo de'Fiori – in bequemer Laufentfernung. Wer sich Richtung Vatikan und Vatikanische Museen auf der anderen Tiberseite aufmacht, sollte dafür einen ganzen Tag einplanen.

Historisches Zentrum Centro storico

Die Altstadt drängt sich ins Knie des Tibers. Hier findet man die großen staatlichen Repräsentationsbauten wie Parlament, Präsidentenpalast und Ministerien ebenso wie kleine, krumme Gässchen fern vom Trubel. Weite Zonen sind für den Autoverkehr gesperrt. Die großen, berühmten Plätze sind gleichermaßen Treffs für Römer wie für Touristen.

Via del Corso und Umgebung

Die lange, schnurgerade Via del Corso ist Roms beliebteste Flanier- und Einkaufsstraße, gleichzeitig die Schlagader des historischen Zentrums. Sie beginnt an der Piazza Venezia und endet etwa 2 km weiter nördlich an der Piazza del Popolo, der letzte Teil ist Fußgängerzone. Von hier kommt man schnell zu allen wichtigen Punkten der Innenstadt.

Piazza Venezia: bedeutendster Verkehrsknotenpunkt der Innenstadt, Nahtstelle zwischen Forum Romanum und Altstadt. Der *Altare della Patria* (Vaterlandsaltar), auch *Vittoriano* genannt, das riesige Denkmal für Vittorio Emanuele II, den ersten König des neu gegründeten italienischen Nationalstaats im 19. Jh., beherrscht den Platz. Das Bauwerk bestimmt optisch nicht nur die Piazza Venezia, sondern auch das gesamte Stadtbild. Nicht von ungefähr wurde dafür der Platz am kapitolinischen Hügel, dem einstigen Mittelpunkt der Welt, gewählt (unter dem „Altar" liegt noch ein Teil der Kaiserforen). Der König ist in der Mitte als 12 m hohes Reiterstandbild verewigt. Von den Römern wird das monströse Etwas aus blendend weißem Kalkstein mit Engeln, antik nachempfundenen Säulen, Triumphwagen und Freitreppen sarkastisch, aber treffend „unser falsches Gebiss" oder „Schreibmaschine" genannt. Einige Kunsthistoriker nennen den Vaterlandsaltar auch einen „Scherz des schlechten Geschmacks" und erheben immer wieder die Forderung, ihn abreißen zu lassen. Seit einigen Jahren ist das Vittoriano für die Öffentlichkeit zugänglich, man kann auf den Balkonen des Monuments herumspazieren und die schöne Aussicht vom oberen Säulengang genießen – der Blick reicht über die ganze Innenstadt und hinüber bis zum Piazzale Garibaldi (Gianicolo) in Trastevere. Im Inneren befindet sich das *Grabmal des Unbekannten Soldaten* und das *Museo del Risorgimento* – eine Sammlung an Büsten, Waffen, Gemälden und historischen Schriften aus der Zeit des Risorgimento (1815–1870). Ein Seitentrakt des Gebäudes ist wechselnden Ausstellungen vorbehalten.

Der *Palazzo Venezia* am selben Platz wurde im 15. Jh. von Papst Paul II. in Auftrag gegeben, später hatte der Gesandte Venedigs hier seinen Sitz und von 1922 bis 1943 residierte Mussolini in dem alten Gemäuer und schwang vom kleinen Balkon aus seine Propagandareden. Heute ist hier eine sehenswerte Sammlung von Kunstgegenständen aus dem 13.–18. Jh. untergebracht.

Der weitläufige *Palazzo Doria Pamphilj* gleich neben dem Palazzo Venezia entstand Anfang des 16. Jh. Im 17. Jh. ging das Gebäude in den Besitz der Fürsten Doria Pamphilj Landi über, die mit Innozenz X. (Pontifikat 1644–1655) einen bedeutenden Papst stellten. Die hier untergebrachte *Gemäldegalerie* umfasst über 400 Kunstwerke, die meisten aus dem 13.–18. Jh.

• *Öffnungszeiten/Eintritt* **Museo del Risorgimento,** Di-So 9–18.30 Uhr, Mo geschossen, Eintritt frei (Ausstellungen meist um 8 € Eintritt). **Museo del Palazzo di Venezia,** Di–So 8.30–18.30 Uhr, Mo geschl., Eintritt 4 € (ermäßigt 2 €). **Galleria Doria Pamphilj,** tägl. 10–16.15 Uhr (Auslass bis 17 Uhr), Do geschl., Eintritt 8 €, erm. 5,70 €. Kinder unter 12 J., Studenten und Rentner über 65 J. frei. Piazza Collegio Romano 2, ✆ 06/6797323; www.doriapamphilj.it.

Piazza Colonna: etwa an der Hälfte der Via del Corso, hier steht die 42 m hohe *Triumphsäule des Marc Aurel*. Ähnlich wie die Trajansäule (→ Forum Romanum) ist sie vollkommen mit Schlachtenreliefs bedeckt. Im Inneren führt eine Treppe zu einer kleinen Plattform hinauf (nicht zugänglich). Am Nordende der Piazza Colonna befindet sich der *Palazzo Chigi*, der Sitz der italienischen Regierung.

Touristenmagnet Nr. 1: der Trevi-Brunnen

Piazza di Montecitorio/Parlament: Wenige Schritte hinter der Piazza Colonna gelangt man zur Piazza di Montecitorio, auf der einer der größten ägyptischen Obelisken der Welt steht. Dahinter befindet sich das Parlamentsgebäude, von Papst Innozenz X. Mitte des 17. Jh. ursprünglich als Strafgericht in Auftrag gegeben.

Casa di Goethe: 1997 wurde im dreistöckigen Haus in der Via del Corso 18, in dem der Dichterfürst Goethe über ein Jahr lang lebte, die *Casa di Goethe* eröffnet, das einzige Goethe-Museum außerhalb Deutschlands. Auf 600 qm wird in wechselnden Ausstellungen auf Goethes „Italienische Reise" Bezug genommen. Bis auf einige Erstausgaben in der Bibliothek ist aus Goethes Zeit aber nichts ausgestellt und auch über die Einrichtung der Wohnung ist nichts bekannt.
Öffnungszeiten/Eintritt **Casa di Goethe**, Di–So 10–17.30 Uhr (Auslass bis 18 Uhr), Mo geschl. Eintritt 3 €, erm. 2 €, www.casadigoethe.it.

Piazza del Popolo: Der Platz am Nordende der Via del Corso war lange Zeit das Erste, was Besucher aus dem Norden von der Ewigen Stadt sahen. Durch die *Porta del Popolo*, ein früheres Stadttor Roms (die Innenfassade stammt von Bernini, das Äußere hat Michelangelo gestaltet), betrat man den heute erfreulich autofreien Platz. Besonders beeindruckt die elegante Piazza durch die Symmetrie der beiden Kirchen *Santa Maria dei Miracoli* und *Santa Maria in Monte Santo*. Sie flankieren die Via del Corso am Südende. In der Mitte prangt ein schlanker Obelisk, der unter Augustus nach Rom transportiert wurde. Neben der Porta del Popolo steht die äußerlich unauffällige Kirche *Santa Maria del Popolo*, von der der Platz seinen Namen hat. Das Innere ist reich mit Kunstwerken der Renaissance ausgestattet, darunter die prächtige Chigi-Kapelle im linken Seitenschiff, entworfen von Raffael, außerdem zwei Meisterwerke von Caravaggio. Oberhalb der Piazza del Popolo kann man zum Aussichtspunkt am *Monte Pincio* hinaufsteigen (→ S. 763).

Fontana di Trevi: Der berühmteste aller römischen Brunnen steht an der Piazza di Trevi, etwas östlich der Via del Corso. Man muss schon fast von einer Brunnenlandschaft sprechen, so weitläufig ist das kunstvolle Ensemble aus dem 18. Jh. Über natürlich belassenen Felsen erhebt sich ein Triumphbogen, in der Mitte steht überlebensgroß Neptun. Wasser plätschert über mehrere Ebenen hinunter, sich aufbäumende Pferde bringen Dramatik ins Bild.

Am Grund des Brunnens sieht man es glitzern. Jeder, der hier eine Münze über seine Schulter hineinwirft, wird irgendwann wieder nach Rom kommen, so heißt es. Für die Stadt Rom ist diese Einnahmequelle mittlerweile fest im Etat eingeplant, jeden Montagmorgen werden die Münzen herausgesaugt (der Jahresabschluss beläuft sich auf etwa 200.000 €). 2002 ging durch die Presse, dass ein Arbeitsloser zwanzig (!) Jahre lang von dem Geld gelebt hat, das er fast täglich im Morgengrauen aus dem Wasser fischte – seitdem wird der Brunnen streng bewacht. Auf den Stufen rund um den Brunnen sitzt man gemütlich, aber Vorsicht vor Taschendieben. Achtung: Wer es dem Kultfilm „La Dolce Vita" nachtun will, in dem Anita Ekberg in den Brunnen steigt, muss eine saftig Strafe zahlen! Um die Fontana di Trevi haben sich zahlreiche Souvenirhändler und teure Snackbars angesiedelt, tagsüber und selbst am späten Abend ist der Platz gedrängt voll von Touristen – der Brunnen zählt schließlich zu den größten Attraktionen der Stadt.

Spanische Treppe und Umgebung: Etwa an der Mitte der Via del Corso zweigt östlich die Via dei Condotti ab und führt direkt zum Fuß der 1995 restaurierten Treppe. Mindestens einmal kommt jeder Rom-Besucher hierher. Die weich geschwungenen Stufen, die von der Piazza di Spagna zur hoch darüber thronenden Kirche *Santissima Trinità dei Monti* hinaufsteigen, sind schon seit dem 19. Jh. eines der bekanntesten Symbole der Weltstadt. Die Stufen sind immer dicht belegt von jungen Leuten aus aller Welt, auch wenn Essen, Trinken, Rauchen, Musik machen und Tanzen (!) auf der Treppe mittlerweile verboten ist. Je höher man steigt, desto weiter reicht der Blick über die Dächer und kleinen, grünen Dachgärten. Da die Treppe genau nach Westen ausgerichtet ist, ist sie ein bevorzugter Platz für Sonnenanbeter – im Frühjahr genießt man hier die ersten warmen Strahlen, im Spätherbst die letzten.

Die Treppe entstand Anfang des 18. Jh. und hat, wie auch der Platz, ihren Namen von der hier gelegenen Spanischen Botschaft am Heiligen Stuhl. Der Brunnen *La Barcaccia* am Fuß der Treppen in Form eines Bootes ist das letzte Werk von Pietro Bernini, dem Vater des berühmten Gianlorenzo. Er erinnert an das verheerende Hochwasser von 1598. Links der Treppe befindet sich der feine Babington's Tearoom – Ende des 19. Jh., als der Tourismus erstmals massiv einsetzte und die Briten keinen Platz hatten, um ihren nachmittäglichen „cup of tea" zu trinken, von einer geschäftstüchtigen Engländerin gegründet und bis heute ein voller Erfolg. Im Haus Nr. 26 (rechts der Treppe) starb 1821 der englische Dichter John Keats im Alter von 25 Jahren an Schwindsucht. Heute erinnert das *Keats-Shelley Memorial Museum* an ihn, in fünf liebevoll eingerichteten Räumen sind zahlreiche Bücher und Originalbriefe sowie Manuskripte von Keats, Shelley und Lord Byron zu sehen. Lord Byron lebte im Haus Nr. 66 an der Piazza di Spagna und auch viele andere Künstler (z. B. Richard Wagner, James Joyce, Franz Liszt) verbrachten eine Zeitlang im magischen Zirkel um die Spanische Treppe.

Die Dreifaltigkeitskirche *Santissima Trinità dei Monti* mit dem davor aufragenden Obelisken setzt einen Endpunkt über die Stufen. Das Innere ist mit einem Gitter versperrt (nur zu Gottesdiensten geöffnet), Besuchern bleibt nur ein Blick durch die Eingangstür – in der zweiten Seitenkapelle links eine „Kreuzabnahme" von Da-

Rom/Centro storico   761

niele da Volterra, dessen Lehrer Michelangelo war. Noch heute ist sie französische Stiftskirche, in der täglich (außer sonntags) ein Gottesdienst in französischer Sprache stattfindet. Vom Portal der Kirche hat man einen herrlichen Blick über die Dächer der Innenstadt bis hinüber zur Peterskirche.

In den umliegenden Straßenzügen ist heute die nationale und internationale „Haute Couture" zu Hause. Interessante Schaufenster gibt es vor allem an der *Via dei Condotti*, die von der Via del Corso direkt zur Spanischen Treppe führt (Gucci, Bulgari etc.) und natürlich muss man auch mal ins berühmte Caffè Greco schauen (→ „Cafés", S. 750). In der *Via Margutta* arbeiten viele Möbelrestauratoren sowie Rahmenmacher und Antiquitätenhändler.

Öffnungszeiten/Eintritt **Keats-Shelley Memorial Museum**, Mo–Fr 9–13 und 15–18 Uhr, Sa 11–14 und 15–18 Uhr, So geschl. Eintritt 3 €. Mit Bookshop.

Mausoleum des Augustus und Ara Pacis (Friedensaltar) : Das für Besucher unzugängliche Mausoleum erhebt sich westlich der Via del Corso (schon fast am Tiberufer) als fast 40 m hoher Grabhügel über einem Mauerring. Hier waren die Graburnen des Augustus und anderer Mitglieder der kaiserlichen Familie untergebracht. Der *Friedensaltar* nebenan – erbaut zum Ruhme des Kaisers und Feldherrn Augustus – wurde jüngst restauriert und ist seit 2006 wieder zu besichtigen. Seine Außenwände sind mit bedeutenden Reliefs geschmückt, dargestellt ist u. a. die Einweihungsprozession der kaiserlichen Familie zu Ehren des Bauwerks.

Öffnungszeiten/Eintritt **Ara Pacis**, Di–So 9–19 Uhr geöffnet, Mo geschl. Eintritt 6,50 €, ermäßigt 4,50 €.

Pantheon: Die autofreie *Piazza della Rotonda* westlich der Via del Corso wird völlig vom riesenhaften Pantheon beherrscht. Der ehemalige Tempel ist eines der besterhaltenen Bauwerke des alten Rom und vermittelt noch heute einen hervorragenden Eindruck von den architektonischen Meisterleistungen seiner Epoche. Er stammt aus den letzten Jahrzehnten vor Christus und wurde laut Inschrift über dem Portikus unter Konsul Marcus Agrippa erbaut. Wegen schwerer Zerstörung durch Brände musste er aber 150 Jahre später unter Kaiser Hadrian völlig neu errichtet werden. Während Mittelalter und Renaissance veränderte man viel an dem monumentalen Bau, der 1607 in eine Kirche umgewandelt wurde. Hinter der turmhohen Vorhalle mit ihren massiven Säulen erhebt sich eine gewaltige Kuppel, die Vorbild für zahllose weitere Kuppelbauten war. Das Loch (Durchmesser 9 m) im Scheitel der Kuppel bildet die einzige Lichtquelle im Raum! Die Kassettendecke war früher mit vergoldeter Bronze ausgekleidet. Papst Urban VIII. ließ sie einschmelzen und den gewaltigen Baldachin des Papstaltars der Peterskirche daraus gießen. Raffael liegt hier begraben, ebenso die italienischen Könige Vittorio Emanuele II und Umberto I. Die *Piazza della Rotonda* gehört zu den beliebtesten abendlichen Treffpunkten in Rom, man sitzt auf den Stufen des Brunnens mit dem ägyptischen Obelisk und in den Straßencafés rundum.

Öffnungszeiten **Pantheon**, Mo–Sa 8.30–19.30, So 9–18 Uhr, Eintritt frei.

Piazza Navona und Umgebung

Die lang gestreckte Piazza Navona gleich in der Nähe der Piazza della Rotonda ist die gute Stube von Römern und Touristen gleichermaßen. Um drei opulente Marmorbrunnen ballen sich zahllose Krimskrams-Verkäufer, Straßenmusiker, Porträtmaler, Gaukler, Feuerschlucker, Artisten, Wahrsager etc. Die Straßencafés am Platz sind extrem teuer. Das berühmte „Tartufo"-Eis lohnt trotzdem bei „Tre Scalini", einer der bekanntesten Eisdielen Roms (› Gelaterie, S. 751).

Düsterer Wächter auf dem Campo de'Fiori: Giordano Bruno

Der mittlere der drei Brunnen auf der Piazza, die mächtige *Fontana dei Fiumi*, stammt vom berühmten Barockarchitekten und -bildhauer Gianlorenzo Bernini. Ein großer Obelisk thront in der Mitte, vier große Marmorfiguren samt schmückendem Beiwerk verkörpern die vier Flüsse Nil, Ganges, Donau und Rio della Plata und sollen damit die vier Kontinente symbolisieren (Australien war noch unbekannt). Bernini gestaltete seinen „Nil" mit einem über die Augen gezogenen Tuch und den „Rio della Plata" mit entsetzt erhobenen Armen. Angeblich beziehen sich diese Missfallensäußerungen auf die barock überladene Kirche *Sant'Agnese* vis-à-vis vom Brunnen – ein Werk von Francesco Borromini, einem erbitterten Konkurrenten Berninis. Borromini soll daraufhin die Statue der heiligen Agnes auf die Front gesetzt haben, die hochmütig über den Brunnen hinwegblickt, als ob sie das „Machwerk" nicht im mindestens registriert.

In Richtung Tiber ziehen sich viele verwinkelte, kleine Gassen mit Werkstätten und Handwerksbetrieben, die *Via dei Coronari* ist für ihre Antiquitätenläden bekannt.

Palazzo Altemps: Nördlich der Piazza Navona vereint der mächtige Renaissancepalazzo an der Piazza di Sant'Apollinare mehrere Kunstsammlungen in sich, darunter die sogenannte Ludovisi-Sammlung der gleichnamigen Familie, die Kardinäle und Päpste stellte und so reichlich Mittel zur Verfügung hatte, ihrer Kunstleidenschaft zu frönen. Die zahlreichen Skulpturen und Bildwerke, darunter der berühmte Ludovisi-Thron aus dem 5. Jh., stehen vor dem Hintergrund barocker Fresken.

Öffnungszeiten/Eintritt **Palazzo Altemps**, Di–So 9–19.30 Uhr, Mo geschl. Eintritt ca. 5,50 €.

Campo de'Fiori: Südlich der Piazza Navona findet seit hunderten von Jahren an jedem Vormittag (außer Sonn- und Feiertage) der schönste Obst- und Gemüsemarkt Roms statt. Bis heute hat sich hier wenig geändert – ein typischer Markt mit bunten Ständen und viel Leben, das durch den Tourismus nur wenig angekratzt wurde. Über dem Markttreiben erhebt sich düster das Denkmal des Mönchs *Giordano Bruno*. Im Jahr 1600 wurde er hier nach einem kirchlichen Inquisitionsprozess öffentlich verbrannt, nachdem er sich geweigert hatte, seine fortschrittlichen, auf Kopernikus fußenden Ideen zum Bau des Weltalls zu widerrufen.

Um die Piazza ziehen sich Handwerkergässchen, vor allem in der *Via del Pellegrino* und der *Via dei Cappellari* reiht sich Tischlerei an Tischlerei. Über den nahen *Ponte Sisto* kann man nach Trastevere hinüberlaufen.

Ausgrabungen am Largo di Torre Argentina: Im Zentrum des verkehrsreichen Largo Argentina liegt unterhalb des Straßenniveaus die *Area Sacra*, der „heilige Bezirk", in dem vier antike Tempel aus republikanischer Zeit ausgegraben wurden. Da nicht bekannt ist, welchen Göttern die Tempel geweiht waren, nannte man sie einfach A, B, C und D. Von Tempel D ist nur ein kleiner Teil sichtbar, der Rest liegt unter der Via delle Botteghe Oscure, die das Areal im Süden begrenzt. Einige Historiker gehen davon aus, dass sich an der Stelle, wo heute zwei Zypressen zu sehen sind, die *Curia Pompeja* befand, in der am 15. März des Jahres 44 v. Chr. Julius Caesar ermordet wurde. Wahrscheinlicher ist allerdings, dass der Schauplatz des Geschehens am Pompejus-Theater beim Campo de'Fiori lag. Das von außen unscheinbare *Teatro Argentina* am Platz gibt es bereits seit 1731. Hier wurde 1816 Rossinis „Barbier von Sevilla" uraufgeführt.

Jüdisches Viertel: Südlich vom Verkehrsknotenpunkt Largo Argentina findet man um die *Via del Portico d'Ottavia* das ehemalige Ghetto Roms. Bis heute erstreckt sich hier ein Gewirr von mittelalterlichen Gassen mit vielen kleinen Plätzen und einer fast familiären Atmosphäre. In den Geschäften werden auch koschere Lebensmittel verkauft und in den Restaurants serviert man typisch jüdische Gerichte. Einer der schönsten Plätze hier ist die kleine Piazza Mattei mit ihrem hübschen Schildkrötenbrunnen, der *Fontana delle Tartarughe*.

Wahrzeichen des Ghettos ist die große *Synagoge* vor dem Ponte Fabricio, im angeschlossenen *Museo Ebraico* sind neben sakralen Gegenständen auch zahlreiche Dokumente zur Geschichte der jüdischen Gemeinde in Rom zu sehen.

In bezeichnendem Kontrast zur Schlichtheit des Viertels zeigt sich *Il Gesù* am gleichnamigen Platz, die Mutterkirche des Jesuitenordens – eine größere Anhäufung von Pomp ist einfach nicht vorstellbar. Im linken Querschiff liegt der Ordensgründer Ignatius von Loyola begraben, der Altar über seinem Grab soll der prunkvollste der Welt sein.

Öffnungszeiten/Eintritt **Museo Ebraico**, tägl. (außer Sa) 9–19.30 Uhr (im Winter nur bis 17 Uhr), Fr 9–13.30, So 9–12 Uhr, Eintritt 6 € (inkl. Führung).

Villa Borghese

Ganz in der Nähe von Piazza del Popolo und der Spanischen Treppe liegt der größte und schönste Stadtgarten Roms mit vielen Spazierwegen und (abgesehen von den Wochenenden) viel Ruhe und Beschaulichkeit. Die Aussichtsterrasse am *Monte Pincio* oberhalb der Piazza del Popolo bietet einen wunderbaren Blick über Rom. Im eigentlichen Park gibt es einen winzig kleinen See mit Bootsverleih sowie einen Zoo mit mehreren hundert Tierarten. Von den folgenden drei Museen im Park ist das Highlight zweifellos die Galleria Borghese, die nach 14-jähriger Restaurierung heute zu den bedeutendsten Kunstsammlungen Europas zählt.

Galleria Borghese: Das berühmte Museum im restaurierten Borghese-Palast aus dem Jahr 1620 besitzt unglaublich prunkvolle und kostbare Gemälde von Malern der Renaissance und des Barock, darunter Caravaggio, Raffael und Tizian, aber auch die großartigen Skulpturen von Bernini.

Öffnungszeiten/Eintritt Di–Sa 9–19 Uhr, So 9–20 Uhr, Mo geschl. Einlass alle 2 Stunden, Tickets nur für feste Zeiten. Eintritt 8,50 €, ermäßigt 5,25 €. Ticketvorbestellung obligatorisch unter ✆ 06/32810 oder www.ticketeria.it.

Museo di Villa Giulia: am Piazzale di Villa Giulia, eine bedeutende Sammlung etruskischer Funde, außerdem schöner Garten und kleine Wasserfälle. Früher war der Palast eine Sommerresidenz der Päpste.

Öffnungszeiten/Eintritt Di–So 8.30–19.30 Uhr, Einlass bis 18.30 Uhr, Mo geschl. Eintritt 4 €, erm. 2 €, unter 18 und über 65 J. frei.

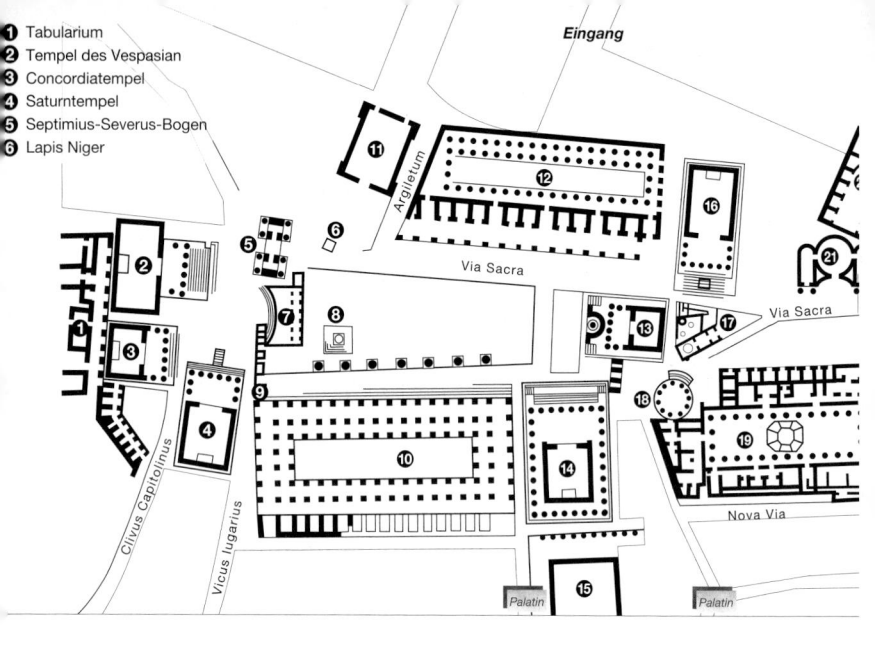

1 Tabularium
2 Tempel des Vespasian
3 Concordiatempel
4 Saturntempel
5 Septimius-Severus-Bogen
6 Lapis Niger

Galleria Nazionale d'Arte Moderna: In der Nähe des etruskischen Museums, Viale delle Belle Arti, weit gefächerte Sammlung italienischer Maler des 19. und 20. Jh.
Öffnungszeiten/Eintritt Di–So 8.30–19.30 Uhr, Mo geschl. Eintritt 6,50 €, ermäßigt 3,25 €, unter 18 und über 65 J. frei.

In Bahnhofsnähe

Diokletians-Thermen und Palazzo Massimo: Die größten Thermen Roms, errichtet unter Kaiser Diokletian, liegen nicht weit vom Bahnhof an der Via Enrico di Nicola. Im Inneren wurde später die Kirche Santa Maria degli Angeli und ein Karthäuser-Kloster eingerichtet, seit Ende des 19. Jh. auch ein großes Museum der Antike. Nach langjähriger Restaurierung ist das *Römische Nationalmuseum* (Museo Nazionale Romano Terme di Diocleziano) seit 2000 wieder zugänglich. Es enthält zahlreiche griechische und römische Skulpturen, Büsten und Epigraphe, auf Schaubildern wird das Alltagsleben der antiken Römer dargestellt. Außerdem gibt es eine große archäologische Abteilung. Besonders sehenswert ist der Klostergarten.

Ganz in der Nähe steht der *Palazzo Massimo alle Terme*, in den der größte Teil der umfangreichen Sammlung ausgelagert wurde, darunter besonders schöne Fresken aus römischen Villen.

Öffnungszeiten/Eintritt Di–So 9–19 Uhr (Auslass bis 19.45 Uhr), Mo geschl., Eintritt **Museo Nazionale Romano Terme di Diocleziano** 5 € (erm. 2,50 €, unter 18 und über 65 J. frei), **Palazzo Massimo alle Terme** 6 € (erm. 3 €, unter 18 und über 65 J. frei).

Forum Romanum, Kapitol und Umgebung

Die Reste des altrömischen Machtzentrums liegen zentral in der Stadtmitte. Etwas Fantasie braucht man heute, damit der Mittelpunkt des einstigen Weltreichs vor dem geistigen Auge entsteht, dennoch: was die Römer hier hinterlassen haben, ist immens.

Kapitol: Hinter der Piazza Venezia mit dem Denkmal für König Vittorio Emanuele II führen Stufen zum Kapitol hinauf und enden zwischen den im 17. Jh. ent-

Forum Romanum

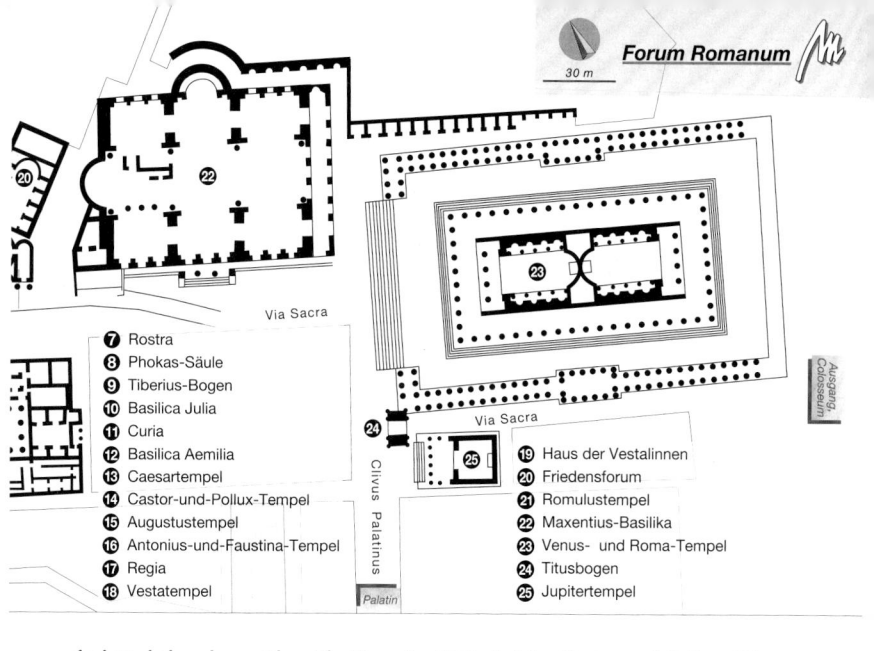

30 m

- ❼ Rostra
- ❽ Phokas-Säule
- ❾ Tiberius-Bogen
- ❿ Basilica Julia
- ⓫ Curia
- ⓬ Basilica Aemilia
- ⓭ Caesartempel
- ⓮ Castor-und-Pollux-Tempel
- ⓯ Augustustempel
- ⓰ Antonius-und-Faustina-Tempel
- ⓱ Regia
- ⓲ Vestatempel
- ⓳ Haus der Vestalinnen
- ⓴ Friedensforum
- ㉑ Romulustempel
- ㉒ Maxentius-Basilika
- ㉓ Venus- und Roma-Tempel
- ㉔ Titusbogen
- ㉕ Jupitertempel

deckten kolossalen antiken Plastiken der Götterbrüder Castor und Pollux. Oben hat man einen schönen Blick auf die Ausgrabungen des Forum Romanum. In altrömischer Zeit war hier der Sitz des höchsten Staatsgottes Jupiter mit einem gewaltigen Tempel, dessen Ziegel aus Gold gewesen sein sollen. Diesen „Mittelpunkt der Welt" vor Augen, errichteten die Römer in jeder größeren Stadt einen (oft künstlichen) kapitolinischen Hügel als Göttersitz.

Heute flankieren Renaissancepalazzi den trapezförmigen Platz. Im Palazzo Nuovo ist das beachtliche *Kapitolinische Museum* mit zahlreichen antiken Kunstwerken untergebracht, im Palazzo dei Conservatori gibt es das *Museum der Konservatoren* (antike Kunst), eine *Pinakothek* (Gemälde des 14.–17. Jh. und Porzellan) und die *Konservatorensäle* mit Historiengemälden und der berühmten Wölfin, die die Zwillinge Romulus und Remus säugt. Dem Aufgang gegenüber steht der *Senatorenpalast*, das heutige Rathaus von Rom. Unübersehbar die zentral auf dem Kapitolsplatz aufgestellte Kopie des antiken Reiterstandbilds des Kaisers Marc Aurel, dessen Sockel Michelangelo entworfen hat (wie auch den ganzen Platz drum herum). Nach jahrelanger Restaurierung befindet sich der originale Bronzekaiser aus dem 2. Jh. n. Chr. nun im Hof des Palazzo Nuovo.

Linker Hand führt eine steile Treppe hinauf zur Kirche *Santa Maria in Aracoeli*, ein wichtiges Marienheiligtum, erbaut an der Stelle eines ehemaligen Tempels der Juno. In einer Kapelle hinter dem Altar der heiligen Helene in der linken Seite des Mittelschiffs steht die Kopie von *Santo Bambino*, einer aus Olivenholz vom Garten Gethsemane geschnitzten Statue des Jesuskindes (das Original wurde Anfang der 1990er Jahre gestohlen), der die Kraft zugesprochen wird, kranke Kinder zu heilen.

Öffnungszeiten/Eintritt **Kapitolinische Museen**, Di–So 9–20 Uhr (Einlass bis 19 Uhr), Mo geschl., Eintritt 6,50 €, erm. 4,20 €, unter 18 und über 65 J. frei. Audioguide in deutscher Sprache 4 €.

Forum Romanum und Palatin: Das Zentrum des öffentlichen Lebens im alten Rom ist über den Largo Romolo e Remo (Via dei Fori Imperiali) zugänglich, ein weiterer

Rom und Latium

Eingang liegt in der Nähe vom Kolosseum, ebenso ist das Forum Romanum von der Rückseite des Senatorenpalastes (Kapitol) zugänglich. Die schwer mitgenommenen Überreste aus der Kaiserzeit sind vielleicht für den einen oder anderen enttäuschend, denn im Lauf der Jahrhunderte wurde das Forum mehrmals gründlich von Eroberern eingestampft, während der Renaissance diente es sogar als Kuhweide. Trotzdem kann man sich mit etwas Fantasie das geschäftige Leben von einst noch gut vorstellen. Gleich zu Beginn trifft man auf die Fundamente der *Basilica Aemilia*. Benachbart steht die besonders gut erhaltene *Curia*, das Gebäude des Senats, in dem die großen römischen Redner auftraten. Südlich davon führt die *Via Sacra*, eine ehemalige Prozessionsstraße, vom *Septimius-Severus-Bogen* durch das Ausgrabungsgebiet und endet an den Resten des *Tempels von Venus und Roma*. Benachbart steht der eindrucksvolle *Titusbogen* mit schönen Reliefs im Bogendurchgang. Von hier aus kommt man zum Ausgang beim Kolosseum.

Vom Titusbogen geht es aber auch zum *Palatin* hinauf (weiterer Eingang an der Via di San Gregorio), im alten Rom der Wohnhügel der High Society. Später wurde der Hügel jedoch zu eng und die Kaiser zogen um. Im frühen Mittelalter zerstörten Normannen genussvoll die traurigen Überreste des ehemaligen Luxusviertels. Zwischen Pinien und romantischen Ruinen lässt es sich heute wunderschön spazieren gehen, man kann das ganze Forum überschauen und hat auch einen guten Blick auf das heutige Rom. Sehenswert sind vor allem der verwinkelte *Palast des Domitian* und das *Haus der Livia* (der Ehefrau des Augustus) mit wunderschönen Fresken. Lohnend ist ein Besuch des *Antiquarium Palatino* im südlichen Teil des Palatin: Die Exponate aus der Siedlungsgeschichte des Hügels sind in verschiedenen Sälen nach den jeweiligen Herrscherperioden geordnet.

• *Öffnungszeiten/Eintritt* **Forum Romanum**, im Sommer tägl. 9–18 Uhr (Auslass bis 19 Uhr), im Winter nur bis ca. 1 Std. vor Sonnenuntergang, Eintritt frei! **Palatin**, gleiche Öffnungszeiten wie Forum Romanum, das Antiquarium nur bis 17.40 Uhr, Eintritt nur mit Kombiticket Kolosseum + Palatin für 11 € (Besichtigung beider muss am gleichen Tag erfolgen).

Kaiserforen und Trajansäule: Beiderseits der breiten Prachtstraße *Via dei Fori Imperiali* liegen die Ruinen weiterer Foren, die sich die römischen Imperatoren großteils zu ihrem eigenen Ruhm erbauen ließen. Mussolini ließ die Straße gnadenlos quer durch das Ausgrabungsgelände hindurchziehen, um das Kolosseum mit dem „Altar des Vaterlandes" an der Piazza Venezia verbinden. Zugänglich ist nur das *Trajansforum* (Eingang Via IV Novembre 94), von der Straße aus hat man aber einen guten Überblick über das *Augustusforum* (neben dem Trajansforum) und das *Forum des Julius Caesar* (schräg gegenüber vom Augustusforum, auf der anderen Straßenseite). Seit Ende der Neunziger finden wieder verstärkt Ausgrabungen statt, außerdem gibt es Pläne, die Kaiserforen mit dem Forum Romanum unterhalb der Straße zu verbinden.

Die 35 m hohe *Trajansäule* steht gleich am westlichen Beginn der Via Foro dei Imperali, schräg gegenüber der stark befahrenen Piazza Venezia. Sie ist von oben bis unten von einen spiralförmigen Reliefband umzogen, auf dem von den Feldzügen gegen die Daker berichtet wird. Die berühmten Reliefs wurden aufwendig restauriert, doch manche der durch die Luftverschmutzung verursachten Schäden sind irreparabel.

Öffnungszeiten/Eintritt **Trajansforum**, Di–So 9–18.30 Uhr, im Winter bis 16.30 Uhr, Mo geschl., Eintritt 6,20 €, erm. 4,20 €.

Kolosseum und Umgebung: Gleich neben dem Forum steht die größte noch existierende Vergnügungshalle des römischen Reiches, im Jahr 80 unserer Zeitrechnung nach acht Jahren Bauzeit von Kaiser Titus eröffnet. Etwa 50.000 Zuschauer konnten auf den steilen Rängen Platz finden. Die römischen Kaiser ergötzten sich hier köstlich, wenn Kriegsgefangene, Gladiatoren, Sklaven und wilde Tiere um ihr Leben kämpften. Heute fehlt der Boden der Arena und man sieht die Kellerräume und Kerker darunter. In einigen waren Flaschenzüge und Winden untergebracht, mit denen man Menschen und Tiere in die Arena aufsteigen lassen konnte – die grausigen Kampfspiele waren perfekt inszeniert. Neuere Forschungen bezweifeln, dass im Kolosseum Christen um ihr Leben kämpfen mussten (wahrscheinlich fanden diese Gemetzel im Circus Maximus statt). Dieser – früheren – Ansicht verdankt das Kolosseum jedoch seine Restaurierung durch die Päpste und noch heute schreitet der Papst alljährlich am Karfreitag den Kreuzweg im Kolosseum in einer feierlichen Prozession ab. Generationen von Päpsten haben allerdings auch gewaltige Mengen Marmor aus den Mauern schlagen lassen, um ihre vatikanischen Bauten damit auszustatten. Seit einigen Jahren wird das Kolosseum umfassend restauriert. Teilstücke des Riesenbaus werden gründlich auf Vordermann gebracht, der rußverschmutzte Marmor soll wieder im alten Glanz erstrahlen.

Gleich neben dem Kolosseum befindet sich der *Triumphbogen des Konstantin*, errichtet nach seinem Sieg über Maxentius an der Milvischen Brücke. Seitdem er restauriert und gereinigt wurde, zählt er wieder zu den schönsten Zeugnissen der Antike. Nach jahrzehntelangem Verschluss sind im Parco del Colle Oppio gegenüber vom Kolosseum die unterirdischen Räume des *Domus Aurea* („Goldenes Haus") von Kaiser Nero wieder zu besichtigen, ein einzigartiges Labyrinth von Gängen und Passagen mit Wandgemälden und Stuckfragmenten. Von den 500 vermuteten Räumen wurden bisher 88 freigelegt. Der Bau dieser Anlage ruinierte den römischen Staatshaushalt unter Nero komplett, einige Jahrzehnte später wurde das Goldene Haus zugeschüttet.

• *Öffnungszeiten/Eintritt* **Kolosseum**, im Sommer tägl. 9–19.30 Uhr, sonst bis 1 Std. vor Sonnenuntergang, Eintritt 11 € (nur als Kombiticket mit dem Palatin möglich), ermäßigt 6 €, unter 18 und über 65 J. frei. Oft lange Warteschlangen. **Domus Aurea**, Di–Fr 10–16 Uhr, Einlass alle 40 Min. (mit obligatorischer Führung), Reservierung ebenfalls obligatorisch unter ✆ 06/39967700, Reservierungsgebühr 1,50 €.

Circus Maximus: Die lang gestreckte Arena liegt südlich vom Palatin. Ihre Tribünen konnten bis zu 200.00 Besucher fassen, die hier blutigen Wagenrennen zujubelten, spektakulär nachempfunden im Filmklassiker „Ben Hur". Von der gesamten Anlage ist leider kaum etwas erhalten, es handelt sich heute mehr oder minder um einen unspektakulären Rasenplatz, auf dem Jogger ihre Runden drehen und Hunde ihr Geschäft verrichten.

Piazza della Bocca della Verità: Der viel befahrene Platz nordwestlich des Circus Maximus verdankt seinen Namen und seine Anziehungskraft dem „Mund der Wahrheit" – die *Bocca della Verità* am Eingang zur Kirche Santa Maria in Cosmedin (→ S. 772). Im Mittelalter musste jeder, der eine Aussage machte, die Hand in den Mund des Ungeheuers legen. Der düsteren Legende zufolge wurde Lügnern die Hand abgebissen und gelegentlich frischte jemand mit einem Schwert hinter der Marmorplatte die abschreckende Wirkung des Höllenmauls wieder auf. In den 1950er Jahren erfuhr das alte Steingesicht durch Audrey Hepburn und Gregory Peck in „Ein Herz und eine Krone" neue Popularität.

Öffnungszeiten Im Sommer tägl. 9–19 Uhr, im Winter kürzer.

Caracalla-Thermen: Die riesigen Mauerreste der größten öffentlichen Badeanlage im alten Rom erreicht man vom Circus Maximus über die breite Via delle Terme.

Öffnungszeiten/Eintritt Einlass tägl. 9 Uhr bis 1 Std. vor Sonnenuntergang, Mo 9–14 Uhr. Eintritt 6 €, erm. 3,50 €, unter 18 und über 65 J. frei.

Engelsburg, Peterskirche und Vatikan

Engelsbrücke: Die schönste erhaltene antike Brücke der Stadt, den *Ponte Sant'Angelo*, ließ Kaiser Hadrian 134 n. Chr. bauen, um so einen würdigen Weg über den Tiber direkt zu seinem Mausoleum zu schaffen. Ihren heutigen Namen erhielt der alte *Pons Aelius* erst im 17. Jh., als Bernini zehn marmorne Engelsfiguren zur Verschönerung der Brücke hinzufügte.

Engelsburg: Das wuchtige *Castel Sant'Angelo* war ursprünglich das Mausoleum für Kaiser Hadrian, das er nach eigenen Plänen gestalten ließ. In späteren Krisenzeiten nutzten die Päpste die Engelsburg als Festung, zeitweise auch als ausbruchsicheres Gefängnis und Folterkammer der Inquisition. Hier waren u. a. Giordano Bruno, Galileo Galilei, Caravaggio und Cagliostro inhaftiert. Über die gewundene Rampe nach oben gelangt man durch den *Cortile dell'Angelo* zu den ehemaligen Gemächern der Päpste. Hier beeindruckt besonders die unter Papst Paul II. Mitte des 16. Jh. entstandene *Sala Paolina* mit prunkvollen Fresken. Über eine schmale Treppe geht es hinauf zur oberen Aussichtsplattform (oben gibt es eine Bar).
Öffnungszeiten/Eintritt Di–So 9–20 Uhr, Einlass nur bis 19 Uhr, Mo geschl. Eintritt 5 €, erm. 2,50 €, unter 18 und über 65 J. frei.

Vatikan: Zum Gebiet des kleinsten Staates der Welt gehören die Peterskirche mit dem Vatikanischen Palast, seinen Nebengebäuden, den Gärten und Vatikanischen Museen. Umgeben ist der Vatikan seit 854 von der unter Papst Leo IV. entstandenen *Leoninischen Mauer*, einem Schutzwall gegen die einfallenden sarazenischen Piraten des 9. Jh. Die Mauer wird nur auf der Ostseite des Territoriums durch den Petersplatz mit seinen halbrunden Kolonnaden unterbrochen. Während Kirche und Museen der Öffentlichkeit zugänglich sind, gelangt man auf das übrige Gelände nur mit einer Sondergenehmigung.

Die etwa 500 Bürger des Staates zahlen übrigens keine Steuern. Alleiniger weltlicher Herrscher über den Vatikan ist der Papst. Der Vatikanstaat verfügt über eine eigene Post, eine leistungsstarke Radiostation (Radio Vaticano) und bereits seit 1861 über die Wochenzeitung L'Osservatore Romano, außerdem ist der Vatikan auch im Internet unter *www.vatican.va* zu besuchen. Zum Schutz des Vatikanstaates steht neben der Vigilanza, der Vatikan-Polizei, natürlich auch die 99 Mann starke Schweizer Garde bereit, die seit Anfang des 16. Jh. aus Schweizer Söldnern rekrutiert wurde. Ihre Uniformen stammen übrigens noch

Übernachten
86 Atlante Star
88 Sant'Anna

Essen & Trinken
83 La Griglietta
84 Il Matriciano
87 Taverna Angelica
89 Tre Pupazzi

Enoteche
85 Enoteca Constantini

aus der gleichen Zeit. Heute stehen die Gardisten dem Papst auch als zivile Bodyguards zur Seite.

Petersplatz: Die Idee für den ovalen Platz mit seinen harmonischen Proportionen stammt von Bernini: Die halbrunden Kolonnaden mit insgesamt 140 Heiligenstatuen sollten wie durch zwei ausgebreitete Arme die Gläubigen schützend aufnehmen. Den 340 mal 240 m großen Platz schuf Bernini nach der Fertigstellung der Kirche in den Jahren 1657–1665. Der ägyptische Obelisk befindet sich hier seit 1586, ebenso stand der rechte Brunnen bereits, als es den Platz noch nicht gab. Der linke wurde aus Gründen der Symmetrie hinzugefügt.

Peterskirche: Die größte Kirche der Welt hat gigantische Ausmaße: eine Länge von 211 m, eine Fassadenbreite von 114 m und eine Gesamthöhe von 132 m. Bei ihrem Bau gaben sich fast alle bedeutenden Baumeister dieser Zeit quasi das Werkzeug in die Hand. Die 45 m hohe Fassade stammt von Carlo Maderno, sie wird von 13 jeweils 5,60 m hohen Statuen gekrönt. In der Mitte steht Jesus mit erhobenem Arm, umgeben von Johannes dem Täufer und elf Aposteln (Petrus steht unten). Im gewaltigen Innenraum (15.160 qm) finden sich 778 Säulen, 396 Statuen, 44 Altäre, 135 Mosaike und unzählige Gemälde und Fresken, über die im Folgenden nur ein kurzer Überblick gegeben werden kann:

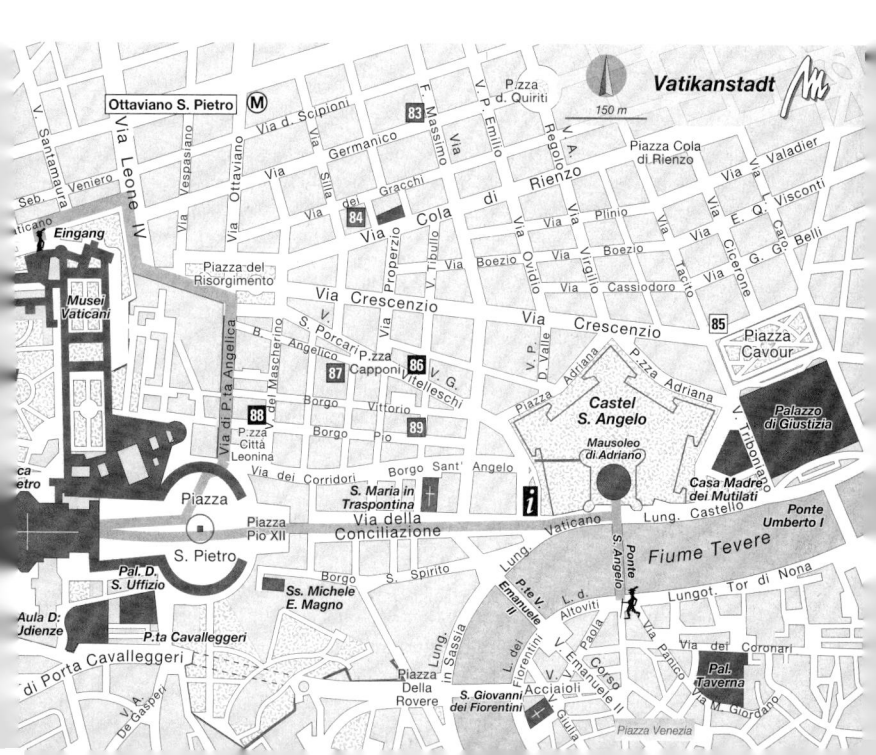

Nach der Eingangshalle gleich im rechten Seitenschiff stößt man auf *Michelangelos Pietà* (1499–1500), eines der schönsten Kunstwerke der Kirche. Auf der rechten Seite im Mittelschiff befindet sich die besonders verehrte *Petrusstatue*, die schon in der alten Peterskirche aufgestellt war. Seit Jahrhunderten berühren oder küssen die Pilger den rechten Fuß der Statue.

Mittelpunkt der Kirche ist der 29 m hohe *Bronzebaldachin* über dem Papstaltar, den Bernini zwischen 1624 und 1633 im Auftrag seines Gönners Papst Urban VIII. fertigte. Darüber wölbt sich die *Kuppel*, deren Durchmesser knapp unter dem ihres antiken Vorbildes, der Kuppel des Pantheons, liegt.

Vor dem Altar wird durch eine Balustrade die *Confessio* abgegrenzt, eine Öffnung im Boden mit der Treppe hinunter zum wertvoll geschmückten *Petrusgrab*. Rechts in der *Apsis* hat Bernini das Grabmahl für Urban VIII. geschaffen; im linken Seitenschiff befindet sich mit dem pompösen Grab Alexanders VII. ein weiteres Meisterwerk Berninis (sein letzter Auftrag, den er im Alter von 80 Jahren ausführte).

Zu den *Vatikanischen Grotten* im Untergeschoss der Peterskirche führt eine Treppe am linken hinteren Kuppelpfeiler. Vorbei an der reich geschmückten *Petruskapelle* erreicht man die *Krypta* mit zahlreichen Papstgräbern. Zur *Kuppel* gelangt man, wenn man die Vorhalle der Peterskirche auf der rechten Seite verlässt, die lange Schlange vor dem Aufzug ist nicht zu übersehen.

- *Information* Infobüro auf der linken Seite der Kolonnaden, Mo–Sa 8.30–18.30 Uhr, So geschl., ✆ 06/69881662. Hier kann man Eintrittskarten für die Vatikanischen Gärten bestellen.
- *Öffnungszeiten* **Peterskirche**, tägl. 7–19 Uhr (Nov.–März bis 18 Uhr), Zutritt nur in angemessener Kleidung, Handys müssen ausgeschaltet werden. Strenge **Sicherheitskontrollen**, man sollte Taschenmesser oder andere metallene Gegenstände besser im Hotel lassen. **Kuppel**, 5 € mit dem Aufzug, zu Fuß 4 € (537 Stufen), geöffnet 9–18.30 Uhr (April–Sept.), im Winter 8–17.30 Uhr, Einlass jeweils bis 1 Std. vorher. Achtung: Wer unter Platzangst leidet, sollte auf den Aufstieg vom Dach (bis hierhin Aufzug) zur Kuppel verzichten: sehr schmaler Weg im Einbahnstraßensystem, späteres Umkehren nicht möglich.

Vatikanische Museen

Für die Besichtigung der wichtigsten Museen Roms sollten Sie sich ein paar Stunden Zeit nehmen, denn es erwarten Sie 42.000 qm (!) Ausstellungsfläche. Damit die Tour durch die unzähligen Räume (bei einem ausgedehnten Rundgang legt man bis zu 7 km zurück) nicht zur Tort(o)ur wird, haben wir uns hier auf die wichtigsten Highlights beschränkt. Die Vatikanischen Museen gehören zum 1929 konstituierten Vatikanstaat. Über Jahrhunderte haben sich hier unter den verschiedenen Päpsten unglaubliche Kunstschätze angesammelt, die heute in dem Museumskomplex zu besichtigen sind. Als Gründer der Museen gilt Papst Julius II., der Anfang des 16. Jh. im Belvederehof eine erste Ausstellung antiker Statuen einrichten ließ. Empfehlenswert ist Rundgang D (gelbe Schilder), der alle zugänglichen Räumlichkeiten der Museen einschließt. Die hierfür veranschlagten fünf Stunden beziehen sich auf eine sehr ausführliche Besichtigung.

Museo Egizio: Das Museum wurde 1839 eröffnet und beherbergt eine bedeutende Sammlung ägyptischer Kunst.

Museo Pio-Clementino: Die älteste Antikensammlung des Vatikans, hier beeindruck besonders die *Laokoon-Gruppe* aus dem 1. Jh. v. Chr.

Museo Gregoriano Etrusco: Das 1837 von Gregor XVI. eröffnete Museum beherbergt zahlreiche Funde aus den etruskischen Metropolen Todi und Cerveteri.

Stanzen Raffaels: Die einzigartigen Fresken Raffaels befinden sich in den ehemaligen Gemächern von Papst Julius II. und sind einer der Höhepunkte in den Vatika-

Rom/Vatikan und Engelsburg

Blick auf den Petersplatz

nischen Museen. An den Stanzen arbeitete der Künstler bis 1517. Die *Stanza della Segnatura* (1508–1511) mit dem berühmten Fresko der „Athener Schule" hat die neuplatonische Philosophie zum Thema. Hier hat Raffael auch seine Zeitgenossen Bramante (als Euklid) und Michelangelo (als Heraklit) porträtiert, Leonardo da Vinci ist in der Gestalt Platons zu sehen, sich selbst hat Raffael als zweite Person rechts hinter der Säule hervorschauend dargestellt. Es folgt die *Stanza d'Elidoro* mit der „Vertreibung Heliodors aus dem Tempel" sowie die „Messe von Bolsena"; auf eigenes Drängen hin ist auch Papst Julius II. auf beiden zu sehen. Die *Stanza dell'Incendio* schließlich widmet sich dem Thema „Konstantin der Große".

Cappella Sistina (Sixtinische Kapelle): Das berühmteste Gebäude der Vatikanischen Museen ist Ziel aller Besucher, sodass man nur selten mit Muße die weltberühmten Arbeiten des Universalgenies Michelangelo bewundern kann. Sixtus IV. della Rovere ließ die nach ihm benannte Kapelle 1474–1483 als seine Hauskapelle bauen. Besonders berühmt ist Michelangelos *Jüngstes Gericht*, das fast 200 qm große Gemälde an der Altarwand. Seine Darstellung des Weltendes erregte über Jahrhunderte hinweg die Gemüter und sollte des Öfteren übermalt werden – was glücklicherweise nur in Ansätzen (mit der Übermalung einiger nackter Stellen) gelang. Michelangelos *Deckenfresken* haben die Entstehung der Welt zum Thema – besonders berühmt hier die *Erschaffung Adams* mit den wohl bekanntesten Zeigefingern der Kunstgeschichte: Gott streckt seinen Arm aus, um dem schon vollendeten Leib Adams die Seele zu geben. Die anderen Deckenfresken stellen weitere Themen der Schöpfungsgeschichte dar.

• *Öffnungszeiten* Mo–Fr 8.45–12.20 Uhr (Auslass bis 13.45 Uhr), März–Okt. bis 15.20 Uhr (Auslass bis 16.45 Uhr), Sa immer nur bis 12.20 Uhr, So und an kirchlichen Feiertagen geschl. (außer am letzten So im Monat, dann freier Eintritt und endlose Warteschlangen). Eintritt 10 €, erm. (Kinder und Jugendliche von 6 bis 14 J. sowie Studenten unter 26 J.) 7 €, Kinder unter 6 J. frei. Audioguide 5 €.

Die Hauptkirchen Roms

Hier nur eine kleine Auswahl. Die ersten drei sind Basilicae Maiores, denen der Papst als Patriarch vorsteht, zwei weitere Basilicae minores.

San Giovanni in Laterano: die älteste Basilika Roms – im 4. Jh. wurde mit dem Bau begonnen – und die erste wirklich große Kirche des Christentums, sozusagen die Mutterkirche aller katholischen Kirchen, genannt auch *caput et mater omnium ecclesiarum*. Der Innenraum ist aufwendig geschmückt: überall verschiedenfarbiger Marmor, eine Holzdecke mit vergoldeten Schnitzereien und die riesigen Gestalten der zwölf Apostel. Links vor dem linken Querschiff führt eine Tür zu einem der schönsten *Kreuzgänge* Roms. Rechts des Hauptaltars gelangt man zum *Baptisterium*, das als älteste christliche Taufkirche gilt.

Auf dem Platz vor der Kirche steht der größte *Obelisk* der Welt (31,5 m), neben der Kirche der *Lateranspalast*, die früheste Residenz der Päpste. Schräg gegenüber vom Palast das Gebäude der *Scala Santa* („Heilige Treppe") mit Resten von Marmorstufen (unter schützender Holzverkleidung), die angeblich aus dem Pilatuspalast stammen. Am Tag seiner Verurteilung soll Jesu hier gegangen sein, man selbst darf sie nur kniend und auf jeder Stufe einen Rosenkranz betend erklimmen. Martin Luther widersetzte sich dem, stand auf halber Höhe auf und schritt erhobenen Hauptes hinauf. Durch Sichtfenster kann man auf verschiedenen Stufen „Blutspritzer Christi" sehen.

Öffnungszeiten/Eintritt San Giovanni in Laterano, tägl. 7–19 Uhr, **Baptisterium**, tägl. 7.30–12.30 Uhr, **Kreuzgang** 9–18 Uhr, Eintritt 3 €. **Scala Santa**, tägl. 6–12 Uhr und 15.30–18.45 Uhr (im Winter bis 18.15 Uhr).

Santa Maria Maggiore: an der Via Cavour, ganz nah am Bahnhof. Die größte Marienkirche der Welt ist aufwendig ausgestattet. Die kostbar geschnitzte Kassettendecke besteht aus Gold, das aus den ersten Beutezügen im gerade erst entdeckten Amerika stammt. In der Apsis ist ein berühmtes Mosaik aus dem 13. Jh. zu sehen, das die Krönung Marias darstellt. In der Confessio vor dem Hauptaltar sollen angeblich Bretter aus der Krippe zu Bethlehem liegen. Hier in der Kirche ist auch der Barockkünstler *Gianlorenzo Bernini* in einem relativ bescheidenen Grab beigesetzt, deutlich pompöser nimmt sich dagegen die von Bernini entworfene *Cappella Sistina* aus, in der Papst Sixtus V. ruht.

Öffnungszeiten Tägl. 9–19 Uhr.

San Paolo fuori le Mura: Die zweitgrößte Kirche Roms steht an der Via Ostiense, südlich der Pyramide in Richtung EUR, zu erreichen mit Metro B bis „San Paolo". Sie wurde zu Ehren des Apostels Paulus errichtet, der in Rom enthauptet und hier außerhalb der Stadtmauern – fuori le mura – beigesetzt wurde. Die fünf Schiffe werden durch 80 Granitsäulen getrennt, der wunderschöne romanische *Kreuzgang* aus dem frühen 13. Jh. ist vom rechten Querschiff aus zu erreichen. Unter dem Hochalter befindet sich das Grab des Paulus.

Öffnungszeiten/Eintritt Tägl. 7.30–19 Uhr, von September bis März nur bis 18 Uhr.

Santa Maria in Cosmedin: Diese unverfälschte, frühmittelalterliche Kirche (6. Jh.) bei der Piazza Bocca della Verità (→ S. 767) am Fuß des Aventin besitzt einen schönen Innenraum ganz ohne barocken Zierrat. Besonders sehenswert ist die wertvolle Ausstattung des Bodens mit Cosmaten-Arbeiten aus dem 12. Jh.

Öffnungszeiten/Eintritt Im Sommer tägl. 9–19 Uhr, im Winter kürzer.

San Pietro in Vincoli: etwas nördlich vom Kolosseum. In einem Tabernakel unter dem Hochaltar kann man die „Originalfesseln" von Petrus bewundern, vor allem aber rechts vom Hauptaltar den riesigen gehörnten *Moses* von Michelangelo im Denkmal für Papst Julius II. Ursprünglich war das Monument als Grabmal für Julius im Petersdom gedacht, doch nach dessen Tod verlor der Nachfolger auf dem Stuhl Petri das Interesse an dem Projekt und man schaffte das unvollendete Werk hierher. Von Michelangelo stammen nur drei Figuren, der Moses gilt als eines der Meisterwerke des Künstlers. Die Hörner sind übrigens auf einen Übersetzungsfehler der Bibel zurückzuführen.

Öffnungszeiten/Eintritt Tägl. 7–12.30 und 15.30–19 Uhr.

Santa Maria della Concezione: für starke Nerven! Am oberen Ende der Piazza Barberini (Nähe Spanische Treppe), ganz am Anfang der Via Vittorio Veneto auf der rechten Seite. An der Treppe rechts vom erhöhten Haupteingang der Kirche befindet sich die Tür zum *Cemeterium*, dem „Friedhof" der Kapuzinermönche. In sechs Kapellen hintereinander werden hier die Knochen von etwa 4000 Mönchen aufbewahrt und als Raumschmuck verwendet: in einer Kapelle nur Schädel, in einer anderen nur Beckenknochen, fein säuberlich zu Rosetten zusammengesetzte Knochenlampen, kunstvoll verzierte Knochenornamente, im letzten Raum Kinderskelette und dergleichen mehr. Die Mönche dokumentieren so ihre Einstellung zum hinfälligen Körper, der nur als sterbliche Hülle für den Geist angesehen wird.

Öffnungszeiten/Eintritt Tägl. 9–12 und 15–18 Uhr. Eine „Spende" von einigen Euro wird als Eintrittsgeld erwartet. Das Fotografieren ist strikt verboten.

Trastevere

Das Viertel südlich vom Tiber – einst Wohngebiet der armen Leute vor der Stadt – ist dörflich geblieben. Dank dieser erfreulichen Optik ist Trastevere eines der „In"-Viertel der Hauptstadt geworden. In den kleinen, verwinkelten Gassen haben sich zahllose Trattorie niedergelassen und nach Einbruch der Dunkelheit verwandelt sich Trastevere in eine Art Vergnügungsviertel (→ Essen & Trinken, S. 746/747).

Am hübschesten zum Schlendern sind die Gassen am Hang des Gianicolo-Hügels. Oft enden sie in Sackgassen und man hat einen herrlichen Blick aufs Stadtzentrum, z. B. vom *Piazzale Garibaldi* mit dem riesigen Reiterstandbild des gleichnamigen Risorgimento-Helden. Auch die zentrale *Piazza Santa Maria in Trastevere* ähnelt trotz ihrer Größe eher einer Dorfpiazza. Sehr sehenswert ist die gleichnamige Kirche am Platz (12. Jh.). Abends wird sie angestrahlt und die Mosaiken über dem vorgebauten Portikus kommen dadurch erst richtig zur Geltung. Die Kassettendecke der dreischiffigen Kirche ist vergoldet und in der Apsis gibt es herrliche Mosaiken, die hauptsächlich Maria zum Thema haben. Abends ist der autofreie Platz ein beliebter Treff für junge Leute.

Testaccio

Monte Testaccio, der „Scherbenberg", liegt südwestlich von Forum Romanum und Caracalla-Thermen, in der Nähe der Metrostation Piramide. Hier hat man in der Antike die Scherben der zahllosen zu Bruch gegangenen Amphoren deponiert. Ein Schuttberg von 40 m Höhe ist entstanden und noch heute erhalten.

Um den Berg wurden seit dem 19. Jh. Schlachthöfe und andere Versorgungsbetriebe für die Hauptstadt errichtet, ein einfaches, volkstümlich strukturiertes Viertel entstand. In den 1970er Jahren wurden die Großschlachtereien stillgelegt, kleine

Auf der Via Appia

Werkstätten und illegale Wohnungen machten sich in den verfallenden Hallen breit. Seit Mitte der Neunziger hat die römische Kulturszene das Viertel entdeckt – Clubs, Experimentiertheater, Discos und Lokale mit Livemusik sind aus dem Boden geschossen und in den zahlreichen, meist preiswerten Trattorie des Viertels kann man sehr gut essen. An der Piazza di Testaccio findet werktags von 8 bis 13 Uhr einer der besten Lebensmittelmärkte Roms statt, bekannt vor allem für hervorragenden Fisch.

Cestius-Pyramide: Bei der Metrostation Piramide steht eines der ungewöhnlichsten Grabmäler der an solchen gewiss nicht armen Stadt. Der Volkstribun Gaius Cestius ließ sich nämlich im 1. Jh. v. Chr. als besonders extravagante letzte Ruhestätte eine 37 m hohe Pyramide errichten. Im 3. Jh. n. Chr. wurde die Pyramide in die *Aurelianische Mauer* integriert, die noch heute in weiten Teilen erhalten ist.

Cimitero Acattolico: Der Protestantische Friedhof ist kleine Oase der Ruhe in der viel befahrenen Gegend um den Piazzale Ostiense. Unter hohen Zypressen befinden sich hier oftmals sehr kunstvoll gearbeitete Marmorgräber, darunter auch die zweier berühmter englischer Romantiker, Percy Bysshe Shelley und John Keats sowie das Grab von Goethes Sohn August.

Öffnungszeiten/Eintritt Tägl. (außer So) 9–17 Uhr (letzter Einlass 16.30 Uhr). Eintritt frei, es wird jedoch eine Spende erwartet. Mit der **Metro B** bis zur Station Piramide, zum Friedhof von der breiten Via Marmorata gleich links ab in die Via Caio Cestio.

Via Appia Antica und Katakomben

Die längste und wichtigste der römischen Heeres- und Handelsstraßen beginnt südlich der Caracalla-Thermen an der Porta San Sebastiano und führte bis Brindisi in Süditalien, dort am Hafen steht noch die Endsäule. Die meisten christlichen Katakomben liegen entlang dieser Straße. Am Anfang gibt sich die Straße noch ziemlich hässlich und vom Verkehr geplagt, der weit außerhalb liegende Abschnitt mit dem alten römischen Straßenbelag, der herrlichen Weite und dem antiken Flair ist dagegen höchst beeindruckend. Die unterirdischen Grabanlagen der Christen entstanden etwa 150–350 n. Chr. Damals war der christliche Glaube verboten, seine Anhänger wurden verfolgt und mussten sich ihre Grabanlagen meist heimlich unterirdisch anlegen. Es gibt über 60 Katakomben in Rom, von denen die archäologische Forschung noch gar nicht alle in Angriff genommen hat. Zu besichtigen sind sie nur mit Führung.

▶ **Katakomben des heiligen Calixtus**: Die ältesten und bekanntesten Katakomben Roms liegen an der Via Appia Antica 110. Diese Grabanlage allein hat mit mehreren Stockwerken eine Weglänge von 20 km, aber nur 350 m werden davon besichtigt. Unter anderem liegen hier neun Päpste begraben.

▶ **Katakomben der Domitilla**: Die größte christliche Grabanlage liegt an der Via delle Sette Chiese 283, nicht weit von den Calixtus-Katakomben. Durch eine Basilika aus dem 4. Jh. betritt man die Katakomben mit zahlreichen Inschriften und Malereien des 1.–4.Jh.

▶ **Katakomben des heiligen Sebastian**: ein Stück weiter außerhalb, Via Appia Antica 136. Zutritt über die dem gleichnamigen Märtyrer geweihte Basilika, unten dunkle verwinkelte Gänge mit Nischen und Räumen, die als Familiengräber dienten.

• *Anfahrt/Verbindungen* Metro A bis San Giovanni in Laterano, weiter mit Bus 118.
• *Öffnungszeiten/Eintritt* **Katakomben des heiligen Calixtus**, Do–Di 8.30–12 Uhr und 14.30–17 Uhr, Mi und im Feb. geschl., Eintritt 5 €, **Katakomben der Domitilla**, Mi–Mo 8.30–12 Uhr und 14.30–17 Uhr, Di und im Jan. geschl., Eintritt 5 €, **Katakomben des heiligen Sebastian**, Mo–Sa 8.30–12 Uhr und 14.30–17 Uhr, So und im Nov. geschl., Eintritt 5 €.

▶ **Katakomben der heiligen Priscilla**: Diese Katakomben liegen in einer ganz anderen Ecke von Rom, nämlich nördlich vom Bahnhof bei der Villa Ada, Via Salaria Nuova 430 (Bus ab Termini). An der Stelle des ehemaligen Hauses der Christin Priscilla steht heute ein kleines Kloster, die Nonnen sprechen gut Deutsch und bieten Führungen an. Unten sieht man außer den vielen Gräbern (erstaunlich viele Kindergräber) auch Fresken aus dem 1. und 2. Jh., darunter die, wie es heißt, erste Mariendarstellung der Christenheit.
Öffnungszeiten/Eintritt Di–So 8.30–12 und 14.30–17 Uhr, Mo und im Januar geschl., Eintritt 4 €.

Rom/Umgebung

▶ **EUR** (*Esposizione Universale Romana*): Die von Mussolini zur Weltausstellung von 1942 geplante Musterstadt liegt am südlichen Stadtrand (Metro B). Monumentalgebäude, breite Straßen und großzügige Grünanlagen sollten den Faschismus angemessen repräsentieren. Wer sich auf den Weg hierher macht, sollte auch unbedingt das *Museo della Civiltà di Roma* am Ende des Viale della Civiltà Romana ansehen. In 59 Sälen gibt es Rekonstruktionen aller bedeutenden Bauwerke, die heute in Trümmern liegen, dazu ein fantastisches, 200qm großes Modell des antiken Rom.
Öffnungszeiten/Eintritt Di–Sa 9–18.45, So 9–13 Uhr. Mo geschl., Eintritt 6,20 €, erm. 3,10 €.

▶ **Ostia Lido und Ostia Antica**: etwa 25 km vom Zentrum, zu erreichen ab Hbf. mit U-Bahn B bis Piramide, mit S-Bahn vom benachbarten Bhf. Ostiense alle 15 Min. weiter bis Station Ostia Antica bzw. bis Station „Cristoforo Colombo" (Lido di Ostia). Hier ergießen sich die braunen Fluten des Tiber ins Meer. Trotzdem ist der

7 km lange, fast schwarze Strand mit einer achtspurigen Autostraße dahinter der beliebteste Stadtstrand von Rom und wirkt im Sommer wie ein wimmelnder Ameisenhaufen. Da alles von Badeanstalten in Beschlag genommen ist, muss man Eintritt zahlen, um ans Wasser zu kommen.

Hochinteressant und ein echtes Muss für Fans der Antike ist dagegen das 4 km vom Meer entfernte, vollständig ausgegrabene *Ostia Antica*, der ehemalige Handels- und Militärhafen von Rom. Die gut erhaltenen Ruinen, Straßen und Mosaikböden unter schattigen Bäumen lohnen den Besuch vor allem, weil meist wenig Rummel herrscht und es kaum Absperrungen gibt. Insgesamt ist das weitläufige Gelände fast interessanter als das Forum Romanum – ein mit Pinien und Zypressen begrünter archäologischer Park, in dem man stundenlang auf Besichtigungstour gehen kann.

Öffnungszeiten/Eintritt **Ostia Antica**, Di–So 8.30–18 Uhr (Auslass bis 19 Uhr), im Winter 9–16 Uhr, Mo geschl., Museum 9.30–13.30 Uhr. Eintritt 5 €.

Tivoli

ca. 49.000 Einwohner

Weltberühmt wegen seiner Parkanlagen Villa Gregoriana, Villa d'Este und Villa Adriana, letztere beiden wurden von der UNESCO in die Liste des Weltkulturerbes aufgenommen. Wer im Rahmen eines Tagesausflugs von Rom alle drei sehen will, muss früh aufstehen.

Leider hat sich die Stadt an der Via Tiburtina, die früher von reichen Römern und später von Fürstenfamilien zur Erholung aufgesucht wurde, mittlerweile in einen hektischen Touristenanziehungspunkt verwandelt. Die zahllosen Souvenirstände bieten allen Kitsch Italiens.

• *Anfahrt/Verbindungen* **PKW**, von Rom über die Via Tiburtina oder über die A 24 Richtung L'Aquila, dort Abfahrt Tivoli.
Bahn, häufige Verbindungen nach Rom und Avezzano, Bahnstation außerhalb des Zentrums am Viale Mazzini, ca. 1 km von der Villa Gregoriana.
Bus, Verbindungen von und nach Rom schneller und häufiger als per Bahn (5.30–24 Uhr etwa alle 30 Min., Dauer ca. 50 Min.). Abfahrt in Rom an der Station Ponte Mammolo der Metro B, Ankunft und Abfahrt der Busse in Tivoli an Largo Garibaldi (Informationsbüro) und Piazza Massimo.
• *Information* **IAT**, Largo Garibaldi, ✆ 0774/334522, ✆ 331294.
• *Übernachten* Die ****-Hotels in Tivoli sind sehr teuer.
Agriturismo La Cerra, 6,8 km außerhalb, an der Straße nach San Gregorio da Sassola.

Schöne Unterkunft mitten in der Natur, Unterbringung in kleinen Häuschen mit bis zu vier Betten, angeschlossen auch ein Campingplatz und ein gemütliches Restaurant. Vermietung von Mountainbikes und Motorrädern. Für 2 Pers. 109 €, 3 Pers. 155 €, 4 Pers. 167 €. ✆/✆ 0774/411671, www.agriturismolacerra.com.
• *Essen & Trinken* **Le Cinque Statue** (Largo S. Angelo), vor dem Eingang der Villa Gregoriana. Menü 35 €. ✆ 0774/20366. Fr Ruhetag.
L'Angolino, gute traditionelle Küche, Menü um 23 €. Via della Missione, ✆ 0774/22027.
Adriano, Hotelrestaurant gegenüber dem Eingang zur Hadriansvilla, Gourmettreff in Tivoli, Menü ca. 35–40 €, Dz ca. 100 €. Via di Villa Adriana 194, ✆ 0774/382235. So-Abend geschl.

Sehenswertes

An der Piazza Trento steht die Kirche *Santa Maria Maggiore* aus dem 15. Jh. Sie ist reich mit Gemälden und Statuen ausgestattet, der Fußboden mit wundervollen Cosmatenarbeiten verziert. Rechts daneben liegt der Eingang zur Villa d'Este.

Tivoli

Villa d'Este: Eine der ganz großen Attraktionen in Latium, weniger der Palazzo als vielmehr die großartigen Terrassen- und Fontänenanlagen mit unzähligen Brunnen und Statuen – erbaut im 16. Jh. für Kardinal Ippolito d'Este, einen der reichsten und vornehmsten Kardinäle seiner Zeit. Die Säle des *Palazzo* sind mit Fresken geschmückt, von der Loggia hat man einen herrlichen Blick auf den Garten. Im Mittelsalon zeigt ein großes Wandgemälde, wie das Areal im 16. Jh. ausgesehen hat. Von den symmetrischen Terrassen gelangt man zum *Viale delle Cento Fontane* (Allee der hundert Springbrunnen), der rechts vom Ovalbrunnen und links von der *Rometta* (Kleines Rom) begrenzt ist. Kardinal Ippolito hat sich hier einen Abschnitt des Tibers mit Insel und einigen antiken Ruinen im Modell nachbauen lassen. Dahinter die Brunnen der Drachen, der Eule, der Diana u. a. Auch die Zypressenrotunde, die Liszt so sehr beeindruckte, steht noch in ihrer alten Pracht. Von Mai bis September werden die Brunnen an bestimmten Abenden ab 21 Uhr beleuchtet – ein reizvolles Schauspiel, das man sich nicht entgehen lassen sollte.
Öffnungszeiten/Eintritt Tägl. 9–20 Uhr, im Winter bis Sonnenuntergang, Mo geschl., Eintritt 5 €.

Villa Gregoriana: Fantastisch angelegter Park um einen Wasserfall, den der Fluss Aniene bildet. Lange nicht so überlaufen wie die Villa d'Este. Die Villa Gregoriana wurde 1835 von Papst Gregor XVI. eröffnet und liegt am Largo Sant'Angelo im Nordosten der Stadt. Vom Eingang ist der Weg durch die große Grünanlage gut beschildert. Man gelangt zuerst zur oberen Aussichtsplattform der *Grande Cascata* (großer Wasserfall). Von dort sieht man, wie der Fluss durch einen künstlichen Felsstollen gelenkt wird. Weiter gelangt man zur *Sibyllengrotte*, zu den *Kleinen Wasserfällen* und dem *Bernini-Wasserfall*. Das Schauspiel des schäumenden Wassers, das beim Großen Wasserfall immerhin aus einer Höhe von 160 m hinunterstürzt, ist faszinierend. Vom mittleren Belvedere kommt man über die *Sirenengrotte* und die *Neptungrotte* zum *Vestatempel*. Der elegante Rundbau mit seinen zehn korinthischen Säulen stammt noch aus der Zeit der ausgehenden römischen Republik. Er steht auf einem felsigen Untergrund am Rand der Schlucht der Wasserfälle, daneben der gleichaltrige *Sibyllentempel*.
Öffnungszeiten/Eintritt Im Sommer Di–So 10–18.30 Uhr, im Winter bis 14.30 Uhr, Mo geschl., Eintritt 4 €.

Villa Adriana: 6 km von Tivoli entfernt ließ sich Kaiser Hadrian (117–138 n. Chr.), weit weg vom Lärm der Hauptstadt und vom einfachen Volk, einen kolossalen Landsitz errichten. Umgeben von einem schönen Park vermitteln die Ruinen noch heute einen Eindruck von der einstigen Pracht einer der größten Kaiservillen. Hadrian bereiste alle Provinzen seines riesigen Imperiums. Als Ästhet und Philosoph war er empfänglich für Schönheiten der antiken Metropolen. Nach Rom zurückgekehrt, ließ er sich außerhalb der Stadt (auf einer Fläche von 60 Hektar) eine Residenz erbauen. Vorbilder für die zahlreichen Bauten waren berühmte Flussläufe, Täler und Gebäude, die den Kaiser auf seinen Reisen besonders beeindruckt hatten. In freier Abwandlung entstand so in Tivoli eine verkleinerte Fassung des Weltreiches, das Hadrian beherrschte. Die einst prachtvolle Ausstattung ist heute auf viele Museen verteilt – für einen Eindruck reichen aber die vorhandenen Reste noch aus.

- *Anfahrt/Verbindungen* Von Rom mit Bus ab Ponte Mammolo, aber bereits vor der Stadt an der Station „Bivio Adriana" aussteigen (den Fahrer fragen). Oder ab Largo Garibaldi in Tivoli mit Stadtbus 4.
- *Öffnungszeiten/Eintritt* Di–So 9 Uhr bis eine Stunde vor Sonnenuntergang, Eintritt 6,50 €, erm. 3,25 €. Bar am Eingang.

Nördliche Küste Latiums (Montalto bis Ladispoli)

Am Küstenstreifen nördlich von Rom dominieren weitgehend überlaufene und verschmutzte Badestrände.

Die Touristenorte im Einzugbereich Roms sind nicht gerade schön und ab Herbst wirken sie wie Geisterstädte. Interessant sind jedoch die etruskischen Ausgrabungen, die einige Kilometer landeinwärts liegen.

Die Etrusker: Ein rätselhaftes Volk

Trotz eifrigen Suchens und Forschens ist wenig über die Etrusker bekannt. Die Theorien über ihre Herkunft reichen von östlichen Einwanderern bis hin zur Annahme, dieses Volk habe sich von Anfang an in Italien befunden. Ungefähr lässt sich feststellen, dass sie von 1000 v. Chr. bis zum 2. Jh. v. Chr. als Volk existierten. Ihre Kultur wurde stark von Griechenland beeinflusst. Sowohl im wirtschaftlichen als auch im religiösen Bereich herrschte reger Austausch. Intensiver Handel mit den Erzeugnissen des fruchtbaren vulkanischen Bodens brachte Wohlstand und Reichtum. Über die Organisation des etruskischen Staatswesens ist nur wenig bekannt. Zwölf Städte schlossen sich zu einem Bund zusammen, der ihnen jedoch nicht ihre Eigenständigkeit nahm. Jede Stadt hatte ursprünglich einen Priesterkönig. Etwa zur selben Zeit wie in Rom verschwand auch in Etrurien allmählich das Königtum und die Städte wurden von gewählten Beamten regiert. Zum Untergang Etruriens trugen entscheidend die Römer bei. Funde, Eigennamen und Schriftdenkmäler verweisen auf ihre ursprüngliche Zugehörigkeit zum etruskischen Kulturkreis. Doch schon früh strebte Rom nach Expansion und ging dazu über, sich etruskisches Gebiet einzuverleiben. Durch die jahrelangen Kriege geschwächt und wegen der Anziehungskraft der entstehenden Großstadt Rom von seinen Bewohnern mehr und mehr verlassen, wurde das Land schließlich erobert und ins Römische Imperium eingegliedert.

▸ **Vulci**: Abgetrennt durch eine Schlucht liegen die Reste einer ehemaligen Etruskerstadt in reizvoller Landschaft. Der eindrucksvolle *Ponte dell'Abbadia* aus dem 6. Jh. v. Chr. wölbt sich über die Schlucht von Fiora bis zu einer mittelalterlichen Burg, in deren Innerem sich ein kleines, aber hübsch präsentiertes *Museo Nazionale* mit antiken Fundstücken verschiedener Herkunft und Epochen befindet. In den nahen *Nekropolen* (auf der anderen Seite der Brücke) wurden auf einem weiten Areal seit den ersten Ausgrabungen von 1828 etwa 30.000 Gräber entdeckt, die meisten sind allerdings inzwischen völlig verfallen.

• *Öffnungszeiten/Eintritt* **Museo Nazionale**, Mai bis September Di–So 8.30–19.30 Uhr, im Winter kürzer, Mo geschl., Eintritt 2 €, erm. 1 €, unter 18 und über 65 J. frei. **Nekropolen**, Di–So 9 Uhr bis 1 Std. vor Sonnenuntergang, Eintritt 2 €.

• *Anfahrt/Verbindungen* Vulci liegt 55 km von Viterbo und 123 km von Rom entfernt. Von der Via Aurelia auf die SS 312 nach Montalto di Castro abbiegen und noch 12 km weiter bis zum Ponte dell'Abbadia. Nächste **Bahnstation** bei Montalto.

• *Übernachten* **Camping Fiora**, Via Aurelia bei km 108, ca. 4 km von Montalto di Castro entfernt am Meer, mit Restaurant. ✆ 0766/820060. **Camping Pionier Etrusco**, Via Aurelia bei km 108, großzügige Anlage am Meer, Strand, Snackbar (auch warme Gerichte), kleiner Laden, 2 Pers. + Stellplatz 28–36 €. ✆ 0766/802199 oder 802807, ✉ 801214.

Tarquinia

ca. 15.000 Einwohner

Schöne Hügellage mit Meerblick, bekannt für seine romanischen Kirchen, die Altstadt und das bedeutende archäologische Nationalmuseum, vor allem aber wegen der berühmten etruskischen Nekropole, in der einzigartige Fresken gefunden wurden.

Wie so viele Städte Latiums hat auch Tarquinia eine etruskische Vergangenheit. Es war anfangs mächtiger als Rom und stellte sogar zeitweise deren Könige. Im 4. Jh. v. Chr. konnten die Römer das wirtschaftlich geschwächte Tarquinia erobern und zur einfachen Provinzstadt degradieren.

Bademöglichkeiten gibt es im 6 km entfernten *Tarquinia-Lido* (Bus ab Bhf. mindestens stündl.). Der lange Sandstrand ist aber nur über Badeanstalten zu erreichen und im Sommer hoffnungslos überlaufen.

- *Anfahrt/Verbindungen* **PKW**, Tarquinia liegt ca. 100 km nordwestlich von Rom, zu erreichen auf der Via Aurelia bzw. über die A 12. **Bahn**, Bahnhof 3 km außerhalb an der Linie Rom – Pisa, Busverbindung ins Zentrum und zum Strand. **Busse**, Abfahrt nach Rom von der Barriera San Giusto (an der Stadtmauer). Ankunft und Abfahrt in Rom an der Via Lepanto (Metro A).
- *Information* Piazza Cavour 13, gegenüber der Barriera San Giusto, wo die Fernbusse halten. Geöffnet Mo–Sa 8–14 und 16–19 Uhr. ✆/℻ 0766/840479, www.comune.tarquinia.vt.it.
- *Übernachten* *** **Tarconte**, eines der besten Hotels am Platz, bewachter Parkplatz. EZ 89 €, DZ 100 €, Dreier 135 €, mit Frühstück. Via della Tuscia 21, ✆ 0766/856141, ℻ 856585, www.hoteltarconte.it.
*** **San Marco**, renoviertes Hotel in einem ehemaligen Augustinerkloster beim Nationalmuseum, im Kreuzgang gutes Restaurant, draußen Speiseterrasse. Zimmer mit Bad und TV. EZ 60 €, DZ 80 €, mit Frühstück. Piazza Cavour 18, ✆ 0766/842234, ℻ 842306, www.san-marco.com.
*** **La Torraccia**, ruhig und hübsch, wirklich ein Ort zur Erholung. DZ mit Frühstück ca. 95 €, im Sommer Pflicht zur VP. In Tarquinia Lido, Viale Mediterraneo 45, ✆ 0766/864375, ℻ 864296.
Camping Tuscia Tirrenica, großer Platz am Meer, etwa 5 km von Tarquinia entfernt, Busse ab Bahnhof. Es gibt Bungalows (in der Hochsaison ca. 800 € pro Woche für 4 Pers.), Geschäfte und ein Restaurant, außerdem Sportplätze und einen Pool. Über einen Fahrweg kommt man zum breiten Strand. Camping 10 € pro Person, Stellplatz 12–14 €. Geöffnet März bis September. Viale delle Nereidi, ✆ 0766/864294, ℻ 864200, www.campingtuscia.it.
- *Essen & Trinken* **Trattoria Le due Orfanelle**, einfache und ordentliche Trattoria in der Altstadt, gute Fleisch- und Nudelgerichte. Menü um die 30 €. Via di Porta Tarquinia 11a, ✆ 0766/856276. Di geschl.
Campanari, schlicht und gemütlich, günstige Preise. Mo geschl. Piazza Cavour 19.
Pizzeria Etruschi, wirklich empfehlenswert, in der Via Mazzini, Mo Ruhetag, sonst nur abends geöffnet.

Sehenswertes: Das mittelalterliche Viertel mit Mauerring, Wohntürmen und verwinkelten Gassen liegt im Norden der Stadt. An der Piazza Matteotti steht der *Palazzo Comunale* mit Resten eines romanischen Baus. Von dort führt eine Straße zur Kirche *San Pancrazio* aus dem 13. Jh., die romanische, aber auch bereits gotische Elemente aufweist. Daneben die Türme des *Palazzo dei Priori*, ebenfalls aus dem 13. Jh.

Im Castello vor der Stadt wurde die romanische Kirche *Santa Maria di Castello* errichtet. Die schlichte Fassade wird von drei Portalen unterbrochen, im Inneren sind zahlreiche Marmorwerke aus der Werkstatt römischer Steinmetze zu sehen. Die erstmals hier nachgewiesenen Rippengewölbe kündigen zaghaft die Gotik in Italien an. Das *Nationalmuseum* ist im Palazzo Vitelleschi an der Piazza Cavour untergebracht, schräg gegenüber der Busstation. Die Fassade zählt zu den Meisterwerken der gotischen Renaissancearchitektur – Rustikafassade, elegante dreibogige Fenster und schönes Renaissanceportal. Im Inneren erhält man einen umfassenden Einblick in die Kultur der Etrusker. Der Eingang führt durch einen Spitzbogengang mit Grabtafeln aus dem 6. Jh. v. Chr., im Erdgeschoss Grabsteine und bemalte Sarkophage des 3.–1. Jh. v. Chr. Im ersten Stock sind Funde aus den umliegenden Gräbern zu sehen, darunter auch bemalte Keramiken, Vasen etc. Im Saal zwischen erstem und zweitem Stock befindet sich eine berühmte Tonskulptur aus dem 4./3. Jh. v. Chr.: „Die geflügelten Pferde". Im zweiten Stock dann Rekonstruktionen etruskischer Gräber mit besonders schönen Fresken.

Die *Etruskische Nekropole* liegt etwas außerhalb und ist eine der wichtigsten bisher entdeckten Grabstätten dieses geheimnisvollen Volkes. Die zahlreichen Grabkammern aus dem 6.–2. Jh. v. Chr. sind zum überwiegenden Teil mit wundervollen Fresken geschmückt. Die Malereien sind von der griechischen Kunst stark beeinflusst und stellen ein einzigartiges Zeugnis antiker Kunst dar. Allerdings dürfen nur wenige Gräber betreten werden. Zu erreichen ist das Ausgrabungsgebiet mehrmals tägl. mit Bus ab Barriera San Giusto zum „Cimitero" oder in etwa 20 Min. zu Fuß (gut beschildert).

• *Öffnungszeiten/Eintritt* **Nationalmuseum**, Di–So 8.30-19.30 Uhr, Mo geschl., Eintritt 4 €, erm. 2,50 €, unter 18 und über 65 J. frei, ✆ 0766/856036; **Nekropole**, Di–So 9 Uhr bis eine Stunde vor Sonnenuntergang, Mo geschl. Kombiticket für beides 6,50 €, erm. 3,25 €, unter 18 und über 25 J. frei.

▶ **Civitavecchia** (ca. 50.000 Einwohner): Die Industrie- und Hafenstadt wurde im Zweiten Weltkrieg schwer zerstört, vom historischen Stadtkern ist kaum etwas erhalten. Besucher kommen hauptsächlich, um nach Sardinien überzusetzen. Den Hafen beherrscht das Forte Michelangelo, eine mächtige Festung, die Bramante 1508 auf antiken Hafenfundamenten begann und Michelangelo 1558 fertig stellte (Militärzone, Zutritt verboten). Hübsch ist der Fischerhafen, in der Kaimauer haben die Fischer ihre Verkaufsstände. Am Largo Cavour oberhalb vom Hafen steht das *Archäologische Nationalmuseum* mit etruskischen und römischen Fundstücken aus dem Umland. Die Ruinen der römischen *Terme Taurine* liegen in der Nähe der Autobahnauffahrt „Civitavecchia Nord", vom Zentrum 4 km den steilen Hügel hinauf.

• *Öffnungszeiten/Eintritt* **Archäologisches Nationalmuseum**, Di–So 8.30-19.30 Uhr, Mo geschl., im Winter eingeschränkt, Eintritt frei. **Terme Taurine**, Di–So 9–13 Uhr und 15 Uhr bis Sonnenuntergang, Mo geschl., Eintritt frei.
• *Information* Viale Garibaldi 42 (nahe Hafen), Mo–Sa 8.30–12.30 und 15.30–18.30 Uhr geöffnet. ✆ 0766/25348, ℻ 23078.
• *Anfahrt/Verbindungen* **PKW**, 72 km nördlich von Rom, zu erreichen über die A 16 in nördlicher Richtung oder über die Via Aurelia. Der Fährhafen ist ausreichend beschildert. **Bahn**, Civitavecchia liegt an der Bahnlinie von Livorno nach Rom. Häufige Nahverkehrszüge ab Rom Hbf. (Stazione Termini), Fahrtzeit von Rom 90 Min., von Tarquinia nur 15 Min. In Civitavecchia vom Bhf. den Viale Garibaldi nach rechts zum Hafen hinunter. Abends fahren auch Direktzüge, die unmittelbar zu den Ablegestellen der Fähren rollen. **Bus**, Linee-Laziali-Busse fahren ab Rom/Via Lepanto (Metro A). **Fähren**, mit *Tirrenia* mehrmals täglich nach Olbia (außerdem nach Arbatax und Cagliari), weitere Überfahrten mit *Sardinia Ferries* und *Moby Lines*. Achtung: im Hochsommer ohne Vorreservierung erhebliche Wartezeiten.
• *Übernachten* ****** Sunbay Park Hotel**, komfortables Hotel direkt am Meer, herrlicher Blick, Garten, Pool, Panoramarestaurant, eigener Zugang zum Strand. EZ 125 €, DZ 170 €, mit Frühstück. Etwas außerhalb beim Touristikhafen „Riva di Traiano", Via Aurelia Sud 67 (km 67,500). ✆/℻ 0766/22801, www.sunbayparkhotel.it.
** La Medusa, ebenfalls beim Touristikhafen. 9 Zimmer, Privatstrand, Restaurant, Parkplatz. EZ 77 €, DZ 93 €, mit Frühstück. Via Aurelia Sud 73c (bei km 68.300), ✆ 0766/24327, ℻ 22775.

Cerveteri 781

** **Traghetto**, zentral in der Stadt, etwa 200 m vom Fährhafen nach Sardinien. 33 saubere Zimmer, die meisten mit Balkon, allerdings nicht ganz billig. EZ 100 €, DZ 130 €, mit Frühstück. Via Bracciaense Claudia 1, ✆ 0766/25920, 📠 23692.

Camping Traiano, ein Stück nördlich bei San Agostino. Pro Pers. 7 €, Stellplatz um 10 €. Mitte Mai bis Mitte Sept. geöffnet. ✆ 0766/560248, www.campingtraiano.it.

• *Essen & Trinken* **L'Angoletto**, zentral gelegenes Fischlokal mit gutem Ruf. Menü um die 30–35 €. So-Abend und Mo geschl. Via Guglielmotti 2, ✆ 0766/32825.

La Bomboniera, nettes Lokal hinter der alten Stadtmauer am Hafen, geführt von einer Familie aus Sardinien, serviert werden hauptsächlich typische Gerichte und Weine von der Insel. Menü um die 35–40 €. Mo geschl. Corso Marconi 50, ✆ 0766/25744.

▸ **Santa Marinella**: Zusammen mit dem südlich gelegenen Ortsteil *Santa Severa* ein viel besuchtes Badezentrum, außerdem kleiner Fischer- und Yachthafen. Im Juni großes Blumenfest mit Prozession. In der Nähe von Santa Severa liegen südlich eines Kastells am Meer die Reste von *Pyrgi*, einst der Haupthafen des etruskischen Cerveteri.

• *Öffnungszeiten/Eintritt* **Pyrgi**, Di–So 9–14, Mo geschl.
• *Anfahrt/Verbindungen* an der Via Aurelia, Bahnstation an der Linie Rom – Pisa.
• *Information* Via Aurelia, Ecke Via della Libertà. ✆ 0766/537376, 📠 536630.
• *Übernachten* Mehrere Hotels, außerdem zahlreiche Campingplätze an der Via Aurelia Richtung Civitavecchia, im Sommer allerdings überfüllt und laut.
• *Essen/Trinken* **Pino al Mare**, hübsches Restaurant mit guter Fischküche, direkt am Meer. Menüpreis um die 35 €. Santa Severa, Lungomare Pirigi 32, ✆ 0766/74007.

Cerveteri

ca. 27.000 Einwohner

44 km nordwestlich von Rom, hoch über der Küstenebene und umgeben von Weinhängen. Die heutige Kleinstadt mit mittelalterlichem Kern war eines der bedeutendsten etruskischen Zentren im Mittelmeerraum. Etwas außerhalb wurde eine große Nekropole freigelegt.

Das *Museo Nazionale Cerite* im Schloss Ruspoli aus dem 16. Jh. (Eingang an der Piazza Maria Maggiore) bietet eine gute Einstimmung auf die Ausgrabungen. Auf zwei Etagen werden etruskische Grabbeigaben gezeigt, hauptsächlich Vasen, Urnen, Sarkophage und Schmuck.

Die weitläufige etruskische *Totenstadt* liegt etwa 3 km außerhalb auf einem Hügel, ein gut beschilderter Weg führt vom Museum dorthin. Die aus dem Tuffstein gehauenen Gräber stammen aus dem 7.–1. Jh. v. Chr. und sind etruskischen Häusern nachgebildet – entweder große runde Grabhügel oder rechteckige Bauwerke. Durch die verwinkelte Totenstadt windet sich die noch gut erhaltene *Antike Straße*, die tiefe Wagenspuren aufweist. Dort stehen auch die interessantesten und größten Gräber, darunter kurz nach dem Eingang die *Tomba dei Capitelli* (Kapitellengrab) mit mächtiger Kassettendecke. Die eindrucksvolle *Tomba dei Rilievi* (Reliefgrab) zeigt auf ihren farbigen Wandschmuck Waffen, Werkzeuge und Haushaltsgeräte, die dem Toten im Jenseits zur Verfügung standen.

• *Öffnungszeiten/Eintritt* **Museo Nazionale Cerite**, im Sommer Di–So 8.30–19.30 Uhr, im Winter bis 12 Uhr, Mo geschl., Eintritt frei. **Nekropole**, Mai bis Sept. Di–So 9–19 Uhr, Okt. bis April 9–16 Uhr, Mo geschl., Eintritt,4 €. Man kann auch einen nützlichen Lageplan des Ausgrabungsgeländes kaufen.

• *Anfahrt/Verbindungen* **PKW**, von Rom über die Via Aurelia gut zu erreichen oder auf der A 16, Ausfahrt Cerveteri-Ladispoli. **Bahn**, Bahnstation im Küstenort Ladispoli an der Strecke Rom-Pisa, noch ca. 6 km nach Cerveteri (nur selten Busse). **Linee Laziali-Busse** fahren ab Rom/Via Lepanto (Metro A).

- *Übernachten* **El Paso**, nicht weit vom Zentrum, das einzige Hotel im Ort, Zimmer mit Bad, EZ 54 €, DZ 74 €, Frühstück extra. Via Settevene Palo 175, ✆ 06/9943033, 📠 9943582.
- *Essen/Trinken* **Antica Locanda Le Ginestre**, dieses empfehlenswerte, gehobene Restaurant am schönen Platz im Zentrum bietet verfeinerte traditionelle Küche und gute Fischgerichte; kleine Weinkarte. Menü ca. 40 €. Mo geschlossen. Piazza Santa Maria 5, ✆ 06/9940672, www.le-ginestre.it.
Preiswerter ist die **Trattoria Da Fiore** mit ausgesprochen freundlichem Service und wunderbaren hausgemachten Desserts. Di Ruhetag. Ca. 4 km entfernt im Ortsteil Procoio, Via San Paolo 4, ✆ 06/99204250.

Der Norden Latiums/Inland

Das weitgehend hüglige bis bergige Terrain bietet drei ungewohnt saubere Seen: Lago di Bolsena, Lago di Vico und Lago di Bracciano.

Vor allem der Lago di Bracciano und der Lago di Bolsena sind bis zum Ufer bewachsen und eignen sich gut zum Baden und Segeln. An Sommerwochenenden sind sie allerdings dementsprechend überlaufen. Dazu kommen die große Provinzhauptstadt Viterbo und ihre kunsthistorisch reiche Umgebung, diverse Ausgrabungen, mittelalterliche Abteien und Kirchen.

Lago di Bolsena

Der See von Bolsena ist der größte See vulkanischen Ursprungs in Italien. Das fast kreisrunde und ungewohnt saubere Gewässer wird von einem Hügelkranz umgeben, ist 14 km lang und 12 km breit, die tiefste Stelle liegt bei 151 m.

Der Bolsena-See ist für deutsche Urlauber ein beliebtes Ferienziel abseits der überfüllten Strände. Die Landschaft strahlt eine geradezu himmlische Ruhe aus, was besonders auffällt, wenn man aus Florenz, Rom oder einer anderen Stadt kommt. Rundum liegen kleine Orte, von denen der zentralste und hübscheste Bolsena ist. Zwischen den Ortschaften zweigen unzählige Wege zum See ab, die von den Gemüsebauern mit landwirtschaftlichen Fahrzeugen befahren werden. Mit dem Auto kann man unter Mühen rund um den See fahren – am fast unbewohnten Westufer führt eine Holperpiste direkt am See entlang. Baden lässt es sich an vielen Stellen, geeignete Plätze finden sich vor allem bei Hotels und Campingplätzen oder am Westufer des Lago di Bolsena.

Anfahrt/Verbindungen

PKW, der Lago di Bolsena liegt nicht weit von der Autobahn A 1. Von Norden kommend, Abzweig bei **Orvieto** und schöne Strecke auf der SS 71, insgesamt 28 km; die letzten 10 km äußerst kurvige Abfahrt zum Hauptort Bolsena hinunter. Auch die SS 2 von **Siena** ist malerisch und führt durch einsame toskanische Hügellandschaften. Von Viterbo die Via Cassia ca. 18 km.
Bahn/Bus, von Viterbo Nebenlinie in Richtung Sipicciano, Bahnstation bei **Zepponami**, ca. 3 km von Montefiascone. Nächste größere Bahnstation ist **Orvieto** an der Linie Rom-Florenz. Von dort geht ca. 2-mal tägl. ein Bus nach Bolsena und zurück. Von und nach **Viterbo** fahren Busse etwa 12-mal tägl., von und nach **Rom** 2-mal tägl. (ab Viterbo stündliche Verbindung mit Rom und zurück). Busse um den See gehen von Bolsena nach Montefiascone und Gradoli, nach Marta in Montefiascone umsteigen.
Schiff, sowohl von **Bolsena** als auch von **Capodimonte** kann man mehrmals tägl. eine Seerundfahrt starten.

Bolsena

ca. 4000 Einwohner

Der Ort direkt am Nordostufer des Bolsena-Sees wird von einer Burg aus dem 15. Jh. mit ihren hohen Türmen überragt. Rund um sie drängt sich der mittelalterliche Kern mit engen Gassen, steilen Treppen und schönen Torbögen.

Zum See hin breitet sich „Neu-Bolsena" aus. Mittendurch verläuft schnurgerade eine Allee, die an einem platanenbestandenen Platz mit Zierbrunnen endet. An der Uferpromenade mit kleinem Hafen reihen sich Cafébars, Hotels und Pensionen. Trotzdem herrscht kein Touristentrubel, sondern die entspannende Atmosphäre eines kleinen, ruhigen Seeorts. Jeden Dienstagvormittag bis ca. 13 Uhr Markt auf der Piazza Matteotti.

• *Information* Auf der zentralen Piazza Matteotti, nur während der Hauptsaison geöffnet: Mo–Sa 10–12.30 und 16.30–19.30 Uhr, So 9.30–13 Uhr. ✆/✆ 0761/799923.

• *Übernachten* ***** Columbus Hotel sul Lago**, zentral am unteren Platz wenige Meter vom Seeufer entfernt; 39 Zimmer; Seeblick nur von Zimmer 220; gepflegte Atmosphäre, gute Ausstattung, passables Restaurant mit Seeblick, Garage, EZ 78 €, DZ 94 €. Via Colesanti 27, ✆ 0761/799009, ✆ 798172.

*** **Lorianda sul Lago**, zwei Häuser an der Uferpromenade (am Ende der Allee links), moderner, etwas unpersönlicher Backsteinbau mit kleinem Strand, Garten, Pool und Parkmöglichkeiten. Die ordentlichen, großen Zimmer verfügen z. T. über Terrasse oder Balkon. EZ 60 €, DZ 90 €, Frühstück inkl. Viale Cadorna 33, ✆ 0761/799272, ✆ 799273, www.bolsenahotels.it.

*** **Le Naiadi sul Lago**, etwa 1 km südlich vom kleinen Hafen, direkt am Ufer, ruhige Lage, 2 Pools. Zimmer mit Balkon zum See, derselbe Besitzer wie Loriana. EZ 62 €, DZ 90 €, Frühstück inkl. Viale Cadorna 95, ✆ 0761/799017, ✆ 798538, www.bolsenahotels.it.

*** **Eden**, ca. 1 km in nordwestlicher Richtung direkt am See, zweistöckiger Bau mit Restaurant, Garten, Palmen, Pool. EZ 50 e, DZ 77 €, Frühstück inkl. Loc. Tempietto 46, ✆ 0761/799015, ✆ 796343, www.hoteledenbolsena.it.

• *Camping* Im Umkreis mehrere Plätze am Seeufer.
Pineta, nächstgelegener Platz am Norden de der Seepromenade, im Sommer allerdings schnell ausgebucht, ✆ 0761/796905.
Village Lido, ca. 2 km südlich von Bolsena. Großer, gut ausgestatteter Wiesenplatz mit Badestrand und Pool, ordentliche Sanitäranlagen, Wohnwagen und Bungalows zu vermieten. Pro Pers. 7,50 €, Stellplatz 11,50–15 €, Bungalow 50–65 €, Miet-Wohnwagen ab 30 €. ✆ 0761/799258, ✆ 796105.
Cappelletta, 3,5 km südlich von Bolsena. 200 m Strand, teils Wiese, teils Bäume. ✆/✆ 0761/799543.

• *Essen & Trinken* **Trattoria da Picchietto** traditionsreicher Familienbetrieb mit überaus freundlichem Service, stimmungsvollem Garten und typischen Spezialitäten der Region – sehr zu empfehlen z. B. *Pizzaiola*, ein Fischgericht mit Tomatensauce, oder „Coregone", ein Fisch aus dem See in süßlicher Sauce, und der sehr gute Aal. Menü um 20 €. Mo Ruhetag. Via Porta Fiorentina 15, ✆ 0761/799158.

Birreria/Pizzeria Tanaquilla, bis spät in die Nacht kann man hier Kleinigkeiten und Pizza essen, dazu gibt's Bier vom Fass. Besonders bei Jugendlichen beliebt, samstags wird es sehr voll. Mi geschlossen, sonst 19–2 Uhr. Via Marconi 100, ✆ 0761/799686.

Sehenswertes: An der zentralen Piazza Matteotti steht die Kirche *San Francesco* mit Freskenresten, durch den Torbogen linker Hand kommt man in die Altstadt. Über Treppenwege kann man zum *Castello* hinaufsteigen, in dem ein kleines archäologisches Museum eingerichtet ist, wo man aber auch einen herrlichen Blick über den See hat. Etwas oberhalb der Burg, an der Straße nach Orvieto, wurden großartige Überreste des etruskisch-römischen *Volsinii* ausgegraben, darunter eine etwa 4 km lange Einfriedungsmauer, eine Basilika, Thermen und das Justizgebäude, ferner viele Fresken und Mosaike.

784 Rom und Latium

Der ungewöhnliche Kirchenkomplex *Santa Cristina*, den man über Jahrhunderte hinweg veränderte und erweiterte, wurde zu Ehren einer Märtyrerin aus der Zeit Diokletians errichtet, die im zarten Alter von zwölf Jahren als „Hexe" bzw. entschiedene Christin grausam ermordet worden war und später zur Schutzpatronin Bolsenas wurde (→ s. Kasten). Am 24. Juli findet jedes Jahr das Santa-Cristina-Fest statt, wo unter anderem die „Mysterien" der Heiligen aufgeführt werden. Vorne links im Kirchenschiff steht die Holzstatue der Heiligen. Links schließt sich die *Wunderkapelle* mit der *Grotte der Santa Cristina* an. Die Grotte ist der älteste Teil, früher war sie in das unterirdische Gewirr der anschließenden Katakomben integriert, später trennte man diesen Bereich ab. In der Mitte der *Altar des Wunders*, in dessen Front eine Steinplatte mit den angeblichen Fußabdrücken der Heiligen eingelassen ist, die an ihre Leidensgeschichte erinnern.

Öffnungszeiten/Eintritt **Archäologisches Museum**, Di–Fr 10–13 und 15.30–19 Uhr, Sa/So 10–13 und 15–18 Uhr, im Winter Di–Fr 10–13 Uhr, Eintritt 3,50 €, erm. 2 €. **Grotte der Santa Cristina**, 9–11.30 und 15–18 Uhr, im Winter bis 17 Uhr, Eintritt 4 €, Kinder 2 €.

Das Wunder von Bolsena

Cristina, die Tochter des „heidnischen" Stadtpräfekten Urbanus, war im Jahr 304 n. Chr. zum Christentum übergetreten und sollte deshalb mit einem schweren Stein am Hals im See ertränkt werden. Dies gelang jedoch nicht, da der Stein auf wundersame Weise auf dem Wasser schwamm. Sie stieg auf den Stein – daher die Fußabdrücke – und kehrte so unversehrt ans Ufer zurück. Nach furchtbaren Folterungen starb sie schließlich an einem mitten durchs Herz geschossenen Pfeil.

Das „zweite Wunder von Bolsena" ereignete sich 960 Jahre nach dem ersten am „Altar des Wunders". 1264 pilgerte der böhmische Priester Peter von Prag nach Rom. Er war geplagt von heftigen Zweifeln an der Transsubstantionslehre der katholischen Kirche (Verwandlung von Hostie und Wein in Fleisch und Blut Christi während des Abendmahls). In Bolsena machte er Zwischenstation, um in der Krypta der Santa Cristina eine Messe zu feiern. Da geschah es: Plötzlich tropfte Blut aus der Hostie auf das Priesterhemd und auf den Steinboden (Raffael hat dieses Ereignis in seinen Stanzen im Vatikan verewigt). Papst Urban V., der sich zu dieser Zeit im nahen Orvieto aufhielt, veranlasste die sofortige Überführung des Beweisstücks, das ihm wegen der zunehmenden kirchenkritischen Strömungen seiner Zeit (Katharer, Waldenser etc.) gerade recht kam. Es wurde der Entschluss gefasst, in Orvieto einen grandiosen Dom zu bauen, in dem dieses heilige Kleidungsstück bis heute in einem kostbaren Reliquiar verschlossen ist. Zweimal im Jahr wird es geöffnet: am Nachmittag des Ostertags und am Fronleichnamstag, jenem Feiertag, der eigens wegen dieses Wunders eingeführt wurde.

▶ **Cività di Bagnoregio**: östlich von Bolsena, bekannt als die sterbende Stadt, „La città che muore". Das kleine Örtchen ragt auf einem Tuffsteinfels pittoresk in den Himmel und ist ausschließlich über eine hohe Fußgängerbrücke vom benachbarten Bagnoregio aus zu erreichen. Nur noch wenige Einheimische wohnen in den alten Gemäuern, doch der zunehmende Tourismus bringt neues Leben in das fast schon ausgestorbene Bergnest.

Montefiascone
ca. 12.500 Einwohner

Oben am Kraterrand gelegen, mit tollem Blick auf den See. Das Bild des Orts wird geprägt von der großen Kuppel der Kathedrale Santa Margherita. Von der zentralen Piazza Vittorio Emanuele führt die Straße zum mächtigen *Dom* hinauf, der 1519 begonnen und im 17. Jh. vollendet wurde. Der hohe achteckige Innenraum ist von einer großen Kuppel überdacht. Durch eine schmale Gasse kommt man mit ein paar Schritten zu einem wunderschönen Aussichtspunkt, oberhalb davon stehen noch einige Reste des ehemals mächtigen *Papstschlosses*, das sich Urban IV. im Jahre 1261 erbauen ließ, heute eine gepflegte Grünanlage.

Berühmt wurde Montefiascone durch seinen Wein „*Est! Est!! Est!!!*", dessen Namensgebung einem Wein liebenden Prälaten aus Augsburg zu verdanken ist (→ Kasten). Sein Grab liegt in der Doppelkirche *San Flaviano* an der Ausfahrt nach Orvieto.

• *Übernachten/Essen & Trinken* *** **Hotel Urbano V**, aufwendig restaurierter Palazzo aus dem 16. Jh. mitten in der Altstadt. Die Zimmer sind gut ausgestattet, Parkmöglichkeiten vorhanden. 6 Suiten, 16 Zimmer, EZ 70 €, DZ 100 €. Corso Cavour 107, ✆ 0761/831094, 834152, www.hotelurbano-v.it.

Im winzigen ** **Gasthaus Dante**, in dem man auch recht gut essen kann, geht es familiärer zu. Die Ausstattung ist sehr einfach, aber ordentlich (10 Zimmer, DZ 42 €). Via Nazionale 2, ✆ 0761/826015.

Himmlisches Tröpfchen

Der deutsche Prälat Johann Fugger reiste mit Kaiser Heinrich V. in Sachen Investiturstreit nach Italien – doch galt sein Interesse offenbar weniger den Staatsgeschäften als dem Wein. Zu diesem Zweck hatte er eigens einen Diener abgestellt, der ihm vorausfuhr und überall dort, wo er einen guten Tropfen fand, „est!" an die Türe schrieb. Schließlich gelangte der treue Diener nach Montefiascone, und als er den dortigen Wein schlürfte, war er so begeistert, dass er an die Tür des Weinlokals „est! est!! est!!!" schrieb. Sein Herr teilte diesen Enthusiasmus und ließ Heinrich allein weiterziehen, um sich nur noch dem göttlichen Rebensaft zu widmen. Das tat er dann auch gründlich, bis er starb. Auf seiner Grabplatte in der Kirche San Flaviano kann man noch heute (auf lateinisch) die verwitterten Worte seines Dieners lesen: „EST EST EST – wegen allzu viel EST ist mein Gebieter Johannes Fugger hier gestorben".

▶ **Marta**: reizvolles Fischer- und Bauerndorf, die breite, gerade Hauptstraße verläuft parallel zum Ufer. Am Dorfstrand liegen Fischerboote, die Fischer sitzen im Schatten der Bäume, flicken Netze und bessern Reusen aus.

▶ **Capodimonte**: Der ruhige Ort drängt sich auf einen in den See ragenden Fels, darüber thront ein prunkvolles *Farnese-Schloss* aus dem 15. Jh. (keine Besichtigung). Am Ortsrand beginnt eine schöne Baumallee, die in einen breiten Sandstrand übergeht. Die *Isola Bisentina* liegt zum Greifen nah, ist jedoch in Privatbesitz – ein zauberhaftes Stückchen Erde und Wildpark mit seltener Vogelwelt und üppigen Pflanzen.

Übernachten/Essen & Trinken ** **Riva Blu**, Restaurant mit Zimmervermietung, gute und große Pizza sowie Fischgerichte, dazu einen Est! Est!! Est!!! Do geschl. DZ mit Du/WC 60 €. Via dei Pini 2, ✆/✉ 0761/870255.

786 Rom und Latium

▸ **Gradoli**: Auch hier gibt es ein *Farnese-Schloss*, in dem ein kleines Heimatmuseum eingerichtet ist. Bekannter sind jedoch die Weine von Gradoli, der liebliche Grechetto und der gehaltvolle Aleatico. Am Campingplatz „La Grata" wohnt man schön direkt am See (✆ 0761/456552).

Einen Ausflug kann man ins nahe *Grotte di Castro* unternehmen, das malerisch auf einem Felsrücken liegt, in der Nähe findet man außerdem die etruskische *Nekropole von Pianezze*.

Viterbo
ca. 59.000 Einwohner

Die zweitgrößte Stadt Latiums, geschichtlich gesehen nach Rom auch die bedeutendste. Im Weltkrieg wurde zwar viel zerstört, der mittelalterliche Kern blieb aber unversehrt erhalten, außerdem die 5 km lange Stadtmauer. Am beeindruckendsten ist das Viertel San Pellegrino mit jahrhundertealten Häusern, kleinen Plätzen, verwinkelten Gässchen und romantischen Höfen.

Im Mittelalter war Viterbo bedingt durch seine geografische Lage in der Nachbarschaft von Rom ein Spielball zwischen Papst- und Kaisertum; meist stand es auf Seiten des Kaisers bzw. unter seiner Herrschaft. Nach dem Bruch mit dem Kaiser war Viterbo dann Schauplatz mehrerer Papstwahlen. Dabei war man nicht zimperlich: Als sich die Kardinäle 1271 wieder einmal nicht einigen konnten, sperrten sie die Viterbesen im Konklavesaal ein, trugen das Dach ab und schränkten die Mahlzeiten ein. Die „widrigen Umstände" machten die Kardinäle entscheidungsfreudiger – nach einem fast dreijährigen Interregnum erhoben sie rasch Gregor X. auf den Papstthron.

• *Anfahrt/Verbindungen* **PKW**, Viterbo liegt an der Via Cassia, 80 km nördlich von Rom, 210 km von Florenz, 45 km von Orvieto. Von der Autobahn A 1 Ausfahrt Orte (25 km auf der SS 204). Bewachte und unbewachte Parkplätze entlang der Stadtmauer, z. B. gegenüber dem Bahnhof an der **Porta Fiorentina**.
Bahn: Zugverbindungen, z. B. nach Rom (ab/bis Roma-Nord oder Stazione S. Pietro), Orvieto, Siena, Florenz.
Bus: Busbahnhof auf der Pzza. Martiri d'Ungheria. Es bestehen gute Busverbindungen nach Rom; außerdem gute Verbindungen ans Meer und in die meisten größeren Orte der Provinz (z. B. Tarquinia, Caprarola, Bolsena).
• *Information* **Fremdenverkehrsamt für die Provinz** (EPT), Piazza dei Caduti 16, ✆ 0761/304643, ✉ 308480, www.promotuscia.it. Mo–Fr 9–14 und 15.30–18 Uhr, Sa 9–14 Uhr.
• *Übernachten* *** **Tuscia**, nördlich der Piazza Martiri d'Ungheria, großes Mittelklassehotel im Zentrum, EZ 56 €, DZ 82 €, Dreier 105 €, Frühstück inkl. Via Cairoli 41, ✆ 0761/344400, ✉ 345976, www.tusciahotel.com.
** **Roma**, ordentliches Albergo, z. T. TV in den Zimmern. EZ 42 €, DZ 60 €. Via della Cava 26, ✆ 0761/227274, ✉ 305507.

* **Trieste**, einfaches und preiswertes Albergo hinter dem Bhf. EZ 30 €, DZ 55 €. Via Nazario Sauro 32. ✆ 0761/341882.
Campingplätze am Bolsena-See, 30 km nördl.
• *Essen & Trinken* **Il Richiastro**, untergebracht in einem pittoresken, alten Palazzo, schöner, kleiner Garten. Es werden typische Gerichte der Region geboten, die alle sehr zu empfehlen sind, Menü um die 27 €. Geöffnet Do bis So-Mittag. Via della Marrocca 18, ✆ 0761/228009.
Porta Romana, traditionelle Trattoria mit Grillspezialitäten, für die die Region bekannt ist, z. B. *pignattaccia* (Ragout aus Schwein, Kalb und Rind, im Ofen gegart). Menü um 25 €. So geschl. Via della Bontà 12, ✆ 0761/307118.
Il Labirinto, bietet neben einer großen Pizzaauswahl auch andere recht ordentlich zubereitete Gerichte. Via S. Lorenzo 46, ✆ 0761/228009.
• *Weinlokale* Die Enoteca **La Torre** bietet eine exzellente Weinkarte, dazu leckere kleine und große Gerichte. Nur abends, So geschl. Via della Torre 5, ✆ 0761/226467.
• *Cafés* **Gran Caffè Schenardi**, berühmtes Nobelcafé aus dem 19. Jh., klassizistische Ausstattung. Corso Italia 11.

Prächtig: der Papstpalast

Sehenswertes

In den alten Stadtteilen sind Wegweiser zu den interessantesten Punkten angebracht.

Piazza del Plebiscito: Das historische Zentrum der Stadt ist an den Schmalseiten eingerahmt vom *Palazzo della Prefettura* und dem *Palazzo del Podestà* mit wunderschönem *Torre dell'Orologio* (Uhrturm). An den Ecken des Platzes stehen auf Granitsäulen die Wappentiere Viterbos, die Löwen. An der Längsseite befindet sich der *Palazzo dei Priori* aus dem 13. Jh., der aber später noch einige Male umgebaut wurde. In der Mitte des Innenhofs ein sehenswerter Brunnen aus dem 17. Jh. Die Säle im ersten Stock sind mit Fresken zur Stadtgeschichte ausgemalt (kann auf Wunsch besichtigt werden, Eingang Via Ascenzi 1, beim Pförtner melden). Auf der gegenüberliegenden Seite steht die kleine Kirche *Sant'Angelo* aus dem 12. Jh., nicht zuletzt bekannt wegen eines mit Jagdszenen dekorierten Sarkophages. Er birgt den Leichnam eines Mädchens namens Gallina, die einst wegen ihrer Schönheit berühmt war und um die sich die fantastischsten Sagen ranken.

Corso Italia: Hauptgeschäftsstraße mit exklusiven und teuren Geschäften, Boutiquen, Cafés, Bars und viel Trubel. Abends lebhafte Passeggiata, Mittelpunkt ist die *Piazza dell'Erbe* mit schönem Löwenbrunnen.

Via San Lorenzo: führt von der Piazza del Plebiscito zur Piazza San Lorenzo mit Kathedrale und Papstpalast. Rechter Hand trifft man auf die Via Chigi mit dem *Palazzo Chigi*, einem Bauwerk aus dem 15. Jh., daneben ein imposanter Turm.

Ein Stück weiter die Via San Lorenzo entlang trifft man auf die *Piazza della Morte* mit dem gleichnamigen Brunnen und der *Loggia di San Tommaso*. Direkt hinter dem Todesbrunnen folgt die *Dombrücke*, die auf etruskischem Unterbau ruht. Hinter der Dombrücke steht der *Palazzo Farnese*. Er ist der älteste Palast dieser einflussreichen Familie, deren Name seit dem 12. Jh. mit dem nördlichen Teil Latiums verbunden ist.

Kathedrale: Ein ursprünglich romanischer Bau mit zweifarbigem Glockenturm aus dem 14. Jh., die Fassade stammt in ihrer jetzigen Form aus dem 16. Jh. Gleich am Eingang links wertvolle Fresken aus dem 14. Jh. sowie das Grabmal des Papstes Johannes XXI. – der einzige Portugiese auf dem Stuhl Petri und einer derjenigen, die in Viterbo gewählt wurden. Im rechten Seitenschiff begegnet man der Büste von Letitia Bonaparte, der Mutter Napoleons.
Öffnungszeiten 8.30–12 und 15.30–17.30 Uhr (im Sommer bis 18.30 Uhr).

Papstpalast: neben der Kathedrale, der Stolz der Stadt. An ihm haben drei Päpste gebaut, von Alexander IV., der 1257 damit begann, über Urban IV. bis zu Klemens IV., der ihn 1267 vollendete. Das Gebäude zählt zu den typischen Monumenten der gotischen Architektur Viterbos. Eine breite Treppe führt hinauf zum Palast, dessen Fassade von sechs Doppelbogenfenstern und Zinnen geschmückt ist. Daran schließt sich eine wunderschöne Loggia mit einem eleganten Gewölbe aus sieben Doppelsäulen an. Im großen Saal des Palastes fanden einige Konklaven statt, u. a. das von 1271, als das Dach abgedeckt wurde, um die Entscheidung der Kardinäle zu beschleunigen.
Öffnungszeiten im Sommer tägl. 10–13 und 15–18 Uhr, im Winter nur So, Eintritt frei.

San Pellegrino: Dieses Viertel im Süden der Altstadt ist ein wahres Schmuckstück mittelalterlicher Prägung. Es ist in einzigartiger Weise völlig einheitlich gestaltet, perfekt ist die Harmonie der alten Handwerkerhäuser und Palazzi mit Außentreppen, kleinen Plätzen und überwölbten Durchgängen. Hier und dort laden Antiquitätenläden zum Stöbern ein. Die kleine *Piazzetta San Pellegrino* im Zentrum gehört zu den stimmungsvollsten Orten von Viterbo.

Piazza Verdi und Umgebung: Hier stehen ein klassizistisches Theater und die mittelalterliche Kirche *San Marco*. Die Via di Santa Rosa führt zur *Chiesa di Santa Rosa*, die der Stadtheiligen geweiht ist. Im Inneren befindet sich in einem gläsernen Sarg aus dem 17. Jh. der Leichnam der Heiligen. Ihr zu Ehren feiert man noch heute am 3. September den populären Umzug der Macchina di Santa Rosa (→ unten).

Piazza della Rocca: Die *Rocca Albornoz* wurde im 14. Jh. errichtet und erinnert an den Bauherrn Kardinal Gil Albornoz. Sie wurde von mehreren Päpsten erweitert und verschönert. Im Inneren befindet sich das *Museo Nazionale* mit antiken Funden aus der Umgebung. Gleich um die Ecke steht die Porta Fiorentina, die im vergangenen Jahrhundert umgestaltet wurde.

An die Piazza della Rocca schließt sich die Piazza San Francesco an. Dort befindet sich die *Basilica San Francesco* aus dem 13. Jh. mit dem Grab Papst Hadrians V., der 1276 (in dem Jahr mit vier Päpsten!) in Viterbo starb – seine Regierungszeit währte nur vier Wochen. Sein Mausoleum wurde von Alforno di Cambio gestaltet, dem auch das lebendige Porträt des Toten zu verdanken ist.
Öffnungszeiten/Eintritt **Museo Nazionale**, Di–So 8.30–19.30 Uhr, Mo geschl. Eintritt 4 €, erm. 2 €, unter 18 und über 65 J. frei. Piazza della Rocca 21b, ✆ 0761/325929.

> ### Fest der heiligen Rosa
> Das große Stadtfest beginnt am 3. September um 21 Uhr mit einem Festzug durch die Straßen zur Chiesa di Santa Rosa. Mittelpunkt des Zugs ist die *macchina di Santa Rosa*, ein 30 m hoher, spiralförmiger Turm mit der Heiligenstatue, der von über 100 Trägern transportiert wird. Wer sich auf die Treppe der Kirche Santa Rosa stellt, kann mit ansehen, wie der Turm die letzte Strecke im Laufschritt getragen wird.

Viterbo/Umgebung

▶ **Bagnaia**: rund 6 km östlich von Viterbo (an der alten SS 204 in Richtung Orte), bekannt geworden durch seine einmalige *Villa Lante* und deren herrliche Gärten. Der Gebäudetrakt, bestehend aus zwei Pavillons, wurde im Auftrag zweier Kardinäle errichtet und liegt in einem großen Park mit 15 Brunnen, deren Wasserspiele in ganz Italien berühmt sind. Vor den beiden Gebäuden befindet sich ein quadratischer, im barocken Stil angelegter Garten. In seiner Mitte steht der riesige *Mohrenbrunnen*, der seinen Namen wohl von dem dunklen Material erhalten hat, aus dem er besteht. Hinter den Pavillons schließt sich ein riesiger *Park* an, der ehemals auch als Jagdrevier fungierte.

Öffnungszeiten/Eintritt **Garten der Villa Lante**, im Sommer 8.30–19.30 Uhr, im Winter nur bis 16.30 Uhr, Mo geschl., Eintritt 2 €, erm. 1 €. Man muss am Eingang warten, bis sich eine genügend große Gruppe formiert hat, die dann durch den Garten geführt wird. Keine Besichtigung der Pavillons.

▶ **Ferento**: 10 km nördlich von Viterbo, Ruinen einer ehemaligen Etrusker-/Römerstadt. Zu erreichen über die parallel zur Via Cassia verlaufende Straße nach Bagnoregio, von der man nach 7 km rechts abbiegt. Ferento hatte seine Glanzzeit in der Augustusepoche, zu sehen sind noch eindrucksvolle Mauerreste, darunter ein römisches Theater und Thermen, die mit der stimmungsvollen Landschaft eine wunderbare Atmosphäre schaffen.

Öffnungszeiten im Sommer Di–So 9–17 Uhr, Mo geschl., im Winter eingeschränkt. Eintritt frei.

Der Park der Monster

Bomarzo ist eine kleine Hügelstadt abseits der großen Straßen, 19 km nordöstlich von Viterbo. Das Ortsbild wird beherrscht von einem mächtigen Orsini-Schloss aus dem 16. Jh. Eigentlicher Anziehungspunkt ist aber der berühmte „Parco dei Mostri", der seinen Namen von den merkwürdigen steinernen Skulpturen in urwaldartig wuchernder Vegetation erhielt. Zwischen 1552 und 1554 ließ ihn ein gewisser Vicino Orsini anlegen, um seiner toten Frau Giulia ein Denkmal zu setzen. Die Figuren spielen auf sehr komplizierte Weise auf philosophische und mythologische Themen an. Das Gelände liegt außerhalb von Bomarzo auf der anderen Seite der Schlucht, der Weg ist gut beschildert. Die Anlage mit den (alb)traumartigen Skulpturen erscheint wie eine begehbare Seelenlandschaft ihres Schöpfers. Das eindrucksvollste Werk ist der *Giulia-Tempel*, der hoch oben auf einer Wiese steht. Er dokumentiert am intensivsten die tiefe Liebe, die Vicino für seine Frau empfunden hat. Merkwürdige Gestalten säumen den Weg zu diesem Tempel: Eine Meerjungfrau mit riesigem Fischschwanz, eine schlafende Diana, die von einem kopflosen Hund bewacht wird, eine riesige Schildkröte, die die Göttin der Zeit auf dem Rücken trägt, der Riesenkopf eines Ungeheuers mit weit aufgesperrtem Maul, ein schief gebautes Haus, in dem man jedes Gefühl für oben und unten verliert u. v. a.

• *Anfahrt/Verbindungen* Straße von Viterbo nach Orte, dort Abzweig nach Bomarzo, in der Nähe die Autostrada A 1, Abfahrt Attigliano. 66 km von Rom, 27 km von Orvieto.

• *Öffnungszeiten/Eintritt* tägl. 8 Uhr bis Sonnenuntergang, Eintritt 8 €, keine Ermäßigung, ✆ 0761/924029, www.bomarzo.net.

▶ **Soriano nel Cimino**: größter Ort der *Monti Cimini*, umgeben von Wäldern, Haselnuss- und Kastanienplantagen. Heute als Luftkurort bekannt und entsprechend auf Touristen eingestellt, die besonders im Sommer die angenehme Bergluft genießen wollen. Reizvoll ist ein Ausflug zum *Monte Cimino*, dem höchsten Gipfel der Bergkette (1053 m).

• *Anfahrt/Verbindungen* **PKW**, Soriano liegt 17 km östlich von Viterbo, in der Nähe der Autobahn A 1 (Abfahrt Orte, dann Richtung Vasanello und weiter nach Soriano). **Bahn**, nächster Bahnhof in Viterbo. **Busse** ab Viterbo und Rom.

Lago di Vico

Wunderschöne Lage, eingebettet in einen ehemaligen Vulkan und umgeben von den dicht bewaldeten Monti Cimini. Im Südosten führt die panoramareiche Via Ciminia ein Stück um den See herum.

Dank der reizvollen Landschaft und der guten Luft sind hier viele Kurorte entstanden. Trotzdem ist das Gebiet um den Lago di Vico ruhig geblieben, es gibt keine Orte direkt am See, die Ufer sind meist bewachsen und zum Baden nicht besonders geeignet. Nur einige Hotels verfügen über kleine „Strände". Die Auswahl an Trattorie und Restaurants, in denen man gut essen kann, ist groß. Spezialität sind natürlich die Fische aus dem See, vor allem Barsche und Hechte.

• *Anfahrt/Verbindungen* **PKW**, 15 km von Viterbo, 57 km von Civitavecchia. Von Viterbo die Via Ciminia nehmen, gut zu erreichen auch über die Via Cassia. **Bahn**, Ronciglione und Caprarola sind Stationen in der Bahnlinie von Rom über Capranica nach Orte (Bahnhof von Caprarola liegt jedoch gut 4 km außerhalb). **Busse**, fahren von Viterbo und Rom, Abfahrt in Rom am Piazzale Flaminio und Bahnhof Roma Nord.

• *Übernachten* *** **Il Cardinale**, an der Panoramastraße Via Cimina (bei km 19) gelegen, 23 Zimmer, Garten, DZ ca. 90 €, ✆ 0761/624051, ✉ 612377.

• *Camping* **Campingplatz Natura**, mit vielen Bäumen am Seeufer (4 km von Capodimonte und Ronciglione entfernt). 2 ha für max. 220 Pers., 10 Bungalows, geöffnet von Juni bis Sept., ✆ 0761/612347.

▶ **Caprarola** (ca. 5000 Einwohner): Kurort in den Colli Cimini, ganz in der Nähe des Lago di Vico. Die Region ist geprägt von der Landwirtschaft, vor allem Haselnussplantagen beherrschen das Bild. Wenn im August die Ernte beginnt, wird die „Sagra delle Nocciole" gefeiert. Über dem Dorf thront majestätisch der großartige *Palazzo Farnese*, einstmals eine der schönsten Fürstenresidenzen Europas. Er wurde von 1559 bis 1573 auf den Grundmauern einer fünfeckigen Burg errichtet. Einzigartig ist die Ausstattung des Palastes: Die meisten Räume sind mit plastisch wirkenden Fresken ausgeschmückt, deren Thematik meist der Mythologie entstammt, verbunden mit der Glorifizierung und Mystifizierung der Familie Farnese. Hinter dem Palazzo liegt ein terrassenförmig angelegter *Park* mit vielen Brunnen, im Hintergrund ein kleines Palais.

Öffnungszeiten/Eintritt **Palazzo Farnese**, Di–So 8.30–18.45 Uhr, Mo geschl., nur mit Führung, Eintritt 2 €, erm. 1 €, unter 18 und über 65 J. frei.

▶ **Ronciglione** (ca. 6500 Einwohner): kleiner Ferienort und Handelszentrum 2 km vom Vico-See. Am Eingang der Altstadt stehen die Ruinen der Kirche *Sant'Andrea*, von der nur noch der Campanile aus dem 15. Jh. zu sehen ist. Ein anderer Teil der Stadt stammt aus dem 17. Jh. und ist barock gestaltet. Man sollte sich die Zeit nehmen und gemütlich hindurchschlendern, denn dort findet man elegante kleine Paläste und hübsche Kirchen. Sehenswert ist der Ende des 17. Jh. erbaute barocke *Dom*, davor steht ein wunderschöner Brunnen.

▶ **Sutri** (ca. 5000 Einwohner): Die historische Stadt liegt an der Via Cassia. Sie war sowohl zur Zeit der Etrusker als auch im Mittelalter von großer Bedeutung und beherbergt noch heute viele Zeugnisse ihrer Vergangenheit. Die engen, gepflasterten Straßen, durch die kaum ein Auto passt, führen hinauf zum Dorfplatz. In der Krypta des *Doms* soll am 20. Dezember 1046 eine Synode Weltgeschichte gemacht haben: An diesem Tag setzte der damals 29-jährige Kaiser Heinrich III. drei rivalisierende Päpste ab. Außerhalb der Stadtmauer, an der anderen Seite der Via Cassia, befindet sich ein *Amphitheater*. Es wurde in den dort vorhandenen Tuff geschlagen und stammt vielleicht noch von den Etruskern. An der Außenseite des Theaters steht die kleine Grottenkirche *Madonna del Parto* („Madonna der guten Niederkunft"), eine Kuriosität, da sich hier bereits Heiligtümer verschiedener Religionen befunden haben und von allen noch Reste vorhanden sind: Die Kapelle hat eine kleine Vorhalle, die ursprünglich eine etruskische Grabkammer war, der anschließende Raum war in der Antike ein Mithras-Heiligtum.

• *Information* An der zentralen Piazza del Comune, links neben dem Torbogen; geöffnet Fr–So 10–13 und 16–19 Uhr.

• *Übernachten* ** **Hotel Sutrium**, das kleine Hotel (nur 8 Zimmer mit Bad) bietet keinen Komfort, ist aber sauber, preiswert und hat eine Garage; DZ um 60 €. Piazza S. Francesco 1, ✆ 0761/600468, ✆ 600057.

• *Essen/Trinken* **La Locanda di Saturno**, rustikales Lokal im ehemaligen Getreidespeicher des Palazzo Conti Cecconi, ausgezeichnete traditionelle Küche. Menü ca. 25 €. Mo geschlossen, Di–Fr nur abends geöffnet, am Wochenende auch mittags. Via Agneni 37, ✆ 0761/608392.

Lago di Bracciano

Nur 33 km von Rom, vulkanischen Ursprungs, seine Nordufer sind bewaldet, die Südufer dagegen eher sumpfig. Das Wasser ist ausgesprochen erfrischend kalt und sauber, an einigen Stellen, z. B. bei Vigna di Valle im Süden, kann man herrlich schwimmen. Auch für Windsurfer geeignet.

Rund um den See ist ein Straßennetz angelegt, und wer Lust hat, kann ihn umfahren, es sind ca. 36 km. Drei schöne kleine Städte liegen hier: Bracciano, Anguillara Sabázia und Trevignano Romano. An Wochenenden und im August wird es allerdings extrem voll, denn der See ist eines der beliebtesten Naherholungsgebiete der Römer. In der übrigen Zeit kann der See ein gutes Standquartier für Tagesausflüge mit Bahn oder Bus nach Rom sein.

• *Anfahrt/Verbindungen* **PKW**, auf der Via Cassia von Rom schnell zu erreichen, Abzweig bei km 36/VI (Settevene). **Bahn**, Vigna di Valle und Bracciano sind Stationen an der FS-Strecke von Rom nach Viterbo. **Busse** fahren ab Rom/Via Lepanto.

▶ **Bracciano**: kleine Stadt (ca. 11.000 Einwohner) mit verwinkeltem, mittelalterlichem Stadtkern und einer alles beherrschenden Burg, am See unten ein Badestrand. Das im 15. Jh. erbaute *Orsini-Odescalchi-Kastell* ist von mächtigen Mauern und sechs Türmen mit Zinnenkrönung umgeben, Grundriss fünfeckig. Der dreieckige Innenhof ist mit Säulenhalle und Loggia ausgestattet, eine großartige Außentreppe führt zum oberen Stockwerk, dort kann man 17 Zimmer und Säle der drei ursprünglichen Wohntrakte mit ihren üppigen Einrichtungen und Fresken aus dem 15. und 16. Jh. besichtigen.

• *Öffnungszeiten/Eintritt* **Orsini-Odescalchi-Kastell**, Di–Sa 10–12 und 15–18 Uhr, So 9–12.30 und 5–18.30 Uhr, Mo geschl., Eintritt 7 €, erm. 5 €, mit Führung (ca. 1 Std.).

✆ 06/99804348, www.odescalchi.it.

• *Übernachten* **** **Villa Clementina**, ruhig gelegen in einem schönen Garten mit Tennisplatz und Pool; nur 7 wunderbare Zimmer, EZ 133 €, DZ 275 €. Traversa Quarto del Lago 12, ✆/📠 06/9986268, www.charmerelax.it/villaclementina.

*** **Alfredo Hotel**, mit schönem Garten und eigenem Seezugang, 48 Zimmer, EZ 88 €, DZ 120 €. Via Circumlacuale 7 A, ✆ 06/99802168, 📠 99805455.

** **Casina del Lago**, eher einfache Zimmer und Parkmöglichkeit; 12 Zimmer, EZ 55 €, DZ 65 €. Via del Lago 4, ✆ 06/99805475.

Etwas außerhalb mehrere Campingplätze, z. B. **Camping Porticciolo**, baumreiche Anlage in schöner Lage am See, guter Service. Busstopp nach Rom direkt gegenüber. Pro Pers. 6,50 €, Stellplatz 5–11 €, auch Bungalows, Mobilhomes etc. April bis Sept. geöffnet. Via del Poticciolo, ✆ 06/99803060, 📠 99803030, www.porticciolo.it.

• *Essen & Trinken* Viele Trattorie, in denen man gut und manchmal auch teuer Fisch essen kann. Außerdem mal den weißen Wein von Bracciano kosten.
Empfehlenswert ist das **Ristorante Al Fresco** im Zentrum, nahe der Piazza del Castello. Terrasse mit fantastischem Seeblick, köstlich die frischen Fischgerichte (z. B. Pesce di paranza oder Aal am See), hausgemachte Desserts. Menü um 30 €. Di Ruhetag. Via Fioravanti 46, ✆ 06/99804536.
Ausgezeichnet essen Sie auch in der **Winebar Vino e Camino** in zentraler Lage nahe der Burg, im Sommer auch draußen. Dieses kleine, romantische Lokal in der historischen Altstadt bietet zu hervorragenden Weinen eine sehr gute, kreative Küche. Preis pro Menü ca. 33 €. Mo geschlossen, nur abends geöffnet. Piazza Manzzini 11, ✆ 06/99803433.

▸ **Trevignano Romano**: malerische Lage auf einer Halbinsel, die von einem Orsini-Schloss gekrönt in den See hineinragt.

• *Übernachten* *** **Il Casale**, 26 Zimmer, Schwimmbad und Parkplatz. EZ 75 €, DZ 95 €. Via Trevignanese, km 6,5. ✆ 06/9985003, 📠 9985151.

• *Essen & Trinken* **La Grotta Azzura**, gutes Fischlokal mit traditioneller Küche, z. B. Hecht mit frischen Kräutern oder Aal in Tomaten, es gibt auch Fleischgerichte; im Sommer sitzt man draußen sehr schön; Menüpreis um 33 €. Di Ruhetag. Piazza Vittorio Emanuele 4, ✆ 06/9999420.

▸ **Anguillara Sabázia**: kleine, alte Stadt am Südufer des Sees. Die mittelalterliche Burg der *Anguillara* ist von 15 m dicken Mauern umgeben und ragt über die wenigen Häuser. Die Anguillara waren Feudalherren germanischer Abstammung und wegen ihrer Grausamkeit berüchtigt.

• *Übernachten* *** **Poggio dei Pini**, das Haus verfügt über Garten, Pool und Tennisplatz. 33 Zimmer, EZ 75 €, DZ 90 €. Via Beethoven 10, bei Marchione, ✆ 06/9995609, 📠 9995603.
Camping Parco del Lago, etwas nördlich von Anguillara, wunderschöne schattige Lage direkt am See, sehr gute sanitäre Einrichtungen. Pro Pers. 8 €, Stellplatz 7–10 €, geöffnet April bis Sept. Lungolago di Polline, km 4,1, ✆ 06/99802003, 📠 99802000, www.parcodellago.it.

• *Essen & Trinken* Viele Trattorie und Restaurants, in denen kann man Fisch essen. Spezialität: Spaghetti mit Muscheln, Brokkoli mit Weißweinsoße.
Harvey, riesiges Lokal am Ortsausgang an der Straße nach Bracciano, sehr beliebt. Im Sommer sitzt man angenehm draußen, gute und preiswerte Küche. Mi Ruhetag. Via Anguillarese 96.

▸ **Isola Farnese**: in der Nähe der Via Cassia von Rom zum Lago di Bracciano. Die kleine verschlafene Stadt mit der gestrengen Ritterburg war das etruskische Zentrum, das Rom am nächsten lag. Vor allem landschaftlich interessant sind die etruskischen *Ausgrabungen von Veji* etwas außerhalb von Isola Farnese, in der Nähe eines Wasserfalls. Man kann zu Fuß dorthin gehen, nach etwa 1 km kommt man zu einer alten Mühle, dort auch eine kleine Kneipe (Di geschl.).

Öffnungszeiten Durch das Ausgrabungsgelände werden geführte Touren angeboten, Infos unter ✆ 06/9042774 und www.parcodiveio.it.

Die pittoreske Altstadt von Vieste ragt auf einem Felssporn weit ins Meer (Apulien) (EF)
Schneeweiße Trullihäuser im Valle d'Itria (EF)

▲▲ Badebucht bei Castro Marina (Salento-Halbinsel) (EPT)
▲ Siesta in einem apulischen Dorf (EF)
▲▲ Tremiti-Inseln: Blick von San Domino auf San Nicola (EPT)

Fischer vor der Stadtmauer von Gallipoli (Apulien) (EF) ▲▲
Traumhafter Ausblick von Ravello auf die Amalfitanische Küste (EES)

▲▲ Die prächtige Kathedrale von Amalfi (FES)
▲ Peperoncini-Stand an der Costa Amalfitana (EF)

Der Süden Latiums/Hinterland

Neben den weltberühmten Gärten von Tivoli (→ Rom/Umgebung) sind die Colli Albani die am meisten besuchten Ziele. Vor allem Frascati zieht die Massen an – hier kann das ganze Jahr über der bekannte gleichnamige Wein gekostet werden. Die zwei Seen, Lago di Albano und Lago di Nemi, sind zum Baden nicht sonderlich reizvoll, aber landschaftlich sehr lohnend.

Ciociaria

Das hüglige Gebiet um Frosinone und Palestrina, das breite Tal des Sacco und die nördlich ansteigenden Monti Ernici sind nach der geschnürten Sandale „Ciocia" benannt, die hier einst getragen wurde.

Überall gibt es reichliche Wasservorkommen, die unter anderem auch Heilbäder versorgen, darunter im bekannten Kurort Fiuggi. Da die Region aber weder einen Zugang zum Meer hat, noch Seen bietet, ist sie vom Tourismus kaum entdeckt und entsprechend ruhig. Die Berge, die hier allmählich in die Abruzzen übergehen, sind stellenweise recht hoch und ermöglichen auch Wintersport. Während sich der Norden Latiums durch etruskische Funde auszeichnet, trifft man hier eher auf Zeugnisse der vorrömischen und voretruskischen Zeit.

Palestrina
ca. 17.000 Einwohner

Die Stadt am Südhang der Prenestini-Berge zählt zu den ältesten Siedlungen Latiums. Ein Teil schmiegt sich an den Berg, und statt Straßen gibt es hauptsächlich Treppen.

Auf vier Terrassen liegen, durch gigantische Stützmauern gesichert, die riesigen Ruinen des *Tempels der Göttin Fortuna Primagenia*. Der gewaltige Gebäudekomplex nahm in der Antike fast den gesamten Berghang ein, seine Überreste ziehen sich bis zum höchsten Punkt der Stadt, von dem man weit in das Flusstal des Sacco blicken kann. Auf der zweiten Terrasse steht heute der *Dom* der Stadt, erbaut auf den Resten eines Junotempels, der wahrscheinlich der Mittelpunkt des Fortunaheiligtums war. Neben dem Dom befindet sich das ehemalige Seminargebäude, das ebenfalls auf antiken Bauruinen errichtet ist. Im Hof des Seminars liegt der *Antro delle Sorti* (Höhle der Geschicke), eine kleine Orakelgrotte. Auf der obersten Terrasse beherbergt der Colonna-Barberini-Palast das *Museo Nazionale Archeologico Prenestino*, wertvollstes Stück ist das herrliche Fußbodenmosaik „Überschwemmung des Nils".

• *Öffnungszeiten/Eintritt* **Museo Nazionale Archeologico Prenestino**, Di–Sa 9–14, So 9–12 Uhr, Mo geschlossen. Eintritt 3 €.

• *Anfahrt/Verbindungen* **PKW**, von Rom über die Via Prenestina 32 km, über die Via Casilina ca. 40 km. **Busse**, Abfahrt in Rom bei Metrostation Anagnina (Endstation Metro A), etwa stündlich Verbindungen.

• *Information* Piazza Santa Maria degli Angeli 2, beim Museum. ✆ 06/9573176.

• *Übernachten* ***** Stella**, einfaches, aber ordentlich geführtes Haus mit Restaurant und Garage. 30 Zimmer, EZ 45 €, DZ 60 €, Dreier 80 €, Frühstück extra. Piazzale della Liberazione 3, ✆ 06/9538172, ✉ 9573360, www.hotelstella.it.

• *Essen & Trinken* Zahlreiche gute Lokale in der Stadt sind zu empfehlen, z. B. das gehobene **Ristorante Il Palestrina** nahe des Doms, bekannt für Fischspezialitäten. Via E. Todi, Mo geschl. ✆ 06/9534615.

Subiaco
ca. 9000 Einwohner

Kleine, gemütliche Stadt im tiefen Tal des Flusses Aniene. Hier gründete der heilige Benedikt seinen Orden. Attraktion sind die 3 km außerhalb liegenden Benediktinerklöster. Man kann sie gut zu Fuß erreichen, zum Felsenkloster San Benedetto geht es allerdings steil bergauf, die Serpentinen kann man durch Treppen abkürzen.

Der *Convento di Santa Scolastica* ist das einzige, das von 13 Klöstern übrig blieb, die Benedikt im 6. Jh. gründete (zum Leben Benedikts vgl. Norcia/Umbrien). Vom Eingang gelangt man direkt in den *ersten Kreuzgang* aus dem 16. Jh., er ist gartenartig angelegt. Von dort geht es durch ein gotisches Portal zum *zweiten Kreuzgang*, der im 14. Jh. gebaut wurde. Von hier kann man einen Blick auf das Kirchengebäude und den romanischen Glockenturm werfen. Ein weiteres gotisches Portal führt zu einem *dritten Kreuzgang* aus dem 13. Jh.

Der *Convento di San Benedetto* lehnt sich hoch über dem Tal an eine Felswand. Er wurde um die Höhle errichtet, in der der Heilige seine ersten Mönchsjahre meditierend verbrachte. Eine wunderschöne Allee aus Steineichen säumt den steilen Weg zum Gebäudetrakt, der aus Unterer und Oberer Kirche besteht. Die drei Gänge, in die man vom Eingang gelangt, sind wie die gesamte Anlage mit Fresken geschmückt, die als „Literatur" für die gläubigen Analphabeten dienten. Die Gänge führen zur *Oberen Kirche*, die aus mehreren Räumen besteht. Besonders erwähnenswert ist die Gregoriuskapelle, rechts neben der Eingangstür das älteste Porträt des Franz von Assisi, das im Jahr 1224, also noch zu seinen Lebzeiten, angefertigt wurde. Dem Altar gegenüber führt eine aus dem Felsen gehauene Treppe zur *Unteren Kirche*. Dort liegt auch der Eingang zur *Grotte*, in der Benedikt lange Zeit lebte. An den Wänden brennen 13 ewige Lichter, die die Klostergründungen von Benedikt symbolisieren. Hinter einem Garten mit Rosensträuchern führt ein Weg zur Oberkirche an einem vergitterten Fenster vorbei. Dahinter liegt eine kleine Zelle, in der der an die Wand gemalte Teufel eingesperrt sein soll.

- *Öffnungszeiten/Eintritt* **Convento di Santa Scolastica**, tägl. 9–12.30 und 16–19 Uhr, Besichtigung in Begleitung eines Mönches (an der Pforte nachfragen); **Convento di San Benedetto**, Mo–Sa 9–12.30 und 15–18 Uhr, So wegen Messe geschlossen. Kostenlose Führung, man muss läuten.
- *Anfahrt/Verbindungen* **PKW**, von Rom über die A 24, Abfahrt Vicovaro-Mandela. Bahnhof weit außerhalb, besser per **Cotral-Bus** ab Rom, Fiuggi oder Frosinone, Abfahrt in Rom in Rebibbia (Endstation Metro B).
- *Information* Via Cadorna 59, ☎/✆ 0774/822013; Öffnungszeiten: Mo 8–14 Uhr, Di–Sa 8–14 und 15.30–19.30 Uhr, So 9–12 Uhr.
- *Übernachten* ***** Hotel Aniene**, mit Restaurant (s. u.), 6 Zimmer, DZ ca. 60 €. Via Cavour 21, ☎/✆ 0774/85565.
- *Essen/Trinken* **Ristorante Aniene**, (rechts neben der Kirche S. Andrea; s. o.), die Auswahl ist groß, die Preise sind günstig, hausgemachte Nudeln und Forellen. Mit Terrasse, schöner Blick in das Tal der Aniene. Di geschlossen. ☎ 0774/85565.

▸ **Anagni** (ca. 19.000 Einwohner): kleines, gemütliches Städtchen auf einem Landvorsprung, der in das Sacco-Tal hineinragt, im Mittelalter Sitz vieler Päpste, deswegen auch „Stadt der Päpste" genannt. Der Dom *Santa Maria* auf der Piazza Innocenzo III gilt als einer der wichtigsten Bauten der italienischen Romanik. Errichtet 1074–1105, großer Glockenturm, an der Fassade die Statue des Papstes Bonifazius VIII., der hier geboren wurde. Wertvolle Fresken schmücken die Wände. Neben dem Altar steht der Bischofsstuhl mit einer Löwendarstellung als Zeichen der weltlichen Macht und einer kreisrunden Scheibe, die über dem Haupt des Thronenden wie

Abtei von Casamari 795

ein Heiligenschein aussah. Aus der gleichen Zeit stammt der Osterleuchter in Form eines knienden Kindes. Sehenswert ist auch die überreich ausgeschmückte *Hallenkrypta* mit Cosmatenfußboden.

● *Öffnungszeiten/Eintritt* **Dom**, im Sommer 9–13 und 16–19 Uhr (im Winter 15–18 Uhr), **Krypta**, 9–12.30 und 16–18.30 Uhr, Eintritt 3 €.
● *Anfahrt/Verbindungen* **PKW**, über die Via Casilina von Rom, die gleiche Straße von Frosinone aus (25 km).
Bahn, Linie von Rom nach Capua, Station in Anagni Scalo. **Bus**, Linie Nr. 63 pendelt mehrmals tägl. zwischen Anagni und Frosinone.
● *Übernachten* **** Federico**, recht gutes Hotel mit Restaurant und Bar. Eigener Parkplatz, EZ 40 €, DZ 60 €. Via Anticolana 85, ✆ 0775/70049, 🖅 705079, www.ristorantefederico.

▶ **Alatri** (ca. 27.000 Einwohner): Die kleine Stadt liegt am Beginn der Monti Ernici, mitten auf einem runden Bergkegel. Auf der Hügelkuppe, um die sich die mittelalterlichen Straßenzüge gruppieren, steht eine riesige *Akropolis*, die sehr gut erhalten ist. Die sie umgebende *Zyklopenmauer* ist trapezförmig und besteht aus riesigen Steinblöcken, die nicht mit Mörtel zusammengehalten werden. Die *Porta di Civita*, einer der Eingänge in die Mauer, besitzt einen über 5 m langen Torsturz und befindet sich in der Via Gregoriana in der Nähe der Kirche Santa Lucia. Von dort gelangt man über zwölf Stufen auf den großen Akropolisplatz. Der Ausblick ist einer der überwältigendsten in ganz Latium.

● *Anfahrt/Verbindungen* **PKW**, von Frosinone über die SS 214 in Richtung Sora bis zur Abzweigung nach Alatri (SS 155).
Busverbindungen nach Frosinone (13 km entfernt).
● *Essen/Trinken* **La Rosetta**, in dem gepflegten Familienbetrieb gibt es typische Gerichte aus der Ciociaria. Menüpreis um 25 €. Di geschlossen. Via Duomo 35, ✆/🖅 0775/434568.

▶ **Abtei von Casamari**: Das Kloster liegt nur wenige Kilometer vom kleinen Städtchen Veroli an der Straße von Frosinone nach Sora. Es gilt als Musterbeispiel gotischer Zisterzienserarchitektur und gehört zu den faszinierendsten Sehenswürdigkeiten von Latium. Im *Torhaus* wird ein ausgezeichneter Kräuterlikör verkauft, den die Mönche nach 250 Jahre alten Rezepten selbst zusammenbrauen. Zur Abteikirche führt eine große Freitreppe hinauf. Rechter Hand kommt man zum mächtigen Klostergebäude. Ein Torbogen führt zum sorgfältig gepflegten *Garten*. Eine *Apotheke* aus dem 18. Jh. liegt im Durchgang zum wunderschönen *Kreuzgang* – romantisch verschwiegen bietet er dem Auge einen reizvollen Gegensatz zu den kühlen gotischen Gebäudeteilen. Am Ende des Rundgangs erreicht man die *Kirche*. Der Innenraum im reinen gotischen Stil ist von würdevoller Schlichtheit. Die Mauern bestehen aus gelblichem Stein, der in seiner Farbgebung durch die Fenster noch intensiviert wird.

Die Abtei von Casamari

- *Öffnungszeiten/Eintritt* 9–12 und 15–18 Uhr, eine Spende wird erwartet; www.casamari.it.
- *Übernachten* Von Frosinone kommend, zweigt vor Casamari rechts eine Straße in das 420 m hoch gelegene Monte San Giovanni Campano ab. Im Schatten eines Kastells findet man das herrlich gelegene, sehr ruhige **** Albergo L'Orione**. Die Ausstattung ist zwar eher bescheiden, doch dafür geht es familiär zu. Das vorhandene Restaurant bietet typische Gerichte der Region. EZ 62 €, DZ 95 €, mit Halbpension nur wenig teurer. Da nur 11 Zimmer vorhanden sind, besser vorher anrufen, ✆/fax 0775/288677.

Cassino

ca. 33.000 Einwohner

Die im letzten Krieg schwer zerstörte Stadt wurde groß und modern wiederaufgebaut. Von November 1943 bis März 1944 fanden bei Cassino in schrecklichen Schlachten 30.000 Menschen den Tod. Im Umkreis liegen einige Soldatenfriedhöfe mit vielen Opfern (Wege beschildert).

Über der Stadt thront einsam und gewaltig die weltberühmte *Abtei von Montecassino*. Über die Via Montecassino gelangt man nach 9 km hinauf. Unterwegs kommt man am Monte Calvario mit einer kleinen archäologischen Zone vorbei. Sie beherbergt u. a. die Ruinen eines römischen *Amphitheaters* aus dem 1. Jh. n. Chr. und ein halbkreisförmiges *Theater*, dessen Ränge noch vollständig erhalten sind.

- *Anfahrt/Verbindungen* **PKW**, von Rom über die Autobahn A 2, Abfahrt Cassino. Von Frosinone auf der SS 6.
Bahn, Cassino liegt an der FS-Bahnlinie **Rom-Frosinone-Neapel**, Bahnhof an der Piazza Garibaldi.
Bus, täglich mehrmals von und nach Frosinone, zum Kloster mehrmals tägl. ab Piazza San Benedetto.
- *Information* Via G. Di Biasio 54, ✆/fax 0776/221292, fax 25692.
- *Übernachten* ***** Hotel Alba**, etwas antiquiert wirkendes, kleines Hotel zentral am Fuß des Berges; familiäre Atmosphäre, zweckmäßig ausgestattete Zimmer, Garage und ein empfehlenswertes Restaurant („Da Mario") bei recht gutem Preis-Leistungs-Verhältnis; einige Zimmer haben Balkon; 26 Zimmer, EZ 61 €, DZ 82 €, Dreier 95 €, Frühstück inkl. Via G. Di Biasio 53, ✆ 0776/21873, fax 270000, www.albahotel.it.
Camping Terme Varroniane, direkt unterhalb der Bahnstation, schöner, schattiger Platz in der Nähe der Varronianischen Thermen. Ganzjährig geöffnet. Via delle Terme 5, ✆ 0776/22144.

Abtei von Montecassino

Die Abtei, die zu den bedeutendsten in Europa gehörte, wurde 1944 durch amerikanische Bombenangriffe völlig zerstört, da sich hier ein hartnäckig gehaltener Stützpunkt der Deutschen befand. Nach dem Krieg hat man sie originalgetreu wiederaufgebaut. Von oben genießt man einen herrlichen Blick in das Flusstal des Rapido. Benedikt von Nursia gründete das Kloster 529, nachdem er zuvor drei Jahre lang in Subiaco in einer Grotte meditiert hatte (→ dort). Er machte den Ort zum Hauptsitz des von ihm ins Leben gerufenen Benediktiner-Ordens. Im Jahr 547 wurde er hier neben seiner Zwillingsschwester, der heiligen Scolastica, beerdigt. 1349 wurde die Abtei von einem Erdbeben völlig vernichtet und musste neu aufgebaut werden. So entstand nach einigen Verschönerungen der prunkvolle Benediktinersitz, den man heute (nach der modernen Rekonstruktion) wieder bewundern kann. Der Haupteingang befindet sich rechts unter den Arkaden. Der Weg durch das Kloster führt an insgesamt vier *Kreuzgängen* vorbei, die jeder für sich eine Besonderheit darstellen. Zum letzten, dem Wohltäterkreuzgang, gelangt der Besucher über eine breite Treppe. Durch drei wertvolle Bronzetore (das mittlere ein Original aus dem 11. Jh.) kommt man in die *Kirche*, die zu den prächtigsten Barockkirchen Italiens zählt. Decke, Wände und Säulen sind über und über mit Stuck und Gold verziert, die zerstörten Fresken wurden z.T. durch zeitgenössische Werke ersetzt. An der zum Chor gewandten Rückseite des Hochaltars steht die *Bronzeurne* mit der Asche des heiligen Benedikt und seiner Schwester. Unter dem Chorraum liegt die *Krypta*. Auch ein *Museum* ist zu besichtigen, dort eine Fotodokumentation zur Zerstörung im Februar 1944.

Öffnungszeiten/Eintritt tägl. 8.30–12 und 15.30–18 Uhr, im Winter bis 17 Uhr, kein Eintritt mit kurzen Hosen oder Sonnentop, Eintritt frei, **Museum** tägl. 9–12 und 15.30–18 Uhr, im Winter nur an Sonn- und Feiertagen geöffnet. Eintritt 1,50 €.

Colli Albani

Die „Grünen Lungen von Rom" wird das teils dicht bewaldete Gebiet südlich der Hauptstadt mit einem Kranz von historischen Städtchen, den sogenannten Castelli Romani, zwei kleinen Seen und intensivem Weinanbau gerne genannt.

Schon in der Antike war die üppig grüne Region, die bis heute durch die Via Appia Antica mit Rom verbunden ist, eine beliebte Sommerfrische. Später wurde sie von Adel, Kardinälen und Päpsten geschätzt, heute auch von Literaten und Künstlern – Luise Rinser (gest. 2002) lebte in Rocca di Papa, Michael Ende verbrachte viel Zeit in Genzano am Nemi-See.

Die Nähe zu Rom hat jedoch Spuren hinterlassen. Die einst malerischen Orte an den Berghängen sind heute zu beliebten Wochenendzielen geworden und von unattraktiven Neubaugebieten umgeben, oft herrscht dichter Verkehr. Auch die Landschaft ist inzwischen zusehends verbaut – nicht zuletzt dank der vielen Begüterten, darunter dem Papst, die hier ihre Sommervillen besitzen. Naturschützer, u. a. die Stiftung Europäisches Naturerbe (*Euronatur*) versuchen, die letzten Reste der alten Waldgebiete vor der Umwandlung in Bauland zu bewahren.

In den Albaner Bergen soll einst das sagenhafte Albalonga gelegen haben, wo sich nach dem Fall ihrer Stadt im Trojanischen Krieg die Trojaner niedergelassen haben sollen - nach alten Legenden der Beginn der Gründung Roms.

Frascati

ca. 19.000 Einwohner

Die größte und bekannteste Stadt der Castelli Romani liegt mit vielen hübschen, kleinen Gassen und dicht aneinander gedrängten Häusern terrassenförmig an einem Hang der Albanerberge. Das Stadtbild wird von Parks und verschiedenen Grünanlagen geprägt, es gibt viele gemütliche Restaurants und Weinschenken.

Frascati ist berühmt wegen seines gleichnamigen strohgelben Weins, den man in jedem Laden kaufen und in jedem Restaurant in offenen Karaffen trinken kann. Vor allem im Sommer rollen aus dem nahen Rom täglich Dutzende von Klimabussen zur abendlichen Weinprobe an, die man im Freien an einfachen Holztischen mit herrlichem Blick ins Umland genießt.

• *Anfahrt/Verbindungen* **PKW**, von Rom direkt über die Via Tuscolana.
Bahn, etwa 1- bis 2-mal stündl. von Rom/Stazione Termini über Ciampino, Fahrtzeit 30 Min. Bahnhof in Frascati zentral an der Via Letitia Bonaparte.
Bus, Busse starten in Rom am Busbahnhof Anagnina (Endstation Metro A) etwa alle 30 Min., Ankunft und Abfahrt in Frascati an der Piazza Marconi.

• *Information* An der Piazza Marconi, wo die Busse ankommen. Mo–Sa 9–13 Uhr, Di–Fr auch nachmittags 15–18 Uhr, So geschl. ✆ 06/9420331, ✉ 9425498.

• *Übernachten* *** **Hotel Colonna**, kleines, modernes Hotel mitten im Zentrum. 20 sehr gepflegte Zimmer; im obersten Stockwerk Sonnenterrasse mit schönem Blick. Parkmöglichkeiten. EZ 120 €, DZ 140 €, Dreier 160 €, Frühstück inkl. Piazza del Gesù 12, ✆ 06/94018088, ℻ 94018730, www.hotelcolonna.it.

Einen fantastischen Blick bei zentraler Lage und funktionalen Zimmern hat man im *** **Hotel Bellavista**. Garage vorhanden. EZ 85 €, DZ 120 €. Piazza Roma 2, ✆ 06/9421068, ℻ 9426320.

** **Eden Tuscolano**, gutes Hotel mit Garten und Parkplatz, relativ günstig: EZ 66 €, DZ 83 €. Via Tuscolana 15, ✆ 06/9408589, ℻ 9408591, www.edentuscolano.it.

● *Essen & Trinken* **Cacciani**, eines der besten Lokale der Castelli Romani, schöne Panoramaterrasse. Hier pflegt man die Tradition und kreiert gleichzeitig interessante neue Gerichte. Preise gehoben, Menü ca. 45 €. Auch empfehlenswertes *** Hotel: EZ 90 €, DZ 110 €, Frühstück inkl., von den Zimmern teilweise schöner Blick. So-Abend und Mo geschl. Via Armando Diaz 13, ✆ 06/9401991, ℻ 9420440, www.cacciani.it.

Zarazà, in dieser Trattoria mit herrlichem Blick bekommt man außergewöhnliche römische Küche zu maßvollen Preisen, z. B. *polenta con le spuntature di maiale* (Maisbrei mit in Tomaten geschmorten Schweinerippen). So-Abend und Mo geschl., im August Betriebsferien. Via Regina Margherita 45, ✆ 06/9422053.

Enoteca Frascati, empfohlenes Restaurant und Enoteca in einem, über 500 Weine aus ganz Italien. Nur abends geöffnet, So und im August geschl. Via Armando Diaz 42, ✆ 06/9417449, www.enotecafrascati.it.

Sehenswertes: Am Eingang der Stadt liegt die terrassenförmige *Piazza Marconi*, von der man einen herrlichen Ausblick hat, an dunstfreien Tagen sogar bis Rom. Die *Villa Aldobrandini* an der Via Cardinale Massaia 112 (etwa 1 km vom Zentrum) wurde 1598 für Kardinal Aldobrandini erbaut. Der Kirchenfürst war nicht gerade bescheiden: Die Villa ist ein ausgewachsenes Schloss und sehr aufwendig gestaltet. Besichtigt werden kann der riesige Park mit Panoramablick, Skulpturen und wunderschönen Wasserspiele. Die anschließende *Villa Torlonia* fungiert heute als Stadtpark von Frascati.

Etwa 5 km außerhalb der Stadt gelangt man über eine winzige, kurvenreiche Straße zu den Ruinen des antiken Luftkurorts *Tusculum* hinauf.

● *Öffnungszeiten/Eintritt* **Park der Villa Aldobrandini**, zum Betreten des Parks ist eine Erlaubnis erforderlich, die vom Touristenbüro am Piazzale G. Marconi sofort und kostenlos ausgestellt wird. Der Eingang liegt nur oberhalb der Villa (kein Zugang vom Piazzale G. Marconi aus!). Dazu folgt man (mit Blick auf die Villa) links vom Piazzale G. Marconi der Straße nach Monte Porzio Catone (Via Catone, dann rechts gegenüber vom Largo Pistricci in die Via G. Massaia).

Lago di Albano

Elliptisch geformter See in einem steil abfallenden, bewaldeten Krater. Er hat unterirdische Wasserquellen und keinen natürlichen Abfluss.

Oben an den Hängen führen Straßen entlang, die z. T. einen herrlichen Blick auf das gesamte Becken des Albanersees freigeben. Die besten Aussichten hat man von der *Via dei Laghi*, die Marino mit Velletri verbindet, und von der Via Appia, die von Castel Gandolfo nach Albano Laziale führt. Bei Touristen ist der Lago di Albano wegen seiner schönen Landschaft sehr beliebt, und auch Bootssportler kommen auf ihre Kosten (1960 wurden hier die Ruderwettbewerbe der Olympischen Sommerspiele ausgetragen). Zum Schwimmen ist der See nicht so sehr geeignet – wegen seiner großen Tiefe ist er sehr kalt, und es gibt kaum Strände.

● *Anfahrt/Verbindungen* **PKW**, problemlos über die Via Appia. **Bahn**, FS-Linie, Bahnhöfe in Castel Gandolfo und Albano Laziale. **Busse** ab Rom-Anagnina (Endstation Metro A).

▸ **Castel Gandolfo** (ca. 8000 Einwohner): Ein kleiner Ort am Albanersee, berühmt wegen der Sommerresidenz der Päpste – traditionell verlagert der Heilige Vater ab Juli, wenn die Hitze in Rom unerträglich werden kann, seinen Hof in die luftige

Höhe von Castel Gandolfo mit dem wunderbaren Blick auf den tiefen Kratersee und die umliegenden grünen Hügel.

- *Information* Piazza Libertà 5, ✆ 06/9380340.
- *Übernachten* *** **Hotel Culla del Lago**, am See, mit eigenem Zugang zum Wasser und Parkplatz; 15 Zimmer, EZ 98 €, DZ 140 €; Via Spiaggia del Lago 33, ✆ 06/93668231, ✉ 93668243.
- *Essen/Trinken* Das **Antico Ristorante Pagnanelli** gibt es seit 1882. In gehobenem Ambiente und mit freundlichem Service kann man hier nicht nur vorzügliche Küche, sondern auch einen herrlichen Blick über den ganzen See genießen. Im Sommer auch Balkon, besondere Spezialitäten sind Wildschweinschinken mit Trüffelöl, hausgemachte Fettuccine, verschiedene gratinierte Gemüse und Fische aus dem See; gute gehobene Weinkarte; Menüpreis um 40 €. Di Ruhetag. Via. A. Gramsci 4 (direkt am Ortseingang aus Richtung Marino kommend), ✆ 06/9360004, www.pagnanelli.it.

Lago di Nemi

Winzig und dunkelblau liegt der See in einem Kraterkessel, der von grün bewaldeten Bergrücken umschlossen ist.

Das Umland ist fruchtbar, an den Ufern sind Gemüsefelder und kleine Äcker angelegt, vor allem Walderdbeeren werden angebaut, es gibt aber auch Esskastanien und Steinpilze. Baden kann man in der Regel nicht, nur von einigen Hotels kommt man ins Wasser. Die Temperaturen sind allerdings niedrig, denn der Kratersee ist tief. Die Umgebung ist trotz der kleinen Städte *Nemi* und *Genzano di Roma* beschaulich geblieben. Indiz für den Jahrtausende alten Waldreichtum der Region ist, dass in etruskischer Zeit, vielleicht auch noch früher, eine Kultstätte am Seeufer lag, die von den Römern später „Der heilige Wald der Diana" genannt wurde. Auch Cäsar besaß hier eine Villa.

Anfahrt/Verbindungen von Rom über die Via Appia Nuova, 29 km südöstlich. Mit dem Bus von Rom Abfahrt von der Piazza dei Cinquecento.

▸ **Genzano di Roma** (ca. 22.000 Einwohner): Die kleine, lebhafte Stadt liegt malerisch längs der Via Appia, gegenüber von Nemi an der flacheren Seite des Sees. Das beliebte Ausflugsziel Genzano ist besonders wegen seiner Blütenprozession berühmt. Nördlich vom Ort steht am Seeufer das ehemalige *Museo Nemorense*. Bis 1944 beherbergte es zwei prunkvolle, aus dem See geborgene Schiffe aus der Zeit Caligulas, auf denen der Genuss liebende Kaiser seine Gelage abhielt. Bei Kämpfen zwischen Amerikanern und Deutschen gerieten die Schiffe jedoch in Brand und wurden vollständig zerstört.

- *Übernachten* ** **Villa Robinia**, klassische alte Villa in schönem Garten. EZ 55 €, DZ 70 €, Frühstück extra. Via Fratelli Rosselli 19, ✆ 06/93398617.
- *Essen & Trinken* **Il Bombardino**, kreative Küche, junge, engagierte Leitung. Di geschl. Via M. Moscato 39, ✆ 06/9362632.

L'Infiorata, die „Blütenprozession"

Auf der Via Belardi kommt man zur Kirche Santa Maria della Cima hinauf. Seit 1778 verwandelt sich diese Straße am Sonntag nach Fronleichnam alljährlich in einen riesigen Blumenteppich aus Bildern mit religiösen Motiven. Sie sind so kunstvoll gestaltet, dass sie von weitem wie gemalt aussehen. Sogar die Treppe, die zur Kirche hinaufführt, ist mit einem Blumenbild geschmückt. Wenige Stunden bevor das Fest beginnt, beginnen die Gestalter – meist Frauen und Kinder – mit der Arbeit. Für den riesigen Blumenteppich werden angeblich insgesamt 4000 kg Pflanzen gebraucht, die durch die Füße der Prozessionsteilnehmer dann binnen Minuten zerstört werden.

▶ **Nemi** (ca. 1700 Einwohner): Der Ort, der den gleichen Namen wie der See trägt, liegt hoch darüber auf einem bewaldeten Felssporn. Nemi ist ziemlich klein und von einer himmlischen Ruhe, die der kleine, tiefe See und die dunkelgrünen Wälder noch verstärken. Im dicht gedrängten alten Kern steht auf der Piazza Umberto I der *Palazzo Ruspoli* im Renaissancestil mit einem mächtigen Rundturm. Um den kleinen Ort kann man schöne Spaziergänge unternehmen, z. B. auf alten Wegen, die kürzlich freigelegt wurden, zum See hinuntersteigen.

• *Übernachten* **** **Diana Park**, bestes Hotel der Gegend, eine gut ausgestattete Villa mit herrlicher Aussichtsterrasse und Park. Gehobenes, etwas überdekoriertes Restaurant ist vorhanden. 31 Zimmer, EZ 80–90 €, DZ 110–120 €, Frühstück inkl. Via Nemorense 44, ✆ 06/9364041, ✉ 9364063, www.hoteldiana.com.
*** **Al Rifugio**, etwas außerhalb, an der Straße nach Genzano. Ruhige Lage, herrlicher Seeblick, Garten mit Kinderspielgeräten und gutem Restaurant. EZ 80 €, DZ 100 €, Frühstück inkl. Via Nemorense 30, ✆ 06/93659025, ✉ 93659026.
• *Essen & Trinken* **Capriccio sul Lago**, hübsches Restaurant, dessen Besitzer die Walderdbeeren am Seeufer selbst sammelt, sehr gute Gerichte mit frischen Pilzen, Wild und Süßwasserfischen. Mo geschl. Via del Lago 13.

Südliche Küste Latiums (Nettuno bis Formia)

Vielfältige Küstenlandschaft mit langen, dünenbesetzten Sandstränden und wildromantischen Felsbuchten. Letztere bestimmen vor allem südlich der Pontinischen Sümpfe das Bild.

Bei etwas Zeit durchaus interessant als Alternativroute zur Autobahn zwischen Rom und Neapel, für ein oder zwei Tage Aufenthalt bieten sich mehrere Orte an. Bei schönem Wetter wimmelt es hier jedoch von sonnenhungrigen Italienern, und die sonst ausgestorbenen Badeorte bekommen Rummelplatzcharakter. Im Landesinneren liegen dagegen verschlafene Dörfer und Städte, die noch vom Mittelalter geprägt sind.

▶ **Nettuno** (ca. 36.000 Einwohner): Die mittelgroße Küstenstadt liegt landschaftlich reizlos in einer großflächigen Ebene, ist jedoch ein von Römern viel besuchtes Badezentrum mit langem Strand aus feinem Sand. Die Außenbezirke sind geprägt von hässlichen Betonbauten. Dagegen gibt es eine schöne mittelalterliche Altstadt mit engen Gässchen, teilweise noch umgeben von einer Stadtmauer mit Rundtürmchen.

• *Anfahrt/Verbindungen* **PKW**, von Rom die SS 148 oder Via Appia nehmen, nach Anzio abzweigen und weiter nach Nettuno. **Bahn**, Nettuno ist Endstation einer Stichlinie von Rom, Bahnhof relativ zentral in der Stadt. **Bus**, häufige Verbindungen von Latina und Rom.
Fähren und Schnellboote zu den Inseln Ponza und Ventotene vom benachbarten Anzio (→ Pontinische Inseln).
• *Information* **Pro Loco** am Porto Turistico, Via Cristoforo Colombo 6, ✆ 06/9803335.
• *Übernachten* Hotels und Campingplätze massenweise. Die Gegend ist allerdings nicht sonderlich schön, besser Richtung Lido di Latina und Nationalpark Circeo ausweichen.
• *Essen & Trinken* **Al Centro**, an einem hübschen Platz im mittelalterlichen Zentrum, schmackhafte Fischküche, gute Weine. Piazza M. Colonna 13, ✆ 06/9880946.
Cacciatori dal 1896, schönes Terrassenlokal mit Blick auf den Hafen, drinnen mit Gewölbe, Fisch in allen Variationen, etwas gehoben. Mi geschl. Via G. Matteotti 27–29, ✆ 06/9880330.

▶ **Lido di Latina**: typischer Bade- und Hotelort, während der Hauptsaison überlaufen und wenig reizvoll, lohnend ist dagegen ein Besuch des südlich sich anschließenden Nationalparks (→ Kasten).

Etwa 7 km landeinwärts liegt die stark industrialisierte Provinzhauptstadt *Latina* (ca. 115.000 Einwohner), Verkehrsknotenpunkt für Straßen und Züge in Richtung Rom und Neapel (von Lido di Latina auf gut ausgebauter Straße zu erreichen, im Sommer pendeln häufige Busse).

• *Übernachten* ***** Miramare**, gehobenes Hotel, sehr ruhig in einem Park gelegen, hoteleigener Strand, EZ 110–150 €, DZ 120–160 €, Frühstück inkl. Lungomare Capoportiere, ✆ 0773/273404, 🖷 273470, www.hotelmiramarelatina.it.
*** Hotel Gabriele, unmittelbar am Strand. Zweckmäßig eingerichtete Zimmer mit Balkon und Meerblick. Am hoteleigenen Strand gibt es ein Beachvolleyball-Feld und manchmal Strand-Disco. 39 Zimmer, EZ 70 €, DZ 85 €, Frühstück inkl. Lungomare Foceverde 346, ✆ 0773/645800, 🖷 648696.
Allein in Lido di Latina gibt es neun **Campingplätze**, weitere reihen sich entlang der Küste.
• *Essen & Trinken* **La Siele**, preiswertes Restaurant mit qualitätvollen Gerichten, denen man die Frische der Zutaten anmerkt. Empfehlenswert sind z. B. die Vorspeisen mit Meeresfrüchten oder die Nudelgerichte mit herrlichen Soßen. Mo geschlossen. Via Piave 49, ✆ 0773/665867.

Erlebnis Natur: Parco Nazionale del Circeo

Eine der interessantesten Naturlandschaften Mittelitaliens beginnt südlich von Lido di Latina und erstreckt sich entlang der Küste bis San Felice Circeo. In dem 1934 eingerichteten Naturpark will man einen Teil der Tier- und Pflanzenwelt erhalten, wie sie vor der Trockenlegung der Pontinischen Sümpfe hier bestand. Der strenge Schutz hat inzwischen zu Erfolgen geführt, viele Tierarten wurden wieder heimisch. An der Küste zwischen Meer und einer Handvoll Lagunenseen verläuft ein kilometerlanger schmaler Dünenstreifen mit feinem weißem Sand. Wer übernachten und baden will, findet um *Sabaudia* mehrere Hotels und gut ausgestattete Campingplätze. Im südlichen Teil des Parks ragt der markante *Monte Circeo* auf, der sogenannte Felsen der Zauberin Circe, die hier Odysseus angeblich mit ihrem sinnverwirrenden Gesang betörte, festhielt und seine Begleiter in Schweine verwandelte. *San Felice Circeo* am Osthang des Berges ist ein hübsches Örtchen mit Charme und einem gut besuchten Badestrand. Eine Straße führt hinauf zur Spitze des Monte Circeo mit den spärlichen Resten der römischen Siedlung Circeii, eine weitere mit herrlicher Aussicht aufs Meer zum nahen Leuchtturm Faro di Torre Cervia.

• *Übernachten* ****** Oasi di Kufra**, Lungomare di Sabaudia, km 29.800. Nettes Haus mit Kinderbetreuung und Privatstrand. DZ mit Frühstück 165–200 € (im August nur mit Halbpension, DZ ca. 290 €). ✆ 0773/5191, 🖷 51988, www.oasidikufra.it.
Camping Marelago Sabaudia, Via Lungomare (km 33.600), einer der größten Plätze der Gegend. April bis Sept. ✆ 0733/515504.

Terracina
ca. 37.000 Einwohner

Der bekannte Badeort ist geprägt durch den schroffen Gegensatz zwischen reizvollem mittelalterlichem Stadtkern und modernen Industrie- und Wohnanlagen. Das kleine historische Viertel liegt unbekümmert am Hang des Berges und wirkt so, als hätte es gar nichts mit den neuen Teilen zu tun, die sich in Richtung Strand ausdehnen.

Terracina ist Fährterminal für die Pontinischen Inseln und besitzt auch einen komfortablen Yachthafen. In erster Linie hat es sich aber zu einem groß angelegten Ba-

Am Strand von Terracina

dezentrum entwickelt – mit all der damit verbundenen Enge, viel Dreck und Lärm und den allgegenwärtigen Strandverkäufern. In Richtung San Felice Circeo erstreckt sich über eine Länge von 15 km ein beinahe schnurgerader, feiner Sandstrand mit zahllosen Hotels und Apartmenthäusern, die in der Hauptsaison fest in römischer und deutscher Hand sind. Die Restaurants sind völlig auf Touristen eingestellt: Das „Ristorante Schwarzwaldgrotte" aus Gerhard Polts bissiger Urlaubersatire, die hier spielt („*Man spricht deutsh*", 1988 ein Kinohit), haben wir allerdings nicht entdeckt.

• *Anfahrt/Verbindungen* Autobahn A 2 (Abfahrt Frosinone), dann weiter SS 156 Richtung Terracina. Von Rom die Via Appia oder die SS 148 über Latina.

Bahn, an der Station **Priverno** an der Strecke von Rom nach Neapel in den Lokalzug nach Terracina umsteigen, die Bahnstation in Terracina liegt ein ganzes Stück landeinwärts vom Meer, die Via della Stazione führt ins Zentrum.

Busse, von Latina, San Felice Circeo, Gaeta und Fondi.

Fähren und Tragflügelboote zu den Inseln Ponza und Ventotene (→ Pontinische Inseln).

• *Information* Via G. Leopardi, ✆ 0773/727759, ✉ 727964.

• *Übernachten* *** **Riva Gaia**, empfehlenswertes Hotel in Strandnähe, EZ 85 €, DZ 120 €. Via Friuli Venezia Giulia 10, ✆ 0773/765353, ✉ 765381.

*** **Cinque Pini**, nicht direkt am Meer, deshalb etwas günstiger als die Hotels am Strand, kleiner Garten, Parkplatz. EZ 85 €, DZ 100 €, Frühstück 5 € pro Pers. Viale Europa 201, ✆ 0773/732040, ✉ 732016, www.albergo5pini.it

* **Hegelberger**, freundlich geführt, EZ (ohne Bad) 40 €, DZ (mit Bad) 60 €. Via San Domenico 2, ✆/✉ 0773/701697.

Es gibt insgesamt 15 Campingplätze in der Umgebung, von denen **Costazzurra** der nächste ist, 2 km östlich von Terracina an der Via Appia (km 104), ✆ 0773/702589, ✉ 700839, www.costazzurravillaggio.it.

• *Essen & Trinken* **Il Caminetto da Nazareno**, rundum empfehlenswerte Trattoria mit leckerer Meeresküche, gutem Service und vorzüglicher Weinkarte, Menü ca. 35 €. Mo geschl. Via Cavour 19–21 (ganz in der Nähe der Felsnadel), ✆ 0773/702623.

La Marina, gut besuchte Pizzeria auf einem schönen Platz. Mo geschl. Piazza della Repubblica 16–17, ✆ 0773/702424.

Sperlonga 803

- **Sehenswertes**: Zentrum des mittelalterlichen Stadtteils am Hügel ist die *Piazza del Municipio*, die noch mit römischen Steinplatten gepflastert ist. Hier steht der *Dom*, der auf den Resten eines antiken Tempels errichtet wurde. Im Inneren schöner Mosaikboden und ein von den Cosmaten gearbeiteter, wertvoller Osterleuchter. Gleich in der Nachbarschaft befindet sich das Rathaus, an das sich der alte Getreideturm mit dem *Archäologischen Museum* anschließt.

  Am südlichen Stadtausgang ragt die 36 m hohe Felsnadel *Pisco Montano* empor, ein Wahrzeichen der Stadt. Sie ist künstlich geschaffen – Kaiser Trajan ließ hier den Berg durchschneiden, um die Via Appia weiterzuführen. Hoch über Terracina, auf dem Gipfel des Monte Sant'Angelo, liegen die Reste des *Tempels von Jupiter Anxurus* aus dem 1. Jh. v. Chr. Von der Altstadt führt eine 3 km lange „strada panoramica" hinauf. Viel ist nicht erhalten, aber der Blick ist einmalig.

  Öffnungszeiten/Eintritt **Archäologisches Museum**, Mai bis Sept. Mo–Sa 9.30–13.30 Uhr, Di–Sa zusätzlich 15–21Uhr, So 10–13 Uhr. Eintritt 1,55 €. ✆ 0773/707313.

- **Abtei von Fossanova**: landeinwärts in der Nähe von Priverno gelegen. Die Abtei wurde von Benediktinern gegründet, später den Zisterziensern übertragen, sie zählte zu den wichtigsten mittelalterlichen Kulturzentren von Latium. Ihre beeindruckende gotische Zisterzienserarchitektur zeichnet sich vor allem durch fast völligen Verzicht auf jeden Schmuck aus und erinnert in vielem an die Tochtergründung Casamari (→ S. 795).

  Die *Kirche* wurde 1208 von Papst Innozenz III. geweiht. Über dem Portal befindet sich eine sehr schöne Rosette, im schlichten, hellen Innenraum bilden die Pfeiler den einzigen Schmuck. Es gibt keine Seitenkapellen, nur einen Hauptaltar – nichts soll von Meditation und Gebet ablenken. Ein feierlicher Ort, dessen Ruhe sich auf den Besucher überträgt. Vom rechten Seitenschiff gelangt man in das *Klostergebäude*, der Weg führt durch den Kapitelsaal und das Refektorium. Ein Wegweiser weist zu einem kahlen, hohen Raum, in dem Thomas von Aquin 1274 gestorben ist.

  - *Öffnungszeiten* April bis Sept. 8–12 und 16–19.30 Uhr, im Winter 15.30–17.30 Uhr.
  - *Anfahrt* Von Terracina über die Via Appia zunächst in Richtung Rom, nach ca. 14 km rechts ab, dann noch etwa 10 km in Richtung Priverno.

- **Von Terracina nach Gaeta**: Die einmalig schöne Küstenstraße gibt an vielen Stellen herrliche Blicke in wildromantische, felsige Buchten mit kleinen Sandstränden frei. Schroffe Berge erheben sich aus dem Meer. Wer schwimmen will, kann das am lang gezogenen *Lido di Fondi* tun, zu dem eine gut beschilderte Straße führt. An den Wochenenden und in der Hochsaison ist aber auch hier alles überfüllt. Im weiteren Verlauf gelangt man nicht überall leicht zum Wasser, denn vieles ist in Privatbesitz ist oder gehört zu Hotels und Campingplätzen.

Sperlonga
ca. 3000 Einwohner

Etwa auf halbem Weg zwischen Terracina und Gaeta liegt das kleine Städtchen mit seinen weiß gekalkten Häusern und steilen Gassen malerisch auf einem Landvorsprung am Wasser.

Westlich liegt der Sandstrand *Canzatora*, östlich *Angolo* und *Bazzano delle Bambole*. In der Hochsaison ist auch hier alles sehr voll und manchmal auch recht laut.. Ungefähr 2 km weit östlich entdeckte man 1957 die *Höhle des Tiberius*. Der römische Kaiser muss eine große Vorliebe für Grotten und Höhlen besessen haben, denn er feierte dort oft und gern seine berüchtigten Orgien. Die Öffnung der Höhle gibt den Blick auf das Meer und das nahe Sperlonga frei. Fundstücke aus der einst reich geschmückten Höhle und der nahen Kaiservilla sind im benachbarten *Museum* zu besichtigen.

- *Öffnungszeiten/Eintritt* **Höhle des Tiberius** und **Museum**, tägl. 9–19, im Winter bis 16 Uhr, Eintritt 2 €, erm. 1 €. ✆ 0771/548028.
- *Anfahrt/Verbindungen* **PKW**, von Rom auf der Via Appia nach Terracina und auf der Via Domitiana weiter nach Sperlonga. Über die A 2 (Ausfahrt Frosinone) auf die SS 156, dann weiter nach Terracina, Sperlonga. **Bahn**, Stazione di Fondi-Sperlonga liegt bei Fondi, ein ganzes Stück landeinwärts, von dort Busverbindung in die Stadt. **Bus**, u. a. häufig von Terracina und Gaeta.
- *Information* Piazza della Rimembranza, ✆ 0771/54796, ℻ 549798.
- *Übernachten* *** **Hotel Aurora**, tolle Lage, das letzte Haus am westlichen Strand unterhalb der Altstadt und direkt am Meer. 44 nette Zimmer, DZ 160 €, Frühstück inkl. Via C. Colombo 115, ✆ 0771/549266, ℻ 548014, www.aurorahotel.it.
*** **Parkhotel Fiorelle**, recht komfortables Haus mit einem großen Park, im Restaurant ausgezeichnetes Essen. EZ 80 €, DZ 91 €. ✆/℻ 0771/548092.

Camping Nord-Sud, 45 ha großes Gelände (Schatten durch Olivenbäume) direkt am Meer, sauber, gute Sanitäranlagen und ansprechende Ausstattung (Bungalows für 4 Pers., Laden, Restaurant, Pizzeria, Sportmöglichkeiten). Für 2 Pers. (mit Stellplatz) 45 €; Bungalow 116–197 € (2–4 Pers.). Geöffnet von April bis Sept. Via Flacca bei km 15.300, am Ortsrand, ✆ 0771/548255, ℻ 557240, www.campingnordsud.it.

- *Essen & Trinken* **Agli Archi**, kleines, hübsches Restaurant an einer idyllischen Piazzetta, sehr gute Tagesgerichte, allerdings nicht billig, Menü um 45 €. Mi geschl. Via Ottaviano 17, ✆ 0771/548300.
Am Weststrand (in Richtung Terracina) gibt es mehrere gute Restaurants. Empfehlenswert ist z. B. das **Ristorante Tramonto**, wo man auf der Terrasse mit Blick auf das Meer und die Altstadt wunderbare Fischgerichte (abends auch Pizza) genießen kann; Menü um 35 €. Mi Ruhetag. Via C. Colombo 53, ✆ 0771/549597.
Von Lesern empfohlen wurde die Pizzeria **Da Raffaele**, preiswert und gut.

Gaeta

ca. 21.000 Einwohner

Quirliger Badeort in malerischer Lage mit Festungsanlage und Glockenturm, mit dem benachbarten Formia fast zusammengewachsen. Es ragt mit dem ältesten Stadtteil auf einer kleinen Landzunge direkt ins Meer hinein. Die anderen Teile der Stadt liegen direkt an dem Ausläufer eines Bergvorsprunges.

Wie so viele Städte dieser Gegend hat Gaeta schweren Schaden im Zweiten Weltkrieg genommen (die Engländer landeten hier 1944), der jedoch nicht so weit ging wie z. B. in Formia. Die *Spiaggia di Serapo* ist der längste und stadtnächste Strand, aber fast völlig von Badeanstalten und Restaurants in Beschlag genommen. Andere Strände liegen versteckt in kleinen Buchten.

- *Anfahrt/Verbindungen* Anfahrt über die A 2 bis Ausfahrt **Ceprano**, dann die Landstraße 82 über Itri, Formia nach Gaeta. **Bahn**, Linie von Rom nach Neapel, Bahnhof an der Piazza Mazzini. **Bus**, häufige Verbindungen von und nach Terracina und Neapel.
- *Information* Piazza Traniello 19, in der Altstadt, ✆ 0771/462767, ℻ 465738, Mo–Fr 9–12 und 17–20 Uhr. Im Sommer auch in der Via Cavour, ✆ 0771/461165.
- *Übernachten* *** **Summit**, größeres Haus direkt am Meer, mit 70 Zimmern und eigenem Strandabschnitt, im Restaurant guter Service mit hervorragendem Essen (insbesondere die Fischspezialitäten sind bekannt), auch anspruchsvolle Gäste sind hier meist zufrieden. DZ mit Frühstück 210 €. Via Flacca (km 23). ✆/℻ 0771/741741, www.summithotel.it.
*** **Hotel Serapo**, vergleichsweise preiswert, 176 Zimmer mit Meerblick. Garage, Schwimmbad, Tennisplätze und hoteleigener Strand vorhanden. EZ 100 €, DZ 160 €, Frühstück inkl. Via Firenze 11 (im Stadtteil Spiaggia di Serapo), ✆ 0771/450037, ℻ 311003, www.hotelserapo.com.
* **Rock Garden**, bescheidene Pension mit gutem Service und eigenem Restaurant. EZ 80 €, DZ 95 €. Via Torino 14, ✆ 0771/461791, ℻ 311275.

Formia 805

• *Essen & Trinken* **Antico Vico**, sympathisches Fischlokal im Herzen der Altstadt von Gaeta. Hervorragend zubereiteter frischer Fisch, kleine Weinkarte, faire Preise, um 35 € à la carte, das Tagesmenü ist oft preiswerter. Mi Ruhetag. Vic. del Cavallo 2, ✆ 0771/465116.
Taverna del Marinaio, sehr schick gestylt, gehobene Küche, Menü 25–30 €. Mi geschl. Via Faustina 36 (Altstadt), ✆ 0771/461342.

Sehenswertes: Im alten Stadtkern auf der Landzunge kann man gemütlich durch mittelalterlich verschlungene Gassen flanieren, deren gegenüberliegende Häuser teilweise mit Stützbögen verbunden sind. In der *Via Annunziata* steht die gleichnamige Kirche, um 1320 errichtet, aber jetzt mit barocker Fassade. Vom ursprünglich romanischen *Dom* in der Nähe der Via Bausan ist nur noch der 57 m hohe Glockenturm in seiner ursprünglichen Form erhalten. Das höher gelegenen *Castello* ist militärisches Sperrgebiet.

Auf den Gipfel des Orlando führt eine kleine, kurvenreiche Straße, die sich in Serpentinen bis zum *Grab des Lucius Munatius Plancus* (85–15 v. Chr.) schlängelt. Eine schönere Ruhestätte hätte sich der erfolgreiche Feldherr, der mit Caesar Frankreich eroberte und die Städte Lyon und Basel gründete, nicht wünschen können – die Aussicht von der Vorderseite des mit einem Fries geschmückten Rundbaus ist umwerfend! Eine Panoramastraße, die ständig den Blick aufs Meer freigibt, führt weiter zum *Santuario della Montagna Spaccata* am äußersten Südwesthang des Berges – drei tiefe Risse im Felsen wurden hier von den Benediktinern als Heiligtum verehrt. In der sogenannten *Türkengrotte* kann man auf einer steilen Treppe bis zum Meer hinuntersteigen.

Öffnungszeiten/Eintritt **Grab des Lucius Munatius Plancus**, im Sommer Mo–Sa 10–13 und 16.30–19.30 Uhr, So 9–13 und 16–20 Uhr, im Winter nur Sa/So 9–13 Uhr. **Santuario** tägl. 7–12 und 15–19 Uhr.

Formia

ca. 35.000 Einwohner

Fast übergangslos gelangt man von Gaeta nach Formia, denn die beiden Städte wachsen zusammen. Der Bade- und Luftkurort liegt am Ende der Bucht von Gaeta direkt am Meer. Das Stadtbild ist überwiegend modern, da der Zweite Weltkrieg auch hier große Verwüstungen angerichtet hat. Formia besitzt einen wichtigen Hafen für die Fähren zu den Pontinischen Inseln, ist außerdem Hauptverkehrsknotenpunkt für Straßen und Eisenbahn auf dem Weg von Rom nach Neapel. Nicht zuletzt kommt man auch bequem zur berühmten Abtei von Monte Cassino, ca. 40 km landeinwärts.

• *Anfahrt/Verbindungen* **PKW**, von Rom über die A 2 Richtung Neapel, Abfahrt Ceprano, dann weiter auf der SS 82 über Itri. Alternative: Von Rom aus direkt auf der Via Laurentina (über Latina, Terracina, Gaeta), ab Terracina wunderschöne Küstenstraße.
Bahn, FS-Linie Rom – Neapel, Bahnstation an der Piazza IV Novembre, ca. 300 m vom Hafen.
Bus, Linien von und nach Terracina, Fondi, Cassino und Neapel.
Fähren und Tragflügelboote zu den Inseln Ponza und Ventotene (→ Pontinische Inseln).
• *Information* Viale Unità d'Italia 30/40, ✆ 0771/771490, ✎ 771386.
• *Übernachten* *** **Fagiano Palace**, ca. 3 km östlich am Meer gelegen. Modernes, größeres Hotel mit eigenem Strandzugang und 2 Tennisplätzen, 57 Zimmer meist mit Meerblick, von der Frühstücksterrasse aus hat man eine fantastische Sicht auf Formia bis nach Gaeta auf der anderen Seite der Bucht. EZ 75 €, DZ 95 €, Frühstück inkl. Via Appia 80 (SS 7), ✆ 0771/720900, ✎ 723517, www.grandhotelfagiano.it.
*** **Villa Maria Teresa**, nette Villa, schon etwas älter, EZ 49 €, DZ 65 €, Frühstück 6 € pro Pers. Viale Unità d'Italia, ✆/✎ 0771/770557, www.villamariateresa.com.
• *Übernachten außerhalb* **Camping Baia Domizia**, beim gleichnamigen Ort, etwa 20 km südlich von Formia (bereits in Kampanien). Großes, mustergültig gepflegtes Gelände mit reicher Vegetation und vielen

Rom und Latium Karte S. 724/725

schönen Schattenplätzen direkt hinter einem schmalen Sandstrand, etwas erhöht eine Wiesenfläche zum Sonnen. Großes Ristorante, Supermarkt, großzügiges Poolgelände mit mehreren Becken unter Palmen. Im Hochsommer Miniclub und allabendlich lautstarke Animation mit Kinderdisco etc. – wer das nicht mag, sollte seinen Stellplatz weiter entfernt wählen. Fest in deutscher Hand, da auch von einem bekannten Automobilclub als „Superplatz" klassifiziert. ✆ 0823/930126, 930375, www.baiadomizia.it

Außerdem gibt es drei Campingplätze, der größte ist **Gianola** in der Località Gianola, für 2 Pers. (mit Stellplatz ca. 26–30 €). ✆/ 0771/720223.

• *Essen & Trinken* **Sirio**, eines der besten Restaurants der Gegend, gehobene Qualität, sympathischer Familienbetrieb. Im Sommer kann man auch draußen sitzen. Menü um 35 €. Mo-Abend und Di geschl. (außer April bis Sept.), von Juni bis Sept. Di- und Mi-Mittag. Viale Unità d'Italia, ✆ 0771/790047, www.ristorantesirio.it.

Pontinische Inseln

Die Inselgruppe vulkanischen Ursprungs liegt etwa 40 km südlich von Formia. Bewohnt sind von den sechs Inseln nur Ponza und Ventotene – vor allem erstere hat sich dank ihrer großartig-wilden Landschaft und den schönen Bade- und Tauchmöglichkeiten für Italiener, speziell Römer, zu einem viel besuchten Anziehungspunkt entwickelt. Wer nicht gerade im Hochsommer kommt, kann hier sehr ruhige und beschauliche Tage verbringen.

Ponza wurde schon in der Antike als Verbannungsort genutzt und war seit dem 18. Jh. Gefängnisinsel. In der Zeit des Faschismus wurden zahlreiche Oppositionelle hier gefangen gehalten, doch 1943 war auch der Duce selber kurzzeitig in Ponza inhaftiert, bevor er auf den Gran Sasso verlegt wurde (→ Abruzzen/Molise). Der Hafenort wurde von den Bourbonen angelegt und bietet mit seinen kleinen, weiß und rosa getünchten Häusern einen hübschen Anblick. Von der Promenade führt ein Tunnel zum schönen Strand *Chiaia di Luna*.

• *Anfahrt/Verbindungen* Mehrere Fährlinien verkehren zwischen den Festlandshäfen Anzio, Terracina, Formia und den Inseln Ponza und Ventotene.
Nach Ponza: Fährschiffe gehen ganzjährig 2-mal tägl. von **Formia** (2,5 Std., 24 € einfach) und 1- bis 2-mal tägl. von **Terracina** (2,5 Std.), von **Anzio** nur Juni bis Sept. (3 Std.). Außerdem fahren von **Formia** 2-mal tägl. Schnellboote (75 Min.), ebenso zwischen Juni und Mitte Sept. 2- bis 3-mal tägl. von **Anzio** (75 Min.). Preislich liegen sie fast doppelt so hoch wie die Fähren.
Nach Ventotene: 1-mal tägl. fahren von Formia Fährschiffe (2,5 Std., 18 € einfach) und Schnellboote (75 Min.).
Zwischen Ponza und Ventotene: Fähren 10-mal die Woche (50 Min.), Schnellboote 6-mal die Woche (30 Min.).

• *Übernachten* Die meisten Hotels auf Ponza sind teuer, vergleichsweise günstig ist das *** **Feola**, EZ 80 €, DZ 150 €, Frühstück inkl. Via Roma 4, ✆ 0771/80205, 80617, www.hotelfeola.com.
Auf Ventotene sind die Unterkünfte ebenfalls teuer, aber etwas einfacher in der Ausstattung.

Der Hafen von Ponza

Süditalien

Mezzogiorno – der tiefe Süden jenseits einer unsichtbaren Grenze, die ganz Italien teilt. Die wohlgeordneten Agrarlandschaften Norditaliens und die weichen Hügelgemälde der Toskana sind hier weit weg. Der Apennin wird zum kargen und rauen Bergland – verbrannte und erodierte Hänge, Dörfer, zusammengepresst auf Hügelkuppen, vertrocknete Erde, dornige Macchiawildnis.

Doch es gibt Ausnahmen: die wunderschöne Halbinsel des *Gargano* mit blendend weißen Kalkklippen, duftenden Pinienwäldern und kristallklarem Wasser, die subtropisch üppige Halbinsel von *Amalfi* südlich von Neapel, die dichten Wälder des *Sila-Massivs*, die malerischen Küsten von *Cilento* und *Maratea* …

Süditalien ist uraltes Kulturland. In der Antike war es Schauplatz der großen griechischen Kolonisation, deren Städte sich hier zur *„Magna Grecia"* zusammenschlossen, später entstanden große Reiche der Byzantiner, Normannen, Staufer und Aragonesen. Vor allem in *Apulien* entwickelte sich durch die Vermischung der

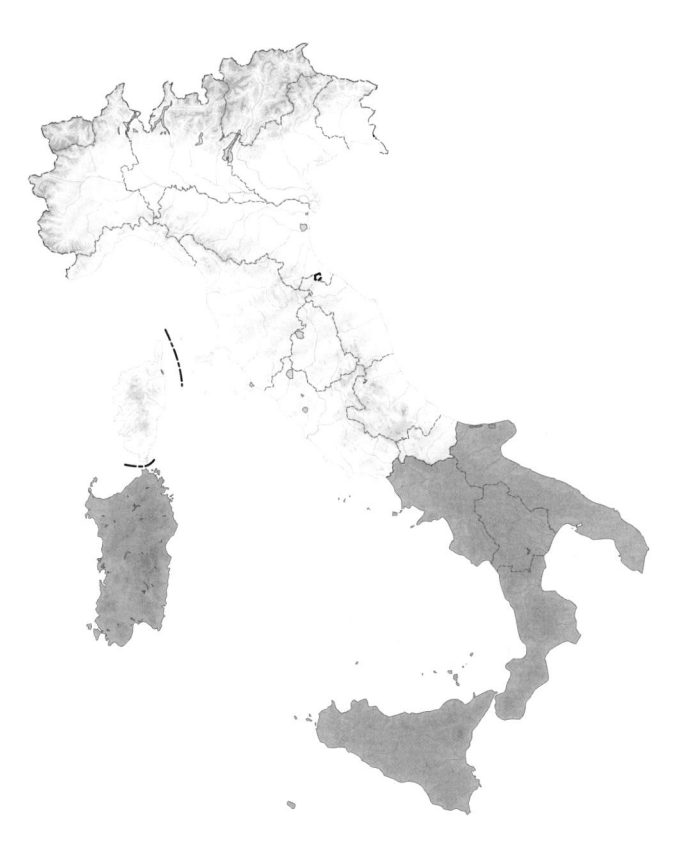

Stile eine interessante und eigenständige Architektur, die von nordischen, byzantinischen und islamischen Elementen geprägt war. Von der verspielten „apulischen Romanik" über die strengen Kathedralen und Kastelle der Normannen bis zum üppigen „Lecceser Barock" reicht die Spannweite der Bauten. Apulien war immer Nahtstelle zwischen West und Ost: Manches erinnert an Griechenland – das helle Licht, die weißen verschachtelten Dörfer. Aber auch Afrika ist nicht mehr weit. Albanien, das Armenhaus Europas, ist gar nur 80 km entfernt. Die Flüchtlinge, die durch brutale Schlepperbanden über die Adria gebracht werden, sind seit Jahren ein Thema.

Die *Basilikata* ist weitgehend erosionsgeplagtes Hügelland, dünn besiedelt und wirtschaftlich arm. Nicht von ungefähr existiert in Matera eine einzigartige Höhlenstadt. Im Lauf der Jahrhunderte wurde hier ein riesiges Labyrinth von Wohngrotten in die weichen Tuffhänge gegraben, die nur bescheidenen Ersatz für Häuser bieten.

Kalabrien erhielt erst Anfang der siebziger Jahre Autobahnanschluss nach Neapel und Rom – bezeichnend für den Stellenwert, den Norditalien den Regionen im tiefsten Süden des Stiefels zumaß und wohl noch zumisst: Seit Jahrhunderten ist Süditalien weitgehend vernachlässigtes Entwicklungsland. Feudale Pachtsysteme hielten die Einwohner in Armut und Abhängigkeit. Millionen Menschen mussten in die Industriegebiete Mitteleuropas, nach Amerika und Australien auswandern, um zu überleben. Der schwache bzw. uninteressierte Staat machte es möglich, dass hier die Mafia fruchtbaren Boden fand. Die Probleme sind z. T. bis heute geblieben. Anstatt die agrarischen Strukturen zu verbessern, forcierten die Reißbrettplaner in Rom in den sechziger und siebziger Jahren gigantische Industrieprojekte und Edeltourismus-Enklaven. Diese Politik scheiterte völlig. „Kathedralen in der Wüste" nannte man bald die Industrie- und Chemiekomplexe, an denen vor allem die norditalienischen Bauträger verdienten. Die Arbeitslosigkeit ist hoch, der Agrarwirtschaft fehlt die Modernisierung – Probleme, die sich in den Großstädten nicht zuletzt auch in der erhöhten Rate von Kleinkriminalität äußern.

Kampanien ist dank seines vulkanischen Bodens die fruchtbarste Region im Süden. Um den Vesuv ist jeder Quadratmeter ausgenutzt und so dicht besiedelt wie bei keinem anderen Vulkan der Welt. Ein unbedingtes „Muss" ist natürlich die 79 n. Chr. von ausströmender Lava verschüttete Stadt *Pompeji*. Immer wieder faszinierend auch *Neapel*, ein brodelnder Millionenkessel, in dem wir nüchternen Mitteleuropäer noch das Staunen lernen können. Im schroffen Gegensatz dazu steht die mondäne Welt der *Amalfiküste*, vor allem in den fünfziger Jahren weltbekanntes Refugium des Jet-Sets, vieler Schriftsteller und Künstler – malerische Küstenstädtchen, eingeschmiegt in üppige, tropisch anmutende Vegetation und steile Felshänge.

Fischer in Gallipoli

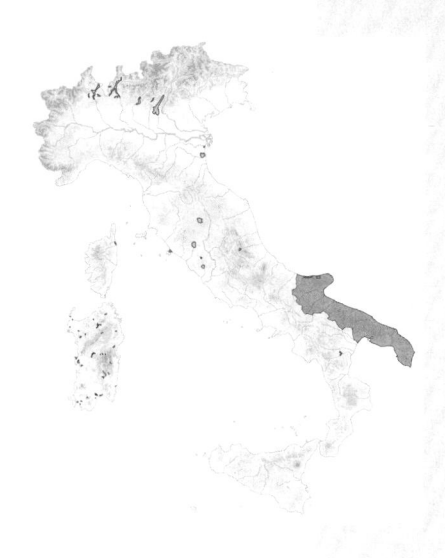

APULIEN
Puglia

SCHÖNE ORTE: im Norden die Gargano-Orte Rodi Garganico (S. 816), Peschici (S. 817) und Vieste (S. 818), im Süden Locorotondo (S. 838), Ostuni (S. 840), Martina Franca (S. 838), Otranto (S. 847), Lecce (S. 842) und Gallipoli (S. 851).

LANDSCHAFTLICHE HÖHEPUNKTE: Rundfahrt um den Gargano (S. 814), das Innere des Gargano (S. 822), die Schluchten nordwestlich von Taranto (S. 854).

KULTURELL INTERESSANT: Kirchen von Troia bei Foggia (S. 825), Trani (S. 827), Bari (S. 830), Lecce (S. 842) und Gallipoli (S. 851); das Castel del Monte des Stauferkaisers Friedrich II. (S. 829); das Archäologische Nationalmuseum in Taranto (S. 853).

BADEN: beste Strände rund um die Gargano-Halbinsel (S. 814), bei Gallipoli (S. 851) und nördlich von Otranto (S. 849).

KURIOS: Höhlenheiligtum Monte Sant'Angelo im Gargano (S. 822); die faszinierende Trulli-Region mit Tausenden steinerner Hirtenhütten in Zipfelmützenform (S. 836); das riesige Bodenmosaik von Otranto (S. 848); die freskengeschmückten Grottenkirchen im Tuff nordwestlich von Taranto (S. 854).

EHER ABZURATEN: die Städte Foggia und Brindisi.

Der Pizzomunno-Fels, das Wahrzeichen von Vieste

Apulien
Puglia

Der äußerste Südosten des Stiefels – teils ausgesprochen fruchtbar mit riesigen Olivenhainen, weitgehend aber wasserarm, karstig und öde. Fast überall dominiert leicht welliges Flach- und Hügelland aus durchlässigem Kalkgestein, die Ebene des Tavoliere um Foggia ist sogar völlig flach. Eine erfrischende Ausnahme bildet der felsige Gargano. Die weit ins Meer ragende Halbinsel ist im Inneren über 1000 m hoch, die Küste wild zerrissen mit prachtvoller Pineta, bildhübschen Orten und weißen Sandstränden. Badeurlaub vom Feinsten an der schönsten Stelle der hier noch sauberen Adria! Die lang gezogene Stiefelferse, das sogenannte Salento, ist weithin flach und steinig, trotzdem ungewöhnlich und keinesfalls uninteressant.

In der Architektur vieler Dörfer und Städte sind griechische und afrikanisch-arabische Einflüsse spürbar. In den staubigen Küstenorten mit pastellfarbenen Flachbauten zwischen Otranto und Lecce fühlt man sich manchmal an die Südküste des Mittelmeers versetzt, *Ostuni* hat dagegen eine schneeweiße Altstadt, wie man sie sich auf einer griechischen Insel kaum schöner denken kann. Dörfer mit klangvollen griechischen Namen, wie z. B. Calimera (griech.: Guten Tag), verweisen auf den hohen griechischen Bevölkerungsanteil Apuliens. Die Großstädte sind dagegen leider oft chaotisch gewachsen mit sozialen Problemen wie hoher Arbeitslosigkeit und Kleinkriminalität. Jedoch hat die apulische Mafia noch nicht den Wirkungsgrad der kalabrischen. Abschreckend ist vor allem *Taranto*, dort gibt es allerdings eins der besten archäologischen Museen im Land. Trotz erheblicher Wasserarmut besitzt Apulien viel ertragreiches Ackerland, das apulische Olivenöl gehört zu den besten Italiens. Die Märkte in den Städten sind oft wunderschön fürs Auge: riesige Mengen leuchtend roter *peperoncini* und Tomaten, lange Gläserreihen voll

Apulien

eingelegter Artischocken, Pilze, Früchte und Oliven, Berge riesiger Melonen. Das Hügelland der *Murge* westlich und südlich von Bari zeigt sich dagegen ausgetrocknet, kahl und beinahe faszinierend in seiner Eintönigkeit. Im Rahmen eines Apulien-Aufenthaltes kann man nachhaltige Kulturerlebnisse mit Bade- oder Campingurlaub verknüpfen. Für Camping ist allerdings nur die *Gargano-Halbinsel* uneingeschränkt empfehlenswert, bedingt allenfalls noch die langen Dünenstrände um *Gallipoli*. Der Rest ist fast durchweg überlaufen und teils zersiedelt.

Apulien als Kulturland: Die Stiefelferse war für Italien immer das Tor nach Osten. In der römischen Antike endete hier die Via Appia von Rom, im Mittelalter schifften sich die Kreuzfahrer nach Palästina ein und über Jahrhunderte fungierte Apulien als wichtigste Drehscheibe für den europäischen Nahosthandel. Umgekehrt besiedelten altgriechische Kolonisten schon früh die Region um Brindisi und Otranto und im frühen Mittelalter war Apulien eine Provinz des Oströmischen Reiches. Byzantinisch-griechische und islamisch-arabische Einflüsse prägten die Region mehr als alle anderen des Stiefels. Dazu kam das große Reich der Normannen, die aus Palästina zurückkehrend unter Robert Guiscard ganz Unteritalien und später auch Sizilien eroberten. Durch diese groß angelegte Vermischung der Kulturen entstand in Apulien ein äußerst vielschichtiger, eigenständiger Baustil, heute sichtbar vor allem in den zahlreichen Kirchenbauten im apulisch-romanischen bzw. normannischen Stil, die sich die Küste entlang reihen. Spanische Vizekönige brachten im 16./17. Jh. schließlich den Barock ins Salento, der hier zu einer fantastischen lokalen Ausprägung kam – die Kirchen von Lecce als bestes Beispiel.

Anfahrt/Verbindungen

• *Bahn* Von Norden bequeme **FS-Küstenlinie** Ancona – Foggia – Brindisi – Lecce. Vom Westen gute Verbindungen ab Rom und Neapel, vom Süden weniger häufige Verbindungen die Küste des Ionischen Meeres entlang nach Taranto.
Ein Netz von lokalen Privatbahnen ergänzt die staatlichen Linien.
Ferrovia del Gargano (FG), von San Severo an der Nordküste des Gargano entlang nach Peschici (www.ferroviedelgargano.com).
Ferrovia del Sud-Est (FSE), Bari – Castellana Grotte – Martina Franca – Taranto, Lecce – Gallipoli und andere Strecken im Salerno (www.fseonline.it).

Ferrovie del Nord Barese (Ferrotramviaria), Bari – Bitonto – Ruvo di Puglia – Andria – Barletta (www.ferrovienordbarese.it).
Ferrovia Appulo-Lucane (FAL), Bari – Altamura – Gravina in Puglia – Matera – Potenza (www.fal-srl.it).
Achtung: Fahrplanwechsel der FS und der Privatbahnen an verschiedenen Tagen!
• *PKW* Rasche Anfahrt auf der **A 14** entlang der Adria, problemlos auch die Staatsstraße **SS 106** an der Stiefelsohle (Ionisches Meer).
• *Flug* Die Flughäfen von **Bari** und **Brindisi** werden von Billigfliegern angeflogen und haben sich zu populären Urlaubsdestinationen entwickelt.

Übernachten

Preiswerte *- oder **-**Hotels** sind eher rar, aber in den wichtigen Zentren doch meist zu finden. Im Sommer gibt es fast überall an der Küste Pflicht zur Halb- oder Vollpension. Eine Alternative bilden die zahlreichen Masserie (Gutshöfe), die zu **Agriturismobetrieben** umgebaut wurden. B. um Castel del Monte und Ostuni. Nicht wenige gehören jedoch ebenfalls gehobenen Preiskategorien an. Dazu kommt eine stetig wachsende Zahl von „Bed and Breakfast"-Adressen, vor allem in den Städten.
Der Gargano ist eine der reizvollsten **Campingzonen** Süditaliens und entsprechend gut ausgestattet, so gut wie jede Bucht besitzt mindestens einen Platz. Einige Plätze sind sogar ganzjährig geöffnet, z. B. bei Bari, Lecce und Gallipoli.
Jugendherbergen gibt es in Brindisi und Lecce.

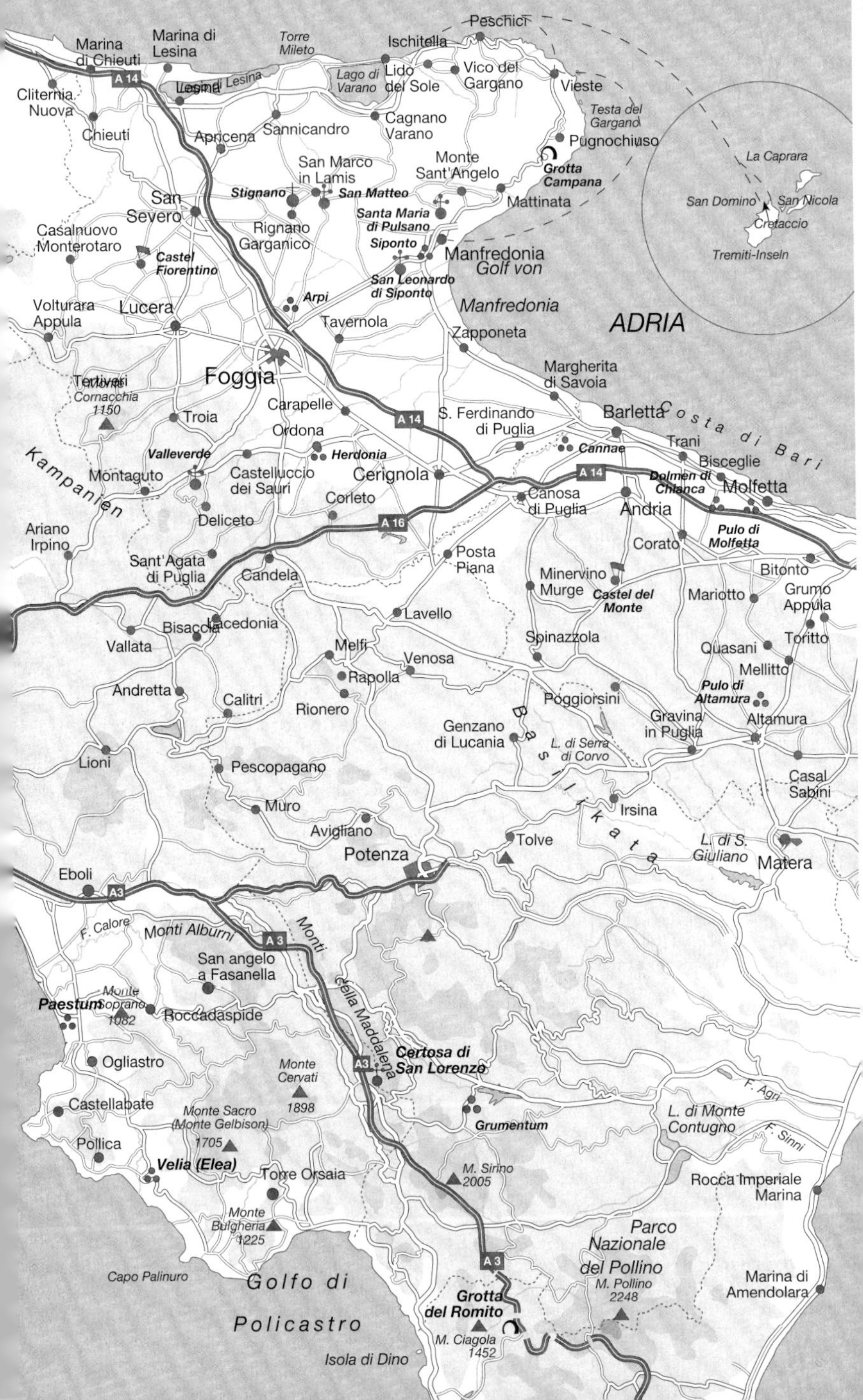
Peschici
Marina di Chieuti
Marina di Lesina
Torre Mileto
Ischitella
A 14
Lago di Lesina
Lesina
Lago di Varano
Lido del Sole
Vico del Gargano
Vieste
Cliternia Nuova
Testa del Gargano
Chieuti
Apricena
Sannicandro
Cagnano Varano
Pugnochiuso
San Marco in Lamis
Monte Sant'Angelo
Grotta Campana
La Caprara
San Severo
Stignano
San Matteo
Mattinata
San Domino
San Nicola
Cretaccio
Casalnuovo Monterotaro
Rignano Garganico
Santa Maria di Pulsano
Siponto
Manfredonia
Golf von Manfredonia
Tremiti-Inseln
Castel Fiorentino
San Leonardo di Siponto
Arpi
Volturara Appula
Lucera
Tavernola
Zapponeta
ADRIA
Foggia
Tertiveri
Monte Cornacchia 1150
Margherita di Savoia
Carapelle
Troia
A 14
S. Ferdinando di Puglia
Barletta
Costa di Bari
Ordona
Trani
Valleverde
Herdonia
Cannae
Bisceglie
Kampanien
Montaguto
Castelluccio dei Sauri
Cerignola
A 14
Dolmen di Chianca
Molfetta
Canosa di Puglia
Andria
Corleto
Deliceto
A 16
Ariano Irpino
Pulo di Molfetta
Corato
Posta Piana
Sant'Agata di Puglia
Candela
Minervino Murge
Bitonto
Castel del Monte
Mariotto
Grumo Appula
Lavello
Bisaccia
Lacedonia
Toritto
Spinazzola
Vallata
Melfi
Quasani
Venosa
Mellitto
Rapolla
Andretta
Pulo di Altamura
Poggiorsini
Calitri
Rionero
Basilikata
Gravina in Puglia
Altamura
Genzano di Lucania
L. di Serra di Corvo
Lioni
Pescopagano
Casal Sabini
Irsina
Muro
Avigliano
Tolve
L. di S. Giuliano
Potenza
Matera
Eboli
A 3
F. Calore
Monti Alburni
A 3
Monti della Madalena
San angelo a Fasanella
Monte Soprano 1082
Paestum
Roccadaspide
Certosa di San Lorenzo
Ogliastro
A 3
Monte Cervati 1898
F. Agri
Castellabate
Monte Sacro (Monte Gelbison) 1705
Grumentum
L. di Monte Contugno
F. Sinni
Pollica
Velia (Elea)
Torre Orsaia
M. Sirino 2005
Rocca Imperiale Marina
Monte Bulgheria 1225
Parco Nazionale del Pollino
A 3
Capo Palinuro
Golfo di Policastro
M. Pollino 2248
Marina di Amendolara
Grotta del Romito
M. Ciagola 1452
Isola di Dino

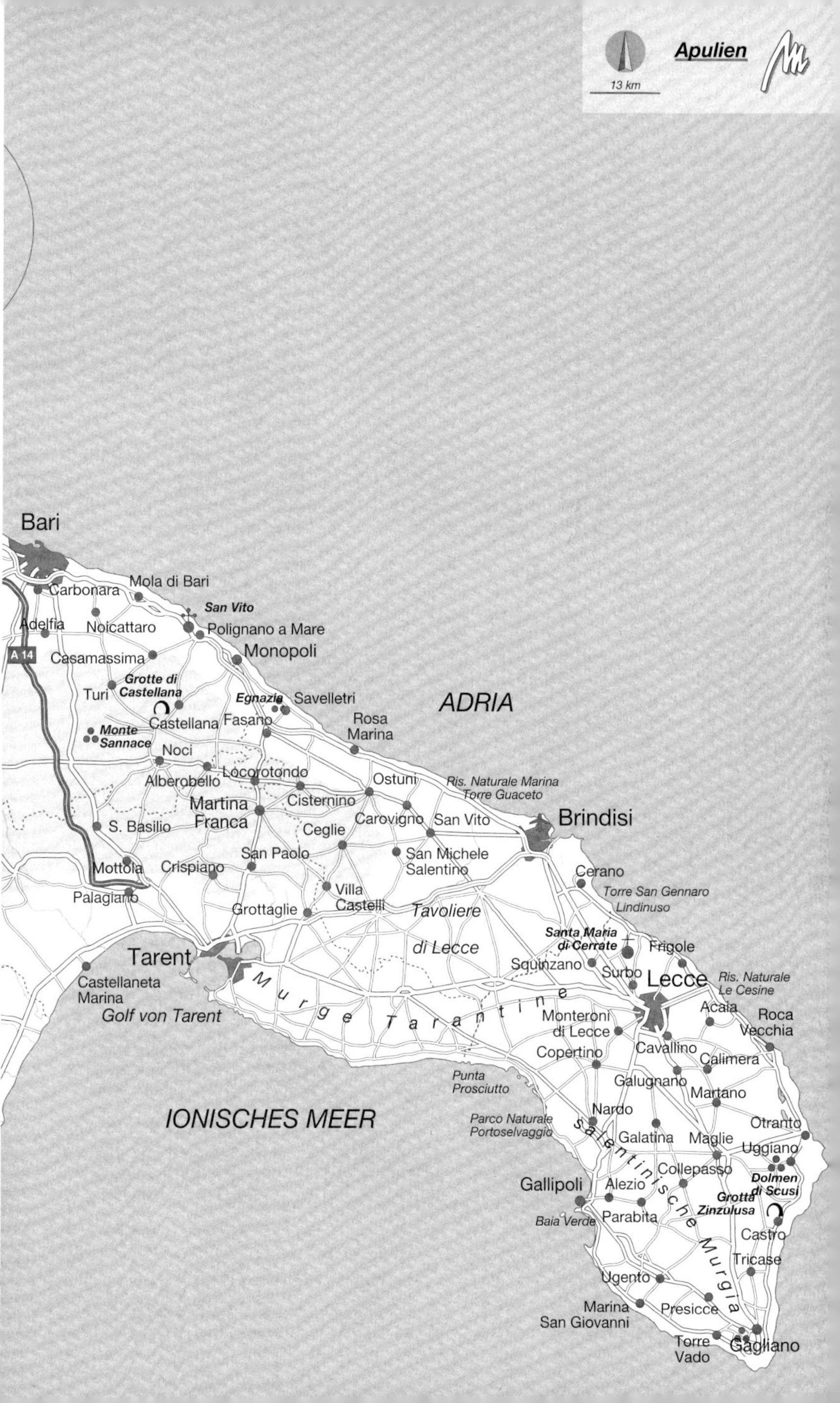

Apulien
13 km
Bari
Carbonara
Mola di Bari
San Vito
Adelfia
Noicattaro
Polignano a Mare
A 14
Casamassima
Monopoli
Turi
Grotte di Castellana
Egnazia
Savelletri
ADRIA
Castellana
Fasano
Rosa Marina
Monte Sannace
Noci
Alberobello
Locorotondo
Ostuni
Ris. Naturale Marina Torre Guaceto
Martina Franca
Cisternino
S. Basilio
Carovigno
San Vito
Brindisi
Ceglie
San Paolo
San Michele Salentino
Mottola
Crispiano
Cerano
Palagiano
Villa Castelli
Torre San Gennaro
Lindinuso
Grottaglie
Tavoliere di Lecce
Santa Maria di Cerrate
Frigole
Tarent
Squinzano
Surbo
Lecce
Ris. Naturale Le Cesine
Castellaneta Marina
Murge Tarantine
Acaia
Roca Vecchia
Golf von Tarent
Monteroni di Lecce
Copertino
Cavallino
Calimera
Punta Prosciutto
Galugnano
Martano
IONISCHES MEER
Parco Naturale Portoselvaggio
Nardo
Otranto
Galatina
Maglie
Uggiano
Salentinische Murgia
Collepasso
Dolmen di Scusi
Gallipoli
Alezio
Grotta Zinzulusa
Baia Verde
Parabita
Castro
Tricase
Ugento
Marina San Giovanni
Presicce
Torre Vado
Gagliano

Essen & Trinken

Die apulische Küche lebt traditionell von ihrem Gemüse und der Pasta, dazu kommen natürlich die Fänge aus dem nahen Meer. Fleisch ist, wie im ganzen Süden, wegen des geringen Viehbestands eher Mangelware.

Nudeln werden noch häufig in Eigenproduktion hergestellt, überall in Apulien bekommt man die **orecchiette** – feste Nudeln in Ohrform aus Hartweizengrieß. Die charakteristische ohrmuschelförmige Vertiefung wird mit gekonntem Daumendruck hergestellt.

Was Gemüse angeht, sind **pomodori** (Tomaten), **melanzane** (Auberginen) und **peperoncini** (Pfefferschoten) am weitesten verbreitet, da sie in dem heißen und trockenen Klima am besten gedeihen. Speziell die knallroten Peperoncini sieht man überall in meterlangen Strängen von Hauswänden baumeln. Auf den Märkten findet man in Olivenöl eingelegte Köstlichkeiten wie Pilze, **lampascioni** (Zwiebeln), Tomaten und Artischocken. Die verschiedenen apulischen Gemüse wie **rucola** (Rauke), **finocchio** (Fenchel), **cicoria** (Chicorée) u. a. erscheinen als „verdure" (Grünzeug bzw. Gemüse) auf der Speisekarte – charakteristisch ist ihr bitterer Beigeschmack. In Apulien (und anderen Regionen Italiens) wird gerne **bruschetta** serviert – verschiedene Gemüse auf gerösteten Brotscheiben. Das Olivenöl von **Bitonto** gilt als das beste im Süden Italiens.

Apulien hat, abgesehen von Sizilien und Sardinien, die längste Küstenlinie Italiens. Fischgerichte bestimmen dementsprechend oft die Speisekarte, u. a. **anguille** (Aal), **pesce spada** (Schwertfisch) und Meerbarbe. Im Mare Grande und Mare Piccolo bei Taranto werden **Austern** und andere Muscheln gezüchtet, dort herrscht allerdings erhebliche Meeresverschmutzung. Nach Sardinien und Latium gibt es in Apulien die meisten Schafe Italiens. **Trippa**, die Innereien also, werden in der ländlichen Küche Apuliens häufig verwendet. Auch **salsicce** (Würste) stellt man gerne aus Schaffleisch her.

Apulien als Weinland ist bekannt für seine riesigen, von Subventionsspekulanten angelegten Plantagen. Dort erzeugt man Massenweine, mit denen nord- und mittelitalienischen Tropfen gestreckt werden. Doch stellt das bisher immer noch die Ausnahme dar. Vor allem im Salento, dem südlichsten Teil Apuliens, werden dagegen ausgezeichnete Tropfen produziert, darunter die Rotweine **Salice Salentino** und **Brindisi** und verschiedene geschätzte Rosé-Weine. Beliebt sind aber auch die trockenen Weißweine von **Locorotondo** und **Martina Franca** in der Trulli-Region. Leider beeinträchtigt ihre „süditalienische" Herkunft die Marktchancen, die die Weine eigentlich hätten.

Gargano

Der Sporn des Stiefels, eine gut 1000 m hohe Felshalbinsel mit kleinen Städtchen hoch über dem Meer, dazwischen kräftige, alte Pinienwälder und blendend weiße Kalkklippen mit eingestreuten Sandstränden – bizarrer Kontrast zur brettflachen Ebene um Foggia. Die intakte Natur, das glasklare, türkisblaue Wasser und die bildhübschen Orte lohnen den Besuch, auf der zentralen Hochebene liegt zudem der letzte große Wald Apuliens. Der Gargano ist in jeder Hinsicht die schönste Stelle der gesamten italienischen Ostküste!

Geologisch gehört der Gargano nicht zur italienischen Adria, sondern zum gegenüberliegenden Albanien. Wahrscheinlich war er in erdgeschichtlicher Vorzeit eine vorgelagerte Insel. Die Küstenorte sind ausgesprochen malerisch – schneeweiß getüncht, unglaublich verwinkelt, mit zahllosen Treppen, immer wieder stößt man auf Ausblicke, wo einem der frische Seewind um die Nase weht. In den schmalen Gassen wird das Waschwasser über die Stufen gekippt, vor den Türen brutzeln mittags auf kleinen Öfchen die Grillsardinen. Wenn die Touristen nicht wären, eine der harmonischsten und entspanndensten Ecken im Land. Dringender Rat deshalb: nicht im August kommen! Brutale Hitze, sämtliche Unterkünfte überfüllt, Verkehrschaos

Isola di Varano 815

in den steilen Orten. Praktisch alle Küstendörfer besitzen lange Sandstrände, aber auch dazwischen liegen immer wieder Badebuchten. In jeder Bucht mindestens ein Zeltplatz – der Gargano ist eins der lohnendsten Campingreviere im Süden.

- *Anreise/Verbindungen* **PKW**, auf der **A 14** von Norden kommend, Abfahrt Poggio Imperiale. Oder auf der Küstenstraße **SS 16** Abfahrt Gargano – die Schnellstraße **SS 89** führt an den Küstenseen Lago di Lésina und Lago di Varáno vorbei nach Rodi Garganico. Von Süden auf der Autobahn kommend Abfahrt Foggia.
Bahn, Zugfahrer können von der FS-Küstenlinie Ancona-Bari in **San Severo** in die private „Ferrovia del Gargano" umsteigen – etwa 7-mal tägl. schöne, gemächliche Fahrt die Nordküste entlang bis kurz vor Peschici, dort weiter mit Bahnbussen. Oder von Foggia an derselben Strecke einen der häufigen FS-Züge nach Manfredonia im südlichen Gargano nehmen. Von dort weiter mit SITA-Bussen oder dem kleinem Fährschiff zu den malerischen Orten der Ostküste.
Bus, die Verbindungen an der Garganoküste mit SITA und anderen Gesellschaften sind gut, sehr zäh dagegen im Inneren der Halbinsel. Wer häufig Ausflüge machen will, sollte über ein eigenes Fahrzeug verfügen.

Rundfahrt von Nord nach Süd

Von Norden kommend, die Schnellstraße SS 89 nehmen, die ausschließlich für die ständig wachsenden Touristenmassen gebaut wurde. Anfangs noch völlig flach, zwei große Lagunenseen liegen unmittelbar hinter den langen Stränden, die hier reichlich verschmutzt sind.

▸ **Isola di Varano**: Auf der Landenge vor dem *Lago di Varano* erstrecken sich dichte Pineta und Eukalyptuswälder, davor liegt ein kilometerlanger Sandstrand. Direkt an der schnurgeraden Straße mehrere, teils sehr große Campingplätze. Durch den Wald Fußpfade zum Strand mit wacholderbewachsenen Dünen. An der Mündung zum Lago di Varano schaukeln Fischerboote im Wasser, an der Straße Fischbratereien.

- *Übernachten* **Camping Cinque Stelle** (0884/917583) und **Camping Uria** (0884/917541, www.campinguria.it), zwei Riesenplätze unter Pinien mit kräftigem Waldboden. **Camping Rancho**, hohe Pappeln und Eukalyptus. 0884/917814, 917871, www.foggiaweb.it/rancho.
Camping Viola, gepflegt, mit Swimmingpool und viel Grün. 0884/917548.

816　Apulien

- **Foce di Varano**: wild durcheinander gewürfelte Strandsiedlung in Einfachbauweise, endlose Durchgangsstraße. Camping La Perla (℡ 0884/917331) liegt am östlichen Ortsausgang direkt am Meer, familiäre Atmosphäre.
- **Lido del Sole**: große Feriensiedlung an langem Sandstrand, der sich bis Rodi Garganico zieht, zahlreiche Campingplätze nebeneinander (→ Rodi Garganico). Erst jetzt beginnt die eigentliche Gargano-Landschaft. Nach Rodi Garganico geht es auf einer Serpentinenstraße durch Obst- und Olivenbaumkulturen hinauf.

Rodi Garganico
ca. 4000 Einwohner

Sowohl von Lage wie Architektur ein vollendet malerisches Städtchen auf einer Bergkuppe steil über dem Meer. Die labyrinthische Altstadt wird von einer palmenbestandenen Panoramastraße umrundet, die östlich unterhalb des Hügels am Hafen mündet. Im August sollte man Rodi Garganico trotzdem besser meiden – fast rund um die Uhr heftiger Stop-and-go-Verkehr, an den Stränden endlose Sonnenschirmparade.

Die weite Piazza Rovelli im Zentrum bietet im Sommer allabendlich Straßenstände, Buden und Menschengetümmel. Abseits davon findet man ein echtes Bilderbuchdorf: weiß getünchte Häuser, bis zu fünf Stockwerke hoch, versteckte Winkel, wo sich selten Urlauber verirren, teils herrliche Ausblicke aufs Meer. Die Stimmung erinnert an Griechenland. Zu beiden Seiten der Stadt schöne lange Strände, gleich dahinter Bahnlinie und Küstenstraße.

- *Anfahrt/Verbindungen* Die **Bahn** umrundet den Stadthügel unten am Meer. Bahnhof am Hafen, ca. 7-mal tägl. fahren Züge in beide Richtungen – nach Peschici und nach San Severo.
Tägliche Fähre der Adriatica auf die **Tremiti-Inseln**, Abfahrt vormittags, außerdem verkehren von Juni bis September teurere Aliscafi (Tragflügelboote).
- *Information* **Pro Loco**, am Hauptplatz. ℡ 0884/965576, www.rodigarganico.info.
- *Übernachten* Einfache Hotels hauptsächlich im Hafenbereich östlich unterhalb vom Zentrum.
*** **Albano**, renoviertes Strandhotel direkt an der Bahnlinie, solide Einrichtung, vorne raus Balkons, Dachterrasse, beliebtes Ristorante. DZ ca. 70–130 €. ℡ 0884/965138, ℻ 965421, www.hotelalbano.it.
* **La Scogliera**, ein paar Schritte weiter, einfaches Haus mit Ristorante, Zimmer mit TV, Gratisparkplatz. DZ ca. 50–80 €. ℡ 0884/965422, ℻ 965860, www.pensionelascogliera.it.
** **Sabbia d'Oro**, direkt am gleichnamigen Sandstrand westlich vom Ort, schlichtes, grünweiß gestrichenes Albergo, saubere Zimmer, z. T. Balkons, dahinter Bahnlinie. Ein nettes, kleines Ristorante gehört dazu – das Richtige, um mittags am Strand zu essen. DZ mit Bad ca. 45–70 €, im Sommer Pensionspflicht. ℡ 0884/965289.

Westlich vom Ort geht von der SS 89 ein Abzweig zum Strand hinunter mit Hinweistafeln zu zahlreichen Campingplätzen. Ein gutes halbes Dutzend liegt direkt am Strand, z. B. **Stella del Sud** (℡/℻ 0884/917022, www.villagestelladelsud.it) und **Lido del Gargano** (℡ 0884/917044, www.camping.it/puglia/lidodelgargano), weitere an der Straße oberhalb davon.
Camping Siesta, gut geführter ***-Platz mit zahlreichen Extras, u. a. Swimmingpool, auf Ruhe wird Wert gelegt, nur ein Teil der Stellplätze darf mit PKW angefahren werden, Strand ca. 100 m entfernt. Mitte Mai bis Ende Sept. ℡ 0884/917009, ℻ 917111, www.siestacamping.it.
- *Essen & Trinken* **Borgo San Pietro**, volkstümliche Trattoria in der Altstadt, auch Tische im Freien. Leckerer Fisch und wechselnde Tagesgerichte. Via Mazzini 28, ℡ 0884/966187.
Gianpizzaiolo, lebhafte Pizzeria etwas erhöht über der Durchgangsstraße, Nähe Hauptpiazza. Corso Madonna della Libera 2, ℡ 0884/966363.
L'Enopolio Musicheria, gemütliche Weinschenke, etwas versteckt an der Hauptpiazza, Weine vom Fass, dazu bruschette, die „Musik" gibt's abends gratis. ℡ 0884/966445.
Capriccio, unten im Hafen, gute Adresse für Fisch, Meerestiere und Muscheln.

▶ **Zwischen Rodi Garganico und Peschici**: zunächst ein einziges Sandband, an dem sich auch im Hochsommer alles verläuft. Im hübschen Ort *San Menaio* begann in den 1930er Jahren der Gargano-Tourismus. Eine exquisite Unterkunft mit gepflegtem Garten ist *** Villa Maria (DZ mit Frühstück ca. 66–130 €, ✆ 0884/968700, 🖷 968800, www.parkhotelvillamaria.it).
Danach herrliche Fahrt durch alte gewachsene Pineta, zwischen den hohen Bäumen lugt immer wieder das Meer hindurch. Kurz vor Peschici die weite *Bucht von Calenella* mit langem Sandstrand und zwei schönen Campingplätzen: Calenella und Lido di Calenella. Hier auch Endstation der Bahnlinie, weiter nach Peschici geht es per Bus.

Peschici

ca. 4400 Einwohner

Schon von weitem bietet sich ein traumhafter Anblick – die alten Häuser drängen sich auf einer steilen Felsnase über dem Meer, darunter verlockt ein langer Strand mit weichem Sand zum genussvollen Baden.

Auf kurviger Straße hinauf zum *Centro storico*, das auf einem Grat balanciert und architektonisch Rodi Garganico noch übertrifft – alte Bruchsteinhäuser, teils grau und unverputzt, teils grell weiß, Gassen und Treppen bilden die unmöglichsten Winkel und Ecken, Blumenschmuck hier und dort, abends ist alles hübsch illuminiert. In den Treppengassen viele kleine Boutiquen und Kunsthandwerksläden. An der Spitze der Landzunge Reste eines früheren Kastells mit Panoramablick aufs Meer.

• *Anfahrt/Verbindungen* Endstation der Bahn in der Bucht von **Calenella**, wenige Kilometer westlich vom Ort. Weitertransport nach Peschici und Vieste mit Bussen der Bahngesellschaft. Jeden Vormittag CTM-Fähre für die **Tremiti-Inseln**.
• *Übernachten* Viele Hotels, Privatzimmer und Apartments im Ort.
** **Villa a mare**, am Eingang zur Hafenbucht, nur wenige Meter zum Meer. Landhaus im eigenwilligen Stil, Zimmer mit TV und Klimaanlage, gutes Restaurant, Parkplatz unter schattigen Pinien. DZ mit Frühstück ca. 70–100 €. Via Marina 1, ✆ 0884/963414, 🖷 963444, www.villaamare.it.
*** **La Torretta**, an der Treppe von der kurvigen Auffahrtsstraße zur Altstadt. DZ und kleine Apartments mit Klimaanlage und herrlichem Blick auf den Strand. HP ca. 42–80 €, Apartment ca. 170–600 € pro Woche. Via Torretta 13, ✆ 0884/962935, www.latorrettapeschici.it.
Camping Parco degli Ulivi, in der großen Badebucht unterhalb von Peschici, landeinwärts der Straße. Schönes Gelände mit alten Olivenbäumen. ✆ 0884/963404, 🖷 963390, www.parcodegliulivi.it.
Camping Bellariva, ebenfalls an der Baia di Peschici, einfacher, schattiger Platz direkt am Strand. ✆/🖷 0884/963423, www.villaggiobellariva.it.

TIPP! Locanda al Castello, pittoreske Lage an der Spitze der Felszunge, auf der die Altstadt liegt. Freundlicher Betrieb in einem kürzlich renovierten Palazzo, DZ um die 70–120 €, im Sommer Pensionspflicht. Gutes Ristorante mit schönem Ambiente und interessanter Küche. ✆ 0884/964038.
• *Essen & Trinken* **La Grotta delle Rondini**, im Hafen unten, z. T. in die Felsen hineingebaut. Hervorragende Fischküche mit interessanten Zutaten, Menü ab ca. 30 €. ✆ 0884/964007.
La Torretta, gehört zur gleichnamigen Apartmentanlage, Terrasse mit wunderschönem Panoramablick auf den Strand, hauptsächlich Fisch, lecker auch die *orecchiette al sugo di melanzane ripiene*. Via Torretta 50, ✆ 0884/962935.
Il Pescatore, nettes Terrassenlokal an der Straße von der Altstadt zum Hafen, auch hier wird in erster Linie Fisch serviert. Viale Kennedy 39, ✆ 0884/964448.
Vecchia Peschici, am Anfang der Hauptgasse durch die Altstadt, nett eingerichtet und schöne Terrasse mit Blick aufs Meer. Via Roma 31, ✆ 0884/962053.
TIPP! Al Trabucco, Mimi's Lokal thront auf einem felsigen Vorsprung östlich von Peschici, direkt über einem Trabucco. Tolle Lage und sehr leckere Fischküche. ✆ 0884/962556.

818 Apulien

▸ **Manacore Gargano**: schöner, zerklüfteter Küstenabschnitt zwischen Peschici und Vieste, viele Sandbuchten zwischen Kalkklippen und dichtem Pinienwald. Beliebte Ecke für Camper – zahlreiche ausgezeichnete Plätze, aber auch gehobene Preise. Der lange Sandstrand von *Santa Maria di Merino* ist das absolute Surfzentrum des Gargano, dort liegt der beliebte Camping Capo Vieste.

• *Übernachten* **Camping Baia San Nicola**, 2 km östlich von Peschici, sehr schönes und gepflegtes Gelände in einer Sandbucht mit alten Pinien, eingerahmt von Felsen. ✆/℻ 0884/964231, www.baiasannicola.it.
Camping Internazionale Manacore, riesiges Gelände 10 km östlich von Peschici, das eine ganze Bucht einnimmt. ✆ 0884/911020, ℻ 911049, www.grupposaccia.it.

Camping Holiday Village, direkt an einem breiten Sandstrand, 10 km nordwestlich von Vieste. ✆ 0884/706138, ℻ 705350, www.vieste.it/holiday.
Camping Capo Vieste, schattiger Platz in einer riesigen Bucht mit kilometerlangem Sandstrand, etwa 8 km vor Vieste, viel besuchte Surferzone. ✆ 0884/706326, ℻ 705993, www.hotelaranci.it.

Vieste

ca. 13.500 Einwohner

Größte Stadt und touristisches Zentrum des Gargano. Vieste erstreckt sich malerisch über und zwischen zwei verwitterten Felsarmen und wird zu beiden Seiten von prächtigen Sandstränden flankiert.

Unbedingt sehenswert ist das *Centro storico* auf dem südlichen der beiden Felsgrate. Enge, parallel laufende Treppengassen durchziehen leicht abfallend das Zentrum, gegenüberliegende Häuser sind immer wieder durch gemauerte Bögen gestützt, hier und dort verstecken sich Ristoranti. Viel Atmosphäre, die auch die Urlaubermassen noch nicht zerstört haben. Wer den Gargano besucht, sollte Vieste gesehen haben. Jedoch platzt die Stadt im August völlig aus den Nähten, allabendlich turbulente Passeggiata auf dem Corso Fazzini, dutzende Cafés mit Videowänden, von denen fetzige Rockmusik dröhnt, Straßenhändler dicht an dicht ...

Von den beiden Sandstränden ist der nördliche rau und windig, der südliche namens *Spiaggia Scialara* dagegen gut gepflegt und mit Lokalen aller Art versehen. Dort befindet sich auch der 20 m hohe, schneeweiße *Pizzomunno-Fels*, das Wahrzeichen der Stadt.

Anfahrt/Verbindungen/Information

• *Anfahrt/Verbindungen* **Busbahnhof** am Piazzale Manzoni, der Viale XXIV Maggio führt ins Zentrum. Busse der **Ferrovia del Gargano** fahren von und nach Peschici und San Severo an der FS-Bahnlinie. Häufige **SITA-Busse** über Manfredonia nach Foggia, ca. 3-mal tägl. nach Monte Sant'Angelo. Im Sommer tägliche **Schnellboote** mit Adriatica Navigazione (www.adriatica.it/it/adriatica.asp) auf die Tremiti-Inseln, je nach Saison ca. 22–27 € hin/rück.
• *Information* **Ufficio Informazioni**, viel Prospektmaterial über Vieste (auch ausgezeichneter Stadtplan), den Gargano und Apulien. Piazza Kennedy 1, Nähe Piazza Vittorio Emanuele, ✆ 0884/708806, ℻ 707130, www.vieste.it.

Übernachten/Camping

*** **Seggio (5)**, stilvolle Unterkunft mitten im historischen Zentrum, alter Palazzo (das ehemalige Rathaus), komplett renoviert, eine Wendeltreppe führt runter zum Meer, dort Bade- und Bootssteg, abends das Freiluft-Ristorante des Hauses. Einrichtung sachlich-elegant, kühl gefliese Zimmer, nach vorne optimaler Meerblick. DZ mit Frühstück ca. 75–140 €, im August nur mit Halbpension. Via Vieste 7, ✆ 0884/708123, ℻ 708727, www.hotelseggio.it.

Vieste 819

Scoglio di Santa Eufemia

Spaggia di Marina Piccola

Konvent San Francesco

Trabucco

Rathaus

Museo Archeologico

Kathedrale

Castello

Pizzomunno

Spaggia della Scialara

Essen & Trinken
2 Casa della Bruschetta
4 Osteria degli Archi
6 La Teresina
7 Sapore di Mare

Übernachten
1 Pensione al Centro Storico
3 Punta San Francesco
5 Albergo del Seggio

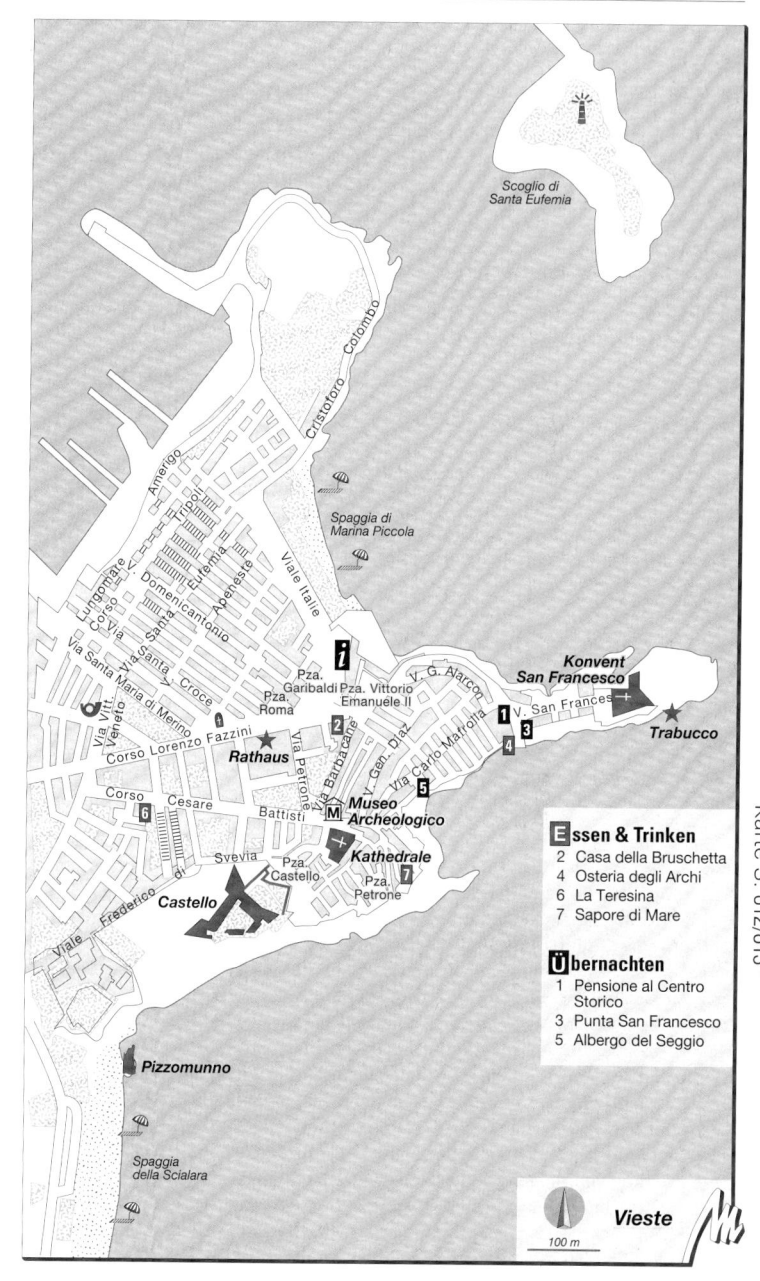

Vieste

100 m

Apulien
Karte S. 812/813

Apulien

*** **Punta San Francesco (3)**, fast an der Spitze der Landzunge, auf der die Altstadt liegt. Restaurierter historischer Bau am Aufgang zum Konvent San Francesco. Dachterrasse mit herrlichem Meerblick. DZ mit Frühstück ca. 60–120 €. Via San Francesco 2, ✆ 0884/701422, 701424, www.hotelpuntasanfrancesco.it.

** **Al Centro Storico (1)**, schräg gegenüber von der Punta San Francesco. Uriges, altes Gemäuer mit steilen Treppen, im Salon historisches Mobiliar, Zimmer schlicht und sauber, herrliche Frühstücksterrasse mit Meerblick, freundlich geführt von Dottore Vaira. DZ mit Frühstück ca. 40–70 €. Via Carlo Mafrolla 32, ✆ 0884/707030.

• *Camping* Zahlreiche Plätze an den Stränden nördlich und südlich, die meisten an der Strandstraße südlich von Vieste.

Baia Turchese, 2 km nördlich von Vieste, Busse der Ferrovie del Gargano stoppen vor dem Eingang. ✆ 0884/708587, www.esperia.it/baiaturchese.htm.

Apeneste, südlich von Vieste, stadtnächster Platz, kleines Gelände unter dichtem Dach von schattigen Pappeln, wegen der stadtnahen Lage oft „al completo". ✆ 0884/705191.

Del Sole (✆ 0884/708084) und **Del Turco** (✆ 0884/707153), zwei weitere große Plätze südlich von Arcobaleno.

Spiaggia Lunga, 7 km südlich, riesiger, gut ausgestatteter Platz, u. a. mit Pool, Disco und großem Sportangebot. ✆ 0884/706171, 705308, www.spiaggialunga.com.

Essen & Trinken/Nachtleben (siehe Karte S. 819)

La Teresina (6), große, beliebte Pizzeria in der Neustadt, kurz vor dem Torbogen, durch den man das alte Zentrum betritt. Tische auf der Straße und im schlauchförmigen Hof, oft geht es hoch her. Corso Cesare Battisti 55, ✆ 0884/701773.

Sapore di Mare (7), Fischlokal am Aussichtspunkt (→ Sehenswertes), romantisches Plätzchen, herrlicher Blick. Frühzeitig kommen, wird sehr schnell voll. Außer Fisch auch *bruschetta* und *orecchiette al ragu*. Via Judeca 30, ✆ 0884/707070.

Osteria degli Archi (4), lokale Küche im kühlen Kellergewölbe, besonders gut die Fischgerichte, von Gourmetführern empfohlen. Preise bisher im Rahmen. Via Ripe 2, ✆ 0884/705199.

Casa della Bruschetta (2), an der zentralen Piazza Vittorio Emanuele, folkloristisch aufgemacht, auf Holzbrettern wird die *bruschetta* in mehreren optisch ansprechenden Variationen serviert – Brot als Grundlage, dazu Mischungen verschiedener Gemüse. Fruchtiger Hauswein. ✆ 0884/701498.

Il Paniere, Via Tordisco 4, neues kleines Lokal mit deutscher Wirtin, serviert werden lokaltypische Gerichte gemäß den Richtlinien von Slow Food. ✆ 0884/702492.

• *Nachtleben* Vieste ist im Sommer Zentrum des Gargano-Nachtlebens und Treffpunkt der Szene aus Bari und den umliegenden Städten. Am Strand läuft immer etwas ab, an Wochenenden werden Strandlokale zu Freiluft-Diskos umfunktioniert.

Sehenswertes: den *Corso Cesare Battisti* entlang und durch den Torbogen in die Altstadt. Linker Hand führen die langen, weißen Treppengassen schnurgerade zur Piazza Vittorio Emanuele hinunter, ein kleines *Archäologisches Museum* mit Funden aus Vieste und Umgebung liegt in der Via Celestino V 67. Wenige Meter geradeaus stößt man auf einen absolut fantastischen *Aussichtspunkt*, von dem aus sich ein traumhafter Blick auf die Landzunge mit der Altstadt bietet. Der weiße Kalkfels bricht hier in gewaltigen Höhlungen ins Meer ab, direkt darauf sind die Häuser gebaut, am Abbruchrand z. T. wegen Einsturzgefahr verlassene Ruinen. Kirche und Konvent *San Francesco* bilden den Abschluss der Halbinsel. Rechter Hand oberhalb des Torbogens kommt man zur Kathedrale *Santa Maria Oreta* mit barock verschnörkeltem Turm. Im Inneren gibt es ein Riesendeckengemälde und Stucksäulen, verehrt wird hier eine hölzerne Marienstatue. Nach einer Restaurierung vor einiger Zeit kam die frühromanische Struktur wieder zum Vorschein. Das nahe *Castello* am höchsten Punkt der Altstadt ist von Militär in Beschlag genommen – keine Besichtigung möglich, aber vom Plateau wunderschöner Blick auf den Südstrand mit dem Monolithen *Pizzomunno*.

Dominierendes Zentrum des Stadtlebens bildet die große *Piazza Vittorio Emanuele* am unteren Rand des historischen Bezirks. Von dort sind es nur wenige Meter zur Palmenpromenade am Wasser. Ansonsten gibt es in der Neustadt wenig Besonderes, abgesehen vom *Markt* am Piazzale Manzoni neben dem Busbahnhof – ein Stand farbenprächtiger als der andere, eingelegte und getrocknete Peperoncini, dazu Oliven, Kapern und Artischocken, Kräuter, kleine feste Tomaten, Pyramiden aus Melonen und anderes Obst.

Sehr reizvoll sind Bootsausflüge, denn die weiße Felsküste südlich von Vieste ist mit zahllosen *Grotten* unterhöhlt. Motorboote starten jeden Morgen am Hafen, in einige der Höhlen fährt man sogar hinein, je nach Tour ab ca. 15 € pro Pers.

Öffnungszeiten/Eintritt Archäologisches Museum, nur im Sommer abends, Eintritt ca. 1 €.

Von Vieste nach Mattinata

Südlich von Vieste passiert die Straße die schöne Bucht *Lido di Portonuovo*, eingefasst von bizarren, weißen Klippen. Dann wendet sich die SS 89 landeinwärts, steigt bis über 400 m an, schöne, einsame Fahrt, kaum Besiedlung. Alternative ist die Fahrt über die kurvige Küstenstraße nach *Pugnochiuso* tief unterhalb, wo einige versteckte Sandstrände und Buchten warten. Die spektakuläre *Baia delle Zagare* inmitten bizarrer weißer Felsen weiter südlich ist ein fantastisches Fotomotiv und lohnt einen Badestopp. Auch der nahe Strand von *Mattinatella* ist reizvoll.

▶ **Mattinata**: Großes Dorf auf sanfter Hügelkuppe inmitten ausgedehnter Ölbaumpflanzungen, niedrige Häuser säumen die langen, geraden Straßen. Wenige Kilometer unterhalb erstreckt sich ein langer Kiesstrand, dahinter liegt ein gutes Dutzend meist kleiner Campingplätze. Zufahrt zum Strand über holprige Wege zwischen Olivenbäumen, gebührenpflichtige Parkplätze. In der Saison unglaublicher Rummel.

• *Übernachten* ***** Torre del Porto**, Anlage mit 14 Zimmern zwischen Zitronen- und Olivenbäumen, ca. 150 m zum Kiesstrand. Zweckmäßig eingerichtete, saubere Zimmer, gutes Essen aus eigenem Anbau, Pool, Kinderspielgeräte, Besitzer spricht Deutsch. DZ ca. 65–110 €. ✆/📠 0884/550429 (Winter: 559371), www.torredelporto.it.
** La Veranda, sympathische, weiß gekalkte Hotelanlage beim Strand, schöne Terrasse über dem Meer, Spaziergang zum nahen Hafen. DZ ca. 56–80 €, im August deutlich teurer und 7 Tage Aufenthaltspflicht. ✆/📠 0884/550521.
Agriturismo San Giorgio, 2 km vom Meer in üppigem Grün, Produktion von Olivenöl, über 20 einfache Ferienwohnungen (ca. 45–80 €) und DZ (ca. 50 €). Fahrräder, Privatstrand. ✆ 0884/551477, 📠 552070, www.agriturismogiorgio.it.
** San Michele, einfache Pension mit nettem Restaurant in Mattinatella, etwa 11 km nördlich. DZ ca. 40–50 €, im Sommer Pensionspflicht. ✆ 0884/550314.
Camping Ombra degli Ulivi, gepflegter, sauberer Platz unter Oliven, freundliche Platzleitung, Familienbetrieb. ✆ 0884/559076.
• *Essen & Trinken* **Dalla Nonna**, sehr schöne Lage direkt über dem Strand, Jugendstileinrichtung, reichhaltige und ausgewogene Speisekarte, gehobene Preise. Mo geschl. ✆ 0884/559205, www.dallanonna.it.
Giardino del Monsignore, großes Restaurant über dem Strand, etwas günstiger, zudem gibt es gute Pizza aus dem Holzofen. ✆ 0884/559934.
TIPP! **Belvedere**, 3 km nördlich, zu erreichen von der Küstenstraße nach Vieste. Ristorante mit herrlichem Blick, zudem recht preiswerte Zimmer. DZ ca. 50 €. ✆ 0884/550428, www.ristorantebelvedere.com.

Monte Sant'Angelo: faszinierend ist die Gleichförmigkeit seiner Häuserreihen

Monte Sant'Angelo
ca. 14.000 Einwohner

Reizvoller Ausflug von Mattinata ins hoch gelegene Innere des Gargano. Etwa 15 km Serpentinenstraße durch karge Felsen bis in fast 800 m Höhe, merklich kühler als an der Küste und im Sommer fast unwirklich klares Licht. Monte Sant'Angelo liegt ausgebreitet über eine Hügelspitze, faszinierend ist die Architektur der gleichförmigen Reihenhäuser mit verblichenen Schindeldächern und unförmigen Kaminen im unteren Ortsbereich Rione Junno.

Größte Attraktion ist das *Santuario di San Michele*, das Höhlenheiligtum des Erzengels Michael, der sich hier Ende des 5. Jh. Schafhirten zeigte, seinen roten Mantel und einen Fußabdruck zurückließ – heute eine in ganz Italien bekannte Wallfahrtsstätte, große Patronatsfeste am 8. Mai und 29. September. Durch eine reich verzierte Eingangshalle mit zwei Torbögen geht's auf breiter Treppe zu einer Grotte tief im Berg, unten vorgebaut ein Vestibül mit großen reliefgeschmückten Bronzetüren aus dem 11. Jh. Hinter dem Altar mit der Marmorstatue des Erzengels gibt es eine Öffnung, wo Wunder wirkendes Wasser austritt. Bedeutendstes Kunstwerk ist der reliefverzierte Bischofsthron aus Marmor.

Wieder zurück am Tageslicht, sieht man schräg gegenüber der Eingangshalle das eigenartige *Battistero in tumba* (Tomba dei Rotari), ein turmhohes Baptisterium mit verblassten Freskenresten und gotischen Spitzbögen, das man einst für das Grab des Langobardenkönigs Rotari (7. Jh.) hielt. Daneben steht die von einem Erdbeben zerstörte romanische Kirche *San Pietro*, von der nur noch die Apsis erhalten ist. Die benachbarte Kirche *Santa Maria Maggiore* besitzt ein romanisches Portal und einige Fresken. Ein Aufstieg zum *Kastell* lohnt vor allem wegen des herrlichen Panoramablicks. In der Unterstadt findet man an der Piazza San Francesco außerdem das *Museo Giovanni Tancredi* mit traditionellem Handwerk, Kunst und Trachten der Region.

Monte Sant'Angelo 823

- *Öffnungszeiten/Eintritt* **Santuario di San Michele**, im Sommer tägl. 7.30–19 Uhr, übrige Zeit etwa 12.30–15 Uhr geschl. Eintritt nur in geziemender Kleidung, Spende erwünscht.
Tomba dei Rotari, 9–13, 14.30–18 Uhr, Eintritt ca. 1 €.
Kastell, Juli/August tägl. 8–19 Uhr, übrige Zeit 9–13,14.30–18 Uhr, Eintritt ca. 2 €.
Museo Giovanni Tancredi, im Sommer Di–So 8–14, 15–19 Uhr, übrige Zeit bis 17 Uhr und Mo-Nachmittag geschl. Eintritt ca. 2 €.
- *Anfahrt/Verbindungen* Mit **PKW** am besten von Mattinata zu erreichen. Parken kann man auf mehreren Großparkplätzen mitten in der Stadt, alles gebührenpflichtig. Häufige **SITA-Busse** verkehren ab Manfredonia.
- *Information* **Pro Loco** an der Hauptstraße, Via Reale Basilica 40, gegenüber vom Ristorante San Michele. ✆ 0884/568056.
- *Übernachten* *** **Michael**, ganz zentral vor dem Santuario, zehn gut eingerichtete Zimmer mit TV, von der Panoramaterrasse Blick auf Basilica und Altstadt. DZ ca. 60–80 €. Via Reale Basilica 86, ✆ 0884/565519, www.hotelmichael.com.
Casa del Pellegrino, nüchterne Pilgerherberge beim Santuario, alles sehr sauber und korrekt. Nachtruhe im Sommer ab 23.30 Uhr, sonst 22.30 Uhr. DZ ca. 40–50 €. Via Carlo d'Angio, ✆/📠 0884/561150, www.santuariosanmichele.com.
*** **Rotary**, etwas außerhalb, an der Straße in Richtung Pulsano. Herrlicher Blick in die Berge. DZ ca. 60–75 €. ✆ 0884/562146.
- *Essen & Trinken* **Medioevo**, gepflegtes Ristorante beim Santuario, *orecchiette* aus eigener Produktion, Fleisch von Zicklein und Kalb etc. Mittlere Preise. Mai bis Sept. tägl., sonst Mo geschl. Via Castello 21, ✆ 0884/565356.
Da Constanza, alteingesessene Trattoria, familiär geführt, ländliche apulische Küche. Im Sommer tägl., sonst Fr geschl. Corso Garibaldi 67, ✆ 0884/561313.
TIPP! Li Jalantuùmene, sehr empfohlenes Lokal mit Sitzgelegenheiten auf einer netten Piazza im unteren Ortsbereich Rione Junno. Geboten ist gute traditionelle Küche, aber auch Experimente werden gewagt, dazu gibt es eine ordentliche Weinauswahl. Menü um die 30 € aufwärts. Im Winter Di geschl. Piazza de Galganis, ✆ 0884/565484.
- *Shopping* Von Straßenhändlern wird überall **Ostie Ripiene** angeboten, ein Oblatengebäck mit Honig und Mandeln.

San Giovanni Rotondo: Heimat von Padre Pio

Die weltberühmte Kleinstadt am Hang des Monte Calvo war viele Jahre Wirkungsstätte des verehrten *Padre Pio* (1887–1968), eines zunächst einfachen Priesters und Mönchs, der weit über die Grenzen Italiens hinaus berühmt wurde, zum einen wegen der blutenden Wundmale (Stigmata), die er die längste Zeit seines Lebens trug und die erst kurz vor seinem Tod verschwanden, aber auch weil er die Gabe der „Bilokation" besaß – angeblich erschien er in Rom vor der Kurie, während sein Körper im Gargano tief und fest schlief. Padre Pios Grab in der Basilika *Santa Maria delle Grazie* ist ein täglich massenhaft besuchtes Pilgerziel, auch seine Zelle kann besichtigt werden. Es sollen mehr Gläubige nach San Giovanni Rotondo kommen als nach Lourdes. Wegen der vielen Kranken gibt es hier außerdem eins der besten Krankenhäuser Italiens, dessen Gründung Padre Pio initiiert hat. Anfang Mai 1999 wurde Padre Pio von Papst Johannes Paul II. in Rom selig gesprochen und bereits drei Jahre später, am 16. Juni 2002, fand am Petersplatz die Heiligsprechung statt – die größte derartige Zeremonie, die es dort je gegeben hat. Schon 1993 hatte Stararchitekt Renzo Piano (→ Genua) in San Giovanni mit dem kühnen Bau der riesigen *Nuova Chiesa* begonnen, die seit kurzem fertig gestellt ist und zu den größten Sakralbauten der Welt zählt. 7500 Gläubige finden in ihr Platz, auf dem Vorplatz können sich weitere 30.000 Menschen versammeln. Avantgardistische Kunstwerke, u. a. von Roy Liechtenstein, schmücken das Innere.

Den zahllosen Pilgern bieten Dutzende von Herbergen Unterkunft, die Tourist-Info liegt an der Piazza Europa 104 (✆/📠 0882/456240).

▶ **Foresta Umbra**: ein herrlich schattiger Laubwald mit vielen Spazier- und Wanderwegen, ganz zentral im Gargano-Massiv – letzter Rest der großen Wälder, die einst Apulien bedeckten. Eigener PKW sehr sinnvoll, nur 1- bis 2-mal täglich durchquert den Wald ein SITA-Bus von Monte Sant'Angelo nach Vico del Gargano (Nord-Gargano). Im Zentrum des Naturschutzgebiets liegt ein *Centro Visitatori* mit kleinem Forstmuseum, wo man auch Wanderkarten erhält. An Wochenenden strömen die Besucher zu Hunderten und bevölkern die Picknickplätze im kühlen Grün.
Öffnungszeiten/Eintritt Centro Visitatori, Juni bis Sept. 9–18 Uhr, Eintritt ca. 1 €, ✆ 0884/88055, www.mediterraneambiente.it.

Tremiti-Inseln

Die reizvollen Felseninselchen etwa 40 km vor dem Gargano sind im Sommer ein beliebtes Ziel für Tagesausflüge, dementsprechend voll wird es dann. Nur noch wenige Dutzend Menschen leben hier ständig.

Hauptinsel ist das felsig-kahle *San Nicola*, wo bereits im 8. Jh. eine erste schlichte Einsiedelei entstand. Benediktiner aus Montecassino errichteten dann im 11. Jh. ein größeres Kloster, das sie über zweihundert Jahre bewohnten. Die trutzige Festungsanlage über dem Hafen, die einen Großteil des Dorfs umschließt, wurde im 15. Jh. unter Karl von Anjou zum Schutz vor Sarazenenüberfällen erbaut. Seit dem 18. Jh. nutzte man die Insel, wie so viele abgelegene Eilande rund um den Stiefel, als Staatsgefängnis, noch unter Mussolini wurden hier Regimegegner inhaftiert. Besichtigt werden kann die über dem Ort thronende Abteikirche *Santa Maria* aus blendend weißem Kalkstein. Sie besitzt einen schönen Mosaikboden aus dem 11. Jh., ein mächtiges, bemaltes Holzkreuz, das laut Inschrift 747 auf die Insel kam, sowie eine „Schwarze Madonna", die aus Byzanz stammt.

Die große Badeinsel *San Domino* ist fast vollständig von schattigen Pinienwäldern bedeckt, durch die sich beschauliche Wanderwege ziehen. Bester und meist überfüllter Strand ist die *Cala delle Arene* im Nordosten, gleich bei der Fähranlegestelle. In den felsigen Küsten gibt es aber auch viele einsame Buchten und zahlreiche Grotten, vor allem um die Südspitze.

Die dritte Insel namens *Caprara* ist unbewohnt.

• *Anfahrt/Verbindungen* Mehrere Reedereien unterhalten regelmäßige Verbindungen von **Ortona**, **Vasto** und **Termoli** (→ Abruzzen/Molise), außerdem von den Gargano-Orten **Vieste**, **Peschici** und **Rodi Garganico** sowie von **Manfredonia**. Zwischen San Nicola und San Domino kann man ebenfalls die Fähre benutzen.

Inselrundfahrten per Boot kosten ca. 15 € pro Pers.

• *Übernachten* Die wenigen **Hotels** sind teuer und häufig ausgebucht, im Sommer besteht oft Pflicht zur Vollpension. Günstige Alternative sind **Privatzimmer**, die es auf San Nicola und San Domino gibt.

Ziele um Foggia

Foggia im Zentrum der Tavoliere-Ebene ist touristisch uninteressant, jedoch lohnt ein Abstecher in die nahe Hügelstadt *Lucera*. Dort thront oberhalb der kompakten Altstadt die riesige *Fortezza Svevo-Angioino*, eins der größten Kastelle Süditaliens. Der orientbegeisterte Stauferkaiser Friedrich II. hatte 1233 in Lucera eine gewaltige Militäranlage errichten lassen und 20.000 Sarazenen seiner sizilianischen Leibwache hier angesiedelt – diese besaßen völlige Glaubensfreiheit, errichteten Moscheen und Religionsschulen. Für fast ein Jahrhundert erstrahlte der Burgpalast in orientalischem Glanz. Doch nach der Niederlage Friedrichs Sohns Manfred gegen die fran-

Manfredonia 825

zösischen Anjou massakrierten die Südfranzosen die Araber und errichteten die heutige Festung auf den Trümmern von Friedrichs Palast. Nur der fast 1 km lange Mauerring sowie Fundamente der Wachtürme und des Palastes sind erhalten geblieben. Der gotische Dom *Santa Maria Assunta* wurde ebenfalls unter den Anjou erbaut, außerdem gibt es am östlichen Stadtrand ein großes römisches *Amphitheater*. Das *Museo Civico* in der Via di Nicastri zeigt Stücke von der Antike bis zum Mittelalter.

- *Öffnungszeiten/Eintritt* **Fortezza Svevo-Angioino**, April bis Sept. Di–So 9–14, 15–20 Uhr, übrige Zeit 9–14 Uhr, Eintritt ca. 2 €..
Amphitheater, wie Fortezza Svevo-Angioino.
Museo Civico, soll nach längerer Restaurierung 2007 wieder eröffnet werden.
- *Anfahrt/Verbindungen* Bahn- und Busverbindung mit Foggia, Bahnhof 1 km südlich vom Zentrum.
- *Übernachten* ** **Al Passetto**, älteres Stadthotel, in die Stadtmauer integriert. DZ ca. 55–65 €. Piazza del Popolo 26–30, ✆ 0881/520821.

▸ **Troia**: 18 km südlich von Lucera, einen Abstecher wert wegen seiner bedeutenden romanisch-apulischen *Kathedrale*, in der sich arabische und byzantinische Einflüsse niedergeschlagen haben. Berühmtes Bronzeportal von 1120, in dessen Einzelfeldern sich Fabeltiere tummeln, darüber herrliche Rosette mit filigranen Steinmetzarbeiten, jedes der elf Felder unterscheidet sich von den anderen. Im harmonisch gegliederten Langhaus stehen 13 Marmorsäulen, besonders schön ist auch die reich geschmückte Kanzel von 1158.
Verbindung/Übernachten Bus ab Foggia. Übernachten im **Albergo Alba d'Oro**, Viale Kennedy 28 (✆ 0881/970940, ✉ 970425).

Küste von Manfredonia bis Bari

Südlich vom Gargano wird die Küste zunächst flach und monoton – Ackerbau, Sand und Salinen prägen die Randzone der Tavoliere. Der *Lido di Siponto* zieht sich von der Industriestadt Manfredonia als endloses graues Band nach Süden. Nur ganz vereinzelt gibt es Campingplätze und Feriensiedlungen.

Manfredonia
ca. 53.000 Einwohner

Seit den sechziger Jahren wurde die einstige Stauferstadt südlich des Gargano zur Industriemetropole hoch gerüstet, die großen Blöcke der Petrochemie sind schon von weitem zu sehen. Zwar wurden sie Mitte der neunziger Jahre weitgehend geschlossen, verunstalten aber noch immer das Bild. Manfredonia ist Endpunkt der Bahnlinie von Foggia und insofern guter Ausgangspunkt für Gargano-Trips, Busse fahren in alle wichtigen Küstenorte.

Sehenswert ist das wehrhafte *Stauferkastell* – gegründet von Stauferkönig Manfred und vollendet von Karl I. von Anjou – mit dem bedeutenden *Museo Nazionale del Gargano*: archäologische Funde aus der Frühgeschichte Apuliens, darunter quaderförmige Stelen der Daunier, die Apulien zwischen dem 1. und 2. Jt. v. Chr. besiedelten.

- *Öffnungszeiten/Eintritt* **Museo Nazionale del Gargano**, tägl. 8.30–19.30 Uhr, außer 1. und 4. Mo im Monat. Eintritt ca. 3 €.
- *Anfahrt/Verbindungen* Häufige **Züge** von und nach Foggia, **SITA-Busse** entlang der Küste, nach Monte Sant'Angelo und Mattinata.
Von Juni bis Sept. fährt ein Schnellboot von **Adriatica Navigazione** um den ganzen Gargano herum und hinüber auf die Tremiti-Inseln, unterwegs tolle Ausblicke auf Buchten, Grotten und Felsarkaden. Tickets gibt es an der südlichen Hafenmole „Molo di Ponente".
- *Information* **APT**, viel Material über die gesamte Küstenregion. Mo–Fr 8–14 Uhr. Piazza del Popolo 11, ✆/✉ 0884/581998, www.comune.manfredonia.fg.it.
- *Essen & Trinken* **Coppolarossa**, freundlich geführter Familienbetrieb mit guter Fischküche. Via dei Celestini 13, ✆ 0884/582522.

Apulien Karte S. 812/813

826 Apulien

▸ **Siponto und Umgebung:** Der Badevorort Siponto liegt etwa 3 km südlich von Manfredonia. Von der verlassenen Bischofsstadt Sipontum steht nur noch am nordwestlichen Ortsrand der kleine, fast quadratische Dom *Santa Maria di Siponto* mit seinem schönen Portal aus Säulen tragenden Löwen. Daneben wurden Reste der antiken Stadtmauer sowie Fundamente und Mosaikböden einer frühchristlichen Basilika entdeckt. Im Centro Visito des nahen *Parco Archeologico* kann man die alte Stadt virtuell erleben.
Öffnungszeiten/Eintritt tägl. 9–12.30, 15.30–218 Uhr, Eintritt ca. 2 €.

▸ **Margherita di Savoia:** wenig reizvoller Bade- und Kurort mit modernen Wohnblocks und zahllosen Badeanstalten, die den ganzen Strand in Beschlag nehmen. In Italien ist Margherita di Savoia bekannt für seine Salzkuren – höchst eindrucksvoll sind die weiß glitzernden Salinenfelder, die sich nach Norden gut 20 km entlang der Küste ziehen.

Barletta
ca. 90.000 Einwohner

Große Küsten- und Hafenstadt. Auf den ersten Blick wenig einladend, doch im alten Zentrum findet man einige historische Relikte aus der Zeit der Kreuzzüge, als Barletta ein wichtiger Einschiffungshafen für Fahrten ins Heilige Land war.

Das Kastell, das früher direkt am Meerufer stand, gehört nach einer umfangreichen Restaurierung zu den eindrucksvollsten spätmittelalterlichen Wehrbauten Apuliens. Und auch die nahe Kathedrale ist einer der mächtigsten romanischen Sakralbauten an der Küste. Info für Filmfans: Der Patricia-Highsmith-Thriller „Nur die Sonne war Zeuge" wurde im Hafen von Barletta mit Alain Delon eindrucksvoll verfilmt.

• *Anfahrt/Verbindungen* **PKW**, von der Autobahn A 14 auf kerzengeradem Zubringer zu erreichen. **Bahn**, Station an der FS-Strecke von Ancona nach Bari. Außerdem ist Barletta Endstation der **Ferrotranviaria Bari-Nord** (→ Bari).
• *Information* **IAT**, Mo–Sa 9–13 Uhr, Di und Do auch 16–19 Uhr. Corso Garibaldi 208, Nähe San Sepolcro, ✆ 0883/331331.
• *Übernachten* ****** Itaca**, großes, modernes Strandhotel östlich vom Zentrum. DZ mit Frühstück ca. 75–110 €. Viale Regina Elena 30, ✆ 0883/37741, ✆ 37786, www.itacahotel.it.
* Prezioso, beim Hafenviertel, Nähe Piazza Plebiscito, für einfache Ansprüche okay. DZ ca. 50 €. Via Teatini 11, ✆ 0883/520046.
B & B de Nittis, in der Nähe der Kirche San Giacomo. Einige Zimmer (z. T. eig. Bad, z. T. teilt man sich eins) in einem restaurierten historischen Palazzo, geführt von einem jungen Paar. DZ ca. 45–60 €. Vico del Lupo 9, ✆/✆ 0883/571310, www.bbdenittis.it.
• *Essen & Trinken* **Antica Cucina**, traditionsreiche Trattoria mit apulischer Küche. Menü 35 € aufwärts. So-Abend und Mo geschl. Via Milano 73, ✆ 0883/521718.
Baccosteria, stilvoll-rustikale Osteria nicht weit von der Kathedrale, durch den Glasboden sieht man den Weinkeller. Gute lokale Küche, lecker z. B. die mit Ricotta gefüllten Calamari, ein Michelinstern ist der Lohn für die Mühe. Menü um die 35 € aufwärts. So-Abend und Mo geschl. Via San Giorgio 5, ✆ 0883/534000.
• *Nachtleben* in der Altstadt findet man zahlreiche Kneipen und Pubs, vor allem im Umkreis der **Piazza della Sfida**.

Sehenswertes: Die mittelalterliche Kreuzfahrerkirche *Chiesa San Sepolcro* steht dort, wo der Corso Vittorio Emanuele auf den Corso Garibaldi trifft. Sie wurde 1972 umfassend restauriert, wobei man versucht hat, ihren ehemaligen, sehr schlichten Charakter zu rekonstruieren. Das Innere wirkt dank des fast weißen Steins hell und luftig und ist frei von jeglichem barocken Zierrat. Vom Originalbau aus dem 13. Jh. stammen jedoch nur noch Teile der Fassade und ein großes Taufbecken (innen links neben dem Eingang). Beherrschend vor der Seitenfront ist die riesenhafte Bronzestatue des *Colosso*. Der 5 m hohe Gigant mit hoch erhobenem Kreuz und halbmeterdicken Waden soll die größte Gussskulptur Italiens sein! Er stammt aus dem 4. Jh., stellt wahrscheinlich einen spätrömischen Kaiser dar (vielleicht Valentinian I.) und stand ursprünglich in Konstantinopel, der Hauptstadt des byzantinischen Kaiserreichs. 1204, nach der Eroberung der Stadt durch Kreuzfahrer, wurde der Colosso nach Westen verschifft, das Transportschiff erlitt jedoch Schiffbruch vor der apulischen Küste. Die Küstenbewohner schmolzen Teile der angeschwemmten Statue zu Kirchenglocken um, erst später wurde er wieder zu einer Skulptur ergänzt.

Das *Kastell* ist ein imposanter Flügelbau mit weit vorspringenden Eckbastionen und gehört zu den größten seiner Art in Italien. Es beherbergt seit 1992 die Gemäldesammlung des örtlichen Bildhauers Giuseppe de Nittis, der den französischen Impressionisten nahe stand.

Die Kathedrale *Santa Maria Maggiore*, eine dreischiffige Basilika mit fünf Chorkapellen in unmittelbarer Kastellnähe, zeigt sich nach einer Restaurierung wieder in voller Schönheit.

Öffnungszeiten/Eintritt **Kastell/Gemäldesammlung**, Di–So 9–13, 15–19 Uhr, Mo geschl., Eintritt ca. 4 €.

> ### Disfida di Barletta: Ein historischer Sieg
> Am zweiten Wochenende des September steht Barletta ganz im Zeichen der Disfida, eines großen Festspiels mit Reiterturnier und Umzügen. Das populäre Stadtfest geht auf ein Duell von 13 italienischen mit ebenso vielen französischen Rittern im Jahre 1503 zurück, das die Italiener für sich entscheiden konnten – in dem damals von französischen und spanischen Truppen besetzten Land ein viel bejubeltes Signal der Stärke. Der Konflikt war in der Altstadtschenke „Cantina della Disfida" ausgebrochen, deren Gewölbe besichtigt werden können (Via Cialdini 1, Di–So 9–13 Uhr, Eintritt frei).

▶ **Parco Archeologico di Canne della Battaglia**: Etwa 8 km landeinwärts von Barletta liegt nördlich der SS 93 dieses weitläufige Ausgrabungsfeld, wo 216 v. Chr. angeblich die weltberühmte Schlacht von Cannae stattgefunden hat, in der Hannibal seinen größten Sieg über die Römer errang. 50.000 Römer wurden getötet, eine der verheerendsten Niederlagen, die das Imperium Romanum je erlitt. Da jedoch bisher keinerlei Waffen und Rüstungen gefunden wurden, bestehen seit langem erhebliche Zweifel an der Authentizität des ausgewiesenen Schlachtfelds. Nicht wenige Experten vermuten es erheblich weiter nördlich, nämlich bei Castelluccio Valmaggiore westlich von Troia. Trotzdem wird im modernen *Antiquarium* am Eingang die Schlacht von Cannae noch einmal im Computer simuliert.

Tipp: Von Barletta kann man mehrmals täglich mit dem „Treno dell'Archeologica e dell'Ambiente" auf einer alten, kürzlich wiedereröffneten Bahnlinie nach Canne della Battaglia fahren.

Öffnungszeiten/Eintritt Mo–Sa 8.30–19.30 Uhr, im Winter kürzer, Eintritt ca. 2 €.

Trani ca. 50.000 Einwohner
Ruhiges Adriastädtchen mit – für süditalienische Verhältnisse – geradezu penibel gepflegtem Stadtkern und einem der harmonischsten Dombauten der gesamten Küste.

Direkt am Meer liegt etwas erhöht der hübsche Stadtpark, gleich benachbart der weiträumige Fischerhafen mit viel Licht und Luft, dahinter beginnt die Altstadt mit

828 Apulien

ihren engen Gassen. Ein paar Schritte nördlich erstreckt sich ein schöner, offener Platz direkt am Meer, dort steht der weithin sichtbare Dom aus fast weißem Stein.

- *Anfahrt/Verbindungen* **PKW**, gute Parkmöglichkeiten an der Piazza Plebiscito (Haupteingang zum Stadtpark), bewachter Parkplatz in Domnähe.
Bahn, wer mit dem Zug kommt, hat nicht die reizvollste Ecke der Stadt vor sich. Auf dem schnurgeraden Corso Cavour und über die baumbestandene Piazza Vittorio Emanuele geht es hinunter zum Hafen.
- *Information* Piazza Trieste 10, Palazzo Palmieri, beim Hafen. Mo–Fr 8.30–13.30 Uhr, Di und Do 15–18 Uhr. ✆ 0883/588830.
- *Übernachten* *** **Regia**, perfekte Lage vis-à-vis vom Dom, stilvoll renovierter Palazzo mit Ristorante und Meerblick, gut ausgestattete DZ für stolze 100–130 € mit Frühstück. ✆ 0883/584444.
*** **Trani**, großzügiger Bau in Bahnhofsnähe, mit Garage und Restaurant, 50 Zimmer. DZ mit Frühstück ca. 66–80 €, Garagenplatz extra (ca. 5 €). Corso Imbriani 137, ✆ 0883/588010, 587625, www.hoteltrani.it.
TIPP! ** **Lucy**, am Eingang zur schönen Villa Comunale, um die Ecke vom Hafen, älteres Haus, aber vor einigen Jahren renoviert, sogar mit Lift. Große Zimmer mit Bädern, z. T. auch Balkon. DZ ca. 50–60 €, kein Frühstück. Piazza Plebiscito 11, ✆ 0883/481022, www.albergolucy.com.
- *Essen & Trinken* **La Darsena**, in einem historischen Palazzo an der Hafenfront, alteingesessenes Fischrestaurant mit entsprechenden Preisen. Mo geschl. Via Statuti Marittimi 98, ✆ 0883/487333.
Corteinfiore, gehobene Küche in einem wunderschönen grünen Innenhof. So-Abend und Mo geschl. Via Ognissanti 18, ✆ 0883/508402, www.corteinfiore.it.
Ai Platani, hübsche Osteria mit Außenterrasse, nah bei Hafen und Stadtpark. Hausgemachte Pasta und frischer Fisch, freundlich geführt durch Signora Vincenza Simone. Mo und im Nov. geschl. Via Elena Comneno 16, ✆ 0883/482421.
Caccianferno, behagliche Osteria in einer Seitenstraße vom Domplatz, Primi und Hauptgerichte auf Fleisch- und Gemüsebasis. Mo geschl. Vicolo San Nicola 9, ✆ 0883/585978.
La Nicchia, familiär geführtes Fischlokal in der Nähe der Piazza della Repubblica, leckere Antipasti, mittlere Preise. Do geschl. Via S. Gervasio 69, ✆ 0883/482020.

Sehenswertes: in allererster Linie der Dom *San Nicola Pellegrino*, in seiner ganzen Anlage und Konzeption eins der schönsten Baudenkmäler Apuliens. Erbaut wurde der mächtige Bau mit seinem hohen Campanile im 11. Jh. aus hellem, fast weißen Kalkstein. Er steht auf zwei Vorgängerkirchen, die ebenfalls noch erhalten sind und besichtigt werden können. Eine doppelte Freitreppe führt zum Portal hinauf. Das einzigartige Bronzetor, das Barisanus di Trani im 12. Jh. schuf, ist nach zehnjähriger Restaurierung im Inneren der Kirche ausgestellt. Der Innenraum ist ein lichtdurchflutetes romanisches Gewölbe mit Doppelsäulen, gehalten im betont schlichten normannischen Stil. Darunter liegt die lange schmale Vorgängerkirche *Santa Maria della Scala* mit Resten von Wandmalereien, anschließend eine erstaunlich hohe Säulenkrypta mit dem Gebeinen des heiligen Nicola il Pellegrino. Noch darunter aus rohem Bruchstein die frühchristliche Gebetszelle (Ipogeum) des *San Leucio* (6. Jh.). Vom Domvorplatz sieht man Richtung Norden das massive, unter Friedrich II. erbaute und unter Ferdinand I. von Aragon stark veränderte *Castello Svevo* mit drei mächtigen Türmen, das seit 1831 als Gefängnis diente und erst seit kurzem wieder öffentlich zugänglich ist (alle Räume mehrsprachig beschriftet).

In den alten Gassen hinter dem Hafenbecken findet man die ehemalige *Chiesa d'Ognissanti* des Templerordens aus dem 12. Jh., die zeitweise als Hospital für verwundete Kreuzfahrer diente, allerdings wochentags verschlossen ist.

Im Anschluss noch ein kleiner Bummel durch den hervorragend gepflegten Stadtpark *Villa Comunale*, wo man von der kleinen Festung am Ende der Halbinsel den Blick auf die Stadt genießen kann.

Öffnungszeiten/Eintritt **Dom**, 8.30–12, 16–19 Uhr; **Castello Svevo**, tägl. 8.30–19.30 Uhr, Eintritt ca. 2 €. **Chiesa d'Ognissanti**, Sa/So 11–13 Uhr.

Beeindruckende Symmetrie in herber Landschaft: das Stauferschloss Castel del Monte

▶ **Zwischen Trani und Bari**: Im großen Fischereihafen *Molfetta* sollte man sich die Hafenkathedrale ansehen, den Duomo Vecchio, der vor allem im Inneren viele orientalische Elemente aufweist. Im Kontrast dazu steht das mittelalterliche Gassenlabyrinth der Altstadt. Sehr hübsch ist außerdem das kleine Küstenstädtchen *Giovinazzo* mit idyllischem Hafenbecken, stolzer romanischer Kathedrale und ebenfalls malerischem Gassengewirr.

• *Übernachten* **** **San Martin**, ein ehemaliges Benediktinerkoster in der Altstadt wurde wunderbar restauriert, Zimmer mit Stilmöbeln, TV und Klimaanlage. DZ mit Frühstück ca. 120 €. In Giovinazzo, Via Spirito Santo 4, ✆ 080/3942627, ✉ 3901238, www.smartinhotel.it.

Camping La Baia, freundlicher, kleiner Platz an der nördlichen Stadteinfahrt von Giovinazzo, geführt von Signora Carmella Binelli, hübsche, felsige Badeküste. Mai bis Sept. ✆/✉ 080/3945165, www.campinglabaia.it.

Castel del Monte

Die „Steinerne Krone Apuliens" - Weltkulturerbe der UNESCO und obligatorischer Anlaufpunkt deutscher Reisebusgesellschaften auf den Spuren der Staufer. Das faszinierende Schloss Kaiser Friedrichs II. thront auf einer leichten Anhöhe in der flach-hügligen Landschaft der Murge, die im Mittelalter – zu Kaisers Zeiten – dicht mit Wald bedeckt war. Schon von weitem sichtbar ist der eigenwillige achteckige Bau mit acht achteckigen Türmen und achteckigem Innenhof, um den sich in zwei Stockwerken je acht Säle gruppieren.

Mitte des 13. Jh. wurde das Kastell erbaut. Den früheren Prunk hat man in den letzten Jahrhunderten gründlich geplündert, trotzdem lohnt der Besuch. Von dem monumentalen Bau mit seinen über zwei Meter dicken Mauern geht noch immer eine eigenartige Wirkung aus. Die hohen gotischen Innenräume waren einst vollständig mit Marmor und anderen edlen Materialien verkleidet, die Tür- und Fensterumrahmungen sind noch heute mit Porphyrsäulen bestückt. Rundum laufen Sitzbänke, Reste von meterhohen Kaminen sind erhalten, ebenso das raffinierte System von Lüftungsschächten und Wasserleitungen über mehrere Stockwerke. Zu guter Letzt Siesta im wunderbar schattigen Innenhof, schön zu verbinden mit einer Meditation über die wundersame Achterkombination.

Öffnungszeiten/Eintritt März bis Sept. tägl. 10–20, übrige Zeit bis 19 Uhr. Eintritt ca. 4 €.

Castel del Monte: magischer Platz für Esoteriker

Zahllose dickleibige Wälzer sind über die rätselhafte Architektur des Oktagons verfasst worden. Der Goldene Schnitt, Planeten- und Sonnenkonstellationen, Bezug zu antiken Heiligtümern und orientalischen Moscheen – alles wurde herangezogen, um die Geheimnisse des Baus zu lüften. Warum er errichtet wurde, ist bis heute unklar. Friedrich hielt sich nie lange hier auf. Für ein Jagdschloss, wie es lange Zeit hieß, war es trotz allem Prunk mit seinen kleinen Fenstern wohl zu trist. Als Befestigung war es unbrauchbar, es fehlen Verteidigungsmauern, Zinnen und Schießscharten. Bekannt ist nur, dass es eine Zeitlang als Gefängnis diente. Wahrscheinlich diente es an dieser exponierten Stelle als Repräsentativbau Friedrichs.

• *Anfahrt/Verbindungen* **PKW**, Autobahnausfahrt Andria-Barletta, dann quer durch die große Stadt Andria, wo man sich wegen schlechter Beschilderung leicht verfährt, Einwohner helfen aber gerne weiter. Der Parkplatz beim Castel ist gebührenpflichtig. **Bahn/Bus**, von Trani und Bus bzw. ab Bari oder Barletta mit Ferrovia Bari-Nord bis Andria, weiter im Sommer mehrmals tägl. mit Bus zum Castel del Monte (Richtung Spinazzola).

• *Übernachten/Essen & Trinken* ****** Park Hotel Castel del Monte**, ca. 2 km entfernt, an der Straße nach Andria beschildert, ehemaliger Bauernhof, der zum geschmackvollen Landhotel umgebaut wurde, mit Garten, Restaurant und Swimmingpool, Blick auf Castel del Monte. DZ in modernen Bungalows ca. 80–110 €. ℡ 0883/569866, ✆ 569977, www.casteldelmonteaprkhotel.it.

Bari

ca. 400.000 Einwohner

Chaotisch-lebendige Mezzogiorno-Großstadt mit viel Industrie, hoher Arbeitslosigkeit und ständig steigenden Einwohnerzahlen. Die Gegensätze prallen hart aufeinander: extrem modisches Publikum in der Neustadt, Armut und Carabinieri-Streifen in der engen Altstadt. Die Probleme des italienischen Südens kann man hier hautnah erleben.

Bari hat zwei extrem gegensätzliche Gesichter – das eine die am Reißbrett angelegte Neustadt mit endlosen Einkaufsstraßen, die sich wie ein Ei dem anderen gleichen. Boutiquen Tür an Tür, oft aufwendig mit Außenheizung vor den Schaufenstern, damit auch an kalten Tagen die Käufer nicht ausbleiben. Unmittelbar daneben der abrupte Gegensatz – die sympathische, fast kleinstädtisch wirkende Altstadt. Heimarbeit ist hier lebensnotwendig, ganze Familien sitzen vor ihrer Tür und formen Nudeln. Bari eilt ein schlechter Ruf voraus: Nachdem wir zum fünften Mal eindringlich gewarnt wurden, um Himmelswillen auf unsere Umhängetaschen aufzupassen, sahen wir in jedem Passanten einen finsteren Unhold.

Bari

Anfahrt/Verbindungen

• *PKW* Abfahrt von der Autobahn in **Bari Nord**. In der Stadt herrscht chaotischer Verkehr! Wer sich trotzdem hineinwagt, am besten sofort eine der zahlreichen Parkgaragen in der Neustadt aufsuchen (ca. 25 €/Tag). Keinesfalls Fahrzeug auf der Straße abstellen – bevorzugte Objekte für organisierte Kleinkriminalität. Als Standort empfehlenswert ist der **Camping Sea World** südlich der Stadt, von dort mit dem Bus rein (→ Übernachten).

• *Bahn* Bari ist Knotenpunkt mehrerer Bahngesellschaften, deren Bahnhöfe sich alle um die Piazza Aldo Moro am Südrand der Neustadt gruppieren.

Vom Bahnhof der staatlichen **Ferrovia dello Stato (FS)** gehen mehrmals tägl. Fernzüge über Foggia und Ancona nach Norditalien (etwa 10-mal tägl. von und nach Mailand), außerdem 2- bis 3-mal tägl. von und nach Rom. Auf derselben Strecke verkehren häufige Nahverkehrszüge nach Trani und Barletta. Weitere Verbindungen bestehen nach Brindisi/Lecce und Taranto.

Die private **Ferrovia Sud-Est (FSE)** startet auf den hintersten Gleisen des FS-Bahnhofs in die Trulli-Region (Alberobello, Locorotondo), nach Martina Franca, Taranto und zu anderen Zielen.

An der Westflanke des Bahnhofsplatzes (links, wenn man aus dem FS-Bhf. kommt) liegt der moderne Bahnhof der **Ferrovia Tranviaria Bari-Nord (FTV)** (Linie Bitonto – Ruvo di Puglia – Andria – Barletta), unmittelbar dahinter der Bahnhof der **Ferrovia Appulo-Lucane (FAL)** (Linie: Altamura – Matera – Potenza), Abfahrt im 1. Stock.

• *Bus* **SITA**- und **STP**-Busse starten am Bahnhofsvorplatz, eine Handvoll weiterer Busgesellschaften haben verschiedene andere Startpunkte in der Stadt.

Die meisten orangefarbenen **Stadtbusse (AMTAB)** fahren ab Bahnhof, weitere zentrale Haltestelle ist das 1991 zur Ruine abgebrannte Teatro Petruzzelli am Corso Cavour. Bus 20 fährt ab Bahnhof zur Altstadt und Fährterminal.

• *Fähren* Der Passagierhafen liegt westlich der Altstadt, vom Bahnhof ca. 1,5 km geradeaus quer durch die Neustadt (auch Busverbindung). Eine Reihe von Fährgesellschaften pendelt hinüber nach **Griechenland**.

• *Flug* Der **Aeroporto di Bari** liegt bei Palese, wenige Kilometer nördlich der Stadt und wird von diversen Billigfliegern angeflogen, u. a. Ryanair und Tuifly. Etwa stündlich pendelt ein Bus zum Hauptbahnhof und zurück (ca. 4,50 €). ℡ 080/5800200, ℻ 5800225, www.seap-puglia.it.

Information

APT am Bahnhofsvorplatz, Piazza Aldo Moro 33a. Wenn man aus dem Bahnhof kommt, an der rechten Seitenflanke in einer Passage. Hier sollte man unbedingt einen Stadtplan mitnehmen, ansonsten Material zu ganz Apulien. Mo–Fr 8–14 Uhr. ℡ 080/5242361, ℻ 5242329, www.comune.bari.it.

Übernachten (siehe Karte S. 833)

Die meisten Hotels liegen in der Nähe vom Bahnhof, z. B. in der lauten Via Crisanzio.

*** **Adria (11)**, rechter Hand vom Bahnhof, gute Ausstattung, da kürzlich renoviert, schöne Zimmer mit TV. DZ mit Bad ca. 80–110 €, Parken 11 €. Via Luigi Zuppetta 10, ℡ 080/5246699, ℻ 5213207, www.adriahotelbari.com.

*** **Moderno (10)**, korrekt und gepflegt, DZ ca. 85 €. Via Crisanzio 60, ℡ 080/5213313, ℻ 5214718.

*** **Costa (9)**, modern eingerichtete Zimmer mit TV. DZ mit Frühstück ca. 75–88 €, mit Etagendusche ca. 50–60 €, Frühstück extra. Via Crisanzio 12 (im dritten Stock), ℡/℻ 080/5219015, www.hotelcostabari.com.

** **Giulia (9)**, hübsch ausstaffiert und familiär geführt. DZ mit Bad und Frühstück ca. 70 €, mit Etagendusche ca. 60 €. Via Crisanzio 12 (im ersten Stock), ℡ 080/5216630, ℻ 5218271, www.hotelpensionegiulia.it.

• *Camping* **Sea World (6)**, Vier-Sterne-Platz an der Küste, etwa 10 km südöstlich vom Zentrum, zu erreichen über die SS 16. Einer der wenigen Plätze, die ganzjährig geöffnet sind. Lang gestrecktes Gelände direkt an der niedrigen Klippenküste mit Bademöglichkeit, Schatten durch Eukalyptusbäume,

Apulien
Karte S. 812/813

832 Apulien

Vermietung von Trulli-Hütten, Ristorante/Pizzeria, Market, Tennis. Ideal für Autofahrer, die nicht nach Bari reinfahren wollen: gute Verbindung ins Zentrum, Bus 12 hält fast direkt vor der Tür, Endstation Teatro Petruzzelli am langen Corso Cavour. ✆ 080/5491175, 🖷 5491202, www.seaworlditalia.it.

Essen & Trinken (siehe Karte S. 833)

In den langen Geschäftsstraßen der Neustadt gibt es kaum Restaurants, dafür massenhafte Stehcafés, Gelaterie etc. In der Altstadt findet man dagegen einige äußerst authentische Trattorie. Große Fischmarkthalle an der Piazza Ferrarese.

- *Neustadt* **Terranima (7)**, gepflegte Osteria im Geschäftsviertel, hübsch folkloristisch aufgemacht, fantasievolle apulische Küche, auch viel Vegetarisches. Menü ab ca. 25 €. So-Abend geschl. Via Putignani 213, ✆ 080/5219725.
La Taverne Verde (8), hinter dem Teatro Petruzzelli in Meeresnähe. Großes, bekanntes Lokal mit guter apulischer Küche. Menü ca. 20 € aufwärts. So geschl. Largo Adua 19, ✆ 080/5540870.
El Pedro (5), brauchbares Self-Service-Restaurant, nur mittags geöffnet, So geschl. Via Piccini 152.
- *Altstadt* **Al Pescatore da Sebastiano (2)**, direkt am Castello Svevo. Beliebtes Fischlokal mit stets frischem Angebot, hübsch aufgemacht, große Terrasse, zur Straße hin durch Blätterwerk geschützt. Menü ca. 25 € aufwärts. Mo geschl. Piazza Federico II di Svevia 6, ✆ 080/5237039.
Vini e Cucina da Nicola (4), am Beginn der Altstadt, urige Nachbarschaftstrattoria, hinten ein einfaches Gewölbe, schlicht aufgemacht und preiswert. So geschl. Strada Vallisa 23.
TIPP! Antica Osteria delle Travi (3), am kleinen Platz Largo Chiurlia, Verlängerung der Via Sparano di Bari, beim Eingang in die Altstadt gleich links. Kleine Trattoria in hübscher Lage, abends allerdings etwas düstere Umgebung. Althergebrachte apulische Küche, alles sehr lecker und preislich erfreulich. Seit über hundert Jahren in Besitz derselben Familie. August und Mo geschl. Largo Chiurlia 12, ✆ 339-1578848.
- *Cafés* Nicht gerade üppige Auswahl, am Corso Vittorio Emanuelle II wird man am ehesten fündig.
Gran Caffè, am breiten Corso Cavour 121, weit und breit das einzige Straßencafé, stolze Preise.
Batafobrle La Puglia (7), gehört zur Osteria Terranima, kulturhistorische Dekoration, klein und gemütlich. Via Putignani 213.
Neu gestaltet wurde in den letzten Jahren das früher heruntergekommene Gebiet um die **Piazza Ferrarese** und die **Piazza Mercantile**, seitdem haben sich viele neue Cafés und Pubs angesiedelt.

Sehenswertes

Neustadt

Die Neustadt mit ihren streng geometrischen Straßenzügen wird abends zur gleißenden Shopping-Line, am Corso Cavour ballen sich zusätzlich zahllose Straßenstände. Die weitgehend zur Fußgängerzone ausgebaute *Via Sparano da Bari* ist neben dem Corso Cavour die Hauptschlagader der Konsum-City. Sie beginnt am Bahnhof und durchzieht den Palmenpark an der Piazza Umberto I mit dem *Palazzo Ateneo*, in dem die Universität ihren Sitz hat sowie ein reichhaltiges, allerdings seit Jahren geschlossenes Archäologisches Museum. Das eindrucksvolle *Teatro Petruzelli* am Corso Cavour brannte im Oktober 1991 völlig aus, bisher gibt es immer noch keinerlei Restaurierungsarbeiten. Die *Pinacoteca Provinciale* im Palazzo della Provincia am Lungomare Nazario Sauro ist die umfangreichste Gemäldesammlung Apuliens und zeigt hauptsächlich Werke süditalienischer Künstler. Auf der Hafenmole *Molo San Nicola*, kurz vor dem Eingang zum Centro storico, findet täglich ein turbulenter *Fischmarkt* statt, die sehenswerte *Fischmarkthalle* befindet sich an der Piazza Ferrarese am Beginn der Altstadt.

Öffnungszeiten/Eintritt **Pinacoteca Provinciale**, Di–Sa 9–13, 16–19, So 9–13 Uhr, ca. 2,60 €.

Bari 833

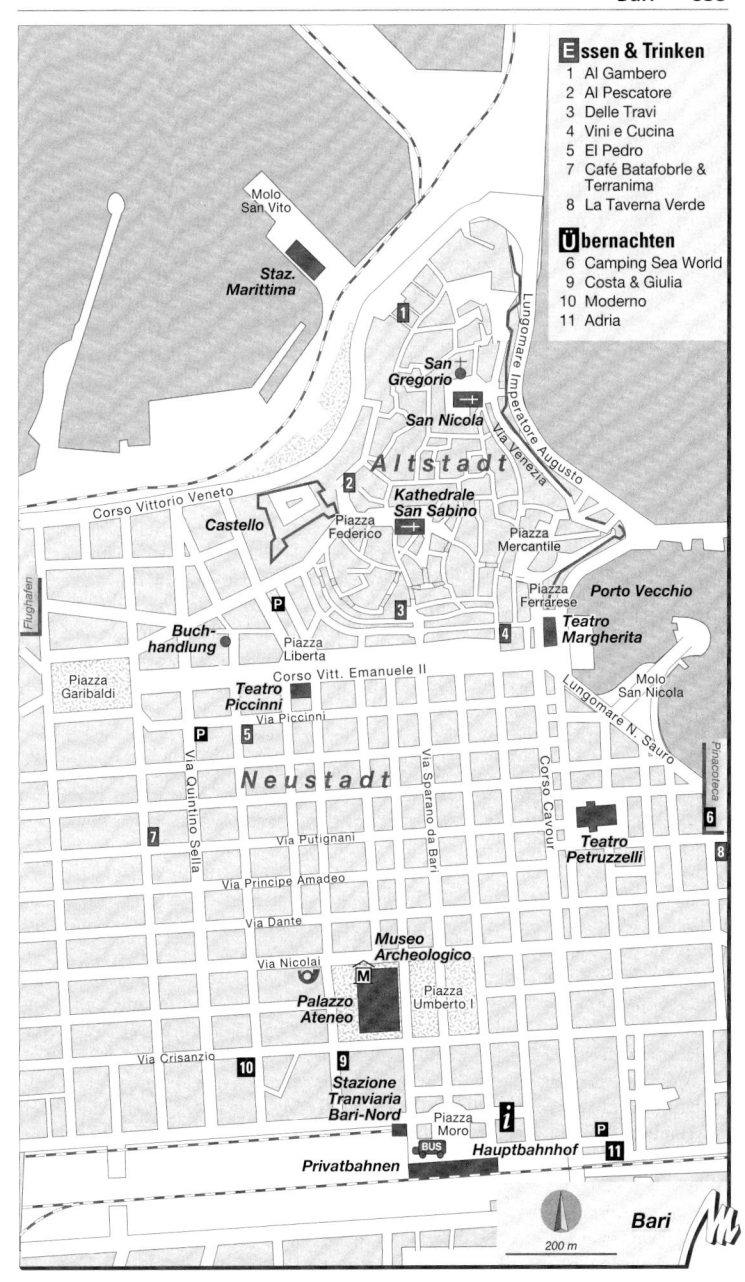

E ssen & Trinken
1 Al Gambero
2 Al Pescatore
3 Delle Travi
4 Vini e Cucina
5 El Pedro
7 Café Batafobrle & Terranima
8 La Taverna Verde

Ü bernachten
6 Camping Sea World
9 Costa & Giulia
10 Moderno
11 Adria

Apulien
Karte S. 812/813

Altstadt

Über den breiten Corso Vittorio Emanuele gelangt man mit wenigen Schritten in eine völlig andere Stadt – größer kann ein städtebaulicher Gegensatz kaum ausfallen. Immerhin wurde das Gebiet um die *Piazza Ferrarese* und die *Piazza Mercantile* in den letzten Jahren aufwendig saniert, seitdem kann man sich hier auch wieder abends aufhalten. An der Piazza Mercantile mit täglichem Vormittagsmarkt beginnen die engen Gässchen des Centro storico, das auf eine weit vorspringende Halbinsel gebaut ist. Dunkle Torbögen, knatternde Mopeds, immer wieder landet man in Sackgassen – ein Gewirr von Häusern und Wegen, das abends im Schein der diffusen Lampen zum unheimlichen Labyrinth wird.

> In der Altstadt unbedingt zu jeder Tageszeit auf Umhängetaschen, Kameras etc. aufpassen. Jugendliche „scippatori", hier auch „topini" (Mäuse) genannt, brausen auf ihren Mopeds vorbei und entreißen arglosen Passanten ihre Habseligkeiten. Allerdings hat die Polizeipräsenz in den letzten Jahren stark zugenommen und die Straßenräuber haben kein leichtes Spiel mehr. Nachts sollte man die Altstadt trotzdem besser meiden!

Kathedrale San Sabino: massiver Block mitten im Gassengewirr des Centro storico, hat sich seit dem 12. Jh. ihr mittelalterliches Aussehen perfekt bewahrt. Es dominiert der strenge Stil der apulischen Romanik, kaum barocker Zierrat. Links und rechts vom Hauptschiff zwei schöne Galerien, auch Reste eines alten Fußbodenmosaiks sind noch erhalten. In der Krypta die byzantinische Ikone der *Panagia Odigitria*, die vor den Bilderstürmern aus dem Osten gerettet wurde und als größtes Heiligtum Baris verehrt wird. Linker Hand kann man die Leiche von Santa Colomba bestaunen, einer spanischen Märtyrerin, die 273 im Alter von 17 Jahren in Frankreich getötet worden sein soll.

Basilica di San Nicola: ebenso mächtig wie die Kathedrale, aus fast weißem Kalkstein. Ende des 12. Jh. erbaut, um die Gebeine des Bischofs *Nikolaus von Myra* an der türkischen Südküste aufzunehmen, auf den unsere Nikolaus-Geschichte zurückgeht. Kaufleute aus Bari hatten um 1087 die Reliquien des verehrten Schutzpatrons der Seeleute aus der Türkei entführt und kamen damit den Venezianern zuvor, die dasselbe vorhatten. Alljährlich am 8. Mai wird dieser gelungene Coup mit einer großen Bootsprozession gefeiert (jedoch halten sich ernst zu nehmende Gerüchte, dass die Italiener den falschen Sarg erwischt haben).

Das ausgesprochen festungsartige Äußere täuscht nicht – der rechte Turm gehörte wirklich ursprünglich zu einem Kastell. Durch das reichhaltig geschmückte Hauptportal gelangt man ins Innere, gleich rechter Hand liegt das *Museo Nicolaiano* mit Geschenken an den Heiligen, Urkunden und den Resten der Kiste, in der die Gebeine des heiligen Nikolaus ihren Weg nach Bari gefunden haben. Die reich verzierte, barocke Holzdecke stammt aus dem 17. Jh., der Altar ist mit einem prächtigen Baldachin überdacht, dahinter steht auf einem byzantinischen Mosaikboden ein wertvoller *Bischofsthron* (11. Jh.), dessen Sitzfläche von schmerzverzerrten Menschlein getragen wird. Die angeblichen Überreste von „Santa Claus" befinden sich in der *Krypta*, ein viel besuchtes Pilgerziel nicht nur für Italiener, inzwischen wurde auch eine griechisch-orthodoxe Kapelle eingerichtet. Der Kirchenvorplatz ist weiträumig umbaut, durch einen Durchgang kommt man zur Ringstraße, die die Altstadt auf der Meerseite umgibt.

Castello Normanno-Svevo: vom Stauferkaiser Friedrich II. an der Stelle eines normannischen Wehrbaus mit trapezoidförmigem Grundriss erbaut. Mit seinen starken Bastionen hinter einem breiten Graben wirkt es von außen beeindruckender als innen. Nur ein Teil ist öffentlich zugänglich, der Rest von der Stadtverwaltung in Beschlag genommen. Schön ist der große Innenhof, außerdem ist eine *Gipsoteca* mit Rekonstruktionen reichhaltig verzierter Portalreliefs apulischer Kirchen zu betrachten.
Öffnungszeiten/Eintritt Do–Di 9–19 Uhr, Eintritt ca. 2 €.

Bari/Umgebung

Von Bahnhof in Bari kann man mit der „Ferrovia Tranviaria Bari Nord" gemütlich ins nahe Bitonto und weiter nach Ruvo di Puglia fahren, wo man allmählich ins Gebiet der Murge kommt. Die Stationen liegen jeweils etwa 1 km außerhalb des Zentrums.

▸ **Bitonto**: ländlich geprägte Provinzstadt inmitten völlig flacher Landschaft mit Olivenbaumkulturen, Bitonto produziert einen Großteil des apulischen Öls. Die ausgesprochen hübsche, verwinkelte Altstadt ist für Autos nicht geeignet, vorher abstellen. Den *Dom* muss man etwas suchen, was sich aber lohnt – prächtiger apulisch-romanischer Bau aus weißem Kalkstein mit filigraner Außengalerie, an der linken Seite durch Bögen mit einem benachbarten Palazzo verbunden. Das kunstvoll-arabeske Portal ist flankiert von zwei Löwen und Fabelwesen. Im Inneren bunt bemalte Holzdecke und reich verzierte Kanzel mit Reliefs, die Szenen aus dem Leben Friedrichs II. darstellen. In der großen Krypta Fresken aus dem 14. Jh.

▸ **Ruvo di Puglia**: hübsches, kleines Städtchen, in dem man gerne mal etwas Zeit verbummelt. Der Dom *Santa Maria Assunta* aus dem 12. Jh. ähnelt dem von Bitonto, herrliche Fassade mit vielen Details, vor dem reich verzierten Portal nahezu vollständig verwitterte Löwen und Fabeltiere auf schmalen Säulen, oben eine zwölfteilige Rosette. Bedeutend ist auch das *Museo Jatta* an der Piazza Bovio mit einer Unmenge gut erhaltener antiker Keramik, entdeckt von Giovanni Jatta Anfang des 19. Jh. in einer nahe gelegenen Nekropole. Prunkstück ist der „Cratere di Talos", eine große attische Vase aus dem 5.Jh. v. Chr.
Öffnungszeiten/Eintritt Museo Jatta, Mo–Do 8.30–13.30, Fr–So 8.30–19.30 Uhr, Eintritt frei.

• *Übernachten* *** **Talos**, von der Besitzerin aufmerksam geführtes Haus, 30 komfortabel-gemütliche Zimmer mit TV, gutes Restaurant und Bar. DZ ca. 68–80 €. Via Rodolfo Morandi 12, ✆ 080/3611645, ✆ 3615419.

• *Essen & Trinken* **Hostaria Pomponio**, nette, kleine Trattoria in der Altstadt, viel besucht, lecker die *legumi con pasta fresca*, aber auch typische Gerichte auf Fleischbasis und *tiella al forno*, ein Auflauf aus Gemüse, Kartoffeln und Reis. So geschl. Via Pomponio Cleo 3, ✆ 080/3629970.

Le Murge

Altamura und Gravina in Puglia, die beiden Hauptorte des bis über 500 m ansteigenden Kalksteinplateaus Le Murge mit seinen verkarsteten Böden und in den höheren Lagen tiefen, canyonartigen Schluchten, bieten sich als Ausflugsziele im ländlichen Inneren Apuliens an. Ohne eigenes Fahrzeug kann man die 50 km von Bari auch bequem mit der „Ferrovia Apulo-Lucane" fahren.

Das moderne *Archäologische Museum* von *Altamura* (Via Santeramo 88) präsentiert Funde von der Frühgeschichte bis zum Mittelalter. Interessant ist vor allem die prähistorische Abteilung mit einer Dokumentation zum „L'uomo di Altamura", dem etwa 250.000 Jahre alten Skelett eines Neandertalers, das 1993 in einer schwer zugänglichen Tropfsteinhöhle in der Nähe der Stadt entdeckt wurde. Da die Knochen völlig von Tropfstein überwachsen und versintert sind, können sie vom Fundort nicht entfernt werden. Einmalig für Apulien ist außerdem der sogenannte „Osso a globuli", ein mit geometrischen Zeichen verzierter Knochen aus dem 2.Jt. v. Chr., wie man sie mehrfach in Troja (Kleinasien) gefunden hat.

12 km westlich von Altamura liegt *Gravina in Puglia* über einer tiefen Schlucht (Gravina), in deren Höhlen sich schon in frühesten Zeiten die Einheimischen vor fremden Invasoren versteckten. Ähnlich wie in Matera (→ Basilikata) wurden sie bis ins 20. Jh. für Wohnzwecke genutzt. Besichtigen kann man die mächtige *Kathedrale* mit dem *Museo di Arte Sacra*, das neue *Museo Civico Archeologico* mit eindrucksvoll rekonstruierten Kriegergräbern aus dem 5. Jh. v. Chr. und die nahe gelegene *Chiesa del Purgatorio* mit Verzierungen in Form von Knochen und Totenschädeln über dem Portal. Danach kann man zur tief in den Tuff gegrabenen Höhlenkirche *San Michele delle Grotte* hinuntersteigen. Hier sind noch Reste byzantinischer Fresken erhalten, im Ossario werden außerdem die Knochen der Menschen aufbewahrt, die 983 bei einem Sarazenenüberfall getötet wurden.

• *Öffnungszeiten/Eintritt* **Archäologisches Museum Altamura**, tägl. 8.30–19.30 Uhr, Eintritt ca. 2 €.
Museo di Arte Sacra, Di–So 9–13, 17–20 Uhr, Eintritt frei.
San Michele delle Grotte, nur mit Führung, Auskunft im Museo di Arte Sacra.

• *Übernachten/Essen & Trinken* Ordentlich unterkommen kann man im ***-**Hotel Svevia** in Altamura (Via Matera 2/a, ✆ 080/3111742, DZ mit Frühstück ca. 80–90 €), gut essen in der **Osteria di Salvatore Cucco** in Gravina in Puglia (Piazza Pellicciari 4, So-Abend und Mo geschl., ✆ 080/3261872).

Trulli-Region

In der sanft hügeligen Landschaft des Valle d'Itria um Alberobello und Locorotondo liegt eine der großen Sehenswürdigkeiten des Südens – über viele Quadratkilometer ein ganzer Wald von eigenartigen, oft blendend weiß gekalkten Häuschen, sogenannten Trulli, die oben pyramidenförmig spitz zulaufen.

Wie Zipfelmützen ragen sie überall aus den grünen Olivenplantagen und Weinfeldern, z. T. schlichte Bauernhäuser aus rohem Feldgestein, z. T. kunstvoll gemauerte Landwohnsitze. Oft sind mehrere Trulli zu ganzen Komplexen verbunden. Sie haben große Ähnlichkeit mit Hirtenhütten und reichen in ihren Ursprüngen vielleicht bis in prähistorische Zeiten zurück. Die Trulli, die heute hier stehen, sind aber höchstens 200 Jahre alt. Traditionell wurden sie ohne Mörtel aus übereinander geschichteten Steinen errichtet – so konnte man Grundsteuern sparen, denn diese wurden nur für fest gemauerte Häuser eingezogen.

Es lohnt sehr, mit Auto oder Bahn das fruchtbare Land zu durchfahren, immer wieder hat man eindrucksvolle Perspektiven. Allerdings sind die Trulli mittlerweile weltweit bekannt. Spätestens seit die UNESCO sie Mitte der Neunziger ins Weltkulturerbe aufgenommen hat, gehören sie zum touristischen Pflichtprogramm in Süditalien. Entsprechender Andrang herrscht den ganzen Sommer über.

• *Anfahrt/Verbindungen* Die Privatbahn **Ferrovia del Sud-Est** durchquert das Valle d'Itria und die Trulli-Region auf ihrem Weg von Bari nach Taranto an der Sohle des Stiefels. Wichtige Stationen sind Grotte di Castellana, Putignano, Alberobello, Locorotondo und Martina Franca.

▸ **Grotte di Castellana**: 2 km außerhalb der Stadt *Castellana Grotte*, an der Straße nach Putignano, liegt eine Landschaft bizarrer Kalksteinfelsen. Tief verborgen erstreckt sich darin eine der schönsten Grotten des Stiefels, die erst 1938 entdeckt wurde. Zugänglich sind heute etwa 1,6 km des unterirdischen Höhlensystems, Besichtigung im Rahmen einer kurzen (1 km, 50 Min.) oder langen Führung (3 km, 2 Std.). Beide beginnen im größten Höhlenraum namens *La Grave*, zu erreichen per Aufzug oder auf einer Treppe mit nahezu 300 Stufen. Am beeindruckendsten ist die weiß schimmernde *Grotta Bianca*, die nur im Rahmen der längeren Führung besichtigt wird.

- *Anfahrt/Verbindungen* Von Bari fährt die **Ferrovia del Sud-Est** etwa 15-mal täglich die Strecke über **Grotte Castellana** nach Taranto. 4-mal davon hält sie an der folgenden Station **Grotte di Castellana**, von dort sind es noch etwa 300 m bis zum Grotteneingang. Vom Stadtbahnhof sind es etwa 2 km.
- *Öffnungszeiten/Eintritt* **Kurze Führung**, Mitte Okt. bis Mitte März 9.30–12.30 Uhr stündlich. Mitte März bis Mitte Okt. 8.30–12.30 stündlich, 13 Uhr, 14.30–18.30 stündlich und 19 Uhr. Eintritt ca. 8 €, Kinder (6–14 J.) 6,50 €.
Lange Führung, Mitte Okt. bis Mitte März 10 und 12Uhr. Mitte März bis Mitte Okt. 9–12 und 15–18 Uhr stündlich. Eintritt ca. 13 €, Kinder (6–14 J.) 10,50 €. ℡ 080/4998211, www.grottedicastellana.it.

Weiße Zipfelmützenhäuser in der Trulli-Region

Alberobello

Die geschäftstüchtige Hauptstadt der Trulli besitzt weit über 1000 „Hexenhäuschen", die zwei eigene Viertel bilden, Rione Monti und Rione Aia Piccola.

Rione Monti liegt steil im Süden der Stadt und ist erster Anlaufpunkt aller Besucher. In langen Schlangen schiebt man sich durch die Gässchen, die Häuschen sind voller Souvenirs oder wurden zu Weinstuben und folkloristischen Restaurants verwandelt – trotzdem sehenswert. Rione Aia Piccola im Osten ist authentischer geblieben, hier werden die Trulli nach wie vor zum Wohnen genutzt. Der einzige zweistöckige Trullo ist der *Trullo Sovrano* hinter der Kirche SS. Medici Cosma e Damiano am Ende des Corso Vittorio Emanuele. Ausgangspunkt für einen Bummel durch die gepflegte Neustadt ist die hübsche *Piazza del Popolo*. Nicht weit entfernt liegt das *Museo del Territorio*, das Einblick gibt in die Wohnkultur der Trulli und die bäuerliche Arbeitswelt der letzten Jahrhunderte.

- *Öffnungszeiten/Eintritt* **Trullo Sovrano**, April bis Okt. tägl. 10–19 Uhr, sonst bis 18 Uhr, Eintritt ca. 1,50 €.
Museo del Territorio, tägl. 10–12, 13–18 Uhr, Eintritt ca. 3 €.
- *Information* **Ufficio Turistico** an der Piazza Ferdinando IV, u. a. werden Führungen und Unterkünfte vermittelt. ℡ 080/4325171. **Pro Loco** im Trulli-Viertel, Via Monte Nero 1.
- *Übernachten* *** **Lanzilotta**, im Trulli-Viertel Riona Aia Piccola, schönes Haus mit gepflegten Zimmern, Parkplatz und passablem Restaurant. DZ ca. 60 €. Piazza Ferdinando IV 30, ℡ 080/4321511, ℻ 4325355.
*** **Da Miniello**, nur neun Zimmer, relativ preiswert. DZ ca. 50 €. Via Balenzano 14 (unterhalb der Piazza del Popolo), ℡/℻ 080/43221188.
Trullidea, originell wohnen in verschiedenen Trulli im Dorf, DZ mit Frühstück ca. 86–102 €. Via Monte San Marco 25, ℡/℻ 080/4323860, www.trullidea.it.
Camping dei Trulli, an der Landstraße nach Castellana Grotte (1,5 km), schöner, schattiger

Platz mit Pool. Ganzjährig. ℡ 080/4323699, ℡ 4322145, www.campingdeitrulli.com.

• *Essen & Trinken* **La Cantina**, kleine, ganz zentral gelegene Trattoria, sehr gemütlich und beliebt, authentische Küche, hausgemachte Pasta, leckere Grillgerichte. Di geschl. Vico Lippolis 9, Corso Vittorio Emanuele. ℡ 080/4323473.

Trullo del Conte, lokale Spezialitäten und Pizza in einem schönen Hoflokal in der Nähe der Chiesa di Sant'Antonio. Di geschl. Via Cadore 1, ℡ 080/4322124, www.trullodelconte.it.

Locorotondo

Ein strahlend weißer Häuserkranz thront auf einer Hügelspitze, im Umkreis bedecken Weinterrassen die Hänge.

In der „città del vino bianco" stehen nur wenige Trulli, charakteristisch sind vielmehr die zahlreichen kleinen *Giebelhäuser*, die dem äußerst gepflegten Zentrum fast musealen Charakter verleihen. Große Sehenswürdigkeiten gibt es nicht, aber ein geruhsamer Bummel macht Spaß, da wesentlich weniger Rummel herrscht als in Alberobello. Üppiges Grün schmückt überall die weißen Fassaden. Am höchsten Punkt, vor einer Reihe vorbildlich restaurierter Giebelhäuser, die die Etiketten des geschätzten örtlichen DOC-Weißweins zieren, genießt man das herrliche Panorama der weiß-grauen Zipfelmützen im Valle d'Itria.

• *Information* **Pro Loco** an der Piazza Vittorio Emanuele. Im Sommer tägl. 10–13, 14–19 Uhr. ℡ 080/4313099.

• *Übernachten/Essen & Trinken* **** Al Casale**, ruhiges, kleines Stadthotel. DZ ca. 55 €. Via Gorizia 39, ℡ 080/4311377, www.hotelalcasale.it.

Centro Storico, ausgesprochen gemütliches Altstadt-Restaurant mit leckerer lokaler Küche. Mi geschl. Via Eroi di Dogali 6, ℡ 080/4315473.

U'Curdunn, nettes, kleines Lokal in der Nähe der Pfarrkirche San Giorgio, Mo geschl. Via Dura 19, ℡ 080/4317070.

• *Shopping* **Cantina del Locorotondo**, hier kann man die guten Weißweine der Region kaufen. Via Madonna della Catena 99, ℡ 080/431164, www.locorotondodoc.com.

Martina Franca

ca. 45.000 Einwohner

Die europäische Barockstadt – in exponierter Hügellage eins der interessantesten und schönsten Stadtensembles der Region. Die Altstadt ist vom Allerfeinsten und ein Paradebeispiel dafür, wie der oft schwülstig und überladen wirkende barocke Baustil dezenter eingesetzt werden kann. Weg von protzigen Fürstenpalästen und Adelslogen, hin zur wirklichen „Wohnkultur", die jedem Bewohner zugute kommt.

Von der leicht ansteigenden Piazza XX Settembre gelangt man durch die monumentale *Porta di Santo Stefano* in die Altstadt und betritt die hübsche, palmenbestandene *Piazza Roma* mit dem imposanten *Palazzo Ducale*. Die enge Shoppingzeile Via Vittorio Emanuele führt anschließend zum unerwartet auftauchenden, alles überragenden Dom *San Martino* mit prachtvoller Barockfassade. Ein paar Schritte unterhalb liegt die wunderschöne halbrunde *Piazza Maria Immacolata* mit rundum laufenden Säulengang. Hier beginnt ein völlig verschlungenes Netz von Pflastergassen, in dem man sich am besten treiben lässt, um irgendwann irgendwo wieder herausgespült zu werden. Die Häuser niedrig, weiß oder pastellfarben, barocke Formen spielerisch verfeinert auf höchstem Niveau. Fensterumrahmungen mit eleganten Skulpturen, weich geschwungene Balkongitter, Lampenfassungen in Blumenform – das Ganze wohlgemerkt keine Adelsbehausungen, sondern schlichte Wohnhäuschen, wo die Mammas vor der Tür sitzen und alle Fremden neugierig mustern. Alles wirkt wie aus einem Guss, ein urbanes Gesamtkunstwerk, wie man es in der europäischen Stadtarchitektur nur noch selten findet.

- *Anfahrt/Verbindungen* **PKW**, gebührenpflichtige Parkplätze im Bereich der Piazza XX Settembre.
Bahn, Knotenpunkt der Ferrovia del Sud-Est, Bahnhof südwestlich der Neustadt, zur Altstadt geht's den Viale della Libertà hinauf.
- *Information* **AAST** im Palazzo Ducale, Piazza Roma 37, ✆/℻ 080/4805702.
- *Übernachten* ****** Park Hotel San Michele**, herrschaftliche Villa im Stadtpark, 85 komfortable Zimmer, Ristorante und Pool. DZ ca. 112 €. Viale Carella 9, ✆ 080/4807053, ℻ 4808895, www.parkhotelsanmichele.it.
TIPP! **Villaggio In**, nahezu 50 geschmackvoll eingerichtete Apartments für 2–6 Pers., verstreut in der ganzen Altstadt. Gut essen kann man im Ristorante „In" (→ Essen & Trinken). Preis für 2 Pers. ca. 75 €, auf Wunsch mit Roomservice, kein Frühstück. Via Arco Grassi 8, ✆ 080/4805911, ℻ 4805017, www.villaggioin.it.
- *Essen & Trinken* **In**, gehobene Küche im eleganten Rahmen, romantische Panoramaterrasse. Menü ca. 25–30 €. Mo geschl. Via Arco Grassi 23, ✆ 080/4805021.
La Tavernetta, am Beginn der Altstadt, nette, kleine Trattoria mit erträglichen Preisen. Mo geschl. Via Vittorio Emanuele 30, ✆ 080/4306323.
Ai Portici, hervorragende lokale Küche im Zentrum der Altstadt, gehobenes Preisniveau. Mi geschl. Piazza Maria Immacolata 4/6, ✆ 080/4801702.

Küste von Bari nach Brindisi

Zunächst fast durchweg flache Klippenküste, eingelagert jedoch viele kleine Buchten, vor allem hinter Monopoli. Schöne Dünenstrände bei Torre Canne und Marina di Ostuni. Im Hinterland endlose Ölbaumpflanzungen und rostbraune Felder, viel Agriturismo. Sehenswert sind vor allem Polignano a Mare, die Ausgrabung von Egnazia und die Hügelstadt Ostuni.

In Bari endet die Autobahn, weiter geht es auf der vierspurigen Schnellstraße SS 16, wo es wegen erheblichem LKW-Verkehr oft reichlich zäh vorangeht, Meer in Sichtweite. Die Bahnlinie verläuft meist etwas weiter landeinwärts und durchzieht in den Orten nur die Außenbezirke, Bahnhöfe meist ein gutes Stück außerhalb vom Zentrum. Im Einzugsbereich von Brindisi viel Industrie.

▸ **Polignano a Mare**: Das Städtchen thront auf hohen Kalksteinklippen über dem Meer. Die schmalen Gassen der schneeweiß getünchten Altstadt führen an verschiedenen Stellen zu spektakulären Aussichtsplattformen. Die tief ins Felsinnere verzweigte *Grotta Palazzese* ist von dem gleichnamigen Hotel-Restaurant überbaut. Vom Molo Lungo kann man Ausflugsfahrten entlang der Küste mit zahlreichen spektakulären Höhlen machen.

- *Anfahrt/Verbindungen* Der Bahnhof liegt ungünstig in der Neustadt.
- *Übernachten/Essen & Trinken* ****** Grotta Palazzese**, First-Class-Hotel direkt über der gleichnamigen Grotte, einzigartig ist das teure Höhlenrestaurant des Hauses mit seiner geradezu suggestiven Atmosphäre (nur Mai bis Sept.). DZ mit Frühstück ca. 120– 160 €. Via Narciso 59, ✆ 080/4240677, ℻ 4240767, www.grottapalazzese.it.
*** Covo dei Saraceni, modernes Haus, auf die Klippen gebaut, Restaurant mit herrlichem Meerblick. DZ mit Frühstück ca. 100– 144 €. Via Conversano 1, ✆ 080/4241177, ℻ 4247010, www.covodeisaraceni.com.

▸ **Monopoli**: mittelgroße Hafen- und Industriestadt, touristisch weitgehend uninteressant. Das Hafenviertel hat allerdings Atmosphäre, hier steht das Castello, errichtet unter den spanischen Habsburgern, das gegen die Türken schützen sollte. Auch die barocke Kathedrale ist sehenswert. In den frühen Abendstunden findet der größte Fischmarkt der Region statt. Mehrere Campingplätze liegen südlich der Stadt.
Öffnungszeiten Castello, Di–So 9–12.30, 17–20 Uhr, Eintritt frei.

▸ **Egnazia**: an der Küstenstraße südlich von Monopoli liegen die weitläufigen Ausgrabungen einer messapischen Stadt, die im 3. Jh. v. Chr. von den Römern übernom-

men und ausgebaut wurde. Die römische Heerstraße Via Traina führt durch den Ort. Zu sehen sind u. a. eine fast 2 km lange Befestigungsmauer aus dem 5. Jh. v. Chr., ausgedehnte Ruinenfelder, zwei frühchristliche Basiliken und ein gut konzipiertes *Archäologisches Museum*.
Öffnungszeiten/Eintritt tägl. 8.30–19.30 Uhr, Eintritt ca. 3 €.

▸ **Fasano**: Bei der Stadt liegt „Fasanolandia", der größte Safari-Park Italiens, wo sich zwischen großen Olivenbäumen Giraffen, Zebras und andere afrikanische Wildtiere tummeln. Vor allem für Kinder ein Erlebnis. Man fährt mit dem Auto durch.
Öffnungszeiten/Eintritt **Fasanolandia**, März bis Sept. tägl. 9.30–16/17/17.30 Uhr (So ab 9 Uhr), Okt./Nov. 10–16 Uhr, ca. 15 €/Pers., Kinder unter 4 J. frei. ✆ 080/4414455, www.zoosafari.it.

▸ **Torre Canne**: Thermalbad mit langem Sandstrand, beste Bademöglichkeiten zwischen Bari und Brindisi. Der gut ausgestattete Camping „Le Dune" (****) liegt südlich vom Ort (✆ 080/4829810, ✉ 4829795, www.villaggioledune.com), Dünenstrand unmittelbar davor.

▸ **Marina di Ostuni**: ausufernde Feriensiedlung mit schönem Dünenstrand und gutem Familiencamping „Pilone" mit Pool und grünen Rasenflächen am Strand (✆ 0831/350135, ✉ 350224, www.campingpilone.it).

Ostuni ca. 33.000 Einwohner

Große Hügelstadt wenige Kilometer von der Küste, genannt „Città bianca" (weiße Stadt). Wenn man sich irgendwo in Süditalien nach Griechenland versetzt fühlt, dann hier: In der weitläufigen Neustadt ziehen sich lange schnurgerade Gassen in perfektem Weiß, eng um einen steilen Hügel drängt sich dagegen die ebenso weiße Altstadt, deren mittelalterliche Struktur samt Resten der Stadtmauer mit Rundtürmen so gut wie unversehrt erhalten ist.

Am Fuß der Altstadt die große *Piazza Libertà* mit einem 21 m hohen Obelisken, gekrönt von der Statue des San Onofrio. Hier beginnt der steile Aufstieg zum barocken *Dom*, der dominierend die Hügelspitze beherrscht, eingebunden ins Häusergewirr. Sehr beachtenswert seine filigrane Rosette, das Innere ist weniger attraktiv. Im Anschluss zielloser Bummel durch das wunderschön verwinkelte Labyrinth mit weißen Treppen, verzweigten Gewölben und schmalen Durchgängen, im Kontrast dazu die grün gestrichenen Tür- und Fensterrahmen. Wenn nicht immer wieder prächtige Barockportale die Hausfronten schmücken würden, könnte man meinen, sich auf einer der Kykladeninseln zu befinden. Wenige Schritte vom Dom Aussichtspunkt mit wunderschönem Blick über die dunkelgrünen Olivenplantagen zur Küste.

• *Anfahrt/Verbindungen* Ostuni liegt an der FS-Bahnlinie nach Brindisi, Bahnhof einige Kilometer unterhalb der Stadt in der Ebene, Busverbindung ins Zentrum.

• *Information* **AAST**, Corso Mazzini 8, bei der Piazza Libertà (Platz mit Obelisk am Fuß der Altstadt). ✆/✉ 0831/301268.

• *Übernachten* **** **Tre Torri**, korrektes Hotel in zentraler Lage. DZ ca. 55–60 €. Corso Vittorio Emanuele II 298, ✆ 0831/331114.
B & B Nonna Isa, nicht weit vom Stadtpark, DZ ca. 40–75 €. Via Alfieri 9, ✆/✉ 0831/332515, www.nonnaisa.it.
Die Umgebung von Ostuni ist reich an gepflegten Masserie, die Agriturismo anbieten. Nicht wenige wurden zu hochpreisigen Luxusdomizilen umgebaut. Zu den erschwinglichen gehören die **Masseria Asciano** an der Straße nach Torre Pozzella (✆/✉ 0831/-330712, www.agriturismoasciano.it) und die **Masseria La Salinola** an der Straße nach San Michele, die einen Pool besitzt, DZ mit Frühstück ca. 70–90 € (✆ 0831/330683, ✉ 308330, www.agriitalia.it/salinola).
TIPP! **** **Novecento**, schöne, alte Villa mit historischem Flair, gut eingerichtete Zimmer mit Klimaanlage und TV, im Garten Pool. DZ mit Frühstück ca. 90–120 €. Contrada Ramunno, 3 km südöstlich außerhalb, ✆ 0831/305666, ✉ 305668, www.hotelnovecento.com.

- *Essen & Trinken* Vor allem am Altstadthügel gibt es einige sehr stimmungsvolle Trattorie.

Osteria del Tempo Perso, hinter der Kathedrale. Stimmungsvolles Lokal in einer ehemaligen Höhlenbäckerei, Eingang zwischen weiß gekalkten Felsen, zwei hübsch eingerichtete Säle. Menü ab 25 €. Nur abends geöffnet, Mo geschl. Via Tanzarella 47, ℡ 0831/303320.

Porta Nova, edles Ristorante mit Panoramaterrasse im Rundturm eines ehemaligen Stadttors, prächtiger Blick über Olivenhaine. Menü ca. 30 € aufwärts. Mi geschl. Via Petrarolo 38, ℡ 0831/338983.

Spessite, untergebracht in einer ehemaligen Ölmühle, authentische Küche zu normalen Preisen. Nur abends geöffnet, Mi geschl. Via Clemente Brancasi 43, ℡ 0831/302866.

Vecchia Ostuni, Nähe Piazza della Libertà, nettes Lokal mit solider lokaler Küche. Largo Lanza 9, ℡ 0831/303308.

Brindisi

ca. 95.000 Einwohner

Wer nicht Griechenland ansteuert, macht meist einen weiten Bogen um Süditaliens wichtigsten Fährhafen. Doch die typische, früher stark heruntergekommene Hafenstadt ist sichtlich um ein neues Image bemüht - die Altstadt wird hier und dort restauriert, die Sehenswürdigkeiten sind gut beschildert, die lange Straße, die vom Bahnhof zum Hafen hinunterführt, säumen Palmen und an der mit Platten belegten Piazza Cairoli sprudelt sogar ein Brunnen. Allerdings lebt man nach wie vor vom Durchgangsverkehr, im Sommer gibt es tägliche Abfahrten nach Hellas.

Am Meer unten liegt ein kleiner Palmenpark. Wenn man hier die Straße am Wasser ein Stück nach links geht, kommt man hinter der nächsten Biegung zur breiten Treppe *Scalinata Virgiliana*, an deren oberem Ende die *Colonna Romana* steht, eine hohe römische Säule mit herrlichem Kapitell, die seit gut 2000 Jahren das Ende der antiken Via Appia von Rom markiert (eine zweite wurde nach Lecce gebracht, siehe dort). Am selben Platz soll der Dichter Vergil gestorben sein, eine marmorne Gedenktafel erinnert an ihn. Blickfang gegenüber der Hafenmole ist das überdimensionierte *Monumento al Marinaio*, 1933 zu Ehren der Gefallenen des Ersten Weltkriegs errichtet, 52 m hoch und einem Steuerruder nachgeformt. Fährboote setzen ständig über (Abfahrt etwas nördlich von der römischen Säule), ein (nicht immer funktionstüchtiger) Aufzug fährt im Inneren zur Spitze hinauf, fantastischer Blick auf Hafen und Küste.

Im alten Zentrum steht der ursprünglich romanische *Dom*, der aber durch Erdbeben schwer beschädigt wurde. Der *Portico dei Cavalieri Templari* aus der Zeit der Kreuzfahrer erhebt sich auf der Dompiazza, das *Museo Archeologico* zeigt Statuen, Sarkophage, Kapitelle, Vasen und andere Keramik aus diversen Ausgrabungen der Provinz. Die „Bronzi di Brindisi" sind zwei Bronzestatuen, die aus dem Meer geholt wurden. Bedeutendste Sehenswürdigkeit ist die Kirche *Santa Maria del Casale*, etwa 4 km nördlich vom Zentrum (gut ausgeschildert) in Richtung Flughafen. Die ungewöhnliche Fassade ist rot-weiß gestreift, im restaurierten Inneren findet man zahlreiche gut erhaltene Fresken, sehenswert ist vor allem das „Jüngste Gericht" an der Eingangswand.

- *Öffnungszeiten/Eintritt* **Museo Archeologico**, Di–So 9–13, Di und Do auch 15.30–18.30 Uhr, Eintritt frei.

Santa Maria del Casale, tägl. 8–12, 16–20 Uhr.

- *Anfahrt/Verbindungen* **PKW**, ab Bari keine Autobahn, sondern **Staatsstraße**, die weitgehend vierspurig ausgebaut ist, Fährhafen beschildert („Porto").

Bahn, vom **Hauptbahnhof** den Corso Umberto und Corso Garibaldi 1,5 km geradeaus hinunter zum Hafen, viele Züge fahren aber bis zum **Hafenbahnhof** durch. In beiden Bahnhöfen **Gepäckaufbewahrung**, in der Hochsaison aber oft am Ende ihrer Kapazität.

Fähren, mehrmals täglich gehen verschiedene Fährlinien über Korfu und Igoumenitsa nach Patras und zurück, Abfahrt meist abends.

Apulien

Flug, der Aeroporto Papola Casale liegt 5 km nördlich der Stadt und wird auch von Billigfliegern aus Deutschland angeflogen. Busverbindung mit SITA nach Brindisi und Lecce (www.seap-puglia.it).

• *Information* **AAST** am Lungomare Regina Margherita 44, am Hafen, nicht weit von der römischen Säule. Werktags im Sommer 8–14 Uhr, 15.30–19 Uhr, sonst Sa-Nachmittag geschl. ✆/ 0831/523072, www.brindisiweb.com.

• *Übernachten* ****** La Rosetta**, Nähe Piazza del Popolo, modernes Stadthotel mit viel Marmor. DZ mit Frühstück ca. 95–115 €. Via San Dionisio 2, ✆ 0831/590461, ✆ 563110.

*** Regina, in der Altstadt, Nähe Bahnhof. Äußerlich hässlich, aber freundlicher Empfang, Garage gegenüber, Zimmer recht unterschiedlich. Viele Russen als Dauergäste, was die Atmosphäre prägt. DZ mit Frühstück ca. 70–90 €. Via Cavour 5, ✆ 0831/562001, ✆ 563883, www.hotelreginaweb.com.

Ostello della Gioventù Carpe Diem, 2 km nördlich vom Zentrum. Stadteigenes Hostel in einem Bau der dreißiger Jahre, im Sommer oft voll, internationale Atmosphäre, abgewohnt. Mehrbettzimmer und DZ, Bus 3 oder 4 ab Hbf. oder 15 Fußminuten, bei Anruf auch Abholung am Hafen oder Bahnhof. Übernachtung mit Frühstück ca. 15 €, im DZ ca. 20–25 €. Via Nicola Brandi 4, ✆ 338-3235545, www.hostelcarpediem.it.

• *Essen & Trinken* **Pantagruele**, nettes Plätzchen in der Altstadt, leckere Antipasti und Primi. Menü 25 €. Sa/So geschl. Via Salita di Ripalta 1, ✆ 0831/560605.

Il Pescatore Iaccato, authentische Fischtrattoria am Lungomare, nicht übertreuert. Mi geschl. Via L. Flacco 32, ✆ 0831/524084.

Salento-Halbinsel

„Land's End" von Apulien. Welliges Kalkplateau mit rostbrauner Erde, unzähligen Steinmäuerchen und tausenden pyramidenförmiger Bauern- und Hirtenhäuschen. Die Küste meist niedrig, im Osten bizarr zerrissen mit zahlreichen Grotten, lange Dünenstrände und Pinienwälder im Westen, zum Teil reichlich verbaut mit Ferienhäusern.

Die Salento-Umrundung mit Stopp in Santa Maria di Leuca, dem äußersten Südkap Apuliens, muss nicht sein – stattdessen von Lecce rüber nach Gallipoli oder Otranto. Weiter südlich nur noch wenig, was reizt, in der Nebensaison außerdem so gut wie tot.

Lecce
ca. 100.000 Einwohner

Wichtigste Stadt des Salento und kultureller Höhepunkt. Berühmt für seine zahlreichen Barockbauten, die im 17. Jh. unter der Herrschaft der Spanier entstanden. Vor allem die zahlreichen Kirchen schwelgen in prächtigen Verzierungen und Ornamenten – der goldgelbe Sandstein „Pietra Leccese" ist extrem leicht zu bearbeiten, verfällt aber auch genauso leicht. Dementsprechend stehen die von Abgasen mitgenommenen Monumente häufig unter Restaurierung.

Ein architektonischer Höhepunkt ist die Kirche Santa Croce mit ihrer fantastischen Fassade, deren grundlegende Restaurierung Anfang der Neunziger abgeschlossen wurde. Auch einige römische Relikte sind in Lecce erhalten, darunter ein großes Amphitheater mitten im Zentrum. Insgesamt ist das Stadtbild aber nicht unbedingt so betörend, wie man manchen Reiseführern entnehmen kann. Historische Beinamen wie „Athen Apuliens" oder „Florenz des Barocks" kann man nur noch schwer nachvollziehen. Die Altstadt wirkt heute eher düster und ist mit neuen Betonbauten durchsetzt, der Barock zeigt sich pompös und von oft sehr vordergründiger Äußerlichkeit und Schwere, in der sich der Machtanspruch der spanischen Vizekönige widerspiegelt. Wenn man sehen will, wie sich Barock auch „demokratisch" einsetzen lässt, sollte man nach Martina Franca fahren (→ S. 838). Nichtsdestotrotz erstrahlt Lecce vor allem nachts in großartiger Pracht.

Lecce 843

Anfahrt/Verbindungen/Information

- *Anfahrt/Verbindungen* **PKW**, die 40 km von Brindisi nach Lecce kann man auf der schnurgeraden, autobahnähnlich ausgebauten **SS 613** schnell bewältigen.
Bahn, Lecce ist Endstation der **FS-Bahnlinie**, weiter geht es mit der Privatbahn **Ferrovia del Sud-Est**, u. a. nach Gallipoli, Otranto und Gagliano. Bahnhof beider Linien liegt 1 km südlich vom Zentrum, am Ende des Viale Oronzo Quarta.
- *Information* **Ufficio informazioni**, in der Altstadt, Via Vittorio Emanuele 24, ✆ 0832/248092, ✉ 310238.

Übernachten/Essen & Trinken (siehe Karte S. 844)

- *Übernachten* Lecce besitzt zahlreiche Bed & Breakfast-Adressen.
** Cappello (15), linker Hand vom Bahnhof, die Via Don Bosco entlang und wieder links. Zwar nah an den Gleisen, aber freundlich und sauber. Mit Garage. DZ mit Bad und Frühstück ca. 60 €. Via Montegrappa 4, ✆ 0832/308881, ✉ 301535, www.hotelcappello.it
B & B Centro Storico (12), gut ausgestattete Zimmer und Suiten in einem Palazzo des 16. Jh., ansprechend möbliert, TV, Klimaanlage. Schöne, 200 qm große Terrasse und Frühstücksraum. Mauro Bianco gibt gerne Tipps zur Umgebung. DZ mit Frühstück ca. 50–60 €, Apt. ca. 80–100 €. Via Andrea Vignes 2/b (südlich der Piazza Sant' Oronzo), ✆ 0832/242828, ✉ 242727, www.bedandbreakfast.lecce.it.
B & B Chiesa Greca (3), in einem alten Palazzo neben der griechisch-orthodoxen Kirche eröffnet. Sehr schön restaurierte Räumlichkeiten, geschmackvoll eingerichtet, Dachterrasse. Vermietet werden kleine Suiten mit Kochgelegenheit für ca. 70 €. ✆/✉ 0832/302330, www.chiesagreca.it.
B & B Prestige (13), an der Hauptgasse von der Porta Rudiae zum Dom. Gepflegte Zimmer mit Bad und kleinem Balkon. Auch hier eine herrliche Dachterrasse mit Blick auf die benachbarte Kirche San Giovanni Battista. Gutes Frühstück, tägliche Reinigung. DZ mit Frühstück ca. 70–80 €. Via Santa Maria del Paradiso 4, ✆ 0832/243353, www.bbprestige-lecce.it.
Camping Namastè (IYHF) (11), 4,5 km nördlich außerhalb an der Straße nach Novoli. Der an einen Biobauernhof angeschlossene Zeltplatz fungiert als Jugendherberge der Stadt. Zelt ca. 8 €, Pers. ca. 5 €, auch einfache Bungalows für ca. 50–60 €. Bus 26 ab Hbf. Erste Julihälfte geschl. ✆ 0832/329647, www.camping-lecce.it, www.ostellionline.org.
Ostello della Gioventù, privat geführte Herberge im Pinienwald von San Cataldo am Meer. Das frühere Flüchtlingslager besitzt DZ und kleine Mehrbettzimmer, man kann auf dem Gelände auch zelten. Übernachtung pro Pers. ca. 15 €, im DZ ca. 20 €. ✆/✉ 0832/650890.
Camping Torre Rinalda (1), im gleichnamigen Ort, 15 km nordwestlich (→ Lecce/Baden und Umgebung), viel Grün, weitgehend Rasen, direkter Zugang zum Dünenstrand. Ganzjährig geöffnet. ✆ 0832/382161, ✉ 382165, www.torrerinalda.it.

- *Essen & Trinken* **Villa Giovanni Camillo della Monica (7)**, stilvolles Ambiente in einem Palazzo aus dem 16. Jh., hübscher Innenhof. Mittlere Preise. Di geschl. Via Santi Giacomo e Filippo 40, ✆ 0832/458432.
Cucina Casareccia (2), alteingesessene Trattoria, in der ehrliche Hausmannskost serviert wird. Preislich günstig. So-Abend und Mo geschl. Via Costadura 19, ✆ 0832/245178.
Alle due Corti (5), im nördlichen Zentrum. Nette Trattoria mit schönen Sitzgelegenheiten im Gewölbe und Blick auf zwei Corti (Höfe). Speisekarte im lokalen Dialekt. So geschl. Via Leonardo Prato 42, ✆ 0832/242223.
Osteria degli Spiriti (8), kleine, neue Osteria mit leckerer lokaler Küche und guter Weinauswahl. So-Abend geschl. Via Battisti 4 (beim Stadtpark), ✆ 0832/246274.
Carlo V (6), beliebtes Pizzalokal in schöner Lage, Tische im Freien, Bier vom Fass. Mo geschl. Piazza Falconieri 1, ✆ 0832/243509.
La Capannina (14), lobende Leserzuschriften für diese freundliche und preislich erfreuliche Trattoria, auch Pizza. Mo geschl. Via B. Cairoli 13, ✆ 0832/304159.

- *Cafés & Bars* **Alvino (10)**, altes Café mit Atmosphäre, Sitzgelegenheiten drinnen und draußen. Piazza Sant'Oronzo 30.
La Cicala (9), auf der Piazza gegenüber der Chiesa di Sant'Irene, gemütlich zum Sitzen.
Paisiello (4), beliebtes Straßencafé an der Via Palmieri, Piazzetta Bonifacio IX.

Apulien Karte S. 812/813

844 Apulien

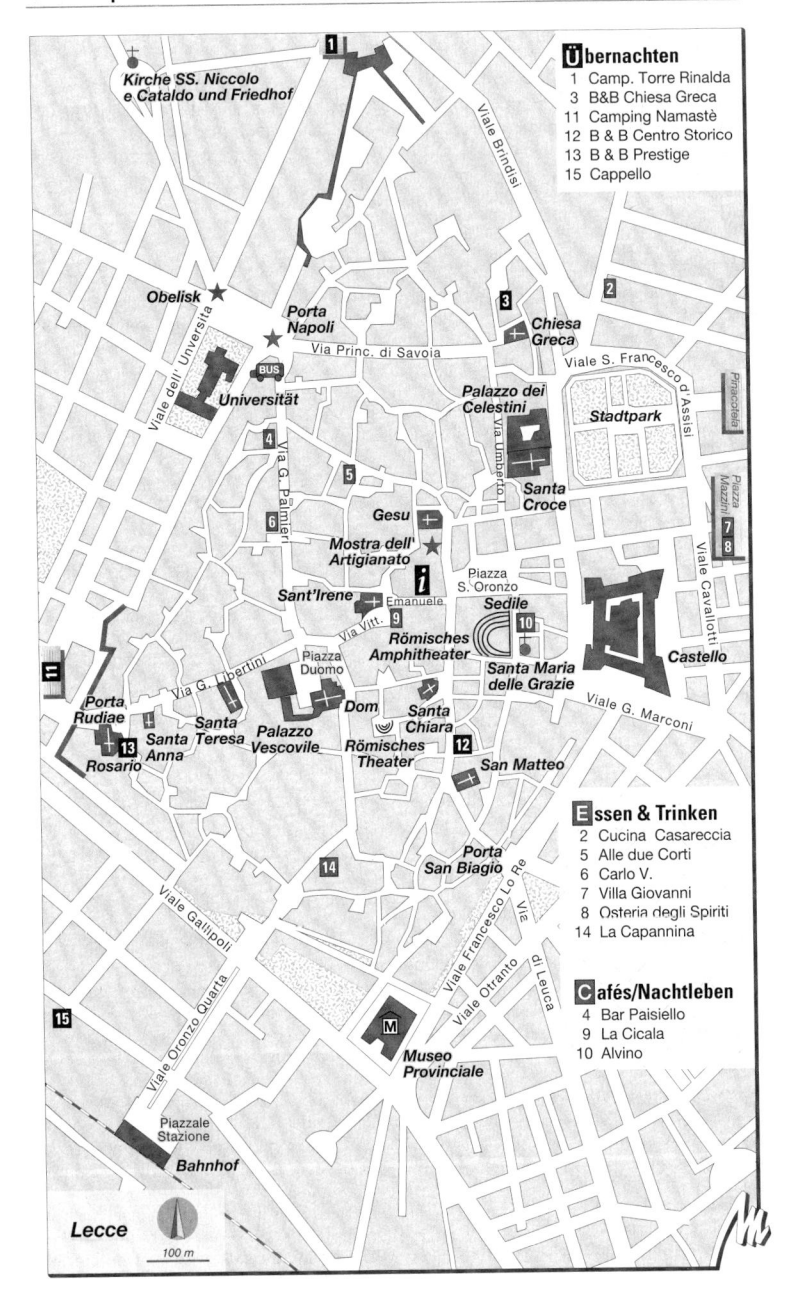

Übernachten
1. Camp. Torre Rinalda
3. B&B Chiesa Greca
11. Camping Namastè
12. B & B Centro Storico
13. B & B Prestige
15. Cappello

Essen & Trinken
2. Cucina Casareccia
5. Alle due Corti
6. Carlo V.
7. Villa Giovanni
8. Osteria degli Spiriti
14. La Capannina

Cafés/Nachtleben
4. Bar Paisiello
9. La Cicala
10. Alvino

Lecce

Kirche SS. Niccolo e Cataldo und Friedhof
Obelisk
Porta Napoli
Università
Viale dell'Università
Viale Brindisi
Via Princ. di Savoia
Chiesa Greca
Viale S. Francesco d'Assisi
Palazzo dei Celestini
Stadtpark
Pinacoteca
Piazza Mazzini
Via G. Palmieri
Via Umberto I
Santa Croce
Gesù
Mostra dell' Artigianato
Sant'Irene
Piazza S. Oronzo
Sedile
Viale Cavallotti
Emanuele
Via Vitt.
Römisches Amphitheater
Santa Maria delle Grazie
Castello
Via G. Libertini
Piazza Duomo
Dom
Santa Chiara
Viale G. Marconi
Porta Rudiae
Santa Teresa
Palazzo Vescovile
Römisches Theater
San Matteo
Santa Anna
Rosario
Porta San Biagio
Viale Gallipoli
Viale Francesco Lo Re
Via di Leuca
Viale Otranto
Museo Provinciale
Viale Oronzo Quarta
Piazzale Stazione
Bahnhof

100 m

Sehenswertes

Lecceser Barock ist von verschwenderischer Formenvielfalt – üppige Blumenornamente, filigran gewundene Säulen und vielfältige Dekorationselemente sind seine Kennzeichen. Die meisten Werke stammen vom einheimischen Meister Giuseppe Zimbalo und seinem Vater Antonio.

Durch mehrere Tore kommt man in den historischen Stadtkern, der noch teilweise mit einer Mauer umgeben ist. Bester Einstieg ist die *Porta Rudiae* an der Südwestecke. Gleich hinter dem Tor steht rechts die *Chiesa del Rosario* mit reich verzierter Fassade, das letzte und gleichzeitig eins der ungewöhnlichsten Werke von G. Zimbalo. Die Via Libertini entlang geht es, vorbei an der kleinen Kirche *Sant'Anna* und der unvollendeten *Chiesa di Santa Teresa*, zum Domplatz – rechter Hand das kleine Gässchen nicht verpassen.

Piazza del Duomo: Geschlossene, rundum gebäudebestandene Platzanlage mit schmalem „Eingang", der links und rechts von trichterförmig angeordneten Propyläen flankiert wird. Geradeaus der Dom *Santa Maria dell'Assunta* aus dem 12. Jh. mit 70 m hohem Campanile, im 17. Jh. von G. Zimbalo in seine heutige Barockform gebracht. Er besitzt zwei Fassaden, das Innere ist reich vergoldet, vor allem die Holzdecke, an den Seiten üppige Altäre mit den typischen Lecceser Säulen. Rechter Hand anschließend der *Palazzo Vescovile* (Bischofspalast) und an der rechten Platzseite der lang gestreckte *Palazzo del Seminario* mit wunderschönem Barockbrunnen im Innenhof.

Zwischen Piazza del Duomo und Piazza Sant'Oronzo: Die Via Vittorio Emanuele führt an der großen *Chiesa di Sant'Irene* mit sehenswerten Barockaltären vorbei zur Piazza Sant'Oronzo.

Wenn man kurz vorher noch seitwärts einbiegt, findet man einige Ecken hinter dem Dom ein schönes römisches *Theater*, dessen Sitzreihen und Orchestra freigelegt wurden. Ein kleines *Museum* zeigt hier Fresken und Mosaiken von verschiedenen Fundstellen.

Öffnungszeiten/Eintritt **Museo del Teatro Romano**, Mo–Sa 10–13, Eintritt ca. 2,50 €.

Piazza Sant'Oronzo: Zentraler Platz der Stadt und Verkehrsmittelpunkt, an Sonntagen versammeln sich die Männer vor dem *Sedile* aus dem 16. Jh. Der eigenartige Bau mit auffallenden gotischen Stilelementen fungierte früher als Rathaus und beherbergt heute wechselnde Ausstellungen. Daneben ragt eine römische *Säule* auf, die der Stadt Lecce von Brindisi geschenkt wurde und einst am Ende der Via Appia stand. Auf der Spitze thront die Statue des Stadtpatrons Sant'Oronzo.

Dahinter liegt das große römische *Amphitheater* der Stadt aus dem 2. Jh. n. Chr. Es konnte über 20.000 Personen Platz bieten und noch heute finden hier Konzerte und Theateraufführungen statt. Da jedoch sämtliche Verzierungen, Statuen etc. im Museum verschwunden sind, wirkt es ziemlich kahl.

Basilica di Santa Croce und Umgebung: Die Basilika ist wohl die größte Sehenswürdigkeit der Stadt, geschaffen in fast 150 Jahren (1549–1689) von drei Architekten. Fantastische Fassade mit unglaublich vielen Einzelheiten. Im unteren Teil noch strenge Renaissance, darüber aber ausschweifend barock – Fabelwesen, Löwen und Menschenfiguren tragen die Brüstung unterhalb der riesigen Rosette. Großartig gelungen ist auch der lichte Innenraum mit zahlreichen prachtvollen Seitenaltären, deren gewundene Säulen mit Blättern und Ornamenten geschmückt sind. An den verschnörkelten Kapitellen der Seitenschiffe bärtige Gesichter, kleine Engelsfiguren, Pferdeköpfe und Widder. Giuseppe Zimbalo und Cesare Penna haben mit dieser Kirche ihr Meisterwerk vollbracht, vom Vater Giuseppes stammt der linke Seitenaltar neben der Apsis.

Unmittelbar an die Kirche schließt sich der *Palazzo dei Celestini* an, das ehemalige Kloster mit seinen kunstvollen Fensterumrahmungen ist heute Sitz der Stadtverwaltung. Hinter dem Palast erstreckt sich der weitläufige *Stadtpark*.

Castello: Das massive Kastell aus der Zeit Karls V. beherbergt manchmal Ausstellungen und kann besichtigt werden.
Öffnungszeiten/Eintritt tägl. 9–13, 17–20 Uhr, Eintritt frei.

Weitere Kirchen: *Chiesa del Gesù*, sehenswert sind die bemalte Decke und der riesige Altar mit Säulen und Skulpturen; *Chiesa di Santa Chiara*, reich verzierte Fassade an der Piazza Vittorio Emanuele, im Inneren zahlreiche Altäre; *Chiesa di San Matteo*, ungewöhnliche Fassade, in der unteren Hälfte konvex, darüber konkav; *SS. Niccolò e Cataldo*, die Friedhofskirche (nördlich der Altstadt) gilt mit ihren vollplastischen Fassadenfiguren als einzigartiges Kunstwerk.
Öffnungszeiten/Eintritt **Friedhof** tägl. 7–12 Uhr.

Museo Provinciale Sigismundo Castromediano: Das archäologische Museum im Viale Gallipoli 28, nicht weit vom Bahnhof, zeigt zahlreiche Ausgrabungsfunde der Region, besitzt außerdem eine Gemäldesammlung.
Öffnungszeiten/Eintritt Mo–Sa 9–13.30, 14.30–19 Uhr, So nur vormittags, Eintritt frei.

Lecce/Baden und Umgebung

Eine breite, schnurgerade Straße führt von Lecce zum Meer nach *San Cataldo*, ein an sich schöner geschwungener Sandstrand, der aber mit Badeanstalten, Ristoranti etc. weitgehend zugebaut ist (Jugendherberge → unter Lecce). Im Hochsommer völlig überfüllt, wird das Strandgebiet bereits im September zur menschenleeren Geisterstadt. An der Küste Richtung Norden folgt zunächst ein Militärsperrgebiet. Schöne, weiße Dünenstrände gibt es dann um *Frigole* und vor allem bei *Torre Chianca*, die weit ausufernden Badesiedlungen bieten ein ähnliches Bild wie in San Cataldo. Bei Torre Rinalda liegt der gleichnamige Campingplatz (→ Lecce/Übernachten). Richtung Süden schöne Fahrt, anfangs führt die Straße ein Stück vom Meer entfernt durch dichte Eukalyptus- und Pinienwäldchen und umgeht das Naturschutzgebiet *Le Cesine* mit einem Centro Visite des WWF (beschildert). Landeinwärts liegt das reizvolle Wehrdorf *Acaia* mit aragonesischem Kastell. Wo die Straße ans Wasser stößt, erstreckt sich bei *Torre Specchia Ruggeri* ein Dünenstrand, dann folgt nur noch niedrige Klippenküste ohne Baumwuchs. *San Foca* ist ein lang gestreckter Badeort mit Fischerhafen und mehrere hundert Metern Sand. Bei *Roca Veccia* wurden die Reste einer vorrömischen Stadtmauer ausgegraben (beschildert). Zwischen Roca und Torre dell'Orso interessante Küstenlinie mit von Wind und Wellen bizarr ausgehöhlten Pools, Grotten und Felstoren, kleine Sandbuchten sind eingelagert.
Öffnungszeiten/Eintritt **Le Cesine Centro Visite Oasi WWF**, tägl. 10 Uhr bis Sonnenuntergang, Führungen nach Voranmeldung unter ✆ 0832/892264, www.wwf.it/oasi.

Küste von Torre dell'Orso bis Otranto → Otranto/Umgebung.

▸ **Galatina**: 15 km südlich von Lecce, eine Stadt mit starken griechischen Wurzeln, bis ins Mittelalter lebten hier hauptsächlich Kolonisten aus dem östlichen Mittelmeer. Sehenswert ist die Kirche *Santa Caterina*, die mit zahlreichen, gut erhaltenen Fresken des 15. Jh. zum Leben der heiligen Katharina aus Alexandrien ausgeschmückt ist.
Öffnungszeiten/Eintritt **Santa Caterina**, tägl. 9–12, 17–19 Uhr.

Der Tarantula-Tanz von Galatina

Bis vor wenigen Jahrzehnten wurde in Galatina alljährlich zum Fest der Heiligen Pietro e Paolo (Petrus und Paulus) am letzten Wochenende im Juni ein Brauch gepflegt, der bis ins 13. Jh. zurückgeht. Damals war in Süditalien die Tarantula-Spinne (Tarantel) gefürchtet, deren Biss heftige Schmerzen verursachte und oft tödlich war. Als einziges Mittel für die Betäubung der Schmerzen und im besten Fall sogar Heilung galt Tanzen bis zum Umfallen. So wollte man buchstäblich das Gift aus dem Körper schwitzen. Die Gebissenen, aber auch gleich gesinnte Interessierte – hauptsächlich Frauen – pilgerten nach Galatina zum genannten Patronatsfest und taten sich zum gemeinsamen Tanz zusammen. Diese Tänze konnten mehrere Tage dauern (es wird sogar von Wochen berichtet) und versetzten die Tänzer in ekstatische Zustände. „Wie von der Tarantel gestochen" ergingen sie sich in wilden Zuckungen, Schreien, Obszönitäten u. Ä., was oft auch mit exorzistischen Praktiken einherging. Die tieferen Ursprünge für diese rauschhaften Zusammenkünfte vermutet man in alten „heidnischen" bzw. „dionysischen" Kulten. Bis heute soll der Tarantula-Tanz nicht vollständig ausgestorben sein.

Otranto

ca. 6000 Einwohner

Außerhalb der Hochsaison eine ruhige Kleinstadt zwischen niedrigen weißen Kalkklippen, Gesamteindruck hell, heiter und friedlich. Das kompakte Zentrum ist ein Schmuckstück, umgeben von einer gut erhaltenen Festungsmauer und – sehr erholsam – für den Autoverkehr weitgehend gesperrt.

In den gepflasterten Altstadtgassen mit ihren weißen und pastellfarbenen Häuschen trifft man auf eine mediterrane Leichtigkeit und Anmut, wie sie viele italienische Städte oft vermissen lassen. Nicht zuletzt deswegen ist Otranto zu einem bevorzugten Ferienort italienischer Urlauber und der Lecceser Oberschicht geworden. Teure Restaurants, luxuriöse Bars und Edelboutiquen haben die authentische Wohnkultur des wunderschön gelegenen Küstenorts weitgehend verschwinden lassen.

Otranto spielte als Hafen vor allen während der Kreuzzüge des Mittelalters eine wichtige Rolle. 1480 wurde es von den Türken unter Achmet Pascha eingenommen und ein Jahr später wieder zurückerobert. Die Spanier bauten Otranto daraufhin zur mächtigen Festung aus, die erst unter Napoleon zerstört wurde. Ein Höhepunkt der Stadtbesichtigung ist der äußerlich unansehnliche Dom, dessen gewaltiges Fußbodenmosaik eins der schönsten und ungewöhnlichsten Italiens ist.

Anfahrt/Verbindungen/Information

- *Anfahrt/Verbindungen* **PKW**, von Lecce die vierspurig ausgebaute **SS 16** bis Maglie nehmen, dort zur Küste abzweigen. Auch auf der Küstenstraße ab San Cataldo kommt man gut voran.
Bahn, die **Ferrovia del Sud-Est** verkehrt mehrmals tägl. zwischen Lecce und Maglie, von Maglie geht es etwa 9-mal tägl. weiter nach Otranto. Der Bahnhof von Otranto liegt ca. 10 Fußminuten vom Hafen.

Fähren, Otranto ist ein unbedeutender Fährhafen mit nur einer Linie, bietet aber die billigste und kürzeste Möglichkeit, nach Griechenland überzusetzen. Überfahrten Mitte Juni bis Mitte September 4- bis 6-mal wöch.
- *Information* **APT**, Piazza Castello 5. Im Sommer Mo-Sa 9–13, 16–21 Uhr, sonst Mo–Fr 9–14 Uhr. ✆ 0836/801436.

Apulien Karte S. 812/813

848 Apulien

Übernachten/Essen & Trinken

- *Übernachten* Im August fast überall Pensionspflicht.

*** Rosa Antico, von Maglie kommend bei der Einfahrt in die Stadt, stilvoller, rosafarbener Palazzo, schön aufgemacht, viel Grün, Parkplatz, kein Restaurant. DZ mit Frühstück ca. 60–90 €, im August bis zu 170 €. ℡/℻ 0836/801563, www.hotelrosaantico.it.

*** Albània, großes, geschmackvoll modernisiertes Haus, Restaurant mit Dachterrasse und herrlichem Blick auf die Altstadt. DZ mit Frühstück ca. 80–140 €. Via San Francesco di Paola 10, ℡ 0836/801877, ℻ 801183, www.hotelalbania.com.

*** Bellavista, beim Stadtpark, nah an der Altstadt, einfach und korrekt. DZ ca. 65–120 €. Via Vittorio Emanuele 19, ℡ 0836/801058, ℻ 801435.

Agriturismo Tenuta Torre Pinta, etwa 2 km südwestlich in einem sanften Tal gelegene Masseria, vermietet werden einige geschmackvoll eingerichtete Zimmer, in einem mittelalterlichen Saal wird ausgezeichnete Küche serviert. Der Namen gebende Turm steht über einem unterirdischen Gewölbebau der Antike. DZ mit Frühstück ca. 70–90 €, HP ca. 60–70 € pro Pers. ℡/℻ 0836/ 428358, www.torrepinta.it.

Camping Idrusa, kleiner Platz unmittelbar am Hafen, schattiges Wäldchen aus hohen Nadelbäumen, für Stadtbesichtigung ideale Lage. Juni bis Sept. ℡ 0836/801255, ℻ 802389.

Camping Mulino d'Acqua, ca. 3 km nördlich von Otranto, gut ausgeschildert. Große, gepflegte Anlage direkt am Strand. ℡ 0836/802191, ℻ 802196, www.mulinodacqua.it.

- *Essen & Trinken* Vor allem in der Altstadt findet man stilvolle, allerdings hochpreisige Möglichkeiten.

Da Sergio, alteingesessene Trattoria an der Hauptgasse der Altstadt, leckere Fischküche und gute Antipasti aus dem Meer. Mi geschl. Corso Garibaldi 9, ℡ 0836/801408.

Vecchia Otranto, elegant aufgemacht in einem historischen Stadthaus. Gute Meeresküche, frische Fisch- und Muschelsuppen immer auf der Karte. Menü 25 € aufwärts. Do geschl. Corso Garibaldi 96, ℡ 0836/ 801575.

La Pignata, ein paar Häuser nach Vecchia Otranto, alte, restaurierte Trattoria, gute lokale Küche, preislich im Rahmen. Mo geschl. ℡ 0836/801284.

Acmet Pascià, Nähe Kathedrale, integriert in die Festungsmauer. Terrasse mit schönem Blick auf die Hafenbucht und den Lungomare, ausgeprägte Meeresküche, nicht billig. Mo geschl. Via Lungomare degli Eroi, ℡ 0836/801282.

Sehenswertes

Vom Lungomare mit der hübschen kleinen Markthalle kommt man in wenigen Schritten zur gewaltigen Stadtbefestigung mit dem Eingang zur Altstadt.

Kathedrale: die größte aller apulischen Kirchen, im 11. Jh. erbaut von den Normannen. Einziger Schmuck der 25 m breiten Kalksteinfassade sind das Barockportal und die Rosette im gotisch-arabischen Stil. Daneben der freistehende Glockenturm. Der *Innenraum* ist 54 m lang, zwei Säulenreihen, deren Kapitele jeweils verschieden sind, trennen die zwei Seitenschiffe ab. Die vergoldete Kassettendecke im Hauptschiff ist ein Meisterwerk des 17. Jh., in den Flügeln Reste byzantinischer Fresken. Der gesamte Boden der Kirche ist ein riesiges *Mosaik* – unregelmäßige Klötzchen aus verschiedenfarbigem, besonders hartem Kalkstein bilden den Baum des Lebens. Von 1163–1165 hat das Mosaik ein Mönch des nahen Klosters San Nicola di Casole gefertigt. Einfach, fast plump, aber unglaublich bildhaft und lebensecht ist eine Art Menschheitsgeschichte dargestellt: zahllose mythologische, biblische, antike, sogar bretonische und skandinavische Szenen vermischen sich zu einem eindrucksvollen Ganzen, eine Art Volkskunst des Mosaiks.

Vor der *Cappella Aragonese* in der Apsis des rechten Seitenschiffs wacht der Riese Atlas im Mosaikboden. In der Kapelle sieben große Wandschränke, in der die Gebeine von über achthundert Bürgern ruhen, die 1480 von den Türken unter Großwesir Achmet Pascha ermordet wurden, weil sie ihren Glauben nicht aufgeben wollten. Im Altar wird der Steinblock aufbewahrt, auf dem die Märtyrer angeblich geköpft wurden.

Beim Hinuntersteigen zur *Krypta* sieht man Reste eines alten Kirchenbaus im Souterrain. Die Krypta selber ist ein Wald aus 68 Säulen und Halbsäulen mit den verschiedensten dorischen, korinthischen und romanischen Kapitellen. In den Apsiden sind Reste byzantinischer Wandfresken erhalten.

Öffnungszeiten tägl. 8.30–12, 15–17, im Sommer bis 19 Uhr.

Basilica di San Pietro: ebenfalls in der Altstadt, kleine byzantinische Kreuzkuppelkirche, die von den im Salento ansässigen Griechen erbaut wurde. Im Inneren schöne Fresken im byzantinisch-griechischen Stil: Abendmahl, Fußwaschung, Taufe Jesu, Vertreibung aus dem Paradies.

Öffnungszeiten tägl. 10–12.30, 15–18 Uhr, Custode in der Nachbarschaft, Spende.

Castello: am höchsten Punkt der Altstadt, erbaut unter Ferdinand von Aragon nach der Zurückeroberung von den Türken. Nach mehrjähriger Restaurierung ist es teilweise wieder begehbar, auch zur Mauer kann man hinaufsteigen.

Italienisch lernen am Meer

Die Sprachschule „Porta d'Oriente" liegt in der Nähe der Altstadt von Otranto. Kursgebühren ab 205 € pro Woche. Unterbringung in Wohnungen in Schulnähe, zwei Wochen ca. 250 € pro Pers. im Doppelzimmer. Kurse ganzjährig, Beginn jeweils montags.

Information Scuola Porta d'Oriente, Via Antonio Primaldo 70, I-73028 Otranto, ✆/✉ 0836/804431, www.porta-doriente.com, www.italienischammeer.com.

Otranto/Baden und Umgebung

Hinter der Küste nördlich von Otranto liegen die beiden Seen *Alimini Piccolo* und *Alimini Grande*, hübsch eingebettet in Grün, sehr fischreich, vor allem der kleinere, in den eine kräftige Süßwasserquelle mündet. Der größere ist durch einen Kanal mit dem Meer verbunden, am Ausfluss langer, weißer Dünenstrand mit Pineta, der sich weit nach Norden zieht. Dieses Badeparadies befindet sich noch im Naturzustand, die üblichen Badeanstalten fehlen hier weitgehend – eine der saubersten Badeküsten Italiens! In der Pineta liegen einige Campingplätze und Feriendörfer.

Nach dem netten, kleinen Fischerdorf *Sant'Andrea* folgt niedrige Klippenküste, ausgehöhlt mit Spalten und Grotten, optisch interessant, zum Baden weniger.

▸ **Torre dell'Orso**: reiner Badeort mit Ferienvillen und viel Grün. Schöne halbrunde Sandbucht, seitlich eingefasst von Kalkklippen, felsiger Aussichtspunkt mit der Ruine der Namen gebenden Torre, darunter tiefe Spalten und Höhlen. Sehenswert ist nördlich vom Ort direkt an der Küste eine ausgedehnte *Nekropole* aus dem 4. Jh. v. Chr., die in den weichen Stein gegraben ist (z. T. frei zugänglich).

• *Übernachten* Nördlich der Seen reiches **Agriturismo-Angebot**, diverse Bauernhäuser bieten Camping, Zimmer und „cucina tipica", das meiste durchaus preiswert.

Camping Frassanito Internazionale, großer Platz im Pinienwald hinter dem Strand, 2 Min. läuft man zwischen die hohen Dünen. ✆ 0836/85005, www.campeggiofrassanito.it.

*** Li Tamari, in Torre dell'Orso, hübsches Strandhotel mit Pineta, mit gutem Restaurant und eigenem Strandabschnitt. DZ ca. 60–90 €. ✆ 0832/841122, ✉ 841886.

• *Essen & Trinken* **Il Porticciolo**, authentisches Fischerlokal in Sant'Andrea. ✆ 0832/841675.

Rund um den Salento

Von Otranto über Santa Maria di Leuca nach Gallipoli kann man die Ferse des italienischen Stiefels umrunden. Die weitgehend flache bzw. leicht hügelige Landschaft bietet insgesamt nichts Spektakuläres und ist teilweise reichlich zersiedelt. Das Wasser ist dagegen glasklar und sauber.

Südlich von Otranto abrupter Landschaftswechsel – keine Strände mehr, dafür rostbraunes, welliges Acker- und Weideland ohne Baum und Strauch, das zur größteils unerschlossenen Küste in steilen, weißen Kalkklippen abfällt. Immer wieder erreicht man tiefe, fjordartige Einschnitte, z. B. beim Fischerörtchen *Porto Badisco*. In den Uferfelsen verbergen sich zahlreiche Höhlen, in denen man früheste menschliche Spuren und Wandmalereien entdeckt hat (zugänglich ist jedoch nur die unbemalte Grotta Zinzusula). Vereinzelt sieht man alte Wachtürme, aber auch Horchposten der Armee – Albanien ist gerade 80 km entfernt. Kilometerweite Ausblicke, undramatisch, aber reizvoll in seiner Weite und Leere, die Straße teils kurvig zwischen Kalkfelsen eingefräst.

▸ **Santa Cesarea Terme**: aufwendig angelegtes Thermalbad an niedriger Felsenküste, lange Promenade und Zuckerbäckerbauten, teils im orientalisierenden Stil. Warme Schwefelquellen entspringen am Meer, unterhalb der Straße eine große medizinische Thermalanstalt – Kuren, Fangopackungen, Inhalationen etc. Südlich vom Ort bizarre Fjorde und alte Steinbrüche am Meer, die heute zum Baden genutzt werden.

• *Übernachten* ***** Le Macine**, hübscher Flachbau am südlichen Ortsausgang. DZ ca. 50–70 €. ✆ 0836/509941, ✉ 509754.
** Francis, einfache Unterkunft, ebenfalls am südlichen Ortsausgang. DZ um die 45–70 €. ✆ 0836/944129.
Camping Porto Miggiano, 2 km südlich, schöner Platz unter Olivenbäumen, direkt über den Klippen. Juni bis Sept. ✆/✉ 0836/944303.
Camping La Scogliera, noch ein Stück weiter südlich, Terrassenplatz unter Pinien, mit Pool. Offiziell ganzjährig geöffnet, in der Realität oft bereits Mitte September zu. ✆ 0836/949802, ✉ 949794, www.campinglascogliera.it.

▸ **Grotta Zinzusula**: Die Tropfsteingrotte („zinzusuli" bedeutet im salentinischen Dialekt etwa „herabhängende Fetzen") liegt kurz vor Castro Marina unterhalb der Straße, in einer großen Meeresbucht mit senkrechten Felswänden. Gleich daneben lädt ein Pool zum Baden ein.
Öffnungszeiten/Eintritt Juni bis Mitte Sept. tägl. 10–18 Uhr, sonst auf Anfrage, Eintritt ca. 3 €. ✆ 0836/947005.

▸ **Castro/Castro Marina**: kleines historisches Städtchen hoch über der Küste, darunter lebhafter Badeort und Hafen mit diversen Hotels.

▸ **Tricase/Tricase Porto**: geschützter Hafen mit einigen herrschaftlichen Villen, Baden kann man auf niedrigen Felsplatten und der Mole, zwei kleine Campingplätze.

Im Folgenden ein eigenartiges Landschaftsbild – überall hohe Steinmauern und kreisrunde, zur Oberseite hin abgeplattete Hirtenhütten (caselle), Pinien und Ölbäume auf steinigen Terrassen. Insgesamt erheblich zersiedelt, zahlreiche Ferienhäuser, dennoch recht schön. Straße verläuft zwischen hohen Mauern und Felshängen, in Richtung Capo di Leuca steil ansteigend.

▸ **Santa Maria di Leuca**: „Land's End" bzw. die „fines terrae" von Apulien – großer, staubiger Ferienort an flacher, felsiger Küste, jedoch auch wichtiges Wallfahrtsziel am „Ende der Welt". Von weitem arabisch anmutendes weißes Kubengewirr, hohe Mauern, die die Sommerhitze abhalten, einige orientalische Paläste mit Kuppeln,

Gallipoli 851

Spitzbögen und Ornamenten. Lange Promenade, die wie der ganze Ort drei Viertel des Jahres völlig tot ist.

Auf dem Kap östlich vom Ort ein hoher Leuchtturm (Sperrzone) und das Ziel der Wallfahrer: *Santuario Santa Maria di Leuca*, eine schlichte Barockkirche. Im rechten Seitenarm des Vorraums die angebetete Madonna mit Kind in blauem Faltengewand. Das Heiligtum wurde 1990 in den Rang einer Basilika Minore erhoben, großes Fest am 7. Oktober. Herrlicher Blick auf den Ort und das Meer Richtung Afrika. Auf der *Punta Ristola*, dem Kap westlich vom Ort, ist der südlichste Punkt Apuliens mit der *Grotta del Diavolo* (beschildert).

- *Information* **Pro Loco** in einer großzügiger Villa am Lungomare 53, ✆ 0833/758161, www.prolocoleuca.it.
- *Übernachten* ****** Terminal**, modernes Großhotel am Lungomare, Zimmer mit Balkon und Meerblick. DZ mit Frühstück ca. 80–115 €. ✆ 0833/758242, ✆ 758246, www.attiliocaroli.it. ***** Rizieri**, ebenfalls am Lungomare, aber ansprechend und deutlich billiger. DZ ca. 60–100 €. ✆ 0833/758007, www.hotelrizieri.it. **Camping Santa Maria di Leuca**, weit zurück im Hinterland, ca. 3 km in Richtung Gagliano, flaches Gelände mit niedrigen Pinien und Eukalyptusbäumen, Pool. Ganzjährig geöffnet. ✆ 0833/548157, ✆ 548485, www.campingsmleuca.com.

▶ **Westküste bis Gallipoli**: weitgehend flach, gute Bademöglichkeiten an langen, schattenlosen Dünenstränden, die Orte wild gewachsen und meist reizlos, Tendenz zur Zersiedlung. Schöner, langer Strand gleich nördlich von *Torre Vado*. Der gepflegte Camping „La Grotta" liegt etwa 1 km von der Küste, gepflegter Rasen unter Olivenbäumen, Pool und Tennis, Buszubringer zum Strand (Juni bis Sept., ✆ 0833/712108, ✆ 712112). Hübschester Ort ist im Folgenden *Marina San Giovanni* mit seiner geschwungenen Hafenbucht. Danach Richtung Gallipoli nur wenig, was zum Bleiben reizt. Eine Ausnahme bildet der Camping „Riva di Ugento" in dichter Pineta, ein riesiger, gut ausgestatteter Platz mit Pool, Disco und Tennis, davor langer Strand mit Dünen (Mai bis Sept., ✆ 0833/933600, ✆ 933601). Um *Marina di Mancaversa* sind die Orte praktisch zusammengewachsen, dann aber als schöner Kontrast die weit geschwungene Bucht *Baia Verde* südlich von Gallipoli (→ Gallipoli/Baden).

Gallipoli

ca. 20.000 Einwohner

Eine der schönsten Küstenstädte im tiefen Süden, gegründet von griechischen Kolonisatoren (Kalí pólis = schöne Stadt). Die luftige Altstadt liegt bildhübsch auf einer Insel, umzogen von einer trutzigen Mauer, auf der heute eine Ringstraße verläuft – ideal für einen Spaziergang.

Ein breiter Autodamm führt vom Festland hinüber, bewacht durch ein massives Kastell mit mächtigen Rundtürmen. An den Kais flicken die zahlreichen Fischer ihre Netze, es gibt einen großen Fischereihafen und einen sehenswerten Fischmarkt. In der Neustadt pulsiert um den kilometerlangen Corso Roma allabendlich das Leben, zahllose elegante Shops, moderne Boutiquen und gut sortierte Lebensmittelläden reihen sich aneinander. Fürs Badevergnügen findet man ausgezeichnete Sandstrände südlich und nördlich der Stadt.

- *Anfahrt/Verbindungen* Die **Ferrovia del Sud-Est** fährt gut 9-mal tägl. von und nach Lecce, außerdem über Casarano nach Gagliano del Capo. Bahnhof in der Neustadt, Nähe Corso Roma.
- *Information* in der Markthalle am Beginn der Altstadt, Piazza Imbriani. ✆ 0833/262529.
- *Übernachten* ***** Al Pescatore**, am Beginn der Ringstraße um die Altstadt. Liebevoll renovierter Palazzo, spiegelnder Marmorfußboden, Innenhof mit eleganter Brüstung, Zimmer mit Blick auf den Hafen, dazu unten eine lohnende Trattoria. DZ mit Frühstück ca. 80–95 €. Riviera Cristoforo Colombo 39, ✆ 0833/264331, ✆ 263656.

Karte S. 812/813 Apulien

B & B La Casa del Mare, in der Nähe der Spiaggia della Puritate, restauriertes Altstadthaus mit einem Dreibett-Zimmer und zwei DZ, jeweils mit TV. Gästefahrräder stehen zur Verfügung. DZ ca. 50–120 €. Piazzetta de Amicis, ✆ 0833/261368, www.lacasadelmare.com.

Camping Baia di Gallipoli, 5 km südlich von Gallipoli, 1 km vom Strand entfernt. Schönes, großes Gelände mit Gras, flach abfallend unter Olivenbäumen, in den Duschen heißes Wasser, Pool, in der Saison Zubringerbus zum Strand. Ganzjährig offen. ✆ 0833/275405, 🖷 273210, www.baiadigallipoli.com.

Camping La Vecchia Torre, schöner, großer Platz im dichten Pinienwald direkt am Sandstrand, 3 km nördlich der Stadt. Juni bis Sept. ✆ 0833/209083, 🖷 209009, www.lavecchiatorre.it.

Camping La Masseria, ebenfalls nördlich von Gallipoli im Pinienwald und direkt am Strand, gehört zu einem Landwirtschaftsgut. In Bau ist ein großer Pool. ✆ 0833/202295, 🖷 274447, www.lamasseria.net.

• *Essen & Trinken* **Marechiaro**, großes Ristorante in bester Lage, auf einer Art Insel unterhalb der Brücke zur Altstadt. Tische draußen auf Terrasse, davor Boote, Blick auf die Festung. ✆ 0833/266143.

L'Aragosta, alteingesessenes Lokal am Eingang zur Altstadt, gegenüber der Markthalle, gemütlicher Speisesaal mit Terrasse. ✆ 0833/262032.

Al Pescatore, gehört zum gleichnamigen Hotel an der Ringstraße um die Altstadt, beliebte Trattoria mit ausgezeichneter Fischküche. Auch Plätze im Freien. Mo geschl.

La Puritate, gepflegtes Lokal in der Altstadt, nahe der gleichnamigen Kirche, man kann auch im Freien sitzen, Blick auf die Spiaggia della Puritate. Leckere Antipasti, Primi und Secondi mit Fisch. Menü ca. 25 €. Mi geschl. Via Sant'Elia 18, ✆ 0833/264205.

Scoglio delle Sirene, schlichte Fischtrattoria an der Ringstraße, ein paar Stufen runter in den kleinen Speiseraum, keine große Auswahl, aber freundlich. Auch Tische im Freien mit Blick auf das Meer. Di geschl. ✆ 0833/261091.

Sehenswertes: vor der Brücke linker Hand steht der spätantike Brunnen *Fontana Greca* mit verwitterten Reliefs, vormals Teil eines Thermalbads. Hier am Kai haben die Fischer ihre Stammplätze. Wenige Schritt entfernt, unterhalb der Autobrücke, wird am lebhaften *Fischmarkt* mit viel Temperament der nächtliche Fang an den Kunden gebracht.

Oben am Beginn der Altstadt steht die uralte Markthalle, ringsum werden Fischreusen verkauft. Das Centro storico zeigt sich mit seinen verwinkelten Gassen von der Betonmoderne gänzlich unangetastet, trotzdem wirkt alles hell und freundlich. Kleine Einraumläden und Werkstätten, in den Innenhöfen trocknen Peperoncini, abends gibt es keinerlei Scheu, das hell erleuchtete Innenleben der Wohnungen zu zeigen. Mitten in der Altstadt steht sehr breit und wuchtig die Kathedrale *Sant' Agata* mit einer Fassade im üppigsten Salentiner Barock. Auch das Innenleben ist prachtvoll: rundum laufender Schmuckfries, Holzdecke mit zahllosen eingelegten Ölbildern, die Seitenaltäre mit mächtigen Gemälden. Das kuriose *Museo Civico Emanuele Barba* in der Via de Pace 108 hält neben zahlreichen archäologischen Stücken einige verstaubte Überraschungen bereit, u. a. ein Walskelett, medizinische Skurrilitäten und eine Bibliothek mit 12.000 Bänden. Gleich in der Nähe (Via di Pace 87) kann man im Untergrund den *Frantoio Ipogeo* besichtigen, eine historische Olivenölpresse aus dem 18./19. Jh., als Gallipoli führend im Handel mit Öl war, das vor allem als Leuchtmittel verwendet wurde.

Ebenso schön wie ein Bummel durch die alten Gassen ist ein Spaziergang auf der *Ringstraße* um das Centro storico. Etwa am Scheitelpunkt der Straße trifft man auf die ungewöhnliche *Chiesa della Purità*. Sie ist innen über und über mit Ölgemälden aller Größen bedeckt, in barock überladener Pracht sind blutige Geschichten aus dem Alten Testament dargestellt. Der Boden besteht aus Majolika-Kacheln, links vorn steht die Marienstatue „Nostra Signora della Purità", die bei Prozessionen durch die Stadt getragen wird. Ein paar Schritte weiter trifft man auf die *Chiesa di San Francesco*, ebenfalls im verschlungenen Lecce-Stil, mit gedrechselten Halbsäulen, Ölgemälden und vielen Details. In Glaskästen stehen lebensgroße Heiligenfiguren, darunter der *Mallatrone*, die Verkörperung des Bösen und Teuflischen im Menschen. Auf der anderen Seite der Altstadt hat man dann einen wunderschönen Blick auf die Fischerboote unterhalb der Mauer.

Öffnungszeiten/Eintritt **Museo Civico Emanuele Barba**, Mo–Fr 9–12.30, 17–20 Uhr. ✆ 0833/264224. **Frantoio Ipogeo**, tägl. 10–12.30, 16–19 Uhr, im Sommer auch länger, Eintritt ca. 1,50 €.

▸ **Gallipoli/Baden**: Südlich der Stadt erstreckt sich die *Baia Verde*, ein langes Dünenband, das nur gelegentlich von ausgewaschenen, niedrigen Klippen unterbrochen wird, dahinter dichte Pineta, in die Stichpisten führen. Zwei Großhotels (bei Reiseveranstaltern zu buchen) und der Camping Baia di Gallipoli (→ Gallipoli/Übernachten) bestreiten den Großteil der Infrastruktur.

Nördlich von Gallipoli findet man eine abwechslungsreiche Felsenküste, die von zahlreichen Buchten und Sandstränden unterbrochen wird. Einige Sandstrände liegen etwa 3 km nördlich der Stadt, dort auch der Camping La Vecchia Torre (→ Gallipoli/Übernachten), die größere Sandbucht *Lido Conchiglie* folgt wiederum 3 km nördlich. Die Gegend um *Santa Maria al Bagno* und *Santa Caterina* ist eine recht mondäne Baderegion mit Villenarchitektur und Sporthafen. Weiter nördlich liegt der Naturpark *Portoselvaggio* (beschildert), ein schöner, fjordartiger Küsteneinschnitt in unberührter Natur.

▸ **Gallipoli/Hinterland**: Im nahen *Alézio* lohnt das archäologische Museum einen Besuch, es steht in einem frühgeschichtlichen Ausgrabungsgelände mit zahlreichen freigelegten Grabkammern.

Das ruhige Städtchen *Nardò* ist nach Lecce die zweite Barockstadt im Salento. Vieles wurde und wird derzeit noch restauriert.

Öffnungszeiten/Eintritt **Archäologisches Museum**, Di, Mi u. Fr 16–18, Mo u. Do 16–19 Uhr, So geschl., Eintritt frei.

Tarent

Taranto • ca. 210.000 Einwohner

Das sagenumwobene Tarent – bedeutendstes Zentrum der altgriechischen Kolonisation und Hauptstadt Großgriechenlands (Magna Grecia). Heute prägt die größte Industriezone Süditaliens die nördliche Peripherie.

Die Schwerindustrie von Taranto sollte ein Vorzeigeprojekt des Mezzogiorno werden, tatsächlich aber haben diese „Kathedralen in der Wüste" die Arbeitslosigkeit des italienischen Südens kaum verringert. Im Sommer fallen immer wieder die vielen deutschen Nummernschilder von Süditalienern auf, die in der Bundesrepublik arbeiten und nur für einen kurzen Urlaub zurückkommen.

Die Altstadt liegt interessant auf einer Insel, befindet sich jedoch in einem verheerenden Zustand der Verwahrlosung. Hier und dort sieht man aber mittlerweile bescheidene Restaurierungsversuche. Tagsüber erhöhte Vorsicht vor Taschendieben, nachts sollte man das Centro storico besser meiden. Sehenswert sind die normannische Kathedrale *San Cataldo* mit ihrer Krypta in der Mitte der Altstadt und der turbulente *Fischmarkt* an der Via Cariati im Nordosten der Altstadtinsel.

Die Neustadt im Süden Tarantos ist dagegen im großzügigen Schachbrettmuster angelegt und mit imponierenden Jahrhundertwendebauten bestückt. Sie beherbergt auch die größte Attraktion der Stadt, das *Museo Nazionale Archeologico* am Corso Umberto I 41, das neben denen in Neapel und Reggio di Calabria zu den wichtigsten in Italien gehört. Diese vollständigste Sammlung der griechischen Kul-

854 Apulien

tur und ihrer Vorläufer in Unteritalien beinhaltet fantastische Keramikvasen, Mosaiken und Terrakottafiguren, außerdem zahlreiche Plastiken aus Griechenland und Tarent. Höhepunkt sind die „Ori di Taranto", filigraner Goldschmuck aus hellenistischer Zeit. Derzeit wird das Museum allerdings grundlegend restauriert, ein Teil der Sammlung wurde in den *Palazzo Pantaleo* (Corso Vittorio Emanuele) an der westlichen Uferstraße der Altstadt ausgelagert.

- *Öffnungszeiten/Eintritt* **Palazzo Pantaleo**, tägl. 8.30–19.30 Uhr, ca. 2 €.
- *Anfahrt/Verbindungen* **PKW**, von Bari A 14 bis Massafra, parallel dazu die gebührenfreie SS 100. Von Brindisi SS 7, von Lecce gut ausgebaute Schnellstraße durch die Murge Tarantine (Weinbaugebiet). **Bahn**, FS-Bahnhof im Norden der Stadt, ins Zentrum läuft man die Via Duca d'Aosta ca. 1 km geradeaus nach Süden, über eine Brücke geht es in die Altstadt (Oder Bus 8). Fernzüge von und nach Rom und Norditalien, häufige Verbindungen nach Bari, Brindisi und Lecce, außerdem die endlose Strecke ums Ionische Meer nach Reggio di Calabria.
Die **Ferrovia del Sud-Est** fährt über Martina Franca, Locorotondo und Alberobello nach Bari.
- *Information* in der Neustadt, nicht weit vom Museum. Mo–Fr 9–13, 17–19 Uhr, Sa 9–12 Uhr. Corso Umberto I 113, ✆ 099/4532392, ✉ 4532397.
- *Übernachten* **** **Akropolis**, neu eröffnet in der Altstadt, schicker alter Palazzo mit Dachterrasse und tollem Blick, 13 Zimmer mit historischen Fußböden, TV und Klimaanlage, Restaurant mit Panoramablick. DZ ca. 130–160 €. Vico I Seminario 3, ✆/✉ 099/4704110, www.hotelakropolis.it.
** **Pisani**, gepflegtes Albergo in einem Palazzo der Neustadt. DZ mit Bad ca. 50 €. Via Cavour 43, ✆ 055/4534087, ✉ 4525441.
** **Sorrentino**, das einzige Altstadthotel, an der Piazza Fontana direkt neben dem Fischmarkt. Laut, mäßig sauber, schöner Blick auf den Hafen. DZ mit Bad ca. 35–40 €, mit Etagendusche ca. 30 €. ✆ 099/4707456.
- *Essen & Trinken* In den Tavernen der Altstadt, in der Nähe vom Fischmarkt isst man authentisch und gut, z. B. im **Ponte Vecchio** am Fuß der Brücke, die zum Bahnhof hinüber führt (✆ 099/4706374). Gut ist auch das beliebte **Al Gambero** auf der anderen Seite der Brücke mit Blick von der Terrasse auf Hafen und Altstadtinsel (✆ 099/4711190).
Al Gatto Rosso, beliebte Trattoria in der Neustadt, Fisch und Fleisch, gemütlich und immer gut besucht. Mo geschl. Via Cavour 2, ✆ 099/4529875.

Taranto/Umgebung

▸ **Region der Höhlenkirchen**: Nordwestlich, in Richtung Matera, erstreckt sich ein Gebiet tiefer Schluchten, die sogenannten *Gravine*. Frühchristliche Mönche haben hier zahlreiche freskenverzierte Grottenkirchen, die *chiese rupestri*, in den weichen Tuff gegraben. Bekannteste und spektakulärste dieser Höhlenstädte ist Matera in der Basilikata (→ dort). Aber auch schon am Weg von Taranto dorthin liegen viele dieser Kirchen, z. B. mitten im eindrucksvollen Stadtgebiet von *Massafra* in der *Gravina di San Marco*. In der großen *Gravina Principale* am nördlichen Ortsrand schmiegt sich die barocke Wallfahrtskirche *Santuario della Madonna della Scala* an die Felswand. Dahinter beginnt ein faszinierendes Höhlenareal, das bereits in grauer Vorzeit von Menschen geformt und bewohnt wurde. Das trutzige normannische Kastell von Massafra kann ebenfalls besichtigt werden, ein *Civico Museo Storico Archeologico della Civiltà dell' olio e del vino* wurde darin eingerichtet.

- *Öffnungszeiten/Eintritt* Die **Höhlenkirchen** sind nur mit Führung zu besichtigen, ca. 5 €. Führungen zur Kirche Madonna della Scala finden nur statt, wenn PKW vorhanden (zu weit außerhalb). Anmeldung in der Tourist-Info.
- *Information* Via Vittorio Veneto 15, Nähe Piazza Garibaldi, im Ergeschoss links hinten. Mo–Fr 9–12, 16.30–19.30 Uhr. ✆ 099/8804695.
- *Übernachten* **** **Appia Palace Hotel**, großes, komfortables Haus am südwestlichen Stadtrand, direkt an der SS 7. DZ mit Frühstück ca. 80–110 €. ✆ 099/881501, ✉ 881506, www.appiapalacehotel.altervista.org.

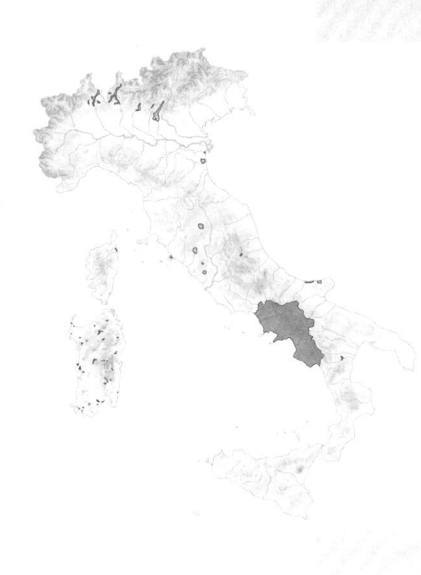

KAMPANIEN

CAMPANIA

SCHÖNE ORTE: Amalfi (S. 903), Positano (S. 900), Ravello (S. 905), Atrani (S. 904), Castellabate (S. 911), Sorrento (S. 895).

LANDSCHAFTLICHE HÖHEPUNKTE: die Amalfiküste (S. 898), der Vesuv (S. 877) und die Küste des Cilento (S. 911), die Inseln Ischia (S. 886) und Capri (S. 889).

KULTURELL INTERESSANT: Neapel als Ganzes (S. 860); Cuma (S. 877), Certosa di San Lorenzo (S. 914), Baia (S. 876), Bacoli (S. 876) und die Ruinenstädte Herculaneum (S. 878) und Pompeji (S. 880); die Griechentempel von Paestum (S. 908); Ausgrabung von Velia (S. 912), Palazzo Reale in Caserta (S. 893).

BADEN: kilometerlanger Sandstrand bei Paestum; die landschaftlich reizvollen Strände im Cilento.

KURIOS: Neapel als Ganzes (S. 860), im Speziellen die Cappella San Severo (S. 871) und das Blutwunder des heiligen Gennaro (S. 869); der Solfatara-Krater in den Phlegräischen Feldern (S. 875); die Piscina Mirabile in Bacoli (S. 876).

EHER ABZURATEN: Das zersiedelte Hinterland nördlich von Neapel.

Der Fischerhafen von Sorrento

Kampanien   Campania

Der Beginn des italienischen Südens, ganz anders als Rom und doch nur einen Katzensprung von dort – für den Philosophen und Schriftsteller Umberto Eco ist die Hauptstadt Italiens sogar nur ein „Vorort von Neapel". Aber auch südlich der temperamentvollen Riesenstadt am Golf besitzt Kampanien echte Attraktionen: Capri, wo die Sonne im Meer versinkt, und Pompeji, das unter einer gewaltigen Ascheschicht des explodierenden Vesuv versank ...

Im Norden Kampaniens reißt der Sog Neapels alles an sich. Die ständige Expansion der Millionenmetropole hat im weiten Umkreis heftige Industrialisierung, Zersiedlung und extreme Verkehrsdichte bewirkt. Die Dunstglocke über dem Golf ist oft kilometerweit zu sehen – und lässt leicht vergessen, dass sich darunter die vielleicht faszinierendste Stadt Italiens verbirgt. Neapel ist für uns nüchterne Mitteleuropäer sicher gewöhnungsbedürftig – trotzdem wird man in diesem einzigartigen menschlichen „Hexenkessel" Erfahrungen machen können, wie sie der Norden Italiens kaum bietet. Und wer genug hat – täglich mehrmals kommt man hinüber auf die Inseln *Procida*, *Ischia* oder *Capri*, vor allem letztere seit langem Sinnbild für Urlaub in Italien.

Südlich von Neapel lässt sich Kampanien in klar voneinander abgegrenzte Gebiete gliedern – zum einen die Region des *Vesuv* mit den weltberühmten verschütteten Städten *Herculaneum* und *Pompeji*, dann die nicht minder berühmte *Halbinsel von Amalfi*, zweifellos eine der schönsten Küsten des Mittelmeers mit einer abenteuerlichen Panoramastraße und üppigster Vegetation – Sorrento, Positano, Amalfi und Ravello werden alljährlich von vielen hunderttausend Menschen aus aller Welt besucht.

Die südlich sich anschließende Sele-Ebene hat bis auf die ebenfalls weltbekannten griechischen Tempel von *Paestum* wenig zu bieten, während das folgende Küstengebirge des *Cilento* wieder alle Register zieht: lange Sandstrände, wilde Felsbuchten, Grotten und Steilhänge im Wechsel. Eine interessante Badelandschaft, die man aber im August besser meiden sollte.

Gegen diese vielen Attraktionen der Küste nimmt sich das Hinterland eher blass aus. Dementsprechend wird es von Touristen kaum beachtet.

Anfahrt/Verbindungen

- *PKW* Bester Ausgangspunkt für Neapel ist **Rom**, die Autobahn **A 2** führt durch flaches oder leicht hügliges Terrain, Fahrtdauer höchstens 2 Stunden.
- *Bahn* Neapel ist die Verkehrsdrehscheibe Kampaniens. Sehr gute Verbindungen von Norditalien über Rom, von Pescara an der Adriaküste, von Reggio di Calabria im tiefsten Süden über Salerno, von Brindisi und Taranto über Potenza.

Übernachten

Neapel besitzt zahlreiche Hotels und Pensionen, die aber nicht alle erfreulichen Standard bieten. An der **Amalfi-Küste** viel Luxustourismus mit entsprechenden Herbergen und Preisen, im Sommer außerdem hoffnungslos überfüllt, als Standquartier ist dort eher **Sorrento** zu empfehlen. An der **Cilento-Küste** viele Badehotels und Bed & Breakfast.

Zeltplätze in Pompeji und Sorrento, ausgeprägter Camping-Tourismus bei Paestum und in vielen Orten der reizvollen Cilento-Küste.

Jugendherbergen in Neapel, Positano, Salerno und Agropoli.

> **Zimmervermittlung** online in Neapel und für andere Ziele in Kampanien: www.rentabed.com.

Essen & Trinken

Neapel gilt als die kulinarische Metropole des Südens. Die **pizza** hat von hier ihren Siegeszug um die Welt angetreten (→ Neapel). Daneben sind die Pasta-Variationen äußerst vielfältig: **rigatoni, orecchiette, linguine, spaghetti, gnocchi** u. v. m., ebenso die Soßen, die meisten mit Tomaten (al pomodoro). Von den Spaghetti behaupten die Neapolitaner gerne, dass sie aus ihrer Stadt stammen. In Wahrheit war es wohl Marco Polo, der die Nudeln aus China nach Venedig mitbrachte.

Ansonsten ist die kampanische Küche wie im übrigen Süditalien ländlich einfach, traditionell herrscht Gemüse vor, man isst wenig Fleisch. Tomaten, **peperoncini** (Chilischoten) und Auberginen werden gefüllt oder mit pikanten Soßen serviert, die leckeren Blätterteigtaschen namens **sfogliatelle** sind mit Ricotta oder Pudding und kandierten Früchten gefüllt, berühmt ist der echte **mozzarella**, gewonnen aus der Milch von Büffeln.

Die Weine Kampaniens gelten dank der fruchtbaren vulkanischen Böden als die besten im italienischen Süden. Jeder Hang um Neapel ist mit Reben bedeckt, ebenso die Ebenen nördlich der Stadt. An den Hängen des Vesuv wächst der Wein **Lacrimae Christi** (Tränen Christi) und an der Amalfi-Küste um Ravello reifen Süditaliens renommierteste Tropfen, bekannteste Sorten sind **Episcopio**, **Sammarco** und **Gran Caruso**. Sehr geschätzt werden auch die Weiß- und Rotweine der Insel **Ischia**.

Der vollmundige Zitronenlikör **Limoncello** wird auf der Halbinsel von Sorrento, an der Amalfiküste und auf den Inseln im Golf von Neapel in Hülle und Fülle angeboten – Zitronenschalen, Zucker und Alkohol sind die Ingredienzien. Vor allem als kalter Aperitif ist er sehr wohlschmeckend.

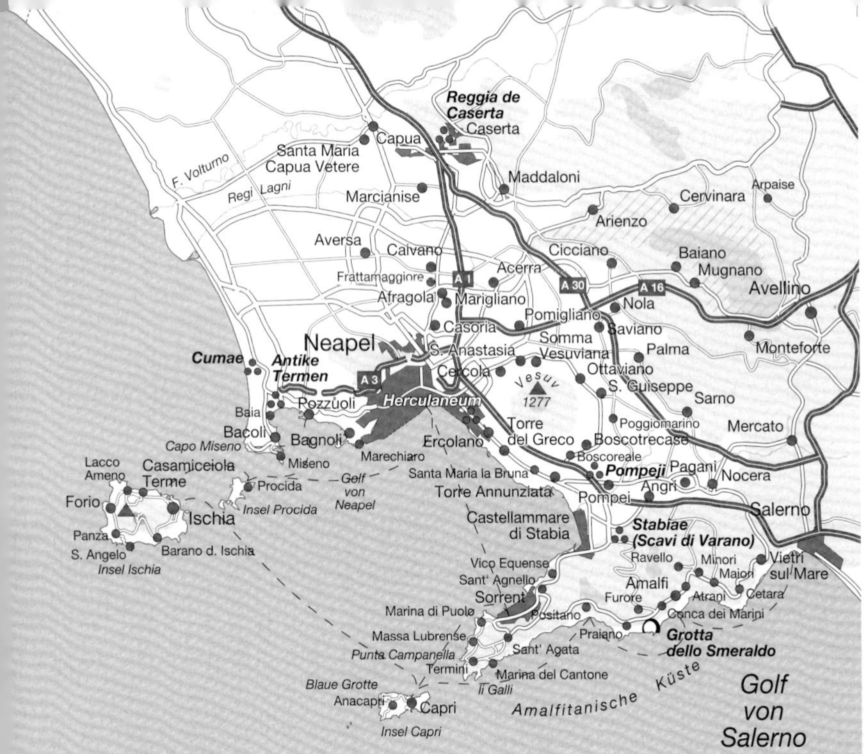

Reggia de Caserta
Caserta
Capua
Santa Maria Capua Vetere
F. Volturno
Regi Lagni
Maddaloni
Marcianise
Arpaise
Cervinara
Arienzo
Aversa
Caivano
Cicciano
Baiano
Mugnano
Frattamaggiore
Acerra
A 1
A 30
A 16
Avellino
Afragola
Marigliano
Nola
Pomigliano
Casoria
Saviano
Neapel
Somma Vesuviana
S. Anastasia
Palma
Monteforte
Cumae
Antike Termen
Cercola
Ottaviano
A 3
Vesuv
1277
S. Guiseppe
Sarno
Herculaneum
Pozzuoli
Baia
Poggiomarino
Mercato
Bacoli
Torre del Greco
Bagnoli
Boscotrecase
Ercolano
Capo Miseno
Boscoreale
Marechiaro
Lacco Ameno
Casamicciola Terme
Miseno
Pompeji
Pagani
Santa Maria la Bruna
Nocera
Procida
Golf von Neapel
Angri
Torre Annunziata
Forio
Ischia
Insel Procida
Pompei
Salerno
Castellammare di Stabia
Panza
Stabiae (Scavi di Varano)
S. Angelo
Barano d. Ischia
Insel Ischia
Ravello
Minori
Vietri sul Mare
Vico Equense
Maiori
Sant' Agnello
Amalfi
Sorrent
Furore
Atrani
Cetara
Marina di Puolo
Positano
Conca dei Marini
Praiano
Massa Lubrense
Grotta dello Smeraldo
Sant' Agata
Punta Campanella
Termini
Marina del Cantone
Blaue Grotte
Li Galli
Amalfitanische Küste
Golf von Salerno
Anacapri
Capri
Insel Capri

Kampanien

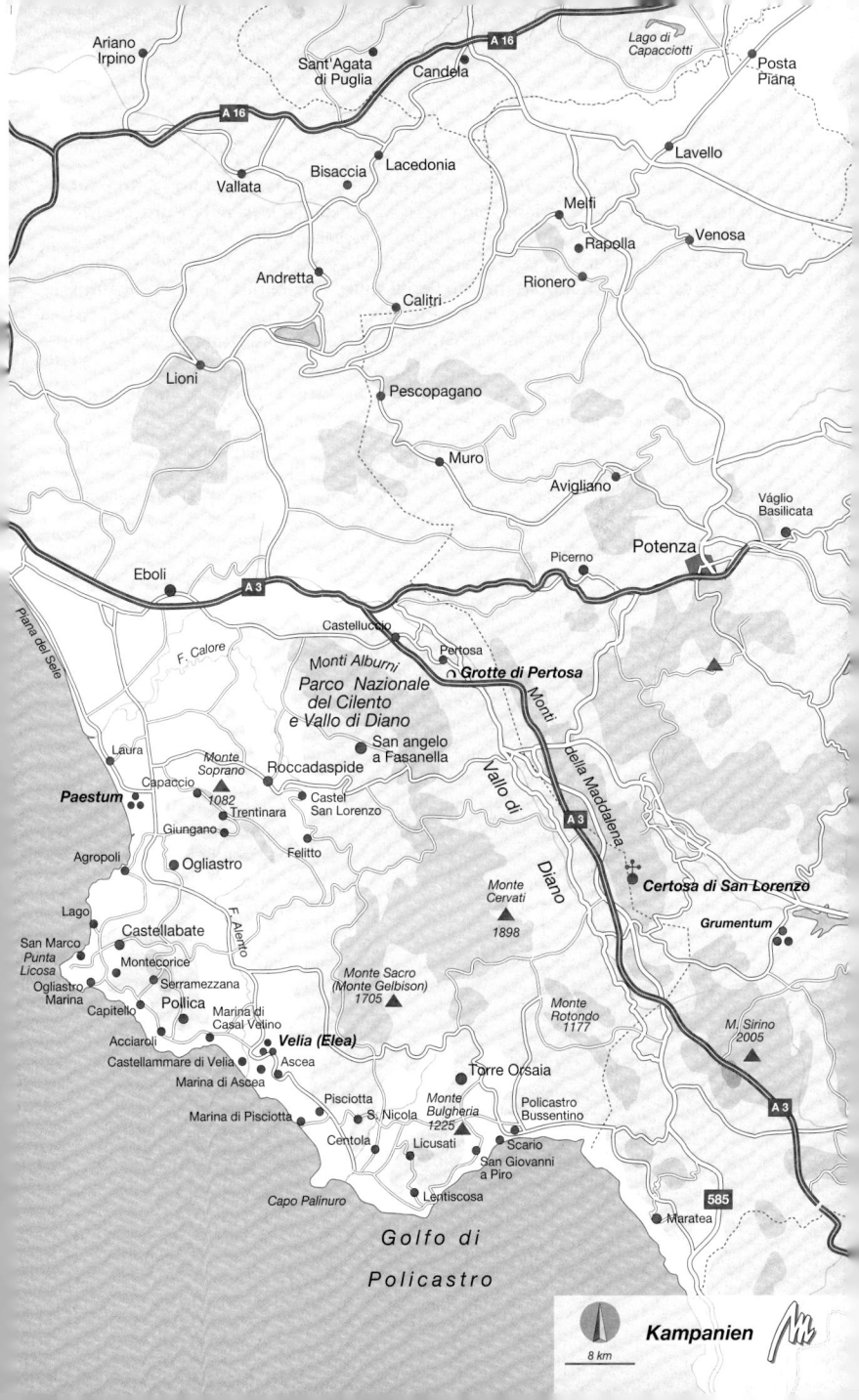

8 km

Neapel

Napoli • ca. 1.050.000 Einwohner

Der tiefblaue Golf, der majestätische Vesuv, die Fischer von Capri – Romantik schön und gut, trotzdem sollte man sie zu Hause lassen. Die drittgrößte Stadt Italiens ist ein stinkender Millionenkessel. Es gibt wenige Stellen in der Welt, wo man solch einen infernalischen Autoverkehr erleben kann – drei Autos besitzt eine neapolitanische Großfamilie im Schnitt. Man lebt, wohnt und arbeitet auf der Straße. Neapel ist die dichtest bevölkerte Stadt Europas, ein Großteil der Bewohner schlägt sich hart am Existenzminimum durch.

Die hohe Arbeitslosigkeit zeichnet für viele den Weg zur Kriminalität fast schon vor. In den Häuserschluchten der Altstadt – die seit 1995 zum Weltkulturerbe der Unesco gehört (!) – leben tausende vom Verkauf gefälschter Markenartikel und Hehlerware. Der illegale Handel mit Zigaretten ist noch eins der harmlosesten Geschäfte. Die Polizei kümmert sich wenig darum, denn zahllose Neapolitaner finden in dieser „Branche" ihr Auskommen. Arbeitsplätze gibt es viel weniger als Einwohner – jeder sieht, dass er irgendwie über die Runden kommt. Dabei wird auch der reichlich vorhandene Nachwuchs eingesetzt, illegale Kinderarbeit ist weit verbreitet. Für ein paar Euro in der Woche arbeiten 7- und 8-Jährige in unzähligen „Schwarz-"Fabriken, die sich weder um Sicherheitsbestimmungen noch um Sozialversicherung oder Schulpflicht kümmern: Die hohen, dunklen Häuser und schmutzigen Hinterhöfe der Altstadt sind voll mit derartigen Werkstätten und Manufakturen. Auch die miserablen hygienischen Zustände sind nicht übersehen: In vielen Straßen von Neapel türmt sich der Müll, 1973 brach sogar die Cholera aus und 1980 verschlimmerte ein verheerendes Erdbeben die Lage zusätzlich. Viele Wohnhäuser der Altstadt um die berühmt-berüchtigte *Spaccanapoli* erlitten schwere Schäden, die bis heute nur notdürftig ausgebessert wurden, Tausende wurden obdachlos, einige wohnen noch immer in Notunterkünften. Und die Camorra, die neapolitanische Mafia, verdiente noch an dem Elend, denn die meisten Sanierungsgelder „versickern" auf ihren Konten. – in den letzten Jahren sind die blutigen Bandenkriege der verfeindeten „Familien" häufig in den Schlagzeilen gewesen. Neapel ist in weiten Teilen eine heruntergekommene, kaputte Stadt mit immensen Problemen.

Und doch ist das nur eine Seite der Medaille. Neapel – das bedeutet auch übersprudelnde Lebensfreude, überzeugter Individualismus, eine fast schon mystisch anmutende Religiosität und ein an Manie grenzendes Fußballfieber. Für den Besu-

---

Neuer Glanz für Napoli?

Schon seit über zehn Jahren versucht die Administration, die Millionenstadt für Bewohner und Touristen attraktiver machen. Teile der Altstadt wurden saniert, einige seit Jahrzehnten geschlossene Kirchen und Parks konnten wieder eröffnet werden, mehrere Museen haben eine umfassende Restaurierung erfahren, auch die Beleuchtung der finsteren Altstadt hat man in Angriff genommen. Weiterhin wurden – absolutes Novum im autoverliebten Napoli – mehrere „Fußgängerzonen" eingerichtet, darunter die große repräsentative Piazza del Plebiscito mit dem Palazzo Reale, die bis vor wenigen Jahren als hässlicher Großparkplatz diente.

cher ist die Stadt ein einziges faszinierendes Theater mit ständig wechselnder Kulisse. Sich einen Tag einfach treiben zu lassen kann mehr bringen als das pflichtgemäße Abhaken von Sehenswürdigkeiten.

Anfahrt/Verbindungen

- *Flug* **Aeroporto Capodichino**, der wichtigste Flughafens Süditaliens liegt am nordöstlichen Stadtrand, etwa 8 km vom Zentrum. **Alibus** fährt von 6–23 Uhr etwa alle 30 Min. über Piazza Garibaldi (Hauptbahnhof) zur Piazza Municipio (Nähe Stazione Marittima), ebenso in umgekehrter Richtung (Fahrzeit ca. 20 Min., ca. 3 €). Außerdem fährt der deutlich günstigere **ANM-Bus 3S** ebenfalls alle 30 Min. dieselbe Strecke (Fahrzeit ca. 30 Min., GiraNapoli-Ticket ca. 1 €). Ein **Taxi** ins Zentrum kostet ca. 20 €.
Flugauskunft: ℡ 848/888777 (vom Ausland 39/081/7517451), www.gesac.it.
- *PKW* Wenn man mit süditalienischem Großstadtverkehr nicht vertraut ist, unbedingt abzuraten – hohe Gefahr von Blechschaden und Diebstahl, außerdem gibt's hier wirklich schon genug Autos, sprich Staus! Auch auf den Ringautobahnen um die Stadt horrender Verkehr mit abenteuerlichen Fahrweise der Ortskundigen. Am besten **außerhalb der Stadt** unterkommen, z. B. auf einem der Campingplätze, das Auto dort stehen lassen und mit der Circumvesuviana bzw. Ferrovia Cumana bequem hineinpendeln, Verbindungen sind häufig. Wer's nicht lassen kann – auf der A 2 von Rom kommend die **Tangenziale** nehmen, die weiter nach Pozzuoli geht, Ausfahrt **Napoli Centro**. Parken im Zentrum schwierig, es gibt aber einige gebührenpflichtige und bewachte Parkplätze.
- *Bahn* Häufige Fernverbindungen von und nach **Rom**, **Mailand**, **Pescara**, **Ancona**, **Foggia**, außerdem über Potenza und Taranto nach **Brindisi** und über Salerno nach **Reggio di Calabria**.
Der große moderne Bahnhof **Stazione Termini** liegt im Zentrum von Neapel an der lang gestreckten Piazza Garibaldi. Der breite Corso Umberto führt von der gegenüberliegenden Platzseite geradeaus in Richtung Königsschloss und Hafen (Stazione Marittima). In die Altstadt kommt man von der Westseite der Piazza.
Der zweite Bahnhof **Stazione Mergellina** liegt einige hundert Meter vom Hafen Mergellina entfernt.
- *Schiff* Fähren der Gesellschaft Tirrenia fahren ab Stazione Marittima etwa 1-mal tägl. nach **Palermo** (Sizilien) und 1- bis 2-mal wöch. nach **Cagliari** (Sardinien).
Nach **Capri**, **Procida** und **Ischia** gehen mehrmals täglich Fähren und Aliscafi (Tragflügelboote) ab Molo Beverello (Stazione Marittima), Tragflügelboote fahren ab Mergellina. Siehe auch unter den jeweiligen Inseln.
Auf die **Liparischen Inseln** fahren Fähren und Aliscafi im Sommer ab Molo Beverello mindestens 1- bis 2-mal tägl. Siehe auch unter den jeweiligen Inseln.

Unterwegs in Neapel und Umgebung

Es verkehren zwei Metrolinien, Busse, Trams und Schienenseilbahnen. In all diesen Verkehrsmitteln gelten dieselben Fahrscheine („UnicoNapoli"). Ein Einzelfahrschein kostet ca. 1 €, die Tageskarte ca. 3 €, erhältlich sind sie an Kiosken sowie in Bars und Tabacchi-Läden, außerdem beim Bus-Infostand an der Piazza Garibaldi (Bahnhofsvorplatz). Zusätzlich gibt es drei verschiedene Bahnnetze für die Orte westlich und östlich von Neapel, die sehr nützlich sind, falls man außerhalb untergekommen ist (z. B. in Sorrento), sowie für Touren im Golf. Dabei sollte man aber immer sorgfältig die Abfahrtszeiten checken, denn nachts gibt es nur selten Verbindungen. Fahrpläne hängen in den Stationen aus.

- *Metropolitana* (www.metro.na.it) Die neapolitanische U-Bahn wird derzeit ausgebaut und soll nach Fertigstellung auch bis zum Flughafen führen. Züge fahren in der Zeit von 6–23 Uhr alle 6–15 Min.
Die **Linea 1** startet an der Piazza Dante, geht zur Station Museo (Archäologisches Nationalmuseum, umsteigen in Linie 2) und führt dann Richtung Norden aus dem Zentrum hinaus.
Die **Linea FS** fährt vom Souterrain der **Stazione Termini** Richtung Westen über die Piazza Cavour (Nähe Nationalmuseum), Piazza Montesanto und Piazza Amadeo

Kampanien
Karte S. 858/859

nach **Mergellina** und weiter nach **Pozzuoli** und **Solfatara**. Bequem, um schnell größere Entfernungen im Zentrum zu überwinden und um Pozzuoli zu besuchen.

- *Busse und Trams* (www.anm.it) Die Busse der Verkehrsbetriebe **ANM** sind zahllos und ständig überfüllt. **Vorsicht vor Taschendieben!** Wichtig sind z. B. die Buslinien **R 2** (ab Piazza Garibaldi zur Piazza Trieste e Trento), **R 3** (Piazza Trieste e Trento bis zur Fährstation in Mergellina) und **201** (ab Piazza Garibaldi zum Archäologischen Museum). Infostand in der Mitte der Piazza Garibaldi.
Entlang der Uferstraße kann man eine Fahrt mit der **Tram** unternehmen.
- *Funicolare* Vier **Funicolari** (Schienenseilbahnen) führen von Neapel auf die umliegenden Hügel – drei auf den Vomero (Stadtplan), ein weiterer vom Hafen Mergellina auf den Hügel Posilippo. Am zentralsten liegt die Funicolare Centrale von der Via Toledo, Nähe Galleria Umberto I.
- *Ferrovia Circumvesuviana* Diese Schnellbahn fährt tagsüber etwa alle halbe Stunde in südöstlicher Richtung um den Golf von Neapel herum bis zur Endstation **Sorrento** (ca. 50 Min.) und hält unterwegs u. a. in **Ercolano** und **Pompeji**. Die Hauptstation in Neapel liegt am Corso Garibaldi, der vom Bahnhof in Richtung Meer führt und kann von der Stazione Termini unterirdisch erreicht werden. Der Fahrpreis beträgt je nach Entfernung ca. 2–3,50 €., www.vesuviana.it
- *Ferrovia Cumana* Fährt etwa halbstündlich vom Bahnhof an der **Piazza Montesanto** (westlich der Via Roma, zu erreichen mit Metro) über **Pozzuoli** und **Baia** nach **Torregaveta** an der Westküste des Golfs (südlich von Cumae).
- *Ferrovia Circumflegrea* Ebenfalls jede halbe Stunde von der **Piazza Montesanto** durch die Phlegräischen Felder nach **Licola Mare**, von dort gibt es über **Cumae** eine Verbindung nach **Torregaveta**.
- *Taxi* Standplätze u. a. am **Hauptbahnhof**, **Piazza Dante** und **Piazza Treste e Trento**. Gefahren wird in der Regel nach Taxameter, die Gebühren für längere Strecken zum Festpreis („Tariffa predeterminata") kann man in den Informationsbüros erfahren. Funktaxi ✆ 081/5564444.

Information

Es gibt eine ganze Reihe von Büros, erhältlich sind in der Regel ein Stadtplan, eine Hotelliste und die monatlich erscheinende Infobroschüre „Qui Napoli" mit vielen Adressen und Veranstaltungshinweisen.

- *AAST* (www.inaples.it) **Piazza del Gesù Nuovo**, ganz zentral an der Spaccanapoli, ✆ 081/5512701.
Via San Carlo 9, Galleria Umberto I, ✆ 081/402394.
Via Marino Turchi 16, Ecke Via Santa Lucia, ✆ 081/2400911.
Alle Mo–Fr 9–20, Sa/So 9–14 Uhr.
- *EPT* (www.eptnapoli.info) **Piazza dei Martiri 58**, im Viertel Chiaia, Mo–Fr 8.30–14.30 Uhr, ✆ 081/4107211.
Stazione Termini (Hauptbahnhof), am Durchgang von der Schalterhalle zu den Zügen. Mo–Sa 8–20, So 9–13.30 Uhr, ✆ 081/268779.
Stazione Mergellina, Mo–Fr 9–19 Uhr, ✆ 081/7612102.
Aeroporto Capodichino, tägl. 5.30–23.30 Uhr.

Übernachten (siehe Karte S. 864/865)

Kein rundum erfreuliches Pflaster, was Unterkünfte angeht. Die Preise liegen höher als in anderen Städten Süditaliens, der „Komfort" ist oft schlechter. Im Bahnhof lungern Leute herum, die Reisende zu irgendeiner obskuren Unterkunft schleppen wollen – keinesfalls mitgehen!

- *Um den Bahnhof* An der Piazza Garibaldi und in den Seitengassen jede Menge Hotels aller Preisklassen. Die ganz billigen meiden, nicht wenige werden als Stundenhotels genutzt.
- *** **Cavour (5)**, großer, alter Palazzo am Westende des Platzes, 90 Zimmer, ordentlich ausgestattet, z. T. renoviert. DZ mit Frühstück ab ca. 80 €. Piazza Garibaldi 32, ✆ 081/283122, ✉ 287488, www.hotelcavournapoli.it.
- *** **Prati (3)**, gut ausgestattet und aufmerksam geführt, Garage (16 € pro Tag). DZ mit Frühstück ca. 80–110 €. Via C. Rosaroll 4 (nördlich der Piazza Garibaldi), ✆ 081/268898, ✉ 5541802, www.hotelprati.biz.
- ** **Zara (4)**, nett geführtes, sauberes Haus TV-Raum, Internet und Bücherecke. DZ mit Bad ca. 65 €, mit Frühstück ca. 75 €, auch Mehrbettzimmer. Via Firenze 81, ✆ 081/287125, ✉ 268287, www.hotelzara.it.

Neapel/Reisepraktisches

** Casanova (2), gehört zum Zara, ordentliches Haus mit Dachterrasse, TV-Raum. DZ mit Bad ca. 50–55 €, mit Etagendusche 40–45 €. Corso Garibaldi 333 (nördlich vom Bhf.), ✆ 081/268287, 🖷 269792, www.hotelcasanova.com.

* Ginevra (1), ebenfalls nördlich vom Bhf., saubere DZ mit Bad ca. 65 €, mit Kühlschrank und Klimaanlage ca. 80 €; mit Etagendusche ca. 55 €. Via Genova 116, ✆ 081/283210, 🖷 5541757, www.hotelginevra.it.

* Mancini (6), direkt im Forcella-Viertel (→ Sehenswertes). Hostelähnliche Pension zwischen Piazza Garibaldi und Centro storico, von Alfredo und Margherita freundlich geführt. Es gibt eine Handvoll DZ mit TV und zwei Mehrbettzimmer, DZ mit Bad ca. 60 €, mit Etagendusche 55 €, Platz im Mehrbettzimmer ca. 20 €, jeweils mit Frühstück. Via Mancini 33, ✆ 081/5536731, 🖷 5546675, www.hostelpensionemancini.com.

• *Altstadt* *** Duomo (9)**, ordentliches Albergo in der Nähe der Kathedrale. DZ ca. 60–70 €. Via Duomo 228, ✆/🖷 081/265988, www.hotelduomonapoli.it.

* Europeo & Europeo Flowers (15), zwei ruhig gelegene Pensionen mitten im Uni-Viertel, Nähe Piazza San Domenico. DZ mit Etagendusche ca. 55–105 €, kein Frühstück. Der Aufzug kostet jeweils 10 Cent. Via Mezzocannone 109/c (3. Stock), ✆/🖷 081/5517254, www.sea-hotels.com.

6 small rooms (19), in einer Seitengasse der Via Toledo, Nähe Piazza Gesù Nuovo. Jugendherbergsähnliche Unterkunft mit einigen sauberen Mehrbettzimmern und DZ, geführt von einer Australierin mit ihrem neapolitanischen Mann. Übernachtung mit Frühstück ca. 20 € pro Pers., DZ ca. 55–65 €. Via Diodato Lioy 18, ✆ 081/7901378, www.at6smallrooms.com.

• *Santa Lucia und Hafen* nah am Wasser, gute Fischlokale in der Nähe, außerdem nicht weit vom Zentrum.

*** Rex (29), ca. 50 m vom Wasser in einer ruhigen Straße, großer, klassizistischer Palazzo, etwas sparsam eingerichtet, aber brauchbar, Garage in der Nähe. Kein Frühstücksraum, deswegen wird das Frühstück auf dem Zimmer serviert. DZ mit Frühstück ca. 100–130 €. Via Palepoli 12, ✆ 081/7649389, 🖷 7649227, www.hotel-rex.it.

** Le Fontane al Mare (28), freundliche, etwas altmodische Pension in den oberen Stockwerken eines alten Palazzo, schöner Blick aufs Meer, zur Straße hin nicht ganz leise. DZ mit Bad ca. 60–70 €, mit Etagendusche ca. 50–60 €. Via Niccolo Tommaseo 14, ✆ 081/7643811, 🖷 7643470.

* Astoria (27), sehr einfache Pension an einer breiten und lauten Straße. DZ ca. 50 €, nur Etagendusche, kein Frühstück. Via Santa Lucia 90, ✆ 081/76409903.

• *Bed & Breakfast* **Sansevero**, gut eingerichtete Privatzimmer an verschiedenen Stellen des Centro storico. DZ ca. 75–100 €. ✆ 081/7901000, www.albergosansevero.it.

Il Sorriso (8), Alessia Cianelli vermietet drei modern eingerichtete Zimmer mit Gemeinschaftsküche in zentraler Lage. DZ ca. 95 €. Via Duomo 193, ✆ 081/7435280, www.ilsorrisonapoli.it.

> Viele B & B-Adressen unter
> www.bb-napoli.com

• *Jugendherberge* **Ostello Mergellina Napoli (26) (IYHF)**, ab Hbf. U-Bahn bis Mergellina, die empfehlenswerte Herberge liegt ein Stück hinter der U-Bahnstation. Zwar fahren ständig Züge vorbei, laut Leserzuschrift stören sie aber nicht übermäßig. Mit Frühstück etwa 16 € im Mehrbettzimmer, es gibt auch DZ. In der angeschlossenen Cafeteria kann man gut essen. Geschl. von 9.30–16 Uhr, Schließzeit 0.30 Uhr. Im Sommer darf man höchstens drei Tage bleiben, Reservierung sinnvoll. Salita della Grotta a Piedigrotta 23, ✆ 081/7612346, 🖷 7612391, www.ostellionline.org.

Hostel of the Sun (20), privat geführtes Hostel in zentraler Lage, Nähe Molo Beverello und Castel Nuovo. Im Mehrbettzimmer 18–20 €, DZ mit Bad ca. 60–70 €, mit Etagendusche ca. 50–55 €. ✆ 081/4206393, www.hostelnapoli.com.

• *Camping* Die drei Campingplätze in **Pompeji** (z. T. ganzjährig geöffnet → dort) sind mit der Circumvesuviana vom Hauptbahnhof in Neapel in ca. 30 Min. bequem zu erreichen, sind aber außer Camping Zeus recht einfach ausgestattet und liegen direkt neben der Bahnlinie.

Schöner und ruhiger sind die Plätze bei **Sorrento** (ganzjährig geöffnet → dort), Endstation der Circumvesuviana (ca. 50 Min. ab Neapel) und Ausgangspunkt für Trips an die Amalfiküste.

Westlich von Neapel liegt der große Camping Vulcano Solfatara oberhalb von **Pozzuoli** im Krater des Vulkans Solfatara (April bis Okt. → dort), zu erreichen mit Ferrovia Cumana ab Stazione di Montesanto bzw. Metro bis Pozzuoli und noch 20 Min. zu Fuß.

864 Kampanien

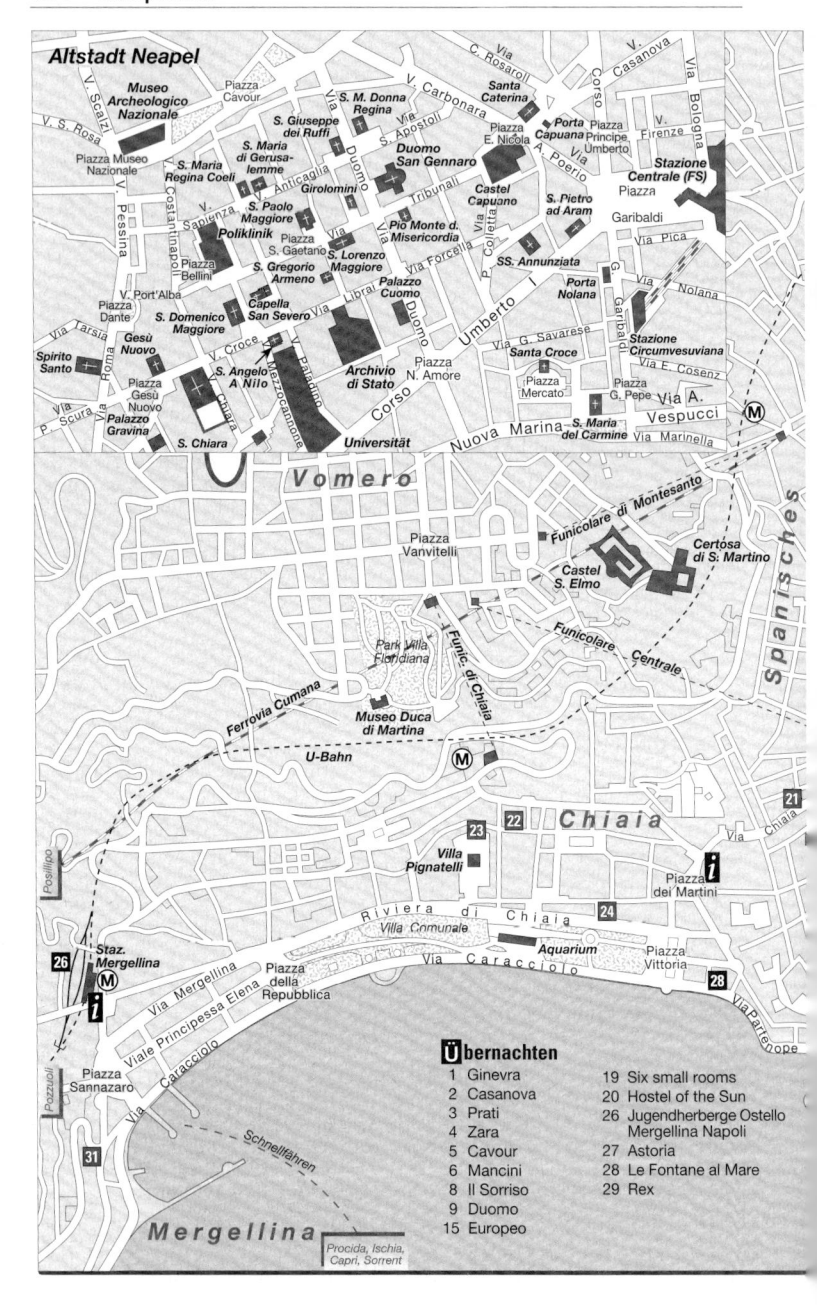

Altstadt Neapel

Übernachten
1. Ginevra
2. Casanova
3. Prati
4. Zara
5. Cavour
6. Mancini
8. Il Sorriso
9. Duomo
15. Europeo
19. Six small rooms
20. Hostel of the Sun
26. Jugendherberge Ostello Mergellina Napoli
27. Astoria
28. Le Fontane al Mare
29. Rex

Neapel/Reisepraktisches 865

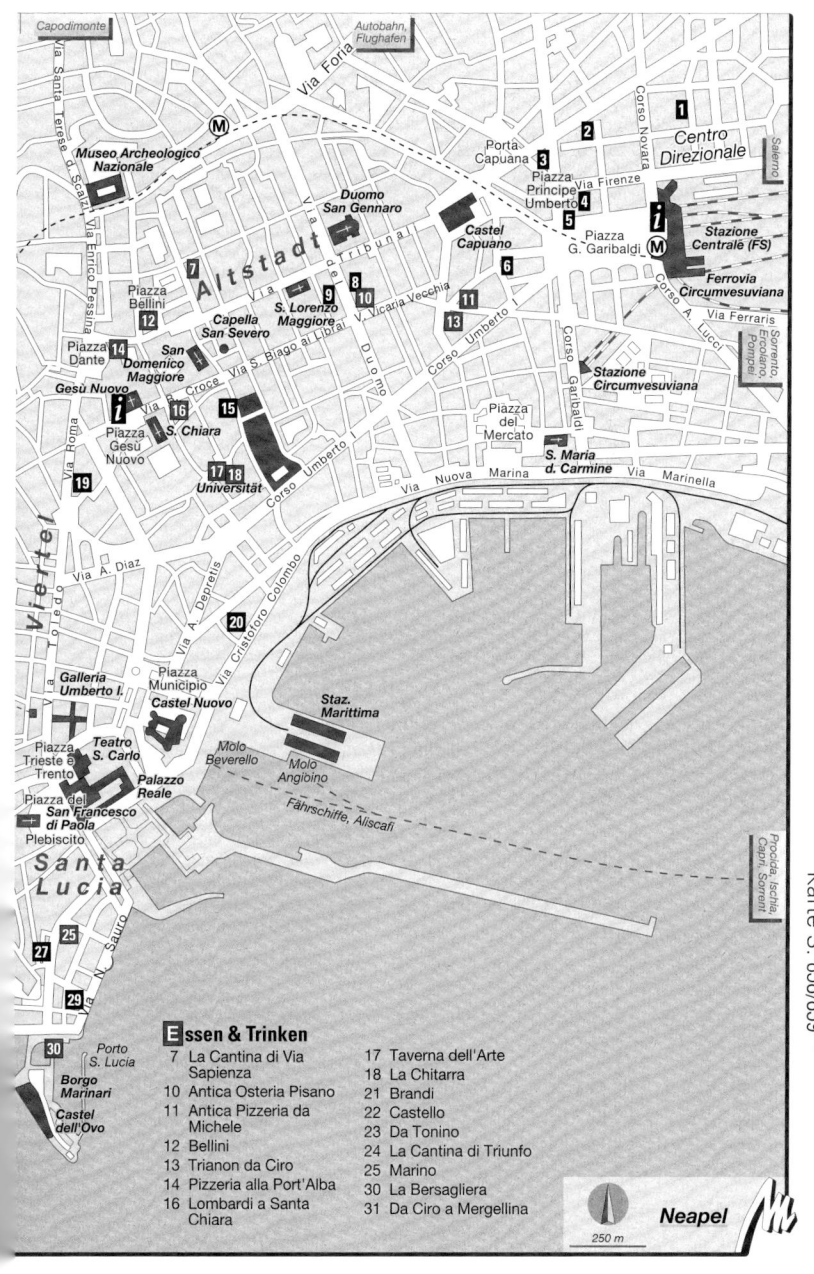

Essen & Trinken
- 7 La Cantina di Via Sapienza
- 10 Antica Osteria Pisano
- 11 Antica Pizzeria da Michele
- 12 Bellini
- 13 Trianon da Ciro
- 14 Pizzeria alla Port'Alba
- 16 Lombardi a Santa Chiara
- 17 Taverna dell'Arte
- 18 La Chitarra
- 21 Brandi
- 22 Castello
- 23 Da Tonino
- 24 La Cantina di Triunfo
- 25 Marino
- 30 La Bersagliera
- 31 Da Ciro a Mergellina

Kampanien Karte S. 858/859

Neapel
250 m

Essen & Trinken (siehe Karte S. 864/865)

Ein Gericht, das fast zum Synonym für Italien geworden ist, stammt aus Neapel: die *Pizza*! Die mit Tomaten und Mozzarella-Käse überbackenen Teigfladen haben hier seit dem 16. Jh. ihren Siegeszug um die Welt begonnen, bevor sie sich im übrigen Italien durchsetzen konnten. Sie werden in Neapel sehr einfach und nur mit einer Handvoll Zutaten zubereitet. Mit den Händen formt der „Pizzaiolo", der Pizzabäcker, aus geknetetem Teig einen Fladen von ca. 20 cm Durchmesser und belegt ihn sparsam. Mit einer großen Holzschaufel werden die Fladen dann in den holzbefeuerten Steinofen geschoben, bei 420–480 Grad knusprig gebacken und nach wenigen Minuten wieder herausgeholt. Man bekommt sie überall in der Stadt zum Mitnehmen in kleinen Friggitorie, kann sie natürlich aber auch in den legendären Pizzerien der Stadt essen. Und auch die weltberühmten *Spaghetti* sehen Neapolitaner gerne als Originalprodukt ihrer Stadt, am liebsten werden sie mit Muscheln serviert: *alle vongole* oder *alle cozze*.

• *Spaccanapoli und Umfeld* In den Abend- und Nachtstunden z. T. etwas zweifelhaftes Umfeld – eher ein Tipp für Mittag.
Antica Osteria Pisano (10), echtes Napoli-Erlebnis mitten auf der Spaccanapoli! Neben der Kirchenruine auf der Piazza Crocella ai Mannesi geht es oft hoch her. Zwischen fröhlichen Neapolitanern kann man drinnen oder draußen sitzen. Günstige Preise. So geschl. ℡ 081/5548325.
Lombardi a Santa Chiara (16), legendäre Pizzeria im Zentrum der Spaccanapoli, wegen zentraler Lage und Beliebtheit Wartezeit einkalkulieren. So geschl. Via Benedetto Croce 59, ℡ 081/5520780.
Taverne dell'Arte (17), kleine, gemütlich ausgestattete Trattoria, bekannt für ihre sorgsam zubereiteten Gerichte, die häufig wechseln. Menü ab ca. 25 €. So und August geschl. Rampe San Giovanni Maggiore 1/a, ℡ 081/5527558.
La Chitarra (18), nur wenige Schritte weiter, ebenfalls zu empfehlen, familiär geführt, Menü ab 20 €. So/Mo geschl. Rampe San Giovanni Maggiore 1, ℡ 081/5529103.
La Cantina di Via Sapienza (7), einfache, typische Altstadttrattoria, nicht weit vom Archäologischen Museum, gerne von Studenten besucht. So geschl. Via Sapienza 40/41, ℡ 081/459078.
• *Corso Umberto* **Antica Pizzeria da Michele (11)**, eine neapolitanische Legende, kleine, traditionsbewusste Pizzeria, die nur exakt zwei Pizzen herstellt: Margherita und Marinara. Sehr schlicht gehalten und preiswert. So geschl. Via Cesare Sersale 1, ℡ 081/5539204.
Trianon da Ciro (13), fast vis-à-vis von Michele, unten einfach gehaltener, marmorgetäfelter Speiseraum mit Marmortischen, weitere Räume im ersten und zweiten Stock. Mittagstisch der Angestellten der Umgebung, abends oft unglaublich voll, der reinste Fließbandverkehr. Die rasenden Pizzabäcker schwitzen vor einem bunten Majolikabild von Neapel. So geschl. Via Pietro Colletta 42–46, ℡ 081/5539426.
• *Piazza Dante* **Pizzeria alla Port'Alba (14)**, seit 1830 in Familienbesitz und damit die älteste Pizzeria der Stadt, hübsche Lage auf einer verkehrsberuhigten Gasse bei einem Torbogen. An den weiß gedeckten Tischen kann man in fast untypischer Ruhe gute Pizzen genießen, ebenso reichlich ist die Auswahl an Nudeln. Nicht ganz billig, da von Touristen gern frequentiert, aber Preis-Leistungs-Verhältnis okay. Mi geschl. Via Port'Alba 18, ℡ 081/459713.
Bellini (12), die Konkurrenz ein paar Schritte weiter auf der Querstraße. Gepflegtes Ambiente, ausgezeichnete Pizza (auch zum Mitnehmen vom Pizzastand vor der Tür) und gute Meeresküche mit hervorragenden Nudelsachen, ebenfalls zum draußen Sitzen. So geschl. Via Santa Maria di Constantinopoli 80, ℡ 081/459774.
• *Santa Lucia* Im Schatten des mächtigen Castel dell'Ovo drängen sich einige der bekanntesten Fischrestaurants der Stadt – eine der wenigen Möglichkeiten, in Neapel stimmungsvoll unmittelbar am Meer zu speisen, die Preise sind allerdings meist recht gehoben. Abends sind regelmäßig Akkordeon-, Mandolinenspieler und Sänger zugange.
La Bersagliera (30), 1919 eröffnet, elegantes Jugendstillokal mit bestem Ruf, viele Prominente haben schon die hausgemachten Nudeln und den sorgfältig zubereiteten Fisch gekostet, entsprechend teuer isst

Neapel/Reisepraktisches 867

man hier. Di geschl. Borgo Marinari 10/11, ℡ 081/7646016.
Marino (25), einfaches Lokal mit wenigen Tischen und ungezwungener Atmosphäre, Fisch und Pizza. Mo geschl. Via Santa Lucia 118, ℡ 081/7640280.
• *Chiaia* **Brandi (21)**, das „Pizzamuseum" von Neapel, seit 1780 als Pizzeria in Betrieb, hier wurde zu Ehren der italienischen Königin Margherita die gleichnamige Pizza kreiert – in den Nationalfarben rot, grün und weiß (Tomaten, Basilikum und Mozzarella). Geschmackvoll-antiquierte Einrichtung. Man kann auch schön draußen sitzen. Mo geschl. Salita Sant'Anna di Palazzo 1/2 (Seitengasse der Via Chiaia), ℡ 081/416928 (www.brandi.it).
Castello (22), freundlich geführte Nachbarschaftstrattoria, typische Napoliküche. So und im August geschl. Via Santa Teresa a Chiaia 38, ℡ 081/400486.
Da Tonino (23), traditionelle Osteria mit preiswerten Mittagsgerichten. So und im August geschl. Via Santa Teresa a Chiaia 47, ℡ 081/421533.
• *Mergellina* **Da Ciro a Mergellina (31)**, eine Institution am Hafen, Fisch und Meeresfrüchte in allen Variationen. Menü ca. 30 € aufwärts. Mo geschl. Via Mergellina 21, ℡ 081/681780.
• *Marechiaro* Der kleine Fischerhafen von Marechiaro liegt einige Kilometer südwestlich vom Zentrum am Capo Posillipo. Hier kann man besonders schön am Wasser sitzen, z. B. im deutsch-italienisch geführten **La Vela**, zu erreichen mit Bus 140 ab Piazza Garibaldi oder Via Santa Lucia (fährt bis 24 Uhr), ℡ 081/769231.
• *Cafés* In der riesigen **Galleria Umberto I** an der Via Toledo kann man für viel Geld, aber stimmungsvoll Kaffee nippen, ebenso vis-à-vis im **Gran Caffè Gambrinus**, am Beginn der Via Chiaia – eins der berühmtesten Kaffeehäuser der Stadt, 150 Jahre alt, mit reichlich Stuck und Gold im Stil der Belle Epoque und hervorragendem Gebäck. Di geschl.
La Caffettiera, beliebtes Café an einer ruhigen Piazza, schöne Sitzplätze im Freien, gediegene Einrichtung, tolle Leckereien. Piazza dei Martiri 26.
Scaturchio, Traditionspasticceria am Spaccanapoli, tolle Leckereien, z. B. *ministeriale* (Schokopralinées, mit Rum gefüllt). Sitzplätze auf der Piazza, mittags immer sehr voll. Piazza San Domenico Maggiore.
TIPP! Die palmenbestandene Piazza Bellini in der Nähe der Piazza Dante ist eine der nettesten Ecken der Altstadt und beliebt bei jungen Leuten. Mehrere Cafés laden zum Verweilen ein: das populäre Kulturcafé **Intra Moenia**, mit Internetpoint, Buchladen und eigenem Verlag, das **Arabo Café** mit orientalisch geprägten Gerichten, z. B. Falafel, und die **Internet Bar** mit zahlreichen Internet-Terminals. Zu empfehlen z. B. nach dem Besuch des nahen Archäologischen Museums, aber auch abends.
• *Weinlokale* **La Cantina di Triunfo (24)**, große Weinschenke vis-à-vis vom Stadtpark, leider keine Tische im Freien. Offene Weine der Region und gute Auswahl an Flaschenweinen, abends gibt es auch kleine Gerichte. So und im August geschl. Riviera di Chiaia 34, ℡ 081/668101
• *Snacks* **Pintauro**, *Sfogliatelle* (Blätterteiggebäck mit warmer Ricotta-Füllung) muss man in Neapel einmal kosten, eine der besten Adressen ist diese 200-jährige Bäckerei. Via Toledo 275.
Friggitoria/Rosticceria Fiorenzano, Piazza Montesanto, Teigtaschen mit Schinken und Käse, aber auch Gebratenes zum Mitnehmen.

*N*achtleben

Treffpunkt der nächtlichen Szene ist die *Piazza del Gesù Nuovo* und Umgebung. Freiluftcafés und Bars, die bis tief in die Nacht geöffnet sind, findet man auf der *Piazza Bellini* (→ Cafés). Aktuelle Infos in der Broschüre „Qui Napoli", erhältlich in den Tourist-Büros.

Velvet Club, Musikclub mit häufiger Livemusik. Via Cisterna dell'Olio 11, www.velvetnapoli.it. In derselben Straße liegen noch weitere angesagte Clubs.
Otto Jazz Club, am Rand des spanischen Viertels, bekanntester und ältester Jazzclub der Stadt, tägl. geöffnet. Piazzetta Cariati 23, www.ottojazzclub.com.
Gold Club (Ex-Madison Street), einer der größten Tanzschuppen der Stadt. Via Sgambati 47, Vomero.
Virgilio, große Disco mit Open-Air-Terrasse und Blick über die Stadt. Nur Juni bis Sept. Via Lucrezia Caro 6, am Posillipo-Hügel.

Kampanien
Karte S. 858/859

Sehenswertes

Alles spielt sich auf der Straße ab, ein faszinierendes Schauspiel – an Abgasgestank und Staubpartikel muss man sich allerdings gewöhnen, ebenso an das Trommelfeuer der Hupen und das permanente Dröhnen von Zwei- und Viertaktern aller Art.

Im August wird man die Stadt dagegen nicht wieder erkennen. Es ist „*Ferragosto*" – halb Neapel macht Urlaub am Meer, still ruhen die Straßen, viele Läden und Ristoranti sind geschlossen.

> Die **Campania Artecard** (www.napoliartecard.com) bietet drei Tage lang freie Benutzung aller öffentlichen Verkehrsmittel einschließlich U-Bahn und Shuttle-Bussen zu den archäologischen Stätten sowie zwei Museumsbesuche eigener Wahl, außerdem Ermäßigung zwischen 20 und 50 % in den übrigen Museen. Kostenpunkt ca. 13 € (18 bis 25 J. 8 €), erhältlich am Flughafen, in Bahnhöfen, Metrostationen und den Informationsbüros.

Piazza Garibaldi: zentraler Punkt für die Stadtbesichtigung, vom Hauptbahnhof (Stazione Termini) hat man beste Verbindungen in alle Richtungen, zu Fuß ist man in wenigen Minuten hautnah im Altstadtgetümmel. Die unmittelbare Bahnhofsnähe am besten rasch verlassen, Kleinkriminalität, Prostitution, Stundenhotels etc. In Richtung Meer liegt um die *Porta Nolana* der größte Fischmarkt der Stadt – viel fürs Auge, neben Fisch auch körbeweise Muscheln und Schnecken. Auf der von der Piazza Garibaldi nordwestlich abzweigenden *Via Alessandro Poerio* haben hauptsächlich Asiaten ihre Stände, hier watet man gleichsam durch ein Meer von Spielzeug „made in China".

Corso Umberto I: Die breite Hauptstraße Neapels führt von der Piazza Garibaldi schnurstracks in die Nähe des Hafens. Im 19. Jh. wurde sie nach dem Vorbild der Pariser Boulevards rücksichtslos quer durch das Gassengewirr der Altstadt geschlagen. Zwischen den Prachtfassaden stehen Alleebäume und schöne eiserne Straßenlaternen, hier tummelt sich das pralle Leben, leider herrscht fast immer auch katastrophaler Verkehr.

Altstadt

Nur ein paar Schritte von der Piazza Garibaldi und man steht mitten im Herzen des volkstümlichen Neapels. Seit Jahrhunderten pulsiert hier das Leben, quirlig und voller Temperament, lautstark und farbig, aber auch voller sozialer Härte. Seit dem Erdbeben von 1980 sind noch immer viele Häuser eingerüstet, der Rest ist schwarz und düster. Die Camorra regiert überall unsichtbar mit. Erfreulicherweise ist das Centro storico weitgehend verkehrsberuhigt.

Vom Westende der Piazza Garibaldi nimmt man die Via Mancini (gegenüber vom Denkmal) durch das *Duchesca-Viertel* – hier zunächst ein großer Straßenmarkt, wo zahllose Waren fragwürdiger Herkunft angeboten werden, vor allem Radiorecorder, TV, Uhren, Raubkopien von CDs etc. Ein Stück weiter folgt die *Via Forcella*, ebenfalls mit zahlreichen Straßenhändlern, diese setzt sich in die enge Spaccanapoli fort.

Schon bei der Ankunft am Hafen oder am Bahnhof wird man vor **Taschendieben** gewarnt. Beim Bummel keine Handtaschen oder Kameras herumschlenkern, die „scippatori" schnappen sie sich im Handumdrehen vom Motorroller aus – auch Bauchtaschen mit Gurt sind nicht sicher und werden blitzschnell durchschnitten. Wertsachen gehören in den Hotelsafe. Nachts sollte man die Altstadt meiden.

Spaccanapoli: „*Spalte Napoli*", die älteste Straße und das eigentliche Rückgrat der Altstadt. Sie durchquert nördlich parallel zum Corso Umberto die ganze Altstadt, bis sie auf die Via Toledo (= Via Roma) trifft. Offiziell heißt sie *Via Vicaria Vecchia*, *Via San Biagio dei Librai*, *Via Benedetto Croce* und *Via Pasquale Scura*, aber unter diesen Namen kennt sie nur der Stadtplan. Früher war sie bevorzugtes Wohngebiet der Reichen, als diese aber im 19. Jh. zur Via Toledo und auf den Vomero zogen, teilten sich die Armen die Luxuswohnungen auf. Heute leben und arbeiten hier zahlreiche kleine Händler und Handwerker in katastrophalen Wohnverhältnissen, oft besitzen ganze Familien nur ein Zimmer, die meisten ebenerdig und zur Straße hin offen, die sogenannten *bassi*.

Wenn man die Via Duomo quert, kann man einen Abstecher zum Dom San Gennaro hinauf machen (→ nächster Abschnitt). Zwischen Via Duomo und Piazza Gesù Nuovo reihen sich zahlreiche kleine Läden und Lädchen aneinander, darunter auffallend viel religiöser Kirchen- und Devotionalienkitsch. In der abzweigenden *Via San Gregorio Armeno* arbeiten die berühmten Krippenmacher von Neapel – seit Jahrhunderten und auch heute noch ein florierendes Handwerk, obwohl mittlerweile vieles industriell hergestellt wird.

Um die *Piazza Gesù Nuovo* liegt das Universitätsviertel, die Uni befindet sich in der nahen Via Mezzocanone, auffallend sind hier überall die vielen Buchhändler. Schließlich mündet die Spaccanapoli auf die breite *Via Toledo* (bzw. Via Roma), die Hauptgeschäftsstraße der Stadt.

Dom San Gennaro: strenger, grauer Bau, Anfang des 14. Jh. begonnen, die Fassade um 1900 im neugotischen Stil erneuert. Der große, hohe Innenraum prangt in prunkvollem Barock, die Decke ist vergoldet mit Ölgemälden. Im linken Seitenschiff kommt man zur Basilika *Santa Restituta* aus dem 4. Jh., der ältesten Kirche von Neapel, allerdings sind nur noch die Säulen original erhalten. Ein mächtiges Deckengemälde von Luca Giordano (17. Jh.) schmückt die Decke. Hinter der Apsis steht ein Baptisterium mit Mosaiken aus dem 5. Jh. Hier liegt auch der Zugang zu einem frühchristlichen Kirchenbau und Resten der *griechisch-römischen Stadtanlage* unter der Kirche.

Im rechten Seitenschiff liegt die *Kapelle des heiligen Gennaro* (heiliger Januarius), des Schutzheiligen der Stadt, der 305 während der Christenverfolgungen in Pozzuoli enthauptet wurde. Dreimal im Jahr geschieht ein Wunder – dann verflüssigt sich das eingetrocknete Blut des Märtyrers und wird vor dem Domportal den gläubigen Neapolitanern gezeigt: am ersten Samstag im Mai, am 19. September und am 16. Dezember. Die Legende erzählt, eine Neapolitanerin habe das Blut des Gennaro bei dessen Hinrichtung aufgefangen. 1389 soll es sich zum ersten Mal verflüssigt haben, seit 1610 geschieht das regelmäßig. Falls das Wunder einmal nicht stattfindet, bedeutet das großes Unglück für Neapel. Gott sei Dank klappt es meistens, 1980 jedoch nicht – und tatsächlich kam es wenige Wochen später zu dem schweren Erdbeben, das weite Teile Kampaniens in Mitleidenschaft zog. Das Blut wird in

zwei versiegelten Glasgefäßen in der Kapelle aufbewahrt, dort liegt auch der Schädel des Heiligen.
Öffnungszeiten/Eintritt **Dom**, tägl. 9–12.30, 16–19 Uhr. **Ausgrabungen** (Zugang durch Santa Restituta), Mo–Sa 9–12, 16.30–19, So 9–12 Uhr, Eintritt ca. 2,60 €.

> Wissenschaftler sind sich ziemlich sicher, dass es sich bei der rätselhaften Substanz um ein sogenanntes **thixotropes Gel** handelt. Diese Gel ist im Ruhezustand etwa so fest wie Pudding, wird aber flüssig, sobald man es bewegt. Auch die Alchemisten des 14. Jh. hätten es aus drei einfachen Salzen herstellen können (Kalziumkarbonat, Kochsalz und eine Eisenverbindung). Bezeichnenderweise lässt die katholische Kirche die Analyse des „Heiligenbluts" aber nicht zu.

Chiesa dei Girolamini: reich ausgestattete Barockkirche schräg gegenüber vom Dom. Angeschlossen ist ein schöner Kreuzgang und eine kleine Kunstgalerie.
Öffnungszeiten/Eintritt Mo–Sa 9.30–13, 14–17.30 Uhr, Eintritt frei.

San Lorenzo Maggiore und antike Ausgrabung: Schräg gegenüber vom Dom in die Via dei Tribunali einbiegen und bis zur nahen Piazza San Gaetano gehen. Die Kirche in französischer Gotik beherbergt zahlreiche Grabmäler, darunter das Grab von Katherina von Österreich. Im angrenzenden Kloster mit Kreuzgang war einst Petrarca zu Gast gewesen.
Im Untergrund hat man eine frühchristliche Kirche ausgegraben, außerdem einen gut erhaltenen Teil der griechischen Agora und des römischen Forums – ein höchst interessanter Einblick in die antike Welt.
Öffnungszeiten/Eintritt Mo & Mi–Sa 9–13, 15.30–17.30, So 9–13.30 Uhr, Di geschl. Eintritt zur Ausgrabung ca. 4 €.

Piazza Gesù Nuovo: Der einzige größere Platz an der Spaccanapoli wird von der *Guglia dell'Immacolata* dominiert, einer hohen barocken Mariensäule. An der Unterseite der Piazza steht die beeindruckend große Klosterkirche *Santa Chiara* im klaren gotischen Stil, zahlreiche Grabmäler und Sarkophage der Anjou flankieren die Seitenfronten, in der letzten Kapelle rechts das Grabmal Roberts des Weisen von Anjou. Der Kreuzgang *Chiostro delle Maioliche* im angeschlossenen Kloster ist eine Oase der Ruhe und vollständig mit bunten Majolika-Kacheln ausgekleidet (Eingang links der Kirche). Ein kleines Museum beherbergt eine römischen Thermalanlage und dokumentiert den Bau der Kirche. Gegenüber fällt die abweisend „stachlige" Rustikafassade der Jesuitenkirche *Gesù Nuovo* auf, die einst zu einem Renaissancepalazzo gehörte. Im Inneren dominiert barocke Prachtentfaltung mit farbigen Fresken und viel Marmor.
Öffnungszeiten/Eintritt **Chiostro delle Maioliche/Museum**, April bis Sept. Mo–Sa 9.30–13, 14.30–17.30, So 9.30–12.30 Uhr. Eintritt ca. 4 €.

San Domenico Maggiore: große, äußerlich schmucklose Kirche aus dem 14. Jh., mehrfach restauriert und verändert. Eingang von der Piazza durch ein zweiteiliges Treppenhaus, das überraschenderweise im Altarbereich mündet. Der hohe lichte Innenraum ist ungeheuer aufwendig eingerichtet und zwar eindeutig gotisch in der Grundstruktur, die prachtvollen Marmoreinlegearbeiten und reichlich vergoldeten Ausschmückungen stammen aber aus dem Barock und späteren Zeiten. Der mittelalterliche Theologe Thomas von Aquin lebte im angeschlossenen Kloster – in der *Kreuzkapelle* im Westschiff ein Bild des Gekreuzigten, das mit Thomas Zwiesprache geführt haben soll.

Cappella San Severo: Etwas versteckt steht in der kleinen Via de Sanctis oberhalb der Piazza Santo Domenico Maggiore die einstige Privatkapelle eines skurrilen Adeligen des 18. Jh. Der Gesamteindruck überwältigt – der ganze Innenraum ist über und über mit Skulpturen und Fresken neapolitanischer Künstler bedeckt, dazu ertönt leise Hintergrundmusik. An der Decke erblickt man zahlreiche kunstvoll verschlungene Figuren, in der Mitte vorne eine Skulpturengruppe, die aus einem einzigen Marmorblock gehauen ist, vorne rechts *Il Disinganno* (die Enttäuschung) – eine Gestalt, die versucht, sich mit Hilfe eines Engels von einem übergeworfenen Fischernetz zu befreien – das „Netz" ist aus Marmor! Höhepunkt ist aber in der Mitte der *Christo Velato* (verschleierter Christus), der 1753 von Sammartino geschaffen wurde. Der Leib des toten Christus ist mit einer hauchdünnen Marmordecke überzogen, die wie ein feuchtes Tuch über dem Körper liegt.

Frappierend sind im Untergeschoss die vor über 200 Jahren mit einem geheimnisvollen Elixier konservierten Leichname eines Mannes und einer schwangeren (!) Frau. Außer den Weichteilen ist alles erhalten: das unglaublich dichte Adergeflecht – von zweifingerdick bis haarfein –, die inneren Organe und sogar der Sprössling. Es scheint glaubhaft, dass den beiden Unglücklichen die Flüssigkeit, die ihre Blutbahnen quasi versteinern ließ, bei lebendigem Leib eingespritzt wurde.

Öffnungszeiten/Eintritt Mai bis Okt. Mo u. Mi-Sa 10–19 Uhr (sonst bis 17 Uhr), So 10–13 Uhr, Di geschl. Eintritt ca. 6 €.

Via Toledo/Via Roma und Umgebung

Die lange schnurgerade Straße ist gleichzeitig Präsentierzeile und Durchgangsstraße mit reichlich Monumentalbauten, trotz horrendem Verkehr aber auch eine der beliebtesten Flanierstraßen der Stadt. Besonders eindrucksvoll wirkt die *Galleria Umberto I*, eine monumentale Glas- und Stahlkonstruktion mit Zentralkuppel aus dem 19. Jh., die der wenige Jahre vorher gebauten Galleria Vittorio Emanuele in Mailand sehr ähnelt.

Piazza Trento e Trieste, Piazza del Plebiscito und Umgebung: repräsentativer Mittelpunkt der Stadt, seit wenigen Jahren für Autos gesperrt, abends festlich illuminiert. Hier dominiert der *Palazzo Reale* (Königspalast) mit mächtigen Steinskulpturen früherer Herrscher in der Front, im Obergeschoss können einige der ehemaligen königlichen Gemächer besichtigt werden, außerdem das *Museo del Palazzo Reale* mit Gemälden, Teppichen, Statuen, Porzellan etc. Neben dem Palast steht das berühmte Opernhaus *Teatro San Carlo*, 1737 errichtet und seinerzeit das größte Opernhaus Europas. An der Oberseite der Piazza thront die Kirche *San Francesco di Paola* mit halbmondförmigen Kolonnaden und einer dem Pantheon in Rom nachempfundenen Kuppel.

Etwas abseits, direkt am Wasser, steht das *Castel Nuovo*, die mittelalterliche Trutzburg Neapels mit markanten Rundtürmen, den Eingang bildet ein zweistöckiger Triumphbogen aus dem 15. Jh. Sehenswert ist neben der restaurierten Hofkapelle vor allem die riesige *Sala dei Baroni*, in der gelegentlich das Stadtparlament tagt. Im Südflügel ist das große *Museo Civico* mit Gemälden und Skulpturen vom 14.–20. Jh. untergebracht. Hinter der Burg liegt der Passagierhafen von Neapel.

Die nach Westen abzweigende *Via Chiaia* ist die Shoppingmeile Neapels mit zahlreichen exklusiven Boutiquen und schicken Schuhgeschäften. Durch dieses sichtlich elegante Viertel kann man zur Villa Comunale am Meer abkürzen, andernfalls über das Viertel Santa Lucia laufen (→ Neapel am Meer). In der abzweigenden

872 Kampanien

Eins von vielen fantastischen Mosaiken im Archäologischen Nationalmuseum, einst Wanddekoration in Pompeji

Salita Sant'Anna gibt es einen aus zahllosen winzigen Lebensmittelläden bestehenden Markt.

Öffnungszeiten/Eintritt **Palazzo Reale**, Do–Di 9–20 Uhr, Mi geschl., Eintritt ca. 4 €. **Museo Civico**, Mo–Sa 9–19, So 9–13 Uhr, Eintritt ca. 5 €.

Spanisches Viertel: Während der spanischen Herrschaft über Neapel waren die Besatzungssoldaten an den Hängen des Vomero westlich der Via Roma untergebracht. Heute erstreckt sich hier ein Wohnviertel echt neapolitanischer Prägung, zweifellos das ärmste der Stadt. Überall hängt Wäsche über den engen Treppengässchen, der Müll häuft sich, Mopeds röhren über die Stufen. Die uralten mehrstöckigen Palazzi sind in erbärmlichem Zustand, einige Stadtplaner sähen das Viertel heute am liebsten rigoros abgerissen – ohne Rücksicht auf gewachsene Strukturen und die Bevölkerung. Touristen verirren sich hier nur selten, vor allem abends gilt das Viertel als unsicher.

Piazza Dante und Piazza Bellini: Die palmenbestandene *Piazza Dante* ist seitlich von einer halbkreisförmigen Gebäudefront begrenzt. Durch einen Torbogen im Uhrturm kommt man zur benachbarten *Piazza Bellini* – dort wurden unter dem Trottoir die massiven Mauern der antiken griechisch-römischen Stadt ausgegraben. Die Cafés am Platz laden tagsüber zur Ruhepause ein und sind abends eins der Zentren des Nachtlebens.

Archäologisches Nationalmuseum: ein ganzes Stück die Via Roma hinauf, noch jenseits der Piazza Dante (Metro bis Piazza Cavour oder alle Busse, die die Via Roma hinauffahren). In einem mächtigen Palazzo wird hier eine der bedeutendsten archäologischen Sammlungen der Welt zur Schau gestellt, hauptsächlich mit Funden aus Pompeji und Herculaneum, aber auch aus Rom und Latium. Man betritt die Ausstellung zunächst durch eine Halle mit riesigen *Steinskulpturen* (die größten der Antike), rechter Hand und im Hof stehen dutzende weiterer Statuen der Farnese-Sammlung. In neuen Räumlichkeiten im Untergeschoss findet man *Le Gemme Farnese*, eine exquisite Sammlung antiker Schmuckstücke, Siegel etc. Im Hochparterre (auf halber Höhe der majestätischen Freitreppe) finden sich die Prunkstücke des Hauses: zahlreiche großartige *Mosaike* aus Pompeji, darunter detailgetreue Tierabbildungen, menschliche Porträts und die berühmte „Alexanderschlacht", in der allein 1,5 Mio. Steinchen verarbeitet sind. Weiterhin gibt es hier prächtige Bronzeköpfe und -skulpturen, ein eindringlicher Charakterschädel von Seneca fällt besonders in Auge. Ebenfalls im Hochparterre ist seit wenigen Jahren das *Gabinetto Segreto* zu besichtigen, die größte erotische Sammlung der Antike (→ Öffnungszeiten/Eintritt): sämtliche Funde aus Pompeji und Herculaneum mit entsprechendem Inhalt, insgesamt mehr als tausend Fresken, Mosaike, Skulpturen, Kleinplastiken und Inschriften, die im 19. Jh. als verderbt angesehen wurden und noch im 20. Jh. jahrzehntelang unter Verschluss geblieben waren. Die augenscheinliche Offenheit der antiken Römer bei dem Umgang mit dieser Thematik wird hier sehr deutlich. Im ersten Stock kommt man zunächst in eine riesige *Halle* mit Gemälden und Deckenfresken aus Pompeji und Herculaneum, anschließend folgen Geschirr, Waffen, Bronzefiguren und Glas aus den verschütteten Vulkanstädten. Besonders eindrucksvoll ist das detaillierte *Modell* von Pompeji. Da das Museum beim Erdbeben von 1980 schwer beschädigt wurde, sind noch immer Teile der Ausstellung nicht zugänglich.

* *Öffnungszeiten/Eintritt* Im Sommer Mi–Mo 9–19 Uhr, sonst Mi–Mo 9–14, So 9–13 Uhr, Di geschl., Eintritt ca. 6,50 €. Für das Gabinetto Segreto muss man an der Garderobe im Eingangsbereich ein kostenloses Sonderticket für eine der häufig stattfindenden Führungen lösen (auch Englisch), Mindestalter 12 J.

Neapel im Untergrund

Was Besuchern weitgehend unbekannt ist: Die ganze Stadt ist auf einem gewaltigen unterirdischen Höhlenlabyrinth erbaut. Schon seit Jahrtausenden gibt es im weichen Sandstein hunderte von Grotten, Gängen und Grabkammern – mehr als 1 Mio. qm sollen es sein. Die alten Griechen brachen hier Steine für ihre Tempel und Stadtmauern, danach zogen die Römer ausgedehnte Wasserleitungen durch den Untergrund. Im Zweiten Weltkrieg wurden die Höhlen als Luftschutzkeller genutzt, später (bis heute) als Verstecke für Schmuggler und Mafia. Seit einigen Jahren kann mehrmals wöchentlich ein kleiner Bereich des Labyrinths besichtigt werden. Geführt wird man dabei von Mitgliedern der „Associazione Napoli Sotterranea", Piazza San Gaetano 66/68, nicht weit von der Kirche San Lorenzo Maggiore.

Catacombe di San Gennaro: Diese frühchristlichen Katakomben mit gut erhaltenen Wandmalereien, die bis ins 2. Jh. n. Chr. datieren, liegen hinter der Chiesa Madre del Buon Consiglio unter der Basilica San Gennaro extra moenia an der Via di Capodimonte, etwas unterhalb von Parco di Capodimonte (→ Museo e Galleria Nazionale di Capodimonte). Im 5. Jh. wurden hier die Gebeine des heiligen Gennaro beigesetzt, der später Schutzpatron Neapels wurde (→ Dom).

* *Öffnungszeiten* **Napoli Sotterranea**, Führungen ganzjährig Mo–Fr um 12, 14 und 16 Uhr, Sa/So um 12, 14, 16 und 18 Uhr, Dauer ca. 1,5 Std., Eintritt 9 €. ✆ 081/296944.
Katakomben des Gennaro, Führungen tägl. vormittags 9.30, 10.15, 11 und 11.45 Uhr, Eintritt ca. 5 €. ✆ 081/7411071.

Neapel am Meer

Santa Lucia: Das ehemalige Fischerviertel um das ins Meer gebaute *Castel dell'Ovo* trennt die Bucht von Neapel in zwei Hälften. Der Name des Kastells geht auf eine

Legende zurück, nach der Vergil hier ein Ei versteckt hat – zerbricht es, wird Neapel untergehen. Im Schatten der hohen, ockerfarbenen Burgmauern liegen traditionsreiche und teure Fischrestaurants sowie ein kleiner Jacht- und Bootshafen. Das Kastell kann besichtigt werden, ein Rundgang zwischen den schweren Mauern lohnt wegen des schönen Blicks.

Öffnungszeiten/Eintritt **Castel dell'Ovo**, Mo–Fr 9–18 Uhr, Sa/So 9–13 Uhr, Eintritt frei.

Villa Comunale (Stadtpark) und Villa Pignatelli: Der lang gestreckte Stadtpark westlich von Santa Lucia ist eine der wenigen Grünanlagen Neapels. Mitten drin steht ein *Aquarium* mit über 200 verschiedenen Mittelmeertieren, der deutsche Künstler Hans von Marées malte den großen Institutssaal mit heroisch-monumentalen Fresken aus. Auf der Via Carraciolo, der mehrspurig befahrenen Uferstraße davor, heult der Verkehr rund um die Uhr – ein Teil davon wurde jedoch kürzlich für Autos gesperrt.

Landeinwärts der Riviera di Chiaia liegt der ruhige Park der *Villa Pignatelli*. Die klassizistische Villa, einst im Besitz einer Adelsfamilie, kann besichtigt werden, in den historisch eingerichteten Räumen sind Mobiliar, Porzellan und Gemälde zu betrachten, außerdem gibt es ein schönes Kutschenmuseum.

Öffnungszeiten/Eintritt **Aquarium**, Di–Sa 9–18, So 10–18 Uhr, Mo geschl., ca. 2 €. **Villa Pignatelli**, Di–So 9–14 Uhr, Eintritt ca. 2 €.

Mergellina: Am Fuß vom Hügel Posillipo, Anziehungspunkt ist vor allem der große *Fischerhafen* mit diversen Lokalen, Tragflügelboote und Fähren starten hier zu den Inseln. Von den höher gelegenen Straßenzügen herrlicher Blick auf Neapel.

Neapel auf den Hügeln

Vomero: Raus aus dem Dunst und mit einem der drei *Funicolari* (Schienenseilbahn) hinauf ins luftige Wohnviertel direkt oberhalb der Altstadt. Am längsten ist der Funicolare Centrale (Talstation an der Via Roma, gegenüber der Galleria Umberto I). Den besten Blick über die Stadt hat man von den Mauern des wuchtigen *Castel Sant'Elmo*, das aber nur geöffnet ist, wenn Ausstellungen stattfinden. Benachbart steht die barocke *Certosa San Martino*, ein ehemaliges Kloster, das das reich bestückte *Museo Nazionale di San Martino* beherbergt. Ausgestellt sind Kultur und Brauchtum aus der Geschichte Neapels – Gemälde, Mobiliar, Münzen, Schiffsmodelle, Skulpturen etc., besonders hübsch ist die große Krippenausstellung. In der üppig ausgestatteten Klosterkirche findet man zahllose Gemälde Neapolitaner Künstler, ansonsten gibt es einige Kreuzgänge, den Aussichtspunkt Belvedere und den schönen Klostergarten mit tollem Blick auf Napoli. Zum Ausruhen kann man im Anschluss in den herrlichen Park der *Villa Floridiana* spazieren, nahe der Endstation des Funicolare.

Öffnungszeiten/Eintritt **Museo Nazionale di San Martino**, Di–So 9–19 Uhr, Mo geschl., Eintritt ca. 6 €.

Posillipo: Der zweite Stadthügel Neapels, oberhalb von Mergellina, ist heute ein wohlhabendes Viertel mit eleganten Villen und großen Gärten. Spezielle Sehenswürdigkeiten gibt es keine, aber einen wunderbaren Panoramablick.

Museo e Galleria Nazionale di Capodimonte: Auf einem Hügel nördlich vom Archäologischen Nationalmuseum (Bus 24 ab Piazza Dante) steht, umgeben von einem riesigen Waldpark, der an Wochenenden ein beliebtes Ausflugsziel der Neapolitaner ist, der *Palazzo Reale di Capodimonte*, das ehemalige Königsschloss der Bourbonen. Im ersten Stock zunächst eine umfassende Gemäldegalerie vom 14.–18. Jh., darunter Botticelli, Lippi, Raffael, Masaccio, Rubens und Tizian, zwei Bilder von Breughel und eine Zeichnung von Michelangelo. Im Anschluss die prachtvollen königlichen Gemächer, u. a. mit einer umfangreichen Porzellansammlung, darunter der großartige *salottino di porcellana* (Porzellanzimmer) aus dem Rokoko, dessen Wände von Boden bis Decke mit floraler Keramik und Spiegeln verziert sind. Im zweiten Stock weitere Gemälde, darunter viele neapolitanische Künstler, im Dachgeschoss moderne Kunst.

Öffnungszeiten/Eintritt Di–So 8.30–19.30 Uhr, Eintritt ca. 7 €, nach 14 Uhr etwas günstiger.

Golf von Neapel

Ganz vom Vulkanismus geprägt, der auch für die Weltsensation Pompeji gesorgt hat. Vor allem südöstlich von Neapel ist das Land jedoch kilometerweit zugebaut, auch vor dem Vesuv reihen sich triste Vororte.

Im Westen lohnt ein Ausflug nach Pozzuoli mit dem Solfatara-Krater und zur griechischen Ausgrabung von Cumae. Größte Anziehungspunkte sind aber in erster Linie die Ruinenstädte von Herculaneum und Pompeji, außerdem natürlich der Vesuv selbst. Die „Ferrovia Circumvesuviana" ist dabei ideal zum Pendeln.

> Umfangreiche Informationen zu den Ausgrabungen von **Pompeji**, **Herculaneum**, **Boscoreale**, **Oplontis** und **Stabiae** in der Website der Altertümerverwaltung von Pompeji: www.pompeiisites.org.

Campi Flegrei (Phlegräische Felder)

Westlich von Neapel brodeln seit Jahrtausenden heiße Quellen und Vulkanseen. In der Antike vermutete man in dieser unheimlichen Dampf- und Schwefellandschaft den Eingang zur Unterwelt, was die Griechen und nach ihnen die Römer aber nicht hinderte, in großem Maßstab Villen und Prachtbauten hierher zu setzen.

Pozzuoli

Der industrialisierte und weitgehend unattraktive Vorort von Neapel, der beim Erdbeben von 1980 stark beschädigt wurde, war in der Antike einer der bedeutendsten Handelsplätze im westlichen Mittelmeerraum. Einiges davon ist erhalten geblieben.

Im Hafenviertel steht der sogenannte *Tempio di Serapide*, der jedoch eigentlich nur eine Markthalle war. Im Umfeld liegen Ruinen des antiken Stadtmarktes. Die Säulen sind bis in 3 m Höhe von Muscheln zerlöchert, Hinweis darauf, dass sich die Anlage im Lauf ihrer Geschichte mehrfach gehoben und gesenkt hat – und dies noch immer tut (nicht zugänglich, aber gut einsehbar). Im Hafen findet vormittags ein eindrucksvoller *Fischmarkt* statt.

Das alte Stadtviertel *Rione Terra* wurde bei den Erdbeben von 1970 und 1983 schwer zerstört und musste von den Einwohnern verlassen werden. Die umfangreichen antiken Überreste, die man bei der Sanierung gefunden hat, können an Wochenenden besichtigt werden, ein großes Freilichtmuseum ist im Aufbau. Ansonsten beeindruckt in der Oberstadt nördlich vom Zentrum das gewaltige *Anfiteatro Flavio* mit seinen langen unterirdischen Gängen, das eins der größten der Antike war.

Am interessantesten ist jedoch oberhalb der Stadt der mysteriöse *Vulcano Solfatara*, ein Vulkankrater mit heißen Schwefeldampfquellen (sogenannte Fumarole)

876 Kampanien

und blubberndem Schlamm, der seit tausenden von Jahren nicht mehr ausgebrochen ist und in der Antike als Natursauna genutzt wurde. Er liegt etwa 900 m oberhalb der Metrostation Pozzuoli-Solfatara (30 Min. zu Fuß oder SEPSA-Bus ab Hafen). Der Krater hat knapp 800 m Durchmesser und kann begangen werden, die Schritte auf dem gelblichen, teils kochend heißen Untergrund klingen hohl. In ausgebauten Felsspalten saunierten hier die alten Römer, zwei gemauerte Schwitzkammern sind noch im nördlichen Kraterbereich erhalten.

- *Öffnungszeiten/Eintritt* **Anfiteatro Flavio**, tägl. 9–17 Uhr.
Rione Terra, nur Sa/So 9–18 Uhr, Eintritt ca. 3 €.
Vulcano Solfatara, tägl. 8.30 Uhr bis 1 Std. vor Sonnenuntergang, Eintritt ca. 5 €, für Campinggäste gratis, Eingang zum Campingplatz ist gleichzeitig Eingang zum Krater, Führung möglich.

Ein Sammelticket für **Anfiteatro Flavio, Tempio di Serapide, Parco Archeologico di Baia** und die **Ausgrabungen von Cuma** kostet ca. 5 €.

- *Anfahrt/Verbindungen* **PKW**, Autobahnumgehung **Tangenziale** bis Ausfahrt 11 (Agnano).
Bahn, von Neapel nach **Pozzuoli** mit Ferrovia Cumana (Bahnhof in Hafennähe) oder Metro (Bahnhof in der Oberstadt). Zwischen Pozzuoli und **Baia** verkehren SEPSA-Busse.

- *Information* **AAST**, Piazza Matteotti 1, Altstadt, Nähe Porta Napoli. ✆ 081/5266639, ℻ 5265068, www.infocampiflegrei.it.
- *Übernachten* ****** Solfatara**, gepflegtes Hotel in der Oberstadt, Nähe Solfatara-Krater, schöner Blick hinüber nach Procida und Ischia. DZ mit Frühstück ca. 95–105 €. Via Solfatara 163, ✆ 081/5262666, ℻ 5263365, www.hotelsolfatara.it.
Camping Vulcano Solfatara, 1,5 km außerhalb von Pozzuoli, schattiger Platz am Rande des erloschenen Solfatara-Kraters, kleiner Pool (Juni bis Sept.), Waschmaschine, Internetzugang. Zu empfehlen, allerdings schwefliger Geruch. Guter Standort für Ausflüge nach Neapel. Anfang April bis Ende Okt. ✆ 081/5262341, ℻ 5263482, www.solfatara.it.
Complesso Turistico Averno, an der Via Domitiana (km 55), westliche Stadtausfahrt, Nähe Autobahnauffahrt. Hotel, Villaggio und Zeltplatz, Gelände mit viel Grün und Thermalpool. Ostern bis Okt. ✆ 081/8042666, ℻ 8042570.

▸ **Lago d'Averno**: einsamer Kratersee, zu erreichen von der Straße nach Baia. In der Antike lag hier der Eingang zum Hades, wie die Griechen glaubten. Am Ufer gibt es einige verfallene Thermalanlagen aus römischer Zeit.

- *Übernachten/Essen & Trinken* *** Daraffaelina**, vergleichsweise günstiges Hotel mit Ristorante am See, DZ mit Frühstück ca. 60 €, HP ca. 60 € pro Pers. Via Lago d'Averno 7, ✆ 081/8661789, ℻ 8041221, www.daraffaelina.it.
Caronte, nettes Ausflugslokal am See. Mo geschl. Via Lago d'Averno 2, ✆ 081/8041429.

▸ **Baia**: Heute ein wenig ansehnlicher Küstenort mit alten Hafenanlagen und Werften. In römischer Zeit war Baia jedoch eine viel besuchte Badestadt mit Thermalquellen und berühmt-berüchtigt als Vergnügungsstätte der römischen Oberschicht, insbesondere seiner Kaiser, die hier einen großen Palast besaßen. Der Großteil der antiken Pracht ist heute im Meer versunken, lediglich hinter dem Bahnhof der Ferrovia Cumana ziehen sich die monumentalen Ruinen ausgedehnter Thermalanlagen den Berghang hinauf, beschildert mit „Parco Archeologico di Baia". Die eindrucksvollen Unterwasserfunde sind im sehenswerten *Museo Archeologico dei Campi flegrei* im Kastell am westlichen Ortsrand zu besichtigen.

Öffnungszeiten/Eintritt **Parco Archeologico di Baia** & **Museo Archeologico dei Campi flegrei**, Di–So 9 Uhr bis 1 Std. vor Sonnenuntergang, Eintritt mit Sammelticket (→ Pozzuoli).

▸ **Bacoli**: kleiner Fischer- und Badeort mit zwei Sehenswürdigkeiten (beschildert), Überreste einer großen römischen Hafenanlage im *Lago Miseno*, einer tief eingeschnittenen Bucht südlich vom Ort. Unbedingt sehenswert ist zunächst die *Piscina Mirabile*, eine riesige Zisterne, 70 m lang, 25 m breit und 15 m hoch. 48 gewaltige

Säulen unterteilen das kathedralenartige Innere und stützen die Decke des mächtigen Felsensaals. Weiterhin gibt es im Zentrum die *Cento Camerelle*, einen antiken Wasserspeicher mit zwei Stockwerken.

Recht schön Baden kann man an der *Spiaggia di Miliscola* südlich von Miseno.

Öffnungszeiten/Eintritt Beide Anlagen sind verschlossen, nach dem „Custode" fragen, freiwilliger Obolus wird erwartet.

▸ **Cuma**: gegründet im 8. Jh. v. Chr., damit eine der ältesten griechischen Kolonien in Unteritalien und Mutterstadt von Neapel (zu erreichen mit Bussen ab Pozzuoli/Hafen). Auf einem Hügel am Meer und im Umkreis weitläufige Überreste der griechischen Akropolis. Unbedingt sehenswert ist der Tempelbezirk mit der *Grotte der Sibylle*, ein 130 m langer, dunkler Schlauch mit Luftschächten und Seitenarmen, in der die bedeutendsten Seherinnen der Antike wirkten. Der Kult der Sibylle war mit den griechischen Kolonisatoren aus Kleinasien gekommen, die sogenannten „Sibyllinischen Bücher" spielten später sogar in der Verfassung der römischen Republik eine große Rolle. Nach der Besichtigung sollte man unbedingt den Burgberg mit den imposanten Ruinen eines *Zeustempels* an der Spitze besteigen und den herrlichen Panoramablick beiderseits die Küste entlang und auf den Golf von Neapel mit den Inseln genießen.

Öffnungszeiten/Eintritt tägl. 9 Uhr bis 2 Std. vor Sonnenuntergang, Eintritt mit Sammelticket (→ Pozzuoli).

Vesuv

Der 1281 m hohe Vulkankegel dominiert die Bucht von Neapel. Wegen seiner geringen Höhe bietet er allerdings ein landschaftlich eher undramatisches Bild. Im Gipfelbereich zeigt er sich völlig kahl, weiter unten sind die Lavahänge dicht mit Pinien, Ginster und Blumen begrünt.

Im Umkreis drängen sich zahllose Ortschaften, die den Monte Vesuvio zum am stärksten umsiedelten Vulkan der Welt machen. 700.000 Menschen leben weniger als 10 km vom Krater entfernt, die Stadtgrenzen von Neapel sind gerade 15 km entfernt. Mit über hundert Ausbrüchen prägt der Vesuv seit der Antike die Region. Außer den Städten Herculaneum und Pompeji hat er immer wieder zahlreiche Dörfer und Kleinstädte verwüstet, natürlich auch das Ackerland und die Weinfelder rund um den Berg. Beim großen Ausbruch von 1631 gab es mehrere tausend Tote, 1794 zerstörte er den neapolitanischen Vorort Torre del Greco. Die jüngste Eruption war 1944, als gerade die Amerikaner in Süditalien vorrückten (die Kriegshandlungen mussten für eine Woche unterbrochen werden), damals wurde die Seilbahn zum Gipfel lahm gelegt und seitdem nicht wieder aufgebaut. Im Gegensatz zum Etna (→ Sizilien) ist der Vesuv heute ein ruhiger Zeitgenosse – ein gewaltiger Gesteinspfropfen versperrt den Krater und die vulkanischen Kräfte stauen sich auf. Je länger der Berg ruhig bleibt, desto heftiger wird aber eines Tages die Eruption sein. Erst in den letzten Jahren wurde in 8 km Tiefe unter dem Vulkan ein riesiger Magmasee von der Größe Bremens entdeckt. Damit ist nach Aussage des Direktors des Vulkanobservatoriums von Neapel einwandfrei belegt, dass der Vesuv noch immer aktiv sei und ausbrechen könne. Die Neapolitaner sitzen auf einem Pulverfass.

▸ **Gipfelbesteigung**: Mit der Circumvesuviana morgens bis *Ercolano*, direkt vom Bahnhofsvorplatz fährt zwischen 9 und 14 Uhr 4- bis 5-mal tägl. ein Bus bis zu einem Parkplatz unterhalb vom Krater (Dauer der Fahrt ca. 40 Min., ca. 4 € hin/rück). Dort zahlt man etwa 6 € Eintritt und geht zur Kraterbesichtigung noch etwa

30 Min. bergauf. Oben kann man ein Stück um den Kraterrand herumgehen und in den Krater hineinblicken, dessen Boden in 951 m Höhe liegt. Bei klarem Wetter hat man vom Endpunkt der Wanderung einen herrlichen Blick auf Pompeji. Achtung: Letzten Bus zurück nicht verpassen, meist spät nachmittags, vorher erkundigen (Fahrplan auch im Tourist-Büro von Sorrento). Wer einen eigenen PKW hat, kann problemlos bis zum erwähnten Parkplatz hinauffahren, ca. 13 km ab Ercolano (beschildert), Parkgebühr ca. 2,50 €. Ordentliches Schuhwerk und Sonnenschutz, gegebenenfalls auch Verpflegung mitnehmen, die Preise oben sind überhöht. Nur bei wirklich klarer Sicht aufsteigen, sonst sieht man nur sehr wenig.

Ercolano

Mitten in dem großen, weitgehend unattraktiven Vorort von Neapel liegen die Ausgrabung von Herculaneum. Der Eingang befindet sich am Corso Ercolano, etwa 300 m unterhalb vom Bahnhof der Circumvesuviana.

• *Anfahrt/Verbindungen* **PKW**, Autobahn A 3, Ausfahrt Ercolano, noch ca. 1 km bis zur Ausgrabung nahe am Meer (gut beschildert), bewachte Parkplätze im Umkreis. **Bahn**, mit der Circumvesuviana fährt man ab Neapel/Stazione Termini etwa 15 Min. bis Ercolano. Von der Station kann man in wenigen Minuten geradeaus zur Ausgrabung der römischen Stadt hinunterlaufen. Von der FS-Station Portici-Ercolano muss man einen Bus zur Ausgrabung nehmen.

Herculaneum

Neben Pompeji die zweite antike Ruinenstadt am Golf von Neapel. Beim verheerenden Ausbruch des Vesuv am 24. August 79 n. Chr. wurde Herculaneum nicht wie Pompeji von Asche, sondern von einer meterdicken Schlammschicht begraben – diese erhärtete zu einem weichen Stein und konservierte die Bauten dauerhaft, sie sind deshalb weitgehend besser erhalten, oft sogar noch mit mehreren Stockwerken und Fachwerkbalken.

Herculaneum ist kleiner als Pompeji, jedoch noch nicht vollständig ausgegraben, denn weite Teile liegen unter den angrenzenden Wohnhäusern des heutigen Ercolano. Die kleine Hafenstadt war dank ihrer (damals) landschaftlich reizvollen Lage auf einem niedrigen Vorgebirge nah am Meer ein beliebter Erholungsort der begüterten Oberschicht. An den streng rechtwinkligen Gassenzügen reihen sich zahlreiche herrschaftlich wirkende Häuser, dazwischen finden sich Läden von Handwerkern und Kaufleuten. Besonders interessant ist das reich verzierte Innenleben: Mosaikböden, Wandgemälde und verkohltes Holzinterieur.

• *Öffnungszeiten/Eintritt* April bis Okt. tägl. 8.30–19.30 (letzter Eintritt 18 Uhr), übrige Zeit 8.30–17 Uhr (letzter Eintritt 15.30 Uhr). Eintritt ca. 11 €. Ein drei Tage gültiges Sammelticket für Herculaneum, Pompeji, Oplontis, Stabiae und Boscoreale kostet ca. 20 €. Auf alle Tickets jeweils 50 % Ermäßigung für 18- bis 24-Jährige und EU-Lehrer, Eintritt frei unter 18 und über 65 J.

Besichtigung: Von der Kasse führt ein abschüssiger Weg seitlich am Ausgrabungsgelände entlang bis hinunter zum meerseitigen Stadttor von Herculaneum, der *Porta Marina*. Auf dem erhöhten Weg überblickt man das rechtwinklige Gelände gut: Drei schmale Längsgassen in Nord-Süd-Richtung *(Cardo III, IV und V)* werden von zwei Querstraßen *(Decumanus maximus* und *Decumanus inferiore)* gekreuzt. Auf dem freigelegten Gebiet befinden sich einige Dutzend Stadthäuser, die teilweise noch mehrstöckig erhalten sind. Sie sind jedoch nicht immer alle zur Besichtigung freigegeben.

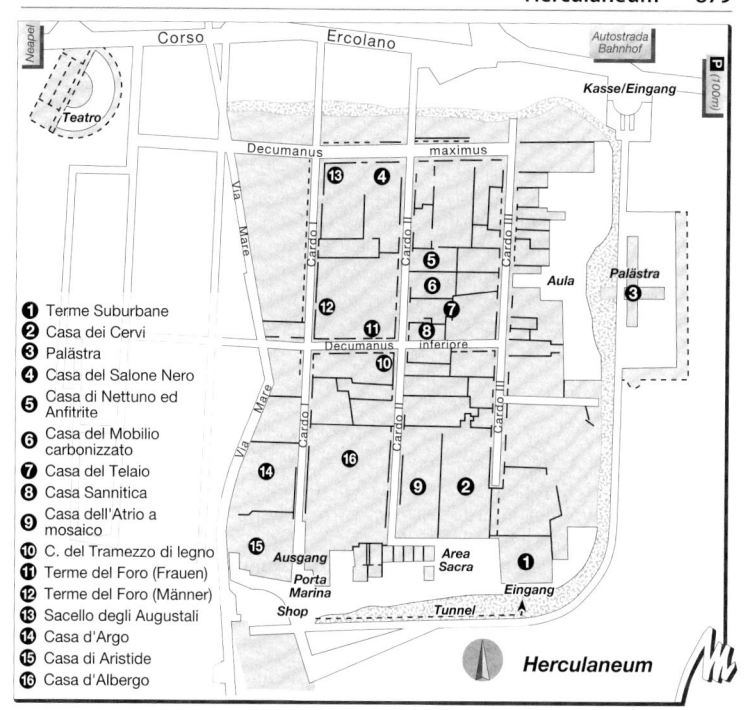

Herculaneum

- ❶ Terme Suburbane
- ❷ Casa dei Cervi
- ❸ Palästra
- ❹ Casa del Salone Nero
- ❺ Casa di Nettuno ed Anfitrite
- ❻ Casa del Mobilio carbonizzato
- ❼ Casa del Telaio
- ❽ Casa Sannitica
- ❾ Casa dell'Atrio a mosaico
- ❿ C. del Tramezzo di legno
- ⓫ Terme del Foro (Frauen)
- ⓬ Terme del Foro (Männer)
- ⓭ Sacello degli Augustali
- ⓮ Casa d'Argo
- ⓯ Casa di Aristide
- ⓰ Casa d'Albergo

Zunächst kommt man durch einen Tunnelzugang zu den erst vor kurzem restaurierten *Terme Suburbane (1)*, einem großzügigen Badekomplex mit mehreren Räumen und großem Schwimmbecken, reich verziert mit Wanddekorationen, Malereien und Marmorböden. Durch die Fenster konnte man damals wahrscheinlich das Meer sehen. Am unteren Ende des benachbarten Cardo V steht die *Casa dei Cervi (2)* (Haus der Hirsche) mit prächtigen Wandbildern und einer lebensechten Statue des völlig betrunkenen Herkules. Im oberen Bereich des Cardo V liegt der Zugang zur *Palästra (3)*, dem Sportplatz von Herculaneum, mit zwei freigelegten Säulenreihen. Auf dem Decumanus maximus, einst die Hauptstraße von Herculaneum, kann man nun hinübergehen zum mittleren Cardo IV. Am oberen Ende rechts passiert man die *Casa del Salone Nero (4)*, ein vornehmes Patrizierhaus. Eindrucksvoll ist dort vor allem der schwarze Fußboden des Säulenhofs, während die Böden der angrenzenden Räume in Weiß gehalten sind. Ein Stück weiter unten kommt man links zur *Casa di Nettuno ed Anfitrite (5)* mit schönen Wandbildern der beiden Götter und einem mit Mosaiken verkleideten Nymphäum. Daneben steht die *Casa del Mobilio carbonizzato (6)* mit gut erhaltener Fassade, verbrannten Holztüren und verkohltem Holzinterieur. Es folgen die *Casa del Telaio (7)* und an der Ecke Cardo IV/Decumanus inferiore die *Casa Sannitica (8)*, die beiden ältesten, vorrömischen Stadthäuser Herculaneums. Am unteren Ende des Straßenzugs findet man schließlich die *Casa dell'Atrio a mosaico (9)*, einst eine großzügige Stadtvilla mit kunstvoller Ausstattung und Garten, in der Wandgemälde und ein verbeulter Mosaikboden im Atrium zu besichtigen sind. Zurück an der Kreuzung von Cardo IV und Decumanus inferiore steht linker Hand die *Casa del Tramezzo di Legno (10)*, in der noch eine antike Holzwand erhalten ist. Gegenüber liegt der Frauentrakt der zentralen *Terme del Foro (11)* mit schönen Mosaikböden. Den größeren und insgesamt etwas besser erhaltenen Männertrakt *(12)* kann man vom Cardo III aus betreten, hier sind die Baderäume noch vollständig mit Mosaikböden ausgestattet, auf denen sich Meeresgestalten, der Gott Neptun und Delfine tummeln. An der Ecke zum Decumanus maximus liegt der *Sacello degli Augustali (13)*, ein öffentliches Gebäude mit gut erhaltenen Wandfresken. Am unteren Ende des Cardo III stehen gleich zwei der für Herculaneum typischen Fachwerkhäuser mit hölzernem Vordach, die *Casa d'Argo (14)* und die *Casa di Aristide (15)*, schräg gegenüber die *Casa dell'Albergo (16)*, das bisher größte Wohnhaus der Stadt. Von hier kommt man mit wenigen Schritten zum Ausgang.

Pompeji

Am 24. August des Jahres 79 n. Chr. brach der Vesuv völlig überraschend aus und begrub Pompeji unter einer 10 m dicken Asche- und Lapillischicht. Zahlreiche Bewohner konnten sich nicht rechtzeitig in Sicherheit bringen und erstickten. Ihre von glühender Asche eingeschlossenen Körper verbrannten, zurück blieben originalgetreu proportionierte Hohlräume. Pompeji ist einzigartig, weil man nirgendwo in der Welt die Ruinen einer vollständig erhaltenen antiken Stadt so hautnah betrachten kann. 1998 hat die Unesco Pompeji zum Weltkulturerbe erklärt.

Pompeji wurde im 8. Jh. v. Chr. von den Oskern gegründet, im 5. Jh. von den Samniten erobert und entwickelte sich seit dem 1. Jh. unter den Römern zur mächtigen Handelsstadt. Schon bei einer ersten Eruption des Vesuvs im Jahr 62 n. Chr. wurde es schwer in Mitleidenschaft gezogen. Als man endlich mit den Wiederaufbauarbeiten fertig war, besiegelte der gewaltige Ausbruch vom August 79 das abrupte Ende. Seit dem 18. Jh. wurde die Stadt ausgegraben – heute erkennt man, dass eine angemessene Pflege und Erhaltung des riesigen Areals kaum noch möglich ist. Selbst die hohen Eintrittsgelder bedeuten nur einen Tropfen auf dem heißen Stein und permanent sind weite Teile der Ausgrabung gesperrt.

Pompeji besteht aus zahlreichen rechtwinklig zueinander verlaufenden Straßenzügen, die mit Gehsteigen gesäumt und mit holprigen Granitquadern gepflastert sind. Aus den verschiedenartigen Haustypen samt Kaufläden, Tempeln, öffentlichen Plätzen, Theatern, Thermalbädern etc. konnte man ein perfektes Bild von den sozialen Verhältnissen in einer typischen Stadt der Römerzeit gewinnen. Viele der Häuser sind von innen zu besichtigen, die meisten besitzen einen offenen Atriumhof und z. T. prachtvoll erhaltene Fresken und luxuriöse Dekorationen. Ein Großteil wurde jedoch ins Museo Nazionale von Neapel geschafft, das man ebenfalls besuchen sollte.

• *Anfahrt/Verbindungen* **PKW**, Autobahn A 3, Ausfahrt „Pompei Scavi", nicht Pompei, sonst muss man sich noch einige Kilometer quer durch die moderne Stadt zur Ausgrabung quälen. Vor dem Gelände liegen mehrere Parkplätze (ca. 5–7 €). Kostengünstiger parkt man weiter entfernt.

Bahn, von Neapel oder Sorrento mit der **Circumvesuviana** bis Station **Pompei-Villa dei Misteri** (hin/rück ca. 4 €). Die Porta Marina, der Haupteingang zu den Ausgrabungen, liegt gleich schräg gegenüber.

• *Öffnungszeiten/Eintritt* April bis Okt. tägl. 8.30–19.30 (letzter Eintritt 18 Uhr), übrige Zeit

8.30–17 Uhr (letzter Eintritt 15.30 Uhr). Eintritt ca. 11 €. Ein drei Tage gültiges Sammelticket für Pompeji, Herculaneum, Oplontis, Stabiae und Boscoreale kostet ca. 20 €. Auf alle Tickets jeweils 50 % Ermäßigung für 18- bis 24-Jährige und EU-Lehrer, Eintritt frei unter 18 und über 65 J.

- *Information* **AAST**, in der Stadt, Via Sacra 1, bei der Wallfahrtskirche Madonna del Rosario. Ein weiterer **Infopoint** liegt am Haupteingang zur Ausgrabung, der Porta Marina. In beiden gibt es gute Gratispläne der Ausgrabung. ℡ 081/8507255.
- *Übernachten* *** **Vittoria**, stilvolles Haus wenige Meter vom Eingang zu den Ausgrabungen, gegenüber der Campingplätze Pompei und Spartacus. Großes Restaurant. DZ ca. 90–140 €. Piazza Porta Marina, ℡ 081/5369016, ℻ 5367395, www.pompeihotelvittoria.com.

** **Villa dei Misteri**, ordentlicher Zweckbau an der Straße zur gleichnamigen Villa, nicht weit vom Haupteingang zu Pompeji. Swimmingpool, Restaurant und Parkplatz, 40 Zimmer mit Bad. DZ mit Frühstück ca. 74–84 €. ℡ 081/8613593, ℻ 8622983, www.villadeimisteri.it.

Ostello Casa del Pellegrino, gegenüber der Wallfahrtskirche in Pompei. Einfache Übernachtung in einem ehemaligen Kloster, 76 Betten in Schlafsälen, Mehrbett- und Familienzimmern. Übernachtung mit Frühstück ca. 15 €, im Familienzimmer 17 €. Via Duca d'Aosta 4, ℡/℻ 081/8508644, www.ostellionline.org.

Camping Zeus, 200 m vom Eingang des Ausgrabungsgeländes, wenn man rauskommt, links von der Station Circumvesuviana. ℡ 081/8615320, ℻ 8622882.

Zwei weitere einfache Campingplätze, **Pompei** und **Spartacus**, liegen unterhalb des Ausgrabungsgeländes bei einem zentralen Parkplatz (von der Station rechts, ca. 150 m).

Achtung: die Bahnlinie führt direkt an den Plätzen entlang. Ruhiger sind die Plätze um Sorrento, auch von dort hat man gute Neapel-Verbindung mit der Circumvesuviana, allerdings längere Fahrtzeit.

Der Apollo-Tempel

Besichtigung: Ein ausgedehnter Rundgang kann bis zu 5 Stunden dauern – es handelt sich immerhin um eine ganze Stadt. Es gibt eine mensaähnliche Cafeteria auf dem Gelände, ansonsten Proviant und Getränke selber mitbringen.

Durch die *Porta Marina* gelangt man zum lang gestreckten *Forum*, dem Zentrum des öffentlichen Lebens, umgeben von einem Säulengang, mehreren Tempeln und städtischen Bauten. In der sogenannten *Basilica* war der Gerichtshof untergebracht, am Nordende des Platzes liegt der erhöhte *Jupiter-Tempel*, im *Apollo-Tempel* steht in der Mitte des Portikus eine elegante Bronzestatue des Gottes (Kopie), in der Flucht dahinter erblickt man die Silhouette des Vesuvs. An der Ecke zur Via dell'Abbondanza steht das *Edificio di Eumachia*, das einzige Privathaus am Forum, vermutlich eine Art Woll- und Textilbörse. Das *Horreum* an der Nordwestecke des

Forums fungiert als archäologisches Lager, dort sind zahlreiche der eindrucksvollen Gipsabdrücke von Menschenkörpern untergebracht.

Gleich hinter dem Torbogen am nördlichen Platzende befindet sich die Cafeteria, benachbart liegen die hervorragend erhaltenen *Thermen des Forums* mit Heizvorrichtungen, Badebecken, Skulpturen- und Stuckresten – besonders eindringlich wirken die effektvoll platzierten Gipskörper unter Glas, die hier gefunden wurden. Ein paar Schritte weiter steht die *Casa del Poeta tragico* (Haus des tragischen Dichters), in dessen Eingangsbereich man das berühmte Mosaik des Kettenhunds mit der bekannten Inschrift „cave canem" gefunden hat. Die meisten Malereien dieses Haus sind heute im Nationalmuseum von Neapel. Ein Stückchen weiter nördlich kann man in der *Casa della Fontana grande* (Haus des großen Brunnens) einen wunderschönen Mosaikbrunnen betrachten, einen weiteren in der benachbarten *Casa della Fontana piccola*. In einer nahen Seitenstraße liegt die *Casa del Fauno* (Haus des Fauns), benannt nach einer kleinen Faun-Statue, die man hier entdeckt hat. Das weitläufige Wohnhaus besitzt mehrere Innenhöfe und eine Reihe von Mosaikböden, im hinteren Teil der Villa hatte die weltberühmte „Alexanderschlacht" ihren Platz (heute im Nationalmuseum von Neapel). Noch ein Stück weiter erreicht man das vielleicht eindrucksvollste Haus Pompejis, die *Casa dei Vettii* (Haus der Vettier). In dieser luxuriösen Kaufmannsvilla sind die Wandgemälde ungewöhnlich zahlreich, farbenprächtig und hervorragend erhalten. Gleich im Vestibül rechts legt Priapus, der Gott der Fruchtbarkeit, seinen monströsen Penis in Größe eines Baseballschlägers auf eine Waage – Anlass für verlegenes bis erheitertes Gekicher bei den Besuchern. Angeblich war dieses obszöne Bild deswegen am Eingang angebracht, um die neugierigen Blicke von Bittstellern, Lieferanten etc. vom Reichtum im Inneren des Hauses abzulenken.

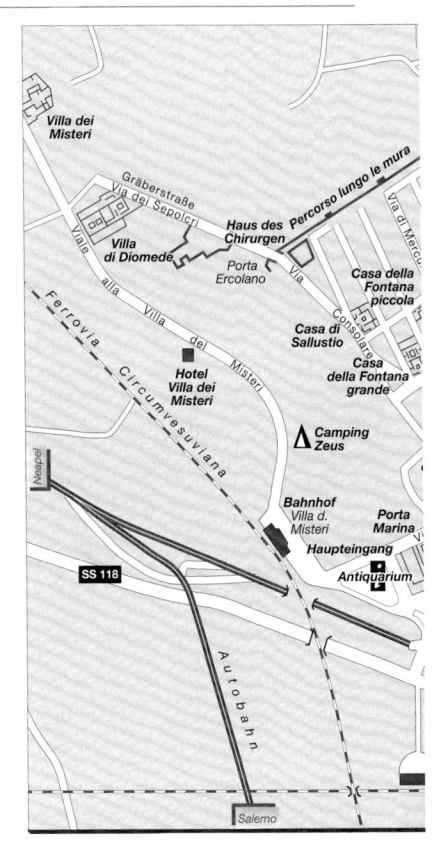

Hinter dem Atrium öffnet sich ein großer Innengarten, dort liegt im rechten Gebäudeflügel das *Triclinium* (Speisezimmer) mit einigen der berühmtesten Malereien der Antike – auf Wänden in tiefrotem „pompejanischem Rot" kleine, filigrane Amoretten und mythologische Figuren.

Nun am besten zurück zum Forum: Die *Via dell'Abbondanza*, die Hauptstraße Pompejis, verläuft von hier bis ans Ostende der Stadt. An den Hauswänden sind

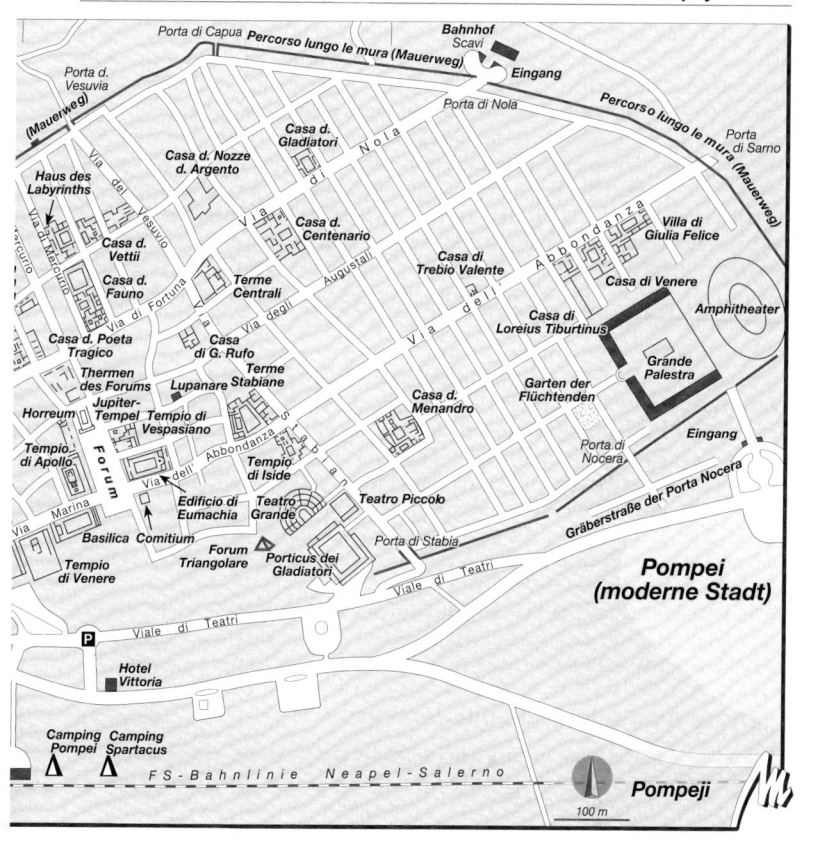

Freskenreste und sogar Wandinschriften erhalten. Linker Hand kommt man bald an den *Stabianischen Thermen* vorbei – sie waren die größten und ältesten Badeanlagen Pompejis und mit allem Komfort ausgestattet wie Kaltbäder, Schwitzbäder, lauwarme Bäder und Heizung. In der Mitte des Komplexes die Palästra, ein ausgedehnter Hof. An der Kreuzung der Via dell'Abbondanza mit der Via Stabiana steht ein hübscher *Brunnen*. Wie bekannt, war auch das älteste Gewerbe der Welt in Pompeji reichlich vertreten – eins der insgesamt 35 *„lupanari"* genannten Bordelle findet man im Vicolo del Balcone Pensile, vor den Stabianischen Thermen links den Vicolo del Lupanare hinein (→ Skizze). In jedem der kleinen Räume steht ein Bett und pornografische Wandbilder verdeutlichen, zu welchen Spezialitäten die Zimmerdamen bereit waren. Im Eingang wieder ein Priapus, diesmal gleich mit zwei Geschlechtsorganen (eine große Sammlung erotischer Funde aus Pompeji kann man im Nationalmuseum von Neapel betrachten). Richtung Süden kann man nun einen Abstecher zum *Großen Theater* der Stadt machen, benachbart das später erbaute *Kleine Theater*, südlich davon der große *Portikus der Gladiatoren*, in dessen Zellen man viele Waffen der Schaukämpfer gefunden hat. Ein paar Ecken weiter die *Casa di Menandro* (Haus des Menander), eins der größten und besterhaltenen Wohnhäuser der Stadt mit reichem Freskenschmuck und Dekorationen sowie eigenem Thermalbad. Am Ende der Via dell'Abbondanza trifft man auf die *Casa di Loreius Tiburtinus* mit einer langen Loggia, geräumigem Garten und Wasserbecken. An der Gartenmauer der benachbarten *Casa di Venere* (Haus der Venus) ein großes Wandgemälde der nackten Venus, die in einer Muschel schwimmt. Den Abschluss bildet das große *Amphitheater*, ein ruhiger Platz zum Entspannen mit schönem Blick über die Dächer des heutigen Pompeji in die Berge. Daneben die *Palästra*, ein weitläufiger Sportplatz mit Schwimmbecken in der Mitte. Die *Gräberstraße der Porta Nocera* liegt südlich davon und ist flankiert von Grabkammern und Mausoleen. Im *Garten der Flüchtlinge* wurden 13 Erwachsene und Kinder von dem plötzlichen Ascheregen des Vulkans überrascht. Sie liegen an der Stelle, wo man sie aufgefunden hat.

Westlich vom eigentlichen Ausgrabungsgelände, etwas außerhalb der Stadtmauer, kann man nun noch die berühmte *Villa dei Misteri* besuchen. Man erreicht sie auf der *Via dei Sepolcri*, die durch die *Porta Ercolano* führt, vorbei an einer großen *Nekropole*. Höhepunkt ist im *Triclinium* das größte Gemälde der Antike, das mit seinen leuchtenden Farben alle Wände eines Saals bedeckt – insgesamt 17 m lang! Der Inhalt ist rätselhaft, wahrscheinlich die Vorbereitung junger Frauen auf die hedonistischen Mysterien des Dionysus. Hinweis: Die Eintrittskarte für Pompeji ist auch in der Villa dei Misteri gültig – zahlen Sie keinen separaten Eintritt, wie es hier leider häufig verlangt wird.

Weitere Relikte können auf Wanderwegen rings um die verschüttete Stadt besichtigt werden, darunter die Häuser des *Bäckers* und des *Chirurgen* sowie der Garten der *Villa des Diomedes*. Nachts wird Pompeji stimmungsvoll ausgeleuchtet.

Weitere Ausgrabungen um den Vesuv

Boscoreale: Nördlich von Pompeji kann man das *Antiquarium di Boscoreale* besichtigen, das die reichhaltige antike Kulturlandschaft an den Vesuvhängen thematisiert, außerdem archäologische Funde der Region zeigt. Dazu gehört die Ausgrabung eines römischen Landguts.

▸ **Villa Oplontis:** römische Luxusvilla mit ausgedehntem Grundstück in Torre Annunziata direkt am Meer. Von den ehemals üppigen Fresken sind noch Reste erhalten.

▸ **Stabiae:** zwei weitere antike Villen in Panoramalage am Varanohügel über der ausufernden Industrie- und Hafenstadt *Castellamare di Stabia*.

• *Öffnungszeiten/Eintritt* April bis Okt. 8.30–19.30 (letzter Eintritt 18 Uhr), sonst bis 17 Uhr (letzter Eintritt 15.30 Uhr). Sammelticket für alle drei Ausgrabungen ca. 5,50 € (oder Sammelticket für Herculaneum, Pompeji, Oplontis, Stabia und Boscoreale, drei Tage gültig, ca. 20 €). Auf alle Tickets jeweils 50 % Ermäßigung für 18- bis 24-Jährige und EU-Lehrer, Eintritt frei unter 18 und über 65 J.

Tipp: Von Castellamare di Stabia aus kann man mit der Seilbahn auf den 1131 m hohen **Monte Faito** fahren und den spektakulären Ausblick über den Golf genießen. Die Talstation liegt direkt in der Stadt beim Bahnhof der Ferrovia Circumvesuviana, Abfahrten zwischen 9 und 18 Uhr etwa halbstündlich, ca. 7 € hin und zurück.

Die Inseln im Golf von Neapel

Die drei Inseln unterscheiden sich stark voneinander – das mondän-aufregende Capri, die große grüne Thermal- und Badeinsel Ischia und das kleine Procida fast unbeachtet am Rande.

Procida
ca. 12.000 Einwohner

Die kleinste der Inseln im Golf, knapp 4 qkm groß und mit steilen Felsküsten, hat sich trotz seiner Nähe zu Neapel bisher dem Touristenrummel erfolgreich widersetzt. Meist sind nur ein paar Tagesausflügler zu Besuch. Es gibt nur eine Handvoll Hotels und wenig Ablenkung, leider aber auch allzeit heftigen Verkehr.

Der quirlige Hafenort *Marina di Procida* mit seinen pittoresk verwitterten Pastellfassaden wird noch von der Idylle der Fischersiedlung *Corricella* übertroffen – der mit Abstand friedlichste und harmonischste Ort der Insel wird in der Werbung und zahlreichen Filmen gerne als Sinnbild für ein unverfälschtes und romantisches Italien aus dem Bilderbuch verewigt. Auf einem steilen Fels hoch darüber thront die mittelalterliche Festung *Terra Murata*, zu erreichen zu Fuß (ca. 1 km) oder per Bus. Am höchsten Punkt steht die düstere Kathedrale *San Michele Arcangelo*, in deren goldüberzogener Kassettendecke ein Gemälde des neapolitanischen Malers Luca Giordano eingelassen ist. Zu besichtigen sind hier außerdem ein kleines Museum und schaurige Katakomben mit Särgen und Gebeinen von Benediktinermönchen.

Im Süden liegt der nette, kleine Ort *Chiaiolella* mit einer kreisrunden Hafenbucht vulkanischen Ursprungs. Benachbart erstreckt sich der beste Inselstrand namens *Ciracciello*. Eine Fußgängerbrücke führt hinüber auf die kleine, unter Naturschutz stehende *Isola Vivara* (Zutritt nur mit Genehmigung).

Weithin berühmt ist die Karfreitagsprozession von Procida, zu der von Neapel in aller Morgenfrühe eine Armada von Ausflugsbooten aufbricht.

• *Anfahrt/Verbindungen* Fähren und Tragflügelboote verschiedener Gesellschaften gehen mehrmals tägl. ab **Neapel/Molo Beverello** und **Mergellina** (Fähre ca. 5 € einfach, Schnellboot ca. 8,50 €) und **Pozzuoli** (ca. 3 €). Von Procida fahren die Schiffe weiter nach **Ischia** (ca. 30 Min.).
SEPSA-Inselbusse fahren im Anschluss an die Fähren zur Festung Terra Murata und zum Strand von Chiaiolella.

• *Öffnungszeiten/Eintritt* **Kathedrale** und **Katakomben**, Mai bis Okt. 9.45–12.45, 15–18 Uhr, sonst nur vormittags, Eintritt ca. 2 €.

• *Information* **AAST** am Fährhafen, neben den Ticketschaltern. ✆ 8101968, ✉ 8960952, www.procida.net. Hilfreicher bei der Suche nach einer Unterkunft ist das benachbarte **Graziella Travel**, ✆ 081/8969594, www.isoladiprocida.it.

• *Übernachten* Im Sommer Engpässe, da es kaum Hotels gibt, außerdem meist Pensionspflicht. Reservierung ist unbedingt notwendig. Für Apartments und Ferienhäuser ist in der Regel ein Aufenthalt von mind. einer Woche erwünscht. Beliebtester Ort ist Chiaiolella.

*** **Celeste**, in Chiaiolella, nette Anlage mit 35 Zimmern und viel Grün. DZ mit Frühstück ca. 60–110 €. Via Rivoli 6, ✆ 081/8967488, ✉ 8967670, www.hotelceleste.it.

*** **Crescenzo**, gepflegtes, älteres Haus mit gutem Fischrestaurant direkt an der Hafenpromenade von Chiaiolella. DZ mit Frühstück ca. 70–120 €. ✆ 081/8967255, ✉ 8101260, www.hotelcrescenzo.it.

*** **Riviera**, oberhalb des Strands von Chiaiolella, schöner Blick. DZ ca. 65–110 €. April bis Sept. Via Giovanni da Procida 36, ✆ 081/8101812, ✉ 8697197, www.hotelrivieraprocida.it.

* **Savoia**, schlichte, kleine Pension mit wunderschönem Garten. DZ mit Etagendusche ca. 50 €. Via Lavadera 32, Nähe Centane, ✆ 081/8967616.

Es gibt etwa sechs kleine Campingplätze auf Procida. Die meisten liegen an der Straße zum Strand von Ciraccio an der Westseite Procidas, z. B. **Ciraccio** (✆ 081/8969401), **Graziella** (✆ 081/8967747) und **Il Gabbiano** (✆ 081/8969209).

Ischia

ca. 47.500 Einwohner

Die größte Insel im Golf, geprägt durch den 788 m hohen Monte Epomeo. Landschaftlich nicht so spektakulär wie Capri, jedoch üppig grün mit vielfältiger Vegetation – und es gibt einige herrliche Strände. Der Süden mit seinen wild zerklüfteten Steilküsten ist das reizvollste Gebiet Ischias, nur ein einziger, aber besonders malerischer Ort liegt dort direkt am Meer.

Ischia bietet im Golf von Neapel die besten Möglichkeiten für Badeurlaub und ist dementsprechend ein bevorzugtes Ziel für Pauschaltouristen, aber auch seit langem Stammplatz mitteleuropäischer, vorwiegend deutscher Rheumakranker. Heilkräftiger Schlamm und 29 heiße Thermalquellen bescheren seit der Antike Linderung der Schmerzen, schon Homer erwähnt sie in seiner „Ilias". Die Ortschaften unterscheiden sich in Ambiente und Aussehen deutlich voneinander: Im Osten der geschäftige Hafenort *Ischia Porto* und das idyllische *Ischia Ponte* mit dem vorgelagerten aragonesischen Kastell, an der stark besuchten Nordküste die typischen Thermalorte *Casamicciola Terme* und *Lacco Ameno*, im Westen das hübsche *Forio* und im Süden der Bilderbuchort *Sant'Angelo*. Nicht versäumen sollte man den Aufstieg zum Monte Epomeo.

• *Anfahrt/Verbindungen* Fähren und Tragflügelboote ab **Neapel/Molo Beverello** und **Mergellina** bis zu 15-mal tägl. (ca. 7 bzw. 11 €), Fähren ab **Pozzuoli** bis zu 10-mal tägl. (Auto mit Fahrer ca. 35 €, Pers. ca. 7 €), außerdem von **Sorrento** und **Procida**.
Gute, häufige Busverbindungen auf der ganzen Insel, **SEPSA-Busse** starten am Hafen.

• *Information* im **Hafen** von Ischia Porto, Nähe Fähranleger. Tägl. 9–20 Uhr. ✆ 081/5074231, ✆ 981904,
www.ischiaonline.it,
www.ischia.com,
www.ischiaweb.it,
www.santangelodischia.it.

• *Übernachten* In der Hochsaison (Mai bis Sept.) sollte man nicht ohne Reservierung kommen, im frühen Frühjahr und Herbst findet man dagegen ausreichend Möglichkeiten. Die meisten Häuser haben im Sommer Pensionspflicht.
Ischia Porto *** **Oriente**, hübsche Anlage mit Thermalpool. DZ mit Frühstück ca. 65–130 €. Via delle Terme 9, ✆/✆ 081/991306, www.orientehotel.it

Ischia 887

** **Macri**, einfache Pension an der Hafenstraße. DZ mit Frühstück ca. 55–75 €. Via Jasolino 96, ✆/≋ 081/992603.

Ischia Ponte ** **Il Monastero**, unvergleichlich gelegen, hoch oben im Castello Aragonese, vor kurzem komfortabel restauriert, die ehemaligen Klosterzellen dienen als Zimmer, herrlicher Blick. DZ mit Frühstück ca. 100–110 €. ✆/ 081/992435, www.albergoilmonastero.it.

Sant'Angelo *** **La Palma**, im Ortszentrum, geschmackvolles Hotel im maurischen Stil, Terrassen mit Meerblick, Zutritt zu den Giardini Tropical. HP ca. 70–110 €. Via Maddalena 15, ✆ 081/999215, ≋ 999526, www.lapalmatropical.it.

* **Conchiglia**, kleine, zentral gelegene Pension, Zimmer z. T. mit Meerblick, gutes Restaurant. DZ mit Frühstück ca. 70–90 €. Via Chiaia delle Rose 3, ✆ 081/999270.

* **Casa Garibaldi**, im oberen Ortsteil, freundlich geführt von Familie di Lorio, einfache, nette Zimmer, mit Garten. DZ ca. 65–

75 €. Via Madonella 52, ✆ 081/999420.
Jugendherberge **Il Gabbiano (IYHF)**, in Cuotto (südlich von Forio). Guter Standard, 100 Betten in in 4- bis 6-Bettzimmern, Pool, Spiaggia di Citara in der Nähe. DZ u. Mehrbettzimmer, z. T. Meerblick. Übernachtung mit Frühstück ca. 16 € pro Pers. April bis Sept. ✆/✉ 081/909422, www.ostellionline.org.
Camping Drei Zeltplätze gibt es auf Ischia, auch hier ist Vorbestellung sinnvoll.
Internazionale, im Pinienwald, 15 Fußminuten südöstlich vom Hafen, gute Ausstattung, nicht direkt am Meer, Strand in der Nähe. Mitte April bis Okt. Via Foschini 22, ✆ 081/991449, ✉ 991472.
Eurocamping dei Pini, ebenfalls im Pinienwald, aber etwa 1 km landeinwärts vom Hafen. April bis Okt. Via delle Ginestre 28, ✆ 081/982069, ✉ 3334038.
Mirage, direkt am schönsten Strand Ischias, der Spiaggia dei Maronti, unterhalb von Testaccio. ✆/✉ 081/990551.

Ziele auf der Insel

▸ **Ischia Porto**: Hier legen die Fähren an, geschäftiger Thermalbadeort mit fast kreisrundem Hafen (ehemaliger Vulkankrater, der erst im 19. Jh. von den Bourbonen ausgebaut wurde), Uferpromenade, zahlreichen Hotels, eleganten Boutiquen und Restaurants – das Ganze reizvoll garniert mit Palmen, Agaven und Bougainvillea. Zentrale Straße ist die Via Roma, die in den Corso Vittorio Colonna übergeht, am südöstlichen Ende ein Pinienwald mit Fußgängerwegen. Parallel dazu der Ortsstrand *Lido*, weitere Strände in Richtung Ischia Ponte.

▸ **Ischia Ponte**: Das ehemalige Fischerdorf südlich von Porto besitzt mehr Ambiente und ist ruhiger als Porto. Hübsch und sehenswert ist das *Museo del Mare* im Palazzo dell'Orologio am Ende der Via Mazzella mit einer Fülle von Exponaten. Vorgelagert und über einen 200 m langen Damm zu erreichen ist der berühmte, bereits von der Fähre weithin sichtbare Fels mit dem malerisch-verfallenen *Castello Aragonese* an der Spitze, sozusagen das Wahrzeichen Ischias und bereits in vielen Filmen verewigt, z. B. in der Neuverfilmung „Der talentierte Mr. Ripley" von Patricia Highsmith. Über zahllose Stufen oder per Aufzug gelangt man hinauf, oben stehen mehrere Kirchen, darunter die Ruinen einer Kathedrale mit freskenbemalter Krypta sowie ein Klarissinnenkloster, dessen *Friedhof* in der Klosterkirche mit steinernen Sitzen versehen ist, in die man die toten Klosterfrauen setzte, bis sie verwesten – als Mahnung an die lebenden Nonnen, dass im irdischen Jammertal alles vergänglich ist. In einem Turm der Festung ist ein Foltermuseum untergebracht, auch eine stilvolle, allerdings teure Pension gibt es hier oben (→ Übernachten). Wunderbar ist der Blick von der Terrasse des Cafés auf die grüne Insel tief unten, der felsige Strand *Cartaromana* liegt etwas südlich.

Öffnungszeiten/Eintritt **Museo del Mare**, tägl. 10–12.30, 17–20 Uhr, Eintritt ca. 2 €. **Castello Aragonese**, tägl. 9 Uhr bis 1 Std. vor Sonnenuntergang, Eintritt ca. 8 €, für Foltermuseum zusätzlich 2,60 €.

▸ **Sant'Angelo**: an der Südküste, schönster und gepflegtester Ort der Insel, ein Hauch von Capri, der Ortskern für Autos gesperrt. Das Fischer- und Badedörfchen schmiegt sich mit weiß, gelb, rosa und hellblau gestrichenen Häuschen, engen Gassen und Treppenwegen auf mehrere Terrassen gegenüber einer schmalen, felsigen Halbinsel. Gute Hotels und die großartige, mehrere Kilometer lange *Spiaggia dei Maronti* (ca. 1 km östlich) machen den Aufenthalt reizvoll. Heiße Dämpfe, die sogenannten Fumarolen, steigen hier an den küstennahen Klippen aus dem Boden und bieten Schwitzbäder zum Nulltarif.

▸ **Forio**: lebhafter Badeort an der Westküste, dörfliches Ambiente im Zentrum, aber ebenfalls zahlreiche Hotels und Kurgäste. Die nahe, fast 2 km lange *Spiaggia di Citara* ist einer der meistbesuchten Strände auf Ischia (Busverbindung), dahinter ziehen sich mehr als ein Dutzend Schönheits- und Gesundheitsbäder mit Saunagrotten und Hallenbädern die terrassierten Hänge hinauf.

▸ **Lacco Ameno**: Der ehemals mondänste Badeort der Insel war in den fünfziger Jahren der Treffpunkt des Jet Set. Im botanischen Garten *La Mortella* wachsen hunderte von exotischen Pflanzen, am flach abfallenden Strand *Lido di Montano* thront der „Fungo", ein pilzförmiger Felsen, im Meer. Hochinteressant ist das *Museo Archeologico* in der Villa Arbusto mit Funden aus über tausend Gräbern einer Nekropole, darunter der berühmte „Becher des Nestor" aus der Zeit Homers. Auch der schöne Garten ist einen Bummel wert.

Öffnungszeiten/Eintritt **La Mortella**, Di, Do, Sa, So 9–19 Uhr. Eintritt ca. 8 €. **Museo Archeologico**, Di–So 9.30–12.30, 15–19 Uhr, Eintritt ca. 5 €.

▸ **Monte Epomeo**: Die Besteigung des 789 m hohen Vulkans unternimmt man am besten von *Fontana*, das 400 m hoch über Sant'Angelo liegt (Busverbindung). Dauer des Aufstiegs ca. 90 Min., auch per Maultier möglich (ca. 20 € one way). Oben mehrere herrlich gelegene Panoramalokale und umfassender Blick über den gesamten Golf von Neapel.

Capri
ca. 13.000 Einwohner

Zweifellos eine der schönsten Mittelmeerinseln und zu Recht weltberühmt – bis zu 600 m hoch, prachtvolle Felsformationen und Steilklippen mit üppig blühender Vegetation (über 800 Arten!), Wein- und Zitronengärten, wunderbar zum Spazierengehen, immer wieder spektakuläre Ausblicke. Sandstrände gibt es auf Capri zwar nicht, dafür viele kleine Klippenbuchten.

Die frühere Lieblingsinsel der Künstler und Schriftsteller zieht heute Jetset und Massentourismus gleichzeitig an. Die Hotelpreise sind allerdings so hoch, das sich spätestens über Nacht ersterer von letzterem scheidet. In einem bequemen Tagesausflug ab Neapel oder Sorrento kann man etwas von der unvergleichlichen Atmosphäre schnuppern, zurück fahren die letzten Boote am frühen Abend.

• *Anfahrt/Verbindungen* Fähren und Tragflügelboote gehen ab **Neapel/Molo Beverollo** 5- bis 8-mal tägl. (Dauer 75/40 Min., ca. 6/11 €), außerdem gibt es Tragflügelboote vom Hafen **Mergellina** (40 Min., ca. 11 €). Kürzer und günstiger als von Neapel sind die Überfahrten ab **Sorrento** (Fähre ca. 6 €, Tragflügelboot ca. 10 €).
Weitere Überfahrten (Fähren und Tragflügelboote) ab **Ischia**, **Amalfi**, **Positano** und **Salerno**.
Auf der Insel existiert ein sehr gutes **Busnetz**: Fahrten von frühmorgens bis Mitternacht. Verbindungen zwischen **Marina Grande**, **Capri-Ort**, **Marina Piccola** und **Anacapri**. Ab Anacapri zur **Grotta Azzurra** und **zur Punta Carena** im äußersten Südwesten.

• *Information* **AAST**, direkt an der Anlegemole im Hafen von Marina Grande

Ankunft auf Capri

Kampanien

(☎ 081/8370634), im Glockenturm an der Piazzetta in Capri (☎ 081/8370686) und in Anacapri an der Piazza Diaz (☎ 081/8371524). In der HS tägl. 9–19 Uhr. Erhältlich ist u. a. eine Broschüre mit zwölf Routen zu den landschaftlichen Schönheiten der Insel.
www.capri.it, www.capritourism.com, www.capri.net, www.caprionline.com, www.capriweb.com.

• *Übernachten* Generell sehr teuer, im Sommer trotzdem ausgebucht, oft Pensionspflicht. Vorbestellung unbedingt notwendig. Im Winter sind die meisten Hotels geschlossen. Kein Zeltplatz auf der Insel.

Capri-Ort und Umgebung ** **Villa Krupp**, oberhalb der Giardini di Augusto, historische Villa mit herrlichem Meerblick von der Terrasse und einigen der geräumigen Zimmern, gefliestem Böden und teils antikes Mobiliar. Die freundliche Eigentümerin spricht Deutsch. DZ mit Frühstück ca. 120–150 €. April bis Okt. Via Matteotti 12, ☎ 081/8370362, ✉ 8376489.

** **Florida**, beliebte Pension im Altstadtviertel rund um die Via Le Botteghe. DZ mit Frühstück ca. 110–130 €. Via Fuorlovado 34, ☎ 081/8370710, ✉ 8370042.

* **La Prora**, zu erreichen durch die überwölbte Via Madre Serafina. Freundliche Pension mit netten Zimmern. DZ mit Frühstück ca. 110–145 €. Via Castello 6, ☎ 081/8370281.

* **Quattro Stagioni**, Familienpension am Weg zum gleichnamigen Strand, gemütliche Zimmer und schöner Garten, nette Besitzer, Terrasse mit Meerblick. DZ mit Frühstück ca. 80–130 €. Via Marina Piccola 1, ☎ 081/8370041, ✉ 8377909, www.hotel4stagionicapri.com.

Anacapri ** **Villa Eva**, stilvolle Pension inmitten eines idyllischen Gartens mit großem Pool, familiär geführt. Man wohnt im Haupthaus oder in separaten Gartenhäuschen, alles sehr sorgfältig eingerichtet. DZ mit Frühstück ca. 90–120 €. Via La Fabbrica 8, ☎ 081/8371549, ✉ 8372040, www.villaeva.com.

• *Essen & Trinken* Inselspezialität sind die mit Käse und Gewürzen gefüllten *ravioli alla caprese*. Am besten isst man in den ländlichen Ausflugslokalen außerhalb der Orte.

Da Gemma, früheres Künstlerlokal in einer malerisch überdachten Gasse im Ort Capri. Gemütlich-rustikal, Meerblick durch die verglaste Front, gute Fischgerichte und Pizza aus uraltem Backofen. Faire Preise. Mo geschl. Via Madre Serafina 6, ☎ 081/8370461.

Buca di Bacco – Da Serafina, nettes kleines Lokal mit leckerer Küche, gut z. B. die hausgemachten *ravioli Caprese* und *pescado à l'acqua pazzo*. Mi geschl. Via Longano 35 (von der Piazzetta der Via Longano folgen), ☎ 081/8370723.

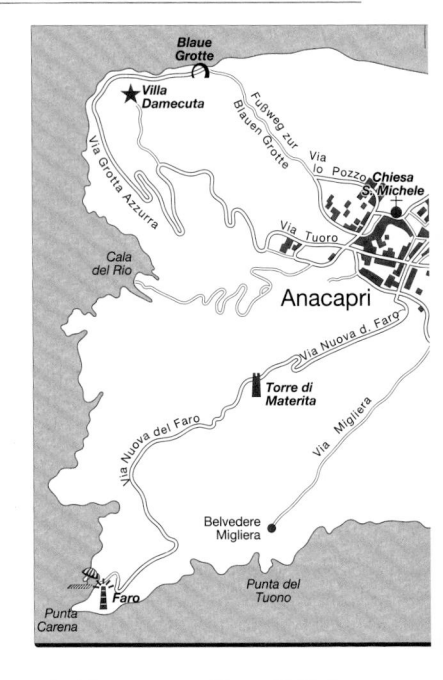

Le Grottelle, am Weg zum Arco Naturale (→ Ziele auf der Insel), kleine Trattoria in einer ausgebauten Felshöhle mit Panoramaterrasse, originell. Einfache Küche, mittlere Preise. Do geschl. (außer Juli bis Sept.). ☎ 081/8370469.

Da Paolino, am Weg zu den Bagni di Tiberio (→ Ziele auf der Insel) in einem wunderschönen Zitronengarten, freundlich geführtes Landlokal mit guter Küche. ☎ 081/8376102.

Mamma Giovanna, gemütliches Kellerlokal am Hauptplatz von Anacapri, auch Plätze auf der Piazza. Maritime Küche, Spezialität: *pennette Aumm Aumm* (mit Auberginen und Mozzarella). Mo geschl. Piazza Diaz, ☎ 081/8372057.

Materita, Pizzeria an derselben Piazza, ebenfalls nett zum Sitzen. ☎ 081/8373375.

TIPP! **Da Gelsomina**, südlich außerhalb von Anacapri, beim Belvedere Migliera, man muss etwas laufen, aber es lohnt sich. Das Bauernhaus inmitten von Gärten mit herrlichem Meerblick bietet ländliche Leckereien von Capri, hauptsächlich vom Grill, dazu gibt's eigenen Wein. Tagsüber kann man in den Swimmingpool hüpfen. Menü ca. 30 € aufwärts. Di geschl. Via Migliara 72, ℅ 081/8371499.

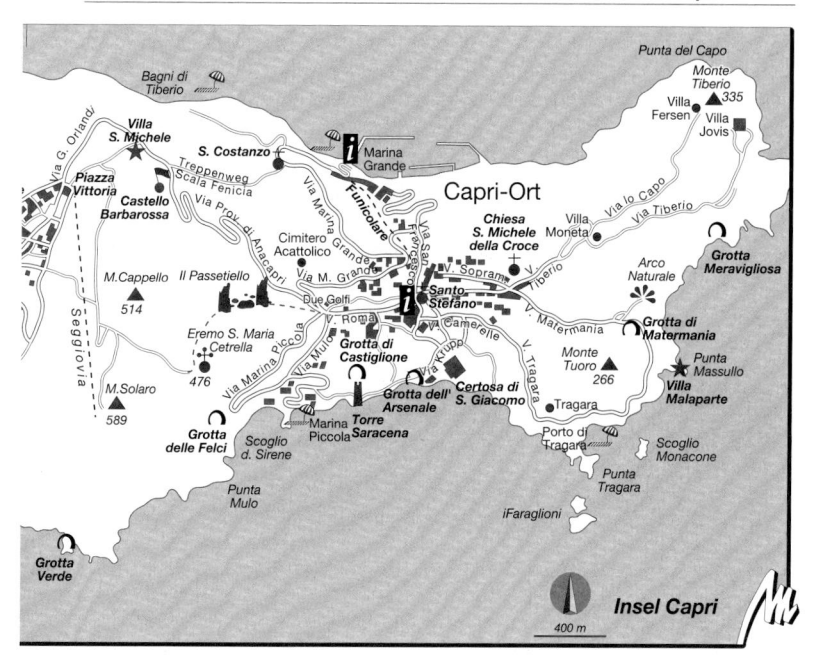

• *Nachtleben* In Capri und in Anacapri mehrere Discos – in Capri ist das **Number Two** in der Via Camerelle angesagt, in Anacapri **Zeus** und **Underground**, beide an der Hauptgasse, Via Giuseppe Orlandi.

• *Shopping* Der Limoncello von Capri ist weithin beliebt (www.limoncello.com), ebenso ist Capri dank seiner Zitronenhaine und Blumenvielfalt berühmt für die Produktion von Parfüm. **Carthusia**, eine von mehreren kleinen Parfümfabriken (mit Verkauf), liegt an der Via Matteotti 2, Nähe Certosa.

Ziele auf der Insel

▶ **Capri-Ort**: Mit dem „Funicolare" (Standseilbahn) geht's vom Hafen *Marina Grande* rauf in den malerischen und autofreien Hauptort (ca. 1,30 € einfach). An der zentralen Piazzetta Umberto I zwischen engen Gassen und weißen Häusern herrscht immer buntes Treiben, vor allem am frühen Abend nimmt hier jeder seinen Aperitif, breite Stufen führen hinauf zur Kirche *San Stefano* mit ihren orientalisch wirkenden Kuppeln. Danach Bummel durch den Ort, in der Via Vittorio Emanuele und der benachbarten Via Camerelle konzentrieren sich elegante Boutiquen, die urige Via Madre Serafina ist zum Schutz gegen die Sonne überwölbt und ähnelt einem orientalischen Souk.

Südlich unterhalb vom Zentrum liegt die *Certosa di San Giacomo*, eine ehemalige Zisterzienser-Kartause mit zwei Kreuzgängen und einer Sammlung von Capri-Gemälden des Romantikers Karl Wilhelm Diefenbach, der 13 Jahre auf Capri lebte. Benachbart die subtropische Gartenanlage *Giardini di Augusto*, von der man einen Postkartenblick auf die berühmten *Faraglioni-Felsen* hat, zwei über 100 m hohe, schroffe Klippen vor der Küste, das Wahrzeichen Capris.

Öffnungszeiten/Eintritt **Certosa di San Giacomo**, Di–So 9–14 Uhr, Mo geschl., Eintritt frei.

Vorsicht, Kopf einziehen! – Einfahrt in die Blaue Grotte

- **Cimitero acattolico**: Der Friedhof der „nichtkatholischen" Capresen ist für viele Einwanderer aus Mittel- und Nordeuropa die letzte Ruhestätte geworden. Der von einem Engländer gegründete Friedhof der Fremden liegt am Weg von Marina Grande zum Ort Capri direkt unterhalb des katholischen Friedhofs wie eine Aussichtsterrasse über dem Meer. Seit Jahrzehnten in Vergessenheit geraten, wird er seit kurzem wieder gepflegt.
- **Marina Piccola**: Hauptbadestrand an der Südseite Capris, über steile Serpentinenstraße geht es vom Hauptort hinunter, auch Busverbindung. Als Fußweg diente früher die grandios in den Fels gehauene *Via Krupp*, die bei den Giardini di Augusto beginnt. Das Begehen ist zwar wegen Steinschlags verboten, doch nur wenige halten sich daran. Unterwegs kann man die *Grotte dell'Arsenale* anschauen. Erlaubt ist der Abstieg auf dem Treppenweg *Via Mulo* ab Largo Due Golfi. Unten kaum Sand, dafür reichlich Cafés und Lokale, im Sommer überfüllt..
- **Bagni di Tiberio**: an der Küste nordwestlich von Marina Grande, Standort eines Palastes von Kaiser Augustus. Auf dem antiken Ruinenfeld wird heute gebadet (Eintritt). Zu erreichen zu Fuß ab Hafen.
- **Villa Jovis**: Die imposanten Überreste der Villa des Kaisers Tiberius liegen auf dem Monte Tiberio im exponierten Nordostzipfel der Insel, vom Hauptort in etwa 45 schweißtreibenden Fußminuten zu erreichen (Rast bietet sich unterwegs in der kleinen „Bar Jovis" mit Gartenterrasse). Am Ziel herrlicher Rundblick auf den Golf. Vom fast 300 m steil zum Meer abfallenden *Salto di Tiberio* soll hier der Imperator unbequeme Zeitgenossen gezwungen haben, sich in den Abgrund zu stürzen.
  Öffnungszeiten/Eintritt Tägl. 9 Uhr bis 1 Std. vor Sonnenuntergang, ca. 2 €.
- **Arco Naturale**: großes, natürliches Felsentor über der Ostküste, zu erreichen über die Via Matermania auf idyllischem Fußweg, herrlicher Ausblick auf's Meer. Be-

sichtigen kann man dort auch die *Grotta Matermania*, die von den Römern zum Heiligtum der Göttin Cibele ausgebaut wurde. Rückweg nach Capri-Stadt um die Südostspitze der Insel, vorbei an den berühmten *Faraglioni-Felsen* (Gesamtdauer ca. 2 Stunden).

▸ **Anacapri**: Der zweite, höher gelegene Inselort ist deutlich ruhiger und weniger mondän als Capri. Größte Sehenswürdigkeit ist die spektakulär am Abgrund schwebende *Villa San Michele*, in der der schwedische Arzt und Schriftsteller Axel Munthe jahrelang lebte und antike Ausgrabungsstücke, Antiquitäten, Kunst und Trödel von Capri sammelte. Vom wunderschönen Garten hat man einen herrlichen Blick auf Marina Grande. Nicht versäumen sollte man auch den prachtvollen Majolika-Fußboden in der Kirche *San Michele*, eine Paradiesdarstellung mit zahlreichen Tiermotiven. Den besten Blick hat man von der Galerie. Im Sommer kann man außerdem per Seggiovia (Sessellift) zum Gipfel des *Monte Solaro* schippern, mit 589 m höchster Inselberg. Der Rückweg auf schmalem Fußweg dauert ca. 45 Min.
Öffnungszeiten/Eintritt **Villa San Michele**, Mai bis Sept. tägl. 9–18 Uhr, sonst kürzer, ca. 5 €. **San Michele**, tägl. 9–19 Uhr, ca. 1 €.

▸ **Grotta Azzurra**: Die legendäre „Blaue Grotte" in einer Steilwand an der Nordwestspitze der Insel ist wirklich bemerkenswert blau bzw. hellblau bis türkis – dank der Lichtstrahlen, die durch das Wasser reflektiert werden. Große Motorboote pendeln ab Marina Grande ständig zur Höhle, wegen des großen Andrangs müssen sie aber dort oft schaukelige Warteschleifen fahren, manchem wird dabei schlecht. Die anschließende Einfahrt in die erschreckend winzige Öffnung ist fast erlebenswerter als das Innere: Man steigt in kleine Nussschalen um, die höchstens fünf Personen fassen, kauert sich am Boden zusammen und der wettergegerbte Bootsführer zieht das Bötchen an einer Kette in die Höhle. Abenteuerlich wird's bei unruhiger See – dabei muss exakt der richtige Moment zur Einfahrt abgewartet werden, andernfalls presst der Wellenkamm das Boot an die felsige Oberkante der Öffnung. Preis: Motorboot ab Hafen ca. 7 € (oder per Bus ab Anacapri, dann deutlich günstiger, zu Fuß ca. 45 Min.), Einfahrt in die Höhle ca. 4 €, Besichtigung ca. 4 €, dazu noch „Trinkgeld für den Matrosen" – kein preiswerter Spaß also. Achtung: Bei starkem Wellengang keine Besichtigung.

Hinterland von Neapel

Die brettflache Ebene nördlich von Neapel bis Capua ist weitgehend hässlich und durchgehend bebaut, ein lohnender Anlaufpunkt ist jedoch der Palast von Caserta. Weiter östlich und südlich wird es bergig und wesentlich reizvoller, es gibt dort kaum größere Orte, einzige Stadt ist Benevento.

Caserta ca. 73.000 Einwohner

Als Stadt kaum interessant, weil weitgehend modern und erst vor 200 Jahren an Stelle eines bescheidenen Dorfes gegründet. Den Anstoß dazu gab 1752 der Bau des riesenhaften Palazzo Reale von Caserta (genannt „Reggia"), einer der größten Paläste Europas, an den sich ein ebenso überdimensionaler Park anschließt. Nach Pompeji ist er die meist besuchte Attraktion Süditaliens.

Karl III. von Bourbon wollte mit der gigantischen Anlage das Schloss von Versailles nachahmen, möglichst übertreffen. Nach 22 Jahren stand zwar der Bau, für die Innenausstattung brauchte man aber noch mal hundert Jahre länger. Und das Bedauerlichste: Karl konnte nie einziehen, da er auf den spanischen Thron abberufen wurde. Allein die pompöse Fassade ist 250 m lang, die über 1200 Zimmer gruppieren sich in vier Baukörpern um vier Innenhöfe. Besichtigt werden können die *Königlichen Gemächer*, zu denen man in einem gewaltigen Treppenhaus hinaufsteigt: reich vergoldete Räume mit Statuen, Stuck und Malereien im klassizistischen Empire-Stil, eine neapolitanische Krippenausstellung, eine Pinakothek sowie die Ausstellung „Terrae Motus", eingerichtet anlässlich des Erdbebens von 1980.

Der klassisch angeordnete *Schlosspark* mit Wasserspielen, Kaskaden und Brunnen ist äußerst schmal, mit über 3 km aber schlicht zu lang zum Spazierengehen, es verkehren Pendelbusse, auch Fahrräder kann man leihen. Von einem Hügel am hintersten Ende ergießt sich ein künstlicher, 75 m hoher Wasserfall in einen kunstvoll gestalteten Brunnen, oben hat man einen weiten Blick über den Golf von Neapel. Der benachbarte *Englische Garten* mit seiner vielfältigen Pflanzenwelt ist mit kleinen Teichen und römischen Ruinen dekoriert.

• *Anfahrt/Verbindungen* **PKW**, Caserta liegt nah an der Autobahn A 2, Ausfahrt Caserta Nord, von dort kommt man direkt zum Schloss.
Bahn, häufige Verbindungen ab Hauptbahnhof Neapel, ca. 45 Min., der Bahnhof in Caserta liegt genau gegenüber vom Schloss.
CTP-Busse fahren etwa halbstündig ab Piazza Garibaldi in Neapel, Ankunft/Abfahrt in Caserta vor dem Bhf.

• *Öffnungszeiten/Eintritt* **Palazzo Reale**, Mi–Mo 8.30–19 Uhr, Di geschl.; **Schlosspark** und **Giardino Inglese** (Englischer Garten), Mi–Mo 8.30 Uhr bis 2 Std. vor Sonnenuntergang, Di geschl. Eintritt ca. 6 €, nur Park 2 €, Fahrrad 1 €. ☎ 0823/448084, www.reggiadicaserta.org.

• *Information* **EPT**, Corso Trieste 39/Ecke Piazza Dante, ☎/≈ 0823/321137, www.casertaturismo.it.

▶ **Caserta Vecchia**: 10 km nördlich von Caserta (Busse ab Bhf.). Das frühere Zentrum der Region wurde mit dem Bau des Palastes zur bescheidenen Kleinstadt degradiert. Alles zog hinunter in die Ebene, das mittelalterliche Stadtbild blieb perfekt erhalten – schöne Atmosphäre mit engen Gassen und Kopfsteinpflaster, mitten drin der interessante *Dom* aus dem 12. Jh. im arabisch-normannischen Stil (Boden steigt an, um die unterschiedlichen Säulenhöhen auszugleichen).

▶ **Santa Maria Capua Vetere**: in der Antike zusammen mit dem nahen Capua wichtige Station an der Via Appia von Rom nach Brindisi. Zu besichtigen sind eins der größten *Amphitheater* Italiens, das allerdings schlecht erhalten ist, ein unterirdisches *Mithras-Heiligtum* und der *Triumphbogen des Hadrian*. Die archäologischen Funde wurden im *Museo Provinciale Campano* in Capua gesammelt.
Öffnungszeiten/Eintritt **Amphitheater**, April bis Okt. Di–So 9–17.30 Uhr, übrige Zeit 9–16 Uhr; **Mithreum**, Di–So 9–16 Uhr; **Museo Provinciale Campano**, Di–Sa 9–13.30, So 9–13 Uhr. Sammelticket für alle genannten Sehenswürdigkeiten ca. 4 €.

▶ **Benevento**: ebenfalls wichtige Etappe an der Via Appia. Im Zweiten Weltkrieg wurde die große Provinzhauptstadt durch Bombenangriffe schwer zerstört, doch vieles wurde wieder ansprechend aufgebaut und einige römische Relikte sind erhalten geblieben (gut beschildert), vor allem der kompakte *Trajansbogen* und ein *Theater* in der Altstadt, das 20.000 Personen fassen konnte. Der Dom aus dem 13. Jh. musste nach schweren Bombenschäden wieder ganz neu aufgebaut werden. Das archäologische *Museo del Sannio* im Kreuzgang der frühmittelalterlichen Kirche *Santa Sofia* ist eins der reichhaltigsten in Kampanien außerhalb von Neapel.
Öffnungszeiten/Eintritt **Museo del Sannio**, Di–So 9–13 Uhr, ca. 3 €.

Halbinsel von Sorrento

Die weit vorspringende Halbinsel liegt am Südrand des Golfs von Neapel. Nach dem dicht besiedelten Küstenstreifen um Neapel mit Industrieanlagen, trübem Dunst und erheblicher Umweltverschmutzung beginnt hier unvermittelt eine der schönsten italienischen Küstenlandschaften – bergig, viel Wald und reiche Vegetation. Vor allem die atemberaubende Südküste um Amalfi ist eins der großen Tourismusziele Süditaliens. Bahn und Autobahn umgehen die Halbinsel in weitem Bogen landeinwärts. Wer zur Amalfi-Küste will, sollte Sorrento oder Salerno als Ausgangspunkt einer Rundfahrt nehmen.

Sorrento
ca. 17.500 Einwohner

Kleinstadt am Südrand des Golfs von Neapel, großartige Lage auf einem Felsplateau, das hier 50 m tief senkrecht ins Meer stürzt. Betörender Blick auf den Golf, Neapel und den Vesuv – dementsprechend seit Jahrhunderten Anlaufpunkt begüterter Reisender aus aller Welt, prunkvolle Hotelkästen des 19. Jh. säumen die Steilkante am Meer.

Heute viel Pauschaltourismus – in erster Linie Briten und US-Amerikaner, erst danach Deutsche – mit den üblichen Begleiterscheinungen, trotzdem kein seelenloser Ferienort, Sorrento hat seine Atmosphäre bewahrt. Das kleine Altstadtviertel mit engen, schachbrettartigen Gässchen ist für den Verkehr gesperrt. Einen Abend hier zu verbringen macht Spaß – es gibt preiswerte Ristoranti, etliche Cafés und Pubs, auf einer kleinen Piazza sorgen Musikbands für den romantischen Teil des Abends. Sorrento ist ein hervorragendes Standquartier für Ausflüge im gesamten Golf von Neapel. Man kann das Auto stehen lassen und mit der Circumvesuviana in 40 Min. nach Neapel fahren. Oder in der anderen Richtung eine Tagesfahrt per PKW oder Leihmoped über die bergige Halbinsel zur legendären Amalfi-Küste unternehmen. Zudem fahren täglich Fähren zu den Inseln Capri und Ischia.

Anfahrt/Verbindungen/Information

- *Anfahrt/Verbindungen* **PKW**, Autobahnende im hektischen Castellammare, weiter auf kurviger Küstenstraße. In Sorrento herrscht heftiger Verkehr, oft kommt es zu Staus, Parkplätze sind schwer zu finden. **Bahn**, Sorrento ist Endstation der **Circumvesuviana**, die über Pompei und Ercolano ins Zentrum von Neapel fährt, Verbindungen mindestens 1-mal stündl., Dauer ca. 50 Min. Bahnhof liegt im östlichen Stadtgebiet oberhalb vom langen Corso Italia, ins alte Zentrum läuft man etwa 5 Min. **Bus**, Station für Stadtbusse und SITA-Busse (ins Hinterland und zur Amalfiküste) am Bahnhof.

Schiff, ab Hafen Marina Piccola gehen Aliscafi (Schnellboote) und Traghetti (Fähren mit Autobeförderung) mehrmals tägl. nach **Capri** (mit ca. 6 € preiswerteste Überfahrt), außerdem nach **Ischia** und **Neapel**. Verbindungen nach **Positano** und **Amalfi** gibt es nur in der Hauptsaison.

- *Information* **AAST**, im Circolo del Forestiere, unterhalb der Piazza Sant'Antonio. Hilfsbereite mehrsprachige Auskünfte. Via Luigi de Maio 35, ✆ 081/8074033, ✉ 8773397, www.sorrentoturismo.com.

Übernachten

Riesenauswahl – von den Hotelpalästen alter Grandezza bis zu einfachen Pensionen ist alles vorhanden, in den oberen Kategorien aber durchweg von Reiseveranstaltern in Beschlag genommen, im Sommer oft Pensionspflicht. Auch einige Campingplätze liegen in Ortsnähe.

*** La Badia, komfortable Adresse westlich außerhalb, hoch über der Stadt in einem Olivenhain. Ehemalige Abtei mit 40 geräumigen und hellen Zimmern, die meisten bieten einen fantastischen Blick über den Golf von Neapel. Mit gutem Restaurant, im Garten kleiner Pool. Freundliche Besitzerfamilie. DZ mit Frühstück ca. 110–120 €. Via Nastro Verde 8, ℡ 081/8781154, ℻ 8074159, www.hotellabadia.it.

*** La Tonnarella, am westlichen Ortsausgang unterhalb der Straße auf die Klippen gebaut, herrliche Lage, viel gelobtes Ristorante mit großartigem Blick, ebenso von den 16 Zimmern, Lift zu Privatstrand unterhalb. DZ mit Frühstück ca. 120–180 €. Via Capo 31, ℡ 081/8781153, ℻ 8782169, www.latonnarella.it.

** Loreley et Londres, liebenswertes älteres Hotel direkt an der Steilküste, herrlicher Meerblick, etwas abgewohnt, kleiner Garten, Ristorante. DZ mit Frühstück ca. 80–100 €. Via A. Califano 2, ℡ 081/8073187, ℻ 5329001.

** Astoria, mitten in der Altstadt in der Nähe der Piazza Sant'Antonino, familiäres Haus mit freundlicher Atmosphäre. DZ um die 80–110 €. Via Santa Maria delle Grazie 24, ℡ 081/8074030, ℻ 8071208.

* City, an der lauten Hauptstraße zwischen Bahnhof und Piazza Tasso, 12 ordentliche Zimmer mit Bad um 65–75 €. Corso Italia 221, ℡/℻ 081/8772210.

* Nice, ebenfalls laute Lage, aber sonst ganz nett, DZ ca. 70–80 €. Corso Italia 257, ℡ 081/8781650, ℻ 8783086.

* Linda, angenehme Unterkunft an der Südseite vom Bahnhof. DZ mit Bad ca. 50–75 €. Via degli Aranci 125, ℡ 081/8782916.

• *Jugendherberge* **Ostello Le Sirene**, Hostel südlich vom Bahnhof neben der Bar „La Caffeteria" (vom Bhf. links und sofort wieder links die kleine Straße Via degli Aranci hinauf). Einzige Jugendherberge in Sorrento, privat geführt, auch ältere Reisende sind willkommen. Übernachtung im Mehrbettzimmer ab ca. 18 €/Pers. inkl. Frühstück, sanitäre Anlagen nicht sehr zahlreich, aber auch DZ mit eigenem Bad vorhanden (ca. 45–55 €). Günstige Getränke- und Verzehrpreise, im Umkreis weitere preiswerte Restaurants und Bars. Schließzeit 24 Uhr. Via degli Aranci 160, ℡ 081/8072925, ℻ 8771371, www.hostel.it.

• *Camping* **Nube d'Argento**, direkt am westlichen Ortsrand, oberhalb der Marina Grande, steile Zufahrt an der Ausfallstraße zur Amalfiküste. In Terrassen unter Olivenbäumen angelegt, das junge Management spricht z. T. Deutsch, angenehmes Freiluftristorante mit Bar. Kleiner Pool im unteren Platzbereich, im Sommer abends gelegentlich Animation. Ins Zentrum ca. 10 Fußminuten. Via del Capo 21, ℡ 081/8781344, ℻ 8073450, www.nubedargento.com.

Santa Fortunata Campogaio, 2 km westlich, an der Küstenstraße zur Punta del Capo. Großes, gepflegtes Hanggrundstück mit Öl- und Zitrusbäumen, Zugang zum Ufer (ca. 200 m), Pool. Via del Capo 41, ℡ 081/8073579, ℻ 8073590, www.santafortunata.com.

Essen & Trinken/Unterhaltung

Die bekanntesten Sorrentiner Spezialitäten sind *gnocchi alla sorrentina* (Gnocchi mit Tomaten-Käse-Sauce) und der leckere *Limoncello* (Zitronenlikör). Das Preisniveau der Restaurants ist relativ hoch.

L'Antica Trattoria, zentral in der Altstadt, gemütlich nach Urlaubergeschmack aufgemacht, zur Straße hin kleine Terrasse mit Korblampen, regionale und italienische Spezialitäten, gehobene Preise, Menü ca. 50 €. Mo geschl. Via Padre Reginaldo Giuliani 33, ℡ 081/8071082.

'o Parrucchiano, Speisen im geschmackvollen Rahmen, Terrasse mit Blumen und viel Grün, reiche Auswahl an Fisch, gute Nudelgerichte, Panzerotti. Mi geschl. Corso Italia 71, ℡ 081/8781321.

Il Buco, nettes Gewölbelokal mit guter lokaler Küche, an der Treppe, die zur Marina Piccola hinunterführt, nicht weit von der Piazza Tasso. Menü ab ca. 30 €. Mi geschl. Seconda Rampa Marina Piccola 5, ℡ 081/8782354.

Sant'Antonino, großes, äußerst populäres Gartenlokal in der Altstadt. Riesenauswahl, preislich im Rahmen. Via Santa Maria delle Grazie 6, ℡ 081/8771200.

Da Gigino, mitten in der Altstadt, gemütlich und beliebt, früh kommen, um einen Platz zu ergattern, prima Pizza. Juni bis Sept. tägl., sonst Di geschl. Via degli Archi 15, ℡ 081/8781927.

Giardiniello, uriges Gartenlokal mit Schilfwänden, wild rankendem Bohnenkraut und

Neonlicht – echte Napoli-Stimmung, nicht auf schick getrimmt. Offener Wein und angenehm lockere Stimmung, Preise günstig. Juni bis Sept. tägl., sonst Do geschl. Via Accademia 7, ℡ 081/8784616.
TIPP! Sant'Anna da Emilia, schlichte Trattoria direkt am Meer, nette, familiäre Bewirtung, günstige Preise. Di geschl. Marina Grande, ℡ 081/8072720.
• *Unterhaltung* **Fauno Bar**, Piazza Tasso, im Zentrum des Trubels, allabendlich bis auf den letzten Platz besetzt, jeder lässt sich hier mal sehen. Angeschlossen ist der Nachtclub **Fauno Notte Club**, wo auch die Tarantella getanzt wird (℡ 081/8781021, www.tarantellashow.it).
Caffé 2000, Freiluftcafé an der Piazza vor dem Sedile Dominova, im Sommer abends regelmäßig Livemusik.
Circolo dei Forestieri, herrliche Lage über der Steilküste, große Terrasse, Snacks und Getränke, nicht teuer. Häufige Musikveranstaltungen, eher für ältere Gäste. Via Luigi de Maio 35, unterhalb der Piazza Sant'Antonio.
The English Inn, einer der beliebtesten Pubs, mit Open-Air-Tanzfläche. Corso Italia 55.

Diverses

• *Shopping* In den engen Gassen von Sorrento gibt es traditionell viele **Antiquitäten-** und **Kunsthandwerksläden** sowie **Kunsttischlereien** mit teils interessanten Intarsienarbeiten.
Den berühmten Limoncello von Sorrento erhält man in bester Qualität z. B. bei **Piemme**, dazu Erdbeer-, Pfirsich- und Orangenlikör (Corso Italia 163).

• *Baden* Die Möglichkeiten sind eher bescheiden. An der **Marina Grande** befinden sich einige gebührenpflichtige Bagni, nördlich von Sorrento liegt der beliebte Sandstrand von **Meta**. Reizvoller ist ein Ausflug zur **Punta del Capo** westlich von Sorrento – Bus ab Piazza Tasso, dann 10 Min. zu Fuß hinunter zu den Ruinen der römischen **Villa di Pollio Felix** am Meer mit malerischer Felsszenerie.

Sehenswertes: Die Sehenswürdigkeiten Sorrentos sind nicht zahlreich. Der mehrfach umgebaute Dom *Filippo e Giacomo* am Corso Italia ist nichtssagend, mitten im Centro storico findet man aber den hübschen *Sedile Dominova*, die mit Fresken ausgemalte Loggia der Stadtregierung aus dem 15. Jh., heute ein beliebter Treffpunkt der Einheimischen zum Kartenspielen und Plaudern. Vom Stadtpark *Villa Comunale*, oberhalb der Marina Grande, genießt man herrliche Ausblicke auf die Küste und das Meer. In der Nähe stehen die ehemalige Klosterkirche *Chiesa di San Francesco* mit schönem Kreuzgang und die unscheinbare *Casa del Tasso*, in der 1544 der Dichter *Torquato Tasso* geboren wurde. Eine historische Villa am östlichen Ortsrand beherbergt das *Museo Correale di Terranova* mit archäologischen Stücken, historischen Möbeln, Intarsienarbeiten, Majolika- und Porzellanarbeiten, sowie Gemälden. Hinter dem Museum liegt der schwindelerregende Aussichtspunkt *Belvedere*.
Öffnungszeiten/Eintritt **Museo Correale di Terranova**, Mi–Mo 9–14 Uhr, Di geschl., Eintritt ca. 5 €.

Von Sorrento zur Amalfi-Küste

Eine höchst eindrucksvolle Fahrt – kurz nach dem westlichen Ortsausgang beginnt eine kurvige Straße quer über den steilen Sorrentiner Bergrücken zur Südseite, vorbei an *Sant'Agata*. Hinter *Colli di Fontanelle* und *San Pietro* öffnet sich dann ein spektakuläres Küstenpanorama, hier beginnt die „Amalfitana", die spektakuläre Straße entlang der Amalfi-Küste. Eine besonders schöne Badestelle ist die abgelegene *Marina del Cantone* an der Spitze der Sorrentiner Halbinsel (Busverbindung mit Umsteigen ab Sorrento). An Wochenenden wird es zwar sehr voll, sonst ist es aber recht ruhig, man kann in mehreren Hotels und auf dem Camping „Nettuno" unterkommen (April bis Okt., ℡ 081/8081051, ✆ 8081706, www.villaggionettuno.it).

Amalfi-Küste

Costiera Amalfitana

Wild zerklüftete Steilküste mit üppigster, teilweise tropisch anmutender Vegetation. Schroffe Berghänge, überzogen von kräftig grünen Pinien, Zypressen, Blumen- und Weingärten. Kleine Städtchen in Nischen gedrängt und stufenförmig übereinander gestaffelt. Weiße und pastellfarbene Hausfronten dicht an dicht und durch enge Treppenwege verbunden, davor schaukelnde Fischerboote und das leuchtend blaue Meer …

Die Amalfi-Küste – 1997 von der Unesco als Weltkulturerbe deklariert – ist für viele der Inbegriff des Südens und zweifellos eine der großartigsten Küstenlandschaften Italiens – noch immer, trotz erheblichem Besucherstrom, der schon im 19. Jh. massiv einsetzte. Positano und Amalfi sind weltbekannte Urlaubsorte, doch die Unwegsamkeit und Steilheit der Felsen verhinderte bisher die völlige Erschließung der *Costiera Amalfitana* – an einigen Stellen fällt das Gebirge fast senkrecht 700 m zum Meer ab. Bis auf wenige Fischerdörfer und Städtchen fehlt die Bebauung weitgehend, nur gelegentlich kleben Bauernhöfe, Villen und Luxushotels an den Steilhängen. Eine extrem schmale Straße ist in 30–150 m Höhe in die Felsen gesprengt und führt um die ganze Südseite der Halbinsel herum. Egal mit welchem Transportmittel, die Fahrt ist abenteuerlich – vor allem in der warmen Jahreshälfte und an Wochenenden herrscht extremer Ausflugsverkehr, Busse rangieren in Millimeterarbeit durch die Kurven, PKW müssen oft zurückstoßen bzw. warten, weil die riesigen Pullmans die Straße völlig ausfüllen. Seit 2007 ist das Befahren für Wohnmobile und Camping-Gespanne verboten, die früher immer mal wieder stecken blieben und den gesamten Verkehr blockierten. In den Städten gibt es kaum Parkplätze und die Ausfallstraßen sind in beiden Richtungen über mehrere Kilometer mit parkenden PKW zugepflastert. Wer halten will, muss weit zu Fuß gehen, um in den Ortskern vorzustoßen. Doch die Strapaze lohnt – überall prachtvolle Vegetation und herrliche Ausblicke auf die Steilküste, es geht hoch über Talbrücken und Galerien, durch Weinberge und Zitronenplantagen, je nach Tageszeit ein tolles Spiel von Sonnenlicht, Farben und Schatten.

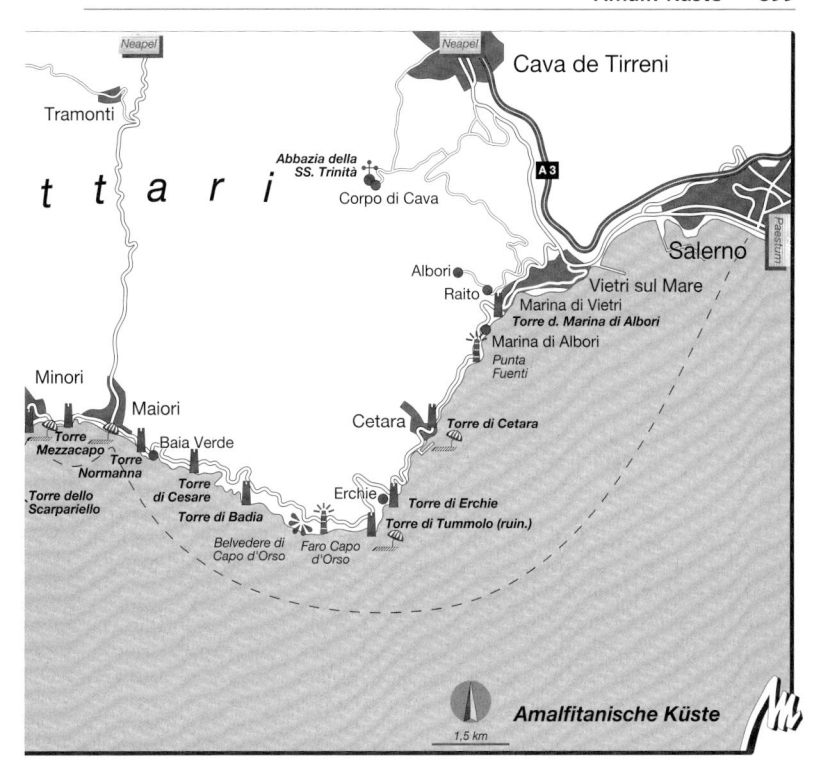

Für den Badeurlaub ist die Amalfiküste eher ungeeignet, denn Strände sind rar gesät. In den Orten liegen meist kleine Buchten mit grauem Sand oder Kies, nur stellenweise gibt es längere Strände, die dann hoffnungslos überfüllt sind. Interessant sind dagegen die Abstecher nach oben: In den steilen Tälern, die zu einer Hochebene hinaufführen, kleben die Bauernhäuser zwischen Weinfeldern praktisch am Abhang. Die kleinen, von der Moderne vergessenen Orte haben mit dem mondänen Treiben an der Küste nichts zu tun – zu erleben z. B. bei Aufstiegen auf uralten Treppenwegen von Positano und Amalfi.

900 Kampanien

- *Anfahrt/Verbindungen* **PKW**, Zufahrt zur Amalfi-Küste entweder ab Sorrento oder ab Autobahn A 3, Ausfahrt Vietri bei Salerno. Die Fahrt ab Sorrento hat den Vorteil, dass man auf der meerzugewandten Seite der Straße fährt, was bei der extrem steilen Küste von Vorteil ist, zumindest für den Beifahrer. Nur gut ausgeruht und vorausschauend fahren, vor allem bei Kurven und bei unübersichtlichen Stellen hupen.
Bahn/Bus, mit der Bahn bis **Salerno** oder mit der Circumvesuviana bis **Sorrento**. Weiter per SITA-Bus die Amalfiküste entlang, häufige Verbindungen.
- *Übernachten* Von Richard Wagner bis John F. Kennedy, von Sophia Loren bis Humphrey Bogart – alles, was Rang und Namen hatte, stattete der Amalfi-Küste bereits einen Besuch ab. Der Nobeltourismus hat hier lange Tradition und die Preise der Luxusherbergen gehören zu den höchsten im Süden. Daneben gibt es eine Fülle von einfachen und Mittelkasse-Unterkünften, die im Sommer jedoch monatelang im Voraus ausgebucht sind, vieles auch durch Reiseveranstalter. Wer spontan unterkommen will, sollte im Frühjahr oder Spätherbst kommen. Wegen der Steilheit des Terrains gibt es so gut wie keine Campingplätze an der gesamten Küste.

Positano

ca. 4000 Einwohner

Tummelplatz der Schönen und Reichen, viel bestaunter Höhepunkt der Amalfi-Küste: Wie eine Lawine stürzt Positano die Hänge hinunter, labyrinthisch verschachtelt sind die weißen und pastellfarbenen Häuser treppenförmig in den Talauschnitt gebaut. Für Autos ist hier überhaupt kein Platz, man parkt in großen Parkdecks im oberen Ortsteil und bahnt sich seinen Weg über steile Treppenwege zur Spiaggia im Zentrum des Geschehens – immer dem Menschenstrom nach.

Im unteren Ortsbereich fast arabisch anmutendes Gewirr von Gässchen, die man jedoch im Wald von Boutiquen nahezu nicht mehr sieht – der wuchernde Kommerz nimmt Positano viel von seiner natürlichen Anmut, schafft aber auch eine „mondäne" Atmosphäre: Sehen und Gesehen werden heißt die Devise. Wer es sich leisten kann, geht nach Positano, Damen mit üppigen goldenen Ohrringen sind eindeutig in der Überzahl, an den Kiosken stapeln sich Zeitungen aus ganz Europa. Das schlägt sich selbstverständlich auf Angebot und Preise nieder: In Positano kann man Luxusurlaub vom Feinsten machen – jedoch nur mit mindestens halbjährlicher Vorbestellung. Für einen Badeurlaub ist Positano nur bedingt geeignet, der kiesige, graue Ortsstrand *Spiaggia Grande* ist nicht allzu groß, teilweise kostenpflichtig und zur Hälfte mit Booten belegt. Ein Weg führt an der pinienbestandenen Steilküste entlang nach Westen zur *Spiaggia del Fornillo*.

Wen die zahllosen schweißtreibenden Treppenwege noch nicht befriedigen, der kann durch den schlichten und weitgehend touristenfreien oberen Ortsteil hinauf zum Aussichtspunkt *Belvedere* steigen, ins Bergdorf *Montepertuso* oder bis zum Dörfchen *Santa Maria del Castello*. Die spektakulären Ausblicke lassen die Strapazen bald vergessen.

Anfahrt/Verbindungen/Information

- *Anfahrt/Verbindungen* Für **PKW** gibt es ein gutes halbes Dutzend Parkdecks entlang der kurvigen Straße ins Zentrum hinunter. Nach dem Parken lässt man seinen Schlüssel stecken, wenn ein Fahrzeug nämlich raus will, bugsieren Rangierkünstler alle im Weg stehenden Karren zur Seite.
SITA-Busse halten oben an der Durchgangsstraße, nach unten geht's über endlose Treppen zu Fuß oder mit dem kleinen, orangefarbenen **Ortsbus**, der auf einem Rundkurs alle Ortsteile miteinander verbindet und auch in die höher gelegenen Ortsteile fährt (alle 30 Min.).
Fähren gehen mehrmals tägl. nach Amalfi, Capri und Salerno.

Die Amalfi-Küste

- *Information* **AAST**, zu Füßen der Kirchentreppe, in Strandnähe. Mehrsprachig, Hilfe bei der Suche nach Privatzimmern. Im Sommer Mo–Sa 8.30–14, 15–20 Uhr, So geschl. Via del Saracino 4, ℅ 089/875067, ℅ 875760, www.aziendaturismopositano.it.

Übernachten

Unterkünfte sind im Sommer hoffnungslos ausgebucht, die Preise sind hoch, zudem besteht fast überall Pensionspflicht. Langfristig versuchen zu reservieren, ansonsten am besten zunächst zum Infobüro gehen.

*** **Casa Albertina**, herrliche Lage am Hang oberhalb der Spiaggia del Fornillo, über die lange Treppe „Scalinatella" zu erreichen (kein Auto). Komfortable Zimmer, meist mit Balkon und herrlichem Blick, mehrere Sonnenterrassen, vom italienischen Besitzer mit deutscher Gattin freundlich geführt. DZ mit Frühstück und Meerblick ca. 160–200 €, ohne Blick ca. 95–170 €. Via della Tavolozza 4, ℅ 089/875143, ℅ 811540, www.casalbertina.it.

*** **Pupetto**, prima Lage direkt an der Spiaggia del Fornillo, einfache Zimmer mit Meerblick, unten großes Restaurant mit Terrasse. Preise wegen der Lage deutlich gehoben, DZ mit Frühstück ca. 130–170 €. Via Fornillo 37, ℅ 089/875087, ℅ 811517, www.hotelpupetto.it.

** **Le Sirene**, kleine Strandpension in der Bucht von Laurito, zu erreichen von der Küstenstraße in Richtung Amalfi. Nur in der warmen Jahreszeit geöffnet. DZ ca. 80–95 €. ℅ 089/875490.

* **Villa delle Palme**, kleine Pension an der Durchgangsstraße, schlicht und sauber. DZ ca. 75–95 €. Viale Pasitea 134, ℅ 089/875162.

* **Maria Luisa**, einfache Pension, vom Busstopp aus beschildert, der nette Besitzer Giovanni Carlo spricht Deutsch, Terrasse mit schönem Blick. DZ ca. 70–85 € (ohne eigene Terrasse etwas günstiger), Frühstück extra, im Sommer Pensionspflicht. Via Fornillo 40, ℅ 089/875023, www.pensionemarialuisa.com.

* **Casa Guadagno**, gleich in der Nähe, ebenfalls mit tollem Blick. DZ mit Frühstück ca. 65–100 €. Via Fornillo 36, ℅ 089/875042, ℅ 811407, www.pensionecasaguadagno.it.

Ostello Brikette, etwa 150 m oberhalb der Busstation, nettes, privat geführtes Hostel mit herrlichem Blick auf Positano und das Meer. Platz im Schlafsaal ab ca. 22 €, auch einige DZ gibt es (ca. 65–75 €). Via Giuseppe Marconi 358, ℅/℅ 089/875857, www.brikette.com.

Essen & Trinken

Brennpunkt des Geschehens ist natürlich der Ortsstrand Spiaggia Grande. Hervorragende Fischküche und fröhliche Stimmung erlebt man hier im beliebten **La Cambusa** (kein Ruhetag), aber auch das nahe **Chez Black** genießt einen guten Ruf (kein Ruhetag). Die Preise sind allerdings sehr gehoben.

O'Capurale, nur wenige Schritte vom Strand entfernt sitzt man bei günstigeren Preisen an der Gasse, die zum Strand hinunterführt. Via Regina Giovanna 12, ✆ 089/811188.

Lo Guarracino, Terrassenlokal am Uferweg zur Spiaggia del Fornillo, schöner Meerblick, auch Pizza, mittlere Preise. Di geschl. ✆ 089/875794.

Pupetto, Hotelrestaurant am Fornillo-Strand, große Speiseterrasse, freundliche Bedienung, Preise im Rahmen (→ Übernachten).

Saraceno d'Oro, nett und familiär, gute Pizza, für Positano außerdem preiswert. Via Pasitea 254, ✆ 089/812050.

Da Vincenzo, gute amalfitanische Küche, preislich korrekt und deutlich günstiger als am Meer unten. Viale Pasitea 178 (an der Hauptstraße), ✆ 089/875128.

Valle dei Mulini, am Talgrund landeinwärts der Spiaggia Grande, grün überwucherte Terrasse, Meeresspezialitäten und Pizza. Via Vecchia 5, ✆ 089/875232.

Il Ritrovo, beliebtes Ausflugslokal an der Piazzetta des Bergdorfs Montepertuso, Gemüse aus eigenem Anbau, leckere Meeresküche, mittlere Preise. Im Sommer tägl., sonst Mi geschl. ✆ 089/812005.

TIPP! **La Tagliata**, bei Luigi an der Straße von Montepertuso nach Nocelle isst man in einfachem und unverfälschtem Ambiente Gerichte vom Holzkohlengrill. Do geschl. ✆ 089/875872.

▶ **Praiano**: weiträumiger Villenort ohne festen Kern am Berghang, ruhiger und nicht so überlaufen wie Positano oder Amalfi, deshalb auch preiswerter. Kirche mit herrlicher Majolikakuppel und schönem Bronzetor, der kleine steinige Strand tief darunter ist auf langem beschwerlichem Weg zu erreichen. In der steilwandigen Bucht *Marina di Praia* liegt in zwei Höhlen die an der ganzen Küste beliebte Diskothek „Africana", wo man auf Glasboden über dem Meer tanzt (nur an Wochenenden, ca. 20–30 € Eintritt, Getränk ca. 6 € aufwärts).

Am Weg nach Amalfi passiert man auf einer Brücke die extrem steile Schlucht *Vallone di Furore*, von der sarazenische Seeräuber einst ihre Opfer gestürzt haben sollen, deren Familien das geforderte Lösegeld nicht aufbringen konnten: Über eine Treppe kann man hinuntersteigen, beliebter kleiner Badestrand. Landeinwärts kann man die Schlucht entlanglaufen.

• *Übernachten* ** **Onda Verde**, schöne und sehr ruhige gelegene Anlage oberhalb der Badebucht Marina di Praia, die Zimmer verteilen sich in Villen entlang des Steilhangs. Hoteleigenes Parkdeck an der Küstenstraße, Fahrstuhl zur Rezeption, Panoramarestaurant, freundlicher Service. DZ mit Frühstück ca. 80–120 €. ✆ 089/874143, ✆ 8131049, www.ondaverde.it.

** **Continental**, historisches Haupthaus und ruhige Zimmer in Bungalows, alles im üppigen Grün. Gutes Ristorante, Treppenweg zum Felsstrand. DZ mit Frühstück ca. 80–100 €. www.continental.praiano.it.

La Conchiglia, nettes Ristorante mit Zimmervermietung an der Marina di Praia, DZ mit Frühstück ca. 55–80 €. ✆ 089/8743131.

• *Camping* **La Tranquillità**, einziger Zeltplatz an der Amalfiküste, kleines, schattiges Grundstück an der Küste unterhalb vom Hotel Continental, dort an der Rezeption anmelden. Auch Vermietung von Holzbungalows. Via Roma 21, ✆ 089/874084.

▶ **Grotta di Smeraldo**: große, grün schimmernde Meeresgrotte 6 km westlich von Amalfi bei *Conca dei Marini*, von der Straße per Aufzug zu erreichen, mit einem Boot wird man hineingefahren. Zwischen 11 und 15 Uhr ist das Licht am intensivsten.
Öffnungszeiten/Eintritt im Sommer tägl. 9–17, sonst bis 16 Uhr, Eintritt ca. 5 €.

Amalfi

ca. 5600 Einwohner

Die älteste der vier historischen Seerepubliken Italiens (neben Pisa, Genua und Venedig). Nach prosperierendem Beginn im frühen Mittelalter vernichtete im 14. Jh. ein See- und Erdbeben einen Großteil der Stadt samt Hafen – damit war der Aufstieg jäh gestoppt. Heute ist Amalfi wie Positano ein weltbekannter Urlaubsort, im Gegensatz dazu jedoch mit eher städtischer Atmosphäre. Am Ausgang eines engen Tals staffeln sich die Häuser hoch übereinander, davor eine große stimmungsvolle Piazza, wiederum davor Sandstrand, Promenade und Hafen. Im Ortskern extrem enge Gässchen und Treppen, teilweise überwölbt und fast alles in Weiß gehalten.

Die Piazza Duomo ist ein Schmuckstück, überragt von einem dem heiligen Andreas geweihten *Dom* mit prachtvoller, schwarz-weiß gestreifter Marmorfassade im verspielten normannisch-arabischen Stil. Der ursprünglich aus dem 9. Jh. stammende Kirchenbau wurde im 19. Jh. durch einen Erdrutsch zerstört, nach Originalplänen aber wieder aufgebaut. Eine Freitreppe führt hinauf zur schattigen Loggia mit Bogenfenstern, durch ein im 11. Jh. in Konstantinopel gefertigtes Bronzetor (noch original erhalten) betritt man den barocken Innenraum mit kunstvollen Marmorpfeilern, vergoldeter Decke und Gemälden. Am linken Ende der Loggia der orientalisch anmutende Kreuzgang *Chiostro del Paradiso* mit Zwillingssäulen und gotischen Arkaden, von dort Zutritt zum modernen *Kirchenmuseum* und zur verschwenderisch ausgestatteten *Krypta*.

An der Uferstraße kann man die großen, alten *Arsenale* besuchen, in denen früher die Schiffe der Seerepublik gebaut wurden. Heute finden hier gelegentlich Ausstellungen statt. Amalfi war im Mittelalter aber auch führend in der Papierherstellung: Im *Valle dei Mulini* betreibt Antonio Cavaliere noch eine historische Papiermühle (Cartiera), angeblich die älteste Italiens (beschildert). Im nahe gelegenen *Museo della Carta*, ebenfalls eine Papiermühle, werden Geschichte und Herstellung des Büttenpapiers dokumentiert. Von der Via delle Cartiere kann man beiderseits auf Treppenwegen in etwa 1 Std. in die Dörfchen *Pontone* und *Pogerola* hinaufsteigen – das Richtige, um dem Rummel am Meer zu entkommen.

Öffnungszeiten/Eintritt **Chiostro del Paradiso, Museum** und **Krypta,** Mai bis Sept. tägl. 9–21 Uhr, übrige Zeit 10–17 Uhr, Eintritt ca. 2,50 €. **Museo della Carta,** tägl. 10–18.30 Uhr, Eintritt ca. 3,50 €.

Piazza Duomo, der schöne zentrale Platz in Amalfi

Kampanien

Anfahrt/Verbindungen/Information

- *Anfahrt/Verbindungen* gute Parkmöglichkeiten auf der langen **Hafenmole**. Zu beiden Seiten der Stadt wird außerdem in endlosen Schlangen an der **Durchgangsstraße** geparkt, alles gebührenpflichtig. **SITA-Busse** halten am großen Platz am Meer, Piazza Flavio Gioia.

Fähren gehen mehrmals täglich nach Capri, Ausflugsboote zur Grotta di Smeraldo kosten um die 8 € mit Besichtigung.
- *Information* **AAST**, an der Durchgangsstraße, wenige Meter vom zentralen Platz. Mo–Sa 8–14, 15–17 Uhr, So geschl. Corso delle Repubbliche Marinare 19, ✆/📠 089/871107, www.amalfitouristoffice.it.

Übernachten

*** Amalfi, vom Domplatz die Hauptstraße nach hinten und linker Hand eine Treppe hinauf. Gepflegtes Haus mit ordentlichen Zimmern und Dachterrasse. DZ mit Frühstück ca. 70–160 €. Via dei Pastai 3, ✆ 089/872440, 872250, www.hamalfi.it.
** La Conchiglia, am Westende des Lungomare dei Cavalieri direkt am Strand, hübsche Pension mit Meerblick, 5 Min. ins Zentrum. DZ ca. 70–90 €. Piazzale dei Protontini, ✆ 089/871856.

** Sole, angenehme und gut ausgestattete Pension am Rand des Zentrums, hinter dem Dom, Parkmöglichkeit vor der Tür, 13 Zimmer. DZ ca. 60–110 €. Largo della Zecca 2, ✆ 089/871147, 📠 871926.
** Sant'Andrea, nostalgische Pension direkt am Hauptplatz, Eingang in einem Seitengässchen. DZ ca. 70–80 €. ✆ 089/871145.

Essen & Trinken/Shopping

Da Baracca, einfache Trattoria an der kleinen Piazza dei Dogi, freundlicher Familienbetrieb, preislich im Rahmen. ✆ 089/871285.
La Taverna del Duca, fast am Ende der Hauptgasse an der Piazza Santo Spirito, gemütlich, einige Tische auf der kleinen Piazza. ✆ 089/872755.
Cantina San Nicola, kleine Enoteca mit leckeren Kleinigkeiten, ausgeschildert im hinteren Bereich der Hauptgasse. Salita Marino Sebaste 8, ✆ 089/8304549.
Il Mulino, ganz hinten in der Nähe der Papiermühle. Bei den Einheimischen beliebt, günstig. ✆ 089/872223.
TIPP! Da Gemma, *der* Platz, um in Amalfi zu essen – seit 1872 in Betrieb, hübsche Außenterrasse mit Blick auf Gasse und Domplatz, drinnen historische Fotos von Amalfi. Wenige, aber spezielle Gerichte regionaler Tradition, hausgemachte Pasta und Fisch. Menü ca. 30 €. Mi geschl. Via Cavalieri di Malta (unmittelbar seitlich der Hauptgasse Via Genova), ✆ 089/871345.
- *Shopping* Zahlreiche Geschäfte mit kulinarischen Spezialitäten säumen die Hauptgasse, die das Tal entlang landeinwärts führt.
Antici Sapori d'Amalfi, Familienbetrieb an der Piazza Duomo 39, winziger Laden voller Limoncello-Flaschen aller Art und Größe.

La Regatta Storica: Die Regatta der vier historischen Stadtrepubliken, ein großes Spektakel mit Paraden, farbenprächtigen Kostümen und historischen Schiffen findet alle vier Jahre im Wechsel in Venedig, Pisa, Genua und Amalfi statt. Der nächste Termin in Amalfi ist der erste Junisonntag 2009.

▶ **Atrani**: kleines, idyllisches Örtchen zehn Fußminuten östlich von Amalfi, der Glockenturm mit dem farbigen Majolikadach ist sein weithin sichtbares Wahrzeichen. Die Häuser sind z. T. in die Arkaden der großen Autobrücke hineingebaut, durch einen Torbogen erreicht man die kleine, anmutige *Piazza Umberto I* mit mehreren Freiluftbars. Von dort staffelt sich die Ortschaft steil das Tal hinauf. Vor dem Zentrum bescheidener, dunkler Ortsstrand mit Fischerbooten.

• *Übernachten* **A'Scalinatella**, direkt an der zentralen Piazza Umberto I. Das wie ein Hostel geführte Haus hat DZ und Mehrbettzimmer ab ca. 30 bzw. 21 € pro Pers. Ganzjährig geöffnet, keine Altersbeschränkung, Waschmaschine. Der nette Betreiber Filippo Visicchio hat ein Herz für Rucksacktouristen. ✆ 089/871492, ✆ 871930, www.hostelscalinatella.com.

• *Essen & Trinken* '**A Paranza**, landeinwärts der Piazza Umberto I, beliebte Trattoria mit guter Meeresküche und hausgemachten Nudeln. Di geschl., im Sommer tägl. geöffnet. Traversa Dragone 1, ✆ 089/872866.

Ravello
ca. 2500 Einwohner

In bestechender Lage 365 m hoch über Amalfi, eine endlose Serpentinenstraße windet sich hinauf. An den steilen Hängen überall intensiver Anbau von Wein, der als bester der Halbinsel gilt.

Das stilvolle Bergstädtchen zeigt sich nach dem Rummel in Amalfi erholsam ruhig und hübsch zum Bummeln, wenngleich auch hier mittlerweile ständig Reisebusse ihre Passagiere ausladen. Der romanische *Dom* am Hauptplatz ist äußerlich wenig bemerkenswert, besitzt aber berühmte Bronzetüren aus dem 12. Jh. mit großartigen, kassettenartig angeordneten Basreliefs. Im Inneren eine mosaikgeschmückte Kanzel auf sechs gedrehten Säulen, die von Löwen getragen werden, kleines, gut bestücktes Museum in der Krypta rechts unter dem Hauptschiff.

Ravello war seit dem Mittelalter ein bevorzugter Wohnort begüterter Adelsfamilien und ist berühmt für seine prächtigen Wohnpaläste und ausgedehnten Gartenanlagen. So spielt in der zentral gelegenen *Villa Rufolo* eine Erzählung des „Decamerone" von Boccaccio, später ließ sich hier Richard Wagner für das Motiv zu „Klingsors Garten" seiner Oper Parsival inspirieren. Man kann die Anlage direkt vom Hauptplatz durch einen mittelalterlichen Turm betreten, im Park steht ein halb überwachsener Palast im arabisch-sizilianischen Stil, der Innenhof prunkt mit orientalisch verschlungenen Arkadenverzierungen. Von den üppigen Terrassenanlagen hat man einen herrlichen Blick die Küste hinunter und auf's Meer.

Die *Villa Cimbrone* liegt an der äußersten Spitze des Bergrückens von Ravello, ca. 10-minütiger schöner Spaziergang von der Piazza Vescovado (rechts neben Villa Rufolo hinein). Die gotisch anmutende Villa stammt vom Anfang des 20. Jh. und wird als Hotel genutzt (→ Übernachten). Bis auf einen mittelalterlichen Kreuzgang kann sie nicht besichtigt werden, durch den sorgfältig arrangierten Park mit seinen hübschen Tempeln, Statuen, Säulen und Brunnen (im 19. Jh. von britischen Architekten angelegt) kommt man aber zum spektakulären Aussichtspunkt *Terrazza dell' Infinito* (Terrasse des Unendlichen) mit großartigem Blick über den Golf von Salerno.

Öffnungszeiten/Eintritt **Dommuseum**, tägl. 9–13, 15–19 Uhr, Eintritt ca. 2 €. **Villa Rufolo**, tägl. 9–19 Uhr, Eintritt ca. 4 €. **Villa Cimbrone**, tägl. 9 Uhr bis 1 Std. vor Sonnenuntergang, Eintritt ca. 5 €.

Traumhafte Atmosphäre herrscht alljährlich von März bis November bei den Konzerten des klassischen **Festivale musicale di Ravello** in der Villa Rufolo. Auskünfte und Tickets gibt es bei „Ravello Società dei Concerti", ✆ 858249, www.ravelloarts.org.

• *Anfahrt/Verbindungen* Busse ab Amalfi gehen etwa stündlich ab Piazza Flavio Gioia. Gebührenpflichtiger **Parkplatz** unterhalb vom Hauptplatz.

• *Information* **AAST**, am Hauptplatz, Piazza Vescovado. ✆ 089/857096, ✆ 857977, www.ravellotime.it.

• *Übernachten* Generell teuer – Ravello ist traditionelles Refugium von Prominenten

mit einigen Luxusherbergen, allen voran das ***** **Palumbo**, ein arabisch anmutender Palazzo aus dem 12. Jh., der u. a. schon Richard Wagner, Edvard Grieg, Humphrey Bogart, Greta Garbo, Romy Schneider und John F. Kennedy beherbergt hat. DZ mit Frühstück ca. 430–695 € pro Pers. Via San Giovanni del Toro 28, ✆ 089/857244, ℻ 858133, www.hotelpalumbo.it.
**** **Villa Cimbrone**, origineller Palazzo in herrlicher Lage im prachtvollen gleichnamigen Park. Geräumige Zimmer mit Panoramablick. Im Sommer weitgehend von Stammgästen in Beschlag genommen, rechtzeitig reservieren. Vor einigen Jahren war Hillary Clinton zu Gast. DZ mit Frühstück ab ca. 345 €. ✆ 089/857459, ℻ 857777, www.villacimbrone.it.
*** **Parsifal**, etwas außerhalb vom Zentrum, ehemaliges Augustinerkloster mit Kreuzgang, heute geschmackvoll ausgestattet, schöner Blick, Panoramarestaurant. DZ mit Frühstück ca. 90–130 €, im Sommer Pensionspflicht. Via G. D'Anna 5, ✆ 089/857144, ℻ 857972, www.hotelparsifal.com.
** **Garden**, direkt neben der Villa Rufolo mit denselben Vorzügen der Lage, herrlicher Blick. Nur zehn Zimmer, gut ausgestattet mit Balkon. Unten verglastes Restaurant mit Panoramaterrasse, gute lokale Küche. DZ mit Frühstück ca. 120 €. Via Boccaccio 4, ✆ 089/857226, ℻ 858110, www.hotelgardenravello.it.

*** **Toro**, wenige Schritte von der Piazza, alte Villa in zentraler Lage, ruhig, mit kleinem Garten. DZ ca. 110 €. Viale Wagner 3, ✆ 089/857211, ℻ 858592, www.hoteltoro.it.
*** **Villa Amore**, am Weg zur Villa Cimbrone, freundlich geführtes Albergo mit perfektem Blick und sehr ruhiger Lage. DZ mit Frühstück ca. 75–105 €, im Sommer Pensionspflicht. Via dei Fusco 5, ✆/℻ 089/857135.
• *Essen & Trinken* **Cumpà Cosimo**, enge Gasse, die vom Hauptplatz abzweigt. Alteingesessene Trattoria (seit 1929 in Familienbesitz), deren authentische Küche durch die Touristen bisher nicht angekratzt wurde. Gerichte nach alter Tradition, handgemachte Nudeln, Grillfleisch und Fisch, *crespelle* und offener Ravello-Wein. Menü um die 25–30 €. Mo geschl. Via Roma 42, ✆ 089/ 857156.
Villa Maria, gehört zum gleichnamigen Hotel, feineres Lokal mit baumbestandenem Garten, von dem man einen herrlichen Blick in die Weinberge und bis zum Meer genießt. Via Santa Chiara 2.
• *Shopping* Bekannteste Weinsorten sind Episcopio, Sammarco und Gran Caruso. Direktverkauf am Ortseingang im **Vino Gran Caruso** und in verschiedenen Cantine der Familie **Sammarco** an der Zufahrtsstraße von Amalfi.

Von Amalfi bis Salerno

Die Orte Minori und Maiori haben deutlich längere Strände als Positano und Amalfi, aber nicht deren Charme. Im hübscheren *Minori* kann man am Ortseingang (von Amalfi kommend) eine römische Villa mit gut erhaltenem Nymphäum besichtigen. Der historische Ortskern von *Maiori* wurde 1954 durch Hochwasser des Flusses Reginna fast völlig zerstört, heute dominieren nichtssagende Hotelkästen. Sehr lohnt dagegen ein Stopp im sympathischen Küstenort *Cetara* mit kleinem Kiesstrand. Touristen findet man hier kaum. Es gibt kaum Hotels, aber „Franco" vermietet Privatzimmer (✆ 089/261042).
Vietri sul Mare ist berühmt für seine Keramikproduktion, die man an der gesamten Amalfi-Küste findet. In den engen Gassen der Altstadt sind die üppig bestückten Geschäfte mit fantasievollen Keramikplättchen eingerahmt, in Galerien und Innenhöfen verbergen sich ebenfalls sehenswerte Wandgeschichten. Ein großes Museum kann im benachbarten *Raito* besichtigt werden. Ebenfalls reizvoll ist ein Abstecher ins Hinterland zur nahen Benediktinerabtei *Abbazzia della Santissima Trinità di Cava* bei Cava dei Tirreni (nur vormittags, Spende).
Öffnungszeiten/Eintritt **Römische Villa**, tägl. von 9 Uhr bis 1 Std. vor Sonnenuntergang, Eintritt frei. **Keramikmuseum Raito**, Di–So 9–13, 16–19 Uhr, Eintritt frei. **Abbazia della Santissima Trinità di Cava**, Mo–Sa 9–12 Uhr, Eintritt ca. 3 €.

Salerno

ca. 150.000 Einwohner

Die betriebsame süditalienische Großstadt im gleichnamigen Golf wurde bei der Landung der Alliierten 1943 stark zerstört, das Erdbeben von 1980 verursachte ebenfalls schwere Schäden. Das quirlige Straßenlebens erinnert an Neapel, in der Altstadt gibt es einige gute Osterie und Trattorie.

Das kleine, verwinkelte Centro storico am Fuß des Monte Bonadies wird im Dschungel von hektischen Straßen, monumentalen Palazzi und Betonhochbauten fast erdrückt. Davor erstreckt sich eine kilometerlange Strandpromenade mit Palmen. Sehenswert ist der große normannische *Dom San Matteo* aus dem 12. Jh. Damals war Salerno Hauptstadt des Reichs von Robert Guiscard. Zum Bronzetor, das aus Konstantinopel stammt, kommt man durch einen großen, orientalisch anmutenden Hof mit Arkaden, deren Säulen aus Paestum herbeigekarrt wurden. Der Innenraum ist mit byzantinischen Mosaiken ausgeschmückt, in der rechten der drei halbkreisförmigen Apsiden befindet sich die *Cappella della Crociate* (Kapelle der Kreuzritter), in der die normannischen Kreuzritter ihre Waffen segneten. In der prachtvollen *Krypta* liegen die Gebeine des Apostels Matthäus, der als Stadtheiliger San Matteo verehrt wird. Im angeschlossenen *Dommuseum* sind dutzende von Elfenbeintafeln zu sehen, die zu einem großen Altarvorsatz gehörten.

Der Aufstieg über Treppenwege zum restaurierten *Castello di Arechi* am Gipfel des Monte Bonadies (260 m) lohnt wegen des herrlichen Blicks über den gesamten Golf. Im Inneren wurde ein Stadtmuseum neu eingerichtet.

• *Öffnungszeiten/Eintritt* **Castello di Arechi**, Di–So 9 Uhr bis eine Std. vor Sonnenuntergang, Eintritt frei.

• *Anfahrt/Verbindungen* Salerno ist **Bahnknotenpunkt** mit Linien nach Neapel, in Richtung Reggio di Calabria, landeinwärts nach Potenza und zum Ionischen Meer (Metaponto, Taranto). Der **Bahnhof** liegt südlich vom Zentrum an der Piazza Vittorio Veneto.
SITA-Busse zur Amalfi-Küste und nach Pompeji starten am Bahnhofsplatz, nach Neapel am nahen Corso Garibaldi 119 (parallel zum Lungomare), nach Paestum an der Piazza della Concordia am Hafen.
Tägliche **Fähren** gehen ab Piazza della Concordia nach Amalfi und Positano.

• *Information* **EPT** vor dem Bahnhof, ✆ 089/231432.

• *Übernachten* Hotels liegen vor allem in der Fußgängerzone Corso Vittorio Emanuele, der vom Bahnhof stadteinwärts führt.
*** Italia, modern-sachliches Haus, Parken kann man für ca. 12 € in einer nahen Garage. DZ mit Frühstück ca. 70–85 €. Corso Vittorio Emanuele 84, ✆/✆ 089/226653.
** Salerno, nur wenige Schritte vom Bhf., ordentliche Qualität, DZ mit Frühstück und Bad ca. 70 €, mit Etagendusche ca. 50 €, mit Klimaanlage Preisaufschlag. Via Giacinto Vicinanza 42, ✆ 089/224211, www.albergosalerno.it.
* Santa Rosa, DZ mit Etagendusche ca. 50 €. Corso Vittorio Emanuele 14, ✆ 089/225346.
TIPP! Ostello Ave Gratia Plena (IYHF), neu eröffnete Jugendherberge in einem ehemaligen Kloster, ganz zentral in der Altstadt, Nähe Piazza Amendola, nicht weit vom Dom. Schöne Location, saubere Zimmer, gute Atmosphäre. Übernachtung mit Frühstück im 4- bis 8-Bettzimmer ca. 14 € pro Pers., im DZ ca. 22,50 €. Speisesaal, Fernsehraum, Internetzugang, Waschmaschine. Guter Standort für Touren im Golf von Neapel. Via dei Canali, ✆ 089/234776, ✆ 2581874, www.ostellodisalerno.it.

• *Essen & Trinken* **Antica Pizzeria del Vicolo della Neve**, leckere Pizza in einer der ältesten Trattorien der Stadt, auch die übrigen Gerichte sind empfehlenswert. Nur abends geöffnet, Mi geschl. Vicolo della Neve 24, ✆ 089/225705.
Il Brigante, kleine, urgemütliche Osteria in Domnähe. Gerichte nach alten Rezepten, viel Gemüse, immer frisch. Günstige Preise. August und Mo geschl. Via Fratelli Linguiti 4, ✆ 089/226592.

Piana di Sele

Unmittelbar südlich der steilen Amalfi-Küste erstreckt sich die riesige Ebene des Flusses Sele. Begrenzt wird sie von einem kilometerlangen Sandstrand, jedoch gibt es einiges an Industrie und mit seinen nichtssagenden Orten ist sie reines Durchgangsgebiet. Ein Muss ist jedoch Paestum am Südende, wie so viele Städte in Unteritalien eine Gründung griechischer Kolonisten.

Paestum

Ein ungewöhnlicher Anblick: Zwei gewaltige griechische Tempel und ein weiterer kleiner thronen auf einem weiten Wiesengelände direkt an der Durchgangsstraße. Generationen von Althistorikern haben hier bereits vor Ehrfurcht ihre Knie gebeugt – die Sakralbauten von Paestum sind die wahrscheinlich schönsten dorischen Tempel Europas und zählen zu den bedeutendsten Überresten griechischer Kultur in Italien. Vom Rest der Stadt ist bis auf eine lange Stadtmauer nur wenig erhalten geblieben.

Paestum, das zunächst Poseidonia hieß, wurde im 7. Jh. v. Chr. von Siedlern aus Sibaris (→ Basilikata) gegründet, im 5. Jh. von den Lukanern erobert und 273 dem Römischen Imperium unter der Bezeichnung Paestum einverleibt. Im 9. Jh. n. Chr. zerstörten Malaria, Überschwemmungen und Sarazenenüberfälle alles Leben und erst im 18. Jh. wurde Paestum beim Bau der Küstenstraße im sumpfigen Gelände wieder entdeckt.

Was nicht jeder weiß, der Paestum besichtigt: 2 km vor den Tempeln erstreckt sich dichte Uferpineta und davor ein schier endloser Sandstrand. Mit Restaurants, Hotels und Campingplätzen ist diese Küstenregion zwar zersiedelt, bietet sich aber vor allem für Camper als ausgezeichneter Standort an, nicht zuletzt wegen der idealen Lage nahe der Amalfi-Küste, Neapel, Ercolaneo, Vesuv und Pompeji – gute Verbindung von Sightseeing und Badeurlaub. Die Zone um Paestum ist allerdings weitgehend ländlich strukturiert und besitzt nur einige bescheidene Siedlungskerne. Ein eigenes Fahrzeug ist sehr nützlich.

• *Anfahrt/Verbindungen* **PKW**, an der Straße vor den Tempeln gibt es mehrere gebührenpflichtige Parkplätze.
Bahn, Paestum ist ein kleiner, einsamer Bahnhof an der Strecke von Salerno nach Agropoli. Lokalzüge von Salerno stoppen mehrmals tägl., Schnellzüge halten nicht! Vom Bhf. sind es noch ca. 700 m zu den Ausgrabungen, dafür schnurstracks in die gegenüberliegende Porta della Sirena hinein und den Ostteil der alten Stadt durchqueren, der noch vollständig von einer Stadtmauer umgeben ist.
Bus, Linie Salerno – Paestum – Agropoli, von Salerno ca. 1 Std. Fahrtzeit., fährt etwa stündlich.

• *Information* **AAST**, in der Zona Archeologica, bei der frühchristlichen Basilika. Im Sommer Mo–Sa 8–20 Uhr, sonst kürzer. Via Magna Graecia 887, ☏ 0828/811016, ✉ 722322, www.paestumtourism.it.

• *Übernachten* Hotels über viele Kilometer verteilt, ohne fahrbaren Untersatz problematisch.
**** Schuhmann, Traditionshaus direkt am Strand, dahinter dichte Pineta. Großer Garten, Garage, viel gelobtes Ristorante. DZ mit Frühstück ca. 80–160 €, im Sommer HP obligatorisch. Via Laura Mare, ☏ 0828/851151, ✉ 851183, www.hotelschuhmann.com.
*** Esplanade, großes, elegantes Haus der Best-Western-Kette an der Küstenstraße im Campinggebiet, gegenüber dichte Pineta. Parkplatz, Ristorante und Pool. DZ mit Frühstück ca. 70–140 €. Via Poseidonia, ☏ 0828/851043, 851600, www.hotelesplanade.com.
*** Villa Rita, in der Zona Archeologica, ruhig gelegenes Haus mit Pool in einem gro-

Eindrucksvoll: einer der Tempel von Paestum

ßem Park. DZ mit Frühstück ca. 76–86 €, im August Pensionspflicht. ✆ 0828/811081, ✉ 722555, www.hotelvillarita.it.

** **Delle Rose**, ordentliches Albergo mit Pizzeria/Ristorante gleich bei den Tempeln. DZ mit Frühstück ca. 65–80 €. Via Magna Graecia 193, ✆ 0828/811070, www.hoteldellerose.com

• *Camping* Am kilometerlangen Strand von Paestum liegen zahlreiche **Campingplätze** in der Pineta (geöffnet meist April/Mai bis Sept.).

Camping Athena, direkt am Strand im schattigen Pinienwald, Sanitäranlagen sauber, beliebt bei deutschen Urlaubern. Nettes Personal, auch im Ristorante. ✆/✉ 0828/851105, www.campingathena.com.

Camping Ulisse, ansprechender Platz gleich in der Nähe, mit Eukalyptusbäumen. ✆/✉ 0828/851095, www.campingulisse.com.

• *Essen & Trinken* **Nettuno**, in den zwanziger Jahren eröffnet, gutes Ristorante mit Bar an der Porta della Giustizia, dem Südeingang zu den Tempeln. Auf dem Rasen in trauter Runde Liegestühle. Im Juli/August tägl. mittags und abends, sonst Di–So nur mittags. ✆ 0828/811028.

Oasi, Pizzeria in Museumsnähe, man sitzt unter einem Zelt. April bis September tägl., sonst Di geschl.

Sehenswertes

Die „Zona Archeologica" von Paestum ist sehr weitläufig, da sie praktisch die gesamte antike Stadt umfasst. Noch heute ist sie von einer massiven Stadtmauer umgeben, die aus römischer Zeit stammt. Die Durchgangsstraße trennt das Gelände in zwei Teile, in der Westhälfte liegt der Heilige Bezirk mit den Tempeln und verschiedenen öffentlichen Bauten. Der Innenbereich der Tempel darf nicht betreten werden.

Heiliger Bezirk: Außer den drei Tempeln sind in dem flachen Wiesengelände nur lange Pflasterstraßen, Grundmauern und Ruinen erhalten. Zwei Eingänge gibt es – unmittelbar an der Straße und die Porta della Giustizia an der Südseite der Stadt. An der *Porta della Giustizia* beginnt die gepflasterte *Via Sacra*, die hinter den

Kampanien

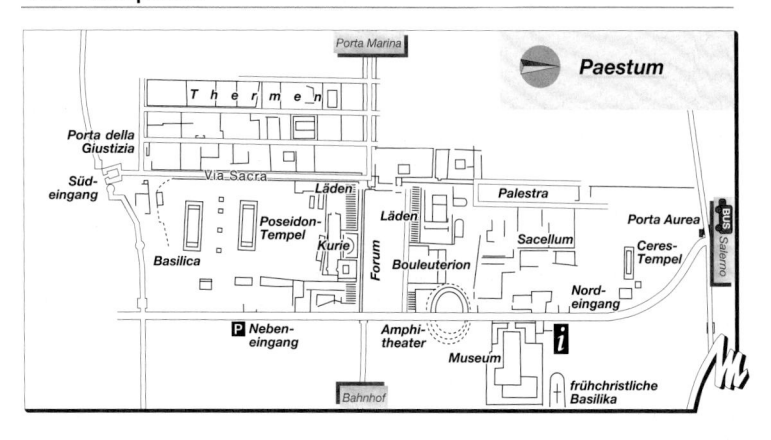

Tempeln schnurgerade nach Norden verläuft. Die beiden großen dorischen Tempel namens *Basilica* und *Tempel des Poseidon* stehen fast benachbart. Ihre Namen sind allerdings irreführend, beide dienten dem Kult der Hera, der Schutzgöttin der Stadt. Man muss sich die heute recht nüchternen Baukörper mit Dach, bunt und reich geschmückt inmitten einer blühenden Stadt vorstellen, um eine Ahnung von ihrem früheren Aussehen zu bekommen. Auch wenn man es auf den ersten Blick nicht sieht, ihre Architektur ist äußerst raffiniert – so sind die Kanten der Tempelbasen leicht nach außen bzw. oben gebogen, was von weitem den Eindruck einer perfekten Geradlinigkeit vermittelt (wie auch beim Parthenon in Athen). Das lang gestreckte römische *Forum* (vormals griechische Agora) liegt zentral im Ausgrabungsfeld. Die *Läden* an der Südseite wurden rekonstruiert, benachbart erkennt man Reste eines *Amphitheaters*. Richtung Norden findet man die Grundmauern verschiedener weiterer Bauten, u. a. *Palestra* (Sportzentrum), *Bouleuterion* (Sitzungsgebäude) und das rätselhafte *Sacellum* (Scheingrab). Im nördlichen Bereich der Zona Archeologica steht der kleinste der drei Paestum-Tempel, der *Tempel der Ceres*. Im Mittelalter wurde er als Kirche benutzt, im Innenraum erkennt man einige christliche Gräber.

<u>Öffnungszeiten/Eintritt</u> tägl. 9 Uhr bis 1 Std. vor Sonnenuntergang, letzter Einlass zwei Stunden vor Sonnenuntergang. Eintritt ca. 4 €, Kombiticket mit Museum 6,50 €.

Museum: großer, moderner Bau an der Straße gegenüber vom Ausgrabungsgelände, dessen Hauptraum selber in Form eines Tempels konzipiert ist. Hier findet man eine Vielzahl von Ausgrabungsstücken, darunter die wunderschön gearbeiteten Metopen eines *Tempels der Hera Argiva* an der Mündung des Flusses Sele (nördlich von Paestum). Grandios und sehr beeindruckend sind aber vor allem die zahlreichen Freskenreste, die aus griechischen Gräbern des 5. Jh. v. Chr. stammen, die einzigen derartigen Wandgemälde, die man gefunden hat. Großartig ist das *„Grab des Tauchers"*, dessen Deckplatte das Bild eines Jünglings zierte, der in elegantem Bogen von einem Sprungbrett in die Tiefe springt. Hinter dem Museum steht eine frühchristliche *Basilika*, etwa 3 m unter dem Straßenniveau.

<u>Öffnungszeiten/Eintritt</u> tägl. 9–19 Uhr, Eintritt ca. 4 €, Kombiticket mit Ausgrabungsgelände ca. 6,50 €. Freier Eintritt für EU-Bürger unter 18 und über 60 Jahre.

Castellabate und Santa Maria di Castellabate 911

Cilento

Südlich von Paestum endet die lange Ebene von Sele, es beginnt eine abwechslungsreiche Berg- und Buchtenlandschaft mit langen Sandstränden, verschwiegenen Buchten, üppiger Vegetation und bizarr zerklüfteten Felsformationen. Seit 1998 ist der Cilento Biosphärenreservat und Weltkulturerbe unter dem Schutz der UNESCO.

Die Bademöglichkeiten sind hervorragend, im Juli/August wird es allerdings übervoll. Tipp ist der Herbst, wenn das Meer immer noch Badetemperaturen hat, die Strände aber fast menschenleer sind. Die kleinen Orte liegen oft auf Bergkuppen hoch über dem Meer, unten sind neue „Marinas" entstanden. Viele Infos auf der Website www.cilento.it.

• *Anfahrt/Verbindungen* **Küstenstraße** kurvig, aber problemlos befahrbar, nur in den Orten wird's gelegentlich eng, schöne Panoramen.
Die Bahn macht ab **Agropoli** einen Abstecher landeinwärts und lässt die Küstenregion um Castellabate rechts liegen, etliche Tunnels. Bei **Marina di Ascea** trifft sie wieder ans Meer.

• *Übernachten* Für **Camper** zahlreiche Möglichkeiten, besonders zwischen Palinuro und Marina di Camerota. **Hotels** sind im Sommer ohne Vormerkung kaum zu bekommen, neben den typischen Badehotels mit Pflicht zu Halb- oder Vollpension gibt es auch **Pensionen** und **Bed & Breakfast**. **Agriturismo** findet man vor allem im Hinterland der Badeorte. Eine einzige **Jugendherberge** gibt es in Agropoli.

Agropoli (ca. 20.000 Einwohner)

Ausgesprochen städtischer Charakter, lange, gerade Straßen zwischen mehrstöckigen Häuserfronten, viel Trubel am Lungomare. Die malerisch verwinkelte Altstadt ist auf steilen Felsklippen erbaut, am höchsten Punkt thront ein altes Sarazenenkastell. Hübsch ist der Ortsstrand beim Hafen, der lange Strand am Lungomare platzt oft aus allen Nähten.

• *Übernachten/Camping* ***** Carola**, ordentliches Albergo in der Nähe von Hafen und Stadtstrand, seit 1890 in Familienbesitz. Garten mit gutem Restaurant, Minibus zum eigenen Strandabschnitt, Bootstouren. DZ mit Frühstück ca. 70–85 €. Via Carlo Pisacane 1, ✆ 0974/826422, ℻ 826425.
Ostello La Lanterna (IYHF), Jugendherberge nördlich der Altstadt, 100 m landeinwärts vom Lungomare, Nähe Schnellstraße. Familienbetrieb, etwa 50 Betten in Mehrbett- und Familienzimmern, z. T. in kleinen Häuschen auf dem schönen, großen Grundstück. Übernachtung mit Frühstück ca. 11,50 €. März bis Okt. Via Lanterna 8, ✆/℻ 0974/838364, www.cilento.it/lanterna.
Camping La Selva, netter Platz mit Restaurant oberhalb vom Hafen, 150 Stellplätze. Via Amendola 38, Loc. Selva, ✆ 0974/824995.

Castellabate und Santa Maria di Castellabate

Der alte Ort *Castellabate* liegt wunderschön auf einer Hügelspitze, 280 m über dem Meer. Ein Bummel durch die alten Gassen und über die kleinen Plätze lohnt sehr, immer wieder hat man herrliche Ausblicke aufs Meer.
Santa Maria di Castellabate an der Küste unterhalb ist das wichtigste Strand- und Badezentrum des nördlichen Cilento: netter Ortskern mit Fischerkirche Santa Maria a Mare, kleinem Strand und Hafen, nördlich anschließend die „Zona Lago" mit 4 km langem Sandstrand und Campingplätzen, weitere Strände und Buchten südlich vom Ort. Vom weiter südlich gelegenen *San Marco* kann man eine leichte

Küstenwanderung zum Kap *Punta Licosa* unternehmen (etwa 2 Std. hin und zurück), auch nach Agropoli führt ein Küstenweg.

• *Übernachten* **Villa Carina**, in Castellabate. Karin Kappes lebt seit 1989 im Cilento und bietet Unterkunft in ihrer Pension sowie in verschiedenen Ferienwohnungen in der Altstadt von Castellabate. Die Pension verfügt über sechs einfache Zimmer, Parkplatz vorhanden, hauseigenes Restaurant benachbart. DZ mit Frühstück ca. 70–90 €. ✆ 0974/967280 (333-7337719), ✆ 0721/151356835, www.villacarina.de.
Il Castello, gemütliche Pension im alten Zentrum von Castellabate, geführt von Franca Di Biasi. Nette Zimmer, z. T. mit weitem Blick, sonnige Terrasse. DZ mit Frühstück ca. 60–90 €. Via Amendola, ✆/✆ 0974/967169, www.costacilento.it/turismo/castello.
** **Da Tonino**, im nördlichen Bereich der Zona Lago, 50 m vom Meer, 13 gut eingerichtete Zimmer mit Balkon und Restaurant. DZ mit Frühstück ca. 60–100 €. ✆/✆ 0974/965082, www.hoteldaalfredo.it.
Mehrere Campingplätze in der Zona Lago, z. B. **Trezene**, ✆ 0974/965027, ✆ 965013, www.trezene.it.

▸ **Acciaroli**: netter, kleiner Ortskern mit gemütlichem Hafen, nördlich davon langer Sandstrand. Am Hafen kann man hübsch und relativ preiswert im Hotel „La Scogliera" wohnen (✆ 0974/904014).

▸ **Velia**: Auf einem Hügel oberhalb von *Castellamare di Velia* thront der markante Rundturm einer normannischen Festung. Dort im Umkreis erstrecken sich die weitläufigen Ausgrabungen der griechisch-römischen Stadt *Elea*, im Altertum für ihre von Parmenides (geb 520 v. Chr.) begründete und von seinem Schüler Zenon fortgeführte Philosophenschule bekannt („Paradoxon von Achilles und der Schildkröte"). U. a. sieht man Wohnviertel, Augustus-Thermen, Agora, Akropolis und die gewaltige, über 5 m hohe Porta Rosa mit Tonnenwölbung, eins der ersten Tore dieser Art. Auch einige Mosaikböden sind erhalten. Von der Bergspitze traumhafter Blick.
Öffnungszeiten/Eintritt tägl. 9 Uhr bis eine Stunde vor Sonnenuntergang, ca. 2 €.

▸ **Marina di Casal Velino und Marina di Ascea**: Die beiden viel besuchten Badeorte in der breiten Küstenebene des Flusses Alento (der Name Cilento kommt vom Lateinischen „Cis Alento", also „jenseits des Flusses Alento") sind eher langweilig. Der kilometerlange Sandstrand ist jedoch einer der besten weit und breit, zwar ohne ein Fleckchen Schatten, dafür im Sommer topsauber. Es gibt mehrere Strandlokale, gleich dahinter verläuft eine breite Uferstraße mit viel Platz zum Parken. Die Bahnlinie von Agropoli stößt hier ans Meer, der Bahnhof liegt erfreulicherweise gleich unten am Strand.
Camping Mehrere große Zeltplätze am Meer, u. a. das Wiesengelände **Camping Alba** (✆/✆ 0974/972331) und der schattige **Camping La Serra** (✆ 0974/971170, ✆ 972394).

Das Capo Palinuro mit bergigem Hinterland wird von der Bahn landeinwärts umfahren, letzte Bahnstation an der Küste ist Pisciotta-Palinuro auf halber Höhe zwischen Pisciotta und Meer.

Palinuro

Ausufernder Ferienort am gleichnamigen Kap, landschaftlich reizvoll mit diversen Buchten und bizarr ausgehöhlter Felsküste, im Sommer herrscht allerdings erheblicher Trubel. Nördlich vom Kap langer Sandstrand, weitere Strände liegen südlich vom Kap, berühmt ist dort der *Arco Naturale*, ein hohes Felsentor am Meer. Die zahlreichen Grotten im Kap Palinuro können im Rahmen von organisierten Ausflugsfahrten besucht werden.

• *Übernachten/Essen & Trinken* ** **Da Carmelo**, das Restaurant in der Nähe des Arco Naturale ist seit mehr als zwei Jahrzehnten ein kulinarischer Eckpfeiler des Cilento.

Carmelo steht selber in der Küche und bereitet die leckeren Fischgerichte, Menü ca. 30 €. Im Sommer tägl., sonst Mi geschl. Seit kurzem werden auch sorgfältig eingerichtete Zimmer oberhalb des Restaurants vermietet, ausgestattet mit TV und dekoriert mit Stücken einheimischer Künstler. DZ mit Frühstück ca. 65–120 €. ✆ 0974/931138, ✆ 930705, www.dacarmelo.it.
* **Palinuro**, kleine Pension oberhalb vom Hafen, DZ ca. 60–75 €. ✆ 0974/931313. Zahlreiche Campingplätze liegen an den Stränden im Umkreis, z. B. der **Arco Naturale Camping Club** direkt neben dem Felsentor Arco Naturale. ✆ 0974/931157, ✆ 931975, www.arconaturaleclub.com.

Zwischen Palinuro und Marina di Camerota liegt die Badeküste des Cilento. Panoramafahrt entlang der felsigen Küste, wo die Straße durch mehrere Tunnels führt. An den Badestränden stauen sich im Sommer die PKW auf der Suche nach Parkplätzen.

Marina di Camerota

Am Ausgang eines steilen Tals liegt dieser hübsche, im Sommer äußerst turbulente Urlaubsort mit vielen steilen Gassen und einem ansprechend gepflasterten Dorfplatz mit der Kirche San Domenico. Von der sonnendurchglühten Uferpromenade mit Palmen blickt man auf den großen Fischereihafen, der durch einen langen Wellenbrecher geschützt ist. Daneben liegt die schöne *Spiaggia Lentiscelle*, weiter östlich folgt wilde Klippenküste mit eingelagerten Buchten, die mit Ausflugsbooten erforscht werden kann. Richtung Westen schließen sich längere Sandbuchten mit Zeltplätzen an. Schönstes Ausflugsziel ist die hafenähnlich eingeschnittene Bucht *Porto degli Infreschi* östlich von Marina di Camerota, benannt nach den Süßwasserquellen, die hier ins Meer münden. Zu erreichen ist die Bucht mit Ausflugsbooten oder im Rahmen einer reizvollen Wanderung (ca. 3 Std. einfach). Im dortigen Ausflugslokal kann man gemütlich und stilecht essen.
Im hoch gelegenen *Camerota* lässt es sich schön bummeln, es gibt auch ein kleines Kastell.

● *Übernachten* Zahlreiche Unterkünfte im Ort, z. B. das moderne ** **La Scogliera** an der Uferpromenade beim Hafen. DZ ca. 60–80 €. ✆/✆ 0974/932019.
Mehrere **Campingplätze** liegen an den großen Sandbuchten in Richtung Palinuro, einige auch an der Spiaggia Lentiscelle östlich vom Ort.

● *Essen & Trinken* **La Cantina del Marchese**, gemütliche Osteria in einer kleinen Gasse, die an der Piazza San Domenico beginnt. Man sitzt an einfachen Holztischen, u. a. gibt es leckeren Käse und Würste aus eigener Produktion. Preislich im Rahmen. Im Sommer tägl., sonst nur Sa/So geöffnet. Via del Marchese, ✆ 0974/932570.
Al Castello, Panoramalokal in Camerota, etwas unterhalb vom Kastell. Nicht teuer, abends auch günstige Pizza. Mo geschl. ✆ 0974/935009.

Von Marina di Camerota nach Sapri

Reizvolle Strecke hoch über den Bergkamm, in Haarnadelkurven hinauf, anregende Fahrt durch gänzlich unbesiedelte Regionen, anfangs nur Macchia, später kräftiges Grün, prächtige Kastanien und Steineichen. *San Giovanni a Piro* liegt hoch oben in den Bergen, Pause lohnt. Beim hübschen Villenort *Scario* stößt die Straße ans Meer. Über *Policastro Bussentino* und *Capitello* geht es an der Küste entlang nach *Sapri*, unterwegs gibt es diverse Campingplätze an langen Sandstränden und viel üppige Vegetation. Sapri liegt in einer weiten Bucht mit bewaldeten Hängen. Vor dem Zentrum verläuft die dicht befahrene Uferstraße, davor liegt der Ortsstrand.
Bei *Morigerati*, etwa 10 km landeinwärts, entspringt der Fluss Busseto nach unterirdischem Lauf in einer spektakulären, tiefen Schlucht.

Der innere Cilento

Das bergige Inland ist dünn besiedelt, besitzt aber einige interessante Anlaufpunkte, die man von der Autobahn aus bequem ansteuern kann.

Certosa di San Lorenzo

Wenn man auf der Autobahn nach Kalabrien unterwegs ist, sollte man den kurzen Abstecher zum größten Klosterbau Italiens nicht auslassen.

Der Monumentalbau der Kartäuser liegt etwas außerhalb des Hügelstädtchens Padula, nahe der Autobahn zwischen Sala Consilina und Lagonegro (Ausfahrt: „Buonapitacolo-Padula"). Vorbild für die in Form von großen Rechtecken und Quadraten angelegte Kartause des heiligen Laurentzius war das spanische Königskloster El Escorial. Mit seinen zahlreichen, von Kreuzgängen umgebenen Höfen nimmt es eine Grundfläche von 52.000 qm ein und besitzt 320 Räume. In seiner weitläufigen Eleganz ähnelt es eher einer Fürstenresidenz als einem Kloster. Bauherr war Anfang des 14. Jh. Graf Tommaso di San Severino, zahlreiche Um- und Anbauten in den folgenden Jahrhunderten haben die Anlage aber weitgehend barock geprägt. Legendär war der komfortable Lebensstil der Mönche, so sollen sie Kaiser Karl V. nach seinem Sieg über die Türken in Tunesien im Jahre 1535 ein Omelett aus tausend Eiern serviert haben. Im 19. Jh. wurde das Kloster aufgelöst. Im Zweiten Weltkrieg wurde der leer stehende Bau zeitweise als Kriegsgefangenenlager verwendet. Zunächst betritt man einen großen Hof, an dem die Ställe, Wirtschafts- und Gasträume sowie die Mönchszellen lagen. Eine barocke Fassade trennt diesen Bereich vom sogenannten *Domus Alta* mit der reich geschmückten Klosterkirche, der Schatzkammer und mehreren Kapellen, in dem die Mönche in Klausur lebten. Zu besichtigen sind auch das Refektorium und die großzügige, mit Majolikakacheln reich verzierte Küche. Im hinteren Klosterbereich liegt der *Chiostro grande*, mit 12.000 qm Bodenfläche und den Abmessungen von 149 x 104 m der größte Kreuzgang der Welt, 60.000 Menschen können hier Platz finden. Besonders beeindruckend ist außerdem der *Scalone*, eine mächtige, zweigeteilte Freitreppe aus Marmor am rückwärtigen Ende des Baus, die sich über zwei Stockwerke zieht. Im riesigen *Klosterpark* könnte man anschließend unter großen Pinien ein Picknick machen.
Öffnungszeiten/Eintritt tägl. 8.30–19.30 Uhr, Eintritt ca. 4 €.

▸ **Weitere Sehenswürdigkeiten im inneren Cilento**: Im Hügelstädtchen Padula kann man das *Museo Joe Petrosino* besichtigen. *Giuseppe Petrosino* wurde hier 1860 geboren, wanderte im Alter von 13 Jahren nach New York aus, wurde dort Polizist und wollte sein Leben dem Kampf gegen die Mafia widmen. Bei einem Aufenthalt in Palermo wurde er 1909 erschossen. Das Museum in seinem früheren Wohnhaus (Via Joe Petrosino 6) dokumentiert neben dem Leben Petrosinos auch die Lebensumstände der vielen Emigranten, die im 19. und 20. Jh. aus dem Süden Italiens in die USA auswanderten.
Die viel besuchten *Grotte di Pertosa* liegen weiter nördlich, jedoch ebenfalls nahe der Autobahn (Ausfahrt: „„Polla"). Das ausgedehnte Tropfsteinhöhlensystem ist etwa 2 km weit begehbar, mit Booten wird man über einen unterirdischen See gebracht, dann geht es auf verschiedenen Routen zu Fuß weiter.
Öffnungszeiten/Eintritt **Museo Joe Petrosino**, tägl. 9–13, 15–17.30 Uhr, Eintritt ca. 2 €. **Grotte di Pertosa**, April bis Sept. tägl. 9–19 Uhr, übrige Zeit 9–16 Uhr, Eintritt ca.5 € (kurze Tour), 8 € (lange Tour).

KALABRIEN UND
BASILIKATA
CALABRIA E BASILICATA

SCHÖNE ORTE: Maratea (S. 937), Matera (S. 925), Diamante (S. 940), Pizzo (S. 940), Tropea (S. 945), Scilla (S. 951), Gerace (S. 955), Santa Severina (S. 961).

LANDSCHAFTLICHE HÖHEPUNKTE: Vulture (S. 920), Lukanische Dolomiten (S. 921), Pollino-Nationalpark (S. 931), Sila, Aspromonte (S. 933), Golf von Policastro (Maratea, S. 937), Capo Vaticano (S. 948), Costa Viola (S. 950), Golf von Squillace (S. 957).

KULTURELL HERAUSRAGEND: die Griechen- und Römerstädte Grumentum (S. 922), Venosa (S. 920), Metaponto (S. 966), Locri (S. 954), Sibari (S. 965) und Crotone (S. 960), Kastelle von Melfi (S. 920), Santa Severina (S. 961), Sassi von Matera (S. 925), Santuario di San Francesco di Paola (S. 942), Dom von Gerace (S. 955).

BADEN: felsdekorierte Strandabschnitte in Maratea (S. 937), karibisch anmutende Traumstrände in Tropea (S. 945) und am Capo Vaticano (S. 948), weitläufige Sandstrände an der lukanischen und nordkalabrischen Ostküste (S. 965).

KURIOS: Murales in Diamante (S. 940), Peperoni-Museum von Maierà (S. 941), der Skulpturenpark Santa Barbara (S. 956), Weinkeller von Barile (S. 921), Chiesa Piedigrotta in Pizzo (S. 944).

EHER ABZURATEN: Badeurlaub im Süden der Provinz Reggio Calabria, Gebirgswanderungen auf eigene Faust.

Badefreuden an der Costa dei Cedri (Cirella)

Kalabrien und Basilikata

Calabria e Basilicata

Die beiden südlichsten italienischen Festlandsregionen bieten knapp 900, vornehmlich badefreundliche Strandkilometer und beeindrucken durch karge, zerklüftete Gebirgslandschaften, dicht bewaldete Höhen und von Weinstöcken und Olivenhainen überzogene sanfte Hügelketten. Beide Regionen sind nahezu flächendeckend mit antiken Mauerresten, mittelalterlichen Kirchen, Klöstern und Kastellen übersät, können kulinarisch durchaus mit dem Rest des Bel Paese konkurrieren und überzeugen nicht zuletzt durch die unvergleichliche Gastfreundschaft ihrer Bewohner.

Dennoch wurden die Basilikata und Kalabrien bis vor gut zehn Jahren von internationalen Reiseveranstaltern verschmäht und von den meisten Individualtouristen als lästige Durchgangsstationen auf dem Landweg nach Sizilien verkannt. Das liegt daran, dass das kaum industrialisierte „Ende Italiens" besonders erdbebengefährdet, überdurchschnittlich von Armut, Arbeitslosigkeit und Auswanderung betroffen, infrastrukturell unterversorgt und verkehrstechnisch relativ schlecht angebunden ist. Zudem macht die kalabrische Mafiavariante Ndrangheta gebietsweise ihren fatalen schattenwirtschaftlichen Einfluss geltend, was für Kalabresen, nicht jedoch für Touristen, ein ernstes, bisweilen lebensbedrohliches Problem ist.

Mit modernen Großstädten und mondänen Seebädern kann der seit den 1990er Jahren dank großzügiger EU-Strukturförderung relativ rasant tourismusentwickelte südliche Mezzogiorno (noch) nicht aufwarten. Seine mit mehr oder minder gefälligen Altstadtkernen gesegneten sieben Provinzhauptstädte – Potenza und Matera in der Basilikata sowie Cosenza, Catanzaro, Vibo Valentia, Crotone und Reggio di

Kalabrien und Basilikata 917

Calabria in Kalabrien – geben sich tatsächlich provinziell. Manche Küstenorte wirken wie „Versorgungsstationen" der vielerorts unkontrolliert an den Strand geworfenen Hotelbauten, privaten Feriendomizile und halbfertigen Eigenheime zurückgekehrter Emigranten.

Dass vor langweiligen Neustädten oft überraschend schöne Strände locken, auf der nächsten Erhebung vor der Kulisse nahezu naturbelassener Gebirgszüge wie Pollino, Sila oder Aspromonte der oft kastellgekrönte historische Stadtkern wacht, versöhnt jedoch wieder mit dem tristen Anblick streckenweise wild zubetonierter Küsten, an denen obendrein die eine oder andere „Kathedrale in der Wüste", sprich niemals in Betrieb gegangene verwitterte Industrieanlage, verblüfft. Landschaftlich wohlsituierte, architektonisch gefällige mediterrane Bilderbuchstädtchen wie Maratea, Pizzo, Tropea, Bagnara oder Scilla lassen derlei Schönheitsfehler schnell vergessen, zumal die steinernen Zeugnisse seiner jahrtausendealten Geschichte den südlichen Mezzogiorno auch als Kulturreiseziel profilieren.

In beiden Regionen haben Griechen, Römer, Sarazenen und Langobarden, Byzantiner, Normannen und Staufer, Spanier und Franzosen imposante architektonische und kunsthistorisch bemerkenswerte alltagskulturelle Spuren hinterlassen, sodass allein die stattlichen Reste der alten Griechen- und Römerstädte Metaponto, Grumentum oder Locri, die respekteinflößenden Burgen von Melfi oder Santa Severina, das Weltkulturerbe Sassi von Matera oder die betörenden Bronzi von Riace (Reggio di Calabria) eine Reise oder „Zwischenlandung" wert sind.

Anfahrt/Verbindungen

- *PKW* Die **Autostrada del Sole** (A 3) von Neapel bis Reggio di Calabria ist landschaftlich gefällig, gebührenfrei, im Hochsommer allerdings stark befahren und nicht selten durch Baustellen gestört. Alternativ dazu kann man die südliche Basilikata und Kalabrien auf der **SS 18** im Westen und der **SS 106** im Osten küstennah von Nord nach Süd durchmessen, wobei die vierspurige **Basentana** (SS 407) zwischen Potenza und Metaponto, die **SS 598** zwischen Atena und Policoro in der Basilikata, die **SS 280** zwischen Lamezia Terme und Catanzaro-Lido und die **SS 111** zwischen Gioia Tauro und Locri in Kalabrien relativ gut ausgebaute Straßenverbindungen zwischen beiden Meeren herstellen. Ansonsten überspannt ein Netz oft kurvenreicher und schlecht asphaltierter Nationalstraßen das überwiegend bergige Landesinnere beider Regionen.
- *Bahn* Der südliche Mezzogiorno wird von Bahnschienen der früher staatlichen **FS** umrundet, wobei der Nord-Süd-Fernverkehr vornehmlich an der Westküste entlangrauscht, während am Ionischen Meer nur die Regionalzüge von Taranto nach Reggio Calabria unterwegs sind. Im Landesinneren ergänzen die Privatbahnen **Ferrovie Appulo-Lucane** (www.fal-srl.it) und **Ferrovie della Calabria** (www.ferroviedellacalabria.it) das dort recht eingeschränkte Angebot der FS. (Recht praktikable Verbindungen zwischen Paola und Cosenza, Lamezia Terme und Catanzaro-Lido und landschaftlich reizvolle Strecken zwischen Cosenza und Camigliatello Silano, Gioia Tauro und Cinquefrondi, von Lamezia Terme zum Capo Vaticano.)
- *Bus* **Busverbindungen** zwischen den Provinzhauptstädten und ihren Gemeinden sind grundsätzlich überall vorhanden, allerdings fahren die Busse relativ selten, sodass ein autofreier Urlaub im Landesinneren viel Zeit- und Planungsaufwand erfordert.

Übernachten

Entlang beider Küsten gibt es eine mehr oder minder große Auswahl an Unterkünften von zweckmäßigen bis gediegenen Hotels über elegante Ferienclubs und Campingplätze, bis hin zu Agriturismi und neuerlich auch B&Bs, wobei die beiden Letztgenannten lange klaffende Übernachtungslücken im Inland geschlossen haben. Viele

Hotels und Ferienanlagen an der Küste sind nur von Mai bis Sept. geöffnet und belegen ihre Gäste im Juli und Aug. mit Pensionspflicht. Die bestausgestatteten Campingplätze konzentrieren sich nördlich und südlich von Metaponto (Basilikata), an der kalabrischen Nordwestküste, in Tropea und am Capo Vaticano sowie auf der Isola di Capo Rizzuto an der Ostflanke der kalabrischen Halbinsel.

Essen & Trinken

Schmackhafte regionale Varianten der süditalienischen Cucina Povera (Armeleuteküche). Die basiert auch hier auf pasta, darunter die meist hausgemachten lagane, fusilli oder filej, und einer breiten Palette als Antipasto (Vorspeise) in Öl und Essig eingelegten, als Contorno (Beilage) gedünsteten oder geschmorten Gemüsesorten. Besonders beliebt sind (dicke) Bohnen und Kichererbsen (fave, fagioli, ceci), Auberginen (melanzane), Rüben (rape), Zichorie (ciccoria), grüner Spargel (asparago verde) und Steinpilze (porcini). Als Hauptgericht kommen (Wild-)Schweinefleisch, Zicklein, Huhn, Kaninchen und Kalb oder regionale Varianten der Schweinswürste salsiccia und soppressata, rund um das Capo Vaticano die extrem pikante, streichfähige **N'Duja** auf den Tisch. Letztere wird wie viele andere Speisen im südlichen Mezzogiorno mit dem hier unverzichtbaren **peperoncino** (Peperoni) gewürzt.

An den Küsten dominieren Fisch und Schalentiere die Speisekarten, wobei der Schwertfisch von Bagnara und Scilla **(pesce spada)** oder die Thunfischspezialitäten von Briatico oder Pizzo **(tonno)** zu den kulinarischen Aushängeschildern Kalabriens gehören.

Das gilt auch für den **Tartufo di Pizzo**, eine innen wie außen mit viel Schokolade angereicherte Speiseeisspezialität. Überhaupt haben die Kalabresen in Sachen Dolci viel Unwiderstehliches in petto, wobei die süßen Gebäck- und Eiskreationen im äußersten Süden der Halbinsel mit Essenzen aus **bergamotto** und im Norden Kalabriens gern mit der Schale des **cedro** aromatisiert werden.

Auf Basis dieser besonderen Zitrusfrüchte, die allein in Kalabrien in herauragender Qualität gedeihen, werden auch Liköre hergestellt, die in der Basilikata auch gern aus Walderdbeeren gemacht werden. Als alternativer Digestif bieten sich verschiedene regionale Kräuterschnäpse, z. B. der in Pisticci (Basilikata) destillierte **Amaro Lucano** oder der bei Tropea abgefüllte **Vecchio Amaro del Capo** an.

Schließlich seien neben hochwertigen Olivenölen und zahlreichen regionalen Käsesorten (z. B. der pecorino von Moliterno aus der Basilikata) die lukanischen und kalabrischen Weine angepriesen. Einer Reihe von ihnen wurde das D.O.C.-Siegel verliehen, darunter der tiefrote lukanische **Aglianico del Vulture**, die Weißweine aus Lamezia Terme (z. B. die der Cantina Lento), der **Pollino D.O.C.** aus Frascineto und Castrovillari und v. a. die nach ihrem Anbaugebiet mit **Cirò** etikettierten Roten und Weißen aus der Provinz Crotone (z. B. aus den Häusern Librandi, Zito oder Ceraudo).

Basilikata – das Landesinnere

Potenza
ca. 80.000 Einwohner

Die mehrfach und zuletzt 1980 erdebebengeschüttelte Hauptstadt der Basilikata ist Italiens höchstgelegene (819 m), durch umfangreiche Neubebauung im Talbereich inzwischen „mehrstöckige" Provinzhauptstadt.

Ihre Altstadt auf der obersten Stadtetage ist mit einer Rolltreppe und Aufzügen mit den unteren Stockwerken verbunden. Sehens- und atmosphärisch erlebenswert sind ihre Hauptflaniermeile **Via Pretoria**, die großzügige **Piazza Pagano** mit dem **Palazzo del Governo** und dem **Teatro Stabile** aus dem 19. Jh. und der Domplatz, der von der hochmittelalterlichen **Cattedrale di San Gerardo,** dem dahinter liegenden Bischofspalast und dem imposanten **Palazzo Loffredo,** beide aus dem frühen 17. Jh., flankiert wird. In Letzterem dokumentieren seit 2005 die nach historischen

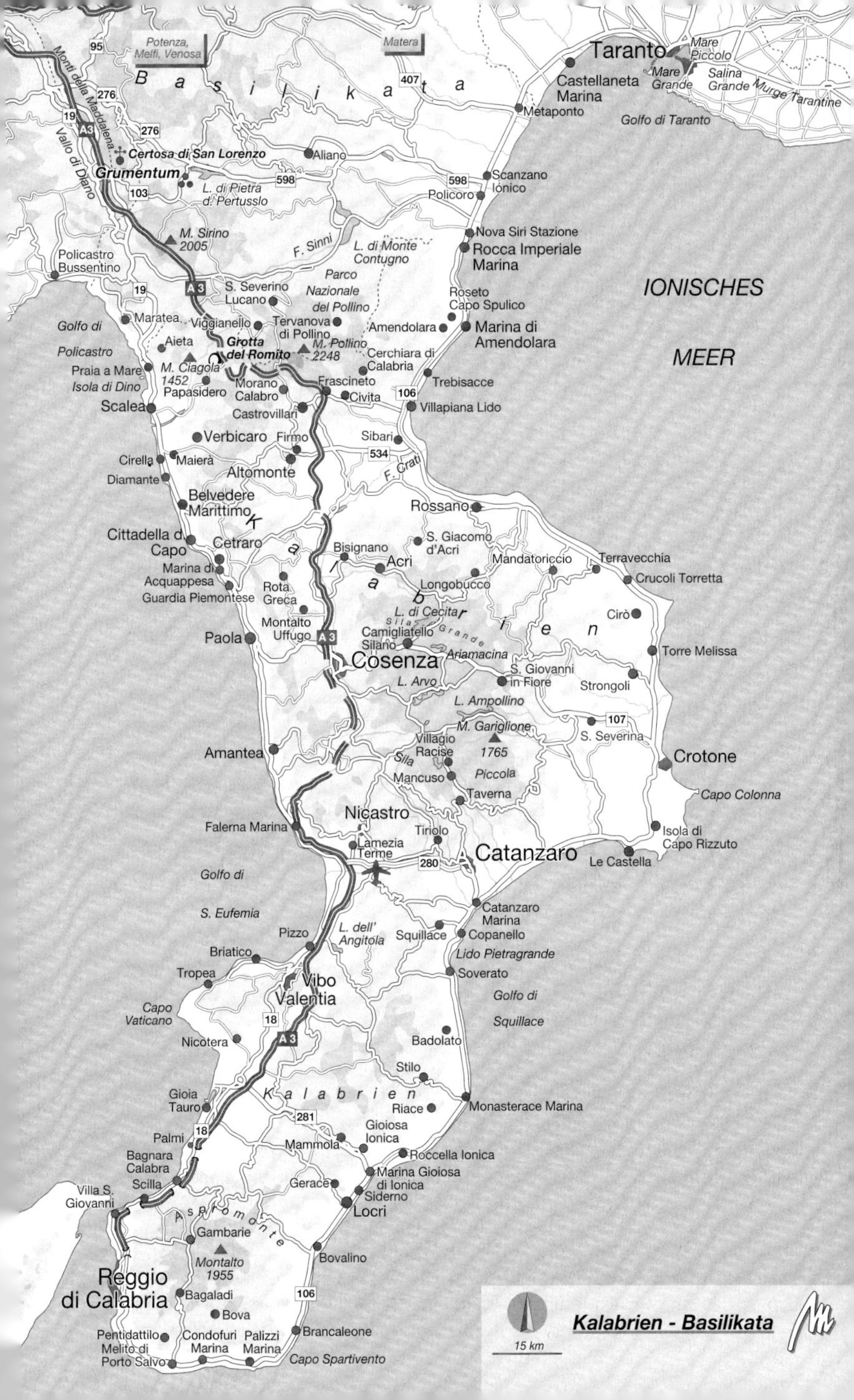
Kalabrien - Basilikata
15 km
Potenza, Melfi, Venosa
Matera
Basilikata
Taranto
Mare Piccolo
Mare Grande
Salina Grande
Murge Tarantine
Castellaneta Marina
Metaponto
Golfo di Taranto
95
407
276
19
A3
Monti della Maddalena
Vallo di Diano
Certosa di San Lorenzo
Aliano
Grumentum
598
Scanzano Ionico
Policoro
L. di Pietra d. Pertusslo
103
M. Sirino 2005
F. Sinni
L. di Monte Cotugno
Nova Siri Stazione
Rocca Imperiale Marina
Policastro Bussentino
Parco Nazionale del Pollino
S. Severino Lucano
Roseto Capo Spulico
IONISCHES MEER
Maratea
Viggianello
Tervanova di Pollino
Amendolara
Marina di Amendolara
Golfo di Policastro
Aieta
Grotta del Romito
M. Pollino 2248
Cerchiara di Calabria
M. Ciagola 1452
Praia a Mare
Isola di Dino
Papasidero
Morano Calabro
Frascineto
Civita
Trebisacce
106
Villapiana Lido
Scalea
Castrovillari
Verbicaro
Firmo
Sibari
534
Cirella
Maierà
Diamante
Altomonte
F. Crati
Belvedere Marittimo
Rossano
Kalabrien
Cittadella d. Capo
Cetraro
S. Giacomo d'Acri
Bisignano
Acri
Mandatoriccio
Terravecchia
Crucoli Torretta
Marina di Acquappesa
Guardia Piemontese
Rota Greca
Longobucco
L. di Cecita
Cirò
Montalto Uffugo
Sila Grande
Paola
Camigliatello Silano
Torre Melissa
Cosenza
Ariamacina
L. Arvo
S. Giovanni in Fiore
Strongoli
L. Ampollino
M. Gariglione
107
S. Severina
Villagio Racise
1765
Amantea
Sila Piccola
Crotone
Mancuso
Taverna
Capo Colonna
Nicastro
Falerna Marina
Tiriolo
Isola di Capo Rizzuto
Lamezia Terme
Catanzaro
280
Le Castella
Golfo di S. Eufemia
Catanzaro Marina
L. dell' Angitola
Squillace
Copanello
Pizzo
Lido Pietragrande
Briatico
Soverato
Tropea
Vibo Valentia
Golfo di Squillace
Capo Vaticano
18
Badolato
Nicotera
Stilo
Kalabrien
Gioia Tauro
Riace
Monasterace Marina
281
Gioiosa Ionica
Palmi
Mammola
Roccella Ionica
Bagnara Calabra
Marina Gioiosa di Ionica
Scilla
Gerace
Siderno
Villa S. Giovanni
Locri
Aspromonte
Gambarie
Montalto 1955
Bovalino
Reggio di Calabria
Bagaladi
106
Bova
Brancaleone
Pentidattilo
Melito di Porto Salvo
Condofuri Marina
Palizzi Marina
Capo Spartivento

Epochen und/oder Fundorten sortierten Exponate des **Museo Archeologico Nazionale** die Kulturgeschichte der gesamten Basilikata von der Stein- bis zur Römerzeit, während die im selben Gebäude untergebrachte **Galleria Civica Comunale** mit spektakulären Wechselausstellungen zeitgenössische künstlerische Akzente setzt.
Öffnungszeiten/Eintritt **Museo Archeologico Nazionale**, Mo 14–20, Di–So 9–20 Uhr. Eintritt 2,50 €. Via Serrao 11/Largo Duomo, ✆ 0971/21719. **Galleria Civica Comunale**: Di–So 9–13 u. 16–21 Uhr. Eintritt 3 €. Eingang Piazza Pignatari, ✆ 0971/21785.

• *Information* Informazioni Turistiche, Infopunkt im Fahrstuhlgebäude auf der Ebene der Altstadt. Mo–Fr 8.30–13.30 Uhr, Di/Do auch 16–19 Uhr. Piazza Vittorio Emanuele II, ✆ 0971/415150.

• *Anfahrt/Verbindungen* Mit dem PKW auf der A 3 Ausfahrt Sicignano-Potenza. SS 93 nach Vulture/Apulien und SS 407 (Basentana) nach Matera und zur ionischen Küste. Parken: Viale G. Marconi nahe Campo Sportivo Viviani, von wo man mit der Rolltreppe in die Altstadt hinauffahren kann.
Bahnhöfe der FS an der Via Sicilia (Potenza Superiore) bzw. am Viale Marconi (Potenza Inferiore), von beiden stündlich **Züge** über das Vulture-Gebiet nach Foggia (Apulien), nur von Potenza Inferiore nach Salerno/Napoli bzw. Taranto.
Rolltreppenverbindungen zwischen Neu- und Altstadt, mehrere intra- und extraurbane **Buslinien**, z. B. nach Matera, Pisticci und Policoro sowie Fernverbindungen in den Norden (vom Busterminal am Ospedale S. Carlo).

• *Übernachten/Essen & Trinken*
*** **Pretoria**, sehr kleines, gepflegtes Haus im Herzen der Altstadt. DZ 120 €, EZ 80 € (ohne Frühstück). Via XX Settembre 4, ✆ 0971/37100, hotelpretoria@tiscali.it.
Trattoria al Duomo, hier kann man in städtebaulich gefälliger Umgebung und rustikal-stilvoller Atmosphäre die deftige lukanische Küche genießen. Via Serrao (direkt am Dom), ✆ 0971/24848. So Ruhetag.
Antica Osteria Marconi, Traditionsrestaurant, das als bestes Haus am Platz gilt. Geboten wird raffiniert verfeinerte Bauernküche. Viale Marconi 233, ✆ 0971/56900. Mo Ruhetag.

Il Vulture

Der erloschene **Vulkan Monte Vulture** im Nordwesten der Basilikata dominiert eine weiche Hügellandschaft mit Kraterseen und ausgedehnten Laubwäldern. Auf dem fruchtbaren Boden reift mit dem **Aglianico del Vulture** einer der besten Weine Süditaliens und zahllose Olivenbäume liefern den Rohstoff für hochwertiges Öl. Kulturbeflissenen Reisenden bietet das Vulture-Gebiet so geschichtsträchtige Orte wie Melfi und Venosa, die mit bemerkenswerten steinernen Hinterlassenschaften ihrer antiken und mittelalterlichen Vergangenheit aufwarten.

Melfi: Zu Füßen des 1326 m hohen Berges liegt das weltgeschichtsträchtige Melfi mit dem zum archäologischen Nationalmuseum umgewidmeten mächtigen normannisch-staufischen **Kastell**, das ab 1059 als Hauptstadt des süditalienischen Normannenreiches und Veranstaltungsort mehrerer päpstlicher Konzile fungierte. Friedrich II. proklamierte hier im Jahre 1231 die *Konstitutionen von Melfi*, die als rechtliche Grundlagen moderner Staatsverfassungen gelten. Vor den mittelalterlichen Toren der zudem mit einer barock verkleideten normannischen Kathedrale gesegneten Stadt sorgt ein Fiat-Werk für Arbeitsplätze.

Venosa: Die alte Römerstadt an der historischen Via Appia, in der der berühmte Dichter Horaz 65 v. Chr. geboren wurde, bietet einen u. a. mit einem eindrucksvollen römischen Thermalbad bestückten archäologischen Park. Hinter diesem erhebt sich mit der dreiteiligen, seit frühchristlichen Tagen „gewachsenen" schlicht-schönen **Abbazia della Trinità** einer der faszinierendsten Sakralbauten Süditaliens. Die Stadt wartet außerdem mit einem Archäologischen Nationalmuseum – untergebracht in einem wuchtigen Schloss aus dem 15. Jh. – und einer Reihe weiterer steinerner Zeugnisse seiner seit 291 v. Chr. protokollierten Geschichte auf.

Laghi di Monticchio: Mehr Natur denn Kultur bieten die von üppigen Wäldern und markierten Wanderwegen (u. a. auf den Spuren des berühmt-berüchtigten Briganten Carmine Crocco) eingerahmten Laghi di Monticchio, über denen die **Abbazia San Michele Arcangelo** schneeweiß aufleuchtet. Die Geschichte der Abtei reicht bis ins 8. Jh. zurück, wobei das heutige Klostergebäude mit integrierter historischer Grottenkirche erst aus dem 18. Jh. datiert.

Barile: Wer sich vornehmlich für Wein und Öl interessiert, möge in Barile Station machen, das einst von albanischen Einwanderern gegründet wurde und 1964 neben Matera die Kulisse für Pasolinis Matthäusevangelium abgab. Es besticht v. a. durch seine in kühlen Erdgrotten untergebrachten Weinkellereien.

- *Anfahrt/Verbindungen* Mit dem **PKW** über die A 16 Napoli – Bari Ausfahrt Candela bzw. Cerignola West (von Bari kommend), A 3 Ausfahrt Sicignano-Potenza, ab Potenza SS 93 Richtung Foggia.
Bahnverbindung an der Strecke Potenza – Foggia (Bahnhöfe in Rionero del Vulture und Melfi).
Busse (Liscio, Morretti und Sita) zwischen den einzelnen Orten, nach Potenza und Bari.
- *Übernachten/Essen & Trinken* ***** Villa Maria**, liegt in der Nähe der Seen im Wald und verfügt über mehrere Terrassen, Garten und Pool. Das Haus ist mit Vulkanstein und Kastanienholz minimalistisch-modern renoviert, die Zimmer sind groß und hell und haben komfortable Bäder. Dazu kommen die Freundlichkeit des Inhaberehepaares Angelo und Concetta und ein empfehlenswertes Restaurant. DZ 60 €, EZ 40 €. Laghi di Monticchio, Via Belvedere, ✆ 0972/731025, ✉ 731900, www.hotelvillamaria.net.
Camping Parco Naturale Europa, einfacher, kleiner Platz am Seeufer. Bar, kleines Fährboot zur Überquerung des Sees und Bootsverleih. März–Nov. geöffnet. Via Lago Grande 26, ✆ 0972/731008 u. 0972/724091 (Winter), www.campingeuropa.net.
**** La Locanda del Palazzo, in der geschmackvoll restaurierten alten „Casa Vinicola" kann man luxuriös logieren und/oder gehobene lukanische Küche (Donnerstagabend geschlossen) und den guten Aglianico-Wein aus dem eigenen Keller genießen. Die letzten drei Juliwochen geschlossen. DZ 108 €, EZ 77 €, Menü (ohne Wein) 50 €. Barile, Piazza Caracciolo 7, ✆/✉ 0972/771051, www.locandadelpalazzo.com.
TIPP! La Maddalena Agriturismo, gepflegte Zimmer in frisch umgebauten Ställen und Futtersilos, leckeres Essen aus dem eigenen Garten und Stall, ein Pool zur Erfrischung und aufmerksamer Service. Das Ganze inmitten von Weinreben und Olivenhainen und nur gut 2 km von Venosas Altstadt entfernt an der Straße nach Cerignola. DZ 70 €, EZ 55 €, HP 50 €. ✆ 0972/32735, ✉ 374000, www.agrimaddalena.it.
Al Frantoio, Gourmettempel für den etwas teureren (Menü ab 30 €), den Vernehmen nach aber äußerst lohnenswerten kulinarischen Genuss im gediegenen Ambiente einer umgebauten Ölmühle. Venosa, Via Roma 211, ✆ 0972/36925. Mo Ruhetag.

Lukanische Dolomiten

Die bizarren Felsformationen, die sich südwestlich von Potenza abrupt aus einer ansonsten lieblichen, von Laubwäldern und Olivenhainen bedeckten Mittelgebirgslandschaft in den Himmel recken, sind die Attraktion des regionalen Naturparks „Parco Naturale Regionale di Gallipoli Cognato e delle Piccole Dolomiti Lucane". Der von 198 auf 1367 m ansteigende, teilweise dicht bewaldete Park ist ein Eldorado für Wanderer, Kletterer und Mountainbiker, die hier landschaftlich reizvolle Kilo- und Höhenmeter zurücklegen können.

Angelehnt an die nackten Felswände dümpeln die aussichtsreichen Dörfer **Castelmezzano** und **Pietrapertosa** sympathisch vor sich hin. Ab Sommer 2007 sind die beiden Orte mit der Engelsfluglinie *Volo dell'Angelo* miteinander verbunden, auf der man an einem Stahlseil befestigt auf maximal 400 Höhenmetern und mit 120 Stundenkilometern die 1,5 km Luftlinie zwischen beiden Dörfern überfliegen kann.

- *Anfahrt/Verbindungen* Beide Orte sind mit dem **PKW** von der SS 407 (Basentana) zu erreichen. **Busse** nach Potenza, von Pietrapertosa nach Campomaggiore, wo sich der nächste Bahnhof (Linie Potenza – Foggia) befindet, von Accettura Busse nach Matera.
- *Übernachten/Essen & Trinken* *** **Hotel La Locanda di Castromediano**, in Castelmezzano, nagelneu, gepflegt und umsichtig geführt. DZ 70 €, EZ 45 €, HP 55 €. Vico I Maglietta 7, ✆ 0971/986249, www.becco dellacivetta.it. Dazu gehört das **Restaurant Al Becco della Civetta**, ein nach einem der Gipfel der Lukanischen Dolomiten (Käuzchenschnabel) benanntes Restaurant mit lukanischer Küche, das u. a. wegen der hausgemachten Pasta und der sympathischen Köchin und Hausherrin Antonietta Santoro quasi regionsweit gepriesen wird. 11–16 u. 19–22 Uhr. Di Ruhetag.

** **Il Frantoio**, in Pietrapertosa, in einer umgebauten Olivenmühle untergebrachtes, schlichtes 12-Zimmer-Hotel mit Restaurant. Der nette Inhaber, als lukanisches Emigrantenkind in der Schweiz geboren, spricht perfekt Deutsch. DZ 43 €, EZ 33 €. Via M. Torraca 15/17, ✆/℡ 0971/983190, albfrantoio @tiscalinet.it.

TIPP! La Casa di Penelope & Cirene **B&B**, ebenfalls in Pietrapertosa, adrettes, antik möbliertes und mit Familienfotos dekoriertes Häuschen unter der Regie der lebhaften Teresa Colucci. 4 Zimmer mit ebenso schönen wie bequemen Betten, gepflegte Bäder und eine kleine Wohnküche schaffen eine gemütliche Atmosphäre. Übernachtung mit Frühstück 20 €/ Pers. Familien und Kleingruppen bietet Teresa außerdem einen umgebauten alten Weinkeller mit Terrasse an für 35 €/ Tag. Via Garibaldi 32 (auf jeden Fall vorher anrufen oder mailen!), ✆ 0971/983013 u. 338/3132196, teresa.colucci@tiscali.it.

Oberes Agrital/Grumentum

Zwischen den römischen Ausgrabungsstätten von Grumentum sowie den Gemeinden Montemurro und Spinoso zum Lago Pertusillo gestaut, durchfließt der Agri ein im Frühling von blühenden Wiesen und rot leuchtenden Mohnfeldern koloriertes hügeliges Tal.

Einige exponiert gelegene Bergstädtchen, darunter Viggiano, Moliterno und Grumento Nova, bewachen diese landschaftliche Idylle vor der Gebirgskulisse von Volturino und Sirino, die allein durch einige Erdölförderanlagen gestört wird.

Die imposanten Hinterlassenschaften der im dritten vorchristlichen Jahrhundert gegründeten antiken Stadt Grumentum, darunter die gut erhaltenen Reste des antiken Straßensystems, das Forum, zwei Theater aus dem 1. Jh. v. Chr. und die Grundmauern eines römischen Wohnhauses, werden vom **Museo Nazionale dell'Alta Val d'Agri** am Eingang des archäologischen Parks anschaulich kommentiert. Das kunsthistorisch spektakulärste Exponat ist ein auf dem nahen Forum entdeckter Marmorkopf, der die Frau des Augustus – Livia – darstellt.

Öffnungszeiten/Eintritt **Museum**, Mo 14–20 Uhr, sonst 9–20 Uhr. Der archäologische **Park** schließt eine Stunde vor Sonnenuntergang.

- *Anfahrt/Verbindungen* Mit dem **PKW** auf der A 3 Ausfahrt Atena Lucano oder Padula, über die SS 598 nach Scanzano am Ionischen Meer. **Busverbindungen** nach Potenza.
- *Übernachten/Essen & Trinken* **Parco Verde Agriturismo**, neben dem Ausgrabungsgelände und mitten im Grünen eröffnetes rustikales Lokal mit Picknickplatz. Es gibt einige schlichte Zimmer und einen kleinen **Agricampeggio** für Zelte und Wohnwagen. Ganzjährig geöffnet. Ein-, Zwei- und Dreibettzimmer zu 18 € (pro Person), HP 37 €. Contrada di Spineta, ✆ 0975/65590, www.agriturismoparcoverde.com.

TIPP! **Osteria del Gallo**, ein wegen der ausgezeichneten „neulukanischen" Küche, die Traditionsgerichte etwas leichter und kreativer serviert, in der gesamten Umgebung zu Recht beliebtes Restaurant (Menü ca. 20 €). Es liegt gut 10 km nordwestlich der Römerstadt in Villa D'Agri, Via Nazionale 2, ✆ 0975/352045.

Aliano
ca. 1.000 Einwohner

Carlo Levis literarisches „Gagliano" alias Aliano liegt inmitten der kalkigen, sonnenverbrannten Faltengebirgslandschaft der Calanchi, die in ihrem Erscheinungsbild dem türkischen Kappadokien gleicht.

Carlo Levis 1945 erstmals publiziertes, später in 37 Sprachen übersetztes und 1978 von Francesco Rosi verfilmtes Verbannungstagebuch *Christus kam nur bis Eboli* hat die Gemeinde über dem unteren Agrital auf der ganzen Welt bekannt gemacht. Wie viele Oppositionelle unter Mussolini ins unfreiwillige Exil in den bitterarmen italienischen Süden geschickt, lebte der Turiner Arzt, Maler und Schriftsteller von September 1935 bis Mai 1936 in Aliano, auf dessen Friedhof er 1975 seine letzte Ruhe fand. Heute ist der ganze Ort als **Parco Letterario Carlo Levi** ausgewiesen und mit Zitaten aus Levis Bestseller gespickt.

Herzstück des Literaturparks ist die Museumslandschaft mit dem **Museo Carlo Levi**, dessen Bestände (Dokumente, Zeitungsartikel, Fotografien, Briefe etc. zu Levis Aufenthalt) derzeit eingelagert sind und auf ein neues Domizil warten. Drei weitere Museen zählen dazu, darunter die **Pinacoteca Carlo Levi (Museo delle Tele)** an der Piazza Garibaldi, die 20 Originalgemälde von Levi hütet. Von dort wird man zum **Museo della Civiltà Contadina** begleitet, das in einer restaurierten alten Ölmühle vom historischen Alltagsleben und den Festbräuchen der Dorfbewohner erzählt. Es befindet sich im Kellergeschoss der **Casa di Confino**, Carlo Levis Verbannungsdomizil, in dem man einen gleichzeitig auf zwei Wände projizierten, kommentierten, allegorisch angehauchten Videofilm über Aliano auf sich wirken lassen kann (auch in deutscher Sprache).

Öffnungszeiten/Eintritt **Museen**, Tägl. außer Mi 10.30–12.30 u. 16–19 Uhr. Eintritt 3 €. Piazza Garibaldi, ✆ 0835/568181 (Donata Latronico) oder 0835/568315 (Mimma Villone), www.aliano.it.

- *Anfahrt/Verbindungen* Mit dem **PKW** auf der A 3 Abfahrt Atena-Lucano, dann SS 598, von der SS 106 bei Scanzano auf die SS 598, dann kurvige Provinzstraßen. **Busverbindungen** nach Stigliano und S. Arcangelo, von dort nach Matera, zur ionischen Küste sowie nach Potenza.
- *Übernachten/Essen & Trinken* **Taverna La Contadina Sisina**, serviert lokale Spezialitäten, die neben der hausgemachten Pasta vornehmlich aus unterschiedlich zubereiteten Lamm- und Ziegenfleischgerichten bestehen. Auch Vermietung von Wohnungen und Zimmern in der Nachbarschaft. DZ 50 €. Via Roma 13, ✆/✆ 0835/568239, www.lacontadinasisina.com.

Pollino Lucano

Die mit viel frischer Luft gefüllte grüne Lunge des Pollino, die sich die Basilikata und Kalabrien miteinander teilen, ist ein mit einer artenreichen Pflanzen- und Tierwelt gesegnetes Paradies für ruhebedürftige Naturfreunde und Wandervögel.

Die auf 2266 m ansteigende Wald- und Gebirgslandschaft wurde 1993 zum **Parco Nazionale del Pollino** ernannt. Als Besonderheit ihrer vielfältigen Flora und Fauna und Symbol des Parks gilt der in der Zone zwischen 1500 und 2000 Höhenmetern gedeihende Pino Loricato, ein Nadelbaum mit einer schuppenförmigen, rüstungsähnlichen Rinde. Darunter präsentiert der Pollino nahezu die gesamte Palette der Laub- und Nadelbäume, Pilze, Waldfrüchte, Kräuter- und Blütenpflanzen, z. B. üppige Ginsterbüsche, die die Wiesen am Fuße des Bergmassivs im Frühjahr in ein sattes Gelb tauchen. Zu den tierischen Bewohnern des Naturparks zählen Wölfe und

Steinadler. Kulinarische Aushängeschilder des Pollino sind luftgetrockneter Schinken, aromatische Pilzgerichte und gebietstypische Spielarten der Käsesorten Pecorino, Ricotta und Caciocavallo. Seine touristischen Zentren bieten allesamt Beratung und Begleitung bei Wander-, Mountainbike-, Reit- und Langlaufexkursionen an.

Rotonda: Das freundliche, auf Obst- und Gemüseanbau spezialisierte Landwirtschaftsstädtchen auf 580 m Höhe wird von einem mittelalterlichen Kastell gekrönt. Es ist Sitz der Zentrale des Pollino-Nationalparks, die im ehemaligen Priesterseminar am Santuario di S. Maria della Consolazione residiert.

San Severino Lucano: Das beschauliche Centro storico und seine im Grünen verstreuten Ortsteile Magnano, Mezzana oder Cropani wirken wie Baldrian auf gestresste Großstadtseelen. Sie sind in das Flusstal des Frido eingebettet, werden von Wiesen und Wäldern umarmt und im Süden von den höchsten Gipfeln des Pollino-Massivs, dem Monte Pollino (2248 m) und der Serra Dolcedorme (2266 m) überragt.

Viggianello: Wer Naturberührung sucht, bei der Unterbringung dennoch nicht auf einen gewissen Stil und Komfort verzichten möchte, ist in der Gemeinde zu Füßen der Serra del Prete (2180 m) gut aufgehoben. Ihre stimmungsvollen Gassen und Plätze entwickelten sich um ein unterdessen in ein gediegenes Hotel verwandeltes Schloss aus dem 16. Jh.

Terranova del Pollino: Der Ort auf 926 m Höhe ist architektonisch und atmosphärisch unspektakulär. Zum Ausgleich gewährt er phantastische Aussichten in die Bergwelt und genießt einen ausgezeichneten Ruf hinsichtlich seiner Gastronomie.

• *Anfahrt/Verbindungen* Mit dem **PKW** auf der A 3 Ausfahrt Lauria-Nord, dann SS 653, die von Osten kommend von der Küstenpiste SS 106 anzufahren ist.

• *Information/Exkursionen* **Ente Parco Nazionale del Pollino**, Mo–Fr 9.30–13 Uhr, Mo/Mi auch 16–17 Uhr (u. a. Vermittlung von autorisierten Bergführern). Via delle Frecce Tricolari 6, 85048 Rotonda (PZ), ✆ 0973/669311, ✉ 667802, www.parcopollino.it. In den Touristenbüros und Hotels der anderen Orte ebenfalls Wanderkarten und -infos und Vermittlung von Bergführern.

• *Übernachten/Essen & Trinken in Rotonda*
*** Sirio, modernes Hotel mit komfortablen Balkonzimmern nahe der lebhaften Piazza V. Emanuele III. DZ 60 €, EZ 40 €. Via dei Rotondesi in Argentina 1, ✆ 0973/667600, ✉ 667537, www.hotelsirio-pollino.com.

Calivino Agriturismo, kleines, hübsch restauriertes Bauernhaus inmitten von Obst-, Wein- und Olivenkulturen einige Kilometer südlich von Rotonda, in dem man übernachten, aber auch nur essen (außer Mo) kann. DZ 55 €. Contrada S. Lorenzo, ✆/✉ 0973/661688, www.aziendacalivino.it.

Das größte kulinarische Renommee genießt **Da Peppe**, das sich mit raffinierter lukanischer Küche und guter Weinauswahl empfiehlt. Menü 30 €. Corso Garibaldi 13, ✆ 0973/661251.

In San Severino Lucano *** La Vecchia Cantina**, sympathische kleine Familienpension in einem hübschen zweistöckigen Haus im Zentrum. Einfache, aber ansprechende Zimmer, gemütliche (Frühstücks-) Bar und Garten. April–Dez. geöffnet. DZ 50 €, EZ 30 €. Corso Garibaldi 8, ✆/✉ 0973/576234.

Camping Val Frida, etwa 9 km südlich von San Severino (im Ortsteil Mezzana-Salice) offeriert der einzige Campingplatz des lukanischen Pollino 20 Stellplätze für Zelte und Wohnwagen. Mai bis Ende Okt. geöffnet. ✆ 0973/570204 u. 347/4060175.

Im Ortszentrum des Restaurants **La Fontana del Brigante** (Corso Garibaldi 189, ✆ 347/8020468, Di Ruhetag) und **Da Agostino** (Via Circumvallazione, ✆ 0973/576710, Fr Ruhetag), die u. a. hausgemachte Nudeln mit Wildschwein- oder Steinpilzsoße, Zicklein, Lamm und Bohnensuppe auftischen.

In Viggianello ****** Il Castello dei Principi**, mit edelsten Materialien restauriertes, nobel möbliertes und mit erlesener Bett- und Tischwäsche dekoriertes Schlosshotel in aussichtsreicher Lage. DZ 100 €, EZ 53 €. Via Ponte Castello, ✆/✉ 0973/664042 u. 338/9802309, castellodelprincipe@interfree.it.

TIPP! **** Locanda di San Francesco**, in einem 200 Jahre alten Haus untergebracht-

Auch Matera wurde durch Carlo Levi zum Schauplatz der Weltliteratur

tes, stilvolles Hotel im alten Ortskern. 20 großzügige Zimmer (z. T. mit Blick auf die höchsten Gipfel des Pollino), Garten, freundliche Atmosphäre und kulinarisch überzeugend bekochtes Restaurant. DZ 68 €, EZ 38 €. Via San Francesco 4, ✆/📠 0973/664384, www.locandapollino.it.

In Terranova del Pollino *** **Hotel Picchio Nero**, im Alpenstil gehaltene Hotelanlage mit Garten, Pool und anerkannt guter Küche (Pilzgerichte und luftgetrocknete Wurstwaren aus eigener Herstellung). DZ 67 €, EZ 55 €, HP 67 €. Via Mulino 1, ✆/📠 0973/93170, www.picchionero.com.

Matera
ca. 56.000 Einwohner

Das seit dem 13. Jh. gewachsene, zuletzt von den Ärmsten der Armen bevölkerte Stadtviertel der Sassi von Matera ist nicht erst seit dem Kinostart von Mel Gibsons blutgetränktem Passionsspiel (*Die Passion Christi*, 2004) eine internationale Touristenattraktion.

Schon in Levis *Christus kam nur bis Eboli* (1945) eindrucksvoll beschrieben und in den 1960er Jahren von Kultregisseur Pier Paolo Pasolini als Drehort für seinen Film *Matthäuspassion* erwählt, wurden die in den 1950er und 60er Jahren wegen der katastrophalen hygienischen Verhältnisse geräumten Grottenwohnungen im Sasso Barisano und Sasso Caveoso 1993 von der UNESCO zum Weltkulturerbe erklärt. Seither wurden viele der halb verfallenen alten Gemäuer, Gewölbe und in Fels gehauenen Gotteshäuser kostenträchtig restauriert. Sie beherbergen nun kleine Museen, schicke Büros und Ateliers, gediegene Bars und Restaurants, stilvolle Hotels und zahlreiche B&Bs, die in jüngster Vergangenheit geradezu wie Pilze aus dem steinigen Boden sprießen.

Sehenswertes

Die zum „Monument der Armut" stilisierten und zum teuren In-Viertel städtebaulich aufgepeppten Sassi, über denen sich die der Ortsheiligen Madonna della Bruna geweihte romanische **Kathedrale** aus der Mitte des 13. Jh. erhebt, sind auf markierten Rundgängen allein oder in Begleitung autorisierter Stadtführer zu erkunden.

Hier eine Auswahl der Besichtigungshöhepunkte:

MUSMA – Museo Della Scultura Contemporanea: Die im Oktober 2006 im Palazzo Pomarici unweit des Doms eröffnete Dauerausstellung zeitgenössischer Bildhauerei schlägt künstlerische Brücken zwischen Vergangenheit, Gegenwart und Zukunft, indem sie im historischen Ambiente der Sassi Skulpturen der jüngeren internationalen Künstlergenerationen, darunter Werke von Niki de Saint-Phalle, Joseph Beuys, Hans Arp oder Fritz Wotruba, präsentiert.

Öffnungszeiten/Eintritt Di–So 10–14 Uhr. Eintritt 5 €. Via San Giacomo, ✆ 0835/330582, www.zetema.org.

Piazza Sedile: Der hübsche Platz, an dem früher die Silberschmiede ihrem Handwerk nachgingen, wird heute von den Geigen- und Klavierklängen aus dem benachbarten Musikkonservatorium beschallt.

Piazza S. Francesco: Angesichts der gleichnamigen, zwar schon im 13. Jh. gegründeten, aber erst später prächtig verzierten Kirche kommen die Fans üppigen Barocks auf ihre Kosten.

Madonna delle Virtù und S. Nicola dei Greci: Höhlenkloster im Sasso Barisano, dessen ältester Teil, die Kirche Madonna delle Virtù, aus dem 10. oder 11. Jh. datiert (allerdings wurde sie im 17. Jh. umgebaut). Darüber wurde später das zweite Gotteshaus errichtet, die Kirche S. Nicola dei Greci, mit sehenswerten Fresken aus dem 13. und 14. Jh.

Madonna de Idris: Die zur Hälfte in Tuffstein gehauene Kirche Madonna de Idris im Sasso Caveoso ist eines der beeindruckendsten Bauwerke der Sassi. Allerdings präsentiert sich das ungewöhnliche Gotteshaus nach einem Einsturz des Tuffsteingewölbes in einer im 16. Jh. rekonstruierten Form.

Casa Grotta di Vico Solitario: Das Museum inszeniert eine original eingerichtete Grottenwohnung und dokumentiert

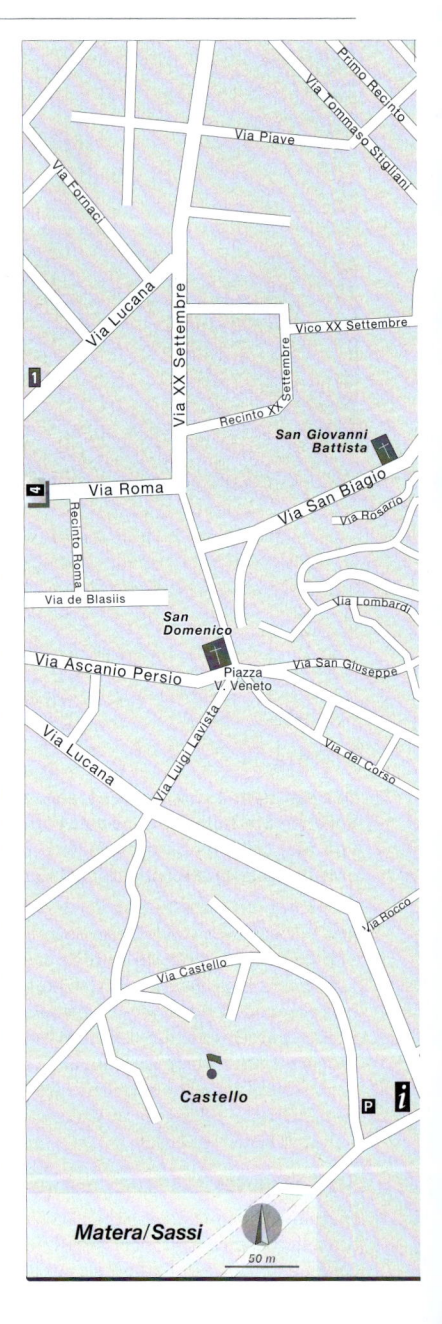

Matera 927

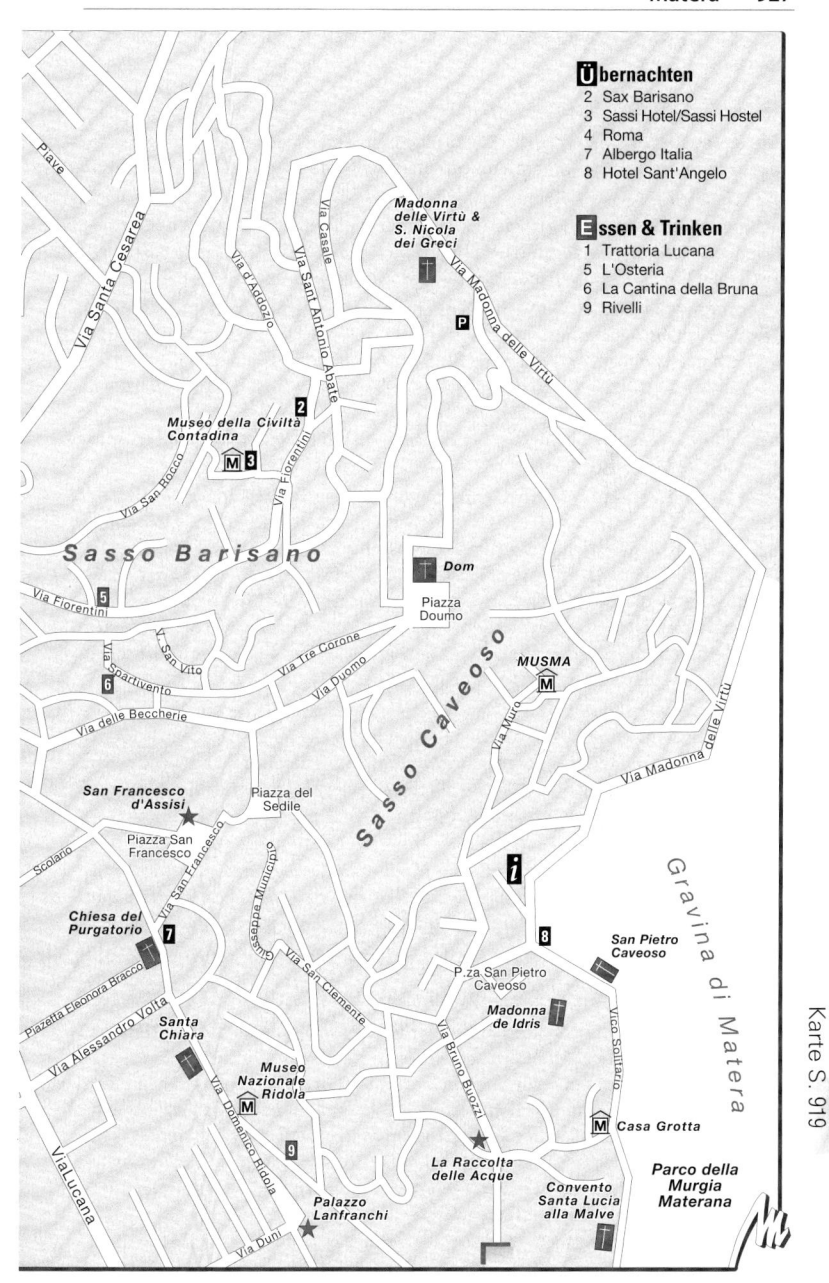

Übernachten
2 Sax Barisano
3 Sassi Hotel/Sassi Hostel
4 Roma
7 Albergo Italia
8 Hotel Sant'Angelo

Essen & Trinken
1 Trattoria Lucana
5 L'Osteria
6 La Cantina della Bruna
9 Rivelli

Madonna delle Virtù & S. Nicola dei Greci

Museo della Civiltà Contadina

Sasso Barisano

Dom
Piazza Doumo

MUSMA

Sasso Caveoso

San Francesco d'Assisi
Piazza del Sedile
Piazza San Francesco

Chiesa del Purgatorio

San Pietro Caveoso

Santa Chiara

Museo Nazionale Ridola

Madonna de Idris

Casa Grotta

La Raccolta delle Acque

Palazzo Lanfranchi

Convento Santa Lucia alla Malve

Parco della Murgia Materana

Gravina di Matera

Kalabrien und Basilikata
Karte S. 919

928 Kalabrien und Basilikata

gleichsam Levis Schilderungen von den bäuerlichen Lebensverhältnissen in den Sassi.

Öffnungszeiten/Eintritt Nov.–März 9.30–17 Uhr, April–Okt. 9.30–20 Uhr. Eintritt 1,50 €. Vico Solitario 11, ✆ 0835/310118, www.casagrotta.it.

S. Lucia alle Malve: Die im 9. Jh. von basilianischen Mönchen gegründete Kirche, die zwischenzeitlich zum Wohnraum profanisiert worden war, ist in ihrem Innern mit Fresken, Gemälden und Statuen aus dem 12.–17. Jh. geschmückt.

Convincinio di S. Antonio: Aus vier zwischen dem 14. und 15. Jh. in den Stein getriebenen Felsenkirchen zusammengesetzter Komplex am Südzipfel der Sassi, von dessen kleiner Terrasse das Panorama des Sasso Caveoso zu genießen ist.

La Raccolta delle Acque: Wer sich für die historische Wasserversorgung der Sassi interessiert, kann hier in ein vor 200 Jahren angelegtes System von Kanälen und Zisternen unterhalb der (alten) Chiesa del Purgatorio Vecchio abtauchen.

Öffnungszeiten/Eintritt April–Okt. tägl. 10–13 u. 14–19 Uhr, Nov.–März nur Sa/So. Via Bruno Buozzi (Sasso Caveoso), ✆ 0835/312744, www.laraccoltadelleacque.it.

Oberhalb des stets von Turmfalken überkreisten historischen Armenquartiers warten weitere Sehenswürdigkeiten:

Piazza Vittorio Veneto: Der urban anmutende Platz wird vom Rathaus, dem örtlichen Gefallenendenkmal, der im 13. Jh. erbauten (Kloster-)Kirche **S. Domenico,** dem seit 1230 „gewachsenen" **Convento dell'Annunziata** und der 1680 erbauten einschiffigen Kirche **Mater Domini (Cavalieri di Malta)** eingerahmt. Unter Letzterer wurde 1993 die vermutlich bereits um 1000 gegründete Kirche **Spirito Santo** mit einem Fresko der Hl. Sofia aus dem 14. Jh. entdeckt. In der Mitte der Piazza tut sich das Pflaster auf, um den Blick in das unterirdische Gewölbe eines historischen Straßen- und Kanalsystems **(Ipogei)** freizugeben.

Museo Nazionale Ridola: Das in dem ehemaligen Kloster Santa Chiara untergebrachte Museum wurde 1911 von dem Arzt und Archäologen Domenico Ridola (1841–1932) gegründet, der dem Staat 1910 seine umfangreichen archäologischen Funde vermacht hatte, die unterdessen durch weitere in Matera und Umgebung zu Tage geförderte Objekte ergänzt worden sind.

Öffnungszeiten/Eintritt Mo 14–20 Uhr, Di–So 9–20 Uhr. Eintritt 2,50 €. Via Ridola 24, ✆ 0835/310058.

Museo Nazionale dell'Arte Medievale e Moderna: Die Exponate des Museums, darunter mittelalterliche Kunstobjekte, die Sammlung *Pinacoteca D'Errico* mit Hunderten von Gemälden aus der Neapolitanischen Schule des 17. und 18. Jh. und der gemalte Nachlass von Carlo Levi (Sala Levi), füllen den Mitte des 17. Jh. errichteten **Palazzo Lanfranchi.**

Öffnungszeiten/Eintritt Di–So 9–13 u. 16–19 Uhr. Eintritt 2 €. Piazzetta G. Pascoli 1, ✆ 0835/310137.

Unterhalb der Sassi schließt sich nahtlos der **Parco Archeologico Storico Naturale delle Chiese Rupestri del Materano** an, eine zum Natur- und Kulturpark aufgewertete schroffe Steinwüste, die gut hundert hochmittelalterliche Felsenkirchen und -klöster birgt. In diese hatten sich im 10. und 11. Jh. sowohl nach griechisch-byzantinischem als auch nach lateinischem Ritus betende Mönche zur inneren Einkehr zurückgezogen. Einige sind ausschließlich unterirdisch angelegt, andere später durch Außenkonstruktionen erweitert worden, viele mit teilweise verblüffend farbenfroh gebliebenen Fresken ausgeschmückt.

• *Anfahrt/Verbindungen* Mit dem **PKW** von der A 3 (Ausfahrt Sicignano) über Potenza und die SS 407 (Basentana). Von der A 14 (Adriatica) bei der Ausfahrt Bari-Nord abfahren, dann der Beschilderung folgen.
Bahnhöfe der Apulisch-Lukanischen Eisen-

Cosenza

bahn an der zentral gelegenen Piazza Matteotti (dort auch der Busbahnhof), von dort Züge nach Bari. **Busverbindungen** nach Taranto und Potenza und fast allen Orten der Provinz Matera.

• *Information* **APT**, Mo–Sa 9–13 Uhr, Mo/Do auch 16–18.30 Uhr. Via De Viti De Marco 9, ℡ 0835/331983, ℻ 333452 und Via Spine Bianche 22, ℡ 0835/331817. Informativ und aktuell: www.sassiweb.it.

• *Führungen* Autorisierte (die selbsternannten Experten lieber meiden!) Führungen, z. B.: **Materaturismo**, Sassi-Führungen und Wanderungen im Parco della Murgia Materana. Via Cappelluti 34, ℡ 0835/336572, www.materaturismo.it.

Sassi Tourism, Besichtigungstouren zu den o. g. Felsenkirchen in den Sassi. Je nach Anzahl der angesteuerten Kirchen 2,50–6 €. Info und Tickets: Mo–So 9–13 u. 15–19 Uhr. Im Büro, Via Lucana 238 oder Biglietteria Circuito Urbano Delle Chiese Rupestre, Via Madonna delle Virtù, ℡ 0835/319458 u. 338/2370498, www.sassitourism.it.

• *Übernachten* ****** Hotel Sant'Angelo (8)**, die komfortable Hotelanlage inmitten der Sassi integriert 16 stilvoll restaurierte und möblierte Grottenwohnungen mit insgesamt 45 Bettplätzen, Treppen, Terrassen und Höfe. DZ 120 €, EZ 90 €, Suite 160 €. Piazza San Pietro Caveoso, ℡ 0835/314010, www.hotelsantangelosassi.it.

*** Albergo Italia (7), Traditionshotel in einem historischen Palazzo am Rande der Sassi. Die Zimmer sind unterschiedlich eingerichtet (von modern bis antik). Herausragend und deshalb auch etwas teurer (130 €) ist die Suite 115 mit großzügiger Balkonterrasse über den Sassi. DZ 98 €, EZ 75 €. Via Ridola 5, ℡ 0835/333561, ℻ 330087, www.albergoitalia.com.

TIPP! ***** Sassi Hotel (3)**, historisch erste Unterkunft unmittelbar im Sassi-Viertel. Schlicht renovierte, den ursprünglichen Stil bewahrende und dennoch komfortable Gewölbezimmer mit Balkon oder Terrasse. DZ 90–95 €, EZ 65 €. Via San Giovanni Vecchio 89, ℡ 0835/331009, ℻ 333733, www.hotelsassi.it.

Sax Barisano B&B (2), 2 Zimmer, die aber für Familien mit mehreren Betten möbliert sind. Das herzliche ältere Inhaberpaar legt Wert auf das gemeinsame Frühstück mit den Gästen. DZ 70 €. Via Fiorentini 247, ℡ 0835/331687 oder 335/8075669, www.saxbarisano.it.

** Roma (4), preislich günstig, zentral gelegen und nach gründlicher Renovierung ganz passabel. DZ 55 €, EZ 40 €. Via Roma 62, ℡ 0835/333912.

• *Essen & Trinken* **Trattoria Lucana (1)**, alteingesessene Trattoria mit gepflegter Hausmannskost, (z. B. lukanische Lasagne mit Auberginen) und während der Dreharbeiten zur *Passion Christi* Lieblingslokal von Mel Gibson, der deshalb zum Paten eines Nudelgerichts namens „Fettuccine Mel Gibson" erwählt wurde. Via Lucana 48, ℡ 0835/336117. So Ruhetag.

L'Osteria (5), saisonale Küche, die auch von den Sassi-Bewohnern selbst geschätzt wird. Via Fiorentini 58, ℡ 0835/333395. So Ruhetag.

La Cantina della Bruna (6), beliebtes Restaurant mittlerer Preislage (Menü 25 €) mit regional- und lokaltypischen Pasta- und Gemüsegerichten und nach neapolitanischem Vorbild gebackener Pizza. Via Spartivento 20, ℡ 0835/335010.

Rivelli (9), der vergleichsweise hohe Menüpreis von gut 30 € ist kulinarisch gut angelegt. Spezialität des Hauses sind „Cavatelli funghi e salsiccia". Via Casalnuovo 27, ℡ 0835/311568. Sonntagabend u. Mo Ruhetag.

Kalabrien – das Landesinnere

Cosenza

ca. 100.000 Einwohner

Die Altstadt von Cosenza liegt auf dem von Busento und Crati umflossenen Colle Pancrazio, auf dessen Gipfel ein monumentales normannisch-staufisches Kastell über die geschichtsträchtige und gleichzeitig innovativste Stadt Kalabriens wacht.

Seit im Frühjahr 2005 entlang des von eleganten Geschäften und Büros gesäumten **Corso Mazzini** die künstlerisch hochkarätigen Exponate des **Museo All'Aperto** (darunter eine Skulptur von Dalí) enthüllt wurden, lohnt sich auch der Besuch des städtebaulich eher unspektakulären neuen Teils der v. a. dank ihrer international anerkannten Universität wirtschaftlich aufstrebenden Provinzmetropole und heimlichen Hauptstadt Kalabriens, bevor man über den **Corso Telesio** den Altstadthügel erklimmt.

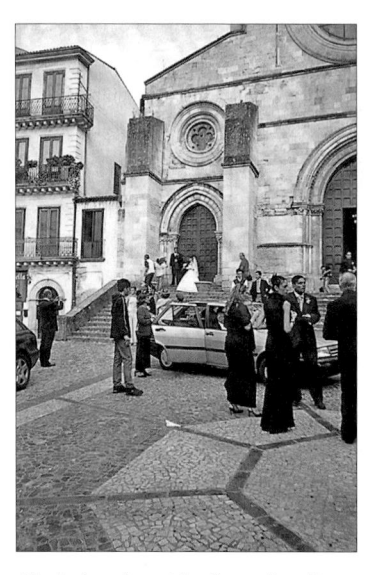

Die von Boutiquen, Bars, Geschäften und Galerien gesäumte, stetig ansteigende Flaniermeile verläuft mitten durch das vor gut 10 Jahren noch als baulich und moralisch verkommen gebrandmarkte Centro storico, das heute durch aufgeräumte Sträßchen und Treppenaufgänge, ansehnlich renovierte Adelspaläste mit prächtigen Portalen und Balkonen und jahrhundertealte Kirchen verblüfft. Sie öffnet sich auf halber Strecke zur Piazza Duomo mit der 1222 nach erdbebenbedingter Renovierung von Friedrich II. wieder eröffneten **Normannischen Kathedrale,** um nach weiterem Anstieg in die repräsentativ bebaute **Piazza XV Marzo** zu münden, die von Palazzo Governo, Teatro Rendano und der von Cosenzas Stadtphilosophen Bernardino Telesio gegründeten Accademia Cosentina flankiert wird. Von der Piazza XV Marzo, hinter der der großzügige Stadtpark (Giardini Pubblici) grünt und blüht, geht es weiter hinauf zum eingangs erwähnten mittelalterlichen **Kastell,** einem stattlichen Bauwerk mit achteckigem Turm, imposanten Sälen und mystisch wirkenden Innenhöfen.

Nach dem Jawort im Cosentiner Dom

• *Anfahrt/Verbindungen* Mit dem **PKW** über A 3 bzw. SS 107 durch die Sila Grande nach Crotone. **Parkplätze**: Gerichtsgebäude Via dei Mille, Ospedale Civile dell'Annunziata, Via F. Migliori und Piazza G. Mancini.

Bahnhöfe der **FS** und der **Ferrovie della Calabria**. Vom Ersten Züge nach Neapel (via Paola) und Sibari, vom Zweiten nach Catanzaro und Camigliatello (Sila).

Von der Gesellschaft **AMACO** gut organisierter innerstädtischer **Busverkehr,** der durch ein teilweise bereits ausgebautes Rolltreppensystem in der Altstadt ergänzt wird, außerdem Busse zu fast allen Orten der Provinz vom zentralen Busbahnhof (autostazione) an der Via delle Medaglie.

• *Information* **APT,** Mo–Fr 7.30–13.30 Uhr, Mo/Mi auch 15–17 Uhr. Corso Mazzini 92, ✆ 0984/27485, www.aptcosenza.it.

• *Übernachten* ****** Hotel Royal**, sehr gepflegtes Haus im englischen Stil mit einem eigenen Parkplatz in einer relativ ruhigen Seitenstraße des Corso Mazzini (zentral zwischen altem und neuem Stadtzentrum). DZ 100 €, EZ 75 €. Via Molinella 24/E, ✆ 0984/412165, ✆ 412461, www.hotelroyalsas.it.

Confluenze B&B, jüngst eröffnetes B&B im 2. Stockwerk eines alten Palazzo, mit Blick auf die Piazza Valdesi am Fuße der Altstadt. DZ mit Bad 60–70 €, DZ ohne Bad 50–60 €, EZ (mit u. ohne Bad) 30–35 bzw. 25–30 €. Vico IV Santa Lucia 48, ✆ 320/3726087, www.confluenze.it.

• *Essen & Trinken* **Calabria Bella,** gute Lokalküche und abends Pizza mitten im alten Cosenza. Piazza Duomo 20, ✆ 0984/793531.

L'Arco Vecchio, zwischen Centro storico und dem imposanten Kastell in einem stimmungsvollen Gewölbelokal an einem ebensolchen Platz kann man sich mit raffinierten cosentinischen Spezialitäten verwöhnen lassen (Menü 25 €). Piazza Archi di Ciaccio 21, ℡ 0984/72564.

Gran Caffè Renzelli, liebevoll restauriertes Traditionscafé direkt neben dem Dom. Viele süße Spezialitäten und hervorragender Kaffee. Piazza Duomo/Corso Telesio 46, ℡ 0984/26814.

Pollino Calabro

Im Hinterland der cosentinischen Westküste erstreckt sich der kalabrische Teil des Pollino-Nationalparks, in dem sich dessen höchste Gipfel Monte Pollino (2248 m) und Serra Dolcedorme (2267 m) erheben und sich die Flüsse Lao, Argentino und Raganello ihren streckenweise von hohen Felswänden flankierten Weg zur tyrrhenischen bzw. ionischen Küste bahnen. Eine Reihe kulturträchtiger Städte und Dörfer unterstreichen die natürliche Schönheit.

Papasidero: Touristen besuchen das kleine Dörfchen über den Ufern des Flusses Lao hauptsächlich wegen der (gut 10 kurvige Straßenkilometer vom Zentrum entfernten) **Grotta del Romito**, die mit einer Höhlenzeichnung aus der Altsteinzeit dekoriert ist. Neben dem urzeitlichen Ochsenbildnis wurden in der Grotta del Romito insgesamt sieben menschliche Skelette aus vorgeschichtlicher Zeit entdeckt (Juni–Sept. tägl. 9–13 u. 16–20 Uhr, Okt.–Mai 9–17 Uhr, Eintritt 2,60 €).

Morano Calabro: Vor der Kulisse der schneebedeckten Gipfel des Monte Pollino und der Serra Dolcedorme schmiegen sich die Häuser von Morano Calabro in konzentrischen Kreisen um einen fast 700 m hohen, kegelförmigen Hügel, auf dessen Spitze die Reste eines normannischen Kastells das imposante städtebauliche Ensemble krönen. Der seit dem Mittelalter gewachsene Stadtkern ist in seiner Bausubstanz noch nahezu unverändert, sodass durch die Gassen und Gässchen und über die Treppen und Treppchen, die die eng übereinander geschichteten Häuserreihen voneinander trennen, noch heute der Hauch vergangener Jahrhunderte weht. Auffälligster Sakralbau ist die **Chiesa di S. Bernardino da Siena** nebst angeschlossenem Kloster direkt am Ortseingang, dessen kunsthistorisch spektakulärer Flügelaltar von Bartolomeo Vivarini (1477) derzeit in der nahen **Collegiata della Maddalena** aufbewahrt wird, die ihrerseits als eine der prächtigsten Barockkirchen der Region gehandelt wird.

Cívita und Frascineto: In Cívita ist die Geschichte der Ende des 15. Jh. auf der Flucht vor den Türken nach Kalabrien zugewanderten Albaner präsenter als in den meisten anderen Gemeinden albanischen Ursprungs, weil deren Nachfahren hier stärker als anderswo nach alter Väter Sitte leben. Diese im **Museo Etnico Arberesh** dokumentierte besondere Alltagskultur des Ortes entfaltet sich vor und über der natürlichen Kulisse des Pollino-Gebirges und des wildromantischen Raganello-Tals. Wer noch mehr über die größte kalabrische Bevökerungsminderheit wissen will, findet im **Museo del Costume Albanese** in der zudem als Weinstadt profilierten, ebenfalls albanischen Nachbargemeinde Frascineto (Pollino D.O.C.) weiteres Anschauungsmaterial.

Castrovillari: Die Wein- und Hauptstadt des Pollino besteht aus einer seit dem 18. Jh. kontinuierlich gewachsenen Neustadt in der Ebene und dem höher gelegenen, als „Cívita" bezeichneten historischen Ortskern. Einer der bedeutendsten Sakralbauten der Stadt ist der heute für vielfältige kulturelle Zwecke genutzte **Protoconvento di Francesco d'Assisi**, der auffälligste Profanbau das um 1490 von Ferdinand von Aragón in Auftrag gegebene raumfordernde **Castello Aragonese**.

Kalabrien und Basilikata

Atmosphärisch erlebenswert ist der zentrale Corso Garibaldi, ein fast urban anmutender, schnurgerader Boulevard, der während des vormittäglichen Gemüsemarkts von quirligem Leben erfüllt ist.

Altomonte: Der fachgerecht restaurierte und kulturell ambitionierte mittelalterliche Ort am Südrand des Pollino-Massivs rangiert sozusagen als „Gesamtkunstwerk" ganz oben auf der Liste der regionalen Sehenswürdigkeiten. Wichtigstes Detail ist die 1380 fertig gestellte Kirche **Santa Maria della Consolazione.** Das stilistisch schlicht gehaltene Gotteshaus wurde später durch ein Kloster erweitert, in dem heute das **Museo Civico di Santa Maria della Consolazione** wertvolle sakrale Kunstwerke zeigt.
Öffnungszeiten/Eintritt Okt.–März 10–13 u. 16–19 Uhr, April–Sept. 9–13 u. 15–20 Uhr. Eintritt 3 €. ℡ 0981/948041.

• *Anfahrt/Verbindungen* Das Pollino-Gebiet ist mit dem **PKW** von der A 3 anzufahren (Ausfahrten Laino Borgo, Castrovillari-Frascineto, Altomonte).
Die nächsten **Bahnhöfe** sind in Scalea oder Sibari.
Busverbindungen zwischen den Gemeinden nach Scalea, Castrovillari, Cosenza und an die ionische Küste.

• *Information* **APT Frascineto**, von Norden kommend, kurz vor der o. g. Ausfahrt neben der Tankstelle Stazione di Servizio Frascineto Ovest. Mo–Fr 8–20 Uhr, im Sommer auch Sa/So 7.30–13.30 Uhr. ℡ 0981/32710.

• *Übernachten/Essen & Trinken in Morano*
**** Villa San Domenico, gepflegte Gastlichkeit und ein empfehlenswertes Restaurant in einem respektablen historischen Palazzo Nobile mit Garten am Rande der Altstadt (in der Nähe der Chiesa di S. Bernardino). DZ 110 €, EZ 70 €. Via Sotto Gli Olmi, ℡ 0981/399991 u. 0981/399881, 📠 30588, www.villasandomenico.it.

La Panoramica B&B, eine von Christa Gretzmeier und ihrem kalabrischen Ehemann Rocco Aita geführte zitronengelbe Pension zum Wohlfühlen. Sie liegt mitten im Grünen und eröffnet einen Panoramablick auf die Altstadt von Morano. Ein Pool krönt die perfekte Gastfreundschaft der sympathischen Inhaber, die gute Betten, ein üppiges Frühstück und eine Gästeküche zur Selbstversorgung bereithalten. DZ 40 €, EZ 20 €. Contrada da Mangioppo (nahe der Autobahnausfahrt), ℡/📠 0981/31043 u. 340/0779910.

TIPP! **La Cantina**, wegen seiner leckeren Lokalküche, der abendlichen Pizza und des angemessenen Preis-Leistungs-Verhältnisses überaus empfehlenswerter, gemütlich-lebhafter Familienbetrieb im oberen Teil der Altstadt. Wegen des stets großen Andrangs Reservierung angeraten! Piazza Croce 21, ℡ 0981/31034 u. 348/2632838. Mo Ruhetag.

In Civita **Nido d'Aquila B&B**, schlichte Pension im Ortszentrum von Civita, in der die Übernachtung mit Frühstück 17–19 € pro Nacht und Nase kostet. Corso Cavallotti 21 b, ℡/📠 0981/73316 u. 333/3110876.
Kamastra, Traditionslokal im historischen Ambiente einer alten Wollspinnerei, in dem albanische Pasta- und Fleischspezialitäten (z. B. Zicklein) und dazu der leichte Rote aus Frascineto serviert werden. Piazza Municipio 3/6, ℡ 0981/73387. Mi Ruhetag (außer Aug.).

In Castrovillari ****** La Locanda di Alia**, dem italienweit gelobten **Luxusrestaurant** unter der Leitung der gleichnamigen Brüder ist ein ebensolches Hotel in modernem Design, mit Garten und Pool, angeschlossen. DZ 120–140 €, EZ 90–110 €. Kulinarisches Profil des Hauses ist eine auf moderne Bedürfnisse zugeschnittene, kreativ abgewandelte kalabrische Traditionsküche und eine große Auswahl erlesener Weine. Via Jetticelle 55, ℡ 0981/46370, www.alia.it. So Ruhetag. 10.–20. Aug. u. 24.12.–2.1. geschlossen.

In Altomonte ****** Hotel Barbieri**, von der großen Aussichts- und Restaurantterrasse des Traditionshotels genießt man einen schönen Blick auf das gegenüberliegende mittelalterliche Altomonte. Es gibt einen Pool, ein Wellnesscenter und eine kleine Bottega mit kulinarischen Souvenirs, die Zimmer sind modern-elegant eingerichtet. DZ 90–105 €, EZ 65 €. Besonders zu empfehlen ist das exzellente **Hotel-Restaurant**, das sich mit seiner variationsreichen kalabrischen Küche einen überregionalen Ruf erkocht hat. Die Spezialität des Hauses, das seine Menüs mit 25 (!) verschiedenen Antipasti einleitet, sind Pilzgerichte. Via Italo Barbieri 30, ℡ 0981/948072, 📠 948073, www.barbierigroup.it.

Sila

Mit der **Sila Greca** und der **Sila Grande** verfügt die Provinz Cosenza über den Löwenanteil an der hügelig bis gebirgigen, gebietsweise zum Nationalpark erklärten Wald- und Seenlandschaft der Sila, deren südliche Ausläufer namens **Sila Piccola** sich die Provinzen Catanzaro und Crotone teilen.

Unter der Obhut des höchsten Gipfels der eher mitteleuropäisch anmutenden Landschaft, dem Monte Botte Donato (1929 m), gedeiht eine üppige und variationsreiche Vegetation mit Pinien-, Tannen-, Buchen- und Kastanienwäldern. Vielfältig ist auch die Tierwelt der Sila, wo noch Wölfe zu Hause sind. In den künstlich angelegten, jedoch harmonisch in die Landschaft eingefügten Seen Lago Cecita, Lago Arvo und Lago Ampollino tummeln sich die auf dem silanischen Speisezettel äußerst beliebten Forellen. Weitere kulinarische Aushängeschilder sind Pilzgerichte, Wurst- und Käsespezialitäten. Die städtebaulich wenig attraktiven Touristenzentren der ganzjährig frequentierten Sila sind mehrheitlich auf Skiurlauber eingerichtet.

• *Anfahrt/Verbindungen* Mit dem **PKW** über die A 3 (Ausfahrt Cosenza), von dort auf die SS 107 Richtung Spezzano; von Rossano kommend ist Camigliatello über die SS 177 zu erreichen.

Vom zentrumsnahen **Bahnhof von Camigliatello** kommt man (allerdings nur 1- bis 2-mal am Tag) nach Cosenza oder (im Winter) auf eine landschaftlich reizvollen Strecke mit einem dampfbetriebenen Museumszug nach S. Giovanni in Fiore. Ansonsten stellen verschiedene **Busgesellschaften** regelmäßige Verbindungen nach Cosenza und zu den Orten der Umgebung her.

Camigliatello: Dort, wo sich noch bis in die 1930er Jahre lediglich einige wenige Holzhäuser in den Wäldern versteckten, hat sich seither eine stetig verdichtete touristische Infrastruktur mit Hotels, Ferienwohnungen, Restaurants, Spezialitätengeschäften, Souvenirläden, Abfahrtspisten und Langlaufloipen entwickelt.

Zu den landschaftlichen Attraktionen der näheren Umgebung gehören die **Giganti della Sila**, eine Gruppe jahrhundertealter Baumriesen in der Località Fallistro, die zum Nationalpark erklärten Ufer des **Lago Cecita** sowie die **Fossiata**, ein Pinien- und Lärchenwald. Der **Parco Letterario Old Calabria** pflegt die Erinnerung an den historischen Kalabrienreisenden Norman Douglas. Das nach dem gern zitierten Hauptwerk (*Old Calabria*, erschienen 1915) des englischen Adeligen benannte Kulturzentrum residiert in einem ansehnlichen Adelspalazzo aus dem 17. Jh. namens Torre di Camigliata. 2006 hat nebenan in einem umgebauten Kuhstall das Emigrationsmuseum **La Nave della Sila** eröffnet, in man sich in der musealen Inszenierung eines Schiffsdecks angesichts großformatiger historischer Fotografien (auf Band gesprochene) kalabrische Emigrationsgeschichte(n) aus dem 19. und 20. Jh. „erzählen" lassen kann.

Öffnungszeiten/Eintritt Parco Letterario Old Calabria und La Nave della Sila sind etwa 2 km vom Ortszentrum entfernt und von der SS 177 anzufahren. Juli u. Sept. Fr–So 10–14 u. 15.30–18.30 Uhr, Aug. (außer 15.8.) tägl. Eintritt frei. Località Camigliati.

• *Information* **Besucherzentrum Cupone**, an der SS 177 in bzw. aus Richtung Rossano.

• *Übernachten/Essen & Trinken*
*** Aquila & Edelweiss, das 2003 generalüberholte, außen moderne und innen holzverkleidete, rustikal-gemütliche Haus ist das bekannteste Hotel am Platz, weil sein Restaurant wegen seiner Pilz-, Wurst- und Wildspezialitäten einen herausragenden Ruf hat. DZ 60–85 €, EZ 70 €. Viale Stazione 15, ✆ 0984/578044, ✉ 578753.

Lorica: Sommerfrische und Wanderparadies nebst Wintersportanlagen in 1314 m Höhe am Fuße des Monte Botte Donato und am nordöstlichen Ufer des Lago Arvo.

• *Übernachten/Essen & Trinken* ****** Hotel Park 108**, kürzlich frisch aufgepepptes, um einen Wellnessbereich erweitertes modernes 48-Zimmer-Hotel, mit Garten, Restaurant und hauseigenem Exkursionsprogramm. DZ 80–110 €, EZ 56–76 €. Via Nazionale 86, ✆ 0984/537077, www.hotelpark108.it.

San Giovanni in Fiore: Besuchenswert ist die „Hauptstadt der Sila" allenfalls wegen der 1189 von Giachino da Fiore gegründeten Abtei **Abbazia Florense** und dem benachbarten volkskundlichen Museum. Darüber hinaus hat sich der insgesamt gesehen eher abschreckende Ort durch seine Webe- und Goldschmiedearbeiten einen überregionalen Ruf erworben.

Longobucco: Die Markenzeichen des mittelalterlichen, architektonisch fast alpin anmutenden Bergstädtchens sind der eindrucksvolle Blick auf seine Dächer und seine nach alter Väter und Mütter Sitte gefertigten farbenfrohen Teppiche, Bett- und Tischdecken im byzantinisch-orientalischen Stil.

Taverna: In Taverna wurde der international bekannte Barockmaler Mattia Preti (1613–1699) geboren. Seine Werke schmücken die beiden Kirchen S. Domenico und S. Barbara (9–12.30 Uhr). Die erstgenannte Kirche ist dem **Museo Civico** im ehemaligen Konvent S. Domenico zugeordnet.

Hier dachte Joachim von Fiore über Gott und die Welt nach

Die relativ behutsam in die Buchen- und Kiefernwälder nördlich von Taverna eingefügten Einfamilienholzdomizile wohlsituierter Catanzaresi, die sich dort schon seit den 1930er Jahren von den hochsommerlichen Hitzewellen an den Küsten erholen, bilden zusammen mit einigen Hotels und Pensionen die Hauptferienorte **Villagio Mancuso** und **Villaggio Racise** auf 1319 bzw. 1277 Höhenmetern.

• *Anfahrt/Verbindungen* Mit dem **PKW** über die A 3 (Ausfahrt Lamezia Terme), dann die SS 280 bis Catanzaro, von dort die SS 109.

Nächste **Bahnhöfe** in Catanzaro und Catanzaro Marina.

Täglich **Busverbindungen** vom und zum Bahnhof der Ferrovie delle Calabrie in Catanzaro.

Serre

Serra San Bruno

In dieser waldreichen Mittelgebirgslandschaft versteckt sich am Rande des gleichnamigen Ortes eines der touristischen Aushängeschilder Kalabriens: Die geheimnisumwitterte Certosa di Serra San Bruno.

In das im 11. Jh. unter normannischer Protektion von dem Mönch Bruno von Köln gegründete, unterdessen natürlich mehrmals erdbebenzerstörte und in seiner heutigen Form seit Ende des 18. Jh. gewachsene **Kartäuserkloster** soll sich seiner-

Aspromonte   935

zeit einer der Hiroshima-Piloten zur inneren Läuterung zurückgezogen haben. Genau weiß man das freilich nicht, weil die wenigen Mönche von Serra San Bruno immer anonym waren bzw. sind. Das sehens- und erlebenswerte klostereigene **Museum** gibt zumindest einen kleinen Einblick in das ansonsten von der Öffentlichkeit abgeschirmte Klosterleben.

• *Öffnungszeiten/Eintritt*   Mai–Okt. Di–So 9–13 u. 15–20 Uhr, Nov.–April Di–So 9.30–13 u. 15–18 Uhr. Eintritt 5 €. ℡ 0963/70608, www.certosini.org.

• *Anfahrt/Verbindungen* Mit dem **PKW** über die A 3 (Ausfahrt Pizzo), dann auf die SS 110. **Busverbindungen** nach Pizzo und Vibo Marina und an die ionische Küste.

Aspromonte

Aspromonte heißt übersetzt „rauer Berg" und ist dennoch keine ausschließlich karge und öde Gebirgslandschaft. Er präsentiert sich tatsächlich als äußerst kontrastreich, ist teilweise sogar dicht bewaldet und verfügt über eine variationsreiche Flora und Fauna.

An seinen Ausläufern gedeihen hier dichte Oliven- und Bergamottekulturen, während sich anderswo tiefe, im Sommer ausgetrocknete Flussbetten (fiumare) durch spärlich bewachsene Felsschluchten ihren Weg zur Küstenmündung bahnen. Dann wiederum bedeckt das üppige Grün ausgedehnter Buchen-, Kastanien- oder Fichtenwälder bisweilen selbst die höchsten Erhebungen, von denen sich – mancherorts in drei Himmelsrichtungen – atemberaubende Aussichten auf das Meer, auf Sizilien und den Äolischen Archipel eröffnen.

Der Aspromonte, der 1994 zum Nationalpark erklärte wurde, ist jedoch nicht nur ein landschaftliches Faszinosum und Wanderparadies, sondern wegen seiner meist pittoresk postierten Dörfer, darunter eine Reihe (alt)griechischer Sprach- und Kulturinseln, auch kulturgeschichtlich interessant.

Der Aspromonte ist schließlich trotz aller hartnäckig gepflegten Vorurteile kein freiheits- und lebensbedrohliches Terrain. Wenn sich in den unwegsamen Wäldern des Aspromonte tatsächlich einige gesuchte (mafiöse) Kriminelle verbergen, bleiben Touristen von diesen dunklen Machenschaften unberührt. Dass dennoch davor gewarnt wird, größere Exkursionen auf eigene Faust oder gar allein zu unternehmen, hat vielmehr damit zu tun, dass man sich in der gebietsweise wildromantischen und zivilisationsfreien Gebirgslandschaft leicht verirren und verletzen kann.

Deshalb bieten die offiziellen Wanderführer des Nationalparks und lokale Kooperativen in den Gebirgs- und Küstengemeinden im und um den Aspromonte ihre ortskundige Hilfe an. Sie organisieren Wanderungen, beraten und begleiten bei individuell geplanten Exkursionen und kümmern sich um Unterkunft und Verpflegung der Wanderer. Die bekanntesten Ausflugsziele im oder am Rande des Aspromonte sind aber auch mit dem eigenen Fahrzeug und grundsätzlich auch mit dem Bus zu erreichen. Die Qualität der Straßen ist allerdings nicht immer die beste, und die Frequenz der Busverbindungen gering.

▸ **Pentidattilo:** Die seit Ende der 1960er Jahre wegen Erdbeben- und Überschwemmungsgefahr geräumten, geisterhaft verfallenen Häuser von Pentidattilo bilden ein pittoreskes Ensemble mit einer in den Himmel weisenden felsfingrigen Hand, der das von nah und fern gleichermaßen imponierende Dorf seinen Namen („Fünf Finger") verdankt.

▸ **Bova:** Der landschaftlich gut situierte Ort in 915 m Höhe ist wegen seiner intensiv gepflegten griechischen Traditionen und als idealer Ausgangspunkt für Exkursionen in den Aspromonte von Interesse. Hier residiert die rührige Kooperative **San Leo** (s. u.). Höhepunkt der griechischen Traditionspflege ist das von Ende Juli bis in den August in Bova mit internationaler Publikumsresonanz ausgetragene, inzwischen zum kleinen Weltmusikfestival gemauserte **Festivale Paleariza,** an dem sich auch die übrigen griechischen Gemeinden beteiligen.

▸ **Amendolea (Condofuri):** Wenn man sich von der Küste (Melito Porto Salvo) über die Straße nach Condofuri Richtung Gallicianò bewegt, folgt man dem Lauf der Fiumara Amendolea, wobei es sich lohnt, etwa auf halber Strecke auszuscheren und die kleine Ansiedlung Amendolea anzusteuern, über der auf knapp 800 m Höhe die Ruinen des mittelalterlichen Amendolea ruhen, von denen sich ein grandioser Ausblick auf Berge und Meer bietet.

▸ **Gallicianò (Condofuri):** Ein kleines Bergnest, wo die Straßen Zeus, Penelope und Odysseus heißen, die älteren Leute noch Griechisch sprechen und der Rest der Welt ganz weit weg scheint. In der Kirche S. Giovanni Battista wird bis heute nach griechisch-orthodoxem Ritus gebetet.

▸ **Gambarie (S. Stefano Aspromonte):** Einziges Touristenzentrum der südkalabrischen Gebirgslandschaft, das für die Versorgung von Sommerfrischlern, Wintersportlern und Wanderern auf 1310 m Höhe mitten im waldreichen Herzen des Aspromonte aus dem Boden gestampft wurde. Wer im Aspromonte wandern oder gar Ski fahren und auf Hotelkomfort nicht verzichten möchte, findet in Gambarie, wo die Verwaltung des Nationalparks residiert, die entsprechende Infrastruktur.

▸ **Montalto und Santa Maria di Polsi:** Gut 3 km südlich von Gambarie beginnt die schlecht ausgebaute und für einen normalen PKW herausfordernde, knapp 20 km lange Zufahrt (Straße nach Santa Maria di Polsi/San Luca) zum höchsten Gipfel der Gebirgslandschaft, dem Montalto (1955 m), wobei das letzte Stück in einem markierten Aufstieg in ca. 30 Minuten zu Fuß zurückzulegen ist. Das Dach des Aspromonte bietet eine herrliche Aussicht, die an klaren Tagen bis zum Ätna reicht.

Wenn man es weiter mit der schlechten Straße aufnimmt, gelangt man zum Wallfahrtsort S. Maria di Polsi nordöstlich des Montalto, wo sich angeblich auch die „Ehrenwerte Gesellschaft" den Segen für ihre zweifelhaften Aktivitäten abholt.

▸ **San Luca:** Von der eindrucksvollen Pilgerstätte geht es holprig weiter nach S. Luca, das sich nicht nur als Geburtsort des Dichters Corrado Alvaro, sondern v. a. als operatives Zentrum der regionalen Mafiavariante Ndrangheta einen Namen gemacht hat. In dem Geburtshaus des 1895 geborenen Autors von *Gente in Aspromonte* hat eine ortsansässige Kooperative ein kleines **Museum** eingerichtet (Via Garibaldi 8, ✆ 0964/986017, www.fondazionecorradoalvaro.it).

• *Anfahrt/Verbindungen* Pentidattilo fährt man mit dem **PKW** von Melito Porto Salvo, die übrigen griechischen Dörfer von ihren Küstenquartieren Condofuri und Bova Marina an. Gambarie ist von Süden/Melito Porto Salvo über die SS 183, von Westen/Gallico (nördlich von Reggio di Calabria) über die SS 184 auf aussichtsträchtigen und von einigen interessanten Orten gesäumten Straßen zu erreichen.

Busverbindungen von Gambarie nach Villa S. Giovanni und Reggio Calabria, von Bova, Condofuri und Pentidattilo in die Küstenorte.

• *Information/Exkursionen* Die **Cooperativa San Leo** in Bova ist eine der ersten ihrer Art und bietet schon seit den 1990er Jahren ihre Begleitung bei Wanderungen an. Darüber hinaus organisiert sie (u. a. in Kooperation mit Naturaliter oder ausländischen Veranstaltern) mehrtägige Trekkingtouren und vermittelt Unterkünfte im Ort. Via Polemo, ✆ 0965/762227 u. 347/3046799 (Andrea Laurenzano).

APT/IAT, hier gibt es (ebenso wie bei der u. g. Verwaltung des Nationalparks) die nützliche *Carta Escursionistica della Calabria „Aspromonte",* Maßstab 1:50.000. Ganzjährig

Im Tempelbezirk von Paestum (EF)
Keramikteller aus Vietri, Amalfiküste (EF)

Zyklopisch: Cala Rossa auf Favignana (TS)

Einst schneeweiß: Campo Bianco, Lipari (TS) ▲▲
Pollara und sein Strand (TS) ▲▲
»Tante Emma«: auf Sizilien noch ▲
allerorten präsent (TS)

▲▲ In der Granitwildnis des Capo Testa im Norden Sardiniens (EF)
▲ Der berühmte Bärenfels von Palau (EF)

Mo–Fr 9–13 Uhr. Gambarie, Piazza Mangeruca, ✆ 0965/743295, www.gambarie.it.
Ente Parco Nazionale Dell' Aspromonte, Mo–Fr 8–14 Uhr, Di/Do auch 15–18 Uhr. Via Aurora, ✆ 0965/743060, www.parcoaspromonte.it.

• *Übernachten/Essen & Trinken* ***** Hotel Centrale**, sympathisches und gepflegtes Hotel mit großen, modern ausgestatteten Zimmern und einem guten Restaurant mit typischer Aspromonteküche. Spezialität ist eine Bohnensuppe mit Steinpilzen. Die Hotelleitung kümmert sich auch um die Organisation von Exkursionen und (Mountainbike-)Wanderungen. DZ 60–65 €, EZ 40–45 €. Gambarie, Piazza Mangeruca 23, ✆ 0965/743133, ✆ 743141, www.hotelcentrale.net.
TIPP! Il Bergamotto Agriturismo, ein herrliches Fleckchen Erde mit großem (Bergamotte-)Garten über der Fiumara Amendolea. Unterbringung in liebevoll-spartanisch eingerichteten Zimmern, leckeres Essen und reizende Gastgeber, die bei der Planung von Exkursionen und Vermittlung von Wanderführern behilflich sind. Übernachtung/Frühstück 20 €/Person, HP 30 €. Nov.–Jan. geschlossen. Condofuri, Contrada Amendolea, ✆/✆ 0965/727213, ugosergi@yahoo.it.

Tyrrhenische Küste

Maratea (Basilikata) ca. 5.500 Einwohner

Mit ihrem zwischen die Strände Kampaniens und Kalabriens eingeklemmten, nur knapp 30 km langen Küstenstreifen unterhalb des malerischen, am Fuße des Monte San Biagio klebenden Städtchens Maratea verfügt die Basilikata über eine der schönsten Küstenlandschaften Italiens.

Über einem in allen Nuancen der grün-blauen Farbskala schimmernden Meer, das von einer wildromantischen Steilküste begrenzt wird, wachsen Pinien, Olivenbäume und Steineichen die Berge hinauf. Hier und da macht die Vegetation verstreuten Häuseransammlungen, imposanten Villen und quadratischen Wehrtürmen Platz.

Maratea besticht durch unzählige größere und kleinere, mit Sand- und Kieselstränden ausgefüllte Buchten, eine durch Farben und Düfte betörende Mittelmeervegetation, die stattliche Anzahl bemerkenswerter weltlicher und sakraler Baudenkmäler – darunter allein 44 Kirchen und Klöster –, einen romantisch anmutenden kleinen Hafen, den sich einfache Fischerboote und luxuriöse Yachten teilen, und eine sensibel in die gefällige Natur- und Kulturlandschaft eingefügte, teilweise recht exklusive touristische Infrastruktur. Die verteilt sich auf Maratea Borgo mit seiner hübsch herausgeputzten, blumengeschmückten Altstadt und die kleinen feinen Badeorte Acquafredda, Cersuta, Ogliastro, Fiumicello, Porto, Marina und Castrocucco.

Auf dem Gipfel des Monte San Biagio steht die im 6. und 7. Jh. auf den Fundamenten eines antiken Tempels errichtete, im 18. Jh. um- und ausgebaute gleichnamige Wallfahrtskirche, der 1963 eine Erlöserstatue im Stil von Rio de Janeiros Christo-Redentor zur Seite gestellt wurde, die seither mit weit ausgebreiteten Armen über das kleine mediterrane Paradies am Golf von Policastro wacht.

• *Anfahrt/Verbindungen* Mit dem **PKW** über die A 3 (Ausfahrt Lagonegro-Nord), dann auf die SS 585 oder die SS 18 entlang der Küste. Am Bahnhof von Maratea halten auch die **Fernzüge** Milano – Reggio Calabria bzw. Sizilien. **Busverbindungen** zwischen den (kilometerweit voneinander entfernten) einzelnen Ortsteilen bzw. nach Lagonegro, Lauria, Potenza, Sapri und Praia a Mare. Vom 1. Juli bis zum 12. Sept. verdichteter innerstädtischer Verkehr der Linea SITA.
• *Information* Consorzio „Sotto il Segno del Delfino", hier sitzt Mo–Sa 9–13 u. 16–19 Uhr die hilfsbereite und perfekt Englisch parlierende Susi Travisano. Via S. Nicola 43, ✆ 0973/876499, www.basilicatahotels.it (am meerzugewandten Rande des alten Ortskerns).

APT, Mo–Sa 8–14 Uhr, Di/Do auch 15–18 Uhr, Juli und Aug. Mo–Sa 8–20, So 9–13 u. 16–20 Uhr. Piazza Gesù 32 (in der Altstadt). ✆ 0973/876908.

• *Übernachten* ****** La Locanda delle Donne Monache**, in einem ehemaligen Frauenkloster untergebrachtes, bis ins kleinste Detail geschmackvoll restauriertes und eingerichtetes Hotel mit Pool, Restaurant und Bar im historischen Ortskern. Je nach Ausblick und Saison DZ 120–200 €, Suite 190–230 €. Via Carlo Mazzei 4, ✆ 0973/877487, ℻ 877687, www.locanda delledonnemonache.it.

***** Santavenere, mit dem Bau dieses noblen Anwesens, das an drei Seiten vom Meer flankiert wird und von einem großen Garten umgeben ist, begann Mitte der 1950er Jahre die (edel-)touristische Entwicklung von Maratea. Ortsteil Fiumicello. DZ 178–380 €, EZ 127–260 €. April–Nov. geöffnet. Via Santavenere, ✆ 0973/876910, ℻ 877654, www.mondomaratea.it.

TIPP! ***** Hotel Gabbiano**, direkt am Strand von Acquafredda. Familiengeführtes, sehr schönes kleines Hotel mit 39 komfortablen Zimmern auf zwei Etagen, üppigem Frühstück, gutem Restaurant (fischorientierte Speisekarte) und Pool. Alle (Balkon-)Zimmer blicken aufs Meer. DZ 80–115 €, EZ 50–80 €, HP 59–102 €. April–Okt. geöffnet. Via Luppa 24, ✆ 0973/878011, ℻ 878076, www.hotel gabbianomaratea.it.

*** Hotel Villa delle Meraviglie, freundlich-elegantes Hotel mit Pool in einem lauschigen Garten direkt über einem felsigen Strandabschnitt zwischen Cersuta und Fiumicello. DZ 86–172 €, EZ 60–90 € (vom 4. bis 20.8. nur DZ). Contrada Ogliastro, ✆/℻ 0973/ 877816, www.costadimaratea.com/hotelvilla dellemeraviglie.

** Pension Mary, einfache Pension in Meeresnähe im Ortsteil Acquafredda, Balkonzimmer kosten etwas mehr. DZ 40–80 €. April–Okt. geöffnet. Via Luppa 26, ✆ 0973/ 878022, ℻ 878025.

Villaggio Camping Maratea, einziger Campingplatz im weniger herausgeputzten, flachen und vornehmlich von Feldern und Bauernhöfen bedeckten Castrocucco, einen Steinwurf vom Strand entfernt. Neben Stellplätzen werden kleine mobile Häuschen zur Miete angeboten. Vom 1.6. bis 21.9. geöffnet. ✆ 0973/871680, ℻ 871699, www.costa dimaratea.com/campeggiomaratea.

• *Essen & Trinken* **Za' Mariuccia**, nur abends geöffnetes, unterdessen international bekanntes Fischrestaurant gehobener Preisklasse (Menü ca. 40 €) mit einem romantischen Speisebalkon über dem Hafen. Porto, ✆ 0973/876163. Außerhalb der Saison Do Ruhetag.

Vincenzo al Mare, unspektakulär sympathisches, kulinarisch recht passables, relativ preisgünstiges Fischrestaurant am Hafen. Porto, ✆ 0973/876002. Mo Ruhetag.

Taverna Rovita, nach dem krankheitsbedingten Ausscheiden von Francesco Gambardella (Ciccio), der dem kleinen Restaurant im historischen Ortskern seinen internationalen Ruf erkocht hat, versuchen seine Nachfolger das hohe (Preis-)Niveau von dessen verfeinerter lukanischer Bauernküche zu halten. Menü 40 €. Via Rovita 13, ✆ 0973/876588.

Peppe, schlichtes Ambiente, Fisch und Pizza (abends), gut und günstig, was auch die Einheimischen zu schätzen wissen. Acquafredda (nahe Hotel Gabbiano), ✆ 0973/878000.

Von Praia a Mare bis Amantea

Die nordkalabrische Westküste zwischen Tórtora-Marina und Cetraro wird wegen der hier kultivierten gleichnamigen Zitrusfrüchte (citrus medica) auch Riviera dei Cedri genannt. Sie empfiehlt sich mit ausgedehnten, hellgrauen Kieselstränden und einer Reihe mehr oder minder freundlicher Badestädtchen vor den Ausläufern des Pollino-Gebirges.

Südlich der touristisch recht gut erschlossenen **Riviera dei Cedri**, in deren küstennahem Hinterland sich einige pittoresk-verschlafene Bergdörfer mit Meeresblick verstecken, schmälert eine recht stillose, streckenweise geisterstadtmäßige Bebauung die Anziehungskraft der dahinter liegenden Strände.

▸ **Praia a Mare:** Eine Kette von mehr funktionalen denn schönen Hotels und Ferienanlagen sowie ein „Acquapark" versorgen entlang der Stadtstrände die im Hoch-

Scalea

sommer massenhaft anrückenden Badegäste. Äußerst sympathisch ist dagegen die Hauptstraße Viale della Libertà, eine von Platanen, Palmen und Oleander beschattete Allee, die von Geschäften, Bars und einigen Hotels gesäumt und von kleinen, belebten Plätzen flankiert wird. Natürliches Wahrzeichen von Praia a Mare ist die ihm nur wenige Meter vorgelagerte **Isola di Dino** mit ihren lichtreflektierenden Grotten, sein kulturell-religiöses Kleinod die Wallfahrtskirche **Santuario della Madonna della Grotta** am landzugewandten Rand der Stadt.

• *Verbindungen* Bahnhof im Stadtzentrum, Regional- und Nord-Süd-Fernzüge. **Busverbindungen** nach Aieta sowie Maratea, Lagonegro, Trecchina und Rivello in der Basilikata (Linea Rocco) und entlang der Küste nach Cosenza (Linea Preite, www.autoservizipreite.it).

• *Übernachten* *** **Hotel Branca**, nettes kleines Hotel unter familiärer Leitung direkt am Viale della Libertà. Von April bis Okt. geöffnet. DZ 60 €, EZ 50 €. Viale della Libertà 58/60, ℡ 0985/72220, 🖷 72137, www.hotelbranca.it.

Al Vecchio Pioppo B&B, stadtzentral, gut 100 m zum Strand, ordentliche Zimmer mit und ohne Bad, familiäre Atmosphäre. 35– 55 € pro Person. Via Turati 77, ℡ 0985/777352 u. 333/2865378, 338/4884558, www.alvecchiopioppo.com.

Villaggio Turistico Internazionale, schattige Stellplätze für Zelt und Camper, Apartments, sommerliche Animation. Mitte Mai bis Mitte Sept. Via Mantinera (Lungomare), ℡/🖷 0985/72211, www.campinginternational.it.

• *Essen & Trinken* Einheimische raten wegen der guten Fischgerichte zum **Ristorante Chiaia** (Via Leonardo Da Vinci, ℡ 0985/72445), der Guide Michelin und andere gedruckte Autoritäten in Sachen Meeresküche zur **Taverna Antica** (Piazza dei Martiri 3, ℡ 0985/72182).

▸ **Aieta:** Von Praia a Mare empfiehlt sich ein Abstecher ins wenige Kilometer entfernte, auf 530 Höhenmetern exponierte, hinsichtlich seiner Geschichte, Bebauung und aktuellen Bewohnerschaft alte und deshalb nostalgisch anmutende Aieta mit Millionärsblick auf den Golf von Policastro.

• *Übernachten/Essen & Trinken* ** **Hotel-Ristorante Le due Lanterne**, rustikales Landhotel, in dessen Restaurant Ziege, Lamm, Schwein, Huhn und Kaninchen, hausgemachte Pasta und selbst gebackenes Brot auf den Tisch kommen. 12 einfache Zimmer. DZ 50–70 €, EZ 25–35 €, HP 31– 45 €. Via Cantogrande 7, ℡ 0985/71096 u. 338/7653238, www.leduelanterne.it.

▸ **San Nicola Arcella:** Das kleine Örtchen vor den Ausläufern des Pollino-Gebirges liegt 110 m über dem Meer und eröffnet einen traumhaften Panoramablick über den Golf von Policastro. Es schmückt sich mit einem wuchtigen Sarazenenturm, einem kleinen, aber feinen historischen Ortskern und dem von Felsbögen und Grotten dekorierten Hausstrand Spiaggia Arco Magno.

• *Übernachten* *** **Hotel Villa Principe**, familiengeführtes Hotel in traumhafter Lage über dem Golf von Policastro. Gepflegte, modern möblierte Zimmer mit und ohne Balkon bzw. Meerblick. DZ 55–75 €, EZ 35– 45 €. Corso Umberto I 8, ℡ 0985/3125, 🖷 3126, www.hotelvillaprincipe.it.

• *Essen & Trinken* **Il Furano**, von Einheimischen wie Gästen hoch gelobtes Fischrestaurant (Menü 20 €) an der Spiaggia Arcomagno. Reservierung angeraten. Località Marinella, ℡ 0985/300644.

▸ **Scalea:** Lebhaftes Badestädtchen entlang der SS 18, die im Ortsbereich von Scalea „Corso Mediterraneo" heißt und parallel zu einem langen, streckenweise von Felsen gesäumten Kieselstrand verläuft. Die architektonisch eher abschreckende Neustadt geht nahtlos in den oberhalb gelegenen mittelalterlichen Ortskern über, der in steilen Treppengassen Haus für Haus den Berg erklimmt. Die hübsche **Piazza de Palma** im unteren und die **Piazza Cimalonga** im oberen Bereich des Centro storico schaffen etwas Luft in dem engen Gassengewirr, über dem die Reste eines normannischen **Kastells** ruhen, während unten am Strand seit 400 Jahren der **Torre Talao** wacht.

Kalabrien und Basilikata

- *Übernachten* **** **Grand Hotel de Rose**, bestes und teuerstes Haus am Platz über einem der schönsten, mit Felsen dekorierten Strandabschnitte Scaleas. Mit Privatstrand, Swimmingpool und angeschlossenem Nobelrestaurant „I Faraglioni". DZ 103–167 €, EZ 89–138 €. Lungomare Mediterraneo 22, ✆ 0985/20273, ✆ 920194, www.hotelderose.it.

** **Hotel Lucia**, im Sommer 2006 eröffnetes, einfaches Hotel mit nur 5 Zimmern im neuen Stadtzentrum, aber nur knapp 100 m von Torre Talao und Strand entfernt. Ganzjährig geöffnet. DZ 60 €, EZ 35 €. Via Nazario Sauro 20, ✆ 0985/20223.

Camping Villaggio La Pantera Rosa, in fußläufiger Nähe zum Ortszentrum und direkt am Meer. Schlicht eingerichtete Ferienhäuschen mit Bad und Kochecke, Stellplätze für Zelt und Wohnwagen, Bar-Restaurant. Ganzjährig geöffnet. www.pantera rosa.org.

- *Essen & Trinken* **La Rondinella**, am Eingang zum mittelalterlichen Ortskern (gegenüber dem Palazzo dei Principi). Alles, was hier auf den Tisch kommt, ist in der eigenen Azienda agricola selbst angebaut, gezüchtet, geschlachtet, gekeltert, gepresst, gebrannt oder gebacken worden. Via Vittorio Emanuele III 21/Piazza Principi, ✆/✆ 0985/91360, www.la-rondinella.it. Ganzjährig geöffnet, Okt.–Juni So Ruhetag. Im Sommer Reservierung anzuraten.

▶ **Cirella:** Freundlicher Vorort von Diamante mit Blick auf die vorgelagerte Isola di Cirella und mit einem Küstenturm aus dem 16. Jh. und breitem, streckenweise von Felsbuchten parzelliertem Kieselstrand. Beim Dorfspaziergang verblüffen recht freizügige moderne Wandmalereien. Die lange Geschichte von Cirella lässt sich angesichts der ca. 1,5 km oberhalb des Dörfchens verbliebenen Ruinen von **Cirella Vecchia** erahnen.

- *Übernachten* **TIPP!** *** **Hotel Ducale**, in einer Gutsbesitzervilla aus dem 18. Jh. mit einem schönen Garten über dem Meer. Einfache Zimmer zum Meer und/oder Garten. Als Aufenthaltsraum dient ein hochherrschaftlicher Salon mit antiken Möbeln und traumhaftem Blick aufs Meer. Das 1990 zum Hotel umgewandelte Anwesen wird von der freundlichen Besitzerfamilie, Nachfahren von örtlichen Großgrundbesitzern, selbst geführt. DZ 65–100 €, EZ 45–50 €. Übernachtung/Frühstück jetzt auch im Winter (wenn Tür verschlossen, klingeln). Via Vittorio Veneto 254, ✆0985/86051, ✆ 86401, www.ducalehotel.net.

- *Essen & Trinken* **A Tartana**, großes Fischrestaurant oberer Preisklasse (und Pizzeria). Das, was später auf den Teller kommt, kann man teilweise in noch lebendem Zustand in großen Aquarien aussuchen. Die Küche ist offen und mitten im Restaurant, in dem bei schönem Wetter bei automatisch geöffnetem Dach gespeist wird. Via Veneto 170, ✆ 0985/86564.

Eines der schönsten Hotels der Region: Villa Ducale in Cirella

▶ **Diamante und Maierà:** Die Altstadt von Diamante mit ihren engen Gassen, blumengeschmückten Treppenaufgängen und Balkonen ragt direkt ins Meer und wird von einer gepflegten, Palmen bestandenen Promenade gesäumt.

Die seit 1981 von vornehmlich süditalienischen, aber auch einigen ausländischen Künstlern an ihre Hauswände gepinselten 130 farbenfrohen „murales" sind seither das Aushängeschild von Diamante, das sich mit dem **Festivale del Peperoncino**

Cetraro

Anfang September zudem als Hauptstadt der kleinen scharfen Schote feiert. Das pikante Spektakel mit unzähligen Essensständen und buntem Theater- und Musikprogramm wird von der bemerkenswerten **Accademia del Peperoncino** organisiert, die in einem restaurierten Adelspalazzo im wenige Kilometer entfernten Maierà das weltweit einzige **Museo del Peperoncino** betreibt.

Öffnungszeiten/Eintritt Juni–Sept.17–24 Uhr, sonst Sa/So 10–13 u. 16–19 Uhr. Palazzo Ducale Maierà, Via Duomo (Piazza Castello). Individuelle Besichtigungstermine kann man aushandeln bei: Comune di Maierà, ℅ 0985/889102.

▶ Das auf 465 Höhenmetern aussichtssträchtig postierte und ansehnlich herausgeputzte Maierà ist aber auch ohne Museumsbesuch die steil ansteigende Anfahrt wert. An den Abgrund einer tiefen Schlucht gebaut, eröffnet das nostalgisch-verschlafene Dörfchen mit Resten eines mittelalterlichen Kastells und der **Chiesa Santa Maria del Piano** mit ihrem verspielt barocken Innenleben eine atemberaubende Aussicht auf Berge und Meer.

- *Übernachten* ***** Hotel Riviera Bleu**, südlich des Ortszentrums von Diamante, ca. 100 m hinter dem Ende der Strandpromenade, nur durch ein schmales Sträßchen vom Strand getrennt. Akzeptable Zimmer mit Meeres- oder Bergblick. DZ 52–137 €, EZ 39–98 €. Via Poseidone, ℅/@ 0985/81363, www.hotelrivierableu.it.

- *Essen & Trinken* **Ristorante/Pizzeria Lo Scoglio**, Fisch und Meeresfrüchte je nach Tagesfang, stilecht direkt am Hafen von Diamante. Via C. Colombo, ℅ 0985/81345.
Ristorante La Taverna del Pescatore, direkt neben dem o. g. und ebenfalls mit fischiger Speisekarte, abends auch Pizza. Via C. Colombo, ℅ 0985/81482. Di Ruhetag.
Pizzeria A Cannarutia, gut frequentierte Pizzeria mit Außenterrasse direkt am Lungomare von Diamante, in der man riesige, in Portionsstücke geschnittene Pizzen von der Hand in den Mund befördert. Largo Santa Lucia, ℅ 0985/87057.
Caffè Nini, das Lokal an der Spitze der Altstadt von Diamante bietet unwiderstehliche, vom Chef persönlich kreierte und vielfach prämierte Eis- und Kaffeespezialitäten (z. B. die Klassiker Tartufo Diamante in den Geschmacksrichtungen Nuss, Café und Cedro oder die dezent pikante Tartufovariante Palle di Eros). Lungomare, ℅ 0985/81212, www.caffenini.com.

TIPP! **Il Ristorante di Aligia**, Landgasthaus zwischen Bergen und Meer auf halber Strecke zwischen Diamante und Maierà. Wahre Vorspeisenorgien mit unterschiedlich zubereiteten Gemüsesorten, Wurst-, Schinken- und Käsespezialitäten eröffnen das Menü, das mit einfachen Pastagerichten, z. B. lagane con ceci (hausgemachte breite Bandnudeln mit Kichererbsen), Wildschwein oder Zicklein seinen schmackhaften Verlauf nimmt. Einer der Hausherrn ist Angelo Aligia, ein in Italien recht bekannter Bildhauer, dessen Skulpturen aus Stein und Olivenholz den Vorhof des Restaurants zieren. Località Vrasi, Maierà, ℅ 0985/876609.

▶ **Belvedere und Cittadella del Capo:** Das auf einer Anhöhe postierte und mit einem normannischen Kastell dekorierte Belvedere macht seinem Namen aufgrund des grandiosen Meeresblicks alle Ehre. Architektonischer Blickfang des wenige Kilometer südlich gelegenen Bonifati ist ein zur Luxusherberge umfunktionierter Adelspalast, der in dessen Küstenquartier Cittadella del Capo dekorativ ins Meer ragt. Beide Gemeinden warten mit passablen Kieselsandstränden auf, wobei im ansonsten tristen Marina Belvedere mit dem *Sabbia D'Oro* das beste und „schärfste" Fischrestaurant der Gegend zu kulinarischen Hochgenüssen einlädt.

- *Essen & Trinken* **Sabbia D'Oro**, Fischrestaurant zwischen Diamante und Belvedere, dessen direkt am Wasser genossene Speisen vom Antipasto bis zum Dessert (z. B. der unvergleichlichen Crostata del dia-volo!) mit Peperoni gewürzt werden. Die ca. 35 € fürs Menü sind gut und kulinarisch unvergesslich angelegt. Belvedere, Via Piano delle Donne, ℅ 0985/88456. Di Ruhetag.

▶ **Cetraro:** Das freundlich-geschäftige Hafenstädtchen markiert den südlichsten Punkt der Costa dei Cedri und das Ende des badetouristisch attraktiven Teils der cosentinischen Westküste. Es windet sich in engen Gassen von seinem kleinen Touristenhafen, von dem im Sommer Ausflugsschiffe zu den Äolischen Inseln in See stechen, den Berg hinauf. Die zentrale Piazza del Popolo im oberen Teil der Stadt bietet ein eindrucksvolles Küstenpanorama, das auch die Gäste des Grand Hotel San Michele genießen, das zu den ältesten und gediegensten Feriendomizilen der Region zählt.

• *Übernachten/Essen & Trinken* **** **Grand Hotel San Michele**, wunderschöne alte Villa in herrlicher Lage, bezaubernder Garten, Golfplatz, Pool, Aufzug zum Strand, hauseigener Motorsegler und Autoverleih. Auf dem großen Gelände des Hotels werden zudem Ferienapartments in zwei historischen Gesindehäusern vermietet. DZ 110–200 €, EZ 80–140 €. Località Bosco, ✆ 0982/91012 oder 0982/91013, ✉ 91430, www.sanmichele.it.

Guardia Piemontese (Marina) ca. 1.300 Einwohner

Hier leben die Nachfahren einer Gruppe von Waldensern, die sich um das 12. Jh. auf der Flucht vor der Inquisition aus dem Piemont in die kalabrischen Berge zurückzogen, um dort erneut zum Opfer blutiger Verfolgung zu werden. Ihre von den Schergen des Kardinals Ghislieri im Jahre 1560 fortgeschriebene Leidensgeschichte ist angesichts der **Porta del Sangue** (Bluttor) an der **Piazza di Strage** (Platz des Blutbades) nachzuvollziehen. Im **Museo della Civiltà Contadina** erfährt man dann Genaueres über die kleinste kalabrische Bevölkerungsminderheit, die noch heute eine eigene Sprache namens „Occitano" spricht.

Auf halber Höhe zwischen dem Centro storico und **Guardia Piemontese Marina**, das abgesehen von einem passablen Badestrand und einem dekorativ vorgelagerten Felsen namens „La Regina" nicht viel zu bieten hat, dampfen und stinken die seit der Antike wegen ihrer heilenden Kräfte geschätzten **Terme Luigiane**.

Paola ca. 18.000 Einwohner

Am nördlichen Ortseingang von Paola zweigt eine steil ansteigende „Pilgerstraße" zur Wallfahrtsstätte ab (bivio santuario). Wenn man sie fährt oder geht, passiert man mehrere „capelle dei miracoli". Die kleinen Tabernakelhäuschen, die die Wundertaten des Heiligen Francesco von Paola (1416–1507) – z. B. seinen Gang übers Wasser nach Sizilien – preisen, stimmen schon während des Aufstiegs auf den heiligen Ort ein.

Der liegt in der üppig bewaldeten Schlucht des Baches Isca, wo der später als Schutzheiliger Kalabriens und der Seeleute im gesamten Mezzogiorno verehrte San Francesco im Jahre 1435 eine Kapelle zu Ehren seines Namensvetters Franz von Assisi errichtete. Daraus ist im Laufe der Jahrhunderte ein riesiger, im Jahre 2000 um eine moderne Kirche erweiterter Kirchen- und Klosterkomplex geworden. Man betritt ihn von der **Piazzale del Santuario,** auf der aufgrund des Menschenandrangs und der bunten „bancarelle" (Verkaufsstände) fast immer Volksfeststimmung herrscht, die allerdings nach Eintreten in die mit zahlreichen Kunstwerken veredelte Basilika in fast devote Ehrfurcht umschlägt.

• *Öffnungszeiten/Eintritt* Santuario di San Francesco di Paola, tägl. 6–12.30 u. 14.30–18 Uhr.

• *Anfahrt/Verbindungen* Ab **Paola Marina** „U"-Bahnlinie ins bergige Inland nach **Cosenza**, durchgehende Züge ab Neapel.

Amantea ca. 12.000 Einwohner

Dass Amantea einige Jahrhunderte auf dem Buckel hat, erschließt sich schon von weitem, weil hoch über Stadt und Meer die Reste eines mittelalterlichen Kastells dem Zahn der Zeit trotzen und eine dekorativ verwinkelte Altstadt dominieren.

Im Unterschied zu manch anderem, relativ schnell „zusammenbetonierten" Küstenquartier in der Nachbarschaft hat sich auch der meerzugewandte Teil der Gemeinde namens **Amantea Marina** seit Beginn des 19. Jh. allmählich entwickelt, sodass sein quirlig-mediterranes Alltags- und Badeleben (am mäßig attraktiven Strand) vor gefälliger, historisch gewachsener Kulisse pulsiert.

• *Übernachten/Essen & Trinken* *** **Hotel Mediterraneo**, heller Mittelmeerpalazzo mit ansprechenden, mit Palmen und Oleander geschmückten Gartenterrassen, modern eingerichteten Zimmern, freundlicher Atmosphäre und gutem Restaurant. DZ 60–75 €, EZ 35–45 €. Via Dogana 64, ✆ 0982/426364, 🖷 426247, www.mediterraneohotel.net.

Von Lamezia Terme bis Nicotera

Lamezia Terme   ca. 70.000 Einwohner

Die Stadt am Golf von Sant'Eufemia firmiert erst seit 1968 unter dem Namen Lamezia Terme und ist aus einer Fusion der bis dahin selbstständigen Gemeinden Nicastro, Sambiase und Sant'Eufemia Lamezia hervorgegangen.

Alt und geschichtsträchtig ist allein **Nicastro**, dessen ansehnliche Altstadt nebst normannischem Kastell die intensiv landwirtschaftlich genutzte Ebene dominiert. Vom küstennahen Bahnhof des nur 2 km von der Autobahn entfernten kleinsten Siedlungskerns **S. Eufemia Lamezia** fahren Züge nach Norditalien, Sizilien und Catanzaro ab, und von seinem Flughafen werden direkte Luftbrücken ins europäische Ausland gebaut.

Bade- und kulturtouristisch nicht übermäßig attraktiv, ist das von Rebstöcken und Olivenbäumen überzogene Hinterland der Dreiergemeinde für Weinkenner eine wichtige Adresse. Die lokalen Kellereien haben sich mit ihren weißen und roten D.O.C.-Weinen einen internationalen Ruf erworben, was auch für das vor Ort kaltgepresste Olivenöl Lametia D.O.P. (Denominazione di Origine Protettata) gilt.

• *Einkaufen* Den o. g. **Qualitätswein** gibt es u. a. bei: Cantine Lento, Via del Progresso 1 (www.cantinelento.it), ✆ 0968/23804; Cristiano, S. Eufemia, ✆ 0968/51610; Statti, Tenuta Lenti, ✆ 0968/456138, www.statti.com. Gutes **Öl** gibt es u. a. bei Azienda Le Carolee (s. u.) und Statti.

• *Übernachten/Essen & Trinken* **Le Carolee Agriturismo**, im 18. Jh. erbautes, edel saniertes, mattrosa leuchtendes historisches Landgut mit lichtem Innenhof und eigenem Kirchlein. Gelegen inmitten von ausgedehnten, unter der Regie von „Olivenbaron" Armando Gaetano leidenschaftlich und erfolgreich bewirtschafteten Oliven- und Orangenhainen. In dieser „Casa Rossa" werden 7 stilvoll möblierte Zimmer, in der etwas bescheideneren, gleichwohl imposanten „Casa Gialla" 6–8 Bettplätze an Familien und Gruppen (nur wochenweise) vermietet. Mit biologischen Produkten bekochtes Restaurant und Verkauf des exzellenten Olivenöls und anderer Hofprodukte. Der erlesene Wohnkomfort mit Meeresblick wird von einem gepflegten Pool gekrönt. DZ 80–100 €, EZ 50–60 €, HP 65–75 €, „Casa Gialla" 800–1200 € pro Woche. Pianopoli (südöstlich von Nicastro), Contrada Gabella, ✆/🖷 0968/35076, www.lecarolee.it.

Pizzo   ca. 8.500 Einwohner

Spätestens bei einem Tartufo di Pizzo auf der Piazza della Repubblica ist man dem Charme des pittoresken Thunfischerstädtchens erlegen, dessen mediterran-idyllische Gassen steil und geradewegs vom Stadtzentrum zum Meer führen.

Dabei genießt man eine schöne Aussicht auf das Meer und das 1492 erbaute aragonesische Kastell, das Jahrhunderte später zum bedeutenden Schauplatz süditalienischer Geschichte wurde: Napoleon Bonapartes Schwager Joachim Murat, dessen Mission es war, den Mezzogiorno von den Bourbonen zu befreien, wurde hier inhaftiert und am 13. Oktober 1815 erschossen, weshalb das Schloss im Volksmund **Castello Murat** genannt wird. Murats im Schlossmuseum dokumentierte Lebens- und Leidensgeschichte endete in einem Grab in der **Cattedrale di S. Giorgio,** die mit ihrer barocken Fassade aus weißem Marmor aus dem insgesamt gefälligen städtebaulichen Ensemble hervorsticht. Etwa 2 km außerhalb des Ortszentrums verblüfft am Strand von Prangi die **Chiesa Piedigrotta,** in deren feuchtem Innern von lokalen Künstlern geformte Tuffsteinskulpturen zu bestaunen sind, die sich um ein der Legende nach im 17. Jh. von schiffbrüchigen neapolitanischen Seeleuten hinterlassenes Marienbildnis gruppieren (9–13 u. 15–17.30 Uhr, im Sommer bis 19.30 Uhr).

- *Verbindungen* Bahnhof in Pizzo Marina (ca. 2 km südlich des Ortszentrums, kein Fahrkartenschalter!). Verbindungen nach Lamezia Terme und (über Tropea und Rosarno) nach Reggio Calabria. Innerstädtische Busverbindungen zwischen Ortskern und Bahnhof, außerdem nach Catanzaro (über Flughafen Lamezia Terme), Vibo Valentia und zu den südlichen Küstenorten.
- *Übernachten/Essen & Trinken* **TIPP!** A **Casa Janca Agriturismo**, wegen seiner exzellenten Fisch- und Gemüseküche und ebenso herzlichen wie selbstbewussten Hausherrin Rita Callipo empfehlenswertes kleines Landgasthaus mit 6 Gästezimmern in einer umgebauten alten Tonnara der Thunfisch-Dynastie Callipo. Das gastliche Haus der Enkelin des Firmengründers liegt in einem Garten nördlich von Pizzo auf der landzugewandten Seite der Küstenstraße. Nov.–Jan. geschlossen, Restaurant Mi Ruhetag. DZ 60–100 €, mit HP 110–150 €. Località Marinella, ✆/✆ 0963/264364 u. 349/5747135.

Villaggio/Camping Pineta Mare, große pinienbeschattete Anlage mit mehreren Übernachtungsvarianten (im Zelt, verschiedenen Ferienhaustypen und moderner Apartmentanlage), 6 km nördlich von Pizzo, direkt am Strand und von der großen Küstenpiste SS 18 anzufahren. Juni–Sept. Preisbeispiele: 4er-Bungalow 70–115 €, Ferienhäuschen für 6 Personen 105–170 €, DZ im Apartmenthaus 100–155 €, EZ 60–80 €. ✆ 0963/264067, www.villaggiopinetamare.com.

La Lampara, auf der Speisekarte der zünftigen Trattoria stehen ergetanische Meeresspezialitäten, darunter z. B. filei vongole e fagioli (hausgemachte Nudeln mit Babymuscheln und grünen Bohnen). Via Marcello Salomone 128, ✆ 0963/537296. Mi Ruhetag.

Vibo Valentia (Marina) ca. 35.000 Einwohner

Die Griechen nannten sie „Hipponion", die Römer „Vibo Valentia" und die Staufer „Monteleone". Seit 1928 firmiert die heute quirlig-mediterrane Provinzhauptstadt mit hübscher Altstadt und zum archäologischen Nationalmuseum umgewidmeten normannisch-staufischem Kastell wieder unter ihrem römischen Namen. In ihrem Küstenquartier „Vibo Marina" pulsiert vor der Kulisse moderner Neubauten und eines riesigen Zementwerks das bunte Leben eines geschäftigen Fischerei- und Touristenhafens.

- *Verbindungen* Bahnhof Vibo-Pizzo mit Anschluss nach Norditalien und Sizilien. Bahnhof Vibo Marina an der Regionalstrecke Lamezia Terme – Reggio Calabria (via Tropea und Rosarno). Busverbindungen innerhalb der Stadt, zu den Bahnhöfen, zwischen Vibo Valentia und Vibo Marina, nach Reggio Calabria, Lamezia Terme und Catanzaro. Schiffsverbindungen (nur Mai–Sept.) zu den Äolischen Inseln. Agenzia Foderaro, ✆ 0963/573301, www.foderaro.it.
- *Übernachten* **** **La Locanda Al Palazzo d'Alcontres,** stilvoll möbliertes kleines Hotel im gediegenen Ambiente eines geschmackvoll restaurierten historischen Altstadt-Palazzo mit elegantem, kulinarisch betörendem, auf den Namen der Besitzerfamilie getauftem Restaurant *Daffinà* (Menü ca. 40 €). DZ 120–140 €, EZ 70 €, HP 35 €/Person. Corso Umberto 1, ✆ 0963/472669, ✆ 541026, www.lalocandadaffina.it.

Campingplätze zwischen Vibo Marina und Briatico am Strand der Ortsteile Bivona

(**Lido degli Aranci**, ℡ 0963/567513) und Porto Salvo (**Baia di Trainiti**, ℡ 0963/567217, 0963/567358; **Eden Park**, ℡ 0963/567110).

• *Essen & Trinken* **L'Approdo**, das elegante Fischrestaurant am Touristenhafen in Vibo Marina gilt als erste, aber auch teuerste Adresse für den Genuss kreativ angerichteter Fischspezialitäten. Via Roma 22, ℡ 0963/572640.

Briatico, Zambrone und Parghelia

Das nach dem Erdbeben von 1783 bis auf die Reste eines mittelalterlichen Kastells fast vollständig zerstörte Briatico liegt an einem landschaftlich reizvollen Küstenabschnitt, an dem sich steil abfallende, wild felsige Ufer mit badefreundlichen Sandstränden abwechseln. Die 1496 erbaute, als Restaurant genutzte Tonnara Mulino della Rocchetta und der halbverfallene Küstenturm Torre La Rocchetta aus dem 16. Jh. unterstreichen den unprätentiösen mediterranen Charme der kleinen Thunfischergemeinde.

Die Gemeinde Zambrone mit kleinem Zentrum 200 m über dem Meer trumpft mit schönen Stränden auf, an denen sich mehrere Campingplätze und Ferienclubs aufreihen. Größte Attraktion der touristischen Infrastruktur ist der **Acquapark Zambrone,** ein Spaßbad mit mehreren Becken, Bars und Buden.

An den Stränden des wegen historischer Erdbebenschäden 1926 neu aufgebauten, freundlich rosa gestrichenen **Parghelia** glänzen zwei luxuriöse Hotelanlagen.

• *Übernachten/Essen & Trinken* **Villaggio Camping L'Africano**, schattige Anlage am Ortsrand von Briatico. Stellplätze und kleine Häuschen, das Ganze in ca. 200 m Entfernung von einer kleinen Felsenbucht. April–Okt. Preisbeispiel: Einraumhäuschen mit 2 Betten 238–860 € pro Woche. An der SS 522 Richtung Tropea, ℡ 0963/391150, www.villaggiocampinglafricano.it.

TIPP! **** **Villaggio Hotel Lido San Giuseppe**, Hotelperle von Briatico! Das kleine, aber feine Mutterhaus nebst Restaurant, das allein in einer Bucht und direkt an einem wunderschönen Sandstrand liegt, wurde 2003 um eine geschmackvolle neue Anlage mit komfortabel ausgestatteten Zimmern über der Bucht erweitert. DZ 76–212 €, EZ 55–130 €, HP 47–121 €. Juli und Aug. je nach Auslastung evtl. Pensionspflicht und nur wochenweise. Von Juni–Sept. Ausflugs- und Sportangebote. Località Brace, ℡ 0963/393037, 395828, www.villaggiosangiuseppe.it.

**** **Villaggio Camping Sambalon**, Stellplätze für Zelte und Wohnwagen und kleine Ferienhäuschen direkt am Meer. Mitte Mai–Sept. Preisbeispiel: Minivilla, 36 qm, max. 4 Betten, 230–950 € pro Woche. Zambrone, Località Marina, ℡ 0963/392828, www.sambalon.it.

***** **Porto Pirgos**, gediegener Hotelkomfort in einem Ensemble luxuriöser Ferienhäuser, das von einem nach historischem Vorbild gestalteten Küstenaussichtsturm überragt wird. Das Ganze in einem wunderschönen Garten mit atemberaubendem Blick aufs Meer und traumhaftem Privatstrand. Mai–Sept. DZ 274–506 €, EZ 175–280 €. Parghelia, Località Marina di Bordila, ℡ 0963/600351, www.portopirgos.com.

Tropea

ca. 7.000 Einwohner

Abgesehen von Mitte Juli bis Ende August, wenn wahre Menschenmassen tagsüber den Strand bevölkern und sich bis tief in die Nacht über die Hauptflaniermeile Corso Vittorio Emanuele schieben, hat das auf einem Tuffsteinfelsen über dem Meer klebende Städtchen mit Aussicht auf die rauchende Vulkaninsel Stromboli und die dekorativ vorgelagerte Inselkirche Santa Maria dell'Isola das Attribut „Perle des Tyrrhenischen Meeres" zweifellos verdient.

Seit dem frühen Mittelalter war Tropea, das vermutlich griechischen Ursprungs ist, ein bedeutender Adels- und Bischofssitz sowie ein anerkanntes geistiges Zentrum der Region. Das dokumentieren die Reste der alten Stadtmauer, mehr als 50 Adelspaläste mit imposanten Portalen und Innenhöfen, der normannische Dom und eine Reihe weiterer Kirchen, Kapellen und Klöster. Infolgedessen beeindruckt Tropea mit einer bilderbuchreifen Altstadt mit engen Gassen und kleinen Plätzen, die südwärts in den eher zweckmäßig gestalteten neuen Teil des Ortes übergeht.

Unterhalb des Centro storico breiten sich der jüngst touristisch aufpolierte Hafen und die insgesamt gut 3 km langen, traumhaften tropeanischen Hausstrände aus. Die sind von mehreren „Meeresbalkonen" am Rande der Altstadt aus der Vogelperspektive zu betrachten und über Straßen und Treppen von mehreren Punkten des Stadtzentrums in fünf bis zehn Gehminuten zu erreichen, mit weißem Sand ausgelegt und kristallklarem, blautürkis schimmerndem Wasser überspült.

Hausgemachte Pasta, verschiedene Gemüsesorten, allen voran die rund um den Ort kultivierten, in alle Welt exportierten, milden roten Zwiebeln, Fisch und Schalentiere bestimmen die leichte tropeanische Küche. Deren Spezialitäten sind in zahlreichen Restaurants, Osterien und Trattorien zu genießen, wobei aufgrund der wachsenden Nachfrage mitteleuropäischer Gäste in jüngster Vergangenheit neue Lokaltypen wie Cocktailbars, Kneipen und Weinstuben das seinerseits enorm ausgeweitete traditionelle gastronomische Angebot ergänzen.

• *Verbindungen* **Bahnhof** in fußläufiger Nähe des Centro storico (ca. 10 Minuten), von dort regelmäßige Verbindungen nach Lamezia Terme und über Rosarno nach Reggio di Calabria.

Innerstädtische **Busverbindungen** von der Altstadt zum Bahnhof und zum Strand, im Sommer mit deutlich höherer Frequenz. Außerdem Busse zu den benachbarten Küstenorten, v. a. zum Capo Vaticano, nach Vibo Valentia, Reggio di Calabria und Catanzaro.

Im Sommer **Schiffsausflüge** zu den Äolischen Inseln. Information bei Tropeamar,

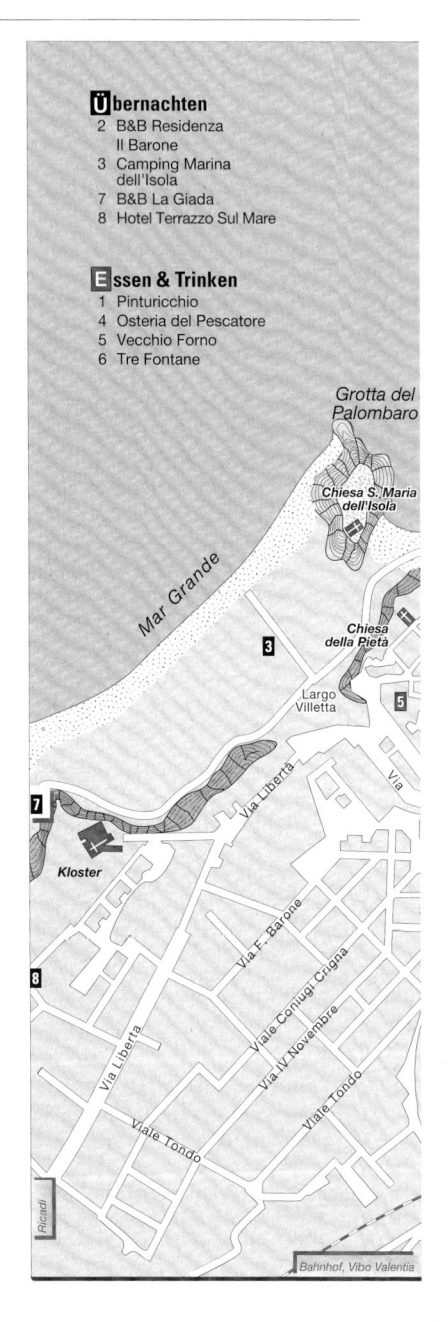

Ü bernachten
2 B&B Residenza Il Barone
3 Camping Marina dell'Isola
7 B&B La Giada
8 Hotel Terrazzo Sul Mare

E ssen & Trinken
1 Pinturicchio
4 Osteria del Pescatore
5 Vecchio Forno
6 Tre Fontane

Tropea 947

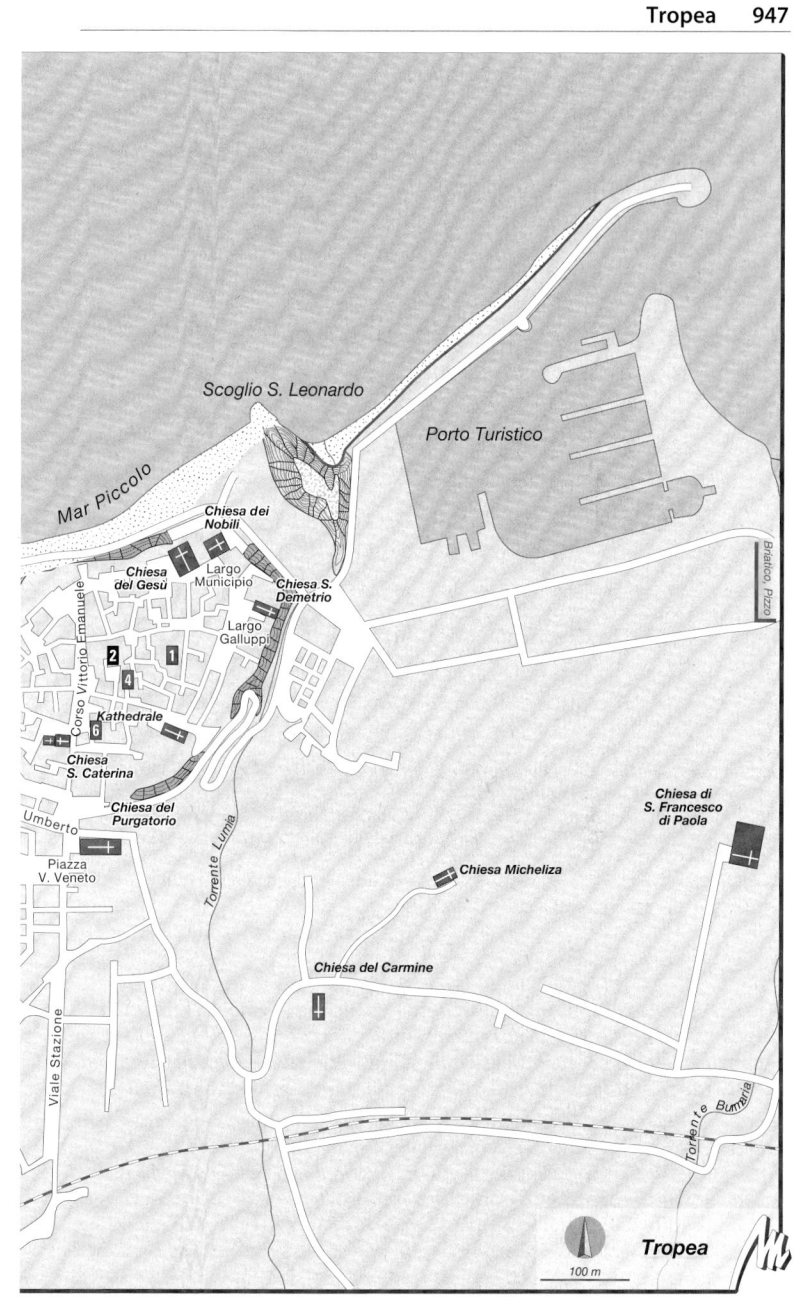

Kalabrien und Basilikata
Karte S. 919

Via Stazione, Hafen und Corso V. Emanuele 12, ✆ 0963/603047, ℻ 666098, www.tropeamar.it.
• *Information* **Pro Loco**, 9–13 u. 16.30–20 Uhr. Piazza Ercole 29, ✆ 0963/61475, www.tropea.biz
• *Übernachten* ***** Hotel Terrazzo Sul Mare (8)**, einigermaßen zentral und über Treppen mit dem Strand verbunden, allerdings in einer Straße mit neuerer Wohnbebauung. Vom (guten) Restaurant und der ihm vorgelagerten Terrasse schöner Meerblick. DZ 60–130 €, EZ 45–90 €. Via Libertà (Zona Croce), ✆/℻ 0963/61020 (Saison), 0963/666228 (Winter).
TIPP! Residenza Il Barone B&B (2), mit der Eröffnung dieser luxuriös-stilvollen Unterkunft in einem Palazzo Nobile im Herzen des Centro storico haben Roberto und Rossella Mesiano (Inhaber der Bar Tomate) sich selbst und potenziellen Gästen einen Traum erfüllt. Postmodernes Mobiliar aus edelsten Materialien, Frühstück auf einer Dachterasse mit Blick auf Stadt und Meer und die herzliche Betreuung rechtfertigen den Preis. DZ 100–200 €, EZ 70–126 €. Largo Barone, ✆ 0963/607181, www.residenzailbarone.it.
*** Camping Marina dell'Isola (3), unterhalb der Stadt und direkt am Strand (neben der Insel), mit Stellplätzen und einigen Ferienwohnungen (25–40 €/Person, bei längerem Aufenthalt günstiger). Schattiger Platz mit einfachen, aber akzeptablen Sanitäranlagen, Lebensmittelladen, in der Hauptsaison Bar/Restaurant. Ganzjährig geöffnet. ✆ 0963/61970, ℻ 603128, www.maregrande.it.
La Giada B&B (7), liebevoll möblierte, komfortable Zimmer im Hauptgebäude und ein hübsches kleines Ferienhäuschen in einem Gärtchen direkt vor dem Strand. Lungomare, ✆ 0963/607050 u. 320/0518322, villagiada@libero.it.
• *Essen & Trinken* **Tre Fontane (6)**, kleiner Familienbetrieb auf einem Platz am oberen Teil der Hauptstraße. Neben den von der Hausherrin selbst zubereiteten Pasta- und (leckeren) Fischgerichten gibt es auch Pizza. Hinsichtlich Qualität, Preis-Leistungs-Verhältnis und freundlichem Service ist sich dieses Restaurant ungeachtet des wachsenden touristischen Andrangs seit vielen Jahren treu geblieben. Corso Vittorio Emanuele, ✆ 0963/61419.
TIPP! Osteria del Pescatore (4), die in einem Keller untergebrachte (bei gutem Wetter werden einige Tische in der Gasse gedeckt), einfach eingerichtete Osteria wird von einer reizenden tropeanischen Fischerfamilie betrieben, die fangfrische und delikate Fischgerichte in allen Variationen serviert. Via del Monte, ✆ 0963/6031018, ℻ 603477. Nov.–März geschlossen.
Vecchio Forno (5), Pizza und Focacce, Paprika, Zwiebeln und Auberginen – gebacken im ehemals zentralen Backofen des Ortes – stehen auf der Speisekarte des rustikalen und preisgünstigen Lokals, das seine Tische in einer engen Altstadtgasse aufgestellt hat. Via Caivano, ✆ 347/3112416. April–Nov. abends geöffnet.
Pinturicchio (1), kulinarisch überzeugendes Lokal in einem tropeanischen Altstadtgewölbe, das neben Fischigem auch deftige Bauerngerichte, z. B. Pennette alla N'duja (pikante Wurstspezialität der Gegend) anbietet. Via Dardano, ✆ 0963/603452.

Capo Vaticano/Ricadi

Da sich vom Capo Vaticano traumhafte Ausblicke auf ein von Klippen und Felsen bewachtes, grün-blau schimmerndes Meer eröffnen, versteht man durchaus, warum so viele Menschen seine Nähe suchen, zumal sich zwischen Tropea und Joppolo die attraktivsten Strände der Region aufreihen.

Von der deshalb intensiv ausgebauten touristischen Infrastruktur, die relativ harmonisch in den von Gemüsefeldern, Weinreben und Obstplantagen bewirtschafteten Küstenstreifen eingefügt ist, profitiert in erster Linie die Gemeinde Ricadi. Auf ihrem Territorium locken die begehrten Badebuchten Praia 'i Focu, Baia di Riaci, Formicoli, Torre Ruffa, Grotticelle und Santa Maria. Ihre einzelnen Siedlungskerne, unter denen das direkt am Meer postierte S. Domenica der lebhafteste ist, kleben im nahen Hinterland an den Hängen des Monte Poro (710 m), von dessen Gipfel man das kalabrische Badeparadies aus der Vogelperspektive betrachten kann.

- *Verbindungen* **Bahnhöfe** an der wunderschönen Küstenstrecke Lamezia Terme – Reggio Calabria in S. Domenica, Ricadi-S. Nicolo und Coccorino. **Busverbindungen** entlang der Küste, im Sommer mit erhöhter Frequenz, v. a. zwischen Tropea und den Stränden des Capo Vaticano.
- *Übernachten/Essen & Trinken am Strand*
Baia di Riaci *** **Residence Agrituristico Le Playe**, Ferienhausanlage mit Pool inmitten von Feldern 70 m über dem Meer und 500 m Fußweg vom Strand entfernt. Die Gäste dürfen in dem 10.000 qm großen Garten drum herum Tomaten, Zwiebeln etc. ernten. Daneben ein nagelneues Apartmenthaus unter derselben Regie. Ganzjährig geöffnet. Preisbeispiel: Zweiraumwohnung 120–900 €/Woche. Contrada Beluscia, S. Domenica di Ricadi, ℘ 0963/669573 u. 0963/669151, ℘ 660800, www.leplaye.it.

am Strand Torre Ruffa *** **Villaggio Camping Costa Verde**, eher schlichte Anlage an einem schönen Sandstrand mit Bungalows, Stellplätzen, Restaurant und Supermarkt. Mai–Okt. geöffnet. Preisbeispiel: Zweiraumbungalow 343–990 €/Woche. S. Nicolò di Ricadi, ℘ 0963/663090 (Saison), 011/3190080 (Winter), ℘ 663792, www.costaverde.org.

Am Strand Grotticelle *** **Albergo Incoronato**, von Bananenstauden umgebenes, auf zwei Gebäudetrakte verteiltes Familienhotel mit einigen Meeres-Balkonzimmern mit jeweils separatem Eingang. Garten und Pool, nur wenige Meter vom Strand entfernt. Mai–Okt. geöffnet. EZ/DZ 60–100 €. Località Grotticelle, ℘ 0963/663428, ℘ 665928.

*** **Villaggio Camping 4 Scogli**, sehr schöne Anlage mit Ferienhäuschen, Stellplätzen, Bar und Restaurant über einem ebensolchen Strandabschnitt. Preisbeispiel: 2-Bett-Apartment 250–545 €. Mai–Okt. geöffnet. Località Grotticelle, ℘ 0963/663126 (Saison), ℘ 0963/663115 (Winter) u. 340/7272080, www.quattroscogli.it.

Am Strand von Santa Maria *** **Villaggio Hotel Calispera**, Hotel, Ferienhaus- und Campingbetrieb hoch über Santa Maria mit

*Stilvoll wohnen:
Palazzo Nobile in Tropea*

Blick auf den Strand von Grotticelle. Mai–Sept. geöffnet. VP 35–100 €. Preisbeispiel: Zweiraumwohnung mit 4 Betten 400–1100 €. Località S. Maria, Via Torre S. Maria, ℘ 0963/663183, ℘ 663143, www.villaggiocalispera.it.

TIPP! ** **Ciccio sul Mare**, freundlicher Familienbetrieb am Strand von Santa Maria, der ordentliche Zimmer mit separatem Eingang vermietet. Im hauseigenen Restaurant kann man hervorragend Fisch essen. Hotel und Restaurant sind von Mai bis Sept. geöffnet (in der Nebensaison auch nur Übernachtung). DZ 40–90 €, EZ 35–60 €, HP 36–72 €. Santa Maria di Ricadi, ℘ 0963/663400, ℘ 663529 (Saison), ℘ 0963/65292 (Winter), www.cicciosulmare.it.

Nicotera (Marina) ca. 7.000 Einwohner

Nicoteras gut erhaltener mittelalterlicher Ortskern inklusive imposantem Kastell und ehrwürdiger Kathedrale und seine stimmungsvollen Plätze mit Weitblick auf die Ebene von Gioia Tauro sind die Anfahrt wert, wohingegen sein Küstenquartier eher enttäuscht. Weil die Strände in und um Nicotera Marina äußerst badefreundlich sind, haben sich in der Nähe der trist vernachlässigten Meeressiedlung der Club Valtur und andere „Ferienfabriken" niedergelassen.

Von Gioia Tauro nach Villa San Giovanni – Costa Viola

In der mit Orangen- und Olivenhainen überzogenen Piana di Gioia Tauro liegt der flächenmäßig größte Mittelmeerhafen. Südlich davon schließt sich die Costa Viola an, die ihren Namen dem dort (tatsächlich!) violett schimmernden Wasser des Tyrrhenischen Meeres verdankt.

Die modernen Hafenanlagen von Gioia Tauro sind die große ökonomische Hoffnung der Stadt, die vor 30 Jahren als Paradebeispiel einer gescheiterten Industrialisierung negative Schlagzeilen gemacht hatte. In Erwartung eines geplanten, letztlich aber nie realisierten Stahlstandortes war es dort nämlich in den frühen 1970er Jahren zu einer regen, bald wieder gestoppten Bautätigkeit gekommen. Während übrig gebliebene Betonskelette das Landschaftsbild der Ebene von Gioia Tauro bis heute trüben, schieben sich die Badeorte **Palmi**, **Bagnara** und **Scilla** pittoresk zwischen die Ausläufer des westlichen Aspromonte und die veilchenfarbene See. Die **Costa Viola** endet an der Meerenge von Messina bzw. in der verkehrstechnisch bedeutenden Industrie- und Handelsstadt **Villa S. Giovanni**, von wo mit Autos und Zügen beladene Fähren nach Sizilien auslaufen.

Palmi: Die nach den Erdbeben von 1783 und 1908 komplett neu aufgebaute Stadt am Fuße des aussichtsträchtigen, 579 m hohen Monte S. Elia („Balkon des Tyrrhenischen Meeres") ist architektonisch entsprechend unspektakulär, trotz passabler Strände badetouristisch nicht gerade eine Offenbarung, wegen seines überaus interessanten Volkskundemuseums aber dennoch einen Ausflug wert.

Das **Museo di Etnografia e Folclore** befindet sich in der Casa della Cultura Leonida Répaci, die außerdem eine moderne **Pinacoteca** integriert. Es gewährt nicht nur einen anschaulichen Einblick in die Geschichte der regionalen Alltagskultur, sondern auch in die von Glauben und Aberglauben getröstete und/oder beunruhigte kalabrische Seele, zeigt Gebrauchsgegenstände aus Haushalt, Handwerk, Landwirtschaft, Viehzucht und Fischerei und zahlreiche religiös-rituelle und magische Objekte.

Öffnungszeiten/Eintritt Mo–Fr 8.30–13.30 Uhr, Mo u. Do auch 15.30–18 Uhr. Eintritt 2 €. Via Felice Battaglia (oberhalb des Stadtzentrums).

• *Fährverkehr nach Sizilien* Die Hafenanlagen von Villa S. Giovanni, von denen Fähren der FS sowie der privaten Gesellschaft Caronte starten, sind gut ausgeschildert. Die FS setzt etwa alle 40 Minuten über, Caronte befördert auch nach Salerno. Genaue Fahrplan- und Preisinformationen erhält man bei folgenden Adressen und Telefonnummern:

FS, Piazza Stazione, ✆ 0965/758241; **Caronte**, Via Marina 30, ✆ 0965/793131.

• *Bahnverbindungen* Eisenbahnromantiker können mit einer **Schmalspurbahn** der Ferrovie della Calabria von Gioia Tauro ins bergige Inland nach Cinquefrondi und zurück (oder ins benachbarte Palmi) fahren.

Bagnara: Bagnara, dessen älterer Teil inmitten terrassierter Weinberge an den Ausläufern des westlichen Aspromonte klebt, zieht sich allmählich zum Meer hinunter, wo sich vor einem halbmondförmigen Sandstrand das neuere Stadtzentrum ausbreitet. Sein städtebauliches Profil lässt – inzwischen verflogenes – mondänes Flair der vorletzten Jahrhundertwende erahnen. Die Markenzeichen der atmosphärisch freundlichen Stadt sind der Schwertfischfang und eine verführerische Mandel-Honig-Kreation namens **Torrone di Bagnara**.

• *Essen & Trinken* Herzhafte Alternative zu den überall, z. B. von Cardone, angebotenen Dolci: **Taverna Kerkira**, schlichtes und überregional gepriesenes Restaurant, in dem neben lokalen Spezialitäten (z. B. Pesce Spada alla Griglia) einige griechische Gerichte serviert werden. Die Köchin und Mutter des Inhabers stammt nämlich von der Insel Korfu. Die süßen Kreationen des Hauses sind sizilianisch inspiriert. Corso Vittorio Emanuele 217, ✆ 0966/372260. Mo und Di sowie im August geschlossen, Sa und So muss man einen Tisch vorbestellen.

Scilla
ca. 5.000 Einwohner

Das pittoreske Fischerstädtchen Scilla an der Meerenge von Messina entspricht in vielerlei Hinsicht den romantischen Idealvorstellungen einer mediterranen Idylle.

Auf dem Felsen, auf dem seit 1255 das klotzige, 1533 erweiterte **Castello dei Ruffo** thront, lauerte nach Homers Odyssee das Ungeheuer Skylla. Das verschlang bekanntlich sechs der Gefährten des antiken Helden, als sie betört vom Gesang der Sirenen und bedroht vom Strudel Charybdis vor der Küste Siziliens durch die Meerenge von Messina segelten.

Von der Balkonpiazza S. Rocco in Scillas Oberstadt **S. Giorgio** eröffnet sich eine eindrucksvolle Aussicht auf die größte Mittelmeerinsel und die Küstenquartiere **Marina Grande** und **Chianalea** rechts und links des schlossgekrönten Felsens. Ersteres besticht durch einen wunderschönen langen Sandstrand, das malerische Fischerviertel Chianalea durch steile und schmale Gässchen, deren unterste Häuserreihen fast das Meer berühren. In seinem kleinen Hafen kann man im Mai und Juni dem imposanten Schauspiel der frühabendlichen Rückkehr der Schwertfischerboote und des Ab- und Verladens der stattlichen Fische beiwohnen.

• *Übernachten* ****** Principe di Scilla**, Nobelherberge und -restaurant in einem ehemaligen Palazzo der Adelsfamilie Ruffo, nach deren Mitgliedern (u. a. Königin Paola von Belgien) die exklusiven Suiten des Luxushotels benannt sind – die ganze Pracht mitten im vornehmlich von einfachen Fischern bewohnten Ortsteil Chianalea. DZ (Suite) 150–340 €. Via Grotte 2, ✆ 0965/704324, www.hotelubais.it.

TIPP! ** Albergo Le Sirene, kleine, unlängst frisch herausgeputzte Etagenpension. Ihre Wände sind mit hellen mediterranen Farben und Motiven aus der Odyssee koloriert. Der Eingang der Pension liegt in einer belebten Straße in Bahnhofsnähe, während an ihrer Rückfront zwei Terrassen mit Aussicht aufs Meer und den langen Sandstrand von Marina Grande überraschen. DZ 45–60 €, EZ 30–40 € (ohne Frühstück). Via Nazionale 57, ✆ 0965/754019, www.svagocalabria.com/albergolesirene.

• *Essen & Trinken* **Il Pirata**, romantisches, direkt am Wasser gelegenes Fischrestaurant mitten im Fischerleben von Chianalea. Im Angebot natürlich Fischspezialitäten, v. a. kulinarische Variationen des pesce spada. Menü ca. 40 €. Via Grotte 22, ✆ 0965/704292.

Grotta Azzurra, das Traditionsrestaurant an der Strandpromenade von Marina Grande wirbt damit, dass hier die Prominenz aus Politik und Kultur einkehrt, um stilecht Fisch zu essen. Lungomare, ✆ 0965/754889. Mo Ruhetag.

Reggio di Calabria
ca. 180.000 Einwohner

Schon allein wegen des Lungomare Falcomatà, den der berühmte italienische Dichter Gabriele D'Annunzio als den „schönsten Kilometer Italiens" pries, und der Bronzi von Riace ist die als Schaltzentrale der Ndrangheta verrufene größte kalabrische Stadt einen Ausflug wert.

Die von Palmen, Pinien, Fikusbäumen und Blumenbeeten gesäumte Prachtstraße verläuft vor der Kulisse Siziliens zwischen der Meerenge von Messina, in der sich an heißen, windstillen Sommertagen die Häuser Siziliens wie eine Fata Morgana spiegeln (sollen), und dem Corso Vittorio Emanuele mit seinen in Pastellfarben gestrichenen, eleganten Jugendstilvillen.

952 Kalabrien und Basilikata

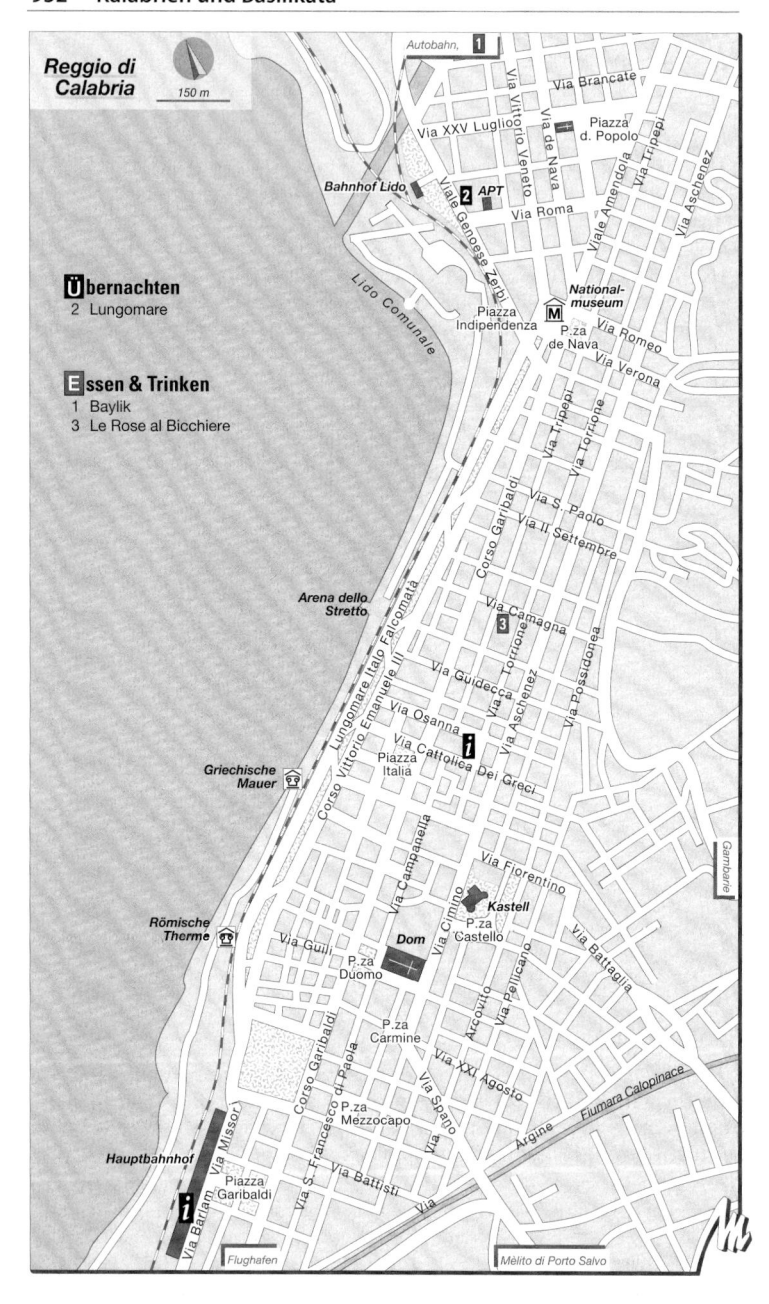

Reggio di Calabria

150 m

Übernachten
2 Lungomare

Essen & Trinken
1 Baylik
3 Le Rose al Bicchiere

Die 743 v. Chr. als „Rhegion" gegründete Hafenstadt musste nach zwei desaströsen Erdbeben (1783 und 1908) zu Beginn des 20. Jh. fast vollständig neu aufgebaut werden, sodass nur wenige architektonische Zeugnisse ihre lange Geschichte dokumentieren.

Die berühmten **Bronzi di Riace** harren in der Abteilung Unterwasserarchäologie im **Museo Archeologico Nazionale** der Bewunderung. Die stattlichen Mannsbilder, fast 2 m große, wohlproportionierte, bis zum Verlauf von Muskelsträngen, Adern und Sehnen realitätsgetreu gestaltete Bronzeskulpturen aus dem 5. Jh. v. Chr., wurden im Jahre 1972 vor der Küste von Riace von Tauchern im Meer entdeckt. Sie sind die spektakulärsten Hinterlassenschaften der kulturell blühenden Vergangenheit der Magna Graecia, von der man sich auch in den übrigen, mit Funden aus Locri, Rhegion, Kaulonia, Medma, Laos und Krimisa angefüllten Abteilungen des Museums ein eindrucksvolles Bild machen kann.

Öffnungszeiten/Eintritt Di–So 9–19.30 Uhr. Eintritt 6 €. Piazza de Nava 26, ✆ 0965/812255, www.museonazionalerc.it.

• *Verbindungen* Vom **Hauptbahnhof** am südlichen Ende des Lungomare Falcomatà Fernverbindungen nach Norditalien und nach Sizilien, vom **Bahnhof Reggio Calabria Lido** am nördlichen Ende des Lungomare regionale Verbindungen bis Paola.
Busverkehr innerhalb der Stadt und zum Flughafen, Verbindungen nach Gambarie im Aspromonte sowie entlang der ionischen Küste. Zentrale Haltestellen an der Piazza Italia und an der Piazza Garibaldi/Hauptbahnhof.
Die lokale Busgesellschaft ATAM (✆ 800/433310, www.atam-rc.it) bietet für 3 € **Stadtrundfahrten** durchs Centro storico an.
Vom Hafen **Fähren und Tragflügelboote** nach Messina, zu den Äolischen Inseln und nach Malta: Ustica Lines (✆ 0965/29568, www.ustica.lines.it), Meridiano Lines (✆ 0965/810414, www.meridianolines.it), Navette FF.SS (✆ 0965/863754, www.rfi.it).
Täglich **Flüge** nach Rom und Mailand vom Aeroporto dello Stretto „Tito Minniti" in Ravagnese (5 km südlich der Stadt), ✆ 0965/640517.
• *Information* **APT**, Mo–Sa 8–20 Uhr. Via Roma 3, ✆ 0965/21171; Flughafen, ✆ 0965/643291;

Hauptbahnhof, Piazza Garibaldi, ✆ 0965/27120. www.comune.reggio-calabria.it.
• *Übernachten* ***** Lungomare (2)**, 2002 in einem frisch renovierten Jugendstilpalazzo in der Nähe des Nationalmuseums eröffnetes, stilvolles Hotel mit aussichtsreicher Dachterrasse (zum Meer). DZ 120, EZ 88 €. Viale G. Zerbi 13, ✆ 0965/20486, ✉ 21439, www.hotellungomare.rc.it.
• *Essen & Trinken* **Baylik (1)**, der bereits 1950 eröffnete Familienbetrieb – „baylik" ist übrigens arabisch und bedeutet Fisch – liegt in der Nähe des Hafens in Reggios nördlichem Stadtteil S. Caterina. Weil der Fisch im Baylik stets frisch, von höchster Qualität und obendrein delikat zubereitet ist, ist das Traditionsrestaurant trotz seiner peripheren Lage das berühmteste Restaurant der Stadt. Via Leone 1, ✆ 0965/48624. Mo und zwischen dem 10. und 25.8. geschlossen.
Le Rose al Bicchiere (3), Kombination aus Weinbar und mit dem „Segen" der Organisation Slow Food regionaltypisch bekochtem Restaurant. Via Demetrio Tripepi 118, ✆ 0965/22956.

Von Reggio di Calabria nach Bovalino – Costa dei Gelsomini

Der wohlklingende Name Costa dei Gelsomini (Jasminküste) kann nicht darüber hinwegtäuschen, dass sich am Südzipfel Kalabriens die wirtschaftlichen, sozialen und landschaftsästhetischen Probleme der Region konzentrieren.

Der einzige Reiz dieses Küstenstreifens liegt in der stets genossenen Doppelaussicht auf Sizilien und die Rauchsäulen des Ätna auf der See- und den Aspromonte auf der Landseite, sodass sich Melito Porto Salvo und die in östlicher Richtung folgenden, allesamt wenig einladenden Küstengemeinden allenfalls als

Ausgangspunkte für Ausflüge in den Aspromonte eignen. Für Touristen gefährlich ist der in besonderem Maße von den dunklen Machenschaften der Ndrangheta entwicklungsgehemmte Küstenstreifen freilich nicht!

Saline Ioniche: In dem Ort wenige Kilometer südlich von Reggio Calabria ist man mit einem monströsen, in den 1970er Jahren gebauten, niemals in Betrieb gegangenen Chemiewerk konfrontiert.

Melito Porto Salvo: Vor dem ansonsten unspektakulären Städtchen landeten im Jahre 1860, von Sizilien kommend, Garibaldis „Mille", um von dort ihren Marsch zur Einigung Italiens zu vollenden. Im zum Hotel umgewidmeten Palazzo Ramirez auf einer Anhöhe westlich des Stadtzentrums, in dem Giuseppe Garibaldi seinerzeit logierte, steckt bis heute eine vom Meer abgefeuerte Kanonenkugel seiner bourbonischen Widersacher.

Condofuri Marina, Bova Marina, Palizzi Marina und Bovalino Marina: Zwischen Schnellstraße und Eisenbahnlinie eingeklemmt, ist das architektonisches Profil dieser Gemeinden – abgesehen von dem einen oder anderen ganz ansehnlichen Palazzo Nobile – von gesichtslosen 70er-Jahre-Bauten und grauen Betonskeletten geprägt. Ihre Strandpromenaden, die meist über schmale und holprige Bahnunterführungen anzusteuern sind, versprühen tatsächlich bestenfalls den rauen Charme des „wilden Südens". In kultureller Hinsicht sei auf die (alt-)griechischen Traditionen der Gemeinden, in kulinarischer auf überdurchschnittlich viele Eisdielen und Konditoreien verwiesen. Deren Spezialitäten sind oft – übrigens ebenso wie Kölnisch Wasser oder Earl-Grey-Tee – mit den Essenzen der hier weltweit am erfolg- und ertragreichsten angebauten Bergamottefrucht (citrus bergamia) aromatisiert.

• *Übernachten/Essen & Trinken* Entlang der Küste eine Handvoll mäßig attraktiver Campingplätze, z. B.: **Villaggio Camping La Perla Ionica**, recht belebter Platz unter Bäumen. Stellplätze, kleine Holzbungalows und Restaurant. Das Ganze liegt direkt an einem „naturbelassenen" Sandstrand, von dem man auf den Ätna schaut. Gut ausgeschildert und von der SS 106 durch eine holprige Zufahrt zu erreichen. Bungalows 20–70 €. Ganzjähriger Betrieb. Bova Marina, Località San Pasquale, ✆ 0965/764366, www.campinglaperlajonica.it.

*** Hotel-Ristorante Casina Dei Mille, der oberhalb der SS 106 gelegene, 2006 grundrenovierte Palazzo ist das Unterkunfts-Highlight der ganzen Gegend. Man logiert in geräumigen, gut ausgestatteten Zimmern. Gemälde und eingerahmte historische Dokumente erinnern an den illustren historischen Gast. Das Restaurant überzeugt durch delikate Fisch-, Fleisch-, Pasta- und Dessertspezialitäten. DZ 80 €, EZ 50 €, HP 65 €. Via Annà, SS 106, Melito Porto Salvo, ✆/≈ 0965/787434-5.

Ionische Küste

Von Locri nach Stilo – Locride

Im Hinterland der Locride genannten Ostflanke der Provinz Reggio Calabria „hängen" wenige Kilometer von der Küste entfernt Kalabriens kulturtouristische Aushängeschilder Gerace, Stilo und Mammola.

▸ **Locri:** Die steinernen Hinterlassenschaften der Ende des 8. Jh. v. Chr. (vermutlich) von Frauen aus dem griechischen Lokroi gegründeten großgriechischen Metropole Lokroi Epizephyrioi präsentieren sich heute als weitläufiger **archäologischer Park**, in dem es u. a. die Reste der einst 5 km langen Stadtmauer und die Ruinen eines Persephone-Heiligtums zu sehen gibt. Neben Gebäuderesten der antiken 40.000-

Gerace ist unbedingt einen Besuch wert

Einwohnerstadt sind zahllose kleinere archäologische Kostbarkeiten ausgegraben worden, darunter z. B. Münzen, Bronzestatuen und eine Kollektion locresischer Votivkeramik, die im **Museo Nazionale Archeologico Locri** im Eingangsbereich des Ausgrabungsgeländes und im Nationalmuseum von Reggio Calabria gehütet werden.

Öffnungszeiten/Eintritt **Museum und archäologischer Park**, Di–So 9–19.30 Uhr. Eintritt 2 €. Contrada Marasà, ca. 3 km südlich des Ortszentrums, ℡ 0964/3900023, www.locriantica.it.

Das moderne Locri gehört zu den Hochburgen der Ndrangheta, die aufgrund des antimafiösen Engagements vieler aufrechter Locresi in den vergangenen Jahren allerdings nicht mehr ganz so leichtes Spiel haben soll, was sich positiv auf das vielerorts sanierte Stadtbild und den unterdessen ansehnlichen Lungomare ausgewirkt hat.

▶ **Gerace:** Das seit dem 10. Jh. gewachsene, schmucke architektonische Ensemble von Gerace wenige Kilometer oberhalb von Locri ist gleichsam ein städtebauliches Gesamtkunstwerk, aus dem hier nur wenige Details hervorgehoben seien: An der Piazza delle Tre Chiese empfehlen sich sich gleich drei architektonische Kleinode: Die **Chiesa del Sacro Cuore** aus dem 19. Jh., die bereits 800 Jahre zuvor errichtete **Chiesa S. Giovanni Crisostomo** (S. Giovanello) und die 1252 im gotisch-puristischen Stil erbaute **Chiesa di S. Francesco.**

Absoluter Besichtigungshöhepunkt ist jedoch die im Jahre 1045 eingeweihte normannisch-romanische **Kathedrale,** deren meditativ-feierliche Atmosphäre vermutlich selbst Kunstbanausen und „Gottlose" tief durchatmen lässt. Ihre teilweise aus einzelnen Mauerfragmenten „zusammengestückelten" Säulen, die den Innenraum der Kirche in drei Schiffe aufteilen, sind antiker Herkunft und wurden höchstwahrscheinlich aus dem griechischen Locri den Berg hinaufgeschafft.

• *Übernachten/Essen & Trinken* ****** La Casa di Gianna**, in einem renovierten alten Palazzo untergebrachtes Hotel-Restaurant (8 Zimmer und Suiten), in dem Alt und Neu eine stilistisch gelungene Symbiose eingehen. DZ 100–120 €, EZ 60–80 €, Suite 150–

Kalabrien und Basilikata

180 €. Via Paolo Frascà 6, ☎ 0964/355024-18, 📠 355081, www.lacasadigianna.it.

TIPP! Il Giardino di Gerace B & B, über dieses hübsche, herzlich geführte Haus mit freundlich-gemütlichen Zimmern und romantischer Gartenterrasse kann man ins Schwärmen geraten. EZ 45–50 €, DZ 60–80 €, Dreibettzimmer 85–95 €. Via Fanfani 8, ☎ 0964/356732, 338/4851481 u. 328/0582693, 📠 20252, www.ilgiardinodigerace.it.

Osteria/Trattoria Lo Sparviero, die hier servierten, übrigens auch von Slow Food gelobten, typisch kalabrischen Gerichte schmecken gut, die Portionen sind beachtlich, die Preise günstig, die Atmosphäre ist angenehm. Mitten in Gerace Città. Via Luigi Cadorna 3, ☎ 0964/356826 u. 329/1011408.

▸ **(Marina) di Gioiosa Ionica und Mammola:** Ungeachtet des recht gefälligen Lungomare gibt sich die zweigeteilte Gemeinde in ihrem neuen Küstenquartier recht grau und trist. Zum Ausgleich besitzt sie 116 m höher ein fast malerisches Centro storico mit dekorativ verfallenem mittelalterlichen Kastell.

Wenn man sich auf der Straße zwischen den beiden Meeren (SS 281) von Gioiosa Ionica aus in Richtung Inland bewegt, sieht man nach etwa 20 km auf einer Anhöhe ein altes Kloster, neben dem inmitten von Palmen, Oliven- und Orangenbäumen eigenwillig gestaltete Skulpturen in den Himmel ragen. Bei dem imposanten Ensemble geschichtsträchtiger Gemäuer, moderner Kunst und mediterraner Vegetation handelt es sich um den **Parco Museo Santa Barbara**, der seit 1970 gewachsen und von dem kalabrisch-holländischen Künstlerpaar Nik Spatari und Hiske Maas betrieben wird. Spektakulärstes Exponat ist Spataris Gemälde *Jakobs Traum*, das auf 240 farbenfroh bemalten Quadratmetern der alten Klosterkuppel die Vita der biblischen Figur erzählt.

Öffnungszeiten/Eintritt April–Okt. 9–12 u. 15–17 Uhr (15.7.–15.9. bis 20 Uhr), sonst 9–12 Uhr. Eintritt 4 €. Infos über Workshops (Hiske Maas spricht Englisch): ☎/📠 0964/414220, www.musaba.org.

▸ **Roccella Ionica:** Kulturell lebendiges Mittelmeerstädtchen mit relativ neuem Yacht- und Freizeithafen, dessen gefälliges Ortsbild durch die fast von jedem Punkt des Zentrums sichtbaren Ruinen eines mittelalterlichen Kastells und einiger anderer dekorativ zusammengefallener alter Gemäuer bereichert wird. Hier findet alljährlich das viel beachtete Jazzfestival **Rumori Mediterranei** statt.

▸ **Riace:** Am Strand von Riace wurden die berühmten **Bronzi di Riace** aus dem Meer gefischt, in seinem alten Ortskern arbeitet die sozial ambitionierte, für einen nachhaltigen Tourismus engagierte Initiative Città Futura, die dort alte Handwerkstraditionen am Leben erhält, eine zünftige Trattoria betreibt und zu Ferienwohnungen umgebaute alte Häuser (und Zimmer) mit Meeresblick vermietet.

▸ **Monasterace:** Monasterace hat einen gepflegten Lungomare, hinter dem ein ebenso attraktiver Strand lockt und liegt in der Nähe der direkt am Strand zu Tage geförderten Grundmauern eines dorischen Tempels des antiken Caulonia. Die ruhen unterhalb der SS 106 etwas nördlich von Monasterace Marina an der SS 110.

▸ **Stilo:** Eine der größten kunsthistorischen Attraktionen der Region liegt wenige Kilometer landeinwärts von Monasterace am Fuße des Monte Consolino in den südöstlichen Ausläufern der Serre. Von der im 10. Jh. erbauten **Cattolica** genießt man einen schönen Blick auf Stilos Centro storico und die tief ins Gebirge eingegrabene, nur spärlich bewachsene Schlucht Fiumara Stilare. Die hübsche Miniaturkirche ist eines der besterhaltenen baulichen Zeugnisse aus byzantinischer Zeit. Der auf einer Fläche von nur 36 qm aus rot-braunen Ziegelsteinen errichtete Bau hat einen quadratischen Grundriss und verfügt über fünf zylinderförmige Kuppeln.

Sein schlichter Innenraum ist lediglich mit einigen verblassten Fresken verziert (Sept.–April 7–19, sonst 8–20 Uhr).

• *Übernachten/Essen & Trinken* **Le Giare Agriturismo**, freundliche Gästehäuser einige Kilometer südlich der Stadt unter Oliven- und Orangenbäumen. Produkte aus eigenem Anbau, durch eine Unterführung geht es zu einem schönen Sandstrand. Ein- bis Dreiraumhäuschen mit Küche. Einraumhäuschen 72–155 €. Roccella Ionica, SS 106, ✆ 0964/85170, ℻ 863115, www.agriclublegiare.it.

La Cascina, wegen seiner kreativen Fischküche allgemein empfohlenes, stets gut frequentiertes Lokal. Etwas außerhalb des Ortes. SS 106 (in Richtung Gioiosa Ionica), ✆ 0964/866675.

Catanzaro und der Golf von Squillace

Zwischen dem Küstenquartier der Regionalmetropole Catanzaro Lido und Soverato zeigt sich die ionische Küste Kalabriens von ihrer Schokoladenseite. Von den pittoresken alten Ortskernen der recht gepflegten Seebäder genießt man Millionärsblicke auf den sagenumwobenen Golf von Squillace, über dem sich die dicht bewaldeten Höhen der Serre erheben. Dagegen erreicht man einige Kilometer weiter südlich gleichsam badetouristisches Entwicklungsland, obgleich auch dort passable Strände und malerisch-verschlafene alte Dörfer wie z. B. Badolato locken.

Catanzaro (Lido) ca. 97.000 Einwohner

Catanzaro wacht auf 341 Höhenmetern über zwei Flusstäler, von denen eines seit 1960 mit dem Viadotto Morandi überbrückt ist. Die Betonbrücke ist eine der längsten Europas und eines der Wahrzeichen der kalabrischen Regionalhauptstadt, deren unlängst verkehrsberuhigte Altstadt mit Aussichtsbalkon über dem Golf von Squillace das einzig Sehenswerte ist. Wenn man der Hauptflaniermeile **Corso Mazzini** von der Piazza Matteotti bis zu seinem südlichen Ende folgt und unterwegs hin und wieder über steile Gässchen und Treppenaufgänge auf diesen oder jenen kleinen Platz ausschert, bekommt man en passant die wichtigsten Sehenswürdigkeiten der Stadt zu Gesicht. Dazu gehören der mittelalterliche Dom und der hübsche Stadtpark Villa Trieste, von dem man eine schöne Aussicht auf eines der Flusstäler genießt.

13 Straßenkilometer unterhalb des alten Stadtzentrums erstreckt sich mit einer Kette mehrstöckiger, grauer Mehrfamilienhäuser der mit einer Funicolare (Drahtseilbahn) ans Centro storico angebundene Stadtteil **Catanzaro Lido** mit dem von einer grauen Mauer abgeschirmten, von zahlreichen Lokalen gesäumten „Hausstrand" der Regionalmetropole.

• *Anfahrt/Verbindungen* Mit dem **PKW** über SS 280, SS 19, SS 109.

Bahnhof der **Ferrovie della Calabria**, von dort Zugverbindungen nach Catanzaro Lido und Cosenza. Bahnhof der **FS**, von dort Verbindungen nach Lamezia Terme und Catanzaro Lido, von dort Züge nach Taranto bzw. Reggio Calabria.

1Haltestelle der **Funicolare** (Drahtseilbahn) nach Catanzaro Lido an der Piazza Roma (werktags 7–21 Uhr alle 10–15 Minuten).

Innerstädtische **Busverbindungen** der A.M.C. (zentrale Haltestelle an der Piazza Roma). Außerdem Verbindungen in viele kalabrische Orte inner- und außerhalb der Provinz von der Autostazione nahe dem Bahnhof.

• *Information* **APT**, Via Spasari 3 (Galleria Mancuso), ✆ 0961/743901, ℻ 727973, www.mycatanzaro.it.

• *Übernachten* *** **Hotel San Giuseppe**, komfortabel ausgestattete Zimmer in günstiger Altstadtlage am Rande des Corso Mazzini. DZ 90 €, EZ 60 €. Salita Piazza

Roma 7, 0961/726172, www.sangiuseppe hotel.it.

- *Essen & Trinken* **Ristorante Amici Miei**, beliebte Trattoria mit ortstypischer (Fisch-)Küche und Pizza mitten in der Altstadt. Via Discesa S. Rocchello 4, 0961/742196. So Ruhetag.

Caffè Imperiale, in oder vor diesem schon von außen sehr sympathischen Lokal in einem alten Palazzo etwa auf der Mitte des Corso Mazzini kann man schon seit 1892 einkehren und sich entweder den variationsreichen verführerischen Süßigkeiten hingeben (darunter viele Sorten Eis) oder herzhafte Kleinigkeiten zu sich nehmen. Corso Mazzini 161, 0961/743231.

Tiriolo
ca. 4.000 Einwohner

Wenn das Wetter mitspielt, hat man von dem mittelalterlichen Örtchen am Fuße des Monte Tiriolo eine einmalige Aussicht auf beide kalabrischen Meere, die schon den antiken Sagenhelden Odysseus betört haben soll.

Die meisten Häuser des malerischen alten Ortes oberhalb von Catanzaro sind mit auffälligen Keramikmasken versehen, die deren Bewohner vor dem „malocchio" bzw. Missgunst und Unheil schützen sollen. Eine Reihe von Geschäften und Webstuben signalisieren, dass sich Tiriolo wegen seiner textilen Handwerkstradition, insbesondere mit den dort aus Wolle oder Seide gefertigten schwarz-weißen Schals namens „vancali" einen Namen gemacht hat.

- *Anfahrt/Verbindungen* Mit dem **PKW** von Catanzaro über die SS 280 (Ausfahrt Sarrottino) oder die kurvenreiche SS 19 zu erreichen.
Busverbindungen von/nach Catanzaro.

- *Übernachten/Essen & Trinken* *** **Hotel Residence Due Mari**, die Terrasse des Hotel-Restaurants eröffnet den wetterbedingten Zweimeeresblick. Es überzeugt ferner durch die herzliche Inhaberfamilie, komfortabel ausgestattete Zimmer und ein lecker bekochtes Restaurant. Der kulinarische Hit des Hauses ist das unvergleichliche Pollo al Diavolo. Denjenigen, die lieber in historischen Gemäuern als in modernen Hotelzimmern logieren, bieten Antonio und Antonella neuerdings frisch restaurierte Zimmer und Wohnungen in einer kleinen Altstadtgasse direkt vis à vis vom Eingang des Hotels. DZ 80–100 €, EZ 60 €, HP 15 €/Person. Restaurant im Winter Mo geschlossen. Via Seggio 2/Via Cavour 46, 0961/991064, www.duemari.com.

▶ **Copanello und Montepaone-Lido:** Im für kalabrische Verhältnisse mondänen Copanello, das zur einige Kilometer höher gelegenen Gemeinde Staletti gehört, reichen die mehrheitlich recht gefälligen Villensiedlungen und Ferienanlagen fast bis zum Wasser. Das gilt gleichermaßen für die ebenso badefreundlichen Nachbargestade von Caminia und Montepaone-Lido, zwischen die sich die wunderschöne Felsenbucht Lido Pietragrande schiebt.

- *Übernachten/Essen & Trinken* *** **Il Gabbiano**, Familienbetrieb mit 20 gepflegten Zimmern, Terrasse zum Strand, guter (Fisch-)Küche und einer überaus sympathischen Inhaberfamilie. Deren Oberhaupt spricht sehr gut Deutsch. Auf Wunsch wird ein herzhaftes Frühstück serviert. DZ 58–90 €, EZ 35–65 €, HP 42–70 €. Via Lido 8 (Copanello), 0961/911343, 911437, www.hotelilgabbiano.it.

La Cabana, die allseits zu Recht empfohlene Adresse fürs stimmungsvoll-elegante Fischessen mit Blick aufs Meer. Menü 30 €. Lido di Caminia, Via del Mare, 0961/911093. Okt.–April nur am Wochenende.

▶ **Squillace und Roccelletta di Borgia:** Squillaces hübscher Ortskern liegt 8 km landeinwärts von der Küstenstraße SS 106 und wartet mit den Resten eines normannischen Kastells und einer mehrmals veränderten, aber wohl schon aus dem 5. oder 6. Jh. stammenden Kathedrale auf.

Die römische Vergangenheit von Squillace (röm. Scolacium), wo 490 der Staatsmann und Schriftsteller Cassiodorus geboren wurde und der antike Sagenheld Odysseus gen Ithaka in See stach, erschließt sich im **Parco Archeologico Roccelletta di**

Die Schokoladenseite der kalabrischen Ostküste: Golf von Squillace

Borgia. Dort sind neben der vermutlich im 12. Jh. errichteten Kirche Roccelletta del Vescovo di Squillace stattliche römische Mauerreste zu besichtigen. Das malerisch verfallene, fast mystisch anmutende Gotteshaus und die steinernen Spuren der antiken Zivilisation verteilen sich in einem wunderschönen, weitläufigen Olivenhain.

Öffnungszeiten/Eintritt **Parco Archeologico Roccelletta di Borgia**, tägl. von 9 Uhr bis zum Sonnenuntergang, der Eintritt ist frei. **Museum**: 9–13 Uhr, stündlich Führungen, auch in englischer Sprache. Direkt an der Küstenstraße SS 106, der Eingang nach ca. 100 m an der von ihr abzweigenden Straße nach Borgia. ✆ 0961/391356.

• *Übernachten/Essen & Trinken* **L'Ovile Agriturismo**, das Anwesen gleich neben dem archäologischen Park versprüht gediegenes historisches Gutshausflair und wartet zudem mit einem Pool auf. Öl, Wein und Früchte aus eigener Produktion. 30–45 €/Person, im Aug. nur HP (48–58 €). Località Giordano, Roccelletta di Borgia, ✆/📠 0961/391156.

▶ **Soverato:** Wenn die temporäre Einwohnerzahl der seit Mitte des 19. Jh. direkt am Meer gewachsenen Stadt in der Sommersaison explodiert, präsentiert sich das badetouristische Zentrum der Provinz Catanzaro äußerst trubelig bis chaotisch.

Der sympathische Lungomare wird dann zur Vergnügungsmeile mit Rummelplatzatmosphäre, und die Straßen sind mit Autos verstopft, zumal man in Soverato in einer Reihe von Bars und Diskotheken die Sommernacht zum Tage machen kann.

• *Übernachten/Essen & Trinken*
*** **Nettuno**, nicht weit vom Meer und standardmäßig ausgestattet. DZ 40–120 €, EZ 30–100 €. Via Magna Grecia, ✆ 0967/25371, 📠 521304, www.hotelnettunosoverato.it.
La Lanterna Rossa, in einem ansehnlichen Palazzo aus dem 17. Jh. untergebrachte, lokaltypisch bekochte Osteria mit Speiseterrasse mit Blick aufs Meer. Corso Umberto I.
La Perla, von Einheimischen empfohlenes Restaurant in einer Parallelstraße des Lungomare Europa. Via C. Colombo 6, ✆ 0967/52815. Mo Ruhetag.

▶ **Badolato:** Die Gemeinde inmitten von sanft ansteigenden Olivenhainen zu Füßen der bewaldeten Serre hat 1997 400 an ihrer Küste gestrandete, kurdische Flüchtlinge aufgenommen. Aus dieser spontanen Geste der Solidarität entwickelte sich ein von der Europäischen Union gefördertes Pilotprojekt, das sich als Initialzündung für die „sanfte" Tourismusentwicklung des damal fast verlassenen Dorfes erweisen sollte. Inzwischen sind die meisten Kurden gen Norden weitergezogen, und die ehrenamtliche Initiative hat sich in eine kommerzielle Agentur verwandelt, die viele Häuser des damals fast verlassenen alten Ortskerns mit viel Gusto umgebaut hat und als komfortabel-nostalgische Ferienwohnungen vermietet. Die zentrale Meerblickpiazza wurde neu gepflastert, und es gibt wieder zwei kleine Trattorien, Bar und Lebensmittelladen, die die wenigen Touristen mit dem etwas besonderen Geschmack beköstigen.

Badolato Marina ist städtebaulich eher profillos, wobei seine fast „naturbelassene" Strandpromenade durchaus badefreundliche, helle Kieselstrände säumt.

• *Übernachten/Essen & Trinken* **Costa degli Angeli**, der sympathische Domenico Leuzzi, der in Deutschland gelebt und studiert hat, und sein Team vermieten (und verkaufen) die oben angepriesenen Wohnungen, in denen eine Übernachtung 25 € pro Tag kostet, wobei Kinder unter 12 gar nichts zahlen und der Preis bei längerem Aufenthalt sinkt. Corso Umberto I (direkt an der Piazza), ✆ 0967/815807 u. 328/1655773, www.costadegliangeli.com.

TIPP! **Zangarsa Agriturismo**, auf halber Strecke zwischen dem Meer und dem alten Ortskern von Badolato: gut ausgestattete Zimmer in einem stimmungsvollen, historischen Gutshaus, schöner Vorhof mit Blick aufs Meer, leckeres Essen und eine reizende Mehrgenerationeninhaberfamilie. DZ 50–60 €, HP 35–40 €. Auf Vorbestellung und in der Saison auch externes Restaurant. Contrada Zangarsa, ✆ 0967/85043 oder 0967/85226 (privat).

Von der Isola di Capo Rizzuto bis Cirò – Marchesato

Der noch bis zu Beginn der 1950er Jahre als Latifundium bewirtschaftete Marchesato bedeckt fast die gesamte Provinz Crotone. Er ist das wichtigste und bekannteste Weinanbaugebiet Kalabriens und wölbt sich mit der touristisch gut erschlossenen Halbinsel Isola di Capo Rizzuto ins Meer.

Crotone   ca. 60.000 Einwohner

Hafenstadt mit großgriechischer und schwerindustrieller Vergangenheit, die sich seit der Jahrtausendwende durch gezielte Pflege Ihres glanzvollen kulturellen Erbes und der historischen Bausubstanz der Altstadt profiliert.

Das moderne **Museo Archeologico Nazionale** gewährt Einblicke in die bedeutende Geschichte Krotons, das Ende des 8. Jh. v. Chr. von Achäern gegründet wurde und sich im Verlauf des 6. und 5. Jh. zur mächtigsten Griechenstadt auf süditalienischem Boden entwickelte. Die war Sitz der Schule des später weltbekannten Pythagoras und verschaffte sich durch spektakuläre Eroberungsfeldzüge respektvolle Anerkennung.
Öffnungszeiten/Eintritt Di–So 9–19.30 Uhr. Eintritt 2 €. Via Risorgimento 53, ✆ 0962/23082.

Unter dem faschistischen Regime erhielt Crotone erneut eine Sonderstellung unter den Städten des Mezzogiorno, denn seit 1925 wurden hier mittlerweile abgewirtschaftete und unschön verrottende Chemie- und Hüttenwerke angesiedelt. Durchaus sehens- und erlebenswert sind dagegen der sanierte Lungomare nebst Touristenhafen, das weitgehend frisch restaurierte Centro storico, das sich als städtebauliches Ensemble von respektablen Adelsdomizilen und Sakralbauten aus der Zeit

Isola di Capo Rizzuto

vom 16. bis 19. Jh. präsentiert, und der lebhafte allmorgendliche Fisch- und Gemüsemarkt hinter den Arkaden der Via Vittoria, die die Grenze zwischen Alt- und Neustadt markiert.

Das bekannteste Besichtigungsobjekt der alten Griechenstadt liegt jedoch 11 km außerhalb des Stadtzentrums am **Capo Colonna**. Es handelt sich um die Fundamentreste und eine einzige verbliebene Säule des größten und meistverehrten Tempels der Magna Graecia, der der Hera Lacinia geweiht war.

- *Verbindungen* **Bahnhof** außerhalb des Stadtzentrums in der Via M. Nicoletta mit Anschluss an die Züge der Linie Taranto – Catanzaro Lido. Innerstädtische **Busverbindungen** sowie Busse in alle Orte der Provinz, in die Sila, nach Cosenza und Catanzaro z. B. von der Piazza Pitagora (Linea Romeo).
- *Information* **APT**, Via Torino 148, ✆ 0962/23185.
- *Übernachten* ** **Concordia**, stadtältestes Hotel, das die ersten mitteleuropäischen Kalabrienreisenden Gissing, Lenormant und Douglas beherbergte. DZ 84 €, EZ 47 €. Piazza Vittoria 12, ✆ 0962/23910, 0962/27129 u. 329/4188308.
- *Essen & Trinken* **Ristorante da Ercole**, Ercole ist in ganz Kalabrien wegen seiner Kochkünste berühmt und verwendet ausschließlich lokalen Fisch (Menü 40–60 €). Viale Gramsci 122, ✆ 0962/901425. Außer Juli/Aug. So Ruhetag.
Ristorante Zio Emilio, wer nicht so gern Fisch mag, bekommt in dieser einfachen Trattoria u. a. ortstypische „fleischige" Alternativen. Via M. Nicoletta 79, ✆ 0962/27283. Sept. geschlossen, Mo Ruhetag.

Santa Severina
ca. 2.700 Einwohner

Im küstennahen Hinterland von Crotone liegt auf einem 326 m hoch emporragenden Kalksteinplateau über dem Neto-Tal das hübsche Städtchen Santa Severina, das mit einem baugeschichtsträchtigen Kastell, einer barock eingekleideten Kathedrale und dem hübschen Kirchlein Santa Filomena im byzantinischen Stil besticht.

Die historisch lange Liste der Bau- und Schlossherren des **Kastells** beginnt bei den Byzantinern, deren Fresken und Gräber in der Schlosskirche freigelegt wurden, und setzt sich fort mit den Normannen, die vermutlich den vierflügeligen Kernbau konstruierten. Dessen charakteristische Rundtürme wuchsen jedoch erst unter der Herrschaft der Anjou im 14. Jh., die wiederum den Staufern gefolgt waren, deren architektonische Spuren infolge späterer Modifizierungen durch Aragonier und Spanier nahezu gelöscht worden sind.

Isola di Capo Rizzuto

Die Anziehungskraft der von einer Kette mehr oder weniger gut erhaltener alter Küstentürme und zahlreichen Campingplätzen umrandeten Isola di Capo Rizzuto geht von ihren feinen, rotgolden schimmernden Sandstränden aus. Weil der Küstenabschnitt zudem mit einer variationsreichen Meeresflora und -fauna gesegnet ist und im Wasser immer wieder Relikte aus der Zeit der Magna Graecia gefunden werden, wurde 1991 rund um die im Innern mit Getreide- und Maisfeldern, Oliven- und Zitrusfruchthainen überzogene Landzunge die **Riserva Naturale Marina Capo Rizzuto** abgesteckt. Die Verantwortlichen des Meeresschutzgebiets kooperieren mit ortsansässigen Tauch- und Segelschulen, Bootsverleihen und Fischern, mit denen man unter und in See stechen kann, um – im Taucheranzug oder Glasbodenboot – die Unterwasserwelt zu erkunden.

Le Castella: Der kleine Siedlungskern im Süden der Halbinsel ist das touristische Zentrum der Isola di Capo Rizzuto, weil hier außer attraktiven Stränden mit dem dekorativ vom Meer umspülten **Aragonierkastell** ein imposantes historisches Monument Langzeiturlauber und Tagesbesucher anlockt (9–13 u. 15–20 Uhr, im Sommer bis 24 Uhr, Eintritt 1,50 €). Um das auf einer vorgelagerten kleinen (Halb-)Insel Ende des 15. Jh. auf den Resten antiker Befestigungsanlagen erbaute und einige Jahrzehnte später erweiterte wuchtige Schloss gruppieren sich Ferienwohnungen, Hotels, Restaurants, Bars, Eisdielen und Souvenirgeschäfte.

- *Verbindungen* **Bahnhof** in Crotone, **Busverbindungen** zwischen den größeren Ortsteilen Isola di Capo Rizzuto, Capo Rizzuto und Le Castella und von dort nach Crotone. Von Isola di Capo Rizzuto und Le Castella auch nach Catanzaro.
Flughafen, Contrada S. Anna, inneritalienische Flugverbindungen.
- *Information* **Riserva Naturale Marina Protetta Capo Rizzuto**, allgemeine Infos und Kartenmaterial zur Halbinsel, zum Meeresschutzgebiet, zu Tauchschulen, Auflügen mit Fischern (Pescaturismo), Segelyachten oder Glasbodenbooten. Juni–Sept. 9–14 u. 15–18 Uhr. Piazza Ucciali, Le Castella, ✆ 0962/795511, www.riservamarina caporizzuto.it.
- *Übernachten/Essen & Trinken* *** **Hotel/Ristorante Da Annibale**, rustikal-elegantes Traditionsrestaurant und Hotel mit schönem Innenhofgarten, das lokale Meeresküche und (im Garten) Pizza serviert. DZ 75–85 €, EZ 45–60 €. Le Castella, Via Duomo 35, ✆ 0962/795004, ℻ 795384.
** **Pension/Restaurant Villa Aurora**, mit einer sehr schönen Gartenterrasse ausgestattetes Haus zum Wohlfühlen. Es steht unter der Regie der überaus charmanten Signora Aurora Ranieri und liegt etwas nördlich vom Ortskern von Le Castella (200 m von den Badestränden entfernt). DZ 54–120 €, EZ 27–60 €, HP 47–80 €. Via Volandrino, ✆ 0962/795137, www.hotelvillaaurora.it.
Einer von zahlreichen, meist recht passablen Campingplätzen: *** **Villaggio Camping Costa Splendente**, Bungalows, Apartments und Stellplätze ca. 2 km nördlich von Le Castella. Bungalow mit 4 Betten 250–680 €. 1.6.–15.9. geöffnet. ✆ 0962/795131, www. costasplendente.it.

Cirò, (Torre) Melissa und Strongoli

Weinstöcke, wohin das Auge reicht, dazwischen Olivenhaine, darüber stimmungsvoll-verschlafene alte Ortskerne, darunter architektonisch unspektakuläre Küstenquartiere mit recht passablen Kieselsandstränden und bescheidener badetouristischer Infrastruktur.

Rund um die Gemeinden Cirò, Melissa und Strongoli werden zu Qualitätsweinen (D.O.C.) gekürte, mit Cirò etikettierte Rot-, Weiß- und Roséweine gekeltert. Die zahlreichen privaten und genossenschaftlichen Kellereien (case vinicole) können damit werben, dass der rund um das antike Krimisa gereifte Wein schon von den alten Griechen so sehr geschätzt wurde, dass laut zeitgenössischen Chronisten siegreich zurückgekehrte Olympioniken mit einer Auswahl der besten Tropfen belohnt wurden.

Der alte Ortskern von Melissa ist in Kalabrien zum Symbol für den durch Landbesetzungen geführten Kampf der kleinen Bauern des Marchesato für die Abschaffung des Latifundiums geworden. Der Grund: Am 29. Oktober 1949 war er der Schauplatz eines blutigen Massakers, das eine von den Großgrundbesitzern gerufene Einheit der Polizei unter den Landbesetzern anrichtete. Den noch jugendlichen Todesopfern des Polizeiübergriffs wurde zwischen den Feldern und Olivenhainen von Fragalà ein **Denkmal** gesetzt.

- *Einkaufen* Die international bekannte **Casa Vinicola Librandi** hat außer mehreren Rot- und Weißweinen auch Grappa, Likörwein und ein hervorragendes Olivenöl im Angebot. Sie befindet sich direkt an der SS 106, nur wenige Kilometer außerhalb des Ortszentrums. Contrada S. Gennaro. Es empfiehlt sich, zwecks Besichtigung und Einkauf vorher anzurufen: ✆ 0962/31518, ℻ 370542, www.librandi.it.

Den D.O.C.-Wein von Melissa bekommt man z. B. bei den **Cantine Riunite del Cirò del Melissa** (früher Cantina Sociale Torre Melissa), Torre Melissa, SS 106, ✆ 0962/865857, www.cantineciromelissa.it. In Strongoli ist die **Azienda Agricola Dattilo** die erste Adresse. Contrada Dattilo, ✆/✆ 0962/865613 u. 328/4823088, www.dattilo.it.

• *Übernachten/Essen & Trinken* **TIPP! Dattilo Agriturismo**, wunderschönes altes Landgut aus dem 17. Jh. inmitten von Oliven- und Weinkulturen, über die man auf das ca. 3 km entfernte Meer schaut. Die schlicht möblierten Apartments mit Kamin und Küche sind in ausgedienten Wirtschaftsgebäuden rund um den Innenhof untergebracht. Dazu kommt ein romantisch postierter Pool inmitten von Olivenbäumen und v. a. die Herzlichkeit und Gastfreundschaft von Hausherr Roberto Ceraudo und seiner Familie. Die kümmern sich um Haus und Hof und bekochen das jüngst eröffnete **Restaurant Dattilo**, das sich auf allerhöchstem kulinarischen, zwar etwas höherem, aber durchaus angemessenen Preisniveau (Menü ca. 60 €) bewegt. Die Gäste des Agriturismo können die „normale" und ebenso überzeugende HP wählen. Das kleine mediterrane Paradies liegt zwischen Torre Melissa und Marina di Strongoli. Übernachtung/Frühstück 30–34 €, HP 55–60 € pro Person. Adresse s. o. *Einkaufen.*

Von Rossano nach Rocca Imperiale – Alto Ionio

Bei einem Besuch der stimmungsvollen Altstadt von Rossano kann man gleichsam in die byzantinische Vergangenheit der Region eintauchen, während der neue Teil der Stadt nicht sonderlich attraktiv ist. Die sich anschließende kalabrische Nordostküste zwischen Sibari und Rocca Imperiale wird von mal steinigen, mal feinsandigen Stränden gesäumt, wobei die Küstenquartiere der mehrheitlich zweigeteilten Orte städtebaulich eher abschreckend sind und Autos und Züge bisweilen unmittelbar am Meer entlangrauschen. Gleichwohl lohnt der Besuch im archäologischen Park von Sibari, der eine oder andere kulturell motivierte Seitenblick oder Badestopp.

Rossano ca. 34.000 Einwohner

Das „Ravenna des Südens" und einstige Zentrum des byzantinischen Kalabrien empfiehlt sich mit einem architektonisch und atmosphärisch eindrucksvollen alten Ortskern inmitten olivenbaumgetupfter Hügel, einer geschäftigen, baulich gesichtslosen Neustadt und einer im Sommer fröhlich belebten Strandpromenade namens Lido Sant'Angelo.

Die Vergangenheit Rossanos reicht vermutlich bis ins zweite vorchristliche Jahrhundert zurück. Seine große „historische Stunde" schlug jedoch in der Zeit vom 6. bis zum 11. Jh.: Nicht zuletzt infolge der massenhaften und kontinuierlichen Zuwanderung orientalischer Mönche, die vor Persern und Arabern auf seinem Territorium Zuflucht suchten und hier basilianische Klostergründungen forcierten, avancierte Rossano zum militärischen, politisch-administrativen und religiös-kulturellen nördlichen Mittelpunkt des byzantinischen Kalabrien.

Die architektonischen Monumente und Kunstschätze dieser Phase der Stadtentwicklung wurden in den folgenden Jahrhunderten um weitere imposante Kirchen und Palazzi im alten Ortskern erweitert, während sich der neue, in der Ebene gewachsene Teil der Stadt namens Rossano Scalo erst mit dem Eisenbahnbau im letzten Drittel des 19. Jh. formierte.

Im **Museo Diocesano D'Arte Sacra** wird der kunsthistorische Stolz der Stadt aufbewahrt, der **Codex Purpureus Rossanensis**. Dabei handelt es sich um 188 Seiten einer ursprünglich 376 Seiten umfassenden, mit kunstvollen farbigen Miniaturen il-

Zeugnis byzantinischer Baukunst: San Marco in Rossano

lustrierten und mit Gold- und Silberbuchstaben versehenen griechischen Evangelienhandschrift aus dem 4. bis 6. Jh., die basilianische Mönche einst aus Kleinasien nach Rossano mitbrachten, von denen allerdings nur jeweils eine Seite pro Jahr im Original zu sehen ist.

Öffnungszeiten/Eintritt Di–So April–Sept. 9.30–13 u. 16.30–20 Uhr, sonst 9.30–12.30 u. 16–19 Uhr. Eintritt 3 €. Via Arcivescovado 5.

• *Übernachtung/Essen & Trinken* **Il Giardino di Iti Agriturismo**, wunderschönes historisches Gutsbesitzeranwesen zwischen Oliven- und Zitronenbäumen mit geschmackvollen Zimmern und ebensolchem Restaurant. DZ 60–80 €, EZ 30–40 €, HP 40–50 €. Von der SS 106 bei Rossano abbiegen, Contrada Amica (Straße Richtung Paludi),

Museo All'Aperto – Rossano Bizantina

Dank der rührig-kreativen Kooperative Neilos, die seit Jahren Informationsmaterial, Museumsführungen, Stadtrundgänge und Wanderungen in die Umgebung anbietet, ist Rossano seit Sommer 2006 um eine weitere Kulturtouristenattraktion reicher. Die heißt Museo All'Aperto (Freiluftmuseum), womit in diesem Fall die leicht verständliche Markierung und Beschilderung einer Altstadtroute gemeint ist, die die wichtigsten Sehenswürdigkeiten des Centro storico passiert. Bevor man zu dem knapp einstündigen Spaziergang aufbricht, kann man sich im Büro der Kooperative gegen eine Gebühr von 3 € einen wahlweise auch in Deutsch besprochenen Audioguide abholen, der einen dann an (Besichtigungs-)Ort und Stelle mit allen notwendigen Informationen versorgt.

Öffnungszeiten/Eintritt **Cooperativa Neilos**, Di–Sa 9.30–12.30 u. 16–19 Uhr, So 10–12 u. 16.30–18.30 Uhr. Piazza Duomo 25, ✆ 0983/525263 u. 340/4759406, neilos@tiscalinet.it.

☎ 0983/64508 u. 360/237271, www.giardinoiti.it. **Per Bacco**, mit der Kooperative Neilos verbandeltes Lokal, das mit netter Atmosphäre, leckerem Essen und guten regionalen Tropfen überzeugt. Piazza Duomo 23, ☎ 0983/520299.

▸ **Sibari:** Auf dem fruchtbaren Boden der heute intensiv landwirtschaftlich genutzten Ebene von Sibari (Piana di Sibari) wurde zwischen 730 und 720 v. Chr. eine Stadt namens **Sybaris** gegründet, die später 100.000 Einwohner zählen sollte. Ihre Bürger pflegten einen so luxuriösen Lebensstil, dass der Begriff „sybaritisch" als Synonym für „genusssüchtig" in den europäischen Sprachgebrauch einging.

Macht, Wohlstand und Dolce Vita sollten jedoch nur bis zum Jahre 510 v. Chr. währen, als Sybaris von den Krotonen zerstört wurde. 444 v. Chr. gelang mit Unterstützung von so berühmten historischen Persönlichkeiten wie Perikles oder Herodot die Neugründung der Stadt, die fortan unter dem Namen **Thourioi** firmierte. Die wurde wiederum im Jahre 194 v. Chr. von den Römern übernommen, um fortan **Copia** zu heißen und im 4. Jh. n. Chr. wegen zunehmender Versumpfung und Malariaplagen endgültig von der historischen Bühne zu verschwinden.

Das in die Grabungszonen Stombi (Parco dei Tori), Casa Bianca und Parco del Cavallo unterteilte **archäologische Gelände,** auf dem die bis dato zu Tage geförderten Reste der drei alten Städte zu bewundern sind, liegt direkt an der der Küstenpiste SS 106. Im Nordosten des Ausgrabungsgeländes vertiefen die Exponate des **Museo Archeologico Nazionale della Sibaritide** das Gesehene.
Öffnungszeiten/Eintritt **Archäologischer Park**, Außer am 1. und 3. Mo im Monat tägl. 9 Uhr bis eine Stunde vor Sonnenuntergang. **Museum**, Di–So 9–18.30 Uhr. Eintritt 2 €. Via Casoni, ☎ 0981/79391.

Sibari besteht ansonsten nur aus einer Ansammlung trister 1970er-Jahre-Bauten, bietet allerdings von Pinienwäldern abgeschirmte, breite, lange und größtenteils sehr gepflegte Sandstrände.

Von Villapiana nach Rocca Imperiale

Kilometerlange, breite Sandstrände an flachen Wassern sind für diejenigen, die es mögen, auch das Plus von **Villapiana-Lido** nördlich von Sibari. Den Anderen sei angeraten, von dort (Torre Cerchiara) zu einer streckenweise kurvenreichen Hinterlandpartie nach **Cerchiara di Calabria** aufzubrechen, unter dem sich das grottenunterhöhlte Flusstal des Caldanella ausbreitet, in dem mehrere gesundheitsfördernde Thermalquellen sprudeln. Über dem Dorf ruft auf gut 1000 Höhen- und nach 10 Straßenkilometern das **Santuario S. Maria delle Armi** zum Gebet.

▸ **Trebisacce** offeriert durchaus badetaugliche, feinsandige Strände, von denen man allerdings den vorbeifahrenden Zügen hinterherwinken kann.

▸ **Amendolara** wartet mit einigen mittelalterlichen Schlossruinen und einigen römischen Mauerresten an der Küstenstraße auf.

▸ Etwas weiter nördlich ragt das Respekt einflößende Kastell von **Roseto Capo Spulico** direkt ins Meer. Es gilt als eines der besterhaltenen Beispiele militärischer Architektur in Italien und nahm seine jetzige Gestalt im 16. Jh. an, wobei seine Baugeschichte bis in normannische Zeit zurückreicht.

▸ Über dem alten Ortskern von **Rocca Imperiale** an der Grenze zur Basilikata ist schließlich eine unter Friedrich II. erbaute, mächtige Stauferfestung aus dem 13. Jh. in Augenschein zu nehmen, deren Einfriedungen, Gräben und zinnengekrönte Türme noch im Originalzustand erhalten sind.

Von Scanzano Ionico zum Lido di Metaponto – die Ostküste der Basilikata

Der gut 40 km lange Küstenstreifen, der die natürliche (Ost-)Grenze der Basilikata markiert, ist mit ausgedehnten Obstplantagen bedeckt und einigen respektablen steinernen Zeugnissen seiner großgriechischen Vergangenheit dekoriert.

Metaponto Lido: Die eindrucksvollsten Hinterlassenschaften der Magna Graecia, darunter die direkt an der SS 106 aufragenden 15 noch vollständig erhaltenen Säulen eines dorischen Tempels aus dem 6. vorchristlichen Jahrhundert (Tavole Palatine), konzentrieren sich in und um **Metaponto,** dessen Ursprünge bis ins 8. Jh. v. Chr. zurückreichen. Zu jener Zeit gründeten die griechischen Achäer die antike Metropole, die zwischen dem 6. und 4. Jh. v. Chr. ihre wirtschaftliche und kulturelle Blüte erlebte. Im **Archäologischen Park** erkennt man die Agora der Griechenstadt, neben der die Reste von mehreren Tempeln zu bewundern sind, darunter die des Santuario di Apollo Liceo, einem einst von 32 hohen Säulen formierten Apollotempel aus dem 7. Jh. v. Chr. Im modernen **Museo Archeologico Nazionale** in Metaponto Borgo werden archäologische Fundstücke aus Metaponto, Pisticci und Policoro präsentiert.

Öffnungszeiten/Eintritt **Archäologischer Park**, Tägl. 9–14 Uhr, an Sonn- und Feiertagen bis eine Stunde vor Sonnenuntergang. Eintritt frei. ✆ 0835/745327. **Museum**, Mo 14–20, sonst 9–20 Uhr. Eintritt 2,50 €. Via Aristea 21, ✆ 0835/745327.

Policoro, Nova Siri und Scanzano: Die südlich benachbarten Küstenquartiere von Policoro und Nova Siri sind ebenfalls aus den (teilweise noch erhaltenen) Ruinen ihrer Sagen umwobenen hellenistischen Vergangenheit auferstanden. Dass die Reinkarnationen der großgriechischen Machtzentren genau wie das 1974 als selbständige Gemeinde von Montalbano Ionico abgespaltene **Scanzano** vornehmlich in Gestalt von grauen Betonsiedlungen daherkommen, trübt bisweilen den Blick auf ihre an sich sehr schönen, kilometerlangen Sandstrände, die von gepflegten, palmenbepflanzten Promenaden und üppigen Pinienwäldern gesäumt werden, in deren Schatten sich mehrere familienfreundliche Campingplätze aufreihen.

• *Anfahrt/Verbindungen* Mit dem **PKW** über die A 3 (Ausfahrt Sicignano-Potenza), dann über die SS 407 auf die SS 106.
Der **Bahnhof** Metaponto liegt ca. 2 km vom Strandort entfernt (nahe dem archäologischen Park); von dort Verbindungen zu den Zielen der Linie Salerno – Potenza – Taranto und der Küstenstrecke Taranto – Sibari – Catanzaro Lido.
Busverbindungen nach Senise, Taranto, Bernalda, Matera, Scanzano, Policoro und Nova Siri.
• *Übernachten* **Camping Magna Grecia**, etwas außerhalb des Ortes (in 300 m Entfernung zum Strand) gelegene Anlage mit Stellplätzen, Bungalows, Kinderspielplatz, Pool und Bimmelbahn zum Strand. Viel Schatten. Via Lido, ✆ 0835/543488.
Camping Riva dei Greci, sehr schöner, ca. 700 m vom Meer gelegener Campingplatz unter Bäumen. 2 km vom Ort und dem archäologischen Park entfernt. Ansprechende Holzbungalows, diverse Sportangebote, Kinderspielplatz. Juni bis Mitte Sept. geöffnet. Strada Turistica Archeologica Santa Palagina, Casella Postale 38, ✆ 0835/741618 (im Winter: ✆ 0835/543488), www.rivadeigreci.it.
San Teodoro Nuovo Agriturismo, das imposante hochherrschaftliche Anwesen aus dem 18. Jh. inmitten biologisch bewirtschafteter Obst-, Gemüse- und Weinkulturen bietet gehobenen Übernachtungskomfort und erlesene lokale Küche. In Pisticci-Marina (von Norden kommend SS 106, etwa auf halber Strecke zwischen Metaponto und Pisticci-Marina rechts abbiegen). DZ 90 €, EZ 80 €, HP 85 €. Località Marconia, ✆ 0835/470042, www.santeodoronuovo.com.

SIZILIEN

SICILIA

SCHÖNE ORTE: Siracusa (S. 985), Taormina (S. 974), Cefalù (S. 1025), Agrigento (S. 998), Noto (S. 991), Ragusa (S. 994), Mòdica (S. 992), Erice (S. 998), Enna (S. 1031) u. a.

LANDSCHAFTLICHE HÖHEPUNKTE: Vulkan Etna (S. 978); Naturpark Zingaro (S. 1008); Enna und Umgebung (S. 1031); Erice (S. 1006); Liparische Inseln (S. 1035).

KULTURELL INTERESSANT: Tal der Tempel bei Agrigento (S. 1000); Altstadt und Parco Archeologico von Siracusa (S. 985); Bodenmosaike der Villa Romana Casale bei Piazza Armerina (S. 1034); Ausgrabungen von Selinunte (S. 1003); Tempel von Segesta (S. 1009); Theater von Eraclea Minoa (S. 1001); Dom und Mosaike von Monreale (S. 1024) u. v. a.

BADEN: Die besten Strände und das sauberste Wasser gibt es an der Südküste, z. B. bei Eraclea Minoa (S. 1001). Fantastisch ist aber auch das Mare Secco („trockenes Meer") (S. 1029) an der Nordküste, ebenfalls erfreulich sind die Strände auf den Liparischen Inseln (S. 1035).

KURIOS: die mumifizierten Leichen im Convento dei Cappuccini von Palermo (S. 1023); die Felsköpfe von Castello Incantato bei Sciacca (S. 1002); das verlassene, mit Beton überzogene Dorf Gibellina Vecchia (S. 1005) im Südwesten.

EHER ABZURATEN: mit dem PKW durch Catania und Palermo zu fahren.

Das griechisch-römische Theater von Taormina

Sizilien
Sicilia

Fast eine Welt für sich, denn mit dem italienischen Festland standen die Beziehungen noch nie zum Besten. Und eine Insel der Kontraste: blühende Orangenplantagen und kahle Wüstengegenden, chaotische Metropolen und idyllische Barockstädtchen, verbaute Badesiedlungen und einsame Strände. Die mit einer Fläche von über 25.000 qkm größte Insel des Mittelmeers ist weit mehr als ein bloßes Anhängsel des italienischen Stiefels. Über Jahrtausende war die Insel Zankapfel und wechselnder Besitz einer schier endlosen Zahl von Eroberern und Kolonisatoren. Deren Einflüsse haben Sizilien und die Sizilianer nachhaltig geprägt.

„Noi siamo arabi", „Wir sind Araber", meint die Dame im Fremdenverkehrsamt von Caltanisetta. Ganz unrecht hat sie damit sicher nicht, doch fließt in den Adern der Sizilianer auch das Blut von Griechen, Römern, Normannen, Staufern, Franzosen und Spaniern. Wohl nirgendwo in Europa kam es zu einer solch ausgeprägten Vermischung von Kulturen wie auf Sizilien – das Wort vom „Schmelztiegel" ist hier sicher nicht übertrieben. Die wechselnden fremden Herren brachten der Insel vieles, für das sie heute gerühmt wird: die griechischen Tempel, die normannischen Kathedralen oder die reichen Gärten, die den Arabern zu verdanken sind. Gleichzeitig aber beuteten sie die Bevölkerung rücksichtslos aus, raubten, versklavten und mordeten. In dieser Jahrtausende langen Unterdrückung liegt der Grund für das noch immer spürbare Misstrauen der Sizilianer gegenüber allem, was von außen kommt – und „außen" ist auch die Regierung in Rom, die trotz teilautonomem Status der Insel deren Geschicke noch weitgehend bestimmt.

Sizilien

> **Mafia**: meist die erste Assoziation überhaupt beim Gedanken an Sizilien. Kann man denn da überhaupt hinfahren? Man kann, denn der Reisende hat von der sizilianischen Cosa Nostra nichts zu befürchten. Schließlich kassiert die „Ehrenwerte Gesellschaft" am Tourismus-Geschäft kräftig mit und möchte die Devisenbringer nicht vergraulen.

Anfahrt/Verbindungen

- *PKW* Auf der A 3 von Neapel durch Kalabrien bis **Villa San Giovanni**, dort kürzeste und preisgünstigste Überfahrt mit der Fähre. Oder schon von **Neapel** aus übersetzen, damit spart man die baustellenintensive Strecke durch Kalabrien.

Siziliens Straßen sind besser als ihr Ruf, in den letzten Jahren wurde viel gebaut und ausgebessert. Gut in Schuss sind die **Autobahnen**: Messina-Catania (A 18, Gebühr), Messina-Palermo (A 20/A 19, Gebühr), Catania-Palermo (A 19, über Enna, frei) und Palermo-Trapani/Mazara del Vallo (A 29, frei).

- *Schiff* Zwischen **Villa San Giovanni** und **Messina** verkehren im Schnitt alle 40 Min. Fähren der italienischen Staatsbahn FS/Bluvia, Preis pro Pers. 1 €, Autos etwa 23 € (Sondertarife für Hin- und Rückfahrt); eine flottere Alternative ist die private Fährgesellschaft Caronte & Tourist. Dauer der Überfahrten etwa 20–35 Min.

Zwischen **Reggio di Calabria** und **Messina** pendeln tagsüber Tragflügelboote der FS und der Gesellschaft USTICA LINES (www.usticalines.it), außerdem Autofähren der MERIDIANO LINES.

Die Strecken **Genova – Palermo** und **Civitavecchia – Palermo** sind interessant für alle, die sich die lange Autoanreise sparen möchten. Grandi Navi Veloci (www.gnv.it) fahren ab Genua in 20 Std., ab Civitavecchia in 12 Std. bis Palermo. Vorausbuchung ist für Autos und Kabinen zumindest im Sommer dringend geraten!

Weitere Fährgesellschaften und Linien: TIRRENIA (www.tirrenia.t): Neapel – Palermo, Cagliari – Palermo und Cagliari – Trapani. SNAV (www.snav.it): Neapel – Palermo und (im Code-Share mit Grandi Navi Veloci) Civitavecchia – Palermo. TTT-Lines (www.tttlines.it): Neapel – Catania. SIREMAR (www.siremar.it) und saisonal auch MEDMAR (www.medmargroup.it): Neapel – Eolische (Liparische) Inseln; auf derselben Route fahren USTICA LINES (www.ustica lines.it) und ALILAURO (www.alilauro.it) saisonal mit schnellen Tragflügelbooten. CARONTE & TOURIST (www.caronte tourist.it): Salerno – Messina. GRIMALDI FERRIES (www.grimaldi-ferries.com): Salerno – Palermo.

- *Bahn* Prinzipiell ist jede große Stadt auf Sizilien ans Schienennetz angeschlossen. Wer nicht entlang der Hauptrouten reist, muss sich aber auf häufigeres Umsteigen an den Knotenpunkten einstellen. Die Hauptlinien **Messina – Palermo** an der Nord- und **Messina – Siracusa** an der Ostküste bieten gute Verbindungen, beide Endpunkte sind auch mit Direktzügen vom Festland zu erreichen. Die Barockstädte im Südosten werden von der Nebenstrecke Siracusa–Gela eher schlecht als recht bedient, die Bahnhöfe liegen oft ein ganzes Stück außerhalb des Zentrums. Im Westen ist das Schienennetz weitmaschig, es besteht nur die Rundverbindung **Palermo – Trapani – Marsala – Mazara – Castelvetrano – Palermo**, Umsteigebahnhof ist Alcamo Diramazione. Die Inlandsbahnhöfe sind oft kilometerweit von den zugehörigen Ortschaften entfernt – nicht immer gibt es eine Busverbindung! Hier sind Fernbusse eindeutig vorzuziehen. Entlang der Südküste existiert keine Bahnlinie, nur Agrigento, Licata und Gela sind per Zug zu erreichen. Bonbon für Eisenbahnfreunde ist die Privatbahn **Ferrovia Circumetnea (FCE)** rund um den Ätna.

- *Bus* Kaum teurer als der Zug und für Rucksackreisende das Verkehrsmittel schlechthin. Vorteile: Verbindungen bis ins kleinste Nest, deutlich pünktlicher, meist auch schneller als die Bahn, zudem liegen die Stationen immer im oder beim Zentrum. Neben den beiden großen Gesellschaften AST und SAIS existieren viele örtliche Busunternehmen. **Wichtig**: an Sonn- und Feiertagen generell extrem schlechte Verbindungen.

Karte S. 970/971

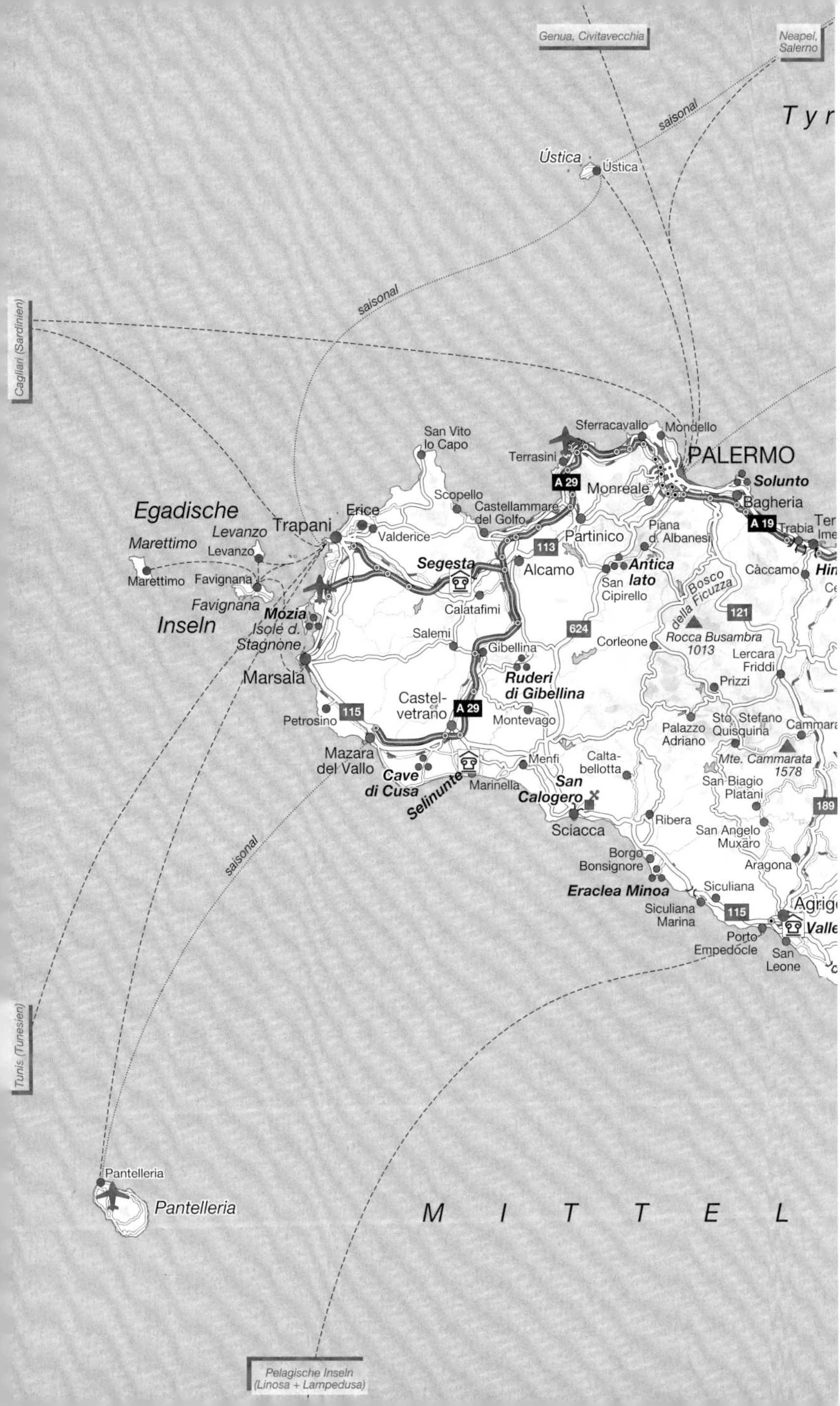

Genua, Civitavecchia
Neapel, Salerno
saisonal
Tyr
Ústica
Ústica
Cagliari (Sardinien)
saisonal
San Vito lo Capo
Sferracavallo
Mondello
Terrasini
PALERMO
A 29
Monreale
Solunto
Scopello
Castellammare del Golfo
Bagheria
Egadische Inseln
Erice
Trapani
Levanzo
Levanzo
Marettimo
Marettimo
Valderice
Partinico
Piana d. Albanesi
A 19
Trabia
Ter Ime
Favignana
Favignana
Segesta
113
Alcamo
Antica Iato
San Cipirello
Bosco della Ficuzza
Càccamo
Hi
Ce
Mozia
Isole d. Stagnone
Calatafimi
121
Salemi
624
Rocca Busambra 1013
Corleone
Lercara Friddi
Gibellina
Marsala
Ruderi di Gibellina
Prizzi
Castel-vetrano
A 29
115
Petrosino
Montevago
Palazzo Adriano
Sto. Stefano Quisquina
Cammara
Mazara del Vallo
Menfi
Calta-bellotta
Mte. Cammarata 1578
Cave di Cusa
Selinunte
Marinella
San Calogero
San Biagio Platani
189
Sciacca
Ribera
San Angelo Muxàro
saisonal
Borgo Bonsignore
Aragona
Eraclea Minoa
Siculiana
Siculiana Marina
115
Agrig
Valle
Porto Empedocle
San Leone
Tunis (Tunesien)
Pantelleria
Pantelleria
M I T T E L
Pelagische Inseln (Linosa + Lampedusa)

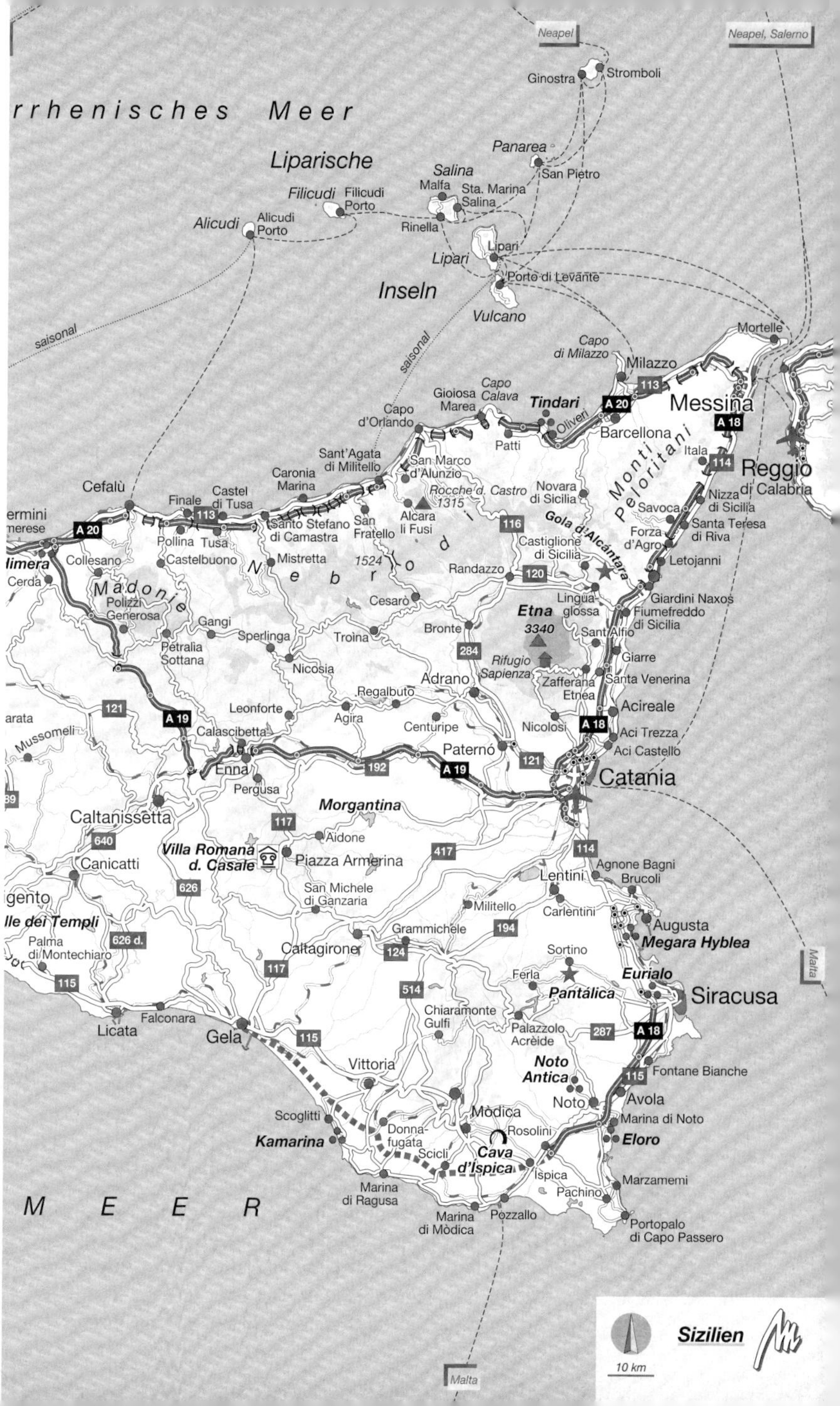

Sizilien

Übernachten

Die meisten Hotels in den Badeorten haben in der Hauptsaison Pensionspflicht, sind zudem im Juli/August fast immer hoffnungslos ausgebucht. Jugendherbergen gibt es in **Taormina, Catania, Nicolosi, Noto**, bei Palermo, in **Castroreale** (Nordküste) und in **Canneto** (Lipari). Sizilien besitzt etwa 90 **Zeltplätze**, einige sind ganzjährig geöffnet.

Essen & Trinken

Die sizilianische Küche vereint die Kochkünste all ihrer Vorfahren, ohne Pasta geht es aber hier natürlich auch nicht. Typisch sind **Pasta con le sarde**, Makkaroni mit Sardinen, wildem Fenchel und Pinienkernen (Palermo), **pasta alla Norma** mit Tomatensauce, Auberginen, Ricotta und Basilikum (Catania) oder **pasta con nero di seppie**, schwarzgefärbt mit Tintenfischtinte (Messina).

Cuscus, örtliche Spezialität der Provinz Trapani (das nahe Afrika lässt grüßen), ein Grießgericht, das meist mit Fisch zubereitet wird – oft eine verkappte Hauptspeise, man merkt's am Preis.

Bei den Hauptgerichten steht an der Küste natürlich Fisch auf dem Programm, beispielsweise **pesce spada alla ghiotta** (oder: **alla messinese**), Schwertfisch mit Zwiebeln, Knoblauch, Oliven und Kapern, oder auch **sarde a beccafico**, gefüllte Sardinen. Nicht gerade billig ist die **zuppa di pesce**, eine höchst gehaltvolle Fischsuppe.

Involtini sind die sizilianische Version von Rouladen, aus Schwertfisch, Tonno (Thunfisch) oder Fleisch. Das Inland bevorzugt naturgemäß Fleischgerichte, besonders delikat die Version **agrodolce**, süßsauer mit Gemüse, Kapern und Oliven.

Siziliens Tradition in preisgünstigen Kleinigkeiten ist groß und mit dem bei uns angebotenen „Fastfood" absolut nicht zu vergleichen. **Arancine** heißen nicht nur so ähnlich wie Orangen, sondern sehen auch so aus – frittierte Reisbälle mit einer Füllung aus Ragout und Erbsen oder Käse. **Panelle** werden aus Kichererbsenmehl frittiert und dann in ein Brötchen gepackt, **calzone** und **focacce** sind Teigkrapfen mit salziger Füllung wie Schinken und Käse.

Gute Weine der Insel sind der **Corvo**, der **Etna** (beide weiß oder rot), der rote **Rosso del Conte** und die Weißweine aus Alcamo, z. B. **Rapitala**. Sizilien ist auch bekannt für seine hervorragenden Süß- und Likörweine, berühmtester Tropfen ist der **Marsala**.

Ostküste

Die Ostküste Siziliens ist die reichste und meistbesuchte Region der Insel. Neben dem klassischen Touristenziel Taormina erwarten den Besucher das quirlige Catania und der über 3300 m hohe Etna, größter Vulkan Europas und bis heute immer wieder tätig. Die fruchtbare Lavaasche sorgte für die üppigste Gartenlandschaft der Insel.

Dieser Reichtum und der Tourismus sind allerdings auch für eine beispiellose Zersiedelung der Küste verantwortlich, vor allem zwischen Messina und Taormina scheint eine Ortschaft die nächste abzulösen.

Messina ca. 270.000 Einwohner

Das „Tor zu Sizilien" sieht nicht gerade so aus, wie man sich eine „typisch" sizilianische Stadt vorstellt. Mit breiten, oft kilometerlangen Straßenzügen, großen Plätzen, vielen Hochhäusern und planmäßig angelegten Grünflächen macht Messina einen aufgeräumten, aber auch recht langweiligen Eindruck.

Grund für das nüchterne Stadtbild sind die vielen Erdbeben und anderen Katastrophen, die Messina in der Vergangenheit fast schon regelmäßig in Trümmer legten.

Fast alle Bauten stammen aus dem 20. Jh., in dem die Stadt gleich zweimal verwüstet wurde: 1908 bei einem schrecklichen Erdbeben und bei den Bombenangriffen im Zweiten Weltkrieg. Die meisten Reisenden legen hier nur einen kurzen Zwischenstopp ein – wenn überhaupt.

Information/Anfahrt/Verbindungen

• *Information* **Ufficio Informazione Turistica**, Piazza della Repubblica (Bahnhofsvorplatz), aus dem Hauptbahnhof kommend rechts; ✆ 090/672944. Öffnungszeiten Mo–Fr 9–13.30, Mo–Do auch 15–17 Uhr.
• *Anfahrt/Verbindungen* **Schiff**, Abfahrt der **FS/Bluvia-Fähren** nach Villa San Giovanni im südlichen Teil des Hafens bei der Stazione Marittima; Autofahrer schiffen um die Ecke ein (Beschilderung folgen, etwas kompliziert). Zusätzlich besteht 14-mal täglich eine Schnellverbindung („Traghettamento Veloce") nach Reggio di Calabria; auch die neue **Meridiano Lines** verbindet 12-mal täglich Messina mit Reggio. Private Fähren der **Caronte & Tourist** nach Villa San Giovanni starten knapp 3 km nördlich der Staz. Marittima.
Aliscafi (Tragflügelboote) der **Ustica Lines** (Station ca. 1,5 km nördlich der Staz. Marittima) fahren zu den Eolischen (Liparischen) Inseln und nach Reggio.
PKW, Durchreisende Richtung **Taormina** sollten den nächsten Weg zur Autobahn (A 18 Catania, gut beschildert) wählen, das Stadtgebiet und sein Verkehrschaos erstrecken sich weit nach Süden. Richtung **Nordküste** bietet die SS 113 schöne Panoramablicke zurück, die gebührenpflichtige Autobahn A 20 Richtung Palermo ist allerdings deutlich schneller.
Bahn, die Stazione Marittima (Verladung auf die Fähren) und die Stazione Centrale liegen etwa 300 m auseinander, Verbindung über Bahnsteig. Tagsüber sehr gute Verbindungen nach Palermo und Catania/Siracusa, nachts kaum Züge.

Schönes Ensemble: am Domplatz

Fernbusse, verschiedene Gesellschaften und Abfahrtsstellen:
SAIS sowie **Interbus** bzw. **Etna** für die Ostküste nach Taormina und Catania (laufend), Catania Airport (16-mal), Palermo (6-mal) und Rom (1-mal). Abfahrt an der Piazza della Repubblica, aus der Staz. Centrale kommend links.
TAI, für die Nordküste bis Capo d'Orlando (6-mal), Tindari direkt 1-mal tägl. Station in der Via Santa Maria Alemana, meerwärts der Piazza Cairoli.
GIUNTABUS, nach Milazzo über Autobahn 17-mal, über Villafranca 11-mal tägl. Abfahrt: Via Terranova, eine Seitenstraße des Viale San Martino.
ATM, Busse für den Stadtverkehr starten vor dem Bahnhof, Piazza della Repubblica.

Übernachten

Für eine Stadt dieser Größe gibt es in Messina entschieden zu wenig Hotels.
**** Grand Hotel Liberty, nahe beim Bahnhof, Parkhaus in der Nähe. Ketten-Hotel in einem schön restaurierten Gebäude, geschmackvolle und komfortable Zimmer. DZ/F etwa 150–280 €. Via I. Settembre 15, ✆ 090/6409436, ✉ 6409340, www.framon-hotels.com.

*** Villa Morgana, außerhalb der Stadt bei Ganzirri, kleineres Haus mit Garten, durch eine Straße von der Lagune getrennt. DZ/F etwa 75–85 €. Via C. Pompea 237, ✆/≋ 090/325575, www.villamorgana.it.

** Cairoli, ordentlich geführtes Mittelklassehotel in zentraler, aber lauter Lage. Zimmerpreise je nach Komfort unterschiedlich, Richtwert etwa 80 € für das DZ mit Bad, im Winter etwas günstiger. Viale San Martino 63 (Ecke Piazza Cairoli), ✆/≋ 090/673755.

* Touring, altes Haus mit hohen Zimmern, die Gemeinschaftsbäder heruntergekommen. Sehr nah beim Bahnhof, extrem starker Verkehrslärm, zwielichtiges Viertel. Nur für den Notfall. Die DZ mit Bad sind etwas billiger als im „Cairoli", das jedoch bei weitem vorzuziehen ist; es gibt auch preisgünstigere Zimmer ohne Bad. Via Nicola Scotto 17 (Verlängerung der Via Tommaso Cannizzaro), ✆ 090/2938851.

Taormina
ca. 11.000 Einwohner

Siziliens meistbesuchter Urlaubsort und schon im 19. Jh. Ziel begüterter Zeitgenossen, die vor dem mitteleuropäischen Winter flüchteten. Heute ist Taormina Tourismus pur, Rummelplatz und Freiluftzirkus pauschal gebuchter Ferienfreuden. Charme konnte sich der Ort trotzdem bewahren.

Der Corso Umberto I, zwischen den Stadttoren Porta Messina und Porta Catania, ist die Flaniermeile des spätmittelalterlichen Zentrums. Hier reiht sich ein Souvenirgeschäft an das nächste, warten Schnellimbisse und teure Cafés, spazieren die Tagesausflügler. Im Sommer sieht man vor Menschen kaum das Pflaster. Doch trotz allen Andrangs lohnt ein Besuch noch immer: Taorminas Lage, wie ein Balkon hoch über der Küste, den gigantischen Etna immer im Blick, ist einfach traumhaft. Abseits des Gewühls kommen die guterhaltenen Fassaden, blumengeschmückten kleinen Piazze und winkligen Treppengässchen noch zur Geltung. Schließlich lockt auch das berühmte griechisch-römische Theater, in Szene gesetzt vor einer fantastischen Landschaftskulisse, die schon Goethe ins Schwärmen brachte.

Information/Anfahrt/Verbindungen

• *Information* **Ufficio Informazione Turistica** im Palazzo Corvaia (im vorderen Teil des Corso Umberto), Eingang Via Teatrino Romano. Zimmervermittlung, Veranstaltungshinweise und gute Stadtpläne; deutschsprachig. Mo–Sa 8–14, 16–19 Uhr. ✆ 0942/23243, ≋ 24941, www.gate2taormina.com.

• *Anfahrt/Verbindungen* **PKW**, Zufahrt von der Autostrada am besten über Taormina-Nord. Auf dem Weg in die Stadt gibt es etwa einen Kilometer vor dem Zentrum das große Parkhaus Lumbi; zentraler liegt jedoch das neuere Parkhaus Porta Catania (beste Zufahrt aus Richtung Giardini Naxos); Gebühr pro Tag jeweils 15 €. Die Altstadt ist autofrei, Parken ist nur mit Anwohnerausweis gestattet (in Hotels gehobener Kategorie für Gäste erhältlich).

Bahn, Stazione Taormina-Giardini mit häufigen Anschlüssen an der Hauptlinie Messina-Catania. Der Bahnhof liegt unterhalb der Stadt, Busverbindung mindestens alle 30 Min. Zu Fuß: Abkürzung ins Zentrum über einen schweißtreibenden Treppenpfad (ca. 25 Min.): aus dem Bhf. kommend rechts, etwa 450 m hoch.

Bus, Autostazione an der Zufahrtstraße Via Pirandello, gut 600 m vor der Porta Messina, dem Eingang zur Altstadt. INTERBUS- bzw. ETNA-Busse nach Messina, Acireale, Catania (hier Anschlüsse in alle Richtungen) etwa stündlich, 12-mal tgl. Catania Airport. Lokalbusse Richtung Letojanni 7-mal täglich (HS häufiger), nach Giardini Naxos alle 30–60 min., zur Gola d' Alcántara 1- bis 3-mal (siehe aber auch dort), nach Castelmola 6-mal täglich.

Seilbahn, die Funivia ist die kürzeste Verbindung zum Strand bei Mazzaro; Station in der Via Pirandello, etwas oberhalb des Busbahnhofs, Hin- und Rückfahrt kosten 3 €.

Taormina 975

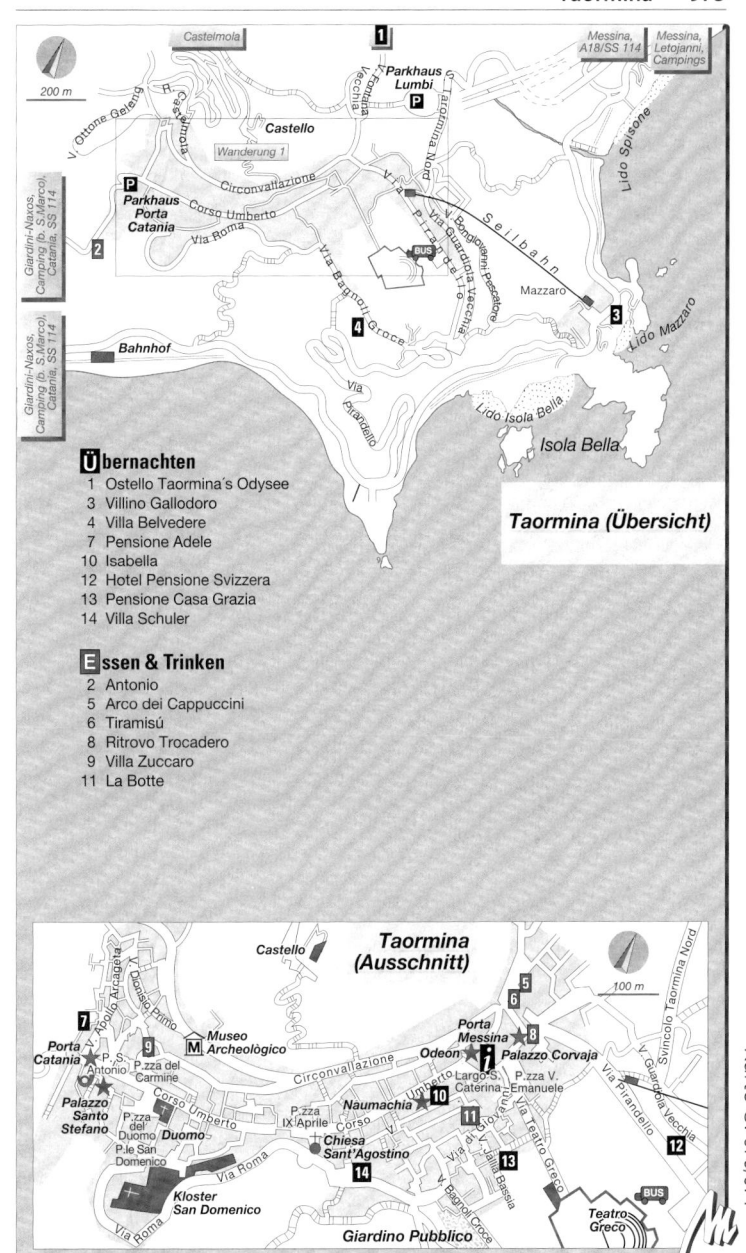

Ü bernachten
1. Ostello Taormina's Odysee
3. Villino Gallodoro
4. Villa Belvedere
7. Pensione Adele
10. Isabella
12. Hotel Pensione Svizzera
13. Pensione Casa Grazia
14. Villa Schuler

E ssen & Trinken
2. Antonio
5. Arco dei Cappuccini
6. Tiramisú
8. Ritrovo Trocadero
9. Villa Zuccaro
11. La Botte

Taormina (Übersicht)

Taormina (Ausschnitt)

Sizilien — Karte S. 970/971

Sizilien

Übernachten (siehe Karte S. 975)

Teuer, teuer ... und im Hochsommer gnadenlos voll! Außerhalb des Hauptreisemonats August kann es sich dagegen durchaus lohnen, nach einem Nachlass zu fragen – kaum ein Hotel ist dann ausgelastet.

*** **Villa Belvedere (4)**, hervorragendes Hotel in bester Lage, historisches Ambiente, geschmackvolle Zimmer, tropischer Garten mit Pool. Dementsprechend die Preise, DZ mit Frühstück ca. 120–220 €. Via Bagnoli Croci 79, ✆ 0942/23791, ✉ 625830, www.villabelvedere.it

*** **Isabella (10)**, obere Mittelklasse, gut geführt, deutschsprachig, alle Zimmer mit Airconditon, Terrasse mit Blick aufs Griechische Theater, Etna und Küste. DZ/F 115–150 €. Corso Umberto 58, ✆ 0942/23153, ✉ 23155, www.gaishotels.com

** **Villa Schuler (14)**, sorgsam gehütete alte Villa unter deutscher Leitung, sehr angenehmes und gepflegtes Haus, komfortable Zimmer mit Loggia, Balkon oder Terrasse. Parkähnlicher Garten. Piazzetta Bastione 16, DZ/F 125–150 €. ✆ 0942/23481, ✉ 23522, www.hotelvillaschuler.com.

* **Hotel Villino Gallodoro (3)**, unten in Mazzaro, zwei Fußminuten von der Seilbahn. Ein herziges kleines Hotel aus der „guten alten Zeit", engagiert und deutschsprachig geführt. 15 Zimmer unterschiedlicher Größe, alle ordentlich neu möbliert, schöne Gemeinschaftsterrasse mit Bar. Gratis-Parkplatz. DZ/Bad/F ca. 90 €. Geöffnet April bis Oktober. Via Nazionale 147, ✆ 0942/23860, ✉ 623001, www.hotelgallodoro.it.

* **Hotel Pensione Svizzera (12)**, knapp außerhalb der Altstadt, Nähe Busbhf. Hübsche und sehr solide geführte Villa mit Garten und schöner Aussicht, 2003 renoviert. DZ/F ca. 80–125 €. Reservierung ratsam. Via Pirandello 26, ✆ 0942/23790, ✉ 625906, www.pensionesvizzera.com.

* **Pensione Adele (7)**, nahe der Porta Catania, hübsches altes Haus mit teils geräumigen Zimmern. DZ/F nach Ausstattung (mit/ohne Bad) und Saison etwa 60–75 €, von Juli bis September bis 90 €. Via Apollo Arcageta 16, ✆ 0942/23352, www.pensioneadele.it.

* **Pensione Casa Grazia (13)**, nur sieben Zimmer, etwas eng, aber sehr gepflegt mit angenehm kühlem Marmorboden, freundliche Besitzer. DZ/Bad 55 €, ohne Bad 50 €. Via Iallia Bassa 20 (Nähe Griechisches Theater), ✆ 0942/24776.

● *Jugendherberge* **Ostello Taormina's Odyssee (1)**, eine private JH, die allerdings ein ganzes Stück nördlich des Zentrums liegt, noch hinter dem Parkplatz Lumbi. Übernachtung im Mehrbettzimmer p. P. um die 18 €. Traversa A di Via G. Martino, zu erreichen über die Verlängerung der Via Cappuccini; ✆ 0942/24533, www.taorminaodyssee.com.

● *Camping* Die nächsten zuverlässig geöffneten Plätze finden sich bei Letojanni im Norden und bei San Marco im Süden, siehe jeweils unten.

Essen & Trinken (siehe Karte S. 975)

Wer über das nötige Kleingeld verfügt, kann in Taormina aufs Feinste speisen; die preiswerteren Restaurants dagegen sind häufig auf Schnellabfütterung ausgelegt.

Arco dei Cappuccini (5), etwas abseits der Touristenströme. Konstant gute Qualität, prima Service, exquisite Weinauswahl. Gutes Preis-Leistungs-Verhältnis, Menü ab etwa 25 €. Tipp: Reservieren und Zeit mitbringen. Via Cappuccini, unweit der Porta Messina; Mi Ruhetag. ✆ 0942/24893.

La Botte (11), an einem kleinen, zentral gelegenen Platz. Freundlicher Familienbetrieb mit solidem Angebot. Innen vielleicht etwas überdekoriert, dafür gemütlich, an den Tischen im Freien recht lauschig. Gute Pizza aus dem Holzofen, Menü à la carte ab etwa 25 €. Piazza Santa Domenica 4.

Tiramisù (6), nahe Rist. Arco dei Cappuccini. Auch bei den Einheimischen beliebtes Gartenlokal mit guter Küche und prima Pizza ab 6 €; Menü à la carte ab etwa 20 €. Via Cappuccini 1.

Villa Zuccaro (9), Gartenlokal knapp oberhalb des westlichen Corso, ein Lesertipp von Martin C. Hünerhoff: „Tolle Pizza und leckere Salate in sehr schön gestyltem Ambiente". Piazza Carmine 5.

Ritrovo Trocadero (8), direkt vor der Porta Messina. Trotz der stark frequentierten Lage keine schlechte Adresse: Auch mittags leckere Pizza zu vernünftigen Preisen, kein Aufpreis für Gedeck oder Service. Via Pirandello 1.

Antonio (2), etwa 600 m außerhalb der Porta Catania, an der Umgehungsstraße nach Giardini. Wohl die besten Pizze der Stadt und den etwas weiteren Weg wert, flinker Service, große Terrasse. Mo geschl.

Sehenswertes

Palazzo Corvaja: am Corso, kurz nach der Porta Messina, rechter Hand der Piazza Vittorio Emanuele. 1410 in vorwiegend gotischem Stil errichtet, gilt er als schönster Stadtpalast Taorminas. Im Innenhof tagte im 15. Jh. das sizilianische Parlament, heute finden hier und in der Halle Ausstellungen statt. Im Palazzo ist die städtische Information untergebracht, außerdem das kleine Volkskunstmuseum *Museo Siciliano di Arte e Tradizioni Popolari*.

Öffnungszeiten/Eintritt **Palazzo Corvaja**, tägl. 8–14, 16–20 Uhr. **Museo Siciliano di Arte e Tradizioni Popolari**, Di–So 9–13, 16–20 Uhr, Eintritt 2,60 €.

Flanierzone Nummer eins: Taorminas Corso

Griechisch-römisches Theater: Zugang von der Piazza Vittorio Emanuele über die Via Teatro Greco. Das mit Abstand berühmteste Bauwerk der Stadt, vielleicht Siziliens. Ob seiner Panoramalage riss es schon den alten Goethe zu literarischen Begeisterungsausbrüchen hin. Wahrscheinlich im 3. Jh. v. Chr. von Griechen in den Fels gehauen, übernahmen es wenig später die Römer und führten statt feinsinniger Theaterstücke Gladiatorenkämpfe auf. Sie errichteten – unsensibel – auch eine Ziegelwand hinter der Bühne, die erfreulicherweise großteils wieder eingestürzt ist und den Blick auf die Küste und den dampfenden Etna freigibt.

Öffnungszeiten/Eintritt 9 Uhr bis eine Stunde vor Sonnenuntergang, Eintritt 6 €.

Piazza 9 Aprile: noch ein Aussichtspunkt, diesmal direkt am Corso. Die Terrasse ist Mittelpunkt und allabendlicher Treffpunkt der Stadt.

Piazza del Duomo: Zentrum des mittelalterlichen Taormina. Der Dom stammt aus dem 13. Jh. und wurde später mehrfach umgebaut, mit hübschem Portal und schlichtem Inneren. Vor dem Dom ein Barockbrunnen von 1635, vom Platz führen Stufen zum ehemaligen Kloster *San Domenico*, heute eines der edelsten Hotels von Taormina.

Giardino pubblico (Villa Communale): Stadtpark von Taormina, an der Via Bagnoli Croce, vom Corso über Treppen zu erreichen. Vielfältige Pflanzenpracht und Ruhe vor der Hektik des Zentrums.

Taormina/Umgebung

▶ **Castelmola**: mittelalterliches Bergdörfchen oberhalb Taorminas, berühmt für seinen zuckersüßen „Vino alla mandorla" (Mandelwein) – die tagsüber reichlich vertretenen Reisegruppen treten den Heimweg in entsprechender Stimmung an. Toller Blick von den Ruinen des Kastells. 5 km Straßenentfernung von Taormina (Abzweig Via Circonvallazione), Busverbindung, oder zu Fuß über einen von der Straße abzweigenden Treppenweg (1 Std.).

▸ **Letojanni**: Der Badeort, 6 km nördlich von Taormina, wirkt freundlicher als seine nördlich gelegenen Konkurrenten. Der Pauschaltourismus hat bereits Fuß gefasst.

• *Camping* *** **Eurocamping Marmarucca**, abseits des Meeres und extrem laut gelegen. Viele Dauercamper; zum Meer zehn Fußminuten. Ausstattung recht komfortabel, geöffnet April bis Dezember. ✆ 0942/36676.

** **Camping Paradise International**, knapp 3 km Richtung Messina. Bahn und Straßen in Hörweite, aber auch das Rauschen des Meeres: Sand- und Kiesstrand vor der Zelttür. Geöffnet April–Oktober. ✆ 0942/36306, www.campingparadise.it.

▸ **Giardini Naxos**: reiner Badeort ohne jedes Flair, trotzdem mit Wahnsinnsbetrieb – die Nähe zu Taormina macht's möglich. Vom antiken Erbe (in Naxos entstand 735 v. Chr. die erste griechische Kolonie Siziliens) ist kaum etwas erhalten; die Ausgrabungen im *„Parco Archeologico"* (tägl. 9-19 Uhr, im Winter bis 16.30 Uhr; Eintritt 2 €) zeigen wenig mehr als Grundmauern; Funde im kleinen *Museum*.

• *Information* **Ufficio Informazione Turistica**, Lungomare Tysandros 54 (Uferstraße), saisonal stark wechselnde Öffnungszeiten. ✆ 0942/51010, ✉ 52848, www.aastgiardininaxos.it.

• *Übernachten* ** **Villa Mora**, nicht weit von der Infostelle. Nostalgische Atmosphäre (eröffnet 1973!), dabei alles topp in Schuss, freundliches deutsch-italienisches Besitzerpaar. Ausschließlich Privatgäste, keine Pensionspflicht, wie sonst häufig in Giardini. 14 Zimmer, DZ/F 70–100 €. Via Naxos 47, ✆/✉ 0942/51839, www.hotelvillamora.com.

▸ **San Marco**: keine Ortschaft, nur ein Campingplatz, ein Hotel und ein Restaurant am wohl schönsten Strand in der Umgebung von Taormina. Allerdings trübt manchmal umherliegender Müll die Badefreuden.

• *Anfahrt/Verbindungen* San Marco liegt unterhalb von Calatabiano, 8 km südlich vom Bhf. Taormina-Giardini, und ist praktisch nur mit eigenem Fahrzeug ohne Schwierigkeiten zu erreichen. Busse halten auf Verlangen am Bivio (Kreuzung) San Marco an der Hauptstraße nach Catania, 2 km entfernt (keine offizielle Haltestelle).

• *Camping* **Almoetia**, an der Zufahrtsstraße zum Camping, etwa 600 m entfernt. Persönliche Atmosphäre und freundliche Besitzerfamilie, gutes Restaurant. Ganzjährig. ✆/✉ 095/641936, www.campingalmoetia.it

Etna

Dekorativ und unschuldig sieht er aus, der größte – und mittlerweile gefährlichste – Vulkan Europas. Sanft steigt er auf seine stolze Höhe von über 3300 m an, auf dem bis in den Frühsommer schneebedeckten Gipfel die typische Rauchfahne …

Doch die vermeintliche Sanftmut täuscht. Immer wieder kommt es zu Ausbrüchen. Die letzten wirklich schweren Eruptionen datieren von 2002/2003. Damals wurde das hoch über Linguaglossa gelegene Gebiet der Bergstation Piano Provenzana praktisch vom Erdboden verschluckt und das Refugio Sapienza auf der Südseite des Vulkans schwer beschädigt. Auch in den folgenden Jahren kam es immer wieder zu Ausbrüchen. Experten diskutieren nun, ob der Etna womöglich in eine neue Lebensphase eintritt, sich vom „guten" zum „bösen" Vulkan wandelt.

Die blühenden Gärten, ausgedehnten Plantagen und dichten Wälder, die sich die Hänge hochziehen, sind nur dünne Tünche über der nackten Gewalt des Vulkans.

Unterbrochen werden sie von schwarzen Lavafeldern, die auf ihrem Weg alles vernichteten, was ihnen im Weg stand. Der Etna gibt und nimmt: Die Lavaasche macht den Boden äußerst fruchtbar, die seit Menschengedenken immer wiederkehrenden Eruptionen zerstörten ganze Dörfer. Beim bisher schwersten Ausbruch 1669 kroch die Lava bis Catania und begrub die halbe Stadt unter sich.

> **Aktueller Stand**: Die früheren Zugangsbeschränkungen zum Etna gibt es nicht mehr, mit ausgebildeten Führern (und sogar auf eigene Faust, obwohl dies nur Etna-Kennern zu empfehlen ist) darf jeder Punkt des Vulkans besucht werden; über die Einführung einer Art Eintrittsgebühr zum Etna wird spekuliert. **Grundsätzlich sollten folgende Vorsichtsmaßnahmen beherzigt werden**:
> - Eine Etna-Besteigung ist eine ausgewachsene Bergtour, warme Kleidung und entsprechendes Schuhwerk sind unverzichtbar.
> - Nicht von den sonnigen Temperaturen an der Küste täuschen lassen: In den höheren Regionen ist auch im Sommer Frost keine Seltenheit, zudem sind schnelle Wetterumschwünge häufig.
> - Gesperrte Gebiete nie betreten, es kommt immer wieder zu Todesfällen durch Gasausbrüche und Steinbombardements. Die Bergführer wissen, was geht und was nicht geht, sie stehen in Kontakt mit den vulkanologischen Instituten.
> - Wer zu Fuß hoch will und kein mit Wanderkarte und sonstigen Utensilien versehener ausgesprochener Bergprofi ist, sollte die Fahrwege nicht verlassen; in den Lavawüsten verirrt man sich schnell, mehrere Menschen sind in den letzten Jahren spurlos verschwunden.
> - Noch ein Tipp: Möglichst früh hoch, dann ist die Sicht am besten – an besonders klaren Tagen kann man die ganze Insel überschauen. Wenn Wolken zu sehen sind, kann man sich die Auffahrt sparen.

▶ **Etna-Nord**: Der Rummel ist hier zwar deutlich geringer, doch sind die vulkanischen Phänomene vielleicht auch nicht ganz so eindrucksvoll wie auf der Südseite des Vulkans. Anfahrt über *Linguaglossa* an der SS 120 zwischen Fiumefreddo di Sicilia und Randazzo. Von dort geht es auf der Panoramastraße Mareneve (keine Busverbindung) vulkanwärts. Die Touren beginnen auf 1800 Meter Höhe bei der früheren Ski- und Hotelsiedlung *Piano Provenzana*, die beim Ausbruch 2002 zwar zerstört wurde, aber wieder aufgebaut werden soll; zuletzt residierten die Vulkanführer freilich noch in einem Container. Von Frühjahr bis Herbst starten hier Allradbusse bis auf ca. 2800 Meter Höhe; letzte Auffahrt gegen 14 Uhr. Die etwa zweistündige Tour beinhaltet auch einen 30-minütigen Spaziergang und kostet inklusive Führer rund 40 €.

▶ **Etna-Süd**: Die viel genutzte Standardroute für die Auffahrt zum Etna beginnt in *Nicolosi*, 15 km von Catania. Von dort geht es über eine kurvenreiche Straße zum *Rifugio Sapienza* auf 1910 m Höhe, in dessen Umfeld meist erheblicher Rummel herrscht. Wer nicht höher will, kann sich hier mit der Besichtigung der 1892 entstandenen *Crateri Silvestri* begnügen. Vom Rifugio führt eine Seilbahn bis zur Bergstation *La Montagnola* auf etwa 2500 Meter Höhe; dort warten Allradbusse für die Fahrt in höhere Regionen. Deren Tour endet im Normalfall bei der zerstörten Berghütte im Gebiet des *Torre del Filosofo* auf 2920 Meter Höhe, benannt nach dem griechischen Multitalent Empedokles: Der Philosoph soll sich in einen Krater des Etna gestürzt haben, um mit den Naturkräften zu verschmelzen. Ganz in der Nähe liegen neue Krater, die durch den Ausbruch von 2002/2003 entstandenen

Nuovi Coni. Das Komplettprogramm dauert normalerweise rund zwei Stunden und schlägt mit etwa 45 € zu Buche.

- *Information* **Ufficio turistico**, in Nicolosi an der zentralen Piazza V. Emanuele , ✆ 095 914488. Mo–Sa 9–13 Uhr, im Sommer auch Mo-Sa 15.30-20 Uhr und So 9-13 Uhr.
- *Anfahrt/Verbindungen* **AST-Busse** nach **Nicolosi** gehen etwa 13-mal tägl. von Catania (Nähe Bhf.), außerdem Verbindungen von Acireale. 1-mal tägl. fährt ein Direktbus der AST von Catania (Abfahrt ca. 8 Uhr) zum **Rifugio Sapienza**, unterwegs Zwischenstopp in Nicolosi.
- *Übernachten* In Nicolosi gibt es mehrere Hotels und eine gut ausgestattete Jugendherberge, das **Etna Garden Park Hostel** (gleichzeitig Hotel), Ü/F pro Pers. etwa 20 €,

DZ/F 70 €. Via della Quercia 7, ab Zentrum beschildert, ✆ 095/7914686.
Rifugio Sapienza, ebenda auf 1910 Meter Höhe. 24 geräumige Zimmer mit eigenem Bad. DZ/F rund 100 €. Ganzjährig offen, ✆ 095/915321, ✉ 916107.
*** **Corsaro**, 300 Meter entfernt. Komfortable Ausstattung, vulkankundiger und englischsprachiger Besitzer. DZ/F 80–100 €. Piazza Cantoniera, ✆ 095/914122, ✉ 911206. www.hotelcorsaro.it.
Camping Etna, gut ausgestatteter Platz etwa 200 m oberhalb von Nicolosi, ganzjährig. ✆ 095/911083, ✉ 914309.

> **Etna-Rundfahrt per Bahn**: Seine verschiedenen Seiten zeigt der Vulkan erst bei einer Umrundung. Eisenbahnfreunde können die private Schmalspurbahn der FCE, die *Ferrovia circumetnea* benutzen: Abfahrt in Giarre oder Catania an der FS-Hauptlinie Messina-Catania, umsteigen muss man teilweise in Randazzo oder Bronte. Länge der FCE-Bahn 114 km. In den Schulferien und besonders am Sonntag fahren nur wenige bis gar keine Züge. Reine Fahrtzeit mindestens 4 Stunden, Verspätungen sind nicht selten, Preis ca. 6 €.

Riviera dei ciclopi– die Zyklopenküste

Ihren Namen hat sie von dem menschenfressenden Zyklopen Polyphem, dem auch Odysseus in die Falle ging. Mit einer List konnte der Grieche sich und seine Freunde retten – auf Kosten des einzigen Auges des Riesen. Vom abfahrenden Schiff aus auch noch verspottet, warf der blinde Polyphem Felsbrocken nach den Fliehenden: Erklärung Homers für die bis zu 70 m hohen Klippentürme der Lavaküste. Prosaischer ist die Annahme, dass sie von einem anderen Giganten, dem Etna, geschleudert wurden. Oder sind die beiden identisch? Von einer wilden Schönheit ist die Küste jedenfalls; so schön, dass sie von den Catanesi flugs mit Ferienhäusern, Restaurants und Stabilimenti bepflastert wurde, die noch die winzigste Klippe einnehmen.

Catania
ca. 380.000 Einwohner

Bunt, aufregend, dynamisch und quicklebendig, wirtschaftlich den anderen Inselstädten um Längen voraus – die eine Seite von Catania. Die andere: weiträumige Zersiedlung, düstere Ecken und eine extrem hohe Kriminalitätsrate.

Das Stadtbild wird bestimmt von breiten, sich rechtwinklig kreuzenden Straßen und einer Fülle an Barockbauten. Catania, der nach Palermo zweitgrößte Ballungsraum Siziliens (offiziell: 380.000 Einwohner im Stadtbereich), ist immer wieder „auferstanden aus Ruinen". Schuld hatte meist der Etna, dessen Lavaströme im westlichen Teil Catanias noch zu sehen sind. Nachdem der Ausbruch von 1669 schon die halbe Stadt weggefegt hatte, besorgte das große Erdbeben von 1693 den Rest. Beim Neuaufbau diente als Material großteils, was ohnehin reichlich zur

Catania 981

Ein Augenschmaus: Catanias Märkte

Hand war: Lava! Eine besonders heitere Note vermögen das dunkle Gestein und die allzu geraden Straßen der Stadt nicht zu geben. Erst auf den zweiten Blick fallen die Details der vielen Barockkirchen auf, realisiert man die befreiende Anlage der Plätze, die die strenge Straßenführung auflockern.

Information/Anfahrt/Verbindungen

- *Information* **Ufficio Informazione Turistica**, Via Cimarosa 10; 095/73062790, 095/316407. Zu erreichen über einen Abzweig von der Via Etnea kurz vor dem Park Villa Bellini. Zweigstellen an der Via Etnea 63 (095/7306233) und im Bahnhof, geöffnet wie oben.
- *Anfahrt/Verbindungen* Catania ist der große Umsteigepunkt im Osten Siziliens, gute Anschlüsse in alle Richtungen.

Flug, **Aeroporto Fontanarossa**, für die meisten Flugreisenden der Einstieg nach Sizilien. Busverbindung von und zum Bahnhof besteht von 5–24 Uhr alle 20 min. mit ALIBUS 457, die Busse fahren auch ins Zentrum zur Piazza Duomo.

PKW: nicht erfreulich! Echte Bruch-, sogar Diebstahlsgefahr, gelegentlich auch fixe Griffe in der Ampel stehende Autos. Undurchsichtiges Einbahnstraßensystem, kaum Parkplätze und ein Fahrstil, der Palermo zahm erscheinen lässt.

Bahn, **FS-Bahnhof** östlich des Zentrums, Piazza Papa Giovanni XXIII, häufige Verbindungen nach Taormina, Messina und Siracusa, etwas seltener auf der Linie über Enna nach Caltanissetta Xirbi (Knotenpunkt), nach Agrigento 4-mal tägl.

FCE-Etnabahn, Bahnhof Stazione Borgo weit im Norden an der Via Caronda 352 a, einer Parallelstraße der oberen Via Etnea, 095 54125. Verbindung ab FS-Bahnhof per U-Bahn „Metropolitana".

Bus, Abfahrt der meisten Gesellschaften rund um den Bahnhofsvorplatz (sonntags nur sehr wenige Fahrten). ATM, diverse Stadtbuslinien vom Bahnhof ins Zentrum (Piazza Duomo), ca. 2 km. SAIS, im nördlichen Teil, Via d'Amico: Palermo tagsüber etwa stündl., Enna 8-mal tägl., Agrigento 13-mal; Messina tagsüber mindestens stündlich. ETNA/INTERBUS, direkt neben SAIS: Taormina etwa stündl., Siracusa 16-mal, Noto 9-mal, Ragusa 11-mal, Piazza Armerina 6-mal täglich. AST, Via L. Sturzo, westlich des Platzes: Busse für die Provinz Catania, z. B. Nicolosi, Rifugio Sapienza (Etna-Süd, 1-mal morgens), außerdem Verbindungen in den Südosten: Siracusa, Noto, Módica.

Metropolitana, Catanias U-Bahn fährt im Bogen östlich ums Zentrum und ist in erster Linie interessant als Verbindung zwischen FS-Bahnhof und Etna-Bahn.

Sizilien

Übernachten

Die Auswahl ist groß, der Andrang auch, manchmal muss man schon etwas suchen.

*** **Savona (9)**, gut geführtes Hotel mit ordentlichen, hellen Zimmern. Freundlicher und hilfsbereiter Direktor. DZ etwa 85-140 €. Via Vittorio Emanuele 210, Nähe Piazza Duomo; ℡ 095/326982, ℻ 7158169. www.hotelsavona.it.

** **Gresi (2)**, hübsches Quartier in zentraler Lage. Große, ansprechend möblierte Zimmer mit TV und Klimaanlage. DZ/F 80 €. Oft belegt, Reservierung ratsam. Via Pacini 28, eine Seitenstraße der Via Etnea bei Nr. 246, ℡ 095/322709. www.gresihotel.com.

* **Rubens (4)**, gemütliches kleines Familienhotel, immer wieder von Lesern gelobt. Sieben geräumige Zimmer mit TV, Klimaanlage und Heizung, freundliches Personal. DZ/F 75 €. Zentral an der Via Etnea 196, ℡ 095/317073, www.rubenshotel.it.

Affittacamere La Collegiata (7), in einer Seitenstraße der Via Etnea. Von der Ausstattung her auf Dreisterne-Hotelstandard, sehr hübsch gestaltet. Die Räume zur Via Etnea und Via Vasta allerdings können recht laut sein, nach hinten wird es ruhiger. DZ/F etwa 80–85 €. Via Vasta 10, ℡ 095/315256, www.lacollegiata.com.

Affittacamere I Vespri (5), Nähe Via Etnea. Zentral, aber doch recht ruhig in einem frisch restaurierten Palazzo untergebracht. DZ ohne Bad (nur eins) 45 €, DZ/Bad 60 €. Via Montesano 5, ℡ 095/310036, www.ivesprihotel.it.

• *Jugendherberge* **Agorà Hostel (10)**, in einer etwas düsteren Gegend nahe der Bahnlinie. 70 Betten, nette internationale Atmosphäre. Ü/F im Schlafsaal 18 €, im August 20 €; kein JH-Ausweis nötig. Ein echter Clou ist die Kellerbar, ein täglich geöffnetes Restaurant gibt es auch. Piazza Currò 6, ℡ 095/7233010, www.agorahostel.it.

• *Camping* Trotz mehrerer Plätze nur beschränkte Kapazitäten, viele Dauercamper. **Jonio**, im Nobelvorort Ognina. Schattig, viele Wohnwagen, teils mit angebauter Nasszelle. Hübsch gelegen, unterhalb Lavastrand, sanitär okay. Bester Platz bei Catania. Ganzjährig. ℡ 095/491139.

Essen & Trinken

Große Auswahl an preiswerten Trattorie um die Märkte herum – gut und nicht teuer.

Art Café Il Sale (1), in einer noch recht jungen Restaurantzone, die auch beliebt bei Catanias Studenten ist. Schickes Ambiente, prima Küche, der Service manchmal etwas langsam. Menü ab etwa 30 €, auch Pizza. Via Santa Filomena 10.

Turi Finocchiaro (8), in einer Seitenstraße der Via Etnea und direkt im Nachtleben. Eins der ältesten Lokale der Stadt, nette Atmosphäre. Menü ab 18 €, auch Pizza. Via Euplio Reina 13, Mi geschl.

Coppola (6), ein paar Straßen nördlich. Vielfältige Karte mit sizilianischer Küche, frischen Antipasti, guten Salaten und Menüs ab ca. 20 €, Pizza ab 7 €. Via Coppola 49–51. Im Umfeld weitere interessante Lokale.

Aldo, hier essen die Verkäufer vom Markt „Fera o Luni". Speisesaal im Obergeschoss, helles Holz und immer voll. Man probiere *sarde a beccafico*, mit Weißbrot und Käse gefüllte Sardinen, oder *spezzantino*, eine Art Gulasch. Nur mittags, So geschl. Piazza Giuseppe Sciuti.

Märkte/Nachtleben

• *Märkte* Eine Sehenswürdigkeit ersten Ranges sind die farbenprächtigen Märkte Catanias, aber: auf Wertsachen achten!

La Pescheria, großer Fisch- und Lebensmittelmarkt Nähe Piazza Duomo.

Fera o Luni, Gemischtwaren von Gemüse bis Kochtöpfen, billig. Zugang bei der Piazza Stesicoro/Corso Sicilia.

• *Nachtleben* Im Gebiet zwischen Piazza Università und Piazza Bellini öffnen ab etwa 22 Uhr fast zwei Dutzend Bars, Pubs und Jazzschuppen ihre Pforten.

Nievski, an der Via Alessi, jenseits der Via Etnea. Treff der alternativen Szene, rammelvoll bis auf die Treppen draußen, oft Konzerte, Internetzugang.

Übernachten

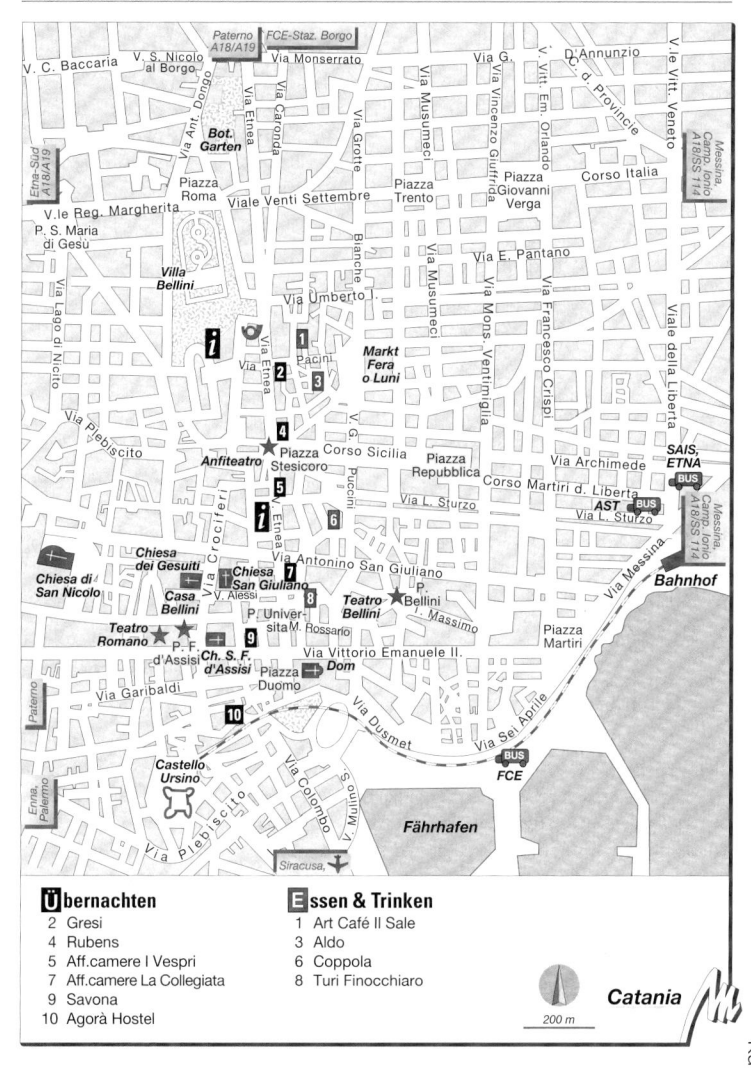

2 Gresi
4 Rubens
5 Aff.camere I Vespri
7 Aff.camere La Collegiata
9 Savona
10 Agorà Hostel

Essen & Trinken

1 Art Café Il Sale
3 Aldo
6 Coppola
8 Turi Finocchiaro

Sehenswertes

Piazza Duomo: der Hauptplatz mit dem *Dom*, einer gelungene Barockkomposition, geweiht der Stadtheiligen Sant'Agata. Prächtig geschmückte Fassade, rechts nach dem Eingang das Grab des großen Komponisten Bellini. In der Mitte des Platzes zieht die *Fontana dell'Elefante* die Blicke auf sich. Der drollige Lavaelefant aus grauer Vorzeit ist das Wahrzeichen Catanias, auf seinem Rücken trägt er einen Obelisken.

Via Etnea: Die kilometerlange Geschäftsstraße ist die Hauptschlagader Catanias, mit teuren Geschäften, Gelaterie und Cafés, und für den individuellen Autoverkehr gesperrt. Sie läuft direkt auf den Etna zu. Bald nach dem Domplatz die *Piazza Università*, ebenfalls durchgängig in Barock, noch ein Stück weiter die weitläufige *Piazza Stesicoro*, heute der gesellschaftliche Mittelpunkt Catanias (im Sommer oft Konzerte). Im linken Teil sind Reste eines römischen Amphitheaters zu sehen. Weiter die Via Etnea entlang folgt links die *Villa Bellini*, der Stadtpark Catanias, später der *Botanische Garten* (Mo-Sa 9-13 Uhr).

Teatro Bellini: Das 1890 erbaute Theater an der gleichnamigen Piazza wird als eins der schönsten Italien gerühmt. Spielzeit ist im Herbst, Winter und zeitigen Frühjahr.

Via Crociferi: Die barocke Prachtstraße beginnt ab der Piazza San Francesco/Ecke Via Vittorio Emanuele, westlich der Piazza Duomo. Zuerst lohnt es sich jedoch, ein kleines Stück weiterzugehen und einen Blick in das *Teatro Romano* (Zugang bei Haus-Nr. 266-268; zuletzt wg. Ausgrabungen geschlossen) zu werfen. Zurück an der Piazza San Francesco steht ab Nr. 3 die *Casa Bellini*, das Geburtshaus des Komponisten, heute ein kleines Museum (Mo-Sa 9-13.30 Uhr, So 9-12.30 Uhr; gratis). In der ansteigenden Via Crociferi folgt fast eine Barockkirche der nächsten. Am Ende der links abzweigenden Via Gesuiti die unvollendete Riesenkirche *Chiesa di San Nicolo*.

Das Wahrzeichen der Stadt: Fontana dell'Elefante

Castello Ursino: an der Piazza Federico di Svevia, gut 500 m südwestlich der Piazza Duomo, etwas außerhalb des Zentrums. Das wehrhafte Kastell wurde im 13. Jh. für den Stauferkönig Friedrich II. erbaut, aus Lava, versteht sich. Ursprünglich stand es direkt am Meer: Die glühenden Massen des Etnaausbruchs von 1669 wälzten sich an seinen Mauern vorbei, ohne es zu beschädigen, und schoben die Küstenlinie weit hinaus. Im Inneren (zuletzt wg. Renovierung geschlossen) ist das Museo Civico untergebracht, dessen reiche Gemäldesammlung erst teilweise öffentlich zugänglich gemacht wurde.

Südosten

Der Südosten Siziliens wäre allein schon eine Reise wert: Seine lange Geschichte, die schönen Städte und eine atemberaubende Landschaft machen ihn zu einer der interessantesten Gegenden der Insel.

Absolutes Highlight ist *Siracusa*, einst die mächtigste Stadt der westlichen Welt, mit einer Fülle an Sehenswürdigkeiten und sympathischer Altstadt. Die Barockstädte *Noto*, *Ragusa* und *Mòdica* lohnen ebenfalls einen Besuch – allesamt in neuem Glanz auferstanden nach dem Erdbeben von 1693, das den ganzen Landstrich verwüstete. Und auch Badefans kommen auf ihre Kosten: Zwischen *Avola* und dem *Capo Passero*, der äußersten Südspitze Siziliens, liegen einige schöne Sandstrände.

Siracusa

ca. 120.000 Einwohner

Ein großer, ein berühmter Name. Assoziationen von Dionysios und Archimedes, von Reichtum und Kultur, Grausamkeit und Geist. Die einst mächtigste Kapitale der westlichen Welt fasziniert durch bedeutende Altertümer, facettenreiche Umgebung und eine der schönsten Stadtlandschaften Siziliens.

Spätestens an den Grenzen des heutigen Siracusa wird der Reisende zunächst aus allen romantischen Träumen gerissen. Industrie, Lagerhallen und tobender Verkehr bestimmen die Szene. Auch die Neustadt wirkt nichtssagend. In *Ortygia* (ital.: Ortigia), dem auf einer Halbinsel gelegenen Kern von Siracusa, hat man dann die architektonischen Entgleisungen der Moderne hinter sich – und ist restlos versöhnt. Enge Gässchen, schmucke Palazzi und Kirchen, großzügige Plätze und viel Barock machen Ortigia zu einem wirklich liebenswerten Fleckchen. Doch Siracusa hat noch mehr zu bieten als „nur" eine schöne Altstadt. Der *Parco Archeologico* umfasst einen ganzen ehemaligen Stadtteil, mit zwei Theatern, einem gigantischen Altar und den Steinbrüchen mit dem legendären „Ohr des Dionysos". Relikte der langen Vergangenheit der Stadt finden sich auch im Archäologischen Museum, das zu den besten Italiens zählt.

Information/Anfahrt/Verbindungen

* *Information* **Ufficio Informazione Turistica**, Via Maestranza 33, auf Ortigia. Geöffnet Mo–Fr 8.30–13.45, 15–17.30 Uhr, Sa 8.30–13.45 Uhr. ✆ 0931/464255, ℻ 60204. www.aatsr.it.
Ufficio Informazione Turistica, für die Provinz Siracusa. In Tyche, Via San Sebastiano 43, Nähe Katakomben San Giovanni; Mo–Sa 8.30–13.30, 15–18 Uhr. ✆ 0931/67710. www.apt-siracusa.it.
* *Anfahrt/Verbindungen* **PKW**: auf Ortigia besteht oft Parkbeschränkung für Anwohner. Besser, gleich einen Abstellplatz in den Uferstraßen vor dem Damm zu suchen.
Bahn, Bahnhof recht abgelegen am Ende der Via Francesco Crispi in Achradina, nach Ortigia oder Neapolis je etwa 2 km. Gute Verbindungen nach Catania/Messina, Lokalverbindung 9-mal tägl. nach Avola/Noto/Mòdica, weiter bis Ragusa 3-mal täglich.
Bus, Abfahrt/Ankunft am und um den Platz Riva della Posta auf Ortigia. AST nach Catania und Avola/Noto tagsüber etwa stündl., Mòdica 8-mal, Ragusa 8-mal, Gela 2-mal, Palazzolo Acreide 13-mal täglich. INTERBUS 13-mal tägl. nach Avola/Noto/Pachino, davon 1-mal direkt Portopalo di Capo Passero, Palermo 3-mal; nach Catania etwa stdl. Nach Agrigento am schnellsten via Gela oder Catania.
Stadtbusse ebenfalls ab Riva della Posta, zum Parco Archeologico (Corso Gelone, Ecke Viale Teocrito) u.a. die Nummern 1, 6, 8, 11, 12, 25, zum Archäologischen Museum z. B. Nr. 5.

Übernachten (siehe Karte S. 987)

*** **Gran Bretagna (2)**, auf Ortigia. hübsch verwinkelte Herberge, Räume teilweise mit Stuckdecken etc. Im Erdgeschoss eine mittelalterliche Mauer. DZ/F 110 €. Via Savoia 21, ✆ 0931/68765, ℻ 449078, www.hotelgranbretagna.it.
*** **Gutkowski (1)**, auf Ortigia. Hübsch gestaltetes Interieur; recht gute Chance auf einen Parkplatz. Die Zimmer zum Lungomare sind lauter, aber auch heller als die nach innen gelegenen. Ebenfalls schmuck gestylte Dependance. DZ/F 100 €. Lungomare Vittrini 26, ✆ 0931/465861, ℻ 480505, www.guthotel.it.

Centrale (10), nahe Bahnhof. Ein freundlich geführtes und komplett renoviertes Quartier. DZ/Bad nach Saison und Lage etwa 65–90 €. Corso Umberto I. 141, ✆ 0931/60528, ✉ 61175, www.hotelcentralesr.com.

* Eurialo (8), in der Nähe und ein Tipp für Low-Budget-Autoreisende. Unterschiedliche Zimmer (vorher ansehen) und eine eigene, für Gäste sogar kostenfreie Garage. Freundlich, auch wenn der Service nicht immer flutscht. Reservierung ratsam. DZ/Bad 45 €. Via Francesco Crispi 92, zuletzt nur ein Mobil-Telefon: 338/7664967.

Affittacamere Sorella Luna (9), ebenfalls bahnhofsnah; hotelähnlich ausgestattetes und recht hübsch eingerichtetes Quartier. Nur sechs Zimmer; Dachterrasse. DZ/F 70-80 €. Via Francesco Crispi 23, ✆ 0931/21178, ✉ 09131/449671, www.sorellalunasrl.it.

Bed & Breakfast Oikos (6), fast um die Ecke vom Domplatz. Gut möblierte, teilweise sehr geräumige Zimmern, von denen einige sogar Meerblick besitzen. DZ/F nach Saison und Zimmergröße 60-90 €. Via delle Carceri Vecchie 21-23, ✆ 0931/483073, ✉ 462947, www.bboikos.it.

• *Camping* **Fontane Bianche**, im gleichnamigen Badevorort von Siracusa, rund 15 km entfernt; Busverbindung 21, 22 und (im Sommer) 24 zur Riva della Posta. Ausgedehnter Platz, im Sommer trotzdem oft knüppelvoll. Mai bis Oktober. ✆ 0931/790333. Einen viel schöneren Strand haben die beiden nur wenige Kilometer von Fontane Bianche entfernten, familiär geführten Plätze **Sabbiadoro** (ganzjährig; ✆ 0931/822415) und **Paradiso del Mare** (✆ 0931/5600025) nördlich von Ávola.

Essen & Trinken

Viele Restaurants auf Ortigia, die Preise entsprechen oft der touristischen Lage, die Kochkünste leider auch. Aber es gibt Ausnahmen.

Don Camillo (5), in einem alten Palast auf Ortigia, ein Restaurantklassiker von Siracusa. Spezialitäten sind Fisch und Meeresfrüchte aller Art, umfangreiche Weinauswahl. Menü ab etwa 35 € aufwärts. So Ruhetag. Via Maestranza 96, ✆ 0931 67133.

Minerva (7), in einer sehr „touristischen" Zone. Dennoch gut und deshalb bestens besucht. Menü ab etwa 20 €, die meisten Gäste belassen es jedoch bei einer leckeren Pizza (ab etwa 5 €). Piazza Duomo 20.

Il Gattopardo (3), in einer der Fressgassen nördlich vom Domplatz. Studentisches Ambiente, kuriose Innendekoration. Mittagsmenü 10 €, auch sonst nicht teuer. Via Cavour 67 a.

Spaghetteria do Cugghiu (4), in einer Seitengasse der Via Cavour. Große Spaghetti-Auswahl zu relativ bescheidenen Preisen (um die 7 €), Fleisch und Fisch gibt es auch. Sehr preiswerter Wein aus der Karaffe. Via Scinà 11, Mo Ruhetag.

Sehenswertes

Ortigia

Das alte Herz der Stadt birgt nicht nur zahlreiche Sehenswürdigkeiten, die heitere und romantische Atmosphäre verlockt auch zu planlosen Streifzügen durch die engen Gassen –zwischen den Mauern blitzt immer wieder das Meer auf.

> Für die wichtigen Museen und Ausgrabungsstätten gibt es verschiedene, zwei Tage lang gültige **Sammeltickets**. Die genannten Preise stammen aus der Zeit, bevor das Museo Bellomo temporär geschlossen wurde und ändern sich eventuell nach dessen Wiedereröffnung: Museo Archeologico und Museo Bellomo 7 €, Museo Archeologico und Zona Archeologica 10 €, Museo Archeologico, Museo Bellomo und Zona Archeologica 12 €.

Piazza Archimede: Der runde Platz ist Mittelpunkt von Ortigia, beliebter Treffpunkt mit vielen Straßencafés und Restaurants, spätmittelalterliche Gebäude geben

Siracusa 987

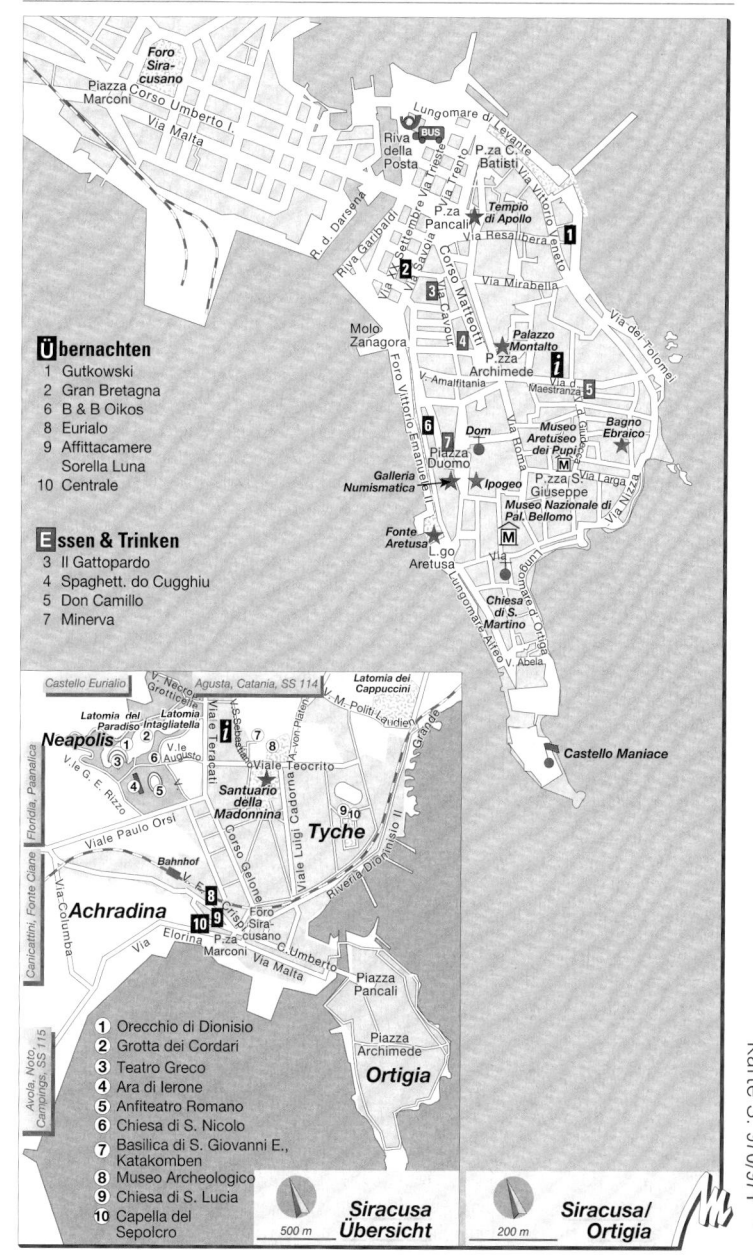

Übernachten
1. Gutkowski
2. Gran Bretagna
6. B & B Oikos
8. Eurialo
9. Affittacamere Sorella Luna
10. Centrale

Essen & Trinken
3. Il Gattopardo
4. Spaghett. do Cugghiu
5. Don Camillo
7. Minerva

1. Orecchio di Dionisio
2. Grotta dei Cordari
3. Teatro Greco
4. Ara di Ierone
5. Anfiteatro Romano
6. Chiesa di S. Nicolo
7. Basilica di S. Giovanni E., Katakomben
8. Museo Archeologico
9. Chiesa di S. Lucia
10. Capella del Sepolcro

Siracusa Übersicht 500 m

Siracusa/Ortigia 200 m

ihm ein hübsches Aussehen. Die *Fontana di Artemide* in der Mitte der Piazza symbolisiert die Verwandlung der Nymphe Arethusa (ital.: Aretusa) in die gleichnamige Quelle. Das „Original" steht ein Stück weiter südlich am Meer.

Piazza Duomo: schönster Platz der Stadt, halbrund geschwungen und von prachtvollen Barockpalazzi aus dem 17. und 18. Jh. umgeben. Der *Dom* selbst wurde im 7. Jh. um den griechischen Athena-Tempel herum gebaut – taktisches Kalkül der Kirche, die uralte Mythen gern ins Christliche transferierte. Es entstand eine ungewöhnlich gelungene Kombination, eine Mixtur verschiedener Architekturstile, die ihresgleichen sucht. Von außen ist die antike Bausubstanz am besten an der Nordseite zu erkennen, der freie Raum zwischen den äußeren Säulen wurde einfach zugemauert. Im Inneren sieht man deutlich die Vorhalle und die Cella (Haupthalle) des Tempels. Letztere bildet heute das Mittelschiff des Doms. Unverkennbar barocken Ursprungs ist die reich geschmückte Fassade des Doms, die normannische Vorgängerin war beim Erdbeben von 1693 eingestürzt.

Fonte Aretusa: südlich des Domplatzes, am Meer. Die Süßwasserquelle direkt neben den salzigen Fluten ermöglichte es den Syrakusanern, längere Belagerungen ohne Wassermangel durchzustehen. Inzwischen allerdings dringt auch Meerwasser in das Becken ein. Um den von Enten und Fischen bevölkerten, heute in ein Becken gefassten Quellteich stehen dichte Papyrusstauden.

Palazzo Bellomo: Via Capodieci 16, direkt östlich der Fontana Arethusa. Der Stauferpalast des 13. Jh. erhielt im 15. Jh. eine kosmetische Auffrischung, die wie vieles auf Ortigia in gotisch-katalanischem Stil ausfiel. Heute enthält der Palazzo das *Museo Regionale* (zuletzt wg. Restaurierung geschlossen) mit einem bunten Sammelsurium von Exponaten, darunter viele Gemälde, alte Kutschen, Architekturfragmente, sakrale Kunstgegenstände und Keramik.

Museo Aretuseo dei Pupi: Erst 2006 eröffnet wurde dieses Museum der jungen Brüder Mauceri, die in der Nähe auch ein traditionell sizilianisches Puppentheater betreiben. Es liegt an der Piazza San Giuseppe unweit des Doms und präsentiert eine Puppenwerkstatt sowie diverse Marionetten und Puppen verschiedener Epochen.
Öffnungszeiten/Eintritt Di-Sa 10-13, 17-20 Uhr, So 10-13 Uhr; Eintritt 2 €.

Castello Maniace: Ihren Namen bekam die elegante Festung an der Südspitze von Ortigia von dem byzantinischen Feldherrn *Maniakes*, der im 11. Jh. mit ihrem Bau beginnen ließ; ihr heutiges Aussehen verdankt sie allerdings *Friedrich II*. Beeindruckend ist besonders der weite, kirchenartige und von Säulen gestützte Saal.
Öffnungszeiten/Eintritt Mo-Sa 8.30-13.30 Uhr, So 9.30-13.30 Uhr; Eintritt 2 €.

Neapolis

Das ausgedehnte Areal der griechischen „Neustadt" war in der Antike das kulturelle Zentrum der Stadt. Mittlerweile ist das hügelige Gelände mit den vielen antiken Monumenten bevorzugtes Ziel der Touristenbusse. Etwas nach hinten versetzt steht die kleine Kirche *San Nicolo*. Die für das gesamte Gelände gültigen Eintrittskarten erhält man in einem Kiosk in der Mitte des Fußwegs.
Öffnungszeiten/Eintritt Tägl. 9 Uhr bis 1 Std. vor Sonnenuntergang, Eintritt 6 €, günstiger mit Sammelticket.

Ara di Ierone II: links auf dem Weg zum Griechischen Theater, gut sichtbar, aber in der Regel nicht direkt zugänglich. Den riesigen Altar ließ *Hieron II*. errichten, er zeigt in seinen Ausmaßen die ganze Gigantomanie, der das reiche Syrakus so gern huldigte.

Siracusa 989

Teatro Greco: Mit einer Kapazität von 15.000 Zuschauern und einem Durchmesser von fast 140 m war es das größte Theater der Antike und setzte lange Zeit Maßstäbe der Bühnenkunst. Im Jahr 472 v. Chr. fand die Uraufführung der „Perser" von *Aischylos* statt, nur wenig später erlebte das Teatro Greco die Geburt der Komödie. Die Römer, die von Schauspielkunst wenig, von Gladiatorenkämpfen aber umso mehr hielten, vergrößerten den Bühnenbereich, um Raum für ihre blutigen Spektakel zu schaffen. Oberhalb des Teatro Greco liegt eine künstliche Grotte, das sogenannte *Nymphaeum*. Die in Resten erhaltene Wasserleitung diente wohl zur Versorgung von Darstellern und Zuschauern. Links davon beginnt die *Via dei Sepulcri*, eine von Votivnischen gesäumte Gräberstraße.

Latomie: wegen lang andauernder Restaurierungsarbeiten nur teilweise zu besichtigen. Die Steinbrüche, aus denen der Rohstoff für Syrakusas antike Bauten stammt, wurden erstmals im 6. Jh. v. Chr. genutzt. Heute sind sie üppige, von Blumenpracht überwucherte Gärten, zwischen denen bizarr geformte Felstürme stehen: eine einmalige Parklandschaft, bis zu 40 m tiefer als die Umgebung. Angesichts dieser Schönheit kann man sich nur schwer die unmenschlichen Bedingungen vorstellen, unter denen Syrakus' Sklaven hier die Blöcke aus dem Kalkstein brechen mussten.

Neben dem Griechischen Theater liegt die am häufigsten besuchte *Latomia del Paradiso*. Der Grund dafür ist die legendäre Grotte *Orecchio di Dionisio*, das „Ohr des Dionysios". Die fast 60 m lange, aus dem Fels gehauene Höhle besitzt eine derart fabelhafte Akustik, dass man behauptet, der Tyrann Dionysios habe hier seine gefangenen Feinde belauscht. Tatsächlich wird jedes Flüstern laut verstärkt, kräftiges Fußstampfen klingt fast wie ein Pistolenschuss.

Hellhörig: das „Ohr des Dionysios"

Anfiteatro: beim Hinausgehen aus dem Park rechts. Der Großteil der Arena ist aus dem Fels gehauen, in den geräumigen Ausmaßen von 140 x 120 m. Man erkennt noch gut die Einlässe für die Gladiatoren und Kampftiere. Heute wird die Arena in den Sommermonaten durch Plastikstühle und einen Bühnenaufbau verfremdet, u. a. finden hier dann Rockkonzerte statt.

Rappresentazione Classiche: Die Tragödien von Sophokles und Aischylos im Griechischen Theater (Teatro Greco) sind unbedingt lohnend, auch wenn man kein Wort Italienisch versteht – die Atmosphäre macht's. Früher nur in geraden Jahren, sollen die Aufführungen künftig jährlich stattfinden. Etwa Mitte Mai bis in den Juli, Karten ab ca. 20 € aufwärts. Näheres in den Informationsbüros.

Tyche

Ein geschäftiger Stadtteil mit einigen hochkarätigen Sehenswürdigkeiten.

Basilica e Catacombe di San Giovanni: etwa einen halben Kilometer von Neapolis entfernt. Syrakus war eine der ersten christlichen Gemeinden, stolz wird auf den Besuch des Apostels Paulus verwiesen. Die Basilika San Giovanni entstand schon im 3. Jh. und wurde unter Byzanz und den Normannen mehrfach umgebaut. Das Erdbeben von 1693 ließ sie großteils einstürzen. Unter den Resten der Kirche liegt die *Cripta di San Marziano*. Vor dem Altar in dem Grabgewölbe soll Paulus gepredigt haben. Die ausgedehnten christlichen Grabanlagen dienten bei Verfolgungen auch als Zufluchtsort. Zu besichtigen sind derzeit nur die Katakomben von *San Giovanni* aus dem 4. Jh. Von einer „Hauptstraße" zweigen diverse Seitengänge ab, von denen einige zu kleinen Kapellen führen, in die Wände sind Begräbnisnischen geschlagen. *Öffnungszeiten/Eintritt* täglich 10-13, 14.30-18 Uhr; Führungen (obligatorisch) 5 €.

Museo Archeologico Paolo Orsi: Fast um die Ecke von San Giovanni liegt das Archäologische Museum im Park Villa Landolina (Viale Teocrito, gegenüber dem riesigen Pilzdach der Kirche Madonna delle Lacrime). Es ist ein Prachtstück, das wohl schönste Museum Siziliens. Mustergültig präsentiert, mit vielen Querverweisen auf Fundstellen und Hintergründe, wartet eine Unmenge an Exponaten.

- *Öffnungszeiten/Eintritt* Di-Sa 9–19 Uhr (häufige Wechsel), letzter Einlass 18 Uhr, Eintritt 6 €, günstiger mit Sammelticket.
- *Sektion A* Vorgeschichte. Eine geologische Ausstellung dokumentiert Siziliens Veränderungen im Lauf der Erdgeschichte. Breiten Raum nehmen die frühen Kulturen ein, die vor der Kolonisation durch die Griechen die Insel besiedelt hatten.
- *Sektion B* Griechische, römische und christliche Funde, hauptsächlich aus Syrakus und Megara Hyblea, darunter mehrere „Kuroi" (Jünglingsstatuen).
- *Sektion C* Unter anderem Exponate aus dem „Vorort" Eloro, den Subkolonien von Syrakus (Akrai, Kasmenai und Kamarina), sowie Funde aus Agrigento und Gela. Einen besonderen Kunstschatz stellt der **Ephebe von Mendolito** dar, eine bronzene Jünglingsstatue aus dem 5. Jh. v. Chr.
- *Sektion D* Das Syrakus der hellenistischen und römischen Zeit. Leider befindet sich das marmorne Glanzstück dieser Abteilung, die **Venus Anadyomene** (auch: Landolina), manchmal auf Reisen.

Santuario Madonna delle Lacrime (9-12, 16-19.30 Uhr): Das futuristische, mit 80 m höchste Bauwerk von Siracusa beherbergt eine schlichte Madonnenstatue, die in den 50er-Jahren Tränen vergossen und Wunder bewirkt haben soll, heute ein inselweit bekanntes Pilgerziel. Nachmittags ist manchmal ein Besuch der riesigen Kuppel möglich.

Die Barockstädte im Südosten

Nach der Erdbebenkatastrophe von 1693, die fast die ganze Region in einen Trümmerhaufen verwandelte, entstanden wie Phönix aus der Asche neue Städte. Geplant und erbaut wurden sie im Zeichen des Barock. 2002 wurden sie von der UNESCO in die Liste des Weltkulturerbes aufgenommen.

Durch die günstige Lage an SS 115 und Bahnlinie sind sie heute verkehrstechnisch gut erschlossen, wichtig für Bus- und Bahnreisende, die in diesem Teil Siziliens entlang der Küste kaum Verbindungen vorfinden. Nicht alle lohnen gleichermaßen den Besuch. Nicht auslassen sollte man in jedem Fall Noto, Siziliens Kapitale des Barock. Die Landschaft der Gegend zeigt sich spektakulär: tiefe Schluchten, von Flüssen in die weichen Kalkschichten der Berge gefressen.

Noto

ca. 23.000 Einwohner

Völlig zu recht als „schönste Barockstadt Siziliens" apostrophiert und oft mit einem Bühnenbild verglichen. Überreich an Palästen und Kirchen, in seiner Pracht fast schon ein bisschen arrogant, staffelt sich Noto einen Ausläufer der Monti Iblei hoch – der weite Blick reicht bis zum Meer.

Das alte, 10 km landeinwärts liegende Noto fiel 1693 dem berüchtigten Erdbeben zum Opfer. Als reiche und blühende Stadt konnte es sich nach der Katastrophe einen ordentlichen Wiederaufbau leisten. Die Chance, eine Stadt planmäßig aus dem Nichts zu schaffen, ließen sich die berühmtesten Architekten der Insel nicht entgehen: Aus dem honigfarbenen Kalkstein der Gegend errichteten *Gagliardi*, *Sinatra* und *Labisi* eine Kulisse, die dem genießerischen und theatralischen Lebensgefühl des Barock angemessen war. Heute wirkt die Stadt allerdings ein wenig museal, Überalterung und Abwanderung der Einwohner haben der grandiosen Szenerie viele ihrer Darsteller geraubt. Anfang 1996 kam es zudem zu einer Katastrophe: Nach schweren Unwettern stürzte der berühmte Barockdom *San Nicolo* in sich zusammen.

• *Information* **Ufficio Informazione Turistica**, Piazza XVI Maggio, im westlichen Teil des Corso. Etwas versteckt hinter dem Brunnen unterhalb der Kirche San Domenico. Geöffnet Mo–Fr 8–14, 15.30–18.30 Uhr, Sa 9–13, 15.30-18.30 Uhr, So 9–13 Uhr; ✆ 0931/573779 und 0931/836744.

• *Anfahrt/Verbindungen* **Bahn**, Bahnhof am Ende der Via Principe di Piemonte, von dort zum Zentrum gut 1,5 km bergauf. Gute Anschlüsse Richtung Ávola-Siracusa 12-mal, Mòdica 9-mal, weiter nach Ragusa 3-mal tägl. **Bus**, Abfahrt an der Südseite der Giardini Pubblici, gleich am östlichen Rand der Altstadt; Fahrpläne im dortigen Café.

• *Übernachten* **Bed & Breakfast Villa Ambra**, etwa zehn Minuten Fußweg westlich der Altstadt. Neun Zimmer in einem großen Wohnhaus, unterschiedlich eingerichtet und dekoriert, Bäder modern. Dachterrasse, familiäre Atmosphäre, Parkmöglichkeit. DZ/Bad mit gutem Frühstück 65–80 €. Via Francesco Giantommaso 14, nördlich von Al Canisello, ✆/✆ 0931/835554, www.roomsambra.com.

Bed & Breakfast Centro Stòrico, nur ein paar Schritte von der Infostelle. Ruhige Lage im Hof, sehr freundliche Besitzer. DZ/Bad kosten etwa 50–65 €. Corso Vittorio Emanuele 64, ✆ 0931/573967, www.centrostorico.com.

JH Ostello per la Gioventù Il Castello, in der Altstadt; kürzlich erfolgte ein Besitzerwechsel. 36 Betten in sechs Schlafsälen, Ü/F p.P. 15 €. Kein Zugang von 10–16 Uhr. Via Fratelli Bandiera 1, Mobil-✆ 334/7059139.

• *Essen & Trinken* **Trattoria del Crocifisso**, prima Adresse in der Oberstadt, einfache Einrichtung, die Küche jedoch gut und preiswert. Die Familie hat lange in Deutschland gelebt. Menü ab 20 €. Via Principe Umberto 48, Mi geschl.

Trattoria Mannarazzi, ebenfalls in der Oberstadt. Hausgemachte Pasta, täglich wechselndes Angebot. Ähnliche Preise wie oben. Vico Alderucci 2, Di Ruhetag.

Sehenswertes

Mehr noch als einzelne Sehenswürdigkeiten begeistert in Noto das Gesamtensemble der Bauwerke, Gassen und Plätze. Ein Bummel lohnt besonders am späten Nachmittag, wenn die Fassaden goldfarbene Tönung annehmen.

Giardini Pubblici: Die Gartenanlage, schon etwas östlich des Zentrums, wird am Abend zum Treffpunkt der Einwohner, an Sommerwochenenden finden oft kleinere Feste oder Jahrmärkte statt. Von hier gelangt man westwärts zum Stadttor *Porta Reale*, dem Eingang zur Altstadt.

Corso Vittorio Emanuele: die schnurgerade verlaufende Lebensader der Stadt, zwischen Porta Reale im Osten und der Piazza Bixio im Westen. Kurz nach dem Stadttor liegt rechts die *Chiesa San Francesco dell'Immacolata* mit schöner Freitreppe;

daneben der *Convento del Santissimo Salvatore*, gegenüber die Kirche *Santa Chiara*, erbaut um 1730 nach Plänen des Architekten Gagliardi, seinerzeit der gefragteste Baumeister Siziliens. Der Eingang an der Straßenecke führt zum *Museo Civico* (Di–So 9.30–13.30, 16–20 Uhr; 1,50 €) mit archäologischen Funden.

Piazza Municipio: Der zentrale Platz ist eine wahre Orgie in Barock. Links steht der arkadengeschmückte *Palazzo Ducezio* (heute Rathaus), gegenüber Notos Prunkstück, die *Cattedrale San Nicolo*, mit deren Bau noch im Jahr des Erdbebens begonnen wurde. Der Wiederaufbau der 1996 eingestürzten Kuppel sollte mittlerweile abgeschlossen sein.

Oberstadt: Neben dem Palazzo Landolina führt die Via Nicolaci vom Corso bergauf. Der linker Hand gelegene *Palazzo Villadorata* hat die verrückteste Balkondekoration der Stadt – Fratzengesichter, Fabelwesen und Ungeheuer stützen die Plattformen. Weiter aufwärts gelangt man in die nächste Etage des Stadtbilds, die *Via Cavour*. Auch sie ist reichlich mit Palästen versehen.

Piazza XVI Maggio: Der zweite große Platz am Corso, ein Stück westlich des Doms, wird überragt von der edel geformten *Chiesa San Domenico*.

Mòdica

Dramatisch am Schnittpunkt zweier Schluchten platziert, enge Treppengassen und dicht gestaffelte Häuserreihen, die sich bis auf 450 m Höhe die Hänge hinaufziehen: Schon bei der Anfahrt erfreut Mòdica das Auge und macht Appetit auf einen ausgedehnten Streifzug.

Ganz so durchgehend prunkvoll wie in Ragusa-Ibla oder gar in Noto fiel das barocke Ergebnis zwar nicht aus. Dennoch ist Mòdica eine sehr ansehnliche Stadt; die gelungene Anpassung an die wildromantische Landschaft trägt stark zu ihrem Reiz bei. Gemäß den natürlichen Gegebenheiten präsentiert sich das Stadtbild deutlich abgestuft in Unter- und Oberstadt, *Mòdica Bassa* und *Mòdica Alta*.

• *Information* **Ufficio Turistico Comunale**, in Mòdica Bassa am zentralen Corso Umberto Primo 151, ✆/✉ 0932/753324. Geöffnet täglich 8.30–13.30 Uhr sowie 16–21 Uhr (Sommer) bzw. 15.30–19.30 Uhr (Winter).

• *Verbindungen* **Zug**, Bahnhof im Süden der Stadt, 1,5 km vom Zentrum. Verbindungen in Richtung Noto-Siracusa 9-mal tägl., nach Ragusa 7-mal.

Bus, Haltestelle am Ortsrand in Richtung Ragusa, noch stadtauswärts an der Infostelle vorbei, Tickets in der Bar Barycentro gegenüber. Häufige AST-Busse Richtung Ragusa sowie nach Noto-Avola-Siracusa und Pozzallo, Marina di Mòdica 4-mal, Gela 2-mal täglich.

• *Übernachten* *** **Hotel Relais Mòdica**, in einem alten Palazzo, hübsche Zimmer mit Klimaanlage und TV, Dachterrasse mit Blick. DZ/F etwa 85–105 €. Via Tommaso Campanilla 99, vom Corso Umberto Primo nahe dem Teatro Garibaldi die Stufen hoch; ✆ 0932/754451, www.hotelrelaismodica.it.

Casa per Ferie I Tetti di Siciliando, von einer Kooperative geführt, freundliche Atmosphäre und geräumige Zimmer. DZ/F nach Saison und Ausstattung (ohne/mit Bad) ca. 50–70 €. Via Cannata 24, am Corso Umberto I. von Nr. 292 die Treppen hoch und rechts; ✆ 0932/942843, www.siciliando.it.

• *Essen & Trinken* **Fattoria delle Torri**, Vico Napolitano 17, Nähe Piazza Matteotti. Fantasievolle „neue Küche", basierend auf traditionellen Rezepten, hausgemachte Nudeln, umfangreiche Weinkarte. Um die 35 € für ein komplettes Menü muss man allerdings rechnen.

Sehenswertes

Das geschäftige, in den Talsohlen zweier Flüsse gelegene *Mòdica Bassa* ist das Zentrum des täglichen Lebens. Auch die Mehrzahl der Barockbauten findet sich

Barockes Mòdica: Blick auf die Oberstadt

hier. An die verstreut liegenden Palazzi sollte man ruhig einen genauen Blick verschwenden, um die oft bis ins Groteske gehenden Verzierungen besonders der Balkone zu würdigen.

Chiesa di San Pietro: Am Corso Umberto in der Nähe der Busstation steht der Dom der Unterstadt. Auch diese mächtige, ursprünglich bereits im 14. Jh. errichtete Kirche musste nach dem Erdbeben praktisch neu aufgebaut werden.

Museo Civico F. L. Belgiorno: Nahe der Kirche San Pietro und direkt neben der Infostelle beherbergt ein alter Stadtpalast diese Sammlung von Kunstobjekten und archäologischen Funden der Provinz Ragusa, von denen ein Teil aus dem Museum Etnográfico hierher verlegt wurde.

Öffnungszeiten/Eintritt Mo-Fr 9–13, 16–20 Uhr, Eintrittsgebühr 1,50 €.

Chiesa rupestre di San Nicolò inferiore: unweit der Kirche San Pietro (den Schildern „Casa Natale di Quasimodo" folgen, vor der Treppe rechts). Eine archäologische Sensation war die erst 1987 erfolgte Entdeckung dieser wahrscheinlich bereits seit dem großen Erdbeben vergessenen Höhlenkirche. Sie birgt gleich drei Zyklen von Fresken. Die ältesten, nur schwer erkennbaren Gemälde stammen aus dem 12. Jh. und sind byzantinischen Ursprungs. Im 14. Jh. wurde die Kirche latinisiert, die bisherigen Fresken übermalt; deutlich sichtbar sind die lateinische Schrift und das lateinische Kreuz des Erzengels. Ganz rechts ist ein weiteres Gemälde zu sehen, das der Inschrift zufolge von 1594 stammt und das Martyrium des heiligen Jakobus zeigt, des Nationalheiligen der Spanier, die damals ja Sizilien beherrschten.

Öffnungszeiten/Eintritt Nach Saison 10–13, 16/17–19/20 Uhr (Winter 15.30–18.30 Uhr); Mo bzw. im Juli/August So-Vormittag geschlossen. Eintrittsgebühr 1,50 €.

Casa Natale di Quasimodo: Ebenfalls der Öffentlichkeit zugänglich ist das Geburtshaus des Lyrikers Salvatore Quasimodo (1901–1968). Der Weg zur Wohnstatt des

Literaturnobelpreisträgers von 1959 ist ab Kirche San Pietro ausgeschildert. Öffnungszeiten und Preise wie oben.

Chiesa di Santa Maria in Betlem: Das Gotteshaus in der Via Marchese Tedeschi wurde schon um 1400 errichtet und nach dem Erdbeben aufwendig restauriert. Fassade im Stil der Spätrenaissance, im Inneren eine spätgotische Sakramentskapelle. Der kleine Platz vor der Kirche war 1474 Zeuge eines Blutbads. Unter der Anschuldigung, die Madonna beschimpft zu haben, wurden hier 360 Juden hingerichtet.

Museo Etnográfico Guastella: Weit im Süden der Stadt beherbergt der nahe des Viale Medaglie d'Oro gelegene *Palazzo dei Mercedari* ein sehenswertes Volkskundemuseum, dessen zahlreiche Exponate viel über das städtische und ländliche Leben vergangener Zeiten verraten.

Öffnungszeiten/Eintritt Zuletzt wegen Renovierung geschlossen, sollte aber bald wieder öffnen; Öffnungszeiten bis dato wie die Chiesa rupestre di San Nicolò inferiore, Eintritt 2,50 €.

Mòdica Alta: das Gegenstück zur quirligen Welt des Tals. Der vorspringende Bergklotz am Schnittpunkt der beiden Täler ist dicht an dicht bis oben bebaut – keine spektakuläre Architektur, sondern ein von Treppen, engen Gassen und winzigen Plätzen durchzogenes ruhiges Wohnviertel. Der schönste Weg in die Oberstadt führt über die 250 Stufen des Treppenwegs, der am Corso Umberto neben San Pietro beginnt und bei der barocken Kathedrale *San Giorgio* endet.

Ragusa

Auch Ragusa wird von tiefen Schluchten im Kalkfels der Monti Iblei geprägt. Das Wachstum des Ortes musste sich über die Jahrhunderte mit den Gegebenheiten arrangieren. Entstanden ist eine geografisch und architektonisch dreigeteilte Stadt. Die älteste und kleinste Zone, das barocke Ibla, ist mit Abstand am eindrucksvollsten.

Offiziell besteht Ragusa aus nur zwei Ortsteilen, die erst im 20. Jh. zusammengefasst wurden: Ragusa und das höher gelegene Ibla. Wer per Bus oder Bahn in der Provinzhauptstadt eintrifft, landet in aller Regel in der abschreckenden *Neustadt* von Ragusa. Jenseits eines tiefen Tals, durch drei Brücken verbunden, liegt *Alt-Ragusa*, nach dem Erdbeben von 1693 erbaut. Der ältere Teil der Oberstadt ist gekennzeichnet durch barocke Stadtplanung im damals beliebten Schachbrettmuster, wirkt aber nicht sonderlich glanzvoll. Die Verlängerung der abschüssigen Hauptstraße Corso Italia führt in Serpentinen hinab ins Tal des Flusses Irminio, an dessen Rand auf einem Hügel *Ibla* liegt. Die Keimzelle der Stadt war lange durch Abwanderung recht verwaist. Spätestens seit der Aufnahme in die UNESCO-Liste des Weltkulturerbes scheint hier aber das Leben wieder zurückzukehren, immer mehr Hotels und Restaurants eröffnen. Für den Besucher liegt hier dank der Fülle an Kirchen und Palästen ohnehin der Mittelpunkt des Interesses.

- *Information* **Ufficio Informazione Turistica**, in Ragusa-Ibla, Via Capitano Bocchieri 33; ✆ 0923/221529, ✆ 0923/623476. Geöffnet Mo–Fr 9–13.30 Uhr, Di auch 16–18 Uhr. www.ragusaturismo.it.
- *Verbindungen* **Zug**, Bahnhof in der Neustadt, über Piazza Libertà und Ponte Nuovo in 5 Min. nach Alt-Ragusa, nach Ibla ein ganzes Eck mehr. Die Station von Ibla selbst ist stillgelegt. Züge nach Mòdica 8-mal, Noto-Siracusa 5-mal, Vittoria/Gela 4-mal täglich.
Bus, Abfahrten in der Via Zama, außerhalb des Zentrums der Neustadt. AST-Busse nach Mòdica 15-mal, Noto-Siracusa 7-mal, Pozzallo 2-mal, Gela (Anschluss Agrigento)

Küste von Noto nach Portopalo di Capo Passero

ebenfalls 2-mal täglich. TUMINO-Busse nach Marina di Ragusa 14-mal täglich. ETNA-Busse nach Catania via Airport Catania 11-mal täglich.
Stadtbusse nach Ibla ab Bahnhof, unter anderem Bus Nr. 1 und 3.
• *Übernachten* ***** Il Barocco**, ziegelrotes Haus; hübsche Zimmer mit Klimaanlage, TV und Kühlschrank. DZ etwa 80-110 €. Ibla, Via Santa Maria La Nuova 1, ✆ 0932/663105, ✆ 228913, www.ilbarocco.it.
Bed & Bed & Breakfast Il Giardino di Pietra, in einem Stadtpalast des 17. Jh. Vier Zimmer mit Deckengemälden und Antiquitäten, teilweise sehr geräumig. Zwei davon teilen sich ein Bad und eignen sich deshalb vor allem für Familien. DZ/F im Sommer 55 €, im Winter (wg. Heizung) 70 €. Ibla, Chiasso Guerra 13, bei der Via XI. Febbraio, ✆ 0932/621808, www.giardinodipietra.com.
• *Essen & Trinken* **Locanda Don Serafino**, in einem alten Palazzo. Edles Interieur, gehobene Küche, ebenso gehobene Preise: Menü ab etwa 35 € aufwärts. Auch „American Bar" und Pizzeria. Ibla, Via Orfanotrofio 31. Di Ruhetag.
La Rusticana, ein weiteres Restaurant in Ibla. Schönes altes Gewölbe, beflissener Service. Menü ab etwa 18 €. Corso XXV. Aprile 68, zwischen Dom und Giardini Iblei.

Sehenswertes

Mit übermäßig viel Sehenswürdigkeiten beeindruckt der ältere Teil der Oberstadt nicht gerade. Immerhin ist die Atmosphäre um einiges angenehmer als in der Neustadt und um einiges lebendiger als in Ibla.

Das *Museo Archeologico* (tägl. 9-13.30, 16-19.30 Uhr; 2 €) unterhalb des Ponte Nuovo zeigt Funde aus der Vorgeschichte und der griechisch-römischen Periode; ein Umzug nach Ibla ist geplant. Mit dem Bau der Kathedrale *San Giovanni* wurde 1706 begonnen. Sie zeigt zwar die übliche barocke Pracht, kann aber nicht mit San Giorgio in Ibla konkurrieren. Unterhalb der Terrasse lockt dafür das herrlich altmodische Caffè Italia. Die Kirche *Santa Maria delle Scale* liegt an der Serpentinenstraße Corso Mazzini nach Ibla, die Verlängerung des Corso Italia. Benannt ist sie nach der Treppe, die von hier in 242 Stufen nach Ibla hinunter führt. Die Kirche wurde beim Erdbeben nicht völlig zerstört und konnte restauriert werden; die Portale und der Glockenturm sind original.

Ibla: Wer nicht per Straße kommt, wählt am besten den malerischen Treppenweg neben Santa Maria zum Abstieg. So oder so trifft man an der *Piazza Repubblica* auf den Rand der Altstadt und auch gleich auf ein sehenswertes Barockensemble aus Kirchen und Palästen. Von der Piazza Repubblica führt ein Gassengewirr in östliche Richtung; hier wird das heimelige Flair der alten Sträßchen und Häuser deutlich, das den Reiz der Unterstadt ausmacht. Früher oder später erreicht man schließlich den Domplatz, an dem die Kuppel von *San Giorgio* nicht zu übersehen ist. Das ab 1738 errichtete Bravourstück des sizilianischen Barockbaumeisters Gagliardi ist wirkungsvoll platziert. Am Ende des langgestreckten, palmenbewachsenen Domplatzes führt eine breite Freitreppe hinauf zur Kirche. Ihre elegant geschwungene Fassade wird auf drei Etagen von Säulen unterteilt. Die klassizistische Kuppel wurde erst im 19. Jh. dem Dom aufgepflanzt. Am Ostende des Corso XXV Aprile liegt die schöne Gartenanlage *Giardini Iblei*. An ihrem Ende hat man einen guten Ausblick auf das unterhalb liegende Tal des Fiume Irminio und die Schluchten in der Umgebung.

Küste von Noto nach Portopalo di Capo Passero

Die Straße in den äußersten Südostzipfel Siziliens verläuft etwas abseits des Meeres durch landwirtschaftlich intensiv genutztes Gebiet. Autofahrern bieten sich kleine Abstecher zu Stränden an, die außerhalb der Saison noch ruhig sind.

996 Sizilien

▶ **Noto Marina:** Die übliche Strandsiedlung, kilometerlang am Meer entlang. Immerhin ist der Sandstrand hübsch und das Wasser sauber, zwischen den gebührenpflichtigen Stabilimenti viele freie Abschnitte.

▶ **Eloro:** Die etwa 8 km südöstlich von Noto gelegene Stadt wurde im 7. Jh. v. Chr. gegründet. Die spärlichen Ausgrabungen umfassen die Reste des Theaters, der Stadtmauer und eines Demeterheiligtums. Weit anziehender als die archäologische Stätte ist die schöne Badebucht mit feinkörnigem Sandstrand nebenan, die über einen anderen Weg zu erreichen ist.

• *Anfahrt* Von der Straße Noto-Lido di Noto rechts Abzweig, beschildert. Ein Stück weiter, bei einem Gehöft (in Sichtweite Tunnel und Ferienkomplex) erneut rechts, beschildert u. a. „colonna pizzuta". Ein Stück weiter, genau in einer Rechtskurve, führt ein Feldweg geradeaus unter der ehemaligen Bahnlinie hindurch. Diesem folgen, bald zweigt links eine Piste zu den Ausgrabungen ab. Geradeaus noch etwa 1 km zur Bucht.

▶ **Riserva Naturale Orientata Vendicari:** Die von Menschen nur wenig berührte Küstenlandschaft südlich von Eloro steht seit 1974 unter Naturschutz. Es gibt viele Wanderwege und ausgedehnte Sandstrände. Der Haupteingang ist über die Straße Noto-Pachino zu erreichen: etwa 11 km südlich von Noto, in der Nähe eines ehemaligen Bahnwärterhäuschens auf einer Steinbrücke die alte Bahnlinie überqueren, noch 2 km schlechte Straße bis zum gebührenpflichtigen Parkplatz vor der Sperre, dann 500 m zu Fuß.

Öffnungszeiten/Eintritt Tägl. 8–20 Uhr. Am Eingang Verkauf einer guten Karte.

▶ **Portopalo di Capo Passero:** sympathischer, im Schachbrettmuster aufgebauter Ort nahe der äußersten Südspitze Siziliens – vom Tourismus zwar berührt, aber nicht verschlungen. Portopalo ist kein im Winter verwaistes Ferienghetto wie manch anderer Strandort im Süden, sondern ein gewachsenes und familiäres Städtchen.

• *Anfahrt/Verbindungen* Busse mehrmals tägl. nach Pachino, dort Umsteigen in Richtung Ispica (Anschluss nach Ragusa) oder Noto-Siracusa. Wochentags zwei Direktbusse nach Noto-Avola.

• *Übernachten* ** **Hotel Perseus**, zentral in einer Seitengasse meerwärts der Via V. Emanuele. Schlicht-hübsche Zimmer mit Klimaanlage, DZ/F 40-75 €. Via Carducci 11, ✆/℡ 0931/842701, www.scala-sicilia.com.

* **Thomas**, gute und geräumige Zimmer mit TV, freundliche Leitung. DZ ca. 40–75 €, keine Pensionspflicht. Via Europa 11, ✆ 0931/844233, ℡ 844148.

* **Pensione Scala**, gegenüber dem Hotel Perseus und diesem zugehörig. Zimmer schlicht, aber in Ordnung, Dachterrasse mit Meerblick. DZ/Bad/F je nach Saison ab 35–65 €. Via Carducci 6, ✆ 0931/842133, www.pensionescala.com.

Camping Capo Passero, etwa 1,5 km westlich des Orts, am Meer, beschildert. Ausgedehnter Platz, ziemlich schattig, Bar mit Imbiss, Markt; Sandstrand an der weiten Hafenbucht. Geöffnet Ostern-Oktober. ✆ 0931/842333.

Camping Captain, 6 km westlich Portopalo, den Schildern „Isola delle Correnti" folgen, vorbei am Camping Capo Passero. Fast völlig kahler Platz, reizvolle Atmosphäre „am Ende der Welt" – hier ist Siziliens südlichster Punkt! Juni bis Sept. ✆ 0931/842595.

Küste zwischen Portopalo und Gela

Flache, oft windgepeitschte Landschaft, Bäume fehlen weitgehend. Die Küstenstraße verläuft direkt am Meer oder nur wenig entfernt. Die Strandsiedlungen sind oft lieblos gebaut, an guten Bademöglichkeiten mangelt es dafür nicht.

▶ **Marina di Ragusa:** der mit Abstand größte Badeort im weiten Umkreis – Rimini auf sizilianisch, mehrere Campingplätze, Discos.

▶ **Punta Bracetto:** schöne Sandbucht mit winziger Feriensiedlung, im Sommer bringen die vier Campingplätze „Baia dei Coralli", „Eurocamping", „Scarabeo" und „Rocca dei Tramonti" Leben in die Bude.

Südküste

Die Küste zwischen Gela und der Mündung des Belice bei Selinunte ist dünn besiedelt. An Bademöglichkeiten besteht kein Mangel, Sehenswürdigkeiten sind dagegen rar. Die strahlende Ausnahme ist natürlich Agrigento.

Das Meer bekommt der Autofahrer nur selten zu sehen, meist verläuft die Straße in einiger Entfernung landeinwärts. Die vielen schönen Sandstrände, die die Südküste zum Badeparadies Siziliens machen, sind nicht immer leicht zu erreichen. Der Kultur auf der Spur ist man vornehmlich in Agrigento: Das *Tal der Tempel* ist die bedeutendste griechische Ausgrabungsstätte Siziliens. Die Ruinen von *Eraclea Minoa* dagegen begeistern eher wegen des paradiesischen Strands.

• *Anfahrt/Verbindungen* **Bahn**, die Bahn verkehrt nur noch zwischen Gela und Agrigento, ab Licata verläuft sie in großem Bogen durchs Inland.
Bus, gute Anschlüsse zwischen den Städten über die Hauptstraße SS 115. Die kleineren Küstenorte an den Stichstraßen sind schwieriger zu erreichen, oft sind einige Kilometer Fußweg ab der nächsten Kreuzung nötig.

Schöne Lage: Strand von Siculiana Marina

▶ **Gela**: Schon weit vor der Stadt grüßen die stinkenden Schlote der Chemiefabriken und die Fackeln der Raffinerien. Trotz Industrie ist Gela für manchen Touristen Pflichtprogramm: Archäologisch Interessierte locken die Ausgrabungen des altgriechischen Gela mit seinem gut bestückten Museum im Osten der Stadt, ebenso die antike *Fortificazione di Capo Soprano* im Westen am Meer.
Öffnungszeiten/Eintritt **Museo e Parco Archeologico**, tägl. 9–18.30 Uhr. **Fortificazione di Capo Soprano**, tägl. 9 Uhr bis eine Stunde vor Sonnenuntergang. Eintritt ca. 3 €, gültig für beide Ausgrabungen.

▶ **Falconara**: kein Ort, sondern eine verstreute Ansammlung von Ferienvillen. Mit seinen von Felsen unterbrochenen, kilometerlangen Sandstränden ein guter Badeplatz, leider steht es mit der Pflege nicht zum besten. Mittelpunkt ist ein direkt am Meer liegendes *Kastell* aus dem 14. Jh., das allerdings nicht zu besichtigen ist.

• *Anfahrt/Verbindungen* Bahnstation an der Linie Gela-Licata, nicht jeder Zug hält; zum Meer etwa 1 km.
• *Camping* **Eurocamping Due Rocche**, am Meer, etwa 2 km westlich von Falconara. Moderner und sehr komfortabler, aber etwas steril wirkender Platz. Schmaler, langer Sandstrand mit kleinem Felskap vor der Tür. Ganzjährig. ☏ 0934/349006.

▶ **Licata:** Früher verdiente das Städtchen sein Geld mit dem Fischereihafen, heute hauptsächlich mit Chemieanlagen, die rund um Licata vor sich hinkokeln. Aus Licata stammt die Schriftstellerin *Lara Cardella*, die 1989 mit ihrem Buch „*Volevo i pantaloni*" (deutsch: „Ich wollte Hosen", erschienen im Fischer-Verlag) einen riesigen internationalen Erfolg landete. Erstmals kritisierte sie die „ehrenwerte" sizilianische Männergesellschaft aus weiblicher Sicht – und was dabei ans Tageslicht kam, war alles andere als schmeichelhaft.

Agrigento

ca. 60.000 Einwohner

Das berühmte Valle dei Templi (Tal der Tempel) ist weit größer als die heutige Stadt und eine der interessantesten archäologischen Stätten der Insel. Als Kulisse eine Skyline von Hochhäusern, die auf Sizilien ihresgleichen sucht. Unsichtbar dahinter das reizvolle, mittelalterlich und barock geprägte Zentrum. Agrigento hat viele Gesichter.

Die Reste des mächtigen griechischen *Akragas*, die beeindruckende Reihe von Tempeln inmitten einer heiteren, lichten Landschaft, sind völlig zu Recht der Hauptanziehungspunkt der Stadt. Aber auch die malerische Altstadt mit ihren engen, steil ansteigenden Treppengässchen, den überwölbten Gängen und kleinen Plätzen ist einen Besuch wert. In Agrigento kann man also durchaus ein paar angenehme Tage verbringen – und *San Leone*, die Strandsiedlung von Agrigento und Zentrum des abendlichen Freiluftvergnügens, bietet kilometerlange Sandstrände.

Information/Anfahrt/Verbindungen

• *Information* **Ufficio Informazione Turistica**, in einem Holzkiosk am Parkplatz beim Tal der Tempel. ✆ 0922/26191, täglich 8.30–13 Uhr, zur HS auch 15–19.30 Uhr.

Ufficio Informazione Turistica, kleine Infostelle beim Hauptzugang zur Altstadt, geöffnet Mo–Sa 8–13, 15.30–19 Uhr. Piazza Aldo Moro 1, ✆ 0922/403776.

• *Anfahrt/Verbindungen* **PKW**, parken am besten am Rand der Altstadt, innen ist garantiert nichts zu finden; zudem engste Gassen und Einbahnregelung. Im Tal der Tempel gebührenpflichtiger **Parkplatz**.

Bahn, die **Stazione Centrale** liegt wirklich zentral an der Piazza Marconi, zur Altstadt links über die Treppen. Direktverbindung nach Palermo 12-mal tägl., nach Caltanissetta (umsteigen in den Osten) 5-mal, nach Catania 3-mal.

Bus, Busbahnhof an der Piazzale Rosselli, schräg hinter der Post. CUFFARO- und CAMILLERI-Busse nach Palermo 9-mal tägl., SAIS-Busse nach Catania via Airport Catania 13-mal, D.S.LUMIA 3-mal die Küste entlang der SS 115 nach Westen, also u. a. Sciacca, Castelvetrano, Mazara und Marsala, Endpunkt ist Trapani. Die **Stadtbusse** haben Haltestellen entlang der Via Atenea und vor dem Bahnhof; Tickets am Kiosk oder im Tabakgeschäft. Wichtige Linien: Nr. 1, 1/ (durchgestrichen), 2, 2/, 3 und 3/ zum Museo Archeologico/Valle dei Templi; Nr. 2 und 2/ weiter zum Badevorort San Leone.

Übernachten

Im August wird's eng – auch Italiener wollen ihre Kunstschätze entdecken, dann besser vorher anrufen.

*** Amici (8), in der Nähe des Bahnhofs. Gut ausgestattete Zimmer samt Klimaanlage und TV sowie bewachter Gratis-Parkplatz. 26 Zimmer auf vier Etagen, DZ/F 60–80 €. Reservierung ratsam. Via Acrone 5, bei der Piazza Marconi, Autoanfahrt über die Via Esseneto, vor den Bahngleisen dann rechts in die Via Acrone; ✆/✆ 0922/402831, www.hotelamici.com.

*** L'Antica Foresteria Catalana (3), in der Altstadt. Hübsch dekorierte Zimmer mit Klimaanlage und TV, DZ/Bad 75–85 €. Piazza Lena 5,

Agrigento 999

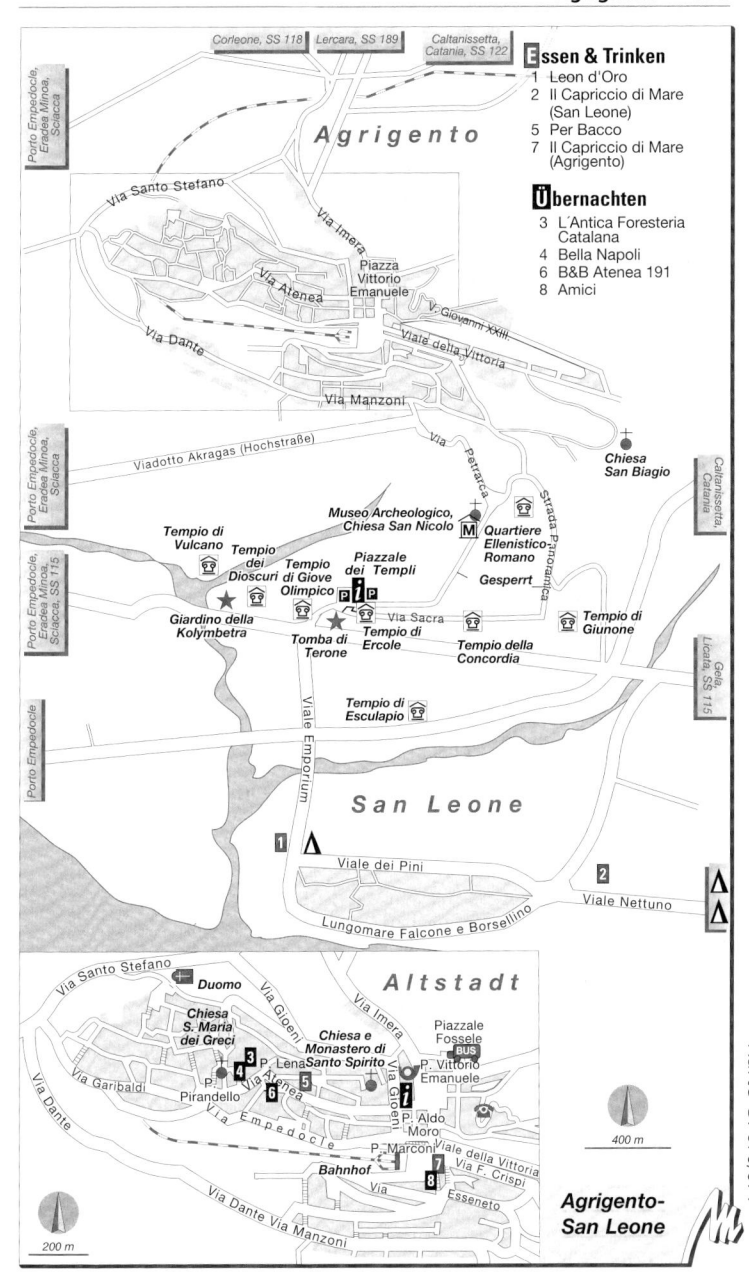

Essen & Trinken
1. Leon d'Oro
2. Il Capriccio di Mare (San Leone)
5. Per Bacco
7. Il Capriccio di Mare (Agrigento)

Übernachten
3. L'Antica Foresteria Catalana
4. Bella Napoli
6. B&B Atenea 191
8. Amici

Agrigento-San Leone

Sizilien Karte S. 970/971

vom hinteren Teil der Via Atenea bei der Eden-Bar die steile Via BacBac rechts hoch; falls niemand anzutreffen ist, bei der Rezeption im zugehörigen, nahen Hotel **Bella Napoli (4)** fragen. ✆/℻ 0922 20435.

Bed & Breakfast Atenea 191 (6), direkt an der Hauptachse der Altstadt. Hübsche Zimmer, zum Teil mit Aussicht; Dachterrasse mit Meerblick. DZ/F 60–80 €, auch Vierbettzimmer. Via Atenea 191, ✆ 0922/595594, www.atenea191.com.

• *Camping* **Nettuno**, einer von drei Plätzen in und um San Leone. Bar, preiswerte Pizzeria/Restaurant mit freundlichem, deutschsprachigem Wirt. Zugang zum schönen Sandstrand. Vom Bahnhof mit Bus 2 und 2/ (durchgestrichen), tagsüber etwa alle 40 Min., So und abends seltener. Ganzjährig. ✆/℻ 0922/416268.

Essen & Trinken (siehe Karte S. 999)

Per Bacco (5), in der Altstadt. Restaurant mit Weinbar, nur abends geöffnet. Tische im Freien auf einem kleinen Platz, gute Küche, gehobenes Preisniveau. Vicolo Lo Presti 2, oberhalb der Via Atenea bei Hausnr. 114; Mo Ruhetag.

Il Capriccio di Mare (7), nahe Bahnhof. Gute Küche, hübsches Interieur, auch einige wenige Tische mit Aussicht. Menü ab etwa 18 €, Pizza ab 4 €. Via Francesco Crispi 4, Mo Ruhetag. Eine **Filiale (2)** liegt in San Leone, Viale Nettuno 27.

Leon d'Oro (1), in San Leone, angenehmes Restaurant der höheren Preisklasse mit vielseitiger und traditionsbezogener Küche. Mo geschl. Viale Emporium 102.

Sehenswertes

Altstadt: ganz anders, als man beim Hochhausblick vom Tal der Tempel annehmen möchte – heimelige enge Gässchen, die sich den Hügel hoch ziehen, Torbögen und kleine Innenhöfe. Lebensader ist die schmucke *Via Atenea* mit vielen eleganten Geschäften. Die *Chiesa e Monastero di Santo Spirito* , oberhalb der Via Atenea, am Ende der Via Fodera, stammt aus dem 13. Jh. Beachtlich die reiche Stuckdekoration aus dem 18. Jh. Im angeschlossenen früheren Kloster ist ein Museum (Mo–Fr 9– 13, 15–17.30 Uhr, Sa 9-13 Uhr; 2,50 €) untergebracht. Ganz oben auf dem Altstadthügel steht der *Duomo*, in griechischer Zeit beherrschte hier ein großer Zeustempel die Umgebung. Errichtet im 11. Jh., wurde der Dom mehrfach umgebaut, der unvollendete Glockenturm steht noch in arabisch-normannischer Tradition.

Tal der Tempel

Die Reihe von Tempeln, die den Ruhm von Agrigento ausmacht, wird heute von der Via dei Templi in den westlichen und östlichen Bezirk geteilt.

• *Öffnungszeiten/Eintrittsgebühren* Tal der Tempel geöffnet täglich 8.30-19 Uhr, im Sommer auch länger; häufige Änderungen. Eintrittsgebühr 6 €, Kombi-Ticket mit Archäologischem Museum (andere Öffnungszeiten, siehe dort) 10 €. Parkgebühr auf dem Haupt-Parkplatz 2 €.

Museo Archeologico (Di–Sa 9–19 Uhr, So/Mo 9–13.30 Uhr, 6 € oder Kombiticket): nahe der Kreuzung Via Petrarca und Via dei Templi, Parken gebührenpflichtig. Neben den Museen von Palermo und Siracusa das bedeutendste auf Sizilien. Die Fülle von Fundstücken aus Akragas und der Provinz ist bestens beleuchtet und in Szene gesetzt. Der zeitliche Rahmen erstreckt sich von der Vorgeschichte bis zur Römerzeit. In mehreren Sälen ist eine sehr schöne Sammlung von Vasen zu sehen, bemalt mit Motiven aus Kampf, Sport, Religion und Musik. Das imposanteste Ausstellungsstück steht in Saal 6: einer der steinernen *Telamone* (Atlanten) aus dem 5. Jh. v. Chr., die den Oberbau des Tempels des Olympischen Zeus stützten. Mit einer Höhe von fast 8 m beansprucht der stark verwitterte Gigant gleich zwei Etagen. Die Rekonstruktion des Zeus-Tempels im gleichen Saal macht das frühere Aussehen dieses Monumentalbauwerks anschaulich – das Original ist nur mehr ein Trümmerfeld.

Chiesa San Nicola: direkt neben dem Museum, eine Spende zum Erhalt des Bauwerks wird erwartet. Die Hauptsehenswürdigkeit steht in einer Seitenkapelle: der *Sarkophag der Phaedra*, eine römische Arbeit nach griechischer Vorlage. An den Seiten wird in feinster bildhauerischer Arbeit die Geschichte der Theseus-Gattin Phaedra erzählt, die sich in ihren Stiefsohn Hippolytos verliebt hatte.

Westlicher Tempelbezirk: Zugang ab dem Parkplatz mit Infostelle. Gleich hinter dem Eingang liegen die Ruinen des *Tempio di Giove Olimpico*. Eine ausgedehnte Steinhalde ist alles, was heute von dem einst monumentalen Tempel zu sehen ist. Ein Erdbeben zerstörte den riesigen, wahrscheinlich nie fertiggestellten Bau. Der Tempel des Olympischen Zeus war einst einer der größten des Mittelmeerraums – Grundfläche über 110 x 50 m, die Säulen, die das Dach trugen, hatten eine Höhe von ca. 21 m! Auf einer halb hohen Mauer standen zwischen den Säulen 38 steinerne Telamonen, die den Oberbau stützten. Auf dem Gelände ist auch der einzige erhaltene Gigant zu sehen, allerdings eine Kopie (Original im archäologischen Museum). Neben dem Zeus-Tempel steht der *Tempio dei Dioscuri* aus dem 5. Jh. v. Chr. Die vier über Eck stehenden Säulen wurden im 19. Jh. wieder aufgerichtet; sie bilden das vielfotografierte Wahrzeichen Agrigentos.

Östlicher Tempelbezirk: vom Parkplatz über die Straße, dann hoch zum *Tempio di Ercole*. Der Herkulestempel stammt aus dem 6. Jh. v. Chr. und ist damit der älteste der Via Sacra. Nach einem Erdbeben eingefallen, wurden die acht Säulen, die noch zu sehen sind, erst im 20. Jh. wieder aufgestellt. Vorbei an der Villa Aurea, in deren Garten Felsgräber zu sehen sind, kommt man zum *Concordiatempel*. Etwa 425 v. Chr. entstanden, gehört er zu den am besten erhaltenen griechischen Tempeln überhaupt. Zu verdanken ist diese Tatsache dem Bischof von Agrigento, der im 6. Jh. die Säulen mit Mauern verbinden ließ und den Tempel in eine christliche Kirche verwandelte. So gestützt, überstanden die 34 mächtigen Säulen alle Erdbeben. Ein Stück weiter östlich steht auf einer Anhöhe der letzte Tempel der Reihe, der *Tempio di Giunone*. Von dem gegen 450 v. Chr. erbauten Tempel blieben 25 Säulen erhalten. Die Brandspuren, die an manchen Stellen im Inneren zu sehen sind, stammen von den Karthagern, die den Tempel 406 v. Chr. in Brand setzten.

Eraclea Minoa

Einer der schönsten Badestrände Siziliens, auch zur Hochsaison kein Ölsardinengefühl. Die Ruinen der griechischen Siedlung oberhalb der Küste sind fantastisch gelegen.

Nur eine kompakte kleine Feriensiedlung liegt an der kilometerlangen, geschwungenen Strandbucht; ein Lebensmittelladen, zwei Restaurants und ein allerdings riesiger Campingplatz. Auch die Optik stimmt: grünblaues Meer, hellgelber Sand, im Hintergrund eine lang gezogene Pinienaufforstung und westlich das Capo Bianco, weiße Kreideklippen, auf denen die griechischen Ruinen stehen. In den letzten Jahren wurde der Sandstreifen allerdings deutlich vom Meer angenagt und dadurch auffallend schmaler.

Das antike *Eraclea Minoa* war ein Außenposten von Selinunte, in dem später Spartaner siedelten. Ein Erdrutsch im 1. Jh. v. Chr. brachte das Ende der Stadt. Außer Gebäuderesten und Teilen der Stadtmauer blieb vor allem das kleine Theater gut

1002 Sizilien

erhalten; die Sitze sind zum Schutz mit bräunlichem Plexiglas abgedeckt. Am Eingang zur Ruinenstätte (tägl. 9 Uhr bis eine Std. vor Sonnenuntergang, 2 €) ein kleines Museum mit Funden aus Eraclea Minoa.

- *Anfahrt/Verbindungen* Busreisende an der Linie Agrigento-Sciacca müssen am **Bivio Eraclea Minoa** aussteigen (Fahrer Bescheid sagen) und dann noch knapp 4 km marschieren.
- *Übernachten* Zahlreiche Privatzimmer, im August trotzdem fast aussichtslos.
Camping Eraclea Minoa Village, Riesengelände, durch dichten Pinienwald fast völlig schattig, gute Sanitäranlagen, direkter Zugang zum Strand. Ostern bis Oktober. ✆ 0922/847310.

▶ **Sciacca**: bekannter Thermalort mit interessanter Altstadt, einigen sehenswerten Bauten und schönen Stränden in der Umgebung. Das alte Zentrum throned balkonartig über dem Meer, der Corso Vittorio Emanuele wird abends für den Durchgangsverkehr gesperrt und zum „Wohnzimmer" der Stadt.
Castello Incantato (Di-So 10-12, 16-20 Uhr; gratis), das „verzauberte Schloss", ist eine bizarre Ansammlung mehrerer tausend aus dem Fels geschlagener Köpfe und liegt etwa 4 km außerhalb der Stadt, zu erreichen über die alte Straße nach Ribera; den Corso immer geradeaus in östliche Richtung, beschildert (Stadtbus Nr. 4 Richtung Contrada San Antonio, Haltestellen am Corso).

- *Information* **Ufficio Informazione Turistica,** Via Roma, Ecke Via Vittorio Emanuele (Corso), ✆ 0925/86247, geöffnet Mo–Fr 8–14, 15–18 Uhr.
- *Anfahrt/Verbindungen* **Bus**, Haltestellen an und im Umfeld der Via Agatocle im Stadtpark Villa Comunale, D. S. LUMIA nach Ribera-Agrigento 10-mal (Cattolica E. bis zu 7-mal), Castelvetrano-Marsala-Trapani 3-mal täglich. Nach Palermo häufige Verbindungen mit GALLO und SAIS.
- *Übernachten* ** **Paloma Blanca**, Via Figuli 5, Nähe Piazza Friscia. Recht große Zimmer, nicht mehr ganz jugendfrisch, aber brauchbar. DZ/Bad etwa 65 €, Mitte Juli bis Mitte September HP obligatorisch. Via Figuli 5, ✆ 0925/25667, ✆ 25130.
Agriturismo Azienda Montalbano, Bauernhof in einem Olivenhain, acht geräumige Apartments. Zwei Personen zahlen mit Frühstück ca. 55–65 €. Via Montagna Ferraro 6, Loc. Scunchipani; Richtung Trapani, dann im oberen Bereich eines steil aufwärts führenden mehrspurigen Teilstücks der SS 115 rechts ab, noch 4 km, beschildert. ✆/✆ 0925/80154. www.aziendamontalbano.com.

Westküste

Eine verhältnismäßig selten besuchte Region. Viele Besucher Siziliens starten ab Selinunte geradewegs durch nach Palermo.

Im Landesinneren beherrscht hügeliges Wein- und Getreideland die Szenerie, gegen Westen zu dann völlig flache, stark landwirtschaftlich genutzte Ebene. Die Küste ist in diesem Bereich leider fast völlig zugebaut und mit hastig hochgezogenen Feriensiedlungen verschandelt. Doch es gibt Plätze, die den Weg in den Westen absolut lohnen: etwa die ausgedehnten Tempelruinen der Griechenstadt *Selinunte*, dessen Umgebung auch mit schönen Sandstränden aufwarten kann, das mittelalterliche Bergstädchen *Erice* in faszinierender Höhenlage und der einsame Tempel von *Segesta*.

- *Anfahrt/Verbindungen* **PKW**, schnelle Inlandstrecke über die A 29 von Mazara/Castelvetrano bzw. von Trapani nach Palermo. Keine Autobahngebühr, aber auch **keine Tankstellen**!
Bahn, weitmaschiges Schienennetz, Züge im Schneckentempo auf der Rundverbindung Palermo-Alcamo-Castelvetrano-Mazara-Marsala-Trapani-Palermo. Umsteigebahnhof bei **Alcamo Diramazione**. Im Inland sind viele Bahnhöfe oft kilometerweit von den zugehörigen Städten entfernt.
Bus, in diesem Teil der Insel der Bahn eindeutig überlegen. Gute Verbindungen zwischen den Städten; selbst der weitab liegende Tempel von Segesta ist per Sonderbus ab Trapani zu erreichen.

Selinunte und Marinella

Die weitläufigen Ruinen der einst mächtigen, durch Karthagerangriffe zerstörten Griechenstadt liegen in verführerischer Nachbarschaft zum Ferien- und Fischerort Marinella, der mit weiten Sandstränden lockt.

Eine interessante Kombination: Obwohl großteils ein Trümmerfeld, gehören die Tempel der Ruinenstadt Selinunte zu den bedeutendsten Siziliens. Marinella, als Ausgangspunkt für die Besichtigung der antiken Stätten, macht einen sympathischeren Eindruck als die vielen schnell aus dem Boden gestampften Küstensiedlungen der Umgebung Selinuntes. Der kleine Ort ist noch nicht völlig zum Touristenghetto degeneriert und deshalb auch außerhalb der Saison nicht so verwaist wie so manche Apartmentsiedlung an der Küste. Der Ortsstrand unterhalb der Promenade ist feinsandig und mit Bars gut bestückt. Etwa 1 km östlich von Marinella liegt der Strand *Mare Pineta*. Von Pinienwald begrenzt und kilometerlang, bietet er auch bei hochsommerlichem Andrang genügend Platz und eine freundliche Strandbar.

• *Information* **Ufficio Informazione Turistica**, vor dem Eingang zum östlichen Tempelbezirk, ✆/☏ 0924/46251. Geöffnet Mo–Sa 8–20 Uhr, So 9–12, 15–18 Uhr.

• *Anfahrt/Verbindungen* Marinella ist am besten über **Castelvetrano** zu erreichen, dort auch Bahnanschluss. SALEMI-Busse nach Castelvetrano 5-mal tägl.

• *Übernachten* Im August ist in Marinella fast grundsätzlich alles besetzt, dann ist Reservierung dringend geraten.

*** **Garzia**, an der Strandpromenade. Gut ausgestattete, wenn auch hellhörige Zimmer, üppiges Frühstück. Das Restaurant genießt guten Ruf. DZ/F etwa 90-110 €; im August ist in der Regel Halbpension obligatorisch. Via Pigafetta 6, ✆ 0924/46024, ☏ 46196. www.hotelgarzia.com.

*** **Hotel Miramare**, gleich nebenan. Zimmer schlicht möbliert, aber ordentlich ausgestattet, geräumig und gepflegt. DZ/F 70 €, im August nur mit HP. Via Pigafetta 2, ✆ 0924/46045, ☏ 46744, www.hotelmiramare selinunte.com.

Bed & Breakfast Holiday House, nahe des ehemaligen Bahnhofs. Das freundliche, deutsch-italienische Ehepaar Russo führt seine kleine Pension schon seit vielen Jahren, das DZ/F ist mit etwa 40 € (August: 50 €) erfreulich günstig. Via Apollonio Rodio 23, ✆/☏ 0924/46035.

• *Camping* **Athena**, wie auch der folgende Platz direkt an der Zufahrtsstraße von Castelvetrano. Zum östlichen Tempelbezirk ist es etwa ein Kilometer, zum Meer gut zwei Kilometer. Relativ einfache Ausstattung, Schatten durch einzelne Bäume; große Bar mit bekannt gutem und günstigem Restaurant. Ganzjährig. ✆/☏ 0924/46132.

Maggiolino, von Castelvetrano kommend 200 m vor Camping Athena. Ganzjährig. ✆ 0924/46044, www.campingmaggiolino.it.

• *Essen & Trinken* An der Strandpromenade reiht sich ein Lokal ans nächste, Preisniveau gehoben.

Baffo's da Ignazio & Figli, unterhalb der Strandpromenade. Eine Filiale des Klassikers Baffo's Castle, siehe unten; auch hier deshalb gute Antipasti (nach Gewicht), üppige Portionen und prima Pizza. Menü ab ca. 18 €. Via Marco Polo.

Baffo's Castle, kurioser Bau etwas außerhalb, an der Kreuzung SS 115 Marinella-Castelvetrano und Campobello-Menfi, ordentliches Preis-Leistungsverhältnis.

Das antike Selinunt

Die Gliederung der Griechenstadt ist immer noch deutlich erkennbar: Aus Richtung Castelvetrano kommend, liegt rechts der Straße, noch vor dem Ortskern von Marinella, der *Östliche Tempelbezirk*, der außerhalb der Stadtmauern lag. Etwa 1,5 km südwestlich, zu erreichen über die Strada dei Templi, erhebt sich auf einem Hügel die *Akropolis* von Selinunt. Nördlich der Heiligtümer stand einst die eigentliche *antike Stadt*, ihre Reste sind bisher noch nicht ausgegraben.

Öffnungszeiten/Eintritt Tägl. 9 Uhr bis 1 Std. vor Sonnenuntergang (letzter Einlass zwei Std. vor Sonnenuntergang), Eintritt 6 €. Innen zwei Parkplätze, z.B. unterhalb der Akropolis.

Wieder aufgerichtet: Tempel E im östlichen Bezirk

Östlicher Tempelbezirk: Die etwas trockene Bezeichnung der Tempel durch Buchstaben beweist Ehrlichkeit. Die Archäologen sind nämlich bei den meisten Heiligtümern unsicher, welchen Göttern sie geweiht waren.

Tempel G ganz im Norden des Gebiets ist nur noch ein wild durcheinander geworfener Steinhaufen – mit den Ausmaßen von 113 x 54 m war er einst einer der größten Tempel der Antike.

Tempel F ist ebenfalls weitgehend verfallen. Der mittlere der drei Tempel ist der kleinste und älteste; er wurde um 530 v. Chr. errichtet.

Tempel E wurde als einziger der Ostgruppe wieder aufgerichtet. In Zukunft sollen auch andere Tempel folgen. Tempel E, gegen 450 v. Chr. fertig gestellt, gilt als der dem klassischen dorischen Ideal am nächsten kommende Tempel von Selinunt.

Akropolis: Ein Teil der Stadtmauern, die das auf einem Hügel liegende Areal umgaben, ist noch gut zu erkennen. Innen verblüfft die schachbrettartig angelegte Straßenführung mit zwei sich rechtwinklig kreuzenden Hauptstraßen – ein für die damalige Zeit ungewöhnliches Beispiel planmäßiger Stadtentwicklung.

Tempel O und A, ganz im Süden der Akropolis, vom Aufbau her fast identisch; ein Grund für die spekulative Zuordnung zu den unzertrennlichen Zwillingen Kastor und Polydeukes (lat.: Castor und Pollux), die nach ihrem Tod von Zeus in das Sternbild der Zwillinge verwandelt wurden.

Tempel B liegt jenseits der in Ost-West-Richtung verlaufenden früheren Hauptstraße, bei der Südwestecke von Tempel C. Im 3. Jh. v. Chr. erbaut, spiegelt der jüngste Tempel von Selinunt mit seinen vergleichsweise winzigen Ausmaßen deutlich den armseligen Zustand der Stadt kurz vor ihrem Untergang.

Tempel C wurde als einziges der Heiligtümer auf der Akropolis teilweise wieder aufgerichtet. Er stammt aus der Mitte des 6. Jh. v. Chr. und ist der älteste Tempel der Akropolis.

Tempel D ist völlig eingestürzt und liegt gleich nördlich von Tempel C. Er wurde nur wenig später erbaut und zeigt große Ähnlichkeit mit diesem.

Nördliche Befestigung: ganz im Norden, am Ende der in Nord-Süd-Richtung verlaufenden Hauptstraße, gelangt man zum Haupttor der Akropolis. Der dahinter liegende Verteidigungskomplex aus Wehrmauern, Türmen und Gräben stammt wahrscheinlich aus der Spätzeit von Selinunt. Weiter nördlich beginnt das Gebiet der eigentlichen, noch nicht ausgegrabenen Stadt.

Castelvetrano

Von Landwirtschaft, Kleinindustrie und vielen Kirchen geprägtes Hügelstädtchen etwas abseits der Küste; für die meisten Bus- und Bahnreisenden Sprungbrett nach Selinunte. Auf den ersten Blick macht Castelvetrano einen etwas düsteren und verlassenen Eindruck – schuld sind wohl die vielen halb eingestürzten und verfallenden Häuser am Rand der Altstadt. Das lebendige Zentrum um die Piazza Garibaldi zeigt sich dagegen von einer freundlicheren Seite, das *Museo Civico* (Mo-Sa 9–13, 15–18.30 Uhr; So 9–13 Uhr; 2,50 €) in der Via Garibaldi 65 präsentiert eine recht gute Sammlung griechischer Funde.

- *Information* **Ufficio Informazione Turistica**, im Museo Civico, 1. Stock, ✆ 0924/904932. Mo–Sa 9–14, 15–18.30 Uhr.
- *Anfahrt/Verbindungen* **Bahn**, Bahnhof 1,5 km östlich vom Zentrum. Züge Richtung Palermo 5-mal tägl., Marsala-Trapani 13-mal. **Bus**, SALEMI-Busse nach Marinella/Selinunte ab Bahnhof via Bar Selinus (s.u.) 5-mal tägl., AST ab Stadtpark 6-mal tägl. nach Trapani, 3-mal nach Marsala. Busse von D.S.LUMIA, die zu den Städten entlang der SS 115 3-mal täglich Richtung Trapani/Agrigento unterwegs sind, stoppen bei der Bar Selinus, vom Zentrum Richtung Selinunte/Marinella, 500 Meter nach dem Bahnübergang bei einer Tankstelle.

▸ **Castelvetrano/Umgebung**: 1968 wurden die Dörfer im Hinterland von Castelvetrano durch ein schweres Erdbeben verwüstet, völlig zerstört wurde dabei der Ort Gibellina. Etwa 16 km weiter westlich errichtete man daraufhin *Gibellina Nuova*; keine besonders reizvolle Siedlung, jedoch interessant durch die großformatigen Skulpturen auf Straßen und Plätzen, die in den 70ern von Künstlern dem Ort gespendet wurden. Weitere Werke sind im *Museo Civico d'Arte Contemporanea* am östlichen Ortsrand zu finden. Die Ruinen des alten Dorfs Gibellina (Ruderi di Gibellina bzw. Gibellina Vecchia) sind auf der SS 119 Richtung Salaparuta zu erreichen. Eindrucksvoll: Der Bildhauer Alberto Burri ließ einen Teil des zerstörten Dorfs weiträumig mit Beton überziehen; fast der gesamte Hang ist mit etwa 1,60 m hohen Betonwänden überzogen, zwischen denen der Besucher umhergehen und den Verlauf der alten Gassen nachvollziehen kann.

Trapani

ca. 71.000 Einwohner

Betriebsame Hafenstadt, ein Hauch von Fernweh, von „großer weiter Welt", ist spürbar. Reisende aus allen Kontinenten warten auf ihre Passage nach Tunesien, darunter viele Nordafrikaner.

Die Altstadt zwängt sich auf eine schmale, weit ins Meer reichende Landzunge. Überwiegend im Barockstil gehalten, ist sie mit zahlreichen, etwas heruntergekommenen Palazzi und Kirchen, mit engen Winkeln und schmalen Gässchen die gute Stube Trapanis. Pittoresk, aber heute wirtschaftlich eher unbedeutend ist das verzweigte Netz von Salinen südlich der Stadt.

Information/Verbindungen

- *Information* **Ufficio Informazione Turistica**, Casina delle Palme, in einer Art Kiosk im Liberty-Stil an der Piazza Garibaldi; ✆ 0923/29000. Geöffnet Mo–Sa 8.40–20 Uhr (über Mittag evtl. variabel geschlossen), So 9–12 Uhr. www.apt.trapani.it.
- *Verbindungen* **Flug**, Regionalflughafen Aeroporto Birgi etwa 15 km in Richtung Marsala. AST-Busse mehrmals täglich von und zur Stazione Marittima und Piazza Ciaccio Montalto (Ex-Piazza Malta). **Bahn**, kleiner Bahnhof nahe der Altstadt; häufige Verbindung nach Palermo via Calatafimi (9-mal tägl., einige wenige halten bei Segesta), über Marsala/Castelvetrano geht's deutlich langsamer.

Sizilien

Bus, Station an der Piazza Ciaccio Montalto, früher bekannt als Piazza Malta, ums Eck vom Bahnhof. AST-Busse nach Marsala/Mazara 3-mal, nach Castelvetrano 5-mal tägl.; Richtung Norden nach Erice 10-mal, San Vito lo Capo 9-mal, Castellammare del Golfo 4-mal täglich; mit TARANTOLA nach Segesta 4-mal und nach Calatafimi 6-mal tägl., SEGESTA nach Palermo etwa stdl. (Airport Palermo 2-mal täglich) sowie D. S. LUMIA nach Agrigento 3-mal täglich. **Schiff**, Abfahrten an der Mole bei der Piazza Garibaldi und östlich Richtung Siremar-Büro. Auf die **Egadischen Inseln** und nach **Pantelleria** fahren Fähren und Aliscafi (Tragflügelboote) der Siremar, außerdem Aliscafi der Ustica Lines. Nach **Cagliari** (Sardinien) mit Tirrenia, nach **Ustica** und **Neapel** nur im Sommer mit Tragflügelbooten der Ustica Lines.

Übernachten

Einige wenige Budget-Hotels in der Altstadt, nützlich als Standquartier für das mit solchen nicht gerade gesegnete West-Sizilien.

*** **Hotel Vittoria**, nicht weit vom Bahnhof. Recht modern, zwar etwas unpersönlich, aber sehr komfortabel, Zimmer mit AC und TV. DZ/F etwa 95 €. Via Francesco Crispi 4, an der Piazza V. Emanuele, ✆ 0923/873044, ℻ 29870. www.hotelvittoriatrapani.it.
** **Hotel Maccotta**, angenehmes Altstadthotel, Zimmer mit Klimaanlage. DZ/Bad etwa 65 €. Via degli Argentieri 4, eine Seitenstraße der Piazza S. Agostino, ✆ 0923/28418.
** **Hotel Moderno**, nicht gerade modern, aber ganz passabel. Zentrale und relativ ruhige Lage in einem Hinterhof. DZ/Bad etwa 50–55 €, in der Einstern-Dependance z. T. etwas niedrigere Preise. Via Tenente Genovese 20, ✆ 0923/21247, ℻ 23348.
* **Hotel Messina**, im Hinterhof eines alten Palazzo. Große Zimmer. Recht karges Mobiliar, insgesamt für den Preis aber okay und deshalb oft belegt. DZ ohne Bad etwa 30–35 €. Corso Vittorio Emanuele 71, ✆ 0923/21198.
• *Camping* **Lido Valderice**, Località Cortigliolo, 12 km nördlich der Stadt in Meeresnähe. Busse 6-mal tägl. ab Busstation. Juni bis Sept. ✆ 0923/573086.

Erice
ca. 30.000 Einwohner

Nur 15 km von Trapani entfernt, und doch eine andere Welt: Das bildhübsche Städtchen auf dem 751 m hohen Monte Erice scheint aus Mitteleuropa in den tiefen Süden versetzt.

Fast heimatliche Gefühle kommen auf, wenn Nebel über den grauen Mauern hängt. Doch selbst unter solch widrigen Bedingungen bewahrt Erice seinen Charme. Das gesamte Ortsbild, die gepflasterten engen Gassen, die Torbögen und blumengeschmückten Innenhöfe haben sich seit dem Mittelalter kaum verändert. Im Sommer herrscht emsiger Besucherverkehr, reihen sich Blechschlangen auf der Zufahrt zu den Parkplätzen. Wer dagegen außerhalb der Feriensaison kommt, erlebt ein ganz anderes, verträumtes Erice. Kaum noch 2000 Menschen wohnen innerhalb der Stadtmauern, vorwiegend ältere Leute.

• *Information* **Ufficio Informazione Turistica**, Via Guarrasi 14, beim Hauptplatz Piazza Umberto I., ✆ 0923/869388, ℻ 869544. Öffnungszeiten Mo–Fr 8–14 Uhr.
• *Anfahrt/Verbindungen* **Seilbahn** (Funivia) ab Trapani, Nähe Hospital; einfache Fahrt 2 €. www.funiviaerice.it.
Bus, ab Trapani (Busstation) 10-mal tägl.
PKW, gebührenpflichtiger Parkplatz nahe der Porta Trapani, unterhalb der riesigen Radartürme. Die Weiterfahrt ins Zentrum ist nur Einwohnern gestattet.
• *Übernachten* Erice ist ein teures Pflaster, zudem oft voll.

*** **Elimo**, hübscher alter Palazzo im Zentrum, dessen Zimmer sehr elegant und mit viel Geschmack eingerichtet sind. DZ/F etwa 150–180 €, von Juli–Sept. nur mit HP. Via Vittorio Emanuele 23, ✆ 0923/869377, ℻ 869252. www.elimohotel.it.
** **Edelweiß**, zentral gelegen, freundlich geführt und von Lesern gelobt. DZ/F etwa 85 €. Cortile P. Vincenzo, eine Seitengasse der Piazza San Domenico; ✆ 0923/869420, ℻ 869158.
Villa Giovanni, kirchliche Pension, die aber auch Touristen offen steht. DZ ca. 70–55 €. Via Nunzio Nasi 12, Nähe Kirche San Giovanni. ✆ 0923/869171.

- *Essen & Trinken* **La Pentolaccia**, hübsches Restaurant in einem früheren Kloster, erfreuliche Küche. Via Guarnotti 17, Di Ruhetag.

La Vetta da Mario, Via Giuseppe Fontana 3, ein paar Tische auf schrägem Pflaster, umgeben von mittelalterlichen Mauern. Abends Pizza. Do geschl.

Golf von Castellammare

Anders als die sonst weitgehend flachen Küstenregionen im Westen Siziliens reichen hier mächtige Küstenberge z. T. direkt bis ans Meer.

Die westliche Seite des Golfs ist nur wenig besiedelt und besitzt mit dem *Naturpark Zingaro* einen der letzten absolut intakten Küstenstreifen der Insel. Die Orte *San Vito lo Capo* im Norden und *Scopello* im Süden des Naturparks sind von völlig unterschiedlichem Charakter und bieten gute Bademöglichkeiten.

San Vito lo Capo   ca. 4000 Einwohner

Ein Badeort der angenehmeren Art. Statt Betonburgen weiß gekalkte Häuser, viele mit nur zwei Stockwerken. Die Besucher kommen im Sommer reichlich wegen des langen Sandstrands, trotzdem lässt es sich auch zur Hauptsaison ganz gut aushalten; die Atmosphäre ist betriebsam-fröhlich, und der Strand bietet genug Platz für alle. Die schöne Lage nah beim Nationalpark Zingaro tut ein Übriges.

- *Information* **Ufficio Informazione Turistica**, Via Savoia 61, ℅ 0923/974300. Gut informiertes, täglich geöffnetes Büro Nähe Hauptplatz.
- *Verbindungen* **Busse** halten an der Via B. Napoli, der zweiten Parallelstraße westlich der Via Savoia; von und nach Trapani 9-mal tägl., Castellammare del Golfo und Palermo je nach Saison 2-4-mal.
- *Übernachten* Im Juli und August Vorbestellung geraten. In beiden Monaten fast überall Verpflichtung zur Halbpension.

** Piccolo Mondo, Via Nino Bixio 7, eine der östlichen Parallelstraßen zur Via Savoia. Quadratischer weißer Bau, kleine Terrasse und sehr freundliche, gut ausgestattete Zimmer. DZ/F ca. 60–80 €, Juli/August Pensionspflicht. ℅/✉ 0923/972032, piccolomondohotel.net

* Hotel Ocean View, in einer Parallelstraße zur Fußgängerzone, östlich des Hauptplatzes. Solider Familienbetrieb, DZ/F 40–90 €. Falls geschlossen, in der Dependance um die Ecke fragen. Via G. Arimondi 21, ℅ 0923/972613, ✉ 972508.

Mehrere Privatzimmervermieter in der Via del Mulino, z.B. **Eden**, Nr. 41, ℅ 0923/972460.

- *Camping* Alle Plätze sind gut in Schuss und im August gestopft voll.

La Pineta, 1,5 km östlich des Orts; zum Strand etwa 300 m. Recht komfortabel, Pool, Tennis, Disco. Ganzjährig. ℅ 0923/972818, ✉ 974070.

Soleado, östlich in Ortsnähe, zum Strand etwa 300 m. Gut ausgestattet, Laden und Restaurant, Sanitäranlagen okay. Ganzjährig. ℅ 0923/972166, ✉ 974051.

La Fata, zentral im Ort, westlich der Hauptstraße. Gepflegter Platz, moderne Sanitäranlagen, winzige Bar. Juni bis September. ℅ 0923/972133.

Scopello

Ein winziges Dörfchen in kahler Berglandschaft oberhalb der Küste. Steinmauern, gepflasterte Wege, Oleanderbüsche. Perfekte Idylle – außerhalb der Saison. Im Hochsommer Fahrzeugschlangen auf der Zufahrtstraße, überfüllte Parkplätze am Meer, in den engen Dorfgassen verzweifelte Wendemanöver von Wohnmobilen. Eine hübsche Badebucht findet man unterhalb des Orts bei einer ehemaligen *Tonnara* (Thunfischverarbeitung). Nur ca. 1 km entfernt liegt der Südeingang zum Nationalpark Zingaro.

- *Anfahrt/Verbindungen* **Bushaltestelle** beim Tor zum Hauptplatz; mit RUSSO von und nach Castellammare 4-mal täglich.
- *Übernachten/Essen & Trinken* Mehrere gemütliche Pensionen bieten familiäre Atmosphäre und herzhaft-rustikale Küche.

*** Torre Bennistra, aus einer ehemaligen Pension entstandenes Komforthotel. Schöne Aussicht. Auch das Restaurant ist interessant, Eigentümer Nino Lentini fischt selbst. DZ 85–100 €, im Juli/August nur mit HP, p. P. 100 €. Via Natale di Roma 19, ✆ 0924/541128, www.torrebennistra.it.

Pensione Tranchina, an der „Hauptstraße". Hübsch eingerichtet, vier größere Zimmer speziell für Familien. Man spricht Englisch. DZ mit Frühstück ca. 65–80 €, HP zur Saison Pflicht (gute Küche). ✆/@ 0924/541099.

Affittacamere Vito Mazzara, schönes altes Haus, vor einigen Jahren renoviert, mit Garten und Parkmöglichkeit. Zimmer und Apartments unterschiedlicher Größe und Lage, keine Pensionspflicht. DZ 55–70 €, Via Monte Grappa 6, rechter Hand der aus Scopello heraus führenden Straße. Vito spricht Englisch. ✆ 0924/541135.

• *Camping* **Baia di Guidaloca**, dorfnächster Platz, etwa 3 km vor dem Ort. Durch die Straße von einer hübschen Kiesbucht getrennt. Weitläufiges Gelände in kleinem Tal, Schatten mäßig. Ostern bis Oktober. ✆ 0924/541262.

Erlebnis Natur: Riserva Naturale dello Zingaro

Der erste Naturpark Siziliens wurde 1981 auf öffentlichen Druck hin eingerichtet. Das etwa 5,5 x 2,5 km große Gebiet steigt von der Küste bis zum Gipfel des Monte Speziale auf immerhin 913 m Höhe an. Die urwüchsige Landschaft wird geprägt von steilen Felsabstürzen und dichter Macchia. Auch die Küste ist großteils felsig und unzugänglich, die wenigen Sand- und Kiesbuchten aber sind von fast paradiesischer Schönheit. Der Nordeingang liegt 12 km südöstlich von San Vito lo Capo, der Südeingang 1 km nördlich von Scopello. Kurz hinter dem Südeingang zweigt rechts ein beschilderter Weg zu einem hochinteressanten Museum ab, das die vielfältigen Lebensformen im Park dokumentiert. Über 700 verschiedene Pflanzen wachsen hier, darunter endemische Arten, die nur im Nordwesten Siziliens vorkommen. An Vögeln wurden 39 Arten gezählt, darunter einige seltene Greifvogelarten, außerdem leben Stachelschweine, Füchse, Fledermäuse und auch Vipern im Zingaro. Die Tierwelt unter Wasser zeigt sich ebenso vielfältig. An beiden Eingängen liegen kostenlose Fotokopien guter Wanderkarten aus, alle Wege sind zudem beschildert. Die Standardroute verläuft auf rund 6 km Länge oberhalb der Küste bis zum Nordende des Parks, Dauer einfach – ohne Abstecher zu Badebuchten – etwa 2 Std. Zugänglich ist der Park von April bis September 7–19 Uhr (bis 21 Uhr darf man dann bleiben), sonst 8–16 Uhr. Die Eintrittsgebühr beträgt 3 € und gewährt auch Zugang zu verschiedenen Museen im Park.

Castellammare del Golfo ca. 15.000 Einwohner

Ausgedehnte Kleinstadt, die halbkreisförmig von der Hafenbucht ansteigt. Von Tourismus ist wenig zu spüren, die ausgedehnten Sandstrände der zersiedelten Küstenebene, die die Massen aus Palermo und Umgebung anziehen, beginnen erst einige Kilometer östlich. Ein Kastell bewacht die Hafenbucht.

• *Anfahrt/Verbindungen* **Bahn**, von Palermo kommend letzte Station der Küste. Der Bahnhof liegt ungünstig etwa 3 km östlich des Zentrums, es gibt aber Stadtbusse. Gute Verbindungen Richtung Palermo (10-mal tägl.), ebenso zum Umsteigebahnhof Alcamo Diramazione.

Bus, zentrale Abfahrtstelle an der Piazza della Repubblica. AST-Busse nach Trapani 3-mal, RUSSO nach Palermo 6-mal tägl., San Vito und Scopello je 4-mal.

• *Übernachten* ***** Al Madarig**, in der kleineren Bucht östlich des Kastells. Komfortabel, aber in trister Umgebung. DZ/F ca. 100–120 €, Juli/August nur HP. Piazza Petrolo 7, ✆ 0924/33533, @ 33790.

*** Hotel Cala Marina, im westlichen Hafenbereich. Erst vor wenigen Jahren eröffnetes Hotel mit hübschen Zimmern und Organisation diverser Ausflüge; Garage. DZ/F nach Lage, Ausstattung und Saison 60–110 €. Via Don Leonardo Zangara 1, ✆ 0924/531841, www.hotelcalamarina.it.

Camping Nausicaa, etwa 4 km östlich des Zentrums, am Sandstrand. Kleiner Platz, ein paar Bäume, sonst Mattendächer. Bar/Restaurant. Nicht billig. Juni bis Sept. 0924/33030.

• *Essen & Trinken* **La Cambusa**, am Hafen, unterhalb vom Kastell, Tische auch im Freien, gute Küche.

▸ **Weiter am Golf**: Zwischen Castellammare und Balestrate erstrecken sich lange Sandstrände, die Umgebung wird durch verstreute Feriensiedlungen und die küstennahe Bahnlinie aber nicht gerade verschönt. *Trappeto* ist ein freundliches Fischerdorf mit brauchbarem Sandstrand. *Terrasini* besitzt in seinem *Palazzo d'Aumale* (Mo–Sa 10–19 Uhr, So 10–13 Uhr, 5 €) an der Uferstraße gleich drei interessante Museen: Glanzpunkt der „Sezione Naturalistica" ist die ornithologische Ausstellung, mit über 6000 präparierten Vögeln eine der größten Europas. Die „Sezione Etno-Antropoligica" (auch: „Museo del Carretto Siciliano") prunkt mit einer Sammlung bunter sizilianischer Eselskarren, und in der „Sezione Archeologica" liegt der Schwerpunkt auf Unterwasserarchäologie.

Segesta

Der berühmte dorische Tempel und ein Amphitheater, beide wunderbar in die hügelige Landschaft gefügt. Sehenswert.

Tempel und Theater gehörten zu einer der größten Städte der Elymer, von der heute nur wenige Grundmauern erhalten blieben. Viele Rätsel ranken sich noch um dieses Volk, das zu den frühen Einwohnern der Insel zählte. Historiker vermuten, dass die Elymer eine Mischung einheimischer Stämme mit Trojanern, Phöniziern und anderen Völkern darstellten. Aus dem Schatten der Geschichte trat das antike *Egesta* ab dem 6. Jh. v. Chr. durch den Zwist mit den griechischen Kolonien, besonders mit *Selinunt*. Den Schlusspunkt in seiner Geschichte setzten Vandalen und Araber, die die Stadt dem Erdboden gleichmachten.

Der Tempel: ein griechischer Tempel in einer Elymerstadt – seltsam. Noch seltsamer: Das 61 x 26 m große Heiligtum mit den 36 Säulen wurde nie fertiggestellt. Der Rätsel mögliche Lösung ist in der Geschichte Egestas zu suchen. Der Tempel entstand wahrscheinlich zur Zeit einer Allianz mit Athen. Anlass für den plötzlichen Baustopp könnte der Schock über die Vernichtung der verbündeten Flotte gewesen sein. Wenn man den Tempel aus einiger Entfernung zum ersten Mal sieht, wirkt er einfach großartig. Perfekt in den Proportionen, scheint er Teil der Landschaft zu sein und drückt ihr gleichzeitig seinen Stempel auf. Erst aus der Nähe lässt sich erkennen, dass der Bau tatsächlich nie beendet wurde: Aus den Steinquadern der Stufen ragen noch die Zapfen, die dem Transport dienten und später abgeschlagen werden sollten; von der üblichen Kannelierung (Rinnen) der Säulen keine Spur. Doch trotz seiner Unfertigkeit hat der Tempel von Segesta eine ganz eigene Faszination.

Amphitheater: Östlich, dem Tempel gegenüber, erhebt sich der 431 m hohe *Monte Barbaro*, an dessen Hängen einst das antike Egesta lag. Eine für öffentlichen Verkehr gesperrte Asphaltstraße (Busdienst) führt hinauf auf den Gipfel und zum Amphitheater auf der Nordseite des Berges.

• *Öffnungszeiten/Eintritt* Möglichst am frühen Morgen kommen, bevor die Reisebusse anrollen. Geöffnet theoretisch 9 Uhr bis 1 Std. vor Sonnenuntergang, morgens Zugang aber früher möglich, Eintritt ca. 6 €. Gebührenpflichtige Busse zum Amphitheater ab Parkplatz; reizvoll ist der Abstieg zu Fuß.

• *Anfahrt/Verbindungen* **PKW**, über die A 29, Ausfahrt Segesta, bzw. über die SS 113 Richtung Calatafimi.

Bahn, 3- bis 4-mal tägl. Halt eines Zugs aus Alcamo und Trapani am mustergültig restaurierten Bahnhof Stazione di Segesta, etwa 1,5 km unterhalb des Tempels. Schweißtreibender Aufstieg, Segesta liegt deutlich höher als die Bahnhöfe.

● *Essen & Trinken* **Stazione di Segesta**, im restaurierten Bahnhofsgebäude, Tische im Freien und im Inneren, an warmen Sommerabenden als Pizzeria beliebt, als Bar rund um die Uhr geöffnet.

Palermo
ca. 670.000 Einwohner

Die Hauptstadt Siziliens mag man lieben oder hassen: Neutralität lässt Palermo nicht zu. Der morbide Moloch vereinigt in sich alle Fragwürdigkeit, alles Elend, aber auch alle Farbenpracht und Vielfalt der Insel. Palermo hat, gleichgültig, wie man zu der Stadt sonst steht, eine spezielle Faszination.

Die Begeisterung der Reisenden früherer Jahrhunderte – Goethe war hingerissen – versteht am besten, wer sich Palermo übers Meer nähert. Vom Schiff und aus einiger Entfernung gesehen, trägt die Bucht von Palermo ihren schwärmerischen Namen immer noch zu Recht: *Conca d'Oro*, die „goldene Muschel". Eine einst grüne und mit Zitronen- und Orangenplantagen bestandene Ebene, flankiert vom Kalkklotz des *Monte Pellegrino* im Norden und dem *Capo Mongerbino* im Osten. Im Näherkommen wird deutlich, dass die durch starke Landflucht auf 700.000 Einwohner angewachsene „Perle" Palermo die Muschel heute völlig ausfüllt. Die Stadt ist längst mit den Vororten zusammengewachsen, an Stelle der berühmten Obstgärten erstreckt sich ein Ring von Neubauvierteln – billig erstellte Wohnwaben, die mit künstlich hochgetriebenen Grund- und Baukosten vor allem den Profit der „ehrenwerten Gesellschaft" vermehrt haben.

Kleinkriminalität: Drogensucht und trostlose Lebensbedingungen sorgen in Palermo für einen hohen Prozentsatz an „Schmalspurganoven". Beachtet man aber die üblichen Regeln, ist die Wahrscheinlichkeit unangenehmer Erfahrungen kaum höher als in anderen Großstädten. Geld und Pass gehören unsichtbar an den Körper und nicht in die Handtasche, besonders aufpassen mit Fotoapparat, Videokamera etc. Abgelegene Gassen meidet man besser nicht nur nachts, sondern auch in der menschenleeren Zeit der Siesta.

All die krassen Gegensätze, die Palermo prägen, sammeln sich in der Innenstadt, gleich hinter den Hochhäusern der Hafenfront. Die eine Seite: elegante Boutiquen an lebendigen Geschäftsstraßen, Restaurants mit befrackten Obern, glänzende Theateraufführungen, prachtvolle Gebäude aus verschiedenen Epochen, reich ausgestattete Museen. Nur ein paar Schritte weiter glotzen leere Fensterhöhlen, öffnen eingestürzte Fassaden den Blick auf Unkraut, das in ehemaligen Wohnzimmern wächst – die Ruinen einstiger Paläste, von Fliegerangriffen des Zweiten Weltkriegs zerstört und bis heute nicht restauriert. Nur einen Steinwurf entfernt dann wieder pralles Leben: die berühmten Märkte von Palermo, auf denen vom Anzug über die Bohrmaschine bis zur Seebarbe alles zu haben ist. Das grelle Durcheinander von Farben und Gerüchen kommt einem orientalischen Basar schon sehr nahe; hier scheint ein wenig vom Palermo der Araberzeit überlebt zu haben. Nordafrikanisches Temperament bricht sich auch im Stadtverkehr seine Bahn. Fast rund um die Uhr sind Palermos Straßen ein einziger Hexenkessel. Kilometerlange Blechschlangen, Abgaswolken und infernalischer Lärm gehören zum Alltag.

Palermo

Normannische Kirchen im Zentrum: La Martorana und San Cataldo

Diese widersprüchliche, faszinierende Großstadt sollte man als Sizilienreisender nicht versäumen, zumal es Palermo in den letzen Jahren geschafft hat, das drückende Joch der Mafia abzuschütteln, und sich deutlich zu seinem Vorteil verändert hat. Die Stadt befindet sich in Aufbruchstimmung, will an ihr reiches Erbe erinnern und verfallenden Monumenten zu früherer Schönheit zurückverhelfen. Vor allem in den alten, heruntergekommenen Vierteln werden Wohnungen saniert, verwandeln sich halb verfallene Paläste und Klöster in reizvolle kulturelle Stätten. Im Zentrum haben viele neue Bars und Restaurants eröffnet, auch die Straßen wirken nachts nicht mehr gar so ausgestorben wie einst. Palermo hat zu seiner Vitalität zurückgefunden.

Information

AAPIT, Piazza Castelnuovo 34, Stadtbusse ab Bahnhof zur nahen Piazza Politeama. Englischsprachig, Stadtpläne, Veranstaltungshinweise, Hotelverzeichnis etc. Mo–Fr 8.30–14, 14.30–18 Uhr. ✆ 091/6058351, 🖷 586338. **Zweigstellen** im Bahnhof und am Flughafen.

Punti d'Informazioni, Infokioske an vielen touristisch interessanten Punkten, z. B. Bahnhof, Piazza Bellini, Hafen, Politeama-Theater, Via Cavour (Nähe Via Maqueda) und Via Vittorio Emanuele (Nähe Palazzo dei Normanni). Geöffnet ist die Mehrzahl täglich 9–13, 15–19 Uhr, der Hafenkiosk nur vormittags.

Internet: www.palermotourism.com.

Anfahrt/Verbindungen

• *Flug* Der **Aeroporto Falcone e Borsellino** (✆ 800/541880) liegt etwa 30 km westlich. Etwa halbstündlich Busverbindung mit PRESTIA & COMANDE von/zu Bahnhof und Politeama-Theater, ca. 5 €; Zugverbindung zum Hauptbahnhof via Stazione Notarbartolo mit dem „Trinacria Express", einem Teil der städtischen Metropolitana, Fahrtdauer 45 min, 4,50 €. Taxi kostet mindestens 50 €, Preis vorher festmachen.

• *Schiff* Alle Verbindungen ab der **Stazione Marittima**, in Fußentfernung zur Altstadt. **Fähren**: TIRRENIA 1-mal täglich nach Napoli, 1-mal wöchentlich nach Cagliari (Sardinien); SNAV je 1-mal täglich nach Napoli sowie 3-mal wöchentlich nach Civitavecchia bei Rom; GRANDI NAVI VELOCI 6- bis 7-mal wöchentlich nach

Karte S. 970/971 Sizilien

1012 Sizilien

Genova, 3- bis 4mal wöchentlich nach Civitavecchia sowie 1-mal wöchentlich nach Tunesien. GRIMALDI 1-bis 2-mal wöchentlich nach Salerno und Tunesien. SIREMAR 1-mal täglich nach Ústica.

Aliscafi (Tragflügelboote) der Gesellschaft SIREMAR nach Ústica 1- bis 3-mal täglich, der Gesellschaft USTICA LINES zu den Eolischen (Liparischen) Inseln an 3 bis 7 Tagen pro Woche.

• *Bahn* Bahnhof (Info: ✆ 091/6031111) am südlichen Altstadtrand, am Beginn der Via Roma. Direktverbindungen nach Messina (14-mal tägl.), Catania (1-mal), Agrigento (10-mal), Trapani (7-mal) und Caltanissetta Centrale (6-mal). Zusätzliche Möglichkeiten über die wichtigen Umsteigebahnhöfe Caltanissetta Xirbi (für den Osten und Südosten) und Alcamo Diramazione (Südwesten). Direktverbindungen zum Festland: Napoli und Rom je 6-mal tägl.

• *Bus* Von Palermo fahren Busse mehrerer Gesellschaften in fast alle Ecken Siziliens, zu den meisten Städten weit schneller als per Zug. Wermutstropfen ist das Fehlen eines zentralen Busbahnhofs, die einzelnen Gesellschaften starten an unterschiedlichen Abfahrtsstellen. Der Großteil fährt ab der **Via Rosario Gregorio** und **Via Balsamo** östlich vom Bahnhof. Sonntags stark eingeschränkter Busverkehr. Detaillierte Infos bei den Fremdenverkehrsämtern.

Unterwegs in Palermo

• *PKW* Wenn es sich vermeiden lässt, besser verzichten! An den absolut chaotischen und hektischen Verkehr kann mancher sich vielleicht noch gewöhnen; die permanenten Staus, verwirrenden Einbahnstraßenregelungen und der Mangel an Parkplätzen gehen aber sehr an die Nerven. **Nichts** im abgestellten Fahrzeug lassen (CD-Player! Handschuhfach offen!). Sicherer steht das Auto in gebührenpflichtigen Garagen oder auf einem der wenigen bewachten Parkplätze, z. B. in der Via Guardione 81 am Hafen oder an der Piazza Ungheria nördlich vom Teatro Massimo.

• *Stadtrundfahrten per Bus* „City Sightseeing Palermo" bietet Touren mit Doppeldeckerbussen an, die ein offenes Oberdeck (Sonnenschutz!) besitzen. Informationen unterwegs per Kopfhörer auch in Deutsch, an den Haltestellen kann beliebig ein- und ausgestiegen werden. Zwei Rundfahrtlinien, halbstündliche bis stündliche Abfahrten jeweils ab Teatro Politeama, Preis p. P. deftige 20 €, das Ticket ist 24 Stunden gültig. ✆ 091/589429.

• *Stadtbusse* Ein ausgedehntes Liniennetz der orangefarbenen **AMAT-Busse** durchzieht Palermo und reicht auch bis in die umliegenden Ortschaften wie Monreale, Mondello und Sferracavallo. Tickets für etwa 1 € (außerdem verbilligte 20er-Blocks und Tageskarten für etwa 3,50 €) gibt es bei den Verkaufsstellen am Bahnhof, an der Piazza Castelnuovo/Ecke Via Libertà und an der Piazza Verdi sowie in vielen Tabacchiläden. Eine Fahrplanübersicht ist bei den Fremdenverkehrsämtern erhältlich. Das Bussystem von Palermo ist zwar anfangs etwas verwirrend, da die meisten Linien für Hin- und Rückpreis unterschiedliche Routen benützen oder Umwege fahren – nach einer Weile gewöhnt man sich aber daran und spart dann manchen Fußweg. Charakteristisch sind die über die Stadt verstreuten Umsteigepunkte, „Nodo" genannt.

Wichtige Linien: ab Bahnhof Nr. 101 und 102 zur Piazza Politeama, Nr. 109 zur Piazza Independenza, Nr. 139 zur Via Francesco Crispi am Hafen. Entlang des Cassaro, zwischen Piazza Indipendenza und Porta Felice Nr. 105, von Piazza Indipendenza zur Via Roma auch Nr. 104, dann weiter Richtung Politeama.

• *Metropolitana* Eine Art S-Bahn, die als Linie A bzw. „Trinacria Express" vom Bahnhof über den Vorort-Bahnhof Notarbartolo und die westlichen Nachbarorte wie Isola delle Femmine (Achtung, nicht jeder Zug hält!) zum Flughafen fährt; die wesentlich kürzere Linie B führt von Notarbartolo zur Piazza Giachery im westlichen Hafenbereich.

Übernachten/Camping (siehe Karte S. 1014/1015)

Kein Mangel an preiswerten Hotels, vor allem in der Altstadt zwischen Bahnhof und Via Cavour. Trotzdem ist es ratsam, zu reservieren oder zumindest schon früh am Tag mit der Suche anzufangen. Zur Siestazeit ist in manchen der einfacheren Hotels kein Mensch zu erreichen.

Palermo

- *Altstadt* **** **Centrale Palace (7)**, Nähe Quattro Canti – zentraler geht's wirklich nicht. Ein Adelspalast aus dem 17. Jh., seit etwa 80 Jahren Hotel. Säulen, hohe Säle, Kronleuchter ... Garage (15 €). DZ/F nach Saison und Ausstattung etwa 180–270 €. Corso Vittorio Emanuele 327, ☎ 091/336666, ✉ 334881, www.centralepalacehotel.it.

*** **Letizia (8)**, ein sehr angenehmes Haus. Ruhige Lage in einer Seitenstraße des Cassaro, Nähe Piazza Marina. Schön eingerichtete, zum Teil sehr geräumige Zimmer mit Klimaanlage etc., kleine Innenterrasse fürs Frühstück. DZ/F („Superior") 115 €, Standard-DZ/F 100 €; auch Suiten gibt es. Angeschlossen das **Bed & Breakfast Ai Bottai**, DZ/F 85 €. Via Bottai 30, ☎/✉ 091/589110, www.hotelletizia.com.

*** **Posta (6)**, in einer Seitenstraße der Via Roma gegenüber der Post. Von außen unscheinbar, innen modern und zweckmäßig eingerichtet. Vom Straßenlärm weitgehend abgeschirmt. DZ/F 115 €. Via A. Gagini 77, ☎ 091/587338, ✉ 587347. www.hotelposta palermo.it.

** **Alessandra (13)**, ein familiengeführtes kleines Hotel mit 24 ordentlichen Zimmern, nicht weit vom Bahnhof an der lauten Via Maqueda: Zimmer nach hinten nehmen. Weitgehend renoviert, die Bäder hinken noch etwas nach, sind aber in Ordnung. DZ/Bad etwa 70 €. ☎ 091/6173958, ✉ 665180. www.hotel-alessandra.it.

** **Sicilia (13)**, im gleichen Haus. Einrichtung und Bäder gepflegt, die Zimmer besitzen Klimaanlage, TV und Kühlschrank. Insgesamt ebenfalls eine gute Wahl. DZ/Bad rund 75 €. Via Divisi 99 (Ecke Maqueda), ☎ 091/6168460, ✉ 6163606. www.hotelsicilia palermo.it.

* **Concordia (14)**, an der lauten Via Roma, viele Räume liegen jedoch nach hinten. Geräumige Zimmer mit Stuckdecken und TV. Prima Preis-Leistungs-Verhältnis: DZ/Bad/F 65 €, ohne Bad 55 €. Via Roma 72, ☎/✉ 091/6171514.

* **Hotel Cavour (16)**, gut geführtes Haus sehr nah beim Bahnhof, trotzdem recht ruhig. Einfache, aber geräumige und saubere Zimmer, viele mit Klimaanlage. Immer wieder von Lesern gelobt. DZ/Bad 65 €, ohne Bad 45 €; Via Manzoni 11, eine Seitenstraße der Via Lincoln; ☎ 091/6162759. albergocavour@virgilio.it.

- *Jenseits der Via Cavour* **** **Grande Albergo & Des Palmes (4)** , auch unter dem italienischen Namen „Grande Albergo & delle Palme" bekannt. Ein traditionsreicher Hotelpalast an der Via Roma, Jugendstil de luxe. Richard Wagner beendete hier seinen „Parsifal", zeitweise diente das Haus auch als Stützpunkt von „Lucky" Luciano. Eigene Garage, sehenswerte Bar. Manche der Zimmer fallen allerdings insgesamt etwas weniger prächtig aus als die allgemein zugänglichen Räumlichkeiten. DZ/F kosten je nach Ausstattung etwa 195-235 €. Via Roma 396, ☎ 091/583933, ✉ 331545, www.grand hoteletdespalmes.it.

*** **Mediterraneo (5)**, in einer ruhigen Seitenstraße zwischen Via Roma und Via Ruggiero Settimo, bzw. zwischen Piazza Verdi und Piazza Castelnuovo. Gemütliches Haus, große, gut ausgestattete Zimmer mit teilweise schon etwas älteren Möbeln; hoteleigene Garage. DZ/F etwa 115 €. Via Rosolino Pilo 43, ☎ 091/581133, ✉ 586974. www.abmedpa.com.

** **Joli (2)**, Nähe Piazza Don Sturzo. Moderne, geräumige Zimmer, recht ruhig, freundliche Einrichtung – eine gute Wahl in dieser Klasse. DZ ca. 100-150 €. Via Michele Amari 11, eine Seitenstr. der Via Enrico Amari, ☎ 091/6111765, ✉ 6111766, www.hoteljoli.com.

- *Jugendherberge* **Ostello della Gioventù Baia del Corallo**, küstennah im Vorort Sferracavallo gelegen, zur Anreise siehe gleich unten unter „Camping". 40 Betten in Doppel- und Viererzimmern mit eigenem Bad, Ü p.P. etwa 18 €. Ganzjährig. Sferracavallo, Via del Plauto 27, ☎ 091 6797807, ✉ 6912376, ostellodipalermo@libero.it.

- *Camping* Beide Plätze liegen im nordwestlichen Vorort *Sferracavallo*, gut 10 km vom Zentrum. Häufige Busverbindung ab Bahnhof, zunächst mit Linie 101, dann entweder ab Station Vittorio Veneto weiter mit Linie 616, oder aber ab der Endstation De Gasperi Stadio weiter mit Linie 628. Weitere Campingplätze bei *Isola delle Femmine* (Bahnverbindung), allerdings weiter entfernt.

Camping Trinacria, östlicher Ortsrand, durch die Uferstraße vom (unschönen) Felsstrand getrennt. Ausgedehntes Gelände, Schatten durch Mattendächer; im Sommer Restaurant und Laden. Ganzjährig. ☎ 091/530590, www.campingtrinacria.it

Camping degli Ulivi, der angenehmere und preisgünstigere Platz. In einer Wohngegend (rechts der Straße von Palermo). Klein, familiär; der freundliche Besitzer Totò nebst Anhang sorgt für blitzsaubere Sanitäranlagen. Etwas Schatten durch Olivenbäume, hübsche Terrasse zur allgemeinen Nutzung. Ganzjährig. ☎/✉ 091/533021.

Palermo

100 m

Parco della Favorita, Mondello

Sferracavallo, Mondello

Salerno, Napoli, Genova, Civitavecchia, Cagliari, Ustica, Eolische Inseln, Tunesien

Molo S. Lucia
Molo Piave
Stazione Marittima
Molo V. Veneto
Via del Mare

Piazza Ucciardone
Borgo Vecchio
Corso Scinà
V. Collegio di S. Maria
Via Ben. Gravina
Via Francesco Crispi
Via Emerico Amari
Stabile
F. Cretea
Via Onorato
Via Francesco Guardione
Piazza Cavour

Via Archimede
Via Albanese
V. Carini
V. Puglisi
Piazza Sturzo
Via Belmonte
Gagliatelli
Via Mariano
Via Roma

Via P. Calvi
Via Enrico Albanese
Via Isidoro La Lumia
Via G. Daita
Via della Libertà
Teatro Politeama Garibaldi
Via Principe di
Via Princ.
Via Pio Rosolino
Via Ruggiero Settimo
Via Villareale
Piazza Verdi

Piazza Castelnuovo
Via XX Settembre
Via Carducci
Via Nicolò Garzilli
Via Principe di Villafranca
Via G. de Spuches
Via Dante
Piazza S. Oliva
Piazza Francesco di Paola
Via P. Aragona
Via Tripoli
Via Volturno
Via Mura e

Via Malaspina
Via Rosario Riolo
Via Sammartino
Piazza Virgilio
Via B. Latini
Piazza Amendola
Via Houel
Via P. D'Asaro
Via Goethe
Via Polara
Via N. Turrisi
Via M. Gutelli

Via Dante
Via Spallitta
Villa Malfitano
Piazza Lolli
V. Re Federico

Übernachten

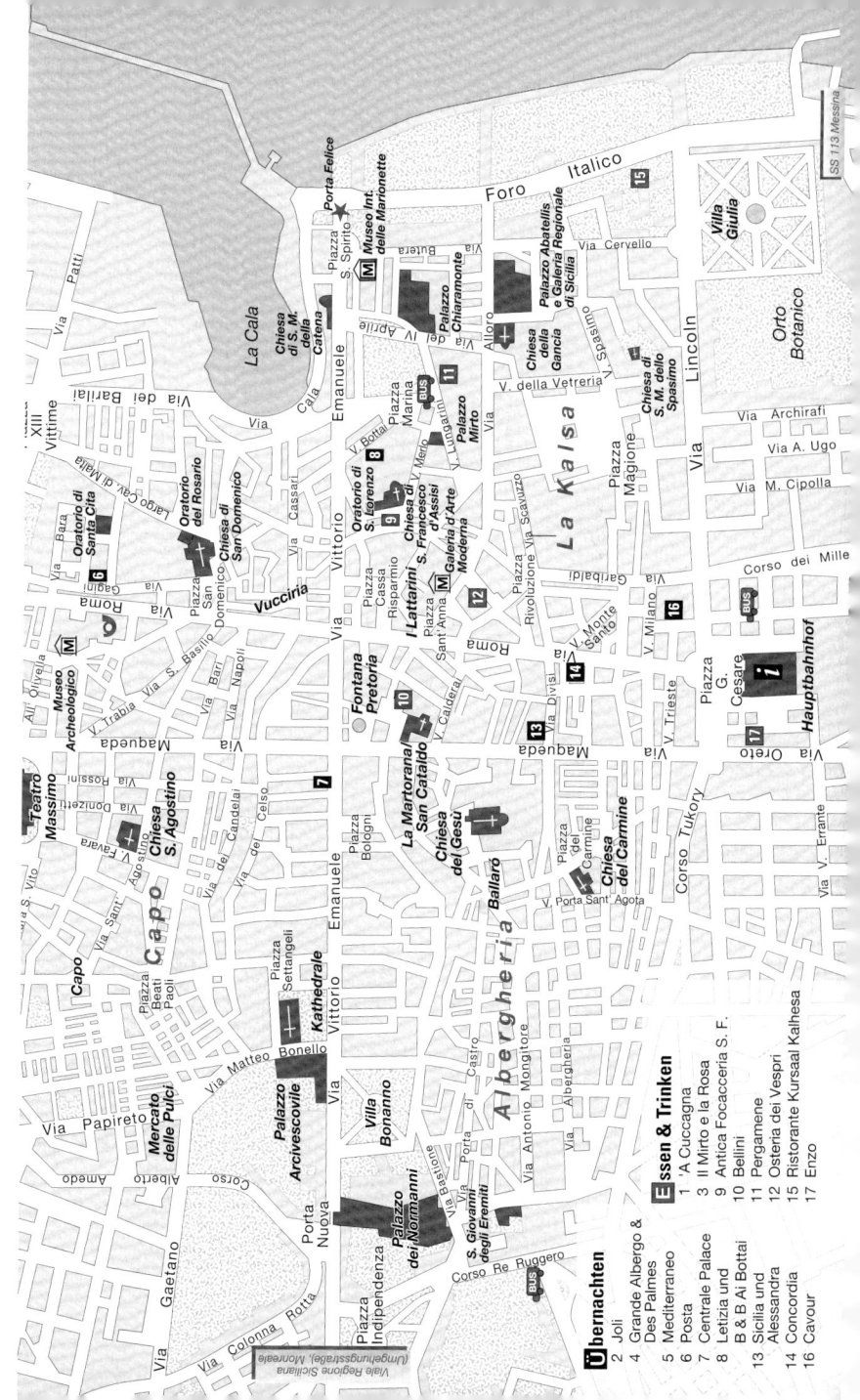

2 Joli
4 Grande Albergo & Des Palmes
5 Mediterraneo
6 Posta
7 Centrale Palace
8 Letizia und B & B Ai Bottai
13 Sicilia und Alessandra
14 Concordia
16 Cavour

Essen & Trinken

1 'A Cuccagna
3 Il Mirto e la Rosa
9 Antica Focacceria S. F.
10 Bellini
11 Pergamene
12 Osteria dei Vespri
15 Ristorante Kursaal Kalhesa
17 Enzo

1016 Sizilien

Camper Service, Piazzale John Lennon (Ex-Giotto), an der Via Giotto nördlich der Via Notarbartolo, beste Zufahrt von der Umgehungsstraße Viale della Regione Sicilia. Ein WoMo-Parkplatz der Verkehrsbetriebe AMAT, Wasser- und Stromanschluss etc. Stellplatz inklusive Tages-Busticket für zwei Personen etwa 20 €. Infos in Italienisch bei der AMAT-Servicenummer ☏ 091 7291111.

Essen & Trinken (siehe Karte S. 1014/1015)

Auch in kulinarischer Hinsicht gibt sich Palermo (für italienische Verhältnisse) relativ preiswert. Berühmter Klassiker der lokalen Küche ist *pasta con le sarde*, Nudeln mit Sardinen, wildem Fenchel und Pinienkernen. Mit die preiswertesten und sehr bodenständige Lokale finden sich rund um den Markt *Vucciria*, der auch ein Paradies für sizilianischen Imbiss ist.

Osteria dei Vespri (12), laut Eigenwerbung eine „Weinstube mit Restaurant", gelegen an einem hübschen kleinen Platz nur wenige Schritte meerwärts der Via Roma. Feine Küche, das Degustationsmenü kommt auf etwa 45 €, à la carte geht´s auch etwas günstiger. Piazza Croce dei Vespri 6, ☏ 091/6171631; So und um Mitte August geschlossen.

Ristorante Kursaal Kalhesa (15), Teil des gleichnamigen Kulturzentrums (siehe auch Kapitel „Nachtleben"). Hübsches Ambiente, gehobene Küche, Menü ab etwa 25 € aufwärts. Im Anschluss vielleicht ein Schlückchen in der Bar? Foro Umberto I. 21, Eingang beim Schild „Urban Tour".

Bellini (10), an der Piazza Bellini, nahe Quattro Canti. Die schöne Lage, von Kirchen und alten Gebäuden umgeben, schlägt sich auf die Preise durch (Menü ab ca. 20 €), man kann's aber auch bei einer Pizza belassen. Bis drei Uhr morgens geöffnet, Mo geschl.

Pergamene (11), eines der vielen Lokale an der Piazza Marina. Man sitzt hübsch neben Palmen und alten Palazzi. Der Service vielleicht etwas irritierend (das Gewünschte muss auf einem Zettel angekreuzt werden), die Pizze sind jedoch ordentlich und mit durchschnittlich 5–6 € auch nicht teuer. Wie auch in so manch anderem Lokal scheint der günstige Tarif freilich über den Bier-Preis subventioniert zu werden ... Piazza Marina 48.

Il Mirto e la Rosa (3), edel in alten Gewölben, sparsam eingesetzte Jugendstildekoration, ruhige Atmosphäre; auch mittags beliebt. Komplettes Festmenü ab etwa 13 €, à la carte ab 18 €. Via Principe Granatelli 30, eine Seitenstraße der Via Roma zwischen Via Cavour und Piazza Don Sturzo. Sonntag Ruhetag, im August geschlossen.

'A Cuccagna (1), gleich gegenüber. Gehobene Küche, sehr netter Service. Für ein Menü sind ab etwa 20–25 € zu rechnen. Via Principe Granatelli 21 a, ☏ 091/587267. Mo geschlossen.

Enzo (17), gleich beim Bahnhof. Freundliches, familiäres Lokal mit Freiterrasse, das wegen der angenehmen Preise auch bei der Nachbarschaft sehr beliebt ist. Pizza schon ab 4 €, auch die Primi und Secondi sind günstig. Via Maurolico 17–19.

Antica Focacceria San Francesco (9), bei der gleichnamigen Kirche, in einer Seitengasse des Cassaro. Palermos traditionsreichster Imbiss, 1834 gegründet! Seit dem letzten Facelift in mehrere Bereiche unterteilt, u.a. Self-Service, Sushi-Bar und eine Art Restaurant mit Tischen am Platz vor der nachts angestrahlten Kirche. Großes Angebot an sizilianischem „Fast-Food" wie Arancine (gefüllte Reiskugeln), Pani ca´ meusa (Brötchen mit gekochter Milz und/oder Lunge) oder eben Focacce (pikant gefüllte Teigkrapfen). Immense Auswahl an Biersorten, allerdings relativ teuer. Insgesamt einen Besuch unbedingt wert! Via A. Paternostro, Abzweig vom Cassaro bei Haus Nr. 176; Montag Ruhetag.

Diverses

• *Nachtleben* **Mondello** mit seinen vielen Bars und Open-Air-Discos ist das Zentrum nächtlicher Aktivitäten. In Palermo findet sich das eher spärliche Nachtleben z. B. auf der **Piazza Olivella** vor dem Archäologischen Regionalmuseum und im hinteren Bereich der **Via Candelai** und **Via Gelso**.

Kursaal Kalhesa, 2001 eröffnet und längst eine Institution in Palermo. Mit EU-Geldern finanziertes Kulturzentrum; tolle Architektur, im Inneren u.a. eine Buchhandlung, ein Restaurant (siehe oben) und eine Weinbar, in der häufig Livemusik gespielt wird. Foro Umberto I. 21, schräg hinter einer Tankstelle, von außen nur am Schild „Urban Tour" zu erkennen.

C.C.P. Agricantus, eine Art Kulturkooperative, in der Rock-, Folk und Jazzkonzerte, Theateraufführungen etc. stattfinden. Mit Restaurant, Bar bis drei Uhr morgens geöffnet. Via Nicolo Garzilli 89, nahe Giardino Inglese.
Kandisky Florio Club, in der ehemaligen Tonnara Florio (in Meeresnähe, etwas stadtauswärts des Hotels Villa Igiea), reizvolles Ambiente mit Livemusik, an Wochenenden Disco.
Grilli Giù, Largo Cavalieri di Malta 2, nördlich der Vucciria, im Erdgeschoss des Restaurants Grilli. Beliebte, lebendige Bar, nette Atmosphäre neben alten Mauern.
The Brass Group, Via Butera 14, bekanntes Jazzlokal mit Liveauftritten internationaler Gruppen.

• *Shopping* Auf den Märkten ist außer bei Lebensmitteln Feilschen geradezu Pflicht. Alle genannten Märkte haben werktags vormittags, am späten Nachmittag und frühen Abend geöffnet; in der Siesta-Zeit und am Sonntag ist alles dicht. Am meisten los ist in der Regel vormittags. Vorsicht vor Taschendieben!
Die berühmte **Vucciria** unterhalb der Piazza San Domenico und nahe der Kreuzung Via Roma/Cassaro hat leider ihre besten Zeiten hinter sich. Wurde auf dem kleinen Platz und in den Gässchen früher noch eine bunte Fülle von Lebensmitteln angeboten, mischen sich jetzt immer mehr Verkäufer asiatischer Billigelektronik unter die traditionellen Fischstände.
I Lattarini, Campingartikel, Militärkleidung, Lederjacken etc. finden sich jenseits des Cassaro, etwas meerwärts der Via Roma.
Wie auch in der Vucciria ist das Angebot jedoch rückläufig.
Capo: Ein wirklich urwüchsiger und bunter Markt, dessen Zentrum das Gebiet zwischen dem oberen Ende der Via Sant'Agostino und der Porta Carini ist, hier hauptsächlich als Lebensmittelmarkt. Unbedingt sehenswert.
Ballarò, ebenfalls ein bunter Markt. Obst und Gemüse, aber auch reichlich Second-Hand-Ware. Er erstreckt sich rund um den gleichnamigen Platz und die nahe Piazza Casa Professa; zu erreichen über die Via del Bosco, die unweit des Bahnhofs von der Via Maqueda abzweigt.

• *Veranstaltungen* Ausstellungen, Theateraufführungen und Konzerte reichlich – Palermo ist auch kulturell die Hauptstadt Siziliens, allerdings hart bedrängt von Catania. Monatlicher Programmkalender über alle Aktivitäten bei den Info-Büros.

Immer wieder umgebaut: Palermos Kathedrale

U Fistinu di Santa Rosalia, am 15. Juli, das bedeutendste religiöse Fest der Stadt. Der Ausdruck „das Festchen" ist vornehme Untertreibung – eine große Prozession, Hafenfeuerwerk und Straßenmusik sorgen für gewaltiges Remmidemmi in der Stadt.
Opera dei Puppi, die berühmten sizilianischen Puppentheater, über Jahrhunderte hinweg erregten die heldenhaften Kämpfe der Paladine Karls des Großen gegen die Sarazenen die Gemüter der Sizilianer. Die uralte Tradition war dem Aussterben nahe, und es ist auch dem Tourismus zu verdanken, dass sie nicht völlig von der Bildfläche verschwand. Gelegentlich finden Aufführungen im **Museo delle Marionette** und im **Museo Etnografico Pitrè** statt. Volksnäher sind die Spektakel der wenigen verbliebenen originalen „Pupari" – vor allem die Familie Cuticchio hält noch die Fahne dieses Gewerbes hoch, darunter Anna Cuticchio, die erste weibliche Pupara, im **Teatro Ippogriffo**, Vicolo Ragusi 6 (☎ 091/329194). Aktuelle Termine jeweils bei den Infostellen.

Sehenswertes

> **Kombi-Tickets für Museen und Monumente**
> Für eine Reihe von Museen und anderen Sehenswürdigkeiten der Stadt und ihrer Umgebung werden Sammeltickets („Biglietti cumulativi") zu vergünstigtem Eintrittspreis angeboten. Die teuersten sind zwei Tage gültig.
>
> | | |
> |---|---|
> | Museo Archeològico Regionale + Galleria Regionale della Sicilia | 10 € |
> | Museo Archeològico Reg., Galleria Reg. d. Sicilia + Palazzo Mirto | 12 € |
> | Museo Archeològico Regionale + Palazzo Mirto | 7 € |
> | Galleria Regionale della Sicilia + Palazzo Mirto | 7 € |
> | San Giovanni d. Eremiti, Zisa, Cuba, Kreuzgang Monreale | 12 € |
>
> EU-Bürger unter 18 Jahren sowie über 65 Jahren genießen in den meisten Sehenswürdigkeiten freien Eintritt, für 18–25-Jährige ist der Preis oft halbiert.

Zentraler Orientierungspunkt in Palermos Innenstadt sind die *Quattro Canti* an der Kreuzung der *Via Maqueda* mit dem *Cassaro* (Via Vittorio Emanuele). Die Quattro Canti bilden den Schnittpunkt von vier traditionellen Vierteln: Auf der dem Meer abgewandten Seite der Via Maqueda erstrecken sich die Viertel *Albergheria* (südlich Cassaro) und *Capo*; zum Meer hin liegen *La Kalsa* (südlich des Cassaro) und das Viertel um die *Vucciria*. Fast alle Monumente und die meisten Museen liegen in Fußwegentfernung innerhalb dieses Bereichs.

Um die Quattro Canti

Der Mittelpunkt der Innenstadt ist fast rund um die Uhr ein Opfer des Verkehrs. Trotzdem sollte man dem im 17. Jh. angelegten Platz einen Blick gönnen: In den Nischen an den konkav gewölbten „vier Ecken" stehen von oben nach unten jeweils die Statuen einer Stadtheiligen, eines spanischen Königs und die Symbolfigur einer Jahreszeit; alle von den Abgasschwaden schon recht angenagt.

Piazza Pretoria: an der Via Maqueda Richtung Bahnhof, nur ein kleines Stück von den Quattro Canti. Einen Großteil des Platzes nimmt die kuriose *Fontana di Piazza Pretoria* ein. Ursprünglich war der riesige Brunnen (Umfang über 130 m) für eine Villa in Florenz bestimmt. Nachdem die Komposition aus Dutzenden von marmornen Nymphen, Göttern und Fabelgestalten dort keinen Anklang fand, wurde sie 1574 nach Palermo verkauft. Im Süden der Piazza steht das 1463 errichtete und mehrfach umgebaute Rathaus *Palazzo del Municipio*.

La Martorana und San Cataldo: Die beiden Kirchlein stehen nebeneinander an der *Piazza Bellini*, einen Katzensprung südlich der Piazza Pretoria.
La Martorana wird zu den bedeutendsten Werken der normannischen Kunst gezählt, eine Einschätzung, die vor allem auf der Qualität der Mosaiken im Inneren beruht. Äußerlich wurde der im byzantinischen Stil geplante Zentralkuppelbau mehrfach bis zur Unkenntlichkeit verändert. Noch im 12. Jh. entstanden Vorhalle, ein (später überbauter) Vorhof und der schöne, viergeschossige Campanile, durch den man das Kircheninnere betritt. Die Innenausstattung bildet eine etwas wunderliche, aber durchaus attraktive Mixtur normannischer Mosaike und barocker Gemälde. Es dominiert das leuchtende Gold, das als Hintergrundfarbe der Mosaiken gewählt wurde. Der Bilderzyklus (in der Kuppel Christus als Pantokrator, in den Seitenschiffen die Apostel) gilt als ältester Siziliens.

La Chiesa di San Cataldo (gegenüber) blieb von Umbauten weitgehend verschont. An der Konstruktion der um 1160 errichteten Kirche ist die Verbindung normannischer und arabischer Stilelemente deutlich erkennbar: ein rechteckiger Grundriss, geschmückt von umlaufenden Zinnen, darüber drei rote Kuppeln in orientalischer Tradition. Der Innenraum ist schmucklos, glänzt aber mit schönem Spiel des Lichts.

Öffnungszeiten/Eintritt **La Martorana** Mo–Sa 8–13, 15.30–19.30 Uhr, So und in der ersten Augusthälfte nur 8.30–13 Uhr. **San Cataldo** Mo–Fr 9.30–13, 15.30–18 Uhr, Sa/So 9.30–13 Uhr; Eintrittsgebühr 2 €.

Albergheria-Viertel und Normannenpalast

Das alte, im Krieg schwer getroffene Viertel südwestlich der Via Maqueda beherbergt in seinen Randbezirken einige bedeutende Sehenswürdigkeiten: das Kloster *San Giovanni degli Eremiti* und der *Palazzo dei Normanni*, dessen

Mittelpunkt Palermos: die „Vier Ecken": Quattro Canti

Cappella Palatina zweifellos das schönste Schatzkästlein Palermos darstellt. Ein Bummel dorthin führt direkt durch die bunten Märkte des Viertels Albergheria.

San Giovanni degli Eremiti: Die 1132 durch den Normannen Roger II. errichtete Klosterkirche steht auf den Resten einer arabischen Moschee und eines noch älteren Benediktinerklosters. Sie ist ein weiteres Beispiel für das Zusammenwirken normannischer und islamischer Architekturtradition. Der schmucklose Unterbau in Form eines sogenannten „Antonius-Kreuzes" und der Campanile werden von fünf roten Kuppeln gekrönt. Das Schönste an San Giovanni ist jedoch der romantische *Kreuzgang* aus dem 13. Jahrhundert mit seinen im islamischen Stil verzierten Säulen und Bögen.

Öffnungszeiten/Eintritt Mo–Sa 9–18.30 Uhr. Der Kreuzgang bleibt leider wegen Arbeiten bis mindestens Ende 2007 gesperrt, Eintrittsgebühr dennoch 6 €.

Palazzo dei Normanni

Auch Palazzo Reale genannt, ein kleines Stück nordwestlich von San Giovanni gelegen. Mit der fantastischen Cappella Palatina birgt er die mit Abstand größte Sehenswürdigkeit der Stadt.

Die Araber wählten dieses Areal für ihren Herrscherpalast *Al-Kasr*, Namenspatron des von hier meerwärts verlaufenden „Cassaro" (Via Vittorio Emanuele). Die Grundzüge des heutigen Gebäudes stammen von der prachtvollen Residenz der Normannen, die auf den Ruinen des arabischen Palastes entstand. Unter Stauferkaiser Friedrich II. wurde sie zum Schmelztiegel orientalischer und westlicher Kunst und Wissenschaft. Nach dem Untergang des Stauferreiches begann der verlassene Bau zu bröckeln. Jahrhunderte vergingen, bis sich die spanischen Vizekönige daran machten, das heruntergekommene Prachtstück zu sanieren. Die Umbauten des 16.–18. Jh. verwandelten den riesigen Palast in eine verwirrende Mixtur verschiedener Stilrichtungen. Heute ist er Sitz des sizilianischen Parlaments.

Cappella Palatina: zwischen 1132 und 1140 errichtet. Die ursprünglich frei im Hof stehende, zweigeschossige Privatkapelle Rogers II. verschmolz im Lauf der Zeit mit den umgebenden Gebäuden. Der Zugang erfolgt jetzt über eine Treppe in den ersten Stock. Im Dämmerlicht schimmert die gesamte dreischiffige Kapelle in schier märchenhafter Pracht. Arabische, byzantinische und normannische Einflüsse vereinigen sich in unübertrefflich harmonischer Weise. Eingelegte Marmorfußböden und antike Granitsäulen bilden den Rahmen für die berühmten goldglänzenden Mosaiken. Am ältesten sind die der Kuppel (Christus Pantocrator, umgeben von Engeln und Heiligen) und der Apsiden. Ein für eine Kirche sehr ungewöhnliches Ausstattungsstück ist die geschnitzte arabische Holzdecke im Mittelschiff, wie sie in manchen Moscheen anzutreffen ist. In ihre Stalaktitenform sind, mit dem bloßen Auge kaum erkennbar, menschliche Figuren eingearbeitet. Leider wird die Holzdecke noch bis mindestens 2008 wegen Renovierungsarbeiten eingerüstet und deshalb nicht zu sehen sein. Weitere Glanzstücke der Cappella Palatina sind der Hochaltar, ein über 4 m hoher, reich verzierter Kerzenhalter aus Marmor und der Thron Rogers II.

Appartamenti Reali: Die Privaträume des Königs liegen einen Stock höher. Interessant ist vor allem die *Sala di Ruggero*, deren Wände schöne Mosaiken aus dem 12. Jh. bedecken.

• *Öffnungszeiten/Eintritt* Palazzo geöffnet Mo/Fr/Sa 8.30–12 Uhr und 14–17 Uhr, So 8.30-14 Uhr. Eintrittsgebühr (inkl. Cappella Palatina, deren Öffnungszeiten beachten!) 6 €. Cappella Palatina geöffnet Mo–Sa 8.30–12 Uhr und 14–17 Uhr, So 8.30–9.45 Uhr und 11.15–12.30 Uhr. Die Zeiten wechseln oft. Auch unter der Woche finden gelegentlich heilige Messen statt, die man nicht der Kunstbesichtigung halber stören sollte. Man bittet um „christliche" Kleidung, also kein Zugang in Shorts, mit tiefem Ausschnitt etc. Eintrittsgebühr (ohne Besichtigung des Palazzo) 4 €.

Capo-Viertel

Das Gebiet nördlich des Cassaro, auf der meerabgewandten Seite der Via Maqueda, ist – von der am Rand des Capo liegenden Kathedrale abgesehen – nicht so dicht mit Sehenswürdigkeiten gespickt wie die anderen Viertel. Immerhin hat auch der Capo seinen lebendigen Markt, der sich von der Piazza Monte di Pietà bis zur Via Maqueda erstreckt.

Kathedrale: am Cassaro, also der Via Vittorio Emanuele. Hinter einem weiten Vorplatz erstreckt sich die Südflanke des riesigen Gebäudes. Schon im 6. Jh. stand an dieser Stelle eine christliche Kirche, die zur Zeit der Araberherrschaft in eine Moschee umgewandelt wurde. Die Normannen schließlich gaben 1170 den Auftrag zum Bau der Kathedrale, der 1185 beendet war. Leider gaben sich spätere Generationen mit dem Ergebnis nicht zufrieden. Nachdem schon im 15. Jh. eine gotisch-katalanische Vorhalle an die Südfassade gebaut worden war, setzte man dem geplagten Gebäude im 17./18. Jh. die völlig unpassende große Kuppel auf. Wie schön die Kathedrale ohne diese Verunzierungen aussehen würde, lässt sich am besten von der stadteinwärts weisenden Ostseite aus beurteilen. Hier zeigt sich der normannische Ursprungsbau mit der zinnenbekrönten Mittelapsis noch im reinen Stil. Auch das Innere der dreischiffigen Kirche wurde bei den Umbauten des 18. Jh. nicht verschont und langweilt jetzt im klassizistischen Stil. Ausgesprochen sehenswert sind immerhin die nur auf einer Führung zu besichtigenden *Herrschergräber*.

Palermo/Um die Vucciria

In zwei Seitenkapellen (vom Eingang links halten) ruhen die sterblichen Überreste der Crème normannischer und staufischer Kaiser und Könige: in der ersten Reihe links der von Löwen gestützte Sarkophag des großen *Friedrich II.*, rechts der seines Vaters *Heinrichs VI.* Hinten rechts der Sarg seiner Ehefrau (und Mutter Friedrichs), der normannischen Prinzessin *Konstanze von Aragon* – durch ihre Heirat ging die Erbfolge von den Normannen auf die Staufer über. Links der Sarg ihres Vaters *Roger II.*, des ersten Königs von Sizilien. Der *Domschatz* lohnt eine Besichtigung, Prunkstück ist die reich verzierte goldene Krone der Konstanze.
Öffnungszeiten/Eintritt Kathedrale geöffnet 9.30–17.30 Uhr; Eintrittsgebühr für Herrschergräber 1 €, Domschatz und Krypta 2 €.

Chiesa Sant'Agostino: Die im 14. Jh. von den Adelsfamilien Chiaramonte und Sclàfani gestiftete Kirche liegt an der belebten Marktstraße Via Sant'Agostino, im Herzen des Capo-Viertels. Auch sie wurde im 17./18. Jh. umgebaut; die schöne Rosette über dem Haupteingang ist allerdings original. Der Innenraum steht ganz im Zeichen von Giacomo Serpotta, des Meisters der Stuckdekoration.

Um die Vucciria

In dem kleinen Viertel zwischen Cassaro, Via Maqueda, Via Cavour und dem Meer bestimmen Straßenverkauf und Kleingewerbe das Bild.

Museo Archeologico Regionale A. Salinas: in einem ehemaligen Kloster an der Piazza Olivella, nahe der Hauptpost (Via Roma). Eins der wichtigsten Museen seiner Art in Italien. Mit Funden aus vielen bedeutenden archäologischen Stätten Siziliens ist es wie geschaffen für Vorbereitung oder Nachlese einer Inseltour. Das Museum gliedert sich in drei Stockwerke und bietet eine überwältigende Fülle von Exponaten.

• *Öffnungszeiten/Eintritt* Di–Fr 8.30–14, 14.30–18.45 Uhr, Sa–Mo 8.30–13.45 Uhr; Eintrittsgebühr 6 €.

• *Erdgeschoss* Eingang durch den **Kleinen Kreuzgang**, in dem hauptsächlich Funde aus gesunkenen Schiffen präsentiert werden. In zwei Seitensälen finden sich Objekte, die den frühen Kontakt zum östlichen Mittelmeer belegen: phönizische Sarkophage und Plastiken sowie der sogenannte „Stein von Palermo", eine Aufzählung ägyptischer Pharaonen in Hieroglyphenform.
Über den **Großen Kreuzgang** gelangt man in die Museumsräume. In den ersten drei Sälen finden sich griechische Inschriften, Doppelstelen vom Demeter-Heiligtum in Selinunte und Architekturfragmente. Die anschließende **Sala Marconi** enthält unter anderem sehr schöne Wasserspeier (5. Jh. v. Chr.) in Form von Löwenköpfen aus dem Tempel von Himera. Absolutes Highlight des Museums ist der **Salone di Selinunte** mit den berühmten Metopen (Reliefs am Tempeldach) der dortigen Tempel. Angrenzend vier weitere Säle mit etruskischen Fundstücken aus der Toskana.

• *Erster Stock* Zugang vom Kleinen Kreuzgang. Eine überwältigende Menge an Exponaten erwartet hier den Besucher, darunter allein etwa 12.000 Terrakottafiguren vom Demeter-Heiligtum in Selinunte. Trotz der etwas ermüdenden Fülle sollte man den Gang in den **Saal der Bronzen** nicht versäumen. Der dortige Bronzewidder aus Siracusa entzückte schon Goethe.

• *Zweiter Stock* Nach langer Renovierung erst seit wenigen Jahren wieder zugänglich. Sein Glanzlicht bilden die Kopien der steinzeitlichen Felszeichnungen aus den **Grotte dell'Addaura** am Monte Pellegrino, die im Original nicht zu besichtigen sind.

Oratorio di Santa Cita: Im meerwärts liegenden Teil des Viertels, an der Via Valverde, Nähe Via Sqarcialupo; eine recht heruntergekommene Gegend. Unbedingt sehenswert ist die Kapelle (Mo-Sa 9–13 Uhr, 2 €) speziell des Innenraums wegen, in dem sich Stuckspezialist *Giacomo Serpotta* so richtig austobte. Höhepunkt der üppigen Dekoration ist eine plastische Darstellung der Seeschlacht bei Lepanto.
Öffnungszeiten/Eintritt Mo–Fr 9–13, 15–17.30, Sa 9–13 Uhr.

Piazza San Domenico: Die riesige Dominikanerkirche *Chiesa di San Domenico* entstand im 14. Jh. und wurde im 17. Jh. im Barockstil komplett umgebaut. Neben einer Reihe von Arbeiten der Bildhauerfamilie Gagini enthält sie Gräber, deren Aufschriften sich wie ein Who's who sizilianischer Vergangenheit lesen. Das *Oratorio del Rosario di San Domenico* in der 1578 errichteten kleinen Kapelle hinter San Domenico (Kustode in der Via Bambinai 16; Trinkgeld) beeindruckt mit prächtiger Innenausstattung.

Öffnungszeiten/Eintritt Chiesa di San Domenico, tägl. 9–11.30, Sa/So auch 17–19 Uhr.

Vucciria: Von der Piazza San Domenico taucht man über eine Treppe direkt in das (heute nicht mehr gar so heftige) Marktgetümmel ein. Der zentrale Platz der Vucciria ist Refugium der verbliebenen Fischverkäufer. Rote Sonnensegel schützen die verderbliche Ware, nackte Glühbirnen erhellen das Zwielicht, halbe Schwertfische hängen neben Kisten mit streichholzkurzen Silberlingen.

La Kalsa

Die Gegend meerwärts der Via Maqueda und südlich des Cassaro war in früheren Jahrhunderten eine der feinsten Adressen Palermos. Im Zweiten Weltkrieg von Bombenangriffen schwer getroffen, hat sich der einstige Glanz heute ins Gegenteil verkehrt. Von einem Besuch sollte man sich dennoch nicht abhalten lassen, schließlich hat La Kalsa trotz aller Zerstörungen einige hochkarätige Sehenswürdigkeiten zu bieten.

Museo Internazionale delle Marionette: An der Piazzetta Niscemi 5, nahe Piazza Marina. Ein Fest für Fans der sizilianischen *Opera dei Pupi* (→ „Veranstaltungen"): Marionetten von Ritter Orlando nebst Konsorten sind in diversen Variationen ebenso zu sehen wie seine dunkelhäutigen Gegenspieler, außerdem eine Sammlung bemalter Bühnen sowie orientalische Puppen. Über „Live"-Auftritte der Puppen Infos bei den Büros der AAPIT.

Öffnungszeiten/Eintritt Mo–Fr 10–13, 15.30–18.30 Uhr (läuten, falls geschlossen); Eintrittsgebühr 5 €.

Piazza Marina: Der hübsche Platz gleich neben dem Cassaro hat sich zu einem beliebten abendlichen Treffpunkt entwickelt und lockt mit Bars, Pizzerias und Restaurants aller Couleur, von der Hühnerbraterei bis zum feinen Ristorante.

Palazzo Mirto: An der Via Merlo, nur ein paar Schritte von der Piazza Marina. Der Palast war viele Jahrhunderte lang im Besitz einer reichen Palermitaner Familie und gelangte nach dem Tod der letzten Angehörigen in die Hände der Region Sizilien, die ihn der Allgemeinheit öffnete. Ein Rundgang durch die prunkvollen Gemächer zeigt sehr anschaulich den einstigen Lebensstil der sizilianischen Oberschicht.

Öffnungszeiten/Eintritt Täglich 9–18.30 Uhr; Eintritt 2,50 €.

Galleria Regionale di Sicilia: Siziliens bedeutendste Sammlung von Gemälden und Skulpturen birgt Objekte vom Mittelalter bis zum 17. Jh. Untergebracht ist sie im *Palazzo Abatellis* (Via Alloro 4), einem gut erhaltenen Adelspalast an der Schwelle der Gotik zur Renaissance, 1495 erbaut. Zugang zur Galerie über den Hof. Das Erdgeschoss ist der Bildhauerei gewidmet, darunter Arbeiten der Familie *Gagini*; Prunkstück der Gemäldegalerie im Ersten Stock ist die Sammlung der Werke von *Antonello da Messina*.

Öffnungszeiten/Eintritt Di–Fr 9–13, 14.30-19 Uhr, Sa–Mo 9–13 Uhr. Eintrittsgebühr 6 €.

Chiesa di Santa Maria dello Spasimo: am südlichen Rand des Kalsa-Viertels, Zugang über die Via dello Spasimo. Durch den Hof eines ehemaligen Ospedale gelangt man zu der nie fertig gestellten Klosterkirche aus dem 16. Jh. Die dachlose Ruine, in deren Innerem Bäume wachsen, dient gelegentlich als Bühne und ist ein romantischer Ort von ungewöhnlichem Reiz, geöffnet täglich von 8–23.45 Uhr, sonntags erst ab 9 Uhr.

Orto Botanico: Der botanische Garten am östlichen Rand der Kalsa (Anfang Via Lincoln) gilt – mit Recht – als einer der schönsten Europas. Schon im 18. Jh. gegründet, beherbergt er heute eine kaum überschaubare Anzahl exotischer Gewächse; allein die hier gedeihenden Palmenarten zählen nach Dutzenden. Eine grüne Ausweichmöglichkeit mit südlichem Flair bietet der benachbarte Stadtpark *Villa Giulia*, ebenfalls eine Oase der Ruhe.

Öffnungszeiten/Eintritt Orto Botanico geöffnet Mo-Sa 9-18 Uhr, So 8.30–13 Uhr, häufige Änderungen. Zuletzt war der Garten z.T. in Umbau, die Eintrittsgebühr deshalb von 3,50 € auf 2 € gesenkt.

Äußere Stadtbezirke

Convento dei Cappuccini: Die makaberste „Sehenswürdigkeit" Siziliens ist nichts für Sensible. Tausende mumifizierter Leichname warten in den Katakomben unter dem Kapuzinerkloster auf die Ewigkeit. Bis ins Jahr 1881 wurden die mit verschiedenen Verfahren konservierten Körper hier bestattet. Völlig bekleidet stehen und liegen sie, Frauen und Männer getrennt und nach Berufen geordnet, in Glassärgen oder Wandnischen. Ein schauerliches Bild, schief hängende Köpfe, verzerrte Gesichter oder deren Überreste, mumifizierte Kleinkinder. Das zweijährige Mädchen Rosalia kam rund 1920, als diese Bestattungsform schon längst verboten war, in das Schreckenskabinett. Mit einem nicht mehr bekannten Verfahren behandelt, scheint das tote Kind in seinem Sarg nur zu schlafen.

Öffnungszeiten/Eintritt An der Piazza Cappuccini, von der Piazza Indipendenza etwa einen Kilometer über den Corso Cappuccini, dann rechts in die Via Pindemonte. Geöffnet Mo–Sa 9–12, 15–17.30 Uhr; Eintrittsgebühr 1,50 €.

Museo Etnografico Pitrè: Das Volkskundemuseum liegt im hinteren Teil des *Parco della Favorita*, Palermos etwas verwildertem Stadtpark, der sich im Norden der Stadt unterhalb des Monte Pellegrino erstreckt. Siziliens bedeutendstes Museum dieser Art beherbergt neben einer Sammlung bunter Karren auch Marionetten nebst dazugehörigem Theater, Krippenfiguren, Trachten, landwirtschaftliche Geräte und vieles mehr – ein kompletter Überblick über ausgestorbene und noch existierende Details des Alltagslebens der Insel.

Öffnungszeiten/Eintritt Zugang nahe der Piazza Niscemi am Viale del Fante; gut 5 km von den Quattro Canti (Stadtbusse). Geöffnet Di-Sa 9-19.30, So 9-12.30 20 Uhr; Eintritt 5 €.

Palermo/Umgebung

▸ **Monte Pellegrino**: der markante, 606 m hohe Klotz fällt bei der Anreise per Schiff schon von weitem ins Auge. In der Nähe des Grand Hotels Villa Igieia zweigt die Panoramastraße Via Bonnano ab, die in vielen Serpentinen über den Berg und nach Mondello führt. Auch per Bus ab der Piazza Don Sturzo zu erreichen ist das *Santuario di Santa Rosalia*. Das Heiligtum der Stadtheiligen Palermos ist ein beliebter Wallfahrtsort mit entsprechendem Rummel und Souvenirkitsch. Hinter einer Kapelle liegt die 25 m tiefe Höhle, in der die Gebeine Rosalias entdeckt wurden. Den vielen Pilgern gilt das an den Wänden herabfließende und in Metallrinnen gesammelte Wasser als wundertätig.

▸ **Mondello**: Die Sommerfrische der Hauptstadt liegt etwa 12 km nördlich des Zentrums. Das einstige Fischerdorf wurde schon zu Beginn des 20. Jh. von reichen

Palermitanern „entdeckt"; zahlreiche hübsche Villen sind das Ergebnis. Das heutige Mondello ist im Sommer Palermos Strandbad und Zentrum des Nachtlebens zugleich. Am 2 km langen Strand reihen sich die *stabilimenti*, deren Gebäude z. T. noch aus der Zeit des Jugendstils stammen.

Anfahrt/Verbindungen Stadtbus 806 ab Politeama/Piazza Sturzo direkt nach Mondello, oder Nr. 101 vom Bahnhof bis Endstation De Gasperi Stadio, weiter mit Linie 603.

Monreale
ca. 32.000 Einwohner

Das Bergstädtchen ist der unbestrittene Star unter den Ausflugszielen der Umgebung Palermos. Zu Recht, bildet doch der hiesige Normannendom mit seinen prachtvollen Mosaiken einen Anziehungspunkt allererster Ranges.

Monreale liegt am Hang des *Monte Caputo* in etwa 300 m Höhe, 8 km südwestlich der Hauptstadt. Bei der Anfahrt über die Serpentinenstraße bietet sich ein weiter Blick über Palermo und die Conca d'Oro.

• *Verbindungen* Vom Bahnhof Stadtbus 109 zur Piazza Indipendenza, weiter mit Nr. 389. Ein normales Stadtbusticket reicht aus.
• *Essen* Taverna del Pavone, wenige Schritte vom Domplatz. Frische sizilianische Küche zu vernünftigen Preisen. Menü ab etwa 20–25 €. Vicolo Pensato 18, ✆ 091/6406209, Mo Ruhetag.

Der Dom: Normannenkönig Wilhelm II. („der Gute") ließ die mächtige Kathedrale ab 1174 in nur wenigen Jahren erbauen. Sie ist die größte Kirche Siziliens und mit der von Mosaiken schier überquellenden Innendekoration auch die blendendste. Als Baumeister des Prachtstücks gelten fatimidische Architekten aus dem Orient. Zwischen zwei Türmen – der linke blieb unvollendet – erhebt sich zurückgesetzt die Fassade; die Vorhalle über dem sehenswerten Bronzeportal von 1186 ist ein Anbau des 18. Jh. Aus späterer Zeit stammt auch die langgestreckte Vorhalle der linken Domseite, in der sich der heutige Haupteingang mit einer ebenfalls interessanten Bronzetür befindet. Völlig original ist nur noch die schöne Ostseite, deren Spitzbögen sich mit eingelegten Ornamenten aus Lava und Kalkstein schmücken. Im Dämmerlicht des dreischiffigen, von antiken Säulen unterteilten Inneren fallen sofort die weltberühmten *Mosaiken* ins Auge. Goldglänzend bedecken sie den gesamten Innenraum, insgesamt über 6000 Quadratmeter Fläche! Im Stil orientieren sich die Mosaiken an byzantinischen Vorbildern, angelegt wurden sie aber von sizilianischen und venezianischen Künstlern in der erstaunlich kurzen Zeit von nur vier Jahren. Gedacht war die Bilderpracht als eine Art Bibel in Comic-Form, verständlich auch für das „einfache Volk". Vor Ort sind bebilderte Führer erhältlich, die das gesamte Mosaikwerk einzeln aufschlüsseln. Gegen eine Eintrittsgebühr kann man zudem über den Turm im rechten Seitenschiff der Kirche aufs Dach steigen oder den Domschatz besichtigen.

• *Öffnungszeiten/Eintritt* Täglich 8–12.30, 15.30–18 Uhr, häufige Änderungen. Der Sonntag-Vormittag ist wegen des Gottesdienstes eine ungünstige Zeit für Besichtigungen; Eintritt frei (über die Einführung einer Gebühr wird spekuliert), zu den Terrassen Terrazze 1,50 €. Der Kirchenschatz Tesoro (2 €) ist nur bis 12 Uhr zugänglich.

Chiostro dei Benedettini: Der Kreuzgang, einzig unversehrt erhaltener Rest des etwa zeitgleich mit dem Dom errichteten Benediktinerklosters (Eingang rechts vor dem Hauptportal des Doms), ist eine Oase der Schönheit und Ruhe – falls ihn nicht gerade wieder einmal Reisegruppen überschwemmen. Arabisch beeinflusst, erinnert er ein wenig an die Alhambra im spanischen Granada: Spiele von Licht und Schatten, aus einem Brunnen rinnt träge das Wasser.

Öffnungszeiten/Eintritt Täglich 9–18.30 Uhr (im Winter So nur bis 13.30), häufige Änderungen. Eintritt 6 €.

Eingeklemmt zwischen Meer und Felsen: die Altstadt von Cefalù

Nordküste

Mit ihren steil ins Meer hin abfallenden Bergen, den fruchtbaren Zitronen- und Orangenhainen und den abwechslungsreichen Stränden gehört sie zu den schönsten Landstrichen der Insel.

Östlich Palermos bis hinter Termini Imerese trüben allerdings zunächst Umweltverschmutzung und Bauwut das Bild, immer wieder tauchen Industrieansiedlungen auf. Zwischen der Tourismuskapitale *Cefalù* und *Milazzo* wartet dann der attraktivste Teil der Nordküste. Die Küste glänzt teils mit langen Sand- und Kiesstränden, teils mit felsgerahmten kleinen Badebuchten. Höhepunkt des nassen Vergnügens sind sicher die Lagunenstrände unterhalb des alten und neuen Heiligtums *Tindari*.

• *Anfahrt/Verbindungen* **PKW**, die gebührenpflichtige Autostrada A 19/A 20 Palermo-Messina entlastet die reizvolle Küstenstraße.
Bahn, für Reisende mit öffentlichen Verkehrsmitteln die beste Wahl. Häufige Züge, immer dicht an der Küste entlang; schöne Panoramen, falls nicht gerade einer der zahlreichen Tunnels die Sicht nimmt.
Bus, der starken Schienenkonkurrenz wegen sehr mäßige Verbindungen, die Strecke Palermo-Cefalù wird gerade mal 3-mal tägl. bedient. Gut versorgt ist nur die Strecke Milazzo-Messina.

Cefalù
ca. 14.000 Einwohner

Der Pauschalreisenden liebstes (und einziges) Kind an der Nordküste, nach Taormina das größte Tourismuszentrum der Insel. Ein Besuch lohnt dennoch: Cefalù besitzt Flair zwischen Trubel und Fischer-Romantik. Ähnlich wie in Taormina sind die Häuser der Altstadt gefällig restauriert, die Gassen blitzblank, der Strand wird von Putzkolonnen gesäubert.

Klar abgegrenzt von den neueren Ortsteilen drängt sich die pittoreske Altstadt mit ihren gepflasterten Gassen und engen Bogendurchgängen zwischen dem Meer und

Sizilien

dem wuchtigen, 270 m hohen Felsen *Rocca di Cefalù*. Neben diesem gigantischen Klotz schrumpft selbst der mächtige *Normannendom*, der im Ortskern alles überragt, auf Spielzeugmaße. Im Westen erstreckt sich eine kilometerlange Bucht mit feinem Sandstrand. – Cefalù ist nur eine Zugstunde von Palermo entfernt, insofern ein guter Standort für die Besichtigung der Inselmetropole.

Information/Anfahrt/Verbindungen

• *Information* **Ufficio Informazione Turistica**, in der Altstadt am Corso Ruggero 77; ✆ 0921/421050, ℻ 422386. Geöffnet Mo–Sa 8–19.30 Uhr, Juni bis August auch So 8–14 Uhr. www.cefalu-tour.pa.it.

• *Anfahrt/Verbindungen* **PKW**, Parken am besten in den neueren Stadtvierteln oder an der Uferstraße (zur Saison Gebühr).

Bahn, Bahnhof zehn Fußminuten südwestlich des Zentrums in der Neustadt. Tagsüber mindestens stündlich Züge Richtung Palermo und Messina.

Bus, entlang der Küste kaum Verbindungen; etwas besser sieht's Richtung Inland (Madonie) aus.

Übernachten

Viele Ferienhotels und happiges Preisniveau, kleine Pensionen sind selten. Außerhalb der Hauptsaison verläuft die Quartiersuche meist problemlos; im Juli/August häufig Pensionspflicht.

*** Riva del Sole (6), zentrumsnah an der Strandstraße. Solides Mobiliar, teils Meerblick. DZ offiziell etwa 125–135 €; auch zu den Saisonrändern wird aber in der Regel die Buchung von HP erwartet (90–95 € p. P.). Via Lungomare 25, ✆ 0921/421230, ℻ 421984. www.rivadelsole.com.

*** Hotel Villa Gaia (8), ein kleines Stück stadtauswärts. Kleineres und familiäres Quartier mit gut ausgestatteten Zimmern und Suiten. Geöffnet etwa Mitte/Ende März bis Oktober, DZ/F 100–150, im August 180 €. Via V. Pintorno 101, ✆ 0921/420992, ℻ 925151. www.villagaiahotel.it.

** Hotel La Giara (3), zentrale Lage in der Altstadt, durch Mopedlärm allerdings nicht immer ganz ruhig. 21 solide Zimmer (Achtung, manche gehen nur auf einen Lichtschacht), Dachterrasse mit Aussicht; Garage. DZ/F etwa 70–100 €, um Mitte August 140 €. Via Veterani 40, ✆ 0921/421562, ℻ 422518. www.hotel-lagiara.it.

** Hotel delle Rose (9), an der Straße nach Gibilmanna, etwa einen Kilometer vom Zentrum. Der Chef spricht Deutsch. Zwar hellhörig und etwas laut, aber sehr sauber und mit einem für hiesige Verhältnisse günstigen Preis: DZ/Bad mit gutem Frühstück etwa 55–75 €; Zur HS auch hier Pensionspflicht. Reservieren ratsam. Ganzjährig; Via Gibilmanna, ✆ 0921/421885, ℻ 923824, www.pensionedellerose.it.

• *Camping* **Costa Ponente** und **San Filipo**, direkt nebeneinander im Ortsteil Ogliastrillo, gut 3 km außerhalb in Richtung Palermo; Busverbindung. Von beiden Plätzen Zugang zu hübscher Sand- und Kiesbucht. San Filippo ist der bei Reisenden mit kleinen Zelten beliebteste Platz bei Cefalù und auch in der Nebensaison einigermaßen belebt. Freundliches älteres Besitzerpaar, Einkaufsmöglichkeit (viel gibt's nicht). Sanitäres o.k. April bis Okt. ✆ 0921/420184.

Rais Gerbi, komfortabler Ferienplatz beim Örtchen Finale, etwa 14 km östlich. Vom Bahnhof Polina ca. 2,5 km durch den Ort. Ganzjährig. ✆ 0921/426577, www.raisgerbi.it.

Essen & Trinken

Wie nicht anders zu erwarten, bewegen sich die Preise auf hohem Level; die Qualität hält da selten Schritt. Zur Schonung des Geldbeutels gibt's fast überall Pizza.

Lo Scoglio Ubriaco (1), am Ende des Corso. Gutes Essen, reizvolles Ambiente in ehemaligen Lagerräumen, hübsch und edel umgebaut: Spitzbögen und Kreuzkuppeln, Terrasse direkt über dem Meer. Menü ab etwa 20 €, auch Pizza. Di Ruhetag.

Il Trappitu (2), mit ähnlich schöner Architektur wie Lo Scoglio, auch hier eine reizvolle Terrasse zum Meer, ein hübscher Platz besonders am Abend. Festes Menü mit Fisch 24 €, mit Fleisch 20 €, auch Pizza. Via Bordonaro 96.

Cefalù map

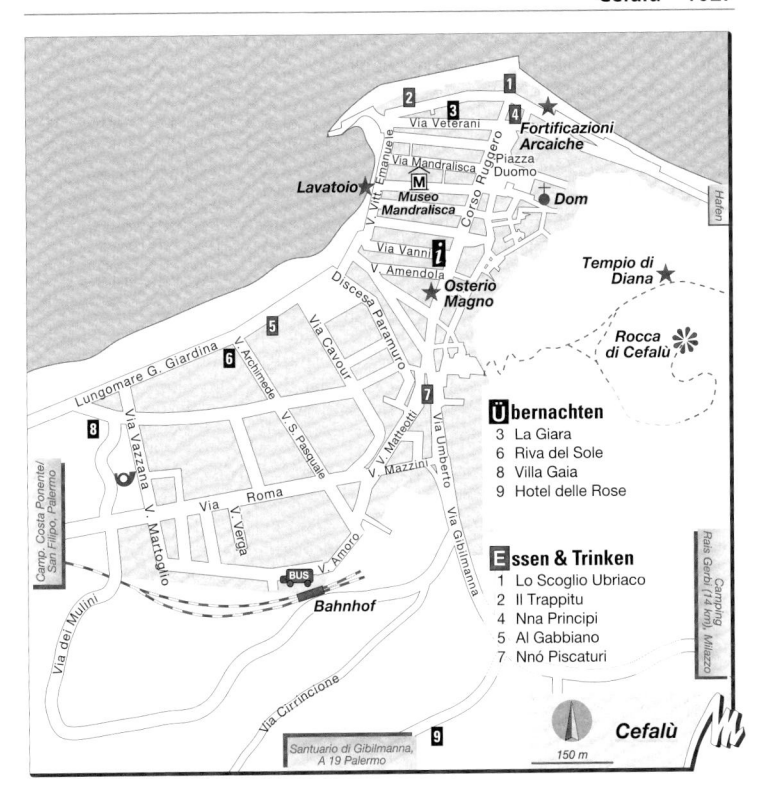

Übernachten
- 3 La Giara
- 6 Riva del Sole
- 8 Villa Gaia
- 9 Hotel delle Rose

Essen & Trinken
- 1 Lo Scoglio Ubriaco
- 2 Il Trappitu
- 4 Nna Principi
- 5 Al Gabbiano
- 7 Nnó Piscaturi

Trattoria-Pizzeria Nna Principi (4), fast am nördlichen Ende des Corso. Hier wird auch schon mittags leckere Pizza geboten. Auch das feste Menü für etwa 12 € ist durchaus ordentlich. Corso Ruggero 192.

Rist.-Pizzeria Nnó Piscaturi (7), im Zentrum. Betrieben von einer Fischerfamilie, die solide Hausmannskost zu günstigen Preisen auf den Tisch bringt: Menü ab etwa 15 €. Via Umberto 32.

Ristorante Al Gabbiano (5), eines von mehreren Lokalen am Lungomare. Ein Lesertipp von Roger Portmann: „Leckere Antipasti, ausgezeichnete Pasta, gute und fair kalkulierte Flaschenweine. Mittleres Preisniveau. Lungomare G. Giardina 17."

Sehenswertes

Aus arabischen Zeiten stammt noch der Grundriss der Altstadt, die Mehrzahl der Häuser dagegen aus dem 16. Jh. Die Hauptachse bildet der *Corso Ruggiero*, der sich von der *Piazza Garibaldi* bis an die Fassaden der nördlichen Uferfront hinzieht.

Osteria Magno: am Corso Ruggero Nr. 75. Der einstige Palast des Normannenkönigs Roger II., von dem nur Teile der Mauern und einige Fenster erhalten blieben, wurde vielleicht ein wenig überrestauriert. Im Eingangsbereich sind unter Glas die Reste einer Zisterne zu sehen, eine archäologische Sammlung schließt sich an.

Duomo: an der Piazza Duomo, dem abendlichen Treffpunkt im hinteren Teil des Corso. Ab 1131 ließ Roger II. die mächtige (90 x 40 m) Kirche erbauen; er verlor aber später wohl das Interesse daran: die Fassade wurde erst ein gutes Jahrhundert später vollendet, Teile der Außendekoration sind noch immer unfertig. An den Seiten der Eingangsfront verleihen zwei trutzige Türme dem Dom ein fast festungsähnliches Aussehen; die Vorhalle ist ein Anbau des 15. Jh. Weitgehend original erhalten ist der dreischiffige normannische Bau noch am Querhaus und an den Apsiden, die sich fast schon an die Felswand des Rocca anlehnen. Im Kircheninneren ziehen vor allem die großflächigen *Mosaiken* die Blicke auf sich. Die ältesten Arbeiten sind in Chor und Hauptapsis zu sehen. Sie entstanden ab 1148 und stammen wahrscheinlich von Künstlern aus Byzanz.

Museo Mandralisca: In der Via Mandralisca 13, Abzweig vom Corso gegenüber Piazza Duomo. Ein „Gemischtwarenladen", in dem besonders zwei Stücke Beachtung verdienen: eine *griechische Vase*, die einen Thunfischverkäufer beim Feilschen mit einem Kunden zeigt, und vor allem das ausdrucksvolle, rätselumwobene *„Bildnis eines unbekannten Mannes"* von Antonello da Messina (um 1470).
Öffnungszeiten/Eintritt Täglich 9–19 Uhr, im Hochsommer bis 24 Uhr. Eintritt 5 €.

Rocca di Cefalù: Der markante Felsklotz über Cefalù (zuletzt nur gegen Gebühr zu besuchen: 3,50 €) war schon in vorgeschichtlicher Zeit Siedlungs- und Kultstätte. Von der Piazza Duomo geht man auf dem Corso Ruggero ein Stück nach Süden und biegt in den Vicolo dei Saraceni ein, ein Schild weist den Weg zum „Tempio di Diana". Über eine eiserne Treppe und auf der ansteigenden Treppenrampe verlässt man den Ort, nach wenigen Schritten steigt links ein Treppenweg in Serpentinen rasch zum Burgberg an. Bei einer großen Zisterne gabelt sich der Weg, links trifft man bald auf die Ruinen des in einem Wäldchen liegenden *Tempio di Diana*. Ein Stück weiter liegt ein *Aussichtspunkt* mit großartigem Blick auf Stadt und Dom.

▸ **Santuario di Gibilmanna:** Anfahrt von Cefalù über eine aufregende Panoramastraße, Höhenunterschied 800 m auf einer Strecke von knapp 14 km! Das Marienheiligtum ist ein viel besuchter Wallfahrtsort, Höhepunkt ist der erste Sonntag im September, wenn wahre Heerscharen von Gläubigen zur Madonna pilgern. Angeschlossen ein schönes *Museum* mit Exponaten aus dem Leben und Wirken der Brüder.
Öffnungszeiten/Eintritt Sommer tägl. 7.30–13, 15.15–19.30 Uhr, Winter 8–13, 15.15–17.30 Uhr; Eintrittsgebühr 1,50 €.

Nordküste (Cefalù bis Milazzo)

Östlich von Cefalù beginnt der attraktivste Abschnitt der Tyrrhenischen Küste. Große und kleinere Sand- und Kiesbuchten wechseln sich ab.

▸ **Castel di Tusa:** winzige sympathische Siedlung, östlich davon erstreckt sich ein kleiner Sand- und Kiesstrand, dort auch Camping Lo Scoglio (April-September). Das ungewöhnliche Hotel *L'Atelier sul Mare*, dessen Zimmer nach und nach in Kunstwerke verwandelt werden (normale DZ/F ca. 100-170 €, „Kunstzimmer" ca. 140–220 €, ✆ 0921/334295, ✉ 334283, www.ateliersulmare.com) und der weitläufige Skulpturenpark *Fiumara d'Arte* locken kunstinteressierte Besucher aus aller Welt an.

▸ **Capo d'Orlando:** Ein bei italienischen Urlaubern sehr beliebtes Städtchen mit grobem Sandstrand. Während der Saison herrscht reichlich Trubel. Dementsprechend exzessiv gestaltete sich die Bautätigkeit in und um den Ort. Im Kern freilich bemühte man sich durchaus erfolgreich um Auflockerung durch Grünanlagen und eine kleine Fußgängerzone. Reizvoll zeigt sich auch der Strand östlich des kleinen Kaps am Ostrand des Städtchens.

- *Information* **Ufficio Informazione Turistica**, Via Amendola 11; ℡ 0941/912784. Geöffnet Mo–Fr 9–13, 17–20 bzw. im Winter 16–19 Uhr, Sa 9–13 Uhr.
- *Anfahrt/Verbindungen* **Zug**, Bahnhof zentrumsnah südwestlich des Ortskerns; häufige Anschlüsse Richtung Palermo und Messina. **Bus**, Haltestelle an der Piazzale Sardo; mit mehreren Gesellschaften insgesamt 9-mal täglich Anschlüsse nach Messina.
- *Übernachten* ***** La Tartaruga**, im Villen- und Fischerdorf San Gregorio östlich des Kaps. Weißer Klotz mit umlaufenden Balkonen, vom Meer durch die Straße getrennt. DZ/F etwa 105–115 €. ℡ 0941/2955012, ℻ 2955056. www.hoteltartaruga.it.
Camping Santa Rosa, etwa fünf fast durchgehend verbaute Kilometer westlich des Zentrums. Küstennah gelegen, der steinige Strand aber wenig begeisternd. Geöffnet Mitte Juni bis Mitte September. ℡ 0941/901723, ℻ 912384.

▶ **Gioiosa Marea**: Das Städtchen auf einem Hügelrücken über der Küste ist bislang noch weniger vom Bauboom betroffen als seine Nachbarn. Westlich des Städtchens erstreckt sich ein langer Kies- und Sandstrand, der durch die nahe Bahnlinie allerdings etwas beeinträchtigt wird. Zwischen Gioiosa Marea und Kap *Capo Calavà* führt eine schmale Serpentinenstraße hinab zu einer ca. 1 km breiten, gut begrünten Bucht mit schönem, sauberen Kiesstrand und glasklarem Wasser. Das fast paradiesische Fleckchen teilen sich Hotelsiedlungen und zwei Campingplätze.

Sagenumwoben: Lagunen von Tindari

Tindari

Markanter Felsklotz hoch über dem Meer, seit Tausenden von Jahren der Sitz heiliger Stätten. Schon Griechen und Römer verehrten hier ihre Götter, in christlicher Zeit strandete unterhalb gar eine wundertätige Madonnenstatue. Tindari gehört seitdem zu den meistbesuchten Wallfahrtsorten der Insel, vor allem am großen Pilgerfest am 7. September.

Der Abstecher zu dem etwa 10 km östlich von Patti gelegenen *Santuario* (Heiligtum) lohnt sich aber auch für diejenigen, die für Madonnenverehrung wenig übrig haben. Zum einen ist die Aussicht von hier oben einfach grandios; zum anderen warten in unmittelbarer Nähe der Wallfahrtskirche die Ruinen der antiken Stadt *Tyndaris*. Und natürlich locken die blendend weißen Strände des *Mare Secco* direkt unterhalb bei Oliveri, zweifellos eine der schönsten Badestellen Siziliens.

Anfahrt/Verbindungen beschilderter Abzweig von der SS 113 (Zufahrt zum Heiligtum oft gesperrt, ca. 1 km zu Fuß). **Busse** ab Patti, selten auch ab Milazzo. Für **Zugreisende** schweißtreibender Fußpfad ab Bahnhof von Oliveri, ca. 30–40 Min.

Oliveri

Das Örtchen liegt bei einem der ungewöhnlichsten Strände Siziliens. Besonders in Vor- und Nachsaison zeigt sich das *Mare Secco* („trockenes Meer") als ein einziger

1030 Sizilien

Traum: direkt unter dem Felsen von Tindari verläuft sichelförmig eine breite Sandbank, die mehrere flache Lagunen umschließt. Erst verhältnismäßig spät hat man hier auf den Tourismus gesetzt, Bausünden blieben bisher vermieden.

- *Anfahrt/Verbindungen* Bahnhof unweit der Küste, nur Lokalzüge halten.
- *Übernachten* * **Hotel Aquarius,** einfach ausgestattetes Quartier in der Strandsiedlung, Nähe Campingplatz, Zimmer teilweise zum Meer. DZ etwa 45-55 €, zur HS nur mit mindestens Halbpension. Contrada Marinello, ✆ 0941/313448.

Camping Marinello, ganz hinten an der Uferstraße und direkt am Strand; vom Bahnhof etwa 500 m. Weitläufiges, ebenes und bewaldetes Gelände; Tennis, Windsurfkurse, Restaurant, Bar und Laden; Bungalows und Miniapartments. Sanitäres einwandfrei. Ganzjährig. ✆ 0941/313000, ✆ 349195, www.camping.it/sicilia/marinello.

- *Essen & Trinken* **Donna Rosa**, Via Roma 27, nettes Lokal mit Sitzgelegenheiten im Innenhof; auch Pizza.

Milazzo
ca. 32.000 Einwohner

Den Hauptfährhafen zu den Eolischen Inseln sehen viele Reisende nur als Durchgangsstation. Ganz so unattraktiv, wie der erste Augenschein suggeriert, ist Milazzo aber gar nicht.

Lebendig, betriebsam und kleinstädtisch überschaubar präsentiert sich das großteils erst im 19. Jh. entstandene Zentrum zwischen *Via Umberto* und dem Lungomare. Die mächtige Verteidigungsanlage des *Castello* entstand schon unter den Arabern, die Grundzüge der heutigen Anlage gehen auf Friedrich II. zurück, die Spanier errichteten den äußeren Befestigungswall.

Information/Anfahrt/Verbindungen

Information **Ufficio Informazione Turistica**, am Hauptplatz Piazza Caio Duilio 20, ✆ 090/9222865. Öffnungszeiten Mo–Fr 9–13, 15–18 Uhr, Sa 9–13 Uhr. www.aastmilazzo.it.

- *Anfahrt/Verbindungen* PKW, wer den Wagen nicht zu den Eolischen Inseln mitnehmen will, findet mehrere Garagen zum Abstellen, z. B. zwei in der Via Giorgi Rizzo (erste Parallelstraße Hafenstraße) Nr. 32 und 58. Kostenpunkt etwa 10–15 €/Tag.

Bahn, Bahnhof etwa 5 km außerhalb, sehr zur Freude der Taxifahrer (ca. 10 €). AST-Busse fahren Mo–Sa etwa halbstündlich und sonntags stündlich in die Stadt. Züge nach Messina tagsüber fast stündlich, nach Cefalù/Palermo alle 1–2 Std.

Bus, Abfahrt bei der Tankstelle am Fährhafen und etwas weiter nördlich an der Piazza Repubblica. Nach Messina mit GIUNTA-BUS 28-mal tägl. – ein Teil davon deutlich schneller via Autostrada, außerdem 1-mal tägl. (April bis Sept.) direkt zum Flughafen Catania.

Schiff, als Hauptfährhafen für die Eolischen Inseln ganzjährig gute Verbindungen. Agenturen der Autofähren (langsam und preiswert) von Siremar (auch nach Napoli) und NGI an der Hafenstraße Via dei Mille in der Nähe der Abfahrtsstelle; Buchung der neuen, nur im Sommer und nur nach Lipari und Salina operierenden Argo bei Laquidara Paolo, Via L. Rizzo 9–10. Tickets für Aliscafi (Tragflügelboote, schnell und teuer) der Ustica Lines und Siremar direkt am Aliscafo-Terminal am Hafen.

Übernachten/Camping

Im Juli/August kann es Engpässe geben, bei Italienern ist Milazzo als Ferienort recht beliebt.

** **La Bussola**, südlich des Fährhafens. Solides Quartier mit ordentlich ausgestatteten Zimmern inklusive Klimaanlage; Garage gegen Gebühr. DZ/F 80 €, im August 100 €. Via XX. Luglio 29, ✆ 090/9282955, www.hotelabussola.it.

* **Central**, in der Tat im Zentrum. Zimmer in Größe und Einrichtung sehr unterschiedlich, teils schöne alte Möbel. Nur Gemeinschaftsbäder, die jedoch gepflegt sind. DZ

etwa 40 €, zur HS allerdings Mondpreise um die 80 €. Via del Sole 8, ✆ 090/9281043. **California,** gleich gegenüber. Freundliche, familiäre Atmosphäre; Zimmer und Bäder in Ordnung. DZ/Bad etwa 50 €. Via del Sole 9, ✆ 090/9221389.
• *Camping* **Riva Smeralda,** einer von mehreren Plätze am 6 km entfernten Capo di Milazzo (Stadtbusse). April-Oktober, ✆ 090/9282980, www.rivasmeralda.it

Inselinneres

Eine Welt für sich – fast menschenleere Landschaften, weite Berge, Hügel und Hochebenen. Im zeitigen Frühjahr ein grünes, blühendes Paradies, im Sommer eine kahle, menschenfeindliche Wüstenei. Die wenigen Ortschaften kleben in der Art von Adlerhorsten auf den Kuppen der Berge – eine monotone und gleichzeitig großartige Szenerie.

Noch immer leben hier viele Menschen als Tagelöhner, die gerade mal drei bis vier Monate im Jahr Arbeit haben, oder als kleine Pächter unter Bedingungen, die an Sklaverei grenzen. Die Emigrationsrate ist gewaltig, in vielen Orten scheinen nur alte Menschen und Kinder zu wohnen. Touristen verirren sich nur selten ins Inselinnere – die öffentlichen Verkehrsverbindungen sind mäßig, und mit Übernachtungsmöglichkeiten steht es auch nicht zum Besten. Unbedingt lohnend und relativ gut zu erreichen sind die Bergstadt *Enna* und die römische *Villa Casale* bei *Piazza Armerina*, eine der archäologisch wichtigsten Sehenswürdigkeiten Siziliens.

• *Anfahrt/Verbindungen* **PKW,** grundsätzlich auf ausreichend Spritreserve achten, denn die einzelnen Ortschaften (und damit die Tankstellen) liegen oft weit auseinander. **Bahn,** weitmaschiges Schienennetz. Hauptlinie ist die Strecke Palermo-Enna-Catania. Unterwegs zwei Knotenpunkte mit Nebenlinien: Roccapalumba (Abzweig nach Agrigento) und Caltanissetta-Xirbi (für Caltanissetta Centrale, Agrigento und den Südosten bis Siracusa). Großer Haken ist die Tatsache, dass viele der Bahnhöfe weitab der zugehörigen Ortschaft liegen – Busverbindung gibt es nicht immer. **Bus,** für die Städte okay, da die Haltestellen in der Regel zentral liegen und die Verbindungen gut sind. Schlechter zu erreichen sind die kleineren Orte – das Busnetz verläuft sternförmig von den Provinzhauptstädten aus, sodass man sich oft erst dorthin bemühen muss.

Enna

ca. 28.000 Einwohner

In Enna liegt dem Besucher Sizilien zu Füßen. Die Provinzhauptstadt hockt auf dem Gipfel eines schroffen, fast 1000 m hohen Berges und geizt nicht mit schönen Panoramen. Auch die gut erhaltene Altstadt erfreut das Auge.

Die Lage im Mittelpunkt der Insel brachte Enna das Attribut „Nabel Siziliens" ein – und natürlich die Besitzgier diverser Eroberer. Wer die Stadt besaß, überwachte ohne Schwierigkeiten das Inselinnere. Die Festung *Castello di Lombardia* beherrscht die Stadt, Friedrich II. erweiterte es, der Spanier Friedrich III. ließ sich hier zum König über Sizilien krönen. Die fantastische Fernsicht begeistert noch heute. Tief unten erstrecken sich geometrisch sauber abgegrenzte Felder, einzelne Höfe, kleine Wäldchen – und das Netz aus Fernstraßen und Autobahn. In der Ferne wellt sich schier unendlich die Hügellandschaft Innersiziliens, darüber thronen kleine Bergdörfer auf felsigen Kuppen. Und am Horizont schmaucht der Etna seine Wölkchen.

• *Information* **Ufficio Informazione Turistica,** Via Roma 413; ✆ 0935/528228. Geöffnet Mo-Sa 8.30-13.30, 15-19 Uhr. www.apt-enna.com.
• *Anfahrt/Verbindungen* **PKW,** in der Altstadt extreme Parkplatznot, enge Gassen und Einbahnregelung. Parkplätze am Castello Lombardia (beschildert), sonntags über die Via Roma nicht zu erreichen, da dann gesperrt.

1032 Sizilien

Bahn, Bahnhof einige Kilometer nördlich im Tal; 6-mal tägl. Busverbindung mit SAIS. Nach Palermo 6-mal tägl., Catania und Caltanissetta Centrale je 7-mal, Agrigento 5-mal (teilweise mit Umsteigen in Caltanissetta Xirbi).

Bus, Station im äußersten Nordwesten der Altstadt an Viale Diaz. SAIS-Busse nach Palermo 7-mal tägl., Catania 8-mal, Caltanissetta 6-mal, Piazza Armerina 9-mal.

• *Übernachten* ***** Grande Albergo Sicilia,** ein traditionsreiches, kürzlich renoviertes Haus. Gute Zimmer, manche mit Aussicht; freundliches Personal. DZ/F etwa 95 €. Piazza Colaianni 5, nahe der Via Roma; ℡ 0935/500850, ℻ 500488. www.hotelsiciliaenna.it.

Sehenswertes

Piazza Vittorio Emanuele: Der Hauptplatz Ennas ertrinkt mittags im Verkehr, abends im Menschengewimmel. Die *Chiesa di San Francesco* an der Nordseite des Hauptplatzes wurde mehrfach umgebaut, einzig ihr Glockenturm stammt aus dem 15. Jh. Früher war er, wie alle Kirchtürme der Stadt, in das Mauersystem des damals noch viel größeren Kastells eingebunden. In der Nordostecke des Platzes schließt sich die *Piazza Francesco Crispi* an, mit einem Brunnen, der den mythischen Raub der Proserpina (Persephone) am Lago di Pergusa darstellt.

Belvedere: östlich der Piazza Francesco Crispi, herrlicher Blick. Gegenüber sitzt auf einem Felsklotz das Schwesterstädtchen *Calascibetta,* von den Arabern während der zwanzigjährigen Belagerung Ennas gegründet.

Duomo: 1307 von Eleonore von Aragonien gestiftet, brannte er 1446 fast völlig aus und wurde im 16. Jh. in barockem Stil erneuert. Das Innere ist reich ausgestattet. Schwarze Alabastersäulen stützen die drei Kirchenschiffe, viele Gemälde und eine schöne Holzdecke ergänzen den prachtvollen Eindruck.

Museo Archeologico Varisano: Im Palazzo Varisano, an der hinteren Seite der Piazza Mazzini. Die Funde stammen aus der näheren Umgebung und sind bis auf einige vorgeschichtliche Stücke griechischen Ursprungs oder zumindest griechisch beeinflusst.

Öffnungszeiten/Eintritt Mo-Fr 9–18.30 Uhr, Eintrittsgebühr 2 €.

Castello di Lombardia: am Ende der Via Roma. Trotz vieler Zerstörungen – nur noch sechs der ursprünglich 20 Türme stehen – immer noch ein gewaltiger Bau. Die heutige Anlage (tägl. 8-20 Uhr; gratis) ist großteils auf Friedrich II. zurückzuführen; manche Strukturen gehen aber bis in byzantinische Zeit zurück. Durch den erst 1939 angelegten nördlichen Zugang (der alte liegt im Süden) gelangt man ins Innere und zum Innenhof *Piazzale degli Armati.* Ein Stück weiter liegt die *Torre Pisana,* der höchste der erhalten gebliebenen Türme.

Piazza Armerina ca. 21.000 Einwohner

Viele Besucher interessieren sich nur für die – zugegebenermaßen fantastischen – Bodenmosaiken der 6 km entfernten römischen „Villa Casale". Doch auch Piazza Armerina selbst hat schöne Seiten.

Das Gebiet um die Landstadt zeigt sich erstaunlich grün und fruchtbar, es gibt sogar Laubwälder. Zentrum der Neustadt ist die lang gestreckte *Piazza Generale Cascino.* Von hier ist es über die *Via Garibaldi* nicht weit in die gemütlichen alten Viertel. In den hübschen, zum Bummeln einladenden Sträßchen finden sich barocke Palazzi und eine ganze Reihe von Kirchen. Vom romantischen Domplatz bietet sich ein weiter Blick auf die grünen Hügel der Umgebung. Alljährlich am 13./14. August feiert Piazza Armerina zur Erinnerung an den Sieg der Normannen über

Piazza Armerina 1033

Thermen — **Peristyl** — **Basilika** — **Hof** — **Früherer Eingang** — **Xistus** — **Triklinium**

❶ Palaestra
❷ Raum der kleinen Jagd
❸ Korridor der großen Jagd
❹ Zimmer der Bikini-Mädchen
❺ Saal des Arion
❻ Vestibül des Polyphem
❼ Alkoven

Villa Romana Casale

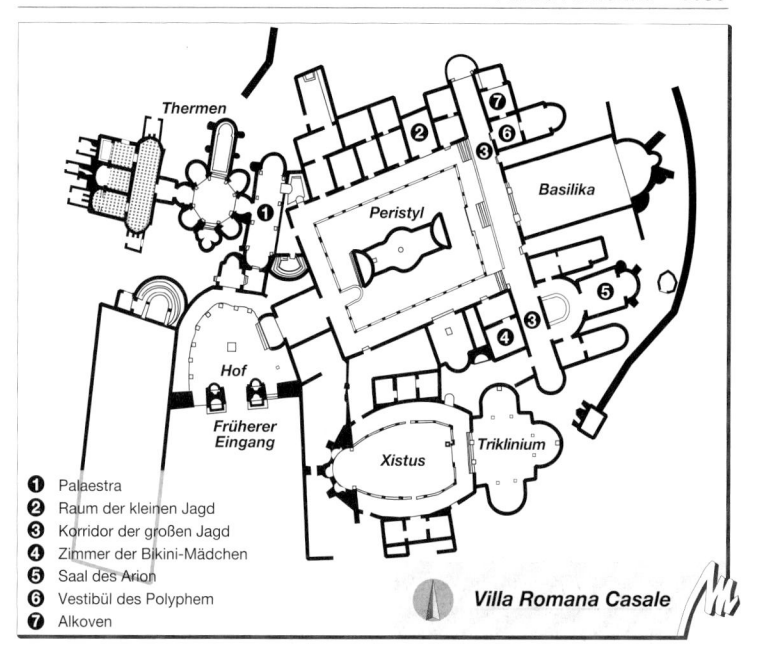

die Araber ein farbenprächtiges Reiterspiel, den *Palio dei Normanni*, ein sehenswertes Spektakel in alten Kostümen.

- *Information* **Ufficio Informazione Turistica**, an der zentralen Piazza Santa Rosalia, Nähe Piazza Garibaldi; ✆ 0935/683049. Geöffnet Mo–Fr 9–13.30 Uhr, 15–18 Uhr.
- *Anfahrt/Verbindungen* **Bus**, alle Busse starten an der Piazza Generale Marescalchi in der Nähe des ehemaligen Bahnhofs (die Bahnlinie ist aufgelöst) im Norden der Stadt; mit AST und ETNA nach Catania 11-mal tägl., AST nach Siracusa 1-mal. Mit SAIS (Info und Tickets im Caffè Mirus, Via Generale Cascino 8, nahe der gleichnamigen Piazza) nach Palermo 6-mal, 9-mal täglich von/nach Enna.

Verbindungen zur Villa Casale: Die Villa liegt etwa 6 km südwestlich von Piazza Armerina und ist aus Richtung Enna gut, in der Gegenrichtung praktisch nicht beschildert. Zwischen Mai und September verkehren 6-mal tägl. städtische Kleinbusse (orange Farbe) der ATAN; sie stoppen u. a. an der Piazza Generale Marescalchi (Bushaltestellen AST etc.) und der zentraleren Piazza Generale Cascino, beide in der Neustadt.

- *Übernachten/Essen & Trinken* *** **Gangi**, im neueren Siedlungsbereich Richtung Enna, die Altstadt liegt in lockerer Fußentfernung. Klein und sympathisch, Zimmer mit ordentlichem Standard. DZ/F rund 70–100 €. Via Generale Giancio 68–70, ✆ 0935/682737, ✉ 687573, www.hotelgangi.it.

** **Mosaici**, nahe der Villa Casale, direkt an der Abzweigung von der Landstraße. Großes Restaurant mit Zimmervermietung, schön möbliert und gut in Schuss. DZ/F mit Bad ca. 60 €. ✆ 0935/685453.

L'Ostello del Borgo, in einem alten Benediktinerkloster im Zentrum, geführt von Salesianern. 15 Zimmer, z. T. sehr hübsch möbliert, z. T. mit Stockbetten. Auch für unverheiratete Paare kein Problem. DZ/Bad/F etwa 60 €, ohne Bad 45 €. Reservierung ratsam. Largo San Giovanni 2, am Ende der Via Umberto I., ✆ 0935/687019, ✉ 686943. www.ostellodelborgo.it.

Camping Trattoria La Ruota, 800 m vor der Villa Casale, gegenüber Hotel Mosaici. Zeltmöglichkeit, Sanitäres sehr schlicht. Wenig Platz, im Sommer oft voll, kein Schatten. Gute Hausmannskost in der Trattoria. ✆ 0935/680542, ✉ 89842.

Villa Romana Casale

Die römische Villa gehört zu den ganz großen Attraktionen Siziliens und wurde 1997 von der UNESCO in die Liste des Weltkulturerbes aufgenommen. Höhepunkt der Besichtigung sind die über 3500 Quadratmeter Mosaikfußböden, die hunderte farbenreiche und lebendige Geschichten aus Mythologie und Jagd erzählen.

Errichtet wurde die Villa im 4. Jh. n. Christus, also in der Spätphase des Römischen Reiches. Der hervorragende Zustand der Mosaiken ist unter anderem einem Erdrutsch zu verdanken, der sie für über 700 Jahre mit Schlamm bedeckte. Erst im 20. Jh. wurde man wieder auf die Villa aufmerksam, ab 1950 begannen die systematischen Ausgrabungen. Ans Licht kamen bisher fast 50 Räumlichkeiten, darunter eine komplette Thermenanlage mit Swimmingpool und Fußbodenheizung, außerdem Empfangssäle, Gästezimmer etc.

• *Öffnungszeiten/Eintritt* Geöffnet ist täglich 8–18.30 Uhr bzw. bis Sonnenuntergang, Einlass bis eine halbe Stunde davor. Eintritt 6 €, unter 18 J. und über 65 J. mit Ausweis frei. Wie sich die geplante Renovierung des Ensembles (bis voraussichtlich einschließlich 2008) auf die Zugangsmöglichkeiten auswirken wird, bleibt abzuwarten. Gebührenpflichtiger Parkplatz.

Besichtigung: Der Haupteingang lag früher im Südosten; heute gelangt man zunächst zur ausgedehnten Anlage der *Thermen*. Von hier betritt man das von Säulen umgebene *Peristyl* der Villa. In der Mitte des großen Innenhofs steht, von Pflanzen umgeben, ein schöner Brunnen. Über einen Gang erreicht man die sogenannte *Palästra*, eine Art Turnhalle; auf dem Boden Darstellung eines Wagenrennens im Circus Maximus, vom Start über die Wendepunkte bis ins Ziel. Zurück aus der Palästra links, etwas erhöht, die Gästezimmer, geschmückt mit Tanzszenen, fischenden Eroten, einer personifizierten Darstellung der vier Jahreszeiten etc. Besonders schön sind die Jagdszenen *im Raum der kleinen Jagd*. Weit spektakuläreres Wild wird im *Korridor der großen Jagd* erbeutet. Auf insgesamt 60 m Länge zeigen die Mosaike den kompletten Ablauf einer Großwildjagd in Afrika. Am Ende des Korridors ist Afrika personifiziert: eine lockige schwarze Schönheit, umgeben von Elefant, Tiger und Vogel, in der Hand einen Stoßzahn. An den Korridor schließen sich weitere Zimmer an, darunter das vielleicht berühmteste der Villa. Im *Zimmer der Bikini-Mädchen* sieht man neun Grazien bei Spiel und Sport, die tatsächlich so etwas wie Bikinis tragen. Südlich außerhalb des Korridors folgen der sogenannte *Xistus*, ein offener Hof, und das *Triclinium*, der Speisesaal. Die Mosaiken behandeln die Heldentaten des Herkules. Im *Raum der Ehefrau* ist die Sage von Arion zu sehen; der *Raum des Hausherrn* schmückt sich mit Szenen von Odysseus und dem Zyklopen. An den Raum schließt sich ein *Alkoven* mit einer „erotischen Szene" (absolut jugendfrei) an, wahrscheinlich das Schlafzimmer.

Die Bikini-Mädchen: wohl das bekannteste Mosaik

Badebucht mit Blick: Cala Junco auf Panarea

Eolische (Liparische) Inseln

Ein Urlaubsparadies par excellence. Sieben Inselchen bilden den vom Massentourismus noch verschonten Archipel – und jede besitzt ihren eigenen Chakter. Gemeinsam ist ihnen der vulkanische Ursprung, eine fantastische, abwechslungsreiche Landschaft und kristallklares, sauberes Wasser. Im Jahr 2000 wurden die Liparischen Inseln in die UNESCO-Liste des Weltkulturerbes der Menschheit aufgenommen.

Lipari ist als Hauptinsel die lebendigste und meistbesuchte, gleichzeitig landschaftlich höchst abwechslungsreich. Grün und fruchtbar präsentiert sich *Salina*, eine relativ wenig besuchte Insel für Individualisten; *Panarea* zieht vor allem gut betuchte Ästheten an. Auf *Vulcano* dampft und brodelt es allerorten, aus dem Inneren der Erde drängt sich Schwefelgeruch durch die Ritzen im Gestein. Dramatischer zeigt sich der vulkanische Charakter auf *Stromboli*, für viele der Höhepunkt der Eolie. Einen Vulkan, der mit schöner Regelmäßigkeit mehrmals pro Stunde rauchende Lavafontänen Hunderte von Metern hoch in die Luft schleudert, sieht man wirklich nicht alle Tage. Die schweren Ausbrüche von 2002/2003 haben aber auch gezeigt, dass mit dem Stromboli nicht zu spaßen ist.

Nach Möglichkeit sollte man die Eolischen Inseln nicht zwischen Mitte Juli und Ende August besuchen, wenn sich allein auf Lipari 30.000 meist italienische Feriengäste zu den 10.000 Einheimischen gesellen und um Plätze in Hotels, Restaurants und auf den Campings raufen. Außerhalb der Hochsaison dagegen sind Unterkunftsprobleme ein Fremdwort und die Strände weitgehend leer.

Sizilien

Anfahrt/Verbindungen

- *Schiff* Flotte Aliscafi und behäbige, aber preiswertere Fähren verbinden die „sette perle" im Nordosten Siziliens untereinander, mit Sizilien und dem italienischen Festland. Preiswertester Abfahrtshafen, zugleich der mit den ganzjährig besten Verbindungen, ist **Milazzo**. Vorbuchungen sind hier in der Regel nicht erforderlich, Fähren und Aliscafi fahren mehrmals tägl. auf die Hauptinseln. Interessant für die direkte An- und Abreise vom und zum italienischen Stiefel sind die Autofähren und Aliscafi ab **Neapel** (Fähren ganzjährig mehrmals wöch., Aliscafi nur ab etwa Ende Juni bis Ende September); die Abfahrtsstelle liegt nicht allzuweit vom Bahnhof (→ Neapel).

Weitere Aliscafo-Häfen sind in Kalabrien **Reggio di Calabria** und auf Sizilien **Messina**, **Cefalù** und **Palermo**.

Lipari ist Drehkreuz der Inselverbindungen. Da verschiedene Reedereien die Eolie bedienen, sollte man Tickets nur bis Lipari lösen und vor Ort nach der schnellsten Verbindung forschen – die Tickets gelten nur für die jeweilige Gesellschaft. Wichtig: sonntags und außerhalb der Sommersaison (etwa Juni–September) fallen die Fahrpläne deutlich dünner aus.
Internet: www.siremar.it, eine Fähragentur, die sowohl mit Autofähren als auch mit Aliscafi die Inseln bedient.
www.usticalines.it, die Site der Ustica Lines, die ausschließlich mit Aliscafi (Tragflügelboote) die Inseln anfährt.
www.ngi-spa.it und www.eolieferries.it sind die Seiten der NGI und der ARGO, zweier weiterer, seltener bzw. nur eingeschränkt verkehrender Fährgesellschaften.

- *PKW* Einigermaßen lohnend höchstens auf **Lipari** (von Juli bis September nur mit Reservierungsbestätigung eines Hotels etc. über mindestens 7 Nächte gestattet) und **Salina**. Auf Vulcano existiert praktisch nur eine einzige Straße. Nach Stromboli ist die Mitnahme inselfremder Fahrzeuge verboten.

Übernachten

Das Preisniveau ist ausgesprochen hoch und erreicht im August fast astronomische Höhen. Im Juli und August, teilweise auch außerhalb dieser Monate, drücken viele Betriebe mit Restaurant dem Gast mindestens Halbpension aufs Auge. Im Juli und August wird es außerdem in punkto freie Betten sehr eng auf den Inseln; wer nicht reserviert hat, mache sich wenigstens schon früh am Morgen auf Quartiersuche – bei durchaus möglichen Fehlschlägen ist dann wenigstens noch die Rückfahrt nach Sizilien zeitlich drin.

Privatzimmer und **Apartments** gibt es auf allen Inseln. Die Preise für Doppelzimmer liegen je nach Saison und Ausstattung zwischen etwa 40 und (im August) 100 €, Apartments kosten ab ca. 50 bis weit über 100 €. Hilfreich bei der Vermittlung ist das Fremdenverkehrsamt von Lipari.
Je einen einzigen **Campingplatz** findet man auf Lipari und Salina, einen inoffiziellen Platz auf Vulcano. „Wild" zelten ist verboten und auch nicht ratsam, will man nicht eine ganze Menge Ärger bekommen.

Lipari
(ca. 10.000 Einwohner)

Die größte der Inseln (37,6 qkm) kann als einzige mit einer Ansiedlung aufwarten, die die Bezeichnung „Stadt" verdient – einer hübschen und lebendigen dazu.

Trotz reichlich vorhandener Boutiquen und Souvenirgeschäfte hat sich *Lipari-Stadt* (ca. 5000 Einwohner) seine Identität weitgehend bewahrt. Das Städtchen schmiegt sich um einen mächtigen Felsklotz, der sich aus dem Meer erhebt und das alte Kastell und die große Kathedrale trägt. Auf dem schon in der Vorgeschichte besiedelten Stadtberg hat man zahlreiche Relikte aus allen Epochen entdeckt. Gesammelt wurden sie in der größten Sehenswürdigkeit der Inseln, dem *Museo Regionale Eoliano Luigi Bernabò Brea* (Mo–Sa 9–13.30 Uhr; klassische Sektion zusätzlich 15–19 Uhr und sonntags von 9–13, 15–19 Uhr; 6 €.), das sich auf mehrere Gebäude verteilt, die alle

Lipari 1037

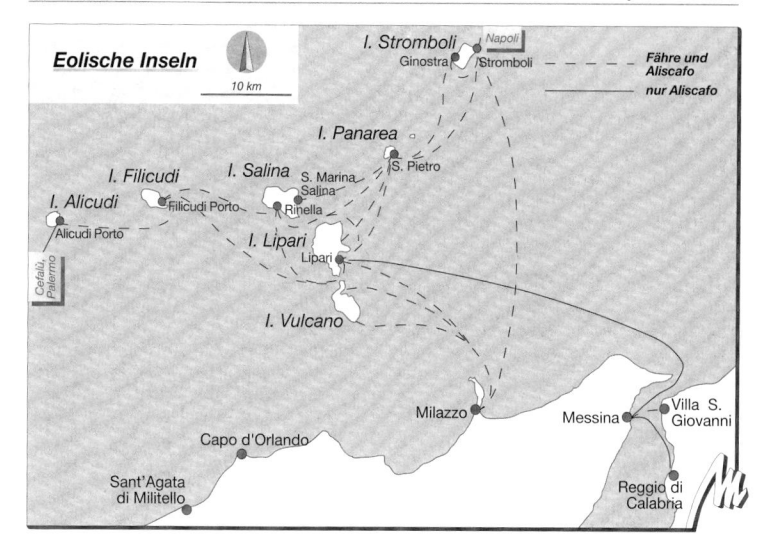

im Umkreis der Kathedrale liegen. Von der Präsentation und den Fundstücken her gehört es zu den schönsten Siziliens, absolut einmalig ist vor allem die Sammlung von Theatermasken und kleinen Theaterstatuetten aus griechischer Zeit.

Das 3 km entfernte *Canneto* ist zwar vom Ambiente her mit Lipari-Stadt nicht zu vergleichen, verfügt aber über den einzigen Campingplatz Liparis und eine Jugendherberge, liegt außerdem näher an den meisten Stränden.

Im Inselinneren zeigt sich Lipari bergig und von karger Macchia bewachsen. Die Küste fällt besonders im Westen steil ab; im Osten und Norden finden sich dagegen auch flache Zonen und die Mehrzahl der Strände. Eine Tour entlang der Insel-Ringstraße gestaltet sich höchst abwechslungsreich und bietet prächtige Panoramen gleich im Dutzend – unbedingt zu empfehlen.

Information/Anfahrt/Verbindungen

• *Information* **Servizio Turistico Regionale n. 11 – Arcipelago Eolie**, am Corso Via Vittorio Emanuele 202. Geöffnet Juni bis September Mo–Sa 8–14, 16.30–19.30 Uhr, im Juli/August auch So-Vormittag; im restlichen Jahr Mo–Fr 8–14, 16.30–19.30 Uhr. ✆ 090/9880095, ✉ 9811190, www.aasteolie.info.

• *Anfahrt/Verbindungen* **Schiff**, als Drehkreuz des Schiffsverkehrs zwischen den Eolie bietet Lipari die besten Verbindungen zu allen anderen Inseln. Agenturen am oder im im Umfeld des Hafens Marina Lunga, Fahrplanübersicht bei der Infostelle.

Bus, die Agentur **Urso Guglielmo** betreibt einen sehr effektiven und preiswerten Inselbus-Service. Abfahrt in der Nähe der Marina Lunga, Fahrpläne im dortigen Büro, bei der Esso-Tankstelle am nördlichen Ende des Corso. Häufige Busse von und nach Canneto, weiter zur Spiaggia Bianca und Acquacalda 10-mal tägl., von Juli bis September noch weit häufiger. Richtung Quattrocchi, Pianoconte und Quattropani ebenfalls 10-mal tägl. Sonntags eingeschränkter Fahrplan.

Fahrzeugverleih, breites Angebot in verschiedenen Büros direkt am Hafen sowie bei **Roberto Foti**, Via Francesco Crispi 31 (Uferstraße nördlich des Zentrums). Fahrräder gibt's auch – allerdings sind die Höhenunterschiede an der Küstenstraße erheblich. ✆ 090/9812352, ✉ 9811627, www.robertofoti.it

Sizilien

Übernachten

Nochmals sei geraten, im Juli und August möglichst schon vorher alles klar zu machen (telefonisch z. B. ab Milazzo) oder wenigstens am Morgen anzureisen.

** Villa Diana, Località Diana-Tufo, etwa 1 km oberhalb der Stadt in toller Lage. Alte Villa, Stilmöbel, Dachbalken, Superblick von der großen Terrasse, weites Gartengelände. Keine Pensionsverpflichtung. DZ mit Frühstück ca. 70–95 €, August 130 €. April bis Oktober. ✆/℡ 090/9811403, www.villadiana.com.

** Poseidon, im Zentrum nahe der Infostelle. Gefällige, verwinkelte Anlage, zwei Terrassen, Innenhof. Die geschmackvoll möblierten Zimmer fallen in der Größe sehr unterschiedlich aus. Kein Restaurant, kein Pensionszwang. DZ/F 65–90 €, im August 130 €. Offen März bis Mitte November. V. Ausonia 7, ✆ 090/9812876, ℡ 9880252, www.hotelposeidonlipari.com.

** Oriente, etwas westlich vom Zentrum. Ansehnliches Hotel mit großem Garten, in dem einige Bungalows stehen. Dass der Besitzer Antiquitätenfan ist, merkt man den Gemeinschaftsräumen an, die Zimmer sind eher zweckmäßig eingerichtet. Kein Pensionszwang. DZ/F etwa 80–95 €, im August 130 €. Via G. Marconi 35, eine Seitenstraße des südlichen Corso, ✆ 090/9811493, ℡ 9880198, www.hotelorientelipari.com.

** Neri, Nähe Hotel Oriente. Jugendstilvilla aus den Dreißigern, in den Gemeinschaftsräumen noch Originalmöbel. Teilweise geräumige Zimmer, solide eingerichtet. DZ/F ca. 70–100 €, im August bis 130 €. Via G. Marconi 43, ✆ 090/9811413.

• *Privatzimmer* **Diana Brown**, versteckt nahe dem Corso. Komfortable und ruhige Zimmer und Studios mit Klimaanlage, Kühlschrank und Heizung. Freundliche Leitung. DZ/Bad etwa 40-70 €, im August bis 100 €. Frühstück auf der Dachterrasse geht extra. Ganzjährig. Vico Himera, ✆ 090/9812584, ℡ 9813213, www.dianabrown.it.

Lo Nardo, im Ortskern nahe Fährhafen. Moderne und blitzsaubere Zimmer mit Klimaanlage und Kochmöglichkeit, Dachterrasse mit schöner Aussicht. Ruhige Lage in einem Gässchen. DZ/Bad 40–50 €, im August 100 €. Reservierung ratsam. Vico Ulisse 34, ✆ 090/9880431, ✆ 368/3605136 (mobil), www.lonardo.it

Villa Rosa, an der Uferstraße im Norden, Richtung Canneto. Die Besitzerin wartet meist schon am Hafen auf Gäste. Gute, saubere Zimmer, mit Bad und Kochgelegenheit sowie Terrassenbenutzung. DZ/Bad ca. 40–60 €, im August 80 €. Via Francesco Crispi 134, ✆ 090/9812217.

Essen & Trinken

Am Corso ist man auf Laufkundschaft eingestellt – saftige Preise, mäßiges Essen. Die angenehmeren Lokale liegen überwiegend etwas abseits.

Filippino, an der dem Stadtberg nördlich vorgelagerten Piazza Mazzini. Das Traditionsrestaurant der Inseln, 1910 gegründet. Die Küche ist tatsächlich hervorragend, und auf der Terrasse vor dem alten Haus sitzt man hübsch. Menü mit Fisch ab etwa 35 € aufwärts, im Winter Mo Ruhetag.

La Nassa, ebenfalls eine erste Adresse für Feinschmecker. Besitzerin Donna Teresa bietet „das Beste aus dem Meer", so die nicht einmal übertriebene Eigenwerbung, aber auch die Gerichte auf Gemüsebasis können sich schmecken lassen. Gute Weinauswahl, preislich etwa wie oben.

La Piazzetta, an einem kleinen Platz nahe dem Corso. Hübsch herausgeputzt, hier sollte jeder seine Lieblingspizza finden, es gibt 40 Sorten. Menü ab etwa 25 €. Piazza Luigi Salvatore d'Austria,

Kasbah Café, Via Maurolico, nur ein paar Schritte vom Corso. Das orientalisch angehauchte Café besitzt auch ein Restaurant, man sitzt schön in einem lang gezogenen, idyllischen Garten. Menü ab etwa 20-25 €. Nur abends, dann aber lange. Mo und im Winter geschl.

Pescecane, direkt am Corso, mit Tischen im Freien auf der gegenüberliegenden Straßenseite. Als Pizzeria trotz der Lage eine echte Empfehlung, gute Pizze ab etwa 6 €. Corso Vittorio Emanuele 223, im nördlichen Bereich. Ebenfalls gut und günstig: das nahe **Sacha**.

Lipari und sein Stadtberg

Ziele auf der Insel

Eine etwa 27 km lange Ringstraße erschließt den größten Teil der Insel; von ihr führen Stichsträßchen ins Innere und in den Süden Liparis.

▶ **Canneto**: zweitgrößte Siedlung der Insel, etwa 3 km nördlich von Lipari-Stadt. Vom Ortsbild her keine Offenbarung: ein lang gestreckter, schmaler Häuserschlauch zwischen der Uferpromenade und einer landeinwärts verlaufenden Parallelstraße. Doch hat man sich in den letzten Jahren um eine optische Aufwertung bemüht, zudem besitzt Canneto eine recht lebendige Infrastruktur. Wer gerne strandnah wohnt, ist hier durchaus an der richtigen Adresse, zumal die schöne Spiaggia Bianca noch in Fußentfernung ist.

• *Übernachten* **Giallo Rosso**, Privatzimmer und Apartments an der Uferstraße im Zentrum. Der nette Besitzer Marco Scoglio spricht Deutsch. DZ ca. 30–50 €, im August 80 €, dann aber durch Stammgäste stets belegt. ✆ 090/9811298, ✉ 9811358, www.giallorossolipari.it.
Ostello Baia Unci, private Jugendherberge, gleich neben dem Campingplatz. Bett im Schlafsaal p. P. nach Saison 13–20 €. März-Oktober, ✆ 090/9812527.
Camping Baia Unci, der einzige Zeltplatz der Insel; eben, schattig und gut gepflegt. Alle Camper müssen ein nicht demontierbares Plastikarmband tragen. Mitte März bis Mitte Oktober. ✆ 090/9811909, ✉ 9811715.

▶ **Spiaggia Bianca**: Der Hauptstrand von Lipari, etwa 1 km nördlich vom Ortsrand von Canneto, über Treppen ab der Küstenstraße zu erreichen (Busverbindung), es gibt aber auch einen Fußweg ab Canneto. Nicht weiß, wie der Name suggeriert, sondern dunkler Kies, teilweise mit Sandpartien durchsetzt – der leichte, weiße Bimsstein, dem er seinen Namen verdankt, wurde schon längst weggeschwemmt.

▶ **Campo Bianco**: Etwa 1 km nördlich der Spiaggia Bianca durchquert die Straße das schneeweiße Gebiet der Bimssteinwerke *Cave di Pomiche* an den Hängen des *Monte Pilato* (476 m). Der Tagebau hat praktisch die gesamte Ostseite des Bergs angefressen, treffend genannt Campo Bianco – „Weißes Feld". Von der Uferstraße fällt ein gletscherweißer und puderweicher Hügel unglaublich steil zum Meer hin ab. LKW kippten hier bis vor einigen Jahren den weißen Abraum der umliegenden Bimssteinwerke ab, inzwischen hat man diese Praxis jedoch auf Proteste von Umweltschützern hin eingestellt. Bims, früher ein begehrter Exportartikel, wird heute für die Herstellung von Scheuermitteln verwendet – oder auch, um Jeans die „Stone-Washed"-Optik zu verleihen.

▶ **Acquacalda**: kleines Örtchen mit feinem, schwarzem Kieselstrand an der Nordküste. Dahinter steigt die Küstenstraße an und verläuft im Folgenden inseleinwärts zurück nach Lipari.

▶ **Quattrocchi**: Einer der schönsten Aussichtspunkte Liparis liegt oberhalb der Westküste, etwa 5 km von Lipari-Stadt (Bushaltestelle). Besonders bei Sonnenuntergang bietet sich hier ein Bild von fast märchenhafter Schönheit: Über 200 m tiefer verläuft die gezackte Steilküste, Segeljachten kreuzen auf dem tiefblauen Wasser zwischen den *Faraglioni*-Klippen, im Hintergrund dampft der Krater von Vulcano und am Horizont erstreckt sich, soweit das Auge reicht, Sizilien.

▶ **Spiaggia Valle Muria**: westlich von Lipari-Stadt, schöne Bucht unterhalb des Belvedere Quattrocchi, teils Lavakiesel, teils dunkler Lavasand. Barnjs kleine Bar vermietet Kajaks und Tretboote, organisiert außerdem einen Bootspendeldienst vom Fährhafen und zurück. Am Strand vermitteln einige Strohsonnenschirme fast Hawaii-Feeling, toller Blick auf die liparische Steilküste und die Insel Vulcano.

Vulcano

Auf der südlich von Lipari liegenden Insel brodelt es im Meer und strömt Dampf aus Erdspalten. Der Vulkan ruht nur und kann jederzeit wieder ausbrechen, die letzte Eruption liegt schon über hundert Jahre zurück.

Das ehemals nur von wenigen Bauern und Winzern bewohnte Vulcano hat sich in den letzten Jahrzehnten touristisch stark entwickelt, der Hafenort *Porto di Levante* ist eine einzige Anhäufung von Boutiquen, Schnellrestaurants, Souvenirgeschäften und Hotels. Zu den Urlaubern gesellt sich eine große Zahl von Tagesbesuchern, die von Sizilien oder Lipari herüberkommen. Viele von ihnen steigen zum 391 m hohen Vulkan hinauf; mit festen Schuhen ein problemloser Ausflug, für den insgesamt etwa zwei Stunden und 3 € Zugangsgebühr einzukalkulieren sind. Knapp abseits des Strands von Porto di Levante liegt der Thermaltümpel *Vasca di Fanghi* (2,50 €), in dessen warmem, schwefelhaltigen und heilfördernden Schlamm (Achtung, brennt in den Augen wie Feuer!) man sich nach Herzenslust suhlen kann.

• *Übernachten*: Sehr hohe Preise, noch höher als auf Lipari – viele belassen es deshalb bei einem Tagesausflug.

*** Aura, ein kleineres Quartier abseits des Trubels. Vor einigen Jahren nach einem Umbau recht hübsch mit Pool und Whirlpool gestaltet. Geöffnet etwa April bis September/Oktober, DZ/F 80-120 €, im August bis 170 €. Via Lentia 49, inseleinwärts von Porto Ponente, Nähe Kirche, ✆ 090/9853454, ✉ 9853705, www.aurahotel.it.

* Torre, acht einfache, aber ordentliche und in Schuss gehaltene Zimmer mit guten Bädern, Klimaanlage, TV und Heizung; zur Saison Störung durch eine nahe Disco möglich. DZ 40–60 €, im August 80 €, dann aber natürlich meist belegt. Ganzjährig geöffnet außer zu Restaurierungsarbeiten im Winter. Reservierung ratsam. Via Favaloro, ✆/✉ 090/9852342.

Selfotel Eden Park, im hinteren Bereich von Porto di Ponente. Internationale, kommunikative Atmosphäre; der hilfreiche und humorvolle Besitzer Rino Giuffrè spricht Deutsch. Schlichte Zweier-Apartments nach Saison etwa 50–80 €, im August bis 130 €. Weiterhin sehr einfache „Economic"-Zimmer mit Stockbetten, DZ 30–50 €, im

Stromboli: die ganze Insel ein Vulkan

August bis 70 €. Campingmöglichkeit im Garten. Dieses Buch vorzuzeigen, kann nicht schaden. Geöffnet März bis November, ✆/📠 090/9852120, www.isolavulcano.it.
Camping Togo Togo, inoffizieller, recht schön gelegener Platz an der Bucht von Porto di Ponente. Schwarzer Lavasandboden, nur teilweise Schatten durch Eukalyptusbäume. Auch Bungalowvermietung. April bis September. ✆ 090/9852303. www.campingvulcano.it.

Stromboli

Wooouummm!!! Fontänen glühender Lava fauchen hoch in den Nachthimmel. Der Boden bebt, Donnergrollen lässt die Eingeweide erzittern. Mehrmals stündlich liefert der Vulkan Stromboli ein Schauspiel, das in Europa seinesgleichen sucht – mit etwas Mühe ist man live dabei.

Stromboli ist ganz Vulkan. Sichtbar ist nur die Spitze des Giganten, der sich aus einer Tiefe von 2000 m unter dem Meeresspiegel bis auf 924 m Höhe erhebt. Viel Platz für Siedlungen ist an den schwarzkahlen, zerfurchten Hängen des Vulkans nicht. Der Hauptort *Stromboli* dehnt sich in der flacheren Nordostecke der Insel aus und steigt von der Anlegestelle *Scari* zum Hügel von *San Vincenzo* hinauf, nordwestlich davon liegen die Strände von *Ficogrande* und *Piscità*. Das Örtchen *Ginostra* drängt sich an den Ausläufern des Westhangs des Vulkans. Ein besonderes Highlight sind Strombolis Strände, mit Abstand die schönsten der Eolie, bestehend aus pechschwarzem, feinem Lavasand.

• *Anfahrt/Verbindungen* Hauptafen von Stromboli-Ort ist **Scari**, zum Zentrum geht es den Berg hoch. Bei hohem Wellengang können Fähren und Aliscafi nicht immer anlegen; das gilt erst recht für den winzigen Hafen des Dörfchens **Ginostra**. Automitnahme nicht gestattet. Busse existieren auf Stromboli nicht.

• *Übernachten*: Recht vielfältige Möglichkeiten, die meisten in Ficogrande und Piscità. Großer Preisspielraum zwischen Haupt- und Nebensaison.

** **Villaggio Stromboli**, zwischen Ficogrande und Piscita. Zimmer etwas kitschig, aber ordentlich eingerichtet; zudem in sehr schöner Lage über dem Meer, unten ein

1042 Sizilien

kleiner Sandstrand in Schwarz. DZ/F 95–160 €. Der Ape-Abholservice vom und zum Hafen kostet extra, p.P. 3 € hin und zurück. Geöffnet April bis Oktober, ✆ 090/986018, ✉ 986258, www.villaggiostromboli.it.

* **Miramare**, an der Strandstraße von Ficogrande. Hübsche, kleine Anlage, in Stufen den Hang hoch gebaut, angenehme Zimmer mit Terrasse. DZ mit Bad und Frühstück ca. 80–130 €. April bis September. ✆ 090/986047, ✉ 986318, www.miramarestromboli.it.

• *Privatzimmer/Essen* **La Nassa**, angenehme, kleine Anlage in Ficogrande. Zwölf ordentliche Zimmer mit Bad, Terrasse und Meerblick, freundlicher Besitzer. DZ/Bad je nach Saison 45–60 €, im August 80 €. Zu suchen oberhalb der Strandstraße, gegenüber dem Ristorante Punta Lena. Ostern bis Mitte Oktober. Via Fabio Filzi, ✆ 090/986033. www.lanassastromboli.it.

Casa del Sole, in Piscità, Nähe Kirche San Bartolo. Einfaches, aber reizvolles Quartier, das sich vor allem an junge Kundschaft wendet. Großes, altes Haus, ausgedehnter Innenhof, gepflegte Sanitärs. DZ mit Etagendusche ca. 45-70 €, mit Bad 60-90 €, auch Mehrbettzimmer. Ostern bis November. ✆ 090/986017.

Rist.-Pizzeria La Lampara, in San Vincenzo. Tische und Stühle im Freien auf großer, überdachter Terrasse; im Sommer trubelige Atmosphäre. Sehr gute und ausgesprochen üppig dimensionierte Pizze. Die Besitzer betreiben auch ein **Bed & Breakfast**, DZ/F 50–70 €, im August 100 €. März bis November, ✆ 090/986409.

• *Besteigung des Stromboli* Nach schweren Ausbrüchen in den Jahren 2002/2003 war der Vulkan lange Zeit komplett gesperrt. Mittlerweile ist der Aufstieg wieder freigegeben, aber **nur mit Führer** - wer über 400 m Meereshöhe am Berg ohne Führer erwischt wird, hat mit hohen Strafen zu rechnen, Kontrollen sind üblich. Prinzipiell kann jeder, der bei guter Gesundheit ist und über einigermaßen passable Kondition verfügt, an der Exkursion teilnehmen. Menschen mit Herz-Kreislauf-Erkrankungen oder Asthma jedoch ist in jedem Fall vom Aufstieg abzuraten. Achtung Kontaktlinsenträger: Unbedingt eine Brille aufsetzen, es staubt ganz immens. **Ausrüstung**: Pullover, Windjacke und ein Hemd oder T-Shirt zum Wechseln. Hut, Sonnenschutz. Ausreichend Wasser, Proviant. Wichtig: Berg- oder feste Trekkingschuhe mit gutem Profil, Taschenlampe mit Batterien (alles notfalls im Geschäft „Totem" am Kirchplatz zu leihen).

• *Vulkanführer* **Reservierung ist praktisch Pflicht!** Die Aufenthaltsdauer am Gipfel ist limitiert, ebenso die Gruppenstärke. Fast immer bleiben mehrere verhinderte Vulkanbesteiger enttäuscht zurück. Die Führer raten, mindestens zwei, drei Tage vorab telefonisch zu reservieren, meist spricht man Englisch. **Guide al Cratere AGAI**, Piazza San Vincenzo, ein Büro unterhalb der Bar Ingrid am Kirchplatz; ✆/✉ 090/986211 und 090/986263, www.stromboliguide.it.

Magmatrek, Büro etwas westlich der Kirche San Vincenzo. Freundlich und vielsprachig. ✆ 090/9865752, www.magmatrek.it.

• *Termine/Preise* Von **März bis Oktober** sind die Besteigungen genau geregelt, wer jedoch völlig außerhalb der Saison kommt, wird eventuell über Zeiten etc. verhandeln müssen. Abmarsch am späten Nachmittag, Aufenthalt am Gipfel teilweise, Abstieg nach San Vincenzo völlig im Dunkeln. Das „Gesamtprogramm" dauert etwa sechs Stunden: Aufstieg drei Stunden, Aufenthalt am Gipfel eine Stunde, Abstieg knapp zwei Stunden. **Preis** bei voller Gruppenstärke zuletzt 22 €, die Einführung einer zusätzlichen „Vulkansteuer" in Höhe von 3 oder 5 € galt jedoch schon fast als gesichert.

Strombolis kleine Schwester: Strombolicchio

SARDINIEN
Sardegna

Schöne Orte: Alghero (S. 1060), Bosa (S. 1064), Cagliari (S. 1072), Orosei (S. 1078), Posada (S. 1077) und Tempio Pausania (S. 1056).

Landschaftliche Höhepunkte: die Halbinsel Capo Testa bei Santa Teresa di Gallura (S. 1055), die Inseln La Maddalena und Caprera im Norden (S. 1053), die Sanddünen der Costa Verde an der Westküste (S. 1069), die Costa del Sud bei Cagliari (S. 1076), der Golf von Orosei (S. 1078) und das Massiv des Supramonte bei Nuoro (S. 1082).

Kulturell herausragend: die zahlreichen Relikte der Vor- und Frühgeschichte; die mächtige Nuraghenfestung Su Nuraxi bei Barumini (S. 1085); die archäologischen Museen von Cagliari (S. 1076) und Sassari (S. 1057) und das Volkskundemuseum in Nuoro (S. 1082); die Wandmalereien von Orgosolo (S. 1085).

Baden: zahllose Sandstrände rund um die Insel, z.B. der 3 km lange Strand „La Cinta" bei San Teodoro (S. 1077), die Dünenstrände der Costa Verde (S. 1069) sowie die Costa del Sud (S. 1071) und die Costa Rei im Süden (S. 1081).

Kurios: die Restaurant- und Hotelpreise an der Costa Smeralda (S. 1051).

Eher abzuraten: der Großraum Cagliari an Wochenenden und Campingurlaub in der ersten Augusthälfte.

Das frühere „Hippietal" Valle di Luna endet in einer malerischen Bucht am Meer

Sardinien
Sardegna

Sardinien ist nicht Italien. Die wilden, archaisch wirkenden Fels- und Macchialandschaften haben wenig mit den kultivierten Agrar- und Ferienregionen des Stiefels gemein. Steine, Macchia, „Tancas" (Steinmauern) und Schafweiden prägen das Profil der spröden Insel. Die Siedlungen lassen oft den Charme mediterraner Inseldörfer vermissen. Sardinien wirkt auf den ersten Blick eher streng und herb. Doch eh man sich versieht, ist man fasziniert von der „vergessenen Insel" im Mittelmeer.

Inzwischen sind natürlich auch Sardiniens Küsten in weiten Bereichen touristisch erschlossen. Die mondäne Costa Smeralda des Aga Khan machte in den sechziger Jahren den Anfang und heute wuchern allerorten Ferienhaussiedlungen in die duftende Macchia. Diese Entwicklung kam nicht von ungefähr, denn tatsächlich gehören die zahllosen, oft kilometerlangen Sandstrände Sardiniens zu den schönsten im Mittelmeer – herrlich weicher, weißer Sand ist die Regel und abseits der größeren Ortschaften findet man auch im Sommer noch reichlich Platz. Richtig voll wird es eigentlich nur im August, wenn die Festlandsitaliener anreisen. In der Vor- und Nachsaison hat man die Insel dagegen mehr oder minder für sich allein.

Sardinien ist aber auch eine Insel der Felsen. Man findet sie in allen Arten, Formen und Größen, am ausgeprägtesten in den bizarren Steinlandschaften der Gallura im Inselnorden. Mit am schönsten ist dort das bizarre Capo Testa, eine Jahrmillionen alte, vom Meer umspülte Granitszenerie und früherer Hippie-Geheimtip. Auch an der mittleren Ostküste ragen felsige Steilhänge empor, eingelagert dazwischen liegen Buchten und Sandstrände. Der Westen ist dagegen flacher, mit großen, langen Strandpartien und der steppenartigen Sinis-Halbinsel. Die Costa Verde bei Arbus

Sardinien 1045

wirkt sogar wie eine Wüstenlandschaft, die Dünen ziehen sich kilometerweit ins Land hinein. Im Inneren gibt es ausgedehnte Korkeichenwälder (vor allem im Norden um Tempio), ansonsten dominiert die alles überwuchernde Macchia. Im rauen Gennargentu-Massiv leben die meisten der 33.000 Hirten von Sardinien. Viele von ihnen mussten im 19 und 20. Jh. auswandern, weil die karge Insel sie nicht mehr ernähren konnte.

Sardinien war immer ein Spielball in der Hand fremder Kolonisatoren und wurde bereits seit der Antike von den Festländern ausgebeutet. *Furat chie venit da'e su mare* („Wer übers Meer kommt, will uns bestehlen"), heißt ein häufig zitiertes Wort, das die geschichtliche Situation Sardiniens durchaus treffend beschreibt, denn von außen kam selten Gutes. Die alte eigenständige Inselkultur zeigt sich besonders deutlich in den eigentümlichen „Nuragehen" (*Nurakes* bedeutet Steinhaufen), die überall auf Sardinien stehen. Diese kegelförmige Festungstürme aus roh aufeinander geschichteten Steinblöcken stammen aus dem 2. Jt. v. Chr. Mehr als 7000 hat man bisher gezählt, doch wahrscheinlich gab es wesentlich mehr. Zahlreiche Siedlungen hatten ihren eigenen Turm, die Insel bestand aus Clans, die sich gegeneinander abgrenzten und argwöhnisch ihre Ländereien bewachten. Später wurden die anfänglichen Einzeltürme zu immer komplexeren Burgen ausgebaut, vielleicht auch wegen einer zunehmenden Bedrohung durch äußere Feinde.

Doch trotz der schweren Geschichte – wenn man das Glück hat, außerhalb der touristischen Zonen Kontakte zu finden und die anfängliche Zurückhaltung überwunden ist, kann man nicht selten eine Gastfreundschaft erleben, die ihresgleichen sucht.

Anfahrt/Verbindungen

● *Schiff* Fährverbindungen nach Sardinien gibt es vom italienischen Festland tägl. (z. T. ganzjährig, z. T. nur im Sommer) ab **Genua**, **Livorno**, **Piombino**, **Civitavecchia** und **Fiumicino**, 1- bis 2-mal wöch. ab **Neapel**, **Palermo** und **Trapani** (Sizilien). Civitavecchia hat dabei die meisten Abfahrten pro Tag. Ankunftshäfen sind Olbia und das benachbarte Golfo Aranci, Porto Torres, Arbatax und Cagliari.
Anbieter sind Tirrenia (www.tirrenia.it), Moby Lines (www.mobylines.de), Sardinia Ferries (www.sardinia-ferries.de), Grandi Navi Veloci (www.gnv.it) und die kleinere Gesellschaft Enermar (www.enermar.it).
Die großen Fährschiffe benötigen je nach Hafen und Leistungsfähigkeit zwischen 8 und 12 Std. für die Überfahrt. Tirrenia, Moby Lines und Sardinia Ferries setzen aber mittlerweile auch hochmoderne Schnellfähren ein, die die Überfahrtszeiten um mehrere Stunden verkürzen. Die schnellste Überfahrt bietet derzeit Sardinia Ferries von Civitavecchia nach Golfo Aranci – gerade mal 3,5 Std. ist hier die „Corsica Express" unterwegs, von Piombino sind es 4 Std., von Livorno 5–6 Std. Genereller Tipp sind die Tagüberfahrten, bei denen man keine Kabine buchen muss und die ein ganzes Stück preiswerter sind als Nachtüberfahrten.

> Achtung: **August** ist der traditionelle Ferienmonat der Italiener. Die Badeorte, Hotels und Campingplätze sind dann bis zum letzten Fleck ausgebucht – und die Fähren oft ebenfalls. In der Zeit von Mitte Juli bis Mitte August sollte man deshalb Schiffspassagen auf jeden Fall vorbuchen. Dasselbe gilt für die Rückreise ab der dritten Augustwoche bis Mitte September.

● *Flug* Folgende „Billigflieger" fliegen Sardinien an (Stand 2007):
Air Berlin (www.airberlin.com), von Berlin, Düsseldorf, Hamburg, Nürnberg und Wien nach Olbia.
Baboo (www.flybaboo.com), von Genf nach Olbia.
easyJet (www.easyjet.com), von Berlin-Schönefeld und Genf nach Olbia.

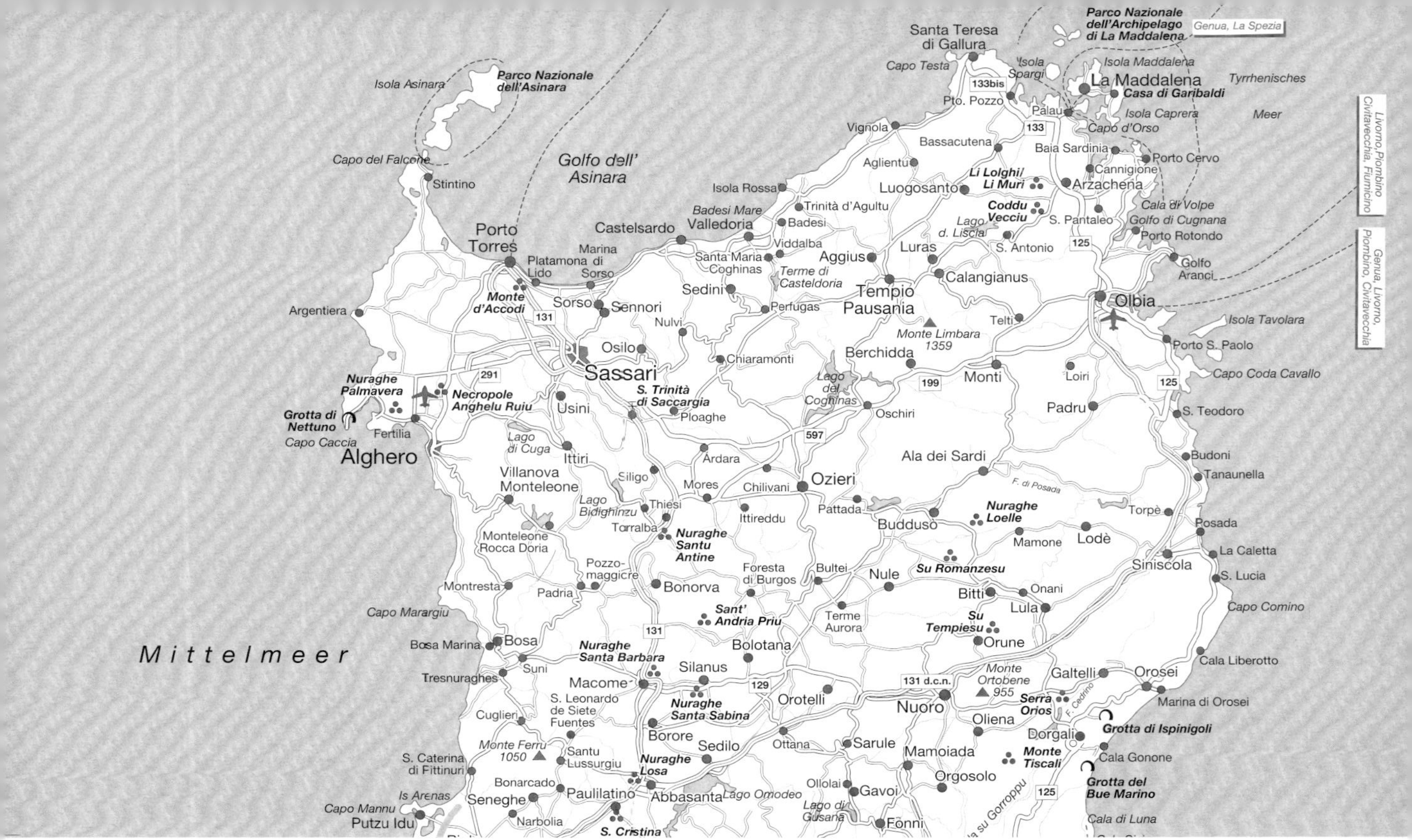

Parco Nazionale dell'Archipelago di La Maddalena
Genua, La Spezia
Livorno, Piombino Civitavecchia, Fiumicino
Genua, Livorno, Piombino, Civitavecchia
Tyrrhenisches Meer
Mittelmeer
Golfo dell' Asinara
Parco Nazionale dell'Asinara
Isola Asinara
Capo del Falcone
Stintino
Porto Torres
Platamona Lido
Marina di Sorso
Castelsardo
Badesi Mare
Valledoria
Isola Rossa
Trinità d'Agultu
Badesi
Viddalba
Santa Maria Coghinas
Terme di Casteldoria
Santa Teresa di Gallura
Capo Testa
Isola Spargi
Isola Maddalena
La Maddalena
Casa di Garibaldi
Isola Caprera
Capo d'Orso
Pto. Pozzo
133bis
Palau
133
Vignola
Bassacutena
Baia Sardinia
Porto Cervo
Cannigione
Aglientu
Li Lolghi/ Li Muri
Luogosanto
Arzachena
Coddu Vecciu
Cala di Volpe
Golfo di Cugnana
Porto Rotondo
Lago d. Liscia
S. Pantaleo
S. Antonio
125
Aggius
Luras
Calangianus
Tempio Pausania
Golfo Aranci
Olbia
Isola Tavolara
Porto S. Paolo
Capo Coda Cavallo
Loiri
Telti
Monte Limbara 1359
Berchidda
Monti
199
Padru
S. Teodoro
Budoni
Tanaunella
Argentiera
Monte d'Accodi
Sorso
Sennori
131
Sedini
Perfugas
Nulvi
Osilo
Sassari
Chiaramonti
Lago del Coghinas
Oschiri
291
Nuraghe Palmavera
Necropole Anghelu Ruiu
Grotta di Nettuno
Capo Caccia
Fertilia
Alghero
Usini
S. Trinità di Saccargia
Ploaghe
597
Lago di Cuga
Ittiri
Ardara
Ala dei Sardi
Villanova Monteleone
Siligo
Mores
Chilivani
Ozieri
F. di Posada
Lago Bidighinzu
Thiesi
Ittireddu
Pattada
Budduso
Nuraghe Loelle
Torpè
Posada
Monteleone Rocca Doria
Torralba
Nuraghe Santu Antine
Mamone
Lodè
La Caletta
Siniscola
Pozzo-maggiore
Foresta di Burgos
Bultei
Nule
Su Romanzesu
S. Lucia
Montresta
Padria
Bonorva
Bitti
Onani
Lula
Capo Comino
Capo Marargiu
Sant' Andria Priu
Terme Aurora
Su Tempiesu
Orune
Bosa
Bosa Marina
Nuraghe Santa Barbara
Bolotana
Cala Liberotto
Suni
Silanus
Monte Ortobene 955
Galtelli
Orosei
Tresnuraghes
Macomer
129
131 d.c.n.
Marina di Orosei
S. Leonardo de Siete Fuentes
Nuraghe Santa Sabina
Orotelli
Nuoro
Serra Orios
F. Cedrino
Cuglieri
Borore
Oliena
Dorgali
Grotta di Ispinigoli
Monte Ferru 1050
Santu Lussurgiu
Sedilo
Ottana
Sarule
Mamoiada
Monte Tiscali
Cala Gonone
S. Caterina di Fittinuri
Nuraghe Losa
Ollolai
Orgosolo
Grotta del Bue Marino
Bonarcado
Paulilatino
Abbasanta
Lago Omodeo
Gavoi
125
Is Arenas
Seneghe
Lago di Gusana
Capo Mannu
Putzu Idu
Narbolia
S. Cristina
Fonni
Cala di Luna

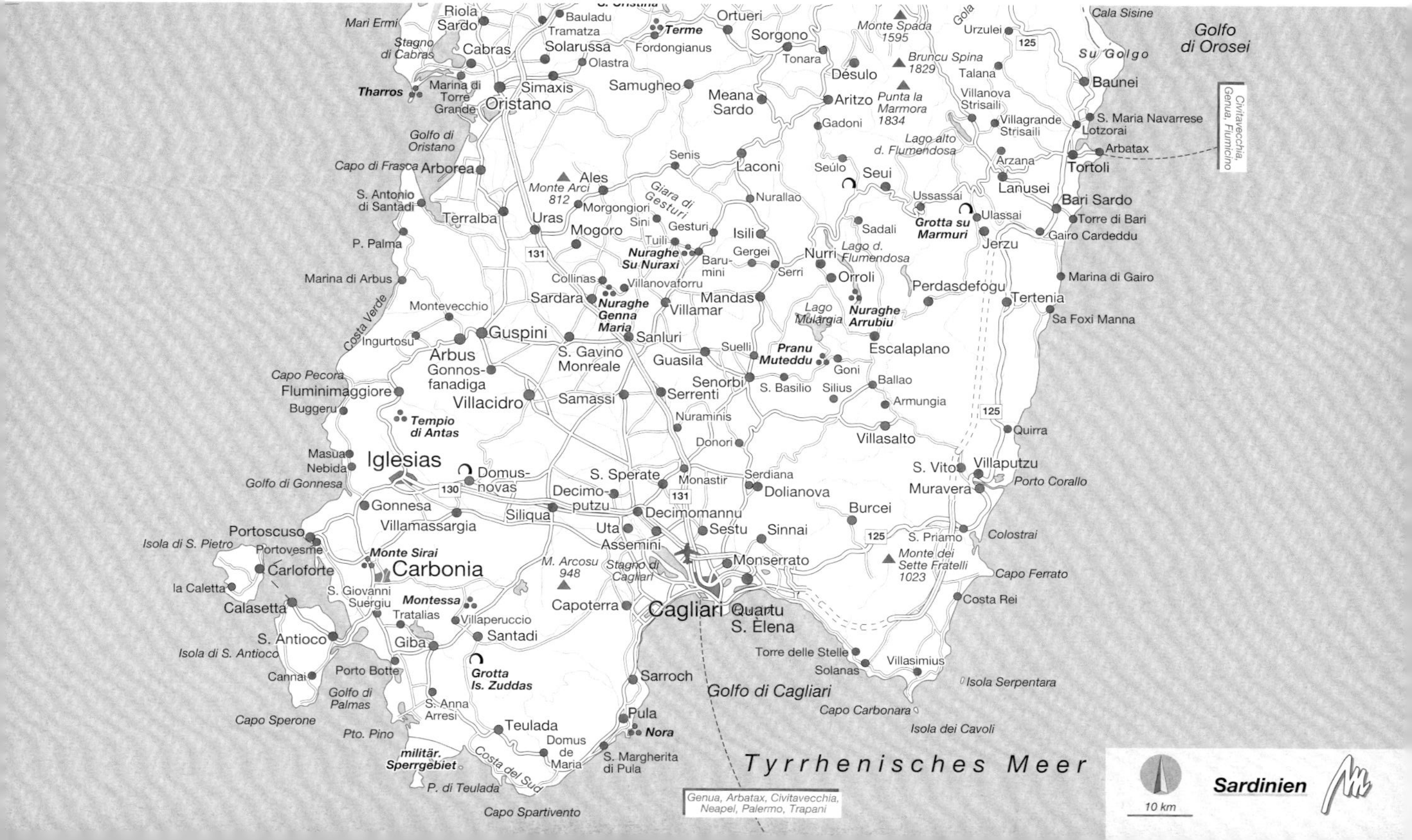
Sardinien
10 km
Tyrrhenisches Meer
Golfo di Orosei
Civitavecchia, Genua, Fiumicino
Genua, Arbatax, Civitavecchia, Neapel, Palermo, Trapani
Golfo di Cagliari
Golfo di Oristano
Golfo di Gonnesa
Golfo di Palmas
Costa Verde
Costa del Sud
militär. Sperrgebiet
Cagliari
Iglesias
Carbonia
Oristano
Tortolì
Lanusei
Bari Sardo
Baunei
Arbatax
S. Maria Navarrese
Lotzorai
Cala Sisine
Su Golgo
Urzulei
Talana
Villanova Strisaili
Villagrande Strisaili
Arzana
Ulassai
Jerzu
Gairo Cardeddu
Torre di Bari
Marina di Gairo
Tertenia
Sa Foxi Manna
Perdasdefogu
Escalaplano
Ballao
Armungia
Villasalto
Quirra
Villaputzu
Porto Corallo
S. Vito
Muravera
Colostrai
S. Priamo
Monte dei Sette Fratelli 1023
Capo Ferrato
Costa Rei
Villasimius
Isola Serpentara
Capo Carbonara
Isola dei Cavoli
Solanas
Torre delle Stelle
Quartu S. Elena
Monserrato
Sinnai
Burcei
Sestu
Dolianova
Serdiana
Donori
Nuraminis
Monastir
Decimomannu
Assemini
Uta
Stagno di Cagliari
Capoterra
M. Arcosu 948
Sarroch
Pula
Nora
S. Margherita di Pula
Domus de Maria
Teulada
Capo Spartivento
P. di Teulada
Pto. Pino
S. Anna Arresi
Porto Botte
Giba
Santadi
Grotta Is. Zuddas
Villaperuccio
Tratalias
Montessa
S. Giovanni Suergiu
Monte Sirai
Villamassargia
Gonnesa
Portoscuso
Portovesme
Carloforte
Isola di S. Pietro
la Caletta
Calasetta
S. Antioco
Isola di S. Antioco
Cannai
Capo Sperone
Nebida
Masua
Domusnovas
Siliqua
Decimoputzu
S. Sperate
Villacidro
Tempio di Antas
Buggeru
Fluminimaggiore
Capo Pecora
Gonnosfanadiga
Arbus
Ingurtosu
Montevecchio
Guspini
S. Gavino Monreale
Samassi
Serrenti
Sanluri
Nuraghe Genna Maria
Sardara
Collinas
Villanovaforru
Villamar
Guasila
Senorbì
S. Basilio
Silius
Suelli
Pranu Muteddu
Goni
Mandas
Serri
Gergei
Barumini
Nuraghe Su Nuraxi
Tuili
Gesturi
Sini
Giara di Gesturi
Morgongiori
Mogoro
Uras
Monte Arci 812
Ales
Senis
Laconi
Nurallao
Isili
Nurri
Orroli
Lago d. Flumendosa
Lago Mulargia
Nuraghe Arrubiu
Sadali
Seui
Seùlo
Ussassai
Grotta su Marmuri
Lago alto d. Flumendosa
Gadoni
Aritzo
Punta la Marmora 1834
Bruncu Spina 1829
Monte Spada 1595
Gola
Désulo
Tonara
Sorgono
Ortueri
Meana Sardo
Samugheo
Terme
Fordongianus
Simaxis
Olastra
Solarussa
Tramatza
Bauladu
Riola Sardo
Mari Ermi
Stagno di Cabras
Cabras
Tharros
Marina di Torre Grande
Arborea
Capo di Frasca
S. Antonio di Santadi
Terralba
P. Palma
Marina di Arbus
125
131
130

Gemanwings (www.germanwings.com), von Köln-Bonn nach Alghero.
Helvetic (www.helvetic.com), von Zürich nach Olbia und Cagliari.
InterSky (www.intersky.biz), von Friedrichshafen nach Olbia.
Ryan Air (www.ryanair.com), von Frankfurt-Hahn und Weeze (70 km von Düsseldorf) nach Alghero.
TUIfly (www.tuifly.com), von Berlin, Düsseldorf, Frankfurt, Hamburg, Hannover, Köln-Bonn, München und Stuttgart nach Olbia und von Köln-Bonn, München und Stuttgart nach Cagliari.

*U*nterwegs auf *S*ardinien

• *Zug* Das Bahnnetz Sardiniens ist nur mäßig entwickelt. Neben der Hauptlinie der staatlichen **Eisenbahn FS** (Ferrovie dello Stato), die die Insel der Länge nach durchquert, gibt es lediglich einige **Schmalspurstrecken der FdS** (Ferrovie della Sardegna). Für den Badeurlaub bringt die Bahn wenig – abgesehen von den Anfangs- und Endpunkten der Strecken führen die Schienen nur durchs Innere der Insel. Zeit muss man in jedem Fall mitbringen, Schnellzüge sind auch auf der staatlichen Strecke die Ausnahme und auf den Schmalspurstrecken verkehren hauptsächlich ältere Fiat-Triebwagen, die oft nur aus einem oder zwei Waggons bestehen.

• *Bus* Die blauen Busse der Gesellschaft **ARST** (Azienda Regionale Sarda Trasporti) fahren zahlreiche Orte an, ergänzt durch Bahnbusse von **FdS** und **FMS**. Auf Langstrecken, zwischen Flughäfen, Häfen, Provinzhauptstädten und wichtigen Touristenorten fahren weitere Gesellschaften. In der Sommersaison sind die Verbindungen an der Küste und in touristisch erschlossenen Gebieten einigermaßen ausreichend, abgelegene Orte werden dagegen oft nur ein- oder zweimal tägl. angefahren (Rückfahrt am gleichen Tag ist oft möglich). Auch bei größeren Entfernungen ist die Fahrthäufigkeit eher gering und nicht selten ist mehrfaches Umsteigen erforderlich, wobei die Fahrpläne der verschiedenen Gesellschaften nicht aufeinander abgestimmt sind, sodass man u. U. lange unterwegs ist. Außerhalb der Badesaison stellen einige Gesellschaften den Betrieb ganz ein, die anderen fahren deutlich seltener.

> **„Trenino Verde": Auf schmaler Spur durch Sardinien**
>
> In der warmen Jahreszeit befahren mehrmals wöch. touristische Sonderzüge die Kleinbahnstrecken. Buchen kann man diese Fahrten bei FdS in Cagliari, Via Cugia 1, ✆ 070/57930346, ✆ 581765, bei Trenino Verde in Cagliari-Monserrato, Via Pompeo 1, ✆/✆ 070/580246 oder ✆ 800-460220 (gebührenfrei) sowie in den Bahnhöfen der Abfahrtsorte Arbatax, Bosa Marina, Mandas, Palau, Tempio Pausania und Sassari. Infos unter www.treninoverde.com.

*Ü*bernachten

In den Badeorten gibt es zahlreiche **Hotels** von Mittelklasse bis zu gehobener Kategorie. Das Preisniveau ist insgesamt hoch und steht in den Sommermonaten nicht mehr überall in einem gesunden Verhältnis zur Leistung. Eine gute Alternative sind **Privatzimmer** (Bed & Breakfast) und **Ferienwohnungen**, die zahlreich angeboten werden. Im Landesinneren dünnt das Hotelnetz stark aus, jedoch gibt es vermehrt komfortable Landhotels und man kann häufig auf **Agriturismo-Höfe** zurückgreifen, wo man meist ordentliche Übernachtungsmöglichkeiten, typisches Essen sowie eine freundliche Atmosphäre vorfindet. Für Camper ist Sardinien dank seiner fast hundert Zeltplätze ein ideales Terrain, weit verbreitet ist auch das freie Übernachten in Wohnmobilen, das im Hochsommer aber nicht gestattet ist. Wild zelten ist generell verboten.

*E*ssen & *T*rinken

Die sardische Küche ist ursprünglich eine Küche der Hirten und Bauern: Wurstwaren und gebratenes Fleisch samt Innereien, z. B. Wildschwein und Spanferkel, dazu reichlich Brot und Käse, Gemüse dagegen eher spärlich. **Pane karasau** sind hauchdünne, knusprige Brotfladen, das Standardgericht **Pane frattau** ist die Weiterentwicklung davon zur warmen Mahlzeit: Die dünnen Scheiben werden mit kochendem Wasser überbrüht, dann Tomatensoße und Ei darüber geschlagen.

An der Küste liegt dagegen der Schwerpunkt natürlich eher auf Fisch und Meeresfrüchten, kulturelle Unterschiede schlagen sich dabei in regionalen Eigenheiten nieder: Im katalanisch geprägten Alghero kann man häufig **Paella** bestellen, um Oristano sorgen die fischreichen Lagunenseen für Nachschub an **Meeräschen** und **Aalen** und auf den südwestlich vorgelagerten Inseln Sant'Antioco und San Pietro steht **Thunfisch** im Mittelpunkt.

Die genuine Inselküche genießt man am ehesten in den vielen ländlichen Agriturismo-Betrieben, denn dort wird in der Regel noch authentisch gekocht. In den Restaurants wird dagegen fast überall eine sardisch-italienische Mischküche serviert: sardische Nudeln wie **malloreddus** oder **culurgiones**, Fleisch à la Sardegna, italienisch oder international, gegrillter Fisch und **frutti di mare** – und natürlich Pizza.

Olbia

ca. 46.000 Einwohner

Wegen seiner Festlandsnähe und der benachbarten mondänen Costa Smeralda der wichtigste Hafen Sardiniens. Bei der Einfahrt schöner Blick auf den klippenreichen Golf von Olbia und die imposante Granitinsel Tavolara. Zudem liegt hier der von Mitteleuropa aus meistangeflogene Flughafen der Insel.

Das Städtchen selbst hat wenig zu bieten – Frühstückspause unter den schattigen Bäumen der Piazza Margherita, kurzer Bummel auf dem granitgepflasterten Corso Umberto, dann geht es meist weiter. Einzige wirkliche Sehenswürdigkeit ist *San Simplicio* auf einem niedrigen Hügel hinter dem Bahnhof. Die romanisch-pisanische Kirche aus dem 11./12. Jh. besticht durch ihre schlichte Harmonie. In der Apsis sind zwei Freskos erhalten, das linke stellt den Namen gebenden *San Simplicio* dar, einen frühchristlichen Märtyrer, wahrscheinlich Bischof in der Zeit Kaiser Diokletians. Ein neues Archäologisches Museum soll demnächst auf einer Insel neben dem Hafendamm eröffnet werden.

Schönster Strand in Stadtnähe ist *Pittulongu*, einige Kilometer nördlich (Stadtbus 4).

Öffnungszeiten **San Simplicio**, 6.30–12.30, 16–19 Uhr.

Anfahrt/Verbindungen & Information

• *Flug* Der moderne **Aeroporto Olbia-Costa Smeralda** liegt 3 km südlich der Stadt, von der SS 125 gibt es eine beschilderte Abzweigung. ✆ 0789/563444, www.olbiairport.it.

Rechts vor der Ankunftshalle stehen **Überlandbusse**, die in die großen Städte und Badeorte fahren, u. a. von ARST, Turmo Travel und Deplano.

Der Stadtbus 2 (ASPO) fährt werktags von 7.30–20 Uhr halbstündlich (sonn- und feiertags stündlich) zum Busbahnhof in Olbia. Zusätzlich verkehrt der Stadtbus 10 (Circolare INPS) auf einem Rundkurs Flughafen – Olbia Busbahnhof und wieder zum Flughafen.

• *Schiff* An der Spitze des 2 km langen Hafendamms Isola Bianca liegt die **Stazione Marittima**, wo die Fähren vom Festland anlegen und wieder abfahren. ARST-Busse starten nach Ankunft der Fähren an die Costa Smeralda, nach Santa Teresa, Palau, Nuoro und zu anderen Inselzielen.

• *Zug* Der **Bahnhof** liegt in einem kleinen Seitengässchen des Corso Umberto (Via Giacomo Pala), ein paar Meter von der zentralen Piazza Margherita. Züge 9-mal tägl. nach Sassari/Porto Torres (ca. 2,5 Std.) und Cagliari (4,5–8 Std.), z. T. umsteigen in Chilivani.

• *Fernbusse* Der **Busbahnhof** liegt direkt am Corso Umberto, unterhalb der Piazza Margherita, Nähe Bhf. Busse fahren u. a. 10-mal tägl. nach Palau, 8-mal nach San Teodoro und 6-mal nach Santa Teresa di Gallura.

• *Information* Ganzjährig sind die Infobüros im **Flughafen** (tägl. 8–22 Uhr, ✆ 0789/563444) und in der **Stazione Marittima** (tägl. 8–14, 16–22 Uhr) geöffnet.

1050 Sardinien

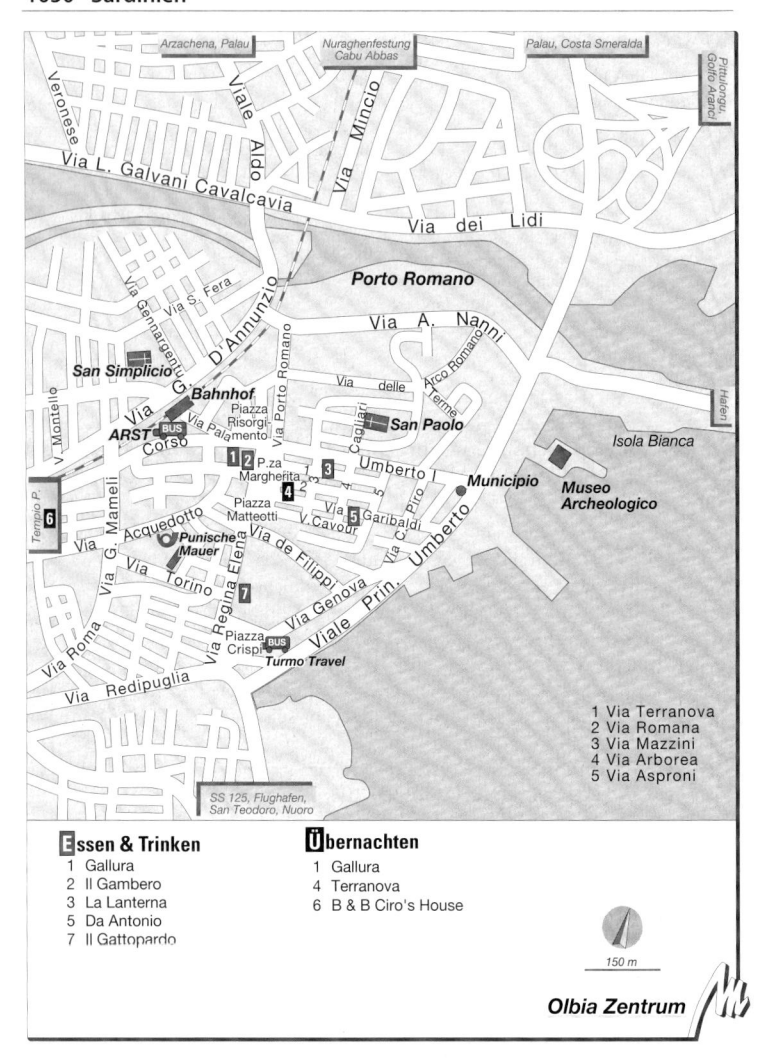

1 Via Terranova
2 Via Romana
3 Via Mazzini
4 Via Arborea
5 Via Asproni

Essen & Trinken
1 Gallura
2 Il Gambero
3 La Lanterna
5 Da Antonio
7 Il Gattopardo

Übernachten
1 Gallura
4 Terranova
6 B & B Ciro's House

150 m

Olbia Zentrum

Übernachten

*** **Gallura (1)**, zentral gelegenes Haus, nur wenige Schritte von der Piazza Margherita. Wirtin Rita Denza spricht ausgezeichnet Deutsch, ihre Mutter stammt aus Österreich, der Vater aus Rom. Unten sehr gutes und sehr teures Restaurant. DZ mit Frühstück ca. 75–90 €. Corso Umberto I 145, ✆ 0789/24648, ✉ 24629.

*** **Terranova (4)**, am oberen Ende der Piazza Margherita links um die Ecke. Hübsche Zimmer mit TV sowie gutes hauseigenes Restaurant. Personal freundlich, Frühstück gut, Parkmöglichkeit gegen Gebühr. DZ mit Frühstück ca. 65–110 €. Via Garibaldi 3, ✆ 0789/22395, ✉ 27255, www.hotel terranova.it.

B & B Ciro's House (6), 20 Fußmin. landeinwärts vom Zentrum, Seitengasse des Corso Vittorio Veneto. Drei ordentlich eingerichtete Zimmer zum Innenhof oder zur ruhigen Seitenstraße, reichliches Frühstück. DZ mit Bad ca. 57–90 €, mit geteiltem Bad ca. 50–75 €. Bei nur einer Nacht Aufenthalt Aufpreis von ca. 5 €. Via Aspromonte 7, ✆/📠 0789/24075, www.bbolbia.com.

Camping Cugnana, etwa 11 km nördlich von Olbia, Anfang Mai bis Ende Sept. ✆ 0789/33184, 📠 33398, www.campingcugnana.it.

Camping Tavolara, etwa 18 km südlich von Olbia im Porto della Taverna. Mai bis Sept. ✆ 0789/40166, 📠 40000, www.camping-tavolara.it.

Essen & Trinken

Il Gambero (2), kleines Lokal in zentraler Lage. Wie der Name schon sagt, Garnelengerichte, ansonsten viel mit Meeresfrüchten und Fische vom Holzkohlengrill. Menü „Delfino" 23 €, Menü „Terra" 20 €. Mo geschl. Via Lamarmora 6, ✆ 0789/23874.

Da Antonio (5), schönes, altes Haus in ruhiger Altstadtlage, im Sommer kann man draußen essen. Großes Antipasto-Buffet, selbst gemachte Pasta, Pizza. Mittlere Preisklasse, Service gelegentlich überfordert, sonst aber okay. Via Asproni/Ecke Via Garibaldi. ✆ 0789/23017.

La Lanterna (3), geräumiges Kellerlokal mit hohen, hellen Räumen, freundliche Atmosphäre. Hauptsächlich Pizza, preislich im Rahmen. Mi geschl. Via Olbia 13 (parallel zum Corso Umberto I), ✆ 0789/23082.

TIPP! Il Gattopardo (7), populäres Lokal mit großem Speisesaal und schönem Innenhof, immer gut besucht. Große Pizzen, Fisch, Risotti und sardische Gerichte wie *pane frattau*. Preise im Rahmen. Mi geschl. Via Elena Regina 85, ✆ 0789/21614.

Costa Smeralda

Die buchtenreiche Küstenlandschaft nördlich von Olbia wurde seit den 1960er Jahren von einem Bankenkonsortium unter Prinz Aga Khan im hochpreisigen touristischen Sektor vermarktet. Die zahlreichen Bungalows und Feriensiedlungen sind geschickt der Felsen- und Macchialandschaft angepasst, es gibt mehrere Luxushotels, die Preise sind deutlich gehoben.

Hauptort ist das mondäne *Porto Cervo*, ein vermeintlicher VIP-Treff mit fantasievoll gestalteten Fassaden und frischen, bunten Farben – nett, wenn auch lange nicht so aufregend, wie es die Boulevardpresse verkündet. Die *Marina Porto Cervo* ist einer der sichersten Jachthäfen im Mittelmeerraum.

Hübsch ist etwas landeinwärts das kleine Dorf *San Pantaleo* zwischen Granitzacken, am besten zu erreichen von *Portisco* am Golf von Cugnana. Die schlicht grauen Häuser wurden für die Urlauber hübsch pastellfarben getüncht, Künstler haben sich niedergelassen, dienstags kann ein Markt besucht werden. Am höchsten Punkt liegt die nette Piazza Vittorio Emanuele, im Umkreis gibt es ein paar Kunsthandwerksläden und Bars.

▸ **Cala Liscia Ruia**: der längste Strand der Costa Smeralda, etwa 600 m lang, feinsandig und hellbraun, markanter Blick auf vorgelagerte Inselchen und das imposante *Capo Figari* bei Golfo Aranci. Man erreicht ihn, wenn man unmittelbar nach der Abzweigung von der Hauptstraße in Richtung zur Halbinsel Capriccioli rechter Hand eine 2 km lange, holprige Staubpiste nimmt (beschildert). Parken ist kostenpflichtig.

▸ **Arzachena**: Die geschäftige Kleinstadt ist das administrative Zentrum der Costa Smeralda. Häuser in fröhlichen Pastellfarben, schöne Lage am Fuß eines Granitplateaus. Lohnt einen Abstecher von der Küste – nicht so sehr wegen des schlichten Ortskerns, jedoch als Ausgangspunkt für Ausflüge in die Umgebung: Diverse vorgeschichtliche Funde machen Arzachena zum archäologischen Zentrum im Nordosten Sardiniens. Beschildert ist der Weg zum *Centro di Documentazione territoriale della*

Scienza della Terra e dell'Uomo in der Via Mozart, das neben zahlreichen mineralogischen und paläontologischen Exponaten die Ausgrabungen dokumentiert.
Folgende Relikte können gegen Eintrittsgebühr besichtigt werden: der *Nuraghe Albucciu* und der *Tempietto Malchittu* am südlichen Ortseingang, weiter außerhalb das Gigantengrab *Coddu Vecciu*, außerdem das Gigantengrab *Li Lolghi* und das Gräberfeld *Li Muri* nördlich der Straße nach Luogosanto. Auskünfte und Kartenverkauf zu den ersten drei im Info-Center am südlichen Ortseingang von Arzachena, zu Li Lolghi und Li Muri vor Ort.

• *Öffnungszeiten/Eintritt* **Centro di Documentazione territoriale della Scienza della Terra e dell'Uomo**, Mo–Sa 8–13, 15–18 Uhr. Eintritt ca. 1,60 €. ✆ 0789/840106.
Albucciu, **Malchittu** und **Coddu Vecciu** tägl. 9–19 Uhr, Eintritt für ein Monument nach Wahl ca. 3 €, zwei Monumente 5 €, drei 5,50 €.
Li Lolghi und **Li Muri** tägl. 9–13, 15.30–19 Uhr, Eintritt ca. 3 €.

Nordküste

Der äußerste Norden um Palau und Santa Teresa di Gallura ist von bizarren Granitfelsen geprägt, dazwischen liegen aber immer wieder herrliche Sandstrände. Westlich vom imposanten Capo Testa dominiert der heftige „Maestrale", der verlängerte Arm des Mistral aus dem Rhônetal. Wenige größere Ortschaften existieren, die steile Felsküste ist zum größten Teil unzugänglich. In den Nischen liegen aber auch hier Strände, die zu den schönsten Sardiniens gehören. Im Hinterland dominieren kahle Berg- und Hügelkuppen, verstreutes Granitgeröll, hohe Felszacken und dichte Korkeichenwälder, letztere vor allem um Tempio Pausania.

Palau   ca. 4.000 Einwohner

Der Fährhafen zum vorgelagerten Madalena-Archipel ist ein beliebter Badeort inmitten einer Szenerie aus malerischem Granit. Bester Strand ist die *Spiaggia Sciumara*, einige Minuten westlich vom Ort. Sehenswert ist die *Fortezza Monte Altura* westlich von Palau, ein Kanonenfort des 19. Jh., angelegt an der Nordküste Sardiniens, um den sich konstituierenden Nationalstaat Italien vor dem Nachbarn Frankreich zu schützen.

Öffnungszeiten/Eintritt **Fortezza Monte Altura**, 10–13, 16–20 Uhr, Eintritt ca. 3 € (mit Führung). Coop. Lithos, ✆ 335-1276849.

• *Übernachten* ***** La Roccia**, wenn man zum Hafen hinunterfährt, in der Parallelgasse links oberhalb, nettes Haus in ruhiger Lage. Der freundliche Besitzer spricht gut Deutsch. Ordentliches Frühstück. DZ mit Frühstück ca. 80–130 €. Via dei Mille 15, ✆ 0789/709528, @ 707155, www.hotellaroccia.com.
Camping Baia Saraceno, östlich vom Ort, davor am Meer Sand und Felsen. Anfang März bis Ende Okt. ✆ 0789/709403, @ 709425, www.baiasaraceno.com.
Camping Acapulco, westlich von Palau, 5 Fußmin. zum schönen Sandstrand. Anfang April bis Ende Sept. ✆/@ 0789/709497, www.campingacapulco.com.

• *Essen & Trinken* **Zio Nicola**, großes Lokal beim Parkplatz im Hafen, serviert werden Pizzen, die über den Tellerrand lappen, außerdem „Autentica Focaccia". ✆ 0789/708520.
Il Pirata, von der Fähranlegestelle die Uferpromenade ein Stück nach Westen, so ziemlich das einzige Restaurant nah am Meer. Auch Pizza wird serviert.
Da Robertino, direkt an der Hauptstraße. Vorzügliches Fischrestaurant mit schönem Ambiente in hellen Räumen und qualitativ hochwertigen Fischgerichten. Nicht billig, aber den Preis wert. Via Nazionale 20, ✆ 0789/709610.
La Griglia, umgebautes Bauernhaus an der Straße nach Arzachena. Schön gestalteter Innenhof, Fleisch und Fisch vom Grill. ✆ 0789/709228, www.ristorante.lagriglia.it.

• *Sonstiges* **Flore di Maggio**, exzellente Eisdiele mit 26 leckeren, teils exotischen Sorten, im Sommer herrscht Riesenandrang. Via Nazionale 31, Nähe Hafen.

Malerische Felsbadebucht bei Palau

▶ **Isola La Maddalena und Isola Caprera**: Rund um die Uhr pendeln Fährschiffe von Palau zu den vorgelagerten Inseln. Man landet in der Kleinstadt *La Maddalena*, die viel historische Substanz besitzt und zum Bummeln einlädt.

Die anschließende Rundfahrt auf der „Strada Panoramica" führt an der hübschen Badebucht *Cala Spalmatore* vorbei zum weißen Sandstrand *Baia Trinità* auf der windumtosten Landzunge *Punta Abbatoggia* im äußersten Inselnorden – zwar stark den Nordwinden ausgesetzt, dafür mit flachem Einstieg und super zum Schnorcheln. Der Camping Abbatoggia liegt dort in wild zerklüfteter Klippenlandschaft (📞 0789/739173, ✉ 738742, www.campingabbatoggia.it).

Die fast unbesiedelte *Isola Caprera* erreicht man über eine Brücke. Highlight ist hier neben der unberührten Natur aus üppigen Pinienwäldern und Granit die *Casa-Museo di Garibaldi*, das historische Landgut Giuseppe Garibaldis, auf das er sich im Alter zurückzog und wo er 1882 gestorben ist.

• *Öffnungszeiten/Eintritt* **Casa-Museo di Garibaldi**, Juni bis Sept. Di–So 9–13.30, 16–18.30 Uhr, sonst nur 9–13.30 Uhr, Mo geschl., außerdem 25. April, 1. Mai und 15. Aug. Eintritt ca. 3 €, von 18–25 J. 2 €, frei unter 18 und über 65 J. 📞 0789/727162. Die Besucher werden in Gruppen aufgeteilt und in etwa 45 Min. durch das Gelände geführt.

Mit dem Zug nach Tempio Pausania

Auf der Schmalspurstrecke der FdS (Ferrovie della Sardegna) von Palau nach Tempio Pausania (→ S. 1056) verkehrt von Mitte Juni bis Anfang Sept. 3-mal wöch. (2006: Do u. Fr) der **Trenino verde „Gallura"** (Fahrtzeit 1 Std. 45 Min., Preis einfach ca. 10,50 €, hin/zurück ca. 14 €). Der kleine Bahnhof von Palau liegt an der Zufahrt zum Hafen, Ticketreservierung dort oder unter 📞 0789/709502 (8.30–12 Uhr, außer So).

1054 Sardinien

▸ **Porto Pollo**: Zwischen Palau und Santa Teresa di Gallura liegt diese vorgelagerte Insel, die mittels eines Damms mit dem Festland verbunden ist, in großartiger Lage darauf der Camping Isola dei Gabbiani. Zu beiden Seiten erstrecken sich zwei lang gezogene Buchten mit weichen, weißen Sanddünen der besten Sorte. Jeder Windsurfer kennt diese Traumbucht mit nahezu idealen Bedingungen, denn zusammen mit den vorgelagerten Inseln wirkt das Meer hier fast wie ein riesiger Binnensee. Weil der Wind meist von West oder Nordwest bläst, kann man sich links und rechts vom Damm für an- bzw. ablandigen Wind entscheiden.

• *Übernachten* **Camping Isola dei Gabbiani**, riesiges Gelände, auf dem sich die Zelte weit verteilen. Leider wenig Schatten unter niedrigen Wacholderbäumen. Vor allem auf Surfer ist man eingestellt (Windsurfschule, Verleih, Aufbewahrungsbox fürs Surfbrett etc.). Ostern bis Ende Okt. ✆ 0789/704019, ✎ 704077, www.isoladeigabbiani.it.

Santa Teresa di Gallura ca. 4.800 Einwohner

Der nördlichste Ort Sardiniens liegt auf einem windigen Plateau an der Nordspitze Sardiniens und wurde zu Beginn des 19. Jh. unter König Vittorio Emanuele I von Sardinien-Piemont planmäßig angelegt. Er besitzt streng rechtwinklige Straßenzüge, hat aber dennoch Atmosphäre und ist ein beliebtes Touristenzentrum. Der hübsche Stadtstrand *Rena Bianca* liegt gleich unterhalb.

• *Anfahrt/Verbindungen* Der **Busbahnhof** liegt unterhalb vom Ortskern, in der Via Eleonora d'Arborea/Kreuzung Via Berlinguer.
ARST fährt 5- bis 8-mal tägl. von und nach Olbia (über Palau und Arzachena), 3- bis 5-mal von und nach Sassari (über Vignola, Castelsardo und Porto Torres), 2- bis 4-mal nach Tempio, 2-mal nach Golfo Aranci.
Turmo Travel fährt in den Sommermonaten ca. 6-mal tägl. über Palau zum Flughafen von Olbia, **Digitur** von Juni bis Sept. 1-mal tägl. zum Flughafen Alghero.
Mit Autofähren von **Saremar** und **Moby Lines** kann man 3- bis 5-mal tägl. nach Bonifacio auf Korsika übersetzen. Tickets gibt es im fjordartigen Hafen neben dem Ort.

• *Information* **A.A.S.T.**, kleines Büro an der erhöhten Ostseite der zentralen Piazza Vittorio Emanuele I. ✆ 0789/754127, ✎ 754185, www.regione.sardegna.it/aaststg, www.santateresagallura.com.

• *Übernachten* im Sommer stark von italienischen Stammgästen belegt.
*** **Da Cecco**, schöne Lage über dem Hafenfjord, Zimmer mit Balkon, teils in einer großen Terrasse. Dank der netten Wirtin familiäre Atmosphäre. Speisesaal mit Blick aufs Meer. DZ mit Frühstück ca. 65–110 €, im Sommer Pensionspflicht. Via Po 3 (Nähe Piazza Libertà), ✆ 0789/754220, ✎ 755634, www.hoteldacecco.com.
** **Bellavista**, von der Piazza Libertà ein paar Schritte die Gasse zum Strand hinunter. Einfaches Hotel in optimaler Lage, vor einigen Jahren renoviert, erfreuliche Bäder und vor allem – wie der Name sagt – großartiger Blick auf Strand, Meer und Korsika. DZ mit Frühstück ca. 60–70 €, im Sommer Pension obligatorisch. Via Sonnino 8, ✆/✎ 0789/754162, hotelbellavista.stg@libero.it.
** **Comfort Scano Inn**, ruhige Seitengasse Richtung Capo Testa. Angenehmes, etwas beengtes Haus, Zimmer gepflegt, z. T. Balkon. Seit kurzem gehört auch die frühere Pension „Quattro Mori" an Via Capo Testa/Ecke Via Sicilia dazu. DZ mit Frühstück ca. 45–80 €, in der Saison Pension obligatorisch. Via Lazio 4, ✆ 0789/754447, www.albergoscano.it.
B & B Santa Teresa, schlichte Unterkunft am Ortseingang, gehört zu einem Tauchzentrum. Je ein EZ, DZ und Dreibettzimmer mit gemeinsamem Bad. DZ ca. 50–70 €. Via Nazionale 72, ✆ 338-6808576, www.bedbreakfastsantateresa.com.
Camping La Liccia, etwa 7 km südlich von Santa Teresa, kurz vor dem langen Dünenstrand Rena Maiore. Anfang Mai bis Ende Sept. ✆ 0789/755190, ✎ 755557, www.campinglaliccia.com.

• *Essen & Trinken* **Papè Satan**, ein paar Schritte unterhalb des Kirchplatzes Piazza San Vittorio. Populäre Pizzeria mit hübschem Innenhof. Via la Marmora 20, ✆ 0789/755048.
Il Grottino, gemütlich und gut besucht, leckere Menüangebote, mittlere Preisklasse. Via del Mare 14/Ecke Via Torino. ✆ 0789/754232.
La Stalla, sardische Küche in schöner Umgebung mit prächtigem Blick, auch Pizza. Nur Juni bis Sept. Loc. Marazzino (etwa 5 km östlich außerhalb), ✆ 0789/751514.

Capo Testa: Ein Traum in Granit

Die felsige Halbinsel *Capo Testa* liegt etwa 4 km westlich von Santa Teresa und ist der wohl faszinierendste Ort im Norden Sardiniens. Nach der Autobrücke mit schönem Sandstrand fährt man weiter bis zum Ende der Asphaltstraße, dort kann man parken (leider oft sehr voll). Geradeaus kommt man ins ehemalige militärische Sperrgebiet um den Leuchtturm, eine faszinierende Wildnis aus riesigen Granitbrocken, an denen sich die Brandung bricht und wo man an klaren Tagen einen herrlichen Blick nach Korsika hat.

Etwas die Straße zurück liegt am höchsten Punkt rechter Hand zwischen zwei abgerundeten Granitsteinen der unscheinbare Einstieg zum *Valle di Luna*, markiert mit weißer, kaum sichtbarer Schrift. Dieses wunderschöne Tal, das in zwei Buchten am Meer endet, ist umrahmt von bizarr ausgehöhlten Felsen, die nicht selten Tieren oder Menschen ähneln. In der früheren Hippie-Enklave wohnen auch heute noch „Alternativurlauber" – in Zelten oder gut versteckt in den Höhlen der umliegenden Seitenwände. Abends werden Lagerfeuer entzündet, ein Backofen wurde errichtet, weiter oben im Tal tröpfelt eine Quelle.

Von Santa Teresa nach Porto Torres

▶ **Vignola**: nur eine Handvoll Häuser, aber ein langer Sandstrand, außerdem zwei große Campingplätze – der sehr gut ausgestattete Platz „Baia Blu La Tortuga" (Anfang April bis Ende Sept., ✆ 079/602060, ✉ 602040, www.baiablu.com) und der etwas einfachere „Comunale Saragosa" (Mitte Mai bis Ende Sept., ✆ 079/602077, ✉ 602037, www.campingsaragosa.it).

▶ **Badesi Mare**: kilometerlanger, windexponierter Strand aus feinem Sand, flankiert von einer kaum bebauten Uferstraße. Schöne, weithin ruhige Ecke, ein wenig besuchter Campingplatz.

• *Übernachten* **Camping Mare Blu**, an der Zufahrtsstraße nach Badesi Mare beschildert, ca. 1,8 km Schotterpiste. Großes, naturbelassenes Gelände mit dichtem Baumbestand, davor langer Dünenstrand. Stellplätze unter niedrigen Pinien, auch Wohnwagen und kleine Häuser mit einfacher Ausstattung werden vermietet. Achtung: Kein Restaurant, kein Laden, nur eine Bar. Meist sehr wenig los, selbst im August. ✆ 079/684688, ✉ 684442.

▶ **Isola Rossa**: lebhafter Badeort, viele jüngere Leute, zwei Diskotheken. Ein langer Sandstrand liegt östlich außerhalb zwischen rötlichen Porphyrfelsen, neben dem modernen Hafen im Ort gibt es ebenfalls einen Strand.

Valledoria
ca. 3.800 Einwohner

Landwirtschaftszentrum in der Ebene des Coghinas, vorgelagert ein langer Sandstrand mit herrlichem Blick auf die Silhouette von Castelsardo. Der Coghinas-Fluss bildet hier eine ausgedehnte Lagune, auf dem Campingplatz „La Foce" kann man Kajaks und Kanus mieten und flussaufwärts paddeln.

Ein Ausflug lohnt zur nahen *Terme di Casteldoria* – bis zu 70 Grad heiße Thermalquellen temperieren den Coghinas, man kann genüsslich baden und sich von Kopf bis Fuß mit dem schwefelhaltigen Schlamm einschmieren.

Sardinien

- *Übernachten* **Camping La Foce**, großer Platz an der Lagune, kostenloser Transfer zum breiten Sandstrand. Mit Pool. Mitte Mai bis Ende Sept. ✆ 079/582109, ℻ 582191, www.foce.it.
Camping Valledoria International, 3 km westlich von Valledoria. Großer, gut ausgestatteter Platz direkt am Strand, Stellplätze unter windgekrümmten Pinien und Wacholderbäumen. Mitte Mai bis Ende Sept. ✆ 079/584070, ℻ 584058, www.campingvalledoria.com.
Camping Baia dei Ginepri, kleinerer Platz mit Stellplätzen auf Sand und unter niedrigen Wacholder- und Pinienbäumen, angenehm schattig. Preislich günstiger als die beiden anderen Plätze. Juni bis Sept. ✆ 079/584373, ℻ 584000, www.baiaginepri.it

▶ **Ausflug ins Inland:** *Tempio Pausania*, das städtische Zentrum des Nordostens, liegt inmitten dichter Korkeichenwälder auf einer Hochterrasse am Nordfuß des Monte Limbara. Das alte Zentrum zeigt sich ausgesprochen reizvoll: winklige Granitgassen, ehrwürdige Bürgerhäuser mit schmiedeeisernen Balkonen, blank getretenes Pflaster – die authentische Atmosphäre einer sardischen Kleinstadt. In einem Wäldchen am Stadtrand liegt die Mineralquelle *Fonte Rinaggiu*. An Wochenenden kommen die Sarden von weither, um ihre großen Wasserbehälter aufzufüllen.

- *Anfahrt/Verbindungen* Tempio liegt an der Schmalspurbahnlinie der **FdS** von Sassari nach Palau, die nur noch in den Sommermonaten vom „Trenino verde" befahren wird (→ S. 1048).
ARST-Busse starten am Bahnhof, es gibt u. a. Verbindungen nach Olbia und Sassari, Palau nach Santa Teresa.

Castelsardo
ca. 5.400 Einwohner

Ein hoher Fels, an drei Seiten vom Meer umspült, auf der windzerzausten Spitze die altersgrauen Granitmauern eines genuesischen Kastells, am Hang darunter übereinander gestaffelte Häuserfronten, an der Westseite der Glockenturm der Kathedrale mit farbenprächtigem Majolikadach.

In der Altstadt mit ihren steilen Treppengässchen und uralten Wohnhäusern aus groben Steinquadern sitzen im Sommer Frauen vor ihren Türen und fertigen aus Riedgras und Zwergpalmfasern Körbe, Schalen und Behälter. Das Kastell *Fortezza dei Doria* kann besichtigt werden, im *Museo dell'Intreccio* sind traditionelle Flechtarbeiten aus verschiedenen Teilen Sardiniens ausgestellt. Die Kathedrale *Sant' Antonio Abate* besitzt mit der „Madonna degli Angeli" ein Altarbild des so genannten „Meisters von Castelsardo" (15./16. Jh.) sowie ein uriges *Museo Diocesano*.

Roccia dell'Elefante (Elefantenfels) wird ein meterhoher Trachytfels genannt, der direkt an der SS 134 nach Sedini steht, etwas südlich von der Kreuzung mit der SS 200. Im Lauf der Jahrtausende ist er so eigentümlich verwittert, dass er die Gestalt eines Elefanten annahm.

Zum Baden ist Castelsardo nicht geeignet – direkt beim Ort gibt es nur einige bescheidene Sandbuchten, die nächsten Strände sind kilometerweit entfernt.

- *Öffnungszeiten/Eintritt* **Fortezza dei Doria**, März bis Sept. 9–13, April zusätzlich 15–19.30 Uhr, Mai 15–20.30 Uhr, Juli & Sept. 15–21 Uhr, Okt. 15–18.30 Uhr; Juli/August 9–24 Uhr, von Okt. bis März Mo geschl.; Eintritt ca. 2 €.
Museo Diocesano, April bis Sept. tägl. 10–13, 15.30–19.30 Uhr; Eintritt ca. 2 €.

- *Verbindungen* **ARST** fährt täglich mehrmals nach Santa Teresa, Porto Torres und Sassari, **Digitur** 1-mal tägl. von Juni bis Sept. nach Sassari und zum Flughafen von Alghero, in der anderen Richtung nach Santa Teresa.

- *Übernachten* *** **Castello**, am Lungomare, unten großes Restaurant, darüber weite Terrasse, wo man abends im Freien sitzen kann, Blick aufs Meer und den Burgfelsen. Einfache Zimmer. DZ mit Frühstück ca. 70–85 €. ✆ 079/470062, ℻ 479163.

** **Pensione Pinna**, ebenfalls am Lungomare, geführt von drei Schwestern. Zimmer okay, vorne raus Balkone mit schönem Blick auf Altstadthügel und Meer. Im klei-

nen Speiseraum Aquarium und Meeresutensilien. Frühstück nur mäßig. DZ mit Bad und Frühstück ca. 60–70 €, mit Etagendusche etwas günstiger. ✆ 079/470168.
B & B L'umbra di lu Soli, drei hübsche Zimmer, zentrumsnah, von den beiden Terrassen schöner Blick über die Stadt und aufs Meer. DZ mit Frühstück ca. 50–70 €. Via Dei Mille 7a, ✆/✉ 079/470883, 328-7169455, www.lumbradilusoli.com.
Ostello Golfo dell'Asinara, IYHF-Jugendherberge mit 110-Betten im benachbarten Lu Bagnu. Pro Pers. mit Frühstück ca. 12–16 €. Ostern und Mitte Juni bis Sept. ✆ 079/474031, ✉ 587142, ostello.asinara@tiscalinet.it.

▸ **Porto Torres:** unattraktive Hafenstadt, westlich außerhalb steht eine große petrochemische Anlage. Der lange Sandstrand von *Platamona* liegt östlich der Stadt und wird an Wochenenden von den Einwohnern der nahen Großstadt Sassari bevölkert.

• *Verbindungen* Neben Olbia ist Porto Torres der wichtigste Passagierhafen der Insel mit den häufigsten Verbindungen nach Genua, **Tirrenia** fährt ganzjährig 1- bis 3-mal tägl., **Grandi Navi Veloci** fast tägl. Der Terminal liegt im Porto Industriale, westlich der Stadt. Porto Torres ist Endpunkt der **FS-Bahnlinie** von Sassari, Anschlüsse bis zu 10-mal tägl., von dort mehrmals tägl. nach Olbia und Cagliari. Der Bhf. liegt ein Stück landeinwärts vom Hafen.

Die **Busstation** liegt unmittelbar vor dem Hafen. ARST-Busse fahren ca. 13-mal tägl. nach Sassari, 3- bis 4-mal tägl. nach Stintino und 6-mal nach Alghero. Weitere Verbindungen ab Sassari.

• *Übernachten* **Camping Golfo dell'Asinara**, am Dünenstrand bei Platamona, 8 km westlich von Porto Torres. April bis Okt. ✆ 079/310230, ✉ 310589, www.campingasinara.it.

Sassari

ca. 130.000 Einwohner

Große Provinzhauptstadt im Norden, verwinkeltes Altstadtviertel mit engen Gassen und einigen schönen Plätzen, gutes archäologisches Museum, wegen der Universität auch einiges an studentischem Leben. Unbedingt lohnend während der beiden großen Trachtenfeste: *Calvacata Sarda* (Sardischer Ritt) am Himmelfahrtstag und *Festa dei Candelieri* (Leuchterprozession) am 14. August.

• *Anfahrt/Verbindungen* Der **Bahnhof** von Sassari liegt am unteren Ende des Corso Vittorio Emanuele II, hier treffen sich staatliche Normalspur (FS) und Schmalspur (FdS).
FS: bis zu 10-mal tägl. nach Porto Torres, mehrmals nach Olbia (1-mal direkt, 2 Std.) und Cagliari (2-mal direkt, 4,5 Std.).
FdS: tägl. etwa 11-mal nach Alghero (50 Min.) und 14-mal ins nahe gelegene Städtchen Sorso (ca. 20 Min.). Von Mitte Juni bis Anfang Sept. verkehrt außerdem freitags ein „Trenino Verde" von und nach Tempio, Abfahrt 9.05 Uhr.

Knotenpunkt aller **Überlandbusse** ist der große Busbahnhof in der Nähe vom Bahnhof. **ARST** und **FdS** bieten häufige Verbindungen in alle Richtungen: Porto Torres mind. 1-mal stündl., Osilo ca. 16-mal tägl., Alghero ca. 8-mal, Flughafen Alghero 10-mal, Torralba und Ozieri 6-mal, Sorso und Cstelsardo 5-mal, Stintino 3-mal, Santa Teresa 2-mal, Bosa und Olbia 1-mal u. a. **FdS** fährt außerdem ca. 3-mal tägl. über Macomer und Oristano nach Cagliari sowie 3-mal nach Nuoro. Dazu gibt es Verbindungen mit **Logudoro Tours**, **Turmotravel** (zum Hafen von Olbia) und **Digitur**.

• *Information* **A.A.S.T.**, Informationsbüro in der Via Roma 62, wenige Schritte vom Museo Sanna. Mo–Do 9–13, 16–18, Fr 9–13 Uhr. ✆/✉ 079/231777.

• *Übernachten* ***** Vittorio Emanuele (3)**, restaurierter Palazzo direkt am Corso, moderne Zimmer mit Sat-TV und Internetzugang, im Haus Gemälde sardischer Künstler, das gute Restaurant „Platha de Cothinas" und ein Weinkeller. DZ mit Frühstück ab ca. 80 €. Corso Vittorio Emanuele 100/102, ✆ 079/235538, ✉ 2006696, www.hotelvittorioemanuele.ss.it.

*** Frank (8), Via Armando Diaz 20, relativ ruhig und gepflegt. Gute Zimmer mit TV, Pkw-Stellplätze im Hof. DZ mit Frühstück ca 75–80 €. ✆ 079/276456, ✉ 079/276457, www.frankhotel.com

B & B Casa Chiara (4), nette Unterkunft im 2. Stock eines alten Palazzo in der Nähe der Uni. Drei Zimmer, zwei Badezimmer, Wohnzimmer mit TV und Gemeinschaftsküche, wo das Frühstück serviert wird. DZ mit Frühstück ca. 60 €. Vicolo Bertolinis 7, ✆ 079/2005052, www.casachiara.net.

1058 Sardinien

• *Essen & Trinken* Sassari-Spezialitäten sind *cavallo* und *asino* (Pferde- und Eselsfleisch), *cordula* und *trippa* (Innereien) sowie Schnecken, *lumachine* bzw. *lumache oder monzette* genannt. Die Studenten treffen sich gerne in der Nähe der Universität, Via Torre Tonda und Umkreis.

Da Peppina (1), uriges Gasthaus am unteren Ende des Corso links ab, etwas versteckt. Viele Sassaresen kommen zum Essen, herzhafte Innereien wie Kutteln in Tomatensauce, Leber und Herz vom Grill. Preiswert. So geschl. Vicolo Pigozzi, ✆ 079/236146.

Antica Posta (7), im Univiertel, beliebtes Ristorante/Enoteca mit Außenbestuhlung auf der verkehrsberuhigten Straße. Pastaspezialitäten wie *garganelli ai gamberi* oder *ravioli con ripieno di carciofi*, Pizza ab 4 €. Via Torre Tonda 26, ✆ 079/2006121.

Zia Forica (6), Studentenkneipe gegenüber vom Stadtpark, wenige Schritte von der Universität. Man sitzt auf Holzbänken, trinkt Bier und isst preiswert. Auch tagsüber geöffnet. Corso Margherita di Savoia 39.

Sassu (5), in der kleinen Backstube in der Altstadt gibt es *fainè*, eine Art Pizza aus Kichererbsenmehl, die im Holzofen knusprig gebacken wird und von der bekannten genuesischen „Farinata" abstammt. Via Usai 17.

TIPP! L'Assassino (2), versteckt im Gassengewirr der Altstadt, Nähe Piazza Tola. Der „Meuchelmörder" ist seit vielen Jahren Garant für herzhaft-deftige Sassari-Spezialitäten zu günstigen Preisen. So geschl. Vicolo Ospizio dei Cappuccini 1/b, ✆ 079/235041.

Sehenswertes

Der schnurgerade *Corso Vittorio Emanuele* durchzieht die ganze Altstadt, links und rechts flankiert von engen Gässchen. Beeindruckend ist die filigrane Fassade der Kathedrale *San Nicola*. Von der Piazza Castello am oberen Ende des Corso erreicht man durch Arkaden die weite *Piazza d'Italia*, den zentralen Platz von Sassari. Das moderne *Museo Giovanni Antonio Sanna* liegt einige hundert Meter weiter in der klassizistischen Neustadt, Via Roma 64, und beherbergt eine große archäologische Sammlung mit Funden aus allen Epochen der sardischen Vor- und Frühgeschichte, wobei vor allem die riesige Zeitspanne vor der Nuraghenzeit besonders deutlich wird.

Öffnungszeiten/Eintritt Di–So 9–20 Uhr, Mo geschl.; Eintritt ca. 3 €, 18–25 J. 1,50 €, frei unter 18 und über 65 J. ✆ 079/272203.

Südlich von Sassari

Die Kirche *Santissima Trinità di Saccargia* steht allein auf weiter Flur im breiten Tal des *Riu Murroni* südöstlich von Sassari. Mit ihrem hoch aufragenden Glocken-

Sassari/Umgebung

Übernachten
3 Vittorio Emanuele
4 B & B Casa Chiara
8 Hotel Frank

Essen & Trinken
1 Da Peppina
2 L'Assassino
5 Sassu
6 Zia Forica
7 Antica Posta

turm und der unverwechselbaren Zebrahaut aus weißem Kalk und schwarzem Basalt ist sie die vielleicht markanteste Kirche Sardiniens und eine der typischsten im pisanisch-toskanischen Stil. Die Apsis ist mit Fresken ausgemalt. Künstler war ein unbekannter Pisaner, der vor allem byzantinische Anregungen aufgenommen hat.

Santu Antine, einer der bedeutendsten Nuraghenkomplexe Sardiniens, steht imposant in einer nahezu baumloser Ebene bei Torralba (FS-Bahnstation). Im 13./12. Jh. v. Chr. wurde als erstes der mächtige Mittelturm errichtet, die ihn umgebende Dreiecksmauer mit den drei niedrigeren Wachtürmen entstand etwa 300 Jahre später.

Öffnungszeiten/Eintritt **Saccargia**, tägl. 9–20 Uhr, Eintritt ca. 2 €. **Nuraghe Santu Antine**, tägl. 9 Uhr bis Sonnenuntergang; Eintritt ca. 2,50 € (mit Führung ca. 4,50 €), mit Museum in Torralba ca. 3 € (mit Führung ca. 5 €).

Westküste

Tourismus noch weitgehend auf Sparflamme. Populärstes Ziel ist Alghero und das schon seit über hundert Jahren. Bosa ist ein weiteres malerisches Städtchen, weiter südlich befinden sich auf der Sinis-Halbinsel und an der abgelegenen Costa Verde Strände der Spitzenklasse. Die ehemaligen Bergbaugebiete im Südwesten bieten einiges fürs Auge.

Alghero
ca. 42.000 Einwohner

Alghero gilt als schönste Stadt Sardiniens. Aus der Zeit der jahrhundertelangen spanischen Besetzung ist das malerische Centro storico mit Mauerbefestigung erhalten. Ein 6 km langer Sandstrand beginnt nördlich der Stadt. Touristisch ist Alghero schon seit Ende des 19. Jh. entdeckt und somit die traditionsreichste Badestadt Sardiniens. Die *Kathedrale Santa Maria* steht an der Stelle einer früheren Moschee, von der Teile in den späteren Kirchenbau (16./17. Jh.) integriert wurden. Der Campanile kann mehrmals die Woche erklommen werden.

Öffnungszeiten **Kathedrale**, 7–12, 17–19.30 Uhr; **Campanile**, Juli bis Sept. Di, Do und Sa 19–21.30 Uhr (übrige Zeit nach Vereinbarung unter ℡ 079/979222); Eintritt ca. 1,50 €.

Anfahrt/Verbindungen & Information

• *Flug* Der **Aeroporto Fertilia-Alghero** liegt ca. 10 km außerhalb und wird von Ryanair aus Frankfurt/Hahn und Germanwings aus Köln angeflogen. ℡ 079/935282, 935219 o. 935011, www.aeroportodialghero.it.
Busse von **FdS** pendeln im Anschluss an Flüge bis zu 10-mal tägl. zwischen Airport und Piazza della Mercede südlich der Altstadt, weiterhin gibt es mehrmals tägl. Verbindungen mit **ARST**, zu weiteren Zielen fahren **Digitur**, **Logudoro Tours**, **Redentours** und **Turmo Travel**. Eine Taxifahrt nach Alghero kostet ca. 23–25 €.

• *Zug* Etwa 11-mal tägl. gehen Zweiwaggon-Triebwagen von **FdS** nach Sassari (etwa 30–40 Min., ca. 2 € einfach). Der kleine Bahnhof **San Agostino** liegt 1,5 km nördlich vom Stadtkern.

• *Fernbusse* **ARST**, **FdS** und **Redentours** starten an der Via Catalogna am unteren Rand vom Stadtpark: über Fertilia und Porto Conte nach Sassari 13-mal (FdS) bzw. 5-mal (ARST) tägl., 6-mal Porto Torres (ARST), 3-mal Nuoro (Redentours) und 6-mal Bosa (FdS), davon zwei entlang der Küste und zwei auf der reizvollen, aber langwierigen Inlandsstrecke über Villanova Monteleone (Küstenstrecke 1 Std. 15 Min., über Villanova 1 Std. 45 Min.). Außerdem gibt es mit FdS-Bussen 3-mal tägl. Nahverbindungen zur Weinkellerei Sella & Mosca und zur Nekropole Anghelu Ruju, 5-mal nach Porto Ferro sowie 3-mal zur Grotta di Nettuno und 4-mal nach Ittiri.

• *Stadtbusse* Die zentrale Haltestelle für die orangen Stadtbusse liegt an der Straße, die quer durch den Stadtpark verläuft, Verbindungen gibt es u. a. zu den Stränden und Orten nördlich der Stadt.

• *Information* **A.A.S.T.**, Piazza Porta Terra 9 (Platz mit Rundturm am Stadtpark). Bestausgestattetes Büro von Sardinien, gute Stadtpläne, Unterkunftslisten etc. April bis Okt. Mo–Sa 8–20, So 8–14 Uhr, übrige Zeit Mo–Sa 8–14 Uhr. ℡ 079/979054, ℻ 974881.

Übernachten

** **San Francesco (6)**, in einem Seitengässchen der Via Carlo Alberto (Hauptstraße der Altstadt), ganz hinter der gleichnamigen Kirche. Das einzige Hotel im historischen Zentrum bietet reizvolle Unterkunft in einem ehemaligen Franziskaner-Kloster. Die Zimmer liegen im ersten und zweiten Stock um einen großen Innenhof mit romanischem Kreuzgang. DZ mit Frühstück ca. 78–96 €. Garage in der Nähe, Stellplatz ca. 6 €. Achtung: keine Anfahrtsmöglichkeit mit dem Auto, man muss das Gepäck einige

Alghero 1061

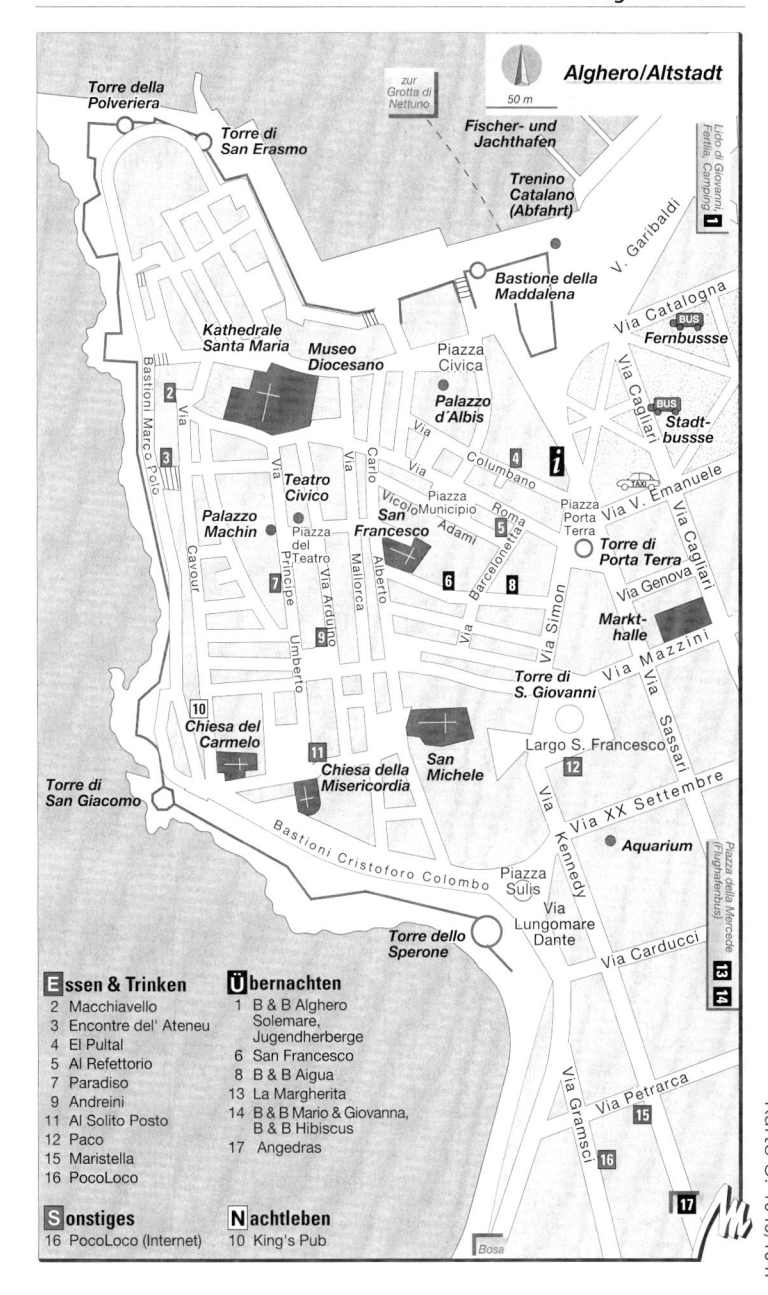

Alghero/Altstadt

Torre della Polveriera
Torre di San Erasmo
zur Grotta di Nettuno
Fischer- und Jachthafen
Trenino Catalano (Abfahrt)
Bastione della Maddalena
V. Garibaldi
Lido di Giovanni, Fertilia, Camping
Via Catalogna
BUS Fernbusse
Kathedrale Santa Maria
Museo Diocesano
Piazza Civica
Palazzo d'Albis
Via Columbano
Via Cagliari
BUS Stadt-bussse
Bastioni Marco Polo
Via Cavour
Teatro Civico
Palazzo Machin
Piazza del Principe
Via Carlo Alberto
Vico Adami
Piazza Municipio
San Francesco
Piazza Roma
Via Barceloneria
Via Simon
TAXI
Piazza Porta Terra
Via V. Emanuele
Torre di Porta Terra
Via Cagliari
Via Genova
Via Mallorca
Via Arduino
Via Umberto
Torre di S. Giovanni
Markthalle
Via Mazzini
Via Sassari
Torre di San Giacomo
Chiesa del Carmelo
Chiesa della Misericordia
San Michele
Largo S. Francesco
Via XX Settembre
Via Kennedy
Aquarium
Piazza della Mercede (Flughafenbus)
Bastioni Cristoforo Colombo
Piazza Sulis
Via Lungomare Dante
Torre dello Sperone
Via Carducci
Via Gramsci
Via Petrarca
Bosa

Essen & Trinken
2 Macchiavello
3 Encontre dell' Ateneu
4 El Pultal
5 Al Refettorio
7 Paradiso
9 Andreini
11 Al Solito Posto
12 Paco
15 Maristella
16 PocoLoco

Sonstiges
16 PocoLoco (Internet)

Übernachten
1 B & B Alghero Solemare, Jugendherberge
6 San Francesco
8 B & B Aigua
13 La Margherita
14 B & B Mario & Giovanna, B & B Hibiscus
17 Angedras

Nachtleben
10 King's Pub

Sardinien Karte S. 1046/1047

hundert Meter weit schleppen. Via Ambrogio Machin 2, ☏/✉ 079/980330, www.sanfrancescohotel.com.

*** **La Margherita (13)**, nah am Zentrum. Altehrwürdiger Hotelkasten mit 50 Zimmern und Garage, Betten okay, vorne raus Balkon, Bäder z. T. etwas alt. Von den oberen Etagen Blick auf Stadt, Meer und Capo Caccia. Nette Rezeption, z. T. wird fließend Deutsch gesprochen. DZ mit Frühstück ca. 78–110 €. Via Sassari 70, ☏ 079/979006, ✉ 976417.

*** **Angedras (17)**, neu eröffnetes Hotel etwas zurück vom Lungomare, moderne Zimmer mit TV, Internetanschluss, Klimaanlage und Balkon, schöne Abend- und Frühstücksterrasse. DZ mit Frühstück ca. 75–110 €. Via Frank 2, ☏ 079/9735034, www.angedras.it.

B & B Aigua (8), zentrale Lage in der Altstadt. Ein junges Geschwisterpaar vermietet eine doppelstöckige Suite mit Holzfußboden, Minibar und TV (für 2 Pers. ca. 70–90 €), dazu zwei doppelstöckige Mini-Apartments (für 2 Pers. 60–75 €). Via Ambrogio Machin 22, ☏ 339-5912476 (Englisch) o. 340-0777688, www.aigua.it.

B & B Mario & Giovanna (14), ruhige Straße in der südöstlichen Neustadt, etwa 10 Fußmin. vom Centro storico. Drei nett eingerichtete DZ und ein geräumiges Zimmer mit Platz für zusätzliche Betten. Mario spricht gut Englisch. DZ mit Frühstück ca. 55–80 €. Via Porrino 17, ☏ 339-8903563, www.marioandgiovanna.com.

B & B Hibiscus (14), gleich in der Nähe. Die freundliche Signora Angela Marello vermietet mehrere ordentlich eingerichtete Zimmer in einer Wohnung im Erdgeschoss, Frühstück im nett hergerichteten Hinterhof. DZ ca. 40–70 €. Via Porrino 49, ☏ 079/9734115, amarello@tiscali.it.

B & B Alghero Solemare (1), Nähe FdS-Bhf, 5 Min zum Strand, 10–15 Min. in die Altstadt. Elio vermietet in einem Haus des 19. Jh. mehrere Zimmer, außerdem gibt es noch ein separates kleines Haus und ein Apartment. Zum Anwesen gehört ein 1000 qm großer Garten mit Sonnenschirmen und Liegestühlen. DZ mit Frühstück in der NS ca. 50–60 €, im Hochsommer auf Anfrage. Via Iglesias, ☏ 340-2909585, ✉ 079/979986, www.algherosolemare.com.

• *Jugendherberge* **Hostal de l'Alguer (IYHF) (1)**, in Fertilia, 7 km nördlich von Alghero. 130 Betten in mehreren Pavillons auf geräumigem, allerdings verdorrtem Wiesengrund. Mit Frühstück ca. 17 € pro Pers., auch DZ mit eigenem Bad (mit Frühstück ca. 25 € pro Pers.). Für jeweils 9,50 € gibt es Mittag- bzw. Abendessen. Ganzjährig. JH-Ausweis nötig (wird auch ausgestellt). Via Parenzo 79, ☏ 079/930478, ✉ 932039, www.ostellionline.org, hostalalguer@tiscali.it.

• *Camping* **La Mariposa**, schöne Lage auf den Sanddünen, ca. 2 km nördlich vom Zentrum (Bus AP), allerdings direkt an der stark befahrenen Durchgangsstraße. Auch Bungalows. Anfang April bis Ende Okt. ☏ 079/950360, ✉ 984489, www.lamariposa.it.

Calik, weitläufiges Terrain unter hohen Eukalyptusbäumen, unmittelbar an der großen Lagune (Stagno di Calik) am südlichen Ortseingang von Fertilia (ca. 5 km von Alghero), durch die Straße vom Strand getrennt (Bus AF). Anfang Juni bis Ende Sept. ☏/✉ 079/930111, www.campeggiocalik.it.

Essen & Trinken (siehe Karte S. 1061)

Andreini (9), neu, schick und trendy, Haute Cuisine in ausgewogener Mischung aus sardisch, italienisch und international, romantische Plätze im Garten vor der Tür. Natürlich teuer. Mo geschl. Via Arduino 47, ☏ 079/982098.

Osteria Taverna Paradiso (7), die fröhliche Taverne von Pasquale und Miriam bietet eine große Vielfalt an interessanten Gerichten, z. B. gute argentinische Steaks, aber auch Vegetarisches. Via Principe Umberto 27, ☏ 079/978007.

Encontre del'Ateneu (3), herrliche Lage direkt auf der meerzugewandten Stadtmauer, innen mit Azulejos geschmückt, draußen isst man abends bei Kerzenlicht mit Blick aufs Meer. Mittlere Preise. Via Cavour 43/Bastioni Marco Polo, ☏ 079/9735078.

Macchiavello (2), gemütliche Osteria mit lang gestrecktem Innenraum, hinten ebenfalls stimmungsvolle Tische an der Stadtmauer. Regionale Spezialitäten mit Schwergewicht auf Fleisch, z. B. *ragu d'asino* (Eselsragout), aber auch Fisch vom Grill, leckere Antipasti und *primi piatti di mare e terra*. Mittlere Preise. Di geschl. Via Cavour 7/Bastioni Marco Polo, ☏ 079/980628.

Paco (12), gepflegtes Lokal mit guter Küche am ruhigen Largo San Francesco, im Schatten der Torre di San Giovanni. Stets frische Fischgerichte, z. B. *zuppa di pesce* und *grigliata mista di pesce*. Etwas teurer, aber das Geld wert. ☏ 079/975785.

Al Refettorio (5), unter einem romantischen Torbogen, ab 20.30 Uhr voll, rechtzeitig kommen. Exzellentes Degustationsmenü für ca. 25 €, außerdem Paella nach sardischem Rezept. Vicolo Adami 47, ✆ 079/9731126.

Al Solito Posto (11), schöne Lage an der Piazza Misericordia, neu eröffnete Spaghetteria, bislang sehr leckere und üppige Portionen für 7–13 €. Leider nur wenige Sitzplätze im Freien. ✆ 328-9133745.

El Pultal (4), von Lesern empfohlen, von anderen bestätigt: „Hauchdünne, knusprige Pizzen, seit Jahren konstante Qualität". Mo geschl. Via Columbano 40, ✆ 079/974720.

Maristella (15), zwischen Markthalle und Lungomare, etwa 200 m von der Bastion entfernt. Nicht direkt in der Altstadt und darum etwas günstiger. Gute Küche und ebensolcher Service, einige Tische auf der Gasse. So abends geschl. Via Kennedy 9, ✆ 079/978172.

Nachtleben (siehe Karte S. 1061)

Spielt sich in erster Linie im Freien ab, nämlich um die Piazza Sulis und vor allem am Lungomare Dante nach Süden. Abends trifft sich hier die ganze Stadt, von Juni bis September trägt der Straßenmarkt „Mercatino Notturno" zur Stimmung bei.

King's Pub (10), kommunikativer Treffpunkt mit guter Musik, oft live, schöne Sitzmöglichkeiten auf der meerzugewandten Stadtmauer. Via Cavour 123/Bastioni Marco Polo.

Club Il Ruscello, große Disco 8 km außerhalb, an der Straße nach Sassari, Juni und Sept. Fr u. Sa, Mitte Juli bis Mitte August tägl., übrige Zeit nur Sa. Open-Air-Tanzfläche und Livemusik. 13–15 € Eintritt. ✆ 328-9588788.

TIPP! PocoLoco (16), hier ist man am Nabel des nächtlichen Geschehens – die großzügige, mit einfachen Holztischen rustikal eingerichtete Bierkneipe wirkt so, dass man sich fast in Berlin wähnt. Ein Teil ist abgetrennt, dort kann man Pizza u. a. essen. Ungezwungene Atmosphäre, mehrmals wöch. live Jazz und Blues, außerdem Internetcafé und Bowling. Tägl. ab 19 Uhr (im Sommer 20 Uhr). Via Gramsci 8 (zweigt vom Lungomare Dante ab), ✆ 079/9731034, www.pocolocoalghero.it.

Alghero/Umgebung

Die 38 in den Kalksteinboden gegrabenen „Domus de janas" (Grabkammern) der *Necropole Anghelu Ruju* stammen aus der Ozieri-Zeit (4000–2700 v. Chr.). Sie liegen etwa 10 km nördlich von Alghero, linker Hand der Straße nach Porto Torres, unmittelbar nördlich vom Abzweig zum Flughafen.

Am Weg zur felsigen Halbinsel Capo Caccia nördlich der Stadt steht der Komplex des *Nuraghen Palmavera* direkt an der Straße.

Auf dem *Capo Caccia* führt eine lange Treppe (652 Stufen) hinunter zur *Grotta di Nettuno*, der bekanntesten Tropfsteinhöhle Sardiniens. Mehrmals tägl. fahren Busse ab Alghero, man kann aber auch per Schiff (nur bei ruhiger See!) ab Fischerhafen fahren (hin/zurück ca. 13 € für Erw., Kind 7 €, Dauer mit Höhlenbesichtigung und Rückfahrt ca. 2,5 Std.).

• *Öffnungszeiten/Eintritt* **Anghelu Ruju**, April bis Okt. tägl. 9–19 Uhr, Nov. bis März 9.30–16 Uhr; Eintritt ca. 3 €, mit Führung ca. 5 €.
Palmavera, April bis Okt. tägl. 9–19 Uhr, Nov. bis März 9.30–16 Uhr; Eintritt ca. 3 €, mit Führung ca. 5 €.

Kombiticket Nekropole Anghelu Ruju und Nuraghe Palmavera ca. 5 € (inkl. Führung 8 €).
Grotta di Nettuno, April bis Sept. tägl. 9–19 Uhr, Okt. 10–16 Uhr, Rest des Jahres 9–14 Uhr. Besichtigung nur mit italienischsprachiger Führung (stündlich), Erw. ca. 10 €, Kind ca. 5 €.

> Von Alghero nach Bosa kann man eine der schönsten Küstenstraßen der Insel genießen – sehr kurvig, herrliche Panoramen und wenig Verkehr.

Bosa

ca. 8.500 Einwohner

Eins der hübschesten Städtchen der Insel inmitten eindrucksvoller Tafelberge: malerisch-enge Gassen, bröckelnde Balkonfassaden und eine Palmenallee am Fluss Temo, wo die Fischerboote im Wasser schaukeln. Vom Genueserkastell oberhalb der Stadt hat man einen herrlichen Blick das Flusstal entlang. In den Cafés und Kneipen kann man den lokalen Malvasia di Bosa kosten, einen gehaltvollen Süßwein.

Das nahe *Bosa Marina* besitzt einen schönen, etwa 1 km langen braunen Sandstrand.

• *Anfahrt/Verbindungen* **FdS-Busse** fahren 6-mal tägl. von und nach Alghero (4-mal entlang der Küste, 2-mal Inlandsroute) sowie bis zu 10-mal tägl. von und nach Macomer, **ARST-Busse** mehrmals tägl. von und nach Oristano (über Cuglieri und Santa Caterina), 1-mal tägl. von und nach Sassari und Olbia. Abfahrt aller Busse an der **Piazza Angelico Zannetti**.

• *Übernachten* *** **Corte Fiorita (5)**, historisches Stadthaus an der Flusspromenade von Bosa, dazu die beiden Dependancen „Le Palme" und „Le Conce". Gut eingerichtet und freundlich geführt von Maria Cristina Macchiavello und ihrem Mann, es wird Deutsch und Englisch gesprochen. Alte Steinmauern, Türbalken aus Granit und das ansprechende Holzinterieur verleihen viel Atmosphäre. Hinten Innenhof zum Frühstücken. DZ mit gutem Frühstücksbuffet ca. 65–110 €. Lungo Temo de Gasperi 45, ℡ 0785/377058, 📠 372078, www.albergodiffuso.it.

B & B Belvedere (1), renoviertes Altstadthäuschen unterhalb der Burg, 4 Zimmer (2 DZ, ein 4-Bett und ein DZ mit Zustellbett-Möglichkeit), alles mit Liebe hergerichtet und dekoriert. Herrlicher Blick über die Altstadt, auf den Fluss und bis hinunter zum Meer. Die Tochter macht morgens das Frühstück und spricht auch Englisch. DZ mit Frühstück ca. 56–70 €. Via Belvedere 21, ℡ 349-5947875, www.bosa.it/belvedere.

B & B Vecchia Bosa (3), hervorragend renoviertes historisches Haus in der Altstadt, etwa sechs Zimmer, alle in verschiedenen Farben. DZ mit Frühstück ca. 45–60 €. Via Bonaria 23, ℡ 0785/377035 o. 320-1725966, www.vecchiabosa.com.

Ostello Malaspina, Jugendherberge in einer Seitengasse am Hafen, modern und sauber. Übernachtung mit Frühstück ca. 16 €. In Bosa Marina, Via Sardegna 1. ℡ 346-2363844, 📠 0785/375649, www.ostellionline.org.

Camping Turas, in einer Bucht wenige Kilometer südlich von Bosa Marina. Üppig grüner Platz mit jungen Pappeln und schönen Stellplätzen, Juni bis Sept. ℡ 0785/359270, 📠 373544.

• *Essen & Trinken* **Ponte Vecchio (6)**, in einem der historischen Gerberhäuser am Fluss Temo (→ Sehenswertes), tolle Lage, man speist auf einer Plattform über dem Wasser mit Blick auf die Altstadt, spezialisiert auf Fisch. Allerdings recht teuer, keine Pizza. ℡ 079/375218.

Fischer am Temo, dem einzigen schiffbaren Fluss Sardiniens

Übernachten
1 B & B Belvedere
3 B & B Vecchia Bosa
5 Corte Fiorita

Essen & Trinken
2 Borgo San Ignazio
4 La Pulce Rossa
6 Restaurant Ponte Vecchio
7 Le Colonie da Fabio

Borgo San Ignazio (2), kleines Lokal im ältesten Teil der Stadt, am Hang des Burgbergs. Serviert werden sardische Spezialitäten zu mittleren Preisen. Di geschl. Via Sant'Ignazio 33, ☏ 0785/374662.

La Pulce Rossa (4), in der Neustadt, direkt an der Flussstraße. Ordentliches Restaurant mit maritimen Pastagerichten, abends auch Pizza. Der Innenraum ist mit Wandgemälden dekoriert. Via Lungotemo Giorgio Amendola 1, ☏ 0785/375657.

Le Colonie da Fabio (7), in Bosa Marina, das letzte und beste der Restaurants direkt am Strand, man speist bei Kerzenlicht und schaut auf Strand und Meer. ☏ 392-9872833.

Sehenswertes

Der *Corso Vittorio Emanuele* ist die Hauptstraße des „Centro storico", ein langes Band aus holprigem Granitpflaster zwischen hohen Palästen mit schmiedeeisernen Balkonen. Vom späten Vormittag bis nachmittags lässt die tiefe Häuserschlucht kaum einen Sonnenstrahl herein, eine Ausnahme bildet nur die hübsche *Piazza Costituzione* mit einem Brunnen und dem gediegenen Caffè Chelo. In der restaurierten *Casa Deriu* (Nr. 59) ist die „Pinacoteca Civica" untergebracht, im ersten Stock kann man Stücke aus der Gerbereitradition Bosas und wechselnde Kunstausstellungen betrachten, das oberste Stockwerk ist dem einheimischen Maler Melkiorre Melis (1889–1982) gewidmet. Nur wenige Schritte von der *Kathedrale dell'*

Immacolata am Ostende des Corso Vittorio Emanuele wurde in einer Seitengasse (Via Solferino) eine jahrhundertealte Ölmühle – *Il Vecchio Mulino* – zu einem kleinen Ausstellungsraum umgebaut.

Die malerische Palmenpromenade am stadtseitigen Ufer ist Stammplatz der Fischer, die unterhalb davon ihre Boote liegen haben und ihre Netze flicken. Auf der anderen Flussseite stehen die alten Gerbereigebäude *Sas Conzas* (ital.: le concerie). Wegen seines Wasserreichtums war Bosa im 19. Jh. ein Zentrum der Lederverarbeitung. Die Gebäude sind großteils Ruinen, doch immerhin gibt es ein bescheidenes Ein-Raum-Museum mit alten Gerbergerätschaften, das *Casa-Museo „Industria Conciaria"* an der Gasse hinter den Gerberhäusern.

Das schlichte Kirchlein *San Pietro Extramuros* wurde 1073 aus rötlichem Trachyt erbaut, später von Zisterziensermönchen im frühgotischen Stil umgestaltet. Es steht „außerhalb der Stadtmauern" und ist mit einem schönen Spaziergang vom Zentrum aus in etwa 30–40 Min. zu erreichen. Man geht über die dreibogige Temo-Brücke, biegt unmittelbar danach links ab, vorbei an der kleinen spanisch-gotischen Kapelle *Sant'Antonio* und folgt der Asphaltstraße etwa 2 km.

• *Öffnungszeiten* **Casa Deriu**, Di–So 11–13, 18–21 Uhr, Mo geschl., Eintritt ca. 1,50 €.
Il Vecchio Mulino, Juli–Sept. 9.30–13, 17–23 Uhr, Eintritt frei. ✆ 0785/372054.
Casa-Museo „Industria Conciaria", tägl. 10.30–13, 18–23 Uhr, Eintritt ca. 3 €. Falls geschl., ✆ 329-4144921.
San Pietro Extramuros, Di–So 10–12.30, 17–20 Uhr, Eintritt ca. 1 €.

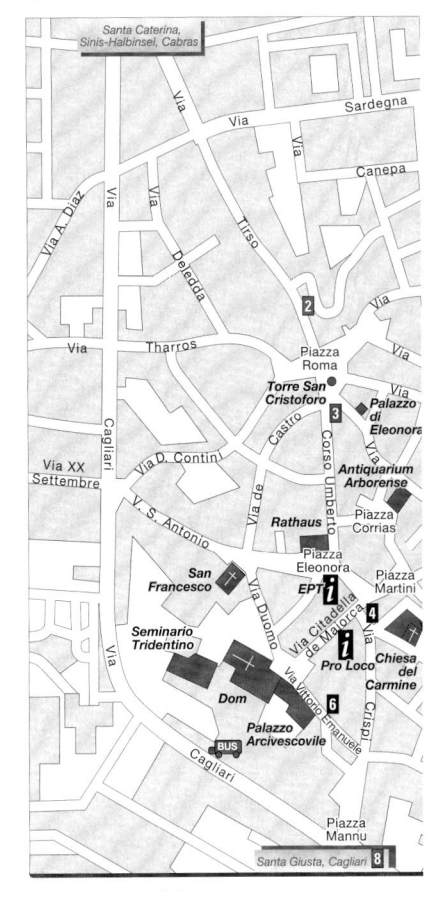

Oristano
ca. 30.000 Einwohner

Die Stadt südlich der großen Sinis-Halbinsel hatte ihre große Zeit als Hauptstadt fast ganz Sardiniens im 14./15. Jh. unter der legendären Richterin Eleonora von Arborea und auch die folgende lange Herrschaft der Spanier hat ihre Spuren hinterlassen. Der historische Kern mit seinen hübschen Fassadengassen, den offenen Plätzen und dem großen Fußgängerbereich ist einen ausgedehnten Bummel wert.

• *Anfahrt/Verbindungen* Der **FS-Bahnhof** liegt an der Piazza Ungheria, im Osten der Stadt, geradeaus geht es in Zentrum, ca. 10 Min. zu Fuß. Täglich häufige Verbindungen nach Cagliari, ca. 5-mal Olbia, 4-mal Sassari, 6-mal Carbonia und 10-mal Iglesias.
Busbahnhof in der Via Cagliari (Ringstraße ums Zentrum). ARST fährt etwa 4-mal tägl. zur Ausgrabung von Tharros (→ S. 1069), außerdem nach Abbasanta, Arbus, Barumini,

Oristano

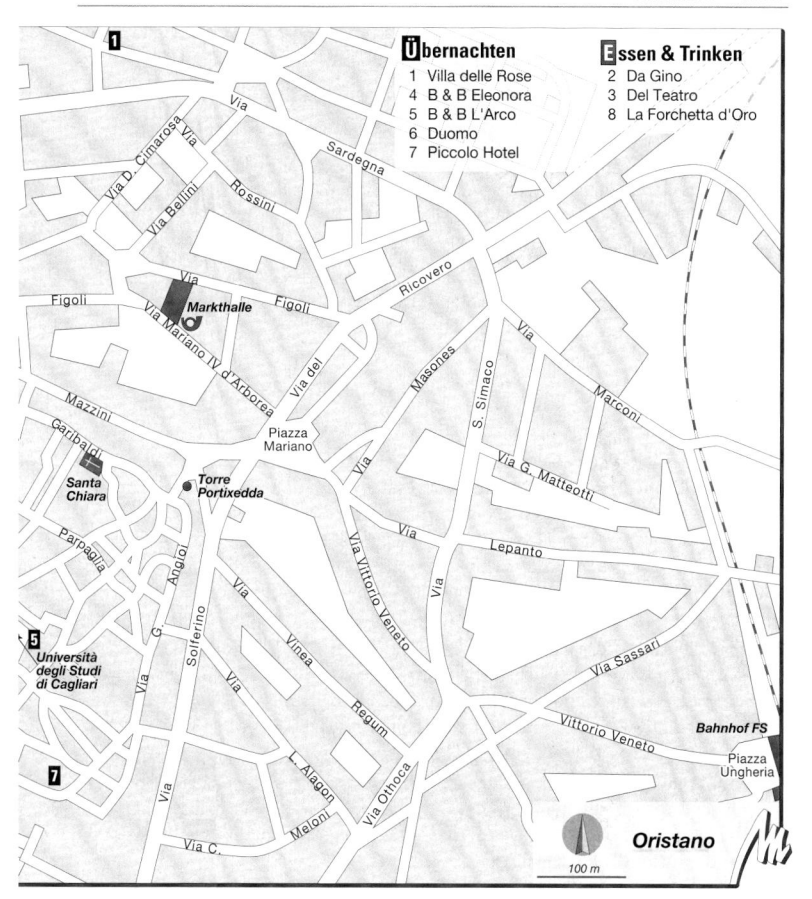

Übernachten
1. Villa delle Rose
4. B & B Eleonora
5. B & B L'Arco
6. Duomo
7. Piccolo Hotel

Essen & Trinken
2. Da Gino
3. Del Teatro
8. La Forchetta d'Oro

Bosa und Cagliari. FdS-Fernbusse fahren ab Via Lombardia 30, etwas nördlich vom Zentrum, mehrmals tägl. nach Cagliari, Nuoro und Sassari, Logudoro Tours 2-mal tägl. nach Cagliari und zum Flughafen von Alghero.

• *Information* **EPT**, Piazza Eleonora 19. Freundliche Auskünfte und umfassendes Prospektmaterial zur gesamten Region. Mo–Sa 9.30–13, 16.15–18.45 Uhr. ✆ 0783/36831, ✎ 3683206, www.inforistano.it.

• *Übernachten* **** **Duomo (6)**, gegenüber vom Dom in einem Palazzo aus dem 17. Jh. Zehn komfortable Zimmer und Suiten mit geräumigen Badezimmern, TV und Internetanschluss. Gutes hauseigenes Restaurant. DZ mit Frühstück ca. 100–110 €. Via Vittorio Emanuele 34, ✆ 0783/778061, ✎ 763536, www.hotelduomo.net.

*** **Villa delle Rose (1)**, etwas nördlich außerhalb vom Zentrum. Ordentliches Haus mit 36 geräumigen Zimmern, Bar und Restaurant. DZ mit Frühstück ca. 60–85 €. Piazza Italia 5, ✆/✎ 0783/310101, www.isarose.net.

** **Piccolo Hotel (7)**, südlich der Piazza Roma, Nähe Piazza Mannu. Ruhige Lage, schlichte, kleine Zimmer, im Bad das Allernötigste. Im zweiten Stock große Balkone. DZ mit Bad und Frühstück ca. 55 €. Via Martignano 19, ✆ 0783/71500.

B & B Eleonora (4), ganz zentral an der Piazza Eleonora, schräg gegenüber vom Infobüro, geführt von der jungen Paola

Pirina mit ihrem Lebensgefährten Andrea. DZ ca. 60 €, Dreibettzimmer 73 €, zwei mit Etagendusche (DZ ca. 50 €). Piazza Eleonora 12, ✆ 0783/70435, 340-2911298, www.eleonora-bed-and-breakfast.com.

B & B L'Arco (5), direkt hinter der Uni, geführt vom freundlichen Ehepaar Cubadda. Schöne Terrasse im ersten Stock, Zimmer hell und sauber (mit Fliegengittern am Fenster), Betten tadellos, dazu ein opulentes Frühstück. Vermietet werden zwei Zimmer mit großem Gemeinschaftsbad. DZ mit Frühstück ca. 60 €. Vico Ammirato, ✆ 0783/72849 o. 335-6904240, www.arcobedandbreakfast.it.

• *Essen & Trinken* **Antica Trattoria del Teatro (3)**, nur wenige Schritte von der Piazza Roma. Klein, aber fein, angenehmes Ambiente, interessante „Cucina nuova Sarda" mit Schwerpunkt Fisch, dazu perfekter Service – und das alles zu zivilen Preisen. Di geschl. Via Parpaglia 11, ✆ 0783/71672.

Da Gino (2), einfache, aber angesehene Trattoria, bereits seit zwei Generationen von derselben Familie geführt. Spezialisiert auf Fisch und Meeresfrüchte, Mittlere Preise. So geschl. Via Tirso 13, ✆ 0783/71428.

La Forchetta d'Oro (8), beliebte Nachbarschaftstrattoria, von den Einheimischen zu Recht gern besucht und vom Preisniveau nicht zu schlagen. Via Giovanni XXIII 2, ✆ 0783/766083.

Sehenswertes

Die Altstadt besitzt reichhaltige historische Substanz. Die *Piazza Roma* mit der zinnenbewehrten *Torre di San Cristoforo* aus dem 13. Jh. ist das Zentrum der Innenstadt. Unmittelbar hinter dem Turm beginnt die Fußgängerzone und führt zur harmonischen *Piazza Eleonora* mit dem Rathaus, dem Justizpalast und dem Denkmal der Eleonora d'Arborea aus dem 19. Jh., dessen Seitenfronten Bronzereliefs mit Themen aus ihrer Regierungszeit zieren.

Der üppige Kuppelbau des *Doms* steht nur wenige Schritte von der Piazza Eleonora entfernt. Er stammt ursprünglich aus dem 12./13. Jh., als das Judikat Arborea mit seiner Machtentfaltung begann, doch wegen Umbauten im 18./19. Jh. ist der gotische Charakter weitgehend verschwunden. Blickpunkt ist der oktogonale Glockenturm mit verzerrten Gesichtsmasken unterhalb des zwiebelförmigen Kacheldachs.

Vom Dom führt die Via Duomo zum klassizistischen Kirchenbau *San Francesco*. Höhepunkt ist im Inneren linker Hand das *Nikodemus-Kruzifix* aus dem 14. Jh., ein katalanisches Holzkreuz mit dem gepeinigten Jesus in großartig realistischer Darstellung. Angeschlossen ist ein *Franziskaner-Konvent*, dessen Sakristei meist offen steht und mit zahlreichen Gemälden ausgestattet ist.

Das archäologische *Antiquarium Arborense* in der Via Parpaglia (Zugang Piazza Corrias) besitzt eine umfangreiche Sammlung aus der Umgebung von Oristano, hauptsächlich aus der nahe gelegenen punisch/römischen Stadt Tharros (→ unten). Weiterhin gibt es im Obergeschoss eine Sammlung von Tafelbildern aus dem 15./16. Jh. sowie häufig wechselnde Ausstellungen.

Öffnungszeiten/Eintritt **Antiquarium Arborense**, im Sommer tägl. 9–14, 15–20 Uhr (Di & Do bis 23 Uhr); Eintritt ca. 3 €, bis 14 J. 1,50 €, über 65 J. und Schül./Stud. ca. 1 €.

Oristano/Umgebung

Der große *Stagno di Cabras* ist bekannt für seinen Fischreichtum, was man vor allem in *Cabras* kulinarisch erkunden kann (→ unten). Das nahe gelegene *Marina di Torre Grande* besitzt einen langen Sandstrand, ist aber als Ort nicht besonders reizvoll.

Nördlich von Oristano schließt sich die große *Sinis-Halbinsel* an, bekannt für ihre weißen Sandstrände: *Mari Ermi* und *Is Arutas* an der Westküste sowie *Is Arenas* an der Nordseite. An Letzterem liegen eingebettet in der dichten Pineta drei Campingplätze, besonders beliebt ist Camping Nurapolis.

Die Ausgrabungen der punisch-römischen Stadt *Tharros* liegen auf einer schmalen Landzunge am Südrand der Halbinsel Sinis. Erhalten sind hauptsächlich die schulterhohen Grundmauern von Häusern, Thermen und Tempeln aus römischer Zeit, doch gibt es auch Reste punischer Tempel und ein nuraghisches Dorf, außerdem mehrere Nekropolen. Unter den Straßen durchziehen Wasserkanäle die Siedlung.

Auf der autobahnähnlich ausgebauten Superstrada Carlo Felice kommt man schnell nach *Santa Cristina*, einem bedeutenden Brunnenheiligtum der Nuraghier – vom trapezförmig gemauerten Einlass führen 25 Stufen zwischen säuberlich abgeschrägten und fugengenau aneinander gesetzten Basaltquadern hinunter in die wassergefüllte Brunnenkuppel, die sich zu einem Lichtloch an der Spitze elegant verjüngt. Nur wenige Kilometer weiter nördlich steht an der SS 131 (eigene Ausfahrt) der *Nuraghe Losa*, einer der besterhaltenen Nuraghen Sardiniens. Umfassende Erläuterungen und Fundstücke findet man im angeschlossenen Antiquarium.

- *Öffnungszeiten/Eintritt* **Tharros**, im Sommer tägl. 9–19.30, im Winter 9–17 Uhr; Eintritt ca. 4 € (incl. Museum von Cabras), Kinder von 6–16 J. und Schül./Stud. die Hälfte. **Santa Cristina**, Frühling und Sommer tägl. 8.30–22.30 Uhr, übrige Zeit 8.30–21 Uhr; Eintritt ca. 3,50 €, 6–13 J. 2 € (incl. Museum in Paulilatino). **Nuraghe Losa**, im Sommer tägl. 9–19 Uhr; Winter 9–17 Uhr. Eintritt ca. 3,50 €, Kind 6–13 J. 2 €.

- *Übernachten* ***** Villa Canu**, seriös geführte Unterkunft in einem typischen Stadthaus in Cabras, harmonisches Zusammenspiel traditioneller und moderner Elemente, geschmackvolle Zimmer, schöne Terrasse und Innenhof mit Olivenbaum. DZ mit Frühstück ca. 76–120 €. Via Firenze 7–9, ☎ 0783/290155, ℻ 395242, www.villacanu.com. **Camping Spinnaker**, bei Marina di Torre Grande im Pinienwald, gleich davor der Strand. In der Hochsaison gelegentlich Diskolärm und Veranstaltungen mit lauter Musik. Mitte April bis Mitte Okt. ☎ 0783/22074, ℻ 22071, www.spinnakervacanze.com. **Camping Torregrande**, am Ortseingang von Marina di Torre Grande, einfacher Platz mit Stellplätzen unter dichten Pinien und Eukalyptusbäumen. Anfang Mai bis Ende Sept. ☎/℻ 0783/22228. **Camping Nurapolis**, im Wald hinter dem Strand Is Arenas, schönes, naturbelassenes Gelände, geführt von einer Kooperative. Die Bar ist Brennpunkt aller Aktion – in der Hochsaison läuft alabendlich unter dem Schilfdach heiße Musik, Treffpunkt vieler junger Urlauber. Das Ristorante hat eine gemütliche Außen- und Innenterrasse und ist preislich relativ günstig. Ganzjährig geöffnet. ☎ 0783/52283, ℻ 52255, www.nurapolis.it. **TIPP!** Il Caminetto, großes Lokal in Cabras, 250 m von der Villa Canu entfernt, treffliche „Cucina casalinga" mit Schwergewicht auf Fisch. Menü um die 30–35 €. Mo geschl. Via Battisti 11, ☎ 0783/391139.

Costa Verde

Etwa 60 km südlich von Oristano liegt abseits der gängigen touristischen Routen eine der schönsten Strandlandschaften Sardiniens. Kilometerweit reicht die Dünenlandschaft ins Land, es gibt kaum Bebauung, lediglich ein Hotel und zwei Campingplätze bieten Quartier.

Die *Spiaggia della Piscinas* ist über Montevecchio und Marina di Arbus zu erreichen, die letzten 5 km sind allerdings sehr holprige Staubpiste. Besser ist die Zufahrt über *Ingurtosu*, hier sind nur die letzten 3 km zum Strand Piste. Am Strand steht das Hotel „Le Dune", davor gibt es eine Badezone mit Parkplatz, Liegestühlen, Sonnenschirmen und Strandbar. Hinter dem Strandareal liegt ein verlassenes Bergwerksgebiet, eindrucksvolle Relikte findet man z. B. in Montevecchio und am Weg von Ingurtosu zum Strand Piscinas.

Weiter südlich liegt die *Spiaggia Scivu*, zu erreichen auf beschilderter Asphaltstraße. Parken ist im Sommer an beiden Stränden gebührenpflichtig.

1070 Sardinien

• *Übernachten* Das Übernachten in Wohnmobilen und wildes Zelten sind im gesamten Bereich der Costa Verde streng verboten.

*** **Le Dune**, direkt am Strand Piscinas, das einzige Hotel weit und breit, nach alten Plänen erbaut auf den Ruinen ehemaliger Erz-Lagerräume. Im Aufenthaltsraum Holzdecken, gemütliche Sitzecken und Kamin. Die 25 relativ kleinen Zimmer haben jeweils eine schmale Außenterrasse. Das Restaurant tischt im Sommer auch draußen auf. Nicht billig, HP pro Pers. ca. 83–177 €. Ganzjährig geöffnet. ✆ 070/977130, ℻ 977230, www.leduneingurtosu.it.

B & B La Miniera Fiorita, in Montevecchio, das geschmackvoll restaurierte Haus gehörte früher zum Minenbezirk. Ruhige Lage, schön eingerichtete Zimmer mit schmiedeeisernen Betten und Balkon, gemütlicher Speisesaal. DZ mit Frühstück ca. 64 €, HP pro Pers. ca. 47 €. ✆ 070/973181 o. 347/1740011, ℻ 9759825, www.laminierafiorita.com.

Camping Sciopadroxiu, an der Straße von Ingurtosu zum Strand Piscinas. Einfaches Gelände in steiler Hanglage, einige terrassierte Flächen im Eukalyptuswäldchen, alles sehr sandig und erdig, nur wenige Sanitäranlagen. Ristorante ansprechend in einem restaurierten Bruchsteinhaus mit schöner Außenterrasse und Blick in die Hügel. In umgebauten Bergwerkshäusern werden auch Zimmer vermietet. ✆ 349/7707938, www.campingsciopadroxiu.com.

Camping Le Palme, einfacher Platz, etwa 2 km von der Spiaggia Scivu, direkt an der Zufahrtsstraße. Ruhig, bisher noch etwas improvisiert, Ristorante, Zimmervermietung (60–70 €). Ganzjährig. ✆ 347-9303741 o. 070/9758283, www.campinglepalme.com.

Buggeru

ca. 1.200 Einwohner

Südlich der Costa Verde liegt dieses ehemaliges Bergarbeiterdorf mit 2 km langem Strand, kargen Geröllhalden und steilen Felsabstürzen im Golf von Buggeru. Die *Galleria Henry* auf der Hochebene Planu Sartu südlich vom Ort wurde restauriert und ist zur Besichtigung freigegeben.

An der SS 126 nach Iglesias kann man den kleinen Abstecher zum *Tempio di Antas* machen, einem restaurierten Tempel aus römischer Zeit, erbaut auf den Resten eines punischen Heiligtums. In der Nähe liegt außerdem die *Grotta di Su Mannau*, ein ausgedehntes Höhlenlabyrinth, das 5 km südlich von Fluminimaggiore an der SS 126 gut beschildert ist.

• *Öffnungszeiten/Eintritt* **Galleria Henry**, Igea SpA veranstaltet im Sommer täglich Führungen, sonst nur am Wochenende. Eintritt 8 €. Nur mit Anmeldung unter ✆ 0781/491300, 348-1549556 (Handy), www.igeaminiere.it.
Tempio di Antas, tägl. 9.30–19.30 Uhr, Eintritt ca. 3 €.
Grotta di Su Mannau, April bis Okt. tägl. 9.30–18.30 Uhr. Führungen macht die Gruppo Grotte Fluminese. Eintritt ca. 6 €, Kinder 6–12 J. 3,50 €. ✆/℻ 0781/580189, http://web.tiscali.it/grottasumannau.

• *Übernachten* *** **Sardus Pater**, in Portixeddu, wo die Zufahrtsstraße auf den Strand stößt. Die mit Sat-TV, Klimaanlage und Kühlschrank ausgestatteten Zimmer liegen in einem Flachbau nebeneinander, jeweils Terrasse, herrlicher Blick auf Strand und Küste. Darunter das große Ristorante, ebenfalls mit Panoramablick. DZ mit Frühstück ca. 85–130 €. ✆ 328-6518940, ℻ 0781/54949, www.hotelsarduspater.it.

** **Golfo del Leone**, allein stehendes Haus etwa 2,5 km landeinwärts vom Strand von Buggeru, ruhige Lage, 14 zweckmäßige, kleine Zimmer mit Balkon, 7 davon mit Meerblick. Im Restaurant gute Standardküche. DZ mit Frühstück ca. 58–80 €. ✆ 0781/54923, ℻ 54952, www.golfodelleone.it.

Camping Ortus de Mari, direkt an der Zufahrtsstraße von der SS 126 nach Buggeru, kurz vor dem Ostende vom Sandstrand, etwa 500 m vom Meer. Stellplätze unter schattigen Pappeln und Eukalyptusbäumen. Sanitäranlagen pikobello sauber, nette Bar, wo man auch einige Lebensmittel kaufen kann. Roberto Mura spricht Deutsch. Ende Mai bis Ende Sept. ✆/℻ 0781/54964.

Wohnmobile finden Stellplätze mit Strom- und Wasseranschluss beim Ristorante „San Nicolao" am südlichen Strandende.

Von Buggeru zum Golfo di Gonnesa

Eine neue Asphaltstraße führt vorbei an der schönen Bucht *Cala Domestica* nach *Masua*, das von der stillgelegten Minenanlage *Porto Flavia* geprägt ist. Dort gibt es mehrere einladende Sandbuchten zwischen schroffen Schieferfelsen. Draußen im Meer beherrscht der malerische, 132 m hohe Felskegel *Pan di Zucchero* das Bild. Ein kilometerlanger Strand liegt weiter südlich im *Golfo di Gonnesa*. Landeinwärts kommt man rasch nach *Iglesias*, eine alte Bergbaustadt mit sehenswertem historischem Zentrum.

• *Übernachten* **B & B S'Anninia**, Via Iglesias 107, im Dorf Gonnesa, direkt an der Durchgangsstraße. Neu eröffnetes Haus mit geschmackvoller Einrichtung, freundlich geführt von der jungen Marcella und ihrem Freund Antonio, sie hat Tourismus studiert und spricht sehr gut Englisch. Schön gestaltetes Haus mit großen Zimmern in unterschiedlichen Farbtönen, jeweils Bad und TV, einige mit Balkon. Das vielseitige Frühstück wird an einem großen Gemeinschaftstisch eingenommen. DZ mit Frühstück ca. 60 €. Zwei Fahrräder werden verliehen. Ganzjährig. ✆ 0781/45132, www.sanninnia.it

Südlich vom Golfo di Gonnesa

Die Inseln *Sant'Antioco* und *San Pietro*, der weiße Dünenstrand bei *Porto Pino*, der ruhige *Porto di Teulada* mit nettem Campingplatz und die herrlichen, leider stark übertreuerten Strände der *Costa del Sud* sind die Attraktionen an dieser Küste. In Sant'Antioco hat man umfangreiche Reste einer phönizisch-punischen Siedlung auf einem Hügel nahe der Altstadt entdeckt, darunter auch ein so genanntes *Tophet*, wo die Phönizier Kinder opferten. Die Funde sind in einem archäologischen Museum untergebracht. Südlich von Cagliari liegt schließlich noch die eindrucksvolle Ausgrabung der phönizischen Stadt *Nora*.

Im Hinterland kann man die *Grotta Is Zuddas* besuchen, eine große Tropfsteinhöhle an der Straße nach Santadi, ca. 12 km nördlich von Teulada. Höhepunkt der Führung ist die *Sala delle Eccentriche*. Dort findet man die exzentrischen Aragoniten, das sind hohle Kalkröhren, die kreuz und quer in alle Richtungen wachsen und ganze Wände bedecken.

• *Öffnungszeiten* **Sant'Antioco**, tägl. durchgehend bis 19 Uhr geöffnet (Winter bis 18 Uhr). Eintrittspreise 3–13 €, je nachdem, was man alles sehen will. Besichtigung nur mit Führung durch die Coop. Archeotour, ✆ 0781/841089, www.archeotur.it.
Nora, Frühjahr bis Herbst tägl. 9–19.30 Uhr, im Winter bis 18 Uhr; Eintritt ca. 5,50 €. Führungen werden angeboten.
Grotta Is Zuddas, April bis Sept. tägl. 9.30–12, 14.30–18 Uhr, sonst nur Mo–Sa 12 und 16 Uhr, außerdem So 9.30–12, 14.30–17 Uhr; Eintritt nur mit Führung ca. 7 €. ✆ 0781/955741, www.grotteiszuddas.it.
• *Übernachten* **** La Matta**, in Sant'Antioco, persönlich geführtes Haus mit ordentlichen Zimmern, jeweils Bad und TV. DZ mit Frühstück auf dem Zimmer 50–90 €. Via Nazionale 119, ✆ 0781/828102 o. 320-2130153, ✉ 801375, www.hotel-lamatta.com.
B & B Berenice, wenige Schritte hinter der Pfarrkirche in Sant'Antioco den Hügel hinunter, drei DZ, Frühstücksraum und Küche. Via Petrarca 16, ✆ 0781/840625, www.berenice.bb.com.
Agriturismo Sa Tiria, einladendes Anwesen in schöner, ruhiger Lage bei Teulada, angenehme Zimmer, Frühstück sehr gut mit Früchten, hauseigener Marmelade und Kuchen, Abendessen hervorragend. HP ca. 40–60 € pro Pers., Loc. Sa Tiria, SS 195, km 67,5. ✆ 070/9283704, www.satiria.it.
Camping Porto Tramatzu, terrassiertes Gelände in ruhiger Lage im Porto di Teulada, gleich unterhalb ein weißer Sandstrand. Mai bis Okt. ✆ 070/9283027, ✉ 9283028.
*** Camping Torre Chia, an der Costa del Sud, ebener Platz mit Sandboden im dichten Eukalyptuswald, wenige Meter von der Sandbucht Torre Chia. Juni bis Ende Sept. ✆ 070/9230054, ✉ 9230055, www.campeggiotorrechia.it.

Cagliari

ca. 160.000 Einwohner

Eingekeilt zwischen trägen Salzseen steigt die turbulente Hauptstadt Sardiniens einen Felsklotz hinauf. Die breite Via Roma führt vom Bahnhof am Hafen entlang, in den Cafés unter den schattigen Arkaden sitzt man gemütlich.

Wer Cagliari näher kennen lernen will, muss ins alte Castello-Viertel auf dem ehemaligen Festungshügel hinaufsteigen. Dort erlebt man die ungeschminkte Realität der Stadt, die an Neapel erinnert – Elendsquartiere inmitten morbider Prachtfassaden, hohe Eingangshallen mit verblichenem Stuck, oft bestehen die Wohnungen nur aus einem Zimmer. Interessant sind hier oben vor allem der Dom und das Archäologische Nationalmuseum mit einer bedeutenden Sammlung prähistorischer Bronzefiguren.

Zum Baden fährt man hinaus zum kilometerlangen Stadtstrand von *Poetto*, einige Kilometer östlich der Stadt (Bus PF oder PQ ab Bahnhofsvorplatz).

Anfahrt/Verbindungen & Information *(siehe Karte S. 1074/1075)*

- *Flug* Der **Flughafen Elmas** (www.aeroportodicagliari.com) liegt ca. 7 km nordwestlich vom Zentrum. Ein Busdienst pendelt etwa alle 30 Min. zwischen Elmas und ARST-Busbahnhof schräg gegenüber vom Bahnhof (Fahrtdauer ca. 15 Min., ca. 6 €). Ein Taxi kostet ca. 15–20 €.
- *Schiff* Von der **Stazione Marittima** gibt es etwa 2-mal wöch. Verbindungen mit Neapel, 1-mal wöch. mit Palermo und Trapani auf Sizilien.
- *Zug* Der **FS-Bahnhof** liegt an der zentralen Piazza Matteotti am Hafen. Er ist Ausgangspunkt für das gesamte Liniennetz der italienischen Staatsbahn auf Sardinien, täglich gute Verbindungen. Kostenlose Auskunft unter ✆ 848888008.
- *Fernbusse* **ARST-Busse** fahren ab Busbahnhof neben dem Bhf. in alle größeren Städte Sardiniens, außerdem in alle Orte der Provinz Cagliari und in die Badeorte der Umgebung. Information gebührenfrei unter ✆ 800-865042.
Logudoro Tours fährt ebenfalls ab ARST-Busbahnhof 2-mal tägl. zum Flughafen von Alghero.
FMS-Busse fahren ab Piazza Matteotti (vor dem FS-Bahnhof) in zahlreiche Orte im Südwesten, u. a. Iglesias, Sant'Antonio, Teulada und Buggeru. Information gebührenfrei unter ✆ 800-044553.
Turmo Travel fährt 1-mal tägl. ab Piazza Matteotti über Oristano, Nuoro, Olbia (Flughafen und Hafen), Arzachena und Palau nach Santa Teresa di Gallura.
- *Stadtbusse* Die städtischen **CTM-Busse** haben ihre Hauptaltestelle ebenfalls vor dem Bahnhof, Piazza Matteotti. An der Haltestelle kleiner Fahrkartenschalter, ansonsten muss man die Tickets an Zeitungskiosken holen oder im Buchladen vom Bhf. Einzelticket ca. 1 €, Tagesticket ca. 2,30 € (bis 24 Uhr gültig), Carnet mit 12 Fahrten ca. 10 €. Das Zentrum von Cagliari ist nicht allzu groß, man erkundet es am besten zu Fuß. Wichtig sind deshalb nur **Bus PF** und **PQ** an den Strand von Poetto. Infos: CTM Point, Viale Trieste 159/3, ✆ 070/2091210, www.ctmcagliari.it.
- *Information* **AAST**, Kiosk unter Palmen vor dem Bahnhof. Die Damen sprechen auch Englisch. Mo–Sa 8.30–13.30, 16–20, So 9–13, 16–20 Uhr, sonst Mo–Sa 8–14 Uhr, So geschl. ✆ 070/669255.
Weitere Info-Büros im **Flughafen** und in der **Stazione Marittima**.

Übernachten *(siehe Karte S. 1074/1075)*

**A & R Bundes Jack (28), umgebaute Stadtwohnung voll alter Grandezza über den Arkaden am Hafen, geführt von einem älteren Ehepaar. Blick auf Hafen und Meer. DZ mit Du/WC ca. 75–84 €, mit Etagendusche ca. 66–72 €, unten im Haus Café fürs Frühstück. Via Roma 75, ✆ 070/657970, ✆ 667970, hotel.aerbundesjack@libero.it.

Imposant: das neugotische Rathaus am Hafen

** La Terrazza (15), oberhalb der Piazza Yenne über einem China-Restaurant. Gute Lage und ordentlicher Standard, Zimmer teils mit TV, netter Frühstücksraum und junge Leitung. DZ mit Du/WC und Frühstück ca. 65–70 €, mit Etagendusche ca. 50–55 €. Via Santa Margherita 21, ✆ 070/668652, ✆ 660863, www.laterrazzahotel.com.

* Miramare (26), im 2. Stock über den Arkaden, gefliese Gänge, Zimmer mit Nasszellen, sauber. DZ ca. 50–65 €. Via Roma 59, ✆/✆ 070/664021.

* Aurora (17), am Aufgang von der Piazza Yenne zum Castello-Viertel. Ein alter Stadtpalazzo wurde von Grund auf renoviert. Die 8 Zimmer besitzen jeweils Bad und TV und sind mit Terracotta-Kacheln gefliest, an vielen Wänden wurde das Bruchsteinmauerwerk dekorativ freigelegt. DZ mit Bad ca. 60–68 €, mit Etagendusche ca. 48–55 €, jeweils incl. Frühstück. Salita Chiara 19, ✆/✆ 070/658625, www.hotelcagliariaurora.it.

* Palmas (21), Einfachhotel am Beginn der „Fressgasse" im Marina-Viertel. Kürzlich renoviert, nett geführt, sauberes Bad auf dem Flur, Zimmer mit breiten Doppelbetten. DZ ca. 38–45 €. Via Sardegna 14, ✆/✆ 070/651679.

* La Perla (22), nur wenige Schritte weiter, leidlich sauber, Etagendusche. DZ ca. 42–45 €. Via Sardegna 16, ✆/✆ 070/669446, http://utenti.lycos.it/laperla1.

B & B Old Caralis (30), direkt im Marinaviertel, gepflegte Unterkunft in einem Palazzo des 19. Jh., zwei Zimmer mit Bad, TV und Internetanschluss. DZ mit Frühstück ca. 60–75 €. Via Vittorio Porcile 11, ✆ 070/666991 o. 349-2912853, www.oldcaralis.it.

B & B Casa di Zia Maria, im nördlichen Vorort Monserrato. Renovierter Stadtpalazzo aus der Mitte des 19. Jh. Ein DZ mit Bad, zwei DZ teilen sich ein Bad, Gemeinschaftssalon mit TV, stilvolle Möbel, Küchenbenutzung, große Terrasse, Parkmöglichkeit. DZ mit gutem Frühstück ca. 60–70 €. Via Giulio Cesare 44 (Bushaltestelle um die Ecke, 20 Min. ins Zentrum von Cagliari), ✆ 347-592756.

● *Camping* **Pini e Mare**, Riviera Capitana, hügliges Terrassengelände im lichten Pinienwald an der Ausfallstraße nach Villasimius, vor Ende des Strands von Poetto noch etwa 8 km. Einfach ausgestattet, reiner Übernachtungsplatz für Sightseeing im 22 km entfernten Cagliari. Ende April bis Ende Okt. ✆/✆ 070/803103, www.piniemare.com. Eine Alternative bieten die beiden Plätze **Flumendosa** und **Cala d'Ostia** bei Santa Margherita di Pula, etwa 40 km südlich der Stadt.

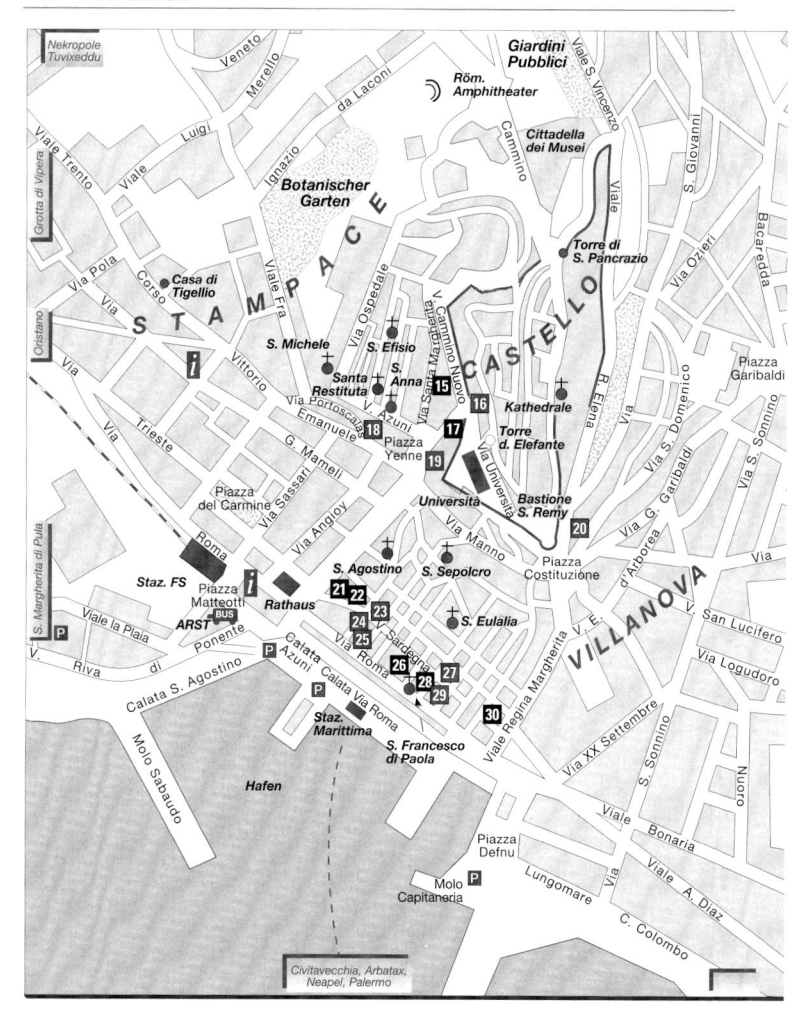

Essen & Trinken

Hinter der Via Roma liegt das Marina-Viertel mit zahlreichen Trattorie und Restaurants.

Ci pensa Cannas (24), gemütliche Nachbarschaftstrattoria, durch die Bar rein, mehrere kleine Gewölbe hintereinander. Mal die scharfen *penne all'arrabiata* testen, gut auch die *zuppa di verdure*. Günstige Preise. So geschl. Via Sardegna 35, ℅ 070/667815.

Al Porto (23), elegantes Ristorante mit ausgezeichneter hausgemachter Pasta und köstlicher Meeresküche. Menü ca. 30–40 €. Mo geschl. Via Sardegna 44, ℅ 070/663131.

Il Buongustaio (29), in einer Seitengasse der Via Sardegna. Rustikal-elegantes Lokal, mit Mauern, Pfeilern und Bögen aus Back stein über mehrere Räume verteilt, schöne alte Holzdecke. Vor allem Fisch und Meeresgetier, aber auch *costata di cavallo* (Pferdesteak). Menü um die 25–30 €. Mo (abends), Di und im August geschl. Via Concezione 7–11, ✆ 070/668124.

Corallo (25), seit 1881, günstiges Lokal mit typischen Gerichten, vorwiegend Fisch und Meeresgetier, sonntags *maialino sardo allo spiedo* (Fleisch vom Spieß). Via Napoli 4, ✆ 070/668027.

TIPP! Da Lillicu (27), kulinarischer Eckpfeiler des Marina-Viertels, großes Gewölbe mit Marmortischen, von Atmosphäre und Angebot eine der attraktivsten Trattorien im Marina-Viertel, was man auch am regen Besuch von Einheimischen erkennt. Die Fischgerichte („arrosto") sind gut und reichhaltig, es gibt diverse Antipasti, hausgemachte Pasta und als Spezialität *gran premio di cavallo* (Pferdesteak). So geschl. Via Sardegna 78, ✆ 070/652970.

• *Außerhalb vom Marina-Viertel* **Il Bastione (20)**, direkt am Fuß der Terrazza Umberto I. Nett und familiär geführte Pizzeria, die auch viele andere Gerichte zur Auswahl hat. Man kann auch draußen sitzen, allerdings direkt an der lauten Straße. Viale Regina Elena 3, ✆ 070/660372.

La Terra di Mezzo (18), in einer Seitengasse des Corso Vittorio Emanuele, biologisch-vegetarische Küche, Essen vom reichhaltigen Büffet kostet ca. 14 € incl. Getränk, nur mittags. Via Portoscalas 7, ✆ 070/662889.

• *Cafés* **Libarium Nostrum (16)**, im Castello-Viertel, Via Santa Croce, historisch eingerichtetes Gewölbecafé an der Stadtmauer, behaglicher Kneipencharakter, davor eine Terrasse direkt auf der Bastion mit tollem Blick auf Cagliari. Mo geschl.

• *Eis* **L'Isola del Gelato (19)**, „die" Eisdiele der Stadt, wenn nicht Sardiniens. Von außen unscheinbar, gehen einem drinnen die Augen über: mehr als 60 Sorten, aufgetürmt zu kunstvollen Gebilden. Piazza Yenne 35.

Essen & Trinken
16 Libarium Nostrum
18 La Terra di Mezzo
19 L'Isola del Gelato
20 Il Bastione
23 Al Porto
24 Ci pensa Cannas
25 Corallo
27 Da Lillicu
29 Il Buongustaio

Übernachten
15 La Terrazza
17 Aurora
21 Palmas
22 La Perla
26 Miramare
28 A & R Bundes Jack
30 B & B Old Caralis

Sehenswertes

Von der Via Roma am Hafen folgt man dem breiten Largo Felice, der neben dem imposanten neugotischen Rathaus beginnt und zur *Piazza Yenne* hinaufführt. Auf steiler Treppe (oder Aufzug) kommt man von dort ins Castello-Viertel (→ unten) – oder man folgt der rechter Hand leicht ansteigenden *Via Manno* mit Barockfassaden und vielen Boutiquen. Von der Piazza Costituzione am Ende der Via Manno kann man auf einer breiten Doppeltreppe zur weiten *Bastione di*

Saint Rémy (auch: Terrazza Umberto I) hinaufsteigen und den weiten Blick über die Stadt genießen. Von dort kommt man ebenfalls in Castello-Viertel.

Castello: Das morbide Altstadtviertel mit seinen langen, düsteren Parallelgassen thront über dem Zentrum von Cagliari. Von den einst drei mächtigen Verteidigungstürmen stehen noch zwei. Nach innen sind sie offen, um den Verteidigern problemlos Nachschub und Verstärkung zukommen lassen zu können. Die Kathedrale *Santa Maria* ist nahtlos in die Häuserreihen eingereiht, das Innere prunkt in barocker Prachtentfaltung, wertvollstes Stück ist die zweigeteilte Kanzel beim Haupteingang. Die Krypta beherbergt etwa 300 Grabkammern, in die man im 17. Jh. die Toten des Friedhofs der Kirche San Saturno umgebettet hat. In ihr spanisch-barockes Gewölbe sind 600 kunstvolle Rosetten gemeißelt.
Öffnungszeiten Mo–Fr 8–12.30, 16.30–20 Uhr, Sa/So 8–13, 16–20 Uhr (nicht während der Gottesdienste am So um 9, 10, 11 und 19 Uhr).

Archäologisches Nationalmuseum: Im Museumskomplex an der Piazza Arsenale am Rand des Castello-Viertels kann man die bedeutendste Sammlung prähistorischer und historischer Funde auf Sardinien besichtigen, darunter eine prächtige Sammlung nuraghischer Bronzefiguren des 5.–8. Jh. v. Chr.
Öffnungszeiten/Eintritt Di–So 9–20 Uhr, Mo geschl.; Eintritt ca. 4 € (mit Pinacoteca Nazionale 5 €), zwischen 18 und 25 J. die Hälfte, unter 18 und ab 65 J. frei.

Wallfahrtskirche Santuario di Bonaria: Das wichtigste Heiligtum Sardiniens steht östlich vom Zentrum und besteht aus einem Klosterkomplex mit zwei Mauer an Mauer gebauten Kirchen. Die Legende erzählt von einer Holzkiste, die 1370 am Fuß des Bonaria-Hügels angeschwemmt wurde. Die Mönche des damaligen Klosters entdeckten darin eine Marienstatue. Diese begann kurz darauf Wunder zu wirken, das Kirchlein wurde auf ganz Sardinien bekannt und zum viel besuchten Wallfahrtsziel. Im 18. Jh. errichtete man dann unmittelbar daneben eine großzügig konzipierte Basilika, deren majestätische Kuppel weithin sichtbar ist. Zur 500-Jahr-Feier der Auffindung der Statue kam Papst *Pius IX.* am 24. April 1870 nach Cagliari – das größte Fest zu Ehren der Jungfrau Bonaria, die seit 1907 die Schutzpatronin Sardiniens ist, findet seitdem alljährlich an diesem Tag statt.
Öffnungszeiten **Santuario di Bonario**, April bis Okt. tägl. 6.30–12, 16.30–19.30 Uhr, übrige Zeit 6.30–12, 16–18.30 Uhr; Spende. Alle Stadtbusse nach Poetto kommen hier vorbei.

Basilica di San Saturno: Auf der Piazza San Cosimo in der östlichen Neustadt Villanova steht umgeben von Palmen und Pinien eine der ältesten Kirchen Sardiniens, wenn nicht des gesamten Mittelmeerraums. Der Kreuzkuppelbau wurde im 5. Jh. an der angeblichen Hinrichtungsstätte des Märtyrers Saturnus (304 n. Chr.) errichtet, erst fünf Jahrhunderte später vollendeten Benediktiner aus Marseille die vier Schiffe. Heute steht nur noch der Ostflügel mit der Apsis. Unter der Kirche und im Umfeld hat man römische und byzantinische Gräberfelder entdeckt, zu sehen durch gläserne Wände im Inneren.
Öffnungszeiten Mo–Sa 9–13 Uhr, So geschl.

Cagliari/Umgebung

Südwestlich von Cagliari erreicht man nach Santa Margerita di Pula die *Costa del Sud* mit ihren Dünenstränden (→ S 1071), Richtung Osten kommt man auf herrlicher Panoramastrecke in den Badeort *Villasimius* in der südöstlichen Ecke der Insel.

Ostküste

Touristisch gut erschlossen und landschaftlich reizvoll. Es gibt zahlreiche Sandstrände, vor allem zwischen Olbia und Budoni. Cala Gonone liegt in der eindrucksvollen Felsenküste des Golfo di Orosei, in der Umgebung sind malerische Sandbuchten eingelagert, die man mit Bootsausflügen erreichen kann.

San Teodoro

ca. 3.600 Einwohner

Südlich von Olbia liegt einer der beliebtesten Badeorte Sardiniens mit dem gut 3 km langen, schönen Sandstrand *La Cinta*. Im Sommer wird es hier sehr voll. In der Umgebung gibt es weitere schöne Strände, die ebenfalls überfüllt sind (Parken fast überall gebührenpflichtig).

• *Information* **Pro Loco**, an der zentralen Piazza Mediterraneo. Mo–Sa 9–13, 17–20 Uhr. So geschl. ✆/℡ 0784/865767, www.santeodoro.it, www.santeodoroturismo.com.

• *Übernachten* In San Teodoro wird viel pauschal gebucht.

Camping San Teodoro „La Cinta", großes Gelände unmittelbar am Beginn vom Strand, seit vielen Jahren beliebtester Platz der Region, hier trifft man immer viele Deutsche. Juli und August sind bereits Monate im Voraus ausgebucht. Zum Zentrum ist es etwa 1 km. 1. Mai bis 15. Okt. ✆ 0784/865777, ℡ 865333 www.campingsanteodoro.com.

Camping Cala d'Ambra, ebenfalls unmittelbar am Wasser, allerdings nur ein Stück grober Kiesstrand. Schatten durch hohe Eukalyptusbäume, Ristorante und Bar. Juni bis Sept. ✆/℡ 0784/865650, www.camping caladambra.com.

TIPP! Angelo Asara, im Hinterland von San Teodoro, 1,5 km außerhalb von Padru, Loc. Juanne Maccu. Landgasthof mit drei geräumigen Familienzimmern, zwei DZ und zwei Apartments sowie vier Pferden. Ulrike Franze, die Frau von Angelo Maria Asara, ist deutscher Herkunft. DZ ca. 45 €, Apartment 55 €, Frühstück und Abendessen ca. 25 € pro Pers. ✆ 0789/45988, www.agriturismo asara.com.

• *Essen & Trinken* **L'Olive**, etwas außerhalb vom Zentrum, deshalb nicht überlaufen. Großer Garten, freundliche Bedienung, gutes Essen. Via Gramsci 74, ✆ 0784/866216.

La Funtana, von außen unscheinbar, jedoch sehr schöner Innenhof und gute Essensqualität. Via La Funtana 20, ✆ 0784/865151.

▸ **Budoni**: Große Bucht mit langem Sandstrand, der Ort nicht über die Maßen attraktiv, viel Ferienhaustourismus, zwei Campingplätze.

• *Übernachten/Essen & Trinken* **Agriturismo Sos Rios**, 14 km von Budoni, hinter Brunella rechts durch die Berge bis zum Straßenende in 500 m Höhe, geführt von Daniele Tuccone, der Deutsch spricht. Vermietet werden 4 DZ mit Bad, das leckere Essen gibt's auf Vorbestellung. ✆ 0784/826132 o. ✆ 330-752085.

Lu Nibaru, Ristorante/Pizzeria direkt am Strand, schattige Terrasse, ordentliche Küche, hübsch gedeckt und beliebt bei Familien mit Kindern, die in den Dünen viel Auslauf finden. ✆ 0784/844082.

▸ **Posada**: Ein steil aufragender, knorriger Kalkklotz inmitten der grünen Flussebene des Posada-Flusses. An der Spitze die Reste des *Castello della Fava* aus dem 12. Jh., darunter klammern sich die Häuser an den Fels. Der Fluss schlängelt sich durch reiche Obst- und Weinfelder, die zum Meer hin durch einen kilometerlangen Sandbogen begrenzt sind.

Öffnungszeiten/Eintritt **Castello della Fava**, tägl. 9.30–19 Uhr; Eintritt ca. 2,50 €, Kinder frei.

▸ **Santa Lucia**: Kleiner Ort mit großem Sandstrand, umgeben von dichter Pineta. Zwei schattige Campingplätze liegen direkt beim Ort, zwei weitere in den Pinienwäldern weiter südlich. Nach etwa 45 Min. zu Fuß Richtung Süden kommt man zum weißen Dünenstrand *S'Ena e s'acchitta*.

1078 Sardinien

- *Übernachten* **Camping Selema**, Eingang an der Zufahrtsstraße nach Santa Lucia, 100 m zum Strand. Schattiger Platz im Pinienwald. Anfang April bis Ende Okt. ✆/℡ 0784/819068, www.selemacamping.com.
Camping La Mandragola, gleich neben Selema, ebenfalls sehr schattig, geführt von einer Kooperative. Mitte Mai bis Ende Sept. ✆/℡ 0784/819119, www.mandragolavillaggio.com.
AmfibieTreks, holländisch geführter Wassersport- und Campingclub neben Selema. Man muss weder Zelt noch Matratze mitbringen (alles bereits aufgebaut), bekommt Verpflegung „all inclusive" und kann viele Wassersportgeräte nutzen. Viele junge Leute und abends immer was los. ✆ 339-7628812, ℡ 0784/819016, www.amfibietreks.de.
- *Essen & Trinken* **Agriturismo Manasi**, an der Straße zwischen Santa Lucia und Siniscola. Man sitzt im Sommer auf zwei gedeckten Terrassen mit schönem Blick bis zum Meer. Gekocht wird großteils mit Produkten vom eigenen Hof: ✆ 0784/877402, www.manasi.it.

Orosei
ca. 6.200 Einwohner

Das sehenswerte Kleinstädtchen liegt in üppig grüner Umgebung etwa 3 km landeinwärts von einem fast schnurgeraden, kilometerlangen Sandstrand, entstanden durch Anschwemmungen des Cedrino-Flusses. Im alten Ortskern gibt es viel historische Bausubstanz, winklige Gässchen und diverse verwitterte Kirchlein, die großteils beschildert sind und auf einem gekennzeichneten Rundweg („itinerario storico") besichtigt werden können.

- *Übernachten* *** **S'Ortale**, familiär geführtes Haus mit angenehmer Atmosphäre, Zimmer einfach, aber okay. Mit Restaurant. DZ mit Frühstück ca. 60–90 €. Via S'Ortale (Abzweigung von der Durchgangsstraße in Richtung Meer), ✆ 0784/998055, ℡ 998056, www.sortale.it.
B & B di Patrizia Mastio, ganz zentral im Ortskern, Zimmer im Erdgeschoss mit Gemeinschaftsbad, Wohnküche und TV, oben ein Zimmer mit eigenem Bad. DZ ca. 50–60 €. Via San Paolo 3, ✆ 0784/98547, www.bebinsardegna.com.
Agriturismo Donna Lina, gepflegter Hof inmitten von Weinfeldern und Olivenhainen (Straße zur Cala di Osalla nehmen, nach dem Sportplatz rechts und wieder links). Paola Cabras spricht Englisch und vermietet fünf Apartments mit Bad und Küche. Das Essen ist sehr gut, es gibt einen Swimmingpool und einen Spielplatz. HP ca. 55–65 €. ✆ 0784/98698, ℡ 997506, donnalina@tiscalinet.it.
- *Essen & Trinken* **Da Filippo**, im höher gelegenen Ortsteil (an einer großen Kreuzung im hinteren Ortsbereich rechts halten). Großer Gastraum, daneben eine Terrasse mit Blick über den Ort. Umfassende Auswahl an Pizza, dazu großzügig bemessene Salate, Preise angemessen. Via Nazionale 95, ✆ 0784/998159.

Cala Gonone und Umgebung

Südlich von Orosei beginnt der große Golf von Orosei, dessen Felswände fast senkrecht ins Meer stürzen. Beim Städtchen *Dorgali* gelangt man durch einen Tunnel hinunter nach Cala Gonone, wo man baden kann und täglich Ausflugsboote zu Stränden fahren, die an den Ausgängen mehrerer Schluchten liegen: *Cala Luna*, *Cala Sisine* u. a. (Fahrtkosten je nach Entfernung ca. 13–30 €). Außerdem kann die *Grotta del Bue Marino* besichtigt werden, in der vor Einsetzen des Tourismus Mönchsrobben („Meerochsen") ungestört leben und sich fortpflanzen konnten.
Vom Tal des Riu Flumineddu im Hinterland von Dorgali kann man zum Nuraghierdorf *Monte Tiscali* aufsteigen oder ein Stück weit in die spektakuläre Schlucht *Gola su Gorroppu* vordringen.

Öffnungszeiten/Eintritt **Grotta del Bue Marino**, ganztägig geöffnet, Eintritt ca. 7,50 €. **Monte Tiscali**, ganztägig geöffnet, Eintritt ca. 5 €, Kinder 1,50 €, zehnminütige „Führung" auf Italienisch.

Cala Gonone 1079

In der Felsenküste bei Cala Gonone liegen zahlreiche Höhlen

• *Übernachten* **** **Costa Dorada**, letztes Haus am Südende der Promenade, bestes Hotel am Ort. Architektonisch verspielt angelegt, im Haupthaus auf mehreren Ebenen Fernsehraum, Ristorante und Salon, alles mit schönen Bruchsteinmauern, gemütlich mit Holzdecke, Polstermöbeln, Pflanzen. Herr Mulas spricht gut Deutsch. Das hauseigene Boot macht Ausflüge entlang der Steilküste (ca. 35 €). DZ mit Frühstück um die 105–195 €. Ostern bis Mitte Okt. Lungomare Palmasera 45, ✆ 0784/93332, ✉ 93445, www.hotelcostadorada.it.

*** **L'Oasi**, auf der Steilküste links oberhalb vom Hafen, zu erreichen auf steiler Straße. Herrliche Lage mit Superblick, leider nicht alle Zimmer zum Meer, Ristorante mit großer Terrasse und leckerer Meeresküche. DZ um die 60–115 €, im Sommer Pflicht zur HP. ✆ 0784/93111, ✉ 93444, www.loasihotel.it.

B & B Sos Ozzastros@ „2P", Familie Pira vermietet drei DZ mit Etagendusche und mehrere Apartments mit Balkon, unten die Pizzeria „2P". Sohn Nicola spricht gut Englisch. Via Vasco da Gama 7, ✆ 0784/93145 o. 339-6937359, miniresort2p@tiscali.it

Agriturismo Nuraghe Mannu, beim gleichnamigen Nuraghen zwischen dem Tunnel von Dorgali und Cala Gonone, herrliche Lage mit Blick aufs Meer. Vier (etwas dunkle) Zimmer mit Du/WC, außerdem finden auf zwei Terrassen kleine Wohnmobile und Zelte Platz. Abends kommt ein üppiges sardisches Mahl auf den Tisch. Die nette Hausherrin spricht Englisch. Übernachtung mit Frühstück pro Pers. ca. 22–27 € (HP ca. 38–40 €), im Zelt 8 €. ✆ 0784/93264 o. 328-8685824, www.agriturismonuraghemannu.com.

Camping Cala Gonone, ansprechendes Gelände in leichter Hanglage, viele schattige Pinien und Wacholder. Zum Strand läuft man knapp 10 Min. Ostern bis Ende Okt. ✆ 0784/93165, ✉ 93256, www.campingcalagonone.it.

Palmavera, gut ausgestatteter Standplatz für Wohnmobile, etwa 15 € pro Nacht (incl. Strom). ✆ 0784/920052.

Die Straße von Dorgali nach Süden gehört zu den schönsten Strecken Sardiniens. Es geht durch die Ausläufer der Monti del Gennargentu, die weiter inseleinwärts in der Punta La Marmora (1834 m) gipfeln und das höchste Bergmassiv Sardiniens bilden. Ab Baunei kurvt die Straße steil hinunter in die Ebene von Tortoli.

Santa Maria Navarrese

Der sympathische Badeort besitzt mehrere Badebuchten und einen langen Sandstrand, der sich bis zum Fährhafen Arbatax zieht. Der Campingplatz „Mare Blu" ist ein beliebtes Ziel deutscher Urlauber.

• *Übernachten* *** **Nicoletta**, sehr sauber, schöne Zimmer (zwei davon mit riesigen Balkonen), jeweils Klimaanlage und TV, reichhaltiges Frühstücksbuffet. DZ mit Frühstück ca. 50–120 €. Via Lungomare, ✆ 0782/614045, ℻ 614047, www.hotelnicoletta.info.

** **Ostello Bellavista**, die frühere Jugendherberge ist nun ein gut geführtes Hotel in perfekter Hügellage mit umwerfendem Meer- und Hafenblick. Es gibt 18 Zimmer, davon 5 mit Balkon. DZ mit Balkon und Frühstück ca. 52–90 €, ohne Balkon 12 € günstiger. ✆ 0782/614039, ℻ 614039, www.ostelloinogliastra.com.

Camping Mare Blu, angenehmer Platz im schattigen Pinienwald am langen Sandstrand südlich vom Zentrum. Kein Platz für Wohnmobile, weil die Bäume eng stehen, PKW und Kleinbusse möglich. An Wochenenden leider Lärmbelästigung durch die benachbarte Disko „Gazebo". Mai bis Sept. ✆ 0782/615041.

Camper Service „**Costa Orientale**", Stellplatz für Wohnmobile am Beginn des langen Sandstrands. Fahrzeug ca. 8–13 €, Strom extra, warme Duschen und Entsorgungsmöglichkeit. Mitte Mai bis Mitte Sept. ✆ 0782/669696.

▶ **Arbatax**: Fährhafen mit Verbindungen nach Civitavecchia, Fiumicino und Genua am italienischen Festland, außerdem beginnt hier die schönste Bahnlinie Sardiniens.

Von Arbatax nach Mandas: Mit dem Trenino Verde ins Bergland

Mitte Juni bis Mitte Sept. startet im Hafen von Arbatax 2-mal täglich außer Mo um 7.50 und 14.35 Uhr der „Trenino verde" der FdS (Ferrovie della Sardegna) zu einer langen Serpentinenfahrt ins Bergland. Zunächst fährt er in die Kreisstadt *Lanusei*, dann über *Ussassai*, *Seui*, *Sadali* und *Orroli* bis *Mandas*. Fast fünf Stunden dauert die Tour (an: 12.46 bzw. 19.30 Uhr), zurück geht es um 15.25 Uhr und um 20.20 Uhr ist man wieder in Arbatax (Achtung: Für den Zug, der um 14.35 Uhr in Arbatax startet, gibt es keine Rückverbindung, wohl aber einen Anschluss in die Hauptstadt Cagliari, s. u.). Hin und zurück kostet der Spaß ca. 22 € (einfach 16,50 €), Kinder von 4–11 J. zahlen die Hälfte.

Wer nicht mehr nach Arbatax zurückkehren will, kann von Mandas mit einem der normalen Schmalspurzüge der FdS nach *Cagliari* weiterfahren (12.58, 15.40 oder 19.31 Uhr, ca. 6 € einfach), die an Sonntagen allerdings durch Busse ersetzt werden. Oder man fährt per Bus zur berühmten Nuraghenfestung *Su Nuraxi* bei Barumini weiter (→ S. 1085), wo man mit Bus und FS-Bahn ebenfalls Anschluss nach Cagliari hat.

Reservierung und Fahrkarten im kleinen Bahnhofsgebäude im Hafen von Arbatax (✆ 0782/667285), das gleichzeitig Sitz des Pro Loco ist.

Barisardo/Torre di Bari

Das Landwirtschaftsstädtchen Barisardo liegt 3 km von einem kilometerlangen Strandareal entfernt. Die Zufahrtsstraße zum Meer endet an einem spanischen Wachturm, „Torre di Bari" genannt. Mehrere Hotels und drei Campingplätze bieten Quartier.

- *Übernachten* *** **Bajazzurra**, gepflegter Komplex inmitten grünem Rasen, zum Meer 200 m. 24 Zimmer, Ristorante mit guter Küche, schöner Pool mit Kinderbecken. Luigi, der lange in Deutschland gearbeitet hat, führt sein Haus liebevoll und aufmerksam. DZ ca. 70–130 €. ℡ 0782/28987, ✆ 28985, www.hotelbajazzurra.com.

* **Belvedere**, auf einem Hügel am südlichen Ortsausgang von Barisardo, zu erkennen an den Fahnen am Haus. Die freundliche Familie Mulas führt die Pension seit vielen Jahren, sie kontaktfreudig und aus Felbert bei Wuppertal, er Sarde, dazu Tochter Christine. Neun einfache, saubere DZ mit ordentlichem Mobiliar für ca. 35–45 €. In der Küche mit Kühlschrank und Gaskochern kann man sich ein Frühstück machen. ℡ 0782/29313.

Camping L'Ultima Spiaggia, zu erreichen von der Straße nach Torre di Bari (beschildert). Großes Areal, leicht abfallend zum langen Sandstrand südlich vom Turm. Mai bis Sept. ℡ 0782/29363, ✆ 28963 (Winter ℡ 070/381105), www.campingultimaspiaggia.it.

Camping Marina, sehr schattiges Gelände am Nordende des Sandstrands, neben der Mündung des Riu Mannu. ℡ 0782/29969 o. 334-3448417, ✆ 0782/29969, www.campingmarina.it.

Camping La Pineta, kurz vor L'Ultima Spiaggia, kleiner Platz unter hohen Eukalyptusbäumen, von jungen Leuten freundlich geführt, es wird auch Deutsch gesprochen. Gemütliches Ristorante/Pizzeria mit Terrasse. Anfang April bis Mitte Okt. ℡/✆ 0782/29372, www.campingbungalowlapineta.it

- *Essen & Trinken* **San Giorgio**, im südlichen Ortsteil von Barisardo, bei der Agip-Tankstelle in Richtung Meer abbiegen. Wirt hat in Deutschland gelebt und spricht sehr gut Deutsch. Prima Fisch und Pizza zu günstigen Preise. ℡ 0782/29500.

Principe d'Ogliastra, kleines Ristorante direkt in der Gasse zur Pfarrkirche, hinter dem Haus gemütlicher Hof mit Limonenbäumen. Via Parocchia 5, ℡ 0782/28263.

▶ **Grotta di Marmuri**: Die sehenswerte Tropfsteinhöhle liegt in den Bergen landeinwärts von Barisardo. Am Ortsausgang von *Ulassai* in Richtung Jerzu führt eine beschilderte Asphaltstraße in engen Windungen durch monumentale Berglandschaft bis zum Parkplatz unterhalb der Höhle. Die Grotte gehört zu den eindruckvollsten in Sardinien, besteht aus mehreren Sälen und ist ungefähr 1 km weit begehbar (aber tatsächlich viel größer).

- *Öffnungszeiten/Eintritt* **Grotta di Marmuri**, Führungen (nicht deutschsprachig) im April 11, 14.30 und 17 Uhr; Mai bis Juli u. Sept. 11, 14, 16 und 18 Uhr; August 11, 13, 15, 17 und 18.30 Uhr, Okt. 11 und 14.30 Uhr; Dauer ca. 1 Std.; Eintritt Erw. ca. 7 €, Kinder 5 €. Coop. Su Bullicciu, ℡ 0782/79859.

Costa Rei

Die Königsküste – ein fast 10 km langer Traumstrand, nur gelegentlich unterbrochen von felsigen Kaps, dahinter menschenleere Macchiahänge.

Am Hang des *Monte Nai* hat sich eine große Ferienhausstadt etabliert, die eine vielfältige touristische Infrastruktur bietet. Abgesehen davon und den drei Campingplätzen ist die Costa Rei jedoch nur wenig erschlossen, vor allem im nördlichen Teil.

Weiter südlich schließt sich die *Cala di Sinzias* an, ein schöner Sandstrand mit einem Campingplatz und prächtigem Bergpanorama im Hintergrund.

- *Übernachten* **Camping Capo Ferrato**, seit 1965 von Familie Fanni geführt, die charmante Patrizia ist Ansprechpartner in allen Belangen. Ostern bis Mitte Okt. ℡/✆ 070/991012, www.campingcapoferrato.it.

Camping Limone Beach, gut ausgestatteter und teurer Platz an der Cala di Sinzias, kein direkter Meerzugang (150 m Fußweg), Sportzentrum mit Pool, zwei Tennisplätze, Rasenplatz für Fußball. Achtung: An Sommerwochenenden dröhnt eine Disko bis 5 Uhr früh. April bis Sept. ℡ 070/995006, ✆ 995026, www.limonebeach.com.

1082 Sardinien

• *Essen & Trinken* **La Quercia**, schönes Ristorante/Pizzeria etwas außerhalb in der Loc. Camisa (in Richtung San Priamo). ✆ 070/9949271.
Capo Ferrato, urige Pizzeria an der Straße zum Capo Ferrato, wo man schön im Freien essen kann – allerdings nur Pizza und *pollo arrosto* (Hühnchen), kein Salat etc.

Barbagia

Das Gebiet um den steilen Supramonte und das sich südlich anschließende Gennargentu-Massiv ist die wildeste Region der Insel. Uralte Steineichenwälder, endlose Kurvenstraßen, Schafherden und versengte Erde vermitteln das Gefühl von Einsamkeit. Ein guter Anlaufpunkt ist die Kooperative Enis bei Oliena.

Nuoro ca. 3.700 Einwohner

Größte Stadt der Barbagia. Hübsche Fußgängerzone und kleines Altstadtviertel mit dem Geburtshaus der Nobelpreisträgerin Grazia Deledda, dem großen Volkskunstmuseum *Museo della Vita e delle Tradizioni Popolari Sardi* und einem neuen Archäologischen Museum. Schön ist der Busausflug auf den Monte Ortobene, den Hausberg von Nuoro. Die *Festa del Redentore* am 29. August ist eins der größten Feste der Insel. Am Sonntag unmittelbar vor oder nach diesem Datum finden zwei große farbige Festzüge statt.

Essen & Trinken
2 Su Nugoreso
4 Il Rifugio

Übernachten
1 B&B Casa Solotti
3 Euro Hotel
5 Grillo

• *Öffnungszeiten/Eintritt* **Geburtshaus von Grazia Deledda**, Mitte Juni bis Mitte Sept. tägl. 9–19 Uhr, übrige Zeit Di–So 9–13, 15–19 Uhr, Mo geschl. Eintritt ca. 3 €.
Museo Archeologico, Di–Sa 9–13.30, Di u. Do 15–17.30 Uhr, So/Mo geschl., Eintritt frei. ✆ 0784/31688.
Volkskunstmuseum, Mitte Juni bis Ende Sept. tägl. 9–20 Uhr, übrige Zeit tägl. 9–13, 15–19 Uhr; Eintritt ca. 3 €, unter 18 und über 60 J. 2 €.
• *Anfahrt/Verbindungen* Nuoro erreicht man mit der **FdS-Schmalspurbahn** ab Macomer an der Bahnlinie Olbia-Cagliari oder per **Bus** von der Ostküste, u. a. von Olbia und Siniscola. Die Busstation liegt an der Piazza Sardegna in der Nähe vom Bhf.
• *Information* **Info Point**, zentral am Corso Garibaldi 155. Mo–Sa 9–13, 15.30–19 Uhr.

✆ 0784/38777, www.puntoinforma.it.
• *Übernachten* ***** Euro Hotel (3)**, neues, komfortables Haus im Zentrum, 54 Zimmer mit TV und Klimaanlage, Ristorante, Internetpoint. DZ mit Frühstück ca. 150 €. Viale Trieste 44, ✆ 0784/34071, www.eurohotelnuoro.it.
*** Grillo (5), nur wenige Meter unterhalb der Markthalle. Unten Granithalle vom Feinsten, Zimmer eher funktional gehalten, geräumige Bäder und TV, zum großen Teil Balkon. Mit Ristorante. DZ mit Frühstück ca. 75–90 €. Via Monsignor Melas 14, ✆ 0784/38678, ✆ 32005, www.grillohotel.it.
B & B Casa Solotti (1), an der Auffahrt zum Monte Ortobene (beschildert), 2000 qm Garten, große Veranda und herrlicher Blick. DZ ca. 50–60 €. ✆ 0784/33954, www.casasolotti.it.

• *Essen & Trinken* **Antica Trattoria Il Rifugio (4)**, im sardischen Stil gemütlich aufgemacht, traditionelle Barbagiaküche und Pizza aus dem holzbefeuerten Ofen. Mi geschl. Via Antonio Mereu 34, ✆ 0784/232355.

Su Nugoresu (2), am oberen Ende des Corso Garibaldi. Man sitzt hübsch in einer Loggia mit Blick auf die palmenbestandene Piazza. Sardisch-nuoresische Küche, auch Pizza. So geschl. Piazza San Giovanni, ✆ 0784/258017.

Nördlich von Nuoro

Su Tempiesu, der einzige nuraghische Brunnentempel Sardiniens, dessen oberirdische Abdeckung noch erhalten ist, liegt in einem Taleinschnitt etwa 5 km östlich vom Ort *Orune*. In etwa 15 Min. steigt man auf einer Art botanischem Lehrpfad (Pflanzen spärlich beschriftet) hinunter zu der dekorativen Anlage. Die nach oben spitz zulaufenden Seitenwände aus Trachytblöcken treffen sich in einem Dreiecksgiebel, der Vorraum wird von Rundbögen elegant überdacht. Der Eingang zur Brunnenkammer ist klein, symbolische Treppenstufen führen hinunter in den meist vollständig unter Wasser stehenden Raum.

Das große Brunnenheiligtum *Su Romanzesu* mit nuraghischem Dorf liegt 8,5 km nördlich von Bitti. Inmitten einer pittoresken Kulisse aus flechtenbewachsenen Bäumen, Blumen, Disteln und hohen Gräsern erstreckt sich die weitläufige Anlage in einem schattigen Korkeichenhain.

Der große Bergort *Pattada* liegt noch ein Stück weiter nördlich. Schon bei einem kurzen Bummel entlang der Hauptstraße fallen einem die vielen Messerwerkstätten auf – „Sa Resolza Pattadesa", die qualitativ äußerst hochwertigen Hirtenmesser aus Pattada, sind mittlerweile international bekannt und überall auf der Insel zu haben. Die Messerschmiede, „frailalzos" genannt, freuen sich über Interesse an ihrer Arbeit, gerne kann man ihnen ein wenig zusehen.

• *Öffnungszeiten/Eintritt* **Su Tempiesu**, im Sommer tägl. 9 Uhr bis Sonnenuntergang, im Winter 9–17 Uhr, Eintritt ca. 2 €.
Su Romanzesu, April bis Sept. Mo–Sa 9–13, 15–19, So 9.30–13, 14.30–19 Uhr. Führungen etwa stündl., Eintritt ca. 3,10 €, zusammen mit Museum in Bitti 3,60 €.

• *Übernachten/Essen & Trinken* ****** Su Lithu**, geschmackvoll gestaltetes Haus oberhalb von Bitti. Elegantes Interieur, unten großes Ristorante, draußen Sonnenterrasse und Pool. DZ mit Frühstück ca. 110–160 €, HP ca. 70–95 € pro Pers. ✆ 0784/413012, 413205, www.sulithu.it.

*** La Pineta, schöne, baumreiche Lage oberhalb von Pattada, 28 Zimmer, Restaurant und Garten. DZ mit Frühstück ca. 70–80 €. Via La Pineta, ✆/≋ 079/755140.

Oliena
ca. 7.600 Einwohner

Das große Bergdorf liegt am Fuß des Supramonte. Auf steiler Straße ist im Steineichenwald oberhalb vom Ort die „Cooperativa Turistica Enis" zu erreichen, wo man ein Zimmer bekommt und auch gut essen kann – ideal zum Relaxen, für Bergwanderungen etc.

Etwa 8 km östlich von Oliena entspringt *Su Gologone*, die stärkste Quelle der Insel. Ein schimmernd grüner, unergründlich tiefer Teich weitet sich zu einem Flusslauf, mächtige Eukalyptusbäume, Pappeln, Oleander und Schilf bilden eine erfrischend grüne Oase.

• *Übernachten* ****** Su Gologone**, in der Nähe der gleichnamigen Quelle. Das beliebte Hotel ist mit sardischem Kunsthandwerk dekorativ eingerichtet, im Umkreis erstrecken sich saftige Rasenflächen mit Swimmingpool und wunderbarem Blick in die Berge. Reichhaltiges Angebot an Veranstaltungen und Ausflügen. DZ mit Frühstück ca. 160–230 €, HP ca. 100–130 € pro Pers. Auch das Essen im Su Gologone ist ein Genuss: knuspriges *porcheddu* über offenem Feuer gebraten, hausgemachte *ravioli*, die zahlreichen Antipasti werden in Holzschalen und auf Schiebern serviert. Fürs Menü zahlt man ca. 40–50 €. ✆ 0784/287512, ≋ 287668, www.sugologone.it.

*** Monte Maccione (Coop. Turistica Enis), siebzehn 1-, 2-, 3- und 4-Bett-Zimmer mit Bad sowie ein 10-Bett-Zimmer, z. T. mit wundervollem Blick über das Tal. DZ mit Frühstück ca. 60–75 €. Außerdem kann man in unebenen Steineichenwald vor dem Haus sein Zelt aufschlagen. Speisesaal mit Terrasse im ersten Stock, serviert wird gute innersardische Küche, im Untergeschoss Bar mit großer Panoramaterrasse. ✆ 0784/288363, ≋ 288473, www.coopenis.it.

B & B Santa Maria, zentrale Lage an der gleichnamigen Piazza, Zimmer mit sardischem Mobiliar, jeweils Klimaanlage und Bad, tolle Dachterrasse. DZ mit Frühstück 50–60 €. ✆ 0784/287278, ≋ 287278, www.bbsantamaria.it.

B & B Sa Tappa, ca. 100 m von der Piazza Santa Maria entfernt, nettes Haus mit Panoramablick auf Monte Ortobene und Monte Corrasi, geführt von einer jungen Familie. DZ mit Frühstück ca. 42–52 €. Via Nuoro 40, ✆ 0784/287419, ≋ 287419, www.satappa.com.

• *Essen & Trinken* **Sa Corte**, geschmackvoll gestaltetes Haus im mediterranen Stil, umgeben von einem schönen Garten. Man isst gut und der Service ist freundlich. Via Nuoro, ✆ 0784/285313.

Ristorantino Masiloghi, etwas außerhalb vom Zentrum an der Straße zur Quelle Su Gologone. In griechisch anmutendem Blau-Weiß gehalten, schöne Plätze auf der Veranda, ausgezeichnetes Essen mit lokalen Produkten. Via Galiani 68, ✆ 0784/285696.

Orgosolo

ca. 4.600 Einwohner

Zahlreiche Hausfassaden des ehemaligen „Banditennests" sind mit wuchtigen Farbgemälden bepinselt – eindrucksvolle politische Manifeste, die mit elementarer Ausdruckskraft den italienischen Staat anklagen (Ausbeutung Sardiniens, Unterdrückung der Autonomie), aber auch internationale Konflikte thematisieren: von Protesten gegen Vietnamkrieg und die Militärdiktatur Pinochets bis hin zum Irakkrieg.

Die „Banditen von Orgosolo" haben ihre Wurzeln in den verantwortungslosen Landgesetzen der festländischen Besetzer im 19. Jh. Diese beraubten den größten Teil der sardischen Hirten ihrer Existenzgrundlage: Das traditionell freie Weideland wurde eingezäunt und fortan mussten hohe Abgaben für die Benutzung gezahlt werden. Viele konnten die immensen Summen an die Großgrundbesitzer nicht aufbringen und gingen als Banditen in die Macchia. Einige von ihnen sind noch heute in ganz Sardinien berühmt und auch geachtet.

• *Übernachten* ** **Sa 'e Jana**, im Neubauviertel nördlich vom Zentrum. Viel Platz auf mehreren Stockwerken, teils geräumige Arkadenbalkons mit herrlichem Blick auf den Supramonte. Im Ristorante gute Barbagia-Küche. DZ mit Frühstück ca. 58 €. Via Emilio Lussu, 0784/402437, 401247, http://web.tiscali.it/saejana.

* **Petit Hotel**, im Zentrum unterhalb der Hauptstraße. Einfaches Haus, Zimmer unterschiedlich groß, teilweise mit Balkon, ordentliches Ristorante. DZ mit Bad und Frühstück ca. 46–50 €. Via Mannu 1, 0784/402009 o. 401070, 403010, mar.or@tiscali.it.

Cultura e Ambiente Orgosolo, Restaurant, Exkursionszentrum und Camping auf der Hochebene Pratobello oberhalb von Orgosolo. Der kleine Zeltplatz liegt herrlich ruhig, leider ist kaum ein ebenes Plätzchen zu finden. Auch Zimmer werden vermietet. 0784/401015, 402535, www.supramonte.net.

Su Nuraxi: Größte Nuraghenburg Sardiniens

Die massive Trutzburg liegt ca. 1 km außerhalb vom kleinen Ort *Barumini* in der südlichen Inselmitte. Auf einer niedrigen Anhöhe thront der Kegelstumpf aus schweren Basaltblöcken. Angeschmiegt im Schutz der Festung liegen die verschachtelten Mauerreste von etwa 150 Rundhütten. Ältester Teil ist der Mittelturm, der um die Mitte des 2. Jt. v. Chr. errichtet wurde. Nach und nach wurde die Anlage dann mit Mauerringen und weiteren Türmen verstärkt und zur kompakten Festung umgebaut. Seit 1997 steht sie unter dem Schutz der UNESCO – das einzige Monument Sardiniens, das dem „Weltkulturerbe der Menschheit" zugerechnet wird.

• *Öffnungszeiten/Eintritt* tägl. 9–19 Uhr. Besichtigung nur mit Führung (etwa alle halbe Stunde) in Italienisch, manchmal Englisch; Eintritt ca. 4,20 €, 6–17 J. die Hälfte.

• *Anfahrt/Verbindungen* Täglich etwa 3 Busse Isili–Barumini–Sanluri. Letzteres liegt an der FS-Bahnlinie Oristano–Cagliari.

• *Übernachten/Essen & Trinken* *** **Su Nuraxi**, modernes Hotel schräg gegenüber von Su Nuraxi, zehn Zimmer mit TV und Klimaanlage, gutes Restaurant. DZ mit Frühstück ca. 90–110 €. 070/9368305, www.hotelsunuraxi.it.

Etwas Italienisch

Aussprache (Hier nur die Abweichungen von der deutschen Aussprache)

- **c:** vor e und i immer *"tsch"* wie in *rutschen*, z. B. *centro* (Zentrum) = *"tschentro"*. Sonst wie *"k"*, z. B. *cannelloni* = *"kannelloni"*.
- **cc:** gleiche Aussracheregeln wie beim einfachen **c**, nur betonter: *faccio* (ich mache) = *"fatscho"*; *boccone* (Imbiss) = *"bokkone"*.
- **ch:** wie *"k"*, *chiuso* (geschlossen) = *"kiuso"*.
- **cch:** immer wie ein hartes *"k"*, *spicchio* (Scheibe) = *"spikkio"*.
- **g:** vor e und i *"dsch"* wie in *Django*, vor a, o, u als *"g"* wie in *gehen*; wenn es trotz eines nachfolgenden dunklen Vokals als *"dsch"* gesprochen werden soll, wird ein i eingefügt, das nicht mitgesprochen wird, z. B. in *Giacomo* = *"Dschakomo"*.
- **gh:** immer als *"g"* gesprochen.
- **gi:** wie in *giorno* (Tag) = *"dschorno"*, immer weich gesprochen.
- **gl:** wird zu einem Laut, der wie *"lj"* klingt, z. B. in *moglie* (Ehefrau) = *"mollje"*.
- **gn:** ein Laut, der hinten in der Kehle produziert wird, z. B. in *bagno* (Bad) = *"bannjo"*.
- **h:** wird am Wortanfang nicht mitgesprochen, z. B. *hanno* (sie haben) = *"anno"*. Sonst nur als Hilfszeichen verwendet, um c und g vor den Konsonanten i und e hart auszusprechen.
- **qu:** im Gegensatz zum Deutschen ist das u mitzusprechen, z. B. *acqua* (Wasser) = *"akua"* oder *quando* (wann) = *"kuando"*.
- **r:** wird kräftig gerollt!
- **rr:** wird noch kräftiger gerollt!
- **sp** und **st:** gut norddeutsch zu sprechen, z. B. *specchio* (Spiegel) = *"s-pekkio"* (nicht *schpekkio*), *stella* (Stern) = *"s-tella"* (nicht *"schtella"*).
- **v:** wie *"w"*.
- **z:** immer weich sprechen wie in *Sahne*, z. B. *zucchero* (Zucker) = *"sukkero"*.

Elementares

Frau …	*Signora*
Herr ...	*Signor(e)*
Guten Tag	*Buon giorno*
Guten Abend (ab nachmittags!)	*Buona sera*
Gute Nacht	*Buona notte*
Auf Wiedersehen	*Arrivederci*
Hallo/Tschüss	*Ciao*
Wie geht es Ihnen?	*Come sta?*
Wie geht es dir?	*Come stai?*
Danke, gut.	*Molto bene, grazie*
Danke!	*Grazie*
Entschuldigen Sie	*(Mi) scusi*
Entschuldige	*Scusami/Scusa*
Entschuldigung, können Sie mir sagen...?	*Scusi, sa dirmi...?*
ja	*si*
nein	*no*
Tut mir leid	*Mi dispiace*
Macht nichts	*Non fa niente*
Bitte! *(gern geschehen)*	*Prego!*
Bitte (als Einleitung zu einer Frage oder Bestellung)	*Per favore...*
Sprechen Sie Englisch/Deutsch?	*Parla inglese/tedescso?*
Ich spreche kein Italienisch	*Non parlo l'italiano*
Ich verstehe nichts	*Non capisco niente*
Könnten Sie langsamer sprechen?	*Puo parlare un po` più lentamente?*
Ich suche nach...	*Cerco...*
Okay, geht in Ordnung	*va bene*
Ich möchte	*Vorrei*
Warte/Warten Sie!	*Aspetta/Aspetti!*
groß/klein	*grande/piccolo*
Geld	*i soldi*
Ich brauche ...	*Ho bisogno ...*
Ich muss ...	*Devo ...*
in Ordnung	*d'accordo*
Ist es möglich, dass ...	*È possibile ...*
mit/ohne	*con/senza*
offen/geschlossen	*aperto/chiuso*
Toilette	*bagno*
verboten	*vietato*
Wie heißt das?	*Come si dice?*
Bezahlen, bitte	*Il Conto, per favore*

Fragen

Gibt es/Haben Sie...?	*C'è ...?*	Wo? Wo ist?	*Dove?/ Dov'è?*
Was kostet das?	*Quanto costa?*	Wie?/Wie bitte?	*Come?*
Gibt es (mehrere)	*Ci sono?*	Wieviel?	*Quanto?*
Wann?	*Quando?*	Warum?	*Perché?*

Smalltalk

Ich heiße ...	*Mi chiamo ...*
Wie heißt du?	*Come ti chiami?*
Wie alt bist du?	*Quanti anni hai?*
Das ist aber schön hier	*Meraviglioso!/Che bello!/Bellissimo!*
Von woher kommst du?	*Di dove sei tu?*
Ich bin aus München/Hamburg	*Sono di Monaco, Baviera/di Amburgo*
Bis später	*A più tardi!*

Orientierung

Wo ist bitte...?	*Per favore, dov'è..?*
... die Bushaltestelle	*...la fermata*
... der Bahnhof	*...la stazione*
Stadtplan	*la pianta della città*
rechts	*a destra*
links	*a sinistra*
immer geradeaus	*sempre diritto*
Können Sie mir den Weg nach ... zeigen?	*Sa indicarmi la direzione per..?*
Ist es weit?	*È lontano?*
Nein, es ist nah	*No, è vicino*

Bus/Zug

Fahrkarte	*un biglietto*	... der letzte?	*...l'ultimo?*
Stadtbus	*il bus*	Abfahrt	*partenza*
Überlandbus	*il pullman*	Ankunft	*arrivo*
Zug	*il treno*	Gleis	*binario*
hin und zurück	*andata e ritorno*	Verspätung	*ritardo*
Ein Ticket von X nach Y	*un biglietto da X a Y*	aussteigen	*scendere*
		Ausgang	*uscita*
Wann fährt der nächste?	*Quando parte il prossimo?*	Eingang	*entrata*

Auto/Motorrad

Auto	*macchina*	Reifen	*le gomme*
Motorrad	*la moto*	Kupplung	*la frizione*
Tankstelle	*distributore*	Lichtmaschine	*la dinamo*
Volltanken	*il pieno, per favore*	Zündung	*l'accensione*
Bleifrei	*benzina senza piombo*	Vergaser	*il carburatore*
Diesel	*gasolio*	Mechaniker	*il meccanico*
Panne	*guasto*	Werkstatt	*l'officina*
Unfall	*un incidente*	funktioniert nicht	*non funziona*
Bremsen	*i freni*		

Bank/Post/Telefon

Wo ist eine Bank?	*Dove c'è una banca*	Briefkasten	*la buca (delle lettere)*
Postamt	*posta/ufficio postale*	Briefmarken	*i francobolli*
Postkarte	*cartolina*	Wo ist das Telefon?	*Dov' è il telefono?*
Brief	*lettera*		

Hotel/Camping

Haben Sie ein Einzel/Doppelzimmer?	*C'è una camera singola/doppia?*
Können Sie mir ein Zimmer zeigen?	*Può mostrarmi una camera?*
Ich nehme es/wir nehmen es	*La prendo/la prendiamo*
Zelt/ kleines Zelt	*tenda/canadese*
Schatten	*ombra*
mit Dusche/Bad	*con doccia/ bagno*
ein ruhiges Zimmer	*una camera tranquilla*
Wir haben reserviert	*Abbiamo prenotato*
Schlüssel	*la chiave*
Vollpension	*pensione completa*
Halbpension	*mezza pensione*
Frühstück	*prima colazione*
Hochsaison	*alta stagione*
Nebensaison	*bassa stagione*

Zahlen

0	*zero*	13	*tredici*	60	*sessanta*
1	*uno*	14	*quattordici*	70	*settanta*
2	*due*	15	*quindici*	80	*ottanta*
3	*tre*	16	*sedici*	90	*novanta*
4	*quattro*	17	*diciassette*	100	*cento*
5	*cinque*	18	*diciotto*	101	*centuno*
6	*sei*	19	*diciannove*	102	*centodue*
7	*sette*	20	*venti*	200	*duecento*
8	*otto*	21	*ventuno*	1.000	*mille*
9	*nove*	22	*ventidue*	2.000	*duemila*
10	*dieci*	30	*trenta*	100.000	*centomila*
11	*undici*	40	*quaranta*	1.000 000	*un milione*
12	*dodici*	50	*cinquanta*		

Uhr & Kalender

Uhrzeit

Wie spät ist es?	*Che ore sono?*
mittags	*mezzogiorno* (für 12 Uhr gebräuchlich)
Mitternacht	*mezzanotte*
Viertel nach	*... e un quarto*
Viertel vor	*... meno un quarto*
halbe Stunde	*mezz'ora*

Wochentage

Montag	*lunedì*
Dienstag	*martedì*
Mittwoch	*mercoledì*
Donnerstag	*giovedì*
Freitag	*venerdì*
Samstag	*sabato*
Sonntag	*domenica*

Tage/Monate/Jahreszeit

Tag	*giorno*
Woche	*settimana*
Monat	*mese*
Jahr	*anno*
Frühling	*primavera*
Sommer	*estate*
Herbst	*autunno*
Winter	*inverno*

Monate

Januar	*gennaio*
Februar	*febbraio*
März	*marzo*
April	*aprile*
Mai	*maggio*
Juni	*giugno*
Juli	*luglio*
August	*agosto*

September	*settembre*	gestern	*ieri*
Oktober	*ottobre*	vorgestern	*l'altro ieri*
November	*novembre*	sofort	*subito*
Dezember	*dicembre*	später	*più tardi*
		jetzt	*adesso*
		der Morgen	*la mattina*

Gestern, heute, morgen ...

heute	*oggi*	der Nachmittag	*il pomeriggio*
morgen	*domani*	der Abend	*la sera*
übermorgen	*dopodomani*	die Nacht	*la notte*

Arzt/Krankenhaus

Ich brauche einen Arzt	*Ho bisogno di un medico*	Fieber	*febbre*
Erste Hilfe	*pronto soccorso*	Durchfall	*diarrea*
Krankenhaus	*ospedale*	Erkältung	*raffreddore*
Schmerzen	*dolori*	Halsschmerzen	*mal di gola*
Ich bin krank	*Sono malato*	Magenschmerzen	*mal di stomaco*
Biss/Stich	*puntura*	Zahnschmerzen	*mal di denti*
		Zahnarzt	*dentista*

Restaurant

Haben Sie einen Tisch für x Personen?	*C'è un tavolo per x persone?*	Wein	*vino*
Ich möchte zahlen	*Il conto, per favore*	weiß	*bianco*
Gabel	*forchetta*	rosé	*rosato*
Messer	*coltello*	rot	*rosso*
Löffel	*cucchiaio*	Bier	*birra*
Aschenbecher	*portacenere*	hell/dunkel	*chiara/scura*
Mittagessen	*pranzo*	Saft	*succo di ...*
Abendessen	*cena*	Milch	*latte*
Eine Quittung, bitte	*Vorrei la ricevuta, per favore*	heiß	*caldo*
		kalt	*freddo*
Es war sehr gut	*Era buonissimo*	(einen) Kaffee	*un caffè*
Trinkgeld	*mancia*	(das bedeutet Espresso)	
Extra-Preis für Gedeck, Service und Brot	*coperto/ pane e servizio*	(einen) Cappuccino	*un cappuccino*
Vorspeise	*antipasto*	(mit aufgeschäumter Milch, niemals mit Sahne!)	
erster Gang	*primo piatto*	(einen) Kaffee mit wenig Milch	*un latte macchiato*
zweiter Gang	*secondo piatto*		
Beilagen	*contorni*	(einen) Eiskaffee	*un caffè freddo*
Nachspeise (Süßes)	*dessert*	(einen) Tee	*un tè*
Käse	*formaggio*	mit Zitrone	*con limone*
		Cola	*coca*

Getränke

Wasser	*acqua*	Milkshake	*frappè*
Mineralwasser	*acqua minerale*	(ein) Glas	*un bicchiere di ...*
mit Kohlensäure	*con gas (frizzante)*	(eine) Flasche	*una bottiglia*
ohne Kohlensäure	*senza gas*		

Alimentari/Diversi – Lebensmittel, Verschiedenes

aceto	Essig	*olio*	Öl
brodo	Brühe	*olive*	Oliven
burro	Butter	*pane*	Brot
marmellata	Marmelade	*panino*	Brötchen
minestra/zuppa	Suppe	*l'uovo/le uova*	Ei/Eier
minestrone	Gemüsesuppe	*zucchero*	Zucker

Erbe – Gewürze

aglio	Knoblauch	*prezzemolo*	Petersilie
alloro	Lorbeer	*sale*	Salz
capperi	Kapern	*salvia*	Salbei
pepe	Pfeffer	*senape*	Senf
peperoni	Paprika	*timo*	Thymian

Preparazione – Zubereitung

affumicato	geräuchert	*cotto*	gekocht
ai ferri	gegrillt	*duro*	hart/zäh
al forno	überbacken	*fresco*	frisch
con panna	mit Sahne	*fritto*	frittiert
alla pizzaiola	Tomaten/Knoblauch	*grasso*	fett
allo spiedo	am Spieß	*in umido*	im Saft geschmort
al pomodoro	mit Tomatensauce	*lesso*	gekocht/gedünstet
arrosto	gebraten/geröstet	*morbido*	weich
bollito	gekocht/gedünstet	*piccante*	scharf
alla casalinga	hausgemacht	*tenero*	zart

Contorni – Beilagen

asparago	Spargel	*finocchio*	Fenchel
broccoletti	wilder Blumenkohl	*insalata*	allg. Salat
carciofo	Artischocke	*lattuga*	Kopfsalat
carote	Karotten	*lenticchie*	Linsen
cavolfiore	Blumenkohl	*melanzane*	Auberginen
cavolo	Kohl	*patate*	Kartoffeln
cetriolo	Gurke	*piselli*	Erbsen
cicoria	Chicoree	*polenta*	Maisbrei
cipolla	Zwiebel	*pomodori*	Tomaten
fagiolini	grüne Bohnen	*riso*	Reis
fagioli	Bohnen	*spinaci*	Spinat
funghi	Pilze	*zucchini*	Zucchini

Pasta – Nudeln

cannelloni	gefüllte Teigrollen	*penne*	Röhrennudeln
farfalle	Schleifchen	*tagliatelle*	Bandnudeln
fettuccine	Bandnudeln	*tortellini*	gefüllte Teigtaschen
fiselli	kleine Nudeln	*tortelloni*	große Tortellini
lasagne	Schicht-Nudeln	*vermicelli*	Fadennudeln
maccheroni	Makkaroni	*gnocchi*	(Kartoffel-) Klößchen
pasta	allg. Nudeln		

Pesce e frutti di mare – Fisch & Meeresgetier

aragosta	Languste	*polpo*	Krake
aringhe	Heringe	*razza*	Rochen
baccalà	Stockfisch	*salmone*	Lachs
calamari	Tintenfische	*sardine*	Sardinen
cozze	Miesmuscheln	*seppia/totano*	großer Tintenfisch
gamberi	Garnelen	*sgombro*	Makrele
merluzzo	Schellfisch	*sogliola*	Seezunge
muggine	Meeräsche	*tonno*	Thunfisch
nasello	Seehecht	*triglia*	Barbe
orata	Goldbrasse	*trota*	Forelle
pesce spada	Schwertfisch	*vongole*	Muscheln

Carne – Fleisch

agnello	Lamm	*lombatina*	Lendenstück
anatra	Ente	*maiale*	Schwein
bistecca	Beafsteak	*maialetto*	Ferkel
cinghiale	Wildschwein	*manzo*	Rind
coniglio	Kaninchen	*pollo*	Huhn
fagiano	Fasan	*polpette*	Fleischklöße
fegato	Leber	*trippa*	Kutteln
lepre	Hase	*vitello*	Kalb

Frutta – Obst

albicocca	Aprikose	*lamponi*	Himbeeren
ananas	Ananas	*limone*	Zitrone
arancia	Orange	*mandarino*	Mandarine
banana	Banane	*mela*	Apfel
ciliegia	Kirsche	*melone*	Honigmelone
cocomero	Wassermelone	*pera*	Birne
dattero	Dattel	*pesca*	Pfirsich
fichi	Feigen	*pompelmo*	Grapefruit
fragole	Erdbeeren	*uva*	Weintrauben

CASA FERIA
Land- und Ferienhäuser

ALGARVE · DODEKANES · KANAREN · KRETA · SARDINIEN · SIZILIEN · TOSCANA · UMBRIEN

Nette Unterkünfte bei netten Leuten

CASA FERIA die Ferienhausvermittlung von Michael Müller

Im Programm sind ausschließlich persönlich ausgewählte Unterkünfte abseits der großen Touristenzentren. Ideale Standorte für Wanderungen, Strandausflüge und Kulturtrips. Einfach www.casa-feria.de anwählen, Unterkunft anschauen, Unterkunft auswählen, Unterkunft buchen.

Casa Feria wünscht *Schöne Ferien*

www.casa-feria.de

Fotonachweis

Sabine Becht: 49, 91, 102, 369, 373, 379, 391, 395, 402, 404, 409, 415, 419, 422, 427, 431, 433, 437, 439, 499, 502, 504, 517, 527, 530, 532, 537, 540, 542, 544, 551, 558, 567, 569, 664, 669, 673, 675, 677, 726, 729, 736, 756, 762

ENIT München: 229

Eberhard Fohrer: 12, 13, 15, 18, 21, 23, 25, 26, 27, 30, 32, 63, 80, 89, 95, 97, 98, 103, 109, 116, 117, 119, 127, 130, 132, 136, 152, 159, 161, 164, 169, 177, 183, 185, 193, 197, 201, 202, 217, 219, 221, 233, 238, 245, 250, 257, 261, 263, 271, 272, 274, 283, 286, 289, 293, 298, 305, 309, 317, 325, 333, 335, 336, 345, 349, 355, 357, 359, 362, 461, 467, 475, 485, 493, 495, 593, 647, 808, 810, 822, 829, 837, 872, 881, 889, 892, 901, 903, 909, 968, 1044, 1053, 1064, 1073, 1079

Ghilardi: 603

Caroline Goltz: 107

Hagen Hemmie: 722, 771, 774, 787, 795, 802, 806

Annette Krus-Bonazza: 916, 925, 930, 934, 940, 949, 959, 964

Michael Müller: 75, 77, 79, 88, 91, 92, 105, 112, 115, 572, 587, 595, 597, 599, 627, 631, 638, 653, 654, 663

Jan Negelen: 41, 45, 121

Regione Abruzzo: 111

Marcus X. Schmid: 612, 635

Thomas Schröder: 31, 36, 66, 69, 101, 973, 977, 984, 989, 993, 997, 1004, 1011, 1017, 1019, 1025, 1029, 1034, 1035, 1039, 1041, 1042

Sven Talaron: 14, 16, 364, 383, 389, 544, 563, 565

Giorgio J. Wolfensberger: 680, 689, 690, 693, 706, 710

Farbseiten:
Sabine Becht **(SB)**, Eberhard Fohrer **(EF)**, Fototeca E.P.T. Salerno **(FES)**, Michael Müller **(MM)**, Thomas Schröder **(TS)**, Sven Talaron **(ST)**, Klaus Vogt **(K V)**, Giorgio J. Wolfensberger **(GW)**

Register

Abano Terme 199
Abbadia San Salvatore 636
Abruzzen 544
Abtei von Casamari 795
Abtei von Fossanova 803
Abtei von Montecassino 796
Acaia 846
Acciaroli 912
Aceto balsamico 447
ACI, ital. Automobilclub 33
Acquacalda 1040
Adenauer, Konrad 319
Agrigento 998
Agrippina 44
Agriturismo 125
Agropoli 911
Aiello del Friuli 253
Aieta 939
Aistulf 47
Alassio 422
Alatri 795
Alba 387
Alba Adriatica 545
Alba Fucens 565
Albe 565
Albenga 421
Alberese 659
Alberobello 837
Alberti, Leon Battista 81
Albisola 417
Albornoz, Gil Alvarez 51
Aldein 153
Alema, Massimo d' 73
Alexander VI. 52
Alézio 853
Alghero 1060
Aliano 923

Alimini Grande (See/Otranto) 849
Alimini Piccolo (See/Otranto) 849
Altamura 835
Altilia 570
Altomonte 932
Alvaro, Corrado 936
Amalfi 903
Amalfi-Küste (Costiera Amalfitana) 898
Amantea 942
Amarone 178
Amato, Giuliano 73
Ameglia 444
Amendolara 965
Anacapri 893
Anagni 794
Anchiano 601
Ancona 525
Andreotti, Giulio 72, 74
Andria 830
Angelico, Fra 83
Angera 328
Angheluj Ruju, Nekropole 1063
Anghiari 613
Anguillara Sabázia 792
Anguillara, Adelsgeschlecht 792
Anreise 18
 mit dem Bus 31
 mit dem Fahrrad 29
 mit dem Flugzeug 27
 mit der Bahn 25
Anreiserouten 19
Ansedonia 662
Ansiei, Fluss 189
Antelami, Benedetto 77
Antignano 650
Antonius, heiliger 198

Äolische Inseln 953
Aosta 396
Aosta, Herzog von 254
Aostatal (Valle d'Aosta) 364
Apotheken 95
Apuanische Riviera 639
Apulien 810
Aquileia 256
Ara Pacis (Friedensaltar) 761
Arbatax 1080
Arcimboldo, Giuseppe 89
Arenzano 417
Aretino, Pietro 81
Arezzo 608
Argegno 321
Ariosto, Ludovico 81
Arona 334
Arquà Petrarca 199
Arta Terme 240
Arte Povera 93
Arzachena 1051
Ärztliche Versorgung 94
Ascea 912
Ascoli Piceno 538
Ásolo 187
Aspromonte 935
Assisi 699
Asti 384
Atrani 904
Atri 550
Augustinus 348
Augustus (Octavian) 44, 728
Auronzo di Cadore 189
Autobahnen 34
AutoZüge 19
Avezzano 564

Bàcari (Weinschenken) 212
Bacoli 876

Badalucco 426
Baden 95
Badesi Mare 1055
Badia a Coltibuono 619
Badoglio, Pietro 69
Bagnaia (Elba) 671
Bagnaia 789
Bagni 450
Bagni di Lucca 607
Bagni San Filippo 636
Bagno Vignoni 635
Bahnfahren 37
Bakunin, Michail 64
Balzi Rossi, Felswand 429
Barbagia 1082
Barbana, Insel 260
Barbaresco 388
Barbarossa, Friedrich 354
Bárcola 262
Bardolino 290
Bardonecchia 383
Bari 830
Barisardo/Torre di Bari 1080
Barletta 826
Barock 90, 730
Barolo 388
Barrea 567
Bartolomeo, Fra 87
Barumini 1085
Basilica di Superga, Kirche 381
Basilikata 916
Bassano del Grappa 185
Baveno 332
Beato Angelico 83
Beauharnais, Eugène de 57
Beccafumi, Domenico 88
Belisar 47
Bellagio 316
Bellano 314

1094 Register B/C

Bellini, Giovanni 85
Bellini, Jacopo 85
Belluno 190
Benedikt (Heiliger) 710
Benevento 894
Benso di Cavour, Camillo 388
Benzinpreise, Italien 33
Berceto 457
Bergamo 305
Berlinguer, Enrico 71
Berlusconi, Silvio 72, 73, 74
Bernini, Gianlorenzo 90, 730
Bertinotti, Fausto 73
Bibione 234
Biella 394
Bier 108
Birreria 101
Bismarck, Otto von 65
Bitonto 835
Bletterbachschlucht 153
Blücher, Gebhard Leberecht 57
Boario Terme 305
Bobbio 450
Bocca di Magra 444
Boccaccio, Giovanni 81
Bolgheri 652
Bollito misto 447
Bologna 467
Bolsena 783
Bomarzo 789
Bonaparte, Caroline 57
Bonaparte, Elisa 57
Bonaparte, Joseph 57
Bonaparte, Marie-Louise 58
Bonaparte, Pauline 57
Bonassola 435
Bordano 244

Bordiga, Amadeo 67
Bordighera 426
Borghetto di Valeggio sul Mincio 295
Borgia, Cesare 52
Borgia, Lucrezia 52
Borgio Verezzi 421
Borgo Grotta Gigante 272
Borromeo, Geschlecht 333
Borromini, Francesco 91, 730
Bosa 1064
Bosa Marina 1064
Bosco della Mesola, Wald 480
Boscoreale 884
Bossi, Umberto 72, 73
Botticelli, Sandro 84
Bozen (Bolzano) 146
Bracciano 791
Breil-sur-Roya, Frankreich 390
Brescello 455
Brescia 299
Briatico 945
Brindisi 841
Brixen (Bressanone) 137
Bronte 980
Brunate 325
Bruneck (Brunico) 138
Brunelleschi, Filippo 81
Bruno, Giordano 730
Budoni 1077
Buggeru 1070
Burano, Insel 230
Burckhardt, Jacob 726
Burri, Alberto 93, 682
Bussana 426

Bussana Vecchia 426
Busseto 456
Bußgelder 34

Cabras 1068
Cadenabbia 319
Cagliari 1072
Cagliostro, Graf 508
Calascibetta 1032
Calceranica al Lago 162
Calenella (Bucht/Gargano) 817
Caligula 44, 728
Caltanissetta-Xirbi 1031
Camaldoli 614
Camerota 913
Caminia 958
Camogli 430
Campari 108, 276, 344
Campese 661
Campi Flegrei (Phlegräische Felder) 875
Campiglia Marittima 653
Camping 126
Campione del Garda 282
Campione d'Italia 325
Campo Imperatore, Ebene 563
Canazei 152
Canelli 386
Canne della Battaglia 827
Cannero Riviera 330
Canneto 1039
Cannobio 330
Canossa 457
Canova, Antonio 92, 187
Cáorle 232
Capalbio 663
Capitello 913
Capo Calavà 1029
Capo Colonna 961

Capo di Milazzo 1031
Capo d'Orlando 1028
Capoliveri 674
Capo Mele, Landzunge 423
Capo Passero 985
Capo Sant'Ampelio 427
Capo Spartivento 953
Capo Testa, Halbinsel 1055
Capo Vaticano/Ricadi 948
Capodimonte 785
Capraia 678
Caprara, Tremiti-Inseln 824
Caprarola 790
Caprera, Insel 1053
Caprese Michelangelo 613
Capri, Insel 889
Capriate 311
Caracalla 728
Caramánico Terme 569
Caravaggio 91
Card Musei 412
Cardella, Lara 998
Carducci, Giosuè 652, 653, 652, 653
Carl Felice 59
Carlo Alberto 59, 60, 61
Carlo Levi 923
Carmine 330
Carpi 460
Carracci, Annibale 91
Carrara 639
Cartoceto 514
Carzano 304
Casale Marittimo 652
Casalzuigno 327
Casanova, Giacomo 222
Cäsar, Julius 43, 250

Register C/D

Cascata Varone, Wasserfall 281
Cascate delle Marmore 713
Caserta 893
Caserta Vecchia 894
Cassino 796
Castagnetto Carducci 653
Castel del Monte, Burg 829
Castel di Tusa 1028
Castel Gandolfo 798
Casteldelpiano 636
Castellabate 911
Castellamare di Stabia 884
Castellammare del Golfo 1008
Castellana Grotte 836
Castelli di Cannero, Inseln 331
Castellina in Chianti 615
Castello di Avio, Burg 161
Castello di Bard, Burg 395
Castello di Fenis, Burg 396
Castello di Monteriggioni 632
Castello di Rivoli, Schloss 382
Castello di Torrechiara, Burg 455
Castello di Verres, Burg 395
Castello d'Issogne, Burg 395
Castello Incantato 1002
Castelluccio, Hochebene um 711
Castelmezzo 508
Castelmola 977
Castelnuovo Don Bosco 386
Castelsardo 1056
Castelvetrano 1005
Castiglioncello 651
Castiglione della Pescaia 658
Castiglione del Lago 690
Castro 850
Castro Marina 850
Catania 980
Catanzaro 957
Cavallini, Pietro 79, 702
Cavour, Camillo Benso von 61, 63
Cavriglia 619
Cecina 652
Cefalù 1025
Celano 564
Celle Ligure 417
Cerisey 401
Ceri-Wettlauf 687
Cernobbio 321
Cerro 327
Certosa di Pavia, Kloster 356
Certosa di San Lorenzo, Kloster 914
Cerveteri 781
Cervia 487
Cervo 423
Cesana 383
Cesenatico 488
Cetara 906
Cherasco 388
Chiaiolella 885
Chianti-Gebiet 614
Chieti 553
Chioggia 235
Chirico, Giorgio de 93
Chiusi 634
Christenverfolgung 728
Cilento 911
Cimabue 79, 702
Cinque Terre 436
Cinzano 108
Ciociaria, Landschaft 793
Cirò 962
Città della Pieve 694
Cividale del Friuli 250
Città di Bagnoregio 784
Civitavecchia 780
Civitella Alfedena 567
Civitella del Tronto 546
Claudius 44
Claviere 383
Clemens VII. 720
Clitunno 706
Codex Purpureus Rossanensis 963
Cogne 401
Cogoleto 417
Col San Martino 192
Cólico 312
Colle di Tenda, Pass 390
Colle di Val d'Elsa 632
Colleoni, Bartolomeo 309
Colletta di Castelbianco 421
Colli Albani, Landschaft 797
Colli Euganei, Hügel 199
Colline Metallifere 656
Collio, Landschaft 253
Collodi 601
Collodi, Carlo 601
Colonnata 640
Columban, Heiliger 450
Comacchio 480
Como 321
Conca dei Marini 902
Concordia Sagittaria 234
Conegliano 192
Constantius I. 46
Copanello 958
Cormòns 251, 253
Corniglia 439
Corricella 885
Cortigliolo 1006
Cortina d'Ampezzo 188
Cortona 612
Corvara 141
Cosenza 929
Costa del Sud 1071
Costa Rei 1081
Costa Smeralda 1051
Costa Verde 1069
Costiera Amalfitana (= Amalfi-Küste) 898
Costigliole d'Asti 386
Courmayeur 400
Crassus 727
Craxi, Benito 65, 72
Cremona 358
Crete Senesi 633
Cristina, heilige 784
Crotone 960
Cuma 877
Cúneo 392
Curtatone 298

D'Annunzio, Gabriele 65, 66, 283, 551, 951
Dante Alighieri 49, 81, 174, 483
da Vinci, Leonardo 51, 86, 601
David, Jacques-Louis 56
d'Azeglio, Massimo 64
De Felice, Aurelio 713
Deiva Marina 435
Desenzano 294
Diamante/Cirella 940
Diano Marina 423
Diderot, Denis 55
Dietenheim (Teodone) 139
Dini, Lamberto 73
Diokletian 46, 728
Diplomatische Vertretungen 97

Disfida di Barletta 827
Dolceacqua 429
Domaso 318
Don Bosco, Giovanni 386
Don Camillo 455
Donatello 81
Donizetti, Gaetano 309
Dora Baltea, Fluss 393
Dora Riparia (Fluss) 383
Dorgali 1078
Doria Pamphilj Landi 757
Dozza 479
Drachenfliegen 117, 712
Duccio di Buoninsegna 78
Duino 260
Dunant, Henri 64, 295
Dürrensee (Lago di Landro) 140

Ec-Karte 110
Eggental (Valle d'Ega), Tal 152
Egnazia 839
Einkaufen 98
Eintrittspreise 99
Eis 106
Eisacktal (Valle Isarco), Tal 135
Elba 664
Elea 912
Eloro 996
Emilia-Romagna 446
Enna 1031
Eolische (Liparische) Inseln 1035
Eraclea Minoa 1001
Ercolano 878
Erdbeben 243
Eremo delle Carceri 703
Erice 1006
Essen und Trinken 99
Essig 105

Est Est Est (Wein) 785
Este, Geschlecht 200, 461
Etna 978
Etna-Nord 979
Etrusker 42, 778
Etruskische Kunst 75
Etruskische Riviera 649
EUR (Esposizione Universale Romana) 775
Exilles 383

Fabriano 523
Fabriano, Gentile da 82
Fabrikverkauf 99
Faenza 479
Fahrpläne 39
Fahrrad 117
Fahrradtransport 30
Fahrzeugdiebstahl 36
Falconara 997, 998
Falerna Marina 929
Fano 513
Fanzago, Cosimo 91
Farinata 406
Fasano 840
Fassa-Tal, Tal 152
Faustulus 727
Fayencen 479
Felszeichnungen, prähistorische 305
Ferdinand I., König beider Sizilien 58
Ferdinand II., König beider Sizilien 61
Ferdinand III. von Lothringen 58
Ferdinand IV. von Österreich-Este 58
Ferdinand, römisch-deutscher Kaiser 54
Ferentillo 712

Ferento 789
Ferienwohnungen 123
Feriolo 332
Fermo 536
Ferrara 461
Ferrari 460
Feste 108
Festspiele 109
Fiascherino 444
Ficogrande 1041
Fiesole 598
Finale 1026
Finale Ligure 419
Fini, Gianfranco 73
Fisch und Meeresgetier 103
Fiumefreddo di Sicilia 979
Fiumelatte 314
Fleischgerichte 103
Florenz 576
Flüge, inneritalienisch 39
Fo, Dario 74
Foce di Varano 816
Foggia 824
Foligno 705
Follonica 656
Fonte Cerreto 563
Foresta Umbra 824
Forio 888
Forlì 479
Formia 805
Forte Col de Bene, Festung 162
Forte Exilles 383
Fossacesia Marina 554
Fossoli 460
Fra Bevignate 697
Fra Elia 702
Petrarca, Francesco 81, 199, 610
Franco, Francisco 68
Franz I., französischer König 53, 54
Franz von Lothringen 55

Frascati 797
Frejus-Tunnel 383
Friaul-Julisch Venetien (Friuli-Venezia Giulia) 238
Friedrich I. (Barbarossa) 49
Friedrich II. 49
Frigole 846
Frühchristliche Kunst 76
Frühstück 102
Futurismus 93

Gabbice Mare 497, 508
Gabbice Monte 508
Gaeta 804
Galatina 846
Galilei, Galileo 54
Gallipoli 851
Garda 288
Gardone Riviera 282
Gargano 814
Gargnano 282
Garibaldi, Giuseppe 60, 62, 63, 730, 954
Gaspari, Alcide de 70
Gegenreformation 730
Gela 997
Geld 110
Geldautomaten 110
Gemmano 498
Gemona del Friuli 243
Genua 406
Genzano di Roma 799
Gepäckaufbewahrung 39
Gerace 955
Ghetto 226
Ghiberti, Lorenzo 81
Ghirlandaio, Domenico 84

Register G–J

Giachino da Fiore 934
Giardini Botanici Hanbury 429
Giardini Naxos 978
Giardino dei Tarocchi 662
Giarre 980
Giglio Castello 661
Giglio Porto 661
Ginostra 1041
Gioioso Marea 1029
Giolitti, Giovanni 67
Giordano Bruno 54, 762
Giorgione 89
Giotto, Ambrogio di Bondone 79, 196, 702
Giovanni da Fiesole, Fra 83
Giovinazzo 829
Giulianova 545
Giulino di Mezzegra 320
Glurns (Glorenza) 141
Go-Box 20
Goethe, Johann Wolfgang von 285, 286, 726, 758
Gola del Furlo 521
Gola del Sagittario, Schlucht 568
Golf 117
Golf von Castellammare 1007
Golfo dei Poeti, Bucht 442
Golfo di Baratti 654
Golfo di Gonnesa 1071
Gonzaga 296
Gorizia (Görz) 253
Gotik 77
Gozzoli, Benozzo 83, 698, 713
Grabtuch von Turin 376
Gradara 512
Gradisca d'Isonzo 254
Grado 258

Gradoli 786
Gramsci, Antonio 67
Gran Paradiso, Nationalpark 401
Gran Sasso d'Italia 562
Grappa 108
Gravina di San Marco (Schlucht/Apulien) 854
Gravina in Puglia 836
Gravina Principale (Schlucht/Apulien) 854
Grazzano Visconti 450
Gregor VII. 48
Greve in Chianti 615
Griechische Kunst 76
Grignano 261
Grinzane Cavour 388, 389
Grödner Joch (Passo di Gardena), Pass 141
Grödner Tal (Gherdeina, Val Gardena), Tal 140
Große Dolomitenstraße 152
Grosseto 658
Großglockner, Berg 22
Grotta Azzurra (Blaue Grotte/Capri) 893
Grotta del Romito 931
Grotta di Marmuri, Höhle 1081
Grotta di Nettuno, Höhle 1063
Grotta di Smeraldo 902
Grotta di Su Mannau, Tropfsteinhöhle 1070
Grotta Gigante, Höhle 272

Grotta Zinzusula, Höhle 850
Grottamare 537
Grotte di Castellana, Höhlen 836
Grotte di Castro 786
Grotte di Frasassi, Höhlen 523
Grotte di Onferno, Höhle 498
Grotte di Pertosa, Höhlen 914
Grotte di Toirano 421
Grumentum 922
Guardia Piemontese (Marina) 942
Gubbio 685
Guggenheim, Perry 223

Hadrian *45, 728*
Heinrich IV. 48
Heinrich VI. 49
Hemingway, Ernest 214
Herculaneum 878
Hitler, Adolf 68
Höchstgeschwindigkeit 33
Hofer, Andreas 146
Höhlenkirchen (Apulien) 854
Höhlensteintal (Val di Landro) 140
Homer 951
Horaz 44
Hotels 121
Hunde 111

IFVAM 856
Iglesias 1071
Ignatius von Loyola 53
Imola 478
Imperia 423
Informationsstellen 111
Ingurtosu 1069
Innozenz III. 50
Innozenz VIII. 52

Internet 112
Intra 331
Irredenta 238
Is Zuddas, Grotte 1071
Ischia Ponte 888
Ischia Porto 888
Ischia, Insel 886
Iseo 302
Isernia 569
Isola Bella 333
Isola Bisentina, Insel 785
Isola Comacina, Insel 320
Isola dei Pescatori 333
Isola del Giglio 661
Isola della Cona, Insel 260
Isola di Capo Rizzuto 961
Isola di Varano 815
Isola Farnese 792
Isola Madre 333
Isola Palmaria 443
Isola Rossa 1055
Isola San Giulio, Insel 335
Isola San Pietro 1071
Isola Sant'Antioco 1071
Isola Vivara (Procida) 885
Isola Maggiore 693
Isola Polvese 692
Isole Borromee (Borromäische Inseln) 333
Isonzo, Fluss 255
Ispra 328
Ivrea 393

Jacopone da Todi 717
Jesuitenorden 730
Jugendherbergen 125

Julius Caesar 727
Julius II. 770
Julius III. 691

1098 Register J–L

Justinian, Kaiser 483
Juvara, Filippo 376
Juvarra 381

Kaffee 107
Kaiserzeit 728
Kalabrien 916
Kalterer See (Lago di Caldaro), See 153
Kaltern (Caldaro) 154
Kampanien 856
Karer-Pass, Pass 152
Karl der Große 47, 730
Karl II. 55
Karl IV., König von Neapel 55
Karl V. 54, 475, 730
Karl von Anjou 50
Karlisten 269
Karnevalsmasken 215
Karthaus (Certosa) 142
Käse 105
Keats, John 774
Kiens (Chiénes) 139
Kinder 113
Kirchenstaat 730
Klassizismus 92
Klausen (Chiusa) 138
Klemens III. 48
Klettern 117
Klima 113
Klobenstein (Collalbo) 151
Kloster Säben 138
Kolumbus, Christoph 417
Konstantin 46, 728
Konstanze von Sizilien 49
Konstanzer Konzil 730
Konzil von Trient 156

Kötschach-Mauthen 240
Kreditkarten 110
Kunst des 19. und 20. Jahrhunderts 93
Kursbücher 39
Kurzras (Corteraso) 142

La Maddalena, Insel 1053
La Morra 388
La Mortola 429
La Palud 400
La Spezia 441
La Verna 613
Lacco Ameno 889
Lacona 675
Ladiner, Volksgruppe 140
Lagazuoi, Berg 152
Laghetto di Piona, Landschaft 312
Laghi di Fusine, Seen 242
Laghi di Lamar, Seen 159
Laglio 321
Lago Arvo 934
Lago d'Averno 876
Lago d'Endine, See 304
Lago di Albano 798
Lago di Barrea 567
Lago di Bolsena 782
Lago di Bracciano 791
Lago di Caldonazzo, See 162
Lago di Cavazzo, See 244
Lago di Chiusi 634
Lago di Como (Comer See) 311
Lago di Garda (Gardasee) 276
Lago di Garlate, See 315
Lago di Ledro, See 281
Lago di Lévico 162

Lago di Massaciúccoli 642
Lago di Mergozzo, See 332
Lago di Misurina, See 190
Lago di Mucrone, See 394
Lago di Nemi 799
Lago di Pieve di Cadore, See 190
Lago di Santa Caterina, See 189
Lago di Santa Massenza, See 159
Lago di Scanno 568
Lago di Terlago, See 159
Lago di Toblino, See 159
Lago di Varano 815
Lago di Vico 790
Lago di Viverone, See 393
Lago d'Idro (Idro-See), See 285
Lago d'Iseo (Iseo-See) 302
Lago d'Orta, See 334
Lago Maggiore, See 326
Lago Trasimeno 689
Laigueglia 423
Lambrusco 107, 448
Lamezia Terme 943
Lamole 615
Lanciano 555
Langhe 384
L'Aquila 559
Lateis 242
Lateranverträge 731
Latina 801
Latium 722
Latsch (Láces) 141
Laveno 327
Lazise 291
Le Balze 624

Le Grotte 671
Le Murge 835
Lecce 842
Lecco 315
Lenno 320
Leo III. 47, 730
Leonardo da Vinci 51, 86, 601
Leopold I. 55
Leopold II. 61
Lerici 443
Lesignano 450
Letojanni 978
Levanto 435
Lévico Terme 162
Licata 998
Lido di Venezia 229
Lierna 314
Lignano 255
Ligurien (Liguria) 404
Limone 281
Lipari 1036
Lippi, Filippo 83, 708
Littorale del Cavallino, Landzunge 231
Livorno 649
Locorotondo 838
Locri 954
Lokale 100
Lombardei (Lombardia) 274
Longhena, Baldassare 91
Lorenzetti, Ambrogio 78
Lorenzetti, Pietro 78, 702
Loreto 531
Loro Ciuffenna; 608
L'Orrido, Wasserfall 314
Lucca 602
Lucera 824
Ludwig XIV. 55
Ludwig XVIII. 57
Luino 326
Lukas, Evangelist 199

Register L/M 1099

Luni 444
Luther, Martin 52

Maccagno 326
Macchia di Migliarino 642
Macerata 533
Maderno 282
Maecenas, Gaius Cilnius 44
Mafia (kalab.) 916, 936
Mafia (siz.) 969
Magazzini 671
Mailand (Milano) 336
Maiori 906
Malamocco 229
Malatesta, Geschlecht 494
Malborghetto-Valbruna 242
Malcésine 286
Mals (Malles) 141
Manacore Gargano 818
Manarola 440
Mandello del Lario 315
Manfredonia 825
Manierismus 85
Manin, Daniele 62
Mankiewicz, Joseph L. 715
Mantegna, Andrea 85, 297
Mantua (Mantova) 296
Manzoni, Alessandro 315, 349
Maranello 460
Marano Lagunare 256
Maratea 937
Marc Aurel 728
Marcelli 529, 530
Marciana Marina 678
Marconi 478
Maremma 655
Mareneve (Straße) 979

*Margherita di Savoi*a 826
Maria Karolina von Österreich 58
Maria Theresia 55
Marie-Louise, Herzogin 450
Marienberg, Kloster 141
Marina di Alberese 659
Marina di Andora 423
Marina di Arbus 1069
Marina di Bibbona 652
Marina di Camerota 913
Marina di Campo 676
Marina di Casal Velino 912
Marina di Castagnetto 652
Marina di Cecina 651
Marina di Grosseto 658
Marina di Mancaversa 851
Marina di Ostuni 840
Marina di Pietrasanta 641
Marina di Procida 885
Marina di Ragusa 996
Marina di Ravenna 486
Marina di Torre Grande 1068
Marina San Giovanni 851
Marinella 1003
Marinetti, Tommaso Filippo 93
Marini, Marino 93
Marinus 498
Marken (Le Marche) 504
Markus, Evangelist 220

Marostica 188
Marta 785
Martin V. 51, 730
Martina Franca 838
Martini 108
Martini, Simone 78
Marzabotto 478
Masaccio 82
Masèr 188
Massa Marittima 656
Massafra 854
Masua 1071
Matera 925
Mathilde von Tuscien 48
Matteoti, Giacomo 67
Mattinata 821
Mattinatella 821
Maximilian I. 53
Maximilian, Erzherzog 261
Mazzini, Giuseppe 60, 61
Medici, Giovanni di 51
Melfi 920
Melito Porto Salvo 954
Melzi d'Eril, Francesco 56
Menaggio 319
Menotti, Ciro 60
Meran (Merano) 142
Merz, Mario 93
Messina 972
Messner, Reinhold 142, 189
Metaponto 966
Metelli, Orneore 713
Metternich, Fürst von 57
Michelangelo 51, 86, 613
Michelucci, Giovanni 93
Mietfahrzeuge 40
Mietwagen 29

Milano Marittima 487
Milazzo 1030
Mille Miglia (Autorennen) 301
Minitalia 311
Minori 906
Miramare, Schloss 261
Miseno 877
Mitfahrzentralen 31
Mittelalter 729
Mobiltelefon 119
Modena 457
Mòdica 992
Modigliani, Amadeo 93
Moggio Udinese 242
Molfetta 829
Molini di Triora 426
Molise 544
Molveno 161
Monasterolo 304
Mondello 1023
Moneglia 435
Monferrato 384
Monopoli 839
Monreale 1024
Montagna della Maiella, Gebirge 569
Montagnana 200
Montalto 936
Monte Amiata 635
Monte Argentario 660
Monte Baldo, Berg 287
Monte Calvo (Berg/Gargano) 823
Monte Circeo, Berg 802
Monte Conero 527
Monte Epomeo (Berg/Ischia) 889
Monte Grappa, Berg 187
Monte Isola, Insel 304
Monte Mucrone, Berg 394

Monte Nai, Berg 1081
Monte Olivetro Maggiore, Kloster 633
Monte Rocchetta 278
Monte San Michele 254
Monte San Vicino 523
Monte Sant'Angelo 822
Monte Sasso del Ferro 327
Monte Solaro 893
Monte Titano 498
Monte Vitelle 566
Monte Cucco 688
Montefeltro 505
Montefeltro, Federico da 515
Montefiascone 785
Montefortino 541
Montegridolfo 513
Montemarcello 444
Montemonaco 541
Montenero 650
Montepertuso 900
Montepulciano 633
Monterosso 438
Montevecchio 1069
Monti Cimini 790
Monti del Matese 570
Monti Sibillini 541
Monti Sibillini, Sibillinische Berge 536
Monticchiello 635
Montiggler Seen (Laghi di Monticolo) 155
Morano 931
Moretti, Nanni 72, 74
Morgex 400
Morigerati 913
Moro, Aldo 70
Mosaike, byzantinisch 481
Mountainbike 712
Mücken 96

Muggia 272
Murano, Insel 230
Muranoglas 215
Murat, Joachim 57, 58, 944
Mussolini, Benito 65, 67, 68, 69, 282, 320, 479, 563, 731

Napoleon Bonaparte 56, 664, 669 730
Napoleon II. 57
Napoleon III. 62
Nardò 853
Narni 714
Narses 47
Natisone, Fluss 250
Natissa, Fluss 256
N'drangheta (kalab. Mafia) 916, 936
Neapel 860
Neive 388
Nemi 800
Nero 44, 728
Nettuno 800
Neustift, Kloster 138
Nicolosi 979
Nicotera (Marina) 949
Niederdorf (Villabassa) 140
Nikolaus V. 51
Nisportino 671
Nisporto 671
Noli 418
Nórcia 710
Noto 991
Noto Marina 996
Notruf 94
Notrufe 33
Numana 529
Numitor 727
Nuoro 1082
Nuraghe Losa 1069
Nuraghe Palmavera 1063
Nuraghe Santu Antine 1059

Oberbozen (Soprabolzano) 151
Oberes Tibertal 613
Odoaker 46
Offida 537
Öffnungszeiten 114
Olbia 1049
Ólcio 315
Oliena 1084
Olivenöl 105
Oliveri 1029
Oneglia 423
Online-Buchung 128
Opernfestival, Verona 177
Ora, Wind 276
Orbetello 660
Orgosolo 1085
Oristano 1066
Oropa 394
Orosei 1078
Orta San Giulio 334
Ortona 554
Orune 1083
Orvieto 717
Ossobuco 275
Osteria 101
Ostia Antica 775
Ostia Lido 775
Ostuni 840
Otranto 847
Otto I. 48
Ötzi, Gletschermumie 142, 150
Oulx 383
Ovid 44
Ozzano Taro 455

Pacentro 569
Pacher, Michael 138
Padre Pio, Heiliger 823
Padua (Padova) 193
Padula 914
Paestum 908
Palau 1052
Palermo 1010

Palese 831
Palestrina 793
Palinuro 912
Palio d'Asti 385
Palladio, Andrea 89, 179
Pallanza 331
Palmanova 252
Paluzza 240
Pan di Zucchero, Fels (Iglesiente) 1071
Pannenhilfe 33
Paola 942
Paoli, Pasquale 55
Papiere 115
Parghelia 945
Parken 33, 35
Parma 450
Parmigianoreggiano 447
Pasolini, Pier Paolo 81
Passignano sul Trasimeno 692
Passo di Falzarego, Pass 152
Pattada 1084
Pavia 354
Pavone Canavese 394
Pensionen 121
Peppone 455
Pergine Valsugana 162
Perugia 695
Perugino, Pietro 84, 694, 698
Pesaro 509
Pescara 551
Pescasseroli 566
Peschici 817
Peschiera del Garda 291
Peschiera Maraglio 304
Petrosino, Giuseppe (Joe) 914
Philipp II. 54
Piacenza 448
Pian di Spagna, Sumpfgebiet 312

Register T–Z

Trapani 1005
Trappeto 1009
Trastevere 773
Trattoria 101
Traubenkur (Meran) 143
Trebbia, Fluss 450
Trebisacce 965
Tremezzina, Landschaft 318
Tremezzo 320
Tremiti-Inseln 824
Trenker, Luis 140
Trentino 155
Trentino-Südtirol (Alto Adige), Region 132
Trento (Trient) 155
Trevi 705
Trevignano Romano 792
Treviso 190
Tricase 850
Tricase Porto 850
Triest (Trieste) 262
Trinkgeld 100
Triumvirat (Dreibund) 727
Troia 825
Tropea 945
Trüffel 366, 387
Trulli 836
Trulli-Region 836
Turin (Torino) 368
Tusculum, Ausgrabung 798

Überlandbusse 40
Übernachten 120
Uccello, Paolo 83
Udine 245
Ulassai 1081
Umberto I 66
Umberto II 70
Umbrien 680
Urbino 515
Ururi 559

Vada 651
Vahrner See 138
Val d'Ayas, Tal 395, 401
Val d'Esino 522
Val di Cogne, Tal 401
Val di Gressoney, Tal 401
Val Ferret, Tal 400
Val Veny, Tal 400
Valcamonica, Tal 304
Valdobbiadene 192
Valeggio sul Mincio 295
Valle d'Aosta (Aostatal) 364
Valle del Gran San Bernardo, Tal 401
Valle di Luna 1055
Valle d'Itria 836
Valle Susa 383
Valledoria 1055
Valli di Comacchio, Lagunensee 480
Vallo di Nera 712
Valnontey 401
Valpolicella 178
Valpolicella, Gebiet 178
Valsesia, Tal 394
Valtournenche, Tal 401
Varallo 394
Varazze 417
Varenna 314
Varigotti 419
Vasari, Giorgio 51, 88
Vasto 555
Vatikan 768
Velia 912
Velleia 450
Vendicari 996
Venedig 202
Veneria 382
Veneto (Venetien) 164

Veneziano, Paolo 80
Venosa 920
Ventimiglia 428
Venzone 244
Verbania 331
Verdi, Giuseppe 456
Verkehrsschilder 33
Verkehrsvorschriften 32
Vernazza 438
Verona 168
Veronese, Paolo 90
Verrocchio, Andrea del 81
Versilia 639
Vespasian 44, 728
Vesuv 877
Vetulonia 657
Vezio 315
Via Appia Antica 774
Via dell'Amore 440
Vialattea 383
Viareggio 641
Vibo Valentia (Marina) 944
Vicenza 179
Vieste 818
Vietri sul Mare 906
Vigevano 353
Vignette (Österreich) 20
Vignette (Schweiz) 24
Vignola 1055
Vigo di Fassa 152
Villaggio Racise 934
Villaggio Mancuso 934
Villapiana 965
Villetta Barrea 567
Vinci 601
Vinci, Leonardo da 351, 488
Vinschgau (Val Venosta), Tal 141

Visconti, Adelsgeschlecht 295, 354, 356
Viserba 494
Viterbo 786
Vittorio Emanuele I 58, 59, 730
Vittorio Emanuele II 61, 63, 64, 410, 731
Vittorio Emanuele III 66, 70, 284
Vivarini, Bartolomeo 931
Volpaia 618
Volterra 622
Vulcano 1040
Vulci 778
Vulture 920

Walther von der Vogelweide 149
Wandern 118, 711
Wassersportzentren 118
Wein 106
Winckelmann, Johann Joachim 270, 726
Wohnmobil 127
Wolkenstein 141

Zambrone 945
Zeno 46, 176
Zingaro 1008
Zoll 25
Zuccarello 421
Zuglio 240
Zwölftafelgesetz 727

Register P–R

Piana del Fucino, Ebene 564
Piana di Sele 908
Piano, Renzo 415
Piemont 364
Pienza 634
Piero della Francesca 698
Pietrasanta 640
Pieve di Cadore 190
Pieve di Tremosine 282
Pigra 321
Pineta di Classe, Pinienwald 487
Pineta, Lignano 255
Pineto 546
Pinocchio 601
Pinturicchio 704, 708
Piombino 655
Piona, Halbinsel 312
Pippinische Schenkung 729
Pisa 642
Pisano, Giovanni 78, 647, 697
Pisano, Nicolà 78, 648, 697
Piscità 1041
Pistoia 600
Pitigliano 636
Pius II. 51
Pius VII. 57, 58
Pius IX. 61, 63
Pizzo 943
Platamona 1057
Plöckenpass (Passo di Monte Croce Carnico) 240
Podelta, Fluss 236
Pogerola 903
Policastro Bussentino 913
Polignano a Mare 839
Pollino Calabro 931
Pollino Lucano 923
Pomarancio 691

Pompeius, Gnaeus 44
Pompeji 880
Pompejus 727
Pontecchio Marconi 478
Pontinische Inseln 806
Pontone 903
Poppi 614
Populonia 654
Pordoi-Joch (Passo Pordoi), Pass 152
Porretta 478
Porto Azzurro 672
Porto Badisco 850
Porto Cervo 1051
Porto degli Infreschi, Bucht 913
Porto di Teulada 1071
Porto Ercole 661
Portoferraio 668
Porto Maurizo 423
Porto Pino 1071
Porto Pollo 1054
Porto Recanati 530
Porto San Giorgio 536
Porto Santo Stefano 660
Porto Torres 1057
Portocannone 559
Portofino 434
Portogruaro 234
Portonovo 527
Portopalo di Capo Passero 996
Portovenere 442
Posada 1077
Positano 900
Possagno 187
Post 115
Postbank 110
Potenza 918
Pozzuoli 875
Pradel, Hochebene 161
Praia a Mare 938
Praiano 902
Prato 599

Pré Saint Didier 400
Predappio 479
Preti, Mattia 934
Privatbahnen 38
Privatzimmer 124
Procchio 677
Procida, Insel 885
Prodi, Romano 73, 74
Promillegrenze 34
Properz 44
Prosecco 107, 192
Puccini, Giacomo 642
Pugnochiuso 821
Punische Kriege 727
Pustertal (Val Pusteria), Tal 138
Putignano 836
Pyrgi, Ausgrabung 781
Pythagoras 960

Quallen 96
Quasimodo, Salvatore 993
Quattro Castella 457
Quercia, Jacopo della 78

Radarkontrollen 34
Radda 618
Radetzky, Josef Wenzel 61
Raffael 87, 521, 698
Ragusa 994
Ranco 328
Randazzo 980
Rapallo 432
Rapallo-Vertrag 432
Raschötz, Berg 140
Rauchen 116
Ravello 905
Ravenna 481
Redipúglia, Militärfriedhof 254
Reggia di Veneria Reale 382
Reggio Calabria 951

Reifenstein, Schloss 137
Renaissance 80, 730
Renzo Piano 412
Republik von Salò 282, 284
Reschenpass (Passo di Resia), Pass 141
Reschensee (Lago di Resia), See 141
Resiutta 242
Revoltella, Pasqualle 270
R-Gespräch 119
Rhea Silva 727
Riace 956
Riccione 496
Richtmengenkatalog 128
Rifugi, Berghütten 126
Rilke, Rainer Maria 260
Rimini 489
Riomaggiore 441
Rio Marina 671
Rio nell'Elba 672
Risorgimento 58, 730
Ristorante 101
Ritten (Renon), Hochplateau 151
Riva del Garda 278
Riviera dei Cedri 938
Riviera dei Ciclopi 980
Riviera dei Fiori 424
Riviera del Conero 527
Riviera di Levante 430
Riviera di Ponente 417
Riviera Triestina, Landschaft 260
Riviera, Lignano 255
Robbia, Luca della 82

Robespierre, Maximilien de 56
Roca Veccia 846
Rocca di Angera, Burg 328
Rocca Imperiale 965
Rocca Ricciarda 608
Roccapalumba 1031
Rodi Garganico 816
Roia, Fluss 428
Rom 726
Romanik 76
Romeo und Julia 173
Römische Kunst 76
Romulus Augustulus 46, 729
Romulus und Remus 43, 727
Ronciglione 790
Roncole 456
Rosa, Heilige 788
Roselle 659
Roselle Scavi 659
Roseto Capo Spulico 965
Roseto degli Abruzzi 546
Rosignano Marittimo 651
Rosignano Solvay 651
Rossano 963
Rotes Kreuz 295
Rousseau, Jean-Jacques 55
Rovenna 321
Rovereto 160
Rudolf von Habsburg 50
Rudolf von Schwaben 48
Runkelstein, Burg 151
Rutelli, Francesco 74
Ruvo di Puglia 835

S. Maria di Polsi 936
S.P.Q.R. 727
Sabaudia 802
Sabbiadoro, Lignano 255
Sabbioneta 299
Sacco di Roma 730
Sacra di San Michele (Kloster) 383
Sacra Sindone 376
Saepinum 570
Saint Phalle, Niki de 662
Saint-Pierre 400
Salandra, Antonio 65
Sale Marasino 304
Salento 842
Salerno 907
Salò 284
Salsomaggiore Terme 455
Saludécio 498
Saluzzo 390
San Benedetto del Tronto 537
San Cataldo 846
San Daniele del Friuli 249
San Domino, Tremiti-Inseln 824
San Felice Circeo 802
San Foca 846
San Fortunato, Kloster 717
San Fruttuoso, Kloster 432
San Galgano 633
San Gimignano 619
San Giovanni Terme 670
San Giovanni di Pio 913
San Giovanni Rotondo 823
San Leo 506
San Leone 998
San Marco 911, 978
San Marino 498
San Martino della Battaglia 295
San Martino in Pensilis 559
San Menaio 817
San Michele all'Adige 159
San Michele, Insel 229
San Nicola, Tremiti-Inseln 824
San Pantaleo 1051
San Pietro in Valle 712
San Polo 457
San Remo 424
San Rossore 642, 643, 642, 643
San Sicario 383
San Teodoro 1077
San Vincenzo 653, 1041
San Vito lo Capo 1007
San Vittore Terme 523
San Feliciano 691
Sangallo, Antonio 720
Sangro-Tal 566
Santa Caterina 853
Santa Caterina del Sasso, Heiligtum 327
Santa Cesarea Terme 850
Santa Christina 141
Santa Cristina, Nuraghendorf 1069
Santa Lucia 1077
Santa Margherita Ligure 433
Santa Maria 911
Santa Maria al Bagno 853
Santa Maria Capua Vetere 894
Santa Maria di Castellabate 911
Santa Maria di Leuca 850
Santa Maria Navarrese 1080
Santa Maria degli Angeli 704
Santa Marinella 781
Sant'Andrea 677
Santa Teresa di Gallura 1054
Santa Severina 961
Sant'Andrea 849
Sant'Angelo 888
Santarcangelo di Romagna 497
Santuario del Monte Lussari, Wallfahrtszentrum 242
Santuario di Gibilmanna 1028
Santuario di Montallegro, Wallfahrtskirche 432
Sapri 913
Sardinien 1044
Sarre 400
Sarto, Andrea del 88
Sass Pordoi, Berg 152
Sassari 1057
Saturnia 637
Sàuris 241
Sàuris di Sopra 241
Sàuris di Sotto 241
Sauze d'Oulx 383
Savona 418
Savonarola 52
Scanno 567
Scari 1041
Scario 913
Schiffslinien, inneritalienisch 39
Schisma 730
Schlacht von Solferino 295
Schlaf- und Liegewagen 39
Schlanders (Silandro) 141
Schlauchboot 117
Schloss Ehrenburg 139

Schluderns (Sluderno) 141
Schlussverkauf (saldi) 99
Schnalstal (Val di Senales), Tal 142
Schwarzhorn (Corno Nero), Berg (Südtirol) 153
Schweizer Garde 768
Sciacca 1002
Sciacchetrà 406
Scilla 951
Scopello 1007
Seceda, Berg 140
Segantini, Giovanni 93
Segegsta 1009
Segenbühel (Monte Benedetto), Berg 145
Segesta 1009
Seiser Alm (Alpe di Siusi) 140
Selinunte 1003
Seller Joch (Passo di Sella), Pass 141
Seneca 44
Senigallia 514
Senna, Ayrton 479
Sensole 304
Serre 934
Sestri Levante 434
Sestriere 383
Sette Lidi di Comacchio 481
Settignano 598
Sforza, Adelsgeschlecht 356
Shakespeare 173
Shelley, Percy Bysshe 774
Siena 624
Sibari 965
Sigmundskron, Schloss 151
Signorelli, Luca 84, 696, 720
Sila Grande 933
Siponto 826
Sipontum (antike Stadt) 826

Siracusa 985
Sirmione 292
Sirolo 528
Sistiana 261
Siviano 304
Sixtus IV. 51
Sizilien 1005
Skaliger, Adelsgeschlecht 172, 288, 292
Soave 178
Soave, Weißwein 178
Sodoma 88
Soldatenkaiser 728
Soriano nel Cimino 790
Sorrento 895
Spartacus 727
Spello 704
Sperlonga 803
Spilimbergo 249
Spoleto 707
Sport 116
Sprache 118
St. Gretl 154
St. Ulrich (Urtijei, Ortisei) 140
Stabiae 884
Stadtbusse 40
Stadtverkehr 35
Stagno di Cabras, See 1068
Sterzing (Vipiteno) 135
Stra 200
Stradivari, Antonio 358, 362
Stresa 332
Stromboli 1041
Strongoli 962
Su Gologone, Quelle (Oliena) 1084
Subiaco 794
Südtirol (Alto Adige), Region 134
Sulmona 568
Sulzano 304
Suppen 104
Surfen 117

Susa 383
Sutri 791

Taggia 426
Tagliamento, Fluss 255
Talamone 659
Tankstellen 33
Taormina 974
Taranto 853
Tarantula-Tanz 847
Tarquinia 779
Tarquinia-Lido 779
Tarquinius 727
Tarquinius Superbus 43
Tarvisio 242
Tasso, Torquato 897
Tavernola 304
Taxi 40
Taylor, Elizabeth 715
Teigwaren 104
Telefon 119
Telefonkarten 119
Tellaro 444
Tempio Pausania 1056
Tende, Frankreich 390
Teramo 550, 562
Terme di Casteldoria, Therme 1055
Termoli 556
Terni 713
Terracina 801
Terrasini 1009
Tharros, Ausgrabung 1069
Theoderich 46, 486
Theodosius 46, 729
Thurn und Taxis 260
Tiberius 44, 728
Tiburzi, Domenico 663
Ticino, Fluss 354
Tiepolo, Giovanni Battista 92
Timau 240

Tindari 1029
Tintoretto 90, 221, 223, 227
Tiriolo 958
Tirol (Tirolo), Dorf 146
Tirol, Schloss 146
Tivoli 776
Tizian 190, 225
Tizian 90
Toblach (Dobbiaco) 140
Toblacher See (Lago di Dobbiaco) 140
Toce, Fluss 331
Todi 715
Tofana di Mezzo, Berg 189
Togliatti, Palmiro 67
Tolentino 535
Toleranzedikt von Mailand 729
Tolmezzo 240
Torbole 285
Torcello, Insel 230
Törggelen 133
Torino di Sangro Marina 554
Torralba 1059
Torre Canne 840
Torre Chianca 846
Torre del Filosofo 979
Torre del Lago Puccini 642
Torre dell'Orso 849
Torre Vado 851
Torri 429
Torri del Benaco 288
Torri Superiore 429
Toscanini, Arturo 450
Toscolano 282
Toskana 572
Totila 47
Trabucchi 559
Trajan 45, 728
Trajansäule 766
Trani 827

Register P–R

Piana del Fucino, Ebene 564
Piana di Sele 908
Piano, Renzo 415
Piemont 364
Pienza 634
Piero della Francesca 698
Pietrasanta 640
Pieve di Cadore 190
Pieve di Tremosine 282
Pigra 321
Pineta di Classe, Pinienwald 487
Pineta, Lignano 255
Pineto 546
Pinocchio 601
Pinturicchio 704, 708
Piombino 655
Piona, Halbinsel 312
Pippinische Schenkung 729
Pisa 642
Pisano, Giovanni 78, 647, 697
Pisano, Nicolà 78, 648, 697
Piscità 1041
Pistoia 600
Pitigliano 636
Pius II. 51
Pius VII. 57, 58
Pius IX. 61, 63
Pizzo 943
Platamona 1057
Plöckenpass (Passo di Monte Croce Carnico) 240
Podelta, Fluss 236
Pogerola 903
Policastro Bussentino 913
Polignano a Mare 839
Pollino Calabro 931
Pollino Lucano 923
Pomarancio 691

Pompeius, Gnaeus 44
Pompeji 880
Pompejus 727
Pontecchio Marconi 478
Pontinische Inseln 806
Pontone 903
Poppi 614
Populonia 654
Pordoi-Joch (Passo Pordoi), Pass 152
Porretta 478
Porto Azzurro 672
Porto Badisco 850
Porto Cervo 1051
Porto degli Infreschi, Bucht 913
Porto di Teulada 1071
Porto Ercole 661
Portoferraio 668
Porto Maurizo 423
Porto Pino 1071
Porto Pollo 1054
Porto Recanati 530
Porto San Giorgio 536
Porto Santo Stefano 660
Porto Torres 1057
Portocannone 559
Portofino 434
Portogruaro 234
Portonovo 527
Portopalo di Capo Passero 996
Portovenere 442
Posada 1077
Positano 900
Possagno 187
Post 115
Postbank 110
Potenza 918
Pozzuoli 875
Pradel, Hochebene 161
Praia a Mare 938
Praiano 902
Prato 599

Pré Saint Didier 400
Predappio 479
Preti, Mattia 934
Privatbahnen 38
Privatzimmer 124
Procchio 677
Procida, Insel 885
Prodi, Romano 73, 74
Promillegrenze 34
Properz 44
Prosecco 107, 192
Puccini, Giacomo 642
Pugnochiuso 821
Punische Kriege 727
Pustertal (Val Pusteria), Tal 138
Putignano 836
Pyrgi, Ausgrabung 781
Pythagoras 960

Quallen 96
Quasimodo, Salvatore 993
Quattro Castella 457
Quercia, Jacopo della 78

Radarkontrollen 34
Radda 618
Radetzky, Josef Wenzel 61
Raffael 87, 521, 698
Ragusa 994
Ranco 328
Randazzo 980
Rapallo 432
Rapallo-Vertrag 432
Raschötz, Berg 140
Rauchen 116
Ravello 905
Ravenna 481
Redipúglia, Militärfriedhof 254
Reggia di Veneria Reale 382
Reggio Calabria 951

Reifenstein, Schloss 137
Renaissance 80, 730
Renzo Piano 412
Republik von Salò 282, 284
Reschenpass (Passo di Resia), Pass 141
Reschensee (Lago di Resia), See 141
Resiutta 242
Revoltella, Pasqualle 270
R-Gespräch 119
Rhea Silva 727
Riace 956
Riccione 496
Richtmengenkatalog 128
Rifugi, Berghütten 126
Rilke, Rainer Maria 260
Rimini 489
Riomaggiore 441
Rio Marina 671
Rio nell'Elba 672
Risorgimento 58, 730
Ristorante 101
Ritten (Renon), Hochplateau 151
Riva del Garda 278
Riviera dei Cedri 938
Riviera dei Ciclopi 980
Riviera dei Fiori 424
Riviera del Conero 527
Riviera di Levante 430
Riviera di Ponente 417
Riviera Triestina, Landschaft 260
Riviera, Lignano 255
Robbia, Luca della 82

Robespierre, Maximilien de 56
Roca Veccia 846
Rocca di Angera, Burg 328
Rocca Imperiale 965
Rocca Ricciarda 608
Roccapalumba 1031
Rodi Garganico 816
Roia, Fluss 428
Rom 726
Romanik 76
Romeo und Julia 173
Römische Kunst 76
Romulus Augustulus 46, 729
Romulus und Remus 43, 727
Ronciglione 790
Roncole 456
Rosa, Heilige 788
Roselle 659
Roselle Scavi 659
Roseto Capo Spulico 965
Roseto degli Abruzzi 546
Rosignano Marittimo 651
Rosignano Solvay 651
Rossano 963
Rotes Kreuz 295
Rousseau, Jean-Jacques 55
Rovenna 321
Rovereto 160
Rudolf von Habsburg 50
Rudolf von Schwaben 48
Runkelstein, Burg 151
Rutelli, Francesco 74
Ruvo di Puglia 835

S. Maria di Polsi 936
S.P.Q.R. 727
Sabaudia 802
Sabbiadoro, Lignano 255
Sabbioneta 299
Sacco di Roma 730
Sacra di San Michele (Kloster) 383
Sacra Sindone 376
Saepinum 570
Saint Phalle, Niki de 662
Saint-Pierre 400
Salandra, Antonio 65
Sale Marasino 304
Salento 842
Salerno 907
Salò 284
Salsomaggiore Terme 455
Saludécio 498
Saluzzo 390
San Benedetto del Tronto 537
San Cataldo 846
San Daniele del Friuli 249
San Domino, Tremiti-Inseln 824
San Felice Circeo 802
San Foca 846
San Fortunato, Kloster 717
San Fruttuoso, Kloster 432
San Galgano 633
San Gimignano 619
San Giovanni Terme 670
San Giovanni di Pio 913
San Giovanni Rotondo 823
San Leo 506
San Leone 998
San Marco 911, 978
San Marino 498

San Martino della Battaglia 295
San Martino in Pensilis 559
San Menaio 817
San Michele all'Adige 159
San Michele, Insel 229
San Nicola, Tremiti-Inseln 824
San Pantaleo 1051
San Pietro in Valle 712
San Polo 457
San Remo 424
San Rossore 642, 643, 642, 643
San Sicario 383
San Teodoro 1077
San Vincenzo 653, 1041
San Vito lo Capo 1007
San Vittore Terme 523
San Feliciano 691
Sangallo, Antonio 720
Sangro-Tal 566
Santa Caterina 853
Santa Caterina del Sasso, Heiligtum 327
Santa Cesarea Terme 850
Santa Christina 141
Santa Cristina, Nuraghendorf 1069
Santa Lucia 1077
Santa Margherita Ligure 433
Santa Maria 911
Santa Maria al Bagno 853
Santa Maria Capua Vetere 894
Santa Maria di Castellabate 911
Santa Maria di Leuca 850

Santa Maria Navarrese 1080
Santa Maria degli Angeli 704
Santa Marinella 781
Sant'Andrea 677
Santa Teresa di Gallura 1054
Santa Severina 961
Sant'Andrea 849
Sant'Angelo 888
Santarcangelo di Romagna 497
Santuario del Monte Lussari, Wallfahrtszentrum 242
Santuario di Gibilmanna 1028
Santuario di Montallegro, Wallfahrtskirche 432
Sapri 913
Sardinien 1044
Sarre 400
Sarto, Andrea del 88
Sass Pordoi, Berg 152
Sassari 1057
Saturnia 637
Sàuris 241
Sàuris di Sopra 241
Sàuris di Sotto 241
Sauze d'Oulx 383
Savona 418
Savonarola 52
Scanno 567
Scari 1041
Scario 913
Schiffslinien, inneritalienisch 39
Schisma 730
Schlacht von Solferino 295
Schlaf- und Liegewagen 39
Schlanders (Silandro) 141
Schlauchboot 117
Schloss Ehrenburg 139

Schluderns (Sluderno) 141
Schlussverkauf (saldi) 99
Schnalstal (Val di Senales), Tal 142
Schwarzhorn (Corno Nero), Berg (Südtirol) 153
Schweizer Garde 768
Sciacca 1002
Sciacchetrà 406
Scilla 951
Scopello 1007
Seceda, Berg 140
Segantini, Giovanni 93
Segenbühel (Monte Benedetto), Berg 145
Segesta 1009
Seiser Alm (Alpe di Siusi) 140
Selinunte 1003
Seller Joch (Passo di Sella), Pass 141
Seneca 44
Senigallia 514
Senna, Ayrton 479
Sensole 304
Serre 934
Sestri Levante 434
Sestriere 383
Sette Lidi di Comacchio 481
Settignano 598
Sforza, Adelsgeschlecht 356
Shakespeare 173
Shelley, Percy Bysshe 774
Siena 624
Sibari 965
Sigmundskron, Schloss 151
Signorelli, Luca 84, 696, 720
Sila Grande 933
Siponto 826
Sipontum (antike Stadt) 826

Siracusa 985
Sirmione 292
Sirolo 528
Sistiana 261
Siviano 304
Sixtus IV. 51
Sizilien 968
Skaliger, Adelsgeschlecht 172, 288, 292
Soave 178
Soave, Weißwein 178
Sodoma 88
Soldatenkaiser 728
Soriano nel Cimino 790
Sorrento 895
Spartacus 727
Spello 704
Sperlonga 803
Spilimbergo 249
Spoleto 707
Sport 116
Sprache 118
St. Gretl 154
St. Ulrich (Urtijei, Ortisei) 140
Stabiae 884
Stadtbusse 40
Stadtverkehr 35
Stagno di Cabras, See 1068
Sterzing (Vipiteno) 135
Stra 200
Stradivari, Antonio 358, 362
Stresa 332
Stromboli 1041
Strongoli 962
Su Gologone, Quelle (Oliena) 1084
Subiaco 794
Südtirol (Alto Adige), Region 134
Sulmona 568
Sulzano 304
Suppen 104
Surfen 117

Susa 383
Sutri 791

Taggia 426
Tagliamento, Fluss 255
Talamone 659
Tankstellen 33
Taormina 974
Taranto 853
Tarantula-Tanz 847
Tarquinia 779
Tarquinia-Lido 779
Tarquinius 727
Tarquinius Suberbus 43
Tarvisio 242
Tasso, Torquato 897
Tavernola 304
Taxi 40
Taylor, Elizabeth 715
Teigwaren 104
Telefon 119
Telefonkarten 119
Tellaro 444
Tempio Pausania 1056
Tende, Frankreich 390
Teramo 550, 562
Terme di Casteldoria, Therme 1055
Termoli 556
Terni 713
Terracina 801
Terrasini 1009
Tharros, Ausgrabung 1069
Theoderich 46, 486
Theodosius 46, 729
Thurn und Taxis 260
Tiberius 44, 728
Tiburzi, Domenico 663
Ticino, Fluss 354
Tiepolo, Giovanni Battista 92
Timau 240

Tindari 1029
Tintoretto 90, 221, 223, 227
Tiriolo 958
Tirol (Tirolo), Dorf 146
Tirol, Schloss 146
Tivoli 776
Tizian 190, 225
Tizian 90
Toblach (Dobbiaco) 140
Toblacher See (Lago di Dobbiaco) 140
Toce, Fluss 331
Todi 715
Tofana di Mezzo, Berg 189
Togliatti, Palmiro 67
Tolentino 535
Toleranzedikt von Mailand 729
Tolmezzo 240
Torbole 285
Torcello, Insel 230
Törggelen 133
Torino di Sangro Marina 554
Torralba 1059
Torre Canne 840
Torre Chianca 846
Torre del Filosofo 979
Torre del Lago Puccini 642
Torre dell'Orso 849
Torre Vado 851
Torri 429
Torri del Benaco 288
Torri Superiore 429
Toscanini, Arturo 450
Toscolano 282
Toskana 572
Totila 47
Trabucchi 559
Trajan 45, 728
Trajansäule 766
Trani 827

Register T–Z

Trapani 1005
Trappeto 1009
Trastevere 773
Trattoria 101
Traubenkur (Meran) 143
Trebbia, Fluss 450
Trebisacce 965
Tremezzina, Landschaft 318
Tremezzo 320
Tremiti-Inseln 824
Trenker, Luis 140
Trentino 155
Trentino-Südtirol (Alto Adige), Region 132
Trento (Trient) 155
Trevi 705
Trevignano Romano 792
Treviso 190
Tricase 850
Tricase Porto 850
Triest (Trieste) 262
Trinkgeld 100
Triumvirat (Dreibund) 727
Troia 825
Tropea 945
Trüffel 366, 387
Trulli 836
Trulli-Region 836
Turin (Torino) 368
Tusculum, Ausgrabung 798

Überlandbusse 40
Übernachten 120
Uccello, Paolo 83
Udine 245
Ulassai 1081
Umberto I 66
Umberto II 70
Umbrien 680
Urbino 515
Ururi 559

Vada 651
Vahrner See 138
Val d'Ayas, Tal 395, 401
Val d'Esino 522
Val di Cogne, Tal 401
Val di Gressoney, Tal 401
Val Ferret, Tal 400
Val Veny, Tal 400
Valcamonica, Tal 304
Valdobbiadene 192
Valeggio sul Mincio 295
Valle d'Aosta (Aostatal) 364
Valle del Gran San Bernardo, Tal 401
Valle di Luna 1055
Valle d'Itria 836
Valle Susa 383
Valledoria 1055
Valli di Comacchio, Lagunensee 480
Vallo di Nera 712
Valnontey 401
Valpolicella 178
Valpolicella, Gebiet 178
Valsesia, Tal 394
Valtournenche, Tal 401
Varallo 394
Varazze 417
Varenna 314
Varigotti 419
Vasari, Giorgio 51, 88
Vasto 555
Vatikan 768
Velia 912
Velleia 450
Vendicari 996
Venedig 202
Veneria 382
Veneto (Venetien) 164

Veneziano, Paolo 80
Venosa 920
Ventimiglia 428
Venzone 244
Verbania 331
Verdi, Giuseppe 456
Verkehrsschilder 33
Verkehrsvorschriften 32
Vernazza 438
Verona 168
Veronese, Paolo 90
Verrocchio, Andrea del 81
Versilia 639
Vespasian 44, 728
Vesuv 877
Vetulonia 657
Vezio 315
Via Appia Antica 774
Via dell'Amore 440
Vialattea 383
Viareggio 641
Vibo Valentia (Marina) 944
Vicenza 179
Vieste 818
Vietri sul Mare 906
Vigevano 353
Vignette (Österreich) 20
Vignette (Schweiz) 24
Vignola 1055
Vigo di Fassa 152
Villaggio Racise 934
Villaggio Mancuso 934
Villapiana 965
Villetta Barrea 567
Vinci 601
Vinci, Leonardo da 351, 488
Vinschgau (Val Venosta), Tal 141

Visconti, Adelsgeschlecht 295, 354, 356
Viserba 494
Viterbo 786
Vittorio Emanuele I 58, 59, 730
Vittorio Emanuele II 61, 63, 64, 410, 731
Vittorio Emanuele III 66, 70, 284
Vivarini, Bartolomeo 931
Volpaia 618
Volterra 622
Vulcano 1040
Vulci 778
Vulture 920

Walther von der Vogelweide 149
Wandern 118, 711
Wassersportzentren 118
Wein 106
Winckelmann, Johann Joachim 270, 726
Wohnmobil 127
Wolkenstein 141

Zambrone 945
Zeno 46, 176
Zingaro 1008
Zoll 128
Zuccarello 421
Zuglio 240
Zwölftafelgesetz 727